**4., vollständig überarbeitete Auflage**

W0086455

Volker Klinkmüller, Mischa Loose,
Renate Loose, Stefan Loose, A. & M. Markand

Unter Mitarbeit von
Moritz Jacobi, Nipaporn Yanklang und Kerstin Härtl

# THAILAND

**STEFAN LOOSE**
TRAVEL HANDBÜCHER

# Inhalt

## Themen

# THAILAND
## Die Highlights

**Zwischen der kühlen Bergwelt des hohen Nordens und den tropischen Insel-paradiesen in der Andamanensee und im Golf von Thailand erstreckt sich ein enorm vielseitiges Land. Ob Kultur, Natur, Entspannung, Nachtleben oder Shopping: Thailand bietet Highlights für jeden Geschmack.**

**1**

**1** **BANGKOK** Die vielseitige
Hauptstadt strotzt vor Energie,
Dynamik und Flair. Die prächtigen
Paläste, sagenumwobenen Tempel
und modernen Museen gehören zu
den Höhepunkten jeder Reise. Auch
das abwechslungsreiche Essen der
Straßenküchen, das berühmte
Nachtleben und die schier unend-
lichen Einkaufsmöglichkeiten sind
gute Gründe für einen mehrtägigen
Aufenthalt. S. 140

**2** **ERAWAN NATIONAL PARK**
(Abb. Folgeseite) Die sieben
herrlich gelegenen Wasserfälle des
kleinen Nationalparks laden mit
ihren Sinterterrassen zu schweißtreibenden Wanderungen und erfrischenden Schwimmpausen ein.
S. 273

**3 AYUTTHAYA** Die eindrucksvollen Tempel- und Palastruinen zeugen von der einstigen Größe der legendären Königsstadt, die 1767 von birmanischen Truppen zerstört wurde. S. 281

**4 SUKHOTHAI** Die weitläufige Ruinenstadt, die als Wiege Thailands gilt, und ihre ländliche Umgebung strahlen wohltuende Ruhe aus und lassen sich gut mit dem Fahrrad erkunden. S. 309

**5 CHIANG MAI** (Abb. Folgeseite) Auf dem lebendigen Nachtmarkt wird das bunte Kunsthandwerk der Bergvölker feilgeboten. Hier findet sich garantiert ein Souvenir. S. 345

**6 ELEFANTENCAMPS** Hautnahe Begegnungen mit den faszinierenden Dickhäutern sind in vielen Camps möglich. S. 374

**7 NAN** Trotz seiner schönen Tempel, lebendigen Kunstszene und vielfältigen Umgebung ist das geschichtsträchtige Städtchen unter westlichen Touristen noch ein Geheimtipp. S. 471

**8 KHAO YAI NATIONAL PARK** Jede Menge kleine und große Naturwunder erwarten die Besucher des ältesten Nationalparks von Thailand unweit von Bangkok. S. 498

**9** **NONG KHAI** Wo die erste Brücke Thailands über den Mekong geschlagen wurde, herrscht – sobald es der Wasserpegel erlaubt – feucht-fröhliches Treiben auf den Uferbänken. Die stimmungsvolle Stadt ist das wichtigste Tor nach Laos und ein beliebter Traveller-Treffpunkt. S. 526

**10** **CHANTABURI** Inmitten eines herrlichen Nationalparks mit hohen Bergen, dichten Wäldern und rauschenden Wasserfällen verbirgt sich die geheimnisvolle, unter Ausländern kaum bekannte Wallfahrtsstätte Khao Phra Baht. S. 583

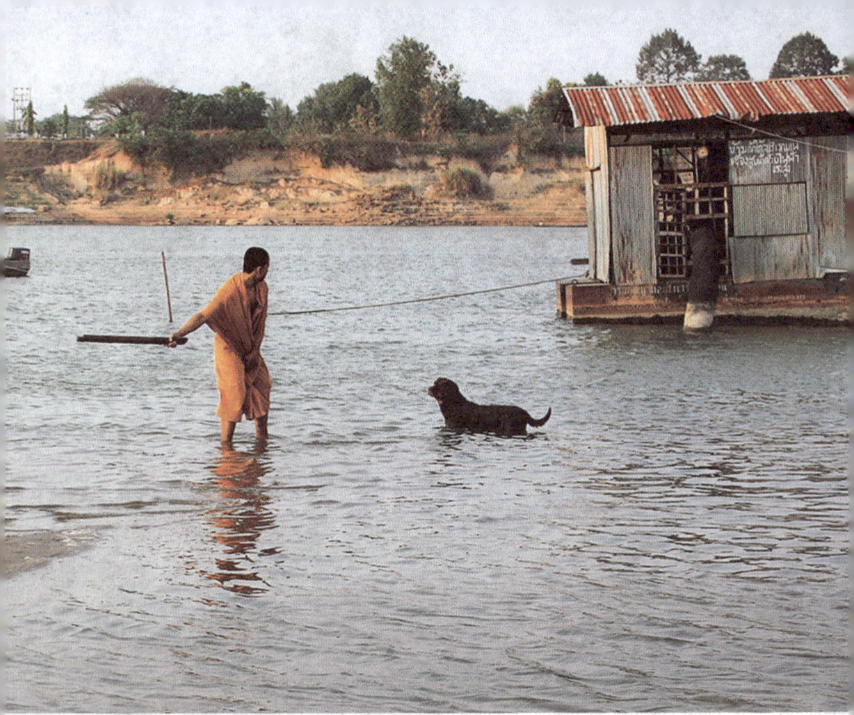

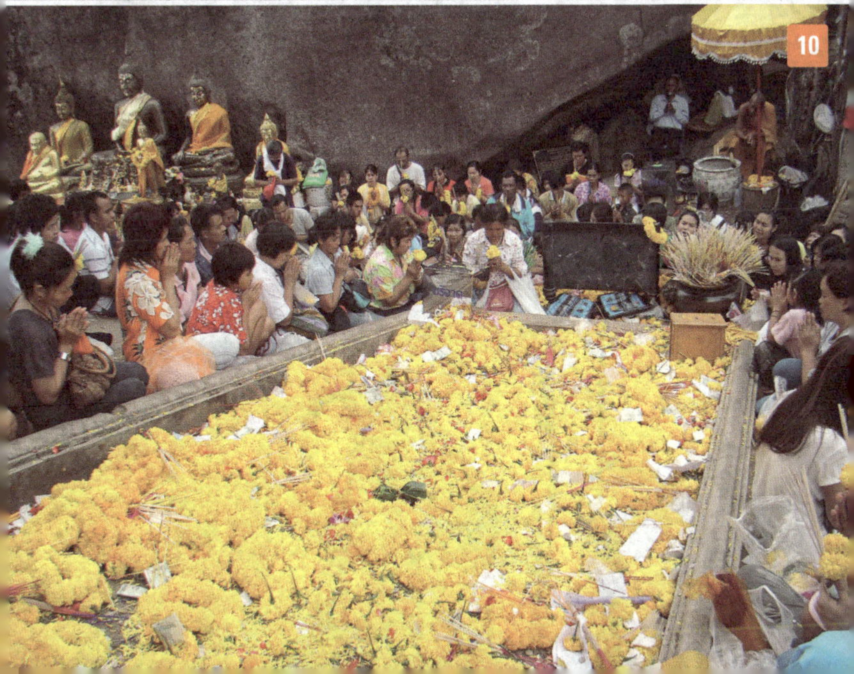

10

**12**

**13**

16

16

# Reiseziele und Routen

## Reiseziele

Was macht Thailand seit Jahrzehnten zum beliebtesten Reiseziel in ganz Südostasien – für Abenteuerlustige ebenso wie für Urlauber aller Altersgruppen? Das Land hat die Magie, in einer großen Vielfalt alles in sich zu vereinen, was Erholung, Exotik und Abenteuer verspricht. Wahrscheinlich wirken Bilder vom türkisblauen Meer mit bunten Korallenriffen und strahlendem Sonnenschein an grauen Wintertagen besonders einladend. Badeorte an kilometerlangen Stränden mit komfortablen Spa-Resorts sowie kleine Buchten mit naturnahen, einfachen Bungalowanlagen versprechen Erholung pur für jedes Budget. Zudem fasziniert eine fremde Kultur mit goldglänzenden buddhistischen Tempelanlagen, frisch zubereiteten, geschmackvollen Thai-Gerichten und vielfältigem Kunsthandwerk. In klimatisierten Konsumpalästen ebenso wie auf lebhaften Märkten macht es Spaß, in entspannter Atmosphäre das vielfältige, preisgünstige Angebot zu begutachten. Shopping wird großgeschrieben, und viele kehren aus Thailand mit einem extra Koffer zurück.

Die Bandbreite an Aktivitäten lässt kaum Wünsche offen. Aussichtspunkte, Höhlen und Wasserfälle in den Bergen, Wäldern und Nationalparks sind attraktive Ziele für Wanderer, Fahrrad- und Motorradfahrer. Begegnungen mit Elefanten bleiben in lebhafter Erinnerung. Tauchen macht süchtig, und das vielfältige Angebot der Veranstalter stellt Anfänger wie Profis zufrieden. Nicht nur in Badeorten ist Wassersport möglich. Auf Bergflüssen werden Raftingtouren angeboten, und Mangrovenwälder, Lagunen und Kalksteinhöhlen können mit Kajaks erkundet werden. Wer den Adrenalin-Kick sucht, gleitet an Stahlseile gekettet über dschungelbedeckte Täler oder erlernt die brachiale Kunst des

## Die schönsten Feste

### Landesweit – zum Mitmachen
**Chinesisches Neujahr**: Mit akrobatischen Drachen- und Löwentänzern durch die Straßen ziehen, am besten in Nakhon Sawan, Phuket-Stadt oder Ratchaburi. S. 299, S. 799 und S. 245

**Loi Krathong**: Beim Lichterfest kleine Boote mit Kerzen und Blumen auf Flüssen und Seen schwimmen lassen, am besten in Alt-Sukhothai. S. 309

**Makha Bucha** und **Visakha Bucha**: An diesen buddhistischen Feiertagen kann man sich einer Lichterprozession in einem der Tempel anschließen, am besten in Bangkok. S. 224

**Silvester**: Große, weiße Papierlampions langsam in den Himmel steigen lassen ist viel schöner als Feuerwerk und Böller, am besten in Chiang Mai. S. 368

**Songkran**: Zum thailändischen Neujahrsfest wird es nass! Überall im Land wird mit Wasserpistolen gespritzt und aus Eimern geschüttet. S. 60

### Regional – zum Zuschauen
**Elephant Round-up in Surin**: Beim sportlichen Wettstreit beweisen die Dickhäuter Intelligenz und Geschicklichkeit. S. 552

**Pattaya Music Festival**: Drei Tage lang gibt es auf vielen Bühnen Gratis-Konzerte. S. 573

**Raketenfestival in Yasothon**: Riesige Raketen steigen in den Himmel. S. 544

**Vegetarierfest in Phuket**: Gläubige durchbohren in Trance ihren Körper mit Haken und Speeren. S. 799

**Wachstempelfest in Sakon Nakhon**: Künstler formen filigrane Skulpturen aus Wachs. S. 541

## Die besten Aktivitäten

**Tauchen und Schnorcheln**: Selbst Anfänger können sich am mannigfaltigen Leben der wunderschönen Unterwasserwelt erfreuen und werden begeistert von einer Schnorcheltour zurückkehren.

Ko Surin (S. 775) und einige Tauchgebiete im Ang Thong National Park (S. 691) sind für ihren Fischreichtum berühmt, Ko Tao (S. 724) lockt Tauchanfänger mit günstigen Konditionen, während Ko Lanta (S. 881) und Ko Lipe (S. 912) derzeit an der Andamanenküste die schönsten Rahmenbedingungen bieten.

Tauchbasen gibt es am Golf von Thailand in Chumphon, auf Ko Pha Ngan, Ko Samui und Ko Tao, an der Ostküste in Pattaya, Trang sowie auf Ko Chang und Ko Kood. In der Andamanensee auf Phuket, Ko Phayam, Ko Hai, Ko Muk, Ko Lanta, Ko Phi Phi und Ko Lipe sowie in Khao Lak, Ranong, Krabi und Umgebung. Dafür sollte mindestens ein zusätzlicher Tag oder ein eigener Urlaub eingeplant werden.

**Klettern**: An den Karstfelsen bei Krabi bieten sich die besten Möglichkeiten. Die Felsen sind für Anfänger wie Fortgeschrittene geeignet, vor allem am Ao Ton Sai (S. 851). Von Chiang Mai (S. 371) ausgehend werden Klettertouren rund um Chiang Dao (S. 429) und Pang Mapha (S. 410) angeboten. Man sollte sich mindestens einen zusätzlichen Tag Zeit nehmen.

**Kochkurse**: Rezepte sind das beste Souvenir, mit dem man sich und die Freunde lange erfreuen kann, und sie brauchen nicht einmal Platz im Gepäck. Dafür mindestens einen zusätzlichen Tag in Bangkok (S. 220), Chiang Mai (S. 371), Kanchanaburi (S. 259), auf Ko Chang (S. 613) oder in Pai (S. 423) einplanen.

**Trekking**: Durch Wälder und Felder zu den Dörfern der Bergvölker wandern, ihre Kultur kennenlernen, sich mit dem Floß auf Bergflüssen treiben lassen und Elefanten begegnen: Ein überwältigendes Angebot gibt es in Chiang Mai (S. 374), individueller und näher an den Trekkinggebieten ist man in Chiang Dao (S. 429), Chiang Rai (S. 442), Mae Hong Son (S. 404), Nan (S. 471), Pai (S. 422) und Pang Mapha (S. 410). Weiteres im Kapitel „Sport und Aktivitäten" (S. 76) und im regionalen Teil.

Thai-Boxens. Wer hingegen Ruhe sucht, kann sich zum Meditieren in ein Kloster zurückziehen, in Schulen Yoga und Reiki erlernen oder in die Geheimnisse der Thai-Küche und Thai-Massage eingeführt werden.

Am Verkehrsknotenpunkt Bangkok kreuzen sich die Wege nach Laos, Kambodscha, Myanmar und Vietnam. Nach einer anstrengenden Rundreise durch diese Länder kehrt man gern zurück und genießt das breite touristische Angebot Thailands. Andere kommen Jahr für Jahr wieder, um sich am vertrauten Strand zu bräunen oder neue Regionen zu erkunden. Manche überwintern hier oder sind komplett nach Thailand ausgewandert. Wer mobil ist, entdeckt immer neue, überaus lohnende Ziele zwischen der malaiischen Inselwelt im Süden und der abgelegenen Bergwelt im Norden.

Ein Atlas listet in seinem Index fast 400 Wasserfälle, 150 Höhlen und 200 Naturschutzgebiete in Thailand, ganz abgesehen von unzähligen Inseln, Stränden, Tempeln und anderen Attraktionen. Wir können hier nur die interessantesten beschreiben. Es gibt also auch jenseits der Beschreibungen in diesem Buch viel zu entdecken. Einiges davon findet sich in den eXTras, die unter ⌨ www.stefan-loose.de und der entsprechenden Nummer [0000] abgerufen werden können. Wie die eXTras funktionieren steht auf S. 974.

## Urlaubsinseln und -strände

Ich will auf die Insel! Aber welche? Es gibt große und kleine, an der Andamanen- und Golfküste, zudem kilometerlange Strände auf beiden Seiten des südlichen Festlandabschnitts und Richtung Kambodscha mit einsamen Resorts unter Kokospalmen und quirligen Badeorten. Ein Blick auf die Klimatabelle erleichtert die Wahl, auch wenn das Wetter nicht mehr so vorhersehbar ist wie früher. In den Wintermonaten von November bis April sind die klimatischen Voraussetzungen an der Ostküste am besten, ab Dezember auch an der Andamenküste. Im Sommer sollte man hingegen sein Augenmerk lieber auf Ziele an der Golfküste lenken. Da Sonne, Strand und Meer erfahrungs-

© FOTOLIA / KROFOTO

**Hin Daeng** und **Hin Muang**: Die Unterwasserfelsen in der Andamanensee sind das Revier vieler Großfische. Tauchtouren starten im Winter von Phuket, Ko Phi Phi, Ko Lanta und Ko Hai. S. 810, S. 876, S. 886 und S. 899
**Ko Chang** und **Ko Kood**: Die den Inseln vorgelagerten Riffe faszinieren mit ihren Korallengärten und dem Wrack eines versenkten Landungsschiffes. S. 613 und S. 626
**Ko Tao**: Das beste Ziel für Anfänger hat die höchste Konzentration an günstigen Tauchschulen und leicht zugängliche Riffe. Saison ist von Februar bis Oktober. S. 730
**Ko Tarutao**: Im Marine National Park nahe der malaysischen Grenze sind die Inseln rings um Ko Lipe seltener besucht, aber von November bis April gute Ziele. S. 910
**Ko Similan** und **Ko Surin**: Die Inselgruppe in der Andamanensee zählte lange zu den besten Tauchrevieren der Welt. Die Korallengärten in 10–40 m Tiefe wurden allerdings von der Korallenbleiche hart getroffen und regenerieren sich erst langsam wieder. Tauchtouren starten ab Khao Lak und Phuket. S. 796 und S. 775

gemäß die Trägheit fördern, wird kaum jemand auf die Idee kommen, jeden Tag eine andere Insel oder einen anderen Strand aufzusuchen. Der ideale Strand sollte demnach alles bieten, was das Herz begehrt, aber auch nicht mehr. Was die einen als einen vergnüglichen Bestandteil ihres Urlaubs empfinden, bezeichnen andere als Rummel. Den einen ist der Strand zu abgelegen, den anderen zu touristisch – Gott sei Dank, denn würden wir alle das gleiche Ziel haben, wäre es schnell überfüllt. Einen Nachteil haben allerdings nahezu alle Badeorte: Sie sind erst in den vergangenen Jahrzehnten entstanden. Daher leben hier überwiegend Saisonarbeiter und Zuge-

reiste. Wer einen authentischen Einblick in die Thai-Kultur bekommen möchte, muss die Inselträgheit überwinden und sich auf den Weg ins Landesinnere machen.

An erster Stelle der Urlaubsziele stehen die beiden Inseln **Phuket** (S. 798) und **Ko Samui** (S. 664), die durch ihre Flughäfen für Mittelklasse- wie Jetset-Touristen schnell zu erreichen und nahezu komplett erschlossen sind. Viele Anlagen sind Erlebniswelten und Wellnessoasen für anspruchsvolle Urlauber. Bars und Restaurants jeglicher Ausrichtung lassen auch nach Sonnenuntergang keine Langeweile aufkommen.

Durch Reisfelder und tropischen Dschungel streifen, unter rauschenden Wasserfällen baden, per Longtail-Boot zu verlockenden Inseln schippern, Sonnenuntergänge am Strand genießen oder auf einem Nachtmarkt nach kulinarischen Köstlichkeiten Ausschau halten – Erlebnisse, die für **Volker Klinkmüller** den Reiz Thailands ausmachen. Bereits vor fast 25 Jahren nach Südostasien übergesiedelt, gibt er seine Erfahrungen gern an die Besucher des exotischen Königreichs weiter.

### ■ Ist Thailand ein Ziel für den Familienurlaub?

Das Königreich lockt als Paradies für Kinder jeden Alters – ob es um eine perfekte Betreuung durch die kinderfreundlichen Einheimischen geht, massenhaft Freizeitparks, Elefanten und Affen oder einfach nur den exotischen Alltag auf der Straße. Und ewig lockt das Meer …

### ■ Sind alle Strand- und Inselziele ganzjährig bereisbar?

Zumindest sehr viele, denn der Klimawandel pflegt die Jahreszeiten zunehmend aufzulösen, und das Meer ist sowieso immer warm. Als Saison für die Golfküste gelten November bis April, an der Andamanenküste endet die Regenzeit erst im Dezember. Dort lassen sich kleinere Inseln im Monsun kaum noch bereisen, aber vielerorts herrscht natürlich trotzdem etwas Betrieb. Wie auf Phuket oder in Krabi – einer paradiesischen Meereslandschaft, in der ich einst auch meinen Entschluss gefasst hatte, nach Thailand auszuwandern.

### ■ Welche Reisezeit empfiehlt sich?

Als Spitze der Hochsaison gelten Dezember und Januar, in den Wochen davor und danach geht es etwas ruhiger zu. Wer antizyklisch reist, hat oft mehr vom Land und Urlaub. Im September/Oktober z. B., wenn am meisten Niederschlag fällt, wird Südostasien in seiner urtypischen Stimmung erlebbar. In der Unterkunft gefangen bleibt man selten, denn auch in der Monsunzeit gibt es viel Sonnenschein, zudem milde Temperaturen und staubfreie Luft, eine herrlich sprießende Natur, üppig rauschende Wasserfälle sowie reduzierte Preise und natürlich erheblich weniger Touristen.

Ganz im Osten auf der dschungelbedeckten Insel **Ko Chang** (S. 592) sowie auf den kleineren Nachbarinseln **Ko Kood** (S. 620) und **Ko Mak** (S. 616) gibt es alles, von Luxusresorts für die Thai-High Society über große Familienhotels und kleine Anlagen für Individualisten bis zu einfachen Bambushütten an abgelegenen Stränden für junge Leute. **Pattaya** (S. 564) ist für sein reges Nachtleben berühmt, aber auch ein beliebter Überwinterungsort von Langzeiturlaubern. Südlich von Bangkok im königlichen Badeort **Hua Hin** (S. 636) sowie in **Cha-Am** (S. 635) verbringen viele Nord- und Mitteleuropäer den Winter.

An der Andamanenküste ist in **Khao Lak** (S. 789) nach dem Tsunami 2004 alles neu gebaut worden. Was blieb, ist die Ausrichtung auf Gäste, die Ruhe suchen. Weiße Sandstrände, umrahmt von steil aufragenden Kalkfelsen, machen die Umgebung von **Krabi** (S. 837) zu einem beliebten Fotomotiv und Urlaubsziel. Die Insel **Ko Lanta** (S. 881) zieht viele Familien mit kleinen Kindern an, ist aber auch für andere Reisende ein lohnendes Ziel. Auf den Inseln ganz im Süden der Andamanensee, auf **Ko Kradan** (S. 903) und **Ko Hai** (S. 899) geht es beschaulicher zu. Die kleine **Ko Sukon** (S. 907) boomt nach wie vor, und ein Ende ist nicht abzusehen, obwohl schon heute zu viele Touristen kommen.

Rucksackreisende strömen nicht nur zur Full Moon Party nach **Ko Pha Ngan** (S. 692). Viele Strände sind eher ruhig, sodass auch Erholungs-

### ■ Wo ist das Königreich noch besonders authentisch?

Überall dort, wo man den Alltag erlebt: auf den Märkten, in kleinen Dörfern, aber auch in den Tempelanlagen – besonders in denen des Nordens. Und natürlich im erst wenig bereisten Nordosten, wo es herrlich grüne Reisfelder und viel Stimmung am Mekong gibt, spannende Nationalparks, illustre Festivals und originäre Thai-Küche sowie laut einer Studie auch die glücklichsten Bewohner Thailands.

### ■ Wie kommt man am besten von A nach B?

Das engmaschige Busnetz ist bemerkenswert und bietet viele Möglichkeiten. Für weite Strecken empfehle ich die genialen VIP-Busse: Man reist bequemer als im Flugzeug, kann viel Zeit und Geld sparen sowie auch manches Hotel, weil sie meist nachts unterwegs sind. Wer es lieber individuell und unabhängig mag, sollte per Mietwagen durchs Land reisen. Der Linksverkehr wird schnell zur Routine, und die Spritpreise sind erfreulich günstig.

### ■ Ist die Thai-Küche wirklich so gut wie ihr Ruf?

Besser! Das Königreich bietet die beste Küche der Welt und leckeres Tropenobst ohne Ende. Meinen Freunden empfehle ich, sich mal an Paneng zu versuchen – eine Art Ragout mit Huhn, Rind oder Schwein in cremiger Curry-Kokosnussmilch. Ebenso nicht zu verachten ist Nam Tok Muu, das ich gern als „Gyros Thailands" bezeichne. Vegetarier haben es übrigens leicht im Land, Veganer nicht ganz so sehr. Wichtig: Auch wenn nur auf der Straße gekocht bzw. an einfachen Garküchen oder Grillständen gegessen wird, erfolgt die Zubereitung der Speisen in der Regel mit beruhigend viel Hygiene. Wie scharf sie mit Chili gewürzt sein dürfen, muss aber natürlich jeder für sich austesten.

### ■ Kann ich überall ins Internet?

Netze für Handys (in Thailand: Mobiles) und WLAN (WiFi) gibt es quasi flächendeckend, doch kann der Empfang auf abgelegenen Inseln schon mal etwas spärlich ausfallen.

Noch Fragen? 🖳 www.stefan-loose.de/globetrotter-forum

---

suchende und Yoga-Freunde auf ihre Kosten kommen. Da viele Ko Pha Ngan-Fans mittlerweile Kinder haben, steigt die Zahl der urlaubenden Familien jedes Jahr weiter an. Junge Partyfans zieht es auch an die Hauptstrände von **Ko Phi Phi** (S. 871), Ruhesuchende an die kleinen Buchten.

Backpacker mit kleinem Geldbeutel, die tauchen lernen möchten, sind auf **Ko Tao** (S. 724) richtig. Die Auswahl ist riesig, die Riffe sind leicht erreichbar, und das Drumherum stimmt. Auch weniger bekannte Inseln sind mittlerweile von der Traveller-Szene entdeckt worden: An der Andamanenküste sind **Ko Jum** (S. 866) und **Ko Muk** (S. 900) beliebte Ziele geworden, **Ko Phayam** (S. 768) ist bereits seit einigen Jah-

ren „in", **Ko Bulon Lae** (S. 908) und das „andere" **Ko Chang** (Provinz Ranong, S. 763) sind ebenfalls populär, aber noch nicht so überlaufen.

Andere kleinere Urlaubsziele werden überwiegend von Einheimischen besucht. Auf der von Bangkok am schnellsten erreichbaren Insel **Ko Samet** (S. 577) geht es während der Woche recht beschaulich zu, während am Wochenende die Hauptstädter einfallen.

An den Stränden östlich von **Rayong** (S. 576), in **Phetchaburi** (S. 630), zwischen **Prachuap Khiri Khan** (S. 647) und **Chumphon** (S. 654) sowie zwischen **Surat Thani** (S. 739) und dem **Thale Noi-Wasserschutzpark** (S. 692) sind die Bungalows vor allem an Wochenenden und Feiertagen belegt.

Allein die Megacity **Bangkok** (S. 140) ist eine eigene Reise wert – um auszugehen, zu shoppen, an den besten Straßenküchen der Welt zu schmausen und einige der schönsten Tempel Asiens zu besuchen. Der prächtige Königstempel Wat Phra Kaeo wetteifert mit glitzernden Konsumtempeln und lebendigen Märkten, mit stimmungsvollen Gassen und pulsierenden Stadtvierteln, mit dem breiten Menam Chao Phraya und den schmalen Klongs um die Gunst der Besucher.

Wem die Millionenmetropole zu voll ist, der kann die Umgebung erkunden: die Schwimmenden Märkte von **Damnoen Saduak** (S. 242) und **Amphawa** (S. 242), den „Eisenbahnmarkt" von **Samut Songkhram** (S. 244), einen der größten Chedis des Landes in **Nakhon Pathom** (S. 250) oder **Kanchanaburi** (S. 251), durch das die „Eisenbahn des Todes" fährt. Wer sich für Kultur und Geschichte begeistern kann, wird an den Monumenten und Ruinen der einstigen Königsstädte **Ayutthaya** (S. 281) und **Sukhothai** (S. 309) sowie der ehemaligen Garnisonsstädte **Si Satchanalai** (S. 320) und **Kamphaeng Phet** (S. 324) seine Freude haben, die allesamt zum Unesco-Weltkulturerbe zählen.

Der Norden hat kulturell wie landschaftlich einen ganz eigenen Charakter. Das Zentrum in der Bergwelt von Lanna ist **Chiang Mai** (S. 345), dessen Altstadt voll glitzernder Tempel und kleiner Gästehäuser ebenso attraktiv ist wie

**Floating Market in Amphawa:** Ein kulinarischer schwimmender Markt am Wochenende mit vielen lokalen Spezialitäten. S. 242
**Gourmet-Etage im Siam Paragon in Bangkok:** In ihrer Vielfalt kaum zu überbieten. S. 198
**Nachtmarkt am Nan River in Phitsanulok:** Die Attraktion sind die Flying Vegetables. S. 305
**Sunday Walking Street in Chiang Mai:** Schlemmermeile in Tempelhöfen. S. 370
**Nachtmarkt in Krabi-Stadt:** Frischer Fisch und andere Köstlichkeiten der Thai-Küche in authentischer Atmosphäre. S. 840

die vielfältigen Einkaufsmöglichkeiten auf den Märkten und in den umliegenden Handwerkerzentren. Von hier aus bietet sich eine Rundreise durch die westliche Bergwelt rings um den **Doi Inthanon** (S. 392) mit einem längeren Aufenthalt in **Pai** (S. 414) oder **Mae Hong Son** (S. 399) an, zwei Bergorten, die sich gut als Ausgangspunkte für Besuche im Grenzgebiet zu Myanmar eignen. Während einer Tour durch den hohen Norden – das sogenannte Goldene Dreieck – wandelt man in **Chiang Rai** (S. 442) und **Chiang Saen** (S. 459) auf den Spuren alter Königreiche, trifft Einwanderer aus jüngerer Zeit in chinesischen Orten wie **Mae Salong** (S. 438) oder in Dörfern der Bergvölker.

Freundliche Provinzstädte abseits der Touristenströme, wie **Nan** (S. 471), **Phayao** (S. 468)

**Dusit-Museen** und das **Museum of Siam** in Bangkok: Gleich mehrere Museen sind nötig, um die reiche Geschichte und Kultur Thailands gebührend zu würdigen. S. 152 und S. 147
**Hall of Opium** im Goldenen Dreieck: Hier wird mit moderner Technik die jahrtausendealte Geschichte des Opiums lebendig. S. 459
**Historical Study Center, Historical Hall** und **Baan Hollanda** in Ayutthaya: Auf anschauliche Art werden Aspekte des untergegangenen Königreichs dargestellt. S. 281
**Weitere interessante Museen:** Tempelmuseum mit Nang Yai-Schattenspielfiguren nahe Ratchaburi (S. 249), Hellfire Pass Memorial Museum bei Kanchanaburi (S. 267), Sgt. Major Thawee Folk Museum in Phitsanulok (S. 301), Oub Kham Museum in Chiang Rai (S. 444), Mae Fah Luang in Chiang Rai (S. 444), Nationalmuseum in Nan (S. 471), Tempelmuseum im Wat Khao Sukim bei Chantaburi (S. 586), Dinosaurier-Museum bei Kalasin (S. 520), Nationalmuseum in Nakhon Si Thammarat (S. 746), Folklore-Museum in Songkhla (S. 479).

oder **Lampang** (S. 485), haben ihren eigenen Charme und Charakter. Sie überraschen nicht nur mit wunderschönen Tempeln, sondern auch mit einem interessanten Umland.

Wenige Reisende zieht es in den Nordosten, obwohl sich hier einige touristische Perlen verbergen – die Khmer-Tempel in **Phimai** (S. 511) und **Prasat Phanom Rung** (S. 555), **Dinosaurier-Fundstätten** (S. 520) und die Ausgrabungsstätten in **Ban Chiang** (S. 525), die zu den ältesten und wichtigsten im Land zählen.

Das tropische Klima hat vielen kulturellen Highlights in Süd-Thailand zugesetzt. So sind nur noch wenige Reste der über tausend Jahre alten Srivijaya-Kultur in **Chaiya** (S. 737) erhalten. Das Khmer-Reich dehnte sich zu seiner Hochzeit bis weit nach Thailand aus und hinterließ einige sehenswerte Monumente in **Phetchaburi** (S. 630).

# Dschungel und Elefanten

Auf Elefanten durch dichten Dschungel reiten – ist es nur ein Traum oder ein Bild, das man irgendwo gesehen und mit Thailand in Verbindung gebracht hat? Wie sieht es in der Realität aus?

**Dschungel** im Sinne von dichtem, tropischem Regenwald gibt es nur noch vereinzelt im Hinterland der malaiischen Halbinsel südlich von Chumphon und im äußersten Zipfel der Ostküste nahe der kambodschanischen Grenze. Ansonsten dominieren Laub abwerfende Monsunwälder. Sie haben sich an die Trockenzeit angepasst, die wir als ideale Reisezeit in unseren Wintermonaten schätzen. Diese Wälder sind nicht so dicht und saftig-grün wie in den Tropen, aber durchaus reizvoll und abwechslungsreich. Am schönsten sind sie im Januar/Februar, wenn einige Bäume blühen und bei anderen die Laubfärbung einsetzt – Indian Summer in Thailand. Die hohen Teakbäume und viele andere verlieren danach ihr Laub, und die Hitzeperiode setzt ein. Dann sind die kühlen Bambushaine, die viele Wasserfälle im ganzen Land umgeben, ein idealer Platz. Die Wasserfälle selbst zeigen sich zur Trockenzeit allerdings nicht von ihrer besten Seite – sie sind naturgemäß während der Regenzeit am schönsten.

## Die schönsten Tempel

**Wat Phra Kaeo** in Bangkok: Der Königstempel in der Hauptstadt ist an Prunk nicht zu überbieten. S. 145

**Wat Pho** in Bangkok: Der vergoldete liegende Buddha zählt zu den schönsten des Landes. S. 146

**Phra Pathom Chedi** in Nakhon Pathom: Der gigantische Chedi zählt zu den größten buddhistischen Bauwerken der Welt. S. 250

**Wat Yai Chai Mongkol** in Ayutthaya: Rund um den geschichtsträchtigen Chedi stehen fotogene Buddhastatuen. S. 285

**Wat Phrathat Lampang Luang** bei Lampang: Ein alter Tempel in ländlicher Umgebung voller Atmosphäre und wunderschöner Details. S. 491

**Wat Rong Khun** bei Chiang Rai: Der ungewöhnlichste Tempel, noch im Bau und bereits ein Besuchermagnet. S. 445

**Wat Phumin** in Nan: Auch wenn der Tempel von außen nicht ganz so spektakulär wirkt, sein Inneres beherbergt die schönsten Wandgemälde weit und breit. S. 471

**Wat Mahathat** in Nakhon Si Thammarat: Die sehenswerteste Klosteranlage des Südens. S. 746

Weitere beeindruckende Tempel sind im ganzen Land zu finden.

Thailand ist Heimat von **Elefanten**, die auch in der Kultur des Landes als göttliche Wesen und Symbol der Monarchie einen hohen Stellenwert genießen. Dennoch ist es nur noch mit Glück möglich, sie in freier Wildbahn zu sehen – am ehesten im **Khao Yai National Park** (S. 498). Tausende von Arbeitselefanten, die seit Jahrhunderten von Spezialisten trainiert werden, waren bis zu Beginn der 1980er-Jahre in den Holzfällercamps tätig. Nach dem Holzeinschlagverbot arbeitslos geworden, finden sie nun ein Auskommen in **Elefantencamps**.

Die beste Einführung bietet das **Thai Elephant Conservation Center** bei Lampang (S. 491), dem auch ein Krankenhaus, ein Kindergarten und eine Forschungsstation angeschlossen sind.

## Berge

**Doi Inthanon**: Auf dem mit 2565 m höchsten Berg Thailands bietet sich die beste Aussicht von den Pagoden unterhalb des Gipfels. Auf Wanderwegen durch märchenhafte Rhododendronwälder können Vögel beobachtet werden. S. 392

**Doi Tung**: Der steil aufragende Berg an der birmanischen Grenze mit einem kleinen, alten Bergtempel ist durch den Palast der verstorbenen Königsmutter und die Gärten zu einem beliebten Ziel einheimischer Touristen geworden. S. 452

**Phu Chi Fa** an der Grenze zu Laos: Der Steilabfall bietet spektakuläre Aussichten über das Nachbarland. Thais kommen v. a. zum Sonnenaufgang an kalten Wintertagen hierher. S. 466

**Weitere Ziele für Bergsteiger**: Chiang Dao (S. 429), Phu Kradung (S. 539) und Wat Phu Tok (S. 542)

## Gärten

**Mae Fah Luang**: Der weitläufige Blumengarten am Doi Tung mit Themengärten ist ein Meisterwerk der Gartenarchitektur. S. 452

**Doi Angkhang**: Die Gärten des Königsprojekts überraschen mit ungewöhnlichen Blumen, Duftgärten und blühenden Bäumen. S. 433

**Weitere interessante Gärten**: Der Botanische Garten im Mae Sa Valley (S. 385), Gewächshäuser und Gärten am Pang Tong-Königspalast nördlich von Mae Hong Son (S. 406), der Nong Nooch Tropical Garden bei Pattaya (S. 569)

## Heiße Quellen

**Chae Son National Park**: Nach einer Wanderung zum Wasserfall kann man in einer Badeanlage inmitten der Natur entspannen. S. 493

**Pong Hot Springs**: Ein Bad am Ufer des Maenam Kok lässt sich sehr gut mit einer Bootstour

und einem Besuch im Elefantendorf verbinden. S. 436

**Ranong**: In der Stadt halten öffentliche Bäder und Thermalhotels ein vielfältiges Angebot bereit. S. 758

**Weitere interessante heiße Quellen**: Hin Dat Hot Springs zwischen Kanchanaburi und Sangkhlaburi (S. 268), Nong Khrok Hot Springs bei Phrao (S. 431), Poo Klon Mud Spa nördlich von Mae Hong Son (S. 406)

## Höhlen

**Hongs in der Bucht von Phang Nga**: Mit dem Kajak lassen sich die Passagen und das erodierte Innere der pittoresken Kegelkarst-Inseln erkunden. S. 832

**Khao Luang** in Phetchaburi: Die schönste der buddhistischen Höhlen und Grotten wird mittags wunderschön ausgeleuchtet. S. 632

**Mae Lana Cave** bei Pang Mapha: Bei der abenteuerlichen Erkundung der über 12 km langen Höhle führt der Guide durch eine erstaunliche Parallelwelt. Sogar Übernachtungen sind möglich. S. 411

**Tham Lot** bei Pang Mapha: Dem Fluss folgend begleitet ein Guide Besucher zu Fuß und auf einem Bambusfloß durch die unterirdische Landschaft. S. 411

**Weitere Ziele für Höhlen-Freaks**: Chiang Dao (S. 429), Chumphon (S. 654), Kanchanaburi (S. 251), Khun Yuam (S. 398), Ko Phi Phi (S. 871), Krabi (S. 837), Ratchaburi (S. 245), der Chiew Lan-See (S. 784) und Pang Mapha (S. 410)

## Nationalparks

**Erawan National Park**: Das beliebte Ausflugsziel bei Kanchanaburi lässt sich gut mit dem Besuch anderer Attraktionen verbinden. Nach einer Wanderung durch den dichten Wald erfrischt ein Bad in den Wasserfallpools. S. 273

---

Wer einen Ausflug inklusive Elefantenreiten bucht, wird zumeist gemeinsam mit vielen anderen eine kurze Runde um das Camp drehen.

Elefantencamps gibt es vor allem im Norden, aber auch in der Nähe von Kanchanaburi, Khao Lak, im Khao Sok National Park, auf Ko Chang, Ko Samui, in Pattaya und Phuket. Nicht überall bemüht man sich um eine artgerechte Haltung, auch das tropische Klima im Süden setzt den Tieren zu.

© MORITZ JACOBI

**Khao Sok National Park**: Zwischen Takua Pa und Surat Thani kann man Dschungeltouren mit Guide oder auf eigene Faust unternehmen und ganz in der Nähe wohnen, paddeln und einen Stausee mit dem Boot erkunden. S. 783

**Khao Yai National Park**: In den Bergen nordöstlich von Bangkok erstreckt sich der älteste Nationalpark. Im Bergwald leben noch wilde Elefanten, die man allerdings seltener zu Gesicht bekommt als Affen, Rotwild, Vögel und Schmetterlinge. S. 498

**Phu Kradung**: Die Erkundung ist nur mit guter Kondition möglich – der Aufstieg zum spektakulären Gipfel ist schweißtreibend. S. 539

**Weitere interessante Nationalparks**: Doi Inthanon (S. 392), Khao Sam Roi Yot (S. 645), Kui Buri (S. 646) sowie die Meeresschutzgebiete von Ang Thong (S. 691), Ko Chang (S. 592), Ko Similan (S. 795), Ko Surin (S. 775) und Tarutao (S. 910)

## Wasserfälle

**Erawan** im gleichnamigen Nationalpark bei Kanchanaburi: Die Wasserfälle sind von dichten Bambuswäldern umgeben und ein wunderschönes Badeziel. S. 273

**Haew Suwat** im Khao Yai National Park: Hier nahm bereits Leonardo DiCaprio im Film *The Beach* ein erfrischendes Bad. S. 499

**Ti Lo Su** bei Umphang: Der größte Wasserfall im abgelegenen Grenzgebiet lohnt die lange, interessante Anreise. S. 338

**Weitere Ziele für Wasserfall-Freaks**: Chae Son National Park (S. 493), Chantaburi (S. 583), Chom Thong (S. 392), Doi Inthanon (S. 392), Highway 12 östlich von Phitsanulok (S. 308), Khun Yuam (S. 398), Klong Lan National Park (S. 328), Ko Chang (S. 592), Ko Kood (S. 620), Ko Samui (S. 666), Lansang National Park (S. 330), Mae Hong Son (S. 399), Mae Sa Valley (S. 385), Pai (S. 416), Phayao (S. 468) und Khao Luang (S. 324)

Wer sich mit den Elefanten beschäftigen möchte und auf einen Ausritt verzichten kann, ist im **Elephant Nature Park** (S. 375) nördlich von Chiang Mai und in **Elephant's World** bei Kanchanaburi (S. 258) richtig. Wer möglichst viel über Elefanten erfahren möchte, absolviert am besten eine Mahout-Ausbildung, z. B. bei **Elephant Special Tours** am Doi Inthanon (S. 391).

Die schönsten **Nationalparks und Naturlandschaften** sind selten mit öffentlichen Verkehrs-

© VOLKER KLINKMÜLLER

**Überlandbusse** fahren alle Städte des Landes an. Wer sich Backpackerbussen anvertraut, die bequemes Reisen von Guesthouse zu Guesthouse versprechen, sollte vorher unsere Warnungen lesen (S. 87 und S. 231) oder lieber gleich in den großen Bus oder Zug einsteigen.

Die **Eisenbahn** verkehrt sternförmig von Bangkok aus nach Chiang Mai im Norden, Nong Khai, Ubon und Aranyaprathet im Nordosten und bis Butterworth (Penang) in Malaysia Richtung Süden.

Es ist einfacher, als mancher denkt, eine Rundfahrt mit dem **Auto** zu unternehmen. Bei den meisten großen Autovermietungen ist es möglich, den Wagen in einem anderen Zielort abzugeben (auf eine Option zum *one way rental* achten). Hat man sich an den Linksverkehr gewöhnt, stellt das Verkehrschaos der Hauptstadt und mit Abstrichen auf Phuket das größte Hindernis dar. Dem entkommt, wer am internationalen Flughafen Suvarnabhumi startet und auf der Ring Road in einem großen Bogen um Bangkok herum fährt.

Auch mit dem **Motorrad** oder **Fahrrad** kann man dem Land näher kommen. Auf den meisten Inseln und in Touristenzentren werden Zweiräder vermietet. Fahrräder gibt es vor allem in der zentralen Tiefebene zu mieten. Ausflüge werden ab Bangkok, Kanchanaburi, Sukhothai, Chiang Mai, Phuket und Khao Lak organisiert. Für längere Touren bringt man besser sein eigenes Rad mit.

**Billigfluggesellschaften** machen es möglich, an eine Reise durch Thailand Abstecher nach Indonesien, Kambodscha, Malaysia, Myanmar (Birma), Singapore oder Vietnam anzuhängen. Nach Kambodscha, Malaysia und Myanmar sowie nach Laos kommt man auch mit Bussen oder Booten. Zu allen genannten Ländern gibt es Stefan Loose Travel Handbücher.

mitteln zu erreichen. Wer sich kein Fahrzeug mieten möchte, kann einige Ziele im Rahmen organisierter Touren auch in kleinen Gruppen besuchen.

In den meisten Nationalparks wurden Gebiete in der Umgebung des Headquarters für Besucher erschlossen. Auf markierten Wegen kann man auf eigene Faust wandern oder mit einem Guide losziehen.

Weitere Informationen auf S. 78 und unter 🖥 www.dnp.go.th/index_eng.asp. Auch außerhalb der Nationalparks werden vor allem im Norden Trekkingtouren zu Dörfern der Bergvölker angeboten, S. 347.

# Reiserouten

Drei Monate – ein Visum plus Verlängerung – reichen nicht aus, um alles in Thailand zu sehen, selbst wenn man täglich unterwegs ist. Auch nach vielen Jahren intensiver Reisen entdecken wir jedes Mal wieder Neues und Interessantes. Bei diesem vielseitigen Angebot fällt es schwer, eine Auswahl zu treffen, wenn die Reise nur kurz ist. Viele wollen zudem einige Tage am Strand entspannen oder eines der Nachbarländer besuchen.

## Am Anfang und Ende

Mit Jetlag und nach einem im Winter extremen Klimawechsel kann eine quirlige Metropole wie Bangkok schnell überfordern. Auch einem anstrengenden Kulturprogramm oder langen Rundfahrten können viele zu Beginn ihrer Reise kaum etwas abgewinnen. Vieles spricht also dafür, sich erst einmal für einige Tage am **Strand** zu erholen, denn nach einer Eingewöhnungsphase fällt es leichter, das Land zu erkunden. Die Infrastruktur der Badeorte, die an den schönsten Stränden entstanden ist, ist auf Touristen eingestellt. Hier gibt es internationale Restaurants, viele Menschen sprechen Englisch, und nach den ersten Ausflügen zum Strand ist man bereit, zunehmend größere Kreise zu ziehen. Wer nicht vorgebucht hat, wird bald, durch die Vielfalt des Angebots verführt, zum Inselhüpfer und wechselt den Urlaubsort. Schließlich haben jede Insel und jeder Strand einen eigenen Charakter.

Für alle die, die Stränden wenig abgewinnen können, gibt es in den Bergen einige wunderschöne Gästehäuser und Resorts, die ebenso gut zum Abhängen und Akklimatisieren taugen.

Die letzten Tage eignen sich hervorragend für einen Einkaufsbummel in **Bangkok**, dessen Highlight der Besuch des Suan Chatucak Weekend Markets am Samstag oder Sonntag ist. Zudem stehen der Königspalast mit dem Wat Phra Kaeo und der benachbarte Wat Pho auf dem Programm, denn wer diese kulturellen Höhepunkte zu Beginn seiner Thailand-Reise an-

steuert, wird manch anderen Tempeln nicht mehr so viel abgewinnen können. Den Abschied kann man dann genussvoll mit einem Cocktail in einer der schicken Bars oder auf der lebhaften Khaosan Road feiern!

Die Zeit für eine Erkundungstour zwischen dem anfänglichen Erholungsurlaub und dem letzten Einkaufstrip kann kurz oder auch etwas länger sein.

## Backpacker unterwegs

■ 2 bis 4 Wochen

Die meisten Backpacker starten ihre Reise mit einem Badeurlaub. Ab Dezember bis in den Sommer hinein locken die **Inseln im Golf von Thailand**, vor allem **Ko Pha Ngan** (S. 692) und

Ko Tao (S. 724) sowie alternativ der **Ko Chang-Archipel** (S. 592) an der Ostküste. Die ideale Reisezeit für die Inseln in der Andamanensee sind die Wintermonate. Beliebt sind **Ko Jum** (S. 866), **Ko Lanta** (S. 881), **Ko Lipe** (S. 912), **Ko Muk** (S. 900) und **Ko Phi Phi** (S. 871). In der Umgebung von **Krabi** (S. 837) kann man nicht nur sonnenbaden, sondern auch exzellent klettern. Auf dem Weg von einer Küste zur anderen lohnt ein Ausflug zum **Khao Sok National Park** (S. 783). Anschließend geht es nach **Bangkok** (S. 140) in die Khaosan Road, dem Dreh- und Angelpunkt aller Backpacker in Südostasien. Von hier aus bieten sich folgende Routen an:

## Umgebung von Bangkok

Wenn nur noch ein paar Tage Zeit sind, hat man von Bangkok aus drei Optionen: Viele Ausflugsmöglichkeiten bietet die Umgebung von **Kanchanaburi** (S. 251), wobei der **Erawan National Park** (S. 273) den größten Zuspruch erfährt (2–4 Tage). Wer wenig Zeit hat, fährt nach **Ayutthaya** (S. 281), um sich die Tempel anzusehen (1–2 Tage). Zudem ist Pak Chong, das Eingangstor zum **Khao Yai National Park** (S. 498), mit dem Zug in wenigen Stunden zu erreichen (3–4 Tage). Diese drei Ziele lassen sich zu einer kleinen Rundreise verbinden.

## Von Bangkok in den Norden

In mindestens einer Woche ist es möglich, von Bangkok mit dem Zug nach einem kurzen Zwischenstopp in der Affenstadt **Lopburi** (S. 293) über **Phitsanulok** (S. 301) nach **Sukhothai** (S. 309) zu fahren, um sich die Ruinen der alten Königsstadt und anderer historischer Städte anzusehen sowie die ländliche Umgebung zu erkunden. Weiter geht es per Bahn in die wenig besuchte, aber überaus lohnende Provinzstadt **Lampang** (S. 485). Nach einem Abstecher ins **Thai Elephant Conservation Center** (S. 491) endet die Tour in **Chiang Mai** (S. 345), wo man genügend Interessantes für eine weitere Woche vorfindet.

Wer mehr Zeit hat, fährt weiter nach **Pai** (S. 414), dem Backpackerzentrum mit einem Touch alternativer Kultur. Wem es dort zu voll ist, der braucht nur etwas weiter nach **Pang Mapha** (S. 410) oder **Mae Hong Son** (S. 399) zu fahren

oder kann sich gar in ein einsames Gästehaus in den Bergen zurückziehen.

Interessant ist eine weitere kleine Rundreise von Chiang Mai durch den hohen Norden. Mit dem Bus oder Songthaew geht es zuerst nach **Thaton** (S. 434), von dort mit dem Boot nach **Chiang Rai** (S. 442) und nach einem Abstecher zum Trekken in die Berge mit dem Bus zurück nach Chiang Mai.

## Klassische Rundreise

■ 2 bis 3 Wochen

Wer zum ersten Mal in Thailand ist und sich in kurzer Zeit einen Überblick verschaffen möchte, fährt von **Bangkok** (S. 140) nach **Chiang Mai** (S. 345), legt unterwegs in den alten Königsstädten **Ayutthaya** (S. 281) und **Sukhothai** (S. 309) einen Zwischenstopp ein, besucht bei Lampang das **Thai Elephant Conservation Center** (S. 491) und das **Wat Phrathat Lampang Luang** (S. 491). Für die Rückreise kann man eine andere Route weiter im Westen über **Kamphaeng Phet** (S. 324) und **Kanchanaburi** (S. 251) wählen.

Eine Woche im Norden macht es möglich, Ausflüge in die Berge zu unternehmen, zu trekken oder anderen Aktivitäten nachzugehen. Außerdem bieten sich zwei Optionen für mehrtägige Rundreisen an: Beliebt ist die Rundfahrt von **Chiang Mai** über das Backpackerzentrum **Pai** (S. 414), das hübsch gelegene **Mae Hong Son** (S. 399) mit schönen birmanischen Tempeln und den **Doi Inthanon** (S. 392) Eine Alternative ist die Fahrt durch den hohen Norden über **Chiang Rai** (S. 442) ins touristisch vermarktete **Goldene Dreieck** am Mekong (S. 457).

## Highlights im Nordosten

■ 1 bis 2 Wochen

Viel zu wenig Reisende entscheiden sich für eine Rundreise durch den authentischen Nordosten. Eine erlebnisreiche Tour sollte mit einer Wanderung im **Khao Yai National Park** (S. 498) beginnen. Anschließend empfiehlt sich von **Korat** (Nakhon Ratchasima, S. 505) aus ein Abstecher zu den Khmer-Ruinen von **Phimai** (S. 511).

Wer von Korat weiter nach Norden reist, gelangt über **Khon Kaen** (S. 513) Richtung Osten ins Land der Dinosaurier rings um **Kalasin** (S. 520) und Richtung Norden zu den prähistorischen Ausgrabungsstätten von **Ban Chiang** (S. 525) oder über Udon Thani bis nach **Nong Khai** (S. 526), wo der Mekong und damit die Grenze nach Laos erreicht ist.

Weiter geht es am Strom entlang durch die herrlichen Flusslandschaften der „Westroute" (S. 525), die nach 220 km **Chiang Khan** (S. 534) erreicht. Von hier geht es ins Landesinnere nach **Loei** (S. 536) und in den Nationalpark **Phu Kra-**

### Weiter nach Laos

Wer auf dem Landweg nach Laos fährt, kann über die 4. Thai–Lao Friendship Bridge nach Houay Xai (Boote nach Luang Prabang) einreisen und einen netten Zwischenstopp in **Chiang Khong** (S. 463) einlegen. Ein weiterer beliebter Weg führt weiter südöstlich von **Nong Khai** (S. 526) über die 1. Thai-Lao Friendship Bridge nach Vientiane (S. 530). Eine ungewöhnliche Route verläuft von **Nan** (S. 471) über den Übergang **Huai Khon** (S. 480) nach Muang Ngeun. Weitere Grenzübergänge bei **Tha Li** (S. 539), **Bueng Kan** (S. 543), **Nakhon Phanom** (S. 543), **Mukdahan** (S. 543) und **Chong Mek** (S. 543).

dung (S. 539). Dagegen entscheiden sich nur wenige Besucher für die faszinierende Route von Chiang Khan nach **Nan** (S. 471).

Alternativ führt die „Ostroute" (S. 540) auf weiten Strecken direkt am Mekong entlang – über die reizvollen, ursprünglichen Orte **Bueng Kan** (S. 541), **Nakhon Phanom** (S. 541), **That Phanom** (S. 541) und **Khong Chiam** (S. 550). Von der nicht weit entfernten Provinz-Metropole **Ubon Ratchathani** (S. 545) kann man per Flugzeug nach Bangkok fliegen oder parallel zur kambodschanischen Grenze in die Hauptstadt zurückkehren, wobei sich ein Zwischenstopp am Khmer-Heiligtum **Prasat Phanom Rung** (S. 555) bei Buriram anbietet oder beim alljährlichen Elefanten-Auftrieb von **Surin** (S. 552).

## Entlang der Ostküste

■ ab 1 Woche

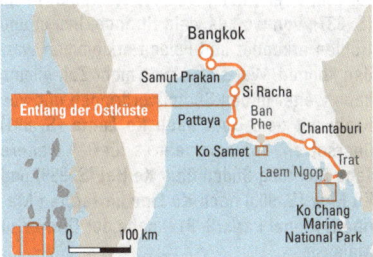

An der Küste östlich von Bangkok liegen die schönsten Badestrände auf **Ko Samet** (S. 577) und den Inseln des **Ko Chang Marine National Parks** (S. 592). Bei der Anreise lohnt sich eine Übernachtung in der Edelstein-Metropole **Chantaburi** (S. 583), die mit einer bewegten Vergangenheit und zwei bedeutenden Pilgerzielen aufwartet.

Wer auf Abwechslung und ein reges Nachtleben steht, plant einen Aufenthalt in **Pattaya** (S. 564) ein. Auf dem Weg nach Bangkok oder zum Flughafen können Pausen an den beiden Großzoos von **Si Racha** (S. 564) oder im Vorort Bangkoks, in **Samut Prakan** (S. 563), eingelegt werden, wo das Freilichtmuseum Ancient City lockt.

## Phang Nga-Bucht und Inseln im Süden

■ ab 5 Tagen

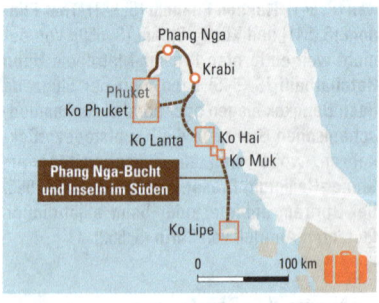

Die landschaftlich reizvollste Tour durch die Karstlandschaft im Süden führt von **Phuket** (S. 798) über **Phang Nga** (S. 832) nach **Krabi** (S. 837), von wo aus viele Strände, Inseln und Höhlen erkundet und Felsen erklommen werden können. Wer sich etwas mehr Zeit nimmt, kann weiter in den Süden vordringen und von Krabi mit dem Boot nach **Ko Lanta** (S. 881) übersetzen. Von dort geht es für 3–4 weitere Tage Richtung Süden über **Ko Hai** (S. 899) und **Ko Muk** (S. 900) nach **Ko Lipe** im Tarutao Marine National Park (S. 912) nahe der Grenze zu Malaysia.

## Zwischen Golf und Andamanensee

■ ab 2 Wochen

Der Isthmus von Kra, die schmalste Stelle der Halbinsel, liegt auf der Höhe von **Chumphon** (S. 654), dem Fährhafen zu den Inseln **Ko Tao** (S. 724), **Ko Samui** (S. 664) und **Ko Pha Ngan** (S. 692) im Golf. Bei schlechtem Wetter gelangt man schnell und problemlos mit dem Bus an die Westküste in die vom Zinnboom geprägte Provinzstadt **Ranong** (S. 758).

Von Ranong reisen viele Backpacker nach **Ko Phayam** (S. 768) und Ruhesuchende ohne große Ansprüche an Komfort nach **Ko Chang** (S. 763). Entlang der Küste geht es Richtung Süden nach **Khao Lak** (S. 789), Ausgangspunkt für Tauchtrips zu den **Surin-** (S. 775) und **Similan-Inseln** (S. 796). Wer auf eigene Faust Ko Surin besuchen möchte, kann dies in **Khura Buri** (S. 777) organisieren. Auch ein Abstecher auf die noch sehr einsame **Ko Phra Thong** (S. 778) ist möglich.

Weiter geht es über den **Khao Sok National Park** (S. 783) zurück zur Golfküste nach **Surat Thani** (S. 739). Auch von hier verkehren Boote auf die **Inseln im Golf**.

## Entlang der Golfküste

■ 1 Woche

Wer in Bangkok früh aufbricht, hat die Gelegenheit, in **Damnoen Saduak** (S. 242) den Schwimmenden Markt zu besuchen, bevor es durch die idyllische Flusslandschaft über den besonders bei Bangkokern beliebten Markt von **Amphawa**

Der Wat Thaton im hohen Norden nahe der burmesischen Grenze

(S. 242) weiter in die wenig besuchte Provinzstadt **Ratchaburi** (S. 245) mit einem tollen Museum geht. Hier wie in **Phetchaburi** (S. 630) weiter südlich sind buddhistische Tempel und Höhlen interessante Ausflugsziele. Das Seebad **Hua Hin** (S. 636) ist das Ziel vieler Reisender, die nicht bis in den Süden vordringen wollen. Beschaulichere Strände finden sich an der Küste zwischen **Prachuap Khiri Khan** (S. 647) und **Bang Saphan** (S. 652). Ruhe bieten auch die beiden Strände **Khanom** und **Sichon** (S. 743) südlich von Surat Thani. Für Kulturinteressierte gibt es in **Nakhon Si Thammarat** (S. 746) noch einen großen, alten Tempel zu bestaunen.

## Abseits der Touristenzentren

Genug von Touristenbussen, Sehnsucht nach Am-Ende-der-Welt-Atmosphäre? Kein Problem: Der Nordosten und Norden ist groß, und selbst in anderen Regionen gibt es Reiseziele, in denen es garantiert keine anderen Touristen gibt. Am besten erreicht man sie mit einem eigenen Fahrzeug und folgt den blauen Hinweisschildern zu touristischen Sehenswürdigkeiten, die in diesem Buch nicht beschrieben sind. Auch das GPS hat sich als hilfreich erwiesen, einige schöne Nebenstrecken entlang der großen Flüsse zu entdecken.

Die lokale Kultur und Lebensart erschließt sich vor allem in den Dörfern und Provinzstädten. Hier sind Farang, wie die westlichen Besucher genannt werden, eine Seltenheit und werden manchmal sogar noch neugierig bestaunt.

# Klima und Reisezeit

## Klima

Niemand plant einen Badeurlaub an der Nord-
seeküste im Dezember oder eine Skireise in die
hochsommerlichen Alpen, doch viele vergessen, dass auch in Thailand Jahreszeiten bei
der Reiseplanung berücksichtigt werden sollten. Auch außerhalb der Regen- und Trockenzeit kam es in Thailand in den letzten Jahren zu
extremen und unvorhersehbaren klimatischen
Schwankungen, die zu außergewöhnlichen Regenfällen und Hitzewellen geführt haben und
mit keiner Klimatabelle erklärt werden können.
Über das Wetter informieren u. a. 🖥 www.tmd.
go.th/en.

Die **Temperaturen** schwanken an der Küste
im Verlauf des Tages meist zwischen 24 °C und
32 °C. Je näher der Äquator ist, umso geringer
werden die Temperaturschwankungen. Hingegen klettern im kontinentaleren Klima von
Nord-Thailand die Temperaturen vor der Regenzeit mittags auf über 38 °C und können an klaren
Nächten in den Bergen von November bis Februar bis auf den Gefrierpunkt sinken.

Besonders die Küsten haben ihre eigenen
Windsysteme und **Regenzeiten**. Normalerweise treten von Juli bis Oktober auch mehrere Regentage hintereinander auf. Dann kann an einem
Tag mehr Regen fallen als in mehreren trüben
europäischen Monaten. **Winde** bringen Regen,
wenn sie vom Meer her wehen – kommen sie
vom Festland, sind sie hingegen trocken.

Von Mai bis Oktober liegt Thailand im Ein-
flussbereich des Südwestmonsuns, der dem
Land zu dieser Zeit hohe Niederschläge beschert. Von November bis Februar bringt der
Nordostmonsun der Ostküste von Prachuap Khiri Khan bis nach Malaysia Regen. Hierdurch
kommt es zu **drei Jahreszeiten**, die regional
verschieden ausgeprägt sind:

## Kühle Jahreszeit (November bis Februar)

Am „kältesten" ist es im Dezember und Januar,
dem thailändischen Winter. In diesen Monaten
schwankt die Temperatur in Bangkok zwischen
20 °C am Morgen und 30 °C am Nachmittag.
In Nord-Thailand beträgt sie knapp 10 °C frühmorgens und 28 °C nachmittags. In den hoch
gelegenen Bergorten kann sie sogar noch weiter sinken. Im Süden gibt es geringere Schwankungen. In Nord-Thailand wirkt die Landschaft
ab Februar ziemlich trocken. An der Westküste klingt im November die Regenzeit aus, sodass Urlauber von Dezember bis April mit viel
Sonnenschein rechnen können. An der Golfküste südlich von Chumphon (Ko Samui, Ko Pha
Ngan, Ko Tao) bringt zum Ende des Jahres der
Nordostmonsun viel Regen – dennoch beginnt
zu dieser Zeit auch hier die Hochsaison.

## Heiße Jahreszeit (März bis Mai)

Die Temperaturen steigen ab Februar beständig
an. Weitere Unannehmlichkeiten bescheren die
diesige Luft, die sich durch Brandrodung in den
Bergen bildet. Besonders schlimm wird es rund
um Chiang Mai und Chiang Rai. Mittagstempe-
raturen von über 40 °C im Schatten sind keine
Seltenheit. Angenehmer ist der Aufenthalt an
der Küste, wo in den Badeorten Hochkonjunktur
herrscht. Aber auch hier wird es sehr heiß. Insgesamt ist der höher gelegene Norden kühler.
Dennoch sollte man darauf achten, bei diesiger
Luft die betroffenen Gebiete zu meiden und Trekkingtouren nur dort zu buchen, wo dichter Wald
vor der intensiven Sonneneinstrahlung schützt.

## Bangkok

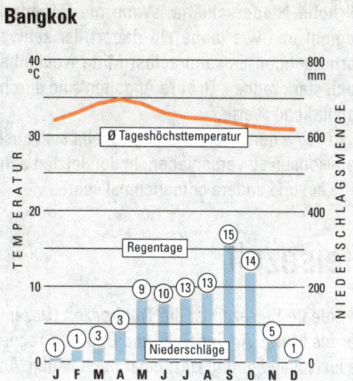

Ø Tageshöchsttemperatur
Regentage
Niederschläge

## Chantaburi

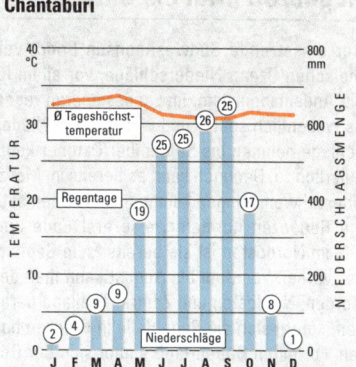

Ø Tageshöchsttemperatur
Regentage
Niederschläge

## Chiang Mai

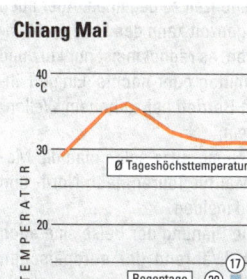

Ø Tageshöchsttemperatur
Regentage
Niederschläge

## Ko Samui

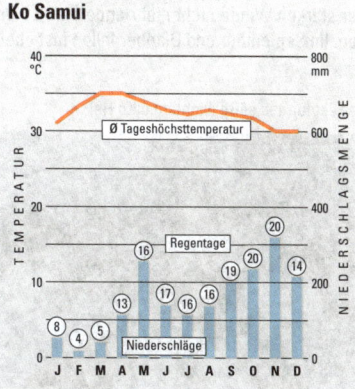

Ø Tageshöchsttemperatur
Regentage
Niederschläge

## Phitsanulok

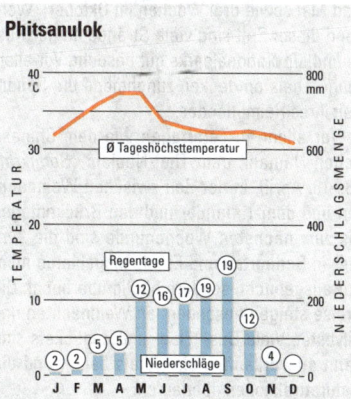

Ø Tageshöchsttemperatur
Regentage
Niederschläge

## Phuket

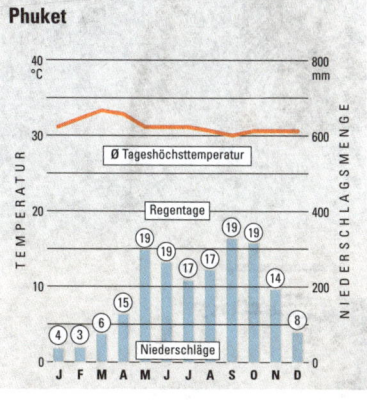

Ø Tageshöchsttemperatur
Regentage
Niederschläge

## Regenzeit (Mai bis Oktober)

Der einsetzende Südwestmonsun bringt vom Indischen Ozean Niederschläge, vor allem für die Andamanenküste. Im Landesinneren regnet es wesentlich später und weniger. Die Niederschläge nehmen bis September/Oktober kontinuierlich zu. Dennoch kann es bereits im Mai zu Überschwemmungen kommen. Im Norden setzt die Regenzeit normalerweise erst Ende Juni ein, im Nordosten ist sie bereits Ende September vorbei. Von Juni bis August kann man den Norden, Nordosten und Zentral-Thailand bereisen, sofern sich die Regenfälle in Grenzen halten. Für einen Badeurlaub eignet sich der Golf von Thailand, während es an der Andamanenküste oft heftig regnet und viele Inseln wegen der starken Winde nicht mehr angefahren werden. Im September und Oktober fallen fast überall hohe Niederschläge. Wann die Regenzeit beginnt und wie lange sie dauert, ist schwer vorhersehbar. Es kann selbst Mitte November noch stark regnen. Unsere Angaben sind durchschnittliche Werte.

In Folge der Erderwärmung scheint sich auch der Monsun zu verschieben. In den letzten Jahren kam und endete er manchmal später.

# Reisezeit

Die ideale Reisezeit ist die **Trockenzeit** (Dezember bis März). An der Golf- und Ostküste regnet es im November und Dezember noch häufig. Am sichersten ist es, die Reise einen Monat nach dem Ende der Regenzeit zu beginnen. Aber auch während der Regenzeit kann das Land problemlos bereist werden, es regnet meist nur kurz und heftig am Nachmittag oder nachts. Einige Fähren stellen ihren Betrieb bei zu hohem Wellengang allerdings ein.

Wegen der **Sommerhitze** sollte man die Monate April und Mai für Touren nach Nord- und Nordost-Thailand meiden.

Wichtig für die Planung der Reise sind auch die **Schulferien**. Während der europäischen Sommer- und Weihnachtsferien, wenn auch die internationalen Schulen in Thailand Ferien machen, herrscht Hochsaison. Die thailändischen Universitätsferien (Mitte März–Ende Mai und kürzer im Oktober/November) und Schulferien variieren (meist zwei Monate zwischen März und Mai sowie drei Wochen im Oktober). Während dieser Zeit sind viele Strände an der Küste und die Nationalparks gut besucht. Vor allem junge Thais entdecken zunehmend die Schönheit ihres Heimatlandes.

Vor allem an **Feiertagen** wie dem Chinesischen Neujahr, dem Thai-Neujahr (*Songkran*, 13.–15. April), in der Zeit zwischen Weihnachten und dem 1. Januar und den Brückentagen bis zum nächsten Wochenende sind die Zimmer in Badeorten und Erholungsgebieten nicht nur ausgebucht, sondern häufig überbucht. Die Preise steigen besonders an Weihnachten und Silvester. Viele Bus-, Flug- und Zugtickets sind dann ausverkauft, viele Hotels belegt und die Naturattraktionen überlaufen.

Perfekt für das süße Nichtstun: Ko Hai

© M. MARKAND

# Reisekosten

Es ist natürlich viel einfacher, mit gut gefüllter Reisekasse unterwegs zu sein, aber auch mit schmalem Geldbeutel kann man viel unternehmen, denn das Angebot an Unterkünften, Restaurants, Transportmitteln, Sport- und Einkaufsmöglichkeiten ist breit gefächert. Manch einer genießt es, zwischen Bambushütte und 5-Sterne-Resort zu pendeln, mit dem lokalen Bus zu fahren und sich trotzdem für einen Ausflug ein Taxi zu gönnen, die Nudelsuppe am Straßenstand ebenso zu genießen wie Seafood am Strand und bei einem Tauchkurs nicht rechnen zu müssen. Andere wollen so lange wie möglich reisen und haben kein Problem damit, in Schlafsälen zu übernachten und auf Märkten zu essen, mit nicht klimatisierten Bussen zu fahren und teure Touristenzentren zu meiden.

Das allgemeine **Preisniveau** ist in Bangkok, Phuket, Ko Samui, auf den Inseln der Andamanensee und in einigen weiteren Touristenzentren wesentlich höher als in der Provinz. Zudem gibt es beachtliche regionale Unterschiede: Der Nordosten und Norden sind deutlich billiger als viele Regionen des Südens. Hier und an abgelegenen Stränden auf dem Festland kann man bei anspruchsloser Lebensführung mit 500 Baht am Tag auskommen, wenn das Zimmer geteilt wird. Darin sind allerdings Souvenirs, Touren, Mieten von Motorrädern oder Autos und Schlemmereien sowie Alkoholika nicht enthalten.

Wenn der Urlaub etwas komfortabler sein soll, braucht man mindestens das Doppelte. In diesem Budget sind bequemere Unterkünfte und Essen in Restaurants enthalten. Wer regelmäßig Bier oder Cocktails trinkt, fein essen geht oder luxuriösere Hotels mit Pool genießen möchte, braucht viele Baht mehr.

Da ein Zimmer für eine Person fast überall genauso viel kostet wie für zwei Personen, reist man zu zweit deutlich billiger. Viele Unterkünfte sind günstiger online buchbar.

Lokale öffentliche **Verkehrsmittel** sind außerhalb der Urlaubsorte immer noch recht günstig. Auf Langstrecken zahlt man bei Bussen wie auch der Eisenbahn für zusätzliche Bequemlichkeit (Klimaanlage, Liegesitze, Essen) etwa das Doppelte. Viele Backpacker-Busse sind zwar billig, aber weder sonderlich bequem noch sicher (S. 87 und S. 231).

Bei Eintrittsgeldern, vor allem in Nationalparks, aber auch in Thai-Restaurants gibt es teils erhebliche Unterschiede zwischen dem, was Ausländern und Einheimischen in Rechnung gestellt wird. Thai-Speisekarten sind oft umfangreicher als die englischen, auf denen dann nur die teuren Gerichte übersetzt oder mit anderen Preisen versehen sind.

## Was kostet wie viel?

| | |
|---|---|
| **Trinkwasser** (1 l) | 10–30 Baht |
| **Softdrink** (0,3 l) | 10–50 Baht |
| **Bier** (0,6 l) | 40–160 Baht |
| **Nudelsuppe** | 20–80 Baht |
| **Fried Rice** | 40–100 Baht |
| **Curry-Gericht** | 60–200 Baht |
| **Benzin** (1 l) | 27–37 Baht |
| **Taxifahrt** (in Bangkok) | ab 35 Baht |
| **Mietwagen pro Tag** | 900–2200 Baht |
| **Eintritt Nationalpark** | meist 200–300 Baht |
| **Eintritt Nationalmuseum** | meist 100 Baht |
| **Doppelzimmer Gästehaus** | 250–900 Baht |
| **Doppelzimmer Mittelklassehotel** | 600–2000 Baht |
| **Bungalow am Strand** | |
| Einfach | 500–1000 Baht |
| Mittelklasse | 1000–3000 Baht |

# Travelinfos von A bis Z

Wer nach Thailand reist, benötigt einen Reisepass, eine Reisekrankenversicherung, leichte, luftige Kleidung (in den Wintermonaten im Norden und für Strecken in klimatisierten Transportmitteln auch etwas Warmes zum Anziehen) sowie eine gesunde Portion Geduld und Neugier. Vieles läuft anders als in der Heimat, und der beste Weg ist immer ein freundliches Lächeln. Es lohnt sich, die Travelinfos in Ruhe zu lesen, um gut vorbereitet eine tolle Reise zu erleben.

BAR, JET YOD RD., CHIANG RAI; © MISCHA LOOSE

## Inhalt

## Kurz und knapp

**Flugdauer** Frankfurt – Bangkok: 11 Std.

**Einreise** EU-Bürger und Schweizer mit einem mind. 6 Monate gültigen Reisepass

**Geld** Geldautomaten sind weitverbreitet. Pro Abhebung werden bei ausländischen Karten 180 Baht zusätzlich berechnet.

**Smartphones** Lokale SIM-Karten gibt es in jedem 7-Eleven. Viele Restaurants und fast alle Hotels bieten WLAN an.

**Zeitverschiebung** MEZ plus 6 Std., zur europäischen Sommerzeit plus 5 Std.

# Anreise

## Flüge aus Europa

Wer zum gewünschten Zeitpunkt möglichst günstig fliegen möchte, sollte früh buchen. Die Preise ändern sich ständig – dank der Kerosinpreisschwankungen, der damit verbundenen Zuschläge und der Luftverkehrsabgabe von knapp 45 € bei Langstreckenflügen aus Deutschland. Zudem lasten die Airlines ihre Maschinen möglichst voll aus, sodass freie Plätze kurz vor dem Abflugtag kaum noch zu bekommen sind.

Zur Zeit der Recherche flogen für 500–900 € (Hin- und Rückflug) zahlreiche Fluggesellschaften von Berlin, Düsseldorf, Frankfurt (direkt), Genf, Hamburg, Köln, Leipzig, München (direkt), Stuttgart, Wien (direkt) und Zürich (direkt) nach Bangkok. Infos zur Flugsicherheit aller Airlines finden sich unter 🖳 www.aerosecure.de.

**Inlandflüge** können bei Thai Airways als Anschlussflüge mitgebucht werden. Nicht zu empfehlen sind die „Open date tickets", da für ein Thailand-Visum ein bestätigter Rückflug verlangt wird.

**Thai Airways,**
🖳 www.thaiairways.com,
60313 **Frankfurt**, Zeil 127
📞 069-9287 4444, 🖂 9287 4222
80335 **München**, Bayerstr. 83, 📞 089-2420 7010

**Bangkok Airways,**
🖳 www.bangkokair.com,
60311 Frankfurt, Bethmannstr. 58
📞 069-1337 7565-6

Weitere internationale Airlines, die Thailand anfliegen, s. eXTra [2590]. Über gute Sitzplätze und weitere Details im Flieger informiert 🖳 www.seatguru.com (auch als App).

## Auf dem Landweg

Schweizern und Österreichern wird bei der Einreise auf dem Landweg nach Thailand an allen Grenzübergängen nur noch eine Aufenthaltserlaubnis von 15 Tagen erteilt, Deutschen werden 30 Tage genehmigt. Wer länger bleiben will, benötigt ein Visum, das bei einer konsularischen Vertretung Thailands im Ausland beantragt werden muss, S. 47.

### Aus / nach Malaysia

Grenzüberschreitende Züge verkehren zwischen Bangkok und Butterworth, dem Fährhafen für Penang. Zudem fahren täglich Minibusse aus den großen Städten und Tourismuszentren in Changlun/Sadao über die Grenze und laden ihre Passagiere in Hat Yai um. Aus Sicherheitsgründen sind ihnen jedoch die großen Busse vorzuziehen, die vor allem zwischen Hat Yai und allen großen Städten der Malaiischen Halbinsel verkehren. Kaum genutzt werden die abgelegenen Grenzübergänge im Landesinneren. Aufgrund der politischen Unruhen in den grenznahen Provinzen Yala, Narathiwat und Pattani fahren nur noch wenige Touristen über Tak Bai oder Sungai Golok nach Kota Bharu an der Ostküste. Eine weitere Alternative sind Boote, die zwischen Satun und Kuah bzw. Ko Lipe und Telaga Harbour auf Pulau Langkawi verkehren.

Bei der Einreise nach Malaysia wird eine Aufenthaltserlaubnis für 90 Tage erteilt.

### Aus / nach Kambodscha

Backpacker-Unterkünfte bieten preiswerte Busfahrten von Siem Reap und Phnom Penh über die Grenzübergänge Poipet/Aranyaprathet oder Cham Yeam/Hat Lek an, wo umgestiegen wird. Allerdings wartet jenseits der Grenze nicht immer ein Bus von gleichwertiger Qualität. Wer sichergehen will, bucht nur bis zur Grenze und organisiert sich am Busbahnhof die Weiterfahrt. Von Aranyaprathet kann man auch mit einem langsamen Zug weiter Richtung Bangkok fahren. Von Sihanoukville geht es mit dem Boot nach Koh Kong und mit dem Sammel- oder Motorradtaxi zum 12 km entfernten Grenzübergang Cham Yeam.

Bei der Einreise nach Kambodscha wird für US$30 ein „Visa on Arrival" für 30 Tage ausgestellt, das im Land selbst einmalig um 30 Tage verlängert werden kann. Wer in Baht zahlt, muss mit einem sehr ungünstigen Wechselkurs rechnen.

## Aus / nach Laos

Die Rennstrecke von der Khaosan Road in Bangkok nach Vientiane verläuft über Nong Khai. Wer sich den Backpackerbus ersparen möchte, kann mit bequemen staatlichen Bussen oder dem Zug auf der Freundschaftsbrücke über den Mekong via Nong Khai nach Bangkok fahren und vielleicht sogar einen Zwischenstopp im wenig bereisten Nordosten einlegen. Beliebt ist die Fahrt mit dem Boot auf dem Mekong von Luang Prabang nach Houay Xai, wo es über eine neue Brücke nahe Chiang Khong und weiter mit dem Bus nach Chiang Rai oder Chiang Mai geht.

Weitere Grenzübergänge ermöglichen interessante Reisen jenseits der ausgetretenen Pfade.

Bei der Einreise nach Laos wird für US$30–35 an allen Grenzübergängen bis auf Bung Kan/Pakxan ein „Visa on Arrival" für 30 Tage ausgestellt, das im Land einmalig um 30 Tage verlängert werden kann. Wer in Baht zahlt, muss mit einem sehr ungünstigen Wechselkurs rechnen.

## Aus / nach Myanmar

Myanmar hatte sich jahrzehntelang abgeschottet, sodass das übliche Transportmittel aus dem Nachbarland bis vor Kurzem das Flugzeug war. Mittlerweile sind eine ganze Reihe von Grenzübergängen auch für Ausländer geöffnet worden. Eine Aus-/Einreise auf dem Landweg ist möglich zwischen Mae Sai und Tachilek (nur bis Kengtung und von dort mit dem Flieger nach Mandalay oder Heho), Mae Sot und Myawaddy (von dort weiter nach Mawlamyaing, auch Mawlamyine geschrieben), Phu Nam Ron (westlich von Kanchanaburi) und Htee Kee (von dort weiter nach Dawei) sowie Ranong und Kawthaung (Victoria Point, von dort mit dem Flugzeug oder Küstenbooten weiter nach Myeik und Dawei, der Landweg ist für Ausländer noch geschlossen).

Die reguläre Einreise nach Myanmar ist ohne ein vorher bei der Botschaft (je nach Ausstellungsgeschwindigkeit 810–1260 Baht) oder online (US$50) unter 🖥 http://evisa.moip.gov.mm beantragtes Visum nicht möglich. Alternativ kann auf dem Landweg nur das grenznahe Gebiet besucht werden, dann wird am Grenzübergang für eine saubere, ungefaltete US$10-Note oder 500 Baht ein 14-tägiges Visum bzw. ein „Borderpass" ausgestellt.

## Online buchen

Besonders in der touristischen Hochsaison in den europäischen Wintermonaten und während der thailändischen Schulferien und Feiertage ist eine Vorbuchung der Unterkünfte durchaus sinnvoll.

Eine lohnenswerte Anlaufstelle für Flug-, Hotel- und Mietwagenbuchungen sind die großen

---

### Weniger fliegen – länger bleiben! Reisen und Klimawandel

Der Klimawandel ist vielleicht das dringlichste Thema, mit dem wir uns in Zukunft befassen müssen. Wer reist, erzeugt auch $CO_2$: Der Flugverkehr trägt mit einem Anteil von bis zu 10 % zur globalen Erwärmung bei. Wir sehen das Reisen dennoch als Bereicherung: Es verbindet Menschen und Kulturen und kann einen wichtigen Beitrag für die wirtschaftliche Entwicklung eines Landes leisten. Reisen bringt aber auch eine Verantwortung mit sich. Dazu gehört darüber nachzudenken, wie oft wir fliegen und was wir tun können, um die Umweltschäden auszugleichen, die wir mit unseren Reisen verursachen. Wir können insgesamt weniger reisen – oder weniger fliegen, länger bleiben und Nachtflüge meiden (da sie mehr Schaden verursachen). Und wir können einen Beitrag an ein Ausgleichsprogramm wie 🖥 **www.atmosfair.de** leisten.

Dabei ermittelt ein Emissionsrechner, wie viel $CO_2$ der Flug produziert und was es kostet, eine vergleichbare Menge Klimagase einzusparen. Mit dem Betrag werden Projekte in Entwicklungsländern unterstützt, die den Ausstoß von Klimagasen verringern helfen.

nachdenken · klimabewusst reisen

**atmosfair**

---

**Vergleichsportale**, die Angebote miteinander vergleichen und das günstigste herausfiltern.

- 🖳 www.kayak.de (auch als App)
- 🖳 www.swoodoo.de (auch als App)
- 🖳 www.skyscanner.de (auch als App)

Hier kann man mit der Option „flexible Kriterien – ganzer Monat" nach den günstigsten Flügen innerhalb eines Monats suchen.

- 🖳 www.tripadvisor.de (auch als App)

Die Website bietet die umfangreichste Hotelauswahl, einen Beliebtheitsindex, ein Forum sowie Bewertungen von Reisenden und deren Fotos.

# Botschaften und Konsulate

## Thailändische Botschaften und Konsulate

### … in Europa

Botschaft in Deutschland
12163 Berlin, Lepsiusstr. 64-66
📞 030-794 810, ✆ 7948 251
🖳 www.thaiembassy.de
🕘 Mo–Fr 9–12.30 Uhr

### Generalkonsulat

60596 Frankfurt, Kennedyallee 109
📞 069-6986 8205, ✆ 6986 8228
🖳 www.thaigeneralkonsulat.de
🕘 Mo–Fr 9–12.30 Uhr
Visa können hier nur persönlich beantragt werden.

### Honorargeneralkonsulate

01067 Dresden, Friedrichstr. 27
📞 0351-4812 4916, ✆ 4819 6706
🖳 www.thaikonsulatdresden.de
🕘 Mo–Fr 9–12 Uhr
45131 Essen, Rüttenscheider Str. 199
📞 0201-9597 9334, ✆ 9597 9445
🖳 www.thai-konsulat-nrw.de
🕘 Mo–Fr 9–12, Mo, Mi und Fr 14–16 Uhr

### Tipps für die ersten Schritte im Land

- Überall, wo sich Neuankömmlinge konzentrieren, in der Ankunftshalle am Flughafen, am Bahnhof oder am Königspalast (S. 144), sind Schlepper und selbst ernannte Guides nicht fern, die ein schnelles Geschäft wittern und überhöhte Preise verlangen.
- Deshalb: Keinem hilfsbereiten Taxi-/Tuk Tuk-Fahrer/Guide/Traveller glauben, der einen auf einer billigen Stadtrundfahrt für 20 Baht überzeugen will, dass man beim Edelstein-/Seidenhändler/Schneider einen günstigen Großeinkauf machen kann oder in einem spezifischen Reisebüro seinen kompletten Aufenthalt vorbuchen sollte. Ein gut klingendes Angebot ist wahrscheinlich zu gut, um wahr zu sein (S. 50).
- Shoppingtouren auf das Ende der Reise verlegen, wenn man das Preisniveau kennt. Zudem spart man sich damit unnötige Schlepperei.
- Wer sich für die ersten Tage ein Hotel bucht, hat weniger Stress bei der Ankunft.
- Wer Thai-Essen nicht gewohnt ist, kann die ersten Tage „nicht scharf" *(mai pet)* bestellen und sich langsam steigern.
- Gepäck keinem Fremden anvertrauen, auch nicht dem Security-Personal am Flughafen.
- Wertsachen gehören v. a. bei Busfahrten nur ins Handgepäck, besser jedoch in den unter der Kleidung getragenen Geldgürtel.
- Insgesamt ist Thailand ein sehr sicheres Land, auf das man sich während der Reise beruhigt einlassen kann.

20099 Hamburg, An der Alster 85
📞 040-2483 9118, ✆ 2483 9206
🖳 www.thaikonsulathamburg.de
🕘 Mo–Fr 9–12 Uhr
80639 München, Prinzenstr. 13
📞 089-168 9788, ✆ 1307 1381
🖳 www.thaikonsulatmuenchen.de
🕘 Mo–Fr 9–12 Uhr

### Honorarkonsulat

70499 Stuttgart, Pforzheimer Str. 381
📞 0711-226 4844, ✆ 226 4856

🖳 www.thaikonsulat.de
🕐 Mo, Mi, Fr 12–15 Uhr

Botschaft in Österreich
1180 Wien, Cottagegasse 48
📞 01-478 3335, 📠 478 2907
🖳 www.thaiembassy.at
🕐 Mo–Fr 9–12 Uhr

**Honorarkonsulate**
5020 Salzburg, Koch-Sternfeld-Gasse 7
📞 0662-840 0200, 📠 840 0201
🖳 www.thaiconsulate-salzburg.at
🕐 Mo–Fr 9–12 Uhr
6850 Dornbirn, Rieggasse 44
📞 und 📠 05572-256 146
🕐 Mo–Fr 9–12 Uhr

Botschaft in der Schweiz
3097 Bern-Liebefeld, Kirchstr. 56
📞 031-970 3428, 📠 970 3037
🖳 www.thaiembassybern.org
🕐 Mo–Fr 9–11.30 Uhr

**Generalkonsulate**
8001 Zürich, Löwenstr. 42
📞 043-344 7000, 📠 344 7001
🖳 www.thai-consulate.ch
🕐 Mo–Fr 9.30–11.30 Uhr
1202 Genf, rue de la Serviette
📞 022-311 0723, 📠 345 1208
🖳 www.thaiconsulate.ch
🕐 Mo–Do 9.15–11.45 Uhr
4010 Basel, Aeschenvorstadt 71
📞 061-206 4565, 📠 206 4546
🖳 www.thaikonsulat.ch
🕐 Mo–Do 9–11.30 Uhr

## … in Asien
Botschaft in Indonesien
74 Jl. Dr. Ide Anak Agung Gde Agung 3.3,
Lot 8.8, Kuningan, Jakarta
📞 021-2932 8190-4, 📠 2932 8199
🖳 www.thaiembassy.org/jakarta/en

Botschaft in Kambodscha
196 Preah Norodom Boulevard, Phnom Penh
📞 023-726 306-8, 📠 726 303
🖳 www.thaiembassy.org/phnompenh

Botschaft in Laos
Kaysone Phomvihane Ave., Vientiane
Visa nur in der:
15 Ban Ponesinuan, Bourichane Rd.,
Vientiane
📞 021-2145 3916 (Mo–Fr 13.30–16.30 Uhr)
🕐 Mo–Fr 8.30–11.30 Uhr
🖳 http://vientiane.thaiembassy.org/
vientiane/en

**Konsulat**
Tha He Rd., Savannakhet
📞 041-212 373, 📠 212 370
🕐 Mo–Fr 9–11 Uhr

Botschaft in Malaysia
Kuala Lumpur, 206 Jl. Ampang
📞 03-2143 2107, 📠 2148 6573
🕐 Mo–Fr 9.30–11.30 Uhr
🖳 www.thaiembassy.org/kualalumpur

**Konsulate**
Penang, 1 Jl. Tungku Abdul Rahman,
Ecke Jl. Ayer Rajah
📞 04-226 8029
🖳 www.thaiembassy.org/penang
🕐 Mo–Fr 9–11.30 Uhr
Kota Bharu, 4426 Jl. Tok Guru
📞 09-744 5266, 📠 744 9801
🖳 www.thaiembassy.org/kotabharu
🕐 So–Do 9–12 Uhr

Botschaft in Myanmar (Birma)
Yangon (Rangoon), 94 Pyay Rd. Dagon Township
📞 01-226 728, 📠 221 713
🕐 Mo–Fr 9–11.30 Uhr
🖳 www.thaiembassy.org/yangon/en

Botschaft in Singapore
370 Orchard Rd.
📞 6737 2644 (14–17 Uhr)
🕐 Mo–Fr 9.15–11.30 Uhr
🖳 www.thaiembassy.sg

Botschaft in Vietnam
Hanoi, 63-65 Hoang Dieu St.
📞 04-3823 5095, 📠 3823 5088
🖳 www.thaiembassy.org/hanoi
🕐 Mo–Fr 8.30–12 Uhr

**Konsulat:**
Ho Chi Minh City, 77 Tran Quoc Thao St.,
District 3
✆ 08-932 7637-8, 📠 932 6002
🖥 www.thaiembassy.org/hochiminh/en

## Botschaften und Konsulate in Thailand

**Deutsche Botschaft**
Bangkok 10120, 9 Sathon Tai Rd.,
MRT-Station Lumpini
✆ 02-287 9000, 📠 287 6232,
🖥 www.bangkok.diplo.de
Notfallnummer (meist nur zu den Dienstzeiten
erreichbar) ✆ 081-845 6224
🕐 Mo–Fr 8.30–11.30 Uhr, Visaanträge bis
10.30 Uhr
**Deutsche Konsulate** in Phuket S. 807 und
Chiang Mai S. 378.

Wer sich länger in Thailand aufhält, kann sich
unter 🖥 https://service.diplo.de/elefandextern/
home/registration!form.action registrieren
lassen.

**Botschaft von Österreich**
Bangkok 10120, Q House Lumpini,
Sathorn Tai Rd.
✆ 02-105 6710, 📠 401 6161,
🖥 www.bmeia.gv.at/botschaft/bangkok
🕐 Mo–Fr 9–12 Uhr
**Honorarkonsulate** in Phuket S. 807

**Botschaft der Schweiz**
Bangkok 10330, 35 North Wireless Rd.
✆ 02-674 6900, 📠 674 6902,
🖥 www.eda.admin.ch/bangkok
🕐 Mo–Fr 9–11.30 Uhr
**Honorarkonsulat** in Chiang Mai S. 378.

**Botschaft von Kambodscha**
Bangkok 10310, 518/4 Pracha Uthit Rd.
(Ramkamhaeng Soi 39)
✆ 02-957 5851, 📧 camemb.tha@
mfa.gov.kh
🕐 Mo–Fr 9–12 Uhr

**Botschaft von Laos**
Bangkok 10310, 520, 502/1-3 Pracha Uthit Rd.
(Ramkamhaeng Soi 39)
✆ 02-539 3642, 📠 539 3827
🕐 Mo–Fr 8.30–12 Uhr

**Botschaft von Myanmar (Birma)**
Bangkok 10500, 132 Sathorn Nua Rd.,
BTS-Station Surasak
✆ 02-233 7250, 📠 236 6898
🖥 www.myanmarembassybkk.com
🕐 Mo–Fr 9–12 Uhr
**Honorarkonsulat** in Chiang Mai S. 378.

# Einkaufen

Nicht viele Länder der Welt können mit Thailand als Einkaufsparadies konkurrieren. Da ist vor allem Bangkok mit der größten Konzentration schicker **Einkaufspaläste** – eine dank Klimaanlagen kühle, von Toparchitekten und -designern gestaltete Welt aus Granit, Marmor, Messing und Edelstahl mit viel Glas, die auch weniger Wohlhabenden einen Blick in die Welt internationaler Modedesigner ermöglicht. Die Spitzenpositionen nehmen derzeit das Siam Paragon, der Terminal 21, das Central World Centara, die Central Embassy und das Emporium sowie das EmQuartier ein. Auch Pattaya, Phuket, Chiang Mai und Hua Hin haben nachgezogen.

Selbst am Rand von Provinzstädten können Heimwehkranke in **Hypermärkten** wie Tesco lotus oder Big C eine begrenzte Auswahl an Käse und Wurst von ausgewanderten deutschen Metzgern, Wein und andere vertraute Köstlichkeiten bekommen. In Touristenzentren haben sich einige Geschäfte auf Ausländer eingestellt und führen ein breites Angebot an Importwaren, allerdings zu entsprechenden Preisen.

Das eine oder andere Schnäppchen lässt sich in **Factory Outlets** machen, auf die große Schilder an einigen stark befahrenen Highways hinweisen. So gibt es große Outlets nahe Ayutthaya, Chiang Mai, Krabi-Stadt, Pak Chong, Pattaya und Udon Thani sowie auf Ko Samui und Phuket.

Weitaus interessanter ist ein Bummel über die **Straßen-, Wochen- und Nachtmärkte**, die in teils gigantischen Dimensionen an mehreren tausend Ständen eine unüberschaubare Fülle an lokalen Produkten präsentieren. Traditionelle Blumen-, Lebensmittel- und Textilmärkte haben selbst in den Hochhausschluchten von Bangkok überlebt. Einige sind bei Tag, andere nur in der Nacht oder an bestimmten Tagen aktiv. Auf allen Märkten können sich Händler wie Besucher an Garküchen mit frisch zubereiteten Snacks und preiswerten Thai-Gerichten stärken.

Dank des Tourismus locken **Souvenirmärkte** mit einem Überangebot an lokalen Produkten: Textilien aus Baumwolle und Seide, Silberschmuck und (Halb-)Edelsteine, alte und neue Holzschnitzereien, Möbel und Dekoratives für Haus und Garten, Porzellan, Benjarong- und Sawankhalok-Keramik, Leder- und Lackarbeiten, Porträts am Straßenrand in Minutenschnelle

### Vorsicht vor Schleppern!

In Bangkok lassen sich selbst achtsame Touristen von ausgefuchsten Schleppern zum **Kauf von Edelsteinen** überreden. Auf Ausflügen werden z. B. Juweliergeschäfte mit Super-Sonderangeboten besucht. Auf anderem Wege versuchen es seriös wirkende, hilfsbereite Thais und sogar Farang. Sie sprechen Touristen auf dem Weg zu einer Sehenswürdigkeit an und geben vor, dass diese ausgerechnet heute geschlossen sei. Als Alternative bieten sie eine Tour an, bei der man nach einer Weile wieder in einem Laden endet. Es stimmt *nicht*, dass die Edelsteine in Deutschland zu vielfach höheren Preisen wieder verkauft werden können! In Wirklichkeit kauft man für weit überhöhte Preise **minderwertige Edelsteine**. Misstrauen ist angebracht bei gesprächigen Tuk Tuk- und Taxifahrern, die einen günstigen Fahrpreis akzeptieren und unterwegs noch schnell an einem Juweliergeschäft, Seidenladen oder Schneider anhalten wollen. Sie versuchen meist nur eine Provision oder einen Benzingutschein abzugreifen.

Weitere Betrugsmaschen werden unter 🖥 www.bangkokscams.com und 🖥 www.wiki travel.org/en/Bangkok#Scams ausführlich erläutert. Mehr s. **eXTra** [5775].

oder nach Fotovorlagen gemalt, Buddhas aller Stilrichtungen auf Leinwand oder aus Holz, Statuen – geschnitzt, mit Einlegearbeiten dekoriert oder in Bronze gegossen – und trotz gerichtlicher Strafandrohungen weiterhin Kopien internationaler Markenwaren, Uhren und DVDs von den neuesten Blockbustern und Fernsehserien.

Überaus lohnend sind der Suan Chatuchak Weekend Market und Pratunam-Markt in Bangkok, der Samstagsmarkt in Chiang Rai, der Sonntagsmarkt in Chiang Mai, der Nachtmarkt in Pai und Hua Hin sowie der schwimmende Markt von Amphawa. Vor allem auf Souvenirmärkten wird gehandelt. Als guter Startpreis gilt etwa die Hälfte des eigentlichen Preises. Nicht gehandelt wird überall dort, wo Preisschilder den Festpreis nennen. Mehr Tipps zum Handeln S. 97.

Bei einer Reise durch die nördlichen Landesteile bieten sich viele Gelegenheiten, traditionelles **Kunsthandwerk** direkt in den Werkstätten zu kaufen und den Produzenten bei der Arbeit zuzusehen. Die erste Adresse ist zweifellos Chiang Mai mit den umliegenden Kunsthandwerkszentren, die in ihren Dimensionen an Dörfer erinnern.

Auch in abgelegenen Orten werden originelle Mitbringsel hergestellt: Kuchen, getrocknete Früchte und andere Leckereien ebenso wie handgewebte Stoffe und sogar Schiffsmodelle. Von staatlicher Seite gefördert, haben sich die Dorfbewohner auf eine Produktpalette spezialisiert, die in Läden mit der Aufschrift **OTOP** (one tambon one product) vor allem an Touristenschwerpunkten und Raststätten entlang der Highways angeboten sind.

Was fehlt, sind deutschsprachige **Bücher**. Selbst englischsprachige Zeitschriften und Bücher sind außerhalb der Touristenzentren eine Rarität. Deshalb deckt man sich am besten in Bangkok, Chiang Mai, Chiang Rai, Pattaya oder Phuket Town ein. Gästehäuser und die umliegenden Secondhand-Buchläden sind zudem die einzige Möglichkeit, unterwegs eventuell noch einen aktuellen Loose-Reiseführer zu ergattern. Mehr darüber s. **eXTra** [2671].

Vom Kauf von **Antiquitäten** und **Produkten aus geschützten Tieren** ist abzuraten. Nur solange sich Käufer dafür finden, werden Kultstätten geplündert, seltene Tiere gejagt und alte Erbstücke verkauft. Darüber hinaus ist der Handel mit Antiquitäten in Thailand verboten. Alle Stücke, für die keine Exportgenehmigungen vorliegen oder die unter das Washingtoner Artenschutzabkommen fallen, werden vom Zoll beschlagnahmt (S. 103). Das gilt auch für **nachgemachte Markenwaren** und illegale DVDs. Gefälscht wird so ziemlich alles, was Profit verspricht. Viele Produkte sind von schlechter Qualität, was besonders bei Medikamenten gefährlich sein kann.

Die **Erstattung der 7 % Mehrwertsteuer** *(VAT Refund for Tourists)* lohnt nur bei Einkäufen in einem Geschäft mit der Aufschrift „VAT refund for tourists" ab 20 000 Baht pro Quittung, da Bearbeitungs- und Bankgebühren abgezogen werden. Zudem muss für Einkäufe in diesem Umfang bei der Einreise im Heimatland die Mehrwertsteuer nachentrichtet werden.

# Essen und Trinken

Über Jahrhunderte hat sich die thailändische Landesküche unter asiatischen, indischen und europäischen Einflüssen entwickelt. Die Bandbreite der Gerichte reicht von sehr scharf bis mild; im Allgemeinen sind die Thai-Speisen kräftig gewürzt.

Da die meisten Thai-Frauen berufstätig sind, speist die ganze Familie in der Regel außer Haus. Während Thais tagsüber leichte Suppen und kleine Snacks zu sich nehmen, kommt die eigentliche Hauptmahlzeit, die aus mehreren Gängen besteht, erst nach Sonnenuntergang auf den Tisch. Selbst Nachtschwärmer bekommen in Bars einen scharfen Snack aus benachbarten Garküchen geliefert.

Wer Wert auf Hygiene legt, kann sich mit einem Blick in die Küche vergewissern, ob diese einen sauberen Eindruck macht. Eine „Clean Food – Good Taste"-Kampagne, deren Schilder hier und da zu sehen sind, hat vor einigen Jahren Restaurants ausgezeichnet, deren Küchen den Reinheitstest bestanden haben.

Auch Einheimische kontrollieren die Rechnung, denn wer gut kocht, kann nicht unbedingt auch gut rechnen.

## Wo essen?

### Restaurants

Gourmet- und 5-Sterne-Hotel-Restaurants nehmen preislich die Spitzenplätze ein. In Touristenzentren und Großstädten bedienen internationale Fastfood-Ketten sowie westliche Restaurants auch Bedürfnisse nach Burgern, Pizza, Steaks und Eisbein. Allerdings muss man für Importwaren auch europäische Preise zahlen. Zu Traveller-Unterkünften gehören einfache Restaurants, in denen Frühstück, Traveller-Food und Getränke angeboten werden. Alle diese Restaurants haben (teils bebilderte) Speisekarten auf Englisch. Separate englische Karten in chinesischen und Thai-Restaurants in der Provinz listen manchmal nur einige Gerichte und haben ab und an sogar höhere Preise als die Thai-Karte.

Für ein typisches Thai-Essen sollte man in größerer Runde essen gehen und sich verschiedene Gerichte zusammenstellen lassen. Es ist üblich, dass alle Gerichte gleichzeitig und über den Tisch verteilt serviert werden und sich jeder nach Belieben bedient. Suppen zählen zum Hauptgericht und werden nicht vorher gegessen.

Ein Thai-Gericht mit Fleisch und Gemüse kostet in einem normalen Restaurant 80–150 Baht, Fisch und Seafood sind teurer. In Touristenorten und gehobenen Restaurants liegen die Preise meist über 150 Baht. Gebratener Reis mit Ei, Huhn, Schweinefleisch oder Krabben oder eine herzhafte Nudelsuppe kosten in Traveller-Restaurants unter 100 Baht, in einfachen Thai-Restaurants sogar nur 40–60 Baht.

### Keine Speisekarte?

Fernab der Touristenansammlungen gibt es oft keine englische Speisekarte. Wenn die rohen Zutaten wie Fleisch, Fisch und Gemüse in einer Vitrine oder im Kühlschrank liegen, braucht man nur darauf zu deuten und das Wort für „gebraten" oder „gekocht" zu sagen (s. „Kulinarisches Wörterbuch" S. 55). Oder man bestellt einfach das, was auf einem der Nachbartische lecker aussieht.

## Essensstände und Food Center

An den preiswerten Essensständen an Straßen, großen Plätzen oder Märkten kaufen auch viele Berufstätige auf dem Heimweg ein. Häufig werden die 20–100 Baht teuren Gerichte vor den Augen der Käufer frisch zubereitet. In der Nähe gibt es fast immer Sitzplätze. Alle großen Einkaufszentren beherbergen Food Courts, in denen über ganze Etagen Essensstände günstige Gerichte anbieten, die mit zuvor erworbenen Coupons oder Chipkarten bezahlt werden. Fertige Currys stehen in großen Töpfen in der Auslage, sodass man schnell seine Auswahl trifft. In direkter Nähe konkurrieren oft Restaurants und Cafés mit den Food Courts.

## Bäckereien und Cafés

Kaffeespezialitäten gibt es an Kaffeetheken und in Filialen internationaler und einheimischer Ketten, die sich in Einkaufs- und Touristenvierteln etabliert haben. Geschmack und Qualität des in den Bergen Nord-Thailands angebauten Arabica-Kaffees kann mit importierten Kaffeesorten mithalten. Die in schicken Cafés angebotenen Kuchen und Torten nach französischen, amerikanischen und deutschen Rezepten sind oft wesentlich leckerer als die süßen Zuckerteilchen in Thai-Bäckereien.

## Löffel, Gabel und Stäbchen

In der Regel wird in Thailand mit **Löffel** (rechts) und **Gabel** (links) gegessen. Mit Hilfe der Gabel werden, entsprechend unserem Messer, die Speisen auf den Löffel geschoben. In abgelegenen Regionen benutzt man manchmal hierfür die rechte Hand, da die linke als unrein gilt und das Essen nie berühren sollte.

Für Nudelsuppen werden **Stäbchen** *(chop sticks)* und ein kurzer Suppenlöffel gereicht, wobei mit den Stäbchen die Nudeln auf den Löffel geschoben werden. In chinesischen Restaurants werden auch die Reisgerichte mit Stäbchen gegessen. Touristen bekommen aber immer Gabel und Löffel gereicht.

## Gewürze

Gewürzt werden die Speisen hauptsächlich mit Fischsauce und Glutamat (MSG). Zudem ist es vor allem bei Suppen üblich, nach dem Servieren nachzuwürzen. Hierfür stehen auf den Tischen in der Regel Behälter mit Zucker, zerstoßenen und getrockneten roten Chilis sowie Chilis in Essig und Fischsauce.

In Thailand wird gern außer Haus gegessen. Auf Essensmärkten gibt es die ganze Vielfalt zu entdecken.

# Gerichte

## Currys (gäng)

Diese gibt es in vielen Zubereitungsarten, Geschmacksrichtungen und Schärfegraden:
**Garih** – ein gelbes, mildes indisches Curry.
**Khiau wahn** – scharfes, grünes Curry, das Shrimp-Paste *(blachan)* und viele Chilis enthält.
**Massaman** – die gelbe einheimische Variante mit Knoblauch, Ingwer, Zitronengras, Koriander, Kardamom, Muskatnuss, Muskatblüte, Zimt, Nelken, Tamarinde, Limonen, Zucker, Kokosmilch, Kartoffeln und Chilis.
**Phet** – scharfes rotes Curry (*gäng phet gai* = Hühnchencurry; *gäng ped* ist hingegen ein mildes Entengericht).
**Panaeng** – cremiges rotes Curry, das mit einer dicken Kokosmilchsauce zubereitet wird.

## Fisch und Fleisch

Thailand ist für Fisch- und Seafood-Liebhaber ein wahres Paradies. Die Preise richten sich vor allem beim frischen Fisch nach dem Gewicht und liegen meist bei 50–80 Baht pro 100 g inklusive Zubereitung und Beilagen, können aber sehr stark variieren. Für edle Meeresgenüsse wie Hummer muss man tief in die Tasche greifen: Für etwa 10 cm lange Langusten zahlt man mindestens 70 Baht und für einen mittelgroßen Hummer 1000 Baht. Deshalb sollte man sich vor dem Essen immer nach dem Preis von teurem Seafood erkundigen.

    **Fleisch** gehört neben Gemüse zu jeder kompletten Mahlzeit.

## Nudeln

Nudelgerichte sind zu jeder Tageszeit ein beliebter Snack. Sie werden sowohl auf Frühstücksbuffets als auch an Straßenständen verkauft.
**Bah mie** – gelbliche Weizenmehlnudeln, die es in vielen Varianten gibt.
**Gueh tiao (Kway Teow)** – weiße, breite Reisnudeln, die gebraten und mit viel Sauce oder in süßsauren Suppen mittags an Essensständen zubereitet werden.
**Khanom chin** – vor allem im Süden beliebtes Gericht, wobei verschiedene Beilagen wie Trockenfische, Gurken, Pickles, rohe und eingelegte Sojasprossen zum Verfeinern der Nudeln auf

### Vorsicht scharf!

Einige Speisen sind mit kleinen Chilis gewürzt. Achtung, als Faustregel gilt: Je kleiner die Chilis, desto schärfer sind sie. Wer nicht scharf essen will, deutet auf die Gerichte und fragt: **pät mai?** (Ist's scharf?). Lautet die Antwort **mai pät** (nicht scharf), kann nicht viel passieren. Ist die Antwort **pät pät**, muss man mit einer sehr scharfen Mahlzeit rechnen.

Ein Klassiker zum Würzen ist **prik nam pla**, eine salzige Fischsauce mit Knoblauch, Limonensaft und vielen klein geschnittenen Chilis. Sie wird in Touristenhochburgen durch Ketchup ersetzt und ist dort nur auf Nachfrage zu erhalten.

den Tisch gestellt werden. Extra bezahlen muss man nur ein gekochtes Ei *(khai)* als Beilage.
**Khao soi** – eingewanderte Moslems aus Yunnan machten diese leckere cremig-scharfe Hühnersuppe im Norden populär. Ihre wesentlichen Bestandteile sind Curry, Kokosmilch, flache Eiernudeln und obendrauf knusprige Nudeln, dazu gibt es eingelegten Kohl.
**Phat thai** – (gespr. *padd tai*) ein sehr beliebtes Gericht aus gebratenen Reisnudeln mit Tofu, Gemüse, Ei, Sojasprossen und Erdnüssen.

## Reis

Grundnahrungsmittel der Thais ist Reis, **kao**. *Khin kao*, der allgemeine Begriff für „essen", lässt auf die Bedeutung von Reis in Thailand schließen.
**Kao nieow** – Klebreis *(sticky rice)* ist vor allem in der Küche des Isarn, aber auch im Norden und äußersten Süden verbreitet und wird auch zu *som tam* (s. u., Salate) oder als Dessert, z. B. zu frischen Mangoscheiben, gegessen.
**Kao phat** – gebratener Reis (gespr. *kao pad*), das preiswerte Standardgericht vieler Rucksackreisender. Dieses Gericht gibt es z. B. als **kao phat gung** (mit Krabben), **kao phat gai** (mit Huhn) oder *American fried rice* (mit gebratenem Ei).
**Kao plao** – gekochter, körniger Reis *(plain rice)* wird als Beilage zu fast allen Gerichten gereicht.

## Salate

Aus gesundheitlichen Erwägungen sollten Blattsalate nur dort gegessen werden, wo sie mit sauberem oder jodiertem Wasser gewaschen worden sind. In Thailand isst man fleischhaltige, scharfe Salate vor allem als Beilage zum Trinken, z. B.:

**Larb** – ein sehr scharfer Salat aus fein gehacktem Fleisch (zumeist Schwein oder Hühnchen) und vielen frischen Kräutern, der mit gerösteten, zerstoßenen Reiskörnern bestreut wird. Die Variante im Isarn ist deutlich saurer als in Nord-Thailand.

**Nam tok** – ein sehr scharfer Salat ähnlich dem Larb, nur hier mit Fleischscheiben (zumeist Schwein oder Rind).

**Som tam** – auch *papaya pok pok* genannt, die Nationalspeise des Isarn: geraspelte grüne Papaya im Mörser zerstoßen mit salzigen, kleinen Krebsen oder Trockenfisch (für skeptische Touristen auch oft ohne), Limone, Knoblauch, Fischsauce und vielen Chilis, bestreut mit Erdnüssen. Beliebte Beigabe zu Grillhähnchen.

**Yam** – scharfer Salat aus Blattsalaten, Koriander, Minze, Knoblauch, Chilis und einer sauren Sauce sowie Rind, Schwein oder Seafood.

## Snacks

Die kleinen Mahlzeiten variieren je nach Region. Für Anfänger geeignet sind Klebreis mit Mango sowie gefüllte süße oder salzige Kuchen. OTOP-Läden führen eine Vielfalt abgepackter lokaler Spezialitäten. An Straßenständen werden leckere Snacks zubereitet, z. B.:

**Gluei tord** – gebratene Bananen.

**Kanom dschiäb** – ausgebackene Teigtaschen mit Fleisch- oder Krabbenfüllung.

**Khao thom mud** – leckere, süße Klebreispäckchen im Bananenblatt, die mit Bananen oder Kokos verfeinert werden.

## Suppen

**Hot pot** – auch *steamboat* oder *thai-sukiyaki* genannt. Am Tisch werden in einer kochenden Brühe alle Zutaten gegart und mit Saucen verfeinert gegessen. Häufig zu finden in Einkaufszentren, aber auch auf einigen Nachtmärkten, wo man für einen festen Betrag so viel essen kann, wie man will.

**Kao tom** – Reissuppe mit Fleischeinlage, die zum Frühstück gegessen wird, z. B. mit Hühnchen *(kao tom gai)*.

**Tom kha** – würzige Thai-Suppe mit *kha*, einer Ingwerart, Zitronengras, Zitronenblättern, Chilis und anderen Zutaten, die mit Kokosmilch verfeinert ist. Beliebt als *tom kha gai* (mit Hühnchen).

**Tom yam** – eine sauer-scharfe Thai-Suppe mit Tamarinde, aber ohne Kokosmilch. Beliebt als *tom yam gung* (mit Krabben).

## Vegetarisch und Vegan

Vegetarier und Veganer haben es in Thailand nicht leicht, da zu den meisten Gerichten Fleisch oder Seafood gereicht wird. Oft lässt es sich aber auch mit Tofu ersetzen. Die Verwendung der aus fermentierten Fischen hergestellten **Fischsauce** ist in der Thai-Küche weitverbreitet, was eine komplett vegetarische Ernährung zusätzlich erschwert.

Vor allem in Touristenzentren (besonders auf Ko Pha Ngan) wächst die Zahl an veganen oder vegetarischen Restaurants *(rahn ahahn mangsawirat)*.

# Früchte

Thailand ist ein Paradies für Liebhaber exotischer Früchte. Manche sind saisonal, andere das ganze Jahr über zu bekommen. Eine Spezialität im hohen Norden sind eingelegte Früchte.

**Chom-phu pa** – Rosenapfel, knapp 5 cm große, glockenförmige, säuerliche Frucht mit grünlicher bis roter Schale und luftiger Konsistenz. Saison von April bis Juni.

**Durian** – Zibetfrucht, Stachelfrucht oder Stinkfrucht genannt, gilt als Königin der Früchte und ist entsprechend teuer. Die grüne, stachlige Frucht mit einem penetranten Geruch wird am liebsten gleich am Verkaufsstand verzehrt und hat in Hotels und anderen öffentlichen Einrichtungen Hausverbot. Sie ist nur Mutigen zu empfehlen und sollte unter keinen Umständen mit Alkohol konsumiert werden! Saison von April bis August.

**Durian-khaek** – Corossol oder Stachelannone, ähnlich einer kleinen Durian, aber mit angenehm duftendem, säuerlich cremigem Fruchtfleisch mit kleinen schwarzen Kernen.

**Farang** – Guave, die als „Fremde" bezeichnete grüne, apfelähnliche Frucht wird auch unreif mit Salz und Zucker genossen.

## Kulinarisches Wörterbuch

|  |  |  |
|---|---|---|
| hungrig | *hiju* | หิว |
| durstig | *hiju nam* | หิวน้ำ |
| essen | *gin / tahn* | กิน/ทาน |
| essen gehen | *pai tahn ahahn* | ไปทานอาหาร |
| Ich mag ... | *pom / tschan tschoob* | ผม/ฉันชอบ |
| kein Fleisch | *mai sai nua* | ไม่ใส่เนื้อ |
| kein Seafood | *mai gin ahahn thale* | ไม่กินอาหารทะเล |
| Dasselbe noch einmal | *ao ik* | เอาอีก |
| Das Essen schmeckt gut! | *ahahn a-roi* | อาหารอร่อย |
| Die Rechnung, bitte! | *khep tang / kid nuen* | เช็คบิล |
| Ei | *khai* | ไข่ |
| Eis | *nam käng* | น้ำแข็ง |
| Entenfleisch | *ped* | เป็ด |
| Fisch | *plah* | ปลา |
| Fischküchlein | *tord man plah* | ทอดมันปลา |
| Garnele, Krabben | *gung* | กุ้ง |
| gebraten | *tord* | ทอด |
| gebratener Reis | *kao phat* | ข้าวผัด |
| gegrillt | *yang* | ย่าง |
| gekocht | *tom* | ต้ม |
| gelbe Nudeln | *bah mie* | บะหมี่ |
| Gemüse | *phak* | ผัก |
| getoastet | *ping* | ปิ้ง |
| heiß | *rohn* | ร้อน |
| Hühnerfleisch | *gai* | ไก่ |
| Hummer | *gung gam gram* | กุ้งก้ามกราม |
| Kaffee | *gafä* | กาแฟ |
| kalt | *jen* | เย็น |
| Krebse | *puh* | ปู |
| Omelett | *khai dschiao* | ไข่เจียว |
| Pfannengemüse | *phat phak* | ผัดผัก |
| Reis | *kao* | ข้าว |
| Restaurant | *rahn ahahn* | ร้านอาหาร |
| Rindfleisch | *nüa* | เนื้อ |
| scharf | *pät* | เผ็ด |
| Schweinefleisch | *muh* | หมู |
| süß | *wahn* | หวาน |
| süßsauer | *priao-wahn* | เปรี้ยวหวาน |
| Tee | *tschah* | ชา |
| Tintenfisch | *plahmük* | ปลาหมึก |
| trinken | *dühm* | ดื่ม |
| vegetarisch | *mangsawirat* | มังสวิรัติ |
| vegetarische Kost | *ahahn jä* | อาหารเจ |
| vegetarisches Restaurant | *rahn ahahn mangsawirat* | ร้านอาหารมังสวิรัติ |
| Wasser | *nam* | น้ำ |
| weiße Nudeln | *göi tiao* | ก๋วยเตี๋ยว |
| weißer Reis | *kao plao* | ข้าวเปล่า |

**Gluei** – Bananen, von denen es zahlreiche Sorten gibt, werden an Straßenständen gegrillt und gebacken, getrocknet und in Honig eingelegt oder als Chips verkauft.

**Kha-nun** – Jackbaumfrucht, eine riesige, grünlich gelbe Frucht mit runden Stacheln, die bis zu 90 cm lang und 35 kg schwer werden kann. Die festen, gelben, herausgelösten Fruchtsegmente werden in der Saison von Januar bis Mai auf Straßenmärkten verkauft und auch als Gemüse verwendet.

**Lamut** – Sapodilla, die kleine, ovale, bräunliche Frucht schmeckt ähnlich einer reifen Birne und etwas süßsauer. Saison von Juli bis September.

**Lam-yai** – Longan, unter einer dünnen, braunen Schale verbirgt sich weißes, saftiges Fruchtfleisch, das etwas säuerlich schmeckt. Saison ist von Juni bis August im Norden.

**Lin-chi** – Litschipflaumen (Lychee) mit rötlicher, dünner, fester Schale wachsen in den Bergen im hohen Norden. Saison von April bis Juni.

**Long-gong** – Lansi (Duku, ähnlich: Langsat), Rispen mit kugeligen, gelblich braunen Früchten von ca. 3 cm Durchmesser. Unter einer dünnen, festen Haut liegt die weiße, säuerliche Frucht.

**Ma-fuang** – Sternfrucht (Karambole), eine ovale, saftig-säuerliche Frucht mit wachsähnlicher, gelblich grüner Schale, die geschnitten die Form eines Sterns hat.

**Makham-wan** – süße Tamarinde, große, bohnenförmige Frucht mit rötlich braunem, klebrigem Fruchtfleisch. Saison von Dezember bis Februar im Nordosten.

**Malakor** – Papaya, die ovale, orange-grüne, bis zu 40 cm lange Frucht schmeckt besonders gut mit Limonensaft beträufelt zum Frühstück.

**Mamuang** – Mango, wird in Thailand unreif mit dem säuerlichen, festen Fruchtfleisch zu einer scharfen Sauce oder im reifen Zustand gegessen. Saison ist von März bis Juni.

**Mangkut** – Mangostanenfrucht, unter einer violetten, dicken, stark abfärbenden Schale liegen die weißen, säuerlich-süßen Segmente. Saison von Mai bis Oktober im Süden.

**Maprao** – Kokosnuss, gibt es vor allem an der Küste.

**Ngoh** – Rambutan (Zwillingspflaume), rote, tennisballgroße Frucht von haarigem Aussehen. Das weiße, konsistente Fruchtfleisch umgibt einen großen Kern. Saison ist von März bis September.

**Noi-na** – Zimtapfel, aus Südamerika stammende Frucht mit breiig-süßem Fruchtfleisch.

**Phutsa** – Jujube, kleine, runde und süße Frucht. Saison von August bis Februar im Osten.

**Sapparot** – Ananas. Saison von April bis Juli und im Dezember/Januar rings um Hua Hin und nördlich von Chiang Mai.

**Som** – Orangen, von denen es an die hundert Sorten gibt, die teils wie Orangen, teils wie Mandarinen schmecken. Sie werden gern frisch gepresst und auf Eis gekühlt verkauft. Saison ist zwischen September und November.

**Som-o** – Pomelos, die größte der vielfältigen Zitrusfrüchte mit gelbem oder rötlichem Fruchtfleisch. Saison ist Anfang August bis November.

**Tenglai** – Honigmelonen, sind ebenso wie Wassermelonen *(tengmo)* erfrischend und deshalb als Dessert beliebt.

# Getränke

## Wasser und Säfte

Überall wird eine große Auswahl an kalten alkoholfreien Getränken angeboten. Beliebt und recht günstig sind die international bekannten Softdrinks. Zudem gibt es Trinkwasser und Säfte. In Backpacker-Zentren sind frisch gepresste Fruchtsäfte auch ohne Eis zu bekommen, manchmal sogar in exotischen Varianten mit Ingwer oder Zitronengras.

Generell gilt: Vorsicht mit Wasser. Auf keinen Fall sollte Leitungswasser getrunken werden. In Flaschen abgefülltes **Trinkwasser** ist überall erhältlich. **Eis**, das überall zu kalten Getränken gereicht wird, ist meist hygienisch sauber – im Zweifel besser ohne bestellen. Speiseeis sollte in Gebieten mit unregelmäßiger Stromversorgung gemieden werden, da bei angeschmolzenem Eis Salmonellengefahr besteht.

**Nam manau** – Zitronen- oder Limonensaft, manchmal auch Limonade.

**Nam maprao** – die erfrischende, klare Milch junger Kokosnüsse, schmeckt gut gekühlt am besten.

**Nam som** – Orangensaft, wird ebenso wie Zitronensaft manchmal mit Salz gewürzt, was zwar dem Körper guttut, doch vielen europäischen Gaumen nicht schmeckt. Wer die Säfte pur möchte, bestellt *mai glüa* (ohne Salz). Frisch gepresster Saft einheimischer Orangen wird öfter in kleinen Plastikflaschen auf Eis gekühlt angeboten.

## Kaffee

**Café-Ketten** wie Doi Tung, Wawee und Doi Chaang mit Arabica-Kaffee aus den Bergen haben die Kaffeekultur Thailands erfrischend belebt und für die weitreichende Verbreitung italienischer Kaffeemaschinen gesorgt.

**Gafä** – wird traditionell mit süßer Kondensmilch und Pulverkaffee angerührt und hat keine Ähnlichkeit mit unserem Kaffee.

**Gafä dam ron** – Kaffee ohne Milch.

**Gafä yen** – Kaffee mit Eis.

**Oh liang** – süßer Eiskaffee mit Eiswürfeln.

## Tee

**Tschah**, Tee, besteht zumeist aus einem Teebeutel, getaucht in mehr oder weniger heißes Wasser. In westlich orientierten Cafés sind auch exotische Kräutertees auf dem Vormarsch.

**Tschah ron** – heißer schwarzer Tee, mit Milch und Zucker.

**Tschah dam** – Tee mit Zucker ohne Milch.

**Tschah dam yen** – Eistee mit Zucker (manchmal aus der Dose).

**Tschah manau** – Tee mit Zitrone *(manau* = Zitrone), in klassischer Form rötlich-braun in der Farbe und sauer-süßlich im Geschmack.

**Nam tschah** – dünner grüner Tee, wird in chinesischen Lokalen kostenlos zum Essen gereicht.

## Alkoholische Getränke

Weitverbreitet sind **Singha-** und **Heineken-Bier**, Lagerbiere mit 5 % Alkoholgehalt und die preis-

### Alkoholverkaufszeiten

Offiziell darf in Geschäften Alkohol jeglicher Art nur von 11–14 und 17–24 Uhr verkauft werden. Die meisten Supermärkte, wie z. B. 7-Eleven oder Family Mart, halten sich strikt an die gesetzlichen Vorgaben, sodass man um 00.01 Uhr kein Bier mehr kaufen kann.

werteren Lagerbiere **Chang** und **Leo** mit 5–6,4 % Alkohol. Im Land unter Lizenz gebraut werden auch das japanische **Asahi** und **San Miguel** von den Philippinen. Wenig verbreitete, aber qualitativ ansprechende Biere sind das einheimische **Phuket Bier** mit einem Nashornvogel im Logo und das aus dem Nachbarland importierte **Beer Lao**. Manchmal gibt es auch **Erdinger** oder **Paulaner Weißbier** und zunehmend eine akzeptable Auswahl an einheimischen und importierten **Weinen**.

Die thailändische Alkoholdroge Nummer eins ist **(Thai-)Whiskey**, der wie akzeptabler Weinbrand schmeckt und zu allen Gelegenheiten aufgetischt wird. Wir empfehlen, ihn mit Sodawasser oder Cola zu verdünnen.

# Fair reisen

Reisen wirkt sich auf die Umwelt und die besuchten Menschen aus. Das fängt beim Flug an und hört bei der Nutzung lokaler Ressourcen auf. Touristen verbrauchen durchschnittlich mehr Strom und produzieren mehr $CO_2$ und Müll als die Einheimischen. Viele Lebensmittel, die wir zu Hause verzehren, müssen aufwendig und umweltschädlich importiert werden. Auch werden Beschäftigte im Tourismus oft schlecht bezahlt, arbeiten mehr als 8 Std. täglich und erhalten meist keine Sozialleistungen. Natürlich hat der Tourismus auch gute Seiten. Er hat vielen Menschen einen Weg aus der Armut gezeigt, ihnen ermöglicht, einen Beruf zu ergreifen, sich weiterzubilden. Er stimuliert lokale Investitionen, verbindet Kulturen und trägt zur Gleichberechtigung der Geschlechter bei. Außerdem hat er vielerorts Naturräume geschützt, die ohne Touristen dem Kommerz zum Opfer gefallen wären.

Als bewusst reisender Tourist kann man heute vieles bewirken. Wer wissen möchte, wie er umweltfreundlich und sozial verantwortlich reisen kann, findet neben den Tipps hier im Buch unter folgenden Adressen zahlreiche Anregungen:

**Forum anders reisen**, Wippertstr. 2, 79100 Freiburg, ✆ 0761-4012 6990, 🖥 www.forum andersreisen.de. Im Forum anders reisen haben sich über 100 kleine und mittlere Reiseveranstalter zusammengeschlossen. Sie streben einen nachhaltigen Tourismus an, der laut eigenen Angaben „langfristig ökologisch tragbar, wirtschaftlich machbar sowie ethisch und sozial gerecht für ortsansässige Gemeinschaften sein soll".

**Local Alike,** 🖳 localalike.com. Junges, thailändisches Start-Up, das auf die Vermittlung von nachhaltigen Touren setzt. Interessante Projekte im ganzen Land zu recht hohen Preisen.

**Studienkreis für Tourismus und Entwicklung e. V.**, Bahnhofstr. 8, 82229 Seefeld-Hechendorf, ✆ 08152-999 010, 🖳 www.studienkreis.org. Der Verein beschäftigt sich mit entwicklungsbezogener Informations- und Bildungsarbeit im Tourismus.

**Traverdo,** 🖳 www.traverdo.de. Internetplattform, die touristische Projekte präsentiert, welche auf kreative Weise Bildung und Einkommen für lokale Gemeinschaften gewährleisten und zum Erhalt ihrer Umwelt beitragen. Eine Suchmaschine ermöglicht die Eingrenzung nach Ländern, Reisekategorien oder Reiseterminen.

**Tourism Watch,** 🖳 www.tourism-watch.de. Auf der Website sind Hintergrundberichte zu den Themen Tourismuspolitik, Umwelt, Menschenrechte und Wirtschaft in Englisch und Deutsch verfügbar. Darüber hinaus findet man dort Links, Literaturkritiken, aktuelle Veranstaltungshinweise und Publikationen.

Mehr zum Thema unter 🖳 www.stefan-loose.de/fair-gruen.

## Tipps für umweltbewusstes und sozial verträgliches Reisen

Beim Umweltschutz ist jeder Einzelne gefordert, mit gutem Beispiel voranzugehen und die zwei goldenen Regeln anzuwenden:

a) Alle Plätze so zu verlassen, wie man sie selbst gerne vorfinden würde.

b) Take nothing but pictures, leave nothing but footprints.

### Umweltbewusst reisen

■ Den durch die **An- und Abreise** verursachten CO$_2$-Ausstoß mit Hilfe des Kompensations-

### Fair und grün – gewusst wo

🌳 Einrichtungen, die sich durch besonders umweltfreundliches oder sozial verträgliches Verhalten auszeichnen, sind in diesem Buch mit einem Baum gekennzeichnet. Sie verwenden z. B. Solarenergie, nutzen Trockentoiletten, um Kompost herzustellen, zahlen faire Löhne, investieren ihre Gewinne in soziale Projekte, propagieren einen nachhaltigen Tourismus oder stellen Besuchern Informationen für umweltverträgliches Verhalten bereit.

programms einer nachweislich korrekt agierenden Klimaagentur (z. B. 🖳 www.atmosfair.org oder 🖳 www.myclimate.ch) neutralisieren.

■ Inlandflüge vermeiden und stattdessen andere **Verkehrsmittel** wie Bus und Bahn nutzen.

■ **Klimaanlagen** vermeiden und in jedem Fall Licht und AC ausschalten, wenn man das Zimmer verlässt.

■ Keine **Souvenirs** aus bedrohten Pflanzen oder Tieren kaufen! Das Washingtoner Artenschutzabkommen verbietet deren Import nach Europa.

■ **Hotels, Fluggesellschaften, Reiseveranstalter** usw. nach ihren Umweltschutzmaßnahmen fragen und auswählen.

■ Wenn möglich **Pfandflaschen** kaufen. Softdrinks nicht in kleine Plastiktüten umfüllen lassen!

■ Auf Inseln sind **Dosen** oft die bessere Wahl, da sie leichter zu transportieren sind und platzsparend zusammengedrückt werden können.

■ **Wasserflaschen** so oft wie möglich wiederbenutzen. Auf vielen Inseln und in Städten gibt es Möglichkeiten zum kostengünstigen Nachfüllen.

■ Statt mit **Batterien** mit aufladbaren Akkus reisen, und wenn Batterien sich nicht vermeiden lassen, diese mit nach Hause nehmen – in Thailand werden sie garantiert nicht vernünftig entsorgt.

■ **Toilettenpapier** und andere Hygieneartikel nicht in die Toilette, sondern in die daneben stehenden Eimer werfen!

- Beim Einkauf die Ware nicht in **Tüten** packen lassen: „Mai sai tung" *(nicht in der Tüte)*.

## Sozial verantwortlich reisen

- Auf **respektvollen Umgang** mit der Bevölkerung und den Angestellten der Tourismusbetriebe achten und ggf. auch Mitreisende oder den Touristenführer darauf hinweisen.
- Den persönlichen **Wohlstand** nicht zur Schau stellen.
- **Bettelnden Kindern** kein Geld geben. Wirksamer ist es, einer lokalen Kinderorganisation Geld zu spenden.
- Kleinen lokalen Hotels, Restaurants, Reiseveranstaltern, Guides usw. gegenüber großen nationalen und internationalen Ketten den Vorzug geben – das erhöht die Chance, zu **lokalen Einkommen** beizutragen.
- **Kunsthandwerk** soweit möglich direkt beim Produzenten bzw. Kleinunternehmer (wie dem Strandverkäufer) kaufen, um große Zwischenhändler zu umgehen.
- **Landwirtschaftlichen Produkten** aus der Umgebung den Vorzug vor importierten Waren geben.
- Die im ganzen Land verbreiteten **OTOP-Geschäfte** bieten die Möglichkeit, regionale Produzenten zu unterstützen (S. 54).
- Auf **fair gehandelte und biologisch erzeugte Waren** zurückgreifen.

## Trekking und Kajaktouren

- Plastikmüll vermeiden, organischen **Müll** vergraben, nicht organischen Müll mit in die nächste Stadt nehmen sowie Flora und Fauna ungestört lassen. Ehrgeizige Reisende sammeln den herumliegenden Müll auf einer Trekkingroute bzw. am Flussufer auf.
- Beim Buchen eines Treks möglichst darauf achten, dass die **Agentur** ihren Mitarbeitern (Guides, Trägern, Köchen) gesetzliche Arbeitnehmeransprüche wie Mindestlohn, Ausrüstung, Verpflegung garantiert.
- Beim Buchen eines Treks in ländlichen Gebieten nachfragen, ob die **lokale Bevölkerung** von dem Besuch profitiert. Darauf achten, dass für getane Arbeit ein gerechter Lohn bezahlt wird.

# Feste und Feiertage

Während der Reiseplanung lohnt es, einen Blick in den Kalender zu werfen, denn für einige der großen Feste sollte man schon einen Umweg oder einen extra Tag in Kauf nehmen.

Im Internet sind die wichtigsten Feste auf ⌨ www.tourismthailand.org/See-and-Do/Events-and-Festivals gelistet. Eine gute Website ist auch ⌨ www.thaifestivalblogs.com.

Es gibt viele regionale Feste in Dörfern und Tempeln, die über mehrere Tage Tausende von Menschen anlocken können. Gelbe buddhistische Fahnen am Straßenrand weisen oft auf ein Tempelfest in der Nähe hin. Neben religiösen Veranstaltungen und Umzügen werden auf einem Jahrmarkt lokale Spezialitäten und allerlei Unterhaltsames geboten. Manchmal finden sogar Schönheits- und sportliche Wettbewerbe statt. Auf lokalen Messen *(fairs)* werden Produkte aus der Provinz präsentiert; Erntefeste und andere lokale Ereignisse sind immer ein guter Anlass für ein Volksfest. Musik-, Film-, Verkaufsfestivals und Sportwettbewerbe werden in Urlaubsgebieten veranstaltet, um den Tourismus zu fördern.

Alle **Feste buddhistischen Ursprungs** richten sich nach dem religiösen Kalender, der sich am Mondzyklus orientiert. Deshalb kann der Termin innerhalb von 29 Tagen variieren. Andere Feste fallen meist auf ein Wochenende. Die Termine gibt es in jedem Tourist Office oder im Internet.

**Staatliche Feiertage** orientieren sich am Gregorianischen westlichen Kalender. Wie in England ist der Montag frei, wenn der gesetzliche Feiertag auf ein Wochenende fällt. Auch freitags ist kaum jemand anzutreffen, wenn an den vorangegangenen Tagen gefeiert wurde. Dadurch gibt es viele lange Wochenenden, die die Thais für Ausflüge nutzen.

Vollmondtage s. **eXTra [2672]**.

## Januar / Februar

**1.1. – Westliches Neujahr**: Es wird ausgiebig bis zum folgenden Wochenende gefeiert.
**Neumondtag zwischen 21.1. und 19.2. – Chinesisches Neujahr**: Das dreitägige chinesische

Neujahrsfest findet vor allem im Familienkreis statt, wird aber auch für Ausflüge genutzt. Näheres s. **eXTra [2673]**.

## März / April

**Vollmondtag im März – Makha Bucha**: Lichterprozessionen um die Tempel erinnern an Buddhas Predigt vor 1250 Zuhörern. Mönche und Gläubige umrunden am Abend mit Blumen und Kerzen in gefalteten Händen dreimal eine Stupa oder ein anderes Gebäude. Besonders sehenswert im Marmortempel Wat Benchamabophit in Bangkok.

**6.4. – Chakri-Tag**: Inthronisation des ersten Chakri-Königs und Begründers der Königsstadt Bangkok, Feier im Wat Phra Kaeo.

**13.–15.4. – Thai-Neujahr**: Bekannt als *songkran* oder Wasserfest. In der heißesten Zeit des Jahres bespritzen sich die Menschen auf den Straßen mit Wasser – manchmal mit großen Wasserpistolen, was nicht immer eine willkommene Erfrischung ist. Meiden sollte man Bangkok, wo man schon mal mit einer Dusche dreckigen Klong-Wassers rechnen muss. Buddhafiguren werden gebadet, und älteren Familienmitgliedern erweist man durch zeremonielle Handwaschungen und Geschenke Hochachtung. Höhepunkt ist in Chiang Mai ein Fest mit prunkvollen Veranstaltungen. Vom 6.–17.4. sind Ferien, und das ganze Land ist unterwegs.

## Mai

**5.5. – Krönungstag**: Langes Wochenende aus Anlass der Krönung des heutigen Königs Bhumibol Adulyadej (Rama IX.) am 5.5.1950.

**Vollmondtag im Mai – Visakha Bucha**: Heiligstes buddhistisches Fest zur Feier der Geburt und Erleuchtung Buddhas und seines endgültigen Eintritts ins Nirwana. Abendliche Lichterprozessionen im Tempel, zentrale Feiern im Wat Phra Kaeo.

**Mitte Mai – Königliche Zeremonie des Pflügens**: Zeremonie brahmanischen Ursprungs, bei der ein Stellvertreter des Königs bei einer symbolischen Aussaat auf dem Sanam Luang in Bangkok um eine gute Ernte bittet. Bauern aus dem ganzen Land reisen dafür in die Hauptstadt und versuchen ein Reiskorn zu ergattern, das, der eigenen Saat untergemischt, eine gute Ernte gewährleisten soll.

## Juni–August

**Vollmondtag im Juni/Juli – Asanha Bucha** (Khao Phansa): Zur Erinnerung an die erste Predigt Buddhas in der Öffentlichkeit finden Prozessionen mit Blumen und Kerzen im Tempel statt. Am Tag nach Asanha Bucha beginnt die dreimonatige Fastenzeit Khao Phansa. Bis zum Ende der Regenzeit dürfen Mönche das Kloster nachts nicht verlassen. Traditionell lassen sich junge Männer während dieser Zeit für einige Wochen ordinieren.

**12.8. – Geburtstag der Königin**: Langes Wochenende zum Muttertag und Geburtstag der Königin.

## Oktober

**Vollmondtag im Oktober – Thot Kathin** (Ok Phansa): Nach dem Ende der Fastenzeit reisen die Thais in ihre Heimattempel, um den Mönchen neue Roben und Opfergaben zu überbringen.

**23.10. – Chulalongkorn-Tag**: Am langen Wochenende wird der Todestag von König Chulalongkorn (Rama V.) gefeiert, der das Land westlichen Einflüssen öffnete.

## November / Dezember

**Vollmondtag im November – Loi Krathong**: Lichterfest am Ende der Regenzeit. Kleine Boote, die traditionell aus Bananenstrünken gefertigt sind, werden mit Kerzen, Räucherstäbchen und Blumen geschmückt und auf eine Reise über Flüsse, Seen und Klongs geschickt – eine Opfergabe an die Göttin des Wassers. Im Norden lässt man Heißluftballons *(yipeng)* in den Himmel steigen.

**5.12. – Geburtstag des Königs**: Paraden und Feiern in Bangkok sowie auf dem Land.

**10.12. – Verfassungstag**: Langes Wochenende.

**31.12. – Silvester**: Langes Wochenende.

# Frauen unterwegs

Allein reisende Frauen können sich in diesem Umfeld unkompliziert bewegen. Eine Touristin kann schnell Bekanntschaft mit **einheimischen Frauen** schließen. Hierbei ist vor allem ein leichtes gegenseitiges Berühren am Arm üblich. Allerdings lassen sich einheimische Frauen solche Berührungen von fremden Männern nicht gefallen. Frauen, die sich durch Rauchen und Trinken „unfraulich" verhalten, werden in Städten und Touristenzentren toleriert. Traditionelles Handeln und Denken tritt hier in den Hintergrund. Trotzdem kommt für die meisten Thai-Frauen ein freizügiges Baden im Bikini am Strand nicht infrage.

Auf dem Land sind die Ansichten konventioneller. Frauen erregen Aufsehen, wenn sie mit lockeren Umgangsformen und allzu luftiger Kleidung auffallen. Auch in Tempeln und Klöstern sind sie noch lange nicht gleichberechtigt.

## Thailändische Frauen

Auf den ersten Blick scheint es, dass die Wirtschaft in Thailand von Frauen in Schwung gehalten wird. Sie dominieren den Dienstleistungsbereich und arbeiten selbst in traditionellen Männerberufen. Die meisten Entscheidungsträger in Politik und Wirtschaft sind aber nach wie vor Männer. Während in Mitteleuropa nur gut 60 % der Frauen berufstätig sind, liegt die **Frauenerwerbstätigenquote** in Thailand mit 86 % in der Weltspitze. Garküchen, Ganztagsschulen und andere Dienstleistungen erleichtern berufstätigen Müttern das Leben. Abends gehen auch einheimische Frauen in Gruppen aus.

Nonnen werden in einigen Klöstern zwar akzeptiert, haben aber längst nicht den Status der Mönche. Der Zutritt zum heiligen Bereich *(Bot)* einiger buddhistischer Tempelanlagen ist ihnen z. T. sogar verboten. Frauen dürfen keine buddhistischen Mönche berühren.

# Geld

Das einzige Zahlungsmittel ist der Baht. Bargeld gibt es an zahllosen Geldautomaten, auch am Flugplatz. US$ und Euro können in Wechselstuben und Banken getauscht werden. Wegen weitverbreiteter Fälschungen werden US$100-Noten und beschädigte Scheine oft nicht akzeptiert.

## Augen auf beim Kreditkartenkauf

Die Kreditkarte sollte beim Bezahlen nicht aus den Augen gelassen werden und in keinem Fall in Safes verwahrt werden, die für andere zugänglich sind. Schon viele Reisende mussten zu Hause feststellen, dass während ihrer Abwesenheit ohne ihr Wissen hemmungslos eingekauft wurde.

Auch in Thailand werden vor allem in Internetcafés Computer angezapft, um Kreditkartendaten abzugreifen. Wer sein Kreditkartenkonto im Blick behält, kann innerhalb einer begrenzten Zeit eine falsche Abbuchung reklamieren.

Wer die Landgrenze zu Laos oder Myanmar überschreitet, sollte für die Visagebühren komplett neue, unversehrte Dollarnoten dabeihaben. Empfehlenswert ist es, etwas Bargeld, die Bank- und Kreditkarte mitzunehmen.

## Währung

Die Währungseinheit in Thailand ist der **Baht** mit 100 **Satang**. In Umlauf sind Banknoten zu 1000, 500, 100, 50 und 20 Baht sowie Münzen zu 10, 5, 2 (selten) und 1 Baht in unterschiedlichen Prägungen nur mit Thai-Ziffern. 50- und 25-Satang-Münzen gibt es meist nur als Wechselgeld in großen Supermärkten.

## Banken

Banken sind an hohen Schildern mit den jeweiligen Logos erkennbar. Sie öffnen Montag bis Freitag außer feiertags von 8.30–15.30 Uhr.

In Touristenzentren haben Wechselstuben *(currency exchange service)* täglich bis spät abends geöffnet. Notfalls wechseln Hotels zu schlechten Kursen. Geldautomaten (ATM) sind weitverbreitet.

## Bank- und Kreditkarten

Einige **Bankkarten** mit Maestro- bzw. Cirrus-Symbol können zum Geldabheben an Automaten verwendet werden, andere nicht, wie die V-Pay-Card. Auch der Maximalbetrag und die Gebühren pro Transaktion unterscheiden sich von Bank zu Bank. Deshalb ist es erforderlich, vor der Abreise bei seiner Bank nachzufragen und eventuell eine Kartensperre aufheben zu lassen. Die Abhebung mit der Postbank Sparcard ist zehnmal jährlich an Visa/Plus-Automaten kostenlos möglich. Umgerechnet wird immer zum Briefkurs.

Die Thai-Bank schlägt bei ausländischen Geld- und Kreditkarten 180 Baht auf. Als Maximalbetrag an den meisten Geldautomaten gelten 20 000 Baht, bei einigen ist er geringer. Wer von Automaten vor einer geöffneten Bank abhebt, kann bei einem Problem gleich reklamieren.

Mit **Kreditkarten** kann man bargeldlos bezahlen oder Bargeld abheben. Auszahlungs- und Akzeptanzstellen sowie Geldautomaten sind in Thailand weitverbreitet und auf den Websites der Anbieter zu finden. Alle Abhebungen mit den Visa-Karten der DKB Bank, 🖵 www.dkb. de, der Comdirect, 🖵 www.comdirect.de, oder der ING-DiBa, 🖵 www.ing-diba.de, sind kostenlos. Die DKB Bank erstattet zudem die Abhebegebühren zurück.

Nicht selten verlangen Geschäfte entgegen den Vertragsvereinbarungen die **Verkäufergebühr** (3–5 %) vom Kunden. In diesem Fall sollte man sich diesen Betrag auf der Rechnung extra

ausweisen lassen und diesen später beim Kreditkartenunternehmen zurückfordern.

**Verlust oder Diebstahl** von Kreditkarten ist sofort zu melden, um Missbrauch zu verhindern. Bei Mietwagen oder Flügen, die mit der Karte bezahlt wurden, ist in der Regel eine Unfallversicherung enthalten, bei einigen Karten sogar eine Mietwagen-Vollkaskoversicherung.

### Informationen und Notrufnummern

Eine Sperrung von Geld- und Kreditkarten erfolgt über die zentralen Servicenummern
✆ +49-116 116 und ✆ +49-30-4050 4050,
🖵 www.sperr-notruf.de.
**American Express**, ✆ +49-69-9797 2000 (auch bei Verlust für Ersatzkarten zuständig), 🖵 www.americanexpress.com/germany.
**Maestro Card**, ✆ +49-69-740 987, 🖵 www.maestrokarte.de.
Karte sperren: ✆ +49-1805 021 021.
**MasterCard**, ✆ +49-69-7933 1910, 🖵 www.mastercard.com/de.
Karte sperren: ✆ 001-636 722 7111 (international gebührenfreies R-Gespräch).
**Visa**, 🖵 www.visa.de.
Karte sperren: ✆ 001-800 11 535 0660 (international gebührenfreies R-Gespräch).
**Western Union**, ✆ +32-2639 7107, 🖵 www.westernunion.com. Wird in Deutschland von allen Zweigstellen der Postbank angeboten.

**Achtung**: Selbstverständlich ist ein R-Gespräch nicht kostenlos, wenn bei einem Anruf aus Thailand ein Handy mit deutscher, österreichischer oder Schweizer SIM-Karte verwendet wird!

## Reiseschecks

Eine aussterbende Spezies sind Reiseschecks (Travellers Cheques), die gegen 1–2 % Provision

**Wechselkurse**

| | | | |
|---|---|---|---|
| 1 € | = 39 Baht | 10 Baht | = 0,25 € |
| 1 sFr | = 36 Baht | 10 Baht | = 0,28 sFr |
| 1 US\$ | = 35 Baht | 10 Baht | = 0,28 US\$ |

Aktuelle Wechselkurse unter 🖵 www.oanda. com/lang/de/currency/converter.

bei Banken erhältlich sind. **Euro-Reiseschecks** werden bei allen Banken in Thailand gewechselt. Der Wechselkurs für Schecks ist dort zwar günstiger als für Bargeld, dafür wird aber eine Provision pro Scheck berechnet. Deshalb sind weniger Schecks mit einem höheren Wert zu empfehlen. Manche Banken wechseln nicht mehr als 300–500 €.

Bei Verlust oder Diebstahl werden die Schecks im nächsten Vertragsbüro ersetzt. Hierfür ist es wichtig, dass für den Nachweis die Kaufabrechnung und die eigentlichen Schecks getrennt voneinander aufbewahrt werden. Außerdem hilft eine Auflistung aller bisher eingelösten Schecks, da diese natürlich nicht ersetzt werden.

# Gepäck und Ausrüstung

Der Rollkoffer hat den ideologischen Graben zwischen Rucksack und Koffer geschlossen, und so reist jeder mit dem Gepäck, das er mag. Letztendlich hängt es weitgehend von den Transportmitteln und Zielen ab, ob sich das eine oder andere als bequemer erweist.

Der „Gepäckcheck" auf S. 64 kann als Hilfe beim Packen dienen, ist aber keineswegs vollständig und kann nach individuellen Bedürfnissen ergänzt bzw. reduziert werden.

## Kleidung

Ein Wickelrock (Sarong, Thai: *phasin*) eignet sich höchstens als Strandkleidung. In einer schicken Bar, auf einem Fest, bei einem formellen Essen, dem Besuch im Königspalast und in

anderen königlichen Gebäuden oder Tempeln sollte man sich dem Umfeld entsprechend kleiden (S. 98). Bei der Auswahl der Kleidung empfiehlt sich eine Kombination aus bequem, luftig und gut aussehend. Thais bewerten die Menschen weitaus mehr als in Europa nach ihrem Äußeren, und ein ungepflegtes Auftreten stößt auf Ablehnung.

**Wäsche** wird in Touristenzentren innerhalb von Stunden an fast jeder Ecke für wenig Geld gewaschen und gebügelt. Die Kosten für den *laundry service* in Gästehäusern und Hotels stehen in direkter Relation zum Zimmerpreis.

## Technik

Kaum jemand möchte unterwegs auf sein **Smartphone** verzichten. Nicht nur zum **Musik** hören, als **Terminkalender** oder **Kamera** ist es ein nützlicher Begleiter, sondern besonders als GPS auf Reisen in unbekannte Gebiete außerordentlich hilfreich. Auch nehmen viele Reisende ihren **Laptop** oder ihr **Tablet** mit. Dank günstiger Gebühren (S. 68) und guter Netzabdeckung sowie kostenloser Hotspots (in Thailand: WiFi) ist das Surfen im Internet einfach und preiswert.

Gängige Flachstecker passen in thailändische Steckdosen, sodass man auf einen **Adapter** verzichten kann.

Auf manchen Inseln gibt es keine ganztägige **Stromversorgung** und in den günstigsten Unterkünften sind die Steckdosen oft ziemlich ramponiert, sodass sich manche Reisende mit einem Solarladegerät oder einem externen Zusatzakku ausstatten.

## Wertsachen

Geld, Pässe, Kreditkarten und Tickets lassen sich am besten in einem breiten, unauffälligen Hüftgurt nah am Körper aufbewahren. Sämtliche Papiere sind zusätzlich durch eine Plastikhülle zu schützen, da Schweiß zerstörerisch wirken kann. Taschen mit großen Kameras, Laptop und anderer Elektronik sollten möglichst nicht schon von außen auf den teuren Inhalt schließen las-

## ✗ Gepäck-Check

### Kleidung
- [ ] **Badekleidung*** (für Frauen außerhalb der Touristenzentren einteiliger Badeanzug)
- [ ] **Badelatschen*** (wegen Pilzgefahr beim Duschen!)
- [ ] **Leichte Jacke** (für An- und Abreise, Nächte in den Bergen und AC-Busse)
- [ ] **Kurze Hosen*** (bei Männern mindestens bis zur Hälfte des Oberschenkels, bei Frauen bis zum Knie, Shorts nur am Strand)
- [ ] **Sandalen** (in die man leicht hinein- und herausschlüpfen kann)
- [ ] **Schuhe** (für Trekkingtouren reichen Turnschuhe meist aus)
- [ ] **Socken*** (dichte, nicht allzu kurze Socken als Moskitoschutz für den Abend)

### Hygiene und Pflege
- [ ] **Feuchttücher*** (zur Hygiene für unterwegs)
- [ ] **Nähzeug** (Zwirn, Nähseide, Nadeln, Sicherheitsnadeln)
- [ ] **Papiertaschentücher**
- [ ] **Rasierer*** (für abgelegene Gebiete einen Nassrasierer)
- [ ] **Tampons** (Nachschub bei 7-Eleven oder in Supermärkten)

### Sonstiges
- [ ] **Regenschirm*** (keine Gummijacke wegen Wärmestau!)
- [ ] **Reiseapotheke** (S. 66)
- [ ] **Reiseführer, Landkarten, Reiselektüre**
- [ ] **Sonnenschutz**: Hut, Brille* (in unzerbrechlicher Box), Sonnencreme*

- [ ] **Taschenlampe***
- [ ] **Taschenmesser** (nicht ins Handgepäck)

### Dokumente
- [ ] **Flugunterlagen**
- [ ] **Führerschein** (gültiger internationaler)
- [ ] **Geld** (Bargeld, Bankkarte, Kreditkarte)
- [ ] **Impfpass**
- [ ] **Reisepass** (evtl. internationaler Studentenausweis, Personalausweis)

### Wer in einfachen Unterkünften wohnen wird, braucht zudem
- [ ] **Handtücher*** (die schnell trocknen)
- [ ] **Klebeband*** (fürs Packen, zum Dämpfen zu stark eingestellter Klimaanlagen und zum Verschließen von Löchern im Moskitonetz)
- [ ] **Kordel*** (als Wäscheleine oder zum Aufspannen des Moskitonetzes)
- [ ] **Moskitonetz***
- [ ] **Nägel*** (zum Befestigen des Moskitonetzes)
- [ ] **Plastikbürste*** (zum Reinigen von Wäsche und Schuhen)
- [ ] **Schlafsack** (Seiden- bzw. Leinenschlafsack oder zwei dünne Tücher, da es in billigen Hotels teils keine Decken gibt und Laken nicht häufig gewechselt werden)
- [ ] **Vorhängeschloss*** (und kleine Schlösser* fürs Gepäck)
- [ ] **Waschmittel** (in der Tube)

*Die mit * gekennzeichneten Gegenstände sind unterwegs preiswerter zu erwerben.*

sen, also aus festem Material bestehen, gut verschließbar sein und Platz für weiteres Handgepäck bieten.

# Gesundheit

Die gesundheitlichen Risiken sind in Thailand relativ gering. Wer ungeschältes Obst sowie nicht ausreichend gekochte bzw. gebrate-

ne Gerichte meidet und sich vor Mückenstichen schützt, braucht keine Angst vor Krankheiten zu haben. Näheres im Abschnitt „Reisemedizin zum Nachschlagen" im Anhang, S. 937.

Auf jeden Fall sollte vor der Reise überprüft werden, ob der Schutz gegen Tetanus, Diphtherie und Kinderlähmung (Polio) noch besteht. Viele Reisemediziner raten außerdem zu **Impfungen** gegen Hepatitis A und Typhus. Ob noch weitere Impfungen nötig sind, etwa gegen Tollwut oder Hepatitis B, hängt von den besuchten Regionen, der Reiseart und -dauer und dem Gesundheitszustand des Reisenden ab.

Über notwendige Impfungen und die Art der Malariaprophylaxe sollte man sich unbedingt sechs bis acht Wochen vor Reiseantritt von einem Reisemediziner beraten lassen. Sämtliche Impfungen müssen mit Ort, Datum und Unterschrift des Arztes in einen **Internationalen Impfpass** eingetragen werden.

## Tropenmedizinische Institute

**Berlin** Postadresse: Augustenburger Platz 1, 13353, Campus: Südring 2–3
📞 030-450 565 700, 🖥 http://tropeninstitut. charite.de
**Wien** Lenaugasse 19, 1080
📞 01-4026 8610, 🖥 www.tropeninstitut.at
**Basel** Socinstr. 57, 4002
📞 061-284 8111. Persönliche Beratung unter
📞 0900-575 131 (2,69 sFr./Min.),
🖥 www.swisstph.ch
Weitere Tropenmedizinische Institute
s. **eXTra [9996]**.

# Gesundheitstipps für die Reise

## Essen

Am besten hält man sich an die alte Tropenregel: kochen, braten, schälen – oder lassen. Denn ein Großteil der Infektionen wird durch unsauberes Essen übertragen. Wer kein ungeschältes Obst und keine rohen oder halb garen Speisen isst, hat seiner Gesundheit schon einen großen Dienst erwiesen. Wenn möglich sollte man keine aufgewärmten oder warm gehaltenen Speisen (wie oft an Essensständen angeboten) essen. Am häufigsten holen sich Touristen einen Durchfall bei Buffets. Wichtig ist auch die persönliche Hygiene, denn viele Krankheitserreger trägt man mit den eigenen Fingern zum Mund.

Wer unter **Durchfall** leidet, muss sich erst einmal Ruhe gönnen und den Flüssigkeits- und Salzverlust mit angereichertem Wasser ausgleichen. Abgepackte Elektrolyt-Lösungen gibt es in jeder Apotheke, eine Alternative sind isotonische, elektrolythaltige Sportgetränke. Erkrankte sollten auf Gemüse und Obst verzichten und fette Speisen meiden. Mit viel Reis (gesalzen), ausreichend Wasser und ein wenig Medizin sind die meisten Durchfälle in den Griff zu kriegen. Spätestens nach drei bis fünf Tagen ohne Besserung sollten Erkrankte aber einen Arzt aufsuchen. Extrem dünner, weißlicher Stuhl deutet auf eine Cholera-Infektion hin, die unverzüglich behandelt werden muss.

## Klima

Sonne und Hitze machen Reisenden oft als Erstes zu schaffen. Wer aus Europa ins tropische Asien reist, hat nicht selten eine Temperaturdifferenz von 20 °C und mehr zu verkraften. Deswegen ausreichend trinken, denn der Körper schwitzt gerade in den ersten Tagen sehr. Als Faustregel gilt: **3 l Flüssigkeit** pro Tag.

Wie überall in den Tropen ist die Sonnenstrahlung eine Gefahr. Je nach Typ braucht die Haut bis zu fünf Tage, um den Eigenschutz aufzubauen. **Sonnencreme mit hohem Lichtschutzfaktor** (15 und höher) und ein Basecap bieten zusätzlich Schutz.

## Reisemedizin im Internet

Wer sich vor dem Besuch beim Reisemediziner über die Gesundheitsrisiken kundig machen möchte, findet auf diesen Websites Infos:
**Auswärtiges Amt**
🖥 www.auswaertiges-amt.de (auch als App)
**Centrum für Reisemedizin**
🖥 www.crm.de
**Dt. Ges. für Reise- und Touristik-Medizin**
🖥 www.drtm-online.de
**Deutsche Gesellschaft für Tropenmedizin**
🖥 www.dtg.org
**Die Reisemedizin**
🖥 www.die-reisemedizin.de
**Fit for Travel**
🖥 www.fit-for-travel.de
**Reisemedizinische Beratung Freiburg**
🖥 www.tropenmedizin.de
**Robert-Koch-Institut**
🖥 www.rki.de
**Tropeninstitut Hamburg**
🖥 www.gesundes-reisen.de

## ✗ Vorschläge für eine Reiseapotheke

Von allen regelmäßig benötigten Medikamenten sollte man einen ausreichenden Vorrat mitnehmen. Nicht zu empfehlen sind Zäpfchen oder andere hitzeempfindliche Medikamente.

### Basisausstattung
- [ ] **Verbandzeug**
- [ ] **Fieberthermometer**
- [ ] **Mückenschutz**
- [ ] **Ohrstöpsel**
- [ ] **Sonnenschutz** mit UVA- und UVB-Filter
- [ ] **Antihistaminikum**
- [ ] **Beipackzettel**

### Erkältungen
- [ ] **Nasenspray**
- [ ] **Halsschmerztabletten**
- [ ] **Myrtol** zum Schleimlösen

### Erkrankungen der Haut
- [ ] **Antiseptikum** zur Desinfektion von Wunden
- [ ] **Bacitracin- und neomycinhaltige Salbe** bei infizierten oder infektionsgefährdeten Wunden
- [ ] **Mittel gegen Juckreiz** nach Insektenstichen und Allergien
- [ ] **Hydrocortison-Creme** gegen starken Juckreiz oder stärkere Entzündungen

- [ ] **Wund- und Heilsalbe**
- [ ] **Antimykotikum** gegen Pilzinfektionen
- [ ] **Augentropfen** gegen Bindehautentzündung

### Magen- und Darmerkrankungen
- [ ] **Loperamidhaltige Tabletten** gegen Durchfall
- [ ] **Elotrans** zur Rückführung von Mineralien (für Kinder: Oralpädon Pulver)
- [ ] **Abführmittel** gegen Verstopfung

### Schmerzen und Fieber
- [ ] **Ibuprofen** oder **Paracetamol** (keine acetylsalicylsäurehaltigen Medikamente)
- [ ] **Butylscopolaminium-bromidhaltige Dragees** gegen starke, krampfartige Schmerzen
- [ ] **Antibiotikum\*** gegen bakterielle Infektionen (in Absprache mit dem Arzt)

### Sonstiges
- [ ] **Malaria-Medikament\*** zur Prophylaxe oder als Standby-Therapie
- [ ] **Mittel gegen Reisekrankheit**

Bitte bei den Medikamenten Gegenanzeigen und Wechselwirkungen beachten und sich vom Arzt oder Apotheker beraten lassen.

*\* rezeptpflichtig in Deutschland*

---

Auch **Erkältungen** kommen häufiger vor, als man denkt, denn in der kühlen Jahreszeit wird es nach Sonnenuntergang schnell frisch. Dann hilft ein dünner Pullover – in den Bergen ein dicker. Auch die Schwankungen zwischen tropischen Außentemperaturen und AC-gekühlten Büros, Einkaufszentren, Transportmitteln und Hotelzimmern haben schon viele Schnupfen verursacht.

## Medizinische Versorgung

Dank eines gut entwickelten Gesundheitswesens erreicht man in Thailand im Notfall von fast allen Orten aus schnell ein **Krankenhaus**. Bei ernsthaften Erkrankungen oder anstehenden Operationen sollte man ein internationales privates Krankenhaus mit Englisch sprechendem Personal in Bangkok, Chiang Mai oder auf Phuket oder Ko Samui aufsuchen. Die großen Krankenhäuser arbeiten aber mit vielen Versicherungen zusammen und regeln bei kostenintensiven Behandlungen die Bezahlung direkt mit der Versicherung in der Heimat. Kleinere Behandlungen werden selbst gezahlt und nach der Rückkehr mit der Versicherung abgerechnet.

Staatliche Krankenhäuser sind zwar relativ sauber und gut ausgestattet, ihr Standard entspricht jedoch oft nicht den europäischen Erwartungen. Die Behandlungskosten sind etwas günstiger als in Privatkrankenhäusern.

**Gesundheitszentren** (Health Centers) oder Erste-Hilfe-Stationen, die es in vielen Dörfern gibt, beschäftigen meist nur Krankenschwestern. Manche Krankenhausärzte betreiben zudem kleine Kliniken, die nach Feierabend und an Wochenenden geöffnet sind.

In absoluten Notfällen hilft die Botschaft.

Krankenhäuser sind in den Regionalkapiteln unter „Medizinische Hilfe" aufgeführt.

# Informationen

Fremdenverkehrsämter und Websites liefern diverse Informationen. Die Hotline der Touristenauskunft ist landesweit unter ☎ 1672 erreichbar. Achtung: Gewisse Reisebüros in Thailand mit Namen T.A.T. haben nichts mit dem staatlichen Fremdenverkehrsamt TAT zu tun!

## Thailändische Fremdenverkehrsbüros (TAT)

### Deutschland und Österreich
Bethmannstr. 58, 60311 Frankfurt
☎ 069-138 1390, ☏ 1381 3950
✉ info@thailandtourismus.de
🖥 www.tourismthailand.org
🖥 www.thailandtourismus.de (allgemeine Informationen auf Deutsch)
🖥 www.tatnews.org (News Room)

### Schweiz
Zähringerstr. 16, 3012 Bern
☎ 031-300 3088, ☏ 300 3077
✉ info@tourismthailand.ch
🖥 www.tourismthailand.ch

## Informationen im Netz

Wer sich über die aktuelle Lage in Thailand informieren will, kann auf den **Websites der Außenministerien** nachschlagen:

🖥 www.auswaertiges-amt.de (auch als App)
🖥 www.eda.admin.ch
🖥 www.bmaa.gv.at

### Medizintourismus

Immer mehr Touristen lassen in Thailand Eingriffe vornehmen. Die großen internationalen Krankenhäuser gehören vom medizinischen Standard her zur Weltklasse. Vor allem die Plastische Chirurgie und Zahnmedizin erfreuen sich großer Beliebtheit, da die Behandlungen (für Füllungen, Kronen, Brücken, Implantate oder Bleichen) im europäischen Vergleich sehr preiswert sind. Das gilt ebenso für das Lasern von Augen oder Anfertigen von Brillen. Auch Angebote der traditionellen chinesischen und indischen Medizin wie Akupunktur und Ayurveda werden zunehmend von Reisenden in Anspruch genommen.

Weitere Informationen finden sich in einem umfangreichen englischen Prospekt des Fremdenverkehrsamts in Frankfurt.

oder informiert sich in den lokalen **englischsprachigen Medien**:
🖥 www.nationmultimedia.com (auch als App)
🖥 www.bangkokpost.com (auch als App)

… oder stellt Fragen ins **Forum**:
🖥 www.stefan-loose.de/globetrotter-forum
🖥 www.thailandqa.com
🖥 www.thailand-reisetipps.de

### Allgemeine Infos auf Deutsch (d) und Englisch (e)
🖥 www.amazing-thailand.com (e)
🖥 www.asiasworld.not (c)
🖥 www.klick-thailand.de (d)
🖥 www.passplanet.com/thailand (e)
🖥 www.siam.de (d)
🖥 www.siam-info.de (d)
🖥 www.thailandforvisitors.com (e)
🖥 www.thailand-reisetipps.de (d)
🖥 www.thailandsun.com (d)
🖥 www.thaiminator.de (d)
🖥 www.thailand-ticket.de (d)
🖥 www.thaitimes.de (d)
🖥 www.thaivisa.com (e)
🖥 www.travelfish.org (e)

Weitere Adressen in den Regionalkapiteln.

# Internet und E-Mail

Die Zahl der **Internetcafés** hat angesichts der fortschreitenden Verbreitung von **WLAN-Hotspots** und der **mobilen Internetnutzung** in den letzten Jahren immer weiter abgenommen. Fast alle Gästehäuser und Hotels sowie viele Restaurants, Cafés und sogar Beach Bars und Tankstellen haben ihr eigenes WLAN-Netzwerk, das fast immer kostenlos genutzt werden kann. Nur manche teure Hotels verlangen noch extrem überhöhte Gebühren für den Zugang. Oft stehen in Unterkünften zudem auch Computer mit Internetanschluss zur Verfügung. Nicht alle sind gut gewartet, schnell und frei von Viren.

# Jobben in Thailand

Einige Organisationen bieten die Möglichkeit, sich als **Volunteer** (Freiwilliger) sozial zu engagieren. Vor allem in den Flüchtlingslagern bei Mae Sot, bei den ethnischen Minoritäten in den Bergen im Norden und im armen Nordosten arbeiten junge Ausländer als Englischlehrer, Naturschützer oder in anderen Berufen. Keiner wird dafür bezahlt, die meisten müssen für die Vermittlung sogar selbst etwas zahlen.

Sicherlich bringt ein derartiger Auslandsaufenthalt viele interessante Erfahrungen und neue Perspektiven mit sich. Allerdings sollte man mindestens zwei bis drei Monate Zeit mitbringen und sich überlegen, ob man als Vertreter einer anderen Kultur von Nutzen ist oder vielleicht sogar Schaden anrichten könnte. Viele Freiwillige sind nicht gut ausgebildet und vermitteln nur rudimentäre Kenntnisse, stellen ihre eigenen Wertmaßstäbe über die ihrer Gastgeber und tragen so dazu bei, traditionelle Kulturen zu zerstören.

Wir freuen uns über Feedback zu diesem Thema im Internet unter **eXTra [2675]**.

| X | Nicht vergessen! |
|---|---|

- ☐ **Babynahrung**
- ☐ **Fläschchen** für Säuglinge
- ☐ **Fotos** von Daheimgebliebenen gegen Heimweh
- ☐ **Impfpass**
- ☐ **Kopfbedeckung**
- ☐ **Kuscheltier** (muss gehütet werden wie ein Augapfel, denn ein verloren gegangener Liebling kann allen den Rest der Reise verderben – reiseerprobte Kinder beugen vor, indem sie nur das zweitliebste Kuscheltier mitnehmen)
- ☐ **MP3-Player** mit der Lieblingsmusik und Hörspielen
- ☐ **Reisepass** (Kinder jeden Alters brauchen einen Reisepass)
- ☐ **Sonnencreme** mit hohem Lichtschutzfaktor
- ☐ **SOS-Anhänger** mit allen wichtigen Daten
- ☐ **Spiele** und **Bücher**

# Kinder

Thailand eignet sich für einen Urlaub mit Kindern jeglichen Alters – egal ob die Kleinen noch im Wagen liegen oder Größere ihre Umgebung selbstständig erkunden, ob es die Eltern zu kulturellen Orten, an die Strände oder in die Berge zieht. Fast überall wird sich eine Familie wohlfühlen, denn Kinder sind in Thailand beliebt und immer dabei. Sie krabbeln durch Läden und Restaurants, werden von Eltern, Großeltern, Geschwistern und Freunden herumgetragen – die sich auch ausländischen Kinder annehmen.

Kinder genießen vor allem die **Natur**. Es gibt Strände und Märkte, Blumen, leckere Früchte, Muscheln in allen Farben und Größen und Tiere. Besonders für die Älteren ist ein Besuch in den **Werkstätten** interessant, wo sie den Handwerkern und Künstlern bei der Arbeit zusehen können. Natürlich gibt es auch in Thailand **Zoos** und **Vergnügungsparks**, vor allem in Bangkok. Und immer wieder finden im ganzen Land **Tempelfeste** statt, auf denen Karussells zum Mitfahren und Hüpfburgen zum wilden Toben einladen.

**Wegwerfwindeln** gibt es fast überall. Thailändische Kinder tragen selten Windeln. Es ist selbst im Restaurant kein Problem, wenn sich eine kleine Pfütze auf dem Boden bildet (diese

Für Kinder gibt es auf einer Thailand-Reise viel zu entdecken, wie hier im Zoo von Chiang Mai.

wird schnell mit einem Lächeln weggewischt), und eingenässte Kleidung trocknet schnell oder kann durch mitgenommene Wechselkleidung ersetzt werden.

Sehr wichtig ist die **Einbeziehung der Kinder** bei der Planung und beim Kofferpacken. Am Familientisch kann man prima Bilder von Thailand betrachten und gemeinsam überlegen, was man sich anschauen möchte.

## Anreise

Die Wahl der **Fluggesellschaft** entscheidet, wie entspannt die reisende Familie in Thailand ankommt. Für die ganz Kleinen (*infants* bis etwa 10 kg) empfiehlt sich das schwebende Kinderbettchen. Der dazugehörende Platz bietet auch den Erwachsenen mehr Beinfreiheit. Kindermenüs werden als Erste ausgegeben. Wechselkleidung, Windeln und Babynahrung gehören ins Handgepäck. Die Behälter für Babynahrung dürfen auch entgegen den sonstigen Sicherheitsbestimmungen größer als 100 ml sein.

Bewährt haben sich aufstellbare Rückentragen oder ein Maxi Cosi. Da Kinder unter zwei Jahren zwar 10–20 % eines regulären Tickets zahlen, ihnen aber kein eigener Sitzplatz zusteht, bleibt den Eltern nur die Hoffnung, dass der Flug nicht ausgebucht ist. Kinder zwischen zwei und zwölf Jahren zahlen für einen Platz etwas mehr als die Hälfte des Flugpreises.

Die etwa elfstündige Anreise mit dem Flugzeug, die **Zeitverschiebung** und die Klimaveränderung sind in den ersten Tagen etwas beschwerlich, doch bei ruhiger Herangehensweise gut zu meistern. Es ist empfehlenswert, sich nach der Ankunft ein ruhiges Zimmer zu nehmen und die ersten Tage keine Anstrengungen zu planen. Es ist aufregend genug, die nähere Umgebung zu erkunden, das fremde Essen zu probieren und die Menschen kennenzulernen.

## Gesundheitliche Risiken

Gerade in den ersten Tagen haben viele Kinder Probleme mit der **Hitze** und der feuchten Luft und neigen zu Hautausschlag, der sich in Form von roten Pusteln über den ganzen Körper ausbreitet. Wickelkinder haben besonders im Windelbereich damit zu kämpfen. Dagegen hilft der

Talcum-Baby-Puder „New Born", den es in jeder Apotheke und vielen Supermärkten gibt. Der Puder hilft auch gegen vermehrtes Schwitzen. Gegen Durst sollte in der Nacht viel zu trinken bereitstehen und in der Zeit des Jetlag vielleicht der eine oder andere Snack.

Keiner braucht sich vor Schmutz, **Krankheiten** und der fremden Sprache zu ängstigen! Kinder haben meist gute Abwehrkräfte, finden leicht Anschluss und regeln vieles nonverbal. Sie sehen schnell ein, dass sie sich öfter als zu Hause die Hände waschen müssen und weder Leitungswasser trinken noch ungeschältes Obst essen dürfen. Vor der Reise sollte jedes Kind gründlich untersucht werden und spätestens einen Monat vor der Abreise geimpft sein (einschließlich aller Kinderkrankheiten). Wenn sich das Kind verletzt, müssen jede offene Wunde und jeder Kratzer desinfiziert werden. Dafür eignet sich am besten alkoholfreies, farbloses Desinfektionsspray, das nicht brennt, wie Octenisept (aus der heimischen Apotheke, denn in Thailand sind die Mittel eingefärbt, was eine Beurteilung der Wundheilung erschwert). Bei Bissen von Tieren sollte schnell ein Arzt aufgesucht werden und gegebenenfalls eine Tollwutimpfung vorgenommen werden.

Gegen **Mücken** empfiehlt sich für Babys oder empfindliche Kleinkinder die in deutschen Apotheken erhältliche Bio-Lotion Zanzarin (etwa 8 €). Für die ganze Familie und Kinder ab zwei Jahren hat sich Autan Family bewährt. Empfehlenswert ist ein Moskitonetz, vor allem in den Strandbungalows. Meist sind diese vorhanden, wenn nicht, kann man sie günstig erstehen. Sollte doch mal eine Mücke zugestochen haben oder auch eine Prellung schmerzen, empfehlen erfahrene Thai-Mütter kühlenden Kräuterbalsam aus der Apotheke.

## Reisen in Thailand

Das Reisen in Thailand ist einfach und gut organisiert. Kinder, die keinen eigenen Sitzplatz beanspruchen, unter vier Jahre alt sowie unter 1 m groß sind (Zug), reisen in **Bussen**, **Booten** und **Bahnen** generell umsonst. Zwischen vier und zwölf Jahren bzw. bei einer Größe bis 1,50 m

zahlen sie den halben Preis. Dieser Preis beinhaltet, wenn man darauf besteht, einen Sitzplatz. In Zügen ohne Sitzplatzausgabe findet sich meist ein Platz für die Kleinen. Sobald aber ein Backpacker-Bus gebucht wird oder man in Zügen mit Sitzplatzausgabe reist, ist es ratsam, dem Kind einen eigenen Platz zu bezahlen.

Sinnvoll ist es, im Reisegepäck immer etwas Spielzeug bereitzuhalten, auch ein MP3-Player mit Geschichten und Liedern hat sich auf längeren Strecken als Zeitvertreib bewährt. Auf jeder noch so kurzen Strecke sollten sich im Handgepäck immer etwas zu trinken, zu essen und ein Satz Wechselgarderobe befinden.

## Übernachtung und Essen

Viele Unterkünfte haben Familienzimmer, in denen eine vierköpfige Familie gut schlafen kann. Zudem gibt es Doppelbungalows oder nebeneinander liegende Hotelzimmer mit Verbindungstür, die sich für Familien mit älteren Kindern eignen. Auf Inseln werden größere Bungalows mit Terrasse, Küche, Badezimmer und ein bis zwei Zimmern vermietet („House for rent", z. B. auf Ko Samui und Ko Pha Ngan).

Keine Probleme gibt es normalerweise mit dem Essen. Besonders in chinesischen Restaurants finden Kinder viel Leckeres auf der Karte. Hingegen sind einige Thai-Gerichte zu scharf, werden jedoch auf Nachfrage mild gewürzt. Kindgerecht sind das vegetarische **Nudelgericht** pad thai oder eine milde Reissuppe mit Huhn. In touristisch erschlossenen Orten werden Burger, Pommes und Spaghetti zubereitet. Wenn das Kind noch zu klein zum Mitessen ist, findet sich meist ein Angestellter, ein Gast oder gleich eine ganze Gruppe, die sich des Babys annimmt und es unterhält, solange die Eltern essen. Als Mahlzeit für die ganz Kleinen kann man – außer in abgelegenen Orten – Fertig-Babymilch und **Babynahrung** kaufen. Es ist ratsam, die Packungsangaben sorgfältig zu lesen, denn vielfach wird genmanipulierter Mais beigegeben. Besser eignet sich natürlich auf Reisen Muttermilch. Lecker und nahrhaft sind Babybananen, die sich leicht zerdrücken lassen. Äpfel, Birnen, Karotten und Kartoffeln sind oft gespritzt, sodass sie auf jeden Fall geschält werden sollten. *Sticky rice (khao niau)* ist besonders beliebt und unterwegs gut zu essen.

Als **Getränk** eignet sich frisches kühles Wasser. Für Abwechslung sorgen eine große Auswahl an 0,2-l-Trinkpäckchen oder kleine Flaschen mit Tee, Milch, Kakao, Saft oder Joghurt. Meist sind die Getränke sehr süß, doch vermehrt werden Tees, Sojagetränke und Säfte ohne Zuckerzusatz angeboten. Generell sollte man Nahrungsmittel in Plastikdosen aufbewahren, denn nur so sind sie vor Ameisen und anderen Kleinstlebewesen sicher.

# Maße und Elektrizität

1923 wurde in Thailand das **metrische System** eingeführt. Die Länge wird demnach überall in Metern und Kilometern angegeben, als Raummaß ist Liter gebräuchlich. Allein bei der Fläche stößt man auf eine ungewohnte Einheit, den Rai (1 Rai = 1600 m²).

Die **Stromversorgung** in Thailand ist zuverlässig und basiert auf 220 V Wechselstrom und 50 Hz. Spannungsschwankungen treten kaum auf, sodass man Laptop, Handy, Kamera und andere elektronische Geräte ohne Probleme anschließen kann. Auf einigen Inseln und in abgelegenen Resorts wird der Strom von Generatoren erzeugt, die teils nur stundenweise (meist abends von 18–22 Uhr) in Betrieb sind.

Europäische Flachstecker passen in thailändische **Steckdosen**. Adapter sind nur für alte Steckdosen mit den britischen „Typ G"-Steckern erforderlich.

# Medien

Der Fernseher gehört zu fast jedem Haushalt. Trotz einer hohen Alphabetisierungsquote von über 95 % der Bevölkerung ist das Lesen von Zeitungen nicht so verbreitet wie das von Comics.

## Fernsehen

Auch in preiswerten Thai-Hotels gehört zur Standardausstattung ein kleiner Apparat – selbst wenn der Empfang schlecht und die Programmauswahl begrenzt ist. Die staatlichen und kommerziellen kostenlosen **Thai-Sender** sind teils über Apps und das Internet zu empfangen, ⌨ malimar.tv/dashboards/Home und ⌨ watch.squidtv.net/asia/thailand.html. Zum Programm gehören chinesische Serien, Talk- und Spielshows sowie billig produzierte Soaps, die das Alltagsleben thematisieren oder historische Helden verklären. Ausländische Filme und Serien werden in Thai synchronisiert.

Über **Satelliten-TV** werden u. a. Nachrichten von BBC, CNN, Al Jazeera und Fox, Musik von

---

### Zeitungen und Fernsehen für deutschsprachige Touristen

In deutscher Sprache erscheinen:
**Der Farang** (60 Baht), ⌨ www.der-farang.com
**Hallo**, ⌨ www.hallomagazin.com
**Thailand Tip**, ⌨ www.thailand-tip.com
**Thai Zeit**, ⌨ www.thaizeit.de
**Wochenblitz**, ⌨ www.wochenblitz.com

#### Deutsche Welle
**DW TV** wird in Deutsch und Englisch ausgestrahlt und in einigen Hotels eingespeist. Alle ein bis zwei Stunden wird ein halbstündiges Nachrichtenjournal gesendet. Daneben laufen Beiträge mit deutschlandbezogenen Themen und Sendungen der Öffentlich-Rechtlichen. Ein Livestream sowie eine Mediathek und weitere Infos unter ⌨ www.dw.de (auch als App).

---

True Music, Channel [V] oder MTV, Filme von HBO, Cinemaxx, Star Movies oder True Films, Dokumentationen von National Geographic und Discovery Channel und natürlich Sport gezeigt. Auch anderssprachige Sender sind vertreten, darunter die Deutsche Welle (Kasten S. 71). Allerdings ist die Auswahl meist auf wenige Sender begrenzt.

## Presse

Der überwiegende Teil aller Presseorgane in Thailand erscheint im Großraum Bangkok. Die renommierten englischsprachigen Tageszeitungen, **The Nation,** ⌨ www.nationmultimedia.com, auch als App (Printausgabe 25 Baht), und **Bangkok Post,** ⌨ www.bangkokpost.com, auch als App (Printausgabe 30 Baht, die dicke Sonntagsausgabe 40 Baht), zeichnen sich durch eine kritische Berichterstattung aus. Zur Leserschaft gehören neben in Thailand lebenden Ausländern vor allem Angehörige der westlich gebildeten Mittel- und Oberschicht.

Die größten thaisprachigen Tageszeitungen mit Boulevardcharakter sind **Thai Rath,** ⌨ thairath.co.th, und **Daily News,** ⌨ www.dailynews.co.th, mit viel Werbung und bunten Fotos.

# Nationalparks und Reservate

Die Naturschutzgebiete Thailands bedecken knapp 16 % der Landesfläche und werden in National und Forest Parks, Wildschutz- und Nichtjagdgebieten geschützt. Wasserfälle, Höhlen, Aussichtspunkte und andere Picknickplätze in den Wäldern sind vor allem an Wochenenden und Feiertagen beliebte Ausflugsziele. Während der Woche kann man die Ruhe genießen. Man sollte vor allem im Norden keine tropischen Dschungelgebiete erwarten, s. „Flora und Fauna" S. 106.

Das Zentrum der **Nationalparks** bildet das Headquarter mit der Verwaltung und das In-

formation Center mit einer Ausstellung über Sehenswürdigkeiten und Besonderheiten im Park, ⊙ 8.30–16.30 Uhr. Allerdings ist das meiste Informationsmaterial nur in Thai vorhanden, und auch Englisch sprechende Ranger sind selten anzutreffen. Das trifft selbst auf die Guides zu, die Ausflüge und Touren zur Tierbeobachtung leiten.

Ausländer zahlen in Nationalparks zwischen 30 und 500 Baht **Eintritt,** meist sind es 200 oder 300 Baht, Einheimische zahlen bis zu 100 Baht, meist aber nur 40–60 Baht, und Kinder die Hälfte. In der Regel gelten die Tickets 24 Std., in manchen Parks aber auch bis zu 3 Tage. In den beliebtesten Parks und den Marine Parks liegt der Eintritt am höchsten, während er in wenigen abgelegenen Parks teils sogar frei ist. Man kann mit dem Ticket an einem Tag mehrere Parks besuchen, wobei der Preis für den teuersten zu zahlen ist. Manchmal ist vor 7 und nach 17 Uhr keiner mehr zum Abkassieren da.

Für die **Übernachtung** können in der Hälfte der Parks Bungalows sowie Zelte vor Ort gebucht werden. Reservierungen im Internet unter ⌨ www.dnp.go.th/parkreserve/reservation.asp?lg=2 sind bis zu 60 Tage im Voraus möglich. Allerdings ist der Zimmerpreis innerhalb von zwei Tagen bei der Krung Thai Bank einzuzahlen. Die Zimmer sind meist spartanisch, aber geräumig und kosten 400–3000 Baht. In den teuren Bungalows können bis zu 20 Personen übernachten.

Der Besitz und Konsum von alkoholischen Getränken ist in Nationalparks verboten.

Eine Übersicht über die aktuellen Eintrittspreise sowie Beschreibungen von 148 Parks (auf Englisch) unter ⌨ www.dnp.go.th/parkreserve/nationalpark.asp?lg=2.

# Öffnungszeiten

**Geschäfte** sind in der Regel von 8–21 Uhr geöffnet, Kaufhäuser von 9 oder 10 bis 21 oder 22 Uhr, die großen Hypermärkte haben meist bis 22, teils auch bis 23 Uhr geöffnet. Sonntags öffnen manche Läden etwas später. Auf den meisten Märkten herrscht dagegen schon vor Sonnenaufgang Hochbetrieb.

**Ämter und Behörden** öffnen Montag bis Freitag von 8.30–12 und 13–16.30 Uhr, wobei die Mittagspause variieren kann. Auch kurz vor Büroschluss ist gegebenenfalls keiner mehr ansprechbar.

Öffnungszeiten der **Banken** S. 61

# Post

Nach unseren Erfahrungen ist die Post zwischen Thailand und Europa recht zuverlässig. Postämter haben meist wochentags von 8–16.30 und am Wochenende von 9–13 Uhr geöffnet, Hauptpostämter sowie Filialen an Flughäfen und in Einkaufszentren auch länger.

## Briefe, Karten und Dokumente

Urlaubsgrüße auf **Postkarten** erreichen den Empfänger in der Heimat per Luftpost in fünf bis sieben Tagen und kosten 15 Baht. **Briefe** bis zu 20 g kosten 24 Baht. Wichtige Post sollte man per **Einschreiben** (registered mail) oder mit **EMS** (Express Mail Service) versenden.

## Päckchen, Pakete, Fracht

Thailand ist ein wahres Einkaufsparadies – es dauert also nicht lange, bis Rucksäcke und Koffer aus allen Nähten platzen und die Freigepäckgrenze beim Heimflug überschritten ist.

Viele große Postämter bieten einen **Packservice** an: Am Schalter werden günstig Kartons unterschiedlicher Größe angeboten, in denen hilfsbereite Postbeamte gegen eine geringe Gebühr alles fachmännisch verpacken. Die Zollerklärung müssen die Reisenden selbst ausfüllen und vor dem Abschicken ihren Reisepass vorlegen. Was Zeit hat, kann auf dem Land- bzw. Seeweg gemächlich nach Hause fahren. Soll die maximal 20 kg schwere Fracht möglichst schnell und sicher nach Europa gelangen, ist der **Kurierdienst** EMS der Post oder DHL empfehlenswert.

Beim Kauf von großen Gegenständen übernimmt das Geschäft häufig den Versand nach Europa (immer auf einer exakten Quittung bestehen) oder man beauftragt selbst eine **Spedition**. Die Speditionskosten setzen sich aus Seefracht (bis zum jeweiligen Hafen) und Landfracht (Hafen bis Heimatort) zusammen, wobei Letzteres häufig ein Vielfaches der Seefracht beträgt.

Eine übergewichtige Kiste kann auch bei der **Luftfracht** als unbegleitetes Gepäckstück (unaccompanied baggage) aufgegeben werden. In diesem Fall schickt sie die Fluggesellschaft, bei der man das Ticket gebucht hat, mit der nächsten unausgebuchten Maschine nach. Die Fracht muss mindestens 4 Tage vor Abflug aufgegeben werden. Zuverlässig sind beispielsweise TNT Express, 🖥 www.tnt.com, oder Schenker, 🖥 www.dbschenker.co.th.

Die aktuellen Posttarife sind unter 🖥 www.thailandpost.co.th/rate.php gelistet.

| Paketgebühren aus Thailand nach Deutschland (in Baht) | | | | | |
|---|---|---|---|---|---|
| | Land-/ Seeweg | SAL | Luftpost | EMS (Paket) | DHL Express |
| **Dauer** | 8–12 Wochen | 3–4 Wochen | 1–2 Wochen | 3–5 Tage | 3–5 Tage |
| **1 kg** | 850 | 900 | 1100 | 1340 | 2113 |
| **2 kg** | 970 | 1180 | 1450 | 1820 | 3749 |
| **5 kg** | 1330 | 2020 | 2500 | 3100 | 7120 |
| **20 kg** | 3130 | 6220 | 7750 | 8800 | 14 028 |

Die Paketgebühren nach Österreich und in die Schweiz sind teils etwas niedriger.

# Reisende mit Behinderungen

Nur wenige Einrichtungen sind explizit auf behinderte Gäste eingestellt. Selbst die Toiletten der Flughäfen sind nicht behindertengerecht. Trotzdem sind Rollstuhlfahrer mit und ohne Begleitung in Thailand unterwegs. Ein Forum mit Informationen und Adressen ist 🖵 www.my handicap.de.

**Bundesverband Selbsthilfe Körperbehinderte – Reiseservice**
Altkrautheimer Str. 20, 74238 Krautheim
📞 06294-428 150, 🖷 428 159,
🖵 www.reisen-ohne-barrieren.eu
Vermittelt Reiseassistenten, organisiert Reisen und hilft mit Ratschlägen.

**Mobility International Schweiz**
Rötzmattweg 51, 4600 Olten
📞 062-212 6740, 🖷 212 6739,
🖵 www.mis-ch.ch
Infos und Empfehlungen, Reiseführer für Behinderte, Touren und Austauschprogramme.

**NatKo**
Fleher Str. 317a, 40223 Düsseldorf
📞 0211-336 8001, 🖷 336 8760,
🖵 www.natko.de
Die Nationale Koordinationsstelle Tourismus für Alle unterstützt barrierefreies Reisen.

**SATH, Society for the Advancement of Travelers with Handicaps**
347 5th Ave, Suite 605, New York, NY 10016, USA
📞 +1-212-447 7284, 🖵 www.sath.org
Gemeinnützige Organisation, die seit 1976 aktiv die Interessen behinderter Reisender verfolgt. Online-Reisemagazin.

# Schwule, Lesben und Transsexuelle

Thais sind Homosexuellen gegenüber, ob männlich oder weiblich, sehr tolerant und aufgeschlossen. In den meisten Gesellschaftskreisen werden sich gleichgeschlechtliche Paare kaum mit Vorurteilen konfrontiert sehen und können das Land ohne große Einschränkungen bereisen. Vor allem in Servicebetrieben wie Hotels, Gaststätten und Bars arbeiten viele Schwule. Die thailändischen Transvestiten, die **Kathoeys**, sind als „drittes Geschlecht" akzeptiert, werden aber nicht immer respektvoll behandelt.

# Sicherheit

Thailand gilt allgemein als sicheres Reiseland. Im Verhältnis zur großen Zahl an Touristen gibt es nur wenige Überfälle auf Ausländer, die jedoch umso publikumswirksamer in der Presse dargestellt werden. So sorgten die brutalen Morde an einem jungen britischen Pärchen auf Ko Tao im September 2014 weltweit für negative Schlagzeilen. Wer trotz politischer Unruhen in die südlichen Provinzen Pattani, Yala und Narathiwat reisen will, sollte sich gut über die aktuelle Sicherheitslage informieren, z. B. beim Auswärtigen Amt, 🖵 www.auswaertiges-amt. de (auch als App).

## Einbruch und Diebstahl

Insbesondere in Schlafsälen und Gästehäusern kann es hin und wieder zu Diebstählen kommen, nicht selten durch Mitreisende. Manchmal wird

### Tsunami-Warnsysteme

Der Süden Thailands geriet am 26. Dezember 2004 durch den verheerenden Tsunami ins Blickfeld der Weltöffentlichkeit. Von der Katastrophe betroffen waren nicht nur Einheimische, sondern auch zahlreiche Touristen. Nach dem Tsunami wurde klar, dass bei rechtzeitiger Warnung viele Menschen hätten gerettet werden können. Heute stehen an den gefährdeten Küstenabschnitten Tsunami-Warnsysteme. Blaue Hinweisschilder informieren über die optimalen Evakuierungsrouten, die nach einem Erdbeben und spätestens beim Ertönen der aufgestellten Sirenen einzuschlagen sind.

## Zur Sicherheit

Alle **wichtigen Reisedokumente** zu Hause abfotografieren oder scannen und an die eigene E-Mail-Adresse schicken, evtl. auch Geheimzahlen, Telefonnummern, Reisescheck-nummern, Medikamentennamen, Blutgruppe, Impfpass usw. So können diese im Notfall unterwegs abgerufen werden. Zudem sollten nach der Einreise Fotos vom Visum und Einreisestempel gemacht werden, um bei Diebstahl seine Aufenthaltsberechtigung nachweisen zu können und bei den notwendigen Behördengängen Zeit zu sparen. Auch Fotos von aufgegebenen Gepäckstücken können sich bei Verlust des Fluggepäcks als große Hilfe erweisen.

das Gepäck von unehrlichen Mitarbeitern durchwühlt oder Geld aus dem Safe gestohlen. Außerhalb der Hotels ist die Gefahr von Diebstählen an Orten mit vielen Touristen am größten: in überfüllten Bussen und auf Schiffen, an Stränden und nicht zuletzt in Traveller-Zentren.

Gepäck sollte nie unbeaufsichtigt sein, was in der Praxis für Alleinreisende kaum möglich ist. Dann ist die **Gepäckaufbewahrung** an Bahnhöfen eine günstige und sichere Möglichkeit (was leider nicht immer für den Hauptbahnhof in Bangkok gilt). Auch im Reisebüro, bei dem man sein Ticket erworben hat, oder im Hotel der vorangegangenen Nacht kann man in der Regel großes Gepäck bis zur Abfahrt verwahren. Tipp: Gepäck mit kleinen Vorhängeschlössern oder einem leichten Fahrradschloss zusätzlich absichern. Gegenüber Reisebekanntschaften ist immer eine gesunde Skepsis angebracht.

Beim Reisen gehören **Wertsachen** ausschließlich ins Handgepäck. Handtaschen und Portemonnaies sind nur für Kleingeld geeignet, Scheine sind in Hosentaschen oder in doppelt gesicherten Brusttaschen sicherer aufgehoben. Unsicher sind dagegen dicke Bauch- oder Nierentaschen. Daypacks können leicht aus Fahrrad- und Mopedkörben gestohlen werden, auch während der Fahrt, was zu Unfällen führt. Abzuraten ist ebenso vom offensichtlichen Tragen wertvollen Schmucks oder vom Prahlen mit großen Geldbeträgen.

# Tricks und Betrügereien

Zu den häufigsten Fällen gehören Betrügereien mit **Kreditkarten**, deren Informationen in falsche Hände geraten sind. Auch mit doppelten Abbuchungen in Restaurants und Geschäften werden Touristen über den Tisch gezogen (Kasten S. 61).

Andere Tricks werden vor allem in Bangkok angewandt: Touristen sollen mit scheinbar einmalig günstigen Angeboten von **Edelsteinen** zum „Geschäft ihres Lebens" verführt werden (Kasten S. 50) oder mit der Begründung, eine Sehenswürdigkeit sei geschlossen, zum Besuch eines Verkaufsraums, Reisebüros o. Ä. verführt werden. Oft sind die Schlepper und Trickbetrüger sehr gepflegt gekleidet und sprechen gutes Englisch. Man sollte generell etwas misstrauisch sein, wenn man von Unbekannten direkt angesprochen wird, denn Thais sind meist sehr schüchtern. Besonders vorsichtig sollte man sein, wenn man in ein privates Gespräch verwickelt wird, in dem es hauptsächlich um finanzielle Verhältnisse geht.

**Taxifahrer**, die überzogene Preise fordern, lässt man entweder gleich stehen oder versucht mit ihnen zu handeln. Manchmal behaupten die Fahrer, kein Wechselgeld zu haben, was nicht immer den Tatsachen entspricht. Mit passendem Kleingeld beugt man dem leicht vor.

## Im Notfall

Wenn etwas gestohlen wurde, muss die **Polizei** verständigt werden, denn die **Reisegepäckversicherung** zahlt nur bei Vorlage eines Polizeiprotokolls. In allen Touristenzentren findet man eine Englisch sprechende Touristenpolizei als Ansprechpartner (meist in der Nähe der Tourist Information).

Die landeseinheitliche Hotline der **Touristenpolizei** lautet ☎ 1155.

Allerdings ist die Polizei bei Zwischenfällen mit westlichen Ausländern auch immer daran interessiert, etwas Geld zu verdienen. Man sollte keine gerechte Behandlung erwarten, denn oft wird die Entscheidung von finanziellen Zuwendungen abhängig gemacht, was der Willkür Tür und Tor öffnet.

Eine größere Rechnung im Restaurant kontrollieren auch Einheimische oft nach.

Am Busbahnhof wartende Fahrer geben oft vor, dass das gewünschte Hotel oder Gästehaus geschlossen/belegt/abgebrannt … sei und sie ein viel besseres kennen würden. Sicher ist, dass sie von diesem eine bessere Provision erhalten.

# Sport und Aktivitäten

Wer sich aktiv betätigen möchte, findet in Thailand zahlreiche Gelegenheiten. An der Küste ist Wassersport aller Art möglich, und Berge und Nationalparks im Hinterland bieten sich für Wanderungen an. Auch mit dem Fahrrad oder Motorrad lassen sich auf Nebenstraßen reizvolle Gegenden erkunden (s. dazu auch S. 90).

Doch damit sind die Möglichkeiten noch lange nicht erschöpft. Allein in der Umgebung von Chiang Mai kann man sich tagelang vergnügen: beim Bungee-Jumping oder ganz entspannt auf einer Wanderung durch Orchideen- und Botanische Gärten, beim Trekken zu Hmong-Dörfern und beim Bad mit Elefanten (S. 374, mit Mountainbikes oder Quads, den in

Thailand ATV (All Terrain Vehicles) genannten Geländefahrzeugen. Schwindelfreie können auf Ko Phi Phi, in Ao Ton Sai oder Pai klettern, in Pang Mapha (Soppong) Höhlen erforschen oder bei Chiang Mai oder Pattaya sowie auf Ko Pha Ngan mit Ziplines gut angeseilt durch die Wipfelregion des Waldes schweben. Über die breiteste Angebotspalette verfügen die Tourismuszentren Pattaya, Phuket und Ko Samui – von sämtlichen Wassersportarten über Golfplätze und Gokart-Bahnen bis zum Reiten, Bungee-Jumping und Thai-Boxen.

## Bootstouren

In den meisten Badeorten werden Bootsausflüge in die nähere Umgebung organisiert. Manche sind mit einem Sightseeing-Programm, andere mit Aktivitäten wie Schnorcheln verbunden, und Baden kann man allemal. Wer Gleichgesinnte findet, kann sich auch ein Boot mit Fahrer chartern und das Programm selbst bestimmen. Richtig romantisch wird es bei Sonnenuntergang *(sunset cruises)*. Die Inselwelten der Andamanensee und im Golf von Thailand eignen sich gut für Segeltörns.

Neue Perspektiven: Bootsfahrt auf dem Mae Kok von Chiang Rai nach Thaton

Auch auf einigen Flüssen und Kanälen sind Bootsfahrten möglich. Täglich verkehren Passagierboote auf dem Mae Kok zwischen Thaton und Chiang Rai. Mehr zu Bootsfahrten S. 88.

## Kochen

Kochschulen schießen wie Pilze aus dem Boden. Nach Bangkok, Kanchanaburi, Phuket und Chiang Mai, wo sich allein in einer Gasse der Altstadt drei Schulen konzentrieren, gibt es sie nun in fast allen Touristenzentren. Sie wetteifern um die Gunst der Kunden mit der Anzahl der Gerichte und den Extras, wie dem Besuch auf dem Markt, selbst hergestellten Currypasten oder aus Thai-Kräutern zubereiteten Getränken, Kochen am eigenen Herd, Gerichten nach Wunsch, persönlichen Kursen beim Chefkoch … Anfängern macht ein lustiger Kurs, bei dem sie in einem Wok ein Thai-Omelette selbst zubereiten, mehr Spaß als ein professioneller Lehrgang im Gemüseschnitzen. Es ist gut, vor dem Buchen die Kochlehrer, die Küche und die maximale Anzahl an Teilnehmern zu kennen. Weitere Infos und Empfehlungen finden sich in den regionalen Kapiteln dieses Buches.

## Meditieren

Wer tiefer in das Wesen der buddhistischen Religion eindringen will, kann Meditationskurse in Klöstern besuchen, die speziell auf die Vorkenntnisse und Bedürfnisse von Westlern eingehen. Kurse unterschiedlicher Dauer werden von vielen Wats in Bangkok, in und um Chiang Mai, vom Wat Khao Tham auf Ko Pha Ngan und vom Wat Suan Moke bei Chaiya (s. Meditationsklöster S. 131 im Kapitel „Land und Leute") angeboten.

## Muay Thai, Tai Chi und Yoga

Die ganze Nation fiebert vor dem Fernseher mit, wenn die Champions im Thai-Boxen *(Muay Thai)* gegeneinander antreten. Auch andere Kampfsportarten wie Mixed Martial Arts (MMA) erfreuen sich großer Beliebtheit.

**Muay Thai** wird in großen Stadien, auf Straßen- und Volksfesten ausgetragen. Dabei wird nicht nur mit den Fäusten, sondern auch anderen Körperteilen zugeschlagen. Bei einer Live-Vorstellung ist das Publikum mindestens ebenso interessiert wie der Kampf selbst, denn es wird heftig gewettet. Schulen, in denen Muay Thai unterrichtet wird, gibt es u. a. in Bangkok, Chiang Mai, Hua Hin und Pai sowie auf Ko Samui und Ko Pha Ngan. Die besten Kämpfe werden in den beiden großen Stadien in Bangkok ausgetragen.

Menschen aller Altersklassen praktizieren in den Parks morgens **Tai Chi**. Lernen und praktizieren kann man Tai Chi in Chiang Mai, Pai, auf Ko Pha Ngan und Ko Samui. Auf Ko Pha Ngan und in Pai gibt es zudem **Yoga**-Retreats, wo man vom einfachen Anfängerkurs bis hin zur dreimonatigen Ausbildung Yoga lernen kann.

## Paddeln und Rafting

Einige Veranstalter organisieren Kajak- und Raftingtouren. Von Phuket oder Krabi aus erkundet man mit Seekanus Mangrovenküsten, Tunnel und Lagunen der Karstfelsen in der Andamanensee. Fast an allen Stränden können Kajaks gemietet werden, mit denen man auf eigene Faust zu vorgelagerten Inseln, in Mangroven oder Höhlen fahren kann.

Vorwiegend während und am Ende der Regenzeit werden abenteuerliche Fahrten auf Flüssen in den Bergen angeboten. Die Tour mit dem Kanu oder Schlauchboot auf dem Pai kann je nach Wasserverhältnissen ziemlich wild werden. Die landschaftlich eindrucksvollste Fahrt wird von Umphang auf dem Mae Klong angeboten. Weniger bekannte Alternativen sind Raftingtouren auf dem Nam Wa ab Nan und Keg im Thung Salaeng Luang National Park (Highway 12).

## Takraw

Die Mannschaftssportart mit dem Rattanball ist in Thailand sehr beliebt. Meist nehmen vier bis acht Spieler teil, die, ähnlich wie beim Volleyball, den Ball dreimal mit den Füßen berühren dürfen, bevor er über das Netz auf die andere

Seite des Spielfelds getreten wird. Einen Punkt gibt es, sobald der Ball den Boden der gegnerischen Spielhälfte berührt oder außerhalb des Spielfelds landet. Echte Könner beeindrucken mit kraftvollen Sprüngen und Schüssen.

Bei der entspannteren, traditionellen Alternative wird versucht, den Ball im Kreis hochzuhalten. Hier punkten besonders Filigrantechniker mit Hackentricks und akrobatischen Einlagen. Ausländer dürfen gern mitmachen, aber auch das Zuschauen ist sehr unterhaltsam.

## Tauchen und Schnorcheln

Freunde der Unterwasserwelt kommen in Thailand voll auf ihre Kosten. Ob Tauchen oder Schnorcheln – ein fremdes Universum voller bunter Fische, Korallen, Nacktschnecken und Seepferdchen erwartet jeden, der einen Blick unter die Wasseroberfläche wagt. Allen Tauchgebieten gemein sind angenehme **Wassertemperaturen** um die 27 °C. Die Sichtweiten variieren zwischen 10 und 15 m, teils reichen sie sogar bis zu 25 m. Ein Highlight ist die Begegnung mit einem bis zu 14 m langen Walhai, dem größten Fisch der Welt, der sich überwiegend

von Plankton ernährt. Aber auch Haie, Rochen, Mantas, Muränen und die seltener gewordenen Meeresschildkröten sowie zahlreiche bunte Korallenfische und -gärten hinterlassen bleibende Eindrücke. Leider hat die Farbenpracht vieler Riffe unter der Korallenbleiche gelitten, die von den durch die globale Erwärmung erhöhten Wassertemperaturen verursacht wird.

Viele Riffe liegen in Küstennähe und sind auch für Schnorchler interessant. Gute **Schnorchelgebiete** gibt es vor fast allen Touristeninseln und in den meisten Tauchgebieten, auch wenn viele Korallen durch Bootsanker und unvorsichtige Besucher zerstört wurden.

Manche **Tauchgebiete** sind ganzjährig offen, in anderen schließen die Basen während der Regenzeit für ein paar Monate. Manchmal werden populäre Tauchgebiete gesperrt, um das ökologische Gleichgewicht zu wahren. Nähere Infos dazu in den Regionalkapiteln.

Auch unter Wasser lauern **Gefahren**: Zunehmend breiten sich Quallen aus, deren Berührung ebenso wie die mit Feuerkorallen Hautreizungen verursacht und in Einzelfällen sogar tödlich enden kann. Rochen und Steinfische mit giftigen Stacheln sind nur schwer im sandigen Boden zu erkennen. Wenn sie sich attackiert fühlen, wehren sie sich, und das kann sehr schmerzhaft werden.

### Wer die Wahl hat ...

Keinesfalls sollten Treks ab Chiang Mai sowie Unterkünfte bereits bei Schleppern und Agenturen in Bangkok gebucht werden. Am besten man vergleicht die Angebote, informiert sich bei zurückgekehrten Trekkern und nimmt sich genügend Zeit für die Auswahl. Die Gruppe sollte nicht mehr als zehn Teilnehmer umfassen. Es ist hilfreich, den Guide vorher zu treffen und sich über seine Lizenz, Sprachkenntnisse und sein Wissen sowie die angebotenen Leistungen zu informieren (Dauer des Elefantenritts, der Floßtour, der Wanderzeiten, Art der Unterkunft, Verkehrsmittel und Mahlzeiten, Ausrüstung, Versicherung).
Weitere Infos siehe Chiang Mai S. 375. Selbst gute Wanderer sollten nicht ganz allein in den Bergen trekken, vor allem nicht in der Grenzregion zu Myanmar.

## Trekking

Viele Nationalparks und Dörfer in der Bergwelt im Norden sind herrliche Trekkingziele. Einige Nationalparks kann man auf gut markierten Pfaden erwandern, so den Khao Yai National Park nordöstlich von Bangkok. Viele organisierte Touren im Norden beinhalten neben Wanderungen und Besuchen in Dörfern der Bergvölker auch einen Ritt auf dem Rücken eines Elefanten und eine Floßfahrt. Normalerweise wandert man dabei 3–4 Std., was im bergigen Gelände für manch einen durchaus anstrengend sein kann.

Alle **Veranstalter und Guides** müssen bei der Tourismusbehörde registriert sein. In Kanchanaburi, Chiang Rai, Chiang Dao, Mae Hong Son, Pai, Pang Mapha (Soppong) und anderen Orten in den Bergen werden ebenfalls Treks angebo-

Die gewählte Tauchschule sollte einer international anerkannten Tauchorganisation wie PADI, SSI, NAUI oder CMAS angeschlossen sein. Am besten verlässt man sich auf sein Gefühl und lässt sich nicht von zu viel Glitzer beeindrucken. Wichtig ist die Frage nach Erster Hilfe und Notfallsauerstoff-Ausrüstung sowie Zugang zu einer Dekompressionskammer.

### Anfänger

Bei der Auswahl der Tauchschule sollte man sich die Kursstruktur genau erklären lassen. Ein Open Water Diver-Kurs sollte etwa vier Tage dauern, damit auch der theoretische Teil der Ausbildung richtig durchgeführt wird (z. B. Video anschauen, Vortrag des Tauchlehrers, Ankreuztest und späteres wiederholtes Durchgehen der Prüfungsfragen. Jeder Tauchschüler sollte sein eigenes Kurs-Manual mit Tauchtabelle bekommen und auch behalten! Das leihweise Überlassen eines Lehrbuchs ist nicht mehr erlaubt. Wenn möglich, die Ausbildung in Deutsch machen. Die Teilnehmerzahl im Kurs sollte klein sein: Drei bis vier Schüler pro Tauchlehrer sind okay.

Zu klären ist, was in den Kurskosten enthalten ist: z. B. Leihgebühr für die Ausrüstung, Zertifizierungsgebühr oder Zusatzgebühren für Bootstauchgänge.

Bei einigen Organisationen (z. B. PADI) besteht die Möglichkeit einer Überweisung *(referral)* für den Fall, dass man den Kurs wegen Krankheit oder Schlechtwetter an der gewählten Tauchschule nicht beenden kann. Dann hat man ein Jahr Zeit, um den Kurs irgendwo anders zu beenden. Es empfiehlt sich auch, sich die Zertifizierungskarte des Tauchlehrers zeigen zu lassen, um zu prüfen, ob er überhaupt berechtigt ist, Tauchkurse durchzuführen. Schließlich sollte die Tauchschule eine Versicherung für Tauchschüler abgeschlossen haben.

### Ausgebildete Taucher

Im Tauchshop umschauen: In welchem Zustand befindet sich die Leihausrüstung, wie wird sie aufbewahrt, gibt es Gelegenheit, die eigene Tauchausrüstung zu waschen und sicher zum Trocknen aufzuhängen?

Wichtige Fragen zu den Tauchgängen sind: Wie viele Taucher pro Tauchguide (nicht mehr als vier wäre gut)? Länge der Tauchgänge und Länge der Oberflächenpausen (mind. 1 Std. – besser mehr)? Was ist im Preis des Tauchausflugs inbegriffen (Ausrüstungsmiete, Essen/Snacks, Softdrinks, Wasser usw.)?

*Michael Wendling*

len. Dort ist die Auswahl nicht so groß, dafür die Anreise wesentlich kürzer, die Organisation individueller und die Gruppen sind kleiner. Die einfachste Art ist, sich in Unterkünften in den Bergen einzuquartieren und von dort in aller Ruhe die Umgebung zu erkunden.

Die **Ausrüstung** für mehrtägige Treks sollte umfassen: Kleidung zum Wechseln, feste, eingelaufene Schuhe, Sandalen, Sonnen- und Regenschutz, Mückenmittel, Toilettenartikel und Medikamente, Pflaster und Verbandszeug, Toilettenpapier, Taschenlampe, Wasserflasche, Kleingeld, Kreditkarten, Kopie des Reisepasses (Original im Safe des Hotels lassen), in der küh-

len Jahreszeit, wenn es nachts in den Bergen kalt wird, einen Pullover und Schlafsack oder Decken. Wertsachen sollte man nicht mitnehmen bzw. gut auf sie aufpassen.

Und noch ein paar **Verhaltenstipps**: Bei Übernachtungen in Dörfern muss man die Sitten und Gebräuche der Einheimischen achten, ihre Glaubensvorstellungen und Tabus. Fotografieren sollte man nur Menschen, die damit auch einverstanden sind, oder wenn man bereit ist, das geforderte Geld zu zahlen. Es ist nicht sinnvoll, Süßigkeiten oder andere wertlose Geschenke an Dorfbewohner zu verteilen, besser sind Stifte und Notizbücher für die Kinder.

Gefahren lauern überall – im Straßenverkehr wie im Dschungel. Allerdings wird man einem Tiger kaum in freier Wildbahn begegnen. Alle Tiere hören Menschen schon von Weitem und verschwinden. Unangenehm können eigentlich nur die kleineren Bewohner des tropischen Regenwaldes werden.

### Blutegel

sind recht harmlose, aber aggressive Tierchen, die im Dschungel vor allem während der Regenzeit auf Warmblüter warten und auch Menschen nicht verschmähen. Meist kriechen sie in Stiefel oder Schuhe, aber auch die Beine hinauf, saugen sich an der Haut fest und nehmen Blut auf. Dabei wird ein Enzym abgegeben, das die Blutgerinnung für eine Zeit stoppt. Erst wenn sie sich vollgesaugt haben, fallen sie ab. Vorbeugende Maßnahme: *leech socks* (dichte Stulpen, die keine Egel eindringen lassen; werden meist von Veranstaltern gestellt). Auch ein schnelleres Marschtempo reduziert das Risiko. Solange die Blutegel sich noch nicht festgesaugt haben, kann man sie wegschnipsen. Ansonsten sollten sie durch die Berührung mit ätherischen Ölen abgelöst und die blutenden Einstiche gut desinfiziert werden.

### Giftschlangen

beißen nur selten Menschen. Trotzdem gilt es, die Augen offenzuhalten. Tritt man zufällig auf eine Schlange, fühlt sie sich angegriffen und wird zubeißen. Handelt es sich um eine Giftschlange, hängt die Menge des abgegebenen Giftes davon ab, wann sie zuletzt zugebissen hat. Im schlimmsten Fall hilft vielleicht noch eine rasche Serumbehandlung im nächsten Krankenhaus. Dafür ist es allerdings wichtig, die Schlangenart zu kennen. Also sollte man, wenn möglich, versuchen, sie zu fotografieren oder sich ihr Aussehen zu merken.

### Wespen und Hornissen

Unterschätzt wird die Gefahr, die von Insekten wie Wespen und Hornissen ausgeht. Ihre Nester hängen an Bäumen oder Baumstümpfen und gleichen graubraunen Tonklumpen. Wer an ein Nest gestoßen ist, sollte so schnell wie möglich verschwinden, denn die Tiere greifen sofort an.

### Skorpione, Tausendfüßler und Quallen

Gefährlich, aber nicht tödlich sind Bisse von Skorpionen oder Tausendfüßlern. An der Andamanenküste ist es vereinzelt bereits zu tödlichen Begegnungen mit Quallen gekommen.

Die **beste Zeit zum Trekken** sind die kühlen Monate von November bis Februar. Von März bis Mai ist es sehr heiß, und danach regnet es. Im Dezember/Januar wird in den meisten Dörfern das Neujahrsfest, das größte und farbenprächtigste Fest des Jahres, mit Tänzen und Musik begangen. Im März/April, zur Zeit der Brandrodung, legt sich ein ständiger Dunstschleier über die Berge, der sich erst nach dem Einsetzen des Regens richtig auflöst.

Fußgänger, die nachts auf meist unbeleuchteten Straßen oder Wegen unterwegs sind, sollten helle Kleidung tragen und wenn möglich eine Taschenlampe dabeihaben. So ist man für die anderen Verkehrsteilnehmer besser sichtbar. Bei Wanderungen durch dichtes Unterholz hilft regelmäßiges festes Aufstampfen, Schlangen zu vertreiben.

## Wassersport

Thailand hat zwar eine lange Küste und viele Inseln, doch kann man nicht überall gefahrlos baden. Manche Gewässer in der Nähe von Industriezentren und Städten sind stark verschmutzt, und an vielen Strandabschnitten herrschen gefährliche Unterströmungen. Dennoch gibt es sie, die Bilderbuchstrände, zumeist auf den Inseln. Schwimmen ist nur dort zu empfehlen, wo es erschlossene Strände gibt.

Hotels der mittleren bis oberen Preisklasse und Resorts an der Küste locken mit wahren Pool-Landschaften. Sogar einige Gästehäuser und Bungalowanlagen besitzen ein Schwimmbecken. Manchmal steht es (gegen Eintritt) auch Gästen von außerhalb offen.

In den großen Strandresorts können sich Anfänger wie Fortgeschrittene auf Bodyboards, Surfbrettern oder Jetskis sowie beim Kite- und Wakeboarding vergnügen.

## Wellness

Thailand nennt sich selbst „The Wellness Capital of Asia", und wer möchte sich nicht im Urlaub mal so richtig verwöhnen lassen? Vor allem die 5-Sterne-Hotels tragen diesem Bedürfnis Rechnung und offerieren in luxuriösem Ambiente ihrer Spas Massagen und kosmetische Behandlungen.

Wer sich von bezaubernd klingenden Wellnesspaketen eines Luxus-Spas zu einem Erholungstag für Körper und Seele verführen lässt, sollte vorher einen Blick auf die Preisliste werfen. In einigen Spas kann das Halbtagsprogramm mit einer Rechnung enden, die höher ist als der Übernachtungspreis. Aber auch mit schmalem Geldbeutel muss man nicht auf eine Massage verzichten. Bei jedem Friseur erhält man eine erfrischende Kopfmassage und am Strand wie in vielen Massagesalons eine erholsame Fußreflexzonenmassage. Zudem werden für Frauen wie Männer Ganzkörpermassagen zu günstigen Preisen angeboten. Man sollte sich nur vorher davon überzeugen, dass der gewählte Massagesalon keine sexuellen Liebesdienste vermittelt. Ein guter Indikator ist das Aussehen und Verhalten der Masseurinnen. Bei allzu direkten Anwerbungsversuchen wie „Hello Handsome" o. Ä. ist es genauso wie bei übermäßig geschminkten jungen Frauen wahrscheinlicher, dass hier mehr als nur eine Massage angeboten wird. In vielen Massagesalons arbeiten zudem nur angelernte Kräfte.

Da vor allem in Hinblick auf das Ambiente die Ansprüche sehr unterschiedlich sind, können wir nur schwer Empfehlungen geben. Fast 800 Spas, Massage-, Gesundheits- und Schönheitssalons sind vom thailändischen Gesundheitsministerium zertifiziert worden. Weitere Details finden sich auf 🖳 www.thaitherapist.com, 🖳 thaispaassociation.com und im eXTra [2763].

# Sprachkurse

*Phuht thai nitnoi* – ich spreche ein wenig Thai. Ein Grundwortschatz – vor allem die Zahlen – vermittelt zumindest dem Taxifahrer, dass man sich etwas auskennt. Wer viel unterwegs ist, wird allerdings schon bald feststellen, dass ein im Süden gelerntes Wort im Norden nicht unbedingt verstanden wird.

**Thai** gehört zur eigenständigen Sprachfamilie der Tai-Kadai-Sprachen und ist wie Chinesisch eine einsilbige Tonsprache. In diesem gänzlich fremden Sprachmodell liegt die größte Schwierigkeit. Die Wortbedeutung richtet sich nach der Tonhöhe. In der Thai-Hochsprache existieren fünf **Tonhöhen**: steigend, fallend, hoch, mittel und niedrig. Darüber hinaus unterscheidet man in Nord-Thai (Lanna) sieben Tonhöhen. In Zentral-Thailand ist die Sprache von vielen Khmer- und Pali-Worten geprägt. Im Süden werden malaiische Dialekte gesprochen.

Eine zusätzliche Hürde beim Thai-Lernen stellt die schwungvolle **Thai-Schrift** dar. Sie wird seit dem 13. Jh. benutzt und basiert auf einer von den Khmer übermittelten Variante der südindischen Devanagari-Schrift.

# Telefon

## Festnetz

Da mittlerweile fast jeder ein Handy besitzt, gibt es immer weniger öffentliche Fernsprecher, die leider auch nicht mehr gewartet werden, sodass sie oft kaputt sind. Von diesen kosten Gespräche ab 1 Baht. **Internationale Gespräche** können mit

## Thai lernen

In vielen Touristenzentren werden Thai-Sprachkurse angeboten. Wer einen längeren Kurs belegen möchte, informiert sich vorher bei:

**American University Alumni Association (AUA)**
21. Stock, Chumchuri Square Office Tower, Rama IV Rd., MRT-Station Sam Yen, Bangkok, ✆ 02-657 6414, ext. 1301, 🖳 www.auathai.com. Intensivkurse auch in vielen anderen Städten des Landes.
**Berlitz**
5. Stock, 323 United Centre Bldg., Silom Rd., BTS-Station Sala Daeng, MRT-Station Silom, Bangkok, ✆ 02-231 1222, 🖳 www.berlitz.co.th. Weitere Filialen in Bangkok im 2. Stock des Times Square Sukhumvit und im 4. Stock des Siam Paragon.
**Nisa Thai Language School**
32/14-16 Yen-Arkart Rd., Sathorn, Bangkok, ✆ 02-671 3359-60, 🖳 www.nisathailanguageschool.com. Eine weitere Niederlassung im 2. und 3. Stock des YMCA, 8/3-5 Sukhumvit Rd. Soi 42, ✆ 02-712 2052-54.

Eine individuellere Variante sind persönliche Sprachkurse, wie sie vielfach angeboten werden, z. B.:
**Learning Thai with Mod**
Bangkok, ✆ 083-789 0361, 🖳 www.learnthaiwithmod.com. Mod und ihr Team bieten über Skype-Konferenz oder persönlich individuelle Kurse für 950 Baht pro Stunde an. Die Lehrer sprechen fließend Englisch und klares Thai, sodass auch Anfänger schnell die Betonungen heraushören können. Termine sollten mind. 1 Woche im Voraus vereinbart werden. Lebhafte Videos vermitteln auf der Website zudem wichtige Aspekte der thailändischen Sprache – mit viel Spaß gewürzt.

Ein **Crashkurs im Internet** vermittelt neben Grundlagen auch die wichtigsten Wörter:
🖳 www.clickthai.de (Online-Wörterbuch Deutsch–Thai und umgekehrt mit 55 000 Einträgen, auf der kostenpflichtigen App sogar 88 000 Thai-Wörter)
🖳 www.thai-language.com (kostenlose Thai-Kurse und viele weitere Infos)
🖳 www.thaitrainer111.de (Trainingskurs zum Runterladen)
Zudem gibt es viele Apps zum Thai-Lernen, wie Simply Thai.
Ein kleines Wörterbuch findet man im Anhang dieses Buches, S. 928.

---

der CAT ThaiCard geführt werden. Es wird in Blöcken zu 6 Sekunden für 20 Baht pro Minute abgerechnet. Wer günstiger telefonieren möchte, sollte das Internet oder ein Handy mit lokaler SIM-Karte nutzen. Wer vom **Hotelzimmer** aus telefoniert, muss diesen Luxus hingegen teuer bezahlen.

## Mobilfunk

In jedem 7-Eleven und an zahllosen Handyverkaufsständen können Prepaid-SIM-Karten der thailändischen Mobilfunkgesellschaften erworben werden. Man muss sich seit Anfang 2015 nach dem Kauf einmalig mit dem Reisepass registrieren lassen, um die Karten nutzen zu können. Aufgrund ihrer Verbreitung sind die 1-2-Call-Karte von **AIS**, 🖳 www.ais.co.th/12call/en, und die Happy-Card von **DTAC**, 🖳 www.dtac.co.th/en, am empfehlenswertesten. Das Netz ist mittlerweile bei beiden sehr gut ausgebaut. Die regulären SIM-Karten kosten ab 50 Baht und beinhalten fast immer ein kleines Gesprächsguthaben. Die als Tourist-SIM vermarkteten, deutlich teureren Karten beinhalten ein höheres Guthaben (meist 100 Baht) sowie einen zeitlich begrenzten (ein oder zwei Wochen) Internetzugang und lohnen die Mehrausgabe nicht. Allerdings werden am Suvarnabhumi Airport nur noch Tourist-SIM-Karten verkauft. Den aktuellen **Guthabenstand** erfährt man bei AIS mit der Tastenkombination *121#, bei DTAC *101*9#.

**Inlandsgespräche** sind mit diesen Karten sehr günstig (0,5–2 Baht pro Min., 2 Baht pro SMS). Es gibt Sonderangebote für bestimmte Zielgruppen, noch günstigere Preise für festgelegte Nummern oder gewisse Tageszeiten und weitere interessante Angebote, die auch für Touristen sehr hilfreich sein können (s. u.).

Wer sein Mobiltelefon mit seiner deutschen SIM-Karte betreiben möchte, sei gewarnt: Die **Roaming-Tarife** sind um ein Vielfaches höher als die Tarife einheimischer Anbieter. Zudem fallen auch bei eingehenden Anrufen aus Europa sehr hohe Gebühren für den Handybesitzer an (1,50–2 € pro Min.).

## Gespräche in die Heimat

Um günstig **nach Deutschland**, **Österreich** oder in die **Schweiz** zu telefonieren, sollte bei 1-2-Call die 00500, bei Happy die 007, 008 oder 009 vor der eigentlichen Telefonnummer gewählt werden (z. B. 00500-49-30-1234 5678). So kann man aus Thailand für 5–9 Baht pro Minute nach Deutschland telefonieren. Die günstigste Vorwahl ist bei AIS die 00500 mit 5 Baht pro Minute ins deutsche Handy- und Festnetz, bei DTAC die 009 mit 5 Baht pro Minute für das deutsche Festnetz und 7 Baht pro Minute für das Handynetz. Der weltweite SMS-Versand schlägt mit 5–9 Baht pro SMS zu Buche.

Noch einmal deutlich günstiger sind internationale Gespräche mit der Prepaid-Karte des Anbieters **True Move**, 🖳 http://truemoveh.true corp.co.th/?ln=en, dessen Netzabdeckung aber noch deutliche Lücken aufweist. Mit der Vorwahl 00600 kann man bereits ab einem Minutenpreis von unglaublichen 1 Baht das deutsche Festnetz anrufen, Handynummern kosten 6 Baht.

Am günstigsten ist es, wenn man sich von den Daheimgebliebenen (vorausgesetzt sie besitzen noch einen Telekom-Telefonanschluss) per Call-by-Call zurückrufen lässt. Hier kann man zzt. ab 0,98 Cent pro Minute thailändische Mobiltelefone anrufen. Die aktuellen Preise erfährt man unter 🖳 www.teltarif.de oder 🖳 www.billigertelefonieren.de.

## Datentarife

Höchst sinnvoll für alle Smartphone-Nutzer sind **Datenpakete**. Nach der Buchung über die Kundenservice-Hotline, die bei 1-2-Call, ✆ 1175, ebenso wie bei Happy, ✆ 1678, mit erstaunlich guten Englischkenntnissen überrascht, kann man aus zahlreichen Paketen wählen.

Z. B. gibt es bei 1-2-Call 1 GB pro Monat für 350 Baht oder 300 MB pro Woche für 99 Baht. Bei DTAC kosten 1,5 GB pro Monat 199 Baht, 12 GB pro Monat 799 Baht oder 400 MB pro Woche 59 Baht. Ohne Buchung eines Pakets verlangen beide Anbieter pro Minute im Datenmodus 1 Baht. So ist ein Internetzugang günstiger und entspannter als in Internetcafés.

Die erforderlichen **Zugangspunkteinstellungen** lässt man sich am besten gleich beim Kauf der SIM-Karte vor Ort im Handyladen einstellen, meist werden sie nach der Buchung eines Pakets aber auch automatisch übermittelt. Das verbleibende Guthaben der Datenpakete kann man durch Wählen der Tastenkombinationen *121*3# (1-2-Call) oder *101*4*9# (Happy) erfahren.

Die **Geschwindigkeit** der Datenverbindungen im UMTS-Netz der beiden großen Netzanbieter ist (ganz anders als noch vor wenigen

## Telefonnummern und Vorwahlen

| | |
|---|---|
| **Notruf** (Polizei, nicht überall in der Provinz) | 191 |
| **Notruf** (Feuerwehr, nicht überall in der Provinz) | 199 |
| **Tourist Service Line** (nicht überall in der Provinz) | 1672 |
| **Touristenpolizei** | 1155 |
| **Ambulanz** | 1554 |
| **Immigration und Behörden** Info Line | 1111 |

### Vorwahlen

| | |
|---|---|
| **Deutschland** | 00149 |
| **Österreich** | 00143 |
| **Schweiz** | 00141 |
| **Indonesien** | 00162 |
| **Malaysia** | 00160 |
| **Thailand** aus D, A, CH | 0066 |

Jahren) nahezu lückenlos zufriedenstellend und liegt mit dem HSDPA-Standard (3.5G) meist bei um 400 KB pro Sekunde. In entlegenen Regionen steht allerdings teils immer noch nur EDGE, d. h. Geschwindigkeiten von ca. 20 KB pro Sekunde, zur Verfügung. Die Netzabdeckung mit dem noch schnelleren LTE-Standard soll in naher Zukunft bei allen Netzbetreibern stark ausgebaut werden.

## Zusatzservices

Ein interessantes Happy-Card-Angebot ist die Bereitstellung eines **Englisch-Thai-Dolmetschers**, der rund um die Uhr unter der Tastenkombination *1021 erreicht werden kann. Bei möglichen Verständigungsproblemen kann dieser angerufen werden, um nach kurzer Erläuterung des Problems auf Englisch dieses dem nur thaisprachigen Gegenüber in der Landessprache zu erklären. Damit lassen sich zahlreiche komplizierte Situationen entspannen.

Weiterhin bietet Happy die Möglichkeit, durch die Tastenkombination *110*9# einen **Kleinkredit** von 30 Baht zu erhalten, was in Notsituationen nützlich sein kann, um kurz in die Heimat zu telefonieren oder Bekannte in Thailand zu erreichen, selbst wenn die Karte eigentlich kein Guthaben mehr aufweist. Die 30 Baht werden dann beim nächsten Aufladen mit dem Aufladungsbetrag und einer Gebühr von 2 Baht verrechnet.

# Toiletten

Toiletten *(hong nahm)* gibt es fast überall, vor allem an Tankstellen, Busbahnhöfen und Piers sowie in Kaufhäusern. In der Nähe von Restaurants und Essensständen teilen sich oft mehrere Läden eine Toilette. Diese sind überwiegend sauber und meist kostenlos, in Busbahnhöfen und Restaurants kosten sie oft nur wenige Baht.

Die meisten Toiletten entsprechen westlichem Standard. Es gibt aber auch Hocktoiletten und Schöpfkellen statt Wasserspülung sowie Bidet-Duschen statt Toilettenpapier. Das Papier sollte nicht in die Toilette geworfen werden, sondern gehört in den dafür vorgesehenen Eimer.

# Transport

## Flüge

Der im Südosten von Bangkok gelegene Suvarnabhumi Airport (BKK), 🖥 www.suvarnabhumiairport.com, ist eines der wichtigsten Luftfahrtsdrehkreuze in Südostasien. Die großen thailändischen Billigairlines fliegen aber ab dem alten Don Mueang Airport (DMK) nördlich der Stadt. Weitere internationale Flüge landen in Chiang Mai und Phuket. Anschlussflüge im Land können bei der nationalen Fluggesellschaft Thai Airways mit Kreditkarte günstig im Internet gebucht werden. Im Flugpreis ist die **Flughafensteuer** *(airport tax)* inbegriffen.

**AirAsia** (FD), 🖥 www.airasia.com. Die größte Billigfluggesellschaft verbindet Bangkok **Don Mueang** (DMK) mit Buriram, Chiang Mai, Chiang Rai, Khon Kaen, Nan, Nakhon Phanom, Phitsanulok, Roi Et, Sakon Nakhon, Udon Thani und Ubon Ratchathani sowie Hat Yai, Krabi, Nakhon Si Thammarat, Narathiwat, Phuket, Surat Thani und Trang. Internationale Flüge gehen nach Saigon, Hanoi, Phnom Penh, Mandalay, Yangon (Rangoon), Medan, Jakarta, Bali, Penang, Johor Bahru, Kuala Lumpur, Singapore, Chennai, Hong Kong, Macao, Hangzhou, Changsha, Guangzhou, Kunming, Wuhan, Chongqing, Xi'an, Tokio, Osaka, Sapporo und Seoul. Aufzugebendes Gepäck, Essen und Getränke während des Flugs sowie Platzreservierungen kosten extra.

**Bangkok Airways** (PG), 🖥 www.bangkokair.com. Die selbst ernannte Boutique-Airline fliegt von Bangkok (BKK) (*und Chiang Mai) nach Chiang Mai, Chiang Rai, Ko Samui*, Krabi, Lampang, Phuket, Sukhothai, Trat und Udon Thani* sowie nach Siem Reap, Phnom Penh, Luang Prabang, Vientiane, Yangon (Rangoon)*, Mandalay*, Nay Pyi Taw, Malé, Mumbai und Dhaka. Von Ko Samui geht es zudem nach Phuket, Pattaya, Krabi, Kuala Lumpur, Singapore und Hong Kong.

**Kan Air** ❽, 🖥 www.kanairlines.com. Sie fliegt mit 5 kleinen Maschinen ab Bangkok Don Mueang (DMK) und Chiang Mai nach Mae Sot sowie ab Chiang Mai nach Hua Hin, Mae Hongson, Pai, Nan, Phitsanulok, Ubon und Korat. Zudem Flüge von U Tapao nahe Pattaya in den Nordosten.

**Nok Air** (DD), 🖥 www.nokair.com. Die Billigfluggesellschaft von Thai Airways verkehrt von Bangkok **Don Mueang** (DMK) nach Buriram, Chiang Mai, Chiang Rai, Chumphon, Hat Yai, Khon Kaen, Loei, Mae Sot, Nakhon Phanom, Nakhon Si Thammarat, Nan, Phitsanulok, Phrae, Phuket, Ranong, Roi Et, Sakon Nakhon, Surat Thani, Trang, Ubon Ratchathani und Udon Thani.

**Thai Airways** (TG), 🖥 www.thaiair.de, 🖥 www.thaiairways.com. Bei internationalen Anschlussflügen empfiehlt es sich, auch den Zubringer mit Thai Airways zu buchen, da dann das Gepäck durchgecheckt werden kann und Umbuchungen bei Verspätungen unproblematischer sind. Die renommierte Airline fliegt ab Bangkok (BKK) nach Chiang Mai, Chiang Rai, Ko Samui, Krabi und Phuket.

**Thai Smile** (WE), 🖥 www.thaismileair.com. Die Schwestergesellschaft von Thai Airways, verkehrt von Bangkok (BKK) nach Chiang Rai, Hat Yai, Krabi, Surat Thani, Ubon Ratchathani und Udon Thani. Von Bangkok Don Mueang (DMK) geht es nach Chiang Mai, Khon Kaen und Phuket.

# Eisenbahn

Ein relativ zuverlässiges und sicheres Verkehrsmittel ist die Eisenbahn der **State Railway of Thailand (SRT), Hotline** 📞 **1690**. Das einspurige Streckennetz verläuft sternförmig von Bangkok aus in Richtung Norden, Nordosten, Osten,

---

## Zuschläge

- AC 2./3. Klasse 60–110 Baht je nach Distanz, mit Essen + 50 Baht
- AC 1./2. Klasse Schlafwagen 130–170 Baht
- Special Express 170–190 Baht
- Express 150 Baht
- Rapid 20–110 Baht je nach Entfernung
- Bett im Schlafwagen 2. Klasse
  100–150 Baht oben / 150–240 Baht unten
- Bett im Schlafwagen 1. Klasse
  300 Baht oben / 500 Baht unten

---

Süden und Westen. Die Züge sind bequem, aber langsamer als Busse. Sie unterscheiden sich in Komfort und Geschwindigkeit.

Aktuelle englischsprachige **Fahrpläne** werden kostenfrei an Bahnhofsschaltern ausgegeben. Die meisten Bummelzüge (ORD) sind darin nicht aufgeführt. Fahrpläne aller Züge finden sich auf der Website der State Railway of Thailand, 🖥 www.railway.co.th. Zu beachten gilt, dass die Züge aus Bangkok Richtung Westen ab der Station Thon Buri auf der westlichen Flussseite des Menam Chao Phraya verkehren. Der Hauptbahnhof von Bangkok, Hua Lamphong, ist erreichbar unter 📞 02-220 4334, 02-224 7788.

Weitere Infos unter 🖥 www.amazing-thailand.com/SRT.html und 🖥 www.seat61.com/Thailand. Ein ansprechend aufbereitetes und detailliertes PDF-Dokument mit allen Verbindungen, Abfahrtszeiten und Preisen sowie Fotos und Karten von Zügen und Bahnhöfen ist der jährlich aktualisierte, kostenlose **Thai Railway Guide** von David M. Bernstein. Download der Version 2014 unter 🖥 www.fahrplancenter.com/Thai%20Railway%20Guide%20May%202014%20Final.pdf.

## Fahrkarten

Mit dem Computerreservierungssystem kann man an größeren Bahnhöfen bis zu 60 Tage im Voraus **Tickets** kaufen, was sich vor allem für Nachtzüge empfiehlt. Wer das Ticket am Bahnhof kauft, hat seinen gewünschten Platz sicher und muss sich nicht auf ein möglicherweise windiges Reisebüro verlassen. Bei **Stornierungen** wird bis zu vier Tage vor dem gebuchten Abfahrtstermin der volle Fahrpreis erstattet, bis drei Tage vorher 80 % und bis zu einer Stunde vor Abfahrt 50 %. Im **Internet** kann man Tickets mit kleinem Aufpreis buchen über 12.GoAsia, 🖥 http://12go.asia (auch als App) und per Kreditkarte oder PayPal zahlen. Etwas günstiger sind Buchungen über 🖥 www.thailandtrainticket.com, allerdings werden die Tickets hier nur innerhalb Thailands per Post oder Kurier zugestellt. Tickets für die langsamen Bummelzüge sind immer erst 30 Min. vor Abfahrt erhältlich.

## Im Zug

In klimatisierten Großraumwaggons der Sprinter und Express Diesel Railcars lassen sich die bequemen Sitze wie im Flugzeug zurückstellen. In nichtklimatisierten Zügen sind die Sitze manchmal etwas durchgesessen. Die Holzbänke in der 3. Klasse werden auf längeren Strecken zunehmend durch plastikbezogene, gepolsterte Bänke ersetzt. In den Wagen sind ausreichend Toiletten und Waschbecken vorhanden, in einigen gibt es sogar eine Dusche.

Mittags und abends werden im Abteil Fertiggerichte serviert, die kein kulinarisches Erlebnis versprechen. Zwischen den Hauptmahlzeiten verkaufen das Zugpersonal und fliegende Händler Getränke und Snacks. Preiswerter und unterhaltsamer ist es, im Speisewagen zu essen, den es allerdings nicht in allen Zügen gibt. Zudem kann man sich bei einem längeren Zwischenaufenthalt an Bahnhöfen mit Snacks eindecken. Die Preise für Essen variieren je nach Zugklasse.

## Schlafwagen

In der **1. Klasse** der klimatisierten Expresszüge bieten Zwei-Personen-Abteile die größte Privatsphäre. Außer den übereinander angeordneten Betten, von denen das obere tagsüber abgeklappt wird, gibt es einen kleinen Tisch und ein Waschbecken mit Spiegel sowie Bettwäsche. In der klimatisierten **2. Klasse** sind die Betten durch Vorhänge abgeteilt. Hier wird ebenfalls am Abend frische Bettwäsche verteilt. In allen klimatisierten Abteilen kann es sehr kalt werden, daher sollte man immer etwas Langärmliges griffbereit haben. Erfahrene Reisende bevorzugen die unteren Betten, da es hier dunkler und weniger zügig ist als oben. Die **nichtklimatisierte 2. Klasse** kann ziemlich heiß werden. Sprinterzüge haben keine Schlafwagen. Nachts kann man das **Gepäck** mit einem Fahrradschloss anschließen und das Handgepäck mit Wertsachen nah am Körper verstauen.

## Zugkategorien

**Special Express Diesel Railcar** (SP EXP DRC, Sprinter): Der schnellste (bis zu 120 km/h) und teuerste Zug mit bequemen, klimatisierten Sitzplätzen.

**Special Express** (SP EXP): Haben klimatisierte und nichtklimatisierte Abteile der 1. und 2. Klasse sowie Schlaf- und Speisewagen. Der Internationale Express fährt bis Butterworth (Penang).

**Express** (EXP): Abteile der Schnellzüge haben Sitze in der 1., 2. und 3. Klasse sowie Schlaf- und Speisewagen. Klimatisiert sind nur Teile der 2. Klasse sowie die 1. Klasse.

**Express Diesel Railcar** (EXP DRC): Haben klimatisierte Abteile der 2. Klasse und nichtklimatisierte Abteile der 3. Klasse und fahren bis zu 120 km/h.

**Rapid** (RAP): In den recht betagten Eilzügen mit Waggons der 2. und 3. Klasse gibt es in der teils klimatisierten 2. Klasse auch Schlafwagen.

**Ordinary** (ORD): Bummelzüge mit nichtklimatisierten 3.-Klasse-Waggons, die immer anderen Zügen Platz machen müssen, sodass Verspätungen häufig sind.

**Bangkok Commuter** und **Rural Commuter**: Die nichtklimatisierten 3.-Klasse-Waggons verkehren vor allem in der Rushhour auf kurzen Strecken und halten an jedem Bahnhof.

**Diesel Railcars** (DRC): Langsame Züge mit Holzbänken verkehren über Kanchanaburi nach Nam Tok und nach Aranyaprathet, dem Grenzübergang nach Kambodscha.

**Eastern & Oriental Express**: Wer bereit ist, für die 2000 km lange Fahrt von Bangkok nach Singapore mindestens 2030 € auszugeben, kann den nostalgischen Eastern & Oriental Express buchen. Er verkehrt ein bis dreimal monatlich. Infos und Buchungen unter 🖥 www.belmond.com/eastern-and-oriental-express.

# Busse

Man hat die Wahl zwischen unterschiedlichen Buskategorien der staatlichen Gesellschaft Borisat Khon Song (kurz: Baw Kaw Saw oder englisch The Transport Company, 🖥 www.transport.co.th, nur Thai) und zahlreicher privater Unternehmen.

Billige lokale Busse empfehlen sich nur für Kurzstrecken, da sie unbequem sind und überall anhalten. Klimatisierte Busse mit weniger Sitzplätzen sind auf langen Strecken bequemer.

An **Busbahnhöfen** werden an einer verwirrenden Anzahl von Schaltern Bustickets zu verschiedenen Zielen verkauft, die oft nur auf Thai angeschrieben sind. Dann hilft meist ein Englisch sprechender Angestellter an der Information. Ansonsten kann man einfach fragen und wird dann an jemanden weitergeleitet, der Englisch spricht. Von den meisten Busbahnhöfen findet sich auch mitten in der Nacht eine Möglichkeit, mit einem lokalen Bus, Taxi, Songthaew, Tuk Tuk oder Motorradtaxi ans Ziel zu kommen. In seltenen Fällen muss man aber auch durch die Dunkelheit laufen oder auf der Ladefläche eines Pick-ups mitfahren. An Bushaltestellen in Touristenzentren sind allerdings häufig Fahrer anzutreffen, die Gäste zu Unterkünften fahren wollen, die ihnen eine Provision zahlen, hier lohnt es sich hartnäckig darauf zu bestehen, dass die gewählte Unterkunft angesteuert wird. Auch ein Hinweis auf eine bereits getätigte Vorbuchung kann helfen.

Für AC-Busse erhält man **Tickets** ab drei Tage vor Abfahrt in den Büros der Busgesellschaften und an den Busbahnhöfen. Online können Bustickets für viele Busunternehmen mit einem kleinen Aufpreis unter 🖥 www.thaiticketmajor.com und 🖥 http://12go.asia (auch als App) gebucht werden. In lokalen Bussen wird nach dem Einsteigen abkassiert. Die **Preise** sind staatlich festgelegt. Sie können sich jederzeit wieder ändern, sodass sie von den im Buch angegebenen Preisen abweichen können.

## AC-Busse

Teils doppelstöckige klimatisierte Busse verkehren auf längeren Strecken zu festen Zeiten. Sie starten von staatlichen Busbahnhöfen oder Büros privater Busunternehmen. Wegen der Klimaanlage kann es nachts sehr kalt werden. In teureren Bussen werden Decken ausgeteilt.

Die billigeren orangefarbenen **2.-Klasse-AC-Busse** mit 48–60 enger zusammenstehenden Sitzen haben keine Toilette und sind langsamer, da sie überall halten. **1.-Klasse-AC-Busse** mit Toilette und etwa 40 Sitzen holen Passagiere manchmal sogar vom Hotel ab. Für Getränke, kleinere Mahlzeiten sowie Unterhaltung mit DVDs ist während einer Fahrt ab 200 km Länge gesorgt.

Die **VIP-Busse** mit 24–40 Sitzplätzen bieten Toiletten und mehr Beinfreiheit. Sie legen unterwegs eine Essenspause ein, wobei bei den staatlichen Bussen das Essen im Preis inbegriffen ist. Auf Langstrecken haben sie zwei Fahrer, die sich abwechseln. Es lohnt sich, Busse

mit dem Zusatz **VIP-32** (vier Sitzplätze pro Reihe) oder **VIP-24** (drei Sitzplätze pro Reihe) zu buchen. Vor allem Letztere sind sehr bequem. Sie eignen sich gut für Nachtfahrten, denn die Sitze lassen sich so weit wie im Flugzeug zurückstellen. Einige haben sogar einen in den Sitz eingebauten Bildschirm.

## Minibusse

Zwischen vielen Destinationen verkehren private 16-sitzige AC-Minibusse, auch Minivan oder Microvan genannt. Sie sammeln Passagiere vor Unterkünften, Buchungsbüros oder an verkehrsgünstig gelegenen Kreuzungen auf und bringen Reisende oftmals auch am Ziel zu ihrer Unterkunft. Die Tickets sind etwas teurer als die für AC-Busse, dafür sind sie aber meist auch etwas schneller. Hat der Minibus einen festen Abfahrtsort, wartet der Fahrer meist, bis alle Plätze belegt sind.

## Non-AC-Busse

Nichtklimatisierte lokale Busse fahren nahezu jede Stadt des Landes an. Sie werden im-

### Aufgepasst bei Backpacker-Bussen

Backpacker- und private VIP-Busse bedienen die Rennstrecken zwischen den beliebtesten Touristenzielen. Viele operieren ganz illegal oder zumindest am Rande der Legalität. Einige haben keine Transportgenehmigung, sondern werden von den Passagieren „gechartert", die dann nicht vorsichert sind. Es kommt häufig zu Unfällen durch riskantes Fahren und zu Diebstählen von Wertsachen aus dem Gepäck. Einige Traveller fühlten sich bei diesen Touren abgezockt, da ihnen z. B. am Zielort eine Unterkunft oder eine Tour aufgedrängt wurde oder sie stundenlang auf den Anschlussbus warten mussten. Andere fanden es sehr bequem, abgeholt zu werden und sich damit die Fahrt zum Busbahnhof zu ersparen. In einigen Hotels werden übeteuerte Tickets für private VIP-Busse verkauft, die den Mehrpreis nicht lohnen. Wer sichergehen will, fährt mit dem großen staatlichen Bus (The Transport Company) und kauft das Ticket am Busbahnhof.

mer häufiger durch AC-Busse der 2. Klasse ersetzt und sind mit ihrem engen Sitzabstand ein Gräuel. Wer Gepäck hat, muss sich dafür oft einen zweiten Sitzplatz kaufen oder etwas draufzahlen. Die Busse starten zu festen Zeiten an den Busbahnhöfen. In der Provinz fahren sie ab dem späten Nachmittag nur noch selten.

## Sammeltaxis

In einigen Städten Süd-Thailands sind Sammeltaxis eine gute Alternative zum Bus. Sobald sechs Passagiere zum selben Ziel wollen, starten die alten Benz-Limousinen, die für unterschiedliche Richtungen verschiedene Abfahrtsplätze haben. Sie sind etwa 50 % teurer als die weitaus langsameren Busse.

# Boote

## Ausflugsboote

Auch als Individualreisender gelangt man mit Ausflugsbooten von Phuket, Krabi oder Ko Phi Phi zu sehenswerten Plätzen in der Andamanensee, vor allem zu den Felsen und Inseln der Bucht von Phang Nga. Meist werden kleinere Schnellboote, teils aber auch größere umgebaute Fischerboote genutzt.

Touren mit Kajaks, Kanus und Flößen auf S. 77

## Autofähren

Nur Ko Chang (Trat), Ko Lanta, Ko Pha Ngan und Ko Samui sind mit Autofähren mit dem Festland verbunden. Die oft schon etwas rostigen Riesenschiffe gelten als sicher. Autofahrer müssen sich teils auf längere Wartezeiten einstellen, Reisende ohne fahrbaren Untersatz kommen hingegen immer direkt mit.

## Express- und Schnellboote

In der Andamanensee reist man oft mit schmalen, lang gestreckten **Expressbooten**. Die Hauptroute lautet Phuket – Ko Phi Phi – Ko Lanta – Ko Lipe. Flotter und teurer sind **Schnellboote**. Sie sind oft zwischen Inseln und als Zubringer von kleinen Inseln aufs Festland im Einsatz. In der Andamanensee werden in den stürmischen Sommermonaten die Bootsverbindungen eingestellt (s. Fahrplan S. 883).

**Expressboote** sind auch im Golf von Thailand unterwegs. Sie verbinden die Inseln Ko Samui, Ko Pha Ngan und Ko Tao mit dem Festland.

## Flussboote

Selbst Bangkok lässt sich auf der „Mutter der Flüsse", dem Menam Chao Phraya, recht geruhsam durchqueren. Neben **Expressbooten** und **Personenfähren**, die einen Teil des öffentlichen Nahverkehrs in Bangkok ersetzen, verkehren **Klongboote**, **Charterboote** und abends sogar große **Restaurantboote**. Schön ist eine Bootsfahrt in Thonburi, wo noch dem Wasser zugewandte Holzhäuser und Tempel die Ufer säumen. Für Touristen werden zudem Flusstouren in Ayutthaya, Kanchanaburi und Chiang Mai angeboten.

## Katamarane

Ebenfalls beliebt sind Katamarane, die Chumphon mit Ko Tao, Ko Samui und Ko Pha Ngan verbinden. Sie gelten als schnell und besonders sicher.

## Longtails

Sie werden von einem Motor angetrieben, dessen Schraube weit nach hinten über das 5–10 m lange, offene Boot hinausragt. Bei schönem Wetter ist es ein Vergnügen, mit ihnen auf den Klongs und dem Menam Chao Phraya in Bangkok, auf vielen Flüssen, Stauseen und zwischen den Inseln zu fahren. Bei schlechtem Wetter sollte man unbedingt auf sichere, größere Boote ausweichen oder an Land bleiben. Immer wieder kommt es zu Unfällen, Motorschäden und Wassereinbrüchen auf hoher See.

Manchmal ist ein privat gechartertes Longtail die bessere und teils auch die einzige Option, von Insel zu Insel zu kommen. Auf Inseln ohne gutes Straßensystem sind die Boote oft das Hauptverkehrsmittel (z. B. auf Ko Lipe).

## Nachtboote

Aus der Mode gekommen sind Nachtboote. Während die alten Holzboote zwischen Ko Pha Ngan und Surat Thani von Touristen kaum mehr genutzt werden, erfreut sich eine neuere modernere Nachtfähre nach Ko Tao größerer Beliebtheit.

# Mietwagen

Thailand ist verkehrstechnisch sehr gut erschlossen. Der Großraum Bangkok wird von mautpflichtigen Motorways und in den Außenbezirken von einer Ring Road durchzogen. Die wichtigsten Fernstraßen nach Norden (Chiang Mai, Mae Sai), Nordosten (Nong Khai), Osten (Trat) sowie in den Süden sind fast durchgängig vier- bis sechsspurig ausgebaut. Dank des ausgezeichneten Straßennetzes lässt sich fast ganz Thailand hervorragend mit einem Mietwagen erkunden. Straßen und Orte sind meist auch auf Englisch ausgeschildert. Einige Mietwagen werden sogar mit Navigationsgerät angeboten. Einzig der Linksverkehr ist anfangs gewöhnungsbedürftig.

Zum Mieten von Autos benötigt man den internationalen Führerschein und eine Kreditkarte. Die **Preise** in der Mittelklasse liegen bei 1200–2200 Baht pro Tag, ab sieben Tagen Mietdauer bei 1000–2000 Baht, Sonderangebote auch darunter. Preiswerte lokale Autovermieter verlangen 1000–1400 Baht. In Touristenzentren werden Jeeps, Pick-ups und Songthaew für Kleingruppen bis zehn Personen ab 1000 Baht vermietet. Bei längerer Mietdauer kann der Preis meist noch gedrückt werden. Als Sicherheit wird von der Kreditkarte ein Blankobeleg hinterlegt, was bei renommierten Firmen kein Problem ist.

**Avis**, ⌨ www.avisthailand.com, **Hertz**, ⌨ www.hertzthailand.com, und Budget, ⌨ www.budget.co.th, bieten eine Einwegmiete *(one way rental service)* zwischen ihren Stationen an, ab einer Mindestmietdauer oft ohne Aufpreis.

Zu empfehlen ist eine **Probefahrt**. Schäden am Fahrzeug sollten vor dem Losfahren im Beisein des Vermieters protokolliert und evtl. fotografiert werden.

Der Preis für **Normalbenzin** schwankte in den vergangenen Jahren an großen Tankstellen zwischen 25 und 40 Baht pro Liter. Kleine Tankstellen, die das Benzin aus Fässern pumpen, verlangen etwas mehr.

Es ist nicht ratsam, seine ersten Erfahrungen in Bangkok zu machen. Außer dem obligatorischen **Linksverkehr** werden die weiteren **Verkehrsregeln** nicht sehr ernst genommen. Auf dem Land haben große Fahrzeuge wie Busse und Lastwagen immer Vorfahrt. Der Seitenstreifen dient als Spur für langsame Verkehrsteilnehmer und zum Ausweichen bei entgegenkommenden überholenden Fahrzeugen. Die Geschwindigkeitsbegrenzung auf den Highways liegt bei 90 km/h, auf dem Motorway bei 120 km/h. Wenn Verkehrspolizisten behaupten, das Radar hätte eine überhöhte Geschwindigkeit gemessen, sollte man die geforderte Strafe zahlen. Thais, die sich bei einem **Verkehrsvergehen** von der Polizei erwischen lassen, kommen in der Regel mit 100–400 Baht davon – normalerweise ohne Quittung.

Eine **Haftpflichtversicherung** ist gesetzlich vorgeschrieben. Darüber hinaus kann eine Vollkaskoversicherung mit geringer Selbstkostenbeteiligung abgeschlossen werden.

**Unfallverursacher** müssen bei Personenschäden den Betroffenen je nach Schwere der

## GPS

Smartphones und Navigationsgeräte lassen sich in Thailand gut von Autofahrern wie Fußgängern einsetzen. Selbst Taxifahrer kann man mit Ortskenntnissen beeindrucken, und sie werden garantiert keinen Umweg fahren. Alle Smartphones haben ein eingebautes GPS.

Die für Android und iOS erhältliche, kostenlose Navigations-App von **Google Maps** leitet Reisende fast überall zuverlässig zum Ziel und beinhaltet auch kleinste Dorfstraßen. Mit der Android-Version können zudem ausgewählte Kartenausschnitte mit der Funktion „OK Maps" im Voraus heruntergeladen werden, sodass beim Fahren keine aktive Datenverbindung mehr notwendig ist. Eine Alternative sind die komplett auf dem Smartphone speicherbaren Karten von **MAPS.ME** für Android und iOS, die ebenfalls eine Navigationsfunktion beinhalten. Wer ein **TomTom-Navi** sein Eigen nennt, kann bei vielen Modellen unter ⌨ www.tomtom. com für knapp 30 € das Kartenmaterial Thailand herunterladen. Bei einem **Garmin-Navi** kann nur das sehr teure Kartenmaterial (119 €) für ganz Südostasien gekauft werden, ⌨ www.garmin.com/de.

Verletzungen Entschädigungen von 10 000–200 000 Baht zahlen. Da Farangs meist mehr Geld als die anderen Beteiligten haben, wird erwartet, dass sie für kleinere Schäden aufkommen. Einen Rechtsbeistand empfiehlt ggf. die Deutsche Botschaft.

Der **Straßenatlas** am Ende dieses Buches reicht meist aus. Wer vor allem abseits der Highways fahren möchte, sollte sich den zweisprachigen Atlas *Thailand Deluxe Atlas* von thinknet mit zahlreichen Stadtplänen und Karten im Maßstab 1 : 550 000 oder die entsprechenden Regionalkarten von thinknet besorgen, die an vielen Tankstellen erhältlich sind.

## Motorräder

An jedem vierten Verkehrsunfall ist ein Motorrad beteiligt, und oft trifft es auch Farangs. Allein in Pattaya endet während der Hochsaison fast jeden Tag ein Motorradunfall tödlich, was vor allem auf das Fahren ohne Helm, Alkoholgenuss und mangelnde Verkehrssicherheit vieler Fahrzeuge und Verkehrstauglichkeit vieler Fahrer zurückzuführen ist.

In nahezu allen Touristenhochburgen im Norden und auf den meisten Inseln gibt es Motorräder preiswert zu mieten. Die kleine Honda Dream ist für Tagesausflüge zu empfehlen, aber keinesfalls für lange Touren, zu zweit oder mit Gepäck. Motorradfahrer finden vor allem im Norden ab Chiang Mai ideale Rundstrecken. Auch entlang des Mekong lässt es sich wunderschön durch den hohen Norden und Nordosten fahren.

Obwohl die Einheimischen oft mit schlechtem Beispiel vorangehen, ist **Helm tragen Pflicht**, denn das Fehlen eines Sturzhelms ist riskant (Hirnblutungen, Schädelbruch) und bei Kontrollen mit 500 Baht Geldstrafe teuer. Wer öfter mit dem Motorrad unterwegs ist, sollte seinen eigenen Helm im Gepäck haben, da die geliehenen häufig nicht passen und meist von schlechter Qualität sind.

Auf **Handschuhe und Brille** verzichten viele Fahrer ebenso wie auf **feste Kleidung**. Wer in Shorts und Gummisandalen fährt, holt sich aber selbst bei leichten Stürzen schwere Hautabschürfungen. Anfänger sollten langsam fahren und Bergstrecken sowie Feldwege meiden. Auch Inselstraßen haben starke Steigungen. Überall kann ein unerwartetes Hindernis auftauchen oder der Straßenbelag wechseln. Ein besonders gefährlicher Schmierfilm bildet sich bei einsetzendem Regen. Deshalb sollte man auf keinen Fall versuchen, noch schnell nach Hause zu fahren. Sicherer ist die Fahrt immer mit eingeschaltetem Scheinwerfer. Auf keinen Fall Rucksäcke im Korb transportieren, da es wiederholt vorgekommen ist, dass diese während der Fahrt geklaut wurden.

Bei der Motorradmiete wird verlangt, den Reisepass zu hinterlegen. Auf Ko Tao ist hiervon abzuraten, weil viele Verleiher schon beim kleinsten Kratzer den Pass nicht mehr herausrücken und mit der Polizei drohen. Zur Sicherheit sollte man beim Ausleihen in der Gegenwart des Vermieters alle bereits bestehenden Schäden dokumentieren (am besten mit Fotos). Die **Haftpflichtversicherung** deckt Personenschäden bis 50 000 Baht ab, jedoch keine Sachschäden! **Achtung**: Wer selbst verletzt wird und keinen

### Vorsichtsmaßnahmen auf einen Blick

- Helm und feste Schuhe, Jeans und möglichst Jacke tragen.
- Auf unübersichtlichen Strecken niemals über 40 km/h schnell fahren.
- Immer den Linksverkehr beachten.
- Immer mit Fehlern anderer Verkehrsteilnehmer rechnen.
- Wer in Gruppen fährt und sich absprechen will: am Straßenrand, einer Einbuchtung, einer Abzweigung und nicht auf der Straße stehen bleiben.
- Nie unter Alkoholeinfluss oder gar Drogen am Verkehr teilnehmen.
- Anfänger sollten in Thailand nicht das Mopedfahren erlernen wollen.
- Beim Anfahren gucken viele Verkehrsteilnehmer nicht, ob jemand von hinten kommt.
- Immer auf die Straße achten! Vielfach tauchen unvermittelt Hindernisse auf: Löcher oder Sand, Kokosnüsse, Hunde, Warane oder Schlangen.

Motorradführerschein besitzt, muss damit rechnen, dass die Reisekrankenversicherung für die Behandlungskosten nicht aufkommt! Fast alle Maschinen haben über 50 ccm Hubraum und dürfen somit nicht ohne Motorradführerschein gefahren werden.

**Geführte Motorradtouren** mit großen Maschinen und Enduros werden vor allem ab Chiang Mai angeboten. Viele weitere Infos findet man auf der Website des Motorradspezialisten David Unkovich, 🖥 www.gt-rider.com. Gute geführte Motorradtouren durch den Norden und Westen Thailands werden auch von Off-Road Tours, 🖥 www.off-roadtours.de, veranstaltet.

# Fahrräder

Auf dem Land benutzen nur die ärmeren Thais das Rad als Fortbewegungsmittel. Wer es sich leisten kann, legt sich ein Motorrad oder Auto zu. Touristen auf Fahrrädern werden dementsprechend geringschätzig betrachtet oder bestaunt und auch schon mal von einem heranbrausenden Lkw rücksichtslos von der Straße gedrängt.

In Bangkok und anderen Großstädten hingegen erlebt das Fahrrad eine Renaissance unter der jungen, wohlbetuchten Mittelschicht, die sich qualitativ hochwertige Fahrräder und das entsprechende Outfit leisten kann.

Auf wenig befahrenen Nebenstrecken sind sehr schöne Fahrradtouren möglich. In Tourismuszentren können Fahrräder gemietet werden. Nicht alle sind verkehrssicher und komfortabel. Gute Vermieter von Rädern und Mountainbikes sind in den Regionalkapiteln dieses Buches gelistet. Für längere Touren bringt man am besten sein eigenes Rad mit. Fluggesellschaften haben für die Beförderung unterschiedliche Tarife. Es wird am besten in einen Karton verpackt (eine Rolle Klebeband im Handgepäck hilft, es nach einer Kontrolle am Flughafen wieder zu verpacken). Unattraktive Strecken in Städten, auf unvermeidlichen Highways oder an einem nicht enden wollenden steilen Berg legt man samt Rad am besten in einem Songthaew zurück. Fahrräder werden auch von einigen lokalen Bussen und Zügen befördert.

Optimale Bedingungen herrschen während der kühlen Jahreszeit (November bis Februar) am Morgen und späten Nachmittag abseits der Hauptstraßen. Empfehlenswert sind **Touren auf eigene Faust** am Mekong entlang von Chiang Khan über Nong Khai, Bung Kan, Nakhon Phanom und Mukdahan nach Ubon Ratchathani oder von Chiang Saen auf schmalen Nebenstraßen nach Chiang Khong. Auch die Landstraßen entlang der Flüsse und Kanäle in der zentralen Tiefebene eignen sich gut zum Radfahren. Die historischen Städte Ayutthaya, Sukhothai, Si Satchanalai und Kamphaeng Phet können mit gemieteten Rädern erkundet werden. Auch rings um Kanchanaburi, Amphawa, Rachaburi sowie südlich von Prachuap Khiri Khan macht Radeln Spaß. Hingegen sollte man die Steigungen auf den Bergstrecken nach Pai und Mae Hong Son sowie im hohen Norden nicht unterschätzen. Ohne größere Steigungen geht es entlang der Grenze zu Myanmar von Mae Sariang nach Mae Sot durch eine abgelegene Region. **Geführte Touren** werden vor allem in Chiang Mai, aber auch in Sukhothai, Nong Khai, Phuket und Bangkok durchgeführt.

Weitere Fahrradinfos sowie Tourenvorschläge unter 🖥 http://de.wikiloc.com/routen/radfahren/thailand, 🖥 www.siambiketours.com, 🖥 www.thai-cycling.de und 🖥 http://hermann-niedermeyr.de.

# Nahverkehr

Eine große Bandbreite kostengünstiger Nahverkehrsmittel erleichtert die Fortbewegung in Städten wie auf dem Land. Nach Sonnenuntergang dünnt der Verkehr merklich aus. Manchmal muss man dann ein Fahrzeug chartern.

## Motorradtaxi

Die Fahrer von Motorradtaxis sind an farbigen Westen mit Rückennummer zu erkennen. Sie bringen auf dem Sozius ein bis zwei Fahrgäste zu beliebigen Zielen. Der Fahrpreis ist niedrig, muss aber vorher geklärt werden.

Eine Besonderheit in Kanchanaburi und auf Ko Lanta und weiteren Inseln sind Samlor Gai-Na, Motorradtaxis mit Beiwagen, auf denen eine ganze Familie Platz hat. Wer keinen eigenen Helm hat, ist hier ungeschützt, denn für die Passagiere haben die Fahrer selten Helme dabei.

## Samlor

Die dreirädrigen Fahrradrikschas mit überdachter Sitzbank für zwei Personen verschwinden zunehmend aus dem Stadtbild. Sie fahren nur kurze Wege und sind meist teurer als Tuk Tuks und Motorradtaxis. Samlor Krueng werden von einem Motorrad angetrieben. Es gibt zudem Samlor vielfältiger Art, die zu Lastentransportern umgebaut worden sind.

## Songthaew

Songthaew (gespr. *song-täo*) sind Sammeltaxis, auch **Baht-Bus** oder **Sielor** genannt, die zunehmend durch Minibusse ersetzt werden. Die Passagiere sitzen auf zwei niedrigen, sich gegenüberliegenden Sitzbänken auf der überdachten, hinten offenen Ladefläche eines Pick-ups. Kleine Songthaew/Tuk Tuk-Kreuzungen und große umgebaute Lkw sind vor allem in der Provinz im Einsatz. Eine Kreuzung zwischen überdachtem Motorrad und Songthaew mit dem netten Namen **Sky Lab** ist im Nordosten zu finden.

Einige verkehren in Städten auf festen Routen zum Einheitstarif und teils sogar bis vor die Tür. Andere fahren ebenso wie lokale Busse ins Umland oder zu Stränden. Sie haben selten feste Haltestellen und nehmen überall Passagiere auf. Manchmal kurven sie lange auf der Suche nach Fahrgästen durch die Stadt. Wenn man Zeit hat, kann man auf diesem Weg viel kennenlernen.

Sobald das gewünschte Ziel von der Route abweicht, muss man das Fahrzeug chartern; das ist wesentlich teurer als der sonst übliche Fahrpreis von meist 10–30 Baht. In diesem Fall zuvor mit dem Fahrer den Preis vereinbaren, der von vielen Faktoren abhängt. Auch für Ausflüge können Kleingruppen ein Songthaew mieten.

## Stadtbus

Die nummerierten Busse fahren auf festen Routen für 5–20 Baht. In Bangkok verkehren nichtklimatisierte Busse (7–8 Baht) sowie klimatisierte (10–24 Baht). Minibusse, Microbusse oder Microvans bedienen ländliche Regionen und nachts in Bangkok auch einige Busstrecken.

## Taxi

Fast alle Taxis sind klimatisiert. In Bangkok sind sie mit Taxameter ausgestattet, in Chiang Mai, auf Ko Samui, Phuket und in anderen Touristenorten eher selten. Die Fahrer sind manchmal nur schwer dazu zu bewegen, den Taxameter auch tatsächlich einzuschalten, und verlangen vor allem vor teuren Hotels und nachts in Vergnügungsvierteln völlig überzogene Preise. Es ist immer besser, ein fahrendes Taxi anzuhalten, als mit einem vor seinem parkenden Taxi stehenden Fahrer zu verhandeln. Taxifahrer sprechen in der Regel kein Englisch.

## Tuk Tuk

Dreirädrige Motorroller mit überdachter Sitzbank verkehren in Städten wie Bangkok, Chiang Mai oder Trang. In Phuket sind sie durch einen umweltfreundlichen Viertakter für vier Personen abgelöst worden. Den Fahrpreis muss man vorher aushandeln.

Typisch Thailand: das dreirädrige Tuk Tuk

# Trinkgeld

Während in Hotels und Restaurants der gehobenen Preisklasse zum Rechnungsbetrag 10 % Bedienungsentgelt addiert werden, ist im Rechnungsbetrag in anderen Restaurants keines enthalten. Hier ist es üblich, bei gutem Service 20 Baht, bei höheren Beträgen auch mehr, liegen zu lassen. In Garküchen und Traveller-Lokalen sind Trinkgelder nicht üblich. Taxifahrer erhalten normalerweise kein Trinkgeld – außer für besondere Gefälligkeiten. Bei Fahrten mit Taxameter kann man den Betrag jedoch aufrunden.

# Übernachtung

Die Bandbreite an Unterkünften ist extrem groß und reicht von einfachen Absteigen bis zu luxuriösen Erlebniswelten der Boutiqueresorts, Designerhotels und Wellnessoasen. In allen Traveller-Zentren – in Städten wie auf Inseln – finden Backpacker, die aufs Geld achten müssen, und Langzeitreisende preisgünstige, einfache Zimmer vor. Seit Jahren geht der Trend zu bequemeren, etwas teureren und einladender gestalteten Gästehäusern mit sauberen Zimmern, die durchaus Hotelstandard aufweisen und eine eigene Dusche und Klimaanlage haben.

## Preise

Die Preise richten sich oft nach der Art des Zimmers und nicht nach der Anzahl der Personen. Sie schwanken stark und sind abhängig von der Region und vor allem an den Stränden von der Saison sowie der Art der Buchung, wobei Internetbuchungen, sofern möglich, oft erhebliche Preisnachlässe gewähren.

Billigreisenden wird in **Gästehäusern** oft ein besseres Preis-Leistungs-Verhältnis geboten als in Hotels, gerade in der Provinz ist es oft aber umgekehrt. Ein Zimmer mit Gemeinschaftsdusche ist bereits ab 200 Baht zu bekommen, während bessere Zimmer in Boutique-Gästehäusern über 1000 Baht kosten können. **Schlafsäle**

**in Hostels** mit Stockbetten, die preiswerte Alternative für Einzelreisende, kosten mindestens 150 Baht. Besonders in Bangkok und im Süden Thailands geht der Trend wieder zu Mehrbettzimmern. Viele der neueren, schickeren Backpacker-Unterkünfte haben komfortablere Schlafsäle, die allerdings bis zu 700 Baht pro Bett kosten.

Der Preis für einfache **Bambushütten** am Strand oder in den Bergen beginnt bei 250 Baht, komfortablere **Bungalows** sind wesentlich teurer. Zudem kann sich der Preis in der Hochsaison verdoppeln. Mit Ventilator sind sie wesentlich preiswerter als mit Klimaanlage und in den hinteren Reihen günstiger als am Meer.

In Hotels der **unteren Preisklasse** in der Provinz schläft man bereits ab 300 Baht in einem sauberen Doppelzimmer mit Dusche; Einzelzimmer sind – falls vorhanden – etwas billiger und Zimmer mit AC etwas teurer. Wer relativ ungestört schlafen will, besorgt sich am besten ein Zimmer im Obergeschoss und nach hinten raus.

Zimmer in der **mittleren Preisklasse** sind im Norden günstiger als an der Küste und ab 900 Baht zu haben. Hotels der **oberen Preisklasse** verlangen ab 2400 Baht pro Zimmer und Nacht und verfügen meist über einen eigenen Pool. **Luxushotels**. Allerdings lassen sich viele online zu Schnäppchenpreisen buchen.

## Zimmer reservieren

Im Grunde gibt es immer irgendwo ein freies Zimmer. Problematisch wird es in Touristenorten an Feiertagen, vor allem zum westlichen, chine-

## Preiskategorien

Wir haben die Unterkünfte in acht Kategorien unterteilt. Die Preise gelten für Doppelzimmer *(double room)* mit Du/WC und, falls nicht anders beschrieben, AC:

| | |
|---|---|
| ❶ | bis 300 Baht |
| ❷ | bis 600 Baht |
| ❸ | bis 900 Baht |
| ❹ | bis 1200 Baht |
| ❺ | bis 2400 Baht |
| ❻ | bis 3600 Baht |
| ❼ | bis 4800 Baht |
| ❽ | über 4800 Baht |

In den gehobenen Kategorien werden 7 % Steuern *(government tax)* und 10 % Servicegebühr *(service charge)* aufgeschlagen.

sischen und thailändischen Neujahr *(songkran)*. Auch während der europäischen Sommer- und Weihnachtsferien sind beliebte Gästehäuser und Hotels oft bereits lange im Voraus ausgebucht.

Während der Universitätsferien (Mitte März–Juni) und Schulferien (Mitte Mai–Mitte Juli) sind oft Jugendgruppen in den Nationalparks und entlang der Küste unterwegs.

Zur **Hochsaison** lohnt es, über das Internet Zimmer vorzubuchen. Wer nicht vorgebucht hat und sichergehen will, sollte am Vormittag in der entsprechenden Unterkunft anrufen und ein Zimmer reservieren. Wer ohne Vorbuchung an der Rezeption erscheint, kann nach einem Rabatt fragen und erhält dann vor allem in der Nebensaison ab Mitte April häufig einen *discount*, vor allem bei einem längeren Aufenthalt.

## Ausstattung

Billigzimmer und Holzhütten sind karg ausgestattet, aber normalerweise relativ sauber. Neben einer mehr oder weniger durchgelegenen, oft dünnen Matratze auf einem Bett, einem Bettlaken und Kopfkissen beschränkt sich die Ausstattung auf einen Tisch- oder Deckenventilator. Meist ist auch ein mehr oder weniger dichtes Moskitonetz vorhanden oder wird auf Nachfrage bereitgestellt.

**Duschen und Toiletten** werden in einigen Billigunterkünften gemeinschaftlich genutzt. Es ist ratsam, sich diese vor dem Einchecken anzusehen. Wenn es auf einer Etage für viele Zimmer nur zwei Bäder gibt, kann man sich morgens auf lange Wartezeiten einstellen.

Selbst in der einfachen Preisklasse haben fast alle Zimmer und Strandhütten ein eigenes Bad: eine kleine Nasszelle mit einfacher Dusche neben der Toilette und einem Wasserabfluss im Boden. Außerhalb der Strände gehört ein (launischer) Durchlauferhitzer zur Standardausrüstung. In teureren Zimmern fließt Warmwasser auch aus dem Hahn des Waschbeckens, und die Duschen sind abgetrennt, sodass das restliche Badezimmer trocken bleibt. Viele moderne Unterkünfte sind nur noch mit (verglasten) Duschkabinen ausgestattet, Bungalows haben oft nach oben offene Badezimmer mit viel Pflanzen und Grün.

**Elektrizität** ist selbst auf abgelegenen Inseln vorhanden, zumindest wenn der Generator läuft (meist 18–22 Uhr). Ohne Ventilator und Klimaanlage können sich tagsüber Bungalows, die der Sonne ausgesetzt sind, fast unerträglich aufheizen.

Preiswerte Zimmer haben selbst in Mittelklassehotels manchmal keine **Fenster**. In einigen Gästehäusern sind sie nur durch dünne Sperrholzwände voneinander abgetrennt. Dadurch können sie ebenso wie Reihenbungalows sehr **hellhörig** sein. Wer seine Ruhe haben möchte, wohnt besser in einem Einzelbungalow oder etwas teureren Zimmer mit dicken Türen, das nicht direkt am Aufzug oder Treppenaufgang liegt.

## Jede Erfahrung zählt

Da wir nicht in allen Betten schlafen und in jedem Restaurant essen können, freuen wir uns über Rückmeldungen auf unserer Website im Travel Club unter den **eXTras** und in den Updates 🖃 www.stefan-loose.de/loose-travel-club/club/thailand/.

Einige Gästehäuser und Bungalows sind ausgesprochen geschmackvoll und landestypisch eingerichtet. Andere Zimmer sind zwar klein, aber funktional. Viele Gästehäuser verfügen über **Aufenthaltsräume** (Dachterrassen, Cafés, Innenhöfe, Gärten), einige sogar über einen Pool. In Backpacker-Unterkünften gehören Satelliten-TV, eine Auswahl an Filmen und Serien, Internet und WLAN in den Gemeinschaftsräumen zur Standardausstattung.

Das vorhandene Angebot an **Fernsehgeräten** repräsentiert unabhängig vom Zimmerpreis die Produktpalette der vergangenen 20 Jahre. Manchmal gibt es nur wenige Thai-Sender mit schlechtem Empfang, anderswo aber auch Satelliten-TV mit englischen Sendern und DW-TV.

## Service

In Billigunterkünften erfolgt die **Zimmerreinigung** erst nach dem Auszug der Gäste. Wer länger bleibt und frische Bettwäsche oder eine Zimmerreinigung wünscht, sollte dies auf nette Art zum Ausdruck bringen. Für den Service dankt man mit 20–50 Baht pro Tag, die man auf dem Kopfkissen hinterlässt. Handtücher und Bettwäsche werden in Billigunterkünften nur kalt gewaschen und sehen deshalb nicht immer sauber aus. Je teurer die Zimmer, umso dicker, weißer und zahlreicher sind die Handtücher. **Wäsche** von Gästen wird fast überall im Laufe eines Tages gewaschen. Der Preis dafür steigt mit dem Zimmerpreis.

In Thai-Hotels sorgt ein **Zimmerservice** oft rund um die Uhr für Essen und Getränke. Manchmal ist der Kühlschrank gut bestückt. Auch **Wasserkocher**, mit denen man sich Kaffee und Tee selbst zubereiten kann, erfreuen sich zunehmender Beliebtheit. In vielen angegliederten Restaurants wird morgens ein **Frühstück** angeboten. Das Angebot orientiert sich an den Essensgewohnheiten der Mehrheit der Gäste. Sind diese Einheimische, gibt es eine Reissuppe, gebratene Nudeln oder Reis sowie für Ausländer Toast, süße Marmelade und eventuell ein amerikanisches Frühstück mit Spiegelei, Würstchen und Bacon. In Unterkünften, die auf westliche Ausländer ausgerichtet sind, ist das Angebot vielfältiger und kann auch frisches Obst, Saft, Pancakes und manchmal sogar Käse und Wurst umfassen. Auch ein Wäscheservice, Abholservice, Fahrzeugverleih oder Ausflüge gehören oft zum Angebot.

## Sicherheit und Unannehmlichkeiten

Die Sicherheit spielt bei der Auswahl der Unterkunft ebenfalls eine Rolle. Manche Strandhütten oder Zimmer sind leicht durch das Fenster oder eine unzureichend gesicherte Tür zugänglich. Teils kann zur Sicherung auch ein eigenes Vorhängeschloss an der Vorrichtung der Tür angebracht werden. Manchmal stören ungewohnte **Geräusche** aus Fallrohren oder benachbarten Bars und Restaurants die Nachtruhe. Noch unangenehmer sind **Gerüche** von unzulänglich entsorgten Abwässern.

## Sonstige Unterkünfte

Von der Bambushütte in einem Karen-Dorf in den Bergen bis zur Pool-Villa am Strand reicht das Angebot der Privatunterkünfte, die über Airbnb, 🖳 www.airbnb.de (auch als App), vermittelt werden. Auch Couchsurfer, 🖳 www.couchsurfing.com (auch als App), und Wwoofer, 🖳 www.wwoofthailand.com, finden über das Netz die passenden Gastgeber in Thailand. Selbst zum Wohnungstausch könnte sich ein Partner über 🖳 www.haustauschferien.com finden.

Manch ein Aussteiger, der nach Thailand ausgewandert ist, möchte in Verbindung mit dem Heimatland bleiben. Seine Gästezimmer sind selten mit Verwandten und Freunden belegt, sodass einige auch Touristen, bevorzugt aus dem Heimatland, aufnehmen. Andere bauen gleich professionelle Anlagen. Je kleiner die Unterkunft, umso näher lebt man mit dem Gastgeber zusammen. Mancher entpuppt sich als Landeskenner, organisiert Touren und eröffnet einen neuen Blickwinkel auf das Land. Andere haben persönliche Probleme mit der Thai-Familie oder dem Alkohol. Wo sich die einen Gäste wohlfühlen und immer wieder hin zurückkehren, möchten andere am liebsten gleich wieder abreisen. Wir haben deshalb versucht, in diesem Buch die entsprechenden Unterkünfte etwas näher vorzustellen. Die meisten und interessantesten liegen im Norden und Nordosten.

## Camping

Insbesondere in Nationalparks ist das Zelten bei einheimischen Gruppen und Familien sehr beliebt. In den meisten können Zelte, Matten und Schlafsäcke ausgeliehen werden. Auch einige Gästehäuser auf dem Land und Bungalowanlagen am Strand stellen Zeltmöglichkeiten zur Verfügung. Wer mit dem eigenen Zelt reist, muss oft nur eine geringe Gebühr für die Nutzung der sanitären Anlagen und der Elektrizität zahlen. Wo große Gruppen einheimischer Jugendlicher zelten, ist Mitfeiern angesagt.

## Unerwünschte Mitbewohner

### Ameisen

Kleine, unangenehme Zimmergenossen sind Ameisen, die in unglaublichen Mengen auftauchen können, wenn sie irgendetwas Essbares vorfinden. Deshalb möglichst keine Lebensmittel mit aufs Zimmer nehmen, oder sie luftdicht in Dosen verschließen – im Zweifelsfall mit Klebeband abdichten.

### Bettwanzen

Zu einer wahren Seuche haben sich in vielen Traveller-Unterkünften Bettwanzen entwickelt. Obwohl sich die meisten Besitzer stets um Sauberkeit bemühen, nisten sie sich ein. Besonders betroffen sind fensterlose Schlafsäle und Billigzimmer mit einer hohen Fluktuation an Gästen.

Die 3,8–9 mm kleinen, rotbraunen, nachtaktiven Insekten leben versteckt in Bettritzen, schmalen Spalten und Hohlräumen in Bettgestellen und zwischen den Matratzennähten, in Spalten der Bettkästen, unter Polstern und Gardinenvorrichtungen. Nach dem 5–10 Min. dauernden Stich wandern die Tiere vollgesogen

in ihre Verstecke zurück. Der beim Stich abgegebene Speichel enthält Juckreiz auslösende Stoffe. Dieser Juckreiz kann 7–10 Tage andauern. Es entstehen häufig rote Quaddeln. Nach gegenwärtigem Wissensstand übertragen Bettwanzen keine Krankheitserreger. Dennoch sollte man beim Einchecken in Traveller-Unterkünften, besonders in Schlafsälen, Matratzen und Bettgestelle gründlich untersuchen und Bettwanzen sofort an der Rezeption melden und dann ein anderes Zimmer verlangen.

Ist man von Wanzen überfallen worden und entdeckt am Morgen kleine Blutspuren im Bett oder Quaddeln auf der Haut, sollte man gründlich duschen und das Gepäck mindestens intensiv mit einem Insektenspray behandeln, um die Tiere nicht weiterzuverbreiten. Bei intensivem Kontakt ist es sinnvoll, alle Klamotten entlang der inneren Nähte – dem beliebtesten Eiablageplatz – auf die winzigen Eier zu überprüfen. Haben sie es sich einmal im Rucksack bequem gemacht, wird es sehr schwer, sie wieder loszuwerden.

### Kakerlaken

Sie kommen in den besten Häusern vor. Man kann wochenlang in billigen Hotels wohnen, ohne eines dieser Tierchen gesehen zu haben, und während der ersten Nacht in einem besseren Hotel huschen sie plötzlich durchs Badezimmer und verschwinden im nächsten Abfluss. Ist ihre Population übermächtig, dann hilft nur Sprühen oder Platthauen. Da sie normalerweise Abstand halten, kann man sie auch ignorieren.

### Moskitos

Gefährliche Zimmergenossen sind Moskitos (S. 70). Befinden sie sich in einem Zimmer, dann sollte dieses am Nachmittag gut mit einem Insektenspray ausgesprüht und vor dem Schlafengehen gründlich (ohne Licht!) gelüftet werden. In nichtklimatisierten Räumen kann ein Moskitonetz erforderlich sein, das vor jeglichem Ungeziefer schützt. Oft ist bereits ein Netz im Zimmer vorhanden, manchmal haben Vormieter auch Nägel zum Aufhängen hinterlassen. Zum Aufbauen des Netzes sollte man sich Zeit nehmen, und vorhandene Netze sollten bei Tageslicht auf Löcher kontrolliert und gegebenenfalls mit Klebeband abgedichtet werden.

# Verhaltenstipps

Natürlich kann man als Besucher im Urlaub einfach am Strand liegen und Einheimische nur am Rande als Taxifahrer, Kellner, Verkäufer, Hotelpersonal oder „Betreuerinnen" älterer Herren wahrnehmen. Aber die bleibenden Eindrücke, die unser Leben bereichern und unseren Horizont erweitern, sind meist die direkten Begegnungen mit Menschen. Daher sind ein gesundes Maß an Unvoreingenommenheit und Offenheit essentielle Bestandteile einer gelungenen Reise.

In Urlaubszentren und Großstädten sind viele **Traditionen** von westlichen Einflüssen überlagert worden, während sie auf dem Lande noch gelebt werden. Von Touristen wird nicht erwartet, dass sie alle religiösen Sitten der Einheimischen praktizieren und sich wie Thais verhalten. Aber schon das Bemühen und das Interesse, die Sitten und Gebräuche des Gastlandes zu kennen und zu respektieren, werden überaus freundlich aufgenommen und honoriert. Auf alle Fälle sollte man immer versuchen, sich den Einheimischen gegenüber respektvoll zu verhalten.

## Betteln

Mit Ausnahme von körperbehinderten und alten Menschen sollte man Bettlern, vor allem Kindern, nichts geben. Hilfreicher ist es, Projekte durch Spenden zu unterstützen, z. B. terre des hommes, 🖵 www.tdh.de/was-wir-tun/projekte/suedostasien/thailand.html. Das Kinderhilfswerk unterstützt interessante Projekte (z. B. Straßenkinder,- Schul- und Flüchtlingsprojekte) in verschiedenen Landesteilen. SOS-Kinderdörfer, 🖵 www.sos-kinderdoerfer.de/Wo-wir-helfen/Asien/Thailand/Pages/default.aspx, gibt es bei Bangkok sowie in Chiang Rai, Hat Yai, Phuket und Nong Khai.

Die Bitte um Spenden in Tempeln oder der morgendliche Rundgang der Mönche, um Gaben der Gläubigen einzusammeln, hat nichts mit Betteln zu tun. Diese freiwillige Gabe ermöglicht es Gläubigen, einen Verdienst für ihr nächstes Leben zu erwerben.

## Drogen

Marihuana, Haschisch, Kokain, Heroin und Methamphetamine wie Yaba sind illegal und dennoch in einigen Gebieten ohne größere Probleme zu beschaffen. Nicht selten werden sie Ausländern geradezu aufgedrängt – vor allem von Dealern, die die Polizei anheuert, um Erfolge bei der Drogenbekämpfung vorzuweisen.

Leider bewirkt die ausgelassene Urlaubsstimmung bei vielen Reisenden ein naives Verhältnis zu Drogen. Wer sich mit Rauschmitteln erwischen lässt, muss mit einer hohen Geld- oder gar einer Gefängnisstrafe rechnen und wird ausgewiesen. Bei schweren Drogendelikten droht sogar die Todesstrafe. Nach Full Moon Partys auf Ko Pha Ngan war schon so mancher Tourist gezwungen, sich durch finanzielle Zuwendungen einen entsprechenden Polizeibericht und durch eine hohe Kaution seine Freilassung aus dem Gefängnis zu erkaufen.

## Handeln

Vor allem auf Touristenmärkten ist Handeln ein Teil des Einkaufs. Keiner sollte sich dabei betrogen fühlen, sondern sich der Aufforderung, ins Gespräch zu kommen und die Kunst des Handelns zu erlernen, stellen. Gerade in Thailand gehört immer auch eine gesunde Prise Humor zum erfolgreichen Handeln dazu.

Es ist ratsam, kein übermäßiges Interesse am zu erstehenden Produkt zu zeigen und mit den Einkauf zu warten, bis man sich akklimatisiert und einen Überblick über die Preisspannen verschafft hat. Nach dem ersten Preis des Händlers, der nicht völlig überzogen sein sollte, nennt man seinen Preis, der unter dem liegen sollte, den man wirklich bereit ist zu bezahlen. Es liegt nun ganz an der jeweiligen Situation, wie weit der Verhandlungsspielraum genutzt wird und wo man sich einigt, aber es gehört zum guten Ton, dass man nach einer Einigung auch kauft. Sollten die Verhandlungen ins Stocken geraten, lohnt es sich manchmal auch, mit einer überzogen dramatischen, aber keinesfalls herablassenden Geste davonzulaufen. Oft wird man zurückgerufen und erhält das Produkt doch zum gewünschten Preis.

Beim Kauf größerer Mengen kann man auch in Geschäften mit Preisnachlässen rechnen. Nicht üblich ist Handeln in Kaufhäusern, Hotels, Restaurants, öffentlichen Verkehrsmitteln und auf Märkten mit ausgewiesenen Festpreisen. Den Preis eines Essens vorher herunterzuhandeln, wäre sehr unklug, da es dadurch viel schlechter werden kann. Wer nicht weiß, ob es möglich ist zu handeln, fragt einfach, ob er einen Discount bekommt.

## Individuum und Gemeinschaft

Man existiert in Thailand nicht als Individuum, sondern als Teil der Familie und Dorfgemeinschaft, was in vielen Thai-Farang-Beziehungen eine Hauptursache von Konflikten ist. Der Familienverband bietet Sicherheit und Geborgenheit. Wer sich der Gemeinschaft entzieht, verliert jede soziale Anerkennung. Kinder werden angehalten, das Alter zu ehren. Ebenso wie die Eltern genießen auch Lehrer, religiöse und politische Oberhäupter, oft auch Vorgesetzte in Betrieben unumstößliche Autorität. Der König als religiö-

### Mai pen rai – Das macht nichts!

Das **Streben nach Harmonie** ist Grundlage des Gesellschaftssystems. Konflikte bleiben unausgesprochen, stattdessen versucht man eine ähnliche Situation in Zukunft zu vermeiden. Wer Auseinandersetzungen in der Öffentlichkeit austrägt, gilt als rüde und verliert sein Gesicht. Das gilt auch für Touristen, die ihren Ärger zeigen oder ihre Gastgeber kritisieren. Wer um etwas bittet, wird selten eine Absage bekommen, selbst wenn es nicht möglich ist, der Bitte zu entsprechen. Statt „nein" sagt man aus Höflichkeit lieber „vielleicht" und zeigt durch zögerndes Verhalten seine Ablehnung. Auch die Frage nach dem Weg wird eher falsch als gar nicht beantwortet, was zu einer Odyssee oder völliger Ratlosigkeit führen kann. Ein Lächeln hilft, manche problematische oder unsichere Situation zu überstehen, ebenso wie die häufig verwandte Formel *mai pen rai* – was so viel heißt wie: „Das macht nichts!"

ses und repräsentatives Oberhaupt des Landes wird hoch verehrt, S. 124

Der Bau von Tempeln und die Vorbereitung der großen Feste ist, wie die Wahrnehmung anderer übergeordneter Interessen, Aufgabe der Gemeinschaft. Das Familienleben hat im Gegensatz zur westlichen Gesellschaft keinen Platz für individuelle Bedürfnisse, Absonderung und Ruhe. Ehen werden nicht selten als Versorgungsgemeinschaft angesehen, was einige Ausländer, die einheimische Frauen heiraten, oft schmerzhaft erfahren müssen.

## Kleidung

Angemessene Kleidung spielt im ganzen Land eine sehr bedeutende Rolle – das gilt vor allem für den Besuch von religiösen Stätten und allen Gebäuden des Königshauses. Unangebracht sind offene Sandalen, besonders Flipflops, ärmellose Tops, kniefreie Röcke und Hosen sowie manchmal sogar Daypacks (Tagesrucksäcke).

Außerhalb der Strände sollte man auf gar keinen Fall in Bikini oder Badehose herumlaufen, auch nicht in strandnahen Geschäften oder Restaurants.

Vor dem Betreten eines Hauses oder eines buddhistischen Tempels zieht man die Schuhe aus.

Bei chinesischen Festen (außer bei Begräbnissen) wird keine weiße, blaue oder schwarze Kleidung getragen.

## Königshaus

Der seit 1946 regierende König von Thailand, Bhumibol Adulyadej, wird wie ein Gott verehrt (s. Kapitel „Land und Leute" S. 124). Ihm, seiner Familie und seinen Symbolen gebührt äußerster Respekt. Die ausgeprägte Verehrung des Königs kommt z. B. im Kino im Abspielen der Königshymne zum Ausdruck. Dann erheben sich alle und lauschen andächtig.

Seit 1908 gibt es im Thai-Strafgesetzbuch den Tatbestand der Majestätsbeleidigung *(lèse majesté)*. Die Höchststrafe liegt bei 15 Jahren. Unbedarfte Ausländer können schon mal in die Gesetzesfalle tappen, denn als Majestätsbeleidigung gilt bereits, eine Münze oder Banknote mit dem Fuß zu berühren – tragen beide doch das Porträt des Königs. Sogar Ausländer standen bereits wegen unziemlicher Aussagen über das Königshaus oder anderem Fehlverhalten vor Gericht.

## Körpersprache

Für Buddhisten und Moslems ist der **Kopf** (im Gegensatz zum Fuß) ein heiliges Körperteil. Deshalb sollte man nie einem erwachsenen Thai an den Kopf fassen, ihm die Füße entgegenstrecken, die Füße aufs Armaturenbrett im Bus legen oder Gepäckstücke ins Gepäcknetz über die Köpfe der Mitreisenden wuchten, ohne sie vorher zu fragen.

Den **Fuß** als unedelstes Körperteil sollte man niemals einem anderen Menschen oder gar einer Buddhastatue entgegenstrecken. Da die **linke Hand** als unrein gilt, nutzt man in Thailand die rechte Hand zum Essen, zum Geben und um etwas in Empfang zu nehmen.

Müssen Einheimische **durch Gruppen hindurchgehen**, beugen sie leicht den Oberkörper nach vorn und halten den rechten Arm schräg nach unten gestreckt, als ob sie die Verbindung zwischen den Menschen durchschneiden wollen.

Wenn Thais jemanden **heranwinken**, wird das von Europäern oft falsch ausgelegt, da das Winken mit der abgewinkelten Hand unserer „Hau ab"-Geste ähnelt.

Es gilt als Zeichen der Freundschaft, wenn Männer oder Frauen Hand in Hand durch die Straßen bummeln. **Körperkontakte** zwischen Männern und Frauen in der Öffentlichkeit sind in traditionellen Gesellschaften hingegen tabu, trotz der scheinbaren Freizügigkeit in den Touristenzentren. Nach überlieferten Verhaltensmustern gilt es als äußerst unschicklich, Gefühle zwischen Mann und Frau in der Öffentlichkeit zu zeigen.

## Korruption

Thailand liegt im Korruptionsindex zusammen mit Indien auf Platz 85 von insgesamt 175 Ländern. Eltern zahlen für die Aufnahme ihrer Kinder an Schulen und in Jobs, Firmen für Aufträge. Zahlungen bei kleineren Verkehrsverstößen ohne Quittung werden als Bonus für die Polizei betrachtet, die ebenso wie Lehrer, Zöllner und andere schlecht bezahlte Staatsangestellte auf zusätzliche Einnahmen angewiesen ist. Umfragen zufolge akzeptiert die Hälfte der Bevölkerung korruptes Verhalten. Auch Touristen sind den lokalen Machtverhältnissen ausgeliefert. Bei Streitigkeiten mit korrupten Gegnern sollte man versuchen, die Situation unbeschadet zu überstehen. Im Idealfall wendet man sich im Nachhinein an die Touristenpolizei.

## Lärm

Lärmgeplagten Europäern ist es unverständlich, dass Thais auch noch so großen Lärm nicht als unangenehm empfinden. Schon um 5 Uhr morgens dröhnen die Dorflautsprecher und senden bis 7 Uhr Nachrichten und Musik. Bei Festen und Feierlichkeiten wird das gesamte Dorf bis tief in die Nacht beschallt, ohne dass sich jemand darüber beschwert. Im Gegenteil: Ruhe und Dunkelheit gelten als unheimlich und werden vermieden. Viele glauben, dass Lärm böse Geister vertreibe – je lauter umso wirkungsvoller.

## Rauchen

In Thailand rauchen immer weniger Menschen, vor allem einheimische Frauen sieht man fast nie mit einem Glimmstengel in der Hand. **Zigarettenpackungen** zieren, per Gesetz festgelegt, große, die Mehrheit der Packung einnehmende, drastisch-abschreckende Bilder mit Darstellungen von durch Rauchen verursachten Krankheiten und Missbildungen.

Ein **Rauchverbot** gilt in Restaurants, Pubs, Kneipen und Bars. Zuwiderhandlungen oder das achtlose Wegwerfen werden mit einem Bußgeld von 2000 Baht geahndet. Rauchen ist nur noch in begrenzten Bereichen gestattet. Sogar auf Märkten, in öffentlichen Einrichtungen und an manchen Stränden (wie etwa auf Phuket) darf nicht geraucht werden. Raucher sollten sich deshalb aufmerksam umschauen, bevor sie sich einen Glimmstengel anzünden.

Der Import von **E-Zigaretten** ist im Land offiziell verboten, aber Touristen mit einzelnen E-Zigaretten wurden bisher nicht belangt.

# Religion

Der **Buddhismus** spielt im täglichen Leben der Thais eine bedeutende Rolle, mehr dazu S. 128. Mönche unterliegen strengen Klosterregeln, dürfen ab mittags keine feste Nahrung zu sich nehmen und generell keine Frauen berühren. Manches, was in Tempeln passiert, ist nur schwer mit der eigentlichen buddhistischen Lehre zu erklären. So sind auf dem Tempelgelände auch Amulettverkäufer und Wahrsager anzutreffen. Tempelbesucher sollten keinesfalls vor betenden Gläubigen herumlaufen, sich über ihre Köpfe erheben oder gar religiöse Statuen oder Anlagen erklimmen. Fotografieren kann man während religiöser Zeremonien, wenn es auch die Einheimischen tun oder man die Erlaubnis dazu erhalten hat.

Der **Islam** prägt hingegen alle Lebensbereiche der 3,5 Mio. Moslems in Thailand. Die meisten leben an der Andamanenküste und in den südlichen Provinzen Yala, Narathiwat, Pattani und Satun. Die strengen islamischen Regeln erfordern es, dass Frauen sich in der Öffentlichkeit verhüllen. Ausschließlich der Genuss von Lebensmitteln, die unter islamischen Riten zubereitet wurden, also *halal* sind, ist erlaubt. Der Verzehr von Alkohol und Schweinefleisch ist verboten, ebenso das Glücksspiel. Zudem ist die Berührung von Hunden tabu. Es ist äußerst unhöflich, vor den betenden Gläubigen in der Moschee herumzulaufen oder sich über ihre Köpfe zu erheben. Viele Moscheen sind Frauen nicht zugänglich.

## Wai

Thais begrüßen sich in der Regel nicht mit Handschlag, sondern mit dem sogenannten *wai*, bei dem die eigenen Handinnenflächen gegeneinander gelegt werden. Diese Geste stellt nicht nur eine Begrüßung dar, sondern auch ein Zeichen des Respekts, das zuerst dem höhergestellten Menschen dargeboten wird. Ausländer können darauf mit einem Kopfnicken reagieren oder zumindest darauf achten, dass sie kein falsches *wai* benutzen und bestimmte Regeln beachten: gefaltete Hände vor der Stirn und gebeugter Kopf bei Mönchen, bei Älteren auf Nasenhöhe, bei niedrigergestellten Personen vor der Brust und bei Höhergestellten die Hände vor dem Mund. Bei Kindern und Hausangestellten genügt ein freundliches Nicken.

# Versicherungen

## Auslandsreise-Krankenversicherung

Das thailändische Tourismusministerium hat vor, jeden ausländischen Besucher zu verpflichten, eine solche Versicherung abzuschließen. Die Umsetzung ist noch nicht genau geregelt und wurde bislang kaum kontrolliert. Zunächst wird es wohl nur für Touristen gelten, die vor ihrer Einreise ein Visum beantragen müssen.

Der Abschluss einer Auslandsreise-Krankenversicherung ist generell zu empfehlen. Insbesondere bei Krankenhausaufenthalten kann schnell eine erhebliche Summe zusammenkommen. Bei schwerer Erkrankung wird der Betroffene in die Heimat geflogen, wenn er plausibel darlegen kann, dass am Urlaubsort keine ausreichende Versorgung gewährleistet ist. Dabei ist der Passus „wenn medizinisch notwendig" im Kleingedruckten zu beachten, denn gerade medizinische Notwendigkeit ist selten leicht zu beweisen. Hingegen ist die Formulierung „von Ärzten als sinnvoll erachtet", wie bei der Hanse-Merkur Versicherung, wesentlich besser. Einschränkungen gibt es zudem bei Zahnbehandlungen (nur Notfallbehandlung) und chronischen Krankheiten.

Im Krankheitsfall müssen die Rechnungen für die Behandlung vorher beglichen werden. Wenn die Belege bei der Versicherung eingereicht worden sind, werden die Kosten zurückerstattet. Manche Krankenhäuser können bei ernsten Erkrankungen und teuren Behandlungen direkt mit der Versicherung abrechnen.

Auslandskrankenversicherungen für Reisen von bis zu sechs Wochen Dauer werden ab 8 € p. P. angeboten, wer länger verreist, zahlt je nach Versicherer zwischen 50 Cent und 2,50 € pro Tag. Zudem gibt es Versicherungen für die ganze Familie ab 18 €. Solche für Reisende über 60 Jahre sind oft deutlich teurer. Bei einigen Kreditkarten sind Auslandskrankenversicherungen enthalten.

## Reisegepäckversicherung

Viele Versicherungen sichern auch Gepäckverlust ab, die Bedingungen sind aber immer sehr eng gefasst. Die Stiftung Warentest rät von einer Gepäckversicherung ab, da sich die Versicherer meist auf die Unachtsamkeit des Reisenden berufen und nicht zahlen.

## Versicherungspakete

Diese Rundum-Pakete sind auf fünf bis acht Wochen begrenzt und beinhalten neben der Reisekrankenversicherung eine Gepäck-, Reiserücktrittskosten- und Reisenotruf- bzw. Rat& Tat-Versicherung. Letztere bietet eine Notrufnummer zur Soforthilfe während der Reise. Außerdem werden Krankenhauskosten sofort von der Versicherung beglichen und bei ernst-

haften Erkrankungen der Rücktransport übernommen. Wenn der Versicherte nicht transportfähig ist und länger als zehn Tage im Krankenhaus bleiben muss, darf auf Kosten der Versicherung eine nahestehende Person einfliegen. Auch beim Verlust der Reisekasse kann man über den Notruf einen Vorschuss erhalten.

🖥 **www.test.de/thema/reiseversicherung**
Die Stiftung Warentest nimmt Versicherungen unter die Lupe.
🖥 **www.dooyoo.de/reiseversicherung**
Dieses Portal sammelt Erfahrungsberichte zu Reiseversicherungen.

# Visa

Da sich die Visabedingungen in den vergangenen Jahren häufig geändert haben, sollte man sich vor der Abreise noch einmal direkt bei den diplomatischen Vertretungen über die gegenwärtige Situation informieren. Aktuelles zur Visasituation s. eXTra [2670].

## Aufenthalt zwischen 15 und 90 Tagen

Eine **Aufenthaltserlaubnis** erhalten deutsche, österreichische und Schweizer Touristen bei der Ankunft am Flughafen kostenfrei für einen Besuch von maximal 30 Tagen. Österreicher und Schweizer, die auf dem See- oder Landweg einreisen, dürfen nur 15 Tage, Deutsche 30 Tage im Land bleiben. Die Aufenthaltserlaubnis kann einmalig im Land verlängert werden (s. u.).

**Voraussetzungen** sind ein mindestens sechs Monate gültiger Reisepass und der Nachweis einer bestätigten Flug-, Zug oder Busbuchung für die Weiter- oder Rückreise. Kinder benötigen einen eigenen EU-Reisepass, da der Kinderausweis nicht anerkannt wird. In der Regel wird die Aufenthaltsgenehmigung bei der Einreise problemlos in den Pass gestempelt (Stempeldatum kontrollieren!). Hinzu kommt die ausgefüllte Departure Card, die in der Regel in den Pass festgetackert wird und bei der Ausreise vorgelegt werden muss.

Sollte der Gesamtaufenthalt länger sein, muss vor der Anreise bei einer diplomatischen Vertretung im Ausland ein **Touristenvisum** beantragt werden. Für Reisen bis zu 60 Tage kostet es 30 €. Es kann einmalig im Land um 30 Tage verlängert werden (s. u.). Die Einreise muss innerhalb von 90 Tagen nach Ausstellung erfolgen.

## Langzeitaufenthalte

Mit Thailändern verheiratete Ehepartner und Rentner können das **Non-Immigrant-Visum „O"** und Geschäftsreisende das **Non-Immigrant-Visum „B"** beantragen. Diese gelten entweder für eine einmalige Einreise von 90 Tagen (60 €) oder für mehrere Einreisen innerhalb von 365 Tagen, jeweils für maximal 90 Tage (150 €). Die Konsulate verlangen unterschiedliche Belege. Es gibt auch ein Jahresvisum für Ausländer über 50 Jahre, für das man monatliche Einkünfte von mindestens 1200 € oder einen Minimalbetrag von 4000 € auf dem Konto vorweisen muss.

## Mehrfache Aus- und Einreise

Mit einem **Multiple-Entry-Touristenvisum** kann man in die Nachbarländer reisen und problemlos nach Thailand zurückkehren. Für zwei bzw. drei Einreisen kostet es 60 bzw. 90 € und erlaubt eine Aufenthaltsdauer von 60 Tagen pro Einreise. Jedes Visum kann um 30 Tage verlängert werden (s. u.), sodass die Aufenthaltsdauer auf 90 Tage pro Einreise erhöht werden kann und dann insgesamt 270 Tage Aufenthalt im Land möglich sind. Die erste Einreise muss innerhalb von 180 Tagen nach Ausstellung erfolgen.

Eine erneute **Aufenthaltserlaubnis** für 30 (Deutsche) bzw. 15 Tage (Österreicher und Schweizer) wird an der Grenze ausgestellt. Eine zweite Einreise ist problemlos möglich, bei weiteren Einreisen liegt die Entscheidungsgewalt über eine wiederholte Ausstellung alleine beim zuständigen Immigration-Officer.

Ein **erweitertes Multiple-Entry-Touristenvisum** erlaubt unlimitierte Aus- und Einreisen

### Das Visum nicht überziehen!

Wird die Aufenthaltserlaubnis oder das Visum wenige Tage überzogen, wird bei Ausreise ab dem zweiten überzogenen Tag eine Geldstrafe von 500 Baht pro Tag fällig. Vor der Abreise muss ein Grenzbeamter mehrere Formulare ausfüllen, daher sollte man rechtzeitig am Immigrationsschalter erscheinen.

Das Überziehen vom Visum wird nicht als Bagatelle angesehen. Wer mit einem mehr als 14 Tage abgelaufenen Visum im Land ertappt wird, wird festgenommen, nach einer Gerichtsverhandlung ausgewiesen und erhält einen Vermerk in den Pass, der eine Wiedereinreise verhindert. Wer seine Strafe nicht bezahlen kann, muss ins Gefängnis. Meldet man hingegen bei der Ausreise der Immigration den Overstay, werden nur die entsprechenden Strafen berechnet.

in einen Zeitraum von sechs Monaten bei einer maximalen Aufenthaltsdauer von 60 Tagen pro Einreise und kostet 5000 Baht. Es lohnt sich nur wenn man häufig in kurzen Abständen aus- und einreisen möchte, sonst sind die normalen Multiple-Entry-Touristenvisa günstiger.

Wer von Bangkok in ein Nachbarland fliegen möchte, kann mit einem gültigen Touristenvisum in der Abflughalle oder zuvor bei der Immigration ein **Re-Entry-Permit** für 1000/3800 Baht für eine einmalige/mehrfache Ausreise beantragen, das aber das 60-Tage-Touristenvisum nicht verlängert. Ansonsten verfällt ein normales Touristenvisum bei der Ausreise und muss neu beantragt werden.

## Antragsformulare und Anforderungen

Visa-**Antragsformulare** kann man auf den Webseiten der Botschaft, 🖥 www.thaiembassy. de (deutsch), 🖥 www.mfa.go.th/main/en/home (englisch), und des Konsulats, 🖥 www.thai konsulat.de (deutsch), herunterladen. Für die Beantragung werden ein Passbild, bei einigen

**102** VISA

www.stefan-loose.de/thailand

TRAVELINFOS VON A BIS Z

Botschaften auch zwei, der Reisepass (bei Einreise noch mindestens sechs Monate gültig), die Visagebühr sowie eine Bestätigung, dass man das Land wieder verlassen wird, benötigt. Für deutsche Staatsbürger reicht ein Zug- oder Busticket in ein Nachbarland, Schweizer müssen hingegen die Rückreise in ihre Heimat nachweisen.

Manchmal müssen zudem mindestens US$500 Vermögen nachgewiesen werden.

Eine **Beantragung per Post** ist nur noch bei den Botschaften in Berlin, Wien und Bern oder über eine Visa-Agentur, die alle Unterlagen persönlich beim entsprechenden Konsulat einreicht und wieder abholt, möglich. Bei Beantragung per Post benötigt man die Kopie der Überweisung, (kein Bargeld) und einen mit 3,50 € frankierten Rückumschlag.

## Visaverlängerung

In Thailand können die 15- oder 30-Tage-Aufenthaltserlaubnis sowie das 60-Tage-Touristenvisum bei jedem Immigration Office einmalig für 1900 Baht um 30 Tage verlängert werden. Staatsbürger der Schweiz können jedoch nur eine Verlängerung der 30-Tage-Aufenthaltserlaubnis beantragen.

**Immigration Office**
2. Stock, Government Complex, Bldg. B, Chaeng Watthana Soi 7, im Norden von Bangkok,
✆ 02-141 9889, Call Center: ✆ 1111,
🖥 www.bangkok.immigration.go.th/en.
Weitere Immigration Offices stehen in den Regionalkapiteln.

# Zeit und Kalender

Die **Zeitverschiebung** zur Mitteleuropäischen Zeit (MEZ) beträgt in Thailand sechs Stunden, zur Sommerzeit fünf Stunden.

Die Thais kennen drei **Kalender**: den westlichen, den buddhistisch-thailändischen und den chinesischen. Demnach feiern sie auch dreimal im Jahr ausführlich Neujahr – am 1. Januar das Geschäftsneujahr, am 13. April *songkran* (Thai-Neujahr) und am Neumondtag im Januar oder Februar das Chinesische Neujahrsfest. Im täglichen Leben wird der **westliche Kalender** verwendet, dessen Zählung mit der Geburt Buddhas im Jahr 543 v. Chr. beginnt. Das Jahr 2016 ist das Jahr 2559 nach Buddha, 2017 entspricht 2560 und 2018 demnach 2561.

Der traditionelle **thailändisch-buddhistische Kalender** richtet sich nach dem Mondzyklus. Entsprechend wird alle vier bis fünf Jahre ein Monat eingeschoben.

Im **chinesischen Kalender** wird das Jahr im Rhythmus von zwölf Jahren nach einem Tier benannt, das mit bestimmten Eigenheiten assoziiert wird. Details zu den chinesischen Tierkreiszeichen zugeordneten Tempeln s. **eXTra** [8694].

# Zoll

Zollfrei sind neben den Gegenständen des täglichen Bedarfs 200 Zigaretten bzw. 250 g Tabak, 1 l Wein oder 1 l Spirituosen. Sämtliche anderen Dinge müssen bei der Einreise nach Thailand deklariert und verzollt werden. Verboten sind die Einfuhr von Waffen, Pornografie, Drogen sowie die Ausfuhr von Buddhastatuen und echten Antiquitäten. Der Handel mit Antiquitäten ist in Thailand generell verboten.

Ausländische Währung muss ab einer Höhe von US$20 000 bei Ein- und Ausreise deklariert werden. Die Einfuhr thailändischer Währung muss nicht deklariert werden, während eine Ausfuhr von über 50 000 Baht p. P. meldepflichtig ist. Wer nach Malaysia, Myanmar, Laos, Kambodscha oder Vietnam ausreist, kann bis zu 500 000 Baht mitnehmen.

Bei der Einreise mit dem Flugzeug nach Deutschland dürfen Waren im Wert von bis zu 430 € p. P. mitgebracht werden, aber natürlich keine gefälschten Markenwaren oder Produkte geschützter Tier- oder Pflanzenarten.

Wer sich teure Einkäufe ins Heimatland schicken lässt, muss diese versteuern, wodurch sich manches Schnäppchen nicht mehr lohnt. Weiteres zum zollfreien Einkauf S. 51.

# Land und Leute

Thailand zählt zu Recht zu den beliebtesten Reiseländern der Welt. Eine reiche, buddhistisch geprägte Kultur, pulsierende Märkte und moderne Konsumtempel, Traumstrände, tropischer Dschungel und eine abgeschiedene Bergwelt im Norden: Das Land bietet für jeden etwas. Reisende werden von der heiteren, im Hier und Heute verankerten Lebenseinstellung der Menschen und ihrer einmaligen Kultur schnell in den Bann gezogen.

KO CHANG; © VOLKER KLINKMÜLLER

**Offizieller Name**
Prathet Thai
(Kingdom of Thailand)

**Staatsform**
Konstitutionelle Monarchie (seit 1932)

**Hauptstadt** Bangkok
(Krung Thep Mahanakhon)

**Staatsoberhaupt** König Bhumibol Adulyadej (Rama IX.) (seit 1946)

**Regierungschef** Premierminister General Prayut Chan-o-cha (seit 2014)

**Fläche** 513 115 km²

**Einwohnerzahl** 67,7 Mio.

**Anteil der Stadtbevölkerung** 49,2 %

**Sprache** Thai (90,7 %), verschiedene lokale Sprachen und Dialekte

**Religionen** Buddhisten (93,6 %), Muslime (4,9 %), Christen (1,2 %), andere (0,3 %)

**Internetzugang** 28,84 % der Bevölkerung

**Glücksindex** Platz 14 von 138

**Pro-Kopf-Einkommen (PPP)** US$14 400

**Straßennetz** Etwa 180 000 km

**Touristen pro Jahr** 24,8 Mio. (2014)

## Inhalt

# Geografie

**Fläche:** 513 115 km²

**Nord-Süd-Ausdehnung:** über 1800 km

**Ost-West-Ausdehnung:** 800 km

**Größte Städte (ca.):** Großraum Bangkok
(14,5 Mio.), Chiang Mai (960 000),
Hat Yai (über 800 000), Chonburi/Pattaya
(über 500 000), Korat (Nakhon Ratchasima)
(444 000), Udon Thani (400 000)

**Längste Flüsse:** Menam Chao Phraya
(372 km) ab dem Zusammenfluss von Ping
(569 km) und Yom (787 km) in Nakhon Sawan,
Teile des Mekong (4350 km) und Salween
(2815 km)

**Höchster Berg:** Doi Inthanon (2565 m)

Beim Anflug auf Bangkok erblickte man einst ein Mosaik aus Reisfeldern, durchzogen von Kanälen und Flüssen. Mittlerweile ist die Ebene mit Reihenhaussiedlungen und riesigen Fabrikhallen bebaut. Rings um Bangkok, vor allem im Norden und Südosten, hat sich der weitaus größte Teil der verarbeitenden Industrie Thailands angesiedelt. Bei einer Reise in den Norden oder Süden zeigt sich das Land von seiner eher ländlichen Seite.

Thailand, mit 513 115 km² um 43 % größer als Deutschland, liegt südlich des nördlichen Wendekreises, zwischen 6° und 20° nördlicher Breite und 97° und 106° östlicher Länge. Vom Norden bis in den südlichen „Rüssel" des sogenannten Elefantenkopfes beträgt die Entfernung über 1800 km. Das entspricht der Entfernung Kopenhagen–Rom. Von Westen nach Osten sind es 800 km, fast so weit wie von Paris nach Berlin. Hingegen ist das Land an seiner schmalsten Stelle bei Prachuap Khiri Khan nur 15 km breit.

## Die Zentralregion

Die weite, ebene Landschaft ist vom Menam Chao Phraya, dem mit 372 km längsten Fluss des Landes, seinen Nebenflüssen und dem weiten Delta geprägt. Der Menam („Mutter des Wassers") Chao Phraya (hoher Adelstitel) windet sich durch ein Tiefland, das weniger als 80 m über dem Meeresspiegel liegt. Sand, Kies und

andere Materialien wurden von den Wassermassen im Laufe der Jahrmillionen in der Ebene abgelagert. Jedes Jahr werden weitere Mengen an Sedimentgestein und fruchtbaren Mineralstoffen aus den Bergen in Richtung Meer transportiert. Mit dem Einsetzen der Regenzeit steigen die Wassermassen der Flüsse bis auf das Hundertfache an und überfluten weite Landstriche.

Viele Staudämme haben die Flüsse im Oberlauf gebändigt und riesige Stauseen gebildet, so wird mehr als ein Drittel des Energiebedarfs durch Wasserkraft gedeckt. Doch noch immer stehen monatelang weite Gebiete des Kernlands unter Wasser. Diese fruchtbare angeschwemmte Ebene, die – sofern nicht bebaut – intensiv für den Reisanbau genutzt wird, geht in ihren Randbereichen in eine hügelige Landschaft über, die zum Teil aus älteren Gesteinsablagerungen besteht.

## Die Nordregion

Die in Nord-Süd-Richtung verlaufenden Höhenketten sind Ausläufer des Himalaya. Der große Gebirgszug erstreckt sich von Indien über Myanmar, China und Thailand bis zur Malaiischen Halbinsel.

Nur an wenigen Stellen erreicht das Gebirge in Thailand Höhen über 2000 m. Mit 2565 m ist der Doi Inthanon, 60 km Luftlinie südwestlich von Chiang Mai, der höchste Berg des Landes.

Zwischen den durch Faltung und Hebung entstandenen Gebirgszügen haben die Flüsse tiefe Täler gegraben. Außer den Nebenflüssen des Mekong im Osten (z. B. der Kok, dem Chiang Rai liegt) und des Salween im Westen (z. B. der Pai, bei Mae Hong Son) fließen vor allem die Quellflüsse des Menam Chao Phraya durch die breiten Täler des Nordens: im Westen der Ping (Chiang Mai), der sich nördlich von Tak mit dem Wang (Lampang) vereinigt, im Osten der Yom (Phrae, Sukhothai), der flussabwärts in den Nan (Nan, Phitsanulok) mündet. Bei Nakhon Sawan entsteht am Zusammenfluss dieser Ströme der Menam Chao Phraya. Die angeschwemmten Flusstäler werden landwirtschaftlich intensiv genutzt und waren bereits besiedelt, als die Thai-Völker aus Yunnan kommend hier eintrafen.

## Die Nordostregion

Das Zentrum dieser Region bildet das sogenannte Korat-Plateau, eine leicht hügelige Ebene in 100–300 m Höhe, die sich am Rand schalenförmig anhebt. Es wird von Höhenzügen und Flüssen begrenzt: der bis 1700 m hohen Petchabun-Kette im Westen, der Phanom Dongrak-Kette im Süden, dem Mekong im Osten und Norden. Im Erdmittelalter (Mesozoikum) lagerten sich hier Sedimente eines urzeitlichen Meeres ab. Die nährstoffarmen Böden können Wasser nur schlecht speichern, sodass sie nur wenig Ertrag abwerfen. Während der Regenzeit, wenn der Mun mit seinen Nebenflüssen die Wassermassen kaum fassen kann, kommt es zu Überflutungen. Nur wenige Monate später leidet das Land unter Trockenheit und Dürre.

## Die Südregion

Thailand besitzt eine über 2600 km lange Küste, überwiegend am Golf von Thailand und zu einem geringeren Teil an der Andamanensee. Im Südosten erstrecken sich die Ausläufer der

### Shrimp-Farmen

Nach China ist Thailand der weltweit größte Produzent und größte Exporteur von Shrimps. Seit 1985 wurden Tausende von Hektar Mangrovenwälder und Reisfelder an der Küste und im Hinterland zu Fisch- und Shrimp-Farmen umgewandelt. Sogar vor Nationalparks machte man nicht Halt. Das verzehnfachte zwar das Einkommen der ehemaligen Reisbauern, führte aber auch zu erheblichen Umweltproblemen. Die Abwässer wurden durch Düngemittel, Pestizide und Antibiotika belastet und vergifteten das Umland. Der Schlamm aus den Teichen entpuppte sich als hochgradig verseuchter Sondermüll. Häufigen Infektionen der Monokulturen begegneten die Farmer mit massenhaftem Einsatz von Antibiotika, bis Verbraucherorganisationen in westlichen Ländern mehrfach einen Importstopp der hoch belasteten Shrimps bewirkten.

Bilauktaung-Bergkette bis zum Meer. In der frühen Erdneuzeit (Tertiär) lagerte sich hier Sandstein ab, der später von Vulkangestein überlagert wurde.

Auf der Malaiischen Halbinsel im Süden trennen staffelförmig versetzte Bergketten (Tenasserim-, Phuket-, Nakhon- und Kalakiri-Kette) die West- und Ostküste. Während an der Westküste schroffe Karstfelsen steil ins Meer abfallen und Inselgruppen aus bizarren Kalkformationen (z. B. in der Bucht von Phang Nga) bilden, läuft das Gebirge im Osten in eine weite Küstenebene aus.

Die Küste am relativ seichten Golf von Thailand verändert sich laufend durch Erosion auf der einen und Sedimentablagerungen auf der anderen Seite.

# Flora und Fauna

**Pflanzenarten**: etwa 12 000
**Waldfläche:** 190 879 km$^2$ (37,2 % der Landesfläche)
**Naturschutzgebiete**: 16 % der Landesfläche
**Tierarten**: etwa 1600
**Bedrohte Tierarten:** Nashorn, Kouprey (wahrscheinlich ausgerottet), Elefant, Tiger, Banteng (Wildrind), wilder Wasserbüffel und diverse endemische Fledermausarten

Elefanten und Teakwälder, die beiden typischsten Vertreter der thailändischen Fauna und Flora, werden die meisten Besucher des Landes kaum noch in ihrem natürlichen Umfeld sehen können. Das Bild des Landes prägen stattdessen Felder, Gärten und domestizierte Tiere.

## Wälder

Während im Süden immergrüne Wälder einen Teil des Landes bedecken, muss sich die Pflanzenwelt weiter im Norden an eine zunehmende Trockenperiode und stärkere Temperaturschwankungen anpassen. Hier haben sich vielerorts Bambushaine ausgebreitet. In den Bergen, wo die Temperaturen zur kalten Jahreszeit bis in die

## Der Gummibaum

Er war ursprünglich am Amazonas beheimatet und hatte den Kautschukbaronen der brasilianischen Urwaldstadt Manaus einen beispiellosen Boom beschert. Um das Monopol zu schützen, war die Ausfuhr der wild wachsenden Pflanze bei Todesstrafe verboten. Dennoch kamen 70 000 Samen 1876 auf dunklen Wegen nach London, wo sie im Kew Garden Früchte trugen, die den Grundstein von Malaysias Kautschukindustrie bildeten. Henry Nicholas Ridley, Leiter der Forstverwaltung des Straits Settlements und des Botanischen Gartens in Singapore, führte viele Experimente durch, entwickelte eine neue Zapfmethode und propagierte den Plantagenanbau des Gummibaums unter den britischen Pflanzern. 1896 entstanden die ersten Kautschukplantagen, und schon bald hatte der billigere Malaya-Kautschuk den brasilianischen vom Weltmarkt verdrängt.

Vor allem Dunlops Erfindung des pneumatischen Fahrradreifens und die Einführung der Fließbandproduktion in der Automobilindustrie durch Henry Ford ließen den Bedarf an Naturkautschuk in die Höhe schnellen, sodass in Gebieten mit entsprechenden Klima- und Bodenverhältnissen immer mehr Plantagen entstanden. Thailand, Indonesien und Vietnam sind heute die größten Produzenten. Ein Gummibaum muss fünf bis sechs Jahre alt sein, um zum ersten Mal angezapft werden zu können. Dabei wird mit einem besonderen Messer ein spiralförmig nach unten laufender Schnitt in die Baumrinde geritzt. In einer Schale wird der milchige Kautschuksaft aufgefangen und später vom Zapfer in einen Sammelbehälter gegossen. Unter Zusatz von Chemikalien wird der frisch gezapfte Latex zu dünnen Fladen verarbeitet, anschließend mit einer Handmangel zu Fußabstreifern ähnelnden Lappen ausgewalzt, getrocknet und in größeren Betrieben verarbeitet.

Nähe des Gefrierpunktes absinken, findet man eine entsprechend angepasste Pflanzenwelt.

## Immergrüne Regenwälder

Immergrüne Regenwälder, von denen etwa 3 % Primärwälder sind, bedecken einige Landesteile südlich von Chumphon. In bis zu 70 m Höhe erstreckt sich das dichte Blätterdach ihrer höchsten Bäume. Im Dämmerlicht zwischen breiten Brettwurzeln und Lianen wachsen Büsche und Sträucher, die eine hohe Luftfeuchtigkeit benötigen, aber mit wenig Licht auskommen. In Bodennähe wird das Grün nur selten von farbigen Blumen unterbrochen. Viele Orchideenarten sind Epiphyten und leben als Schmarotzerpflanzen auf anderen Pflanzen in den oberen Stockwerken des Waldes. Wird der Wald abgeholzt, entwickelt sich ein Sekundärwald, der weitaus weniger Artenfülle aufweist und aus niedrigen Bäumen, Büschen und Lianen besteht.

## Monsunwälder

Ausgeprägte Trockenzeiten bestimmen den Pflanzenwuchs in den meisten Landesteilen. Vergleichbar unserem Herbst werfen die Bäume in der regenarmen Zeit ihre Blätter ab. Im Januar leuchten die Blätter erst in herbstlichen Farben. Bis zum Einsetzen der Regenzeit im Mai sind viele Bäume dann unbelaubt, andere blühen in kräftigen Farben. Mit dem Einsetzen der Regenzeit entwickelt sich dann wieder eine üppige Belaubung. Büsche und andere Pflanzen werfen ihre Blätter nicht ab, da diese durch eine Verdunstung behindernde Schicht vor dem Austrocknen geschützt sind.

In trockenen Monsunwäldern überwiegen die *Dipterocarpaceen,* lichte Bäume mit immergrünen, ledrigen Blättern, deren Blüten und Harz einen aromatischen Duft verbreiten. Ein typischer Vertreter der Laub abwerfenden Wälder ist der **Teakbaum** *(Tectona grandis)*. Sein hartes, haltbares Edelholz wird bereits seit Jahrhunderten geschätzt und in vielen Plantagen kultiviert. Er ist auf wasserdurchlässigen Böden in Bergwäldern bis zu 900 m Höhe von Indien bis Thailand beheimatet und gedeiht am besten bei einer mittleren Jahrestemperatur von 24–27 °C sowie einer jährlichen Niederschlagsmenge um 1500 mm.

## Bambuswälder

In einigen Flusstälern Nord-Thailands stehen Bambuswälder von unterschiedlicher Dichte und Höhe. Die den Gräsern zugehörigen, bis zu baumhohen Pflanzen wachsen extrem schnell und sind universell nutzbar. Wie kaum eine andere Pflanze werden sie in allen Ländern Ost- und Südostasiens sowohl als Nahrungsmittel als auch für den Hausbau und die Herstellung von Gebrauchsgegenständen genutzt.

## Mangrovenwälder

An flachen Küsten im Süden und Osten bilden Mangrovenwälder einen schwer zu durchdringenden, schmalen Saum. Die bis zu 20 m hohen Wälder haben sich an das Leben im Salzwasser angepasst. Die Bäume finden mit Stelzwurzeln Halt im Schlick und Schlamm der Gezeitenzone. Häufig bilden sich vor den Mangroven Sandbänke im Meer, wodurch die Sümpfe verlanden. Wo Mangroven abgeholzt wurden, wachsen **Nipapalmen** *(Nypa fruticans)*, deren Palmwedel zum Dachdecken und für Matten verwendet werden und aus deren Früchten eine Art Bier für den Eigenbedarf gebraut wird. Innerhalb eines halben Jahrhunderts ist die Hälfte aller Mangrovenwälder Thailands zu Holzkohle verarbeitet oder für Bauprojekte abgeholzt worden. Zunehmend belastet die Anlage von Shrimp- und Fischfarmen das Ökosystem der Küste. Das Gleichgewicht wird nachhaltig gestört, und der Ufersaum ist schutzlos der Meeresbrandung ausgesetzt.

## Tiere

Im Übergangsbereich zwischen dem kontinentalen Hochland im Norden und der tropischen Malaiischen Halbinsel verfügt das Land über eine besonders artenreiche Fauna. Obwohl seit 1961 zum Schutz der Tiere immer mehr Wälder unter Naturschutz gestellt werden, sind 37 Säugetierarten von der Ausrottung bedroht, vor allem Großtiere. Tapir, Nashorn, Leopard und Tiger sind nur noch in winzigen Populationen vorhanden, und man bekommt sie höchst selten zu Gesicht. Neben der Jagd und dem illegalen Tierfang wurde durch das Abholzen der Wälder der Lebensraum der Tiere stark eingeengt. Auch die Meeresfauna ist durch Überfischung und Wasserverschmutzung massiv gefährdet.

## Säugetiere

Die Monsunwälder sind der Lebensraum der Hirsche, des **Sambar** *(Cervus unicolor)*, eines dunkelbraunen, verhältnismäßig großen Tiers, und des **Schweinshirsches** *(Axis porcinus)*. Immer seltener sind in den letzten Jahren das Wildrind **Banteng** *(Bos javanicus)* und **Gibbons** zu sehen. Häufig hört und sieht man dagegen **Makaken**. Junge, männliche Tiere einer rotbraunen Makakenart mit kurzem Schwanz werden in den Dörfern im Süden bei der Kokosnussernte eingesetzt.

Im immergrünen Regenwald sind relativ häufig sogenannte Gleiter (fliegende Säugetiere) zu sehen. Der größte unter ihnen, das **Riesenflughörnchen**, erreicht ausgestreckt eine Länge von knapp 1 m, wobei der Rumpf etwa 50 cm lang ist. Daneben gibt es **Flattermakis** *(flying lemur)*, die zur Familie der Halbaffen gehören und etwa die Größe einer Hauskatze erreichen.

In vielen dunklen Höhlen leben Schwärme von bis zu mehreren Millionen **Fledermäusen**, die abends fast gleichzeitig aufbrechen, um auf Insektenfang zu gehen oder sich an reifen Früchten gütlich zu tun – ein spektakuläres Naturschauspiel. Die Hummelfledermaus *(Craseonycteris thonglongyai)*, die erst 1973 entdeckt wurde, gilt als das kleinste Säugetier der Welt: Sie misst von Kopf bis Rumpf nur 29–33 mm und wiegt nur 1,7–2 g.

## Amphibien und Reptilien

Thailands Gewässer sind die Heimat zahlloser Fische und Frösche, Schildkröten und Krokodile. Das bis zu 10 m lange **Leistenkrokodil** ist ebenso wie das kleine **Siamesische Krokodil** zumeist nur in Krokodilfarmen zu sehen.

Unter den mehr als 200 **Schlangenarten** Thailands gibt es 60 giftige, aber nur sechs, deren Biss tödlich sein kann: Königskobra *(Naja hannah)*, Kobra *(Naja naja)*, Russel's Viper *(Vipera russelli)*, Gestreifte Krait *(Bungarus fasciatus)*, Malaiische Viper *(Ancistrodon rhodostoma)* und Grüne Pit Viper *(Trimeresurus popeorum)* sowie einige Arten von Seeschlangen. Während die Kobra beim Biss ein Nervengift überträgt, wirkt das Gift der Vipern auf Blut und Blutgefäße.

Auch die längste Schlange Asiens, der **Netzpython**, kommt in Thailand vor. Pythons können

## Elefanten

Selbst der von den Thais seit Jahrhunderten verehrte und wegen seiner Kraft geschätzte Elefant ist gefährdet. Man nimmt an, dass wilde Elefanten, sofern man sie nicht stärker schützt, in 30–40 Jahren ausgerottet sein werden. In ganz Thailand leben laut WWF etwa 2000–3000 wilde Elefanten, überwiegend im Tenasserim-Gebirge entlang der Grenze zu Myanmar. Zudem werden etwa 4000 gezähmte Elefanten gehalten (um 1900 waren es noch über 100 000). Mit dem 1989 ausgesprochenen Verbot, Bäume für kommerzielle Zwecke zu fällen, wurden viele Elefanten in Thailand regelrecht arbeitslos. Einige sind jetzt in Shows im Einsatz und unterhalten die Touristen.

Ein ausgewachsenes, kräftiges Tier von 16–40 Jahren hebt mit den Stoßzähnen bis zu 400 kg und zieht bis zu 1,5 t. Die Stoßzähne des Asiatischen Elefanten sind zwar kleiner als die des Afrikanischen Elefanten, dennoch wird ein Paar der bis zu 80 cm langen und 24 cm starken Zähne für bis zu 100 000 Baht verkauft. Eine 4–6 Jahre junge Elefantenkuh wird mit 800 000–900 000 Baht gehandelt, da ein großer Bedarf in den touristischen Elefantencamps besteht.

Verschiedene Organisationen in Thailand engagieren sich für Elefanten, z. B.:
**Friends of the Asian Elephant**, 🖥 www.eleaid.com. Weitere Informationen S. 31.

---

bis zu 7 m lang und 90 kg schwer werden. Sie umschlingen und erdrücken ihre Beute, die aus kleineren Säugetieren, Affen oder Vögeln besteht. Ungefährlich sind dagegen Geckos, kleine Eidechsen, die mit Vorliebe abends an der Zimmerdecke rings um die Lampe Insekten auflauern. Besonders bemerkenswert ist der **Tokee-Gecko** (Panthergecko, *Paroedura pictus*), ein bis zu 35 cm großes, graues, orangerot getüpfeltes Tier. Er macht seltsame Geräusche, die sich zuerst wie ein anspringendes Auto anhören. Danach kommt mehrmals hintereinander ein Laut, der wie „To-keh" klingt.

Zu den exotischen Reptilienarten gehören **Flugdrachen** *(flying lizard)* und Flugfrösche. Sie haben eine enorme Gleitfähigkeit entwickelt, die es ihnen erlaubt, sich im Blätterdach des Dschungels schnell fortzubewegen.

### Weitere Wassertiere

In den Gewässern treffen Taucher mit viel Glück den **Walhai** an. Der größte Fisch der Erde wird bis zu 14 m lang und über 10 t schwer und ernährt sich vornehmlich von Plankton. Zwischen den Inseln vor Trang leben noch wenige **Seekühe**, auch Dugong genannt. Die Säugetiere können bis zu 4 m lang und 400 kg schwer werden.

### Insekten

Unüberschaubar ist die Vielfalt an Insekten – Grillen, Grashüpfer und Gottesanbeterinnen gibt es ebenso wie die weniger angenehmen oder sogar gefährlichen Ameisen, Anopheles-Mücken, Wespen, Hornissen, Hundert- und Tausendfüßler. Allein von den **Schmetterlingen** kommen in Thailand über 1100 Arten in allen Größen und Farben vor. Beeindruckend ist der bis zu 5 cm lange **Nashornkäfer**. Unter der Vielzahl an Käfern leben auch winzige mit Ameisen zusammen in ihren Nestern und gehen mit ihnen eine Symbiose ein. Die **Riesenameise** wird über 2,5 cm lang. Die **Rote Baumameise** baut Nester aus Blättern oder Blattstücken, die sie durch ein fadenähnliches Sekret zusammenfügt. Wenn man durch Zufall an eines ihrer Nester stößt, reagiert diese Ameisenart äußerst aggressiv.

### Vögel

In Thailand wurden 971 Vogelarten gezählt, Zugvögel eingeschlossen. An den flachen Binnenseen Süd-Thailands kann man viele asiatische Wasservögel beobachten. Auch auf wenig besiedelten Inseln oder an Dschungelflüssen und vor allem in den Bergen kommen Vogelfreunde auf ihre Kosten. Vögel, die sich in den oberen Baumkronen aufhalten, sind am ehesten frühmorgens in der Nähe Früchte tragender Bäume zu beobachten. Schon von Weitem ist das laut klatschende Fluggeräusch der **Nashornvögel** zu hören, deren Flügel Spannweiten bis zu 3 m erreichen.

An den Flussläufen huschen die grünblau schillernden **Eisvögel** auf ihrer Jagd nach Insekten und kleinen Fischen entlang, während die weißen **Reiher** auf dem Rücken der Wasserbüffel und in den Reisfeldern ihre Nahrung suchen. Zu ihnen gesellen sich Pelikane, Ibisse, Kraniche und Klaffschnabel-Störche aus dem kalten Sibirien, die in der zentralen Tiefebene überwintern. Vogelparadiese sind vor allem die Feuchtgebiete, die mit über 36 000 km² knapp 7,5 % der Landesfläche bedecken.

## Haustiere

Der **Wasserbüffel**, das Rückgrat der traditionellen Landwirtschaft, wird zunehmend durch den „Eisernen Wasserbüffel", den kleinen Traktor, ersetzt. Da die Thais viel Fleisch essen, werden Tiere auch für die Fleischproduktion gehalten. Traditionell leben unter den auf Stelzen errichteten Häusern und in den umliegenden Gärten **Schweine**, **Enten** und Hühner. Herrenlose **Hunde** und **Katzen** sind überall anzutreffen.

# Landschaften

Die abwechslungsreichen Landschaften Thailands überraschen mit vielen Naturschönheiten: zerklüfteten Kalksteinfelsen, magischen Tropfsteinhöhlen und herrlichen Wasserfällen.

## Kalksteinfelsen

Ebenso wie in Süd-China, Vietnam und Malaysia ragen auch in Thailand, vor allem in der Bucht von Phang Nga und rings um Krabi, steile, bizarre Felsen aus der Ebene auf. Diese **Turmkarstfelsen** konnten sich nur unter den klimatischen Bedingungen der tropischen und subtropischen Gebiete dort entwickeln, wo große Kalkschichten durch das Absinken des Meeresspiegels freigelegt wurden. Während der erdgeschichtlich folgenden kälteren Periode verwitterte das Gestein durch heftige Niederschläge und wurde durch die Lösung von Gesteinen (Korrosion) ausgespült. Den extremen Umweltbedingungen an den steilen Felswänden haben sich einige außergewöhnliche Pflanzen angepasst.

## Höhlen und Hongs

Im angenagten Kalkgestein bildeten sich Tunnel und Höhlen, in denen durchsickerndes kalk- und

mineralienhaltiges Wasser Tropfen für Tropfen Stalagmiten aufgebaut hat und Stalaktiten von den Decken gewachsen sind. In großen Höhlen haben Wasserläufe weite Höhlenkammern und Passagen geschaffen. Stürzen die Decken größerer Kammern ein, bilden sich abgeschlossene Gärten oder, sofern die Böden unter der Meeresoberfläche liegen, von Felsen umrahmte Lagunen, sogenannte **Hongs** (Thai für „Räume"). Viele Grotten und Höhlen werden als **Meditationshöhlen** oder Tempel genutzt.

## Wasserfälle

Vor allem in der heißen Jahreszeit zieht es die Menschen ans Wasser. Neben dem Meer und den Seen sind auch Hunderte rauschender Wasserfälle in schattigen Bergwäldern beliebte Ausflugsziele. Einige sind erst nach langem Fußmarsch zu erreichen, andere liegen nahe der Straße und sind umgeben von Essensständen und Picknickplätzen. Besonders beliebt sind die Badeplätze mit „Naturdusche", denn das Wasser aus den Bergen ist kühl und klar. Nur bei wenigen Fällen stürzt das Wasser in einem schmalen Band hohe Felswände hinab oder rieselt in breiten Tropfenschleiern über das bemooste Gestein. Meist bildet es treppenartige **Kaskaden**. Einige Flüsse haben in ihrem Oberlauf je nach Gefälle eine ganze Serie von Stromschnellen, Katarakten und kaskadenförmigen Wasserfällen ausgebildet. Manchmal bilden sich durch krustenförmige mineralische Ablagerungen **Sinterterrassen**. Während und nach der Regenzeit stürzen wahre Fluten die Berge hinab, die oft Sand und Holz mit sich führen. Dann ist es kaum vorstellbar, dass einige Flüsse am Ende der Trockenzeit zu einem schmalen Rinnsal verkümmern oder sogar vollständig austrocknen.

## Küsten

Überaus vielgestaltig ist die 2600 km lange Küste entlang der Andamanensee und im Golf von Thailand sowie auf hunderten von Inseln. Die Gezeitenzonen und Mangroven sind ein faszinierender Lebensraum vieler Pflanzen und Tiere. Dazwischen erstrecken sich in kleineren und größeren Buchten die bei Touristen beliebten Strände. Einige sind von Kokospalmen, andere von Kasuarinen *(Casuarina equiseti-*

*folia)* gesäumt. Der Sand kann alle Farben aufweisen, von blendend weiß bis schwarz, wobei in Thailand meist gelblich weiß und von unterschiedlicher Körnung ist. Für die geometrischen Muster aus kleinen Kügelchen sind winzige **Winkerkrabben** *(sand-bubbler crabs, Scopimera sp.)* verantwortlich. Aber auch andere Krebse, Muscheln, Garnelen und Seesterne bevölkern die Gezeitenzone. Viele Strände fallen leicht zum Meer hin ab und eignen sich bei Ebbe eher für lange Spaziergänge als zum Schwimmen. An einigen steil abfallenden Stränden besteht die Gefahr von Unterströmungen, vor allem an der Andamanenküste im ehemaligen Zinnabbaugebiet.

## Korallenriffe

In klaren tropischen Gewässern bilden sich in bis zu 50 m Tiefe Korallenriffe mit einer großen Artenvielfalt. Das komplexe Ökosystem ist der Lebensraum vieler bunter Rifffische, Langusten, Krebse, Seeanemonen, Seesterne und Korallen. Die Grundlage dieser Riffe bilden winzige Steinkorallen-Polypen, die zu den ältesten Lebewesen der Erde gehören. Sie setzen sich an festem Untergrund fest und scheiden Calciumcarbonat aus. Zahllose dieser winzigen Tiere haben im Laufe von Millionen Jahren gewaltige Riffe aufgebaut, die in mannigfaltigen Formen wahre Unterwassergärten bilden. Während das abgestorbene Skelett von weißer Farbe ist, nimmt das lebende verschiedene Farben an.

Viele Riffe sind in den vorgangenen Jahrzehnten durch Fischer und Sportler ebenso wie durch die Erwärmung der Meere und den Tsunami zerstört worden. An Wracks lässt sich erkennen, dass sich Korallen relativ schnell regenerieren. Beim Tauchen und Schnorcheln sollte man in diesem empfindlichen Ökosystem dennoch ganz besondere Vorsicht walten lassen.

# Umwelt

Seit Beginn der 1960er-Jahre verdoppelte sich die landwirtschaftliche Anbaufläche Thailands von knapp 11 Mio. auf über 21 Mio. ha. Gleichzeitig nahm die Waldfläche von nahezu 30 Mio.

auf 19 Mio. ha ab. Das unkontrollierte Abholzen hatte stärkere Überschwemmungen und Temperaturschwankungen zur Folge. Bei Erdrutschen im Süden des Landes starben 1988 über 700 Menschen. Dieses Ereignis war der Anlass für ein königliches Dekret, das 1989 den kommerziellen Holzeinschlag stoppte. Seither wird Holz mehr als zuvor aus Laos und Myanmar – legal wie illegal – importiert.

Da natürliche Wasserspeicher fehlen, tritt in der Trockenzeit immer früher im Jahr **Wassermangel** ein. Die Stauseen leeren sich zudem durch höheren Bedarf und künstliche Bewässerung immer schneller, sodass die Bevölkerung gezwungen ist, verstärkt Grundwasser anzuzapfen. Während der Regenzeit kommt es an abgeholzten Hängen zu Bodenverlust durch Erosion. Überschwemmungen und lange Dürreperioden sind das Ergebnis, denn die weitverbreiteten Lampenputzergräser *(Pennisetum)*, Wildkräuter und Nutzpflanzen können weitaus weniger Wasser speichern als der Wald. Von den größten Überschwemmungen seit Menschengedenken waren 2011 im Monsun vor allem die Chao Phraya-Ebene und Bangkok betroffen.

Mit zunehmender Industrialisierung und steigendem Lebensstandard nehmen die **Umweltprobleme** dramatisch zu. Nach Jahren gedankenloser Müllbeseitigung stehen aber mittlerweile auch in kleinen Orten Mülleimer vor den Häusern, und die illegale Müllentsorgung wird zumindest in den Städten mit hohen Strafen belegt. In vielen Nationalparks sind Wegwerfflaschen verboten. Dennoch sind Bahndämme, einige Strandabschnitte, Wanderwege und Picknickplätze noch immer voller Müll.

## Öko-Tipp

Einrichtungen, die sich durch besonderes Umweltengagement auszeichnen, sind in diesem Buch mit dem Baum gekennzeichnet. Sie verwenden z. B. Solarenergie, verzichten auf Klimaanlagen, Fernseher oder Kühlschränke, sind auf harmonische und verträgliche Weise in die Natur integriert, stellen Umweltinformationen für die Touristen bereit etc. Siehe auch S. 57 „Fair reisen".

Aus Wohnhäusern, Fabriken und Hotels werden weiterhin bedenkenlos Abfälle ungeklärt in Flüsse und ins Meer gekippt. Bei vielen Hoteliers und Restaurantbesitzern liegt das Umweltbewsstsein im Argen. Nur wenige entsorgen ihre Abwässer ökologisch unbedenklich in Kläranlagen. Wer seiner Nase folgt, wird feststellen, dass ungeklärte Abwässer in Lagunen und Flüsse geleitet werden, von wo sie sich an den Stränden verteilen. In Bangkok haben sich viele Klongs (Kanäle) zu Kloaken entwickelt. In letzter Zeit wird jedoch von staatlicher Seite vermehrt versucht, sie zu reinigen, um ein Leben am Wasser wieder attraktiver erscheinen zu lassen. Besonders die Lebensmittel-, petrochemische, Leder- und Papierindustrie belasten die Gewässer. Der unkontrollierte Einsatz von Pestiziden und Düngemitteln nach dem Prinzip „Viel hilft viel" fördert diese Entwicklung. Hinzu kommt die Belastung mit Schwermetallen, vor allem im relativ flachen Golf von Thailand. Organische Abfallstoffe brauchen den Sauerstoff des Wassers auf: Der Fluss kippt um, und die Fische verenden im faulig stinkenden Gewässer.

In Netzwerken organisiert sich der Widerstand gegen Staudämme, die Sprengung von Stromschnellen und industrielle Großprojekte. Beispiele sind im Internet nachzulesen, siehe Foundation for Ecological Recovery, 🖳 www.terraper.org und Mekong Info, 🖳 www.mekonginfo.org.

Die Regierung hat mit entsprechenden Gesetzen eine Basis für besseren **Umweltschutz** geschaffen. Es mangelt jedoch noch vielfach an der Umsetzung und nicht alle Maßnahmen sind erfolgreich. So wurden 16 % der Landesfläche unter Naturschutz gestellt, aber nicht alle Nationalparks verdienen diesen Namen. Unter der Patronage des Königs versucht man mit Hilfe von Aufforstungsprogrammen den Landverlust durch Erosion und die Ausbreitung von Ödland zu stoppen. Auch die Regierung unterstützt forstwirtschaftliche Projekte. Die Monokulturen, vor allem die Eukalyptusplantagen in Trockengebieten, die anfangs bevorzugt wurden, zogen jedoch neue Probleme nach sich.

Den Bergvölkern, die traditionell **Brandrodung** betreiben, versucht man in landwirtschaftlichen Projekten vielerorts moderne Anbaumethoden nahezubringen und durch die Zucht ertragreicher Pflanzen bessere Einkommensmöglichkeiten zu erschließen. Anfangs verfolgte die Regierung dabei vor allem das Ziel, den Mohnanbau für die Opiumproduktion zu bekämpfen. Die unzugängliche Bergwelt wurde durch Straßen erschlossen und damit der Abtransport der Ernte in die Täler ermöglicht. *Cash crops* wie Gemüse und Blumen erzielten jedoch keinen vergleichbaren Gewinn wie Rohopium. Mittlerweile wird eine große Bandbreite an landwirtschaftlichen Produkten angebaut, von Kräutern und Salaten bis zu Pfirsichen, Erdbeeren und Avocados. Besonders der Arabica-Kaffee hat erfolgreich den lokalen Markt erobert und wird mittlerweile exportiert. Allerdings wird immer noch Brandrodung betrieben. Während der *burning season* im März/April verdunkelt sich immer noch der Himmel in Nord- und Zentral-Thailand und viele Menschen müssen mit Atembeschwerden in den Krankenhäusern behandelt werden.

# Bevölkerung

**Einwohner:** 67,7 Mio.

**Bevölkerungswachstum:** 0,35 %

**Lebenserwartung:** 71 Jahre (Männer), 78 Jahre (Frauen)

**Säuglingssterblichkeit:** 9,86 auf 1000 Lebendgeburten

**Alphabetisierungsrate:** 96,4 %

**Stadtbevölkerung:** 49,2 %

In Thailand leben etwa 67,7 Mio. Menschen. Waren 1970 noch 16,5 % der Bevölkerung jünger als 5 Jahre, sind es mittlerweile weniger als 6 %. Die durchschnittliche Lebenserwartung liegt in Thailand bei 74 Jahren (1960: 52 Jahre, in Westeuropa heute etwa 80 Jahre).

Vor allem im ländlichen Raum leben etwa 16 % Bevölkerung unter dem Existenzminimum, im gesamten Land sind es ca. 13 %. Entgegen der populären staatlichen **Familienplanungspolitik** sind die Bergvölker noch immer traditionellem Denken verhaftet. Viele Kinder steigern das Ansehen und sind die einzige Alterssicherung. Dagegen praktizieren die meisten Thai-Familien auch auf dem Land Geburtenplanung. So hat Thailand mittlerweile eine sehr niedrige, mit europäischen Ländern vergleichbare Geburtenrate von 1,5 Geburten pro Frau.

Noch lebt knapp über die Hälfte der Bevölkerung auf dem Land, doch ist die **Verstädterung** nicht zu übersehen. Die Bevölkerung der Region Bangkok hat sich während der letzten 20 Jahre mehr als verdoppelt und beträgt je nach Schätzungen 12–16 Mio. Menschen. Die Stadt wirkt wie ein Magnet auf die junge Landbevölkerung, aber auch auf illegale Ausländer, deren Zahl sich schätzungsweise auf über 4 Mio. beläuft. Die Träume von einem besseren Leben enden nicht selten in Fabriken, teils mit menschenunwürdigen Arbeitsbedingungen, oder in der Prostitution.

Die **Bevölkerungsdichte** der städtischen Region Bangkok liegt bei 5300 Einwohnern pro Quadratkilometer, mit dem Wert entsprechender europäischer Großstädte (Berlin 3900 Einwohner pro Quadratkilometer, London 5350). Anders als die meisten Einwohner westeuropäischer Großstädte leben in Bangkok viele Menschen in ein- bis zweistöckigen Häusern – ähnlich wie in den Kleinstädten. Neben der Hauptstadt Bangkok gibt es keine weiteren Millionenstädte. Die nächstgrößeren Ballungsräume liegen um Chiang Mai, Korat (Nakhon Ratchasima), Chonburi / Pattaya, Udon Thani und Hat Yai.

## Thais

90 % der Bewohner Thailands sprechen eine Thai-Sprache, sodass das Land relativ homogen ist. Über Jahrhunderte wanderten Thai-Völker aus Süd-China in Richtung Süden. Während die „großen Thai", die heutigen Shan, ins östliche Birma (Myanmar) zogen, ließen sich die „kleinen Thai" im Gebiet des heutigen Nord-Thailand nieder. Andere Thai-Völker siedeln in Laos, im Norden Vietnams und im Nordosten Indiens.

Mehr als ein Drittel der Bevölkerung lebt in der zentralen Ebene des Chao Phraya und in Bangkok und spricht Siamesisch (Zentral-Thai), die heutige Staatssprache, die an allen Schulen unterrichtet wird. Ein knappes Drittel lebt im

### Unruhen im Süden

In Bangkok hat man nicht vergessen, dass über Jahrzehnte kommunistische und separatistische Guerilla (neben ganz gewöhnlichen Banditen) den Süden mit Überfällen, Entführungen und Morden terrorisiert haben. Leekpai (Premierminister Thailands 1992–2000), der aus Trang stammt und mit der Situation im Süden vertraut ist, hatte während seiner Regierungszeit wichtige und mutige Schritte in allen politischen Bereichen unternommen oder zumindest in die Wege geleitet, um die politische, kulturelle und wirtschaftliche Situation der malaiisch-moslemischen Minderheit zu verbessern. Hingegen war in der ersten Amtszeit seines Nachfolgers Thaksin (2001–2005) die Situation in den südlichen Provinzen von Untätigkeit, Thai-Chauvinismus und militärischen Lösungsversuchen geprägt. Man verhängte in den Provinzen Yala, Narathiwat und Pattani das Kriegsrecht, verlagerte starke Militärverbände in den Süden und regierte mit harter Hand. Diese Politik bewirkte nur eine weitere Radikalisierung der Separatisten. In den Südprovinzen sind Bombenanschläge, Überfälle auf Polizei- oder Militärposten und Mordanschläge auf buddhistische Thais fast schon an der Tagesordnung. Auch nach Thaksins Sturz und der Machtergreifung der Militärs im September 2006 war, trotz diverser Deeskalationsversuche der Regierung, die Spirale der Gewalt nicht aufzuhalten. Auch die Regierung unter Premier Abhisit musste 2011 zugeben, dass die Gewalt im Süden ein immer größeres Problem darstellt und seit 2004 über 6000 Menschen ums Leben gekommen sind.
Weitere Infos über die Entstehung und den Verlauf der Unruhen im Süden unter 🖳 en.wikipedia.org/wiki/South_Thailand_insurgency. Aktuelle Berichte über die Situation in den Südprovinzen findet man nahezu täglich in den beiden englischsprachigen Tageszeitungen *The Nation* und *Bangkok Post*.

Nordosten des Landes (Isarn) und spricht Laotisch. Im Norden, dem alten Königreich Lanna, wird von etwa 19 % der Gesamtbevölkerung Nord-Thai (Lanna) gesprochen, und 14 % im südlichen Landesteil sprechen Süd-Thai. Diese Sprachenvielfalt erleichtert Reisenden nicht gerade das Thai-Lernen.

Von den alten Hochkulturen der Mon und Khmer übernahm man die Grundzüge für eine eigene Schrift. Aus dem ceylonesischen Raum brachten Mönche den Theravada-Buddhismus, und aus China kamen Handwerker und Künstler ins Land. Da die Thais niemals kolonialisiert wurden, haben sie ihre eigene kulturelle Identität bis heute weitgehend bewahrt.

Noch immer werden die Könige von Sukhothai oder Ayutthaya fast gottähnlich verehrt. Obwohl Thailand 1932 in eine konstitutionelle Monarchie umgewandelt wurde, kommt dem verehrten König nach wie vor eine große Bedeutung zu. Ebenso wie die prunkvollen Tempel das Bild der Städte und Dörfer bestimmen, prägt der Buddhismus das gesellschaftliche Leben der Thais. Neben buddhistischen Traditionen haben Riten und Bräuche hinduistischen oder animistischen Ursprungs einen festen Platz im Leben der Menschen.

## Ethnische Minderheiten

Vor allem in den südlichen und nördlichen Provinzen leben ethnische Minderheiten. Die Südprovinzen an der Grenze zu Malaysia (Pattani, Yala, Narathiwat, Songhkla und Satun) werden von **islamischen Malaien** bewohnt, die dort bis zu 80 % der Bevölkerung ausmachen. Aber auch in den anderen südlichen Provinzen bis hinauf nach Ranong stellen Moslems eine beachtliche Minderheit dar, allein 30 % in der Provinz Phuket.

In den Nordprovinzen leben als weitere ethnische Minderheit des Landes etwa 800 000 Angehörige der **Bergvölker**. Ihre Zahl nimmt zu, da einerseits die Lebenserwartung steigt und andererseits viele Menschen über die Grenze aus Myanmar nach Thailand kommen. Die sieben größten Völker sind die sinotibetischen Karen, Hmong, Yao, Lahu, Lisu und Akha sowie die zur Mon-Khmer-Gruppe gehörenden Lawa.

Während die Lawa bereits im 11. und 12. Jh. von den einwandernden Thais in die Berge gedrängt wurden, sind die Karen wahrscheinlich im 17. und 18. Jh. aus Nord-China über das südöstliche Birma in ihr heutiges Siedlungsgebiet gezogen (s. Kapitel „Nord-Thailand" S. 345).

Andere Völker folgten verstärkt seit der Mitte des 19. Jhs. Innenpolitische Wirren in Süd-China waren einer der Gründe für die Wanderungsbewegungen in Richtung Süden. 1880 kamen die ersten Akha-Stämme, 1920 waren Hmong bereits bis in die Provinz Tak vorgedrungen. Nach dem Ende des Zweiten Weltkriegs verstärkte sich die Einwanderung. Jetzt kamen Reste der geschlagenen Kuomintang-Truppen aus Süd-China. Man schätzt ihre Zahl heute auf etwa 10 000. Ein ähnlicher Schub erfolgte nach 1975 aus Laos, als vor allem Yao und Hmong das Land verließen.

Die alteingesessenen Völker (Lawa, Karen) siedeln weitgehend in den Tälern, wo sie in festen Dorfverbänden überwiegend vom Nassreisanbau leben. Die Berghänge in 800–1200 m Höhe sind der Lebensraum später zugewanderter Völker, die Brandrodungsfeldbau betreiben. Eine staatliche Politik gegenüber den Bergvölkern wurde erst in den 1950er-Jahren formuliert.

Außerdem leben in Thailand bis zu 5 Mio. **illegale Immigranten** aus Myanmar und Indochina, weitere 1,8 Mio. gehören zur Kategorie der legalen, registrierten Immigranten. Während seit Mitte der 1970er-Jahre vor allem Arbeitskräfte aus Myanmar in den Süden des Landes strömen, haben sich viele Vietnamesen im Osten und Nordosten niedergelassen. Sie sind rechtlos und oft die Ersten, die während einer Wirtschaftskrise ihren Job verlieren und ausgewiesen werden.

Eine andere, wirtschaftlich allerdings einflussreiche Minderheit sind die über 9 Mio. **Thai-Chinesen**. Obwohl die wirtschaftlichen Beziehungen zwischen Thailand und China bis ins 13. und 14. Jh. zurückreichen, sind die meisten erst in jüngerer Zeit eingewandert. Zwischen dem beginnenden 19. Jh. und 1950 flüchteten etwa 4 Mio. Chinesen aus ihrer krisengeschüttelten Heimat nach Thailand, wo ihre Arbeitskraft geschätzt wurde und sie in Handel und Wirtschaft zu Wohlstand gelangten. Eine Untersuchung der Thammasat-Universität stellte fest, dass 63 der 100 größten Industriebetriebe Thailands von chinesischstämmigen Thais kontrolliert werden. Zudem sind 23 der 25 einflussreichsten Männer der Wirtschaft Thai-Chinesen.

## Moslemische Minderheit

Seit dem 13. Jh., als die Herrscher Sukhothais die malaiischen Sultanate im Süden der Halbinsel zu Vasallenstaaten erklärten, war diese Region zwar unter der formalen Oberhoheit Siams, aber praktisch blieb sie sich selbst überlassen. Mit der Ausbreitung des Islam im indonesischen Raum wurde auch die malaiische Bevölkerung der Halbinsel bis hinauf nach Chumphon islamisiert.

1909 mussten unter britischem Druck die Sultanate Kedah, Perlis, Kelantan und Terengganu abgetreten werden. In den verbleibenden malaiischen Gebieten Süd-Thailands, dem Sultanat Pattani, begann eine radikale Assimilierungspolitik, die von Vorurteilen und kulturellem Chauvinismus gekennzeichnet war und die bis heute die Beziehungen zwischen dem Staatsvolk der Thais und den Thai-Moslems, wie sie von Bangkok euphemistisch genannt werden, bestimmt.

Von den über 3,5 Mio. Moslems des Landes leben drei Viertel im Süden, vor allem in den Provinzen Yala, Narathiwat, Pattani und Satun.

## Europäer

Schon seit Jahrhunderten haben Weiße (Farang) das Land bereist. In der Königsstadt Ayutthaya lebten Europäer, Chinesen und Japaner im 17. und 18. Jh. in eigenen Stadtvierteln. Europäische Missionare, Händler, Politiker und Ingenieure dienten den siamesischen Königen als Berater und Geschäftspartner. Die Könige Mongkut (Rama IV.) und Chulalongkorn (Rama V.) waren westlichen Einflüssen gegenüber aufgeschlossen.

Da Thailand niemals unter Kolonialherrschaft geriet, waren Europäer nur mehr oder minder willkommene Gäste in Thailand. Es ist daher nicht erstaunlich, dass auch Touristen in traditionell strukturierten Gebieten als Gäste betrachtet werden, während in den Urlaubsgebieten das kommerzielle Interesse überwiegt.

# Geschichte

Im Gegensatz zu allen anderen Staaten Südostasiens kam Thailand nie direkt unter koloniale Herrschaft. Zwischen den Einflussgebieten Großbritanniens (Britisch-Indien, Birma, Malaya) und der französischen Kolonie Indochina (Laos, Kambodscha und Vietnam) gelegen, musste Thailand einer vorsichtigen Balancepolitik zwischen den Großmächten folgen und im 19. und angehenden 20. Jh. große Gebiete abtreten. 1896 garantierten beide rivalisierenden Großmächte die immerwährende Neutralität des zentralen Teils Siams – wie die damalige Staatsbezeichnung Thailands lautete –, ohne dabei zu vergessen, sich gegenseitig wirtschaftliche und strategische Einflusssphären zuzuschanzen. Militärisch aber wurde das Land nie unterworfen.

## Bis zum 13. Jh.: Frühgeschichte

Archäologische Keramik- und Waffenfunde in Ban Chiang und in der Nähe von Kanchanaburi weisen eine **Besiedlung** des Landes vor über

| ZEITLEISTE | 3600 v. Chr. | 8.–11. Jh. |
|---|---|---|
| | Rund um Ban Chiang entsteht die erste Hochkultur Thailands. Sie bringt eindrucksvolle Gebrauchskeramiken, Werkzeuge und Schmuck hervor. | Tai-sprachige Gruppen wandern aus Süd-China ins heutige Staatsgebiet ein. |

6000 Jahren nach. Neueren Funden in Grotten bei Krabi zufolge lebten bereits vor 43 000 Jahren Jäger und Sammler im Süden Thailands. Auch die **Mlabri**, „Geister der Gelben Blätter", genannten ehemaligen Nomaden, die in den Wäldern bei Nan leben, siedelten bereits lange vor der Einwanderung der Thais in den Bergen im Norden (S. 944, Bücher).

Die Herkunft der Thais ist wissenschaftlich umstritten. Im 8.–11. Jh. wanderten sie aus dem heutigen Süd-China in ein Gebiet, das sich von Assam im äußersten Westen bis nach Vietnam erstreckt. Dort kamen sie in Kontakt mit hinduisierten Bevölkerungsgruppen wie den Mon und Khmer. Vom 10.–13. Jh. erstreckte sich im Süden das Khmer-Reich von Angkor (Kambodscha) bis weit in das heutige Thai-Staatsgebiet hinein. In Chiang Saen und Chiang Rai, aber auch in Nord-Birma (Shan-Staat) und Yunnan entstanden unter lokalen Fürsten die ersten Thai-Reiche. Im 13. Jh. standen einige als Vasallen der Mongolen auf der richtigen Seite und gewannen nach der Eroberung von Birma und dem Champa-Reich in Vietnam an Einfluss.

# 13. / 14. Jh.: Unter der Herrschaft von Sukhothai

Die Khmer im Mekong-Delta und heutigen Kambodscha sowie die Mon in Zentral-Thailand und Niederbirma hatten mächtige Hindu-Reiche und hoch entwickelte Kulturen geschaffen. Ihr Einfluss ging jedoch im 13. Jh. stark zurück. In diesem Machtvakuum besiegte der Lanna-**König Mengrai** den geschwächten Mon-Staat Haripunchai (Lamphun) und gründete 1296 die Stadt

Chiang Mai. Bereits Mitte des 13. Jhs. waren die Khmer aus der zentralen Ebene verdrängt worden, wo 1249 Sukhothai als erste Thai-Hauptstadt entstanden war. Beide Thai-Fürstentümer waren von der Kultur der Mon und Khmer beeinflusst. Sie übernahmen deren Schrift und den Theravada-Buddhismus aus Ceylon, in den viele Elemente des Hinduismus und alten animistischen Glaubens integriert wurden. Sukhothai gelangte Ende des 13. Jhs. unter **König Ramkhamhaeng** zu kultureller Blüte. Er verband die Fähigkeit einer effizienten Herrschaft mit militärischer Stärke und trat gleichzeitig als Befürworter des Buddhismus und der Künste auf. Heute wird er in der offiziösen Geschichtsschreibung als „Vater Thailands" betrachtet.

# Mitte 14.–Mitte 18. Jh.: Unter der Herrschaft von Ayutthaya

Der Nachfolgestaat Sukhothais war das 1351 entstandene Königreich Ayutthaya im Zentrum der fruchtbaren Chao Phraya-Ebene. Zu Beginn des 15. Jhs. wurde Sukhothai unterworfen und das Khmer-Reich besiegt bzw. zum Vasallen degradiert. Gegen die nördlichen Kleinstaaten Lanna und Luang Prabang führten die Truppen von **König Trailok** zahlreiche Kriege. Um die militärische Position gegenüber dem nördlichen Nachbarn zu verbessern, wurde vorübergehend die Hauptstadt nach Phitsanulok verlegt. **Chiang Mai**, die Hauptstadt von Lanna, konnte jedoch nicht unterworfen werden. Seit 1558 war sie in wechselnder Ausprägung mit dem Königreich Birma verbündet bzw. 200 Jahre lang ein Vasall Birmas, des Erzrivalen des Ayutthaya-Reichs.

| 1249 | 1296 | 1351 |
| --- | --- | --- |
| Gründung des ersten Thai-Königreichs Sukhothai. | Gründung der Stadt Chiang Mai durch den Lanna-König Mengrai. | Ayutthaya wird von U Thong zur Hauptstadt seines Königreiches ernannt und entwickelt sich zum multikulturellen Handelszentrum. |

Erst Ende des 18. Jhs. gelang die Eroberung von Chiang Mai und die Errichtung eines siamesischen Protektorats im Norden.

Waren die Sukhothai-Könige noch volksverbunden, so wurden jetzt am Hof Zeremonien eingeführt, die dem Herrscher göttliche Eigenschaften zusprachen. Damit war die **absolute Monarchie** geboren. Am weitesten gingen die Veränderungen in der Administration. Mitglieder der Königsfamilie, die bisher eigene Ländereien verwalteten, wurden durch ernannte Adlige ersetzt. In einer hierarchischen Rangordnung wurden die gesellschaftlichen Funktionen jedes Mitglieds des Königshauses und des Adels festgelegt. An der Spitze stand der König. Die Masse der Bauern waren entweder Freie oder Sklaven. Freie *(phrai)* durften Land bis zu einer Größe von 25 rai (1 rai = 1600 m$^2$) bestellen. Das Abgabenrecht teilte jedem Bürger Ayutthayas eine „soziale Wertigkeit" *(sakdi na)* zu, die über Landbesitz definiert war: Die des Königs war unendlich, die eines freien Bauern 25 *sakdi na*, eines Handwerkers 50, eines Beamten mit Adelstitel bis zu 400, eines Ministers bis zu 10 000 und die des Thronfolgers betrug 100 000 *sakdi na*. Auch die Strafen im Falle einer Verurteilung richteten sich nach diesem System.

1569 wurde Ayutthaya von seinem stärksten Rivalen, dem benachbarten Königreich **Birma**, besiegt und ein neuer König ernannt, der die Oberhoheit Birmas anerkannte. 15 Jahre war Ayutthaya ein Vasall Birmas, bis es **Prinz Naresuan** in fünf Kriegszügen zwischen 1584 und 1592 gelang, die birmanische Herrschaft abzuschütteln. Mit den meisten anderen asiatischen Staaten unterhielt Ayutthaya intensive **Handelsbeziehungen**. Schiffe segelten nach Malakka, Indien, China und Java. Besondere Beziehungen bestanden mit China, das als „älterer Bruder" angesehen wurde.

Bedeutsam waren auch die Kontakte Ayutthayas mit europäischen Großmächten. Portugal hatte im Jahr 1511 das Sultanat Malakka erobert. Portugiesische Händler, Missionare und Diplomaten kamen auch nach Ayutthaya und portugiesische Söldner dienten im Heer. Im 17. Jh. trafen Holländer und Engländer ein, die Handelsstützpunkte nahe der Hauptstadt und in den Häfen des Südens einrichteten. 1664 erzwang Holland unter der Androhung militärischer Gewalt den Abschluss eines Vertrags, der ihm in wichtigen Bereichen des Außenhandels ein Monopol einräumte. Um den holländischen Einfluss zu begrenzen, nahmen die Ayutthaya-Könige von 1665–90 diplomatische Kontakte zu Frankreich auf. 1687 traf eine französische Gesandtschaft mit mehr als 600 gut ausgerüsteten Soldaten ein. **König Narai** geriet durch die Einflussnahme des griechischen Abenteurers Konstantin Phaulkon mehr und mehr unter europäischen Einfluss. 1688 mündete der Widerstand des Thai-Adels und der königlichen Familie in einer Palastrevolte. Phaulkon wurde geköpft und die Beziehungen mit den westlichen Großmächten neu geordnet.

## Mitte 18.–Mitte 19. Jh.: Beginn der Chakri-Dynastie

Nachdem Ayutthaya 1767 von Birma völlig niedergebrannt und dem Erdboden gleichgemacht worden war, versank das Land im Chaos. Wie bei damaligen Kriegen üblich, wurden qualifi-

| 1569 | 1584–1592 | 1767 |
| --- | --- | --- |
| Ayutthaya wird von den Burmesen erobert und ein Vasall des benachbarten Königreichs. | Prinz Naresuan verdrängt in fünf aufeinanderfolgenden Kriegszügen die Burmesen aus Ayutthaya. | Ayutthaya wird von burmesischen Truppen völlig zerstört. |

## Die wichtigsten Könige Thailands

|  |  |
|---|---|
| 1259–1311 | Mengrai (Lanna) |
| 1279–1298 | Ramkhamhaeng |
| 1351–1369 | U-Thong (Ramathibodi I.) |
| 1388–1395 | Ramesuan |
| 1590–1605 | Naresuan |
| 1629–1656 | Prasat Thong |
| 1656–1688 | Narai |
| 1767–1782 | Taksin |
| 1782–1809 | Rama I. (General Chakri) |
| 1809–1824 | Rama II. (Phra Phutthaloetla Naphalai) |
| 1824–1851 | Rama III. (Phra Nangklao) |
| 1851–1868 | Rama IV. (Mongkut) |
| 1868–1910 | Rama V. (Chulalongkorn) |
| 1910–1925 | Rama VI. (Vichiravudh) |
| 1925–1935 | Rama VII. (Prajadhipok) |
| 1935–1946 | Rama VIII. (Ananda Mahidol) |
| seit 1946 | Rama IX. (Bhumibol Adulyadej) |

Heerführer wurde **General Chakri**, der Taksin entmachten ließ und sich zum **König Rama I.** krönen ließ, dem ersten König der noch heute herrschenden Dynastie.

Die Chakri-Könige verfolgten bis zur Mitte des 19. Jhs. eine Politik der Restauration: Der vergangene Glanz Ayutthayas sollte wiederhergestellt werden. Für die neuen Tempel und Paläste in Bangkok verwendete man sogar Ziegelsteine aus den Ruinen der alten Hauptstadt. Veränderungen sozialer und wirtschaftlicher Natur wurden unumgänglich, als sich die Handelsbeziehungen zu China ausweiteten und die europäischen Großmächte neues Interesse an Ostasien zeigten. Chinesische Einwanderer, meist Händler oder Unternehmer, siedelten sich vor allem in Bangkok an. Mitte des 19. Jhs. waren mehr als die Hälfte der 400 000 Einwohner der Stadt Chinesen.

## Mitte 19.–Anfang 20. Jh.: Reformen unter Mongkut und Chulalongkorn

**König Mongkut** (Rama IV.) wird als Erneuerer und Reformer des Reiches angesehen. Zu jener Zeit war Birma nach drei Kriegen vollständig Britisch-Indien einverleibt worden – für Siam eine traumatische Erfahrung. Entsprechend zielte die Außenpolitik darauf ab, den Einfluss der westlichen Großmächte im Gleichgewicht zu halten. England, den Vereinigten Staaten, Frankreich und anderen Ländern wurden Handelsprivilegien eingeräumt und Territorien abgetreten.

zierte Handwerker, die überlebenden Mitglieder der Königsfamilie und weitere 106 000 Bewohner nach Birma verschleppt. Einige Provinzen und Vasallenstaaten erklärten sich nach der Invasion Birmas für unabhängig. Der Provinzgouverneur **Taksin** versuchte mit einigen verbliebenen Soldaten das Land erneut zu einen. Er wurde 1768 in der neuen Hauptstadt Thonburi zum König ausgerufen. In den folgenden 14 Jahren gelang es ihm in zahlreichen Kriegen, das Land wieder zusammenzufügen. Wichtigster

| 1782 | 1870 | 1909 |
|---|---|---|
| Bangkok wird von König Rama I. zur neuen Hauptstadt Siams ausgerufen. | König Chulalongkorn reformiert das Königreich Siam. Verwaltung, Finanzwesen, Bildungssystem und Infrastruktur werden modernisiert. | Mit dem Anglo-Siamesischen Vertrag werden die nordmalaiischen Sultanate Kedah, Kelantan, Perlis und Terengganu an Großbritannien abgetreten. |

Französische Kanonenboote auf dem Menam Chao Phraya ließen Mongkuts Sohn **Chulalongkorn** keine andere Möglichkeit, als Konzessionen an Frankreich und Großbritannien zu machen. Alle laotischen Vasallenstaaten und große Gebiete in Kambodscha fielen an Frankreich. 1909 wurden die nordmalaiischen Sultanate Perlis, Kedah, Terengganu und Kelantan an das britische Kolonialreich abgetreten. Nur das malaiische Sultanat Pattani wurde Siam zugesprochen.

Diese Beschwichtigungspolitik nach außen wurde ergänzt durch ein innenpolitisches **Reformprogramm**. Doch die Durchsetzung stieß auf großen Widerstand, da die Reformen Privilegien des Adels und der Königsfamilie beschnitten. Unter Chulalongkorn wurde ein Dekret erlassen, dass niemand mehr als Sklave geboren werden könne, was die Abschaffung der Sklaverei einleitete. Die Verwaltung wurde zentralisiert und nach europäischem Vorbild mit Ministerien an der Spitze umgestaltet. Steuergesetze lösten die hierarchische Abgabenordnung ab. Im Rahmen der Umgestaltung des Bildungssystems entstanden Universitäten nach westlichem Vorbild. Der König beschäftigte in der Verwaltung Briten, Belgier und Italiener.

Deutsche projektierten bis zum Beginn des Ersten Weltkriegs die Eisenbahnlinie nach Norden, Briten die nach Süden. Damit wurde die Infrastruktur erheblich verbessert.

Zweck aller Reformen war es, Siam im Inneren zu stärken, um der westlichen Herausforderung standzuhalten sowie die Macht des Königs zu zentralisieren und zu sichern. Chulalongkorn veränderte die althergebrachte Gesellschaftsordnung, hielt aber gleichzeitig an bestimmten Traditionen fest und gilt deswegen als Begründer des modernen Siam.

# Die 1930er- und 40er-Jahre: konstitutionelle Monarchie

1932 wurde Siam, wie die offizielle Staatsbezeichnung des Landes bis dahin lautete, durch einen unblutigen **Staatsstreich** in eine konstitutionelle Monarchie umgewandelt. Westlich ausgebildete Intellektuelle und große Teile des Bürgertums waren mit der Herrschaft König Prajadhipoks (Rama VII.) unzufrieden, da er, ganz im Gegensatz zu seinem Großvater Chulalongkorn, kein großes Interesse an der Erneuerung des Landes zeigte und sich Vettern- und Misswirtschaft ausbreitete.

**Pridi Phanomyong**, ein in Frankreich ausgebildeter Rechtsanwalt, war der politische Kopf der radikaldemokratischen Bewegung, die, zusammen mit den eher konservativen Militärs, den Coup durchführte. **Pibul Songgram**, Führer des konservativen Flügels, stieg bald zum stärksten Mann der Nation auf, die nun Thailand hieß.

1940 war das Land Alliierter der Achsenmächte Nazi-Deutschland, Japan und Italien. Mit japanischer Unterstützung annektierte Thailand Teile von Birma, Laos, Kambodscha und Malaya. 1944 wurde Pibul Songgram gestürzt, und Thailand verbündete sich mit seinen ehemaligen Gegnern. Pridi Phanomyong, während des Krieges Führer der antijapanischen Bewegung Freies Thailand, arbeitete mit seinen Freunden eine neue Verfassung aus. Er wurde 1947 durch einen Militärputsch unter der Führung von Songgram gestürzt und ging ins Exil. Später wurde er Sprecher der Bewegung Freies Thailand, zuerst in der Volksrepublik China, dann in Frankreich.

| 1932 | 1946 | 1973 |
| --- | --- | --- |
| Durch einen unblutigen Staatsstreich wandelt sich die absolute Monarchie Siam zur konstitutionellen Monarchie Thailand. | Bhumibol Adulyadej besteigt als neunter König der Chakri-Dynastie den Thron. Er ist derzeit das am längsten amtierende Staatsoberhaupt der Welt. | Bei Protesten gegen die herrschende Militärdiktatur werden 71 Menschen erschossen und hunderte verletzt. |

## Die 1950er- und 60er-Jahre: Diktatur

Unter der Führung Songgrams entwickelte sich das Land streng antikommunistisch und wurde Mitglied in der Seato (South East Asia Treaty Organization), dem asiatischen Gegenstück zur Nato. 1957 stürzten Militärs unter **Marschall Sarit** die Einmann-Diktatur. Sarit, eine umstrittene Figur, war beim Volk beliebt, während viele Landeskenner ihn als korrupten Diktator einstufen. Feldmarschall **Thanom Kittikachorn** wurde neuer Premier und führte Thailand noch enger in die Arme der USA.

Während des Vietnamkrieges war das Land von einem Netz von US-Militärstützpunkten überzogen. Von Udon Thani, Ubon Ratchathani oder U-Tapao nahe Chonburi aus wurden viele verheerende B52-Bombereinsätze in Vietnam und Laos geflogen. Nach den Wahlen von 1969 kam es zur Bildung eines Parlaments, doch die Macht lag weiterhin in den Händen von Kittikachorn und seinen Generälen.

## Die 1970er-Jahre: demokratische Erneuerung

Die Auseinandersetzungen zwischen Parlament und Militär führten im November 1971 zur Auflösung der Nationalversammlung, Aufhebung der Verfassung und Erklärung des Kriegsrechts. Fast zwei Jahre lang lag die Macht in den Händen von korrupten Armee- und Polizeioffizieren.

Im Oktober 1973 protestierten Hunderttausende gegen die Verhaftung oppositioneller Studentenführer. 71 Menschen wurden erschossen und mehrere Hundert verletzt; erbitterte Straßenkämpfe folgten. Das Ende der Militärclique war gekommen, als Kittikachorn, Prapas und Narong ins Ausland flohen. **König Bhumibol** (Rama IX.) verkündete die Auflösung des Militärregimes; er setzte den Rektor der Thammasat-Universität, **Sanya Dharmasakti**, als neuen Premier ein, was man als Sieg der Studentenbewegung verstand. Sanya hatte die undankbare Aufgabe, das dem Ruin zustrebende Land zu regieren. Streiks, Kriminalität, Inflation und die sich zuspitzenden Auseinandersetzungen mit kommunistischen Guerillas im Norden und Nordosten sowie die militante Bewegung der moslemischen Minderheit im Süden waren nur einige Probleme.

In der folgenden Zeit wechselten sich die Parteien mit der Bildung von Regierungen ab, bis das Militär im Oktober 1976, nachdem es an der Thammasat-Universität in Bangkok ein Massaker verübt hatte, die Macht wieder an sich riss. Offiziell starben bei dem Angriff auf die demonstrierenden Studenten 45 Menschen, inoffizielle Schätzungen sprechen von 100–200 Opfern. Ab 1977 war **General Kriangsak** Premier. Er unterschied sich von seinen Vorgängern durch eine Reformpolitik und eine realistische Ausgleichspolitik.

## Die 1980er-Jahre: Wirtschaftsboom

Im Frühjahr 1980 wurde Kriangsak gestürzt. Das Parlament bestimmte **General Prem Tinsulanond** zu seinem Nachfolger, der das Land mit einer demokratisch legitimierten Mehrparteienkoalition regierte. Thailand wurde wieder streng

| 1976 | 1997 | 2001–2006 |
| --- | --- | --- |
| Das Militär richtet unter protestierenden Studenten der Thammasat-Universität ein Blutbad mit mindestens 45 Toten an. | Die asiatische Wirtschaftskrise trifft von Thailand ausgehend die Region mit voller Wucht. Der Baht büßt die Hälfte seines Werts ein. | Thaksin Shinawatra gewinnt dank großzügiger Versprechen an die arme Landbevölkerung zweimal in Folge mit großer Mehrheit die Wahlen. |

antikommunistisch. Die Auseinandersetzungen an der Grenze zu Kambodscha waren Anlass für verstärkte Waffenlieferungen und gemeinsame Manöver mit den USA. Viele innenpolitische Reformen verliefen im Sande. Die moslemische Separatistenbewegung im Süden verlor 1987 durch die Kapitulation von 650 Guerillas an Einfluss.

1988 ging die Chart Thai-Partei aus den allgemeinen Parlamentswahlen als Sieger hervor. Ihr Vorsitzender, **Chatichai Choonhavan**, führte als Ministerpräsident eine Sieben-Parteien-Koalition an. Daneben behielt die Armee großen Einfluss. Durch populäre Anordnungen (z. B. Amnestie für politische Gefangene, Erhöhung der Gehälter der Staatsangestellten sowie des Reispreises für die Bauern) und den wirtschaftlichen Boom konnte die Regierung die anfängliche Skepsis in der Bevölkerung überwinden. Doch schon bald kam es durch steigende Verbraucherpreise, die ungleiche Einkommensentwicklung, Bodenspekulation und Korruption zu Spannungen, die vor allem im Militär zu Unmutsäußerungen führten.

## Die 1990er-Jahre: Politisierung der Massen

Es überraschte nicht, als im Februar 1991 die Armee in einem unblutigen Putsch Chatichai Choonhavan absetzte. Ein **National Peace Keeping Council (NPKC)** übernahm die Macht und beauftragte Zivilisten unter der Leitung von Premierminister **Anand Panyarachun** mit der Ausarbeitung einer neuen Verfassung. Ein Jahr später fanden Wahlen statt, bei denen die den Militärs nahestehenden Parteien vor allem im ländlichen Raum

die Mehrheit der Stimmen erhielten oder kauften. Als im Mai der Anführer des Putsches, **General Suchinda Kraprayoon**, der nicht dem Parlament angehörte, zum Ministerpräsidenten ernannt wurde, gingen die Massen auf die Straße. Die Demonstrationen gipfelten in gewalttätigen Auseinandersetzungen mit zahlreichen Toten und der Verhaftung des charismatischen Leiters der Palang Dharma-Partei, **Chamlong Srimuang**, sowie 4000 seiner Anhänger. Der König intervenierte, die Gefangenen kamen frei, und General Suchinda („Big Su") musste zurücktreten.

Unter dem Druck der Straße kam es im September 1992 zu Neuwahlen, aus denen eine Fünf-Parteien-Koalition unter dem demokratischen Premierminister **Chuan Leekpai** hervorging. Die Palang Dharma-Partei verlor im Lauf des Jahres 1994 durch innerparteilichen Streit an Ansehen. Die Mai-Unruhen von 1992 hatten jedoch das demokratische Bewusstsein gestärkt. Außerparlamentarische Gruppen setzten die Politiker unter Druck, die Reformen fortzuführen und vor allem die Lebensbedingungen auf dem Land zu verbessern. Aufgrund von Korruptionsvorwürfen zerbrach die Fünf-Parteien-Koalition im Mai 1995. Chuan Leekpai verlor die Neuwahlen, bei denen viel über Stimmenkäufe in ländlichen Regionen gemunkelt wurde. Der Führer der Chart Thai-Partei, **Banharn Silpa-Archa**, wurde zum 21. Premierminister Thailands ernannt. Aber auch diese Sieben-Parteien-Koalition ging schnell in die Brüche, sodass Ende 1996 wieder Neuwahlen anstanden. Aus ihnen ging **Chavalit Yongchaiyudh**, ein ehemaliger General, als Sieger hervor. Die überwältigende Mehrheit der Wähler in Bangkok stimmte jedoch für die Opposition. Die wankelmütige Palang Dharma-Partei wurde nahezu aufgerieben.

| 2004 | 2008 | 2010 |
|---|---|---|
| Ein Tsunami trifft die Strände der Andamanensee und reißt mindestens 5400 Menschen in den Tod. Besonders betroffen sind Khao Lak, Phuket und Ko Phi Phi. | Die in Bangkok und Südthailand verankerte PAD (Gelbhemden) besetzen Flughäfen und Regierungsgebäude, um die Thaksin-treue Regierung zu stürzen. | Thaksin-Anhänger (Rothemden) besetzen wochenlang Straßenzüge in Bangkok und fordern Neuwahlen. Das Militär richtet ein Blutbad mit 91 Toten an. |

Zu dieser Zeit kündigte sich mit dem Verfall der Immobilienpreise und dem Zusammenbruch einiger Grundstücksgesellschaften die asiatische Wirtschaftskrise an. Der Rücktritt zweier Finanzminister, ein rapider Währungsverfall und der Vertrauensverlust beim IWF und der Bevölkerung zwangen Chavalit, Ende 1997 sein Amt niederzulegen. In dieser schwierigen Situation beauftragte König Bhumibol den demokratischen Ex-Ministerpräsidenten **Chuan Leekpai**, eine neue Koalition zu bilden, die mit einer dünnen Mehrheit wichtige Reformen durchsetzen musste.

## 2001–2007: Aufstieg und Fall der Thaksin-Regierung

Unter diesen Bedingungen fand **Thaksin Shinawatra** von der neu gegründeten Partei **Thai Rak Thai** („Thais lieben Thais") mit seinen großzügigen finanziellen Versprechungen und offener Polemik gegen westliche Ausländer und Minderheiten Gehör. Er gewann im Januar 2001 mit einer überwältigenden Mehrheit die Wahlen. Thaksin bildete eine Drei-Parteien-Koalition, um mit einer Zweidrittel-Mehrheit Gesetze schnell verabschieden zu können, und berief in sein Kabinett viele alte Gesichter aus gescheiterten Regierungen.

Bei der Wahl im Februar 2005 gelang es Thaksin erneut, die Regierung zu bilden – diesmal sogar mit absoluter Mehrheit. Allerdings verstärkte sich nach den Wahlen hauptsächlich in der städtischen Bevölkerung und im Süden der Widerstand gegen die zunehmend autokratisch und diktatorisch herrschende Thaksin-Regierung. Die Einschränkung der Pressefreiheit, die persönliche Bereicherung des Thaksin-Clans und der selbstherrliche Regierungsstil waren Anlässe für Demonstrationen. Nach monatelangen Protesten kam es im April 2006 zu Neuwahlen, die alle wichtigen Oppositionsparteien boykottierten. In vielen Wahlkreisen wurden nicht genügend Stimmen abgegeben, sodass trotz des Wahlsiegs der Thai Rak Thai-Partei deren Abgeordnete als nicht gewählt galten. Der Oberste Gerichtshof erklärte die Wahlen im Mai für ungültig und legte einen neuen Wahltermin im Oktober 2006 fest.

Thaksins Fall begann mit dem Verkauf seines Telekomkonzerns Shin Corp., der beim Aufbau der Mobilfunknetze von staatlichen Zuschüssen profitiert hatte. Die staatliche Singapurer Temasek Holdings Ltd. hatte für fast US$2 Mrd. knapp 50 % der Firma gekauft, wofür der Thaksin-Clan, dank entsprechend geänderter Gesetze, keine Steuern zahlen musste. Das nahm ein Großteil der Mittelschicht nicht hin. Als am 19. September 2006 das Militär unter **General Sonthi Boonyaratkalin** putschte, wurden die Einheiten in Bangkok freundlich begrüßt. Aller Wahrscheinlichkeit nach hatte auch der Kronrat unter Vorsitz des früheren Ministerpräsidenten Prem den Umsturz geduldet. Der König bestätigte Sonthi in einer Rede als Vorsitzenden des neuen „Rates für demokratische Reformen unter der konstitutionellen Monarchie", löste das Parlament, die Regierung und das Verfassungsgericht auf, setzte die Verfassung außer Kraft und inhaftierte die noch im Land verbliebenen Mitglieder des gestürzten Kabinetts. Es wurde ein allgemeines Versammlungs- und Demonstrationsverbot eingeführt, Gruppenreisen aus den Provinzen nach Bangkok wurden nicht mehr genehmigt und Medien zensiert. Einen Monat später setzte Sonthi eine zivile Regierung ein. Thaksin befindet sich (mit einer kleinen Ausnahme 2008) seit dem Putsch im Aus-

| 2011 | 2014 | 2015 |
|---|---|---|
| Die jüngste Schwester von Thaksin Yingluck Shinawatra gewinnt die Neuwahlen. Thaksin dirigiert über das Internet die Geschicke des Landes. | Yingluck wird ein Gesetzentwurf, der Thaksin Amnestie sichern würde, zum Verhängnis. Es kommt zum Putsch und General Prayut übernimmt die Macht. | Beim schwersten Bombenanschlag der jüngeren Geschichte sterben am geschäftigen Erawan-Schrein in Bangkoks Innenstadt 25 Menschen, 125 werden verletzt. |

land. Seine Thai Rak Thai-Partei wurde per Gerichtsbeschluss im Mai 2007 aufgelöst.

## Seit 2007: Unruhen und aktuelle Entwicklungen

Nach den Wahlen 2007 bildete die Nachfolgepartei der Thai Rak Thai, die People Power-Partei (PPP) unter **Samak Sundaravej**, eine neue Regierung. Thaksin nahm weiterhin aus dem Ausland beträchtlichen Einfluss. Ein Großteil der Bangkoker Elite und der Bevölkerung Süd-Thailands wollte das Wahlergebnis nicht akzeptieren und gründete die **PAD (People's Alliance for Democracy)**. Die gelbe Farbe ihrer Hemden symbolisiert das Königshaus. Mit stiller Duldung eines Teils der Polizei und des Militärs behinderte die PAD die Regierungsarbeit. Sie besetzten Ministerien und das Government House, dann die Flughäfen von Phuket, Krabi und Had Yai. Gewerkschaftsmitglieder blockierten die Bahnverbindungen. Am 1. September 2008 verhängte die Samak-Regierung den Ausnahmezustand über Bangkok. Am 9. September verfügte das Verfassungsgericht aus vorgeschobenen Gründen die Absetzung von Samak. Da die Partei weiterhin eine Mehrheit im Parlament besaß, wurde der Schwager Thaksins, **Somchai Wongsawat**, zum neuen Premier gewählt. Unverändert gingen die Proteste der „Gelben" weiter und erreichten mit der Besetzung der beiden internationalen Flughäfen Bangkoks einen neuen Höhepunkt. Hunderttausende Touristen konnten das Land nicht verlassen. Polizei und Militär wurden jedoch nicht aktiv. Das Verfassungsgericht entschied die Auflösung der PPP wegen Wahlbetrugs, Somchai trat zurück, und am 15. Dezember 2008 wurde der Vorsitzende der Demokraten, **Abhisit**, auch mit einem Teil der Stimmen der PPP-Abgeordneten zum neuen Premier gewählt. Unter der Abhisit-Regierung wurde die Pressefreiheit weiterhin eingeschränkt. Die Zensur von regierungskritischen Webseiten war weitverbreitet und die Zahl der politischen Gefangenen erreichte neue Spitzenwerte, die sogar die des autoritär geführten Nachbarlandes Myanmar überstiegen.

Eine „rote" Opposition formierte sich bereits während dieser Zeit aus Thaksin-Anhängern und überzeugten Demokraten, die die Macht der Bangkoker Elite und der mit ihr verbündeten Militärs sowie von Teilen des Königshofs beenden wollten. Im Frühjahr 2010 besetzten sie wochenlang mehrere Straßenzüge in der Innenstadt von Bangkok und forderten Neuwahlen. Die Auseinandersetzungen erreichten ihren Höhepunkt, als regierungstreue Armeeeinheiten mit Scharfschützen ein Blutbad anrichteten. 91 Menschen starben und etwa 2000 wurden verletzt. Auch im Norden und Nordosten kam es zu Unruhen, und erst im Dezember 2010 wurde der Ausnahmezustand in vielen Provinzen aufgehoben.

Im tief gespaltenen Land ließ Abhisit im Juli 2011 Neuwahlen durchführen, die **Yingluck Shinawatra**, die jüngste Schwester von Thaksin, mit absoluter Mehrheit gewann. So regierte Thaksin Shinawatra, dem die Rückkehr nach Thailand aufgrund eines Haftbefehls verwehrt wurde, über das Internet. Über Skype fanden Videokonferenzen mit dem Kabinett und führenden Beamten statt, und über soziale Medien wurde Kontakt gehalten. Eine geplante Verfassungsänderung hätte eine Amnestie für alle an den politischen Auseinandersetzungen Beteiligten beinhaltet, auch für den im Exil lebenden Thaksin. Sie erzielte im Parlament jedoch nicht die erforderliche Mehrheit.

Proteste der Bangkoker Elite endeten im Mai 2014 mit einem Militärputsch. Seitdem regieren General Prayut und das Militär. Im April 2015 wurde das Kriegsrecht aufgehoben, aber die neue Gesetzgebung, die bislang noch nicht verabschiedet werden konnte, schränkt Versammlungsrecht und Pressefreiheit erheblich ein.

# Regierung und Politik

**Staatsform**: konstitutionelle Monarchie

**Provinzen**: 5 Regionen mit 77 Changwats (Provinzen)

**Hauptstadt**: Bangkok

**Premierminister**: Prayut Chan-o-cha

**König**: Rama IX. Bhumibol Adulyadej)

# Verfassung

Nach der Revolution von 1932 wurde die erste Verfassung des Landes in Kraft gesetzt. Danach liegt die oberste Gewalt in der Hand des Volkes. Der Monarch, die Nationalversammlung, der Staatsrat und die Gerichte üben die Staatsgewalt im Namen des Volkes aus. War damit die Souveränität des Volkes gegeben, so wurden außerdem die Gleichheit vor dem Gesetz wie auch die allgemeinen Grundfreiheiten westlicher Verfassungen garantiert. Seit 1932 sind viele neue Verfassungen erstellt worden, die alle diese Grundsätze beibehielten. Unter massivem Druck der Öffentlichkeit und des Militärs billigte das Parlament im September 1997 eine neue Verfassung. Sie sollte das politische Leben reformieren, Machtmissbrauch des Staates verhindern und die Korruption in Politik und Verwaltung eindämmen.

Nach dem Putsch im September 2006 wurde auch diese Verfassung wieder außer Kraft gesetzt und 2007 eine neue verabschiedet. Die Verfassung von 2007 wurde im Sommer 2015 von einer vom Militär eingesetzten Kommission vollständig überarbeitet und wäre nach Inkrafttreten die Nr. 19 seit 1932!

# Königsfamilie

Obwohl die Revolution von 1932 das Ende der absoluten Monarchie bedeutete, verehrt ein Großteil der Bevölkerung die Königsfamilie und sieht in ihr ein die Nation einendes Element. Der König ist Staatsoberhaupt, Oberbefehlshaber der Streitkräfte und religiöses Oberhaupt zugleich. Die uneingeschränkte Verehrung der königlichen Familie ist für Europäer kaum nachvollziehbar. Das Porträt von **König Bhumibol** (Rama IX.) und Königin Sirikit findet sich in jedem Haus, in jedem Laden, in den Büros der Staatsangestellten ebenso wie in Restaurants. Der König steht über dem politischen Tagesgeschehen.

König Bhumibol allein hat seit seinem Amtsantritt 1946 insgesamt 21 Militärputsche und gewaltsame Regierungswechsel erlebt. Das Königshaus wirkte in all den Wirren immer als stabilisierende Kraft. Entsprechend prunkvoll werden Thronjubiläen und Geburtstage von Mitgliedern der Königsfamilie gefeiert.

König Bhumibol und Königin Sirikit haben einen Sohn, **Kronprinz Maha Vajrakingkorn**, und drei Töchter, die Prinzessinnen Chulabhorn, Sirindhorn und Ubol Ratana.

Vor allem **Prinzessin Sirindhorn**, die bei der Bevölkerung große Beliebtheit genießt, unterstützt unermüdlich die Arbeit ihres Vaters, wofür sie den neuen Titel Maha Chakri erhielt. Zudem wurde 1974 zum ersten Mal in der Geschichte des Landes die Thronfolge so geändert, dass unter bestimmten Bedingungen auch königliche Töchter die Nachfolge übernehmen können.

Die Königsfamilie gibt sich volksverbunden und besucht selbst abgelegene Provinzen. In vielen vom Königshaus initiierten und finanzierten Projekten werden vor allem in der Land- und Forstwirtschaft neue Maßstäbe gesetzt. Die Verehrung des Königs erfordert ein respektvolles Verhalten, auch von Ausländern, Näheres siehe im Kapitel „Travelinfos von A bis Z" S. 98.

# Innenpolitik

Über die Hälfte der thailändischen Bevölkerung lebt auf dem Land, allerdings drängen immer mehr Menschen in die Städte. Seit den 1990er-Jahren siedeln sich zunehmend Arbeitskräfte vom Land dauerhaft im Großraum Bangkok und den angrenzenden Industriezentren an, die während des wirtschaftlichen Aufschwungs entstanden sind. In vielen Dörfern des Nordostens und der destabilen Gebieten des moslemischen Südens, wo die Armut landesweit am größten ist, haben sich die Lebensbedingungen ebenfalls geändert. Insbesondere im Nordosten vergreisen einerseits die Dörfer, andererseits sieht man auch hier immer mehr Motorräder statt Rikschas und „Eiserne Wasserbüffel" statt der lebendigen Variante.

Um der **Abwanderung** entgegenzuwirken, sind rings um einige Provinzhauptstädte wie Korat oder Khon Kaen neue Fabrikanlagen vor allem der Lebensmittel verarbeitenden Industrie entstanden, die das Arbeitskräftepotenzial des Nordostens nutzen. Im Süden hat die Umorientierung auf den Tourismus zumindest einigen Regionen einen beachtlichen Wohlstand, aber auch Probleme beschert.

Mitte der 1980er-Jahre kam es durch den Preisverfall bei traditionellen Agrarprodukten zu Einkommensverlusten in der Landwirtschaft. Das führte zu Unruhen. Als dann noch die Lebensmittelpreise stiegen und große Staudammprojekte die Existenz ganzer Dörfer bedrohten, kam es 1993/94 zu massiven Protestaktionen. Seither wehrt sich die ländliche Bevölkerung gegen Ungerechtigkeiten bei der Landreform ebenso wie beim Bau von Staudämmen, wenn sie fruchtbares Ackerland gegen minderwertige Böden eintauschen sollen.

Während die Auseinandersetzungen um die neue Verfassung 1997 noch breite Bevölkerungsschichten mobilisierten, kam unter Premier Thaksin die basisdemokratische Bewegung fast zum Erliegen. Thaksin führte auch den Kampf um die Moral des Landes mit harten Bandagen. So starben 2001/02 während des zehnmonatigen Kriegszugs gegen die Drogenmafia über 2000 Menschen; ausländische Regierungen und Menschenrechtsorganisationen protestierten.

Die staatlich propagierte, in den 1980er-Jahren initiierte **Familienplanung** mit öffentlichen Verteilungsstellen von Kondomen und massiver Aufklärung zeigte Erfolge. Das Bevölkerungswachstum von ehemals über 3 % ist mittlerweile auf 0,35 % gesunken. Aufklärungskampagnen und Maßnahmen gegen Aids (Meldepflicht, Verpflichtung der Prostituierten zum Gebrauch von Kondomen) sind im Vergleich zu anderen Ländern Asiens vorbildlich.

## Außenpolitik

In der Außenpolitik war Thailand seit dem Ende des Zweiten Weltkriegs bis in die 1970er-Jahre streng antikommunistisch und mit den USA militärisch verbündet. So kämpften Thai-Soldaten in Korea und Vietnam. Unter Ministerpräsident **Kriangsak** begann eine vorsichtige Annäherung an die Nachbarn im Osten: Vietnam, Laos und Kambodscha. Damit wurde dem traditionellen Ziel der thailändischen Außenpolitik Rechnung getragen, die eigene Unabhängigkeit durch realpolitische Beziehungen zu den drei Großmächten Sowjetunion, China und USA zu bewahren. Seit dem Machtantritt der Militärs im Mai 2014 verstärkt sich der politische und wirtschaftliche Einfluss Chinas. Im Gegensatz zu anderen ASEAN-Partnern, die sich gegen territoriale Ansprüche Beijings vor allem im Südchinesischen Meer wehren, versucht Thailand, wie schon oft in der Geschichte, die Großmächte USA, Japan und China gegeneinander auszuspielen.

Das Auseinanderfallen des Ostblocks erleichterte in den 1990er-Jahren den Ausbau der Wirtschaftsbeziehungen zu den ehemals sozialistischen Nachbarstaaten. 1994 konnte die erste Mekong-Brücke zwischen Thailand und Laos eröffnet werden; heute gibt es bereits vier Brücken. 2009 wurde die Eisenbahnlinie Bangkok–Nong Khai über die Freundschaftsbrücke bis nach Laos verlängert. China plant zudem eine Hochgeschwindigkeitsstrasse von Kunming in Yunnan über Laos bis zum Hafen Laem Chabang.

Thailand ist Mitglied in der Bewegung der Blockfreien Staaten und im südostasiatischen Staatenverband ASEAN. 2015 gründeten die zehn Mitgliedsstaaten die ASEAN Economic Community (AEC), die ähnlich der EU einen offenen Markt für Waren, Dienstleistungen, Kapital und Arbeitskräfte anstrebt.

# Wirtschaft

**BIP pro Kopf (PPP)**: 14 400 US$
**Wachstum**: 1 %
**Inflation**: 2,1 %
**Beschäftigungsstruktur nach Sektoren**:
Agrarsektor: 38 %
Industriesektor: 14 %
Dienstleistungssektor: 48 %
**Exporte**: 232 Mrd. US$
**Importe**: 219 Mrd. US$

Thailand ist ein relativ weit entwickeltes Schwellenland und in vielerlei Hinsicht moderner als das alte Europa. Das wird jedem Besucher bei der Ankunft am Flughafen Bangkok deutlich vor Augen geführt. Bei der Fahrt in die

Stadt gleitet man auf mehrspurigen, erhöhten Highways vorbei an riesigen, modernen Fabrikhallen und Vorortsiedlungen. Dank der zunehmenden **Industrialisierung** ist der Wohlstand stark gestiegen. Vor allem Mitte der 1980erbis 90er-Jahre waren jährlich fast zweistellige Zuwachsraten zu verzeichnen. Die Wirtschaft ist eng an den Export gekoppelt, der 60 % des Bruttoinlandsprodukts ausmacht. Der Tourismus ist der wichtigste Devisenbringer; das macht das Land enorm von der globalen Wirtschaft abhängig. Die aktuelle Weltwirtschaftskrise und die innenpolitischen Unruhen haben das Land arg in Mitleidenschaft gezogen. Doch die Thais sind erprobt im Krisenmanagement, die letzte große Krise liegt erst rund 15 Jahre zurück.

Damals, 1997/98 während der **asiatischen Wirtschaftskrise**, wurde vielen Menschen die Bedeutung der internationalen finanziellen Verflechtungen deutlich. Die hohe Auslandsverschuldung, strikte Auflagen des IWF und zahlreiche Pleiten machten sich im Alltag vieler Thais bemerkbar. 2002 kam die Wirtschaft

### Preise und Löhne

Der staatlich festgelegte Mindestlohn beträgt seit 2013 in allen Provinzen und Bangkok 300 Baht pro Tag. Insgesamt sind die Einkommen in der Hauptstadt noch immer wesentlich höher als in den Provinzen. Laut der *Bangkok Post* zahlt man hier im Durchschnitt neunmal so viel Lohn wie im Nordosten, wo viele Bauern gerade einmal 50 Baht am Tag verdienen. Die Mindestlöhne gelten nur für gewerbliche Arbeitnehmer und werden von der Industrie häufig unterlaufen. So erhalten Frauen und Kinder oft Hungerlöhne. Zum Vergleich: Pro Tag gibt ein Durchschnittstourist 4600 Baht aus.

Trotz steigender Konsumgüterpreise sind aus Angst vor Arbeitslosigkeit Forderungen nach Lohnerhöhungen nur selten zu vernehmen. Stattdessen vertrauen die Thais aufs Glück – was der Lotteriegesellschaft stattliche Gewinne beschert und den Staatshaushalt erheblich aufbessert.

wieder in Schwung und erreichte schnell imposante Zuwachsraten. In den Folgejahren stieg das Bruttoinlandsprodukt jährlich um 6–7 %. Im Krisenjahr 2008 wuchs die Wirtschaft noch um 2,5 %, 2009 fiel das BIP dann um 2,3 %, 2010 wurde wiederum ein kräftiges Wachstum von 7,8 % erreicht, 2012 immerhin noch 6,5 % und 2014 stieg das BIP nur minimal um 1 %.

In der **Landwirtschaft** sind noch 38 % der Bevölkerung tätig. 14 % arbeiten in der Industrie, die aber 43 % Anteil der Wirtschaftsleistung erzielt, im Vergleich zur Landwirtschaft mit nur 12 %. Die Zahl kommerzieller Tierzuchtbetriebe ist im letzten Jahrzehnt enorm gestiegen, dennoch heißt Landwirtschaft in Thailand hauptsächlich Reisanbau. Noch bis in die 1950er-Jahre wurde in erster Linie Nassreis angebaut, das Hauptnahrungsmittel. Um die rasch anwachsende Bevölkerung zu ernähren, kultivierten die Bauern seit Ende des Zweiten Weltkriegs auch Berghänge und schlechte Böden. Hier pflanzten sie neue Kulturpflanzen mit geringeren Ansprüchen an die Bodenqualität wie Zuckerrohr, Mais, Cassava, Tapioka und Kenaf. In der Umgebung der Städte und in den Bergen im Norden stieg die Produktion von Obst und Gemüse. Im Süden erstrecken sich heute riesige Ananas-, Palmöl- und Gummibaumplantagen. Mittlerweile ist Thailand der weltgrößte Kautschukproduzent.

Das **Durchschnittseinkommen** der Thais liegt heute bei knapp 14 000 Baht im Monat, wobei die Preissteigerungen der vergangenen Jahre und erheblichen regionalen Unterschiede zu berücksichtigen sind. Dank der Bestrebungen der Regierung, den Wohlstand aus dem Zentrum aufs Land zu verteilen, halbierte sich der Anteil der unter der Armutsgrenze lebenden Menschen. Dennoch gibt es vor allem auf dem Land Menschen, die sich nicht ausreichend ernähren können.

Noch konzentrieren sich über die Hälfte der industriellen Produktionsstätten im Großraum Bangkok. Die **bedeutendsten Industriezweige** stellen die Auto-, Computer- und Halbleiterindustrie, die arbeitsintensive Textilindustrie sowie die Verarbeitung von Nahrungsmitteln und anderer agrarischer Erzeugnisse dar. So er-

Der Reisanbau bildete schon in der Frühzeit die Nahrungsgrundlage der Thai-Gesellschaft. Im Laufe der Jahrhunderte wurden die Flussniederungen kultiviert, denn sie erhielten durch die alljährlich über die Ufer tretenden Flüsse stetig neue Nährstoffe.

Mitte des 19. Jhs. begann das damalige Siam Reis zu exportieren, was zu einer Umstrukturierung der vormals nur auf Selbstversorgung ausgerichteten Landwirtschaft führte.. Anbau, Transport und Verarbeitung von Reis bestimmten das wirtschaftliche Geschehen der 1920er- und 30er-Jahre. Der Handel ließ in Bangkok einige Reisbarone chinesischer Herkunft zu Wohlstand gelangen.

Obwohl sich das Land rasch zu einem der größten Reisexporteure der Welt entwickelte, behielt man die überlieferten landwirtschaftlichen Anbaumethoden bei. Investitionen in die Intensivierung der Landwirtschaft hielten sich in Grenzen, sodass die Hektarerträge gleich blieben oder gar sanken und die Anbauflächen ausgedehnt werden mussten. Bauern, die diese Entwicklung durch den Einsatz von Düngemitteln und Pestiziden aufzuhalten versuchten, verschuldeten sich zunehmend. Die sich verschärfenden Probleme wurden besonders von der Thai Rice Foundation under Royal Patronage erkannt und es wurden Lösungsmodelle erarbeitet.

LAND UND LEUTE

reichte Thailand innerhalb weniger Jahre die Weltspitze als Exporteur von Schalentieren. Relativ neu ist die Zement- und Automobilindustrie, die hauptsächlich im Ausland gefertigte Teile montiert.

Die zunehmende Industrialisierung lässt den **Energiebedarf** des Landes ansteigen. Nur ein Viertel des Bedarfs kann das Land aus eigenen Öl- und Gasvorkommen im Golf von Thailand und im Indischen Ozean decken. Der Vertrag mit dem Regime in Myanmar über die Lieferung von Gas aus den Vorkommen bei Yetagun stieß bei Menschenrechtlern und Umweltschützern auf Kritik. Durch eine 700 km lange Pipeline, davon 346 km in Thailand, die über das Tenasserim-Gebirge und Kanchanaburi nach Ratchaburi verlegt wurde, wird Thailand mit Gas aus dem Nachbarland versorgt. Zudem kann mit zahlreichen Staudämmen mehr als ein Drittel des Energiebedarfs gedeckt werden können.

**Exporte** spielen für die thailändische Wirtschaft eine große Rolle, wobei ein Wandel von Rohstoffen und Nahrungsmitteln zu Fertigwaren und Industrieprodukten festzustellen ist. Seit Mitte der 1990er-Jahre hat sich der Fokus der Exporte von Agrar- zu Industrieprodukten gewandelt. Reis, bis 1986 Exportschlager Nr. 1, ist mittlerweile von Autos, Computerteilen (mit dem stärksten Wachstum), Kosmetik, integrierten Schaltkreisen, Elektroartikeln, Gummipro-

dukten, Palmöl und Garnelen überrundet worden. **Importiert** werden vor allem elektronische Bauteile, Fahrzeugzubehör, Maschinen, Chemikalien, Stahl und Öl.

## Tourismus

Mit 24,8 Mio. Touristen, 718 000 davon aus Deutschland, sind 2014 weniger Besucher nach Thailand gekommen als im vorangegangenen Jahr, was wohl auf die instabile politische Situation zurückzuführen ist. Etwa die Hälfte war nicht zum ersten Mal hier. Die Mehrheit reist auf eigene Faust. Daher bleibt der größte Teil der Einnahmen im Land, was Devisen bringt. Schätzungen gehen davon aus, dass über 1 Mio. Menschen in Thailand direkt oder indirekt vom Tourismus leben.

Der internationale Tourismus begann während des Vietnamkriegs, als viele US-Soldaten ihren R&R-Urlaub *(rest and recuperation)* in Thailand verbrachten. Nach ihrem Abzug füllten sich die Betten mit bildungshungrigen Gruppenreisenden, die kurze Zeit mit viel Geld unterwegs waren, aber auch mit abenteuerlustigen Globetrottern mit weniger Geld und mehr Zeit. Später ermöglichten günstige Charterflüge auch einen Badeurlaub in Thailand, vor allem im Winter. Neben dem tropisch-warmen Klima war dafür vor allem das gute Preis-Leistungs-Verhältnis ausschlaggebend. Viele Urlauber, oft Rentner, überwintern mittlerweile hier. Andere haben sich ganz in Thailand niedergelassen. Dabei sind Besucher aus westeuropäischen Ländern in der Minderheit. Die meisten Touristen kamen in den vergangenen Jahren aus China und Russland, Japan, Südkorea und Indien.

Im Kampf um den Touristen-Dollar hat Thailand den anderen Mitbewerbern im asiatischen Raum den Rang abgelaufen. Die Einnahmen aus dem Tourismus, die 20 % des BIP ausmachen, unterliegen jedoch starken Schwankungen. Einerseits profitiert das Land vom weltweiten Reiseboom, der Öffnung der Nachbarländer Laos, Kambodscha, Myanmar und Vietnam sowie seinem guten Image als beliebtestes Reiseziel in Südostasien. Andererseits war es immer wieder unvorhersehbaren Rückschlägen ausgesetzt, ausgelöst etwa durch den Irak-Krieg, politische Unruhen in den moslemischen Südprovinzen und in Bangkok und natürlich den Tsunami.

**Umweltkriterien** spielen bei der Auswahl des Reiseziels eine immer größere Rolle. Daher verabschiedete der Innenminister bereits 1989 eine strenge Regelung für die Errichtung von Gebäuden an den Stränden. So dürfen Neubauten, die bis zu 75 m vom Strand entfernt liegen, offiziell nur noch 6 m hoch sein. Bis zu 200 m vom Strand entfernt beträgt die maximale Höhe 12 m, also niedriger als die Kokospalmen. Von der Lücke, die zwischen Gesetz und Realität klafft, kann sich jeder Tourist vor Ort selbst überzeugen.

Thailand ist die Drehscheibe für Touristen, die auch Laos, Kambodscha, Vietnam, Süd-China, Myanmar oder Malaysia besuchen wollen. Es gilt allerdings noch, dem schlechten Image zu begegnen, das durch Schlagzeilen über Prostitution, Kriminalität oder Aids entstanden ist. Schließlich kann Thailand auf ein großes Plus verweisen: Dank der ausreichenden Kapazitäten bietet es Hotels und touristische Dienstleistungen zu einem äußerst guten Preis-Leistungs-Verhältnis an – auch wenn für anspruchsvolle Reisende der Service vielmals zu wünschen übrig lässt, weil es an qualifizierten Arbeitskräften mangelt.

# Buddhismus

**Buddhisten**: 93,6 %
**Mönche und Novizen**: ca. 300 000
**Nonnen** *(Mae Chi)*: ca. 20 000
**Buddhistische Tempel und Klöster**: ca. 40 000

Thailand gehört neben Myanmar, Sri Lanka, Kambodscha und Laos zu den buddhistischen Ländern der Theravada-Richtung, die der ursprünglichen, manchmal abwertend „kleines Fahrzeug" genannten Lehre zugehören. Während der Mahayana-Buddhismus (das „große Fahrzeug") der nördlichen Länder China, Japan, Korea und Vietnam viele Wege zur Erlösung akzeptiert, orientieren sich die Lehren des Theravada-Buddhismus streng an den überlieferten Pali-Schriften. In Thailand bekennen sich 93,6 % der Bevölkerung zum Buddhismus, darunter eine konfuzianistisch-chinesische Minderheit. Vor allem im Süden konzentriert sich die moslemische Minderheit, während Christen und Animisten überwiegend bei den Bergvölkern im Norden zu finden sind. Obwohl in Thailand die Freiheit der Religionsausübung garantiert wird, ist der Buddhismus eine Art Staatsreligion.

## Buddha

Um 563 v. Chr. wurde in Lumbini, heute Süd-Nepal, am Fuße des Himalaya, ein Prinz geboren – **Siddhartha Gautama**. Seine Mutter Mahamaya, die sieben Tage nach der Geburt starb, hatte während ihrer Schwangerschaft einen Traum, dass ein silberweißer Elefant seitlich in ihren Körper eingedrungen war. Hindu-Priester interpretierten dies als Hinweis auf die Geburt eines großen Herrschers oder Buddhas. Sein Vater, König Shuddhodana, erzog ihn zu seinem Nachfolger und umgab ihn mit allem Luxus.

Im Alter von 16 Jahren heiratete er seine Cousine, eine hübsche Prinzessin, die einen Sohn bekam. Dennoch blieb ihm das menschliche Leid nicht verborgen. Die Legende berichtet, dass er nach dem Anblick eines alten, eines kranken und eines toten Mannes an seinem 29. Geburtstag beschloss, den irdischen Genüssen zu entsagen und als Bettelmönch durch Nord-Indien zu ziehen. Nach sechs Jahren der

Besinnung und Selbstkasteiung erlangte er in einer Vollmondnacht 528 v. Chr. während einer Meditation unter einem Bodhi-Baum *(Ficus religiosa)* im heutigen Bodh Gaya die **Erleuchtung**, das Erwachen *(bodhi)*. Er begann, im Hirschpark Isipatana nahe Varanasi den ersten fünf Jüngern seine Erkenntnis von den Vier Edlen Wahrheiten darzulegen: vom Leiden *(dhukha)*, seiner Ursache *(samudaya)*, der Aufhebung des Leidens *(nirodha)* und dem Weg dorthin über den Achtfältigen Pfad *(ashtangika-marga)*. Er verbreitete zusammen mit seinen Jüngern in vielen Städten des Ganges-Tales seine Erkenntnis, bis er im Alter von 80 Jahren starb.

## Die Lehre

Die Überwindung des menschlichen Leidens erreicht man weder durch Selbstkasteiung noch durch ein ausschweifendes Leben, sondern auf dem „Mittleren Weg". Da sich die Welt in ständiger Veränderung befindet, kann nichts von Dauer sein. Entsprechend gibt es keine unveränderlichen Dinge – aus Altem entspringt ständig etwas Neues, das durch das Vorangegangene bedingt ist. Die menschliche Wirklichkeit beginnt schon mit der Geburt als ein schmerzhaftes Dasein, und Leiden bestimmt das weitere Leben bis zum Tod. Mit dem Tod ergibt sich die Möglichkeit der Wiedergeburt, die einen neuen Leidenszyklus einleitet. Nur die Erkenntnis vom Ursprung des Leidens und den Möglichkeiten seiner Veränderung erlaubt es dem Menschen, sich aus diesem Daseinskreislauf *(samsara)* zu befreien.

Der Ursprung allen Leidens liegt in der Begierde nach weltlichen Genüssen und der Unzulänglichkeit, Egoismus und Stolz, die Schwächen seines eigenen Egos, zu beherrschen. Wer ausschließlich nach weltlichen Genüssen strebt, wird die zerstörerischen Kräfte von Hass, Gier, Begehren und Verblendung erfahren. Menschen sind ein Produkt ihrer Umwelt. Da sie durch individuelle Erfahrungen und Handlungen geprägt sind, sollten sie die Entwicklung der eigenen Persönlichkeit nicht dem Zufall überlassen, sondern selbst in die Hand nehmen. Das Ziel des geistigen Reifeprozesses liegt im Nirwana, in dem man sich von allen Voreingenommenheiten befreit hat. Mit der Loslösung von weltlichen Genüssen und egoistischen

Seit über tausend Jahren ist der Buddhismus in Chaiya verwurzelt.

## Buddhismus und Tourismus

- Prinzipiell sollte jeder die Religion seines Gastlandes respektieren, egal welche Meinung man selbst darüber hat. Es ist selbstverständlich, dass man einen Tempel ordentlich bekleidet betritt und die Schuhe auszieht.
- Buddha ist immer heilig, und es gilt als äußerst unschicklich, eine Buddhastatue an einem ihr nicht angemessenen Ort zu platzieren, z. B. auf dem Boden.
- Im Tempel darf man keine Buddhastatuen berühren und schon gar nicht für Erinnerungsfotos darauf posieren.
- Es ist üblich, dass Besucher eines Tempels eine Spende für den Erhalt der Anlage hinterlassen.
- Mönche werden verehrt. Man grüßt sie mit einem besonders höflichen, tiefen *wai*, lässt ihnen den Vortritt, bietet ihnen im voll besetzten Bus seinen Sitzplatz an und geht nicht neben, sondern einen Schritt hinter ihnen.
- Frauen sollten Mönchen gegenüber zurückhaltend sein, ihnen nichts direkt überreichen, sie nicht berühren, sich nicht neben sie setzen oder mit ihnen fotografieren lassen.
- Während morgens zur Zeit des Sonnenaufgangs die Mönche durch die Straßen ziehen, um Opfergaben einzusammeln, sollte man sie nicht ansprechen.
- Gibt man einem Kloster oder einem Mönch eine Spende, sollte man sie mit beiden Händen geben. Einen Dank darf man nicht erwarten. Normalerweise danken die Gläubigen für die Annahme der Spende, da ihnen so eine gute Tat ermöglicht wurde.

Bedürfnissen und dem Bemühen, geduldig, liebevoll, wohltätig, mitfühlend und gütig zu sein, wird man zufrieden und erreicht einen emotional positiven Zustand. Damit ist jeder Mensch in der Lage, zu einem höheren Wissen über den Zustand der Welt zu gelangen und sein Karma zu verbessern.

Dem Ziel nähert man sich durch ständiges Einüben der acht Regeln vom **Edlen Achtfältigen Pfad**:

- **Rechte Erkenntnis** – indem man seine geistigen Fähigkeiten nutzt, um die wahren Probleme der menschlichen Existenz zu verstehen.
- **Rechtes Denken** – ohne Hass, Zorn, Begierde, Grausamkeit und Stolz.
- **Rechte Rede** – bei der man Lügen und eitle Selbstdarstellung meidet.
- **Rechte Tat** – Mönche unterliegen strengeren Verhaltensregeln als Laien, die nicht töten, lügen und stehlen sowie Drogen und sexuelle Ausschweifungen meiden sollten.
- **Rechter Lebenserwerb** – man soll sein Geld verdienen, ohne dabei anderen Menschen zu schaden.
- **Rechte Anstrengung** – um mit seinem Willen und seiner Selbstbeherrschung eine unheilvolle geistige Verfassung zu überwinden.
- **Rechte Achtsamkeit** – um durch Vertiefung und Meditation Selbsterkenntnis zu erlangen.
- **Rechte Konzentration** – damit man lernt, sich in Gedanken zu vertiefen ohne abzuschweifen.

Nur so nähert man sich dem Nirwana, dem vollendeten Zustand der Ruhe und des Glücks im Leersein jenseits der erfahrbaren räumlichen wie zeitlichen Realität.

### Buddhismus in Thailand

256 Jahre nach Buddhas Tod nahm der über den indischen Kontinent herrschende, mächtige Kaiser **Ashoka** die Lehre an. Er sorgte für ihre Verbreitung weit über Indien hinaus. Die mündlich überlieferten Regeln wurden erst 400 Jahre nach Buddhas Tod schriftlich auf Palmblättern in der Pali-Schrift fixiert. Diese Aufzeichnungen sind als Tripitaka („Dreikorb") bekannt, da sie in drei Körben aufbewahrt wurden. Bereits während der ersten 300 Jahre nach Verkündung der Lehre spaltete sich der Buddhismus in die sogenannten 18 Schulen. Als Überlieferer der alten Schule gilt der **Theravada-Buddhismus**.

Folgende Klöster nehmen auch Ausländer auf. Alle besitzen ein Vipassana-Meditationszentrum mit Unterweisungen auch auf Englisch. Die Unterkünfte, Klosterregeln und Meditationskurse sind sehr unterschiedlich und vor Ort oder über das Internet zu erfragen. Detaillierte Infos: 🖥 www.retreat-infos.de oder 🖥 www.hdamm.de/buddha/mdtctr01.htm.

### Bangkok

**Wat Prayong Gittivanaram International Meditation Center** in Nong Chok 30 km nordöstlich vom Suvarnabhumi Airport in Bangkok. Hier unterrichten die österreichische Nonne Acharn Mae Chee Brigitte Schrottenbacher und der hoch verehrte Abt Phra Acharn Ped Tanagaro. Einwöchige Retreats beginnen von November bis Februar am Ersten des Monats. Weitere Informationen 🖥 www.meditationthailand.com.

**Wat Mahathat** in der Buddhistischen Universität am Sanam Luang, Section 5.
Weitere Empfehlungen im Kapitel „Bangkok", S. 212

### Chiang Mai und Nord-Thailand

**Wat Muang Mang**, **Wat Umong**, **Wat Phra Tat Sri Chom Thong**, Meditationszentrum des berühmten Lehrers Acharn Thong in Chom Thong, südlich von Chiang Mai, ☎ 053-34 21 84, 🖥 www.watchomtong.org.

**Wat Ram Poeng**, Northern Insight Meditation Center, nordwestlich von Chiang Mai, 🖥 www.sirimangalo.org.

**Wat Phra Tat Doi Suthep**, Meditationen in der Tradition von Acharn Thong Mahasi Sayadaw auf dem Doi Suthep, 🖥 www.fivethousandyears.org.

**Tam Wua Forest Monastery**, Ban Mae Suya, Mae Hong Son Provinz. Ein herrlich gelegenes Vipassana-Kloster unter Leitung von Acharn Phra Luangta, 🖥 www.althaiman.ru/thai%20htm/Province/wattamwua.htm.

### Zentral-Thailand

**Thailand Vipassana Centre Dhamma Abha**, in Wangthong bei Phitsanulok, eines der schönsten der 50 Zentren des Lehrers S. N. Goenka in der Tradition von Sayagyi U Ba Khin, 🖥 www.abha.dhamma.org.

### Ubon Ratchathani

**Wat Nong Pa Pong** in Warin und das benachbarte **Wat Pah Nanachat** in Ban Bung Wai, 15 km von Ubon Ratchathani, Klöster der Forest Sangha von Acharn Chah, deren Zentrum bei London liegt, 🖥 www.forestsangha.org.

### Süd-Thailand

**Wat Suan Moke** bei Chaiya, in der Tradition von Ajahn Buddhadasa, 🖥 www.suanmokkh.org.
**Wat Khao Tham** in Ban Tai auf Ko Pha Ngan, ein internationales Meditationszentrum, 🖥 www.kowtahm.com.

Buddhistische Mönche verbreiteten ihre Lehre des Theravada-Buddhismus bei den Mon, deren Reiche sich von Süd-Birma bis in die Gegend von Nakhon Pathom erstreckten. Im 8. Jh. entstand in Lamphun das buddhistische Mon-Königreich Haripunchai, weitere große Zentren befanden sich in Thaton und Pegu. Der Mahayana-Buddhismus dominierte das Khmer-Reich, nachdem der Hinduismus aufgegeben worden war.

LAND UND LEUTE

In Thailand erlangte der Buddhismus erst Bedeutung unter **König Ramkhamhaeng** im 13. Jh. Der König ließ Mönche aus Ceylon (Sri Lanka) kommen, um die reine buddhistische Lehre der Theravada-Richtung zu verbreiten. Während der folgenden Jahrhunderte waren die Könige bedeutende Förderer des Buddhismus, und noch heute bestehen enge Verbindungen zwischen dem Staat und der Sangha, der Mönchsgemeinde. Der thailändische König ernennt das religiöse Oberhaupt des Landes, wobei der Patriarch allerdings zuvor von Vertretern der beiden buddhistischen Sekten des Landes, Mahanikaya und Dhammayuttika-Nikaya, gewählt wird. Auch bei den großen religiösen Festen kommt dem König eine wichtige Rolle zu.

In der modernen großstädtischen Gesellschaft spielt Religion eine immer geringere Rolle. Wenige Jugendliche lassen sich ordinieren. Man schätzt die philosophische Komponente des Buddhismus, die Meditation als geistige Erneuerung, die den Alltagsstress bewältigen hilft, und charismatische Mönche für ihre geistige Macht. In der schnelllebigen Gesellschaft bleibt nur noch wenig Zeit für Tempelbesuche, man verlässt sich lieber auf religiöse Amulette, die neben Buddha oder berühmten Mönchen auch König Chulalongkorn – den westlich orientierten Reformer – oder andere starke historische Persönlichkeiten darstellen. Die Verbesserung des Karmas tritt dabei häufig hinter der Aufstockung des Bankkontos zurück.

## Geisterglaube

Neben der streng an den Pali-Schriften orientierten Lehre wurden vom Volksglauben Geister, Einflüsse aus der Mythologie, Erzählungen und Legenden aus vorbuddhistischer Zeit übernommen, was besonders in der religiösen Kunst und Literatur zum Ausdruck kommt. Geister mit mannigfachen Namen und Unheil verbreitende Seelen von Verstorbenen tauchen in nahezu jeder Seifenoper im Fernsehen auf. Neben jedem Haus wird für die Schutzgeister ein kleines „Geisterhäuschen" errichtet (S. 136). Selbst in buddhistischen Tempeln haben Amulettverkäufer und Handleser ihren festen Platz. Zu Amuletten s. **eXTra [2693]**.

## Klosterleben

Die Gemeinschaft der Mönche, **Sangha**, stellt die Verkörperung der reinen Lehre dar. Zumindest für ein paar Monate nehmen viele Männer, einschließlich des Königs, und sogar Frauen freiwillig das entbehrungsreiche, strenge Klosterleben auf sich. Mit Beginn der Regenzeit bereiten sich die jungen Männer, die im Idealfall das 20. Lebensjahr vollendet haben, auf das Klosterleben vor. Für sie ist die mit der Ordination beginnende dreimonatige Zeit als Mönch der symbolische Übergang in die Welt der Erwachsenen. In 40 000 Tempeln leben über 200 000 Mönche und 85 000 Novizen (junge, noch nicht volljährige Mönche) und unterwerfen sich den 227 strengen buddhistischen Regeln. Sie verzichten unter anderem auf jedes Eigentum, dürfen weder Menschen noch Tiere verletzen, nicht in bequemen Betten schlafen, singen oder tanzen, kein Parfüm benutzen und müssen ein striktes Zölibat befolgen. Kurz nach Sonnenaufgang ziehen die in safrangelben Roben gekleideten Mönche durch die Straßen, um Opfergaben von den Gläubigen – meist in Form von Lebensmitteln – entgegenzunehmen. Mit ihren Spenden erwerben sich die Geber Verdienste für ihr zukünftiges Leben, sodass sie sich ehrfürchtig und wortlos bei den Mönchen für die erwiesene Gunst bedanken. Ihre Mahlzeiten dürfen Mönche nur vormittags einnehmen. Schließlich sollen sie sich von allen irdischen Verlockungen lösen; so durften sie ursprünglich nicht einmal mit einer Frau sprechen.

Dorfklöster stellen auch eine Alternative zum öffentlichen Schulsystem dar. Viele Bauernsöhne werden Novizen, um neben der 4- bis 6-jährigen Grundschulzeit eine weiterführende Bildung zu erhalten.

Im 20. Jh. ist es zu einer zunehmenden Verschulung des Mönchsordens gekommen. Die Sangha unterhält in Bangkok zwei buddhistische Universitäten, wo auch weltliche Studienkurse angeboten werden, so weit sie mit dem Leben der Mönche in irgendeinem Zusammenhang stehen. Auf diese Weise macht man z. B. die Mönche mit den sozialen Problemen auf dem Land vertraut. Ist ein Haus fertiggestellt oder wird ein Geschäft eröffnet, lädt man eine Gruppe von Mönchen ein, die durch ihre Anwesenheit und Gebete Glück bringen sollen.

Mit der Ordination zum Mönch wird jeder Thai gleich welcher Herkunft zu einer respektierten Persönlichkeit, und es entspricht selbst der Würde des Königs, einem Bauernsohn als Mönch Respekt zu bezeugen. Das beruht auf der Tatsache, dass der Mönch nicht als Individuum, sondern als Vertreter des buddhistischen Ideals angesehen wird.

Das Klosterleben steht Frauen nur eingeschränkt offen. Buddhistische Nonnen gehören weder einem Orden an, noch können sie Rechte und Privilegien beanspruchen. Während es im ursprünglichen Buddhismus dafür keinerlei Rechtfertigung gibt, ist später versucht worden, die Lehre entsprechend zu interpretieren.

# Kunst und Kultur

## Kunstepochen

Die traditionelle Kunst und Kultur Thailands ist vom Buddhismus geprägt. Daneben haben animistische und hinduistische Überlieferungen aus früherer Zeit ebenso die Entwicklung der Künstler beeinflusst wie die alten chinesischen und indischen Kulturreiche. Künstler waren in erster Linie für die Ausschmückung der Tempel zuständig. Entsprechend bestehen die Sammlungen der Museen aus religiösen Gegenständen. Vieles ist im Laufe der Geschichte dem alles zersetzenden tropischen Klima, Bränden oder Kriegen zum Opfer gefallen, vor allem Holzschnitzereien, Textilien und Holzgebäude. Steinerne Tempel und aus Metall gefertigte Buddhafiguren haben die Zeit hingegen überdauert.

Daneben wurden stets alte Bauwerke und Skulpturen neu bearbeitet und dem Zeitgeschmack angepasst oder verblichene Wandmalereien übermalt. Nicht selten wurden mehrere Chedis übereinander errichtet, denn mit der Produktion von Neuem erwarb man sich einen größeren Verdienst als mit dem Restaurieren verfallener Werke. Dennoch zeugen zahlreiche Skulpturen und Tempelruinen von dem ästhetischen Empfinden der Menschen vergangener Jahrhunderte und beeindrucken die Betrachter

durch ihre hohe künstlerische Qualität und Ausdruckskraft.

## Vor der Gründung des Thai-Reiches

Früheste **steinzeitliche Funde**, die bis zu eine Million Jahre alt sind, wurden in der Provinz Kanchanaburi gemacht. Nahe dem Dorf Ban Chiang im Nordosten Thailands entdeckte man über 6000 Jahre alte Tonscherben, Waffen, Schmuck und andere Hinterlassenschaften einer der ältesten Siedlungen Südostasiens. Bereits vor 4500 Jahren, früher als in China und Indien, stellte man hier Werkzeuge und Waffen aus Bronze her.

Im ersten Jahrtausend unserer Zeitrechnung hatten sich kulturell hoch stehende Reiche entwickelt. Der Süden Thailands stand im 8. Jh. unter dem Einfluss des **Srivijaya-Reiches** von Palembang (Süd-Sumatra), eines der ersten buddhistischen Reiche, dessen Kunst besonders von indischen Einflüssen geprägt war. Bereits früher hatten sich in Zentral-Thailand (Nakhon Pathom, Lopburi, U Thong), im Irrawaddy-Delta und Tenasserim-Gebirge Mon-Fürstentümer zu einem lockeren Verband im **Dvaravati-Reich** zusammengeschlossen. Die Skulpturen und Bauwerke aus jener Zeit sind durch eine klare Linienführung sowie symmetrische, stark stilisierte Muster gekennzeichnet. Die Buddhastatuen, überwiegend in stehender Haltung, wirken recht massiv und breitflächig. Typisch sind die spiralförmigen, großen Locken sowie die zusammenlaufenden, wellenförmig geschwungenen Augenbrauen.

Die erstarkenden **Khmer** in Kambodscha begannen im 9. Jh. ihren Machtbereich zu festigen und nach Westen hin auszudehnen. Sie verdrängten die Mon und beherrschten die Flussebene des Menam Chao Phraya, bis sie im 13. Jh. von den Thais zurückgedrängt wurden. In Phimai, Lopburi, Sukhothai und an anderen Orten sind Zeugnisse der vom Mahayana-Buddhismus beeinflussten Khmer-Architektur erhalten geblieben, die als **Lopburi-Stil** bezeichnet wird. Typisch sind reich dekorierte, phallusförmige Tempeltürme, die Prangs, die auf einem rechteckigen Unterbau aufsitzen und in deren Nischen Buddhafiguren stehen. Türstürze und Fenster sind mit figürlichen Darstellungen reich

| Kunstepochen in Thailand | |
|---|---|
| 1.–6. Jh. | Indische Einflüsse |
| 6.–11. Jh. | Dvaravati / Mon |
| 8.–13. Jh. | Srivijaya (Süden) |
| 8.–14. Jh. | Lopburi / Khmer |
| | (8.–10. Jh. früh; 11.–13. Jh. mittel; 13.–14. Jh. spät) |
| 13.–15. Jh. | Sukhothai (13.–14. Jh. früh, 14.–15. Jh. spät) |
| ?–14. Jh. | Haripunchai (Norden) |
| ?–13. Jh. | Lanna (Norden) |
| 14.–15. Jh. | U-Thong |
| 14.–18. Jh. | Ayutthaya |
| 18.–21. Jh. | Bangkok / Rattanakosin |

dekoriert. Die Buddhabildnisse aus jener Epoche weisen, ebenso wie die Bildnisse anderer Gottheiten, stark individuelle Züge auf. Häufig tragen sie Hals- und Armketten sowie einen kegelförmigen Kopfschmuck, dessen Abschluss am Haaransatz parallel zu den fast geraden Augenbrauen verläuft. Die wulstigen, großen Lippen und flachen, breiten Nasen geben dem rechteckig geformten Gesicht einen strengen Ausdruck.

Parallel dazu entwickelte sich im nördlichen **Lanna-Reich** ein eigener Kunststil. Bereits vor der Gründung von Sukhothai hatten die Thais in Nord-Thailand unter dem Einfluss der benachbarten Birmanen und des Mon-Reiches Haripunchai einen indisch anmutenden Stil entwickelt.

## Sukhothai-Periode

Mit der Gründung von Sukhothai 1249 durch den Thai-König Ramkhamhaeng war die Grundlage für die Entwicklung einer eigenen Thai-Kultur geschaffen. Typisch für die Tempelarchitektur der Sukhothai-Zeit ist der Lotosknospen-Turm. Die Buddhaskulpturen vollziehen einen deutlichen Wandel, wobei der Khmer-Stil fast völlig umgekehrt wird. Die Gesichter erhalten einen weiblichen, verklärten Gesichtsausdruck. Die spiralförmigen Haarlocken türmen sich über dem ovalen Gesicht in Form eines Stupa und en-

den in einer stilisierten Flamme. Über einer langen, spitzen Nase vereinigen sich die hochgeschwungenen Augenbrauen, die Lider sind halb geschlossen, während die Mundwinkel leicht nach oben gezogen sind. Die harmonisch fließenden Linien zwischen Kopf und Körper werden durch die langen, nach außen geformten Ohrläppchen unterstützt.

## U-Thong- und Ayutthaya-Periode

Nach dem Zerfall von Sukhothai übernahm von Mitte des 14. bis Mitte des 18. Jhs. das Königreich Ayutthaya im zentralen und südlichen Thailand auch in der Kunst die führende Rolle. In der frühen Ayutthaya-Periode bis zum 15. Jh., auch U-Thong-Periode genannt, nahm man Elemente des Khmer- und Sukhothai-Stils wieder auf, die aber mit dem Erstarken der Großmacht in den Hintergrund traten. Deutlich wirkte sich der Einfluss des Königshofs auf die buddhistische Kunst in einem prunkvollen Stil aus. Zudem griff man europäische Einflüsse auf. Tempel wurden mit überdimensionalen Wandmalereien ausgestattet. Ornamente, Gold und Edelsteine schmückten die Buddhaskulpturen, die im 18. Jh. sogar in kopierte Königsgewänder gekleidet wurden. Sie veränderten ihren Ausdruck von der religiösen Entrücktheit der Sukhothai-Periode zu einer majestätischen, erhabenen Distanz. Allerdings wurden Kunstwerke vielfach bereits in großen Mengen hergestellt und verloren an künstlerischer Ausdruckskraft.

## Bangkok-Periode

Nach der Zerstörung von Ayutthaya durch die Birmanen 1767 wurden nicht nur viele Kunstwerke und Schätze, sondern auch Handwerker und Künstler nach Birma verschleppt, die dem Land zu einer erneuten Blüte verhalfen. Die Chakri-Dynastie in Siam begann damit, der neuen Hauptstadt Bangkok die Pracht der zerstörten Königsstadt zu verleihen. 1785 begann man mit dem Bau des Königstempels, **Wat Phra Kaeo**. Chinesische und europäische Einflüsse werden seit Mitte des 19. Jhs. aufgenommen und wie selbstverständlich integriert. Ein gutes Beispiel dafür ist der Königspalast von Bangkok – ein Bauwerk in neoklassizistischer Bauweise mit einem gestaffelten Dach im typischen **Rattanakosin-Stil**, dem Bangkok-Stil der vergangenen beiden Jahrhunderte.

# Buddhistische Tempel

Für die Ausstattung der Tempel und Klöster sind die Thais bereit, finanzielle Opfer zu bringen. Schließlich hat eine Tempelanlage traditionell viele Funktionen zu erfüllen: Sie dient den Gläubigen als Ort für Meditationen, religiöse Zeremonien, Feierlichkeiten und Gebete, den Mönchen als Wohnbereich und Bibliothek, der Dorfbevölkerung als Versammlungsort, Wanderern als Ruhestätte und Übernachtungsmöglichkeit. Die Anlage steht Frauen und Männern, Gläubigen wie Ungläubigen offen, sofern sie die religiöse Stätte respektieren.

Entsprechend der vielfältigen Funktion besteht normalerweise eine Tempelanlage, in Thailand Wat genannt, aus mehreren Gebäuden, die von einer Mauer umschlossen sind: Schon von Weitem erkennt man einen Tempel an dem glockenförmigen, spitz zulaufenden Turm, dem **Chedi** (Thailand) – je nach Region und Kulturepoche auch Pagode (Myanmar), Dagoba (Sri Lanka), Stupa (Indien, Nepal) oder Prang (Khmer) genannt. Er geht auf hinduistische Ursprünge zurück und beherbergt häufig eine Reliquie Buddhas. Man umschreitet ihn immer im Uhrzeigersinn. Manche Tempeltürme sind begehbar, wobei Frauen manchmal in bestimmten Bereichen nicht zugelassen sind.

Das religiöse Zentrum bildet die Gebetshalle **Bot**. Der weite Innenraum ist mit vielen kleineren Skulpturen dekoriert, und die Wände schmücken häufig Wandmalereien oder Ornamente. Im Mittelpunkt dieses heiligen Bezirkes steht eine große Buddhastatue. Im Bot werden religiöse Zeremonien abgehalten. Die Gläubigen sitzen dabei auf dem Boden, die Füße weisen respektvoll nach hinten. In Nord-Thailand gilt ein Bot manchmal als so heilig, dass er von Frauen nicht betreten werden darf. Daneben gibt es eine oder mehrere Seitenkapellen, **Viharn**, in denen sich Mönche versammeln und die Gläubigen beten, sowie ein kleines Bibliotheksgebäude, **Ho Trai** genannt, das zum Schutz häufig auf einem hohen Unterbau steht, und **Sala**, offene Pavillons, die Tempelbesuchern einen schattigen Rastplatz und Schutz vor Regen bieten.

Ein offenes Gebäude, in dem verehrungswürdige Reliquien, wie etwa ein Fußabdruck Buddhas, aufbewahrt werden, bezeichnet man als **Mondhop**. Der Klosterbezirk, in dem die Mönche leben, ist von diesen Gebäuden abgetrennt oder grenzt an sie an.

Während man in Myanmar bereits die Schuhe auszieht, wenn man eine Tempelanlage betritt, wird das in Thailand erst notwendig, wenn man in ein Tempelgebäude geht.

LAND UND LEUTE

## Mudra – Handhaltungen Buddhas

Die symbolischen Handhaltungen haben unterschiedliche Bedeutungen.
**Dhyana**: Der in Meditation versunkene Buddha. Im Schoß ineinander verschränkte Hände mit nach oben weisenden Handflächen.
**Abhaya**: Der furchtlose, Segen und Schutz spendende Buddha. Die rechte in Schulterhöhe erhobene offene Hand mit der nach außen gekehrten Handfläche.
**Bhumisparsa**: Der die Erdgöttin als Zeugin anrufende Buddha. Die offene herabhängende Hand bei nach innen gekehrter Handfläche.
**Vara**: Der Segen gewährende, barmherzige Buddha. Die gleiche Handhaltung wie bei Bhumisparsa mit nach außen gekehrter Handfläche.
**Vitarka**: Die erklärende, argumentierende Handhaltung. Die Handfläche zeigt nach außen, die Finger sind leicht gebeugt, wobei Daumen und Zeigefinger sich berühren und einen Kreis bilden.
**Dharmachakra**: Buddha dreht das Rad der Lehre, des endlosen kosmischen Zyklus, womit an seine erste Predigt im Hirschpark von Isipatana erinnert wird. Beide Hände sind in ähnlicher Haltung wie bei Vitarka vor der Brust mit nach innen gekehrten Handflächen ineinander verschränkt.

## Buddhastatuen

Jahrhundertelang wurden Buddhastatuen in Stein gemeißelt, aus Holz geschnitzt, aus Ziegelstein gefertigt und mit Gips überzogen, aus Bronze, Kupfer oder Gold gegossen. Daneben wurden auch hinduistische Götter und animistische Geister in Plastiken und Reliefs dargestellt, blieben jedoch zweitrangig. Obwohl sich die künstlerischen Stilrichtungen und technischen Möglichkeiten im Laufe der Jahrhunderte gewandelt haben, ist die Darstellung von Buddha, dem Erleuchteten, an strengen Prinzipien aus der überlieferten indischen Kunst orientiert. Mit den Buddhabildnissen will man, entsprechend der Theravada-Lehre, nicht die Person darstellen, sondern an die Lehre erinnern. Von besonderer Bedeutung ist hierbei **Asana**, die Körperhaltung, und **Mudra**, die Handhaltung, als Ausdruck bestimmter Ereignisse und Lebenssituationen Buddhas. Traditionell werden vier Körperhaltungen dargestellt: sitzend, liegend, stehend und schreitend, wobei die erste am weitesten verbreitet ist und in verschiedenen Variationen vorkommt.

## Mythologische Figuren

In einigen Plastiken wird der meditierende Buddha auf einer siebenköpfigen Schlange sitzend dargestellt, die ihn mit ihren fächerartig angereihten Köpfen vor einem Unwetter schützt. Die buddhistische Lehre erscheint häufig im Gewand der hinduistischen Mythologie.

**Nagas**, Diener Buddhas, sind halbgöttliche Schlangenwesen, die eine Zwischenwelt bewohnen, ein prächtiges, unterirdisches Königreich. Sie können sich mit ihren magischen Kräften in Menschen verwandeln und mit ihnen Kinder zeugen, die stark und mächtig werden. Schlangen, manchmal auch Krokodile (das Naga-Symbol der Mon), schmücken Treppenaufgänge und Tempeldächer.

Manchmal werden sie in den Klauen ihres erbitterten Erbfeindes, des **Garuda**, abgebildet. Die in Südostasien und Indien verbreitete Darstellung des Königs der Vögel hat die Flügel, Klauen und den Kopf eines Raubvogels, aber den Körper eines Menschen. Er ist das Reittier des Gottes Vishnu und daher auch das königliche Wappentier, denn die thailändischen Könige gelten als Inkarnation Vishnus auf Erden. Entsprechend findet man den Garuda auf Geldscheinen und im thailändischen Wappen.

Ein weiteres königliches Tier ist **Erawan**, der dreiköpfige Elefant, Reittier von Gott Indra und gleichzeitig der hinduistische Gott der Künste und Wissenschaft. Am siamesischen Hof wurden weiße Elefanten als Symbole der königlichen Macht gehalten. Aus Teakholz geschnitzte Elefanten werden an Schreinen und in Tempeln als Opfergaben dargebracht.

Weitere mythologische Figuren dienen als Tempelwächter, so die **Yakshas**, riesige Figuren mit grimmigen Gesichtern, **Kinnaras und Kinnaris**, himmlische Vogelmenschen, oder **Singhas**, die zähnefletschenden Löwen, die vor allem in Nord-Thailand die Tempeleingänge bewachen.

## Geisterhäuschen

Außerhalb der Tempelbezirke huldigt die thailändische Bevölkerung Schutzgeistern. So besitzt jede Stadt einen eigenen Tempel, den **Lak**

In Thailand gehören Geisterhäuser zum Alltag der Einheimischen.

©VOLKER KLINKMÜLLER

Muang, in dem der Schutzgeist des Ortes verehrt wird. Jedes Haus hat sein eigenes **San Phra Pum** oder **Chao Thi**, ein Geisterhäuschen, in dem der Hausgeist wohnen kann. Es wird nach bestimmten Riten errichtet. So darf es beispielsweise niemals im Schatten des zu beschützenden Hauses stehen. Auf einem kleinen Vorbau werden regelmäßig Opfergaben niedergelegt. Je nach Wohlstand und Schutzbedürfnis der Hausbesitzer kann das Geisterhäuschen beachtliche Formen annehmen. Zudem werden für die Ahnen kleine Tempel erbaut. Vor allem in chinesischen Wohnhäusern, Hotels und Restaurants darf ein **Ahnenschrein** nicht fehlen.

# Kunsthandwerk

Viele künstlerische Fähigkeiten wurden von Generation zu Generation weitergegeben. Während alte Seidenstoffe oder Schnitzereien kaum erhalten sind, hat sich die Methode ihrer Fertigung bis heute bewahrt. Von Einheimischen werden diese handgefertigten Einzelstücke keineswegs ausschließlich als Souvenirs gekauft, sondern sie finden noch immer bei Festen und im Alltag Verwendung. Die meisten Formen des Kunsthandwerks, die ursprünglich nicht in Süd-Thailand verbreitet waren, wurden von der Tourismusindustrie dorthin importiert. In einigen Touristenzentren können Besucher die Handwerker bei ihrer Arbeit beobachten.

## Seidenweberei

Vor allem in den ärmeren ländlichen Regionen des Nordens und Nordostens weben die Frauen in den Dörfern auf einfachen Handwebstühlen Seidenstoffe, die für besondere Festgewänder oder als Geschenke der Ehrerbietung gedacht sind. Die Seidenraupen werden mit Blättern von Maulbeerbäumen gefüttert, bis sie sich in Kokons einspinnen. Nachdem die Reisernte eingebracht ist, sitzen die Frauen im Schatten ihrer Häuser und spinnen die feinen Seidenfäden, die anschließend bunt eingefärbt werden. Jim Thompson, ein Amerikaner (S. 163), begann mit der industriellen Seidenproduktion und ihrer weltweiten Vermarktung.

Naturfarben werden nur noch selten benutzt: das Blau der Indigo-Pflanze, Rot aus dem Sekret eines Insektes und Gelb aus einer Wurzel. Besonders kostbar ist die thailändische **Mut-Mee-Seide**, deren Muster entstehen, indem man die Fäden spannt, abbindet und mehrfach einfärbt, bevor sie gewoben werden.

## Silberarbeiten

Birmanische Handwerker, die bereits seit dem 13. Jh. Silber bearbeiteten, brachten diese Kunst auch nach Nord-Thailand, wo neben Schmuck und modernen Gegenständen noch immer die traditionellen Schalen und Gefäße für den religiösen Gebrauch hergestellt werden. Das Silber schmilzt man zusammen mit alten, überwiegend indischen Münzen ein. Die ausgekühlten, dünnen Silberplatten werden anschließend mit Meißeln verschiedenster Größe bearbeitet, bis die entsprechende Form und Dicke erreicht ist. Die feinen Reliefs und Ornamente der Schalen und Gefäße werden anschließend mit feinen Meißeln über einer hölzernen Form herausgearbeitet.

## Holzschnitzereien

Schon vor Jahrhunderten wurden die Fassaden und das Innere der Tempel und Wohnhäuser mit plastischen Holzschnitzereien verziert. Besonders schöne Arbeiten findet man an den Giebeln, Türen und Fenstern der Tempel. Monatelang arbeiten Frauen und Männer aus einzelnen Holzstämmen tiefe Reliefs heraus, unter ihren Händen entstehen dreidimensionale Bilder, die von Buddhas Leben oder alten Heldenepen berichten. Für wertvolle Dekorationen, wie die berühmten Elefanten, und für Möbel wird das harte Teakholz verwendet, das einige Jahre ablagern muss, bevor es bearbeitet werden kann.

## Sawankhalok-Keramik

Die Technik des unter hohen Temperaturen gebrannten Steinguts war in Nord-China bereits vor 2000 Jahren bekannt. **König Ramkhamhaeng** von Sukhothai brachte 1294 von einem Besuch in China 300 chinesische Töpfer mit. Sie produzierten in den Brennöfen von Sukhothai Sawankhalok-Keramik, die bis in den Vorderen

Stets reich an Formen und Farben: Show-Theater in Pattaya

Orient exportiert wurde. Mit dem Untergang von Sukhothai ging auch die Herstellung der Keramik zurück. Nach einem Krieg zwischen Ayutthaya und Lanna wurden alle Künstler aus Sukhothai, einschließlich der Töpfer, nach Chiang Mai gebracht, wo sich noch heute das Zentrum der Keramikproduktion befindet. Wie früher verwendet man für die Keramik mit der grünlich schimmernden, eisenhaltigen Glasur keine chemischen Zusätze.

## Tanz, Theater und Musik

### Tanz und Theater

Die Heldenepen Ramayana (in Thailand **Ramakien**) und **Mahabharata** liefern den Stoff für zahllose klassische Tanz- und Theateraufführungen. Dem thailändischen Maskentanz der Götter und Dämonen, **Khon**, liegt das Ramakien zugrunde. Bei den Aufführungen zeigen die farbenprächtig kostümierten und maskierten Tänzer nur einzelne Episoden aus dem großen Heldenepos. Es ist eine dramatische Liebesgeschichte zwischen dem tapferen Prinzen Rama, seiner anmutigen Frau Sita und dem ewigen Kampf gegen den heimtückischen Widersacher Ravana.

Während der Maskentanz in früheren Zeiten nur am Königshof aufgeführt wurde, unterhielt man mit weniger stilisierten, humorvollen und lebensnahen **Lakon-Nok**-Aufführungen im Freien bei Dorf- und Tempelfesten das Volk. Aus dem Lakon Nok entwickelte sich im 18. Jh. der **Lakon Nai**, ein höfisches Tanztheater, das von den Frauen des Königs in graziösen, anmutigen Bewegungen getanzt wurde. Sie wurden von Orchestern, Sängern und Rezitatoren begleitet, die in getragener Form romantische Epen vortrugen. Das beliebteste Motiv war das von Rama II. geschaffene, 20 000 Verse umfassende Epos *Inao*.

Die älteste Form des Tanztheaters, **Lakon Jatri**, stammt aus dem Süden Thailands und wurde ursprünglich nur von Männern getanzt. Beliebtestes Motiv ist die Geschichte der liebreizenden Vogelprinzessin Manohra, in die sich Prinz Suton verliebt, und der er mit Hilfe des Schlangenkönigs an den Hof des Königs Atityawong entführt.

## Traditionelle Musik

Schon immer gab es vielfältige Anlässe, um Menschen mit Musik und Tanz zu unterhalten – zu religiösen Feierlichkeiten gehört eine musikalische Umrahmung ebenso wie zu Staatszeremonien, Dorf- und Familienfesten. Die ersten bekannten Musikinstrumente aus frühester Zeit sind Bronze-Gongs, die sowohl in Thailand als auch in Indonesien und Vietnam ausgegraben wurden. Bronze-Gongs gehören neben Trommeln, Becken, Oboe, Bambusflöte und Bambusxylophon zu den wichtigsten Musikinstrumenten in Thailand.

Man unterscheidet drei Orchestertypen: Am Königshof wird bei Zeremonien und Aufführungen das **Pi Phat** gespielt, das aus Gongs, Xylofonen, Metallophonen und Oboe oder Flöte besteht. Im **Mahori-Orchester**, das Solo- und Chorgesänge begleitet, kommen Laute, Zither und andere Saiteninstrumente hinzu. Das **Kruang Sai** hingegen, das ländliche Orchester, verwendet ausschließlich Saiten- und Blasinstrumente.

## Populäre Musik

Die erfolgreichsten Songs sind im ganzen Land bekannt. Noch in den 1980er-Jahren war die Pop-Musik stark von ländlichen Wurzeln und der Musik des Nordostens geprägt: Die berühmteste Band **Carabao** griff 1985 in „Made in Thailand" die Situation der Jugendlichen vom Land auf, die, mit den Werten der Großstadt konfrontiert, auf der Suche nach ihrer eigenen Identität sind.

Seitdem wandelt sich das Bild: Viele Texte bringen das Lebensgefühl einer jungen, modernen, von der Globalisierung geprägten Generation zum Ausdruck. Die neuen einheimischen Stars liefern der Jugend Identifikationsmöglichkeiten und eine Projektionsfläche für ihre Träume. Die meisten Lieder handeln vom individuellen, urbanen Lebensstil und den damit einhergehenden Problemen.

Erfolgreiche Bands finden sich im Hip-Hop, der von bilingualen Gruppen wie **Thaitanium** oder **Southside** dominiert wird, und im modernen Gitarren-Rock von Bands wie **Slot Machine**, **Da Endorphine** oder **Bodyslam**. Es kam auch zu generationsübergreifenden Zusammenarbeiten, etwa zwischen Thaitanium und dem Leadsänger von Carabao für das Lied „sud kob fah".

Für eine kleine Auswahl an modernen Musikvideos s. eXTra [6673].

# 1 Bangkok

**Die mit großem Abstand größte Stadt Thailands ist das kulturelle, religiöse, wirtschaftliche und politische Zentrum des Landes. Die facettenreiche Metropole lockt mit herrlichen Tempeln und großartigen Museen, gigantischen Märkten und glitzernden Einkaufspalästen, Skybars in futuristischen Hochhäusern und Essensständen in schmalen Gassen.**

# Stefan Loose Traveltipps

**Wat Phra Kaeo und Dusit-Museen** Im Königspalast und in den Dusit-Museen warten die größten Schätze des Landes. S. 145 und S. 152

**Museum of Siam** Das attraktive Museum präsentiert zeitgemäß die Hintergründe der thailändischen Identität. S. 147

**Chinatown** Schmale Gassen voller Menschen und Verkaufsstände. S. 159

**Siam Paragon** Ein gigantisches Einkaufszentrum und das größte Aquarium des Landes. S. 163

**Suan Chatuchak Weekend Market** Der größte Markt Thailands: ein idealer Ort, um außergewöhnliche Souvenirs zu erstehen. S. 165

**Essen an Straßenständen** Ein Kaleidoskop der einheimischen Küche. S. 192

**Skybars** Kühle Cocktails bei Sonnenuntergang über dem Häusermeer der Millionenstadt. S. 207

**RCA und Sukhumvit Soi 11** In den größten Clubs der Stadt mit den Thais tanzen und feiern. S. 208

KÖNIGSPALAST: © UYEN NGUYEN

»SKYTRAIN«: © FOTOLIA / BYLOVE

at Phra Keo
Museum
of Siam
Suan Chatuchak Market
Siam Paragon
Chinatown

**Wann fahren?** Die Stadt ist das ganze Jahr über ein lohnendes Ziel.

**Wie lange?** Mindestens drei Tage, besser eine Woche

**Bekannt für** den Königspalast mit dem Wat Phra Kaeo, das Backpackerzentrum Khaosan Road, viele Tempel und Konsumtempel

**Unbedingt machen** Eine Bootsfahrt auf dem Menam Chao Phraya

**Schöne Tagesausflüge** Ayutthaya, Amphawa, Bang Pa In, Ko Kret Ban, Samut Songkhram

## Der erste Tag in Bangkok

- Gemächlich ankommen, an einem Essensstand, in einem Tempel oder einem Restaurant in der Khaosan Road Platz nehmen und das Treiben beobachten.
- Sich vom Expressboot (S. 230) oder von einem Aussichtspunkt (S. 165) aus einen Überblick über die Stadt verschaffen.
- Den Besuch des Wat Phra Kaeo, Wat Pho und Einkäufe auf später verschieben.

**Krung Thep Mahanakhon**, die „Stadt der Engel", ist das unumstrittene politische, wirtschaftliche, religiöse und kulturelle Zentrum Thailands. Über Bangkok werden 90 % des Außenhandels abgewickelt, hier wird über ein Drittel des Bruttoinlandsproduktes erwirtschaftet, und hier konzentrieren sich religiöse Stätten, Industrie und Administration. Die Hoffnungen vieler Thais auf ein besseres Leben sind eng mit dieser Stadt verknüpft – kein Wunder, dass die erst knapp 230 Jahre alte Metropole mittlerweile fast 9 Mio. Einwohner zählt, der Großraum Bangkok sogar über 14,5 Mio. – gut jeder fünfte Thai lebt also in Bangkok und Umgebung.

Viele ausländische Besucher fühlen sich von den gewaltigen Dimensionen und der Lebendigkeit der Stadt überfordert. Manche empfinden sie absurderweise als öde, was oft daran liegt, dass sie sich nahezu ausschließlich in dem für Bangkok untypischen Traveller-Getto der Khaosan Road aufhalten, anstatt verschiedene Stadtviertel zu erkunden. Tatsächlich gibt es kaum eine spannendere, aber auch lebenswertere Metropole in Südostasien: In kaum einer anderen Stadt treten die Gegensätze, die sich im Spannungsfeld zwischen einer traditionellen asiatischen und einer modernen westlichen Gesellschaft aufbauen, deutlicher hervor. Dicht beieinander liegen Armut und Reichtum, Hektik und Ruhe, Glanz und Elend. In den Straßen pulsiert das Leben: Mitten im Verkehrsgewimmel wird gekauft und verkauft, Bürgersteige werden zu Märkten, Menschenmassen strömen in die Geschäfte oder Verkehrsmittel, während in den schmalen, zurückversetzten Gassen Kinder spielen. Nur noch gedämpft

dringt der Verkehrslärm in die von Mauern umgrenzten Tempelanlagen, deren prunkvolle Bauten im Schatten weit ausladender Bäume Oasen der Ruhe sind – sofern ihre Freiflächen nicht als Parkplätze vermietet werden. Nirgendwo sonst sprechen so viele Thais Englisch, erhält man so viele Informationen über die Geschichte und Kultur der Nation. Über 400 Tempel, zahllose Märkte und gigantische Einkaufspaläste gibt es in der Stadt. Und auch nach Sonnenuntergang wird sich niemand langweilen, denn die Restaurants, Clubs, Musikkneipen, Kinos und Kunstgalerien haben Weltstadtniveau.

Der Schlüssel zu einem gelungenen Bangkok-Aufenthalt liegt in einer offenen Einstellung, der Bereitschaft, die ausgetretenen Touristenpfade zu verlassen und sich auf das thailändische Stadtleben einzulassen, und, ganz wichtig, der richtigen Wahl der Wohngegend, denn die Hauptstadt Thailands scheint endlos. Es gibt zahlreiche weit auseinanderliegende Zentren, die im Berufsverkehr nur mit langen Fahrten zu erreichen sind. Dazwischen wälzt sich ein Strom von Autos, Taxis, qualmenden Bussen, knatternden Tuk Tuks und Motorrädern durch die Stadt und verleiht der Luft ihr typisches „Aroma". Nur die Hochbahn BTS, die U-Bahn MRT und die Expressboote auf dem Fluss Menam Chao Phraya, der sich durch die Stadt schlängelt, ermöglichen auch während der Rushhour (7–9.30 und 16.30–20 Uhr) ein zufriedenstellendes Reisetempo.

## Orientierung

Bangkok hat sich entlang der vier- bis sechsspurigen, stark befahrenen **Ausfallstraßen** weit ins Umland hinaus ausgedehnt. Die wichtigsten Verkehrsadern, u. a. der Menam Chao Phraya, die Eisenbahn und zwei Expressways, verlaufen in Nord-Süd-Richtung. Im Zentrum werden diese Trassen von breiten, in West-Ost-Richtung verlaufenden Straßen und Expressways gekreuzt. Zwischen Bangkok und der Schwesterstadt Thonburi im Westen stellt der breite Menam Chao Phraya eine natürliche Barriere dar. Die sieben Brücken sind während der Rushhour ständig verstopft.

Von den Hauptstraßen zweigt ein unüberschaubares Netz von schmalen Gassen ab, die **Sois**. Sie sind meist nach der Hauptstraße, von

Keine Sorge, Bangkok ist nicht unsicherer als westliche Großstädte, solange man seinen gesunden Menschenverstand einsetzt und nicht zu leichtgläubig ist. Da seit Jahren viele Touristen auf folgende Tricks hereinfallen und dabei oft große Mengen Geld verlieren, möchten wir eindringlich darauf hinweisen.

Gewarnt sei vor jeglicher Art von **Schleppern**. Touristen werden von freundlichen Tuk-Tuk- oder Taxifahrern, gepflegt gekleideten älteren Herren, angeblichen Angestellten ihres Hotels, „offiziellen Touristenberatern", gut Englisch oder Deutsch sprechenden Studenten oder sogar anderen Ausländern angesprochen. Die übliche Masche ist die Bemerkung: „Die Sehenswürdigkeit/das Geschäft/der Club ist heute geschlossen, aber ich kenne einen tollen anderen Tempel/Laden/Pub". Besonders am Königspalast sind die Schlepper gut organisiert. Wer sich dem Eingang von der Rückseite nähert, wird ziemlich sicher angesprochen. Als Faustregel gilt, dass Thais eher schüchtern sind und selten unvermittelt mit anderssprachigen Fremden ein Gespräch suchen werden. Daher sollte man bei allzu direkten Kontaktaufnahmen immer etwas wachsam sein.

Besonders rund um die Khaosan Road sind einige zwielichtige Gestalten auf der Suche nach leichtgläubigen, unerfahrenen Travellern unterwegs. Sie bieten sich als hilfsbereite **„Retter in der Not"** an, wollen ihre Kunden aber nur um die Reisekasse erleichtern.

Laien sollten ausdrücklich auf den **Kauf von Edelsteinen** (S. 219) oder großen Mengen an Seide verzichten.

Günstig heißt nicht unbedingt gut, und das gilt besonders bei Backpacker-Bussen. Es sollten **nie die billigsten Busse** gebucht werden, da die Preise so niedrig liegen, dass ein profitabler Betrieb unmöglich ist und das Geld auf andere Art hereingeholt wird. Uns erreichen regelmäßig Berichte von Lesern, deren Gepäckstücke und sogar zwischen den Füßen verstaute Rucksäcke während der Fahrt durchsucht, aufgeschnitten und Wertgegenstände gestohlen wurden. In den schlimmsten Fällen wurden Leute sogar betäubt, die dann ohne Geld und Gepäck im Niemandsland aufwachten.

Als angebliche TAT-Reisebüros ködern **selbst ernannte „Touristeninformationen"** Kunden mit der falschen Behauptung, Lizenzunternehmen des staatlichen Fremdenverkehrsamtes zu sein. Besonders vor dem Königspalast und am Bahnhof sprechen sie Ausländer an, um übteuerte Reisen und Visa zu verkaufen. Mit der Begründung, Züge seien ausgebucht, verkaufen Reisebüros übteuerte Bustickets. Zudem kam es ebenfalls schon zu Betrügereien mit Kreditkarten.

Auf dem Suan Chatuchak Weekend Market sollte man Vorsicht vor **Taschendieben walten lassen**. Bei Problemen wenden sich Touristen am besten an die **Tourist Police** (S. 226)

Detaillierte Beschreibungen verschiedener Abzockmaschen und Berichte von Betroffenen finden sich unter 🖥 www.bangkokscams.com und auf 🖥 www.virtualtourist.com unter „Bangkok" und „Warnings and Dangers"

---

der sie abgehen, benannt und durchnummeriert. Von den Sois abgehende kleinere Gassen werden wiederum mit Yaek bezeichnet, was so viel wie Kreuzung bedeutet. Bei Adressen wie 236/1–5 Sukhumvit Soi 29 sorgen neben der Nummer der Soi (29) zudem Blocknummern (236) und Hausnummern (1–5) für Verwirrung.

Im Westen der Innenstadt am Fluss liegt das Traveller-Viertel **Banglampoo**, an das südlich das historische Zentrum um den großen, ovalen Platz **Sanam Luang** angrenzt. Hier liegen der Königspalast, einige der wichtigsten Tempel des Landes und das empfehlenswerte Museum of Siam. Etwas weiter nördlich finden sich die ruhigere, ebenfalls bei Rucksackreisenden beliebte **Sam Sen**-Gegend, das Regierungs- und Verwaltungsviertel **Thewet** sowie die Palastanlagen von **Dusit**. Westlich des Flusses liegt **Thonburi**, das teilweise noch ursprünglichen Charme versprüht. Weiter im Süden hat sich entlang der Charoen Krung Road, der ersten asphaltierten Straße im Königreich, die größte **Chinatown**

Südostasiens ausgebreitet. Eine Flussbiegung weiter erheben sich in **Sathorn** und **Silom** die chromverkleideten Wolkenkratzer des modernen Bangkok, das Herz der thailändischen Wirtschaft, aber auch die Vergnügungsmeile Patpong. Weiter nordöstlich, im Zentrum der Stadt, locken im Haupteinkaufsviertel **Siam** schmucke Shoppingcenter und Kinos und in **Pratunam** der landesweit größte Umschlagplatz für Textilien. Östlich davon beginnt die über 400 km lange **Sukhumvit Road**, die auf den ersten 4 km ein Touristenzentrum ist, im weiteren Verlauf zur beliebten und teuren Ausländerwohngegend wird und einige der besten Restaurants und Nachtclubs des Landes beheimatet. Daneben gibt es zahlreiche weitere Stadtviertel, die ihren ganz eigenen Charakter haben.

Bangkok ist eine unübersichtliche Stadt, in der die meisten Ziele nicht zu Fuß erreichbar sind. Gerade deshalb sollte man sich bereits vor der Ankunft Gedanken machen, was man sehen möchte. Möglicherweise lohnt es sich auch, einmal innerhalb der Stadt umzuziehen, um mehr als eine Gegend kennenzulernen.

## Königspalast und Wat Phra Kaeo

Wer für Bangkok nicht viel Zeit hat, wird direkt zum Sanam Luang fahren, dem kulturellen Zentrum der Stadt. Der Bereich südlich des Platzes bis zum Fluss beherbergt auf 21,84 ha die Bauten des Königspalastes und des Königstempels Wat Phra Kaeo, die von hohen, weißen Mauern umgeben sind. Eine ungeheure märchenhafte Pracht erwartet den Besucher dort. Schon allein deswegen gilt das Palastgelände für jeden Thailand-Besucher als Muss, denn etwas Vergleichbares gibt es im ganzen Land nicht noch einmal.

Als 1782 der Königspalast nach Bangkok verlegt wurde, wählte man dafür das am höchsten gelegene Gebiet, da es vor Überschwemmungen sicher war. Die hier siedelnden chinesischen Händler mussten in die heutige Chinatown ausweichen. Der Palast wurde mehrfach erweitert und mit Bauten in verschiedenen Stilrichtungen ergänzt. Nur sein nördlicher Be-

---

### Entspannen in Bangkok

- Im nächstgelegenen **Tempel** (außer dem Wat Phra Kaeo)
- Auf einem **Spaziergang** durch die Parkanlagen der Dusit-Museen, den Lumphini Park, Chuvit Garden sowie Queen's Park (Benjasari Park) in der Sukhumvit Rd. oder den Chatuchak Park im Norden der Stadt
- Auf einer Fahrt mit dem **Expressboot** bis zur Endhaltestelle und zurück
- Im **Kino**
- Bei einer **Massage**

---

reich und das königliche Wat Phra Kaeo können besichtigt werden. Während offizieller Staatsempfänge bleibt der gesamte Palast geschlossen.

Das bewachte Eingangstor befindet sich direkt südlich des Sanam Luang. Einfach mit dem Expressboot am Chang Pier aussteigen. ⏱ 8.30–16 Uhr, letzter Einlass 15.30 Uhr, Eintritt 500 Baht inkl. Informationsbroschüre (auch in Deutsch) sowie Eintritt innerhalb von einer Woche zum Dusit-Palast mit dem Vimanmek Mansion und der Ananta Samakhom-Thronhalle (S. 152, dorthin mit Bus 70), zum Textilmuseum, Tempelmuseum sowie zu den Königlichen Kroninsignien, Münzsammlungen und Dekorationen, ✆ 02-623 5500, Ext. 3100, 🖥 www.palaces. thai.net/day/index_gp.htm.

Ein informativer, auch in deutscher Sprache erhältlicher Audioguide kostet 200 Baht für 2 Std., bei der Ausleihe muss ein Pass hinterlegt werden. Die Wachen am Eingang verbieten Besuchern in kurzen oder sehr weiten Hosen, Miniröcken, Leggings, schulterfreier Kleidung, nach hinten offenen Sandalen u. Ä. den Zutritt. In diesem Fall muss man sich im Gebäude rechts des Eingangs einreihen, wo man gegen Hinterlegung einer Leihgebühr angemessene Kleidung bekommt. Die Bedeckung der Schultern mit einem Tuch reicht nicht aus, Dreiviertel-Hosen und hinten geschlossene Sandalen hingegen schon.

Im ersten Gebäudekomplex hinter der Kasse sind die **Königlichen Kroninsignien, Münzsammlungen und Dekorationen** untergebracht – juwelenbesetzte Orden, Fahnen, Münzen vom

11. Jh. bis heute und Wappen. Unter anderem interessant sind die prächtigen Gewänder aus Gold und Edelsteinen für den Jade-Buddha, die zum Beginn der Regenzeit, der heißen und der kalten Jahreszeit gewechselt werden, und die königliche Wiege. ⏱ Mo–Fr 8.30–16 Uhr, Führung auf Englisch um 10 Uhr.

## Wat Phra Kaeo

Durch Eingangstore, die von riesigen Dämonen, den Yaks, bewacht werden, gelangt man in den Tempelbezirk. Er ist von einem überdachten **Wandelgang** umgeben, der mit besonders schönen **Wandmalereien** geschmückt ist. Sie stellen auf 178 Bildern Szenen aus dem thailändischen *Ramayana*-Epos, dem *Ramakien*, dar. Die Bildgeschichte beginnt hinter dem Phra Viharn Yod.

Im Zentrum der Anlage erhebt sich die opulent glitzernde und fürstlich dekorierte **Bot des Smaragd-Buddhas**, der – anders als der Name und die Farbe vermuten lassen – nicht aus Smaragd, sondern aus Nephrit, einer Jadeart, besteht. Ordner sorgen dafür, dass man die Schuhe vor dem Eingang abstellt und im Inneren des Bot (Fotografieren verboten!) auf den kühlen Boden setzt, wobei die Füße nach hinten zeigen sollten.

Die Wandmalereien, die den gesamten Innenraum bedecken, stellen das Leben Buddhas dar. Auf einem mehrstufigen Altar, dem Busabok, thront die mit einem goldenen Gewand bekleidete, 66 cm hohe Buddhastatue. Sie gilt als Beschützerin des Landes und der seit 1782 herrschenden Chakri-Dynastie und ist schon mehrfach umgezogen (s. Kasten). Die Statue wird entsprechend der Jahreszeit (Sommer, Regenzeit und Winter) gekleidet. Der Wechsel des goldenen Gewandes wird mit einer prunkvollen Zeremonie unter königlicher Beteiligung gefeiert, zumeist im März, Juli und November.

Gegenüber dem Haupteingang zum Bot stehen auf einer hohen Marmorplattform verschiedene Gebäude. Goldene *Kinaras*, mythische Wesen (halb Vogel, halb Mensch), bewachen das von zwei vergoldeten Chedis umgebene **Königliche Pantheon**, dessen mehrfach gestaffeltes Dach von einem Prang gekrönt wird. Daneben ragt die Bibliothek für die Heiligen Schriften *(Triptaka)* mit pyramidenförmigem Dach empor.

Der große goldene **Chedi** hinter der Bibliothek enthält eine Reliquie Buddhas. Das steinerne **Modell des Tempels von Angkor Wat** nördlich der Bibliothek entstand zur Zeit von König Mongkut (Rama IV.), als Kambodscha ein Vasallenstaat Siams war. Dahinter, auf der unteren Ebene, steht die mit glasierten Tonblumen verzierte Gebetshalle **Phra Viharn Yod**. In der **Hor Phra Naga**, im Nordwesten, wird die Asche der verstorbenen Angehörigen der Chakri-Dynastie aufbewahrt. Das Gebäude **Hor Phra Monthian Dharma** in der nordöstlichen Ecke der Anlage diente zur Aufbewahrung heiliger Schriften.

## Die Palastbauten

Zum Königspalast gelangt man durch das südwestliche Tor hinter dem Bot. Das erste Gebäude im Thai-Stil, die **Amarindra Winitchai-Thronhalle**, ließ Rama I, 1785 als Gerichtshalle

### Die bewegte Geschichte des Smaragd-Buddhas

Um den Smaragd-Buddha, oft Jade-Buddha genannt, ranken sich zahlreiche Legenden. Man vermutet, dass er aus Indien stammt. 1434 schlug ein Blitz in den Chedi eines Tempels in Chiang Rai ein. Dabei kam unter einer Hülle aus Gips die grüne Figur zum Vorschein. Da Chiang Rai damals von Chiang Mai aus regiert wurde, wollte man die Statue dem König übergeben. Doch der Elefant, der die Statue in die Hauptstadt bringen sollte, lief nach Lampang. Als sich dies mehrfach wiederholte, beließ man den Smaragd-Buddha 32 Jahre lang dort. Erst 1468 wurde er nach Chiang Mai gebracht und in der östlichen Nische des Wat Chedi Luang aufgestellt. 1547 nahm ihn der damalige Herrscher über das Lanna-Reich, König Setthathirat, mit nach Luang Prabang im heutigen Laos. Als die Hauptstadt unter dem Druck der angreifenden birmanischen Truppen nach Vientiane verlegt wurde, transportierte man die Buddhastatue dorthin. 1778 brachten die Thais den Buddha als Kriegsbeute nach Thonburi und sechs Jahre später schließlich an ihren jetzigen Platz im Wat Phra Kaeo.

Der Königspalast mit seiner filigranen Architektur ist für jeden Besucher ein Muss.

erbauen. Später wurde sie für Krönungsfeierlichkeiten und Empfänge genutzt. In der Halle steht ein Thron mit dem neunstufigen weißen Schirm des Herrschers sowie ein Thron mit einem mehrfach gestaffelten Dach, in dem bei religiösen Zeremonien Buddhastatuen ausgestellt werden. Die reich dekorierten Throne wurden bereits von König Rama I. genutzt.

Am großen Platz erhebt sich der 1882 unter König Chulalongkorn (Rama V.) errichtete **Chakri Maha Prasat-Palast**, dessen Fassade im Renaissancestil so gar nicht zu den siamesischen Spitzdächern und Türmen passt. Die großen Empfangshallen im 1. Stock und die zentralen Räume, in denen die Urnen der letzten Könige verwahrt werden, sind ebenso wie alle anderen Räume nicht zugänglich.

Der kleine, graziöse **Umkleidepavillon** nebenan gilt als typisches Beispiel thailändischer Architektur. Dahinter steht der von Rama I. als Krönungshalle geplante **Dusit Maha Prasat-Palast**, der seit seinem Tod nur noch für Totenfeiern genutzt wird.

Im westlichen Bereich wird im **Tempelmuseum** eine interessante Ausstellung über die Restaurierungsarbeiten Anfang der 1980er-

Jahre gezeigt. Im 1. Stock sind steinerne Buddhastatuen aus Java und andere Votivgaben, ein großer, gelackter Wandschirm und der Manangasila-Thron zu sehen.

## Wat Pho

Südlich vom Königspalast gelangt man über die Sanam Chai Road zum Wat Pho oder Wat Phra Chetuphon Vimolmangklaram, ☎ 02-225 9595, 🖥 www.watpho.com, dem Tempel mit dem liegenden Buddha, einem der wichtigsten Tempel und die älteste Universität des Landes. Bereits 1789 begann unter Rama I. der Bau dieses Klosters auf dem Areal eines Wats, das aus dem 16. Jh. stammen soll. Rama III. ließ die Anlage renovieren und für die schreibunkundige Bevölkerung das Allgemeinwissen jener Zeit an den Tempelwänden bildhaft darstellen.

In den weitläufigen östlichen Tempelbezirk mit Bot geht es durch den Eingang in der Chetuphon Road. Die meisten Touristen, die nur den Viharn mit dem ruhenden Buddha sehen wollen, nehmen den nordwestlichen Eingang in der Thai Wang Road. Bei einem Besuch nach 18.30 Uhr, wenn der Viharn mit dem ruhenden Buddha geschlossen ist, sind nur noch wenige Touristen in der Anlage. ⏲ 8–12 und 13–21 Uhr.

Der Viharn mit dem **ruhenden Buddha**, ⏲ 8–18.30 Uhr, Eintritt 100 Baht, nimmt den nordwestlichen Bezirk ein. Die vergoldete, 46 m lange, liegende Statue symbolisiert Buddha bei seinem Eingang ins Nirwana. An den Fußsohlen stellen 108 Tafeln aus Perlmutt-Einlegearbeiten die Tugenden eines wahrhaften Buddhisten dar.

Südlich des Viharn, hinter dem chinesischen Pavillon, grenzt die Bibliothek an einen Teich mit einem kleinen Aussichtsberg. Östlich davon umschließt ein Wandelgang mit Buddhastatuen die vier großen, mit farbigen Kacheln bedeckten **Chedis** in Grün, Orange, Gelb und Blau. Durch zwei von furchteinflößenden Tempelwächtern bewachte Tore erreicht man den westlichen Tempelbezirk.

Gleich dahinter stehen zwei kleine Pavillons. Die Innenwände des nördlichen Gebäudes sind mit medizinischen Motiven bemalt. Während der Regentschaft von Rama III. wurde im Wat Pho eine Universität und Medizinschule gegründet, in der vor über 150 Jahren die ersten Studenten unterrichtet wurden. 24 steinerne Figuren im Hof zeigen Positionen der von indischen Gelehrten verbreiteten Massageart. Zudem wurde auf 1360 Marmorreliefs der geistliche und weltliche Wissensstand festgehalten.

In den Galerien, die an den Kardinalpunkten von vier **Viharn** unterbrochen werden, sind etwa 400 Buddhafiguren aus verschiedenen Epochen hinter schützendem Glas untergebracht. Die Eingänge zum zentralen **Bot** werden von Bronzelöwen bewacht. Die 152 Marmorreliefs auf dem Sockel und die mit Intarsienarbeiten verzierten Eingangstore stellen Episoden aus dem *Ramakien* dar. Szenen aus dem Leben Buddhas zieren die Innenwände.

Das südlich der Chetuphon Road an die Sakralbauten angrenzende **Kloster** ist mit über 300 Mönchen das größte von Bangkok.

Im ruhigen östlichen Teil des Tempelgeländes stehen zwei klimatisierte Massagehäuser, in denen man für 260 Baht pro 30 Min. oder 420 Baht pro Std. eine exzellente, fachkundige Massage erhält. Auch wenn es etwas nach Massenabfertigung aussieht, zählt die **Massage** zu den besten in Bangkok. Die Lehrräume der traditionsreichen **Massageschule**, Büro in der 392/33–34 Maharaj Rd., ✆ 02-622 3551, ▭ www.watpo massage.com, liegen westlich der Tempelanlage in den von der Maharaj Rd. Richtung Fluss abgehenden Sois. Die meisten Ausländer belegen den empfehlenswerten fünftägigen Grundkurs zum Erlernen der Thai-Massage für 9500 Baht. Die Schule betreibt weitere Ableger in Chaengwattana (Nonthaburi), in Salaya westlich von Bangkok und in Chiang Mai. ⏲ 8–17 Uhr.

## Museum of Siam

Das Museum of Siam, ✆ 02-225 2777, ▭ www. museumsiam.org (nur in Thai), www.museumof siamproject.com (inoffiziell), im ehemaligen Gebäude des Handelsministeriums südlich vom Wat Pho verfolgt einen weitaus moderneren Ansatz als das verstaubte Nationalmuseum. Der historische und kulturelle Werdegang Thailands und seiner Einwohner wird mit aufwendigen Medieninstallationen und viel Humor dargestellt.

Ein einführender Film stellt sieben Charaktere vor, die Besucher durch die 16 chronologisch angeordneten Galerien führen. Zunächst werden einige Kulturmerkmale vorgestellt, die als „typisch Thai" gelten. Danach beginnt der historische Abschnitt, der die frühen internationalen Handelsbeziehungen, die buddhistische Lehre, die Ayutthaya-Periode und ihre Kriegsführung sowie die Gründung Bangkoks als neue Hauptstadt erläutert. Im Anschluss wird der traditionelle dörfliche Lebensstil mit den Entwicklungen der Moderne kontrastiert und ein Ausblick auf mögliche zukünftige Entwicklungen gegeben. Beliebte Fotomotive sind der bunte Nachbau eines Diners aus den 1960er-Jahren und ein alter Sportwagen.

Im Laufe des empfehlenswerten Rundgangs erfahren Besucher viel Spannendes und Wissenswertes über die thailändische Geschichte und Kultur, sodass sich eine Stippvisite gut als Einstieg in das Land, aber auch zur Vertiefung bereits vorhandenen Wissens anbietet. Neben der empfehlenswerten Dauerausstellung finden eintrittsfreie Wechselausstellungen zu Lifestyle-Themen statt.

⏲ Di–So 10–18 Uhr, Eintritt 300 Baht, ab 5 Pers. 150 Baht, Eintritt frei nach 16 Uhr, an Feiertagen und für alle unter 15 und über 60 Jahre.

## Nationalmuseum

Das größte Museum Thailands, nordwestlich des Sanam Luang, ☎ 02-224 1333, 🖥 www.fine arts.go.th (nur in Thai), möchte einen Überblick über die Geschichte des Landes vermitteln. Allerdings präsentiert es seine Schätze seit Jahrzehnten unverändert und völlig unattraktiv. Man muss schon ein Kunstliebhaber sein, um den Rundgang durch die teils muffigen, schlecht klimatisierten Hallen mit den lieblos präsentierten und spärlich beschrifteten Sammlungen zu genießen. Es bleibt zu hoffen, dass die seit Anfang 2014 andauernde Renovierung, durch die zahlreiche Ausstellungsräume geschlossen sind, zeitnah beendet wird und Besserung bringt.

Die **Buddhaisawan-Kapelle** rechts vom Eingang wurde für eine der am meisten verehrten Buddhastatuen, Phra Buddha Singh, errichtet. Die über 200 Jahre alten restaurierten Wandmalereien stellen 28 Szenen aus dem Leben Buddhas dar. Die ehemalige **Audienzhalle** links von der Kapelle vermittelt einen chronologischen Überblick über die Thai-Geschichte. Zwischen Dioramen und Informationstafeln lohnt es, nach den Goldschätzen aus Ayutthaya Ausschau zu halten. Im nahe gelegenen sogenannten **Roten Haus** lebten mehrere Prinzessinnen und Konkubinen.

Der zentrale Bau des Museums war das **Palastgebäude** des Zweiten Königs, der eine Art Stellvertreterfunktion innehatte. Es beherbergt dekorative Kunst aus der jüngeren Bangkok-Periode, prunkvoll dekorierte Sänften und Elefantensättel *(Howdah)* ebenso wie Khon-Masken, Puppen und Spiele, Silber, Porzellan, Sawankhalok-Keramik, Musikinstrumente und Textilien.

Der alte Bereich wird von zwei Museumsgebäuden aus den 1970er-Jahren umrahmt. Der Rundgang beginnt links vom Eingang. Die prähistorische Sammlung enthält u. a. ein neolithisches Grab und schöne Ban Chiang-Keramik. Zudem Lopburi- und Khmer-Kunst aus dem

10.–13. Jh., frühe Hindu-Skulpturen, Dvaravati-/Mon-Kunst, javanische Hindu-Steinskulpturen aus dem 7.–11. Jh. sowie Kunst des Srivijaya-Reichs aus dem 13. Jh.

Im nördlichen Gebäude sind u. a. Skulpturen, Keramiken und Textilien der Bangkok-Periode untergebracht. Im 1. Stock gelangt man zu Kunstobjekten aus Chiang Saen, Chiang Mai, Sukhothai und Ayutthaya. Auf dem Weg zum Ausgang lohnt ein Blick in Halle 17, wo prunkvolle Sänften und Trauerkutschen für Verbrennungsfeierlichkeiten stehen.

⏲ Mi–So 9–16 Uhr, Eintritt 200 Baht. Fotografieren verboten. Mi und Do um 9.30 Uhr findet eine empfehlenswerte, zweistündige deutschsprachige Führung zur Kunst und Kultur Thailands statt, mehr Infos unter 🖥 www.museum volunteersbkk.net/html/germanpage.html.

## Weitere Gebäude rings um den Sanam Luang

Auf dem ovalen Phra Mane-Platz vor dem Königspalast, bekannt als Sanam Luang („Königswiese"), finden an großen Feiertagen zentrale Veranstaltungen statt. Auch bei politischen Kundgebungen dient der Platz als Versammlungsort.

### Nationaltheater

Im **Nationaltheater** werden am ersten und zweiten Sonntag im Monat ab 14 Uhr klassische Tänze (April–Juni und Okt–Dez) oder Khon-Dramen (Jan–März und Juli–Sep) aufgeführt. Programminformationen Mo–Fr 8.30–16.30 Uhr, ☎ 02-224 1342. Von November bis Mai finden samstags und sonntags ab 16.30 Uhr auch im Garten des Nationalmuseums Aufführungen statt, Eintritt 60–200 Baht.

### Nationalgalerie

Die **Nationalgalerie** (National Gallery of Art), 4 Chao Fa Road, ☎ 02-282 2639, beherbergt in der größten Kunstsammlung des Landes Werke moderner sowie traditioneller Künstler und das nationale Filmarchiv. Die leider nicht sonderlich ansprechend gestaltete ständige Ausstellung vermittelt auf zwei Stockwerken einen Einblick in die Entwicklung der darstellenden Künste und der religiösen und höfischen Malerei. Daneben liegt ein Raum für Sonderausstellungen. ⊙ Mi–So 9–16 Uhr, Eintritt 200 Baht.

## Münzmuseum

Das 2014 eröffnete Münzmuseum des Finanzministeriums (**Coin Museum Thailand**), ✆ 02-282 0818, 🖥 www.fb.com/coinmuseumthailand, liegt im benachbarten Flachbau an der Chakraphong Road direkt südöstlich. In der durch multimediale Präsentationsformen aufgehübschten Ausstellung wird neben allgemeinen Informationen über die Geschichte der Zahlungsmittel (ab der Steinzeit!), die Münzprägung und ihre Ausbreitung, die Entwicklung des thailändischen Münzgeldes dargestellt. Auch zahlreiche Sonderprägungen gehören zur Sammlung. Führungen starten alle 20 Min. ⊙ Di–So 10–18 Uhr, Eintritt 100 Baht.

## Thammasat-Universität

Die Thammasat-Universität, ✆ 02-613 3333, 🖥 www.tu.ac.th/en, eine der größten Universitäten der Stadt und eine der renommiertesten des Landes, wurde 1976 als Zentrum des politischen Widerstands von Polizei und Militär mit Waffengewalt gestürmt. In regionalen Fachbereichen für den Norden und Nordosten wird u. a. die Kultur dieser Regionen (z. B. die Musik auf traditionellen Instrumenten) gepflegt. Die meisten Studenten werden auf dem neuen Campus nahe dem alten Don Mueang-Flughafen im Norden der Stadt unterrichtet.

## Wat Mahathat

Südlich der Thammasat-Universität befindet sich im Wat Mahathat die buddhistische **Mahachulalongkorn University**, 🖥 www.mcu.ac.th/En/index.php. An dieser Stelle stand bereits vor der Gründung Bangkoks ein Tempel, der unter Rama I. zu einem der wichtigsten religiösen Zentren ausgebaut wurde. Das Wat, eines der größten des Landes, ist das Zentrum für Studien religiöser Überlieferungen. Im abgegrenzten Klosterbereich leben 300–400 Mönche. Im Wandelgang, der das Heiligtum umgrenzt, stehen zahlreiche Buddhastatuen. In die dahinter liegenden Wände sind die Urnen Verstorbener eingelassen. ⊙ 9–17 Uhr.

Im ausgeschilderten **Meditationszentrum** (**Section 5**), ✆ 02-623 5881, Ext. 1, 🖥 www.mcu.ac.th/IBMC, im südwestlichen Tempelbereich beginnen um 7, 13 und 18 Uhr kostenlose zwei- bis dreistündige Vipassana-Meditationen. Für Anfänger eignet sich die Meditation um 13 Uhr mit einer kurzen englischsprachigen Einführung. Von 20–21 Uhr kann man zudem an religiösen Unterweisungen auf Englisch teilnehmen. An der Rezeption gibt es Informationen über Meditationszentren und -kurse.

In den Läden in der Phra Chan Road und in einem überdachten Markt in der Maharaj Road hinter dem Tempel werden an zahlreichen Ständen des **Amulettmarktes** Heilkräuter, Schutz- und Glücksamulette, Aphrodisiaka, religiöse Statuen sowie Beigaben für religiöse Zeremonien verkauft (Handeln nicht üblich). Mehr zu Amuletten s. eXTra [2693].

## Silpakorn-Universität

In den alten Gebäuden der Silpakorn-Universität direkt nördlich des Königspalastes wird u. a. Kunst unterrichtet und ausgestellt. Besuchern zugänglich sind das **Art Centre Silpakorn University**, 31 Na Phra Lan Rd., ⊙ Mo–Fr 9–19, Sa 9–16 Uhr, 🖥 www.art-centre.su.ac.th, sowie die **Art Gallery** in der Faculty of Painting, ⊙ Di–So 9–16.30 Uhr, und die **Gallery of Art and Design** in der Faculty of Decorative Arts, ⊙ Mo–Sa 10–18 Uhr.

## Lak Muang-Schrein

Nordöstlich vom Wat Phra Kaeo, jenseits des Verteidigungsministeriums (mit Kanonen im Garten), wurde am 21. April 1782 um 6.54 Uhr, dem astronomisch berechneten „Geburtstermin" der neuen Königsstadt, der Grundstein Bangkoks gesetzt. Er markiert nicht nur das Zentrum des Landes, von dem aus alle Entfernungen gemessen werden, sondern ist auch Sitz des Schutzgeistes der Stadt. Den phallusförmigen, aus Holz geschnitzten Grund„stein" schützt ein neues Gebäude mit einem Prang. ⊙ 6.30–18.30 Uhr.

Besucher bekleben Repliken des Grundsteins mit Goldplättchen, umwickeln sie mit bunten Tüchern und stellen Kerzen und Blumen auf. Zu Ehren des Schutzgottes werden Opfergaben dargebracht und zum Dank für erfüllte Wünsche auf einer kleinen Bühne **traditionelle Tänze** aufgeführt. Besonders Lotteriespieler und kinderlose Paare bitten um das große Glück.

## Banglampoo und Sam Sen

Wer genug von Kultur und Tempeln hat, kann vom Sanam Luang die Chakraphong Road hinauflaufen und im traditionellen Schneider- und Silberschmiedebezirk Banglampoo stöbern gehen. In seinem Zentrum hat sich die Khaosan Road zum größten und bekanntesten Traveller-Treffpunkt Südostasiens entwickelt. Mehr Infos zu Übernachtung, Restaurants, Unterhaltung und Einkaufen ab S. 180, Karte S. 176/177.

### Wat Bowonniwet

In dem Tempel, 🖥 www.watbowon.org, gründete Kronprinz Mongkut 1827 das Zentrum der Dhammayuti-Sekte, die strengen Regeln folgt. Der Kronprinz lebte 14 Jahre hier, bevor er 1851 König Rama IV. wurde. Auch Rama VI. und Rama VII. sowie der heutige König verbrachten vor ihrer Krönung einige Zeit als Mönche in diesem Kloster. Im Tempel befindet sich das Studienzentrum für Heilkräuter sowie die Pali-Schule, die Mahamonkut Buddhist University. Tempel 🕐 8–17 Uhr.

Im **Bot** steht eine 4 m hohe bronzene Buddhafigur aus der Sukhothai-Periode. Die Wandmalereien berichten von den Verfehlungen der Menschen und ihrer zunehmend besser werdenden Lebensführung unter dem Einfluss des Buddhismus. Es ist interessant, dass hier die europäischen Einflüsse positiv dargestellt werden – westliche Gebäude, Pferderennen, Schiffe mit Missionaren, ja sogar Kirchgänger in westlicher Kleidung. 🕐 8–8.40 Uhr.

### Phra Sumen Fort

An der Einmündung des Klong Banglampoo in den Menam Chao Phraya stehen Reste der Stadtmauer und das achteckige **Phra Sumen Fort**. Rama I. ließ die neue Stadt mit einer Mauer, 14 Forts und Kanonen befestigen. Bis auf zwei Festungen wurden die Mauern unter Rama V. geschleift und an ihrer Stelle Straßen angelegt. Rings um die Bastion lädt ein kleiner **Park** mit Bänken, Sitzterrassen und dem kleinen **Santichai Prakarn-Pavillon** zum Ausruhen ein. Über die Uferpromenade gelangt man zur Phra Pinklao-Brücke.

### Pipit Banglamphu Museum

Direkt östlich vom Phra Sumen Fort steht das 2014 eröffnete Heimatmuseum, 🖥 www.fb.com/pipitbanglamphu. Der hübsche, in den 1920er-Jahren errichtete Bau beherbergte ehemals die erste Druckereischule des Landes, später eine Druckerei und sollte nach ihrer Schließung abgerissen werden. Die moderne Ausstellung geht auf eine Anwohnerinitiative zurück und befasst sich mit der bewegten Geschichte des Stadtviertels Banglampoo, seinen Einwohnern und ihren Lebensweisen sowie den lokalen Handwerksberufen. Touchscreen-Displays halten Hintergrundinformationen bereit, und das vergangene Stadtleben wird anhand von multimedialen Präsentationen, aufwendigen Modellen und Gemälden zum Leben erweckt. Unpassenderweise ist das obere Stockwerk des angeschlossenen Betonbaus dem Finanzministerium gewidmet. Alle Erläuterungen sind auch auf Englisch, die Ausschilderung und Touren aber nur auf Thai (alle 30 Min.). 🕐 10–18 Uhr, Eintritt 100 Baht.

### Sam Sen

Nördlich des Klong Banglampoo locken rund um die Samsen Road in den Sois 1 bis 5 zahlreiche Gästehäuser, Restaurants und Kneipen ein junges Publikum an, dem das Treiben auf der Khaosan Road auf Dauer etwas zu bunt, laut oder kommerziell ist. In den letzten Jahren hat sich die Gegend zu einem eigenständigen, spannenden Traveller-Zentrum gemausert. Nördlich durchschneidet die breite, viel befahrene Hochstraße Wisut Kasat Road bis zur Rama VIII.-Brücke die Altstadt.

### Wat Indraviharn

Nördlich der Schnellstraße steht das bereits in der Ayutthaya-Periode begründete Wat Indraviharn. Durch die schmale Gasse Samsen Soi 10 Trok Wat In gelangt man nach etwa 100 m auf einen kleinen Platz mit einem restaurierten Tempel, der von einer 32 m hohen, stehenden

© MISCHA LOOSE

Zu Beginn des Films *The Beach* (2000) streift Richard alias Leonardo DiCaprio durch die quirlige Khaosan Road. Zwar wird man das Guesthouse aus dem Film vergeblich suchen, denn das steht in Phuket Town, doch die vollgepackten Verkaufsstände, Schneidereien, Straßencafés und exotisch gekleideten Traveller aus dem Film findet man durchaus vor. Während sich früher in dieser Gegend nur selten Urlauber sehen ließen und die Backpacker-Szene unter sich blieb, ist die Khaosan Road mittlerweile zu einer etablierten Sehenswürdigkeit avanciert.

Bis in die späten 1970er-Jahre unterschied sich die belebte Gegend mit ihren vielen Stoff- und Silbergeschäften durch nichts von anderen Altstadtstraßen. Dann eröffneten die ersten beiden Gästehäuser in den schmalen Seitengassen, die die steigende Nachfrage schnell nicht mehr decken konnten, sodass sich Traveller in den oberen Zimmern der Ladenhäuser einmieteten. Es folgten zahllose Hostels, Buchläden, Reisebüros, Restaurants, Schmuckgeschäfte und andere Läden, die sich auf die Bedürfnisse der Traveller eingestellt haben. So bekommt man hier nicht nur die obligatorischen Thailand-T-Shirts und Schlabberhosen sowie Souvenirs, sondern auch nachgemachte Ausweise jeglicher Couleur, mehr oder weniger permanente Tattoos, Geldgürtel und günstige kleine Lautsprecher oder Kopfhörer. Illegale Drogengeschäfte sind unter den aufmerksamen Blicken der Polizei, deren Zentrale mitten im Geschehen liegt, weit weniger offensichtlich als früher.

Hunderte von Gästehäusern füllen sich Abend für Abend mit Neuankömmlingen. Ab 17 Uhr wird die Khaosan Road für den Durchgangsverkehr gesperrt und zur Flaniermeile. Dann kommen auch Einheimische, um die bunte Traveller-Welt zu bestaunen und in den Bars einen Drink einzunehmen. Zudem lockt das einst verrufene Backpacker-Quartier mit immer schickeren Restaurants und Unterkünften. Ebenso gut besucht sind die Gassen rings um das Wat Chai Chana Songkhram. Auf der Soi Rambuttri etwa gibt es Essensstände und in umgebauten VW-Bussen werden Cocktails gemischt.

Wo sonst kann man in den frühen Morgenstunden Mönche beobachten, die Almosen sammeln, während eine westliche Familie beim Frühstück sitzt und am Nachbartisch noch das letzte Bier getrunken wird?

Buddhastatue überragt wird. Die großen Füße, auf denen Gläubige Blumen niederlegen, sind ein beliebtes Fotomotiv. ⊕ 8.30–17 Uhr.

# Dusit

König Chulalongkorn (Rama V.) und sein Vater, König Mongkut (Rama IV.), waren die ersten Herrscher, die europäischen Einflüssen offen gegenüberstanden. Nach einer Europareise ließ sich Chulalongkorn von westlichen Architekten Straßen, Brücken und Paläste errichten. Als Verlängerung der Ratchdamnoen Klang Road in nordöstlicher Richtung entstand so die **Ratchdamnoen Nok Road**, eine breite Prachtstraße, die der König 1904 jeden Nachmittag mit einem der ersten Automobile Südostasiens entlangtuckerte. Hier finden am Nationalfeiertag und zum Geburtstag des Königs große Paraden statt. Der Boulevard endet am **Denkmal von König Rama V**. Noch heute lebt die Königsfamilie im weitläufigen, von einer Mauer umgrenzten **Chitralada-Palast**, der nicht besichtigt werden kann.

Die **Dusit-Museen**, ☏ 02-628 6300, zu denen das Vimanmek Mansion, die Ananta Samakhom-Thronhalle und 15 weitere historische Gebäude gehören, liegen inmitten einer weitläufigen, gepflegten Parkanlage. Sie vermitteln einen guten Überblick über die Zeit der Herrschaft der Bangkok-Könige und lohnen einen mehrstündigen Besuch. ⊕ Di–So 9–16 Uhr, letzter Einlass 15.15 Uhr, Eintritt 100 Baht, nur der Eintritt zur Ananta Samakhom-Thronhalle muss separat entrichtet werden. Die Eintrittskarte zum Königspalast berechtigt zum Besuch aller Dusit-Museen sowie der Ananta Samakhom-Thronhalle und bleibt eine Woche lang gültig. Ähnlich zum Königspalast sollten sich Besucher angemessen kleiden (S. 63). Sollte es nötig sein, werden Wickelröcke für 50 Baht und T-Shirts für 100 Baht verkauft. Mehrere Selbstbedienungsrestaurants sorgen für das leibliche Wohl. Eine Karte des Parks gibt es auch auf Deutsch. Eingänge gegenüber dem westlichen Zoo-Eingang und von der Ratchawithi Road. Karte S. 166/167.

Nördlich der Kreuzung mit der Wisut Kasat Road finden im **Rajadamnern-Stadion** Thai-Boxkämpfe statt (S. 211).

## Vimanmek Mansion

Das größte Teakholzhaus der Welt, ⌨ www.vimanmek.com, ist eines der Highlights des Dusit-Komplexes. König Rama V. residierte 1901–06 in dem luftigen, vierstöckigen Teakholzpalast, der ursprünglich auf Ko Si Chang vor der Stadt Si Racha in der Provinz Chonburi stand. Er wurde in den 1930er-Jahren nur kurzzeitig von einer der Nebenfrauen des Königs bewohnt und als Museum wieder hergerichtet.

Bei einem Rundgang durch einige der 81 im originalen Stil eingerichteten Zimmer und Galerien erhalten Besucher einen guten Eindruck von den Lebensverhältnissen am königlichen Hof. Historische Fotos von der langen Europareise des Königs, Möbel, Porzellan und Kristall aus Europa und China sowie die erste westliche Schreibmaschine und Badewanne des Landes zeugen von der weltoffenen Haltung des Monarchen. Das kleine Gästehaus hinter dem Palast wurde ganz aus Teakholz errichtet. Abgesehen vom Fußboden wurden dabei keine Nägel verwendet.

⊕ Di–So 9–16 Uhr, letzter Einlass 15.15 Uhr, Eintritt 100 Baht. Englische Führungen beginnen um 11 und 14 Uhr und dauern 90 Min. Die Kleiderordnung entspricht der im Königspalast (S. 144). Taschen und Kameras müssen in Schließfächern verstaut werden.

## Ananta Samakhom-Thronhalle

Im Auftrag von König Chulalongkorn (Rama V.) entwarfen italienische Architekten 1907 einen opulenten Kuppelbau, ☏ 02-283 9411, ⌨ www.artsofthekingdom.com/en, aus glänzendem italienischem Marmor im neovenezianischen Renaissancestil. Die vom berühmten Künstler Galileo Chini geschaffenen Deckengemälde im Inneren des Doms stellen historische Ereignisse aus der Chakri-Dynastie dar. König Rama V. wird auf einem Wandbild wie ein christlicher Heiliger von seinen Untertanen verehrt, während auf einem anderen Repräsentanten aller Weltreligionen dem König Mongkut (Rama IV.) ehrfürchtig Respekt zollen.

Als 1932 die absolute Monarchie abgeschafft wurde, zog das Parlament in das Gebäude ein. Mittlerweile dient die ehemalige Thronhalle ausschließlich repräsentativen Zwecken. Hier wird die beeindruckende **Sammlung der Support**

**Foundation** von Königin Sirikit präsentiert. Die besten Handwerker des Landes schufen in aufwendiger Maßarbeit prachtvolle Kunstwerke zu Ehren des Königshauses. Überall blitzt und blinkt es golden und silbern. Die verspielte Detailfülle der Objekte offenbart sich erst bei genauerem Hinsehen: So beeindruckt der *Busabok Mala*, eine Insignie der Königswürde, aus Holz, Gold, Silber, Emaille, Niello-Arbeiten und Damaszener mit eingearbeiteten grünen Schildkäferflügeln, bunten Lackarbeiten und perfekt geschnitzten Wächterfiguren. Goldene oder mit Diamanten besetzte *Howdahs* – Sänften, die Könige früher auf dem Rücken von Elefanten in die Schlacht beförderten – beeindrucken genauso wie aufwendige Nachbildungen von königlichen Barken. Auch die extrem aufwendigen, plastischen Schnitzereien und Stickereien bezeugen die außerordentliche Fingerfertigkeit der Künstler.

🕐 Di–So 10–17 Uhr, letzter Einlass um 16.20 Uhr, separater Eintritt 150 Baht, Studenten und Senioren über 60 Jahre 75 Baht, die Eintrittskarte zum Königspalast berechtigt auch zum Besuch der Thronhalle innerhalb von einer Woche. Die Räumlichkeiten können mit einem deutschsprachigen, aber leider etwas trockenen Audioguide erkundet werden. Die Kleiderordnung entspricht der im Königspalast (S. 144), ein Wickelrock wird für 50 Baht verkauft.

## Weitere Museen des Komplexes

**Textil- und Muschelmuseum (HRH Princess Orathai Thep Kanya Residential Hall):** Die hochqualitativen, größtenteils über 100 Jahre alten Textilien stammen aus dem königlichem Besitz. Das breite Spektrum reicht von Mut Mee-Seidenstoffen aus dem Nordosten und Kambodscha über Songket-Stoffe von der Malaiischen Halbinsel, die mit Gold- und Silberfäden durchwirkt sind, bis hin zu farbenfrohen indischen Stoffen sowie feinen Stempelbatiken. Fotos von Mitgliedern des Hofes in traditioneller Kleidung schmücken die Wände. Ausführliche Beschreibungen (auch in englischer Sprache) machen diese Ausstellung zum Muss für Textilfans. Im Nachbargebäude, das durch einen Übergang zu erreichen ist, sind in Vitrinen und Glastischen Muscheln ausgestellt – dekorativ, aber ohne Erläuterungen.

**Royal Elephant (Chang Ton) National Museum:** Das kleine Museum befindet sich in den ehemaligen Ställen für die königlichen weißen Elefanten. Die Tiere sind nun unter besseren Bedingungen in Lampang, Sakon Nakhon und Hua Hin untergebracht. Fotos, Modelle, Elfenbeinschnitzereien und Ganeshastatuen belegen, dass Elefanten nicht nur als Wappentier Thailands eine große Bedeutung beigemessen wird.

**Abhisek Dusit-Thronhalle:** In der 1903 erbauten Halle im maurischen Stil sind kunsthandwerkliche Produkte der königlichen Support-Stiftung ausgestellt, darunter Mut Mee-Seide, Niello-Waren und fein geflochtene Körbe.

**Suan Bua-Residenz:** Es lohnt sich, zwischen vielen Geschenken, historischen Fotos, Bootsmodellen und Buddhastatuen nach dem Stammbaum von Chulalongkorn Ausschau zu halten.

**Fotogalerie (HRH Princess Bussaban Bua-Phan Residential Hall** und **HRH Princess Arun-Wadi Residential Hall):** In den beiden Häusern sind Fotos zu sehen, die der König geschossen hat. Interessant sind die Privatfotos, die den leidenschaftlichen Hobbyfotografen als Familienmenschen zeigen, aber auch Bilder von seinen Reisen durch das Land, die aus seiner Perspektive einen ganz neuen Blickwinkel vermitteln.

**Gemäldegalerie (Suan Kularb Residential Hall):** Hier hängen Ölgemälde, gemalt von König Bhumibol (Rama IX.).

**Old Clock Museum (HRH Princess Puang Soi Sa-Ang Residential Hall):** In der ehemaligen Residenz von König Chulalongkorn, die später von Offizieren bewohnt wurde, sind Standuhren und andere Souvenirs aus Europa und Amerika sowie Präsente ausgestellt.

**Krom Luang Vorased Thasuda-Residenz:** Sie beherbergt eine prähistorische Ausstellung, darunter ausgezeichnet erhaltene Ban Chiang-Keramik aus dem Besitz der Prinzessin Maha Chakri Sirindhorn.

**Suan Farang Kangsai-Residenz:** Wenig interessant ist die Sammlung von Porträts und Ausrüstungsgegenständen hochrangiger Offiziere.

**Suan Hong-Residenz:** Das zweistöckige Holzhaus enthält Fotos von offiziellen königlichen Zeremonien und vom Kronprinzen Maha Vajiralongkorn.

**Tam Nak Ho (Newlyweds Residential Hall):** Ausstellung persönlicher Gegenstände der Frau von Rama VII. und Keramik und Töpferwaren, die im Golf von Thailand gefunden wurden.

**Royal Carriage Buildings:** Hier hat eine Sammlung königlicher Kutschen Platz gefunden.

**Suan Si Rue Du Residenz:** Ausstellung von Gegenständen aus der persönlichen Sammlung von König Bhumibol (Rama IX.).

## Wat Benchamabophit (Marmortempel)

Südöstlich des Museumsbereichs steht in einem hübschen Park der außergewöhnliche Wat Benchamabophit, ein Thai-Tempel mit auffälligen europäischen Einflüssen. Er ist als Marmortempel bekannt, da er unter König Chulalongkorn (Rama V.) weitgehend aus weißem, italienischem Carrara-Marmor erbaut wurde. Viele der Wandgemälde erinnern an klassische Bleiglasfenster in Kirchen, allerdings mit buddhistischen Motiven. Der von zwei weißen Marmorlöwen bewachte Haupteingang zum Bot ist nur an Festtagen geöffnet. Ansonsten gelangt man durch einen Seiteneingang in den Innenraum mit einer großen Buddhastatue im Sukhothai-Stil, unter der die Asche von Chulalongkorn begraben liegt. Der mit Marmorplatten gepflasterte Innenhof ist von einer Galerie umgeben, in der 52 von Chulalongkorn im ganzen Siam gesammelte Buddhastatuen stehen, die auch heute noch zu den schönsten Thailands zählen. ◷ 9–18 Uhr, Eintritt 20 Baht.

### Dusit-Zoo

Ein Besuch des 1938 eröffneten Zoos, ✆ 02-281 2000, ⌨ www.zoothailand.org, lohnt sich allein schon zum Auftanken. Obwohl er nicht gerade mit großen Sensationen aufwartet und die Standards bei Weitem nicht europäischen Zoos entsprechen, kann man am späten Nachmittag durch die Parkanlage bummeln. Der Zoo ist Heimat von über 1600 Tieren, darunter weiße Tiger und kleine Pandas. Leider sind viele Gehege zu klein und nicht artgerecht. Nachtaktive Tiere werden schon mal mit Neonbeleuchtung wachgehalten. Im Restaurant am See werden zu akzeptablen Preisen Thai-Gerichte serviert. An Wochenenden ist der Zoo voll mit thailändischen Familien. ◷ 8–18 Uhr, Eintritt 150 Baht, Kinder 70 Baht.

## Thonburi

Die Schwesterstadt westlich des Flusses wurde 1767 nach der Zerstörung von Ayutthaya die erste Zufluchtsstätte der zersprengten Armee unter König Taksin, bis Rama I. 1782 nach Bangkok übersiedelte. Seither konzentriert sich nicht nur das politische Leben, sondern auch Wirtschaft und Kultur am östlichen Flussufer. Auch wenn heute die beiden Millionenstädte zu einem dicht besiedelten Großraum mit gemeinsamer Verwaltung zusammengewachsen sind, scheint die Verstädterung in Thonburi noch nicht so weit fortgeschritten wie in Bangkok. Allerdings streben auch hier entlang den Skytraingleisen die Apartmenthochhäuser Richtung Himmel. Der Verkehr auf den **Klongs**, den kleinen Verbindungskanälen, hat im Zuge des Straßenausbaus deutlich abgenommen. Mehr über die Klongs s. eXtra [2692].

### Nationalmuseum der königlichen Barken

Am Klong Bangkok Noi sind vor der Arun Amarin-Brücke in der Nähe des Rod Fai Piers in einer Bootshalle am Nordufer die **königlichen Barken** *(Royal Barges)* untergebracht. Die 51 schmalen Boote sind kunstvoll mit Holzschnitzereien und Lackarbeiten verziert und werden sehr selten in einer spektakulären Prozession zu Wasser gelassen, zuletzt im November 2012.

Im Museum können vier der prunkvollsten Boote besichtigt werden. Der längste Einbaum der Welt ist die 46 m lange, graziöse königliche Barke *Suphannahong* („Der goldene Schwan"), deren Bug der kampfbereit aufgerichtete Kopf des *Hamsa* (eines mythischen Vogels und Transportmittels des Gottes Brahma) ziert und die in einem hoch aufgerichteten Schwanz endet.

Die zweite, *Narai Song Suban*, die 1996 zum goldenen Thronjubiläum von König Bhumibol erbaut wurde, schmückt König Narai in Form von Vishnu auf seinem Reittier Garuda. Die dritte ist die 45 m lange *Ananta Nagaraj* mit einem siebenfachen Schlangenkopf, dem Symbol des Wassers. In ihr befand sich während der letzten Prozessionen eine heilige Buddhastatue. Das vierte und älteste Boot, *Anekajati Bhujonga*, stammt aus der Zeit von König Rama V. und ist mit filigranen Nagaschlangen verziert. ⏱ 9–17 Uhr, Eintritt 100 Baht, Fotoerlaubnis 100 Baht, Videoerlaubnis 200 Baht.

Zu Prozessionen werden die großen Boote von kleineren Barken eskortiert, die mit Hanumanfiguren, grimmigen Wächtern, Tigerköpfen, gehörnten Drachen und anderen mythischen Wesen geschmückt sind.

Zu den königlichen Barken gelangt man auf zwei ausgeschilderten Wegen: zum einen über einen schmalen Weg nach der Brücke westlich vom Bahnhof in Thonburi (leicht zu übersehender Wegweiser), zum anderen vom Wat Dusitaram hinter der Phra Pinklao-Brücke (Expressboot Pier Nr. 12) aus. Von der Endstation des Busses Nr. 503 ist es nicht weit zu den königlichen Barken. An der Brücke hält auch der Bus Nr. 19 ab Sanam Luang.

### Siriraj-Krankenhaus

Vom Phra Chan Pier erreicht man per Fähre den **alten Bahnhof** von Thonburi an der Mündung des Klong Bangkok Noi in den Menam Chao Phraya. Das **Siriraj Hospital** südlich des Bahnhofs war vor über 100 Jahren das erste westliche Krankenhaus des Landes und ist in den letzten Jahren zum Wohnsitz des Königs in Bangkok avanciert.

Auf dem Krankenhausgelände gibt es drei Museen: In den Räumen des **Siriraj Medical Museums,** ☎ 02-419 2600, 🖥 www.si.mahidol. ac.th/museums/en, wurden Tausende makabere Ausstellungsstücke zusammengetragen – eigentlich nur etwas für hartgesottene Erwachsene, aber die Thais kommen auch gerne mit ihren Kleinsten hierher. Im Gerichtsmedizinischen Institut im 2. Stock des Adulayadejvikrom Buildings sind Skelette, konservierte Organe und Körper von Mördern und deren Opfern – einschließlich der Mordwerkzeuge – zur Besichtigung freigegeben, zudem konservierte Giftschlangen, Insekten und eine kleine Ausstellung über die Identifikation der Tsunami-Toten. Im Ellis Pathological Museum umfasst 4000 Präparate von Kranken und Föten sowie alte Laboreinrichtungen. Alle Beschreibungen sind nur in

Thai, ein Audioguide (100 Baht, 200 Baht Kaution) sorgt für Abhilfe. Im Parasitology Museum sind tropische Parasiten und Tiere zu sehen, die für den Menschen gefährlich werden können. Die Ausstellung im **Siriraj Bimuksthan Museum** im Sayamindradhiraj Medical Institute befasst sich mit der Entwicklung der thailändischen Medizin und des Krankenhauses. ⏱ Mi–Mo 10–17 Uhr, Eintritt pro Museum 200 Baht, für beide Museen 300 Baht.

Kostenlos ist der Besuch des **Congdon Anatomical Museums** im 3. Stock des Anatomy Buildings, wo über 1000 verstaubte Präparate, missgebildete Föten, in Streifen geschnittene oder auf einzelne Aspekte reduzierte menschliche Körper, Organe und Skelette zu begutachten sind.

### Wat Arun

Jeden Morgen lässt die aufgehende Sonne die mit chinesischem Porzellan bedeckten Prangs in vielen Farben erstrahlen, daher wird der bereits in der Ayutthaya-Periode erbaute Wat Arun, 🖥 www.watarun.net, auch Tempel der Morgenröte genannt. Die verschieden hohen Türme symbolisieren das buddhistische Universum, in der Mitte den heilige Berg Meru, den die Weltmeere umgeben. Innerhalb der Tempelmauern stehen steinerne Figuren – u. a. ein europäischer Kapitän –, die als Schiffsballast aus China nach Thailand gelangten. Immer steilere Treppen führen den höchsten Prang (67 m) hinauf. Die oberen Plattformen sind für Touristen nicht zugänglich.

Auch der Bot lohnt einen Besuch. Ist der Zugang vom Tempel aus geschlossen, gelangt man über einen weiteren Eingang von der Gasse nördlich des Tempels in den Hof. Der Wandelgang ist mit bunten Blumenmotiven bemalt, und auch das Innere des Bot ist mit Wandmalereien geschmückt. Zur Zeit der letzten Recherche wurden die Türme gerade restauriert, sodass nicht alle Bereiche des Tempels zugänglich waren. ⏱ 8.30–17.30 Uhr, Eintritt 50 Baht. Vom Tha Thien Pier setzen Fähren für 2 Baht zum Wat Arun über.

### Das südliche Thonburi

Das riesige, von einem chinesischen Händler 1825 erbaute **Wat Kanlayanimit** erhebt sich 500 m südlich vom Wat Arun, am Ende der

Soi Wat Kanlaya, zu erreichen über die Israphap und Thetsaban Sai 1 Road. Von der Bangkok-Flussseite fahren Fähren ab Rachini Pier hierher. Im Glockenturm im Hof hängt die größte Bronzeglocke Thailands. Weit beeindruckender ist die riesige, in einer seltenen Haltung sitzende Buddhafigur im höchsten Viharn der Stadt. Die verblichenen Wandgemälde weisen chinesische Einflüsse auf. Nur wenige Touristen kommen hierher. ⊙ 6–18 Uhr.

300 m weiter südöstlich (zurück zur Thetsaban Sai 1 Road und nach links in die Soi Kudi Jeen) erreicht man die **Santa Cruz-Kirche** (Wat Kudee Jeen) inmitten des ehemaligen portugiesischen Viertels, des ersten europäischen Geschäftszentrums, von dem heute kaum noch etwas zu sehen ist. Seit dem 16. Jh. lebten portugiesische Diplomaten, Händler und Missionare im Land. Nach der Zerstörung von Ayutthaya ließen sie sich hier nieder und errichteten eine kleine Kirche, die 1916 durch das heutige, von italienischen Architekten entworfene Bauwerk ersetzt wurde. Das Kirchengebäude ist nur nach Voranmeldung unter ✆ 02-472 0153 zu besichtigen, aber das Gelände ist offen zugänglich.

In der Umgebung gibt es noch einige Läden, die das leckere Gebäck *Khanom Farang Kudi Jeen* nach traditionellem portugiesischem Rezept mit Apfel, Sharon oder Melone zubereiten.

Am gegenüberliegenden (Bangkok-)Ufer erstrecken sich die Hallen des Großmarktes **Pak Klong Talat** (S. 218), in denen vor Sonnenaufgang am meisten los ist.

### Klong Bang Luang

Entlang des Klongs, der südlich vom Wat Arun nach Westen abzweigt, bauten sich bereits vor fast 200 Jahren Regierungsangestellte ihre Prachthäuser. Heute noch verläuft das Leben inmitten der Pfahlbauten weitaus beschaulicher als wenige Kilometer östlich. Direkt am Klong lockt eine interessante Künstlerkolonie, ein Refugium der Kreativen. Im **Khlong Bang Luang Artist's House** (Baan Sinlapin), Wat Kuhasawan Soi 28, ✆ 02-868 5279, 🖥 www.fb.com/Baansinlapin (nur auf Thai), werden Ausstellungen zeitgenössischer einheimischer Künstler sowie die vom Aussterben bedrohte Kunst des Puppenspiels (S. 214) präsentiert. Zudem steht auch junge Kunst zum Verkauf, und ein Café lädt zu einer Verschnaufpause ein. Neben individuell gestal-

Der Golden Mount thront über der Altstadt.

© MISCHA LOOSE

teten T-Shirts und Postkarten können Besucher gegen eine Spende auch Masken bemalen. ⏲ 9–18 Uhr. Anreise mit dem Taxi ab BTS Wongwian Yai (als Ziel Wat Kuhasawan angeben), mit Klongbooten oder Bus Nr. 57, 509 und 542 bis Charan Sanitwong Soi 3.

# Rings um den Golden Mount

## Ratchdamnoen Road

Zu Beginn des 20. Jhs. wurden die Ratchdamnoen Klang und die Verlängerung Ratchdamnoen Nok Road angelegt. Gemeinsam bilden sie einen prunkvollen, breiten Boulevard von Sanam Luang (S. 148) zur Ananta Samakhom-Thronhalle (S. 152), der von Regierungs- und Verwaltungsgebäuden gesäumt ist.

An der Ecke Tanao Road erinnert das **14. Oktober 1973 Memorial** mit Fotos und Zeitungsausschnitten an die blutigen Auseinandersetzungen (S. 120).

Inmitten eines riesigen Kreisverkehrs erhebt sich das **Demokratie-Denkmal**, das an den Staatsstreich 1932 und das damit verbundene Ende der absoluten Monarchie erinnert. Wer die Reliefs aus der Nähe bewundern möchte, muss es erst durch den dichten Verkehr schaffen, was nahezu unmöglich ist.

Einstmals umgrenzte eine **Stadtmauer** entlang dem Klong Banglampoo und dem Klong Ong Ang das Stadtgebiet. Ein Teil davon ist an der Brücke restauriert worden. Vom dahinter liegenden Phanfa Pier legen Klongexpressboote in Richtung Osten ab, die zur Hauptverkehrszeit die beste Wahl für eine Fahrt in die Siam- und Sukhumvit-Gegend sind.

Die **The Queen's Gallery**, 101 Ratchdamnoen Klang Road, stellt in ihren hellen, klimatisierten Räumen moderne Gemälde und Skulpturen zeitgenössischer einheimischer Künstler aus. Ihr sind ein kleiner Shop und ein Café angeschlossen. ⏲ Do–Di 10–19 Uhr, Eintritt 30 Baht, ✆ 02-281 5360-1, 🖥 www.queengallery.org.

## Rattanakosin Exhibition Hall

Das moderne Museum, ✆ 02-621 0044, 🖥 www.nitasrattanakosin.com, versucht einen Überblick über die siamesische Kultur, Geschichte und Kunst der Bangkok-Epoche zu liefern. Oft kratzt es dabei nur an der Oberfläche und irritiert Besucher mit deplatzierten multimedialen Spielereien. Es kann nur im Rahmen zweistündiger Führungen erkundet werden, die etwas zu hektisch und schnell konzipiert sind. Zu Beginn werden traditionelle Lebensweisen und Berufe vorgestellt. Es folgen Räume zu königlichen Zeremonien, der Palast- und Tempelarchitektur sowie der Entwicklung der darstellenden Künste. Ganz oben lockt eine Aussichtsplattform mit Café und wunderschönem Blick auf den Loha Prasat. ⏲ Di–So 10–19 Uhr, Führungen starten alle 20 Min., letzte Tour 17 Uhr, Eintritt 100 Baht, Schüler, Studenten (mit Ausweis) und Senioren über 60 Jahre Eintritt frei. Audioguide gegen Abgabe des Passes oder 1000 Baht Kaution.

## Loha Prasat und Wat Ratchanaddaram

An der Mahachai Road wurde ein kleiner Park mit einer **Gedenkstätte für König Rama III.** und einem Pavillon errichtet. Dahinter steht der für eine Nichte Ramas III. erbaute **Wat Ratchanaddaram**. Im angrenzenden Astrologiezentrum lassen sich Besucher aus der Hand lesen. Das Highlight bildet der 36 m hohe, eigentümliche Metallpalast **Loha Prasat**, der an indische Tempelbauten erinnert und der einzige seiner Art in Thailand und einer von drei weltweit ist. 37 kleine Türmchen, die die 37 buddhistischen Tugenden der Erleuchtung symbolisieren, sind auf sieben Ebenen pyramidenförmig angeordnet. Manchmal ist es möglich, über die zentrale Wendeltreppe zur obersten Plattform hinaufzusteigen. ⏲ 9–17 Uhr, der Viharn ist nur gegen 16 Uhr zum Gebet geöffnet. Südlich schließt sich ein großer Devotionalienmarkt an, auf dem neben viel Kitsch auch schöne Statuen und Amulette verkauft werden.

## Golden Mount

Den Zusammenfluss der drei Klongs überragt der 79 m hohe, von 1782–1800 künstlich aufgeschüttete **Golden Mount** mit dem goldglänzenden, 1865 erbauten Chedi von **Wat Saket**. Der Chedi enthält eine Reliquie Buddhas, die hoch verehrt wird, vor allem während des Tempel-

rend die Motive auf den acht Säulen der hinduistisch-buddhistischen Kosmologie entnommen
sind. Im Zentrum des Raumes steht die 8 m hohe **Buddhastatue Sri Sakkayamuni** aus der Sukhothai-Periode. Den Viharn umgrenzt ein Wandelgang mit 156 Buddhastatuen. Auch der Bot,
weiter südlich, beeindruckt durch seine Größe
und hübsche Wandmalereien. König Rama VIII.,
dessen Bronzestatue im Vorhof steht, wurde im
Tempel beigesetzt. Ihm zu Ehren findet alljährlich am 9. Juni eine königliche Zeremonie statt.
⊙ 9–21 Uhr, Eintritt 20 Baht.

Östlich vom Tempel auf dem Mittelstreifen der Unakan Road steht der kleine **Hindu-
schrein Vishnu Mandir** (Narayu Temple). Der
Gottheit Vishnu opfern Gläubige Teller mit Gaben
und Blumenkränze. Zudem steht nordwestlich
von Wat Suthat etwas versteckt in der Dinso
Road der brahmanische **Bot Phram**. Zu den mit
gelben Blumenkränzen geschmückten Schreinen der Gottheiten Vishnu vor dem Tempel,
Shiva, der schwarzen Statue im Tempel, Ganesha (Elefantengott) und Skanda (Kriegsgott, kleiner Schrein links vom Eingang) kommen Thai-
Brahmanen, um zu beten. Sie sind für die Durch-
führung von überlieferten brahmanischen Riten
am Königshof zuständig.

## Wat Ratchabophit

Einen Abstecher lohnt der hübsche, 1869 erbaute Wat Ratchabophit, ⌨ www.ratchabo
phit.blogspot.com, am Ostufer des Klong Lod.
Er wird von einem 43 m hohen, mit goldfarbenen Keramikkacheln bedeckten Chedi überragt. Die Eingangstore sind mit geschnitzten
Soldaten verziert. Im Inneren liegen die Gräber
von Rama V. sowie Rama VII. und seiner Ehefrau. In der südöstlichen Ecke des Areals befindet sich das Grab der Ehefrau Ramas V. und
im Tempelbereich an der Atsadang Road, der
meist nur von der Straße aus zu besichtigen
ist, die Gräber der königlichen Familie, die zum
Teil gotischen Kirchen nachempfunden sind.
⊙ 5–18 Uhr.

Westlich des Tempels, jenseits der Fußgängerbrücke über den Klong, steht das
**Schwein-Denkmal**. Das vergoldete Tier wurde
zur Erinnerung an die im Jahr des Schweins ge-
borene Ehefrau Ramas V. errichtet.

---

festes im November. Nach dem Aufstieg über
318 Stufen bietet sich die luftige und ruhige
obere Plattform des Chedi mit einer tollen Aussicht über die Altstadt bis zu den Hochhäusern
des modernen Zentrums für eine Verschnaufpause vom Trubel und Straßenlärm an. Zum Golden Mount gelangt man am besten durch den
westlichen Eingang an der südlichen Borphat
Road, östlich des Klongs Ong Ang, sowie an
der Chakraphadipong Road durch eine schmale
Palmenallee zwischen einer kleinen Schule
und dem Wat Saket. ⊙ 7–17.30 Uhr, Eintritt frei
(Spende erwünscht).

## Wat Suthat und Umgebung

Folgt man der Borpat Road Richtung Süden,
kommt man zum **Ban Batt-Viertel**, in dem traditionelle Mönchsschalen *(batt)* hergestellt werden. Schilder weisen den Weg zu den Produktionsstätten. Die Almosenschalen werden aus
acht Metallen zusammengefügt, die den edlen
achtfachen Pfad des Buddhismus symbolisieren. Heute ist das Handwerk vom Aussterben
bedroht, und die Handwerker leben hauptsächlich vom Verkauf der Schalen an Touristen. Mehr
Infos unter ⌨ www.fb.com/Banbaat.

Anschließend geht es auf der Bamrung
Muang Road Richtung Westen. In Geschäften
wird eine faszinierende Sammlung von vergoldeten Buddhastatuen, Almosenschalen und anderem Tempelzubehör verkauft. Im Kreisverkehr
auf der verkehrsreichen Straße steht die restaurierte, etwa 25 m hohe **Riesenschaukel** *(giant
swing)*. Bei einem hinduistisch-brahmanischen
Fest wurden hier lebensgefährliche Schaukel-
wettkämpfe ausgetragen, bis sie unter Rama VII.
1933 verboten wurden.

Südlich der Schaukel erhebt sich der über
200 Jahre alte **Wat Suthat**, der nach dem
Schutzgott Bangkoks benannte „Palast von
Indra". Seine schönen **Wandmalereien** gehören zu den bedeutendsten Zeugnissen thailändischer Kunst. Bronzepferde, Pagoden und steinerne Figuren im chinesischen Stil umgeben
den großen Viharn, auf dessen wunderschönen, mit Schnitzereien verzierten Teakholztü-
ren Themen aus dem *Ramakien* dargestellt sind.
Die Innenwände sind bemalt mit Szenen aus
dem Leben der legendären 28 Buddhas, wäh-

# Chinatown

Über 9 Mio. Chinesen leben zum großen Teil schon seit vielen Generationen in Thailand und haben sich weitaus stärker als in anderen Ländern in die Thai-Gesellschaft integriert. Nachdem die ersten chinesischen Siedler unter Rama I. aus dem Palastbezirk hierher umgesiedelt worden waren, entwickelte sich rund um die **Yaowarat Road** eine der größten Chinatowns der Welt.

Die Parallelstraße **Charoen Krung Road** (auch New Road) vom Wat Pho Richtung Osten wurde als erste asphaltierte Straße des Landes unter Rama IV. (1851–68) entlang einem ehemaligen Elefantenpfad gebaut. Zu dieser Zeit wurde in Bangkok noch alles auf dem Wasser transportiert. Europäische Händler, die ihre Lagerhallen am Fluss hatten, forderten vom König eine Straße, um einen besseren Warentransport zu gewährleisten. Daher ist sie für Bangkok so untypisch geschwungen und kurvenreich, was ihr auch den Beinamen Thanon Mangkon (Drachenstraße) einbrachte. Der Kopf des Drachen soll im China Gate sitzen, der Bauch rund um die Kreuzung Mangkon und Yaowarat Road und der Schwanz am Klong Ong Ang enden. Die Chinatown reicht aber auch gute 500 m weiter nach Süden. Dieser als **Talat Noi** bekannte Stadtteil ist ähnlich dicht mit schmalen traditionellen Ladenhäusern besiedelt und besonders für seine Eisenwarenhändler bekannt.

Ein Besuch der Chinatown ist immer spannend, besonders während der großen chinesischen Feste (Fest der hungrigen Geister im 7. Monat des chinesischen Kalenders, Mondkuchenfest Mitte des 8. Monats) und der Neujahrsfeierlichkeiten. Dann wandelt sich die Yaowarat Road zu einer riesigen Festmeile mit Verkaufs- und Essensständen, Küchenchefs zeigen ihre Künste, und es finden Umzüge mit Löwentänzen, chinesische Opernaufführungen und andere kulturelle Veranstaltungen statt. Weitere Infos unter 🖥 www.bangkok.com/chinatown.

## Little India und Old Siam Plaza

Entlang der Pahurat Road und in den umliegenden schmalen Gassen sind viele Inder zu Hause.

So werden auf dem **Pahurat-Markt** günstig indische Textilien, von Saris bis zu Brokatstoffen für Tempeltänzer, Schmuck, Bollywood-Filme und vieles mehr angeboten. Dazwischen servieren renommierte Restaurants ebenso wie einfache Essensstände authentische indische Currys und Snacks. Die Gegend ist zudem das Verkaufszentrum für traditionelle Hochzeitskleider.

Die Wohn- und Geschäftshäuser hinter dem Markt überragt die goldene Kuppel des 1933 gegründeten, ältesten **Sikh-Tempels** Gurdwara Siri Guru Singh Sabha, des zweitgrößten außerhalb Indiens. Besucher, die sich in dem modernen, sehr sauberen, kühl wirkenden Gebäude umsehen wollen und um Erlaubnis fragen, sind willkommen und bekommen das erforderliche Kopftuch ausgeliehen. Hungrige gleich welcher Religion erhalten zudem immer eine warme Mahlzeit. Die Gebetshallen liegen im vierten Stock. 🕐 10–18 Uhr.

Im Block, der von der Charoen Krung, Pahurat, Tripet und Borphat Road umgrenzt wird, wurde der ehemalige Ming Muang-Markt zum **Old Siam Plaza** umgebaut (S. 217).

## Chinesische Märkte und Tempel

Von der Pahurat Road Richtung Osten gelangt man in die 1 km lange und nur 4–5 m breite **Sampeng Lane** (Soi Wanit 1), durch die sich Lastkarren, Motorräder und Einkäufer drängen. In dem einstigen verruchten Hafenviertel voller Opiumhöhlen, Spielsalons und Bordellen quellen die kleinen, offenen Geschäfte über mit sehr preiswerten Artikeln. Da die Häuser dicht zusammenstehen und teils durch ein hohes Dach vor der Sonne abgeschirmt sind, ist es hier selbst mittags relativ kühl, aber dafür umso enger und geschäftiger. Auch noch mitten in der Nacht ist hier etwas los.

In den parallel verlaufenden Hauptstraßen **Yaowarat** und **Charoen Krung Road**, wo sich ein Geschäft ans nächste reiht, bauen fliegende Händler auf den schmalen Bürgersteigen ihre Stände auf. Exotisch muten Mung Ming-Stände an, an denen auf offener Straße mit feinen Fäden weibliche Gesichtshaare entfernt werden, eine alte chinesische Tradition. Welch ein Kontrast zu den dahinter liegenden, mit Gold und Jade vollgepackten Schmuckläden und den großzügigen, klimatisierten Verkaufsräumen für aphrodisische Antilopengeweihe und wertvolle Schwalbennester! Exotische Düfte weisen den Weg zu traditionellen chinesischen Apotheken. Auf den Bürgersteigen östlich vom großen **Wat Chaichana Songkhram** werden noch ganz klassisch Uhren, Taschenrechner und Batterien feilgeboten. Am **Ratchawongse Pier** legen die Expressboote an.

Auf dem chinesischen Markt in der **Soi Issaraphap** werden exotische Zutaten für die chinesische Küche verkauft, von denen Hühnerfüße und Seegurken noch die harmloseren zu sein scheinen.

Der älteste und größte chinesische Tempel, der **Leng Noei Yi** (Thai-Name: Wat Mangkon Kamalawat), steht an der Charoen Krung Road zwischen Mangkon Road und Soi Issaraphap. Durch ein hohes, prächtiges Tor betritt man einen ausgedehnten Hof, der von der 1871 erbauten Tempelanlage begrenzt wird. Hinter dem aufwendig dekorierten Haupttempel liegen mehrere kleinere Räume, in denen Wahrsager und Heilkräuterverkäufer ihren Geschäften nachgehen. ⏲ 8–18 Uhr.

Die chinesische Gemeinde hat 1999 zu Ehren des Geburtstags von König Bhumibol am südlichen Ende der Yaowarat Road das **China Gate** als Eingangstor zur Chinatown errichtet. Die Jade-Statuen sind ein Geschenk der chinesischen Regierung.

## Wat Traimit und Chinatown Heritage Center

Der 3,91 m hohe Buddha im **Wat Traimit**, Charoen Krung, Ecke Traimirt Road, 🖥 www.wattraimitr-withayaram.com, ist eine Statue der Superlative: Er besteht aus purem Gold, ist mit einem Gewicht von etwa 5,5 t der schwerste goldene Buddha und das vom Sachwert her wertvollste religiöse Objekt der Welt. Die 3 m hohe Statue kann im oberen Stock des neuen dreistöckigen **Phra Maha Mondhop** bestaunt werden. Der aus dem 14. Jh. stammende Buddha im Sukhothai-Stil wurde erst 1955 durch Zufall entdeckt: Als ein vermeintlicher „Stuck"-Buddha aus einer Tempelruine in diesen neuen Tempel gebracht werden sollte, fiel er zu Boden, und unter den Rissen kam die versteckte Goldstatue zum Vorschein.

Im 1. Stock des prachtvollen Gebäudes ist das empfehlenswerte **Chinatown Heritage Center** untergebracht, dessen sechs Räume einen guten Einblick in die Kultur, Geschichte und Gegenwart der chinesischen Bevölkerung Bangkoks ermöglichen. Die Ausstellung punktet mit anschaulichen Erklärungen (auch auf Englisch), Schaubildern, Modellen und multimedialen Installationen. Beim Gang durch den Nachbau einer chinesischen Dschunke und über einen Markt aus der Zeit Ramas III. werden die Gründe für die Auswanderung aus China und die schweren Lebensbedingungen der ersten Migranten klarer. Anschließend gilt es, die Beziehungen zwischen Siam und China und die Chinatown Bangkoks zu erforschen. Leider laufen in manchen Ausstellungsräumen viele Soundeffekte gleichzeitig, sodass sich die Geschichten übertönen – was mit Blick auf das hektisch laute Treiben draußen vielleicht gar nicht so unrealistisch ist.

Das Stockwerk darüber zeichnet in der **Phra Buddha Maha Suwanna Patimakorn-Ausstellung** die bewegte Geschichte des goldenen Buddhas nach.

⏲ 8–17 Uhr, Ausstellungen Mo geschl., Eintritt Wat Traimit 40 Baht, Eintritt Heritage Center 100 Baht.

## Hua Lamphong

Im Osten endet die Chinatown am Hauptbahnhof der Stadt, Hua Lamphong (S. 234), der 1910–16 nach dem Vorbild des Frankfurter Hauptbahnhofs errichtet wurde. Dabei wurden sogar viele Baumaterialien aus Deutschland importiert. Die Decke ist allerdings aus thailändischem Teakholz gefertigt. Ein Hauch von Luxus breitet sich aus, wenn der Eastern & Oriental Express abfährt, dessen Passagiere in einem separaten Wartesaal abgefertigt werden.

# Sathorn und Silom

Über die Charoen Krung Road gelangt man weiter Richtung Süden, vorbei an zahlreichen Silbergeschäften, in das älteste Banken- und Geschäftsviertel. Hier siedelten bereits unter Rama IV. europäische Händler und Geschäftsleute, die auch chinesisch- und indischstämmige Angestellte mitbrachten, sodass eine multiethnische und -religiöse Mischung entstand. Wer sich nicht dem Lärm und den Abgasschwaden des dichten Verkehrs aussetzen möchte, kann mit dem Expressboot bis zum Sathorn Pier fahren.

## Entlang dem Chao Phraya

200 m südlich des Marine Department Piers (N4) erheben sich die Türme der neogotischen **Rosenkranzkirche**, 🖳 http://rosary.catholic. or.th (nur in Thai), auch Kalwar Church genannt. Bereits 1786 kurz nach der Zerstörung von Ayutthaya errichteten Portugiesen hier eine katholische Kirche. Das heutige Gebäude mit Bleiglasfenstern stammt von 1898. ⊕ 6–21 Uhr.

Kaum zu übersehen sind das Einkaufszentrum **River City** direkt südlich (S. 216), in dem Souvenirs und auf Alt getrimmte „Antiquitäten" angeboten werden, und das angrenzende Royal Orchid Sheraton Hotel. Inmitten der modernen Bauten wirkt die **Portugiesische Botschaft** südlich des Si Phraya Piers wie ein Relikt aus der Vergangenheit. Vom Fluss her nicht zugänglich ist das große ehemalige **Hauptpostamt**, das zu einem Postmuseum umgebaut werden soll. König Rama V., dessen Denkmal vor dem Hauptgebäude steht, führte 1883 das Postsystem und wenig später auch das Telefon in Thailand ein.

Das weiter südlich gelegene **Mandarin Oriental Hotel** zählt seit seiner Eröffnung 1876 zu den Hotellegenden Asiens. Im Hotel ist fast alles noch so wie zu der Zeit, als Joseph Conrad, Somerset Maugham oder Noël Coward hier abstiegen. Bei einem gepflegten Drink auf der Terrasse hat man einen herrlichen Blick auf den Sonnenuntergang über dem Fluss.

Vorbei am kolonialen Gebäude der **East Asiatic Company**, das Ende des 19. Jhs. von einem dänischen Geschäftsmann errichtet wurde, gelangt man zu einem Platz mit den Schulgebäuden des Assumption College und einer der größten Kirchen der Stadt, der katholischen **Assumption Cathedral** (Mariä-Himmelfahrt-Kathedrale), 🖳 www.assumption-cathedral. com, im englischen Kolonialstil. Durch bunte Bleiglasfenster wird das Innere der Kirche mit einem Altar aus französischem Marmor erleuch-

tet. Sonntags um 10 Uhr findet ein englischsprachiger Gottesdienst statt.

## Asiatique The Riverfront

In den ehemaligen Docks und Lagerhallen der East Asiatic Company entstand am Menam Chao Phraya südlich der Taksin-Brücke ein großer Nachtmarkt, 2194 Charoen Krung Rd., 🖳 www. asiatiquethailand.com – eine gelungene, teils etwas kitschige Kombination aus Markt und Mall, aus Essen, Shoppen und Entertainment, Vergangenheit und Gegenwart. Die koloniale Architektur bildet eine schöne Kulisse für einen wahlweise entspannten oder ereignisreichen Abend. Die Gänge zwischen den über 1500 kleinen Geschäften sind breit angelegt und das Gelände ist übersichtlich in zehn nummerierte Lagerhallen strukturiert.

Am Fluss liegen teurere Restaurants und Weinbars, die mit der angenehmen Lage ein zahlungskräftiges Publikum anlocken, sowie das 60 m hohe Riesenrad mit toller Aussicht (300 Baht, Kinder 200 Baht, private Gondeln für 2 Pers. 1000 Baht). Dahinter beherbergt die ehemalige Sägemühle Modeboutiquen und Klamottenläden. Das breit gefächerte Angebot reicht von edlen einheimischen Labels über kreativ gestaltete T-Shirts bis zu günstigen, nicht ganz echten Fußballtrikots. Rund um den zentral gelegenen Uhrturm konzentrieren sich ein großer Biergarten und kleinere, günstigere Restaurants. Die vier großen Lagerhallen dahinter beherbergen nicht nur über 1000 kleine Geschäfte mit einem vielseitigen Angebot von Souvenirs über Möbel und Kunsthandwerk, Schmuck, Kosmetik und Lederwaren, sondern auch das Calypso Cabaret (S. 211) mit Transvestiten, eine Muay-Thai-Show (S. 210) und eine Palette von Banken und Franchise-Restaurants. Das altbekannte Joe Louis-Puppentheater zeigt leider nur noch im gleichnamigen Restaurant zu mäßigem Essen viel zu kurze, 15-minütige Darbietungen.

€ Eine günstige, empfehlenswerte Alternative zu den Restaurants innerhalb des Asiatique sind die **Essensstände** östlich der Charoen Krung Road. Die freundliche Dame am Stand mit Isaan-Küche (zu erkennen an den für den *som tam*-Salat benötigten jungen Papayas in der Auslage) bereitet sehr guten, authentischen Larb-Salat zu.

🕐 17–24 Uhr. Vom Sathon (Central) Pier an der BTS-Station Saphan Thaksin verkehrt von 17–24 Uhr alle 15 Min. ein kostenloses Shuttleboot.

## Rund um die Silom Road

Ein Heiligtum ganz besonderer Art ist der **Sri Mariamman-Tempel**, 🖳 www.srimahamariammantemplebangkok.com, ein Hindutempel der Shakti-Sekte, der 1879 von südindischen Tamilen an der Silom Road erbaut wurde. Neben der Urmutter Uma Devi, Krishna, Kali, Rasmi, Khandakumara, einem Shiva-Lingam, Ganesh und anderen hinduistischen Gottheiten hat auch Buddha seinen Platz. Der bunte Gopuram wurde zum Zeitpunkt der letzten Recherche umfassend restauriert. Auch viele Thais beten hier für Liebe und Fruchtbarkeit. Während des größten Hindufestes Thaipusam Ende Januar/Anfang Februar und beim zehntägigen Navratri Festival Ende September/Anfang Oktober steht der Tempel im Mittelpunkt des Geschehens. Gäste sind gern gesehen. 🕐 Mo–Do 6–20, Fr bis 21, Sa und So bis 20.30 Uhr, Fotografieren verboten. In der direkten Umgebung werden an Verkaufsständen zahlreiche hinduistische Devotionalien, Blumengirlanden und Bollywood-Musik verkauft – man fühlt sich fast wie auf dem chaotisch-liebenswerten Subkontinent.

Gegenüber in der Soi 20 erhebt sich hinter der Markthalle die **Masjid Mirasuddeen**, eine der rund 170 Moscheen der Stadt im orientalischen Baustil. 🕐 6–20 Uhr.

Am südlichen Ende der Convent Road steht der strahlend weiße Bau der Anfang des 20. Jhs. errichteten **Christ Church**, 🖳 www.thaianglican.org, mit einer über 100 Jahre alten britischen Orgel. Die schönen Bleiglasfenster stammen aus der ersten, 1864 am Chao Phraya erbauten anglikanischen Kirche. 🕐 So 7–14 Uhr.

In einem kleinen Garten steht die neoklassizistische **Neilson Hays Library**, 🖳 www.neilsonhayslibrary.com, mit einer guten Bibliothek und regelmäßigen Kunstausstellungen. Der weiße Bau an der Surawongse Road, Ecke Soi 18 wurde in den 1920er-Jahren von einem wohlhabenden Briten zu Ehren seiner an Cholera verstorbenen Frau in Auftrag gegeben und vom selben

Architekten gestaltet, der bereits die Ananta Samakhom-Thronhalle und den Hua Lamphong-Bahnhof verantwortet hatte. Im Garten ist ein kleines, nettes Café, zudem finden regelmäßig Bücher-Flohmärkte statt. 🕐 Di–So 9.30–17 Uhr.

Am östlichen Ende der Silom Road liegt eine der berühmt-berüchtigten Amüsiermeilen Bangkoks, die **Soi Patpong**. Auf den ersten Blick wirkt sie mit ihrem touristischen Straßenmarkt ab 17 Uhr fast wie eine Flaniermeile. Die Go-go-Bars im Erdgeschoss werden sogar von Reisegruppen angesteuert (S. 206). Zudem konzentrieren sich in der Umgebung einige große Einkaufszentren und viele Büros.

## Lumphini Park

Am Ende der Silom Road erstreckt sich der erste öffentliche Park Thailands, der Lumphini Park (Suan Lum). Vor dem Haupteingang steht das **Denkmal von König Rama VI**. Im Schatten der Bäume halten Angestellte aus den benachbarten Büros ihr Mittagsschläfchen, am frühen Morgen praktiziert man hier Yoga, Schattenboxen und Tai Chi oder joggt, und zum Sonnenuntergang halten sich große Gruppen von Hausfrauen mit einem geräuschvollen Aerobicprogramm fit. Während Kinder auf den Spielplätzen und über den Rasen toben, zieht es Erwachsene auf den Fitness-Parcours und die Basketball-, Fußball- oder Takraw-Plätze. An den Kanälen kann man große Warane bestaunen, die sich in der Sonne aufwärmen. Von Dezember bis Februar finden sonntags ab 17.30 Uhr kostenlose klassische Konzerte statt (weitere Infos unter 🖳 www.bangkoksymphony.org). Auch können Tretboote gemietet werden. Nach Einbruch der Dunkelheit wird der Park geschlossen. Von der nordöstlichen Ecke führt ein Fußgänger-Hochweg mit Spielplätzen in die Sukhumvit-Gegend. 🕐 5–19 Uhr.

## Schlangenfarm

Das **Königin Saovabha Memorial Institute** an der Rama IV, Ecke Henri Dunant Road, 📞 02-252 0161-4, 🖳 www.saovabha.com/en, beherbergt die älteste Schlangenfarm des Landes. Das Institut wurde 1923 unter französischer Mithilfe gegründet, um die damals wütenden Tollwutepidemien zu bekämpfen. Im Außenbereich werden einheimische Schlangen vorgestellt: Pythons, Wasserschlangen und Kobras können in etwas trostlosen Glaskästen und eingelassenen Bottichen bewundert werden. Im Innenbereich des Serpentariums sind 35 weitere Schlangenarten ausgestellt und es wird Schlangengift entnommen, um daraus Serum zu gewinnen. Im oberen Stockwerk ist eine kleine Ausstellung untergebracht. Vorführungen der Giftentnahme Mo–Fr um 11 Uhr, eine informative Show mit Vortrag Mo–Fr um 14.30 Uhr sowie Sa und So um 11 Uhr. ⏰ Mo–Fr 8.30–16.30, Sa und So 9.30–13 Uhr, Eintritt 200 Baht, Kinder 50 Baht.

## Siam und Pratunam

Gläserne, chromglitzernde Einkaufspaläste, Hotel- und Bürokomplexe haben sich östlich des alten Stadtkerns ausgebreitet. Zwischen **Siam Square** und **Siam Paragon** liegt über der Rama I Road der quirlige Umsteigebahnhof der Hochbahn BTS, die sich vor dem Erawan-Schrein verzweigt. Zwischen der Siam- und Chit Lom-Station kann man über der verkehrsreichen Straße auf dem **Skywalk** flanieren, eine Fußgängerzone mit Zugang zu den Einkaufszentren und der BTS. Abends findet ein Markt statt, auf dem Kleidung und Accessoires verkauft werden.

### Jim Thompson-Haus

Das tropisch grüne Areal des hübschen, bei Touristen beliebten Komplexes, ☎ 02-216 7368, 🖥 www.jimthompsonhouse.com, liegt eingequetscht zwischen modernen Allerweltsfassaden am Ende der Soi Kasemsan 2 direkt am Klong. In seinem ehemaligen Wohnhaus, das aus sechs originalgetreu errichteten, traditionellen, teilweise über 200 Jahre alten Teakhäusern besteht, hat Jim Thompson südostasiatische Kunstschätze zusammengetragen. Die kleineren Häuser, teils ehemalige Reisspeicher, enthalten u. a. chinesisches Porzellan und Gemälde aus der Ayutthaya-Periode.

Die wahren Schätze verbergen sich im Haupthaus, das im Rahmen einer ausgezeichneten Führung zugänglich ist. Im Eingangsbereich wird zudem gezeigt, wie die berühmte Seide gesponnen wird. ⏰ 9–18 Uhr, die englischsprachigen halbstündigen Führungen beginnen etwa alle 20 Min., Eintritt 100 Baht, Studenten bis 25 Jahre 50 Baht. Ein deutschsprachiges Booklet über das Haus ist (sofern vorrätig) für 250 Baht im kleinen Buchladen erhältlich. Im Inneren der Häuser darf nicht fotografiert werden. Angeschlossen ist ein gutes, hochpreisiges Restaurant. Zugang ab Rama I Road, BTS National Stadium, kostenloser Shuttleservice zur Hauptstraße. Mehr zu Jim Thompson s. **eXTra [8932]**.

### Siam Paragon

Im 500 000 m² großen, exklusiven Einkaufszentrum, 🖥 www.siamparagon.co.th, befinden sich neben edlen Boutiquen der größte Buchladen Thailands (S. 218), 14 Kinos (S. 210), ein IMAX-Saal, ein großes Theater, eine Bowlingbahn und ein Vergnügungspark, in dem Kinder Berufe ausprobieren können (S. 222), sowie ein Messe- und Veranstaltungszentrum. Im 2. Stock werden allerlei Luxusautos verkauft, u. a. Masarati, Aston Martin, Rolls Royce, Bentley und Lamborghini. Einen Besuch wert ist die Gourmet-Etage im Erdgeschoss (S. 198), in deren Restaurants und Food Center westliche und östliche Delikatessen teils vor den Augen der Kunden frisch zubereitet werden. ⏰ 10–22 Uhr, einige Restaurants bis 23 Uhr.

### Sea Life Bangkok Ocean World

Eine Attraktion für Jung und Alt ist das im Untergeschoss des Siam Paragon untergebrachte Aquarium, ☎ 02-687 2000, 🖥 www.sealifebangkok.com. Auf 10 000 m² Fläche leben über 400 Arten und 30 000 Tiere, darunter Haie und Pinguine. Besucher können die aufwendig gestaltete Unterwasserwelt durch gläserne Tunnel erkunden. Im größten Becken mit einem Korallenriff tummeln sich Mantas und Tigerhaie. Neben den Becken für Salzwasserfische sind die größten Krebse der Welt, eine Sammlung von Quallen sowie Seepferdchen und eine Regenwaldzone mit Süßwasserfischen, Fischottern und Wasserratten zu bestaunen. Alles ist auch auf Englisch beschriftet. ⏰ 10–21 Uhr, letzter Einlass 20 Uhr, Eintritt 990 Baht, Kinder 790 Baht.

## Madame Tussaud's Bangkok

Im 6. Stock des Siam Discovery Centers, 📞 02-658 0060, 🖥 www.madametussauds.com/bangkok/en, sind in zehn thematisch sortierten Räumen über 90 Figuren aus Film, Musik, Fernsehen, Politik, Wissenschaft und Sport versammelt. Darunter finden sich neben einheimischen Berühmtheiten auch internationale Stars wie Brad Pitt, Angelina Jolie und George Clooney, Michael Jackson, Justin Bieber und Beyoncé, aber auch Barack und Michelle Obama, Aung San Suu Kyi, Albert Einstein und der Dalai Lama. 🕐 10–21 Uhr, Eintritt 850 Baht, Kinder 650 Baht, bei Online-Buchung 20 % Rabatt.

## Erawan-Schrein

An der Ecke Ratchadamri Road steht vor dem Grand Hyatt Erawan Hotel, umrahmt von massigen BTS-Trassen, der kleine Erawan-Schrein (Thao Maha Brahma). Er ist einer von vielen Haustempeln der Stadt und erfreut sich seit seinem Bau 1956 größter Beliebtheit. Damals war es während der Bauarbeiten für das Erawan Hotel zu einer Reihe von Unglücken gekommen. Arbeiter stürzten in den Tod, und ein Schiff, das für das Hotel bestimmten Marmor transportierte, sank auf hoher See. Die Arbeiter sahen darin das Werk böser Geister und weigerten sich weiterzubauen, bis schließlich ein Astrologe feststellte, dass der Grundstein für das Hotel an einem ungünstigen Tag gelegt worden war. Er schlug den Bau eines Schreins vor, und tatsächlich kam es danach zu keinen weiteren Zwischenfällen. 2006 zerstörte ein geistig verwirrter Thai-Moslem die Brahmastatue mit einem Hammer und wurde daraufhin von zwei aufgebrachten Passanten erschlagen.

Gott Brahma ist besonders nach Geschäftsschluss das Ziel vieler Verehrer. Sie opfern Räucherstäbchen, Früchte und Kerzen, behängen die Statue mit Blumenkränzen und erbitten den Segen der Götter, oder sie engagieren Tänzerinnen, die begleitet von traditioneller Musik klassische Tänze vorführen. Ist ein Wunsch in Erfüllung gegangen, opfert man Teakholz-Elefanten.

## Pratunam

Im quirligen Stadtviertel Pratunam wird ein Großteil des Textilhandels in Südostasien abgewickelt. Entlang der Bürgersteige, in den Einkaufszentren, überdachten Markthallen und schmalen Sois drängen sich die Verkaufsstände. Auch im Untergeschoss des Baiyoke II Tower stapeln sich bunte T-Shirts, Jeans, Tücher und Kleider (mehr Infos S. 215).

Der **Baiyoke II Tower** ist mit 304 m Gebäudehöhe plus weiteren 24 Antennen-Metern bis zur für Ende 2015 avisierten Fertigstellung des MahaNakhon-Towers in Sathorn das höchste Gebäude des Landes. Für das 85-stöckige Hochhaus mussten die Pfeiler 65 m tief in die Erde gerammt werden. Von der Aussichtsplattform im 84. Stock bietet sich bei guten Wetterverhältnissen eine tolle Aussicht. Bangkok liegt einem sprichwörtlich zu Füßen – im Westen breitet sich die von Tempeltürmen überragte Altstadt (bestes Licht vormittags) aus, und im Osten und Süden sieht man die modernen Hochhäuser der Geschäftsviertel (bestes Licht nachmittags). Ein Gewirr von Straßen und Expressways durchzieht das Häusermeer, und die breiten Ausfallstraßen verlieren sich Richtung Norden am Horizont. 🕐 10–23 Uhr, Eintritt vor 17 Uhr 300 Baht, danach 400 Baht inkl. eines Drinks an der Bar mit Blick über die Hochhäuser der Stadt; ab 23 Uhr Tickets im 19. Stock, dann ist lediglich der Besuch der Bar möglich, 📞 02-656 3000, 🖥 www.baiyokesky.baiyokehotel.com. Wer ein Buffet in einem der Restaurants auf den beiden oberen Etagen genießen möchte, zahlt mittags 700 Baht und abends 1000 Baht inkl. Aufzugfahrt, im chinesischen Restaurant im 79. Stock kostet das Buffet ganztags 1100 Baht p. P.

## Suan Pakkad-Palast

Der von einer sehr schönen Gartenanlage eingerahmte **Suan Pakkad-Palast** in der Sri Ayutthaya Road, 📞 02-245 4934, 🖥 www.suanpakkad.com, enthält die private Kunstsammlung eines Prinzen und seiner Prinzessin und bietet etwas Tradition und Ruhe mitten im Innenstadttrubel. Die ältere, aber gepflegte Ausstellung verteilt sich über acht traditionelle Thai-Häuser, die teils in den 1950er-Jahren aus Chiang Mai hierher transportiert wurden. Die Innenwände des Lackpavillons aus der Ayutthaya-Periode sind mit wunderschön gearbeiteten Szenen aus dem *Ramakien*-Epos und Buddhas Leben geschmückt (Fotografierverbot). Zudem sind die größte Sammlung weltweit von sehr gut erhaltenen Ban Chiang-Keramiken, Seladon-Ware und prähistorische Kunstgegenstände aus Kanchanaburi, eine königliche Barke, Muschel- und Fossiliensammlungen sowie beeindruckende Khon-Masken und klassische Thai-Musikinstrumente zu bewundern. ⏲ 9–16 Uhr, Eintritt 100 Baht.

## Sukhumvit

Nach Osten geht die Ploenchit Road in die Sukhumvit Road über, eine 400 km lange Straße, die erst an der kambodschanischen Grenze bei Trat endet. Die BTS gleitet hier über den dichten Straßenverkehr hinweg. Hinter den Einkaufszentren liegen in Seitenstraßen, den durchnummerierten Sois, kleine Geschäfte, Hotels und Restaurants. In dieses Gewirr schlagen die ausgebaute, von modernen Hochhäusern gesäumte **Soi Asoke** (Soi 21), und weiter östlich die **Soi Thong Lo** (Soi 55) und die **Soi Ekkamai** (Soi 63), breite Schneisen.

Die westliche Sukhumvit ist rund um die BTS-Station Nana ein bekanntes Vergnügungsviertel mit einem turbulenten, anrüchigen Nachtleben. Zwischen Soi 1 und 5 findet sich eine Vielzahl von Geschäften, Bars und Restaurants, die sich an eine arabische und afrikanische Kundschaft richten, daher ist die Gegend auch als Little Arabia bekannt. In der Umgebung der Nana Plaza auf der Soi 4 arbeiten viele leichte Mädchen für eine ältere, größtenteils westliche Klientel. Die Atmosphäre ist nicht besonders an-

genehm. In der belebten Soi 11 liegen einige der angesagtesten Clubs und Bars der Stadt. Östlich der Soi Asoke wird es zunehmend edler. Die thailändische Oberschicht sowie viele Japaner wohnen rund um die BTS-Stationen Phrom Phong und Thong Lo. Zudem konzentrieren sich hier viele japanische und koreanische Restaurants. Nirgendwo sonst in Thailand sieht man so viele teure Autos und nirgendwo sonst feiert man so dekadent wie in den Clubs rund um die Thong Lo Soi 10.

### Kamthieng House

Wie eine ruhige Oase zwischen den Zweckbauten aus Glas und Beton wirkt der subtropische Garten der Siam Society, 131 Soi Asoke (BTS Asok und MRT Sukhumvit, Exit 1). Hier steht ein 1848 erbautes, exzellent erhaltenes Teakhaus aus dem Norden, das Kamthieng House, ☎ 02-661 6470-7, 🖥 www.siam-society. org, das 1963 von einem Professor nach Bangkok gebracht wurde, um als ethnologisches Museum zu dienen. Die Sammlung vermittelt in zeitgemäßem multimedialem Stil einen guten Einblick in den Alltag und traditionellen Geisterglauben der Menschen im nördlichen Lanna des späten 19. Jhs. Während des Rundgangs durch die fünf Bereiche erklingt traditionelle Musik, Filme zeigen Tänze, die Zubereitung von Hausmannskost und das Leben im Dorf. Auch für Kinder interessant. Im Vorgarten zudem ein Café. ⏲ Di–Sa 9–17 Uhr, Eintritt 100 Baht.

### Queen's Park

Inmitten des Großstadtgetümmels lädt der **Queen's Park**, auch Benjasiri Park, zwischen Soi 22 und 24, mit seinen Seen, Schatten spendenden Bäumen und modernen Skulpturen zu einer Pause ein. Kinder vergnügen sich auf der Skatebahn oder dem Basketballplatz. Gegen 18 Uhr finden Aerobic-Kurse statt. ⏲ 5–20 Uhr. Im Süden grenzt an den Park das Gebäude der **World Fellowship of Buddhists** (S. 212) .

## Im Norden

### Suan Chatuchak Weekend Market

Mit der BTS und MRT kommen am Wochenende Zehntausende von Touristen in diese an-

**N** 0 3 km

## ÜBERNACHTUNG
1. Udee Bangkok
2. Mystic Place - Rooms in Bangkok
3. The Thai House
4. Yim Huai Khwang Hostel
5. Airy Resort, Novotel
   Bangkok Suvarnabhumi Airport
6. Anantara Riverside Spa & Resort
7. W Home Bangkok
8. Kama Bangkok
9. Bangkok Tree House

## ESSEN
1. Baan Klang Nam

## TRANSPORT
1. Northern Bus Terminal (Mo Chit)
2. Southern Bus Terminal
   (Sai Tai Mai/Taling Chan)
3. Minibusse
4. Eastern Bus Terminal (Ekkamai)

## UNTERHALTUNG
1. Saxophone
2. Slim/Flix
3. Route66
4. Calypso Cabaret,
   Muay Thai Live
5. Tawandang
   German Brewery

## SONSTIGES
1. Impact Arena
2. Immigration Office,
   Royal Forestry Department,
   New Lumpinee Stadium,
   Dream World
3. House of Dhamma
4. The Thai House
5. Never Say Cutz
6. Siam Ratchada Music Auditorium
7. Recreational Bangkok Biking

BTS (Skytrain) Hochbahn
MRT U-Bahn
SRT Eisenbahn
SRT Airport Rail Link
Expressboote (mit Pier-Nr.)

**Detailpläne:**
A Historisches Zentrum
B Sathorn und Silom
C Siam und Pratunam
D Sukhumvit
E Banglampoo
F Thewet

Ayutthaya, Saraburi, Lopburi, Korat
Lat Phrao
Lad Phrao Rd.
Ratchadaphisek
Sutthisan
Huai Khwang
Siam Niramit
Thailand Cultural Centre
Phra Ram 9
Rama IX Rd.
Klong Samsen
Bangkok Hospital
Phetchaburi Rd.
Klong Saen Saeb
Ramkhamhaeng
Phrom Phong
Thong Lo
Queen's Park (Benjasari Park)
Sukhumvit
Ekkamai
Phra Khanong
Rama IV Rd.
Phattanakan Rd.
Hua Mak
Suvarnabhumi International Airport
Soi 77 (On Nut Rd.)
On Nut
Soi 50
Soi 56
Bangchak
Soi 62
Soi 101
Punnawithi
Soi 101/1 (Wachiratham Sathit)
Samut Prakan, Chonburi
Maenam Chao Phraya
Seacon Square
Talad Rod Fai
Nong Bon Reservoir
Rama 9 Park
Mega Bangna

**ÜBERNACHTUNG**
- 10 Villa Phra Sumen
- 11 Old Bangkok Inn
- 12 Baan Noppawong
- 13 Baan Dinso@Ratchadamnoen
- 14 Baan Dinso
- 15 Niras Bankoc Cultural Hostel
- 16 Inn A Day
- 17 The Royal ThaTien Village
- 18 Shanghai Mansion Bangkok
- 19 @Hua Lamphong
- 20 Your Place Gh.
- 21 Loy La Long Hotel
- 22 Baan Udom Accommodation

**ESSEN**
- 2 Seven Spoons
- 3 Supatra River House
- 4 Essensstände
- 5 Subway
- 6 Thip Samai
- 7 The Deck@Arun Residence by the River
- 8 Essensstände
- 9 Lek-Rat Seafood
- 10 T & K Seafood
- 11 Lim Lao Ngow Noodle
- 12 Easae Coffee
- 13 The Canton House
- 14 Wan Fah

**UNTERHALTUNG**
- 6 Brown Sugar

**SONSTIGES**
- 8 International Buddhist Meditation Center, House of Dhamma
- 9 May Kaidee's Oasis
- 10 ClubArts Gallery
- 11 Heritage Craft
- 12 Sala Chalermkrung Royal Theatre
- 13 Poh Chang Gallery and Art School
- 14 DOB Hualamphong Gallery

Königl. Barken
Klong Bangkok Noi
KLONGBOOTE
Thonburi (Bangkok Noi)
Thonburi Railway Pier
Siriraj Medical Museum & Siriraj Bimuksthan Museum
Siriraj Hospital
Arun Amarin Rd.
Prannock Rd.
Wang Lang (Pranok) Pier
Thonburi
Maharaj Pier
Silpakorn-Universität
Tha Chang Pier
EINGANG
Na Phra Lan Rd.
Maharaj Rd.
Tha Thien Pier
Wat Arun
Wang Doem Rd.
Arun Amarin Rd.
Wat Kanlayanimit
Isaraphap Rd.
Phra Pinklao-Br.
Chao Fa Rd.
Rachini Rd.
Bangkok Tourism Division
National-theater
National-museum
Phra Chan Pier
Thammasat-Universität
AMULETTMARKT
Phra Chan Rd.
Na Mahathat Rd.
Wat Mahathat
Na Phra Lan Rd.
Wat Phra Kaeo
Königs-palast
Thai Wang Rd.
Wat Pho
Chetuphon Rd.
MASSAGE-SCHULE-BÜRO
Museum of Siam
POLIZEI
Rachini Pier
Chakrapnet Rd.
Pak Klong Talat
Saphan Phut
Yodpiman River Walk
Saphan Phut Pier
Santa Cruz-Kirche
Thetsaban Sai T Rd.
Wat Prayun Wong Sawat
Pranaithipok Rd.
Phaya Mai Rd.
National-galerie
Coin Museum Thailand
Wat Chana Songkhram
Chakraphong Rd.
Khaosan Rd.
Tanao Rd.
Wat Bowonniwe
Phra Sumen Rd.
Krai Rd.
Tani Rd.
s. Detailplan E
Ratchadamnoen Klang Rd.
14. Okt. 1973 Memorial
Sakhey Rd.
Sanam Luang
Ratchadamnoen Nai Rd.
Atsadang Rd.
Rachini Rd.
Lak Muang-Schrein
Lak Muang Rd.
VERTEIDIGUNGS-MINISTERIUM
Bunsiri Rd.
Buranasat Rd.
Wat Mahan
Tanao Rd.
Mahanop Rd.
Trok Nawa
Phraeng Nara Rd.
Bot Phra
Bamrung Muang Rd.
Wat Suth
Schwein-Denkmal
Ratchabophit Rd.
Wat Ratchabophit
Wat Ratchapradit
Sararom Park
Charoen Krung Rd.
Sanam Chai Rd.
Phra Phitak Rd.
Ti Thong Rd.
Old Siam Plaza
Pahurat
Pahurat Markt
SIK TEMP
Ban Mo Rd.
Tripet Rd.
Litt' Ind
Wat Ratchabura
Memorial Bridge Pier
Klong Lod
Phra Pokklao-Br.
Memorial Br.
The Prince Mother Memorial Park

◁ s. Detailplan A

△ s. Detailplan C

BANGKOK

**■ ÜBERNACHTUNG**
23 River View Gh.
24 New Road Gh.
25 Silom Art Hostel
26 Lub d Bangkok – Silom
27 Pullman Bangkok Hotel G
28 Lullaby Inn

Yaowarat Rd.
Songsawat Rd.
Main Chit Rd.
Krung Kasem Rd.
Rong Muang Rd.
Charat Muang
Banthat Thong Rd.
Soi Chulangkorn 5
Soi Chulangkorn 9

**Kuan Yin-Schrein**
**Wat Traimit**
Traimitr Rd.

HUA LAMPHONG
Hua Lamphong

Soi 24
Soi 28
Soi Chulangkorn 26

**China Gate**
Khao Lam Rd.
Wat Pathum Khongka
Songwat Rd.
Soi Chulangkorn 30
Chulangkorn University Stadium

Rama IV Rd.
Soi Chulangkorn 42

Charoen Krung Rd.
Soi 29
Soi 20
Soi Choduek
Mara Phrutaram Rd.
Soi Sawang 1
Soi Phra Nakharet
Soi Song Phra
Soi Chulangkorn 42

23
Trok Talat Noi
Soi Wanit 2

**Wat Mahaphrut-tharam**
7

Maha Nakhon Rd.
Sawang Rd.
Soi 5
Soi 7
Soi Kaeo Fa

Si Phraya Rd.

4
Maride Department Pier
Rosenkranz-kirche
**River City**
17

**Wat Kaeo Fa**
Si Phraya Rd.

Soi Santiphan 1
Sap Rd.
Si Phraya Rd.

POLIZEI
Naret Rd.
Soi Nomchit
Soi Santiphap

Menam Chao Phraya

Si Phraya Pier
3
**BOTSCHAFT PORTUGAL**
**Royal Orchid Sheraton**
Soi 30
Soi 32
Soi 39
Soi 43
Charoen Krung Rd.
Soi Phutta O Sot

2
Wat Muang Kae Pier
**Wat Muang Kae**
24
**BOTSCHAFT FRANKREICH**
Soi 34
Soi 36
**OTOP - The Walking Street**
25
Surawongse Rd.
Soi Pramot
Soi Pradit
Soi Pachum
Neilson Hays Library
26
Decho Rd.
25
Soi 18
Soi 16
27
Soi 12
Soi 9
21
ITF Tower
Silom Plaza
20

**Silom Village**
26
28
**Sri Mariamman-Tempel**
**Masjid Mirasuddeen**
St. Xavier-Kirche
MahaNakhon-Tower
38

11
35
22
Oriental Pier
1
Soi 38
Soi 40
Soi 49
Mahesak Rd.
12
23
Silom Rd.
**Vorawat Bldg.**
27
Soi 13
Soi 11
Pan Rd.
Soi Suksa Witthaya
Soi 10
Soi 12

**East Asiatic Company**
**Assumption Cathedral**
**Wat Suan Phlu**
State Tower
**Jewelry Trade Center**
Soi 21
Surasak Rd.
Soi 30
Soi 19
25
Pramuan Rd.
26
**BOTSCHAFT MYANMAR**
31

**Shangri-La Hotel**
15
14
29
Soi 44
Soi 46
Soi 48
**Centre Point**
Si Wiang Rd.
39
30
32
POLIZEI
Charoen Wiang Rd.
Charoen Krung Rd.
Sathorn Nua Rd.
Sathorn Tai Rd.
Surasak
St. Louis Hospital
Soi St. Louis 1
Soi St. Louis 2
Soi St. Louis 3

Taksin-Brücke
Sathon (Central) Pier
**Saphan Taksin**
Soi 52
34
40
41

18

**■ ESSEN**
15 Essensstände       21 Zen
16 Coca Suriwongse    22 Essensstände
17 G's Bangkok        23 Essensmarkt
18 Mango Tree         24 Chocolab
19 Subway             25 Indian Hut
20 Großer Essensmarkt 26 Silom Village

www.stefan-loose.de/thailand

**29** Sunflower Place Silom
**30** Silom One
**31** The Swiss Lodge
**32** Urban House
**33** Baan K Residence by Bliston
**34** Sofitel So Bangkok
**35** Mandarin Oriental Bangkok
**36** Glow Trinity Silom
**37** Banyan Tree Bangkok
**38** W Bangkok
**39** Saphaipae Hostel
**40** Eastin Grand Hotel
**41** Baan Pra Nond

△ s. Detailplan C

**BOTSCHAFT VIETNAM**
**BOTSCHAFT NIEDERLANDE**
All Seasons Place
**BOTSCHAFT USA**

Soi Mahatlek Luang 2
*Ratchadamri*
Soi Mahatlek Luang 3
Soi 1
Soi 2
Soi 3
Soi 4
Soi 5
Soi 6
Soi 7
Soi Ruam Rudi

Chulalongkorn University
*Royal Bangkok Sports Club*

15

16

Sarasin Rd.
**FUSS- UND RADWEG** 'Sukhumvit Rd., Soi 12

*Lumphini*

Chamchuri Square
**Schlangenfarm**
*Sam Yan*
Rama IV Rd.

15

Soi Polo
**POLIZEI**
Soi Phra Chen

*Park*

Chulalongkorn Memorial Hospital
**BOOTSVERLEIH**    **PAVILLON**
**Denkmal Rama VI.**
*Silom*
Food Court
**SPORTHALLE**

20

Surawongse Rd.
Wall Street Towers
Charn Issara Towers
Silom Center
Bangkok Christian Hospital
18
8
19
Thaniya Plaza
16
*Sala Daeng*
Silom Complex
19
21
Liberty Square
CP Tower
9
Dusit Thani
22  23
29
**Silom Rd.**
United Center
10
30
31
Bangkok Bank Bldg.
Soi Convent 2
Sala Daeng Rd.
33
24
34
Rama IV Rd.
*Lumphini*

Soi Phiphat 2
28
BNH Hospital
Christ Church
Soi Sala Daeng 1

*Chong Nonsi*
36
Sathorn Nua Rd.
Sathorn Tai Rd.
Thai Wah Tower
16  37
**BOTSCHAFT DEUTSCHLAND**
Soi Goethe
27

13
Sathorn Square Complex
**BOTSCHAFT AUSTRALIEN**
33
Metropolitan
**BOTSCHAFT ÖSTERREICH**
**BOTSCHAFT MALAYSIA**

■ **UNTERHALTUNG**

**7** Soulbar
**8** Twilo
**9** Molly Malone's Bangkok
**10** Cloud 47
**11** Bamboo Bar
**12** Maggie Choo's
**13** Ku Dé Ta
**14** Sky Bar
**15** Lobby Lounge
**16** Vertigo Grill & Moon Bar
**17** Wong's Place
**18** Jam

■ **SONSTIGES**

**15** AUA Language Center
**16** Pro Bike
**17** Co van Kessel Bangkok Tours
**18** Jim Thompson
**19** Never Say Cutz
**20** Alliance Française
**21** Dahra Spa
**22** The Oriental Thai Cooking School
**23** Thai Gem & Jewellery Traders' Association
**24** Silom Thai Cooking School
**25** The Silom Galleria
**26** Health Land
**27** Goethe-Institut (German Cultural Institute)

**27** Taling Pling, Ottoman Turkish R.
**28** Eat Me R.
**29** The Dome at lebua
**30** Ban Chiang
**31** Opus Italian Wine Bar & R.
**32** Bussaracum
**33** Glow
**34** Blue Elephant

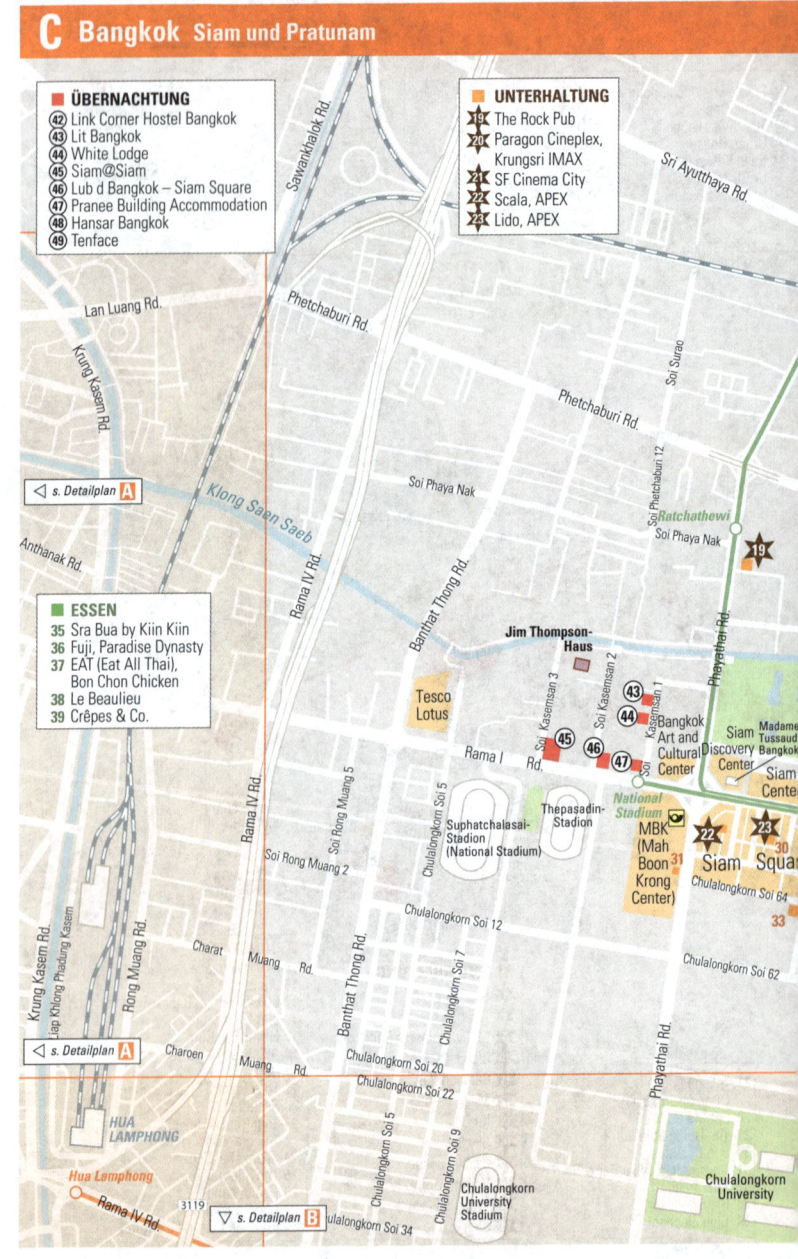

### ■ ÜBERNACHTUNG
42 Link Corner Hostel Bangkok
43 Lit Bangkok
44 White Lodge
45 Siam@Siam
46 Lub d Bangkok – Siam Square
47 Pranee Building Accommodation
48 Hansar Bangkok
49 Tenface

### ■ UNTERHALTUNG
18 The Rock Pub
20 Paragon Cineplex, Krungsri IMAX
21 SF Cinema City
22 Scala, APEX
23 Lido, APEX

### ■ ESSEN
35 Sra Bua by Kiin Kiin
36 Fuji, Paradise Dynasty
37 EAT (Eat All Thai), Bon Chon Chicken
38 Le Beaulieu
39 Crêpes & Co.

Savankhalok Rd.
Sri Ayutthaya Rd.
Lan Luang Rd.
Krung Kasem Rd.
Phetchaburi Rd.
Soi Surao
Soi Phetchaburi 12
Phetchaburi Rd.
s. Detailplan A
Klong Saen Saeb
Soi Phaya Nak
Ratchathewi
Soi Phaya Nak
Anthanak Rd.
Rama IV Rd.
Banthat Thong Rd.
19
Jim Thompson-Haus
Phayathai Rd.
Tesco Lotus
Soi Kasemsan 3
Soi Kasemsan 2
Soi Kasemsan 1
43
44
Bangkok Art and Cultural Center
Siam Discovery Center
Madame Tussaud Bangkok
Siam Center
Rama I Rd.
45
46
47
Rama IV Rd.
Soi Rong Muang 5
Chulalongkorn Soi 5
Suphatchalasai-Stadion (National Stadium)
Thepasadin-Stadion
National Stadium
MBK (Mah Boon Krong Center)
22
23
30
Siam Square
31
Soi Rong Muang 2
Chulalongkorn Soi 12
Chulalongkorn Soi 7
Chulalongkorn Soi 62
33
Krung Kasem Rd.
Liap Khlong Phadung Kasem
Rong Muang Rd.
Charat Muang Rd.
Banthat Thong Rd.
Charoen Muang Rd.
Chulalongkorn Soi 20
Chulalongkorn Soi 22
Chulalongkorn Soi 5
Chulalongkorn Soi 9
Phayathai Rd.
s. Detailplan A
HUA LAMPHONG
Hua Lamphong
Rama IV Rd.
3119
s. Detailplan B
Chulalongkorn Soi 34
Chulalongkorn University Stadium
Chulalongkorn University

**SONSTIGES**
28 Yoga Elements Studio
29 Kidzania Bangkok,
   Kinokuniya, Royal Paragon Hall
30 Never Say Cutz
31 Mae Mai Pleng Thai
32 Never Say Cutz
33 British Council
34 Outdoor Specialist by K-Trade

N

0          500 m

Santipap Park

Rang Nam Rd.

King Power Complex

Phayathai Rd.
Soi Loet Punya
Soi Sri Ayutthaya 8
Soi Sri Ayutthaya 2
Ratchaprarop Rd.
Soi Ratchaprarop 14

Suan Pakkad-Palast

Phaya Thai
Phaya Thai

Sri Ayutthaya Rd.

42

Ratchaprarop

Makkasan

Baiyoke II Tower

Soi Watthana Wong

Nikhom Makkasan Rd.

Indra Square

Soi Watthanasin

Soi Phetchaburi 13
Soi Phetchaburi 15
Soi Phetchaburi 17
Soi Phetchaburi 19

Baiyoke Tower

Pratunam-Markt
Ratchaprarop Rd.

Soi Charurat
Soi Phetchaburi 23
Soi Phetchaburi 35

Phetchaburi Rd.

Amari Watergate H.

BOTSCHAFT INDONESIEN

Pantip Plaza

Platinum Fashion Mall

Paladium

Soi Phetchaburi 32

Phetchaburi Rd.

Pratunam Pier

Klong Saen Saeb

Rd.

35

Siam Paragon

Sea Life Bangkok Ocean World

20  Wat Pathum Wanaram

Isetan Dept. Store

Central World  21

Big C Superstore

Chit Lom Rd.

Central Chitlom Tower

Soi Somkhit

s. Detailplan  D

Witthayu (Wireless)

Soi Nai Loet

29

Zen Dept. Store

37

Siam (Central Station)
Siam Square One
32

SKYWALK
Rama I Rd.  SKYWALK

Gaysorn Plaza

President Tower

Narai Phand

Central Department Store

SCHWEIZER BOTSCHAFT

Chit Lom

Royal Thai Police Hq.

Erawan-Schrein

Amarin Plaza

Ploenchit Rd.

Ploen Chit

Grand Hyatt Erawan H.  34

Maneeya Center

Mercury Tower

Ploenchit Tower

Tonson Tower

$

Peninsula Plaza

Soi Mahatlek Luang 1

Soi Lang Suan

Plaza Athenee  38

BOTSCHAFT VIETNAM

Duang Phithak Rd.

Four Seasons H.  48

Soi Ton Son

BOTSCHAFT NIEDERLANDE

Witthayu (Wireless) Rd.

All Seasons Place

Soi Ruam Rudi

Henri Dunant Rd.

Royal Bangkok Sports Club

Ratchadamri

39
S.Lang Suan 1
S.Lang Suan 2
S.Lang Suan 3
S.Lang Su

Soi Ruam Rudi

49

Ratchadamri Rd.

s. Detailplan  B

s. Detailplan  B

BOTSCHAFT USA

s. Detailplan  D

**57** S.V. Gh.
**58** CheQinn
**59** The Atlanta
**60** Rembrandt Hotel
**61** MHC Gh.
**62** HI Sukhumvit YHA

**■ ESSEN**

**40** Firehouse
**41** Akbar R.
**42** Coyote Mexican Bar und Grill
**43** Essensstände
**44** Subway
**45** Le Dalat
**46** Wanakarm
**47** Bharani
**48** El Gaucho Argentinian Steakhouse
**49** Peppina
**50** Tim Ho Wan
**51** Basil
**52** Thongkee
**53** Suda
**54** Cabbages & Condoms
**55** Subway
**56** Isao
**57** Bei Otto
**58** Chesa Swiss R.
**59** Rang Mahal, Señor Pico
**60** Rung Rueng Somtam Soi 26
**61** Soul Food Mahanakorn
**62** Indus R.
**63** Bourbon St.
**64** Face Bangkok
**65** Khun Churn
**66** Vietnamese & More

**■ SONSTIGES**

**35** Health Land
**36** Asia Books
**37** Sop Moei Arts
**38** ThaiCraft Fair
**39** Divana Spa
**40** Ashtanga Yoga Center
**41** Bei Otto
**42** TCDC (Thailand Creative & Design Center)
**43** World Fellowship of Buddhists
**44** Iyengar Yoga Studio
**45** Zugramgma HQ Records Store
**46** Never Say Cutz
**47** Flow House Bangkok

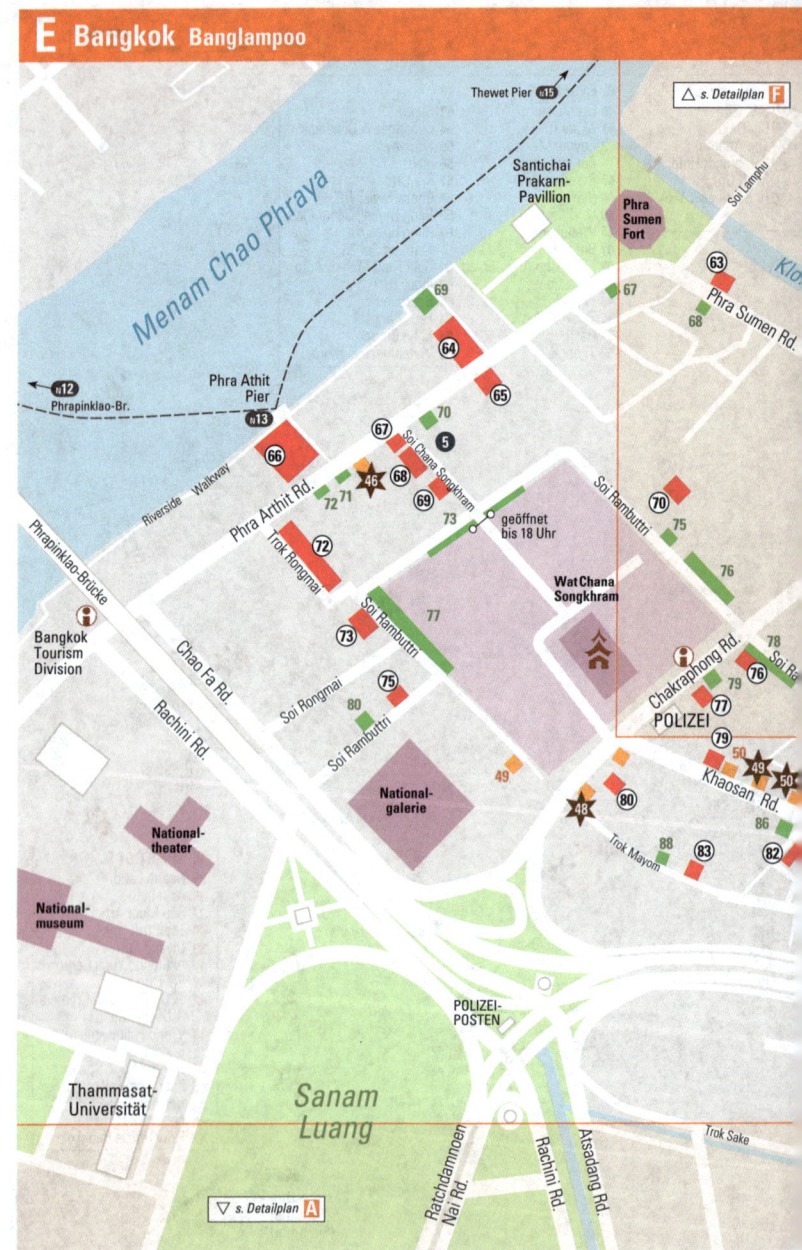

Thewet Pier ⓑ15

Santichai
Prakarn-
Pavillion

Phra
Sumen
Fort

Menam Chao Phraya

63

Phra Sumen Rd.

Soi Lamphu

Klo

69

67

68

64

Phra Athit Pier

65

Phra Athit
Pier

ⓑ12
Phrapinklao-Br.

ⓑ13

67

70

5

Soi Chana Songkhram

Soi Rambuttri

70

66

46

68

75

72 71

69

73

geöffnet
bis 18 Uhr

Phra Arthit Rd.

Trok Rongmai

72

Wat Chana
Songkhram

76

Phrapinklao-Brücke

77

Chakraphong Rd.

Soi Ra

78

73

Soi Rambuttri

76

Bangkok
Tourism
Division

77

Chao Fa Rd.

75

POLIZEI

79

50

Soi Rongmai

80

49

Khaosan Rd.

50

Rachini Rd.

Soi Rambuttri

49

86

National-
galerie

48

80

National-
theater

88

83

82

Trok Mayom

National-
museum

POLIZEI-
POSTEN

Thammasat-
Universität

*Sanam
Luang*

Trok Sake

Ratchadamnoen
Nai Rd.

Rachini Rd.

Atsadang Rd.

▽ s. Detailplan **A**

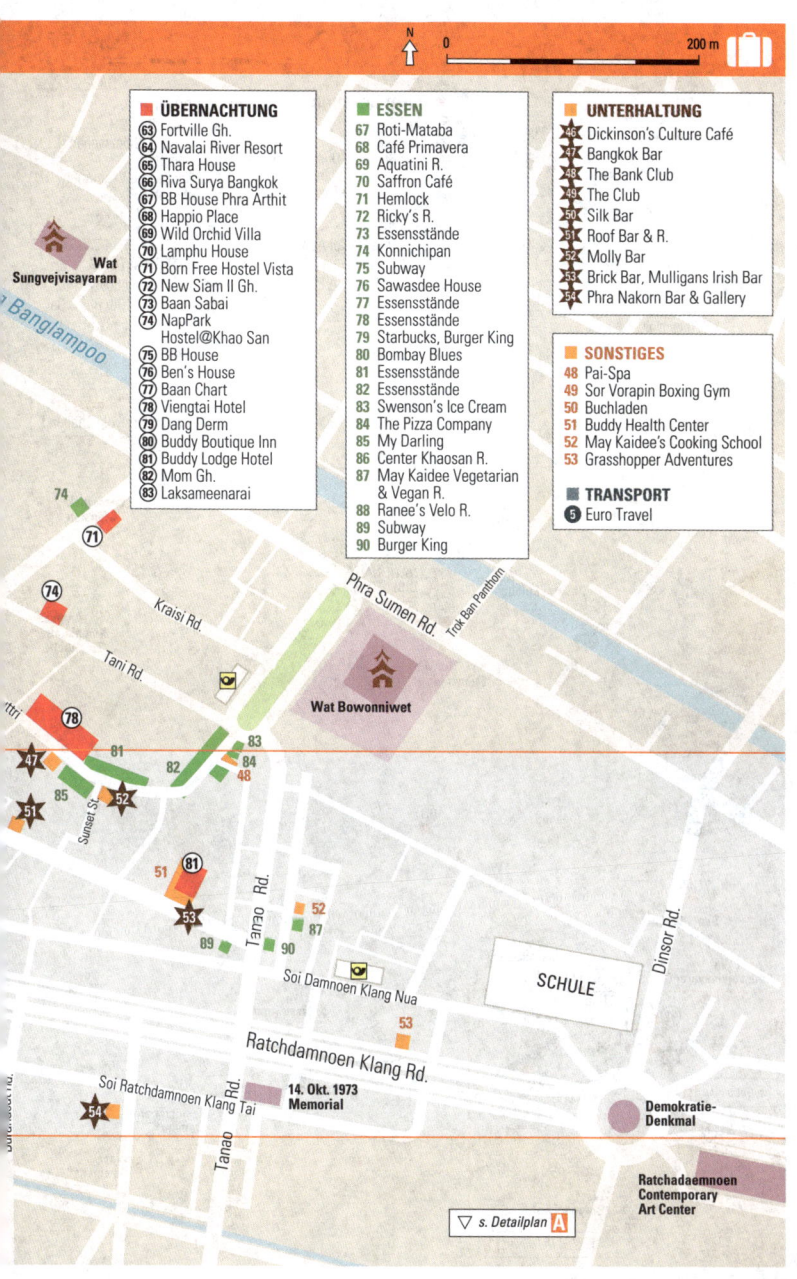

## ■ ÜBERNACHTUNG

- 63 Fortville Gh.
- 64 Navalai River Resort
- 65 Thara House
- 66 Riva Surya Bangkok
- 67 BB House Phra Arthit
- 68 Happio Place
- 69 Wild Orchid Villa
- 70 Lamphu House
- 71 Born Free Hostel Vista
- 72 New Siam II Gh.
- 73 Baan Sabai
- 74 NapPark Hostel@Khao San
- 75 BB House
- 76 Ben's House
- 77 Baan Chart
- 78 Viengtai Hotel
- 79 Dang Derm
- 80 Buddy Boutique Inn
- 81 Buddy Lodge Hotel
- 82 Mom Gh.
- 83 Laksameenarai

## ■ ESSEN

- 67 Roti-Mataba
- 68 Café Primavera
- 69 Aquatini R.
- 70 Saffron Café
- 71 Hemlock
- 72 Ricky's R.
- 73 Essensstände
- 74 Konnichipan
- 75 Subway
- 76 Sawasdee House
- 77 Essensstände
- 78 Essensstände
- 79 Starbucks, Burger King
- 80 Bombay Blues
- 81 Essensstände
- 82 Essensstände
- 83 Swenson's Ice Cream
- 84 The Pizza Company
- 85 My Darling
- 86 Center Khaosan R.
- 87 May Kaidee Vegetarian & Vegan R.
- 88 Ranee's Velo R.
- 89 Subway
- 90 Burger King

## ■ UNTERHALTUNG

- Dickinson's Culture Café
- Bangkok Bar
- The Bank Club
- The Club
- Silk Bar
- Roof Bar & R.
- Molly Bar
- Brick Bar, Mulligans Irish Bar
- Phra Nakorn Bar & Gallery

## ■ SONSTIGES

- 48 Pai-Spa
- 49 Sor Vorapin Boxing Gym
- 50 Buchladen
- 51 Buddy Health Center
- 52 May Kaidee's Cooking School
- 53 Grasshopper Adventures

## ■ TRANSPORT

- 5 Euro Travel

SCHULE

14. Okt. 1973 Memorial

Ratchdamnoen Klang Rd.

Demokratie-Denkmal

Ratchadaemnoen Contemporary Art Center

▽ s. Detailplan A

**ÜBERNACHTUNG**
84 Shanti Lodge
85 Tavee Gh.
86 SSIP Boutique Dhevej Bangkok
87 Phranakorn-Nornlen Hotel
88 Khaosan Baan Thai
89 Casa Nithra
90 Tara Place
91 Born Free Hostel Avventura
92 Khaosan Immjai
93 3Howw Hostel Khaosan

**ESSEN**
91 In Love Bar & R.
92 Khimlom Chomsaphan R.
93 Chomp
94 May Kaidee Vegetarian & Vegan R.
95 Wunderbar
96 Poon Sin R.

**UNTERHALTUNG**
55 Cinema Winehouse
56 Adhere the 13th Blues Bar

**Sonstiges**
54 Velo Thailand

BANGKOK

sonsten wenig besuchte Gegend der Stadt und erliegen einem Kaufrausch, der seinesgleichen sucht. Vor allem am Samstag und Sonntag drängen sich täglich über 200 000 Besucher auf dem quirligen Wochenendmarkt am Suan Chatuchak, ✆ 02-272 4440-1, 🖥 www.chatuchak.org, der oft auch Jatujak oder JJ Market genannt wird. Zusätzlich findet am Mittwoch und Donnerstag im hinteren Bereich ein Pflanzenmarkt und am Freitag ein Klamottengroßmarkt statt. Wer sich auf dem 35 ha großen, L-förmigen Platz mit über 15 000 Ständen zurechtfinden möchte, orientiert sich anhand der Karte, die es beim Tourist Office (Sektion 27) nahe dem Eingang 1 und an vielen Verkaufsständen gibt.

Der Markt ist zur besseren Orientierung in 27 Sektionen (S1–S27) aufgeteilt. Durch die Eingänge gelangt man zunächst auf den Platz, der von Ständen mit Büchern und Amuletten (S1), Vintage-Accessoires, Blumen, Gemälden (S2–4), dekorativen Haushaltsgegenständen (S1, 3, 4, 7, 8), Schmuck und Textilien (S5, 6) umrahmt wird. Der zentrale Bereich scheint vor Textilien und Taschen (S5–6, 10–24), Vögeln, Fischen (donnerstags Zierfischmarkt), Hunden und anderen Tieren (S8, 9, 11, 13) überzuquellen. Lädt dieser Teil des Marktes mehr zum Schauen und Fotografieren ein, so fällt es im südwestlichen Bereich nicht schwer, Geld auszugeben. Kunstgewerbe aus allen Landesteilen stapelt sich neben Lackarbeiten und Stickereien aus Myanmar, Sarongs aus Indonesien, Holzschnitzereien, Keramik und T-Shirts mit ausgefallenen Motiven (S22–25) sowie Antiquitäten (S26). Sporrige Möbel oder schwere Keramik (S17–19) können vor Ort an Speditionen übergeben werden. Zudem kann man sich an zahllosen Essensständen (vor allem S17, 19) stärken. Geldautomaten (S27) sichern den Nachschub an Barem. Auch die Tourist Police (S27) betreibt Sa und So von 9–17 Uhr einen Stand. Wer sich nicht gleich für etwas entscheiden kann, wird Schwierigkeiten haben, den entsprechenden Stand wiederzufinden, also am besten bei Interesse eine Visitenkarte vom Verkaufsstand geben lassen.

Eingang 1 ist an der Kamphaeng Phet 2 Rd., nahe der MRT Kamphaeng Phet, Eingang 2 im Norden an der Kamphaeng Phet 3 Road und Eingang 3 an der Bushaltestelle nahe der BTS Mo Chit an der Paholyothin Road. Anreise mit der BTS oder MRT, ab Banglampoo mit Bus 3. ⏲ 6–18 Uhr.

Nach dem Einkaufen bietet sich der angrenzende **Chatuchak Park** mit dem kleinen Botanischen Garten, **Queen Sirikit Park**, für eine Rast an. Die Grünfläche ist mit 280 ha die größte der Stadt. ⏲ 5–20 Uhr.

## Children's Discovery Museum

Das Children's Discovery Museum, 810 Kamphaeng Phet Rd. 4, gegenüber dem Chatuchak-Markt, ✆ 02-246 6144, ist ein spannendes Ziel für Familien mit wissbegierigen Kindern. So können Kinder Dinosaurierknochen ausgraben, Sprachen aus der ganzen Welt hören, riesige Seifenblasen bilden und sich verkleiden. Die Ausstellung ist in die Bereiche Natur und Umwelt, Wissen und Technik, Kultur und Gesellschaft sowie Körper aufgeteilt. Leider sind viele Beschriftungen nur in Thai-Schrift. ⏲ 10–16 Uhr, Eintritt frei.

## Ko Kret Ban

Nördlich der Stadt wurde vor über 200 Jahren eine Flussschleife des Menam Chao Phraya durch den Bau eines Kanals begradigt. Auf der kleinen Flussinsel **Ko Kret Ban**, 🖥 www.thailandbytrain.com/KohKret.html, die dadurch entstand, siedelten sich Mon an. Sie nutzten die feine Tonerde für die Produktion von Wasserkrügen und anderen Töpferwaren. Getöpfert wird hier noch immer, allerdings kommt der Ton mittlerweile aus anderen Landesteilen. Wegen ihrer ländlichen Atmosphäre, die sie sich bis heute bewahrt hat, ist die autofreie Insel ein beliebtes Ausflugsziel. Nahe dem Pier steht der größte Tempel der Insel, **Wat Paramai Yikawat**, der Schauplatz für einen hübschen Markt ist. Das kleine **Töpfereimuseum** in einem Holzhaus 150 m weiter westlich ist nur auf Thai ausgeschildert. Eintritt frei, ⏲ Sa und So ab morgens bis gegen 15 Uhr, wochentags nur nachmittags. Expressboote fahren nur von 6–8 sowie 16–18 Uhr bis Pakkret (Pier N33). Vom Pier am Wat Sanam Nuea, südlich der Anlegestelle der Expressboote, setzen Fähren auf die Insel über.

## ÜBERNACHTUNG

Bei der Wahl der Bleibe sollte in erster Linie die Lage entscheiden, denn jedes Viertel hat seine ganz eigene Atmosphäre. Zudem ist man bei den großen Entfernungen und dem zähen, zur Rushhour nah am Kollaps stehenden Verkehr lange unterwegs. Insgesamt gibt es schätzungsweise 50 000 Hotelzimmer in Bangkok, sodass jeder etwas Passendes finden wird. Weitere Übernachtungstipps s. **eXTra [2806]**.

### Banglampoo

Karte „Banglampoo" S. 176/177

Rings um die Khaosan Rd. konzentrieren sich günstige Gästehäuser mit dem besten Preis-Leistungs-Verhältnis der Stadt und ein breites Angebot an Restaurants, Reisebüros und anderen auf Traveller zugeschnittenen Angeboten. In den letzten Jahren entstanden aber auch immer mehr teurere, komfortablere Unterkünfte. In den Gassen rings um das Wat Chai Chana Songkhram ist es weniger turbulent als direkt in der Khaosan Rd. Der Durchgang durch das Wat wird um 18 Uhr geschlossen. Die Hauptsehenswürdigkeiten sind von hier leicht zu Fuß zu erreichen. Expressboote auf dem Menam Chao Phraya sind eine Alternative zu den verstopften Straßen. Traveller-Busse verkehren zu den Flughäfen und vielen Zielen in Thailand, ein Taxi zum Suvarnabhumi Airport kostet etwa 350 Baht.

**Untere Preisklasse**

€ **Baan Sabai** ⑦, 12 Soi Rongmai, ☏ 02-629 1599, ✉ baansabai@hotmail.com. Guesthouse mit 83 ziemlich kleinen, aber günstigen und saubereren Zimmern mit sehr niedrigen Türen und Decken, teils auch mit AC. Zimmer mit einstelligen Nummern sind nicht für Körpergrößen über 1,85 m geeignet. Die teureren haben Du/WC, sonst saubere Gemeinschaftsduschen. EZ für 190 Baht. Liegt in direkter Nähe zu einer Kaserne, daher kann es frühmorgens etwas lauter werden. Hübscher Innenhof mit Sitzgelegenheiten. ❶–❷

**BB House** ⑦, 45 Soi Rambuttri, ☏ 02-282 0953, 🖥 www.bestbedhouse.com. Freundliches Guesthouse mit einer gelungenen Mischung aus Tradition und Moderne, top Preis-Leistungs-Verhältnis und Aufzug. Die 35 kleinen Zimmer mit AC, LCD-TV und hübschem Fliesenboden sind geschmackvoll eingerichtet, sehr sauber, aber teils leicht muffig. Der Dachgarten lädt zum Entspannen ein. Viele Gäste aus Korea. Weitere nicht ganz so einladende Filiale in 80 Phra Arthit Rd. ❷–❸

**Ben's House** ⑦, 74 Soi Rambuttri, ☏ 081-488 3747. Der kleine, freundliche Familienbetrieb unterscheidet sich vom gewöhnlichen Einerlei der Unterkünfte in der direkten Umgebung, denn alle 6 Zimmer sind 2-stöckig und in verschiedenen Farben eingerichtet. Unten Du/WC und Kühlschrank, oben das Bett mit sehr harter Matratze und TV. ❸

**Happio Place** ⑥, 46 Soi Chana Songkhram, ☏ 02-280 3301, 🖥 www.happioplace.com. In dem Hostel gibt es 106 nicht immer saubere Zimmer mit guten, harten Matratzen, AC, gefliesten Böden und Du/WC, einige mit sehr kleinem Balkon, über den man das Bad erreicht. Die günstigsten Zimmer mit Innenfenster sind etwas dunkel, die teureren auch mit LCD-TV. EZ für 320 Baht. Restaurant im Erdgeschoss. Die Freundlichkeit des Personals lässt zu wünschen übrig. Kein WLAN-Empfang im 3.–5. Stock. ❷–❸

**Laksameenarai Gh.** ⑧, 41 Trok Mayom, ☏ 02-629 5220, 🖥 www.sivaringuesthouse.com/laksameenaraiguesthouse.php. Klein, aber fein: In einem hübschen, über 100 Jahre alten Holzhaus in der parallel zur Khaosan Rd. verlaufenden Gasse werden etwas hellhörige, aber saubere, schön gestaltete Zimmer und bequeme Schlafsaalbetten für 390 Baht, einer nur für Frauen, angeboten. Die Atmosphäre ist ruhig, entspannt und familiär und die Betreiberin sehr freundlich. Reservierung empfohlen. Frühstück inkl. ❸

**Lamphu House** ⑦, 75–77 Soi Rambuttri, ☏ 02-629 5861-2, 🖥 www.lamphuhouse.com. Der Dauerbrenner: Versteckt in einer Gasse gelegenes, freundliches, beliebtes Guesthouse mit ruhiger, entspannter Atmosphäre. Saubere, mit Bambusmöbeln eingerichtete Zimmer mit guten, harten Matratzen, die günstigeren mit Innenfenstern, Ventilator und Gemeinschaftsdusche, die teureren mit AC, Du/WC und Balkon. EZ ab 270 Baht. WLAN nur im Eingangsbereich. Reservierung empfohlen. ❷–❸

**Mom Gh.** ⑧②, 98 Khaosan Rd., ☎ 02-629 0669, ✉ mom_guesthouse@yahoo.com. Einfache, kleine, aber saubere Zimmer mit Gemeinschaftsdusche, harten Matratzen und Ventilator oder AC. EZ 250 Baht. Viele Zimmer ohne Außenfenster, was allerdings beim Lärm der nahen Khaosan Rd. von Vorteil ist. ❷

🏨 **NapPark Hostel@Khao San** ⑦④, 5 Tani Rd., ☎ 02-282 2324, 🖥 www.nappark. com. Das moderne Hostel bietet nur Schlafsaalbetten für 480–550 Baht, bei Online-Buchung günstiger. Neben einem sehr kommunikativen, gemütlichen Gemeinschaftsbereich im Thai-Stil mit Liegeflächen und netter Atmosphäre gibt es moderne, blitzsaubere, weiße Dorms mit 6–22 Betten, einige nur für Frauen. Die teuersten verfügen über kleine TV/DVD-Player-Kombinationen, kosten aber mehr als viele Zimmer in Banglampoo. Die Schlüssel sind in bunten Armbändern untergebrachte Chips. Hilfsbereites Personal. DVD-Verleih inkl.

**New Siam II Gh.** ⑦②, 50 Trok Rongmai, ☎ 02-282 2795, 🖥 www.newsiam.net. Kleinhotel mit Aufzug und sauberen, funktional gestalteten Zimmern mit gefliesten Böden. Ältere Einrichtung mit harten, schmalen Matratzen, AC, TV, Safe, Kühlschrank und Du/WC, teils auch mit winzigem Balkon. Pool (🕘 9–21 Uhr). Restaurant. WLAN 30 Baht pro Tag. ❸

**Thara House** ⑥⑤, 100 Phra Arthit Rd., ☎ 02-280 5910, 🖥 www.tharahousebangkok. com. Wer wenig Wert auf Atmosphäre legt, wohnt in den kürzlich renovierten, zweckmäßig eingerichteten und sauberen Zimmern mit LCD-TV, guten harten Matratzen und Du/WC zu einem guten Preis-Leistungs-Verhältnis. Wortkarges Personal. ❷–❸

**Wild Orchid Villa** ⑥⑨, 8 Soi Chana Songkhram, ☎ 02-629 4378, 🖥 www.wildorchidvilla.com. Die Zimmer mit LCD-TV und Safe sind für die Preisklasse vernünftig ausgestattet und sauber, die teureren auch ansprechend dekoriert. EZ für 300 Baht. Das Essen im großen Traveller-Restaurant im Erdgeschoss ist mäßig. ❷–❹

## Mittlere Preisklasse

**Baan Chart** ⑦⑦, 98 Chakraphong Rd., ☎ 02-629 0113, 🖥 www.baanchart.com. Rund um den geschäftigen Innenhof liegen 42 saubere Boutiquezimmer, die in 3 vom kolonialen Indochina inspirierten Einrichtungsstilen mit Liebe zum Detail gestaltet sind, besonders schön die Blue Heritage-Zimmer. Die Zimmer sind zwar alle recht klein und haben nur im Bad Fenster, aber dafür sind sie schick und komfortabel ausgestattet. ❺

**Buddy Boutique Inn** ⑧⓪, 66 Chakraphong Rd., ☎ 02-629 1177, 🖥 www.buddyboutiqueinn.com. Etwas zurückversetzt, aber dennoch mitten im Trubel gelegenes Hotel mit 23 etwas knapp bemessenen Zimmern im angesagten Boutiquestil mit unverputzten Betonwänden, moderner, minimalistischer Einrichtung, LCD-TV und Safe, viele ohne Fenster. Desinteressiertes Personal. Pool und Fitnesscenter des Buddy Boutique Hotels können mitgenutzt werden. ❺

🏨 **Buddy Lodge Hotel** ⑧①, 265 Khaosan Rd., ☎ 02-629 4477, 🖥 www.buddylodge. com. Großes, empfehlenswertes Hotel in der Einkaufspassage im nordöstlichen Teil der Khaosan Rd. Der Service ist etwas chaotisch, die Zimmer sind gemütlich mit viel Holz und warmen Farben gestaltet und mit guten, großen Betten, LCD-TV, Kühlschrank und sehr kleinen Du/WC ausgestattet. Die nett im alten Stil eingerichteten Deluxe-Zimmer haben schöne, riesige Balkone, teils Himmelbetten und Badewanne. Attraktiver Pool auf dem Dach, Spa und Fitnesscenter mit dicht an dicht gedrängten Geräten. Frühstück 200 Baht p. P. ❺

**Dang Derm** ⑦⑨, 1 Khaosan Rd., ☎ 02-629 2040-48, 🖥 www.khaosanby.com. Lautes, sehr zentral mitten auf der Khaosan Rd. gelegenes Mittelklassehotel mit geräumigen, etwas abgewohnten Zimmern mit geräuschvoller zentraler AC, TV, DVD-Player und Matratzen auf Podesten. Fenster oder Balkon verbergen sich hinter einer Schiebetür. Auf dem Dach ein ansprechend gestalteter Poolbereich und eine kleine Bar. Frühstück inkl. ❺

**Fortville Gh.** ⑥③, 9 Phra Sumen Rd., ☎ 02-282 3932-3, 🖥 www.fortvilleguesthouse.com. Der moderne Backpacker zieht mit seinem minimalistischen Design mit unverputzten

Betonwänden und offenem Aufzug vor allem junge asiatische Gäste an. Die 29 kleinen, recht dunklen Zimmer mit guten, harten Matratzen auf niedrigen Betten, AC, LCD-TV und Du/WC bleiben leider nicht vom Straßenlärm verschont. Freundliches Personal, Zugang zum Klong und netter Dachgarten (🕐 18–1 Uhr). Internet-PCs im Eingangsbereich. ❸–❹

**Viengtai Hotel** ⑦⑧, 42 Soi Rambuttri, ☏ 02-280 5434-45, 🖥 www.viengtai.co.th. Das 3-Sterne-Hotel ist seit fast 60 Jahren eine Institution in Banglampoo. 206 saubere, gepflegte Zimmer mit dem Komfort der oberen Mittelklasse, aber auch etwas Patina, älterer Einrichtung, teils Teppichboden und Badewanne. Manche Deluxe-Zimmer wurden renoviert. Einfacher Pool im Innenhof im 3. Stock. Einer der Pagen arbeitet hier seit über 20 Jahren und freut sich, seine vielseitigen Sprachkenntnisse anzuwenden. Freundlicher Service. Frühstücksbuffet inkl. ❺–❻

### Obere Preisklasse

**Navalai River Resort** ⑥④, 45/1 Phra Arthit Rd., ☏ 02-280 9955, 🖥 www.navalai.com. Direkt am Fluss gelegenes, schickes Hotel mit 74 sauberen, komfortablen, mit Holz und schönen Details eingerichteten Zimmern mit Balkon, TV, DVD-Player und Safe. Jedes Zimmer ist geschmackvoll, teils sogar kunstvoll nach einem der 4 Themenbereiche gestaltet. Elegantes Restaurant und schöner Dachgarten mit Pool. In der Nebensaison deutlich günstiger. Frühstück inkl. ❻–❽

**Riva Surya Bangkok** ⑥⑥, 23 Phra Arthit Rd., ☏ 02-633 5000, 🖥 www.rivasuryabangkok.com. Direkt am Chao Phraya gelegene luxuriöse 4-Sterne-Anlage mit 68 modern unterkühlt in Grau mit Chromhighlights eingerichteten Zimmern mit allem Komfort, wie einer iPod-Docking-station, die teureren mit Balkon und Flussblick. Fitnessraum ohne Aussicht, Restaurant am Wasser mit Livemusik und Pool. Zuvorkommender Service. In der Nebensaison deutlich günstiger. WLAN und Frühstück inkl. ❼–❽

### Sam Sen

Karte „Thewet" S. 178
Die Gegend nördlich des Klong Banglampoo, zu Fuß weniger als 15 Min. von der Khaosan Rd.

entfernt, hat sich zu einem eigenständigen Traveller-Zentrum entwickelt und beherbergt einige sehr gute Bars, Restaurants und Unterkünfte.

**3Howw Hostel Khaosan** ⑨③, 316/5 Soi Samsen 4, ☏ 086-039 7476, 🖥 auf Facebook. Modernes, schick gestaltetes, recht hellhöriges Hostel, dem es etwas an Atmosphäre fehlt. Die Zimmer und AC-gekühlten Schlafsäle mit 6–10 Betten à 350–450 Baht, auch einer nur für Frauen, und Schließfächern sind ganz in Weiß gehalten und minimalistisch eingerichtet. Im Zwischengeschoss großer LCD-TV mit Sitzkissen. Frühstück inkl. ❸

💶 **Born Free Hostel Avventura** ⑨①, Soi Samsen 6, ☏ 02-628 5718, 🖥 www.bornfreeadventures.com. Gesellige Budgetunterkunft in einer schmalen Ladenzeile mit sauberen Schlafsaalbetten ab 190 Baht, mit AC +60 Baht. Der Schweizer Kevin und seine Freundin sind sehr freundlich und hilfsbereit und schaffen eine persönliche, entspannte und kommunikative Atmosphäre. Er veranstaltet bei Interesse auch abendliche Radtouren durch die Umgebung. Kleine Gemeinschaftsküche und Dachgarten. Weiterer Ableger mit 2 AC-gekühlten Schlafsälen (Born Free Hostel Vista) in der 214 Chakraphong Rd.

🔶 **Casa Nithra** ⑧⑨, 176 Samsen Rd., ☏ 02-628 6228, 🖥 www.casanithra.com. Schon beim Betreten der feinen, kleinen Lobby wird deutlich, dass es sich hier um eine gediegene Unterkunft für Flashpacker handelt. Die schicken Zimmer im Boutiquestil mit Marmortisch, sehr bequemen Betten, zentraler AC und LCD-TV stellen auch Anspruchsvolle zufrieden, die teureren Zimmer haben zudem Balkon und Badewanne. Die Aussicht vom Pool auf dem Dach mit Liegen im Wasser ist exzellent. Internet-PCs in der Lobby. Frühstück +400 Baht p. P. ❻

🔶 **Khaosan Baan Thai** ⑧⑧, 11/1 Soi Samsen 3, ☏ 02-628 5559, 🖥 www.khaosanbaanthai.com. Sehr nettes, in einem renovierten, alten Haus gelegenes Hostel mit 19 ansehnlich eingerichteten, einfachen Zimmern mit Matratzen auf dem Boden und Gemeinschaftsbädern, teils auch AC, im oberen

Stockwerk luftig und mit Blick auf die Rama VIII-Brücke. Die Wände sind teils mit sehr schönen Zeichnungen versehen. Sehr freundliche, familiäre Atmosphäre und hilfsbereites Personal. Frühstück inkl. ❷–❸

**Khaosan Immjai** ㉜, 240 Soi Samsen 1, ☎ 02-629 3088, 081-615 1029, 🖥 www.khaosanimmjai.com. Die schmale, umgebaute Ladenzeile beherbergt auf 3 Stockwerken saubere, AC-gekühlte Schlafsäle, auch nur für Frauen, mit genügend Platz, dicken, bequemen Matratzen und Schließfächern à 350 Baht. Kitschige, nicht sehr ansprechende Dekoration.

**Tara Place** ⑨⓪, 113 Samsen Rd., ☎ 02-627 1001-3, 🖥 www.taraplacebangkok.com. Modernes, sehr sauberes Mittelklassehotel mit geräumigen, komfortablen und komplett ausgestatteten Zimmern mit LCD-TV und bequemen Matratzen. Freundliches, hilfsbereites Personal. Internet-PCs in der Lobby. Frühstück +250 Baht p. P. 2x tgl. kostenlose Tuk Tuk-Transfers zur Khaosan Rd. und zum Königspalast. ❺–❻

## Thewet
Karte „Thewet" S. 178
Weiter nördlich, zwischen Banglampoo und Ratchawithi Rd., wohnt man in einer ruhigen Wohngegend nahe dem Fluss mit Lokalkolorit und vielen Moskitos. Neben einigen Gästehäusern mit alternativer Atmosphäre locken farbenprächtige Märkte.

**Phranakorn-Nornlen Hotel** ㉞, 46 Thewet Soi 1, ☎ 02-628 8188-90, 🖥 www.phranakorn-nornlen.com. Eine familienfreundliche Oase der Ruhe mitten in der Stadt ist dieses sehr lebendig und farbenfroh gestaltete Hotel mit einem ruhigen Innenhof voller Pflanzen und Reliquien vergangener Tage. Hier sollte man sich einen der exzellenten, frisch zubereiteten Smoothies schmecken lassen. Die 31 Zimmer sind mit handgemalten Motiven verziert und individuell eingerichtet, auch mit AC und CD-Player. Von einigen bietet sich ein Blick auf die riesige Buddhastatue im Wat Indraviharn. Die kreative Gestaltung zieht sich durch die gesamte Anlage. Gemüse- und Kräutergarten sowie Bar und Abendessen auf dem Dach (🕐 ab 18 Uhr). Sehr nettes, hilfsbereites Personal. WLAN und Frühstück inkl. ❺

**Shanti Lodge** ㉘, 37 Soi 16, Sri Ayutthaya Rd., ☎ 02-281 2497, 🖥 www.shantilodge.com. In der gepflegten Anlage mit kleinem Garten werden von der freundlichen Kim neben sauberen, stilvoll und kreativ eingerichteten Zimmern mit Ventilator oder AC auch Schlafsaalbetten mit AC für 250 Baht angeboten. Gutes, auch vegetarisches, glutamatfreies Essen im Restaurant im Erdgeschoss. ❷–❹

**SSIP Boutique Dhevej Bangkok** ㊏, 42 Phitsanulok Rd., ☎ 02-282 1899, 🖥 www.ssiphotelthailand.com. Das hübsche, weiße Teakholzhaus im Kolonialstil beherbergt eine stilvolle Boutiqueunterkunft, die mit Liebe zum Detail, sauberen, geräumigen und komfortablen Zimmern und sehr hilfreichem, aufmerksamen Personal überzeugt. Abwechslungsreiches Thai-Frühstück inkl. ❺–❼

**Tavee Gh.** ㉟, 83 Soi 14, Sri Ayutthaya Rd., ☎ 02-280 1447. Saubere, aber hellhörige Zimmer mit guten Betten und Gemeinschafts-Du/WC, teils mit AC, in einem geräumigen, freundlich gestalteten Haus mit ursprünglicher Traveller-Atmosphäre. Einladendes Restaurant und angenehme Aufenthaltsbereiche, nettes Personal. ❷–❹

## Am Ufer des Menam Chao Phraya
Hier liegen einige der teuersten Hotels der Stadt, aber auch kleinere, schön gestaltete Boutiqueunterkünfte.

**Anantara Riverside Spa & Resort** ⑥, 257/1–3 Charoen Nakhorn Rd., ☎ 02-476 0022, 🖥 www.bangkok-riverside.anantara.com, Karte S. 166/167. 5-Sterne-Luxus am Fluss in einer großzügigen Gartenanlage mit Pool unter Palmen und 408 Zimmern mit allem Komfort, Gäste bekommen sogar ihr eigenes Smartphone gestellt. Alle 30 Min. kostenloser Shuttle zur BTS Saphan Taksin und zum Asiatique-Nachtmarkt. Online günstiger. ❼–❽

**Inn A Day** ⑯, 57–61 Maharaj Rd., ☎ 02-221 0577, 🖥 www.innaday.com, Karte S. 168/169. Kleines, modernes Boutiquehotel im bunten Industrial-Stil, der nicht unbedingt jedermanns Geschmack trifft. Die Lage direkt am Wasser mit Blick auf den Wat Arun und die 11 individuell, mit Liebe zum Detail gestalteten, komfortablen Zimmern überzeugen aber auch kritische Stimmen. Dachterrasse mit toller

Aussicht und Restaurant im Erdgeschoss. Frühstück inkl. **6**–**7**

🏨 **Loy La Long Hotel** ㉑, 1620/2 Songwat Rd., im Wat Pathum Khongka, ☎ 02-639 1390, 🖥 www.loylalong.com, Karte S. 168/169. Das liebevoll restaurierte Teakhaus direkt am Fluss beherbergt 6 stil- und fantasievoll eingerichtete, komfortable Zimmer mit AC, TV, DVD-Player, Wasserkocher und Du/WC. Das absolute Highlight ist der romantische Ausblick. Die tollen Gemeinschaftsbereiche mit Sitzkissen und großer Terrasse, das gute Essen und der zuvorkommend freundliche Service runden das Angebot ab. Nicht günstig, aber jeden Baht wert. Frühstück inkl. **6**–**7**

**Mandarin Oriental Bangkok** ㉟, 48 Oriental Ave., ☎ 02-659 9000, 🖥 www.mandarinoriental. com/bangkok, Karte S. 170/171. Das Luxus-Hotel zählt zu den besten der Welt und den teuersten des Landes. Aufmerksamer, elitärer Service, Gartenterrasse mit 2 Pools und Blick auf den Fluss. Zimmer im River Wing mit Flussblick, sehr teure Zimmer im stilvoll restaurierten historischen Garden Wing im Kolonialstil. Erstklassige Restaurants, z. B. Seafood im Lord Jim's mit großem Aquarium. **8**

**The Royal ThaTien Village** ⑰, 392/29 Soi Penpat 1, Maharaj Rd., ☎ 089-555 1683, 🖥 www.fb.com/TheRoyalThaTienVillage, Karte S. 168/169. Zwar nicht direkt am Wasser, aber dafür deutlich günstiger wohnt man in den 5 geräumigen, sehr sauberen Zimmern mit schönen Holzböden, LCD-TV, Kühlschrank und harten Himmelbetten, 2 auch mit Balkon. Die Betreiberin ist sehr freundlich und spricht gutes Englisch. Frühstück +120 Baht p. P. **4**

### Im historischen Zentrum

Karte „Historisches Zentrum" S. 168/169
Südlich der Ratchdamnoen Klang Rd., wenige hundert Meter von der Khaosan Rd. entfernt, finden sich gemütliche Unterkünfte mit historischem Charme und persönlichem Service.

🏨 **Baan Dinso** ⑭, 113 Trok Sin, Dinso Rd., ☎ 02-622 0560-3, 086-815 2200, 🖥 www. baandinso.com. In einer Gasse mit friedlicher, dörflicher Atmosphäre werden im ansehnlichen, cremefarbenen Teakhaus klassisch im Kolonialstil eingerichtete, sehr saubere Zimmer

mit dekorativen Details, großem LCD-TV und DVD-Player vermietet, die teureren mit Du/WC. Sehr freundliches, hilfsbereites Personal und nette Atmosphäre. Frühstück und Minibarinhalt inkl. **5**–**6**

**Baan Dinso@Ratchadamnoen** ⑬, 78/3 Ratchadamnoen Klang Rd., ☎ 086-815 3300, 🖥 www.baandinso.com. In attraktiver Lage direkt am Democracy Monument werden 27 saubere Zimmer mit bequemen Betten, Wasserkocher, LCD-TV und moderner Du/WC vermietet, die günstigsten sind leider etwas klein. Sehr freundliches Personal und nette Atmosphäre. EZ ab 800 Baht. Fahrradverleih 300 Baht pro Tag. Inhalt der Minibar, Tee, Kaffee und Frühstück inkl. **5**

**Baan Noppawong** ⑫, 112–114 Soi Damnoen Klang Tai, ☎ 02-224 1047, 🖥 www.baan noppawong.com. Kleine, aber feine Boutiqueunterkunft in einem wunderschönen, aufwendig restaurierten Teakholzhaus im Kolonialstil mit 7 gepflegten, gemütlichen Zimmern mit schönen, klassischen Möbeln und modernen Annehmlichkeiten. Persönlicher Service und familiäre Atmosphäre. Frühstück inkl. **5**–**6**

**Niras Bankoc Cultural Hostel** ⑮, 204–206 Mahachai Rd., ☎ 02-221 4442, 🖥 www. nirasbankoc.com. Zwischen geschäftigen Essensständen und Läden gelegenes Hostel in einem schönen, über 100 Jahre alten Holzhaus, das Tradition und Moderne verbindet. Während man im netten, kleinen Café im Erdgeschoss guten Kaffee schlürft, wohnt man in den oberen Stockwerken in schön eingerichteten, teils dunklen Zimmern mit komfortablen Matratzen und bunt verzierten Bädern. Schlafsaalbetten für 400 Baht, auch einer nur für Frauen. Bei den teureren Zimmern TV, DVD-Player und Frühstück inkl. Freundlicher Service. **4**–**5**

**Old Bangkok Inn** ⑪, 609 Phra Sumen Rd., ☎ 02-629 1787, 🖥 www.oldbangkokinn.com. Wer eine luxuriöse Zeitreise unternehmen möchte, ist in den 2 aufwendig restaurierten Ladenhäusern genau richtig. Die 10 opulent eingerichteten Zimmer bestechen mit edlen, dunklen Teakholz-Möbeln und seidenen Bettbezügen, aber auch modernen Annehmlichkeiten, teils sind sie sogar 2-stöckig. Die Matratzen sind etwas schmal. Die Suiten bieten zudem Open-Air-Badewannen. Sehr ruhige Atmosphäre. Frühstück inkl. ❿–❽

**Villa Phra Sumen** ⑩, 457 Phra Sumen Rd., ✆ 080-085 0085, 🖥 www.villa phrasumen.com. Hinter der unscheinbaren Fassade versteckt sich ein modernes, komfortables und ruhiges Boutiquehotel mit schön gestalteten, relativ geräumigen und sehr sauberen Zimmern, großem Innenhof und Sitzgelegenheiten am Klong Banglampoo. Hübsche Bäder, besonders die mit frei-stehender Badewanne. Die Zimmer zum Innenhof sind ruhiger. Das Personal ist freundlich und hilfsbereit. Frühstück inkl. ❻

## Chinatown und Hua Lamphong

Neben einigen günstigen Unterkünften rings um den Hauptbahnhof Hua Lamphong gibt es gute chinesische Mittelklassehotels. Die lebendigen Märkte, ursprünglichen, atmosphärischen Straßenzüge und die Nähe zum Hauptbahnhof, der MRT und dem Fluss Menam Chao Phraya sind Gründe, hier zu wohnen.

**@Hua Lamphong** ⑲, 326/1 Rama IV Rd., ✆ 02-639 1925, 🖥 www.athualamphong.hostel. com, Karte S. 168/169. In dem dezent modern gestalteten Hostel ist es trotz Bahnhofsnähe ruhig. Die sauberen Zimmer sind mit TV, AC, Kühlschrank und Du/WC ausgestattet. Schlaf-saalbetten für 400 Baht und Gemeinschaftsraum mit großem LCD-TV. Sehr hilfsbereites, kompe-tentes Personal, freundliche Atmosphäre und der wahrscheinlich langsamste Aufzug der Stadt. WLAN im Lobbybereich. ❹

**Baan Udom Accommodation** ㉒, 618/6–7 Soi Panurangsri, Songwat Rd., ✆ 02-233 2378, ☎ 081-912 7561, 🖥 www.baanudom.com, Karte S. 168/169. Im ursprünglichen, atmosphärischen Stadtviertel Talat Noi wohnt man in den in Weiß und Cremefarben gehaltenen 10 Zimmern komfortabel mit kleinem LCD-TV, Kühlschrank und Du/WC. Freundlich und familiär. ❹–❺

**River View Gh.** ㉓, 768 Soi Panuangsri, Songwat Rd., ✆ 02-234 5429, 🖥 www. riverviewbkk.com, Karte S. 170/171. Das gepflegte, beliebte Guesthouse in Talat Noi bietet 45 saubere Zimmer und aus den oberen Stockwerken einen tollen Ausblick auf den Fluss. Die kürzlich renovierten Räume punkten mit kühlem Betonboden, dicken Matratzen, Kühlschrank und TV, die teuersten mit Flussblick vom kleinen Balkon, die günstigsten nur mit Ventilator und Gemeinschaftsdusche. Schlafsaalbetten für 300 Baht, auch einer nur für Frauen. Gemütliches Dachrestaurant mit gutem Essen (◷ 7–22 Uhr). Fahrräder bis zu 4 Std. pro Tag inkl., danach 200 Baht pro Tag. ❷–❺

**Shanghai Mansion Bangkok** ⑱, 479-481 Yaowarat Rd., ✆ 02-2221 2121, 🖥 www. shanghaimansion.com, Karte S. 168/169. Farbenfrohes Boutiquehotel mit 76 sauberen Zimmern und Suiten ohne Außenfenster, die im etwas schrillen traditionell-chinesischen Stil eingerichtet und modern ausgestattet sind. Die teureren Zimmer mit Himmelbett sind wesentlich geräumiger. Frühstück, Inhalt der Minibar und WLAN inkl. ❻

**Your Place Gh.** ⑳, 336/17 Soi Chalong Krung, Rama IV Rd., ✆ 02-639 8034, 🖥 www.your placeguesthouse.com, Karte S. 168/169. Das alte Guesthouse versprüht noch ursprüng-liche Traveller-Atmosphäre. Die hellhörigen, einfachen, aber preisgünstigen Zimmer mit Holzboden und steinharten Matratzen sind teils mit AC, TV und sehr kleiner Du/WC ausge-stattet. EZ 350 Baht. Viele Mücken und ein grüner Dachgarten runden das Angebot ab. Frühstück inkl. ❷–❸

## Sathorn und Silom

Karte „Sathorn und Silom" S. 170/171
Viele der Mittelklassehotels in der unteren Silom und Surawongse Rd. werden von asiatischen Geschäftsleuten und Reisegruppen bevorzugt. In der Gegend um Patpong haben einige auf Backpacker ausgerichtete Unter-künfte geöffnet. Die Hotels entlang der Sathorn Tai Rd. zählen zu den luxuriösesten der Stadt.

### Untere Preisklasse

**New Road Gh.** ㉔, 1216/1 Charoen Krung Rd., zwischen Soi 34 und 36, ✆ 02-630 6994-8, 🖥 www.newroadguesthouse.com. In dem 3-stöckigen, zurückversetzten Haus gibt es verschiedene Zimmer. Die günstigsten sind winzig, einfach und dunkel mit Ventilator. Die teureren mit Fenster, AC, TV, Kühlschrank und nachträglich eingebauter Du/WC sind etwas einladender. Schlafsaalbetten 250 Baht. Hilfreiches, freundliches Personal und nette Atmosphäre. Frühstück 160 Baht p. P. ❶–❺

**Sunflower Place Silom** ㉙, 39/17–19 Soi Anuman-Rajdhon, ☎ 02-235 9080, 🖥 www. sunflowerplace.com. Versteckt in einer unscheinbaren, überdachten, etwas zwielichtigen, von der Silom Soi 6 abgehenden Gasse – und damit schwer zu finden –, liegen 20 sehr saubere, dunkle, in verschiedenen Farben gestrichene Zimmer mit Kühlschrank, Safe und TV. Resolute, hilfsbereite Besitzerin. ❸–❹

**Urban House** ㉜, 35/13 Soi Yommarat, Sala Daeng Rd., ☎ 081-492 7778, 🖥 www.urbanh. com. Das kleine, ruhig am Ende einer Gasse gelegene Haus ist besonders bei asiatischen Reisenden beliebt und beherbergt 7 schlicht eingerichtete, aber sehr saubere Zimmer mit AC, TV und Kühlschrank. Der Economy-Room ist winzig. Sehr freundliche Besitzerin. Kleines Frühstück inkl. ❸–❺

### Mittlere Preisklasse

**Baan K Residence by Bliston** ㉝, 12/1 Soi Sala Daeng 1, ☎ 02-633 9911, 🖥 www. baankresidence.com. Das gepflegte Apartmenthaus vermietet 28 moderne, komfortable Zimmer. Neben dem großen LCD-TV gehören ein Surroundsound-System und eine funktionsfähige Küche zur Standardausstattung. Die riesigen, 80 m² großen Executive-Zimmer lohnen die geringe Mehrausgabe. Sehr freundliches, hilfsbereites Personal. Fitnesscenter, Pool im nahen Bliston Hotel, Tuk Tuk-Transfers zur MRT und BTS und Frühstück inkl. ❺–❻

**Baan Pra Nond** ㊶, 18/1 Charoen Rat Rd., ☎ 02-212 2242, 🖥 www.baanpranond.com. Das Bed & Breakfast von Tasma und Jason punktet mit seinem traditionellen Charme. In einem schönen, über 80 Jahre alten, gelb gestrichenen Haus liegen 9 gepflegte, im Kolonialstil gehaltene und mit kleinen Details verschönerte, aber leicht überteuerte Zimmer. Trotz der Nähe zum Highway halten die Doppelfenster den Lärm ab. Kleiner Pool und

sehr freundliche Leute. Das Frühstück wechselt täglich, ist aber immer lecker. ❻

**Glow Trinity Silom** ㊱, 150 Silom Soi 3, ☎ 02-231 5050, 🖥 www.zinchospitality.com/ glowbyzinc/silom. Empfehlenswertes, modernes Hotel mit gutem Preis-Leistungs-Verhältnis. Die stylishen, komfortablen Zimmer sind mit iPod-Dock, einem großen LCD-TV, DVD-Player und moderner Du/WC ausgestattet, die Deluxe-Zimmer sind deutlich geräumiger. Der große Pool des Trinity Condominums und das Fitnesscenter können mitgenutzt werden. Guter, aufmerksamer Service. DVD-Verleih inkl. ❺–❻

**Lub d Bangkok – Silom** ㉖, 4 Decho Rd., ☎ 02-634 7999, 🖥 www.silom.lubd.com. In dem beliebten, modernen mit viel Beton und Stahl gestalteten Hostel gibt es schicke, saubere und komfortable Schlafsäle und kleine Zimmer, teils mit Waschbecken im Zimmer, TV und Du/WC. Schlafsaalbetten 500 Baht. Geschäftiger Eingangsbereich mit entspannter Atmosphäre. Gemeinschaftsraum mit riesigem TV. Kompetentes, freundliches Personal, das täglich wechselnde Aktivitäten organisiert (Fr Club Crawl, So Streetfood-Tour usw.). Internet-PCs in der Lobby. Online-Buchung empfehlenswert. ❹–❺

**Lullaby Inn** ㉘, 18-22 Decho Rd., ☎ 02-635 5984-5, 🖥 www.lullabysilom.com. Das gute Kleinhotel bietet 18 gepflegte Zimmer mit LCD-TV, Wasserkocher, Safe, Kühlschrank und komfortablen, harten Matratzen. Die günstigsten ohne Fenster, daher etwas muffig. Freundlicher Service. Frühstück 150 Baht p. P. ❺

**Saphaipae Hostel** ㊴, 35 Surasak Rd., ☎ 02-238 2322, 🖥 www.saphaipae.com. Kommunikatives, großes Hostel mit riesiger Lobby mit Billardtisch, Internet-PCs und Brettspielen. Übernachten kann man in sauberen, komplett ausgestatteten Zimmern oder Schlafsälen mit 3–10 Betten à 400–470 Baht, auch nur für Frauen. Gemeinschaftliche Aktivitäten sorgen dafür, dass Einzelreisende schnell Kontakte knüpfen. Raum voller Waschmaschinen. Hilfsbereites Personal. ❹–❺

**Silom Art Hostel** ㉕, 198/19–22 Silom Soi 14, ☎ 02-635 8070-2, 🖥 www.silomarthostel.com. In dem Hostel ließ man sich vom erfolgreichen

Konzept der Lub d-Häuser inspirieren. Hier treffen unverputzte Betonwände auf bunte Kunstwerke und kreative Elemente, wie etwa einen mit alten Jeans bezogenen Sessel. Die 14 Zimmer mit LCD-TV und Du/WC sind sauber und verspielt kreativ eingerichtet, aber ziemlich hellhörig. Schlafsaalbetten 380–450 Baht. ❹

**Silom One** ㉚, 281/15 Silom Rd. Soi 1, ✆ 02-635 5130, 💻 www.silomone.com. Sehr zentral gelegenes, kleines, modernes und stilvolles Mittelklassehotel mit bunt gemischtem Publikum und 10 sauberen Zimmern mit LCD-TV, Wasserkocher und Du/WC. Viele japanische Gäste. Internet-PC im Eingangsbereich und einfaches Frühstück inkl. ❺–❻

**The Swiss Lodge** ㉛, 3 Convent Rd., ✆ 02-233 5345, 💻 www.swisslodge.com. Bereits 1992 eröffnetes Hotel der oberen Mittelklasse. Ansprechende, bunt gestrichene Zimmer mit komfortablen Betten, LCD-TV und stimmigen Details, z. B. Büchern und praktischen Schreibwaren, die Standard-Zimmer noch mit Teppichboden. Kleiner Pool im 5. Stock und freundliches Personal. Frühstück inkl. ❺–❻

### Obere Preisklasse

**Banyan Tree Bangkok** ㊲, 21/100 Sathorn Tai Rd., ✆ 02-679 1200, 💻 www.banyantree.com/en/bangkok. Modernes Luxushotel mit komfortablen Suiten in einem schmalen 64-stöckigen Hochhaus. Im 60. Stock liegen das noble chinesische Bai Yun Restaurant und die romantische Vertigo Bar (S. 207) mit atemberaubender Aussicht. Über mehrere Stockwerke erstreckt sich eines der größten Wellnesscenter der Stadt. ❽

**Eastin Grand Hotel** ㊵, 33/1 Sathorn Tai Rd., ✆ 02-210 8100, 💻 www.eastingrandsathorn.com. 5-Sterne-Hotel mit direktem Zugang zur BTS Surasak und 390 auf 33 Stockwerken verteilten, modern eingerichteten Zimmern mit toller Aussicht. Schöner Überlaufpool im 14. Stock. Freundlicher Service. Gutes Frühstücksbuffet inkl. ❼–❽

**Pullman Bangkok Hotel G** ㉗, 188 Silom Rd., ✆ 02-238 1991, 💻 www.pullmanbangkokhotelg.com. Die stylish-minimalistisch gestaltete Lobby verrät bereits, dass es sich hier um ein höchst modernes Lifestyle-Hotel handelt. Das gläserne Hochhaus beherbergt 469 Zimmer, die ganz in Weiß erstrahlen und mit iPod-Dock, großem LCD-TV und verglaster Minibar auch höchsten Ansprüchen gerecht werden. Freundlicher Service, Pool und hervorragendes Frühstücksbuffet für 707 Baht p. P. ❻–❽

**Sofitel So Bangkok** ㉞, 2 Sathorn Nua Rd., ✆ 02-624 0000, 💻 www.sofitel-so-bangkok.com. Durchgestyltes Luxushotel mit 238 von 4 einheimischen Designern kreativ entsprechend der Elemente Holz, Wasser, Erde und Metall entworfenen Zimmern. Die Wasser-Zimmer haben im Raum integrierte Badewannen mit beeindruckendem Blick auf den Lumphini-Park. Nicht nur die Inneneinrichtung ist auf dem neuesten Stand der Technik, auch die opulenten Restaurants im Feuer-Stil, die Dachterrasse, die Schokoladenmanufaktur (S. 197) und der Poolbereich überzeugen mit bis ins kleinste Detail ausgefeiltem Design. Tolle Buffets. Der Inhalt der Minibar ist inkl. ❽

**W Bangkok** ㊳, 106 Sathorn Nua Rd., ✆ 02-344 4000, 💻 www.whotels.com/bangkok. Wer ultra hip, cool und modern im Luxus schwelgen möchte, ist hier genau richtig. Die Luxus-Zimmer sind geräumig, haben das gewisse Etwas und die modernste Technik. So werden AC, Licht und TV direkt über ein Tablet gesteuert. Toller, 24 Std. geöffneter Pool. Sehr persönlicher, trendy informeller, aber dennoch professioneller Service. Ausgezeichnetes Frühstücksbuffet. ❽

## Siam und Pratunam

Karte „Siam und Pratunam" S. 172/173

In diesem Gebiet gibt es einige günstige Kleinhotels etwas abseits vom Trubel und dennoch verkehrsgünstig an der BTS und in der Nähe sehr guter Einkaufsmöglichkeiten.

### Untere Preisklasse

**Pranee Building Accommodation** ㊼, 931/12 Soi Kasemsan 1, Ecke Rama I Rd., ✆ 02-216 3181, ✉ praneeguesthouse@hotmail.com. Billigunterkunft mit klassischer Atmosphäre und einfachen, nicht besonders einladenden, aber sehr preisgünstigen, zur Hauptstraße hin lauten

Zimmern, teils mit AC. Desinteressierter Besitzer, der alte Motorräder sammelt. ❷

€ **White Lodge** ㊹, 36/8 Soi Kasemsan 1, ☎ 02-216 8867. 40 kleine, einfache, ältere Zimmer mit AC und durchgelegenen oder sehr harten Matratzen, teils mit LCD-TV. Die Zimmer im Erdgeschoss können wegen der angrenzenden Waschküche laut sein. Freundlicher, wenn auch etwas resoluter Service sowie gutes Preis-Leistungs-Verhältnis. Wäscheservice. ❷–❸

### Mittlere Preisklasse

**Link Corner Hostel Bangkok** ㊷, Ratchaprarop, ☎ 02-640 0550, 081-900 5026, 🖥 www.fb.com/linkcornerhostelbangkok. Das Hostel liegt in direkter Nähe zur Airport Link-Station Ratchaprarop und ist eine gute Alternative für Leute, die in Pratunam shoppen und schnell zum Flughafen möchten. Alle einfachen Zimmer haben Fenster, dicke Matratzen und Gemeinschafts-Du/WC, sind aber dennoch recht dunkel und beengt. Zudem 8 Schlafsäle, teils nur für Frauen, für 350 Baht. Nicht besonders attraktiv, aber zweckmäßig. ❹

**Lub d Bangkok – Siam Square** ㊻, 925/9 Rama I Rd., ☎ 02-612 4999, 🖥 www.siam.lubd.com. Bereits von außen erwartet Reisende eine moderne, hippe, einladende Backpacker-Unterkunft. Neben komfortablen Betten im AC-gekühlten 4-Pers.-Schlafsaal für 570–620 Baht, einer nur für Frauen, und blitzblanken Gemeinschaftsbädern gibt es sehr cool mit viel Beton in Orange und Rot gestaltete Zimmer, teils mit TV und Du/WC. Ein geselliges Kino-Zimmer und ein Waschraum komplettieren das Angebot. Sehr freundliches, kompetentes Personal und Aktivitäten (s. Lub d Bangkok – Silom). ❺

€ **Tenface** ㊾, 81 Soi Ruamrudee 2, ☎ 02-695 4242, 🖥 www.tenfacebangkok.com. Der moderne Block beherbergt 79 kreativstilvoll mit viel dunklem Holz, Leder und in Schwarz gestaltete, sehr geräumige und komfortable Apartments. Sie bieten mit separatem Wohn- und Schlafzimmer, sehr bequemen Himmelbetten, 2 LCD-TVs, Sofa, Du/WC und separater Badewanne ein exzellentes Preis-Leistungs-Verhältnis. Pool und Fitness-

raum. Kostenloser Tuk Tuk-Transfer zur BTS Ploen Chit. ❻

### Obere Preisklasse

**Hansar Bangkok** ㊽, 3 Soi Mahatlek Luang 2, ☎ 02-209 1234, 🖥 www.hansarbangkok.com. Im 11.–18. Stock des riesigen, modernen Apartmenthochhauses werden 94 sehr geräumige, ansprechend und edel eingerichtete Zimmer vermietet. Neben einem riesigen LCD-TV mit DVD-Player bieten die Studio-Zimmer eine eigene Waschmaschine und alle praktische Schreibwaren, separate Dusche und Badewanne sowie teils begrünte Wände, die angenehm kühlen. Frühstück für 576 Baht p. P., Inhalt der Minibar inkl. ❽

🧳 **Lit Bangkok** ㊸, 36/1 Soi Kasemsan 1, ☎ 02-612 3456, 🖥 www.litbangkok.com. Frisches, modern gestaltetes Lifestyle-Hotel mit abgerundeten Kanten, Marmorlobby und 79 eleganten, in kühlen Chromfarben gestalteten Zimmern mit TV, DVD-Player, separater Dusche und Wanne, die teils im Zimmer steht. Kleiner, schöner Überlaufpool, Fitnessraum und Spa. Frühstück 695 Baht p. P. ❻–❼

**Siam@Siam** ㊺, 865 Rama I Rd., ☎ 02-217 3000, 🖥 www.siamatsiam.com. Schickes Designhotel mit 203 individuell, in kräftigen Farben und mit viel dunklem Holz und Stein künstlerisch gestalteten, modernen Zimmern mit schönen Bädern. Wunderschöne Rooftop-Bar, elegantes Restaurant, Pool, Spa, Fitnesscenter und über das gesamte Gebäude verteilte Kunstwerke. Freundliches Personal. Frühstück inkl. ❼

### Sukhumvit

Karte „Sukhumvit" S. 174/175

Hier sind viele Ausländer zu Hause – Touristen wie Geschäftsleute. Entsprechend groß ist die Auswahl an Hotels der mittleren und gehobenen Kategorien, dagegen gibt es kaum empfehlenswerte Zimmer in den unteren Preisklassen. Während der Hauptverkehrszeit wird die Sukhumvit Rd. zu einem kilometerlangen Parkplatz, über den man mit der BTS problemlos hinweggleitet. Über den Expressway ist die Verkehrsanbindung zum Flugplatz Suvarnabhumi gut, und auch der Eastern Bus Terminal (Ekkamai) liegt vor der Tür.

## Untere Preisklasse

**HI Sukhumvit YHA** ㉒, 23 Sukhumvit Soi 38, BTS Thong Lo, Exit 4, ✆ 02-391 9338, 🖳 www.hisukhumvit.com. In einem netten Haus in einer ruhigen Gasse einen Steinwurf von der angesagten Thong Lo entfernt gibt es kleine, saubere, teil etwas nach Schweiß riechende Zimmer mit guten Matratzen, Steinboden und neuer AC, teils mit Gemeinschaftsdusche. Betten im 8-Pers.-Schlafsaal mit Vorhängen für 350 Baht. Hilfsbereites Personal, gemütlicher Dachgarten, gute Sammlung an Reiseführern und entspannte Atmosphäre. Waschmaschine, Gepäckaufbewahrung und einfaches Frühstück inkl. ❹

**€ MHC-Gh.** ㉑, 8/4 Sukhumvit Soi 28, BTS Phrom Phong, ✆ 02-259 9884, 🖳 www.mhc-guesthouse.com. Die sicherlich preisgünstigste Unterkunft in der wohl teuersten Wohngegend der Stadt liegt in einer ruhigen Soi nur einen Katzensprung von der Sukhumvit Rd. entfernt. Die Zimmer sind einfach, aber sauber, mit älterer, wenig stimulierender Einrichtung, aber guten Matratzen, TV und AC. Die freundlichen Betreiber sammeln Modellflieger, sind sehr hilfsbereit und sorgen für eine angenehme Atmosphäre. ❹

**Suk 11 Hostel** ㉝, 1/33 Sukhumvit Soi 11, BTS Nana, ✆ 02-253 5927, 🖳 www.suk11.com. Nur mit kleinen Schildern versehen, aber am Restaurant und Souvenirshop im Holzhaus zu erkennen. Das Gästehaus mit angenehmer Atmosphäre ist die beste Wahl für Budgetreisende in der Sukhumvit Rd. In 2 restaurierten Holzhäusern im ländlichen Thai-Stil liegen saubere, zweckmäßig eingerichtete Zimmer mit guten Matratzen, alter AC, teurere auch mit Du/WC. EZ ab 535 Baht. Hübsch gestalteter Innenhof, Dachterrasse und Aufenthaltsräume. Zahllose Gäste haben sich an den Wänden verewigt. Frühstück 50 Baht p. P. ❸–❹

**S.V. Gh.** ㉗, 35–36 Sukhumvit Soi 19, BTS Asok, ✆ 02-253 3556-7. Der Familienbetrieb bietet einfache und dunkle, aber saubere Zimmer mit älterer Einrichtung und AC, die teureren auch mit Fenstern, Du/WC, TV und Kühlschrank. Recht wortkarges Personal, aber sehr gutes Preis-Leistungs-Verhältnis für die Gegend. ❷–❸

**€ The Atlanta** ㉟, 78 Sukhumvit Soi 2, am Ende der Soi, BTS Ploen Chit, ✆ 02-252 6069, 🖳 www.theatlantahotelbangkok.com. Das 1952 eröffnete Hotel mit schönem Garten und Pool versprüht immer noch den Charme der 1950er-Jahre. Auch die Zimmer vermitteln diesen Eindruck, sind aber gut instand gehalten und sauber, die Bäder frisch renoviert. Nicht zuletzt wegen der günstigen Zimmerpreise und der Intoleranz gegenüber Sextouristen wird das Hotel von Familien und alleinreisenden Frauen geschätzt. WLAN in der Lobby. ❸–❹

## Mittlere Preisklasse

**3Howw Hostel@Sukhumvit21** ㊱, 32/9–12 Sukhumvit Soi 21, BTS Asok, ✆ 092-520 3339, 🖳 www.3howwhostel.com. Sehr moderner, stylisher und sauberer Backpacker in Top-Lage. Ansprechende, in Weiß gehaltene Zimmer mit AC und Kühlschrank sowie bequeme Schlafsaalbetten für 480 Baht, in der Kapsel mit etwas mehr Privatsphäre 520 Baht. Gemeinschaftsküche, Aufenthalts- und TV-Raum. ❺

**CheQinn** ㊳, 21/10 Sukhumvit Soi 4, BTS Nana, ✆ 02-656 7925, 🖳 www.cheqinn.com. Das im modernen Industrial-Look gestaltete Hostel liegt in einer Seitengasse der zwielichtigen Soi Nana mitten im Trubel, aber dennoch ruhig. Alle 7 Zimmer sind geräumig, sauber und minimalistisch mit bequemen Matratzen auf Podesten, AC, Kühlschrank, LCD-TV, Fenster und Du/WC ausgestattet, allerdings recht teuer. Auch Schlafsäle mit 6–8 Betten mit sehr dünnen Matratzen, Leselicht und großem Schließfach à 350 Baht. Keine Gäste von außerhalb erlaubt. ❺

**Le Fenix Sukhumvit** ㉜, 33/33 Sukhumvit Soi 11, BTS Nana, ✆ 02-305 4000, 🖳 www.lefenix-sukhumvit.com. Designhotel mit 147 Zimmern mit bequemen Matratzen, großem weißem LCD-TV und etwas kleiner Du/WC. Hotelgäste haben in der gegenüberliegenden Q Bar kostenlosen Eintritt. Abends kann man sich im entspannten Dachgarten The Nest (S. 207) auf die Nacht einstimmen. Freundliches Personal. Frühstück 250 Baht p. P. ❺

**Oasis Inn** (51), 230/8 Sukhumvit Soi 1/1, BTS Ploen Chit, ✆ 02-655 5181, 💻 www.oasisbangkok.com. Beiderseits einer Seitengasse nahe dem Bumrungrad Hospital liegen 24 saubere und gepflegte Zimmer mit großem LCD-TV, Kühlschrank, Du/WC mit verglaster Duschkabine und teils großen Balkonen, im Erdgeschoss ohne Fenster. Gemeinschaftsküche im Erdgeschoss. Freundliches Personal. Frühstück inkl. ❹–❺

### Obere Preisklasse

**Ariyasomvilla** (50), 65 Sukhumvit Soi 1, BTS Ploen Chit, ✆ 02-254 8880, 💻 www.ariyasom.com. Eine außergewöhnliche Unterkunft mit toller Atmosphäre findet sich in einem Haus aus den 1940er-Jahren am Ende der Soi 1 direkt am Klong. Obwohl man mitten in der Stadt wohnt, ist es ruhig und grün. Alle 24 Zimmer sind sehr komfortabel, stilvoll und individuell antiquarisch, aber mit allem Komfort eingerichtet – zwar teuer, aber für anspruchsvolle Individualisten jeden Baht wert. Schöner Pool mit Liegen im tropischen Gartenidyll. Der Service ist sehr persönlich, aufmerksam und zuvorkommend. Spa und gutes Restaurant. Frühstück inkl. ❽

**Dream Hotel BKK** (54), 10 Sukhumvit Soi 15, BTS Asok, ✆ 02-254 8500, 💻 www.dreambkk.com. In 2 benachbarten Gebäuden des schicken Designhotels finden sich 145 schöne, elegante und zugleich gemütliche Zimmer mit blauer Beleuchtung, weichen, bequemen Matratzen, riesigen LCD-TVs, DVD-Player und jeglichem Komfort. Kleiner Pool auf dem Dach. Jeden Fr Tango-Abend mit Einführung für 350 Baht. Frühstück inkl. ❻–❼

**Four Points by Sheraton** (55), 4 Sukhumvit Soi 15, BTS Asok, ✆ 02-309 3000, 💻 www.starwoodhotels.com/fourpoints. Das schicke 4-Sterne-Hotel bietet einen schönen Überlauf-Pool im 8. Stock und 268 moderne, geräumige und komfortable Zimmer mit LCD-TV mit Internetzugang und HDMI-Port sowie separater Dusche und Badewanne. ❻–❽

**Rembrandt Hotel** (60), 19 Sukhumvit Soi 18, BTS Asok, ✆ 02-261 7100, 💻 www.rembrandtbkk.com. Gediegenes 4-Sterne-Hotel mit über 400 gepflegten, gemütlich mit allem Komfort eingerichteten Zimmern auf 26 Stockwerken. Netter Pool im 4. Stock. Das indische Restaurant Rang Mahal im 26. Stock gilt als das beste Thailands. Reichhaltiges Frühstücksbuffet inkl. ❻–❼

### In der Nähe des Flughafens Suvarnabhumi

Karte „Bangkok Übersicht" S. 166/167

Reisende, die in Bangkok einen Stopover einlegen, können in der Umgebung des internationalen Flughafens übernachten.

**Airy Resort** ⑤, 432 Latkrabang Soi 3, ✆ 02-181 2531, 💻 www.airyresort.com. Die etwas übertriebene Verwendung der Farbe Lila ist das Einzige, was in der komfortablen und dennoch günstigen Unterkunft stören könnte. Die 46 Zimmer sind zweckmäßig mit LCD-TV und Kühlschrank eingerichtet und versprechen eine geruhsame Nacht vor dem Weiterflug. Frühstück und Airporttransfer inkl. ❷–❸

**Novotel Bangkok Suvarnabhumi Airport** ⑤, 10 Min. zu Fuß vom Terminal, ✆ 02-131 1111, 💻 www.novotel.com. Riesiger 4-Sterne-Hotelbau mit 612 luxuriösen Zimmern mit allen Annehmlichkeiten. Pool inkl. 24-Std.-Shuttleservice vom Gate 4 Level 2 oder zu Fuß vom Terminal über einen 300 m langen Tunnel erreichbar. ❼–❽

### In den Außenbezirken

Karte „Bangkok Übersicht" S. 166/167

**Bangkok Tree House** ⑨, 60 Moo 1, Petchcha Hueng Rd., Bang Namphueng, BTS Bang Na, ✆ 082-995 1150, 💻 www.bangkoktreehouse.com. Die Insel Bang Krachao ist Bangkoks grüne Lunge und frei von Autos. Inmitten von Mangroven und Palmen wurde ein außergewöhnliches Boutiquehotel mit 12 komfortablen, hellen, aus Bambus und recycelten Metallen konstruierten Bungalows erbaut. Man kann mit dem Fahrrad die Insel erkunden und sogar unter freiem Himmel oder auf dem Fluss (!) schlafen. Auf Nachhaltigkeit wird Wert gelegt: Im Restaurant werden Bio-Lebensmittel verarbeitet, die Mehrheit der Angestellten stammt von der Insel, es werden keine Pestizide oder Chlor eingesetzt, und ein Teil der Gewinne fließt zurück in lokale Projekte. Eiscreme, Fahrräder, Handy und Frühstück inkl. ❼–❽

**Kama Bangkok** ⑧, 3331/25 Sut Prasoet 4, BTS Saphan Taksin, ✆ 02-023 0486, 🖥 www.kamabangkok.com. Der sehr freundliche US-Amerikaner Chris hat sich mit viel Eigeninitiative in einer Ladenzeile ein modernes, kreativ gestaltetes Hostel im angesagten Industrial-Look geschaffen. Fast alle der zahlreichen Kunstwerke stammen von ihm, ebenso wie die Ideen für viele kleine Details. 8 ansprechende Zimmer mit kleinen Pflänzchen, AC, LCD-TV und Kühlschrank sowie schicker Schlafsaal mit 8 Betten à 395 Baht. Der Ausbau der Dachterrasse mit Kräutergarten ist geplant. Leckere Bagels. ❹–❺

**Mystic Place – Rooms in Bangkok** ②, 224 Pradipat Rd., BTS Saphan Khwai, ✆ 02-270 3344, 🖥 www.mysticplacebkk.com. Einladendes Designerhotel mit kreativem Konzept: Jedes Zimmer wurde von einem anderen Künstler gestaltet, dabei reicht die Bandbreite von schrill, kitschig und bunt bis zu antiquarisch, schlicht und elegant. Am besten man sucht sich auf der Website seinen Lieblingsraum aus. Alle 34 Zimmer sind sauber, geräumig und mit TV, DVD-Player und Kühlschrank ausgestattet. Mit Spa. Sehr freundliches Personal. Frühstück inkl. ❺

**The Thai House** ③, 32/4 Moo 8, Tambol Bang Muang, Bang Yai, Nonthaburi, 22 km außerhalb der Stadt im Westen, ✆ 02-997 5161, 🖥 www.thaihouse.co.th. In einem wunderschönen, traditionellen Teakhaus bei einer liebenswerten Familie liegen hübsche Zimmer im Thai-Stil mit Gemeinschafts-Du/WC. Das Haus am Klong ist von Bangkok aus mit dem AC-Bus 516 zu erreichen, der alle 15 Min. ab Sanam Luang bis Bang Buatong fährt; hinter dem Mitsubishi-Gebäude und der Brücke aussteigen und 10 Min. laufen oder ein Motorradtaxi für 10 Baht nehmen. Die herzliche Gastgeberin Peep führt in die Geheimnisse der traditionellen Thai-Küche ein (S. 221). Der ideale Ort, um abseits des Stadttrubels in Thailand anzukommen. Frühstück inkl. ❺

**Udee Bangkok** ①, 49 Pradiphat Soi 19, BTS Saphan Khwai, ✆ 02-279 2595, 🖥 www.udeebangkok.com. Sehr hübsch gestaltetes, familiäres, aber dennoch modernes Guesthouse in einer ruhigen Gegend mit kleinem Dach-

garten, kleiner Gemeinschaftsküche und offenem, luftigem Fernsehraum. 9 sehr saubere Zimmer mit guten Matratzen und modernen Bädern. Auch Matratzen im 3- und 6-Bett-Schlafsaal ab 360 Baht, auch einer nur für Frauen. Freundlicher Besitzer. WLAN und Frühstück inkl. ❹

**W Home Bangkok** ⑦, 190 Charoen Krung Rd., BTS Saphan Taksin, ✆ 02-291 5623, 086-025 6436, 🖥 www.whomebangkok.com. Das hübsche alte Holzhaus liegt sehr ruhig in einer untouristischen, authentischen Gegend nahe dem Asiatique-Nachtmarkt. Die herzensguten Betreiber Nui und Puk haben lange in 5-Sterne-Hotels gearbeitet, haben zahlreiche Tipps auf Lager und sorgen mit ihrer Gastfreundschaft dafür, dass man sich schnell wie zu Hause fühlt. Die 4 Zimmer mit bequemen Matratzen, AC, LCD-TV und Gemeinschafts-Du/WC sind recht klein, aber sehr sauber. Frühstück inkl. Reservierung empfohlen. ❺

**Yim Huai Khwang Hostel** ④, 70 Pracharat Bamphen Rd., MRT Huai Khwang, ✆ 02-118 6038, 🖥 www.yimhuaikhwang.com. Kreativ gestaltetes Boutiquehotel in einem untouristischen Stadtviertel mit sehr sauberen, minimalistisch eingerichteten Zimmern und kabinenartigen Schlafsaalbetten für 450–550 Baht, auch nur für Frauen. Sehr freundliche Besitzer und kollegiale, künstlerische Atmosphäre im Eingangsbereich. Frühstück bei Zimmern inkl., bei Schlafsaalbetten +100 Baht. ❺

## ESSEN

Aus kulinarischer Sicht ist Bangkok ein wahrhaft kosmopolitisches Paradies. Neben den asiatischen Küchen von Japan bis zum Vorderen Orient wird so gut wie jeder Geschmack bedient. Deutsche, französische, italienische, mexikanische und amerikanische Restaurants können oft mit den besten Restaurants ihrer Ursprungsländer mithalten – und sie manchmal sogar übertreffen. Und das alles zu niedrigeren Preisen!
Essen zu gehen kostet kein Vermögen, denn die meisten Einheimischen tun dies sehr häufig. An Straßenständen gibt es schon ab 20 Baht eine kräftige Suppe, in normalen Restaurants

## Straßenküchen

© MISCHA LOOSE

€ Bangkok ist bekannt für seine exzellenten Garküchen. Daher verwundert es nicht, dass sich auf Schritt und Tritt Gelegenheit bietet, authentische Snacks und Gerichte für wenig Geld zu probieren. Diese werden an mobilen Straßenständen, auf Märkten oder oft auch in den Food Courts von Supermärkten frisch zubereitet. Da häufig niemand Englisch spricht, schaut man am besten in die Töpfe oder bestellt, was am Nachbartisch lecker duftet. Die beliebtesten Gerichte für Einsteiger sind Klebreis mit Mango oder etwas deftiger gegrillte Hähnchenspieße sowie Nudelsuppen in allen Variationen. Es lohnt sich, über den eigenen kulinarischen Tellerrand zu schauen, denn viele der geschmacklichen Abenteuer erweisen sich als wahre Gaumenfreuden. Wenn an einem geschäftigen Essensstand fast alle das gleiche Gericht bestellen, sollte man dieses ebenfalls probieren, auch wenn es möglicherweise exotisch anmutet. Die thailändische Küche zählt nicht umsonst zu den variationsreichsten und besten der Welt!

Besonders empfehlenswert sind die Essensstände in der **Yaowarat Rd.** in der Chinatown, in der **Convent Rd.** in Silom und an der nordwestlichen Ecke des **Lumphini Parks**.

bekommt man ab 100 Baht ein leckeres Thai-Gericht. Westliche Küche oder ein Essen in den Gourmetrestaurants sind wesentlich kostspieliger.

### Banglampoo, Sam Sen und Thewet

Karten „Banglampoo" S. 176/177 und „Thewet" S. 178

Traveller-Bedürfnissen tragen Fastfood-Restaurants rund um die Khaosan Rd. Rechnung. Kreativ gestaltete Restaurants, Bars und Galerien, die vor allem von einheimischen Studenten besucht werden, haben sich entlang der Phra Arthit Rd. und der Phra Sumen Rd. niedergelassen. Garküchen konzentrieren sich in der Soi Rambuttri, wobei man hier wohl eher neben einem anderen Deutschen als einem Thai speisen wird. Nach dem Besuch des Königspalasts kann man sich an die guten, preiswerten Garküchen am Chang Pier setzen.

### Asiatisch

**Bombay Blues**, Soi Rambuttri, nahe der Nationalgalerie, ☎ 085-859 1515. Orientalisch mit roten Liegen eingerichtetes Lounge-Restaurant, in dem man auf Kissen sitzend leckeres Chicken Tandoori oder andere indische Spezialitäten kosten kann. Hauptgerichte 100–200 Baht. ⏱ 18–2 Uhr.

€ **Roti-Mataba**, 136 Phra Arthit Rd., ✆ 02-282 2119. Eine Institution, die seit 1943 Roti, leckeres, leicht süßliches indisches Fladenbrot, anbietet, das in Malaysia zum Frühstück gegessen wird, am besten mit Hühnchen-Curry. Leider sind die Currys etwas wässrig, aber dennoch köstlich. Äußerst preiswert. ⏱ Di–So 9.30–22 Uhr, s. **eXTra [2709]**.

### Europäisch

**Café Primavera**, 56 Phra Sumen Rd., ✆ 02-281 4718. 2-stöckiges italienisches Restaurant unter österreichischer Leitung mit freundlichem Service, das zu Jazzmusik Pizza und eine gute Auswahl an Nudelgerichten sowie italienisches Eis und leckeren Apfelstrudel serviert. Pizzas 300–400 Baht, Pastagerichte etwas günstiger. Das schmackhafte Graubrot aus eigener Produktion wird auch am Stück verkauft. ⏱ 9–22 Uhr.

**Ranee's Velo Restaurant**, 77 Trokmayom Chakraphong, ✆ 02-281 8975. Seit über 20 Jahren werden in dem ruhig gelegenen, teils überdachten Innenhof, der entsprechend dem Zeitgeist mittlerweile mit ein paar Rennrädern dekoriert ist, preisgünstige hausgemachte Nudeln mit leckeren Saucen (um 200 Baht), Pizza (um 300 Baht) und Thai-Gerichte ohne Glutamat zubereitet, auch Vegetarisches sowie knusprige Baguettes aus der eigenen Bäckerei (100–140 Baht). Freundliche Besitzerin. ⏱ 16–24 Uhr.

**Wunderbar, Samsen Soi 2**, ✆ 02-629 0606, 🖥 www.fb.com/WunderbarBkk. Vom Frühstück nach heimischem Geschmack über Schnitzel bis zum Weißbier findet sich auf der Karte des relativ günstigen, offenen Lokals alles, was sich Asienreisende mit kulinarischem Heimweh wünschen könnten. Die Portionen sind recht klein. Auch gute Pizzas und Thai-Gerichte. Deutsche Speisen ab 200 Baht. ⏱ 8–1 Uhr.

### International

**Center Khaosan Restaurant**, im Zentrum der Khaosan Rd., 🖥 www.thekhaosarncenter.co.

cc. Eignet sich bestens, um sich inmitten des Trubels auszuruhen und bei einem kühlen Bier das Treiben zu beobachten. Das Essen ist allerdings mäßig. ⏱ 24 Std.

**Chomp**, 63–65 Samsen Rd., Ecke Samsen Soi 1, ✆ 02-629 2026, 🖥 www.fb.com/chompcafe. Unter der Leitung der engagierten Südafrikanerin Gili Back werden in dem kreativ gestalteten Lokal mit frischen, soweit wie möglich biologisch angebauten Zutaten leckere herzhafte Gerichte in großen Portionen und gesunde, auf Bestellung frisch zubereitete Babynahrung gezaubert. Oben auch ein Kinderspielzimmer, Yogakurse, wechselnde Kunstausstellungen und Sonderveranstaltungen. ⏱ 8–23 Uhr.

€ **Konnichipan**, 182 Chakraphong Rd., ✆ 02-629 3270, 🖥 auf Facebook. Die kleine japanisch-französische Bistro-Bäckerei überrascht mit sehr schmackhaftem, mit 20–40 Baht sehr günstigem Gebäck und Baguettes, top Kaffee und freundlichem Service. WLAN. ⏱ 7.30–20 Uhr.

**My Darling**, 106/5 Soi Rambuttri, ✆ 02-282 0566. In der riesigen, kitschig mit Buddhastatuen und Bambuswänden gestalteten Resto-Bar mit breit gefächerter Speisekarte gibt es zu jeder Tageszeit ein kühles Bier. Mäßige Thai-Gerichte ab 100 Baht. ⏱ 24 Std.

**Ricky's Restaurant**, Phra Arthit Rd., ✆ 02-629 0509. Unter dem New Merry V. Gh. liegt das beliebte, im chinesischen Kolonialstil gestaltete Café mit sehr gutem Kaffee und leckeren Baguettes, Sandwiches (um 100 Baht) und mexikanischen Gerichten. Hier gibt es das beste Frühstück in Banglampoo. Sehr freundliche Atmosphäre. ⏱ 8–22 Uhr.

**Saffron Café**, Phra Arthit Rd. Kleines, entspanntes Café mit leckeren westlichen Kuchen (vor allem der Heidelbeerkäsekuchen) und gutem Kaffee. Große Auswahl an Tees und Thai-Gerichten ab 80 Baht. ⏱ 8–21 Uhr.

**Sawasdee House**, Soi Rambuttri. Das riesige, gut besuchte Touri-Restaurant ist immer geöffnet und serviert annehmbares Essen. Draußen sitzt man am besten mit Blick auf die flanierenden Touristen. Große Bar. ⏱ 24 Std.

### Thai

🧳 **Hemlock**, 56 Phra Arthit Rd., ✆ 02-282 7507. Hier gibt es fast 200 sehr leckere, z. T. traditionelle Thai-Gerichte zu günstigen Preisen in gepflegter Atmosphäre. Darunter finden sich wahre Geschmacks-abenteuer wie *Miang Kam*, eine klassische Vorspeise, bei der zahlreiche Zutaten in Blätter gewickelt werden. Hauptgerichte 90–150 Baht. Ebenfalls im Angebot sind Weine und eine große Auswahl an Tees. Freundlicher Service und entspannte (Jazz-)Musik. ⏱ Mo–Fr 16–23.30, Sa erst ab 17 Uhr.

🧳 **Poonsin Restaurant**, 460 Wisut Kasat Rd., ✆ 02-282 2728. Alteingesessenes, bei Thais sehr beliebtes, wenn auch etwas steriles Restaurant, das berühmt für die leckeren gerösteten Enten- und Schweine-fleischgerichte ist. Auf der großen Speisekarte stehen Gerichte in 3 Größen ab 70 Baht, die von emsig umhereilenden Kellnern in weißem

---

## Lust auf Lieferservice?

Wer nach einer durchgefeierten Nacht keine Lust hat, sein Hotelzimmer zu verlassen, kann problemlos bei einem Lieferservice sein Essen bestellen. Hier eine Auswahl:

**Burger King & Pizza Company**, ✆ 1112, 🖥 www.pizza.co.th.

**Chef XP**, ✆ 1767, 🖥 www.chefsxp.com. Der Anbieter hat eine breit gefächerte Auswahl an Restaurants im Angebot, die alle innerhalb von 1 Std. liefern.

**Domino's Pizza**, ✆ 1612, 🖥 www.dominos pizza.co.th.

**Food by Phone**, ✆ 02-663 4663, 🖥 www. foodbyphone.com. Ähnliches Angebot wie Chef XP, jedoch etwas teurer.

**Food Panda**, 🖥 www.foodpanda.co.th. Größter Anbieter des Landes mit vielen Restaurants.

**KFC & Pizza Hut**, ✆ 1150, 🖥 www.kfc.co.th, 🖥 pizzahut.co.th.

**McDonald's**, ✆ 1711, 🖥 www.mcthai.co.th.

**Oishi Express**, ✆ 1773, 🖥 www.oishi group.com.

**S&P Delivery**, ✆ 1344, 🖥 www.snpfood.com.

Hemd und Fliege serviert werden. ⏱ 11–14 und 17–24 Uhr.

### Vegetarisch

€ **May Kaidee Vegetarian & Vegan Restaurant**, 59 Tanao Rd. und 33 Samsen Rd. nördlich des Klong Banglampoo, ✆ 02-281 7699, 🖥 www.maykaidee.com/restaurants. Seit 1988 gibt es hier sehr preiswerte, gesunde, glutamatfreie, vegetarische Kost sowie Sand-wiches und Snacks. Der braune Klebreis ist besonders empfehlenswert. Bebilderte Speise-karte. In der Hauptfiliale in der Tanao Rd. jeden Sa abends ausgiebiges Buffet für 150 Baht p. P. ⏱ 9–22 Uhr.

### Am Ufer des Menam Chao Phraya

**Aquatini Restaurant**, 45/1 Phra Arthit Rd., ✆ 02-280 9955, Karte S. 176/177. Am Fluss in Laufnähe zur Khaosan Rd. gelegenes Touristen-restaurant, in dem an Holztischen teils unter freiem Himmel thailändische Gerichte ab 200 Baht serviert werden. Seafood ist deutlich teurer. ⏱ 11–23.30 Uhr.

🧳 **Baan Klang Nam**, ca. 4 km südlich von Silom, 288 Soi 14 Rama III Rd., ✆ 02-292 0175, 🖥 www.baanklangnam.net, Karte S. 166/167. Etwas schwer zu finden ist das bei Bangkokern beliebte, rustikale Restaurant mit tollen Krebs- und Fisch-gerichten. In einem mit Schindeln verklei-deten Holzhaus oder auf der Uferterrasse direkt am Fluss kann man sehr gutes, frisches Seafood genießen. Man sollte mit 500 Baht p. P. rechnen. Reservierung empfehlenswert. ⏱ 11–22.30 Uhr.

**In Love Bar & Restaurant**, 2/1 Krung Kasem Rd., direkt am Thewet Pier, ✆ 02-281 2900, Karte S. 178. Mit Blick auf den Fluss und die Rama VIII-Brücke isst man hier gute, authentische Thai-Gerichte für 100–200 Baht, Seafood bis 300 Baht. Spezialität des Hauses ist der scharfe Pomelo-Salat mit Hühnchen. ⏱ 11–1 Uhr.

**Khimlom Chomsaphan Restaurant**, 11/6 Soi Samsen 3, am Fluss hinter Wat Sam Phraya, ✆ 02-628 8382-3, 🖥 www.khinlomchomsaphan. com, Karte S. 178. Großes, beliebtes Open-Air-Restaurant mit Lotosteich und einer breit gefächerten Auswahl an Seafood-Gerichten zu

## Mit dem Restaurantboot den Fluss hinauf

Eine romantisch dahingleitende Dinner Cruise verspricht ein besonderes Erlebnis weitab vom hektischen Treiben der Metropole. Die Boote, meist hübsche, umgebaute Reisbarken, fahren für ca. 2 Std. auf dem Menam Chao Phraya an den großen Sehenswürdigkeiten vorbei und starten in der Regel zwischen 18 und 20.30 Uhr ab dem River City Pier. Die Touren unterscheiden sich stark voneinander: Während manche mit Buffets und lauter Musik auf asiatische Großgruppen ausgelegt sind, überzeugen andere mit persönlichem Ambiente und ruhiger klassischer Thai-Musik. Der Transfer vom und zum Hotel ist fast überall im Preis inbegriffen, Getränke kosten hingegen meist extra.

**Apsara Dinner Cruise,** ☎ 02-679 1200, 🖥 www.banyantree.com. Die stilvolle Luxusvariante verzichtet auf laute Musik, startet um 20 Uhr und kostet 2300 Baht, inkl. Getränke sollte man aber mit mind. 3000 Baht p. P. rechnen. An Bord wird für bis zu 40 Pers. ein hochwertiges, reichhaltiges Menü serviert. Die Atmosphäre ist gediegen und der Service persönlich.

**Chao Phraya Princess,** ☎ 02-437 9667, 🖥 www.thaicruise.com. Die günstige Massenabfertigung: Für 1400 Baht p. P. dinieren besonders große asiatische Reisegruppen auf den 5 Booten. Die Qualität des Buffets ist maximal durchschnittlich und die laute Musik und das Gedränge sorgen nicht gerade für das Aufkommen einer romantischen Stimmung.

**Loy Nava,** ☎ 02-437 4932, 🖥 www.loynava.com. Für 1650–2060 Baht gibt es neben einem leckeren Menü traditionelle Tänze und klassische Thai-Musik. Das Boot ist etwas kleiner und persönlicher als die meisten anderen. Abfahrten um 18 und 20.10 Uhr.

**Manohra,** ☎ 02-476 0770, 🖥 www.manohracruises.com. Die Dinner Cruise startet ab dem Anantara Riverside Spa & Resort um 19.30 Uhr und kostet ab 2050 Baht. Zusteigen am Taksin- und Oriental Pier möglich. Der Service ist nicht immer aufmerksam.

**Wan Fah,** ☎ 02-622 7657, 🖥 www.wanfah.in.th. Das mäßige Dinner kostet hier 1300–1400 Baht und wird vor allem von westlichen Reisegruppen gebucht. Das Rahmenprogramm besteht aus klassischen Tänzen und Musik. Abfahrt ist um 18 Uhr. Zudem ein Restaurant am Ratchawongse Pier.

angemessenen Preisen. Trotz englischer Karte kommen nicht sehr viele Touristen. Bäckerei mit leckeren Kuchen. ⏱ 11–24 Uhr.

**Supatra River House,** 266 Soi Wat Rakhang, Arun Amarin Rd., ☎ 02-411 0305, 🖥 www. supatrariverhouse.net, Karte S. 168/169. Im stilvoll restaurierten Thai-Haus mit Garten und Bühne kann elegant am Fluss diniert werden. Leider liegt der laute Bootsanleger direkt neben dem Restaurant. Sa ab 19.30 Uhr klassische Tänze und Theaterstücke. Hauptgerichte ab 220 Baht, Seafood teurer. Hauseigene Fähre ab dem Maharaj Pier. ⏱ 11.30–14.30 und 17.30–22 Uhr, letzte Bestellung 21.30 Uhr.

**The Deck@Arun Residence by the River,** am Ende der Soi Chetuphon südwestlich vom Wat Pho direkt am Fluss, ☎ 02-221 9158, 🖥 www.arunresidence.com, Karte S. 168/169. Gegenüber dem Wat Arun mit traumhaftem Blick auf den nach Sonnenuntergang erleuchteten Tempel. Ein idealer Ort für einen romantischen Abend mit leckerem Essen. Hauptgerichte 200–450 Baht. ⏱ 8–22, Fr–So bis 23 Uhr.

### Chinatown und Golden Mount

Karte „Historisches Zentrum" S. 168/169
Entlang der Yaowarat Rd. locken zahlreiche authentische chinesische Restaurants und einige der besten Garküchen der Stadt. Viele verkaufen fragwürdige Spezialitäten wie Haifischflossen- und Schwalbennestsuppe, aber auch andere Köstlichkeiten aus dem Reich der Mitte.

**Easae Coffee,** Ecke Phat Sai Rd. und Phadung Dao Rd., Schild nur in Thai, ☎ 02-221 0549. Seit 1927 kann man in dem einfachen Coffeeshop bei bitterem Taeochew-Kaffee das Straßenleben beobachten, während an den Nachbartischen wie eh und je über die neueste politische Entwicklung diskutiert wird. Der Eistee *cha yen* und die Trinkmarmelade sind lecker. ⏱ 5.30–21 Uhr.

**Lek-Rat Seafood**, Ecke Yaowarat Rd. und Phadung Dao Rd., ☎ 081-637 5039. Sehr beliebtes, geschäftiges Straßen-Restaurant mitten im Trubel. Die leckeren Seafood-Gerichte, wie z. B. die gegrillten Muscheln, lohnen das Anstehen allemal. Die englische Speisekarte weist den einen oder anderen lustigen Übersetzungsfehler auf, die Preise sind angemessen. ⊕ 18–3 Uhr.

**Lim Lao Ngow Noodle**, Songsawat Rd. Die Nudeln mit Fischbällchen für 20–25 Baht sind seit Jahrzehnten ein Begriff. Außen knusprig und innen luftig, ein wahrer Genuss. Neuer, moderner Ableger im Siam Square One. ⊕ 19–23 Uhr.

**Seven Spoons**, 22–24 Chakraphadipong Rd., ☎ 02-629 9214, ⌨ sevenspoonsbkk. com. Das Restaurant im angesagten Industrial-Look liegt etwas abseits der Touristenpfade, ist den Abstecher aber allemal wert: Die übersichtliche Karte ist mediterran geprägt und mancherorts raffiniert mit einer Thai-Note verfeinert. Die hervorragende Qualität der Speisen (unbedingt die Shrimp-Mango-Tacos probieren!) lässt keine Wünsche offen und bleibt dabei sehr bezahlbar. Das aufmerksame Personal sorgt für ein persönliches, entspanntes Essenserlebnis, das mit ausgezeichneten Cocktails abgerundet werden kann. ⊕ 11–15 und 18–22.30, Bar bis 23.30 Uhr.

**The Canton House**, 530 Yaowarat Rd., neben dem Chinatown Hotel, ☎ 02-221 3335. Das große, einfach eingerichtete Restaurant serviert gute Dim Sum und ist besonders zur Mittagszeit sehr gut besucht. ⊕ 11–22 Uhr.

**T & K Seafood**, Ecke Yaowarat Rd. und Phadung Dao Rd., ☎ 02-223 4519. Das sehr populäre Straßenrestaurant ist an den grünen Plastikstühlen und Hemden der Angestellten sowie der bei jedem Wetter vorhandenen Warteschlange zu erkennen. Es gibt auch einen AC-gekühlten Innenbereich. Hier wird exzellentes und preisgünstiges Seafood serviert. ⊕ 16.30–22 Uhr.

**Thip Samai**, 313 Mahachai Rd., zwischen Golden Mount und Riesenschaukel, ☎ 02-221 6280. Das preis-gekrönte Restaurant ist stadtbekannt und so beliebt, dass bereits spätnachmittags Dutzende Hungrige anstehen. Im einfachen Ambiente wird bis früh morgens an Holztischen bzw. Plastiktischen im Freien die beste Pad Thai der Stadt serviert – extrem lecker und günstig. Die Zubereitung frisch im Wok auf Holzkohlen ist so professionalisiert, dass jeder Angestellte nur einen Arbeitsschritt ausführt. Eine Portion ist auch zu späterer Stunde die perfekte Stärkung. Auch der Orangensaft ist hervorragend. ⊕ 17–3 Uhr.

### Sathorn und Silom

Karte „Sathorn und Silom" S. 170/171
In der Silom Rd. finden sich Restaurants in allen Preisklassen. Viele sind auf die flanierenden Touristen eingestellt und entsprechend teuer. Rings um die Patpong Rd. konzentrieren sich nicht nur Go-go-Bars und Nachtclubs, sondern auch gute Restaurants.

€ In zahlreichen Nebenstraßen finden sich **Essensstände**, z. B. östlich der Moschee, zwischen der Silom und Anuman Raichon Rd., neben dem Bangkok Bank Building und am Beginn der Soi Convent mit sehr guten Nudelgerichten, Chicken Rice, Suppen, gegrilltem Fisch, Meeresfrüchten u. a.

### Asiatisch

**Coca Suriwongse**, Silom Soi 6, BTS Sala Daeng, ☎ 02-236 9323, ⌨ www.coca.com. Das beliebte Restaurant ist eine Institution und betreibt mittlerweile viele Ableger. In der edel anmutenden Zentrale gibt es Steamboat, Dim Sum und andere ausgefallene chinesische Gerichte (Entenfüße, Taube, usw.). Gerichte ab 100 Baht. ⊕ 17–2 Uhr.

**Indian Hut**, 418 Surawongse Rd., ☎ 02-236 5672, ⌨ www.indianhut-bangkok.com. Wie die weißen Tischdecken und das edle Ambiente signalisieren, ist dies kein Billig-Inder, doch das seit 1995 geöffnete, preisgekrönte Restaurant lohnt die Mehrausgabe. Auf der Karte stehen auch ausgefallene Gerichte wie die der Jain-Religion, die strengen Essensregeln unterliegen. Leckeres Tandoori Chicken kostet 350 Baht, vegetarische Gerichte ab 225 Baht. Abends fast immer voll. ⊕ 11–23 Uhr.

**Zen**, Convent Rd., BTS Sala Daeng, ☎ 02-266 7150-1. Schickes, modern designtes japanisches Restaurant mit vernünftigen Preisen, das leckere Sushi- und Sashimi-Variationen anbietet. Auch die Fleischgerichte sind gut. Weitere Filialen u. a. im 3. Stock des Central World und im 4. Stock des Siam Center. ⊕ 10–22 Uhr.

## Europäisch

**G's Bangkok**, Patpong Soi 2, ☎ 02-632 9513, 🖥 www.fb.com/GsBangkok Restaurant. Im Trubel von Patpong betreibt Guido das einfach eingerichtete deutsche Restaurant. Auf der Karte steht gute, deftige Hausmannskost wie Würstchen, leckere Schnitzel, Bouletten und eine große Auswahl an importierten Bieren, zudem Thai-Gerichte. ⊕ 16–1 Uhr.

**Opus Italian Wine Bar & Restaurant**, 64 Pan Rd., BTS Surasak, ☎ 02-637 9899, 🖥 www.wbopus.com. Fantastisches italienisches Restaurant mit einer exzellenten Weinauswahl und geschmackvoller Einrichtung. Der Besitzer Alex führt Gäste gern in den Weinkeller, um ihnen den perfekten Tropfen vorzuschlagen. Die hausgemachte Pasta und Nachspeisen sind besser als bei fast allen Italienern daheim. Sehr hohe Preise und entsprechender Dresscode, aber jedes Gericht ist ein wahrer Gaumenschmaus. Perfekter Service. ⊕ 18–24 Uhr.

**Ottoman Turkish Restaurant,** Baan Silom Arcade, Silom Rd., BTS Surasak, ☎ 02-635 3688. In dem kleinen, einfachen Restaurant steht der türkische Besitzer selbst in der Küche, und das schmeckt man. Die Kebabs, das Köfte und Lahmacun und besonders das süße Baklava sind allesamt lecker und authentisch osmanisch. Freundlicher Service. ⊕ 10–24 Uhr.

## International

**Chocolab**, Erdgeschoss Sofitel So Bangkok, 2 Sathorn Nua Rd., MRT Lumphini, ☎ 02-397 4386, 🖥 www.sofitel-so-bangkok.com/en/chocolab.html. Hier werden Schleckermäuler nicht widerstehen können: Mit viel Fantasie gestaltete, blankpolierte, einsehbare Manufaktur. Auf der Karte stehen Kuchen,

Skulpturen, Gebäck, Fondue, Tafeln oder Pralinen, für die nur exklusive französische Schokolade verwendet wird. Von 16–17.30 Uhr kann man für unter 900 Baht so viel essen, wie der Magen verkraftet. ⊕ 7–20 Uhr.

**Eat Me Restaurant**, Soi Phiphat 2, ☎ 02-238 0931, 🖥 www.eatmerestaurant.com. Erstklassiges Restaurant, das nicht grundlos 2015 zum 25. besten Restaurant Asiens gewählt wurde. Der New Yorker Küchenchef Tim Butler zaubert aus frischen Zutaten kreative Gerichte und ausgefallene Cocktails, die jeden Baht wert sind. Hervorragender Service, lässig-stylishes Ambiente und exzellente Essensqualität. ⊕ 15–1 Uhr.

**Glow**, 2. Stock Metropolitan Hotels, 27 Sathorn Tai Rd., ☎ 02-625 3366, 🖥 www.comohotels.com/metropolitanbangkok/dining/glow. Das edel-förmliche, minimalistisch gestaltete Restaurant zaubert aus hochwertigen Produkten aus ökologischem Anbau von den Königsprojekten im Norden kreative, schmackhafte Gerichte. Der Clou ist der Gesundheitsdrink aus Weizengras, das im Restaurant wächst. ⊕ 6–21 Uhr.

**The Dome at lebua**, State Tower, 42 Silom Rd., BTS Surasak, 🖥 www.lebua.com/the-dome. Der Luxuskomplex in den oberen Stockwerken des State Tower besteht aus der spektakulären Sky Bar (S. 207), der gediegenen Whiskey- und Zigarren-Bar Distil, dem sehr hochpreisigen, renommierten Open-Air-Restaurant Sirocco mit mediterraner Küche im 63. Stock, dem asiatischen Breeze, der Lounge Ocean 52 sowie dem hochklassigen Italiener Mezzaluna im 65. Stock. Zum Essen ist eine Reservierung erforderlich und der sportlich-elegante Dresscode zu beachten. ⊕ 18–1 Uhr.

## Thai

**Ban Chiang**, 14 Si Wiang Rd., BTS Surasak, ☎ 02-236 7045. In einem schönen, alten Thai-Haus im Kolonialstil kann man in freundlicher Atmosphäre im Freien oder im AC-gekühlten Innenraum gut essen. Die Schärfe der Gerichte für 150–200 Baht ist dabei voll auf die empfindlichen Mägen der das Lokal frequentierenden Touristen eingestellt. ⊕ 11.30–14 und 17.30–22.30 Uhr.

**Blue Elephant**, 233 Sathorn Tai Rd., BTS Surasak, ☎ 02-673 9353-8, 💻 www.blue elephant.com. Edles Thai-Restaurant in einem schönen, geschmackvoll eingerichteten Haus im Kolonialstil mit viel Atmosphäre. Mehrfach ausgezeichnete, königliche Küche. Aufmerksamer, professioneller Service. Vorspeisen ab 260 Baht, Hauptgerichte ab 350 Baht. Auch Kochschule (S. 221). ⏱ 11.30–14.30 und 18.30–22.30 Uhr.

**Bussaracum**, 1 Si Wiang Rd., BTS Surasak, ☎ 02-630 2216-8, 💻 www.bussaracum.com. Ein erstklassiges Thai-Restaurant, vornehm und teuer und auch von vielen Einheimischen besucht. Es ist ebenfalls in einem alten Haus im Kolonialstil mit großer Fensterfront untergebracht. Gerichte ab 200 Baht. ⏱ 11–14 und 17.30–22.30 Uhr.

**Mango Tree**, 37 Silom Soi 6 (Soi Tantawan), BTS Sala Daeng, ☎ 02-236 2820, 💻 www.coca.com/mangotree. Das attraktive Touristen-Restaurant befindet sich in einem alten Thai-Haus aus der Zeit von Rama VI. und verdankt seinen Namen dem Mangobaum im Innenhof. Die einladende Terrasse ist zum Abendessen beliebt. Gerichte für 200–500 Baht. Freundlicher Service. ⏱ 11.30–24 Uhr.

**Silom Village**, 286 Silom Rd., BTS Surasak, ☎ 02-233 9447, 💻 www.silomvillage.co.th. Bei Reisegruppen beliebtes, nicht sehr authentisches Touristenrestaurant, in dem abends ab 19.30 Uhr im Garten kostenlos etwa 1 Std. lang klassische Thai-Tänze mit Musik aufgeführt werden. Die meisten Gerichte kosten 150–350 Baht. Danach treten die Tänzer im Restaurant **Ruen Thep** im 1. Stock auf, Dinner ab 19 Uhr, Show von 20.30–21.30 Uhr. ⏱ 10–22 Uhr.

**Taling Pling**, Baan Silom Arcade, Silom Rd., BTS Surasak, ☎ 02-258 5308, 💻 www.talingpling.com. In einem der Flachbauten im Faux-Kolonialstil ist ein Ableger des alteingesessenen Thai-Restaurants mit Tischen im AC-gekühlten Innenraum sowie draußen untergebracht. Die bebilderte Speisekarte ist ausführlich und der Service zügig. Als Vorspeise bieten sich die leckeren *Miang Kam* für 120 Baht an, bei denen zahlreiche Zutaten in Blätter gewickelt werden. Hauptgerichte ab 150 Baht. ⏱ 11–22 Uhr.

### Siam und Pratunam

Karte „Siam und Pratunam" S. 172/173 Internationale Ketten sowie einheimische Restaurants sind am Siam Square und in den riesigen Einkaufszentren vertreten.

**Bon Chon Chicken**, 6. Stock Central World, BTS Chit Lom, ☎ 02-658 6550, 💻 www.bonchon.com. Beliebte koreanische Kette mit sehr leckeren Chicken Wings in 2 Geschmacksrichtungen (scharf und Knoblauch). Mittlere Portion für 270 Baht. Weitere Filialen im 4. Stock des Siam Center, im Untergeschoss des Silom Complex und im 2. Stock des Seenspace Thong Lo. ⏱ 10–22 Uhr.

**Crêpes & Co.**, 59/4 Lang Suan Soi 1, BTS Ratchadamri, ☎ 02-652 0208, 💻 www.crepesnco.com. In einem alten Holzhaus gelegenes, kinderfreundliches und dennoch ruhiges Gartenrestaurant mit einladendem Bistro-Ambiente. Seit 1996 gibt es hier ein vielseitiges Angebot an leckeren Crêpes (herzhafte ab 190 Baht, süße ab 120 Baht) und anderen mediterranen Spezialitäten sowie viele

## Gourmetparadies

Die ungebrochene Leidenschaft der Thais fürs Essen kommt im Untergeschoss des **Siam Paragon** in einer Vielfalt zum Ausdruck, die ihresgleichen sucht. Die großen internationalen Franchises sind ebenso vertreten wie lokale Nudelküchen. Im lupenrein sauberen Edelstahl-Ambiente wird an Essensständen gekocht und gebraten, während die angebotenen Gerichte auf großen Monitoren präsentiert werden. Zudem umwerben Delis und Restaurants mit asiatischen wie europäischen Küchen die Kunden. Die exzellenten Kuchen und Gebäcke von **Lenôtre** sowie dem **Mandarin Oriental Shop** sorgen für einen hochklassigen Nachtisch. Wer auch beim letzten Gang einheimisch essen möchte, bekommt an Verkaufsständen frisch gebackene Kekse und Thai-Süßigkeiten. Im großen Gourmet-Supermarkt und speziell in der Weinabteilung entdeckt man so manche ausgefallene Spezialität. Sogar Gewürze werden in einem Laden optisch ansprechend präsentiert.

knackige Salate (um 200 Baht). Auch eine gute Weinauswahl. Weitere Filialen im 7. Stock des Central World und in der Thong Lo Soi 8. ⊕ 9–23, So ab 8 Uhr.

**EAT (Eat All Thai)**, The Groove, 2. Stock Central World, BTS Chit Lom, ✆ 02-251 1230, 💻 www.fb.com/eatallthai. Das kleine Restaurant ist schön eingerichtet – hohe Fenster, eine offene, verglaste Küche und kleine dekorative Details – und serviert leckere, nach alten Familienrezepten gekochte Thai-Gerichte zu leicht gehobenen Preisen. ⊕ 10–22, Fr und Sa bis 24 Uhr.

**Fuji**, über 40 Filialen in den großen Einkaufszentren der Stadt, 💻 www.fuji.co.th. Eine beliebte japanische Restaurant-Kette mit preisgünstigen, leckeren Sushi- und Sashimi-Menüs und anderen Gerichten aus dem Land der aufgehenden Sonne. ⊕ 10–22 Uhr.

**Le Beaulieu**, Erdgeschoss Athenee Office Tower, 63 Witthayu (Wireless) Rd., BTS Ploen Chit, ✆ 02-168 8220, 💻 www.le-beaulieu.com. Im hochklassigen und kostspieligen Bistro-Restaurant kann man essen wie Gott in Frankreich. Die in der halb offenen Küche zubereiteten klassisch-französischen Gerichte schmecken vorzüglich. Tolle Weinauswahl, Hauptgerichte um 1000 Baht. ⊕ Di–So 11.30–15 und 18.30–23 Uhr.

**Paradise Dynasty**, Food Passage, 4. Stock, Siam Paragon, BTS Siam, ✆ 02-129 4411. Das kantonesische Restaurant mit Hauptsitz in Singapore wirkt mit seinen Stühlen, kleinen Tischen und Pagodenskeletten wie ein edler Foodcourt, ist das Essen ist allerdings deutlich teurer. Hervorzuheben sind die hausgemachten Nudeln und die in 8 Geschmacksrichtungen erhältlichen *xiao long bao* (mit Brühe gefüllten Teigtaschen, ab 165 Baht). ⊕ 11–22 Uhr.

**Sra Bua by Kiin Kiin**, Siam Kempinski Hotel Bangkok, 991/9 Rama I Rd., BTS Siam, ✆ 02-162 9000, 💻 www.kempinskibangkok.com/sra-bua-by-kiin-kiin. Exklusives Restaurant unter der Leitung eines mit Michelin-Stern ausgezeichneten Thai-Kochs. Die moderne Küche mit molekularen Überraschungseffekten macht das Essen zu einem echten Erlebnis. Die visuell, kulinarisch und preislich auf allerhöchstem Niveau angesiedelten Gerichte werden in

geschmackvoll gestaltetem Ambiente serviert, in dem kleine „Reisfelder" Akzente setzen. Reservierung notwendig. ⊕ 12–15 und 18–23 Uhr.

### Sukhumvit

Karte „Sukhumvit" S. 174/175

Viele Cafés und internationale Restaurants haben sich auf Ausländer eingestellt. In den europäischen Restaurants wird zumeist bekannte Kost serviert, wobei das Preis-Leistungs-Verhältnis nach westlichen Maßstäben stimmt. Die Gegend eignet sich zudem für eine Reise durch die Küchen der Nachbarländer.

Am preiswertesten sind die Straßenküchen und Essensmärkte in großen Einkaufszentren, z. B. im **Terminal 21** an der Sukhumvit Soi 21, BTS Asok, und im **Emporium** am Queen's Park (Benjasari Park), BTS Phrom Phong. In der **Sukhumvit Soi 7** locken überdachte Essensstände mit frischem Seafood und bebilderten Speisekarten vor allem Touristen an.

### Amerikanisch und Mexikanisch

📖 **Bourbon St.**, 9/39–40 Soi Tana Arcade, Sukhumvit Soi 63, BTS Ekkamai, ✆ 02-381 6801, 💻 www.bourbonstbkk.com. In Südstaaten-Atmosphäre mit entsprechender Musik gibt es leckere und sättigende Cajun-Küche, mexikanische Spezialitäten und importierte Austern. Jeden Di abends ein lohnendes mexikanisches All-you-can-eat-Buffet für 380 Baht. Hauptgerichte 250–400 Baht, Steaks deutlich teurer. WLAN. ⊕ 7–1 Uhr.

**Coyote Mexican Bar & Grill**, Sukhumvit Soi 11, BTS Nana, ✆ 02-651 3313, 💻 www.coyotebangkok.com. Modernes, in Orange gehaltenes mexikanisches Restaurant mit sehr gut ausgestatteter Bar (über 75 Margaritasorten!, jeden Do 18–20 Uhr für Frauen gratis). Hauptgerichte ab 300 Baht, jeden Di ab 18 Uhr All-you-can-eat-Buffet für 399 Baht. ⊕ 12–2 Uhr.

**El Gaucho Argentinian Steakhouse**, 8/1–7 Sukhumvit Soi 19, BTS Asok, ✆ 02-255 2864, 💻 www.elgaucho.asia/thailand. Im großen Steakhouse mit rustikal-edlem Ambiente können an der frischen Luft im unteren Stockwerk oder AC-gekühlt oben sehr hochpreisige und hochqualitative importierte Steaks verschlungen werden. Aufgrund von Export-gesetzen steht kein argentinisches Fleisch auf der Karte. Freundlicher, professioneller Service. Steaks ab 1200 Baht, auch hausgemachte Chorizo und lange (Rot-)Weinliste. ⏰ 11–24 Uhr.

**Firehouse**, 3/26 Sukhumvit Soi 11, BTS Nana, 📞 02-651 3643, 🖥 www.firehousethailand.com. Wer Appetit auf gute Burger hat, ist in diesem Lokal mit einfallsreichem Feuerwehr-Ambiente richtig. Der saftige, leckere Premium Burger für 215 Baht mit 180 g Freilandfleisch, frischen Zutaten und selbst gemachten Saucen ist nur einer von 20 Varianten. Zudem auch Tex-Mex-Gerichte. Happy Hour von 16.30–20.30 Uhr. ⏰ 11.30–24 Uhr.

**Señor Pico**, Rembrandt Hotel, 19 Sukhumvit Soi 18, BTS Asok, 📞 02-261 7100, 🖥 www.rembrandtbkk.com/dining/senor-pico. Der alteingesessene Mexikaner ist einer der besten Bang-koks. Selbst Mitglieder des Königshauses waren hier schon zu Gast. Hochpreisige Gerichte und exzellente Tequilaauswahl. Abends Livemusik. Reservierung empfehlenswert. ⏰ 17–1 Uhr.

## Asiatisch

**Akbar Restaurant**, 1/4 Sukhumvit Soi 3, BTS Nana, 📞 02-255 6935, 🖥 www.akbarthailand.com. Seit 1978 bestehendes Restaurant mit authentischen pakistanischen und indischen Gerichten und Shishas. Fleischgerichte kosten 200–350 Baht. ⏰ 10.30–1 Uhr.

**Face Bangkok**, 29 Sukhumvit Soi 38, BTS Thong Lo, 📞 02-713 6048, 🖥 www.facebars.com. In dem wunderschön in verschiedenen asia-tischen Stilrichtungen gestalteten Komplex bieten sich viele Möglichkeiten für ein unver-gessliches Abendessen in edlem Ambiente: das Thai-Restaurant **Lan Na Thai**, ⏰ 12–14.30 und 18–23 Uhr, das indisch-afghanische **Hazara**, ⏰ 12–14.30 und 18–23 Uhr, die Sushi-Bar **Misaki**, ⏰ 18–23 Uhr, und die mit Anklängen an die Seidenstraße eingerichtete **Face Bar** mit edlen klassischen Cocktails, ⏰ 16–24 Uhr. Die Portionen sind überall recht klein, aber mit Preisen ab 400 Baht teuer. Sportlich-eleganter Dresscode, keine Flipflops.

**Indus Restaurant**, 71 Sukhumvit Soi 26, BTS Phrom Phong, 📞 02-258 4900, 🖥 www.indusbangkok.com. Edles Restaurant, das traditionelle Gerichte vom indischen Sub-kontinent auftischt. Schmackhafte Gerichte, gediegenes, schönes Ambiente, aufmerksamer Service und großer Außenbereich. Gerichte ab 250 Baht. ⏰ 11.30–14.30 und 18–24 Uhr.

🧳 **Isao**, 5 Sukhumvit Soi 31, BTS Phrom Phong, 📞 02-258 0645-6, 🖥 www.isaotaste.com. Das kleine, 2-stöckige Sushi-Lokal ist nicht ohne Grund jeden Abend proppe-voll, liefert es doch die perfekte Mischung aus hochqualitativen, frischen Meeresfrüchten und ansprechenden Preisen. Man sitzt zwar etwas beengt, aber dafür sind die Sushi und Sashimi ein Gedicht. ⏰ 11–14.30 und 17.30–22 Uhr

**Le Dalat**, Sukhumvit Soi 23, BTS Asok, 📞 02-664 0670, 🖥 www.ledalatbkk.com. Das geschmackvoll eingerichtete, von einem schö-nen tropischen Garten umgebene traditionelle Holzhaus wurde von Hanoi nach Bangkok trans-portiert. Das tolle Ambiente lässt das kostspie-lige Essen zum Vergnügen werden. Ruhige At-mosphäre. Hauptgerichte 300–400 Baht, Seafood deutlich teurer. Empfehlenswert sind die Rippchen in Zitronengras. ⏰ 11–14 und 17–22 Uhr.

🧳 **Rang Mahal**, 26. Stock Rembrandt Hotel, 19 Sukhumvit Soi 18, BTS Asok, 📞 02-261 7100, 🖥 www.rembrandtbkk.com/dining/rang-mahal. Das Rang Mahal ist seit Jahr-zehnten als bestes indisches Restaurant des Königreichs bekannt und bietet eine fantas-tische Speisekarte mit hervorragend zusam-mengestellten Menüs zu gehobenen Preisen. Die prachtvollen Räumlichkeiten mit toller Aussicht und die Livemusik machen das Essen zu einem Erlebnis. Reservierung empfehlens-wert. ⏰ 11.30–14.30 und 18.30–23 Uhr.

**Thongkee**, Sukhumvit Rd., BTS Asok, 📞 02-229 4420. In dem alteingesessenen China-Restaurant mit wenig Atmosphäre werden von 10–14 Uhr für 198 Baht leckere Dim Sum, chinesische Teigtaschen, frisch zubereitet. Das restliche Essen ist eher mäßig. Hauptgerichte ab 140 Baht. ⏰ 9.30–23 Uhr.

**Tim Ho Wan**, 3. Stock Terminal 21, Sukhumvit Rd., Ecke Sukhumvit Soi 21, 📟 auf Facebook. Der Ableger des in Hong Kong beheimateten, angeblich günstigsten Sterne-Restaurants der Welt serviert seine berühmten chinesischen gedämpften Teigtaschen und Dim Sum nun auch in Bangkok. Da keine Reservierungen möglich sind, muss man meist lange anstehen. ⏲ 10–22 Uhr.

🏨 **Vietnamese & More**, Rompo Mansion, 99/9–11 Thang Rotfai Sai Kao Pak Nam Rd., MRT Queen Sirikit National Convention Centre, ✆ 02-671 9955. Der etwas weite Weg von der Sukhumvit Rd. lohnt allemal, denn in dem sehr sauberen Restaurant werden schmackhafte *Pho*-Nudelsuppen mit exzellenter, über 10 Std. lang ausgekochter Brühe, frisch belegte vietnamesische Baguettes *(Banh Mi)* und weitere, teils ausgefallene Spezialitäten aufgetischt. Sehr angemessene, eher günstige Preise. ⏲ Di–So 11–14 und 17–21.30 Uhr.

### Europäisch

**Bei Otto**, 1 Sukhumvit Soi 20, BTS Asok, ✆ 02-260 0869, 🖥 www.beiotto.com. Seit 1984 eine Institution in Bangkok gegen das kulinarische Heimweh. Neben dem urig, etwas verstaubt eingerichteten Restaurant mit deutschen Gerichten und thailändischer Bedienung im Dirndl gibt es die Schwarzwaldstube, eine großzügige Gaststätte mit Tischen und Bänken im Freien sowie Bier vom Fass, und einen Laden vorne an der Soi, der Brot und Wurst aus eigener Herstellung sowie andere deutsche Spezialitäten verkauft. Hauptgerichte ab 300 Baht. ⏲ 11–24 Uhr, Café ab 8 Uhr.

**Chesa Swiss Restaurant**, 5 Sukhumvit Soi 20, BTS Asok, ✆ 02-261 6650, 🖥 www.chesa-swiss.com. In dem in einem kleinen Häuschen untergebrachten Restaurant werden köstliche Schweizer Gerichte serviert. Günstige Tagesmenüs, aber auch Raclette und anderes. Hauptspeisen ab 500 Baht. ⏲ 11–23 Uhr.

🏨 **Peppina**, 27/1 Sukhumvit Soi 31, BTS Asok, ✆ 02-119 7677, 🖥 www. peppinabkk.com. Wem es nach gehobenem süditalienischem Essen steht, ist hier genau richtig. Neben den überragenden, preislich überraschend moderat angesiedelten Pizzas überzeugen auch die Fleischgerichte und das schick-minimalistische Interieur im Industrial-Look mit skandinavischem Design, unverputzten Betonwänden und Balken. Viele Zutaten werden direkt aus Napoli eingeflogen. Reservierung empfehlenswert. ⏲ Di–So 18.30–23 Uhr.

### Thai

**Basil**, Sheraton Grande, 250 Sukhumvit Rd., BTS Asok, ✆ 02-649 8366, 🖥 www.basil bangkok.com/en. Das exzellente Restaurant ist eine Alternative für einen gepflegten Abend und serviert sehr leckere einheimische Küche zu hohen Preisen. Äußerst aufmerksamer Service. Sportlich-eleganter Dresscode, keine Shorts und geschlossene Schuhe für Männer. ⏲ 18–22.30, Mo–Fr auch 12–14.30 Uhr.

🏨 **Bharani**, 96/14 Sukhumvit Soi 23, BTS Asok, ✆ 02-260 1626, 🖥 www. bharani1949.com. Kleines, hübsch mit Antiquitäten eingerichtetes, beliebtes Restaurant mit freundlichem Service und leckeren Gerichten für 100–200 Baht. Die Thai-Tacos mit scharfer Salsa und das rote Hühnchen-Curry sollte man probieren. ⏲ 10–22 Uhr.

**Cabbages & Condoms**, 10 Sukhumvit Soi 12, BTS Asok, ✆ 02-229 4611, 🖥 www.cabbages andcondoms.com. Mit viel Humor hat Meechai Virayaidya seit den 1970er-Jahren Methoden zur Geburtenkontrolle im ganzen Land populär gemacht. Sein Restaurant besteht aus einem schönen, wenn auch etwas kitschigen dschungelartigen Biergarten und einem schlichteren Innenbereich. Die leckeren einheimischen Gerichte kosten ab 140 Baht, Hauptgerichte 250–500 Baht. Dem Namen entsprechend werden an der Kasse statt Bonbons Kondome ausgegeben. Freundlicher Service. ⏲ 11–22 Uhr.

€ **Rung Rueng**, 10/1–2 Sukhumvit Soi 26, BTS Phrom Phong, ✆ 02-258 6744. Beim kleinen Familienbetrieb gibt es nur ein Gericht, die 40–50 Baht teure Nudelsuppe mit Schweinefleisch, Hühnchen oder Fisch. Sie ist so lecker, dass der Laden regelmäßig proppenvoll ist. Leute, die keine Innereien wollen, sollten bei der Tochter bestellen, die Englisch spricht. ⏲ Mo–Fr 8.30–16.30 Uhr. Ein paar Meter weiter Richtung Sukhumvit Rd. liegt die unscheinbare, ebenfalls empfehlenswerte Garküche **Somtam Soi 26**, die günstige Isaan-Spezialitäten verkauft. ⏲ 6–16 Uhr.

**Soul Food Mahanakorn**, 56/10 Sukhumvit Soi 55 (Thong Lo), BTS Thong Lo, ✆ 02-714 7708, 🖥 www.soulfoodmahanakorn.com. Angesagtes Restaurant in einem restaurierten Ladenhaus

unter der Leitung eines US-amerikanischen Autors der Feinschmeckerküche. Das Lokal hat sich der Zubereitung einheimischer Gerichte mit Fleisch und Fisch vom Markt und Bio-Gemüse verschrieben. Köstliches *laab* mit Entenfleisch. Ausgefallene Cocktailkreationen zu moderaten Preisen. Sehr freundlicher Service. Hauptgerichte 250–350 Baht.
🕐 17.30–23, Sa und So bis 24 Uhr.

€ **Suda**, 6 Sukhumvit Soi 14, BTS Asok, 📞 02-229 4664. Im familiären, urigen thai-chinesischen Restaurant servieren seit Jahrzehnten die gleichen Damen große Portionen leckerer Gerichte zu günstigen Preisen wie die in Pandanblättern gegarten Hühnchen. Fast immer voll mit Touristen.
🕐 Mo–Sa 11–23 Uhr.

**Wanakarm**, 98 Sukhumvit Soi 23, 📞 02-258 4241. Die angestaubte Inneneinrichtung aus Plastik-tischdecken, Plastikblumen und schweren Teakstühlen zählt zu den hässlichsten in der Sukhumvit. Das Essen ist dafür umso leckerer und kommt in großen Portionen zu annehm-baren Preisen. Zu empfehlen sind der frittierte Wasserspinat und das leckere Panaeng-Curry. Gerichte 200–300 Baht. Viele japanische Gäste.
🕐 11–14.30 und 16.30–22.30 Uhr.

### Vegetarisch

€ **Khun Churn**, Erdgeschoss Bangkok Mediplex Building, Sukhumvit Soi 42, BTS Ekkamai, 📞 02-713 6599. Günstiges, vegetarisches Restaurant mit modernem, etwas sterilem Ambiente, das authentische Gerichte mit Bio-Produkten aus Zentral-, Nord- und Nordostthailand auftischt. Alle Saucen sind hausgemacht. Hauptgerichte 100–150 Baht.
🕐 10–20.30 Uhr.

## NACHTLEBEN

Thailands Hauptstadt bietet ein vielfältiges Nachtleben für jeden Geschmack. Neben den schummrigen Tanzbars mit und ohne Go-go-Tänzerinnen findet sich eine große Auswahl an Lokalen mit Livemusik, Bars, Biergärten, Kinos, Clubs und Discotheken, die einen Vergleich mit Europa nicht zu scheuen brauchen.

### Bars und Pubs

„Bar" ist ein weitläufiger Begriff in einer Stadt, die für ihr Nachtleben berühmt und berüchtigt ist. Sowohl urige britisch beeinflusste Etablisse-ments als auch moderne Themenbars und ex-klusive Hotelbars gehören in diese Kategorie. Zudem gibt es einige kleinere Bars, die sich eher an mitteleuropäischen Vorbildern orientieren.

  **Cheap Charlie's**, Seitengasse der Sukhumvit Soi 11, BTS Nana, 📞 02-253 4648, Karte S. 174/175. Die kleine, skurril-fantasievoll gestaltete und immer sehr gut besuchte Freiluftbar ist seit 1982 eine Institution im Bangkoker Nachtleben der Expats und mit sehr günstigen Drinks der optimale Ausgangs-punkt für eine Nacht in der Suk 11. Neuerdings gibt es sogar eine Toilette. Dahinter ist auch **The Alchemist**, 🖥 www.thealchemistbkk.com, einen Besuch wert. 🕐 Mo–Sa 17–24 Uhr.

**Cinema Winehouse**, 59/61 Samsen Rd., 📞 096-465 6526, 🖥 www.fb.com/cinemawinehouse, Karte S. 178. Nur wenige Minuten vom Trubel der Khaosan Rd. entfernt, betreibt der sehr freundliche und gesprächige texanische Koreaner Shanik den schicken, in Weiß gehaltenen Laden mit viel Elan. Oben kann man auf Sitzkissen liegend jeden Abend andere Filme genießen (Programm auf Face-book). Gute Weinauswahl zu guten Preisen und sehr angenehme Atmosphäre. 🕐 Mi–Mo 17–24 Uhr.

## Veranstaltungsinfos

Informativ sind das *Guru Magazine*, die Frei-tagsbeilage der *Bangkok Post*, das eben-falls wöchentlich erscheinende *BK-Magazine*, 🖥 www.bk.asia-city.com, das kostenlos in Cafés, Buchläden und einigen Hotels ausliegt, und das monatlich erscheinende, 100 Baht teure *Bangkok 101*, 🖥 www.bangkok101.com. Eine sehr gute Anlaufstelle für Club- und Bar-Empfehlungen ist 🖥 www.siam2nite.com, die auch einen hilfreichen und kostenlosen Live-Chat betreiben.
Tickets für Konzerte, Sportveranstaltungen und mehr finden sich auch unter 🖥 www.thai ticketmajor.com.

© MISCHA LOOSE

In den modernen Clubs der Stadt sorgen die bekanntesten DJs des Landes für ausgelassene Stimmung.

**Lobby Lounge**, Shangri-La Hotel, 89 Soi Wat Suan Plu, BTS Saphan Thaksin, ✆ 02-236 7777, Karte S. 170/171. Der ideale Platz für einen gediegenen Drink zum Sonnenuntergang mit wunderbarem Blick auf den Menam Chao Phraya. Elegant-sportlicher Dresscode, keine Shorts. ⏱ 8–1 Uhr.

**Mikkeller**, 26 Ekkamai Soi 10, BTS Ekkamai, ✆ 02-381 9891, 🖥 www.mikkellerbangkok.com, Karte S. 174/175. Eine etwas andere Bar, die sich in 2 grundlegenden Dingen vom Rest abhebt: Sie befindet sich in einer ruhigen Seitengasse in einer geräumigen Holzvilla und serviert 30 Sorten Craftbier vom Fass. Selbstverständlich nicht ganz günstig, aber mit entspannter Atmosphäre, die an guten Abenden an eine Privatparty erinnert. ⏱ 17–24 Uhr.

**Molly Malone's Bangkok**, 1/5–6 Convent Rd., BTS Sala Daeng, ✆ 02-266 7160, 🖥 www.mollymalonesbangkok.com, Karte S. 170/171. Das authentische irische Pub ist ein kommunikationsfreundlicher Treffpunkt der Expats und Fußballbegeisterten, die typisches Pub-Food für um 300 Baht bekommen. Happy Hour 16–19 Uhr. WLAN. ⏱ 9–1 Uhr.

**Mulligans Irish Bar**, 265 Khaosan Rd., ✆ 02-629-4477, 🖥 www.mulligansthailand.com, Karte S. 176/177. Auch in der Khaosan Rd. findet sich ein rustikales irisches Pub. Überteuertes britisches Essen, Live-Sport und Happy Hour von 15–20 und 2–4 Uhr. ⏱ 24 Std.

**Phra Nakorn Bar & Gallery**, 58/2 Soi Damnoen Klang Rd., in der 1. Gasse westlich der Tanao Rd., ✆ 02-622 0282, 🖥 www.fb.com/Phranakornbarandgallery, Karte S. 176/177. Nette, mit Postern der 1950er- und 60er-Jahre dekorierte Bar, die bei einheimischen Künstlern und Studenten beliebt ist. Im 2. Stock wechselnde Ausstellungen, im 3. Stock Billard und Darts, zudem Indie- und 80er-Jahre-Musik sowie eine gute Aussicht auf den Golden Mount vom Dach. Günstige Preise und reichhaltige Essensauswahl. ⏱ 18–1 Uhr.

**Silk Bar**, 129–131 Khaosan Rd., ✆ 02-281 9981, 🖥 www.silkbars.com, Karte S. 176/177. Große, kommerzielle Bar, in der regelmäßig DJs auflegen. Live-Sportübertragungen auf großen Bildschirmen. ⏱ 18–2 Uhr.

**Wong's Place**, 27/3 Soi Sribamphen, Rama 4 Rd., MRT Lumphini, ✆ 081-901 0235, Karte S. 170/171. Die kleine, urige Kneipe

## Bars (und Cafés) mit Wiedererkennungswert

Der exzentrische Australier Ashley Sutton hat mit seinen aufwendigen, detailverliebten und schicken Kreationen neue Maßstäbe im Nachtleben Bangkoks gesetzt. Die Bars (und Cafés) wirken wie perfekt durchgestylte Spielplätze für Erwachsene, die hier ihre Kindheitsträume ausleben können.

**A. R Sutton Engineers Siam**, Erdgeschoss Park Lane, Sukhumvit Soi 63 (Ekkamai), BTS Ekkamai, Karte S. 174/175. Die stimmig designte und komplett in dunklem Holz, Kupfer und Goldtönen gehaltene Bar erinnert an einen gediegenen Kolonialclub im britischen Singapore. Wer wollte sich nicht schon mal wie Rudyard Kipling oder Somerset Maugham bei ihren Reisen durch Südostasien fühlen? Cocktails unter 300 Baht. ⏲ 18–24 Uhr.

**Bangkok Betty**, Erdgeschoss Holiday Inn, 1 Sukhumvit Soi 22, BTS Phrom Phong, ☎ 02-663 4223, 🖥 www.fb.com/bkkbetty, Karte S. 174/175. Die Hotelbar entführt in die USA der 1940er-Jahre, die Zeit der Pin-up-Girls und der Alliierten Offensive im Zweiten Weltkrieg. Einer Bombenmanufaktur nachempfunden, stechen die bombigen Chromzylinder ins Auge. Leider mit dem einen oder anderen Personalproblem. Cocktails um 350 Baht. ⏲ 18–1 Uhr.

**Clouds**, Erdgeschoss Seenspace, 251/1 Thong Lo Soi 13, BTS Thong Lo, ☎ 02-185 2365, 🖥 www.fb.com/cloudsbar, Karte S. 174/175. Im angesagten Seenspace ist der Name Programm, hier kann man die einheimische Oberschicht aus nächster Nähe beobachten. In der Bar wirken Spiegel, Glas und die offene Küche mit Angestellten in weißen Overalls wie Vorboten der Zukunft. Cocktails um 300 Baht. Nebenan die angesagten Bars Brew Beers & Ciders mit einer unglaublichen Auswahl von über 400 Flaschenbiersorten und 10 vom Fass sowie Fat'r Gutz mit exzellentem Fish'n'Chips. ⏲ 11–2 Uhr.

**€ Hot Rod**, Erdgeschoss Park Lane, Sukhumvit Soi 63 (Ekkamai), BTS Ekkamai, ☎ 02-714 2575, 🖥 www.fb.com/hotrodbangkok, Karte S. 174/175. Die klitzekleine, spärlich ausgeleuchtete Location besteht fast nur aus der viereckigen, edel in Leder und Kupfer ausgestalteten und von saftig-grünen Pflanzen überwachsenen Bar. Während man in einem Kampfjetsitz (inkl. Sicherheitsgurten) eine der exzellenten und ziemlich preisgünstigen Cocktailkreationen probiert, blickt man auf den riesigen, in die Wand eingelassenen Buddhakopf und fühlt sich wie Indiana Jones auf Schatzsuche. Die thailändischen Snacks sind herzhaft und lecker. ⏲ 18–24 Uhr.

mit sehr informeller Atmosphäre war bereits zu Zeiten des Vietnam-Kriegs ein Treffpunkt der US-Journalisten und ist auch heute noch extrem beliebt bei Expats. Der rustikale Besitzer sorgt bis in die frühen Morgenstunden für einen hohen Bierkonsum seiner Gäste und greift schon mal zum Karaokemikrofon. Der richtige Ort, um nach 2 Uhr in geselliger Runde zu schwitzen. ⏲ bis frühmorgens.

**WTF**, 7 Sukhumvit Soi 51, BTS Thong Lo, ☎ 02-662 6246, 🖥 www.wtfbangkok.com, Karte S. 174/175 Interessante, europäisch anmutende Mischung aus alternativ eingerichtetem Café und moderner Kunstgalerie in einem restaurierten Ladenhaus. Die Wände im Erdgeschoss zieren thailändische Schallplattencover und Filmplakate aus den 1960er-Jahren, während die Galerie ganz in Weiß

gehalten ist. Tolle, asiatisch angehauchte Cocktails, das Essen ist okay. ⏲ Di–So 18–1 Uhr, Galerie 15–22 Uhr.

### Bars und Pubs mit Livemusik

In Bangkok gibt es eine Reihe von Pubs, in denen nicht nur getrunken, sondern auch gute Musik gespielt wird. Da meist kein Eintritt verlangt wird, sind die Getränkepreise etwas höher als in Kneipen.

 **Adhere the 13th Blues Bar**, 13 Samsen Rd., ☎ 089-769 4613, Karte S. 178. Bei den allabendlichen Sessions der sehr guten Jazz- und Bluesbands sitzt man fast mit auf der Bühne, so klein ist der in der einheimischen Szene angesagte Laden. Es wird brechend voll, also besser früh ankommen. Die Stimmung ist authentisch und

**Iron Fairies**, 404 Sukhumvit Soi 55 (Thong Lo), BTS Thong Lo, ☎ 02-714 8875, 🖥 www.theiron
fairies.com, Karte S. 174/175. Die urige, mit viel geschwungenem Metall gestaltete Bar besitzt eine
fast magische Atmosphäre. Zu späterer Stunde gibt es neben guten, potenten Cocktails, einer breiten Weinauswahl und herzhaften Burgern auch Livemusik und einen Magier, der von Tisch zu Tisch
wandert. Alles erinnert an die düsteren Beschreibungen in den Romanen von Charles Dickens, allerdings ist die Klientel hier deutlich wohlhabender. ⏱ 18–2 Uhr.

**Maggie Choo's**, Untergeschoss Novotel Silom, 320 Silom Rd., BTS Surasak, ☎ 02-635 6055, 🖥 www.
fb.com/maggiechoos, Karte S. 170/171. Die wahrscheinlich beeindruckendste von Suttons Kreationen entführt Besucher ins Shanghai der wilden 1930er-Jahre. Unscheinbar hinter dicken Holztüren
versteckt führt eine Treppe hinab in eine Parallelwelt. Durch den authentisch mit chinesischen Fliesen und Papierschirmen gestalteten (und sogar aktiven) Nudelladen geht es in den großen, dunklen „Herrenclub". Hier passt jedes Detail inkl. vergitterter Bar, Geheimgängen, Opiumhöhlen und
gelangweilt dreinblickenden, stilsicher in chinesischen Cheongsams gekleideten Damen auf Schaukeln. Tolle Cocktails und wechselnde hochwertige Liveevents. Livemusik meist ab 22 Uhr. Lange
Hosen erwünscht. ⏱ So–Do 19.30–2, Fr und Sa bis 3 Uhr.

**Mr Jones' Orphanage**, Erdgeschoss Seenspace, 251/1 Thong Lo Soi 13, BTS Thong Lo, ☎ 02-185
2378, 🖥 www.fb.com/mrjonesorphanage, Karte S. 174/175. Das schönste Waisenhaus der Welt
steht in Bangkok. Schaukelnde Teddybären, massig Lego zum Selbstbasteln und leckere, bunte, sich
bis zur Decke stapelnde Kuchen, Schokoladen und Eiscremes, ein Paradies für kleine und große
Schleckermäuler. Weitere fantasievoll gestaltete Filialen u. a. im Siam Center, 3. Stock, Central
World, 7. Stock und Terminal 21, 4. Stock. ⏱ 10–24 Uhr.

**The Bookshop**, Erdgeschoss Ashton Condominium, Sukhumvit Soi 38, BTS Thong Lo, ☎ 02-187 4949,
🖥 www.fb.com/thebookshop38, Karte S. 174/175. Märchenhaft schweben die Regale und herausfal-
lenden Bücher wie in der Bibliothek eines Magiers über den Köpfen der Besucher, verspielte Treppen führen hinauf zu vollgestopften Regalen, und Wörter und Zitate zieren die verspiegelten Wände.
Was sich wie eine Szene aus *Alice im Wunderland* oder einem *Harry Potter*-Film anhört, ist bei
einem guten Kaffee oder Cocktail erlebbar. ⏱ 11–24 Uhr.

entspannt, und die Getränke sind verhältnismäßig günstig. ⏱ 18–24 Uhr.

**Apoteka**, Sukhumvit Soi 11, BTS Nana,
🖥 http://apotekabangkok.com, Karte S. 174/175.
Großes Bar-Restaurant, das besonders wegen
der sehr guten Jazz- und Blues-Bands einen
Besuch lohnt. Gute Cocktails und Bierauswahl.
⏱ 18–1 Uhr.

**Bamboo Bar**, Mandarin Oriental Hotel,
48 Oriental Ave., ☎ 02-659 9000, Karte S. 170/
171. Das Image eines der besten Hotels
der Welt pflegt man mit sehr hohen Preisen.
In der opulenten, über 50 Jahre alten Bar fühlt
man sich bei guter Jazz-Livemusik wie in einem
tropischen Film Noir. Ab 18 Uhr Dresscode
(für Männer lange Hosen, geschlossene
Schuhe und Hemd oder Polo). ⏱ 11–1, Fr und
Sa bis 2 Uhr.

**Bangkok Bar**, 100 Soi Rambuttri, ☎ 02-281 2899,
Karte S. 176/177. Kleine, gut besuchte und
günstige Bar, von der aus man zu Livemusik das
Straßentreiben beobachten kann. Im oberen
Stockwerk lockt eine kleine Terrasse. Shishas
und gute Cocktails. ⏱ 18–24 Uhr.

**Brick Bar**, 265 Khaosan Rd., ☎ 02-
629 4477, 🖥 www.brickbarkhaosan.com,
Karte S. 176/177. Die dunkle, mit roten Ziegel-
wänden versehene Bar im hinteren Teil des
Buddy Boutique Hotel ist eine der bekanntesten
Reggae-Bars Bangkoks und an den meisten
Abenden brechend voll mit jungen Leuten.
Guter Live-Reggae und -Ska in entspannter
Atmosphäre. ⏱ 20–2 Uhr.

**Brown Sugar**, 469 Phra Sumen Rd., ☎ 085-
226 5880, 🖥 www.brownsugarbangkok.com,
Karte S. 168/169. Der Klassiker ist umgezogen,

## Patpong und Co.

Ein Patpong-Besuch gehört mittlerweile zum Programm der meisten Reisegruppen. Da hier abends einer der größten Touristenmärkte aufgebaut wird, ist die Gasse nicht mehr nur für Männer attraktiv. Die verspiegelten Go-go-Bars mit leicht bekleideten Tänzerinnen sind von Ständen mit T-Shirts, nachgemachten Designertaschen und -sonnenbrillen in den Hintergrund gedrängt worden. Nicht zu ignorieren sind die Schlepper, die versuchen Touristen zu Sex-Shows in die oberen Stockwerke zu locken. Dort werden Gäste des Öfteren übers Ohr gehauen und mit saftigen Getränkerechnungen konfrontiert. Die Touristenpolizei rät, im Falle einer zu hohen Rechnung auf eine Quittung zu bestehen und sie zu benachrichtigen.
Die **Soi Cowboy** parallel zur Sukhumvit Rd., zwischen Soi 21 und 23, BTS Asok, ist voll gepackt mit bunt-leuchtenden Go-go-Bars und etwas weniger touristisch als die Patpong.
Auch im riesigen **Nana Plaza**, einem der größten Sexkomplexe der Welt in der Sukhumvit Soi 4, konzentrieren sich Bars, die alle Vorurteile zu bestätigen scheinen, die gegen dieses Gewerbe bestehen.

überzeugt aber nach wie vor mit sehr guten Jazz- und Rhythm & Blues-Livebands ab 20 Uhr. Leider schadet die große Discokugel der intimen Jazzclub-Atmosphäre. Die Cocktails sind etwas wässrig. ☺ So–Do 17–1, Fr und Sa bis 2 Uhr.
**Dickinson's Culture Cafe**, 64 Phra Arthit Rd., ☎ 089-497 8422, 🖥 auf Facebook, Karte S. 176/177. Kleine, auf elektronische Musik fokussierte Club-Bar, die von außen eher wie eine Bäckerei wirkt und drinnen gemütlich-rustikal mit alten Sofas eingerichtet ist. Auch ein paar Tische im Freien. Beliebte Elektropartys und Liveauftritte, günstige Snacks, Kuchen und gute Martinis. WLAN. ☺ Mo–Fr 12–1, Sa und So 17–1 Uhr.
**Molly Bar**, 108 Soi Rambuttri, ☎ 02-629 4074, Karte S. 176/177. Während man draußen auf niedrigen Holzstühlen Cocktails schlürfen kann, ist im Innenbereich der großen Bar Platz für

Livebands (ab 20 Uhr) und zahllose Whiskey-Flaschen. Am Wochenende wird es thai-typisch feuchtfröhlich und voll. ☺ bis 2 Uhr.
🧳 **Moose Bangkok**, 24 Ekkamai Soi 21, BTS Thong Lo, ☎ 02-108 9550, 🖥 www.fb.com/MooseBangkok, Karte S. 174/175. Im angesagten Retrodesign mit dem Inventar des darunterliegenden Möbelgeschäfts eingerichtete Bar mit netter Atmosphäre, gutem thailändischen Essen und Cocktails. Auch ein Außenbereich mit Tischen und regelmäßiger Livemusik (Brit-, Rock- und Elektropop). ☺ 17–1 Uhr.
**Roof Bar & Restaurant**, 183–185 Khaosan Rd., ☎ 02-629 2301, Karte S. 176/177. Beliebte, oft volle Open-Air-Bar, von der man einen guten Überblick über das hektische Treiben in der Khaosan Rd. gewinnt. Jeden Abend Livemusik in lockerer Atmosphäre. ☺ bis 1 Uhr.
🧳 **Saxophone**, 3/8 Phayathai Rd., BTS Victory Monument, ☎ 02-245 3592, 🖥 www.saxophonepub.com, Karte S. 166/167. Ein Klassiker, den es bereits seit 1987 gibt. In dem dunklen, urig mit viel Holz und Ziegeln eingerichteten Pub mit guter Atmosphäre und einer großen Bar treten einige der besten Jazz-, Blues- und Big band-Musiker der Stadt auf. Livemusik ab 19.30 Uhr. ☺ 18–2 Uhr.
🧳 **Soulbar**, 945 Charoen Krung Rd., MRT Hua Lamphong, ☎ 095-521 1541, 🖥 www.fb.com/livesoulbarbangkok, Karte S. 170/171. Freunde qualitativ hochwertiger Soul-, Funk- und Jazz-Livemusik kommen in der kleinen und freundlichen, in einer alten Ladenzeile untergebrachten Bar voll auf ihre Kosten. Neben dem meist rappelvollen Erdgeschoss lockt oben eine entspanntere Lounge mit Terrasse. Interessantes Detail: Die Barhocker sind aus Materialien der Eisenwarenläden in der direkten Umgebung gefertigt. ☺ Di–Sa 18–24 Uhr.
**Tawandang German Brewery**, 462/61 Rama III Rd., ☎ 02-678 1114-6, 🖥 www.tawandang.com, Karte S. 166/167. Trotz der 1600 Sitzplätze kann das Brauhaus am Wochenende nach 21 Uhr so voll werden, dass sich draußen eine Schlange bildet. Gute Livemusik und leckere einheimische und deutsche Gerichte ziehen ein überwiegend thailändisches Publikum an. ☺ 17–24 Uhr.
**The Living Room**, Sheraton Grand, 250 Sukhumvit Rd., gegenüber Soi 19, BTS Asok,

Für viele Besucher gibt es kaum eine beeindruckendere Bangkok-Erfahrung als den Genuss eines Drinks auf einem Hochhaus in entspannter, gepflegter Atmosphäre bei Sonnenuntergang und fantastischem Ausblick über die sich bis zum Horizont erstreckende Metropole. Immer mehr Skybars ermöglichen solch ein unvergessliches Erlebnis und bieten die Möglichkeit zu einem romantischen Dinner unter freiem Himmel.

**Above Eleven/Gramercy Park**, 33.–35. Stock Fraser Suites, Sukhumvit Soi 11, BTS Nana, ℡ 083-542 1111, 🖥 www.aboveeleven.com, Karte S. 174/175. Schicke, stilsichere, aber dennoch gemütliche Rooftopbar mit tollem Ausblick, guter Musik und potenten Cocktails. Die Aussicht aus den Toiletten ist wohl die beste der Stadt. Gutes Preis-Leistungs-Verhältnis. Dresscode: sportlich-elegant. ⏱ 18–2 Uhr.

**Cloud 47**, 47. Stock United Center, BTS Sala Daeng, ℡ 091-889 9600, 🖥 www.cloud47bangkok.com. Wer auch mit kleinerem Budget einen sagenhaften Ausblick über die Stadt genießen möchte, ist in der großen, biergartenartigen Freiluftbar richtig. Hier ist es Thai-typisch laut, das Bier fließt aus 3 L-Türmen, und auf der Leinwand läuft Fußball. Leider gibt es viele Tische ohne Aussicht und wenig Atmosphäre. Getränke und Snacks sind relativ günstig. ⏱ 17–1 Uhr.

**Long Table**, 25. Stock Column Tower, 48 Sukhumvit Soi 16, BTS Asok, ℡ 02-302 2557-9, 🖥 www.longtablebangkok.com, Karte S. 174/175. Innovativ gestaltetes und ausgeleuchtetes Lounge-Restaurant mit einem wunderschönen Blick über die Sukhumvit Rd. Der lange, namensgebende Tisch bietet Platz für 70 Pers., dazu weitere Sitzmöglichkeiten drinnen und ein toller, verglaster Außenbereich. Ein Treffpunkt der Schönen und Mächtigen. Gutes, sehr hochpreisiges Thai-Essen und Cocktails. Dresscode: sportlich-elegant. ⏱ 17–2 Uhr.

**The Nest**, 8. Stock Le Fenix Sukhumvit, 33/33 Sukhumvit Soi 11, BTS Nana, ℡ 02-255 0638, 🖥 www.thenestbangkok.com, Karte S. 174/175. Bunt und einladend mit viel Grün gestaltete, weniger elitäre Lounge mit entspannter Atmosphäre. Die ausfahrbare Markise sorgt dafür, dass man auch bei Regen die beeindruckende Aussicht auf die umliegenden Hochhäuser genießen kann. Es wird häufig zu Latin-Musik getanzt. Breit gefächertes Getränkeangebot zu moderateren Preisen. ⏱ 17–2 Uhr.

**Sky Bar**, 63. Stock The Dome at lebua, State Tower, 42 Silom Rd., BTS Surasak, ℡ 02-624 9555, 🖥 www.lebua.com/sky-bar, Karte S. 170/171. Äußerst elegante Freiluftbar im 63. Stock – eine der höchsten der Welt, mit einem spektakulären Ausblick auf die Stadt und den Fluss. Einer der besten Plätze zum Sonnenuntergang. Sehr teure Cocktails. Dresscode: sportlich-elegant, Einlass für Männer nur mit langen Hosen. ⏱ 18–1 Uhr.

**Vertigo Grill & Moon Bar**, 61. Stock Banyan Tree Bangkok, 21/100 Sathorn Tai Rd., MRT Lumphini, ℡ 02-679 1200, 🖥 www.banyantree.com/en/bangkok/dining/vertigo_and_moon_bar, Karte S. 170/171. Die edle Freiluftbar mit wunderschönem Blick auf das Panorama der Metropole und den Chao Phraya liegt im 61. Stockwerk des schmalen Hochhauses. Perfekt für ein romantisches Dinner zu zweit. Zu gediegener Musik unter dem Sternenhimmel werden gute, sehr hochpreisige Cocktails und Seafood serviert. 2 Seatings (18–20 und 20.30–22 Uhr). Dresscode: sportlich-elegant. ⏱ 17–1 Uhr.

℡ 02-649 8888, 🖥 www.thelivingroomatbangkok.com/en, Karte S. 174/175. Die elegante Bar ist mit gemütlichen Ledersesseln und Sofas eingerichtet, bietet eine große Auswahl an alkoholischen Getränken und leckeren Gerichten und ist seit Jahren eine der besten Adressen für Freunde des gepflegten Jazz. ⏱ 9–24 Uhr.

**The Rock Pub**, Hollywood Street, 93/26–28 Phaya Thai Rd., BTS Ratchathewi, ℡ 02-251 9980, 🖥 www.therockpub-bangkok.com. Bereits von der BTS sieht man die eines gotischen Schlosses nachempfundene Fassade. Im höhlenartigen Inneren kommen Anhänger des Rocks härterer Gangart und von

Es gibt einige Besonderheiten, die es zu beachten gilt, wenn man ausgeht: Um nicht vor verschlossenen Türen zu stehen, sollte stets eine Kopie des Reisepasses mitgeführt werden. Türsteher achten teils strikt darauf, dass keine unter 20-Jährigen Einlass erhalten, besonders wenn ein Club berstend voll ist. Die **Einlasskriterien** werden meist locker gehandhabt. Fast immer reicht es, gepflegt zu wirken und stylish angezogen zu sein; Flip-Flops und Shorts meiden.

In der Regel öffnen Clubs ihre Pforten gegen 20 Uhr und schließen um 2 oder 3 Uhr. Wenige haben länger geöffnet – ein Privileg, das sie sich erkaufen und das sich in den Eintritts- und erhöhten Getränkepreisen niederschlägt. Die **Stimmung** ist freundlich, gelöst, ungezwungen und entspannt. Der hohe Stellenwert von *sanuk* (Spaß) in der thailändischen Gesellschaft macht sich auch beim Ausgehen bemerkbar.

Es gibt normalerweise keinen großen, zentralen **Dancefloor**, sondern Stehtische und Hocker, an denen Besuchergruppen ihre Drinks nehmen und wo sie auch tanzen. Zu späterer Stunde werden die Hocker zur Seite gestellt, sodass sich mehr Platz zum Tanzen bietet. Parallel zur Musik laufen entsprechende Videos auf riesigen LCD-TVs.

Der mit Abstand beliebteste Drink ist **Whiskey Cola**. Normalerweise bestellt man sich eine 1-Liter-Flasche Johnnie Walker Red oder Black Label sowie Cola, Soda und Eis dazu. Eine Flasche Red Label kostet je nach Preisklasse des Clubs 1000–2200 Baht, die Mixer noch einmal 300–900 Baht. Die Getränke werden am Tisch von den Bedienungen gemixt. Praktisch ist das Angebot, seine halb volle Flasche Alkohol kostenlos im Club lagern zu lassen und sie innerhalb von einem Monat beim nächsten Besuch weiter trinken zu können. In manchen Clubs kann für 300–500 Baht eine Shisha am Tisch geraucht werden.

Besonders in den Läden der Ratchada und Patpong ist es normal, dass auf Herrentoiletten **Massagen** angeboten werden. So kann es schon mal dazu kommen, dass während des Wasserlassens von hinten zwei Hände beginnen, den Rücken zu massieren und den Hals zu knacken. Wenn man dies nicht möchte, sollte man es mit einem *mei au* („Ich will nicht") ablehnen. Ansonsten sind mind. 20 Baht, meist mehr, dafür zu zahlen.

Bei einer **Bestellung** ab 1000 Baht ist es üblich, mind. 80 Baht **Trinkgeld** zu geben, denn die Bedienungen sind auf Trinkgelder angewiesen. Bei der Bezahlung ist es ratsam, sich die Nummer oder den Namen des jeweiligen Kellners zu merken, um eine Basis für etwaige Reklamationen zu haben. In der Regel tragen alle Kellner einen Button mit einer ein- bis dreistelligen Nummer oder ihrem Namen.

Metal auf ihre Kosten, aber auch Rock'n'Roll steht auf dem Programm. ⏲ 19.30–1.30 Uhr.

### Clubs und Discos

Viele der gut besuchten Clubs und Discos können locker mit ihren europäischen Kollegen mithalten. Der dominierende Einrichtungsstil ist kühl, modern und minimalistisch und die Musik zumeist elektronisch oder Hip-Hop- und R&B-lastig. Die fünf Hotspots, in denen sich die meisten Clubs befinden, sind:

**Royal City Avenue**, kurz RCA, eine gewundene Straße zwischen Rama IX und Phetchaburi Rd. im Osten der Innenstadt. Hier liegen die beliebtesten Clubs der unter 30-Jährigen aus der oberen Mittelschicht. Es sind auch einige Ausländer unterwegs. Besonders Fr und Sa wird es brechend voll. Die Getränkepreise sind weitgehend moderat. Den Namen Royal City Avenue kennen nur wenige Taxifahrer, es ist besser, RCA als Ziel anzugeben.

**Ratchada**, die Sois der Ratchadapisek Rd., etwas weiter nördlich in der Nähe der MRT-Station Thailand Cultural Centre. Hier sind fast ausschließlich junge Thai-Studenten unterwegs und die Getränke sind günstiger. Es gibt kleinere Clubs mit Livemusik, aber auch große Läden, in denen ausgiebig gefeiert wird.

**Sukhumvit**: In der Gegend rund um die Sukhumvit Soi 11 konzentrieren sich die bei

Ausländern beliebtesten Clubs. Die Preise liegen über denen in der RCA.

**Thong Lo/Ekkamai**, im östlichen Bereich der Sukhumvit Road gibt es exklusive Etablissements, die besonders bei der jungen einheimischen Oberschicht beliebt sind. In den Sois zwischen Thong Lo (Sukhumvit Soi 55) und Ekkamai (Sukhumvit Soi 63) reihen sich Clubs, Restaurants und Bars aneinander. Das Preisniveau liegt über dem in der RCA.

**Banglampoo**: In der Khaosan Rd. feiern ausländische Traveller und Universitätsstudenten. Die Preise sind moderat.

**Climax**, Sukhumvit Soi 11, BTS Nana, ☎ 086-039 6333, 🖳 www.climaxsukhumvit11.com, Karte S. 174/175. Nicht besonders attraktiv gestalteter, verrauchter Club, der zu später Stunde ein bunt gemischtes Publikum anzieht. Viele leichte Mädchen und betrunkene Feierwütige. Es wird im Club geraucht. Eintritt 250 Baht inkl. 1 Drink. ⏲ bis frühmorgens.

**Funky Villa**, Thong Lo Soi 10, Sukhumvit Soi 55 (Thong Lo), BTS Thong Lo, ☎ 02-711 6970, 🖳 www.fb.com/funkyvillabkk, Karte S. 174/175. Im edel mit dunklem Holz gestalteten Club läuft in einem Raum wie üblich Hip-Hop, während der andere von Thai-Livemusik beschallt wird. Das Publikum besteht aus jungen, gutbetuchten Thais, auch einige Stars mischen sich unter die Menge. Recht hohe Getränkepreise. ⏲ bis 2 Uhr.

**Ku Dé Ta**, 39. und 40. Stock Sathorn Square Complex, 98 Sathorn Nua Rd., BTS Chong Nonsi, ☎ 02-108 2000, 🖳 www.kudeta.com/bangkuk, Karte S. 170/171. Bei dem opulenten Club handelt es sich um eine Spielwiese für die Reichen und Schönen. Lady's Night am Mi mit gratis Prosecco vor Mitternacht und gratis Wodkaflasche für Gruppen von mind. 5 Frauen am Fr. ⏲ 21–2 Uhr.

**Levels**, 6. Stock Aloft Hotel, 35 Sukhumvit Soi 11, BTS Nana, ☎ 082-308 3246, 🖳 www.levelsclub.com, Karte S. 174/175. Großer, opulenter und recht teurer Club mit hohen Decken und einem gigantischen Kronleuchter im Hauptraum. Die Stimmung ist ausgelassen und zieht viele Westler, aber auch leichte Mädchen an. Regelmäßige Showeinlagen und Themenpartys. ⏲ 21–3 Uhr.

**Muse**, 159/8 Thong Lo Soi 10, Sukhuvit Soi 55 (Thong Lo), BTS Thong Lo, ☎ 02-715 0998,

🖳 www.musebkk.com, Karte S. 174/175. Attraktiver, in direkter Nachbarschaft der Funky Villa gelegener Club mit edlem Ambiente und einer schönen Dachterrasse, auf der neben Cocktails auch leckere Gerichte serviert werden. In den unteren Räumlichkeiten tanzt die junge Oberschicht zu wummernden Bässen und guter einheimischer Livemusik. ⏲ 18–2 Uhr.

**Narz (Narcissus Club)**, 112 Sukhumvit Soi 23, BTS Asok, 🖳 www.narzclubbangkok.net, Karte S. 174/175. Einer der ältesten und größten Nachtclubs der Stadt ist ab 3 Uhr, wenn andere Clubs schließen, eine gute Anlaufstelle. Im großen Raum mit rundem DJ-Pult und viel Platz zum Tanzen läuft kommerzieller Hip-Hop, im kleineren Raum Techno. Recht hohe Getränkepreise und verraucht. ⏲ 22–6 Uhr.

🧳 **Route66**, RCA, ☎ 02-203 0407, 🖳 www.route66club.com, Karte S. 166/167. In dem riesigen Club in schickem Design mit 3 Dancefloors wird jeden Abend Hip-Hop, thailändische Popmusik und Techno gespielt. Junges, fröhliches Publikum und moderate Getränkepreise. Am Wochenende wird es unter den Laserstrahlen brechend voll. Ausländer zahlen 300 Baht Eintritt; darin enthalten sind Getränkegutscheine im selben Wert. ⏲ 20–3 Uhr.

**Scratch Dog**, Windsor Suites Hotel, Sukhumvit Soi 20, BTS Asok, ☎ 02-262 1234, 🖳 auf Facebook, Karte S. 174/175. Im Untergeschoss des Hotels liegt der zu später Stunde beliebte, in Weiß gehaltene Club, der Dance und Hip-Hop spielt. Wer noch nicht genug gefeiert hat, kann hier bis in die frühen Morgenstunden tanzen. Voll wird es ab 3 Uhr. Eintritt 400 Baht Inkl. 2 Getränke, beim Kauf einer Flasche für ca. 2000 Baht ist der Eintritt für 4–5 Pers. inkl. ⏲ bis 6 Uhr.

**Slim/Flix**, RCA, ☎ 081-645 1166, 🖳 www.fb.com/slimbkk, Karte S. 166/167. Großer, edel gestalteter Club neben dem Route66. Im beliebten Slim läuft Hip-Hop und R&B, im benachbarten Flix Elektro und House. Da es Sa brechend voll wird, sollte man nach Möglichkeit gegen 21.30 Uhr da sein, um noch einen freien Tisch zu ergattern. Ausländer zahlen 400 Baht Eintritt; darin enthalten sind 2 Freigetränke, beim Kauf einer Flasche ist der Eintritt für bis zu 5 Pers. inkl. ⏲ 20–2 Uhr.

**Studio Lam**, Sukhumvit Soi 51, 🖥 www.fb.com/studiolambangkok, Karte S. 174/175. Bei der In-Crowd angesagte Club-Bar mit netter, entspannter Atmosphäre und guten, aber teuren Cocktails. Auf der Bühne treten manchmal einheimische Bands auf, sonst je nach Abend stilsicher ausgewählte elektronische Musik oder World Music, die nicht nach Räucherstäbchen und Rastalocken klingt. Super Soundsystem. Meist 100 Baht Eintritt. ⏲ Di–So ab 18–1 Uhr.

**The Bank Club**, 44 Chakraphong Rd., ✆ 085-437 9624, 🖥 auf Facebook, Karte S. 176/177. Im orientalischen Stil eingerichteter Club mit Bar und Shisha-Lounge in den oberen Stockwerken eines Gebäudes am westlichen Ende der Khaosan Rd. ⏲ 20–2 Uhr.

**The Club**, 123 Khaosan Rd., ✆ 02-629 1010, 🖥 www.theclubkhaosan.com, Karte S. 176/177. Kühler und etwas sterilerer Club im Herzen der Khaosan Rd., in dem House, Techno und Trance aufgelegt wird. Junges, trinkwütiges Publikum, das die Cocktails eimerweise bechert. ⏲ ab 21 Uhr.

**Twilo**, Patpong 1, Karte S. 170/171. Eine der wenigen Alternativen zu den Go-go-Bars in Patpong. Auf der Bühne vor dem kleinen Dancefloor tritt jeden Abend eine Liveband auf, die Hip-Hop-, R&B- und Rock-Hits zum Besten gibt und das Publikum zum Tanzen animiert. Viele Bargirls und teure Getränke. ⏲ bis 3 Uhr.

## UNTERHALTUNG

### Kinos

Auf dem Programm stehen amerikanische, chinesische und koreanische Filme sowie einheimische Produktionen. Die großen Kinos zeigen **englischsprachige Filme** immer mit Untertiteln. In der Regel starten die Filme parallel zu den Terminen in den USA und laufen nur für 1–2 Wochen. Vor dem Film ertönt die Königshymne, dann wird erwartet, dass alle Zuschauer als Zeichen des Respekts aufstehen. Das aktuelle Programm ist unter 🖥 www.moveedoo.com abzurufen und wird jeden Tag in der *Bangkok Post* und *Nation* abgedruckt. Generell sind Kinos AC-gekühlt, sodass ein leichter Pullover nicht schaden kann. Die

Eintrittspreise liegen bei 100–300 Baht, für Luxussäle wird ein Vielfaches verlangt.

**Deutsche Filme** zeigt das Goethe-Institut 2x monatlich im Bangkok Art and Culture Centre (BACC), S. 213. Von Dez–Feb zudem jeden Di ab 19.30 Uhr Freiluftkino im Garten vor dem Institut. Eintritt frei.

**APEX**, am Siam Square, BTS Siam, 🖥 www.apexsiam-square.com, Karte S. 172/173. Zu dem Kinoverbund gehören die nostalgischen Lido und Scala, die nicht nur Blockbuster, sondern auch interessante Arthouse-Filme ins Programm aufnehmen.

**Major Cineplex**, z. B. in der Sukhumvit Rd., BTS Ekkamai, 🖥 www.majorcineplex.com, Karte S. 174/175. Wartet mit modernen Sälen und komfortablen Sitzen auf. Die großen Säle der Gold Class bieten ein besonders luxuriöses Kinoerlebnis. Hier kann man es sich in paarweise aufgestellten Liegesitzen mit Decken bequem machen und sogar einen Drink oder Snack ordern, der am Platz serviert wird.

**Paragon Cineplex**, 5. und 6. Stock des Siam Paragon, Karte S. 172/173. Dem Multiplexkino mit 14 Sälen ist auch das riesige **Krungsri IMAX**, 🖥 www.imaxthai.com/index_en.html, angeschlossen, das sich sowohl bild- als auch tontechnisch auf dem neusten Stand der Technik befindet und das größte des Landes ist.

**SF-Cinema City**, z. B. im Central World und im MBK, 🖥 www.sfcinemacity.com, Karte S. 172/173. Wie die Konkurrenz von Major Cineplex: moderne Multiplex-Kinos.

### Thai-Boxen

Thai-Boxen ist ein Männervergnügen. Auf den Tribünen nahe dem Ring ist am meisten los. Ausländer müssen in der Regel im Touristenflügel Platz nehmen, wo sie angeblich vor möglichen Schlägereien sicher sind, die Sicht auf den Ring und die Wetten abschließenden Thai aber nicht gut ist.

€ **MBK Fight Night**, BTS National Stadium. Eine kostenlose Alternative sind die Kämpfe, die jeden Mi ab 18 Uhr vor dem Mah Boon Krong Center ausgetragen werden. Auch hier geht es ordentlich zur Sache.

**Muay Thai Live**, Asiatique The Riverfront (S. 161), Warehouse 4, ✆ 02-108 5999,

Beim Thai-Boxen geht es direkt zur Sache: schlagkräftige Unterhaltung für Einheimische und Touristen.

🖥 www.muaythailive.net, Karte S. 166/167. Die martialische Bühnenshow über die Helden des Thai-Boxens versucht die Kultur des Muay Thai auch für Ausländer fassbar zu machen. Im Anschluss treffen bei Live-Kämpfen auch Frauen aufeinander. Beginn Di–So 20 Uhr, Eintritt 1200–1500 Baht.
**New Lumpinee Stadium**, Ram Inthra Rd., im Norden der Stadt, ☎ 02-282 3141, 🖥 www. muaythailumpinee.net, Karte S. 166/167. Kämpfe finden Di und Fr um 18.30 und So um 16 und 21 Uhr statt, Eintritt 2000 Baht im Touristenflügel inkl. Transfer, direkt am Stadion 500–1500 Baht für reguläre Tickets, die aber als Tourist schwer zu bekommen sind. Die besten Kämpfer treten gegen 21 Uhr an.
**Rajadamnern-Stadion**, Ratchdamnoen Nok Rd., ☎ 02-281 4205, 🖥 www.rajadamnern.com, Karte S. 168/169. Kämpfe Mo, Mi, Do und So um 18.30 Uhr, Eintritt im Touristenblock 2000 Baht.

### Travestieshows

**Calypso Cabaret**, Asiatique The Riverfront (S. 161) Warehouse 3, 🖥 www.calypsocabaret. com, Karten an der Theaterkasse oder

Reservierungen unter ☎ 02-688 1415-7, Karte S. 166/167. Das 350 Besucher fassende Theater ist kleiner und weniger spektakulär als die Bühnen in Pattaya. Bei einer Travestierevue der gehobenen Klasse treten u. a. verblüffende Kopien berühmter Stars auf. Shows um 20.15 und 21.45 Uhr, Eintritt 900–1200 Baht inkl. 1 Drink oder 1500–2000 Baht inkl. Abendessen. Bei Buchung über Reisebüros ist der Transport inkl.

### KUNST UND KULTUR

#### Alternative Kultureinrichtungen

**18Monkeys Dance Theatre**, 🖥 www.18monkeys dancetheatre.com. Eine der bekanntesten modernen thailändischen Tanztruppen verbindet in ihren Stücken aus dem Khon-Maskentanz adaptierte Bewegungen mit modernen Elementen, Stücken und Video-projektionen. Unter der Leitung von Jitti Chompee wurden schon Thomas Manns *Der Tod in Venedig* und Georges Bizets *Carmen* adaptiert. Auftritte in wechselnden Locations.

 **Jam**, 41 Charoen Rat Soi 1, BTS Surasak Exit 2, ☎ 089-889 8059, 🖥 www.fb.com/jamcafebkk. Eine spannende

Das Bangkok Art and Culture Centre überzeugt mit moderner Architektur und wechselnden Ausstellungen.

Kreuzung aus Café, Bar, Restaurant, Club und Galerie wurde von zwei jungen, kreativen Thais erschaffen. In entspannter und kommunikativer, internationaler Atmosphäre finden abwechslungsreiche Veranstaltungen wie Barbecues, Partys, Flohmärkte, Filmvorführungen (Kultfilme jeden Mi um 20 Uhr) und Vernissagen statt. Sehr günstige Hausweine und rundum faire Getränkepreise. ⏲ Di–So 18–24 Uhr.

## Buddhistische Meditation

Informationen über buddhistische Zentren in Thailand sowie aktuelle Infos über Retreats und Unterweisungen bekommt man bei:
**House of Dhamma**, 26/9 Lat Phrao Soi 15, ☎ 02-511 0439, 🖥 www.houseofdhamma.com, Karte S. 166/167. Auch hier werden Meditationskurse und Unterweisungen angeboten.
**International Buddhist Meditation Center**, House of Dhamma, Wat Mahathat, ☎ 02-623 5881, Ext. 1, 623 6326, 🖥 www.mcu. ac.th/IBMC, Karte S. 168/169. Das Meditationszentrum offeriert neben Vipassana-Meditationen auch Seminare zum Buddhismus in Englisch. Im selben Tempel werden in der Section 5 (den blauen Schildern folgen)

Vipassana-Meditationen und Unterweisungen angeboten (S. 149), Retreats sind möglich. Mehr über buddhistische Meditationen S. 131.
**World Fellowship of Buddhists**, 616 Sukhumvit Soi 24, am südöstlichen Zipfel des Queen's Park, ☎ 02-661 1284-7, 🖥 www.wfbhq.org, Karte S. 174/175. Informationsveranstaltungen über den Buddhismus, Einführungen in die Meditation und erste eigene Meditation jeden 1. So im Monat von 13–16 Uhr.

## Konzert- und Veranstaltungshallen

Karten für nahezu alle Veranstaltungen können über **Thai Ticket Major**, ☎ 02-262 3456, 🖥 www.thaiticketmajor.com, bestellt werden.
**Aksra Theatre**, s. Tanz und Theater.
**Bangkok Art and Cultural Center**, s. Kunstausstellungen.
**Impact Arena**, im Norden von Bangkok, BTS Mo Chit, 🖥 www.impact.co.th. Hier finden viele große Musikkonzerte und Messen statt.
**Royal Paragon Hall**, 5. Stock des Siam Paragon, Rama I Rd., BTS Siam, 🖥 www.royalparagon hall.com, Karte S. 172/173. 3 große Säle für Konzerte.

**Siam Ratchada Music Auditorium**, Fortune Town, 1 Ratchadaphisek Rd., MRT Phra Ram 9. Regelmäßig werden hier klassische Konzerte gespielt. Eintritt 500 Baht.

**Thailand Cultural Centre**, s. „Tanz und Theater".

## Kulturinstitute

**Alliance Française**, 179 Witthayu (Wireless) Rd., MRT Lumphini, ✆ 02-670 4200, 🖳 www.afthailande.org/en, Karte S. 170/171. ⏰ Mo 8–18, Di–Fr 8–19.30, Sa 7.30–17.30 und So 8.30–12.30 Uhr.

**British Council**, 254 Chulalongkorn Soi 64, hinterer Siam Square, BTS Siam, ✆ 02-657 5678, 🖳 www.britishcouncil.org/thailand, Karte S. 172/173. ⏰ Mo–Fr 10–19, Sa und So 9–19 Uhr.

**Goethe-Institut** (German Cultural Institute), 18/1 Soi Goethe, Sathorn Tai Rd., MRT Lumphini, ✆ 02-108 8200, 🖳 www.goethe.de/bangkok, Karte S. 170/171. Das deutsche Kulturzentrum beherbergt eine **Bibliothek**, ⏰ Mo–Do 9.30–18, Sa 8–17 und So 8–13 Uhr, Mo geschl., mit deutschsprachigen Büchern, Zeitungen und Magazinen, DVDs und CDs, zudem ein Restaurant, eine Cafeteria und die Clubräume der Thai-Deutschen Gesellschaft. Regelmäßige kulturelle Veranstaltungen, u. a. Filmvorführungen (S. 210). In einer 6x jährlich erscheinenden Broschüre werden alle gelistet. ⏰ Mo–Do 8–16.30, Fr 8–14 Uhr, Sa und So geschl.

## Kunstausstellungen

Wechselnde Ausstellungen finden in den Kulturinstituten, im Nationalmuseum und in der Nationalgalerie statt. Gute Anregungen zu aktuellen Ausstellungen unter 🖳 www.fb.com/bangkokartmap bzw. auf der monatlich erscheinenden *Bangkok Art Map*, die vielerorts ausliegt. Informationen über die Galerien unter 🖳 www.rama9art.org/artisan/galleries.

**Art Centre Silpakorn University**, S. 149.

**Bangkok Art and Culture Centre (BACC)**, 939 Rama 1 Rd., BTS National Stadium, ✆ 02-214 6630-8, 🖳 http://en.bacc.or.th, Karte S. 172/173. Das riesige moderne Kunstzentrum bietet auf 11 Stockwerken viel Platz für (meist kostenlose) Ausstellungen (2. und 7.–9. Stock), Veranstaltungen und Konferenzen, aber auch für Restaurants, Läden und eine große Kunst-

bibliothek. Regelmäßige Opernaufführungen. Im Okt findet jährlich die National Exhibition of Art und Ende Nov/Anfang Dez das Bangkok Art Festival und das International Dance Festival statt. ⏰ Di–So 10–21 Uhr.

**ClubArts Gallery**, 258 Arun Amarin Soi 18, ✆ 02-866 2143, 🖳 www.rama9art.org/gallery/club_arts/index.html, Karte S. 168/169. Kleine Galerie mit Ausstellungen und einem freundlichen Café. ⏰ Di–So 10.30–22 Uhr.

**DOB Hualamphong Gallery** im DOB Building, Rama IV Rd., 🖳 www.dobthailand.com, Karte S. 168/169. ⏰ Di–Sa 10.30–19, So 10.30–17.30 Uhr.

**Nationalgalerie**, S. 148.

**Poh Chang Gallery and Art School**, 86 Tripet Rd., ✆ 02-623 8790-9, 🖳 www.rama9art.org/gallery/pohchang, Karte S. 168/169. Die große, seit 1913 bestehende Kunstschule in der Nähe des Pahurat-Marktes verfügt über eine empfehlenswerte Galerie, die vor allem Werke von einheimischen Kunststudenten ausstellt.

**Ratchadamnoen Contemporary Art Center**, 84 Ratchadamnoen Klang Rd., ✆ 02-224 8030, Ext. 202, 🖳 www.rcac84.com. Großes, modern und ansprechend gestaltetes Kunstzentrum mit wechselnden Ausstellungen und viel Platz. ⏰ 10–19 Uhr.

**TCDC (Thailand Creative & Design Center)**, 5. Stock Emporium, 662 Sukhumvit Soi 24, BTS Phrom Phong, ✆ 02-664 8448, 🖳 www.tcdc.or.th, Karte S. 174/175. Kunst- und Designzentrum mit wechselnden Ausstellungen. ⏰ Di–So 10.30–21 Uhr.

**Tho Queen's Gallery**, S. 157

**The Silom Galleria**, 919/1 Silom Soi 19, BTS Surasak, ✆ 02-630 0944, Karte S. 170/171. Das auf Kunstobjekte spezialisierte Einkaufszentrum ist ziemlich leer, beherbergt aber einige sehenswerte Galerien, die zeitgenössische thailändische Kunst ausstellen und verkaufen, z. B. die **Thavibu Gallery**, 🖳 www.thavibu.com, oder die **Number One Gallery**, 🖳 www.number1gallery.com, beide im 4. Stock. ⏰ 10–20 Uhr.

## Tanz und Theater

Karten für nahezu alle Veranstaltungen können über **Thai Ticket Major**, ✆ 02-262 3456, 🖳 www.thaiticketmajor.com, bestellt werden.

€ **Khlong Bang Luang Artist's House** (Baan Sinlapin), ✆ 02-868 5279, 💻 www. klongbangluang.com. In der Künstlerkolonie (S. 156) führt jeden Tag außer Mi um 14 Uhr die maskierte Truppe von Kam Nai mit ihren Puppen mit Humor gewürzte Szenen aus dem *Ramakien*-Epos auf. Eine seltene Gelegenheit, die traditionelle Kunstform des *Hoon Lakorn Lek* in kleiner, aber feiner und informeller Gesellschaft zu erleben. Eintritt gegen Spende (mind. 50 Baht sind angebracht).

**Nationaltheater**, S. 148.

**Sala Chalermkrung Royal Theatre**, Old Siam Plaza, 66 Charoen Krung Rd., ✆ 02-224 4499, 💻 www.salachalermkrung.com, Karte S. 168/169. Das Gebäude beherbergte in den 1930er-Jahren das mit 2000 Plätzen größte und modernste Kino des Landes mit der ersten AC in einem Kino in Asien. Do und Fr (manchmal auch an anderen Tagen) um 19.30 Uhr werden in dem pompösen Bau beeindruckende Khon-Maskentanzaufführungen gezeigt. Eintritt 500–1500 Baht. Im obersten Stockwerk zudem eine kleine Ausstellung über die Geschichte des Gebäudes.

**Siam Niramit**, Ratchada Theatre, 19 Tiam Ruammit Rd., MRT Thailand Cultural Centre, Exit 1, von dort 18–19.45 Uhr kostenloser Shuttleservice, ✆ 02-649 9222, 💻 www. siamniramit.com, Karte S. 166/167. Im 2000 Zuschauer fassenden Theater bieten über 150 Darsteller auf einer 65 m breiten Bühne ein höchst unterhaltsames Spektakel dar. In 3 Akten werden sehr aufwendig die Geschichte Thailands, seine Mythologie und Feste thematisiert: Teils tummeln sich bis zu 80 Personen auf der Bühne. Elefanten und andere Tiere sowie atemberaubende Bühnenbilder und spektakuläre Spezialeffekte werden in die Show integriert. Beginn um 20 Uhr, Eintritt 1500–2000 Baht. Hinter dem Theater liegt ein schön angelegtes Museumsdorf, das Touristen die traditionellen regionalen Baustile und Kulturen vorstellt. Das Buffet-Dinner für 350 Baht Aufpreis ist nur eingeschränkt zu empfehlen. ◷ 18–22 Uhr.

**Thailand Cultural Centre**, Ratchadaphisek Rd., MRT Thailand Cultural Centre, 1 km von der MRT-Station entfernt, ✆ 02-247 0028,

💻 www.culture.go.th (nur in Thai), Karte S. 166/167. Das Kulturzentrum umfasst ein Theater mit 2000 Plätzen, eine Freilichtbühne für 1000 Zuschauer, eine Bücherei und ein Sprachlabor. Hier finden fast jede Woche Konzerte mit klassischer europäischer Musik statt.

In manchen Restaurants werden klassische Thai-Tänze zu einem festen Menü aufgeführt, z. B. im Silom Village (S. 198).

Kostenlos sind die Vorführungen am Lak Muang-Schrein am Sanam Luang (S. 148) sowie am Erawan-Schrein an der Ratchadamri, Ecke Ploenchit Rd. (S. 164).

EINKAUFEN

Bangkok ist das Einkaufsparadies Südostasiens: Egal ob Textilien, Kunsthandwerk, Accessoires, Bücher, Technik oder Kosmetika, man bekommt hier alles zu meist deutlich günstigeren Preisen als in der Heimat.

Die großen Einkaufszentren konzentrieren sich in der Siam-Gegend entlang der **Rama I** und **Ploenchit Rd.**, aber auch in der **Sukhumvit** und **Silom Rd.** Nahezu alle großen internationalen Marken sind hier mit Boutiquen vertreten. Gerade im **Siam Square** und auf dem **Suan Chatuchak Weekend Market** findet man viele ausgefallene Geschäfte mit interessanten, kreativen Produkten.

Die großen Touristenmärkte mit einem breiten Angebot an Souvenirs, gefälschten Markenprodukten und Accessoires befinden sich in der **Khaosan Rd.**, entlang der unteren **Sukhumvit Rd.**, und abends auf dem Nachtmarkt in der **Patpong**. Die Straßenhändler in der Patpong und Khaosan verlangen oft hoffnungslos überhöhte Preise, die mit etwas Geschick deutlich gedrückt werden können. Die meisten Preise auf dem Pratunam-Markt und außerhalb der Touristenhochburgen sind realistischer, daher wird hier deutlich weniger gehandelt.

### Shoppingcenter
**Siam**
Karte S. 172/173

**Amarin Plaza**, Ploenchit Rd., 💻 www. amarinplaza.com. Beherbergt auf 5 Stockwerken viele Edelboutiquen, Möbel- und

Seidengeschäfte und Kunsthandwerk. Im 3. Stock liegt der Sogo Department Store und im 2. Stock der Outdoor Unlimited-Bereich mit vielen Ausrüstungsläden. ⏱ 9–21 Uhr.

**Central Chidlom**, 1027 Ploenchit Rd., BTS Chit Lom, 🖥 www.central.co.th. Das älteste Kaufhaus Bangkoks. ⏱ 10–22 Uhr.

**Central Embassy**, Ploenchit Rd., BTS Ploen Chit, 🖥 www.centralembassy.com. Gigantische, ultraluxuriöse Lifestyle-Mall, die 2014 auf dem ehemaligen Gelände der britischen Botschaft eröffnet wurde – mit sehr unglücklich gewähltem Timing, denn nur 10 Tage nach der Eröffnung sorgte der Militärputsch für das Ausbleiben der zahlungskräftigen Kundschaft, was der Mall zum Spitznamen „Central Empty" verhalf. Nach wie vor nicht sehr gut besucht. ⏱ 10–22 Uhr.

**Central World**, Ratchadamri, Ecke Rama I Rd., BTS Chit Lom, 🖥 www.centralworld.co.th/en. Das 7-stöckige Shoppingcenter ist das drittgrößte Einkaufszentrum in Südostasien. Es befriedigt vor allem die Bedürfnisse der Oberschicht und beherbergt neben unzähligen Läden internationaler Labels auch den Zen Department Store, eine Asia Books-Filiale und ein großes Multiplexkino. ⏱ 10–21 Uhr.

**Gaysorn Plaza**, BTS Chit Lom, 🖥 www.gaysorn.com. In dem großzügig mit Marmor verkleideten Gebäude finden sich über 100 Edelboutiquen internationaler Designer. Im 3. Stock gibt es auch interessante Geschäfte mit teurem Kunsthandwerk. ⏱ 10–20 Uhr.

 **MBK (Mah Boon Krong Center)**, Rama I Rd., Ecke Phayathai Rd., BTS National Stadium, 🖥 www.mbk-center.co.th/en. Der riesige Block beherbergt eine schier unendliche Zahl kleiner Geschäfte, die nach Stockwerken geordnet eine breite Palette an Waren zu günstigen Preisen anbieten. Klamottenläden finden sich im 1., 2., 3. und 6., Technik, besonders Handys, im 4. und Möbel im 5. Stockwerk. Außerdem gibt es den Tokyu Department Store und eine Vielzahl an Restaurants, ein Postamt im 2. Stock und den SF Cinema City Multiplex im Obergeschoss. Jeden Mi von 18–21 Uhr kostenlose Muay Thai-Kämpfe (S. 77). ⏱ 10–22 Uhr.

**Narai Phand**, S. 219.

**Siam Center**, BTS Siam, 🖥 www.siamcenter.co.th. Als es 1973 gebaut wurde, gehörte es zu den ersten großen Einkaufszentren des Landes, und seit seiner letzten Renovierung ist es auch wieder zeitgemäß. Der Fokus liegt auf Boutiquen für Markenkleidung und Sportartikel, die eine junge Klientel anlocken. Im 4. Stock sind Restaurants und ein Food Court angesiedelt. ⏱ 9–21 Uhr.

**Siam Discovery Center**, BTS Siam, 🖥 www.siamdiscovery.co.th. Der Komplex ist direkt mit dem Siam Center verbunden und wurde 2015 umfangreich renoviert. Jedes Stockwerk hat einen anderen Schwerpunkt. Im 4. Stock befindet sich eine Filiale von Asia Books, zudem ein großes Multiplex-Kino. ⏱ 10–22 Uhr.

 **Siam Paragon**, BTS Siam, 🖥 www.siamparagon.co.th. Das Shoppingcenter ist aufgrund seiner Architektur und einmaligen Läden an sich schon eine Sehenswürdigkeit (S. 163) und bietet Ausgefallenes wie ein riesiges Aquarium (S. 163), ein Multiplex-Kino , Kunstgalerien sowie Kinokuniya, den größten Buchladen des Landes (S. 218). Im Erdgeschoss ein ausgedehnter Food Court (S. 198). ⏱ 10–22 Uhr.

**Siam Square**, BTS Siam. Hier gehen die jungen, wohlhabenden und stilbewussten Stadtmenschen einkaufen. Entsprechend besteht das Angebot aus vielen kleinen Geschäften mit Modeschmuck, Taschen und anderen Accessoires sowie relativ hochpreisigen, ausgefallenen Textilien und Schuhen.

**Siam Square One**, BTS Siam Exit 4, 🖥 www.siamsquareone.com. Der neue, 6-stöckige Konsumtempel ist so etwas wie die AC-gekühlte Variante des Siam Square mit vielen kleinen Geschäften, Boutiquen und Restaurants. Vom BTS-Ausgang führt ein großer, offener zentraler Gang einmal quer durch die Mall. ⏱ 11–22 Uhr.

### Pratunam
Karte S. 172/173
Der **Pratunam-Markt** und die angrenzenden Einkaufszentren bilden das Herz des südostasiatischen Textilhandels. Hier werden sowohl günstige Produkte minderer Qualität als auch gefälschte und originale, hochwertige Marken-

produkte in großen Mengen feilgeboten. Auswahl und Ausmaß der Verkaufsfläche sind überwältigend. Manche Händler verkaufen nur in großen Mengen an die geschäftig umhereilenden Großhändler aus Indien, Afrika und Europa. Die meisten sind aber auch bereit, Einzelteile zu veräußern.

**Indra Square**, Ratchaprarop Rd., Airport-Link Ratchaprarop. Im Zentrum von Pratunam beherbergt das Einkaufszentrum Taschen- und Accessoiregeschäfte, Modeläden und Fastfood-Restaurants. ⏰ 10–20 Uhr.

**Pantip Plaza**, Phetchaburi Rd., BTS Ratchathewi, 🖥 www.pantipplaza.com. Gigantischer Einkaufskomplex für Computerfans. Neben Hardware werden legale und kopierte Software, Digitalkameras, Handys und andere Technik angeboten. Allerdings sind die Preisunterschiede zu Europa deutlich geringer als bei Textilien, Souvenirs und Accessoires. ⏰ 10–21 Uhr.

  **Platinum Fashion Mall**, Phetchaburi Rd., 🖥 www. platinumfashionmall.com. Mit über 2000 Modegeschäften richtet sich die riesige Mall vor allem an eine mode- und preisbewusste weibliche Zielgruppe: wenig Markenprodukte, dafür viele kreative Designs und sehr günstige Preise, im obersten Stockwerk ein guter Food Court. ⏰ 9–20 Uhr.

### Sukhumvit
Karte S. 174/175

**Emporium**, Sukhumvit Rd., BTS Phrom Phong, 🖥 http://emporium.co.th. Elegantes, hochpreisiges, luxusmodernisiertes Einkaufszentrum mit Designerboutiquen auf 7 Stockwerken, einem Kinokuniya-Buchladen im 3. Stock und einer Food Hall im 5. Stock. Direkt gegenüber liegt die 100 000 m² große Erweiterung **EmQuartier** mit noch teureren Boutiquen (u. a. riesigen Prada-, Chanel-, Dior- und Fendi-Niederlassungen) und Restaurants. Ende 2016 soll zudem noch der EmSphere-Komplex das Luxusdreieck komplettieren. ⏰ 10–22 Uhr.

**Gateway**, Sukhumvit Rd., BTS Ekkamai, 🖥 www.gatewayekamai.com. Die moderne Mall widmet sich komplett dem Thema Japan: japanische Restaurants en masse, Mode und alles andere aus dem Land der aufgehenden Sonne findet hier seinen Platz. Im oberen Stockwerk zudem ein Spielplatz für die Kleinsten und im 5. Stock seit Sommer 2015 die Snow Town, der größte künstliche Schneepark Südostasiens mit 30–40 cm Schnee auf 3000 m². ⏰ 10–22 Uhr, Snow Town 11–23 Uhr.

**Sukhumvit Plaza**, Sukhumvit Rd., nahe Soi 12, BTS Asok. Das Einkaufszentrum hat sich voll und ganz seiner koreanischen Kundschaft verschrieben. Der beste Ort für authentisches koreanisches Essen.

🧳 **Terminal 21**, Sukhumvit Rd., BTS Asok, 🖥 www.terminal21.co.th. Das moderne Einkaufszentrum ist direkt mit der BTS verbunden und überzeugt sowohl mit seinem riesigen Angebot an kleinen, aber feinen Bekleidungsgeschäften als auch mit einem kreativen Konzept. In der wie ein Flughafen aufgemachten Mall ist jedes Stockwerk in einem anderen Stil entsprechend verschiedenen Städten gestaltet. So gibt es etwa ein London- oder ein Istanbul-Stockwerk. Zudem ein großes Kino, einen guten, günstigen Food Court und Restaurants. ⏰ 10–22 Uhr.

**Villa Market**, Sukhumvit Soi 33, 🖥 www. villamarket.com. Toller Supermarkt mit Importprodukten. Wurst, Käse, Räucherlachs und Graubrot finden sich hier genauso wie ausgefallenere Biere und Weine. Weitere Filialen u. a. in der Soi 11, 26 und 49, in Silom, Thong Lo Soi 15 und im Phloenchit Center. ⏰ 24 Std.

### Sathorn und Silom
Karte S. 170/171

**River City** am Menam Chao Phraya, neben dem Royal Orchid Sheraton Hotel, 🖥 www.rivercity. co.th. Rings um die weite Halle, in der Stände Kunsthandwerk anbieten, reihen sich kleine Läden, u. a. viele „Antiquitäten"- und Seidengeschäfte. In manchen Läden ist die Qualität der angebotenen Waren so hoch, dass man sich wie in einem Museum fühlt. Kostenloses Shuttleboot zur BTS Saphan Taksin. ⏰ Antiquitätengeschäfte 10–18 Uhr, Boutiquen bis 20 Uhr, Restaurants bis 22 Uhr.

**Silom Complex**, BTS Sala Daeng, 🖥 www. silomcomplex.net. Der frisch renovierte

Einkaufskomplex vereint die üblichen Geschäfte unter einem Dach. Zudem viele Restaurants, ein Muji-Laden und ein Central Department Store. ⏲ 10–21 Uhr.

### Chinatown und entlang dem Chao Phraya
Karte S. 168/169

**Old Siam Plaza**, 66 Charoen Krung Rd. Restaurierte Markthalle, die noch etwas historisches Flair ausstrahlt, was sie vor allem ihren überglasten Höfen und den im traditionellen Design geflieesten Böden verdankt. Viele Geschäfte mit Textilien, Porzellan und Schmuck rings um die Innenhöfe. Eine Augenweide ist der Food Market mit traditionellen einheimischen Süßigkeiten. ⏲ 9–18.30 Uhr.

**Yodpiman River Walk**, am Chao Phraya westlich der Memorial-Brücke, 🖥 www.yodpimanriverwalk.com. Hinter dem Pak Klong Talat (s. u.) erstreckt sich entlang dem Flussufer das auf Alt getrimmte Einkaufszentrum mit Blumenverkäufern, Kunsthandwerk und einer Reihe von Franchise-Restaurants. Im Inneren verstecken sich einige kleine, interessante Boutiquen einheimischer Modedesigner, und vom Mango Tree Restaurant bieten sich tolle Ausblicke auf den Fluss. ⏲ 10–22 Uhr.

### Außerhalb
Weitere Einkaufspaläste liegen an den Ausfallstraßen, z. B. die **Central Plaza Pinklao**, 🖥 www.central.co.th, im Westen, der **Seacon Square**, 🖥 www.seaconsquare.com, und das gigantische **Mega Bangna**, 🖥 www.mega-bangna.com, inkl. Ikea im Osten, oder das neue **Show DC**, 🖥 showdc.co.th, in direkter Nähe zu den Clubs der RCA.

### Märkte
In der Millionenstadt Bangkok haben einige Märkte mit ländlichem Charakter überlebt. Sie verkaufen frisches Obst und Gemüse, Fisch und Fleisch, zudem Textilien und Drogerieartikel, aber auch Pflanzen und Souvenirs für Touristen. Schwimmende Märkte gibt es nur noch außerhalb der Metropole.

**Amulettmarkt**, nördlich des Wat Mahathat, Karte S. 168/169. Schutz- und Glücksamulette und religiöse buddhistische und hinduistische

### Walking Streets in der Metropole

Seit Ende 2014 sind auf Initiative der Militärregierung Straßenzüge für wöchentliche Nachtmärkte für den Verkehr gesperrt worden. Die größte dieser **Walking Streets** findet jeden So auf der zwischen Rama IV Rd. und Narathiwat Rajanagarindra Rd. abgesperrten **Silom Rd.** statt. Neben großen Bühnen mit musikalischem und kulturellem Rahmenprogramm werden an Hunderten kleinen Verkaufsständen lokale Produkte, Souvenirs und Snacks verkauft. Dabei hat man anders als sonst viel Platz zum Schlendern. ⏲ So 15–21 Uhr.

Statuen sowie Abbildungen der Könige werden hier verkauft. Handeln nicht üblich.

**Khlong Toey-Markt**, Rama IV Rd., MRT Khlong Toei, Karte S. 174/175. Der größte Frischmarkt der Stadt versorgt die Metropole täglich mit Lebensmitteln. Überwältigend sind nicht nur seine gigantischen Dimensionen, sondern auch das Warenangebot. Hier gibt es von Aalen über Frösche und Insekten bis Zitronengras alles, was in der einheimischen Küche Verwendung findet. Die Frischfleischabteilung ist nichts für Zartbesaitete, denn die Hühner werden vor den Augen der Kundschaft geschlachtet und Schweinehälften seziert. Es verirren sich nur sehr wenige Touristen hierher. ⏲ 6–2 Uhr.

**Or Tor Kor**, Kamphaeng Phet Rd., MRT Kamphaeng Phet, Karte S. 166/167. Der sehenswerte, sehr saubere Lebensmittelmarkt wird von Wohlhabenden als zuverlässige Quelle für qualitativ hochwertige Frischware geschätzt. An 600 Verkaufsständen, die die breiten Gänge säumen, bekommt man eine riesige Auswahl an Obst, Gemüse, Meeresfrüchten und leckeren, frisch zubereiteten Gerichten und Desserts aus allen Landesteilen. Dabei ist nichts in Styropor verpackt. ⏲ 6–18 Uhr.

**Pahurat-Markt**, südlich der Pahurat Rd., Karte S. 168/169. Der überdachte Markt, auf dem vor allem Textilien angeboten werden, weist einen spürbaren indischen Einfluss auf. Hier findet man alles, von Saris bis zu Brokatstoffen für

Tempeltänzer, Schmuck, Kurzwaren, Schreibwaren u. a. Feilschende Touristen sind nicht gern gesehen. ⏰ 9–18 Uhr.

**Pak Klong Talat**, Chakraphet Rd., nahe der Memorial-Brücke, Karte S. 168/169. Vor der großen Markthalle in Flussnähe mit Frischwaren findet beiderseits der Chakraphet Rd. täglich ein sehens- und riechenswerter, bunter Blumengroßmarkt statt, der größte des Landes. Hier kaufen frühmorgens Großhändler ihre Waren. ⏰ 2–18 Uhr.

**Pratunam-Markt**, entlang der Ratchaprarop Rd. sowie im und um den Baiyoke II Tower, Karte S. 172/173. Es gibt unzählige Stände, die Textilien, aber auch Souvenirs zu unschlagbar günstigen Preisen verkaufen. Nichts für Leute mit Platzangst. Die meisten Verkäufer lassen mit sich handeln (S. 97).

 **Sampeng Lane**, von der Pahurat Rd. über den Klong Richtung Südosten und in den Seitengassen, Karte S. 168/169. In den schmalen, immer vollen Gassen werden in zahllosen offenen Geschäften vor allem Billigprodukte angeboten (S. 159). ⏰ 6–3 Uhr.

**Saphan Khao Fruit Market**, Luk Luang Soi 7, Bus Nr. 2, 59, 60, 79 und 511, Karte S. 168/169. Die Auswahl ist überwältigend. Hier decken sich kleine Händler wie 5-Sterne-Hotels mit frischem, exotischem Obst ein. ⏰ 6–18 Uhr.

 **Suan Chatuchak Weekend Market**, BTS Mo Chit, MRT Kamphaeng Phet, Karte S. 168/169. Das absolute Shopping-Highlight Bangkoks: An über 15 000 Ständen gibt es originelle Textilien, Souvenirs und Kunsthandwerk aus allen Landesteilen, Schmuck, Porzellan, Haushaltswaren, Lebensmittel, Tiere, Musik, Bücher, Elektroartikel, Pflanzen usw. (S. 165).

**Thewet-Markt**, am nördlichen Ende der Luk Luang Rd., an der Mündung des Klong Phadung Krung Kasem, Karte S. 178. Hier werden Blumen und Pflanzen verkauft. Auf der nördlichen Seite des Klong erstreckt sich ein großer Fleisch-, Obst- und Gemüsemarkt.

## Nachtmärkte

Neben dem bekannten touristischen Nachtmarkt in der **Patpong** in Silom (S. 160) und den Verkaufsständen, die die untere Sukhumvit Rd.

säumen, ist besonders der Nachtmarkt **Asiatique The Riverfront** am Chao Phraya (S. 161) einen Besuch wert.

 **Talad Rod Fai**, Chalerm Prakiat Rd., außerhalb im Osten der Stadt zwischen Seacon Square und Nong Bon Reservoir. Der 2011 rund um stillgelegte Eisenbahngleise erbaute Retro-Nachtmarkt wurde in die östliche Vorstadt um die Ecke vom großen Rama 9 Park verlegt. Besonders junge Kreative und Hipster verkaufen günstige Vintage-Klamotten, Spielzeuge aus längst vergangenen Zeiten, Möbel und dekorative Haushaltsgegenstände. ⏰ Sa und So 17.30–1 Uhr.

## Antiquitäten

Der Handel mit echten Antiquitäten ist in Thailand verboten. Deshalb lebt eine ganze Branche von der Produktion täuschend echter „Antiquitäten". Bester Anlaufpunkt ist die **River City** (S. 216).

Weitere Informationen erteilt das **Fine Arts Department** unter ☎ 02-225 2652.

## Bücher

**Asia Books**, 221 Sukhumvit Rd., 🖥 www. asiabooks.com, BTS Asok, Karte S. 174/175. Buchladen mit guter Auswahl. Außer dem Mutterhaus zwischen Soi 15 und 17 insgesamt 22 weitere Filialen u. a. im Central World, Emporium, Siam Discovery Center, Siam Paragon und anderen Einkaufszentren.

**Bei Otto**, Sukhumvit Soi 20, BTS Asok, Karte S. 176/177. Kleiner Zeitungsladen mit aktuellen deutschsprachigen Magazinen und Zeitungen, der auch Brote und andere deutsche Snacks verkauft (S. 201). ⏰ 8–23 Uhr.

 **Kinokuniya**, 3. Stock Siam Paragon, 🖥 www.kinokuniya.com, BTS Siam, Karte S. 172/173. Hier findet man fast alles! Die große japanische Kette betreibt 3 sehr gut sortierte Filialen mit einem riesigen Angebot. Die größte im Paragon mit vielen Reiseführern und Büchern zu Thailand und Südostasien sowie zu anderen Sachgebieten in englischer Sprache. Weitere Filialen im Isetan Department Store, im 6. Stock des Central World, BTS Chit Lom, und im 3. Stock des EmQuartier, BTS Phrom Phong. ⏰ alle 10–22 Uhr.

**White Lotus**, 📞 081-558 3234, 🖥 www.thailine.com/lotus. Hat sich auf die Lieferung von Büchern über Thailand und Südostasien in Englisch und Deutsch spezialisiert.

### Edelsteine

Bangkok ist das weltweite Zentrum für die Aufarbeitung minderwertiger und die Herstellung synthetischer Steine. Relativ gering ist das Angebot an einheimischen Saphiren und Rubinen, das meiste wird importiert. Die Verarbeitung der Steine wird kostenlos in einigen Gem Cutting Factories demonstriert.

**Achtung:** Wer kein Experte ist, lässt besser die Finger von lukrativ erscheinenden Geschäften. Ansonsten sollten Schmuckstücke immer mit einer Echtheitsbescheinigung versehen sein, mit der Angabe von Größe, Gewicht und Preis sowie einer Rückgabegarantie (innerhalb von 30 Tagen ohne Einschränkungen) und einer Quittung.

**Thai Gem & Jewellery Traders' Association**, 919/119, 919/615–621 Jewelry Trade Center Bangkok, Silom Rd., 📞 02-630 1390-7, 🖥 www.thaigemjewelry.or.th, Karte S. 170/171. Die Vereinigung schätzt gegen eine Gebühr den Wert von Schmuckstücken und Edelsteinen. 🕐 Mo–Fr.

## Es ist nicht alles Gold, was glänzt!

Besonders beim Kauf von Edelsteinen werden viele Ausländer übers Ohr gehauen. Die meisten Betroffenen werden auf der Straße angesprochen. Mit fadenscheinigen Gründen (besonderer Feiertag, Sehenswürdigkeiten geschlossen usw.) wird man zu einer Edelsteinschleiferei gelockt und mit dem Versprechen, die Steine zum Vielfachen des Einkaufspreises zu Hause verkaufen zu können, zum Kauf überredet (die – falschen – Adressen werden oft sogar mitgeliefert). Wir erhalten trotz dieser Warnung jedes Jahr Briefe von Betroffenen, die z. T. mehrere Tausend Dollar verloren haben. Wer betrogen wurde, wendet sich an die Touristenpolizei, S. 226. Weitere Tipps für Geschädigte enthält ein Merkblatt der Deutschen Botschaft, S. 49.

### Kunsthandwerk

**Narai Phand**, BTS Chit Lom, 🖥 www.naraiphand.com, Karte S. 172/173. Der staatliche Verkaufsraum hält ein großes Angebot zu leicht erhöhten Festpreisen bereit. Ein Souvenirmarkt für alle, die nicht gern an den Straßenmärkten handeln. Leider gibt es auch fragwürdige Krokodillederprodukte. 🕐 10–20 Uhr.

**OTOP**, unter den Autobahnen in Silom an der Surawongse Rd. (The Walking Street) sowie gegenüber der Soi 1 an der Sukhumvit Rd. (The Gallery), BTS Ploen Chit. Hier werden Kunsthandwerk und andere lokale Produkte, die unter der Regierungsinitiative zur Förderung von Heimindustrien hergestellt wurden, verkauft. 🕐 10–18 Uhr.

**Sop Moei Arts**, 8 Raum 104, Sukhumvit Soi 49, 📞 02-714 7269, 🖥 www.sopmoeiarts.com, Karte S. 174/175. Die gemeinnützige Sop Moei Foundation vertreibt qualitativ hochwertige Erzeugnisse der Karen und trägt damit zum Erhalt des traditionellen Kunsthandwerks bei. 🕐 Di–Sa 9.30–17 Uhr.

**Suan Chatuchak Weekend Market**, hier gibt es fast alles (S. 165).

**ThaiCraft Fair**, 🖥 www.thaicraft.org, Karte S. 174/175. Der ThaiCraft-Verband veranstaltet seit 1992 wöchentlich Märkte in Bangkok, bei denen über 80 Kunsthandwerkergruppen aus allen Landesteilen ihre Produkte verkaufen. Das Geschäftsmodell mit fairen Fixpreisen für qualitativ hochwertige Erzeugnisse kommt besonders kleinen Produzenten zugute. Momentan findet der Markt am 2. des Monats von 10–15 Uhr im Jasmine Executive Suites Hotel in der Sukhumvit Soi 23, BTS Asok Exit 3, statt. Zudem gibt es mit **Heritage Craft**, 35 Bamrung Muang Rd., 📞 02-221 1330, 🖥 www.heritagecraft.org, Karte S. 168/169, ein kleines Ladengeschäft mit den Produkten in der Altstadt. 🕐 11–18 Uhr.

### Musik

**Mae Mai Pleng Thai**, Erdgeschoss des MBK, BTS National Stadium. Hier werden schön aufbereitete CDs klassischer Thai-Vinyls der 1950er–70er-Jahre verkauft. Eine CD kostet 170 Baht, ein dekoratives Set mit 6 CDs 980 Baht.

**Zudrangma HQ Records Store**, 7/1 Sukhumvit Soi 51, ☎ 088-891 1314, 🖥 www.zudrangma records.com, Karte S. 174/175. Der enthusiastische Vinyl-Sammler Maft Sai betreibt diese Schatztruhe für Freunde der schwarzen Scheiben mit Thai-Raritäten aus vergangenen Epochen. Er veranstaltet auch die Paradise-Bangkok Party-Reihe, die traditionelle Thai-Musik aus den 1950ern, 60ern und 70ern mit Soul, Funk und Reggae vermischt. ⏰ Di–So 14–21 Uhr.

### Schmuck

Modischen Silberschmuck in großer Auswahl zu günstigen Preisen gibt es in Banglampoo in der östlichen Trokmayom Chakraphong Rd., der Gasse südlich der Khaosan Rd. Eine Vielzahl an weiteren, größeren Läden ist in der Tanao Rd. um die Ecke, angesiedelt.

### Schneider

Schneider nähen Hemden, Kleider und Anzüge nach Vorlage (Katalogbilder reichen aus, die eigene Lieblingshose ist aber besser). Sie sprechen alle Englisch, wenn nicht sogar Deutsch. Selbst wenn die Kleidung innerhalb von 24 Std. fertig sein könnte, lohnt es sich, 3 Tage und mehrere Anproben zu investieren, Details genau abzusprechen, nicht auf superbillige Sonderangebote einzugehen und Änderungen zu verlangen. Handeln ist angebracht. Ein 3-teiliger Anzug inkl. maßgeschneidertem Hemd oder Hosenanzug plus Rock und Bluse gibt es bereits ab 6000 Baht, allerdings werden dann die billigsten Materialien verwendet. Bei besserer Verarbeitung und hochwertigeren Materialien wird es schnell erheblich teurer. Adressen und mehr s. **eXTra [2696]**.

### Seide

Seide wird in vielen Geschäften in verschiedenen Qualitäten und Farben angeboten – als Kissen, Krawatten, Kleider usw. oder am laufenden Yard (1 Yard = 91,44 cm) in einer Breite von meist 1 m.
Preiswerte Seide gibt es auf dem Suan Chatuchak Weekend Market. Allerdings wird viel Kunstseide oder eine Mischung mit hohem Kunstfaseranteil als angeblich echte Seide angeboten.

**Jim Thompson**, 9 Surawongse Rd., nahe Rama IV Rd., BTS Sala Daeng, MRT Silom, ☎ 02-632 8100, 🖥 www.jimthompson.com, Karte S. 170/171. Das führende Geschäft für qualitativ hochwertige Seidenprodukte. ⏰ 9–21 Uhr. Filialen u. a. im Jim Thompson House, Central World, Emporium und Siam Paragon. Günstiger sind die Factory Outlet-Niederlassungen neben der Hauptfiliale und in der 153 Sukhumvit Soi 93, beide ⏰ 9–18 Uhr.

### Textilien

Kleidung gibt es auf vielen Straßenmärkten wie in der Sukhumvit Rd., in Patpong und Banglampoo. Großhändler kaufen auf dem Pratunam-Markt und in den umliegenden Einkaufszentren (S. 214 und S. 215), wo die Auswahl an qualitativ hochwertigen Textilien am größten und die Preise am niedrigsten sind. Zudem sind über 1300 Geschäfte im Bo Bae Tower (Karte S. 166/167) eine gute Quelle für günstige Massenware.
**Painkiller**, 3. Stock im Siam Center, Rama I Rd., BTS Siam, ☎ 02-658 1145, 🖥 www.fb.com/painkillerbkk. Erfolgreiches, einheimisches Männerlabel, das mit modernen, nicht zu formellen Schnitten und Designs einen Blick wert ist. Die angemessenen Preise schaden ebenfalls nicht. ⏰ 10.30–21 Uhr.
**Outdoor Specialist by K-Trade**, Outdoor Unlimited Zone, 2. Stock, Amarin Plaza, BTS Chit Lom, ☎ 081-634 6350, 🖥 www.urban-aktive. com, Karte S. 172/173. Hier gibt es eine große Auswahl an Trekkingausrüstung und Klamotten renommierter deutscher Hersteller wie Deuter oder Ortlieb. In direkter Nachbarschaft zudem viele weitere Ausrüstungs- und Fahrradläden. ⏰ 11–19 Uhr.

## AKTIVITÄTEN

### Kochkurse

Was gibt es Schöneres, als nach der Rückkehr aus Thailand Freunde zu einem selbst gekochten Thai-Essen einzuladen? Wer die vorzügliche Küche auch zu Hause selbst zubereiten möchte, dem bietet sich der Besuch eines Kochkurses an. Sie sind allerdings oftmals teurer als in Kanchanaburi oder

Chiang Mai. Alle Preise gelten p. P. und beinhalten ein Rezeptbuch.

**Amita Thai Cooking School**, 162/17 Soi Wutthakat 14, Thonburi, ✆ 02-466 8966, 🖵 www.amitathaicooking.com. Nach der morgendlichen Abholung vom Hotel geht es mit dem Boot nach Thonburi in die Villa von Tam, wo 4 Gerichte zubereitet werden. Erst gilt es die passenden Zutaten im Kräutergarten zu sammeln, und nach der Demonstration wird individuell gekocht. Das unterhaltsame und spaßige Halbtagsprogramm kostet 3000 Baht. Max. 10 Teilnehmer.

**Blue Elephant**, 233 Sathorn Tai Rd., BTS Surasak, ✆ 02-673 9353-8, 🖵 www.blue elephant.com/cooking-school, Karte S. 170/171. Bei den professionell geführten 4-stündigen Morgenkursen für 3300 Baht inkl. Besuch des Bang Rak-Marktes oder den 3-stündigen Nachmittagskursen für 3000 Baht kann man dem Koch nicht nur zu-, sondern dank der hinter ihm installierten Kamera auch über die Schulter schauen. In blitzblanker, moderner Umgebung werden 4 Gerichte gekocht. Maximal 20 Teilnehmer.

**Cooking with Poo (Helping Hands Thai Cooking School)**, Abholung um 8.30 Uhr von Emporium Suites, 622 Sukhumvit Rd., BTS Phrom Phong, ✆ 080-434 8686, 🖵 www. cookingwithpoo.com. Die halbtägigen, 1500 Baht teuren Kochkurse der lustigen und rüstigen Poo werden mitten im Slum von Khlong Toei abgehalten. Neben einem aufschluss-reichen Besuch des riesigen Marktes (S. 217) lernen Teilnehmer das Kochen von 3 Gerichten sowie einem Dessert und viel über den Alltag der hier lebenden Menschen und der gemein-nützigen Arbeit der Helping Hands Foundation, einer von Anwohnern ins Leben gerufenen Selbsthilfeorganisation. Max. 12 Teilnehmer. Es wird auch von den Anwohnern hergestellter Schmuck verkauft.

**May Kaidee's Cooking School**, Tanao Rd., und im Oasis, Mahanop Rd., ✆ 02-629 4413, 089-137 3173, 🖵 www.maykaidee.com/cooking-school, Karte S. 176/177. May und ihre Kollegen veranstalten seit 1988 mit viel Spaß und Humor gewürzte vegetarische Kochkurse von 9–13 und 13–16 Uhr für 1500 Baht, bei denen die Zube-reitung von 7–10 Gerichten und Chilipaste gelehrt wird. Kurse für Fortgeschrittene und Obstschnitzereien für 1800 Baht, 2-Std.-Express-Programme um 15 und 17 Uhr für 1000 Baht und bei ausreichender Nachfrage Do–So ab 19 Uhr Single Cooking Partys für kontaktfreudige Köche für 1800 Baht. Ab 10 Teilnehmern finden die Kurse im modernisierten und klimatisierten Oasis-Holzhaus in der Tanao Rd. statt. Es gibt sogar eigene May Kaidee Apps fürs iPhone!

**€ Silom Thai Cooking School**, 68 Silom Soi 13, ✆ 084-726 5669, 🖵 www.bangkok thaicooking.com, Karte S. 170/171. Günstige, aber dennoch sehr empfehlenswerte, gut organisierte und spaßige Kochkurse, bei denen 5 Gerichte gekocht werden. Die Kurse mit max. 9 Teilnehmern starten um 9 und 13.40 Uhr (beide inkl. Marktbesuch) für 1000 Baht sowie um 18 Uhr für 900 Baht. Die groben Vorbereitungen werden bereits von den Angestellten erledigt, sodass man sich auf die Zubereitung konzen-trieren kann.

**The Oriental Thai Cooking School**, 48 Oriental Ave., im Mandarin Oriental Hotel, ✆ 02-659 9000, 🖵 www.mandarinoriental.com, Karte S. 170/171. Die rund 3000 Baht teuren Kurse sind sehr professionell und ebenfalls mit Humor gewürzt.

**The Thai House**, ✆ 02-997 5161, 🖵 www. thaihouse.co.th, außerhalb des Zentrums, Karte S. 166/167. Eintägiger Kochkurs inkl. Unterkunft (S. 191), Transport, Vollverpflegung und Marktbesuch 5500 Baht, ohne Über-nachtung 3800 Baht, auch mehrtägige Kurse. Die Chefin Pip bringt ihren Schülern auf liebens-werte und informelle Art die Geheimnisse der traditionellen Küche nahe.

## Surfen

**Flow House Bangkok**, A-Square Plaza, 120/1 Sukhumvit Soi 26, ✆ 099-083 8787, 🖵 www.flowhousebangkok.com, Karte S. 174/175. Auch mitten in der thailändischen Hauptstadt kann man dank einer Wellen-maschine dem Surfen und Bodyboarden frönen. 1 Std. kostet stolze 750 Baht, Vorbuchung erforderlich. Weniger Sportliche können mit Blick auf die Welle einen Drink und leckeres Essen genießen. ⏲ 10–24 Uhr.

### Thai-Boxen

**Buddy Health Center**, 265 Khaosan Rd.,
✆ 02-629 4477, 🖥 www.buddylodge.com,
Karte S. 176/177. Muay Thai-Kurse für 500 Baht
pro Std.

**Sor Vorapin Boxing Gym**, 13 Trok Kasap, am
Ende der Soi südlich vom Wat Chai Chana
Songkhram, gegenüber der Khaosan Rd.,
✆ 081-649 5704, 🖥 www.thaiboxings.com,
Karte S. 176/177 Wer selbst Thai-Boxen
erlernen möchte, kann sich zu Übungsstunden
von 7.30–9.30 und 15–17 Uhr anmelden.
Die Schule ist auf Ausländer und Anfänger
eingestellt und verlangt 500 Baht pro Trainings-
einheit, 7 Einheiten kosten 2500 Baht. Größeres
Trainingscamp außerhalb in Taling Chan.

### Vergnügungsparks

**Ancient City**, im Südosten der Stadt,
🖥 www.ancientcity.com. Auf dem sehr
weitläufigen Gelände können detaillierte
Nachbauten von 116 Sehenswürdigkeiten
Thailands besichtigt werden. Weitere Infos
S. 563.

**Dream World**, nördlich des Don Mueang Airport
an der Nakhon Nayok Rd., dem H305, zwischen
H1 und Outer Ring Road, ✆ 02-577 8666,
🖥 www.dreamworld.co.th. Der große
Vergnügungspark vereint riesige Wasserrutschen, Achterbahnen, Autoscooter und
vieles mehr. Sogar ein Bereich mit künstlich
hergestelltem Schnee ist vorhanden. Eintritt
inkl. Transfer und Mittagessen 1200 Baht,
inkl. Snow Town +100 Baht. Anfahrt mit
dem Stadtbus 538 ab Victory Monument.
🕐 10–17 Uhr, feiertags bis 19 Uhr.

**Kidzania Bangkok**, 5. Stock des Siam Paragon,
✆ 02-683 1888, 🖥 www.bangkok.kidzania.com/
en. In der detailverliebt gestalteten Miniatur-
stadt können Kinder bis 14 Jahre ihre Traum-
berufe ausprobieren und dabei etwas lernen:
Ob Pilot, Sushi-Koch, Feuerwehrmann, Zahnarzt
oder Zeitungsreporter, bei über 50 wählbaren
Berufen ist die Auswahl enorm. Alles wirkt
recht realistisch, nur kleiner, und ist von großen
Unternehmen gesponsert. 🕐 Mo–Fr 10–17,
Sa und So 10.30–20.30 Uhr, Eintritt Kinder
ab 4 Jahre 850 Baht, an Wochenenden
1000 Baht, Erwachsene 425/500 Baht.

### TOUREN

### Individuelle Touren

**BKK Tours**, 17/92 Soi Ramkhamhaeng 43/1,
✆ 085-135 9292, 🖥 www.bkktours.com. Unter
der Leitung des freundlichen Holländers Michiel
und seiner Frau Photjaman werden eine Fülle
von persönlich geführten, informativen Touren
durch die Stadt und die Umgebung angeboten.
Stadtführungen kosten ab 4 Teilnehmern
1300–2700 Baht p. P. inkl. Essen und Trinken,
Transport und Eintritt.

**Green Mango**, 296 Soi Indramara 45,
Ratchadapisek Soi 17, 🖥 www.green-
mango.net. Die professionell geführten, sehr
informativen, deutschsprachigen Stadtspaziergänge für bis zu 9 Teilnehmer zeigen Bangkoks
weniger bekannte Seiten. Neben Touren durch
die Altstadt, Thonburi und Chinatown sowie
Ausflügen nach Ayutthaya, Samut Songkhram
und Amphawa können Routen auf individuelle
Wünsche zugeschnitten werden. Die Touren
kosten 55–65 €, Tagesausflüge in die Umgebung
90 €, und können nur online gebucht werden.

### Bustouren

Bei Tagesfahrten mit dem Bus erhält man nur
einen flüchtigen Eindruck, denn die Fahrt selbst
dauert recht lange, sodass wenig Zeit für
Besichtigungen bleibt. Zudem hält der Fahrer
auf dem Rückweg meist vor einer Orchideen-
farm, einem Juwelier oder einer „Fabrik", um
mit der Provision sein Gehalt aufzubessern. Von
den preiswerten Touren der Reisebüros in der
Khaosan Rd. sollte man nicht zu viel erwarten.
Preisbeispiele: Amphawa und Talad Rom Hoob
Halbtagestour 800 Baht, Ayutthaya Tagestouren
700 Baht, inkl. Bang Pa In 850 Baht, Damnoen
Saduak Floating Market Halbtagestour
350 Baht, Kanchanaburi Tagestouren je nach
Aktivitäten 650–1200 Baht.

### Bootstouren

Einen Überblick über fast alle Touren mit
Buchungsmöglichkeit findet man unter
🖥 www.thairivercruise.com.

**Chao Phraya Express Boat Service**,
78/24–29 Maharaj Rd., ✆ 02-623 6001,
🖥 www.chaophrayaexpressboat.com.

Das Ausflugsboot fährt So um 9 Uhr vom Sathorn Pier bis gegen 17 Uhr für 599 Baht p. P. zu 9 weniger bekannten Tempeln. Frühmorgens zwischen 6.30 und 8 Uhr beginnen Tagestouren nach Ayutthaya, u. a. **River Sun Cruise**, 🖥 www.riversuncruise.co.th, und **Grand Pearl Cruise**, 🖥 www.grandpearlcruise.com. Es geht mit Minibussen zum Sommerpalast in Bang Pa In, weiter in die ehemalige Hauptstadt und mit dem Boot zurück nach Bangkok. Rückkehr gegen 16 Uhr. Im Preis von 1600–2200 Baht ist ein mittelmäßiges Buffet auf dem Schiff enthalten.

**Mekhala**, 📞 088-809 7047, 🖥 www.mekhala.com. Eine teuere Alternative ist die Fahrt nach Bang Pa In auf einer umgebauten Reisbarke inkl. einer Übernachtung auf dem Schiff und Essen ab 12 980 Baht.

Weitere Möglichkeiten für Flusstouren bieten die großen Restaurant- und Ausflugsboote, die meist auf dem Menam Chao Phraya flussaufwärts fahren (S. 230).

## Radtouren

Sehr empfehlenswert sind geführte Radtouren, die Bangkok von einer „grüneren" Seite zeigen und auch aufs Land führen. Allerdings können die Verkehrsdichte und die Flut an Eindrücken manche Teilnehmer überfordern.

**Co van Kessel Bangkok Tours**, River City, Raum 164, 23 Charoen Krung Rd. Soi 24, 📞 02-639 7351, 087-054 9878, 🖥 www.covankessel.com. Der holländische Gründer war vor über 30 Jahren der Erste, der Fahrradtouren in unberührte Ecken der Stadt anbot. Die 3-Std.-Tour um 8 und 14 Uhr durch Chinatown und Thonburi kostet 950 Baht, eine 5-Std.-Tour um 7 und 13 Uhr für 1650 Baht beinhaltet zudem den Transfer mit einem Longtail-Boot in die grünen Refugien der Vorstadt, eine 3-Std.-Nachttour für 950 Baht startet um 18 Uhr und die 9-stündige Tour in die Vorstadt für 2100 Baht beginnt um 9 Uhr. Zudem Bootstouren und Wanderungen.

**Grasshopper Adventures**, 57 Ratchadamnoen Klang Rd., 📞 02-280 0832, 087-929 5208, 🖥 www.grasshopperadventures.com, Karte S. 176/177. International aktiver Anbieter, der neben sehr interessanten, informativen Stadttouren auch längere durch

Thailand und die Nachbarländer anbietet. Professionell geführte 4-stündige, 15 km lange Stadttouren für 1100 Baht p. P., ganztägige, 35 km lange Touren in die Umgebung für 1600 Baht, 4-stündige Nachttouren für 1150 Baht und ausgefallenere Tagestouren ab 2200 Baht. Die Guides sprechen sehr gutes Englisch. Auch Kinderräder und Babysitze.

**Recreational Bangkok Biking**, 📞 02-285 3955, 🖥 www.bangkokbiking.com. Entspannte Halbtagestouren in Bangkok ab 1250 Baht.

**SpiceRoads**, 📞 02-712 5305, 🖥 www.spiceroads.com. Der professionelle Veranstalter bietet interessante, ausgefallene Radtouren in Asien an, darunter eine Vielzahl von Touren in und um Bangkok.

**Velo Thailand**, 88 Soi Samsen 2, 📞 089-201 7782, 🖥 www.velothailand.com, Karte S. 178. Organisiert Touren durch Bangkok und Thonburi. Halbtagestouren kosten 1000–1300 Baht, Tagestouren ab 1600 Baht. Außerdem für 1100 Baht eine Nachttour. Die ordentlichen Fahrräder werden auch vermietet (50 Baht pro Std. bzw. 300 Baht pro Tag). Weitere Tipps zu Radtouren s. eXTra [2688].

## SONSTIGES

### Autovermietungen

Es ist kein Vergnügen, einen Wagen durch Bangkok zu steuern. Neben der Verkehrsdichte und dem Linksverkehr fordert ein verwirrendes System von Einbahnstraßen und Busspuren die volle Aufmerksamkeit. Wer das Verkehrschaos umgehen will, kann ein Auto an den beiden Flughäfen mieten und von dort auf der Ring Road weiterfahren. Sonn- und Feiertage sind gut zum Fahren, da vor allem vormittags wenig los ist. Expressways in Bangkok kosten pro Abschnitt 25–60 Baht Gebühren.

Informationen über Mietwagen S. 89.

**Avis**, Caltex Tankstelle, 40 Sathorn Nua Rd., BTS Chong Nonsi, 📞 084-700 8152, 🖥 www.avisthailand.com, 🕐 8–18 Uhr. Weitere Filialen an den Flughäfen, 🕐 24 Std., sowie in Chiang Mai, Chiang Rai, Hat Yai, Hua Hin, Khon Kaen, Ko Samui, Krabi, Nakhon Si Thammarat, Pattaya, Phitsanulok, Phuket, Surat Thani, Trang, Udon Thani und Ubon Ratchathani.

**Budget**, 19/23 Royal City Ave., Building A, New Phetchaburi Rd., ✆ 02-203 9294-5, 🖥 www.budget.co.th. Weitere Filialen an den Flughäfen, in Chiang Mai, Chiang Rai, Hat Yai, Hua Hin, Khon Kaen, Korat, Ko Samui, Krabi, Nakhon Phanom, Nakhon Si Thammarat, Pattaya, Phang Nga, Phitsanulok, Phuket, Rayong, Surat Thani, Trang, Ubon Ratchathani und Udon Thani.

**Hertz**, 46 Sathorn Nua Rd., ✆ 02-234 3230, 🖥 www.hertzthailand.com, ⏲ 7–19 Uhr. Weitere Filialen am Suvarnabhumi Airport, ⏲ 24 Std., Don Mueang Airport, ⏲ 8–21 Uhr, in Chiang Mai, Chiang Rai, Ko Samui, Korat, Krabi, Mae Sot, Pattaya, Phang Nga, Phuket, Surat Thani, Ubon Ratchathani und Udon Thani.

**National Car Rental**, 727 Srinakarin Rd., ✆ 02-722 8487, 🖥 www.nationalcarthailand.com, ⏲ 8–17.30 Uhr. Weitere Filialen an den Flughäfen, ⏲ 8–20 Uhr, in Chiang Mai, Chiang Rai, Ko Samui, Krabi, Pattaya und Phuket.

### Botschaften

Adressen und Öffnungszeiten ausländischer Botschaften S. 47.

### Christliche deutschsprachige Kirchen

**Evangelische Gemeinde**, ✆ 080-347 7729, 081-815 9140, 🖥 www.die-bruecke.net. Evangelische Gottesdienste jeden 2. So um 11 Uhr im Gemeindehaus Bangkok, 125/1 Soi Sitthi Prasat, Rama IV Rd., MRT Lumphini.

**Katholische Gemeinde**, ✆ 081-158 9812, 🖥 www.gemeinde-bangkok.com. Katholische Gottesdienste jeden So um 10.30 Uhr in der Kapelle des St. Louis-Krankenhauses, Sathorn Tai Rd., BTS Surasak.

### Fahrräder

Selbst auf den im historischen Zentrum angelegten „Radwegen" ist Radfahren kein Vergnügen. Wer die Stadt auf eigene Faust per Rad erkunden möchte, bekommt bei der **Bangkok Tourism Division**, 17/1 Phra Arthit Rd., Karte S. 176/177, den Prospekt *Bangkok's 10 Biking Routes* mit interessanten Routenvorschlägen inkl. Kartenmaterial und weiteren Infos. Die mehr als 50 im modernen Stadtkern verteilten, grünen **Fahrradmietstationen** von Pun-Pun, 🖥 www.punpunbikeshare.com (nur in

Thai), werden kaum genutzt. Die ersten 15 Min. sind nach der Erstanmeldung kostenfrei, bis zu 1 Std. kostet 10 Baht, bis zu 3 Std. 20 Baht und bis zu 5 Std. 40 Baht.

**Pro Bike**, 237/2 Sarasin Rd., ✆ 02-253 3384, 🖥 www.probike.co.th, Karte S. 170/171. Einer der größten Fahrradläden Thailands mit einer riesigen Auswahl an neuen Rädern (viele Mountainbikes der Marke TREK), Ersatzteilen und einer Werkstatt. ⏲ Mo–Fr 10–19, Sa 8.30–19 und So 8.30–17 Uhr. Informationen für Biker S. 91.

### Feste und Festivals

Staatliche Feiertage und religiöse Feste werden in Bangkok besonders prunkvoll begangen: Zum Geburtstag der Königin oder des Königs finden Paraden und Umzüge in den geschmückten Straßen statt. Bei außergewöhnlichen Festen werden sogar die königlichen Barken zu Wasser gelassen.

Das **chinesische Neujahrsfest** ist Anlass zu 3-tägigen Feierlichkeiten in der Chinatown. **Visakha Bucha**, das größte buddhistische Fest, wird im Wat Phra Kaeo und auf dem Sanam Luang begangen. Bereits ab 8 Uhr ziehen liebevoll dekorierte Wagen mit Statuen, die Szenen aus dem Leben Buddhas darstellen, durch die Ratchdamnoen Rd. zum Königspalast. Zur **Pflugzeremonie** auf dem Sanam Luang Mitte Mai strömen Bauern aus dem ganzen Land nach Bangkok.

Während der **Songkran**-Feiern werden in Bangkoks Straßen wahre Wasserschlachten ausgetragen, wobei Touristen ein beliebtes Ziel sind. Wer nicht ständig bis auf die Haut mit schmierigem Wasser übergossen werden möchte, sollte die Stadt in diesen Tagen meiden. Zudem führen Absperrungen zu einem Verkehrschaos.

### Fitness- und Yogacenter

**Ashtanga Yoga Center**, 9. Stock des S31 Sukhumvit Hotel, 545 Sukhumvit Soi 31, ✆ 097-249 9202, 🖥 www.aybkk.org, Karte S. 174/175. Modernes Yoga-Studio mit Vinyasa-Kursen von 5.30–20.30 Uhr für 600 Baht pro Std. bzw. 1500 Baht für 3 Kurse.

**Buddy Health Center**, 3. Stock des Buddy Boutique Hotels, 265 Khaosan Rd., ✆ 02-

629 4477, Karte S. 176/177. Jeder kann für
200 Baht einen Tag im gut ausgestatteten Fit-
nessstudio des Hotels verbringen. ⏰ 9–24 Uhr.
**Iyengar Yoga Studio**, 3. Stock, 55th Plaza Bldg.,
90 Sukhumvit Soi 55 (Thong Lo), BTS Thong Lo,
☎ 02-714 9924, 🖥 www.iyengar-yoga-bangkok.
com, Karte S. 174/175. 1 Std. für 500 Baht, 3 Std.
1200 Baht.
**Yoga Elements Studio**, 23. Stock, Vanissa Bldg.,
29 Soi Chitlom, BTS Chit Lom, ☎ 02-655 5671,
🖥 www.yogaelements.com, Karte S. 172/173.
Empfehlenswertes, seit 2001 bestehendes Yoga-
Zentrum mit Vinyasa- und Ashtanga-Kursen für
520 Baht bzw. 1299 Baht für 3 Kurse.

### Friseure

**Never Say Cutz**, 11 Filialen in der Stadt, u. a.
927 Sukhumvit Rd., zwischen Soi 49 und 51,
BTS Thong Lo, ☎ 02-662 6781, Karte S. 172/173,
Siam Square im Siam Square One, BTS Siam,
Karte S. 172/173, Erdgeschoss des Thaniya
Plaza, Silom Rd., BTS Sala Daeng, Karte
S. 170/171, und in direkter Nähe zur BTS Ari,
Karte S. 166/167, 🖥 www.fb.com/Neversaycutz.
In den beliebten Friseursalons und Hip-Hop-
Treffpunkten fühlt man sich fast wie in einem
Barbershop in Harlem. Professionell durch-
geführte Haarschnitten inkl. Rasur für 350 Baht.
Zudem Mützen und kreative T-Shirts thailän-
discher Hip-Hop-Marken, im Siam Square auch
in einem eigenen Verkaufsraum im Lido
Complex. ⏰ 11–21 Uhr.

### Immigration

**Immigration Office**, 2. Stock, Government
Complex, Bldg. B, Chaeng Watthana Soi 7, im
Norden der Stadt, am besten mit dem Taxi ab
BTS Mo Chit, ☎ 02-141 9889, Call Center:
☎ 1111, 🖥 www.bangkok.immigration.go.th/en,
Karte S. 166/167. Früh ankommen, da sonst
lange Wartezeiten drohen. ⏰ Mo–Fr 8.30–
12 und 13–16.30 Uhr. Die Filiale in Sathorn, Soi
Suanphlu, ☎ 02-287 1983, ist nur für in Thailand
lebende Ausländer zuständig. ⏰ Mo–Sa
8.30–12 und Mo–Fr 13–16.30 Uhr.

### Informationen

Im Internet: 🖥 www.bangkok.com, 🖥 www.
bk.asia-city.com, 🖥 www.bangkok101.com.

**Bangkok Tourism Division**, 17/1 Phra
Arthit Rd., ☎ 02-225 7612, 🖥 www.
bangkoktourist.com, Karte S. 176/177. Von den
hilfreichen Mitarbeitern erhält man Antworten
auf alle Fragen rund um die thailändische
Hauptstadt und gute Straßen-, Bus- und Klong-
karten. Hier gibt es einen kostenlosen, allerdings etwas unübersichtlichen Stadtplan auf
Deutsch, auf dem Buslinien verzeichnet sind.
⏰ Mo–Fr 8–19, Sa und So 9–17 Uhr.
**Tourist Authority of Thailand Service Center
(TAT)**, nahe dem Demokratie-Denkmal, 4 Ratchdamnoen Nok Rd., ☎ 02-283 1556, 🖥 www.
tourismthailand.org, Karte S. 166/167. Am
Informationsschalter gibt es einen Stadtplan
und mehr oder weniger aktuelle Publikationen
zu einzelnen Regionen in Thailand. Die Angestellten sind nicht besonders hilfreich.
⏰ Mo–Fr 8.30–16.30 Uhr.
Die Zentrale befindet sich in der 1600 New
Phetchaburi Rd., ☎ 02-250 5500, ⏰ Mo–Fr 8.30–
16.30 Uhr. Auch im Untergeschoss des Suvarnabhumi Airports, gegenüber der Polizeistation
am westlichen Ende der Khaosan Rd. und am
Chatuchak Weekend Market, ⏰ Sa und So
9–17 Uhr, verteilen TAT-Filialen Infomaterial und
Stadtpläne.
**Tourist Service Line**, touristische Informationen
und Hilfe in Englisch, ☎ 1672, ⏰ 24 Std.

### Massagen und Spas

Traditionelle Thai-Massage wird in der
Umgebung des **Wat Pho** geboten. Hier finden
zudem Massagekurse statt (S. 146). Auch in
der **Khaosan Rd.** und ihren Seitengassen bieten
Masseure ihre (teils unprofessionellen) Dienste
an. 1 Std. kostet normalerweise 150–300 Baht.
Einige Massagesalons dienen mehr sexuellen
Vergnügungen mit (möglicherweise) weniger
gesunden Nachwirkungen.

**Dahra Spa**, Silom Rd. 154/8–9, BTS Chong
Nonsi, ☎ 02-235 4811, 🖥 www.dahra-
spa.com, Karte S. 170/171. Schönes Spa mit
breit gefächertem Angebot zum Wohlfühlen und
Genießen. 1 Std. Thai-Massage für 500 Baht.
⏰ 10–23 Uhr.
**Divana Spa**, 7 Sukhumvit Soi 25, BTS Asok,
☎ 02-661 6784, 🖥 www.divanaspa.com,
Karte S. 174/175. Das Spa mit empfehlenswerten

Massagen und Behandlungen wirkt wie eine kleine grüne Oase inmitten der Sukhumvit-Gegend. 1 Std. Thai-Massage kosten 1100 Baht. ⏱ 11–23 Uhr.

€ **Health Land**, u. a. 120 Sathorn Nua Rd., BTS Surasak, ☎ 02-637 8883, und 55/5 Sukhumvit Soi 21 (Asoke), BTS Asok, ☎ 02-261 1110, 🖥 www.healthlandspa.com. Riesige Spa-Komplexe mit günstigen Preisen und professionellem Service. 2 Std. Thai-Massage 500 Baht. ⏱ 9–23 Uhr.

**Pai-Spa**, 156 Soi Rambuttri, ☎ 02-629 5155, 🖥 www.pai-spa.com, Karte S. 176/177. Etwas eleganteres Spa mitten in Banglampoo, das eine Vielzahl an Massagen, Behandlungen und Schönheitsmasken anbietet. 1 Std. traditionelle Thai-Massage kostet 350 Baht, 2 Std. 600 Baht, Gesichtsbehandlungen ab 700 Baht pro Std. ⏱ 10–23 Uhr.

### Medizinische Hilfe

Bangkok besitzt eine sehr hohe Dichte an professionell geführten Krankenhäusern, die westlichen Standards entsprechen. Englischsprachiges Personal ist immer vor Ort. Die Kosten für Behandlungen und Medikamente sind moderat und die Wartezeiten variieren stark je nach Tageszeit, Krankenhaus und Behandlungsart. In allen Krankenhäusern praktizieren auch **Zahnärzte**. Eine Behandlung muss direkt im Anschluss bezahlt werden, daher sollte immer genügend Bargeld oder eine Kreditkarte mitgeführt werden.

**Bangkok Christian Hospital**, 124 Silom Rd., BTS Sala Daeng, ☎ 02-625 9000, 🖥 www.bangkok christianhospital.org, Karte S. 170/171. Großes Krankenhaus, in dem einige Ärzte auch Deutsch sprechen.

**Bangkok Hospital**, 2 Soi Soonvijai 7, nahe New Phetchaburi Rd. Soi 47, ☎ 02-310 3000, Notruf ☎ 1719, 🖥 www.bangkokhospital.com, Karte S. 166/167. Großes Krankenhaus mit vielen Spezialisten und neuer Zahnklinik.

**BNH Hospital**, 9/1 Convent Rd., BTS Sala Daeng, ☎ 02-686 2700, 🖥 www.bnhhospital.com, Karte S. 170/171. Seit 1898 bestehendes Krankenhaus mit zuverlässigem, freundlichen Service.

**Bumrungrad International Hospital**, 33 Sukhumvit Soi 3, BTS Ploen Chit, ☎ 02-667 1000, kurzfristige Terminvereinbarung unter

☎ 02-667 1555, 🖥 www.bumrungrad.com, Karte S. 174/175. In Thailands größtem, luxuriösestem und modernstem Privatkrankenhaus mit über 700 Ärzten, einige sprechen auch Deutsch, werden jährlich über 500 000 Ausländer behandelt. Die Preise liegen deutlich über denen anderer Krankenhäuser.

**Hua Chiew General Hospital**, 665 Bamrungmuang Rd., Pom Prab, BTS National Stadium, ☎ 02-223 1351, 🖥 www.hc-hospital.com (nur in Thai), Karte S. 168/169. Das Krankenhaus ist bekannt für seine alternativen asiatischen Behandlungsmethoden.

**Mission Hospital**, 430 Phitsanulok Rd., BTS Ratchathewi, ☎ 02-282 1100, 🖥 www.mission-hospital.org, Karte S. 168/169. Ein gut organisiertes und zuverlässiges christliches Krankenhaus.

**St. Louis Hospital**, 27 Sathorn Tai Rd., BTS Surasak, ☎ 02-210 9999, 🖥 www.saintlouis.or.th, Karte S. 170/171. Großes katholisches Krankenhaus.

### Nationalparks

**Royal Forestry Department / National Parks Division**, 61 Paholyothin Rd., außerhalb Richtung Don Mueang Airport, ☎ 02-561 0777, 🖥 www.dnp.go.th. Die Regierungsorganisation erteilt Informationen über die Parks und nimmt Reservierungen für die Unterkünfte in den Parks vor.

### Polizei

**Tourist Police**, Hotline ☎ 1155, Zentrale im 25. Stock des TPI Tower, New Chan Rd., BTS Chong Nonsi, ☎ 02-678 6800, Karte S. 166/167. Außenstellen in der Rama IV Rd., Ecke Ratchadamri Rd., am Lumphini Park, ☎ 02-253 9560, und neben dem Tourist Office nahe dem Demokratie-Denkmal.

### Post und Speditionen

**Postfilialen** befinden sich u. a. in Banglampoo am großen Platz nördlich der Tani Rd. und in der Soi Damnoen Klang Nua, am Hauptbahnhof links vom Haupteingang, versteckt im östlichen Siam Center am Parkhaus, im MBK Center, 2. Stock, an der BTS Phaya Thai, in der Sukhumvit Rd. nahe Soi 4, in der Soi 23 und an der BTS Thong Lo, ⏰ Mo–Fr 8–16.30, Sa 9–13 Uhr. Außerdem gibt es folgende Kurierdienste: **DHL**, 📞 02-345 5000, 🖥 www.dhl.co.th/en.html. **TNT**, 📞 1721, 🖥 www.tnt.com.

### Rauchen

**Achtung**: Verstöße gegen das Rauchverbot werden mit einem Bußgeld von 2000 Baht geahndet. Es gilt für alle geschlossenen Restaurants, Wartehallen, Geschäfte und Einkaufszentren, öffentlichen Verkehrsmittel, Tempel, Aufzüge, öffentlichen Toiletten und Fähranlegestellen und (mit wenigen Ausnahmen) auch für alle öffentlichen Gebäude und Flughäfen.

### Reisebüros

**Achtung**: Unzählige Reisebüros bieten vor allem in der Khaosan-, Silom- und Sukhumvit-Gegend Touristen ihre Dienste an. Einige sind seriös und professionell geführt, andere versuchen einem schlechte Touren und billige Tickets zu überhöhten Preisen anzudrehen. Es gibt auch schwarze Schafe, die Anzahlungen kassieren, das Büro schließen und dann unter anderem Namen wieder eröffnen. Prinzipiell sind größere, etablierte Büros und solche, in denen Mitarbeiter nicht darauf drängen, gleich die komplette Thailand-Reise zu buchen, vertrauenswürdiger.

**Euro Travel**, im New Siam I Gh., 21 Soi Chana Songkhram, 📞 02-627 2544, ✉ eurotravel2011@hotmail.com. Das kleine Reisebüro in Banglampoo bietet nicht die günstigsten Preise, aber die Angestellten versuchen Leuten nicht mehr aufzuschwatzen, als sie wollen, oder sie zu einer Entscheidung zu zwingen – und warnen vor aktuellen Betrugsmaschen.

### Schwule, Lesben und Transsexuelle

In der Stadt gibt es viele schwulen- und lesbenfreundliche Clubs, Bars, Restaurants und Unterkünfte. Das Zentrum der Szene bilden die Silom Soi 2 und 4 in direkter Umgebung der Patpong. **Anjaree Group**, 📞 086-677-9009, 🖥 www.utopia-asia.com/womthai.htm. Lesbische Organisation mit Tipps und Infos. Zudem gibt es die Internet-Plattform 🖥 www.lesla.com (nur in Thai).

**Utopia**, 🖥 www.utopia-asia.com/thaibang.htm. Die Organisation erteilt Informationen über Thailand für Schwule und Lesben.

### Visa

Visa für viele Nachbarländer sind in Bangkok preiswerter und schneller zu bekommen als in Europa. Sie können über Reisebüros organisiert werden. Für die meisten Visaanträge sind 2 Passfotos erforderlich. Visa für China und Indien müssen direkt bei der Botschaft beantragt werden. Mit einer Agentur kostet die Ausstellung für: **Indonesien** (30-Tage-Visum) 2280 Baht in 3 Tagen. **Kambodscha** (30-Tage-Visum) 1680 Baht in 1 Tag oder 1580 Baht in 2 Tagen. Ein Visa-on-Arrival kostet US$30 an der Grenze oder den internationalen Flughäfen. **Myanmar** (28-Tage-Visum) 1680 Baht in 1 Tag, 1480 Baht in 2 Tagen oder 1280 Baht in 3 Tagen. Wer das Visum persönlich beantragen möchte (gleicher Tag 1260 Baht, 1 Tag 1000 Baht, 2 Tage 810 Baht) sollte bereits um 8 Uhr bei der Botschaft (Pan Rd., BTS Surasak) sein. **Vietnam** (30-Tage-Visum) 2380 Baht in 1 Tag, 2180 Baht in 2 Tagen oder 2080 Baht in 3 Tagen.

### Wäschereien

Wäsche wird in nahezu allen Unterkünften innerhalb von 24 Std. kalt gewaschen, aber nur selten gebügelt. Der Preis beginnt bei 30 Baht/Kilo und steht in direktem Verhältnis zum Zimmerpreis.

## NAHVERKEHR

Das Verkehrschaos während der Rushhour (7–9.30 und 16.30–20 Uhr, am Fr und bei Regen auch länger) wird jedem, der einmal Bangkok besucht hat, bekannt sein. Wenn möglich, sollte in diesem Zeitraum jeder Transport mit Taxi, Bus oder Auto vermieden werden. Motorradtaxis schlängeln sich dann zwischen den stehenden Autos hindurch. Die Fähren, BTS- und MRT-Bahnen fahren hingegen immer mit einer vernünftigen Reisegeschwindigkeit.

### BTS (Skytrain)

Die Hochbahn BTS (Bangkok Mass Transit System), 📞 02-617 6000, 🖥 www.bts.co.th, ist schnell, sauber und zuverlässig. Sie wird jeden Tag von über 650 000 Pendlern genutzt. Beide Linien kreuzen sich am Umsteigebahnhof Siam (Central Station), Umsteigemöglichkeiten in die MRT gibt es in Mo Chit/Chatuchak Park, Asok/Sukhumvit und Sala Daeng/Silom. Züge fahren von 6–24 Uhr, Ansagen in den klimatisierten Wagen erfolgen in Thai und in Englisch.

Die **Silom Line** führt in 13 Stationen auf 14,5 km Länge vom National Stadium über die Rama I Rd., Ratchdamri Rd., obere Silom Rd. und untere Sathorn Rd. über Saphan Taksin (Taksin-Brücke) nach Thonburi (Endstation Bang Wa). Weitere Verlängerungen um 7 km und 6 Stationen von Bang Wa Richtung Nordwesten bis Taling Chan und von National Stadium um 2 Stationen sind geplant.

Die **Sukhumvit Line** führt in 22 Stationen auf 22,25 km Länge von der Endstation Mo Chit am Chatuchak Weekend Market über die Paholyothin, Phayathai, Ploenchit und Sukhumvit Rd., On Nut und weiter Richtung Südosten bis Bearing. Die Sukhumvit Line soll Richtung Osten bis 2017 um 12,6 km und 7 Stationen bis nach Samut Prakan verlängert werden. Zudem ist der Ausbau um 18,9 km und 16 Stationen nach Norden bis Khu Khot in Pathum Thani geplant.

**Tickets** gibt es am Automaten. Sie kosten je nach Anzahl der Stopps 15–52 Baht, der One-Day Pass für 1 Tag 130 Baht, der 30-Tage-Pass (Rabbit Card) mit 15/25/40/50 Fahrten 405/625/920/1100 Baht. Hinzu kommen noch eine Kartengebühr und ein Pfand von jeweils 50 Baht. Einen Überblick über die Lage der BTS-Stationen bietet die Karte „Bangkok Übersicht" S. 166/167.

## MRT (U-Bahn)

Neben der BTS wurde 2004 die MRT (Mass Rapid Transit), 🖳 www.bangkokmetro.co.th, ein eigenständiges U-Bahn-System eingeweiht, das täglich über 240 000 Pendler nutzen. Die Züge verkehren von 6–24 Uhr. Umsteigemöglichkeit in die BTS bestehen an den Stationen Silom (Exit 2 und Fußweg zur BTS Sala Daeng), Sukhumvit (direkt zur BTS Asok) und Chatuchak Park (Exit 4 und Fußweg zur BTS Mo Chit).

Die 20 km lange Strecke der **Blue Line führt** in 18 Stationen vom Hauptbahnhof Hua Lamphong

entlang der Rama IV Rd. bis Khlong Toei, anschließend nach Norden über die Sukhumvit Soi 21 (Asok) und Ratchadaphisek Rd. bis Lat Phrao und weiter Richtung Westen bis Bang Sue. Bis 2017 soll die Blue Line in beide Richtungen erweitert werden. Von Bang Sue für 13 km und 7 Stationen bis Tha Phra westlich des Menam Chao Phraya und von Hua Lamphong für 14 km und 10 Stationen über die Chinatown und Tha Phra bis Lak Song an der Kreuzung der Phet Kasem und Kanchanaphisek Rd. Dann wären die beiden Streckenabschnitte kreisförmig zusammengeführt und würden durch die Stadt inkl. der Altstadt führen und den Straßenverkehr merklich entlasten.

Bis 2017 soll zudem die **Purple Line** in 23 km auf 16 Stationen von Khlong Bang Phai im Nordwesten der Stadt bis Tao Pun führen und dort Anschluss an die Blue Line haben. Eine 20 km lange Erweiterung von Tao Pun bis Rat Burana ist ebenso wie vier weitere Linien geplant.

**Einzelfahrscheine** kosten je nach Entfernung 16–42 Baht, alternativ gibt es aufladbare Stored Value Cards und Zeitkarten (1 Tag für 120 Baht, 3 Tage für 230 Baht, 30 Tage für 1400 Baht). Die Geschichte des U-Bahn-Baus wird auf Infotafeln in der Passage der Station Hua Lamphong, Exit 2 zum Bahnhof, auch mit englischen Beschriftungen dargestellt. Einen Überblick über die Lage der MRT-Stationen bietet die Karte „Bangkok Übersicht" S. 166/167.

## BRT (Expresslinie für Busse)

Das BRT-System (Bus Rapid Transit), 🖳 www.transitbangkok.com/brt.html, teilt Bussen eine eigene Fahrspur zu. Die erste und einzige Linie führt von der BTS Chong Nonsi in Sathorn alle 5–10 Min. über 12 Stationen nach Ratchaphruek in Thonburi, wo sie demnächst Anschluss an die BTS haben wird. Sie folgt nach den ersten 4 km dem Verlauf der Rama III Rd. Fahrscheine kosten 12–20 Baht.

## Stadtbusse

Stadtbusse sind je nach Komfort und Ausstattung unterschiedlich teuer und zunehmend mit Automaten ausgestattet. Es ist sinnvoll, das Fahrgeld passend bereitzuhalten. Die Busse verkehren in der Regel von 5–23 Uhr. Infos unter ⌨ www.bmta.co.th.

**Fahrpreise für Stadtbusse:** Non-AC-Busse 7–8 Baht; AC-Busse 10–24 Baht.

Einen **Stadtplan** mit allen Buslinien, den *Bangkok Bus Guide,* erhält man für 99 Baht in den Villa Markets, in Buchhandlungen und einigen Gästehäusern.

**Tipp:** Karten und eine gute Übersicht über die einzelnen Linien findet man unter ⌨ www. transitbangkok.com/bangkok_buses.html. Da die Zielorte nur in Thai auf den Stadtbussen stehen, orientieren sich Touristen am besten an den Nummern. Dabei ist darauf zu achten, dass man nicht in die falsche Richtung fährt. Im Zweifelsfall den Busfahrer beim Einsteigen fragen.

**Non-AC-Stadtbusse** sind meist rot, aber auch weiß-grün. Stadtbusse mit rotem Schild weichen von der normalen Route ab. Die wichtigsten Non-AC-Busse (+ bedeutet, Busse verkehren rund um die Uhr):

**2:** Eastern Bus Terminal (Ekkamai) – Sukhumvit Rd. – Central World – Ratchdamnoen Klang Rd. +

**3:** BTS Wongwian Yai – Banglampoo (Phra Arthit Rd.) – Suan Chatuchak (Weekend Market) – Northern Bus Terminal (Mo Chit) (bis 24 Uhr)

**15:** BTS Sala Daeng – BTS Siam – Golden Mount – Sanam Luang

**19:** Southern Bus Terminal – Wat Arun – Phra Arthit Rd. – Sanam Luang

**25:** Samut Prakan – Sukhumvit Rd. – BTS Siam – Hua Lamphong – Königspalast +

**28:** Southern Bus Terminal – BTS Victory Monument – Northern Bus Terminal (Mo Chit)

**29:** Don Mueang Airport – BTS Mo Chit – BTS Victory Monument – Hua Lamphong +

**30:** Southern Bus Terminal – Sanam Luang (bis 22 Uhr)

**40:** Eastern Bus Terminal (Ekkamai) – Sukhumvit Rd. – BTS Siam – Hua Lamphong – Southern Bus Terminal (bis 22 Uhr)

**47:** Rama IV Rd. – Silom – BTS National Stadium – Golden Mount – Sanam Luang – Wat Pho

**59:** Don Mueang Airport – BTS Mo Chit – BTS Victory Monument – Sanam Luang +

**77:** BTS Surasak – BTS Sala Daeng – Central World – Pratunam – BTS Mo Chit – Northern Bus Terminal (Mo Chit)

**AC-Stadtbusse** sind meist orange oder gelb, manchmal auch blau und weiß-grün-blau gehalten. Die wichtigsten AC-Busse (+ bedeutet, Busse verkehren rund um die Uhr):

**501:** Minburi – Eastern Bus Terminal (Ekkamai) – Sukhumvit Rd. – Hua Lamphong (bis 22.30 Uhr)

**503:** Rangsit – BTS Mo Chit – Victory Monument – Sanam Luang (bis 21 Uhr)

**504:** Don Mueang Airport – Central World – BTS Sala Daeng – BTS Saphan Taksin

**507: BTS On Nut** – Rama IV Rd. – Hua Lamphong – Chinatown – Sanam Luang (bis 24 Uhr)

**508:** Samut Prakan – Eastern Bus Terminal (Ekkamai) – Sukhumvit Rd. – BTS Siam – Chinatown – Königspalast (bis 20.30 Uhr)

**511:** Samut Prakan – Eastern Bus Terminal (Ekkamai) – Sukhumvit Rd. – Central World – Banglampoo – Southern Bus Terminal +

**513:** Don Mueang Airport – BTS Mo Chit – BTS Victory Monument – Pratunam – Central World – Sukhumvit Rd. – Eastern Bus Terminal (Ekkamai)

**539/542:** Victory Monument – Southern Bus Terminal

**556:** Southern Bus Terminal – Makkasan Terminal (bis 19 Uhr)

## Taxis

Durch Bangkok fahren 85 000 Taxis auf der Suche nach Fahrgästen. Sie sind alle mit **Taxameter** ausgestattet. Man sollte darauf bestehen, dass es eingeschaltet wird, oder ein anderes Taxi nehmen. Manchmal wird kurz vor Ende der Fahrt oder beim Gepäckausladen das Taxameter ausgeschaltet und ein überhöhter Preis verlangt. Für derartige Fälle Kleingeld passend bereithalten. Da viele Autos mit Gas fahren, ist der Kofferraum oft zu klein für großes Gepäck. Die Einschaltgebühr beträgt seit 1992 35 Baht einschließlich des ersten Kilometers. Seit der ersten Erhöhung in 22 Jahren kostet jeder folgende Kilometer bis zu 10 km 5,5 Baht, bis zu 20 km 6,5 Baht, bis zu 40 km 7,50 Baht, bis zu 60 km 8 Baht, bis zu 80 km 9 Baht und danach 10,50 Baht, zudem werden bei Stau (Geschwindigkeit unter 6 km/h) 2 Baht pro Min. fällig. In der Innenstadt sollte man am besten während der Rushhour (7–9.30 und 16.30–20 Uhr, am Freitag und bei Regen auch länger) gar nicht erst losfahren. Wenn ein Fahrer das Fahrziel nicht versteht, hilft die Visitenkarte des Hotels oder eine Telefonnummer, bei der der Fahrer anrufen kann.

**Von den beiden Flughäfen** ist ein Aufschlag von 50 Baht zu zahlen (eine Erhöhung auf 60 Baht bzw. 80 Baht für Großraumtaxis ist angedacht). Die Gebühren für die Benutzung der Express-ways, pro Strecke 45–70 Baht, sind von den Passagieren zu bezahlen.

**Radio Taxis** können rund um die Uhr unter ☎ 1681 und ☎ 02-880 0888 für zusätzliche 20 Baht telefonisch bestellt werden. Alternativ gibt es **Apps**, mit denen Taxis gerufen werden können, wie z. B. Grab Taxi oder Easy Taxi.

**Beschwerden** über Taxis unter Angabe des Datums, der Uhrzeit und der Registrierungs-nummer unter ☎ 1661.

### Motorradtaxis

Die Fahrer, an den farbigen Westen mit Num-mern zu erkennen, warten an den Abzwei-gungen vieler Sois und den Ausgängen der BTS und MRT. Die Preise sind in den jeweiligen „Revieren" festgelegt und an großen Tafeln (meist nur auf Thai) vermerkt. Die Kosten für kurze Strecken variieren sehr stark (10–40 Baht). Auf Hauptstraßen und für längere Strecken sind Motorradtaxis nicht zu empfeh-len, da eine Fahrt recht gefährlich ist. Motor-radtaxis dürfen nur eine Person befördern. Theoretisch besteht Helmpflicht.

Es ist geplant, auch Motorradtaxis mit Taxa-meter auszustatten.

### Tuk Tuks

Die offenen Motorroller mit Sitzbank verlangen mind. 30 Baht für eine Fahrt, sind damit meist teurer als Taxis und im dichten Verkehr ein Ge-sundheitsrisiko. Viele Fahrer sind nicht mehr be-reit, Touristen zu einem fairen Preis zu befördern, oder versuchen mit falschen Behauptungen ihre Passagiere zu „Einkaufstouren" zu überreden, um Provision zu kassieren. So schließen Touren für 20 Baht unter Garantie den Besuch von

Geschäften mit ein. Auch an Betrügereien mit Edelsteinen (S. 50) sind Tuk-Tuk-Fahrer beteiligt.

### Personenfähren

Mit den Booten mit Dach kann man von zahlreichen Piers aus von 8–18 Uhr für einen minimalen Betrag den Menam Chao Phraya überqueren. Die meisten Passagiere stehen.

### Expressboote

**Chao Phraya Express Boat Service**, ☎ 02-445 8888, 🖥 www.chaophrayaexpressboat. com. Die langen Boote mit vielen Sitzplätzen verkehren auf dem Menam Chao Phraya über eine Länge von 21 km zwischen Nonthaburi (Norden, Pier N30) und Wat Rajsingkorn (Süden, Pier S3) zwischen 6 und 19 Uhr.

An 34 Piers (N30–S3) halten die **Boote ohne Flaggen**, die Mo–Fr zur Rushhour (6.45–7.30 und 16–16.30 Uhr) im Einsatz sind und alle 20–25 Min. fahren.

Die **Expressboote mit orangefarbenen Flaggen**, die tgl. von 6–19 Uhr alle 5–20 Min. verkehren, halten nur an den 21 wichtigsten Piers. Boote mit **gelben Flaggen** verkehren Mo–Fr von 6–7, 8–8.30 und 17–19 Uhr und halten nur an 10 Stationen. **Boote mit grünen Flaggen** fahren Mo–Fr vom Sathorn Pier zur Rushhour abends (16–18 Uhr) flussaufwärts hinaus bis Pakkret (N33), in die andere Richtung von 6–8 Uhr.

**Fahrpreis** je nach Bootsflagge und Entfernung 10–32 Baht, Boote mit orangefarbenen Flaggen immer 15 Baht. Tickets aufheben, da sie an man-chen Piers bei der Ankunft kontrolliert werden.

**Chao Phraya Tourist Boat**, ☎ 02-617 7340, pendelt halbstündlich von 9.30–17.30 Uhr zwischen Sathon Pier (Central) und Phra Arthit Pier (N13) mit Zwischenstopps an den touris-tisch interessanten Stationen Oriental Pier (N1), Si Phraya Pier (N3), Ratchawongse Pier (N5), Tha Tien Pier (N8), Maharaj Pier und Wang Lang Pier (N10). Eine Fahrt kostet 40 Baht und dauert etwa 30 Min.

**Achtung**: Das Touristen-Tagesticket für 150 Baht für unbegrenzte Fahrten lohnt nicht! Dennoch wird besonders am Central Pier versucht, Touristen die Tickets zu verkaufen. Dann kann es schon mal vorkommen, dass man auf ein Tourist Boat warten muss, während die anderen in einem Boot mit orangefarbenen Flaggen für 15 Baht davonfahren.

### Linienboote auf den Klongs

*Rua hang yao* – schmale Boote mit Sitzplätzen für etwa 15 Pers., die von einem Außenborder an einer langen Stange angetrieben werden – verkehren immer seltener auf den Klongs. Sie werden vor allem von Pendlern genutzt, um in die Vororte zu gelangen. Bei Ausflugsfahrten lohnt es sich, erst nach 9 Uhr loszufahren, wenn die Rushhour vorüber ist. Vor Spritzwasser schützt eine Plane oder ein Schirm.

Innerhalb **Bangkoks** verkehren Expressboote, 🖳 http://khlongsaensaep.com, für 10–20 Baht alle 5–20 Min. in 29 Stationen vom **Phanfa Pier** an der Ratchdamnoen Rd. am Golden Mount auf dem **Klong Saen Saeb** in Richtung Osten bis nach Bangkapi. Sie halten z. B. am Jim Thompson House, an der Phayathai Rd. nördlich vom Siam Square, der Ratchadamri Rd. am Pratunam-Markt, der Chitlom und Witthayu Rd. und in der Sukhumvit Rd. Soi 3 und 23. Mit glitschigen Stegen, Gedränge und wegen des dreckigen Spritzwassers seitlich hochgezogenen Planen ist zu rechnen. Eine schnelle und günstige Alternative zum Straßenverkehr. Die Boote nach **Thonburi** fahren in Bangkok von separaten Anlegestellen neben den Expressboot-Stopps ab, wenn sie voll sind. Während der Fahrt setzen sie Passagiere einzeln an privaten Bootsstegen ab. Der Fahrpreis variiert je nach Boot, Tageszeit und Entfernung. Da die Boote von Pendlern genutzt werden, verkehren sie vermehrt morgens stadteinwärts und spät nachmittags stadtauswärts.

Ab **Tha Chang Pier (N9)** auf dem Klong Bangkok Noi und dem Klong Bangkok Yai fahren Boote je nach Bedarf mit Pendlern nach Bang Kruay oder weiter nach Bang Yai.

Ab **Tha Thien Pier (N8)** besonders während der Rushhour für Pendler auf dem Klong Mon. An der Endstation der Linienboote auf den Klongs können kleine Taxiboote für bis zu 5 Pers. gechartert werden.

### Charterboote

Klongboote, in denen 6–10 Pers. Platz haben, werden ab 700 Baht pro Std., Expressboote deutlich teurer, u. a. an der Phra Pinklao-Brücke (Bangkok-Seite), Tha Chang (N9), Tha Thien (N8), River City Pier (teure Charterboote), Oriental **Pier** (N1, viele Touristen und Schlepper) und Sathorn (Central Pier) vermietet. Oft versuchen die Bootsfahrer, Touristen während der Tour zu Restaurantbesuchen, Einkaufstouren und anderen Fahrtpausen zu überreden.

## TRANSPORT

### Backpacker-Busse

**Warnung:** Die billigsten Angebote sollte man auf jeden Fall meiden (S. 87). Uns erreichen immer wieder Leserbriefe, die sich über Diebstähle und unsichere Fahrzeuge beklagen. Viele kommen erst abends an, sodass man u. U. gezwungen ist, im Hostel des Busunternehmens zu übernachten. Reisebüros verkaufen Tickets für Busse zu Touristenzielen. In der Regel werden die hier gelisteten Verbindungen mit großen, komfortablen VIP-Bussen durchgeführt. Folgende Preise können als Anhaltspunkt dienen. Sie variieren je nach Saison und Nachfrage.

### Innerhalb Thailands

CHIANG MAI, um 18 Uhr für 600 Baht in 10–11 Std.

KANCHANABURI, um 7, 9 und 12 Uhr für 300 Baht in 3 Std.

KHAO LAK, um 18 Uhr für 750 Baht in 17 1/2 Std.

KHAO SOK, um 18 Uhr für 750 Baht in 15 Std.

KO CHANG, um 8 Uhr für 550 Baht in 7 Std. inkl. Bootstransfer.

KO LANTA, (via Krabi) um 18 Uhr für 850 Baht in 20 Std.

KO SAMET, um 8 Uhr für 400–500 Baht in 4–5 Std. inkl. Bootstransfer.

KO SAMUI, um 18 Uhr für 650 Baht in 14 Std.

KO PHA NGAN, um 18 Uhr für 700 Baht in 18 Std. (zur Full Moon Party +100 Baht).

KO PHI PHI (via Krabi, um 18 Uhr für 850 Baht in 20 Std.

KO TAO, um 5 und 20 Uhr für 1000–1100 Baht in 9 1/2–12 1/2 Std.

KRABI, um 18 Uhr für 700 Baht in 16 1/2 Std.

PATTAYA, um 8, 9, 12 und 14 Uhr für 350 Baht in 3 1/2 Std.

PHUKET, um 18 Uhr für 800 Baht in 17 Std.

### In die Nachbarländer

Busse in die Nachbarländer sind aufgrund der langen Fahrzeiten und günstigen Flugpreise nicht empfehlenswert, es sei denn, der Weg ist das Ziel.

SIEM REAP (Angkor, Kambodscha), um 8 Uhr ab Khaosan Rd. über Aranyaprathet (Ankunft hier 11.30 Uhr) in 12–14 Std.

**Achtung**: Zur Zeit der Recherche war es eine beliebte Masche, die Bustickets nach Siem Reap für 300 Baht zu verscherbeln, um dann vor der kambodschanischen Grenze zu halten und illegalerweise weitere 500 Baht für die Visabeantragung einzukassieren. Daher kostet es bis zur Grenze in Aranyaprathet mehr (500 Baht), ebenso wie wenn man bereits ein Visa besitzt (850 Baht). Besser man nimmt die großen Busse ab Northern Bus Terminal (Mo Chit) oder teilt sich ab der Grenze ein Taxi für 800 Baht für bis zu 4 Pers.

VIENTIANE (Laos), große Busse ab Northern Bus Terminal (Mo Chit).

### Minibusse

Rund um das **Victory Monument** (BTS Victory Monument, vom Northern Bus Terminal Bus 77) startet eine Vielzahl von Minibussen in Orte in der Umgebung und entlang der Ostküste. Sie fahren erst ab, wenn der letzte Platz besetzt ist, was selten länger als eine halbe Stunde dauert. Minibusse sind nicht günstiger als die großen Busse, aber schneller.

AMPHAWA, 80 Baht in 1 1/2 Std.
AYUTTHAYA, 60 Baht in 2 Std.
BAN PHE (Fährhafen nach Ko Samet), 200 Baht in 3 1/2 Std.
CHA-AM, 160 Baht in 2 1/2 Std.
CHANTABURI, 200 Baht in 3 Std.
HUA HIN, 180 Baht in 3–3 1/2 Std.
KANCHANABURI, 120 Baht in 3 Std.
NAKHON SAWAN, 170 Baht in 3 1/2 Std.
PATTAYA, 100–150 Baht in 2 Std.
PHETCHABURI, 120 Baht in 2 1/2 Std.
RAYONG, 150–160 Baht in 3 Std.
SUVARNABHUMI, 40 Baht in 1 Std.
TRAT, 300 Baht in 5 Std.

### Busse

Mit einigen Ausnahmen fahren die Unternehmen von 3 großen Busbahnhöfen ab. Der Northern Bus Terminal (Mo Chit) ist der mit Abstand betriebsamste. Man sollte bereits 30 Min. vor Abfahrt dort sein, da Busse, die voll sind, manchmal auch früher losfahren. Gelistet sind hier die AC-Busse 1. und 2. Klasse sowie ggf. bequeme VIP-Busse der staatlichen **Transport Co. Ltd.**, ✆ 1490, 🖥 www.home.transport.co.th/en.html.

🧳 **Reservierungen** sind über Thai Ticket Major möglich, ✆ 02-262 3939, 🖥 www.thaiticketmajor.com/bus/index_eng.php. Man erhält für die gewünschte Verbindung eine Reservierungsnummer, die man innerhalb von 5 Std. bei jedem 7-Eleven bezahlen kann. Gegen die Quittung werden dann am Thai Ticket Major-Schalter am Busbahnhof die Tickets ausgehändigt. Es wird nur eine Gebühr von 20 Baht auf den Preis aufgeschlagen. Zudem können Tickets in allen EGV-Kinos, Postämtern und Tesco Lotus-Filialen gekauft werden. Die Busse privater Gesellschaften fahren zu den gleichen Preisen und werden hier nicht gelistet. Langsame lokale Busse mit Ventilator sind nur zu nahe gelegenen Zielen zu empfehlen.

### Richtung Norden und Nordosten

**Northern Bus Terminal (Mo Chit)**, Kamphaeng-phet 2 Rd., westlich der Straße zum Don Mueang Airport, Call Center ✆ 1490, BTS Mo Chit (Exit 4), MRT Kamphaeng Phet, von dort weiter mit dem Taxi oder Bus, denn es ist zu weit zum Laufen. Am Busbahnhof gibt es Restaurants, einen Infoschalter und eine Gepäckaufbewahrung. Die Stadtbusse fahren etwa 200 m südlich Terminal ab. Der Weg führt durch ein Marktgewirr, daher ist es am besten, nach „local bus" zu fragen. Bus 3 fährt von der Phra Arthit Rd. in Banglampoo nach Mo Chit, Bus 28 vom Southern Bus Terminal, Bus 77 vom Victory Monument. Weitere Busse zum Terminal S. 229.

ARANYAPRATHET (Grenze Kambodscha), 269/275 km, um 6 und 23.50 Uhr für 220 Baht in 4 Std.
AYUTTHAYA, 75 km, von 6–19 Uhr alle 20–30 Min. für 53–65 Baht in 1 1/2–2 Std. und mit Minibussen ab Victory Monument (S. 232).
BANG PA IN, von 6–19 Uhr alle 20–30 Min. für 53–65 Baht in 1 1/2 Std.
Chiang Khong (Grenze Laos), 875 km, um 7, 19 und 20 Uhr für 655 Baht in 12–13 Std.

CHIANG MAI, 713 km, von 5.40–21.40 Uhr regelmäßig für 419–538 Baht, VIP um 9, 19.20 und 21 Uhr für 837 Baht in 9 1/2–11 Std.
CHIANG RAI, 795–801 km, um 6.30, 7.50, 17.30, 19 und 19.30 Uhr für 598–637 Baht, VIP um 7.30 und 19.40 Uhr für 930 Baht in 11–12 Std.
KANCHANABURI, 149 km, mit Bus 9918 von 5–16 Uhr stdl. für 105–135 Baht in 3 1/2 Std., ab Southern Bus Terminal und mit Minibussen ab Victory Monument (S. 232).
KO SAMUI, um 19.05 Uhr für 562 Baht, VIP um 6.45 Uhr für 874 Baht in 11 1/2–13 Std.
KORAT (Nakhon Ratchasima), 256 km, von 7.45–21.45 Uhr regelmäßig für 162–517 Baht, VIP um 7.30 sowie viele von 19–21.35 Uhr für 613–804 Baht in 3 1/2 Std.
LAMPANG, 610 km, um 5.40, 16.30, 20, 21 und 21.40 Uhr für 361–464 Baht, VIP um 9 und 20.30 Uhr für 722 Baht in 8 Std.
LOEI, 560 km, um 7 Uhr für 428 Baht, VIP um 22 Uhr für 666 Baht in 9 Std.
LOPBURI, 153 km, mit Minibussen von 5–20 Uhr alle 20 Min. für 100–120 Baht in 2 1/2–3 Std.
MAE SAI, 857 km, um 17.30 und 19 Uhr für 643 Baht, VIP um 7.30 und 19.40 Uhr für 1000 Baht in 12–12 1/2 Std.
MAE SARIANG, 752 km, mit Sombat Tours, ✆ 02-792 144, um 18 und 20 Uhr für 619 Baht, VIP um 17 Uhr für 722 Baht in 12 Std.
MAE SOT, 520 km, um 8.15, 9, 19.15, 20.20, 20.50, 21, 22 und 22.20 Uhr für 333–428 Baht, VIP um 21.30, 22.30 und 22.40 Uhr für 666 Baht in 7–8 Std.
MUKDAHAN (Grenze Laos), 671 km, um 8 Uhr für 508 Baht, VIP um 8, 20.30 und 21.35 Uhr für 756–790 Baht in 10 Std.
Nakhon Phanom (Grenze Laos), 727–759 km, um 6, 17 und 18 Uhr für 427–549 Baht, VIP um 7.30, 19 und 20.30 Uhr für 854 Baht in 12 Std.

NAN, 677–747 km, um 7.45, 8.30, 18.30 und 19.20 Uhr für 400–515 Baht, VIP um 20 Uhr für 801 Baht in 10–11 Std.
Nong Khai (Grenze Laos), 614 km, um 21.45 Uhr für 468 Baht, VIP um 20.30 Uhr für 728 Baht in 10 Std.
Pak Chong (Khao Yai), 170 km, mit den Bussen nach Korat für 113–190 Baht in 3 Std.
PAKXE (Laos), 790 km, um 21 Uhr für 900 Baht in 11 1/2 Std.
PHITSANULOK, 368/384 km, um 8.10, 10, 14.30, 20 und 22.30 Uhr für 245–304 Baht, VIP um 24 Uhr für 473 Baht in 4 1/2–5 Std.
RAYONG, 164 km, um 12 Uhr für 211 Baht in 3 Std. und mit Minibussen ab Victory Monument (S. 232).
SANGKHLABURI, 358 km, um 6.30 und 9.30 Uhr für 185–384 Baht in 7 Std.
SIEM REAP (Angkor, Kambodscha), 401 km, um 8 Uhr für 750 Baht in 8 Std., frühzeitige Reservierung empfehlenswert.
SUKHOTHAI, 440/454 km, nach Neu-Sukhothai um 9.20, 12 und 14 Uhr, nach Alt-Sukhothai um 22 Uhr für 279–358 Baht in 6–7 Std.
SURIN, 428 km, um 7, 8.30, 12, 21 und 21.30 Uhr für 259–333 Baht, VIP um 22 Uhr für 518 Baht in 7 Std.
UBON RATCHATHANI, 614/649 km, um 6.40 und 20.30 Uhr für 468–493 Baht, VIP um 20.30 Uhr für 767 Baht in 10–11 Std.
UDON THANI, 561 km, um 21.45 Uhr für 428 Baht, VIP um 20.30 Uhr für 666 Baht in 9 Std.
VIENTIANE (Laos), 641 km, VIP um 20 Uhr für 900 Baht in 10 Std.

### Richtung Ostküste

**Eastern Bus Terminal (Ekkamai)**, Sukhumvit Rd., gegenüber Soi 63 (Ekkamai), Call Center ✆ 1490. Gepäckaufbewahrung 35 Baht pro Gepäckstück und Tag, ⏲ 6–18 Uhr. BTS Ekkamai oder Anreise mit Stadtbussen, S. 228. Einige Busse an die Ostküste halten auch am Public Transport Centre am Flughafen. Alle Verbindungen sind auch mit Minibussen ab Victory Monument (S. 232) erreichbar.
BAN PHE (Fährhafen für Ko Samet), 194 km, um 7 Uhr für 166 Baht in 3 Std.
CHANTABURI, 229–249 km, um 6 und 7.45 Uhr für 198–263 Baht in 4–5 Std. Ab Northern Bus Terminal (Mo Chit) um 4 und 6.30 Uhr für 205 Baht in 4 Std.

LAEM NGOP (Fährhafen für Ko Chang), 331 km, um 7.45 Uhr für 263 Baht in 5–6 Std.
PATTAYA, 141 km, von 5–23 Uhr alle 30–40 Min. für 119 Baht in 2 1/2 Std. Weitere AC-Busse ab Public Transport Centre am Airport und Northern Bus Terminal (Mo Chit).
TRAT, 327 km, um 5 Uhr für 254 Baht in 4 Std. Ab Northern Bus Terminal (Mo Chit) um 7.30 und 8.30 Uhr für 261 Baht in 5 Std.

**Richtung Süden und Westen**
**Southern Bus Terminal (Sai Tai Mai/Taling Chan)**, Phutthamonthon Soi 1 am H338 in der Nähe der Outer Ring Road, Call Center ☎ 1490. Anreise mit dem Stadtbus S. 228.
CHUMPHON, 468 km, um 10.50 und 21.30 Uhr für 362 Baht in 8 Std.
DAMNOEN SADUAK, 96 km, mit Bus 78 von 3–18.30 Uhr alle 10–30 Min. für 73 Baht in 2 Std.
HAT YAI, 954–1020 km, um 7.15, 14.30, 15.30, 17, 17.30, 18, 19.30 und 21.15 Uhr für 554–832 Baht, VIP um 16, 17, 17.50, 18.30 und 20 Uhr für 1109 Baht in 13–14 Std.
HUA HIN, 201 km, von 4–22.20 Uhr alle 40 Min. für 170–204 Baht in 3 Std. und mit Minibussen ab Victory Monument (S. 232).
KANCHANABURI, 129 km, von 5–22 Uhr alle 20 Min. für 110 Baht in 2 1/2 Std., mit Minibussen ab Victory Monument (S. 232) und Bussen ab Northern Bus Terminal (Mo Chit, S. 232).
KHAO LAK, 828 km, um 9.30 und 20 Uhr für 461–592 Baht, VIP um 19.30 Uhr für 966 Baht in 12 Std.
KO PHA NGAN, 740 km, um 19.30 Uhr für 558 Baht, VIP um 19.40 Uhr für 868 Baht in 13 Std.
KO SAMUI, 735/745 km, über Surat Thani oder direkt um 7 und 19 Uhr für 437–562 Baht, VIP um 6.45 und 7.15 Uhr für 874 Baht in 10 1/2–12 Std.
KRABI, 817/847 km, um 18, 18.35 und 20 Uhr für 614–650 Baht, VIP um 19.30 Uhr für 955 Baht in 12 Std.
PHANG NGA, 783 km, um 6.20 und 18.30 Uhr für 458–589 Baht, VIP um 20 Uhr für 916 Baht in 12 Std.
PHUKET, 867/891 km, um 6.20, 7.35, 9.30, 16.30, 18.30 und 20.20 Uhr für 505–758 Baht, VIP um 7.30, 18.20 und 20 Uhr für 1011 Baht in 12–13 Std.
RANONG, 583 km, um 9.30 und 20.30 Uhr für 346–445 Baht, VIP um 20 Uhr für 519–692 Baht in 9 Std.

SURAT THANI, 668 km, um 6.30, 7, 16, 19, 19.05, 19.30 und 20 Uhr für 393–506 Baht, VIP um 6.45, 7.15, 19, 19.40 und 20 Uhr für 787 Baht in 10 Std.

## Eisenbahn

Von **Hua Lamphong**, dem überschaubaren Hauptbahnhof (S. 160), MRT Hua Lamphong, Bus 507 ab Sanam Luang, fahren fast alle Züge Richtung Norden, Nordosten, Osten und Süden. Fahrpläne am Infoschalter vor der Bahnhofshalle. Fahrplanauskunft unter ☎ 1690, 🖥 www.railway.co.th. Die englischsprachigen Anzeigetafeln in der Haupthalle erleichtern die Orientierung. Ein Food Court im Erdgeschoss, Restaurants, ein Schalter der Tourist Police, eine Gepäckaufbewahrung im 1. Stock, ☎ 02-214 3531, ⏰ 4–24 Uhr, pro Gepäckstück und Tag 60 Baht (teils werden 100 Baht verlangt), und ein Postamt, ⏰ 7–19 Uhr. Kalte Duschen in der Bahnhofshalle neben dem Reservierungsbüro. Am Besten lässt sich das Treiben vom Balkon im 1. Stock beobachten. Die Fahrpläne ab S. 950 können sich kurzfristig ändern.
Züge Richtung Kanchanaburi und Nam Tok sowie langsame Züge in den Süden verkehren ab der **Thonburi Railway Station (Bangkok Noi)** und die Züge nach Samut Sakhon (Mahachai) starten von der **Wongwian Yai Railway Station**, BTS Wongwian Yai. Frühzeitig da sein, denn hier können Tickets nur am Abfahrtstag gekauft werden.

### Tickets

Tickets erhält man bis zu 60 Tage vor Abreise im **Advance Booking Office** im Hua Lamphong, ☎ 02-225 8455, ⏰ 8.30–16 Uhr, sowie über das Call Center ☎ 1690, danach sind Buchungen an den Schaltern 15–22 möglich, ⏰ 8.30–16.30 Uhr. Kreditkarten werden akzeptiert. Tickets gibt es auch in jedem thailändischen Bahnhof mit Reservierungssystem. Weitere Infos S. 85.
**Achtung**: Am Schalter werden beim Kauf einer Fahrt nach Surat Thani auch Kombitickets nach Ko Samui verkauft. Dabei landet man auf einem Songserm-Schiff, was deutlich längere Transport- und Wartezeiten zur Folge hat.

### Verbindungen

**Fahrpreise** (1./2./3. Klasse) ohne jegliche Zuschläge, Listung der Zuschläge S. 85.

Aranyaprathet, 255 km (nur 3. Kl.), 48 Baht in 4 1/2–5 1/2 Std.

AYUTTHAYA, 71 km (nur 2./3. Kl.), 35/15 Baht in 1–2 Std.

BANG PA IN, 58 km (nur 2./3. Kl.), 28/12 Baht in 1–1 1/2 Std.

CHIANG MAI, 751 km, 593/281/121 Baht in 12–14 1/2 Std.

CHUMPHON, 485 km, 394/190/82 Baht in 6 1/2–9 Std.

HAT YAI, 945 km, 734/345/149 Baht in 13 1/2–17 1/2 Std.

HUA HIN, 229 km, 202/102/44 Baht in 3–4 1/2 Std.

KANCHANABURI, 133 km (nur 3. Kl., ab Thonburi), 100–130 Baht in 2 1/2 Std.

KHON KAEN, 450 km, 368/179/77 Baht in 8–9 Std.

KORAT (Nakhon Ratchasima), 264 km, 230/115/50 Baht in 4–6 Std.

LAMPANG, 642 km, 512/244/106 Baht in 9 1/2–12 Std.

LOPBURI, 133 km, 123/64/28 Baht in 2–3 Std.

NAKHON PATHOM, 64 km (nur 2./3. Kl.), 31/14 Baht in 1–1 1/2 Std.

NAKHON SAWAN, 246 km, 218/110/48 Baht in 3–5 1/2 Std.

NAKHON SI THAMMARAT, 832 km, 652/308/133 Baht in 15–16 Std.

NAM TOK, 211 km (nur 3. Kl., ab Thonburi), 100–130 Baht in 4 1/2–5 Std., mit dem Excursion-Train jeden Sa und So um 6.30 Uhr mit Stopp in Nakhon Pathom, weitere Infos S. 263.

NONG KHAI, 621 km, 497/238/103 Baht in 10 1/2–13 Std.

PADANG BESAR, 990 km, 767/360/156 Baht in 17 Std.

PAK CHONG, 180 km, 161/82/36 Baht in 3–4 1/2 Std.

PATTAYA, 155 km (nur 3. Kl.), 31 Baht in 3 1/2 Std.

PHETCHABURI, 166 km (nur 2./3. Kl.), 78/34 Baht in 2 1/2–3 1/2 Std.

PHITSANULOK, 389 km, 324/159/69 Baht in 5–8 1/2 Std.

PRACHUAP KHIRI KHAN, 318 km, 272/135/58 Baht in 4–6 Std.

RATCHABURI, 117 km (nur 2./3. Kl.), 110/57/25 Baht in 2–3 Std.

SAWANKHALOK, 487 km (nur 2. Kl.), 192 Baht in 7 Std.

SUNGAI GOLOK, 1159 km, 893/417/180 Baht in 20–22 Std.

SURAT THANI, 651 km, 519/248/107 Baht in 8 1/2–12 Std.

SURIN, 420 km, 346/169/73 Baht in 6 1/2–9 Std.

UBON RATCHATHANI, 575 km, 460/221/95 Baht in 8–12 Std.

UDON THANI, 569 km, 457/219/95 Baht in 10–12 Std.

Da alle Züge Richtung Süden auch in Nakhon Pathom halten, kann man dort umsteigen, ohne nach Bangkok fahren zu müssen. Nach KO SAMUI und KO PHA NGAN bis Surat Thani. Hier warten am Bahnhof auch Anschlussbusse nach KRABI. Nach KO TAO bis Chumphon.

Der Luxuszug **Eastern & Oriental Express** verkehrt mehrmals im Monat zwischen Singapore, Kuala Lumpur, Hua Hin, Kanchanaburi (River Kwai) und Bangkok und jeweils 1x jährlich bis Vientiane und Chiang Mai. Informationen in Deutschland unter ☎ 0221-338 0300, 🖥 www.belmond.com/eastern-and-oriental-express. Er kostet von Bangkok nach Singapore mind. 2030 €.

### Flüge

**Flughäfen**

Vom riesigen **Suvarnabhumi Airport** östlich der Stadt fliegen alle großen Fluggesellschaften, während der ältere **Don Mueang Airport**, 🖥 www.donmuangairportonline.com, im Norden der Stadt von den Billigairlines AirAsia, Nok Air, Lion Air und Thai Smile genutzt wird. Bei Flugbuchungen mit Umsteigen ist darauf zu achten, dass die Flieger vom gleichen Flughafen starten oder man entsprechend mehr **Umsteigezeit** (mind. 5 Std.) einplant. Die Fahrt von Suvarnabhumi zum Don Mueang dauert etwa 1 Std., ein kostenloser **Shuttlebus** verkehrt von 5–24 Uhr stdl. ab Suvarnabhumi Airport ab dem 2. Stock des Terminals, Gate 3, sowie ab Don Mueang Airport ab dem 1. Stock des Terminals. Der **Suvarnabhumi Airport** (gespr.: Su-wanna-puhm, Abkürzung BKK), allgemeine Auskunft ☎ 1722, 02-132 1888, 🖥 www.suvarnabhumiairport.com, liegt 32 km außerhalb des Zentrums, östlich der Outer Ring Rd. zwischen Buraphawithi Expressway (H34 nach Chonburi) und dem Motorway H7 in der Provinz Samut Prakan. Um den mit Shops und Restaurants vollgepackten mehrstöckigen Terminal zu durchqueren, braucht man Zeit. Lange Schlangen bilden sich während der belebten Stunden vor den Immigration-Schaltern und am internationalen Transfer Counter. Das WLAN-Netz „AOT Free Wifi" kann kostenlos genutzt werden, zudem gibt es kostenlose Internet-Terminals. Eine Aussichtsplattform befindet sich auf Level 7, die Abflughalle mit Restaurants, Duty Free-Shops, Fundbüro und Postamt auf Level 4, Airline Lounges auf Level 3, die Ankunftshalle, Postamt, Polizei sowie weitere Lounges auf Level 2, eine TAT-Information, Bushaltestellen und Taxis auf Level 1 sowie die Station des Airport Rail Link im Untergeschoss auf Level 0. Gepäckaufbewahrungen (100 Baht pro Tag) liegen auf Level 2 und 4, ⏱ 24 Std.

Geld spart man, wenn Übergepäck vor Gate 8, ✆ 02-134 2090, als unbegleitetes Gepäck eingecheckt wird.

### Transport vom Suvarnabhumi Airport

Ab Level 1 fahren **Taxis** mit Taxameter. Neuerdings erhält man ein Ticket mit dem Fahrernamen und Nummernschild, um Beschwerden gegebenenfalls leichter melden zu können, ✆ 1722. Taxis verlangen ab dem Airport 50 Baht Zuschlag (eine Erhöhung auf 60–80 Baht ist angedacht) und die Bezahlung der Expressway-Maut. Auf diesem Weg kostet es ungefähr 350–450 Baht, um in die Stadt zu gelangen, allerdings kann es zur Rushhour (7–9.30 und 16.30–20 Uhr, am Freitag und bei Regen auch länger) sehr langwierig werden.

Zur Rushhour oder als Einzelreisender lohnt es sich, vom Suvarnabhumi Airport den **Airport Rail Link**, ✆ 1690, 🖥 www.srtet.co.th/en, zu nehmen, der mit Geschwindigkeiten von bis zu 160 km/h tgl. von 6–24 Uhr verkehrt:

Die langsamere **SA City Line** hält an 8 Stationen (u. a. Ratchaprasop in Pratunam) und verkehrt alle 12–15 Min. in 28 Min. für 45 Baht zur BTS-Station Phaya Thai (Sukhumvit Line). Von dort geht es mit der BTS nach Silom oder Saphan Taksin (Fähren nach Banglampoo) weiter.

**Expresszüge** (SA Express Line) fahren vom Airport jeweils stdl. non-stop in 17 Min. bis zur BTS-Station Phaya Thai (Sukhumvit Line) und in 15 Min. zum Makkasan Terminal in Laufentfernung zur MRT-Station Petchaburi. Die zweite

Variante ist für Reisende, die in der Sukhumvit Rd. wohnen, attraktiv. Eine Fahrt kostet 90 Baht.

**Busse**: Vom Public Transport Centre etwa 15 Min. vom Terminal (kostenloser Shuttle von Level 2 und 4 vor Gate 3, 6 und 9) fährt Bus 825 via Korat, Khon Kaen und Udon Thani nach Nong Khai um 21 Uhr für 472 Baht in 9 Std. Ab Terminal Level 1, Gate 8, fährt Bus 389 nach Pattaya stdl. von 7–22 Uhr für 130 Baht in 2 Std.

### Transport zum Suvarnabhumi Airport

Der Airport Rail Link (s. o.) ist eine gute Möglichkeit, die Staus während der Rushhour zu umgehen. Ein Taxi kostet aus der Innenstadt zum Airport etwa 300–400 Baht. Es empfiehlt sich, auch außerhalb der Rushhour 1–1 1/2 Std. für die Anfahrt einzukalkulieren. Wer mit dem Bus von der Ostküste kommt, kann in Bang Phli aussteigen und ein Taxi nehmen.

### Transport vom Don Mueang Airport

Der Bus A1 fährt ab Gate 6 vor der Ankunftshalle von 7–24 Uhr zur vollen Stunde für 30 Baht bis zur BTS Mo Chit, Exit 3. Der 24 Std. verkehrende Bus 59 von der etwas versteckten Haltestelle hinter dem Parkplatz ist die günstigste Möglichkeit, um in 1–1 1/2 Std. zur Khaosan Rd. zu kommen, aber Achtung: Nicht alle Busse fahren bis nach Banglampoo. Zur Rushhour (7–9.30 und 16.30–20 Uhr, am Freitag und bei Regen auch länger) definitiv nicht zu empfehlen. Bis 2019 soll eine Airport Rail Link-Verbindung zwischen Don Mueang und der MRT Bang Sue gebaut werden.

### Inlandflüge

**AirAsia**, 🖥 www.airasia.com, fliegt ab Don Mueang nach BURIRAM 1x tgl., CHIANG MAI 10x tgl., CHIANG RAI 4x tgl., HAT YAI 8x tgl., KHON KAEN 4x tgl., KRABI 6x tgl., NAKHON PHANOM 2x tgl., NAKHON SI THAMMARAT 4x tgl., NAN 2x tgl., NARATHIWAT 1x tgl., PHITSANULOK 2x tgl., PHUKET 14x tgl., ROI ET 2x tgl., SAKON NAKHON 2x tgl., SURAT THANI 5x tgl., TRANG 2x tgl., UBON RATCHATHANI 2x tgl. und UDON THANI 2x tgl. Inlandflüge kosten bei rechtzeitiger Buchung 600–3000 Baht.

**Bangkok Airways**, 🖥 www.bangkokair.com, fliegt ab Suvarnabhumi nach CHIANG MAI 6x tgl., CHIANG RAI 3x tgl., KO SAMUI 18x tgl.

(dennoch oft voll), KRABI 4x tgl., LAMPANG 3x tgl., PHUKET 8x tgl., SUKHOTHAI 3x tgl., TRAT 3x tgl. und UDON THANI 2x tgl. Inlandflüge kosten bei rechtzeitiger Buchung 1200–4000 Baht.

**Nok Air**, 🖥 www.nokair.com, fliegt ab Don Mueang nach BURIRAM 1x tgl., CHIANG MAI 7–8x tgl., CHIANG RAI 3x tgl., CHUMPHON 2x tgl., HAT YAI 6x tgl., KHON KAEN 3x tgl., KRABI 2–3x tgl., LAMPANG 3x tgl., LOEI 2x tgl., MAE SOT 3x tgl., NAKHON PHANOM 1x tgl., NAKHON SI THAMMARAT 5x tgl., NAN 3–4x tgl., PHITSANULOK 3x tgl., PHRAE 1x tgl., PHUKET 5–6x tgl., RANONG 2x tgl., ROI ET 2–3x tgl., SAKON NAKHON 3x tgl., SURAT THANI 4x tgl., TRANG 3x tgl., UBON RATCHATHANI 7x tgl. und UDON THANI 6x tgl. Flüge kosten bei rechtzeitiger Buchung 800–2000 Baht.

**Thai Airways**, 🖥 www.thaiairways.com, fliegt ab Suvarnabhumi nach CHIANG MAI 5x tgl., KO SAMUI 2x tgl., KRABI 3x tgl., PHUKET 7x tgl. und UDON THANI 3x tgl. Inlandflüge kosten bei rechtzeitiger Buchung 1500–3000 Baht.

**Thai Lion Air** (SL), 🖥 www.lionairthai.com, fliegt ab Don Mueang nach CHIANG MAI 8x tgl., CHIANG RAI 3x tgl., HAT YAI 7x tgl., KRABI 3x tgl., PHUKET 2x tgl., SURAT THANI 3x tgl., UBON RATCHATHANI 3x tgl. und UDON THANI 4x tgl. Inlandflüge kosten bei rechtzeitiger Buchung 600–1500 Baht.

**Thai Smile**, 🖥 www.thaismileair.com, die Schwestergesellschaft von Thai Airways verkehrt von Suvarnabhumi nach CHIANG RAI 3x tgl., HAT YAI 5x tgl., SURAT THANI 2x tgl., UBON RATCHATHANI 3x tgl. und UDON THANI 4x tgl. Ab Don Mueang (DMK) nach CHIANG MAI 5x tgl., KHON KAEN 3x tgl. und PHUKET 3x tgl. Inlandflüge kosten bei rechtzeitiger Buchung 1200–2500 Baht.

**Internationale Flüge in Asien und Ozeanien**
**Australien/Neuseeland:** Thai Airways fliegt nach AUCKLAND, BRISBANE, MELBOURNE, PERTH und SYDNEY; Jetstar, 🖥 www.jetstar.com, nach DARWIN und MELBOURNE.
**China:** AirAsia fliegt nach CHANGSHA, CHONGQING, GUANGZHOU, HANGZHOU, HONG KONG, KUNMING, MACAO, WUHAN und XIAMEN; Thai Airways nach CHANGSHA, CHENGDU, CHONGQING, GUANGZHOU, HONG KONG, KUNMING, PEKING, SHANGHAI und XIAMEN.

**Kambodscha:** AirAsia und Thai Airways fliegen nach PHNOM PENH; Bangkok Airways nach PHNOM PENH und SIEM REAP.
**Laos:** Bangkok Airways und Thai Airways fliegen nach LUANG PRABANG und VIENTIANE; Lao Airlines, 🖥 www.laoairlines.com, nach LUANG PRABANG, PAKXE, SAVANNAKHET und VIENTIANE.
**Indien:** AirAsia fliegt nach CHENNAI; Bangkok Airways nach MUMBAI; Thai Airways nach BANGALORE, CHENNAI, DELHI, GAYA, HYDERABAD, KOLKATA, MUMBAI und VARANASI; Jet Airways, 🖥 www.jetairways.com, nach DELHI und MUMBAI.
**Indonesien:** AirAsia fliegt nach BALI, JAKARTA und MEDAN; Thai Airways nach BALI und JAKARTA.
**Japan: AirAsia fliegt nach** TOKIO, OSAKA und SAPPORO; Scoot, 🖥 www.flyscoot.com, nach OSAKA; Thai Airways nach FUKUOKA, NAGOYA, OSAKA, SAPPORO, SENDAI und TOKIO.
**Korea:** AirAsia fliegt nach SEOUL; Thai Airways nach BUSAN und SEOUL.
**Malaysia/Singapore:** AirAsia fliegt nach JOHOR BAHRU, KUALA LUMPUR und PENANG sowie SINGAPORE; Bangkok Airways nach KUALA LUMPUR; Thai Airways nach KUALA LUMPUR, PENANG und SINGAPORE; Thai Lion Air nach KUALA LUMPUR und SINGAPORE; auch Jetstar, Scoot und Tiger Airways, 🖥 www.tigerairways.com, fliegen nach SINGAPORE.
**Myanmar** (Birma): AirAsia und Thai Airways fliegen nach MANDALAY und YANGON; Bangkok Airways nach MANDALAY, NAY PYI TAW und YANGON; Nok Air nach YANGON.
**Philippinen:** Thai Airways fliegt nach MANILA, wesentlich günstiger ist Cebu Pacific Air, 🖥 www.cebupacificair.com.
**Vietnam:** AirAsia, Thai Airways und VietJet Air, 🖥 www.vietjetair.com, fliegen nach HANOI und HO-CHI-MINH-STADT (Saigon).

**Direktflüge nach Europa**
**Deutschland:** Thai Airways fliegt 2x tgl. nach FRANKFURT und MÜNCHEN.
**Schweiz:** Thai Airways fliegt 1x tgl. nach ZÜRICH.

**Adressen der Fluggesellschaften in Bangkok**
s. eXTra [2590].

# West-Thailand

**Jenseits der Hauptverkehrsstraßen zwischen Bangkok und der Grenze zu Myanmar überraschen Schwimmende Märkte und von Kanälen durchzogene Gärten sowie erfrischende Wasserfälle inmitten von Bambushainen und kargen Bergwäldern. Zudem erinnert eine Tour entlang dem River Kwai an die Zeit des Zweiten Weltkriegs.**

# Stefan Loose Traveltipps

**Damnoen Saduak und Amphawa** Schwimmende Märkte: faszinierende Bilder und ungewöhnliche Snacks. S. 242

**Ratchaburi** Ein schier endloses Band ausschwärmender Fledermäuse am Abendhimmel. S. 245

**Wat Khanon** Das Ramayana-Epos mit riesigen Schattenspielfiguren aus Büffelhaut. S. 249

**Nakhon Pathom** Der höchste Chedi des Landes im ältesten buddhistischen Zentrum. S. 250

**Kanchanaburi** Die Eisenbahn des Todes über die geschichtsträchtige Brücke am Kwai. S. 251

**Elephant's World** Ein Refugium für alte, kranke und vernachlässigte Elefanten. S. 258

**Lawa-Höhlen** Ein reizvolles Ziel für eine Bootstour vom Pak Seng-Pier. S. 266

**2** **Erawan National Park** Prächtige Wasserfälle im Dschungel, die zu einem Bad einladen. S. 273

ELEPHANT'S WORLD, © MISCHA LOOSE

MÖNCHE, UMGEBUNG VON RATCHABURI © MISCHA LOOSE

Erawan NP
Lawa-Höhlen
Elephant's World
Kanchanaburi
Wat Khanon
Nakhon Pathom
Ratchaburi
Damnoen Saduak

**Wann fahren** Klimatisch am angenehmsten ist die Zeit zwischen November und Februar

**Wie lange** Mindestens drei Tage, besser eine Woche

**Bekannt für** die Brücke am Kwai, den Erawan-Wasserfall, den Schwimmenden Markt von Damnoen Saduak

**Unbedingt machen** Bootsfahrt in Kanchanaburi und Touren in die Umgebung, Eisenbahnfahrt bis Nam Tok, Baden im Erawan-Wasserfall

**Grenzübergänge** Nach Myanmar über Ban Phu Nam Ron bei Kanchanaburi

Zwischen der modernen Hauptstadt Bangkok und den abgeschiedenen Bergwäldern entlang der Grenze zu Myanmar liegen Welten, die sich in wenigen Stunden überbrücken lassen. Es ist ein überaus abwechslungsreiches Gebiet mit romantischen Kanälen und schroffen Felsen, geschichtsträchtigen Orten und von ethnischen Minoritäten bewohnten Dörfern sowie Nationalparks, die Erholungssuchende wie Abenteurer zufriedenstellen.

Lohnend ist eine mehrtägige River Kwai-Tour, die am Three Pagoda Pass endet. Einige Ziele eignen sich sogar für einen Tagesausflug ab Bangkok. An Wochenenden und Feiertagen schwärmen viele Großstädter aus, sodass dann zahlreiche Hotels ausgebucht sind.

Eine schöne Tour führt am Morgen zum Schwimmenden Markt von Damnoen Saduak, von wo es weiter über Nakhon Pathom nach Kanchanaburi geht. Hier lohnt eine Übernachtung. Alternativ kann man nach dem morgendlichen Besuch des Schwimmenden Marktes die Umgebung erkunden oder nach Amphawa und Ratchaburi weiterfahren, Höhlen besichtigen und abends den imposanten Ausflug der Fledermäuse beobachten.

Das von Klongs durchzogene Hinterland birgt ebenfalls reizvolle Ziele. Der „Garten Thailands" versorgt die städtische Bevölkerung mit Obst und Gemüse. Entlang der Klongs erstrecken sich idyllische Plätze, die in starkem Kontrast zu den dicht bebauten Ausfallstraßen, weiten Salinenfeldern rings um Samut Songkhram und Fabriken der Lebensmittelindustrie stehen.

## Sam Phran

Jenseits der Außenbezirke von Bangkok erstreckt sich südlich vom H338 das riesige, kreisförmig aufgebaute Parkgelände des **Wat Phuttamonthon**. Das größte buddhistische Zentrum des Landes beherbergt Repliken von Bauwerken, die für den Buddhismus von Bedeutung sind, ein kleines Museum, eine Sammlung von Pali-Schriften, Meditationshallen sowie im Zentrum einen 15,8 m hohen Bronzebuddha. Am Wat Phuttamonthon halten alle **Busse** von BANGKOK nach Nakhon Pathom. Weitere Tipps s. **eXTra [2602]**.

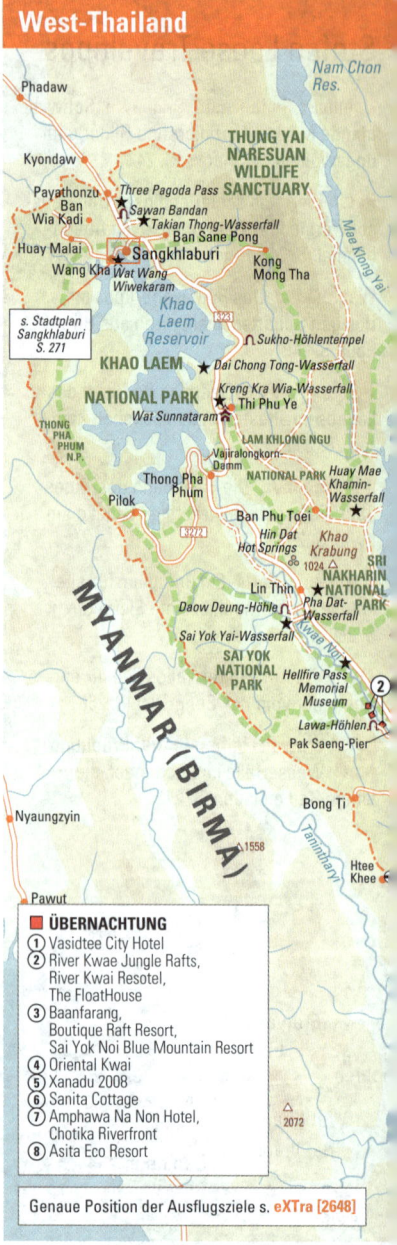

### West-Thailand

*s. Stadtplan Sangkhlaburi S. 271*

■ **ÜBERNACHTUNG**
① Vasidtee City Hotel
② River Kwae Jungle Rafts, River Kwai Resotel, The FloatHouse
③ Baanfarang, Boutique Raft Resort, Sai Yok Noi Blue Mountain Resort
④ Oriental Kwai
⑤ Xanadu 2008
⑥ Sanita Cottage
⑦ Amphawa Na Non Hotel, Chotika Riverfront
⑧ Asita Eco Resort

Genaue Position der Ausflugsziele s. **eXTra [2648]**

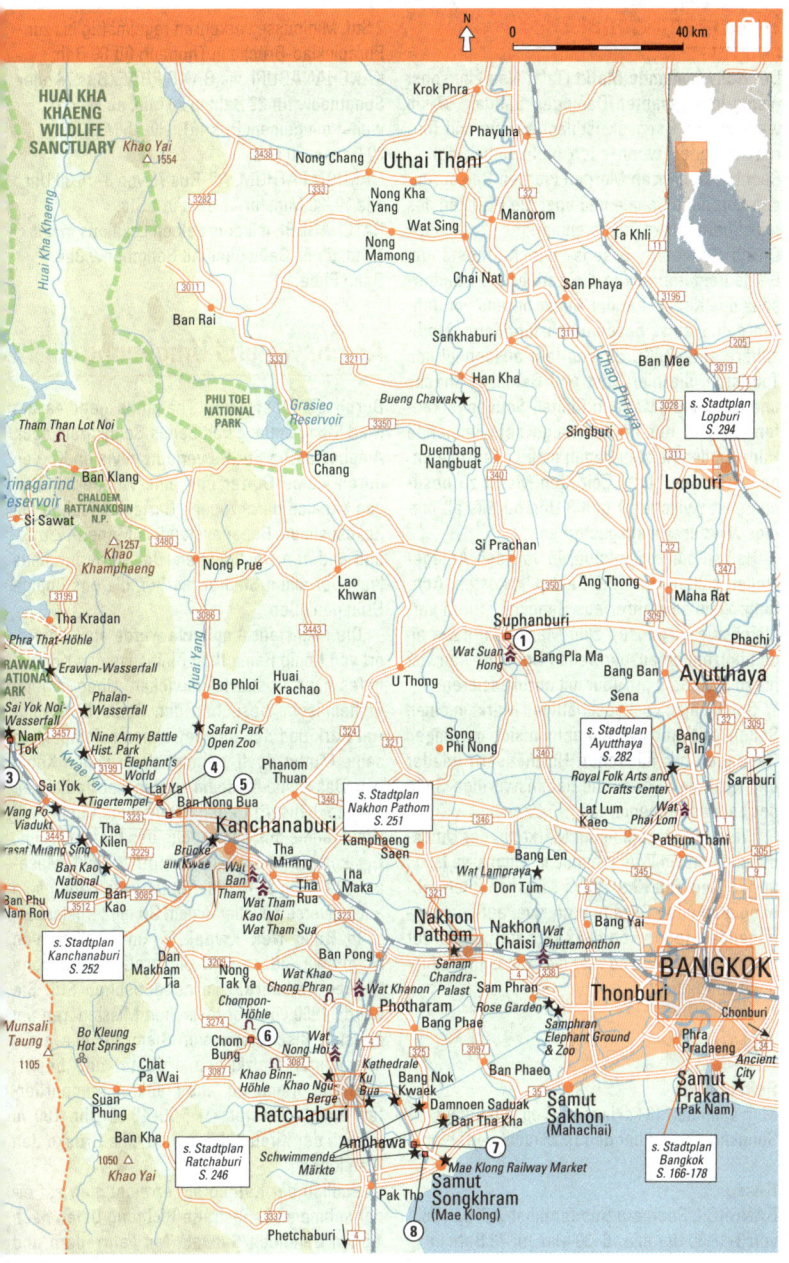

**HUAI KHA KHAENG WILDLIFE SANCTUARY** · Khao Yai △1554

Krok Phra

Phayuha

Nong Chang · **Uthai Thani**

Nong Kha Yang

Wat Sing · Manorom

Nong Mamong

Chai Nat · Ta Khli

San Phaya

Ban Rai · Sankhaburi · Ban Mee

Han Kha

Bueng Chawak ★

PHU TOEI NATIONAL PARK

Grasieo Reservoir · Duembang Nangbuat · Singburi · s. Stadtplan Lopburi S. 294

Tham Than Lot Noi · Dan Chang

Ban Klang · **Lopburi**

CHALOEM RATTANAKOSIN N.P.

Si Sawat · Sí Prachan

△1257 Khao Khamphaeng · Nong Prue · Lao Khwan · Ang Thong · Maha Rat

Phachi

Tha Kradan · Phra That-Höhle · Suphanburi · Bang Pla Ma · **Ayutthaya**

Wat Suan Hong

Erawan-Wasserfall · Bo Phloi · Huai Krachao · U Thong · Sena · Bang Ban · Bang Pa In

Phalan-Wasserfall

Sai Yok Noi-Wasserfall · Song Phi Nong · s. Stadtplan Ayutthaya S. 282

Nam Tok · Nine Army Battle Hist. Park · Safari Park Open Zoo · Saraburi

Elephant's World · Phanom Thuan · Royal Folk Arts and Crafts Center

Sai Yok · Lat Ya · Ban Nong Bua · Lat Lum Kaeo · Wat Phai Lom

Tigertempel · **Kanchanaburi** · Pathum Thani

Wang Po Viadukt

Tha Kilen · Brücke am Kwae · Tha Muang · Kamphaeng Saen · Bang Len · Bang Yai

Ban Kao National Museum · Wat Ban Tham · Tha Maka · Wat Lampraya ★

Ban Kao · Wat Tham Kao Noi · Tha Rua · Don Tum

Wat Tham Sua

Dan Makham Tia · Ban Pong · **Nakhon Pathom** · Nakhon Chaisi · Wat Phuttamonthon

Munsali Taung · Bo Kleung Hot Springs · Nong Tak Ya · Wat Khao Chong Phran · Sanam Chandra-Palast · Sam Phran

Chomphon-Höhle · **BANGKOK**

Chom Bung · Wat Nong Hoi · Photharam · Bang Phae · Rose Garden · **Thonburi** · Chonburi

Chat Pa Wai · Khao Binn-Höhle · Samphran Elephant Ground & Zoo · Phra Pradaeng

Khao Ngu Berge · Kathedrale · Bang Nok Kwaek · Ban Phaeo · Ancient City

Suan Phung · Ku Bua · Damnoen Saduak · **Samut Sakhon** (Mahachai) · **Samut Prakan** (Pak Nam)

Ban Kha · s. Stadtplan Ratchaburi S. 246 · **Ratchaburi** · Ban Tha Kha

1050 △ Khao Yai · Schwimmende Märkte · Amphawa · Mae Klong Railway Market · s. Stadtplan Bangkok S. 166-178

Pak Tho · **Samut Songkhram** (Mae Klong)

Phetchaburi

**WEST-THAILAND**

# Damnoen Saduak

Der **Schwimmende Markt** (Talat Nam) im sonst wenig interessanten Damnoen Saduak, 97 km westlich von Bangkok, ist nach wie vor ein Touristenmagnet, wenn auch nicht unbedingt zu Recht. Den ganzen Morgen werden Reisegruppen durch die Kanäle und über die Brücken des teils überdachten Touristenmarktes geschleust. Durch Souvenir-, Essens- und Kaffeestände, Geldautomaten sowie die Ladenzeilen beiderseits des Kanals hat der Markt bereits vor Jahren seine einst beschaulich ländliche Atmosphäre eingebüßt. Es sind fast ausschließlich Touristen, die hier Obst und Gemüse, Snacks und kitschige „Made in China"-Souvenirs kaufen. Es gibt nur noch wenige schwimmende Händler, die meisten haben eine Ladenzeile angemietet. Die beste Zeit, den Markt zu besuchen, ist zwischen 7 und 9 Uhr, bereits ab mittags wirkt er wie ausgestorben.

Halbstündige Bootstouren von den Anlegestellen sollten rund 150 Baht p. P. kosten. **Achtung**: Viele Taxifahrer aus Bangkok fahren vergleichsweise günstig zum Markt, um dann an den horrenden ausgerufenen Bootspreisen von bis zu 3000 Baht pro Tour mit abzukassieren.

Sobald man vom geschäftigen Markt in einen Seitenkanal abbiegt, findet man sich in ruhigen Gegenden mit hübschen Holzhäusern wieder und kann doch noch die liebenswürdige Seite des Landes kennenlernen.

Weitere Schwimmende Märkte in der Umgebung finden am Wochenende in **Amphawa** (s. u.) und in **Ban Tha Kha** sechs Mal monatlich (abhängig von den Gezeiten) an zwei aufeinanderfolgenden Tagen von 6–12 Uhr statt. Trotz der ersten Souvenirstände ist die Atmosphäre hier noch authentisch.

## TRANSPORT

### Selbstfahrer

Man kann den 18 km langen Weg von Samut Songkhram aus über den H325 nicht verfehlen.

### Busse

BANGKOK, Southern Bus Terminal, AC-Bus 78 von 3–18.30 Uhr alle 10–30 Min. für 73 Baht in 2 Std. Minibusse verkehren regelmäßig bis zur Phrapinklao-Brücke in Thonburi für 80 Baht.
KANCHANABURI, via BANG PHAE (Bus 78 oder Songthaew für 22 Baht in 20 Min. ab Markt), weiter mit gelbem Bus 461, alle 15 Min. für 30 Baht in 90 Min.
NAKHON PATHOM, AC-Bus 78 von 3–18.30 Uhr alle 10–30 Min. für 41 Baht in 1 Std.
RATCHABURI, mit dem gelben Lokalbus in gut 1 Std. für 50 Baht, oder mit Songthaew über Bang Phae.

# Amphawa und Umgebung

Durch die Obstgärten Thailands geht es am **Mae Klong** entlang von Samut Songkhram nach Amphawa. Die Straße verläuft in vielen Kurven durch kleine Dörfer und eine wunderschöne, von Kanälen durchzogene Gartenlandschaft mit Kokospalmen, Bananenstauden, Mango-, Zitrus- und anderen Obstbäumen. Der Agrotourismus lockt vor allem Städter hierher, die das üppige Grün genießen.

Die Kleinstadt **Amphawa** wurde als Geburtsort von König Rama II. auf Initiative des Königshofes hin touristisch entwickelt. Überwiegend Einheimische besuchen den **Rama II. Memorial Park** und den ihm gewidmeten Tempel, wo seine Mutter noch wohnte, als er schon König war. Das kleine **Museum** zeigt in vier traditionellen Teakhäusern Gegenstände, eine Küche und Wohnräume aus der Epoche des Dichterkönigs. Der Park ☉ 8.30–17 Uhr, Eintritt 30 Baht, Museum ☉ Mi–So 9–16 Uhr. Mittlerweile haben sich auch diverse Künstler in dem Ort niedergelassen.

In **Bang Nok Kwaek**, 5 km nördlich von Amphawa, überrascht die große katholische **Marien-Kathedrale** im neogotischen Stil. Sie wurde 1890 von französischen Missionaren am ältesten Bischofssitz von Siam anstelle einer ehemaligen Holzkirche errichtet und besitzt noch die originalen, aus Frankreich importierten Bleiglasfenster. ☉ 5.30–18.30 Uhr. 100 m südlich der Kirche überspannt eine Brücke den Mae Klong.

Südlich der Kathedrale erreicht man auf einer schmalen Landstraße Richtung Osten nach 4,5 km **Damnoen Saduak**. Mit Fahrrädern und

## Wochenendziel der Bangkok-Szene

Der **Schwimmende Markt** nahe dem Wat Amphawa Chetiyaram hat sich mit seinem bunten kulinarischen und Shopping-Angebot zu einem überaus beliebten Wochenend-Ausflugsziel der Hauptstädter entwickelt. Fr von 15–22 Uhr und Sa, So sowie feiertags von 12–22 Uhr erwacht das sonst so ruhige Örtchen zum Leben. Auf dem Klong Amphawa sind dann Dutzende von Restaurant- und Ausflugsbooten unterwegs.

Entlang der Uferwege drängen sich die Besucher und lassen sich vom Angebot der schicken Lädchen im Retro-Stil, kleinen Kunstgalerien, Restaurants, Cafés und Kneipen locken. Die interessantesten Souvenirgeschäfte bieten hervorragende Postkarten, Sandalen, Taschen, kreativ bedruckte T-Shirts und handgemachten Schmuck an. Kleinere Heimatmuseen mit alten Fotos, Haushaltsgegenständen und Werkzeugen ermöglichen einen Einblick in das ländliche Amphawa. Die allermeisten Geschäfte sind allerdings nur am Wochenende geöffnet. An den Ausläufern des Marktes ist es weit weniger hektisch als direkt um die Brücken.

Jenseits der Straße in einem von Kanälen durchzogenen Park laden im Schatten von Kokospalmen kleine *klae* (Bambus-Plattformen) und *salas* (Pavillons) zu einer Ruhepause ein. Obstbäume sind mit englischsprachigen Infotafeln versehen.

Booten kann man die Gärten erkunden und beobachten, wie vormittags Palmzucker geerntet und eingekocht wird, z. B. am H325 zwischen KM 30 und 34.

## ÜBERNACHTUNG

**Amphawa Na Non Hotel**, 96 Prachaseth Rd., ☏ 034-752 111, 082-444 2111, ▢ http://amphawa nanon.com. Neues, zentral gelegenes, komfortables Boutiquehotel mit 36 modernen, leicht kitschig nach Thai-Geschmack gestalteten Zimmern mit Waschbecken im Raum, LCD-TV, Kühlschrank, Wasserkocher und Balkon mit Kunstrasen. Frühstück inkl. ❺–❻

🌳 **Asita Eco Resort**, 33/3 Moo 4, Taihad Rd., ☏ 034-767 333, 089-866 2168. Wer in der Nähe des Mae Klong Railway Market (S. 244) komfortabel, modern und dennoch naturnah übernachten möchte, ist hier richtig. 24 saubere, kreativ eingerichtete Bungalows aus recycelten Naturmaterialien mit großen Fensterfronten und direktem Zugang zum beschaulichen Klong, in dem man schwimmen kann, zudem ein kleiner Pool. Regen- und Flusswasser wird zur Reinigung und Bewässerung gesammelt, der Müll getrennt und Gemüse in einem eigenen Biogarten angebaut. Gutes, frisches lokales Seafood im Restaurant und freundliches Personal. Fahrradverleih. ❻–❼

**Chotika Riverfront**, 10 Min. zu Fuß nördlich von Amphawa am KM 0, an der Straße nur in Thai ausgeschildert, ☏ 034-751 042, ▢ www. chotikariverfront.com. Hinter dem ehemaligen Restaurant werden in ruhiger Lage 8 geräumige Zimmer mit Podestbetten, kleinem Wohnbereich, Kühlschrank, Dusche und Sitzgelegenheiten direkt am Kanal vermietet. Essen auf Wunsch, Frühstück inkl. ❺

Weitere Übernachtungsangebote s. eXTra [2607].

## ESSEN

Am Wochenende überwältigt das Angebot an den **Essensständen** und **Garküchenbooten**. Man hat die Chance, Snacks, Seafood und regionale Spezialitäten zu probieren, die ansonsten selten angeboten werden. Kleine Läden servieren günstige Nudelsuppen. Viele haben inzwischen auch englische Speisekarten.

**Amphawa Ha-Hae**, ☏ 034-725 584, 081-440 9734. Mit dunklem Holz und alten Lampen, Uhren und anderem Trödel eingerichtetes Pub

## Lecker gefüllte Blätter

*Miang kam* ist eine typisch thailändische Spezialität: Die frischen Blätter werden mit gerösteten Kokosflocken, getrockneten Krabben, Erdnüssen, Zwiebeln, Chilis, Ingwer und Knoblauch gefüllt, gefaltet und als Häppchen gegessen.

in einem Holzhaus am Kanal mit guter Bar.
🕐 11–23 Uhr.

**Pornsawan**, am Nordufer des Kanals nahe dem District Office östlich der kleinen Brücke gelegenes Restaurant mit einer großen Auswahl, vor allem Seafood.

### AKTIVITÄTEN

**Boote** können von den Resorts und an den Piers für 600 Baht pro Std. gechartert werden. Auf die abendlichen Speedboot-Touren für 300 Baht p. P. zu den Glühwürmchen am **Klong Kone** sollte man verzichten, da Anwohner wie Mangroven unter den lauten Booten und hohen Wellen leiden.

### TRANSPORT

Empfehlenswert ist ein **eigenes Fahrzeug**. Dann zweigt man vom H325 südlich von Amphawa auf den H6006 ab und fährt ganz gemächlich am Ostufer entlang Richtung Norden bis Ratchaburi.
Nach SAMUT SONGKHRAM, 6 km, und in andere Orte der Umgebung mit **Songthaew** und **Minibussen** für 10–20 Baht, **Tuk Tuk** 100 Baht.

BANGKOK, ab dem Tempel oder der Haltestelle an der Filiale der Thanachart Bank am H6006 östlich des Klong zum Victory Monument verkehren Minibusse bis 21 Uhr für 80 Baht.

## Samut Songkhram (Mae Klong)

Ebenso wie in **Samut Sakhon** (Mahachai), fast schon ein Vorort von Bangkok, lohnt in Samut Songkhram ein Zwischenstopp am großen Fischmarkt mit einigen Seafood-Restaurants. Zwischen KM 49 und KM 56 erstrecken sich zwischen dem mehrspurigen H35 und der Küste **Salinenfelder**, auf denen Meersalz gewonnen wird.

Bekannt ist Samut Songkhram für den seit 1905 bestehenden **Mae Klong Railway Market**, einen in einer schmalen Gasse an und auf den Bahngleisen stattfindenden Obst- und Gemüsemarkt. Wenn die Eisenbahn einfährt, werden die Marktstände eiligst zur Seite geräumt, die Markisen zurückgezogen und Sonnenschirme zusammengeklappt, und der Zug gleitet zentimetergenau über die Waren hinweg und an den wartenden Händlern und Touristen vorbei.

Der Mae Klong Railway Market ist eine große Touristenattraktion.

© MISCHA LOOSE

Mittlerweile kommen zwar mehr Touristen als Einheimische und der erste Coffeeshop hat direkt an den Gleisen eröffnet, aber die Einfahrt ist immer noch ein besonders fotogenes Erlebnis. Die Züge fahren tgl. gegen 9.45, 13.45 und 18.20 Uhr in Samut Songkhram ein.

### TRANSPORT

#### Busse und Songthaew

Zahlreiche Busse von Bangkok in den Süden (z. B. Phetchaburi und Hua Hin) halten an der Bushaltestelle in Samut Songkhram (Mae Klong) nahe dem Markt.

Nach AMPHAWA, 7 km, und BANG NOK KWAEK, 19 km, verkehren Songthaew und Minibusse für 10–20 Baht.

BANGKOK (Southern Bus Terminal), lokale Busse bis 17.30 Uhr alle 30 Min. für 50 Baht in 2 Std., von Bangkok bis 21 Uhr. Minibusse vom/zum Victory Monument (zentraler gelegen) bis 20 Uhr für 70 Baht.

RATCHABURI, 37 km, Bus 471 alle 20 Min. für 37 Baht in 1 Std.

#### Eisenbahn

Von der **Wongwian Yai Railway Station** (nahe BTS Wongwian Yai) verkehrt etwa stdl. von 5.30–20.10 Uhr eine Schmalspurbahn in ca. 1 Std. nach SAMUT SAKHON (Mahachai) für 10 Baht, wo eine Fähre den Fluss überquert (3–5 Baht). Vom kleinen **Ban Laem-Kopfbahnhof** auf der anderen Seite (rechts laufen) fährt um 8.45, 12.45 und 17.22 Uhr ein Triebwagen in 1 Std. für 10 Baht weiter nach SAMUT SUNG-KHRAM (Mae Klong), zurück Abfahrten um 6.20, 10.20 und 14.30 Uhr, der letzte Zug ab Samut Sakhon zurück nach WONGWIAN YAI fährt um 19 Uhr.

## Ratchaburi

Westlich von Bangkok, in der fruchtbaren Mündungsebene des 132 km langen Mae Klong, liegt die idyllische Provinzhauptstadt Ratchaburi mit 50 000 Einwohnern. Sie hat einen netten Markt, eine kleine Chinatown und historisch Interessierten einiges zu bieten. Archäologen stoßen

immer wieder auf Zeugnisse der tausend Jahre alten Dvaravati-Kultur.

Im **Wat Mahathat** (Wat Na Phratat), das im 10. Jh. gegründet und mehrfach überbaut wurde, sind hinter den alten Mauern Ausgrabungsarbeiten im Gang. In der Gebetshalle sitzen Rücken an Rücken zwei große Buddhastatuen, von denen Gläubige Schutz von allen Seiten erbitten. Daneben erheben sich umgeben von einem Wandelgang mit Stein-Buddhas aus verschiedenen Epochen vier mit Stuckornamenten verzierte Prangs, die an das kambodschanische Angkor Wat erinnern. Im höchsten Prang sind in einer Nische am Ende einer steilen Treppe alte Wandmalereien hinter Scherengittern im dunklen Raum leider kaum zu erkennen (Fotoverbot). Die Nonnen im Kloster betreiben ein Hundeasyl.

Von der verfallenen, vom 6.–10. Jh. bedeutenden Handelsstadt des Dvaravati-Reiches **Ku Bua**, 8 km südöstlich, sind nur noch Fundamente innerhalb eines Wallgrabens zu bestaunen, s. eXTra [2612].

In der historischen Sammlung des etwas altbackenen **Nationalmuseums**, ☎ 032-321 513, können archäologische Funde besichtigt werden. Sie sind gut ausgeleuchtet und mit nüchternen, aber informativen englischen Texten, Fotos und Karten von den Fundstätten versehen. Die interessantesten Objekte stammen aus der Dvaravati- (6.–10. Jh.) und Khmer-Periode (11.–13. Jh.), aber auch rund 2000 Jahre alte Bronzezgongs und Grabbeigaben finden sich in der Sammlung. Sie wird durch Ausstellungen über das einheimische Kunsthandwerk sowie ethnische Minoritäten ergänzt, die während der letzten Jahrhunderte hier angesiedelt wurden – von Chinesen bis zu Mon und Karen aus Myanmar, Lao Song und Lao Vieng aus Laos oder Yuan aus dem Norden. ◷ Mi–So außer feiertags 9–16 Uhr, Eintritt 100 Baht.

Eine Querstraße weiter östlich werden in einem alten, rustikalen Holzhaus in **dKunst**, ☎ 089-786 6787, im oberen Stockwerk Werke einheimischer Künstler ausgestellt und unten im kreativ eingerichteten Café guter Kaffee serviert. ◷ Di–So 10–18.30 Uhr.

Ratchaburi ist bekannt für die großen irdenen **Wasserkrüge** mit Drachenmotiven. Sie werden noch heute in Handarbeit in etwa 50 Manufaktu-

N
0    500 m

**ÜBERNACHTUNG**
① Namsin Hotel
② Araya Hotel
③ Western Grand Hotel
④ Space 59 Hotel

**TRANSPORT**
① Motorradtaxis
② Tuk Tuks, Motorradtaxis
③ Songthaew nach Khao Ngu
④ Minibusse nach Chom Bung
⑤ Minibusse nach Bangkok
   und Nakhon Pathom
⑥ Busse nach Bangkok (1. Kl.)
⑦ Minibusse und Busse
   nach Bangkok
⑧ Busse nach Phetchaburi,
   Motorradtaxis
⑨ Busse nach Bangkok und
   Samut Songkhram (2. Kl)
⑩ Tuk Tuks, Motorradtaxis

**ESSEN**
1 R Tee Khopiieh
2 Stand Nr. 132–134

**SONSTIGES**
1 dKunst
2 Wäscherei

---

ren hergestellt, z. B. am H4 Richtung Süden, am H3087 Richtung Chom Bung sowie neben dem Westin Grand Hotel.

## ÜBERNACHTUNG

**Araya Hotel** ②, 187/1-12 Kraipet Rd., ☎ 032-337 781-2. Altes, einfaches chinesisches Stadthotel mit Aufzug. Sehr einfache und preisgünstige Zimmer mit dünnen, harten Matratzen, Steinböden und nach oben offener Du/WC, die teureren mit Klimaanlage, TV und Warmwasser. ❶–❷

**Namsin Hotel** ①, 2-16 Kraipet Rd., ☎ 032-337 551. Die zweckmäßigen Zimmer des großen Hotels in der Chinatown sind sauber und die Matratzen hart, teils auch mit TV, Kühlschrank und AC. ❶–❷

**Space 59 Hotel** ④, 8/9 Thao U-Thong Rd., ☎ 032-315 559, 🖥 www.space59hotel.com. Die moderne, 5-stöckige Unterkunft bietet das beste Preis-Leistungs-Verhältnis der Stadt. Mit viel nacktem Beton und Stahl ist sie im angesagten minimalistischen Industrial-Look gestaltet und bietet komfortable, nicht immer gründlich gereinigte Zimmer mit guten Matratzen, LCD-TV, Kühlschrank und kleinem Balkon. ❸

**Western Grand Hotel** ③, 105/1 Petchkasem Rd., nur in Thai ausgeschildert, ✆ 032-337 777, 🖥 www.westerngrandhotel.com. Außerhalb in der Nähe des Busbahnhofs gelegenes, 5-stöckiges Businesshotel mit 75 relativ komfortablen Zimmern mit betagter, nicht besonders ansprechender Einrichtung und bezahlbaren Suiten mit Kühlschrank, TV und Jacuzzi. Restaurant und Kaffee-Ecke. Frühstück inkl. ❹–❺

## ESSEN

In der Chinatown werden an **Essensständen** und in kleinen Restaurants lokale Gerichte zubereitet und verkauft. Garküchen finden sich zudem südlich der Kraipet Rd. in der Khanathon Rd. Das große **Food Center** rund um den Uhrturm beherbergt eine Vielzahl von kleinen Essensständen, u. a. **Stand Nr. 132–134** mit englischsprachiger Speisekarte und Personal, flottem Service und günstigen Preisen. ⏰ 16–24 Uhr.

**Robinson Department Store**, das Kaufhaus beherbergt Fastfood-Filialen, Pizza Company und einen **Tops Supermarkt** mit gutem Brot. ⏰ 9–21 Uhr.

€ **R Tee Khopiieh**, Schild nur auf Thai und Chinesisch, 84-90 Voradech Rd., ✆ 091-604 1659. Uriger, mit Antiquitäten und klassischen Marmortischen eingerichteter chinesischer Coffeeshop, der günstige Snacks und eine gute Auswahl an Dim Sum (meist 28 Baht pro Portion) auftischt. Nette Atmosphäre und englische Speisekarte. ⏰ 6.30–16.30 Uhr.

**Tesco Lotus**, im großen Supermarkt gibt es einen Food Court, eine Filiale von Hotpot und KFC sowie ein **MK Restaurant**. ⏰ 9–24 Uhr.

## NAHVERKEHR

**Rikschas** gibt es fast nur noch in der Chinatown.
**Motorradtaxis** verkehren in der Stadt ab 20 Baht.
**Songthaew** kosten gechartert ca. 200 Baht pro Std.

**Tuk Tuks** kosten in der Stadt 30 Baht, zu Zielen in der Nähe s. dort.

## TRANSPORT

### Busse

Der **Busbahnhof,** ✆ **032-338 994,** im Süden der Stadt mitten im Großmarkt wird kaum genutzt. Stattdessen halten die Busse weiterhin im Zentrum. Die verwirrend vielen Abfahrtsstellen sind auf dem Ortsplan verzeichnet.

BANGKOK, Bus 76 von verschiedenen Haltestellen in der Altstadt entlang der Kraipet Rd. 2.-Kl.-AC-Busse bis 18 Uhr alle 30 Min. für 80 Baht. 1.-Kl.-AC-Busse von 4–19 Uhr alle 30–40 Min. für 90 Baht ab dem Büro neben dem Namsin Hotel in 1 1/2 Std. Minibusse vom Busbahnhof, dem Flyover in der Sathani Rotfai Rd. und vom Zentrum zur Phrapinklao-Brücke in Thonburi (nahe Banglampoo) sowie zum Victory Monument von 4–19 Uhr bzw. 4–20.30 Uhr alle 20 Min. für 100 Baht in 2 Std.

CHOM BUNG, Minibusse ab der Haltestelle neben der Post von 7.10–18.40 Uhr alle 20 Min. für 30 Baht in 40 Min. zur Chompon-Höhle (+ 2 km zu Fuß) und der Zufahrt zur Khao Binn-Höhle (+ 1,7 km zu Fuß).

DAMNOEN SADUAK, gelber lokaler Bus für 50 Baht in gut 1 Std., Songthaew für 30 Baht oder über Bang Phae. Man kann sich direkt am Markt absetzen lassen.

KANCHANABURI, Bus 461 von 5–18 Uhr alle 15 Min. für 50 Baht, AC 70 Baht, in 2 1/2 Std. ab dem Busbahnhof.

NAKHUN PAI HUM, mit Minibussen Richtung Bangkok für 40 Baht in 45 Min.

PHETCHABURI, Bus 73 alle 20 Min. für 50 Baht in 1 Std.

SAMUT SONGKHRAM (MAE KLONG), Bus 471 alle 20 Min. für 37 Baht in 1 Std., von hier mit dem Songthaew weiter nach AMPHAWA für 10 Baht.

### Eisenbahn

Fahrplan S. 950–955. Der **Bahnhof** liegt 1 km südlich der Innenstadt. Hier halten alle Züge zwischen Bangkok und dem Süden. An der Haltestelle bei der Brücke stoppen nur lokale Züge.

# Die Umgebung von Ratchaburi

Bizarre Kalksteinfelsen, beeindruckende Höhlen, Tempel und eine Ausgrabungsstätte sind am besten mit einem gecharterten Songthaew, Tuk Tuk oder Taxi zu erreichen. Eine Tagestour kostet 1000–1500 Baht. Wer vor der Kang Khao-Höhle das Ausschwärmen der Fledermäuse sehen will, sollte zeitig aufbrechen.

Touren mit lokalen Bussen sind wegen der langen Wartezeiten und Fußwege nicht zu empfehlen.

## Khao Ngu-Berge und -Höhlen

Der idyllische **Steingarten** Ruesikhao Ngu in den Khao Ngu-Bergen („Schlangen-Bergen") mit seinen Seen und Pavillons ist beispielhaft für die gelungene Rekultivierung eines großen Steinbruchs. Den östlichen Zugang markiert ein riesiger, goldener stehender Buddha an einer Felswand. Zu erreichen von der Stadt aus auf dem H3087 7 km Richtung Westen. Blaue Songthaew (letzter zurück um 18.30 Uhr) fahren für 15–20 Baht, Tuk Tuks für 200 Baht hin und zurück.

Auf einer schmalen, kurvenreichen Straße gelangt man über steile Treppen zu den vier buddhistischen **Khao Ngu-Höhlen mit uralten Wandreliefs**: **Fa Tho** mit einem liegenden Buddha im indischen Stil aus dem 7. Jh., **Chin** mit zwei restaurierten Buddhaskulpturen aus der Dvaravati-Zeit, **Cham** mit Buddhareliefs in unterschiedlichen Positionen, darunter dem ältesten liegenden Buddha, und zur Eremitenhöhle **Tham Ruesi** mit Wandreliefs mit Inskriptionen in Sanskrit, die aber meist geschlossen ist. Wer beim Eintreten die Schuhe stehen lässt, bietet den zahlreichen, diebischen Makaken ein gefundenes Spielzeug. Viele Pilger reisen hierher, um die zentrale Figur, einen sitzenden Buddha als Basrelief, zu sehen. Dieser stammt aus der Dvaravati-Periode (10. Jh.), weist Einflüsse aus dem indischen Gupta-Reich (5. Jh.) auf und wird hoch verehrt.

## Wat Nong Hoi

Beeindruckend ist die Aussicht über die Ebene und die sie umgebenden Berge von den beiden nahe beieinander gelegenen Bergkegeln, auf denen der große chinesisch-buddhistische Tem-

pel liegt. Auf dem südlichen Berg erhebt sich ein 16 m hoher, weißer sitzender Bodhisattva Avalokitesvara, während auf dem nördlichen unterhalb der Tempelgebäude ein goldener Happy Buddha Glück verspricht. In diesem Tempel werden das Vegetarier-Fest im Oktober und das chinesische Neujahrsfest groß gefeiert. Die Tempel liegen 12 km nördlich der Stadt, östlich vom H3089. ⏰ 7–17 Uhr.

## Khao Binn-Höhle

Die Höhle am „Fliegenden Berg" in einem gepflegten Park mit Souvenir- und Essensständen ist über eine 1,7 km lange, von Makakenhorden belagerte Zufahrtstraße beim KM 20 des H3087 zu erreichen, ⏰ 9–16.30, Sa und So bis 17 Uhr, Eintritt 20 Baht. Der Minibus Richtung Chom Bung hält an der Abzweigung an der Hauptstraße. Tuk Tuk 400 Baht.

In der 8000 m² großen Höhle sind auf einem 300 m langen Pfad acht Kammern zugänglich. Die Stalaktiten, eleganten Säulen und Tropfsteinwasserfälle sind farbig ausgeleuchtet. Die schönste Formation in der vierten Kammer ähnelt einem gewaltigen Adler. Am Ende des abgesicherten Weges wartet eine feuchtheiße Grotte mit kleinen Teichen und heiligem Wasser.

## Chompon-Höhle

2 km westlich von Chom Bung liegt hinter dem Bildungsinstitut in einem Arboretum die Höhle Tham Chompon. Minibusse fahren nur bis Chom Bung, Tuk Tuk 500 Baht. ⏰ 9–16.30 Uhr, Eintritt 10 Baht.

Zwischen schattigen großen Bäumen, kleinen Bonsai-Bäumchen, Bougainvilleen und Teichen laden Essensstände zu einem Imbiss ein. Die bettelnden Makaken sollten nicht gefüttert werden. Über eine Treppe erreicht man durch einen schmalen Eingang die 240 m lange Haupthalle mit vielen hübschen Stalaktiten und Stalagmiten. Durch das Loch des abschließenden Doms fällt malerisch das Tageslicht. Ein ruhender Buddha und der Heilige Phra Phutta Siyat sind die am meisten verehrten Statuen.

Wer in der Nähe der Höhlen übernachten möchte, findet in Chom Bung im **Sanita Cottage**, 264 Soi Tesaban 15, ☎ 081-979 6890, 🖥 www.sanitacottage.com, Unterkunft. Am besten man

## Ein wahrhaft königliches Schattentheater

Alte, hohe Laubbäume umgeben die weitläufige Klosteranlage des **Wat Khanon**, deren schöne, alte Teakhäuser eine besondere Atmosphäre vermitteln. Der alte Tempel beherbergt ein einmaliges **Museum** mit wunderschönen, großen Nang Yai-Schattenspielfiguren für das *Ramayana*-Epos, das in dieser Form ausschließlich am königlichen Hof gespielt werden durfte. Die über 150 Jahre alte Sammlung umfasste ursprünglich 313 aus Büffelleder ausgestanzte Figuren. In großen Schaukästen werden die Prächtigsten ausgeleuchtet und beschrieben. Außerdem informiert ein Faltblatt über die Tradition des Schattenspiels. Manchmal wird demonstriert, wie die Figuren aus Büffelleder hergestellt werden. Der Abt des Klosters, ✆ 032-233 386, 081-753 1230, informiert über Aufführungen, die meist Sa von 10–11 Uhr stattfinden. Zur Musik eines großen traditionellen Orchesters und den vorgetragenen sowie gesungenen Texten bewegen Tänzer die großen Figuren. ⏲ 8–17 Uhr, Eintritt frei, Spende erbeten.

Anfahrt von Photharam auf dem H3080, über den Fluss und hinter der Brücke rechts auf einer schmalen Landstraße 2,5 km bis zum Tempel, Tuk Tuk 600 Baht. Alternativ über Photharam, Bus ab Bangkok oder Ratchaburi, und weiter mit dem Motorradtaxi.

folgt der Ausschilderung zum „Green Resort". Wer schon immer einmal wie ein Hobbit im Auenland wohnen wollte, wird sich hier pudelwohl fühlen. Die 13 Bungalows im Landhausstil haben alle AC und sind in eine schöne märchenartige Gartenlandschaft integriert. Der hilfsbereite Besitzer spricht Englisch, die Angestellten leider nicht. Frühstück inkl. ❹

### Wat Khao Chong Phran und die Fledermaus-Höhle

Jeden Abend, sobald die Sonne untergeht, bietet sich über dem **Wat Khao Chong Phran** ein spektakuläres Naturschauspiel. Aus der **Kang Khao-Höhle** quillt ein scheinbar endloses, dunkles Band heraus, das über den dunklen Abendhimmel gleitet. Von den flatternden Punkten geht ein hohes Zirpen aus. Es sind etwa 4 Mio. kleiner Faltlippen-Fledermäuse *(Tadarida plicata)*, die sich unter den Augen Hunderter Zuschauer auf den Weg zu den Obstbäumen im „Garten Thailands" weiter im Süden machen. In der Höhe kreisende Raubvögel nutzen die ersten Minuten für einen Festschmaus. Nach etwa 20 Min. wird das Band zunehmend dünner. Noch vor dem Morgengrauen kehren die Flattertiere wieder in die Höhle zurück.

Die Fledermaus-Höhle liegt 24 km nordwestlich von Ratchaburi am H3089 Richtung Bang Phae hinter der Abzweigung des H3357. Sie ist mit dem Tuk Tuk oder Songthaew ab 600 Baht zu

erreichen. Vor dem Beginn des Schauspiels zum Sonnenuntergang ab etwa 18 Uhr (bei dunklem Himmel eher früher) postieren sich die Schaulustigen auf dem großen Parkplatz mit dem skur-

Fledermaus-Statue bei den Kang Khao-Höhlen

© MISCHA LOOSE

rilen Fledermaus-Denkmal neben dem Tempel. Essensstände sorgen für das leibliche Wohl.

Weitere Ausflugsziele s. eXtra [2612] und [2613].

# Nakhon Pathom

Vor über 2000 Jahren zogen Mönche aus dem buddhistischen Ceylon nach Osten. Sie errichteten einen buddhistischen Tempel wahrscheinlich an der Stelle, wo heute der mit 127 m höchste Chedi der Welt, der **Phra Pathom Chedi,** steht. Wegen der beeindruckenden Konstruktion der frühen Bauten nimmt man an, dass hier das erste buddhistische Zentrum auf thailändischem Boden begründet wurde. Unter der heutigen Pagode befindet sich ein 39 m hoher Chedi aus dem 4. Jh. im Mon-Stil, der im 11. Jh. mit einem Khmer-Prang und vor über hundert Jahren mit dem heutigen Chedi überbaut wurde. Eintritt zum Chedi mit dem **Tempelmuseum** (Eingang im Norden) 60 Baht. Mehr zum Chedi s. eXtra [2616]. Im November, nach dem Loi Krathong-Fest, findet rings um die Pagode ein zehntägiges, großes **Tempelfest** statt.

Im angeschlossenen **Nationalmuseum** sind einige Funde von 1934 durchgeführten Ausgrabungsarbeiten im Tempelbezirk ausgestellt. Die Ausstellungsstücke aus der Dvaravati-Periode geben einen Einblick in den Alltag der Menschen vor über tausend Jahren, ihre Religion, Kunst und Architektur. An der Kasse ist ein guter zweisprachiger Katalog erhältlich. ⊕ Mi–So 9–16 Uhr, Eintritt 100 Baht.

## Sanam Chandra-Palast

Rama VI. hielt sich oft in Nakhon Pathom auf, um dem Training seiner hier stationierten paramilitärischen Einheit beizuwohnen. Er ließ sich 2 km westlich der Pagode 1902–11 den kleinen Sanam Chandra-Palast erbauen. Dieser liegt in einem gepflegten Park mit Pavillons, Teichen und kleinen Brücken sowie dem Denkmal seines Lieblingshundes Yalae und des Elefantengottes Ganesha aus dem hinduistischen Pantheon.

In der **Chaleemongkolasana-Residenz,** einem zweistöckigen Gebäude, das wie ein zu klein geratenes Märchenschloss wirkt und vor dem das Denkmal des Hundes steht, ist ein Museum mit Fotografien und persönlichen Gegenständen aus dem Besitz König Ramas VI. untergebracht. Ebenfalls besichtigt werden können die **Bhimarn Prathom-Residenz** im westlichen Kolonialstil mit den einstigen Privatgemächern des Königs sowie die **Samakkeemukamartaya-Halle,** die für Theatervorstellungen und Empfänge genutzt wurde. ✆ 034-244 236-7, ⊕ 9–16 Uhr, Eintritt in den Park frei, in die Museen 50 Baht. Es gilt die Kleiderordnung wie im Königspalast in Bangkok (S. 144). In einer Kantine werden einfache Thai-Gerichte und Getränke verkauft.

### ÜBERNACHTUNG

**€** **Diary Suite** ③, 54/2 Tambon Sanamjan, ✆ 034-244 335. Die beste Wahl für Selbstfahrer ist das etwas außerhalb gelegene, hellhörige Apartmenthotel. Die geräumigen Zimmer mit LCD-TV, AC und teils unverputzten Ziegelwänden sind recht ansprechend. Fast nur einheimische Gäste. Frühstück auf der Dachterrasse inkl. ❸

**Mitr Phaisal Hotel** ①, am Bahnhof, 120/30 Phaya Phan Rd., ✆ 034-242 422, ✉ mitpaisal@ hotmail.com. Hellhörige Zimmer, teils mit AC, in einem alten, an ein Gefängnis erinnernden Hotelblock mit Aufzug und einer museumsreifen Telefonanlage. Einziger Vorteil ist die Nähe zum Bahnhof. ❷

**Whale Hotel** ②, 151/79 Soi 19, Ratchavithi Rd., ✆ 034-253 855-8, 🖥 www.whale.co.th. Das größte Hotel des Ortes liegt ca. 1 km westlich der Pagode etwas abseits der Hauptstraße, ist aber von dort leicht zu sehen. Mit dem Bus kommend, an der Ampel aussteigen. Geräumige Zimmer mit Teppichboden, TV und AC. Das chinesische Restaurant lässt zu wünschen übrig. Frühstück und WLAN in der Lobby inkl. ❸–❺

### ESSEN

Auf dem lebendigen **Markt** zwischen Bahnhof und Chedi gibt es leckeren kao larm, Klebreis, der mit Kokos und Palmzucker gesüßt in Bambus gebacken wird. Weitere Essensstände findet man auf dem Markt westlich vom Chedi, u. a. ein Eisverkäufer, der spektakulär mit seiner

WEST-THAILAND

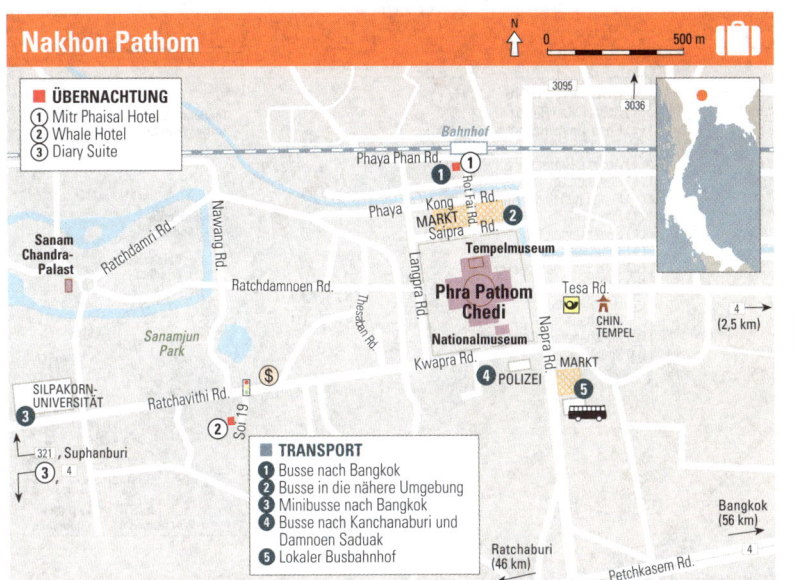

**ÜBERNACHTUNG**
1. Mitr Phaisal Hotel
2. Whale Hotel
3. Diary Suite

3095
3036

Bahnhof

Phaya Phan Rd. (1)

Phaya   Kong   Rat Fai Rd.
Saipra Rd.   (2)

MARKT

Tempelmuseum

Nawang Rd.

Ratchdamri Rd.

Sanam
Chandra-
Palast

Ratchdamnoen Rd.

Langira Rd.

Thesdaen Rd.

**Phra Pathom
Chedi**

Tesa Rd.

**Nationalmuseum**

Napra Rd.

CHIN.
TEMPEL

4 →
(2,5 km)

Sanamjun
Park

Kwapra Rd.   MARKT

SILPAKORN-
UNIVERSITÄT

(3)   Ratchavithi Rd.   (2)   Soi 19   $

(4) POLIZEI   (5)

↓ 321, Suphanburi
(3), 4

**TRANSPORT**
1. Busse nach Bangkok
2. Busse in die nähere Umgebung
3. Minibusse nach Bangkok
4. Busse nach Kanchanaburi und
   Damnoen Saduak
5. Lokaler Busbahnhof

Bangkok
(56 km)

Ratchaburi
(46 km)

Petchkasem Rd.   4

Kugelzange hantiert und die Eiskugeln durch die Luft schleudert. Vor allem abends laden viele Essensstände zum Schlemmen ein.

## TRANSPORT

### Busse

Busse fahren auf dem Weg zu den außerhalb gelegenen Busbahnhöfen durchs Zentrum und lassen Touristen an der Pagode ein- oder aussteigen. Überlandbusse halten südlich des Zentrums am Highway, lokale Busse, z. B. nach Damnoen Saduak, an der Bushaltestelle im Süden der Stadt oder rings um die Pagode. Ortsunkundige sollten sich bei Einheimischen nach den Bushaltestellen im Zentrum erkundigen, da diese nicht ausgewiesen sind. Das beste und günstigste Transportmittel innerhalb der Stadt sind Motorradtaxis.
BANGKOK, 56 km, AC-Bus 83 bis 21 Uhr alle 15–20 Min. für 40 Baht, zurück bis gegen 23.20 Uhr, in 1 1/2 Std. Minibusse ab der Straße vor der Silpakorn-Universität nach Bangkok (Phrapinklao-Brücke nahe Banglampoo) für 60 Baht.

DAMNOEN SADUAK, AC-Bus 78 ab der Polizeistation südlich des Chedi ab 6.30 Uhr alle 30 Min. für 30–50 Baht in 1 Std.
KANCHANABURI, AC-Bus 81 aus Bangkok kommend alle 20 Min. für 50 Baht in 2 Std.
RATCHABURI, Bus 76 für 40 Baht in 45 Min.

### Eisenbahn

Fahrplan S. 950–955. Der **Bahnhof** liegt 500 m nördlich des Chedi. Nach BANGKOK fahren 13 Züge tgl. in 1 1/2–2 Std., die wegen der Zuschläge überwiegend teurer sind als Busse. Günstig der Ordinary 262 um 17.16 Uhr für 14 Baht in der 3. Klasse. Zwischen THONBURI und KANCHANABURI kosten alle Züge trotz 3. Kl. für Touristen 100 Baht.

# Kanchanaburi

Nicht nur die weltberühmte Brücke am Kwai, die Vorlage zu Pierre Boulles Roman und dem gleichnamigen Film, zieht einheimische wie ausländische Touristen in die Provinzhauptstadt (54 000 Einwohner), die häufig Mueang Kan oder

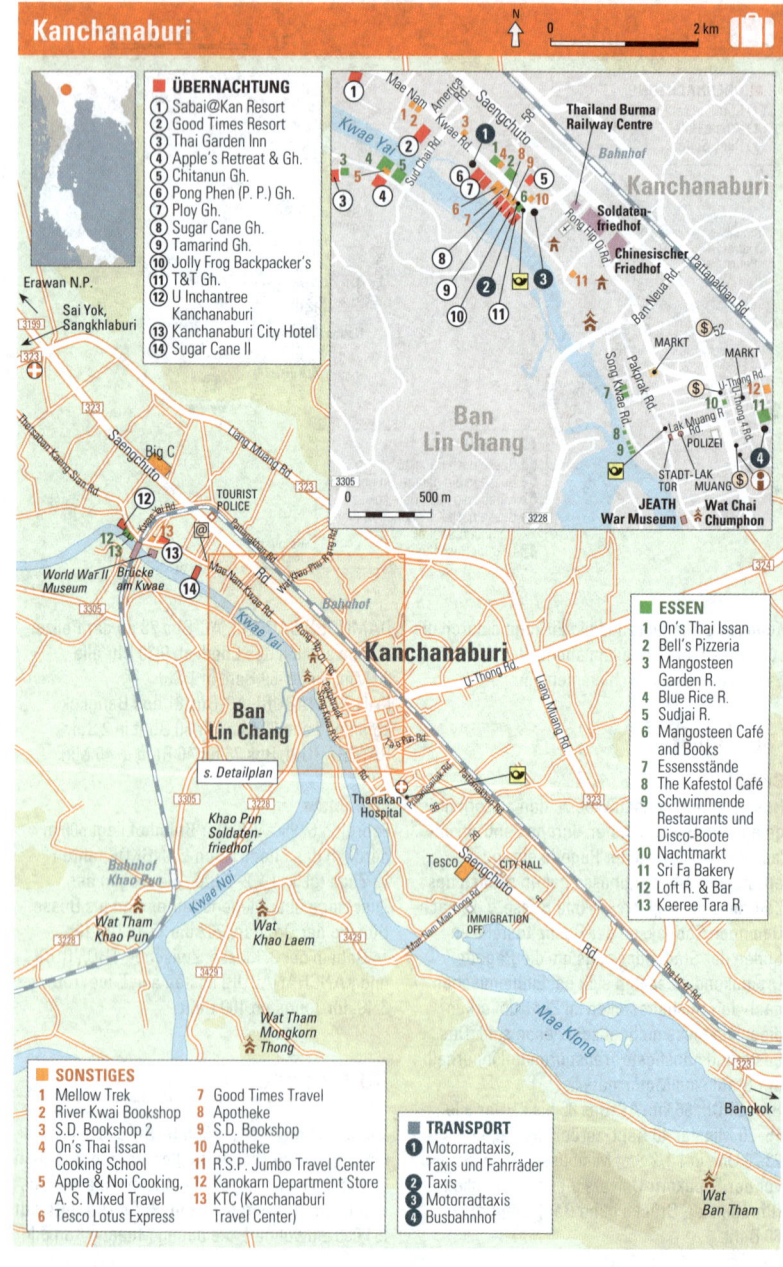

# Kanchanaburi

N    0        2 km

**WEST-THAILAND**

## ■ ÜBERNACHTUNG
1. Sabai@Kan Resort
2. Good Times Resort
3. Thai Garden Inn
4. Apple's Retreat & Gh.
5. Chitanun Gh.
6. Pong Phen (P. P.) Gh.
7. Ploy Gh.
8. Sugar Cane Gh.
9. Tamarind Gh.
10. Jolly Frog Backpacker's
11. T&T Gh.
12. U Inchantree Kanchanaburi
13. Kanchanaburi City Hotel
14. Sugar Cane II

Erawan N.P.

Sai Yok, Sangklaburi

Thailand Burma Railway Centre

Bahnhof

**Kanchanaburi**

Soldaten-friedhof

Chinesischer Friedhof

MARKT

MARKT

POLIZEI

STADT- LAK MUANG

JEATH War Museum

Wat Chai Chumphon

**Ban Lin Chang**

3305   0      500 m

Big C

TOURIST POLICE

World War II Museum

Brücke am Kwae

Kanchanaburi

**Ban Lin Chang**

s. Detailplan

Khao Pun Soldaten-friedhof

Thanakan Hospital

Tesco

CITY HALL

IMMIGRATION OFF.

Bahnhof Khao Pun

Wat Tham Khao Pun

Wat Khao Laem

Wat Tham Mongkorn Thong

Mae Klong

Bangkok

Wat Ban Tham

## ■ ESSEN
1. On's Thai Issan
2. Bell's Pizzeria
3. Mangosteen Garden R.
4. Blue Rice R.
5. Sudjai R.
6. Mangosteen Café and Books
7. Essensstände
8. The Kafestol Café
9. Schwimmende Restaurants und Disco-Boote
10. Nachtmarkt
11. Sri Fa Bakery
12. Loft R. & Bar
13. Keeree Tara R.

## ■ SONSTIGES
1. Mellow Trek
2. River Kwai Bookshop
3. S.D. Bookshop 2
4. On's Thai Issan Cooking School
5. Apple & Noi Cooking, A. S. Mixed Travel
6. Tesco Lotus Express
7. Good Times Travel
8. Apotheke
9. S.D. Bookshop
10. Apotheke
11. R.S.P. Jumbo Travel Center
12. Kanokarn Department Store
13. KTC (Kanchanaburi Travel Center)

## ■ TRANSPORT
1. Motorradtaxis, Taxis und Fahrräder
2. Taxis
3. Motorradtaxis
4. Busbahnhof

Kanburi genannt wird. Familien japanischer und alliierter Kriegsveteranen kommen wegen der Kriegsmuseen, Soldatenfriedhöfe und anderer Spuren, die der Zweite Weltkrieg hinterlassen hat. Thailändische Familien flüchten am Wochenende aus der Metropole, um in den Resorts aufzutanken. Traveller finden hier preiswerte Gästehäuser und Restaurants sowie vielfältige Möglichkeiten für Touren und Aktivitäten.

Rings um den Busbahnhof liegt das planmäßig angelegte, touristisch unattraktive Geschäftszentrum. Es wird von der vierspurigen Fernstraße vom alten, chinesisch geprägten, quirligen Kern getrennt. Am Fluss konzentrieren sich die Touristen, südlich der neuen Brücke frequentieren Reisegruppen die schwimmenden Karaoke-Restaurants, während sich Individualreisende in Gästehäusern entlang der Straße zur Eisenbahnbrücke wohlfühlen. Die Sehenswürdigkeiten liegen weit verstreut zwischen Hauptstraße und Fluss.

Die berühmte **Brücke am Kwae**, besser bekannt als „River Kwai Bridge" bzw. „Brücke am Kwai", liegt 4 km nordwestlich des Busbahnhofs. Über sie pendelt eine Touristenbahn. Zudem wird sie von Zügen überquert, die durch das Tal des Kwae Noi bis zur heutigen Endstation Nam Tok fahren. Sie machen durch lautes Pfeifen auf sich aufmerksam, sodass sich Passanten rechtzeitig in Sicherheit bringen können. Die schlichte Stahlträgerkonstruktion wurde im Krieg beschädigt und anschließend wieder aufgebaut. Sie wird von zahllosen Touristen fotografiert. Auf dem von Souvenirständen umgebenen Platz vor der Brücke stehen neben einer Informationstafel eine alte Draisine und zwei historische Lokomotiven.

Von dem privaten **World War II Museum** südlich der Brücke, ☏ 034-512 596, sollte man keine historische Aufarbeitung der Kriegsereignisse erwarten. Neben prähistorischen Faustkeilen und einer Galerie der Helden Thailands haben auch die des Zweiten Weltkriegs, von Stalin bis Einstein, ihren Platz – kurzum: bizarr und voller Fehler! ⏱ 8–18 Uhr, Eintritt 40 Baht.

Wesentlich kleiner, aber angenehmer ist das JEATH **War Museum** (JEATH = die in den Krieg verwickelten Länder: Japan, England, Australien, Amerika, Thailand und Holland) im Wat Chai

Chumphon am Mae Klong-Fluss, das Ende der 1970er-Jahre in der rekonstruierten Baracke eines Kriegsgefangenenlagers eingerichtet wurde. Anhand von Fundstücken, Fotos und anderen Dokumenten vermittelt es einen Eindruck vom Leben der Gefangenen und der asiatischen Zwangsarbeiter, die 1942/43 am Bau der Eisenbahnlinie beteiligt waren. ⏱ 8.30–16.30 Uhr, 50 Baht Eintritt geht als Spende an ein Krankenhaus und eine Schule, Fotografierverbot.

Ein Teil der Toten wurde auf den beiden **Soldatenfriedhöfen** *(war cemetery)* beigesetzt, beide ⏱ 8.30–18 Uhr. Der größte, auf dem 6982 Soldaten begraben sind, befindet sich etwa 300 m südlich vom Bahnhof. An ihn grenzt ein chinesischer Friedhof. Der zweite, auf dem 1740 vornehmlich britische Soldaten begraben sind, liegt 2 km südlich der Stadt in **Khao Pun**, am Westufer des Kwae Noi.

Wer an einer guten Aufarbeitung der Geschichte interessiert ist, sollte unbedingt zum Museum am Hellfire Pass fahren (S. 267).

Im **Thailand Burma Railway Centre**, ☏ 034-512 721, 🖥 www.tbrconline.com, einem informativen Museum, wird der Bau der Death Railway und der Kriegsverlauf in Asien in Details und durch Videofilme dargestellt. Im Erdgeschoss werden Besuchern die mühsamen Bauarbeiten und das Lagerleben vor Augen geführt. Die Ausstellungen im Obergeschoss widmen sich den Angriffen der Alliierten, der Zerstörung der Brücke und der nach Kriegsende erfolgten Repatriierung der Kriegsgefangenen. Das Highlight ist ein 9 m langes, detailliertes Modell der Bahnstrecke. Es werden eine Karte von der gesamten Bahnlinie mit Erläuterungen verkauft und Touren für historisch Interessierte organisiert (Halbtagestouren in der Stadt 3500 Baht, 1 Tag mit Ausflug zum Hellfire Pass 7800 Baht). ⏱ 9–17 Uhr, Eintritt 140 Baht, Kinder 60 Baht.

## ÜBERNACHTUNG

Kanchanaburi bietet eine vielfältige Auswahl von preiswerten Gästehäusern bis zu teureren Hotels. Samlor-Fahrer erhalten eine Provision für neue Gäste und fahren daher bevorzugt die Gästehäuser an, die ihnen das meiste Geld zahlen.

## Die Death Railway

415 km war die Strecke lang, die die Japaner während des Krieges zur Sicherung des Nachschubs als Verbindung zwischen dem thailändischen und birmanischen Eisenbahnnetz durch die Wildnis treiben ließen. Innerhalb von 17 Monaten, von Juni 1942 bis Oktober 1943, hatten 200 000 asiatische Zwangsarbeiter und 62 000 Kriegsgefangene unter großen Opfern die Trasse durch den Dschungel, die noch immer lakonisch Death Railway genannt wird, fertiggestellt. Zwangsarbeiter aus Thailand, Birma, Singapore und Malaysia sowie alliierte Kriegsgefangene lebten und arbeiteten bis zu 18 Std. am Tag unter unmenschlichen Bedingungen. Allein von den Kriegsgefangenen starben über 12 000 durch Unfälle, Unterernährung und Krankheiten, besonders Malaria und Cholera, sowie die harte Hand der Japaner, bei den Zwangsarbeitern gab es sogar über 80 000 Opfer zu beklagen.
Weitere Infos s. **eXTra [2619]**.

Die Lage am Fluss mit Blick aufs Wasser ist beruhigend, wären da nicht die lauten Touristenboote. Vor allem an Wochenenden ziehen zudem Discoboote ihre Kreise. In den Unterkünften sollte man prüfen, ob das Wasser im Bad nicht aus dem Fluss gepumpt wird. Der in Ufernähe von Wasserhyazinthen bedeckte Fluss bietet abschnittweise einen wunderschönen Anblick. In einigen Buchten wird allerdings Unrat angespült.

### Untere Preisklasse

**Chitanun Gh.** ⑤, 47/3 Mae Nam Kwae Rd., ☏ 034-624 785, 🖳 www.chitanungroup.com. Eine charmante, rüstige alte Dame vermietet in der großen, von der Straße zurückversetzten Anlage 39 einfach gestaltete, recht kleine, aber saubere Zimmer mit bequemen Matratzen in 4-Zimmer-Bungalows mit großer Terrasse sowie Reihenhäusern, teils mit AC. Auch Familienzimmer. Schöner, gepflegter Garten. WLAN im Eingangsbereich. ❶–❸

€ **Jolly Frog Backpacker's** ⑩, 28 Soi China, Mae Nam Kwae Rd., ☏ 034-514 579. Beliebte und sehr günstige Backpacker-Unter-

kunft unter der Leitung der freundlichen Deutschen Christa mit kommunikativer Atmosphäre und 55 einfachen, hellhörigen Zimmern, teils mit AC und kleiner Du/WC. Die billigsten auf Rafts, andere in 2-stöckigen Reihenhäusern im Garten. Auch Familien- und Einzelzimmer mit Gemeinschafts-Du/WC. Gemütliche Liegewiese mit Liegestühlen und Hängematten, hübscher Flussblick und Badeplattform. Sehr günstiges Restaurant mit selbst gebackenem Brot. Günstige Tagestouren. ❶–❷

**Pong Phen (P. P.) Gh.** ⑥, 5 Soi Bangladesh, ☏ 034-512 981, 085-293 7683, 🖳 www.pongphen.com. Hoch über dem Fluss gelegene, L-förmig angeordnete Reihenhäuser mit kleinen, hellhörigen, aber sauberen Zimmer mit Terrasse. Zudem ein 3-stöckiges Haus mit sehr geräumigen Zimmern mit TV für 2–3 Pers. und Bungalows mit AC. Zum Fluss hin ein schöner Garten mit vielen Orchideen, einer Terrasse mit Tischen und einem kleinen Pool mit Liegestühlen. Nettes Restaurant mit Bar. ❸–❹

**Sugar Cane Gh.** ⑧, 22 Soi Pakistan, Mae Nam Kwae Rd., ☏ 034-624 520, 🖳 www.sugarcaneguesthouse.com. Anlage mit einfachen, älteren Holzbungalows, die billigen mit kalten Duschen und durchgelegenen Matratzen, sowie 4 Rafts mit schönem Ausblick und großen, sehr hellhörigen Zimmern mit alten Matratzen, alter AC, Sonnenterrasse und alter Einrichtung. Gutes Essen im Restaurant (⏱ 7–22 Uhr) mit Blick auf den Fluss. ❶–❷

€ **Sugar Cane II** ⑭, 7 Soi Cambodia, Mae Nam Kwae Rd., ☏ 034-514 988. In der relativ gepflegten Gartenanlage werden verschiedene Zimmer vermietet: Im Reihenhaus liegen die einfachsten mit Ventilator, zudem teurere und geräumigere mit AC in bambusverkleideten Bungalows, die leider etwas dicht beieinander stehen und auf einem Raft. Restaurant am Fluss mit schönem Ausblick und Traveller-Food. ❶–❷

**T&T Gh.** ⑪, 1/14 Mae Nam Kwae Rd., ☏ 034-514 846, 081-856 2400. Das 2-stöckige Reihenhaus beherbergt 12 einfache, aber saubere Zimmer mit Bastwänden, Fliesenboden, Du/WC und TV, teils auch mit AC und dann geräumiger, zudem 4 sehr einfache Zimmer auf einem Raft. Garten und Flussterrasse. ❶–❷

**Tamarind Gh.** ⑨, 29/1 Mae Nam Kwae Rd., ☎ 034-518 790, 089-837 7256. Auf einem schmalen Grundstück am Fluss werden in einem 2-stöckigen ruhigen, sauberen Reihenhaus 15 gepflegte Zimmer, unten mit Ventilator, oben heller mit AC und TV, vermietet. Weitere Zimmer auf einem Raft. Zudem recht große, billige Zimmer mit Gemeinschafts-Du/WC. ❷

## Mittlere Preisklasse

🛄 **Apple's Retreat & Gh.** ④, 153/4 Moo 4 Thamakham, ☎ 034-512 017, 081-948 4646, 🖥 www.applesguesthouse.com. Die moderne Anlage liegt jenseits der Straßenbrücke in ländlicher Umgebung und beherbergt in einem 2-stöckigen Reihenhaus mit Blick über die Felder und Bergwelt 16 saubere, zweckmäßige Zimmer mit AC, harten Matratzen auf Massivholzpodesten und Du/WC. Jenseits der Straße am Flussufer befindet sich das nette, sehr empfehlenswerte Restaurant. Die engagierten und hilfsbereiten Besitzer Apple und Noi verleihen der Unterkunft eine angenehme persönliche Note. Empfehlenswerte Kochkurse, Fahrradverleih und Touren. Frühstück +200 Baht. ❸-❹

**Good Times Resort** ②, 265/5–7 Mae Nam Kwae Rd., ☎ 034-514 241, 087-162 4949, 🖥 http://good-times-resort.com. Zurückversetzt von der lauten Straße am Fluss gelegene, gepflegte Anlage mit Pool und sauberen, komplett ausgestatteten und geräumigen Zimmern mit netten dekorativen Details, LCD-TV und Kühlschrank in einem 2-stöckigen Reihenhausbau. Restaurant am Fluss. Nettes Personal. Frühstück inkl. ❹-❺

**Kanchanaburi City Hotel** ⑬, 368 Mae Nam Kwae Rd., Ecke New Zealand Rd., ☎ 034-512 333, 🖥 www.fb.com/kanchanaburicityhotel. Neues, modern-zweckmäßiges, etwas anonymes Mittelklassehotel mit Pool ohne Schatten und geräumigen, sauberen Zimmern mit dicken Matratzen oder dünneren Podestbetten im japanischen Stil sowie LCD-TV und Kühlschrank. Guter Service. Frühstück und Fahrräder inkl. ❺

**Ploy Gh.** ⑦, 79/2 Mae Nam Kwae Rd., ☎ 090-964 2653, 🖥 www.ploygh.com. Familienfreundliche, kleine Anlage mit Überlaufpool am Fluss und 23 geschmackvoll eingerichteten Zimmern

im asiatischen Stil. Hinter dem Restaurant mit Dachterrasse stehen ein 1- und 2-stöckiges Reihenhaus mit Zimmern mit kleinen, privaten Gärten, AC und nicht einsehbarer Dusche im Freien, im 1. Stock etwas preiswerter ohne Garten. Das freundliche Personal ist manchmal schwer zu lokalisieren. Störungsanfälliges WLAN. Einfaches Frühstück inkl. ❸-❺

🛄 **Sabai@Kan Resort** ①, 317/4 Mae Nam Kwae Rd., ☎ 034-625 544, 🖥 www.sabaiatkan.com. Sehr nette Unterkunft mit 23 schönen, hellen Zimmern mit großer Fensterfront, guten Matratzen, AC, Safe, TV, Kühlschrank und Sitzkissen auf dem Boden, im Erdgeschoss mit Veranda. Schöner gepflegter Garten mit kleinem Pool zum Abkühlen. Freundliches Personal. Reservierung empfehlenswert. Frühstück inkl. ❺

€ **Thai Garden Inn** ③, 74/11 Moo 4 Thamakham, ☎ 085-819 1686, 🖥 www.thaigardeninn.com. Die freundliche, kleine und friedliche Anlage mit gepflegtem Garten liegt auf der ruhigeren Flussseite und bietet ein sehr gutes Preis-Leistungs-Verhältnis. Die Bungalows mit Bambusinterieur, AC und Safe sind zwar bereits älter und etwas hellhörig, aber sehr gut instand gehalten und sauber. Der überdachte Pool ist ein großer Bonus. Freundliches Personal. Frühstück inkl. ❹

## Obere Preisklasse

**U Inchantree Kanchanaburi** ⑫, 443 Mae Nam Kwae Rd., 200 m westlich der Brücke, ☎ 034-521 584, 🖥 www.ukanchanaburi.com. Moderne, boutiqueartige Unterkunft in durchdachtem Design mit 24 in einem 2-stöckigen, U-förmigen Bau untergebrachten und komfortabel ausgestatteten, aber etwas beengten und überteuerten Zimmern mit großen, bequemen Matratzen, allen Annehmlichkeiten und sehr kleinen Du/WC. Die 2 teuren Suiten mit separatem Wohnzimmer sind deutlich geräumiger. Flussblick gibt es leider nur von der Gartenanlage mit schönem Pool, Liegen und Bar. Frühstück inkl. ❻-❼

## In der Umgebung

🛄 **Oriental Kwai** ④, 194/5 Moo 1,14 km westlich der Brücke in Ladya, ☎ 034-588 168, 🖥 www.orientalkwai.com,

Karte S. 240/241. In diesem Resort stimmt jedes Detail: Überschaubar und persönlich, schick und in idyllischer Lage am Fluss nördlich der Stadt lädt es zum Entspannen und Genießen ein. Evelien und ihr Mann Djo sorgen für eine familiäre Atmosphäre, und die freundlichen Angestellten kümmern sich aufmerksam um ihre Gäste. In der weitläufigen, sehr gepflegten Gartenanlage stehen 12 helle, großzügige und sehr saubere Bungalows mit geräumigen Bädern, Kühlschrank, Fön, Wasserkocher, TV und DVD-Player. Pool mit Liegen, Schirmen und Schatten spendenden Bäumen. Im Restaurant über dem Fluss werden leckere westliche und Thai-Gerichte serviert. Terrasse am Flussufer mit Sonnenliegen. Zudem Bücher-, DVD-, Fahrrad- und Motorrad-Verleih, viele Infos über Kanchanaburi und Vorschläge für Touren und Organisation von Transport in die Stadt. Frühstück, Kaffee und Tee inkl. **⑤–⑥**

**Xanadu 2008** ⑤, 19/5 Moo 1, 9 km westlich der Brücke in Ban Nong Bua nördlich des Flusses, ✆ 080-0213 346, ⌨ www.xanaduresort2008. com, Karte S. 240/241. Außerhalb der Stadt in einer gepflegten Gartenanlage am Fluss stehen 4 sehr saubere Doppel- und 2 geräumige, zweckmäßig eingerichtete Einzelbungalows mit gefliestem Boden, AC, TV, DVD-Player, Kühlschrank und Du/WC. Der kleine, aber feine Pool und die Terrasse am Wasser laden zum Entspannen ein. Die Gastgeber Dennis und Nee sind sehr hilfsbereit, die Atmosphäre ist persönlich und freundlich und der Schäferhund des Hauses sehr zutraulich. Gutes Restaurant. DVD-Verleih inkl. **④–⑤**

## ESSEN

Im Umkreis der Gästehäuser konzentrieren sich **Essensstände** und kleine Restaurants, die ein preiswertes Angebot bereithalten – auf Sauberkeit achten! Am preiswertesten sind die Nudelläden südlich und westlich des Busbahnhofs. Abends werden zudem entlang der südlichen Uferstraße Essensstände aufgebaut. Vor allem Thais essen hier.

Ein **Nachtmarkt** findet abends gegenüber vom Soldatenfriedhof im Stadtzentrum statt. ⏲ außer Mi 19–22 Uhr.

In **schwimmenden Restaurants** im Zentrum und beiderseits der Brücke tafeln abends die Reisegruppen und genießen bei Sonnenuntergang die tolle Atmosphäre. Die Meinungen über die Qualität der Küchen sind geteilt.

Vielen Gästehäusern sind günstige **Backpacker-Restaurants** angegliedert, in denen es Frühstück und die üblichen Standardgerichte gibt.

**Bell's Pizzeria**, 24/5 Mae Nam Kwae Rd., gegenüber Ploy Gh., ✆ 081-010 6614, ⌨ www. bellspizzeria.com. Kleines Restaurant unter der Leitung von Thong und dem Schweizer Kinet mit leckeren Pizzas um 200 Baht und einer großen Auswahl an Pasta und Thai-Gerichten um 100 Baht. Auch Erdinger, Kickertisch und WLAN. ⏲ ab 17 Uhr.

**Blue Rice Restaurant**, gegenüber Apple's Retreat, ⌨ www.applesguesthouse.com. In dem luftigen, ruhig gelegenen Gartenrestaurant mit tollem Flussblick servieren Apple und Noi ordentliche Portionen sehr schmackhafter einheimischer, ohne Glutamat gekochter Gerichte, auch vegetarischer Optionen. Viele ausgesuchte lokale Zutaten. Freundlicher Service.

**Keeree Tara Restaurant**, Mae Nam Kwae Rd., 150 m westlich der Brücke, ✆ 034-624 093, ⌨ www.keereetara.com. Auf der großen schwimmenden Plattform im Fluss oder an den Tischen am Ufer nehmen viele Reisegruppen ihr Mittagessen ein. Zudem auch ein klassisch gestalteter AC-Bereich. Große Auswahl an Thai-Gerichten (ab 140 Baht) und Kuchen (90 Baht). ⏲ 11–23 Uhr.

**Loft Restaurant & Bar**, Mae Nam Kwae Rd., 150 m westlich der Brücke, ✆ 034-513 000, ⌨ www.keereetara.com. Großes, unterkühltmodern gestaltetes Touristenrestaurant direkt am Fluss mit schönem Blick auf die Brücke. Neben Thai-Gerichten (ab 150 Baht) auch europäische und japanische Gerichte sowie eine kleine Konditorei. Gekühlter Weinraum mit großer Auswahl. Livemusik. ⏲ 18–24 Uhr.

**€ Mangosteen Café and Books**, 13 Mae Nam Kwae Rd., ✆ 081-793 5814, ⌨ www.mangosteencafe.net. Nett eingerichtetes, kleines Café-Restaurant mit entspannter Musik, Sofaecke und Büchern. Bebilderte Speisekarte mit sehr günstigen Thai- (100–130 Baht) und westlichen Gerichten, die

© RENATE LOOSE

Abseits der Brücke über den Kwai geht es in Kanchanaburi provinziell zu.

nicht nur gut aussehen, sondern auch schmecken. ⏲ 8.30–21 Uhr. Jeden 1. und 3. Mo im Monat geschlossen.

  **Mangosteen Garden Restaurant**, 74/12 Moo 4 Thamakham, ☎ 034-511 814. Neuer Ableger des beliebten Restaurants auf der anderen Flussseite mit viel Platz, AC-gekühltem Innenbereich und schönem Garten. Kinderfreundlich mit vielen Spielen und Platz zum Toben. Sehr günstige, leckere Gerichte (s. o.). Zudem wird auf Energieeffizienz geachtet: LED-Lampen und hochwertige Dämmmaterialien rund um den AC-Raum, Regenwasser- und Holzrecycling. ⏲ 11.30–22 Uhr. Jeden 1. und 3. Mo im Monat geschl.

  **On's Thai Issan**, 36 Mae Nam Kwae Rd., ☎ 087-364 2264, 🖥 www.onsthaiissan.com. Die kleine, rüstige und lustige On betreibt das einfache, aber sehr gute und beliebte vegetarische Thai-Restaurant mit überaus günstigen und zugleich leckeren Gerichten. Fleischesser werden erstaunt feststellen, wie schmackhaft Tofu und Co. sein können. Auch gute Kochkurse (s. u.). ⏲ 10–22 Uhr.
**Sri Fa Bakery**, nahe dem Busbahnhof. Die große, gute und günstige Bäckerei verkauft

sogar knusprige Baguettes und Croissants. ⏲ 7.30–20 Uhr.
**Sudjai Restaurant**, Moo 4, Thamakham Rd. In dem Thai-Gartenrestaurant hinter der schmalen Straßenbrücke vor Apple's Retreat wird gutes Essen serviert. Viele Einheimische essen hier. ⏲ 10–22 Uhr.
**The Kafestol Café**, Song Kwae Rd., am Fluss nahe dem Zusammenfluss des Kwae Yai und Noi. Kleines Café mit gutem Kaffee und Tee. Auch Torten, Gebäck und Toast-Sandwiches. Man kann an kleinen Tischen auf der Terrasse an der Straße sitzen. Mittags bevorzugen Gäste die klimatisierten Innenräume. WLAN. ⏲ 8.30–20.30 Uhr.

## UNTERHALTUNG

### Bars
Auf der unteren Mae Nam Kwae Rd. wird mit dem Spruch geworben: „Get drunk for 10 Baht". Auch wenn es etwas teurer wird, trifft es doch den Kern der Bierbar-Szene. Viele Pubs und Bars werden von pensionierten Briten und deren thailändischen Freundinnen geführt. Sie werden auch von Prostituierten genutzt,

ebenso wie einige der angrenzenden Gästehäuser.

### Disco-Boote
Die Partyboote sind mit Karaoke ausgestattet
und nach wie vor vor allem bei Japanern und
Koreanern beliebt. Sie verkehren bis 24 Uhr
meist auf dem Kwae Noi, zu späterer Stunde
auch weiter den Fluss hinab, wo sie ungestört
lärmen können. Wegen der hohen Diesel-
Kosten sind sie mit einem Charterpreis ab
3000 Baht recht teuer.

## EINKAUFEN

### Bücher
**River Kwai Bookshop**, Mae Nam Kwae Rd. Gut
sortierte Auswahl an neuen und gebrauchten
Büchern, Karten und auch einigen gebrauchten
deutschen Titeln. ⏰ außer Mi 12.30–21 Uhr.
**Zudem auch der S.D. Bookshop**, Mae Nam
Kwae Rd., mit vergleichbarem Angebot.
Secondhand-Bücher kaufen und tauschen das
**Mangosteen Café and Books** sowie einige Bars.

### Märkte und Einkaufszentren
Auf dem **Nachtmarkt** gegenüber vom Soldaten-
friedhof werden neben Snacks auch Kleidung
und Kunsthandwerk verkauft. ⏰ außer Mi
18–21 Uhr.
Mi Abend findet an gleicher Stelle ein
**Secondhand-Markt** statt, auf dem man den
einen oder anderen Schatz entdecken kann.
⏰ Mi 18–21 Uhr.
**Kanokarn Department Store**, 3-stöckiges, altes
Kaufhaus nahe dem Busbahnhof. ⏰ 9–21 Uhr.
**Tesco Lotus Supermarket**, 2,1 km südlich vom
Tourist Office. Zudem ein kleiner Tesco Lotus Ex-
press auf der Mae Nam Kwae Rd. ⏰ 9–23 Uhr.

## AKTIVITÄTEN

### Begegnungen mit Elefanten
Der Elefant ist nicht nur Thailands Wappentier,
sondern auch eine der größten Touristenattraktionen des Landes. Zwischen Kanchanaburi und Nam Tok offerieren mehrere Camps
Ausritte auf Elefanten. Busladungen von
Touristen werden auf die teils völlig über-

© MISCHA LOOSE

Nicht nur Elefanten finden im Elephant's World
ein Zuhause.

arbeiteten Dickhäuter verfrachtet, um eine
Runde zu drehen und sich gegenseitig zu
fotografieren. Wer diesen tierquälerischen
Zirkus ablehnt, hat eine Alternative:

**Elephant's World**, 32 km
nordwestlich, von der Straße zum
Erawan National Park am Nitchiko Resort &
Country Club abbiegen und an der Schranke
4, 6 km nach rechts, ☎ 034-510 511, 086-
335 5332, 🖥 www.elephantsworld.org, weitere
Infos unter 🖥 www.fb.com/elephantsworld und
🖥 www.tourismlog.wordpress.com/2009/06/15/
der-elefantendoktor. Das 2008 vom obersten
Tierarzt der Region, Vet. Samart Prasitthiphon,
gegründete und von der sehr engagierten
Holländerin Agnes geleitete Camp dient als
Auffanglager für alte, behinderte und kranke
Tiere und beherbergt zurzeit 18 Elefanten, u. a.
den größten Bullen des Landes.
Es werden keine Ausritte veranstaltet, aber
man kann die Tiere füttern und gegen 15 Uhr mit
ihnen baden und sie waschen. Touristen können
das Camp von 10–16 Uhr besuchen. Tagesbesucher zahlen 2500 Baht inkl. Transport
ab Kanchanaburi und Mittagessen, Kinder

1200 Baht. Zudem 2-Tage-Programme in Gruppen von 6–10 Pers. mit Übernachtung in einfachen Cottages am Fluss für 4500 Baht, Kinder 3200 Baht, oder 3 Tage mit einer Übernachtung im Camp sowie einer weiteren im Wald auf der Suche nach wilden Elefanten und anderen Dschungelbewohnern für 9800 Baht. Weiterhin gibt es speziell auf Kinder ausgelegte Programme und in Zukunft wohl auch ein Programm für Senioren.

Wer mit den einfachen Lebensbedingungen und der Hitze klarkommt, kann als **Freiwilliger** hier für mind. 1 Monat arbeiten: Futter ernten, bei der Zubereitung des Essens oder der Pflege der Tiere helfen und Besucher über das Gelände führen.

### Kanutouren

Viele Veranstalter organisieren Tagestouren auf dem Kwae Yai und Kwae Noi in Stadtnähe inkl. Ausrüstung, Boote, Mittagessen, Guides und Transfer für 350 Baht p. P. (1 1/2 Std.) bzw. 450 Baht (3 Std.) ab Nongbua Bridge.

**Safarine**, 120/5 Moo 4, Nong Bua-Sayok Rd., südwestlich der Innenstadt, ✆ 086-049 1662, 🖥 www.safarine.com. Tagestour ab 1950 Baht. 🕐 8–17 Uhr.

### Kochkurse

🧳 **Apple & Noi Cooking**, gegenüber Apple's Retreat, 🖥 www.applesguesthouse.com/apple-noi-cooking. Wer mehr über Apple und Nois Kochkünste erfahren möchte, kann an

## Tigertempel (Wat Pa Luangta Maha Bua Yannasampanno)

Seit Bilder des Abtes Phra Acharn Phoosit Khanthidaro und seiner Mönche mit ihren Tigern in der internationalen Presse zu sehen waren, ist der Tempel, ✆ 034-531 557, 🖥 www.tigertemple.org, ein beliebtes Ausflugsziel geworden. Vom H323, 40 km westlich von Kanchanaburi, zweigt am KM 21 rechts die Zufahrtsstraße durch das Maul eines riesigen Tigerkopfes ab.

Das Feedback ist extrem widersprüchlich und reicht von totaler Begeisterung bis zu absoluter Ablehnung. **Wir raten von einem Besuch ab**. Die eigentlich überwiegend nachtaktiven Tiere werden zwischen 12 und 15.30 Uhr in eine Schlucht geführt. Zeitweise werden einige Tiger von der Leine befreit und toben im Wasser herum.

Der Kommerzialisierung sind keine Grenzen gesetzt: Neben den 600 Baht „Spende", die jeder Besucher zahlen muss – im Preis inbegriffen sind einfache Fotos – können bis zu 100 Besucher persönliche Fotos mit den meist schlafenden Tieren machen, wofür 1000 Baht extra zu zahlen sind. Zudem ist es in begrenzter Zahl möglich, für 1000 Baht extra 4x tgl. Babytiger zu füttern. Bis zu 15 Pers. dürfen für 5000 Baht extra (!!!) die Tiere morgens ab 7.30 Uhr füttern und baden, und 20 Pers. abends für 500 Baht extra 45 Min. mit in den Canyon zu den großen Tieren kommen. Wer will, kann zudem noch spenden. Bei all diesen Einnahmequellen verwundern die gigantischen Ausbaupläne und zahlreichen anderen Aktivitäten, wie ein eigener Radiosender, nicht.

Im Frühjahr 2015 ordneten die thailändischen Behörden nach wiederholten Beschwerden von Tierschutzorganisationen an, dass die insgesamt 147 Tiger an Tierparks und Zoos abgegeben werden müssten, um eine artgerechte Haltung zu garantieren. Nach Protesten der Mönche wurde jedoch bis auf Weiteres zurückgerudert. Dass die Tiere nicht zahm sind, wie von den Mönchen behauptet, zeigte sich kurze Zeit später: Der Abt wurde im Mai 2015 von einem Tiger angefallen und schwer verletzt. Er musste sich einer vierstündigen Notoperation unterziehen.

Besucher müssen eine Haftungsausschlusserklärung unterschreiben, sodass sie bei einem Unfall keine Ansprüche geltend machen können, und Kleidung in dezenten Farben (kein Orange und Rot) tragen oder ein teures T-Shirt kaufen. Wer genügend zahlt, kann hier sogar meditieren. 🕐 12–15.15 Uhr.

**Bitte zuvor lesen**: 🖥 www.tourismlog.wordpress.com/2009/06/13/freie-wildbahn-im-tempel.

**Transport**: Minibusse oder Tuk Tuks ab Kanchanaburi kosten für die einfache Strecke etwa 250 Baht und 700–800 Baht hin und zurück. Veranstalter bieten den Transport für 130 Baht p. P. an sowie Kombi-Touren in Verbindung mit dem Sai Yok National Park.

einem vergnüglichen **Kochkurs** von 9.30–
14.30 Uhr für 1550 Baht p. P. teilnehmen, bei
dem alle gemeinsam über den Markt streifen,
4 Gerichte kochen und essen und ein nettes
Kochbuch erhalten. Anmeldung im Guesthouse.

€ **On's Thai Issan Cooking School**, 36 Mae
Nam Kwae Rd., ☎ 087-364 2264, 🖥 www.
onsthaiissan.com. Bei den spaßigen vegetarischen Kochkursen können sich die Teilnehmer
für 3 Gerichte aus der Speisekarte entscheiden,
die dann gemeinsam gekocht und gegessen
werden. Die informell gestalteten 2-stündigen
Kurse starten nach Voranmeldung tgl. von
10–18 Uhr und kosten 600 Baht p. P.
Weitere Kochkurse bei **Good Times Travel** (s. u.)
für 950 Baht bei 3 Gerichten und 1250 Baht
bei 5 Gerichten inkl. Marktbesuch.

### Tierpark

**Safari Park Open Zoo**, am KM 21 Richtung Bo
Phloi, ☎ 034-678 225, 🖥 www.safaripark-kan.
com. Der 200 ha große Park lockt u. a. mit Giraffen, Kamelen, Tigern, Löwen, Straußen, Zebras
und Papageien viele einheimische Besucher an
und lohnt für Familien einen Abstecher. Man
kann sich mit einem Bus herumfahren lassen.
🕐 9–17 Uhr, Eintritt 450 Baht, Kinder 250 Baht.
Anreise ab Kanchanaburi mit dem Shuttlebus
2x tgl. ab der Brücke am Kwae oder mit Bus 325
für 40 Baht.

### TOUREN

Etwa 20 Veranstalter unterbieten sich mit preiswerten Tagestouren zur Brücke, den Höhlen,
dem Erawan Nationalpark und in die nähere
Umgebung. Zudem werden Bahn- und Bootsausflüge, Trekkingtouren mit Elefantenreiten
und Bambus Rafting angeboten, teils alles an
einem Tag, sodass zwischen den Fahrten kaum
Zeit bleibt, die schöne Natur zu erleben.
Einfache Tagestouren gibt es ab 800 Baht,
2-Tage-Touren mit Elefanten und Rafting kosten
ab 2200 Baht.

### Tourveranstalter

**A.S. Mixed Travel**, ☎ 034-512 017, 🖥 www.
applesguesthouse.com/a-s-mixed-travel.
Tagestouren mit guter Betreuung.

**Good Times Travel**, 63/1 Mae Nam Kwae Rd.,
☎ 034-624 441, 081-913 7758, 🖥 www.good-
times-travel.com. Freundliches, zuverlässiges
und gut Englisch sprechendes Personal.
**KTC (Kanchanaburi Travel Center)**, 99-101 Mae
Nam Kwae Rd., ☎ 034-624 954, 086-396 7349,
🖥 www.tourkanchanaburi.com. Weiterer
günstiger Anbieter.

🧳 **Mellow Trek**, 295/9 Mae Nam Kwae Rd.,
☎ 084-727 1959, 084-191 2509, 🖥 www.
mellowtrek.com/de. Der Norweger Steffen Trul-
sen und sein einheimischer Kollege Uzi haben
sich auf individuell angepasste Touren spezialisiert. Steffen spricht auch Deutsch. Die höheren
Preise sind durchaus gerechtfertigt: Hier wird
mit Engagement und Begeisterung gearbeitet.
**R.S.P. Jumbo Travel Center**, 3/13 Chaokhunnen
Rd., ☎ 034-514 906, 512 280, 🖥 www.jumbo
riverkwai.com. Bis zu 3-tägige Trekkingtouren
mit Elefantenritt, Bootsfahrt, Rafting, Schwimmen, Jeepfahrten, Besuch einer Höhle und von
Wasserfällen.

### Bootstouren

Am JEATH-Museum und an der Eisenbahnbrücke werden Boote für eine Stadtrundfahrt
auf dem Kwae Noi, dem Kwae Yai und flussabwärts auf dem Mae Klong angeboten. Eine
Fahrt von der Brücke zum JEATH-Museum
kostet 250–300 Baht, bis Wat Tham Khao Pun
500–600 Baht, eine 2-stündige Tour ab der
Brücke zur Höhle, dem Friedhof und Museum ab
800 Baht pro Boot.

### SONSTIGES

Die Mae Nam Kwae Rd. säumen Bars,
Wäschereien, Internetcafés, Motorrad- und
Fahrradvermietungen, Büros der Tour-
veranstalter und Massagesalons.

### Apotheken

Nahe Jolly Frog. Die hilfreiche Chefin berät
auch bei kleinen medizinischen Problemen.

### Autovermietungen

Oft nicht ausreichend versicherte Autos werden
in der Nähe der Gästehäuser ab 1200 Baht pro
Tag angeboten.

## Fahrradverleih

Sie werden von und in der Nähe der Gästehäuser für 50–70 Baht pro Tag vermietet. Gute Räder, wie im Oriental Kwai Resort, kosten bis 150 Baht.

## Feste

Ende Nov/Anfang Dez findet das 10-tägige **River Kwai Bridge Festival** mit einem riesigen Nachtmarkt inkl. Riesenrad statt. Höhepunkt ist die Sound-and-Light-Show über die Geschichte der Brücke (1–2x tgl., 300 Baht), die trotz der vielen Darsteller, Knalleffekte und dem imposanten Feuerwerk wenig fasziniert.

## Immigration

**Immigration**, 100/22 Mae Klong Rd., in Pak Praek, ☎ 034-564 265, 034-564 279, 🖥 www.immigration.go.th. Das Office liegt 3,5 km Richtung Bangkok. An der City Hall (bis dorthin mit dem Stadtbus) geht es 800 m nach Westen. Die Visumverlängerung geht schnell vonstatten. Dafür benötigt man ein Passbild, Kopien von Pass, Visum und Einreisekarte sowie einen Nachweis von einer Unterkunft in Kanchanaburi. ⏰ Mo–Fr 8.30–16.30 Uhr.

## Informationen

**Tourist Office**, 14 Saengchuto Rd., ☎ 034-511 200, 512 500, ✉ tatkan@tat.or.th. Hilfsbereite Mitarbeiter verteilen einen guten Stadt- und Umgebungsplan, Hotel- und Transportlisten. ⏰ 8.30–16.30 Uhr.
Websites: 🖥 www.kanchanaburi-info.com/de von Edgar König informiert über Sehenswertes in der Stadt und die angrenzenden Provinzen. Ebenso die englischsprachigen Webseiten 🖥 www.kanchanaburiguide.com und 🖥 www.visitkanchanaburi.com.

## Massagen

Mehrere Läden in der Mae Nam Kwae Rd. verlangen ab 120 Baht pro Behandlungsstunde, eine Ölmassage gibt es ab 180 Baht.

## Medizinische Hilfe

**Thanakan Hospital**, an der Straße nach Bangkok, ☎ 034-622 366-75. Gutes, sauberes Krankenhaus mit englischsprachigen Ärzten.

## Motorradverleih

Kleinere Maschinen werden ab 180 Baht (Manual) bzw. 330 Baht (Automatik) in Gästehäusern und der Mae Nam Kwae Rd. vermietet.

## Polizei

**Tourist Police**, Saengchuto Rd., nahe dem Isuzu Building, ☎ 034-512 795, ⏰ 24 Std.

## Post

Das Hauptpostamt liegt 1 km südlich vom Tourist Office.

## NAHVERKEHR

### Fahrrad-Rikschas

Fahrer von Fahrrad-Rikschas (Samlor) und Motorradtaxis bekommen von den Gästehäusern 50–100 Baht Provision pro Gast. Dennoch verlangen Samlor-Fahrer für kurze Strecken ab 60 Baht. Längere Strecken besser mit dem Tuk Tuk oder Songthaew fahren.

### Motorradtaxis

Die Motorräder mit Beiwagen kosten 10–20 Baht pro km, eine Fahrt im Stadtgebiet ab 30 Baht, zum Immigration Office 100 Baht.

### Minibusse/Songthaew-Charter

Wenn man sie chartert, kostet eine kurze Strecke innerhalb des Stadtgebietes ab 100 Baht, die Fahrt zur Brücke 100 Baht, Wat Tham Khao Pun oder Wat Tham Mangkorn Thong 300–350 Baht. Chartern für Ausflüge 1700 Baht pro Tag, von 9–17 Uhr ab 1200 Baht.

### Songthaew

Entlang der Hauptstraße verkehren von 6–19 Uhr alle 15 Min. orangefarbene Songthaew für 10 Baht, die an festen Haltestellen stoppen, z. B. gegenüber der Einmündung der U-Thong Rd. Linie 2 fährt an der Brücke vorbei. Zu den Gästehäusern bis zum Friedhof mitfahren und dann laufen.

### Tuk Tuk

Einige Tuk Tuks stehen am Nordende des Busbahnhofs. Eine Fahrt kostet 50–100 Baht, zur Brücke 100 Baht. Charter 200 Baht pro Std.

## TRANSPORT

### Busse

Aktuelle Abfahrtszeiten hängen am Eingang des Busbahnhofs, ☎ 034-511 182, aus. Busse Richtung Suphanburi stoppen an der U-Thong Rd., Busse nach Norden und Nordwesten am Friedhof.

AYUTTHAYA, lokaler Bus 411 bis SUPHANBURI von 4.50–18 Uhr alle 20 Min. für 48 Baht in 2 1/2 Std. Von dort weiter mit Minibussen oder Bus 703 für 22 Baht in 1 Std.

BANGKOK, zum Southern Bus Terminal (Sai Tai Mai/Taling Chan), 129 km, mit Bus 81 von 4–20 Uhr alle 20 Min. für 110 Baht in 2 1/2 Std. Zum Northern Bus Terminal (Mo Chit), 149 km, Bus 9918 von 7–19 Uhr stdl. für 105–135 Baht in 3 1/2 Std.

DAMNOEN SADUAK (Floating Market), über BANG PHAE, Bus 461 alle 15 Min. für 50 Baht und weiter mit Bus 78 oder Bus 1733 für 10 Baht.

NAKHON PATHOM, 70 km, alle Busse Richtung Southern Bus Terminal (Bangkok) für 50 Baht in 1 1/2 Std.

RATCHABURI, 100 km, Bus 461 von 5.10–18.20 Uhr alle 15 Min. für 50 Baht, AC 70 Baht, in 2 1/2 Std.

RAYONG (für Ko Chang), via PATTAYA (4–5 Std.) mit Bus 786 um 8 und 17 Uhr für 380 Baht in 6–7 1/2 Std.

### In die Umgebung

BO PHLOI, 48 km, Bus 325 von 6–18.30 Uhr alle 30 Min. in 1 1/2 Std. für 35 Baht.

CHALOEM RATTANAKOSIN NATIONAL PARK, 100 km, mit Bus 325 Richtung Bo Phloi von 6–18.30 Uhr alle 30 Min. für 60 Baht in 2 1/2 Std. Man wird am Markt in Nong Prue rausgelassen und nimmt ein Songthaew oder den Minibus zum Nationalpark.

ERAWAN NATIONAL PARK, 65 km, Bus 8170 von 8–17 Uhr stdl. für 50 Baht in 1 1/2 Std. Zurück bis 16 Uhr. SAI YOK NATIONAL PARK, bis zur Abzweigung, Bus 8203 von 6–18.30 Uhr alle 30 Min. für 37 Baht in 1 1/2 Std. Zurück bis 17.30 Uhr.

SANGKHLABURI, 220 km, Bus 8203 und 9918 von 6–14 Uhr alle 30–45 Min. für 130–170 Baht in 5 Std.

THONG PHA PHUM, 145 km, Bus 8203 von 6–18.30 Uhr alle 30–45 Min. für 80 Baht in 3 1/2 Std. Zurück bis 16 Uhr.

THREE PAGODA PASS, 240 km, Bus 9918 um 7.30, 10 und 12.30 Uhr für 168–216 Baht in 5 Std.

### Minibusse

Nicht alle Minibusse sind lizenziert. Sie sind zeitlich nicht immer zuverlässig, daher sollte man bei knapp geplanten Verbindungen besser die großen Busse nutzen.

AYUTTHAYA, Backpacker-Bus ohne Lizenz um 13.30 Uhr für 400 Baht.

BANGKOK, offizielle Minibusse ab Busbahnhof zum Victory Monument von 3–20 Uhr alle 30 Min. für 120 Baht und zum Northern Bus Terminal (Mo Chit) jede Std. für 150 Baht. Inoffizielle zur Khaosan Rd. für 110 Baht. Zum Flughafen (Suvarnabhumi) mit Minibussen via Victory Monument oder direkt mit Bussen ohne Lizenz von 8–18 Uhr alle 2 Std. für 500 Baht.

## Auf dem Überlandweg nach Myanmar

Nach über 50 Jahren der Isolation ist es seit August 2013 für Abenteuerlustige wieder möglich, über Land nach Myanmar einzureisen. Voraussetzung ist ein im Vorfeld ausgestelltes Visum.

Bis zum thailändischen Grenzort **Ban Phu Nam Ron** gelangt man von Kanchanaburi mit blauen, lokalen Bussen ab 10.30 Uhr stdl. für 70 Baht in 1 1/2 Std. Über die H3512 geht es in den knapp 70 km entfernten Ort. Man sollte morgens den ersten Bus nehmen, denn bis Dawei gibt es keine weiteren Übernachtungsmöglichkeiten.

Hinter dem Thai-Grenzposten beginnt eine 7 km lange Piste durch das Niemandsland, die an einem burmesischen Kontrollpunkt vorbei in eine Ansiedlung führt. Erst dahinter ist die reguläre Grenze erreicht. Pick-ups verlangen rund 100 Baht p. P. für die Strecke. Auf der anderen Seite kann mit etwas Geduld der beschwerliche Transport nach Dawei organisiert werden (Richtwert US$25–30 p. P., 6 Std.).

**Eine Fahrt mit der Eisenbahn des Todes**

© RENATE LOOSE

Beliebt ist die gemächliche Fahrt mit dem Zug nach Nam Tok, die für Touristen unabhängig von der zurückgelegten Strecke 100 Baht kostet. Der interessanteste Teil der Fahrt über das Wang Po-Viadukt (S. 265) vor Nam Tok dauert nur wenige Minuten, die restliche Zeit geht es durch eine recht eintönige Landschaft. **Tipp**: Auf der linken Seite einen Platz ergattern.

In der Hochsaison und besonders am Wochenende sind die Züge manchmal so überfüllt, dass man nichts sieht.

Ein kleines, buntes Bähnchen mit offenen Wagen fährt von 9–15 Uhr in 20 Min. für 20 Baht für Touristen über die Brücke.

**Ab Bangkok** verkehrt jeden Sa und So um 6.30 Uhr der „Excursion Train" (3.-Kl.-Waggons) für 130 Baht mit Stopps in Nakhon Pathom (40 Min. zur Besichtigung des Chedi, S. 250) und an der Brücke am Kwae (20 Min.) bis nach Nam Tok (ca. 2 1/2 Std. Aufenthalt zur Besichtigung des Wasserfalls, S. 265) und zurück mit weiterem Stopp in Kanchanaburi (1 Std.). Um 19.25 Uhr ist er wieder in Bangkok. Infos ☏ 02-620 699, ☏ 034-561 052 oder am Bahnhof.

HUA HIN, 220 km, über PETCHABURI (160 Baht), von 5–18 Uhr etwa stdl. für 220–300 Baht in 3 1/2 Std.

RATCHABURI, 100 km, von 5–18 Uhr etwa stdl. für 120 Baht in 2 Std.

SANGKHLABURI, 220 km, von der Haltestelle hinter dem Busbahnhof von 7–16.30 Uhr alle 40 Min. für 175 Baht in 3–3 1/2 Std. Sie halten auch in THONG PHA PHUM (145 km, 115 Baht). Für einen Aufpreis werden Passagiere bis vor die Tür gefahren.

### Eisenbahn

Fahrplan S. 950–955. Richtung Süden steigt man am besten in NAKHON PATHOM um. Plätze im Schlafwagen Richtung Süden sollten besser frühzeitig reserviert werden, ☏ 034-511 285, ⏰ 6–18 Uhr.

## Die Umgebung von Kanchanaburi

Mit Fahrrädern sind diese Touren machbar, aber wegen der vorherrschenden Hitze sehr anstrengend. Die Strecke auf dem H3228 nördlich des Kwae Noi: Kanchanaburi–Khao Pun (Friedhof)–Wat Tham Khao Pun–Stone Garden und zurück beträgt rund 22 km; die Tour zwischen Kwae

Noi und Mae Klong: Kanchanaburi–Wat Tham Mangkorn Thong–Wat Ban Tham–Kao Noi–Tham Sua–Kanchanaburi ist ca. 38 km lang. Frauen sollten zur Sicherheit nicht alleine fahren. Während der Zuckerrohrernte im Dezember/Januar können Lkws vor allem Radfahrern gefährlich werden.

## Wat Tham Khao Pun

Die Tempelanlage liegt auf einem Berg am wenig befahrenen H3228 etwa 4 km südwestlich von Kanchanaburi hinter dem Friedhof. In einigen der sechs Kammern der **Khao Pun-Höhle** versammeln sich ein Kaleidoskop von brahmanischen und buddhistischen Gottheiten. Vom Hügel blickt ein riesiger Buddha auf den Fluss herab. Man erreicht ihn, wenn man gegenüber vom Höhleneingang am Pavillon vorbei eine Anhöhe hinaufgeht. Eintritt in Höhle 30 Baht. Songthaew ab Kanchanaburi 200–300 Baht.

## Wat Tham Mangkorn Thong

Die Tempelanlage liegt 9 km außerhalb der Stadt an einem Kalksteinfelsen. 3,4 km südlich des Tourist Office zweigt man hinter der Klinik vom H323 nach rechts ab und überquert nach 1 km den Fluss. 2 km weiter geradeaus und 500 m links liegt der kleine, ruhige Höhlentempel **Khao Laem**. Der Nase nach taucht hinter einer Schule das Eingangstor zum auf einem Berg gelegenen **Wat Tham Mangkorn Thong** auf. In einem überdachten Pool am Fuße des Berges zeigt eine Nachfolgerin der *floating nun* gegen eine Spende ihre Fähigkeit, meditierend auf dem Wasser zu „schweben". Eine steile Treppe führt zum Höhlentempel hinauf. Gegen eine weitere Spende für die Beleuchtung kann man durch die teils enge Höhlenpassage klettern.

Zurück zum Kloster geht es auf einfacherem Weg durch einen Bambushain. Songthaew ab Kanchanaburi etwa 300 Baht. Alternativ mit Bus 8191 alle 30 Min. von 8.30–17.30 Uhr für 12 Baht bis zur Abzweigung, der letzte Bus zurück fährt um 16 Uhr.

## Wat Ban Tham

Vor der großen Brücke zweigt eine schmale, teils von Schlaglöchern übersäte Straße Richtung Südosten ab und führt 5,5 km parallel zum Fluss an Steinbrüchen, chinesischen Friedhöfen und Tempeln vorbei.

Bemerkenswert ist der Höhlentempel **Wat Ban Tham** nach 5,8 km. Über 115 Stufen ist der Eingang durch das 3 m hohe Maul des riesigen Drachen erreicht, der sich den Berg hinabzuschlängeln scheint. Nach weiteren 40 Stufen durch seinen „Körper" erstreckt sich eine halb offene, natürlich erleuchtete Haupthöhle mit einer großen Buddhastatue und der Statue einer Frau, die als wundertätig angesehen wird. Körbe voller Spielzeug und Kleidung sollen sie gnädig stimmen.

Steigt man die Wendeltreppe am Eingang weiter hinauf, gelangt man zu einer hübschen Tropfsteinhöhle und nach einer halbstündigen Wanderung zum Gipfel. Songthaew ab Kanchanaburi etwa 500 Baht.

## Wat Tham Kao Noi und Wat Tham Sua

Nach weiteren 2 km auf der Uferstraße überquert man einen Kanal und erblickt bereits in der Ferne die roten und goldenen, mehrfach gestaffelten Tempeldächer des Bots in Thai-Stil. Eine überdimensionale Buddhafigur blickt gleichgültig auf das Land hinab. Es geht 2 km bis zu einem schmalen Zufahrtsweg, der nach 500 m am großen Parkplatz am Fuße der beiden Tempel **Wat Tham Kao Noi** und **Wat Tham Sua** endet.

Die beiden auf zwei Hügeln gelegenen Tempel sind nur separat zugänglich. Vom Fuße des Berges führt eine steile Treppe über 158 Stufen zum Thai-Tempel hinauf, oder man kann für 15 Baht die kleine Seilbahn in Betrieb setzen lassen. Von oben eröffnet sich ein fantastischer Ausblick über die Reisfelder und Flusslandschaft.

Neben dem Bot und gigantischen Buddha erhebt sich ein riesiger, brauner Chedi. Der südliche taoistische Tempel ist ganz im chinesischen Stil gehalten. Löwen bewachen das mit Schriftzeichen verzierte Eingangstor, dahinter begrüßt ein lächelnder Buddha die Besucher. Treppenaufgänge führen durch die Anlage hinauf zur runden, siebenstöckigen Pagode, deren Innenwände mit Hunderten von Votivtafeln bedeckt sind. Songthaew ab Kanchanaburi etwa 800 Baht.

# Von Kanchanaburi nach Nam Tok

Mit einem eigenen Fahrzeug bieten sich auf dem Weg nach Nam Tok Möglichkeiten für interessante Abstecher vom H323.

## Ban Kao

Auf dem H3229, 18 km von Kanchanaburi am KM 0 des H323 nach links, erreicht man nach insgesamt 34 km Ban Kao. Etwas schöner, aber länger ist die Strecke über den H3228, vorbei an Wat Tham Khao Pun. Die 1 km lange Abzweigung zum etwas angestaubten **Ban Kao National Museum** am Fluss ist ausgeschildert. Ein holländischer Archäologe hatte als Kriegsgefangener bedeutsame Funde gemacht. Ausgrabungen förderten menschliche Skelette, Tonscherben und andere Gegenstände zutage, die beweisen, dass dieses Gebiet schon vor über 4000 Jahren besiedelt war. Das Museum zeigt einige Funde, die bei der Ausgrabung von 44 menschlichen Skeletten entdeckt wurden: Werkzeuge, Schmuck, Keramiken und andere Grabbeigaben. Zahlreiche Höhlen in der Umgebung dienten u. a. Jägern und Sammlern der steinzeitlichen Hoabinhian-Kultur (10 000–4000 v. Chr.) als Bleibe. Aus ihnen stammen mehrere Holzsärge, ähnlich der in Tham Lot (S. 411), und Bilder von Felszeichnungen. ⏰ Mi–So 9–16 Uhr, Eintritt 50 Baht.

## Muang Sing

6,5 km weiter am Fluss entlang Richtung Nordwesten zweigt 500 m hinter dem Bahnhof Tha Kilen der Weg zu den verwitterten **Khmer-Ruinen** der „Löwenstadt" Muang Sing ab, ✆ 034-670 264, 🖥 www.muangsinghp.com (nur in Thai). In einer Flussschleife des Kwae Noi ließ im 13. Jh. ein Nachfahre des Khmer-Königs Jayavarman VII. zu Ehren seines Vaters die rechteckige Befestigungsanlage erbauen, die westlichste Befestigung des Khmer-Reiches. Der Wassergraben und die Befestigungsmauern von 880 m Länge und 1,5 km Breite sind noch gut zu erkennen. Mit riesigen Steinen gepflasterte Wege führen durch vier hohe Eingangstore zum zentralen Prang aus Lateritgestein. Bei Ausgrabungsarbeiten wurden Buddha- und Bodhisattva-Skulpturen, Keramiken und andere Kunstwerke freigelegt, von denen Kopien und einige Originale im kleinen Museum stehen. Schilder weisen den Weg zu weiteren Ruinen und zur Ausgrabungsstätte am Flussufer, einem prähistorischen Begräbnisplatz mit freigelegten Skeletten. ⏰ 8–16 Uhr, Eintritt 100 Baht, Autos 50 Baht, Motorräder 20 Baht, Fahrräder 10 Baht. Erläuterungen an 6 Stationen über QR-Codes. Von der Bahnstation Ban Tha Kilen sind es 1,4 km zu Fuß bis zum Eingang.

## Wang Po-Viadukt (Tham Krasae)

Kurz vor Nam Tok führt die „Death Railway" zwischen steilen Felsen und dem Fluss entlang. Höhepunkt der Eisenbahnfahrt ist die Überquerung des Wang Po-Viadukts (auch Wampo), einer 200 m langen Holzbrücke, die sich eng an die steilen Felswände schmiegt und über die die Bahn im Schritttempo fährt. Kaum vorstellbar, unter welchen unsäglichen Anstrengungen dieser Streckenabschnitt einst erbaut wurde. Wer am Viadukt an der Bahnstation Tham Krasae aussteigt, kann über die Holzbrücke laufen und die tolle Aussicht genießen, die sich vor allem von der kleinen, in der Felswand gelegenen **Krasae-Höhle** bietet, in der ein großer Buddha steht. In den Restaurants kann man sich bis zur Ankunft des nächsten Zuges stärken. Mit dem eigenen Fahrzeug geht es von Sai Yok über die Brücke und dann nach links.

# Nam Tok

Die Endstation der Eisenbahnlinie, 77 Bahn- und 58 Straßenkilometer von Kanchanaburi entfernt, hat mit dem Ausbau der Straßeninfrastruktur als Versorgungszentrum an Bedeutung eingebüßt. Der verschlafene Ort erwacht nur zum Leben, wenn ein Zug einfährt und Guides, Händler, Busse und Taxis zum Bahnhof strömen.

Von Nam Tok führt ein beliebter Ausflug zum **Sai Yok Noi-Wasserfall**. Taxis verlangen vom Bahnhof 20 Baht p. P., oder man läuft die Gleise entlang, vorbei an einer **alten Lokomotive**, die von den Japanern im Zweiten Weltkrieg für Truppentransporte in Thailand gebaut und bis

1976 im Passagierverkehr genutzt wurde. Am H323 geht es von der Polizeistation 800 m Richtung Norden. Der gut besuchte Wasserfall am eingefassten Pool (Baden verboten!) ist nur während der Regenzeit (Juni–Okt) wirklich schön.

Wer der Ausschilderung zur „Water Source" folgt, kommt nach 900 m zu einer **Quelle** an einem Felsen, aus dem kristallklares Wasser sprudelt. In den von hohen Bäumen, Picknickplätzen und einem Getränkestand umgebenen Strudellöchern kann man herumwaten und sich abkühlen.

Oberhalb der Quelle am Headquarter des Erawan-Nationalparks beginnt ein 1350 m langer Nature Trail durch ein kleines Tal zur weitläufigen **Badan Cave** (auch Wang Ba Dahl). Parkranger kassieren am Beginn des Fußpfads bisweilen 50 Baht Eintritt und führen Besucher mit einer starken Lampe durch die Höhle. Dazu sind feste Schuhe mit gutem Profil und schmutzresistente Kleidung hilfreich.

Am **Pak Saeng-Pier** werden Boote für eine zweistündige Tour zu den größten Tropfsteinhöhlen der Gegend, den **Lawa-Höhlen**, vermietet (s. u.), die auch über die Straße zu erreichen sind. Der Weg über die Brücke unterhalb vom Pak Saeng-Pier und den 16 km langen H6037 jenseits des Flusses ist ausgeschildert. Eintritt wegen der Lage der Höhlen im Sai Yok National Park 300 Baht, Kinder 200 Baht. Besonders am frühen Morgen lohnt sich ein Besuch, denn dann sind noch keine Reisegruppen unterwegs. Vom Pier sind es 200 m bis zur Treppe, auf der es 140 Stufen hinauf zur 485 m langen Höhle geht. ⏲ 8–16.30 Uhr.

### ÜBERNACHTUNG

#### In Nam Tok am H323

**Sai Yok Noi Blue Mountain Resort**, 3/2 Moo 3, Tha Sao, ☏ 034-565 123, 081-614 9616, 🖥 www.saiyokbluemountain.com. Die von der Straße zurückversetzte Anlage hält nicht, was der Name suggeriert. 2 sehr einfache und günstige Bambushütten mit Gemeinschafts-Du/WC, Zimmer in 2 Reihenhäusern sowie recht dunkle Bungalows mit Betonboden, AC und Kühlschrank. ❶ – ❸

#### Nahe dem Fluss

**Baanfarang**, 4 Moo 3, Tha Sao, 500 m unterhalb der Hauptstraße am Ortsausgang von Nam Tok, ☏ 089-886 9955, 🖥 auf Facebook. Neben dem pompösen, 2-stöckigen Privathaus, einem amerikanischen Auswanderertraum, werden 10 Zimmer mit großem Kühlschrank und TV vermietet, auch Familienzimmer. Der großzügige Pool, umgeben von kitschigen Schwänen und anderen Statuen, kann von 11–20 Uhr für 50 Baht, Kinder 30 Baht, auch von Gästen von außerhalb genutzt werden. Abholservice vom Bahnhof. ❺

**Boutique Raft Resort**, 103 Moo 3, ☏ 034-634 191, 🖥 www.boutiqueraft-riverkwai.com. Am Fluss nahe dem Pak Saeng-Pier werden in freundlicher Atmosphäre im Haupthaus 2 luxuriöse Suiten und auf Rafts 13 Zimmer mit Holzinterieur, Kühlschrank und netter Terrasse vermietet. Rund um einen großen Baum gibt es einige schattige Sitzgelegenheiten. Gediegene Einrichtung, aber recht harte Matratzen. Frühstück inkl. ❻

#### Bei den Lawa-Höhlen

Karte S. 240/241.
Die folgenden 3 Resorts gehören zur gleichen Kette, 🖥 www.serenatahotels.com, und können am besten online gebucht werden. Alle offerieren Touren in die Umgebung. Frühstück ist immer inkl. Gäste werden etwa halbstündlich von 14–18 Uhr kostenlos vom eigenen Pier 5–15 Min. nördlich von den Resorts abgeholt und vormittags dorthin gebracht.

**River Kwae Jungle Rafts** ②, 10 Min. vor dem Resotel, 🖥 www.riverkwaijunglerafts.com. Sehr ruhig gelegene Rafts, die nur mit dem Boot erreichbar sind. 100 saubere, kleine und einfache Zimmer mit harten Matratzen, Petroleumlampen und ohne Elektrizität, dafür mit romantischer, naturnaher Atmosphäre. Restaurant, Essen in vielen Angeboten inkl. ❻ – ❽

**River Kwai Resotel** ②, kurz vor den Lawa-Höhlen am Abhang, ☏ 081-809 0623, 🖥 www.riverkwairesotel.net. Große Anlage mit 93 geräumigen, komplett ausgestatteten Bungalows sowie hübschem Pool und Restaurant mit abgemilderten, aber leckeren Thai-Gerichten. ❺ – ❻

**The FloatHouse** ②, 800 m hinter dem Resotel, 🖳 www.thefloathouseriverkwai.com. Die Luxusvariante aller schwimmenden Resorts. 2 großzügige Zimmer pro Raft sind durch eine Gemeinschaftsterrasse getrennt, zudem jeweils eine private Terrasse mit Liegen und ein kleines separates Raft mit Schaukel. Die aus Naturmaterialien gestalteten Zimmer verfügen über jeglichen Luxus und schöne, luftige Bäder. ❽

### ESSEN UND SONSTIGES

Gegenüber vom Bahnhof in Nam Tok sorgen günstige offene **Restaurants** und die **Coffee Station** für das leibliche Wohl. Auch am Pier gibt es einige Restaurants, wo Reisegruppen essen (müssen). Ansonsten ist die Auswahl außerhalb der Resorts sehr begrenzt.
An der Zufahrtstraße kurz vor dem Pak Saeng-Pier werden im Gemischtwarenladen des einfachen **Ruen Rim Kwai Resorts**, ✆ 034-634 169, Fahrzeuge vermietet. Pick-ups kosten 3500 Baht pro Tag, Motorräder 500 Baht und Fahrräder 250 Baht.
**Krung Thai Bank** in Nam Tok am Highway mit Geldautomat.

### TRANSPORT

**Bus** 8203 nach KANCHANABURI (37 Baht, 1 1/2 Std.) hält alle 30 Min. bis 17.30 Uhr an der Polizeistation an der Hauptstraße und vor dem Sai Yok Noi-Wasserfall.
**Züge** nach KANCHANABURI (100 Baht, 2 Std.) fahren um 5.20, 12.55 und 15.30 Uhr ab.
**Boote** für bis zu 6 Pers. fahren ab Pak Saeng-Pier, 2 km südwestlich vom Bahnhof, zu Zielen am Fluss für 1000 Baht pro Std. und hin und zurück zu den Lawa-Höhlen für 1500 Baht.
**Songthaew** zu den Lawa-Höhlen kosten 1200 Baht, zum Hellfire Pass 800 Baht und zum Pak Saeng-Pier 100 Baht

# Hellfire Pass

Aufgrund einer Initiative ehemaliger australischer Kriegsgefangener wurde Mitte der 1980er-Jahre der Grundstein für die Gedenkstät-

te am KM 64,8, westlich des H323 an der ehemaligen Bahnstrecke, gelegt. Songthaew ab Kanchanaburi verlangen bin und zurück 1800 Baht. Alternativ mit Bus 8203 alle 30 Min. von 6–18.30 Uhr für 45 Baht in 2 Std. Der letzte Bus zurück fährt um 17 Uhr.

Das auf einem Bergkamm innerhalb eines Militärgeländes über der Eisenbahnstrecke gelegene **Hellfire Pass Memorial Museum**, ✆ 034-919 605, 🖳 http://hellfire-pass.commemoration.gov.au, lohnt die Anfahrt allemal. Die von der australischen Regierung finanzierte Ausstellung vermittelt anhand von Fotos, Skizzen, Funden und englischen Beschreibungen die Geschichte der Zwangsarbeiter. Berichte Überlebender und historische Aufnahmen sind in einem siebenminütigen Video zusammengefasst. An dieser Stelle mussten etwa 1000 Kriegsgefangene für die Bahnlinie unter großem Zeitdruck selbst nachts bei Holzfeuerbeleuchtung eine 10 m tiefe Schneise in einen Hügel schlagen, was etwa 400 Menschen das Leben kostete. Der Verlauf der Schneise lässt sich am Modell des Hellfire Passes gut nachvollziehen. ⏱ 9–16 Uhr, Eintritt frei, Spenden sind gern gesehen. Ein informativer englischsprachiger Audioguide mit Augenzeugenberichten und Hintergrundinfos ist gegen eine Kaution von 200 Baht und der Hinterlegung des Passes erhältlich.

Vom Museum kann man auf einem ausgeschilderten Pfad spazieren. Der anfangs steile Fußweg führt durch schattige Bambuswälder mit schönen Ausblicken. Die meisten Besucher gehen nur bis zur 500 m entfernten Schneise **Konyu Cutting**. Dahinter geht es zu weiteren Schneisen, Bombenkratern, ehemaligen Camps und temporären Brücken. Wer auf dem Schotterbett bis Hintok (2,5 km, 1 1/2 Std.) laufen möchte, bekommt an der Rezeption zur Sicherheit ein Funkgerät und sollte für den Rückweg ein Fahrzeug an der Hintok Road organisieren. Die 1,5 km lange Strecke jenseits der Straße ist gesperrt. Wasser nicht vergessen, es gibt unterwegs keine Geschäfte.

3 km südlich vom Hellfire Pass Memorial Museum liegt das Restaurant **Off-Road Kitchen (Khrua Offroad)** mit schweren Holzmöbeln. Es serviert leckere Thai-Gerichte und deutsches Bier.

# Sai Yok National Park

Der 500 km² große Nationalpark, ✆ 034-686 024, erstreckt sich im Grenzgebiet zu Myanmar und ist über die 3 km lange Zufahrt, die in Ban Sai Yok Yai am KM 155,2 abzweigt, zu erreichen. Nach 900 m passiert man die Kasse für den Eintritt zum Park. Neben dem Headquarter informiert eine Ausstellung im Visitor Center über die Topografie, die Höhlen und ihre Bewohner sowie den Bau der Eisenbahn.

Die Attraktion des Parks ist der 8 m hohe **Sai Yok Yai-Wasserfall**, der durch die Einmündung eines Nebenflusses in den Kwae Noi entsteht. Durch die Ableitung des Nebenflusses wurde ein zweiter Wasserfall künstlich geschaffen, der **Sai Yok Lek-Wasserfall**, 500 m flussabwärts. Während der Trockenzeit entfalten beide ihre ganze Schönheit, denn dann ist der Wasserspiegel des Kwae Noi wesentlich niedriger als während der Regenzeit. Von der **Hängebrücke**, 300 m hinter dem Headquarter, hat man den besten Blick. Am Westufer lädt ein Pool zum Baden ein.

Auf dem Parkgelände wurden bei Ausgrabungen **prähistorische Funde** gemacht. In jüngerer Vergangenheit befand sich in einem mittlerweile vom immergrünen tropischen Dschungel überwucherten Areal nahe dem Wasserfall, 400 m vom Headquarter entfernt, ein japanisches Militärcamp.

Wanderwege, die teils als Waldlehrpfad ausgebaut sind, enden an Höhlen. Der insgesamt 2 km lange Hauptweg führt zur **Fledermaushöhle** (*Bat Cave*), in der das kleinste Säugetier der Welt lebt – die Hummelfledermaus *(Craseonycteris thonglongyai)*. Sie ist nur winzige 29–33 mm lang, wiegt 1,7–2 g und wurde erst 1973 entdeckt. Im Headquarter werden Fahrräder für 50 Baht pro Std. vermietet. Boote für Touren im Park kosten 400 Baht pro Std.

Die **Daow Deung-Höhle** liegt 10 km nördlich vom Headquarter. Von der Hauptstraße geht es am KM 158,7 nach links und nach 800 m an einer Gabelung nach rechts, nach weiteren 800 m nach links und 500 m bis zur Schranke. Von dort ist nach 1 km die fast 400 m lange Höhle erreicht. In ihren acht Räumen beeindrucken die Stalaktiten und Stalagmiten.

In den Läden am Parkplatz werden **Rafts** angeboten, mit denen man kürzere und längere Touren inkl. Übernachtung unternehmen kann. Sie bieten bis zu 20 Personen Platz und kosten 3000 Baht pro Nacht exklusive Verpflegung. Eintritt für den National Park 300 Baht, Kinder 200 Baht, Auto 30 Baht.

## ÜBERNACHTUNG UND ESSEN

7 **Bungalows** für 4–12 Pers. mit Ventilator und Du/WC hinter dem Parkeingang, 1 km abseits des Headquarters in Flussnähe. Buchbar unter ✆ 02-562 0760, 🖥 www.dnp.go.th, Mo–Fr außerhalb der Feiertage bei freiem Platz auch direkt. ❸–❺
Zudem Zelte und Schlafsäcke, mit denen man auch an 9 Checkpoints im Dschungel übernachten kann.

**Essensstände** liegen am Ende der Straße beim Visitor Center.

## TRANSPORT

Von KANCHANABURI geht es mit dem Zug bis Nam Tok für 100 Baht oder mit den Bussen Richtung Thong Pha Phum oder Sangkhlaburi bis zur Abzweigung an der Hauptstraße für 80 Baht. Die letzten 3 km muss man laufen.

# Weiter nach Sangkhlaburi

Neben der Straße bewacht am KM 165 ein Krokodil aus Zement den Eingang zu einem kleinen buddhistischen **Tempel** mit einer großen Ganesha-Figur. Die Abzweigung am KM 177,9 endet nach 12 km am **Pha Dat-Wasserfall**.

## Hin Dat Hot Springs

Am KM 180,2 liegen die Hin Dat Hot Springs. 250 m abseits der Straße in einem schattigen Tal unter Bäumen mischt sich das heiße Quell- und kalte Flusswasser in zwei Schwimmbecken zu einer angenehmen Badetemperatur. 🕐 6–22 Uhr, Eintritt 40 Baht. Wer nichts zum Picknicken dabeihat, kann sich an Essensständen stärken. An Verkaufsständen werden Obst und

Souvenirs verkauft. Zudem kann ein japanischer Bunker besichtigt werden.

## Thong Pha Phum

An der Abzweigung des H3272 am KM 199,5 nach Thong Pha Phum erhebt sich auf einem steilen Kalkfelsen über dem Fluss ein kleiner Thai-Tempel. Im Ort lohnen der Markt und der riesige **Buddha** vor dem Tempel oberhalb des Zentrums. Auch über den H323, der sich nun in die dünn besiedelte Bergwelt hinaufschlängelt, wachen zwei weiße Buddhastatuen.

7 km nördlich der Stadt staut der 1019 m lange und 92 m hohe **Vajiralongkorn-Damm** den riesigen See. Er ist über den H3272 zu erreichen. Die Straße endet nach 63 km in nahezu 1000 m Höhe nahe der Grenze an der stillgelegten **Pilok Mine**, in der einst Wolfram und Zinn gefördert wurden.

## Khao Laem National Park und Umgebung

Der Park, ☎ 034-546 819, schützt seit 1987 auf 1497 km² die dichten Wälder rings um den Stausee in bis zu 1700 m Höhe, die auch das Quellgebiet des Kwae Noi sind. Auf dem H323 passiert man am KM 232 das Waldkloster und Meditationszentrum **Wat Sunnataram**, 🖥 www.hdamm.de/buddha/mdtctr10.htm. 200 m weiter liegen beiderseits der Straße Essensstände, Cafés und ein **National Park Information Centre**, das leider nur Informationen in Thai bereithält. Rechts der Straße im Wald plätschert der **Kreng Kra Wia-Wasserfall** malerisch über kleine Sinterterrassen aus Lehm. Gegenüber zweigt eine 600 m lange, unbefestigte Straße zu einem Parkplatz ab, von dem es 600 m zu Fuß am Bach entlang zum wesentlich höheren **Dai Chong Tong-Wasserfall** geht.

Auf der folgenden Strecke eröffnen sich immer wieder Ausblicke auf den Stausee mit Inseln und schwimmenden Häusern. Vom Haupteingang zum Khao Laem National Park am KM 239,2 führt die Straße durch schönen Dschungel zu weiteren unspektakulären Wasserfällen. Eintritt 200 Baht.

Wer bereits ein Nationalparkticket hat, kann am KM 240,3 links 1 km zum Pompee Viewpoint fahren und die Aussicht auf den See genießen.

Der buddhistische **Sukho-Höhlentempel** liegt am KM 242,2 direkt neben der Straße.

An den Khao Laem National Park schließen sich einige touristisch unerschlossene Nationalparks an. Im Süden liegt der **Lam Khlong Ngu National Park**, ☎ 086-175 4786, der nur nach Voranmeldung bei der Nationalparkbehörde besucht werden kann. Weiter westlich umfasst der **Thong Pha Phum National Park**, ☎ 034-532 114, die Bergregion bis zum Sai Yok National Park und zur Grenze nach Myanmar. Eintritt jeweils 200 Baht.

# Sangkhlaburi

Das Khao Laem Reservoir prägt das Gesicht des neuen Sangkhlaburi am nördlichen Seeufer. Die ursprüngliche Stadt wurde durch den Stausee 1984 überflutet und an ihrer jetzigen Stelle neu errichtet. Nur die Reste von zwei alten Pagoden sind noch im See zu erkennen. Einer der besten Ausblicke eröffnet sich vom Aussichtspunkt jenseits der großen Straßenbrücke über den Songkalia-Fluss.

In dem geruhsamen Ort in wunderschöner Lage leben Thai, Mon und Karen, die für ihr geflutetes Land entschädigt wurden. Hingegen waren die ohne Landtitel hier siedelnden Flüchtlinge, überwiegend Mon, plötzlich heimatlos. Sie fanden auf den Ländereien des **Wat Wang Wiwekaram** jenseits des Sees eine neue Bleibe. Heute erstreckt sich zu Füßen der großen Klosteranlage am Ufer des Sees rings um den Obst- und Gemüsemarkt das Dorf **Wang Kha**, wo etwa tausend Mon-Familien leben. Die größte Attraktion ist die 445 m lange, ganz aus Holz erbaute und kürzlich restaurierte **Uttamanusorn-Fußgängerbrücke**, die das Dorf mit Sangkhlaburi verbindet. Die schwimmende Bambusbrücke daneben diente als Behelfsbrücke nach dem teilweisen Einsturz der alten Brücke und während der anschließenden Renovierungsarbeiten. Rechts vor dem Samprasob Resort verläuft der schmale Asphaltweg hinab zur Brücke. Am Zugang werden Boote vermietet (s. u.). Eine kleine, neuere Brücke endet unterhalb vom Burmese Inn.

Oberhalb der Siedlung erhebt sich auf einem Hügel das relativ neue Mon-Kloster **Wat Wang**

Wiwekaram, das vom hochverehrten, bereits verstorbenen Abt Luang Pho Uttama in einem Mix aus thailändischer, burmesischer und indischer Tempelarchitektur entworfen wurde. Die große Halle mit Fotos und Statuen von ihm sowie seinem hinter Glas gesicherten Auto ist das Pilgerziel vieler einheimischer Besucher. Schön ist die Gebetshalle jenseits vom Parkplatz im Mon-Stil. 700 m unterhalb der Klosteranlage erhebt sich die goldfarbene, viereckige Pagode im Stil von Bodhgaya (Indien) mit einem Wandelgang und vielen Buddhastatuen unterschiedlicher Stilrichtungen. Stände, die den Parkplatz vor der Pagode säumen, verkaufen bis 18 Uhr Kunstgewerbe, Souvenirs, Textilien und Waren überwiegend aus Myanmar.

Ein Ausflug zu den umliegenden Karen-Dörfern s. **eXTra [6010]**.

## ÜBERNACHTUNG

Die meisten Resorts liegen 1–2 km vom Busbahnhof entfernt am Ostufer des Sees mit Blick auf die Mon-Siedlung und Holzbrücke, Motorradtaxis verlangen meist 20 Baht, Songthaew 50 Baht.
Am Wochenende und in den Schulferien ist eine Reservierung empfehlenswert.

**Coffee Berry** ②, 91/4 Moo 3, ☎ 084-802 9811, 🖳 www.coffeeberrysangklaburi.com. Kleines, von der Besitzerin Ying freundlich, in bunten Farben gestaltetes Hostel. 12 einfache, sehr saubere Zimmer mit AC, Matratze auf dem Boden, sehr kleiner Du/WC und allerlei dekorativem Schnickschnack. Entspannte Atmosphäre. Kleiner Garten mit originellem Mobiliar und nettes Café an der Straße (s. u.). ❸

**Oh Dee** ①, 147/1 Moo 3, ☎ 034-595 626, 🖳 www.ohdee-hostel.com. Neues Hostel in einem zentral gelegenen Geschäftshaus mit kleinen, meist fensterlosen Schlafsälen mit jeweils 2 Doppelstockbetten, AC, Handtüchern und Schließfach für 590 Baht p. P. sowie Zimmern mit AC und Gemeinschafts-Du/WC, alle mit guten Matratzen. Großzügige Gemeinschaftsräume mit Sitzecken, Küche, Waschmaschine und Billardtisch, Fahrräder 100 Baht pro Tag. Einfaches Frühstück inkl. ❺

**P. Gh. & Country Resort** ⑤, 82/1 Moo 1, ☎ 034-595 061, 081-450 2783, 🖳 www.p-guesthouse.com. Ausländer übernachten überwiegend hier, da man auf Einzelreisende eingestellt ist und Englisch gesprochen wird. Kleine, sehr günstige Doppelbungalows mit Ventilator und Gemeinschaftsdusche liegen am Hang. Im Reihenhaus unterhalb des Restaurants geräumige, geflieste, mit Naturstein gebaute und dekorierte Zimmer mit AC, 2 garantiert unverrückbaren Betten und schweren Massivholz-Möbeln sowie Du/WC. Zudem Zimmer mit Balkon in 2-stöckigen Häusern. Auch Zelten ist möglich. Schöner Blick auf das Mon-Dorf. Großes, etwas teureres Restaurant mit mäßigem Essen. Vermietung von Mountainbikes, Motorrädern und Booten. Tourenangebot (s. u.). ❶–❹

**Samprasob Resort** ④, 122 Moo 3, ☎ 034-595 050, 🖳 www.samprasob.com. Die große, gepflegte Anlage mit Pool bietet 40 Zimmer mit AC – von Bungalows bis teuren Cabins mit bequemen Matratzen, LCD-TV, Kühlschrank und hübschem Bad. Von vielen Zimmern und dem Restaurant bieten sich schöne Ausblicke. Frühstück inkl. ❺–❻

**Suanmagmai Resort** ③, vor dem Samprasob Resort, ☎ 034-595 111, 081-991 1472. Im 2-stöckigen Neubau liegen 20 saubere Zimmer mit AC, hellen Marmorböden, Teakmöbeln und großen Fenstern. Luftiges Thai-Restaurant. Überwiegend einheimische Gäste. ❹

## ESSEN

Rings um den Markt schräg gegenüber dem Busbahnhof konzentrieren sich einige Restaurants und Garküchen.

**Coffee Berry**, s. o. Fantasievoll gestaltetes, winziges Café mit Kaffee, leckeren Smoothies und einigen Thai-Gerichten.

**Graph Café**, ☎ 081-751 2365, 🖳 www.fb.com/graphcafe. Das freundliche, gemütliche und kreativ gestaltete Café ist, falls geöffnet, nett zum Frühstücken. Guter Kaffee. ⏰ 8–21 Uhr.

🛄 **Srideang Hotel and Restaurant**, 134 Moo 3, ☎ 034-595 086. Das größte Restaurant mit einer umfangreichen, bebilderten, teils englischsprachigen Karte. Es spricht jedoch kaum jemand Englisch. Gute Auswahl an ein-

## Sangkhlaburi

N
0          1000 m

**ÜBERNACHTUNG**
1 Oh Dee
2 Coffee Berry
3 Suanmagmai Resort
4 Samprasob Resort
5 P. Gh. & Country Resort

**ESSEN**
1 Srideang Hotel and R.
2 Coffee Berry
3 Graph Café

**SONSTIGES**
1 Souvenirstände

**TRANSPORT**
1 Minibusse
2 Motorradtaxis
3 Busstation
4 Bootstouren

NACHT-MARKT
Wat Somdet
HOSPITAL
Sangkhlaburi Rd.
3202
Sr. Sawan Khiri Rd.
Burmese Inn
Uttamanusorn-Fußgängerbrücke
Bambus-brücke
Wang Kha
3202
3024
Wat Wang Wiwekaram
3024
Khao Laem Reservoir
Pagode

---

heimischen, teils wirklich scharfen und ausgefallenen Salaten, Currys und Suppen mit Fisch, Frosch oder Wild. Aber auch Pommes und frittiertes Gemüse. Große Portionen und schneller Service. Die meisten Gerichte kosten 100–200 Baht. Zudem werden einfache, günstige Zimmer vermietet. ⏲ 7–21.30 Uhr.

### SONSTIGES

#### Bootsfahrten
In den Gästehäusern, an der Pagode und der Brücke können Boote für eine einstündige

Rundfahrt über den See zu 3 verfallenen Tempeln gemietet werden. Sie kosten 500 Baht für bis zu 4 Pers. Kurze Touren zum nahegelegenen Tempel 300 Baht. Kanus werden im P. Gh. für 60 Baht pro Std., 150 Baht pro halbem Tag und 250 Baht pro Tag angeboten.

#### Geld
Unterhalb vom Busbahnhof finden sich Banken mit Geldautomaten.

#### Internet
Internetcafé gegenüber vom Krankenhaus.

### Medizinische Hilfe

**Hospital** in der Sangkhlaburi Rd., von Kanchanaburi kommend die erste Straße links.

### Post

Ein Postamt liegt 200 m unterhalb der Busstation.

### Touren

Die meisten Unterkünfte organisieren Touren. Das **P. Gh. & Country Resort** (s. o.) veranstaltet ab 4 Pers. von 9–15 Uhr Ausflüge, die eine einstündige Bootsfahrt, den Besuch eines Karen-Dorfes, Rafting auf dem Runtee River mit Bambusflößen sowie die Möglichkeit zum Baden einschließen. Sie kosten ohne Elefantenreiten 1000 Baht inkl. einer Übernachtung in den billigen Zimmern mit Ventilator, in besseren Zimmern mit AC +350 Baht p. P., mit Elefantenreiten +100 Baht.

### TRANSPORT

Von der **Busstation** an der Abzweigung der Hauptstraße vom H 3202 fahren die großen Busse ab. Minibusse starten in der Tesaban 1 etwa 100 m weiter südlich.
BANGKOK, Northern Bus Terminal (Mo Chit), über Kanchanaburi Mo–Fr um 7.45, 9.30 und 14 Uhr für 250–320 Baht in 7 Std.
KANCHANABURI, 220 km, mit den Bangkok-Bussen. Lokale Busse von 5.45–13.15 Uhr alle 30–45 Min. für 130–170 Baht in 5 Std. Minibusse für 160–210 Baht von 6–16 Uhr alle 40 Min. für 175 Baht in 3–3 1/2 Std. Für einen Aufpreis werden Passagiere bis vor die Tür gefahren.
THREE PAGODA PASS, 22 km, mit den aus Bangkok kommenden Bussen sowie Songthaew von 7–16 Uhr alle 40 Min. für 30 Baht in 40 Min.

## Three Pagoda Pass

Von Sangkhlaburi sind es 5 km bis zur Abzweigung des ausgebauten H 323, der nach weiteren 19 km an der Grenze endet (von Thais *Ban Chedi* genannt). An der Brücke am KM 274 liegt ein hübscher überschatteter **Badeplatz** mit Bambus-Plattformen für ein Picknick am Wasser. Hinter dem Militär-Kontrollposten zweigt am KM 281 eine Straße zum Thung Yai Naresuan Wildlife Sanctuary und dem **Takhenthong-Wasserfall** (9 km) ab. Der Eintritt ist manchmal verhandelbar.

Am Fuße der steil aufragenden Karstfelsen geht es nach rechts 700 m zur schönen Höhle **Sawan Bandan**. Zur eigenen Sicherheit sollte man nicht alleine gehen, sondern sich von einem Mönch mit einer Lampe begleiten lassen, wofür eine Spende angebracht ist. Die Straße endet an den drei kleinen, weißen **Stupas** (daher Drei-Pagoden-Pass), die daran erinnern, dass während der Ayutthaya-Periode die feindliche birmanische Armee bevorzugt über diesen Pass nach Siam einfiel.

Thais kaufen auf dem **Markt** günstig Stoffe, Halbedelsteine, Möbel aus Teakholz und Haushaltswaren aus Myanmar sowie gefälschte Zigaretten, Alkoholika und Dschungelpflanzen wie Orchideen. Nachschub an Bargeld gibt es am Geldautomaten weiter oberhalb im Ort neben der Polizei. Nahe der drei Pagoden wurde von Japanern neben den Resten der einstigen Bahnlinie ein kleiner **Border Peace Tempel** erbaut.

Der Grenzübergang, der bislang nur Einheimischen offenstand, wird in absehbarer Zeit auch für den internationalen Grenzverkehr geöffnet und damit auch für Touristen an Bedeutung gewonnen. Mehr s. **eXTra [2627]**.

## Von Kanchanaburi zum Erawan National Park

Beliebt ist der Ausflug zum Erawan National Park, 65 km nordwestlich von Kanchanaburi. Da der H3199 nur wenig befahren ist, eignet er sich auch gut für eine Motorradtour. Am KM 4 passiert man den **Chon Kai Mountain** mit einem kleinen Tempel. Vorbei an Resorts für Thai-Familien und bizarren Steinen, die als dekorativer Gartenschmuck verkauft werden, gelangt man am KM 24 zum **Nine Army Battle Historic Park**. Hier wird der Sieg der siamesischen Truppen unter Rama I. über den Erzfeind Birma zelebriert. ⏲ 8.30–16.30 Uhr.

Weiter auf dem H3199 geht es hinter dem Thatungna-Staudamm (KM 26) am Ostufer des Stausees entlang durch eine zunehmend bewaldete Berglandschaft. Der kleine **Phalan-Wasserfall** ist über eine 3 km lange Abzweigung am KM 47 zu erreichen.

Empfehlenswert ist ein Besuch des Elefantencamps **Elephant's World** am H3457, näheres S. 258.

## Erawan National Park und Umgebung

Der attraktive 550 km² große Nationalpark erstreckt sich entlang einem schmalen, bewaldeten Tal beiderseits eines Nebenflusses des Kwae Yai. Der Fluss bildet eine Reihe von sieben sehr schönen **Wasserfällen** mit Sinterterrassen, an denen man weit hinauflaufen kann.

Der Weg vom Parkplatz über den Markt mit vielen Essensständen und dem Parkeingang zum Headquarter ist gut ausgeschildert. Anschließend geht es in 720 m zur untersten Stufe des Wasserfalls. Lebensmittel dürfen nur bis hierher mitgenommen werden. Hier befinden sich auch Toiletten und Umkleidekabinen.

Zwei interessante **Naturlehrpfade** verlaufen beiderseits des Wasserfalls vom Campingplatz und Parkplatz zur zweiten Stufe: der erste durch immergrünen Monsunwald und der zweite durch Bambushaine. Weitere Touren von bis

### Herrliche Badeplätze im Erawan National Park

© UYEN NGUYEN

Der Morgen ist die beste Zeit, um ganz hinaufzuklettern und dann langsam hinabzuwandern. Sehr pittoresk sind die zweite, vierte und fünfte Stufe des Wasserfalls. Die dritte Stufe ist die schönste und ein herrlicher Badeplatz. Nach einem 1 1/2-stündigen, schweißtreibenden Aufstieg bis zur 7. Stufe müssen alle Wanderer umkehren. Ab 15.30 Uhr werden die Wasserfälle auf den Stufen 5, 6 und 7 geschlossen, ab 16 Uhr die Stufen 3 und 4 und ab 17 Uhr auch die unteren.

zu 4 km Länge sind nur in Begleitung von Rangern nach Voranmeldung unter ☎ 034-574 222 möglich. Am Wochenende wird es sehr voll.

🕐 Parkeingang 8–16.30 Uhr, Eintritt 300 Baht, Kinder 200 Baht, Auto 30 Baht. Golfbuggys, die zwischen dem Parkplatz und der Stufe 1 verkehren, kosten 30 Baht p. P. und Strecke.

Die **Phra That-Höhle** ist vom Park über eine 11 km lange Schotterstraße nur mit einem eigenen Fahrzeug oder einem gecharterten Songthaew zu erreichen. Man braucht eine starke Taschenlampe, um die teils schlüpfrigen Gänge in der Höhle zu erkunden.

Nördlich des Erawan National Parks erhebt sich der riesige Staudamm des **Srinagarind Reservoirs**, der im gleichnamigen Nationalpark liegt, ☎ 081-010 6966. Eintritt 300 Baht, Kinder 200 Baht.

### ÜBERNACHTUNG UND ESSEN

Wenn man in den Bungalows im National Park übernachtet kann man abends und früh morgens die Stille vor dem Eintreffen der Besuchermassen genießen. Im Park gibt es verschiedene Bungalows, teils mit AC. Kissen und Decken kosten extra. Buchungen über die National Park Division in Bangkok, ☎ 02-562 0760, eventuell auch direkt unter ☎ 034-574 222, 🖥 www.dnp.go.th. Das Restaurant mit guter Thai-Küche hat von 7–20 Uhr geöffnet. ❸–❺

### TRANSPORT

Durch die Verbindungsstraße zwischen dem H323 und H3199 ist es Motorisierten möglich, vom Erawan National Park direkt nach NAM TOK zu fahren.
Nach KANCHANABURI, 65 km, verkehrt Bus 8170 stdl. für 50 Baht in 1 1/2 Std. vom Markt im Dorf vor dem Erawan National Park. Viele Busse, u. a. der letzte um 16 Uhr, fahren direkt vom Parkplatz vor dem Parkeingang ab.
Songthaew verlangen für die Fahrt hin und zurück ab Kanchanaburi 1200 Baht, einfach 400 Baht.

# Chaloem Rattanakosin National Park

Der schöne, 59 km² große Nationalpark, ☎ 034-547 020, liegt 97 km nördlich von Kanchanaburi und 50 km von Bo Phloi entfernt. Für eine Tour sind feste Schuhe erforderlich, in der Regenzeit sind zudem Furten zu überqueren.

Vom Eingang aus erreicht man in 10 Min. die eindrucksvolle, 300 m lange Tropfsteinhöhle **Tham Than Lot Noi**, die von 8–16 Uhr ausgeleuchtet wird. Ein flacher Bach durchfließt die ausgedehnte Höhle mit wuchtigen, weißen Tropfsteinüberhängen. Am Höhlenausgang beginnt ein gut gekennzeichneter Weg, der in 1 1/2 Std. am Bach entlang durch eine schöne Dschungellandschaft führt. Nach dem ersten Wasserfall (1,5 km) wird der Pfad schwieriger und in der Regenzeit gefährlich. Am Ende des Tals (2,5 km) erhebt sich eine imposante, etwa 60 m lange und 50 m hohe Naturbrücke über die Sinkhöhle **Tham Than Lot Yai**, die als prähistorische Begräbnisstätte genutzt wurde. Nur 10 Min. weiter liegt ein Waldtempel. Eintritt 300 Baht, Kinder 200 Baht.

Von Kanchanaburi verkehrt Bus 325 alle 30 Min. von 6–18.30 Uhr für 70 Baht in 2 Std. Man wird an der Hauptstraße rausgelassen und nimmt ein Songthaew zum Eingang des Nationalparks.

# Suphanburi

Wer auf dem Weg zwischen Kanchanaburi und Ayutthaya in der sauberen Provinzstadt einen Zwischenstopp einlegt, kann sich etwa 2 km westlich vom Busbahnhof im **Chalerm Patthara Rachini Park** erholen. Zwischen den in Tierformen getrimmten Büschen, Springbrunnen und einem künstlichen Wasserfall erhebt sich der 123 m hohe **Banharn-Jamsai Tower**, der höchste Turm Thailands, von dem sich eine gute Aussicht über die Ebene bietet. 🕐 Di–Fr 10–19, Sa und So 10–20.30 Uhr, Eintritt 30 Baht, ab 18 Uhr 40 Baht.

In der Malai Man Rd. westlich vom Fluss liegen in einem gepflegten Park ein farbenprächtiger Schrein, ein Aussichtsturm und das in einem überdimensionalen Drachen untergebrachte **Dragon Descendants Museum**. Es präsentiert mit Modellen und moderner Technik die Geschichte der chinesischen Dynastien und Legenden. Ausländer zahlen überteuerte 499 Baht Eintritt inkl. Audiotour in Englisch.

Am H340 Richtung Norden sind im beeindruckenden und sehr empfehlenswerten **Nationalmuseum**, ✆ 035-535 330, Exponate aus der langen Geschichte und von verschiedenen Bevölkerungsgruppen der Region zu bewundern. ⏰ Mi–So 9–16 Uhr, Eintritt 100 Baht.

### ÜBERNACHTUNG

**Vasidtee City Hotel**, 64/31 Nainkaow Rd., ✆ 035-526 111, 🖥 www.vasidteecityhotel.net. Modernes, im Stadtzentrum nördlich der kleinen NASA Mall gelegenes Mittelklassehotel mit farbenfroher Gestaltung im Pop Art-Stil und 79 komfortablen, komplett ausgestatteten und relativ geräumigen Zimmern. Frühstück inkl. ❹–❺

### TRANSPORT

AYUTTHAYA, gelber Bus 703 für 22 Baht in 1 1/2 Std.
BANGKOK (Southern Bus Terminal), Busse bis 18 Uhr alle 20 Min. für 80 Baht in 2 1/2 Std. sowie Minibusse zum Victory Monument für 120 Baht.

KANCHANABURI, Bus 411 von 5–18 Uhr alle 20 Min. für 48 Baht in 1 1/2 Std.
NAKHON SAWAN, Bus 487 für 90 Baht in 3 Std. Von dort weiter nach Sukhothai.

## Bueng Chawak

Nahe dem H340 Richtung Chai Nat liegt am Ufer eines großen Altwasser-Sees ein **Agro Tourismus Projekt**, dessen Highlight das riesige **Meeres-Aquarium**, ✆ 035-481 249, mit über 50 Becken ist. Neben einem riesigen Becken mit Haien sind ein kleineres Süßwasser-Aquarium sowie die Sumpflandschaft mit Krokodilen zu bewundern. Ein Besuch macht vor allem Kindern Freude, ist aber am Wochenende wegen vieler Tagesausflügler nicht zu empfehlen. ⏰ Mo–Fr 9–17, Sa und So 9–18 Uhr, Eintritt Süßwasseraquarium 30 Baht, Meeres-Aquarium 200 Baht inkl. Krokodilshow. Zudem ein großer **Gemüsegarten** mit einem Kürbistunnel und über 500 Gemüsesorten, ⏰ 8.30–18 Uhr.

### TRANSPORT

Von SUPHANBURI fährt man mit dem Bus bis Duembang Nangbuat, 50 km nördlich, und anschließend weitere 12 km mit dem Motorradtaxi. Selbstfahrer folgen der Ausschilderung vom H340 am KM 151. Am Ende der Straße geht es nach rechts und kurz darauf wieder nach links.

KAMPHAENG PHET, HISTORICAL PARK; © MISCHA LOOSE

# Zentral-Thailand

Das zentrale Tiefland beiderseits des Menam Chao Phraya und seiner Nebenflüsse ist die traditionelle Reiskammer des Landes. Hier zeugen sorgfältig
herausgeputzte Ruinen ehemaliger Königs- und Garnisonsstädte, kleine Paläste
und beeindruckende Tempel von der einstigen Größe des siamesischen
Reiches. Ungebändigt wirkt hingegen das Bergland im Westen entlang der
Grenze zu Myanmar.

# Stefan Loose Traveltipps

**Bang Pa In** Der abwechslungsreiche, weitläufige königliche Sommerpalast. S. 280

**3** **Ayutthaya** Die großartigen Tempelanlagen der früheren Königsstadt. S. 281

**Nakhon Sawan** Durch die Lotosgärten auf dem Bung Boraphet. S. 299

**Phitsanulok** Der formvollendete vergoldete Buddha im Wat Phra Si Mahathat. S. 301

**4** **Sukhothai** Radtouren durch die historische Ruinenstadt und ihr ländliches Umland. S. 309

**Si Satchanalai** Tempelruinen, alte Brennöfen und ein schönes Wat im Khmer-Stil. S. 320

**Umphang** Mit dem Boot zum schönsten und größten Wasserfall Thailands. S. 338

BANG PA IN; © MISCHA LOOSE

WAT PHRA SI RATTANA MAHATHAT, PHITSANULOK; © UYEN NGUYEN

Si Satchanalai

ukhothai

Phitsanulok

Umphang

Nakhon Sawan

Ayutthaya

Bang Pa In

**Wann fahren** Grüne Reisfelder sind in der Regenzeit bis Oktober zu sehen, ab November wird es trocken, ab Februar sehr heiß

**Wie lange** Etwa eine Woche

**Bekannt für** die historischen Städte Ayutthaya und Alt-Sukhothai, den hübschen Sommerpalast Bang Pa In und den Goldenen Buddha in Phitsanulok

**Unbedingt machen** Fahrradtour durch die Ruinenstädte und Dörfer rings um Neu-Sukhothai, Bootsfahrt in Ayutthaya

**Grenzübergänge** Nach Myanmar über Mae Sot

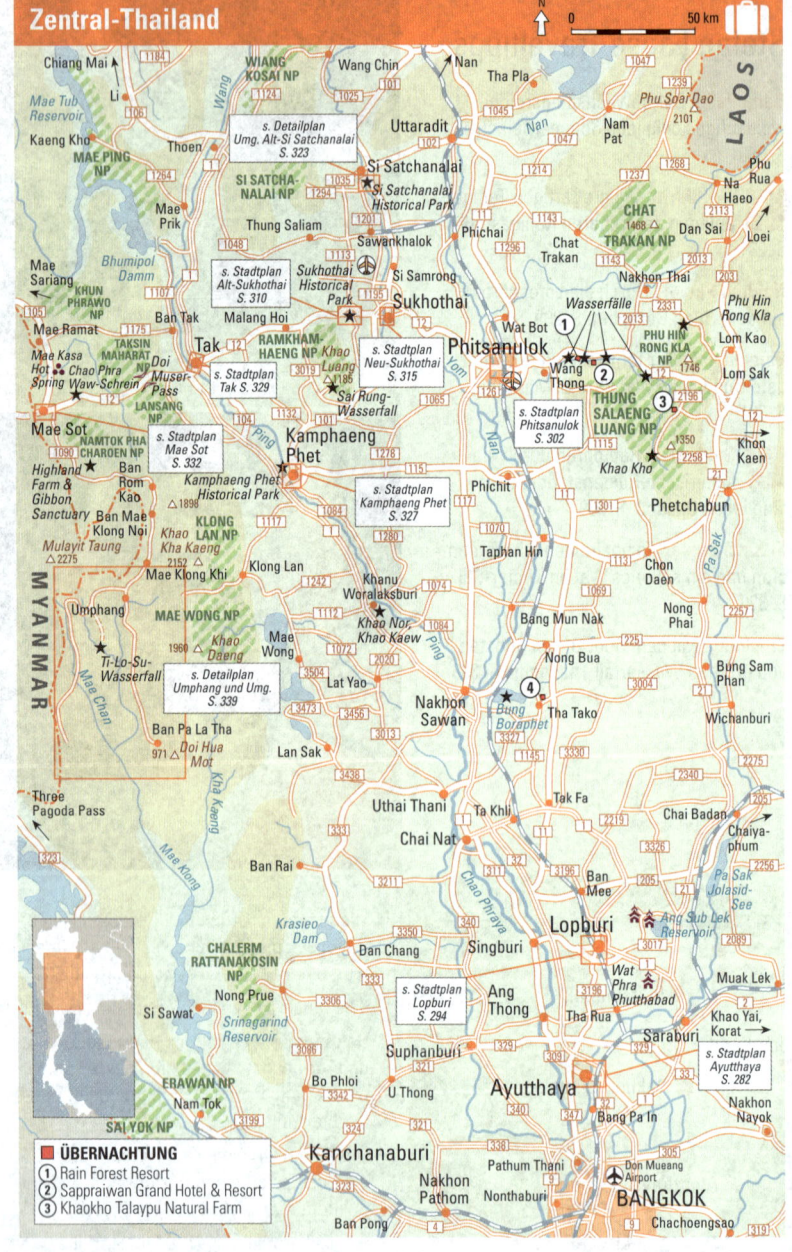

# Zentral-Thailand

N

0       50 km

Chiang Mai
Li
1184
Wang Chin
Wang Chin
Nan
1025
Tha Pla
1047
1239

WIANG KOSAI NP

Mae Tub Reservoir
1106
Thoen
1264
1025
Uttaradit
1045
Nam Pat
1047
1214
Phu Soi Dao
2101
LAOS
1268
Phu Na Haeo
2113

Kaeng Khoi
MAE PING NP
s. Detailplan Umg. Alt-Si Satchanalai S. 323
Si Satchanalai
SI SATCHA- NALAI NP
Si Satchanalai Historical Park
1294
1120
Thung Saliam
Sawankhalok
Phichai
1143
Chat Trakan
1296
1143
CHAT TRAKAN NP
1468 △
Dan Sai
Loei
2113
2013

Mae Prik
Ban Tak
1048
1107
1175
Malang Hoi
RAMKHAM- HAENG NP
Sukhothai Historical Park
s. Stadtplan Alt-Sukhothai S. 310
Si Samrong
Sukhothai
Wat Bot
Wasserfälle
2013
Nakhon Thai
2231
PHU HIN RONG KLA NP
Phu Hin Rong Kla
1746
Lom Kao
Lom Sak

Mae Sariang
105
KHUN PHRAWO NP
Bhumipol Damm
s. Stadtplan Tak S. 329
Doi Müser Pass
Khao Luang 1185 △
s. Stadtplan Neu-Sukhothai S. 315
Phitsanulok
Wang Thong
②
s. Stadtplan Phitsanulok S. 302
THUNG SALAENG LUANG NP
③
2199
Khao Kho
2258 △
1350 △
Khon Kaen

Mae Ramat
TAKSIN MAHARAT NP
Doi Waw-Schrein
LANSANG NP
1090
Tak
104
1132
Sai Rung- Wasserfall
1065
Wang Thong

Mae Kasa Hot Spring
Chao Phra Waw-Schrein
2152 △ 1898
Kamphaeng Phet
1278
Phichit
1301
Phetchabun

Mae Sot
NAMTOK PHA CHAROEN NP
s. Stadtplan Mae Sot S. 332
Kamphaeng Phet Historical Park
s. Stadtplan Kamphaeng Phet S. 327
1084
1280
1070
Taphan Hin
1069
Chon Daen
2257

Highland Farm & Gibbon Sanctuary
Ban Rom Kao
Ban Mae
KLONG LAN NP
Khao Kha Kaeng
1117
1115
Nong Phai

Mulayit Taung △ 2275
Klong Noi
Klong Lan
1242
1074
Bang Mun Nak
225
Bung Sam Phan

Umphang
MAE WONG NP
Mae Klong Khi
Khanu Woralaksburi
1112
Khao Nor, Khao Kaew
1084
Nong Bua
3004
Wichanburi
21

Ti-Lo-Su- Wasserfall
1960
Khao Daeng
Mae Wong
2020
④
Bung Boraphet
Tha Tako
2340

Ban Pa La Tha
971 △
Doi Hua Mot
3504
3473
3456
Lat Yao
3013
3327
Nakhon Sawan
1145
3330

Three Pagoda Pass
321
3438
Lan Sak
Uthai Thani
Ta Khli
Tak Fa
2219
Chai Badan
Chaiya- phium
2256

Mae Klong
333
Chai Nat
32
3196
Ban Mee
205
Pa Sak Jolasid- See
2089

Ban Rai
3211
Chao Phraya
Lopburi
Ang Sub Lek Reservoir
3017
Muak Lek

Krasieo Dam
CHALERM RATTANAKOSIN NP
3350
Dan Chang
340
Singburi
3196
Wat Phra Phutthabad
Khao Yai, Korat

Nong Prue
3306
333
s. Stadtplan Lopburi S. 294
Ang Thong
329
Tha Rua
3051
329
Saraburi
s. Stadtplan Ayutthaya S. 282

Si Sawat
Srinagarind Reservoir
2086
Suphanburi
329
3041
Ayutthaya
33
Nakhon Nayok

ERAWAN NP
Bo Phloi
3342
U Thong
321
340
Bang Pa In
347
305

Nam Tok
SAI YOK NP
3199
Kanchanaburi
338
Pathum Thani
Don Mueang Airport
Nonthaburi
BANGKOK

Ban Pong
323
Nakhon Pathom
4
9
Chachoengsao
319

MYANMAR

## ÜBERNACHTUNG
① Rain Forest Resort
② Sappraiwan Grand Hotel & Resort
③ Khaokho Talaypu Natural Farm

ZENTRAL-THAILAND

Vom 10.–13. Jh. wanderte das Volk der Thai von Norden in dieses Gebiet, das bereits von den Mon und Khmer besiedelt war. Vor allem für Kulturinteressierte lohnt sich ein Besuch der Ruinen von Ayutthaya, Lopburi und der weiter im Norden liegenden alten Königsstädte Sukhothai, Si Satchanalai und Kamphaeng Phet. Auf schmalen Straßen entlang der Kanäle, Flüsse und Reisfelder lassen sich zahllose Dörfer und Tempel erkunden.

# Das zentrale Tiefland

Vier- bis achtspurige Autobahnen durchqueren nördlich von Bangkok die fruchtbare Ebene des Menam Chao Phraya und seiner Nebenflüsse, die „Reiskammer" des Landes. Bis weit über Ayutthaya hinaus sind viele ehemalige Reisfelder mit Industrie- und Wohnanlagen bebaut worden. In den verbliebenen ländlichen Regionen durchziehen Dämme und baumgesäumte Kanäle die Ebene. Hier finden zahlreiche Wasservögel reichlich Nahrung, wie Pelikane und Ibisse, zu denen sich im Oktober Kraniche, Störche und andere Zugvögel zum Überwintern gesellen.

## Wat Phai Lom

Die Attraktion dieses Klosters in ländlicher Umgebung am Ostufer des Menam Chao Phraya in der Nähe von Pathum Thani sind bis zu 30 000 **Klaffschnabel-Störche** aus dem Brahmaputra- und Gangesdelta, die im November/Dezember hierherkommen, um im umliegenden Wald zu brüten. Am späten Nachmittag kehren sie von der Futtersuche zu ihren Nistplätzen zurück. Mit sechs bis acht Wochen sind die Jungtiere flugfähig, und spätestens im April geht es wieder zurück. Zu den Vögeln haben sich einige Tausend **Flughunde** gesellt, die nach Sonnenuntergang in großen Schwärmen auf Nahrungssuche gehen.

### TRANSPORT

Ab BANGKOK werden Touren angeboten, oder man chartert ein Taxi. Mit öffentlichen Verkehrsmitteln dauert die Fahrt sehr lange und ist nicht zu empfehlen.
Von der Outer Ring Road H9 nimmt man die Ausfahrt kurz vor der Menam-Brücke und fährt auf dem H3309 parallel zum Fluss 6,3 km Richtung Süden. 1 km hinter dem Dorf Suan Ma Muang zweigt am KM 28,7 eine 500 m lange Stichstraße zum Tempel ab.

## Bang Sai

Das 1976 unter der Schirmherrschaft der Königin gegründete **Royal Folk Arts and Crafts Center**, ☎ 035-366 253, in einer weitläufigen Parklandschaft am H3309 bei Bang Sai will selten gewordenes einheimisches **Kunsthandwerk** retten. Junge Leute aus ländlichen Regionen werden in Handwerkskünsten unterrichtet, deren traditionelle Formen sie entsprechend den Bedürfnissen des modernen Marktes weiterentwickeln. Im zentralen **Handicrafts Training Center** werden von 9–16 Uhr in mehr als 20 Fachrichtungen Glas- und Flechtarbeiten, Möbel, Seidenstoffe und Textilien gefertigt. Die besten Produkte werden in den Chitralada Handicraft Shops (z. B. am Suvarnabhumi Airport) verkauft. Im Sala Rong Chang beeindruckt der aus Sandelholz geschnitzte, 5,3 t schwere **Thousand Hands and Eyes Avalokitesvara**, der als Geschenk aus China an den König ging. ⊙ Mo–Fr 8.30–16.30, Sa und So bis 18 Uhr, Eintritt 100 Baht, Kinder 50 Baht.

Im unmittelbar südlich am H3309 befindlichen **SUPPORT Arts and Crafts International Center of Thailand**, ☎ 035-367 054–9, 🖥 www.sacict. net, behandeln mehrere Ausstellungen die Biografien bedeutender einheimischer Kunsthandwerker und das langjährige Engagement der Königin für die Erforschung und den Erhalt des traditionellen kunsthandwerklichen Gewerbes. Die **Gold and Textiles Gallery** stellt aufwendige Arbeiten einheimischer Goldschmiede sowie wertvolle alte Stoffe aus, von denen einige mit Goldfäden durchwirkt sind. Die **International Crafts Gallery** widmet sich in jährlich wechselnden Schwerpunktausstellungen regionalen Ausprägungen der asiatischen Kunsthandwerkstradition. ⊙ 9–17 Uhr.

Motorisierte nehmen auf der Outer Ring Road H9 die Abfahrt kurz vor der Menam-Brücke, ca. 14 km westlich vom großen Autobahnkreuz mit dem H1 und fahren auf dem ausgeschilderten H3309 parallel zum Fluss 5,4 km Richtung Norden. Busse von BANGKOK nach BANG PA IN fahren etwa alle 30 Min. am Eingang vorbei.

# Bang Pa In

Im 17. Jh. wurde dieser **Sommerpalast der Könige von Ayutthaya**, ☏ 035-261 548, 261 044, am Menam Chao Phraya erbaut. Er geriet in Vergessenheit, als Bangkok Königsstadt wurde. Erst König Mongkut nutzte ihn wieder und ließ ihn erweitern, wobei verschiedene Baustile aus China, Europa und Siam kombiniert wurden. Im Zweiten Weltkrieg erfuhr der Palast eine dritte Blüte, als sich die Königsfamilie hierher zurückzog.

Für den Rundgang durch die gepflegte Gartenlandschaft sollte man sich mindestens anderthalb Stunden Zeit lassen. Rechts am Flussufer steht ein kleiner Schrein in Form eines Khmer-Prangs, der **Ho Hem Monthian Thewat**. Er enthält eine Statue von König Prasat Thong von Ayutthaya, des „Königs des Goldenen Palastes". Am gegenüberliegenden Ufer sieht man den **Saphakhan Ratchprayun-Palast** aus dem Jahr 1879, der eine textlastige Ausstellung zur Geschichte des Palastes und seiner Bewohner enthält. ⏰ 8.30–15.30 Uhr.

Der hölzerne, dem Umkleidepavillon im Königspalast von Bangkok nachempfundene Wasserpavillon **Aisawan Thiphya-art** von 1876 steht in einem Teich und ist besonders fotogen in der Nachmittagssonne, wenn sich seine Umrisse im Wasser spiegeln. Die neoklassizistische Thronhalle **Warophat Phiman**, links vom Pavillon, dient königlichen Zeremonien. Eine überdachte Brücke führt zum **Thewarat Khanlai**, dem Tor zum Inneren Palast.

Am interessantesten ist in der Gartenanlage des Inneren Palastes das 1889 von Chinesen gestiftete zweistöckige **Wehat Chamrun** im Stil opulenter chinesischer Herrscherresiden-

zen. Die **Uthayan Phumisathian Residential Hall** mit ihren Jugendstilelementen ist ein Nachbau des 1938 abgebrannten Originals und dient als königliche Residenz und Audienzhalle.

Auf einer kleinen Insel bietet sich vom Aussichtsturm **Ho Withun Thatsana** ein schöner Blick über die Parkanlage. **Gedenksteine** neben einem Pavillon erinnern an Königin Sunanda Kumariratanas, die erste Frau von Chulalongkorn und Tochter von Mongkut, sowie an deren Tochter. Beide ertranken 1880 auf dem Weg von Bangkok in die Sommerresidenz in einem gekenterten Boot vor den Augen ihrer Begleiter, denen es verboten war, sie zu berühren.

⏰ 8–16.30 Uhr, letzter Einlass 15.45 Uhr, Eintritt 100 Baht inkl. Broschüre. Im Palastbereich herrscht eine strikte Kleiderordnung: Frauen müssen Schultern und Knie bedecken. Bei Männern sind kurze Hosen, die oberhalb der Knie enden, unangebracht. Angemessene Kleidung wird gegen eine Kaution von 200 Baht ausgegeben. Mit kleinen Golfbuggys können Besucher für 400 Baht pro Std. auch über das Gelände fahren.

Hinter dem Parkplatz verkehrt eine einfache Seilbahn auf die **Flussinsel**. Hier befinden sich das **Wat Niwet Thammaprawat** im Stil einer europäischen Kirche und die neoklassizistischen Mönchsquartiere.

Viele Tagestouren ab Bangkok schließen neben Ayutthaya auch Bang Pa In ein.

### Busse und Songthaew

AYUTTHAYA, per Songthaew über die Straße oder den Highway bis gegen 18 Uhr für 20 Baht in 30 Min.
BANGKOK, Northern Bus Terminal (Mo Chit), alle 20–30 Min. von 6–19 Uhr für 53–65 Baht in 1 1/2 Std.

### Eisenbahn

Südlich vom **Bahnhof** führt eine schmale Straße in 1,7 km zum Palast, Tuk Tuk 30 Baht. In der 2. Kl. ab BANGKOK 12x tgl. von 4.20–19.50 Uhr für 12–58 Baht, zurück bis 19.01 Uhr.

Ab AYUTTHAYA 12x tgl. von 5.12–18.47 Uhr für 6–26 Baht in 10–15 Min., zurück bis 21 Uhr. Zuschläge S. 85.

3 | HIGHLIGHT

# Ayutthaya

Die historische Stadt Ayutthaya, mit vollem Namen **Phra Nakhon Si Ayutthaya**, seit 1991 Unesco-Weltkulturerbe, erstreckt sich über ein weites Areal, dessen Zentrum durch die Flüsse Chao Phraya, Pa Sak und Lopburi umgrenzt wird. Die Ruinen wurden ausgegraben und vielerorts rekonstruiert.

Die 60 000 Einwohner zählende Stadt östlich der Ruinen ist hingegen nicht sonderlich attraktiv und während der Regenzeit häufig von Überschwemmungen betroffen. Zudem wird die ländliche Umgebung immer mehr Teil des hauptstädtischen Ballungsraums. Tag und Nacht sieht man lange, schwer beladene Lastenkähne, die auf dem Chao Phraya gen Süden gezogen werden.

Wer die Stadt von Bangkok aus besuchen möchte, sollte zeitig aufbrechen und sich den ganzen Tag Zeit nehmen. Von den Museen lohnen besonders die Historical Hall of Ayutthaya, das Chao Sam Phraya National Museum und das Baan Hollanda.

## Ayutthaya Historical Study Center

Das **Ayutthaya Historical Study Center**, ✆ 035-245 123, dient dem Studium der Ayutthaya-Periode und beherbergt eine Bibliothek sowie ein Museum mit teils schlecht beleuchteten Schautafeln und Dioramen zu vier Themenschwerpunkten: Ayutthaya als Hauptstadt, als Handelszentrum, als zentralistischer Staat sowie das traditionelle Dorfleben. Eindrucksvolle Modelle von Palästen, Tempeln oder Schiffen peppen die vergleichsweise altbackene Ausstellung auf. ◷ Di–Sa 8.30–16.30 Uhr, Eintritt 100 Baht, Studenten 50 Baht.

## National Museum und Historical Hall

Das **Chao Sam Phraya National Museum**, ✆ 035-241 587, ist in mehreren Gebäuden in einem kleinen Park untergebracht; der Eingang befindet sich an der Rojana Road. Im Erdgeschoss werden Funde aus verschiedenen Epochen gezeigt, die in den 1950er-Jahren ausgegraben wurden. Beeindruckend sind die Goldschätze aus dem Wat Ratburana und Wat Mahathat im 1. Stock, darunter goldene Amulette, Statuen, Schmuck und ein königliches Schwert. Im zweiten Gebäude sind Funde aus verschiedenen Regionen und Epochen zu sehen. In den Thai-Häusern werden Alltagskunst und Gebrauchsgegenstände ausgestellt. ◷ 8.30–16 Uhr, Eintritt 150 Baht.

Etwas südwestlich liegt der große Neubau des **Ayutthaya Tourism Centre**, der eine Touris-

ZENTRAL-THAILAND

## Die Königsstadt von Siam

417 Jahre lang war Ayutthaya die Königsstadt des siamesischen Reiches, bis sie 1767 von birmanischen Truppen zerstört wurde. In der sicheren Hafenstadt, 80 km vom Meer entfernt, regierten 33 Könige. Unter König Narai befand sich das Reich im 17. Jh. auf dem Höhepunkt seiner Macht. Die absoluten Monarchen hatten die Bevölkerung durch Eroberungskriege und die Aufnahme von Flüchtlingen stark vermehrt und errichteten eine prunkvolle Stadt, die es als „Venedig des Ostens" mit allen europäischen Metropolen ihrer Zeit aufnehmen konnte und später als Vorbild für das junge Bangkok diente. 375 Tempel, 29 Festungen und 94 Tore zählte man auf einem riesigen Areal, dessen Ausdehnung sich heute nur noch erahnen lässt. Ein umfangreicher Beamtenapparat verwaltete die eingetriebenen Steuern und den internationalen Handel, geschützt von einer einflussreichen Militärmacht. Schiffe aus aller Welt segelten den Menam Chao Phraya hinauf, und rund 40 Nationalitäten, darunter Franzosen, Portugiesen, Holländer, Malaien, Perser, Chinesen und Japaner, siedelten teils in eigenen Stadtvierteln. Die Pracht bei Hofe und die Ausstattung der Heiligtümer waren legendär – was davon heute noch zu sehen ist, sind nur kümmerliche Überreste.

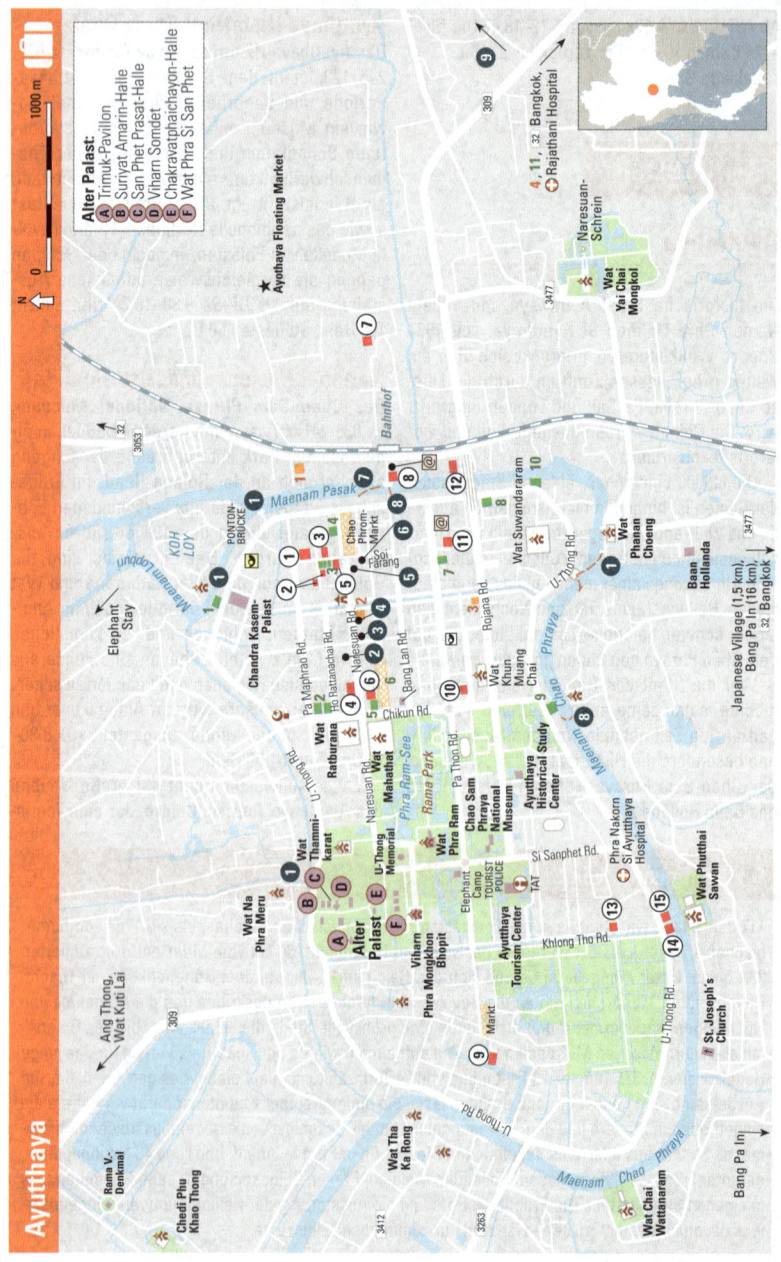

**Alter Palast:**
Ⓐ Trimuk-Pavillon
Ⓑ Suriyat Amarin-Halle
Ⓒ San Phet Prasat-Halle
Ⓓ Viharn Somdet
Ⓔ Chakravatphaichayon-Halle
Ⓕ Wat Phra Si San Phet

N
0        1000 m

Ayothaya Floating Market

4, 11, 32 Bangkok,
✚ Rajathani Hospital

Naresuan-Schrein

Wat Yai Chai Mongkol

Bahnhof

Maenam Pasak

KOH LOY

Maenam Lopburi

Elephant Stay

PONTON-BRÜCKE

Chandra Kasem-Palast

Chao Phrom-Markt

Soi Farang

Wat Suwandararam

Wat Phanan Choeng

Baan Hollanda

Japanese Village (1,5 km),
Bang Pa In (16 km),
32 Bangkok

Pa Maphrao Rd.
Ho Rattanachai Rd.
Naresuan Rd.
Bang Lan Rd.
Rojana Rd.
U-Thong Rd.

Wat Ratburana
Wat Mahathat

Chikun Rd.

Wat Khun Muang Chai

Rama Park

Phra Ram Park

Pa Thon Rd.

Ayutthaya Historical Study Center

Wat Thammikarat

Wat Na Phra Meru

U-Thong Memorial

Wat Phra Ram

Chao Sam Phraya National Museum

Ayutthaya Historical Study Center

Phra Nakorn Si Ayutthaya
✚ Hospital

Wat Phutthai Sawan

Alter Palast
Ⓐ Ⓑ Ⓒ Ⓓ
Ⓔ Ⓕ

Viharn Phra Mongkhon Bhopit

Elephant Camp
TOURIST POLICE
Si Sanphet Rd.
TAT

Ayutthaya Tourism Center

Markt

Khlong Tho Rd.

U-Thong Rd.

St. Joseph's Church

Ang Thong,
Wat Kuti Lai

Rama V.-Denkmal

Chedi Phu Khao Thong

Wat Tha Ka Rong

U-Thong Rd.

Wat Chai Wattanaram

Maenam Chao Phraya

Bang Pa In

309

3053

32

3477

3477

309

3412

3263

Phra Ram-See

Maenam Chao Phraya

Maenam Chao Phraya

teninformation, eine Galerie mit Werken einheimischer Künstler (☉ 8–16 Uhr) im Obergeschoss und die **Historical Hall of Ayutthaya** vereint. Letztere stellt mit ansprechenden, etwas unsystematisch angeordneten Tafeln und Modellen die Geschichte und Alltagskultur des historischen Ayutthaya dar. Zudem werden Details zu einzelnen Sehenswürdigkeiten und den ausländischen Vierteln der Königsstadt im 18. Jh. vermittelt. ☉ 8.30–16.30 Uhr, Eintritt frei.

## Rings um den Rama-Park

Der Rama-Park mit seinem See, über den sich steile Brücken spannen, bildet einen schönen Hintergrund für die umliegenden Tempel. Südwestlich erhebt sich der hohe Prang des **Wat Phra Ram**, das 1369 unter dem zweiten König Ramesuan als Begräbnisstätte für dessen Vater U-Thong, den Gründer von Ayutthaya, erbaut wurde. Die Mauerreste zieren noch Fragmente von Buddhastatuen. ☉ 8–18 Uhr, Eintritt 50 Baht.

Östlich des Parks erstreckt sich das weitläufige **Wat Mahathat**, das 1374 gegründet und mehrfach erweitert wurde. Aus der frühen Zeit sind Grundmauern erhalten. Die Ruine des zentralen Prangs lässt seine ursprüngliche Höhe von 44 m nur noch erahnen. Die Umgrenzung zieren kopflose, ursprünglich dreiteilige Buddhafiguren. Im südöstlichen Bereich ist ein von einem Feigenbaum umwachsener Buddhakopf ein beliebtes Fotomotiv. ☉ 8–18 Uhr, Eintritt 50 Baht.

Gegenüber überragt ein stark restaurierter Prang die große Halle des **Wat Ratburana** (auch Ratchaburana). Der siebte König von Ayutthaya ließ diesen Tempel 1424 als Begräbnisstätte für seine beiden älteren Brüder bauen. Es lohnt, die steilen Treppen zu erklimmen; oben sind Fotos der bei der Plünderung von Ayutthaya durch die Birmanen geraubten Kroninsignien und Goldbuddhas sowie anderer Goldschätze zu sehen, die in den Krypten unter dem Prang entdeckt und im Chao Sam Phraya National Museum ausgestellt sind. Durch einen schmalen Gang geht es hinab in die Grabkammer, wo noch die originalen Wandgemälde zu erkennen sind. ☉ 8–18 Uhr, Eintritt 50 Baht.

Die östlich des Palastes am **Wat Thammikarat** erhaltenen Löwenskulpturen deuten darauf hin, dass der Tempel in der frühen Ayutthaya-Periode entstanden ist. ☉ 8–18 Uhr.

Einen anderen Blick in die Geschichte erlaubt das private **Schiffsmuseum** östlich vom Park. Aufwendig gestaltete Modelle mittelalterlicher Königsbarken und anderer traditioneller Schiffe sind in einem stilvollen Thai-Haus untergebracht. Voranmeldung unter ✆ 035-241 195, ☉ 9–12, 13–16 Uhr, Spende erwartet.

## Palastbereich

Nordwestlich des **U-Thong Memorial** mit einer Statue des ersten Königs von Ayutthaya sind auf einem weitläufigen, baumbestandenen Gelände die Mauerreste seines ehemaligen Palastes von 1350 zu besichtigen. Der Palast wurde bereits 100 Jahre später vom achten König aufgegeben, der seine Residenz nach Norden ver-

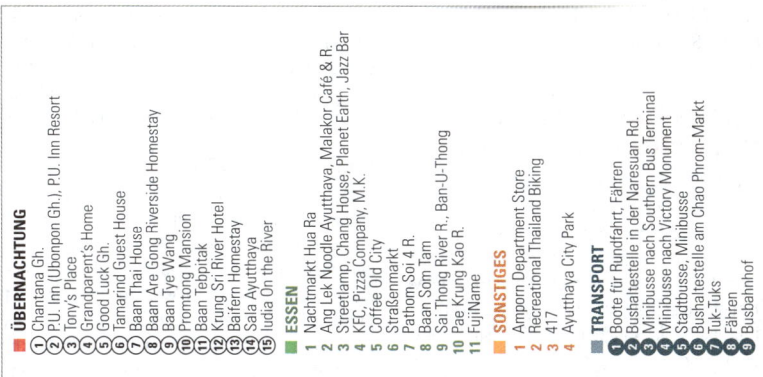

**ÜBERNACHTUNG**
1 Chantana Gh.
2 P.U. Inn (Ubonpon Gh.), P.U. Inn Resort
3 Tony's Place
4 Grandparent's Home
5 Good Luck Gh.
6 Tamarind Guest House
7 Baan Thai House
8 Baan Are Gong Riverside Homestay
9 Baan Tye Wang
10 Promtong Mansion
11 Baan Tebpitak
12 Krung Sri River Hotel
13 Baifern Homestay
14 Sala Ayutthaya
15 Iudia On the River

**ESSEN**
1 Nachtmarkt Hua Ra
2 Ang Lek Noodle Ayutthaya, Malakor Café & R.
3 Streetlamp, Chang House, Planet Earth, Jazz Bar
4 KFC, Pizza Company, M.K.
5 Coffee Old City
6 Straßenmarkt
7 Pathom Soi 4 R.
8 Baan Som Tam
9 Sai Thong River R., Ban-U-Thong
10 Pae Krung Kao R.
11 FujiName

**SONSTIGES**
1 Amporn Department Store
2 Recreational Thailand Biking
3 417
4 Ayutthaya City Park

**TRANSPORT**
1 Boote für Rundfahrt, Fähren
2 Bushaltestelle in der Naresuan Rd.
3 Minibusse nach Southern Bus Terminal
4 Minibusse nach Victory Monument
5 Stadtbusse, Minibusse
6 Bushaltestelle am Chao Phrom-Markt
7 Tuk-Tuks
8 Fähren
9 Busbahnhof

legte. Die zweistöckige **Suriyat Amarin-Halle** nutzte König Narai zur Beobachtung der Prozession königlicher Barken auf dem Fluss. Die angrenzende **San Phet Prasat-Halle**, von der nur die Fundamente erhalten sind, wurde 1448 als Empfangsgebäude erbaut. Unter dem 24. König von Ayutthaya entstanden Anfang des 17. Jhs. die Zeremonienhalle **Viharn Somdet** und die **Chakravatphaichayon-Halle** am östlichen Ende des Palastes, von der aus der König Paraden abnahm. Der offene, hölzerne **Trimuk-Pavillon** westlich der San Phet Prasat-Halle wurde erst 1907 unter König Chulalongkorn errichtet.

Im Süden erstreckt sich die prunkvolle Tempelanlage des **Wat Phra Si San Phet**, mit deren Bau 1448 begonnen wurde. Sie wurde mehrfach erweitert, bis die birmanischen Eroberer sie 1767 niederbrannten. Der 16 m hohe vergoldete Bronzebuddha Phra Sri San Phet, der im Viharn stand, wurde dabei zerstört. Die vielen halb verfallenen Tempeltürme werden von drei großen, restaurierten Chedis dominiert, die die Asche verstorbener Könige und eine Reliquie Buddhas enthalten. Rechts davon ragen die Säulen des früheren Viharn in den Himmel. ⏰ 7–18 Uhr, Eintritt 50 Baht.

Der Innenraum des rekonstruierten **Viharn Phra Mongkhon Bhopit** wird von einem der größten Bronzebuddhas Thailands ausgefüllt, der 12,45 m hohen Rekonstruktion einer Statue aus dem 15. Jh. Der Viharn wurde 1956 originalgetreu nachgebaut, die Figur 1991/92 anlässlich des 60. Geburtstags der Königin vergoldet. ⏰ 8.30–16.30 Uhr, Eintritt frei. Am Wochenende ist hier viel los. Um den Tempel herum warten Souvenir- und Getränkehändler auf Kunden.

## Im Westen und Südwesten

Im etwas versteckten **Wat Lokayasutha** blieb neben den Resten eines Prangs und eines großen Tempels eine der größten liegenden Buddhafiguren aus Stuck erhalten, die 1954 restauriert wurde und unter freiem Himmel ruht.

Ein schwimmender Markt (Thai: Talad Nam) findet von 10–16 Uhr am westlichen Ufer, nördlich der Biegung des Menam Chao Phraya, am recht kitschigen **Wat Tha Ka Rong** statt; allerdings ist hier am Nachmittag nur noch wenig los.

Im Süden erhebt sich das um 1690 als Residenz erbaute **Wat Chai Wattanaram**, eine große Anlage im Khmer-Stil mit einem zentralen Prang, der von einem Kreuzgang mit acht kleineren Prangs umgeben ist. In ihnen stehen große Buddhas aus Ziegel und Stuck, deren Holzgerüste noch zu erkennen sind. Auch einige bemalte Deckenpaneele sind gut erhalten. ⏰ 8–18 Uhr, Eintritt 50 Baht.

König Narai stellte im 17. Jh. Land und Geld für den Bau einer Kirche im damaligen französischen Viertel zur Verfügung. Die 1695 erbaute und 1838 rekonstruierte **St. Joseph's Church** steht am südlichen Flussufer. Im hübsch anzuschauenden Kirchenschiff sind die Särge zweier französischer Missionare aus dem 17. Jh. zu sehen. Es finden regelmäßig Gottesdienste statt, und tagsüber schließen die Kirchendiener interessierten Besuchern auf. ⏰ 8–18 Uhr.

**Wat Phutthai Sawan** ist schon von Weitem an seinem hohen Prang zu erkennen. Hier soll die erste Siedlung König U-Thongs vor der Gründung Ayutthayas gelegen haben. Am Parkplatz stehen Statuen diverser Könige. Östlich der Neubauten liegt ein altes Gebäude mit Innenhof, dessen Wandelgang goldene Buddhas beherbergt. Dahinter bietet ein liegender Buddha in einem verfallenen Viharn ein schönes Fotomotiv.

## Chandra Kasem-Palast

Im Nordosten der Insel befindet sich der rekonstruierte Palast des Kronprinzen Naresuan aus dem Jahre 1577. Den zerstörten Palast ließ König Mongkut im 19. Jh. wiedererrichten, um zeitweise hinter den hohen Mauern zu leben. Den großen Platz umgeben mehrere Gebäude: Das erste links vom Eingang, der **Chantara Mukh-Pavillon**, enthält das kleine **Chandra Kasem-**

Eine **Sammelkarte** für die sechs Haupttempel kostet 220 Baht. Bei einer **Bootstour** legen die Boote an 3–6 Tempeln für eine kurze Besichtigung an. Am besten gegen 16 Uhr abfahren, da dann die Lichtverhältnisse gut und die Tempel noch offen sind. An den Palastruinen und am Wat Mahathat werden englischsprachige **Audioguides** für 150 Baht pro Tag vermietet (Ausgabe bis 16 Uhr). Eine zugehörige Broschüre zeigt eine Karte der 21 erläuterten Sehenswürdigkeiten. Wer nach der Tour nicht verschwitzt zurück nach Bangkok möchte, kann unweit vom Bahnhof im Baan Are Gong Riverside Homestay, S. 287, duschen.

**Nationalmuseum**, ☎ 035-251 586, u. a. mit Keramiken, Buddhafiguren und Holzschnitzereien aus dem Besitz von König Mongkut. Im dahinter liegenden **Piman Rajaja-Pavillon**, der ehemaligen königlichen Residenz, sind weitere Buddhastatuen und andere Gegenstände ausgestellt. Der **Pisai Salak-Turm** hinter der Residenz diente Mongkuts astronomischen Studien. ⏱ Mi–So außer feiertags 8.30–16 Uhr, Eintritt 100 Baht.

## Im Südosten

An der Einmündung des Klong in den Menam Chao Phraya, etwas weiter westlich, wurden 1959 Teile der Tempels unter U-Thong errichteten alten **Stadtbefestigung** rekonstruiert. Die originalen Ziegel waren auf Frachtkähne verladen und beim Bau der neuen Hauptstadt Bangkok verwendet worden.

Am anderen Flussufer erstreckt sich **Wat Phanan Choeng**, ein weitläufiges Tempelareal, das einst als Exerzierplatz diente. Möglicherweise gab es den Tempel bereits vor der Gründung von Ayutthaya, denn die 20 m hohe Buddhastatue Phra Chao Phanan Choeng (Luang Po To) im hinteren hohen Viharn soll bereits 1325 gefertigt worden sein. Sie gilt als Beschützerin der Seeleute und wird vor allem von Chinesen verehrt.

Hinter dem Gebäude werden in einem großen Tempel im chinesischen Stil sowie im **Chao Mae Soi Dok Mak-Schrein** diverse Schutzgottheiten mit Blumen, Seide, Kerzen und Geld günstig gestimmt. Absurderweise verehren gerade Singles und werdende Eltern den Schrein der chinesischen Prinzessin Soi Dok Mak, die der Legende nach aus Zorn über mangelnden Respekt ihres Bräutigams, des Königs von Ayutthaya, Selbstmord beging! ⏱ 8–17 Uhr, Eintritt 20 Baht.

Rund 500 m südlich des Wat Phanan Choeng lohnt das 2013 eröffnete **Baan Hollanda**, 🖥 www.baanhollanda.org, auf dem Gelände des einstigen holländischen Viertels einen Besuch. Über dem klimatisierten Café führt eine sehr ansprechend und abwechslungsreich gestaltete Ausstellung mit englischen Texten, interaktiven Stationen und interessanten historischen Einzelschicksalen durch die Geschichte der rund 1500 Einwohner zählenden holländischen Siedlung in Ayutthaya und die Entwicklung der Vereenigde Oostindische Compagnie (VOC). Um den riskanten, verlustreichen Seehandel zwischen China und Europa zu finanzieren, musste sich die mächtige Handelsgesellschaft im 17. und 18. Jh. auch im innerasiatischen Handel engagieren. ⏱ 9–17 Uhr, Eintritt 50 Baht.

**Wat Yai Chai Mongkol** außerhalb des historischen Stadtkerns wurde in seiner heutigen Form mit einem 62 m hohen Chedi, den zahlreichen Buddhastatuen und der gepflegten Gartenanlage unter Naresuan zur Erinnerung an den Sieg über seinen Widersacher Phra Maha Uparacha umgestaltet. Naresuan soll den birmanischen Herrscher 1592 bei Nong Sarai (Provinz Saraburi) in einem Zweikampf auf dem Rücken eines Kriegselefanten besiegt haben. Ihm zu Ehren wurde neben dem Tempel jenseits des liegenden Buddhas ein über Betonbrücken zugänglicher Park angelegt. In dessen Zentrum erhebt sich ein großer gläserner Schrein mit einer von Hähnen und Kunstblumen umgebenen, überlebensgroßen Statue des Herrschers. Den zwischen Tempel und Park gelegenen Teich bewohnen Hunderte Schildkröten, die an hölzernen Plattformen von Einheimischen gefüttert werden – ein ungewöhnlicher Anblick. ⏱ 8–17 Uhr, Eintritt 20 Baht.

## Japanese Village

Südlich von Wat Phanan Choeng befand sich das **japanische Dorf** mit etwa 1500 Einwohnern,

© MORITZ JACOBI

Die anmutigen Buddhastatuen am Wat Yai Chai Mongkol erinnern an die Pracht des alten Ayutthaya.

vor allem Händler und japanische Christen, die ab dem 17. Jh. in ihrer Heimat verfolgt wurden, aber auch Ronin (herrenlose Samurai), die als Söldner in der königlichen Garde dienten. Ein Video informiert über die Bedeutung des Handelszentrums Ayutthaya und eine kleine Ausstellung mit großformatigen historischen Karten über die Beziehungen zum Land der aufgehenden Sonne. In einem weiteren Gebäude werden in einer kleinen Ausstellung und einem weiteren Video die Lebensgeschichten zweier einflussreicher Mitglieder der japanischen Community jener Tage vorgestellt. Am Fluss wurde ein kleiner japanischer Garten angelegt. ✆ 035-244 340, ⏱ 8–17 Uhr, Eintritt 50 Baht. Anreise mit den Songthaew nach Bang Pa In (S. 280).

## Weiter außerhalb

Nördlich des Klong Sabua diente das **Wat Na Phra Meru** (auch: Wat Na Phramane) den Birmanen als Basislager und wurde daher nicht zerstört. Der mit Holzschnitzereien geschmückte, imposante Bot enthält einen 6 m hohen, vergoldeten Bronzebuddha, der im Stil eines Ayutthaya-Herrschers gekleidet ist. Das Innere des danebenliegenden kleinen Viharn mit verbli-

chenen Wandmalereien wird von einem Buddha im Dvaravati-Stil dominiert. Die eindrucksvollen Skulpturen und die prunkvolle Ayutthaya-Architektur lohnen einen Besuch. ⏱ 8–18 Uhr, Eintritt 20 Baht.

2,5 km nordwestlich der Stadt liegt südlich vom H309 der 80 m hohe **Chedi Phu Khao Thong**. Als die Birmanen Ayutthaya 1569 erstmals eingenommen hatten, errichteten sie diesen Tempel zur Erinnerung an ihren Sieg auf einer bereits 1387 erbauten Anlage. 15 Jahre später wurden sie wieder vertrieben, und der Chedi erhielt ein neues Äußeres im Thai-Stil. Aus Anlass des 2500-jährigen Bestehens des Buddhismus wurde 1956 eine 2,5 kg schwere Goldkugel auf die Spitze der Pagode angebracht. Vor dem Chedi befinden sich ein **Monument** zu Ehren von König Naresuan und ein großer Park.

Hunderte von **Klaffschnabel-Störchen** (S. 110) bevölkern im Winter die Palmen in der Nähe des **Wat Kuti Lai** am H309, hinter der Kreuzung mit dem H347.

Östlich des Zentrums, in der Nähe zum Bahnhof liegt der **Ayothaya Floating Market** mit Nippes- und T-Shirt-Läden sowie einem schwimmenden Essensmarkt; eine Touristenattraktion auf dem absteigenden Ast, der westliche Besucher nicht viel abgewinnen können. ⏱ 11–17 Uhr.

### Untere Preisklasse

**Baan Are Gong Riverside Homestay** ⑧, Kramang Rd., in den Gassen zwischen Bahnhof und Fähre, ✆ 035-235 593, 087-107 0745, 🖥 www.fb.com/baanaregong. Das 2-stöckige Gästehaus unter chinesischer Leitung mit Bistro am Fluss bietet 15 saubere Zimmer mit guten Matratzen, ein paar dekorativen Details, Du/WC, teils Kühlschrank und LCD-TV, oben mit Gemeinschafts-Du/WC. Auch günstige EZ. Internet-PC, Gepäckaufbewahrung, Duschen für 30 Baht inkl. Handtuch. Asiatisches Frühstück inkl., westliches gegen Aufpreis. ❷–❸

**Chantana Gh.** ①, 12/22 Naresuan Rd., ✆ 035-323 200, 089-885 0257, ✉ chantana house@yahoo.com. 2-stöckiger Neubau mit kleinem Vorgarten für ruhebedürftige Traveller. Kleine, saubere Zimmer mit Ventilator oder AC und dicken Federkernmatratzen. Einige mit Fenstern zum Gang, andere mit Balkon. In den Zimmern hinten rechts stört der Lärm einer Wasserpumpe. Große, überdachte Terrasse im 1. Stock. ❷–❸

**€** **Good Luck Gh.** ⑤, Soi Farang, ✆ 089-925 1902, ✉ goodluck_travel@hotmail.com. Die freundlichen Vermieter bieten hinter dem Café mit kleinem Frühstücksmenü 18 ordentliche, vergleichsweise einladende (teils übermäßig in Rosa gehaltene) Zimmer mit guten Matratzen und Du/WC in einem hellhörigen Holzhaus, die teureren, geräumigen mit LCD-TV im nicht hellhörigen Neubau nebenan. Gutes Preis-Leistungs-Verhältnis, Motorradverleih. ❷–❹

**Grandparent's Home** ④, 19/40 Naresuan Rd., ✆ 083-558 5829. Die freundliche Großfamilie vermietet in vier 2-stöckigen, eng stehenden Neubaublocks je 10 akzeptable, preisgünstige Zimmer ohne Stil mit AC, TV und Kühlschrank. Rezeption ⏱ bis 20 Uhr. Frühstücken im Vorhof möglich. ❷

**P.U. Inn (Ubonpon Gh.)** ②, 20/1 Moo 4, ✆ 035-251 213, 089-240 8461, 🖥 www.pu-inn.

com (zusammen mit P.U. Inn Resort, s. u.). Von der resoluten Ubonpon und ihrem japanischen Mann geführtes Gästehaus für Preisbewusste mit 20 sauberen, verschiedenfarbig gestrichenen Zimmern, teils mit AC, Kühlschrank und LCD-TV. EZ mit Ventilator für 300–400 Baht. Kleines Restaurant und Sitzplätze auf einer überdachten Terrasse. Schließfächer, Fahrrad- und Motorradvermietung, Wäscheservice, Touren, Internet-PC für 1 Baht pro Min. Gepäckaufbewahrung inkl. ❷

📖 **Tamarind Guest House** ⑥, hinter dem Coffee Old City, ✆ 081-655 7937, 089-010 0196, ✉ tamarindthai2012@gmail.com. Zentral gelegenes, von der Straße zurückversetztes, kleines Gh. unter Leitung von Goy und Ning, die gutes Englisch spricht. In netter Atmosphäre werden 6 Zimmer mit AC, guten Matratzen, teils Open-Air-Du/WC und kräftigen Farben vermietet, auch ein Familienzimmer mit durch Vorhang abgetrenntem WC. Tee, Kaffee und Fahrräder inkl. ❷

**Tony's Place** ③, 12/18 Naresuan Rd., ✆ 035-252 578, 🖥 fb.com/TonyPlace.Ayutthaya.Thailand. In dem bei jungen Travellern beliebten, mit einigen Antiquitäten eingerichteten, charmanten Teakhaus gibt es 32 Zimmer mit LCD-TV, Ventilator oder AC sowie teils eigener Du/WC, die teureren, sehr geräumigen auch mit Hochbett, Balkon und Kühlschrank. Kein gutes Preis-Leistungs-Verhältnis bieten dagegen die Zimmer für 600 Baht und die billigsten im Altbau gegenüber. Gut besuchtes Restaurant mit Traveller-Food und vegetarischen Gerichten. Sitzgelegenheiten und Hängematten im Hof und auf der Terrasse im 1. Stock. Trübes Planschbecken. Irgendwo wird immer an- und umgebaut. ❶–❸

### Mittlere Preisklasse

**Baan Tebpitak** ⑪, 15/19 Soi 3 Pathon Rd., ✆ 089-849 9817, 083-478 3114, 🖥 www.baantebpitak.com. Freundliches, 2-stöckiges, familiäres Gästehaus in ruhiger Lage unter Leitung von Rita, die sehr gutes Englisch spricht. 10 geräumige, saubere Zimmer mit komfortabler Ausstattung und informativen Büchern über Ayutthaya. Offener Aufenthaltsbereich mit vielen Aquarien, außerdem ein Pool

www.stefan-loose.de/thailand DAS ZENTRALE TIEFLAND | Ayutthaya **287** mit Liegen, viele Infos und eine kleine Snack-Karte für Hungrige. An der Zufahrt wacht Henry, die Schildkröte. Fahrräder für 50 Baht, auch Motorradverleih. Frühstück inkl. ④–⑥

🧳 **Baan Thai House** ⑦, 199/19 Moo 4, Pailing, ☎ 035-245 555, 080-437 4555, 🖥 www.baanthaihouse.com. Nur 600 m vom Bahnhof entfernt stehen in ländlicher Umgebung in einem gepflegten Garten 12 bei europäischen Gästen beliebte Bungalows, besonders schön die Thai-Häuser auf Stelzen am Teich. Die sehr sauberen Zimmer sind relativ klein, aber gut ausgestattet mit Holzmöbeln und Teakböden, Wasserkocher, LCD-TV, Kühlschrank, Terrasse oder Balkon und separatem WC, teils mit begrünter Außendusche. Viele Sitzgelegenheiten, Pool, Spa und Restaurant. Günstige Preise in der Nebensaison. Fahrräder und Frühstück inkl. ⑤–⑥

🧳 **Baan Tye Wang** ⑨, 223/18 Pratu Chai, ☎ 035-323 001, 🖥 www.baantyewang.com. Auf einem schönen Gartengrundstück in einer ruhigen Wohngegend am Fluss vermietet eine freundliche Thai-Familie in einem hinter einem traditionellen Teakhaus gelegenen Neubau 7 attraktive, modern eingerichtete Zimmer mit kühlem Steinboden, großer Fensterfront, LCD-TV, Wasserkocher, Open-Air-Regendusche und stilvollem Mobiliar mit antiquarischem Touch. Die Gastgeber sprechen gutes Englisch. Frühstück und Fahrräder inkl. ⑤–⑦

**Baifern Homestay** ⑬, 172/9 Moo 4, Klong Tho Rd., ☎ 0352-42051, 🖥 www.baifernhomestay.com. Hinter dem netten Vorgarten verbirgt sich ein familiäres Gästehaus mit großem, einladendem Gemeinschaftsbereich und vielen Katzen. Die 18 gemütlichen, kleinen Zimmer haben AC und etwas traditionelle Dekoration. Die Mutter des Hauses kocht Thai-Essen. Frühstück inkl. ④–⑤

**Krung Sri River Hotel** ⑫, 27/2 Moo 11, Rojana Rd., ☎ 035-244 333, 🖥 www.krungsririver.com. Bei Reisegruppen beliebtes Hotel am Fluss. Auf 10 Etagen verteilen sich 204 ältere, aber gepflegte Zimmer und Suiten mit Marmorbad, LCD-TV, Safe und Teppichboden, ein Fitnessraum, ein Pool sowie das beliebte Restaurant Suan Rim Nam mit Flussterrasse, Livemusik und leckeren Thai- und italienischen Gerichten zu

gehobenen Preisen. Großes Frühstücksbuffet inkl. ⑤

**P.U. Inn Resort** ②, schräg gegenüber dem P.U. Inn, ☎ 035-251 213, 089-240 8461, 🖥 www.pu-inn.com. Im 3-stöckigen, lang gezogenen Neubau liegen 20 gute, geräumige Mittelklassezimmer mit AC, guten Matratzen, großem LCD-TV und Kühlschrank. 7 Zimmer mit kleinem Balkon und Sicht auf den Teich im Westen, auch Familienzimmer. ⑤

🧳 **Promtong Mansion** ⑩, 23 Soi 19, Pathon Rd., ☎ 089-165 6297, 🖥 www.promtong.com. Das ruhige, zentral gelegene 4-stöckige Gästehaus wird von der freundlichen Gita geführt, die in England gelebt hat und weiß, was ihre Gäste brauchen. 15 sehr saubere, nett eingerichtete, geräumige Zimmer mit guten Matratzen, LCD-TV, Kühlschrank, Wasserkocher mit Tee und Kaffee, Du/WC und separatem Raum mit Waschbecken. Wäscheservice, viel Infomaterial über Ayutthaya, Organisation von Touren und Transport, Internet-PC und Fahrräder für 50 Baht pro Tag. Frühstück plus 150 Baht, bei Deluxe-Zimmern inkl., zudem Nutzung des Pools im Schwesterhotel Baan Tebpitak, s. o. ③–④

### Obere Preisklasse

**Iudia On the River** ⑮, 11–12 Moo 4, U-Thong Rd., ☎ 035-323 208, 🖥 www.iudia.com. Freundliches Kleinhotel am Fluss in einem 2-stöckigen, architektonisch interessanten Neubau, der modernes Design und Antiquitäten ansprechend kombiniert. 13 mit wertvollen Möbeln eingerichtete Zimmer mit Du oder Bad/WC, DVD-Player, LCD-TV und Kühlschrank; die 4 günstigeren mit Fenstern zum schattigen Innenhof, die teuren mit eigener Terrasse am Pool mit Blick auf den Wat Phuttai Sawan jenseits des Flusses. Auch ein EZ. Nettes Café an der Straße. Frühstück und Fahrräder inkl. ⑥–⑧

**Sala Ayutthaya**, U-Thong Rd. ⑭, ☎ 035-242 588, 🖥 www.salaresorts.com/ayutthaya. Die geräumigen, komfortablen, von klaren Linien und Flächen, weißen und Ziegelsteinwänden dominierten Zimmer und Suiten mit allen Annehmlichkeiten, freistehender Badewanne und teils eigenem kleinen Pool gibt es von

So–Do mit bis zu 30 % Nachlass. Wer gern ins Grüne schaut, ist hier jedoch falsch aufgehoben. Flussrestaurant, Spa. Reservierung empfohlen. ❼–❽

## ESSEN

### Essensstände

Essensstände und Straßenküchen findet man vor dem **Bahnhof**, beim Amporn Department Store, nördlich gegenüber vom Wat Ratburana und im **Rama-Park** (hier nette Atmosphäre). Einheimische frequentieren um die Mittagszeit den überdachten, betriebsamen Food Court von **Ang Lek Noodle Ayutthaya** an der Chikun Rd. wegen seiner herzhaften Nudelgerichte mit Rind- oder Schweinefleisch für um die 50 Baht. Abends lohnt der Bummel über den kleinen **Nachtmarkt Hua Ra** am Fluss gegenüber dem Chandra Kasem-Palast oder den **Straßenmarkt** östlich vom Rama-Park und südlich vom hohen Sendemast; an etwa 30 Ständen wird von 17–22 Uhr gekocht und gebraten, das Essen an Tischen serviert oder zum Mitnehmen verpackt.

### Restaurants

Auf Backpacker eingestellt sind die Restaurants in der Naresuan Rd., z. B. **Streetlamp**, **Chang House** oder **Planet Earth**. Vor dem Amporn Department Store haben sich Fastfood-Ketten wie **KFC**, **Pizza Company** und **M.K** eingemietet. Weitere Restaurants sowie ein **Food Court** finden sich im Einkaufszentrum Ayutthaya City Park (S. 290).

**Baan Som Tam**, an der Ecke südlich der Brücke. Das beliebte Restaurant mit Holzmöbeln, gelegentlicher Livemusik und offenen Fenstern bereitet authentische Thai-Küche nach Isarn-Art zu, darunter den namensgebenden Papaya-Salat. Abends betriebsam. ⊙ 10–14 und 16–22 Uhr, Sa und So durchgehend. Ähnliches Angebot im Restaurant nebenan, das tgl. durchgehend geöffnet ist.

**Ban-U-Thong**, U-Thong Rd. östlich vom Sai Thong River Restaurant, ✆ 035-211 293, 🖳 fb.com/banuthong2. Nettes Flussrestaurant mit eigenem Parkplatz und englischer, bebilderter Speisekarte, auf der besonders das *homok* und der Zitronengrassalat zu

empfehlen und preislich angemessen sind. ⊙ 10–22 Uhr.

**Coffee Old City**, Chikun Rd. gegenüber dem Wat Mahathat, ✆ 089-889 9092. In entspannter Atmosphäre serviert dieses kleine Restaurant mit freundlicher Bedienung Thai-Food, aber auch Croissants, kleine Frühstück-Sets und guten Eistee. ⊙ Di–So 8–18 Uhr.

**Fuji**, Ayutthaya City Park im Eingangsbereich zum Tesco Lotus. Filiale der günstigen japanischen Sushi-Kette, die auch bei Einheimischen beliebt ist. ⊙ bis 21 Uhr.

**Malakor Café & Rest.**, nordöstlich vom Wat Ratburana, 🖳 fb.com/malakorrestaurant. Über dem klimatisierten Café serviert man im offenen Restaurant des kleinen Holzhauses Thai- und Seafood-Gerichte. ⊙ 12–22 Uhr.

**Pae Krung Kao Restaurant**, südlich der Brücke. Klimatisiertes Restaurant mit Thai- und Seafood-Gerichten. Schöner sitzt man auf der Terrasse oder im schwimmenden Restaurant. ⊙ 10–21 Uhr.

€ **Pathom Soi 4 Restaurant**, Pha Thon Rd. Einfaches, gut besuchtes Straßenrestaurant mit kleiner englischsprachiger Karte und sehr preisgünstigen und leckeren Thai-Gerichten wie *moo daeng*, *tom yam* und Seafood-Variationen. ⊙ ab 17 Uhr.

**Sai Thong River Restaurant**, 45 Moo 1, U-Thong Rd., ✆ 035-241 449, 🖳 www.saithongriver.com. Die englische Speisekarte des großen Restaurants listet eine gute Auswahl teils ungewöhnlicher Thai- und Isarn-Gerichte für 120–150 Baht, z. B. sehr gutes *homok*. Wechselhafter Service. Auch Tische im Freien am Fluss. Von hier legt ein Restaurantboot für 800 Baht die Std. ab. Einige Leser fanden das Essen enttäuschend. ⊙ 10.30–22 Uhr.

## UNTERHALTUNG

Cafés und Bars in Nachbarschaft zu den Gästehäusern in der Naresuan Rd. haben sich auf ein westliches Publikum eingestellt. Bei Musik oder Sportübertragungen schlürft man in lockerer Atmosphäre einen Cocktail oder Kaffee.

**417**, Rojana Rd, 🖳 auf Facebook. Moderner Vintage- und Industrial-Stil mit unverputzten Betonwänden zeichnen die einladende, innen klimatisierte Eckkneipe mit Terrasse, guter Bierauswahl (auch IPAs und Fassbiere) und kleiner Snack-Karte aus. Fr und Sa Livemusik. ⏰ 17–24 Uhr.

## EINKAUFEN

Auf dem **Chao Phrom-Markt** werden Lebensmittel und Haushaltswaren gehandelt.
Der alte **Amporn Department Store** gegenüber dem Markt erhielt Konkurrenz durch das riesige Einkaufszentrum **Ayutthaya City Park**, ☎ 035-229 234, 🖥 www.ayutthayacitypark.com, das sich am H32, südlich der Abzweigung des H309, befindet und einen Robinson Department Store, einen Tesco Lotus, eine große Elektronikabteilung, Mode- und Kosmetikgeschäfte und viele Restaurants beherbergt, ⏰ 10–22 Uhr, vieles schließt um 21 Uhr, erreichbar mit dem Stadtbus, S. 291.

## AKTIVITÄTEN

### Elefanten
**Elephant Stay**, auch Elephant Kraal, 2 km nördlich am Lopburi-Fluss, ☎ 080-668 7727, 🖥 www.elephantstay.com. Innerhalb der Umzäunung leben die Mahouts zusammen mit 30–40 Elefanten, die Besucher über mehrere Tage pflegen und reiten können – leider weder in natürlicher noch in schöner Umgebung. 3 Tage inkl. Übernachtung und Verpflegung bei 1 Pers. pro Elefant für 12 000–15 000 Baht, bei 2 Pers. 22 500–28 000 Baht.

### Fahrradfahren
Im Zentrum der Ruinenstadt lässt es sich auf den breiten Straßen gut radeln. Meiden sollte man die U-Thong Rd. und den H309, denn dort ist der Verkehr chaotisch und dicht. Fahrräder gibt es in den Unterkünften und bei der Touristenpolizei für 40–60 Baht.
**Recreational Thailand Biking**, 500 m nördlich vom Bahnhof in einer westlich abgehenden Gasse, ☎ 081-170 5906, 02-285 3955, 🖥 www.thailandbiking.com/de. Geführte, um 10 Uhr startende Tagestouren zu Sehenswürdigkeiten und ins ländliche Umland inkl. Helm, Versiche-

rung, Wasser, Mittagessen und Eintritte für 1750 Baht p. P.

### Schwimmen
Den Pool im P.U. Inn Resort (s. Übernachtung) können Tagesgäste für 100 Baht inkl. Handtuch nutzen.

## TOUREN

Unterkünfte organisieren morgendliche und abendliche **Rundfahrten** ohne Guide zu den Ruinen und Tempeln. Hierfür wird meist ein Tuk Tuk oder Songthaew für 200–250 Baht pro Std. gechartert und eine Route vereinbart. Für eines der seltenen Taxis sind 400 Baht pro Std. zu veranschlagen.

### Bootstouren
Bootstouren eröffnen einen Blick auf das Leben am und auf dem Fluss. Kleine Boote für bis zu 6 Pers. sind entspannter als die großen, lauten Longtails und können für 400–600 Baht pro Std. gechartert werden. 2-stündige Rundfahrten zu 3 Tempeln starten ab den Anlegestellen südlich der Ponton-Brücke, hinter dem Wat Phanan Choeng und hinter dem Hua Ra-Nachtmarkt und werden von Anbietern, Unterkünften und Reisebüros für 200 Baht p. P. ohne Eintrittsgelder verkauft. Die meisten halten am Wat Phanan Choeng, Wat Phutthai Sawan und Wat Chai Wattanaram. Bei individuellen Touren, z. B. nach **Bang Pa In** mit Halt am Wat Niwet Thammaprawat (Rückfahrt mit der Eisenbahn), kosten 3 Std. 1200 Baht für max. 3 Pers., jede weitere Std. 300 Baht.

### Elefantenreiten
**Elephant Camp**, im östlichen Bereich des Rama-Parks. Ein typisches Beispiel für kommerzielle, wenig artgerechte Elefanten-Attraktionen. Elefanten mit Howdahs und kostümierten Mahouts stehen bereit, um am laufenden Band Touristen für 500 Baht p. P. in 30 Min. zum alten Palast und Wat Phra Ram zu bringen. ⏰ 8–17 Uhr.

### Stadtrundfahrten
Das Chao Sam Phraya National Museum führte 2015 vorläufig jeden Sa und So von 9–14.30 Uhr

Rundfahrten mit **Trambussen** durch, die an den wichtigsten Sehenswürdigkeiten vorbeiführten und von einem Guide kommentiert wurden. Ob dieses Angebot von Dauer ist, sollte unter ✆ 035-241 587 erfragt werden.

## SONSTIGES

### Feste und Feiertage
**Ayutthaya – World Heritage Site Celebrations** (Dez). Markt und Veranstaltungen, darunter eine Light & Sound Show.
Am **chinesischen Neujahrstag** (S. 59) findet am Wat Phanan Choeng im Süden der Stadt ein großer Jahrmarkt statt.
**Loi Krathong** (Nov) wird besonders prächtig im und um den Rama-Park begangen.
**Songkran** (13. April) wird mit einem Umzug in der Nähe des Wat Mahathat gefeiert.
**World Thai Martial Arts Festival** (Mitte März), 🖥 www.muaythaifestival.com. Viele Kämpfer und Kampfsport-Begeisterte treffen sich zum Austausch, zu Schaukämpfen und zur großen Wai Kru Muay Thai-Zeremonie zur Ehren ihrer Trainer und Lehrer.

### Informationen
**TAT-Tourist Office,** Ayutthaya Tourism Centre, ✆ 035-246 076-7, ✉ tatyutya@tat.co.th. Gute Infos von der engagierten, ortskundigen Mrs. Chadarat. ⊕ 8.30–16.30 Uhr.
Eine gute Website für historisch Interessierte ist 🖥 www.ayutthaya-history.com.

### Medizinische Hilfe
Bei komplizierten Behandlungen sind die renommierten Krankenhäuser im nahen Bangkok vorzuziehen.
**Phra Nakorn Si Ayutthaya Hospital**, im Süden in der U-Thong Rd., ✆ 035-231 888, 241 728. Staatliches Krankenhaus.
**Rajathani Hospital**, Rojana Rd., östlich des Zentrums nahe dem H32, ✆ 035-335 555-71, www.rajthanee.com (nur in Thai). Ein Privatkrankenhaus.

### Motorradverleih
Motorroller sind für 200–300 Baht pro Tag gegenüber vom Bahnhof und in einigen

Unterkünften zu mieten (s. Übernachtung), z. B. im **Good Luck Gh.**

### Polizei
**Tourist Police**, Zentrale neben dem Ayutthaya Tourism Center, ✆ 1155. Einige Polizisten sind auch mit dem Fahrrad unterwegs.

## NAHVERKEHR

### Tuk Tuks und Songthaew
Innerhalb des Stadtgebietes kostet eine Kurzstrecke mit dem Tuk Tuk ab 50 Baht, mit dem Songthaew ab 70 Baht, vom Busbahnhof oder Ayutthaya City Park in die Stadt ab 150 Baht. Stundenweise zu chartern für 200 Baht. Nach Sonnenuntergang sind fast keine Tuk Tuks mehr unterwegs.

### Motorradtaxis
An den wichtigen Straßenkreuzungen stehen Motorradtaxis, die für kurze Strecken mind. 20 Baht verlangen.

### Stadtbusse
Der Stadtbus ist ein weißer Minibus mit grünem Streifen und pendelt von 6–19 Uhr etwa halbstdl. für 10 Baht zwischen dem großen Einkaufszentrum Ayutthaya City Park, dem Busbahnhof und dem Zentrum und hält am Chao Phrom-Markt.

### Fähren
Vom Bahnhof kann man mit 2 Fähren von 5.30–20 Uhr alle 10–20 Min. für 5 Baht ins Zentrum übersetzen. Zudem verkehren Fähren über den Fluss zum Wat Phanan Choeng.

## TRANSPORT

**Achtung**: Wer per Minivan anreist, wird oftmals bereits in der Rojana Rd. kurz hinter der Brücke abgesetzt, wo Tuk Tuks warten und überteuerte Preise verlangen. Man sollte daher darauf bestehen, erst an der Endstation in der Naresuan Rd. auszusteigen.

### Busse und Songthaew
Die meisten Fernbusse halten am **Busbahnhof** am Highway, an der Einmündung der Soi Talat

Grand, ca. 4 km östlich des Zentrums,
☎ 035-335 413. Tickets gibt es auch am
zentralen Schalter in der Naresuan Rd., wo
auch Busse nach Bangkok abfahren (s. Karte,
Transport Nr. 2). Plätze für die Weiterfahrt
sollten in 1.-Kl.- und VIP-Bussen einen Tag im
Voraus zwischen 9.30 und 17 Uhr gebucht
werden, da die Busse aus Bangkok nicht in
Ayutthaya halten, wenn sie voll sind. Unweit
vom Busbahnhof fahren Songthaew etwa alle
15 Min. für 20 Baht ins Zentrum.

**BANGKOK**, 75 km, Northern Bus Terminal
(Mo Chit), via Don Mueang Airport (41 Baht) ab
Naresuan Rd. (s. Karte) alle 20–30 Min. von
6–19 Uhr für 53–65 Baht in 1 1/2–2 Std. Die
Minibusse sind schneller.

**CHIANG MAI**, 10x tgl. von 6.40–22.40 Uhr für
419–540 Baht, VIP-Busse um 10, 21 und 22 Uhr
für 837 Baht in 9 Std.

**CHIANG RAI**, um 7.30, 8.50, 18.30, 19.15, 20,
20.30, 20.40 und 22.30 Uhr für 465–601 Baht,
VIP um 8.30 und 20.40 Uhr für 930 Baht in
11 Std.

**KAMPHAENG PHET**, etwa stdl. von 6.40–
20.50 Uhr für 220–283 Baht in 4–5 Std.

**LAMPANG**, mit Chiang Mai-Bussen für
361–464 Baht, VIP um 10 und 21.30 Uhr für
722 Baht in 8 Std.

**MAE SOT**, um 8.15, 19.15, 20.20, 20.50, 21 und
22 Uhr für 340–410 Baht, VIP um 22.30 und
22.40 Uhr für 638 Baht in 6–7 Std. oder über Tak
mit den Chiang Mai-Bussen.

**NAN**, um 7, 8.45, 9.30, 19.30, 20.20 und 21.30 Uhr
für 400–515 Baht, VIP um 21 Uhr für 801 Baht in
9 Std.

**PHITSANULOK**, um 9, 10, 12.30, 13, 20.20,
21, 21.30 und 22 Uhr für 235–290 Baht in 5 Std.

**SUKHOTHAI** (keine Reservierung möglich),
um 7.10, 8.45, 9.30, 11.30, 12, 13, 15, 17,
19.10, 20, 20.30, 21.40 und 22.30 Uhr für
266–342 Baht in 5–6 Std., Endstation ist Neu-
Sukhothai.

### Bushaltestelle am Chao Phrom-Markt:

**BANG PA IN**, Songthaew für 20 Baht bis 18 Uhr
auf der Landstraße H3057, die 16 km am Fluss
entlangführt, in 30 Min. Ein Tuk Tuk kostet
800 Baht hin und zurück. Der Zug ist die bessere
Alternative.

**LOPBURI**, der grau-grüne Minivan 607 verkehrt
etwa halbstdl. von 5.30–18.20 Uhr für 80 Baht in
1 1/2 Std. Besser mit dem Zug.

**WANG NOI** und weiter Richtung Nordosten
alle 30 Min. mit dem roten Bus 1001 vom Markt
20 km bis zur Kreuzung für 20 Baht. Besser mit
dem Zug.

**WAT PHRA PUTTHABAD**, mit Bus 104 nach
Saraburi von 6–18 Uhr für 45 Baht.

## Minibusse

Die meisten Minibusse fahren ab, sobald sie
voll sind, und werden vor allem von Pendlern
genutzt. Wer viel Gepäck hat, muss für 2 Plätze
zahlen.

**BANGKOK (VICTORY MONUMENT)**, von der
Bushaltestelle in der Naresuan Rd. nahe dem
Kanal von 4–18 Uhr oder von der Bushaltestelle
am Chao Phrom-Markt bis 19.30 Uhr für 60 Baht
in 1 Std. Wer am Future Park Rangsit aussteigt,
kann dort in Minibusse zu vielen Zielen (z. B.
Aranyaprathet) umsteigen. Zum SOUTHERN
BUS TERMINAL (Sai Tai Mai) von einer
weiteren Haltestelle in der Naresuan Rd.
von 5–19 Uhr für 70 Baht in 1 1/2 Std.

**Backpackerbusse** verkehren zum SUVARNA-
BHUMI AIRPORT via KHAO SAN ROAD (200
Baht) ab 8 Passagieren um 9, 13 und 17 Uhr für
400 Baht inkl. Abholung in 1 1/2 Std. Nach
KANCHANABURI geht es gegen 9 Uhr für
400 Baht (zu den Unterkünften in der Umgebung
gegen Aufpreis) in 2 1/2 Std. Anmeldung unter
☎ 089-661 6179 oder über die Unterkünfte.

## Eisenbahn

Vom **Bahnhof**, ☎ 035-241 521, mit 24 Std.
Gepäckaufbewahrung (10 Baht) fahren Song-
thaew und Tuk Tuks in die Stadt. Fahrplan
S. 950–955, Zuschläge je nach Zug, S. 85.

**BANGKOK**, für 15–65 Baht je nach Zugart und
Klasse über BANG PA IN (S. 280) und DON
MUEANG AIRPORT. Minibusse sind oft
schneller.

Nach **Norden** über LOPBURI (2./3. Kl. ab
30/13 Baht) und PHITSANULOK (2./3. Kl. ab
135/58 Baht), nach CHIANG MAI empfehlen
sich Nachtzüge in der 2. Kl. ab 366/506 Baht
(Sitzplatz/ Liegewagen unten), 1. Kl. Schlaf-

wagen oben/unten 1198/1398 Baht. Nachtzüge nach Chiang Mai sollten mind. 1 Tag im Voraus gebucht werden.

Nach **Nordosten** über PAK CHONG (Khao Yai National Park, 2. Kl. ab 53 Baht, Express mit AC ab 263 Baht) und KORAT (Nakhon Ratchasima, 2. Kl. ab 89 Baht, Express mit AC ab 299 Baht) nach NONG KHAI (2. Kl. ab 322 Baht, Express mit AC ab 472 Baht, Schlafwagen 1. Kl. ab 1062 Baht).

## Wat Phra Phutthabad

Der Legende zufolge wurde 1624 auf einem Hügel 17 km südöstlich von Lopburi ein **Fußabdruck Buddhas** entdeckt, woraufhin der König einen Tempel erbauen ließ. Alte Bodhi- und duftende Frangipani-Bäume *(Plumeria)* begrünen die hübsche Anlage. Große Yakshas bewachen die Eingänge, und fünfköpfige Nagaschlangen flankieren die zum Tempel hinaufführenden, breiten Treppen. Im Zentrum erhebt sich über dem mit Gold eingefassten Fußabdruck auf einer quadratischen Plattform der Mondhray, dessen Fassade aus Keramikkacheln und Glasmosaiken in der Sonne glitzert. Viele alte Skulpturen und Votivtafeln werden in der Halle gegenüber aufbewahrt. Das **Museum** mit Bronzearbeiten und Sawankhalok-Keramik ist nur zur Zeit des Tempelfestes im Februar/März zugänglich. Geöffnet sind hingegen weitere kleine Gebetshallen, darunter ein Thai-Tempel, dessen Wandmalereien das Leben der Wandermönche darstellen. Eintritt 30 Baht.

Den Parkplatz unterhalb des Tempels flankieren Essens- und Verkaufsstände. Mit dem eigenen Fahrzeug gelangt man auf dem H1 28 km nördlich von Saraburi zwischen KM 124 und 125 auf die 1 km lange Zufahrtstraße Richtung Westen zum Wat Phra Phutthabad, das von zwei hohen weißen Türmen flankiert wird. Die Busse von Ayutthaya nach Saraburi (S. 292) halten an der Abzweigung.

## Lopburi

Die 58 000 Einwohner zählende Stadt war bereits seit dem 7. Jh. ein bedeutendes religiöses und politisches Zentrum des Mon-Reichs Lava-

pura. Vom 10. Jh. an standen weite Teile des Gebiets unter dem Einfluss des weiter östlich beheimateten Khmer-Reichs. Dessen Kultur wurde z. T. von den Thai übernommen, als sie im 13. Jh. von Norden her in dieses Gebiet vordrangen. Danach verlor Lopburi an Bedeutung, bis König Narai von Ayutthaya im 17. Jh. in Lopburi eine zweite Hauptstadt errichten ließ. Sein **Denkmal** steht inmitten eines Kreisverkehrs 3 km östlich des Stadtkerns.

Aufgrund seiner strategischen Lage war und ist Lopburi eine bedeutende Garnisonsstadt mit Kasernen und Militärakademien. Entsprechend wird Hanuman, der Affengeneral aus dem hinduistischen Ramakien-Epos, hier besonders verehrt, was der Stadt den Beinamen „Affenstadt" bescherte. Und tatsächlich: Über 600 **Langschwanzmakaken** (auch: Javaneraffen) bevölkern das Zentrum am Ufer des Lopburi-Flusses. Entlang der stark befahrenen Ausfallstraßen erstreckt sich über mehrere Kilometer die weitläufige Neustadt.

Ein Besuch im **Zoo** lohnt nicht.

### In Bahnhofsnähe

Der **Sarn Phra Karn-Schrein** in der überschaubaren Altstadt am Bahnübergang steht auf den verfallenen Ruinen eines Khmer-Heiligtums aus dem 11. Jh. und enthält eine Steinskulptur von Vishnu mit Buddhakopf. Auch fand man Steininschriften in Mon-Sprache. Seit Menschengedenken leben über 300 Langschwanzmakaken in den heiligen Banyan-Bäumen am Schrein – eine Attraktion für Besucher, die staunend dabeistehen, wenn Affen-Großfamilien mal hektisch, mal seelenruhig die viel befahrene Straße zum nahe gelegenen **Prang Sam Yod** überqueren. Dessen drei Laterit-Prangs ragen jenseits der Bahnlinie empor. Das Khmer-Bauwerk im Bayon-Stil aus dem 12.–13. Jh. weist auch Merkmale hinduistischer Verehrung auf, etwa Einfassungen *(Yoni)* für *Lingga*-Steine im Inneren der Prangs. ⊙ 8.30–18 Uhr, Eintritt 50 Baht.

Gegenüber dem Bahnhof wird das große, mehrfach umgebaute und restaurierte **Wat Phra Sri Rattana Mahathat** von einem Prang im Lopburi-Stil überragt. Die meisten Gebäude stammen aus der Zeit von König Narai im 17. Jh. ⊙ 8–16 Uhr, Eintritt 50 Baht.

# Lopburi

N
0      200 m

**ÜBERNACHTUNG**
1 Lopburi Inn Resort
2 Benjatara Boutique Resort
3 Nett Hotel
4 Noom Gh. 2
5 Noom Gh. 1

Singburi
311

Wat Mani Cholakhan

BEFESTIGUNGS-ANLAGEN

TURM

Prang Sam Yod Rd.

LOPBURI PRIVATE MEDICAL CENTER

STADION

Sarn Phra Karn-Schrein

Kath. Kirche

Residenz von Phaulkon

Empfangshalle

Prang Sam Yod

AFFEN

Prang Khaek

Wichayen Rd.

Narai Maharat Rd.

Rd.

Wat Sao Thong Thong

Surasak Rd.

MARKT

Wat Nakhon Kosa

Ratchdamnoen

Rd.

@

Surasak Rd.

Soi 2

Soi 1

Ruammit Rd.

Phra Narai Raja Niwet-Palast

A B C F C
D
E
C H I
C H J
G

HAUPTEINGANG

Bahnhof

Hor Sophom Sin Museum

Rama Rd.

Wat Choeng-Tha

Wat Phra Sri Rattana Mahathat

Surasak Rd.

Wat Phratat Rd.

**ESSEN**
1 Nachtmarkt
2 The Mellow
3 Essensstände
4 Noom R.
5 Nachtmarkt
6 Budsi's Place
7 Nan Stop Curry

**SONSTIGES**
1 Schwimmbad
2 Laden mit Tempel-devotionalien

Pratu Chai Gate

BEFESTIGUNGSANLAGEN

A Innerer Palastbereich
B Chanthara Phisan-Thronhalle
C Tor
D Phiman Mongkut-Pavillon
E Dusit Sawan Thong Mahaprasit-Halle
F Wassertank
G Lagerhallen
H Elefantenställe
I Empfangshalle für ausländische Gesandte
J Phra Chao Hao-Halle

s. Detailplan oben

Ban Mee

STADION

Golfplatz

LOPBURI SOMDET PA NARAI HOSPITAL

Wat Nakhon Kosa

311

Narai Maharat Rd.

Denkmal von König Narai

Bahnhof

Denkmal

Narai Maharat Rd.

(2) (3 km), Big C, Tesco Lotus, Bangkok

**TRANSPORT**
1 Busbahnhof
2 Stadtbusse
3 Minibusse zum Victory Monument

0      500 m

## Ban Vichayen, das Ausländerviertel

**Wat Sao Thong Thong** am Fluss wurde während der Ayutthaya-Zeit nach westlichem Stil erbaut und diente europäischen und persischen Gesandten als Gotteshaus. Heute liegt es hinter einem modernen Tempel neben einem Amulettmarkt. Ein Areal, in dessen Zentrum die mit thailändischen Stilelementen (z. B. Säulenbasen in Lotosform) versehene **katholische Kirche** und die Wohnräume der Jesuiten stehen, kann besichtigt werden.

Flankiert wird die Kirche links von der ehemaligen **Residenz von Phaulkon**. Der Grieche Konstantin Phaulkon, den es als Abenteurer an den königlichen Hof verschlug, hatte als Minister (Chaophraya Wichayen) großen Einfluss auf König Narai. Rechts der Kirche steht die **Empfangshalle** und Residenz des ersten französischen Gesandten, die 1685 unter Narai erbaut wurde. Allerdings lassen die Ruinen nur noch erahnen, wie es einmal hier ausgesehen haben könnte. ⏱ 8–16.30 Uhr, Eintritt 50 Baht. Der **Prang Khaek** südöstlich von hier stammt aus dem 10. Jh.

## Phra Narai Raja Niwet-Palast

Der unter König Narai 1656–88 nach Entwürfen französischer und italienischer Architekten erbaute Palast am Lopburi-Fluss im Stadtzentrum wurde unter König Mongkut 1856 restauriert und erweitert. Auch persische, chinesische und indische Einflüsse sind erkennbar.

Im äußeren Bereich erheben sich die Ruinen der **Empfangshalle für ausländische Gesandte**, vor denen noch Lagerhallen und ein Wassertank erkennbar sind. Die Ruine an der Südmauer, die **Phra Chao Hao-Halle**, war wahrscheinlich einmal ein Tempel. Vor dem zweiten Tor, das in den zentralen Bereich führt, befanden sich links die **Elefantenställe**. Hinter dem Tor stehen links die Ruinen der 1666 erbauten **Dusit Sawan Thong Mahaprasit-Halle**. Auf einer erhöhten Plattform (dem *Sihabanchon*), sitzend, empfing König Narai ausländische Würdenträger.

Die **Chanthara Phisan-Thronhalle** beherbergt das **Somdet Phra Narai National Museum**, eine informative Ausstellung über die Stadt zur Zeit König Narais. Es thematisiert Abwasserkanäle und buddhistische Bücherschränke ebenso wie Handelsbeziehungen nach China, Japan, Iran

oder Frankreich und den Einfluss der Gesandten (vor allem Konstantin Phaulkon) auf Kunst, Medizin und Wissenschaft.

Den zentralen **Phiman Mongkut-Pavillon** ließ König Mongkut 1862 als Refugium erbauen. Er beherbergt eine interessante, ansprechend und fachkundig präsentierte geschichtliche Ausstellung mit kulturgeografischen Informationen zur Siedlungsgeschichte im zentralen Tiefland, Keramikfunden und hervorragenden Skulpturen im Bayon-Stil, die verdeutlichen, wie stark der Lopburi-Stil im 10.–13. Jh. von der Khmer-Kunst geprägt wurde. Viele weitere Artefakte reichen bis in die Frühgeschichte zurück.

Im **inneren Palastbereich** ist in einem der kleineren *Phra Prathiap* genannten Gebäude ein **Heimatmuseum**, ☎ 036-411 458, mit traditionellen Werkzeugen, Darstellungen von Arbeitsmethoden und Produkten untergebracht. ⏱ Mi–So 8.30–16 Uhr, Eintritt 150 Baht.

Südwestlich des Palastes zeigt das **Hor Sophom Sin Museum** des Wat Choeng Tha eine Sammlung buddhistischer Schriften, Textilien, Keramiken und Gemälde. Ist der Eingang nicht besetzt, findet sich im angrenzenden Kloster jemand, der das Licht einschaltet. ⏱ bis 16 Uhr, Eintritt frei (Spende erwünscht).

### ÜBERNACHTUNG

Es bietet sich an, die Affenstadt in einem Tagesausflug von Ayutthaya aus zu besichtigen, denn die Übernachtungsmöglichkeiten sind dort deutlich attraktiver.

#### Zentrum

**Nett Hotel** ③, 17/1–2 Ratchdamnoen Rd., ☎ 036-411 738, 🖳 auf Facebook. 30 kleine,

ZENTRAL-THAILAND

saubere Zimmer mit Ventilator, harten Matratzen, Kühlschrank, TV und winziger Dusche, teils mit alter AC und Warmwasser. Rezeption neben einem zugleich als Garage und Wohnzimmer dienenden Raum. WLAN im Eingangsbereich. **❶–❷**

🧳 **Noom Gh. 1** ⑤, 15-17 Payakamjad Rd., 📞 036-427 693, 089-104 1811, 🖥 www.noomguesthouse.com. Hinter der bei Backpackern beliebten Bar mit Restaurant vermieten der hilfsbereite Noom, der hervorragend Englisch und etwas Deutsch spricht, und sein Bruder Tee in dem alten Haus 2 saubere, einfache, etwas stickige Zimmer mit guten Matratzen und einen 3-Bett-Schlafsaal für 150 Baht p. P. mit Ventilator und Gemeinschafts-Du. Im Innenhof 3 kleine, ruhigere Holzbungalows mit AC, großem Bett und einfacher Du/WC. Frühstück den ganzen Tag über inkl. Außerdem das **Noom Gh. 2** ④ (ohne Rezeption) in einem von der Straße zurückversetzten Haus gegenüber dem Nett Hotel mit 2 Zimmern mit AC und Du/WC und günstigeren mit Ventilator und Gemeinschafts-Du/WC in entspannter Atmosphäre. Wäscheservice, Motorrad- und Autovermietung, Touren. **❶–❷**

### Außerhalb

**Benjatara Boutique Resort** ②, 3,3 km östlich vom Sarn Phra Karn-Schrein, 200 m nördlich des H1, 📞 036-422 608–9, 🖥 www.benjataralopburi.com. Außerhalb des Zentrums in Laufweite zum Big C gelegenes Mittelklassehotel mit modernen, aber nicht sehr sauberen und bereits etwas abgewohnten Zimmern mit LCD-TV und Waschbecken im Zimmer. Viele Mücken. Großer Parkplatz. **❷–❸**

**Lopburi Inn Resort** ①, 114 Phaholyothin Rd., 8 km außerhalb. Auf dem H1 stadteinwärts hinter Tesco Lotus am KM 151 ca. 500 m nach Norden abbiegen, 📞 036-420 777, 🖥 www.lopburiinnresort.com. Bei Selbstfahrern und Reisegruppen beliebte, motelartige Anlage mit mediterranen Stilelementen. Die Reihenhäuser auf dem weitläufigen, mit bunten, überlebensgroßen Affenstatuen geschmückten Grundstück haben ihre besten Tage hinter sich und beherbergen 76 Zimmer mit Kühlschrank, altem TV und kleiner Terrasse, die Suite-Zimmer sind

sehr geräumig und mit LCD-TV ausgestattet. Parkplatz, großer Pool mit Liegen und Restaurant. Einfaches Frühstücksbuffet inkl. **❹–❺**

### ESSEN

Tagsüber gibt es am Markt und in den Gassen gegenüber viele gute **Essensstände**. Weitere u. a. vor dem Nett Hotel und am Busbahnhof. Ein **Nachtmarkt** mit einfachen Essensständen öffnet abends entlang dem Bahndamm nördlich vom Bahnhof. Noch größer ist der Nachtmarkt nördlich vom Busbahnhof.

Das dem Zentrum nächste der beiden Big C-Einkaufszentren beherbergt Filialen von **M.K.**, **KFC** und **Yayoi** (japanisches Fast Food).

**Budsi's Place**, südlich vom Noom Restaurant, 🖥 auf Facebook. Kleiner Laden, der neben Thai-Gerichten günstige Burritos und jeden Di Abend Tacos nach Großmutters Rezept zubereitet. ⏲ 9–22 Uhr.

**Nan Stop Curry**, in der Gasse zwischen Palast und Wat Phra Sri Rattana Mahathat. Zwischen bunten Wandmalereien werden *thali*, Currys, *biryani* und andere indische Spezialitäten serviert, jedoch leider sehr fad und mit 100–150 Baht pro kleiner Portion überteuert. Jeden Sa Buffet mit Tandoori-Gerichten für 250–260 Baht. ⏲ 10.30–23.30 Uhr.

**Noom Restaurant**, im Noom Gh. 1. Gemütliches Straßenrestaurant mit vielen verschiedenen Möbeln und Bar, das auf Backpacker eingestellt ist. Hier gibt es leckere Baguettes, Thai-Gerichte und Schnitzel ebenso wie Cocktails. ⏲ 7.30–22 Uhr.

**The Mellow**, 📞 086-057 5414. Winziges, klimatisiertes Café mit ansprechender moderner Einrichtung und nur 2 Tischen. Das überschaubare Angebot umfasst Waffeln, Pancakes, Toast und Kuchen sowie günstige Sandwiches und guten Kaffee. ⏲ 10–18 Uhr.

### FESTE

🧳 Mitte Februar wird in großem Stil das **Fest zu Ehren von König Narai** begangen. Auf dem Palastgelände werden dann jeden Abend auf mehreren Bühnen historische Inszenierungen in epischer Länge mit Hunderten von

Statisten dargeboten. Während des 9-tägigen Festes sind viele Hotels ausgebucht. Am letzten Sonntag im November wird im Rahmen des **Lopburi Monkey Festivals** für die Makaken am Phra Karn-Schrein ein üppiges, aufwendig dekoriertes Buffet angerichtet – ein Fest nicht nur für die Affenhorde.

### EINKAUFEN

An vielen Tempeln werden **Amulette** verkauft. Ein interessanter Laden mit **Tempeldevotionalien** lädt in der Prang Sam Yod, Ecke Surasongkram Rd., zum Stöbern ein. Megamärkte liegen östlich des Zentrums am H1, darunter ein **Tesco Lotus**, ⏰ 9–23 Uhr, und zwei **Big C**.

### AKTIVITÄTEN

Am **Khao Chin Lae**, 14 km östlich von Lopburi, kann auf 40 Routen geklettert werden. Die komplette Ausrüstung gibt es für 1500 Baht pro Tag inkl. Guide und Verpflegung, weitere Infos im Noom Gh. 1. Der Felsen liegt auf einem Tempelgelände, und die Mönche pflegen die Anlage, wofür eine Spende erwartet wird. Kletterer melden sich bei den Mönchen an und ab.

### TOUREN

Das Noom Gh. 1 bietet gegen 16 Uhr 3- bis 4-stündige Ausflüge zum **Ang Sub Lek Reservoir**, wo nach einer Badepause ein Tempel besucht und der abendliche Ausflug der Fledermäuse aus dem nahen Felsen beobachtet wird, 1/2/3/4 oder mehr Pers. zahlen 600/350/250/200 Baht p. P.

### SONSTIGES

#### Informationen
**Tourist Office**, in einem Verwaltungsgebäude 4 km außerhalb am Kreisverkehr mit dem Narai-Denkmal, ✆ 036-770 096–7. Schlecht informierte Mitarbeiter, auch ein Stand am Bahnhof. ⏰ 8.30–16.30 Uhr.
Broschüren und einen Stadtplan gibt es ebenfalls im Noom Gh.

#### Medizinische Hilfe
**Lopburi Private Medical Center**, Ekachon Clinic, Prang Sam Yod Rd., ✆ 036-617 767. Die kleine

Affen sind in Lopburi allgegenwärtig und schmücken sogar Hotelparkplätze.

© MISCHA LOOSE

Privatklinik hat schon viele Affenbisse behandeln müssen. ⏱ 7–20 Uhr.
**Somdet Pa Narai Hospital**, am H1 Richtung Norden, ☎ 036-411 267. Großes staatliches Krankenhaus.

### Motorradverleih
Im Noom Gh. kosten Motorroller mit Halbautomatik 250 Baht, Automatik 300 Baht.

#### NAHVERKEHR
**Stadtbusse** und **Songthaew** verkehren in der Stadt für 10 Baht und halten u. a. am Palast und Busbahnhof. Bus Nr. 19 verkehrt von 8–19 Uhr zwischen dem Zentrum und der Narai Maharat Rd. in die nördlichen Vororte. Songthaew und **Taxis** können am Bahnhof für eine Rundfahrt gechartert werden. **Motorradtaxis** warten z. B. vor dem Bahnhof.

#### TRANSPORT
#### Busse
Vom **Busbahnhof**, ☎ 036-411 888, am 2. Kreisverkehr, 2 km östlich des Zentrums, fahren Stadtbusse und Songthaew in die Altstadt zum Palast. AYUTTHAYA, grau-grüner Minivan 607, etwa halbstdl. bis 17 Uhr für 80 Baht in 1 1/2 Std., besser mit dem Zug.
BANGKOK, Northern Bus Terminal (Mo Chit) oder Victory Monument, 153 km, mit Minibussen alle 20 Min. von 5–20 Uhr für 100–120 Baht in 2 1/2–3 Std. Minibusse nach Mo Chit fahren auch nördlich des Bahnhofs in der Wat Phratat Rd. ab. Minibusse zum Victory Monument zudem ab der Haltestelle östlich vom Sarn Phra Karn-Schrein bis 20 Uhr (sobald sie voll sind) für 120 Baht.
CHIANG MAI via PHITSANULOK (160–205 Baht, 5 Std.), um 12.30, 23 und 24 Uhr für 349–452 Baht in 9–12 Std.
KANCHANABURI, mit Minibussen nach Bangkok (Victory Monument, s. o.) und von dort weiter oder über Ang Thong und Suphanburi.
KORAT (Nakhon Ratchasima), via PAK CHONG (Khao Yai National Park, 74–95 Baht, 2 Std.), um 9.25, 11.30, 14, 15.20, 16.55 und 18.50 Uhr für 127–164 Baht in 3 1/2 Std.

NAKHON SAWAN, um 9.25, 11.25, 12.40, 14.10, 16.25 und 17.55 Uhr für 126–162 Baht in 3 Std.

### Eisenbahn
Fahrplan S. 950–955, Zuschläge je nach Zug, S. 85.
Vom Bahnhof, ☎ 036-411 022, nach BANGKOK in der 2./3. Kl. ab 64/28 Baht über AYUTTHAYA (ab 30/13 Baht). Nach CHIANG MAI mit Nachtzügen in der 2. Kl. ab 346/446 Baht (Sitzplatz/Liegewagen unten), 1. Kl. 1153/1353 Baht (Schlafwagen oben/unten), über PHITSANULOK (2./3. Kl. ab 113/49 Baht). Nachtzüge nach Chiang Mai mind. 1 Tag im Voraus buchen.

# Die Umgebung von Lopburi

Von Oktober bis Januar locken blühende **Sonnenblumen** östlich und nördlich von Lopburi einheimische Touristen an, die Fotos schießen, auf den Feldern spazieren gehen, sie in kleinen Bähnchen umfahren oder auf dem Rücken eines Elefanten durchqueren. Am H21 werden dann zahlreiche Essens- und Souvenirstände aufgebaut.

## Nördlich von Lopburi
Im untouristischen Norden erstreckt sich eine von Reisfeldern und Fischteichen bedeckte Ebene, aus der vereinzelt kahle Kalkfelsen emporragen. Einige bilden ganze Bergketten, andere stehen wie Schachfiguren in der Landschaft.

Zwischen der Bahnlinie und dem Kanal Klong Chonlaprathan geht es auf dem H3196 Richtung Norden. Nach 18 km, nahe der Bahnstation Ban Nong Tao, steht 300 m abseits der Straße der **Wat Phanit Thammikaram** (auch Wat Nong Tao), dessen Gebetshalle sich auf dem Rücken einer gigantischen, aus Zement gefertigten Schildkröte erhebt.

Im 28 km nordwestlich am H3196 gelegenen **Chan Sen** stellt das auf dem Tempelgelände 500 m südwestlich vom Bahnhof befindliche **Museum** die in der Nähe ausgegrabenen Fundstücke einer längst verschwundenen Siedlung aus. Diese war wahrscheinlich vor rund 3500 Jahren gegründet worden und zu späterer Zeit von einem bis heute existierenden Kanal wie eine Insel umgrenzt; die kunstfertigeren der auf

Englisch beschriebenen Fundstücke stammen aus der Dvaravati-Epoche, ⏰ 8–17 Uhr, Eintritt frei (Spende erwünscht), oft muss bei den Mönchen um Einlass gebeten werden.

An der Kreuzung des H3196 und H205 17 km südlich gelangt man gen Westen nach **Ban Mee**, wo einfache Essensstände und Restaurants zum Mittagessen einladen. Etwa 2,5 km südlich des Ortes nisten östlich des H3028 im Tempelberg des **Wat Khao Wong Khot** Millionen von Fledermäusen, die bei Sonnenuntergang in einem endlosen Band etwa 20 Min. lang ausfliegen und auf Nahrungssuche gehen. Der beschilderte Treppenaufstieg auf den Berg befindet sich innerhalb des Tempelgeländes, ca. 50 m auf der rechten Seite. Auf halber Höhe strömen die Fledermäuse zwischen 17.30 und 18.30 Uhr aus. Der Verkauf des Guano beschert dem Tempel beachtliche Einnahmen, die u. a. in den großen liegenden Buddha im hinteren Bereich geflossen sind.

Zurück auf dem H3028, geht es knapp 20 km hinter Ban Mee hinter der Brücke über einen Kanal, 5–6 km nördlich der Einmündung auf den H311 Richtung Westen. Man fährt an einem Tempel am Fluss hinter der Brücke links ab, wo 300 m weiter das **Wat Lai** aus der frühen Ayutthaya-Periode mit sehr hübschen Wandreliefs der Jataka-Erzählungen und einer alten Buddhastatue in Mara-Stellung steht. Um das kleine Museum zu besichtigen, muss jemand aufschließen.

Bus 2202 fährt von Lopburi alle 15 Min. für 20 Baht in einer Stunde nach Ban Mee; dort warten Songthaew. Züge halten zudem in Ban Mee und Chan Sen.

## Östlich von Lopburi

Das **Ang Sub Lek Reservoir**, 20 km östlich von Lopburi, lädt zum Schwimmen ein. In den Restaurants am Ufer kann man es sich gemütlich machen und spät nachmittags 2,4 km weiter zum nordwestlich des Sees gelegenen **Wat Kao Ta Kla** (auf Google Maps auch Wat Suwankhiri Pidok) fahren, um zwischen 18 und 19 Uhr den Ausflug Hunderter Fledermäuse aus einer Felsenhöhle zu bestaunen.

Zum Tempel folgt man dem H1 etwa 6 km stadtauswärts. Hinter dem Makro-Supermarkt geht es links auf den H3017 und nach 11 km im Dorf rechts und nach 250 m an der Kreuzung erneut rechts; die folgende Gabelung führt linker Hand vom Tempel. Wer kein eigenes Fahrzeug hat, fährt vom Busbahnhof gegen 11, 13 oder 14.30 Uhr mit dem Wang Muang-Bus auf dem H3017 bis zum Kreisverkehr nahe dem Reservoir, letzter Bus zurück gegen 17.30 Uhr.

Nur 1,5 km nordwestlich, im **Wat Phra Suwanahong**, kann an einem steil aufragenden Felsen geklettert werden .

# Nakhon Sawan und Umgebung

Die Geschichte der etwa 240 km nördlich von Bangkok gelegenen Provinzstadt mit über 115 000 Einwohnern beginnt Anfang des 20. Jhs. Damals entstand hier eine große Verladestation, weil riesige Wälder in Zentral- und Nord-Thailand abgeholzt und die Baumstämme über die Flüsse zum Meer geflößt wurden. Am Zusammenfluss von Ping und Nan ließen sich chinesische Händler nieder, die bis heute das Gesicht der Stadt prägen.

Der 50 ha große **Uthayan Sawan Park** am Seeufer mit einer kleinen Insel im Zentrum wird nach Feierabend als Picknickplatz und zum Joggen genutzt. Im Norden, auf dem **Khao Kop** (186 m), erstreckt sich neben der Fernsehstation das **Wat Woranat Banphot** aus der Sukhothai-Periode. Der riesigen Buddhastatue liegen die Stadt und die malerische Landschaft mit zahlreichen Kanälen und Flüssen zu Füßen. Man kann über 439 Stufen vom **Wat Kiriwong** hinaufsteigen oder über eine fast 2 km lange, schmale, kurvenreiche Straße hinauffahren, per Tuk Tuk aus der Stadt für 350 Baht hin und zurück. Etwas unterhalb kann der Aussichtsturm für 20 Baht bestiegen werden. ⏰ 10–16.30 Uhr.

Das rötliche Wasser des Nan und das grünliche des Ping fließen am Rand der Chinatown zusammen, wodurch der **Chao Phraya** entsteht, der bedeutendste Fluss des Landes. Unterhalb des Zusammenflusses am südöstlichen Ufer steht der große chinesische Tempel **Chao Pho Theparak – Chao Mae Thapthim**. Dieser ist mit einer Fähre zu erreichen, die bis 19 Uhr schräg gegenüber am Ende der Chulamanee Road ablegt.

Am nördlichen Flussufer bietet ein **Markt** eine große Auswahl an frischem Obst und Gemüse

**Ein See voller Lotosblüten**

© MISCHA LOOSE

Ein absolutes Muss ist eine **Bootsfahrt** von der Anlegestelle neben der Ausstellungshalle über die weite Wasserfläche zu den Lotosgärten. Die Blüten sind nur bis etwa 10 Uhr geöffnet. Trotz des Verbots werden sie abgeerntet und in Tempeln verkauft. Auf dem See sieht man während der Woche höchstens ein paar kleinere Fischerboote oder eines der breiten, lauten Ausflugsboote. Eine Tour von 1 1/2 Std. kostet mit einem Boot für bis zu 15 Pers. 500 Baht, 2 1/2 Std. 1000 Baht.

sowie anderen preiswerten Waren. Am chinesischen Neujahrstag zieht eine Parade mit riesigen Drachen und Löwen durch die mit roten Lampions geschmückten Straßen.

## Bung Boraphet

Ein Teil des je nach Niederschlagsmenge bis zu 212 km² großen Sumpfgebiets um den Bung Boraphet, den größten natürlichen Süßwassersee des Landes, östlich von Nakhon Sawan, wurde zum **Vogelschutzgebiet** erklärt. Am Ufer des seichten Sees nisten mehr als 34 Vogelarten, darunter viele Zugvögel.

Sehenswert ist auch das große **Aquarium** in Bootsform mit vielen Süßwasserfischen. ☉ Mo, Di, Do, Fr 10–17, Sa und So 9.30–18 Uhr, Eintritt 100 Baht.

Am Wochenende wird es voll. Die Anreise von Nakhon Sawan über die Stichstraße (H225) vom H1 südlich der Brücke für 6 km nach Osten ist ausgeschildert.

## Khao Nor und Khao Kaew

42 km nördlich von Nakhon Sawan ragen 1,5 km östlich des H1 **Kalksteinmassive** fast 300 m steil aus der Ebene empor. Die Abzweigung ist am KM 278 ausgeschildert. In den bewaldeten, zerklüfteten Bergen leben zahlreiche Affen und in den Höhlen Millionen Fledermäuse, die während der Dämmerung ausschwärmen und in den Obstplantagen auf Futtersuche gehen. Die beste Aussicht hat man oberhalb der Treppe am Wat Khao Nor. Taxi ab Nakhon Sawan 1000 Baht.

### ÜBERNACHTUNG

**Mai Hom Resort Hotel**, nur in Thai beschildert, 112/373 Himmaphan Rd., Ecke Daowadueng Rd., ☎ 056-372 244-5, ✉ maihomresort@hotmail.com. Um einen schattigen Parkplatz liegen 2-stöckige Reihenhäuser und ein 6-stöckiges Haupthaus mit 178 sauberen, etwas abgewohnten und älteren Zimmern mit gefliesten Böden, TV und gutem Preis-Leistungs-Verhältnis. Aus den oberen Stockwerken bietet sich eine schöne Aussicht. ❷–❸

**Tam Sabai Hotel**, an der Straße zum Bung Boraphet, schräg gegenüber vom Makro-Supermarkt, ☎ 056-256 151–2, 🖥 www.tamsabaihotel.com. Relativ neues Hotel mit kleinem Café und 56 modernen, hellen und sauberen Zimmern mit guten Matratzen, LCD-TV, Kühlschrank und teils unverputzten Betonwänden. Überall in den Fluren sind Katzen auf Wände und Fußböden gemalt. Die Mehrzahl der Zimmer hat 2 Einzelbetten und ein gutes Preis-Leistungs-Verhältnis. Restaurant in fußläufiger Nähe. ❸

**The Paradiso Design Hotel & Restaurant**, östlich gegenüber der Einfahrt zum Busbahnhof (laufnah), ☎ 056-313 555, 🖥 www.theparadisohotel.com. Neueres Mittelklassehotel mit einladenden Zimmern, die mit Teppichböden, LCD-TV, Wasserkocher, Wanddekorationen und verglaster Regendusche ausgestattet und nach hinten ruhiger sind. Frühstück inkl. ❹

### ESSEN

**Thai Hot Pot**, Himmaphan Rd., an der nördlichen Parallelstraße zur Uferstraße, Ecke Meksawan Rd. Hier kochen abends die Gäste selbst am

Tisch in einer dampfenden Brühe zahlreiche Zutaten vom großen Buffet.
Der **Nachtmarkt** mit Essensständen am Fluss ist ebenfalls empfehlenswert.
Fastfood-Restaurants finden sich im **Big C** südlich vom Busbahnhof an der überdachten Fußgängerbrücke.

## TRANSPORT

### Busse

**Der Busbahnhof** liegt am H1 nahe der Fußgängerbrücke. Ein Songthaew ins Zentrum kostet 10 Baht, Tuk Tuks 30 Baht, ein Tuk Tuk zum Bahnhof oder zum Bung Boraphet 150 Baht. Es halten viele Busse auf dem Weg von Bangkok nach Chiang Mai, in die man bei freien Plätzen zusteigen kann.

BANGKOK, 277 km, via AYUTTHAYA tagsüber alle 30 Min. für 160–196 Baht, VIP 305 Baht in 3 1/2–4 Std. Minibusse zum Victory Monument oder Northern Bus Terminal (Mo Chit) stdl. von 5.30–19.30 Uhr für 170 Baht.

CHIANG MAI, via KAMPHAENG PHET, um 9.30, 10, 12, 16, 17, 18, 19 für 83–106 Baht, 2 Std., und viele von 20–24 Uhr für 190–367 Baht, VIP um 11, 13, 22.30 und 23.30 für 392–571 Baht in 6 Std.

CHIANG RAI, viele von 9–12 und 20–24 sowie um 13 und 15.30 Uhr für 360–427 Baht, VIP 540 Baht in 8 Std.

KANCHANABURI, um 15, 1 und 3 Uhr für 227 Baht in 4 Std.

MAE SOT, um 0.30 Uhr für 273 Baht in 5 Std.

PHITSANULOK, etwa stdl. von 6–17.45 Uhr für 90–120 Baht in 2 Std.

SUKHOTHAI, Minibusse Nr. 657 häufig von 7.50–14.10 und 17–23 Uhr für 171 Baht in 3 Std.

SUPHANBURI, lokaler Bus Nr. 487 bis 17 Uhr für 100 Baht in 3 1/2 Std.

### Eisenbahn

Fahrplan S. 950–955, Zuschläge S. 85.
Züge von Bangkok nach Norden halten am **Bahnhof**, 6 km südlich der Stadt. Mit roten Songthaew ins Zentrum für 10 Baht. Nach BANGKOK über LOPBURI, AYUTTHAYA und BANG PA IN in der 2./3. Kl. ab 110/48 Baht in 4–5 Std. Nach CHIANG MAI in der 2. Kl. ab 197 Baht bzw. ab 407 Baht im Liegewagen in 5 1/2 Std.

# Alte Königsstädte im Norden

Aus den fruchtbaren Tälern des Nordens kommend, wanderten verschiedene Thai-Völker vor 1000 Jahren in die große zentrale Ebene ein. In Sukhothai wurde das erste bedeutende Reich gegründet. Die Nachbarstadt Neu-Sukhothai eignet sich hervorragend für eine Verschnaufpause, während die 1991 zum Weltkulturerbe erklärten Ruinen in Alt-Sukhothai, Si Satchanalai und der Garnisonsstadt Kamphaeng Phet Kulturinteressierte und Freunde historischer Ruinenstädte über mehrere Tage fesseln können. Nach Sukhothai wurde Phitsanulok unter König Naresuan zum Machtzentrum des Ayutthaya-Reiches.

## Phitsanulok und Umgebung

Phitsanulok (gesprochen Pi-sanu-loh) ist eine geschäftige Stadt mit 108 000 Einwohnern und einem überschaubaren Zentrum. Ihre Wurzeln reichen bis in die Mitte des 14. Jhs. zurück, als der König von Sukhothai die seit der Khmer-Zeit existierende Stadt Song Khwae vom Zusammenfluss der Flüsse Nan und Khwae Noi hierher verlegen ließ. König Naresuan war der mächtigste Herrscher des frühen Ayutthaya-Reiches und befreite das Land 1584 aus der Abhängigkeit von Birma, wobei Phitsanulok und seine Truppen eine wichtige Rolle spielten. An seinem Geburtsort wird König Naresuan mit einem Schrein verehrt. Viele alte Häuser wurden 1959 bei einem großen Brand zerstört, doch südlich des Zentrums wohnen noch immer einige Menschen in Holzhäusern am Flussufer.

Etwas südlich der Brücke erhebt sich das wahrscheinlich aus der Sukhothai-Zeit stammende **Wat Ratcha Burana**, dessen Chedi aus der Ayutthaya-Periode teilweise zerstört ist. Im Bot sind Wandmalereien mit Szenen aus dem Ramakien zu sehen.

Zwei weitere Tempel stehen nordöstlich des Zentrums. Restauriert wurde **Wat Chedi Yot Thong** in der Soi 4 mit einer 20 m hohen Pagode. Sein Chedi aus Ziegelstein mit der typischen

# Phitsanulok

N
0      400 m

**ZENTRAL-THAILAND**

EHEM. STADTMAUER

Soi 5
Wat Bot
1086
Soi 7
Wat Thammachak
Wat Kuha Sawan
Wang Chan-Palast
Naresuan-Schrein
Wachttürme
Phayasuad Rd.
Wat Aranyik
Central Plaza, Sukhothai
12
Lak Muang
Singhawat Rd.
TOURIST POLICE
Wat Chedi Yot Thong
Mitraphab Rd.
12
1, 2
Phra Raung Rd.
Wat Phra Si Rattana Mahathat
MARKT
Wat Nang Phaya
Topland Plaza
Wat Ratcha Burana
Buddha Bucha Rd.
SCHULE
Phra Ong Dam Rd.
Soi 1
Soi 1
Wangchan Rd.
Boromtra Lokkanai Rd.
PROMENADE
TOURIST CENTER
Wisutkasat Rd.
Antong Rd.
Phra Ong Dam Rd.
BANGKOK HOSPITAL
POLIZEI
MARKT
Rama I-Denkmal
MARKT
MARKT
Naresuan Rd.
Bahnhof
1061
Sai Paya Lithai
Luthai Rd.
Rd.
Chayanuparp Rd.
UHRTURM
Rd.
Prachautsis
NACHTMARKT
CHIN. TEMPEL
Ramesuan Rd.
TOURIST OFFICE
Buddha Chinarat Hospital
Ruamphaet Hospital
1063
Soi 7
Santambin Rd.
Khun Phiren Rd.
Sri Thamtraipidok Rd.
Phitsanuvej Hospital
Thai Bird Garden
Boromtra Lokkanai Rd.
Textilmuseum, Immigration, Nakhon Sawan
Sgt. Major Thawee Folk Museum
Buranathai Buddha Casting Factory
FLUG-PLATZ

## ESSEN
1 Rimnan
2 My Coffee
3 Sor Lert Ros
4 Café In Love
5 Lithai Café (It is Cake)
6 Fah Thai Farm
7 Krua Nan Nam
8 Flussrestaurants (abends), Pak Bung Bin

## ÜBERNACHTUNG
1 Yodia Heritage Hotel
2 Topland Hotel
3 The Prince
4 Bon Bon Gh.
5 Pattara Resort & Spa
6 The Park Hotel

## SONSTIGES
1 Tesco Lotus
2 Kamalasom (2x)
3 Wäscherei

## TRANSPORT
1 Bus nach Sukhothai
2 Busbahnhof (Terminal 1) (500 m), Busbahnhof (Terminal 2) (6,5 km)
3 Songthaew
4 Tuk Tuks
5 Rangthong Car Rental

Lotosknospen-Spitze des Sukhothai-Stils stammt aus dem 15. Jh. Die Straße endet nach 1 km am **Wat Aranyik**, einem Waldkloster, das von einem Wassergraben umgeben ist. Der singhalesische Chedi ist allerdings stark zerstört.

Am Westufer wurden ab 1992 die Grundmauern des alten **Wang Chan-Palastes** (Chandra Palace) freigelegt, in dem 1555 König Naresuan geboren wurde. In einem kleinen Museum sind Bilder und andere Erinnerungsstücke ausgestellt.

Im Zentrum der Stadt erhebt sich ein gewaltiges **Denkmal** für den ersten König der Chakri-Dynastie, **Rama I.**, der sich 1775 als Oberbefehlshaber in Phitsanulok beweisen konnte. Die einstigen Befestigungsanlagen unter dem Denkmal wurden fast völlig abgetragen. Restaurierte Reste der **Stadtmauer** mit Wassergraben und Wachtürmen liegen im Westen der Stadt.

Weitere Sehenswürdigkeiten befinden sich im Süden an der Wisutkasat Road. Das **Sgt. Major Thawee Folk Museum**, ☏ 055-258 715, in einem Komplex von Thai-Häusern vermittelt mit seiner privaten Sammlung von 10 000 Alltagsgegenständen, Antiquitäten und Fotografien einen Einblick in das Leben der Landbevölkerung. So werden z. B. Arbeitsmethoden oder die Tradition der Büffelkastration erläutert. Wenig ansprechend sind die lokalhistorischen Abschnitte zur Stadtgeschichte. Englische Erklärungen. ⊙ 8.30–16.30 Uhr, Eintritt 100 Baht, Kinder 20 Baht.

Schräg gegenüber werden hinter dem grünen Tor Nr. 26/43 in der **Buranathai Buddha Casting Factory** Buddhastatuen im Sukhothai-Stil in verschiedenen Größen gegossen. Bei Interesse an Workshops ist eine Anmeldung erforderlich, ☏ 055-258 715. Hinter der Fabrik werden im **Thai Bird Garden** viele teils seltene Vögel der Region gehalten, z. B. Nashornvögel. Viele Käfige wirken allerdings trist und zu klein. ⊙ 8.30–16.30 Uhr, Eintritt zum Vogelpark 50 Baht, Kinder 25 Baht.

Das **Textilmuseum** liegt in der 2. Etage eines Gebäudes auf dem Gelände der Naresuan-Universität, 12 km südlich der Stadt am H117 nach Nakhon Sawan zwischen KM 118 und 119, violette Songthaew Nr. 12. Im Mittelpunkt stehen traditionelle und moderne, von Studenten herge-

### Der schönste Buddha

Vom großen Stadtbrand verschont blieb **Wat Phra Si Rattana Mahathat**, auch Wat Yai genannt, mit seinem teils vergoldeten Prang aus der Sukhothai-Periode. Im Haupttempel, dessen Innenwände mit Wandmalereien geschmückt sind, steht der hochverehrte vergoldete Bronze-Buddha Phra Chinnarat aus dem 14. Jh. Er gilt als eine der wichtigsten und oft kopierten Buddhadarstellungen Thailands und als beispielhaft für den ausgereiften Sukhothai-Stil. Eine Kopie befindet sich im Marmortempel von Bangkok, eine weitere im Thai-Tempel in Bodh Gaya (Indien). In einem kleinen Nebengebäude wird Buddha im Sarg verehrt, eine höchst ungewöhnliche Darstellung. Nebenan sind auf Wandmalereien in einer Gebetshalle die Heldentaten von König Naresuan verewigt. Auf dem Tempelgelände wurden bei Ausgrabungen die Grundmauern und Säulen der alten Anlage freigelegt. Im kleinen Nebengebäude sind einige Ausgrabungsfunde und Klosterschätze zu sehen und in einem kleinen Museum (⊙ 8–16 Uhr) im hinteren linken Bereich rings um eine verehrte Buddhastatue wertvolle Keramik und Votivgaben. Ein Säulengang hinter dem Museum beherbergt weitere, goldene Buddhas. Im Tempel ist Kleidung erforderlich, die Knie und Schultern bedeckt. ⊙ 6.30–18 Uhr.

stellte Baumwoll- und Seidentextilien. Ein Raum enthält Mud Mee-Stoffe der aus Laos eingewanderten Thai Khrang, Wickelröcke aus weiteren Regionen und Kleidung der Königin. In einem **Life Museum**, ☏ 055-261 000–4, 🖥 www.thaitextilemuseum.com, genannten Nebengebäude sind Arbeitsschritte und Webtechniken dargestellt. Im Erdgeschoss werden Stoffe verkauft. ⊙ Mo–Fr 8.30–16.30 Uhr.

### ÜBERNACHTUNG

Wer nur übernachtet und umsteigt, findet in der Nähe der beiden Busbahnhöfe sowie nördlich vom Flugplatz einfache Mittelklasseunterkünfte. Zentraler liegen:

**Bon Bon Gh.** ④, Phaya Lithai Rd., ☎ 055-219 058, 081-707 7649. Kleines, nach hinten versetztes, ruhiges und sauberes Haus. Um einen Hof liegen 18 Zimmer mit Ventilator, mit TV und AC teurer. ❷

🧳 **Pattara Resort & Spa** ⑤, 349/40 Chaiyanuparp Rd., ☎ 055-282 966, 🖥 www.pattararesort.com. Moderne Anlage, die mit ihrem weitläufigen Garten voller Bambus und Bananenbäumen, Seerosenteichen, Sitzgruppen unter Bäumen, einem Fitnessraum und Spa zum Entspannen einlädt. 64 Zimmer mit Betonwänden, hochwertiger Einrichtung aus dunklem Holz sowie Wasserkocher, Safe, riesigem LCD-TV und DVD-Player. Große Fenster vom Zimmer zum Bad. Die Deluxe-Zimmer mit großzügigen Bädern mit Regendusche und separater Wanne sowie zentral im Raum stehenden Betten. Teure Villen teils mit eigenem Garten. Internationales Restaurant, hübscher Pool mit Liegen. Transport ins Zentrum 300 Baht (Taxis sind billiger). DVD-Ausleihe, Frühstück und Transport zum Flugplatz inkl. ❼–❽

**The Park Hotel** ⑥, 227/162 Boromtra Lokkanat Rd., ☎ 055-252 955, 🖥 www.tparkhotel.com. Die hellen, modernen, überwiegend in Weiß gehaltenen Mittelklassezimmer mit LCD-TV und Fenster mit Blick in den schmalen grünen Garten sind trotz einiger Abnutzungsspuren zu empfehlen. Großer Parkplatz. ❷–❸

€ **The Prince** ③, Prasong Prasath Rd., ☎ 055-000 191. Die teureren der 18 älteren, komfortabel eingerichteten Zimmer im Vorderhaus sind zum Innenhof hin deutlich ruhiger und haben AC, Kühlschrank, gute Matratzen, LCD-TV und ein gutes Preis-Leistungs-Verhältnis, teils auch Holzboden. Es gibt nur 1 Zimmer mit 2 Einzelbetten. Die billigeren Ventilator-Zimmer liegen im Haus hinter dem Parkplatz. ❶–❷

**Topland Hotel** ②, 68/33 Ekathotsarot Rd., ☎ 055-247 800-9, 🖥 www.toplandhotel.com. In die Jahre gekommenes 16-stöckiges Hotel mit direkter Verbindung zum Einkaufszentrum. 253 Zimmer mit Teppichboden und Bad/WC, die Superior-Zimmer im 7.–14. Stock sind mit bequemen Betten, Wasserkocher, Marmorbad und LCD-TV ausgestattet, die Deluxe-Zimmer darüber bieten gute Aussicht. Ein chinesisches

Restaurant mit *dim sum* sowie ein Buffetrestaurant, Disco, Pub, Spa und Pool mit Liegen. Transfer zum Flugplatz 100 Baht p. P. Frühstück inkl. ❺

**Yodia Heritage Hotel** ①, 89/1 Buddha Bucha Rd., ☎ 055-214 677, 🖥 www.yodiaheritage.com. Boutiquehotel mit 25 in warmen Farben gehaltenen Zimmern und Suiten mit LCD-TV, Minibar, Bad mit Wanne und Dusche sowie Balkon mit Tisch und Stühlen. Lärmempfindliche sollten um ein Zimmer in ausreichender Entfernung zu den äußeren Klimaanlagen bitten! Kleine Bibliothek, kleiner Pool im Hof und gutes Restaurant an der Uferstraße. Internet-PC und Frühstück inkl. ❻–❼

## ESSEN

### Cafés

Liebhaber von Kuchen und Gebäck finden zahlreiche **Bäckereien**, z. B. nahe dem Uhrturm das **Café In Love** und das **Lithai Café (s. u.)**. **My Coffee**, nördlich vom Wat Phra Sri Rattana Mahathat. Das klimatisierte, kleine Café mit überdachter Terrasse sorgt nach dem Besuch des Tempels für Abkühlung. Außer Kaffee und Säften auch günstige Snacks und Thai-Gerichte. 🕐 ab 8.30 Uhr.

### Restaurants

**Central Plaza**, s. Einkaufen. Viele japanische Restaurants (z. B. Fuji), ein Food Court sowie KFC und McDonald's.

**Fah Thai Farm**, am KM 121, 9 km südlich der Stadt am H117 Richtung Nakhon Sawan, ☎ 055-226 508-9. Die Spezialität des in Thai ausgeschilderten, teils offenen Restaurants ist Seafood, besonders Garnelen. Die Preise sind entsprechend etwas höher, die Gerichte aber alles andere als teuer. 🕐 10–22 Uhr.

**Krua Nan Nam** (auch Krua Nunnam), am Flussufer gegenüber vom Nachtmarkt. Beliebtes Thai-Restaurant mit Flussterrasse und kleinem Parkplatz.

**Lithai Café (It is Cake)**, 73/1-5 Phaya Lithai Rd. Klimatisiertes Café mit großer Auswahl an Thai- und westlichen Gerichten, Frühstück, Kuchen, Salaten und Kaffee zu vernünftigen Preisen. 🕐 7–19 Uhr.

**Pak Bung Bin, a**m südlichen Ende des Nachtmarkts. Das bei Einheimischen und Touristen beliebte, offene Restaurant am Flussufer mit englischen Speisekarten tischt Thai-Küche und Seafood zu vernünftigen Preisen auf. In der Garküche **am Gehweg** fliegt das Gemüse buchstäblich auf den Teller. Nebenan weitere Restaurants mit ähnlichem Angebot. ⏲ ab 17 Uhr.

**Rimnan (Leg Hanging Restaurant)**, nördlich vom Wat Phra Sri Rattana Mahathat. Hier lassen sich mittags Angestellte aus der Umgebung auf dem Boden sitzend die regionale Nudel-Spezialität *Mie Sueh* schmecken, die mit Schweinefleisch für 35 Baht pro Schüssel sehr günstig kommt. Zur Straße hin kann man die Beine baumeln lassen. ⏲ 8–16 Uhr.

**Sor Lert Ros**, Boromtra Lokkanat Rd., ✆ 055-258 442. Gutes thai-chinesisches Essen mit Hähnchen- und Entengerichten. Viele Gerichte sind nicht auf der englischen Speisekarte gelistet, die westlichen Besuchern abends von der aufdringlichen Bedienung präsentiert wird – am besten auf den Nachbartischen umsehen. ⏲ Mo–Sa 8–22 Uhr.

**Topland Plaza**, Ekhatot Sarot Rd. Das Einkaufszentrum beherbergt Filialen der internationalen Fastfood-Ketten und einen großen Swensen's Eiscremeladen. Im Obergeschoss ein preiswerter Food Court, ⏲ bis 21 Uhr. Im **Topland Hotel** nebenan serviert ein chinesisches Restaurant mit leicht gehobenen Preisen *dim sum* und andere Spezialitäten. ⏲ 11–14, 18–22 Uhr.

## FESTE

Die knapp einwöchige **Phra Buddha Chinarat Fair** ab dem 6. Tag des zunehmenden Mondes im 3. Mondmonat (Jan/Feb) ist Anlass für Theater, Tänze und einen Jahrmarkt zu Ehren der verehrten Buddhastatue im Wat Phra Sri Rattana Mahathat.

**Bootsrennen** finden am 3. Septemberwochenende auf dem Nan-Fluss statt.

**Zum Food and Souvenir Festival** an einem Wochenende um Neujahr und zu **Songkhran** im April säumen Stände mit lokalen Produkten, einer großen Auswahl an Snacks und Kleinkram

die Uferstraße nördlich des Nachtmarktes. Auf Bühnen wird ein Kulturprogramm geboten, das von klassischen Thai-Tänzen bis Breakdance reicht.

## EINKAUFEN

Lohnend ist ein Bummel über den großen **Markt** östlich des Wat Phra Si Rattana Mahathat oder durch die Läden in der Ekathotsarot Rd. Beliebt ist der **Nachtmarkt** an der Uferpromenade mit einem großen Angebot an Textilien im überdachten Bereich, ⏲ bis 22 Uhr. Im **Topland Plaza** gibt es Markenwaren und einen kleinen Tesco-Supermarkt.

**Tesco Lotus Super Center**, am H12 am östlichen Stadtrand, zu erreichen mit den violetten Songthaew Nr. 1. ⏲ 8–23 Uhr.

Das nordwestlich am H12 Richtung Sukhothai gelegene **Central Plaza**, 🖳 www.centralplaza. co.th, bietet u. a. Apotheken, einen Robinson Department Store, Bekleidungs-, Kosmetik- und Elektronikläden sowie ein Multiplex-Kino. ⏲ 11–21, Sa und So ab 10 Uhr.

## SONSTIGES

### Autovermietungen

**Avis**, ✆ 055-242 060, und
**Budget**, ✆ 055-258 556, am Flugplatz.
**Rangthong Car Rental**, neben der Touristen-information, s. Informationen, ✆ 055-259 973, ✉ rangthongtour@gmail.com.

### Immigration

Boromtra Lokkanat Rd., Ecke Soi 36 (Soi Raknat Uthit), 150 m vom Makro-Markt, ✆ 055-247 722. ⏲ Mo–Fr 8.30–12, 13–16.30 Uhr.

### Informationen

**D**as städtische **Informationszentrum** in einem hölzernen Haus an der östlichen Uferstraße hat kaum Infos. ⏲ Mo–Fr 8.30–16.30 Uhr.
**Tourist Information Center**, 209/7-8 Boromtra Lokkanat Rd., ✆ 055-252 742–3. Die bemühten, hilfsbereiten Mitarbeiter von der TAT halten gute Informationen, Stadtpläne, Broschüren und eine Karte vom H12 bereit. ⏲ 8.30–16.30 Uhr.

## Massagen

**Kamalasom**, Buddha Bucha Rd., südlich der Post, ☎ 055-252 052. Zentrum für traditionelle Massage und Medizin. ⏲ Mo–Fr 8.30–20, Sa und So bis 16.30 Uhr.

**The Union of Thai Traditional Medicine Society** im Wat Ratcha Burana, ☎ 089-638 5648. 1 Std. Thai-Massage für 100 Baht, Fußmassage 120 Baht. ⏲ 7–18 Uhr.

## Medizinische Hilfe

**Apotheken** im Central Plaza und Tesco Lotus Super Center, s. Einkaufen.

**Bangkok Hospital**, Phra Ong Dam Rd., ☎ 055-212 222, 🖥 www.bangkokhospital phitsanulok.com/en. Professionelle Versorgung und Betreuung von der Aufnahme bis zur Kasse durch freundliche Menschen mit guten Englisch-Kenntnissen.

**Buddha Chinarat Hospital**, an der Sri Thamtraipidok Rd. (H1064), ☎ 055-241 608. Staatliches Krankenhaus.

## Polizei

Hilfsbereite Polizisten im Stand der **Tourist Police** am alten Busbahnhof. Büro in der Ekathotsarot Rd., ☎ 055-245 357–8, Notruf ☎ 1155.

## NAHVERKEHR

### Rikschas

Einige alte, gut erhaltene Rikschas sind noch in Bahnhofsnähe rings um den Markt unterwegs.

### Tuk Tuks

Vom Bahnhof, wo eine Preisliste aushängt, kosten mittlere Strecken um 60 Baht, zum Flugplatz und zum neuen Busbahnhof 150 Baht. Vom neuen Busbahnhof ins Zentrum für 100–120 Baht, zum alten Busbahnhof 80 Baht, Flugplatz 200 Baht.

### Songthaew

Violette Songthaew fahren von 6–17.30 Uhr alle 20–30 Min. ab 10 Baht pro Strecke auf verschiedenen Routen:
**Nr. 1** zwischen Bahnhof und altem Busbahnhof;
**Nr. 3** zwischen Bahnhof und Wat Phra Sri Rattana Mahathat;

**Nr. 6** zwischen neuem Busbahnhof und Central Plaza via altem Busbahnhof, Bahnhof und Wat Phra Sri Rattana Mahathat;
**Nr. 8** zwischen neuem Busbahnhof und Sri Thamtraipidok Rd., auf Anfrage Ausstieg am Sgt. Major Thawee Folk Museum;
**Nr. 12** (teils noch in blauer Farbe) zwischen neuem Busbahnhof und Textilmuseum (Naresuan Universität) via altem Busbahnhof und Bahnhof, alternativ mit roten Songthaew.

## Taxis

**Call Center**, ☎ 055-338 888. Einstiegsgebühr 35 Baht, Fahrten in die Umgebung ab 150 Baht. Vom neuen Busbahnhof ins Zentrum 120 Baht, zum Flugplatz 180 Baht.

## Stadtrundfahrten

Hotels vermitteln 45-minütige Touren mit Samlor oder Tuk Tuks für 250 Baht bei 2 Pers.
Die **Phitsanulok Tour Tramway** verkehrt von 9–15 Uhr etwa alle 45 Min. für 40 Baht, Kinder 20 Baht, auf der Route Wat Mahathat, Rama I-Denkmal, Bahnhof, Stadtmauer, Stadthalle, Naresuan-Schrein und über die Naresuan-Brücke zurück. Erläuterungen nur auf Thai, aber ein Infoblatt mit englischer Übersetzung.

## TRANSPORT

### Busse

Vom **alten Busbahnhof** (Terminal 1) mit Essensständen, 500 m östlich des Zentrums, südlich des H12, ☎ 055-212 090, fahren violette Songthaew zum Bahnhof und ins Zentrum, s. Nahverkehr.

BANGKOK, 368/384 km, via AYUTTHAYA (5 Std.) um 7, 8.30, 9, 9.40, 10.45, 11, 12, 14.45, 20, 20.30, 21 und 22.30 Uhr für 237–304 Baht, VIP um 11, 22 und 23.30 Uhr für 416–473 Baht in 6–7 Std.

CHIANG KHONG (Grenze zu Laos), um 9 Uhr für 316 Baht in 8 Std.

CHIANG MAI, via LAMPANG (203–319 Baht) und teils via TAK (130 Baht), um 5.40, 9, 11, 11.40, 13.50, 15.15, 16, 16.30, 19, 20, 21.30, 22, 23.30, 0.30 und 1.30 Uhr für 232–273 Baht, viele VIP-Busse am späten Abend für 260–351 Baht in 6–7 Std.

CHIANG RAI, auf der alten Route via SUKHOTHAI um 8, 9.30 und 10.30 Uhr für 300 Baht in 8 Std.

KAMPHAENG PHET, etwa stdl. von 5–18 Uhr ohne/mit AC für 59/83 Baht in 3 Std.
KHON KAEN, viele von 9–1.30 Uhr für 221–284 Baht in 6 Std.
KORAT, 13x tgl. von 9.30–24 Uhr für 270–350 Baht, VIP-Busse von 0.50–2 Uhr für 410 Baht in 6 Std.
MAE SOT (Grenze zu Myanmar), 240 km, über Sukhothai und TAK (90 Baht) mit Minibussen um 8, 9, 12, 13.30 und 15 Uhr sowie mit weiteren Minibussen, die am neuen Busbahnhof starten, s. u., und am alten Busbahnhof stoppen, für 157 Baht in 4–5 Std.
NAKHON SAWAN, 129 km, um 6, 7.30, 8, 9.45, 10.30, 13, 15, 15.30, 16.30 und 17.45 Uhr für 92–100 Baht in 2 Std.
NAN, 306 km, um 7.30, 9.30 und 11.30 Uhr für 196–204 Baht in 5–6 Std.
PHAYAO, mit Chiang Rai-Bussen für 220–290 Baht, VIP 340 Baht, in 4 Std.
PHRAE, 170 km, um 6, 12.30 und 15.30 Uhr für 127 Baht, zudem mit Minibussen um 5, 6, 8.20, 11.10, 13.15, 17.10 und 18.30 Uhr für 147 Baht in 4 Std.
SUKHOTHAI, alle 30–60 Min. von 5.20–18 Uhr für 42 Baht in 1 Std., bis Alt-Sukhothai 50–70 Baht. Zustieg auch in der Innenstadt südöstlich des Wat Nang Phaya möglich, s. Stadtplan. Morgens und nachmittags dauert die Fahrt länger, da viele Schulkinder zu- und aussteigen.
TAK, 140 km, mit Minibussen nach Mae Sot für 90–145 Baht sowie um 11, 14.30 und 16.10 Uhr ohne AC für 70 Baht in 2–2 1/2 Std.

Zum **neuen Busbahnhof** (Terminal 2), 6,5 km östlich des Zentrums und 500 m südlich der Indochina Intersection am H126, fahren Taxis, Tuk Tuks und Songthaew, s. Nahverkehr.
BANGKOK, 368/384 km, via AYUTTHAYA viele von 7.50–1.15 Uhr für 235–290 Baht, VIP 397–451 Baht, in 6–7 Std.
CHIANG KHONG, um 9, 13, 23.45, 0.30, 1.15 und 1.30 Uhr für 302–378 Baht, VIP um 23 Uhr für 454 Baht in 8 Std.
CHIANG MAI, viele von 5.20–2.50 Uhr für 223–286 Baht, VIP um 0.40, 1 und 2.15 Uhr für 334–445 Baht in 6–7 Std., teils via LAMPANG (262 Baht).
CHIANG RAI, teils über UTTARADIT (schneller), um 11.30, 16, 16.50, 18.35, 20.50, 21.30, 22.30, 22.45, 22.50, 23.15, 23.40, 23.55, 0, 0.20, 1.30

und 2.30 Uhr für 260–335 Baht, VIP um 1 Uhr für 391 Baht, in 7–8 Std.
KHON KAEN, etwa stdl. von 9–12.20 und 14.20–17.20 Uhr, danach um 19.20, 23.30, 0.20, 1.30, 1.50, 2 und 2.30 Uhr für 211–317 Baht, VIP um 0.30 Uhr für 372–423 Baht, in 6 Std.
KORAT (Nakhon Ratchasima), viele von 9.25–2 Uhr für 256–329 Baht, VIP um 0.45, 1.45 und 2 Uhr für 384 Baht, in 6 Std.
MAE SAI (Grenze zu Myanmar), um 8, 11.30, 13, 18.35, 20.50, 22.30, 22.45, 23.30, 23.45, 0, 0.30 und 1.15 Uhr für 380–395 Baht, VIP um 1 Uhr für 443 Baht, in 8–9 Std.
MAE SOT (Grenze zu Myanmar), via TAK (90 Baht) mit Minibussen um 8, 9, 11.30, 12.30 und 15 Uhr für 157 Baht, VIP um 1 und 2 Uhr für 242 Baht, in 4–5 Std.
NAN, um 9, 16, 16.45, 19, 23, 0.30 und 2.30 Uhr für 196–261 Baht in 6 Std.
PHAYAO, um 8, 13 und 22.30 Uhr für 209–266 Baht in 4 Std.
PHRAE, mit einigen Bussen Richtung Nan sowie um 8, 13 und 16.45 Uhr für 122 Baht in 4 Std.
SUKHOTHAI, mit Bussen Richtung Mae Sot sowie stdl. bis 18 Uhr für 42 Baht, bis Alt-Sukhothai 50–70 Baht, in 1–1 1/2 Std.
TAK, mit Mae Sot-Bussen sowie etwa stdl. von 5.20–18 Uhr für 90–145 Baht in 2–2 1/2 Std.
UDON THANI, 372 km, via LOEI (198 Baht, 4 Std.), um 9.30, 12, 16, 18.30, 20.30, 21, 23 und 0.30 Uhr für 293–342 Baht in 6–7 Std.

### Eisenbahn

Am **Bahnhof**, ☏ 055-258 005, Tickets für die 1./2./3. Kl. nach BANGKOK ab 324/159/69 Baht, nach CHIANG MAI ab 324/159/69 Baht ohne Zuschläge. Bis LOPBURI ab 226/113/49 Baht in 5 Std. Auf einer Stichlinie nach SAWANKHALOK um 16 Uhr für 358 Baht in 1 3/4 Std. Fahrplan S. 950–955, Zuschläge S. 85.

### Flüge

Taxis fahren für max. 180 Baht zum Flugplatz.
**AirAsia**, 🖥 www.airasia.com. 2x tgl. nach BANGKOK (Don Mueang) in 1 Std.
**Kan Air**, 🖥 www.kanairlines.com. Mo, Mi, Fr und So nach CHIANG MAI in 1 Std.
**Nok Air**, 🖥 www.nokair.com. 3x tgl. nach BANGKOK (Don Mueang).

## Auf dem H12 nach Osten

Eine schöne Route führt von Phitsanulok auf dem H12 nach Osten, vorbei an mehreren Nationalparks. Die Wasserfälle und Stromschnellen sind während und kurz nach der Regenzeit am schönsten, aber nicht spektakulär. So am KM 33 der 500 m von der Straße entfernt in einem Waldstück gelegene **Wang Nok Aen-Wasserfall** und am KM 45 der **Kaeng Song-Wasserfall** mit Salas, Picknickplätzen und Garküchen. Oberhalb der Hängebrücke beim Kaeng Song-Wasserfall werden Lkw-Schläuche und in der Trockenzeit auch Tretboote vermietet. In der Regenzeit führen Veranstalter (Büros neben der Straße) Rafting-Trips durch. Die zwei- bis dreistündigen Fahrten durch Stromschnellen bis zu Grad 4–5 starten zwischen KM 52 und 53. Weitaus schöner als die Bungalows am Fluss ist das 100 m entfernte Rain Forest Resort (s. u.).

Nach Norden geht es am KM 49 auf einer Stichstraße zum **Dhamma Abha Vippassana Meditation Centre**, ☎ 081-827 7331, 🖥 www.abha.dhamma.org. Beim KM 59,8 führt rechts eine 2 km lange Straße zum **Poi-Wasserfall**, einem beliebten Picknick- und Autowaschplatz.

Beim KM 68 zweigt der H2013 Richtung Norden nach Nakhon Thai ab (29 km). Nach 24 km zweigt vom H2013 der H2331 ab und führt durch Hmong-Dörfer nach 31 km zum **Phu Hin Rong Kla National Park**, Eintritt stolze 400 Baht. Die **Rom Klao-** und **Paradon-Wasserfälle** liegen 5 km vom Headquarter entfernt, 1 km abseits der Straße zur ehemaligen kommunistischen Schule.

Das Hochplateau um den **Phu Hin Rong Kla**, 40 km von der laotischen Grenze entfernt, war vom Ende der 1950er-Jahre bis 1982 das politische und militärische Zentrum der Kommunistischen Partei Thailands (CPT) und ihres 1969 formierten, bewaffneten Arms, der PLAT (People's Liberation Army of Thailand). Heute durchwandern Thai-Familien auf einem 3,5 km langen Rundweg die Schützengräben und Stellungen. Zudem wurde am Visitor Center, ☎ 055-356 652, ein kleines **Museum** eingerichtet, 🕐 8.30–16.30 Uhr. 6 km entfernt stehen im Wald 31 kleine Häuschen um das ehemalige Ausbildungszentrum. Die einfache Reismühle am Fluss wird durch Wasserkraft angetrieben.

Vom H12 führt beim KM 71 eine 2,4 km lange Straße zum dreistufigen, mit 40 m höchsten Wasserfall des Flusses, dem **Kaeng Sopha-Wasserfall**, der allerdings im September und Oktober nicht zugänglich ist, und zum **Thung Salaeng Luang National Park** (Headquarter beim KM 79,4), 🖥 www.dnp.go.th/parkreserve, gehört, 🕐 8–17 Uhr, Eintritt 500 Baht, Kinder 300 Baht. Hinter den Essensständen am Parkplatz beginnt der 200 m kurze Fußweg hinab. Ein 3,7 km langer Weg führt durch lichten Hochlandwald zu einem Picknickplatz am Fluss (vom Eingang zweimal rechts und an der Gabelung nach links).

Der H12 führt weiter über brandgerodete Berge nach **Lom Sak** (KM 130), wo Richtung Osten die Kilometerzählung bei 0 beginnt. Bei KM 100,5 an der großen Ampelkreuzung zweigt der H2196 Richtung Süden zum höchsten Berg in der Region, dem **Khao Kho**, ab. Nach 21 km liegt auf einem Hügel das Pendant zum Phu Hin Rongkla National Park. Anfang der 1980er-Jahre befand sich hier eine große Artilleriestellung der Regierungstruppen, von der aus die umliegenden Stellungen der PLAT unter Beschuss genommen wurden. Auch hier wurde ein kleines **Museum** eingerichtet. Ab und an läuft ein aufschlussreiches Video über die Kämpfe. Für die toten Regierungssoldaten wurde ein Obelisk aufgestellt. Hintergrundinformationen zum kommunistischen Widerstand in den Bergen s. eXTra [2957].

Auf der gegenüberliegenden Hügelkette steht der königliche **Khao Kho Palace** (34 km), der nicht besichtigt werden kann. Danach geht es sehr steil hinab. Nun bieten sich zwei Möglichkeiten: dem H12 weiter Richtung Khon Kaen zu folgen oder über das Verwaltungszentrum **Phetchabun** auf dem H21 durch eine agrarisch geprägte Region nach Lopburi zu fahren.

### ÜBERNACHTUNG

🏠 **Khaokho Talaypu Natural Farm**, 137 Moo 5, Toongsmoh Khao Kho, ☎ 056-750 061–2, 🖥 www.khaokhonaturalfarm.com. 7 km südlich vom H12 am H2196. In fast 1000 m Höhe werden auf dieser ganzheitlich orientierten Biofarm Gemüse, Kräuter, Obst, aber auch verschiedene Reissorten angebaut und natürliche Öle gewonnen. Im kleinen Restaurant kann man einiges probieren und in einem Laden die Produkte kaufen. Zudem Massagen und Bäder. Auf dem weitläufigen Gelände sind verschiedene Unterkünfte verstreut, von kleinen Zimmern für 2 Pers. bis zum 2-stöckigen Country Lake Home mit Kamin und Teak-Badewannen. So–Do günstiger. ❹–❻

🧳 **Rain Forest Resort**, beim KM 44,2, Mittaphap Rd., ✆ 055-293 085, Karte S. 278, 🖥 www.rainforestthailand.com. Hier kommt trotz der Lage am Highway Dschungelfeeling auf: An einem Hang in einem märchenhaftüppigen Garten stehen schöne, mit Naturstein und viel Holz gestaltete 1- und 2-stöckige, teils etwas kleine Bungalows mit AC, Balkon und Du/WC. Die Mehrausgabe für die größeren und hübscher eingerichteten Suiten lohnt. Am Fluss ein Badeplatz mit Pavillons und komfortablen Liegen. Restaurant. Von Juni–Okt Rafting-Touren auf dem Mae Khek für 1800 Baht p. P. inkl. 1 Übernachtung und Verpflegung. Kanuverleih für 200 Baht p. P. Die englischsprachige Managerin Khun Phannee führt die kleine, gepflegte Anlage mit großer Professionalität und unterhält zudem eine Ökofarm. In der Nebensaison So–Do 30 %, Fr und Sa 20 % Rabatt, Frühstück inkl. ❺–❼

**Sappraiwan Grand Hotel & Resort**, beim KM 53, ✆ 055-293 293, 🖥 www.sappraiwan.com. Die 1 km lange Zufahrtsstraße wird von gewaltigen Elefanten und Dinosauriern aus Beton gesäumt. 142 komfortable Zimmer und Chalets in einem weitläufigen Park. Pool, im Elephant Sanctuary auch Aktivitäten mit Elefanten. Von Nov–Juni Rafting auf dem Mae Khek, Halbtagestouren für 1500 Baht, ganztags 2300 Baht. Frühstück inkl. ❺

### Nationalpark

Im **Thung Salaeng Luang National Park** liegen rings um das Headquarter am KM 79,4, ✆ 055-268 019, 🖥 www.dnp.go.th/parkreserve, teils mit Küchen ausgestattete Bungalows für 4–10 Pers. Sie sind an Wochenenden und in den Ferien oft ausgebucht. ❹–❻

### TRANSPORT

Leider kommt man ohne eigenes Transportmittel nur über Umwege in die Bergwelt des

Khao Kho: Von 6–18 Uhr fahren etwa stdl. Busse nach NAKHON THAI in 2 Std., von dort 4x tgl. bis 15.30 Uhr nach PHU HIN RONG KLA in 45 Min. An der Abzweigung liegen einige Restaurants. Die großen Resorts am KM 104 sind auf Thai-Urlauber ausgerichtet.

**4** | **HIGHLIGHT**

# Sukhothai

Sukhothai gilt als die Wiege Thailands und erstes großes Machtzentrum der Thai. Als diese aus dem Norden einwanderten, eroberten sie 1249 auch das Gebiet um die Khmer-Siedlung, aus der die spätere Königsstadt entstand. Mit Hilfe einer schlagkräftigen Armee und geschickter Diplomatie brachten sie weite Landstriche unter ihren Einfluss. Der „Vater Thailands", **König Ramkhamhaeng** (1275–1317), soll hier aus der Mon-Schrift das Thai-Alphabet entwickelt haben. Ceylonesische Mönche, die der König ins Land holen ließ, sorgten für die Verbreitung der theravada-buddhistischen Lehre und drängten den kulturellen Einfluss der Khmer und des Animismus zurück. Ramkhamhaeng verstand es geschickt, aus den vielfältigen kulturellen Einflüssen ein einheitliches Staatsgebilde zu formen. Sukhothai wurde eine prächtige, befestigte Stadt mit zahlreichen Tempeln und einer imposanten Palastanlage. Doch der mächtige Stadtstaat zerfiel unter Ramkhamhaengs Nachfolgern und unterlag Mitte des 14. Jhs. dem aufstrebenden Ayutthaya.

## Alt-Sukhothai

In die stimmungsvolle, weitläufige Ruinenstadt mit dörflicher Umgebung kommen längst nicht so viele Touristen wie nach Ayutthaya. Der 70 km² große **Historical Park** ist in fünf Gebiete eingeteilt. Für die Zonen im Zentrum, Norden und Westen kostet der Eintritt jeweils 100 Baht, Fahrräder 10 Baht, Motorräder 20 Baht, Tuk Tuk 30 Baht, Pkw 50 Baht, eine Tram fährt bei mindestens 10 Pers. für 40 Baht p. P. durch die Zonen, ein Audioguide für das Zentrum und den

**ZENTRAL-THAILAND**

# Alt-Sukhothai (Old Sukhothai Historical Park)

**ÜBERNACHTUNG**
1. Old City Gh.
2. Vitoon Gh.
3. Pin Pao Gh.
4. The Legendha Sukhothai
5. J.-Safe Gh.
6. Thai Thai Sukhothai Gh.
7. Orchid Hibiscus Gh.
8. Vieng Tawan Sukhothai Gh.
9. Le Charme Sukhothai

**TRANSPORT**
1. Fahrräder
2. Busse nach Neu-Sukhothai; Fahrräder, Motorräder

**ESSEN**
1. The Coffee Cup, Thara
2. Artitaya Restaurant

**SONSTIGES**
1. Wäscherei
2. USA Sangkalok, Boar Ceramics
3. Suthep Sangkalok

Östlicher Bereich Sukhothai (12 km)

Wat Chedi Sung

Wat Chang Lom

Wat Trapang Thong Lang

Ramkamhaeng NP (30 km)

Wat Chetuphon

Südlicher Bereich

Wat Khon Waeng

Nördlicher Bereich

Wat Phra Phai Luang

Ban Don Ko (17 km)

Tao Turiang

Westlicher Bereich

Wat Sri Chum

Pratu San Luang (Nordtor)

Wat Son Khao

Wat Sorasak

Wat Trakuan

Wat Sra Si

TOURIST POLICE

Zentraler Bereich (Core Zone)

Trapang So

Ramkhamhaeng-Denkmal

Ramkhamhaeng National Museum

MARKT

Wat Trapang Thong

Pratu Kamphaeng Hak (Osttor)

Jarodvithi Thong Rd.

EINGANG

TICKETS

SCHULE

Wat Mahathat

Wat Trapang Ngoen

Wat Sri Sawai

Pratu Namo (Südtor)

Wat Sri Ton

Pratu Oa (Westtor)

Khlong Mae Lampan

Wat Tuk

Ho Thewalai Maha Kasetra Phiman

Wat Mangkon

Wat Sapan Hin

Wat Aranyik

Phra Bat Noi

Wat Chedi Ngam

Wat Tham Heep

Tak (71 km)

TICKETS

Phra Ruang Damm

N

1000 m

Norden kostet 150 Baht, alternativ können mit einem Smartphone die QR-Codes an den einzelnen Tempeln für weitere Informationen eingescannt werden. ⊙ Zentrum 6.30–18.30, Sa bis 21 Uhr, Norden 8.30–16.30, Westen 8–17 Uhr. So–Fr kann der zentrale Bereich ab 18 Uhr kostenfrei besucht werden.

## Zentrum

Eine **Stadtmauer** mit einem Graben im Rechteck von 1,8 x 1,4 km umgibt das von vielen Bäumen beschattete Zentrum, in dem die Relikte von 16 Tempeln und vier Hinduschreinen stehen. Hinzu kommen rechteckig angelegte Wasserreservoirs *(thrapang)* sowie etwa 70 Ruinen außerhalb der Stadtmauer.

Die rund 1500 Ausstellungsstücke im Erdgeschoss des **Ramkhamhaeng National Museum** vermitteln einen Überblick über die Kunst der Sukhothai-Periode (S. 134). Im Zentrum des Hauptgebäudes ist ein für den Sukhothai-Stil typischer **schreitender Buddha** aus dem 14. Jh. ausgestellt, zudem zahlreiche Buddhaköpfe, Hindustatuen, Stuckfriese, Keramiken und andere Funde. Überdies sind die Bilder aus dem geschlossenen Treppenaufgang im Wat Sri Chum zu sehen. Im 1. Stock sind Kunstwerke aus anderen Epochen, Alltagsgegenstände und Waffen ausgestellt. ⊙ 9–16 Uhr, Eintritt 150 Baht.

Im Zentrum der Stadt liegt der königliche Tempel **Wat Mahathat**, das seinerzeit größte Heiligtum des siamesischen Reiches. Auf einer Fläche von 240 x 280 m wurden neben dem zentralen Chedi, dem Untorbau der Ordinationshalle und dem Viharn die Reste von 209 kleinen Chedis und anderer Gebäude ausgegraben. Im Mittelpunkt steht der **zentrale Chedi** im Sukhothai-Stil, umgeben von vier kleineren Stupas und Vorhallen. Der quadratische Sockel ist mit Reliefs geschmückt – die andächtig schreitenden Figuren stellen Buddhas Jünger dar. Richtung Osten schließt der große Bot an, dessen sechs Säulenreihen früher einmal das hölzerne Dach trugen. Hier wird alljährlich im November das große Lichterfest Loi Krathong gefeiert. Viele der kleineren, umliegenden Bauwerke weisen Merkmale des Khmer-Stils auf, z. B. tanzende Apsaras.

Etwa 300 m westlich des Wat Mahathat befindet sich **Wat Thrapang Ngoen**. Zu ihm gehö-

### Tipps für Fotografen

Morgens ist die beste Zeit für Fotografen, da die meisten Buddhas Richtung Osten blicken. Samstagabends werden im Zentrum die Ruinen erleuchtet, und jeden 2. Freitag von Februar bis September wird um 19 Uhr eine Light & Sound Show auf der Bühne westlich vom Wat Sra Sri geboten.

ren ein Chedi mit lotosförmigem Grundriss und schlanker Spitze, ein Viharn und Reste der Ordinationshalle. Ein sitzender Buddha blickt auf den See und die Überbleibsel eines Säulengangs.

Weiter im Süden erheben sich die drei Laterit-Prasats von **Wat Sri Sawai**. Sie waren im 13. Jh. als brahmanischer Schrein im Khmer-Stil erbaut worden. Später wurde das hinduistische Heiligtum in einen buddhistischen Tempel umgewandelt. Bei Ausgrabungen fand man neben Buddha- auch Shivastatuen. Die Stuckdekorationen wurden leider wenig sensibel restauriert. Die umgebende Mauer grenzt östlich an einen imposanten alten Baum.

Nördlich des königlichen Tempels befindet sich auf einer Insel in einem Teich **Wat Sra Si**. Der Stupa im ceylonesischen Stil ist gut erhalten, während vom Bot nur Ruinen übrig geblieben sind. Das östlich nahe dem Eingang gelegene **Denkmal** stellt König Ramkhamhaeng dar und wird von Einheimischen mit Blumen verehrt. An das **Wat Trakuan** erinnert nur noch der große Chedi in Glockenform mit 12 m breiter Basis.

### Mit dem Rad durchs Weltkulturerbe

Sofern die Hitze nicht allzu groß ist, eignen sich die Ruinenstädte Alt-Sukhothai, Si Satchanalai und Kamphaeng Phet bestens für Radtouren. An allen Haupteingängen werden Fahrräder für 30 Baht vermietet. Ein königliches Dekret verbietet die Ansiedlung von Industrie im Umkreis von 12 km um die Ruinen. Daher kann man auf schmalen Landstraßen und Feldwegen durch eine wunderschöne Kulturlandschaft, an Kanälen und Flüssen entlang zu ursprünglichen Dörfern radeln, S. 318.

Das nördlich der Straße befindliche **Wat Sorasak** war im 14. Jh. wahrscheinlich ebenfalls Teil des Palastes und wurde im Gegensatz zu den meisten anderen Bauten aus Sandstein errichtet. Die restaurierte Basis seines Chedis wird von Elefanten umgrenzt.

### Norden

Im Ticket für das beliebte **Wat Sri Chum** (Kasten S. 313) ist der Eintritt zum weiter östlich gelegenen **Wat Phra Phai Luang** enthalten, ein wenig besuchtes Ziel für Entdeckernaturen. Im Gegensatz zu anderen Tempeln wirkt die ummauerte, weitläufige Anlage von jeweils 600 m Seitenlänge recht naturbelassen. Von den drei Prangs im Khmer-Stil aus dem 13. Jh. ist einer erhalten geblieben und weist darauf hin, dass sich hier einst ein bedeutendes hinduistisches Heiligtum befand. Hingegen stammen die anderen Klostergebäude, Gebetshallen und Chedis aus verschiedenen buddhistischen Epochen.

Nördlich und westlich davon liegen unter Schutthügeln verfallene und restaurierte **Brennöfen** *(Turiang, Kilns)* aus Ziegelstein, ca. 6 m lang und 3 m breit, in denen Sawankhalok-Keramik (Celadon) hergestellt wurde. Ende des 13. Jhs.

wurde diese feine Keramik von chinesischen Handwerkern produziert (S. 137).

### Westen

Wem die Ruinen innerhalb der Stadtmauer zu stark restauriert sind, der sollte sich die weitläufig verstreuten westlichen Ruinen ansehen. Die ersten hinter dem ehemaligen Westtor **Pratu Oa**, mitten in den Feldern sind stark zerfallen. Besser erhalten ist das 2,2 km vom Westtor entfernte **Wat Mangkon** mit einem Chedi im ceylonesischen Stil. Die Ruinen am Berghang erfordern schweißtreibende Aufstiege.

Lohnend ist das 3 km vom Zentrum, nahe dem H12 befindliche **Wat Sapan Hin** mit einem 12,5 m großen, stehenden Buddha auf dem 50 m hohen Hügel – ein guter Platz zum Sonnenaufgang. Am verschmutzten Phra Ruang-Stausee vorbei lässt sich die Rundfahrt auf Fahrwegen Richtung Osten zu den südlichen Ruinen fortsetzen.

### Süden

Durch das südliche Stadttor **Pratu Namo** kommt man nach etwa 1,5 km auf einer ruhigen Landstraße zum **Wat Chetuphon**. Am wuchtigen Mondhop ist auf zwei Seiten je eine Buddhafi-

Stimmungsvolle Ruinen im Historical Park Sukhothai

© MICHA LOOSE

## Großer Buddha in kleinem Tempel

Etwa 400 m südwestlich vom Wat Phra Phai Luang erhebt sich **Wat Sri Chum** mit dem riesigen sitzenden Buddha Phra Atchana aus dem 14. Jh. Der quadratische, nach oben offene Mondhop mit einer Seitenlänge von 30 m, einer Höhe von über 11 m und einer Wandstärke von 3 m war ursprünglich von einem Wassergraben umgeben. Das Innere wird fast vollständig von der imposanten Buddhafigur eingenommen. Leider ist der schmale Gang in der Mauer auf den Tempel hinauf gesperrt.

gur in stehender (Westen) und schreitender Haltung (Osten) angebracht. Auf den beiden anderen Seiten sind nur noch Körperreste der hohen Stuckfiguren erhalten, die einst einen sitzenden (Norden) und einen ruhenden Buddha (Süden) darstellten.

## Neu-Sukhothai und Umgebung

In der weitgehend reizlosen, 40 000 Einwohner zählenden Stadt, 12 km östlich der Ruinen von Alt-Sukhothai, halten die meisten Busse, und hier befindet sich die Mehrzahl der Unterkünfte und Restaurants.

Der große **Markt** mit einem breiten Angebot eignet sich gut zum Bummeln. Er dient zudem als Großmarkt, auf dem bis in die späten Abendstunden Tabak, Obst und Gemüse aus der Umgebung umgeschlagen werden.

Das große, klimatisierte **Sangkhalok Museum**, ✆ 055-614 333, steht 1,5 km östlich an der Kreuzung Singhawat Rd. und der ersten Umgehungsstraße. Auf zwei Stockwerken vermittelt eine umfangreiche Ausstellung einen hervorragenden Überblick über die Geschichte der Sawankhalok-Keramik, ihre Fundgebiete, Verwendung und Verbreitung. ⏰ 8–17 Uhr, Eintritt 100 Baht, Tuk Tuk 60 Baht.

Am H1195 zum Flughafen steht ca. 8 km nordwestlich der Stadt, 300 m rechts hinter der Schule, das **Wat Thawet**. Hier hat der Abt und Skulpturenkünstler Sumroeng Thamanantho (1928–1995) im Garten lebensgroße Figuren aus Beton formen lassen, die leseunkundigen Dorfbewohnern die Lehren und Geschichten aus

dem Leben Buddhas nahebringen sollten. Besonders die plastischen Höllendarstellungen sind nichts für Zartbesaitete. Heute führt Sumroengs Sohn Besucher über das Gelände. An der Spendenkiste liegt eine Mappe mit Erläuterungen in Englisch aus, ✆ 055-613 240.

Das Wat lässt sich in einem schönen Ausflug per Fahrrad oder Motorrad am Fluss entlang besuchen. Tuk Tuk ab Neu-Sukhothai 300–500 Baht hin und zurück.

### ÜBERNACHTUNG

Viele Unterkünfte holen nach telefonischer Anmeldung Gäste kostenlos oder gegen kleines Entgelt vom Busbahnhof ab.

### Alt-Sukhothai

Karte S. 310
Für diesen Ortsteil spricht die gute Lage an den Ruinen, allerdings ist das kulinarische Angebot begrenzt.

### Untere Preisklasse

**J.-Safe Gh.** ⑤, 183-8 Moo 3, gegenüber The Legenda Sukhothai, ✆ 055-633 153, 084-811 6355, 🖥 jsafe.webiz.co.th. Allen, die einfach nur ein günstiges Zimmer mit Klimaanlage suchen, seien die neueren, geräumigen Zimmer im hinteren der beiden Häuser hinter dem Minimarkt empfohlen. Gute Matratzen, Kühlschrank und Du/WC. Die Zimmer über dem vorderen Eingang haben Holzböden und sind älter. Es wird nur wenig Englisch gesprochen. Gutes Preis-Leistungs-Verhältnis. ❷

€ **Old City Gh.** ①, 28/7 Moo 3, Jarodvithi Thong Rd., 50 m zurückversetzt nahe der zentralen Kreuzung, ✆ 055-697 515, 081-886 4886. In den 5 kleinen Zimmern mit Ventilator oder AC und 2 Duschen im 1. Stock des alten Holzhauses kann man schon ab 200 Baht schlafen. Im angrenzenden Reihenhaus mit traditionell gestalteter Fassade weitere geräumige, im hinteren Teil angenehm kühle Zimmer mit AC und TV sowie einem guten Preis-Leistungs-Verhältnis. Freundlichen Service sollte man nicht erwarten. Parkplatz. ❶ – ❷

**Pin Pao Gh.** ③, ✆ 055-633 284, 084-714 2256, 🖥 www.pinpaoguesthouse.com. Paolo vom

Orchid Hibiscus (s. u.) vermietet in diesem 2-stöckigen Haus 10 kleine, farbenfrohe und kühle Zimmer mit Himmelbetten, harten Matratzen und kleiner Du/WC, die meisten mit Fenster zum Flur. Hinter der rückwärtigen Terrasse mit Liegestühlen und Blick ins Grüne führt eine Hängebrücke über den Kanal zu einem Pool mit Hängematten und Liegen. Frühstück inkl. ❸

🧳 **Vieng Tawan Sukhothai Gh.** ⑧, 89/29 Moo 3 Napho Kirimas Rd., ✆ 088-677 299, 🖥 fb.com/viengtawansukhothai. Die Betreiber des Thai Thai Sukhothai Gh., s. u., unterhalten wenige Schritte südöstlich davon ein schmuckes, ruhiges, 2014 eröffnetes Gästehaus mit nur 11 einladenden, komfortabel eingerichteten Zimmern mit bequemen Matratzen, LCD-TV und etwas Deko, jedoch ausschließlich Doppelbetten. Fahrradvermietung. Frühstück inkl. ❸

**Vitoon Gh.** ②, 49 Moo 3, Jarodvithi Thong Rd., ✆ 055-633 397, 🖥 sites.google.com/site/vitoonguesthouse/home. In 2 Häusern hinter dem Shop bieten nette Vermieter 12 zweckmäßig eingerichtete Zimmer mit Ventilator sowie 18 mit AC und TV und eher harten Schaumstoffmatratzen. Fahrrad- und Motorradverleih, Bustickets nach Bangkok. ❶–❷

### Mittlere und obere Preisklasse

**Le Charme Sukhothai** ⑨, 9/9 Napho-Kirimas Rd., ✆ 055-633 333, 🖥 www.lecharmesukhothai.com. In einer Gartenanlage mit Teichen stehen rings um 2 Restaurants Doppelbungalows mit teureren, größeren und 2 Reihenhäuser mit günstigeren Zimmern. Alle 43 Zimmer mit Terrasse, Kühlschrank und TV sowie geräumigen Duschen. Recht großer Pool mit Liegen. Online-Buchungen sind günstiger. Frühstück inkl. ❺–❻

🧳 **Orchid Hibiscus Gh.** ⑦, Srisomboon Rd. südöstlich vom östlichen Stadttor, ✆ 084-714 2256, 🖥 www.orchidhibiscus-guesthouse.com. Von Paolo aus Italien mit Liebe zum Detail gestaltete Gartenanlage mit einer Voliere mit vielen Vögeln, einem Pool mit Liegen und einem überdachten Whirlpool. 8 Standardzimmer sowie 10 bunt dekorierte Bungalows mit Holzboden, Veranda, Kühlschrank, hohen Betten mit

harten Kapok-Matratzen und Baumwollnetzen und 3 Familienbungalows mit Terrasse auf der anderen Straßenseite. Der Aufpreis für die teuren Zimmer lohnt nicht. Frühstück (100 Baht) bei den teuren Zimmern inkl. ❸–❺

**Thai Thai Sukhothai Gh.** ⑥, hinter Orchid Hibiscus, ✆ 081-674 0505, 084-932 1006, 🖥 www.thaithaisukhothai.com. In 10 geräumigen Bungalows aus Holz gibt es geschmackvoll eingerichtete, saubere Zimmer mit Kühlschrank, TV, hübschen Waschbecken und kleiner Du/WC, teils Himmelbetten und Moskitonetz sowie großzügiger Terrasse. Der ruhig gelegenen Anlage mit durchgehend bis vor die Bungalows gepflasterter Straße fehlt etwas Charme. Hilfsbereites Personal. Frühstück im offenen Restaurant an der Straße inkl. ❹–❺

**The Legendha Sukhothai** ④, 1,5 km östlich vom Eingang zum Historical Park am H12, ✆ 055-697 249, 🖥 www.legendhasukhothai.com. Vor allem von Reisegruppen belegtes Hotel mit 55 Zimmern in etwas dicht aneinander stehenden Reihenhäusern mit kleiner Terrasse, Holzböden, TV und Bad mit Wanne. Restaurant und Pool mit Jacuzzi und Liegen, an die die teureren Villen grenzen. Im Restaurant abends Thai-Tänze, Kochkurse für 1000 Baht. Online-Buchungen sind günstiger. Frühstück inkl. ❻

## Neu-Sukhothai

Karte S. 315

### Untere Preisklasse

**At Home** ④, 184/1 Vichien Chamnong Rd., ✆ 055-610 172, 🖥 www.athomesukhothai.com. Mit Antiquitäten dekoriertes Holzhaus in einem Garten mit 11 sauberen, gut gelüfteten Zimmern mit etwas Deko, teils auch AC, die oberen mit Holzböden. 4 Bungalows mit LCD-TV und kräftigen Farben am rückwärtigen Teich mit lauten Fontänen. Luftiges, offenes Restaurant, Tourenangebot, Motorradvermietung, Wäscheservice, Internet-PC. Fahrräder und Frühstück inkl. ❷–❹

🧳 **Blue House** ⑦, 295/3 Siri Samarung Rd., westlich vom Wat Kuha Sawan, ✆ 055-614 863, 080-506 8402, 🖥 sukhothaibluehouse.wordpress.com. Wer keinen Wert auf einen Garten legt, findet im recht neuen, sauberen 2-stöckigen Wohnhaus ruhige, einladende

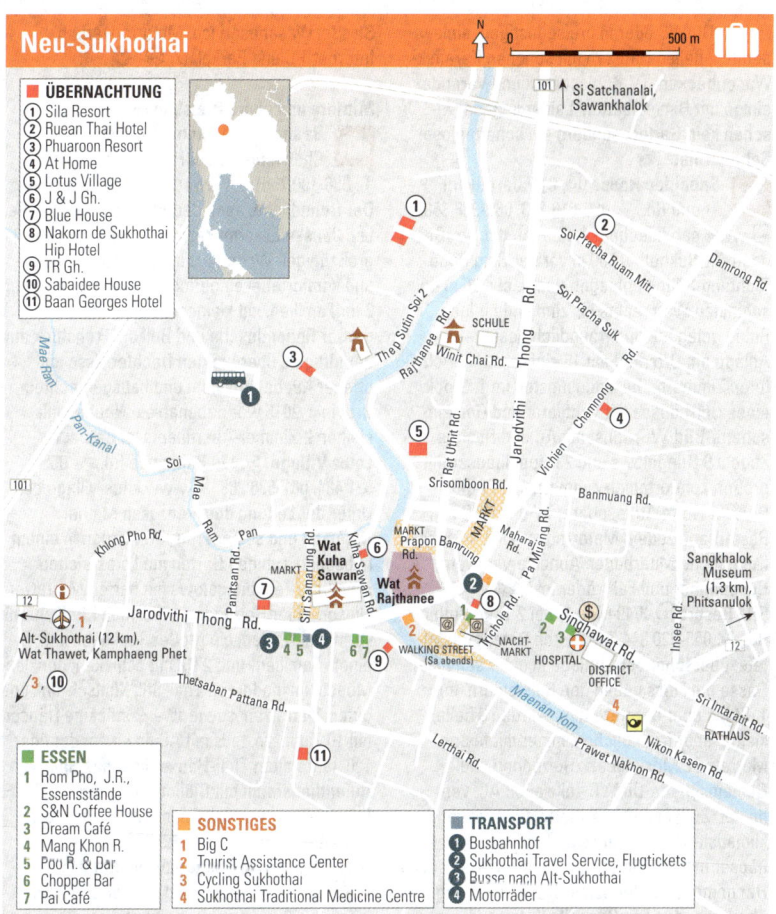

**ÜBERNACHTUNG**
1. Sila Resort
2. Ruean Thai Hotel
3. Phuaroon Resort
4. At Home
5. Lotus Village
6. J & J Gh.
7. Blue House
8. Nakorn de Sukhothai Hip Hotel
9. TR Gh.
10. Sabaidee House
11. Baan Georges Hotel

**ESSEN**
1. Rom Pho, J.R., Essensstände
2. S&N Coffee House
3. Dream Café
4. Mang Khon R.
5. Pou R. & Bar
6. Chopper Bar
7. Pai Café

**SONSTIGES**
1. Big C
2. Tourist Assistance Center
3. Cycling Sukhothai
4. Sukhothai Traditional Medicine Centre

**TRANSPORT**
1. Busbahnhof
2. Sukhothai Travel Service, Flugtickets
1. Busse nach Alt-Sukhothai
4. Motorräder

Zimmer mit sehr gutem Preis-Leistungs-Verhältnis und Komfort, Kühlschrank und TV, einige mit hübschen Himmelbetten. Kleines Frühstücksrestaurant. Kaffee und Tee inkl. ➌ **J & J Gh.** ⑥, Kuha Sawan Rd., ✆ 055-620 095, 081-785 4569. Am Flussufer in einer Soi gegenüber der Schule stehen rings um einen kleinen palmenbestandenen Rasen 8 Bungalows, in denen Naturstein Akzente setzt und die mit AC, TV, Waschbecken aus Sawankhalok-Keramik im Zimmer sowie Terrasse mit Tisch und Stühlen ausgestattet sind. Kleines Restau-

rant mit Fluss- und Tempelblick, selbst gebackenes Baguette und Brot, empfehlenswerte Joghurt-Shakes und leckeres Müsli. Jim, ihr belgischer Mann Jacqui und Sohn James sorgen für eine freundliche Atmosphäre. Touren nach Si Satchanalai und zum Ramkhamhaeng National Park. ➋–➌ **Phuaroon Resort** ③, 81/16 Khuhasuwan Rd., ✆ 055-620 911, 081-7557031, 🖳 www.phuaroon resort.com. Dank eines Fußpfads laufnah zum Busbahnhof gelegene Unterkunft mit 18 netten Zimmern in Holzbungalows mit AC und sehr kleiner Du/WC oder in preisgünstigen, einladenden, hellen Häusern mit schönen Keramik-Waschbecken, TV, Kühlschrank und Veranda, einige mit Himmelbetten. Leider liegt dazwischen kein Garten, sondern ein schattenloser Schotterplatz. ②

**Sabaidee House** ⑩, 81/7 Jarodvithi Thong Rd., ☎ 055-616 303, 089-988 3589, ⌨ www.sabaideehouse.com. Ab der Straße nach Alt-Sukhothai 100 m vor der Ring Road Richtung Süden abbiegen und nach 300 m dem schmalen Weg rechts bis zum Ende folgen. Ruhig gelegene und freundlich gestaltete Anlage am Ortsrand mit 15 einfach eingerichteten Zimmern. Die 4 günstigsten in 1. Stock eines Holzhauses mit Ventilator und Gemeinschafts-Bad/WC, sonst mit AC und Dusche. Zudem 9 Bungalows und 2 Doppelhäuser mit großen komfortablen Zimmern mit TV und Du/WC. Nette Atmosphäre, TV und DVDs im Restaurant, zudem Motorradverleih und sehr freundliche Mitarbeiter. Abholservice vom Busbahnhof und Fahrräder inkl. ②

**Sila Resort** ①, 3/49 Moo 1, Soi 2 Thep Suthin Rd., ☎ 055-620 344. Mit netten Details gestaltete, überschaubare Anlage in einer schmalen Gasse am Fluss neben den Reisfeldern. Im 1. Stock über der Rezeption werden 3 helle, kleine, aber freundliche Zimmer mit festen Matratzen, Moskitonetz, Holzböden und Gemeinschafts-Du/WC, teils auch AC, vermietet. Zudem nett dekorierte, überwiegend klimatisierte Bungalows und größere Stelzenhäuser mit TV, Kühlschrank und Terrasse sowie Hängematten unter dem Haus. Auf der gegenüberliegenden Straßenseite 8 kleine klimatisierte Zimmer im orangefarbenen Neubau und ein Restaurant. Freundliche Vermieterin, Fahrräder inkl. ① – ④

**TR Gh.** ⑨, 27/5 Prawet Nakhon Rd., ☎ 055-611 663, 084-049 9445, ⌨ www.sukhothaibudget guesthouse.com. 21 saubere, einfache Zimmer mit Du/WC, Waschbecken auf dem kleinen Balkon und harten Schaumstoffmatratzen, teils auch AC. Die Zimmer mit alter AC und grünen Türen sind etwas freundlicher. Zudem 5 etwas teurere, recht dunkle und warme Holzbungalows mit kleiner Veranda im Garten. Gutes Preis-Leistungs-Verhältnis. Restaurant an der Straße, Wäscheservice, Motorradverleih, Internet-PC und Parkplatz. ① – ②

### Mittlere und obere Preisklasse

**Baan Georges Hotel** ⑪, 28/54 Soi Chaiwannasut, Jarodvithi Thong Rd., ☎ 086-100 7651, ⌨ www.baan-georges.com. Der freundliche, auch deutschsprachige Belgier Luc Janssens vermietet in seinem 3-stöckigen, großzügigen Wohnhaus mit Pool 8 einladend und komfortabel eingerichtete Zimmer, darunter 2 für Familien, mit kleinem LCD-TV, Bad mit großer Regendusche und Balkon. Frühstück auf der luftigen, überdachten Dachterrasse mit offener Küche, Aussicht und hausgemachtem Brot inkl. 2015 war nebenan ein Neubau mit kleinen 2-Zimmer-Apartments im Bau. ⑤

**Lotus Village** ⑤, 170 Rajthanee Rd., ☎ 055-621 484, 081-536 288, ⌨ www.lotus-village.com. Unter der Leitung des Franzosen Michel Hermann und seiner Frau Tan werden in einem hübschen, ruhigen Garten mit Lotosteichen 5 saubere Teakbungalows mit harten Matratzen, Fliesen- oder Holzböden, teils auch Kühlschrank vermietet. Zudem ein großes Teakhaus mit einem Familien- und 2 DZ mit schicken, dunklen Möbeln im modernen Thai-Stil, Kühlschrank und guten Matratzen, sowie zwei 2-stöckige Häuser mit 10 Zimmern, teils mit AC. In einem der über 100 Jahre alten Thai-Häuser liegt das Spa. Aufenthaltsraum mit Bibliothek, Internet-PC. Frühstück für teurere Zimmer inkl. Transport zum Flughafen 250 Baht. ③ – ⑤

**Nakorn de Sukhothai Hip Hotel** ⑧, 35/1 Prasertpong Rd., ☎ 088-278 0450, 055-611 833, ⌨ www.nakornhotel.com. Modernes, freundliches Kleinhotel in einem zentral gelegenen Stadthaus, dessen hübsche Zimmer komfortabel mit AC, LCD-TV, bequemen Matratzen, Du/WC und Kühlschrank eingerichtet und mit farbigen Akzenten versehen sind; die teureren haben Bad/WC mit Fensterläden ins Zimmer. Leider macht das Pressspanmobilar keinen sehr langlebigen und hochwertigen Eindruck. Frühstück inkl. ④ – ⑤

**Ruean Thai Hotel** ②, 181/20 Soi Pracharuammit, Jarodvithi Thong Rd., ☎ 055-612 444, ⌨ www.rueanthaihotel.com. Das 2-stöckige, um einen Pool mit Liegen arrangierte Hotel mit

Fassadenelementen alter Teakhäuser steckt voller Antiquitäten und „beherbergt" niedliche Kaninchen als Dauergäste. Touristen wohnen in 27 Zimmern mit Fensterläden, schönen Betten mit Moskitonetz, (teils LCD-)TV, Marmorbad und Kühlschrank. Sehr schick die größeren Deluxe-Zimmer mit Himmelbetten und vielen Holzschnitzereien. Gutes Restaurant mit internationalen Gerichten. Massage und Touren durch Alt-Sukhothai. Abholung vom Busbahnhof, gutes Frühstück und Fahrräder inkl. **5** – **6**

## ESSEN UND UNTERHALTUNG

### Alt-Sukhothai

Die Restaurants vor dem Eingang zum Historical Park haben englische Speisekarten und preiswertes, westliches Essen oder Thai-Küche, zudem Frühstück, Shakes und Kaffee, z. B. **The Coffee Cup** und **Thara**. ⊕ meist 8–22 Uhr.
**Artitaya Restaurant**, gegenüber dem großen Pailyn Hotel, Jarodvithi Thong Rd. zwischen Alt- und Neu-Sukhothai, ✆ 055-697 272–3. Das etablierte Restaurant mit überdachter Terrasse und schlichtem Innenraum serviert thailändische und einige westliche Gerichte. Manchmal Livemusik und Buffet. Bar mit großer Auswahl an Cocktails. ⊕ 11–14 und 17–23 Uhr.

### Neu-Sukhothai

Auf dem unspektakulären, überdachten **Nachtmarkt** findet man auch tagsüber Essensstände. Ein **Walking Street** genannter Nachtmarkt findet jeden Sa von 17–21 Uhr in der westlichen Nikon Kasem Rd. statt.
**Chopper Bar**, Jarodvithi Thong Rd., Ecke Prawet Nakhon Rd. Kneipe zum Biertrinken; essen sollte man besser woanders. Manchmal Livemusik. ⊕ ab 15 Uhr.
**Dream Café**, 86/1 Singhawat Rd., ✆ 055-612 081, Kleines, verwinkeltes, klimatisiertes Restaurant mit gemütlicher Atmosphäre und antiken Kostbarkeiten, das thai-chinesische Gerichte serviert. Große Auswahl an Eisbechern und Milchshakes. Rechnung kontrollieren! ⊕ 17–23 Uhr.
**Mang Khon Restaurant**, Jarodvithi Thong Rd., unter einer Leuchtreklame für Lactasoy und nur auf Thai beschildert. Die Köchinnen dieser kleinen, offenen, abends gut besuchten

Straßenküche versorgen Hungrige mit Bier und Thai-Küche von der auch in Englisch verfassten Speisekarte. ⊕ 10–22 Uhr.
**Pai Café**, Prawet Nakhon Rd. Nettes, luftiges Café mit großem Tresen und angenehmer Musik. Günstige Gerichte bis 100 Baht, Frühstück und guter Kaffee. WLAN. ⊕ 9–22 Uhr.
**Poo Restaurant & Bar**, 24/3 Jarodvithi Thong Rd., ✆ 055-614 785. Das ehemals gute Restaurant mit kleiner Bar serviert seit dem Besitzerwechsel westliche und Thai-Gerichte, die nur noch von McDonald's unterboten werden, und lohnt daher allenfalls der noch übrig gebliebenen guten Auswahl an belgischen Bieren wegen. ⊕ bis 22 Uhr.

**Rom Pho** und **J.R.**, Ramkhamhaeng Rd., am nördlichen Ende des Nachtmarkts. 2 offene, saubere Straßenrestaurants mit englisch- und sogar deutschsprachigen Speisekarten sowie glutamatfreier, guter Thai-Küche und günstigen Preisen. Die Favoriten bei westlichen Besuchern. ⊕ 17–3 Uhr.
**S&N Coffee House**, 56/1 Singhawat Rd., ✆ 086-605 3201. Klimatisiertes Restaurant mit großer Auswahl an leckeren Thai- und westlichen Gerichten unter 100 Baht, gutem Kaffee, Smoothies und sehr leckerem Käsekuchen, serviert zu entspannter Musik und ohne lange Wartezeiten. ⊕ 9–20 Uhr.

## EINKAUFEN

In allen historischen Parks werden an Ständen Souvenirs verkauft, die in Sukhothai und Umgebung gefertigt werden, u. a. Holzschnitzereien, Bronzefiguren, Keramiken und Textilien. Ein großer **Big C-Supermarkt** liegt an der Straße zwischen Neu- und Alt-Sukhothai.

### Alt-Sukhothai

**Suthep Sangkalok**, 357/1 Moo 3, in Alt-Sukhothai, im südöstlichen Wohnviertel. In der großen Keramikwerkstatt wird sowohl grüne Keramik im Sawankhalok-Stil als auch blau-graue im chinesischen Stil in Auftragsarbeit produziert. Ausgemusterte Teile werden günstig verkauft. ⊕ 8–17 Uhr.
Ähnliches Angebot im **USA Sangkalok** und **Boar Ceramics** gleich um die Ecke.

### Neu-Sukhothai

Besonders am frühen Morgen herrscht Hochbetrieb auf dem **Markt**. Die Geschäfte in der Umgebung verkaufen Textilien, Devotionalien, Dekorationsartikel und Anglerbedarf sowie Moskitonetze.

## AKTIVITÄTEN UND TOUREN

Unterkünfte vermitteln Guides und Fahrzeuge für Ausflüge in die Umgebung. Neben Alt-Sukhothai stehen Si Satchanalai und Sawankhalok auf dem Programm.

**Cycling Sukhothai**, unweit vom Sabaidee Gh., ✆ 055-612 519, 085-083 1864, 🖥 www.cycling-sukhothai.com. Von 16–18.30 Uhr bieten Mem oder Ronny ab 4 Pers. sehr empfehlenswerte geführte Radtouren durch die Umgebung von Neu-Sukhothai für 400 Baht p. P. an. Auf schmalen Feldwegen sowie kaum befahrenen Landstraßen radelt man mit gut gewarteten Mountainbikes (auch Kinderräder) durch traditionelle Dörfer und eine wundervolle Landschaft. Mem ist hier aufgewachsen und kann viel über die Landwirtschaft und das dörfliche Leben berichten. Ebenfalls im Programm sind eine halbtägige Countryside Tour ab 8 Uhr für 750 Baht sowie eine Tour durch Alt-Sukhothai für 990 Baht inkl. Mittagessen und Eintritt. Auch für Ausflüge in Eigenregie eine exzellente Anlaufstelle.

**Sukhothai Bicyle Tours**, ✆ 086-931 6242, 089-460 1603, 🖥 www.sukhothaibicycletour.com. Ehemalige Mitarbeiter von Cycling Sukhothai haben ihr eigenes Unternehmen gegründet. Mit mind. 2 Pers. geht es auf der halbtägigen Countryside Tour für 750 Baht p. P., einer ganztägigen Variante für 1050 Baht, der Historical Park Tour für 1150 Baht oder der Sunset Tour für 450 Baht auf Mountainbikes durch die schöne Landschaft. Auch Kinderräder und mehrtägige Touren.

## SONSTIGES

### Fahrradverleih

Fahrräder sind ein ideales Transportmittel für eine Rundfahrt durch die Ruinen, wenn es nicht zu heiß ist. Bei Verleihen an den Unterkünften außerhalb kosten sie oft 50 Baht, am Historical Park 30 Baht. Die Fahrt von Neu- nach Alt-Sukhothai macht wenig Spaß, da die Straße stark befahren und langweilig ist.

### Feste

**Loi Krathong**, das große Lichterfest im November, soll hier seinen Ursprung haben und wird in Alt-Sukhothai 3 Tage lang besonders prächtig begangen, mit allabendlichem Feuerwerk, Umzügen, Theater und Freiluftkino auf einem riesigen Jahrmarkt zwischen den Ruinen.

### Informationen

**Tourist Information** in Neu-Sukhothai gegenüber der Shell-Tankstelle an der Straße nach Alt-Sukhothai, 200 Jarodvithi Thong Rd., ✆ 055-616 228-9. Hilfsbereite Mitarbeiterin mit guten Englischkenntnissen. Besser erreichbar sind die Schalter des **Tourist Assistance Center** am Busbahnhof sowie an der Brücke im Zentrum, ✆ 055-610 222, die sich mit der Tourist Information koordinieren. ⏲ 8.30–16.30 Uhr.

### Massagen

Sehr gute Massagen gibt es in Alt-Sukhothai in der **Schule** neben dem Museum und in Neu-Sukhothai im **Sukhothai Traditional Medicine Center**, Nikon Kasem Rd., ✆ 055-616 420, Massagen ab 250 Baht pro Std., ⏲ 8.30–18.30 Uhr.

### Motorräder

Viele Gästehäuser vermieten Motorräder für 150–200 Baht, Automatik 250–300 Baht. In Neu-Sukhothai werden neben der Chopper Bar und am Poo Restaurant Motorräder verliehen.

## NAHVERKEHR

### Busse

Alte, offene Busse fahren von der Bushaltestelle an der Hauptstraße in Neu-Sukhothai für 13 Baht zum Historical Park nach Alt-Sukhothai.

### Motorradtaxis

Im Stadtgebiet und zum Busbahnhof kosten sie 40–60 Baht, nach Alt-Sukhothai 250 Baht.

### Songthaew

Von der Bushaltestelle an der Hauptstraße, 300 m östlich der Brücke, oder vom Busbahnhof fahren sie von 6–18 Uhr in 20 Min. für 250 Baht (Charter-Preis) nach Alt-Sukhothai. Zurück bis spätestens 17.45 Uhr.

### Taxis

Es gibt keine regulären Taxis, aber über die Unterkunft organisierte Pkw mit Fahrer kosten nach Neu- bzw. Alt-Sukhothai 400 Baht, zum Flughafen 800 Baht, nach Phitsanulok 1500 Baht, Tagestouren ab 1800 Baht.

### Tuk Tuks

Fahrten im Stadtgebiet von Neu-Sukhothai kosten 50–100 Baht, nach Alt-Sukhothai 200–300 Baht. Eine 4-stündige Rundfahrt durch Alt-Sukhothai ist für 700–800 Baht zu haben.

## TRANSPORT

### Busse und Songthaew

Der **Busbahnhof**, ✆ 055-614 529, liegt in Neu-Sukhothai am H101, 1,5 km nördlich der Abzweigung nach Alt-Sukhothai gegenüber vom HomeMart, und ist mit lateinischen Buchstaben ausgeschildert. Wer Schlepper und Taxifahrer, die auf Provision spekulieren, umgehen will, nimmt ein Tuk Tuk oder Motorradtaxi. Pink-blaue Minibusse fahren ab Plattform 1 am Busbahnhof für 10 Baht bis 17 Uhr alle 10–15 Min. zum Markt. Sie halten entlang der Hauptstraße und bringen die Ankommenden zum Gästehaus ihrer Wahl; zurück am besten an der Brücke zusteigen.
Viele Unterkünfte bieten kostenlosen Abholservice, wenn man vorher anruft.
BANGKOK, 440/454 km, via AYUTTHAYA (5–6 Std.) ständig von 7.50–14.10 sowie um 17, 19.30 und 22.40 Uhr für 266–358 Baht, VIP um 9.35 und 20.30 Uhr für 397 Baht in 6–7 Std. Win Tour fährt zudem ab Alt-Sukhothai gegen 8.20, 12.30 und 21.40 Uhr und verkauft Bustickets am Schalter sowie im Vitoon Gh., ✆ 082-160 8725.
CHIANG MAI, via LAMPANG (154–220 Baht) bzw. ALT-SUKHOTHAI und TAK, ständig von 6.15–17.30 Uhr für 214–239 Baht, VIP um 1.30 Uhr für 393 Baht in 5 Std.

CHIANG RAI, via PHRAE (115 Baht) und PHAYAO (202 Baht), um 6.40, 9, 10.30 und 11.30 Uhr für 255 Baht in 9 Std.
KAMPHAENG PHET, 80 km, von 6–18 Uhr verkehren stdl. blaue Songthaew für 80 Baht, zudem mit den Bangkok-Bussen für 57–74 Baht.
KHON KAEN, um 8.30, 10, 11, 13, 14, 16, 0.45 und 1 Uhr für 244 Baht, VIP um 21, 22 und 24 Uhr für 357–413 Baht, in 7 Std.
MAE SOT, via TAK mit Minibussen um 9.15, 10.15, 13.15, 14.15 und 16.15 Uhr für 130 Baht, VIP um 2 und 4 Uhr für 200 Baht, in 3–4 Std.
NAKHON SAWAN, mit Bangkok-Bussen oder mit Minibussen um 7.30 und 12.30 Uhr für 171 Baht in 4 Std.
NAN, mit Chiang Rai-Bussen via PHRAE oder direkt um 15 Uhr für 193–202 Baht in 4–5 Std.
PHITSANULOK, 61 km, alle 30–60 Min. von 8–18.30 Uhr sowie mit einigen Bangkok-Bussen für 42 Baht in 1 Std. Morgens und nachmittags dauert die Fahrt länger, da viele Schulkinder zu- und aussteigen.
SAWANKHALOK, stdl. bis 18 Uhr für 30 Baht.
SI SATCHANALAI, zum KM 17,6 (53,3 km von Neu-Sukhothai), um 6.40, 8, 9, 10.50, 11.30, 12.30, 13.45, 16.10 und 17.10 Uhr für 49 Baht in 1–1 1/2 Std. Letzter Bus zurück um 16.30 Uhr.
TAK, etwa stdl. von 8–17 Uhr für 60–90 Baht in 1–1 1/2 Std.

### Flüge

Der preisgekrönte **Flughafen**, ✆ 055-647 224, liegt 20 km nördlich nahe Sawankhalok. Allein schon die luftige, offene Abfertigungshalle ist sehenswert. Die Abfertigung erinnert an die Rezeption eines 5-Sterne-Hotels. Der Transport zum Flughafen klappt mit Minibussen von **Sukhothai Travel Service**, 10–12 Singhawat Rd., ✆ 055-613 075, Abfahrt um 7 und 15 Uhr für 180 Baht. Mind. 1 Tag vorher buchen!
**Bangkok Airways**, ⌨ www.bangkokair.com. 2x tgl. nach BANGKOK (Suvarnabhumi Airport).

## Sawankhalok und Umgebung

Als Ayutthaya 1767 fiel, verließen die Menschen auch Sawankhalok, bis 1786 König Rama I. die Stadt an ihrem heutigen Ort neu besiedeln ließ.

Sawankhalok bezeichnet gemeinhin auch die für die Sukhothai-Periode typische, besonders harte **Keramik**. Als nach der Teilung des chinesischen Kaiserreichs unter der Ming-Dynastie im 15. Jh. die chinesischen Keramikexporte ausblieben, entwickelte sich Sukhothai zum Zentrum der Keramikindustrie.

In einem imposanten Gebäude stellt das **Sawan Voranayok National Museum** neben Informationen zur Stadtgeschichte und den früheren Handelsrouten auch Exemplare der einst von Japan bis nach Ägypten begehrten Keramik aus Si Satchanalai sowie die private Porzellansammlung eines Abtes aus. Im Obergeschoss werden Buddhastatuen aus verschiedenen Stilen und Epochen präsentiert und erklärt. Von der Hauptstraße (H101) durch den Ort geht es an der Gabelung Richtung Nordwesten 800 m die Kasemrat Road hinab, an der Post vorbei, über den Kanal und am Ende der Straße nach rechts. Nach 700 m liegt das Museum auf der linken Seite. ⊙ Mi–So außer feiertags 9–16 Uhr, Eintritt 50 Baht.

Auf dem parkähnlichen, weitläufigen **Flughafengelände** (dem H1195 auf der westlichen Flussseite 13 km nach Süden folgen; von Sukhothai kommend ausgeschildert) ist neben einem Tausende Arten umfassenden Orchideenhaus und einem Tierpark auch ein **Keramik- und Terrakottamuseum** entstanden. Die umfangreiche Privatsammlung von Bangkok Airways-Chef Puttipong Prasarttong-Osoth wird nach Stilen und Epochen sortiert in entsprechenden Gebäuden im chinesischen, Thai- und Kolonialstil ausgestellt. Nebenan steht ein neuer Tempel mit einer Buddhastatue. Am Teich mit vielen Vögeln nahe dem kleinen Terminal befinden sich Essensstände. Man kann zudem Weberei- und Töpferei-Demonstrationen beiwohnen.

🏛 Bangkok Airways als Betreiber und einziger Nutzer des Flughafens hat auch das **Organic Agricultural Project**, ✆ 055-647 290, 🖥 www.kaohomsukhothai.in.th/eng, finanziert. Auf 48 ha werden Obst, Salat und Gemüse sowie drei Reissorten, darunter eine schwarze und rote, ohne Einsatz von Pestiziden und Herbiziden angebaut. Besucher können in einem kleinen Laden ein Reisgrasgetränk, Eiscreme, Reis und andere Produkte kaufen. Eine Ausstellung zum

Reisanbau mit englischen Erläuterungen kann besucht werden. ⊙ Do–Di 8–17 Uhr.

## TRANSPORT

**Busse** nach SUKHOTHAI, 36 km, 30 Baht, und SI SATCHANALAI, 20 Baht. Von Sukhothai mit allen Bussen Richtung Uttaradit und Chiang Rai. Zum **Flughafen** auch ab Sukhothai mit **Minibussen**, S. 319

# Si Satchanalai und Umgebung

Sukhothai ist ein guter Ausgangspunkt für den Besuch des landschaftlich schönen Si Satchanalai, etwa 55 km nördlich. In der 11 km von der heutigen Ortschaft gelegenen Zwillingsstadt residierten vom 14.–16. Jh. zeitweilig die Könige. Als die Hauptstadt des Thai-Reiches nach Ayutthaya verlegt wurde, verlor auch Si Satchanalai an Bedeutung.

Wer mit dem Bus kommt, kann am rosafarbenen Eingangstor am KM 16,5 des H101 aussteigen und über die Brücke laufen, ansonsten geht es am KM 17,5 nach links und an der Kreuzung hinter der Brücke 800 m nach Süden. An der Bushaltestelle an der Hauptstraße können Fahrräder gemietet werden.

Eintritt in beide Museen und den Historical Park jeweils 100 Baht, Kombiticket 220 Baht. An den Haupteingängen zu den Ruinen zeigen Tafeln auf Schaubildern, wie die Tempel einmal ausgesehen haben.

## Wat Mahathat und Wat Chom Choen

In einer Schleife des Yom-Flusses liegt das **Wat Phra Si Rattana Mahathat Chaliang**, das im 13. Jh. errichtet wurde. Die Mauer aus riesigen, verwitterten Lateritblöcken ließ König Ramkhamhaeng rings um den Tempelbezirk errichten. Durch die niedrigen Eingänge, die Brahmaköpfe zieren, fällt der Blick auf die Säulen des ehemaligen Viharn. Im Hintergrund erhebt sich der zentrale Prang aus dem 15. Jh., vor dem eine große Buddhafigur im Sukhothai-Stil sitzt und dessen steile Treppen man hinaufsteigen kann. Links vom zentralen Buddha befindet sich das Original des schreitenden Buddhas, dessen Kopie

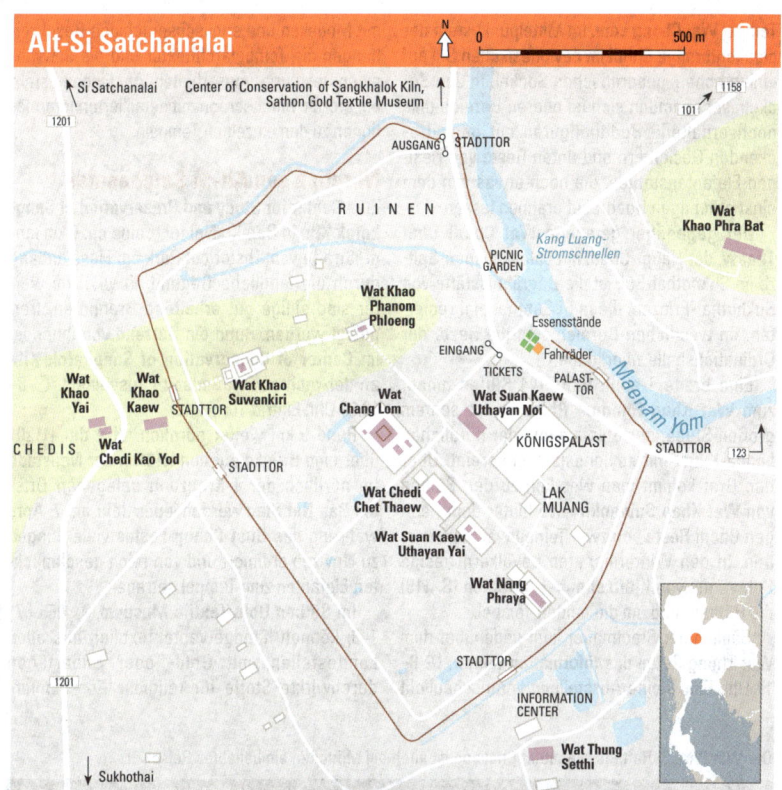

Map labels:

↖ Si Satchanalai

Center of Conservation of Sangkhalok Kiln, Sathon Gold Textile Museum ↑

1201

1158

101

AUSGANG / STADTTOR

R U I N E N

Wat Khao Phra Bat

PICNIC GARDEN

*Kang Luang-Stromschnellen*

Wat Khao Phanom Phloeng

Essensstände

EINGANG

Fahrräder

TICKETS

PALAST-TOR

Wat Khao Yai

Wat Khao Kaew

Wat Khao Suwankiri

STADTTOR

Wat Chang Lom

Wat Suan Kaew Uthayan Noi

*Maenam Yom*

C H E D I S

Wat Chedi Kao Yod

STADTTOR

KÖNIGSPALAST

STADTTOR

123

Wat Chedi Chet Thaew

LAK MUANG

Wat Suan Kaew Uthayan Yai

Wat Nang Phraya

1201

STADTTOR

INFORMATION CENTER

Wat Thung Setthi

↓ Sukhothai

---

im Museum von Alt-Sukhothai ausgestellt ist. ⊕ 8–17 Uhr, Eintritt 20 Baht.

Das angrenzende **Wat Chom Choen** ist eine im Khmer-Stil erbaute und im ceylonesischen Stil umgestaltete Tempelanlage aus dem 13. Jh. mit einem rund 300 Jahre jüngeren Prang. Direkt über der Ausgrabungsstätte wurde ein kleines **Archäologisches Museum** errichtet. In verschiedenen Tiefen sind Skelette und Keramikfunde, die bis ins 4. Jh. zurückdatieren, teils an ihrem originalen Fundort zu sehen. An den Wänden hängen Fotos von den Ausgrabungsarbeiten. ⊕ 8–16.30 Uhr, Eintritt 100 Baht.

## Alt-Si Satchanalai

Etwa 1,5 km weiter nördlich erstreckt sich der mit 45 km² weitläufige **Historical Park**, für den

ein eigenes Fahrzeug von Nutzen ist. Kaum andere Touristen finden den Weg hierher, sodass man sich bei einem Besuch wie Indiana Jones auf Entdeckungsreise fühlen kann. Im Park kann es sehr heiß werden, also Wasser nicht vergessen! ⊕ 8–17 Uhr, Eintritt 100 Baht, Auto 50 Baht, Fahrrad 10 Baht. Gegenüber dem Haupteingang werden Fahrräder für 20 Baht pro Tag vermietet.

Die Stadtgründung aus der ersten Hälfte des 13. Jhs. war durch den Yom-Fluss im Nordosten sowie durch 7 m hohe und 1,5 m breite Lateritmauern geschützt. Bei Restaurierungsarbeiten wurden 39 Monumente innerhalb und 75 weitere außerhalb der Stadtmauer freigelegt.

Links liegen die Ruinen des **Königspalastes**, dahinter die restaurierten, zentralen Tempel. Eine Mauer, durch die vier Tore führen, umgibt den

Tempel **Wat Chang Lom**. Im Mittelpunkt steht der glockenförmige Chedi im ceylonesischen Stil auf einem hohen, quadratischen Sockel. In den Sockelnischen finden sich im oberen Bereich teils noch erhaltene Buddhafiguren mit beeindruckenden Gesichtern und unten Reste von riesigen Elefantenstatuen, die noch etwas von dem einst prächtigen Hochrelief erahnen lassen.

Der gegenüber gelegene **Wat Chedi Chet Thaew**, der Haupt-Chedi mit Lotosknospen-Spitze im Sukhothai-Stil, ist die Begräbnisstätte von Sukhothai-Prinzen, die in Si Satchanalai regierten. Im westlichen Bereich sind die Reste der Ordinationshalle zu erkennen.

Eine breite Treppe führt 144 Stufen hinauf zum **Wat Khao Phanom Phloeng** mit seinem großen Stupa, der Stilelemente der nördlichen Lanna-Kunst mit ceylonesischen vereint. Über den Grat kommt man westlich zu den Ruinen von **Wat Khao Suwankiri**, wo hinter dem riesigen Chedi Reste von zwei Tempelwächtern stehen. In den Wintermonaten bevölkern riesige Schwärme von **Klaffschnabel-Störchen** (S. 110) die Bäume rund um die beiden Tempel.

Südlich der Stadtmauer liegt gegenüber dem Wat Thung Setthi das **Information Center**, ⏲ 8–17 Uhr. Eine kleine Ausstellung veranschaulicht mit Modellen und englischsprachigen Beschreibungen die Tempelarchitektur und die aufwendigen Restaurierungsarbeiten. Am Eingang steht ein großer Touchscreen mit detaillierten Informationen zu den einzelnen Tempeln.

## Nördlich von Alt-Si Satchanalai

Zum **Center for Study and Preservation of Sangkalok Kiln** in Ban Ko Noi führt eine ca. 5 km lange Straße vom Historical Park am Fluss entlang durch die ländliche Gegend. Etwa 1 km weiter sind einige gut erhaltene Brennöfen, freigelegt worden. Rund ein Dutzend von ihnen ist im **Center of Conservation of Sangkalok Kiln** an der rechten Straßenseite ausgestellt. ⏲ 8–16.30 Uhr, Eintritt 100 Baht.

Rund 5 km weiter nördlich führt die H1201 über eine Brücke auf den H101 in der Neustadt. Im nördlich der T-Kreuzung gelegenen Ortsteil **Ban Hat Sieo** werden jedes Jahr am 7. April während des **Buat Chang-Festes** viele Jungen zu Novizen ordiniert und von reich geschmückten Elefanten zum Tempel getragen.

Im **Sathon Gold Textile Museum**, ✆ 055-671 143, können handgewebte Textilien aus allen Landesteilen, mit Gold- oder Silberfäden durchwirkte Stoffe für religiöse Zeremonien,

Der Wat Phra Si Rattana Mahathat Chaliang ist auch bei Mönchen ein beliebtes Reiseziel.

© UYEN NGUYEN

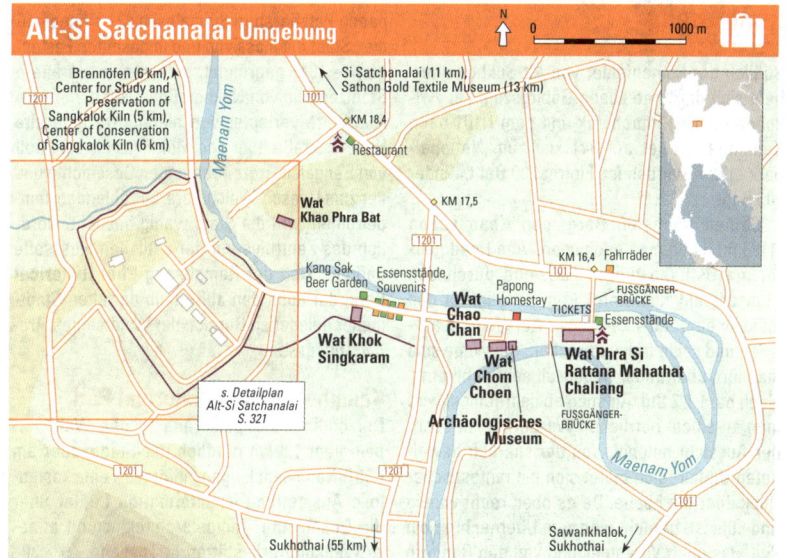

s. Detailplan
Alt-Si Satchanalai
S. 321

Auf der Karte sichtbare Beschriftungen:

Alt-Si Satchanalai **Umgebung**

N  0  1000 m

Brennöfen (6 km),
Center for Study and
Preservation of
Sangkalok Kiln (5 km),
Center of Conservation
of Sangkalok Kiln (6 km)

Maenam Yom

Si Satchanalai (11 km),
Sathon Gold Textile Museum (13 km)

KM 18,4

Restaurant

Wat
Khao Phra Bat

KM 17,5

Kang Sak
Beer Garden

Essensstände,
Souvenirs

Papong
Homestay

KM 16,4  Fahrräder

FUSSGÄNGER-
BRÜCKE

TICKETS

Essensstände

Wat
Chao
Chan

Wat Khok
Singkaram

Wat
Chom
Choen

Wat Phra Si
Rattana Mahathat
Chaliang

Archäologisches
Museum

FUSSGÄNGER-
BRÜCKE

Maenam Yom

Sukhothai (55 km)

Sawankhalok,
Sukhothai

ZENTRAL-THAILAND

---

Ikat-Arbeiten aus dem Nordosten und bis zu 200 Jahre alte, feine Baumwollarbeiten bewundert werden. Noch immer werden im Ort auf Handwebstühlen Baumwoll- und Seidenstoffe nach überlieferten Mustern gefertigt und im Shop vor dem Museum verkauft. Das Museum befindet sich am nördlichen Ortsausgang der Neustadt am KM 29,2 des H101, 500 m vor der Abzweigung des H102 nach Uttaradit.

### ÜBERNACHTUNG UND ESSEN

**Papong Homestay,** nahe dem Archäologischen Museum, ✆ 055-631 557, 087-313 4782. Die Englisch sprechende Besitzerin vermietet in ihrem Privathaus 2 gut ausgestattete Zimmer mit 1 bzw. 2 Betten mit harten Matratzen. Kaffee, Tee und Toast inkl. Auf Bänken vor dem Haus sitzend kann man das geruhsame Dorfleben genießen. ➋
Preiswerte **Getränke- und Essensstände** finden sich am Parkplatz vor dem Eingang zum Historical Park, entlang der Straße zum und neben dem **Wat Phra Si Rattana Mahathat Chaliang**. **Kang Sak Beer Garden,** gegenüber vom Wat Khok Singkaram. Hinter dem Garten ist eine

schöne Flussterrasse mit rustikalen Möbeln im Garten und in den Salas. Reisegruppen essen hier zu Mittag Thai-Gerichte für 60–120 Baht. ⏱ 8.30–15 Uhr.

### EINKAUFEN

In örtlichen Manufakturen wird **Keramik** im Sawankhalok-Stil gebrannt und in Souvenirläden an der Straße und an Ständen vor dem **Wat Phra Si Rattana Mahathat Chaliang** verkauft. Außerdem werden traditionelle Stoffe und andere **Textilien** sowie OTOP-Produkte aus den umliegenden Dörfern angeboten.

### TRANSPORT

Ab NEU-SUKHOTHAI, 53 km, verkehren bis 18 Uhr stdl. **Busse** für 50 Baht in 1 Std. An der Abzweigung zum Historical Park am KM 17,6 aussteigen. Der letzte Bus zurück sollte gegen 16.30 Uhr an der Straße herangewinkt werden. Eventuell muss man in Sawankhalok umsteigen. Ausflüge mit **Pkw oder Motorrollern** mit einer geruhsamen Fahrt über die Landstraßen H1195 und H1201 sind die angenehmere Alternative.

# Khao Luang

Südlich der Ruinenfelder von Alt-Sukhothai erhebt sich der Khao Luang-Gebirgszug, der zwischen dem H12 nach Tak und dem H101 nach Kamphaeng Phet auf 341 km² zum Nationalpark erklärt worden ist. Eintritt 200 Baht, Kinder 100 Baht.

Seinen höchsten Berg, den **Khao Luang** (1185 m), kann man erklimmen. Vom Headquarter am Osthang führen Fußwege durch den Monsunwald zum Gipfel. Man benötigt für den mühsamen, rund 4 km langen Aufstieg etwa 3–4 Std. und sollte früh aufbrechen. Die Wege sind markiert, aber in der Regenzeit sehr schlüpfrig. Nach ca. 1 1/2 Std. Aufstieg ab dem Tempel wird man an einem herrlichen Wasserfall mit schöner Aussicht belohnt. Von der spärlich bewaldeten Gipfelregion bietet sich ein fantastischer Blick über die Ebene. Da es oben recht windig und kühl ist, braucht man zum Übernachten ein Zelt, das nach Voranmeldung von den Rangern aufgebaut wird. An Mückenschutz denken!

Am Headquarter werden vier 2–3 Zimmer umfassende **Bungalows** für bis zu 7 Pers., ❹–❺, und Zelte vermietet. Reservierungen über ✆ 055-619 200, 🖥 www.dnp.go.th/parkreserve.

Für die 35 km ab Neu-Sukhothai zum Park benötigt man ein Fahrzeug. Unterkünfte organisieren den Transport. Zuerst 20 km auf dem H101 Richtung Kamphaeng Phet bis Khiri Mat fahren, wo beim KM 414 rechts der H1319 etwa 16 km zum Park führt.

Zum **Sai Rung-Wasserfall**, der aus 100 m Höhe über mehrere Stufen der Berg herabfließt, zweigt bei 37,7 km der H3019 vom H101 ab. Nach 9,8 km geht es hinter Ban Nam Phu nach rechts (4 km). In der Trockenzeit kann das Wasser zu einem Rinnsal verkommen.

# Kamphaeng Phet

Kamphaeng Phet (gesprochen Kamm-päng Pätt) ist eine historisch interessante, freundliche Provinzstadt mit 63 000 Einwohnern. Die Siedlungsgeschichte der Gegend reicht bis in die Dvaravati-Zeit zurück. Als westliche Garnisons- und Grenzstadt des Sukhothai-Reiches wurde „Kam-

paeng Petcharaburi Sirimalasana" – sinngemäß die „Stadt mit massiven und imposanten Festungen" – 1347 gegründet, indem man das ältere Stadtzentrum von Nakhon Chum auf die andere Flussseite verlegte. Von hier führte eine alte Handelsstraße über den Moi-Fluss bis zum Golf von Bengalen. Trotz ihrer langen Geschichte und der zum Unesco-Weltkulturerbe zählenden Tempelruinen wird die Stadt wenig besucht. Nördlich des Zentrums auf der östlichen Flussseite befindet sich der **Kamphaeng Phet Historical Park**, der auch den außerhalb der alten Stadtmauer gelegenen Bereich der Waldtempel *(Aranyik)* umfasst.

## Kamphaeng Phet Historical Park

Der östliche Haupteingang zu den Waldtempeln liegt 1,8 km nördlich der Stadtmauer am H101. Nahe dem Eingang informiert eine kostenlose **Ausstellung** im **Information Center** über die Geschichte, Tempelarchitektur und andere Weltkulturerbestätten in Thailand, ⏰ 8.30–16.30 Uhr, WLAN kostenlos. Achtung: Vom Zentrum kommend liegt der südliche Eingang näher. An beiden Eingängen werden Fahrräder für 30 Baht und Mountainbikes für 50 Baht angeboten, ein ideales Fortbewegungsmittel, um den Geschichtspark zu erkunden. Nach Voranmeldung unter ✆ 055-854 736-7 kann auch ein Golfbuggy für 200 Baht pro Std. gemietet werden. Für alle Tempel des Historical Park gilt Eingang ⏰ 8–16 Uhr, Eintritt einmalig 100 Baht, Auto 50 Baht, Motorrad 20 Baht, Fahrrad 10 Baht.

Eine breite Straße führt durch Monsunwald zu den Ruinen der Haupttempel, die von Bougainvilleen umgeben sind. Auf schmalen Straßen gelangt man zu kleineren Ruinen. Viel ist von der Vegetation überwuchert – eine fantastische Atmosphäre. Wie auch in Sukhothai verlinken QR-Codes stellenweise Web-Inhalte mit Text und Sprache zu den jeweiligen Objekten, eine hochqualitative Audioführung oder gar schnelles WLAN (Login-Daten im Information Center) sollte man jedoch nicht erwarten.

Von dem auf dem höchsten Punkt errichteten **Wat Chang Rop** ist bis auf den Unterbau des einst glockenförmigen Chedi wenig erhalten geblieben. Er war ringsherum mit 68 stuckverkleideten Elefantenstatuen aus Laterit dekoriert.

Etwa ein Dutzend kann man noch bewundern, die anderen sind unvollständig. Auf dem Weg nach Süden erreicht man **Wat Singha** mit einem großen, sitzenden Buddha.

Im **Wat Phra Si Ariyabot** stand auf dem Unterbau früher ein großer Viharn. An dem viereckigen Mondhop im Hintergrund waren vier Buddhastatuen in verschiedenen Positionen aufgestellt. Wer die Anlage umrundet, kann an der südlichen Wand einen gut erhaltenen stehenden Buddha sehen. Die hohen Lateritwände und -säulen des **Wat Phra Non** und die Basis des **Wat Pha Meud** sind gut erhalten.

Am nördlichen Ortseingang der Stadt liegt innerhalb der Stadtbefestigung, die aus einer 5,3 km langen Mauer und einem 30 m breiten Graben besteht, ein zweiter Bereich mit Tempeln. Am besten ist die alte Stadtmauer im nordwestlichen Bereich erhalten. Der H101 verläuft mitten durch das alte Zentrum am **Lak Muang**, dem Schrein für den Schutzgeist der Stadt, vorbei – viele Thais erweisen ihm mit der Autohupe und einem *Wai* im Vorbeifahren die Ehre. ⏰ 7–17 Uhr.

Schon von der Straße aus kann man die großen Buddhastatuen des restaurierten **Wat Phra Kaeo** erkennen. Im hinteren, glockenförmigen Chedi soll früher der Smaragd-Buddha, der heute im Wat Phra Kaeo von Bangkok steht, auf einem mit Löwenfiguren verzierten Unterbau aufbewahrt worden sein. Zudem sind die Füße einer großen Buddhastatue zu sehen, die etwa 9 m hoch gewesen sein muss.

## Nationalmuseum und Provinzmuseum

Der Schwerpunkt im 2014 teilrenovierten, sehr guten **Nationalmuseum**, ✆ 055-711 570, liegt auf der Blütezeit der Stadt im 14. und 15. Jh. Außen stehen zwei schöne originale Stuckelefanten vom Wat Chang Rob und eine Löwenstatue sowie die Reste alter Wats. Im 1. Stock befinden sich überwiegend Skulpturen aus Kamphaeng Phet, im Erdgeschoss weitere Kunstwerke, vor allem Werke der Mon. ⏰ Mi–So 9–16 Uhr, Eintritt 100 Baht.

Das vernachlässigte **Provinzmuseum** mit lokalem Kunsthandwerk nebenan ist wegen Renovierung geschlossen. Der **Shiva-Schrein** dahinter wurde 1510 während der Ayutthaya-Periode errichtet; die große Bronzeskulptur steht im Nationalmuseum nebenan.

## Stadtzentrum

Südwestlich des Museums konzentrieren sich am zentralen Kreisverkehr zahlreiche Geschäfte. Weiter südlich erstreckt sich parallel zum Fluss die weitläufige Stadt. Im kleinen **Wat Thep Moli** steht in einer offenen Halle ein großer Buddha. Westlich davon führt die Tesa Road an einem großen Park mit Freiluftbühne und Spielplätzen vorbei. Am Abend bauen Masseurinnen ihre Liegen am Ufer gegenüber dem Park auf. Wer sich die müden Füße für 120 Baht pro Std. massieren lässt, kann anschließend den großen **Nachtmarkt** besuchen. Weiter im Osten befindet sich hinter dem **Obst- und Gemüsemarkt** die geschäftige **Chinatown**.

## Nakhon Chum

Im Westen führt eine große Brücke über den Ping-Fluss nach **Nakhon Chum**. In der Gegend rings um das **Wat Phra Boromathat** hinter der Schule und den Mönchsquartieren gab es bereits vor der Gründung Kamphaeng Phets eine Befestigungsanlage. An der großen Ausfallstraße nach Westen zum H101 stehen rekonstruierte Reste des **Thung Seethi Forts**. Vorbei am Wat Phra Boromathat gelangt man auf die Einkaufsstraße, in der noch alte Holzhäuser stehen.

### ÜBERNACHTUNG

**Chakungrao Riverview Hotel** ②, 149 Tesa 1 Rd., ✆ 055-714 900–4, 🖥 www.chakungraoriveview. com. Hotelblock mit muffigen Flurteppichen und 100 alten Zimmern, die jedoch komfortabel mit Kühlschrank, dicken Matratzen, TV, kleinem Balkon und Holzboden eingerichtet sind. Restaurant und Spa. Freundlicher, aber wenig professioneller Service. Frühstück inkl. ❺

**Green Park Hotel** ④, 596 Ratchadamnoen Rd., 1 km südlich des Zentrums, ✆ 0556-716 111, 🖥 auf Facebook. Zurückversetzt hinter einem großen Parkplatz liegen 3-stöckige Gebäude mit 110 schmäßig eingerichteten Zimmern mit AC, LCD-TV, guten Matratzen und teils unverputzten Betonwänden; nicht immer pieksauber, aber preisgünstig. Fahrräder inkl. ❷

**Navarat Heritage Hotel** ③, 2 Soi 21, Tesa 1 Rd., ✆ 055-711 211, 🖥 www.navaratheritage.com. 5-stöckiges, gepflegtes Haus nahe dem Fluss im

Süden der Stadt. Im Vergleich zu den billigen, abgewohnten Zimmern lohnt der Aufpreis für die modernen Zimmer mit LCD-TV, Kühlschrank und teils Aussicht definitiv. Terrasse mit Hollywoodschaukel, Fitnessraum und Fahrradverleih. Frühstück inkl. ❸–❺

**Three J. Gh.** ①, 79 Ratchavitee Rd., ✆ 055-713 129, 081-887 4189, 💻 www.threejguesthouse.com. In einem ruhigen Wohngebiet stehen Bungalows im liebevoll mit allerlei Kuriositäten ausgestatteten Garten hinter dem Haupthaus. Saubere, einfache Zimmer, die billigen mit Gemeinschafts-Du/WC, die teuren mit AC. Rustikale Sitzecken im Garten und Aufenthaltsraum mit TV und Internet-PC. Vermietung von Motorrädern (200 Baht pro Tag) und Fahrrädern (50 Baht pro Tag). Touren. Abholung vom Busbahnhof nach Voranmeldung für 50 Baht. ❶–❷

Der sehr nette Khun Charin und seine Frau vermieten zudem im **Klong Moddaeng Garden Homestay**, 39 km südwestlich von Kamphaeng Phet, 8 kleine und 2 große Häuser auf einem großen Grundstück, das auch als Bio-Obst- und Gemüsefarm genutzt wird. Herrlicher Blick auf den Moddaeng-Stausee, wo man fischen, schwimmen und Boot fahren kann. 2 T/1 N ab 2000 Baht p. P. bei mind. 2 Pers. inkl. Verpflegung, Transport, Touren und Aktivitäten.

## ESSEN

Der große **Nachtmarkt** ist die beste Adresse am Abend und von 19–20 Uhr gut besucht. Einige Stände verkaufen Essen zum Mitnehmen, andere haben Tische und Stühle. Speisekarten sind oft nur auf Thai, sodass man am besten etwas aus den Auslagen auswählt, auf ein Gericht deutet oder sich von jemandem, der Englisch spricht, oder von unserem kulinarischen Wörterbuch (S. 55) helfen lässt. Die südwestliche Ecke des Marktes beherbergt **Gartenrestaurants** mit Bier und Isaan-Küche.

Wer einen Nachtbus nimmt, kann sich gegenüber vom Busbahnhof am **K-Night Market** versorgen.

Am H115 Richtung Osten liegt ein Big C, wo man sich bei **S&P** und kleineren Restaurants stärken kann. 🕒 9–23 Uhr.

15 km südlich der Stadt erstreckt sich am H1 ein großer **Bananenmarkt** mit der regionalen Spezialität: kleine, ovale *kluai khai*, Eierbananen. Ihnen zu Ehren findet zum Vollmond Ende Sep/Anfang Okt ein Volksfest statt.

**I'm Bakery & Beverage**, Ratchdamnoen Rd., hinter dem Chakungrao Riverview Hotel. Im klimatisierten Café im spitzen Winkel an der Soi 13 werden Kuchen, Säfte, Smoothies, Eiscreme und natürlich guter Kaffee angeboten. 🕒 11–22 Uhr.

**View Suay**, am Fluss am nördlichen Ende der Uferstraße. Das große, offene Restaurant mit Livemusik ab 19 Uhr liegt schön am Fluss. Die englische Karte ist recht teuer, die Thai-Karte soll preiswerter sein. 🕒 10.30–24 Uhr.

## NAHVERKEHR

Die Stadt ist nur dünn mit öffentlichen Verkehrsmitteln bestückt. **Samlor** kosten bis 100 Baht. Zudem verkehren grüne und rote **Songthaew** für 20 Baht.

## TRANSPORT

Der **Busbahnhof**, ✆ 055-798 136, liegt 1,5 km westlich der Stadt. Songthaew für 20 Baht pendeln zum Kreisverkehr. Wer von Sukhothai kommt, kann bereits am Eingang zum Historical Park aussteigen oder sich am Kreisverkehr vor der Brücke absetzen lassen.

BANGKOK, 358 km, via AYUTTHAYA (4–5 Std.) stdl. von 8–1 Uhr für 220–295 Baht, VIP um 13 Uhr für 330 Baht, in 5–6 Std.

KLONG LAN (Klong Lan National Park), mit orange-gelben Songthaew für 50 Baht.

CHIANG MAI, um 9, 11, 13, 16.30, 18.30, 20, 21, 23 und 1 Uhr für 218–301 Baht, VIP um 14.30 für 328 Baht, in 5 Std.

MAE SOT, mit Bussen oder Minibussen stdl. von 8–16 Uhr für 140 Baht in 2 1/2 Std.

NAKHON SAWAN, mit Bangkok-Bussen für 83–106 Baht oder mit Minibussen um 7.30, 8, 9, 10, 11, 14, 15, 16 und 18 Uhr für 93 Baht in 2 Std.

PHITSANULOK, stdl. von 5–18 Uhr ohne/mit AC für 59/83 Baht in 3 Std.

SUKHOTHAI, 80 km, blaue Songthaew bis 11 Uhr für 80 Baht. Busse um 11, 12, stdl. von

# Kamphaeng Phet

N

0           1000 m

**Wat Chang Rop**

Sukhothai

EINGANG

**Wat Singha**
**Wat Phra Si Iriyabot**
**Wat Kong Chai**
**Wat Phra Non**

H101

**Aranyik**

**Wat Pha Meud**

EINGANG

■ **ÜBERNACHTUNG**
1 Three J. Gh.
2 Chakungrao Riverview Hotel
3 Navarat Heritage Hotel
4 Green Park Hotel

■ **ESSEN**
1 View Suay
2 K-Night Market
3 I'm Bakery & Beverage
4 Timber Pub
5 Gartenrestaurants

■ **TRANSPORT**
1 Fahrräder
2 Samlor
3 Busbahnhof

**ZENTRAL-THAILAND**

STADTMAUER

STADTMAUER

**Lak Muang**

**Wat Phra Kaeo**

Tesa Rd

**Wat Phra That**

Pin Damri Rd

POLIZEI

**Nationalmuseum**

**Provinzmuseum**

**Shiva-Schrein**

RATHAUS

1

UHRTURM

2

Soi 1

Chakungrao Rd

Vijit Rd

**Wat Phra Boromathat**

Nakhon Chum,
Wat Sawang Arom

**Maenam Ping**

SCHWIMMBAD

Tesa 1 Rd

Soi 2

Soi 3

Wichit Soi 1

**Wat Thep Moli**

**Wat Khu Yang**

Wungkang Rd

1

Thung Seethi Fort,
2 , 3 1

Soi 4

Ratchadamnoen Rd

Soi 5

Vijit 2 Rd

Soi 9

*Sirijit-Park*

Soi 11

Soi 7

2

3

Vijit 2 Soi 1

Vijit 2 Soi 2

Charoensuk Rd

**OBST- UND GEMÜSE-MARKT**

4

Soi 8

Big C,
Phichit

115

Bumrungrat Rd

NACHT-

MARKT

Soi 17

Soi 9

Soi 19

Soi 10

5

Soi 21

3

4 (1 km)

13.30–17.30 sowie um 22, 1, 2, 3 und 4 Uhr für 57–74 Baht.
TAK, alle 30–60 Min. mit Chiang Mai-Bussen für 45–69 Baht oder Songthaew von 7–13 Uhr für 60 Baht in 1 Std.

## Klong Lan National Park

12 km südlich von Kamphaeng Phet zweigt vom H1 der H1117 Richtung Westen nach Ban Klong Lan (57 km) ab. Von dort sind es 5 km zum Eingang des Nationalparks und 1 km zum Headquarter. Eine andere Route verläuft weiter südlich über den H1242.

Vom Headquarter, ✆ 055-766 022, 🖥 www. dnp.go.th/parkreserve, ist nach 300 m der sehenswerte **Klong Lan-Wasserfall** erreicht, der eine 95 m hohe Steilwand herabstürzt. Gegenüber vom Headquarter beginnt jenseits des Baches ein 500 m langer Wanderweg, der am Hang entlang durch den Wald zum Wasserfall führt. Übernachtung in neun Bungalows oberhalb des Parkplatzes nahe dem Wasserfall am Hang, Camping am Bach, ❷. Die Essens- und Getränkestände am Headquarter sind bis 18 Uhr geöffnet. Eintritt 200 Baht.

In der Gegend leben zahlreiche Hmong, Yao und Karen, die an der Zufahrtsstraße Souvenirs und lokale Produkte verkaufen. Längere Wanderungen mit Camping sind möglich, z. B. 3 Tage/2 Nächte auf einem 17 km langen Trail zu Wasserfällen und Dörfern der Bergbewohner.

**Songthaew** fahren von Kamphaeng Phet für 50 Baht zum 57 km entfernten Markt in Ban Klong Lan. Für die folgenden 6 km kann man nur auf eine Mitfahrgelegenheit hoffen oder sich ein **Motorradtaxi** für 40 Baht nehmen.

## Tak

Als das Ayutthaya-Reich seine weiteste Ausdehnung erreicht hatte, war Tak (gesprochen Taag) eine der nördlichen Grenzstädte zu dem unter birmanischer Herrschaft stehenden Lanna-Reich. Die ehemalige Garnisonsstadt an den Ufern des Ping-Flusses hat sich zu einem bedeutenden Verkehrsknotenpunkt entwickelt. Viele Reisende legen hier auf dem Weg nach Norden einen Zwischenstopp ein, aber nur wenige bleiben länger.

Hier wurde 1734 Taksin geboren, der nach der Zerstörung Ayutthayas zum König gekrönt wurde. Ihrem berühmten Helden hat seine Heimatstadt ein Denkmal errichtet, das **Sala Taksin Maharat**. Dem im chinesischen Jahr des Pferdes geborenen König werden Statuen seines Tierkreiszeichens in allen Größen dargebracht, die wie eine wilde Mustangherde den Schrein umrunden.

Nur wenig weiter westlich steht das **Wat Bot Mani Si Bunruang**, das 1859 ganz aus Teak erbaut wurde und dessen Bot mit Wandmalereien geschmückt ist.

Etwas Lokalkolorit vermittelt ein Spaziergang durch die von Chinesen geprägte **Ban Chean Alley** im südlichen Zentrum, wo noch einige alte Teakhäuser stehen; das an Garküchen zubereitete *pad thai* soll hier besonders gut sein.

🏨 **Soho Boutiquehotel** ①, 31 Mahadthai Bamrung Rd., ✆ 055-513 123, 🖥 www. sohohotel-tak.com. Neueres, modernes Hotel mit Parkplatz im Zentrum. Die 79 komfortablen Zimmer mit AC, guten Matratzen und individuellen Wanddesigns sind die beste Wahl für einen Aufenthalt, allerdings lohnt der Aufpreis für die teureren Zimmer (die mitunter etwas kitschig gestaltet sind) kaum. Frühstück und Fahrräder inkl. ❸–❺
**Suansin Lanna Hotel** ②, 8/7 Phaholyothin Rd., ✆ 055-893 333, 🖥 www.suansin.com. Etwas außerhalb am H104 nahe der Abzweigung des H1 gelegen. Hotel in 2 großen Häusern mit Restaurant, Parkplatz und 118 kleinen, sauberen Mittelklassezimmern mit AC, teils LCD-TV und Kühlschrank. Günstige Alternative für Motorisierte, allerdings spricht niemand Englisch. ❷

Auf dem schönen Nachtmarkt südlich der Fußgängerbrücke zwischen der Uferpromenade und der Chumphon Rd. wird von 17–22 Uhr an Essensständen preiswertes und gutes Essen zubereitet. Jenseits der nördlichen Brücke für Fahrzeuge findet am Wochenende ab 17 Uhr der Nachtmarkt **Kad Nan Yong Khlong Yam** statt, für den die Uferstraße gesperrt wird. Eine lokale Spezialität sind *miang kam*, die hier *miang chumphon* heißen (Kasten S. 243). Weitere **Essensstände** liegen an der Abzweigung des H1 sowie am Busbahnhof.

Ansonsten bietet sich die große **Terrasse des Viang Tak Riverside Hotels** für ein kühles Bier und einen Snack an.

Weitere Snacks und Lebensmittel bekommt man im **Tesco Lotus** und **Big C**, s. Karte, Letzteres mit Food Court, M.K. und KFC.

## SONSTIGES

**TAT-Büro**, am H12 westlich der Kreuzung mit dem H1, ☎ 055-514 341–4, ✉ tattak@tat.or.th. Die Mitarbeiter sprechen kaum Englisch, aber es gibt eine Broschüre mit Sehenswürdigkeiten und Fahrradrouten in der Stadt sowie Zielen in der Umgebung. ◷ 8.30–16.30 Uhr.

## TRANSPORT

Der **Busbahnhof**, ☎ 055–511 057, an der Straße nach Sukhothai ist eine wichtige Umsteigestation. Ins Zentrum geht es mit dem Motorradtaxi für 40 Baht, per Taxi nach Sukhothai für 1200 Baht.

BANGKOK, 420 km, via AYUTTHAYA (5 Std.), ständig von 8.30–1 Uhr für 328 Baht, VIP um 13 Uhr für 510 Baht, in 6–7 Std.

CHIANG MAI, via LAMPANG (126–162 Baht, VIP 260 Baht, 2 1/2 Std.), alle 30 Min. von 7.30–20 Uhr für 236 Baht, VIP um 15 Uhr für 367 Baht, in 3 1/2–4 Std.

CHIANG RAI, um 12, 13, 15, 16, 17 und 19 Uhr für 258–346 Baht in 6 Std.

KAMPHAENG PHET, alle 30–60 Min. mit Bussen oder Songthaew von 6.30–1 Uhr für 45–69 Baht.

ZENTRAL-THAILAND

MAE SOT, um 12, 15 und 17 Uhr für 78–122 Baht, nicht-klimatisierte Busse und Minibusse alle 30–60 Min. von 6–20 Uhr für 78 Baht in 1 1/2 Std., die Minibusse fahren weiter bis zur Grenze in Rim Moei.

PHITSANULOK, alle 30 Min. von 6–22.30 Uhr für 90–145 Baht in 2–2 1/2 Std.

SUKHOTHAI, mit Phitsanulok-Bussen für 60–90 Baht in 1–1 1/2 Std.

# An der Grenze zu Myanmar

Das Bergland im Westen ist wesentlich dünner besiedelt als die Tiefebene und sehr ländlich geprägt. Die Landschaft ist trockener und rauer, kleinere Nationalparks und die große Thung Yai Naresuan Wildlife Sanctuary schützen die verbliebenen Wälder. Nur wenige Besucher unternehmen einen Abstecher nach Mae Sot oder gar nach Umphang. Spannend ist eine Fahrt nach Norden von Mae Sot Richtung Mae Sariang entlang der Grenze.

## Von Tak nach Mae Sot

Auf dem Asian Highway AH1 bzw. H12, s. eXTra [2599], bieten sich zwei Nationalparks für einen Zwischenstopp an. Die Eintrittskarte für 200 Baht gilt am selben Tag für beide Parks. Wer kein eigenes Transportmittel hat, kann mit Bussen bis zur jeweiligen Abzweigung fahren und den Rest laufen oder per Anhalter fahren. Ansonsten muss der Transport von der Abzweigung in den Park im Vorfeld oder vor Ort im Headquarter organisiert werden.

Der 104 km² große **Lansang National Park** liegt 20 km südwestlich von Tak. Am KM 73,7 zweigt die 1,2 km lange Straße zum Headquarter ab. Von hier führt ein zehnminütiger Wanderweg zum **Lansang-Wasserfall** und ein etwas längerer zum **Pha Phung-Wasserfall**. Beide eignen sich zum Baden, aber nicht zum Schwimmen. Der Weg zum 1,4 km entfernten **Phathe-Wasserfall** verläuft über eine kurvenreiche, steil ansteigende Straße durch Sekundärwald und Bambushaine. Übernachtung finden Besucher in sechs kleinen Bungalows für 2–4 Pers., ☎ 055-577 207, 086-443 3010, 🖳 www.dnp.go.th/parkreserve, ❷, Kantine bis 17 Uhr. Westlich vom Park leben überwiegend Lahu, Lisu und Hmong.

Im 262 km² großen **Taksin Maharat National Park** am KM 60 steuern die meisten Besucher den größten Krabak-Baum von Thailand an, der über 700 Jahre alt sein soll. Kurz hinter dem Doi Muser-Pass geht es vom H12 rechts ab; von hier

sind es noch etwa 2 km. Vom Visitor Center und Headquarter (◷ 8.30–16.30 Uhr) ist der 2,5 km lange Wanderweg ausgeschildert ("Giant Tree") und als Lehrpfad durch den Dipterocarpenwald angelegt. Nach einem steilen Abstieg von 400 m ist unten im Tal der **Baumriese** mit 16 m Umfang und 50 m Höhe erreicht. Zu einigen Wasserfällen im Park verlaufen Wanderwege. Übernachten ist beim Headquarter in Bungalows für 4–10 Pers. möglich, ☎ 055-511 429, 🖳 www.dnp.go.th/parkreserve, auch Camping, ❷–❹.

Am KM 59,2 weist ein Schild auf eine landwirtschaftliche Versuchsstation hin, auf der auch Kaffee angebaut und 2 km abseits der Hauptstraße in einem kleinen Restaurant angeboten wird. Auch am Rastplatz auf dem **Doi Muser-Pass** am KM 58 kann man den Kaffee probieren. Hier wie auf dem **Straßenmarkt** hinter KM 56,8 verkaufen Bergbewohner Obst, Gemüse, Honig, Pflanzen und Kunsthandwerk. Ein **Aussichtspunkt** ist am KM 53,4 erreicht. Dann geht es auf der kurvenreichen, teils steilen Straße über einen weiteren Pass (KM 52), auf dessen Abfahrt man grandiose Ausblicke über die Berge nach Myanmar genießen kann. Am KM 44 taucht die erste Siedlung mit einem großen Polizeikontrollpunkt auf. Auf der letzten Passhöhe ragen weithin sichtbar steile Kalkfelsen aus der Landschaft.

Nördlich der Straße am KM 23,2 stoppen viele Autofahrer am buddhistischen **Chao Phra Waw-Schrein** mit einer mächtigen, von einer Naga geschützten Buddhastatue. Die Wände der darunter liegenden kleinen, runden Halle sind mit Bildern von Schlachten zwischen Birmanen und Thais geschmückt.

## Mae Sot

Die Tempel und Märkte der geruhsamen, vom Asian Highway tangierten Grenzstadt weisen bereits deutliche Einflüsse des Nachbarlandes auf. Viele der 46 000 Einwohner haben ihre Wurzeln in Myanmar, tragen stolz ihre typischen Wickelröcke *(Longyis)* und fahren bevorzugt mit ihren Fahrrädern durch die Gassen.

Wenn es die politische Situation zulässt, strömen Arbeiter und Händler über die **Thai-Myanmar Friendship Bridge**, die 5 km westlich

Auf dem geschäftigen, bunten Morgenmarkt in Mae Sot treffen viele asiatische Kulturen aufeinander.

der Stadt den Grenzfluss Moei (in Myanmar: Thaungyin) überspannt. Die Zahl der Touristen, die den Grenzübergang für die Weiterreise nach Myanmar nutzt, hält sich jedoch in Grenzen. Um Atmosphäre zu schnuppern und das breite kulinarische Angebot zu genießen, ist man hier trotz alledem goldrichtig.

Der große, wuselige **Morgenmarkt** in und vor der hohen Markthalle ist wahrscheinlich der mannigfaltigste des Landes. Hier herrscht ein buntes Menschengewimmel: Sikhs aus Nordwest-Indien und Chinesen aus vielen Provinzen, schwarz gekleidete Hmong aus entlegenen Dörfern, Großfamilien bunt gekleideter Karen, dunkelhäutige Arakanesen in moslemischen Gewändern und buddhistische Mönche in orangefarbenen Roben sowie der eine oder andere NGO-Mitarbeiter. Die mit Tanaka bemalten Gesichter der Händlerinnen aus Myanmar sind fast so gelb wie die Maiskolben, die als Snacks verkauft werden. Die Vielfalt ihrer Küchen bestimmt das breite Angebot an Obst, Gemüse, Fleisch, Fisch und Gewürzen. Das Getümmel geht nach Norden hin in den ganztägigen Markt über. Ein weiterer **Sonntagsmarkt** wird am alten Busbahnhof abgehalten.

Der goldene Chedi im **Wat Chumphon** wurde 1993 im Stil der Shwedagon-Pagode in Yangon erbaut. Der neuere, farbenfrohe chinesische **Chen Teck-Tempel** beeindruckt im Zentrum.

In den Flüchtlingslagern der Umgebung arbeiten viele westliche Ausländer. Tipps für die Unterstützung diverser Organisationen gibt das **eXTra [2601]**.

### ÜBERNACHTUNG

#### Untere Preisklasse

**Bai Fern Gh.** ④, 660/2 Intarakiri Rd., ✆ 055-531 349, 🖳 www.bai-fern.com. Hinter einem Massageraum finden sich 10 einfache, kleine Zimmer mit Ventilator, deren Einrichtung sich auf ein Bett mit durchgelegener Federkernmatratze und quietschbunten Bettbezügen sowie einen kleinen Tisch beschränkt. Gemeinschafts-Du/WC. Nettes Restaurant. Auto-, Motorrad- und Fahrradvermietung. Freundliches Management. ❶–❷

**D.K. Hotel** ③, 298 Intarakiri Rd., ✆ 055-531 699, 542 648. 3-stöckiges Gebäude mit sehr sauberen, großen Zimmern mit Steinboden und winzigem Balkon, teils auch AC, zu einem guten

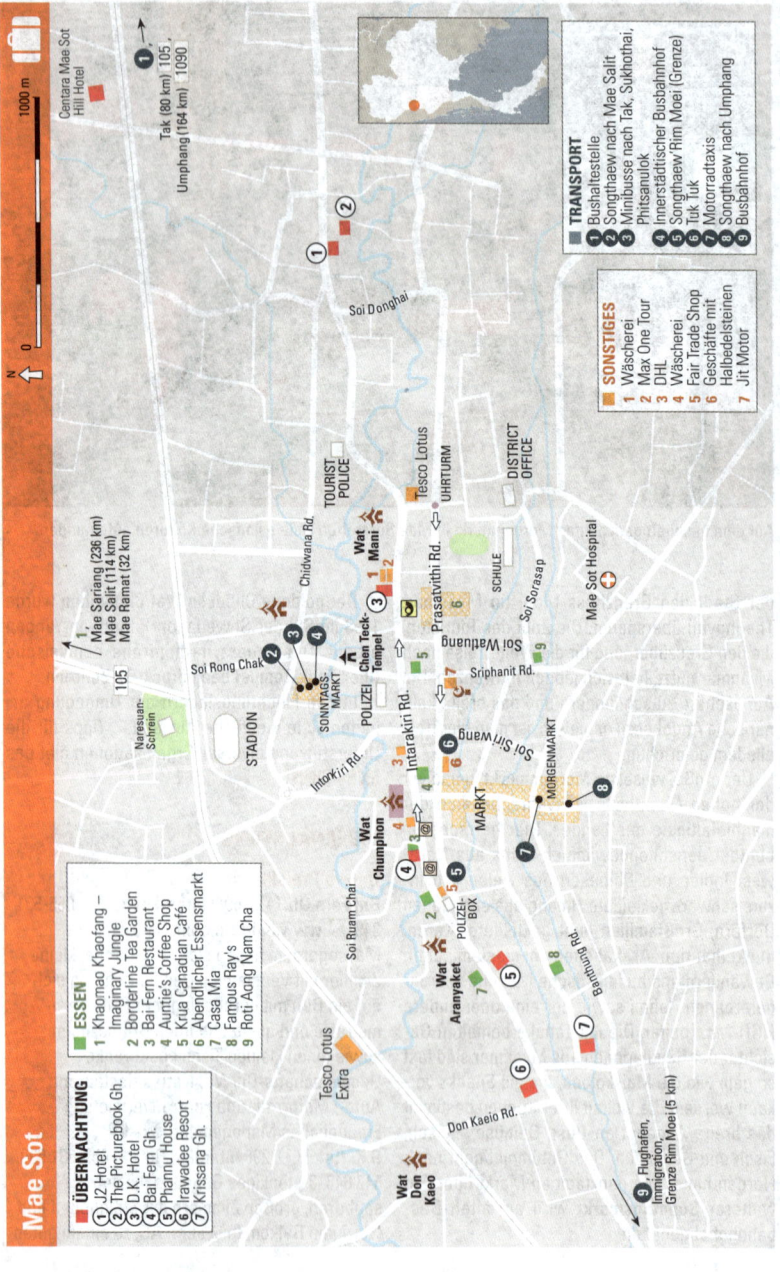

**Mae Sot**

**ÜBERNACHTUNG**
1. J2 Hotel
2. The Picturebook Gh.
3. D.K. Hotel
4. Bai Fern Gh.
5. Phannu House
6. Irawadee Resort
7. Krissana Gh.

**ESSEN**
1. Khaomao Khaofang –
   Imaginary Jungle
2. Borderline Tea Garden
3. Bai Fern Restaurant
4. Auntie's Coffee Shop
5. Krua Canadian Café
6. Abendlicher Essensmarkt
7. Casa Mia
8. Famous Ray's
9. Roti Aong Nam Cha

**TRANSPORT**
1. Bushaltestelle
2. Songthaew nach Mae Salit
3. Minibusse nach Tak, Sukhothai, Phitsanulok
4. Innerstädtischer Busbahnhof
5. Songthaew 'Rim Moei (Grenze)
6. Tuk Tuk
7. Motorradtaxis
8. Songthaew nach Umphang
9. Busbahnhof

**SONSTIGES**
1. Wäscherei
2. Max One Tour
3. DHL
4. Wäscherei
5. Fair Trade Shop
6. Geschäfte mit Halbedelsteinen
7. Jit Motor

Centara Mae Sot Hill Hotel

Tak (80 km)    105,
Umphang (164 km)  1090

Soi Donghai

Mae Sariang (236 km)
Mae Salit (114 km)
Mae Ramat (32 km)

105

Naresuan-Schrein

STADION

Soi Rong Chak

SONNTAGS-MARKT

Chidwana Rd.

TOURIST POLICE

Wat Mani

Chen Teck-Tempel

POLIZEI

Intarakiri Rd.

Prasatvithi Rd.

Tesco Lotus

UHRTURM

DISTRICT OFFICE

SCHULE

Soi Watkung

Soi Sorasap

Sriphanit Rd.

Mae Sot Hospital

Intorakiri Rd.

Wat Chumphon

MARKT

Soi Siriwang

MORGENMARKT

Soi Ruam Chai

POLIZEI-BOX

Wat Aranyaket

Banthung Rd.

Tesco Lotus Extra

Don Kaeio Rd.

Wat Don Kaeo

Flughafen, Immigration, Grenze Rim Moei (5 km)

Preis-Leistungs-Verhältnis. Die Zimmer nach vorn sind recht laut, die teureren liegen im hinteren, ruhigeren Nebenhaus. Rezeption über der Buchhandlung im 1. Stock. Fahrradverleih. ❶–❷

**Krissana Gh.** ⑦, 63/4 Baan Tung Rd., ✆ 088-158 7877, ▭ fb.com/krissana.guesthouse. Auf einem weitläufigen Grundstück gelegenes, 2-stöckiges Haus mit 12 großen, etwas dunklen, nicht immer pieksauberen Zimmern, deren Bauweise und Einrichtung nicht hochwertig, aber originell ist. Niedrige Betten, Sitzkissen, TV, Kühlschrank, winzige Du/WC und teils AC; mit Ventilator besser die kühleren unteren Zimmer mit Betonboden (aber dünnen Matratzen) wählen. Fahrrad- und Motorradverleih. ❷

**Phannu House** ⑤, 563/3 Intarakiri Rd., ✆ 081-886 2950, ▭ www.maesothotels.wordpress.com. In einem vom Minimarkt zurückversetzten 3-stöckigen Bau vermietet die Familie saubere, ruhige, einladende Zimmer mit TV, Kühlschrank, guten Matratzen und teils AC zu einem guten Preis-Leistungs-Verhältnis. Motorradverleih. ❶–❷

🏠 **The Picturebook Gh.** ②, 125/4-6 Soi 19, Intharakiri Rd., ✆ 090-459 6990, ▭ www.picturebookthailand.org. Tolle Unterkunft in einem netten Garten mit sehr freundlichem Personal. Die 10 sauberen, einladenden Zimmer sind schön mit Kunstwerken junger lokaler Künstler gestaltet und haben unverputzte Wände, helle Holzmöbel, AC, Kühlschrank und Du/WC sowie Balkon oder Terrasse, die teureren auch TV und DVD-Player, jedoch ausschließlich Doppelbetten. Das Guesthouse und die angeschlossene Möbelmanufaktur bilden Jugendliche aus. Mountainbike-Verleih. Gutes Frühstück inkl., Reservierung empfohlen! ❷–❸

### Mittlere Preisklasse

**Irawadee Resort** ⑥, 758/1-2 Intarakiri Rd., ✆ 055-535 430, 080-771 0938, ▭ www.irawadee.com. Hinter der pompös gestalteten Fassade vermietet der freundliche Besitzer in 2 Reihenhäusern und netter Atmosphäre hübsch gestaltete, kleine Zimmer im Lanna-Stil mit goldfarbenen Holzschnitzarbeiten, Kühlschrank, TV,

### Über die Grenze nach Myanmar

Dunkelblaue Pick-ups verkehren von 6–18 Uhr zwischen der Stadt und der 4 km entfernten Grenze in Rim Moi. Auf dem großen, überdachten **Grenzmarkt** nahe der Brücke stapeln sich Teakmöbel und Halbedelsteine aus Myanmar, Textilien aus Indien und Indonesien, Kosmetika aus Thailand sowie Lebensmittel und Elektroartikel aus China. Jugendliche bieten Schmuggelzigaretten an und sogar Viagra. Für den Grenzübertritt nach **Myawaddy** sind Visa erhältlich, Pass erforderlich. ⏰ 5.30–20.30 Uhr. Vorsicht: Bei der Ausreise werden Single Entry Visa ungültig! Bei Wiedereinreise nach Thailand bekommt man als Deutscher einen 30-Tage-Stempel, als Österreicher oder Schweizer nur einen 15-Tage-Stempel. Checkpoint ✆ 055-563 000–2.

originellen Waschbecken, Podestbetten in Zimmernischen und winzigen Terrassen mit Blick auf eine Mauer. Fahrrad- und Motorradverleih, Yoga (s. Aktivitäten). Frühstück inkl. ❹

**J2 Hotel** ①, 149/8 Intarakiri Rd., ✆ 055-546 999, ✉ j2hotel@hotmail.com. Eine gute Option im mittleren Preissegment sind die sauberen, komfortablen und nach hinten ruhigeren Zimmer mit bequemen Matratzen, LCD-TV, AC, Föhn und Kühlschrank sowie leichten Abnutzungsspuren. Frühstück inkl. ❸–❹

### ESSEN

Das vielfältige Angebot, die Nähe zu Myanmar und der Einfluss westlicher Touristen und NGO-Mitarbeiter machen Mae Sot in puncto Kulinara zu einem Highlight. Auf dem **abendlichen Essensmarkt** wird eine riesige Auswahl an Lebensmitteln der Region vor den Käufern aufgetürmt. Ab 17.30 Uhr werden Stände in einer Seitenstraße der Prasavithi Rd. aufgebaut, die gutes, preisgünstiges Essen verkaufen.

**Auntie's Coffee Shop**, vor dem Wat Chumphon, 489 Intarakiri Rd. In dem kleinen, gemütlichen Café mit Holzsesseln und -tischen wird ganztags Frühstück serviert. Zudem Smoothies, WLAN und Fahrradvermietung für 50 Baht. ⏰ 7–18 Uhr.

ZENTRAL-THAILAND

**Bai Fern Restaurant**, Intarakiri Rd., 🖥 baifern restaurant.blogspot.de. Das bei Travellern beliebte, große, zur Straße offene Restaurant bietet Frühstück, Säfte, Smoothies, Kaffee, Kuchen sowie westliche, vegetarische und dem westlichen Geschmack angepasste thailändische Gerichte. Zudem eine ab 17 Uhr geöffnete Cocktailbar. ⊙ 9–22 Uhr.

**Borderline Tea Garden**, 674/14 Intarakiri Rd., 📞 088-170 1317, 🖥 www.border linecollective.org. In dem kleinen Gartencafé hinter der Ladengalerie mit 3 Tischen und weiteren Sitzgelegenheiten auf dem Boden werden birmanische Snacks, Salate, Kaffee und Tee angeboten. Kochkurse, s. Aktivitäten. ⊙ Di–So 7.30–21 Uhr.

**Casa Mia**, Intarakiri Rd., 📞 081-533 7672. Rustikales, beliebtes Restaurant, dessen Favoriten Steaks, Burger, Pizza und hausgemachte Pasta sind. Zudem eine gute Auswahl einheimischer und birmanischer Gerichte sowie selbst gebackenes Brot, Kuchen und vegetarische Speisen. Der Service ist professionell und freundlich, die meisten westlichen Gerichte kosten 100–200 Baht, einheimische Speisen sind günstiger. ⊙ Mi–Mo 8–21.30 Uhr.

**Famous Ray's**, 61/3 Soi Ban Thung Rd., 📞 083-364 8265, 🖥 www.famous raysburgers.com. Kleiner, klimatisierter Laden mit einer Karte aus 8 Burgern und Bausteinen für eigene Zusammenstellungen mit frischen Zutaten und diversen Toppings. Auch Salate, sehr leckere und reichhaltige Milchshakes und Verkauf von T-Shirts und Accessoires zugunsten von Flüchtlingen aus Myanmar, die auch im Restaurant beschäftigt werden. Lieferservice. ⊙ bis 21 Uhr.

**Khaomao Khaofang – Imaginary Jungle**, am KM 2 des H105 Richtung Norden, 📞 055-532 483, 🖥 www.khaomaokhaofang. com. Das fantastisch gestaltete Gartenrestaurant mit verträumter Atmosphäre, malerischen Würgefeigen, farbenprächtigen Blumen, gestutzten Büschen, kleinen Bächen und Wasserfällen ist an sich schon eine Sehenswürdigkeit. Besonders romantisch sind die Sitzplätze am Teich, in dem sich abends die stimmungsvoll angeleuchteten Bäume spiegeln. Die thailändischen und birmanischen Gerichte sind von hervorragender Qualität und ebenso wie die Getränke, Shakes und Smoothies gar nicht so teuer! Besonders empfehlenswert ist der lokale Moei-Fisch. Die umfangreiche Speisekarte ist teils bebildert und zweisprachig. Reservierung empfohlen! ⊙ 11–15 und 17–22 Uhr.

**Krua Canadian Café**, 3 Sri Panich Rd., 📞 055-534 659. Dave aus Kanada und seine Familie betreiben ein beliebtes Restaurant, das riesige Portionen serviert. Auf der unglaublich umfangreichen, 40-seitigen Frühstückskarte stehen Sandwiches, Würstchen und Eier in vielen Variationen sowie ungewöhnliche Alternativen wie Fajitas und Quiche. Mittags und abends zudem mexikanische, europäische und Thai-Gerichte sowie günstige Steaks. Auch Verkauf von selbst gebackenem Brot, Bagels, Muffins, importiertem Käse und Schinken sowie Hilltribe-Kaffee, Tee und günstigem Wein. Zudem eine gute Karte der Stadt und viele Infos. ⊙ 7.30–22 Uhr.

**Roti Aong Nam Cha**, Sriphanit Rd. südlich der Moschee, kein Schild. Der offene, unscheinbare Laden serviert jeden Morgen die moslemische Lokalspezialität *roti aong*, dünne Fladenbrote aus einem uralten Lehmofen. Zusammen mit einer Tasse Tee für läppische 15 Baht das vielleicht billigste Frühstück in ganz Thailand. ⊙ 5–9 Uhr.

### EINKAUFEN

Auf den Märkten und in den Geschäften der Stadt werden Waren aus Myanmar verkauft, darunter Möbel und Antiquitäten. In vielen Läden werden zudem **Halbedelsteine** gehandelt. Die Stadt wird auch von Grenzgängern zum Einkaufen genutzt. Ein kleinerer **Tesco Lotus** liegt im östlichen Zentrum, ⊙ 6–22 Uhr, ein größerer nordwestlich an der Schnellstraße.

**Borderline**, s. Essen. Hier gibt es englischsprachige Bücher, lokale Lebensmittel und Textilien der Bergvölker. Zudem wird Kleidung nach Vorlagen geschneidert. Im Netz umfangreicher Katalog von Textilien und anderen Handarbeiten der birmanischen Exilantengruppen. ⊙ 9–19 Uhr.

**Fair Trade Shop**, 51 Intarakiri Rd., ✆ 055-546 754, 🖥 www.weave-women.org. Verkauf von Webarbeiten, Haustextilien aus Naturmaterialien, Taschen, Puppen, Geschenkkarten und anderem Kunsthandwerk, das Frauen in Flüchtlingscamps entlang der Grenze herstellen. Aus den Erlösen werden von WEAVE IGP Gesundheitskampagnen, die Ausbildung von Kindern, Schulungen für Frauen und traditionelles Kunsthandwerk gefördert. ⏰ 9–17 Uhr.

## AKTIVITÄTEN

### Kochkurse
Im **Borderline** (s. Essen) wird ein birmanisches Kochbuch verkauft. Wer die Zubereitung einiger vegetarischer Gerichte lernen möchte, kann einen spaßigen Kurs mit max. 6 Pers. buchen, der Di–So von 9–12 und 15–18 Uhr stattfindet und bei 1/2/ab 3 Teilnehmern 1000, 600 oder 500 Baht p. P. kostet. Nach einem Besuch auf dem Markt werden gemeinsam ein Snack, ein Salat, ein Hauptgericht und ein Drink zubereitet.

### Yoga
Im Irawadee Resort werden tgl. um 9.30, 16.30 und 18 sowie Di und Do um 19.15 Uhr einstündige Kurse für 250 Baht p. P. angeboten. Anmeldung bei **Suksai**, ✆ 083-092 2772, ✉ maew.yoga@gmail.com.

## TOUREN

Reisebüros und Unterkünfte bieten Ausflüge zu Wasserfällen und Höhlen, Grenzmärkten und Dörfern der Karen an. Touren nach Umphang kosten 5500–15 500 Baht bei 2–4 Teilnehmern inkl. Rafting, Trekking zum Wasserfall und Elefantenreiten und sind günstiger in Umphang zu bekommen, S. 341. **Max One Tour**, 269/2 Intarakiri Rd., ✆ 055-542 942, 🖥 www.maxonetour.com. Der Betreiber des unwirtlichen, verlassen wirkenden Ladens bietet Touren nach Umphang und mehrtägige Treks zu Wasserfällen inkl. Rafting an. Auch Halbtagestouren in und um Mae Sot für 350 Baht p. P. sowie Tagestouren mit Rafting oder einem Höhlenbesuch für 1500 Baht p. P.

## SONSTIGES

### Immigration
Das Immigration Office steht in Rim Moei südlich der Brücke. Hier können Touristenvisa verlängert werden. ⏰ Mo–Fr 8.30–12 und 13–16.30 Uhr.

### Motorrad und Fahrradverleih
Einige Unterkünfte und Auntie's Coffee Shop vermieten Motorräder und Fahrräder. **Jit Motor**, 127/4–6 Prasavithi Rd., ✆ 055-532 099, mit großem Honda-Schild. Der Anbieter vermietet Automatik- und Halbautomatik-Motorräder für 160 Baht pro 24 Std. Vorsicht: viele Schrottmühlen! ⏰ 8–17.30 Uhr.

### Post
Außer mit der staatlichen **Post** können Pakete auch mit **DHL**, s. Karte, ✆ 055-547 048, verschickt werden. ⏰ 8–18 Uhr.

## NAHVERKEHR

Im Zentrum etwas westlich vom Markt fahren dunkelblaue **Songthaew** von 8–17 Uhr für 10 Baht in 15 Min. am Busbahnhof vorbei zur Grenze. **Tuk Tuks** mit großer Ladefläche für Lasten kosten vom Busbahnhof zu den Gästehäusern und zum Flugplatz etwa 100 Baht, vom Zentrum zur Grenze in Rim Moei 150 Baht.

## TRANSPORT

### Busse
Die meisten Busse halten am **Busbahnhof westlich des Zentrums**, nördlich vom Flugplatz, ✆ 055-563 435. Einige 2.-Kl.-Busse fahren weiterhin vom alten **innerstädtischen Busbahnhof** ab. Viele legen einen Zwischenstopp an der **Bushaltestelle** östlich der Stadt ein.
BANGKOK, 520 km, via AYUTTHAYA (6–7 Std.), ab dem innerstädtischen Busbahnhof um 18.10 und 21 Uhr; ab dem Busbahnhof westlich des Zentrums um 8, 9, 10 und häufig von 19–21.50 Uhr für 333–428 Baht, VIP um 21.15, 21.30 und 21.45 Uhr für 666 Baht, in 7–8 Std.

CHIANG MAI, mit Green-Bus um 6.15, 8 und 10 Uhr für 260–340 Baht in 6 1/2 Std. KAMPHAENG PHET, mit Bangkok-Bussen oder Minibussen stdl. von 8–16 Uhr für 140 Baht in 2 1/2 Std. PHITSANULOK, mit Minibussen über TAK (78 Baht, 1 1/2 Std.) und SUKHOTHAI (130 Baht, VIP 200 Baht, 3–4 Std.) ab dem innerstädtischen Busbahnhof stdl. von 7.30–10.30 sowie um 13 und 15 Uhr für 157 Baht, große VIP-Busse für 230 Baht in 4–5 Std. TAK, mit Bangkok-, Phitsanulok- oder Minibussen alle 30–60 Min. von 6–18 Uhr für 78–122 Baht in 1 1/2 Std.

### Songthaew
MAE SARIANG, 230 km, via MAE SALIT (100 Baht, 3 Std.), MAE RAMAT (50 Baht, 1 Std.) und THA SONG YANG (80 Baht) mit orange-roten Songthaew von beiden Busbahnhöfen etwa stdl. von 6–12 Uhr für 200 Baht in 6 Std., nach Mae Salit fahren Songthaew bis 15 Uhr, nach Tha Song Yang bis 17 Uhr. UMPHANG, 167 km, mit blauen Songthaew südlich vom Morgenmarkt etwa stdl. von 7–15 Uhr für 150 Baht (Platz neben dem Fahrer doppelter Preis) in 4 Std. Die Songthaew sind häufig überladen und bei Regen nicht zu empfehlen.

### Flüge
Vom Flugplatz südwestlich des Zentrums fliegt **Nok Air**, 🖥 www.nokair.com, 2x tgl. nach BANGKOK (Don Mueang).

# Von Mae Sot nach Mae Sariang

Interessant ist die landschaftlich reizvolle, streckenweise ziemlich einsame Fahrt auf dem 230 km langen H105 Richtung Norden, für die man am besten zeitig aufbricht. Mit dem Songthaew dauert sie bis zu 6 Std.; Selbstfahrer sollten mit 4–5 Std. rechnen und spätestens in Tha Song Yang tanken.

Auf der im Ausbau befindlichen Strecke können sich die Kilometersteine ändern, und sehr schlechte, gute und nagelneue Straßenabschnitte wechseln sich ab.

## Von Mae Sot nach Mae Ramat
Am KM 13 zweigt der 7 km lange H4016 rechts nach Mae Kasa ab. Im 6 km entfernten Dorf vor dem Tempel folgt man der Ausschilderung rechts 2 km zur **Mae Kasa Hot Spring** am Fuß der Bergkette des Khun Phrawo National Parks. Das beliebte Ausflugsziel ist von Essensständen umgeben. In einer eingefassten Quelle können im 75 °C heißen Wasser Eier gegart werden. Kleine geschlossene Badehäuschen sind für 40 Baht zu mieten. Wanderwege führen zur verzweigten **Kasa-Höhle**, die nur mit Guide begangen werden kann.

Am KM 34,1 des H105 lohnt ein Abstecher hinab nach **Mae Ramat** zum kleinen Kloster **Wat Don Kaew** westlich der Polizeistation. Die Buddhastatue im birmanischen Stil aus weißem Marmor im Zentrum der liebevoll gestalteten Gebetshalle stammt aus Yangon.

## Von Mae Ramat nach Tak
Motorisierten bietet der schmale, kurvenreiche, kaum befahrene H1175, der nördlich von Mae Ramat am KM 35,5 abzweigt, eine Alternative zum H12 (AH1) von Mae Sot nach Tak. Auf der waldreichen Bergstrecke passiert man nach 16 km den Eingang zum **Khun Phrawo National Park**.

Vom Headquarter, 📞 055-577 447, führt ein 2,8 km langer Pfad zu einem fast 90 m hohen Wasserfall in einem Bambuswald. In den hiesigen Wäldern leben noch ziegenähnliche Serau und Kragenbären.

### Flüchtlingselend
Am H105 drängen sich zwischen Straßensperren am KM 56,5 und 60 dicht an dicht Tausende von Hütten des überwiegend von Karen bewohnten Flüchtlingscamps **Mae La**. Auf 184 ha leben etwa 50 000 Flüchtlinge aus Myanmar. An ihren bedrückenden Lebensbedingungen wird sich so bald nichts ändern: Die USA als größter Aufnahmestaat lassen ihr Umsiedlungsprogramm für Flüchtlinge aus Myanmar seit 2014 auslaufen. Geschätzte 100 000 Flüchtlinge leben in acht weiteren Camps in der westlichen Grenzregion.

## Von Mae Ramat nach Sop Moei

Auf den folgenden 22 km eröffnen sich gute Ausblicke auf die Berglandschaft. Hinter dem südlichen **Tha Song Yang** (ein nördliches Pendant liegt am KM 138) mit der besten Unterkunft am KM 85 und der letzten Tankstelle dünnt der Verkehr aus.

Ein ausgeschilderter Weg zweigt am KM 94,2 links ab. Nach 1,8 km ist die 20 m weite, 5 m hohe und etwa 150 m lange Durchbruchshöhle **Tham Mae Usu** erreicht, die vom Mae Nam Usu durchflossen wird. Sie liegt im 185 km² großen **Mae Moei National Park** und kostet daher 200 Baht Eintritt, Kinder 100 Baht. Jungen bieten sich als Führer an und sollten dafür ein Trinkgeld erhalten. Der Zugang über eine Bambusbrücke und einen schmalen Pfad am Fluss entlang ist von Mai–Oktober gesperrt, denn dann ist der Weg oft überflutet. Ansonsten gelangt man über ausgewaschene Kalkfelsen und Leitern in die hohen Kammern voller Stalaktiten und Stalagmiten; eine Lampe ist hilfreich.

Bei **Mae Salit Luang** (KM 114,5) zweigt der schmale, teils steile H1267, eine beliebte Motorradstrecke, nach Osten Richtung **Mae Ramoeng** (35 km) ab, wo nach 11 km das Headquarter des **Mae Moei National Parks** erreicht ist, ✆ 055-577 409. Nach 15 km lädt ein Wasserfall zu einer Pause ein.

Am Ortsausgang von **Mae Salit Luang** überblickt man von einem Picknickplatz hinter dem Highway Department neben dem Per Pron Resort den Grenzfluss.

## Von Mae Salit nach Sop Moei

Auf einem landschaftlich sehr schönen Streckenabschnitt geht es den tiefgrünen Moei-Fluss entlang. Den kleinen, von Karen bewohnten Grenzort **Tha Song Yang** am KM 138 (nicht zu verwechseln mit dem gleichnamigen Ort im Süden) unterhalb der Straße überragt eine Pagode auf einem der Kalkfelsen.

Nun geht es hinauf in dünn besiedeltes, von Teakwäldern bedecktes, zerklüftetes Bergland mit Wasserfällen. Auf einer Bergkuppe am KM 151 bietet sich eine schöne Aussicht auf die Bergketten jenseits der Grenze. Bald hat man die Karen-Dörfer hinter sich und den **Mae Ngao National Park** erreicht. Sein Headquarter,

✆ 053-071 471, befindet sich 4 km östlich vom KM 191. Einige ausgeschilderte, kleinere Wasserfälle liegen 500–1000 m von der Straße entfernt, während die schönsten mehrtägige Wanderungen erfordern.

Anschließend windet sich die Straße hinab in das unbesiedelte, enge Tal des Mae Ngao, das selbst in der Trockenzeit überraschend grün ist, bevor sie ins fruchtbare Tal des Mae Yuam abfällt. Vorbei an dem kleinen Verwaltungszentrum **Sop Moei** mit der ersten Tankstelle, Teakplantagen und kleinen Karen-Dörfern inmitten von Reis- und Gemüsefeldern geht es weiter nach Mae Sariang (S. 395).

### ÜBERNACHTUNG UND ESSEN

**Mae Moei National Park**, ✆ 055-577 409, 🖳 www.dnp.go.th/parkreserve/. 2 Bungalows für 4–6 Pers. am Headquarter. ❹–❺
**Thasongyang Hill Resort**, im südlichen Tha Song Yang, östlich des H105 am KM 85, ✆ 055-589 088, 082-882 8292, 🖳 www.thasongyanghill.com. Im Reihenhaus nahe der Straße werden 6 saubere Zimmer mit Kühlschrank, gefliesten Böden, AC und TV vermietet. Dahinter 19 weitere in Bungalows und Häuschen am Hang, günstiger die 4 älteren aus Holz mit Ventilator. Mehrere einfache Restaurants im Ortszentrum, 3 km südlich. ❶–❷

### TRANSPORT

Orange-rote **Songthaew** fahren etwa stdl. von 6–12 Uhr ab MAE SOT (S. 336) und MAE SARIANG (S. 397).

# Von Mae Sot nach Umphang

Der 164 km lange, kurvenreiche H1090 durch das kaum besiedelte Grenzgebiet ist als „Todeshighway" berüchtigt, der jährlich traurige Rekorde an Verkehrstoten aufstellt. Reisebüros und Unterkünfte in Mae Sot organisieren mehrtägige (teure) Touren inkl. An- und Abreise. Empfehlenswert ist ein eigenes Fahrzeug, da die Songthaew häufig überladen sind.

Von Mae Sot aus geht es zunächst durch landwirtschaftlich genutztes Hügelland nach Süden. Nach 36,5 km lädt 700 m abseits der Straße der nach der Regenzeit sehenswerte **Pacharoen-Wasserfall** im **Namtok Pha Charoen National Park** zu einer Rast ein, kein Eintritt.

In der **Gibbons at Highland Farm** am KM 46,3 www.gibbonathighlandfarm.org, werden Gibbons und andere Tiere gepflegt, die konfisziert, verletzt aus dem Wald gebracht oder von ihren vormaligen Besitzern abgegeben wurden. Besucher können die Tiere besichtigen, sich über die Arbeit der Farm informieren, spenden oder als freiwilliger Helfer mit anpacken. Preis für Übernachtungen inkl. Transport und Vollpension US$45 p. P., Mindestaufenthalt 5 Tage, Anmeldung 1–2 Monate vorher.

Das Grenzgebiet wurde in den frühen 1980er-Jahren im Zuge des Baus des H1090 befriedet. Immigrierte Lahu dienten in der berüchtigten, paramilitärischen *Krathing Daeng* zum Schutz der Bauarbeiter vor rebellierenden Hmong. Nach Fertigstellung der Straße wurden sie mit einigen Lisu in Dörfern zwischen KM 48 und 51 angesiedelt.

Nach 49 km wird die Straße schmaler und zwischen KM 98 und 109 von Schlaglöchern verunstaltet. Auf den folgenden 110 km bis Umphang sind 1219 steile Kurven durch die abwechslungsreiche Landschaft mit über 1800 m hohen Bergen zu bewältigen. Nach dem Überqueren der ersten Bergkette legen viele hinter dem Hmong-Dorf **Ban Rom Kao** beim KM 89 am Rastplatz eine Pause ein. Jenseits vom Rastplatz erstreckt sich das Flüchtlingslager Umpiam, in dem Tausende Flüchtlinge aus Myanmar leben.

Hinter **Ban Mae Klong Noi** windet sich die Straße zum Pass hinauf (Aussichtspunkte zwischen dem Pass am KM 129,8 und KM 131,5) und dann steil über einen Grat hinab nach Mae Klong Khi (KM 135,5). Über einen weiteren Pass und durch Karen-Dörfer geht es ins Tal des **Mae Klong** mit ausgewaschenen Kalksteinformationen.

# Umphang und Umgebung

Umphang (gesprochen: Um-paang) ist ein verschlafener Ort mit Resorts, in denen meist einheimische Wochenendurlauber übernachten. Er wartet mit kleinen Märkten, Läden und Touristenrestaurants auf. In den Dörfern im Tal siedeln Karen, die Tabak, Zitrusfrüchte, Gemüse und Reis anbauen. Vor allem Naturliebhaber lockt die ursprüngliche Umgebung in den unberührten Wäldern mit zahlreichen Naturschönheiten hierher. Viele Unterkünfte organisieren **Flussfahrten** auf dem Mae Klong, einem der schönsten Flüsse des Landes.

Die 3 km tief ins Gestein führende **Ta Kho Bi-Höhle**, 7 km vor den Toren der Stadt in Ban Mae Klong Mai, ist eine der längsten Höhlen des Landes. Einige Gänge und eine hohe Kammer stehen Besuchern offen. Eine gute Lampe ist erforderlich. Nördlich von Umphang biegt man vom H1090 nach Mae Sot auf den H1167 ab und folgt nach 3,5 km der Ausschilderung 300 m links.

Zum Aussichtspunkt auf dem 971 m hohen **Doi Hua Mot** werden Ausflüge angeboten. Auf eigene Faust geht es mit einem Songthaew auf dem H1090 Richtung Süden. Am KM 10,4 zweigt links ein 500 m langer, teils unbefestigter Weg ab, der an einem vermüllten Parkplatz endet. Nach einem kurzen Aufstieg über Geröll bietet sich von der kahlen Kuppe eine tolle Aussicht über das Tal. Wer hier den Sonnenaufgang über den Nebelschwaden im Tal beobachten möchte, nimmt besser eine Lampe mit.

## Ti Lo Su-Wasserfall

Der imposante Wasserfall, 42 km südwestlich von Umphang, gilt als einer der schönsten Thailands. Aus 180 m Höhe stürzen die Wassermassen in beeindruckenden Kaskaden auf 50 m Breite in der Trockenzeit und bis zu 300 m Breite in der Regenzeit ins Tal hinab.

Die letzten 12 km auf einer Staubpiste hinter **Pha Luad** sind nur an steilen Steigungen asphaltiert, voller Schlaglöcher und während der Regenzeit nicht befahrbar. Schließlich endet die Straße am Parkplatz vor einem großen Campingplatz. Neben überdachten Essplätzen verkauft ein Kiosk Snacks und Getränke.

Am Eingang zum betonierten **Waldlehrpfad** zum Wasserfall (20 Min.) sind 200 Baht Eintritt zu zahlen, 8–17 Uhr. Lebensmittel, Plastikflaschen und Taschenmesser dürfen nicht mitgebracht werden. Entlang der Strecke informieren

# Umphang und Umgebung

N
0    5 km

**ZENTRAL-THAILAND**

Mae Sot
Ban Pro Pha Oo
Ban Pro Pha Do
1090  Ban Ya Mae Khi
Ban Mai Pa Ka
1167  Ban Nong Luang
Ban Soe Ta
Ban Mae Klong Kao
Ta Kho Bi - Höhle
Ban Mae Klong Mai
Ban De Lo Ki
s. Detailplan unten
Ban Klotho
1288  Ti Lor Cho-Wasserfall ★
Ban Yang
Umphang
Heiße Quelle
Ban Nu Sae Po
Ta Kho Bi - ★
Stromschnellen
Ban Umphang Khee
Umphang Wildlife Sanctuary
Pha Luad
971
Doi Hua Mot
Huai Umphang
Ban Pae Do Tha
Ban Kho So Tha

(B I R M A)

Ban Chi Cho Chi
Ti Lo Su-Wasserfall
Tha Sai

■ ÜBERNACHTUNG
① The Trekker Hill
② Garden Huts (Suan Boonyaporn Resort)
③ Tu Ka Su Cottage
④ Umphang Smile Gh.

CAMP
Mo Ki Do-Stromschnellen
Huai Klotho
Mae Klong

M Y A N M A R

1090  Mae Lamung
Hua Lamung
Mae Lamung Junction

Ban Nu Po
Ban Kho Tha
Thi Lo Lay-Wasserfall
FLÜCHTLINGS-LAGER
La Ee Or Twin Lake ★
Ko Tha-Wasserfall
FORST-VERWALTUNG
Ban Pa La Tha

Loei San Min-Berge

Thung Yai Naresuan Wildlife Sanctuary
Ban Kui Loe To
Ban Thi Pho Chi

Pueng Klueng
Mae Chan

Ban Kui Cho Ken

■ ESSEN
1 Pho Kua Restaurant
2 Ban Kru Sun Coffee Bar
3 Krua Ton Makham
4 Khao Jao Restaurant

★ Wasserfall

Ban Mong Kua

Ban Le Tong Ku

■ SONSTIGES
1 Western Union
■ TRANSPORT
① Songthaew

## Umphang

0    200 m

Mae Sot (164 km)
FLUGFELD
1090

① 1
① ①
POLIZEI
② 2
Ban Pa La Tha (26 km)
② 3
MARKT
① 1
④ 4
Restaurant
1090
③ $
① 1

④

Ban Umphang Khee (23 km)

Hinweistafeln in Englisch über Pflanzen wie den hohen Bambuswald, Würgefeigen oder *Dipterocarpaceen*. Mehrere natürliche Becken mit sauberem, erfrischendem Wasser laden zum Schwimmen ein. Der Vormittag eignet sich besonders zum Fotografieren. Zur Mittagszeit ist es am ruhigsten.

## Fahrt auf dem Mae Klong

Der Oberlauf des Mae Klong eignet sich für eine gemütliche Floß- oder Bootsfahrt, s. Aktivitäten und Touren. Sie beginnt in den frühen, zur Winterzeit oft nebligen und kalten Morgenstunden. Auf halber Strecke locken links die lauwarmen **Thermalquellen** in natürlicher Umgebung zu einer Badepause. Frauen verkaufen Snacks und Getränke, die man an überdachten Picknickplätzen genießen kann.

Anschließend führt die Tour vorbei an steil aufragenden, überwucherten Felsen, kleinen Wasserfällen und einmündenden Bächen. Besonders schön ist der **Ti Lor Cho-Wasserfall**, ein breiter Schleier, in dem sich das Licht bricht. Die Tagestour endet in der Trockenzeit nach 2–3 Std. in **Pha Luad**. Von der Anlegestelle geht es mit dem Songthaew zurück nach Umphang oder in einer halben Stunde zum Parkplatz des Ti Lo Su-Wasserfalls.

In der Regenzeit führt die Tour weiter bis Tha Sai oder gar bis zu den **Mo Ki Do-Stromschnellen**, wo der 10 km lange Wanderweg zum Ti Lo Su-Wasserfall beginnt. Der Trek ist anstrengend und dauert etwa 5 Std. In der heißen Trockenzeit fahren Pick-ups ab Tha Sai.

Am Karen-Dorf **Ban Pa La Tha** mit Homestays starten bei ausreichendem Wasserstand in den Wintermonaten abenteuerliche fünf- bis sechsstündige Raftingtrips für erfahrene Gruppen mit 14 Stromschnellen von Grad IV–V zum 80 m hohen **Thi Lo Lay-Wasserfall** in einem wunderschönen Dschungel am Rand des streng geschützten Unesco-Weltnaturerbe-Gebiets des **Thung Yai Naresuan Wildlife Sanctuary**; Tiger und Elefanten leben hier, aber die Wilderei ist ein großes Problem. Danach verschwindet der Fluss in der Nam Mud-Höhle und ist unbefahrbar. Man übernachtet im Zelt am Flussufer oberhalb des Wasserfalls und wird auf dem 35 km

langen Rückweg bis zum Camp in Ban Pa La Tha von Elefanten befördert.

Resorts mit großen Zimmern für 4 und mehr Pers. sind in den Ferien und an Wochenenden mit thailändischen Reisegruppen belegt.

**Garden Huts (Suan Boonyaporn Resort)** ②, an der Brücke am Fluss, ☎ 055-561 093, 087-073 7509, 🖥 fb.com/SuanBoonyapornResort. Ruhige, gepflegte Gartenanlage mit Zimmern mit Ventilator und kleiner Warmwasser-Du/ Hocktoilette sowie besseren Holzbungalows und einfachen Zimmern im Doppelbungalow mit Gemeinschafts-Du/WC. Weitere in einem großen Neubau. Frühstücken möglich. ❶ – ❷

**The Trekker Hill** ①, ☎ 055-561 090, ✉ trekker hill@hotmail.com. Rustikale Anlage mit kleinem Garten und 4 einfachen, kleinen, aber sauberen Hütten und größeren Bungalows mit Ventilator. Schlafsaal 100 Baht. Einfaches, preiswertes Restaurant und Internet-PC. Touren mit Englisch sprechenden Guides. ❶

**Tu Ka Su Cottage** ③, westlich der Brücke, ☎ 055-561 295, 081-825 8238, 🖥 www.tukasu.webs.com. Unterschiedlich große, saubere Bungalows aus Holz und anderen Naturmaterialien mit TV, großen Betten, hübscher Du/WC und Terrasse, teils auch AC, in einem weitläufigen Garten mit Feuerstelle. Sie sind mit viel Liebe zum Detail gestaltet und gut für Familien oder Gruppen geeignet. Günstiger sind die etwas älteren Häuser. Ooty organisiert gute Touren, seine Frau leitet das Resort und spricht gut Englisch. Kleines Toastfrühstück inkl. ❸ – ❺

**Umphang Smile Gh.** ④, 82 Moo 6, ☎ 055-561 430, 084-817 5564, 🖥 www.umphangsmile house.com. In ruhiger Lage befinden sich 16 modernere, nett möblierte Einzel- und Doppelbungalows aus Holz oder Stein mit AC, harten Matratzen, TV, separaten Duschen sowie Terrassen mit Tischen und Hocker. Teurere 2-stöckige Doppelbungalows für Familien mit separaten Eingängen, Mikrowelle und teils Badewanne. Kaffee und Tee inkl. Toy, der Englisch sprechende Gärtner, hilft bei Verständigungsproblemen. Touren ab Mae Sot inkl. Rafting und Sightseeing um Umphang für 8500 Baht p. P. Vermittlung von Booten und Guides. ❹

## ESSEN

Einige Unterkünfte servieren in der Saison preiswertes Essen. Auf dem kleinen **Essensmarkt** vor dem Wat Panit Niramol gibt es abends gegrillten Fisch und Hühnchen. Echte Thai-Küche im **Restaurant** hinter dem Wat Panit Niramol.
**Ban Kru Sun Coffee Bar**, vor dem Souvenir Shop, schräg gegenüber der Polizei. Offenes Café, das im Laden auch nette T-Shirts, Postkarten und Karen-Webereien verkauft.
**Khao Jao Restaurant**, nahe dem Tempel. Familiäres Restaurant, in dem es eine kleine englische Karte gibt und ordentliche Portionen leckerer Thai-Gerichte zubereitet werden.
**Krua Ton Makham**, östlich der Boonyaporn Garden Huts in einem großen Holzhaus. Ein empfehlenswertes **Restaurant** mit offener Küche, viele Einheimische essen hier.
**Pho Kua Restaurant**, nahe der Einmündung der Zufahrtsstraße zum Trekker Hill Gh. Hier werden die besten Nudeln, aber auch andere Gerichte serviert.

## AKTIVITÄTEN UND TOUREN

**Unabhängige Guides** verlangen für bis zu 8 Pers. ab 600 Baht pro Tag (ohne Transport). Kleingruppen können sich ein Songthaew chartern: 1800 Baht pro Tag, 700 Baht bis BAN PA LA THA bzw. 600 Baht für einen 3-stündigen Ausflug.

**Unterkünfte und Reisebüros** offerieren einfaches Trekking ab 1000 Baht p. P. Tagestour zum Ti Lo Su-Wasserfall mit Rafting ab 1800/1600 Baht p. P. bei 2/3 Pers., mit Übernachtung auf dem Campingplatz am Wasserfall 500 Baht mehr. 3 Tage zum Ti Lo Su-Wasserfall und weiter

bis Ban Pa La Tha inkl. Übernachtung im Homestay bei Karen in Ban Kho Tha, Rafting, Elefantenreiten sowie An- und Abreise ab 4500 Baht. Ein Ausritt im Elefantencamp in Ban Pa La Tha kostet 1000 Baht pro Elefant und Std.

### Floßfahrten
Eine 2- bis 3-stündige Fahrt auf dem Mae Klong bis Pha Luad kostet bei 2 Pers. etwa 2500 Baht, eine 5- bis 6-stündige (in der Regenzeit 4- bis 5-stündige) bis Ban Pa La Tha 5000 Baht p. P.

### Rafting
Während der Regenzeit sind Wildwasserfahrten auch auf dem Huai Umphang möglich. Touren für etwa 4500 Baht p. P. beginnen ab Umphang mit einer Übernachtung in Ban Umphang Khee. Am nächsten Morgen läuft man 3 1/2 Std. zum Startpunkt. Dann geht es in 4–5 Std. über 77 Stromschnellen bis Grad IV hinab bis Ban Pae Do Tha.

## SONSTIGES

**Western Union** wechselt Bargeld. Der **Geldautomat** in der Stadtverwaltung akzeptiert nur Visa-Karten. Weder Unterkünfte noch Veranstalter akzeptieren Kreditkarten.

## TRANSPORT

**Songthaew**, s. Karte, nach MAE SOT fahren von 7–14 Uhr etwa stdl. für 150 Baht in 4 Std. (inkl. Pause ab halbem Weg). Die Sitzplätze neben dem Fahrer lohnen den doppelten Preis. Die offenen Fahrzeuge sind häufig überladen. Eine Jacke, die vor Regen und Zugwind schützt, bereithalten.
Richtung Süden führt der H1090 über BAN PA LA THA (25 km) nach ZEPALA (32 km) und endet 15 km weiter am Eingang des Thung Yai Naresuan Wildlife Sanctuary.
Die auf einigen Karten eingezeichnete Straße nach Kamphaeng Phet existiert nicht.

NEUJAHRSZEREMONIE IN CHIANG MAI; © MORITZ JACOBI

# Nord-Thailand

**Der erste Anlaufpunkt vieler Kulturreisender wie abenteuerlustiger Backpacker ist Chiang Mai mit einem breiten touristischen Angebot, glitzernden Tempelanlagen und einmaligen Einkaufsmöglichkeiten. Über zahllose Kurven geht es im Westen durch weite Teakwälder und Dörfer ethnischer Minoritäten. Hoch im Norden locken das Goldene Dreieck und im Südwesten entspannte Provinzstädte.**

# Stefan Loose Traveltipps

**5** **Chiang Mai** Bei einem Bummel durch die Altstadt, auf dem Sonntagsmarkt oder einem Fest die Besonderheiten der Lanna-Kultur entdecken. S. 345

**6** **Elefantencamps** In alter Tradition gezähmte Dickhäuter in naturnaher Umgebung erleben. S. 374

**Mae Hong Son** Im entspannten Städtchen mit mildem Klima die pittoresken Tempel am See erkunden. S. 399

**Pang Mapha** In der Umgebung des kleinen Marktortes können Touren in spektakuläre Höhlen unternommen werden. S. 410

**Chiang Rai** Das Wat Rong Khun und das Baandam Museum besuchen, Kontraste aus Schwarz und Weiß. S. 442

**Phayao** Eine Fahrt zum versunkenen Wat Tiloke Aram bei Sonnenuntergang. S. 468

**7** **Nan** Alte Lanna-Kultur ist in der faszinierenden, abgelegenen Grenzregion noch erlebbar. S. 471

**Lampang** Die Stadt lockt mit prächtigen Teakhäusern, Pferdekutschen und einer der schönsten Tempelanlagen des Nordons. S. 485

ALTERNATIVES WOHNEN AM PAI-FLUSS © MISCHA LOOSE

PANG MAPHA, WEBARBEIT © MISCHA LOOSE

Goldenes Dreieck
Chiang Rai
Mae Hong Son
Pai
Chiang Mai
Nan
Lampang

**Wann fahren?** Von November bis Februar ist es trocken und angenehm kühl

**Wie lange?** Mindestens eine Woche

**Bekannt für** Elefanten, Höhlen, Tempel, Teakwälder, Wanderungen, Nachtmärkte sowie Kunsthandwerk der Bergvölker

**Unbedingt machen** Elefanten füttern und baden, einen Tag durch die Berge wandern, das Wat Rong Khun bei Chiang Rai und die Hall of Opium im Goldenen Dreieck besuchen

**Grenzübergänge** Nach Myanmar über Mae Sai; nach Laos über Chiang Khong oder Huai Khon

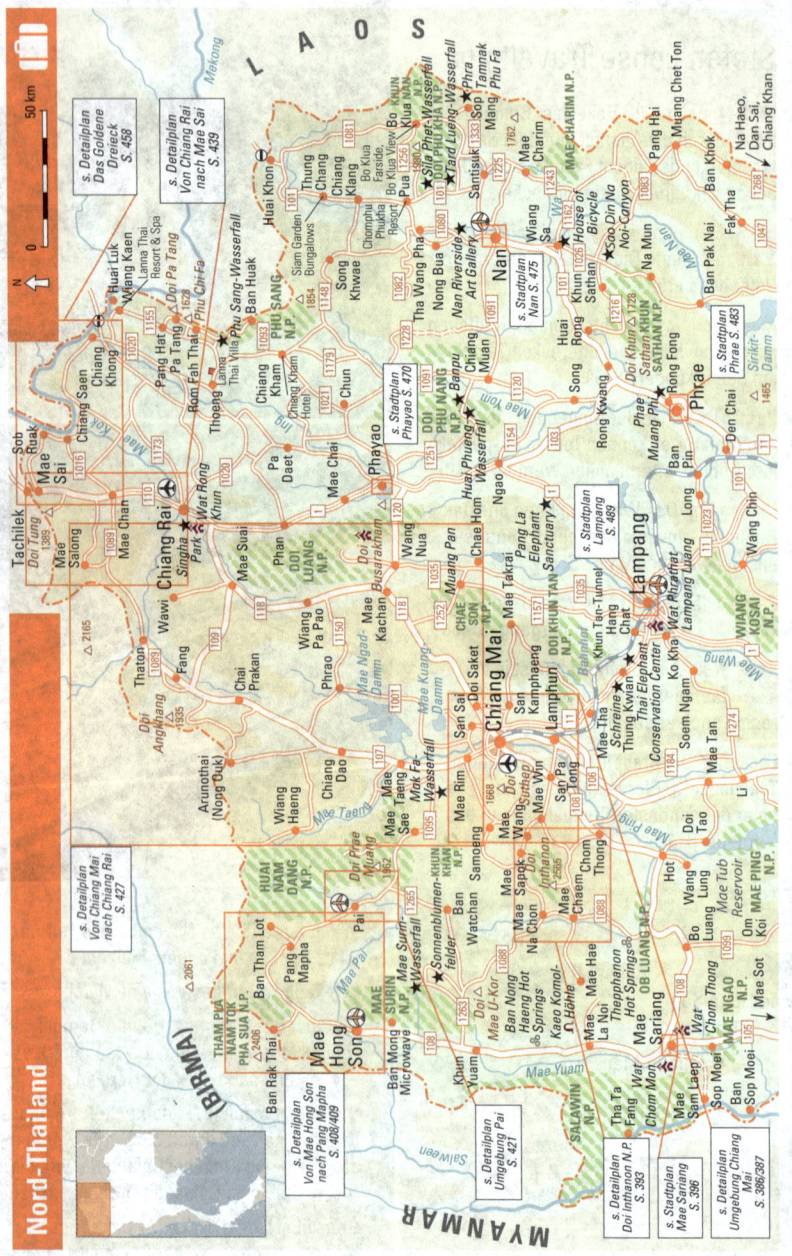

Der Norden ist die abwechslungsreichste Region Thailands. Zwischen weiten, von Flüssen durchzogenen Ebenen und dem Doi Inthanon, dem höchsten Berg des Landes, erstrecken sich Berge bedeckt von dichten Wäldern, die mit zunehmender Höhe in moosverhangene Bergwälder und lichte Rhododendronhaine übergehen. In den Tälern liegen von Reis- und Blumenfeldern, Obstplantagen, Gemüsegärten und Bambushainen umgebene Siedlungen.

Noch bis ins 19. Jh. pflegte man engere Beziehungen zu Birma als zu Bangkok. Erst das Vorrücken der Holzwirtschaft und der Bau der Eisenbahn stellten eine Verbindung zu den südlichen Landesteilen her. In den 1980er-Jahren wurde die Region touristisch erschlossen. Wie abenteuerlich das Reisen damals war, s. **eXTra [2963]**. Längst sind es nicht mehr nur „primitive" Dörfer, die Touristen in den Norden locken, sondern einmalige Landschaften und die lebendige kulturelle Vielfalt.

## Minoritäten und Einwanderung

Schon immer waren die Berge Zufluchtsorte **ethnischer Minderheiten**. Heute leben in Thailand 800 000–1 Mio. Angehörige solcher Minoritäten, davon rund 500 000 in etwa 3000 nordthailändischen Dörfern, die 16 Volksgruppen angehören: Nördlich von Chiang Mai leben die **Hmong** (Meo), **Yao** (Mien), **Lisu**, **Lahu** und **Akha**, weiter südlich **Lawa** und in der Grenzregion zu Myanmar bis hinunter nach Kanchanaburi die **Karen**.

Zu den Thai-Völkern zählen neben den Siamesen die **Shan (Tai Yai)**, **Tai Lue**, **Tai Yong** und **Tai Yuan**. Aus dem südchinesischen Raum kommend, verdrängten sie bereits im 11. und 12. Jh. die zur Mon-Khmer-Gruppe gehörenden **Lawa**, **H'tin**, **Khamu**, **Mlabri** und andere Khon Pa-Stämme aus den fruchtbaren Tälern in die Gebirgsregionen. Ihnen folgten 600 Jahre später die

### Abseits der Touristenpfade

- Mae Hong Son (S. 399)
- Thaton (S. 434)
- Chiang Saen (S. 459)
- Phayao (S. 468)
- Phrae (S. 481)

### Königsprojekte in den Bergen

Bereits früh lagen dem König und seiner Mutter, die überwiegend im Norden lebte, eine Verbesserung der Lebensverhältnisse der Bergvölker am Herzen. Im Rahmen der „Königsprojekte" wurde seit 1969 der Anbau von Blumen, Kräutern, Kaffee und anderen *cash crops* sowie die Entwicklung des Kunsthandwerks gefördert. Wichtigste Projekte liegen z. B. am Doi Inthanon (S. 392), Doi Angkhang, nördlich von Mae Hong Son (S. 433) und im Mang Valley (S. 480).

aus dem Westen stammenden **Karen**. Bereits seit Jahrhunderten sind **Haw** (auch Hor) ansässig, moslemische Händler aus Yunnan. Seit Mitte des 19. Jhs. kamen zudem **Lahu**, **Akha** und **Lisu**, **Yao** und **Hmong** aus Südchina ins thailändische Staatsgebiet. Auch versprengte Reste der 1949 von ihren kommunistischen Widersachern geschlagenen **Kuomintang**-Armee (KMT) flüchteten von China über Myanmar nach Thailand und ließen sich im Grenzgebiet nieder.

**5 HIGHLIGHT**

# Chiang Mai

Chiang Mai gehört zu den attraktivsten und bei Touristen beliebtesten Städten des Landes. Für Reisende, die aus Bangkok kommen, mag die Stadt beschaulich wirken, für die Menschen aus der Provinz ist sie mit rund 200 000 Einwohnern, einem internationalen Flughafen und dem dichten Verkehr eine pulsierende Metropole. Die Stadt bietet ein breitgefächertes Angebot für jeden Geschmack und Geldbeutel: von Unterkünften jeder Preiskategorie, günstigen Essensmärkten und abwechslungsreichen Restaurants über interessante Tempel und Museen, ursprüngliche Märkte und glitzernde Shoppingcenter bis hin zu vielseitigen Aktivitäten und Ausflugsoptionen. Die interessantesten Tempel und Märkte können an ein bis zwei Tagen erkundet werden, doch das Angebot ist so vielfältig, dass man problemlos eine Woche und länger bleiben kann, ohne sich zu langweilen.

Chiang Mai blickt seit seiner Gründung im Jahre 1296 auf eine bewegte **Geschichte** zurück, die ihren Ausdruck in Hunderten von Tempeln fand. Die meisten sind vom Stil der mächtigen Mengrai-Dynastie (1296–1558), der Blütezeit des Lanna-Reiches, geprägt, doch auch die anschließende birmanische Besatzung (1558–1774) und die kulturellen Verstrickungen mit anderen Reichen (Khmer, Yunnan, Ceylon und Indien) haben unverkennbare Spuren hinterlassen. In den vergangenen Jahren wurden viele Tempel aufwendig restauriert und herausgeputzt.

Die quadratisch angelegte **Altstadt** war einst von einer Stadtmauer und einem Wassergraben *(moat)* von etwa 1500 m Seitenlänge umgeben. Reste der Befestigungsmauer sind rekonstruiert worden. Die quadratische Grundordnung spiegelt in der Gründungszeit vorherrschende **Mandala-Kosmologie** wider. Der Wat Chedi Luang im Stadtkern symbolisiert den heiligen Berg Meru, das Zentrum des Universums, während die acht wichtigsten, an den Kardinalpunkten erbauten Tempel der Innenstadt die um ihn kreisenden Planeten abbilden.

Zunehmend wird die einst eigenständige **Lanna-Kultur** von der Thai-Kultur des zentralen Flachlandes überlagert und dominiert, und die typischen alten **Teakhäuser** verschwinden. Einzig innerhalb der Stadtmauern blieb, dank gesetzlicher Auflagen, das provinzielle Flair weitestgehend erhalten, doch auch hier entstehen zunehmend Hotelbauten für die vielen Touristen. In den letzten Jahren ist die Stadt besonders bei

## Die schönsten Fahrstrecken

- auf dem H106 von Chiang Mai nach Lamphun (S. 390)
- auf dem H1095 zwischen Mae Hong Son und Pai (S. 391)
- auf dem H1178 und H1340 von Chiang Dao zum Doi Angkhang (S. 432)
- von Nan zur Grenze auf dem H101 und weiter nach Bo Klua auf dem H1081 (S. 480)

chinesischen Reisenden zunehmend beliebt, sodass immer mehr Angebote auf ein Klientel aus dem Reich der Mitte zugeschnitten sind.

# Altstadt

## Thapae Gate

Die zentrale Verkehrsachse, die Thapae Road verbindet den Ping-Fluss mit der Altstadt und endet im Westen am rekonstruierten **Thapae Gate**, dem seit jeher wichtigsten Eingangstor zum historischen Stadtkern. Bereits zu Zeiten König Mengrais gelangten Händler, Mönche und Delegationen geneigter Königreiche von den Landungsstegen am Fluss durch das Tor in die Stadt. Hier schlägt Chiang Mais touristisches Herz. Der für Festivals, Märkte und Paraden genutzte Platz ist umgeben von stark befahrenen Straßen und gesichtslosen Restaurants, Hotels und Geschäften.

## Wat Chedi Luang

Im Zentrum der Altstadt erhebt sich der sagenumwobene, aufwendig restaurierte **Wat Chedi Luang**. Der Tempel beherbergte von 1482–1547 den Smaragd-Buddha (S. 145), den wichtigsten Buddha Thailands, der nun im Wat Phra Kaeo von Bangkok steht.

Besucher erreichen zunächst den **Viharn Luang**, die zentrale Gebetshalle, mit hohen Decken, opulent verzierten Säulen und einer über 8 m hohen, anmutigen goldenen Buddhastatue, die von zwei Statuen seiner Jünger flankiert wird. Zum Jahreswechsel werden bunte Papierfähnchen mit zwölf chinesischen Tierkreiszeichen und guten Wünschen aufgehängt.

Links der Eingangspforte erhebt sich der **Lak Muang**, der dem Schutzgeist Chiang Mais gewidmete Gründungsschrein und das geografische Zentrum der Stadt. Die drei riesigen Yang-Bäume wurden um 1800 gepflanzt und sollen den Schutzgeist bei seiner Arbeit unterstützen.

Im weitläufigen Bereich der Tempelanlage hinter dem Viharn erhebt sich die wuchtige, 60 m hohe Ruine des zentralen **Chedi**. 1545 zerstörte ein Erdbeben das ehemals 82 m hohe Bauwerk, doch erst 1991 begann man mit der Restaurierung. Mit wenig Sachverstand und viel

## Das Leben der Bergvölker

Die Bergvölker bepflanzen zumeist steile Hänge über 800 m und bauen im **Brandrodungsfeldbau** Bergreis, Tabak, Baumwolle, Gemüse, Blumen, Kaffee, Tee und Gewürzpflanzen an; das einst wichtige Opium haben Designerdrogen aus den Labors verdrängt. Die Behörden fördern seit den 1960er-Jahren Infrastrukturmaßnahmen. Die Kinder in den Schulen lernen Thai. Dennoch werden sie von der ethnischen Mehrheit zumeist abschätzig behandelt. Trotz äußerlicher Anpassung bleiben die Bergvölker, mit Ausnahme der früh eingewanderten Lawa und Karen, ihrer jeweiligen Kultur eng verbunden. Die Geschichte ihrer langen Wanderungen und die Regeln ihres Zusammenlebens wurden teils mündlich weitergegeben. Bei den Yao sind **chinesische Schriftzeichen** in Gebrauch.

### Geisterglaube und Religion

Dem Glauben an magische Kräfte und die beseelte **Natur** wird große Bedeutung beigemessen. **Medizinmänner** und **Schamanen** treten als Mittler zwischen dem Dies- und Jenseits auf. Sie beschwören Geister, vertreiben Krankheiten, legen den richtigen Zeitpunkt für den Hausbau oder die Ernte fest. In den vergangenen Jahrzehnten wurden viele Bergbewohner von Missionaren christianisiert. Mit der Einführung neuer Werte kommt es zu **Interessenkonflikten** und einem Identitätsverlust. Statt auf den Feldern, arbeiten viele junge Menschen in den Städten und finanzieren damit das Dorf.

Das **Neujahrsfest** ist das wichtigste soziale und religiöse Ereignis des Jahres. Spiele, Tanz und Gesang begleiten die mehrtägigen Zeremonien je nach Volk zu unterschiedlichen Zeitpunkten.

### Kunsthandwerk

Auf Märkten und in Geschäften werden neben Silberschmuck und Bambus- sowie Rattanarbeiten Kleidung, Taschen und Decken verkauft, die von Frauen mit bunten Stickereien verziert wurden. Die in ihrer Grundfarbe überwiegend indigoblauen oder schwarzen Textilien dekorieren Hmong und Akha mit farbenfrohen Applikationen und Quasten, Muscheln, Samen oder Münzen. Von Lahu und Karen stammen die bunt gestreiften Stoffe, während Lisu-Frauen Patchwork-Arbeiten bevorzugen.

### Tourismus

Der Tourismus bietet Menschen die Möglichkeit, in ihren Dörfern zu bleiben, statt in den Städten nach Arbeit zu suchen, allerdings nimmt er oft keine Rücksicht auf Traditionen. Ein Beispiel ist die Zurschaustellung der exotischen „Langhals-Frauen", der **Padaung** (S. 405), einer Karen-Gruppe. Anfangs noch Flüchtlinge aus Myanmar, werden sie mittlerweile als Touristenattraktion „importiert". Dabei wäre ein respektvoller Umgang mit den Bergvölkern sehr wichtig.

### Trekking

Einen lebensnahen Einblick in die Welt der Bergvölker erhält man während guter **Trekkingtouren**. Auf schmalen Pfaden geht es durch Wald und Reisfelder, über kahle Bergrücken zu den Dörfern, wo man in einfachen Bambushütten sein Nachtlager aufschlägt. Die Touren erfordern tägliche Fußmärsche von bis zu 6 Std. Es werden aber auch bequemere Alternativen angeboten, bei denen man große Strecken in Booten, auf Flößen oder Elefanten zurücklegt. Die beliebtesten Trekkinggebiete liegen nördlich von Chiang Mai und rings um den Doi Inthanon.

Weitere Infos auf S. 114 und unter ⌨ www.hilltribe.org sowie ⌨ www.ttcrafts.co.th.

---

Zement rekonstruierte man die Elefantenstatuen, die einstmals auf der mittleren Plattform den Chedi trugen. In der östlichen Nische wurde eine Kopie des Smaragd-Buddha aus schwarzer Jade aufgestellt. Die Legende rund um den Bau des Chedi s. **eXTra [2662]**.

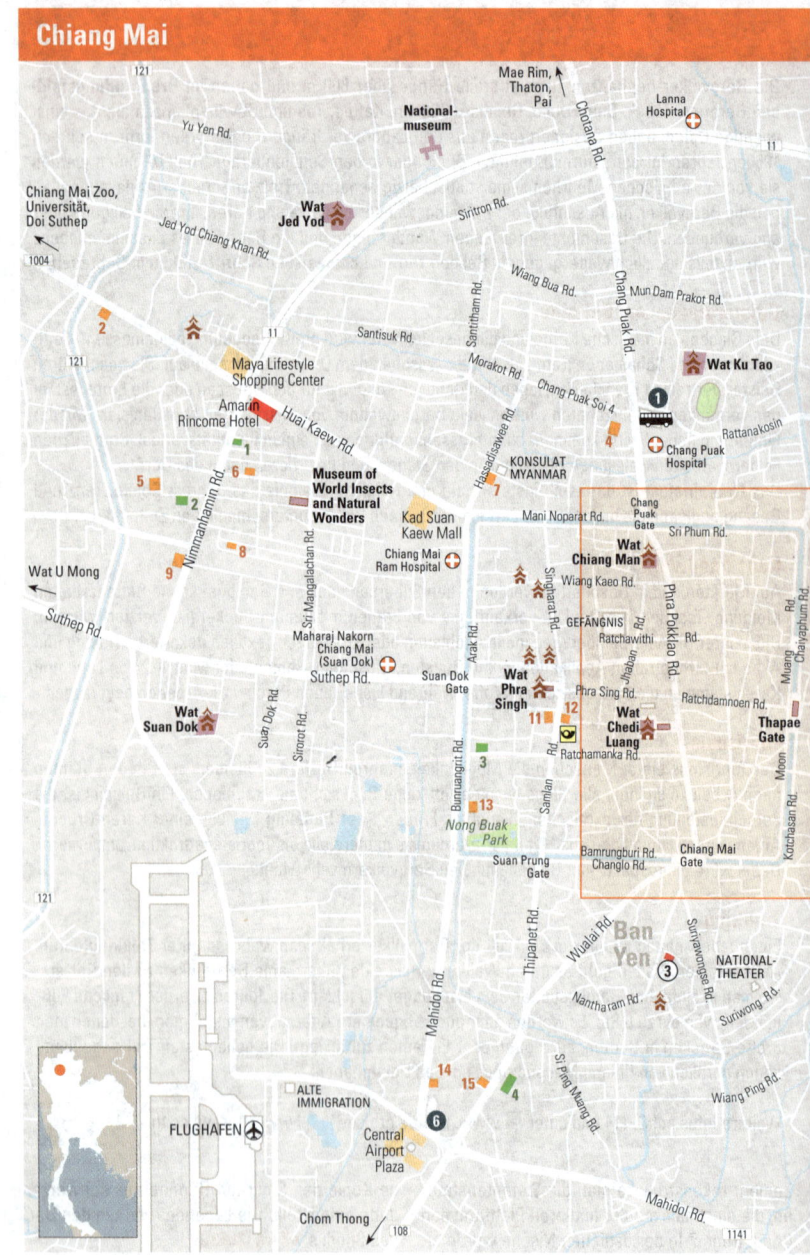

# Chiang Mai

NORD-THAILAND

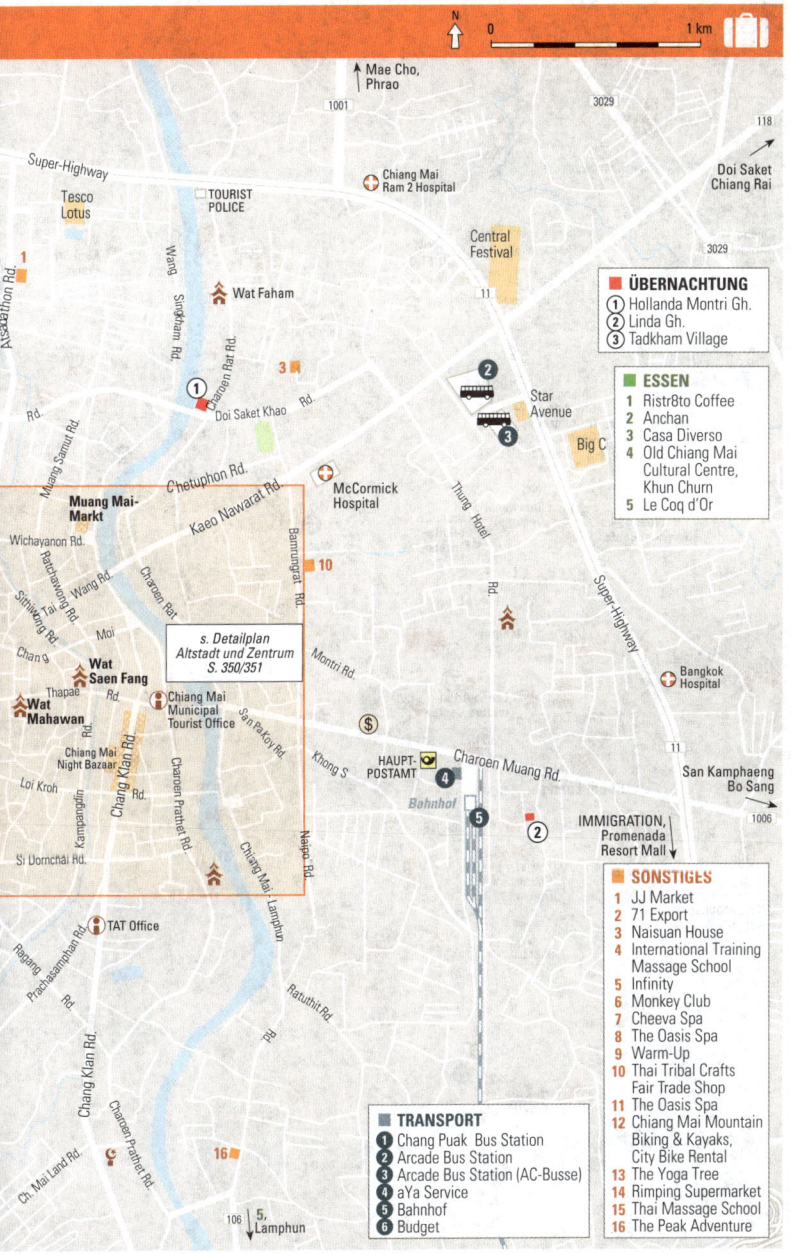

**N**

0                                1 km

Mae Cho,
Phrao

1001                                           3029                    118

Super-Highway

Doi Saket
Chiang Rai

Tesco
Lotus

TOURIST
POLICE

Chiang Mai
Ram 2 Hospital

Central
Festival

3029

Wat Faham

Star
Avenue

Big C

Doi Saket Khao

Chetuphon Rd.

McCormick
Hospital

Muang Mai-
Markt

Kaeo Nawarat Rd.

**10**

Thung Hotel

Super-Highway

*s. Detailplan
Altstadt und Zentrum
S. 350/351*

Montri Rd.

Bangkok
Hospital

Wat
Saen Fang

Chiang Mai
Municipal
Tourist Office

Wat
Mahawan

Chiang Mai
Night Bazaar

HAUPT-
POSTAMT

Charoen Muang Rd.

San Kamphaeng
Bo Sang

11

1006

$

**4**

Bahnhof

**5**

IMMIGRATION,
Promenada
Resort Mall

**2**

TAT Office

Ratuthit Rd.

5,
Lamphun

106

**16**

### ■ ÜBERNACHTUNG
① Hollanda Montri Gh.
② Linda Gh.
③ Tadkham Village

### ■ ESSEN
1 Ristr8to Coffee
2 Anchan
3 Casa Diverso
4 Old Chiang Mai
  Cultural Centre,
  Khun Churn
5 Le Coq d'Or

### ■ SONSTIGES
1 JJ Market
2 71 Export
3 Naisuan House
4 International Training
  Massage School
5 Infinity
6 Monkey Club
7 Cheeva Spa
8 The Oasis Spa
9 Warm-Up
10 Thai Tribal Crafts
   Fair Trade Shop
11 The Oasis Spa
12 Chiang Mai Mountain
   Biking & Kayaks,
   City Bike Rental
13 The Yoga Tree
14 Rimping Supermarket
15 Thai Massage School
16 The Peak Adventure

### ■ TRANSPORT
① Chang Puak  Bus Station
② Arcade Bus Station
③ Arcade Bus Station (AC-Busse)
④ aYa Service
⑤ Bahnhof
⑥ Budget

**NORD-THAILAND**

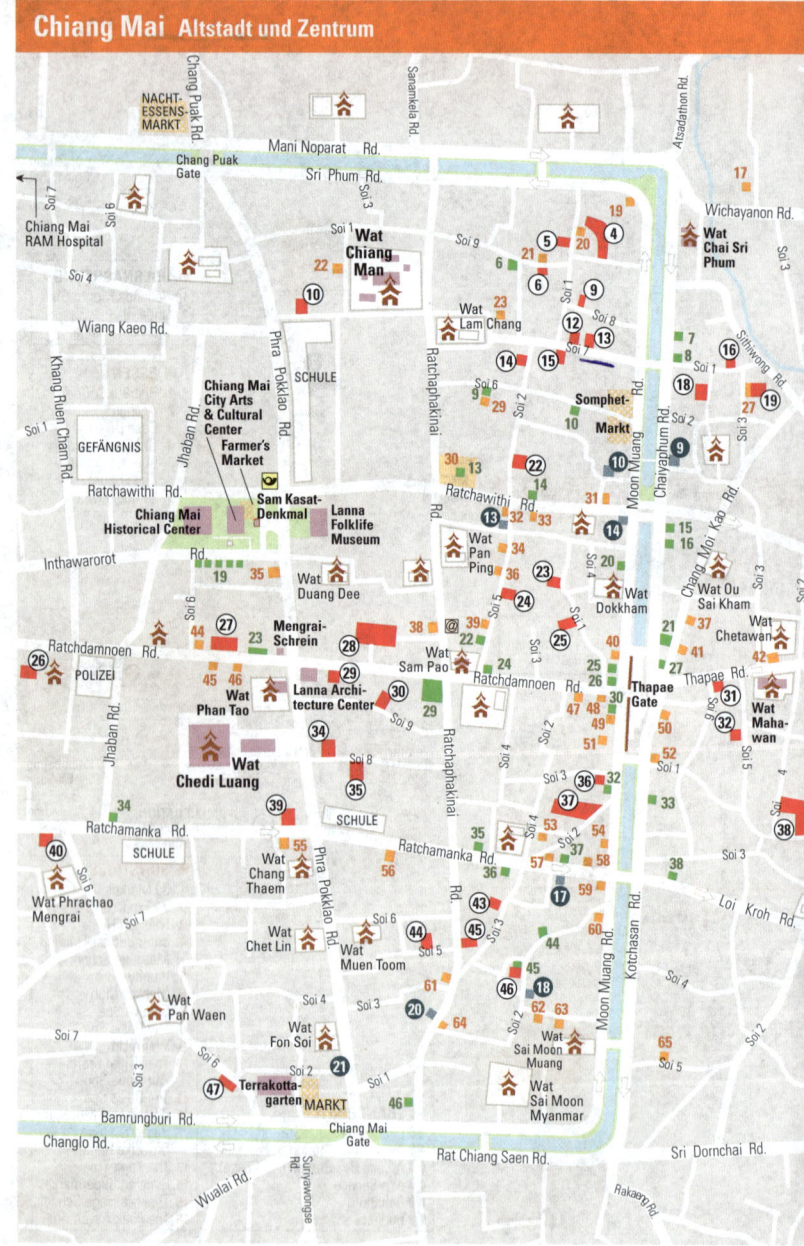

NORD-THAILAND

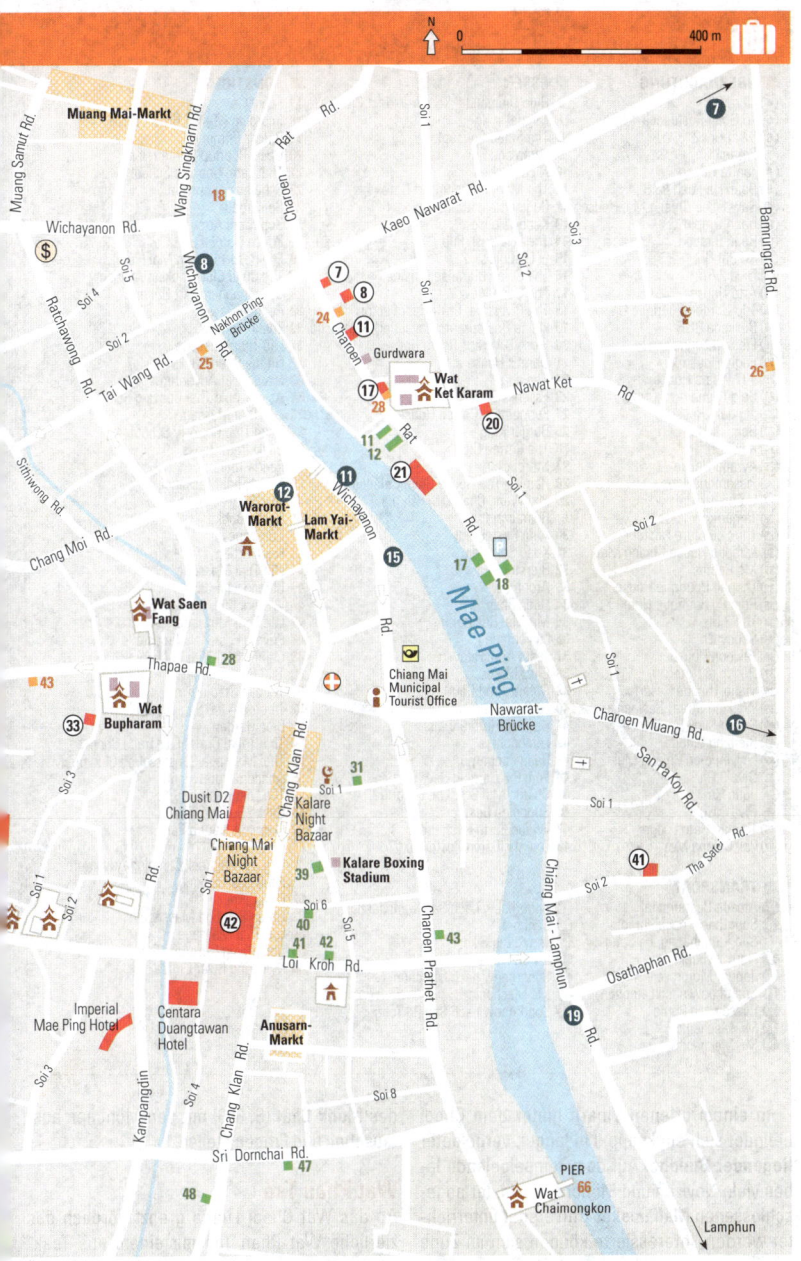

N

0      400 m

Muang Mai-Markt

Muang Samut Rd.

Wang Singkharn Rd.

Pat Rd.

Charoen

Kaeo Nawarat Rd.

Soi 1

Soi 3

Soi 2

Bannungrat Rd.

Wichayanon Rd.

$

Ratchawong Rd.

Soi 4

Soi 5

Wichayanon

Nakhon Ping-Brücke

Tai Wang Rd.

Soi 2

**8**

**18**

**7**

**8**

**24**

**25**

Charoen

**11**

**17**

**28**

Gurdwara

Wat Ket Karam

Nawat Ket Rd.

**26**

**20**

**11**

**12**

Pat Rd.

**21**

Sithiwong Rd.

Chang Moi Rd.

**12**

Warorot-Markt

Lam Yai-Markt

Wichayanon

Rd.

Mae Ping

**15**

**17**

**18**

Soi 1

Soi 2

Wat Saen Fang

Thapae Rd.

**28**

Rd.

Chiang Mai Municipal Tourist Office

**43**

Soi 3

**33**

Wat Bupharam

Nawarat-Brücke

Charoen Muang Rd.

San Pa Koy Rd.

Soi 1

**16**

Dusit D2 Chiang Mai

Chiang Klan Rd.

Soi 1

Kalare Night Bazaar

**31**

Kalare Boxing Stadium

Chiang Mai-Lamphun

Soi 2

Tha Satoi Rd.

**41**

Chiang Mai Night Bazaar

**42**

**39**

**40**

**41**

**42**

Soi 6

Soi 5

Loi Kroh Rd.

Charoen Prathet Rd.

**43**

Osathaphan Rd.

Imperial Mae Ping Hotel

Centara Duangtawan Hotel

Anusarn-Markt

Soi 1

Soi 2

Kampangdin

Chiang Klan Rd.

Soi 4

Sri Dornchai Rd.

**47**

Soi 8

**19**

Rd.

**48**

PIER

**66**

Wat Chaimongkon

Lamphun

### ■ ÜBERNACHTUNG

④ Libra Gh.
⑤ Tri Gong Residence
⑥ Kavil Gh. 2
⑦ Parami Gh.
⑧ Tanita House
⑨ Baan Hanibah B&B
⑩ Sawasdee Chiang Mai House
⑪ Baan Orapin
⑫ Baan Ramida
⑬ Sri Pat Gh.
⑭ Diva 2 Gh.
⑮ Arte House
⑯ Top Garden Boutique Gh.
⑰ Bussaba B&B
⑱ Elegant Lanna
⑲ Eagle House
⑳ 137 Pillars House
㉑ Sala Lanna
㉒ Jungala House
㉓ Baan Ja Ja
㉔ Kavil Gh. 1
㉕ Awana House
㉖ Pissamorn House
㉗ U Chiang Mai
㉘ Tamarind Village
㉙ The Sculpture Hostel
㉚ Lamphu House Chiang Mai
㉛ Mo Rooms
㉜ Thapae Boutique House
㉝ Rom Po Boutique Hotel
㉞ The 3 Sis
㉟ Sabuy Gh.
㊱ Taicoon House
㊲ De Naga Hotel
㊳ Viang Thapae Resort
㊴ Walking Street Residence
㊵ Seven Suns Residence
㊶ Rimping Village
㊷ Le Meridien Chiang Mai
㊸ Diva 3 Gh.
㊹ Julie Gh.
㊺ Diva 1 Gh.
㊻ Thapae Gate Lodge
㊼ Pak Chiang Mai

### ■ TRANSPORT

❼ Arcade Busterminal
❽ Songthaew nach Phrao, San Kamphaeng, Pa Sang
❾ North Wheels
❿ Jaguar Motorcycle Hire
⓫ Songthaew nach Lamphun
⓬ Busse nach Phrao
⓭ Mr. Mechanic
⓮ Mr. Mechanic
⓯ Songthaew nach San Kamphaeng
⓰ Bahnhof
⓱ Tony's Big Bikes
⓲ JN Sunshine
⓳ Songthaew nach Lamphun
⓴ Mr. Mechanic
㉑ Songthaew nach San Pa Tong

### ■ ESSEN

6 Blue Diamond – The Breakfast Club
7 Miguel's
8 The Salad Concept
9 Wrap and Roll
10 Nice Kitchen
11 The Meeting Room Art Café
12 Regina Restaurant
13 Kebap House
14 The U.N. Irish Pub
15 El Diablo's
16 The Swan Burmese Cuisine
17 The Good View
18 The Riverside, Craft Beer Factory
19 kleine Restaurants (tagsüber), Kiat Ocha
20 Fresh & Wraps Resto Bar
21 Daret's House
22 Kanjana
23 Essensstände
24 Peppermint Coffee House
25 Burger King
26 The Coffee Club
27 Starbucks
28 Raming Tea House Siam Celadon
29 Pho Weng Chane, Si Fah u.a. Restaurants
30 Aum Restaurant
31 Khao Soi Islam
32 Bierstube
33 Aroon Rai
34 Huen Phen
35 Mit Mai Restaurant
36 La Fontana
37 Taste from Heaven
38 Chez Marco
39 Galare Food Court
40 Le Spice
41 German Hofbräuhaus
42 Lemongrass
43 Baan Jangarpor
44 Pum Pui German Beer Garden
45 Chiang Mai Breakfast World
46 Spoon de Best
47 Whole Earth Restaurant
48 Giorgio Italian Restaurant

### ■ SONSTIGES

17 FabriQue
18 Scorpion - Tailed River Cruise
19 Rider's Corner
20 Oasis Rooftop Garden Bar
21 Thai Farm Cooking School
22 Schweizer Konsulat
23 Spiceroads
24 Sop Moei Arts
25 Prince Hotel (Pool)
26 Eco Resort Chiang Mai (Pool)
27 The Chilli Club Cooking Academy
28 Suvannabhumi Art Gallery
29 Rendee Design
30 Zoe in Yellow
31 Lila Thai Massage
32 On the Road Books
33 Siam River Adventures
34 Asia Scenic Thai Cooking School
35 Lila Thai Massage
36 Baan Thai Cookery School
37 Backstreet Books
38 Panda Tours
39 MTM Thai Massage
40 DHL Service Point
41 Gecko Books
42 Bookzone
43 Nova artlab
44 Lila Thai Massage
45 Chiang Mai Cotton
46 Writers Club & Wine Bar
47 Lila Thai Massage
48 Private Post-Annahmestelle
49 Chiang Mai Thai Cookery School
50 THC Roof Top Bar
51 Thapae Stadium
52 Treetop Asia, Segway Gibbon
53 Blue Garden
54 Thai Tribal Crafts Fair Trade Shop
55 Thai Massage Conservation Club Ch. Mai
56 Anodard Hotel (Pool)
57 The Lost Bookshop
58 Gecko Books-Filiale
59 Elephant Nature Park
60 Mad Dog
61 Chiang Mai Rock Climbing Adventures, Pooh Eco-Trekking
62 C.U. Corner
63 Green Bamboo Massage
64 Lila Thai Massage
65 Something Different Tours
66 Mae Ping River Cruise

---

In einem offenen Viharn hinter dem Chedi befindet sich ein knapp 9 m langer, vergoldeter **liegender Buddha**. Auf dem Tempelgelände leben viele Novizen und Mönche, die in der angeschlossenen **Mahamakut-Universität** unterrichtet werden. Interessierte können sich im Zuge des **Monk Chat** (S. 369) mit den Mönchen austauschen und Fragen stellen.

## Wat Phan Tao

An das Wat Chedi Luang grenzt nördlich das zierliche Wat Phan Tao mit einem aus Teakholz konstruierten Viharn, der aus Resten einer 1846 erbauten und 30 Jahre später abgerissenen Thronhalle konstruiert wurde. Besonders schön sind die detaillierten Lanna-Schnitzereien an der Tempelfront, die an einigen Stellen mit bunten Glasmosaiken verfeinert sind, und der atmosphärische Innenbereich mit einem großen goldenen Buddha, der morgens vom hereinfallenden Licht angestrahlt wird. Auch ein Blick in den hinteren Tempelbereich mit einem kleinen Teich und Garten lohnt sich.

## Lanna Architecture Center

Auf der gegenüberliegenden Straßenseite versteckt sich hinter geweißten Ziegelmauern im **Khum Chao Burirat (Maha Intra)-Haus** das Lanna Architecture Center. Das von der Architektur-Fakultät der Chiang Mai University aufwendig restaurierte Gebäude aus dem späten 19. Jh. beherbergt ein Museum, das Infos zur Renovierung, zur Lanna-Architektur und zu verschiedenen Häusertypen sowie Hintergründe zu westlichen Einflüssen und Modelle präsentiert. Leider sind nicht alle Beschriftungen auf Englisch. ⊙ Di–So 8.30–17 Uhr, Eintritt frei.

## Sam Kasat-Denkmal und Museen

Rund 350 m nördlich des Wat Chedi Luang erhebt sich an der Phra Pokklao Road das **Sam Kasat-Denkmal** (Drei Könige-Monument), das an die Gründung von Chiang Mai durch König Mengrai aus Chiang Rai mit Unterstützung der mächtigen Herrscher Ngam Muang aus Phayao und Ramkhamhaeng aus Sukhothai erinnert.

Im 1924 erbauten Regierungsgebäudes dahinter vermittelt das nicht mehr ganz zeitgemäße, aber dennoch informative **Chiang Mai City Arts & Cultural Center** einen historischen Überblick. Die Ausstellung führt bis in die Frühgeschichte zurück, erläutert Chiang Mais historische und wirtschaftliche Entwicklung und stellt typische Berufe seiner Bewohner vor. Zudem wird die Geschichte der Herrscher, die Bedeutung des Ping-Flusses und das Leben der Landbevölkerung und Bergvölker beleuchtet.

Westlich davon liefert das kleinere, lohnenswertere **Chiang Mai Historical Center** eine Lanna-Perspektive auf die Vergangenheit. Die Gründungszeit der Stadt, geostrategische Hintergründe und die historische Rolle als Handelszentrum zwischen Siam im Süden und den nördlichen Nachbarn Birma, Laos und Kunming (im heutigen China) werden mit viel Herzblut ausgearbeitet, ebenso die Entwicklung von Rechtsprechung und Religion im Lanna-Reich. Lannas Niedergang, die 200-jährige birmanische Herrschaft und die Aufstände gegen die Besatzer werden ebenfalls dargestellt. Auch die neuere Geschichte sowie die Archäologie finden ihren Platz.

Im ehemaligen Gerichtsgebäude östlich des Denkmals beleuchtet das **Lanna Folklife Museum** auf zwei Etagen die Lanna-Kultur und das Kunsthandwerk. Von besonderem Interesse sind die imposanten Textilien, Lackarbeiten und Musikinstrumente.

✆ 053-217 793, 🖥 www.cmocity.com, ⊙ alle Museen Di–So 8.30–17 Uhr, Eintritt jeweils 90 Baht, Kinder 40 Baht, Wochenticket für alle drei Museen 180 Baht, Kinder 80 Baht.

## Wat Chiang Man

Den ältesten Tempel der Stadt ließ König Mengrai 1297 während des Aufbaus der neuen

Der perfekte Ausgangspunkt für einen Streifzug oder eine Fahrradtour durch die **Altstadt** ist das **Thapae Gate** an der östlichen Stadtmauer. Es macht Spaß, sich durch die Gassen innerhalb der Stadtmauer treiben zu lassen, kleine Geschäfte und Restaurants zu entdecken und die prächtigen Tempel zu besichtigen. Richtung Osten, **zwischen Altstadt und Ping-Fluss**, wird das Netz der Gassen von breiten Hauptverkehrsstraßen durchzogen. Nahe dem Fluss lockt der touristische **Night Bazaar** Backpacker wie Pauschalurlauber an. In der Umgebung konzentrieren sich große Hotels und auf Touristen zugeschnittene Restaurants und Geschäfte. **Westlich der Altstadt**, entlang der Huai Kaew Road Richtung Doi Suthep und um den Flughafen liegen die meisten großen Einkaufszentren. Junge Einheimische und ausländische Expats halten sich am liebsten in den Sois der **Nimmanhamin Road** auf, in denen die beliebtesten Clubs und Biergärten zu Hause sind.

Hauptstadt an der Stelle seines Lagers errichten. Das erste Gebäude der Anlage war der wuchtige, quadratische **Chedi Chang Lom**, ein von 15 lebensgroßen Elefantenstatuen gestützter Chedi im Lanna-Stil mit einer vergoldeten, pyramidenförmigen Spitze und mehreren Nischen im Mittelbau. Der große Vihara aus dem 19. Jh. besticht mit seinem weit ausschwingenden, von Naga-Schlangen begrenzten Dach und herabgezogenen, prächtig dekorierten Giebeln.

Rechts daneben werden in dem kleineren Vihara zwei berühmte, kleine Buddhafiguren sicher, aber kaum sichtbar hinter schweren Gittern aufbewahrt. Der **Phra Setang Khamani (Phra Kaeo Khao)** ist nur rund 10 cm groß, aus weißem Bergkristall und soll der Königin des Haripunchai-Reiches (8. Jh.) gehört haben, die andere, die Marmorskulptur **Phra Sila**, soll im 8. Jh. aus Ceylon (das heutige Sri Lanka) gekommen sein. Beide Statuen werden als Schutzheilige Chiang Mais verehrt. Weiteres zum Wat Chiang Man s. eXTra [2663].

Durch den Klosterhof des schräg gegenüberliegenden, kleinen **Wat Lam Chang**, das weit weniger herausgeputzt und noch recht ursprünglich wirkt, führt eine Abkürzung zum Somphet-Markt (S. 370).

## Wat Phra Singh

Der wichtigste Tempel in der westlichen Altstadt wurde 1345 von König Phayu als Grabstätte für seinen Vater Kham Fu begründet und in den 1920er-Jahren sowie 2002 umfassend restauriert. Rechts vom Eingang erhebt sich graziös der mit hervorragenden Holzschnitzereien bedeckte Mondhop. Besonders im Licht der Morgensonne bietet der Haupteingang zum Vihara von 1518 mit vergoldeten Schnitzereien, bunten Fayencen und dem dreifach gestaffelten, weit heruntergezogenen Dach ein eindrucksvolles Fotomotiv.

Die kleine, wohlproportionierte Kapelle **Viharn Lai Kham** im klassischen Lanna-Stil links daneben beherbergt die sagenumwobene **Buddhastatue Phra Singh**, die aus dem Mahabodhi-Tempel in Bodhgaya, Indien, stammen soll. Filigrane Schnitzereien schmücken das dreistufige Dach und die Giebel, Darstellungen aus den Jataka-Erzählungen die Wände im Inneren. Ver-

Der Terrakottagarten im Süden der Altstadt bietet mit seinen verwitterten Statuen hübsche Fotomotive.

© MORITZ JACOBI

goldete Schnitzereien zieren den Haupteingang des dunklen, kleinen Bots.

## Terrakottagarten

Der **Baan Phor Liang Meuns-Terrakottagarten,** ein idyllisches Kleinod mit kleinem Café, liegt in der Soi 2 der südlichen Phra Pokklao Road. Als offener, üppig begrünter Showroom eines Geschäfts mit Kopien alter Terrakottafiguren lädt er zu einem Rundgang zwischen Gottheiten, Buddhastatuen und Reliefs ein. Sprenkler regen das Mooswachstum auf den Figuren an. Davon profitieren leider auch viele Moskitos. ⏱ 9–18 Uhr, Fotoerlaubnis 20 Baht. Weiter südlich gelangt man durch das Chiang Mai Gate zur Wualai Road, der Straße der Silberschmiede.

# Rund um die Thapae Road

Die Thapae Road ist die zentrale Verbindungsstraße zwischen Altstadt und Ping-Fluss und beheimatet neben Hotels, Geschäften und Restaurants einige interessante Tempel.

## Wat Mahawan

Rund 300 m östlich des Thapae Gate stehen dicht gedrängt hinter einer hohen Mauer die von mystischen Löwenstatuen, birmanischen *Chinthe,* beschützten, mit Filigranarbeiten verzierten Gebäude des **Wat Mahawan.** Der im Lanna-Stil gehaltene Hauptviharn mit einem imposanten mehrstufigen Dach wird von Naga-Schlangen gesäumt und von Garuda-Vögeln, Vishnus Reittier, gekrönt. Der dahinter liegende weiße Chedi mit dekorativen Stuckarbeiten sowie der Viharn im nordwestlichen Tempelbereich sind wiederum birmanisch und vermutlich von wohlhabenden Teakhändlern im späten 19. Jh. gespendet worden.

## Wat Saen Fang

Weitere 300 m östlich flankieren zwei lange, mit Keramikfliesen belegte Naga-Schlangen die Gasse zum im 16. Jh. erbauten **Wat Saen Fang,** einer kunsthistorisch weniger bedeutenden, malerischen Klosteranlage. Im späten 19. Jh. wurde das als Palastresidenz genutzte zentrale Gebäude zu einem Viharn umgebaut. Der hübsche,

an die Shwedagon-Pagode in Yangon, Myanmar erinnernde Chedi und der Ubosot auf dem westlichen Tempelgelände sind zur Zeit der Besatzung (1558–1774) im birmanischen Stil erbaut worden, während der Viharn im Lanna-Stil gehalten ist.

## Wat Bupharam

Auf der gegenüberliegenden Straßenseite erhebt sich der hohe, an die birmanische Architektur angelehnte Turm des 1496 durch König Phra Muang Kaeo begründeten **Wat Bupharam,** der großen östlichen Tempelanlage. Zur Zeit der birmanischen Herrschaft wurden hier Mon-Mönche angesiedelt. Wie ein kleiner Palast wirkt die erst 1992 fertiggestellte, zweistöckige Halle **Ho Monthian Tham.** Im Obergeschoss steht der **Phra Phuttha Naret Sakchai Phairi-Phinat,** der größte Teakholz-Buddha der Welt, vor einer riesigen Schnitzarbeit, die seine sagenumwobene Entstehungsgeschichte darstellt. Angeblich wurde er nach einer Vision von König Naresuan gefertigt, nachdem dieser die Burmesen besiegt hatte. Daneben sieht der kleine, hübsche Viharn im Lanna-Stil des frühen 18. Jhs. mit dunklen Holzschnitzereien und heruntergezogenem Dach bescheiden aus.

# Im Norden und Westen

## Wat Ku Tao

Das ruhige, im Norden nahe der Chang Puak Bus Station gelegene Wat wurde 1613 als Begräbnisstätte für den Prinzen Saravadi (Min Noratha Chor), dem ersten birmanischen Herrscher über Chiang Mai, errichtet. Der fotogene Chedi im Stil der Tai Lue erinnert in seiner ungewöhnlichen Form mit fünf riesigen, übereinandergetürmten, nach oben kleiner werdenden „Melonen" (*tao* = Melonen) an die Almosenschalen der Mönche – eine wahrscheinlich aus Yunnan importierte Architekturform.

## Nationalmuseum

Im großen Gebäude aus den 1970er-Jahren nordwestlich des Zentrums am Super-Highway wirkt die Sammlung sehr bescheiden. Das Obergeschoss ist seit Jahren geschlossen, während im Erdgeschoss eine überschaubare Ausstellung von Lanna-Kunstschätzen besichtigt werden kann. Viel zu kurz kommen die Bergvölker und die Zeit der birmanischen Herrschaft. Im Garten stehen rekonstruierte Brennöfen, in denen Seladon-Keramik gebrannt wurde. ✆ 053-221 308, 🕑 Mi–So 8.30–16.30 Uhr, Eintritt nach Abschluss der „Renovierung" 100 Baht, bis dahin kostenlos.

## Wat Jed Yod

Etwa 300 m weiter südwestlich am Super-Highway erhebt sich inmitten eines weitläufigen, baumbestandenen Areals die Klosteranlage. Der ungewöhnliche **Maha Chedi** (Viharn Maha Pho) wurde 1455 nach dem Vorbild des Mahabodhi-Tempels im indischen Bodh Gaya errichtet, wo Buddha die Erleuchtung zuteil wurde. Die Außenwände zieren 70 Stuckreliefs himmlischer Wesen, deren Gesichter angeblich nach Familienmitgliedern des Tempelgründers König Tilokarat modelliert sind. Das Wat war eines der bedeutendsten religiösen Zentren seiner Zeit, in dem die reine buddhistische Lehre erforscht wurde. 1477 fand hier das achte buddhistische Weltkonzil statt, das den Buddhismus nachhaltig reformierte. In der Folgezeit entstanden weitere, reich geschmückte Bauten im Lanna-Stil, so der Haupt-Vihara, dessen Innenwände mit Wandmalereien im perspektivischen Stil bedeckt sind.

## Museum of World Insects and Natural Wonders

Der Mücken-Experte Manop, der bereits in den 1950er-Jahren für einen US-Malariaforscher arbeitete, und die renommierte Entemologin Rampa haben ihr Leben lang Insekten gesammelt, beschrieben und präpariert. Ihre gigantische Sammlung exotischer Schmetterlings- und Käferarten ist in der Soi 13, Nimmanhamin Road zu bewundern. Im Obergeschoss locken zudem eine Muschelsammlung, Mineralien, Fossilien und Informatives zu 436 einheimischen Moskitoarten. Bei verschlossener Tür klingeln. ✆ 053-211 891, 🖥 www.thailandinsect.com, 🕑 9.30–16 Uhr, Eintritt 200 Baht, Kinder 100 Baht.

## Wat Suan Dok

Das südlich der Suthep Road gelegene Wat entstand 1370 auf dem Areal einer ehemaligen Lawa-Siedlung. Damals wurde der große, 48 m hohe Chedi im ceylonesischen Stil über einer Reliquie Buddhas erbaut. Später wurden westlich des großen Vihara in Mausoleen Mitglieder der Königsfamilie von Lanna beigesetzt. Sie bieten gegen die untergehende Sonne mit dem Doi Suthep im Hintergrund ein beliebtes Fotomotiv. Die Tempelanlage ist zudem der Campus der Mahachulalongkorn Buddhist University. Auch hier finden gut organisierte **Monk Chats** (S. 369) sowie mehrtägige **Meditationsretreats** (S. 372) statt. Im hinteren Bereich steht das vegetarisch-biologische Restaurant Pun Pun.

## ÜBERNACHTUNG

### Innerhalb der Altstadtmauern
**Untere Preisklasse**

**Awana House** ㉕, 7 Soi 1, Ratchdamnoen Rd., ✆ 053-419 005, 🖥 www.awanahouse.com. Das gepflegte, familienfreundliche Haus mit angenehmer Atmosphäre in ruhiger Lage wird von Ron aus Holland gemanagt. 18 saubere, hübsch gestaltete Zimmer mit LCD-TV, Kühlschrank, fast alle mit kleinem Balkon und AC, günstige nur mit Ventilator und Gemeinschafts-Du/WC. Auch Familienzimmer. Die Flure mit grüner Farbe und floraler Deko. Frühstücksrestaurant am überdachten, kleinen Pool und Dachterrasse mit Liegen. Massagen und Internet-PC. ❷–❹

**Baan Ja Ja** ㉓, 7/3 Soi 1, Ratchadamnoen Rd., ✆ 053-213 329, 081-493 1034, 🖥 www.baanjaja.com. Freundliches, kleines, ruhig gelegenes Gh. in einem Garten mit Bambus-Hängematten, Tischen und Stühlen. 6 einfache Zimmer im 3. und 14 mit AC im 2. Stock, einige mit 3 Betten, getrennte Du und WC. In der Hochsaison 2 Nächte Mindestaufenthalt und Frühstück inkl. Internet-PC. ❷–❸

**Baan Ramida** ⑫, 20/1 Soi 7, Moon Muang Rd., ✆ 053-289 593. Von einer freundlichen Thai-Familie geführtes Haus mit sauberen, komfortablen, etwas unpersönlichen Zimmern mit dunklen Holzmöbeln, TV und bequemen, dicken Matratzen. Die teureren recht geräumig. Davor ein Café. Es wird kaum Englisch gesprochen. ❸

**Diva 1 Gh.** ㊺, 84/13 Ratchaphakinai Rd., ✆ 053-273 851,
093-171 6078, 🖥 www.divaguesthouse.com. Im
farbenfrohen Gh. gibt es 7 saubere, hübsch
individuell und bunt gestaltete Zimmer mit
dicken Matratzen, gefliesten Böden und Du/WC,
teils auch AC. Zudem Familienzimmer und
Schlafsaalbetten für 110–120 Baht (Ventilator)
und 170–180 Baht (AC). Steffen aus der Schweiz
und Sai geben gute Tipps, und das Personal ist
sehr hilfsbereit. Gutes Backpacker-Restaurant
mit Schweizer Gerichten, ⏰ 8–20.30 Uhr, und
eine gemütliche Terrasse. Internet-PC. Ableger
**Diva 2 Gh.** ⑭, 25 Soi 2, Ratchawithi Rd.,
✆ 053-224 648, mit den günstigsten Zimmern
(nur Ventilator), und **Diva 3 Gh.** ㊸, 2/2
Ratchamanka Rd., mit AC-Schlafsälen.
Reservierung empfehlenswert. ❶ – ❷

**Eagle House** ⑲, 16 Soi 3, Chang Moi Kao
Rd., ✆ 053-418 494, 🖥 eaglehouse.com.
Familiäres, etabliertes Haus in ruhiger Lage
unter Leitung der engagierten, Deutsch
sprechenden Irin Annette. Einfache Zimmer für
Anspruchslose, teils mit AC, zudem Einzel-
zimmer für 220–290 Baht und Schlafsaalbetten
für 150 Baht. Gartenrestaurant mit preiswerten
Gerichten. Einige Leser waren von den umwelt-
und sozialverträglichen Trekkingtouren für
7–12 Pers. mit Karen-Guides begeistert.
Spaßige Kochkurse (S. 372), Vermittlung von
Praktika in sozialen Organisationen,
Motorradvermietung, Abholservice. ❶ – ❷
**Julie Gh.** ㊹, 7/1 Soi 5, Phra Pokklao Rd.,
✆ 053-274 355, 🖥 www.julieguesthouse.com.
Häufig vollbelegtes Haus für kommunikative
Budgetreisende. Einfache Zimmer für 1–3 Pers.
mit harten Matratzen, teils mit Du/WC, zudem
Schlafsaal mit 4 Betten à 90 Baht und
Einzelzimmer für 120–200 Baht. Kleiner Garten
mit Liegen, Billardtisch und Hängematten,
Dachterrasse, mäßiges Restaurant. Der Service
könnte freundlicher sein. ❶ – ❷
**Jungala House** ㉒, 26 Soi 2, Ratchawithi Rd.,
✆ 053-210 620, 🖥 www.jungalahouse.com.
Das ehemalige Eagle House No. 2 wurde
renoviert und etwas aufgehübscht. Unter der
Leitung des deutsch-thailändischen Pärchens
Doh und Isabell werden 20 sehr einfache und
günstige Zimmer mit Du/WC, teils auch AC

(+100 Baht), vermietet. Trekkingtouren. Sehr
einfaches Frühstück inkl. ❶ – ❷

**Kavil Gh. 1** ㉔, 10/1 Soi 5, Ratchdamnoen
Rd., ✆ 053-224 740. Ruhig gelegene
Unterkunft mit gutem Preis-Leistungs-Verhältnis
und nettem, hilfsbereitem Vermieter. Saubere
Zimmer, teils mit AC, auch 3-Bett-Zimmer.
**Kavil Gh. 2** ⑥, weiter nördlich, ✆ 053-418 161.
❶ – ❷

**Libra Gh.** ④, 28 Soi 9, Moon Muang Rd.,
✆ 053-210 687, 🖥 www.librahouse
chiangmai.com. Es beherbergt seit 1987
Traveller. In mehreren Komplexen hinter dem
Restaurant liegen 52 ruhige Zimmer mit
Du/WC und teils AC und Warmwasser um
einen Garten mit Hängematten. Die besseren
mit guten Matratzen. Die gastgebende Familie
im Vorderhaus punktet mit rüstigem Humor.
❶ – ❷

**Taicoon House** ㊱, 1/1 Soi 3, Moon Muang Rd.,
✆ 053-208 575, 273 745, ✉ taicoonhouse@
hotmail.com. 10 geräumige, sehr saubere
Zimmer mit Ventilator und Du/WC in einem
3-stöckigen, von der Hauptstraße zurückversetzten Gebäude. Die beiden freundlichen
Leiterinnen sind auf Sicherheit bedacht.
❶ – ❷

**Thapae Gate Lodge** ㊻, 38/7 Soi 2, Moon
Muang Rd., ✆ 053-207 134, 084-377 5723,
🖥 www.thapaegatelodge.com. Olaf und Fong
vermieten 29 saubere, günstige, hellhörige
Zimmer mit gefliesten Böden, einige mit TV,
AC und kleinem Balkon. Auch Familienzimmer.
Olaf ist sehr engagiert, vermittelt viele Ange-
bote und kann gute Tipps geben. Ganztags
große Frühstücksauswahl im hervorragenden
Restaurant (s. Essen). ❷

**The Sculpture Hostel** ㉙, 97/1 Ratchdamnoen
Rd., ✆ 053-277 020, 🖥 www.fb.com/
TheSculptureHostel. Die Fassaden des
Häuserzugs erinnern eher an England und
auch das Hostel schlägt einen unüblichen
Weg ein. Die 14 hellhörigen Zimmer mit
Fenstern, bequemen Matratzen, AC und
LCD-TV sind spärlich möbliert, modern gestaltet
und mit kreativen Wandmalereien verziert.
Die in den schmalen Gängen ausgestellten
Kunstwerke kommen nicht wirklich zum Tragen.
Frühstück inkl. ❸

## Mittlere Preisklasse

**Arte House** ⑮, 11/2 Soi 7, Moon Muang Rd., w 053-289 569, 081-821 9250, 📱 auf Facebook. Die freundliche Unterkunft hebt sich durch eine ästhetische, persönliche Atmosphäre ab. Zurückversetzt von der Straße vermietet ein talentierter, sanftmütiger Künstler 6 recht kleine, feine und aufgeräumt gestaltete Zimmer mit LCD-TV, teils auch Balkon. Überall stehen Keramikskulpturen. Sehr guter, teurer Kaffee im einladenden Café vor dem Haus. ④ – ⑤

🏠 **Baan Hanibah B&B** ⑨, 6 Soi 8, Moon Muang Rd., ☎ 053-287 524, 📱 www. baanhanibah.com. Die Professorin Khun Nai ist in dem alten Teakhaus mit Garten aufgewachsen und hat es mit Liebe zum Detail zu einem modernen B&B mit persönlichem Touch umgebaut, in dem Holz und Beton miteinander harmonieren. 10 Zimmer mit komfortablen, hohen Betten, teils mit dekorativen Baumwollnetzen, Safe, LCD-TV und hübschen Bädern. Einzelzimmer für 900 Baht, auch große Familienzimmer für 4 Pers. Angenehmer Innenhof mit Wasserplätschern. Frühstück inkl. ⑤

**Lamphu House Chiang Mai** ㉚, 1 Soi 9, Phra Pokklao Rd., w 053-274 965, 📱 www.lamphu house.com. Der große 3-stöckige Neubau liegt in einer ruhigen und doch zentralen Soi und beherbergt 41 komfortable Zimmer mit unverputztem Beton, der mit Bambusmöbeln kombiniert wird. Die teuren Zimmer auch mit Balkon oder Veranda. Einladender Pool mit Liegen. Am Service hapert es noch. Frühstück +150 Baht. ❸ – ⑤

🏠 **Pak Chiang Mai** ㊼, 39/5 Soi 2, Phra Pokklao Rd., ☎ 053-814 733, 📱 www. pakchiangmai.com. In einem schönen Holzhaus mit Café und verträumtem Garten mit Sitzbereichen liegen 9 komfortable, geräumige und stilvoll mit dunklen Holzmöbeln gestaltete Zimmer, teils mit Stereoanlage. Freundliche Besitzerfamilie und angenehme Atmosphäre. Gutes Frühstück und Fahrräder inkl. Reservierung empfehlenswert. ⑤ – ⑥

**Pissamorn House** ㉖, 175/14 Ratchdamnoen Rd., ☎ 053-814 572, 081-950 3918, 📱 www. chiangmaigardenguesthouse.com. Pissamorn spricht Deutsch und vermietet im zurückversetzten Neubau 4 helle Zimmer für 2–3 Pers.

mit TV, Kühlschrank und persönlichem Touch. Ideal für ruhesuchende Frühaufsteher, die gern mit der Chefin bei Kaffee und Tee plaudern. Man kann sogar selbst Brot backen. Frühstück kann nach Wunsch am Abend vorbestellt werden. ④ – ⑤

**Sabuy Gh.** ㉟, 6/4 Phra Pokklao Rd., ☎ 081-208 2913, 080-133 9135, 📱 www.sabuyguest house.com. Unter der unorthodoxen Leitung des freundlichen Besitzers Aun und seinen resoluten Angestellten werden mitten in der Altstadt saubere Zimmer in 2-stöckigen Neubauten mit guten, harten Matratzen, AC, TV, Kühlschrank und kleiner Du/WC, teils auch Balkon, angeboten. Zudem neuere und größere Zimmer mit stylischen Holzmöbeln. Schnelles WLAN. ④

**Sawasdee Chiang Mai House** ⑩, 5 Phra Pokklao Rd., ☎ 053-418 907, 📱 www. chiangmaisawasdee.com. In dem gegenüber einer tagsüber lauten, großen Schule gelegenen 4-stöckigen Haus des freundlichen Sam fühlen sich die Gäste wohl, was die Lobpreisungen an den Wänden bezeugen. 32 freundlich eingerichtete, komfortable und großzügige Zimmer mit Teakmöbeln, TV, Kühlschrank und bequemen Betten, teurere mit Balkon. Hübsche Sitzgelegenheiten im Hof und Café. Hilfsbereiter Service. Internet-PC und Frühstück inkl. ⑤

**Seven Suns Residence** ㊵, 155 Ratchamanka Rd., ☎ 053-814 325, 📱 www.sevensuns.net. Im Haus des US-Amerikaners Lester und seiner Frau Sanh gibt es 7 sehr geräumige, komfortabel eingerichtete Zimmer für 2–4 Pers. mit Korbmöbeln, bequemen, breiten Betten, Sitzecke mit großem LCD-TV und Sofa, Du/WC und 2 Waschbecken sowie Kühlschrank und Wasserkocher. Üppiges Frühstück zu moderaten Preisen im Restaurant. ⑤

**Sri Pat Gh.** ⑬, 16 Soi 7, Moon Muang Rd., ☎ 053-218 716, 📱 www.sri-patguesthouse. com. Eine freundliche Familie vermietet in ihrem gepflegten Haus 24 kleine, saubere Zimmer mit teils kleinen LCD-TV, etwas verkalkter Du/WC, Wasserkocher, Föhn und Kühlschrank, die besseren im neueren Haus mit Holzböden und ansprechender Einrichtung. Sammlung von Buddhastatuen hinter der Rezeption. Kleiner

Pool. Gutes Preis-Leistungs-Verhältnis. Restaurant. ❹–❺

**The 3 Sis** ㉞, 1/3 Soi 8 Phra Pokklao Rd., ☏ 053-273 243, 🖳 www.the3sis.com. Im 3-stöckigen Haupthaus verbergen sich rund um den luftigen Innenhof 24 gepflegte, ruhige Zimmer, die gemütlich mit dunklen Holzmöbeln, großen Betten mit bequemen Matratzen, Kühlschrank und kleinem LCD-TV eingerichtet sind. Die preiswerteren sind kleiner. Café-Restaurant mit Terrasse und angenehmer Atmosphäre an der Straße. Reservierung empfehlenswert. Frühstück inkl. ❺

**Tri Gong Residence** ⑤, 8 Soi 1, Sriphum Rd., ☏ 053-214 754, 🖳 www.trigong.com. Ruhig gelegenes, 2-stöckiges Haus, das L-förmig um einen Innenhof mit Sitzgelegenheiten gebaut ist. 17 saubere, ältere, hellhörige Zimmer mit gefliesten Böden und Kühlschrank. Freundliches Personal. Gemeinschaftsküche im Innenhof. Tee, Kaffee und Internet-PC inkl. ❸–❹

**Walking Street Residence** ㊴, 72/2 Ratchamanka Rd., w 053-271 518, 🖳 www.walkingstreetrest.com. Kleines, modernes Gh. in zentraler Lage nahe einer großen Schule mit 16 sauberen, geräumigen, geschmackvoll gestalteten Zimmern mit kleinem LCD-TV, AC und Ventilator, Kühlschrank und Wasserkocher sowie hübschen dekorativen Details, nach hinten ruhiger. Freundlicher Vermieter. Parkplatz. ❹–❺

### Obere Preisklasse

**De Naga Hotel** ㊲, 21 Soi 2, Ratchamanka Rd., ☏ 053-209 030, 🖳 www.denagahotel.com. In diesem modernen, bei Europäern beliebten Luxus-Hotel „begleiten" Naga-Schlangen den Gast auf Schritt und Tritt. Das Innere vereint Tradition und Moderne. 55 Zimmer, die mit edlem Mobiliar, LCD-TV, Safe, Teakböden, Tropendusche und allem Komfort ausgestattet sind. Kleiner Pool und nettes Café. Professioneller, zuvorkommender Service. Frühstück inkl. ❼–❽

**Tamarind Village** ㉘, 50/1 Ratchdamnoen Rd., ☏ 053-418 896, 🖳 www.tamarindvillage.com. Eine Oase der Ruhe verbirgt sich hinter hohen Mauern rings um einen 200 Jahre alten Tamarindenbaum. In 1- bis 2-stöckigen Lanna-Häusern liegen 45 komfortable Zimmer, denen Kunsthandwerk der Bergvölker einen lokalen Touch verleiht. Die teureren sind größer mit Terrasse oder Balkon. Spa und edles Restaurant mit Blick auf den Pool und das Wat U Mong. Abends Livemusik. Frühstück inkl. ❽

**U Chiang Mai** ㉗, 70 Ratchdamnoen Rd., ☏ 053-327 000, 🖳 www.uchiangmai.com. Gepflegtes Design-Hotel mit 41 komfortablen Zimmern im modernen Lanna-Stil mit Veranda oder Balkon, iPod-Dockingstation, TV und Tropen-Du/WC, größere mit Sofa und Badewanne. Restaurant, Pool, Lesezimmer und Spa. Man kann rund um die Uhr einchecken und zahlt für 24 Std. Bei Buchung können die Art der Kissen, die iPod-Bespielung sowie die Seifen- und Teesorten im Zimmer gewählt werden. Kostenlose Aktivitäten wie Radtouren, Jogging, Yoga oder Stadtrundgänge. Fahrräder und Frühstück inkl. ❽

## Östlich vom Thapae Gate

### Untere Preisklasse

**Elegant Lanna** ⑱, 11 Soi 2, Chaiyaphum Rd., ☏ 053-874 043, 🖳 www.elegantlanna.com. In einem ruhig gelegenen, 4-stöckigen Neubau werden 13 kleine, nett eingerichtete Zimmer vermietet. Alle mit Fliesenböden, Federkernmatratzen, Kühlschrank, Safe, hübschem Schrank im Nan-Design sowie Bad mit separater Dusche, oben mit Balkon. Kleiner Garten mit Sitzgelegenheiten. Kein Frühstück. ❸

€ **Top Garden Boutique Gh.** ⑯, 13 Soi 1, Chaiyaphum Rd., ☏ 053-232 538, 082-183 8598, 🖳 www.topgarden-chiangmai.com. Nettes, kleines Hotel mit 12 sehr sauberen, hellhörigen Zimmern mit gefliesten Böden, teils AC, TV und Kühlschrank unter der Leitung des sehr freundlichen Franko-Kanadiers Victor und seiner Frau. Gemütliche Terrasse mit kleinem Springbrunnen. ❷–❸

### Mittlere Preisklasse

**Rom Po Boutique Hotel** ㉝, 16/1 Soi 3, Thapae Rd., w 053-274 942, 🖳 www.fb.com/rompoboutique. Das moderne Boutique-Gh. überzeugt mit 14 relativ kleinen, schicken Zimmern im unverputzten Betonstil mit bequemen Betten, LCD-TV, Wasserkocher und verglaster Du/WC.

NORD-THAILAND

Die Zimmer oben sind heller, unten kühler. Durchgehende Veranda. Sehr freundliche Besitzer. Im winzigen Garten steht ein Geisterhäuschen, das für die jüngsten Geister u. a. Captain America bereithält. Leider hört man den Lärm vom angrenzenden Tempel. ❹

**Thapae Boutique House** ㉜, 4 Soi 5, Thapae Rd., ✆ 053-284 295, 🖥 www.thapaeboutiquehouse. com. Stadthaus mit 21 sauberen Zimmern, die preiswerten klein, aber hübsch eingerichtet mit Safe, Holzböden und in Pastelltönen gehaltenen, mit Designs verschönten Wänden. Zimmer unten dunkler und teils feucht. Kleiner Hof mit Sitzgelegenheiten und Restaurant. Internet-PC und Frühstück inkl. ❹–❻

### Obere Preisklasse

**Mo Rooms** ㉛, 263/1-2 Thapae Rd., ✆ 053-280 789, 🖥 www.morooms.com. Die kleine, ungewöhnlich gestaltete Bar und das Restaurant lassen erahnen, dass dieses Hotel mit bizarren Zimmern aufwartet. Alle 12 nach den chinesischen Tierkreiszeichen benannten, teils höhlenartigen Räume sind individuell von 12 Künstlern gestaltet worden, die dem Rechteck den Kampf angesagt haben. Man sollte sich die Zimmer mit LCD-TV und Stereoanlage im Netz ansehen, denn einige haben Bäder ohne Tür oder Betten auf hohen, gemauerten Sockeln. Leider für das Gebotene etwas überteuert, aber einmalig designt. Kleiner Pool im Innenhof. Frühstück inkl. ❻–❼

**Viang Thapae Resort** ㊳, 47 Soi 4, Thapae Rd., ✆ 053-283 646, 🖥 www.viangthapaeresort. com. Angenehmes, ruhig und doch zentral gelegenes Boutiqueresort mit 44 Zimmern in zwei 3-stöckigen Blocks und 2 schattigen, kühlen Pools in den Innenhöfen. Die Zimmer mit großer Fensterfront, die auch als Eingang dient, sind komfortabel und geschmackvoll im Lanna-Stil eingerichtet. Sehr freundlicher Service. Vom Frühstücksrestaurant blickt man auf den kleinen Teich und ins Grüne. Parkplatz. Frühstück inkl. ❻–❼

### Nahe dem Ping

#### Untere Preisklasse

**Hollanda Montri Gh.** ①, 365 Charoen Rat Rd., ✆ 053-242 450, 🖥 www.hollandamontri, com,

Karte S. 348/349. In schöner Lage am Fluss nahe der Brücke werden in einem 2-stöckigen, orange-roten Neubau 16 einfache, saubere Zimmer mit TV, weichen Schaumstoffmatratzen und Du/WC, teils auch alter AC angeboten. Restaurant am Fluss mit Bar und Voliere mit Wellensittichen. Motorradvermietung. Fahrräder und Internet-PC inkl. ❷

**Parami Gh.** ⑦, 210–212 Charoen Rat Rd., ✆ 053-266 139, 🖥 www.paramiguesthouse-chiangmai.com. In einem etwas hellhörigen Holzhaus hinter den Geschäftshäusern vermieten Roger aus der Schweiz und seine Frau 8 kleine Zimmer für bis zu 3 Pers., 4 mit AC und Matratzen auf Betonblöcken. Begrünter Innenhof mit Teich und Sitzgelegenheiten. Vorn Massagen und andere Behandlungen. Frühstücken möglich. ❷

### Mittlere Preisklasse

🟧 **Baan Orapin** ⑪, 150 Charoen Rat Rd., ✆ 053-243 677, 🖥 www.baanorapin.com. Ruhiges B&B in einem hübschen, von der Straße zurückversetzten 2-stöckigen Lanna-Haus um 1914 und separaten Cottages, umgeben von einem romantischen Garten mit alten Bäumen und Pool. 15 geräumige, stilvoll möblierte Zimmer mit Himmelbetten, zudem teure Suiten mit großen Bädern und Terrasse oder Balkon. Mindestaufenthalt 2 Nächte. Frühstück inkl. ❺–❻

**Bussaba B&B** ⑰, 124-128 Charoen Rat Rd., ✆ 053-244 067, 🖥 www.bussababedbreakfast. com. An der lauten Straße vermieten die bemühten, freundlichen Gastgeber in einem Thai-Holzhaus 8 kleine, hübsch gestaltete Zimmer mit AC, TV und älterer Einrichtung. Die teureren mit großer Fensterfront nach hinten. Einfaches Frühstück inkl. ❸–❹

**Tanita House** ⑧, 152 Charoen Rat Rd., ✆ 053-243 755, 🖥 www.tanitahouse.com. Eine außergewöhnliche Unterkunft mit Charme sind die 4 in einem kleinen, von der Straße zurückversetzten Garten eng zusammenstehenden, sauberen und geräumigen Holzhäuschen in direkter Nachbarschaft zu einem über 150 Jahre alten Teakhaus. Die hilfsbereite Besitzerin Aor schafft eine familiäre Atmosphäre. Leckeres Frühstück im gemütlichen Café, Tee und Kaffee inkl. ❺

**Baan Chai Thung**, 208 Moo 4, Choengdoi Rd., 1,8 km südlich von Doi Saket, 20 km von Chiang Mai, ☎ 089-058 0496, 🖳 www.baan-chai-thung.com. Sehr gepflegtes und geruhsames Resort von Jürgen und Phoo inmitten von Reisfeldern mit Blick auf den Doi Saket. Rings um den ansehnlichen Pool mit schöner Sala stehen 1 Doppel- und 6 großzügige, komfortable Einzelbungalows, die teureren mit Innen- und Außendusche. Rustikale Bar und luftiger Aufenthaltsraum mit offener Küche. Persönlicher Service, viele deutsche Stammgäste. Fahrrad- und Motorradverleih, Abholservice, zutrauliche Hunde und Katzen. Gutes Frühstück inkl., Abendessen optional. Gutes Restaurant um die Ecke. Frühzeitige Reservierung erforderlich. ❺

**Joy's House**, 114 Moo 9, Sanpreesrue, im Norden der Stadt, ☎ 053-854 213, 🖳 www.joyshouse.de. Die engagierte Joy vermietet in ihrem umgebauten geräumigen Bauernhaus saubere, unterschiedlich eingerichtete Zimmer mit herzlichem Familienanschluss und Pool. Ausflugsmöglichkeiten, Koch- und Tanzkurse, Yoga, Meditationen, Dampfbad und Massage. Joy und Ulrike Meister leiten die Children's Shelter Foundation, 🖳 www.childrens-shelter.com, die vernachlässigte Kinder aus den Bergen aufnimmt und ihnen hier und auf einer Bio-Farm, auf der auch Gäste übernachten können, eine Ausbildung ermöglicht. Ein paar Häuser weiter lockt das von ihnen betriebene Gartenrestaurant mit leckerer Pizza und gutem Café. Abhol- und Transportservice. Frühstück inkl. ❺

**Secret Garden**, 54/1 Moo 5, Mae Kue Rd., Bo Sang, Abzweigung am KM 11,5, ☎ 053-339 502, 🖳 www.secretgardenchiangmai.com. Künstlerisch gestaltete, familienfreundliche Anlage mit mittelamerikanischem Touch auf einem weitläufigen Grundstück mit viel Grün und großem Teich. 18 individuell eingerichtete Zimmer für 2–6 Pers. mit Kühlschrank, Wasserkocher und Föhn, einige mit Kochecke; AC kostet extra. Pool, Bar, Billard, Pavillon mit TV. Herzliche Betreuung durch den Künstler Peter und Pai, deren Kochkünste ein Highlight sind. Abends (außer So) Thai-Buffet. In der Regenzeit 2 Monate geschlossen. Transport bis zur Kreuzung in Bo Sang, reichhaltiges Frühstück und Nachmittagskaffee inkl. ❺–❻
Genaue Lage der Unterkünfte s. **eXTra [2642]**.

## Obere Preisklasse

**137 Pillars House** ⑳, 2 Soi 1, Nawat Ket Rd., ☎ 053-247 700, 🖳 www.137pillarshouse.com. Das über 120 Jahre alte Teakhaus war die Residenz des britischen Superintendents der East Borneo Company. Um einen schönen Garten mit Pool liegen 30 geräumige Suiten in 4 Variationen mit hochwertiger Einrichtung, Veranda, Innen- und Außendusche, freistehender Badewanne im viktorianischen Stil, großen Betten, Espressomaschine, iPod-Station und LCD-TV. Butler- und Babysitterservice möglich, zudem Restaurant, Massagen und Yoga. Extreme Preise. Frühstück inkl. ❽

**Le Méridien Chiang Mai** ㊷, 108 Chang Klan Rd., ☎ 053-253 666, 🖳 www.lemeridien.com/chiang mai. Die 383 Zimmer auf 22 Etagen sind in beigen, weißen und braunen Farben, hochwertig mit Glaswand zwischen Bad und Schlaf-

raum, Wasserkocher und LCD-TV eingerichtet. Modernes italienisches Restaurant und Pool im 4. Stock. WLAN touor, Frühstück inkl. ❼–❽

**Rimping Village** ㊶, 13/1 Soi 2, Chiang Mai-Lamphun Rd., ☎ 053-243 915, 🖳 www.rimping village.com. Komfortabel eingerichtetes und ruhiges Hotel mit 34 Zimmern mit LCD-TV, Wasserkocher, gekachelten Böden, Bad oder Du/WC, Safe und kleinem Balkon in einem 2-stöckigen Haus. Garten mit Pool und Liegen, Restaurant. Hilfsbereites Personal. Fahrräder und Frühstück inkl. Bei direkter Buchung kostenloser Transfer. ❻–❼

**Sala Lanna** ㉑, 49 Charoen Rat Rd., ☎ 053-242 588, 🖳 www.salaresorts.com/ lanna. Edles Design-Boutiqueresort am Fluss mit Rooftop-Bar und Pool mit toller Aussicht sowie 16 großzügigen, luxuriösen Zimmern im unkonventionellen, modernnüchternen Stil, die teuren mit freistehender Badewanne. Exquisites italienisches Restaurant. Aufmerksamer Service. Am Wochenende +20%. Frühstück inkl. **6**–**8**

### Außerhalb des Zentrums

**€** **Linda Gh.** ②, 454/67 Soi Banditpatana, Charoen Muang Rd., ☎ 053-246 915, 🖳 www.lindaguesthouse.com. Familiäres Gästehaus in ruhiger Lage nahe dem Bahnhof mit 12 sauberen, sehr günstigen Zimmern, unten mit Fenstern zum Garten und Gemeinschafts-Du/WC, sowie Schlafsaalbetten für 100 Baht. Thedda aus Deutschland, die seit 1986 in Chiang Mai lebt, kümmert sich liebevoll um ihre Gäste und organisiert individuelle Trekkingtouren. Im offenen Restaurant werden Bio-Gerichte zubereitet. Telefonische Reservierung empfohlen. Kostenlose Abholung vom Bahnhof, vom Flughafen 150 Baht. **1**

**Tadkham Village** ③, 8 Soi 1 Nantharam Rd., ☎ 053-203 799, 089-433 4074, 🖳 www.tadkham-village.com. Hübsches 3-stöckiges Haus mit Innenhof in einer ruhigen Seitenstraße. 30 große Zimmer mit TV, Kühlschrank und kleinem Balkon. Innenhof mit Fischteich und Sitzecken zum Frühstücken und Relaxen. Wäscheservice. Freundliches Personal. Frühstück und Abholung inkl. **4**–**5**

Weitere Übernachtungstipps s. **eXTra [2659]**.

Weitere Übernachtungstipps s. **eXTra [2659]**.

## ESSEN

Frühstück im Gästehaus, ein günstiger Snack auf den Märkten oder ein stilvolles Dinner in einem edlen Restaurant – alles ist möglich. Neben den Thai- und internationalen Backpacker-Standardgerichten überrascht die Lanna-Küche mit einem ganz eigenen Stil. Weitere Tipps s. **eXTra [5377]**.

### Asiatisch

**Le Spice**, 31 Charoen Prathet Rd., nahe dem Night Bazaar, ☎ 053-234 962, 🖳 www.fb.com/LeSpice.ChiangMai. Offenes, kleines indisch-moslemisches Restaurant in Curryfarben. Tandoori- und andere Fleischgerichte um 150 Baht, vegetarische günstiger. Auch Thali-

Sets für Unentschlossene. Lassies, Minz- und Masala-Tee. WLAN. ⏰ 11–23 Uhr.

**Pho Weng Chane**, 71 Ratchdamnoen Rd., ☎ 083-977 7698. Im Block Kad Klang Viang mit dem Wawee-Eckcafé und mehreren Restaurants liegt etwas versteckt im hinteren Bereich dieser beliebte Vietnamese mit günstigen Suppen und Sommerrollen.

**The Swan Burmese Cuisine**, 48 Chaiyaphum Rd., ☎ 087-381 7935, 🖳 www.fb.com/TheSwanBurmeseCuisine. Kleines Restaurant mit hübschem, begrünten Hof und guten thai-birmanischen Gerichten um 100 Baht, darunter viel Vegetarisches und Klassiker wie Teesalat und Curry mit Aubergine, Kartoffeln und Hühnchen. Eine gute Option, um Abwechslung ins Essen zu bringen und die Küche des Nachbarlandes kennenzulernen. Aufmerksamer Service. ⏰ 12–23 Uhr.

### Backpacker-Restaurants

**Daret's House**, Chaiyaphum Rd. Seit Jahrzehnten schlürft die Backpacker-Szene günstige Fruchtsäfte und Alkoholika an rustikalen Holzbänken. Günstiges Traveller-Food von wechselnder Qualität, die Thai-Gerichte sind besser. WLAN.

**€** **Nice Kitchen**, 15/1 Soi 6, Moon Muang Rd., hinter dem Somphet Market. Gute Auswahl an leckeren Gerichten, z. B. Kürbiscurrys. Zudem selbst gebackenes Brot, Baguettes, Sandwiches, frische Säfte, guter Hilltribe-Kaffee und Tee. Beliebt zum Frühstücken. Große Portionen zu günstigen Preisen. Verkauf von Müsli, Gewürzen und Bioprodukten. WLAN. ⏰ Di–So 7–16 Uhr.

**Peppermint Coffee House**, 1/1 Soi 5, Rachdamnoen Rd., ☎ 053-326 539, 🖳 www.fb.com/PeppermintCafe. Kleines, ruhiges, nett gestaltetes Restaurant mit freundlichem Service und leckeren Shakes. Thai-Gerichte um 60 Baht, Burger teurer. WLAN. ⏰ Mo–Sa 8–22 Uhr.

**The U.N. Irish Pub**, 24/1 Ratchawithi Rd., ☎ 053-214 554, 🖳 www.unirishpub.com. Großes, nicht ganz billiges Restaurant mit Biergarten, breiter Auswahl an Spirituosen und Sportsbar im 1. Stock. Irische und internationale Gerichte wie Pizzas, Burger und Salate, dunkles Brot und

Kuchen der Crusty Loaf Bakery, die den Laden 1992 gründete. Ab 21.30 Uhr häufig Livemusik. ⏲ Küche 9–23, Bäckerei 9–18 Uhr.

## Cafés

**Raming Tea House Siam Celadon**, 158 Thapae Rd., ☎ 053-234 519, 🖥 www.ramingtea.com. Wunderschönes Gartencafé im für seine liebevolle Restaurierung preisgekrönten thai-chinesischen Holzhaus, Baujahr 1915, das durch den angrenzenden stinkenden Kanal etwas von seinem Charme einbüßt. Neben der großen Auswahl an Tees auch hier Kuchen, Kaffee und herzhafte Snacks. Verkauf von lokalen Tees. Im vorderen Bereich edles Kunsthandwerk und Keramik. WLAN. ⏲ 8.30–18 Uhr.

**Regina Restaurant**, 69–73 Charoen Rat Rd., ☎ 053-262 882. Hinter dem urigen Kuriositäten- und Antiquitätenladen werden im bis zum Fluss reichenden Gartencafé leckere Kuchen sowie andere Gerichte serviert. Viele Katzen und Moskitos. WLAN. ⏲ 10.30–23 Uhr.

**Ristr8to Coffee**, 15/3 Nimmanhemin Rd., ☎ 053-215 278, 🖥 www.ristr8to-coffee-chiangmai.com. Ein preisgekrönter Barista serviert im stets gut besuchten, AC-gekühlten Coffeeshop den besten Kaffee der Stadt (mit Milchschaumverzierungen für den neuesten Instagram-Post) und Waffeln als Beilage. WLAN. ⏲ 7–18 Uhr.

**The Coffee Club**, im Hotel M, 2-6 Ratchdamnoen Rd., ☎ 053-211 069-70, 🖥 www.fb.com/thecoffeeclubthailand. Moderner Coffeeshop mit großer Terrasse, von der aus gut das Geschehen beobachtet werden kann. ⏲ 7–23 Uhr.

📖 **The Meeting Room Art Café**, 89 Charoen Rat Rd., ☎ 080-627 9219, 🖥 www.meetingroomcafe.com. Jo und Fon haben ihr kleines Café mit Galerie-Atmosphäre, vielen Büchern und angenehmer Musik zu einem Treffpunkt für Kunstinteressierte gemacht. Hier finden Ausstellungen, Lesungen und Performances statt, und es wird moderne Kunst verkauft. Für das leibliche Wohl sorgen Kaffee, Kuchen und Sandwiches, Smoothies, Bier und Weine. ⏲ 11–18 Uhr.

## Chinesisch

**Mit Mai Restaurant**, Ratchamanka Rd., ☎ 053-275 033. Großes, offenes Restaurant unter einem hohen Wellblechdach. Bebilderte Speisekarte mit Gerichten aus der chinesischen Provinz Yunnan, empfehlenswert sind der kräftige Schinken und das Farngemüse, die Würstchen sind viel zu salzig. Kleine Portionen, Gerichte um 120 Baht. ⏲ 10–22 Uhr.

## Deutsch

**Auf der Au**, 197/2 Moo 5, Chiang Mai-Lamphun Rd. (H106), ☎ 080-641 6166, 🖥 www.aufderau.com, Karte S. 386/387. Für viele das beste deutsche Restaurant, aber leider 8 km außerhalb bei Saraphi gelegen. Beliebtes Buffet Fr, Sa und So für 249 Baht, Mo Schnitzelbuffet, Mi und Do Kartoffelbuffet. ⏲ Mi–Mo ab 17.30, So ab 11.30 Uhr.

**Bierstube**, 33/6 Moon Muang Rd., ☎ 053-278 869. Seit 1985 ein beliebter, kaum veränderter Treffpunkt der Deutschen mit Bambuswänden, rustikalen Tischen und einem überdachten Innenhof sowie Sitzgelegenheiten an der belebten Straße. Preiswertes Bier. ⏲ 7.30–24 Uhr.

**German Hofbräuhaus**, 115/1-2 Loi Kroh Rd., ☎ 053-272 236. Internationales Restaurant, in dem Bedienungen im Dirndl Bier vom Fass, Weißbier und andere Importbiere, Schnitzel, Sauerbraten, Eisbein, Wurst und Kraut, aber auch Vegetarisches und Thai-Gerichte servieren. Überteuert. Große Terrasse. Gerichte um 300 Baht. ⏲ 11–24 Uhr.

**Pum Pui German Beer Garden**, 24/1 Soi 2, Moon Muang Rd., ☎ 053-207 134. Der gemütliche, 2015 eröffnete Biergarten serviert neben deutschen Bieren vom Fass (Erdinger, Bitburger und Warsteiner) sogar hessisches Äppelwoi und viele aus heimischen Biergärten bekannte, deftige Spezialitäten wie Eisbein und Bratwürste. Auch Pizza aus dem Steinofen. ⏲ 12–24 Uhr.

Sehr leckeres deutsches Essen auch in der **Chiang Mai Breakfast World**, S. 364.

## Essensstände und offene Restaurants

Essensstände findet man auf fast allen Märkten, auch auf dem **Saturday Market** in der Wualai Rd. und dem **Sunday Market** in der Altstadt (S. 370). Tagsüber wird an zahlreichen Essensständen und in kleinen, offenen Restaurants in der **Inthawarorot Rd.**, südwestlich vom Chiang

Mai City Arts & Cultural Center gekocht. Der Chicken Rice beim beliebten **Kiat Ocha** (S. 366) ist hervorzuheben.

Ein **Nachtessensmarkt** ohne Touristenrummel findet gegenüber vom Chang Puak Gate statt. Abends von 17–24 Uhr sind die Essensstände etwas weiter südlich in der **Ratchdamnoen Rd.** geöffnet, die bei Touristen großen Anklang finden.

Der **Anusarn-Markt** mit den angrenzenden Seafood-Restaurants und der nahe gelegene **Galare Food Court** im alten Kalare Night Bazaar sind abends bei Touristen beliebt, vor allem von 20.30–22.30 Uhr, wenn auf einer Bühne Tänze vorgeführt werden. Allerdings ist das Essen, besonders das Seafood, überteuert. Einige Essensstände öffnen auch tagsüber.

### Französisch

**Chez Marco**, 15/7 Loi Kroh Rd., ☎ 053-207 032. Meeresfrüchte, Steaks und andere französische Gerichte werden in diesem kleinen, gehobenen Restaurant aufgetischt. Zudem Pasta, Tapas und Weinbar mit großer Auswahl. ⏲ Mo–Sa 11.30–14.30 und 17.30–23 Uhr.

**Le Coq d'Or**, 11 Soi 2, Koh Klang Rd., Nong Hoi, ☎ 053-141 555, 🖥 www.lecoqdorrestaurant. com. In der ehemaligen Villa des britischen Generalkonsulats südlich der Stadt serviert man in gediegener Umgebung feinste europäische Küche zu sehr hohen Preisen, etwa Bouillabaisse und Austern. Gäste werden mit einem London-Taxi abgeholt. Tgl. außer So Livemusik von 19–22 Uhr. ⏲ 12–14 und 18–22 Uhr.

### Frühstück

**Blue Diamond – The Breakfast Club**, 35/1 Soi 7A, Moon Muang Rd., ☎ 053-217 120, 🖥 www.fb. com/BlueDiamondTheBreakfastClubCmTh. Familiär geführtes Restaurant in einem hübschen Garten mit Tischen auf der Terrasse und im offenen Laden. Leckeres Frühstück sowie Bio-Salate und Säfte, selbst gebackenes Brot, viele Kuchen und vegetarische Gerichte. Infos über die alternative Szene. Der Service ist manchmal überfordert. WLAN. ⏲ Mo–Sa 7–20.30 Uhr.

🧳 **Chiang Mai Breakfast World**, Thapae Gate Lodge, 38/7 Soi 2, Moon Muang Rd., ☎ 053-207 134, 🖥 chiangmaibreakfastworld.

com. Die perfekte Anlaufstelle für alle mit Appetit auf deutsche Hausmannskost wie Schnitzel, Würste und Gulasch. Gigantische, sehr empfehlenswerte Frühstücksauswahl mit hervorragenden Brötchen und Croissants sowie einer tollen Bandbreite an importiertem Aufschnitt, Käse und selbst gemachter Marmelade. Zudem ein Coffeeshop mit gutem Kaffee und vom deutschen Chef Olaf selbst gebackenen Kuchen. Vollkommen zu Recht immer gut besucht. ⏲ 7.30–23, So bis 14 Uhr.

### International

 **Casa Diverso**, 184/1 Ratchamankha Rd., ☎ 084-174 0699, 🖥 auf Facebook. Wer Lust auf romantisches Ambiente und exzellentes Essen hat, ohne preislich über die Stränge schlagen zu wollen, ist im freundlichen Gartenrestaurant mit Terrasse und weiß gedeckten Tischen genau richtig. Die mediterran oder thai orientierten Gerichte werden in großen Portionen serviert und überzeugen auf ganzer Linie. Vorzügliche Saucen, Steaks, Pasta, Salate und Crème Brûlée. AC-gekühlter Innenbereich. Sehr freundlicher, zuvorkommender Service und informelle Atmosphäre. ⏲ Di–So 11.30–22 Uhr.

**Fresh & Wraps Resto Bar**, 125 Moon Muang Rd., ☎ 053-221 205, 🖥 www.fb.com/ FreshandWraps. Moderner, schick mit Holz verkleideter Coffeeshop mit einer großen Auswahl an gefüllten Burritos, Wraps, Paninis und Pitas sowie knackigen Salaten. WLAN. ⏲ Di–So 8.30–19 Uhr.

€ **Kebap House**, Ratchawithi Rd. Kleiner Laden im Bar-Komplex von Zoe in Yellow (s. Unterhaltung) mit guten, günstigen Döner-Wraps, die deutlich kleiner als in der Heimat sind. ⏲ 16–3 Uhr.

🧳 € **Spoon de Best**, 3/2 Ratchaphakinai Rd., ☎ 089-433 5578, 🖥 www. fb.com/spoondebest. Das unscheinbare, offene Restaurant überrascht mit exzellenten Gerichten und einer familiären, freundlichen Atmosphäre. Eine kreative Mischung aus Thai-Gerichten und westlichen Klassikern wird vom Koch, der sein Handwerk versteht, auf hübsch angerichtete Teller gezaubert. Der Salat mit Lachs und scharfem Wasabi und die geröstete

Ente mit Tamarind-Passionsfrucht-Sauce sind empfehlenswert. Auch Desserts, allen voran der schokoladige Lava-Cake, sind top. ⏲ 10–22 Uhr.

**The Good View**, 13 Charoen Rat Rd., ✆ 053-241 866, 🖥 www.fb.com/goodview.cm. Riesiges Restaurant mit Bar und mal freundlicher, mal gleichgültiger Bedienung sowie Thai- und internationalen Gerichten mittlerer Preisklasse und Weinbar mit großer Auswahl. Live Jazz-Musik ab 19.30 Uhr. ⏲ 10–2 Uhr.

🧳 **The Riverside**, 9-11 Charoen Rat Rd., am Fluss, nördlich der Nawarat-Brücke, ✆ 053-243 239, 🖥 www.theriversidechiangmai. com. Bei Touristen und Einheimischen beliebte Terrassen mit Blick auf den Fluss sowie Holztischen unter freiem Himmel. Seit rund 30 Jahren serviert man lokale und internationale Küche mit Hauptgerichten, ein breites Angebot an Cocktails und anderen Drinks. Ab 21 Uhr sorgen Bands lautstark für Stimmung. Jenseits der Straße liegt die **Craft Beer Factory** mit 16 teuren IPA-Bieren vom Fass, ⏲ 17–1 Uhr. Das Restaurantboot für 150 Baht, Kinder bis 10 Jahre 75 Baht plus Essen, fährt gegen 19 Uhr los (Dauer 75 Min.). ⏲ 10–2 Uhr.

**The Salad Concept**, Soi 1, Chaiyaphum Rd., 🖥 www.thesaladconcept.com. Kreative können sich im modernen, klimatisierten Innenbereich oder an Tischen draußen nach den eigenen Vorstellungen ihren Salat zusammenstellen: Beim Basissalad (69 Baht) oder einer mit Salat gefüllten Wrap (75 Baht) sind 5 Toppings und eines von 14 Dressings inkl. Weitere Toppings (Fleisch, Fisch, Käse und vieles mehr) kosten extra. Zudem frisch gepresste Säfte und Smoothies. Filialen im Central Festival und in der Nimmanhamin Rd. nahe Soi 13. ⏲ 11–20 Uhr.

## Italienisch

**Giorgio Italian Restaurant**, 2/6 Prachasamphan Rd., südlich der Sri Dornchai Rd., ✆ 053-271 866, 086-185 6327, 🖥 www.giorgio chiangmai.com. Original italienisches Restaurant, das angenehm temperiert und professionell geführt ist. Die Chefin hat in Italien gelebt. Umfangreiche Karte und gutes Weinangebot. Von einigen Tischen aus blickt man in die blitzsaubere Küche. Gerichte 200–300 Baht.

⏲ Mo–Sa 11.30–14.30 und 18–22.30 Uhr, in der Hochsaison auch So abends.

🧳 **La Fontana**, 39/7-8 Ratchamanka Rd., ✆ 053-207 091, 084-150 4465, 🖥 www. lafontanachiangmai.com. Sebastiano und Soraya führen dieses nette Restaurant mit leckerer Pizza für 100–250 Baht, sehr guter Pasta, Risotto und einer kleinen Weinkarte. Selbst der Hauswein schmeckt. Aufmerksamer Service und sehr gutes Preis-Leistungs-Verhältnis. ⏲ 11.30–23.30 Uhr.

## Lanna-Spezialitäten

Unter dem Einfluss der Küchen der Nachbarländer Myanmar und China hat sich eine eigene Lanna-Küche entwickelt. Man liebt Schweinefleisch, Klebreis, Kohl und vor allem Chili. Als Kostprobe empfehlen sich *Sai-ua*, die würzigen Würstchen aus Schweinefleisch und Kräutern. Sehr lecker ist die milde Currysuppe *Khao Soi*, S. 53.

€ **Aroon Rai**, 45 Kotchasan Rd., ✆ 053-276 947. Seit den 1950er-Jahren werden im einfachen und preiswerten, bei Touristen und Einheimischen gleichermaßen beliebten Thai-Restaurant im offenen Erdgeschoss gute *Khao Soi*, leckeres Chicken Curry und der Lanna-typische, scharfe *Naam Phrik Oong-Dip mit knackigem Gemüse* sowie hausgemachte Brownies und Eis serviert. Bier ab 17 Uhr. ⏲ 11–21.30 Uhr.

**Baan Jangarpor**, 71 Charoen Prathet Rd., ✆ 053-275 030, 🖥 www.fb.com/jangarpor. Restaurant in einem 150 Jahre alten Teakhaus voller Antiquitäten, die zum Verkauf stehen, und einem teils überdachten Garten. Authentische Spezialitäten, u. a. Khantoke-Sets, Korean Barbecue und Thai-Gerichte. ⏲ außer jeden 2. und 4. So im Monat 11–23 Uhr.

**Huen Phen**, 112 Ratchamanka Rd., Ecke Jhaban Rd., ✆ 053-277 103. Tagsüber ist nur das einfache, sehr beliebte und betriebsame offene Lokal in Betrieb. Abends öffnet sich das mit Antiquitäten dekorierte Holzhaus dahinter. Die kleinen Portionen zu 30–60 Baht werden hübsch präsentiert. ⏲ 8.30–16 und 17–22 Uhr.

🧳 € **Khao Soi Islam**, 22–24 Soi 1, Charoen Prathet Rd., ✆ 053-271 484. Großer, überdachter, von Haw

## Ein ganz spezielles Essvergnügen

Zu Familienfeierlichkeiten, Feiertagen und Tempelfesten wird alles aufgefahren, was die lokale Küche zu bieten hat. Diese Tradition hat die High Society in den 1950er-Jahren aufgegriffen und zu einem kulinarischen Fest umgestaltet, das im **Khantoke-Dinner** seine Fortsetzung findet. Begleitet von Liedern und Tänzen der Bergvölker, wird eine Auswahl von fünf traditionellen Gerichten auf einem Teakholztisch serviert. Klebreis wird in Fleisch- und Gemüsecurrys sowie teils höllisch scharfe Saucen gedippt, die für Touristen abgemildert werden. **Old Chiang Mai Cultural Center**, 185/3 Wualai Rd., südwestlich des Zentrums, ℡ 053-202 993-5, 🖥 www.oldchiangmai.com. Von 19–21.30 Uhr Khantoke-Dinner mit nordthailändischen Spezialitäten für 520 Baht inkl. Transfer, auf Wunsch vegetarische Menüs. Zudem traditionelle Tänze und Präsentationen der Bergvölker. Reservierung erforderlich.

betriebener, günstiger Essensstand. Die hervorragende *Khao Soi* in vegetarischer Variante sowie mit Hühnchen oder Seafood lockt mittags viele Hungrige an. Zudem Wantan- und klare Suppen, Fr außerdem *Khanom Jin*, Nudeln mit Rindfleisch-Tomaten-Curry. Informative, englische, bebilderte Speisekarte. ⏱ Fr–Mi 9–17 Uhr.

### Mexikanisch

**El Diabolo's**, Chaiyaphum Rd., Ecke Chang Moi Rd. Beliebter, kleiner Mexikaner im kalifornischen Stil mit saftigen Burritos um 200 Baht, Quesadillas, Nachos und Salsa. ⏱ 12–23 Uhr.
**Miguel's**, Chaiyaphum Rd., nahe Sriphum Rd., ℡ 053-874 148, 🖥 www.miguels-cafe.com. Lautes, beliebtes Tex-Mex-Restaurant an der Straße mit leckeren Tacos und Enchiladas ab 65 Baht sowie sättigenden Quesadillas und Burritos um 200 Baht. Zudem Burger, Sandwiches, Fajitas mit Steak und Margaritas. Freundliche Bedienung. Lieferservice, ℡ 084-6086 661-2. WLAN. ⏱ 9–23 Uhr.
**Wrap and Roll**, Soi 6, Moon Muang Rd. Im klitzekleinen, alternativen Laden kann man sich

Burritos nach Wunsch zusammenstellen. Die Zutaten kosten jeweils 20 Baht, Fleisch 40 Baht. Zudem Falafel mit Hummus für 80 Baht. Freundliches Personal. ⏱ Sa–Do 9.30–20 Uhr.

### Thai

Einheimische frequentieren abends gern die **Buffet-Restaurants** an der Arak Rd. sowie Bamrungburi Rd. zwischen Chiang Mai Gate und Suan Prung Gate. Hier können sich Unentschlossene günstig an den überwiegend am Thai-Geschmack orientierten Gerichten probieren.

**Kanjana**, 7/2 Soi 5, Ratchdamnoen Rd., ℡ 053-418 368. Kleines, einfaches Thai-Restaurant in einer ruhigen Soi, in dem leckere, preiswerte Gerichte (bis 120 Baht) von der Chefin in der offenen Küche zubereitet werden. Sehr umfangreiche Speisekarte und schneller, freundlicher Service. Thai-Desserts und Frühstück sowie Kochkurse. ⏱ So–Fr 8–20.30 Uhr.

**Kiat Ocha**, einer der Essensstände in der Inthawarorot Rd. Sehr beliebter, einfacher, authentischer Familienbetrieb. Seit 1957 werden tagtäglich zahllose Portionen der Spezialität des Hauses, zarter, saftiger Chicken Rice, serviert. Die Bestellungen werden quer durch das offene Restaurant gebrüllt.
**Lemongrass**, Loi Kroh Rd., ℡ 088-260 2544. Abends sehr gut besuchtes Touristen-Restaurant in einer Seitenstraße des Night Bazaar mit guter Thai-Küche, die für den westlichen Geschmack etwas abgemildert wird. Für die Gegend günstige Preise und freundlicher, flotter Service. ⏱ außer So 16–24 Uhr.
**Si Fah**, 71 Ratchdamnoen Rd. Vorne an der Straße im Block Kad Klang Viang lockt der auf Thai ausgeschilderte Nudelsuppenladen. Besonders zum Mittagessen sind herzhafte, günstige Suppen mit Schweine- und verschiedenen Sorten Rindfleisch beliebt.

### Vegetarisch

**Anchan**, Soi 2, Nimmanhamin Rd., ℡ 083-581 1689, 🖥 www.fb.com/AnchanVegetarian Restaurant. Beliebtes, kleines Restaurant mit violetten Schirmen auf dem Balkon. Mit frischen, knackigen Zutaten gekochte Thai-Klassiker in vegetarischer Variation, Tees,

Bio-Kaffee und frische Säfte. Zudem Verkauf von Bio-Produkten. ⏰ 11–22 Uhr.

**Aum**, 65 Moon Muang Rd., am Thapae Gate, ✆ 053-278 315, 🖳 www.aumvegetarianfood. com. Nettes Restaurant mit Sitzkissen im oberen Stockwerk und vielen Büchern. Auch wenn es nicht so aussieht, sind alle Gerichte vegetarisch, selbst die *Khao Soi*, Sushi und Burger für 60–120 Baht. Glutamatfrei, man nimmt Rücksicht auf Allergiker. Leckere Säfte und Lassies. ⏰ 10.30–20.30 Uhr.

  **Khun Churn**, im **Old Chiang Mai Cultural Center**, 185/3 Wualai Rd., ✆ 053-270 071, 🖳 www.fb.com/khunchurn.cm. Luftig, ruhig und ein exzellentes Preis-Leistungs-Verhältnis, das sind die Trümpfe dieses modernen vegetarischen Restaurants. Umfangreiche Speisekarte mit ungewöhnlichen Gerichten und Snacks sowie eine Salatbar mit großer Auswahl. Sehr beliebtes Mittagsbuffet für 169 Baht inkl. Tees und Kaffee. Guter Service. ⏰ außer am 16. des Monats 8–22 Uhr.

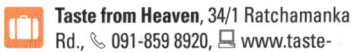 **Taste from Heaven**, 34/1 Ratchamanka Rd., ✆ 091-859 8920, 🖳 www.taste-from-heaven.com. Im großen Speisesaal, an der Straße oder im Garten im Hinterhof lässt man sich die glutamatfreien Currys, westliche Gerichte, Frühstück, Salate, Snacks und Kuchen mit Bio-Hochlandkaffee schmecken. Viele Gerichte unter 100 Baht. Von 11–14 Uhr günstige Menüs. ⏰ 9–22 Uhr.

**Whole Earth Restaurant**, 88 Sri Dornchai Rd., ✆ 053-282 463, 🖳 www.wholeearthrestaurant. com. Indische und thailändische, überwiegend vegetarische Gerichte, serviert in einem gemütlichen, klimatisierten Teakhaus. Auch Kaffees und Weine. Manchmal klassische Musikbegleitung. ⏰ 11–22 Uhr.

## UNTERHALTUNG

### Bars

Bars konzentrieren sich in der östlichen Ratchawithi Rd., an der Moon Muang Rd. und der abgehenden Soi 2 sowie rings um den Night Bazaar. An der Moon Muang Rd. sowie am Fluss wird abends in einigen Lokalen Livemusik geboten.

**C. U. Corner** (Tuk Tuk Bar), 3/2 Soi 1, Moon Muang Rd. Kleine, gemütliche Bar mit einem Tuk Tuk vor der Tür. Das Publikum lauscht zu Bier, Cocktails und Wein den abendlichen Livebands. ⏰ ab 17 Uhr.

**JJ Market**, Atsadathon Rd., in der Nähe des Tesco Lotus im Norden der Stadt, ✆ 053-231 520-5, 🖳 www.jingjaichiangmai. com. Das bei Thais beliebte Ausgehviertel wartet mit Restaurants und Bierbars auf, in denen günstige Cocktails in Eimern, Trichtern oder Shot-Gläsern serviert werden. Einige mit Livemusik, gutem Thai-Essen und Snacks.

**Mad Dog**, Moon Muang Rd., ✆ 053-273 002, 🖳 www.maddogchiangmai.com. Die gut besuchte und entspannte Bierkneipe serviert gute Pizza, Burger, Backkartoffeln, Bier und Cocktails – ohne Anmache. Billardtisch und Sportübertragungen. ⏰ 8–24 Uhr.

**Oasis Rooftop Garden Bar**, 13/1 Soi 1, Sri Phum Rd., ✆ 081-693 5019, 🖳 www.fb.com/oasis rooftopgardenbar. Auf dem Dach eines nicht fertiggestellten 2-stöckigen Hauses kann man auf Kissen und Sofas sitzend den Sundowner mit Blick auf den Doi Suthep genießen – klein und gemütlich. Große Auswahl an Bieren und Cocktails. ⏰ **18.30–24 Uhr.**

**THC Roof Top Bar**, 13/1 Soi 1, Kotchasarn Rd., ✆ 081-883 4650. Wer in der luftigen, lässigen Bar zu Dub, Reggae und guten Mojitos relaxen möchte, kann über steile Treppen zur Dachterrasse hinaufsteigen und an Bodentischen Platz nehmen. WLAN. ⏰ ab 18.30 Uhr.

**Tho Riverside**, S. 365, und nebenan das **The Good View**, S. 365, sind auch bei Einheimischen beliebt und bieten jeden Abend gute Livemusik.

**Writers Club & Wine Bar**, 141/3 Ratchdamnoen Rd., ✆ 053-814 187, 🖳 auf Facebook. Kleines, charmantes Bar-Restaurant mit kleiner Terrasse, die vor allem am So von Besuchern der Walking Street (S. 370) frequentiert wird. Gute Livemusik und interessante Gesprächspartner. ⏰ So–Fr 12–24 Uhr.

### Clubs

**FabriQue**, im President Hotel, 226 Wichayanon Rd., ✆ 053-266 779, 🖳 auf Facebook. Zu späterer Stunde beliebter Club mit 3 Bereichen, in denen zu Thai-Musik, Hip-Hop oder Techno getanzt wird. Eintritt 300 Baht als Getränke-gutschein. ⏱ 23–4 Uhr.

**Infinity**, Soi 6, Nimmanhamin Rd., am Kreis-verkehr, ☎ 053-400 085, 🖥 auf Facebook. Hier tanzt man zu Dance und Thai-Musik im Innenbereich oder trinkt in der Lounge unter freiem Himmel. Getränke sind günstiger als im Warm Up.

**Monkey Club**, Soi 9, Nimmanhamin Rd., ☎ 053-226 9978, ext. 11, 🖥 www.fb.com/Monkey fanclub. Mischung aus Club, Bar und Restau-rant, die bei einheimischen Studenten beliebt ist und im 1960er- und 70er-Jahre Stil gestaltet wurde. Nach dem gemeinsamen Essen in der großen Gruppe im Open Air-Bereich geht es ans Trinken und nach Mitternacht wird im Inneren zu Livemusik und DJs das Tanzbein geschwungen. ⏱ 18–1 Uhr.

🧳 **Warm-Up**, Nimmanhamin Rd., ☎ 053-400 677, 🖥 www.fb.com/warmupcafe 1999. Der Dauerbrenner in Chiang Mai. Bei der einheimischen Schickeria sehr beliebter Club in einer Gegend mit vielen stylischen Etablisse-ments. Schöner Außenbereich mit Restaurant. Drinnen läuft Thai-Musik, Dance und Hip-Hop. Am Wochenende wird es brechend voll, so-dass man sich kaum mehr bewegen kann. ⏱ 18–1.30 Uhr.

**Zoe in Yellow**, Soi 3, Ratchawithi Rd., ☎ 053-418 471, 🖥 www.zoeinyellowchiangmai.com. Beim jungen Traveller-Partyvolk beliebte Kombination aus Kneipe, Sportsbar und Club mit Billardtisch und Tanzfläche. Die Bands spielen überwiegend Rock und Blues, während DJs ab 22 Uhr vor allem Hip-Hop auflegen. Garten-Lounge mit Lampions unter alten Bäumen. ⏱ 17–2 Uhr.

### Kino

Englische Filme im Original laufen in Multiplex-Kinos in großen Einkaufszentren:

**Major Cineplex**, im 4. Stock des Central Festival und im 4. Stock der Central Airport Plaza, 🖥 www.majorcineplex.com. Im Central Festival auch mit dem einzigen IMAX im Norden.

**SFX Cinema**, im 5. Stock des **Maya Lifestyle Shopping Center** und in der Promenada Resort Mall im Südosten der Stadt, 🖥 www.sfcinema city.com.

### Thai-Boxen

**Kalare Boxing Stadium** am Kalare Night Bazaar, Chang Klan Rd. Di und Do ab 21 Uhr. Manchmal treten ausländische Kämpfer gegen Einhei-mische an. Tickets 400–600 Baht. Zudem die Möglichkeit Muay-Thai, Fitness oder klassisches Boxen zu trainieren (ab 400 Baht).

**Thapae Stadium**, Moon Muang Rd., ☎ 089-434 5553. In der Hochsaison jeden Abend ab 21 Uhr. Karten 400–600 Baht.

## KUNST UND KULTUR

### Feste und Feiertage

**Arts and Culture Festival**: Im April vor Song-kran, mit einem umfangreichen Kulturprogramm (Tänzen, Musik, Theater).

**Chiang Mai Design Week**: Anfang/Mitte Dez, neben Workshops und Seminaren viele Aus-stellungen einheimischer Künstler und Installa-tionen im Stadtgebiet, 🖥 www.chiangmai designweek.com.

🧳 **Flower Festival**: Höhepunkt des 3-tägigen Festes am 1. Wochenende im Feb ist ein fantastischer Umzug am Samstag mit allen Bevölkerungs- und Altersgruppen in fantasievollen Kostümen, begleitet von blumen-dekorierten Festwagen und Bands. Beim großen Volksfest im Südwesten der Altstadt gibt es kulinarische Köstlichkeiten und eine Pflanzenshow. Fotos s. **eXTra [2934]**.

🧳 **Loi Krathong (Yee Peng)**: November, kleine Krathongs schwimmen auf allen Gewässern, und man lässt große Feuerballons (khom fai) in den Himmel steigen. Reservierung in flussseitigen Restaurants notwendig!

**Songkran**: Zum Thai-Neujahr Mitte April wird es auf den Straßen feucht, wenn Passanten mit Wasser übergossen werden. Der Kristallbuddha des Wat Chiang Man wird in einer Prozession durch die Straßen getragen.

### Kulturshow

**Old Chiang Mai Cultural Center**, 185/3 Wualai Rd., ☎ 053-202 993-5, 🖥 www.oldchiangmai. com. Im großen Haus im traditionellen Stil finden zum Khantoke-Dinner Lanna-Tanz-darbietungen statt. Anschließend Tänze der Lahu, Hmong, Yao, Lisu und Akha im Freien.

Dinner und Show von 19–21.30 Uhr für 520 Baht. Zudem das vegetarische Khun Churn Restaurant (S. 367).

## Kunst und Antiquitäten

**Kunstgalerien** und einige Antiquitätenläden konzentrieren sich am Ostufer des Ping in der Charoen Rat Rd., südlich der Kaew Nawarat Rd. und in der Soi 1, Nimmanhamin Rd.

**Suvannabhumi Art Gallery**, 116-118 Charoen Rat Rd., ✆ 053-260 173, ⌨ www.suvannabhumi artgallery.com. Hier stellen Künstler aus Myanmar aus. ⏰ 9.30–19 Uhr.

## Monk Chat

Beim **Monk Chat** bietet sich die Gelegenheit für Gespräche in informeller Atmosphäre mit Mönchen über Thai-Kultur, Buddhismus und das Klosterleben. Sie finden im Wat Chedi Luang (S. 346) tgl. von 9–18 Uhr, im Wat Suan Dok (S. 356), ✆ 053-808 4289, ⌨ www.monkchat.net, jeden Mo, Mi und Fr von 17–19 Uhr und im Wat U Mong (S. 373) jeden Mo, Mi und Fr von 17.30–19.30 Uhr statt.

## EINKAUFEN

### Bücher

In keiner anderen Stadt Thailands gibt es ein derart umfassendes Angebot wie in den vollgepackten Buchläden mit neuen und Secondhand-Büchern rings um das Thapae Gate.

**Asia Books**, in der Central Airport Plaza, ✆ 053-274 445, ⌨ www.asiabooks.com. Außer Reiseführern und Reiseliteratur ein paar Bestseller und Kochbücher sowie Magazine. ⏰ Mo–Fr 11–21, Sa und So 10–22 Uhr.

### Infos für den ersten Kauf

**Nancy Chandler's Map of Chiang Mai**, ⌨ www.nancychandler.net, kostet 275 Baht und enthält detaillierte Tipps für Einkäufe jeglicher Art. Die kostenl. Broschüre **Art & Culture Lanna**, ⌨ www.artandcultureasia.com, in der Läden, Restaurants, Spas und Galerien inserieren, liegt in vielen Hotels und Restaurants aus.

**Backstreet Books**, Chiang Moi Kao Rd., ✆ 053-874 143. ⏰ 9–21 Uhr.

**Bookzone**, 318 Thapae Rd., ✆ 053-252 418. Gute Auswahl an interessanten englischsprachigen Büchern und viel Literatur zu Thailand und Thai-Kultur. ⏰ 10–18 Uhr.

**Gecko Books**, 2/6 Chang Moi Kao Rd., ✆ 053-874 066/7, ⌨ www.geckobooks.net. Weitere Filiale in der Ratchamanka Rd. ⏰ 9–21 Uhr.

**On the Road Books**, 25/1 Ratchawithi Rd., ✆ 053-418 169.

**The Lost Bookshop**, Ratchamanka Rd. ⏰ 9.30–20 Uhr.

### Einkaufszentren

**Central Airport Plaza**, an der Straße zum Flughafen, ⌨ www.centralplaza.co.th. Der Evergreen: gut besuchtes, großes Einkaufszentrum mit Multiplex-Kino mit 7 Sälen (S. 368), Kaufhaus, Supermarkt, Food Court, Restaurants und das **Northern Village** im 1. Stock mit Kunsthandwerk, Schmuck und Textilien aus dem Norden. ⏰ Mo–Fr 11–21, Sa und So 10–22 Uhr.

**Central Festival**, am Super-Highway nördlich der Arcade Bus Station, ⌨ www.central.co.th. Riesige und dennoch übersichtliche, moderne Lifestyle-Mall mit über 300 Geschäften, Multiplex-Kino mit IMAX und vielen Modeboutiquen bekannter Marken, die es sonst nirgends im Norden gibt. ⏰ Mo–Do 11–21, Fr 11–22, Sa und So 10–22 Uhr.

**Kad Suan Kaew Mall**, Huai Kaew Rd., ⌨ www.kadsuankaew.co.th. Altes Einkaufszentrum mit Geschäften, Restaurants und Kino. ⏰ 10–21 Uhr.

**Maya Lifestyle Shopping Center**, Huay Kaew Rd., ⌨ www.mayashoppingcenter.com. Schick gestaltetes Einkaufszentrum mit über 100 Geschäften. Viele Modeboutiquen, ein Rimping Supermarkt und ein Multiplex-Kino. Vom Open-Air Sky Park toller Blick auf den Doi Suthep, Bars und Restaurants, u. a. ein 24 Std. geöffnetes Café mit WLAN und Arbeitsplätzen.

**Promenada Resort Mall**, im Südosten der Stadt zwischen H1317 und Chiang Mai-Sankamphaeng Rd., ⌨ www.promenadachiangmai. com. Große, aufwendige, aber ziemlich leere Mall mit integrierter Parklandschaft. Im Gebäude A ist die Immigration untergebracht. ⏰ Mo–Fr 11–21, Sa und So 10–21 Uhr.

## Märkte in Chiang Mai

### Warorot-Markt
Chinesisch ist die Atmosphäre im 1910 erbauten Warorot-Markt (Kad Luang) an der Chang Moi Rd. Von den Galerien der oberen Stockwerke lässt sich das Marktgeschehen gut überblicken. Während im Erdgeschoss die Händler auf langen Tischen eine bunte Vielfalt an Nahrungsmitteln aufgebaut haben, liegen in den oberen Stockwerken vor allem Textilien und Souvenirs aus. Nebenan werden im **Lam Yai-Markt** frische Produkte wie Fleisch und Blumen umgesetzt. Wenn die Läden abends schließen, füllen sich die Straßenränder mit Essensständen. ⏱ 6–19 Uhr.

### Somphet-Markt
Auf dem kleinen Somphet-Markt in der nordöstlichen Altstadt gibt es eine große Auswahl an Thai-Gerichten und viel Obst. ⏱ 6–18 Uhr.

### Muang Mai-Markt
Auf diesem Lebensmittelmarkt nordöstlich des Zentrums ist rund um die Uhr etwas los. Noch während ab Mitternacht Obst, Gemüse, Fisch, Fleisch, Gewürze u. v. a. m. zu Großhandelspreisen den Besitzer wechseln, kommt die nächste Frischware, die tagsüber an Kleinabnehmer verkauft wird. ⏱ 24 Std.

### Night Bazaar
Der ganztags geöffnete, 3-stöckige Chiang Mai Night Bazaar in der Chang Klan Rd., die Verkaufsstände davor und im gegenüberliegenden Kalare Night Bazaar haben Massenware für Touristen im Angebot. Die meisten Händler versuchen etwas aufdringlich, Textilien (u. a. gefälschte Markenartikel), Holzschnitzereien, Schmuck, Keramiken und Kunstgewerbe zu verkaufen. Etwas vielfältiger ist das Angebot auf dem **Anusarn-Markt** etwas weiter südlich. ⏱ 18–24 Uhr.

### Sunday Walking Street
Am Sonntagabend werden die Phra Singh und Ratchdamnoen Rd. sowie ein Teil der von ihnen abgehenden Straßen als Walking Street für den größten Straßenmarkt gesperrt. Auf etwa 2 km Länge verkaufen an über 4000 Ständen einheimische Künstler, Fotografen, Kunsthandwerker und Kleinhändler eine bunte Vielfalt an attraktivem, überwiegend preiswertem Kunsthandwerk jeglicher Stilrichtung. Dazwischen werden Snacks und Fruchtsäfte zubereitet, Porträtmaler und Straßenmusiker treten auf, und Masseurinnen bieten ihre Dienste an. Es ist der beste Ort zum Kauf von Souvenirs, Kleidung und Schmuck. Hier werden neue Trends kreiert – und bereits eine Woche später kopiert. ⏱ So 17–22 Uhr.

### Wualai Walking Street
In dem traditionellen Viertel der Silberschmiede findet in der Wualai Rd. samstags ein weiterer Nachtmarkt statt. Er ist fast so gut besucht wie die Sunday Walking Street und lockt mit einem ähnlichen Angebot, Silberschmuck und lokalen Snacks. ⏱ Sa 17–22 Uhr.

### Farmer's Market
Auf dem Wochenmarkt im Garten des Chiang Mai City Arts & Cultural Center, 🖥 www.fb.com/chiangmaifarmersmarket, bringen lokale Produzenten ihre Waren an den Endverbraucher. Neben Bio-Obst und -Gemüse werden Kunsthandwerk, Souvenirs und Snacks feilgeboten. Ab und zu gibt es Livemusik. ⏱ Fr 14–18 Uhr.

**Rimping Supermarket**, 9 Filialen, u. a. in den Malls (Maya, Promenada und Star Avenue) sowie an der Straße zum Flughafen, 199/8 Mahidol Rd. und am Ping, 129 Lamphun Rd., 🖳 www.rimping.com. Eine große Auswahl importierter Lebensmitteln und Delikatessen, schön präsentiert und zu vernünftigen Preisen. ⏱ 8–21 Uhr.

**Star Avenue Lifestyle Mall**, am Arcade Bus-terminal, 🖳 www.star-avenue.com. Eher eine Community Mall (Ladenzeilen mit kleinen Geschäften, Supermarkt und Restaurants) als ein Einkaufszentrum, aber gut besucht. Weitere 5 Ableger rund um Chiang Mai. ⏱ 10–21 Uhr.

## Kleidung

**71 Export**, 48/20 Huai Kaew Rd. Kleines, im Ausbau befindliches Factory Outlet mit günstigen Textilien, vieles leider nur in Übergrößen.

**Chiang Mai Cotton**, Ratchdamnoen Rd., neben The Writers Club & Wine Bar, ✆ 053-814 413, 🖳 www.chiangmaicotton.com. Schlichte, qualitativ hochwertige Damenkleidung aus Baumwolle. ⏱ Mo–Fr 10–19, Sa, So bis 22 Uhr.

**Sop Moei Arts**, 150/10 Charoen Rat Rd., ✆ 053-306 123, 🖳 www.sopmoeiarts. com. 2-stöckiger Verkaufsraum. Mit dem Verkauf der kunstvollen Flechtarbeiten, Textilien und Taschen der Pwo Karen unterstützen eine schwedische NGO und der Brite Kent Gregory ein abgelegenes Dorf in der Provinz Mae Hong Son, z. B. durch Schulstipendien für Kinder. ⏱ So–Fr 10–18 Uhr.

## Kunsthandwerk

Wer Kunsthandwerk einkaufen möchte, sollte sich auf der Wualai oder Sunday Walking Street umsehen oder nach Ban Tawai (S. 389) bzw. Bo Sang (S. 388) fahren.

**Rendee Design**, Soi 6, Moon Muang Rd. Kleiner, freundlicher Laden, der ökologisch angebaute Kaffees, handgemachte Souvenirs und Bio-Kosmetik verkauft. ⏱ Mo–Sa 11–20 Uhr.

**Thai Tribal Crafts Fair Trade Shop**, 208 Bamrungrat Rd., ✆ 053-241 043, 🖳 www.ttcrafts.co.th. Fair-Trade-Laden für Kunsthandwerk der Bergvölker. Internet-Verkauf. Filialen im Central Airport Plaza und 25/9 Moon Muang Rd. ⏱ Mo–Sa 9–17 Uhr.

## Abenteuersport

Quads sollten bei allen Anbietern vorher durchgecheckt werden, denn sie sind häufig schlecht gewartet. Die Route sollte exakt festlegt werden.

**Chiang Mai Adventure**, ✆ 053-289 614, 🖳 www.cmadventure.com. Auf Rafting und Quad-Ausflüge spezialisierter Anbieter, der Tagestouren für 1500–2500 Baht mit Besuchen in Bergdörfern oder der Zipline kombiniert.

**Chiang Mai X-Centre**, im Mae Sa Valley, ✆ 053-297 700, 087-833 6655, 🖳 www.chiang mai-xcentre.com, ⏱ 9–18 Uhr. Bungeespringen für 2000 Baht. Zudem Quads, Gelände-Motor-räder, Paint Ball, Go-Karts. Transfer ab dem Hotel um 9.30 und 13 Uhr für 200 Baht hin und zurück, wird bei Buchungen von Aktivitäten verrechnet.

**The Peak Adventure**, 302/4 Chiang Mai–Lamphun Rd., ✆ 053-800 567-8, 🖳 www.the peakadventure.com. 1- bis 5-stündige Quad-Touren am Doi Suthep ab 900 Baht.

## Klettern

**Chiang Mai Rock Climbing Adventures**, 55/3 Ratchapakhinai Rd., ✆ 053-207 102, 🖳 www.thailandclimbing.com. Kletterwand hinter dem Laden, ⏱ 13–18 Uhr, während der Woche auch länger, Tagespass 300 Baht inkl. Kletterschuhe, Kinder 240 Baht. Einführungs-Tageskurs in Mao On 3195 Baht inkl. Ausrüs-tung, Transport und Verpflegung. Auch Kurse für Fortgeschrittene und Ausrüstungsverleih.

## Kochkurse

Kochkurse in englischer Sprache sind in Chiang Mai überaus beliebt. Schon der gemeinsame Einkauf ist ein Erlebnis. Meist haben die Schüler eine eigene Kochstation und können die Gerichte auswählen. Den Abschluss bildet ein gemeinsames Essen.

**Asia Scenic Thai Cooking School**, 31 Soi 5, Ratchdamnoen Rd., ✆ 053-418 657, 084-640 0988, 🖳 www.asiascenic.com. Gayray und ihr lustiges Team kochen in einer offenen Küche mit bis zu 12 Schülern von 9–15 Uhr für 1000 Baht 7 (auf Wunsch vegetarische)

Gerichte, zudem kurze Kurse mit 5 Gerichten von 9–13 und 17–21 Uhr für 800 Baht. Empfehlenswert sind die Kurse auf der außerhalb gelegenen Bio-Farm für 1200 Baht. Kostenloser Transport im Radius von 3 km um die Altstadt, Kochbuch, Webalbum mit Fotos und Marktbesuch inkl.

**Baan Thai Cookery School**, 11 Soi 5, Ratchdamnoen Rd., ✆ 053-357 339, ▭ www.cook inthai.com. Kurse bei meist netten Lehrern in der Altstadt mit 6 Gerichten von 9.40–16 Uhr für 1000 Baht mit bis zu 9 Pers. Die Auswahl ist überschaubar. Abendkurse mit 5 Gerichten von 17–20.30 Uhr für 800 Baht. Transport und Marktbesuch inkl.

**Chiang Mai Thai Cookery School**, 47/2 Moon Muang Rd., ✆ 053-206 388, ▭ www.thai cookeryschool.com. In der Kochschule werden seit 1993 außerhalb von Chiang Mai Kurse (10–16 Uhr) offeriert, bei denen 6 Gerichte gekocht werden. 1450 Baht inkl. Transport und Kochbuch, teils auch mit Markt- und Kräutergartenbesuch. Abendkurse (16–20 Uhr) für Fortgeschrittene kosten 3000 Baht. Es kann in komfortablen Zimmern übernachtet werden.

**Taste from Heaven**, 237-239 Thapae Rd., ✆ 053-208 803, ▭ www.taste-from-heaven. com. Im vegetarischen Restaurant kann man am Vor- oder Nachmittag 5 Gerichte von der Speisekarte aussuchen und kochen lernen. Kostenpunkt 1000 Baht inkl. Transport und Kochbuch. Max. 2 Teilnehmer pro Kurs.

**Thai Farm Cooking School**, Büro 2/2 Soi 5, Ratchdamnoen Rd., ✆ 081-288 5989, 087-174 9285, ▭ www.thaifarm cooking.com. Kurse von 1–3 Tagen, die 17 km außerhalb auf einem Bio-Bauernhof mit vielen Obstbäumen stattfinden. Tageskurs mit 6 Gerichten für 1300 Baht, Transport und Kochbuch inkl.

**The Chilli Club Cooking Academy**, im Eagle House, 16 Soi 3, Chang Moi Kao Rd., ✆ 053-874 126, ▭ www.eaglehouse.com. Fröhliche Stimmung herrscht bei den Kursen für max. 6 Pers., bei denen jeder lernt, Gerichte nach Wunsch zu kochen. Einkauf und informatives, hübsch gestaltetes Kochbuch inkl. Halbtagskurse mit 3 Gerichten 750 Baht, Ganztagskurse mit 5 Gerichten 999 Baht.

## Massagekurse

Renommierte Massageschulen und -lehrer bieten zumeist mehrtägige Lehrgänge an.
**Blue Garden**, Soi 4, Ratchamanka Rd., ✆ 085-106 2895, ▭ www.thaimassagechiangmai.com. Der Holländer Remco offeriert gute Kurse, auch auf Deutsch, in schönen Räumen. 20–25 Std. inkl. Lehrmaterial für 6000 Baht. Zudem Yoga.

**International Training Massage School**, 59/9 Soi 4, Chang Puak Rd., ✆ 053-218 632, 083-763 1002, ▭ www.itmthaimassage.com. 3-tägige Einführungskurse à 18 Std. für 4200 Baht, 5-tägige Kurse à 30 Std. ab 5500 Baht und viele Spezialisierungskurse.

**MTM Thai Massage**, in einem grünen Haus, 7/1 Soi 5, Ratchdamnoen Rd., ✆ 089-192 1132, ▭ auf Facebook. Die in den Heilkünsten bewanderte Ming lehrt privat. Schnellkurse für Kleingruppen von 2–3 Std. für 899–999 Baht, Tageskurse 1999 Baht., 2 Tage ab 3599 Baht.

**Thai Massage School** im Old Medical Hospital, 238/8 Wualai Rd., schräg gegenüber dem Old Chiang Mai Cultural Center, ✆ 053-201 663, ▭ www.thaimassageschool.ac.th, ◷ Büro 9–18 Uhr. 5-tägige Kurse à 30 Std. für 5000 Baht.

**Wat Sam Pao** an der Kreuzung Ratchdamnoen Rd., Ecke Ratchaphakinai Rd. 4-stündige Kurse für 1000 Baht sowie Massagen für 130 Baht pro Std. ◷ Mo–Sa 9–18.30, So bis 23 Uhr.

## Meditation

Meditationszentren offerieren englischsprachige Unterweisungen und mehrtägige Vipassana-Kurse. Das Programm kann sehr straff sein und um 4 Uhr morgens beginnen, Gebete, religiöse Gespräche und mehrere 2-stündige Meditationen umfassen. Es wird erwartet, dass man sich den strengen Klosterregeln unterwirft.
**Blue Garden**, s. u. Kurse in schönen Räumen. 20–25 Std. inkl. Lehrmaterial für 6800 Baht. Zudem Spezialisierungskurse und Yoga.

**International Buddhism Center** im Wat Phrathat Doi Suthep, ✆ 053-295 012, ▭ www.five thousandyears.org, Karte S. 348/349. Im Zentrum des Geländes, 300 m abseits vom Tempel, werden in den Meditationsräumen buddhistische Unterweisungen und Meditationen angeboten und Informationen über den Buddhismus geteilt. 1–2 Wochen vorher sollten die 4-, 5-,

## Jede Menge Ziplines

Der durchschlagende Erfolg vom **Flight of the Gibbon** (s. u.) hat eine ganze Heerschar von Nachahmern auf den Plan gerufen, die nicht nur mit immer längeren, höheren und schnelleren Ziplines um die Gunst der nach Nervenkitzel suchenden Touristen buhlen, sondern auch Abseiling, Brücken, Netze und Seile, auf denen man balancieren muss, Leitern oder Flying Skateboards und Fahrräder im Repertoire haben. Entgegen der Beteuerungen steht die Sicherheit nicht in allen 13 Zipline-Parks an erster Stelle. So starb im Sommer 2015 ein chinesischer Tourist bei **Skyline Adventure**, als er wegen eines technischen Defekts von der Seilrutsche fiel. Im Norden der Stadt gibt es u. a. **Skytrack Adventure**, ⌨ www.skytrackadventure.com, die neben 19 Plattformen und 9 Ziplines (die längste 400 m) auch Bambusrafting und Elefantenritte in der 1800 Baht teuren Tour inkludieren, **Dragon Flight**, ⌨ www.dragonflightchiangmai.com, mit 49 Plattformen und 26 Ziplines (die längste 800 m) für 1900 Baht, **Jungle Flight**, ⌨ www.jungleflightchiangmai.com, mit 33 Plattformen und 20 Ziplines (die längste 300 m) für 2600 Baht, und **Flying Squirrels**, ⌨ www.treetopflight.com, mit 26 Plattformen und 13 Ziplines (die längste 600 m) für 2699 Baht. Zur Hochsaison kann es passieren, dass sich sehr große Gruppen auf den Plattformen bilden. Im Zweifelsfall besser eine Tour frühmorgens buchen. Empfehlenswert sind nach wie vor:

**Eagle Track**, ✆ 085-722 9090, ⌨ www.eagletrackchiangmai.com. Die Verbindungen zwischen den 35 Plattformen bestehen nicht nur aus Ziplines. Das große Paket kostet 2400 Baht, die abgespeckten Varianten 1600–1900 Baht inkl. Transfer, Mittagessen und kurzer Wanderung zu einem Wasserfall. Touren starten um 7, 8, 9, 12 und 13 Uhr.

**Flight of the Gibbon**, in einem schönen Bergwald in 1300 m Höhe bei Chae Hom, zwischen dem H1230 und H1252, 1 Std. von Chiang Mai, Büro: Kotchasarn Rd., Ecke Soi 1, ✆ 053-010 660-4, 084-614 4004, ⌨ www.treetopasia.com. Wie ein Gibbon klettert und gleitet man 3 Std. lang angeseilt durch den Bergwald. Die 7 km lange Tour führt über 18 Ziplines durch das 5,5 km lange System von Stahlseilen, über schwingende Hängebrücken und Plattformen in alten Baumriesen zu insgesamt 33 Stationen, von denen die längste beeindruckende 800 m über ein Tal führt. 7-stündige Touren um 6.30, 8, 9 und 12.30 Uhr für 3599 Baht. Ein Teil des Gewinns geht an Gibbon-Rehabilitationszentren.

---

7-, 10- oder 14-tägigen Vipassana-Kurse auf Spendenbasis gebucht werden. Büro ◷ 9–17 Uhr.
**Meditation Centre** im Wat U Mong, ✆ 053-277 248, 085-107 6045, ⌨ www.watumong.org, Karte S. 348/349. Vipassana-Meditationen ab 3 Tagen. Ein Lehrer spricht Deutsch. So von 15–18 Uhr Unterweisungen.
**Northern Insight Meditation Center**, Wat Rampoeng, Kann Klongchonprathan Rd., westlich vom Flughafen, ✆ 053-278 620, ⌨ www.watrampoeng.net, Karte S. 348/349. 26-tägige Vipassana-Kurse in englischer Sprache. Weiterführende Kurse von mind. 10 Tagen Dauer.
**Wat Suan Dok**, ✆ 084-609 1357, ⌨ www.monkchat.net. 2-tägige Einführungskurse beginnen jeden Di um 13 Uhr im Monk Chat-Büro, Anmeldung mind. 1 Woche im Voraus.

Lockere, weiße Kleidung erforderlich (für 300 Baht erhältlich). Kosten für Essen und Transport 500 Baht.

### Minigolf
**Hansa Minigolf**, 58 Moo 4, Baan Muang Wa, nördlich von San Sai, knapp 20 km nordöstlich vom Stadtzentrum, ✆ 053-255 766, ⌨ www.hansa-minigolf.com. Die schönste Minigolf-Anlage Thailands mit 18 Löchern wartet mit Miniaturen bekannter Weltwunder auf. Erwachsene 100 Baht, Studenten 50 Baht, Kinder unter 12 Jahren 30 Baht pro Spiel. WLAN. ◷ Fr–Mo 10–20, letzte Runde 18 Uhr.

### Schmuckherstellung
**Nova artlab**, 179 Thapae Rd., ✆ 053-273 058, ⌨ http://nova-collection.com/artlab. Mo–Fr von

## Begegnungen mit Elefanten in Nord-Thailand

© MISCHA LOOSE

Seit jeher haben Elefanten in diesem Teil der Welt einen besonderen Status. Die vedische Gottheit Indra reitet auf einem weißen Elefanten, und der hinduistische Elefantengott Ganesha wird vielerorts verehrt. Seit Jahrhunderten trainieren Karen und andere Bergbewohner Elefanten für den Einsatz in der Holzwirtschaft und im Krieg. Die Tiere lernen, Befehlen zu folgen, die der **Mahout** durch Körperbewegungen, mit Füßen und durch Zurufe vermittelt.

Viele stören sich daran, dass die Befehlstreue der Tiere durch das **Brechen ihres Willens** erreicht wird. Man sollte sich darüber im Klaren sein, dass domestizierte Elefanten von klein auf zum Gehorsam gegenüber ihren Mahouts dressiert werden, was nicht ohne Zwang (und den berüchtigten Elefantenhaken) geschieht.

Während früher vor allem kräftige Bullen zum Einsatz kamen, sind in den heutigen Camps in erster Linie Kühe vorzufinden, die sich leichter trainieren lassen und nicht in die gefährliche Musth (Brunft) kommen.

Ein gutes Camp zeichnet sich durch **artgerechte Haltung** aus. Die Tiere dürfen die Nacht im Wald verbringen und stehen nicht angekettet am Straßenrand, erhalten Futter aus ihrem natürlichen Umfeld und werden zeitlich begrenzt eingesetzt. Die Jungtiere folgen die ersten vier Jahre der Mutter auf Schritt und Tritt und beginnen erst nach ihrer Ausbildung im Alter von 14 Jahren mit der Arbeit. Manche Camps trennen Mutter und Kalb hingegen viel zu früh.

10–16 Uhr können Anfänger für 1750 Baht pro Tag plus Materialkosten (30 Baht pro Gramm Silber) unter Anleitung von Silberschmied Nugoon arbeiten. 5-tägige Kurse mit 3 Stücken für 8200 Baht plus Material.

### Schwimmen
In den Hotels **Anodard**, 57 Ratchamanka Rd., **Prince**, 3 Tai Wang Rd., und **Eco Resort Chiang**
**Mai**, 109 Bamrungrat Rd., Karte S. 350/351, können Gäste von außerhalb den Pool für 100 Baht mitnutzen.

### Yoga und Tai Chi
**Blue Garden**, Soi 4, Ratchamanka Rd., ☎ 085-106 2895, 🖥 www.thaimassagechiangmai.com. Der Holländer Remco offeriert gute Tageskurse in Flow-Yoga ab 200 Baht.

Normalerweise reiten zwei Touristen in einem *Howdah* (Elefantensattel, teils mit Sicherheitsgurt) auf dem Rücken, während der Mahout im Nacken des Elefanten sitzt. Manchmal geht es für das Beweisfoto eine Runde durch das Camp, meist aber in 30–60 Min. auf ausgetretenen Pfaden in einer Karawane durch die nähere Umgebung und als Höhepunkt durch einen Bach oder See. In größeren Camps zeigen Elefanten bei Shows Kunststücke. In besseren Lagern kann man alleine reiten oder die Tiere nur baden, waschen und füttern. Dort empfiehlt es sich, zum Schutz vor der borstigen Haut und Ungeziefer lange Hosen oder Stulpen zu tragen, am besten schnell trocknende Fischerhosen, und Sandalen, die man im Wasser anbehalten kann.

Bei einem **Mahout-Kurs** lernt man zudem, die Tiere zu satteln und ihnen Befehle zu erteilen sowie teilweise auch die Nahrung und Medikamente zuzubereiten. Die Kurse eignen sich für Kinder ab dem Schulalter. Keine Billigangebote buchen und darauf achten, dass man möglichst einen „eigenen" Elefanten hat!

Die beste Einführung erhält man im staatlichen **Thai Elephant Conservation Center**, S. 491 und **eXTra [2686]**, dem ein Elefanten-Krankenhaus angeschlossen ist. **Elefantencamps** gibt es in Nord-Thailand im Mae Sa Valley (S. 385), Mae Wang Valley (S. 391), Mae Taeng Valley (S. 428), am Mae Ping Richtung Chiang Dao (S. 429), in Pai (S. 422) und am Mae Kok bei Chiang Rai (S. 452). In Camps, die von großen Veranstaltern angefahren werden, herrscht fast immer Massenabfertigung ohne Rücksicht auf die Elefanten.

Wer den Tieren ganz nah sein möchte, bucht am besten einen Mahout-Kurs bei **Elephant Special Tours** im Mae Wang Valley, S. 391 und **eXTra [2684]**.

Weder Shows noch Ausritte, sondern artgerechte Haltung demonstriert man im **Elephant Nature Park**, 🖥 www.saveelephant.org, 🖥 www.elephantnaturefoundation.org, mehr auf S. 428.

Die **Patara Elephant Farm**, 29 km westlich von Chiang Mai, ✆ 081-992 2551, 🖥 www.patara elephantfarm.com, züchtet auch Elefanten. Informative Tagesbesuche mit intensivem Kontakt zu den Dickhäutern kosten 5800 Baht inkl. Reiten auf dem Nacken, Waschen, Transport, Mittagessen und DVD mit Fotos und Videos des Aufenthalts.

Auch im **Ran-Tong Elephant Camp**, 60 km nördlich von Chiang Mai, ✆ 053-272 023, 095-442 4644, 🖥 www.elephant-training.com, kommt man den Elefanten ganz nah. Programme für 1 Tag bei 2 Pers. pro Elefant 2400 Baht, bei 1 Pers. 4500 Baht inkl. Transport, Mittagessen, Reiten auf dem Nacken und Waschen, 2 Tage 5500/10400 Baht zusätzlich inkl. Rafting sowie Halbtagsprogramme für 1600/3000 Baht.

Ähnliche Preise hat **Elephant Discovery Chiang Mai** im Mae Wang Valley, ✆ 081-612 4172, 🖥 www. elephantdiscoverychiangmai.com.

**Naisuan House**, Soi 1, 3/7 Rattanakosin Rd. (Doi Saket Kao Rd.), 2,5 km nordöstlich der Altstadt, ✆ 085-714 5537, 🖥 www.taichi thailand.com. 2 Std. Tai Chi Chuan für 1500 Baht oder 10-tägige Kurse à 60 Std. für 15 000 Baht.

🧳 **The Yoga Tree**, 65/1 Arak Rd., im Südwesten der Altstadt, ✆ 081-724 7308, 🖥 www.theyogatree.org. Breites Angebot an Intensivkursen, Workshops und „Open Yoga"

250 Baht pro 90 Min., Privatstunden kosten 1000–1500 Baht.

### TOUREN

An jeder Ecke werden Touren mit einer Mischung aus Trekking, Sightseeing und etwas Action angeboten. Oft wird man mit Interessenten aus anderen Büros zusammengepackt, die möglicherweise deutlich mehr oder weniger für die gleiche Tour gezahlt haben.

**Billige Tagestouren** für 900–1300 Baht finden meist im Mae Wang Valley am Fuß des Doi Inthanon (S. 392) oder am Mae Taeng (S. 428) statt. Sie gehen nicht in Nationalparks, wo 200–300 Baht Eintritt fällig werden, und umfassen meist weder Elefantenreiten noch Rafting. Manchmal wird nur eines der kommerziellen Hilltribe Villages besucht, wo Bergvölker angesiedelt wurden und wie Attraktionen ausgestellt werden. Wer keine teurere Jeeptour bucht, wird im Songthaew zum Startpunkt gebracht. Für An- und Abreise ist je mind. 1 Std. einzurechnen.

**Standardtouren in Großgruppen** kosten 1500–2200 Baht für 3 Tage bzw. 2 Nächte und 1400–1800 Baht für 2 Tage/1 Nacht. Zur Hochsaison kann es passieren, dass in einem Dorf mehr Touristen als Einwohner schlafen.

### Tour-Veranstalter

Wer Wert auf eine kleinere Gruppe legt, kann in die Provinz ausweichen. Weitere Tipps zum Trekking S. 78.

**Banthi Tour**, ☎ 081-472 8319, 083-942 0863, 🖳 auf Facebook. Eine entspannte Mischung aus Besichtigungen von Dörfern und traditionellen Handwerken, Wanderungen zu Sehenswürdigkeiten und Kochkursen bieten spaßige Tagestouren für 1500 Baht, Kinder bis 9 Jahre 750 Baht, ins 30 km entfernte Banthi.

**Panda Tour**, 127/5 Rachapakinai Rd., ☎ 053-418 920, 081-881 5902, 🖳 www.pandatour chiangmai.com. Verlässlicher Anbieter. Tageswanderungen zu Bergdörfern und Wasserfällen im Mae Taeng Valley, teils mit Elefantenreiten, ab 6 Pers. für 1200 Baht, mit Bambusrafting +100 Baht. 3 Tage Wandern 2200 Baht.

🧡 **Pooh Eco-Trekking**, 59 Rachapakinai Rd., ☎ 053-208 538, 085-041 4971, 🖳 www. pooh-ecotrekking.com. Empfehlenswerte Trekkingtouren in der Umgebung von Mae Sariang ab 3400 Baht für 2 Tage/1 Nacht ohne Elefantenreiten und Rafting. Gruppen von 2–6 Pers.

### Individuelle Touren

Sie kosten deutlich mehr, vor allem wenn es in untouristische Gebiete geht. Nur wenige Gästehäuser arbeiten mit eigenen Guides, z. B. das Eagle House.

Individuelle deutschsprachige Touren organisiert Thedda vom **Linda Gh.**, S. 362.

🧡 Empfehlenswerte **Trekkingguides** sind **Chan**, ☎ 084-617 8404, 🖳 www.chan trekking.com, **Charan**, ☎ 093-282 4454, 🖳 www. trekking-chiangmai.com, und **Piroon**, ☎ 081-961 1015, 🖳 www.chiangmai-trekking.com. Sie vermitteln viel Wissenswertes, sprechen gut Englisch (teils sogar ein bisschen Deutsch) und kochen hervorragend. Je nach Tour und Gruppengröße kosten 3-tägige Touren 3500–5000 Baht. Die Touren bieten authentische Begegnungen und binden Highlights wie Elefantenreiten und Bambusfloßfahrten ein.

### Bootstouren

Bei einer Fahrt auf dem **Ping** erschließt sich ein völlig anderer Blickwinkel auf die Stadt.
**Mae Ping River Cruise, Abfahrt am Pier** des Wat Chaimongkon, ☎ 053-274822, 🖳 www. maepingrivercruise.com. 2-stündige Touren im Longtail-Boot, die stdl. von 8.30–17.30 Uhr ablegen und 520 Baht kosten. Auch Kombinationen mit Mittagessen.

**Scorpion – Tailed River Cruise**, Abfahrt 300 m nördlich der Nakhon Ping-Brücke, ☎ 081-960 9398, 🖳 www.scorpiontailedrivercruise. com. Interessante 1 1/2-stündige Touren mit Fokus auf die Geschichte der Stadt alle 2 Std. von 9–17 Uhr für 500 Baht p. P.

### Fahrradtouren

Geführte Radtouren werden in der Stadt, am Ping entlang, im Mae Sa Valley und am Doi Suthep angeboten. Weitere Infos: 🖳 www. chiangmaicycling.org.

🧡 **Chiang Mai Mountain Biking & Kayaks**, 1 Samlan Rd., ☎ 081-024 7046, 🖳 www. mountainbikingchiangmai.com. Touren in und um Chiang Mai ab 1250 Baht sowie Mountainbike- und Downhill-Touren für 1550–2700 Baht, auch mehrtägige Trips. Die Mountainbikes sind gut gewartet, und die Guides sprechen fließendes Englisch. Beliebt sind die Downhill-Touren am Doi Suthep für 1650 Baht und die Kombination aus 3 Std. bergauf wandern und anschließendem Downhill-

Biken für 1750 Baht. Mittagessen und Transport inkl.

**Click and Travel**, ☎ 053-281 553, 🖥 www.clickandtravelonline.com. Halbtagstouren ab 950 Baht, ganztags ab 1300 Baht), auch mehrtägige Radtouren ab 5350 Baht.

**Recreational Chiang Mai Biking**, 135/48 Soi 2, Moo Baan Nai Fun 1, ☎ 053-282 055, 🖥 www.thailandbiking.com/chiang-mai. Tagestouren in der Stadt tgl. um 8 und 13 Uhr ab 1100 Baht, in die Umgebung ab 9 Uhr ab 2100 Baht. Auch mehrtägige Touren im Süden und Osten von Chiang Mai ab 6250 Baht.

**Spiceroads**, 1 Soi 7, Moon Muang Rd., ☎ 053-215 837, 🖥 www.spiceroads.com/chiangmai. Das Programm reicht von City-Touren für 1000 Baht über abenteuerlichere Trips am Doi Suthep bis zu mehrtägigen Touren ins Goldene Dreieck. Auch Kombinationen mit Zipline, Kajak oder Rafting.

### Motorrad- und Jeeptouren

Die besten Tipps für Motorradtouren in Nord-Thailand und Laos hat David Unkovich von GT Rider, der Jahrzehnte durch Nord-Thailand gefahren ist, in seinen Büchern und Karten zusammengetragen. Er organisiert auch Touren. Infos zu den Provinzstädten und Fahrstrecken unter 🖥 www.gt-rider.com.

Im **Rider's Corner**, ein Bar-Restaurant an der nordöstlichen Ecke der Altstadt, treffen sich Biker und tauschen ihre Erfahrungen aus.

**Enduro Wild**, 🖥 www.endurowild.com. Außer in der Regenzeit werden Touren mit Kawasaki KLX 250 oder Honda CRF 250L veranstaltet, z. B. 7 Tage als Enduro-Anfänger für £1170.

**Motorrad & Off-Road Tours**, ☎ 053-482 652, 086-921 2570, 🖥 www.off-roadtours.de. Deutschsprachige Gelände- und Straßentouren mit Motorrädern und Jeeps in ganz Thailand. 1 Woche „All inclusive" kostet 1640 €.

**Something Different Tours**, 15 Soi 5, Kotchasarn Rd., ☎ 053-449 600, 085-106 7949, 🖥 www.somethingdifferenttours.com. Kombination aus den Standard-Tagestouren in Chiang Mais Umgebung und Motorradfahren: Alle Stationen der jeweiligen Tour werden eigenständig angefahren. Tagesausflüge 1800–1950 Baht. Auch mehrtägige Rund- und Off-Road-Fahrten.

### Rafting und Kajaking

Wer Rafting als Teil eines Trekkingprogramms bucht, wird vor allem in der Trockenzeit gemächlich dahintreiben. Tagestouren zum Whitewater-Rafting, z. B. auf dem Mae Wang am Doi Inthanon, finden nur während und nach der Regenzeit statt. Rafting oder Kajak-Tagestouren auf dem Mae Taeng (S. 429) sind ganzjährig möglich. Eine größere Herausforderung ist Rafting auf dem Pai (S. 423), dem Mae Klong bei Umphang (S. 341) oder dem Wa bei Nan (S. 477).

**Chiang Mai Adventure**, s. Abenteuersport.

🧳 **Chiang Mai Mountain Biking & Kayaks**, 1 Samlan Rd., ☎ 081-024 7046, 🖥 www.mountainbikingchiangmai.com. Professionell geführte Kajaktouren auf dem Mae Ping, u. a. in der reizvollen Umgebung von Chiang Dao, sowie im Mae Ngat Reservoir und in Mae Taeng ab 1750 Baht. Auch Touren für Fortgeschrittene.

🧳 **Siam River Adventures**, im Kona Café, 17 Ratchawithi Rd., ☎ 089-515 1917, 081-473 6839, 🖥 www.siamrivers.com. Tagestouren Rafting ab 1800 Baht, Kajaking ab 2250 Baht, auch mit Übernachtung und Rafting bei Nacht.

**The Peak Adventure**, s. Abenteuersport. Einfache Raftingtouren auf dem Mae Taeng ab 1200 Baht, Kombinationen mit Elefantenreiten oder Quad-Fahrten ab 1450 Baht.

### Segway-Touren

**Segway Gibbon**, Kotchasarn Rd., Ecke Soi 1, ☎ 084-614 4004, 🖥 www.segwaygibbon.com. 2- oder 3-stündige Stadtführungen auf den elektrischen Zweirad-Vehikeln für 1999–2299 Baht. Zudem auch Kombinationen mit Flight of the Gibbon (S. 373). Mindestalter 12 Jahre, Maximalgewicht 113 kg.

### SONSTIGES

### Autovermietungen

Pkw und Pick-ups gibt es ab 1000 Baht pro Tag, Minibusse ab 1800 Baht. Bei Mietdauern ab 1 Woche werden Rabatte eingeräumt. Bei vielen Anbietern kann das Auto anschließend auch in Chiang Rai abgegeben werden, bei einigen auch in anderen Orten.

**Avis**, am Flughafen, Call Center: ☎ 02-251 1131, 🖥 www.avisthailand.com. ⏱ 7.30–21 Uhr.

**Budget**, Counter am Flughafen, Büro: 201/2 Mahidol Rd., gegenüber der Central Airport Plaza, ✆ 053-202 871-2, 🖥 www.budget.co.th.
**Hertz**, 60 Moo 3, Airport Rd., ✆ 053-273 011, 🖥 www.hertz.com. ⏰ 7–21 Uhr.
**North Wheels**, 70/4–8 Chaiyaphum Rd., ✆ 053-874 478, 🖥 www.northwheels.com. Van mit Fahrer für 2000 Baht pro Tag. Abgabe in Bangkok kostet 5000 Baht extra. Guter Service, aber nicht immer frische Fahrzeuge.

### Fahrradverleih

Geschäfte und Gästehäuser an der Moon Muang Rd. vermieten Fahrräder, wobei die billigsten ab 50 Baht pro Tag nicht unbedingt die sichersten sind. Spiceroads (s. o.) vermietet hochklassigere Räder.
**City Bike Rental**, 1 Samlan Rd., südlich vom Wat Phra Singh, ✆ 053-814 207. Räder ab 150 Baht, Tourenräder 350 Baht pro Tag, Helm und Handschuhe kosten 50 Baht extra. Kostenlose Anlieferung und Abholung.
**JN Sunshine**, Soi 2, Moon Muang Rd., ✆ 053-280 371, 089-014 9030, 🖥 www.jnsunshine.info. Gute Trek-Mountainbikes für 200 Baht pro Tag.

### Immigration

**Immigration**, Gebäude A, Promenada Resort Mall, im Südosten der Stadt zwischen H1317 und Chiang Mai-Sankamphaeng Rd., 🖥 www.chiangmaiimm.com/en.html, Karte S. 350/351. Hier werden Touristenvisa verlängert und Re-Entry Permits ausgestellt. Weniger überfüllt sind die Büros in Mae Hong Son (S. 404) oder Mae Sai (S. 457). ⏰ Mo–Fr 8.30–16.30 Uhr.
**Alte Immigration**, 71 Airport Rd., ✆ 053-201 755-6, 851 356-8. Nur noch für Langzeitaufenthalte (außer Jahresvisa für Rentner) zuständig. ⏰ Mo–Fr 8.30–16.30 Uhr.

### Informationen

Viele Büros, die sich TAT, Tourist Information und Tourist Office nennen, haben nichts mit dem staatlichen Fremdenverkehrsbüro zu tun.
**Chiang Mai Municipal Tourist Office**, Thapae Rd., Ecke Wichayanon Rd., ✆ 053-276 140–2, ⏰ 8.30–16.30 Uhr.
**TAT Tourist Office**, Chang Klan Rd., nahe Shangri-La Hotel, ✆ 053-248 604, ⏰ 8.30–16.30 Uhr.

### Konsulate

**Deutschland**, Herr Hagen E.W. Dirksen, 199/163 Moo 3, Ban Nai Fun, Kan Klong Chon Prathan Rd., ✆ 053-838 735, ✉ chiang-mai@hk-diplo.de, Karte S. 348/349. ⏰ Mo–Fr 9–12 Uhr.
**Myanmar**, 9/4 Hassadisawee Rd. Für die Beantragung eines Visums werden 2 Passfotos benötigt. ⏰ Visastelle 9–11 Uhr.
**Schweiz**, Herr Marc Dumur, Frangipani Serviced Residences, 11/1 Soi 13/1, Phra Pokklao Rd., ✆ 053-225 000, ✉ chiangmai@honrep.ch. Termine nach Vereinbarung.

### Massagen und Spas

An jeder Ecke werden günstige Thai-, Fußreflexzonen- oder Ölmassagen angeboten, aber auch luxuriöse Spas locken mit Wohlfühlprogrammen.
**Cheeva Spa**, 4/2 Hussadhisewee Rd., ✆ 053-405 129, 🖥 www.cheevaspa.com. Hervorragendes, schön gestaltetes Spa mit hochpreisigen Packages (2 Std. ab 1900 Baht) und Massagen (1 1/2 Std. für 1200 Baht). Transfers inkl. ⏰ 10–21 Uhr.
**Green Bamboo Massage**, 1 Soi 1, Moon Muang Rd., ✆ 089-827 5563, 🖥 www.green-bamboo-massage.com. In ruhigem Ambiente werden Massagen vom gut ausgebildeten Personal (nach Lim fragen) ab 200 Baht pro Std. durchgeführt. Bio-Produkte aus eigener Herstellung. Ölmassagen ab 250 Baht pro Std. Günstige Packages. ⏰ Mo–Fr 10–21, Sa und So 11–21 Uhr.
**Lila Thai Massage**, 5 Filialen (Ratchadamnoen Rd. nahe Wat Chedi Luang sowie nahe Thapae Gate, Ratchaphrakinai Rd., Phra Pokklao Rd. und Ratchawithi Rd.), ✆ 053-327 243, 🖥 www.chiangmaithaimassage.com. Massagen von weiblichen Häftlingen, die hier für die Zeit nach der Haft in 180 Std. Ausbildung Erfahrung sammeln. 200 Baht pro Std., Ölmassagen 400 Baht. ⏰ 10–22 Uhr.
**Thai Massage Conservation Club Chiang Mai**, 99 Ratchamanka Rd., ✆ 053-904 452. Sehr gute Massagen von Menschen mit Sehbehinderungen oder Blinden ab 180 Baht, Ölmassagen 250 Baht pro Std. ⏰ 8–22 Uhr.
**The Oasis Spa**, 4 Samlan Rd., südlich des Wat Prasing, und 102 Sri Mangalachan Rd., westlich der Altstadt, ✆ 053-920 111, 🖥 www.oasisspa.

net. Luxuriöses Spa mit Massagen ab 1600 Baht pro Std., zudem Gesichtsbehandlungen, Milch- und Blütenbäder, Ayurveda und Haartherapien. ⏲ 10–22 Uhr.

### Medizinische Hilfe

**Notruf** ☎ 191, **Unfall** ☎ 1193, **Krankenwagen** ☎ 1669. Nicht immer wird Englisch gesprochen.
**Bangkok Hospital**, am Super-Highway östlich der Stadt, ☎ 1719, 052-089 888, 🖥 www.bangkokhospital-chiangmai.com. Modernes und teures Privatkrankenhaus.
**Chang Puak Hospital**, 1/7 Soi 2, Chang Puak Rd., ☎ 053-220 022, 🖥 www.changpuek-hospital.com (nur in Thai). Privates Krankenhaus.
**Chiangmai Ram Hospital**, 8 Bunruangrit Rd., ☎ 053-920 300, 🖥 www.chiangmairam.com. Staatliches Krankenhaus mit englischsprachigen Ärzten.
**Lanna Hospital**, 103 Chiang Mai-Lampang Rd., ☎ 053-999 777, 🖥 www.lanna-hospital.com. Privates Krankenhaus.
**Maharaj Nakorn Chiang Mai (Suan Dok)**, 110 Suthep Rd., ☎ 053-947 000, 🖥 www.med.cmu.ac.th. Staatliche Universitätsklinik, die Schlangengiftserum bereithält.

**McCormick Hospital**, 133 Kaew Nawarat Rd., ☎ 053-921 777, 🖥 www.mccormick.in.th. Privates Krankenhaus.

### Motorradverleih

In der Moon Muang Rd. konzentrieren sich Motorradvermietungen. Für Bergtouren ist es besser, kräftige Maschinen zu mieten. Man sollte seine Maschine vor dem Losfahren gründlich untersuchen und Schäden schriftlich oder auf Fotos festhalten, da diese sonst bei Abgabe in Rechnung gestellt werden. Die **Haftpflichtversicherungen** für Mietmotorräder kosten 50–200 Baht, decken keine Sachschäden und nur begrenzt Personenschäden (bis 50 000 Baht) ab. **Achtung**: Wer sich verletzt und keinen Motorradführerschein besitzt, muss damit rechnen, dass die Reisekrankenversicherung für die Behandlungskosten nicht aufkommt! Fast alle Maschinen haben über 50 ccm Hubraum und dürfen somit nicht ohne Motorradführerschein gefahren werden. Mehr S. 90, A–Z.
**Jaguar Motorcycle Hire**, 2/Soi 1, Ratchawithi Rd., ☎ 081-882 4580. Honda Dream oder andere kleine Maschinen kosten 120–200 Baht pro Tag, Automatik 150–400 Baht. Enduros und große

Tuk Tuks sind in Chiang Mai neben den roten Songthaew die meistgenutzten öffentlichen Transportmittel.

© MISCHA LOOSE

Motorräder wie Honda XR 250 oder Phantom 500–800 Baht. Haftpflicht inkl.

**JN Sunshine**, Soi 2, Moon Muang Rd., ☎ 053-280 371, 089-014 9030, 🖳 www.jnsunshine.info. Beim freundlichen Holländer Jan gibt es sehr gut gewartete Roller für 150 Baht pro Tag, Automatik 200–250 Baht.

**Mr. Mechanic**, 135/1 Ratchaphakinai Rd., Filiale: Soi 5, Moon Muang Rd., ☎ 053-214 708, 082-762 8302, 🖳 www.chiangmai-motorcycle-rental.info. Zuverlässig und lange im Geschäft. Stadttaugliche Halbautomatik für 150 Baht, Automatik 200 Baht, für die Berge 250 Baht. Größere Motorräder ab 500 Baht. Auch Touren. ⏰ 7.30–18 Uhr.

**Tony's Big Bikes**, 17 Ratchamanka Rd., ☎ 053-207 124, 🖳 www.chiangmai-motorcycle-rental.com. 125 ccm-Roller ab 450 Baht, größere Maschinen ab 600 Baht am Tag. ⏰ 8–17.30 Uhr.

## Polizei

**Tourist Police**, 608 Rimping Plaza Bldg. in der nördl. Charoen Rat Rd. am Super Highway,

## Songthaew-Farbenlehre

**Rote Songthaew** fahren für 20 Baht im Stadtgebiet.

**Gelbe Songthaew** verkehren ab Chiang Mai Gate und Chang Puak Bus Station nach Chom Thong von 7–21 Uhr alle 20 Min. für 32 Baht sowie nach Doi Saket (7.20–19 Uhr alle 20 Min. für 16 Baht), Hang Dong (15–17 Baht), Mae Rim (von 6.50–19 Uhr etwa stdl. für 16 Baht), MAE SA VALLEY (von 8–18 Uhr alle 50 Min. für 40–60 Baht) und Mae Wang (30 Baht).

**Grüne Songthaew** starten am Warorot-Markt nach Sansai und Mae Jo im Nordosten stdl. von 7–17 Uhr.

**Weiße und blaue Songthaew** fahren ab Lamyai-Markt über BO SANG nach SAN KAMPHAENG im Osten von 5–17 Uhr alle 30 Min. für 20 Baht sowie nach LAMPHUN stdl. von 5–22 Uhr für 20 Baht. Nach LAMPHUN geht es auch mit großen **lila Bussen** von 6.40–18.10 Uhr alle 30–50 Min. für 22 Baht.

**Orange Songthaew** verkehren ab Chang Puak Bus Station hinauf in den Norden bis nach Fang von 7.30–18.45 Uhr alle 15 Min. für 80 Baht.

☎ 053-212 146-8. Filialen am Night Bazaar in der Chang Klan Rd., am Flughafen und am Busterminal, Notruf ☎ 1155.

## Post und Spedition

**Hauptpostamt**, 402 Charoen Muang Rd., ☎ 053-248 719.

Zentraler liegen die **Postämter** in der Phra Pokklao Rd. und Samlan Rd. Zudem eine Filiale am Flughafen und eine am Night Bazaar. ⏰ Mo–Fr 8.30–16.30, Sa und So 9–12 Uhr.

**Private Post-Annahmestellen** sind nicht immer zuverlässig. Keine Beschwerden gab es bislang über die chaotische Filiale in der Ratchdamnoen Rd. nahe dem Thapae Gate mit Packservice. ⏰ 8–20 Uhr.

**DHL Service Point** am Hotel M, Moon Muang Rd., ☎ 053-326 553, 🖳 www.dhl.co.th. ⏰ 9–18 Uhr.

## Wäschereien

Viele Wäschereien in der Soi 7, Moon Muang Rd., östlich vom Wat Lam Chang. Viele Gh. nehmen für 40–60 Baht pro kg Wäsche an.

## NAHVERKEHR

### Songthaew

Etwa 3000 Songthaew fahren in der Stadt. Man nennt dem Fahrer das Ziel, steigt ein und zahlt beim Aussteigen 20 Baht für kurze Strecken im Zentrum, bis 50 Baht für Fahrten nach außerhalb, oder man chartert das Fahrzeug für 1000–2000 Baht für Tagestouren.

### Taxis

Es gibt nur knapp 200 Taxis in ganz Chiang Mai. Sie können für einen Aufschlag von 40 Baht unter ☎ 053-241 955, 217 411, 818 188, 922 128, bestellt werden. Einige stehen am Arcade Busterminal und am Flughafen links vom Ausgang für nationale Flüge (+50 Baht), für Fahrten in die Stadt sind Coupons für 120 Baht, die man am Taxi-Schalter bekommt, die beste Option.

**Gelbe Taxis mit Taxameter** verlangen für den ersten Kilometer 40 Baht, für jeden weiteren 5 Baht, Wartezeit 1 Baht pro Min. Allerdings wird das Taxameter so gut wie nie eingeschaltet und gilt nur innerhalb der Ring Rd.

**Richtwerte**: In der Stadt nicht mehr als 150 Baht, zum Flughafen 100–120 Baht, zum Bahnhof und der Arcade Bus Station 80–100 Baht, bis Doi Saket 300–350 Baht, Doi Suthep 600–900 Baht, Lamphun 500–600 Baht und ins Mae Sa Valley 500–700 Baht.

## Tuk Tuks

**Tuk Tuks** eignen sich gut für die Erkundung der Altstadt, schaffen es aber nicht auf den Doi Suthep. Je nach Entfernung 40–120 Baht. Man sollte sich nicht zu einer Einkaufstour überreden lassen (S. 50), die zwar nur sehr wenig kostet, aber Stopps an vielen Geschäften und „Fabriken" beinhaltet, bei denen der Fahrer eine Provision kassiert und überteuerte Produkte und Dienstleistungen angeboten werden.

## TRANSPORT

### Busse und Songthaew

**Arcade Busterminal**, Kaew Nawarat Rd., ☎ 053-242 664, 246 501. Gepäckaufbewahrung kostet 20 Baht pro Gepäckstück, ⏲ 8–21 Uhr. Nicht klimatisierte Busse fahren vom alten und AC-Busse vom gegenüberliegenden modernen, AC-gekühlten Busbahnhof ab. Tuk Tuks ins Zentrum verlangen 120–150 Baht, Songthaew (aus dem neuen Terminal kommend links) 20 Baht p. P. oder 150 Baht Charter und Taxis (nördlich des Busbahnhofs) 150 Baht, zum Flughafen 180 Baht.
BANGKOK, 720 km, u. a. über Nakhon Sawan und Ayutthaya, zahlreiche Busse überwiegend morgens und abends von 6.30–23 Uhr für 419–538 Baht, VIP für 620–876 Baht in 10 Std.
CHIANG KHONG, um 8, 9.30 und 14.30 Uhr für 277–434 Baht in 6 Std.
CHIANG RAI, 16x tgl. von 7–17.30 Uhr für 139–178 Baht, VIP um 8.15, 10.15, 14.45 und 18 Uhr für 277 Baht in 3 1/2 Std.
CHIANG SAEN, um 11.45 Uhr für 230 Baht in 5 Std.
HUA HIN, VIP um 8, 18.15, 19 und 19.30 Uhr für 813–1084 Baht in 12 Std.
KAMPHAENG PHET, 9x tgl. von 7.30–20 Uhr für 218–301 Baht in 5 Std.
KANCHANABURI, um 7.30 und 20 Uhr für 594 Baht in 11 Std.

KORAT (Nakhon Ratchasima), 9x tgl. von 3.30–20 Uhr für 452–580 Baht, VIP um 18.45 und 20.30 Uhr für 671 Baht in 12 Std.
LAMPANG, um 7.30, 8.30, 8.45, 10.15, 12, 13.30, 14.30, 16, 17.30, 19, 19.30 und 20 Uhr für 95 Baht, VIP 111 Baht in 1 1/2 Std.
LUANG PRABANG (Laos), mit 999, ☎ 053-241 442, Mo, Mi, Fr und So um 9 Uhr für 1200 Baht in 18 Std.
MAE HONG SON, via MAE SARIANG (104 Baht, 4 Std.) um 6.30, 8, 11, 13.30, 15, 20 und 21 Uhr für 192 Baht in 5 Std., oder via PAI (4 Std.) und PANG MAPHA (103 Baht, 5 1/2 Std.) um 7 Uhr für 138 Baht sowie stdl. mit Minibussen (Pai 150 Baht, Pang Mapha 250 Baht) von 6.30–14.30 Uhr für 250 Baht in 7 1/2 Std.
MAE SAI, um 6 und 16.15 Uhr für 174–234 Baht, VIP um 8, 9.30, 12.30, 14 und 15.30 Uhr für 364 Baht in 4 1/2–5 Std.
MAE SOT, um 8.30 und 13.10 Uhr für 260–340 Baht in 6 1/2 Std.
NAKHON PHANOM (Grenze zu Laos), um 17.30 und 19.30 Uhr für 848 Baht in 15 1/2 Std.
NAN, um 7.15, 9, 10.30, 11.30, 14.30, 15.30 und 22.30 Uhr für 214–277 Baht, VIP für 428–460 Baht in 5–6 Std.
PAI, s. Mae Hong Son.
PATTAYA, um 5, 14.30, 16.30 und 17 Uhr für 535 Baht, VIP für 750 Baht in 12–15 Std.
PHAYAO, um 6.30, 8, 12, 12.30, 16.30 und 17.30 Uhr für 116–240 Baht in 3 Std.
PHITSANULOK, 13x tgl. alle 1–1 1/2 Std. von 7–20 Uhr für 232–273 Baht, VIP für 351 Baht, sowie mit Bussen nach Sukhothai in 6 Std.
PHRAE, um 8.30, 12.30, 15.45 und 17 Uhr für 146–291 Baht in 4 Std.
PHUKET, 1558 km, VIP um 16 Uhr für 1827 Baht in 22 Std.
RAYONG, s. Pattaya, für 577 Baht, VIP 813 Baht in 13–16 Std.
SUKHOTHAI, 15x tgl. von 6–16 Uhr für 214–239 Baht, VIP um 18, 19, 20 und 21 Uhr für 393–549 Baht in 5 Std. Nach Alt-Sukhothai nur um 8.45, 10.15, 12 und 13.30 Uhr.
THOENG, um 13.15 und 15 Uhr für 178 Baht in 5 Std.
UBON RATCHATHANI, um 8.30, 12, 13.15, 16, 18, 19 und 20 Uhr für 792 Baht, VIP 848–872 Baht in 14–16 Std.

**NORD-THAILAND**

UDON THANI, um 14.30, 17.30 und 19.30 Uhr für 606–800 Baht, VIP um 18, 19 und 20.30 Uhr für 888 Baht in 12 Std.

**Chang Puak Bus Station**, Chotana Rd., ☎ 053-211 586. Ab dem nördlich der Altstadt gelegenen Busbahnhof fahren Songthaew und Busse auch in die entferntere Umgebung: CHIANG DAO, VIA MAE RIM UND MAE TAENG VALLEY von 5.30–17.30 Uhr alle 30 Min. sowie um 19.30 Uhr für 40–50 Baht in 1 1/2 Std. oder mit den Bussen Richtung Fang und Thaton.
CHOM THONG (Doi Inthanon), von 6.30–18 Uhr alle 20 Min. für 32 Baht in 1 1/2 Std. Alternativ mit gelben Songthaew für den gleichen Preis.
FANG, orangefarbene Songthaew von 7.30–18.45 Uhr alle 15 Min. für 80 Baht, zudem Minibusse Nr. 1231 stdl. von 7–17 Uhr für 150 Baht in 3–3 1/2 Std. Alternativ mit Bussen nach Thaton.
HOT, mit Bussen nach Chom Thong für 50 Baht in 2 Std.
LAMPHUN, alle 15–30 Min. von 6.30–18 Uhr für 20–22 Baht in 1 Std.
PHRAO, etwa stdl. von 6.10–18.10 Uhr für 80 Baht in 2 Std. und mit roten Bussen ab Warorot-Markt von 8.30–17.40 Uhr alle 20 Min. für 20 Baht.
SAMOENG, um 9, 10.25, 11.50, 13.15, 14.30 und 16 Uhr für 90 Baht in 3 Std.
THATON, 177 km, um 5.30, 7.30, 9, 10.30, 11.30, 13.30 und 15.30 Uhr für 90 Baht in 4–5 Std.

### Minibusse

Reisebüros und Unterkünfte verkaufen Tickets für Busse nach Bangkok in die Khaosan Rd. In diesen privaten Bussen ist die Diebstahlgefahr hoch, S. 87.
**aYa Service**, 444/11–12 Rodfai Rd., am Bahnhof, ☎ 053-247 889, 💻 www.ayaservice.com. Die Minibusse holen ihre Gäste ab und fahren auf der kurvigen Strecke recht riskant. Nach PAI in der Saison stdl. von 7–22 Uhr für 150 Baht in 2 1/2 Std., ab Flughafen +50 Baht.
Nach CHIANG KHONG um 10.30 und 20 Uhr für 350 Baht (mit Übernachtung im Doppelzimmer +200 Baht). Von strapaziösen Fahrten bis NONG KHAI (19 Uhr, 750 Baht, 11 Std.) ist abzuraten. ⏱ 7–22 Uhr.

### Eisenbahn

Vom **Bahnhof** in der Charoen Muang Rd., ☎ 053-245 363-4, fahren 5 Eil- und Expresszüge über Phitsanulok und Ayutthaya nach Bangkok. Im Bahnhof gibt es eine Gepäckaufbewahrung, ⏱ 4.50–20.45 Uhr. Vor dem Bahnhof verweisen Songthaew- und Tuk Tuk-Fahrer auf Preisvorschläge, die verhandelbar sind. Besser an der Straße ein Songthaew für 30 Baht in die Stadt nehmen, Taxi 80 Baht.
Fahrplan S. 950–955.
**Fahrpreise** (1./2./3. Klasse) ohne jegliche Zuschläge, Listung der Zuschläge S. 85.
AYUTTHAYA, 680 km, 538/256/111 Baht in 9–12 1/2 Std.
BANGKOK, 751 km, 593/281/121 Baht in 12–14 1/2 Std.
PHITSANULOK, 362 km, 305/150/65 Baht in 5 1/2–8 Std.

### Flüge

**Der internationale Flughafen (Abkürzung CNX)**, ☎ 053-270 222, 💻 www.chiangmaiairportthai.com, ist überschaubar und nah zum Zentrum gelegenen. In die Stadt verkehren Coupon-**Taxis** für 120 Baht pro Auto. Zudem starten ab Gate 9 vor der Ankunftshalle stdl. von 8–17 Uhr **Minibusse** für 40 Baht p. P., die auf 2 Routen verkehren (Nimmanhamin Rd. und Huai Kaew Rd. sowie Mahidol Rd., Thapae Rd., Night Bazaar und Loi Khro Rd.), aber nicht innerhalb der Stadtmauer fahren. Taxis mit Taxameter sind am Schalter für 50 Baht extra buchbar. Vom Zentrum zum Flughafen per Taxi für 100–120 Baht.
**AirAsia**, 💻 www.airasia.com, fliegt nach BANGKOK (Don Mueang) 10x tgl., HAT YAI 1X TGL., KRABI 2X TGL., PHUKET 3X TGL. und SURAT THANI 1x tgl. sowie nach HANGZHOU, HONG KONG, KUALA LUMPUR UND MACAU.
Air Bagan, 💻 www.airbagan.com, fliegt nach YANGON Do und So.
**Bangkok Airways**, 💻 www.bangkokair.com, fliegt nach BANGKOK (SUVARNABHUMI) 6x tgl., KO SAMUI 1x tgl., PHUKET 1x tgl. und UDON THANI 2x tgl. sowie nach MANDALAY am Di, Do und So, YANGON 1x tgl. und SINGAPORE am Mo, Mi, Fr, Sa und So.
**Kan Air**, ☎ 053-283 311, 02-551 6111 (Call Center), 💻 www.kanairlines.com, fliegt nach

HUA HIN am Fr und So, KHON KAEN am Sa, MAE HONG SON 3–4x tgl., NAN am Fr und So, PAI am Mo, Mi, Fr, Sa und So, PHITSANULOK am Mo, Mi, Fr und So und UBON RATCHATHANI am Fr und So.

**Lao Airlines**, 2/107 Ratchapruek Rd., ℡ 053-223 401, 🖵 www.laoairlines.com, fliegt nach LUANG PRABANG Mo, Mi, Fr, Sa und So.

**Nok Air**, ℡ 053-922 183, 1318 (Call Center), 🖵 www.nokair.com, fliegt nach BANGKOK (Don Mueang) 7x tgl. und UDON THANI 1x tgl. sowie nach SINGAPORE.

**Silk Air**, Büro im Centara Duangtawan Hotel, 132 Loi Kroh Rd., ℡ 053-904 985, 🖵 www.silkair.com, ⏰ Mo–Fr 8.15–17.15 Uhr, fliegt nach SINGAPORE am Mo, Mi, Fr, Sa und So.

**Thai Airways**, ℡ 053-920 999, 🖵 www.thaiair.com, fliegt nach BANGKOK (Suvarnabhumi) 5x tgl.

**Thai Lion Air**, 🖵 www.lionairthai.com, fliegt nach BANGKOK (Don Mueang) 8x tgl. Weitere Airlines fliegen zu Zielen in China, u. a. Air China, China Eastern Airlines, China Southern Airlines, Dragon Air, Shandong Airlines und Spring Airlines.

**Thai Smile**, 🖵 www.thaismileair.com, fliegt nach BANGKOK (Don Mueang) 4–5x tgl., BANGKOK (Suvarnabhumi) 3x tgl. und PHUKET 1x tgl.

**Tiger Airways**, 🖵 www.tigerairways.com, fliegt nach SINGAPORE 3x tgl.

# Die Umgebung von Chiang Mai

## Richtung Westen

### Wat U Mong

Hinter dem Wat Suan Dok zweigt nach 1,7 km die Soi Wat Umong nach links ab, auf der nach 1,2 km das Waldkloster erreicht ist. Von 1296–1520 diente es als Meditationstempel. Die weitgehend verfallene Anlage belebte sich in den letzten Jahrzehnten wieder mit Mönchen, die das zurückgezogene Klosterleben bevorzugen. Bei einem Spaziergang durch das bewaldete Areal rings um einen See regen Tafeln mit philosophischen Weisheiten zum Nachdenken an. Ausländer können zum Monk Chat (S. 369), Meditieren, 🖵 www.dhammathai.org/e/meditation/page23.php, und sonntags von 15–18 Uhr zu den buddhistischen Unterweisungen im chinesischen Pavillon am Teich kommen, 🖵 www.watumong.org.

### Chiang Mai Zoo

Der Mitte des 20. Jhs. eröffnete **Zoo**, ℡ 053-221 179, 🖵 www.chiangmaizoo.com, liegt in einer gepflegten Parkanlage am Hang mit viel Grün, einem künstlichen Wasserfall und kleinen Bächen und ist wahrscheinlich der einzige Drive-Through-Zoo der Welt. Fast alle einheimischen Besucher fahren mit dem eigenen Auto durch das weitläufige Gelände. Die Höhepunkte sind eine große Voliere mit Vögeln aus allen Erdteilen, ein Schneedom mit Pinguinen, die Pandas, Tiger sowie ein **Aquarium** mit einem Unterwassertunnel und fast 2000 Spezies, darunter vielen Mekong-Bewohnern. ⏰ 8–18, Pandas 9–17, Aquarium 9–16 Uhr, Eintritt Zoo 150 Baht, Kinder 70 Baht, Aquarium 225/175 Baht, Kombiticket 290/200 Baht, Pandas 100/50 Baht, Schneedom 150/100 Baht, Adventure Park 20/10 Baht.

### Wat Phrathat Doi Suthep

Gut 15 km nordwestlich der Stadt liegt unübersehbar am Hang des 1676 m hohen **Doi Suthep** einer der bedeutendsten Tempel Nord-Thailands. Besonders an klaren Tagen bietet sich eine fantastische Aussicht. Mit dem Songthaew oder mit dem Taxi geht es über die kurvenreiche Straße 11 km hinauf in die kühle Bergwelt. Für seine Initiative zum Bau der Straße im Jahr 1934 wurde dem damaligen Abt ein **Denkmal** am Fuße des Berges errichtet, s. **eXTra [2664]**.

Jenseits des Parkplatzes mit Souvenir- und Essensständen führt eine monumentale, von zwei siebenköpfigen Naga-Schlangen umrahmte Treppe mit 306 Stufen zum gut besuchten Wat Phrathat Doi Suthep hinauf, das sich in etwa 1000 m Höhe über das Plateau und den Berghang erstreckt, Eintritt 30 Baht. Obwohl eine kleine **Bergbahn** für 20 Baht hinauffährt, sollte

Der Doi Suthep zählt zu den bedeutendsten und schönsten Tempeln Nord-Thailands.

man sich dem Heiligtum langsam auf dem Weg über die Treppe nähern. Oben bewachen zwei Dämonen den Zugang. Vor dem Hauptheiligtum stehen die Statuen des Eremiten, der im 8. Jh. die Lavu-Königstochter Chama Devi aus der Dvaravati-Hauptstadt Lopburi nach Lamphun holte, und des berühmten Weißen Elefanten. Die überwiegend aus dem 16. Jh. stammende Anlage gruppiert sich um den 32 m hohen, vergoldeten **Chedi** im birmanischen Stil. Den Innenbezirk begrenzt ein rechteckiger, mit Malereien versehener, offener **Wandelgang** mit zahlreichen Buddhafiguren. ⏱ 5.30–18 Uhr.

Im angegliederten **International Buddhism Center**, ☎ 053-295 012, 🖥 www.fivethousand years.org, 300 m hinter dem Wat, können Ausländer Meditationskurse in englischer Sprache absolvieren (S. 372).

TRANSPORT

Bis 15 Uhr fahren Songthaew bei genügend Passagieren ab Chang Puak Bus Station für 50 Baht und ab dem Zoo für 40 Baht zum Wat Doi Suthep. Sie sind nachmittags selten voll, sodass die Fahrer versuchen, Charterfahrten

für 600 Baht zu bekommen. Vom Wat bis Bhuping-Palast weitere 30 Baht und Ban Doi Pui 60 Baht. Taxis ab Somphet-Markt bis zum Tempel 400–600 Baht hin und zurück.

## Doi Suthep-Pui National Park

Es bietet sich an, die Fahrt weiter hinauf in die Berge in den 261 km² großen Nationalpark fortzusetzen, zu dem 1 km hinter dem Wat ein Waldweg abzweigt. Eintritt 200 Baht, Kinder 100 Baht. Im Park werden Zimmer, Bungalows und Schlafsaalbetten vermietet, ☎ 053-210 244. ❷–❻

Nach weiteren 4 km gelangt man zum **Bhuping-Palast** (Bhubing-Palast), 🖥 www.bhubing palace.org, der 1961 in kühler Höhe von 1300 m errichteten Winter- und Gästeresidenz der Königsfamilie. Der gepflegte Park mit einem Farn- und Rosengarten ⏱ 8.30–16.30 Uhr, Einlass von 8.30–11.30 und 13–15.30 Uhr, Kleiderordnung beachten (lange Hosen, Schultern bedecken), Leihkleidung ist erhältlich, Eintritt 50 Baht, ein Golfbuggy kostet 400 Baht.

Nach weiteren 4 km auf einer schmalen Straße durch den Bergwald ist **Ban Doi Pui** erreicht, eine große, unansehnliche Siedlung der Hmong, die kommerziell auf Tourismus ausgerichtet ist.

# Richtung Norden ins Mae Sa Valley

## Bank of Thailand Museum

Ein ungewöhnlicher Orte für ein Museum ist der gut gesicherte, riesige Bau der Bank of Thailand, ℡ 053-931 182, 🖥 www2.bot.or.th/museum/eng/index.asp, am H107, 1 km nördlich des Super Highways, Eingang von der breiten Sackgasse Chotana Road. Das lohnende Museum **(Ancient Money and Textile Museum)** präsentiert die Entwicklung des Geldes als Tauschmittel in Südostasien, von prähistorischen Muscheln über Edelmetallbarren bis hin zu Münzen, zudem eine schöne Sammlung traditioneller Textilien aus dem ganzen Land. Alles wird durch Schautafeln sowie ein einführendes Video auf Englisch erläutert. ⏱ Mo–Fr 9–12 und 13–16 Uhr, Eintritt frei.

## Mae Sa Valley

Eine halbe Autostunde nördlich von Chiang Mai bietet das von bewaldeten Bergen umgebene Tal mit kleinen Feldern, Gärtnereien und Dörfern die ideale Kulisse für Aktivitäten jeder Art.

**Mae Rim** ist ein aufstrebender Vorort am H107, 13 km vor den Toren Chiang Mais. Hinter der Polizeistation zweigt links die Old Road ab. Auf einer schmalen Nebenstraße, die hinter der Brücke am Westufer des Kanals nach Süden verläuft, gelangt man nach 400 m zum **Wat Pha Dara Phirom** mit einer prunkvollen Gebetshalle. An der Old Road liegt zudem nach 1,8 km die **Sai Nam Phung Orchid Farm**, ℡ 053-298 771-2, 🖥 www.fb.com/sainamphung, die größte Orchideenzucht Thailands, in der einige seltene Arten bewundert werden können. ⏱ 8–17 Uhr, Eintritt 100 Baht, Kinder 60 Baht.

Hinweisschilder zu Hotels und Touristenattraktionen markieren 1 km weiter am H107 die Hauptstraße ins Mae Sa Valley. In nördlicher Richtung weisen Schilder zum **Tiger Kingdom** (2,8 km), 🖥 www.tigerkingdom.com, das man wegen seiner fragwürdigen Tierhaltung ignorieren sollte.

Am KM 3 werben riesige Plakate für das **Chiang Mai X-Centre** (S. 371). Die **Mae Sa Snake Farm**, ℡ 053-860 719, gegenüber, soll die größte im Norden sein. Während einer kurzen Show wird den Tieren Gift entnommen. ⏱ 9–17 Uhr, Eintritt 200 Baht, Kinder 100 Baht.

Am KM 4 sind nördlich der Straße etwa 250 m hinter der Abzweigung im **Siam Insect Zoo**, ℡ 089-184 8475, 🖥 www.siaminsectzoo.com, neben einem informativen Museum lebende Schmetterlinge und Insekten zu bewundern, darunter Stabinsekten, Gottesanbeterinnen und Skorpione. ⏱ 9–17 Uhr, Eintritt 200 Baht, Kinder 150 Baht. Etwas weiter südlich der Straße liegt die uninteressante Mae Rim Snake Farm.

In der **Suanbua Mae Sa Orchid Farm**, ℡ 053-044 253, am KM 5,8 sind zudem einige Schmetterlinge zu sehen. Die Blumen werden in teure Schmuckstücke eingearbeitet und im Shop verkauft. ⏱ 8–16.30 Uhr, Eintritt 80 Baht, Kinder 60 Baht.

Der über zehn Stufen laufende **Mae Sa-Wasserfall** hinter KM 6 links der Straße ist ein beliebter Picknickort. Auf Wanderwegen von 600 m bis 6 km Länge kann man durch den Bergwald am Fluss entlang zu kleinen Wasserfällen und Stromschnellen mit einigen Pools wandern. ⏱ bis 17 Uhr, Eintritt 100 Baht, Kinder 50 Baht, Auto 30 Baht, Zweirad 20 Baht.

500 m südlich der Hauptstraße, kurz hinter KM 9, erreicht man nach kurzer Bergauffahrt am Ende eines malerischen Seitentals **Baan Tong Luang**. Angehörige von sieben Bergvölkern (Lahu, Hmong, Weiße Karen, Akha, Kayaw, Palong und Yao/Mien) sollen Besuchern einen Einblick in ihre traditionellen Lebensweisen geben. Das auf dem Programm stehende Projekt reduziert sich auf einen Markt mit traditionell gekleideten, für Fotos posierenden Händlerinnen. ℡ 085-711 9575, ⏱ 8.30–16.30 Uhr, Eintritt 500 Baht, Kinder 300 Baht.

Beliebt ist das riesige, kommerzielle **Maesa Elephant Camp**, ℡ 053-206 247, 🖥 www.maesa elephantcamp.com, am KM 10, mit über 70 Elefanten eines der größten Camps des Landes. Vor der Show werden die Elefanten gebadet, und im Anschluss bietet sich die Möglichkeit für einen Ausritt auf ausgetretenen Pfaden durch lichten Wald. ⏱ 7–14.30 Uhr, Elefantenbaden um 8, 9.40 und 13.30 Uhr, Shows mit Kunststücken um 8.15, 10 und 13.45 Uhr, Eintritt 200 Baht, Kinder 120 Baht, Ausritte pro Elefant mit bis zu 2 Pers.

**NORD-THAILAND**

Ban Mai Viewpoint
Pang Hai
Pa Kha
Chiang Dao, Pai, Fang
Nong Hoi
Tad Mok-Wasserfall
Doi Khom Rong △ 1459
TAD MOK NATIONAL PARK
Mae
Raem
KM 4
1
107
Mae Rim
Kong Khak Luang
Pong Khrai
Mae Sa Valley
Suan Rimt
5 Baan
2
3
POLIZEI
Khum Rak Kaeo
8
Mae Sa Valley Craft Village
KM 15
Tong Luang
Maesa Elephant Camp
1
Wat Pha Dara Phirom
280
KHUN KHAN NATIONAL PARK
1349
Pong Yang
1096
KM 18
2
1096
Kong Khan
Queen Sirikit Botanical Garden
Mae Sa-Wasserfall
Huay Tung Thao Reservoir
121
Samoeng
KM 30
1690
Mae Sa Mai
Tha Sala
Pang Da
Pha Nok Kok
Doi Pui
DOI SUTHEP-PUI
CITY HALL
3029
Bank of Thailand Museum
Sai Mun
1269
NATIONAL
Doi Suthep △ 1676
107
Thong Siri
Krista Doi-Pass
Ban Doi Pui (Hmong)
PARK
Wat Phrathat Doi Suthep
Bhuping-Palast
1004
Chiang Mai Zoo
Wat Jed Yod
National Museum
Huai Kwang
Ban Kao Dua
Patara Elephant Farm
s. Detailplan Chiang Mai S. 348/349
961 △
Nam Som
Ban Pong
Wat U Mong
Wat Rampoeng
108
141
Doi Mon Pha Sing △ 1005
Samoeng
1269
Chiang Mai Night Safari
Royal Park Ratchaphruek
121
13
Huai Sieo
3029

s. Detailplan Chiang Mai S. 348/349

**◼ ÜBERNACHTUNG**
1 At Nata
2 Proud Phu Fah Hip Resort
3 Baan Chai Thung
4 Joy's House
5 Secret Garden
6 Kaomai Lanna Resort

676 △
121
14
Huai Cho
Nong Ha
Hang Dong
Kunsthand-werksläden
Ban Tawai
Huai Kaeo
Chom Chaeng
Pa Hiang
15
Han Kaeo
410 △
Fa Ham
Chang Kradat
San Pa Tong
Mae
Sapok
Ban Mai
Lao Pa Fang
Ban Rai
1013
1015
1030
Doi Mon Kok △
Nong Yen
Kat Nua
Ban Ton Kwian
Wochenmarkt (samstags)
Mae Ping
Wat Ku Kut
Lamphun
Rong Than
DOI INTHANON NATIONAL PARK
1013
108
1015
106

s. Detailplan Doi Inthanon S. 393

Ganesh Himal Museum
Yang Khram
6
Thung Siaw
Mae Sariang
113

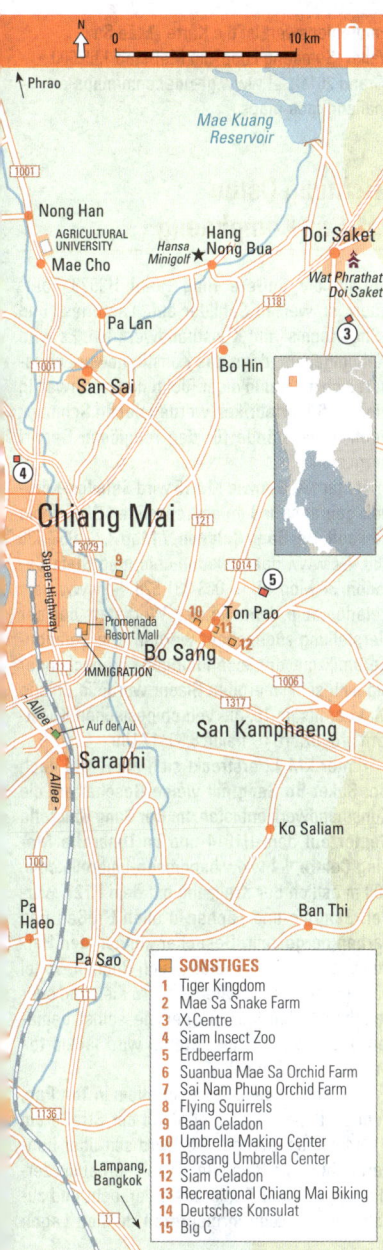

**SONSTIGES**

1 Tiger Kingdom
2 Mae Sa Snake Farm
3 X-Centre
4 Siam Insect Zoo
5 Erdbeerfarm
6 Suanbua Mae Sa Orchid Farm
7 Sai Nam Phung Orchid Farm
8 Flying Squirrels
9 Baan Celadon
10 Umbrella Making Center
11 Borsang Umbrella Center
12 Siam Celadon
13 Recreational Chiang Mai Biking
14 Deutsches Konsulat
15 Big C

30 Min. für 800 Baht, 1 Std. 1200 Baht, Halbtagsprogramm 2000 Baht, ganztags 3000 Baht.

2 km hinter dem Camp kann man am KM 12 im schönen **Queen Sirikit Botanical Garden**, 🖥 www.qsbg.org, durch die bunten Blumenbeete mit einheimischen und exotischen Gewächsen spazieren. Von besonderem Interesse in dem gepflegten, 1000 ha großen Botanischen Garten und Forschungszentrum sind der Orchideengarten, das Palmenhaus, die Sammlung von Kletterpflanzen und der Garten mit einheimischen Heilpflanzen. Im östlichen Sanga Saabhasri Research and Development Centre erläutert ein kleines Naturkundemuseum mit englischen Schautafeln die einheimische Biodiversität, ihre Erforschung und die Rolle der Bienen. 🕐 8.30–16.30 Uhr, Eintritt 100 Baht, Kinder 50 Baht, Senioren über 60 Jahre kostenlos, Fahrzeug 100 Baht.

Im am KM 13 am Hang gelegenen **Mae Sa Valley Craft Village**, 📞 053-290 052, 🖥 www. maesavalleyresort.com, können Touristen von 9.30–12 oder 13–16 Uhr Souvenirs selbst herstellen. Nach Vorbuchung werden ab zwei Teilnehmern zweieinhalbstündige Kurse im Bemalen von Schirmen, Fächern, Keramiken (ab 5 Pers.), Batiken und die Herstellung von Sa-Papier angeboten, 800–980 Baht inkl. Transfers und Mittagessen. Die Erzeugnisse werden innerhalb von 48 Std. in die Unterkunft nach Chiang Mai geliefert. Kochkurse für 1300 Baht. Auch Bungalows ❺.

Nun windet sich die schmaler werdende Straße das enge Tal hinauf in den größten Ort **Pong Yang**, der von einem Tempel überragt wird. Am Ende des Tals fressen sich Gewächshäuser immer weiter den Hang hinauf. Ab KM 21 windet sich die Straße in die Berge hinauf durch den **Khun Khan National Park**, erreicht bald die Nadelwaldgrenze und zwischen KM 23 und 24 die Passhöhe. Am KM 30 wendet man sich nach rechts und erreicht nach 5 km das kleine, von Bergen und Obstplantagen umgebene **Samoeng** mit einem Markt und Restaurants. Nur mit einem guten Fahrzeug sollte man sich von hier auf den 170 km langen, teils unbefestigten **H1349** über Ban Wat Chan nach Pai wagen.

Gut ausgebaut ist der 50 km lange H1269 durch die südlichen Ausläufer des Doi Suthep-

Pui National Park Richtung **Hang Dong**. Nach engen Haarnadelkurven ist zwischen KM 15 und 16 der **Krista Doi-Pass** erreicht. Bei der Abfahrt eröffnen sich immer wieder Ausblicke über die bewaldeten, steilen Hänge des Doi Pui und Doi Suthep. Hinter KM 19 liegen zwischen Reisfeldern und Dörfern Unterkünfte und Restaurants inmitten ausgedehnter Gärten. Etwa auf halber Strecke kann nach Anmeldung die **Patara Elephant Farm** besucht werden (Kasten S. 375).

### ÜBERNACHTUNG

Die Resorts im Mae Sa Valley sind während der thailändischen Ferien und an Wochenenden häufig ausgebucht. Karte S. 386/387.
**At Nata**, Abzweigung am KM 6, 500 m von der Straße am Bach, ☎ 053-044 121, 🖥 www.atnatachiangmai.com. Im kleinen naturnahen Resort mit entspannter Atmosphäre und Wasserplätschern setzen dunkles Holz und heller Beton Akzente. 15 ansprechende Zimmer und Cottages sowie eine Villa mit allen Annehmlichkeiten, netten Designs und Terrasse. Restaurant mit Thai-Gerichten, Sauna und Pool mit Liegen. Leider spricht kaum jemand Englisch. Frühstück, Kaffee und Tee inkl. ❺

 **Proud Phu Fah Hip Resort**, hinter Pong Yang, ☎ 053-879 389, 🖥 www.proudphufah.com. In 1150 m Höhe stehen in einem romantischen Garten 10 individuell mit Antiquitäten und altem Holz gestaltete Villen mit Föhn, Heizung und privater Terrasse am kleinen Bach. Zudem 10 luftige, helle Zimmer im 3-stöckigen Haus mit privaten Pools oder Jacuzzi. Eine Villa für Familien. Salzwasser-Pool mit schönem Ausblick und gut besuchtes Terrassen-Restaurant. Frühstück inkl. ❻–❽

### TRANSPORT

Die etwa 100 km lange Rundfahrt durch die Bergwelt des Doi Suthep-Pui National Park ist an einem Tag mit eigenem Fahrzeug zu bewältigen. Öffentliche Verkehrsmittel bedienen nur Teilstrecken.

Empfehlenswert ist die Karte „Mae Sa Valley-Samoeng Loop" im Maßstab 1:65 000 (Stand 2014), 🖥 www.gt-rider.com/maps-of-thailand-laos-maps.

## Richtung Osten bis San Kamphaeng

Sobald die äußere Ring Road H3029 überquert ist, weisen Schilder auf „Factories" und „Showrooms" mit Kunsthandwerk hin. Es wird viel umgebaut, denn das Kunsthandwerk verlagert sich mehr und mehr Richtung Ban Tawai. In einigen **Silberfabriken** werden neben Schmuck auch Gegenstände für den religiösen Bedarf hergestellt.

Hinter KM 5 sowie KM 15 wird **Seladon-Keramik** gebrannt und im angrenzenden Showroom verkauft. Bei **Baan Celadon**, 7 Moo 3, ☎ 053-338 288, 🖥 www.baanceladon.com, und **Siam Celadon**, 38 Moo 10, ☎ 053-331 526, 🖥 www.siamceladon.com, kann in der Werkstatt bei der Herstellung zugeschaut werden. Die Seladon-Keramik mit der eisenhaltigen, grünlich oder bläulich schimmernden Glasur wurde in Chiang Mai bereits im 15. Jh. von chinesischen Künstlern produziert. 🕐 beide 8.30–17 Uhr.

Hinter KM 12 erstreckt sich am H1014 nach Doi Saket **Bo Sang** mit vielen Geschäften, die Kunsthandwerk anbieten. Im **Bor Sang Umbrella Center** auf dem H1014 und im **Umbrella Making Centre**, 🖥 www.handmade-umbrella.com, 500 m östlich der Kreuzung mit dem H121, werden Schirme und Fächer in allen Größen und Farben hergestellt. Besucher können den Herstellungsprozess verfolgen, sich Blumen, Vögel oder ganze Landschaften auf ihre Kleidung oder Taschen malen lassen oder sie selbst bemalen. Als Bespannungsmaterial wird lackiertes Sa-Papier verwendet.

Dessen Herstellung ist vor allem in **Ton Pao**, dem Sa Paper Village, nördlich der Straße am H1014 zu beobachten. Hier wird seit über hundert Jahren die Rinde des Maulbeerbaums zerkleinert, zu einer Papierpaste verkocht und zusammen mit Leim in mehreren dünnen Lagen von Hand auf große, feine Siebe aufgetragen und geglättet. Dekorative Papiere entstehen durch die Zugabe von Farbe, Blüten, Kokosfasern und anderen Stoffen.

Rings um KM 16 liegt **San Kamphaeng**, die Stadt der Baumwollwebereien und -textilien. Hier wetteifern ein großer OTOP-Laden am Ortseingang sowie Hersteller filigraner Lackkunst, Seide oder Holzmöbel und Juweliere um das Geld der Touristen. Jeden Samstag ab 15 Uhr wird die H1006 im Ort gesperrt und eine **Walking Street** mit Kunsthandwerk, Essensständen und Kulturprogramm auf einer Bühne vor dem OTOP-Laden aufgebaut.

Von Chiang Mai fahren weiße und blaue Songthaew ab Lamyai-Markt bis 17 Uhr alle 30 Min. nach Bo Sang und San Kamphaeng für 20 Baht.

# Richtung Süden

## Chiang Mai Night Safari

Der rund 131 ha große Themenpark **Chiang Mai Night Safari**, ☎ 053-999 000, 🖥 www.chiangmainightsafari.com, rings um einen See, 12 km südwestlich der Stadt, ist kommerziell, aber für Kinder empfehlenswert. Die Attraktion sind nachtaktive Raubtiere, die aus nächster Nähe bestaunt werden können. ⏲ 11–22 Uhr, Eintritt inkl. der Tramfahrt durch die interessantere North Zone 800 Baht, Kinder 400 Baht, ohne Tramfahrt 100 Baht, Kinder 50 Baht. Kostenloser Shuttlebus vom Thapae Gate um 17.45 Uhr, vom Night Bazaar, gegenüber der Tourist Police Box, um 18 Uhr, zurück um 21 Uhr. Im parkeigenen Resort mit 34 Zimmern kann man übernachten ❺.

## Royal Park Ratchaphruek

In direkter Nachbarschaft zur Night Safari lockt der riesige, gepflegte Park, 🖥 www.royalpark rajapruek.org, voller Pflanzen aus aller Welt, die in Zonen präsentiert werden. Besonders zur Blütezeit in den Wintermonaten lohnt ein Besuch. Im Zentrum thront der imposante **Ho Kham Luang-Pavilion** mit einer Ausstellung zu Ehren des Königs. Eintritt 100 Baht, Kinder 50 Baht,

offener Shuttlebus auf dem Gelände 20 Baht, Golfbuggys 600 Baht pro Std., Fahrräder 20 Baht pro Std.

## Ban Tawai

Der H108 führt von Chiang Mai Richtung **Hang Dong** nach Südwesten. Entlang der Irrigation Road, die südlich des Marktes am KM 15 nach Osten ins 3 km entfernte Ban Tawai abzweigt, reihen sich Geschäfte, in denen Möbel und andere Einrichtungsgegenstände im traditionellen wie modernen Stil, Lampen, Bilder, Bambusmatten und -körbe, Tonfiguren und Krüge für Heim und Garten verkauft werden – das „Ikea Thailands".

Zwischen Werkstätten der Holzschnitzer im Dorf Ban Tawai, 🖥 www.ban-tawai.com, sind Ladenzeilen mit Hunderten von Ständen sowie klimatisierte Geschäfte entstanden, in denen Besucher von der Vielfalt an Textilien, Keramiken, Möbeln, Kunsthandwerk und Dekorationsartikeln nahezu erschlagen werden. Dazwischen werden „Antiquitäten" geschnitzt und veredelt. Sperrige Möbel und Großeinkäufe werden von lokalen Speditionen fachgerecht verpackt und verschickt, während man sich in kleinen Cafés oder Restaurants vom Einkaufsbummel erholt.

Für einen Besuch sollte man eine Tour buchen oder ein Songthaew chartern, da Busse und Songthaew nur bis Hang Dong verkehren.

## San Pa Tong

Südlich von Hang Dong zweigt in San Pa Tong am KM 22 die H1015 Richtung Oston nach Lamphun und 700 m weiter der H1013 Richtung Westen in Mae Wang Valley ab. Am südlichen Ortsende findet am Samstagvormittag von 5–11 Uhr ein großer **Wochenmarkt** statt.

Das **Ganesh Himal Museum**, ☎ 053-024 287, in Yang Khram, am KM 35 vom H108 5,5 km nach Westen, ist zu einer Pilgerstätte geworden. Im modernen Gebäudekomplex mit mehreren Schreinen in einem gepflegten Garten sind in zwei Häusern Hunderte Ganesha-Figuren aus ganz Asien, Schutzamulette, Masken, Mosaiken und andere Hindu-Götter zusammengetragen. Die Infotafeln zur Gottheit und ihrer kunstgeschichtlichen Bedeutung sind ins Englische übersetzt. ⏲ 9–16.30 Uhr, Eintritt gegen Spende.

**Kaomai Lanna Resort**, KM 29, 1 Moo 6, ☎ 053-834 470-5, 🖥 www.kaomailanna.com, Karte S. 386/387. 32 ältere, charmante Zimmer mit recyceltem Holz, Wasserkocher und Du/WC in 18 ehemaligen Tabaktrocknenhäusern auf einem weitläufigen, parkähnlichen Gelände mit hohen Bäumen und vielen Moskitos. Yoga-Kurse, Pool und Spa. Gutes, mit Antiquitäten eingerichtetes Restaurant. Das Personal spricht ein wenig Englisch. Frühstück und WLAN in der Lobby inkl. ⏰ 10–21 Uhr. ❻

## TRANSPORT

Auf dem H108 nach San Pa Tong verkehren ab Chiang Mai Gate und Chang Puak Bus Station **gelbe Songthaew** nach Bedarf bis gegen 17.30 Uhr für 20 Baht.

# Lamphun

26 km südlich von Chiang Mai birgt die 24 000 Einwohner zählende Provinzstadt Zeugnisse einer Epoche, die lange vor der Zeit des Lanna-Reiches begann. Die Legende besagt, dass im 8. Jh. ein Eremit in Lamphun die Lavu-Königstochter Chama Devi aus der Dvaravati-Hauptstadt Lopburi während einer Pilgerreise zum Bleiben veranlasste. Das durch sie begründete Reich von **Haripunchai** gilt als die älteste Hochkultur Nord-Thailands. Es übernahm neben dem Hinayana-Buddhismus das Alphabet sowie das Wirtschafts- und Verwaltungssystem des Lopburi-Reiches. Während dieses im 11. Jh. unter den Einfluss der Khmer geriet, konnte sich Lamphun politisch wie kulturell unabhängig entwickeln, bis die Lanna-Thai 1281 die Region eroberten.

Reste der teils rekonstruierten Stadtmauer und ein Festungsgraben umgeben die Altstadt. Von der glanzvollen Vergangenheit zeugt im Zentrum das kleine **Haripunchai National Museum**, ☎ 053-511 186, mit seiner Sammlung von Buddhas aus Stein und Bronze, Votivtafeln, Töpferwaren und anderen Funden der Chiang Saen-, Haripunchai- und Lanna-Periode sowie aus jüngerer Zeit. ⏰ Mi–So 9–16 Uhr, Eintritt 100 Baht.

Den parallel zur neueren H11 verlaufenden H106 von Chiang Mai nach Lamphun säumen bis zur Provinzgrenze am KM 170 imposante, bis zu 40 m hohe Yang Na-Dschungelbäume (*Dipterocarpus alatus*) – eine lohnenswerte Strecke für Selbstfahrer.

Hinter dem Museum lohnt der Besuch des **Heimatmuseums** schon allein wegen des alten Teakhauses, in dem die bunte Sammlung von Spardosen, Streichhölzern, Blechspielzeug, alten Filmplakaten, Fotos und Kameras untergebracht ist. Höhepunkt ist das winzige Kino. ⏰ Di–So 8.30–16.30 Uhr, Spende erwünscht.

Touristischer Hauptanziehungspunkt ist das **Wat Phrathat Haripunchai**. Durch den von birmanischen Löwen flankierten Haupteingang gelangt man zum großen Vihara, dessen Wände mit Wandmalereien aus der buddhistischen Mythologie bedeckt sind. Rechts hängt in einem Glockenturm ein Bronzegong von 2 m Durchmesser. Der 51 m hohe, vergoldete Chedi wurde vermutlich Ende des 9. Jhs. errichtet und 1447 unter König Phaya Tilok zu seiner heutigen Form ausgebaut.

Östlich des Tempels verkaufen mehrere OTOP-Läden auf der überdachten Brücke über den Ping Gewürze, Lederwaren und traditionelle Stoffe.

## TRANSPORT

**Weiße und blaue Songthaew** fahren ab der Haltestelle zwischen dem Nationalmuseum und Tempel in Lamphun bis 17.20 Uhr nach CHIANG MAI zum Lamyai-Markt stdl. für 20 Baht in 1 Std. Zudem verkehren lila AC-Busse für 22 Baht.

# Mae Wang Valley

Jenseits von **Mae Wang**, etwa 45 Min. südwestlich von Chiang Mai, verlässt die schmale, schnurgerade H1013 die weite Ebene und schlängelt sich durch Bambuswälder in Richtung der Berge, die vom Doi Inthanon überragt werden. Am KM 24 bei **Mae Win** starten bei ausreichendem Wasserpegel Raftingtouren von der beschilderten Ablegestelle mit Schlauch-booten oder Bambusflößen. Die etwa 40-minü-tige Fahrt ist außerhalb einer gebuchten Tages-tour für 300 Baht zu haben. Im gesamten Tal leben zudem über 60 Elefanten.

Von **Mae Sapok** sind es 16 km auf einer von Schlaglöchern übersäten, kurvenreichen Straße bis zur Abzweigung zum Doi Inthanon (S. 392). Nun geht es nach links auf einer guten, schma-len Straße durch das Karen-Dorf Ban Huai Klang immer weiter hinauf. Vor allem hinter der **Agri-cultural Research Station** sind bis ins Hmong-Dorf Ban Khun Wang einige steile Abschnitte zu überwinden. Vorbei an der steilen Flanke des Bergmassivs ist bald der nördliche Eingang zum Doi Inthanon National Park (S. 392) erreicht.

### ÜBERNACHTUNG UND ESSEN

**Mae Win Gh.**, 47 Moo 5, Mae Sapok, ☎ 053-027 663, 081-883 0610. In gepflegten, teils etwas feuchten Bungalows aus Holz befinden sich 23 saubere, angenehm kühle Zimmer mit Ventilator und guten Matratzen, die günstigen sind hell-

höriger, mit Gemeinschafts-Du/WC und harten Matratzen. 1 Familienhaus für 1500 Baht. Garten mit Essplatz, Küche und Feuerstelle. Abend-essen für 150 Baht, Frühstück inkl. ❷–❸

**Plern Home**, Mae Sop Win, ☎ 053-027 669, 081-659 6649. Großes, 2-stöckiges Teakhaus mit 8 kühlen Zimmern mit AC, gefliesten Böden, sehr harten Matratzen und TV, darunter 1 Fami-lienzimmer für 800 Baht. Die nette Familie ser-viert guten Kaffee. Thai-Frühstück inkl., west-liches Frühstück 100 Baht. ❷

**Swiss Ticino Homestay & Restaurant**, 194 Moo 1, Pangtoem, KM 17, hinter Mae Wang, 9 km vor Mae Win, ☎ 053-363 405, 089-541 3695, 🖥 www. swisticino.com. 6 saubere, etwas betagte Zimmer in kräftigen Farben mit Ventilator, teils auch Küche und Mikrowelle. Betonierter Garten mit Minigolfanlage. Das Restaurant, ⊕ Mi–So 10–20.30 Uhr, serviert guten Kaffee, heimische Köstlichkeiten sowie Pizza, Burger und Pasta. Freundliche, familiäre Atmosphäre. ❷–❹

### TRANSPORT

Zur Chang Puak Bus Station verkehren ab dem Markt in Mae Wang häufig **gelbe Songthaew** für 30 Baht. Ab Mae Sapok fährt morgens ein Songthaew über Mae Win und mittags zurück.

# Der Mae Hong Son-Loop

Eine bei Selbstfahrern sehr beliebte Rundreise durch die Berge westlich von Chiang Mai führt zum höchsten Gipfel und längsten Höhlensys-tem des Landes sowie auf kurvenreichen Pis-ten zu verborgenen Naturschönheiten und in ab-gelegene Bergorte. In der kühlen Bergwelt kann man sich in naturnahen Resorts erholen und die Kulturen der Shan, Karen und Lisu kennenlernen.

Viele bleiben in Pai hängen, unternehmen Trekking- und Motorradtouren durch die umlie-genden Dörfer und genießen die Gesellschaft anderer Traveller. Weitere attraktive Ziele sind das weniger touristische Mae Hong Son mit seinen schönen Shan-Tempeln und die Gegend rund um Pang Mapha (Soppong), die für Höhlen-Fans besonders reizvoll ist.

## Von Chom Thong zum Doi Inthanon National Park

In **Chom Thong** halten die gelben Songthaew aus Chiang Mai vor dem **Wat Prathat Sri Chom Thong**, einem hübschen, etwa 500 Jahre alten Tempel mit einer Buddha-Reliquie. Daneben liegt das beliebte, weniger strenge **Vipassana-Meditationszentrum**, ✆ 053-826 869, eine Filiale des Wat Mahathat in Bangkok (S. 149). Einige Nonnen und Laien sprechen auch Englisch.

Vor dem Ortseingang zweigt am KM 57 der H1009 Richtung Doi Inthanon ab. Kurz darauf weist ein Schild zum 15 km westlich gelegenen, imposanten **Mae Ya-Wasserfall**, der fotogen über 260 m mehrere Stufen ins Tal fällt. Am Parkplatz mit Restaurant beginnt der 400 m lange Waldweg zur Aussichtsplattform.

Zum **Mae Klang-Wasserfall** geht es vom H1009 km 7,5 an der Gabelung 300 m links zum Parkplatz mit Essensständen. Hinter der Schranke wird der Nationalpark-Eintritt fällig (s. u.). Von hier folgt man dem Wasserrauschen 350 m hinab zum Wasserfall, wo man picknicken und zwischen großen Granitsteinen schwimmen kann.

Ein Fußpfad verläuft am Bach hinauf und endet 500 m hinter der Gabelung an der Straße. Jenseits der Straße ist am KM 8,5 der einstündige Fußweg zur **Barichinda-Höhle**, einer Kalksteinhöhle mit zwei Kammern, ausgeschildert.

Hinter der 350 m langen Abzweigung am KM 20,8 stürzen die Wassermassen des **Wachirathan-Wasserfalls** über einen Felsvorsprung aus Granit 70 m tief in einen Pool und versprühen einen kühlenden Nebelschleier – besonders schön nach Regenfällen. Vorsicht auf den rutschigen Steinen!

Nun ist die Region der Nadelwälder erreicht. An der folgenden Gabelung kurz vor dem Headquarter geht es rechts zum Hmong-Dorf **Ban Khun Klang** mit der **Royal Project Station**, einem landwirtschaftlichen Königsprojekt, das besichtigt werden kann, dem Campingplatz und Unterkünften der Nationalpark-Verwaltung (S. 393).

Nahe KM 30 befinden sich die beiden Kaskaden des **Sriphum-Wasserfalls**.

## Doi Inthanon National Park

Etwa 90 km südwestlich von Chiang Mai erstreckt sich rings um den höchsten Gipfel Thailands der 482 km² große Doi Inthanon National Park. Anfang der 1970er-Jahre, als das Gebiet zum Nationalpark erklärt wurde, war bereits ein Großteil der Wälder dem Brandrodungsfeldbau zum Opfer gefallen. Die verbliebenen Waldgebiete konnten nur geschützt werden, indem man andere Einkommensmöglichkeiten erschloss. In den Tälern entstanden die ersten königlichen Projekte (s. Kasten S. 345).

Das **Park Headquarter** am KM 31 hinter dem großen Restaurant, ✆ 053-286 729, hält Informationen zum Nationalpark bereit, ◷ 6–21 Uhr. Am KM 35 tauchen die ersten Rhododendren auf. Mit zunehmender Höhe verändert sich die Landschaft – oberhalb von 1800 m erstrecken sich immergrüne Nebelwälder, deren verkrüppelte Bäume mit Orchideen, Flechten und Epiphyten bewachsen sind. Am 2. Checkpoint am KM 37 oder an den Zufahrten zu den Wasserfällen wird der **Nationalpark-Eintritt** fällig.

Der **Aussichtspunkt** am KM 41 eröffnet tolle Ausblicke. Viele Besucher halten dahinter bei den beiden großen **Chedis** mit Blumengarten, Eintritt 30 Baht. Besucher können in der Trockenzeit 500 m weiter mit einem Guide (200 Baht) in über 2100 m Höhe auf dem 2,8 km langen Rundweg **Kieo Mae Pan Nature Study Trail** in 1 1/2–2 Std. durch Wald und Grasland, an einem Steilhang entlang, vorbei am Lan Sadet-Wasserfall und einem Aussichtspunkt wandern.

Die **Radarstation** markiert hinter KM 46 den höchsten Punkt Thailands, den **Gipfel** in 2565 m Höhe. Ziel der meisten einheimischen Besucher

### Der höchste Wanderweg Thailands

Auf dem 360 m langen, mit Infotafeln beschilderten Plankenweg **Angka Nature Study Trail** in 2550 m Höhe kann man durch verwunschenen Mooswald laufen. Die immerfeuchten Bergwälder überraschen mit einer großen botanischen Vielfalt, darunter vielen endemischen Pflanzen, Farnen und Moosen, zehn Rhododendren- und 90 Orchideenarten.

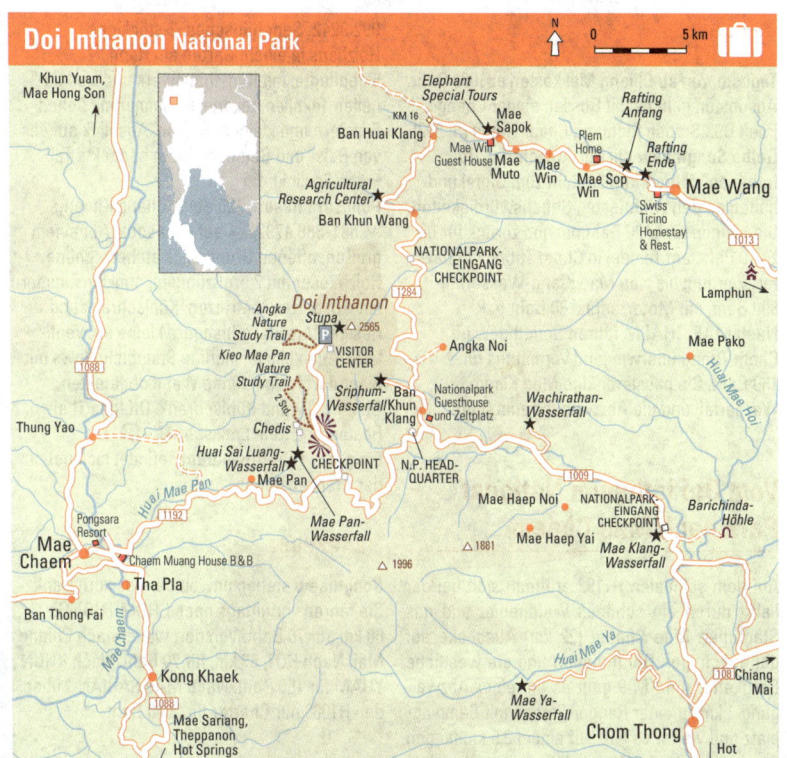

**Doi Inthanon** National Park

N  0  5 km

Khun Yuam,
Mae Hong Son

Elephant
Special Tours

KM 16        Mae
             Sapok

Rafting
Anfang

Ban Huai Klang

Mae Win
Guest House Mae    Mae
         Muto      Win

Plem
Home

Rafting
Ende

Agricultural
Research Center

Mae Sop
Win

Mae Wang

Swiss
Ticino
Homestay
& Rest.

1013

Ban Khun Wang

NATIONALPARK-
EINGANG
CHECKPOINT

Lamphun

Doi Inthanon
Angka       Stupa    2565
Nature
Study Trail   P
              VISITOR
Kieo Mae Pan  CENTER
Nature
Study Trail

Angka Noi

Mae Pako

1088

Sriphum-
Wasserfall

Ban
Khun
Klang

Nationalpark
Guesthouse
und Zeltplatz

Wachirathan-
Wasserfall

Huai Mae Ya

Thung Yao

Huai Mae Pan

Chedis

Huai Sai Luang-
Wasserfall

CHECKPOINT

Mae Pan

N.P. HEAD-
QUARTER

Pongsara
Resort

1192

Mae Pan-
Wasserfall

Mae Haep Noi

NATIONALPARK-
EINGANG
CHECKPOINT

Barichinda-
Höhle

Mae
Chaem

Chaem Muang House B & B

1996

1881

Mae Haep Yai

Mae Klang-
Wasserfall

1009

Tha Pla

Ban Thong Fai

Mae Cham

Kong Khaek

Huai Mae Ya

108  Chiang
     Mai

1088

Mae Sariang,
Theppanon
Hot Springs

108

Mae Ya-
Wasserfall

Chom Thong

Hot

**NORD-THAILAND**

ist der **Stupa** auf der höchsten Stelle, 50 m oberhalb des Parkplatzes, mit der Asche des 1897
verstorbenen Herrschers von Chiang Mai, Jao
Inthawichayanon.

Über einen Plankenweg sind es 100 m zum
Visitor Center mit einer Ausstellung über Berg-
waldtypen und endemische Arten (⏰ 7–18 Uhr)
und dem höchsten Coffeeshop des Landes.

Vogelbeobachter zieht es zum urwüchsigen
**Rhododendronhain**, der von Dezember bis Februar in Weiß und Rot erblüht. Die meisten der
385 heimischen Vogel- und 105 Zugvogelarten
leben in über 1500 m Höhe.

## ÜBERNACHTUNG UND ESSEN

**Nationalpark Gh., in** Ban Khun Klang nahe dem
Headquarter des Nationalparks am KM 31,

📞 053-286 728–9, 🖥 http://dnp.go.th/park
reserve. 24 Zimmer für 2–3 Pers. in großen
Mehrzimmer-Bungalows mit Heizdecken und
Warmwasser. Zeltplatz für 30 Baht p. P. Schlafsäcke und Decken können geliehen werden,
ebenso 3 Pers.-Zelte für 225 Baht. Essen im
nahen Hmong-Dorf oder im Restaurant vor dem
Headquarter, ⏰ 7–20 Uhr. Eine Modernisierung
ist geplant. Kein WLAN. ❹

## SONSTIGES

### Eintritt

Der **Nationalpark-Eintritt** beträgt 300 Baht, Kinder 150 Baht, und gilt am selben Tag auch für den
Ob Luang National Park (S. 394) und die Theppanon Hot Springs (S. 394). Autos kosten weitere
30 Baht, Motorräder 20 Baht, Fahrräder 10 Baht.

Tagestouren ab Chiang Mai kosten ab1000 Baht. Ansonsten geht es mit Bussen ab der Chang Puak Bus Station Richtung **Chom Thong** (S. 392). **Gelbe Songthaew** mit der Aufschrift: „Doi Inthanon" fahren für 200 Baht zum Gipfel und halten an den wichtigsten Sehenswürdigkeiten. Sie können für 1600 Baht hin und zurück für bis zu 10 Pers. am Tempel in Chom Thong gechartert werden, bis zum Mae Klang-Wasserfall 800 Baht, mit Motorradtaxi 80 Baht p. P. Nach MAE CHAEM fahren Songthaew ab Chom Thong überwiegend vormittags für 150 Baht. Sie passieren den Mae Klang-Wasserfall und die Abzweigung zum Gipfel.

# Vom Doi Inthanon National Park nach Mae Chaem

Auf dem schmalen H1192 eröffnen sich bei der Fahrt durch ein schönes Waldgebiet und das Städtchen **Mae Chaem** (22 km) Ausblicke auf den mächtigen Doi Inthanon und die westliche Bergkette. Am KM 9 geht es auf einer Abzweigung 2 km zu einer Ranger-Station mit Campingplatz und weiter zu Fuß auf einem 2,5 km langen Rundweg zu acht Wasserfällen, darunter dem **Mae Pan-Wasserfall** (800 m) und **Huai Sai Luang-Wasserfall** (200 m). Nationalpark-Eintritt s. o.

Jenseits der Nationalpark-Grenze führt die Straße hinter **Mae Pan** vorbei an gerodeten Hängen, von denen einige mit Teesträuchern bepflanzt wurden, in vielen Kurven hinab ins Tal des Mae Chaem. Die gleichnamige, lang gestreckte Ortschaft bietet neben Läden, einem Markt, einer Krankenstation, zwei Tankstellen auch eine Bank.

Eine Abkürzung des Mae Hong Son-Loops führt von hier auf dem H1088 nach Norden über Khun Yuam (96 km, Verbindung über den steilen H1263, Kasten S. 398) nach Mae Hong Son.

**Chaem Muang House B&B**, 41 Moo 4, Tha Pla, an der Abzweigung zum Doi Inthanon, ☏ 081-

992 3242. Sehr hübsches, 2-stöckiges Holzhaus in einem Garten am Hang. 5 gepflegte, mit Kunsthandwerk und traditionellen Textilien dekorierte Zimmer mit hohen Fenstern und kleinem Balkon. Ausblick auf das von Reis- und Gemüsefeldern bedeckte Tal. Frühstück inkl. ❹

**Pongsara Resort**, 125 Soi 9, Chang Khoeng, ☏ 081-386 4792, 🖵 auf Facebook. Auf einem großen, offenen Grundstück stehen schöne Holzhäuser mit 2 großzügigen, dunklen Zimmern mit AC, harten Matratzen, Kühlschrank und riesiger Dusche, günstigere kleine mit Ventilator. Auch billige, muffige Steinbungalows mit einer durch eine dünne Wand abgeteilten Dusche, TV und Kühlschrank. Offenes Thai-Restaurant. Kein Englisch. ❶–❷

Ein gutes **Thai-Restaurant** befindet sich neben der Krankenstation.

**Songthaew** stehen unweit der Kasikorn Bank. Sie fahren vormittags nach CHOM THONG, 60 km, für 70 Baht. Von dort weiter nach Chiang Mai. Nach HOT, 67 km, für 70 Baht. Nach KHUN YUAM für 150 Baht. Nach MAE SARIANG über den H1088 nur Charter für 2000 Baht.

# Von Mae Chaem nach Mae Sariang

Richtung Süden zum H108 geht es auf der kurvigen Bergstraße H1088 Richtung Mae Sariang durch Hmong- und Karen-Dörfer. Am KM 9 befinden sich westlich der Straße die beliebten **Theppanon Hot Springs**, Nationalpark-Eintritt 200 Baht, mit Bädern in Badehäusern für 50 Baht, Massagen (1 Std. für 150 Baht) und Übernachtungsmöglichkeit in Zelten, ◷ 8–16 Uhr.

Der Mae Chaem-Fluss hat sich 17 km westlich von **Hot** auf 300 m Länge eine 32 m tiefe, gut 2 m breite **Schlucht** durch das Basaltgestein gegraben. Von der Brücke hat man den besten Blick in den **Ob Luang National Park**.

Weiter Richtung Mae Sariang fühlt man sich vor der Abzweigung nach **Om Koi** und hinter

**Bo Luang** auf rund 1000 m Höhe in einen europäischen Kiefernwald versetzt – das Ergebnis des Thai-Danish Pine Project von 1969–74.

# Mae Sariang und Umgebung

Die gut 540 Jahre alte, früher fast ausschließlich von Karen und Lawa bewohnte Kleinstadt ist der ideale Ort für alle, die sich abseits der Touristenströme bewegen wollen. Von den meisten Unterkünften und einigen Restaurants bietet sich ein schöner Blick über den friedlich dahinplätschernden Fluss und die Felder bis zu den Bergen. Man kann beobachten wie die Bauern ihre Rinder am Ufer entlang treiben und Fischer ihre Netze auswerfen. Zur Abenddämmerung hüllen sich die Berge in sanfte Nebelwolken. Der Ort eignet sich gut als Ausgangspunkt für Ausflüge zu ursprünglichen Dörfern der Karen und Lawa und an den Grenzfluss **Salween**.

Das hübschen Gebäude im Shan-Stil an der Abzweigung des H105 vom H108 östlich des Zentrums, das bisher ein besuchenswertes **Museum** beherbergte, fiel im Oktober 2015 einem verhängnisvollen, durch einen Kurzschluss verursachten Feuer zum Opfer und brannte vollständig aus.

Im **Wat Chom Kham**, dem größten Tempel im Shan-Stil, an der Waisuksa Road, lohnt ein Blick in die große, zentrale Halle, die einen Pfauenthron, einen großen stehenden Buddha und Bilder von der Poi Sang Long-Prozession zur Mönchsordination enthält. Das **Wat Kittiwong** im Thai-Stil weiter östlich enthält eine Reliquie Buddhas. Der phallusförmige **Lak Muang-Schrein** neben der Polizei wird von Blumengirlanden bekränzt. Beruhigend ist die Atmosphäre im **Wat Sri Boon Rueng** hinter dem **Wat Jong Soong**. Am Sonntag werden von 16–20 Uhr auf einem **Straßenmarkt** in der östlichen Wiang Mai Road Gemüse, Textilien und Thai-Gerichte angeboten.

Ein Besuch im **Wat Chom Thong**, 1,2 km südlich des Museums am Ende einer 500 m langen Zufahrtsstraße ab KM 229,2 vom H105 (nur auf Thai beschildert), lohnt morgens oder zum Sonnenuntergang wegen der schönen Aussicht den Aufstieg über 95 Stufen.

## Salawin National Park

Drei Gebiete in den bewaldeten Bergketten im Westen bilden den 721 km² großen **Salawin National Park**. Der Weg zum Visitor Center, 6 km nordwestlich der Stadt, und zum Headquarter 1 km weiter ist beschildert, ⏰ 8–16 Uhr, Eintritt 200 Baht. Dort beginnt ein 2 km langer Wanderweg, der nur in der Trockenzeit begehbar ist. Übernachten kann man in Bungalows aus Holz und Bast für 4–6 Pers. mit Du/WC und harten Matratzen, ❷–❸. Eine Piste endet nach 38 km am Salween in **Tha Ta Fang**, von wo aus man mit dem Boot nach Mae Sam Laep fahren kann.

## Mae Sam Laep

Ab dem Markt in Mae Sariang fahren Songthaew die 45 km zum Grenzfluss **Salween** (Mae Nam Salawin), der im tibetischen Hochland entspringt und nach 2815 km in die Andamanensee mündet. Sobald man das Tal verlässt, schlängelt sich die von Schlaglöchern übersäte Straße durch schöne Teakwälder über eine gut 900 m hohe Bergkette. Die letzten 12 km sollten nur mit einem geländegängigen Fahrzeug gefahren werden.

Im reizlosen **Mae Sam Laep** mit einer kleinen Pagode, einem Markt und einer Uferpromenade leben Shan, Karen und Arakanesen, fast alle sind Flüchtlinge aus Myanmar. Ab der Anlegestelle, 700 m von der Abzweigung der Stichstraße, fahren von 9–17 Uhr Boote für bis zu zwölf Pers. in 1 Std. flussabwärts nach **Ban Sop Moei** an der Einmündung des Moei-Flusses und zurück für 1400 Baht, alternativ fahren sie in 45 Min. für 1300 Baht (mit Übernachtung 1500 Baht) flussaufwärts nach **Tha Ta Fang** im Salawin National Park (s. o.).

### ÜBERNACHTUNG

Alle Unterkünfte liegen in der **Laeng Phanit Rd.** am Fluss.
**Above the Sea** ④, ☎ 053-682 264, 🖥 www.abovetheseamaesariang.com. Die auf 2 Etagen eines von der Straße zurückversetzten Hauses verteilten, einladenden Zimmer haben kühle Betonböden, AC, LCD-TV und hohe Glasfronten sowie kreativ dekorierte Waschbecken – wären da nur nicht die steinharten Matratzen.

**Mae Sariang**

N
0        300 m

Mae Hong Son (169 km) | 108

■ **ÜBERNACHTUNG**
① River Bank Resort
② The Good View
③ Riverhouse Hotel
④ Above the Sea
⑤ Pang Sarieng Gh.

■ **ESSEN**
1 Maesariang Bar
2 Sawaddee Restaurant
3 Coriander in Redwood
  Restaurant
4 Intira Restaurant

■ **SONSTIGES**
1 7-Eleven
2 North-West Gh.
3 Wäscherei
4 Wäscherei
5 Apotheke

IMMIGRATION                108

HOSPITAL                    Hot,
                            Chiang Mai

Wat Jong Soong
Wat Sri Boon Rueng    MARKT
                      KM 231

Wiang Mai Rd.

Salawin
National Park

1194    Waisuksa Rd.

Wat
Chom
Kham        Wat
            Kittiwong

Lak Muang-
Schrein

POLIZEI

Yuam River

Laeng Phanit Rd.

Mae Sarieng Rd.

■ **TRANSPORT**
① AC-Bus nach Bangkok (Sombat Tours)
② Busbahnhof, Songthaew
③ Songthaew nach Mae Sam Laep

Wat Chom Thong,
Mae Sot
105

Freundliche Vermieter, die gutes Englisch sprechen. Frühstück inkl. ❸
**Pang Sarieng Gh.** ⑤, nur auf Thai beschildert, ✆ 053-682 333. Die Familie offeriert über einem kleinen Coffeeshop an der lauten Straße 4 einfache, saubere Zimmer mit Ventilator, Du/WC und TV ohne Flussblick. ❶

🧳 **River Bank Resort** ①, ✆ 053-682 787, 🖥 www.riverbankresort.net. Im 3-stöckigen Haus am Fluss werden hübsche, helle Zimmer mit großer Fensterfront, guten Matratzen und TV vermietet, die billigen im Erdgeschoss mit Betonwänden und Terrasse, die meisten anderen mit Holzverkleidung und -böden, großem Balkon, Kühlschrank und schönem Ausblick über den Fluss. Teurere, geräumige Zimmer mit LCD-TV im modernen, verglasten Anbau. Fahrräder, Kaffee und Tee inkl. ❷–❺
**Riverhouse Hotel** ③, ✆ 053-621 201, 🖥 www. riverhousehotelgroup.com. In einem gepflegten Teakhaus am Fluss gibt es ältere, etwas abgewohnte Zimmer mit dicken Matratzen, AC, LCD-

TV und Balkon. Großer Gemeinschaftsbereich mit Restaurant. Frühstück mit gutem Kaffee. Internet-PC, Motorradvermietung. ❹
**The Good View** ②, ✆ 053-683 100, ✉ thauscrong@gmail.com. Mit viel Holz gestaltete, aber hellhörige Unterkunft am Fluss mit 15 sauberen Zimmern mit kleinem LCD-TV, Kühlschrank und Du/WC, die billigen mit Ventilator bräuchten neue Matratzen. Familienzimmer für 1000 Baht. Einfaches Frühstück, Kaffee und Tee inkl. ❸

### ESSEN

**Coriander in Redwood Restaurant**, Laeng Phanit Rd., ohne Flussblick. Im halb offenen, hinten etwas dunklen, großen Restaurant essen überwiegend Gruppen Thai-Gerichte und Steaks. Mit Weinauswahl. ⏰ 11–22 Uhr.
**Intira Restaurant**, Wiang Mai Rd. In den offenen Räumen des bei Einheimischen beliebten Restaurants werden an großen, massiven

Holztischen üppige Portionen leckerer thai-chinesischer Gerichte und guter Fisch serviert. Schneller Service. ◷ 8.30–20.30 Uhr.

**Maesariang Bar**, an der Uferstraße. 2-stöckige Café-Bar mit leckerem Kaffee und Musik.

 **Sawaddee Restaurant**, Laeng Phanit Rd. In dem bunt zusammengeschusterten Haus laden Holztische und eine gemütliche Sitzecke mit Kissen und Hängematte zum Ausspannen ein. Authentische Thai-Gerichte und Traveller-Favoriten für unter 100 Baht, Fisch aus dem Salween für 170–200 Baht (sehr lecker die frittierte Variante mit Mango), gute Pizza um 300 Baht, Pasta mit lokalen und westlichen Saucen. Bang, die freundliche Chefin, spricht sehr gutes Englisch. WLAN. ◷ 17–2 Uhr.

### AKTIVITÄTEN UND TOUREN

#### Angeln und Kajakfahren

**Ng River Guide**, ✆ 097-923 4316, 🖥 www.ng-river-guides.com. Bobby Kaokatul organisiert teure Ausflüge zum Fliegenfischen, auch in Kombination mit Kajakfahren. Preise auf Anfrage.

#### Fahrräder

Unterkünfte vermieten **Fahrräder** für 50 Baht pro Tag oder stellen sie kostenlos zur Verfügung.

#### Trekking

Von Unterkünften und Guides organisierte Touren verbinden eine Fahrt nach Mae Sam Laep mit einer Bootsfahrt nach Sop Moci oder in den Salawin National Park sowie einer Wanderung. Manche Guides trekken zu Karen-, Lawa-, Shan- oder Hmong-Dörfern, wo Elefantenausritte auf dem Programm stehen. Leider ist die Gegend nur spärlich bewaldet. Einige Guides sind unzuverlässig, deshalb sollte man erst am Tag der Tour bezahlen. Tagestouren ohne Bootsfahrt oder Elefantenreiten gibt es ab 1000 Baht p. P.
**North-West Gh.**, ✆ 053-682 860, 🖥 www.northwestgh.blogspot.com. Gute Touren organisiert die freundliche Khun Tuk-Ta, die gutes Englisch spricht und Fahrräder, Mountainbikes und Motorräder für 50/100/200 Baht vermietet. Tagestouren mit dem

Motorrad und Guide für 1200–1500 Baht, Fahrradtouren 1000 Baht, Bambusfloß-Rafting bis 3 Pers. ab 4500 Baht. Ab 3 Pers. auch leichtes Wandern mit 1 Std. Elefantenreiten für 2500 Baht, Trekking mit einer Übernachtung für 1500 Baht, inkl. Bootsfahrt 3000 Baht, Elefantenreiten 3500 Baht und mit beidem 4500 Baht.

### TRANSPORT

Ab dem Büro von **Sombat Tour** (in Thai beschildert), ✆ 053-681 532, 🖥 www.sombattour.com.
BANGKOK (Northern Bus Terminal/Mo Chit), um 16 und 19 Uhr für 619 Baht, VIP um 19.30 Uhr für 722 Baht in 12 Std.

Ab dem **Busbahnhof**, wo auch Motorradtaxis (ab 20 Baht) stehen:
CHIANG MAI, 195 km, AC-Bus um 15 Uhr für 187 Baht, lokale Busse um 9, 10.30, 12.30 und 15 Uhr für 104 Baht, Minibusse um 7, 8, 11, 13 und 15.30 Uhr für 105–187 Baht in 4 Std.
MAE HONG SON, 134 km, um 11, 12.30, 15.30 und 17.30 Uhr für 104–190 Baht in 4 Std.
MAE SOT, 236 km, orange Songthaew und Minibusse stdl. von 6.30–9.30 sowie um 12 Uhr für 200 Baht in 6 Std.

Ab der südlichen **Laeng Phanit Rd.**:
MAE SAM LAEP, mit gelben Songthaew etwa stdl. von 6.30–15.30 Uhr für 80 Baht in 2 Std., zurück bis 17 Uhr.

# Von Mae Sariang nach Mae Hong Son

Auf dem H108 nach Norden bieten sich schöne Ausblicke in die bewirtschafteten Seitentäler sowie ein paar nette Abstecher. Wer alles in Ruhe anschauen möchte, sollte sich für die Fahrt einen Tag Zeit nehmen und kann in Khun Yuam zum Mittagessen einkehren.

## Kaeo Komol-Höhle

Am KM 220,6 führt eine 3 km lange, kurvenreiche Straße bei **Mae La Noi** gen Osten zur kleinen, aber faszinierenden **Kaeo Komol-Höhle**. In der 435–500 Mio. Jahre alten, erst 1993 erkundeten Höhle am Ende eines hübschen Seitentals sind fünf Kammern über steile Treppen durch einen künstlichen Zugang erreichbar. Die Wände und Stalagmiten sind mit reflektierenden Calcit-Kristallen bedeckt und glitzern wie ein Märchenschloss. Sie formen silberne Eisnadeln und Zuckerberge, Korallen in Gelb- und Rosatönen, versteinerte Wasserfälle und Puffreisberge in Pink, Orange und Braun. Die letzten, steilen 4 km werden im Songthaew zurückgelegt, die vom Parkplatz am Fuß des Berges starten. Zutritt nur im Rahmen 20- bis 30-minütiger Führungen auf Thai in Gruppen von 10–20 Pers. von 8–16.30 Uhr, Eintritt 80 Baht. In der Höhle Fotografierverbot.

## Ban Nong Haeng Hot Springs

Am KM 262 sind über eine Abzweigung nach 1 km am Ende eines Seitentals die heißen Quellen erreicht. Es besteht die Möglichkeit, für 50–100 Baht in einem großen Badebecken oder in privaten Bädern im schwefligen, warmen Wasser zu entspannen, ⏱ 8.30–19 Uhr. Essensstände am Parkplatz. Von hier sind es noch 26 km bis Khun Yuam.

## Khun Yuam

Über 3 km erstreckt sich der Shan-Ort entlang der Straße. Seine Bewohner leben vom Reis- und Sojaanbau. Während des Zweiten Weltkriegs machten die Japaner den Ort zu einem logistischen Knotenpunkt.

Am nördlichen Ortsausgang liegt gegenüber den Wassertürmen die **Thai-Japan Friendship Memorial Hall**, ein historisch-ethnologisches Museum. Der Eingangsbereich und das Untergeschoss widmen sich der Geschichte des Ortes und den Traditionen der lokalen Tai Yai und Shan. Der obere Stock behandelt die Zeit, als die Japaner auf dem Weg nach Birma durch den Ort kamen und nach der Kapitulation 1945 wieder hierher flüchteten. Zu sehen sind interessante Fotos, Waffen, Werkzeuge und andere Gegenstände aus dem Zweiten Weltkrieg, ein Shinto-Schrein sowie ein Video mit englischen Untertiteln. ⏱ 8–17 Uhr, Eintritt 100 Baht, Kinder 50 Baht.

Gegenüber diente das **Wat Muay Tor** im Shan-Stil den Japanern im Krieg als Lazarett.

### Ein Abstecher in die Natur

Am KM 290 zweigt der bei Selbstfahrern beliebte H1263 Richtung Mae Chaem ab. Nach 10 km geht es links 26 km zum **Mae Surin-Wasserfall**, mit 100 m Fallhöhe einer der höchsten in Thailand, Eintritt 200 Baht.

General Nakamura war auf konfliktfreie Kooperation bedacht und zahlte einheimischen Arbeitern sogar Löhne – ein Grund, warum die Japaner hier in relativ guter Erinnerung blieben.

## Ban Mong Microwave

32 km südlich von Mae Hong Son geht es beim KM 323 östlich der Straße 10 km steil hinauf nach **Ban Mong Microwave**, einem von Kohlfeldern umgebenen, ärmlichen Hmong-Dorf. Auf dem 1 km langen Anstieg zur Sendestation sowie von der gegenüberliegenden Bergkuppe bieten sich bei klarem Wetter fantastische Ausblicke über die umliegenden Berge.

Auch auf der Passhöhe am KM 337 hat man vom Rastplatz mit Essensständen Richtung Osten eine schöne Aussicht auf die Bergwelt, bevor es hinab ins Tal von Mae Hong Son geht.

## Pha Bong Hot Springs

Am KM 342,8, nur 13 km südlich von Mae Hong Son, liegen 1,2 km westlich der Straße heiße Quellen mit Schwimmbecken, Campingplatz und Massagen sowie Badehäusern mit Wanne oder Pool für 50–500 Baht. Songthaew kosten ab Mae Hong Son 40 Baht, Charter 300 Baht, ⏱ 7–18 Uhr, unter der Woche manchmal geschlossen.

## Mae Sakut Nature Trail

Auch ohne eigenes Fahrzeug kann man den Namtok Mae Surin National Park entdecken: 7 km südlich von Mae Hong Son führt eine 3 km lange Straße nach Osten, vorbei am Fern Resort (S. 401) zum Nationalpark-Eingang, wo ein 7,5 km langer **Wanderweg** beginnt, der nach 3–4 Std. 1 km oberhalb vom Headquarter an der Straße endet (Abholung ratsam).

Eine entspannte Alternative ist der gut 1 km kurze, aber sehr abwechslungsreiche Waldweg, der an den Häusern der Parkangestellten vor der Schranke beginnt. Er führt in 1–1 1/2 Std. einen Bach entlang und vorbei an Würgefeigen, Epiphyten, Bambushainen sowie einigen Schildern mit Erläuterungen zu einzelnen Pflanzen. Kurz hinter seinem Wendepunkt liegt ein kleiner Wasserfall. Eintritt 20 Baht, Pkw 30 Baht.

Wer bis zum **Aussichtpunkt** am Ende der schlechten Straße fahren möchte, braucht ein geländegängiges Fahrzeug.

### ÜBERNACHTUNG

#### Mae La Noi

**Herntai Resort**, 27 km nördlich von Mae Sariang, 400 m westlich der Straße, ☎ 086-915 3555, 🖥 www.herntai-resort.com (auf Thai). Die auf Holzstegen begehbare Gartenanlage inmitten der Gemüse- und Reisfelder des Tals beherbergt 15 Zimmer in teils 2-stöckigen Einzel- und Doppelbungalows mit Terrasse oder Balkon sowie Blätterdach und punktet mit bäuerlicher Idylle und dem Plätschern der Bewässerungskanäle. Restaurant. ❸–❹

#### Khun Yuam

 **Yoont Hotel**, 92 Moo 1, Ratburana Rd., schräg gegenüber der Polizei, ☎ 053-691 531. In einem Stadthaus über einem Laden werden 12 saubere, relativ moderne Zimmer mit guten Matratzen, AC, LCD-TV, Wasserkocher und Kühlschrank vermietet. Von der Frühstücksterrasse auf dem Dach gute Aussicht. Fahrradvermietung, Internet-PC für 15 Baht pro Std. ❷

### ESSEN

In **Khun Yuam** befindet sich auf halber Strecke zwischen dem Yoont Hotel und dem Museum eine kleine, von älteren Damen geleitete, saubere **Nudelküche** mit preiswerten Gerichten, auch *Khao Soi* (S. 53). Beim 7-Eleven nahe der Thai-Japan Friendship Memorial Hall serviert ein **Coffeeshop** westliche Gerichte, Kaffee und Kuchen.

### TRANSPORT

Von der Haltestelle in **Khun Yuam** am nördlichen Ortsausgang an der Durchgangsstraße fahren Busse nach:

CHIANG MAI, 6x tgl. für 160–282 Baht in 8 Std. MAE HONG SON, ohne AC um 8, 9.30, 13 und 15 Uhr für 60 Baht, mit AC um 6.30, 12 und 18 Uhr für 90 Baht in 2 Std.

Gelbe **Songthaew** starten vor der Polizei im Ortskern gegen 7 Uhr nach MAE HONG SON für 100 Baht.

## Mae Hong Son

Die idyllische Provinzhauptstadt, die bevölkerungsmäßig kleinste und ärmste des Landes, liegt im Tal des Pai-Flusses und wird überwiegend von Shan bewohnt, die große Gebiete von Myanmar bis Südchina besiedeln. Den Rest der Bevölkerung machen weitere Bergvölker aus, und nur 2 % sind ethnische Thais. Während die Stadt mit stimmungsvollen Tempeln (🕐 alle bis Sonnenuntergang) lockt, lassen sich in der Umgebung Ausflüge zu entlegenen Dörfern und Wanderungen im Nationalpark (S. 404) unternehmen.

Bei einem morgendlichen Bummel durch die große Markthalle des **Sai Yood-Marktes** und die nördlich angrenzende Straße trifft man auf Shan- und Hmong-Bauern. Birmanische Einflüsse sind überall spürbar, besonders in der Tempelarchitektur.

Im angrenzenden **Wat Hua Wiang**, mit 150 Jahren einem der ältesten der Provinz, steht in einer hohen, aus Teakholz erbauten Halle eine kleinere, in Mandalay gefertigte Kopie der in Myanmar hoch verehrten Mahamuni-Buddhastatue.

Südöstlich an der Nivet Pisarn Rd., gegenüber der Touristeninformation, liegt das 1886 erbaute Teakhaus **Ban Bo Ran** im Tai Yai- und birmanischen Stil, das im Zweiten Weltkrieg von japanischen Soldaten bewohnt wurde und voller Antiquitäten steckt. Die alte Bewohnerin führt gegen eine Spende Interessierte auf Englisch durch einen Raum im Obergeschoss.

Im Wasser des Jongkam-Sees spiegeln sich die verspielt dekorierten Tempel **Wat Chong Klang** und das 1847 errichtete **Wat Chong Kam** – besonders abends ein wunderschöner Anblick. Tagsüber lohnt das **Wat Chong Klang** einen Besuch. In der zentralen Halle beeindruckt eine große, aus Rattan geflochtene Buddhastatue.

# Mae Hong Son

N ↑    0 — 300 m

Pang Mapha (69 km),
Pai (110 km)

**■ ÜBERNACHTUNG**
1 Sang Tong Huts
2 The Residence@MaeHongSon
3 Friend House
4 Jongkham Place
5 Baan Mai Gh.
6 Sarm Mork Gh.
7 Piya Gh.
8 Rom Tai House

1095

Sirimongkol Rd.

Khunlum Prapat

Pracha Seksan Rd.

Nam Pu

IMMIGRATION

Soi Khua Daeng 1

Soi Khua Daeng 2

Soi 2

Wat
Don Chedi

Soi 1

Panglo Nikom Rd.

Wat
Pang Lo

Maksanti Rd.

Tung
Kong
Mu

Prachachon Uthit Rd.

Soi 2

Maka Santi Rd.

Sin Mongkoi Rd.

$

Wat Phrathat
Doi Kong Mu

Panit Watana Rd.

Wat
Hua Wiang

Sai Yood-
Markt

LANDEBAHN

Singharat

Jongkham Rd.

Bamrung

TOURIST
POLICE

TAT

Nivet Pisarn Rd.

Ban Bo Ran

FLUGPLATZ

Wat
Muay To

Wat
Phra Non

Khunlum Prapat Rd.

Udom Chao Niret Rd.

POLIZEIBOX

Jongkam-
See

Srisungval
Hospital

Wat
Klang
Tong

Padung Muay To Rd.

NACHTMARKT

Chamnan Satit

Wat
Kam Ko

Wat
Chong
Klang

Wat
Chong
Kam

Mae Hong Son

STADION

Phraya Singhanat
Racha Monument

Nauva Ko Cha Saan Rd.

**■ ESSEN**
1 Pa Ood
2 Crossroads
3 Dee Dee Ocha
4 Kai-Mook Restaurant
5 Salween River Restaurant
6 Essensstände
7 Sunflower Café
8 Meeting
9 Fern Restaurant
10 Alawaa Coffee & Cake
11 Essensstände
12 Pizza Primavera

Khunlum Prapat Rd.

SONNTAGSMARKT

**■ SONSTIGES**
1 Living Museum
   Coordination Center
2 Wäscherei
3 Rose Garden Tours
4 Wäscherei
5 Sawasdee Tour Mae
   Hong Son
6 Tour Merng Tai

**■ TRANSPORT**
1 Songthaew nach Roum Thai
2 Songthaew nach Khun
   Yuam und Ban Rak Thai
3 J. D. Motor
4 P. A. Motor
5 Busbahnhof

5

108

Mae Sariang (169 km)

Khunlum Prapat 4 Rd.

Sehenswert sind auch die englisch beschrifteten Hinterglasmalereien sowie die fast lebensgroßen Tiere und Puppen im angrenzenden kleinen Ausstellungsraum. Die Hinterglasmalereien wurden 1857 aus Mandalay hierher gebracht und stellen Szenen aus den Jataka-Erzählungen dar. Einige der ursprünglich 185 Bilder wurden im Rahmen eines Crowdfunding-Projekts restauriert.

Im **Wat Phra Non** am Fuße des Hügels kann ein kleines Museum besichtigt werden. Im Hauptgebäude verbirgt sich links hinter einer automatischen Schiebetür eine kleine Sammlung von Briefmarken, Amuletten, Statuen, Münzen, Geldscheinen und Büchern. Falls der Strom nicht eingeschaltet ist, einen der Novizen fragen.

Zum Sonnenuntergang lohnt der Weg über einen steilen Fußweg oder eine Serpentinenstraße zum **Wat Phrathat Doi Kong Mu**. Die zwei Chedis auf dem Hügel liegen häufig im Nebel. Nicht grundlos nennt man Mae Hong Son „Stadt der drei nebligen Jahreszeiten". An klaren Tagen überblickt man das Tal und die Berge.

Auf dem **Sonntagsmarkt** im Süden der Stadt handeln von 7–13 Uhr Bergbewohner und Großhändler mit Gemüse, Kräutern, Gewürzen, Bambuskörben, Bergen von Plastikschuhen oder kleinen Häufchen frischer Chilis.

## ÜBERNACHTUNG

Viele günstige Gästehäuser konzentrieren sich um den See, während die meisten Resorts in der Umgebung liegen, s. Karte S. 400.

### Untere Preisklasse

**Baan Mai Gh.** ⑤, Chamnan Satit Rd., ☏ 093-136 0577, 🖳 www.fb.com/baanmaiguesthouse. Das kleine, hellhörige Holzhaus ohne Garten und mit nur 3 einfachen, ordentlichen Zimmern mit harten Matratzen, TV und Gemeinschafts-Du/WC überzeugt viele Traveller dank der familiären Atmosphäre. Jum gibt Kochkurse für 300 Baht, Wäscheservice. Tee, Kaffee und kleines Frühstück inkl. ❶

**Friend House** ③, 20 Pradit Jongkam Rd., ☏ 053-620 119. Wer keinen Wert auf Möblierung legt, wohnt in dem 2-stöckigen, sauberen Haus am besten in den 5 Zimmern im Obergeschoss aus Teakholz mit breiter Veranda, Sitzgelegenheiten

und etwas zugewachsener Aussicht auf den See. Preiswerter sind 8 spartanische Zimmer mit harten Matratzen auf dem Boden und Gemeinschafts-Du/WC. Ein großes Familienzimmer. Frühstücken möglich, Wäscheservice. ❶–❷

**Jongkham Place** ④, 4/2 Udom Chao Nitet Rd., ☏ 053-614 294. Nicht zu verwechseln mit dem Jongkham House weiter westlich! Unterhalb der Straße auf einer Wiese vermietet Chi Wan 4 günstige Bungalows mit Kühlschrank und Terrasse. Zudem 2 große Zimmer im 1. Stock des Haupthauses für je 4 Pers. mit AC, TV und Du/WC für 1200–1500 Baht. Etwas neuer sind die 3 günstigen Zimmer mit Ventilator sowie das Familienzimmer für 1000–1200 Baht. Alles sehr sauber und gepflegt. ❷–❸

**Piya Gh.** ⑦, 1/1 Soi 3, Chamnan Satit Rd., ☏ 053-611 260, ✉ piyaguesthouse@hotmail. com. Am See neben den Tempeln und dem Nachtmarkt stehen um einen Garten 14 günstige, saubere Zimmer mit AC, TV, Kühlschrank und guten Matratzen in dicht aneinandergereihten Doppelbungalows um einen kleinen Pool mit Liegen. Von der Seeterrasse lässt sich das Geschehen vor der Tür beobachten. Frühstücksrestaurant, Parkplatz. Tee und Kaffee inkl. ❸

€ **Rom Tai House** ⑧, 22 Chamnan Satit Rd., ☏ 053-612 437, 🖳 www.maehongsonromtai.com. Hinter dem Parkplatz und dem 2-stöckigen Neubau mit einfachen Zimmern für 2–4 Pers. liegt ein ruhiger Garten mit Palmen, Bambus, Lotosteichen und einem Bach. Einfache, geräumige Reihenhäuser und Holzbungalows mit harten Matratzen, teils AC, Kühlschrank und Terrasse. Parkplatz. Desinteressiertes Personal, aber gutes Preis-Leistungs-Verhältnis. ❷

€ **Sarm Mork Gh.** ⑥, 16/1 Chamnan Satit Rd., ☏ 053-612 122, 🖳 www.sarmmork guesthouse.com. Hinter einem kleinen Café, das Frühstück und Shan-Gerichte serviert, vermieten freundliche, junge Leute 2 saubere Zimmer mit Ventilator, TV und Kühlschrank und 3 kleine, nett bemalte Bungalows im kleinen, ruhigen Garten mit guten Matratzen, AC und Du/WC. ❷

### Mittlere Preisklasse

🧳 🌳 **Fern Resort** ⑬, Pha Bong, 7 km südlich der Stadt, 2 km östlich der Hauptstraße, ☏ 053-686 110, 🖳 www.fernresort.

Die Tempel Wat Chong Klang und Wat Chong Kam bilden besonders am frühen Abend eine malerische Kulisse.

info, Karte S. 408/409. Das parkähnliche, von Reisfeldern und Wald begrenzte Grundstück mit schattigem Pool mit Liegen und Lagerfeuerplatz wird von Bächen durchzogen und punktet mit idyllischer Atmosphäre. Alle Angestellten stammen aus den umliegenden Dörfern. 36 Zimmer und Suiten in mit Naturstein verkleideten Holzbungalows mit Blätterdach, Kühlschrank, teils separaten Duschen, WC, Föhn und Waschbecken im Ankleidezimmer. Fahrräder für 150 Baht pro Tag, Touren u. a. in den nahen Nationalpark (S. 406). WLAN in der Lobby, im offenen Restaurant und an der Bar, Frühstück und 3x tgl. Shuttle zum Flugplatz inkl. ❺

**Golden Pai & Suite Resort** ⑫, Pang Mu, 4,7 km nördlich von Mae Hong Son, Abzweigung vom H1095 am KM 199, 800 m hinter dem Dorf am Pai-Fluss, ☎ 053-061 114, 🖥 www.golden pairesort.com, Karte S. 408/409. Um einen Garten mit Palmen, 2 Pools und vielen Vögeln verteilen sich 14 Bungalows mit bis zu 4 komfortablen Zimmern mit AC und hübscher Du/WC aus Beton. Zudem 2 größere Gebäude mit sauberen, teils sehr geräumigen Zimmern.

WLAN in der Lobby und im Restaurant, Frühstück inkl. ❹–❻

**Sang Tong Huts** ①, Maksanti Rd., ☎ 053-611 680, 🖥 www.sangtonghuts.org. Einladendes, naturnahes Resort im lichten Wald am Hang mit vielen Hunden. Die australisch-deutsche Familie des verstorbenen Tong leitet die Anlage, doch seine künstlerische Hand ist immer noch spürbar. 8 teils auf Pfählen stehende Bungalows, überwiegend aus Naturmaterialien mit Moskitonetz und individuell gestalteten Bädern. Eine sehr einfache, günstige Hütte mit Matratzen auf dem Boden. Kleiner, sauberer Pool mit Liegen. Abendessen nach Vorbestellung für 250 Baht, guter Kaffee und Wein. Frühstück bis 16 Uhr mit hausgemachtem Brot und Müsli, WLAN im Eingangs- und Poolbereich. ❸–❺

**The Residence@MaeHongSon** ②, 41/4 Nivet Pisarn Rd., ☎ 053-614 100, 🖥 www.theresidence-mhs.com. Gepflegtes, 3-stöckiges Boutique-Gh. mit 11 wohnlichen, sauberen Zimmern mit TV, Teakmöbeln und -böden, dicken Matratzen, Kühlschrank und

Du/WC. Familienzimmer für 1600 Baht. Sitzmöglichkeiten im Innenhof und auf der Terrasse
im 1. Stock. Fahrradvermietung. ❸–❺

## ESSEN

Von 17–21 Uhr verwandeln Essensstände die
Strecke zwischen dem Postamt und dem See in
einen **Nachtmarkt**. Auf Grills brutzeln Seafood,
Satay, Fleisch und Würstchen. Gefüllte Teig-
taschen und süße Reiskuchen werden gedämpft,
Gemüse gedünstet, Waffeln gebacken, und
Gemüseplätzchen sowie Bananen brodeln im
Fett. **Essensstände** zudem auf dem Sonntags-
markt und im Sai Yood-Markt, wo **Pa Ood**
seit mehr als 50 Jahren Nudeln serviert,
⊕ bis 13 Uhr.
**Alawaa Coffee & Cake**, neben dem Piya Gh. am
See. Kleines Café mit entspannender Musik,
süßen Kuchen und Smoothies. WLAN.
⊕ Mo–Sa 9–18, So 11–16 Uhr.
**Crossroads**, Khunlum Prapat Rd., Ecke Maka
Santi Rd., 🖳 auf Facebook. Offene, 2-stöckige,
rustikal eingerichtete Kneipe in einem urigen
Holzhaus an der Kreuzung. Auf der Karte stehen
Kaffee, Säfte und Fassbier, zudem Pizzas ab
120 Baht, Pasta ab 60 Baht, Steaks, preiswerte
Thai- und vegetarische Gerichte. Gäste haben
sich mit Kreide an den Wänden verewigt.
WLAN. ⊕ 8–1 Uhr.
€ **Dee Dee Ocha**, Singharat Bamrung Rd.,
nur auf Thai beschildert. Kleiner, beliebter
Familienbetrieb mit leckeren, reichhaltigen
Nudelsuppen in großen Portionen und gutem
*Moo Daeng* zu günstigen Preisen. ⊕ 6–14.30 Uhr.
🧳 **Fern Restaurant**, 87 Khunlum Prapat Rd.,
✆ 053-611 374. Das riesige Restaurant
besteht seit 1987 und gilt nach wie vor als das
beste im Ort. Lecker sind die gebratenen Farne
und der Fisch aus dem Pai-Fluss mit scharfem
Mangosalat sowie Hühnchen im Pandanblatt,
scharfe Shan-Speisen, westliche und vegetarische Gerichte. Abends wenig begeisternde Live-
musik. Mittleres Preisniveau. ⊕ 10.30–22 Uhr.
**Kai-Mook Restaurant**, 23 Udom Chao Nitet Rd.,
✆ 053-612 092. Offenes, gediegen eingerichtetes
Thai-Restaurant mit umfangreicher Speisekarte.
Thai-Standards um 100 Baht, auch Enten- und
Wildschweingerichte. ⊕ 11–14 und 17–22 Uhr.

**Meeting**, Pradit Jongkam Rd. Das liebevoll
gestaltete, offene Café-Restaurant mit ent-
spannendem Ambiente und Blick auf den See
enttäuscht mit faden westlichen und Thai-
Gerichten. Es lohnt aber zum abendlichen Bier.
WLAN, manchmal Livemusik ab 20 Uhr.
⊕ Mo–Sa 8–23 Uhr.
🧳 **Pizza Primavera**, Soi 5, 4 Khunlum Prapat
Rd., ✆ 053-612 820, 🖳 auf Facebook. Das
im europäischen Stil eingerichtete, auch bei
Einheimischen beliebte Restaurant unter österreichischer Leitung lohnt den Spaziergang aus
dem Zentrum, denn hier kommen sehr leckere
dünne Pizzas mit einer großen Auswahl an
Belägen für Preise um 300 Baht auf die Teller;
zudem Salate, selbst gemachtes Vollkornbrot,
Sandwiches und Tees. Lieferservice. Kosten-
lose Abholung aus der Innenstadt. ⊕ 10–22 Uhr.
**Salween River Restaurant**, 23 Pradit Jongkam
Rd., 🖳 www.salweenriver.com. Das kleine,
offene Restaurant mit Stühlen und Sitzkissen
findet viel Zuspruch dank preiswerter internationaler, vegetarischer, birmanischer, Thai-
und Shan-Gerichte sowie Frühstück. Leider sind
viele Speisen wie der Burmese Green Tea Leaf
Salad ziemlich fade und der Service langsam.
Verkauf von Hilltribe-Kaffee und Wildhonig.
WLAN und Büchertausch. ⊕ 8–22 Uhr.
**Sunflower Café**, Pradit Jongkam Rd., 🖳 www.
sunflowercafetour.com. Die Adresse für alle,
die an der Seepromenade einen Sundowner
schlürfen wollen. Pizzas und Steaks ab 200 Baht,
selbst gebackenes Brot, Bier vom Fass und
Wein. Manchmal Livemusik von 19–21 Uhr.
⊕ 7.30–22 Uhr, nachmittags häufig geschlossen.

## FESTE

An **Loi Krathong** (S. 25) wird 3 Tage auf dem Doi
Kong Mu und 1 Tag am See gefeiert.
Wunderschön am Abend, wenn aufsteigende
Lampions den Himmel erhellen.
**Poy Sang Long-Prozession**: Zur Ordination
7- bis 14-jähriger Shan-Jungen findet im April
ein großes 3-tägiges Fest statt. Höhepunkt ist
die prachtvolle Prozession am 3. Tag. Die
zukünftigen Novizen mit kahl geschorenen
Köpfen werden nach Shan-Tradition fürstlich
gekleidet. Auf Pferden oder den Schultern ihrer

männlichen Familienangehörigen werden sie von Musikern begleitet zum Tempel gebracht. Anschließend leben sie mind. 1 Woche im Kloster. Veranstaltungsorte kennt das Tourist Office.

In Läden und auf dem **Nachtmarkt** am See werden Textilien, Kunsthandwerk und andere Erzeugnisse der Bergbewohner günstig angeboten. Touristen, die die 1548 Kurven von Chiang Mai über Pai nach Mae Hong Son „überlebt" haben, tragen stolz entsprechende **T-Shirts**.

## AKTIVITÄTEN UND TOUREN

### Bootsfahrten

Mit Motorbooten kann man auf dem Pai von **Huai Duea**, 6 km südlich der Stadt, bis zum Longneck-Dorf Huai Phu Keng oder weiter Richtung Myanmar fahren. Ab der Anlegestelle kosten Boote mit Platz für 6 Pers. für einen 2-stündigen Ausflug nach Huay Pu Keng (40 Min.) 600 Baht und nach **Nam Phiang Din** (50 Min.) 1000 Baht. Touren ab Mae Hong Son für 1400–1600 Baht. Songthaew bis zur Anlegestelle 400 Baht.

### Trekking und Ausflüge

Touren zu Dörfern der Bergvölker und Langhals-Frauen werden auch in Kombination mit Elefantenreiten und Bambusrafting angeboten. **Chan Nature Walks**, ☎ 089-552 6899, ☐ www.trekkingthailand.com. Der Englisch sprechende Chan kennt nicht nur die Flora und Fauna, sondern ist auch ein hervorragender Koch. Tagestour in ein Karen-Dorf inkl. Bambusrafting und Elefantenritt für 3000 Baht bei 2–3 Pers., 2 Tage/1 Nacht bei Pang Mapha für 5000 Baht, 3 Tage/2 Nächte für 8000 Baht. **Rose Garden Tours**, 86/4 Khunlum Prapat Rd., ☎ 053-611 681, ☐ www.rosegarden-tours.com. Verantwortungsvoll geleitete Tagestouren per Auto, Boot, Floß oder zu Fuß zu Bergdörfern inkl. Elefantenreiten. Bei 2–3 Pers. kosten halbtägige Touren 700–1400 Baht, Tagestouren 1200–1800 Baht, 2 Tage/1 Nacht Trekking ab 4200 Baht. **Sawasdee Tour Mae Hong Son**, Pradit Jongkam Rd., ☎ 084-806 9086, ✉ nongnapat.chingta@

gmail.com. In der chaotisch anmutenden Bretterbude werden gute Tagestouren mit der Englisch sprechenden, pflanzenkundigen Chan für 1000–1800 Baht in kleinen Gruppen vermittelt. ☉ 8–17 Uhr.
**Tour Merng Tai**, 89 Khunlum Prapat Rd., ☎ 053-611 979, ☐ www.tmt.maehongson4u.com. Touren mit sozialverträglichem Anspruch in den Nationalpark und zu Dörfern der Weißen Karen, Shan, Lahu und Pa'o. 3 Tage/2 Nächte mit Übernachtung in Dörfern ab 7200 Baht bei 2 Pers. Tagestouren lohnen ab 4 Pers. 3-stündige Fahrradtouren für 1500 Baht bei 2 Pers. ☉ 8–17 Uhr.

## SONSTIGES

### Auto- und Motorradverleih

Im Zentrum und in den Unterkünften werden Motorräder für 150–250 Baht (+80 Baht für eine Haftpflichtversicherung) vermietet.
**P. A. Motor**, 17 Pradit Jongkam Rd. am See, ☎ 086-180 7031, ☐ www.pamotorcarrent.com. Hat Motorräder sowie Pkw für 1500–3000 Baht. ☉ 8–18.30 Uhr.
**J. D. Motor**, Nivet Pisarn Rd., ☎ 084-372 6967. Hier nur Motorräder ohne Versicherung. ☉ 8.30–18.30 Uhr.

### Immigration

Am H1095 im Norden der Stadt, ☎ 053-612 106. Hier werden Visaverlängerungen vorgenommen. ☉ Mo–Fr 8.30–14.30 Uhr.

### Informationen

Infos zu sozial- und umweltverträglichen Projekten findet man auf der Website **Green Map**, ☐ www.maehongsongreenmap.wordpress.com. **TAT Office**, 4 Rajthampitak Rd., ☎ 053-612 982-3. Der freundliche, hilfsbereite Nathakorn spricht Englisch und holt gern auch telefonisch Auskünfte ein. ☉ 8.30–16.30 Uhr.
**Living Museum Coordination Center**, Singharat Bamrung Rd. Hält Infos und Stadtpläne sowie Essenstipps an Aushängen bereit. Die Mitarbeiterin spricht Englisch. ☉ 8.30–16.30 Uhr.

### Medizinische Hilfe

**Srisungval Hospital**, Singharat Bamrung Rd., ☎ 053-611 378.

## Langhals-Frauen

Zwiespältige Gefühle hinterlässt ein Besuch bei den „Langhals-" und „Langohr-Frauen", die von der aufständischen Karenni-Armee aus Kayah State in Myanmar hierher gebracht wurden und seit 1988 in Lagern leben. Die Frauen vom Volk der Padaung-Karen, die sich selbst Kayan nennen, verlängern seit frühester Kindheit ihren Hals durch Messingringe. Die Kayin vergrößern hingegen ihre Ohrläppchen. Sie können von Touristen für 250 Baht in einem der drei „Longneck Villages" bestaunt werden. Im Gegensatz zu den Dörfern bei Chiang Rai, wo angeworbene Frauen wie im Zoo ausgestellt werden, handelt es sich hier überwiegend um „echte" Flüchtlingsfamilien. Einige junge Frauen haben sich dafür entschieden, die Ringe abzulegen. Die Dörfer bestehen aus kaum mehr als einer Reihe von Verkaufsständen, an denen Frauen und Kinder Souvenirs verkaufen und sich fotografieren lassen.

**Huai Phu Keng**, 🖳 www.huaypukeng.com, ist mit dem Boot auf dem Pai via Huai Duea zu erreichen (s. Aktivitäten und Touren). Hier kann man übernachten und in 30 Min. durch ein Bachbett zu einer buddhistischen Meditationshöhle wandern.

**Ban Nai Soi** (Karen: Kayan Layar) ist ein Shan-Dorf, das etwa 2 km entfernt vom 20 000 Einwohner zählenden Flüchtlingsdorf Ban Mai Nai Soi am Ende eines schönen Seitentals des Mae Sai liegt. Ban Mai Nai Soi brannte im April 2015 zu großen Teilen ab und kann nicht besichtigt werden. Günstiger als von der ausgeschilderten, 17 km langen Abzweigung vom H1095 beim KM 202 ist die Verbindung ab der Bypass Rd. Songthaew 1200 Baht.

**Huai Shua Thao**, 12 km südwestlich, am Ende einer Straße, die durch einige Furten führt (ab der Brücke 7 km), ist für Selbstfahrer mit dem Motorrad am ehesten geeignet und kann im Rahmen einer Tagestour besucht werden (s. Aktivitäten und Touren). Hinter dem Karen-Dorf besteht das „Longneck Village" aus Verkaufsständen, an denen sich die Frauen fotografieren lassen und Männer die Besucher zum Armbrust-Schießen einladen. Songthaew 1200 Baht, Tuk-Tuk 650 Baht hin und zurück.

### Polizei

**Tourist Police**, Singharat Bamrung Rd., ✆ 053-611 812, Notruf ✆ 1115.

### NAHVERKEHR

**Tuk Tuks** kosten 60–80 Baht, nachts 80–150 Baht, zum Flugplatz 100 Baht; am Busbahnhof hängt eine Liste mit Festpreisen.

**Motorradtaxis** kosten 30–50 Baht.

**Songthaew** kosten ab 60 Baht, zum Sonntagsmarkt 80 Baht, bis zum Fern oder Golden Pai Resort 200 Baht. Chartern kostet etwa 250 Baht pro Std. bzw. 1200 Baht pro Tag.

### TRANSPORT

#### Busse und Songthaew

Vom **Busbahnhof**, ✆ 053-684 100, an der mittleren Umgehungsstraße, Nauwa Ko Cha Saan Rd. südlich der Stadt, fahren Busse nach:

BANGKOK, 928 km, mit Sombat Tour, ✆ 053-684 222, 🖳 www.sombattour.com, um 15 und 16 Uhr für 726–905 Baht in 16 Std.

BAN RAK THAI, mit gecharterten Songthaew für 1250 Baht hin und zurück.

CHIANG MAI, AC-Busse via KHUN YUAM (60–90 Baht) und MAE SARIANG (104–190 Baht) um 10.30 und 21 Uhr für 346 Baht, ohne AC um 8 und 20 Uhr für 192 Baht. Zudem Minibusse um 6, 8, 10.30, 12.30, 13.30, 20 und 21 Uhr für 187 Baht in 8–8 1/2 Std. oder via PANG MAPHA (Bus 45 Baht, Minibus 100 Baht, 2–3 Std.) und PAI (Bus 75 Baht, Minibus 150 Baht, 3–4 Std.) ohne AC um 8.30 Uhr für 138 Baht oder mit Minibussen stdl. von 7–15 sowie um 17 Uhr für 250 Baht.

Vom **Markt** fahren gegen 12 Uhr gelbe Songthaew nach KHUN YUAM, ROUM THAI und BAN RAK THAI für 60–90 Baht.

#### Flüge

**Kan Air**, 🖳 www.kanairlines.com. Nach Chiang Mai 3–4x tgl.

# Von Mae Hong Son nach Ban Rak Thai

Die zerklüftete Berglandschaft rund um Mae Hong Son wird auch die „Schweiz Thailands" genannt. Vor den Toren der Stadt erhebt sich der **Doi Pui (1685 m)** im **Namtok Mae Surin National Park**. Zum Headquarter zweigt man am KM 198,2 hinter Pang Mu für 2 km Richtung Osten vom H1095 ab. Übernachtung in einfachen Bungalows für 4–7 Pers. oder Zelten, ❷–❸. Der Park ist nach dem 100 m hohen Wasserfall benannt und besonders im November beliebt, wenn bei **Tong Buat Tong** die Sonnenblumen blühen. **Eintritt 200 Baht**.

Am KM 202 kann man links der Ausschilderung nach **Ban Nai Soi folgen**. Am KM 196 links ab und an der nächsten Kreuzung wieder rechts geht es durch ein schönes Tal mit Reis- und Gemüsefeldern zum 7 km vom H1095 entfernten **Poo Klon Mud Spa** (s. Kasten unten).

Weiter Richtung Norden geht es vom H1095 am KM 189,4 ab und über **Mok Cham Pae** und **Huai Khan** (KM 0), vorbei am von Roten Karen bewohnten Dorf **Thop Sok** und steil auf und ab zum siebenstufigen **Pha Seau-Wasserfall** (KM 4,1) mit Badepool in einem schmalen Tal mit schönem Bambuswald. Am Parkplatz stehen Picknicktische.

Nach vielen engen, sehr steilen Kurven erreicht man hinter KM 8 auf einer 500 m langen Stichstraße den **Pang Tong-Palast** in kühlen

---

## Ein Schlammbad in den Bergen

Im **Poo Klon Mud Spa**, ☎ 053-282 579, 🖥 www.phuklon.co.th, wird schwarzer, mineralienhaltiger und schwefelarmer Schlamm von herausragender Qualität für Packungen und Schlammkuren verwendet. Ganzkörperbehandlungen für 700–900 Baht pro Std., Gesichtsmasken für 80 Baht. Zudem Massagen für 200–400 Baht pro Std., Bäder in 35 °C warmem Wasser für 60–80 Baht pro 15 Min. und gemeinsame Fußbäder im Freien für 20 Baht. ⏱ 9–18 Uhr. Gecharterte Songthaew ab Mae Hong Son kosten 400 Baht.

---

1100 m Höhe. Das weitläufige Areal ist eine landwirtschaftliche Versuchsfarm. Zwischen Blumenbeeten werden in Gewächshäusern Kaffeepflanzen, Farne, Erdbeeren und Orchideen gezüchtet. Zudem gibt es ein Gehege mit Muntjak-, Schweins- und Thamin-Hirschen. ⏱ 8.30–16.30 Uhr.

Hinter der Abzweigung an der Hauptstraße sind im pittoresken **Mae Hong Son Bamboo Complex** seltene Bambusarten zu bewundern. Ein Weg führt zu einem kleinen Museum mit Werkzeugen aus Bambus.

Nun geht es auf dem steilen **Pass** am KM 12 mit schönem Blick Richtung Myanmar nach **Na Pa Paek**, einer Siedlung der Shan und Hmong. An der Gabelung fährt man nach links und folgt einer schmalen Straße 3,5 km zum Hmong-Dorf **Maka Somu**, wo der Flüchtling Ben mit Hilfe der NGO Child's Dream, 🖥 www.childsdream.org, eine Abendschule für 60 Kinder eingerichtet hat, den **Ten & Ben Homestay** ❻, ☎ 081-163 9623, ❷, betreibt und Trekkingtouren anbietet, 🖥 www.tenandbentrekking.com.

Nach weiteren 2 km erreicht man **Roum Thai**, 1 Std. von der Grenze entfernt. Die Dorfstraße ist gesäumt von kleinen Essens- und Verkaufsständen. Dahinter werden einfache Unterkünfte in Holz- und Bambushütten angeboten. Einheimische erfreuen sich an den kühlen Temperaturen und dem Morgennebel. Unter dem riesigen Bambus im Garten der Kaffeerösterei vor dem **Pala Gh.** ❼, ☎ 082-766 7455, kann man Kaffee trinken, der Besitzer spricht Englisch, ❶–❷. Strom gibt es nur, wenn der Stausee genug Wasser für das kleine Kraftwerk liefert oder ein Generator aushilft.

Dahinter liegt der von Kiefernwald umgebene **Pang Ung-Stausee** mit Campingplatz und das **Pangtong Royal Project Development Center**, ein landwirtschaftliches Projekt der Königin, in dem u. a. schwarze Schwäne gezüchtet werden. Beide gehören zum **Tham Pla-Namtok Pha Suea National Park**, der 488 km² des bergigen Grenzgebietes bis zur Tham Pla (S. 408) umfasst, Eintritt 100 Baht. Die meisten einheimischen Besucher fahren bis zum Campingplatz, um am Ufer zu zelten. Der Weg verläuft weiter zum jenseitigen Seeufer, wo der Doi Larn Nature Trail zu einem Spaziergang einlädt.

# Ban Rak Thai (Mae Aw)

Von Na Pa Paek geht es an der Gabelung rechts durch Kiefernwälder auf ein Hochtal mit Gemüse- und Reisterrassen nach **Ban Rak Thai**, wo Kuomintang-Chinesen aus Yunnan siedeln (S. 407). Der 1150 m hoch gelegene Ort entführt Besucher in die nur 300 km Luftlinie entfernte Provinz im Südwesten der Volksrepublik.

In den um einen kleinen Stausee gelegenen traditionellen Lehmbauten offerieren Teehäuser, Restaurants und Souvenirgeschäfte Spezialitäten aus Yunnan: Oolong-Tee, Gewürze, eingelegte Früchte, Trockenpilze und Porzellan. Geschäfte haben historische Fotos und Relikte der 93. Armee ausgestellt.

Um den **Stausee** verläuft ein netter Spazierweg. Sehr schön ist der Ausblick am Morgen, wenn über dem See die Nebelschwaden aufsteigen und sich hinter den Bergkuppen die ersten Sonnenstrahlen zeigen. Gegen 9 Uhr treffen die ersten – zumeist chinesischen – Besucher mit Minibussen ein.

Auch hier oben gedeiht **Tee**, aber längst nicht in so großen Mengen, wie er in den Läden verkauft wird. Der lokale Tee wird vor allem zu Yunnan-Spezialitäten wie Teesalat oder gebraten mit Gemüse oder Fleisch verarbeitet.

Ein betonierter Weg verläuft am Wasserturm vorbei Richtung Norden etwa 500 m bis zur Grenze. Der **Grenzübergang** nach Mae Aw Long in Myanmar ist für Touristen geschlossen. Oberhalb des Schlagbaums blickt man von den Schützengräben des Thai-Militärs auf das ärmliche Dorf hinüber.

Zur ehemaligen Befestigungsanlage der Kuomintang auf einem Hügel folgt man dem Schild zum **Art History Rakthai Village** 500 m über Feldwege. Schneller geht es zu Fuß zwischen dem Wasserturm und Tempel links um den ummauerten Komplex hinauf zum Hügel. Zu sehen sind rekonstruierte Befestigungsanlagen aus angespitztem Bambus, Stacheldraht und Schützengräben sowie ein tiefes Loch, das als Gefängnis diente.

In einem Neubau, der meist verschlossen ist, sind historische Fotos zu sehen.

## ÜBERNACHTUNG UND ESSEN

In einigen Häusern kann man übernachten, aber nur wenige Leute sprechen Englisch.

Die Kuomintang-Chinesen brachten ihre Küche mit nach Ban Rak Thai – eine schöne Abwechslung.

© MISCHA LOOSE

**Chasa Ruk Thai Resort** ①, neben Lee Wine Ruk Thai, ✆ 086-118 2067. Zimmer im Reihenhaus oben am Parkplatz und Bungalows auf halber Höhe mit kleiner Terrasse. Im 2-stöckigen Restaurant mit der großen Teekanne und Ausblick auf den See schmecken die Yunnan- und Thai-Gerichte sehr gut. Ordentliche Portionen zu mittleren Preisen. Bebilderte englischsprachige Karte. ❹

**Lee Wine Ruk Thai Resort & Restaurant** ①, am Ortseingang links, ✆ 089-950 0955, 🖥 www.leewinerukthai.com. Neben dem Restaurant und Souvenirladen wird Obstwein aus Ananas, Pflaumen, Litschi und Pfirsichen gekeltert. Dahinter nette Zimmer für bis zu 4 Pers. in Reihenhäusern und Bungalows am Hang inmitten der Teesträucher mit guten Matratzen, kleiner Du/WC und Kühlschrank sowie Ausblick auf den See. Ein Familienmitglied spricht Englisch. Fahrräder 40 Baht, Frühstück inkl. ❹–❺

🏠 **Jie Niang Restaurant**, am zentralen Platz unterhalb der Schule, 🖥 www.jnrakthai.com. Seit 1974 wird hier sehr leckeres Yunnan-Essen serviert. Empfehlenswert sind Teeblätter-Salat *(Yun Bi Cha Sod)*, Hähnchen *(Kai Pad Ma Vow)*, Schweinefleisch *(Zee Klong Moo Oop Num Peung)* mit gedämpften Brötchen *(Mon-toh)* sowie Omelette mit Schweinefleisch. Verkostung und Verkauf von Tee.

Inmitten der Teeläden behauptet sich an der Zufahrtsstraße am See nahe dem großen Kilometerstein ein kleines, offenes *Café* im japanischen Stil als Refugium der Kaffeetrinker.

## TRANSPORT

Gelbe Songthaew fahren gegen 5.30 Uhr zum Markt in MAE HONG SON und bis gegen 12 Uhr zurück. Ein weiteres Songthaew fährt am Nachmittag gegen 16 Uhr für 80 Baht, der Charterpreis beträgt 600 Baht.

## Tham Pla

Am KM 188,6 des H1095 halten viele Thais, um vor der kleinen Höhle Tham Pla „heilige" Soro Brook-Karpfen *(Pla Mung)* zu füttern. Vom Parkplatz mit Essensständen geht es hinter der

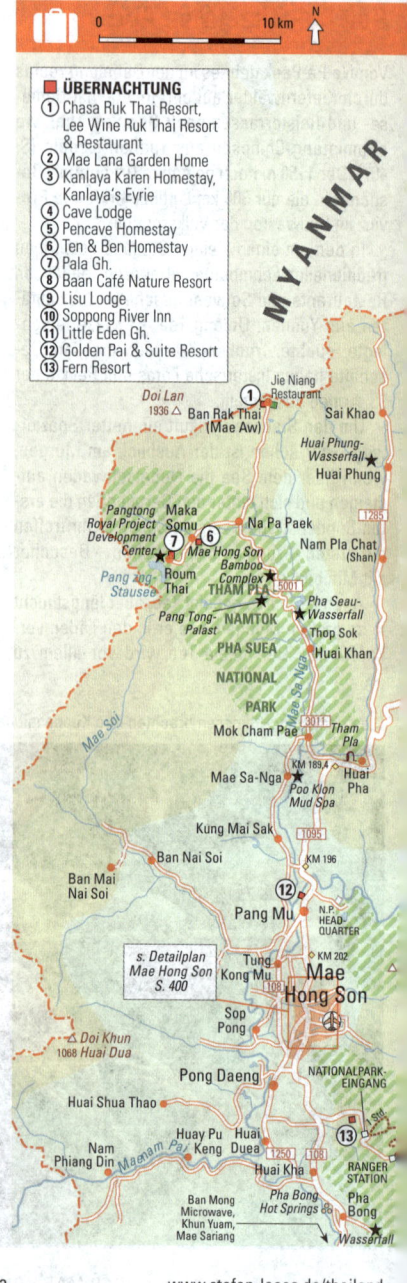

**■ ÜBERNACHTUNG**
① Chasa Ruk Thai Resort, Lee Wine Ruk Thai Resort & Restaurant
② Mae Lana Garden Home
③ Kanlaya Karen Homestay, Kanlaya's Eyrie
④ Cave Lodge
⑤ Pencave Homestay
⑥ Ten & Ben Homestay
⑦ Pala Gh.
⑧ Baan Café Nature Resort
⑨ Lisu Lodge
⑩ Soppong River Inn
⑪ Little Eden Gh.
⑫ Golden Pai & Suite Resort
⑬ Fern Resort

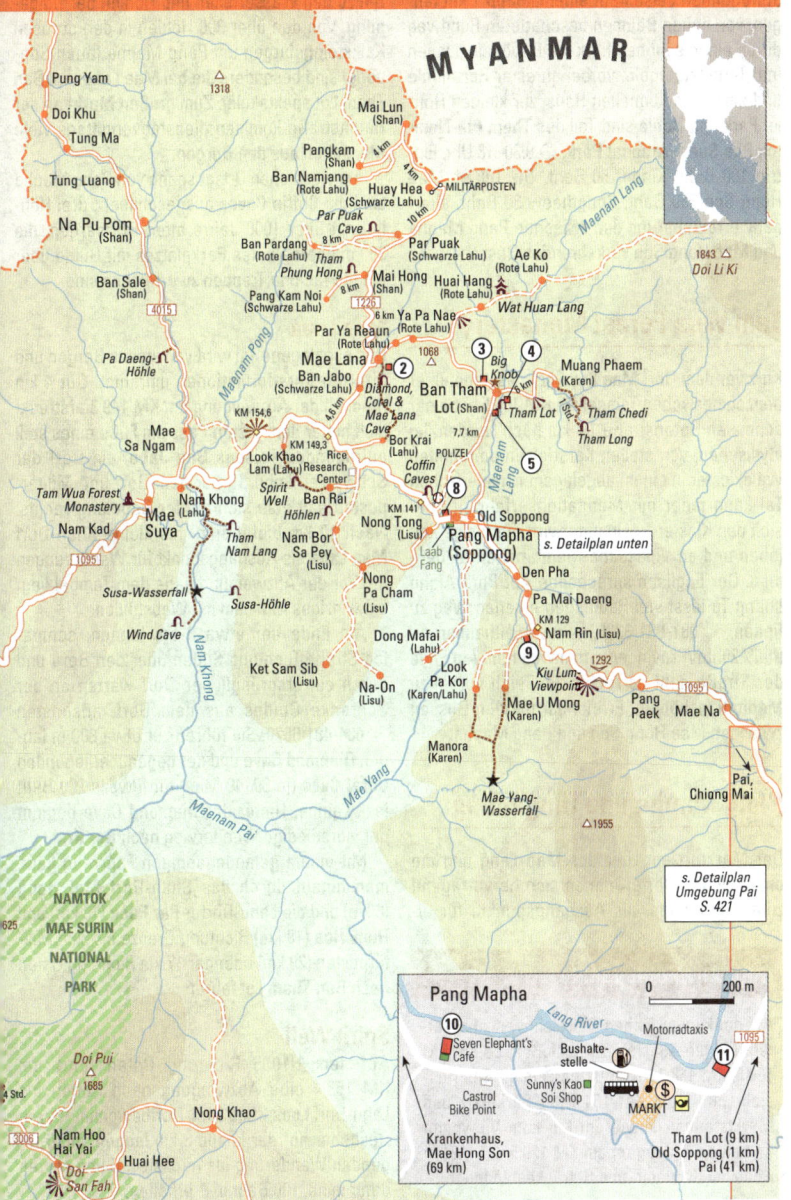

MYANMAR

Pung Yam
Doi Khu
Tung Ma
Tung Luang
Na Pu Pom (Shan)
Ban Sale (Shan)
△ 1318
Mai Lun (Shan)
Pangkam (Shan)
Ban Namjang (Rote Lahu)
Huay Hea (Schwarze Lahu)
MILITÄRPOSTEN
Par Puak Cave
Ban Pardang (Rote Lahu)
Tham Phung Hong
Par Puak (Schwarze Lahu)
Pang Kam Noi (Schwarze Lahu)
Mai Hong (Shan)
Ae Ko (Rote Lahu)
Huai Hang (Rote Lahu)
Ya Pa Nae (Rote Lahu)
Wat Huan Lang
Doi Li Ki
△ 1843
Par Ya Reaun (Rote Lahu)
Pa Daeng-Höhle
Mae Lana
Ban Jabo (Schwarze Lahu)
△ 1068
Diamond, Coral & Mae Lana Cave
Big Knob
③ ④
Muang Phaem (Karen)
Ban Tham Lot (Shan)
Tham Lot
Tham Chedi
Tham Long
Mae Sa Ngam
KM 154,6
Look Khao Lam (Lahu)
Rice Research Center
Bor Krai (Lahu)
POLIZEI
KM 149,3
Spirit Well
Ban Rai
Höhlen
Coffin Caves
⑧
7,7 km
Tam Wua Forest Monastery
Nam Khong (Lahu)
Nong Tong (Lisu)
Old Soppong
Nam Kad
Mae Suya
Tham Nam Lang
Nam Bor Sa Pey (Lisu)
KM 141
Laab Fang
Pang Mapha (Soppong)
s. Detailplan unten
Susa-Wasserfall
Susa-Höhle
Nong Pa Cham (Lahu)
Den Pha
Pa Mai Daeng
Wind Cave
Dong Mafai (Lahu)
KM 129
Nam Rin (Lisu)
1292
Ket Sam Sib (Lisu)
Na-On (Lisu)
Look Pa Kor (Karen/Lahu)
⑨
Kiu Lum Viewpoint
Mae U Mong (Karen)
Pang Paek
Mae Na
1095
Manora (Karen)
Mae Yang-Wasserfall
△ 1955
Pai, Chiang Mai
s. Detailplan Umgebung Pai S. 421
NAMTOK MAE SURIN NATIONAL PARK
Doi Pui △ 1685
Nong Khao
Nam Hoo Hai Yai
Huai Hee
Doi San Fah

### Pang Mapha

⑩ Seven Elephant's Café
Lang River
Motorradtaxis
Bushalte-stelle
1095
Sunny's Kao Soi Shop
Castrol Bike Point
MARKT
⑪
Krankenhaus, Mae Hong Son (69 km)
Tham Lot (9 km)
Old Soppong (1 km)
Pai (41 km)
0        200 m

NORD-THAILAND

Hängebrücke zwischen dem Fluss und den steil aufragenden Felsen auf einem knapp 1 km langen, von hohen Bäumen beschatteten Rundweg durch einen schönen Park mit Eisvögeln, Lianen und Termitenhügeln, vorbei an einer Reismühle und einem traditionellen Haus, zur kleinen Höhle. Park und Höhle sind Teil des **Tham Pla-Namtok Pha Suea National Park**, ☉ 8.30–18 Uhr, Eintritt 100 Baht, Kinder 50 Baht. Tuk Tuk ab Mae Hong Son 350 Baht, Songthaew 30 Baht, alternativ erreichbar mit den zwischen Pang Mapha und Mae Hong Son verkehrenden Bussen.

## Tam Wua Forest Monastery

Kurz vor dem Dorf **Mae Suya** geht es gegenüber dem chinesischen Tempel am KM 166,5 auf einer schmalen Betonstraße 1,4 km nach Norden. Im idyllischen, von steilen Karstfelsen umrahmten Waldkloster in einem abgelegenen, malerischen Tal kann jeder mit Meditationserfahrung, der sich den Klosterregeln unterwirft, für einige Zeit leben und an Vipassana-Meditationen teilnehmen. Der Englisch sprechende Abt Phra Ajahn Luang Ta lässt viel Raum, den eigenen Weg zu finden, ✆ 081-031 3326, ⌨ www.althaiman.ru/thai%20htm/Province/wattamwua.htm. Am Ende der Straße geht es rechts am Teich vorbei zu Meditationshöhlen. Erreichbar mit den Bussen zwischen Mae Hong Son und Pang Mapha.

## Pang Mapha und Umgebung

Der Marktort am Ufer des Mae Lang und die umliegenden Dörfer eignen sich hervorragend zum Entspannen, als Ausgangspunkte für einen Besuch der Bergdörfer und für Trekkingtouren zu den Wasserfällen und Höhlen der Umgebung. Von den über 300 Höhlen in den porösen Kalksteingebirgen um Pang Mapha (auch Soppong) sind besonders die bei Mae Lana und Ban Tham Lot spektakulär. Zum großen **Markt** an der Hauptstraße kommen dienstagvormittags viele Menschen aus den Bergen.

Am westlichen Ortsausgang von Pang Mapha sind die **Coffin Caves** ausgeschildert, drei Höhlen mit über 1000 Jahre alten Holzsärgen, die 300 m oberhalb des Parkplatzes mit Guide über einen Pfad und Treppen zu erreichen sind.

### Mae Lana

Das abgelegene Tal wird von steilen Bergen und bizarren Karstformationen umrahmt. Gut 4 km nördlich der Abzweigung am KM 149,3 erstreckt sich hinter dem ersten Pass am Fuße eines steil aufragenden Felsens **Ban Jabo**, ein Dorf der Schwarzen Lahu. Hinter dem Dorf und Militärposten hält man sich an der Gabelung rechts. Nach 10 km bietet sich das kleine Shan-Dorf **Mae Lana** als Ausgangspunkt für Wanderungen an. Vor der Abzweigung nahe dem Tempel liegt ein winziges **Museum** mit Webstühlen.

Am Ende der etwa 3 km langen, schmalen Straße Richtung Süden über den Berg und durch ein ursprüngliches Dorf warten an der Schranke Guides aus dem Dorf, ansonsten ✆ 084-481 6670. Sie führen zur etwa 800 m langen **Diamond Cave** und der gegenüberliegenden **Coral Cave** (je 30–40 Min.) für jeweils 200 Baht inkl. Lampe. Hinter der Diamond Cave beginnt der vierstündige Wanderweg nach **Bor Krai**.

Mit einem geländegängigen Fahrzeug kann man hinauf durch das Shan-Dorf **Mai Hong** (6 km) und die Lahu-Dörfer **Par Puak** (10 km) und **Huay Hea** (18 km) Richtung Grenze bis zum Militärposten (20 km) oder gar 17 km Richtung Osten nach Ban **Tham Lot** fahren.

### Spirit Well

Auf dem H1095 Richtung Osten führt am KM 153,4 eine Abzweigung nach Süden ins Lahu-Dorf **Look Khao Lam**. Dorfbewohner führen Besucher auf der knapp 3 km langen, anstrengenden Wanderung ins nächste Tal und sollten dafür mind. 100 Baht p. P. erhalten.

## Abenteuerliche Höhlenerkundung

Abenteuerlustigen und Höhlenfans sei die 12,6 km lange **Mae Lana Cave** ans Herz gelegt, die mit einem Guide erkundet werden kann. Nach einer kurzen Wanderung ist der Höhleneingang erreicht, wo das Klettern über große Steine in die Dunkelheit der längsten Höhle Thailands beginnt. Entlang dem kleinen Mae Lana-Fluss geht es vorbei an teils gigantischen, glitzernden Gesteinsformationen, aufstrebenden Stalagmiten und von der Decke herabhängenden Stalaktiten bis über 10 km tief in die Höhle. Die Tour ist abwechslungsreich: Mal steht man bis zu den Oberschenkeln im Wasser, mal klettert man über hoch aufragende Felsen, mal zwängt man sich durch Felsspalten oder kriecht unter ihnen hindurch. Eine Tour bis zum beeindruckenden unterirdischen Wasserfall (3–4 Std.) kostet 500 Baht p. P., bis zum Pearl Stone (6–7 Std.) 1000 Baht und durch die ganze Höhle (15 Std.) 1500 Baht. Erforderlich sind kurze Hosen, feste Schuhe, mit denen man durch das Wasser waten kann, und eine gute Kondition. Stirnlampen stellt der Guide.

Es geht auf und ab durch Bambuswälder zur 170 m tiefen Spirit Well *(Nam Bor Pee)*, einer nach lokalem Glauben von Geistern beseelten, eingestürzten Kaverne. Für normale Besucher ist der beeindruckende Höhleneingang nur von oben einsehbar, doch können Kletterer im Rahmen von Touren auch zur Höhle gelangen: Drei Tage mit Einführung, Training und Abstieg kosten bei Anungun, ☎ 088-247 9993, 14 000 Baht inkl. Übernachtung, Mahlzeiten und Transport, jedoch braucht es mind. 8 Pers., weshalb der Anschluss an eine Gruppe bei Anbietern in Chiang Mai sinnvoll ist (S. 375).

Hinter dem **Rice Research Center** ist beim KM 145 des H1095 die 2 km lange Abzweigung ins Shan- und Hmong-Dorf **Ban Rai** erreicht. Von hier sind es auf einer alternativen Route 4 km zur Spirit Well.

### Ban Tham Lot

Die bekannteste Tropfsteinhöhle **Tham Lot** liegt 9 km nördlich von Pang Mapha. Guides führen Touristen durch einen 1 km langen Teil des Höhlensystems, der vom Lang-Fluss durchflossen wird. Einen Teil der Tour durch das unterirdische Labyrinth voller Stalaktiten und Stalagmiten legt man auf Bambusflößen zurück.

Neben der **Giant Pillar Cave**, der Haupthöhle, die 200 m lang, 20 m breit und 50 m hoch ist, werden zwei Nebenhöhlen besucht, die **Doll Cave** und **Coffin Cave**, ein uralter Begräbnisplatz, in dem 1965 steinzeitliche Wandgemälde und Holzsärge der Hòa Bình-Kultur entdeckt wurden.

Am Eingang können Guides aus dem Dorf und Floßfahrten gebucht werden. Eintritt mit Guide für 1–3 Pers. 150 Baht, Floß bis zum Ausgang inkl. Guide 450 Baht, hin und zurück 550 Baht. Bei Niedrigwasser wird das Floß auf dem Weg zurück gezogen, dann sollte man besser die 15 Min. zum Ausgang laufen. Hinter dem Eingang sind im Information Center ein Modell der Höhle und prähistorische Funde ausgestellt, aber nur in Thai beschrieben. ⏱ 9–17.30 Uhr.

Frühaufsteher können zum Sonnenaufgang der Straße nach Norden folgen, vorbei am 100 m steil aufragenden, in 1 1/2 Std. relativ leicht zu erklimmenden Kalkfelsen **Big Knob** zum 7 km entfernten **Aussichtspunkt** bei Huai Hang.

### Muang Phaem

Von Ban Tham Lot führt eine teils betonierte Straße steil auf und ab nach Osten ins 6 km entfernte Karen-Dorf. An der Gabelung im Ortskern

## Abendliches Schauspiel

Nahe dem Höhlenausgang der Tham Lot, 15 Min. zu Fuß ab der Brücke links vom Höhleneingang, nisten im Gewölbe etwa 300 000 Mauersegler. Ein schönes Bild bietet sich kurz vor Sonnenuntergang, wenn sie im Schwarm von der Futtersuche zurückkehren. Wenig später verlässt ein endloses Band von Fledermäusen die Höhle, um auf Nahrungssuche zu gehen – manchmal ist es schon zu dunkel, um sie noch zu sehen, oder sie verlassen die Höhle an anderer Stelle. Um nach Einbruch der Dunkelheit zurückzufinden, sollte man eine Taschenlampe dabeihaben.

steht ein Schild mit einer guten Karte des Dorfes. Einheimische Guides weisen für 200 Baht den Weg zu Weberinnen (auch Verkauf von Stoffen) und Höhlen in der Umgebung. Homestays vermittelt das Pencave Homestay in Ban Tham Lot (s. u.). Der Spaziergang zur rund 500 m langen **Tham Long** (auch Tham Long Yao) mit sehr niedrigem Durchlass, aber gut begehbarem Flussbett und milchweißen Stalagmiten und Stalaktiten dauert gut eine Stunde – Lampe mitnehmen!

## Nam Rin

Das Lisu-Dorf liegt am KM 129 des H1095 südlich der Straße und ist ein beliebtes Trekkingziel. Noch immer tragen viele Frauen traditionelle Tracht und fertigen Handarbeiten an. Nur wenige Kilometer weiter südlich beginnt die **Lum Nam Pai Wildlife Sanctuary**, Eintritt 200 Baht (für Gäste der Lisu Lodge, s. u., bei Tagestouren kostenlos). Man kann auf eigene Faust zu drei Dörfern wandern. Mit einem Karen-Guide geht es zum wild bewachsenen, 2-stufigen **Mae Yang-Wasserfall** in einer tiefen Schlucht am Fuße eines fast 2000 m hohen Berges. Nach einer fünfstündigen Wanderung durch die schöne Landschaft wird am Wasserfall gezeltet oder im kleinen Lahu-Dorf **Mea Noi** übernachtet. Es ist in zwei Tagen möglich, bis zum Pai-Fluss zu trekken und auf Bambusflößen nach Mae Hong Son zu fahren.

### ÜBERNACHTUNG

Karte S. 408/409

### Pang Mapha

**Baan Café Nature Resort** ⑧, KM 140, ✆ 053-617 081. 2 große Bungalows mit harten Matratzen und Du/WC für 4 Pers. für 1200 Baht und ein Reihenhaus in schöner Lage am Fluss mit 4 einfachen Zimmern mit Holzböden, Balkon und Blick auf den Fluss. WLAN im kleinen Restaurant. ❷

**Little Eden Gh.** ⑪, 300 m östlich der Bushaltestelle, ✆ 053-617 054, 🖵 www.littleeden-guesthouse.com. Die hübsche, gepflegte Gartenanlage mit Pool und kleiner Sauna bei der quirligen, stets hilfsbereiten Phen, die sehr gutes Deutsch spricht und tolle Touren führt, ist eine herrliche Basis. Die Unterkünfte sind vielseitig: eine modern gestaltete Suite mit Flussterrasse, Himmelbett, Liegen, Kühlschrank und großer Du/WC, ein romantisches Apartment mit Feuerstelle und Türmchen sowie ein 2-stöckiges Familienhaus mit Balkon. Zudem 5 kleine, einfache A-Frame-Bungalows mit Ventilator und 4 hübsche Zimmer im 2-stöckigen Reihenhaus. Gemütliches Restaurant mit sehr guter deutscher (Schnitzel, Bratkartoffeln, Streuselkuchen) und Thai-Küche. Terrasse am Flussufer mit Hängematte. Reservierung empfehlenswert, Frühstück außer bei den A-Frame-Bungalows inkl. ❷–❺

**Soppong River Inn** ⑩, 300 m westlich der Tankstelle, ✆ 053-617 107, 🖵 www.soppong.com. Schönes Gh. unter Leitung von Joy, die hervorragendes Englisch spricht. 11 Zimmer in 1- bis 2-stöckigen Häusern, einem modernen Neubau und sehr einfachen Bungalows, teils mit Open-Air- oder Gemeinschafts-Du/WC in einem üppigen Garten. Einige Zimmer am Fluss sind dunkel und klamm, einige haben TV und Wasserkocher. Flussterrasse mit Kissen und Liegen. Massagen und Internet. An der Straße das kleine, nette Seven Elephants Café, in dem man hervorragend essen und Kaffee trinken kann. ❸–❺

### Mae Lana

€ **Mae Lana Garden Home** ②, 600 m südwestlich des Tempels, ✆ 081-706 6021, 🖵 www.fb.com/maelanagarden.home. Ampha vermietet auf ihrer Farm in idyllischer, familienfreundlicher Atmosphäre 22 saubere, einfache Zimmer, teils mit Matratzen auf dem Boden und Kaltwasser-Du/WC oder Gemeinschafts-Du/WC mit Warmwasser. Am Abend Lagerfeuer und Shan-Essen mit frischem Gemüse für 100 Baht im großen, offenen Teak-Restaurant. Tee und Kaffee aus eigenem Anbau. Liegewiese im weitläufigen Garten. Ampha ist meist im Laden gegenüber dem Dorftempel anzutreffen und organisiert Guides und Ausflüge. Abholung aus Pang Mapha 400 Baht. ❶

### Ban Tham Lot

€ **Cave Lodge** ④, 750 m nördlich des Höhleneingangs, ✆ 053-617 203, 🖵 www.cavelodge.com. Sehr beliebte

Budgetunterkunft mit 3 naturnahen Schlafsälen mit 5–6 Betten mit Moskitonetz und Gemeinschafts-Du/WC à 120–200 Baht sowie rund 20 einfachen Bungalows. Schwimmen im Fluss, Kräutersauna für 60–180 Baht. Der Besitzer John Spies lebt seit der ersten Höhlenerforschung hier und hat eine interessante Biografie geschrieben, die in der Lodge verkauft wird. Im großen Restaurant auch Backwaren, Wein, viele Infos und gute Musik. Viele Aktivitäten, Karte für Wanderungen auf eigene Faust. **❶–❸**

**Kanlaya Karen Homestay** ③, 1 km nordwestlich der Gabelung in Ban Tham Lot, ✆ 053-617261, 🖥 www.kanlaya-thailand.com. Die freundliche Kanlaya weilt während der kalten europäischen Monate in ihrer Heimat und vermietet 6 überteuerte, spärlich eingerichtete Zimmer mit bequemen Betten im 2-stöckigen Haus mit Gemeinschafts-Du/WC. 1 Zimmer für 4 Pers. für 1200 Baht. Schöner Garten mit Feuerstelle. **❸–❹**

**Kanlaya's Eyrie** ③ Unterhalb des Homestays hat ihr Lebensgefährte Philip aus England um einen Gemeinschaftsraum mit Küche 2 stilvolle, teure Flitterwochen-Suiten mit Terrassen und schöner Aussicht ins Grüne errichtet, davon eine mit Jacuzzi. **❼–❽**

🌳 **Pencave Homestay** ⑤, am südlichen Ortseingang rechts der Straße, ✆ 087-175 4384, 🖥 www.pencavehomestay.doodlekit. com. Die gut vernetzte, fließend Englisch sprechende Pen vermietet auf ihrem riesigen Grundstück hinter einem unscheinbaren Steingarten 4 Bungalows für 2–4 Pers. und ein größeres Häuschen, behütet von 2 übermütigen Haushunden. Die Erzeugnisse ihres Bio-Gartens kommen im kleinen Restaurant zum Einsatz, auch Kaffee aus Eigenanbau. Pen engagiert sich in Entwicklungsprojekten, gibt Kochkurse (s. u.) und leitet Touren für 650 Baht p. P. bei 4 Pers. bzw. 1000 Baht bei 2 Pers.

### Nam Rin

🧳 **Lisu Lodge** ⑨, Abzweigung am KM 129, 600 m südlich der Hauptstraße, hinter dem Dorf am Weg nach Mae U Mong, ✆ 083-582 4496, 083-054 8497, 🖥 www.ameerudi.com. Eine wunderbare Adresse für alle, die gern auf

eigene Faust trekken wollen oder Entspannung und Ruhe suchen. Am Hang in einem gepflegten Garten liegen 5 einfache Bambushütten mit Moskitonetzen und Gemeinschafts-Du/WC, 3 Natursteinbungalows mit Dusche und ein Familienbungalow mit TV und Terrasse, einige mit schöner Aussicht. Im Restaurant deutsches Frühstück und gemeinschaftliches, preiswertes Lisu-Abendessen für 80 Baht, manchmal Lagerfeuer. Lecker sind die Pfannkuchen, die hausgemachten Kuchen und der Maulbeerlikör. Angenehme, ruhige Atmosphäre. Der freundliche, deutsche Gastgeber Rudi hat die Gegend seit 1986 in vielen Wanderungen erkundet und gibt gute Tipps. **❶–❷**

## ESSEN

Vielen Unterkünften ist ein Restaurant angeschlossen. Nahe dem 7-Eleven und der Bushaltestelle in Pang Mapha sind tagsüber **Essensstände**.

**Laab Fang**, gegenüber dem KM 139. Großer Essensstand mit englischer Karte und preiswerten Gerichten, darunter exzellente *Khao Soi*. Die zwei Betreiberinnen sprechen kein Englisch.

**Sunny's Kao Soi Shop**. Der Englisch sprechende Guide Sunny versorgt Hungrige in Pang Mapha mit großen, preiswerten Nudelsuppen.

## AKTIVITÄTEN UND TOUREN

### Kajakfahren

**Cave Lodge**, s. o. Höhlen- und Kajaktouren auf dem Nam Lang ab 650 Baht. Längere Kajaktrips (45–70 km) mit Camping am Flussufer für 2100–2600 Baht, gute Kondition vorausgesetzt.

### Kochkurse

🌳 **Flying Turtle Cooking**, 6,4 km südlich von Ban Tham Lot neben dem chinesischen Tempel, ✆ 089-485 7596, 🖥 www.flying turtlecooking.com. Bussaba und Joy bewirtschaften einen Bio-Garten und geben Kochkurse für 700 Baht halbtags bzw. 900 Baht ganztags.

**Pencave Homestay**, s. o. Kochkurse für 750 Baht inkl. Einkauf der Zutaten im Dorf. Gekocht werden 4 Gerichte aus der Thai- und Shan-Küche.

### Trekking

Guides bieten für 1000 Baht bei 2 Pers. Tagestouren zu den benachbarten Karen- und Lahu-Dörfern sowie Wald- und Flusswanderungen an. Phen vom Little Eden Gh., Pen vom Pencave Homestay, Sunny von Sunny's Khao Soi Shop sowie die Guides der Cave Lodge sprechen gutes Englisch. 2 Tage mit Übernachtung im Dorf und Höhlenbesuch kosten 2900 Baht ab 2 Pers.

## SONSTIGES

### Einkaufen

Wer Stoffe und Löffel aus Bambus kaufen möchte, kann in **Muang Phaem** direkt bei den Erzeugern einkaufen.
In **Mae Lana** verkauft ein OTOP-Laden Shan-Taschen, Wickelröcke und Schals.

### Geld

Es gibt Geldautomaten am Markt und nahe der Polizei in Pang Mapha.

### Motorradverleih

**Castrol Bike Point**, Pang Mapha, 150 m östlich vom Soppong River Inn, ✆ 053-617 185. Motorroller für 200 Baht, Automatik 250 Baht pro Tag.

## NAHVERKEHR

**Songthaew** fahren selten und müssen gechartert werden.
Am ehesten bekommt man vor dem **Markt** in Pang Mapha ein **Motorradtaxi** nach:
BAN THAM LOT, 70 Baht (Songthaew 300 Baht).
HUAI HANG, 350 Baht.
HUAY HEA, 300 Baht.
MAE LANA, 200 Baht (Songthaew 400–600 Baht). Bis zur Abzweigung am H1095 150 Baht.
MUANG PHAEM, 250 Baht.

## TRANSPORT

### Busse

Von der **Bushaltestelle** an der Tankstelle nach: CHIANG MAI, via PAI (Bus 45 Baht, Minibus 100 Baht, 1 Std.) mit dem alten, nicht klimatisierten Bus um 10.30 Uhr für 105 Baht in 5 1/2 Std. oder mit Minibussen stdl. von 8.30–16.30 Uhr für 250 Baht in 4 Std.
MAE HONG SON, mit dem alten Bus um 12.30 Uhr für 45 Baht oder mit Minibussen stdl. von 9.30–18.30 Uhr 100 Baht in 2–3 Std.

### Taxis

Über die Unterkünfte sind Pkw für 3–4 Pers. zu chartern:
CHIANG MAI 3000 Baht, MAE HONG SON 1900 Baht und PAI 1500 Baht.

# Pai und Umgebung

Der größte Ort zwischen Mae Hong Son und Chiang Mai ist das Traveller- und Aussteiger-Zentrum Pai im hohen Norden. Im Tal siedeln überwiegend Shan und Kuomintang-Chinesen, aber auch Moslems aus dem äußersten Süden Thailands. Bei einem Gang über den Nachtmarkt entdeckt man moslemische Essensstände und eine Moschee. Zudem haben sich Aussteiger aus aller Welt hier niedergelassen, vor allem Europäer, US-Amerikaner und Japaner. Folglich sind die Cafés und Restaurants von einem bunten internationalen Publikum bevölkert.

Im **Wat Klang** ruht im hinteren Pavillon ein 8 m langer, aus einem Baumstamm geschnitzter, liegender Buddha. Auch andere Stationen aus Buddhas Leben sind aus Holz geschnitzt und bunt bemalt dargestellt. Das **Wat Pa Kham** und das **Wat Luang** sind Shan-Tempel. In Letzterem werden die meisten großen Feste gefeiert.

Südlich vom Wat Luang und im Westen sieht man kaum Touristen, hier wirkt Pai wie eine typische Thai-Kleinstadt. Neben der großen **Markthalle** an der Khetkelang Road mit günstigen Essensständen gibt es Reis- und Haushaltswarengeschäfte.

Die östlich vom Zentrum hinter Ing Doi House & Yawning Fields gelegene **Village Farm**,

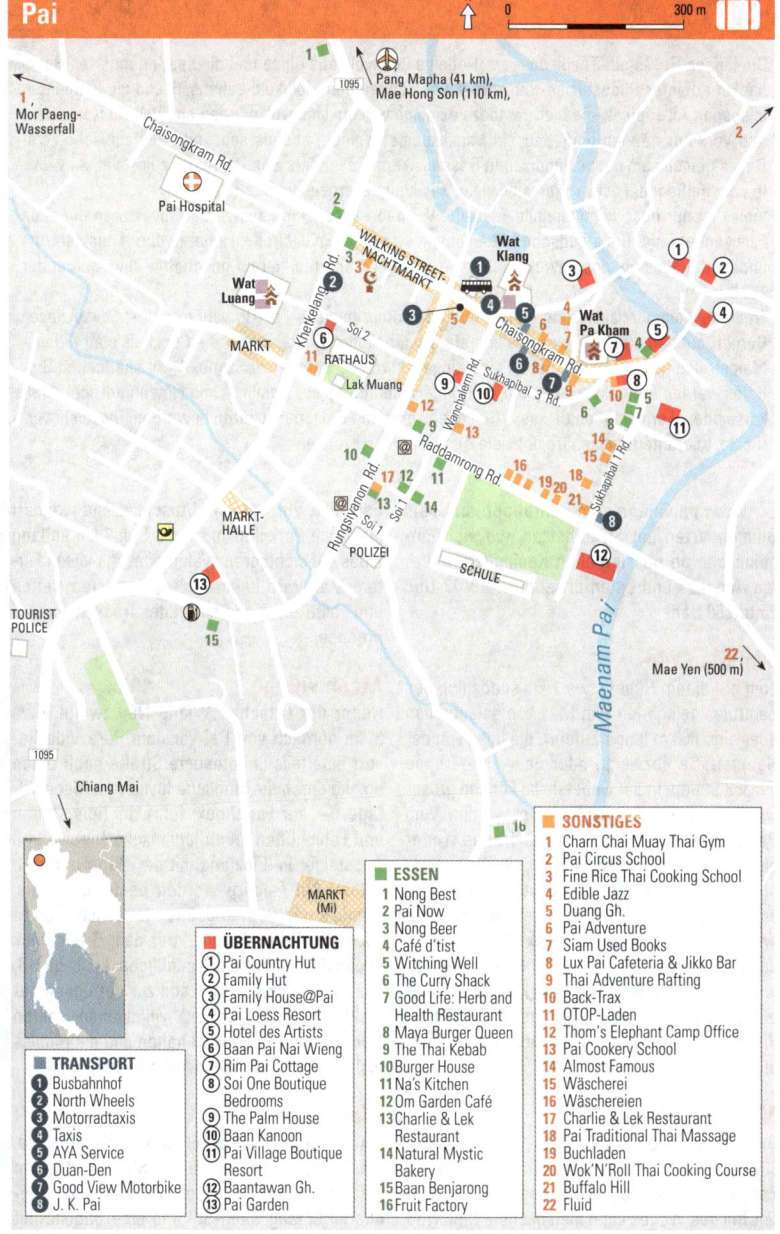

# Pai

N
0          300 m

Pang Mapha (41 km),
Mae Hong Son (110 km),

1095

1 ↖
Mor Paeng-
Wasserfall

2 ↗

Chaisongkram Rd.

Pai Hospital

Wat
Luang

MARKT

Khetkelang Rd.

WALKING STREET-
NACHTMARKT

Wat
Klang

Soi 2

RATHAUS

Lak Muang

Chaisongkram Rd.

Wat
Pa Kham

Sukhapibal 3 Rd.

Wangtem Rd.

Raddamrong Rd.

Rungsiyanon Rd.

Soi 1

Soi 1

MARKT-
HALLE

POLIZEI

SCHULE

Sukhapibal 1 Rd.

Maenam Pai

**NORD-THAILAND**

TOURIST
POLICE

1095

Chiang Mai

MARKT
(Mi)

Mae Yen (500 m)

22 ↗

## Der Mythos Pai zwischen Kommerz und alternativer Kultur

Die hippen Großstadt-Thais, das reisefreudige Jungvolk aus China und die spaßorientierten Backpacker auf ihrer Südostasien-Rennstrecke bestaunen den Multikulti-Lebensstil und die hängengebliebenen Alt-Hippies, die hier geradezu exotisch wirken. Liebevoll wurden alte VW-Busse zu Bars und Verkaufsständen umgebaut. In Musikkneipen spielen abends sehr gute einheimische Live-Bands gemeinsam mit ausländischen Gastmusikern. Besonders zum Pai Reggae Festival, 🖵 www.fb.com/PaiReggaeFestival, kommen viele Musikbegeisterte in die Stadt.

Vieles ist nur noch kommerzielle Fassade. Vermehrt verdrängen auswärtige Investoren die alten Familienbetriebe. Die städtische Mittelschicht streift mit Spiegelreflexkameras durch das Zentrum und lichtet alles ab, das beweist: Ich habe es von Chiang Mai herauf geschafft – ungeachtet der 762 Kurven.

Trotz der Kommerzialisierung gibt es noch das ursprüngliche Pai. Obwohl der einst „gesetzlose" Bergort auf den ersten Blick seine liberale Grundhaltung verloren hat und – Cocktails statt Kiffen – Mainstream geworden ist, gibt es eine eingeschworene alternative Szene. An Aushängen in Bio-Cafés werden Permakultur-Farmen, Qi-Gong, Fastentherapien, Trommel- und Flötenunterricht, Malkurse oder „Fermentation Classes" für Lebensmittel mit Bakterienkulturen beworben. Die leicht verrückte, tolerante Atmosphäre hat viele Aussteiger angezogen.

🖵 www.paivillage.com, entpuppt sich als Blumengarten mit Streichelzoo, wo sich Einheimische an possierlichen Kaninchen, Schafen, Alpakas und Enten erfreuen. ⏰ 9–17 Uhr, Eintritt 60 Baht.

### Wat Mae Yen

Zum auf einem Hügel etwa 1 km südöstlich des Zentrums gelegenen Wat Mae Yen gelangt man über eine 600 m lange Zufahrt, die links von der Hauptstraße abzweigt, oder über eine Treppe mit 353 Stufen. In der Gebetshalle können gruselige Höllendarstellungen bestaunt werden. Vom Parkplatz führt eine 296-stufige Treppe weiter hinauf zu einem großen, weißen, sitzenden Buddha, der nicht richtig fertiggestellt wurde und schon wieder im Verfall begriffen ist. Von oben eröffnet sich ein toller Ausblick über das Tal – ein beliebtes Ziel zum Sonnenuntergang, der allerdings von den Bergen verdeckt wird. Auf halber Strecke entlang der Zufahrtsstraße lädt ein Viewpoint Restaurant zum Abendessen mit Ausblick ein.

### Mae Yen-Wasserfall

Der dreistufige **Wasserfall** (GPS 19.36697, 98.50647) liegt 11 km nordöstlich von Pai am Ende eines schmaler werdenden Tals. Den ersten Teil des Weges kann man mit dem Motorrad

oder Pkw zurücklegen. Anschließend wandert man vom Parkplatz in rund 3 Std. 7 km entlang eines gut sichtbaren Waldpfades mit vielen Furten. Man wird kaum andere Touristen treffen und sollte zeitig und nur in der Trockenzeit aufbrechen.

### Moon Village

Hinter der Ortschaft Wiang Nua zweigt etwa 5 km nördlich von Pai vor dem Pura Vida Resort eine teils unbefestigte Straße nach Osten ab, die durch die ländliche Idylle zum **Moon Village**, 🖵 auf Facebook, führt. In Tipis, Zelten und Lehmhütten leben japanische Hippies und Aussteiger im Einklang mit der Natur und sich selbst. Auf Feldern werden pestizidfrei Reis, Gemüse und Obst angebaut. Im sehenswerten „schiefen Turm von Pai" auf dem Grundstück gegenüber wohnt der freundliche, kautzige JB, der der Kommune sein Land zur Verfügung gestellt hat. Besucher sind willkommen, sollten sich aber im Hintergrund halten und die Hippies nicht wie eine Attraktion fotografieren.

### Westlich von Pai

Ein beliebtes Wanderziel ist das **Wat Nam Ho**, ein bedeutender Tempel im Shan-Dorf, 3 km westlich von Pai, in dem ein 500 Jahre alter Buddha im Chiang Saen-Stil und eine Pagode mit der Asche einer Prinzessin verehrt werden. Von dort geht es 1,5 km weiter hinauf nach **Ban Santichon**, einem Kuomintang-Dorf, wo man sich auf dem Hügel in einem aus Stroh und Lehm erbauten Teehaus mit Aussicht stärken kann.

Viele Motorradfahrer setzen die Fahrt auf schmalen Straßen Richtung Westen über das Lahu-Dorf **Ban Yapo** zum 5 m hohen **Mor Paeng-Wasserfall** 7 km außerhalb von Pai fort. Hinter dem Parkplatz mit Essensständen führt ein Fußpfad hinab durch den Wald zum Wasserfall und zur Badestelle im Fluss.

## Südlich von Pai

Ein gut für Motorradanfänger geeigneter Loop führt auf dem H1095 gen Süden und vorbei an künstlichen Fotoattraktionen. Ein erster Abstecher nach Westen lohnt nach 4 km an der Abzweigung nach Ban Phaem Klang.

Auf diesem bietet sich nach 1,5 km das **Land Split** für eine Pause bei Säften und Obst an, die auf Spendenbasis bezahlt werden. Nach 4,4 km ist der Zugang zum **Phaem Bok-Wasserfall** erreicht, der fünf Gehminuten entfernt in einer Schlucht herabstürzt und unter dem gebadet werden kann.

Zurück auf dem H1095 lassen sich rund 8 km südlich der Stadt viele Thais an der rekonstruierten, eigentlich recht unspektakulären **World War II Memorial Bridge** fotografieren, wo eine kleine Dokumentation über die historischen Ereignisse informiert.

Zu den **Thapai Hot Springs** geht es an KM 87 links und nach 1,1 km weitere 900 m nach rechts. Der teils eingefasste Badeplatz am Fluss, den mehrere 80 °C heiße Quellen speisen, liegt im laubabwerfenden Monsunwald, der ab März wenig Schatten bietet. Da die Quellen Teil des **Huai Nam Dang National Parks** sind, werden 300 Baht Eintritt, Kinder 150 Baht, fällig. ⏱ 7–18 Uhr, Restaurant am Eingang.

Preiswerter, aber nicht so naturnah kann man im nahen **Thapai Spa** baden, Eintritt 50 Baht, sowie auf der Hauptstraße 850 m weiter nördlich im angenehmen, weitläufigen **Pai Hotsprings Spa Resort**, ✆ 053-065 748, 🖥 www.paihotspringssparesort.com, Eintritt 100 Baht, das auch Massagen für 350 Baht pro Std. anbietet.

Die Auswahl ist riesig und reicht von billigen Bambushütten bis zu edlem Luxus. Während die hier gelisteten Preiskategorien in den Wintermonaten gelten, gewähren die meisten Unterkünfte in der Nebensaison saftige Rabatte. Am Wochenende und in den thailändischen Ferien sollte man reservieren. Weitere Tipps s. **eXTra [2714]**.

### Untere Preisklasse

**Baan Kanoon** ⑩, Sukhapibal 3 Rd., ✆ 053-699 453, 🖥 www.baankanoonpai.com. Auf einem ruhigen, zentral gelegenen Grundstück mit vielen Katzen und einem großen Jackfruchtbaum verteilen sich 15 saubere Zimmer mit TV und ausreichend Platz, teils auch AC. ❷–❸

€ **Family Hut** ②, auf der nördlichen Flusswiese, ✆ 085-709 1306, 🖥 www.fb.com/familyhut.pai. 40 sehr einfache Bambushütten mit dünnen Matratzen auf dem Boden, teils mit Gemeinschafts-Du/WC. Die vorderen Massivhäuschen sind besser. Nur ein Mitarbeiter spricht Englisch. ❶–❷

**Pai Country Hut** ①, auf der nördlichen Flusswiese, ✆ 087-771 6541, 082-612 1298, 🖥 www.paicountryhut.com. Um einen ruhigen Garten stehen 28 sehr einfache Bungalows mit viel Bambus, Hängematte und betonierter Du/WC mit Warmwasser. Sehr freundliches Betreiberpärchen. Tee und Kaffee inkl. ❷

**Pai Garden** ⑬, in einer Gasse südlich der Markthalle, ✆ 087-725 1448, 🖥 www.paigarden.net. Die nette Vermieterin bietet in stressfreier Atmosphäre 7 einfache Zimmer mit dicken Matratzen, Ventilator und TV sowie einen Schlafsaal mit 6 Betten à 200 Baht um etwas Grün und einen Billardtisch an. Tee und Kaffee inkl. ❷

**Pai Loess Resort** ④, ✆ 086-602 5348, 🖥 www.fb.com/PaiLoessResort. Am Fluss stehen um einen Garten 11 Häuser der preisgünstigen Mittelklasse mit Terrasse, Holzboden, guten Matratzen, AC und Hängematten. ❸

€ **The Palm House** ⑨, Wanchalerm Rd., ✆ 098-786 8520, 🖥 www.fb.com/plamhouse. Zentral und von der Straße zurückversetzt hinter einem kleinen Parkplatz liegen

2-stöckige, nette Häuser mit Terrasse und Balkon mit 9 preisgünstigen, sauberen Zimmern mit AC, Kühlschrank und sehr harten Matratzen. ❷

### Außerhalb

Karte S. 421.

**Ing Doi House & Yawning Fields** ⑰, Mae Hee, 150 m von der Straße, ☎ 053-698 214, 🖥 www.ingdoihouse.com. Die resolute, mit derbem Humor ausgestattete Ming betreibt das kleine Gh. um einen trüben Teich mit 11 einfachen Bambushütten und 4 strohgedeckten Bungalows aus Holz und Bambus auf Stelzen mit Ventilator, Moskitonetz, Hängematten und Kissen auf einer kleinen Veranda, die teureren mit komfortableren Betten und hübschen Bädern, die billigen mit Gemeinschafts-Du/WC. Der britische Besitzer kocht an Wochenenden für seine Gäste westliche Gerichte und backt leckeres Brot. Viele Langzeitgäste. ❶–❷

**Pai Chan Cottage & Cuisine** ⑰, Mae Hee, ☎ 081-180 3064, 🖥 www.paichan.com. Am Rande der Reisfelder wohnt man in 10 Bungalows aus dunklem Holz und anderen Naturmaterialien mit Moskitonetzen, alten Ventilatoren und Open-Air-Regenduschen. Die Zimmer mit künstlerischem Touch haben Fensterläden aus Holz und sind ziemlich dunkel. Restaurant, kleiner Pool mit Liegen und Pavillon. Das Preis-Leistungs-Verhältnis stimmt. ❸

**Spicy Pai Backpackers** ⑲, ☎ 085-715 9627, 🖥 www.spicyhostels.com. Umgeben von Reisfeldern liegen 3 hellhörige, rustikale Häuser aus Holz und Bambus mit einfachen Schlafsaalbetten à 150 Baht mit Gemeinschafts-Du/WC für junge, gesellige Backpacker. Offener Gemeinschaftsbereich mit Hängematten und Aussicht. Reservierung empfohlen.

### Mittlere Preisklasse

**Baan Pai Nai Wieng** ⑥, Soi 2, ☎ 053-699 084. Angenehmes, sauberes Haus in ruhiger Lage, dessen freundliche Besitzerin wohnliche Zimmer mit Holzboden, Kühlschrank, AC und LCD-TV vermietet, darunter auch Familienzimmer. Reservierung ratsam. Abholung und gutes Frühstück inkl. ❸–❹

**Baantawan Gh.** ⑫, östlich der Schule am Fluss, ☎ 053-698 117, 🖥 www.baantawanpai.com.

Um einen sonnigen Garten am Fluss gruppieren sich 10 hübsch gestaltete Bungalows aus Teakholz und Bambus, zudem ein 2-stöckiges Haus mit 8 leicht renovierungsbedürftigen Zimmern mit TV, durchgehender Veranda und Terrasse, teure mit AC. 4 weitere 2-Bett-Zimmer über der Rezeption. Einige Zimmer sind dunkel, aber angenehm kühl. Freundliches, kompetentes Management und guter Service. Frühstück inkl. ❹–❻

🧳 **Family House@Pai** ③, am Fluss, ☎ 053-064 337, 🖥 www.familyhousepai.com. Nette Anlage im modernen Flashpackerstil mit 13 rund um den kleinen Pool eng zusammenstehenden, unverputzten, sauberen Betonbungalows mit kleiner Terrasse, bequemen Matratzen, AC, großem LCD-TV und gemütlichen Sitzgelegenheiten. Restaurant. Freundlicher, junger Besitzer. In der Hochsaison Frühstück inkl. ❺

**Pai Village Boutique Resort** ⑪, Sukhapibal 1 Rd., ☎ 053-698 152, 🖥 www.paivillage.com. In einem netten Garten hinter dem Steak House werden 18 gepflegte, hellhörige Hütten mit 38 Zimmern mit bequemen Betten, Ventilator und Moskitonetzen vermietet. Die besseren Häuser aus Teak und Bambus haben ein Blätterdach, hohe Glastüren, AC und TV, zudem ein geräumiges Zimmer mit Veranda im 1. Stock des Haupthauses. Sehr freundlicher Service. Frühstück in der Hochsaison inkl. ❺–❻

🧳 **Rim Pai Cottage** ⑦, in der Flussschleife hinter dem Wat Pa Kham, ☎ 053-699 133, 🖥 www.rimpaicottage.com. Weitläufige, gepflegte, schattige Gartenanlage mit riesigen Bougainvilleen und einem ausladenden Baum. 19 komfortable, teils für Familien geeignete Zimmer mit TV, Kühlschrank und Audio-Dockingstation in freistehenden Häuschen sowie eine bezaubernde Villa am Fluss. Die hinteren Holzhäuser sind zu bevorzugen. Professioneller Service. Frühstück inkl. ❺–❻

**Soi One Boutique Bedrooms** ⑧, Chaisongkram Rd., ☎ 082-196 9004, 🖥 www.soionebedrooms.paiexplorer.com. Das ansprechende und moderne Gh. bietet 3 klimatisierte, kleine Zimmer sowie eins mit Ventilator in zentraler Lage. Der Blue Room hat einen kleinen Lichthof, der Gold Room 2 Einzelbetten, der Red Room florale Wanddeko und der Green Room einen Balkon. ❺–❻

**Außerhalb**
Karte S. 421.

 **Bueng Pai Farm** ⑳, in Mae Hee, 1,6 km von der Hauptstraße, 15 Gehminuten vom Zentrum, ✆ 089-265 4768, 🖥 www.paifarm.com. Die freundliche Buddhistin Orn und ihr moslemischer Mann Run sind überzeugte Anhänger von Slow Food und Bio. Entsprechend ist auf dem weitläufigen, mit Hingabe gepflegten Gelände alles soweit wie möglich frei von Chemikalien, selbst der kleine Pool mit Pavillons. Rings um den großen Teich mit Aquakultur wachsen Salate und Küchenkräuter, die von Gästen genutzt werden können. 14 Zimmer in Bungalows aus Naturmaterialien mit Kühlschrank, bequemen Betten und großer Terrasse. Feuerstelle mit Hängematten, gut organisierte Gemeinschaftsküche. Bis 11.30 Uhr Frühstück, gute Auswahl an Shakes, Smoothies und gutes Müsli. Transfer inkl. ➍–➎

**Pairadise Gh.** ⑯, etwas versteckt östlich des Flusses auf einem Hügel, 300 m abseits der Hauptstraße, ✆ 053-698 065, 🖥 www.pairadise. com. Angenehmer, deutsch-thailändischer Familienbetrieb von Kathrin und Pin Zathu mit 15 älteren, individuell gestalteten Häusern mit Ventilator und Terrasse, teils kleinem Kühlschrank in einem weitläufigen Garten mit viel Platz zum Sonnen rings um einen idyllischen Teich. Freundliches, hilfsbereites Personal. Frühstücken möglich. ➋–➎

**Pura Vida Resort** ⑭, 5 km nördlich von Pai hinter der Abzweigung zum Moon Village, ✆ 089-635 7556, 🖥 www.puravidapai.com. Die kleine, mit Teichen durchsetzte, gepflegte Gartenanlage des hilfsbereiten holländisch-thailändischen Pärchens Ard und Noi hat 8 saubere, nett mit lila Akzenten eingerichtete Bungalows mit AC und TV. Perfekt für Ruhesuchende. Abholung aus Pai und Frühstück inkl. ➍–➎

### Obere Preisklasse

**Hotel des Artists** ⑤, Chaisongkram Rd., ✆ 053-699 539, 🖥 www.hotelartists.com/pai. Originell gestaltetes Boutiquehotel im modernen asiatischen Stil mit schmalen, geschmackvoll eingerichteten Zimmern mit kühlen Betonböden, Regendusche, großem LCD-TV, großen, bequemen Betten auf dunklen Holzpodesten, Wasserkocher und Minibar, die teureren mit großer Fensterfront und Flussblick. Frühstück inkl. ➏–➐

**Außerhalb**
Karte S. 421.

**Pai Island Resort** ⑮, rund 500 m nördlich der Stadt, westlich des H1095, ✆ 053-699 999, 🖥 www.paiislandresort.com. Hier wird auf luxuriösen Safari-Stil gesetzt. Die 10 kühlen, durch Zäune voneinander getrennten Villen auf einem großen, schattigen Gelände mit Bach überzeugen mit fantasievoller, komfortabler Einrichtung, großem Himmelbett, LCD-TV und einem kleinen Privatgarten mit eingelassener Badewanne. Restaurant mit großer Weinauswahl. Shuttleservice nach Pai inkl. ➐–➑

 **Reverie Siam** ⑱, 476 Moo 8, Viang Tai, ✆ 053-699 870, 🖥 www.reveriesiam. com. Mit viel Liebe zum Detail edel gestaltetes, mediterran anmutendes Gartenresort am Fluss mit 2-stöckigen Häusern und Süß- sowie Salzwasserpool. 6 luxuriöse Villen mit großen Jacuzzi, sowie 12 stilsicher dekorierte, komfortable Zimmer, die nostalgischen 1920er-Jahre Charme versprühen und mit Balkon oder Terrasse, Himmelbett und modernen Annehmlichkeiten ausgestattet sind. Exzellentes Restaurant (s. u.). Frühstück inkl. ➏–➑

### ESSEN

Der **Nachtmarkt** hat kulinarisch einiges zu bieten. Es gibt an einem Stand **Pai Herbs**, Kräutertees aus Tontassen und im **Pancake Heaven** Pfannkuchen mit diversen Füllungen. Die **Natural Mystic Bakery**, gegenüber vom Om Garden Café, ist ein Verkaufsstand mit frischem Brot aus dem Steinofen, Focaccia, Saucen und Antipasti. ⏰ Di und Fr von 10–14 Uhr.

### Cafés

**Café d'tist**, Chaisongkram Rd., neben dem Hotel des Artists. Einladendes, kleines, stilvolles, offenes Café mit entspannter Atmosphäre sowie einer guten Auswahl an Sandwiches, Salaten, Smoothies und gutem Kaffee. ⏰ 8–21 Uhr.

## Treffpunkte der alternativen Szene

**Good Life: Herb and Health Restaurant**, Sukhapibal 1 Rd., ☎ 081-031 3171. Kreativ gestaltetes, beliebtes Restaurant der esoterischen Szene mit gemütlicher, familiärer Wohnzimmeratmosphäre, ein paar Tischen im Freien und einer riesigen Auswahl an Kräutertees sowie gesunder Bio-Kost. Tolle Salate, Bagels und Baguettes. Sehr günstig und gut. ⏲ 8–22 Uhr.

**Om Garden Café**, Soi 1, ☎ 082-451 5930, 🖥 auf Facebook. Das ruhige Gartenrestaurant mit guter, kreativer Küche und vielen Bio-Zutaten, frischen Säften, hausgemachtem Brot, Burgern, Kuchen und Frühstück ist morgens wie nachmittags eine beliebte Adresse. ⏲ Di–So 8.30–17 Uhr.

**Witching Well**, Sukhapibal 1 Rd., ☎ 084-366 4269, 🖥 www.witchingwellrestaurant.com. In dem kreativ gestalteten kleinen Café-Restaurant sitzt man zwischen Grünpflanzen entspannt auf rustikalen Bänken mit Blick auf die flanierenden Traveller. Zum Frühstück gibt es Müsli, Crêpes und Kräutertees. Zudem Salate, Sandwiches, sehr leckere Pasta, Snacks, Shakes und sättigende Smoothies. Unbedingt einen der Kuchen probieren! ⏲ 8–21.30 Uhr.

**Fruit Factory**, am südlichen Ortsrand nahe dem Fluss, ☎ 086-122 1765. Im kleinen, farbenfroh gestalteten Café mit großer Terrasse dreht sich alles ums Obst: von frischen Früchten, leckeren Smoothies, Frappés, Obstsalat und anderen Desserts bis hin zu Sandwiches mit Früchten. Gerichte um 200 Baht. ⏲ 10–17.30 Uhr.

**Pai Now**, Chaisongkram Rd. Einladendes, bunt dekoriertes Café mit Sandwiches, Bagels, Kuchen und Eis. ⏲ 9–22 Uhr.

### Restaurants

**Baan Benjarong**, südlich der Markthalle, Rungsiyanon Rd., ☎ 053-698 010. Der exzentrische Besitzer des halb offenen Restaurants ist nicht unbedingt für seine Freundlichkeit oder Schnelligkeit beim Kochen bekannt, die leckeren traditionellen Gerichte um 120 Baht entschädigen allerdings dafür. Am besten früh kommen. ⏲ ab 11 sowie 17 Uhr bis „when tired".

**Burger House**, Rungsiyanon Rd., 🖥 www.burgerhousepai.com. Rustikales, offenes Restaurant für Fleischfreunde mit freundlichem Service und Burgern nach amerikanischem Geschmack ab 100 Baht. Varianten mit Blauschimmelkäse, Salsa oder Pilzen. Zudem Frühstück und Baguettes. ⏲ 10–20 Uhr.

**€ Charlie & Lek Restaurant**, Rungsiyanon Rd., ☎ 081-733 9055, 🖥 auf Facebook. Ein schmaler Gang führt durch den Laden in den dahinterliegenden kleinen Garten. Auf der Karte des herzensguten Betreiberpärchens stehen leckere vegetarische und Fleischgerichte für 40–80 Baht. Kochkurse s. u. ⏲ 11–22 Uhr.

**Na's Kitchen**, Raddamrong Rd., nahe der Schule. Bei Backpackern beliebtes, sehr kleines Restaurant, vor dem schon mal auf freie Tische gewartet wird. In der offenen Küche brutzeln die freundliche Chefin Na und ihre Kolleginnen die Favoriten der Thai-Küche, die man sich an rustikalen Tischen schmecken lässt. Kleine Portionen, aber sehr günstig. ⏲ nur abends.

**Nong Beer**, Chaisongkram Rd., Ecke H1095. In dem halb offenen, betriebsamen Restaurant kommen günstige Thai-Gerichte wie Massaman-Curry und *Khao Soi* auf die flott servierten Teller. Mutigen sei der scharfe Salat mit fermentiertem Schweinefleisch ans Herz gelegt. Fast alle Gerichte unter 100 Baht. ⏲ 9–22 Uhr.

**Nong Best**, etwa 300 m nördlich des Nachtmarkts am H1095, unter einer großen Yoma-Leuchtreklame, ☎ 081-168 3326. In dem schmucklosen, bei Einheimischen beliebten Restaurant kann man an Holztischen exzellente, authentische, nordthailändische Gerichte genießen. Empfehlenswert sind Farngemüse, Cashew Chicken mit getrockneten Chillies und knuspriges Schweinefleisch.

**Maya Burger Queen**, Sukhapibal 1 Rd. Die an die Wand gekritzelten Lobpreisungen in dem kleinen Straßenrestaurant kommen nicht von ungefähr: gute Burger ab 70 Baht und Pommes für 30 Baht – lecker und günstig. ⏲ 13–22 Uhr.

**Silhouette Restaurant & Bar**, Reverie Siam, s. o., 🖥 www.fb.com/Silhouette Bar. In dem offenen, stimmungs- und stilvoll mit europäisch anmutenden Antiquitäten gestalteten Restaurant serviert man gut ausge-

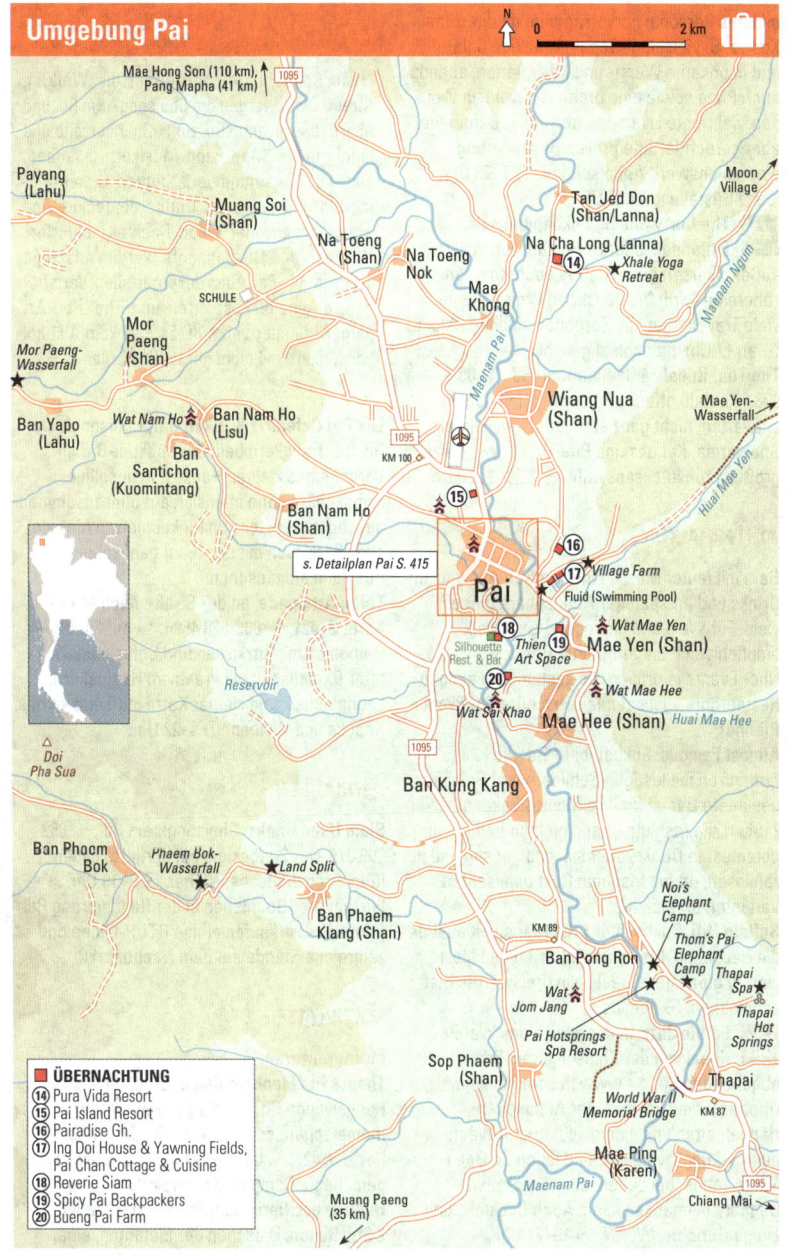

N

0          2 km

Mae Hong Son (110 km),
Pang Mapha (41 km)    1095

Payang
(Lahu)

Moon
Village

Muang Soi
(Shan)

Tan Jed Don
(Shan/Lanna)

Na Toeng
(Shan)

Na Cha Long (Lanna)

Na Toeng
Nok

14

Xhale Yoga
Retreat

Mae
Khong

SCHULE

Mor Paeng-
Wasserfall

Mor
Paeng
(Shan)

Maenam Ngun

Ban Yapo
(Lahu)

Wat Nam Ho

Ban Nam Ho
(Lisu)

Wiang Nua
(Shan)

Mae Yen-
Wasserfall

1095

Ban
Santichon
(Kuomintang)

KM 100

Huai Mae Yen

Ban Nam Ho
(Shan)

15

s. Detailplan Pai S. 415

16

17    Village Farm

**Pai**

Fluid (Swimming Pool)

18          Wat Mae Yen

Silhouette
Rest. & Bar

Thien
Art Space

19    Mae Yen (Shan)

Reservoir

20          Wat Mae Hee

Doi
Pha Sua

Wat Sai Khao

Mae Hee (Shan)    Huai Mae Hee

1095

Ban Kung Kang

Ban Phoom
Bok

Phaem Bok-
Wasserfall

Land Split

Noi's
Elephant
Camp

Ban Phaem
Klang (Shan)

KM 89

Thom's Pai
Elephant
Camp

Thapai
Spa

Ban Pong Ron

Wat
Jom Jang

Thapai
Hot
Springs

Pai Hotsprings
Spa Resort

Thapai

Sop Phaem
(Shan)

World War II
Memorial Bridge

KM 87

Mae Ping
(Karen)

1095

Muang Paeng
(35 km)

Maenam Pai

Chiang Mai

**NORD-THAILAND**

bildetes Personal hervorragende mediterrane Kost, z. B. vielseitige Tapas, knackige Salate und imposante Wurst- und Käseplatten, abends auch Pizza sowie eine breite Auswahl an Weinen. Sehr gute Livemusik ab 19 Uhr. Gehobene, aber gerechtfertigte Preise. Reservierung empfehlenswert. Abholservice. ⏲ 7–23 Uhr, letzte Bestellung 21.30 Uhr.

**€** **The Curry Shack**, Sukhapibal 3 Rd. Einfaches, offenes Restaurant, in dem außer diversen guten Currys auch *Khao Soi* zubereitet wird. Die günstigen Preise ziehen viele Traveller an, die Portionen sind aber klein. ⏲ ab 17 Uhr, manchmal geschl.

**The Thai Kebab**, 4 Raddamrong Rd., ✆ 053-698 093. Halb offenes Restaurant mit flott servierten, nicht ganz authentischen Falafel, Shawarma, Kebabs und Pita-Brot sowie einer großen Frühstücksauswahl. ⏲ 8.30–21.30 Uhr.

## UNTERHALTUNG

Bars mit lauter Musik, einer großen Auswahl an Drinks und entspannter Atmosphäre gibt es viele. Für Wein und gediegene Livemusik empfiehlt sich die **Silhouette Bar**, s. o. Über Events informiert die kostenlos in einigen Restaurants ausliegende Broschüre **Pai Events Planner**.

**Almost Famous**, Sukhapibal 1 Rd. Die kleine farbenfroh mit lustigen Schildern und Gemälden gestaltete Bar ist für ihre Mojitos bekannt. Zwar zaubert die resolute Chefin nicht unbedingt die potentesten Drinks, aber sie sind günstig und in zahllosen, oft mit frischem Obst gemischten Varianten erhältlich.

**Buffalo Hill**, Sukhapibal 1 Rd. Hier spielt abends die Hausband. Man sitzt im Garten und lässt sich zu günstigen Snacks ein preiswertes Bier schmecken. ⏲ abends.

🏠 **Edible Jazz**, in der östlich des Wat Pa Kham von der Chaisongkram Rd. abgehenden Soi, 🖥 www.fb.com/ediblejazz. Offene Bar mit entspannter Atmosphäre, Hängematten und einem schläfrigen Wachhund. Häufig Livemusik, und jeden So Open-Mic-Abende, bei denen jeder musikalisch Begabte mitmachen kann. Auch Cocktails und einige Gerichte. WLAN. ⏲ 10–24 Uhr.

## Ein bunter Nachtmarkt

Nach Sonnenuntergang öffnet die **Walking Street**. Dann werden die Chaisongkram Rd. und obere Rungsiyanon Rd. zur Fußgängerzone und Flaniermeile. Man kann Musikern lauschen, sich mit Kunsthandwerk, bunten Hippie-Klamotten und schrägen Outfits eindecken und etwas essen oder einen Cocktail schlürfen. Westlich des Busbahnhofs werden kitschige T-Shirts mit Pai-Aufdrucken in allen Variationen, originelle Postkarten und Thai-Pop-Art junger Künstler verkauft. Es darf kein Alkohol konsumiert und nicht geraucht werden.

**Lux Pai Cafeteria & Jikko Bar**, Chaisongkram Rd. Bei Travellern beliebte Cocktail-Bar im Vorhof eines kleinen Hauses. In geselliger Atmosphäre kann man sich auf bunt zusammengeschusterten, teils umfunktionierten Möbeln oder Sitzkissen mit dem bunt gemischten Publikum austauschen.

**Thien Art Space**, an der Straße nach Mae Yen, Karte S. 421, ✆ 085-620 4596, 🖥 auf Facebook. Gemütlich mit Sitzkissen und Sofas eingerichteter Bambusbau mit kreativen Hinguckern, Loungemusik und kleiner Karte mit Sandwiches, Snacks und Weinen. ⏲ 8–22 Uhr.

## EINKAUFEN

**Siam Used Books**, Chaisongkram Rd., ✆ 053-699 075. Der 2-stöckige, gut sortierte Laden führt auch deutsche Bücher. ⏲ 9–19 Uhr. Ein weiterer Buchladen in der Raddamrong Rd. **Souvenirs** verkaufen einige OTOP-Läden und zahlreiche Stände auf dem Nachtmarkt.

## AKTIVITÄTEN

### Elefantenreiten

**Thom's Pai Elephant Camp**, Büro auf der Rungsiyanon Rd., ✆ 053-699 286, 🖥 www.thomelephant.com, ⏲ 8–21 Uhr, im Camp, Karte S. 421, ✆ 053-065 778. Das professionell gemanagte Camp ist um eine artgerechte Haltung der Tiere bemüht. Tagestouren mit 2 Std. Reiten, Waschen der Elefanten, einer

Floßfahrt und einem Bad im warmen Quellwasser kosten 1600 Baht. Mahoutkurse 2500
Baht mit einer Übernachtung in der eigenen,
komfortablen Unterkunft (Infos s. eXTra [8802])
und Halbpension im Restaurant. Ausritte in die
Umgebung 800 Baht pro Std. oder 1200 Baht für
2 Std. ⏲ 8.30–17 Uhr.

### Kampfsport

**Charn Chai Muay Thai Gym**, 200 m westlich
vom Krankenhaus, ☎ 084-918 2024, 🖥 www.
charnchaimuaythai.com. Hier unterrichtet
Master Bee Frauen und Männer mit und ohne
Vorkenntnissen von 8–10 und 15–17 Uhr für
300 Baht pro Session.

### Kochkurse

**Charlie & Lek Restaurant**, s. o. Bei den Kochkursen von 9.30–14 Uhr für 750 Baht entscheiden die Schüler, welche 5 Gerichte sie nach
dem Marktbesuch mit Lek auf den Teller zaubern wollen. Angenehme, informelle Atmosphäre.
**Fine Rice Thai Cooking School**, Chaisongkram
Rd., ☎ 092-513 0202, 🖥 www.finericethai
cookingschool.blogspot.de. In bis zu 8 Pers.
großen Gruppen finden um 11 und 15 Uhr
2-stündige Kurse mit je 4 Thai-Gerichten statt,
die mittags 850 Baht, nachmittags 950 Baht
kosten. Kochbuch inkl.
**Pai Cookery School**, Wanchalerm Rd.,
☎ 081-706 3799. Gaew, die seit vielen Jahren
das Kochen unterrichtet, gibt Kurse in der
offenen Küche von 11–13.30 Uhr mit 3 Gerichten
sowie von 14–18.30 Uhr mit 5 Gerichten und
Marktbesuch für 750 Baht. Kochbuch inkl.
**Wok'N'Roll Thai Cooking Course**, BeBe Spice
Restaurant, Raddamrong Rd., 🖥 www.bebe
spice.com. Thom hat lange als Köchin
gearbeitet und gibt ganztägige Kurse für
1100 Baht inkl. Frühstück, Marktbesuch,
Zubereitung des Mittag- und Abendessens.
Auch weiterführende Kurse von 9–16 Uhr für
900 Baht.

### Kunststücke

**Pai Circus School**, nordöstlich des Ortes,
der Beschilderung folgen, ☎ 085-144
2662, 🖥 www.paicircusschool.com. Unter der
Leitung des freundlichen Briten James werden
tgl. von 15–20 Uhr Kunststücke wie Jonglieren,
Stelzenlaufen, Einradfahren und Ballonknoten
vermittelt. Preis erstmalig 600 Baht inkl. Burger,
Feuer- und Leuchtkunststücken, jede weitere
Teilnahme 100 Baht.

### Massagekurse

**Pai Traditional Thai Massage**, Sukhapibal 1 Rd.,
☎ 083-577 0498. Seit 1989 gibt Mr. Uti in einem
zurückversetzten Haus mit großem Garten
Mo und Fr startende, 3-tägige Kurse ab 2 Pers.
für 3000 Baht. Weiterführende Kurse für
1000 Baht p. P. Thai-, Öl-, Kräuter- und Fuß-
massagen für 180–250 Baht pro Std., 30 Min.
Kräutersauna für 100 Baht. ⏲ Mo–Fr 9–21 Uhr.

### Rafting

Die harmlose Variante ist, sich für 50 Baht in
Gummischläuchen den Fluss hinabtreiben zu
lassen. Die unten stehenden Anbieter ermöglichen auch Tubing mit Rücktransport für
250 Baht.
**Thai Adventure Rafting**, Büro in der
Chaisongkram Rd., ☎ 053-699 111, 081-
993 9674, 🖥 www.thairafting.com, ⏲ 10–21 Uhr.
Guy Gorias veranstaltet seit 1987 bei ausreichend hohem Wasserstand von Juni/Juli–
Ende Jan gute 1- bis 2-tägige Kajak- und
Schlauchbootfahrten. Die Tour ab Nam Khong
für 1800 Baht erstreckt sich über 45 km. Die für
3500 Baht startet südlich von Pai und geht über
70 km auf dem Khong und Pai durch ein
waldreiches Gebiet, vorbei an Wasserfällen,
Höhlen, heißen Quellen und durch 60 Stromschnellen bis Grad 4, in der Regenzeit bis Grad
5. Übernachtet wird in Bambushütten.
**Pai Adventure**, s. u., hat Tagestouren für
1500 Baht im Programm.

### Schwimmen

**Fluid**, 1 km südöstlich der Innenstadt. Der
einzige öffentliche Pool mit 25 m-Becken, Bar
und Café sowie guter Musik und entspannter
Atmosphäre. 60 Baht Eintritt. ⏲ 9–18 Uhr.

### Trekking

In Pai gibt es viele Guides, die von Juni–Feb
Touren anbieten.

**Back-Trax**, Chaisongkram Rd., ☎ 085-040 8251. Trekkingtouren für 900 Baht pro Tag, Elefantenreiten/Bambusfloßfahrt/Tubing kosten 400/300/200 Baht pro Std. extra. Auch Sightseeing mit Pkw, s. Touren.

**Duang Gh.**, Chaisongkram Rd., ☎ 053-699 101. Individuell angepasste Touren mit erfahrenen Guides für 1000 Baht pro Tag, 1600 Baht für 2 Tage inkl. Transport, Übernachtung und Essen. Bei der Tagestour zum Aussichtspunkt braucht man feste Schuhe und keine Höhenangst! Der kernige, fließend Englisch sprechende **Aekasit** führt Naturliebhaber seit 1982 durch das Hochland. Die angesteuerten Dörfer haben in der Regel keinen Straßenanschluss.

**Pai Adventure**, 28 Moo 3, Chaisongkram Rd., ☎ 053-699 385, 🖥 www.thailandpai.net. Tagestouren für 800 Baht, 2 Tage 1500 Baht.

### Yoga

**Xhale Yoga Retreat**, im In Pai Resort, 6 km vom Zentrum, 🖥 www.xhaleyogapai.com. Von Juni–Feb finden 5-tägige Retreats mit Meditation und Yoga-Übungen statt für 14 000–15 000 Baht inkl. Unterkunft und Vollpension.

**Back-Trax**, s. Trekking, bieten 3 Tour-Varianten mit dem Pkw ab 3 Pers. an:
zu 12 Zielen in der Umgebung für 500 Baht p. P., zu 6 Sehenswürdigkeiten in und um Mae Hong Son für 1200 Baht p. P. und zur Tham Lot bei Pang Mapha inkl. Bambusfloßfahrt und Eintritt für 800 Baht p. P.

## SONSTIGES

### Autovermietung

**North Wheels**, Khetkelang Rd., ☎ 053-698 066, 🖥 www.northwheels.com. Gegen Aufpreis können Autos in Chiang Mai oder Chiang Rai abgegeben werden. In Chiang Mai günstigere Preise. ⏰ 8–18 Uhr.

### Fahrrad- und Motorradverleih

Das weite Tal lässt sich gut mit dem Motorrad erkunden, während die Berge mit ihren sehr steilen, teils unbefestigten Straßen und engen Kurven erfahrenen Motorradfahrern vorbehalten sind. Weniger Erfahrene sollten sich ein Motorradtaxi mieten oder zunächst an einem

Die Straßen um Pai sind für ungeübte Motorradfahrer nicht zu empfehlen – es kommt zu vielen Unfällen.

© MISCHA LOOSE

NORD-THAILAND

Fahrkurs von Alan von G'Day, ✆ 085-041 9053, teilnehmen.

Fahrräder kosten 50–70 Baht pro Tag, Motorräder gibt es von der 100cc Honda Dream für 100 Baht bis zur Honda Super Four für 700 Baht. **AYA Service**, s. Transport. Der größte Motorradverleih vermietet auch größere Enduros.

Die Motorräder gegenüber bei **Duan-Den** machten allerdings einen deutlich besseren Eindruck.

**Good View Motorbike**, 69 Moo 3, Chaisongkram Rd., ✆ 089-999 1715, 081-998 7801. Der Anbieter hat auch Fahrräder im Angebot.

Leser haben mit Mr. Bee schlechte Erfahrungen gemacht.

### Informationen
🖥 www.paiexplorer.com, 🖥 www.allaboutpai.com, 🖥 www.yellowpai.com.

### Medizinische Hilfe
**Pai Hospital**, Chaisongkram Rd., 300 m westlich des Zentrums, ✆ 053-699 031, 699 211, Ambulanz: 1669, 🖥 www.paihospital.net. Hier kennt man sich mit Motorradunfällen sehr gut aus.

### Polizei
Rungsiyanon Rd., ✆ 191.
**Tourist Police**, am südlichen Ortsausgang, ✆ 053-611 812.

### Post
Khetkelang Rd., ⏱ Mo–Fr 8.30–20, Sa und So 9–17 Uhr.

## NAHVERKEHR

**Motorradtaxis,** deren Fahrer nummerierte, neongelbe Westen tragen, stehen gegenüber vom Busbahnhof. Sie kosten im Ort 20–30 Baht, zum Flughafen 40 Baht und nach außerhalb ab 40 Baht, zur World War II Memorial Bridge 100 Baht.

**J. K. Pai**, an der südlichen Sukhapibal Rd., ✆ 085-627 4004, vermietet **Songthaew** für 2500 Baht pro Tag, was sich für Gruppenausflüge in Eigenregie anbietet.

## TRANSPORT

### Busse
Vom zentralen, kleinen **Busbahnhof**, ✆ 053-064 307, verkehren nicht klimatisierte Busse nach: CHIANG MAI, 140 km, um 12 Uhr für 80 Baht in 4 Std. Richtung Norden (Thaton) in MAE MALAI am H107 umsteigen.

MAE HONG SON, via PANG MAPHA (45 Baht, 1 1/2 Std.) um 11 Uhr für 80 Baht in 3–4 Std.

### Minibusse
CHIANG MAI, ab dem Busbahnhof stdl. von 7–17 Uhr für 150 Baht (Flughafen oder Thapae Gate +50 Baht) in 3 Std.

LUANG PRABANG, via CHIANG KHONG und HUAY XAI inkl. Slowboat bzw. Speedboat für 1700 bzw. 2400 Baht.

MAE HONG SON, via PANG MAPHA (100 Baht, 1 Std.) um 8.30 Uhr für 150 Baht in 3 Std. Der Minibus ist schnell voll, besser ein paar Tage vorher die Tickets kaufen.

Zu weiter entfernten Zielen muss man in Chiang Mai in große Busse umsteigen, z. B. BANGKOK für 650–850 Baht, CHIANG KHONG für 650 Baht oder CHIANG RAI für 500 Baht.

### Taxis
Taxis, ✆ 053-699 698, warten östlich des Busbahnhofs und verlangen happige Preise. Nach CHIANG MAI 2500–3000 Baht, MAE HONG SON 2500 Baht, PANG MAPHA (Soppong) 1500 Baht und Chiang Rai 4500 Baht. Tagesausflüge in die Umgebung 3000 Baht.

### Flüge
**Kan Air**, ✆ 02-551 6111, 🖥 www.kanairlines.com, fliegt Mo, Mi, Fr, Sa und So um 11 Uhr mit 12-Sitzern nach CHIANG MAI.

# Von Pai nach Chiang Mai

Auf der Weiterfahrt passiert man entlang der Hauptstraße zunächst zahlreiche auf die einheimische Selfie-Fraktion ausgerichtete Fotomotive. Von einer rekonstruierten Brücke aus dem Zweiten Weltkrieg über Vintage-Autos und Windmühlen bis zu überdimensionierten Erdbeeren, Herzen und Kilometersteinen, hier findet jeder etwas für den nächsten Post in sozialen Netzwerken. Anschließend geht es zurück in die Bergwelt.

In hohen Lagen herrschen Nadelwälder vor, während die Täler von Laubwäldern bedeckt sind, die zu Jahresbeginn herbstlich leuchten. Am KM 67,5 ist ein über 1400 m hoher Pass mit einem Aussichtspunkt zu überwinden.

In **Mae Sae** am KM 53, dem ersten Ort mit Unterkunft und Restaurants, oder an der Bushaltestelle von Ban Mae Lao am KM 43,8 legen Busse eine Pause ein. Das **Mae Sae Gh.**, am Polizeiposten gegenüber dem Restaurant, ✆ 085-622 2135, hat 5 einfache Zimmer mit Gemeinschaftsduschen mit Kaltwasser. ❶–❷

Selbstfahrern sei 6,5 km nördlich vom KM 42 eine Pause an den fast kochend heißen Quellen **Pong Duet**, die zum Huai Nam Dang National Park gehören, empfohlen, Eintritt 300 Baht, Kinder 150 Baht. Wer sich nicht vom Schwefelgeruch abhalten lässt, kann das Areal mit Geysiren und bis zu 4 m hohen Fontänen auf einem 1,5 km langen Weg erwandern und für 20 Baht ein 30-minütiges mineralisches Bad nehmen.

Die zum Doi Suthep-Pui National Park gehörenden **Mok Fa-Wasserfälle**, 2 km südlich der Straße, Abzweigung in **Ban Mae Lao** am KM 18,6, sind ein gutes Picknickziel, sofern man den Nationalpark-Eintritt bereits bezahlt hat. Die letzten 500 m sind auf einem schönen Fußweg durch den Bambuswald zurückzulegen.

In **Mae Malai** trifft der H1095 131 km von Pai entfernt auf den H107 nach Chiang Mai.

# Die Bergwelt im hohen Norden

Eine Reise in die Berge verband sich noch vor einer Generation mit Vorstellungen von blühenden Mohnfeldern, verwegenen Gestalten, die mit Schmuggelgut und Opium vollbepackte Maultierkarawanen leiten, oder einfachen Bambushütten, in denen bunt gekleidete Bergbewohner ein karges Dasein fristen. All das gehört der Vergangenheit an. Durch die stärkere Kontrolle des Anbauverbots wurde der Mohnanbau in die Nachbarstaaten Myanmar und Laos verlagert, wo in Fabriken außer Heroin auch synthetische Designerdrogen hergestellt werden.

Für viele ist es heute Abenteuer genug, einen schwankenden Elefantensattel oder ein primitives Bambusfloß zu besteigen. Andere fühlen sich herausgefordert, mit einem Motorrad das abgelegene Grenzgebiet zu erkunden und in Bergdörfern zu übernachten.

Über die Straßen sind „Errungenschaften" der westlichen Zivilisation bis in die Bergdörfer vorgedrungen. Anstelle des Opiums sind der Verkauf von Kaffee, Blumen, Obst, Gemüse und anderen lokalen Produkten sowie der Tourismus zu den bedeutendsten Einkommensquellen geworden.

## Von Chiang Mai nach Chiang Rai

### Doi Saket

Der Highway verläuft hinter Chiang Mai durch **Doi Saket** am Fuße eines Tempelbergs (1816 m). Über eine von Naga-Schlangen flankierte Treppe mit 200 Stufen oder auf einer schmalen Zufahrtsstraße geht es hinauf zum **Wat Phrathat Doi Saket** mit einer großen Buddhastatue und zu einer Grotte mit mythischen Figuren. Die Gebetshalle mit zeitgemäßen buddhistischen Motiven lohnt einen Stopp.

### Khun Chae National Park

Nach der ersten kurvenreichen Etappe durch den Bergwald lädt am KM 33,5 ein Picknickplatz an einem Fluss zu einer Pause ein. Die Bergkette kann auf schmalen Straßen auch Richtung Südosten durchquert werden. Man zweigt am KM 42,8 auf den H1252 ab, fährt hinter **Muang Pan** etwa 5 km auf dem H1287 und weiter auf dem H1035 nach Lampang.

Nach 10 km auf dem H118 ist die Provinzgrenze von Chiang Mai und Chiang Rai und kurz darauf der **Khun Chae National Park** erreicht. Am KM 65,3 liegt rings um die schwefelhaltigen **heißen Quellen** von **Ban Sob Poang** ein eigenartiger Khmer-Tempelnachbau mit OTOP-Läden, Mineralbädern (150 Baht) und Massage-Angeboten.

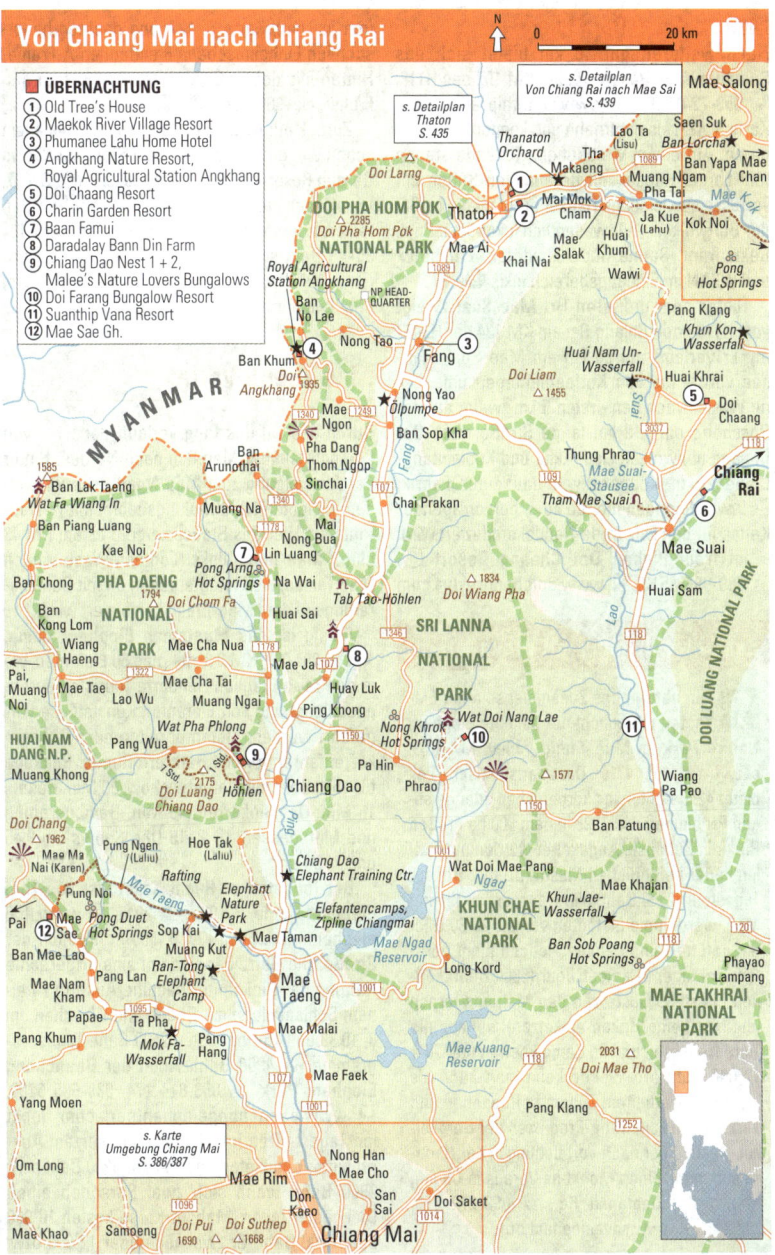

N

0        20 km

**ÜBERNACHTUNG**
1. Old Tree's House
2. Maekok River Village Resort
3. Phumanee Lahu Home Hotel
4. Angkhang Nature Resort,
   Royal Agricultural Station Angkhang
5. Doi Chaang Resort
6. Charin Garden Resort
7. Baan Famui
8. Daradalay Bann Din Farm
9. Chiang Dao Nest 1 + 2,
   Malee's Nature Lovers Bungalows
10. Doi Farang Bungalow Resort
11. Suanthip Vana Resort
12. Mae Sae Gh.

s. Detailplan
Von Chiang Rai nach Mae Sai
S. 439

Mae Salong

s. Detailplan
Thaton
S. 435

Saen Suk
Lao Ta        Ban Lorcha
(Lisu)

Thanaton
Orchard

Thanaton          Tha         Muang Ngam    Ban Yapa  Mae
Makaeng      Pha Tai                  Chan

Doi Larng                                Mai Mok          Ja Kue    Kok Noi
Cham          (Lahu)
**DOI PHA HOM POK**        Thaton         Mae    Huai              Pong
△ 2285                        Salak   Khum          Hot Springs
*Doi Pha Hom Pok*          Mae Ai    Khai Nai
**NATIONAL PARK**                            Wawi
1089
Royal Agricultural                              Pang Klang
Station Angkhang        **Fang**    Doi Liam    Huai Nam Un-        Khun Kon
NP HEAD-                      △ 1455   Wasserfall        Wasserfall
Ban      QUARTER                               Huai Khrai
No Lae                  Nong Yao                          Doi
Nong Tao    Ölpumpe                          Chaang
Ban Khum        Mae              Ban Sop Kha
Doi      Ngon                          Thung Phrao      **Chiang
Angkhang 1935                                  Mae Suai-        Rai**
1340    Pha Dang                      Stäusee
Ban        Thom Ngop                  Tham Mae Suai
Arunothai    Sinchai        Chai Prakan    1089
Muang Na    1340                              Mae Suai
△ 1585                          Mai
Ban Lak Taeng    178    Nong Bua                △ 1834
*Wat Fa Wiang In*          Lin Luang    *Tab Tao-Höhlen*  *Doi Wiang Pha*    Huai Sam
Ban Piang Luang
*Pong Arng*    Na Wai                      118
Kae Noi    Hot Springs                  **SRI LANNA**
Ban Chong    **PHA DAENG**    *Doi Chom Fa*    107    **NATIONAL**
1794                      Mae Ja
Ban    **NATIONAL**    Mae Cha Nua    178                **PARK**
Kong Lom                  345
Wiang    **PARK**    Mae Cha Tai        Huay Luk
Haeng    1322                  Ping Khong  Nong Khrok  *Wat Doi Nang Lae*
Pai,        Lao Wu    Muang Ngai              Hot Springs
Muang  Mae Tae                          Pa Hin          Wiang
Noi                                      △ 1577    Pa Pao
*Wat Pha Phlong*    **Chiang Dao**  Phrao
**HUAI NAM**    Pang Wua                              Ban Patung
**DANG N.P.**    2175                          1150
Muang Khong    *Doi Luang  Höhlen*                  Ban Sob Poang
*Chiang Dao*        *Chiang Dao*    *Wat Doi Mae Pang*    Hot Springs
*Doi Chang*    Pung Ngen  Hoe Tak              Khun Jae-
△ 1962   (Lalu)  (Lalu)  *Chiang Dao*    Mae Khajan
Mae Ma          *Elephant Training Ctr.*    Wasserfall
Nai (Karen)  Rafting                Ngad
Pung Noi        *Elephant*  *Elefantencamps,*  **KHUN CHAE**
Pai      *Pong Duet*  *Nature*  *Zipline Chiangmai*  **NATIONAL**
Mae  Hot Springs  *Park*            **PARK**  Phayao
Sae    Sop Kai  Mae Taman          Lampang
Ban Mae Lao        Muang Kut    *Mae Ngad*
*Ran-Tong*        *Reservoir*    Long Kord    **MAE TAKHRAI**
Mae Nam    Pang Lan  *Elephant*                  **NATIONAL**
Kham          *Camp*      **Mae**            **PARK**
Papae    Ta Pha        **Taeng**
Pang Khum      *Mok Fa-*  Pang        Mae Malai
*Wasserfall*  Hang                    2031 △
107        *Mae Kuang-*  *Doi Mae Tho*
Yang Moen              Mae Faek    *Reservoir*    118
1001
Om Long          *s. Karte*            Pang Klang
*Umgebung Chiang Mai*              1252
*S. 386/387*    Nong Han
1096        Mae Cho
Mae Khao    Samoeng  *Doi Pui  Doi Suthep*  Don  San
1690  △  △1668  Kaeo  Sai
**Chiang Mai**    1014  Doi Saket

*Mae Kok*

**M Y A N M A R**

1095

**NORD-THAILAND**

## Mae Suai und Doi Chaang

Nach weiteren gut 40 km bietet sich das **Suanthip Vana Resort** ⑪, am KM 107 des H118, ☏ 053-724 226, 🖵 www.suanthipresort.com, Karte S. 427, als naturnahe und komfortable Bleibe an. Auf einem weitläufigen Gelände stehen fünf Lanna-Häuser mit geräumigen Suiten mit Terrasse sowie sechs Häuser in Hanglage im Stil der Bergvölker – nur wesentlich luxuriöser. Pool, Restaurant, Sauna und Aktivitäten. Frühstück und WLAN im Eingangsbereich inkl., ❺–❼.

Hinter dem größeren Ort **Mae Suai** zweigt vom H118 nach Chiang Rai am KM 134 der H3037 ab. Er verläuft auf 50 km am Mae Suai-Stausee vorbei ins von Kaffeeplantagen umgebene **Wawi**. Nach den ersten 5 km zweigt auf der Passhöhe eine 19 km lange Straße nach **Doi Chaang** ab, wo von Lisu, Akha und Kuomintang-Chinesen in Kooperativen und einer Fabrik, 🖵 www.doichaangcoffee.com, hervorragender Kaffee für den Fair Trade-Handel produziert wird.

Im freundlichen **Doi Chaang Resort** ⑤, ☏ 089-954 8512, 🖵 www.doichangresort.com

### Sensibler Umgang mit Dickhäutern

🌳 Ein naturnahes Zusammensein mit Elefanten ermöglicht der beliebte **Elephant Nature Park** im Mae Taeng Valley, KM 13,3, s. **eXTra [4315]**, **[4316]**. Die charismatische Lek bietet 42 Elefanten mit körperlichen oder geistigen Problemen seit 1995 in dem 300 ha großen Park ein Zuhause. Angekettet werden nur Bullen in der gefährlichen Musth (Brunft). Bei der Tagestour (2500 Baht inkl. Transport ab Chiang Mai), werden die Elefanten von bis zu 80 Gästen gefüttert und gebadet, jedoch nicht geritten. Bei einer 2-tägigen Tour (5800 Baht) können bis zu 30 Gäste von den Mahouts lernen (die hier keine Haken einsetzen), abends die Tiere freilassen und im Camp übernachten. Für 12 000 Baht pro Woche kann man auch als Freiwilliger arbeiten. Zudem Kaffeeanbau und Verkauf von Fair-Trade-Produkten der Bergvölker. Besuch nur nach Vorbuchung in der Hochsaison mind. einen Monat im Voraus in Chiang Mai, 1 Ratchamanka Rd., ☏ 053-272 855, 208 246, 🖵 www.saveelephant.org.

(nur in Thai), Karte S. 427, übernachten hauptsächlich Einheimische in 8 einfachen A-Frame-Hütten mit kleiner Du/WC. Großes Restaurant. Frühstück +200 Baht, ❷–❸.

Zurück auf dem H118 lohnt am KM 140 allein schon wegen des Kuchens ein Stopp im **Charin Garden Resort** ⑥, ☏ 089-370 4885, Karte S. 427. Im offenen Restaurant mit Flussblick werden teils ungewöhnliche Kuchenvariationen für 35–45 Baht sowie herzhafte Gerichte serviert. ⏱ 7–19 Uhr. Übernachtung in Bungalows. Check-in nur bis 18 Uhr, ❷–❹.

## Mae Taeng Valley

Durch das Tal des Ping verläuft der H107 von Chiang Mai über Mae Rim nach Norden. Hinter der Abzweigung zum **Mae Ngad Reservoir**, einem beliebten Naherholungsgebiet mit Restaurants am Ufer des Stausees, geht es am KM 43 hinter **Mae Taeng** links Richtung Westen nach **Mae Taman**, wo Elefantenreiten oft mit Bambusrafting auf dem Mae Taeng kombiniert wird.

Riesig ist das **Maetaman Elephant Camp**, ☏ 053-297 067, KM 9,3, mit rund 50 Elefanten, wo in der Saison täglich Hunderte Touristen durchgeschleust und von Elefanten Kunststücke vorgeführt werden. Elefantenreiten oder Ochsenkarrenfahren für 500 Baht pro Runde. Package für 1500 Baht mit Elefantenshow, 30 Min. Reiten, 15 Min. Ochsenkarren, 40 Min. Bambusrafting und Mittagessen. ⏱ 8–16 Uhr, Shows um 9.45 und 11.30 Uhr.

Bei Touristen zu Recht beliebt ist das **Thai Elephant Home**, ☏ 089-434 2047, 🖵 www.thai elephanthome.com, KM 9, 500 m nördlich der Straße. Die Betreiber sind um eine artgerechte Haltung der Dickhäuter bemüht. Ausritte zu einem Schlammloch mit Baden und Waschen um 8, 10.30 und 15 Uhr kosten 2500 Baht. Tagesprogramme für 4900 Baht. Auch der **Baanchang Elephant Park**, ☏ 053-814 174, 089-635 5206, 🖵 www.baanchangelephantpark.com, lockt mit Tagestouren inkl. Füttern und kurzem Ausritt hinter den Elefantenohren für 4900 Baht bzw. 2900 Baht, wenn sich zwei Personen einen Dickhäuter teilen. Mahout-Kurse kosten 10 900 bzw. 6900 Baht für zwei Tage oder 12 900 bzw.

10 900 Baht für drei Tage inkl. Übernachtung, Rafting und Besuch eines Akha-Dorfes.

Auch andere Aktivitäten werden angeboten, wie Quad-Touren und ein Flying Fox auf 2,2 km Länge bei **Zipline Chiangmai**, ☎ 085-720 0619, 🖥 www.ziplinechiangmai.com, am KM 10, für 2000 Baht für 31, 1500 Baht für 18 Plattformen.

Siam River Adventures in Chiang Mai (S. 377) veranstaltet Kajak- und Raftingtouren von **Sop Kai** (dort Übernachtungsmöglichkeit) nach **Muang Kut**. Von beiden Orten führen schmale Straßen etwa 20 km Richtung Süden auf den H1095 nach Pai.

Zurück auf dem H107 weisen auf dem Weg nach Chiang Dao am KM 56 Schilder zum großen, gepflegten **Chiang Dao Elephant Training Center**, ☎ 053-298 553, 🖥 www.chiangdao-elephantcamp.com, in einem Wald am jenseitigen Ufer des Ping. Wer frühmorgens in Chiang Mai startet, kann rechtzeitig zum Bad der Tiere im Fluss um 10 Uhr vor den Shows um 10.30 Uhr hier sein. Zudem starten die Elefanten um 8, 9, 11 und 12 Uhr zu Ausritten. Eintritt 100 Baht, Reiten 1400 Baht pro Stunde.

# Chiang Dao

Vorbei an Reis- und Gemüsefeldern, Obstplantagen und Teakholzpflanzungen, geht es von der Umgehungsstraße ab nach Chiang Dao, das sich fast 8 km entlang dem alten H107 erstreckt. Dienstags findet zwischen dem Busbahnhof und der Abzweigung zu den Höhlen ein großer Markt statt.

Eine 2,8 km lange Nebenstraße zweigt zu den religiös verehrten **Chiang Dao-Höhlen** ab. Der Haupteingang liegt jenseits eines neueren Tempels. Am Hang erkennt man verfallene Stupas und Salas mit Buddhastatuen. Über einen Karpfenteich hinweg gelangt man in das weitverzweigte Höhlensystem, in dem der Ping entspringt. Einige Bereiche mit alten Buddhastatuen sind ausgeleuchtet. ⏱ 8–17 Uhr, Eintritt 40 Baht, Guide mit Lampe 100 Baht.

Die schmale Asphaltstraße verläuft weiter zum **Wat Pha Phlong**, einem Meditations-Höhlenkloster in einem dschungelbedeckten Tal. Zum Monument mit den Reliken des hochverehrten Abts Phra Ajam führen 510 Stufen hinauf. Eine andere schmale Straße verläuft 50 km durch den **Pha Daeng National Park** (Eintritt 200 Baht) bis **Muang Khong**.

Der 2175 m hohe **Doi Luang Chiang Dao** ist der dritthöchste Berg des Landes. Die dschungelbedeckten Hänge sind ein populäres Trekkinggebiet und Heimat von rund 300 Vogelarten.

## Spaziergang durch den Bambuswald

Westlich vom Chiang Dao Nest 1 und Malee's Nature Lovers Bungalows beginnt der **Chiang Dao Nature Trail**, der in 1 Std. über eine Bergkuppe führt und an den Höhlen endet. Der Startpunkt ist an einem nicht zu übersehenden Schild markiert, aber recht zugewachsen. Zunächst geht es steil bergauf durch eine abwechslungsreiche Bergvegetation, die von steilen Felsen unterbrochen wird. Sobald man den höchsten Punkt passiert hat, findet man sich in einem weitläufigen Bambuswald wieder. Kurz nach der Überquerung des Grats zweigt an den Bananenstauden ein kleiner Pfad zu einer von Fledermäusen bewohnten Höhle ab. Von nun an geht es flach abfallend bergab bis zu den Chiang Dao-Höhlen. Man muss sich immer wieder unter umgefallenem Bambus hindurchzwängen, doch insgesamt ist es ein leichter Weg. In entgegengesetzter Richtung zu wandern, ist nicht ratsam, da es verwirrende Weggabelungen gibt, an denen sich Besucher in der Vergangenheit verlaufen haben.

## ÜBERNACHTUNG

🧳 **Chiang Dao Nest 1 + 2** ⑨, 700 m hinter der Abzweigung zu den Höhlen auf dem Weg zum Wat Pha Phlong, ☎ 053-456 612, 053-455 339, 🖥 www.chiangdaonest.com, Karte S. 427. Auf 2 Grundstücken in 700 m Entfernung stehen in Gärten und Bambushainen 23 kleine, hübsche Bungalows, überwiegend aus Naturmaterialien. Nest 1 mit hohen Baumriesen, kleinem Pool und Spielplatz. Nest 2 ist einfacher mit schöner Aussicht auf die Berge. Stuart und seine Frau Wicha managen die gepflegten, familienfreundlichen Anlagen, kümmern sich um Gäste und

Bilderbuchlandschaft: Das Hochland rund um Chiang Dao lädt zu Wanderungen ein.

veranstalten Ausflüge und Trekkingtouren. Verleih von Fahr- und Motorrädern. Reservierung empfehlenswert. WLAN im Restaurant. ❹
**Malee's Nature Lovers Bungalows** ⑨, ☎ 053-456 426, 081-961 8387, 🖥 www.maleenature. com, Karte S. 427. In einer schönen, gepflegten Gartenanlage mit fantastischer Aussicht befinden sich Bungalows und Häuser, die preiswerten mit durchgelegenen Matratzen und Gemeinschafts-Du/WC, die teureren auch für Familien. Einige sind renovierungsbedürftig. Kleiner Pool und Spielplatz. Entspannte Atmosphäre. Malee und ihr Mann Kurt aus der Schweiz organisieren Touren und Trekking. Verleih von GPS, gute Karte zum Doi Luang Chiang Dao. Mountainbike- und Motorradverleih. Frühstück inkl., Abendessen nach Voranmeldung 250 Baht p. P. ❸–❺

## ESSEN

Im **Chiang Dao Nest 1** wird sehr gut und teuer europäisch gekocht, z. B. Entenbrust mit Kartoffelpüree, Gerichte um 400 Baht.

Im **Chiang Dao Nest 2** findet sich ein exzellentes Thai-Restaurant mit großer Speisekarte und vielen ausgefallenen sowie vegetarischen Gerichten. Zu empfehlen ist der *Pla Samoon Paii*, frittierter Fisch mit kross gebackenen Kräutern, das grüne Curry und der Wasserspinat-Salat.
Abends öffnen **Essensstände** nördlich vom Busbahnhof. Zudem einfache Restaurants vor den Höhlen.

## NAHVERKEHR

Zu den Höhlen und Resorts fahren **Song-thaew** vom Markt bzw. Busbahnhof für 150 Baht, **Motorradtaxis** für 50 Baht.
**Malee's Nature Lovers Bungalows** und **The Nest** vermieten Fahrräder für 100 Baht pro Tag.

## TRANSPORT

Vom **Busbahnhof** am nördlichen Ortsausgang Busse nach:

© MISCHA LOOSE

CHIANG MAI, alle 30 Min. bis 18.30 Uhr für 40–50 Baht in 1 Std.
FANG, alle 30 Min. bis 19 Uhr für 50 Baht in 1 1/2 Std.
THATON, um 7, 9, 10.30, 12, 13, 15 und 17 Uhr für 75 Baht in 2 1/2 Std.

## Von Chiang Dao nach Phrao

Folgt man dem H107 von Chiang Dao Richtung Norden, weichen kurz hinter Ping Khong die Reisfelder zunehmend Bambus- und Teakwäldern. Richtung Osten zweigt der H1150 ab, der 83 km durch eine malerische Bergwelt und das fruchtbare, untouristische Tal von Phrao nach Wiang Pa Pao am H118 führt.

Im Ort **Pa Hin** zweigt der H1346 nach 23 km nach Norden ab, der zu den knapp 4 km entfernten **Nong Khrok Hot Springs führt**. Naga-Schlangen aus Zement schlängeln sich um die Becken. Im hinteren kann im heißen, schwefelhaltigen Wasser kostenlos gebadet werden. Kleine Stände bieten Snacks an.

Der H1150 verlässt kurz hinter Phrao das Tal und windet sich steil hinauf in die Berge des **Sri Lanna National Park**. Abseits der Straße liegen einige Lisu- und Kuomintang-Dörfer. Hinter **Ban Patung** geht es über eine niedrigere Bergkette hinab ins Tal des Lao, wo insgesamt 53 km hinter Phrao **Wiang Pa Pao** am Highway Chiang Mai–Chiang Rai erreicht ist

### ÜBERNACHTUNG UND ESSEN

**Doi Farang Bungalow Resort** ⑩, 7,2 km nördlich von Phrao, die Ausschilderung beginnt 1,2 km nördlich vom Busbahnhof, Karte S. 427, ✆ 053-017 556, 081-885 0588, 🖥 www.doifarang bungalow.com. Vom Deutschen Michael geleitete Anlage am Fuße der Berge mit einem netten Pool und 5 großen, sauberen Steinhäusern mit AC, harten Matratzen, Bambuseinrichtung, kleinem TV und Terrasse. Zudem 6 umgebaute Reisspeicher und ein Lanna-Haus, das langfristig vermietet wird. Gutes Essen. Tagestouren sowie ein „Streichelzoo" mit Schafen, Hasen und Vögeln. Abholung vom Busbahnhof. ❸ – ❺

DIE BERGWELT IM HOHEN NORDEN I Von Chiang Dao nach Phrao **431**

## Ein eigenartiger Tempel

Auf einem Hügel, 7 km nördlich von Phrao, ist bereits von Weitem das weiße **Wat Doi Nang Lae** zu erkennen. Oben angekommen, überraschen die ungewöhnliche Architektur sowie Statuen hinduistischer Gottheiten und früherer Herrscher aus der Zeit der Mon-Königreiche. Eine Zeit lang war der Tempel ein bedeutendes Pilgerziel, bis der Abt wegen moralischer Verfehlungen das Vertrauen seine Anhänger verlor.

**Nanta Restaurant**, Bunma 2 Rd., Phrao, ✆ 053-474 795. Das beste Restaurant im Ort hat eine kleine englische Karte. WLAN. ⏰ 8–21 Uhr.

### TRANSPORT

Vom **Busbahnhof** im Zentrum von Phrao, nördlich vom H1150, fahren lokale Busse nach:
CHIANG DAO, um 6.10 und 15 Uhr für 30 Baht.
CHIANG MAI, etwa stdl. von 5.30–20 Uhr für 80 Baht in 2 Std.
CHIANG RAI, zuerst mit dem Songthaew nach WIANG PA PAO um 8 und 10 Uhr für 60 Baht. Dort in den Bus umsteigen, 50 Baht.

## Von Chiang Dao nach Fang

Von Chiang Dao windet sich der H107 Richtung Norden zwischen bewaldeten Kalkfelsen hindurch. Östlich der Straße liegt am KM 95 am **Huay Luk-See** eine wenig attraktive Hmong-Siedlung. Gut 1 km nördlich von Huay Luk und 28 km südlich von Fang lockt östlich des H107 die **Daradalay Bann Din Farm**, eine weitläufige Bio-Farm mit Übernachtungsmöglichkeiten. Hier wachsen Früchte, Pilze und Gemüse. Die herzliche Khun Mae erklärt Besuchern ihre Anbaumethoden, wie man Lehmhütten baut und das Land bestellt. Im Shop wird Kunsthandwerk der Bergvölker, Obst und Gemüse verkauft.

Die folgende steil aufragende Bergkette mit bizarren Karstformationen bildet die Wasserscheide zwischen den Einzugsgebieten des

Menam Chao Phraya und des Mekong. Kurz vor KM 118 geht links ein 2,7 km langer Weg zu den **Tab Tao-Höhlen** ab, zwei Höhlentempeln.

11 km vor dem betriebsamen Städtchen **Fang** erinnert eine **Ölpumpe** daran, dass in den 1950er-Jahren im Mae Soon Oil Field Öl gefördert wurde. Mehr zu Fang s. **eXTra [2710]**.

### ÜBERNACHTUNG

**Daradalay Bann Din Farm** ⑧, ✆ 086-378 3837, 089-499 2878, 🖥 www.fb.com/daradalay. Wer in der Landidylle übernachten möchte, hat die Wahl zwischen hübschen Adobe Lehmhütten *(Baan Din)* für 2–5 Pers. und Holzhütten mit Blick auf die Felder für jeweils 1200 Baht p. P. inkl. Frühstück und Abendessen aus eigener Produktion.
**Phumanee Lahu Home Hotel** ③, in Fang, etwa 100 m östlich der Abzweigung des H1089, ✆ 053-452 875, 🖥 www.phumaneehotel.com, Karte S. 427. Zentral gelegenes Hotel mit Zimmern mit AC, guten Matratzen und etwas Lahu-Deko. Frühstück inkl. ❸.

### TRANSPORT

Vom **Busbahnhof** im Süden von **Fang** an der Hauptstraße schräg gegenüber vom Tesco Lotus nach:
CHIANG MAI, via CHIANG DAO (50 Baht, 1 1/2 Std.), mit Minibussen stdl. von 7–17 Uhr für 150 Baht in 3 Std.
THATON, mit gelben Songthaew ständig für 30 Baht, Busse alle 30 Min. von 5.30–17.30 sowie um 19.30 Uhr für 14 Baht.
Vom **Markt** nördlich des Busbahnhofs nach:
CHIANG RAI, mit Minibussen um 8 und 14 Uhr für 80 Baht in 3 Std.
Auch die Chiang Mai-Busse halten hier.

## Auf dem H1178 und H1340 zum Doi Angkhang

6 km nördlich von Chiang Dao zweigt vom H107 der H1178 nach links ab und führt über **Na Wai** und **Ban Arunothai** hinauf zum Doi Angkhang –

eine landschaftliche tolle Strecke, die besonders für (geübte) Motorradfahrer interessant ist. Die Straße verläuft durch ein malerisches, von bewaldeten Bergen umgebenes Tal und einige Shan-Dörfer. Am KM 9 bieten sich bei klarem Wetter weite Ausblicke. Am KM 13,5 passiert man eine weinrote Pagode mit Aussicht auf den Doi Chiang Dao und am KM 22 die 1,8 km westlich der Straße gelegenen **Pong Arng Hot Springs** (Eintritt 100 Baht) mit Zeltplatz.

Nach weiteren 23,5 km erreicht man das moderne Kuomintang-Dorf **Ban Arunothai** mit vielen kleinen Geschäften und ein paar Kirchen. Auf der holprigen Straße zur Grenze zu Myanmar passiert man einen großen chinesischen Friedhof und blickt auf die beeindruckende Bergkulisse. Zurück im Ort zweigt hinter dem 7-Eleven der H1340 nach Osten ab. Er windet sich steil und kurvig durch die spektakuläre, von felsigen Abhängen durchsetzte Berglandschaft des 524 km² großen **Doi Pha Hom Pok National Park** (Eintritt 300 Baht, Kinder 150 Baht). Nach 14 km passiert man in **Sinchai** einen Kontrollpunkt der Polizei und nach weiteren 4 km die Ortschaft **Thom Ngop** mit Restaurants. Hier herrschte bis in die 1980er-Jahre hinein die Kuomintang-Armee von General Li Wen Huan, die die Thais im Kampf gegen die Kommunisten unterstützte. Sein Wohnhaus wurde von einer Enkelin zu einem **Museum** und Mausoleum umgebaut, ✆ 081-950 3925, 🖥 www.kmtchiangmai.com, 🕑 Nov–Feb.

Der H1340 wird zusehends schlechter, belohnt aber mit hübschen Ausblicken auf fruchtbare Täler. Hinter **Pha Dang** bietet sich eine kurze Pause an einem der Aussichtspunkte an; am KM 27,9 mit Blick in die Schlucht oder am KM 35 mit Rundumsicht. Es tauchen die ersten Nadelbäume auf, und die Straße führt entlang einem Grat in über 1600 m Höhe. 18 km hinter Tham Ngop gabelt sich die Straße: Links geht es zur **Royal Agricultural Station Angkhang** hinab, nach rechts auf dem H1249 nach Ban Sop Kha am H107.

Für Abstecher an die Grenze zu Myanmar s. **eXTra [10089]**.

## ÜBERNACHTUNG

**Baan Famui** ⑦, am nördlichen Ortsausgang von Na Wai, westlich vom H1178, 33 km nördlich von Chiang Dao, ✆ 086-179 6300, 🖥 www.baanfamui.com. Der freundliche Franzose Damien und seine Frau Mui, eine gute Köchin, haben am Hang 4 komfortable Bungalows mit Aussicht, bequemen Matratzen, LCD-TV, Minibar, Terrasse, separater Dusche und WC erbaut. Die abgeschiedene Lage ist ideal für Ruhesuchende. Auch ein Familienbungalow und Jacuzzi. Wanderungen möglich. Abholung aus Chiang Dao, Minibar-Inhalt und Frühstück inkl. ❺

# Doi Angkhang

Ein lohnendes Ausflugsziel ist die kühle Bergwelt rings um den 1935 m hohen Doi Angkhang an der Grenze zu Myanmar. In den Dörfern der

## Ein königlicher grüner Daumen

An das Dorf Ban Khum grenzt die **Royal Agricultural Station Angkhang** ④, ✆ 053-450 107–9, 🖥 www.angkhangstation.com, Karte S. 427, das erste vom König gegründete landwirtschaftliche Entwicklungsprojekt. Auf der riesigen, 1969 eröffneten Bio-Versuchsfarm und in den Gewächshäusern werden auf 1400 m Höhe Gemüse, Früchte, Blumen, Zier- und Gewürzpflanzen aus temperierten Klimazonen auf ihre Verwendbarkeit in Nord-Thailand untersucht und bei Erfolg von Bewohnern der Nachbardörfer angebaut. Auf Bergwiesen blühen Mohn, Kornblumen, Rosen und echte Kamille sowie andere Heilkräuter. Schmuckstücke sind der Bonsai-Garten und das Gewächshaus mit seltenen Farnen. Rings um das Clubhaus kann man auf Spazierwegen durch einen Blumengarten mit kleinem Wasserfall bummeln, den lokalen Tee kosten, sich im Restaurant stärken oder sogar übernachten, ❺. Im kleinen Info-Zentrum gibt es eine Karte des Geländes. Eintritt 50 Baht, Auto 50 Baht. Mehr s. **eXTra [2713]**.

Hochtäler leben Lisu, Lahu, Akha, Shan, Hmong sowie Kuomintang-Chinesen vom Anbau von Blumen und Obst.

Spektakulär ist die Strecke über **Sinchai** (S. 433), kürzer die Anfahrt über **Ban Sop Kha**, 14 km südlich von Fang, wo der H1249 zum Doi Angkhang abzweigt. Wegen der starken Steigungen und Haarnadelkurven sollte er nur von geübten Motorradfahrern befahren werden. Nach 7 km ist das traditionelle Kuomintang-Dorf **Mae Ngon** erreicht. Nun geht es steil hinauf in die Berge. Hinter KM 15 sind einige sehr steile Haarnadelkurven zu bewältigen, bis am KM 19 die Abzweigung des H1340 nach Süden erreicht ist.

Im höchsten Dorf **Ban Khum** im engen, vom **Doi Angkhang** überragten Hochtal, leben hauptsächlich Chinesen. Die königliche königliche Versuchsfarm ist einen Abstecher wert (s. Kasten S. 433).

Von der Straße entlang der Grenze nach Norden führt eine Abzweigung zur kleinen **Angkhang-Pagode**. Am Parkplatz verkaufen Lahu-Frauen Souvenirs. Wer jenseits des Militärkontrollpunkts in **Ban No Lae** auf der schlechten, steilen Straße durch den unbewohnten Bergwald 31 km hinunter nach Fang fahren will, braucht ein geländegängiges Fahrzeug.

### ÜBERNACHTUNG

**Angkhang Nature Resort** ④, in Ban Khum nahe der Royal Agricultural Station, ☎ 053-450 110, 🖥 www.mosaic-collection.com/angkhang, Karte S. 427. Die ältere Anlage inmitten der Natur bietet 76 großzügige, mit alten Fotos dekorierte Zimmer mit Teppichboden, Wasserkocher, Kühlschrank, Föhn, Dusche oder Bad. In den komfortablen Betten liegen Heizdecken, die im Dez und Jan, wenn Minustemperaturen auftreten können, gebraucht werden. Restaurant mit Thai-Gerichten für 100–200 Baht. Touren und Infos für eigenständige Wanderungen. Fährräder 100 Baht pro Tag. Frühstück inkl. ❻

### TRANSPORT

An der Abzweigung in BAN SOP KHA können **Songthaew und Minibusse** für 1200 bzw.

1800 Baht für die Hin- und Rückfahrt gechartert werden. Wer erst am folgenden Tag zurückfährt, zahlt 200 Baht mehr.

## Thaton

Der beschauliche Ort, 23 km nördlich von Fang am Ufer des Mae Kok, liegt 2 km von der Grenze zu Myanmar entfernt. Er ist Ausgangspunkt für eine Flussfahrt oder Tour mit dem eigenen Fahrzeug durch die Berge nach Mae Salong oder Wawi.

Oberhalb des Ortes erstreckt sich auf neun Ebenen die riesige Tempelanlage des **Wat Thaton**, gekrönt von einem herrlichen, 45 m hohen Chedi, der von einem riesigen goldenen Drachen bewacht wird. Im Erdgeschoss des Chedi befinden sich verschiedene Buddhafiguren, darüber ein Meditationsraum und im Obergeschoss mit schöner Aussicht eine Reliquie Buddhas. 🕐 6.30–17 Uhr.

Am Ende der Straße thront die 10 m hohe Statue eines **stehenden Buddhas**, der entsprechend des chinesischen Feng Shui das Yang auf der 9. Ebene repräsentiert.

Dazwischen erheben sich weit sichtbar auf anderen Hügeln ein auf einer Naga-Schlange sitzender **bronzener Buddha** (Ebene 4), ein chinesischer **weißer Buddha** (Ebene 3) und oberhalb der Tempelschule die **Göttin der Barmherzigkeit**, Kuan Yin (Ebene 1). Sie ist auch über eine Treppe vom Flussufer nahe der Brücke zu erreichen.

Montagvormittag findet auf dem Platz nördlich der Brücke ein **Markt** statt.

### ÜBERNACHTUNG

#### Untere Preisklasse

€ **Apple Resort** ③, 565 Moo 14, ☎ 053-373 144, ✉ applethaton@yahoo.com. Am nördlichen Flussufer vermietet die freundliche und rüstige Thuy 9 große, lichtdurchflutete Bungalows mit AC, Kühlschrank, dicken, weichen Matratzen und hübschen Bädern mit separater Dusche. Kleinere, günstigere Häuser im Garten, die sehr alt und ungemütlich sind. Möglicherweise läuft der Pachtvertrag 2016 aus. ❷–❺

**■ ÜBERNACHTUNG**
1. Khun Mai Baan Suan Resort
2. Garden Home Nature Resort
3. Apple Resort
4. Saranya River House
5. Maekok River Village Resort
6. Old Tree's House

**■ ESSEN**
1. Thaton River View Resort Restaurant
2. Apple Resort Restaurant
3. Prasit Restaurant
4. The Coffee Mug
5. Sunshine Café
6. Pa Tio (Muslim Restaurant)

**■ SONSTIGES**
1. Taton Tour

**■ TRANSPORT**
1. Minibusse nach Mae Sai und Mae Chan
2. Songthaew nach Mae Salong, Mae Chan und Fang
3. Bushaltestelle
4. Boote nach Chiang Rai
5. Chankasem Gh. (Motorradverleih)

Stehender Buddha

Tempel

Mae Kok

Goldener Drache
Chedi

Weißer Buddha
MONTAGSMARKT
Kuan Yin-Statue
Bronzener Buddha
**Wat Thaton**

POLIZEI
TOURIST POLICE
POLIZEI
MARKT

Mae Chan (61 km),
Mae Salong (44 km)
1089

1314
Doi Pha Hom Pok

1089

Chiang Rai (80 km)

Fang (28 km),
Chiang Mai (179 km)

NORD-THAILAND

**Garden Home Nature Resort** ②, ☏ 053-373 015. Im großen Garten mit Mango- und Lychee-Bäumen stehen ein Reihenhaus mit 4 preiswerten, einfachen, aber sauberen Zimmern, zudem 18 bambusverkleidete Hütten mit AC, TV und harten Matratzen und am Flussufer 3 gemauerte, attraktive Bungalows mit AC sowie ein teures Haus mit großer Terrasse. Organisation von Bootstickets und Trekking, Motorradvermietung. WLAN im Restaurant. ❶–❺

**Mittlere und obere Preisklasse**

**Khun Mai Baan Suan Resort** ①, ☏ 053-373 214, 🖥 www.khunmaibaansuan.com. Zimmer rings um den in einer Flussschleife gelegenen großen, ruhigen Garten mit Palmen und Lychee-Bäumen. Im 2-stöckigen Haus gibt es 15 Zimmer mit kleinem Balkon, zudem nette Doppelbungalows mit TV und mit Flusssteinen dekorierten Du/WC sowie dicht aneinandergereihte Einzelbungalows. Frühstück und WLAN im Restaurant inkl. ❹–❺

**Maekok River Village Resort** ⑤, 1 km östlich von Thaton am KM 25 am Fluss, ☏ 053-053 628, 🖥 www.maekok-river-village-resort.com. Schöne Gartenanlage unter britischer Leitung mit 36 großen, modernen Zimmern in Bungalows mit hübscher Du/WC, kleinem Sofa, TV, Wasserkocher, Kühlschrank und schöner Terrasse oder Balkon. Stattlicher Pool mit Jacuzzi, Massagen. Großes Restaurant. Touren

## Von Thaton nach Chiang Rai

Gegen 12.30 Uhr legen in Thaton Boote ab, die auf dem Mae Kok, einem Zufluss des Mekong, in 3 Std. 80 km hinab nach Chiang Rai fahren. Die Bootsfahrt ist eine beliebte Alternative zur Fahrt über Mae Salong, die mit öffentlichen Verkehrsmitteln recht beschwerlich ist. Erfahrene Motorradfahrer können am Südufer Richtung Chiang Rai fahren.

In der Regenzeit ist die Fahrt auf dem dann reißenden Fluss nicht ungefährlich, in der Trockenzeit muss das Boot hingegen manchmal geschoben werden. Die lauten, kleinen Boote verfügen weder über komfortable Sitze noch über ausreichenden Sonnenschutz. Kameras und Wertsachen sollten vor Spritzwasser geschützt werden.

Lisu- und Akha-Frauen verkaufen an der Anlegestelle Handarbeiten. Unterwegs stoppen die Schnellboote nach Bedarf an Dörfern der Akha, Karen und Lahu. Etwa 20 km vor Chiang Rai sind Touristenboote unterwegs, die Tagesausflügler zu den **Pong Hot Springs** oder zum **Karen Elephant Camp Ruam Mitr** bringen. Ab 6 Pers. lohnt es sich, für 2500 Baht ein Boot nach Chiang Rai zu chartern.

und Aktivitäten, z. B. 3-stündige Kochkurse für 1100 Baht. Frühstück inkl. ❼

🧳🌳 **Old Tree's House** ⑥, am Hang 300 m östlich der Songthaew-Haltestelle, 200 m nördlich der Straße nach Mae Chan, ✆ 085-867 1348, 085-722 9002, 🖥 www.oldtreeshouse.net. Nid, eine Shan, und der Franzose Paulo vermieten in ihrer idyllischen Gartenanlage 6 nette Bungalows für 1–3 Pers. mit Himmelbetten, großem TV, Minibar, separater Dusche und WC. Ein 4-Pers.-Zimmer für 2800 Baht. Abendessen für 240 Baht, Kinder 120 Baht. Pool mit Kinderbecken. Touren, Motorradverleih. Ein Teil der Einnahmen kommt u. a. Projekten zur Unterstützung von Bergdörfern zugute. Frühstück und Wäscheservice inkl. ❺

**Saranya River House** ④, gegenüber der Bootsanlegestelle, ✆ 089-851 7072, 🖥 www.fb.com/Saranyariverhouse. Das neueste und komfortabelste Hotel im Ort bietet neben einem Pool auch übertauerte, teils etwas dunkle, in Weiß gehaltene Zimmer mit AC, LCD-TV und dicken, weichen Matratzen. Frühstück inkl. ❹–❺

### ESSEN

🧳 **Apple Resort Restaurant**, s. o. Das romantisch am Fluss gelegene Restaurant punktet mit einer großen Auswahl an leckeren Thai-Gerichten zu günstigen Preisen. Manchmal muss man etwas länger aufs Essen warten.

**Pa Tio (Muslim Restaurant)**, etwa 300 m südlich des Sunshine Cafés (nur in Thai beschildert). Offenes Restaurant mit Plastikstühlen, muslimischen Gerichten und guter *Khao Soi.*

**Prasit Restaurant**, gegenüber der fast immer geschlossenen Tourist Police. Hier gibt es einfache Thai- und chinesische Gerichte.

**Sunshine Café**, neben dem Markt, ✆ 087-501 0962. Das offene Bambushaus mit vielen Schwalben unter dem Dach ist bei Touristen beliebt. Guter Kaffee, große Frühstückskarte, Toasties, Baguettes und Burger sowie Thai-Gerichte. Zeitvergessener Service. ⏱ 8–22 Uhr.

**Thaton River View Resort Restaurant**, 500 m flussaufwärts mit Blick auf den Chedi, ✆ 053-373 173, 🖥 www.thaton-riverview-resort.chiangmai-chiangrai.com. Großes Restaurant am Fluss mit toller Sicht auf den Tempel. Leckere Thai-Gerichte, empfehlenswertes Panaeng-Curry und Grillhähnchen in üppigen Portionen.

**The Coffee Mug**, nahe der Bootsanlegestelle. Kleines, offenes Restaurant mit Espresso, Tees, Schokolade, Brot und Müsli. ⏱ außer So ab 8 Uhr.

### TOUREN

Fast alle Unterkünfte organisieren kombinierte Floß- und Trekkingtouren. Tagesausflüge mit dem Bambusfloß kosten für bis zu 6 Pers. 6500 Baht, die Floßfahrt bis Chiang Rai mit einer Übernachtung bei den Pong Hot Springs bei 2 bzw. 4 Pers. 4000 bzw. 2800 Baht p. P., ein Tag Floßfahrt und ein Tag Trekking oder alternativ nur in der Trockenzeit Floßfahrt mit 2 Übernachtungen 5000 bzw. 3800 Baht p. P.

Boote zur Grenze verlangen für bis zu 6 Pers. 600 Baht, 30 Min.

**Taton Tour**, nahe der Anlegestelle, ✆ 053-373 143, 089-851 7072, 🖥 auf Facebook. Die Bootsführer des Anbieters an der Anlegestelle sprechen kein Englisch und fahren kommerzielle Dörfer an. ⏱ 8–18.30 Uhr.

## SONSTIGES

### Geld
Geldautomaten stehen an der Hauptstraße.

### Internet
Internet in einem kleinen Café auf dem Weg zum Garden Home Nature Resort für 30 Baht pro Std.

### Motorradverleih
Motorräder werden im **Chankasem Gh.** und im **Garden Home Nature Resort** für 300–350 Baht pro Tag vermietet.

## TRANSPORT

### Busse
Von der **Bushaltestelle** nördlich der Brücke nach:
BANGKOK, um 17 Uhr für 697 Baht, VIP um 16 Uhr für 815 Baht in 14–15 Std.
CHIANG DAO, 7x tgl. für 75 Baht in 2 1/2 Std.
CHIANG MAI, um 6.25, 8, 9.25, 11.30, 13, 14.25 und 16.15 Uhr für 90 Baht in 4–5 Std. Wer aus Chiang Mai kommend am selben Tag mit dem Boot weiterreisen möchte, sollte sich früh auf den Weg machen.

### Minibusse
Von der Haltestelle, ✆ 084-809 6297, neben der Polizei nördlich des Flusses nach:
MAE SAI, via MAE CHAN (1 Std.), um 8 und 14 Uhr in 1 1/2–2 Std. Von Mae Chan gelangt man weiter nach CHIANG RAI.

### Songthaew
Von der Haltestelle östlich der Bushaltestelle verkehren gelbe Songthaew nach:
FANG, von 5.30–16 Uhr etwa alle 20 Min. bei genügend Passagieren für 30 Baht. Man kann auch entlang der Hauptstraße zusteigen.

MAE SALONG, via KIU SADAI (1 Std., 30 Baht), 3x tgl. von 8.30–12.30 Uhr für 60 Baht in 1 1/2–2 Std.

### Boote
Von der Anlegestelle, ✆ 053-053 727, ⏱ ab 8 Uhr, nach CHIANG RAI, gegen 12.30 Uhr für 350 Baht in 3 Std. Zurück gegen 10.30 Uhr. Bei ausreichend Passagieren fahren weitere Boote.
Ein gechartertes Boot nach CHIANG RAI vorbei an MAE SALAK (800 Baht) und RUAM MITR (1800 Baht) kostet 2500 Baht.

# Von Thaton nach Mae Salong

Die modernen, von Chinesen, Lisu und Akha bewohnten Dörfer im Tal des Kok sind von Gemüsefeldern und Obstplantagen umgeben. Östlich von Thaton kann am KM 184,7 in Huai Nam Yen die große Orangenplantage **Thanathon Orchard**, 🖥 www.tntorchard.com, besichtigt werden, eine Rundfahrt kostet 40 Baht. Da nicht nur frisch gepresster Saft, sondern auch Thai-Gerichte an-

### Ein sozialverträgliches Dorfprojekt

Eine Alternative zum kommerziellen Ethnotourismus ist das Akha-Dorf **Ban Lorcha**, ein als Entwicklungsprojekt initiiertes „Living Museum", ✆ 053-719 167, 🖥 www. pda.or.th/chiangrai/ban_lorcha.htm, am KM 209,5. An der Straße werden Besucher von einem (leider nicht englischsprachigen) Dorfmitglied in Empfang genommen und in einer halbstündigen Tour durch die Siedlung geführt – ohne bettelnde Kinder oder aufdringliche Verkäuferinnen. Sie werden von einer Tanzgruppe begrüßt, können beim Spinnen, Weben, Fallenstellen und Schmieden zusehen und erhalten an einem Dutzend Stationen mit bereits etwas verblichenen englischen Infotafeln einen Einblick in den Alltag der Akha und ihre Traditionen. Den Abschluss bilden ein Tässchen Tee und die Möglichkeit, Schmuck und Taschen im Akha-Stil zu kaufen. Eintritt 50 Baht.

**NORD-THAILAND**

geboten werden, ist sie ein beliebter Stopp zum Mittagessen. ⏰ 8–17 Uhr.

Nicht zu übersehen sind die drei gigantischen weißen Statuen am KM 196. In trauter Dreisamkeit thronen Buddha, Kuan Yin, die Göttin der Barmherzigkeit, und König Rama I. über der Straße. Am KM 210 ist die Abzweigung nach Mae Salong erreicht.

# Mae Salong (Santikhiri)

Das nach wie vor verschlafene Dorf auf einem Kamm mit freiem Blick in alle Richtungen scheint geradewegs aus Südchina „importiert". Die einst im Windschatten des 1355 m hohen Doi Mae Salong erbauten Lehm- und Holzhäuser sind durch mit chinesischen Ornamenten und goldenen Schriftzeichen verzierte Neubauten ersetzt worden.

Der Ort erfreut sich bei chinesischen Touristen großer Beliebtheit. Zum Standardprogramm gehören der Besuch einer Teefabrik und eines Yunnan-Restaurants sowie des **Mausoleums** des Generals der 93. Division Duan Shi Wen und des **Chinese Martyrs' Memorial Museums** am südlichen Ortseingang. Das pompöse Gebäude präsentiert einen euphemistisch verklärten Abriss der Geschichte der Kuomintang-Truppen auf Englisch sowie viele Fotos. Keine Erwähnung finden der Drogenhandel der Generäle und die Kriege zwischen den Warlords. Eintritt 20 Baht.

Noch vor Sonnenaufgang kommen Akha- und Lisu-Frauen zum **Morgenmarkt** im Ortszentrum. Der **Nachmittagsmarkt** mit Souvenirständen am westlichen Ortsausgang wird weitgehend von Chinesen bestimmt, die traditionelle Medizin, Kräuterschnaps, Trockenfrüchte und -pilze, Tee und andere Spezialitäten offerieren.

Die **Moschee** zeigt an, dass es hier eine moslemische Gemeinde gibt. Sie rekrutiert sich z. T. aus birmanischen Flüchtlingen. Zum anderen gab es in Yunnan moslemische Händler, die ursprünglich aus Zentralasien stammen und mit den Kuomintang-Einheiten das Land verlassen mussten.

Den Ort überragt auf 1269 m Höhe die goldglänzende **Pagode** am oberen Hang des **Doi Mae Salong**, zu der eine 3,7 km lange, steile

Straße westlich vom Khum Nai Phol Resort hinaufführt. Eine weitere Straße zweigt kurz vor dem Mae Salong Resort, das früher ein Kuomintang-Ausbildungslager war, ab und endet am Fuße einer Treppe mit 713 Stufen. Auf dem Weg kommt man an einem Tempel mit einer wunderschönen, kleinen **Kuan Yin-Pagode** vorbei. Von oben blickt man hinab auf die Siedlung und Hänge mit Maisfeldern, Tee- und Obstplantagen. Von Dezember bis Februar setzen bis zu 6 m hohe flammend-rote Weihnachtssterne und ein Meer rosaroter japanischer Kirschblüten farbige Akzente.

## ÜBERNACHTUNG

Viele Unterkünfte sind auf chinesische Reisegruppen eingestellt. Zudem finden sich einige preiswerte Gh. Im Winter wird es ziemlich kalt, daher haben alle Unterkünfte Warmwasser. In den Sommermonaten bieten viele kräftige Preisnachlässe an. Karte S. 439.

### Untere Preisklasse

**Baan See See** ⑤, im Zentrum, ☎ 053-765 053, 081-8828463, 🖥 www.baan seesee.com. Der freundliche Herr Juang hat um einen kleinen Garten 12 betonierte, saubere Zimmer mit dicken Matratzen, TV und Du/WC in Doppelbungalows am Hang erbaut, teils mit Aussicht ins Tal. Oben an der Straße zudem ein großer Neubau mit 14 modernen, geräumigen und komfortablen Zimmern im Beton-Stil mit LCD-TV. ❸–❹

**Little Home Gh.** ①, im Zentrum nahe dem Markt, ☎ 053-765 389, 🖥 www.maesalonglittle home.com. 9 gepflegte, saubere Bungalows im Garten hinter dem Haus mit guten Matratzen und TV, teurere mit AC und Kühlschrank. Eine Erweiterung um 7 Zimmer ist geplant. Restaurant mit Yunnan-Gerichten, ⏰ 7–10 und 17–22 Uhr. Der hilfsbereite, freundliche Som Boon hat auch eine Karte der Stadt und Umgebung. Frühstück 40 Baht. ❸

**Shin Sane Gh.** ②, im Zentrum neben dem Markt, ☎ 053-765 026, 087-185 1987, 🖥 www. maesalong-shinsane.blogspot.de. Im Garten von Herrn Ho stimmen Preis und Leistung: 10 kleine, ältere, einfache Bungalows mit Platz

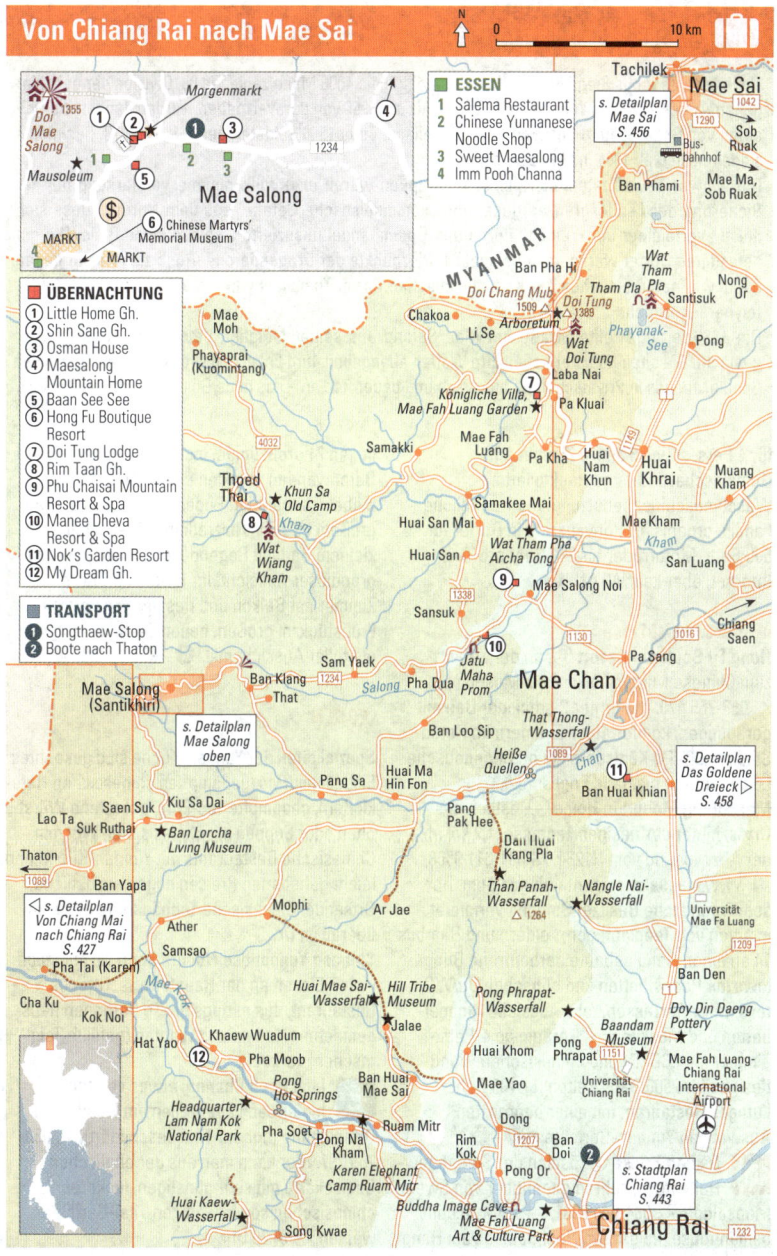

# Von Chiang Rai nach Mae Sai

**N** | 0      10 km

## Mae Salong (Detailkarte)

Morgenmarkt

Doi Mae Salong 1355

Mausoleum

Mae Salong

MARKT · MARKT

Chinese Martyrs' Memorial Museum

### ▣ ESSEN
1 Salema Restaurant
2 Chinese Yunnanese Noodle Shop
3 Sweet Maesalong
4 Imm Pooh Channa

### 🟥 ÜBERNACHTUNG
1 Little Home Gh.
2 Shin Sane Gh.
3 Osman House
4 Maesalong Mountain Home
5 Baan See See
6 Hong Fu Boutique Resort
7 Doi Tung Lodge
8 Rim Taan Gh.
9 Phu Chaisai Mountain Resort & Spa
10 Manee Dheva Resort & Spa
11 Nok's Garden Resort
12 My Dream Gh.

### ▣ TRANSPORT
1 Songthaew-Stop
2 Boote nach Thaton

**NORD-THAILAND**

s. Detailplan Mae Sai S. 456

Tachilek · Mae Sai

MYANMAR

Sob Ruak

Busbahnhof

Ban Phami

Mae Ma, Sob Ruak

Wat Tham Pla

Nong Or

Santisuk

Pong

Ban Pha Hi

Doi Chang Mub 1509

Chakoa

Li Se

Tham Pla

Doi Tung 1389

Arboretum

Phayanak-See

Wat Doi Tung

Laba Nai

Pa Kluai

Königliche Villa, Mae Fah Luang Garden

Mae Fah Luang

Pa Kha

Huai Nam Khun

Huai Khrai

Muang Kham

Samakki

Samakee Mai

Mae Kham

Mae Moh

Phayaprai (Kuomintang)

Thoed Thai

Khun Sa Old Camp

Wat Wiang Kham

Huai San Mai

Huai San

Wat Tham Pha Archa Tong

Mae Salong Noi

San Luang

Chiang Saen

Sansuk

Jatu Maha Prom

Mae Chan

Pa Sang

Mae Salong (Santikhiri)

s. Detailplan Mae Salong oben

Ban Klang

That

Sam Yaek

Pha Dua

Salong

Ban Loo Sip

That Thong-Wasserfall

s. Detailplan Das Goldene Dreieck ▷ S. 458

Heiße Quellen

Ban Huai Khian

Pang Sa

Huai Ma Hin Fon

Kiu Sa Dai

Saen Suk

Suk Ruthai

Ban Lorcha Living Museum

Pang Pak Hee

Dan Huai Kang Pla

Thaton

Ban Yapa

s. Detailplan Von Chiang Mai nach Chiang Rai S. 427

Mophi

Ather

Samsao

Ar Jae

Than Panah-Wasserfall 1264

Nangle Nai-Wasserfall

Universität Mae Fa Luang

Ban Den

Pha Tai (Karen)

Cha Ku

Kok Noi

Hat Yao

Khaew Wuadum

Pha Moob

Huai Mae Sai-Wasserfall

Hill Tribe Museum

Jalae

Pong Phrapat-Wasserfall

Baandam Museum

Doy Din Daeng Pottery

Headquarter Lam Nam Kok National Park

Pong Hot Springs

Ban Huai Mae Sai

Mae Yao

Pong Phrapat

Universität Chiang Rai

Mae Fah Luang-Chiang Rai International Airport

Pha Soet

Pong Na Kham

Ruam Mitr

Huai Khom

Dong

Rim Kok

Ban Doi

s. Stadtplan Chiang Rai S. 443

Huai Kaew-Wasserfall

Song Kwae

Karen Elephant Camp Ruam Mitr

Pong Or

Buddha Image Cave

Mae Fah Luang Art & Culture Park

Chiang Rai

Nach Mao Zedongs Sieg über die **Kuomintang** floh die 4000 Mann zählende 93. Division der geschlagenen Armee 1949 aus Yunnan nach Birma. Als sie 1956 von dort vertrieben wurden, fanden die Soldaten von **General Tuan Shi-wen** Asyl in Thailand. Etwa 1500 Soldaten des 709. und 278. Regiments siedelten sich ab 1961 in Mae Salong an.

Die schwer bewaffneten, disziplinierten Truppen waren eine willkommene Verstärkung bei der Sicherung der Landesgrenzen gegen die „kommunistische Gefahr" aus dem Norden. Dass sich diese „Verteidiger der Freiheit" durch den Opiumhandel finanzierten, spielte keine Rolle. Die gut befestigten Dörfer waren uneinnehmbare Stützpunkte der Drogenbarone. Auch zum Kampf gegen die bewaffneten Einheiten der Kommunistischen Partei Thailands wurden die Kuomintang-Soldaten herangezogen.

Die 1986 fertiggestellte Straße hat Mae Salong aus seiner Isolation befreit und kontrollierbar gemacht. Die alten Kämpfer haben ihre Waffen abgegeben. Ihre Enkel und Urenkel lernen Thai in der Schule, abends in Privatschulen Chinesisch und bauen Tee an – das neue Gold im Goldenen Dreieck.

für 4 Pers. sowie 3 ältere Zimmer mit Gemeinschafts-Du und Hocktoilette. Waschmaschinenbenutzung. Die freundliche Familie organisiert Ponyausritte in Dörfer für 500 Baht. Motorräder für 200 Baht pro Tag, Internet, aber kein WLAN. ❶

### Mittlere Preisklasse

**Hong Fu Boutique Resort** ⑥, an der Zufahrt zum Chinese Martyrs' Memorial Museum, ☏ 053-765 479. Moderner 2-stöckiger Bau mit geräumigen, komfortablen Zimmern im Beton-Stil mit LCD-TV, Kühlschrank und Regendusche. Leider spricht niemand Englisch. ❺

**Maesalong Mountain Home** ④, östlich des Ortes, hinter der riesigen Teetasse, 1,2 km ab der Abzweigung vom H1234, ☏ 084-611 9508, 🖳 www.maesalongmountainhome.com. Der sehr freundliche Besitzer Somchit vermietet inmitten von Teeplantagen, Feldern und Bambus 14 an einen Hang gebaute, farbenfrohe Bungalows mit Podestbetten und hübschen Du/WC, teils große Terrassen, tolle Aussicht, Himmelbetten und Moskitonetz. Geräumige 4-Pers.-Zimmer mit LCD-TV und chinesischen Wanddesigns für 2500 Baht. Zelten für 100 Baht. Luftiges Restaurant mit einer begrenzten Auswahl an Yunnan-Gerichten. ❹ – ❻

🏨 **Osman House** ③, östlich der Songthaew-Haltestelle, schräg gegenüber von Sweet Maesalong, ☏ 084-045 8031, 🖳 www.fb.com/osmanhouse. Im großen Neubaublock am Hang

liegen 21 großzügige, moderne Zimmer mit Betonwänden, dunklen chinesischen Holzmöbeln, bequemen Podestbetten, Kühlschrank, großem LCD-TV, Heizradiator, Teekocher und kleinem Bad mit Regendusche sowie teils mit grandioser Aussicht. Im 1. Stock größere Zimmer mit Balkon und riesiger Fensterfront. Frühstück im großen, neuen Teehaus nebenan mit toller Aussicht inkl. ❹ – ❺

### ESSEN

Spezialitäten der Yunnan-Küche sind gekochtes Eisbein mit *Pao* (gedämpften chinesischen Hefeklößen), gedämpfte Tee-Ente, gebratene Würstchen oder Suppen mit chinesischen Wurzeln. Chinesische Restaurants mit Yunnan-Küche und leicht gehobenen Preisen liegen am östlichen Ortsende. Chinesische **Teehäuser** finden sich überall im Ort.

**Chinese Yunnanese Noodle Shop**, 50 m östlich vom 7-Eleven an der Hauptstraße. Offenes Restaurant, das mittags große Portionen hausgemachter Nudeln und Wantan (gefüllte Teigtaschen) verkauft.

€ **Imm Pooh Channa**, etwas versteckt hinter den Ladenzeilen am westlichen Ortseingang (nur auf Thai beschildert), ☏ 053-765 297. Hier kann man aus der englischen Speisekarte mit sehr günstigen, leckeren chinesischen sowie wenigen Thai-Gerichten wählen. ☉ 8–20 Uhr.

**Salema Restaurant**, mitten im Ort, ☎ 053-765 088. Seit 1965 bestehender Familienbetrieb mit moslemischer Yunnan-Küche und englischer Speisekarte. Gut sind das Curry im Yunnan-Stil mit Pao, der scharfe Salat mit schwarzen eingelegten Hundert-Jahre-Eiern oder das Hühnchen in Bambussuppe. Beliebt zur Mittagszeit. ⏲ 8.30–20 Uhr.

🧳 **Sweet Maesalong**, etwas östlich des Zentrums, schräg gegenüber vom Osman House, ☎ 083-096 7777, 🖥 www.fb.com/sweet maesalong. Kleines Haus aus Naturmaterialien mit 2 Terrassen und tollem Blick über das Tal. Mee und Ton aus Bangkok servieren leckere, hochwertige Kuchen, die ihren Preis wert sind. Zudem Frühstück, Panini und einige Thai-Gerichte. Gute Kaffee- und Teeauswahl sowie Cocktails und frisch gepresste Säfte. ⏲ 8.30–17 Uhr, manchmal geschl.

### EINKAUFEN

Geschäfte im Ort offerieren grünen Tee, Teekannen und -tassen, kandierte Früchte, getrocknete Pilze und andere chinesische Lebensmittel in großer Vielfalt.
Jeden Sa findet ein großer **Wochenmarkt** am westlichen Ortseingang statt, auf dem auch kunsthandwerkliche Produkte der Bergvölker verkauft werden.

### TRANSPORT

Nach CHIANG RAI und MAE SAI geht die Fahrt über Pa Sang am H1, 2 km nördlich von Mae Chan. Dort in einen Bus umsteigen.
MAE CHAN, 38 km, mit Songthaew von 7–15 Uhr alle 2 Std. für 60 Baht in 1 1/2 Std.
THATON, mit Songthaew von 8.20–14.20 Uhr alle 2 Std. für 60 Baht in 1 1/2–2 Std.

## Von Mae Salong zur Grenze im Norden

Der H1234 schlängelt sich steil hinauf durch vereinzelte Bambushaine und über einen Grat, der weite Ausblicke ins Tal gewährt. Kurz vor Ban Klang bietet am KM 18,1 ein **Viewpoint** eine schöne Aussicht Richtung Osten.

Hinter **Sam Yaek** zweigt eine Straße zum 14 km entfernten Verwaltungszentrum **Thoed Thai** ab. Südlich der Stadt am KM 11,3 geht es 1 km hinauf zum **Wat Wiang Kham** mit einem großen Bronzebuddha. Darunter stehen in friedlicher Eintracht Buddhas im chinesischen und indischen Stil sowie tibetische Gebetstrommeln und im symmetrisch angelegten Orchideengarten im hinteren Bereich fünf Meditationspavillons.

Vom KM 12,1 hinter dem Markt ist es 1 km bis zum **Khun Sa Old Camp**. Dort hatte der Shan-Opiumkönig Khun Sa sein Hauptquartier, bis er 1982 von der thailändischen Armee in das Grenzgebiet nördlich von Mae Hong Son vertrieben wurde. In den einstigen Wohnquartieren neben seiner lebensgroßen Reiterstatue wurde ein kleines Museum eingerichtet, für das die vis-à-vis wohnende Familie den Schlüssel hat. Manchmal führt ein Guide durch die Ausstellung. Zu sehen sind Fotos, Bilder und eine lebensgroße Figur von Khun Sa zu Tisch, Bilder von Soldaten, Shan-Fürsten und Freiheitskämpfern. Auf einer großen Karte sind die Bodenschätze eingezeichnet, u. a. Mohn (Poppy); eine weitere zeigt die Verbreitung von 14 Volksgruppen im Shan-Staat. Fast alle Texte sind nur auf Thai.

Zur Grenze nimmt man die 13 km lange Strecke auf dem H4032 bis nach **Mae Moh** oder die schmalere Straße 30 km weiter bis nach **Hua Mae Kham**.

### Khun Sa, der Opiumkönig

Der legendäre Anführer der **Shan United Army** kämpfte jahrzehntelang von Thailand aus mit einer schlagkräftigen Armee für die Unabhängigkeit der Shan-Staats, finanziert durch den Opiumanbau und Heroinschmuggel. Seine Armee kontrollierte einen großen Teil der weltweiten Opiumproduktion. Im Januar 1996 kapitulierte Khun Sa und lieferte seine 15 000 Soldaten an die Regierung von Myanmar aus. Er selbst konnte in Yangon unter dem Schutz der Militärjunta weiterhin seinen Geschäften nachgehen. Dort starb er im Oktober 2007.

## ÜBERNACHTUNG

**Rim Taan Gh.** ⑧, westlich der Hauptstraße, ✆ 053-730 209, 081-961 6961, Karte S. 439. John, der in den 1960er-Jahren mit den Hmong in Laos gekämpft hat, vermietet 14 saubere, kleine Bungalows mit AC und TV in einem hübschen Garten am Fluss. Restaurant. ❶–❷

# Auf dem H1234 nach Osten

Auf dem H1234 nach Mae Chan liegt 6 km hinter Sam Yaek zwischen brandgerodeten Hügeln unterhalb der Straße das Yao-Dorf **Pha Dua**, in dem Kaffee angebaut wird und Frauen Stickereien anfertigen.

Eine 34 km lange Nebenstraße (H1338) führt durch mehrere Bergdörfer hinauf zum Doi Tung (S. 452). Weiter auf dem H1130, erreicht man **Pa Sang** am H1, nördlich von Mae Chan.

Am KM 10,2, direkt vor dem Manee Dheva Resort, zweigt ein 1,5 km langer Feldweg zur 500 m tiefen Meditationshöhle **Jatu Maha Prom** (ausgeschildert als „Cave Temple") ab, die in der Regenzeit von einem Fluss durchspült wird. Gegen eine Spende führt der etwas Englisch sprechende Mönche durch die lehmig-glitschige Höhle.

## ÜBERNACHTUNG

Karte S. 439.
**Manee Dheva Resort & Spa** ⑩, südlich des H1130 am KM 9,9, südwestlich der Abzweigung zum Katiliya und Phu Chaisai Resort, ✆ 095-576 4690, 🖵 www.maneedhevaresort.com. Vom 2-stöckigen Haupthaus mit Dachpool und Restaurant führt ein Kiesweg zu 10 geräumigen Villen inmitten von Reisfeldern, die hohe Fensterfronten, schöne Möbel und Marmor-Bäder, jedoch nur teils gute Aussicht und wenig Atmosphäre bieten – schick, aber recht einsam. Spa. Frühstück inkl. ❼

🌳 **Phu Chaisai Mountain Resort & Spa** ⑨, am Ende einer 2 km langen Zufahrt vom KM 7,5 bei Mae Salong Noi, ✆ 053-910 500, 🖵 www.phu-chaisai.com. Das gärtnerisch gepflegte, idyllische Bergresort mit schöner Aus-

sicht bietet 35 geräumige Zimmer in überwiegend aus Naturmaterialien gestalteten, lehmverputzten Häusern mit viel Bambusinterieur, Du und Bad/WC, älterer AC und teils Balkon. Zudem 15 Villen mit großer Badewanne und kleinem Pool. Restaurant mit Bio-Zutaten aus den Gärten. Das Personal stammt aus den umliegenden Dörfern. Bar, Pool und Spa. Frühstück und WLAN im Eingangsbereich inkl. ❼–❽

# Chiang Rai und Umgebung

Die nördlichste Provinzstadt erwachte in den 1980er-Jahren nach dem Bau der Schnellstraße Richtung Chiang Mai aus ihrem Dornröschenschlaf. Dabei wurde sie bereits 1262 gegründet und ist somit älter als Chiang Mai. Mittlerweile hat Chiang Rai gut 70 000 Einwohner, und es gibt Flugverbindungen nach Bangkok.

Der **Goldene Uhrturm** im Zentrum wurde vom selben Künstler gestaltet, der das Wat Rong Khun (S. 445) entwarf. Um 19, 20 und 21 Uhr beschallt er 15 Min. lang die Umgebung mit Musik und erstrahlt in bunten Farben.

Das westlich gelegene, 1839 erbaute **Wat Mung Muang** überzeugt vor allem mit seinem goldenen, reich verzierten Äußeren und einer über 600 Jahre alten, hochverehrten Buddhastatue. Einen Block weiter südlich steht der mit über 700 Jahren älteste Tempel der Stadt, das **Wat Ming Muang** mit birmanischen und Shan-Einflüssen sowie einem hübschen hölzernen Viharn. Der Tempel ist König Mengrais Mutter gewidmet.

An die über 750 Jahre lange Geschichte der von König Mengrai aus Chiang Saen gegründeten Stadt erinnert die **Mengrai-Statue** an der Ortsumgehung östlich des Zentrums. Von hier eroberte Mengrai das alte Mon-Reich Haripunchai, das seit dem 8. Jh. das bedeutendste kulturelle Zentrum im Norden war. Mengrais Asche ist nordwestlich des Zentrums in einem Stupa im **Wat Doi Ngam Muang** beigesetzt, zu dem eine von Naga-Schlangen flankierte Treppe führt.

Vom Doi Thong, einem Hügel im Nordwesten der Stadt, hat man zum Sonnenuntergang eine schöne Aussicht. Am über tausend Jahre alten **Wat Phra That Doi Chom Thong** steht der phal-

# Chiang Rai

N
0         400 m

*Mae Kok*

1211

**1** Mae Fah
Luang-Brücke,
Singha Park

**Wat Phra
That Doi
Chom Thong**

Kraisorasit Rd.

Tha Nam   Rd.

Kohloy

Sai Thong Rd.

Rong Tom Rd.

**1**

**1, 1,**
Mae Sai,
Chiang Saen,
Baandam
Museum,
Immigration

**2**

**Wat
Doi Ngam
Muang**

Ratchdat Damrong Rd.

**Wat
Phra
Kaew**

Overbrook
Hospital

**Wat
Phra
Sing**

Singhakai
POLIZEI

**History of
Chiang Rai
Museum**

Ruang Nakhon Rd.

**Wat
Sibunruang**

Wisetwang Rd.

Srigird

Mengrai-
Statue

ESSENS-
MARKT

Alter
Uhrturm

Utarakit

**Wat
Klang
Wiang**

Rattanaket

**Hilltribe Museum
and Handicraft Centre**

**4**

Ngam

Utarakit Rd.

Tirat

**3**

MARKT

Suksathit

Sankhongnoi

**Wat
Mung Muang**

Tanalai

**3**

WALKING STREET (Sa)

**2**

**Learning Center
of 30 Tribes**

Pratu Chiang Mai   Rd.

Muang

**Wat
Ming Muang**

Banpharprakan Rd.

**3**

Goldener
Uhrturm

**2 5**

Banpharprakan

**4**

**Wat
Sri Kerd**

Paholoyothin

Baworba   Rd.

**5**

**4**

Jet Yod

**5**

**6**

BLUMEN- UND
FRUCHTEMARKT

MARKT

Jet Yod   Rd.

Chao   Chai   Rd.

**8**

Soi 1

Soi 4

**Oub Kham Museum,
Mae Fah Luang Art &
Culture Park**

**SANKHONG HAPPY
STREET (So)**

Sanambin

**3**

**Wat
Jet Yod**

**11**

Chiang Rai
Hospital

Sankhongnoi   Rd.

Sathonpayaban

**12**

**7**

NIGHT
BAZAAR

**6**

Prasopsuk

**8**

**9**

Rd.

**7**

**7**

Sanpanard Rd.

**9**

Paholoyothin

**10**

**9**

Super Highway

**13**

Rd.

**4, 8**
Wat Rong Khun,
Chiang Mai,
Lampang

1

lusförmige, als Wohnsitz von Geistern verehrte Stadtpfeiler **Lak Muang**.

Südlich der zentralen Banpharprakan Road erstreckt sich der große **Blumen- und Früchtemarkt** *(Talat Klang)* bis dicht an den abends belebten, touristischen Night Bazaar.

## Wat Phra Kaew

Das **Wat Phra Kaew**, 🖳 www.watphrakaew-chiangrai.com, in der Trirat Road im Nordwesten des Zentrums wurde in seiner jetzigen Form unter König Phra Muang Kaew (1495–1526) errichtet und ist der wichtigste Tempel der Provinz. Es erhielt seinen Namen, nachdem man 1434 im Chedi des vorangegangenen Wat Pa Yiah den Smaragd-Buddha (s. Kasten S. 145), das nationale Heiligtum, entdeckt hatte, der heute im Wat Phra Kaew in Bangkok verehrt wird. Eine Kopie aus 300 kg kanadischer Jade erhielt einen würdigen Platz in einem Neubau, an dessen Wänden man die ereignisreiche Geschichte des Originals verfolgen kann. Ausdrucke erläutern die Wandbilder auch auf Englisch. Vor dem Neubau thront eine lebensgroße, grüne Statue von König Mengrai. Ein Museum mit den schönsten Spenden befindet sich in einer hohen, zweistöckigen Halle aus dunklem Edelholz mit vergoldeten Schnitzereien. ⊕ 9–17 Uhr, Eintritt frei.

## Museen

Im kleinen, empfehlenswerten **Hilltribe Museum and Handicraft Centre**, 620/25 Tanalai Rd. (dritter Stock), ✆ 053-740 088, 🖳 www.pdacr.org/hilltribe-museum/general-information.html, vermitteln eine Ausstellung und eine PowerPoint-Präsentation in deutscher Sprache einen Überblick über sechs Bergvölker und ihr traditionelles Handwerk. Der alte Webstuhl wird noch oft benutzt. Das Museum wird von der Population and Community Development Association (PDA) geleitet, die auch das zugehörige Restaurant betreibt, sozialverträgliche Touren anbietet (S. 449) und Projekte zur Aids-Prävention, Wasserversorgung und Familienplanung der Bergvölker unterstützt. Im kleinen Shop können OTOP-Produkte und Kunsthandwerk gekauft werden. ⊕ 8.30–18, Sa und So 10–18 Uhr, Eintritt 50 Baht inkl. Kaffee.

Südwestlich des Museums erfreuen müde Augen bunte Blumenbeete auf dem ehemaligen Gefängnisgelände. Der dortige Nachbau eines großen, hölzernen Langhauses entpuppt sich als **Learning Center of 30 Tribes** mit 60 in der jeweiligen Männer- und Frauentracht kostümierten Puppen und Kunsthandwerk von 30 Volksgruppen der Region, die in englischen Steckbriefen vorgestellt werden. ⊕ 8.30–16.30 Uhr, Eintritt frei.

Das nordwestlich in einem Neubau in der Utarakit Road gelegene **History of Chiang Rai Museum** führt zwar minutiös detaillierte Infos zur Geschichte der Stadt und einzelner Distrikte auf, kann mit den knappen englischen Erläuterungen und leeren Dioramen jedoch kaum überzeugen. ⊕ Di–So 9–17 Uhr, Eintritt frei.

## Außerhalb
### Mae Fah Luang Art & Culture Park

Am Mae Kok, den einige schöne alte Alleebäume säumen, gelangt man von Chiang Rai Richtung Westen, vorbei an der Mae Fah Luang-Brücke, zum **Mae Fah Luang Art & Culture Park**, ✆ 053-716 605, 🖳 www.maefahluang.org/rmfl. Über eine mit Teakschindeln überdachte Brücke aus alten Schwellen geht es zum beeindruckenden Haw Kham, dem Nachbau einer Lanna-Thronhalle aus dem Holz 32 alter Häuser. Sie bietet antiken Holzgegenständen aus nordthailändischen Tempeln einen würdigen Ausstellungsraum. Im Zentrum stehen eine riesige Buddhastatue, die aus einem 500 Jahre alten Teakbaum geschnitzt wurde, und ein ungewöhnlicher, über 300 Jahre alter Holz-Buddha aus Phrae. Durch einen Garten erreicht man die Ausstellungshalle Haw Kaew mit wunderbar präsentierten Kunstwerken, Ritual- und Alltagsgegenständen aus Edelhölzern. ⊕ Di–So 8–16 Uhr, Eintritt 200 Baht, Kinder 150 Baht.

### Oub Kham Museum

Das Museum in der Na Khai Road, der verlängerten Sankhongnoi Road, ✆ 053-713 349, 🖳 www.oubkhammuseum.com, zeigt prunkvolle Schätze aus Lanna und anderen Thai-Städten in Süd-China sowie den Shan-Gebieten in Myanmar, Laos und Vietnam. Die einmalige Sammlung von Gold- und Silberornamenten sowie Besitztümern der Fürsten, bis zu tausend Jahre alten Buddhastatuen sowie kunstvollen Textilien rechtfertigt den hohen Eintrittspreis. Beeindruckend ist der goldene Thron des Shan-Herr-schers von Kengtung. ☼ 8–18 Uhr, Eintritt 300 Baht, Kinder 200 Baht.

## Baandam Museum

Das „Schwarze Haus", ✆ 053-705 834, 🖥 www.thawan-duchanee.com, ist das großartige Lebenswerk des 2014 verstorbenen Künstlers Thawan Duchanee. Seine düsteren, großformatigen Bilder hängen in der Galerie aus. Im angrenzenden Park hat er archaische Skulpturen und in Schwarz gehaltene, mit Schnitzereien verzierte Häuser erbaut. Er griff dabei die Architektur von Tempeln und Reisspeichern auf, überhöhte sie und füllte Räume mit einer teils schockierenden Sammlung von Häuten, Fellen, Skeletten, Schädeln, Geweihen und Hörnern, aus denen er sogar Möbel gestaltete. Dazwischen stehen Buddhaskulpturen und Schnitzereien, Silberschalen und andere Antiquitäten. Vom H1 am KM 942,7 hinter der Universität Richtung Westen der Ausschilderung folgen. ☼ 9–12 und 13–17 Uhr, Eintritt frei.

## Singha Park

Der weitläufige, 10 km westlich der Stadt am H1211 gelegene Singha Park, 🖥 www.singhapark.com, lockt mit seiner Mischung aus Bio-Farm, der größten Teeplantage Thailands, gepflegten Landschaftsgärten, einem Tierpark mit Giraffen und Zebras und Sportanlagen viele Einheimische an. Besonders am Wochenende und Feiertagen kann es voll werden. Auf dem von der ältesten Brauerei des Landes unterhaltenen Gelände wird Bio-Obst und -Gemüse sowie Oolong-Tee angebaut, in den Wintermonaten erstrahlen Felder voller bunter Blüten, eine hervorragende Kulisse für kitschige Erinnerungsfotos.

Man kann joggen, auf einem 8 km langen Radweg mit Mieträdern entlangfahren, die Kletterwand bezwingen, picknicken oder die parkeigene Zipline entlanggleiten. Ein riesiges Restaurant und zahlreiche Souvenirstände komplettieren das recht kommerzielle Angebot. Kostenlose Farmtouren in offenen Bussen starten von 9–17 Uhr alle 20 Min. ☼ 9–18 Uhr, Eintritt frei.

## Ein Traum in Weiß voller Symbolik

**Wat Rong Khun** (White Temple), 🖥 www.watrongkhun.org (nur in Thai), ist der seit Baubeginn 1998 wahr werdende Traum des landesweit bekannten Künstlers Ajarn Chalermchai Kositpipat. Tausende Besucher bestaunen Tag für Tag die Detailfülle des einmaligen Tempels. In der Sonne funkelt die weiße Fassade des Wats, das sich im Wasser spiegelt. Im Inneren erblickt man zuerst das riesige Buddhabild auf einer goldenen Wand, vor der eine weiße Buddhastatue aus Marmor zu schweben scheint. Gegenüber thematisiert ein fantastisches, stetig erweitertes Wandgemälde rings um die Eingangstüren die Dämonen unserer Welt: den Krieg der Sterne, den 11. September, die Abhängigkeit von Erdöl, Alkohol und Markenwaren sowie die Macht der Waffen – einschließlich Superman, Kung Fu Panda, Avatar, Batman und den Angry Birds. Inmitten der Dämonen und Fratzen tauchen vereinzelt lichte Gestalten und Symbole des Buddhismus auf. Viele der umliegenden jüngeren Bauten wirken neben dem prunkvollen Hauptgebäude geradezu spartanisch. Rege Bautätigkeit zeigt an, dass noch Großes in Planung ist.

2013 wurde die Anlage durch ein Erdbeben beschädigt und anschließend wieder komplett in Stand gesetzt. Ein weiteres Beben am 5. Mai 2014 verursachte wieder größere Schäden, so brachen Spitzen am Hauptgebäude ab, und auch die berühmten Wandgemälde wurden in Mitleidenschaft gezogen. Chalermchai entschied sich diesmal, die Schäden nicht zu beheben, sondern als Symbol der Vergänglichkeit bestehen zu lassen.

Vorbei an den beachtenswerten Toiletten, geht es zur **Hall of Masterworks**, einer Galerie, in der viele teils surreale, buddhistische Malereien des Künstlers präsentiert werden. Im Shop kann man Drucke und Souvenirs erstehen.

Zum Tempel geht es 12 km südlich von Chiang Rai vom H1 am KM 919 kurz auf den H1208 ab. ☼ 8–17 Uhr, Eintritt frei. Anfahrt mit blauen Songthaew ab dem Markt am alten Uhrturm für 30 Baht.

## ÜBERNACHTUNG

Besonders für den kleinen Geldbeutel ist die Auswahl an Unterkünften groß. Weitere Angebote s. **eXTra [2727]**.

### Untere Preisklasse

**Baan Bua Gh.** ⑦, 879/2 Jet Yod Rd., ✆ 053-718 880, 🖥 www.baanbua-guesthouse.com. Die hilfsbereite Tim vermietet 17 saubere Zimmer in Reihenhäusern im großen Garten in ruhiger Lage, teils mit AC. Trekkingtouren und Fahrzeugvermietung. WLAN im Gartenrestaurant. ❷

**Baan Bua Homestay** ⑪, 1047/2 Jet Yod Rd., ✆ 053-717 952, 084-950 6304, 🖥 www.baanbuahomestay.com. Umgebautes, in kräftigen Farben gestrichenes Teakhaus mit 10 hellhörigen Zimmern in einer ruhigen Soi. Im Erdgeschoss nette, etwas dunkle Zimmer mit niedrigen Decken, guten Betten und teils offenen Bädern, oben mit Teakböden, Waschbecken und separater Du/WC in einem Anbau. 3-Pers.-Zimmer für 900 Baht. Freundliche Besitzer. Ziemlich viele Moskitos. Terrasse mit Tischen und Sonnenschirmen, kleines Frühstücksrestaurant. ❷–❸

**Baan Rub Aroon** ④, 65 Ngam Muang Rd., ✆ 053-711 827, 🖥 www.baanrubaroon.net. Direkt neben dem großen Funkmast gelegenes, freundliches, gemütliches Guesthouse mit 6 großzügigen, hellen und sauberen Zimmern in einer hübschen, alten 2-stöckigen Villa mit Garten sowie 3 Zimmern im Annex. Saubere Gemeinschafts-Du/WC und Gemeinschaftsküche. Hilfsbereite Familie. Frühstück inkl. ❷–❺

**Ben Gh.** ⑧, 351/10 Soi 4, Sangkhongnoi Rd., ✆ 053-716 775, 🖥 www.benguesthouse chiangrai.com. Ruhig gelegene 2-stöckige Häuser westlich des Zentrums mit 33 teils recht kleinen, hellhörigen Zimmern; die neueren wirken durch dunkle Innenwände und Bodenfliesen etwas düster, die billigeren nur mit Ventilator und Gemeinschafts-Du/WC, ein VIP-Apartment und 3-Bett-Zimmer. Restaurant, Pool, Trekkingtouren, Motorradvermietung. Transport vom Busterminal inkl. ❷–❺

**Grandma Kaew House** ⑩, 78 Moo **18**, Sanpanard Rd., ✆ 081-859 9858, 🖥 www.fb.com/GrandmaKaew

HouseNightBazaar. Die sehr freundliche und sehr gut Englisch spechende Sonthaya vermietet in dem ruhig am Ende einer Seitengasse gelegenen 2-stöckigen Neubau 7 saubere, einladende Zimmer mit gefliesten Böden, bequemen Betten, LCD-TV, Wasserkocher, Kühlschrank und kleiner Du/WC. Kochmöglichkeiten. Reservierung empfehlenswert. ❸

**Kanlaya Place** ⑥, 428/5 Jet Yod Rd., ✆ 053-601 756, 🖥 auf Facebook. Rund um den schmalen Innenhof gibt es auf 2 Stockwerken saubere Zimmer mit AC, bequemen Matratzen, altem TV, Kühlschrank und separatem Essensbereich. Die Zimmer im Erdgeschoss sind ziemlich dunkel. ❸

**Mae Hong Son Gh.** ②, 126 Singhakai Rd., ✆ 053-715 367, ✉ lotee@hotmail.com. Das alte von vielen Bäumen umgebene Teakhaus in einer ruhigen Sackgasse beherbergt 8 einfache, sehr preisgünstige und hellhörige Zimmer mit niedrigen Decken, Ventilator und Gemeinschafts-Du/WC. Fahrräder für 50 Baht pro Tag, Frühstücken möglich. ❶

**Moon & Sun City Hotel** ③, 632 Singhaklai Rd., ✆ 053-719 279, 🖥 www.moonandsun-hotel.com. 3-stöckiges Stadthotel mit gutem Preis-Leistungs-Verhältnis. Vorn dunkle Zimmer mit kleinen Fenstern, Kühlschrank, TV und Balkon mit Waschbecken. Hinten etwas teurere, saubere Zimmer mit größeren Fenstern. WLAN im Eingangsbereich. ❷–❸

**Rinlada House** ⑨, 74 Moo 18, Sanpanard Rd., ✆ 053-717 827, 🖥 www.fb.com/rinladahouse. Großer, weißer 2-stöckiger Neubau mit 16 komplett ausgestatteten, sauberen und geräumigen Zimmern mit bequemen Matratzen und einer luftigen durchgehenden Veranda. Nette Sitzecken. Einfaches Frühstück inkl. ❸

### Mittlere Preisklasse

**Happynest Inspiring Hostel** ⑬, 931 Phaholyothin Rd., w 053-715 031, 🖥 www.fb.com/happynestchiangrai. Etwas außerhalb des Stadtkerns gelegenes, kreativ, originell und stilsicher mit viel Holz gestaltetes Hostel im minimalistischen japanischen Design. Überteuerte, einfache, aber hübsche Zimmer mit LCD-TV, auch Familienzimmer, sowie Schlafsäle mit Ventilator und 3–6 harten Matratzen auf dem Boden bzw. mit AC und Doppelstockbetten für jeweils 450 Baht. Zur Straße hin laut. Große, offene und einladende Gemeinschaftsbereiche. Frühstück inkl. ❹

**Laluna Hotel & Resort** ⑫, 14 Sanambin Rd., 600 m südlich der Sathanpayaban Rd., ☎ 053-756 570, 🖥 www.lalunaresortchiangrai.com. Ruhige, schattige Gartenanlage mit großem Pool und Kinderbecken, die 79 komfortable Zimmer in großen Bungalows mit Holzböden, großem LCD-TV, Kühlschrank, Wasserkocher und bequemen Betten birgt. Restaurant. Frühstück inkl. ❹–❺

**La Vie En Rose Hotel** ⑤, 92/9 Ratyotha Rd., ☎ 053-601 331. Der große, weiße, etwas anonyme 4-stöckige Bau enthält geräumige, farbenfroh gestrichene Zimmer mit großen Fenstern, Wasserkocher, LCD-TV und Bad/WC. Kleiner Pool. Frühstück inkl. ❹–❺

**Red Rose Hotel** ⑫, 60 Moo 14, Prachasanti Rd., ☎ 053-756 888, 🖥 www.redrosehotel.info. Cartooniges Love Motel für Leute, die nachts nicht nur schlafen wollen und mit Gemeinschaftseinrichtungen wie Bar, Karaoke und Massage glücklich sind. Die riesige Lagerhalle bietet die 50 garantiert ausgefallensten Themenzimmer der Reise mit Betten im Raumschiff oder Auto, in einem Boxring oder einer Märchenwelt. Die teuren Suiten lohnen nicht. Kein WLAN, aber kostenlose Kondome. ❹–❺

### Obere Preisklasse

**The Legend Chiang Rai** ①, 124/15 Moo 21, Kohluy Rd., ☎ 053-910 400, 🖥 www.thelegendchiangrai.com. Modernes Boutiquehotel am Fluss mit 78 großzügigen Zimmern im minimalistisch gehaltenen Lanna-Stil mit Betonböden, LCD-TV, großer Terrasse und großer, separierter Open-Air-Du und WC. Zudem Villen mit Privatpool. Gutes Spa, Pool und Pizzeria am Flussufer. Der Riksha-Fuhrpark ist mehr als bloße Dekoration. Frühstück und WLAN in der Lobby inkl. ❼–❽

### ESSEN

Fastfood-Ketten wie McDonald's, Starbucks oder KFC sowie japanische Restaurants sind im **Central Plaza** vertreten (s. Einkaufen).

**Aye's Restaurant**, Phaholyothin Rd., ☎ 053-752 534. Offenes, überteuertes Touristenrestaurant mit einer großen Auswahl an Thai-Favoriten und westlichen Gerichten, sogar deutsches Bier. Dezente Livemusik. ⊕ Mo–Sa 7.30–23.30 und So 12–23.30 Uhr.

**Baanchivitmai Bakery**, Prasopsuk Rd., südlich vom Busbahnhof, 🖥 www.baanchivitmai.com. Die Bäckerei verkauft Kuchen, gute Sandwiches, Thai-Standards und serviert Frühstück. Geleitet von der gleichnamigen karitativen Stiftung, die mit dem Gewinn Einrichtungen für Waisen- und mit HIV infizierte Kinder unterhält. ⊕ Mo–Sa 8–21 Uhr.

**Barrab**, 423/3 Banpharprakan Rd., ☎ 094-812 6670, 🖥 auf Facebook. Kleiner, freundlicher Familienbetrieb, auf dessen überschaubarer Speisekarte günstige, aber ausgezeichnete nordthailändische Gerichte mit chinesischem Einschlag stehen. Da ein Teil der Familie in Australien lebt, sprechen sie gutes Englisch. Besonders empfehlenswert das *Hung Lay Curry*, ein zartes Schweine-Curry, und der Barrab-Salat. WLAN. ⊕ 10–21 Uhr.

**Cabbages & Condoms**, 620/25 Tanalai Rd., unter dem Hilltribe Museum, ☎ 053-719 167, 🖥 www.cabbagesandcondoms.com. In eigenwilligem Ambiente mit musikalischer Umrahmung wird gute Thai-Küche serviert, z. B. würziger „Kondom-Salat": *Yam Tung Yang*. Die Gewinne kommen den sozialen Projekten der Population and Community Development Association (PDA) zugute. Man verspricht: „Our food is guaranteed not to cause pregnancy." Die meisten Gerichte kosten unter 200 Baht. ⊕ 11–0 Uhr.

**Chivit Thamma Da Coffee House**, am Nordufer des Mae Kok westlich vom H1, 1179 Moo 2, Soi Rong Suae Ten 3, ☎ 053-166 622, 081-984 2925, 🖥 www.chivitthammada.com. Der Weg lohnt sich allemal ins beliebte Gartencafé, das ruhig am Mae Kok inmitten von Grün liegt. Auf der von imposanten alten Bäumen beschatteten Flussterrasse und in der weißen Villa im Kolonialstil werden zu entspannter Jazzmusik sehr leckere und fotogen angerichtete Gerichte, Kuchen und gute Kaffeevariationen aufgetischt. Besonders lecker sind die schwedischen Hackfleisch-

bällchen nach Familienrezept. Das schwedisch-thailändische Besitzerpärchen ist darauf bedacht, mit lokalen, wenn möglich Bio-Produkten saisonales Slowfood zu kochen. Es werden keine Geschmacksverstärker verwendet und der Reis kommt aus eigenem Anbau. Sehr zuvorkommender, freundlicher Service. Westliche Hauptgerichte 300–400 Baht, Thai-Essen günstiger. Zudem ein Spa (s. u.). ⏰ 9–20 Uhr.
**Connect Café**, 170–171 Prasobsuk Rd., ☎ 053-754 181, ▭ auf Facebook. Leicht kitschig, aber dennoch ansprechend gestaltetes Café mit entspannter Musik, Sandwiches, Frühstück, Kaffeevarianten und Smoothies neben einigen Thai-Gerichten. Aufmerksamer Service; die Besitzerin hilft gern mit Infos weiter. WLAN bei Mindestverzehr von 50 Baht inkl. ⏰ 8–20 Uhr.
**Doi Chaang@Art**, 542/2 Rattanaket Rd., ☎ 053-752 918. Großes, klimatisiertes Café mit lässiger Atmosphäre und schönem, luftigen Außenbereich mit begrüntem Springbrunnen im Innenhof. Hier kann man bei einem guten Fair-Trade-Kaffee entspannen. Die Auswahl an leckeren Kuchen kann sich sehen lassen, und die „Eggs Benedict" mit Lachs sind ein Gedicht. WLAN. ⏰ 7–22 Uhr.

€ **Muang Thong Restaurant**, Phaholyothin Rd., Ecke Sanpanard Rd. Beliebtes, preiswertes, offenes thai-chinesisches Restaurant mit frischen Zutaten in Auslagen an der Straße und einer englischen Karte. Empfehlenswert das Trockenfleisch mit Sesam, *Moo Phen, und die Tom Yam*. ⏰ 24 Std.
**Nice Kitchen Restaurant**, Jet Yot Rd., gegenüber dem Tempeleingang. Ein guter Platz zum Frühstücken. Zudem Smoothies und sehr preiswerte, einfache Thai- und westliche Gerichte (alle unter 100 Baht). WLAN. ⏰ 7.30–17.30 Uhr.

🧳 **Polar Boulangerie and Patisserie**, ☎ 087-366 9366, ▭ www.fb.com/polarchiangrai. Von einem sehr freundlichen jungen Bangkoker Aussteigerpärchen geführte, mit bequemen Sesseln und Sofas ausgestattete Bäckerei, die sich ideal für ein ausgiebiges Frühstück eignet. Leckere Sandwiches (60–100 Baht), Gebäck, große Smoothies, gute Auswahl an Tees und sehr gutem Kaffee. Aufmerksamer Service und entspannte Musik. ⏰ Mo–Sa 8–20 Uhr.

## UNTERHALTUNG

Entlang der **Jet Yod Rd.** reihen sich zahlreiche Kneipen aneinander, von denen viele Girly-Bars sind.
Auf dem Night Bazaar (s. u.) treten abends klassische Tanzgruppen und opulent verkleidete Transvestiten auf.

## EINKAUFEN

Die Stände und kleinen Läden am **Night Bazaar** und den **Walking Streets** sind die besten Adressen für Souvenirs, Modeschmuck, Kunsthandwerk der Bergvölker und Textilien.
**Central Plaza**, am H1, gegenüber dem Big C, ▭ www.centralplaza.co.th. Großes, modernes Einkaufszentrum mit Boutiquen, Elektronikgeschäften, einem großen Supermarkt, Apotheke, Restaurants, Food Court und einem Multiplex-Kino. ⏰ 11–21, Sa und So 10–22 Uhr.

🧳 **Doy Din Daeng Pottery**, 12 km nördlich von Chiang Rai am H1 1,5 km nach Osten abzweigen, ☎ 053-705 291, ▭ www.dddpottery.com. Keramikkünstler Somluk Pantiboon hat das Töpfern in Japan erlernt und stellt ansehnliche, chemikalienfrei hergestellte Kunst- und Gebrauchskeramik in allen Formen und Farben her, von der Kaffeetasse bis zum Waschbecken. Ein Abstecher zur schönen, offenen Manufaktur mit vielen Skulpturen, Showroom, Discount-Shop und Café lohnt allein der Atmosphäre wegen. ⏰ Mo–Sa 8–17 Uhr.
**Nine Shop**, 2 Filialen in den Gassen des Night Bazaar, ▭ www.nineshop99.com. Fantasievoll mit Cartoon-Charakteren handbemalte T-Shirts, Taschen, Mützen und Schuhe. ⏰ bis 23 Uhr.
**Orn's Bookshop**, Soi 1, Jet Yod Rd., ☎ 081-022 0818. Peter aus Deutschland hat einen guten Teil seines Hauses mit gebrauchten, auch deutschsprachigen Büchern vollgepackt, die er verkauft und tauscht. ⏰ 8–20 Uhr.

## TOUREN

**Ausflüge in die Umgebung** werden von Gh. und kleinen Tourbüros vermittelt und organisiert. Viele Wanderpfade wirken ausgetreten oder angesichts der in der Provinz kahlen Berge

## Nachtmärkte

### Night Bazaar (täglich)

Der offene betriebsame **Food Court** des Night Bazaar im Stadtzentrum ist beliebt. Hier werden Würstchen, Reis- und Nudelgerichte für 30–50 Baht, Sushi, frische Säfte, leckere Roti mit süßen Füllungen, am Tisch Gegartes oder – für Mutige – knusprig frittierte Maden und Heuschrecken aufgetischt. Nicht zu verwechseln mit dem Restaurant-ähnlichen, teureren, touristischen **Centrepoint** im westlichen Teil. An beiden Orten kostenlose Vorführungen klassischer Tänze und Livemusik.

### Walking Streets (Samstag und Sonntag)

Am Samstagabend gibt es in der **Chiang Rai Walking Street** am östlichen Ende des Nachtmarkts in der **Thanalai Rd.** so manche hausgemachte Delikatesse zu kosten. Sonntags wird die **Sankhong Happy Street** im südlichen Stadtzentrum mit Verkaufs- und Essensständen aufgebaut. Buffet-Restaurants und Musik- oder Tanzaufführungen in der **Sankhongnoi Rd.**, westlich von Soi 3, sorgen für das leibliche Wohl und Unterhaltung. ⏲ 18–23 Uhr.

---

eintönig. Die klassische Minibus-Tagestour zum Wat Rong Khun und zum Goldenen Dreieck kostet rund 1000 Baht p. P.

Für Fahrradfahrer gibt es im Tourist Office die Chiang Rai Bike Map mit Routenvorschlägen von 6,?–53,4 km Länge, Höhendiagrammen und Beschreibungen der Sehenswürdigkeiten.

€ Eine **Sightseeing-Tram**, ☏ 053-600 570, fährt ab der Mengrai-Statue um 9.30 und 13.30 Uhr in etwa 2 Std. die Sehenswürdigkeiten der Stadt ab, sofern mind. 6 Pers. mitfahren. Die Fahrt wird auf Englisch begleitet und ist kostenlos.

**Chiang Rai Bicycle Tour**, ☏ 085-662 4347, 🖥 www.chiangraibicycletour.com. Tgl. werden halb- und ganztägige Mountainbike-Touren durch die Landschaft um Chiang Rai in Gruppen von 2–12 Pers. für 1400–1800 Baht veranstaltet. Besuch im Wat Rong Khun, Mittagessen und Abholung vom Hotel inkl. Auch mehrtägige Touren im Mekong-Gebiet.

**PDA Tour**, im Hilltribe Museum, ☏ 053-740 088, 🖥 www.pdacr.org/pda-tour/general-information.html. Die gemeinnützige PDA organisiert sozialverträgliche Trekkingtouren nahe Doi Chang, Halbtagestouren um Chiang Rai für 1200 Baht sowie ab 2 Pers. geführte Stadtspaziergänge für 400–600 Baht.

## SONSTIGES

### Autovermietungen

**Avis**, am Flughafen, ☏ 053-793 827, 🖥 www.avisthailand.com. ⏲ 8–21 Uhr.
**Budget**, im Golden Triangle Inn, 590 Phaholyothin Rd., ☏ 053-740 442-3, 🖥 www.budget.co.th.
**North Wheels**, 591 Phaholyothin Rd., neben Budget, ☏ 053-740 585, 🖥 www.northwheels.com. Auch Motorräder.

### Fahrradverleih

Viele Gh. vermieten Fahrräder für 50 Baht pro Tag.
**Fat Free Bicycles**, 542/2 Banpharprakan Rd., ☏ 053-752 532, 086-430 5523, 🖥 www.fb.com/fatfreebikeshop. Stadträder für 100 Baht und Mountainbikes für 200–450 Baht pro Tag. Zudem Verkauf von Fahrradzubehör sowie Karten für Fahrradtouren. ⏲ 9.30–18 Uhr.

### Immigration

Die seit 2014 geöffnete Immigration, ☏ 053-175 376, liegt nordöstlich des Zentrums, 600 m nördlich des Mae Kok am H5023 im neuen Chiang Rai Provincial Administration Office (Aor Bor Jor). Hier können Visa verlängert werden. ⏲ Mo–Fr 8.30–12 und 13–16.30 Uhr.

### Informationen

**Tourist Office**, 448/16 Singhaklai Rd., ☏ 053-744 674. Das bemühte junge Personal hilft mit Infos über Chiang Rai und Phayao. Aktuelle Broschüren und Pläne. ⏲ 8.30–16.30 Uhr.

### Kochkurse

**Cook Thai Yourself**, ☏ 081-8449 913, 🖥 http://cookthaiyourself.wix.com/home. Die spaßigen Kochkurse von Tik starten um 9.30 Uhr mit einem Marktbesuch. Anschließend werden die

Zutaten zu 3 Gerichten verarbeitet. Sie kosten bei 2 Pers. 950 Baht p. P., bei 5 Pers. 650 Baht p. P. Abholung inkl. Ähnlich sind die Kurse bei **Suwannee Thai Cooking**, ☎ 084-740 7119, 🖥 www.thaicooking classchiangrai.com, für 1250 Baht.

### Medizinische Hilfe

**Chiang Rai Hospital,** Sathanpayaban Rd., ☎ 053-711 300. Das staatliche Krankenhaus kann ziemlich voll sein.
**Kasemrad Sriburin Hospital**, 111/5 Moo 13, am Super Highway H1, 3 km südlich der Stadt, ☎ 053-700 199. Gutes Privatkrankenhaus.
**Overbrook Hospital**, 17 Singhaklai Rd., ☎ 053-711 366, 🖥 www.overbrook-hospital.com (nur in Thai). Traditionsreiches privates, christliches Krankenhaus im Nordwesten der Stadt. Die meisten Ärzte sprechen kein gutes Englisch.

### Motorradverleih

Die meisten Gh. vermieten Motorräder für 150–250 Baht.
**S. T. Motorbike**, 1025/34-35 Jet Yod Rd., ☎ 053-713 652, 084-009 7840, 🖥 www.st-motor cyclerentals.com. Zuverlässige Vermietung, schwerere Maschinen für 700–1500 Baht pro Tag, kleinere 150–300 Baht inkl. Helm. Versicherung kostet extra. ⏲ 8–19 Uhr.

### Polizei

**Tourist Police**, südlich der Mengrai-Statue, ☎ 053-717 779, 1155.

### Wellness

**Chivit Thamma Da Day Spa**, am Nordufer des Mae Kok direkt westlich vom H1, ☎ 053-166 622, 🖥 www.chivitthammada.com. Neben dem tollen Gartenrestaurant (s. o.) werden in gediegenem Ambiente auch gute, hochpreisige Spabehandlungen angeboten. 1 Std. Massage kostet 1200 Baht, 30 Min. in der skandinavischen Sauna 700 Baht und ein 2-stündiges Package 2700 Baht. Vorbuchung empfehlenswert. ⏲ 10–20 Uhr.

### NAHVERKEHR

**Songthaew** verkehren im Stadtgebiet für 30–50 Baht. In die Umgebung fahren sie ab dem Markt.

**Tuk Tuks** stehen am City Terminal 1 und können für 40–80 Baht gemietet werden.
Am Markt warten noch einige **Fahrradrikschas**, die für etwa 150 Baht pro Std. fahren. **Selbstfahrer** müssen wegen der vielen Einbahnstraßen die eine oder andere Extrarunde drehen.

### TRANSPORT

### Busse

Am **Busbahnhof (Terminal 2)**, 6 km südlich der Stadt am KM 926,8, ☎ 053-773 989, starten alle Busse zu Zielen außerhalb der Provinz Chiang Rai. Ins Zentrum fahren blaue und grüne Songthaew für 20 Baht ab Plattform 20, und Taxis (Einschaltgebühr 35 Baht plus 10 Baht pro km). Einige Busse, die am **City Terminal (Terminal 1)**, ☎ 053-715 952, enden, halten hier.

**Vom Busbahnhof nach**:
BANGKOK, 829 KM, 21x tgl. von 7–19.30 Uhr für 452–637 Baht, VIP um 8, 18 und 19 Uhr für 904–930 Baht in 11–13 Std.
CHIANG MAI, 180 km, 16x tgl. von 6.30–17.30 Uhr, Fr und So auch 18.30 und 19.30 Uhr für 139–178 Baht, VIP um 9.15, 13, 15.30 und 17.45 Uhr, Fr und So auch um 19.30 Uhr für 277 Baht in 3 1/2 Std. Tickets werden auch neben dem Busbahnhof verkauft.
FANG, 118 km, um 8 Uhr für 84 Baht in 2 1/2 Std.
HOUAY XAI (Bokeo International Bus Terminal, Laos), um 10 und 16.30 Uhr, in der Hauptsaison auch um 7 und 15 Uhr, für 220 Baht in 3 Std., der Bus wartet während der Visaausstellung an der Grenze.
KHON KAEN, 768 km, um 9, 14, 16, 18, 18.30 und 19.30 Uhr für 430–553 Baht in 12 1/2 Std.
KORAT, 834 km, mit Sombat Tour, 🖥 www.sombattour.com, um 6.15, 11.15, 13.15, 15.30 und 17.30 Uhr für 473–608 Baht, VIP um 19 Uhr für 710 Baht.
LAMPANG, 225 km, um 7.45, 8.10, 12.45, 13.30, 14.45, 15.45 und 16.30 Uhr für 102–143 Baht in 4–5 Std.
LUANG PRABANG (Laos), um 13 Uhr für 950 Baht in 17 Std.
MAE SOT, 542 km, um 7.45 und 8.10 Uhr für 354–455 Baht in 8–9 1/2 Std.

NAKHON PHANOM (Grenze zu Laos), 1044 km, via LOEI und UDON THANI, um 12.30, 15.30 und 17 Uhr für 584–751 Baht in 11 1/2–13 1/2 Std.
PHITSANULOK, 468 km, teils über Uttaradit (schneller), 16x tgl. für 260–335 Baht in 7 Std., VIP für 391 Baht in 7–8 Std.
PHRAE, mit Sukhothai-Bussen für 150 Baht in 3 1/2–4 Std.
SUKHOTHAI, 455 km, stdl. von 7.30–10.30 Uhr für 255–274 Baht in 7 1/2–9 Std.

**Vom City Terminal nach**:
CHIANG KHAM, via THOENG, von 6–18 Uhr alle 30 Min. für 31–60 Baht in 2 Std.
CHIANG KHONG, teils via THOENG, von 6–17 Uhr 3x stdl. für 65 Baht in 2 1/2–3 Std.
CHIANG MAI, 180 km, 18x tgl. von 6.15–17.30, Fr und So auch 18.30 und 19.15 Uhr für 139–178 Baht, VIP um 7.45, 9, 12.45, 15.15, 17 und 18 Uhr für 277 Baht in 3 1/2 Std.
CHIANG SAEN, 60 km, von 6–18.40 Uhr alle 15–20 Min. für 37 Baht sowie mit Green Bus von 6–17 Uhr stdl. für 45 Baht in 1 1/2 Std.
FANG, 113 km, mit Green Bus um 7.45 Uhr für 84 Baht in 3 Std.
GOLDENES DREIECK (Sob Ruak), 67 km, von 6–17 Uhr stdl. für 50 Baht sowie mit Green Bus um 13, 15 und 15.30 Uhr für 46–59 Baht in 1 1/2–2 Std.
LAMPANG, von 6.30–12 Uhr alle 45 Min. für 102 Baht in 5 Std.
MAE CHAN, von 5.50–20 Uhr alle 20 Min. für 14 Baht in 40 Min.
MAE SAI, 61 km, von 5.50–20 Uhr alle 20 Min. für 30 Baht sowie schneller mit Green Bus um 9.50, 11.20, 15.50 und 17.20 Uhr für 42–84 Baht in 1–1 1/2 Std.
MAE SOT, mit Green Bus um 7.55 und 8.25 Uhr für 355–456 Baht in 9 1/2 Std.
MAE SUAI, von 7–17 Uhr alle 30 Min. für 42–59 Baht in 1 3/4 Std.
NAN, via Chiang Kham und THOENG, um 9.30 Uhr für 164 Baht in 5 1/2–6 Std.
PA SANG (weiter nach Mae Salong), von 5.50–20 Uhr alle 20 Min für 15 Baht in 45 Min.
PHAYAO, von 9.30–15 Uhr alle 30 Min. für 44–85 Baht in 1 1/2–2 Std.
PHU CHI FA (nur Nov–Feb), Minibusse um 7 und 12.30 Uhr für 150 Baht in 2–3 Std.

### Boote

Die Schnellboote, ✆ 053-750 009, auf dem Mae Kok werden fast nur noch von Touristen genutzt. Sie fahren gegen 10.30 Uhr von der **Bootsanlegestelle** jenseits der Brücke nach THATON für 350 Baht, Charter für bis zu 6 Pers. 3000 Baht, in 3 Std. Teilstrecken kosten bis RUAM MITR 100 Baht, Charter 800 Baht (hin und zurück), und zu den PONG HOT SPRINGS 120 Baht, Charter 900 Baht (hin und zurück). Weiteres im Kasten S. 436.

### Flüge

Zum **Mae Fah Luang-Chiang Rai International Airport**, 8 km nordöstlich der Stadt, ✆ 053-798 000, 🖥 www.chiangraiairportthai.com, verkehren Taxis für 200 Baht.
**AirAsia**, 🖥 www.airasia.com, fliegt 4x tgl. nach BANGKOK (Don Mueang).
**Bangkok Airways**, 🖥 **www.bangkokair.com, fliegt. 2x tgl. nach** BANGKOK (Suvarnabhumi).
**Nok Air**, 🖥 www.nokair.com. 3–5x tgl. nach BANGKOK (Don Mueang).
**Thai Airways**, 🖥 www.thaiair.com. 3x tgl. nach BANGKOK (Suvarnabhumi).

## Beiderseits des Mae Kok

Westlich der Anlegestelle der Boote nach Thaton geht es jenseits der Mae Fah Luang-Brücke auf dem H1207, links der Ausschilderung folgend, über Ban Dong und Rim Kok nach Ruam Mitr (16 km). 4 km hinter Chiang Rai erreicht man die **Buddha Image Cave**, einen kleinen Höhlentempel mit beliebtem Picknickplatz am Fluss samt Bademöglichkeit.

3 km östlich von Ruam Mitr geht es auf einer 9 km langen, auf 6 km unbefestigten Straße hinauf nach **Ban Huai Mae Sai**, einem der Dörfer, in die Bergbewohner von der Regierung umgesiedelt wurden. Es ist auch über eine Asphaltstraße ab Dong zu erreichen. In **Jalae**, 2 km weiter, hat die Rockefeller Foundation das kleine **Hill Tribe Museum** mit englischen Erläuterungen zu Werkzeugen und einer kleinen Fotogalerie finanziert. ☉ Do–Di 8.30–17 Uhr, Eintritt 20 Baht. Ein Fußpfad über eine löchrige Hängebrücke und eine 700 m lange Straße führen zum **Huai Mae**

**Sai-Wasserfall**, zu dem es vom Parkplatz 10 Min. zu Fuß weitergeht.

**Ruam Mitr**, ein Karen-Dorf, wird von vielen Reisegruppen besucht, trotzdem ist die Stimmung entspannt. Zum Programm gehören eine Bootsfahrt zu den **Pong Hot Springs** um 10.30 Uhr für 350 Baht hin und zurück sowie Elefantenreiten. Elefantenausritte werden vom **Karen Ruam Mitr Elephant Camp**, ✆ 087-176 2090, im Westen des Ortes angeboten: 30 Min. am Fluss entlang für 400 Baht oder eine gute Stunde durch den Wald zu einem Yao-Dorf für 600 Baht pro Elefant.

Nach weiteren 6,5 km ist hinter Pha Moob das Karen-Dorf **Khaew Wuadum** erreicht. Eine schmale Fußgänger- und Motorradbrücke verbindet den Ort mit dem jenseitigen Ufer. Dort wurden drei Waldgebiete zum 732 km² großen **Lam Nam Kok National Park** zusammengefasst, dessen Headquarter gut 1 km westlich der Pong Hot Springs zu finden ist. Mit eigenem Fahrzeug fährt man besser über die Straße ab **Pong Na Kham** durch das von Teeplantagen umgebene Dorf **Song Kwae**, vorbei an der Zufahrt zum **Huai Kaew-Wasserfall, zum Headquarter**. Genaue Positionen s. **eXTra [2645]**.

**My Dream Gh.** ⑫, im Karen-Dorf Khaew Wuadum am Mae Kok, 24 km nordwestlich von Chiang Rai, ✆ 096-554 6094, 096-868 1530, 🖥 www.mydreamguesthouse. com, s. **eXTra [2726]**, Karte S. 439. Am Flussufer werden 12 saubere Zimmer in Bungalows mit Himmelbetten, etwas durchgelegenen Matratzen, Moskitonetz und Veranda vermietet, die teureren mit Flussblick. Der freundliche Nan und seine Frau kochen ausgezeichnet und bieten Bambusrafting auf dem Mae Kok an. Zudem günstige, von Nan oder Japa kompetent geleitete Trekkingtouren: 2-tägiges Trekking mit Elefantenreiten bei 1–2 Pers. 5000 Baht, 3–4 Pers. 2500 Baht, 3-tägige Touren an der Grenze zu Myanmar bei 1–2 Pers. 8000 Baht, 3–4 Pers. 3000 Baht, auch deutschsprachige Guides. Anreise mit dem Schnellboot ab Chiang Rai um 10.30 Uhr für 150 Baht in 90 Min., Charter 1000 Baht, ab

Thaton um 12.30 Uhr für 250 Baht in 2 Std., Charter 1700–2000 Baht. ❷

Einheimische fahren mit dem **Songthaew** früh morgens zwischen 7 und 8 Uhr zum Markt nach Chiang Rai und zwischen 11 und 12 Uhr zurück in die Dörfer.

# Mae Chan

Von Chiang Rai erreicht man auf dem H1 Richtung Norden nach 29 km Mae Chan. Der große **Markt** im Zentrum des Handelsortes bietet das ganze Jahr über frische Früchte, Gemüse und andere Leckereien. Vor dem Markt starten von 5.30–13.30 Uhr alle 2 Std. **Songthaew**, die für 60 Baht in 1 1/2 Std. nach MAE SALONG fahren. 1,5 km nördlich von Mae Chan zweigt am KM 963 im Dorf **Pa Sang** der H1130 ab, der sich über 36 km in die Berge hinauf über Pha Dua nach Mae Salong (S. 438) windet. Übernachten kann man 6 km südlich von Mae Chan im **Nok's Garden Resort**, 1,5 km westlich vom H1, Ban Bo Thong, ✆ 081-699 7644, 🖥 www.noksgarden. com. Der Österreicher Rudi und seine Thai-Familie vermieten an 2 Lotosteichen 5 geräumige Holzbungalows. Restaurant und Aufenthaltsraum. Frühstück inkl., Abendessen möglich. ❸

# Doi Tung

Etwa 20 km vor Mae Sai zweigt am KM 974 eine breite Straße nach Westen ab, auf der man nach 22 km den Gipfel des abrupt aus der Ebene aufragenden, 1389 m hohen Doi Tung erreicht – die „thailändische Schweiz".

## Mae Fah Luang

Das Ziel zahlreicher einheimischer Touristen ist der königliche Komplex am Hang. Geschäfte und Straßenstände bieten Produkte aus den Königsprojekten an, darunter Textilien, Sa-Papier, Keramiken, Macadamianüsse und Arabica-Kaffee.

## Buddhas verlorene Kinder

Im **Wat Tham Pha Archa Tong**, 🖥 www.fb.com/goldenhorsemonastery, etwa 20 km nordwestlich von Mae Chan, bietet der Abt und frühere Muay Thai-Profi Phra Khru Bah Neua Chai Kositto seit den 1990er-Jahren Waisenkindern ein Heim, Schul- und Muay Thai-Unterricht. Man kann das Kloster besuchen und Spenden überreichen. Außer einem Boxring zählen rund 200 Pferde zu den für ein Thai-Kloster ungewöhnlichen Anblicken; auf ihnen reiten die Mönche in die benachbarten Dörfer. Das Kloster und seine Bewohner sind Gegenstand der preisgekrönten Dokumentation *Buddhas verlorene Kinder*, 🖥 www.buddhaslostchildren.com.
Rund 200 m nördlich des Kham-Flusses bei Mae Kham vom H1 nach Westen abbiegen und der Beschilderung 7,5 km entlang dem nördlichen Flussufer folgen, links abbiegen und jenseits der Brücke über den Fluss den letzten, teils unbefestigten Abschnitt zurücklegen.

Die große, moderne königliche **Villa** mit Geranienbalkon liegt inmitten eines wunderschönen Blumengartens. Von hier aus leitete die verstorbene Königsmutter Initiativen zur Verbesserung der Lebensbedingungen der Bergbewohner. ⏱ 6–12 und 12.30–17.15 Uhr, Eintritt 90 Baht (nur mit angemessener Kleidung, d. h. bedeckte Schultern und Knie).
In der **Hall of Inspiration** wird die Mahidol-Familie gewürdigt, die Großmutter des Königs, seine Eltern und Geschwister. Überaus interessant ist das bewegte und engagierte Leben der Königsmutter. Zudem werden Königsprojekte vorgestellt, vor allem das am Doi Tung. ⏱ 8–17 Uhr, Eintritt 90 Baht.

## Wat Doi Tung

Hinter der Zufahrt zum Palast (KM 12,8), an der Kreuzung am KM 14,7, geht es links auf der weniger steilen, 8 km langen Straße, vorbei am Lahu-Dorf **Laba Nai**, zum Tempel hinauf, während man rechts, nach sehr steilen 2,6 km das Ziel über die alte Straße erreicht. Bevor der steile Aufstieg über die von Glocken flankierte

Treppe oder die schmale Straße beginnt, kann man sich an den Essensständen unterhalb des Wat stärken.
Auf dem von Nadelwäldern bedeckten Gipfel soll sich bereits seit über tausend Jahren ein Heiligtum befinden. Gläubige aus Myanmar, Laos und Thailand pilgern hierher, um Reliquien Buddhas zu verehren, die sich in den beiden von Metallschirmen und Buddhastatuen umgebenen Chedis hinter dem Bot befinden. Unterhalb des Tempels stehen im Wald ausgemusterte Geisterhäuschen, skurrile und glücksbringende Figuren.

## Doi Chang Mub

Vom Abzweig Richtung Norden gelangt man nach 2,1 km zum 1509 m hohen Doi Chang Mub, dem höchsten Punkt, der einen fantastischen Blick über die unbewohnte Bergwelt jenseits der Grenze bietet. Da unterhalb des Berges parallel zur schmalen Asphaltstraße die Grenze verläuft, sollte man sich über die aktuelle Situation im Grenzgebiet informieren, bevor man weiterfährt. Vorbei am **Arboretum**, ⏱ 8–18 Uhr, Eintritt 90 Baht, mit Rhododendren und Orchideen ist hinter der Schranke und dem Kontrollpunkt ein **Thai-Militärcamp** erreicht. Dahinter führt eine schmale, teils steile Straße auf einem Grat

## Perfekt gestaltete Blütenpracht

Das Highlight ist der 4 ha große, herausragende **Mae Fah Luang Garden**, 📞 053-767 015-7, 🖥 www.doitung.org, 🖥 www.maefahluang.org, unterhalb des Palastes, ein penibel gepflegter Botanischer Garten, der mit einem Orchideenhaus, knapp 100 Blumenarten und einer bezaubernd schönen Gartenlandschaft überzeugt. Eine unbeschreibliche Vielfalt blühender Bäume, Stauden und Blumen aus den Tropen und gemäßigten Breiten wurde zu einem harmonischen Gesamtbild zusammengefügt, das von Bergwald mit Bächen und kleinen Wasserfällen umrahmt ist. Ein Café lädt zu einer Pause ein. ⏱ 6.30–18 Uhr, Eintritt 90 Baht, **Kombitickets** für die Villa, die Hall of Inspiration, den Botanischen Garten und Doi Chang Mub kosten 220 Baht.

parallel zur Grenze Richtung Norden und über **Ban Phami** bis Mae Sai (20 km).

Genaue Positionen der Sehenswürdigkeiten s. **eXTra [2645]**.

s. **eXTra [2645]**.

## ÜBERNACHTUNG UND ESSEN

**Doi Tung Lodge** ⑦, ☎ 053-767 015-7, 🖥 www.doitung.org, Karte S. 439. 52 Zimmer mit Balkon, AC, TV und Minibar in den ehemaligen Quartieren des Royal Forest Departments in einem parkähnlichen Garten. Frühstück inkl. ❺–❻ Vor dem Eingang zur Villa wird in einer **Cafeteria**, ⏱ 7–14 Uhr, günstiges Essen vom Selbstbedienungsbuffet verkauft, nebenan ein **Restaurant**, ⏱ bis 20 Uhr. Zudem das **Doi Tung Café** mit erstklassigem Arabica, Kuchen und Souvenirs.

## TRANSPORT

Motorisierte können die kleine, steile Seitenstraße über HUAI SAN MAI durch einsame Landschaften zum Südhang des Doi Tung fahren.
**Busse** von Chiang Rai nach Mae Chan (45 Baht) oder Mae Sai können bis zur Abzweigung in BAN HUAI KHRAI genommen werden. Von dort muss man einen Songthaew zum **Tempel** oder zum **Mae Fah Luang Garden** chartern.

# Mae Sai

In Mae Sai, einem unattraktiven Grenzort, der hauptsächlich aus dem in Nord-Süd-Richtung verlaufenden H1 besteht, bummeln dunkelhäutige Männer in knöchellangen *longyis*, den birmanischen Wickelröcken, genauso wie desorientierte Touristengruppen durch die geschäftigen Straßen. Frauen, die ihre Gesichter mit heller Tanaka-Paste geschminkt haben, steuern auf überladenen Motorrädern an Verkaufsständen vorbei zurück zum Grenzübergang, an dem ein wuseliges Kommen und Gehen herrscht. Rikschas, Mopeds, uralte Fahrräder und überladene Handwagen, kleine Akha-Frauen mit riesigen Lastkörben, billige Arbeitskräfte für die Baustellen und Bordelle des Landes, Händler, bettelnde Kinder und nicht immer echte Mönche drängen

sich über die **Grenzbrücke**, die den Mae Sai-Fluss überspannt. Nur wenige Kilometer östlich von Mae Sai wurde für den Schwerlastverkehr die neue **Second Friendship Bridge** erbaut.

Touristen werden am Grenzübergang vorgefahren, um den „nördlichsten Punkt des Landes" zu fotografieren. Gute Aussichten auf das Grenzgebiet und Tachilek bieten sich von der riesigen Skorpionstatue im **Wat Doi Wao** auf dem Hügel westlich der Hauptstraße und vom **Wat Pachom** 300 m weiter westlich. Ersterer ist von der überdachten Straße parallel zum Grenzfluss über Treppen und Fußwege zu erreichen oder von der Abzweigung vom H1 am chinesischen Tempel.

## ÜBERNACHTUNG

€ **After Glow Hostel** ③, 139/5 Moo 4, KM 990,8, südlich der großen Ampelkreuzung auf der östlichen Straßenseite, 3,7 km von der Grenze, ☎ 053-734 188, 🖥 www.afterglowhostel.com. Ansprechende Bleibe im modernen Stil mit lackierten Betonwänden und edlem Holz. 28 Zimmer in 3 Größen mit AC, Kühlschrank und TV, einige ohne Fenster, was sich als vorteilhaft erweist, da zur Straße hin der Verkehrslärm und hinten die benachbarte Karaokebar stören. Das Personal spricht gutes Englisch. ❷–❸

€ **Green View Place** ③, 2/5 Moo 8, Phaholyothin Rd., **KM 991,5**, nördlich der großen Ampelkreuzung auf der östlichen Straßenseite, 3 km von der Grenze, ☎ 053-733 444, 🖥 www.greenview-maesai.com. Modernes, grellgrün gestrichenes Mittelklassehotel mit überdachtem Innenhof und 32 sauberen, zweckmäßigen Zimmern mit guten Matratzen, LCD-TV, Kühlschrank und Tropendusche. Großes Restaurant, ⏱ bis 20 Uhr. Frühstück inkl. ❸
**Maesai Gh.** ①, über einen Fahrweg zu erreichen, ☎ 053-732 021, 083-209 7357. Ein in die Jahre gekommener, ruhig und abseits gelegener Klassiker mit 14 einfachen bambusverkleideten Bungalows im Garten, günstige mit Gemeinschafts-Du/WC, andere mit Balkon und Blick auf den Fluss, ein illegaler Grenzübergang. Der rüstige Vermieter spricht gutes Englisch. Restaurant. Kein WLAN. ❶–❷

© MISCHA LOOSE

Ausländische Besucher können **Tachilek** (Thai: Tha Khi Lek), den birmanischen Ort jenseits der Grenze, besuchen und dort in den Casinos spielen und einkaufen. Die Tempel sind uninteressant. Das Angebot der Läden und Verkaufsstände begrenzt sich auf eine bizarre Ansammlung von Billigprodukten aus China und Myanmar. Bezahlt wird mit Thai-Baht.

Für den **Grenzübertritt** benötigt man seinen Pass und die ausgefüllte Departure Card. Beim birmanischen Grenzposten bezahlt man 500 Baht, wird fotografiert und bekommt ein **14-Tage-Visum** ausgestellt, das nur in der Umgebung von Tachilek und dem 170 km entfernten Keng Tung gültig ist! Der Pass wird auf birmanischer Seite einbehalten und bei der Rückkehr gegen das Visum eingetauscht. Soll das bisherige Thailand-Visum nicht verfallen, braucht man einen **VIP-Pass**, der auf der Thai-Seite 100 Baht extra kostet. Eine Passseite wird fotokopiert, der Pass bleibt in Thailand und wird gegen eine Sondererlaubnis eingetauscht, die auf birmanischer Seite wie ein Pass behandelt wird. Bei der Rückkehr bekommt man seinen Pass mit weiterhin gültigem Visum zurück. Die Grenze ⏲ 6.30–21 Uhr.

Für die offizielle Ausreise nach Myanmar wird ein Visum benötigt sowie ein Permit von MTT (Myanmar Travel & Tours), dem staatlichen Reisebüro, für 3300 Baht, das mind. eine Woche zuvor beantragt werden sollte, z. B. bei Khun Ivory von der **Maekhong Delta Travel Agency**, 230/5-6 Phaholyothin Rd., Mae Sai, ✆ 053-642 517-9, 🖳 www.maekhongtravel.com. Dann kann man von Keng Tung oder Tachilek nach Heho oder Mandalay fliegen. Mehr s. **eXTra [2717]**.

**Piyaporn Place Hotel** ②, 77/1 Phaholyothin Rd., ✆ 053-734 511-3. Älteres, 6-stöckiges, zweckmäßig eingerichtetes Mittelklassehotel mit 78 Zimmern mit Sofa, Holzböden, Kühlschrank, TV und Bad/WC. Restaurant. Frühstücksbuffet inkl. ❹

**Wanliya Resort** ③, 479 Moo 10, Wiang Phang Kham, an der Ampel am KM 992 auf den H1149

nach Westen abbiegen und nach 600 m links über den Feldweg, ✆ 053-642 755, 🖳 www.wanliyaresort.com. Ruhig gelegene, etwas zubetonierte Anlage eines holländischen Bäckers und seiner Thai-Familie mit 22 geräumigen, sauberen Zimmern und Bungalows mit älterer Einrichtung, harten Matratzen, gefliesten Böden, Kühlschrank, Safe und TV. Großer,

**Tachilek (Myanmar)**

Mae Sai

Sailomchoi Rd.

GRENZMARKT

Wat Pachom

Pachom-Höhle

Tham Pachom Rd.

**Wat Doi Wao**

POLIZEI

Phaholyothin Rd.

Soi 6

Muang Daeng-Kanal

Soi 3

Soi 8

Hong Fah Plaza

Muang Daeng Rd.

**MARKT**

Overbrook Clinic

Soi 5

Soi 10

Soi 4

Soi 9

Sri Samut Rd.

Wat Ponsed Wong

Don N'gam Rd.

Wat Wiangpan

Soi 13

Soi 11

Na Mon Rd.

Immigration (200 m),
Tesco Lotus (3 km),
Mae Sai Hospital,
Chiang Rai (67 km)

**■ ÜBERNACHTUNG**
1 Maesai Gh.
2 Piyaporn Place Hotel
3 Wanliya Resort,
  After Glow Hostel,
  Green View Place

**■ ESSEN**
1 Pizza Company
2 Coffee Heart
3 Kik Kok Restaurant

**■ TRANSPORT**
1 Motorradtaxis
2 Rote Songthaew zum Busbahnhof
3 Blaue Songthaew nach Chiang Saen
4 Busbahnhof, Maekhong Delta Travel

überdachter Pool. Frühstück mit einer Auswahl an selbst gebackenem Brot und Gebäck inkl. ②–③

## ESSEN

**Coffee Heart**, Phaholyothin Rd., ☏ 053-733 396. Café mit gemütlicher Sitzecke im hinteren Bereich. Der Kaffee ist ausgezeichnet, aber die Kuchen sind zu süß. WLAN. ⏰ 8–20 Uhr.
**Kik Kok Restaurant**, 50 m südlich vom Piyaporn Place Hotel. Offenes, preiswertes thai-chine-

sisches Restaurant mit englischer Speisekarte. ⏰ 6–20 Uhr.
**Pizza Company**, Phaholyothin Rd., südl. der Soi 4. Im großen, 4,4 km südlich der Grenze am H1 gelegenen **Tesco Lotus** zudem ein M.K. Restaurant und KFC.

## SONSTIGES

### Einkaufen

Auf dem **Markt**, an den **Souvenirständen** an der Grenze und in den überdachten

Kolonnaden parallel zum Grenzfluss erhält man viele Billigprodukte aus China und einige aus Myanmar. Die Phaholyothin Rd. ist von der Grenze bis zur Polizeistation von Verkaufsständen gesäumt.

Die **Hong Fah Plaza** nördlich des Marktes ist ein kleines, 4-stöckiges Einkaufszentrum mit Bekleidungsgeschäften, einem Café, Restaurants und einer Drogerie. ⏲ 10–20 Uhr.

In den **Edelsteinschleifereien** wird viel minderwertige Ware verkauft. Die **Jadeprodukte** sind überteuert.

Ein **Erdbeermarkt** wird von Dez–April 5 km südlich am Highway aufgebaut.

### Immigration

🧳 Zwischen Soi 13 und 15, 1,7 km südlich des Zentrums auf westlicher Seite in einem großen zurückversetzten Bau, ✆ 053-731 008-9. Schnelle und kompetente Bearbeitung von Visaverlängerungen. 2015 war wegen Renovierungen eine temporäre Außenstelle neben **der Maekhong Delta Travel Agency** geöffnet. ⏲ Mo–Fr 8.30–16.30 Uhr.

### Medizinische Hilfe

**Overbrook Clinic**, 20/7 Phaholyothin Rd., ✆ 053-734 422. Kleine Klinik, die mit dem Krankenhaus in Chiang Rai verbunden ist. Englisch sprechende Ärzte. ⏲ 8–17 Uhr.
**Mae Sai Hospital**, 101 Moo 1, Soi 15, ✆ 053-731 300, 🖥 www.maesaihospital.com. Staatliches Krankenhaus.

### Polizei

**Tourist Police** im kleinen Häuschen direkt vor dem Grenzübergang, ✆ 1155. ⏲ 8.30–18 Uhr.

### TRANSPORT

Der **Busbahnhof** liegt 4,5 km südlich der Grenze, 250 m westlich vom H1.
**Rote Songthaew** fahren von hier für 15 Baht ins Zentrum und zur Grenze, mit Motorradtaxi 20 Baht.

BANGKOK, 857 km, meist um 7 und von 16.30–18 Uhr für 524–673 Baht, VIP 1000–1047 Baht, in 12–13 Std.

CHIANG MAI, um 6.15, 6.45, 7.30, 8.15, 9.45, 14, 14.30 und 15.30 Uhr für 174–234 Baht, VIP um 7.30, 8.15, 9.45, 14.30 und 15.30, Fr und So auch 16.30 und 18 Uhr für 364 Baht in 4 1/2–5 Std.
CHIANG RAI, 61 KM, von 5.15–18 Uhr alle 20 Min. für 30–84 Baht in 1–1 1/2 Std.
CHIANG SAEN, via GOLDENES DREIECK (SOB RUAK) (40 Baht), blaue Songthaew nahe Soi 8 um 6.40, 9.40, 10.20, 11 und 14 Uhr für 60 Baht in 1 Std.
FANG, mit Minibussen um 7 und 14 Uhr für 120 Baht in 2 1/2 Std.
KORAT, via PHITSANULOK (398–464 Baht) um 5.15, 10, 12, 14.15, 16 und 18 Uhr für 707 Baht, VIP um 18 Uhr für 825 Baht in 13 Std.
LAMPANG, um 6.30, 8 und 12 Uhr für 126–248 Baht in 6 Std.
MAE SOT, mit Green Bus via PHAYAO (133 Baht, 3 Std.) um 6.45 Uhr in 10 Std. für 457 Baht.
SUKHOTHAI, um 7, 9 und 10.30 Uhr für 283 Baht in 8 Std.

## Das Goldene Dreieck

Touristen aus aller Welt werden vom Goldenen Dreieck, dem Dreiländereck Myanmar, Thailand und Laos, magisch angezogen. Dieser berüchtigte Name, der eines der ehemals größten Opiumanbaugebiete der Welt bezeichnet, lässt sich an kaum einer anderen Stelle anschaulicher lokalisieren als in **Sob Ruak** an der Einmündung des Ruak-Flusses, der die Grenze zu Myanmar bildet, in den Mekong, der Thailand von Laos trennt.

Das unspektakuläre Dreieck erreicht man über einen „Hintereingang" auf der Landstraße von Mae Sai Richtung Osten am Fluss entlang. Da die meisten Besucher von der anderen Seite kommen, erstrecken sich hinter dem **Dreiländereck** kilometerweit Restaurants, Souvenirstände und Hotels, sogar ein Einkaufszentrum, ein kleines, uninteressantes **House of Opium**, ⏲ 7–19 Uhr, Eintritt 50 Baht, ein großes **Tor zum Goldenen Dreieck** und ein riesiger, auf einem Schiff sitzender **Goldener Buddha**, vor dem sich Touristen fotografieren lassen.

An der Anlegestelle 100 m südlich des Goldenen Buddha herrscht reger Bootsverkehr.

**Das Goldene Dreieck**

ÜBERNACHTUNG
1. Rai Saeng Arun
2. Anantara Golden Triangle Resort & Spa
3. Golden Home,
4. Baan Thai Resort
4. Serene at Chiang Rai
5. Lanjia Lodge
6. Viang Yonok Hotel

GOLDENES DREIECK

MYANMAR (BIRMA)

LAOS

Mekong

**Boote** können für bis zu fünf Personen für 1000 Baht pro Stunde plus 30 Baht für die Immigration für eine Fahrt ins Grenzgebiet gemietet werden. Auf einer laotischen Insel mit Souvenirmarkt wird ein Zwischenstopp eingelegt. Hier gibt es laotisches Bier und exotische Alkoholika, Opiumpfeifen und ein Postamt, von dem aus man Postkarten mit laotischen Briefmarken nach Hause schicken kann. Zudem locken Casinos auf der birmanischen Seite.
Genaue Positionen s. eXTra [2645].

### ÜBERNACHTUNG

**Anantara Golden Triangle Resort & Spa** ②, gegenüber der Hall of Opium, ☎ 053-784 084, 🖥 goldentriangle.anantara.com. Perfekt gestylter Über-Luxus mit Lokalkolorit und eigenem Elefantencamp. ❽
**Baan Thai Resort** ③, 525 Moo 1, an der Hauptstraße südlich vom House of Opium, ☎ 053-652 154, 🖥 www.sawasdeebaanthai.com. In einem zurückversetzten, 2-stöckigen Bau sowie den Holzbungalows rund um den Vorgarten vermietet die netten Betreiber recht geräumige Zimmer mit älterer Einrichtung, Kühlschrank, harten Matratzen, TV und Du/WC. Restaurant mit hausgemachten Pizzen, zudem Massagen und Akupunktur. Frühstück inkl. ❸–❺
**Golden Home** ③, 41 Moo 1, südlich vom House of Opium, ☎ 053-784 205, 085-038 2393, 🖥 www.goldenhome46.com. 7 saubere Einzel- und Reihenbungalows in einem kleinen Garten mit Terrasse, auch für Familien. WLAN im Eingangsbereich, Frühstück +200 Baht. ❷
**Serene at Chiang Rai** ④, 569 Moo 1, ☎ 053-784 500, 🖥 www.sereneatchiangrai. com. Modernes, am Mekong gelegenes Designhotel mit 50 Zimmern mit bequemen Matratzen, Wasserkocher, Föhn und Du/WC. Die großen Deluxe-Zimmer punkten mit toller Aussicht auf den Fluss. Restaurant. Frühstück inkl. ❺–❻

### TRANSPORT

**Blaue Songthaew** fahren, sobald sie voll sind, vom Tor zum Goldenen Dreieck bis gegen 12 Uhr nach CHIANG SAEN für 20 Baht und MAE SAI für 40 Baht.

### Das Opium-Projekt

Unter der Patronage der verstorbenen Königinmutter entstand die überaus sehenswerte **Hall of Opium**, ☎ 053-784 444, 🖥 www.maefahluang.org, im Golden Triangle Park, 400 m abseits des Flusses an der Straße nach Mae Sai. Das riesige Museum informiert über die 5000-jährige Geschichte des Opiums, über die weltweit legalen wie illegalen Handelswege, die Verflechtungen mit dem Teehandel, Opiumkriege in China und die Opiumraucher in Siam und anderen Ländern Südostasiens. Weitere Themen sind die Wirkung und medizinische Nutzung der Droge sowie der durch die Königsfamilie unterstützte Kampf gegen die Abhängigkeit von illegalen Drogen. Zu sehen sind in der ergreifenden Ausstellung u. a. eine nachgebaute Opiumhöhle, eine Galerie berühmter Drogennutzer, Opiumpfeifen, eine durchaus kritische Dokumentation über die Rolle des CIA und der thailändischen Regierung, Videopräsentationen und Aussagen ehemaliger Abhängiger. Zudem dient es der Forschung. Hervorragendes Einführungsvideo in englischer Sprache. 🕐 Di–So 8.30–16 Uhr, Eintritt 200 Baht.

**Minibusse** von Green Bus fahren vom Tor zum Goldenen Dreieck 15x tgl. etwa stdl. von 5.50–12 sowie um 16 Uhr via CHIANG SAEN (20 Baht, 15 Min.) nach CHIANG RAI für 50 Baht in 1 1/2–2 Std. Da Fr ein Nachtmarkt auf dem Parkplatz stattfindet, halten die Busse ab 15 Uhr an der Straße.

## Chiang Saen

Das 9 km südlich vom Goldenen Dreieck am Westufer des Mekong gelegene Chiang Saen wurde 1328 gegründet und vermutlich bereits im 13. Jh. von Thais besiedelt. Es gehört damit zu einer der frühesten Siedlungen der Thai im heutigen Staatsgebiet. Aus jener Zeit stammen die gut sichtbare, rechteckige, 4,3 km lange Befestigungsmauer mit fünf Stadttoren und zwei Forts, die von Büschen und Teakbäumen überwachsen sind, sowie ein Graben, welche das Zentrum umschließen.

Nur wenige der 139 Tempelruinen stehen außerhalb dieses Bezirks, an vielen sind Infotafeln angebracht. Unter hohen Teakbäumen liegen die Überreste des 1332 erbauten **Wat Chedi Luang**. Die Ruine des ursprünglich 60 m hohen Chedi wurde mit einer hübschen, 27 m hohen bemoosten Pagode überbaut und wird um einen Viharn mit goldenem Buddha erweitert. Im angrenzenden **Chiang Saen National Museum** sind Funde aus dem Wat Pa Sak und anderen Tempeln, Steininschriften, lokale Keramiken aus dem 14.–17. Jh. und eine kleine ethnologische Abteilung mit Textilien und Lackwaren untergebracht. Einige Funde, wie das Kala-Gesicht und die Garuda-Statue würde man eher auf Bali als in Thailand vermuten. ⏰ Mi–So außer feiertags 8.30–16.30 Uhr, Eintritt 100 Baht.

Am treppenförmig abgestuften Chedi des **Wat Pa Sak** aus dem 14. Jh. in einem Teakwald blieben die verspielten Stuckverzierungen mit figürlichen Darstellungen erhalten, die birmanische und Mon-Einflüsse zeigen. Eintritt 30 Baht. Mehr als 300 Stufen führen hinauf zum **Wat Phrathat Chom Kitti** nordwestlich der Stadtmauer, das 1480 mit einem großen Chedi versehen wurde.

Den schönsten Blick hat man vom **Wat Phrathat Pha Ngao**, 4 km südlich der Stadt auf dem Doi Kham in Wiang Pruek Sa, einer alten Siedlung am Mekong. Beeindruckend ist nach 300 m auf halber Höhe der mit Teakholzschnitzereien verzierte Bot. Weitere 400 m sind es bis zu einer hochverehrten, kopflosen Buddhastatue auf einem Felsen vor einer Pagode, von der man den Mekong überblickt.

An der Hauptstraße, 200 m vom Fluss entfernt, versteckt sich hinter Obst- und Essensständen ein sehenswerter **Markt**, auf dem große Mekong-Fische und ungewöhnliche Spezialitäten verkauft werden. Weiter unterhalb legen Flussboote aus China an. Während der Trockenzeit kommt der Schiffsverkehr zum Erliegen.

4,3 km westlich zweigt die 1,5 km lange Straße zum **Chiang Saen-See (Viang Yonok)** ab. Der verschlickte See ist ein Vogelschutzgebiet, in dem über hundert Zugvogelarten von November bis April überwintern. Man kann sie gut beobachten, am See Fahrrad fahren und die romantischen Sonnenuntergänge genießen. Tuk Tuk 100–150 Baht einfach.

**Gin's Gh.** ①, 1 km Richtung Goldenes Dreieck, 📞 053-650 847, 🖥 www.fb.com/ginsmaekhongview. 7 nette Zimmer mit Ventilator im 1. Stock eines alten Holzhauses sowie in Bambusbungalows mit guten Matratzen, Du/WC und teils AC. Der Pool von Gin's Resort kann mitgenutzt werden. Motorradverleih und Vermittlung von Bootstouren. Kein WLAN. ❶–❷

**Gin's Maekhong View Resort & Spa** ②, Rimkhong Rd. südl. von Gin's Gh., 📞 053-650 847, 084-485 1376, 🖥 www.fb.com/ginsmaekhongview. Der Name ist Programm: Am Mekong stehen in einer netten Gartenanlage 3 frische, helle Bungalows mit Korbmöbeln, LCD-TV, großen Fenstern und Balkon mit Kamin (!), zudem 14 Zimmer im 2-stöckigen Haus und ein netter Pool. Frühstück inkl. ❺

**Pak Ping Rim Khong** ③, 484 Rimkhong Rd., 📞 053-650 151, 081-993 3763, 🖥 www.fb.com/pakpingrimkhong. Netter Familienbetrieb an der Straße mit 9 modernen, sauberen Zimmern mit TV, AC und guten Betten. Die Zimmer nach hinten sind ruhiger. Familienzimmer für 1600–1800 Baht. Die Tochter spricht gutes Englisch. Frühstück inkl. ❹

**Siam Triangle Hotel** ④, 400 m südlich der Stadt am Mekong, nördlich der Einmündung des H1290, 267 Moo 9, 📞 053-651 115-7, 082-790 1741, 🖥 www.siamtriangle.com. Modernes Hotel mit 67 Zimmern mit LCD-TV, Safe, Wasserkocher, viel Abstellflächen, Balkon und Bad mit Tropendusche und separater Wanne, die mit Flussblick sind überteuert. Großes Restaurant mit Aussicht und Pool mit Kinderbecken am Fluss. Fahrräder und Frühstück inkl. ❺–❻

🏨 🌳 **Viang Yonok Hotel** ⑤, 3,5 km östlich der Stadt nach Süden abbiegen, Karte S. 461, 📞 053-650 444, 081-862 8727, 🖥 www.viangyonok.com. Am Ostufer des Chiang Saen-Sees haben die freundlichen Gastgeber Vasana und Ian Smith aufgrund eigener Reiseerfahrung ein

# Chiang Saen

N
0 — 500 m

Goldenes Dreieck (9 km), Mae Sai (37 km)

1290

Rob Wiang Rd.

Pa Thon

Wat Chom Chang

Wat Phrathat Chom Kitti

Nong Klang Wiang

Soi 2

Rimkhong Rd.

Verkaufsstände

Sai 1 Rd.
Sai 2 Rd.

Wat Sao Khian

Nong Moon Rd.

Wat Phra Chao Lan Thong

Wat Roi Kho

Wat Phra Khao Pan

Wat Pa Sak

Wat Mahathat

IMMIGRATION

Phaholyothin Rd.

Wat Chetawan

POLIZEI

Chiang Saen National Museum

Wat Chedi Luang

Wat Phra Buat

NACHT-MARKT

MARKT

Wat Phayuen

Essensstände

BOOTE

Verkaufsstände

Mekong

**NORD-THAILAND**

Mae Chan (31 km), Chiang Rai (60 km)

Kham River

1290

1016

Wat Pong Sanuk

Wat Ban Rong

FRACHT-HAFEN

MARINEPOLIZEI

Rob Wiang Rd.

1290

1129

400 m

Wat Phrathat Pha Ngao (4 km), Chiang Khong (53 km)

---

sehr gut durchdachtes Resort gestaltet, das Komfort und Ruhe bietet. 7 individuell und geschmackvoll eingerichtete Bungalows mit bequemen Betten, Safe, Kühlschrank, Föhn, Wasserkocher, LCD-TV und Bädern mit Naturstein- und Holzböden, auch Familienzimmer. Sauna und Pool. Restaurant mit Thai- und westlichen Gerichten und entspannt-freundlicher Atmosphäre. Eigener Bio-Garten. Touren mit Chai sind empfehlenswert. Kajaks und Mountainbikes (schöne Tour um den See) und sehr gutes Frühstück inkl. Unbedingt die Pfannkuchen probieren!

5 – 6

## ESSEN

Abends werden an der Uferpromenade **Essensstände** aufgebaut, an vielen wird Fisch gegrillt. Kleine Plastikstühle haben nur die Stände nahe der Polizei, ansonsten sitzt man auf Matten und Hockern zwischen Straße und Fluss. Eine schöne Atmosphäre herrscht zum Sonnenuntergang.

**2 be 1**, an der Hauptstraße nach Norden. In der kleinen Bar gibt es Thai-Gerichte und Cocktails. ⏲ nur abends.

**Café Mongdoonam**, an der Hauptstraße neben 2 be 1. Entspanntes Café mit Holztischen und Hockern auf dem Bürgersteig. Guter Kaffee und eine Auswahl an Kuchen. Westliches und Thai-Frühstück. WLAN. ⏲ 8.30–18 Uhr.

**Heaven on Earth**, im Tempel Wat Chedi Luang. Ein gutes Café mit ein paar Tischen und Stühlen unter schattigen Bäumen. Im angrenzenden Pavillon eine Kunstschule für Kinder, in der sie nachmittags malen und spielen können. Verkauf von selbst gemalten Postkarten.

## EINKAUFEN

An vielen Verkaufsständen am Fluss werden chinesische Produkte verkauft: in erster Linie billige Textilien und Plastikspielzeug, zudem Trockenfrüchte, Pilze, Obst, Nüsse und Tee.

## TRANSPORT

**Motorradrikschas** im Ort kosten 20 Baht. Nach BANGKOK verkehren **Busse** vom Büro der staatlichen Transport Company (999) um 7 (via PHITSANULOK), 15.30 und 17 Uhr oder VIPs vom Sombat Tour Büro, Call Center: ☏ 02-792 1444, 💻 www.sombattour.com, neben der Krungthai Bank in der Phaholyothin Rd., um 17 und 17.30 Uhr für 529–680 Baht, VIP 1058 Baht in 12 Std.
CHIANG KHONG, mit grünen Songthaew ab der Haltestelle an der südlichen Uferstraße, etwa stdl. von 7–13 Uhr über HAD BAI (50 Baht; dort umsteigen) für 100 Baht in 2 Std., direkt nur um 10 Uhr in 2 Std. Charter 1000 Baht.

## Bootstouren auf dem Mekong

Schnellboote nach SOB RUAK können ab 700 Baht für max. 5 Pers. gechartert werden. Wenn der Fluss genügend Wasser führt, geht es in 2 1/2 Std. für 3000 Baht (hin und zurück 3500 Baht) durch schmale Schluchten und weite Ebenen, vorbei an Flussinseln und gefährlichen Felsen nach CHIANG KHONG. Buchung direkt am Pier, ☏ 081-952 5241. Abfahrt spätestens um 17 Uhr.

Die meisten Busse und Songthaew fahren nahe dem Markt, 100 m von der Einmündung der Haupt- in die Uferstraße, ab:
CHIANG RAI, Busse bis 15.50 Uhr alle 15–20 Min. und um 17 Uhr für 37 Baht in 1 1/2 Std. oder mit Minibussen von Green Bus von 6.20–17 Uhr etwa stdl. für 45 Baht in 1 1/2 Std.
GOLDENES DREIECK (SOB RUAK), 9 km, Songthaew von 7.20–12 Uhr alle 40 Min. oder mit den Minibussen von Green Bus nach Chiang Rai für 20 Baht. Charter 150 Baht.
MAE SAI, blaue Songthaew bis 12 Uhr alle 40 Min. für 60 Baht in 1 Std. Charter 600 Baht.

# Von Chiang Saen nach Chiang Khong

Auf dem H1129 steht 20 km östlich von Chiang Saen ein riesiger Maiskolben auf dem Dach einer Farm. 2 km weiter zweigt in **Mae Ngoen** der schmale H4007 Richtung Norden ab. Die zu Beginn noch nicht komplett asphaltierte Straße schlängelt sich durch kleine Dörfer inmitten von Bananen- und Orangenhainen, Gemüsegärten, Reis-, Mais- und Tabakfeldern, meist am malerischen Fluss entlang, der ständig sein Gesicht verändert. In der Trockenzeit ragen vielerorts spitze Kalkfelsen aus dem Wasser.

Auch wer auf dem H1129 bleibt, wird mit schönen Ausblicken belohnt, etwa vom Aussichtspunkt am Hmong-Dorf **Kiu Kan**, vor der steilen Abfahrt ins Tal von Chiang Khong. Kurz danach vereinigen sich beide Routen, sodass man die fantastische Sicht vom anschließenden **Hua Sai Man Viewpoint** am KM 81 auf keinen Fall versäumt.

Auf dem H4007 lohnt ein Besuch im Tai Lue-Dorf **Had Bai**, wo farbige Baumwollstoffe gewebt und in einem Laden unten am Mekong verkauft werden, dorthin am KM 17,5 der Straße südlich vom Dorftempel bis ans Ende folgen. Die alten Weberinnen freuen sich über einen Besuch.

# Chiang Khong

Nach 66 km (über Kiu Kan 54 km) ist Chiang Khong erreicht. Der kleine angenehme Ort am Mekong war in der Vergangenheit für viele Backpacker Zwischenstation auf dem Weg nach Laos. Leider lassen ihn mittlerweile die meisten links liegen und reisen über die **4. Thai-Lao Friendship Bridge** 6 km südlich direkt nach **Houay Xai** auf der laotischen Seite weiter.

Als Alternative zur Durchgangsstraße lädt die **Uferpromenade** zum Flanieren ein. Zum **Wochenmarkt** am Freitag im unteren Ortszentrum finden sich Hmong und andere Bergbewohner ein. Ansonsten findet hier täglich bis 7 Uhr ein kleinerer **Morgenmarkt** statt. Mehr s. eXTra [2719].

## ÜBERNACHTUNG

**18 Coins Resort** ②, an der Hauptstraße etwas nördlich der Soi 2, ✆ 053-791 110, 087-336 6597, ⌨ www.18coinsresort.com. Um einen gepflegten Rasen mit hübschen Skulpturen stehen zurückversetzt von der Straße 15 helle, freundliche Zimmer in Bungalows mit AC, Holzböden, Du/WC, Wasserkocher, Kühlschrank, TV und guten Federkernmatratzen. Ein Familienzimmer für 1000 Baht. ②–❸

€ **Baan Pak Pon** ④, ✆ 053-655 092, 081-791 6735. In Obhut der sehr netten Fon wohnt man in 14 ruhigen Zimmern auf mehreren Ebenen, die meisten mit Flussterrasse oder Balkon, teils mit etwas durchgelegenen Federkernmatratzen, kleinen Bädern oder Waschbecken im Zimmer, AC und Kühl-

schrank. Freundliche Atmosphäre. Frühstück inkl. ❷

**Baan Rim Ta Ling Gh.** ⑤, 99/2 Moo 3, Wiang Rd., am Mekong Richtung Had Khrai, ✆ 053-791 613, 084-615 5490, ⌨ www.chiang-khong-guesthouse.com. Homestay von der freundlichen, ortskundigen Maleewan und Don mit 11 einfachen, rustikalen Zimmern in einem alten Teakhaus und Bungalows mit weichen Matratzen, zudem 2 Schlafsäle à 100–130 Baht. Schöner Blick über den Fluss. Ab 2 Pers. nachmittags Kochkurse für 500 Baht plus Einkauf. Vermittlung von Tickets für Laos-Boote. Transport zur Brücke 50 Baht. Internet und Fahrräder inkl. ❶–❷

🧳 **Chiangkhong Teak Garden Hotel** ①, 666 Moo 8, Saiklang Rd., ✆ 053-792 008-9, ⌨ www.chiangkhongteakgarden.com. In modernen, sauberen Doppelhäusern am Hang liegen 37 Zimmer mit weiß gefliesten Böden und dunklen Möbeln, dicken Matratzen, LCD-TV, Safe, Kühlschrank, Föhn, Wasserkocher, kleinem Bad mit Tropendusche sowie Balkon, in der unteren Reihe mit Flussblick. Gepflegter Garten mit hohen Teakbäumen, Flussrestaurant. Freundliches, hilfsbereites Personal. 2015 wurde ein großer Neubau hochgezogen. Frühstück inkl. ❺–❻

**Namkhong Riverside Hotel** ③, 174-6 Moo 8, Wiang Rd., ✆ 053-791 796, ⌨ www.namkhong riverside.com. Großes Hotel am Fluss mit 40 hellen Zimmern mit AC, guten Matratzen, großem LCD-TV, Wasserkocher, Kühlschrank und Balkon mit herrlicher Aussicht. Restaurant. Bootstouren. Frühstück inkl. ❺ Mehr Unterkünfte s. eXTra [5995].

### In der Umgebung

**Lanjia Lodge** ⑤, nordwestlich von Chiang Khong beim Hmong- und Lahu-Dorf Kiu Kan, ⌨ www.asian-oasis.com/product/lanjia-lodge-hilltribe-discovery, Karte S. 458. Die hochgelobte Lodge mit Häusern im traditionellen Hmong-Stil kann nur als Komplettarrangement über PDA im Hilltribe Museum in Chiang Rai, S. 444, gebucht werden.

🌳 **Rai Saeng Arun** ①, 2 Moo 3 Ban Pha Khub, rund 25 km nördlich von Chiang Khong am KM 10,5 des H4007, ✆ 081-802 7062,

**Chiang Khong**

Chiang Saen (53 km),
Kiu Kan (19 km)

1129

CHINESISCHER
FRIEDHOF

SCHULE

**Hua Wiang**

Wat
Hua
Wiang

Thung Na Noi
Huay Thong-
Wasserfall

Soi 2

**Wiang
Kaew**

Soi 6

Soi 8

Soi 10

Soi 5

Wat
Phra Kaew

Kaserne

Wat Luang

Soi 7

DISTRICT
OFFICE

Soi 9

Wat Sri
Don Chai

MARKT

POLIZEI

WOCHENMARKT

MARKT

Wat
Sob Som

**Sob
Som**

Soi 15

Soi 17

Soi 19

**Had
Khrai**

Somdej Phra
Yupparat Hospital (3 km),
Chiang Kham (100 km),
Thoeng (73 km)

1020

Wat
Had Khrai

Soi 35

**Mekong**

087-690 7610, ⌨ www.raisaengarun.com,
Karte S. 458. In abgeschiedener, idyllischer
Lage werden auf dem riesigen Grundstück Bio-
Reis, Gemüse und Obst angebaut. Zwischen
Erdbeer- und Salatbeeten stehen am Mekong
3 Holzbungalows, 3 weitere an einem Kanal
und fast 1 km entfernt jenseits der Reisfelder
8 weitere am Waldrand. Alle sind komfortabel
und haben große Terrassen. Ausgezeichnetes
Essen. Abholservice vom Busbahnhof in Chiang
Khong für 500 Baht. Gutes Frühstück und WLAN
im Restaurant inkl. ⑤–⑦

## ESSEN

Restaurants säumen das Ufer des Mekong.
Man braucht abends nur den Uferweg
entlangzuflanieren, um etwas Passendes
zu finden.

**Bamboo Mexican House**, 1 Moo 8, Wiang
Rd., ✆ 053-971 621. Die aus Bangkok
stammende Besitzerin des kleinen Restaurant-
Cafés Taew backt leckeres Brot (gut zum
Mitnehmen) und stellt ihre eigene Müsli-
mischung aus selbst angebauten Zutaten
zusammen. Neben Frühstück einheimische
und einige leckere mexikanische Gerichte.
⏲ 7.30–20.30 Uhr.

**Green Tree**, 36 Wiang Rd. Hübsches, kleines Gartenlokal. Man kann vorn an der Straße im nett dekorierten Bambushaus oder hinten unter Sonnenschirmen sitzen. Kleine, vielseitige Karte (von leckeren Pasta-Gerichten über Frühlingsrollen bis hin zu gebratenen Nudeln).

**Rimkhong Restaurant**, nur auf Thai ausgeschildert, 187 Moo 12, ✆ 053-791 105. Überwiegend Einheimische essen im netten, 3-stöckigen Flussrestaurant mit kleiner englischer und umfangreicherer Thai-Karte. Original scharfe Currys und Mekong-Fisch. ⏰ 9–21 Uhr.

**The Hub**, 172 Moo 8, Wiang Rd. Der englische Radfahrer Alan Bate, 🖥 www.worldcyclingrecord.com, hat eine nette Bar mit Fahrradmuseum mit vielen Erinnerungsstücken rund um den Radsport eröffnet. ⏰ So–Fr 16–24 Uhr.

### SONSTIGES

#### Einkaufen
**Tesco Lotus**, 2 km südlich der Stadt. ⏰ 8–22 Uhr.

#### Medizinische Hilfe
**Somdej Phra Yupparat Hospital**, 354 Moo 10, 3 km südlich der Stadt, ✆ 053-655 712. Ein größeres Provinzkrankenhaus.

#### Post
Direkt südlich vom Wat Phra Kaew. ⏰ Mo, Mi und Fr 8.30–16.30, Di und Do 9–12 Uhr.

#### Reisebüros
**Easy Trip**, 67/2 Moo 1, ✆ 053-655 174, 086-997 7246, 089-635 5999, 🖥 www.fb.com/easytrip chiangkhong. Freundliches Reisebüro unter der Leitung der sehr kompetenten Miss Noi. Buchung von Inlandflügen in Laos und Vietnam sowie Flussbooten ab Houay Xai (Kasten S. 466). Tagestouren zum Phu Chi Fa.

### TRANSPORT

Weiterfahrt nach Süden s. eXTra [6035].
**Tuk Tuks** und **Motorradtaxis** stehen am Busbahnhof und kosten im Stadtgebiet 30 Baht p. P.

## Über die Grenze nach Laos

Die überdimensionierten Gebäude zur Grenzabfertigung befinden sich beiderseits der neuen Brücke, ⏰ 8–16 Uhr, von 6–8 und 16–22 Uhr sowie an Wochenenden muss man auf laotischer Seite US$1 Überstundenzuschlag zahlen.

**Tuk Tuks aus Chiang Khong** fahren für 50 Baht zur Brücke. Nach dem Passieren der Passkontrolle auf der Thai-Seite geht es für 30 Baht bzw. 7000 Kip mit einem Bus auf die laotische Seite. Shuttlebusse nach Houay Xai verkehren ab dem neuen Busbahnhof (s. Transport). Einfacher ist die Anreise mit dem **Bus ab Chiang Rai**, der über die Grenze zur internationalen Busstation fährt und bei der Visabeantragung wartet (S. 450).

Bei der **Einreise nach Laos** wird ein 30 Tage gültiges Visa on Arrival ausgestellt, das für Deutsche US$30 und Österreicher US$35 kostet. Schweizer erhalten kostenlos ein 15 Tage gültiges Visum. 1 Passfoto oder die Fotokopie des Passes wird benötigt.

**Achtung**: Nicht auf offiziell aussehende Herren vor dem Abfertigungsgebäude auf Thai-Seite hereinfallen, die behaupten man müsse bereits hier US$ wechseln (zu extrem schlechten Kursen versteht sich). Neben dem Visaschalter auf laotischer Seite befindet sich eine Wechselstube, die benötigte US$ tauscht. Hinter der Abfertigung warten Tuk Tuks, die für 100 Baht bzw. 25 000 Kip die 8 km nach Houay Xai fahren. Für den Grenzübertritt sollten 1–2 Std. eingeplant werden.

Ab Houay Xai fährt von 11–14 Uhr stdl. ein Bus für 600 Baht in 5 Std. nach LUANG NAMTHA, von dort weiter nach BOTEN zur chinesischen Grenze in 1 Std. Nach LUANG PRABANG um 17 Uhr für 755 Baht in 13 Std.

#### Busse und Songthaew
CHIANG SAEN, mit grünen Songthaew via Had Bai (50 Baht) ab der Haltestelle gegenüber der Kaserne um 8.30 Uhr für 100 Baht in 2 Std.
Bei späteren Verbindungen gibt es keinen Anschluss in Had Bai mehr.

Von den Büros der privaten Gesellschaften **jenseits der Flussbrücke** geht es nach: BANGKOK, via AYUTTHAYA und PHITSANULOK mit Sombat Tour, ℓ 053-791 644-5, 🖥 www.sombattour.com, oder Budsarakam Tour, ℓ 053-791 227, 🖥 www.budsarakamtour.com, um 7.25, 15, 15.15, 15.30 und 16.10 Uhr für 655 Baht, VIP um 15.30, 15.50 und 16 Uhr für 764–1010 Baht in 12 Std.
CHIANG KHAM, mit lokalen Bussen via THOENG stdl. und mit Green Bus, ℓ 053-655 732, 🖥 www.greenbusthailand.com, nach Chiang Mai für 90 Baht.
CHIANG MAI, mit Green Bus um 7.15 und 9.45 Uhr für 271–284 Baht, zudem VIP um 9.45 Uhr für 434 Baht oder mit Minibussen, ℓ 080-673 9700, um 10.30 Uhr ab **Namkhong Riverside Hotel**, in 7–8 Std. Öfter über Chiang Rai.
CHIANG RAI, 140 km, von 5–16 Uhr etwa stdl. für 65 Baht, auch mit Green Bus für 126–162 Baht in 2–2 1/2 Std.
PHAYAO, mit den Green Bus-Bussen Richtung Chiang Mai für 151 Baht.
THOENG, von 6–17 Uhr stdl. für 55 Baht in 1 1/2 Std. und mit Green Bus-Bussen nach Chiang Mai für 74 Baht. Von dort weiter zum Phu Chi Fa.

Vom **neuen Busbahnhof** 4 km südlich der Stadt am H1020 verkehren die Busse der staatlichen Transport Company (999), 🖥 http://home.transport.co.th, nach:

BANGKOK um 7, 15.15, 15.20 und 16 Uhr für 655 Baht.
HOUAY XAI (**Bokeo International Bus Terminal**, Laos) um 9, 12, 17.30 und 18.30 Uhr für 30 Baht. Houay Xai (Laos), Shuttlebusse von 7–18 Uhr stdl. für 20 Baht.
LUANG PRABANG (Laos), um 15 Uhr für 930 Baht in 15 Std.

# Phu Chi Fa

Mehrere schmale Straßen führen hinauf in die Berge entlang der Grenze zu Laos. Am KM 52 zweigt in **Pang Hat**, einem Tai Lue-Dorf, eine 14 km lange, steile Straße nach **Pa Tang**, einem Kuomintang-Dorf, ab. Eine 2 km lange Stichstraße endet am Fuß des **Doi Pa Tang** mit einer Pagode. Der Ausblick nach Laos hinein ist nicht so spektakulär wie am Phu Chi Fa. Im Ort gibt es Unterkünfte und Restaurants.

Eine schmale Straße schlängelt sich in zahllosen Kurven von Pa Tang entlang der Grenze weiter durch die Bergkette nach Süden. Kürzer und erheblich schneller ist die teils sehr steile, 9 km lange Anfahrt über die Abzweigung am KM 21 vom H1155 zum höchsten Gipfel, dem **Phu Chi Fa**. Die ausgeschilderte Stichstraße endet am Parkplatz mit Essensständen. Von dort steigt man in 20 Min. zum Gipfel in 1628 m Höhe hinauf. Dank eines dramatischen Steilabfalls ge-

## Bootsfahrt von Houay Xai nach Luang Prabang

Von Houay Xai starten viele **Boote** hinunter nach Luang Prabang. Gemächlich reist man in Gesellschaft vieler Einheimischer mit Slowboats, rasend schnell, laut und riskant mit kleinen Speedboats und komfortabel mit exklusiven Flussbooten.
Das Slowboat nach Luang Prabang für 1250 Baht p. P. startet gegen 10.30 Uhr in Houay Xai und legt einen Übernachtungsstopp in Pakbeng ein.
Schnellboote brauchen 6 Std. und kosten etwa 1800 Baht p. P. bei 6 Pers. Sie legen eine Mittagspause in Pakbeng ein. Wegen der starken Sonneneinstrahlung und des Fahrtwinds ist das Tragen von Hüten bzw. Motorradhelmen erforderlich.
Komfortabel, aber teuer sind die großen Schiffe, z. B. die *Luang Say* von **Asian Oasis**, ℓ 02-651 9101, 🖥 www.asian-oasis.com, oder der *Mekong Explorer* von **Lernidee Erlebnisreisen**, in Deutschland ℓ 030-786 0000, 🖥 www.lernidee.de. Sie sollten frühzeitig gebucht werden. Freie Plätze verkauft **Easy Trip**, S. 465, für die luxuriöse *Luang Say*, Abfahrt Mo, Do und So, 🖥 www.luangsay.com, ab US$450 oder die einfachere *Nagi of Mekong*, Abfahrt Mi, Fr und So, 🖥 www.nagiofmekong.com, für bis zu 15 Pers. für 4600 Baht p. P. Mehr s. **eXTra [2729]**.

## Tai Lue

Etwa 83 000 Tai Lue leben in Thailand, hauptsächlich in den Provinzen Nan, Phayao und
Chiang Rai. Vor 100–200 Jahren sind sie aus
Sipsongpanna (heute: Xishuangbanna) im südlichen Yunnan in Richtung Süden nach Laos,
Myanmar und Thailand eingewandert. In Yunnan werden sie als Dai bezeichnet und gehören zu den offiziell anerkannten Minderheiten
in China. Die meisten leben von der Landwirtschaft. Die Frauen weben Decken und andere
Textilien, die in vielen Dörfern erworben werden können.

nießt man eine hervorragende Aussicht über die
Bergwelt von Laos. Der 780 m lange Rundweg
führt teils direkt auf dem Grat entlang, auf dem
die Grenze verläuft.

In den Wintermonaten, vor allem zu Neujahr,
kommen viele Einheimische herauf, um morgens, vor Kälte schlotternd, das Farbenspiel
des Sonnenaufgangs zu erleben, während in
den Tälern noch der Morgennebel liegt. Mitte
Februar sind viele Hänge von blühenden Bäumen bedeckt. Dann findet in **Rom Fah Thai** das
**Baumblütenfest** statt, zu dem Hmong aus Laos
in prächtigen Trachten herüberkommen. Es werden Verkaufsbuden aufgebaut und auf einer großen Bühne Hmong-Tänze aufgeführt. Den Höhepunkt bildet die Miss Hmong-Wahl.

In den Haupt-Übernachtungsorten **Rom Fah
Thai**, KM 64, und **Rom Fah Tong**, KM 69, haben
wir nichts Ansprechendes gefunden. Alle Unterkünfte richten sich an einheimische Gruppen.
❸–❹.

Nun geht es in nicht enden wollenden Kurven
durch die Hmong-Dörfer **Lao U** und **Lao Ta Sung**
mit einem Grenzmarkt hinab ins Tal. Nach 28 km
lädt links der Straße das 33–35 °C warme Wasser des 25 m hohen **Phu Sang-Wasserfalls** zu einem Bad ein. Essensstände sorgen für Stärkung.
🕓 8.30–18 Uhr.

Jeden 10. und 30. eines Monats findet bis gegen Mittag ein großer Markt am Grenzübergang
**Ban Huak** im Phu Sang National Park statt. Dann
kommen Hunderte von Laoten über die Grenze,
darunter viele Hmong.

Für Selbstfahrer mit Pkw oder größeren
Motorrädern ist die schöne Strecke sehr gut
geeignet.
Mit öffentlichen Verkehrsmitteln ist der Phu Chi
Fa schwer zu erreichen. Von Nov–Feb fahren
Minibusse ab CHIANG RAI um 7 und 12.30 Uhr
für 150 Baht in 2–3 Std.

# Chiang Kham

Chiang Kham hat abgesehen von zwei Tempelanlagen und einem etwas vernachlässigten **Tai
Lue Cultural Center** auf den ersten Blick nicht
viel zu bieten. Das Center, 300 m westlich vom
H1148 in einer Schule gegenüber dem Wat Yuan
(südlich gegenüber dem Tesco Lotus links abbiegen), stellt Textilien und Handwerksproduk-
te der Tai Lue aus. Besucher sind eine Seltenheit, und die freundlichen Frauen, die unter dem
Museum weben, schließen es gern auf. Frau-
en-Kooperativen im Ort und der Umgebung (z. B.
in Chiang Ban hinter dem Tempel) fertigen wunderbare Stoffe, die auch verkauft werden.

Das **Wat Saen Muang Ma** am Busbahnhof mit
schönen Tempelfahnen und modernen Wandgemälden ist ein gutes Beispiel für einen Tai
Lue-Tempel. Das **Wat Nantharam** im Shan-Stil
beherbergt einen Buddha aus Teakholz.

**Chiang Kham Hotel**, 243 Moo 15, 📞 054-451 771.
Lachsfarbenes Gebäude im Zentrum an der
Abzweigung des H1210 von der Hauptstraße.
35 alte, einfache und saubere Zimmer mit
steinharten Matratzen, teils mit AC und TV.
❶–❷

Vom 500 m südlich des Zentrums gelegenen
**Busbahnhof** (an der zentralen Gabelung nach
Westen) fahren Busse nach:
BANGKOK, VIA AYUTTHAYA mit Sombat
Tour,  www.sombattour.com, um 9 und
17.30 Uhr direkt ab Chiang Kham (garantierter

## Zu Gast in einer charmanten Villa

**Lanna Thai Villa**, 1 Moo 4, Ban Salawat, zwischen Chiang Kham und Thoeng, ☎ 053-696 341, 081-488 1944, 🖥 www.lannathaivilla.com. Der sehr freundliche Steve aus den USA und Sermsri haben sich in einer hübschen, modernen Villa nach einem Berufsleben in Thailand zur Ruhe gesetzt. Sie vermieten 3 komfortable, wohnlich mit traditionellen Textilien dekorierte Zimmer. Das Zentrum der Anlage bildet ein toller 20 m Salzwasserpool, von dem aus der luftige Wohnraum, die Bibliothek, ein Meditationsraum und ein Heimkino mit großer Filmauswahl zugänglich sind. Steve ist ein Kenner der Dörfer und Kultur ihrer Bewohner und Sermsri eine hervorragende Köchin. Das Fitnessprogramm des kleinen Pinschers Spikey ist ein Highlight für sich. Fahrräder und sehr gutes Frühstück inkl. ❺, Vollpension inkl. ❼

Sitzplatz) sowie um 9.10, 17.40, 17.55 und 18 Uhr für 448–600 Baht, VIP 680–900 Baht, in 12 Std.
CHIANG KHONG, mit Green Bus um 14 Uhr für 90 Baht.
CHIANG MAI, um 6.20, 9.20 und 12.35 Uhr für 165–212 Baht.
CHIANG RAI, bis 17 Uhr alle 30 Min. für 50–60 Baht in 2 Std.
NAN, um 11 Uhr für 140 Baht.
PHAYAO, von 5–16 Uhr alle 40 Min. für 50 Baht oder mit den Green Bus nach Chiang Mai für 55–70 Baht in 2 Std.
THOENG, stdl. für 50 Baht.

# Die abgelegene östliche Bergregion

Nur wenige ausländische Touristen verschlägt es in die Bergregion zwischen Chiang Mai und der laotischen Grenze. Sie ist ein ideales Ziel für Entdeckernaturen, die sich auf das einheimische Leben einlassen wollen. Spannend ist eine Reise durch diese Region, die geprägt ist von einer langen Geschichte unabhängiger Königreiche und dem vergangenen, der Holzwirtschaft entstammenden Reichtum. Hier stehen die Villen der Holzbarone und prächtige Teaktempel, die erbaut wurden, um den Frevel an der Natur zu sühnen. Im Spannungsfeld der laotischen, birmanischen und Lanna-Kultur leben hier kaum bekannte Minoritäten, wie die Tai Lue, Htin und Mlabri. Zudem laden mehrere Nationalparks zu Wanderungen durch mächtige Teakwälder ein.

## Phayao

Die sympathische Stadt mit knapp 20 000 Einwohnern blickt auf eine über 900 Jahre alte Geschichte zurück. Das kleine Phayao-Reich aus dem 11. Jh. wurde schließlich 1338 von Lanna erobert. Die heutige Provinzhauptstadt liegt pittoresk am südöstlichen Ufer des **Kwan Phayao**, mit 2,3 km² der größte See Nord-Thailands. Eine hübsche Promenade lädt gegen Sonnenuntergang zu Spaziergängen am dann wunderschön schimmernden See ein. Freitag, Samstag und Sonntag wird von 19–21 Uhr an einem bunt angestrahlten **Musikbrunnen** die heroische Geschichte der Region präsentiert. Ein **Denkmal** des Königs Ngam Muang ziert den Knowledge Park.

Von der Bootsanlegestelle werden große Boote zur kleinen Insel mit dem versunkenen **Wat Tiloke Aram** aus dem 15. Jh. gerudert (30 Baht), besonders schön zum späten Nachmittag. Riesige Fische können in einer kleinen **Fischzuchtstation** von einem Bootssteg aus gefüttert werden. Im See werden die vom Aussterben bedrohten Mekong-Welse gezüchtet. Mehr dazu s. **eXTra [10070]**.

Die 16 m hohe, sitzende Buddhastatue Phra Chao Lan Tu im **Wat Si Khom Kham** am See stammt aus der Zeit des Phayao-Reichs und zählt zu den schönsten und größten im Chiang Saen-Stil. Nach ihrer Fertigstellung um 1523 wurde sie mit einem Viharn überbaut, der mehrfach erneuert wurde. ⏱ 7.30–18.30 Uhr. An den Tempel grenzt stadtauswärts ein **Himmel- und Höllengarten**, mit schrecklichen, aber auch amüsanten Darstellungen des Jenseits.

Stimmungsvolle Überfahrt zum Wat Tiloke Aram inmitten des Kwan Phayao

Stadteinwärts vom Tempel können Interessierte im **Ho Watanatham Nithat**, einem interessanten Museum, in die Geschichte und Kultur von Phayao eintauchen. ⏰ 8.30–16.30 Uhr, Eintritt 40 Baht inkl. Audioguide.

Der beste Ausblick über Stadt und See bietet sich vom weitläufigen **Wat Analayo** auf dem **Doi Busarakham**, etwa 20 km westlich.

## ÜBERNACHTUNG

**Buakaewplace Hotel** ④, 39 Chaykwan Rd., ☎ 054-480 933, 084-046 2341, ✉ buakaewplace @hotmail.com. In einem gepflegten Haus werden 6 schicke, holzverkleidete Zimmer mit Kühlschrank, TV, großen Betten, moderner Du/WC und teils großen Fenstern vermietet. Die Zimmer ganz oben werden ziemlich heiß. Kurios ist das winzige DZ zwischen 2 Etagen. Frühstück inkl. ❸–❺

**€ Baanhomhug Homestay** ③, 63/3 Ratchawong Rd., ☎ 094-695 6163, 🖥 www. fb.com/BaanHomHug. Kleines, familiär geführtes, aufgeräumtes Gh. mit ordentlichen Zimmern in grellen Farben mit AC, TV und harten Matratzen sowie Gemeinschafts-Du/WC.

Auch Familienzimmer. Fahrräder für 20 Baht, Motorräder für 300 Baht pro Tag. ❷

**€ Huanpak Jumjai** ⑤, 37/5-6 Prasat Rd., ☎ 054-482 659, 081-026 2244. 10 kühle, ruhige Zimmer mit Holzböden und Kühlschrank im 3-stöckigen Neubau. Je höher man die steile Treppe hinaufsteigt, umso besser die Zimmer und Aussicht. Im Erdgeschoss ohne Fenster, vorn mit Balkon, teils winzige Du/WC. Aufenthaltsraum mit LCD-TV, Vorhof mit Sitzgelegenheiten. Ap, der Besitzer, spricht Englisch und gibt gute Tipps. Kleines Frühstück und Fahrräder inkl. ❷–❸

**Tharn Thong Hotel** ①, 55-59 Don Sanam Rd., ☎ 054-431 302. Einfaches Hotel der alten Garde mit Aufzug um einen Parkplatz. Einfache, saubere, aber etwas muffige Zimmer mit harten Matratzen, teils AC. Im ruhigeren Neubau hinten etwas bessere Zimmer mit TV. Fahrräder für 20 Baht pro Std. Transport vom Busbahnhof und WLAN in der Lobby inkl. ❶–❷

**The Cozy Nest** ②, 59 Ratchawong Rd., ☎ 054-071 222, 🖥 www.cozynestroom.com. Kleines, sympatisches Designhotel mit 14 modernen, mit klaren Linien gestalteten und geräumigen Zimmern mit bequemen Betten, riesigem LCD-

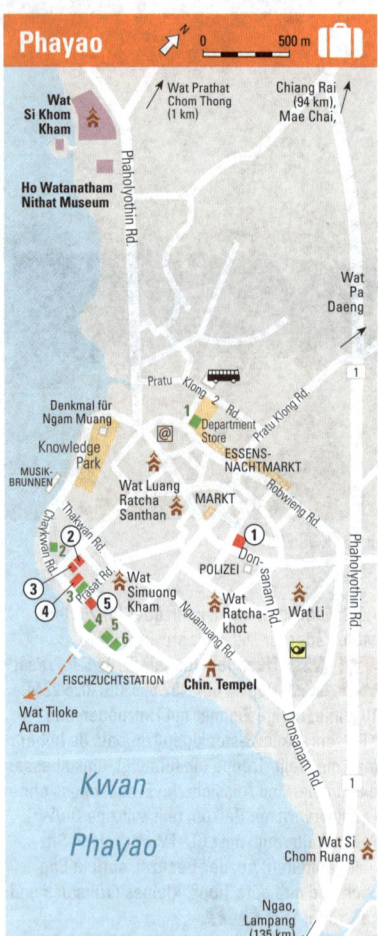

**Phayao**

0 — 500 m

Wat Si Khom Kham

Ho Watanatham Nithat Museum

↗ Wat Prathat Chom Thong (1 km)

Chiang Rai (94 km), Mae Chai,

Phaholyothin Rd.

Wat Pa Daeng

Pratu Klong 2 Rd.

Pratu Klong Rd.

Denkmal für Ngam Muang

Knowledge Park

MUSIK-BRUNNEN

Department Store

ESSENS-NACHTMARKT

Robwieng Rd.

Wat Luang Ratcha Santhan

MARKT

Chaykwan Rd.

Thakwan Rd.

Prasat Rd.

Nguamuang Rd.

Don-sanam Rd.

Wat Simuong Kham

POLIZEI

Wat Ratcha-khot

Wat Li

Phaholyothin Rd.

FISCHZUCHTSTATION

Chin. Tempel

Wat Tiloke Aram

**Kwan Phayao**

Wat Si Chom Ruang

Donsanam Rd.

Ngao, Lampang (135 km)

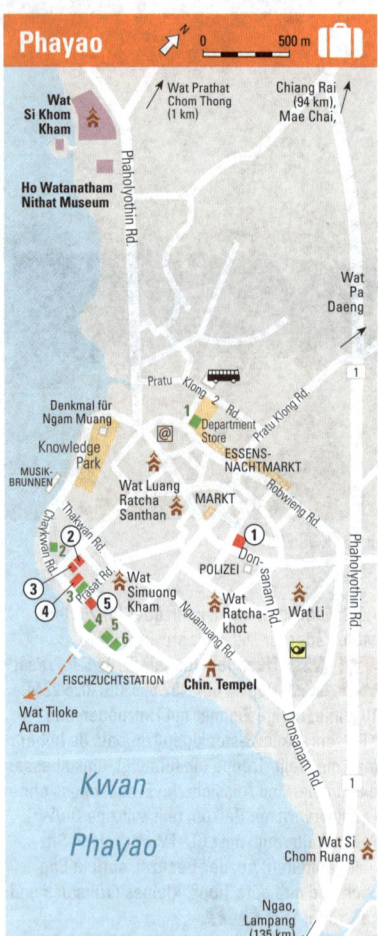

■ **ÜBERNACHTUNG**
1. Tharn Thong Hotel
2. The Cozy Nest
3. Baanhomhug Homestay
4. Buakaewplace Hotel
5. Huanpak Jumjai

■ **ESSEN**
1. Hot Pot
2. Kung Ten Muang Boran
3. Cupcake
4. Thakwan Coffee & Rest.
5. Chue Chan Rest.
6. Cha-Liang Kwan Rest.

**NORD-THAILAND**

---

TV, AC und Kühlschrank, teils mit winzigem Balkon. Das Personal spricht nur wenig Englisch. Frühstück inkl. ❸–❹ Mehr Unterkünfte s. **eXTra [5982]**.

### ESSEN

An der westlichen Uferpromenade wird abends an **Essensständen** Fisch aus dem See gegrillt. Einige Cafés, Bars und Restaurants laden zum Verweilen ein. Abends wird am Kanal an der Robwieng Rd. ein beliebter **Nachtmarkt** aufgebaut.

**Cha-Liang Kwan Restaurant**, 38/3 Chaykwan Rd., am großen Kilometerstein, ☎ 054-431 225. Chinesischer Familienbetrieb mit umfangreicher Speisekarte und ordentlichen Portionen. Leckere thai-chinesische Gerichte und teurer Mekong-Wels. ⏰ 9–23 Uhr.

**Chue Chan Restaurant**, Chaykwan Rd., nur auf Thai beschildert, ☎ 054-484 670. Im sauberen, luftigen Restaurant stehen auf der bebilderten Karte auch ungewöhnliche Thai-Spezialitäten. ⏰ 9.30–22.30 Uhr.

**Cupcake**, 45 Chaykwan Rd., ☎ 054-484 396, 🖥 www.fb.com/cupcakephayao. Nettes Gartencafé mit limitierter Frühstücksauswahl, Kaffee, süßen Kuchen und guten Brownies. Die Säfte sind nichts Besonderes. Auch gutes Fish 'n' Chips. Fahrradvermietung. ⏰ 10–20 Uhr.

**Hot Pot**, im Department Store. Hier kann man Steamboat essen und sich am Buffet bedienen. ⏰ 10–21 Uhr.

**Kung Ten Muang Boran**, Chaykwan Rd., ☎ 054-481 938, nur auf Thai beschildert. Einfaches Salzfisch-Restaurant mit 2-sprachiger Karte und niedrigen Tischen auf Podesten. ⏰ 10–22 Uhr.

**Thakwan Coffee & Restaurant**, Chaykwan Rd., nur auf Thai beschildert, am Kleeblatt zu erkennen. Modernes, 2-stöckiges Café mit schöner Aussicht auf den See und entspannter Musik. Man genießt an Holztischen eine große Auswahl an Tilapia-Gerichten, guten Kaffee oder Erdinger, Beerlao sowie belgische Biere. Das obere Stockwerk öffnet nur abends. Gehobene Preise. ⏰ 8–22 Uhr. Direkt westlich zudem ein gutes, bei Einheimischen beliebtes Thai-Restaurant.

Vom **Busbahnhof**, ☎ 054-431 488, nördlich des Zentrums nach:

BANGKOK (751 km), via AYUTTHAYA, um 8.30, 8.50, 9.30, 10, 11, 14, 14.30, 18.15, 18.30, 19.20, 19.45, 20.10 und 20.20 Uhr für 416–535 Baht, VIP um 9.30, 20 und 20.15 Uhr für 832–926 Baht in 10 Std.

CHIANG KHAM, lokale Busse alle 40 Min. von 4–15 Uhr für 50 Baht sowie mit Green Bus um 12.40 Uhr für 55–70 Baht in 2 Std.

CHIANG KHONG, mit Green Bus um 12.40 Uhr für 151 Baht in 3 1/2 Std.

CHIANG MAI, um 7.30, 8.30, 9.15, 11, 11.30, 15 und 17.30 Uhr für 116–155 Baht, VIP um 10.30 und 16.30 Uhr für 240 Baht in 3 Std.

CHIANG RAI, alle 30 Min. für 44–62 Baht sowie mit Green Bus um 14.15 Uhr und mit den Bussen nach Mae Sai für 66–85 Baht in 1 1/2–2 Std.

LAMPANG, von 6–17 Uhr stdl. für 100 Baht sowie mit Green Bus um 10.10 (weiter nach MAE SOT, 346 Baht, 7 1/2 Std.) und 11.50 Uhr für 95–128 Baht in 2 1/2–3 Std.

MAE SAI, via MAE CHAN, um 14.30, 17.10, 23.55, 1.50, 3.40 und 4.50 Uhr für 133 Baht, VIP um 5.55 Uhr für 155 Baht in 3 Std.

NAN, um 8 und 13 Uhr für 130 Baht in 3 1/2–4 Std.

PHITSANULOK, um 8, 8.50, 12.50, 14.55, 17.10, 19.10, 19.20 und 19.45 Uhr für 209–268 Baht, VIP um 20.50 Uhr für 313 Baht in 5 Std.

PHRAE, alle 30–60 Min. von 7–21 Uhr für 100–140 Baht sowie 9x tgl. von 8–20.50 Uhr für 137–161 Baht in 2 Std.

THOENG, um 12.40, 16.30 und 18.15 Uhr für 73–94 Baht.

## Von Phayao nach Nan

Vor allem für Motorradfahrer ist die folgende Strecke eine gute Alternative zur schnelleren Route über den H103 und H101. Südlich von Phayao geht es vom H1 auf den H1021 ab und nach 9 km Richtung Süden auf den wenig befahrenen H1251. Nach 25 km wird das trockene Gelände zunehmend hügelig und 8 km später im **Doi Phu Nang National Park** auch bewaldet. Den Straßenrand säumen Kautschuk- und Teakpflanzungen. Die in der Trockenzeit dürre Landschaft gibt hier und da ein fast mediterranes Bild ab.

Am KM 53 zweigt ein 1 km langer Feldweg zum **Huai Phueng-Wasserfall** ab. Seine unterste Stufe sammelt sich in einem kühlen Badepool. Am KM 58,2 lockt der Aussichtspunkt des gefluteten, grünlich schimmernden **Banpu-Tagebaus**. Hier wurde früher Schieferkohle abgebaut. Heute sind im kleinen Häuschen fossile Funde ausgestellt, nebenan wird Kaffee ausgeschänkt, ⏲ 8–17 Uhr. Nach weiteren 1,7 km trifft der H1257 auf den H1091, der sich auf den restlichen 77 km nach Nan talwärts schlängelt.

**7** HIGHLIGHT

## Nan

Die freundliche Provinzhauptstadt mit 25 000 Einwohnern ist nicht nur aufgrund ihrer bewegten Geschichte, sondern auch dank ihrer vielen spektakulären Tempel ein spannendes Reiseziel, das immer mehr einheimische Kurzurlauber entdecken. Archäologische Funde in der Umgebung deuten auf bis ins Mesolithikum zurückreichende menschliche Aktivität hin, und im 13. Jh. existierte nahe dem heutigen Pua ein kleines Königreich. In Folge einer langen Trockenperiode verlegten seine Herrscher im 14. Jh. ihren Sitz näher an den Nan-Fluss. Nach der Eroberung Chiang Mais durch die Birmanen fiel 1559 auch Nan. Der König floh nach Laos, und wie damals üblich, wurden alle Bewohner als Sklaven nach Birma umgesiedelt. Zum Ende des 18. Jhs. war die Gegend verwaist, und die Kriege hatten deutliche Spuren hinterlassen. Erst 1801 kehrte der damalige Herrscher nach Nan zurück. 1810 wurde die Stadt von einer großen Flut heimgesucht und in Folge an ihre heutige Stelle verlegt.

Das Gebäude des **Nationalmuseums**, Mahaprom Road, Ecke Phakwang Road, ☎ 054-710 561, aus dem Jahr 1903 war zuvor Sitz der letzten beiden Nan-Herrscher. In sechs Ausstellungsräumen werden die Ethnien der Provinz

**NORD-THAILAND**

## Wände, die Geschichten erzählen

© MISCHA LOOSE

Das ungewöhnliche **Wat Phumin** vereint in einem Gebäude Bot und Viharn. Es wurde bereits 1596 errichtet und Ende des 19. Jhs. restauriert. Das kreuzförmige Hauptgebäude wird umgeben von zwei Naga-Schlangen. Durch mächtige, mit Holzschnitzereien verzierte Tore gelangt man in den hohen, symmetrischen Innenraum. In seinem Zentrum stehen vier große Buddhastatuen Rücken an Rücken. Überaus interessant sind die Wandgemälde im Tai Lue-Stil. Dargestellt sind Episoden aus den Jataka-Erzählungen und Szenen aus dem damaligen Alltagsleben. Das bekannteste Bild ist der Flüsterer südlich des Westtors. Bilder und mehr s. **eXTra [2734]**. ⏱ bis 17 Uhr.

vorgestellt: Lanna-Thai, Tai Lue, Htin, Khamu, Mlabri, Hmong und Yao. Modelle traditioneller Häuser, Waffen, Kleidung, Silberschmuck, Münzen und Alltagsgegenstände vervollständigen die exzellente ethnologische Sammlung. Im 1. Stock finden sich Steininschriften aus dem 14.–16. Jh., alte *Howdahs*, in einem abgedunkelten Raum der berühmte schwarze (in Wahrheit rotbraune) Stoßzahn eines Elefanten, der 97 cm lang und 18 kg schwer ist, und Buddhastatuen im Lanna-, Sukhothai-, Ayutthaya- und Luang Prabang-Stil. Erläuterungen auch auf Englisch. ⏱ Mi–So 9–16 Uhr, Eintritt 100 Baht.

Die Residenz des letzten Herrschers, das **Noble House**, Phakwang Road, ☎ 054-710 605, aus dem Jahr 1866 liegt in einem Garten hinter dem Wat Chang Kham. Das Gebäude lohnt einen Besuch, ist aber oft verschlossen. Eine Nachfahrin wohnt noch im großen Teakhaus voller

verstaubter Antiquitäten, Familienerbstücken und alter Fotos. ⏱ Mi–So 8.30–17 Uhr, Eintritt 20 Baht.

Etwa 400 m der einst 3,6 km langen **Stadtmauer** aus dem Jahr 1885 erstrecken sich zwischen Mahawong und Ananthavoraritdej Road.

Das weiße, in Zukunft möglicherweise silbern strahlende **Wat Ming Muang** an der Suriyaphong Road beherbergt den **Lak Muang**, den Stadtpfeiler, auf einem geschnitzten, vergoldeten Fundament, gekrönt von einem Brahma-Kopf mit vier Gesichtern. Dahinter leuchtet die Gebetshalle, deren monumentale Außenwände mit figürlichen Darstellungen überladen sind: Szenen aus Mythologie und Alltag ebenso wie Tiere und Dinosaurier. Die neueren Wandmalereien im Inneren greifen den alten Nan-Stil wieder auf.

**Wat Chang Kham** aus dem Jahr 1458 ist der zweitwichtigste Tempel der Stadt. Seine heutigen Gemäuer sind allerdings noch keine hundert Jahre alt. Im Viharn werden Lanna-Schriftrollen zum Buddhismus, Alltagsleben, zur Geschichte und Gesetzgebung aufbewahrt. Der beeindruckende Stupa wird von 24 Elefantenstatuen getragen.

Das **Wat Si Pan Ton** im Westen der Innenstadt beeindruckt mit einem komplett in Gold gehaltenen Äußeren. Den Eingang zieren mehrköpfige Naga-Schlangen. Die Wandmalereien im Inneren enttäuschen mit einem ziemlich lieb- und leblosen Pseudo-Nan-Stil. Im offenen Bootshaus ist ein bunter traditioneller Einbaum zu bestaunen, der jährlich im September/Oktober, wenn der Wasserspiegel nach dem Monsun am höchsten ist, bei den **Bootsrennen** auf dem Nan-Fluss zum Einsatz kommt.

**Wat Suantan** im Norden der Stadt besitzt einen interessanten Stupa aus dem frühen 20. Jh. mit Hindu- und Khmer-Einflüssen.

**Wat Phrathat Chae Haeng**, einer der wichtigsten Tempel der Provinz, liegt von einer Mauer umgeben auf einem Hügel, etwa 2 km südöstlich der Brücke über den Fluss, nicht weit von H1168. Der 55 m hohe Stupa im Lanna-Stil auf einem quadratischen Fundament ist vollständig vergoldet. Der dreistufige Bot mit geschnitzten Traufrinnen zeigt Tai Lue-Einflüsse.

Vom **Wat Phrathat Khao Noi**, auf einem 250 m hohen Hügel, 2 km südwestlich von Nan, blickt ein riesiger vergoldeter Buddha auf die Stadt und die weite, vom Nan-Fluss durchzogene Ebene.

### ÜBERNACHTUNG

In Nan haben dank der stark erhöhten Flugfrequenzen und des damit einhergehenden Anstiegs einheimischer Touristen viele gute und preisgünstige Mittelklasseunterkünfte eröffnet. Am Wochenende besser vorbuchen! Mehr Unterkünfte s. **eXTra [5985]**.

#### Untere Preisklasse
**Huen Kuang Nan** ⑥, 14/1 Mahawong Rd., ☎ 054-772 028, ⌨ www.fb.com/huenkuangnan. Ruhig in einem Wohngebiet gelegen, werden hier 14 helle, komfortable, preisgünstige und saubere Zimmer mit LCD-TV und Kühlschrank

### Ein besonderer Kunstgenuss

Der Künstler Winai Prabripoo hat nach seinem Studium an der Silpakorn Universität in Bangkok im In- und Ausland Beachtung gefunden. Nun hat er seiner Heimatstadt ein beachtenswertes Museum geschenkt, die **Nan Riverside Art Gallery**, ☎ 054-798 046, 081-989 2912, ⌨ www.nanartgallery.com. In seiner Kunst greift er Motive der Tempelkunst auf, geht aber auch eigene Wege. Die informative Ausstellung mit 127 Detailfotos von Wandmalereien des Wat Nong Bua, Wat Phumin, Wat Chang Kham und Wat Ming Muang stellt viele Szenen in einen spannenden Zusammenhang. Ein weiteres Gebäude enthält Ausstellungen moderner thailändischer Künstler. Die Galerie liegt am H101 nach Norden am KM 20 (zu erreichen mit allen Songthaew und Bussen nach Norden). Bilder s. **eXTra [2734]**. ⏱ Do–Di 9–17 Uhr, Eintritt 20 Baht.

vermietet. Auch Familienzimmer. Einladende Atmosphäre und nettes Personal. ❷

🧳 € **Nan Gh.** ⑦, 57/15 Mahaprom Rd., Eingang von der Mahaprom Rd., Soi 2, ☎ 054-771 849, 081-288 8484, ⌨ www.nanguesthouse.net. In einer schmalen Gasse steht das 2-stöckige Haus mit Dachterrasse in einem kleinen Garten mit Sitzgelegenheiten. 16 saubere, teils etwas dunkle Zimmer mit guten Federkernmatratzen, einige mit AC, Kühlschrank und LCD-TV oder Gemeinschafts-Du/WC. Freundliches Frühstücksrestaurant gegenüber. ❶–❷

🧳 € **Nan Lanna Hotel** ⑧, 75/25 Mahaprom Rd., ☎ 054-772 720, ⌨ www.fb.com/nanlannahotel. Zurückversetzt und ruhig gelegenes, attraktives Kleinhotel mit 10 kühlen, geräumigen und sauberen, aber etwas dunklen Zimmern mit gemusterten Fliesen, Kühlschrank, LCD-TV und bequemen Matratzen in einem 2-stöckigen Gebäude mit durchgehender Terrasse. Freundliches Personal. ❷–❸
**Sukkasem Hotel** ④, 119–121 Ananthavoraritdej Rd., w 054-772 555, ✉ sukkasemhotel@hotmail.com. Das modern gestaltete Hotel mit Motelatmosphäre beherbergt einfache, kleine und

zweckmäßig mit LCD-TV, Kühlschrank und sehr harten Matratzen ausgestattete Zimmer, die günstigeren mit Etagenbetten. ②

## Mittlere Preisklasse

 **Baan Nan Hotel** ③, 7 Soi 1, Nor Kham Rd., ☎ 054-771 037, 🖥 www.baannanhotel.com. Versteckt und ruhig in einer kleinen Soi liegt der 2- bis 3-stöckige Neubau des gepflegten Mittelklassehotels. 28 geräumige, moderne Zimmer mit bequemen Betten, LCD-TV, Balkon, Kühlschrank und großen Fenstern. Restaurant, 2 bis 20 Uhr. Frühstück inkl. ⑤

**Ban Suan Huan Nan** ①, 38/23 Soi 1, Premprida Rd., ☎ 054-711 864, 🖥 www.fb.com/bansuan. huannan. Nettes Hotel in einer ruhigen Soi, mit 12 hübschen, modernen Zimmern mit LCD-TV, guten Matratzen, Kühlschrank, gefliesten Böden und etwas Sinn für Dekoration. Die 2 teureren, größeren Zimmer mit Sitzecke, Balkon und Regendusche. Frühstück inkl. ❸–❺

**Khum Muang Min Boutique Hotel** ⑨, 1 Achitawong Rd., w 054-774 166, 🖥 www.fb.com/khummuangmin. Etwas kitschig im Landhausstil gestaltetes, freundliches Boutiquehotel mit kleinem Vorgarten gegenüber vom Gefängnis. Die 16 Zimmer sind sauber und geräumig und haben gute Matratzen, Kühlschrank, AC, TV und Regendusche. Frühstück inkl. ❹

**Nan Boutique Hotel** ②, 1/11 Kha Luang Rd., ☎ 054-775 532, 🖥 www.tazshotels.com. 32 große, modern eingerichtete und komfortable Zimmer in Pastellfarben mit kleinen Balkonen, großem LCD-TV und Wasserkocher. Abholservice, Fahrräder und Frühstück inkl. ❺–❻

## Obere Preisklasse

**Pukha Nan Fa Hotel** ⑤, 436-440 Sumon Thevaraj Rd., ☎ 054-771 111, 🖥 www.pukhananfahotel.co.th. Im ansprechend eingerichteten, über 80 Jahre alten, renovierten 3-stöckigen Teakhaus mit Veranda werden 14 luxuriöse, schöne Zimmer mit sehr bequemen Betten und großem LCD-TV vermietet. Die Deluxe-Zimmer sind nur unwesentlich größer. Frühstück inkl. ❻–❼

### Außerhalb

**Nan Seasons Boutique Resort** ⑩, 409 Moo 3, Baan Nhong Tao, ausgeschildert ab dem Wat Phrathat Chae Haeng (700 m), ☎ 054-059 630, 🖥 www.nanseasons.com. Neues, abgelegen in einer Teakpflanzung ansässiges Resort mit 6 komfortablen, geräumigen Teakhäuschen mit großer Terrasse, AC, LCD-TV, Minibar und Regendusche, die teuren mit Blick über die Felder und separatem Wohnzimmer mit Schlafsofa. Offenes Restaurant. Der freundliche Besitzer Kas hat lange in Holland gelebt. Abholung inkl., Transfer-Service in die Stadt. ❻–❼

## ESSEN UND UNTERHALTUNG

### Essensstände

€ **Essensmarkt** in der Phakwang Rd. Populär ist der erste Nudelstand im Süden. Einige Essensstände haben ihre Spezialitäten auch auf Englisch angeschrieben. 🕓 abends.

Gute, ungewöhnliche nordthailändische Spezialitäten bieten die Essensstände auf der **Walking Street** in der Sumon Thevaraj Rd. auf Höhe des Wat Hua Wiangtai an. Ein Stand verleiht Geschirr und Besteck, sodass alle Speisen vor Ort verzehrt werden können. 🕓 Sa 18–22 Uhr.

Weitere **Essensstände** an der Brücke.

### Cafés und Restaurants

**Good View**, 203/1 Mano Rd., ☎ 086-926 2885. Thai-Restaurant mit netter Flussterrasse und klimatisierten Räumen im 1. Stock. 🕓 11–23 Uhr.

**Hot Bread**, Suriyaphong Rd., ☎ 089-635 9375. Kleines Café mit 5 Tischen, das von den netten Schwestern Usa und Ravi geleitet wird, die gutes Englisch sprechen. Frühstück mit leckerem Kaffee, u. a. Müsli, dazu vegetarische Gerichte und Sandwiches mit selbst gebackenem Brot. 🕓 7–16 Uhr.

**iKay Hand-made Shop**, Phakwang Rd., ☎ 089-122 0446. Beliebte Mischung aus Souvenir- und Coffeeshop mit leckeren Kuchen und Snacks. Das einheimische Besitzerpärchen ist sehr freundlich und spricht Englisch. Sie versucht sich als Modedesignerin. 🕓 11–22 Uhr.

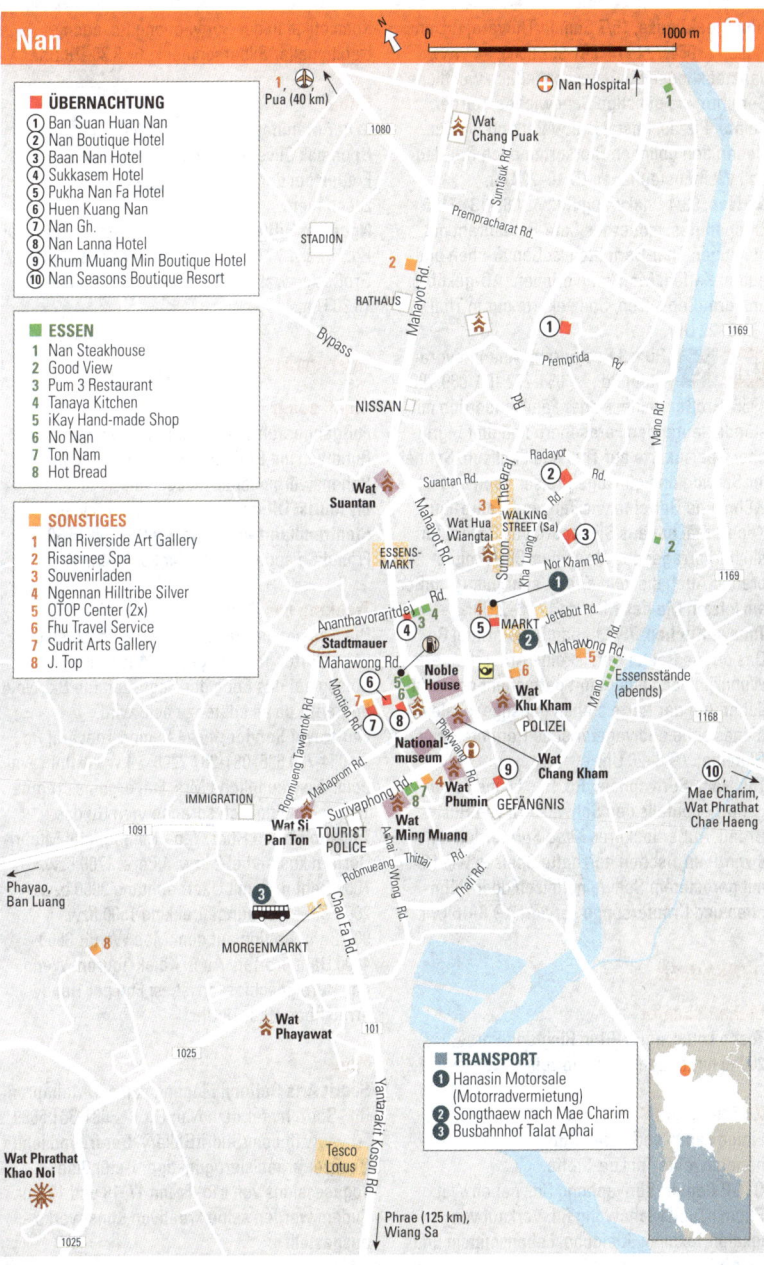

0          1000 m

**ÜBERNACHTUNG**
1. Ban Suan Huan Nan
2. Nan Boutique Hotel
3. Baan Nan Hotel
4. Sukkasem Hotel
5. Pukha Nan Fa Hotel
6. Huen Kuang Nan
7. Nan Gh.
8. Nan Lanna Hotel
9. Khum Muang Min Boutique Hotel
10. Nan Seasons Boutique Resort

**ESSEN**
1. Nan Steakhouse
2. Good View
3. Pum 3 Restaurant
4. Tanaya Kitchen
5. iKay Hand-made Shop
6. No Nan
7. Ton Nam
8. Hot Bread

**SONSTIGES**
1. Nan Riverside Art Gallery
2. Risasinee Spa
3. Souvenirladen
4. Ngennan Hilltribe Silver
5. OTOP Center (2x)
6. Fhu Travel Service
7. Sudrit Arts Gallery
8. J. Top

1, Pua (40 km)
Nan Hospital
Wat Chang Puak
1080
Suntisuk Rd.
Prempracharat Rd.
STADION
1169
Mahayot Rd.
RATHAUS
Bypass
Premprida Rd.
Mano Rd.
NISSAN
Wat Suantan
Suantan Rd.
Mahayot Rd.
Radayot Rd.
ESSENS-MARKT
Theweraj
Wat Hua Wiangtai
WALKING STREET (Sa)
Kha Luang
Nor Kham Rd.
1169
Simon Rd.
MARKT
Jettabut Rd.
Mano Rd.
Ananthavoraritdet Rd.
Stadtmauer
Mahawong Rd.
Noble House
Wat Khu Kham
Mahawong Rd.
Essensstände (abends)
Montien Rd.
POLIZEI
1168
National museum
Wat Chang Kham
Mahaporom Rd.
Reamueng Tawantok Rd.
GEFÄNGNIS
Mae Charim, Wat Phrathat Chae Haeng
IMMIGRATION
Wat Phumin
1091
Wat Si Pan Ton
Suriyaphong Rd.
Wat Ming Muang
TOURIST POLICE
Phayao, Ban Luang
Anai Wong Rd.
Robmueang Rd.
Thittai Rd.
Thai Rd.
MORGENMARKT
Chao Fa Rd.
Wat Phayawat
101
1025
Yantarakit Kason Rd.

**TRANSPORT**
1. Hanasin Motorsale (Motorradvermietung)
2. Songthaew nach Mae Charim
3. Busbahnhof Talat Aphai

Wat Phrathat Khao Noi
1025
Tesco Lotus
Phrae (125 km), Wiang Sa

**Nan Steakhouse**, 15/7 Sumon Thevaraj Rd. am Fluss, ☎ 054-722 778, 081-982 8500, 🖥 www.nansteakhouse.com. Ausschließlich westliche Gerichte wie günstige Sandwiches, Burger, Salate, Pizzas, Pasta, Bratwurst und Steaks. Neben den üblichen Biersorten auch Beerlao und Weihenstephaner. ⏰ 10–22 Uhr.

**No Nan**, 93/4 Phakwang Rd., ☎ 080-134 7105. Entspanntes, modernes Café-Restaurant mit günstigen Thai-Gerichten, süßen Kuchen und gutem Kaffee. Man kann drinnen (AC-gekühlt) und draußen sitzen. Speisekarte nur in Thai. ⏰ 10–22 Uhr.

  **Pum 3 Restaurant**, Ananthavoraritdej Rd., ☎ 054-772 100, 089-700 4955. Großer chinesischer Familienbetrieb mit ständig laufenden Fernsehern und umfangreicher Speisekarte auf Thai und Englisch. Schneller Service und günstige Preise. Auch ungewöhnliche Gerichte wie Tausend-Jahre-Eier. Koch Uthai hat aus Singapore das Rezept für ein hervorragendes Masaman-Curry mitgebracht. Auch die *Tom Kha* ist sehr gut. ⏰ außer am letzten Mo des Monats 17.30–2 Uhr.

**Tanaya Kitchen**, 75/23 Ananthavoraritdej Rd. Das offene Restaurant ist eine Art verlängertes Wohnzimmer. Leider läuft permanent der Fernseher. Auf der Karte stehen günstige lokale, chinesische und vegetarische Gerichte ohne Glutamat. ⏰ 8–20 Uhr.

**Ton Nam**, Suriyaphong Rd. Das kleine Lokal gehört ebenfalls den Schwestern von Hot Bread. Außer leckerer *Khao Soi* werden an 6 winzigen Tischen herzhafte Speisen wie Reis mit geröstetem Schweinefleisch oder Hühnchen und Kräutersuppe serviert. ⏰ 8–16 Uhr.

### EINKAUFEN

#### Einkaufscenter
**Tesco Lotus**, am H101 in Richtung Phrae, 200 m hinter dem Abzweig zum Khao Noi.

#### Kleidung und Souvenirs
Einige Läden verkaufen traditionelle handgewebte Tai Lue-Stoffe.
**OTOP Center**, Suriyaphong Rd., neben Wat Phumin, und Mahawong Rd. Verkauf von lokalen Textilien, Kleidung, Lebensmitteln und Kosmetika. In der Suriyaphong Rd. auch traditioneller Silberschmuck. ⏰ 8.30–18 Uhr.

#### Silber
In der Manufaktur **J. Top**, nördlich vom Boonmak Silver Resort, kann man den Frauen bei der Bearbeitung des Silbers zuschauen.
**Ngennan Hilltribe Silver**, 430/1 Sumon Thevaraj Rd., ☎ 054-773 063, 🖥 www.ngennan.com. Große Auswahl an Silberschmuck. ⏰ 7.30–18.30 Uhr.

### AKTIVITÄTEN UND TOUREN

#### Sightseeing
Fußgänger führt ein **Walking Street** genannter Rundweg mit Bodenmarkierungen zu den Sehenswürdigkeiten im Zentrum.
Im **Tourist Office**, s. Sonstiges, 1-stündige **Stadtrundfahrten** im offenen Bus um 15.30, Fr und So auch 9.30 Uhr für 30 Baht p. P.

#### Trekking und Rafting
Die Gegend um Nan ist ein vergleichsweise unberührtes Trekkinggebiet. Allerdings ist die Saison auf das Ende der Regenzeit (ab Okt/Nov) begrenzt, da es später zu heiß wird.
**Fhu Travel Service**, 453/4 Sumon Thevaraj Rd., ☎ 054-710 636, 081-287 7209, 🖥 www.fhutravel.com. Die freundliche Mrs. Fhu organisiert gute Touren mit Englisch sprechenden Guides. Tagestouren zu Htin-, Yao-, Hmong- und Mlabri-Dörfern kosten bei 2 bzw. 4 Pers. 1700 bzw. 1000 Baht p. P., mit Übernachtung 3000 bzw. 2000 Baht. Dschungeltrekking 1500 bzw. 900 Baht. Rafting auf dem Mae Wa für 3500–4000 Baht pro Tag. Auch Kajak-Touren. Wenn das Büro geschlossen ist, ist Fhu per Handy erreichbar. ⏰ 8–19 Uhr.

#### Yoga
**Sudrit Arts Gallery**, Eingang von der Mahaprom Rd., Soi 2, hinter dem Nan Gh., ☎ 081-361 5689, 🖥 www.fb.com/SudritGallery. Der freundliche Besitzer organisiert günstige, 1-stündige Yogasessions von Mo–Fr um 17, 18 und 19 Uhr. Zudem werden seine kreativen Kunstwerke ausgestellt.

## SONSTIGES

### Fahrradverleih
Für 50–120 Baht pro Tag im Nan Gh.,
bei Hot Bread, Fhu Travel und im Tourist
Office.

### Feste und Feiertage
Im Februar finden das Nan Silver Festival
und etwas später das Nan Arts Festival,
⌨ www.nanartsfestival.com, mit Bühne und
OTOP-Verkaufsständen statt.

### Immigration
**Immigration Office**, 117 Moo 4, am H1091,
✆ 054-711 913. ⏲ Mo–Fr 8.30–16.30 Uhr.

### Informationen
**Tourist Office**, gegenüber Wat Phumin,
✆ 054-751 169. Kaum Infos, aber Tickets für
Stadtrundfahrten sowie Fotos von Unterkünften.
⏲ 8.30–12 und 13–16.30 Uhr.

### Medizinische Hilfe
**Nan Hospital**, Woranakhon Rd., ✆ 054-719 000,
⌨ www.nanhospital.go.th (nur in Thai).

### Motorradverleih
**Hanasin Motorsale**, 1-7 Ananthavoraritdej Rd.,
✆ 054-710 062, 089-953 0896. Motorräder für
200–250 Baht pro Tag. ⏲ 9–17 Uhr.

### Taxis
✆ 054-773 555. Einschaltgebühr 30 Baht.

### Polizei
**Tourist Police**, ✆ 054-710 216, 1155.

### Wellness
**Risasinee Spa**, 215 Mahayot Rd., ✆ 054-751 611,
⌨ www.fb.com/risasinee. Day Spa in einem
restaurierten, von der Straße zurückversetzten
Holzhaus mit Lokalkolorit. Entspannte Atmosphäre und freundlicher, professioneller Service.
Außer Thai- und anderen Massagen Aromatherapie, Dampfbäder und Scrubs ab 450 Baht
pro Std. Kostenlose Abholung. ⏲ 10–20 Uhr.

## TRANSPORT

### Busse
Der **Busbahnhof** Talat Aphai, ✆ 054-711 661,
liegt im Südwesten des Zentrums. An der

## Rafting auf dem Wa

Die Attraktion des 432 km² großen **Mae Charim National Park**, 60 km südöstlich von Nan, sind die
Stromschnellen des **Mae Wa**. Besonders von November bis Januar werden Fahrten auf dem unteren Flusslauf von Sop Mang bis zur Einmündung in den Nan angeboten. Auf dem einfachen, 8 km
langen Abschnitt von der Brücke in **Ban Nam Phang** bis **Kaeng Pong** sind manchmal Bambusflöße unterwegs. Hinter **Kaeng Luang** sind auf 14 km bis **Ban Pang Chang** (3 Std.) einige aufregende
Abschnitte zu bewältigen. Unterwegs werden an Sandbänken Zwischenstopps eingelegt. Am Ende
der Tour reitet man auf einem Elefanten in 1 1/2 Std. zurück zur Straße nach **Ban Hat Bai**.
Die dreitägigen Touren auf dem 80 km langen mittleren Flussabschnitt während der Regenzeit von
Juli bis Oktober durch den **Mae Charim National Park** und **Doi Phu Kha National Park** mit Strom-
schnellen vom Grad 3–5 sind nur Erfahrenen zu empfehlen. Auf den 35 km von **Sop Mang** nach
**Saphan** sind in 6 Std. 25 Stromschnellen bis Grad 5 zu bewältigen.
Nur sehr Erfahrene wagen es, im September/Oktober im Oberlauf des Wa 100 Stromschnellen auf
einer Länge von 40 km zu bezwingen.
**Fhu Travel Service** (S. 476) und **Siam River Adventures** (S. 377) bieten Touren an. Im **Headquarter**
des Mae Charim National Park, ✆ 054-730 040, Touren mit Bambusflößen. Nationalpark-Eintritt 200
Baht.
Ab dem Markt in Nan fahren blaue **Songthaew** von 7–18 Uhr bis MAE CHARIM für 50 Baht.
In den Nationalpark geht es nur mit einem eigenen Fahrzeug auf dem H1168 zuerst 38 km bis zum
H1243 und auf diesem bis Ban Had Sai Moon, wo man Richtung Osten zum Headquarter abbiegt.

Zufahrtsstraße befinden sich Büros der privaten Gesellschaften, die vor allem nach Bangkok fahren, sowie Essensstände. Songthaew in die Stadt 30–40 Baht.

BANGKOK, via AYUTTHAYA, um 8, 9, 10, 18.30, 19 und 19.30 Uhr für 400–515 Baht, VIP um 8.45 und 19.30 Uhr für 801 Baht in 10 Std.
CHIANG MAI, via PHRAE und LAMPANG (157–203 Baht, VIP 316 Baht, 4–5 Std.), um 8, 9.30, 10.45, 12.30 und 15 Uhr für 214–277 Baht, VIP um 22.30 Uhr für 428–460 Baht in 5–6 Std.
CHIANG RAI, via Chiang Kham (140 Baht) und Thoeng, um 9 Uhr für 164 Baht in 5 1/2–6 Std.
DEN CHAI (Bahnhof, ℡ 054-613 260), mit Minibussen von 6–18 Uhr etwa stdl. für 98–129 Baht in 2 1/2 Std.
HUAI KHON (Grenzübergang nach Laos), mit Minibussen um 5, 6.40, 8, 9 und 12 Uhr sowie mit alten orangefarbenen Bussen von 6–18 Uhr etwa stdl. für 91 Baht in 3 1/2 Std.
PHAYAO, um 7.30 und 13.30 Uhr für 130 Baht in 3 1/2–4 Std.
PHITSANULOK, um 7.45, 9.45, 11, 14 und 17.15 Uhr für 196–261 Baht in 5–6 Std.
PHRAE, von 6–18 Uhr alle 30–60 Min. für 84–110 Baht, VIP 171 Baht, in 2 Std. Zudem mit den Minibussen nach Den Chai für 98 Baht.
SUKHOTHAI, UM 8 UHR UND MIT BANGKOK-BUSSEN FÜR 193–202 BAHT IN 4–5 STD.
THUNG CHANG, mit roten Bussen ständig von 6–18 Uhr für 91 Baht in 2 1/2 Std.

### Songthaew

Ab dem **Busbahnhof**, Plattform 4, fahren blaue Songthaew stdl. Richtung Norden über THA WANG PHA (35 Baht, 1 Std.) nach PUA für 50 Baht. Von dort über Chiang Klang nach THUNG CHANG.
Ab dem **Markt** verkehren blaue Songthaew von 7–18 Uhr nach MAE CHARIM für 50 Baht.

### Flüge

Zum kleinen **Flughafen**, ℡ 054-711 028, nördlich der Stadt fährt **Nan Taxi Airport**, ℡ 054-772 351, 086-188 0079, für 50 Baht, alternativ mit Songthaew nach Tha Wang Pha für 20 Baht, oder mit den orangefarbenen Bussen nach Huai Khon.
**AirAsia**, 🖵 www.airasia.com. Nach Bangkok 2x tgl.

**Kan Air**, 🖵 www.kanairlines.com. Nach CHIANG MAI Fr und So.
**Nok Air**, ℡ 02-551 6111 (Callcenter), 🖵 www.nokair.com. Nach BANGKOK (Don Mueang) 3–5x tgl.

# Nong Bua

Nur wenige Orte ermöglichen einen Einblick in die Kultur der Tai Lue, einer davon ist Nong Bua, 40 km nördlich von Nan, nur 10 km westlich von H101. Der Dorftempel **Wat Nong Bua** weist hübsche, etwa 100 Jahre alte Wandmalereien auf. Beeindruckend das Bild der Heimkehrer und der Nonne, die einen Hund füttert. Es wird angenommen, dass derselbe Künstler später das Wat Phumin bemalte. Hinter dem Tempel enthält ein imposantes, rekonstruiertes **Tai Lue-Holzhaus** mit Wohnbereich und separatem Lagerhaus ein kleines Museum mit Fotos, Werkzeugen und Flechtwaren. Am Tempeleingang findet sich eine gute Karte vom Ort.

Unter dem Wohnbereich weben Frauen auf alten Webstühlen Stoffe für die traditionellen Wickelröcke in bläulichen und rötlichen Farben mit fein gestreiften Borten. Wer die Wandmalereien in den Tempeln genau betrachtet, kann dort Stoffe mit ähnlichen Mustern entdecken. Die fein gearbeiteten Textilien können hier preisgünstig erworben werden. Mehrere Familien bieten Übernachtungsmöglichkeiten an.

### TRANSPORT

Von Nan geht es nach 30 km auf dem H101, 10 km nördlich der Nan Riverside Art Gallery, vor der Brücke nach links und 10 km parallel zum Fluss nach Norden bis zum Tempel. Weiter geht es 2 km nach Norden und dann über den Fluss und zurück zum H101.
Mit **Songthaew** fährt man Richtung Norden bis THA WANG PHA, wo man am Krankenhaus aussteigt und ein Motorradtaxi nimmt. Vom südlichen Ortseingang folgt man am KM 40 den Hinweisschildern: „Mural Paintings, Wat Nong Bua" 4 km über den Nan-Fluss, dann an der Gabelung nach rechts und weiter ins Dorf.

# Pua und Umgebung

Hinter **Tha Wang Pha** zweigt der H1082 ab, der in den Bergen in Ban Sop Khun endet. Der H1148 verläuft 170 km Richtung Nordwesten durch die Bergwelt nach Chiang Kham (S. 467). Besonders Motorradfahrer mögen die kurvenreiche Strecke.

Wer an der Straßengabelung auf dem H101 weiter nach Norden fährt, erreicht 59 km nördlich von Nan den netten Ort **Pua**. Am See mit einer Touristeninformation, 🕐 8–16 Uhr, mit guter Karte lädt ein schöner Park zu Spaziergängen ein. Oberhalb der Polizei kann man am See im **Chomphu Phukha Resort**, 📞 054-791 160, ✉ c.phukaresort@gmail.com, in komfortablen, alten Bungalows sowie Zimmern mit TV und Kühlschrank übernachten. Restaurant, Frühstück inkl., ❷–❸.

Im Ortsteil Ban Pahat Nan liegt das ausgeschilderte **Pua Folk Museum** auf dem Gelände des Wat Pa Hat, das alte Schriften, Waffen und Kunsthandwerk ausstellt, Eintritt frei. Vor dem großen, urigen Markt zweigt rechts der H1081 ab. Auf ihm können Tagesausflügler in einem großen Bogen nach Nan zurückkehren.

Naturfreunde fahren weiter durch Ban Don Mun zum **Tard Lueng-Wasserfall** mit natürlichen Badeplätzen, der über einen 1,2 km langen Feldweg zu erreichen ist.

### TRANSPORT

**Songthaew** von Pua nach NAN fahren stdl. für 50 Baht schräg gegenüber der Touristeninformation ab. Nach BO KLUA über den DOI PHU KHA NATIONAL PARK gegen 8 und 14 Uhr für 60 Baht.

# Doi Phu Kha National Park

Auf dem H1256 kann man auf einer wunderbaren, kurvenreichen, bei Motorradfahrern beliebten Strecke den bergigen Nationalpark durchqueren. Nach 25 km ist das Headquarter, 📞 054-701 000, mit einem Restaurant und einer Ausstellung über den Park erreicht. Eintritt 200 Baht.

Seltene, vor allem in China und Vietnam beheimatete **Chomphupukha-Bäume** *(Bretschneidera sinesis hemsl.)* entfalten im Februar ihre pinkfarbene Blütenpracht.

Einige Höhlen in Kalkfelsen können mit einem Nationalpark-Guide in einer Halbtagestour besichtigt werden. Die größte ist **Tharn Nam Lod** (Nam Ok Roo), die von einem Bach durchflossen wird. Vor allem Vogelkundler begeben sich auf den einfachen, 4 km langen **Rundweg** hinter dem Campingplatz. Übernachtungsmöglichkeiten in **Bungalows** mit kleiner Küche und Veranda oder A-Frames mit Gemeinschafts-Du/WC, ❶–❸.

Anschließend windet sich die Straße weitere kurvige 22 km hinauf und am Südhang des 1980 m hohen Gipfels entlang. Hinter dem Pass bietet sich am **Ton Chomphu Phukha View Point** eine herrliche Aussicht nach Süden. Dann geht es steil hinab ins Tal des Mang nach Bo Klua.

# Von Pua zur Grenze und weiter nach Bo Klua

Durch das Tal des Nan-Flusses geht die Fahrt über Pua (S. 479), Chiang Klang und Thung Chang bis zur laotischen Grenze. In Thung Chang locken die **Siam Garden Bungalows**, 📞 082-125 4018, 🖥 www.siamgarden.org, des freundlichen und hilfsbereiten Marco aus Italien. Er spricht auch Deutsch und vermietet auf seinem weitläufigen Gelände mit Bio-Farm, Reisfeldern und Blumen 5 einfache Bungalows, teils mit AC und TV. Motorradverleih und Frühstück. Fahrräder inkl. Von hier ist gutes Trekking möglich. ❶–❸.

Das 1976 erbaute **Thung Chang Victory Monument** am KM 453,4 erinnert an die Gefallenen während der kommunistischen Aufstände. In dem meist geschlossenen Museum werden ältere Fotos und einige Waffen der kommunistischen Guerillas ausgestellt.

Nun windet sich die Straße die Berge hinauf. Bei KM 481 bieten sich grandiose Ausblicke auf die Bergwelt. Am KM 500 ist die Abzweigung zur Grenze erreicht. Der Grenzübergang im Tai Lue-Dorf **Huai Khon**, 138 km nördlich von Nan, steht EU-Bürgern offen. Am Samstagmorgen findet von 8–12 Uhr ein großer **Markt** statt.

Von Huai Khon führt der H1081 durch eine extrem abgelegene Bergregion im Grenzgebiet bis nach **Bo Klua**. In der Regenzeit wird die Straße immer wieder durch Erdrutsche blockiert. Zwischen KM 120 und KM 110 ist sie sehr schlecht und mit Schlaglöchern übersät, aber in der Trockenzeit noch mit einem Pkw befahrbar. Am KM 106 und KM 104 eröffnen sich tolle Ausblicke auf Reisterrassen.

## TRANSPORT

**Minibusse** verkehren vom Bahnhof in DEN CHAI um 2.20, 3.30, 5.20, 6.20 und 9.20 Uhr für 200 Baht über PHRAE (3, 4.40, 6, 7.10 und 10 Uhr, 180 Baht) und NAN (5, 6.40, 8, 9 und 12 Uhr, 100 Baht) zur Grenze (Ankunft 8.30, 9.30, 11.30, 12.30 und 15.30 Uhr). Zurück ab dem Grenzübergang um 9, 10, 11.45, 12.45 und 16 Uhr.
Zwischen den Grenzabfertigungen fahren **Songthaew** und **Motorradtaxis** für 20 Baht.

# Bo Klua und das Mang Valley

Durch das schmale, abgelegene Tal zogen bereits früh Handelskarawanen aus China und Luang Prabang. In den 1970er-Jahren wurde es ein Rückzugsgebiet der kommunistischen Aufständischen. Erst 1985 wurde die erste Straße, der H1081, fertiggestellt.

Seit der Sukhothai-Periode wird in den Salinen (als „Salt Pit" ausgeschildert) von **Bo Klua** der wichtige Rohstoff Salz abgebaut. Noch heute wird in Hütten im Dorf wie vor über hundert Jahren die Sole aus Brunnen in riesigen Woks 4–5 Std. gesiedet und das Salz verkauft. Mittler-

weile gibt es in der nahen Umgebung bereits einige auf einheimische Touristen ausgerichtete Souvenirläden und Coffeeshops.

Prinzessin Sirindhorn engagiert sich in der Region u. a. mit dem ländlichen Entwicklungsprojekt **Phra Tamnak Phu Fa**, das besichtigt werden kann. 8,1 km südlich von Bo Klua geht es nach links auf dem H1333 Richtung Sop Mang und der Ausschilderung 12 km folgend zum Projekt mit Souvenirladen inmitten der zerklüfteten Bergwelt.

Interessant ist das **Cultural Center**, zu dem eine 300 m lange Stichstraße abzweigt. Ein schattiger Rundweg führt zu traditionellen Bambushäusern der Tai Lue mit runden Vordächern und Unterständen der Halbnomaden Mlabri. Im Center und entlang dem Weg werden ihre Lebensweisen auf Englisch und wichtige Pflanzen vorgestellt. Neben der Schmiede sind Frauen mit der Herstellung traditioneller, sehr robuster Taschen aus Pflanzenfasern beschäftigt, die neben Bambuskörben in einem kleinen Laden nahe dem Parkplatz verkauft werden. Spende erwünscht.

Der H1333 windet sich nun immer schmaler werdend die Berge hinauf durch die spektakuläre Landschaft. Ab KM 10 wird es zunehmend fruchtbarer, grüner und waldiger. Nach einsamen 46 km trifft der H1333 auf den ebenfalls landschaftlich reizvollen, besser ausgebauten H1257, der nach links nach Santisuk (knapp 30 km) und nach rechts zurück auf den H1081 führt.

## ÜBERNACHTUNG

**Bo Klua Farside**, 1,5 km südlich der Ortschaft, nur in Thai beschildert, ✆ 086-118 4482. 17 einfache, aber gut ausgestattete Zimmer in 8 holzverkleideten Massivhäusern mit TV, Kühlschrank und Wasserkocher. Ohne Charme, aber mit großem Garten. ❸

**Bo Klua View**, vor der Brücke über den Mang, ✆ 054-778 140, 081-809 6392, 🖥 www.bokluaview.com. Inmitten von Reisfeldern und Wäldern steht am Hang das ruhige, schön in die Natur integrierte Resort mit fantastischer Aussicht. 11 großzügige Bungalows mit komfortabler Einrichtung, Steinböden, Strohdach und großen Terrassen. Schöne Sala am Pool und Liegen am Fluss. Das Personal spricht wenig Englisch, aber kocht hervorragend. Der künstlerische Touch des Besitzers Thuan Upajak ist überall zu spüren. Frühstücksbuffet inkl., Abholservice aus Pua für 1000 Baht. WLAN im Restaurant. ❺

### TRANSPORT

**Songthaew** ab der Straßengabelung östlich der Brücke nach PUA über den DOI PHU KHA NATIONAL PARK um 8.30 und 12 Uhr für 60 Baht.

## Von Nan nach Phrae

Wer abseits der ausgetretenen Pfade reisen möchte, kann anstelle des viel befahrenen H101 über den H1091 durch eine spektakuläre Berglandschaft fahren oder den hier beschriebenen Abstecher über den H1026 und H1216 machen.

Am KM 342 geht es in Wiang Sa vom H101 auf den H1026 ab und 1 km weiter an der Kreuzung nach rechts und linker Hand hinter die Shell-Tankstelle. Hier lockt das atmosphärische **House of Bicycle** (Huarn Rod Teeb), ✆ 054-781 359. Nai, die sehr freundliche Tochter des ehemaligen Besitzers des größten Fahrradladens der Provinz, führt auf Englisch durch die Privatsammlung uralter Fahrräder. Zu bestaunen sind ausgefallene Modelle wie Fahrräder mit kleinem Benzinmotor, ein Feuerwehrfahrrad von 1905 und Hochräder, selbst deutsche Räder, die Japaner während des Zweiten Weltkriegs nutzten. Alte Fotos, Poster und Bauteile runden die Ausstellung ab. Hier kann man zudem für 50 Baht Fahrräder mieten und die Umgebung an-

hand einer Karte mit Routenvorschlägen auf eigene Faust erkunden. 🕐 9–11 und 14–16.30 Uhr.

Auf dem stellenweise von Schlaglöchern übersäten, 57 km langen H1216 fährt man am KM 19 durch den kleinen Ort **Khun Sathan**, der linker Hand von einer hübschen Pagode überragt wird. Nach weiteren 4 km geht es vorbei am Headquarter in die Bergwelt des **Khun Sathan National Park**. Hinter dem Hmong-Dorf sind die Berge in der Nan-Provinz fast völlig abgeholzt. In der Provinz Phrae hingegen scheint der Wald noch intakt. In **Huai Rong** stößt der H1216 wieder auf den H101.

Kurz vor Phrae kann das Erosionstal **Phae Muang Phi** besichtigt werden, wo ein kleiner Rundweg zwischen bis zu 4 m hohen Sandsteinpilzen verläuft. Die seltsamen Formationen liegen in einer gepflegten Parkanlage mit Essensständen und sind am Wochenende ein beliebtes Ausflugsziel. Vom H101 fährt man 3 km auf dem breiten H1134 nach Osten und biegt in Nam Cham auf eine schmale Straße Richtung Süden ab. Vom Busbahnhof in Phrae mit dem roten lokalen Bus bis Ban Oi.

## Phrae

Die ausgedehnte Provinzstadt am Yom-Fluss ist eine frühe Mon-Gründung, war kurzzeitig ein eigenständiges Königreich und gelangte zur Zeit des Teakholzeinschlags zu großem Wohlstand. Noch immer sind Reste der Stadtbefestigung samt Mauer und einem Graben rings um das alte Zentrum zu erkennen.

Der älteste Tempel, **Wat Luang**, soll auf die Zeit der Stadtgründung im 11. Jh. zurückgehen. Sein goldener Buddha wurde gestohlen, und der achteckige Chedi wurde durch einen neuen ersetzt. Auch die meisten anderen Bauten wurden vor Kurzem restauriert. Im Tempelmuseum werden Alltagsgegenstände, Buddhastatuen und andere religiöse Objekte aufbewahrt. Ein manchmal verschlossener Neubau enthält Vitrinen voller Porzellan und einen stehenden Buddha.

Im **Wat Phra Bhat Ming Meung** im Zentrum erfährt eine schöne Buddhastatue im Sukhothai-Stil besondere Verehrung. Die Wände sind mit historischen Szenen bemalt. Nebenan in der

## Ein prächtiges Teakhaus

Der Sohn eines lokalen Herrschers ließ sich 1897 das prächtige **Wongburi House** in der Kham Lue Road erbauen, dessen reich verzierte Fassade europäische Elemente trägt. Die luftige Residenz ist liebevoll mit mondän wirkenden Möbeln eingerichtet. Ansprechend werden alte Haushaltsgegenstände, Porzellan, Waffen, ein Grammophon und Dokumente aus dem Familienbesitz präsentiert. Interessant sind die Fotos und Urkunden aus der Zeit der Holzwirtschaft. Hometaurant im Vorhof (s. Essen). ⏲ 9–17 Uhr, Eintritt 30 Baht.

Der benachbarte, recht junge **Wat Pong Sunan** war einst der Privattempel der Familie. Der goldene liegende Buddha ist ebenso sehenswert wie das neuere Gebäude im Shan-Stil mit ungewöhnlich vielen Spitzen.

kleinen buddhistischen Universität informiert ein meist geschlossenes Museum über die buddhistische Kunst und Kultur der Region.

Das **Wat Sa Bo Kaew** im Shan-Stil besticht durch seinen schönen Chedi, der leider durch den Telekom-Turm dahinter verunstaltet wird. Die Haupt- und Nebengebäude sind mit traditionellen Ornamenten verziert.

**Wat Chom Sawan** im birmanischen Stil in der Ban Mai Road wurde von 1910–12 von Shan-Holzarbeitern fast völlig aus Teakholz erbaut. Nach einem Raubzug wurde es von der Regierung zur Strafe geschlossen, verfiel und wurde erst 2008 wieder instand gesetzt. Auch der benachbarte Shan-Chedi ist sehenswert.

Das **Phrae Free Thai Movement Museum** hinter dem Paradorn Hotel an der Yantarakitikosol Road wurde vom Sohn des Leiters der Widerstandsbewegung gegen die japanische Besatzung ins Leben gerufen. Die 1941 an der Thammasat-Universität gegründete Gruppe wurde vom US-Geheimdienst unterstützt, spionierte Ziele für alliierte Bombenangriffe aus und trainierte Zivilisten im Widerstandskampf. Leider gibt es sehr wenig authentisches Material. Stattdessen stehen Schaufensterpuppen in Camouflage in den Räumen, viele Fotos wurden nachgestellt, und die Rolle der Bewegung

wird (verständlicherweise) etwas überhöht dargestellt. Das meiste ist nur auf Thai beschriftet. ⏲ 8–16 Uhr, Spende erwünscht.

Während der Shan-Aufstände wurde im Jahr 1892 das hübsche **Governor's House** (Khum Yao Luang) zum Sitz der Zentralregierung. Das heutige Museum enthält Alltagsgegenstände, Möbel, Münzen, Waffen und Rechenmaschinen. Interessant sind die Fotos von Elefanten bei der Arbeit in den Teakwäldern. Leider nur auf Thai beschriftet. ⏲ 8–16.30 Uhr, Eintritt frei.

Die gegenüberliegende **Nareerat-Schule** ist im gleichen Stil erbaut. Südlich der Schule steht der **Lak Muang**, der Schrein für den Schutzgeist der Stadt.

Ein großer **Nachtmarkt** wird jeden ersten Sonntag im Monat in der Charoen Muang Road aufgebaut.

Das **Pratabjai House**, 500 m südwestlich der Stadt, ✆ 054-625 784, ist ein etwas enttäuschendes Ensemble von neun über 200 Jahre alten, teils begehbaren Häusern voller Erinnerungsstücken einer einflussreichen Familie. Sie wurden in den 1970er-Jahren hierher gebracht und dienen nun als Verkaufsräume, was dem Ganzen einen ziemlich kommerziellen Touch verleiht. ⏲ 8–17 Uhr, Eintritt 50 Baht.

Auf einem Berg 8 km östlich der Stadt erhebt sich das **Wat Cho Hae** aus dem 12. Jh., das Reliquien des Buddha und eine heilige Buddhastatue enthält.

## ÜBERNACHTUNG

  **Huern Che Ta One** ④, 20/1 Che Ta One Rd., w 054-524 420, ✉ huernchetaone@hotmail.com. Das wohl beste Preis-Leistungs-Verhältnis in Nord-Thailand bieten die 62 geräumigen, apartmentartigen Zimmer mit bequemen Betten, großem LCD-TV, Kühlschrank, Balkon und Du/WC im 3-stöckigen Neubau. Die Zimmer im oberen Stockwerk sind heller und besser. Das Personal spricht nur schlecht Englisch. ❷

**Maeyom Palace Hotel** ①, 181/6 Yantarakitikosol Rd., ✆ 054-521 028, ✉ wccphrae@hotmail.com. Das 6-stöckige Hotel mit 104 Mittelklassezimmern ist schon 25 Jahre alt, aber sauber und ordentlich. Die günstigeren mit

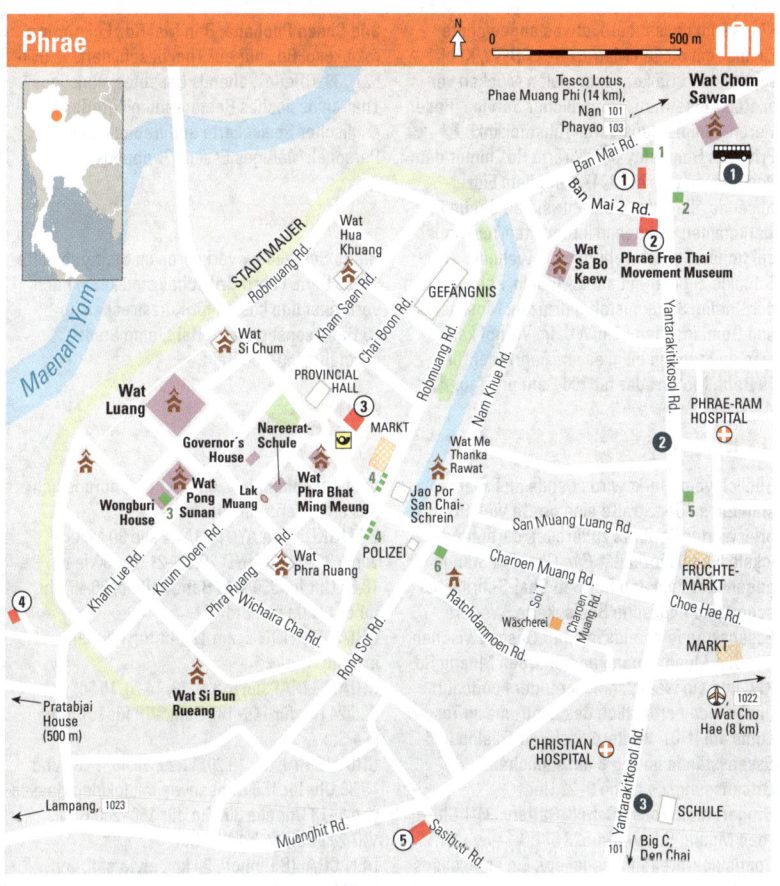

**Phrae**

N

0      500 m

Tesco Lotus,
Phae Muang Phi (14 km),
Nan 101
Phayao 103

Wat Chom Sawan

Ban Mai Rd.
Ban Mai 2 Rd.

Wat Sa Bo Kaew

Phrae Free Thai Movement Museum

STADTMAUER
Robmuang Rd.

Wat Hua Khuang

Kham Saen Rd.

Chai Boon Rd.

GEFÄNGNIS

Robmuang Rd.

Nam Khue Rd.

Yantarakitikosol Rd.

PHRAE-RAM HOSPITAL

Maenam Yom

Wat Si Chum

PROVINCIAL HALL

Wat Luang

Nareerat-Schule

MARKT

Governor's House

Wat Pong Sunan

Lak Muang

Wat Phra Bhat Ming Meung

Wat Me Thanka Rawat

Jao Por San Chai-Schrein

San Muang Luang Rd.

Wongburi House

Kham Lue Rd.

Khum Doen Rd.

Phra Ruang Rd.

Wichaira Cha Rd.

Wat Phra Ruang

POLIZEI

Charoen Muang Rd.

Charoen Muang Rd.

Soi 1

Wäscherei

FRÜCHTE-MARKT

Choe Hae Rd.

MARKT

Rong Sor Rd.

Ratchadamnoen Rd.

Pratabjai House (500 m)

Wat Si Bun Rueang

Lampang, 1023

Muanghit Rd.

Sasibutr Rd.

CHRISTIAN HOSPITAL

Yantarakitikosol Rd.

1022
Wat Cho Hae (8 km)

SCHULE

101
Big C, Den Chai

NORD-THAILAND

---

**■ ÜBERNACHTUNG**
1. Maeyom Palace Hotel
2. Paradorn Hotel
3. Priwan's Homestay
4. Huern Che Ta One
5. Phoom Thai Garden Hotel

**■ ESSEN**
1. Sod Chuen Pochana
2. Look Kaew Restaurant
3. Hometaurant
4. Essensstände (2x)
5. Pizza Company
6. Gingerbread House Café & Gallery

**■ TRANSPORT**
1. Busbahnhof
2. Songthaew nach Norden
3. Blaue Songthaew nach Den Chai

---

2 eher weichen Matratzen, Kühlschrank, TV und Bad/WC, teurere mit großem Bett, Sitzecke und Wasserkocher. 2 Restaurants, großer Pool in netter Außenanlage. Fahrradverleih. Vielfältiges Frühstücksbuffet inkl. ④ – ⑤
**Paradorn Hotel** ②, 177 Yantarakitikosol Rd., ☏ 054-511 177. In einem L-förmigen, motel-ähnlichen Bau um einen Parkplatz liegen 90 alte

Zimmer, die meisten mit Kühlschrank und TV. Sehr günstige Zimmer mit Ventilator und kleinem Doppelbett, auch Mehrbettzimmer. Nach hinten ruhiger. Einfaches Frühstück inkl. ②
**Phoom Thai Garden Hotel** ⑤, 31 Sasibutr Rd., ☏ 054-627 359, 🖵 www.phoomthaitravel.com. Im 3-stöckigen Haus auf einem weitläufigen Grundstück mit Garten, Pool und Spa werden

47 geräumige, saubere, etwas abgewohnte Zimmer mit dicken Matratzen, LCD-TV, Kühlschrank und Balkon, aber vielen Mücken vermietet. Restaurant. Freundlicher Service. Reservierung empfehlenswert. Frühstück inkl. ④ – ⑤

**Priwan's Homestay** ③, Wirarot Rd., hinter dem Postamt, ☎ 081-764 8447. Vor allem Einzelreisende, die mit der exzentrischen Chefin Pia klarkommen, können in ihrem alten Teakhaus auf hohen Stelzen sehr günstig wohnen. 6 dunkle Zimmer mit alten Möbeln, Zeichnungen der Chefin, Schaumstoffmatratzen, Moskitonetz und Gemeinschafts-Du/WC. Im Vorhof kann man an Ständen billig essen. Fahrräder für 50 Baht, Motorräder für 200 Baht pro Tag. ①

## ESSEN

Südlich vom Markt wird abends an **Essensständen** an der Straße eine große Vielfalt preiswerter Gerichte zubereitet, darunter die lokale Nudelspezialität *Pan Chai*. Ein Stand gegenüber dem Jao Por San Chai-Schrein hat sogar eine englische Speisekarte. Weitere Essensstände abends in einer Gasse zwischen der San Muang Luang und Charoen Muang Rd. **KFC** und ein wenig stimulierender Foodcourt finden sich nordöstlich des Zentrums im **Tesco Lotus** am H101. Weitere Fastfood-Filialen und Essensstände im **Big C** am südlichen Ortsausgang. ⊕ beide 9–22 Uhr.

**Gingerbread House Café & Gallery**, 94/1 Charoen Muang Rd., w 054-523 671, 🖥 www.fb. com/gingerbreadhousegallery. Ein ehemaliges Hotel wurde geschmackvoll zu einem modernen Café-Restaurant mit unverputzten Ziegelwänden und viel Holz umgestaltet. Es werden einfache Frühstücksgerichte, Thai-Favoriten und Salate serviert. Zudem eine kleine Boutique mit Kleidung und Souvenirs. ⊕ 8.30–20 Uhr.

**Hometaurant**, im Vorhof des Wongburi House. Kleines, offenes Restaurant mit guter *Khao Soi*. ⊕ 9–15 Uhr.

**Look Kaew Restaurant**, an der Einfahrt zum Busbahnhof, ☎ 054-522 147. Thai-Restaurant mit zweisprachiger Karte. Die meisten Gerichte unter 100 Baht. ⊕ abends.

**Pizza Company**, Yantarakitikosol Rd. Teure Pizzas, Pasta, Salate und Lieferservice.

**Sod Chuen Pochana**, Ban Mai Rd., Ecke Yantarakitikosol Rd., nur auf Thai beschildert, ☎ 054-521 739. Offenes, abends beliebtes, günstiges Thai-chinesisches Restaurant mit großer englischer Speisekarte und freundlichem Personal. Mäßiges Essen. ⊕ abends.

## NAHVERKEHR

**Blaue Songthaew** verkehren im Stadtgebiet für 20–30 Baht. **Fahrradrikschas** sind kaum noch verbreitet und kosten für Kurzstrecken ab 20 Baht, sonst etwa 50 Baht, eine Stadtrundfahrt 150–250 Baht.

## TRANSPORT

### Busse

Vom **Busbahnhof**, ☎ 054-511 800, nordöstlich des alten Zentrums nach:

BANGKOK, via AYUTTHAYA alle 30 Min. von 9.30–11.30 UND 20.30–21.30 sowie um 18.30 Uhr für 330–425 Baht, VIP um 20.45 Uhr für 661 Baht in 8 Std.

CHIANG KHONG, um 12 Uhr für 199 Baht in 5 Std.

CHIANG MAI, um 6, 8, 9, 13, 14.20, 16.50 und 24 Uhr für 146–187 Baht, VIP für 291 Baht in 4 Std.

CHIANG RAI, um 10.20, 11.20, 12.45, 14.30 und 15.30 Uhr für 150 Baht sowie mit lokalen Bussen von 5–18 Uhr alle 30 Min. für 150–200 Baht, VIP 235 Baht in 3 1/2–4 Std.

DEN CHAI (Bahnhof), 30 km, etwa stdl. von 6–22 Uhr für 25 Baht. Zudem ständig blaue Songthaew ab der Haltestelle an der Yantarakitikosol Rd. für 40 Baht.

HUAI KHON (Grenzübergang nach Laos), mit Minibussen um 3, 4.40, 6, 7.10 und 10 Uhr für 180 Baht in 5 1/2 Std.

KHON KAEN, um 7, 19.30 und 22 Uhr für 308–396 Baht in 9 Std.

LAMPANG, mit Chiang Mai-Bussen für 106–165 Baht und mit lokalen Bussen von 6–17.20 Uhr etwa stdl. für 83–100 Baht in 2 Std.

MAE SAI, um 10.20, 11.20, 14.50, 15.30, 21.50, 23.55, 1.45, 3 und 4 Uhr für 192–247 Baht, VIP für 288 Baht in 4 1/2 Std.

NAN, um 10.30, 11.50, 12.40, 13.50, 14.30, 15.30, 16.30, 17.30, 18.20, 20.30 und 21.20 Uhr für 85–110 Baht in 2 Std.
PHAYAO, von 5–18 Uhr in 30 Min. für 100–140 Baht, VIP 153 Baht in 2 Std.
PHITSANULOK, um 8, 9.30, 9.45, 11.45, 12.30, 13, 14, 15.30, 15.45 und 19.15 Uhr für 127–147 Baht in 4 Std.
SUKHOTHAI, um 6, 8.45, 10.45, 11.30, 13.30, 14.30 und 15 Uhr für 115 Baht in 3 Std.
Ab der Yantarakitikosol Rd. fahren **Songthaew** in die Umgebung.

### Flüge
Der kleine Flugplatz, ✆ 054-511 184, befindet sich etwa 1 km östlich des Zentrums an der Choe Hae Rd.
**Nok Air**, 🖥 www.nokair.com. Nach BANGKOK (Don Mueang) 1x tgl.

# Lampang

Lampang, eine Gründung der Mon-Könige, liegt etwa 100 km südöstlich von Chiang Mai und blickt auf eine über 1300-jährige Geschichte zurück. Ihre Blütezeit war das 19. Jh., als die riesigen Teakwälder im Norden abgeholzt wurden. In Lampang befand sich das Zentrum der Holzhändler, von deren Wohlstand bis heute prächtige Teakhäuser zeugen. Mit dem Ende des Holzbooms gerieten sie in Verfall, werden aber mittlerweile restauriert und verleihen der Stadt ihr einmaliges Antlitz. Hinzu kommt, dass die Einheimischen den Frevel an der Natur mit Blick auf ihr eigenes Karma immerhin durch den Bau prächtiger Tempel wiedergutzumachen suchten. Entlang dem H1, der geschäftigen Phaholyothin Road mit ihren unscheinbaren Allerweltsbauten, ist davon nichts zu erahnen. Erst während eines Spaziergangs oder einer Rundfahrt mit einer bunt geschmückten Pferdekutsche durch die Altstadt beiderseits des Wang-Flusses erschließt sich der Charme der Stadt.

### Im Stadtzentrum
Die südliche Uferstraße säumen Holzhäuser und zwei chinesische **Clanhäuser**. Jenseits der alten Brücken stehen, teils versteckt in verwunsche-

nen Gärten, große Teakhäuser. Weit verstreut liegen schöne Tempel im birmanischen Stil: das **Wat Si Rong Muang** aus dem Jahr 1904 mit einem wunderschönen Dach in der Tha Krao Noi Road; das große, nach einem Brand teilrekonstruierte **Wat Si Chum** und das **Wat Pa Fang** mit einer goldenen Pagode zwischen der Phaholyotin Road und dem Flugplatz.

An der Talad Gao Road, der abendlichen Walking Street (s. u.), präsentiert das **Lampang Art Center**, ✆ 054-230 651, 🖥 www.fb.com/lampangartscenter, in einem schönen Teakhaus Ausstellungen von Künstlern und Kunsthandwerk aus Lampang. ⏰ Di–Fr 11–18, Sa und So 13–21 Uhr, Eintritt frei, Spenden sind gern gesehen.

Das **Wat Chiang Rai** im westlichen Zentrum erstrahlt in Rot und Weiß und ist mit Tausenden Spiegelsteinen dekoriert. Die Wandmalereien im Innenraum erzählen aus dem Leben Buddhas.

Nördlich des Flusses lohnt ein Besuch des 1886 von wohlhabenden Burmesen in einer Kombination aus birmanischen und Lanna-Stilelementen erbauten **Wat Pongsanuk**. Der offene hölzerne Viharn Phra Chao Phan Ong wurde so aufwendig restauriert, das sogar die Unesco Notiz nahm. Er fasziniert mit verschnörkelten Säulen und Schnitzereien. In seinem Zentrum blicken vier Buddhastatuen in alle Himmelsrichtungen. Im zweiten Viharn befindet sich ein großer liegender Buddha. Hunderte Buddhastatuen und alte Schriftrollen sind im kleinen Tempelmuseum zu sehen.

**Baan Sao Nak** in der Ratwattana Road, ✆ 054-227 653, 🖥 www.fb.com/BaanSaoNak, ist das schönste der restaurierten Teakhäuser in der Altstadt und wurde 1895 in einem ganz besonderen Stil erbaut. Es steht auf 116 Pfeilern, besitzt eine Veranda im birmanischen und ein Dach im Lanna-Stil. Die Besitzer haben es mit Antiquitäten wie Lackarbeiten, Silberschmuck und Porzellan ausgestattet und für Besucher geöffnet. Der Sarapee-Baum *(Ochocarpus siamensis)* im Garten ist über 150 Jahre alt. ⏰ 10–17 Uhr, Eintritt 50 Baht inkl. Tamarindensaft und *Kao Tan Nam Tang Mo*, Reiscracker aus Klebreis.

Nördlich davon sind in der Wang Nua Road neben alten Teakhäusern rekonstruierte Teile der alten Stadtmauer und **Khu Chao Ya Suta** zu sehen, die Überreste eines 2010 mit Hilfe von

© UYEN NGUYEN

Pferdekutschen wurden vor über hundert Jahren von Europäern als Transportmittel in Lampang eingeführt. Auch wenn ihnen der moderne Verkehr zu schaffen macht, versucht eine Vereinigung, ☏ 054-918 809, 054-224 166, diese Tradition zu erhalten. Die Kutschen stehen u. a. vor dem Bahnhof, in der Suan Dok Road und an der Zufahrt zum Thip Chang Hotel. Eine kurze Tour kostet 200–300 Baht, sonst 400 Baht pro Std.

Spenden der Anwohner freigelegten Tempels aus dem 14.–15. Jh.

### Außerhalb des Zentrums

Das **Wat Phra Kaeo Don Tao Suchada** im birmanischen und Lanna-Stil in der Suchada Road wird am Nordeingang von schönen, großen Naga-Schlangen bewacht. Es besteht aus zwei zusammengelegten Tempeln: Wat Suchadaram und Wat Phra Kaeo. Der 50 m hohe Chedi soll eine Reliquie Buddhas enthalten. Hier stand 32 Jahre lang der Smaragd-Buddha, der nun im Wat Phra Kaeo in Bangkok als nationales Heiligtum verehrt wird (s. Kasten S. 145). Ein liegender Buddha kann durch eine vergitterte Tür betrachtet werden. Am Westeingang hinter dem Parkplatz steht die Statue von Chao Po Thip Chang, der die Birmanen 1732 aus Lampang vertrieb. Eintritt 20 Baht.

3 km weiter Richtung Nordosten liegt **Wat Chedi Sao**, der „Tempel der 20 Chedis", der

besonders zum Ende der Regenzeit dank der Lage inmitten von Reisfeldern schön anzusehen ist. Hinter den namensstiftenden Chedis befindet sich ein kleines Museum, das im unteren Stockwerk teils skurrile Sachspenden der Gläubigen und oben historische Artefakte präsentiert, die in der Umgebung gefunden wurden. Im reich verzierten Viharn hinter dem Hauptgebäude wird zudem eine Buddhastatue aus dem 15. Jh. verehrt, die angeblich den Schädel Buddhas in ihrem Haupt beherbergt.

### ÜBERNACHTUNG

#### Untere Preisklasse

**Akhamsiri Home** ④, 54/1 Pamaikhet Rd., ☏ 054-228 791, 084-378 6549, 🖥 www.akhamsirihome.com. Ruhiges, kleines Gh. im modernen Thai-Stil. 14 Zimmer mit Kühlschrank, TV, harten Matratzen, hübscher Du/WC mit Regendusche und Balkon oder Terrasse mit

Sitzgelegenheit. Kleines Restaurant, ⏰ 7–21 Uhr. Die Chefin spricht Englisch. Fahrräder 50 Baht, Frühstück 100 Baht. ❷

**C2 Residence** ②, 91/1 Jansurin Rd. in der Gasse östlich vom Busbahnhof, ☎ 054-225 036, 🖥 www.fb.com/c2lampanghotel. Schlichte, in 7 Farben gehaltene und zweckmäßig eingerichtete Zimmer mit guten Matratzen, AC, LCD-TV und Kühlschrank in Laufnähe zum Busbahnhof. ❷

**City Ratsada Apartment** ⑤, am östlichen Ende der Talad Gao Rd., Ecke Thip Chang Rd., ☎ 054-228 282, 082-1817 181, 🖥 www.cityratsada.com. Modernes, kleines 4-stöckiges Stadthotel ohne Lobby, aber mit sauberen Zimmern, die durch weiße Fliesenböden und große Fenster sehr hell wirken. Auch kleinere, preiswertere Zimmer mit Balkon, Schreibtisch, TV und großem Kühlschrank, die teureren, großzügigen Deluxe-Zimmer zudem mit Sofa und Wasserkocher. Kaffee und Tee kostenlos, Parkplatz. ❷–❸

**Old Town Boutique Hostel** ⑧, Talad Gao Rd., ☎ 054-017019, 🖥 www.fb.com/oldtown lampang. Charmantes, altes Holzhaus mit einem kleinen Garten und sauberen, hübsch gestalteten Zimmern, davon 4 dunkle mit Gemeinschafts-Du/WC, 2 bessere im Gartenhäuschen mit AC, TV, eher harten Matratzen und Du/WC. Zudem Schlafsaalbetten à 300 Baht. Restaurant, Fahrrad- und Motorradvermietung (jeweils 150 Baht pro Tag). ❸–❹

**Riverside Gh.** ⑥, 286 Talad Gao Rd., ☎ 054-227 005, 🖥 www.theriverside-lampang.com. In 3 2-stöckigen, von Pflanzen umgebenen Teakhäusern hat die belgisch-italienische Besitzerin Lorenza 18 hellhörige Zimmer und eine Suite individuell eingerichtet. Einige haben AC, Balkon oder Terrasse, auch 3- und 4-Bett-Zimmer. Sitzgelegenheiten am Fluss und im Garten. Fahrräder für 60 Baht, Motorräder für 200 Baht pro Tag. Frühstücken möglich. ❷–❹

**R-Lampang** ⑦, 278 Talad Gao Rd., ☎ 054-225 278, 081-817 0899, 🖥 www.r-lampang.com. 2 Holzhäuser neben dem Parkplatz. Unten kühle, aber dunkle Zimmer mit AC, TV, Kühlschrank, harten Matratzen und viel Beton, oben hellere, heiße, günstige Zimmer mit Ventilator und

Gemeinschafts-Du/WC. Neue Zimmer werden am Fluss gebaut. Fahrräder inkl. ❷–❹

### Mittlere Preisklasse

**Auangkham Resort** ③, 51 Wang Nua Rd., nur auf Thai beschildert, ☎ 054-221 305, 🖥 www.auangkhamlampang.com. In ruhiger Lage laden 14 geräumige Zimmer in 2 zurückversetzten, 2-stöckigen Neubauten mit Blick in den tollen Garten zum Entspannen ein. Alle haben Korb- und Holzmöbel, LCD-TV, einen vollen Kühlschrank und kleine Balkone oder Verandas. Der freundliche Besitzer spricht sehr gutes Englisch. Fr an der Straße der Cultural Street-Nachtmarkt (s. u.). WLAN, Obst und morgens Kaffee oder Tee kostenlos. ❹–❺

**Ban Kham Wan Hotel** ①, Suan Dok Rd., ☎ 089-433 1717, 🖥 auf Facebook. Das hübsche Teakhaus überrascht mit 4 komfortablen, etwas hellhörigen Zimmern mit AC, bequemen Betten, Kühlschrank, LCD-TV und vielen Holzarbeiten, das günstigste Zimmer nur mit Gemeinschafts-Du/WC. Im verglasten Küchenhaus im Vorgarten werden Roti, Martabak und Salate serviert. Frühstück inkl. ❹–❺

Mehr Übernachtungstipps s. **eXTra [2810]**.

### ESSEN

Unter der Woche sind die meisten **Cafés** auf der Talad Gao Rd. tagsüber geschlossen.

**Assawin-Nachtmarkt**, östlich des Postamts in der Tha Krao Noi Rd. Viele Essensstände. ⏰ ab 16 Uhr.

**Cultural Street**, in der Wang Nua Rd. Ein traditioneller, untouristischer und überschaubarer Nachtmarkt. Jeden ersten Fr im Monat mit kulturellen Aufführungen. ⏰ Fr 17–21 Uhr.

**Ratsada-Markt** nördlich vom Fluss. Hier können Mutige bereits zum Frühstück lokale Delikatessen probieren, einige Stände haben auch abends geöffnet.

**McDonald's**, **KFC**, ein **Foodcourt** und mehrere **japanische Restaurants** im **Central Plaza**.

**Aroy One Baht**, 297 Thip Chang Rd., ☎ 054-219 233. Sehr preiswertes, beliebtes Thai-Restaurant mit einer Speisekarte auf Englisch. Die Gäste sitzen auf Hockern an kleinen Holztischen im teils überdachten Garten und im 1. Stock eines schönen alten Teakhauses. Für jeden einsehbar wird in der großen Küche an der Straße zur Stoßzeit gebrutzelt was das Zeug hält. Noch immer kostet die Reissuppe nur 1 Baht, die meisten anderen Gerichte in kleinen Portionen jedoch um 50 Baht, ein ganzer Fisch 100 Baht. ⏱ 16–23 Uhr.

**Khao Soi Islam**, Pongsanuk Rd., ☏ 054-227 826. Mittags genießt die Stammkundschaft des kleinen Familienbetriebs Satay und die beste *Khao Soi* der Stadt. ⏱ 9–14.30 Uhr.

🧳 **Long Jim New York Pizza**, 1583 Charoen Mueng Rd., w 082-892 5009, 🖥 www. longjimpizza.com. Im kleinen, offenen, beliebten Restaurant servieren der freundliche und hilfsbereite US-Amerikaner Kirk und seine Thai-Frau großartige und dennoch preisgünstige authentische und reichhaltig belegte New Yorker Pizzas in 2 Größen (kleine ab 115 Baht, große ab 200 Baht) sowie Chicken Wings und Pasta. Beerlao. WLAN. ⏱ Di–So 17–21 Uhr.

**Maroccino**, Thip Chang Rd., gegenüber von City Ratsada Apartment. Kleines, entspanntes Café mit Terrasse. Auch Smoothies, ⏱ Mo–Sa 8–18 Uhr.

**Melann Café**, Talad Gao Rd., ☏ 087-183 9248. Im fabelhaft restaurierten, luftigen Teakhaus des birmanischen Holzhändlers Moung Ngwe Zin gibt es Kaffee und Kuchen im gediegenen Ambiente. In der Galerie in den hinteren Räumen werden Fotografien, Bilder und Skulpturen ausgestellt. ⏱ bis 22 Uhr.

🧳 **New Seafood**, Thip Chang Rd. Der Beliebtheit dieses offenen, chinesischen Restaurants tun Neonlicht, Plastikstühle und die ständig laufenden Fernseher keinen Abbruch. Das Essen aus der einsehbaren Küche ist sehr gut. Die meisten Gerichte um 100 Baht. Fische und anderes Seafood sind teurer und liegen am Eingang auf Eis. Die umfangreiche bebilderte, zweisprachige Speisekarte ist nach Zubereitungsarten sortiert. Interessant und lecker schmeckt der frittierte Fisch mit Mangosalat. ⏱ 16–22 Uhr.

**Riverside Restaurant**, 328 Thip Chang Rd., ☏ 054-221 861. In einem Teakhaus mit 2-stöckiger überdachter Terrasse kann man bei angenehmer Atmosphäre die schöne Aussicht auf den Fluss genießen. Große Auswahl an recht teuren Thai- und westlichen Gerichten um 200 Baht, u. a. exotische Speisen wie Bambusmaden oder gefüllte Schweinsfüße. Das grüne Curry war ziemlich fad. Kuchen (lecker der Käsekuchen mit Heidelbeeren) und Kaffee. Di, Do, Sa und So von 18.30–22 Uhr gibt es Pizza. Wein, Cocktails, Singha und Heineken vom Fass. Von 19–23 Uhr Livemusik. ⏱ 11–24 Uhr.

**Sevana Restaurant**, Pamaikhet Rd., neben dem Akhamsiri House. Das kleine, nette, einfache Gartenrestaurant mit guter Thai-Livemusik und Billardtisch ist ein Treffpunkt junger Leute. Es wurde alles gesammelt, was alt ist, und im Restaurant ausgestellt. Hier spricht niemand Englisch. ⏱ 11–24 Uhr.

**The Prink Café**, Talad Gao Rd., ☏ 083-581 6921, 🖥 auf Facebook. Charmantes, mit bunten Tellern dekoriertes, klimatisiertes Café mit guter Eiscreme, Kaffee und Smoothies. Auch einfache Thai-Gerichte. Im Obergeschoss werden nette, hellhörige Zimmer mit Gemeinschafts-Du/WC vermietet. ⏱ 7–21 Uhr.

**Youta Vegetarian Food**, Sanambin Rd., gegenüber Wat Pa Fang. Einfaches Restaurant mit günstigem chinesischen Buffet. Hier spricht niemand Englisch. ⏱ 7–15 Uhr.

## EINKAUFEN

Frühaufsteher können über den **Ratsada-Markt** jenseits der hübschen, alten Brücke bummeln. **Big C**, westlich des Busbahnhofs, Lampang Ngao Rd., und **Tesco Lotus** am Super-Highway. **Central Plaza**, gegenüber dem Big C, 🖥 www. centralplaza.co.th. Großes, modernes Einkaufszentrum mit einem Tops-Supermarkt, Multiplex-Kino und Geschäften für Bekleidung, Kosmetik und Elektronik auf 4 Etagen. ⏱ Mo–Fr 11–21, Sa und So 10–21 Uhr.

**Dhanabadee Ceramic Museum & Shop**, 32 Wat Jong Kham Rd., südlich des Super-Highway und östlich vom Flugplatz, ☏ 054-821 558, 🖥 www. dhanabadeeceramicmuseum.com. Neben dem Museum, das die Geschichte des Familienbetriebs und die Produktion der Keramik präsentiert (Eintritt 100 Baht), wird im Outlet recht hochwertige und stark preisreduzierte Ware verkauft. ⏱ 9–17 Uhr.

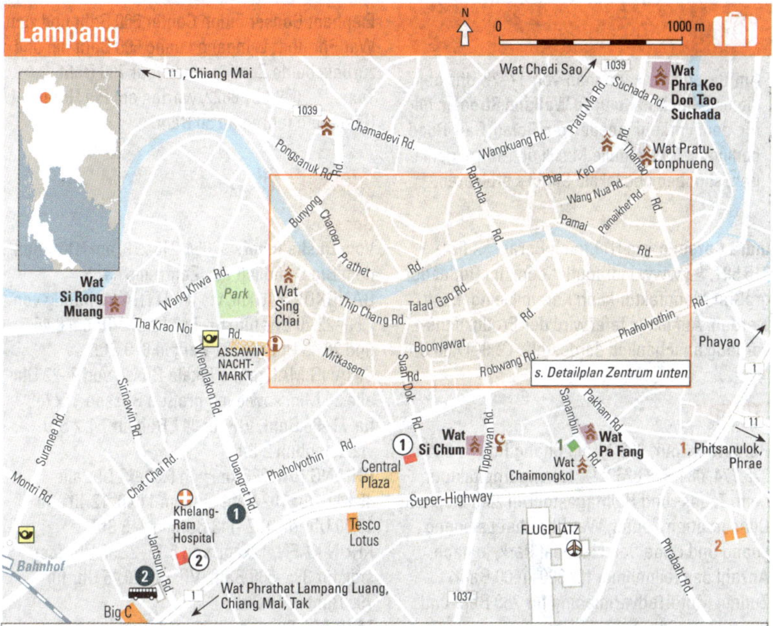

N

0     1000 m

11 , Chiang Mai

Wat Chedi Sao   1039

**Wat Phra Keo Don Tao Suchada**

Suchada Rd.

Pratu Ma Rd.

Chamadevi Rd.

Wangkuang Rd.

Phra Keo

**Wat Pratu-tonphueng**

1039

Pongsanuk Rd.

Ratchda

Wang Nua Rd.

Pamaikhet Rd.

Bunyong Charoen Prathet Rd.

Pamai

Rd.

**Wat Si Rong Muang**

Park

**Wat Sing Chai**

Wang Khwa Rd.

Thip Chang Rd.

Talad Gao Rd.

Phaholyothin

Rd.

Phayao

Tha Krao Noi Rd.

ASSAWIN-NACHTMARKT

Mitkasem

Boonyawat

Robwang Rd.

Siriwin Rd.

*s. Detailplan Zentrum unten*

Suranee Rd.

Pakham Rd.

Sanambin Rd.

**Wat Pa Fang**

11

Chat Chai Rd.

Rd.

**Wat Si Chum**

Tippawan Rd.

1, Phitsanulok, Phrae

Montri Rd.

Duangrat Rd.

Phaholyothin Rd.

**Central Plaza**

Wat Chaimongkol

Jamsin Rd.

Khelang-Ram Hospital

Super-Highway

Tesco Lotus

FLUGPLATZ

Phrabaht Rd.

*Bahnhof*

Big C

Wat Phrathat Lampang Luang, Chiang Mai, Tak

1037

| ■ ÜBERNACHTUNG | ■ ESSEN | ■ SONSTIGES | ■ TRANSPORT |
|---|---|---|---|
| ① Ban Kham Wan Hotel | ① Youta Vegetarian Food | ① Indra Ceramic | ① Pferdekutschen (4x) |
| ② C2 Residence | ② Sevana Restaurant | ② Dhanabadee Ceramic | ② Busbahnhof |
| ③ Auangkham Resort | ③ Khao Soi Islam |    Museum & Shop | ③ Songthaew nach Muang Pan (2x) |
| ④ Akhamsiri Home | ④ Maroccion | ③ Wäschereien | ④ Minibusse nach Chae Son |
| ⑤ City Ratsada Apartment | ⑤ Melann Café | ④ Pornpitak Tours | ⑤ Taxis |
| ⑥ Riverside Gh. | ⑥ Riverside Restaurant | | |
| ⑦ R-Lampang | ⑦ The Prink Café | | |
| ⑧ Old Town Boutique Hostel | ⑧ Long Jim New York Pizza | | |
| | ⑨ Aroy One Baht | | |
| | ⑩ New Seafood | | |

## Zentrum

0     500 m

Sunkong Rd.

Pratuma Rd.

Phra Keo Rd.

**Khu Chao Ya Suta**

Cultural Street-Nachtmarkt

Wat Thamao

③

Wang Nua Rd.

**Wat Pong-sanuk**

Ratchda

Pryna Rd.

POLIZEI

**Wat Pratu Pong**

④

Pongsarman Rd.

Ratsada-Markt

Pamai

Pamaikhet Rd.

Ra twattana

Thamao Rd.

Bunyong Rd.

Charoen Prathet Rd.

Pongsanuk Rd.

③

**Baan Sao Nak**

Maenam Wang

Charoen Prather Rd.

Wat Koh

**Maenam Wang**

Wang Kua Rd.

Mengrai Rd.

**Lampang Art Center**

⑤

⑥ ⑦ ⑧

Kad Kong Ta Walking Street

④

⑤

Boonyawat Rd.

**Wat Chetawan**

**Wat Sing Chai**

Thip Chang

Talad Gao Rd.

**Wat Boonyawat**

Boonyawat Rd.

Ban Chiangrai Rd.

**Wat Chiang Rai**

Clan-Haus

⑤ ①

⑩ Clan-Haus

① ③ ④

MARKT

Muang Rd.

Chat Chai Rd.

Uhrturm

Mitkasem

Suan Rd.

Boonyawat Rd.

Thippawan Rd.

MARKT

POLIZEI

Charoen

Phaholyothin Rd.

**Lampang Hospital**

Robwang Rd.

Sanambin Rd.

Rd.

NORD-THAILAND

## Mit allen Sinnen genießen

Am Sa und So kann man von 17–22 Uhr über die beliebte **Kad Kong Ta Walking Street** in der für den Verkehr gesperrten Talad Gao Road bummeln, traditionelle Musik und Tänze genießen, shoppen und lokale Snacks probieren.

**Indra Ceramic**, am H11 nach Phrae, ✆ 054-315 591, 🖥 www.indraoutlet.com. Im Outlet der großen Manufaktur kann man Keramik eingekauft werden. Auf einer Tafel wird der Produktionsvorgang anschaulich dargestellt. 🕓 9–17.30 Uhr.

### TOUREN

**Pornpitak Tour**, 363/1 Thip Chang Rd., ✆ 054-226 774, 084-949 8269, 🖥 www.pornpitaktour. com. Tages- und Halbtagestouren zum Elephant Conservation Center, Wat Phrathat Lampang Luang und Chae Son National Park, je nach Anzahl der Teilnehmer für 800–1500 Baht. Zudem Motorradvermietung für 250 Baht und Internet. 🕓 Mo–Sa 8–17 Uhr.

### SONSTIGES

#### Informationen
**Tourist Information Center**, 230 Tha Krao Noi Rd., ✆ 054-237 229, 🖥 www.lampangcity.go.th/ en. Bemühte Mitarbeiter mit wenigen Infos und einer Karte. Zudem kostenlose Fahrräder gegen Vorlage des Passes zur Kopie. 🕓 9–16.30, zur Hochsaison bis 18, Sa und So bis 16 Uhr.

#### Medizinische Hilfe
**Khelang-Ram Hospital**, Phaholyothin Rd., nahe dem Busbahnhof, ✆ 054-325 432, 🖥 www. khelangnakornramhospital.com. Professionelles, zentral gelegenes Privatkrankenhaus.

### NAHVERKEHR

Grün-gelbe **Songthaew** kosten im Stadtgebiet 20–50 Baht und verkehren zwischen dem Busbahnhof, dem Bahnhof und dem Uhrturm. Eine Tempelrundfahrt im Stadtgebiet kostet 200–300 Baht pro Std., eine Tour zum Thai

Elephant Conservation Center 600 Baht und zum Wat Phrathat Lampang Luang 500 Baht hin und zurück, beide Ziele in einer Tour 700 Baht.
**Taxis**, ✆ 089-321 8822, warten am Pin Hotel auf Gäste und fahren ab 50 Baht.

### TRANSPORT

#### Busse
Vom **Busbahnhof**, ✆ 054-218 219, am H1 neben dem Big C südlich des Zentrums nach:
BANGKOK, 610 km, via AYUTTHAYA, häufig von 7.50–22.20 Uhr für 361–542 Baht, VIP um 8.45 und 20.45 Uhr für 722 Baht in 8–9 Std.
CHIANG MAI, grüne lokale Busse von 2–22 Uhr alle 30 Min. sowie mit großen Bussen 17x tgl. für 71–95 Baht, VIP für 111 Baht in 1 1/2 Std., via Lamphun 2 Std.
CHIANG RAI, 225 km, von 6.30–12 Uhr alle 45 Min. für 102 Baht und um 11.40, 12.40 und 15.30 Uhr für 102–143 Baht in 4–5 Std.
KHON KAEN, 12x tgl. von 5.15–22.30 Uhr fast stdl. für 395–508 Baht, VIP um 20.45 Uhr für 790 Baht in 10 Std.
MAE SAI, 3x tgl. für 126–248 Baht in 6 Std.
MAE SOT, um 10.10, 12 und 14.30 Uhr für 245 Baht in 4–5 Std.
NAN, um 9, 10.45, 11.45, 13.15, 16.15 und 17.15 Uhr für 157–203 Baht, VIP um 24 Uhr für 316 Baht in 4–5 Std.
PHAYAO, von 6–17 Uhr stdl. für 100 Baht sowie mit Chiang Rai-Bussen für 95–128 Baht in 2 1/2–3 Std.
PHITSANULOK, via TAK (126–152 Baht, 3 Std.) und SUKHOTHAI (171–220 Baht, 4 Std.), von 6.30–20.30 Uhr stdl. für 203–319 Baht in 5 Std.
PHRAE, um 14.15 Uhr, mit Nan-Bussen oder Minibussen von 6.30–16.30 Uhr für 83–165 Baht in 2 Std.
THAI ELEPHANT CONSERVATION CENTER, 28 km nördlich, mit grünen Chiang Mai-Bussen für 30 Baht in 30 Min.

#### Songthaew und Minibusse
Von **Haltestellen in der Stadt** (s. Stadtplan) nach:
KO KHA (Wat Phrathat Lampang Luang), von 7–16.30 Uhr alle 30 Min. für 70 Baht.
MUANG PAN (Chae Son NP), dunkelblaue Songthaew für 80 Baht.

### Eisenbahn

Der **Bahnhof**, ☎ 054-217 024, ist ein deutscher Fachwerkbau mit Thai-Dekor aus dem Jahr 1916. Bis zum Ersten Weltkrieg waren deutsche Ingenieure am Eisenbahnbau beteiligt. Von hier fahren 5 Eil- und Expresszüge über Phitsanulok und Ayutthaya nach Bangkok.
Fahrplan S. 950–955.

**Fahrpreise** (1./2./3. Klasse) ohne jegliche Zuschläge, Listung der Zuschläge S. 85.
Ayutthaya, 571 km, 460/221/95 Baht.
BANGKOK, 642 km, 512/244/106 Baht in 9 1/2–12 Std.
CHIANG MAI, 109 km, 102/53/23 Baht.
Doi Khun Tan National Park, 38/20/9 Baht.
Phitsanulok, 253 km, 222/111/48 Baht.

### Flüge

Zum kleinen **Flugplatz**, ☎ 054-226 483, südlich des Zentrums mit Songthaew für 30–50 Baht.
**Bangkok Airways**, 🖥 www.bangkokair.com. Nach BANGKOK (Suvarnabhumi) 3x tgl.
**Nok Air**, 🖥 www.nokair.com. Nach BANGKOK (Don Mueang) 3x tgl.

## Wat Phrathat Lampang Luang

Das Wat Phrathat Lampang Luang, 15 km südwestlich der Stadt nahe dem Dorf Ko Kha, ist eine der schönsten Tempelanlagen des Landes. Die ältesten noch erhaltenen Gebäude stammen aus dem 15. Jh. Der Legende nach betete hier bereits im 8. Jh. die Mon-Prinzessin Cham Devi. Massives Teakholz dominiert die Tempelbauten innerhalb der Mauern, von den starken Stützpfeilern bis zu den mit Schindeln gedeckten Dächern. Die Eingangstore (Prathu Khong), Dachfirste und Giebel zieren reiche Schnitzereien. Besonders eindrucksvoll ist der 36 m lange, offene Haupt-Vihara mit halb heruntergezogenen hölzernen Seitenwänden, die im Innern von verwitterten Wandmalereien bedeckt sind. Er beherbergt eine schöne Buddhastatue von 1563. Im 45 m hohen Chedi soll sich ein Haar von Buddha befinden.

Jenseits der Mauer links vom Eingang stehen zwei Museumsgebäude. Im Viharn Phra Kaew wird gut bewacht hinter schweren Git-

tern ein Smaragd-Buddha im Chiang Saen-Stil verehrt. Er wird während des Songkran-Festes in einer Prozession durch die Straßen getragen, um für den kommenden Erntezyklus um Regen zu bitten. Zudem sind Votivtafeln, alte Schriften und Almosenschalen zu sehen. Im Gebäude gegenüber finden sich alte Buddhastatuen, Lackdosen, Schriften und Münzen. ⏱ 7.30–17 Uhr.

**TRANSPORT**

**Blaue Songthaew** fahren von LAMPANG bis KO KHA für 70 Baht, man sollte den Fahrer sagen, dass man zum Wat möchte. Taxi oder gechartertes Songthaew ab Lampang für 500 Baht.

## Thai Elephant Conservation Center

Sobald der H11 nördlich von Lampang die Berge erklimmt, weisen Schilder nahe Thung Kwian auf das 1992 gegründete Conservation Center hin. Am gut ausgeschilderten Eingang zwischen KM 28 und 29 informiert im großen Konferenzzentrum die **Ausstellung** „A journey with Thai Elephants" über die Tiere, ihre mythologische Bedeutung, Rolle in der Thai-Kultur und historische Funktionen in Forstwirtschaft und Kriegsführung. Zudem werden die heutigen Probleme der Dickhäuter beleuchtet. Alles ist auf Englisch beschriftet und ein Teil der Ausstellung kindgerecht aufgearbeitet.

Mit dem Shuttlebus für 25 Baht geht es weiter ins Zentrum, in dem derzeit über 130 Tiere untergebracht sind. Neben der Haltestelle befinden sich ein kleines Restaurant und Postamt, unterhalb der Elefantenstall, wo von 8–15 Uhr kurze **Ausritte** gebucht werden können (10, 30 oder 60 Min. für 200, 500 oder 1000 Baht), und der See, in dem um 9.45 und 13.15 Uhr Elefanten gebadet werden (**Baden mit Elefanten** inkl. Ausleihe entsprechender Kleidung und Foto 1000 Baht). Danach geht es oberhalb zur Bühne für die 30-minütige **Show** um 10, 11 und 13.30 Uhr. Tickets 200 Baht, Kinder 150 Baht. Die Elefanten werden gegen 15.30 Uhr in den Dschungel geführt. Dann verlassen Tagesbesucher den Park.

Auf dem Weg zum Ausgang sollte man auf alle Fälle das **Elefantenhospital** besuchen, in dem alle Elefanten kostenlos behandelt werden, und den angrenzenden Kindergarten, wo Weibchen mit Jungtieren untergebracht sind. Mehr zur Elefantenschule s. **eXTra [10080]**.

Wer sich intensiver mit den Tieren beschäftigen möchte, kann im Homestay oder Resort wohnen und Kurse buchen. Informationen in der kleineren Halle im Eingangsbereich, wo auch ein Elefantenskelett steht. Das Angebot reicht von 2 Std. bzw. einem Tag mit Elefanten für 2000 bzw. 4000 Baht bis zu individuellen Mahout-Kursen von 3–30 Tagen ab 12 500 Baht. Weitere Infos ☎ 054-829 334, 829 337, 🖥 www.thailandelephant.org.

### Friends of the Asian Elephant Hospital

Das private, durch Spenden finanzierte Elefantenkrankenhaus, ☎ 081-914 6113, 🖥 www.elephant-soraida.com, von Frau Soraida Salwala ist auf der gleichen Zufahrtsstraße über die Abzweigung nach rechts erreichbar wie das Thai Elephant Conservation Center. Hier werden rund ein Dutzend kranke oder verletzte Tiere behandelt.

Auf Wunsch wird ein Video vom Elefanten Matola gezeigt, der in Myanmar auf eine Landmine trat und dessen Rettung 1993 zur Gründung des Hospitals führte. ⏰ 9–17 Uhr.

### Elefantenhospiz

Ein ruhiger Ort, an dem alte, kranke und problembelastete Elefanten bei guter Pflege ihren Lebensabend verbringen können, ist die untouristische **Pang La Elephant Sanctuary** in einem von Kalksteinfelsen umgebenen Tal östlich von Lampang zwischen KM 57 und 58, nördlich des H1. Interessierte Besucher können morgens vorbeischauen und dabei sein, wenn die aktuell 32 Elefanten untersucht und behandelt werden. Viele wurden bei Unfällen verletzt, manch alte Tiere beim Holzfällen in Teakwäldern, andere bei Unfällen mit Autos. Weitere Informationen im Thai Elephant Conservation Center und unter 🖥 www.thailandelephant.org/en/pangla.html.

Grüne **Busse** Nr. 148 von CHIANG MAI (Arcade Bus Station, 50 Baht, 1–1 1/2 Std.) oder LAMPANG (30 Baht, 30 Min.) fahren stdl. am Eingang vorbei. Ein Taxi oder Songthaew ab Lampang kostet 600 Baht hin und zurück.

# Doi Khun Tan National Park

Der H11 windet sich Richtung Chiang Mai in die Berge hinauf. Auf dem Pass stimmen Auto- und Lkw-Fahrer ein vielstimmiges Hupkonzert an zu Ehren der Geister, die in einem wahren **Wald von Geisterhäuschen** residieren.

Kurz darauf weisen bei **Mae Tha** Schilder auf den 255 km² großen Doi Khun Tan National Park hin. Bis vor wenigen Jahren war er nur mit der Eisenbahn zu erreichen, die von Chiang Mai kommend, am winzigen Bahnhof anhält, bevor sie das Bergmassiv durch den bereits 1918 erbauten, mit 1352 m längsten **Tunnel** Thailands durchquert.

Heute erwacht der geruhsame **Bahnhof** zum Leben, wenn ein Zug einfährt. Wer im Park wandern möchte, läuft vorbei am Tempel und der kleinen Schule, den Fußweg hinauf und weiter über die Zufahrtsstraße 1,3 km zum Park Headquarter Checkpoint mit kleiner Ausstellung, ⏰ 8–17 Uhr. Eintritt in den Nationalpark 100 Baht.

Die schmale Straße windet sich kurvige 8 km hinauf bis zum Gipfel. Beiderseits der Straße stehen die ehemaligen **Eisenbahner-Bungalows**, die britische Holzbarone, amerikanische Missionare, thailändische Militärs und ehemalige Premierminister beherbergten. Wanderwege führen durch den Bergwald zu vier Wasserfällen.

Hinter dem Headquarter und Restaurant stehen an der Straße zum Doi Khun Tan 8 **Bungalows**. Sie können unter ☎ 053-546 335, 081-032 6341, 🖥 www.dnp.go.th, gebucht werden. ❸–❹

Vom H11 sind es 20 km bis zum Headquarter. Von Chiang Mai können Motorisierte Richtung Osten über Mae On fahren.
Am besten mit dem Bummelzug (ORD) nach CHIANG MAI um 13.30 Uhr für 15 Baht oder LAMPANG UM 11.03 UHR für 9 Baht.
Ein Songthaew ab LAMPANG kostet 500–700 Baht.

# Chae Son National Park

Der 592 km² große, schöne Nationalpark weiter nördlich in den Bergen wird vornehmlich von Tagesausflüglern aus Chiang Mai oder Lampang besucht, Eintritt 200 Baht. Auf Waldwegen kann man zu Wasserfällen wandern. Beliebt ist der **Chae Son Waterfall Nature Trail**, ein 3 km langer Rundweg mit 19 Stationen, der am Visitor Center beginnt und hinter den Essensständen endet. Von Station 12 kann man 3,7 km weiter am Mae Mon hinauf bis zum **Maepiak-Wasserfall** laufen. Wanderwege führen zudem zur 800 m entfernten, 200 m tiefen Pa-ngam-Höhle und der 900 m entfernten Nam-Höhle, aus der nach Regenfällen Quellwasser austritt. Für längere Wanderungen sind Guides erforderlich, die 500 Baht verlangen.

Anschließend geht es zu einem verdienten Bad in den **heißen Quellen**. Das 73 °C heiße schwefelhaltige Wasser sprudelt aus neun Quellen und wird, auf Badetemperatur heruntergekühlt, in private Badehäuser geleitet.

## ÜBERNACHTUNG UND ESSEN

**Bungalows** und Häuser für Familien können über ☎ 054-380 000, 089-851 3355, 🖥 www.dnp. go.th, gebucht werden. ❹
Ein **Restaurant** und **Essensstände** sorgen für das leibliche Wohl der Besucher. Spezialität sind scharfe Salate mit Eiern, die im Wasser der heißen Quelle gegart werden.

## TRANSPORT

Von LAMPANG mit dunkelblauen Songthaew für 80 Baht nach Muang Pan.
Mit dem eigenen Fahrzeug biegt man nach 58 km auf dem H1157 links auf den H1252 ab.

# Der Nordosten

Der Nordosten ist mit 168 000 km² die größte Region Thailands und präsentiert sich vielerorts noch besonders authentisch. Eine Reise durch den Isarn führt stets auch in beschauliche Winkel mit Wasserbüffeln, Fahrradrikschas oder alter Handwerkskunst. Zudem locken überraschend viele Sehenswürdigkeiten, stimmungsvolle Orte am Mekong, herrliche Nationalparks, geheimnisvolle Tempelruinen und spektakuläre Dinosaurier-Funde.

# Stefan Loose Traveltipps

AM MEKONG; © VOLKER KLINKMÜLLER

REISBÄUERINNEN BEI DER ARBEIT, KORAT; © VOLKER KLINKMÜLLER

Nong Khai · Wat Phu Tok · Ban Chiang · Phu Kradung NP · Khon Kaen · Phimai · Korat · Surin · Khong Chiam · Khao Yai NP

**Wann fahren?** Die Region entfaltet ihren größten Reiz in der Monsunzeit – besonders im September und Oktober.

**Wie lange?** Visite in Khao Yai und Korat drei bis vier Tage, für eine Rundreise mindestens eine Woche einplanen

**Keinesfalls versäumen** Die herrliche, romantische Stimmung am Mekong

**Unbedingt probieren** Den beliebten Papaya-Salat *som tam,* individuell mit Chili geschärft

**Auf jeden Fall versuchen** Den traditionellen Luuk Tung-Tanz des Nordostens

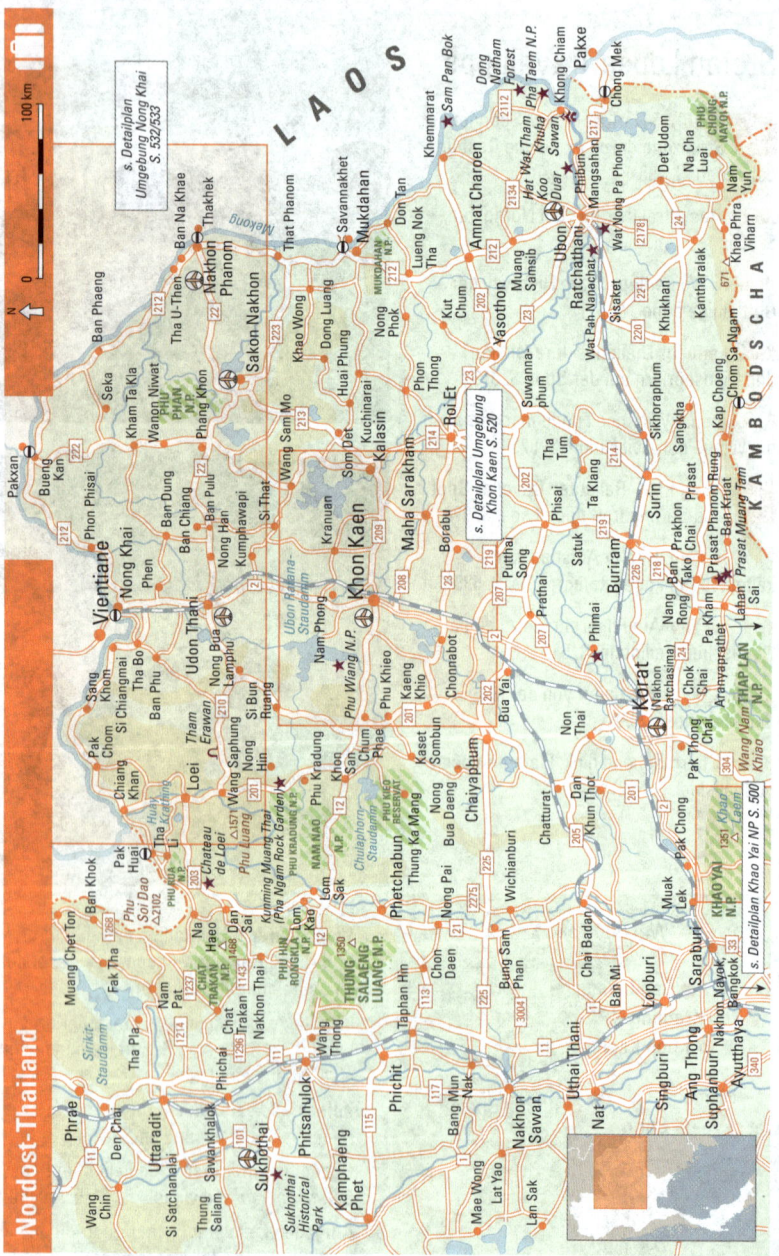

## Nordost-Thailand

**L A O S**

100 km

N

Mekong

s. Detailplan
Umgebung Nong Khai
S. 532/533

s. Detailplan Umgebung
Khon Kaen S. 520

**K A M B O D S C H A**

Sam Pan Bok

Dong
Natham
Forest

Khong Chiam

Pakxe

PHU
CHONG
NAYOI N.P.

Khemmarat

Hat Wat Tham Pha Taem N.P.
Kao Khuha
Sawan

Chong Mek

Khao Phra
Viharn

Paxan

Bueng
Kan

Phon Phisai

Seka

Ban Ta Kla

Kham Ta Kla

Wanon Niwat

Phang Khon

PHAN
N.P.

Ban Na Khae

Ban Phaeng

Tha U-Then

Nakhon
Phanom

Thakhek

Ban Dung

Ban Phu

Ban Chiang

Ban Pulu

Nong Han

Kumphawapi

Si-That

Sakon Nakhon

That Phanom

Savannakhet

Mukdahan

Don Tan

Lueng Nok
Tha

Amnat Charoen

Ubon
Ratchathani

Wat Pah Nanachat

Wat/Nong Pa Phong

Mangsahan

Phibun

Duar

Det Udom

Na Cha
Luai

Nam
Khong

Kantharalak

Seka

Phon Phisai

Paxan

Vientiane

Nong Khai

Udon Thani

Phen

Nong Bua
Lamphu

Si Bun
Rueang

Khao Wong

Dong Luang

Huai Phung

Nong Phok

Kut
Chum

Muang
Samsib

Yasothon

Som Det

Kuchinarai

Kalasin

Roi Et

Suwanna-
phum

Sisaket

Khukhan

Sikhoraphum

Sangkha

Kap Choeng

Chom Sa-Ngam

Khao
Sawan

217

Prasat Muang Tam

Pak
Chom

Si Chiangmai

Sang
Khom

Tha Bo

Ban Phu

Ban
Chiang

Sang
Khom

Wang Sam Mo

Kranuan

Maha Sarakham

Borabu

Phon
Thong

Phutthai
Song

Tha
Tum

Tha Klang

Prathai

Satuk

Surin

Prakhon
Chai

Prasat

Ban Kruat

Prasat Phanom Rung

Lahan
Sai

Loei

Wang
Saphung

Nong
Hin

Tham
Erawan

Phu Kradung
N.P.

Phu
Kradung

Khon
San

210

201

201

Chum
Phae

Phu Wiang N.P.

Phu Khieo

Nam Phong

Kaeng
Khro

Chonnabot

Phimai

Nang
Rong

Tako
Chai

Pa Kham

Chok

Aranyaprathet

Khon Kaen

Chaiyaphum

Kaset
Sombun

Non
Thai

Buri Ram

Korat
Nakhon
Ratchasima

Pak Thong
Chai

Chatau
de Loei

2102

PHU
SOI DAO

Sai Dao

Pak
Huai

Na
Haeo

Dan
Sai

Kunming Muang Thai
(Pha Ngam Rock Garden)

PHU KRADUNG N.P.

NAM NAO
N.P.

Chaiyaphum
Staudamm

Bua Yai

Bua Daeng

Dan
Khun Thot

Chatturat

Muak
Lek

Pak Chong

KHAO YAI
N.P.

s. Detailplan Khao Yai NP S. 500

Wang Nam THAP LAN
Khiao N.P.

Khao
Laem

304

201

Chok

Chai Badan

Ban Mi

Lopburi

Saraburi

Singburi

Ang Thong

Suphanburi

Nakhon Nayok

Bangkok

Ayutthaya

340

Muang Chet Ton

Ban Khok

Fak Tha

1268

Muang Chet Ton

Na
Pat

Nam
Pat

PHU
RAUAN N.P.

Trakan

1486

Nakhon Thai

PHU HIN
RONGKLA N.P.

1350

THUNG
SALAENG
LUANG N.P.

Wang
Thong

Taphan Hin

Chon
Daen

3004

Bung Sam
Phan

Phetchabun

Nong Pai

Thung Ka Maeng

Wichianburi

1143

113

Phrae

Den Chai

Uttaradit

Si Satchanalai

Sawankhalok

Tha Pla

Phichai

Sirikit-
Staudamm

1268

1024

Wang
Chin

Chat
Trakan

Phichit

Bang Mun
Nak

117

Wang Mun
Nak

Nat

Nakhon
Sawan

Lan Sak

Uthai Thani

111

115

Phitsanulok

Sukhothai

Sukhothai
Historical
Park

Kamphaeng
Phet

Thung
Saliam

Wang
Chin

Si Satchanalai

Mae Wang

Lat Yao

Schnurgerade verlaufen die Highways durch weitläufige Reisfelder mit traditionellen Dörfern, schnell wachsenden Städten und modernen Industrieanlagen. Schmalere Straßen führen zu Zeugnissen früherer Kulturen und dem **Mekong** als größtem Fluss Südostasiens. Der Name des Nordostens – **Isarn**, geschrieben auch als Isan, I-san, Isaan oder gar Issan und E-sarn – wurzelt im Begriff „Ishana", einem aus dem Sanskrit stammenden Wort für das frühe Mon-Khmer-Königreich, das sich hier einst erstreckte, bevor es dem Imperium von Angkor einverleibt wurde.

Die Sprache und Kultur der Bewohner weist starke Verbindungen mit dem benachbarten Laos auf, aber auch Einflüsse aus Kambodscha und sogar Vietnam sind sichtbar. Die Region ist reich an Menschen, aber vergleichsweise arm an Naturschätzen und Regen – weshalb sie oft als „Armenhaus" des Königreichs bezeichnet wird. Denn der Monsun erreicht das Plateau nur unregelmäßig, sodass die Ernten auf den kargen Lateritböden eher mager ausfallen und zudem durch Dürren, Überflutungen und Versalzungen gefährdet sind.

Bis 1973 bescherten US-Militärbasen verschlafenen Kleinstädten einen Bauboom und eine breite Hauptverkehrsader: Der legendäre **Friendship Highway** (Kasten S. 513), der von den Amerikanern im Vietnamkrieg als strategische Verbindung gebaut wurde, führt als H2 an die thailändisch-laotische Grenze nach **Nong Khai** bzw. fast bis nach Vientiane, der Hauptstadt des – inzwischen durch drei Mekong-Brücken und zwölf bilaterale Buslinien angebundenen – Nachbarlandes Laos. Nach 1975 verließen die Fremden den Nordosten und nur wenige Touristen verirrten sich in die Weite dieser gleichförmigen Landschaft, in der bis zur Amnestie von 1982 noch kommunistische Guerilakämpfer ihr Unwesen trieben. Viele Landbewohner suchten in den 1980er- und 90er-Jahren ihr Glück in Bangkok, Pattaya und anderen fernen Orten, wo sie noch heute einen hohen Bevölkerungsanteil stellen und ihr Einkommen in die Heimat transferieren.

Der Isarn selbst bietet nur wenige Möglichkeiten, außerhalb der Landwirtschaft einen Arbeitsplatz zu finden. Erst seit einigen Jahren wird versucht, der Abwanderung mit einer Ansiedlung arbeitsintensiver Industriebetriebe der Lebensmittel- und Textilverarbeitung Einhalt zu gebieten. Obwohl das Pro-Kopf-Einkommen erheblich unter dem Landesdurchschnitt liegt, leben nach einer Untersuchung der Regierung die landesweit glücklichsten Menschen im Nordosten. Davon zeugen nicht zuletzt häufig gefeierte, lebensfrohe Feste, auf denen nach der enorm rhythmischen **Isarn-Musik** getanzt wird. Im Stil dieses traditionellen, als „Luuk Tung" („Kinder der Felder") bezeichneten Genres entstehen sogar moderne, landesweit beliebte Popsongs. Ebenfalls ausgelassen oder sogar etwas zu sorglos geht es auf den spektakulären **Raketenfestivals** zu, bei denen die Einheimischen selbst gebaute Flugkörper in den Himmel zischen lassen.

Trotz einer radikalen, gewissenlosen Abholzung besteht der Nordosten, wie gern gespottet wird, keineswegs nur aus Reisfeldern. Hier finden sich insgesamt 45 Naturschutzgebiete – darunter faszinierende Nationalparks wie der **Khao Yai** oder **Phu Kradung** bei Loei, wo alljährlich im Winter die landesweit kältesten Temperaturen gemessen werden. Der Nationalpark **Phu Wiang** gilt als „Jurassic Park" Thailands. Er ist der bedeutendste von zahlreichen Orten rund um **Khon Kaen**, an denen Überreste von Dinosauriern wie dem *Siamotyrannus isanensis* oder acht der 42 bekannten prähistorischen Spezies von Elefanten entdeckt wurden. Ihre Nachkommen lassen sich in **Surin** sogar beim Fußballspiel bestaunen. Die ältesten Spuren menschlicher Kultur finden sich als Welterbe der Unesco bei **Ban Chiang** oder in Form von Felszeichnungen in **Pha Taem**. Wer die faszinierenden Tempel (Prasat) der Khmer-Hochkultur aus dem 12. Jh. bestaunen möchte, sollte über **Korat** als Tor zum Nordosten nach **Phimai**, **Phanom Rung** oder **Muang Tam** reisen.

Am reizvollsten präsentiert sich die Region, die sich am besten von Bangkok über Khao Yai und Korat bis nach Nong Khai und dann mit einer West- oder Ostroute erkunden lässt, während oder kurz nach der **Regenzeit**. Dann glitzern die gefluteten, neongrünen Reisfelder zum Horizont, bilden sich allerorts von Lotos und Libellen gezierte Wasserflächen. Für Liebhaber authentischer **Küche** lockt der Nordosten als kulinarisches Schlaraffenland mit vielen traditionellen Speisen, zu denen auch Insekten zählen. Die Einheimischen sprechen zwar nur vereinzelt Englisch, doch wird das Reiseerlebnis stets geprägt von einem faszinierend hohen Maß an Freundlichkeit und Gastfreundschaft. Das gilt auch für die Community der hier überraschend zahlreich lebenden Ausländer, von denen viele heimatliche Back- und Wurstwaren produzieren. Ebenfalls für Wohlgefühl sorgen die meist enorm günstigen Hotel- und Restaurantpreise.

## Von Bangkok nach Khao Yai

Vom mehrspurigen Highway 1 nach Norden zweigt am Ortseingang von Saraburi der H2 oder Friendship Highway nach Osten in Richtung Korat ab. Hinter KM 133 am großen, weißen, sitzenden Buddha von **Klang Dong** sowie an dampfenden Zementwerken und Chemiefabriken vorbei, beginnt der Aufstieg auf das Plateau des Nordostens. Hier liegen Restaurants und Resorts inmitten großer Gärten sowie Gärtnereien, Obstplantagen und Gemüsefarmen. Ihre Produkte werden an der Straße verkauft und locken Wochenendausflügler aus Bangkok an. Am KM 165 ist die Abfahrt erreicht, auf der man nach 5 km in das Zentrum von **Pak Chong** gelangt.

Der 200 km nördlich von Bangkok liegende Ort verfügt über einen kleinen Bahnhof und gilt als nördliches Tor nach **Khao Yai**, dem meistbesuchten Nationalpark Thailands. Außerdem ist es von hier nur noch eine knappe Stunde bis nach **Korat**. Das Naturschutzgebiet Khao Yai verkraftet jährlich bis zu 1 Mio. Besucher. Hochbetrieb herrscht meist nur an den Wochenenden. Wer den Park über den südlichen Zugang ansteuert, muss nur 150 km bzw. 1 1/2 Std. Fahrzeit in Kauf nehmen: Über diverse Ausfallstraßen geht es von Bangkok zum H33 und zu dem wenige Kilometer nordöstlich von **Prachinburi** abzweigenden H3077.

Die meisten Besucher reisen jedoch über Pak Chong an. Da der Ort von einer breiten Asphaltschneise zerschnitten ist und entsprechend unwirtlich wirkt, übernachten hier nur wenige. Die meisten Resorts liegen am H2090, der aus Pak Chong über 26 km in den Park führt. Denn aus ökologischen Gründen

wurden 1992 alle privaten Unterkünfte aus dem Park verbannt.

Der sonst aber etwas sorglos anmutende Umgang mit dem Naturschutzgebiet, das als wichtiges Naherholungsziel der Bangkoker Stadtbevölkerung herhalten muss, scheint den erzielten Status etwas zu unterminieren. Im Umfeld des Nationalparks entstehen immer mehr Feriensiedlungen, Wohnanlagen und Apartmenthäuser als Fluchtburgen für betuchte Hauptstädter, stets neue **Themenresorts** und Touristenattraktionen von Menschenhand, wie **Vergnügungsparks** mit Westernromantik und Countrymusik, Übernachtung in Indianerzelten, Bogenschießen, Reiten oder Planwagenfahrten. Das illustre **Cowboyflair** wurzelt in den Zeiten, als US-Amerikaner hier die Milchwirtschaft einführten. Noch vergleichsweise jung sind die bizarr anmutenden Disneyland-Kulissen italienischer Dörfer, die aber immerhin gut zu den in der Region beheimateten, landesweit namhaftesten **Weingütern** (s. Kasten S. 499) passen. Als die nördliche Zufahrt zum Park zum vierspurigen Highway ausgebaut werden sollte – und mit umfassenden Abholzungen teilweise leider auch schon wurde –, regte sich aber immerhin Protest.

 **8** **HIGHLIGHT**

## Khao Yai National Park

Dass hier sogar noch Tiger durch den Dschungel streifen sollen, gehört wohl eher zu den gern gestrickten Legenden über Khao Yai. Doch sonst bietet der mit 2170 km² drittgrößte und älteste Nationalpark Thailands alles, was man sich von einem Naturschutzgebiet in den Tropen erträumen mag. Bereits 1962 gegründet, erstreckt er sich zwischen Bangkok und Korat als gebirgige Region der Dongrak-Bergkette bzw. westlicher Teil eines der letzten großen Regenwaldgebiete Südostasiens. Er reicht über 230 km bis nach Kambodscha und ist zum Natural Heritage Site der Asean-Staaten erklärt worden sowie 2005 als **Dong Phayayen-Khao Yai Forest Complex** zum Weltnaturerbe der Unesco, 🖳 http://whc.unesco.org/en/list/590.

Ursprüngliche, dichte Dschungelgebiete finden sich auf dem 600–1000 m hohen Plateau nur an wenigen Stellen. Meist wechselt die Landschaft zwischen immergrünem Monsunwald und grasbewachsenen Steppen mit kleinen Seen. Höchste Erhebung ist mit 1351 m der **Khao Rom**, wo eine Radarstation liegt. Durch die Berge dort hinauf führt als schmale, steile Asphaltstraße der H3182. Da es sich um militärisches Gelände handelt, dürfen nur die ersten 10 km bis zum Schlagbaum befahren werden. An der Strecke liegen schöne Aussichtspunkte.

Rund 10 km vor dem nördlichen Parkeingang entfaltet sich abends an zwei Orten ein beeindruckendes Naturschauspiel: Die Höhlen in den steil abfallenden Kalkfelsen werden von Hunderttausenden **Hufeisennasen-Fledermäusen** bewohnt. Zum Sonnenuntergang verlassen die kleinen Tiere in endlosen Schwärmen ihre Labyrinthe, um auf Nahrungssuche zu gehen. Die Nachtjäger vertilgen nicht nur Unmengen von Insekten, sondern bestäuben auch die Dschungelpflanzen und verbreiten ihren Samen.

Am einfachsten und schönsten lässt sich der Nationalpark über seine zahlreichen Wasserfälle erkunden. Der **Haew Suwat** gilt als der populärste, seitdem hier 1999 – mit Leonardo di Caprio in der Hauptrolle – einige Schlüsselszenen des Traveller-Romans *The Beach* gedreht wurden. Er kann sogar per Auto erreicht werden und verfügt über ein großes, tiefes Naturbecken, wo das Schwimmen inzwischen aber verboten ist. Noch möglich ist es unterhalb der zweiten, rund 2 km entfernten Stufe. Am spektakulärsten erscheint der im Süden liegende **Haew Narok**: Nur 1 km abseits der Straße stürzt er über drei Stufen 150 m in die Tiefe.

Tagsüber lassen sich kaum Wildtiere blicken – allenfalls bettelnde Kurzschwanz-Makaken, verschiedene Reptilien, einige Vögel und die

## Tropische Tropfen

Früher wurde thailändischer Wein als süßliches Fruchtgesöff belächelt, heute werden sogar Qualitäts- und Jahrgangsweine nach Europa exportiert – was allenfalls Insidern bekannt ist. Wer die Region Khao Yai besucht, stößt ob des milden Klimas an den Rändern des Nationalparks auf sechs der insgesamt neun thailändischen Weingüter, während der verheißungsvolle Name des hier liegenden Golfplatzes **Toscana Valley** zum einen symbolträchtigen Begriff für die ganze Region avanciert ist. Auch die Erschaffung eindrucksvoller, mediterraner Disneyland-Kulissen wie die der **Palio Khao Yai Village Mall** oder des **Primo Posto del Khao Yai** beflügeln diesen erstaunlichen Trend.

Die Wurzeln des Weinanbaus in Thailand reichen bis in die 1980er-Jahre zurück, wobei die Rebstöcke einst aus Deutschland, Italien, Spanien oder Frankreich stammten und hier wesentlich schneller heranreifen als in ihrem Herkunftsland. Das Rückgrat der noch jungen Weinindustrie bilden bisher erst zwei Kellermeister und zwei weibliche Kolleginnen – davon eine aus Deutschland. Mithilfe von Erlebnis- und Gourmet-Gastronomie, Traubenlese-Wettbewerben oder kreativen Kosmetik-Produkten sowie stilvollen Möglichkeiten zur Übernachtung sind die Weingüter bestrebt, ihre Pforten immer weiter zu öffnen und die exotischen Tropfen populärer zu machen.

Als Südostasiens größte Weinkellerei produziert die als **PB Valley** bekannte **Khao Yai Winery**, 🖳 www.khaoyaiwinery.com, jährlich an die 200 000 Flaschen Weiß- und Rotwein, die sich auch im angegliederten, verlockenden Restaurant **The Great Hornbill Bistro** genießen lassen. Weiterhin liegen im Umfeld des Nationalparks die Weingüter **Granmonte**, 🖳 www.granmonte.com, oder **Village Farm & Winery**, 🖳 www.villagefarm.co.th, die sich ebenfalls der Thai Wine Association, 🖳 www.thaiwineassociation.com, angeschlossen haben. Freunde eines feinen Tropfens allerdings, die hoffen, dass einheimischer Wein wesentlich günstiger zu erstehen sei als die hoch besteuerten, importierten Sorten, könnten nach dem Preisvergleich dazu neigen, ihren Kummer darüber lediglich mit landestypischem Reis-Whiskey zu ertränken …

Mehr weinselige Details zu **Thailand als Weinland** über **eXTra [5159]**.

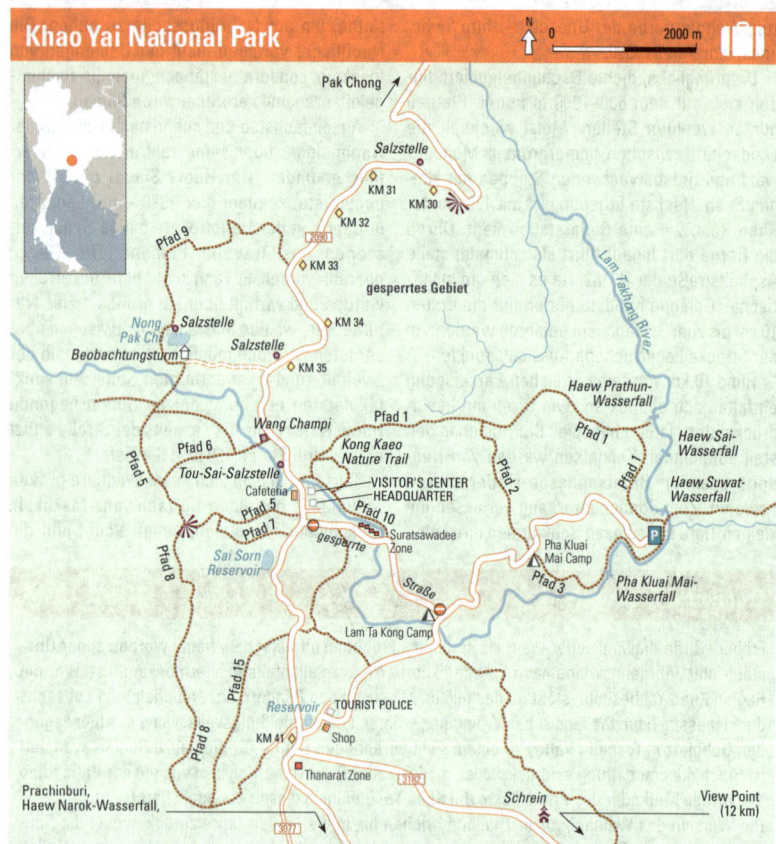

Khao Yai National Park

N    0    2000 m

Pak Chong

Salzstelle

KM 31
KM 30

KM 32

Pfad 9

KM 33

gesperrtes Gebiet

KM 34

Nong
Pak Chi    Salzstelle
Beobachtungsturm    Salzstelle

KM 35

Lam Takhong River

Haew Prathun-
Wasserfall

Pfad 1    Pfad 1

Wang Champi    Haew Sai-
Wasserfall

Pfad 6    Kong Kaeo
Tou-Sai-Salzstelle    Nature Trail    Haew Suwat-
Cafeteria    VISITOR'S CENTER    Wasserfall
HEADQUARTER

Pfad 5    Pfad 2
Pfad 5    Pfad 10
Pfad 7    gesperrte    Suratsawadee    P
Zone    Pha Kluai
Sai Sorn    Mai Camp
Reservoir    Straße    Pha Kluai Mai-
Pfad 8    Wasserfall
Pfad 3

Lam Ta Kong Camp

Pfad 15

Reservoir    TOURIST POLICE

Pfad 8    KM 41    Shop

Thanarat Zone

Prachinburi,    Schrein    View Point
Haew Narok-Wasserfall,    (12 km)

mehr oder weniger angenehme Welt der Insekten. Nachts ist an den Salzstellen (z. B. KM 30,3, 36,2 und 35) und im offenen Grasland vor allem Rotwild zu beobachten. Mit geschultem Blick und etwas Glück können auch Nashornvögel, Wildschweine, Stachelschweine, Wildochsen (Gaur), Zwergrehe, Mungos, Zibetkatzen oder vielleicht sogar Bären und Krokodile gesichtet werden. Zudem besteht auf der durch den Park führenden Straße die Chance, einigen der bis zu 400 hier lebenden Elefanten zu begegnen. Insgesamt gibt es im Park 123 verschiedene Säugetier- und 200 unterschiedliche Reptilien- sowie 392 Vogelarten mit der landesweit größten Population an Nashornvögeln.

Die **Anreise** zum Khao Yai Nationalpark, ⏲ 6–21 Uhr (zuweilen schon 18 Uhr, wenn es mal wieder vermehrt zu Zwischenfällen mit Elefanten und Autos kommt, Eintritt 400 Baht, Kinder 200 Baht sowie 50 Baht pro Fahrzeug und Tag, erfolgt meist über **Pak Chong**, der kürzeste Weg jedoch führt von Bangkok über Prachinburi zum südlichen Parkeingang, der nur wenig frequentiert wird. Zwischen 21 und 6 Uhr ist der gesamte Nationalpark für den Durchgangsverkehr gesperrt, Eintritt 400 Baht. Wer gesteigerten Wert auf Einsamkeit und naturnahe Erlebnisse legt, sollte das Schutzgebiet unter der Woche bereisen – und das möglichst auf Schusters Rappen. Als Insider-Monate (aber quasi auch

DER NORDOSTEN

zweite Hochsaison) empfehlen sich der Juli und August, wenn der Park gut durchsaftet ist, alles ergrünen und seine Wasserfälle rauschen lässt. Der Mai indes gilt als Monat der Schmetterlinge. Am trockensten ist es im April, Mai und Juni.

## Abenteuer und Aktivitäten

Da etwa 50 km² des Khao Yai Nationalparks von einem insgesamt 500 km langen Wegenetz mit ganz unterschiedlichen Schwierigkeitsgraden durchzogen werden, eignet er sich vorzüglich für **Wanderungen**. Die Flüsse gleichen die meiste Zeit des Jahres eher Bachläufen und können problemlos überquert werden. Trotzdem sind in der Regenzeit, die im Juni und Juli mit zahlreich blühenden Orchideen fasziniert, nicht alle „Trails" begehbar. Wer auf Wanderschaft geht, sollte sich mit Spezialsocken gegen Blutegel ausrüsten. Die Wege sind markiert mit Nummern und unterschiedlichen Farben, führen zuweilen sogar über Elefantenpfade. Jenseits der populären Routen sollten Wanderer nie allein durch den Park streifen, da sich selbst erfahrene Trekker mal ein Bein brechen können und auch schon Besucher verschollen geblieben sind! Die Folgen eines Unwetters können die Orientierung ebenso erschweren wie das bis zu 3 m hohe Elefantengras.

Das am Hauptquartier liegende **Visitor's Center** informiert mit hilfsbereitem Personal, guten Karten und einer kleinen Ausstellung über die Natur des Parks sowie über die Möglichkeiten, der Tierwelt nachzuspüren. Ein kurzer, harmloser Spaziergang kann von dort auf dem gut markierten, nur 1 km langen **Kong Kaeo Nature Trail** über eine Hängebrücke zum Wasserfall **Kong Kaeo** durch immergrünen Regenwald führen. Als einer der besten und beliebtesten Spots gilt der **Nong Pak Chi Observation Tower**, denn der hier liegende See und eine Salz-Leckstelle steigern die Chance, Wildtiere zu sichten. Zu erreichen ist der Turm über einen 5,4 km langen Wanderpfad vom Visitor's Center, aber auch mit einem 3 km weiten Marsch (u. a. viele Vögel) oder sogar über eine 900 m lange Abkürzung, die ebenfalls an der Durchgangsstraße beginnt. Auf dem 8 km langen, rot markierten **Pfad 1** geht es zu den Wasserfällen **Haew Prathun** (5,2 km) und **Haew Sai** (6,1 km) bzw. nach 3–4 Std. zum Parkplatz am Wasserfall **Haew Suwat**.

Auf dieser Route jedoch pflegen sich fast alle Wanderer zu verlaufen – und überhaupt empfehlen sich eher die geführten Touren (Kasten S. 503). Denn ein professioneller Guide garantiert, dass man wesentlich mehr vom Naturerlebnis hat. Die meisten Unterkünfte bieten Tagestouren mit englischsprachigen Führern an, die mehrstündige Trekking-Passagen und Zwischenstopps an Wasserfällen umfassen, wo gepicknickt, gebadet oder sogar geklettert werden kann. Halbtägige Touren führen zum Höhlentempel und zu den Fledermaushöhlen in der Umgebung des Parks oder als Nachtsafari (19–20 Uhr, 500 Baht) mitten durch das Schutzgebiet.

## ÜBERNACHTUNG

Direkt im Park kann man nur in Zelten und einfachen Bungalows des Visitor's Centers übernachten. Die meisten Unterkünfte liegen an der von Pak Chong als H2090 in den Park führenden Thanon Thanarat Rd. oder ihren kilometerlangen Abzweigungen. Wochentags sind sie relativ leer, am Fr und Sa teurer. Viele bieten einen kostenlosen Abholservice aus Pak Chong an.

### Direkt in Pak Chong

**Bobby's Apartment & Jungle Tours**, 291 Mittapab Rd., ☎ 044-328 177, 086-262 7006 (Mike), ▭ www.bobbysjungletourkhaoyai. com. Der engagierte Deutsche Mike Ingram und seine Thai-Frau Suri bieten 9 saubere Ventilator-Zimmer zum Sparpreis mit viel Platz in einem Reihenbau. Im März 2016 ist der Umzug in eine nur 500 m Luftlinie (über die Straße aber 2 km) entfernte Anlage geplant, die noch dichter am Tesco Lotus liegt. Hier wird es 12 ansprechende, kunterbunte AC-Bungalows für 500–600 Baht geben sowie die gewohnt exzellente Küche, umfassende Serviceleistungen und das bewährte Tourenangebot. ➋–➌

### An der nördlichen Zufahrt (H2090)

**Balios Resort Khao Yai**, ☎ 044-365 971-5, ▭ www.balioskhaoyai.com. Neu seit 2012 und vom Besitzer der benachbarten Palio Khao Yai

Village Mall in ansprechendem Kolonialstil erschaffen. 132 elegante, geräumige Komfortzimmer mit Balkon oder Terrasse und gutem Preis-Leistungs-Verhältnis, einladender Garten, schöner Pool. **5** – **6**

**€** **Greenleaf Gh.**, KM 7,5, 📞 044-365 073, 089-424 8809 (Mr. Nine), 🖥 www.greenleaftour.com. Zählt mit 20 einfachen, sauberen Ventilator-Zimmern und Kaltwasser-Bädern, einer familiären Atmosphäre und preiswerten Thai-Küche zu den wenigen Budgetunterkünften. **1**

🧳 **Hotel des Artists**, KM 22, 📞 044-297 444, 🖥 www.hotelartists.com. Empfehlenswerte Anlage mit mediterranem Flair und 14 Zimmern in herrlicher, grüner Lage – einige mit direktem Zugang zu den beiden Pools. **6** – **7**

**In Khao Yai Coffee House & Homestay Resort**, nahe dem Parkeingang, 📞 044-297 734-5, 🖥 auf Facebook. Aufgelockerte Anlage mit 70 unterschiedlichen Zimmern, von denen sich vor allem die kleinen, lauschigen Bungalows mit eigenem Parkplatz empfehlen. Der Name resultiert aus dem beliebten Coffeeshop an der Straße. **4** – **5**

**Khao Yai Garden Lodge**, KM 7, 📞 044-365 178, 🖥 www.khaoyaigardenlodgekm7.com. 1986 eröffnete, weitläufige Anlage mit 65 verschiedenen, teilweise etwas dunklen Zimmern – einige mit Ventilator und viele mit Terrassen. Uriges Lobby-Restaurant und ein idyllischer Pool mit künstlichem Wasserfall. Managerin Bhum spricht gut Englisch. **2** – **5**

**Kirimaya Golf Resort & Spa**, 7 km auf einer Abzweigung des H2090, 📞 044-426 000, 🖥 www.kirimaya.com. Mit dem Namen „Illusion der Berge" und einem Thai-Bali-Mischstil das exklusivste Resort der Region. Viele Wasserflächen, ein von Lotos- und Schilfgrasbeeten umrahmter Pool sowie ein turmartiges Restaurant und ein 18-Loch-Golfplatz von Jack Nicklaus sorgen für einzigartiges Flair. 52 durchgestylte, 42 m² große Zimmer sowie 4 Terrassen-Suiten und 4 Villen in 180 m² großen Luxuszelten. Das angegliederte **Muthi Maya Forest Pool Villa Resort**, 🖥 www.muthimaya.com, verwöhnt seine Gäste sogar mit paradiesischen Chalets für 26 000 Baht. Beide Anlagen

lohnen sich auch nur für einen Restaurant-Besuch. **8**

**Phuwanalee Hotel & Resort**, KM 14, 📞 044-297 111, 🖥 www.phuwanalee.com. Stilsicheres, herrlich mit schönen Bäumen begrüntes, aber nicht gerade billiges Boutiqueresort mit 70 einladenden Zimmern in 6 Kategorien – darunter luxuriöse Safari-Zelte. **6**

**The Jungle House**, KM 19,5, 📞 044-297 183, 🖥 www.junglehousehotel.com. Rund 60 Zimmer als buntes Sammelsurium aus Baumhäusern, Cottages, doppelstöckigen Bungalows und Blockbauten. Originelles Restaurant mit steinernen Buddhafiguren und eine Rezeption, die direkt in den Dschungel führt. Viele Aktivitäten und ein kleiner Zoo inkl. Elefanten. **4** – **5**

### Im Bereich der südlichen Zufahrt (H3077)

**€** **Palm Garden Lodge**, am H33 bzw. 11 km östlich vom südlichen Parkeingang in Prachinburi, 📞 089-989 4470, 🖥 www.palmgalo.com. Lange etabliert – mit 9 im Motelstil angeordneten, günstigen Zimmern, einige als AC. Einladende, familiäre Atmosphäre, umfassendes Service- und Tourenangebot sowie Miet-Mopeds für 250 Baht. Im Foyer werden die Gäste von einem Leguan beäugt. **1** – **2**

🧳 **Phuiyara Resort**, am H 3239 in Nakhon Nayok, 📞 087-059 5115, 🖥 www.phuiyara.com. Entlegenes, aber von einer freundlichen Familie geführtes, faszinierendes Bungalow-Resort zwischen Bäumen und Bächen. Die 32 geräumigen, wohnlichen Zimmer werden bisher vorwiegend von Einheimischen belegt. Etliche (naturnahe) Aktivitäten. **4** – **5**

### ESSEN

In **Pak Chong** finden sich allerlei Restaurants sowie ein attraktiver Nachtmarkt mit landestypischen Leckereien, 🕐 17–22 Uhr. Einige Spots finden sich auch im kleinen, 2-stöckigen Einkaufszentrum **The Hometown** mit Restaurants und Pubs, die bisher einzige Möglichkeit zum Flanieren. An der nördlichen **Zufahrt zum Park** bieten sich kleinere Märkte,

Es gibt zwar rund 50 Wildhüter, aber nur rund 15 englischsprachige Guides. Halbtagestouren führen von 15–19 Uhr meist „nur" in Randgebiete des Nationalparks und kosten 500 Baht. Tagestouren werden meist von 8–19 Uhr veranstaltet, schließen ein Mittagsmahl ein und liegen je nach Anbieter bei 1300–2500 Baht.* 1 1/2-tägige Touren kosten 1500–3000 Baht, 2 1/2-tägige oder speziell ausgerichtete Erkundungs-Trips bis zu 3500 Baht.

### Geführte Trekkingtouren (im Parkgebiet)

Unter anderem auf 2 1/2-tägige Erkundungstouren inkl. einer Zeltnacht in freier Natur spezialisiert hat sich Khao Yai-Insider Mike Ingram von **Bobby's Apartment & Jungle Tours**, der seine Erfahrung als Guide zwischen 1988 und 1999 bei Klaus Derwanz (s. Kasten S. 504) erworben und ein gutes Preis-Leistungs-Verhältnis zu bieten hat. Einen besonders guten Ruf für Vogelbeobachtungstouren genießen Mr. Nine (Spitzname: Bird Man) und sein Bruder Lek vom **Greenleaf Gh.**, Mr. Nang, ✆ 089-427 1823, 🖥 www.thailandyourway.com, oder die Guides des abgelegenen **Resorts Khao Yai Nature Life & Tours**, ✆ 089-427 1823, 🖥 www.khaoyainaturelifetours.com. Los geht es meist gegen 5 Uhr – ausgestattet mit professionellen Ferngläsern. Im Süden ist die **Palm Garden Lodge** der wichtigste Ausgangspunkt für Touren.

### Per Fahrrad oder Kajak (im Randgebiet)

Der renommierte Fahrradtour-Spezialist **Spice Roads**, ✆ 02-381 7490, 🖥 www.spiceroads.com/tours/khao_yai, veranstaltet 2-tägige, 38 km lange „Khao Yai Wine Trails" für 11 000 Baht für 2–16 Teilnehmer (ab Bangkok, inkl. Unterkunft und Verpflegung, bis Grad 05). Der **Sarika Adventure Point**, ✆ 085-374 2496, 🖥 www.sarikaadventurepoint.com, ermöglicht feucht-fröhliche Rafting- oder Kajaktrips (bis Grad 03) auf dem Nakhon Nayok, die 7 km lang sind, rund 1 1/2 Std. dauern und für 4 Pers. 1200 Baht kosten. Zudem im Angebot sind Klettereien am Wasserfall Than Rattana. Um 18 Uhr wird der Zugang zu den Wasserfällen des Parks gesperrt. Nach 19 Uhr sind alle nicht angemeldeten Aktivitäten im Dschungel verboten – bis auf die Nachsafaris des **Visitor's Center**. Sie beginnen um 19 und 20 Uhr für 50 Baht p. P., gleichen aber meist Massenveranstaltungen und bestehen aus einstündigen Rundfahrten mit Suchscheinwerfern, die oft nur Rotwild einfangen.

*Die Preisangaben verstehen sich pro Person und inkl. Eintritt.*

---

Essensstände und immer mehr Restaurants zur Versorgung an. Direkt im Schutzgebiet gibt es nur im Bereich des Visitor's Center die Möglichkeit einzukehren, Alkohol ist prinzipiell verboten.

**Mandy's Bistro**, Pak Chong, Mitthraphap Rd., ✆ 084-281 3130. Wichtigster Expat-Treff der Region – geführt von Wilfried Rellinger und seiner einheimischen Frau Tuk. Beste deutsche Hausmannskost sowie auch gute Thai-Küche, alles zu zivilen Preisen. ⏲ 11–22 Uhr, außer So.

**Star Gio's Italien Restaurant**, Pak Chong, 303 Mitthraphap Rd., ✆ 084-036 9843, 🖥 auf Facebook. Mr. Pong serviert knusprige Pizzas in 3 Größen, diverse Pasta-Kreationen, Steaks und neuerdings auch eine reichhaltige Auswahl an Würstchen. ⏲ 11–21 Uhr.

**The Cocolate Factory**, am H2090, ✆ 092-443 8881, 🖥 auf Facebook. Lockt seit 2013 als angesagte Versuchung – mit avantgardistischer Architektur, gediegenem Ambiente sowie unwiderstehlichen Kreationen von Kuchen, Keksen und Pralinen. ⏲ 9.30–21.30 Uhr.

## SONSTIGES

### Aktivitäten

Neben Trekkingtouren oder dem Besuch von Weingütern (s. Kasten S. 499) gibt es jede Menge Familienspaß mit Westernflair im

## Der Khao Yai als Bilderbuch

Mehr als zwei Jahrzehnte hat der Tourismus-Pionier, Hobby-Biologe und Gründer der Khao Yai Garden Lodge daran geschrieben, doch die Veröffentlichung seines einzigartigen, großformatigen Werks über den Khao Yai National Park hat der mit 63 Jahren verstorbene Berliner **Klaus Derwanz** nicht mehr erleben können. Ende 2005 erschien sein faszinierend bebildertes Buch *Thailand – Dschungelabenteuer Khao Yai* (ISBN 3-00-017144-4, 39,90 €). Auf 274 Seiten gibt es Aufschluss über die Fauna und Flora des Schutzgebiets.

**Bonanza Adventure Park**, ✆ 044-365 191-2, 🖥 www.thebonanzakhaoyai.com, im **Thongsomboon Club**, ✆ 044-312 248, 🖥 www. thongsomboon-club.com, ⏰ 8.30–18 Uhr, oder in der populären Adventure-Molkerei **Farm Chokchai**, ✆ 044-328 386, 🖥 www.farm chokchai.com, tgl. außer Mo 2 1/2-stündige Führungen für 250 Baht.

### Informationen
Über Fauna und Flora, Wanderpfade, Nachtsafaris oder die beiden Campingplätze informiert das 14 km vom nördlichen Eingang liegende **Headquarter/Visitor's Center**, ✆ 089-155 3965, 086-092 6529, ⏰ 8–18 Uhr. Hier gibt es auch die zuweilen erforderlichen Anti-Blutegel-Strümpfe. Allerlei nützliche Infos finden sich auf 🖥 http://khaoyaiguide.com.

### Reisezeit
Meist regnet es ab Mai, am stärksten von Juli bis Mitte Oktober. Dann bereiten die vielen Blutegel Probleme. Als beste Reisezeit gelten November und Dezember, wenn die Elefanten nachts häufiger aus dem Dschungel kommen. Abends kann es kühl werden.

### NAHVERKEHR

Im Nationalpark fahren keine öffentlichen Verkehrsmittel, sodass man sich einer Tour anschließen oder ein eigenes Fahrzeug mieten muss. Sammeltransporte mit **Songthaew** oder

**Tuk Tuk** von Pak Chong zum nördlichen Eingang kosten 40 Baht und benötigen 45–60 Min. **Charter-Taxis** zu den Resorts gibt es für 200–500 Baht, zum Parkeingang 500–800 Baht und zum Visitor's Center 1500 Baht.

### TRANSPORT

**Taxis**
Nach BANGKOK 3500 Baht, zum Flughafen nur 3000 Baht.

**Busse**
Die AC-Busse nach Bangkok und Korat halten/starten entlang der **Hauptstraße** in Pak Chong bzw. an den Büros der entsprechenden Busunternehmen.
BANGKOK, von 6–19 Uhr jede volle Std., danach seltener, in 2 1/2–3 1/2 Std. für 130–150 Baht.
HUA HIN, ab Caltex-Tankstelle tgl. 6x in 5 Std. für 308 Baht.
KORAT, von 6–19 Uhr jede volle Std., danach seltener, in 1–1 1/2 Std. für 55–80 Baht.

### Reizvolle Randgebiete

Bisher noch als Geheimtipp gilt die faszinierende Provinz **Nak(h)on Nayok**, 🖥 www. nakon-nayok.com, die sich südlich des Nationalparks erstreckt und mit herrlicher Natur aufwarten kann. Hier stürzt der Wasserfall **Sarika** vom Gebirgsrand über neun Stufen rund 200 m in die Tiefe, Zutritt 200 Baht, erreichbar über den H3050. Ähnlich herrliche Badestellen finden sich am Wasserfall **Nang Rong**, Zutritt 50 Baht, der sich über den H3049 ansteuern lässt. Ein schöner Blick auf die Berge eröffnet sich vom 93 m hohen und rund 2,7 km langen **Khun Dan Prakan Chon Dam** (Khlong Tha Dan Dam). Natürlich locken in dieser Region auch Möglichkeiten zu Wildwasser-Touren (s. Kasten S. 503) – ebenso auf dem Fluss **Sai Yai** in der angrenzenden Provinz Prachinburi, der während der Monsunzeit mit sechs Stromschnellen aufwarten kann. Bisher ebenfalls nur unter Einheimischen populär ist die herrliche Region **Wang Nam Khiao**.

Baumriesen wie dieser sind im Nationalpark Khao Yai noch keine Seltenheit.

Vom **Nakhonchai Air-Terminal** an der Caltex-Tankstelle als VIP-Busse:
PHUKET, ab 20.30 Uhr (14–15 Std., 1300 Baht) über CHUMPHON (8 Std., 800 Baht, Fähre nach Ko Tao) und SURAT THANI (10 Std., 1000 Baht, Fähre nach Ko Samui).
RAYONG über PATTAYA, tgl. um 13.10 Uhr in 4 Std. für 250 Baht.

### Minibusse
Vom Einkaufszentrum The Hometown Pak Chong zum Victory-Monument in Bangkok in 2 1/2 Std. für 160 Baht, nach Korat in ca. 1 1/2 Std. für 60 Baht.

### Eisenbahn
Alle Züge zwischen Bangkok und Korat bzw. Ubon Ratchathani und Nong Khai halten am **Bahnhof** von Pak Chong, ℘ 044-311 534.
AYUTTHAYA, 12x tgl. mit den Zügen nach Bangkok in 2–3 Std.
Bangkok, 12x tgl. in 3 1/2–5 Std.
KORAT, 13x tgl. in ca. 1 1/2 Std.
SURIN, 10x tgl. in 3–5 1/2 Std.
UBON RATCHATHANI, 7x tgl. in 7–8 1/2 Std.
UDON THANI, 2x tgl. in 6 1/2–7 Std.

Vom Süden des Parks erfolgt die An- oder Weiterreise meist über den Bahnhof von Prachinburi.
Weiteres s. Fahrplan S. 950.

## Korat (Nakhon Ratchasima)

Obwohl es sich um die größte Stadt des Nordostens handelt, wird man in alphabetischen Verzeichnissen unter *Korat* (Khorat) zuweilen nicht fündig. Denn der Eintrag steht oft nur unter dem offiziellen Ortsnamen *Nakhon Ratchasima*, der sonst kaum benutzt wird. Selbstverständlich wird die Kurzform aufgrund asiatischer Sprachgepflogenheiten meist „Kolat" ausgesprochen. Die Provinzhauptstadt, die mit den extrem langen, leidigen Rotlichtphasen ihrer Ampelanlagen zu den größten Städten Thailands zählt, bietet keine großartigen Sehenswürdigkeiten, doch fungiert sie mit einer preiswerten Hotellerie und kreativen Gastronomie sowie dem unglaublich prallen Nachtleben als attraktives **Tor zum Nordosten** und Schleuse zu den wichtigsten Touristenzielen.

Die aufstrebende Stadt liegt 260 km nordöstlich von Bangkok und ist für ihre **Seidenpro-**

**Korat (Nakhon Ratchasima)**

500 m

N

0

**UNTERHALTUNG**
U-Bar
Check In Korat
Check Inn Pub
Hip Bar
The Beer Garden
Tawandaeng

**SONSTIGES**
1 Tesco Lotus
2 The Mall
3 Terminal 21
4 Big C
5 IT Center
6 Klang Plaza 2
7 Klang Plaza 1

**TRANSPORT**
1 Bus-Terminal 1
2 Bus-Terminal 2

**ESSEN**
1 Pidaso
2 Rosaniyom Bar
3 Amphawa
4 Rabieng Kaew
5 Sweet Café
6 Wawee Coffee
7 Happyland
8 Chez Andy
9 Kaew Savoey
10 The Stories
11 Hooya Café

**ÜBERNACHTUNG**
1 V-One Hotel
2 Dusit Princess Hotel
3 Rachaphruk Grand Hotel
4 Thai Inter Hotel
5 Sansabai House
6 Siri Hotel
7 Chao Phaya Inn Hotel
8 Punjadara Hotel
9 Dharaburee Boutiquehotel

Ban Cho Ho

Wat Sala Loi

Mittraphap Rd.

Suranarai Rd.

Wat Samakkhi

Wat Plab

Wat Isan

Wat Boon

Pratu Phollan

Buriram (126 km),
Ban Dan Kwian (15 km),
Surin (198 km)
Ubon Ratchathani (24 km)

Chang Phuak Rd.

Wat Phra Narai Maharat

Asdang Rd.

Kudan Rd.

Mahatai Rd.

Sapphasit Rd.

Songkhram

Phonsaen Rd.

Wat Chumphon

Prachak Rd.

Chainarong Rd.

Pho Pat Hospital

Mittraphap Rd.

Manat Rd.

Yommarat Rd.

Thanon Manat Nachtmarkt

Ratchanikun Rd.

Pratu Chainarong

POLIZEI

Kamhaeng

Chakkri Rd.

Wat Payap

Chumphon Rd.

Wat Bung

Wat Saikaeo

Chira Bahnhof

Ratchadamnoen

Prapa Rd.

Wat Sakae

Khunying Mo-Denkmal

Wat Prok

Wat Muang

Chom Surang Rd.

Bua Rong Rd.

Maha Wirawong National Museum

Wat Nong Bua Rong

Wat Suthachinda

STADION

Burin Rd.

Central Festival Center (geplant) (2 km),
Phima (58 km),
Khon Kaen (190 km),
Udon Thani (280 km)

Phoklang Rd.

Wat Chaeng Nok

Phubun Laiat Rd.

Wat Po

Chart Rd.

Suranaree Rd.

Wat Chaeng Nai

Ratchasima Hospital

Sowtong Lan

Samorai Lane

Bahnhof

Mukkhamontri Rd.

Subsiree Rd.

Wat Pa Salawan

Zoo (15 km),
Pak Thong Chai (32 km),
Bangkok (260 km)

Pailin Square

duktion bekannt, aber auch als Herkunft einer erfolgreichen **Musikband** (s. Kasten) und der kurzhaarigen **Korat-Katzen**, die im Königreich als ultimative Glücksbringer gelten. Die Neuzeit hat mit der schicken, beliebten **The Mall** Einzug gehalten, wo sich in Zierbecken bis zu 2 m lange Fische tummeln. Mit dem **Terminal 21** und dem **Central Festival Center** sind nun zwei weitere imposante Einkaufs- und Erlebnismeile im Bau, während die großen Pläne für das neue Central Festival Center mit einem 20-stöckigen **Hotelturm** aus 250 Zimmern als neuem, stadtweit höchstem Bauwerk Mitte 2015 überraschend auf Eis gelegt wurden.

Vom örtlichen **Luftwaffenstützpunkt** flog die US-Air-Force einst unzählige Einsätze nach Vietnam und Kambodscha. Damals stieg die Bevölkerung explosionsartig an, um sich von 1960–70 fast zu verdoppeln. Noch heute dröhnen hier Kampfjets der thailändischen Luftwaffe. Andere Relikte reichen bis in das 8. Jh. zurück. Die breiten, von Fontänen gezierten Wassergräben und das historische **Pratu Chumphon** sowie drei weitere, nur als Replik erschaffene Stadttore zeugen vom Umfang der Befestigungsanlagen, die einst 1,7 x 1,5 km lang waren. Auf einer Terrasse steht das Bronzedenkmal von Thao Suranaree: Als listige Frau des Vizegouverneurs von Korat war **Khunying Mo** 1826 zur Nationalheldin avanciert, weil es ihr gelungen sein soll, die laotischen Truppen mithilfe eines Trinkgelages abzulenken, während die eigenen Soldaten an einer anderen Front kämpften. Das 1934 errichtete Monument, das Einheimische ständig mit Blumen, Kränzen und Opfergaben schmücken, soll ihre Asche enthalten.

Im Hof des Tempels **Wat Suthachinda** liegt das schöne, aber nur wenig beachtete **Maha Wirawong National Museum**, ☎ 044-242 958, ⏰ Mi–So 9–16 Uhr, Eintritt 50 Baht, mit Kunstgegenständen der Khmer- und Ayutthaya-Zeit sowie Funden früherer Epochen. Im **Wat Sala Loi** von 1827 erinnert der Bot an eine antike, chinesische Dschunke, während die Fassade von einem Basrelief aus Metallkeramik geziert wird. Vor dem **Wat Phra Narai Maharat** wird der Stadtgrundstein Lak Muang angebetet, im Inneren findet sich eine heilige Vishnufigur aus der Khmer-Zeit aus Sandstein. Das **Wat Pa Salawan**

## Geniale Urlaubsstimmung

Auch wenn er in letzter Zeit vorwiegend durch private und pikante Kapriolen in die Schlagzeilen geraten ist: Bekanntester Sohn der Stadt dürfte der Songwriter und Gitarrist Sekson Sookpimay sein – Gründer der dreiköpfigen Formation **Sek Loso**, die seit den 1990er-Jahren zu den populärsten Bands des Landes zählt und zuweilen sogar in Deutschland gastiert. Die einfühlsamen bis eingängigen Songs der Gruppe können es locker mit westlicher Popmusik aufnehmen. Warum also den Thailand-Urlaub nicht mit etwas Musik als Mitbringsel – wie dem CD-Klassiker *Best of Loso* – abrunden?

beherbergt einen Friedhof mit bebilderten Gedenktafeln von US-Veteranen, die in Korat ihren Lebensabend verbracht haben.

### ÜBERNACHTUNG

Es gibt eine überraschend große Auswahl an Hotels, die teilweise noch aus Zeiten des Vietnamkriegs stammen. Als vielleicht sinnvolle Alternative bietet es sich an, eine der netten, günstigen Unterkünfte im schönen Phimai zu beziehen, um von dort aus Korat zu erkunden.

#### Untere Preisklasse

**Chao Phaya Inn Hotel** ⑦, 62/1 Chom Surang Rd., ☎ 044-260 555, 🖥 www.chaophayainn. com. Außen hässlich, innen eher schön – als beliebte Unterkunft mit 123 Zimmern zum Sparpreis, sogar in der VIP-Kategorie. ❷–❸

€ **Sansabai House** ⑤, 335-7 Suranaree Rd., ☎ 044-255 144, 🖥 www.sansabai-korat. com. Unscheinbarer Bau mit 5 Etagen und 40 wohltuend hellen Zimmern (die 7 günstigsten mit Ventilator) und angenehmem Interieur in erfreulich zentraler Lage. Statt mit müffelndem Teppich- überrascht es mit blitzendem Fliesenboden. Gutes Preis-Leistungs-Verhältnis, freundliche Atmosphäre. ❷–❸

**Siri Hotel** ⑥, 688-90 Phoklang Rd., ☎ 044-341 822, 🖥 www.sirihotelkorat. com. Präsentiert sich nach der Renovierung mit vielen erfrischenden Farben. Bei Ausländern beliebtes Stadthotel mit 64 Zimmern, ansprechendem Foyer, einem guten Restaurant und der SR-Karaoke. ❷

**Thai Inter Hotel** ④, 344/2 Yommarat Rd., ☎ 044-247 700, 🖥 www.thaiinterhotel.com. Klein, aber fein, sauber, gepflegt und auch etwas hipp: 4-stöckiger Neubau in zentraler Lage mit 32 wohnlichen Zimmern und einladendem Biergarten. ❷

### Mittlere Preisklasse

**Punjadara Hotel** ⑧, 281/19 Chainarong Rd., ☎ 044-257 567, 🖥 www.punjadarahotel.com. Die profane Betonfassade täuscht über die Vorzüge des Hotels hinweg. Empfehlenswert mit 80 behaglichen, günstigen Komfortzimmern. Einladendes, boulevardartiges Foyer mit freundlichem Personal. ❸–❹

**Rachaphruk Grand Hotel** ③, 311 Mitraphap Rd., ☎ 044-341 222, ✉ rgh@korat. loxinfo.co.th. Das einstige Flaggschiff von Korats Hotellerie wirkt etwas abgenutzt, doch das angenehme Ambiente, eine imposante Lobby und das freundliche Personal überzeugen. Auf 10 Etagen verteilen sich 159 Zimmer in 4 Kategorien, üppig verglast und mit gutem Blick – besonders aus den großen Ecksuiten. ❹

### Obere Preisklasse

**Dharaburee Boutiquehotel** ⑨, 909 Suabsiree Rd., am südwestl. Stadtrand, ☎ 044-277 999, ✉ dharaburee@hotmail.com. Etwas abgelegen, nicht gerade preiswert und zuweilen etwas schmuddelig, aber mit einem originären Boutique-Charakter und Ambiente. 12 völlig unterschiedlich ausgestaltete Zimmer. ❹–❺

**Dusit Princess Hotel** ②, 1137 Suranari Rd., nordwestlicher Stadtrand, ☎ 044-256 629-35, 🖥 www.dusit.com. Empfehlenswertes Luxushotel mit 186 überraschend erschwinglichen Zimmern, maximalem Komfort und exklusivem Ambiente. Günstige Abendbuffets im schicken Restaurant, preisgekrönte Umwelt- und Sozialprojekte sowie ein nettes Einkaufszentrum in der Nachbarschaft. ❹–❺

**V-One Hotel** ①, 666/6 Changphurk Rd., ☎ 044-342 444, 🖥 www.v-onehotelkorat. com. Ist etwas teuer, empfiehlt sich aber als

„Trendy & Boutique Hotel" mit einem einzigartigen Charakter bzw. modern und durchdesignt mit reichlich Formen und Farben. Die 116 Zimmer verfügen über mind. 27 m² und sind nach Themen (wie z. B. Britney Spears) ausstaffiert. ❺

### ESSEN

In Korat überrascht die Fülle an verlockender Gastronomie – darunter etliche romantische, hübsch gestaltete Gartenrestaurants, die meist auch über AC-Räumlichkeiten verfügen. Abends spielen oft Livebands, sodass der Übergang zum Musik-Pub fließend ist. Preiswert durch die Stände futtern lässt es sich auf dem Nachtmarkt **Wat Boon** in der Chomphon Rd., 🕐 17–22 Uhr.

**Amphawa**, 264 Yommarat Rd., ☎ 044-007 488. Unter diversen Namen etabliert seit 1993 und nun als populäres, halb offenes Pub-Restaurant mit schummrig-urgemütlichem Ambiente, einheimischer und westliche Küche (gute Pizzas) sowie 2 wechselnden Bands. 🕐 18–24 Uhr.

**Chez Andy**, 5-7 Manat Rd., ☎ 044-289 556, 🖥 www.chezandykorat.com. Ob leckere Bauernrösti, Cordon Bleu, Käse-Fondue oder knusprige Holzofenpizzas ab 280 Baht, die flambierten Drehspieße *(burning skewer)* oder die originelle Schlachtplatte, die für 1850 Baht bis zu zehn Gäste pappsatt machen kann: Das kreativste und beste Ausländer-Restaurant des Isarn und sein sympathischer Inhaber Andreas Müller (Andy) aus der Schweiz garantieren wahre Schlemmerfreuden. Dazu munden Bier vom Fass oder die reichhaltige Auswahl von Weinen.

**Happyland**, 280 Mahattai Rd., ☎ 081-065 0088, 🖥 auf Facebook. Populäres Pub-Restaurant mit einladend gestaltetem, durch Treppen verbundenem AC- und Außenbereich. Leckere Thai-Gerichte für meist 80–150 Baht, 3 Sorten Fassbier und tgl. ab 21.30 Uhr Livemusik. 🕐 18–1 Uhr.

**Hooya Café**, 92 Sapphasit Rd., ☎ 044-266 928. Idyllisches, naturnah und offen gestaltetes Café mit Terrakotta-Ambiente, gemütlichem Korbmobiliar und allerlei Kaffee-Spezialitäten. 🕐 Mo–Fr 6–19, Sa und So 7–18 Uhr.

**Kaew Savoey**, 359/1 Sapphasit Rd., 081-789 5681. Riesiges Neonlicht-Restaurant für die beliebte, gesellige Hot-Pot-Brutzelei *Muka-ta* über Holzkohle-Tischgrills. Kostenpunkt: 200 Baht für bis zu 4 Pers. ⏲ 15–23 Uhr.

**Pidaso**, Mittraphap Rd., 044-246 700, 🖥 auf Facebook. Die moderne Architektur symbolisiert auch den Stil dieses schönen, trendigen Restaurants, das (natürlich) über eine Showküche verfügt. Serviert wird vorwiegend italienische, aber auch japanische und einheimische Küche – natürlich zu entsprechenden Preisen. ⏲ 11–22.30 Uhr.

**Rabieng Kaew**, 284/3 Yommarat Rd., 044-267 765. Beliebt und empfehlenswert – als weitläufiges, stil- und stimmungsvolles Gartenrestaurant mit viel Holz, Grün, Tongefäßen, Steinsäulen und romantischer Beleuchtung. Es empfehlen sich die Haxen nach Thai-Art für 270 Baht oder die leckeren Red Snapper aus Teich und Meer für 240 bzw. 280 Baht. ⏲ 11–23 Uhr.

**Rosaniyom**, 28 Phonsaen Rd., 093-382 8182, 🖥 auf Facebook. Das ehemalige Bali präsentiert sich als überaus originelles Pub-Restaurant – mit AC- und Außenbereich, farbenfroher Dekoration und Mini-Mobiliar. Unglaublich: kein Korkengeld für mitgebrachten Wein oder Whisky. Am Wochenende spielen 2 Bands von 21.30–22.30 bzw. 23–24 Uhr. ⏲ 18–1 Uhr.

**Sweet Café**, 12 Kudaon Rd., 097-335 1189, 🖥 auf Facebook. Dieses herrliche, weiß getünchte Schmuckkästchen ist nicht nur von außen verlockend, ⏲ 8–21 Uhr. Als Konkurrenz bzw. Filiale einer kleinen einheimischen, beliebten wie exzellenten Kaffeehaus-Kette lockt das **Wawee Coffee**, 285 Mahattai Rd., 080-170 3232, 🖥 www.waweecoffee.com. ⏲ 7–20 Uhr.

**The Stories**, 86 Sapphasit Rd., 044-251 181, 🖥 auf Facebook. Szene-Spot mit Wohlfühlcharakter gleich neben dem Kaew Savoey: originelles Interieur mit Wasserbecken, Holzterrasse, einladenden Sitzgarnituren und stimmungsvoller Beleuchtung. Exzellente Thai-Küche und allabendliche Livemusik. ⏲ 17–1 Uhr.

Das Nachtleben pulsiert vor allem in der Changphurk Rd., Sapphasit Rd. und Suranaree Rd. sowie am Pailin Sq., der mit Pubs und Diskotheken am nordwestlichen Stadtrand liegt. Die aktuellsten Insider-Infos bietet 🖥 www.whatsonkorat.com.

**Check In Korat**, Changphurk Rd., 080-779 5779, 🖥 auf Facebook. Zählt mit sattem Sound und eingefleischter Gemeinde zu den populärsten Spots, ⏲ 20–2 Uhr. Wer versehentlich im **Check Inn Pub**, 345 Suranaree Rd., 089-864 1033, 🖥 auf Facebook, landet, muss sich nicht grämen: Er ist ebenso angesagt, ebenfalls auch unter der Woche. ⏲ 19–3 Uhr.

**Hip Bar**, Changphurk Rd., 084-966 6877, 🖥 auf Facebook. Bei dieser neuen, absolut angesagten Disco ist der Name natürlich Programm – inkl. super Sound und Lasertechnik. ⏲ 19–3 Uhr.

**Tawandaeng**, Pailin Sq., 044-261 594, 🖥 www.tawandangnakorat.com. Zählt für die Einheimischen mit unverwechselbarem, rustikalem Ambiente zu den beliebtesten Discos. Im dunklen Ambiente der „Roten Sonne" spielen allabendlich 3 Musikbands, dazu fließt u. a. Singha-Fassbier aus Gläsern, Krügen und Türmen. ⏲ 21–3 Uhr.

**The Beer Garden**, Yotha Rd., 081-590 6875, 🖥 auf Facebook. Auch nach dem Umzug von Anfang 2015 absolut angesagt – auch bei Langnasen. Es gibt entsprechend viele westliche Gerichte und wie es schon der Name verheißt: Bier in Strömen. ⏲ 12–24 Uhr.

**U-Bar**, 444 Mitraphap Rd. (H2), 044-271 088, 🖥 auf Facebook. Auch bei Langnasen angesagter Disco-Pub mit gediegenem Ambiente und verlockenden Events wie Jetsetter- oder Retro-Partys. Von 21.30–2 Uhr darf gute Livemusik erwartet werden. ⏲ 20–3 Uhr.

### Einkaufen

Neben der weitläufigen **The Mall** sowie den Filialen von **Big C** und **Tesco Lotus** erfreuen sich die alten Einkaufszentren **Klang Plaza 1** und **Klang Plaza 2** sowie das örtliche **IT Center** besonderer Popularität. Am Abend lohnt ein Bummel über den beliebten **Nachtmarkt** in der Manat Rd., ☉ 17–22 Uhr, wo Textilien, Haushaltswaren und Snacks feilgeboten werden.

## Informationen

**Tourist Office**, am Sima Thani Hotel bzw. am H2, 2 km westlich vom Zentrum, ✆ 044-213 666, 🖳 www.tourismthailand.org/nakhonratcha sima. ☉ 8.30–16.30 Uhr. Hier gibt es gutes Kartenmaterial und die nützliche Gratis-Broschüre *Khmer Cultural Route.* Umfangreiche Infos über Sehenswürdigkeiten und das Leben im Nordosten bieten das deutsch-englische Forum der **Farang Community**, 🖳 www.korat-info.com, sowie die Internetportale 🖳 www.isaan.com, 🖳 www.koratmagazine.in.th und 🖳 www.whatsonkorat.com. Erlebnisreiche Touren durch den ganzen Nordosten ermöglicht **Isan Explorer** (s. Kasten S. 519).

(s. Kasten S. 519)

## NAHVERKEHR

Im Stadtgebiet verkehren Songthaew auf festen Routen für 10–20 Baht. Tuk Tuks können ab ca. 40 Baht gechartert werden, auf 🖳 www.whatsonkorat.com stellen sich etliche Fahrer sogar mit ihrem Foto und Service vor! Zumindest auf Kurzstrecken jedoch sind sie meist wesentlich teurer als Taxameter-Taxis, wie sie die Kooperative **Taxikorat**, ✆ 044-370 999, 085-414 6777, bietet. (Mini)Busse nach Phimai starten alle 20 Min. vom Bus Terminal 2 und benötigen ca. 1 1/2 Std., ein Charter-Taxi liegt bei 600 Baht, als Tagestour ab 1500 Baht.

## TRANSPORT

### Busse

Vom etwas versteckt gelegenen **Bus-Terminal 1** in der Burin Rd., ✆ 044-242 899, fahren Busse nach Bangkok und zu Zielen in der Provinz ab. Vom bedeutenderen **Bus-Terminal 2**, ✆ 044-256 006 (Nakhonchai Air), am H2, schräg gegenüber von Big C, geht es ebenfalls nach Bangkok und Phimai sowie zu allen anderen wichtigen Städten, teilweise auch mit Minibussen.
BAN DAN KWIAN, alle 30 Min. für 30 Baht (auch ab der südl. Stadtmauer).

BAN TAKO (für PHANOM RUNG), alle 30 Min. in 2 Std. für 90–120 Baht.
BANGKOK, rund um die Uhr alle 15–30 Min. in 3 1/2 Std. für 200–230 Baht.
CHANTABURI, alle 30 Min. in 5–7 Std. für 280–400 Baht.
CHIANG MAI, 8–9x tgl. in 13 Std. für 440–550 Baht, VIP für 660 Baht.
KHON KAEN, stdl. in 2–3 Std. für 130–230 Baht.
NAKHON PHANOM, 3x tgl. in 8 Std. für 250–350 Baht.
NONG KHAI, 11x tgl. in 6–7 Std. für 230–450 Baht.
PAK CHONG (Khao Yai N.P.), alle 15 Min. für 70–90 Baht in 1 1/2 Std.
PATTAYA, 6–8x tgl. in 7–8 Std. für 290–320 Baht.
RAYONG (für KO SAMET), 6–8x tgl. in 7 Std. für 280–340 Baht.
SURIN, alle 30 Min. in 4 1/2 Std. für 110–160 Baht.
UBON RATCHATHANI, rund um die Uhr alle 30 Min. in 6–7 Std. für 220–280 Baht, VIP für 350 Baht.
UDON THANI, alle 30 Min. in 3 1/2 Std. für 180–230 Baht.
VIENTIANE (Laos), 1x tgl. für 320 Baht in 6 Std. mit dem Thai-Lao International Bus (Kasten S. 530).

(Kasten S. 530)

### Eisenbahn

Der **Bahnhof**, ✆ 044-242 044, liegt im Westen von Korat (mit Songthaew oder Bussen 20 Baht). Die kleine Station **Chira** befindet sich näher am Zentrum.
AYUTTHAYA, 13x tgl. in 3 1/2 Std.
BANGKOK, 12–14x tgl. in 5–6 Std. (über Ayutthaya)
Khon Kaen, 5x tgl. in 3 1/2 Std.
NONG KHAI, 3x tgl. in 5 1/2 Std.
PAK CHONG, 13x tgl. in 1–2 Std.
SURIN, 13x tgl. in 2–3 1/2 Std.
UBON RATCHATHANI, tgl. 7–9x in 5–6 Std.
UDON THANI, 4x tgl. in 5–6 Std.

# Die Umgebung von Korat

Ob geheimnisvolle Ruinenstätten, traditionelle Handwerksdörfer für Keramik und Seide, ein skurriler Skulpturenpark oder der sehenswerte Zoo mit seinem Spaßbad: Im Umfeld der Stadt finden sich neben den Ruinen von Phimai einige **Sehenswürdigkeiten**, die gut mit Bussen oder Songthaew erreichbar sind, Details und Karte s. **eXTra [2895]**.

# Phimai

Sie stammen aus der Zeit der Khmer-Herrschaft vom 9.–13. Jh., werden „das kleine Angkor von Thailand" genannt und zählen zu den bedeutendsten Sehenswürdigkeiten des Nordostens: die rund 58 km nordöstlich von Korat liegenden buddhistisch-hinduistischen Tempelruinen von **Prasat Hin Phimai**, ✆ 044-471 568, ⏰ 7.30–18 Uhr, Eintritt 100 Baht. Sie liegen beim unscheinbaren, aber charmanten und trotz Fremdenverkehrs recht authentischen Ort Phimai.

Obwohl die genaue Entstehungsgeschichte bis heute ungeklärt ist, handelt es sich um die bekanntesten Überbleibsel der Khmer-Herrschaft in Thailand. Die frühesten Inschriften stammen von 1036, die Anlage ist wohl erst unter Jayavarman VII. (1080–1113) entstanden. Der Konstruktion nach zu urteilen, könnte sie als Modell für den Tempelkomplex des kambodschanischen Angkor gedient haben – und war mit diesem einst durch eine breite Straße verbunden (s. Kasten S. 558).

Eine Mauer aus Buntsandstein umgibt die sorgfältig restaurierte Tempelanlage, die bis zu

## Picknick unter dem Banyan-Baum

Rund 1,5 km nördlich der Tempelruinen endet die Straße an einem Parkplatz, von dem kleine Brücken hinüber zur im Moon-Fluss liegenden Insel **Sai Ngam** („wundervoller Feigenbaum") führen. Sie wird weitgehend von einem 350 Jahre alten Banyan-Baum eingenommen – dem wohl ältesten und größten Thailands. Besucher können von 6–18 Uhr unter dem weit ausladenden Gewirr von wuchernden Ästen und Luftwurzeln wandeln, picknicken oder am Geisterhaus beten. Es liegt am Hauptstamm, der mit bunten Girlanden bedeckt ist. Nebenan kann man sich am Wochenende sein Schicksal aus der Hand lesen lassen.

28 m hoch in den Himmel ragt. Durch vier symmetrisch nach den Himmelsrichtungen ausgerichtete Tore gelangt man in den großen Hof. Im Mittelpunkt steht das restaurierte Hauptheiligtum. Innerhalb der zweiten Umwallung erhebt sich der monumentale, mit zahlreichen Ornamenten geschmückte **Turmbau**. Die sich pyramidenförmig verengende Spitze endet als Lotosknospe. Vom südlichen Eingang erreicht man den inneren Hof über eine **Vorhalle**, deren Sandsteingewölbe von starken Säulen getragen werden. Besonders schöne Dekorationen finden sich an den Türstürzen. Die Reliefs stellen Szenen aus dem *Ramayana*-Epos dar, zeigen aber auch hinduistische Gottheiten. Vermutlich war der Tempel einst ein Zentrum des Mahayana-Buddhismus.

Buddhastatuen, Türstürze und andere bildhauerische Meisterwerke des Tempels sind in dem kleinen **National Museum**, ✆ 044-471 167, 300 m nördlich vom Tempel am Ortseingang, links hinter der Brücke, ausgestellt. Dort kann man in einem Gebäude auch archäologische Funde aus neolithischer Zeit besichtigen und erhält einen Überblick über die Geschichte der Region. ⏰ Mi–So 9–16 Uhr, Eintritt 100 Baht.

Alljährlich im November findet im historischen Park das **Phimai Festival** statt, bei dem die Tempelruinen mit Laternenumzügen und einer Sound- & Light-Show bzw. der Aufführung des Tanzdramas *Wimaya Nattaka* belebt werden. Zudem sorgt ein mehrtägiges Langbootrennen auf dem erweiterten Lauf des Moon für Wettbewerb und Spannung.

## ÜBERNACHTUNG

**Boonsiri Gh.** ④, 288 Chomsudasadet Rd., ✆ 044-471 159, 🖥 www.boonsiri.net. Lange etabliert und professionell – nahe an den Ruinen über einem Enten-Restaurant. Mr. George bietet 13 große, saubere Zimmer, 3 davon mit AC, sowie einen Schlafsaal für 150 Baht p. P. Gute Infos, Verleih von Fahrrädern. ❶–❷

**Moon River Resort** ①, ✆ 085-633 7097, 🖥 www.moon-river-phimai.com. Ideal gelegen und direkt am Nordufer des Flusses bietet ein engagiertes, deutsch-thailändisches

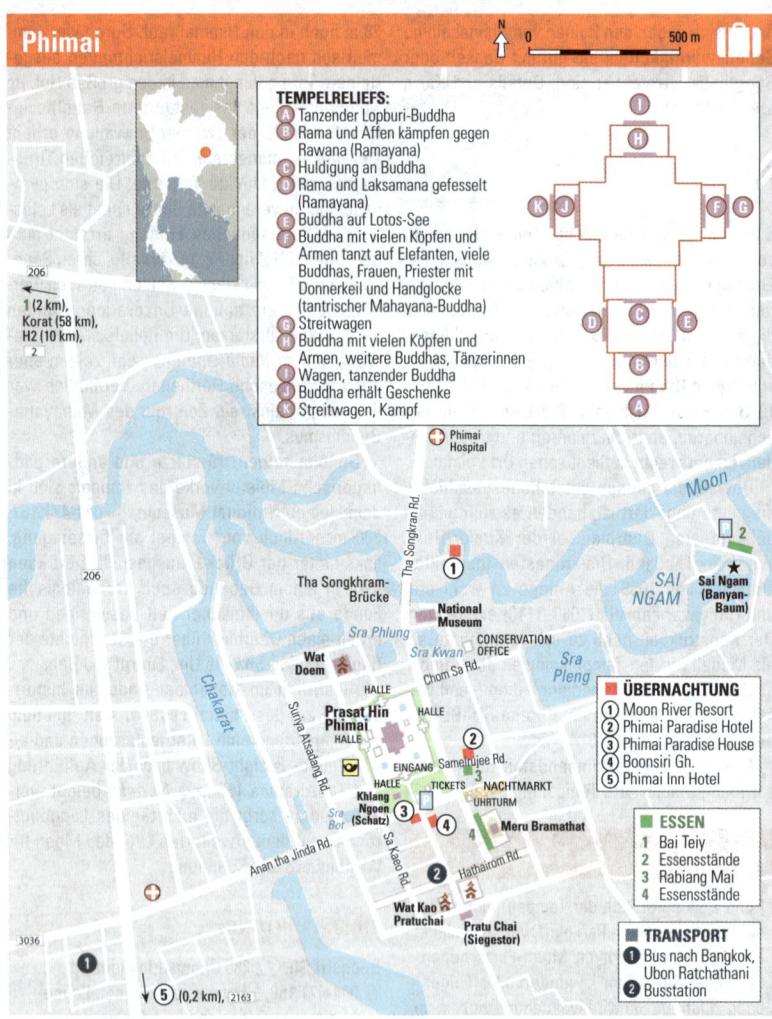

**TEMPELRELIEFS:**

**A** Tanzender Lopburi-Buddha
**B** Rama und Affen kämpfen gegen Rawana (Ramayana)
**C** Huldigung an Buddha
**D** Rama und Laksamana gefesselt (Ramayana)
**E** Buddha auf Lotos-See
**F** Buddha mit vielen Köpfen und Armen tanzt auf Elefanten, viele Buddhas, Frauen, Priester mit Donnerkeil und Handglocke (tantrischer Mahayana-Buddha)
**G** Streitwagen
**H** Buddha mit vielen Köpfen und Armen, weitere Buddhas, Tänzerinnen
**I** Wagen, tanzender Buddha
**J** Buddha erhält Geschenke
**K** Streitwagen, Kampf

### ■ ÜBERNACHTUNG

1 Moon River Resort
2 Phimai Paradise Hotel
3 Phimai Paradise House
4 Boonsiri Gh.
5 Phimai Inn Hotel

### ■ ESSEN

1 Bai Teiy
2 Essensstände
3 Rabiang Mai
4 Essensstände

### ■ TRANSPORT

1 Bus nach Bangkok, Ubon Ratchathani
2 Busstation

---

Ehepaar in einer schönen Gartenanlage 9 romantische Holzbungalows mit Terrassen und wahlweise AC sowie verlockenden Badespaß von einem Floß, gute Küche und besten Service. **②**–**④**
**Phimai Inn Hotel** ⑤, 2 km außerhalb am H206, nicht weit der Busstation, ✆ 044-287 228, ✉ 471 175. Um die 70 teilweise bereits renovierte Komfortzimmer, wahlweise mit AC

oder Ventilator. Profiliertes Restaurant und großer Pool. **②**
€ **Phimai Paradise Hotel** ②, 100 Samai-rujee Rd., ✆ 044-287 565, 🖥 www. phimaiparadisehotel.com. Gilt als bestes Hotel am Ort – mit einem Profanbau bzw. 42 Zimmern zu erstaunlich günstigen Preisen sowie einem Pool. Im dazugehörigen **Phimai Paradise House** ③, 14, Chomsa Rd., ✆ 044-471 918, gibt es

sogar einen Schlafsaal und gänzlich im Holz-
dekor gehaltene, urgemütliche Zimmer. ❶–❷

## ESSEN

Preisgünstige Essensstände mit einfacher, einheimischer Kost finden sich vor allem auf der
Insel **Sai Ngam** und auf dem sehr authentischen
**Nachtmarkt** in der Anantajinda Rd., ⏱ 16–19 Uhr.
**Bai Teiy**, 276 Moo 17, Chomsudasadet Rd., 3 km
nördl. des Zentrums, ✆ 044-481 191. Mit hübschen Sandsteinreliefs im Khmer-Stil dekoriertes Restaurant. Exzellente, einheimische
Gerichte wie gebratene Ente mit Fischsauce,
aber auch Steaks und Salate. ⏱ 9–22 Uhr.

📖 **Rabiang Mai**, 2 Sameirujee Rd.,
✆ 086-580 1181. Beste Option am Ort –
mit schickem, einladendem Ambiente, gehobener Speisekarte und Livemusik ab 20 Uhr.
⏱ 12–21.30 Uhr.

## Die Mutter aller Fernstraßen

Der 600 km lange **Friendship Highway** ist die
wohl bedeutendste Hinterlassenschaft der
Amerikaner in Thailand aus Zeiten des Vietnamkriegs. Offiziell als **Highway 2** (H2) oder
**Thanon Mitraphap** bezeichnet, präsentiert er
sich als Paradebeispiel des landesweit bestens ausgebauten Straßennetzes. Zugleich
hat er den Einheimischen den Effekt moderner Infrastruktur aufgezeigt, da er nicht nur
Transporte aller Art beschleunigt, sondern
auch eine rasante Verwandlung von Dschungel in Farmland – einschließlich Vernichtung
der Regenwälder – mit sich gebracht hat.
Der erste Abschnitt von Saraburi nach Korat
wurde bereits 1959 eröffnet, die Verlängerung bis nach Nong Khai erfolgte von 1962–71
durch die 44th Engineer Group der US-Armee,
um den Nordosten als Aufmarschgebiet für
den Krieg in Vietnam zu nutzen. Die „Autobahn
der Freundschaft" ist eine von vier **Hauptrouten** durch das Königreich. Ihre **Seitenstraßen**
führen in das Nirgendwo oder in Städte wie
Chaiyaphum, Roi Et und Kalasin, die noch als
weiße Flecken auf der touristischen Landkarte
liegen. Mehr darüber s. **eXTra [2897]**.

## NAHVERKEHR UND TRANSPORT

Tagestouren aus Korat nach Phimai lassen sich
gut per Bus bewältigen, mit einem eigenen Taxi
jedoch lassen sich weitere Sehenswürdigkeiten
einbauen (S. 510). Der Ort ist gut zu Fuß oder mit
Rikschas zu erkunden. Das Boonsiri Gh. verleiht
Fahrräder für 100 Baht pro Tag.

# Khon Kaen

Wer Khon Kaen über den Landweg erreicht, hat
meist mehrere hundert Kilometer Anreise hinter sich, durch eine in der Trockenzeit besonders eintönig wirkende Landschaft. Man könnte
geneigt sein, die drittgrößte Stadt des Isarn als
Oase in der Wüste zu empfinden. So jedenfalls
wirkt Khon Kaen spätestens, wenn es nach Einbruch der Dunkelheit in üppigem Neonlicht erstrahlt. Die vier **Hochhäuser**, die das Zentrum
prägen und die besten Hotels beherbergen, werden ergänzt von etlichen Restaurants und vielfältigen **Vergnügungsstätten**. Das zeugt von wach-
sendem Wohlstand und einem gesteigerten
Amüsierbedürfnis, das der Stadt bereits spötti-
sche Beinamen wie „Las Vegas der Reisfelder"
oder „Pattaya des Nordostens" beschert hat.

Fakt ist, dass das 445 km nordöstlich von
Bangkok und jeweils 215 km von Korat und Nong
Khai entfernt liegende Khon Kaen einen rasanten wirtschaftlichen Aufschwung genommen
hat. Es präsentiert sich als bedeutendes Zentrum für Wirtschaft, Bildung, Konferenzen, Verwaltung sowie Thailands **Seidenproduktion**. Zudem unterstreichen der zehnspurig durch die
Stadt führende H2, der hier mit dem H12 und
H209 wichtige Querverbindungen kreuzt, sowie
der ausgebaute **Flughafen** die Bedeutung als
Verkehrsknotenpunkt. Weitere Impulse gibt
die größte **Universität** des Isarn. Wie auch das
Thai-German Technical Institute, wurde sie mit
deutscher Hilfe gegründet – besucht von über
20 000 Studenten. Als neues Wahrzeichen der
Stadt fungiert das 2009 eröffnete **Central Plaza**,
🖥 www.centralplaza.co.th, ⏱ 10.30–21.30 Uhr –
ein avantgardistischer, imposanter Prachtbau
mit sechs Etagen und über 350 Geschäften.
Noch jung, aber besonders populär ist der

**DER NORDOSTEN**

samstags von 16–23 Uhr angesagte, auch von vielen Studenten bestückte und frequentierte **Walking Street Market**, 🖥 auf Facebook, in der Nasoon Ratchankan Road.

Einige Tempel und Grünanlagen lockern das Zentrum der Stadt auf, abends gibt es diverse Nachtmärkte und zuweilen Freilichtkino. Richtig Ruhe finden die Bewohner der geschäftigen Metropole vor allem am **Bung Kaen Nakhon-See**. Er liegt am südlichen Stadtrand und wird von vielen Restaurants und einem Ruderbootverleih umrahmt. An seinem Westufer erhebt sich in ungewöhnlicher Tempel-Architektur das eindrucksvolle, pyramidenförmige **Wat Nong Waeng** (Phra Mahatat Kaen Nakhon). Es besticht durch seine verzierten Fenstern und Türen sowie einen herrlichen Ausblick vom 9. Stock, ⏱ 7–17 Uhr. Die von der vietnamesischen Gemeinde errichtete **Ein-Säulen-Pagode** wird gern zum Sonnenuntergang aufgesucht.

Am Nordufer des Sees liegt das sehenswerte, originell gestaltete **Stadtmuseum (Hong Moon Muang)**, ⏱ Mo–Sa 9–17 Uhr, Eintritt 90 Baht. Es informiert – zurückreichend bis in die Jura-Zeit – ebenso über das Leben im Isarn wie das **National Museum**, ⏱ Mi–So, 9–16 Uhr, Eintritt 100 Baht, und das **Art & Culture Museum** der Universität, ⏱ Mo–Fr 10–17 Uhr, Eintritt frei.

Auch der Name der Stadt ist historisch: Er bedeutet „Hartholzstamm" und wurzelt im **Phra That Kham Kaen** – einem alten Chedi im 32 km entfernten Wat Chetiyaphum. Jenes Heiligtum wurde laut Legende über dem Stumpf eines abgestorbenen Tamarind-Baums errichtet, der wundersam neue Triebe entfaltet haben soll, als Mönche mit Buddharelikten vorbeizogen.

## ÜBERNACHTUNG

Aufgrund der reichhaltigen Auswahl sind die Zimmerpreise erfreulich günstig bzw. meist mit Promotion-Nachlass zu haben. Die 3 Luxushotels liegen im Vergnügungsviertel – und können mit allerlei Restaurants und Bars aufwarten. Unterkunftstipp für die Umgebung, Kasten S. 519.

### Untere Preisklasse

**Phu Inn Hotel** ⑥, 26-34 Satityutitam Rd., 📞 043-243 176. Luftig und preiswert, teilweise aber auch etwas abgewohnt. 98 helle, geräumige Fliesen-Zimmer, die sich auf 4 Stockwerken um einen Innenhof-Parkplatz gruppieren. ❶–❷

€ **Roma** ⑤, 50/2 Klang Muang Rd., 📞 043-334 444, 📠 237 711. An der Rückseite des Khon Kaen Hotels, aber wesentlich günstiger. 7 Etagen mit 198 Zimmern. Die mit Ventilator sind eher spartanisch, die mit AC und Boutique-Elementen für 500 Baht aber recht schön. ❶–❷

€ **Saen Samran Hotel** ④, 55 Klang Muang Rd., 📞 043-239 611, ✉ saensamran@gmail.com. Seit 1965 als beliebteste Unterkunft für Traveller in einem alten Haus, wo alles aus Holz und somit für ein uriges Ambiente gesorgt ist. Allein schon durch ihre hohen Decken wirken die 53 mit Ventilatoren bestückten Holzboden-Zimmer wie aus einer anderen Zeit, die Preise von 220, 280 und 340 Baht stehen jeweils an den Türen. ❶

### Mittlere Preisklasse

**Khon Kaen Hotel** ③, 43/2 Pimpasut Rd., 📞 043-333 222, 🖥 www.khonkaen-hotel.com. Mit 125 schönen, wohnlichen und zeitgemäß dekorierten Zimmern schon lange etabliert. ❸ und ❺

**KK Centrum** ⑦, 33/17-18 Soi Supateera, 📞 081-574 0507, 🖥 www.kk-centrum.com. Empfehlenswert, da neu, modern und hochwertig möbliert. 22 pieksaubere Zimmer in ruhiger Lage, professionell gemanagt vom engagierten Besitzer. ❷–❸

🧳 **Piman Garden Boutiquehotel** ②, 6/100 Klang Muang Rd., 📞 043-334 111, 🖥 www.pimangardenhotel.com. 2 gegenüberliegende, 3-stöckige Flügel – getrennt durch eine kleine, aber feine Gartenoase. Die rund 100 geräumigen, wohnlich dekorierten Boutiquezimmer in 3 Kategorien (ohne Frühstück je 300 Baht günstiger, am sinnvollsten ist Deluxe) tragen die Handschrift der jungen, sympathischen Besitzerin Mrs. Wirana, die in den USA Design studiert hat. Alle Wohneinheiten verfügen über einen Balkon und eine Pantry-Küche. Warme Farben und freundliches Personal unterstreichen den Wohlfühlcharakter des Resorts. Es gibt sogar ein Parkhaus und Fahrräder (1. Std. 60 Baht, jede weitere 30 Baht). ❹

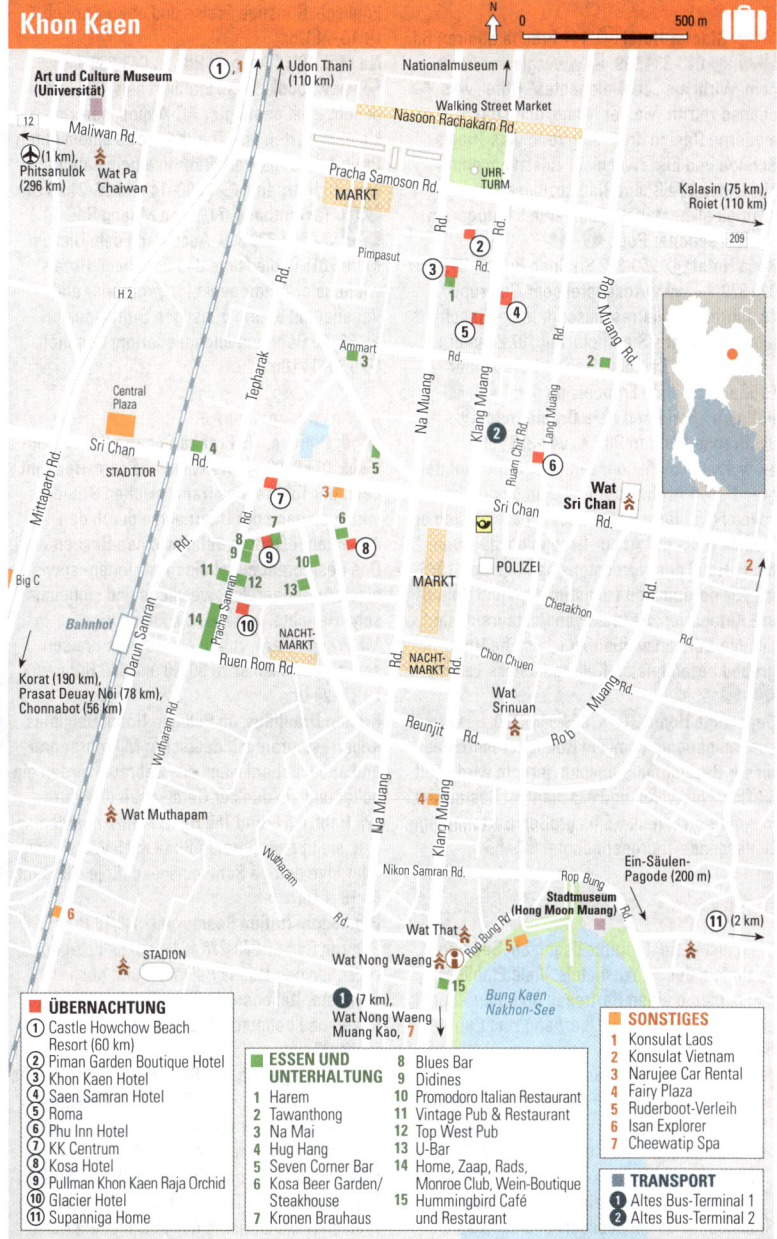

# Khon Kaen

0 — 500 m

N ↑

**Art und Culture Museum (Universität)**

12
Maliwan Rd.

(1 km), Phitsanulok (296 km)

Wat Pa Chaiwan

① 1 ↑ Udon Thani (110 km)

Nationalmuseum ↑

Walking Street Market
Nasoon Rachakarn Rd.

Pracha Samoson Rd.

**MARKT**

UHR-TURM

Kalasin (75 km), Roiet (110 km)

209

H 2

Rd.

Pimpasut

Rd.
Rd.
②
③
1
④
⑤
Ammart 3
Rd.

Rob Muang Rd.

2

Tepharak

Na Muang Rd.

Klang Muang

Lang Muang

Ruan Chit Rd.

**Central Plaza**

Sri Chan
**STADTTOR**

Rd. 4
5

Rd.

②
⑥

**Wat Sri Chan**

Sri Chan Rd.

Mittaparb Rd.

⑦ 3
7
6
8 ⑧
9
8 ⑨ 10
11 12
13
14
⑩
**NACHT-MARKT**

POLIZEI

**MARKT**

**NACHT-MARKT**

Chetakhon

Rd.

Rd.

2 ↗

**Big C**

**Bahnhof**

Korat (190 km), Prasat Deuay Noi (78 km), Chonnabot (56 km)

Darun Samran

Pracha Samran

Ruen Rom Rd.

Wutharam Rd.

Chon Chuen Rd.

**Wat Srinuan**

Reunjit Rd.

Rob Muang Rd.

Muang Rd.

Wat Muthapam

Wutharam

Na Muang Rd.

Klang Muang

Nikon Samran Rd.

4 ⊙

Rob

Ein-Säulen-Pagode (200 m)

Rop Bung

**Stadtmuseum (Hong Moon Muang)**

⑪ (2 km)

6

**STADION**

Rd.

Rop Bung Rd.

**Wat That**

**Wat Nong Waeng**

5

⑪

① (7 km), Wat Nong Waeng Muang Kao, 7

15

**Bung Kaen Nakhon-See**

**DER NORDOSTEN**

---

## ■ ÜBERNACHTUNG

1. Castle Howchow Beach Resort (60 km)
2. Piman Garden Boutique Hotel
3. Khon Kaen Hotel
4. Saen Samran Hotel
5. Roma
6. Phu Inn Hotel
7. KK Centrum
8. Kosa Hotel
9. Pullman Khon Kaen Raja Orchid
10. Glacier Hotel
11. Supanniga Home

## ■ ESSEN UND UNTERHALTUNG

1. Harem
2. Tawanthong
3. Na Mai
4. Hug Hang
5. Seven Corner Bar
6. Kosa Beer Garden/ Steakhouse
7. Kronen Brauhaus
8. Blues Bar
9. Didines
10. Promodoro Italian Restaurant
11. Vintage Pub & Restaurant
12. Top West Pub
13. U-Bar
14. Home, Zaap, Rads, Monroe Club, Wein-Boutique
15. Hummingbird Café und Restaurant

## ■ SONSTIGES

1. Konsulat Laos
2. Konsulat Vietnam
3. Narujee Car Rental
4. Fairy Plaza
5. Ruderboot-Verleih
6. Isan Explorer
7. Cheewatip Spa

## ■ TRANSPORT

1. Altes Bus-Terminal 1
2. Altes Bus-Terminal 2

## Obere Preisklasse

**Glacier Hotel** ⑩, 141 Pracha Samran Rd., ☎ 043-334 999, 🖳 www.glacier-hotel.com. Wirbt als „cool-elegantes" Hotel, was ebenso zutrifft wie der Name, denn das moderne Design dreht sich rund ums Thema Schnee und Eis – wie nicht zuletzt am dominierenden Weiß und Blau abzulesen ist. 72 originell gestaltete Zimmer in 5 Kategorien und ein schöner Pool. ❹–❺

**Kosa Hotel** ⑧, 250-252 Sri Chan Rd., ☎ 043-320 320, 🖳 www.kosahotel.com. Seit rund 40 Jahren etabliertes, besonders bei Geschäftsleuten beliebtes Stadthotel mit 197 Zimmern – und ein guter Beweis, dass es bei so einer Größe auch ohne Franchising geht. ❺–❻

**Pullman Khon Kaen Raja Orchid Hotel** ⑨, 9/9 Pracha Sumran Rd., ☎ 043-322 155, 🖳 www.pullmankhonkaen.com. Schon an der grandiosen Architektur und dem eindrucksvollen Foyer lässt sich ablesen, dass es sich bei diesem Haus der Accor-Gruppe um das wohl beste Hotel des Nordostens handelt. Seit 1996 mit 293 geräumigen Luxuszimmern und Suiten in 8 Kategorien, 5 attraktiven Restaurants und einigen Bars im weitläufigen, als **The Underground** bezeichneten Kellergeschoss-Labyrinth. ❼–❽

**Supanniga Home** ⑪, ☎ 089-944 4880, 🖳 www.supannigahome.com. Ein Boutiqueresort, das dieser Bezeichnung absolut gerecht wird – mit 3 exklusiven Villen und exzellentem Restaurant in einer herrlichen, 6,5 ha großen Gartenanlage. Umfassende Tourenangebote. ❼–❽

## ESSEN

Die meisten Restaurants liegen am See oder im Umfeld der 3 Luxushotels. Viele Etablissements bieten einen Bartresen und/oder abends Livemusik, sodass der Übergang zum Pub fließend ist.

**Hug Hang**, 3/19 Sri Chant Rd., ☎ 085-121 0779, 🖳 auf Facebook. Direkt am Fluss und angesagt als stil- und stimmungsvolles Restaurant mit einem Touch von Bar, Coffeeshop und Galerie. Inzwischen gibt es leider nur noch heimische Küche, aber die Speisekarte ist gut bebildert und auch auf

Englisch. Günstige Preise und guter Service. ⏰ 10–21 Uhr.

**Na Mai**, 42/14 Ammart Rd., ☎ 043-239 958, 🖳 www.foodkk.com. Etabliert seit 1990 und beliebt – mit gepflegter AC-Atmosphäre, kleinem Garten und Thai-Küche zu einem guten Preis-Leistungs-Verhältnis in einem betagten, weißen Holzhaus. ⏰ 11.30–14 und 17–21.30 Uhr.

**€ Tawanthong**, 71/1 Rob Muang Rd., ☎ 043-330 389. Auch nach dem Umzug Mitte 2015 in die Nähe des Eco Place Hotels wichtigster Anlaufpunkt für Vegetarier und Veganer mit enorm günstigen Buffetspeisen für 30–50 Baht und angegliedertem Geschäft. ⏰ 6.30–14 Uhr.

## Im Vergnügungsviertel

**Didines**, 7/9 Pracha Samran Rd., ☎ 080-011 0180, 🖳 www.didines.com. Benannt nach der Tochter des französischen Gründers und auch nach der Übernahme durch den Amerikaner George definitiv einen Besuch wert. Das Restaurant bietet einen AC-Innen- sowie einen Außenbereich, westliche und einheimische Gerichte, wie z. B. die knusperige Mr. Franck Pizza, zu angemessenen Preisen sowie Leo Fassbier zu 50, 90 und 130 Baht. ⏰ 17–24 Uhr.

**Kronen Brauhaus**, im Pullman Hotel. Beliebtes Kellerrestaurant mit deutscher Mikrobrauerei und abendlicher Livemusik. Gebraut werden ein heller und ein dunkler Gerstensaft (0,3 l für 120 Baht, 0,5 l rund 160 Baht) – dazu munden u. a. die üppige German Plate mit 5 Würstchen oder eine deftige Schweinshaxe für je 460 Baht. ⏰ 18–1 Uhr.

**Promodoro Italian Restaurant**, 348/16 Pracha Samran Rd., ☎ 043-270 464. Lockt – gelegen zwischen den Hotels Pullmann und Kosa – als bester Italiener der Stadt mit authentischer Küche und beliebten Knusper-Pizzas. ⏰ 17–23 Uhr.

**€ Vintage Pub and Restaurant**, 192/8 Pracha Samran Rd., ☎ 043-223 373. Angesagtes Al-Fresco-Restaurant mit schönem Innen- und großem Außenbereich an einem Brunnen sowie allabendlicher Livemusik von 20–22 Uhr (außer Mi). Fantastische Thai-Küche zu günstigen Preisen (viele Gerichte nur 89 Baht), allerlei

Biersorten und Whisky-Buckets. ⏱ 17–3 Uhr.
Gegenüber lockt der **Top West Pub** – im
Carabao-Country-Stil bzw. mit rustikalem Holz-
interieur und Livemusik ab 20 Uhr. ⏱ 20–2 Uhr.

### Am Bueng Kaen-See

🏛 **Hummingbird Café & Restaurant**,
311/13 Rob Bueng Rd., ☎ 043-228 858,
089-711 9871 (Besitzer Mr. Chery), 💻 auf Facebook. Das ehemalige Kiwi Café präsentiert sich
als Szenetreff mit Terrasse, Alu-Mobiliar und
Sofas sowie viel Lesestoff und natürlich auch
WLAN. Gute Speisekarte mit leckeren Kaffee-
kreationen und Kuchen(theke), Lasagne,
Cottage Pie Laab oder Fish'n'Chips und Wein.
⏱ Mo–Fr 9–22, Sa, So bis 23 Uhr.

## UNTERHALTUNG

Das Nachtleben tobt vor allem im Umfeld der
Luxushotels und besonders in der als „Disco
Street" bezeichneten Pracha Samran Rd., wo
es etliche Biergärten, Pubs und Tanzschuppen
gibt.
**Harem**, im Khon Kaen Hotel. Angesagter Disco-
Pub, obwohl relativ klein und mit Plüschmobiliar
leicht verstaubt. Ab 21 Uhr mit Livemusik,
Coyote-Dancing und wechselnden Shows –
unter Mitwirkung von insgesamt 50 Akteu-
rinnen. ⏱ 20–3 Uhr.
**Kosa Beer Garden**, am Kosa Hotel. Das Speisen
unter Palmen und bei Livemusik von 19–24 Uhr
ist zwar lauschig, aber nicht gerade preiswert
– besonders nicht im nun integrierten Steakhouse.
An günstigem Fassbier indes herrscht keinerlei
Mangel. ⏱ 18–24 Uhr.
**Seven Corner Bar**, 231/23-25 Soi Yimsiri,
☎ 087-941 0162. Lange etabliert und trotz
häufigem Besitzerwechsel beliebt in einem
gelben Eckbau – geführt von Mrs. Namfon und
dem Schotten Nevill, ⏱ ab 17.30 Uhr. Als
weiterer beliebter Expat-Spot fungiert die von
dem Briten Dave betriebene **Blue's Bar**,
5-7 Pracha Samran Rd., ☎ 085-477 5401,
💻 auf Facebook, ⏱ rund um die Uhr.
**U-Bar**, 222/2 Pracha Samran Rd., ☎ 043-
320 434. Alteingesessenes, stets gut besuchtes
Disco-Pub, das mit seinem attraktiven Ambiente
und Livemusik an den Korat-Ableger erinnert

## Geballtes Vergnügen

Wo früher das Disco-Center **Rads** dröhnte,
erstreckt sich heute ein weitläufiger, modern
durchgestylter Entertainment-Komplex – mit
einladenden Livemusik-Spots, Restaurant-Ter-
rassen, lauschigen Sitzecken zum Chillen, plätschernden Wasserbecken und einem Park-
– oder treffender Präsentierplatz – für die
Luxuskarossen der Szene-Gänger. Hier locken
in der Kernzeit von 18–23 Uhr u. a. das **Home**,
**Zaap**, **Rads** und die Diskothek **Monroe Club**,
⏱ 22.30–4 Uhr, oder auch eine **Wein-Boutique**.

und besonders VIP-Nachtschwärmer anlockt.
Häufige Gastspiele von Bangkok-Bands.
⏱ 20–2 Uhr.

## SONSTIGES

### Einkaufen
Im Zentrum gibt es tgl. mehrere **Märkte**, im
südlichen Bereich des H2 Filialen von **Big C** und
**Tesco Lotus**. Durch das famose wie fotogene
Einkaufszentrum **Central Plaza** (inkl. Filialen von
Robinson und Tops) hat das lange etablierte
**Fairy Plaza** erheblich an Popularität verloren.

### Feste
Das Fest **Dok Khun Siang Khaen** vereinigt
alljährlich im April Elemente von Songkran und
traditionelle, örtliche Dankeszeremonien. Ende
November wird im Rahmen der 7 Tage und
7 Nächte dauernden Seidenmesse das Fest
**Phuk Siao** zelebriert – mitten in der Stadt mit
bunten Prozessionen, viel Musik, Ausstellungen
und Wettbewerben.

### Informationen
Gute Gratis-Materialien zur Stadt und Umgebung gibt es beim örtlichen, neuerdings am
Westufer des Bung Kaen Nakhon See zu
finden **Tourist Office**, 15/5 Pracha Samoson
Rd., ☎ 043-244 498-9, 💻 www.tourismthailand.
org/khonkaen, ⏱ 8.30–16.30 Uhr. Umfassende
Infos zudem auf 💻 www.khonkaen-info.com
sowie der englischsprachigen Homepage
💻 www.khonkaen.com.

© VOLKER KLINKMÜLLER

Motorisierte Dreirad-Gespanne (u.a. „Skylaps" genannt) finden sich noch vielerorts im Isarn.

### Konsulate

**Laos**, 512 Moo 2 Mittaparb Rd., ✆ 043-393 402. Ziemlich weit außerhalb, aber umgehende Erteilung von Touristen-Visa. ⏲ Mo–Fr 8–12 und 13–16 Uhr.

**Vietnam**, 65/6 Chatapadung Rd., ✆ 043-242 190, 🖥 www.vietnamconsulate-khonkaen.org. Visa innerhalb von ca. 3–5 Std., bei Abgabe nachmittags erhält man sie am nächsten Tag. ⏲ Mo–Fr 9–11.30 und 14–16.30 Uhr.

### Massagen

**Cheewatip Spa**, 611 Rob Bung Rd., ✆ 043-224 837, 🖥 www.cheewatip-spa. com. Verlockende, professionelle Wellnessoase am Bung Kaen-See. 1 Std. Massage/Therapie 450–950 Baht. ⏲ 10–22 Uhr.

### Mietfahrzeuge

**Narujee Car Rental**, ✆ 043-224 220, 🖥 www. narujee.com. Professionelle Vermietung von Mopeds mit und ohne Automatik für 200 Baht pro Tag, gepflegte Pick-ups ab 1200 Baht und Limousinen ab 1500 Baht, es gibt auch preiswerte Minivans mit Fahrer.

### NAHVERKEHR

Es gibt 15 farblich gekennzeichnete Routen, die von 5–20 Uhr mit Songthaew betrieben werden. 10 Baht pro Fahrt, den Streckenplan erhält man beim Tourist Office. Mopedtaxis gibt es ab 30 Baht, Tuk Tuks ab 40–50 Baht, Taxameter starten mit einer Grundgebühr von 40 Baht.

### TRANSPORT

#### Busse

Der Mitte 2015 eröffnete, rund 8 km südlich des Zentrums an der Ring Rd. gelegene und bei den Einheimischen reichlich unbeliebte **Busbahnhof**, ✆ 043-471 562-3, 043-333 777 (Nakhonchai Air – beliebt für Busse nach Bangkok) wird mit Sammeltransporten von den bisherigen Terminals 1 und 2 in der Pracha Samoson Rd. bzw. Klang Muang Rd. bedient. Einige Minivans starten aber auch aus der Stadt – wie z.B. vom Central Plaza.
BANGKOK, von 6–24 Uhr alle 30 Min. in 6–7 Std. für 350–500, als VIP ca. 550 Baht, es gibt auch eine nächtliche Verbindung zum Suvarnabhumi Airport (mit 999).

Als Mittler zwischen Besuchern und Besuchten versteht sich die unter dem Motto „Showing you the other Thailand" agierende, auf den gesamten Nordosten spezialisierte Reiseagentur **Isan Explorer**, ☎ 087-643 901, 🖥 www.isanexplorer.com. Die Touren des seit 2007 im Isarn lebenden Amerikaners Tim Bewer und seiner einheimischen Frau Gukgai, die die Mekong-Region wissenschaftlich untersucht hat, führen mitten in den Alltag der Bevölkerung bzw. in beschauliche Dörfer, Märkte und Heiligtümer oder auch in das legendäre King Cobra Village.

Auch viele **Deutschsprachige** haben sich in der Heimat ihrer Thai-Partnerinnen angesiedelt bzw. eine neue Existenz geschaffen. Sie betreiben Restaurants und Bars, produzieren die vermissten Back- und Wurstwaren selbst oder haben **Unterkünfte** gegründet, um der Vereinsamung zu entgehen bzw. eine Brücke zur Heimat zu schlagen und sich auch mal in der Muttersprache unterhalten zu können. Die Qualität der Zimmer ist oft besser als in vielen Hotels, und der Aufenthalt in abgelegenen Regionen bietet den Besuchern eine vortreffliche Chance, das Land ohne Thai-Kenntnisse bzw. abseits der Touristenpfade kennenzulernen.

CHIANG MAI, 17x tgl. in 12 Std. für 430–950 Baht.
CHIANG RAI, 6x tgl. in 12 Std. für 600 Baht.
KORAT, alle 30 Min. in 3–4 Std. für 120–250 Baht.
LOEI, stdl. in 3–4 Std. für 140–150 Baht.
MUKDAHAN, alle 1/2 Std. (AC nur 2x tgl.) in 4–4 1/2 Std. für 170–230 Baht.
NONG KHAI, stdl. (AC nur 4x tgl.) in 3 1/2 Std. für 120–150 Baht.
NAKHON PHANOM, 10x tgl. in 5 Std. für 240–250 Baht.
PATTAYA, 1x tgl. in 10 Std. für 500 Baht, als VIP 650 Baht.
PHUKET, 15, 17 und 17.30 Uhr für 1200, als VIP 1600 Baht.
RAYONG (für KO SAMET), 6x tgl. in 10–11 Std. für 460–520 Baht.
SUKHOTHAI, 2x tgl. in 7 Std. für 280–330 Baht.
UBON RATCHATHANI, ständig in 4–5 Std. für 200–280 Baht.
UDON THANI, alle 30 Min. in 1 1/2–2 Std. für ca. 100 Baht.
VIENTIANE (Laos), 2x tgl. für 180 Baht in 4 Std. mit dem Thai-Lao International Bus (Kasten S. 530).

### Eisenbahn

Der **Bahnhof**, ☎ 043-221 112, liegt im westlichen Khon Kaen (mit Songthaew für 10–20 Baht).
Ayutthaya, 4x tgl. in 7–7 1/2 Std.
BANGKOK (über Ayutthaya), 4x tgl. in 8–9 Std.
KORAT, 3x tgl. in etwa 3–4 Std.
NONG KHAI, 4x tgl. in knapp 2 1/2–3 Std.

UDON THANI, 6x tgl. in 1 1/2–2 Std.
Weitere Infos s. Fahrplan S. 950.

### Flüge

Der bereits für den internationalen Luftverkehr ausgebaute **Flughafen**, ☎ 043-244 482, liegt ca. 8 km nordwestlich der Stadt (per Shuttle ab den Hotels 70 Baht, auch für Nicht-Gäste).
BANGKOK (Suvarnabhumi Airport), 4x tgl. in 1 Std., von **Thai Airways**, Büro im Pullman Raja Orchid Hotel, ☎ 043-227 701-4, ⏰ Mo–Fr 8–17 Uhr.
BANGKOK (Don Mueang Airport), 2x tgl. in 1 Std., von **AirAsia**, ☎ 02-515-9999, ⏰ 8–21 Uhr.

## Relax-Resort in Reisfeldern

Mit dem 60 km nördlich von Khon Kaen bei dem Dorf Kranuan liegenden **Castle Howchow Beach Resort Hotel**, ☎ 043-252 618-9, 🖥 www.castle-howchow.com, haben sich der Brite Howard J. Roscoe und seine Frau Suneerat einen Traum erfüllt. Die etwa 50, in Weiß und Blau gehaltenen Chalets in 7 Preiskategorien verteilen sich zwischen einem riesigen Lagunen-Schwimmbad, romantischen See und Obstgarten. Man kann auch nur zum Baden, Eintritt 100 Baht, vorbeischauen oder wegen des exzellenten Restaurants – wo unvergessliche Eisbecher oder riesige Pizzas locken. ❸–❼

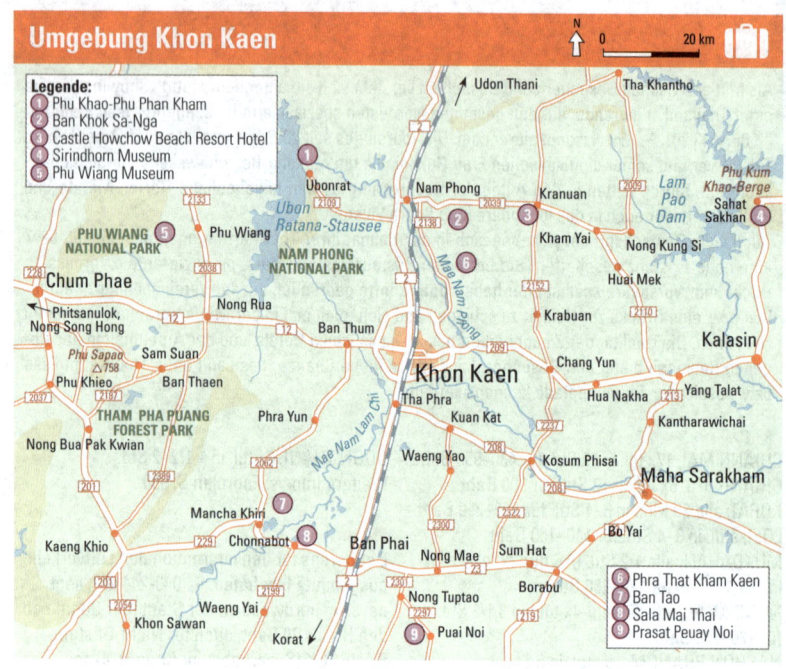

**Legende:**
1. Phu Khao-Phu Phan Kham
2. Ban Khok Sa-Nga
3. Castle Howchow Beach Resort Hotel
4. Sirindhorn Museum
5. Phu Wiang Museum

6. Phra That Kham Kaen
7. Ban Tao
8. Sala Mai Thai
9. Prasat Peuay Noi

# Die Umgebung von Khon Kaen

Khon Kaen lebt vorwiegend vom Familientourismus. In diesem Bereich gibt es eine Menge reizvoller Ziele in der Umgebung. Neben dem landesweit größten Stausee locken mehrere Nationalparks, prähistorische Fundstätten und sogar Dorfgemeinschaften, die zwischen mas-

## Eldorado für Dinosaurierfans

Wer gern den Urzeit-Riesen hinterherjagt, kann 28 km nördlich von Kalasin vortrefflich fündig werden: Am Fuß der Phu Kum Khao-Berge liegt das **Sirindhorn Museum**, ☎ 043-871 014, mit der größten und besten Dinosauriersammlung Südostasiens. Der moderne, US$12 Mio. teure Bau stammt von 2007 und beherbergt rund 800, hervorragend beschriftete Knochen-Fossilien besonders großer Exemplare, die hier einst gegrast haben. ⏱ 9–17 Uhr, Eintritt 100 Baht.

senhaft Schlangen und Schildkröten leben. Mehr über diese **Ausflugsziele** im Internet, s. **eXTra [2899]**.

## Phu Wiang National Park

Als hier in einer Uranmine 1976 die ersten Fossilien aus Urzeiten gefunden wurden, brach ein wahres Dinosaurierfieber aus. Zu den 120–150 Mio. Jahre alten Überresten zählen die Knochen des nach Prinzessin Sirindhorn benannten *Phuwiangosaurus sirindhornae* – einem bis zu 20 m langen Pflanzenfresser. Nach 1982 wurden vier weitere Dinosaurierarten entdeckt, wie der *Siamotyrannus isanensis*, die thailändische Variante des legendären, Fleisch fressenden *Tyrannosaurus rex*. In dem 86 km westlich von Khon Kaen liegenden, 1991 gegründeten **Phu Wiang National Park**, ☎ 043-358 073, sind neun Grabungsstellen zu besichtigen. Benannt wurde der 325 km² große „Jurassic Park" nach dem Berg Phu Wiang, der über den H12 und H2038 erreichbar ist. Der Park bietet auch Dschungel, bis zu 15 m hohe Wasserfälle und eine 50 m lange Höhle mit Felszeichnungen. ⏱ 6–18 Uhr, Außenstellen bis 16.30 Uhr, Eintritt 200 Baht.

Das **Phu Wiang Museum**, ✆ 043-438 204, wurde 2003 gegründet und liegt etwa 4 km vor dem Parkeingang. Als gleichzeitiges Forschungszentrum dokumentiert es die Funde und zeigt lebensgroße Modelle der Dinosaurier – wie sie einst im Isarn gelebt haben und auch auf dem Areal des Krankenhauses von Phu Wiang zu bestaunen sind. ⏱ Di–So 8.30–16.30 Uhr, Eintritt 60 Baht, Kinder 30 Baht.

# Udon Thani

Was soll man als Tourist in Udon Thani? Die Antwort ist nicht leicht, denn die Stadt selbst hat keine Sehenswürdigkeiten zu bieten. In der Umgebung liegt allerdings das Unesco-Weltkulturerbe von **Ban Chiang**, wo über 5000 Jahre alte Fundstücke von der frühesten Bronzekultur Südostasiens zeugen (S. 525) oder das nagelneue, aus bayerischem Kalkstein erschaffene **Wat Pha Pukon**.

Doch wer die mit 250 000 Einwohnern offiziell viertgrößte Stadt Thailands auf seiner **Reiseroute** an den Mekong oder nach Laos einbaut, dürfte es nicht bereuen: In Udon Thani finden sich extrem günstige Unterkünfte, eine hervorragende Gastronomie und auch allerlei Vergnügungsmöglichkeiten.

All dies wurzelt natürlich, wie bei allen anderen Großstädten des Isarn, im amerikanischen Erbe aus Zeiten des Vietnamkriegs. Damals hatte das 560 km von Bangkok und 100 km von Khon Kaen entfernte Udon (Udorn) Thani als Etappe eine bedeutende Rolle gespielt, wovon auch der überdimensionierte, als Sprungbrett nach Laos genutzte **Flughafen** im Südwesten zeugt.

Noch heute wird die Entwicklung der Provinzhauptstadt zu einem beträchtlichen Teil von Ausländern geprägt: An der Peripherie haben Farangs, die mit einheimischen Frauen verheiratet sind, unzählige **Eigenheime** und sogar ganze **Siedlungen** erbaut. Eine weitere Besonderheit der Stadt sind die drei Verkehrskreisel im Zentrum und die zahlreichen als Taxis umherknatternden Motorradgespanne. Besonders stolz ist die Stadt auf ihr neues, imposantes **Central Plaza**

aber auch auf das verlockende Einkaufszentrum **UD Town**, das abends herrlich illuminiert wird.

Wichtigster kulturhistorischer Eckpunkt ist der am Südufer des Nong Pra Jak-Sees liegende Tempel **Sanjao Phuya**. Mit seiner Farbenfreude zeugt er vom Reichtum der chinesischen Oberschicht. Als schönstes Bauwerk der Stadt erfreut das **Udon Thani Provincial Museum**, ✆ 042-245 976. Im Kolonialstil der 1920er-Jahre errichtet, beherbergt es etliche lokale Kulturschätze. ⏱ Mo–Fr 8.30–16.30 Uhr.

Zum Erlebnis kann ein Besuch der nordöstlich des Stadtzentrums liegenden **Udorn Sunshine Nursery**, ✆ 042-242 475, geraten. Hier werden Orchideen oder sogar braune Baumwanzen zu Parfüm verarbeitet, aber auch bizarre „Tänze" vorgeführt: Eine spezielle Sorte der gezüchteten Hybridpflanzen ist in der Lage, einen Teil ihrer Blätter zu bewegen, wenn sie durch eine hohe Stimme, mit Gesang oder einem Musikinstrument dazu animiert wird. Ein Schauspiel, das besonders gut in der kühleren Jahreszeit gelingt. ⏱ 7–18 Uhr, Tuk Tuk 100 Baht.

## ÜBERNACHTUNG

Unter anderem gibt es 3 Großhotels mit je mehr als 200 Zimmern. Das Überangebot führt, auch bei Suiten, zu günstigen Preisen.

### Untere Preisklasse

**Ruy Suk Hotel** ①, nahe der Ring Rd., ✆ 085-756 1818, 🖥 www.ruysukhotel. net. Neu mit 37 Zimmern für günstige 450 Baht und schönem Pool mit Jacuzzi. In Australien aufgewachsen, zeigt der sympathische, thaichinesische Inhaber Mr. Joe viel Freude am Umgang mit Farangs. Sein Bruder führt die bisher betriebene **Ruy Suk Mansion** ②, 249/1 Adunyadet Rd., ✆ 042-325 533, weiter – mit rund 40 Zimmern für 350 Baht. ❶–❷

**Top Mansion** ⑦, 35/3 Sampanthamit Rd., ✆ 042-345 015-9, ✉ topmansion@yahoo.com. In zentraler Lage und beliebt – mit 60 hellen und luftigen, günstigen Komfortzimmern. ❷

### Mittlere Preisklasse

**Much Che Manta Boutique Hotel** ③, 209-211 Mak Kaeng Rd., ✆ 042-245 222, 🖥 www.muchchemanta.com. Neu – als elegantes Boutique-hotel mit 73 schönen Zimmern der verheißungs-vollen Kategorien Cozy, Wonderful, Fantastic, Fabulous und Majestic. ❸–❹

**Silver Reef Hotel** ⑧, 338/8 Soi Rangsan, Prajak Rd., ☏ 042-344 081, ✉ silverreefudon@hotmail.com. Helles, freundliches und besonders farbenfreudiges Haus. Es gibt 20 Komfort-zimmer mit 24 m², blitzenden Fliesen und Comic-Malereien. ❷–❸

**Udon Hotel** ④, 81-89 Mak Khaeng Rd., ☏ 042-246 530, ✉ udonhotel1972@hotmail.co.th. Ein Vietnamveteran von 1972 und schon länger nicht mehr renoviert. 130 entsprechend günstige AC-Zimmer, einige davon als große Suite-Rooms. ❷

🧳 **Udon Star Palace Hotel** ⑥, 75/3 Watthana Nuwong, ☏ 042-246 808, ✉ udonstar@hotmail.com. Liegt zentral und bietet weitaus mehr als die profane Fassade verspricht: em-pfehlenswertes, kreativ ausstaffiertes Boutique-hotel mit 7 riesigen Zimmern und viel Liebe zum Detail – geführt von einem Franzosen. ❸–❹

### Obere Preisklasse

**Centara Hotel & Convention Centre Udon Thani** ⑤, 277/1 Prayak Rd., ☏ 042-343 555, 🖥 www.centarahotelsresorts.com. Seit 1995 mit 14 Etagen direkt am Central Plaza gelegen und 2011 nach umfassender Renovierung neu eröffnet – als größtes, bestes und teuerstes Hotel der Stadt. Trotz der klotzigen Fassade 259 behagliche, luxuriöse Zimmer und Suiten in 6 Kategorien mit mind. 32 m² im Herzen der Stadt. Imposantes Foyer und schönes Spa. ❺–❻

**Charoen Hotel** ⑨, 549-559 Pho Sri Rd., ☏ 042-248 155, 🖥 www.charoenhoteludon.com. Ein Vietnamveteran und Stadthotel-Klassiker von 1969 in idealer Laufnähe zum Stadtzentrum. Zweitgrößtes Hotel am Ort mit viel Teppichboden und 238 sauberen, günstigen Zimmern in 7 Kategorien. Großdiskothek Yellow Bird im Untergeschoss sowie ein Biergarten. ❹–❺

🧳 **Udon Thai House Resort & Hotel (Thomas Resort)** ⑩, ☏ 042-204 014, 086-235 3663, 🖥 www.udonthaihouse.com. Trotz der reichhaltigen, günstigen Hotelauswahl

sprechen triftige Gründe für diese 5 km vom Stadtzentrum entfernte Unterkunft: Der Deutsche Thomas Leissner und seine Frau Nee betreiben auf wenig Platz eine liebevoll ange-legte, familiäre Wohlfühloase mit Boutique-Charakter und 19 Zimmern in 3 Kategorien. Den Mittelpunkt bilden ein einladender Pool, ein Restaurant mit Thai-Küche und deutscher Hausmannskost sowie ein stets lockender Bar-Tresen. Hier trifft man nette Stammgäste und besonders gern den engagierten Inhaber oder seinen Stellvertreter Ronald, die stets nützliche Tipps zu bieten haben. ❸–❹

### ESSEN

Die Gastronomieszene präsentiert sich mit erfreulicher Vielfalt, doch oft wechseln Namen und Orte. In den Einkaufszentren **Central Plaza** und **UD-Town** locken etliche Franchise-Restaurants.

**Chef's Table**, 304/31 Prajak Sillapakom Rd., ☏ 081-260 7990. Seit 2013 und ein Muss in der Gastronomieszene von Udon Thani, denn es gibt beste Qualität zu moderaten Preisen. Khun Phichit hat seine Köstlichkeiten über 20 Jahre in Luxusherbergen wie dem Oriental und Kempinski oder auf Kreuz-fahrtschiffen gebrutzelt. ⏱ 10–22 Uhr, Di geschl.

**Delight Internationales Restaurant**, 249/1 Adunyadet Rd., ☏ 081-696 252. Nach dem Umzug Mitte 2015 neu mit AC- und Außen-bereich: Rüdiger und seine Frau Charukan verwöhnen mit reichhaltiger, europäischer und einheimischer Hausmannskost. Jeden Mi ab 12 Uhr deutschsprachiger Stammtisch, zu dem natürlich auch Urlauber willkommen sind. ⏱ 9–22 Uhr.

🧳 **Maeya**, 79-81 Rachapatsadu, ☏ 042-223 889. Das Schild dieses einladenden Restaurants mit Kolonialstil-Touch ist in Thai, doch die Speisekarte gibt es auch auf Englisch. Sehr empfehlenswert mit 314 Gerichten, die „livrierte Kellner" trotz verlockend günstiger Preise in großen Portionen und exzellenter Qualität an den Tisch bringen. Dass man in dem 3-stöckigen, labyrinthartigen Eckhaus auch

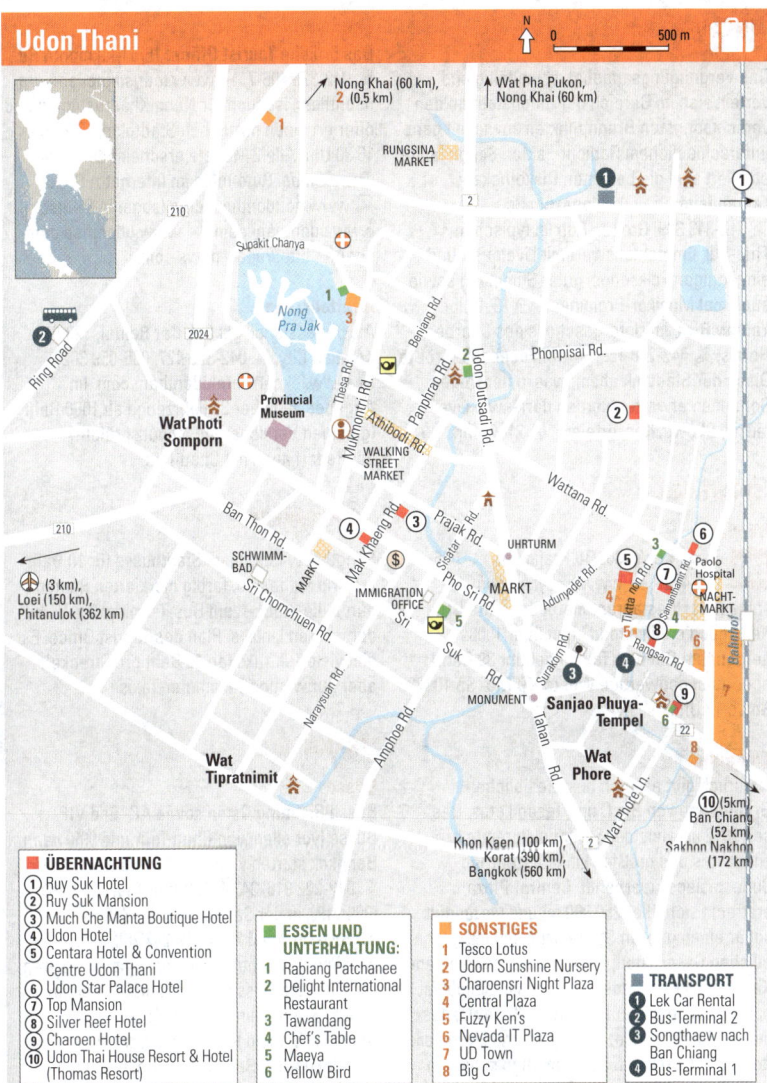

Nong Khai (60 km),
**2** (0,5 km)

Wat Pha Pukon,
Nong Khai (60 km)

RUNGSINA
MARKET

Supakit Chanya

*Nong
Pra Jak*

Phonpisai Rd.

Provincial
Museum

**Wat Photi
Somporn**

WALKING
STREET
MARKET

Wattana Rd.

Ban Thon Rd.

UHRTURM

SCHWIMM-
BAD

IMMIGRATION
OFFICE

Sri Chomchuen Rd.

MARKT

Paolo
Hospital

NACHT-
MARKT

MONUMENT

**Sanjao Phuya-
Tempel**

**Wat
Tipratnimit**

**Wat
Phore**

Khon Kaen (100 km),
Korat (390 km),
Bangkok (560 km)

**10** (5km),
Ban Chiang
(52 km),
Sakhon Nakhon
(172 km)

(3 km),
Loei (150 km),
Phitanulok (362 km)

**DER NORDOSTEN**

## ■ ÜBERNACHTUNG
1. Ruy Suk Hotel
2. Ruy Suk Mansion
3. Much Che Manta Boutique Hotel
4. Udon Hotel
5. Centara Hotel & Convention
   Centre Udon Thani
6. Udon Star Palace Hotel
7. Top Mansion
8. Silver Reef Hotel
9. Charoen Hotel
10. Udon Thai House Resort & Hotel
    (Thomas Resort)

## ■ ESSEN UND
## UNTERHALTUNG:
1. Rabiang Patchanee
2. Delight International
   Restaurant
3. Tawandang
4. Chef's Table
5. Maeya
6. Yellow Bird

## ■ SONSTIGES
1. Tesco Lotus
2. Udorn Sunshine Nursery
3. Charoensri Night Plaza
4. Central Plaza
5. Fuzzy Ken's
6. Nevada IT Plaza
7. UD Town
8. Big C

## ■ TRANSPORT
1. Lek Car Rental
2. Bus-Terminal 2
3. Songthaew nach
   Ban Chiang
4. Bus-Terminal 1

angenehm sitzt, rundet jede Visite ab.
⏱ 10–22.30 Uhr.
**Rabiang Patchanee**, 53/1 Suphakit Chanya Rd.
bzw. am Non Pra Jak-See, ✆ 042-241 515.
Etabliert seit 1979 als populäres, romantisches

und überraschend günstiges Holzterrassen-
Restaurant unter schattigen Bäumen und mit
AC-Bereich. Schön am Nachmittag (besonders
mit eisgekühltem Fassbier), ab 18.30 Uhr
Violinen- oder Gitarrenspieler. ⏱ 10–23 Uhr.

## UNTERHALTUNG

Das Vergnügungsangebot ist vielfältig und verteilt sich im Bereich der Innenstadt an den verschiedensten Brennpunkten sowie mit ganz unterschiedlichem Rotlicht-Faktor. Schon lange etabliert sind die beliebten Diskotheken: **Tawandang**, Prayak Silapakom Rd., ☎ 042-343 309. Großes Pub im typischen Thai-Stil. Empfehlenswert mit Livemusik und eingängigen Folksongs, guter Stimmung sowie auch mal Musiker-Prominenz. ⏱ 19–2 Uhr. **Yellow Bird**, im Untergeschoss des Charoen Hotels, ☎ 042-248 155, 🖥 auf Facebook. Größte Disco der Stadt mit allem, was in derartigen Schuppen erwartet werden darf – wie Livemusik, Shows, Konzerte etc. ⏱ 21–2 Uhr.

## SONSTIGES

### Bücher

**Fuzzy Ken's**, 302/10 Prajak Rd., ☎ 086-011 4627, 🖥 www.fuzzyken.com. In seinem Bar-Restaurant bietet der nette Brite Ken „good english food" und über 1000 gebrauchte Bücher (Tauschgebühr 39 Baht), aber auch neuwertige Werke. ⏱ Mo–Sa 10–22, So ab 18 Uhr.

### Einkaufen

Natürlich gibt es auch hier die üblichen Großmärkte von Big C und Tesco Lotus. Das seit 2012 als Herz der Stadt pulsierende bzw. „neuestes und größtes Einkaufszentrum Südostasiens" werbende **Central Plaza** erstreckt sich über 250 000 m² und vertunnelt sogar einen ganzen Straßenzug, um mit etlichen Geschäften, Restaurants sowie einem Kino zu locken. Mindestens ebenso beliebt ist das attraktive Einkaufszentrum **UD Town**, das mit viel Gastronomie, Boutiquen und Livemusik (tgl. ab 17 Uhr) lockt. Schnäppchen schlagen lassen sich zudem in der **Charoensri Night Plaza** am Bueng Nong Pra Jak, dem großen Wochenendmarkt am So und Sa, abends bis 22 Uhr auf dem **Nachtmarkt** am Bahnhof oder auf dem neuen **Walking Street Market**, ⏱ Fr, Sa 17–22 Uhr, in der Athibodi Rd., der aber nicht so gut angenommen wird.

### Informationen

Das örtliche **Tourist Office**, 16/5 Mukmontri Rd., ☎ 042-325 406-7, 🖥 www.tourismthailand.org/udonthani, ist auch für Nong Khai zuständig und offeriert einen nützlichen Stadtplan, ⏱ 8.30–16.30 Uhr. Alle 2 Monate erscheint der *Udon Thani Guide*. Gute Infos im Internet z. B. auf 🖥 www.goudonthani.com (sogar in Deutsch), www.udonthani.com, 🖥 www.udonmap.com oder 🖥 http://udon-news.com.

### Mietfahrzeuge

Als professionell gilt **Lek Car Rental**, 129/97 Kohman City, ☎ 042-325 427, 086-059 3028, 🖥 www.lekcarrentaludonthani.com. Im Angebot sind über 30 Fahrzeuge ab 1000 Baht (genauen Versicherungsschutz prüfen!) – bei Bedarf auch mit Chauffeur.

## NAHVERKEHR

Songthaew fahren als Stadtbusse für 10 Baht pro Trip auf festen, farbig markierten Routen durch die Stadt – zum Bus-Terminal 2 z. B. mit der weißen Linie, s. Plan des Tourist Office. Es gibt viele Tuk Tuks (ab 40 Baht pro Strecke), aber nur wenige Taxameter-Taxis.

## TRANSPORT

### Busse

Busse Richtung Osten sowie AC- und VIP-Busse (vor allem von Chan Tour und 999) nach Bangkok starten vom **Bus-Terminal 1**, ☎ 042-222 916, 343 403, (Chan Tour), 221 489 (999 VIP), in der Sai Uthit Rd. im Zentrum. Ab **Bus-Terminal 2**, ☎ 042-247 788, 3 km westlich des Zentrums an der Ring Rd., fahren vor allem die Busse in Richtung Westen ab, aber z. B. auch einige nach Bangkok. Bangkok, ständig für 350–430 Baht, 24-sitziger VIP für 600–650 Baht, in 8–9 Std. (es gibt auch eine Verbindung zum Suvarnabhumi Airport). Chiang Mai, 4x tgl. in 11–12 Std. für 420–630 Baht, als VIP um 700 Baht. Chiang Rai, 4x tgl. in 12–13 Std. für 500–600 Baht. KHON KHAEN, alle 30 Min. in 2 Std. für 90–120 Uhr. KORAT, stdl. in 4–5 Std. für 190–260 Baht.

LOEI, von 4–17 Uhr alle 30 Min. in 3 1/2 Std.
für 90–120 Baht.
MUKDAHAN, 5x tgl. in 4 1/2 Std. für 250 Baht.
NAKHON PHANOM, ca. stdl. in 5 Std. für 150 Baht.
NONG KHAI, alle 30 Min. bis zum späten
Nachmittag in 1 1/2 Std. für 40–50 Baht.
PATTAYA, 10x tgl. in 10 Std. für 380–600 Baht.
PHITSANULOK, 5–7x tgl. (auch mit Bussen nach
Chiang Mai) in 7 Std. für 230–300 Baht.
SAKON NAKHON, alle 20 Min. in 3 Std.
für 120–150 Baht.
That Phanom, 4x vormittags in 4–5 Std.
für rund 200 Baht.
UBON RATCHATHANI, 9x tgl. in 6 Std.
für rund 300 Baht.
VIENTIANE (Laos), 6x tgl. in 3 Std. für 80 Baht mit
dem Thai-Lao International Bus (Kasten S. 530).

### Eisenbahn

Der **Bahnhof**, ✆ 042-222 061, liegt im östlichen
Stadtzentrum.
Ayutthaya, 4x tgl. in 7 1 /2–9 Std.
BANGKOK, 4x tgl. in 10–12 Std.
Khon Kaen, 6x tgl. in 1 1/2–2 Std.
KORAT, 3x tgl. in etwa 5 Std.
NONG KHAI, 3–4x tgl. in knapp 1 Std.
Weitere Infos s. Fahrplan S. 950.

### Flüge

Der **Flughafen** liegt 5 km südwestlich der Stadt
(mit Minibus 100 Baht). Zum Zentrum oder der
Friendship Bridge in Nong Khai (bzw. ca. 500 m
vom thailändischen Checkpoint) fahren mehrmals tgl. (je nach Ankunft der Maschinen) Minibusse für rund 200 Baht oder Charter-Limousi-
nen für ca. 1000 Baht. **Thai Airways**, ✆ 042-246
567, 411 530 (Nong Khai), fliegt zum Suvarnabhumi Airport, **Nok Air**, ✆ 042-348 771-2, und
**AirAsia**, ✆ 042-224 313, nach Don Mueang.
BANGKOK, 7x tgl. in ca. 1 Std.
CHIANG MAI, 2–3x tgl. in 1 Std. (nur Nok Air).
PHUKET, 1x tgl. in knapp 2 Std. (nur AirAsia).

# Ban Chiang

Der 50 km östlich von Udon Thani liegende Ort
wäre ein unscheinbares Dorf geblieben – hätte
hier nicht ein amerikanischer Anthropologie-

Student 1966 zufällig die Tonscherben einer uralten Begräbnisstätte entdeckt. Bei den erst
Mitte der 1970er-Jahre begonnenen Grabun-
gen wurden 126 menschliche Skelette und die
bis dahin ältesten Beweise für die Herstellung
von Metallwerkzeugen gefunden. Das löste erheblichen Wirbel unter Wissenschaftlern aus,
da die „Wiege der Zivilisation" bis dahin ausschließlich in China und Mesopotamien vermutet wurde. 1992 erfolgte die offizielle Anerkennung: Die Unesco erklärte Ban Chiang zum
Welterbe der Menschheit, 🖳 http://whc.unesco.
org/en/list/575.

In einer hervorragenden Ausstellung birgt
das moderne **Nationalmuseum**, ✆ 042-208 340,
die kostbaren Schätze einer längst vergangenen Zeit, wie die frühesten Keramikfunde Thailands, die aus einer Höhle bei Mae Hong Son
im Norden stammen und an die 9000 Jahre alt
sind. Bereits vor über 3700 Jahren wurden
Bronzewerkzeuge in Sandsteinformen gegossen, und in einer der ersten Eisenschmelzereien
bei Loei fand man 2800 Jahre alte Metallwerk-
zeuge. Im Mittelpunkt des Museums stehen die
Gebrauchskeramiken aus Ban Chiang. In der
frühen Periode (3600–2000 v. Chr.) dienten die
dunklen, mit Schnurdekor verzierten Keramiken
als Begräbnisurnen für Kinder und als Grabbeigaben. Während der mittleren Periode (1000–300
v. Chr.) wurden sie mit wulstigen roten Rändern
und eingravierten Mustern versehen. In der späten Periode (300 v. Chr.–200 n. Chr.) entstanden
die roten Krüge mit geometrischen Verzierun-
gen, wie sie noch heute gefertigt werden.

Außerdem zu sehen sind Speerspitzen, Si-
cheln, Armreifen und Halsringe. Die Dokumentation der Ausgrabungen ist mit ausführlichen
englischen Beschriftungen versehen. Die Brücke zur Gegenwart schlägt eine Ausstellung
über das traditionelle Leben im heutigen Ban
Chiang. Noch immer werden in der Umgebung
Krüge, Schalen und andere Keramiken nach
althergebrachten Vorbildern gefertigt und verkauft. Im **Wat Po Sri Nai** z. B. findet sich eine
überdachte Ausgrabungsstätte, wo Keramik-
stücke, Tier- und Menschenknochen an ihrem
ursprünglichen Platz verblieben sind. Insgesamt sind sieben Besiedlungsschichten freigelegt worden. ⏰ Di–So 9–16 Uhr, Eintritt 150 Baht.

Die meisten **Busse** aus Udon Thani, viele Abfahrten dort vom Bus-Terminal 1, 30–40 Baht, halten auf dem H22 nach Sakhon Nakhon an der Abzweigung nach Ban Pulu. Von hier fahren Minibusse und Tuk Tuks, 60–80 Baht, zum 7 km entfernten Ban Chiang.

**9 HIGHLIGHT**

# Nong Khai

Ausgelassen planschen die Einheimischen in den braunen Fluten des Mekong, lassen sich mit Lkw-Schläuchen auf dem Wasser treiben, bauen Sandburgen oder hocken einfach nur in den beschaulichen Bastmatten-Restaurants am Ufer, um sich fangfrischen *Pla Ping* im Salzmantel oder knusprige Hähnchenteile grillen zu lassen. Das vergnügliche Strandleben am **Jom Manee Beach** (Jommanee, Hat Jommanni) ist allerdings nur in der Trockenzeit möglich, wenn der Wasserpegel des Mekong niedrig genug ist. Auch sonst scheint sich der Lebensrhythmus dieser 60 km von Udon Thani und 620 km von Bangkok entfernten Stadt der trägen Strömung des mächtigen Stroms angepasst zu haben. Entlang des Flusses bieten sich eine West- (ab S. 531) und eine Ostroute (ab S. 540) zur reizvollen Weiterreise an.

Nong Khai liegt am nördlichen Ende des Friendship Highway (s. Kasten S. 513), das Eisenbahnnetz jedoch reicht seit 2009 sogar bis über die **Mitraphap-Brücke**. Mit einer Länge von 1774 m wurde sie 1994 als erste von heute drei bilateralen Verbindungen über den Fluss nach Laos geschlagen. Von dort sind es noch 24 km bis zur Hauptstadt des Nachbarlands. Das macht das rund 70 000 Einwohner zählende Nong Khai zum Tor nach Laos.

Davon zeugt auch das Warenangebot des weitläufigen, tunnelartigen **Indochina-Markts** (Thasadej), der sich zwischen dem Fluss und dem **Wat Sri Muang** erstreckt. Auch die Touristen sorgen für internationales Flair: Nong

Khai ist die einzige Isarn-Stadt mit einer Backpacker-Szene. Das zeigt sich nicht zuletzt auch beim neuen, etwas freakigen **Walking Street Market**, der sich jeden Samstag von 16–22 Uhr entlang der Promenade entfaltet.

So manche Hausfassade des angenehmen Orts zeugt von französischen und laotischen Einflüssen. Im **Wat Pho Chai** wird die 1,5 m große Buddhastatue Luang Pho Phra Sai verehrt, deren Kopf aus purem Gold besteht. Hier finden alle bedeutenden Feste Nong Khais statt, wie das Raketenfestival im April. Wesentlich ruhiger geht es im Waldkloster **Wat Noen Phra Nao** zu, wo im Schatten von mächtigen Bäumen Vipassana-Meditationskurse gegeben werden.

Das **Phra That Klang Naam** hingegen ist nur in der tiefsten Trockenzeit zu sehen, wenn der Wasserpegel um 13 m absinkt. Es ist die Chedi-Ruine eines Tempels, der 1847 im Fluss versank. Sobald sich die Spitze zeigt, werden bunte Fahnen daran befestigt, während am nahen Ufer das herausgeputzte **Phra That Nong Khai** glitzert.

## ÜBERNACHTUNG

Es gibt ein großes Angebot an attraktiven, preiswerten Unterkünften, die auf Farangs zielen. Übernachtungs-Tipp für die Umgebung S. 533.

### Untere Preisklasse

**€** **Baan Kiang Khong Gh.** ③, 541 Rimkhong Rd., ✆ 042-422 870. In zentraler Lage zwischen Altbauten als familiär geführter, 3-stöckiger Reihenbau mit 14 hellen, luftigen und gefliesten Balkonzimmern, davon 9 mit AC. Von der Terrasse und einigen Zimmern im obersten Geschoss gibt es etwas Mekong-Blick. ❶

**Baan Mae Rim Nam Gh.** ⑥, Promenade, ✆ 042-420 256, 💻 www.baanmae rimnam.com. Eine gute Option mit 12 gepflegten Komfortzimmern, im Obergeschoss sogar teilweise mit Balkon (am besten sind die Zimmer Nr. 201–205) und herrlichem Mekong-Blick. ❷

**E-San Gh.** ⑦, 538 Soi Sri Kunmuang Rd., ✆ 086-242 1860, ✉ esan-guesthouse@hotmail.com. Romantisches, restauriertes Holzhaus

mit 8 preiswerten Zimmern, einige als AC (im Neubau), einer schönen Veranda und viel Stimmung. ❶–❷
**Mekong Gh.** ⑤, 519 Rimkhong Rd., ☎ 042-460 689, 🖳 www.mekongnongkhai.com. Empfehlenswert und populär, da zentral am Mekong und Markt. 20 preiswerte, behagliche Komfortzimmer mit Holzböden und Balkons, davon 5 mit Ventilator. ❷–❸

### Mittlere Preisklasse

€ **Mut Mee Gh.** ②, 1111/4 Kaeworawut Rd., ☎ 042-460 717, 🖳 www.mutmee.com. Älteste, professionellste und beliebteste Backpacker-Herberge am Mekong. Der Brite Julian Wright, seine Frau Pao und Sohn Benjamin bieten u. a. Yoga, Massage, Astrologie und Reiki sowie Fahrradverleih und Touren. Die 35 ganz unterschiedlich ausgestatteten Zimmer, davon die Hälfte mit AC und 7 mit Gemeinschaftsbad, sowie 1 Schlafsaal verteilen sich auf mehrere Bauten. Das **Garten-Restaurant**, ⏲ 8–22 Uhr, verwöhnt mit vegetarischen Gerichten, die schwimmende Mekong-Bar **Gaia** mit Cocktails und jeder Menge Romantik, ⏲ ab 17 Uhr. Von hier startet tgl. gegen 17–18 Uhr die **Nagarina**, ☎ 042-412 211, 🖳 www.nagarina.com, zu einstündigen Sunset Cruises für 100 Baht (mind. 10 Gäste, das Essen an Bord muss vorbestellt werden). ❶–❹
**Pantawee Hotel** ⑨, 1049 Haisoke Rd., ☎ 042-411 568-9, 🖳 www.pantawee.com. Etabliert seit 1950 als älteste Unterkunft am Ort. Erstreckt sich mit mehreren Gebäuden, kleinem Pool, Spa, Restaurant und Reisebüro über 2 Straßenzüge. 110 helle, luftige (viele Fenster) und saubere Wohlfühlzimmer in 6 Kategorien, darunter 2 traumhaft schöne, riesige Rooftop-Suiten (X und P) mit Dachgarten und Jacuzzi für ca. 3000 Baht. Einzigartig: Alle Zimmer verfügen über einen PC und DVD-Player! Nachtschwärmer schätzen das bis nachts geöffnete **Nong Khai Restaurant** und die **Pantawee Bar**, die gut geschüttelte, preiswerte Cocktails bietet. ❷–❹
**Ruan Thai Gh.** ④, 1126/2 Rimkhong Rd., ☎ 042-412 519, ✉ ruanthaihome@hotmail.com. Beliebte, familiär geführte Traveller-Unterkunft, die sich mit viel Wohlfühlcharakter in einem

Es wirkt fast so, als hätte man der wuchtigen Mitraphap-Brücke ein weiteres Wahrzeichen hinzufügen oder dem laotischen Nachbarn mal so richtig vor Augen führen wollen, wie imposant man in Thailand bauen kann. Die am Mekong brückenartig aufgestelzte, kolossale und über 1 km lange **Promenade** hat die Silhouette der beschaulichen Stadt stark verändert und idyllische Natur verdrängt. Mit ihrem Buntsteinpflaster, schmiedeeisernen Laternen und Geländern zählt sie zu den ehrgeizigen Prestigeprojekten des gestürzten Premierministers Thaksin Shinawatra. Nicht zuletzt dient sie jedoch als Uferbefestigung und Hochwasserschutz. Einheimische wie Touristen nutzen die schicke Promenade gern, um beschaulich zu flanieren, zu joggen und den stimmungsvollen Sonnenuntergang zu genießen.

tropisch sprießenden Garten verteilt. 20 Zimmer in renovierten Holzbauten. ❶ und ❹

### Obere Preisklasse

**Budsabong Fine Resort** ⑧, Donsawan Wattad Rd., ☎ 042-012 767-9, 🖳 www.budsa bongfineresort.com. Rund 4 km außerhalb, neu, modern und in Kastenbauweise. 58 überzeugende Komfortzimmer und Suiten mit Terrassen oder Balkons in 6 Kategorien und bereits ab 2000 Baht mit direktem Pool-Zugang. ❺–❽
**Grand Paradise Nong Khai (Nongkhai Grand)** ⑩, 589 Moo 5 Nongkhai-Ponpisai Rd., ☎ 042-420 033, 🖳 auf Facebook. Das alles überragende Hotel fungiert mit 130 Zimmern und Pool als klassisches, luxuriöses Großhotel. Auf der Dachterrasse oder im Sabaidee Pub gibt es zuweilen Livemusik. ❹–❺
**Royal Nakhara Hotel** ⑪, 678 Sadet Rd., ☎ 042-422 889, 🖳 www.royalnakhara.com. Zählt zu den neuesten Hotels am Ort, eine Symbiose aus klassischem Thai-Stil und moderner Eleganz mit 80 Zimmern in 3 Kategorien und einem Biergarten. ❹–❺
🧳 **Sofa Gallery Hotel** ①, 24/2 Rimkhong Rd., ☎ 080-279 8789, 🖳 www.sofagallery hotel.com. Nicht gerade preiswert, aber das

**DER NORDOSTEN**

**ÜBERNACHTUNG**
1 Sofra Gallery Hotel
2 Mut Mee Gh.
3 Baan Kiang Khong Gh.
4 Ruan Thai Gh.
5 Mekong Gh.
6 Baan Mae Rim Nam Gh.
7 E-San Hotel
8 Budsabong Fine Resort
9 Pantawee Hotel
10 Grand Paradise Nong Khai
11 Royal Nakhara Hotel

**ESSEN**
1 Gaia
2 Gartenrestaurant (Mut Mee)
3 Apple´s Place
4 Daeng Namnuang
5 Mekong Riverside
6 Cake at Toey's
7 Dee Dee Pochanah

**SONSTIGES**
1 Hornbill Bookshop
2 Wan Dee Store

**TRANSPORT**
1 Nagarina (Anleger)
2 Busbahnhof

LAOS

Mekong

Khomkam Rd.

Wat Udom Mahawan

Pingkaew Rd.

Phra That Klang Naam

Chaiyaphum 2 Rd.
Chaiyaphum 1 Rd.

Wat Kaeo Ku (3 km),
Bung Kan (136 km),
Wat Phou Tok (185 km),
Nakhon Phanom (302 km)

Phra That Nong Khai

Pho Chai Rd.

Prachak Rd.

Pho Chai- Markt

Wat Pho Chai

Phra Saem Rd.

Kum Pochai Rd.

Wat Lam Denn

Wat Sri Kunmuang

Ruampath Hospital

Indochina Market

Tha Sadet-Pier

Wat Sri Muang

Soi Silpakorn

Meechai Rd.

Wat Sri Saket

Wan Uthit Rd.

NACHTESSEN-MARKT

Promenade (jeden Sa. Walking Street Market)

Banterngjit Rd.

Soi Watnak

Soi Chuenjit

Wat Srichomchuan

Soi Sittapunya

Nitapat Rd.

Vitham Anusorn Rd.

Haisoke Rd.

Wat Hai Soke

Soke Rd.

Chen Chopthit Rd.

TOURIST POLICE

Naga-Brunnen

TAT-Büro,
Udon Thani (60 km),
Phu Prabat Historical Park (80 km),
Khon Kaen (160 km),
Korat (350 km),
Bangkok (620 km)

Takai Rd.

RATHAUS Rd.

POLIZEI

STADION

STADION

SONNTAGS-NACHTMARKT

Tesco Lotus

Kaeworawut Rd.

Talat Chaiyaporn- Markt

Chaiyaporn Rd.

Meechai Rd.

Wat Chaiyaporn

Hua Pon Rd.

Prachak Rd.

Jom Manee Beach (3km)

Immigration (1,5 km),
Bahnhof (2 km),
Friendship Bridge (2,5 km),
Laos (4 km),
Wat Noen Phra Nao (5 km),
Chiang Khan (220 km)

wohl schönste Hotel am Ort. Von einem netten Team geführt, bietet das Boutiqueresort 5 stilvoll eingerichtete AC-Zimmer und eine herrliche Holzterrasse mit Zierteich, Garten und Mekong-Blick. ❺

## ESSEN

Nicht wenige Restaurants oder Kneipen werden von Ausländern betrieben, zudem gibt es immer mehr kleine Bäckereien und Cafés. Gut einkehren kann man aber auch im Mut Mee Gh. und Pantaween Hotel. Auf dem Indochina-Markt duften deftige Isarn-Würstchen und Fisch vom Grill. An der Uferstraße im Bereich des Phra That Nong Khai, 2–3 km vom Zentrum, finden sich Thai-Restaurants, die leckere *Tom Yam Pla*-Suppen mit bis zu 5 Sorten Mekong-Fisch anbieten.

**Apple's Place**, 622 Rimkhong Rd., ✆ 089-843 2713. Der Österreicher Franz und seine Frau Amornlak betreiben mit ihrem einladenden Restaurant und integrierter Bar einen populären Traveller-Spot – u. a. mit deftiger, günstiger Hausmannskost wie großen Schnitzeln, Cordon Bleu, Gulasch und üppigem Frühstück, Weißbier und Blick auf den Mekong. ⏱ 9–21 Uhr.

**Cake at Toey's**, Meechai Rd., ✆ 042-460 191. Wirkt sehr einladend – mit einem Innen- und Außenbereich. Klassische Kaffeespezialitäten und jede Menge hausgemachter Kuchen zu bezahlbaren Preisen. ⏱ 10.30 22.30 Uhr, außer Mi.

**Daeng Namnuang**, 526-527 Rimkhong Rd., ✆ 042-411 961, 🖥 www.daengnamnuang.net. Lange etabliert als größtes Restaurant am Ort und etwas unromantisch, aber die günstige vietnamesische Küche ist enorm beliebt (ein Renner sind die Frühlingsrollen). ⏱ 6–19.30 Uhr.

**Dee Dee Pochanah**, 1155/9 Prachak Rd., ✆ 042-411 548. Dieses Restaurant bietet 3 unschlagbare Vorzüge: blitzschnelle Bedienung (sogar bei Überfüllung), bis nachts geöffnet und gute Qualität der Speisen ab 45 Baht. ⏱ 11–2 Uhr.

**Mekong Riverside**, s. o., ✆ 042-411 889. Großes Holzterrassen-Restaurant des Mekong Gh. Stimmungsvoll zum Sonnenuntergang mit Mekong-Blick und Fassbier, doch munden hier natürlich auch die Suppen mit frischem Flussfisch. ⏱ 7–22 Uhr.

## SONSTIGES

### Bücher

**Hornbill Bookshop**, am Zugang zum Mut Mee Gh., ✆ 042-460 272. Beliebter Laden für den An- und Verkauf von Büchern inkl. esoterischer Literatur und Café-Betrieb. ⏱ 10–19 Uhr, So geschl.

### Einkaufen

**Wan Dee Store**, 429 Meechai Rd., ✆ 042-411 010. Gut sortierter, unklimatisierter Supermarkt im Zentrum – als Alternative zum Lotus Supercenter an der Peripherie. ⏱ 8–18 Uhr.

### Immigration

Die Einreisebehörde liegt an der Umgehungsstraße, die zur Brücke führt, ✆ 042-420 242-4. ⏱ Mo–Fr. 8.30–12 und 13–16.30 Uhr.

## Touren und Transfers

Der spärliche Verkehr und die schöne Umgebung locken zu ausgedehnten **Zweiradtouren** auf eigene Faust. Fahrräder – Mountainbikes sind leider eher die Ausnahme – gibt es in vielen Unterkünften gratis. Zu mieten sind sie z. B. an der Zufahrt zum Mut Mee Gh., Mopeds liegen bei 200 Baht. Als Alternative empfiehlt sich der sympathische **Mr. Aeh**, ✆ 089-942 9470. Mit seinem bequemen, viertürigen Toyota-Pick-up übernimmt er für 2000 Baht **Transfers** nach Vientiane (als Entdeckungstrip 3500 Baht), für rund 1800 Baht nach Sang Khom und für 2500 Baht bis Chiang Khan. Eine **Tagestour** zum Phu Prabat Historical Park liegt bei 1800 Baht, zum Wat Phu Tok (s. Kasten S. 542) bei 2500 Baht. Exkursionen zur Phu Wua Wildlife Reserve (S. 541) lassen sich mit Homestay-Aufenthalten, Volontärs-Engagement und meist auch dem Sichten von Elefanten verbinden, 🖥 www.openmind projects.org/phu-wua.html. Größere und besonders gehaltvolle Touren durch den Nordosten bietet **Isan Explorer** (s. Kasten S. 519).

### Informationen

Das **TAT-Büro** liegt weit außerhalb, ☎ 042-467 844. ⏰ 8.30–16.30 Uhr. Massenhaft nützliche Infos finden sich auf dem Internetportal 🖥 www.nongkhaiinformation.com.

### NAHVERKEHR

**Tuk Tuks** kosten im Stadtgebiet oder bis zur Grenzabfertigung 30–50 Baht, doch setzen sich die neu verfügbaren, wesentlich günstigeren **Taxameter-Taxis** immer mehr durch.

### TRANSPORT

Beliebt und schnell ist die Abreise über den 56 km entfernten Flughafen von Udon Thani (S. 525). Per Minibus kosten die Transfers 150–200 Baht, mit einem Charter-Taxi ca. 1000 Baht.

#### Busse

Der **Busbahnhof**, ☎ 042-421 264, 042-420 285 (Nakhonchai Air), 460 205 (Chan Tour), 412 679 (999 VIP), liegt am Pho Chai-Markt in der Prachak Rd. bzw. rund 1,5 km von den Unterkünften am Mekong entfernt. Einige aus Nong Khai startende Busse halten zudem an der **Hauptkreuzung** des H2 und H212. Zu den kleineren Orten verkehren die Busse meist nur als Non-AC.

**BANGKOK**, ständig von 7–20.30 Uhr in 10–11 Std. für 400–620 Baht, als VIP bis zu 760 Baht (es gibt auch eine allabendliche Verbindung zum Suvarnabhumi Airport in 9 Std. für 500 Baht).

**BUENG KAN**, stdl. in 2 Std. für 80–110 Baht.

**CHIANG KHAN**, mit den Bussen nach Loei.

**KHON KAEN**, stdl. in 3 1/2 Std. für 140–180 Baht.

**KORAT** ständig in 6 1/2 Std. für 230–450 Baht.

**LOEI**, 2–3x tgl. in 6–7 Std. für 120–140 Baht (am Mekong entlang über Si Chiangmai, Sang Khom, Pak Chong und Chiang Khan. Komfortabler und schneller geht es über Udon Thani.

**NAKHON PHANOM**, 6x tgl. in 6–7 Std. für 190–220 Baht.

**RAYONG** (für KO SAMET), alle 30 Min. in 12 Std. für 480–520 Baht.

**SANG KHOM**, 2–3x tgl. in 3 Std. für 60–80 Baht (mit den Bussen nach Pak Chong oder Loei).

**UDON THANI**, alle 30 Min. in 1 Std. für 40–50 Baht.

**VIENTIANE** (Laos), 6x tgl. mit dem Thai-Lao International Bus in 2 Std. für 55 Baht (s. Kasten „Grenzübergang nach Laos").

#### Eisenbahn

Der **Bahnhof** in Nong Khai, ☎ 042-411 592, liegt rund 2 km westlich der Stadt. Die neue Strecke auf der Brücke nach Laos kostet lediglich

## Grenzübergang nach Laos – Visite in Vientiane

Es sind vor allem altehrwürdige Tempel, die eine Weiterreise in die „beschaulichste Hauptstadt der Welt" lohnen. Wer das Visum schon im Reisepass hat, kann von der Busstation in **Nong Khai** mit dem 46-sitzigen **Thai-Lao International Bus**, 6x tgl., 55 Baht (ab Udon Thani 6x tgl. in 2 Std. für 55 Baht, sowie auch von Khon Kaen und Korat), in 2 Std. über die 3,5 km westlich der Stadt liegende Mitraphap-Brücke direkt und bequem bis nach Vientiane gelangen. Neu ist die Route nach Vang Vieng, ab 10 Uhr für 270 Baht in 4 Std.!

Der thailändische Kontrollpunkt (per Tuk Tuk 50–100 Baht) befindet sich bereits 1 km vor der Brücke. Wer auf eigene Faust unterwegs ist, muss von hier per Shuttlebus (20–30 Baht) oder mit der weniger empfehlenswerten Eisenbahn (2x tgl. für 20–30 Baht) über die Freundschaftsbrücke zum laotischen Ufer fahren. Am Grenzübergang, ⏰ 6–22 Uhr, gibt es für je nach Nationalität US$30–35 ein 30 Tage gültiges Visa on Arrival (Schweizer gratis, aber nur 14 Tage). Zu bestimmten Tagen/Uhrzeiten werden geringe Zuschläge erhoben.

Die 22 km (30 Min.) lange Fahrt von Tha Deua bis nach Vientiane kann man per Non-AC-Bus (20–30 Baht), Minibus (100–150 Baht) oder Charter-Tuk Tuk (ca. 300 Baht) zurücklegen. Weitere Grenzübergänge nach Laos s. Kästen S. 539 und S. 543.

Fantasiefiguren im Skulpturenpark Wat Khaeo Ku östlich von Nong Khai

20 Baht, doch endet die Reise bereits in Tha Naleng, von wo es noch 13 km bis nach Vientiane sind.

ayutthaya, 3x tgl. in 10–11 Std.
BANGKOK, 3x tgl. in 11–13 Std.
Khon Kaen, 4x tgl. in 2 1/2–3 Std.
KORAT, 1x tgl. in etwa 6 Std.
THA NALENG (in LAOS), 2x tgl. in 15–20 Min.
UDON THANI, 4x tgl. in 1 Std.
Weitere Infos s. Fahrplan S. 950.

## Die Umgebung von Nong Khai

Neben den reizvollen Strecken direkt am Mekong und einem Abstecher nach Laos locken besonders spirituelle Ziele – wie der skurrile, rund 4 km östlich der Stadt liegende Skulpturenpark **Wat Kaeo Ku**. Von der hinduistischer Mythologie beeinflusst, geht der Fantasiepark auf den 1974 aus Vietnam über Laos nach Thailand geflohenen Abt Long Pu Bun Lua zurück. Die bis zu 25 m hohen, teilweise arg makaber anmutenden Zementfiguren verstehen sich als anschauliche Parodie auf die Bedeutung von Religion und menschliche Defizite. ⏲ 8–18 Uhr, Eintritt

20 Baht, als Tuk Tuk-Trip inkl. 1 Std. Wartezeit um 150 Baht (oder einfach per Fahrrad).

In dem rund 64 km südwestlich von Nong Khai liegenden **Phu Prabat Historical Park** finden sich jede Menge symmetrisch geformte Felsen, mächtige Findlinge und bizarre Spitzen, spektakuläre Überhänge und Höhlen, mystische Symbole und prähistorische Malereien, die eine fantastische Kulisse für Heiligtümer und Legenden abgeben. Über die neun Wanderziele informiert das Visitor's Center, ✆ 042-251 350. ⏲ 8–16.30 Uhr, Park bis 18 Uhr, Eintritt 100 Baht. Mehr s. eXTra [2908].

Garantiert unvergessliche Impressionen hinterlassen ein Trip nach **Wat Phu Tok** (Kasten S. 542) oder zum **Phu Wua Wildlife Reserve** (S. 541).

## Von Nong Khai nach Chiang Khan (Westroute)

Mal schimmert er still wie ein großer See, mal schlängelt er sich geduldig durch ein undurchdringbar wirkendes Labyrinth aus bizarren, be-

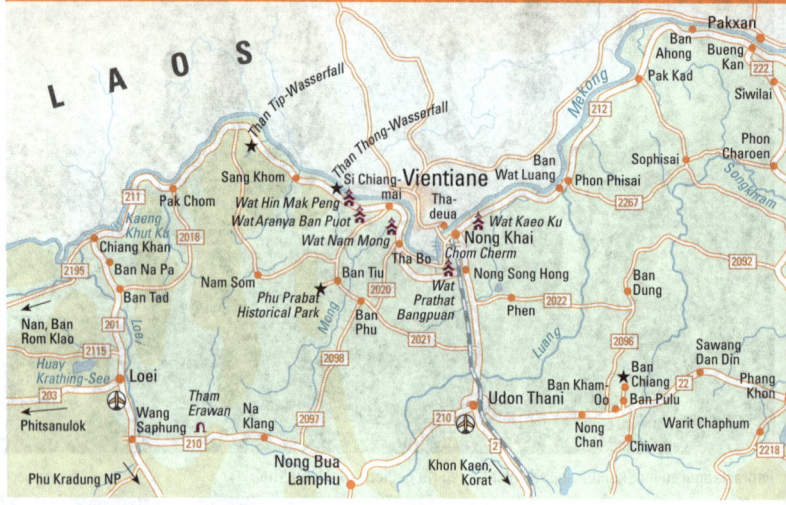

grünten Felsinselchen. Dann verkommt er scheinbar zu einem Rinnsal, um seinen Weg wenige Kilometer weiter mit schäumenden Stromschnellen und Strudeln fortzusetzen: Mit einem unglaublich vielfältigen Erscheinungsbild strömt der Mekong durch den Nordosten Thailands – als fließende Grenze zum Nachbarland Laos, legendäre Schmuggelroute, Kulisse der Magie und etlicher Mythen. Dafür sorgen allein schon so rätselhafte Bewohner wie der *Pla Buek* als größter Süßwasserfisch der Welt oder das Naturphänomen des aufsteigenden Lichts (s. Bueng Kan S. 541).

Von Nong Khai in Richtung Westen kann man mit Non-AC-Bussen oder dem eigenen Fahrzeug bis zum beschaulichen Touristenort Chiang Khan fahren. Die fast 200 km lange, über den H211 führende Strecke zählt zu den schönsten Thailands und wird gesäumt von ausgedehnten Tabakfeldern, sprießenden Gemüsebeeten und Gärten mit kunstvollem Baumschnitt. Beim KM 12 wird das vorwiegend von ethnischen Vietnamesen bewohnte **Tha Bo** erreicht, am KM 45 das kleine **Si Chiangmai** (Sri Chiang Mai), das für die Massenproduktion von Frühlingsrollenteig bekannt ist. Von hier eröffnet sich ein

eindrucksvoller Blick auf die gegenüberliegende laotische Hauptstadt Vientiane. Am KM 60 erhebt sich auf einem Hügel das weiße, mit goldfarbenen Türmen in der Sonne glitzernde **Wat Aranya Ban Puot**. Nur 4 km weiter verbirgt sich am steilen, felsigen Mekong-Ufer bzw. im Schatten eines Waldes das Meditationskloster **Wat Hin Mak Peng**.

Erst ab KM 67 führt die Straße direkt am Strom entlang, um immer wieder malerische Ausblicke auf das Flussbett freizugeben. Wer die gesamte Strecke bis Chiang Khan nicht an einem Tag zurücklegen möchte, sollte im angenehmen, gegenüber der laotischen Mekong-Insel Don Klang Khon liegenden **Sang Khom** am KM 84 oder in **Pak Chom** am KM 147 übernachten. Dort gibt es noch viele Holzhäuser, einige davon als einfache Guesthouses. Zwischen den beiden Orten sorgt mit zwei Stufen und Felsenbecken der Wasserfall **Than Thip** für Erfrischung. Er liegt am Ende einer 2 km langen Stichstraße, die am KM 97 abzweigt.

Während der Regenzeit überschwemmt der Fluss häufig das Hinterland, sodass einige Uferstreifen befestigt worden sind. Bei Niedrigwasser lohnt hinter dem KM 183 ein 2,5 km langer

DER NORDOSTEN

Abstecher zu den Stromschnellen von **Kaeng Khut Khu**. Hier fangen die Einheimischen Fische und bereiten diese an Essensständen zu.

## ÜBERNACHTUNG

Es gibt erste Boutiqueresorts, doch die meisten Unterkünfte sind auf Traveller ausgerichtet und bieten entsprechende Erlebnistouren, den Verleih von Fahrzeugen und gratis Internet an.

**Bouy Gh.**, Sang Khom, ☎ 042-441 065, ✉ toy_bgh@hotmail.com. Das nach dem netten Inhaber benannte Bambushütten-Resort wurde bereits 1989 eröffnet und präsentiert sich als wichtiger Traveller-Stützpunkt in malerischer Landschaft am Mekong. Es gibt 10 einfache, günstige Bungalows mit Hängematten-Verandas, ein nettes Restaurant, Massagen, Fahrräder (50 Baht) oder Mopeds (200 Baht) sowie natürlich auch Touren und jede Menge Tipps. ❶

**Mekong Riverside Resort & Camping**, 7 km von Pak Chom, ☎ 082-272 7472, 🖥 www.mekong riverside.com. Junges Boutiqueresort in spektakulärer Lage am Mekong. 4 modern ausgestattete, elegante Zimmer mit Flussblick-Terrassen und Möglichkeiten zum naturnahen Camping am Ufer (inkl. Zelt 300 Baht p. P.). ❹

**Poo Pae Ruen Mai Thai**, Sang Khom, ☎ 042-441 088, 🖥 www.poopaeresort.com. Rund 1,5 km östlich des Zentrums als eine Art Boutiqueresort mit dekorativem Mauerwerk und viel Holz. 18 Zimmer in freundlicher Farbgebung auf einem gepflegten Gartengrundstück. Die billigen Zimmer sind unzumutbar klein, doch die 6 schönsten Bungalows bieten Terrassen mit faszinierendem Mekong-Blick. ❸–❺

**Rimkhong Resort**, Sang Khom, ☎ 086-630 6176, ✉ banmairimkhongresort@gmail.com. Direkt neben dem Poo Pae Ruen Mai Thai: Die freundliche Mrs. Goy lockt mit 23 hübsch durchgestylten, komfortablen AC-Zimmern, am schönsten sind die 10 mit Mekong-Blick. Gutes Restaurant und lauschige Sitzplätze am Mekong. ❷–❸

## TRANSPORT

Die Non-AC-Busse von NONG KHAI (S. 530) fahren über Si Chiangmai, Sang Khom und Ban Tad bis LOEI. Wer nach Chiang Khan will, 100–120 Baht, muss in Ban Tad umsteigen, ein Songthaew für 40 Baht, ein Taxi für 1000 Baht oder ein Boot für 3000 Baht chartern. Auf den ersten 41 km bis Tha Bo fährt nur der Bus Nr. 223 direkt am Mekong entlang.

### Juwel am Mekong

Wer hätte in diesem entlegenen Winkel ein derart schillerndes Juwel vermutet? Der Stararchitekt und Designer Amnad Khitapanna – Erschaffer der „italienischen Dörfer" Palio und Primo Piazza in der Region Khao Yai – hat sich diesen Traum verwirklicht. Seine rund 13 km nordwestlich von Nong Khai (H201, KM 133) in einer herrlichen, 15 ha großen Parkanlage liegenden **Agalin Villas**, ☎ 081-959 6214, 🖥 www.agalin.com, bestehen aus 10 (plus 2 weiteren geplanten) eindrucksvollen Gäste-Villen in klassizistischer Architektur. Stilvoll gestaltet, gruppieren sie sich um die 200 m² große Saran Kal Hall, die als Kunsthalle, Theater- und Speisesaal fungiert. ❻

# Chiang Khan

Noch vor wenigen Jahren war Chiang Khan ein kaum besuchter, beschaulicher Ort, der sich als Etappenziel zwischen Nong Khai und Loei anbot, um abzuhängen und etwas vom Thailand längst vergangener Zeiten zu genießen. Hier fanden sich noch die selten gewordenen traditionellen **Holzbauten** mit buntem Blumenschmuck und lauschigen Veranden, von denen sich ein schöner Blick auf den Mekong und die laotischen Berge eröffnete.

Um 2010 jedoch setzte ein Boom ein, der vorwiegend einheimische Touristen brachte und Chiang Khan rasant verwandelt hat. Die Holzhäuser wurden abgerissen und neu errichtet – zwar oft im alten Stil, aber eben ohne originäre Patina. Parallel zur **Chai Khong Road**, an der sich alle Gästehäuser des lang gestreckten Orts aufreihen und die abends als Flaniermeile für Autos gesperrt wird, verläuft nun eine üppig betonierte Uferpromenade.

Einige der neuen Unterkünfte und Restaurants besitzen aber durchaus Charme, und nach wie vor eröffnen sich herrliche Ausblicke zum Fluss, auf dem die Passagierschiffe zwischen Luang Prabang und Vientiane verkehren. Auch die Tempel können noch als Oasen fungieren – wie das 100 Jahre alte, idyllische **Wat Paklang**. Hier wie auch im **Wat Takok** oder **Wat Sri Khun Muang** zeugen Säulenkolonnaden und lackierte Fensterläden von der französisch inspirierten Architektur des Nachbarlands. Ältestes Heiligtum des Orts ist das 1654 errichtete **Wat Mahatat**.

Von Chiang Khan führt die Weiterreise meist zur 48 km entfernten Provinzhauptstadt **Loei**. Bisher versuchen nur wenige, mit einem eigenen Fahrzeug über die schmalen, verschlungenen Straßen nahe der laotischen Grenze bis zum 390 km entfernten, nordthailändischen **Nan** vorzudringen – eine reizvolle Reiseroute durch unberührte Landschaften mit dichten Wäldern und einsamen Wasserfällen.

## ÜBERNACHTUNG

Mittlerweile reihen sich parallel zum Mekong schon über 20 Unterkünfte mit familiärem Homestay-Flair auf, während die Zimmerpreise deutlich gestiegen sind.

### Untere und mittlere Preisklasse

**Chiang Khan Buri** ③, 343 Moo. 1, Sri Chiang Khan Rd., Soi 11, ☎ 042-821 775, 082-835 9194, 🖳 www.chiangkhanburi.com. Zählt zu den schönsten Neugründungen am Ort. Jedes der 9 wohnlichen Balkon-Zimmer mit AC für 1200 Baht ist durchgestylt wie ein kleines Märchenland. Das junge, freundliche Besitzerpaar Kaew und Kung rundet das Wohlgefühl ab. ❹

**Chiang Khan River View Gh.** ④, 277 Chai Khong Rd., ☎ 080-741 8055, 🖳 auf Facebook. Zählt als Neubau im alten, ortsbildprägenden Stil mit umlaufendem Balkon, lauschiger Terrasse zum Fluss und blitzenden Holzböden zu den besten Optionen. 10 AC-Zimmer, davon 4 im Obergeschoss mit Mekong-Blick. Der nette, humorvolle Besitzer greift gern mal zur Gitarre. ❷–❸

**Poonsawasdee** ⑥, Soi 9 Chai Khong Rd., ☎ 042-821 114, 080-400 8777. Die angeblich älteste Unterkunft Chiang Khans wurde stil- und stimmungsvoll mit viel buntem Holz und Antiquitäten aufgemöbelt. Das gilt nicht nur für die Lobby, sondern auch für die 10 ansprechenden Zimmer. ❸

**Suksomboon Hotel** ②, 243/3 Chai Khong Rd., ☎ 042-821 064, 🖳 www.suksomboonhotel.com. Seit 1960 als eine der ältesten und besten Unterkünfte – mit viel freundlicher Atmosphäre. Der Neubau mit 27 Komfortzimmern, davon 14 mit Mekong-Blick, ist komplett aus Holz ❹

**Tonkong Gh.** ①, 62/1 Soi 3-4 Chai Khong Rd., ☎ 042-821 879, 089-394 0839, 🖂 ben_jama@hotmail.com. Etabliert seit 1994 und nach dem jüngsten Ortswechsel mit 8 AC-Zimmern, davon 3 mit Gemeinschaftsbad, und familiärer Atmosphäre. Mrs. Ben spricht gut Englisch und weiß, was eine typische Traveller-Herberge bieten sollte, darunter Hausmannskost und Fahrräder. ❷–❸

### Obere Preisklasse

**Ban Sam Lor** ⑦, 539/1 Moo 2, Chiangkhan Pakchom Rd., (ca. 2,5 km östlich des Orts), ☎ 042-822 227, 081-954 0994. Natürlich ließ es sich Besitzer Suchat nicht nehmen, als Wahr-

**LAOS**

**■ ÜBERNACHTUNG**

(1) Tonkong Gh.
(2) Suksomboon Hotel
(3) Chiang Khan Buri
(4) Chiang Khan River View Gh.
(5) The Old Chiang Khan Boutique
(6) Poonsawasdee
(7) Ban Sam Lor
(8) Chiang Khan Hill Resort

**Mekong**

Chiang Khan Information Center

Wat Takok

Chai Khong Rd.

Soi 24

IMMIGRATION OFFICE

211

(7) (2,5 km), (8) (5 km),
Pak Chom (42 km),
Si Chiang Mai (140 km),
Nong Khai (220 km)

NACHT-MARKT

Sri Chiang Khan Rd.

Wat Mahatat

Wat Padai

(1km)

Wat Sri Khun Muang

Wat Paklang

MARKT

KATH. KIRCHE

2195

Ban Tad (20 km),
Loei (48 km)

201

**■ SONSTIGES**
1 Tesco Lotus Express

**■ TRANSPORT**
(1) Busstation
(2) Songthaew nach Tha Li
(3) Songthaew nach Ban Tad, Loei

**■ ESSEN**
1 Potong
2 Rabiang Kong
3 Essensstände

---

zeichen für sein Resort einige Fahrrad-Rikschas (in Thai: Sam Lor) zu drapieren. Rund um 2 künstliche Seen errichtet und über filigrane Stelzenwege zugänglich, gibt es 45 AC-Zimmer in 19 beschaulichen AC-Bungalows aus Holz oder Zement. ②–⑤

**Chiang Khan Hill Resort** ⑧, 5 km westlich von Chiang Khan, ✆ 081-902 8810, 🖳 www.chiang khanhill.com. Gilt als größtes Resort der Region und verfügt sogar über einen Pool. Weitläufiger, hübsch begrünter Garten mit Panoramablick auf die mächtige Flussschleife an den Stromschnellen von Kaeng Khut Ku. Rund 80 Komfortzimmer in 10 Kategorien. ③–⑤

**The Old Chiang Khan Boutique** ⑤, 288 Chai Khong Rd., ✆ 042-822 119, 🖳 www.theoldchiangkhan.com. Hotelähnliches Gh. mit einer faszinierenden Holzfassade, obwohl für das Boutique-Label noch etwas getan werden könnte. In den 20 AC-Zimmern, 4 davon mit Mekong-Blick, locken Baldachin-Betten. ④–⑤

## ESSEN

Die meisten Gh. bieten nur eine spärliche Gastronomie, während bei den Restaurants eine ständige Fluktuation zu verzeichnen ist.

**Potong**, 141 Chai Khong Rd., ✆ 083-361 8964. Gute Thai-Küche mit Gerichten für 60–150 Baht. Mekong-Fisch bzw. entsprechende Suppen 120–150 Baht. ⏰ 10–22 Uhr.

**Rabiang Kong**, 299 Chai Khong Rd., ✆ 042-821 532. Große Restaurant-Terrasse und günstige Thai-Küche mit englischer Speisekarte. ⏰ 10–22 Uhr.

## SONSTIGES

Informationen aller Art gibt es beim neuen **Chiang Khan Information Center**, Chai Khong Rd., Soi 21, ⏰ 10–17 Uhr.

## TRANSPORT

BANGKOK, 8x tgl. in ca. 10 Std. für 350–620 Baht, VIP-Bus 750 Baht – ab dem jeweiligen Ticket-Shop von 3 verschiedenen Anbietern.

KORAT, 8x tgl. in 7 Std. für ca. 300 Baht – mit AC-Bussen über Loei und Chaiyaphum.

LOEI, 8x tgl. in 45 Min. für 80–120 Baht, alternativ mit dem Songthaew von 6–17 Uhr ca. alle 20 Min. für 40 Baht in 1 1/4 Std. oder per Taxi für 600–700 Baht in 45 Min.

Für Ausflüge, Koch- und Massagekurse oder den Verleih von Fahrzeugen (Fahrräder 50 Baht, Mopeds um 250 Baht) haben sich besonders die Guesthouses **Chiang Khan** und **Tonkong** einen Namen gemacht. Einstündige Kreuzfahrten führen in den Sonnenuntergang (1000 Baht pro Boot, max 8 Pers.), eine beliebte 2 1/2-stündige Bootstour zu den 6 km flussabwärts von Chiang Khan sprudelnden Stromschnellen Kaeng Khut Khu (1500 Baht), wo man auf lauschigen Holzplattformen mit Strohdächern und Schilfmatten relaxen kann (unbedingt mal die Fische im Salzmantel probieren!). Manchmal lassen sich 3- bis 4-stündige Trips zum Big Buddha (3000 Baht) arrangieren, während die 6-stündigen Bootstouren zum 40 km entfernten Pak Chom kaum noch angeboten werden.

NONG KHAI, erstaunlich umständlich und am schnellsten über Loei und Udon Thani. Für die malerische Strecke am Mekong entlang: erst für 20 Baht in 30 Min. mit Songthaew oder Bus in Richtung Loei bis nach Ban Tad, 20 km südlich von Chiang Khan. Dann am H201 Umstieg in den Bus von Loei nach Nong Khai, 80–100 Baht in 3 1/2 Std.

PAK CHOM, meist nur mit Bus von Loei nach Nong Khai über Ban Tad, s. o. Direkt mit Songthaew um 16 Uhr für ca. 40 Baht oder Charter-Taxi für 600 Baht in 1–1 1/2 Std.

# Loei

Der Reiz von Loei offenbart sich vor allem, wenn man den vom örtlichen Tourist Office herausgegebenen Stadtplan umdreht: Dort werden neben dem Phu Kradung National Park nämlich 37 weitere, bebilderte Reiseziele in der Umgebung vorgestellt. Die fast 35 000 Einwohner zählende, sich an einen künstlichen See schmiegende Provinzhauptstadt empfiehlt sich tatsächlich als Ausgangspunkt von Touren. Denn sie verfügt nicht nur über gute und günstige Unterkünfte, sondern auch über eine vielfältige Gastronomie. Zudem herrscht in dem 50 km vom Mekong

(Chiang Khan), 170 km von Nong Khai und 550 km von Bangkok entfernten Loei ein angenehmes Klima und ein hohes Maß an Beschaulichkeit.

## ÜBERNACHTUNG

Das Zimmerangebot ist groß, die Preise sind sagenhaft günstig.

**A.P. Court Hotel** ②, 31/29 Ruamchai Rd., ✆ 042-861 627-8. Als Nachbar des Orchid Hotel mit 57 AC-Zimmern und guten Bädern, davon 3 als VIP. Freundliche Atmosphäre. ❶–❸

**Baansabai Apartment** ⑥, 11/11Nokkaew Rd., ✆ 042-811 132. Angenehmes Haus mit einem Neu- und einem Altbauflügel bzw. 18 gepflegten und geräumigen Komfortzimmern. ❶–❷

**King Hotel** ⑤, 11/9-12 Chumsai Rd., ✆ 042-811 225, ✉ kinghotel@hotmail.com. Lange etabliert als 5-stöckiger Atriumbau in zentraler Lage mit 50 Zimmern, hübsch renoviert und dekoriert. ❷–❸

**Loei Palace Hotel** ⑨, 167/4 Charoen Rat Rd., ✆ 042-815 668-73, 🖥 www.mosaic-collection. com. Gehört zur Amari-Gruppe bzw. seit 2001 zu den modernen Wahrzeichen von Loei. Monumentalbau mit Innenhof-Oval und Pool. Professionell gemanagt mit 156 luxuriösen Zimmern und Suiten in 5 Kategorien, die es zuweilen sogar schon für unter 1000 Baht gibt. ❸–❺

**Loei Village** ⑩, 17/62 Nokkaew Rd., Soi 3, ✆ 042-833 599, 🖥 www.loeivillages.com. Zählt zu den jüngsten Optionen am Ort. Modern und sauber mit 28 m² großen, schönen Komfortzimmern. ❹

🧳 **Muanmanee Boutique Hotel** ⑦, 35/59 Soi 3, Parrot Rd., ✆ 042-832 353-4, 🖥 www. muanmaneehotel.com. Trotz des Namens etwas nüchtern dekoriert, aber extrem sauber und preiswert bzw. mit 45 großen, gut ausgestatteten Zimmern die wohl beste Option am Ort. ❷. Gilt auch für das benachbarte, dem gleichen Besitzer gehörende **M(uang) T(ong) Mansion** ⑧, ✆ 042-832 411, 087-848 3131, dessen 70 tolle Komfortzimmer sogar nur 290 Baht kosten! ❶

€ **Orchid Hotel** ③, 1/41 Sathon Chiangkhan Rd., ✆ 042-861 888-9, 🖥 www.loeiorchid hotel.com. Gleich neben dem A.P. Court Hotel –

DER NORDOSTEN

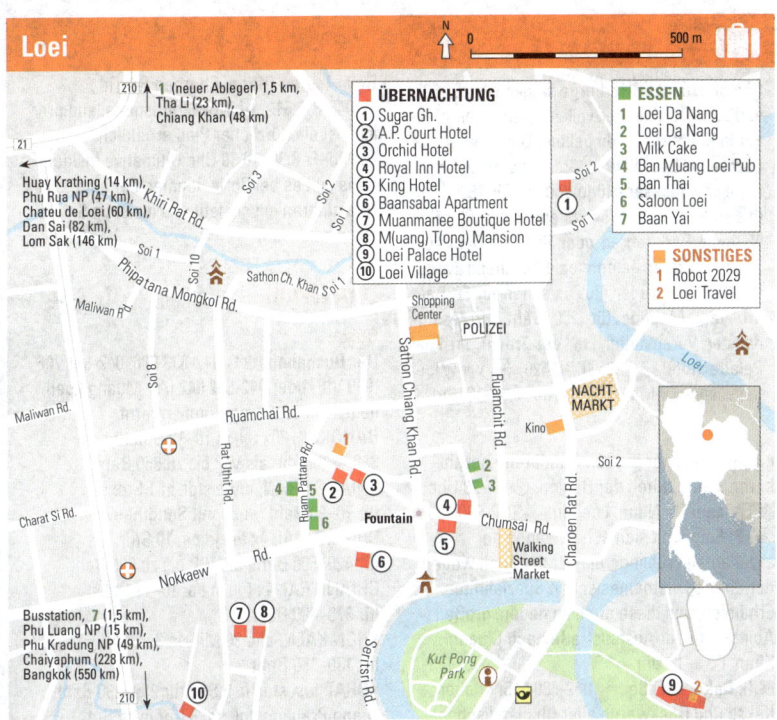

mit 70 Zimmern auf 5 Etagen, darunter 9 günstige als VIP – wie die am Eck liegenden Nr. 201, 301 und 401. ③–④
**Royal Inn Hotel** ④, 22/16 Chumsai Rd., ✆ 042-830 873, 🖳 www.royalinn-loei.com. 36 AC-Zimmer zu Schnäppchenpreisen (eines der besten ist Nr. 207). ①

**Sugar Gh.** ①, 4/1 Wisuttitep Rd., Soi 2, ✆ 042-812 982, 089-711 1975 (Mrs. Pat), 🖳 www.sugarguesthouse.blog.com. Gepflegte und gefragte Unterkunft – geführt von einem freundlichen, gut Englisch sprechenden Ehepaar. 4 preiswerte Zimmer mit Ventilator und Gemeinschaftsbad sowie 2 mit AC. Umfassender Service inkl. Touren (s. Kasten S. 538). ①

### ESSEN

Auf dem traditionellen **Nachtmarkt** gibt es vorwiegend Früchte, wesentlich interessanter ist der neue **Walking Street Market**, im Bereich der Chumsai Rd./Ruanchit Rd., der mit etlichen Essensständen lockt. Zu den örtlichen Spezialitäten zählt z. B. *Khai Ping* – am Spieß geröstete, ungeschälte Eier. ⏰ 17–22 Uhr.

**Ban Thai**, 16/8 Ruam Pattana Rd., ✆ 085-745 4005 (Chris), 083-352 8000 (Pah), 🖳 auf Facebook. Populäres und inzwischen einziges Ausländer-Restaurant am Ort, mit AC- und Außenbereich. Empfehlenswert schon wegen des sympathischen Inhabers Chris aus Bernkastel und seiner Frau Pah. Üppige Speisekarte mit günstigen Leckereien wie griechischem Salat, Pasta mit Käse-Gratin, Knusperpizzas oder Steaks. Als Beilagen gibt es Infos aller Art. ⏰ 10–24 Uhr.

**Baan Yai**, Maliwan Rd. Auch nach dem Umzug vom Zentrum an die Peripherie als typisches, angesagtes Isarn-Restaurant mit Carabao-Flair bzw. rustikalem Holzmobiliar, einladendem Bier-

## Touren und Transfers

Die Backpacker-Herberge **Sugar Gh.**, S. 537, verfügt über einen reizvollen, naturnahen Ableger in Kangtone (s. Umgebung Loei), der an der Grenze zu Laos liegt (1 Std. Autofahrt). Erlebnisreiche **Tagesausflüge** können für 1600 Baht (bis zu 3 Pers.) zum 54 km entfernten Phu Rua National Park führen oder für 2000 Baht zum 70 km entfernt gelegenen Phu Luang National Park. Fahrräder gibt es schon für 50 Baht pro Tag, Mopeds für 250 Baht. Professionellster Veranstalter ist **Loei Travel**, im Loei Palace Hotel, ☎ 085-010 2426, ⌨ www.loei travel.com. ⏰ Mo–Fr 10–17, Sa 10.30–16 Uhr.

garten und einer großen Bandbreite bezahlbarer Spezialitäten der Region. ⏰ 11–23 Uhr.

€ **Loei Da Nang**, Loei Sq., ☎ 042-830 413. Empfiehlt sich schon wegen der exzellenten Frühlingsrollen, aber auch wegen der übrigen vietnamesischen Spezialitäten. Erhältlich sind diese auch im neuen, großen Ableger an der Ausfallstraße nach Chiang Khan. ⏰ 9–18 Uhr.

**Milk Cake**, Loei Sq., ☎ 042-830 045. Kuchen, Kekse und Backwaren aller (thailändischen) Art. ⏰ 8–20, So nur bis 16 Uhr.

## UNTERHALTUNG

Das Nachtleben spielt sich vorwiegend in der **Ruam Pattana Rd.** ab, wo es mehrere Pubs mit Livemusik und Fassbier gibt sowie einen verlockenden Tanzschuppen:

**Ban Muang Loei Pub**, ☎ 086-646 5572. Populärer, halb offener Western-Pub mit rustikalem Holzmobiliar, guter Atmosphäre und allabendlicher Livemusik ab 22 Uhr. ⏰ 17–1 Uhr.

🧳 **Robot 2029**, ☎ 042-833 733. Lange etabliert und beliebt für jede Menge Discospaß. Ab 22.15 Uhr gute Bands mit Livemusik und Tanzeinlagen. ⏰ 20–2 Uhr.

**Saloon Loei**, ⌨ auf Facebook. Benachbart bzw. eigenständiger Bestandteil des Ban Thai-Restaurants – als wichtigster Anlaufpunkt von Ausländern, mit kaltem Bier und heißen Bikern, Rockmusik und Billardtisch. ⏰ 16–1 Uhr.

## SONSTIGES

Beim **Tourist Office**, Charoen Rat Rd., ☎ 042-812 812, ⌨ www.tourismthailand.org/loei, ist ein nützlicher Plan erhältlich. ⏰ Mo–Fr 8.30–16.30 Uhr. Ultimative Insider-Infos gibt es bei Chris Roemer, der bereits seit zehn Jahren in Loei lebt und meist im **Saloon** anzutreffen ist.

## TRANSPORT

### Busse

Der **Busbahnhof**, ☎ 042-833 586, 042-811 706 (999 VIP) oder 042-832 042 (Air Muang Loei), liegt 2 km vom King Hotel entfernt.
BANGKOK, 20x tgl. in 10–12 Std. für 380–460 Baht, als VIP bis zu 650 Baht.
CHIANG KHAN, etwa stdl. in 1 Std. für 70–90 Baht (auch mit Songthaew).
CHIANG MAI, 4x tgl. in ca. 10 Std. für 420–500 Baht, als VIP bis zu 600 Baht.
CHIANG RAI, 4x tgl. in ca. 10–11 Std. für 370–480 Baht.
KHON KAEN, alle 30 Min. in 3–4 Std. für 130–150 Baht.
KORAT, fast stdl. in 5 Std. für 230–290 Baht.
Luang Prabang, tgl. um 8 Uhr in 10 Std. für 700 Baht, über Xayaboury (500 Baht).
Nong Khai, 1–2x tgl. in 6–7 Std. (meist als Non-AC und über PAK CHOM) für 120–140 Baht. Einfacher, komfortabler und schneller geht es über Udon Thani.
PHU KRADUNG, mit Bus nach Khon Kaen. Nach 75 km bzw. 1 1/2 Std. auf dem H201 für 80–100 Baht wird der Ort Phu Kradung erreicht. Die letzten 10 km bis zum Headquarter des Parks mit Songthaew für 30 Baht, als Charter 300 Baht.
SANG KHOM, 2–3x tgl. in 3 Std. für 80–100 Baht.
Udon THANI, alle 30 Min. in 3 Std. für 90–110 Baht.

### Flüge

Der Flughafen, ☎ 042-811 099, liegt rund 6 km außerhalb der Stadt – und wird 4x tgl. von **Nok Air** und **AirAsia** mit Flügen von/nach Bangkok bzw. zum Don Mueang Airport bedient.

**DER NORDOSTEN**

# Die Umgebung von Loei

Im Hinterland von Loei locken allerlei naturnahe Ziele – besonders für Selbstfahrer. Zu den beliebtesten Ausflugszielen zählt der nördlich liegende, über den H203 zu erreichende Huay Krathing (14 km von Loei). Auf diesem großen See dümpeln überdachte Bambusflöße, auf denen man sich gut entspannen und kulinarische Köstlichkeiten genießen kann. Sie werden nach dem Hissen eines Fähnchens mit Booten herbeigebracht.

Eine weitere schöne Tour lässt sich über den kurvenreichen H2115 durch das bergige Grenzland nach **Tha Li** (23 km von Loei) unternehmen, das beschaulich in einem fruchtbaren Tal liegt. 9 km weiter nördlich verläuft die Grenze mit Laos am Mekong-Zufluss **Huang** entlang. Eine von **Phu Rua** (47 km von Loei) in Richtung Norden abzweigende Stichstraße führt zum **Phu Rua National Park**, wo 1981 mit -4 °C die tiefsten Temperaturen Thailands gemessen worden sind. Typisch für die Region sind die zahlreichen Farmen für Blumen, Erdbeeren- oder Macadamia-Nüsse. Auch wenn der **Phu Kradung National Park** (49 km von Loei) als bekanntestes Reiseziel der Region schon längst passiert ist, führt der H201 Richtung Khon Kaen bzw. Chaiyaphum noch lange durch eine herrlich bewaldete Landschaft.

Andernorts verbirgt sich Thailands ältestes Weingut **Chateau de Loei** (60 km von Loei), 🖥 www.chateaudeloei.com. Es produziert bereits seit 1995 gekelterten Rebensaft, hat seine Führungsrolle aber längst eingebüßt, während sich das touristische Angebot im Vergleich zur Konkurrenz in der Region Khao Yai (Kasten S. 33) in engen Grenzen hält.

Einen Höhepunkt ganz anderer Art verspricht das Phitchakhon Festival (Bun Phra Wet) bei **Dan Sai** (82 km von Loei): Im Juni wird es als dreitägiges Spektakel mit einer Maskerade, Phallussymbolen und reichlich Alkohol zelebriert.

## ÜBERNACHTUNG

Umrahmt von einer herrlichen Landschaft aus Bergen, Wäldern und Flüssen, finden sich – besonders am H203 im Bereich von Phu Rua – viele naturnahe Hideaways mit rustikalem Charakter oder als gediegene Boutiqueresorts. **Jaidee Kangtone View**, bei Tha Li, 50 km von Loei, 📞 089-711 1975, 🖥 www.kangtoneview.blog.com. Als Ableger des Sugar Gh. von Loei naturnah an einem Fluss gelegen. 9 Zimmer mit Ventilator und Gemeinschaftsbad, aber nur von Okt–März. ❶

🏨 **Phu Pha Nam Resort & Spa**, 📞 042-078 078, 🖥 www.phuphanamresort.com. Auf 620 m Höhe liegend und von Loei aus in rund 70 km über den H2013 zwischen Pu Ruea und Dan Sai erreichbar, empfiehlt sich dieses Refugium für alle, die abseits der Hauptrouten nach Ruhe, Ursprünglichkeit und Natur suchen. Das Resort bietet 70 Wohlfühlzimmer in 6 Kategorien, einen tollen Bergblick sowie einen idyllischen Pool und eine verlockende Wellnessoase ❹–❺

## Grenzübergang nach Laos

Obwohl nun umfassend ausgebaut, ist der Grenzübergang **Tha Li–Kenthao**, 🕐 6–18 Uhr, unter Ausländern bisher kaum bekannt. Die thailändische Immigration, 📞 042-889 208, liegt unmittelbar an der **Namhueng-Brücke** (Nam Huang). Sobald diese überquert ist, kann man auf einer 360 km langen, noch etwas beschwerlichen Straße in 10–12 Std. bis zur einstigen laotischen Königsstadt Luang Prabang gelangen. Weitere Übergänge nach Laos s. Kasten S. 530 und 543.

# Phu Kradung National Park

Der legendäre Ruf basiert auf wunderschönen Wäldern, malerischen Klippen und atemberaubenden Felsüberhängen. Der Park wurde 1959 gegründet und ist nach dem Khao Yai der zweitälteste Nationalpark Thailands. Das zur Phetchabun-Bergkette gehörende, bis zu 1316 m hohe, herzförmige Plateau weist extreme Temperaturschwankungen bis zu 40 °C auf und gilt als kühlste Region Thailands: Im Winter ist sogar mit Minusgraden zu rechnen.

Neben trockenen Monsun- und ausgedehnten Pinienwäldern gedeihen im Nationalpark

Phu Kradung (gesprochen: Kradüng) auch Eichen und Ahornbäume, deren Blätter im März und April in herbstlichen Farben leuchten. Zur gleichen Zeit blühen Rhododendren und Azaleen. Rauschende Wasserfälle wie der **Wang Kwang**, der **Phenphop** oder der **Tat Hong** perfektionieren das Naturparadies. Bevölkert wird es von Gibbons, Damwild, Großvögeln und vielen Schmetterlingsarten, aber auch Elefanten, Tiger, Panther und Schwarzbären streifen hier umher.

Der 348 km² große Park ist von einem dichten Netz schöner Wanderwege durchzogen und bietet grandiose Aussichten. Der Sonnenuntergang lässt sich besonders romantisch von der Klippe **Pha Lomsak** beobachten, während **Pha Nokaen** der beste Punkt zum Sonnenaufgang ist.

Besonders spannend, aber strapaziös und schweißtreibend ist der Aufstieg zum spektakulären **Gipfel** des Phu Kradung: Für die ersten 5,5 km braucht man 3–4 Std. Es geht vorbei an sechs Wasserfällen und allerlei spektakulären Aussichtspunkten, aber auch über steile Treppen und Leitern. Unterstützung an der Route gibt es durch Essen- und Getränkeverkäufer sowie Träger, die ihre Dienste nach dem Gewicht der Last (pro kg ab 30 Baht) berechnen. Auf dem Hochplateau sind es dann noch weitere 3 km über ebenes Terrain bis zum **Headquarter**, ✆ 042-871 333, ✉ phukradueng_np@dnp.go.th. ⏱ 7–16.30 Uhr, Eintritt 400 Baht.

Achtung: Der Aufstieg kann nur bis 14 Uhr beginnen. An Wochenenden und Feiertagen kommen besonders viele Besucher. Von Juni bis Ende September bleibt der Park wegen der Gefahr von Schlammlawinen und rutschigen Pfaden geschlossen.

## Abenteuer im Abenteuer

Zwei neue Geheimtipp-Spots im Umfeld von Phu Kradung sprechen sich unaufhaltsam herum: 15 km südwestlich von der Ortschaft Nong Hin entfernt erstrecken sich die fotogenen Felsformationen von **Kunming Muang Thai (Pha Ngam Rock Garden)**, ✆ 042-89 4254, ⏱ 8.30–17.30 Uhr. Ebenfalls mit 100 Baht Eintritt plus Traktor-Transfer zu erreichen ist das 18 km südwestlich von **Nong Hin** liegende **Suan Suwan**, ✆ 084-952 0591, worunter sich ein rund 1 1/2-stündiger, über Felsen und durch Höhlen führender Trekking-Pfad versteht.

### ÜBERNACHTUNG

Am unteren **Headquarter** gibt es einige Übernachtungsmöglichkeiten, auf dem Gipfel können in Bungalows (900–3600 Baht) und vor allem auf Campingplätzen (Zelt-Miete 230 Baht) bis zu 5000 Besucher unterkommen – versorgt von etlichen Open-Air-Restaurants. An Wochenenden, Feier- und Ferientagen kann es besonders laut werden. Weitere Infos S. 72, Nationalparks.

### TRANSPORT

Songthaew vom Headquarter zum 10 km entfernten Busbahnhof im Ort Phu Kradung kosten als Charter für bis zu 10 Pers. 300 Baht. Der letzte Bus zurück nach Loei startet gegen 20 Uhr, benötigt 1 1/2 Std. und kostet 50 Baht. Nach KHON KAEN in 2 Std. für 80 Baht.

# Von Nong Khai nach Mukdahan (Ostroute)

Die von westlichen Touristen erst wenig bereiste Ostroute eignet sich perfekt, um mit Mietwagen, Motorrad oder Fahrrad erkundet zu werden, noch jung ist die Möglichkeit zu Flusskreuzfahrten (Kasten S. 541). Parallel zum Mekong und der laotischen Grenze (für Übergänge Kasten S. 543) führt der H212 von Nong Khai in Richtung Osten und dann in den Süden über das nach rund 300 km erreichte Nakhon Phanom sowie Sakhon Nakhon und That Phanom bis Mukdahan. Die meisten Orte strahlen eine authentische Thai-Atmosphäre aus und sind vom Mekong geprägt. Für Besucher interessant sind bedeutende Sehenswürdigkeiten und zahlreiche Festivals. Die häufigen Beinamen *Bueng (Bung)* oder *Nong* deuten auf flache Gewässer hin, die sich vom saisonalen Wasserfluss speisen. Je weiter man nach Süden gelangt, desto deutlicher wird der vietnamesische Einfluss.

Bekanntester Ort in der unmittelbaren Umgebung von Nong Khai ist das 45 km westlich liegende **Phon Phisai**, denn hier steigt jedes Jahr das spektakuläre, mit Bootsprozessionen verbundene Drachenfest: In den Vollmondnächten im Oktober strömen die Menschen in Scharen zum legendären **Naga Fireball Festival**, um ein mystisches, aus dem Mekong leuchtendes Licht zu bewundern. Der Legende nach soll es von einem Drachen stammen, doch gibt es auch eine wissenschaftliche Erklärung. Faszinierende Details zum Naturphänomen des leuchtenden Mekong, das auch noch andernorts auftaucht, s. eXTra [2912].

Im weiteren Verlauf der Nationalroute 212 gelangt man nach **Ban Ahong**, wo zwischen großen, fotogenen Felsen und Stromschnellen viele Fische gefangen werden. Als erster größerer Ort wird nach 136 km **Bueng Kan** (auch Bung Kann oder Bung Khan) erreicht, das an der Einmündung des Flusses Nam Xan in den Mekong liegt und als Hauptstadt von Thailands erst 2011 gegründeter 77. Provinz fungiert. Der beschauliche Ort verfügt über eine schöne Uferpromenade und in der Trockenzeit über eine große Sandbank, auf die gern gepicknickt wird. Von Bung Kan kann man nach Laos ausreisen (s. Kasten S. 543) oder das Felsenabenteuer **Wat Phu Tok** (s. Kasten S. 542) suchen. 165 km südöstlich von Nong Khai erstreckt sich das 186 km² große, herrliche Naturschutzgebiet **Phu Wua Wildlife Reserve**, in dem u. a. der **Tham Phra Wasserfall**, der – 50 hoch und 100 m breit – zu paradiesischem Badevergnügen lockt. Die Zufahrt erfolgt über **Ban Kham Pia** bzw. das 3 km entfernte Busstop-Dorf **Ban Chik** (Touren s. Kasten S. 529).

Gegenüber der laotischen Stadt Thakhek, wo der Mekong eine Breite von 1 km erreicht, liegt das 34 000 Einwohner zählende **Nakhon Phanom**, eXTra [2913]. Es ist die friedliche Hauptstadt einer Provinz, in der viele ethnische Vietnamesen leben und sich noch Spuren von Revolutionär Ho Chi Minh finden. Der Ort hat sich mit Sitzbänken und Blumenbeeten am Mekong-Ufer veredelt und erfreut mit idyllischem Panorama – zumal sich die Berge im Norden wie Zuckerhüte erheben. Seit 2011 führt 8 km nördlich die 1423 m lange und 13 m breite, dritte Mekong-Brücke nach Laos (Kasten S. 543), zudem wird der Ort von AirAsia und Nok Air angeflogen.

Von Nakhon Phanom bietet sich ein Abstecher nach **Sakon Nakhon** (Sakhon Nakorn, eXTra [2914]) ins Landesinnere an. Die Provinz überrascht inmitten der trockenen, steppenartigen Landschaften des Nordostens mit zahlreichen Seen. Nach den ersten 5 km auf dem H22 ist ein Zwischenstopp am sorgfältig restaurierten Holzhaus möglich, das der vietnamesische Revolutionär Ho Chi Minh in den späten 1920er-Jahren erbaute, um darin seinen Unabhängigkeitskampf vorzubereiten.

Nach Nakhon Phanom erreicht man im weiteren Verlauf der Ostroute nach 45 km **That Phanom** – einen beschaulichen Wallfahrtsort mit 4000 Einwohnern, eXTra [2915]. Der schöne, 57 m hohe Stupa des Wat Phra That Phanom gilt mit einem geschätzten Alter von bis zu 1500 Jahren als ältestes und wichtigstes Heiligtum im Nordosten. Der ursprüngliche Turm stürzte 1975 ein und wurde neu errichtet. Der fünfstufige Schirm besteht aus 16 kg Gold, das gut bestückte Museum, 8.30–16 Uhr, beherbergt eine bunte Sammlung von Buddhastatuen, Antiquitäten und Keramik.

Erst durch die zweite thailändisch-laotische Freundschaftsbrücke zu einem Begriff geworden ist das 650 km von Bangkok entfernte, gern als „Mukda" abgekürzte **Mukdahan**, eXTra [2916]. 2007 wurde die Brücke 5 km nördlich des Zentrums als 1600 m langes Bauwerk eröffnet. Jenseits des Mekong liegt das laotische Savan-

---

### Die Ostroute als Flusskreuzfahrt

Romantische Flussreisen auf dem Mekong nach oder in Laos sind reizvoll wie populär, doch bieten sich neuerdings auch zwei reizvolle Routen durch Thailand an. Auf der neuen, fünftägigen Isarn-Route zwischen dem Dorf Ban Na Khae (nördl. von Nakhon Phanom) und Nong Khai z. B. verkehrt von November bis April das komfortable, nostalgische Boutique-Schiff *Mekong-Explorer* (ab 1430 € p. P. inkl. Flugan- und abreise bis/ab Bangkok), **Mekong River Cruises**, ☎ 0049-30-7860 0019 (Berlin-Büro), ⌨ www.cruisemekong.com.

© VOLKER KLINKMÜLLER

Ein Besuch dieses geheimnisvollen - 185 km östlich von Nong Khai bzw. über Buen Kan erreichbaren – Heiligtums ist für manchen Traveller der Höhepunkt einer Thailand-Reise. Ein in jeder Beziehung atemberaubender Pilgerpfad aus schmalen Stegen, steilen Treppen und Leitern führt an Steilhängen entlang und hinauf zu dem in luftiger Höhe liegenden Felsentempel **Wat Phu Tok** oder Chetiya Kiri Viharn, zu Deutsch „einsamer Berg".

Wer sich auf diesen Holzweg begibt, für dessen Bau buddhistische Mönche volle fünf Jahre benötigt haben, muss ein Mindestmaß an Schwindelfreiheit besitzen, gern auch eine gute Kondition und gesteigerte Bereitschaft zum Nervenkitzel. Bis zu der 200 m aus dem flachen Land aufragenden Spitze muss der majestätische Sandstein-Felsen insgesamt sieben Mal umrundet werden, was im Buddhismus der Anzahl der Stufen zur Erleuchtung entspricht.

Das teilweise bewaldete, letzte Stück zum Gipfel ist nur schwer zu erklimmen. Dafür wird man mit einer grandiosen Rundumsicht belohnt. Den Rückweg kann man über Treppen durch einen Tunnel zurücklegen. Das Heiligtum war Wirkungsstätte des bekannten Mönchs **Ajahn Juan**, der 1980 bei einem Flugzeugabsturz ums Leben kam. ⏲ 6–17 Uhr, über Songkran geschlossen, Zutritt frei (ausreichend Trinkwasser mitführen!).

Die **Anreise** gestaltet sich meist als etwas kompliziert und zeitraubend – insofern man sich nicht für die bequeme, aber ca. 2500 Baht teure Lösung per Charter-Taxi aus Nong Khai (s. Nong Khai, Touren) entscheiden mag. Als Alternative bietet sich eine Übernachtung in Bueng Kan an. Vom dortigen Glockenturm geht es per Charter-Tuk Tuk über Siwilai auf einer insgesamt 47 km langen Strecke bis zum Heiligtum, wobei für Rundtrips mit ca. 2 Std. Aufenthalt meist um die 1000 Baht verlangt werden.

nakhet (s. Kasten S. 543), von wo eine gut ausgebaute Landroute bis nach Vietnam führt. Bester Beweis für die florierenden Geschäfte der Grenzstadt ist der große Indochina-Markt (Talad Indojin): Mit einer Länge von 1,5 km brodelt er am Mekong und bezeugt in vielen Details, dass die meisten Einwohner Mukdahans vietnamesischen Ursprungs sind. Herrliche Ausblicke auf die Umgebung eröffnen sich vom 65,5 m hohen, 1996 eingeweihten **Mukdahan Tower**, ⏲ 8–18 Uhr, Aufzug 50 Baht. Die Stadt wird von Nok Air angeflogen.

DER NORDOSTEN

Auf der Ostroute liegen die Unterkünfte weit verstreut, auch oft reizvoll direkt am Mekong. In den größeren Städten wird das Zimmerangebot vorwiegend von Hotelkästen bestimmt, darunter etliche Neubauten. Permanente „Promotions" machen die Unterkunft meist erfreulich günstig. Zudem mangelt es nirgends an guten Restaurants, von denen natürlich viele Flussblick bieten.

### Zwischen Nong Khai und Bueng Kan

**Ban Vas Resort**, in Phon Phisai, 40 km östlich von Nong Khai, ☎ 089-570 7782. Empfehlenswerte Unterkunft bei der freundlichen Mrs. Vasana und ihrer Familie. 8 blitzsaubere AC-Bungalows mit westlichem Komfort und Mekong-Blick. ❷

 **Rachavadee Hotel**, in Bueng Kan, ☎ 042-492 119, 🖥 www.rachavadeehotel.com. Neu seit 2012, ansprechend und entsprechend beliebt. 26 geräumige Zimmer mit Balkon. Gutes Preis-Leistungs-Verhältnis. ❶–❷

**The One Hotel**, in Bueng Kan, ☎ 042-492 234, 🖥 www.theonehotel-bk.com. Der Name scheint Mission, da die 2012 eröffnete, elegante Unterkunft in der Region neue Maßstäbe setzt. 79 durchgestylte Komfortzimmer in 4 Kategorien und ein schöner Pool. ❹–❺

### Nakhon Phanom

**Siam Grand Hotel**, 218/3 Nakhonphanom Thauthen Rd., ☎ 042-512 750, 🖥 www. siamgrandhotel.net. Neu, sauber und modern – mit ganz unterschiedlich durchgestylten, angemessen bepreisten Zimmern. ❷–❹

**The River**, 35/9 Thaphanom Rd., ☎ 042-522 999, 🖥 www.therivernakhonphanom.com. Modern, durchdesignt und professionell gemanagt, zählt dieses attraktive, direkt am Mekong liegende Haus mit seinen Komfortzimmern zweifellos zu den besten Optionen. ❹–❺

### Sakhon Nakhon

**Dusit Hotel**, 1784 Yuwaphatthana Rd., ☎ 042-712 200, ✉ dusithotel@hotmail.com. Bereits 1981 eröffnet und in zentraler Lage. Hat nichts

Bis auf Bueng Kan – Pakxan gibt es an allen Grenzübergängen Visa on Arrival (S. 46). Zu bestimmten Tagen/Uhrzeiten werden geringe Zuschläge erhoben. Für Fahrten mit dem staatlichen Thai-Lao International Bus muss sich das Visum schon im Reisepass befinden.

### Bueng Kan – Pakxan (Pak Sane)

Der einsame, rund 2,5 km nordwestlich von Bueng Kan liegende Grenzübergang wird nicht häufig genutzt. Das könnte sich ändern, wenn die geplante fünfte Freundschaftsbrücke den Fährverkehr ersetzt (Boote fahren nur mit 20 Passagieren, ansonsten chartern für 1000 Baht). ⏱ 8–18 Uhr.

### Nakhon Phanom – Thakhek

Seit hier die dritte thai-laotische Freundschaftsbrücke den Mekong überspannt, pendelt der Thai-Lao International Bus 8x tgl. von 8–17 Uhr (75 Baht, 29 km, 90 Min.) zwischen den beiden Städten. ⏱ 6–18 Uhr.

### Mukdahan – Savannakhet

Am einfachsten mit dem Thai-Lao International Bus über die zweite Freundschaftsbrücke (12x tgl. von 8.15–19.30 Uhr, 45 Baht, 17 km, 1–2 Std.). ⏱ 6–22 Uhr.

### Chong Mek – Vangtao (Pakxe)

Statt über den Mekong geht es von Ubon Ratchathani ca. 90 km bis zum östlich liegenden Chong Mek, dann vom laotischen Grenzort Vangtao ca. 45 km bis zur südlaotischen Provinzhauptstadt Pakxe (Pakse). Der Thai-Lao International Bus fährt 2x tgl. für 200 Baht in 3 Std. ⏱ 6–20 Uhr.

### Weitere Grenzübergänge

**Nong Khai – Tha Deua/Vientiane**: siehe Kasten S. 530.
**Tha Li – Kenthao**: siehe Kasten S. 539.

mit der edlen Hotelkette zu tun, scheint ihr aber nacheifern zu wollen. 83 ansprechend möblierte, günstige Komfortzimmer. Schöne

DER NORDOSTEN

Lobby, gutes Restaurant mit internationaler Küche und gute Infos durch Besitzer Mr. Fiat.

**②–③**

**€** **NH The Elegant Hotel**, 1636/32 Robmuang Rd., ☎ 042-713 338, ▭ auf Facebook. Neue Unterkunft, die gern trendy sein möchte, aber etwas abseits des Zentrums liegt. Die 52 wohnlichen Komfortzimmer bieten ein gutes Preis-Leistungs-Verhältnis, Frühstück und Abendessen sind inbegriffen. **③**

### That Phanom

**Kritsada Rimkhong Resort**, 90-93 Moo 2, Rimkhong Rd., ☎ 081-262 4111, ▭ www. ksdresort.com. Pieksauberes Hotel direkt am Fluss mit 18 geräumigen, gut ausgestatteten Zimmern, einige davon sogar mit Kochgelegenheit. **②**

**That Phanom Riverview Hotel**, 258 Moo 2, ☎ 042-541-555, ▭ www.thatphanomriver viewhotel.com. Direkt am Mekong und empfehlenswert. 68 schöne Fliesenboden-Zimmer in 4 Kategorien – als Grand Deluxe Room mit 34m² und großzügiger Verglasung und Balkons zum Mekong. **④**

### Mukdahan

**Ploy Palace**, 40 Pitak Panomkhet Rd., ☎ 042-631 111, ▭ www.ploypalace.com. Bestes Hotel am Ort – mit 10 Stockwerken, 154 gediegenen Zimmern, Pool und viel Ambiente. Die oberen Zimmer und die Sky Lounge, ⏰ 17.30–24 Uhr, bieten eine schöne Aussicht. Gutes Essen und manchmal auch Livemusik. **④–⑤**

**€** **Riverview Maekhong Mukdahan Hotel**, 49 Samran Chaikhong Thai Rd., ☎ 042-633 323. Familiär und engagiert geführte Unterkunft mit Charakter. 50 bezahlbare Zimmer – teilweise großzügig verglast, Holzterrasse mit Mekong-Blick und Gratis-Fahrräder. **②**

## SONSTIGES

### Feste

Am Ende der Regenzeit werden in Nakhon Phanom beim **Ok Phansa-Fest** im Oktober kleine, mit Blumen und brennenden Kerzen dekorierte Schiffchen in den Mekong gesetzt. Außerdem gibt es Bootsrennen und einen

### Bombenstimmung in Yasothon

Einmal im Jahr gerät das sonst eher unbedeutende Yasothon (21 000 Einw.) in eine – im wahrsten Sinne des Wortes – Bombenstimmung. Im Mai strömen zahlreiche Thai-Touristen in das 98 km nordwestlich von Ubon Ratchathani liegende Städtchen, das Heimat der größten moslemischen Bevölkerungsgruppe im Nordosten ist, um mit dem Raketenfestival **Bun Bang Fai** (Soeng Bung Fai) den Beginn der Regenzeit zu feiern. Der Name lässt sich mit „Verdienst der Bambusraketen" übersetzen.

Am zweiten Tag des einwöchigen Spektakels werden zu Ehren des Schutzgeistes der Stadt in einer Prozession imposante Raketen und andere Phallussymbole zum Lak Muang-Schrein gebracht. Am Ende werden die selbst gebastelten Flugkörper – als Treibstoff dient eine Mischung aus Holzkohle und Salpeter – vor dem Rathaus abgefeuert. Bei dem ehrgeizigen Wettbewerb gewinnen die Bastler des Geschosses, das – gemessen mithilfe von Ferngläsern und Stoppuhren – am höchsten in den Himmel steigt.

Der Riesengaudi hat allerdings auch schon manchen Betriebsunfall mit sich gebracht und birgt ob immer größerer Raketen mittlerweile Risiken für den Luftverkehr, obwohl sie nur max. 1,5 km in den Himmel steigen dürfen. Umrahmt wird das illustre Spektakel von Volkstänzen, Umzügen mit Schönheitsköniginnen und anderen, bodenständigen Vergnügungen.

Umzug mit kleinen, aus Bienenwachs geschaffenen Tempeln.

### Immigration

Die Einreisebehörde von Mukdahan liegt in der Song Nang Sathit Rd., ☎ 042-611 074. ⏰ Mo–Fr 8.30–16.30, Sa 8.30–12 Uhr.

### Informationen

Das in Nakhon Phanom ansässige **TAT-Büro**, 184/1 Suntomvijit Rd., ☎ 042-513, ▭ www. tourismthailand.org/nakhonphanom, ist auch für Sakhon Nakhon und Mukdahan zuständig. ⏰ 8.30–16.30 Uhr.

Auf kleineren Strecken verkehren Songthaew als Pick-ups oder Tuk Tuks bzw. dreirädrige Motorräder, die in dieser Region auch gern als „Skylaps" bezeichnet werden. Die größeren Orte entlang dem Mekong werden mit Non-AC- und auch einigen AC-Bussen verbunden. Von allen größeren Städten gibt es AC-Verbindungen zu den wichtigsten Städten des Nordostens. Nach BANGKOK geht es für 350–550 Baht, für bis zu 900 Baht meist auch als VIP, in 10–13 Std.

# Ubon Ratchathani

Ubon Ratchathani – 230 000 Einwohner und im Alltag nur „Ubon" genannt – ist Hauptstadt der größten Provinz des Nordostens. Es lohnt einen Besuch schon wegen ihrer mindestens neun außergewöhnlichen Tempelanlagen. Die „Königliche Stadt der Lotosblüte" gilt als Tor zu den Nachbarländern Laos (Grenzübergang Chong Mek, Kasten S. 543), Kambodscha und Vietnam. Wegen ihres relativ üppigen Waldgrüns wird diese Region auch als „Smaragddreieck" bezeichnet. In den 1960er- und 70er-Jahren war Ubon US-Luftwaffen-Stützpunkt, und noch heute düsen Kampfjets in lärmend geringer Höhe über die Stadt. Der ausgebaute Flughafen zeugt von einem gewissen Aufschwung, denn Ubon fungiert als Finanz- und Handelszentrum für landwirtschaftliche Produkte sowie als Ausbildungsstandort.

Die Stadt erstreckt sich 630 km von Bangkok und 420 km von Korat entfernt am Ufer des **Moon** (Mun) und nennt sich in ihrem unwirtlichen, südlichen Teil jenseits des Flusses **Warin Chamrap**. Das am Flussufer liegende **Wat Supattanaram** wurde 1853 als erstes Kloster der strengen Dhammayuti-Sekte im Nordosten gegründet. Das Heiligtum beherbergt eine Statue des verehrten Mönchs Phra Sapphanyu Chao, die größte, allerdings nicht funktionsfähige Holzglocke Thailands, ein sehenswertes Freilichtmuseum mit bis zu 1400 Jahre alten Reliefs sowie eine Steinsäule aus der Angkor-Epoche. Von einem Ponton am Flussufer kann man mit der Strömung spielende Fischschwärme füttern. In dem 2008 weitgehend neu entstandenen **Wat Si Thong** wird eine Buddhafigur verehrt, die aus Topas besteht und als landesweit größter Brocken des edlen Gesteins gilt. Im schön restaurierten Gouverneurssitz von 1873 findet sich das **Nationalmuseum**. Es besitzt die älteste Sammlung mit archäologischen Fundstücken im Isarn, ⏲ Mi–So 9–16 Uhr.

Am H212 nach Mukdahan liegt das 1957 erbaute **Wat Nong Bua** mit einem 56 hohen Stupa im Stil des Mahabodhi-Tempels im indischen Bodh Gaya, wo Buddha die Erleuchtung fand. Hier lässt sich die Produktion von Riesenkerzen für das Candle Festival ganzjährig erleben. Der Hauptbau überrascht im Zuckerbäckerstil mit einer Kuppel und großzügiger Verglasung. Ebenfalls sehenswert ist **Wat Sa Prasan Suk**, 4 km vom Zentrum am nordöstlichen Stadtrand: Unter einem Beton-Elefanten hindurch geht es zu zwei riesigen, in roten, weißen und goldenen Farbtönen bemalten Betonbarken. Nicht weit entfernt finden sich ein Turm und ein See mit Inseltempel.

## ÜBERNACHTUNG

Durch das Überangebot an Zimmern kann man in den Mittelklassehotels meist erfreulich preiswert unterkommen.

### Untere Preisklasse

**Phadaeng Mansion** ⑤, 126 Phadaeng Rd., ☎ 045-254 600, ✉ thephadaeng@gmail.com. Perfekt gelegen und auch sonst phänomenal. Moderner Hotelbau unter dem genialen Management des Besitzers, der nichts dem Zufall überlässt. 77 geräumige, behagliche und pieksaubere Komfortzimmer mit Flatscreen-TV, 2 (!) WLAN-Schreibtischen, Boxspring-Matratzen und Balkons zu denkbar attraktiven Preisen. Fahrradverleih für 50 Baht. ❷

**Tokyo Hotel** ④, 360 Upparat Rd., ☎ 045-241 739, 🖂 263 140. Für Fans der gleichnamigen Band natürlich ein Muss. Etwas gesichtsloses, aber durchaus angenehmes Haus mit 2 Gebäudeteilen und insgesamt 54 akzeptablen Komfortzimmern, davon 8 mit Ventilator. Charmantes Foyer, nettes Personal. ❶–❷

### Mittlere und obere Preisklasse

**Laithong Hotel** ⑦, 50 Phichit Rangsan Rd., ℘ 045-264 271, ▭ www.laithong.com. Versteht sich als bestes Hotel der Stadt. 124 Komfortzimmer mit allen Annehmlichkeiten. Rooftop-Pool im 8. Stock, populärer Nachtclub in der Nachbarschaft. ❹–❺

€ **Pathumrat Hotel** ②, 377 Chayangkun Rd., ℘ 045-241 501-11. Etwas angestaubter und gerade deshalb angenehmer Hotel-Klassiker – mit einladendem Foyer und 177 geräumigen, teils leider etwas abgewohnten Holzboden-Zimmern inkl. Badewannen-Bädern. ❸–❹

**Sri Isan Hotel** ⑨, 62 Ratchaboot Rd., ℘ 045-261 011, ▭ www.sriisanhotel.com. Die 33 hellen, sauberen und ganz unterschiedlich großen Fliesenzimmer dieses Innenstadt-Hotels verteilen sich in einem ansehnlichen Betonbau mit 4 Etagen bzw. rund um einen Lichthof. Auch das schöne Foyer trägt zur Wohnlichkeit bei. ❷–❹

**Sunee Grand Hotel & Convention Center** ①, 512/8 Chayangkun Rd., ℘ 045-352 900, ▭ www.suneegrandhotel.com. Das offiziell beste Haus am Ort – als Bestandteil eines mondänmodernen, aber nicht besonders ansprechenden Einkaufszentrums. 222 luxuriösen Superior- und Deluxe-Zimmer mit Pool, Sauna und Wellnesscenter. ❺

**T3 House** ⑥, 1/1 Soi Sapphasit 1, ℘ 045-263 119, ▭ www.facebook.com/t3houseubon. Neu seit 2013, benannt nach den 3 Baumriesen im Innenhof und eine gute Alternative, wenn das Phadaeng Mansion voll ist. Etwas nüchtern, aber viel gelobt, modern und sauber – mit 76 Balkon-Zimmern. ❸

🧳 **The Outside Inn** ③, 11 Suriyat Rd., ℘ 088- 581 2069, ▭ www.theoutsideinnubon.com. 2013 eröffnet und professionell geführt von dem jungen Amerikaner Brent und seiner thailändischen Frau Tun. An der Peripherie als Hideaway mit 8 teils etwas dunklen Zimmern und umrahmenden Garten. Auch bei externen Gästen beliebtes Restaurant – u. a. mit mexikanischem Essen, preiswertem *chang*-Fassbier und exklusiv geschüttelten Cocktails. Gute Tipps und Touren sowie Gratis-Verleih von Fahrrädern (50 Baht) und Mopeds (um 250 Baht). ❸–❹

**Tohsang City Hotel** ⑧, 251 Phalochai Rd., ℘ 045-245 531-9, ▭ www.tohsang.com. Obwohl sich die Eleganz von Auffahrt und Foyer nur bedingt in den 76 Teppichboden-Zimmern fortsetzt, ist dieses Boutiqueresort nicht zu verachten. Toller Resort-Ableger in Khong Chiam. ❺

🧳 **Ubonburi Hotel & Resort** ⑩, 1 Simongkhon Rd. im Stadtteil Warin bzw. nur 1 km vom neu schillernden Night Bazar, ℘ 045-266 777, ▭ www.ubonburihotel.com. Überraschend preiswertes Luxushotel mit großer Gartenanlage und schönem Pool am Moon-Fluss. 110 geräumige Wohlfühlzimmer, davon 30 in Bungalows. Alles stilvoll und behaglich. Taxameter-Taxi zum ca. 5 km entfernten Zentrum 80 Baht. ❹

### ESSEN

Herrlich und preiswert schlemmen lässt es sich besonders auf dem im Herzen der Stadt lockenden Nachtmarkt **Tho Rung**, ⏱ 16–24 Uhr. Als Spezialität der Region empfiehlt sich z. B. *larb phet* (gehacktes Entenfleisch).

🧳 **Indochine & Intro-Pub**, 168-170 Saphasit Rd., ℘ 045-245 584. Seit 43 Jahren als uriges Restaurant mit vietnamesischer Küche. In dem alten Holzhaus, das einst über den Wasserweg aus Vietnam gekommen sein soll, serviert der nette Khun Noy schon in der dritten Generation u. a. exotische Wickelgerichte für 80–100 Baht – wie *nuea yang hap lu* oder *nam nueang*. ⏱ 9–18.30 Uhr. Das pubartige Obergeschoss lockt mit einer differenzierten Speisekarte und Piano-Musik. ⏱ 18–23 Uhr.

🧳 **Jumpa-Hom**, 49/3 Pichit Rangsan Rd., ℘ 045-260 398. Das beliebte Restaurant trägt seinen lieblichen Namen „Duft der Jumpa-Blume" völlig zu Recht: Es bietet eine romantische Atmosphäre und Livemusik (19.30–22 Uhr), im Garten gruppieren sich Holzmöbel und Bodenkissen zwischen Springbrunnen, Schilf und Lotos. Auf der Karte finden sich etliche Leckereien zu angemessenen Preisen und günstige *Buds*-Eiskugeln für 55 Baht. ⏱ 17–24 Uhr.

€ **Pornthip Gai Yang**, Saphasit Rd., ℘ 089-720 8101. Auf der Speisekarte finden sich mehr Schnappschüsse von Promi-Gästen als

www.stefan-loose.de/thailand

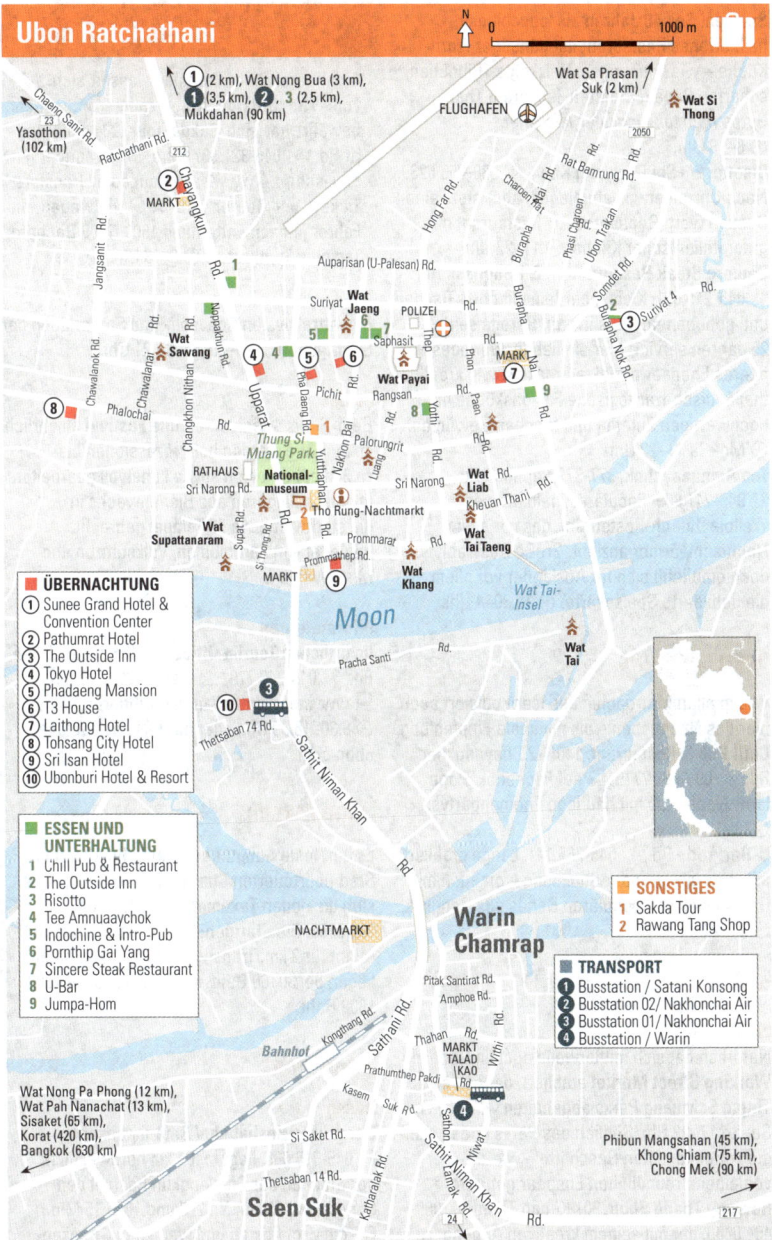

# Ubon Ratchathani

N
0 — 1000 m

① (2 km), Wat Nong Bua (3 km),
① (3,5 km), ② , 3 (2,5 km),
Mukdahan (90 km)

Chaeng Sanit Rd.
23
Yasothon
(102 km)

Ratchathani Rd.
212

FLUGHAFEN

Wat Sa Prasan
Suk (2 km)

Wat Si
Thong

2050

Rat Bamrung Rd.

Hong Fai Rd.
Charoen Mai
Burapha
Phasi Charoen
Ubon Trakan
Somdet Rd.

Auparisan (U-Palesan) Rd.

② MARKT
Chaengkun Rd.

Jangsanit Rd.
Noppadhun Rd.

1

Suriyat

Wat
Jaeng
POLIZEI

6 7

Rd.

② Surivat 4

Wat
Sawang

Chawalanok Rd.
Chawalanai
Changkhon Nithan

④ 4

5

⑤ ⑥

Saphasit
Thep

Rd.

MARKT
⑦

9

Phalochai

Rd.

Upparat Rd.
Phai Daeng Rd.

Pichit
Wat Payai
Rangsan

Phon
Yothi
Paen

Rd.
Buraph a

Buddha Nak Rd.

⑧

1

Nakhon Bai
Palorungrit
Luang

8

Sri Narong

Wat
Liab
Kheuan Thani

Rd.
Rd.

Thung Si
Muang Park

RATHAUS
Sri Narong Rd.

National-
museum

Tho Rung-Nachtmarkt

Wat
Supattanaram

Wat

Supat Rd.
S. Thong Rd.

Prommarat

MARKT

Prommathep Rd.

Wat
Khang

Wat
Tai Taeng

Wat Tai-
Insel

⑨

Moon

Pracha Santi

Rd.

Wat
Tai

DER NORDOSTEN

⑩ ③

Thetsaban 74 Rd.

Sathit Niman Khan
Rd.

## ■ ÜBERNACHTUNG
① Sunee Grand Hotel &
   Convention Center
② Pathumrat Hotel
③ The Outside Inn
④ Tokyo Hotel
⑤ Phadaeng Mansion
⑥ T3 House
⑦ Laithong Hotel
⑧ Tohsang City Hotel
⑨ Sri Isan Hotel
⑩ Ubonburi Hotel & Resort

## ■ ESSEN UND
   UNTERHALTUNG
1 Chill Pub & Restaurant
2 The Outside Inn
3 Risotto
4 Tee Amnuaaychok
5 Indochine & Intro-Pub
6 Pornthip Gai Yang
7 Sincere Steak Restaurant
8 U-Bar
9 Jumpa-Hom

NACHTMARKT

Warin
Chamrap

Pitak Santirat Rd.
Amphoe Rd.

Bahnhof
Kongthang Rd.
Thahan
Rd.

MARKT
TALAD
KAO

④

## ■ SONSTIGES
1 Sakda Tour
2 Rawang Tang Shop

## ■ TRANSPORT
❶ Busstation / Satani Konsong
❷ Busstation 02/ Nakhonchai Air
❸ Busstation 01/ Nakhonchai Air
❹ Busstation / Warin

Wat Nong Pa Phong (12 km),
Wat Pah Nanachat (13 km),
Sisaket (65 km),
Korat (420 km),
Bangkok (630 km)

Prathumthep Pakdi
Kasem

Suk Rd.
Sathon
Niwat

Sathit Niman Khan Rd.
Tamak Rd.

Phibun Mangsahan (45 km),
Khong Chiam (75 km),
Chong Mek (90 km)

Si Saket Rd.

Thetsaban 14 Rd.

Saen Suk

24

217

Rd.

Speisen. Seit 40 Jahren als lauschiges, halb offenes Restaurant mit günstiger Isarn-Küche – wie knusprigem Holzkohle-Hühnchen, scharfen Papaya-Salaten, leckerem Thai-Gyros *nam tok mou* oder *larb phet*. ⏱ 8–19 Uhr.

**Risotto**, 2/3 Soi Chaiyang Khun, ✆ 086-259 5289. Nach Umzug etwas abgelegen, aber stets einen Besuch wert. Gepflegtes AC-Restaurant mit guter italienischer Küche. ⏱ 11–22 Uhr.

**Sincere Steak Restaurant**, 126/1 Saphasit Rd., ✆ 045-245 061. Klein, aber fein mit nur 4 Tischen und gehobenem Preisniveau. Bereits seit 25 Jahren serviert hier ein liebenswürdiges älteres Ehepaar perfekte Steaks sowie kreative thailändisch-französische Fusionsküche mit hochwertigen Zutaten und frischen Gewürzen. ⏱ Mo–Sa 11–22 Uhr.

**Tee Amnuaaychok**, 377-379 Saphasit Rd., ✆ 045-241 809. Populäres, halb offenes Wellblechdach-Restaurant, das vor allem Nachtschwärmer anzieht. Große Auswahl, doch empfiehlt sich für Ausländer vor allem die bebilderte Speisekarte. ⏱ 16.30–4 Uhr.

## UNTERHALTUNG

Wie in allen Metropolen des Isarn pulsiert auch hier das Nachtleben – als minimale Empfehlung: **Chill Pub & Restaurant**, 140/1-2 Chayangkhun Rd., ✆ 09-0880 7719, 🖥 auf Facebook. Populärer Nachtclub mit häufigen Themenpartys. ⏱ 18–1 Uhr.

**U-Bar**, Yothi Rd., ✆ 045-265 141. Lange etabliert mit stets vibrierender Stimmung – oft auch mit Gastspielen von populären Bands aus Bangkok, ⏱ 21–2.30 Uhr.

## SONSTIGES

### Einkaufen

Natürlich hat sich mittlerweile auch in Ubon ein **Walking Street Market** etabliert, der östlich des Thung Si Muang Parks abgehalten wird, ⏱ Fr, Sa, So 17–22 Uhr. Südlich des Parks finden sich die verlockendsten Geschäfte – wie z. B. der von einem freundlichen Ehepaar geführte **Rawang Thang Shop**, 301 Keuan Thani, ✆ 080-464 0600, der mit seinem kreativen Angebot zu

Alle Touren oder Transfers lassen sich z. B. vom **The Outside Inn** arrangieren. Zudem bewährt hat sich **Sakda Tour**, 234 Palorungrit Rd., ✆ 045-321 937 (Mrs. Phom spricht gut Englisch), 🖥 www.sakdatour.com. Transfers, Tickets und Touren aller Art, Mietwagen mit Fahrer je nach Entfernung 1500–2000 Baht pro Tag plus Spritkosten. ⏱ 8–18 Uhr.

den attraktivsten Souvenir- und Stöberläden der Stadt gehört. ⏱ 8–20, Fr–So 21 Uhr.

### Feste

Beim 3- bis 4-tägigen **Candle Festival** alljährlich im Juli/Aug werden bei Prozessionen bis zu 2 m hohe Kerzen sowie kunstvoll gearbeitete mythische Figuren aus Bienenwachs in die stadtweit etwa 50 Tempel gebracht, begleitet von Zeremonien, Volkstänzen und Miss-Wahlen.

### Informationen

Im örtlichen **Tourist Office**, 264/1 Kheuan Thani Rd., ✆ 045-243 770, ✉ tatubon@tat.or.th, 🖥 www.tourismthailand.org/ubonratchathani, ⏱ 8.30–16.30 Uhr, oder auf 🖥 www.welove ubon.com.

## NAHVERKEHR

Es gibt feste **Songthaew-Linien** für 10 Baht p. P. Statt übertEuerten **Charter-Tuk Tuks** empfehlen sich die neuen **Taxameter-Taxis**, ✆ 045-265 5999. Die Startgebühr beträgt 30 Baht und reicht für 2 km, Transfers vom/zum Flughafen liegen bei 30–60 Baht, als Tages-Charter 1300–1800 Baht.

## TRANSPORT

### Busse

Der größte **Busbahnhof** Satani Konsong, ✆ 045-316 085, liegt fast 4 km nordwestlich der Stadt an der Chayangkun Rd. (mit den Songthaew-Linien Nr. 2, 3 und 10 in 15 Min.). Für die wichtigsten und weitesten Strecken empfehlen sich die 24-sitzigen VIP-Busse von **Nakhonchai Air**, ✆ 045-269 777, die von mehreren Orten abfahren – wie einer nagelneuen Busstation gegenüber dem wichtigsten Busbahnhof oder dem Busbahnhof in **Warin**.

BANGKOK, stdl. (mittags weniger häufig) für 450–600 Baht in 7–9 Std., am besten und bequemsten als VIP für 700 Baht.
CHIANG MAI, 6x tgl. in 14–15 Std. für 600– 750 Baht, als VIP bis zu 950 Baht.
CHONG MEK (Grenzübergang) über PHIBUN MANGSAHAN, ab dort verkehren Songthaew (1 Std., ca. 60 Baht).
KHONG CHIAM, über PHIBUN MANGSAHAN, 2x tgl. in 2 Std. mit Non-AC-Bussen für 100–120 Baht.
RAYONG (über PATTAYA), 13x tgl. in 13 Std. für 440–570 Baht, als VIP bis zu 700 Baht.
PAKXE (in Laos), 2x tgl. in 3 Std. für 200 Baht (Kasten S. 543, Grenzübergänge).
Außerdem fahren Busse regelmäßig u. a. nach KHON KAEN, KORAT, MUKDAHAN, SAKHON NAKHON, SISAKET, SURIN, UDON THANI, THAT PHANOM oder YASOTHON.

### Eisenbahn

Der **Bahnhof**, ✆ 045-321 558, liegt 2,5 km vom Zentrum im Stadtteil Warin. Es verkehren Express- und Bummelzüge.
AYUTTHAYA, 7x tgl. in 7–10 1/2 Std.
BANGKOK, 6x tgl. in 8 1/2–12 Std.
KORAT, 9x tgl. in 4–6 Std.
SURIN, 11x tgl. in 2–3 Std.
Mehr Infos s. Fahrplan S. 950.

### Flüge

Der 2015 umfassend renovierte **Flughafen**, ✆ 045-263 916, liegt im Nordosten der Stadt (Taxi 60–70 Baht) und wird 2x tgl. bedient von **Thai Airways** (bzw. **Thai Smile**), ✆ 045-313 340 (Büro: 364 Chayangkun Rd.), 263 916-7 (Flughafen). Zum Don Mueang-Airport fliegen – ebenfalls in gut 1 Std. – 9x tgl. **AirAsia**, ✆ 045-255 762, und **Nok Air**, ✆ 045-245 612-4. Mit **Kan Air**, ✆ 02-551 6111, bzw. kleinen Maschinen (6 Passagiere) geht es 2x wöchtl. nach Chiang Mai.

# Die Umgebung von Ubon Ratchathani

Weit mehr Attraktionen als im Zentrum verbergen sich in der Umgebung der Provinzhauptstadt – und sie bestehen zumeist in bestechenden Naturerlebnissen. Das üppige Grün ihrer ausgedehnten Wälder hat der Region Ubon den Namen „Smaragddreieck" eingebracht.

Bereits 12 km flussaufwärts lockt am Nordufer des Moon mit dem **Hat Koo Duar** eine Art Badestrand (mit Minibus Nr. 9). Noch als Geheimtipp gilt der 687 km² große **Phu Chong Nayoi National Park**. Er zeichnet sich durch einen 40 m hohen Wasserfall, zahlreiche Berge und das Vorkommen der vom Aussterben bedrohten Weißflügel-Moschusente aus.

Auf den Weg zum 92 km von Ubon Ratchathani und 22 km von Khong Chiam entfernten **Pha Taem National Park** kann man sich auch als Kulturmuffel machen, denn hier lockt außer den erst 1987 entdeckten, prähistorischen Felszeichnungen auch ein grandioses Naturerlebnis. Mit dem Parkplatz am **Visitor's Center**, ✆ 045-318 026, 266 332-3, ◷ 8–17 Uhr, Eintritt 400 Baht, ist auch schon das obere Ende der Sehenswürdigkeit erreicht. Das steil aufragende Sandsteinmassiv bietet eine faszinierende Aussicht über den Mekong und nach Südlaos. Wer hier den Sonnenaufgang erlebt, zählt geografisch zu den ersten in Thailand – das beste Licht für Fotos gibt es nachmittags. Um die **prähistorischen Malereien** zu sehen, folgt man einfach der Ausschilderung. An dem 500 m langen Pfad tauchen unter überhängenden Felsen etwa 300 rotbraune Zeichnungen auf. Über 3000 Jahre alt, zeigen sie Menschen, Tiere, Werkzeuge, Töpfe und Reusen. Mehr s. **eXTra [2917]**.

Gleich zwei idyllische Waldklöster finden sich südwestlich von Ubon Ratchathani. Sie wurden einst von dem charismatischen Meditationsmeister Ajahn Cha gegründet. Zum 12 km von der Stadt entfernten, über den H2178 erreichbaren **Wat Nong Pa Phong**, ✆ 045-322 729, gehören ein Museum und eine Stupa mit der Asche des Mönchs. Am H2193 nach Sisaket liegt das ebenfalls von westlichen Mönchen bewohnte „International Forest Monastery" **Wat Pah**

**Nanachat**, 🖳 www.watpahnanachat.org. Obwohl es den Spitznamen „Wat Farang" trägt, empfiehlt sich eine vorherige Anmeldung.

# Khong Chiam

Von Ubon führt der breite H217 in Richtung Osten, um nach 45 km **Phibun Mangsahan** zu erreichen. Obwohl die Strecke am Moon entlangführt, kommt der Fluss leider nicht in Sicht. Nachdem die Brücke erreicht ist, in deren Bereich die Stromschnellen von **Kaeng Sapheu** liegen, geht es über den H2222 rund 30 km in Richtung Nordosten bis nach Khong Chiam (Jiam). Eine landschaftlich schöne, beschauliche Strecke, an der vielerorts hier gefertigte, große Messing-Gongs zum Verkauf in der Sonne blitzen.

Etwa 2,5 km vor Khong Chiam sollte man am **Wat Tham Khuha Sawan** anhalten, von dem sich ein Blick auf den Mekong und die bunten Wellblechdächer des Orts eröffnet. Das Tempelgelände ist gespickt mit faszinierenden Busch-Skulpturen, bunten Orchideen-Arrangements und mächtigen Wurzelstöcken von Urwaldriesen. In einer großen, an den Hang gebauten Halle beeindrucken acht von Felsen überragte, vergoldete Buddhastatuen, im Inneren des Heiligtums wird der Mönch Long Pu Kam Kanung verehrt: 1988 im Alter von 92 Jahren verstorben, findet sich sein einbalsamierter, vergoldeter Leichnam in einem Glasschrein. Von hier lässt sich eine schöne, 2,5 lange Wanderung zur Höhle **Heo Sin Chai** beim gleichnamigen Wat oder zu den Stromschnellen (Rapids) von **Kaeng Tana** (ca. 3 km) unternehmen.

Das kleine Khong Chiam (Khong Jiam) liegt auf einer idyllischen Halbinsel am Zusammenfluss von **Mekong und Moon**. Es zählt zu den reizvollsten Orten Thailands und wird gerühmt für das Naturschauspiel des **Mae Nam Song Si** – des „zweifarbigen Flusses", das sich am schönsten zum Sonnenuntergang präsentiert. Denn hier vereint sich das trübe Braun des Mekong mit den grünlichen Fluten des Moon. Bei Niedrigwasser werden malerische Sandbänke, Felsen und Inselchen mit Bäumchen sichtbar.

Entlang dem Ufer erstreckt sich eine Promenade, die von einigen Baumriesen, Verkaufsständen und allerlei Schnappschuss-Spots mit bunten Kitschfiguren flankiert wird. Für 300–400 Baht sind halbstündige Bootsfahrten auf den Flüssen möglich, bei längeren Touren auch Besuche in einem laotischen Dorf, wo sogar „zollfrei" eingekauft werden kann. Offiziell nach Laos übersetzen dürfen Ausländer erst im 32 km entfernten **Chong Mek** (s. Kasten S. 543). Der Weg dorthin führt vorbei am 1971 eingeweihten **Sirindhorn-Stausee**, für dessen Erschaffung einst viele Menschen umgesiedelt werden mussten.

## ÜBERNACHTUNG

Es bieten sich viele einfache, aber trotzdem gepflegte Quartiere mit Atmosphäre an.

### Untere Preisklasse

 **Apple Gh.**, 267 Kaew Pradit Rd. (ca. 5 Min. vom Fluss), ✆ 045-351 160. Ältestes Guesthouse und wichtigster Traveller-Spot. 17 preiswerte, angenehme Zimmer mit traditionellen Thai-Toiletten und teilweise AC, von denen sich besonders die im Obergeschoss der 3 grün getünchten Holzbauten empfehlen. Verleih von Fahrrädern und Mopeds. ❶

**Bann Suan Peerada**, 138/1 Phukamchai Rd., ✆ 045-351 028, 🖥 www.bannsuanpeerada. com. 9 großzügig verglaste, wohnliche Holzbungalows mit Terrassen gruppieren sich um eine schöne Gartenanlage. ❷–❸

**Baan Suan Rim Nam Resort**, 505 Rimmoon Rd., ✆ 085-493 3521, ✉ suppawat2508@gmail.com. Liegt beschaulich am Wald bzw. direkt am Moon mit 8 rustikalen Bungalows – jeweils 3 mit AC und Terrasse (Nr. 3 hat den besten Blick). ❷–❸

**Ban Pak Mongkhon Resort**, 595 Kaew Pradit Rd. (ca. 10 Min. vom Fluss), ✆ 045-351 352. Charmante, freundlich geführte Anlage aus 2-stöckigen Holzbauten mit 33 gepflegten AC-Zimmern (zu den schönsten zählen die mit lauschiger Terrasse im Obergeschoss liegenden Nr. 12, 13 und 14). Verleih von Fahrrädern und Mopeds. ❷

**Khong Chiam Place**, Kaew Pradit Rd., ✆ 045-351 046. Empfehlenswert mit 17 sauberen AC-Zimmern in einem knallgelben Winkelbau jüngeren Datums. ❶

### Mittlere und obere Preisklasse

**Araya Riverside Resort**, Phukamchai Rd., ✆ 045-351 385. Empfehlenswerte Anlage mit 65 gepflegten Komfortzimmern, die sich teilweise um das einzige Schwimmbad am Ort gruppieren, aber auch als drei idyllische Bungalows mit Terrassen am Moon liegen. ❹

**Ban Rim Khong Resort**, 37 Kaew Pradit Rd., ✆ 045-351 101. 14 von einem schönen Bougainvilleen-Garten umrahmte Zimmer, von denen sich besonders die 3 originellen, geräumigen Holzbungalows an der Promenade empfehlen, zumal diese große Terrassen mit einem herrlichen Flussblick bieten. ❹

**Tohsang Khong Jiam Resort**, 68 Moo 7, Ban Huaimak Tay (ca. 3 km vom Ort), ✆ 045-351 174-6, 🖥 www.tohsang.com. Origineller Stilmix aus Thai, Khmer und Bali – mit stimmungsvollem Panoramablick über den Mekong. Die beste Option der Region lockt mit 48 behaglichen Zimmern, sieben gediegenen Villen, schönem Pool und Spa. Das dem Resort angegliederte, extravagante **Sedhapura by Thosang** verwöhnt als ultimatives

Der Mekong bei Khong Chiam

Hideaway mit 4 bis zu 150 m² großen, traumhaften Pool-Villen für 15 000–20 000 Baht. ab ❻

## ESSEN

In den Restaurants am Flussufer – oder auch romantisch als großes Floß auf dem Wasser treibend – wird natürlich besonders gern fangfrischer Mekong-Fisch genossen. Suppen mit etwas *pla buek* liegen bei 180–220 Baht – egal, ob der legendäre Riesenwels aus dem Mekong bzw. dem örtlichen Markt (Kilopreis dort ab 250 Baht) kommt oder von einer professionellen Zuchtanlage im 700 km entfernten Chainat.

**Araya**, auf dem Mekong, ✆ 045-351 015. Professionell und bereits etabliert seit 1972 – als die älteste Gastronomie am Ort. Hier wurden einst die US-Soldaten verköstigt, die die Toten des Vietnamkriegs aus Laos über den Fluss holten. ⏱ 9–22 Uhr.

€ **Ban Steak @ Khongchiam**, Kaew Pradit Rd., ✆ 045-351 328. Die freundliche Mrs. Jane bietet nicht nur günstiges Essen, sondern auch Fahrräder für 100 Baht pro Tag sowie Mopeds für 200 Baht und Enduro-Maschinen für 500 Baht. ⏱ 11–22 Uhr.

**Chonlada**, auf dem Mekong, ✆ 045-351 135. Wirkt – vertäut direkt neben dem Araya – etwas profan, aber urig. ⏱ 10–22 Uhr.

**Le Moon**, auf dem Moon, ✆ 089-010 3151. Neu seit Mitte 2014 und besonders einladend, auch von der Speisekarte her. ⏱ 10.30–23 Uhr.

## TRANSPORT

BANGKOK, regelmäßig mit AC-Bussen aus Ubon oder Phibun.

PHIBUN MANGSAHAN, mit Songthaew in 1 Std. für 50 Baht, oder mit Non-AC-Bus 80 Baht.

UBON RATCHATHANI, mit direkter Busverbindung 5x tgl. in 2 Std. für 80–100 Baht.

# Surin

Am dritten Wochenende im November erlebt die Hauptstadt der Grenzprovinz eine gewaltige Touristeninvasion zum spektakulären **Elephant Round-up**. Die Geschichte des „Elefantenauftriebs" (Kasten S. 553) von Surin lässt sich sogar bis 1960 zurückverfolgen.

Ganzjährig indes bietet sich ein Besuch des 52 km nördlich liegenden Dorfs **Ban Ta Klang** an, wo die *Suay* – die traditionellen Elefantenfänger von einst – ihre Dickhäuter ausbilden (tgl. mehrmals mit großen Songthaew ab der Busstation für 40 Baht in ca. 2 Std., Touren Kasten S. 554). In einem kleinen **Museum** werden alte Werkzeuge für die Arbeit mit Elefanten ausgestellt, ⏱ 8.30–16.30 Uhr, Eintritt frei. Jeden Tag gibt es von 10–14 Uhr ein öffentliches Training, ✆ 044-145 050, Zutritt 100 Baht. Anschließend kann man für 200 Baht auf den Tieren ausreiten oder sie zum Baden begleiten. Die in Chiang Mai beheimatete Save Elephant Foundation versucht, mit ihrem **Surin Project**, ✆ 084-482 1210, 🖥 www.surinproject.org, die Rahmenbedingungen der rund 200 hier lebenden Elefanten und ih-

Wat Tham Khuha Sawan

## Talentshow der Dickhäuter

Alljährlich im November ziehen in Surin über 300 Elefanten zum großen **Elephant Round-up** auf. Einst wurden die Dickhäuter als Reittiere in Kriegen und zum Einfangen wilder Artgenossen benutzt (in dieser Region das letzte Mal 1958). Bis zum landesweiten Verbot von Holzeinschlag 1989 mussten sie bei der Vernichtung ihres eigenen Lebensraums helfen. Zwar geht es auch bei diesem Elefanten-Festival nicht gerade zwanglos zu, doch darüber vermag die Talentshow der Rüsseltiere leicht hinwegzutäuschen. Denn hier beweisen die Tiere bei Paraden, Schaukämpfen, Shows und Spielen ihre Intelligenz, Kraft und Geschicklichkeit. Umrahmt wird der einwöchige Elefantenauftrieb von einem großen Markt, vielen Essensständen und Bühnenshows, Eintritt ab 80 Baht, VIP-Plätze auf der Tribüne des Stadions 150–1200 Baht (bequem buchbar z.B. über Saren Travel & Tour, S. 554). Zu den Höhepunkten zählen Massenbuffets, bei denen die Wappentiere öffentlich gefüttert werden.

rer Mahouts zu verbessern, und zählt dabei besonders auch auf engagierte Volontäre.

Wer vor Ort erleben möchte, wie handgewebte **Seide** entsteht, kann den Bewohnern von Dörfern wie **Ban Sawai**, **Khwao Sinarin**, **Chan Rom** oder **Jomran** nach der Ernte im Dezember und Januar beim Färben und Weben zusehen. Das 4 km westlich von Surin liegende **Queen Sirikit Sericulture Center**, ℡ 044-511 393, ⏰ 8–16.30 Uhr, Eintritt frei, indes kann den gesamten Entstehungsprozess thailändischer Seide vorführen.

Eine historische Touristenattraktion besteht in den sehenswerten Ruinenstätten, die die Angkor-Epoche in dieser Region besonders zahlreich hinterlassen hat (S. 555). Aufschluss darüber gibt auch das 4 km südlich der Stadt liegende, gut bestückte **Surin National Museum**, ℡ 044-513 358, ⏰ Mi–So 9–16 Uhr, Eintritt frei.

Auf der Strecke zwischen Korat, Surin und Ubon Ratchathani führen zahlreiche Abzweigungen nach **Buriram** (hier eröffnete im Oktober 2014 als erste Rennstrecke Thailands der

von Hermann Tilke aus Aachen entworfene, 4,5 km lange **Chang International Circuit (CIC))** und **Sisaket**, die abseits der üblichen Touristenroute liegen. Mehr über diese Ziele, s. **eXTra [2920]**.

## ÜBERNACHTUNG

Sogar nagelneue Hotels sind mit 400–500 Baht verblüffend günstig, doch zum Elefantenauftrieb ebenso wesentlich teurer und frühzeitig ausgebucht.
**Fortune Mansion**, 111 Lak Muang Rd., ℡ 044-521 151-2. Zählt mit 15 schönen, modernen Zimmern zu den empfehlenswerten Unterkünften der neuen Generation. ❷
**Maneerote Hotel**, 11/1 Soi Poytangko, Krung Sri Nai Rd., ℡ 044-539 477, ⌨ www.maneerotehotel.com. 72 Komfortzimmer mit großzügiger Verglasung und Balkons, davon 28 als VIP. ❷ – ❸

€ **Pirom & Aree's House**, Soi Arunee/ Thungpo Rd., ℡ 044-515 140. Am Stadtrand als lange etablierte, populäre Traveller-Herberge. 10 spartanische Ventilator-Zimmer mit Gemeinschaftsbad in 2 Holzhäusern und Garten sowie Homestay-Flair und strenger Hausordnung. Der betagte Ex-Reiseleiter Khun Pirom spricht ebenso gut Englisch, wie Gattin Aree kocht. Professionelle Infos und Entdeckungstouren. ❶
**Surin Majestic Hotel**, 99 Chit Bamrung Rd., ℡ 044-713 980-3, ⌨ www.surinmajestic.com. Direkt hinter dem Busbahnhof als von einem Rundturm flankierter Neubau und passable Option. 72 Zimmer und Suiten mit Balkons in 4 Kategorien, großer Pool und Fitnesscenter. ❹
**Thong Tarin Hotel**, 60 Sirirat Rd., ℡ 044-514 281-8, ⌨ www.thongtarinhotel.com. Zählt zu den jüngsten Hotels – mit 233 wohnlichen Holzbodenzimmern und Suiten auf 12 Etagen. ❹ – ❺

## ESSEN

Auch hier bietet sich der größte **Nachtmarkt** – gelegen in der Kungsri Nai Rd. – für einen Schlemmer-Streifzug an, ⏰ 17–22 Uhr. An der vom Stadtgraben flankierten Lak Muang Rd.

bzw. in der Nähe des Parks Chaloerm Prakiet hat sich eine neue Touristenmeile mit allerlei verlockenden Restaurants entwickelt. Das mit viel Neonlicht lockende Nachtleben tobt vor allem in der Sirirath Rd. und in der Soi Kola bzw. nördlich des Thong Tarin Hotels.

**Farang Connection**, 257/11 Chit Bamrung Rd., ☏ 045-511 509, 🖥 auf Facebook. Versteckt am Busbahnhof als Ausländertreff. Viele westliche Gerichte und Getränke. ⏰ 8–21 Uhr.

**Larn Chang**, 199 Siphathai Saman Rd., ☏ 087-966 2000. Schmackhafte, traditionelle Küche in einem einfachen, alten Holzhaus mit Blick auf den Suan Lak (Park der Liebenden). Gern bestellt werden die scharfen Salate für 90 Baht oder die leckeren Suppen. ⏰ 10–23 Uhr.

**Lorenzino's Swiss Cuisine**, 30/26 Lak Muang Rd., ☏ 081-790 2073, 🖥 www.lorenzinos.net. Zweigliedriges Restaurant des schon seit 40 Jahren in Thailand lebenden Schweizers Willi Beer mit seiner engagierten Frau Thanawan, die im Obergeschoss eine Anwaltskanzlei betreibt. Kreative Schweizer und mediterrane Küche sowie leckere Backwaren, reichhaltiges Frühstück für 120 Baht sowie Insider-Infos. ⏰ 8–21 Uhr.

## SONSTIGES

### Einkaufen

Jenseits der Märkte lockt die **Surin Plaza Mall**, wesentlich moderner und gediegener geht es

## Touren und Tickets

Es empfehlen sich, die stets erlebnisreichen, gehaltvollen Entdeckungstouren (ab 1400 Baht p. P.) des **Pirom & Aree's House**, s. o. Ebenfalls im Umgang mit Farangs bewährt hat sich **Saren Travel & Tour**, 202/1-4 Thesban 2 Rd., ☏ 044-713 828, 089-949 1185, ✉ sarentour@ yahoo.com. Vermittelt werden Tickets (auch für das Elefanten-Festival), Transfers aller Art (bis nach Siem Reap in Kambodscha), Mietfahrzeuge (ab 1600 Baht pro Tag) und individuelle Tagestouren nach Prasat Phanom Rung oder Prasat Muang Tham (2800 Baht für 4 Pers.). ⏰ Mo–Sa 8.30–17 Uhr.

im 2015 eröffneten, 4,5 km nördlich des Zentrums liegenden Einkaufszentrum Robinson zu, ⏰ 10–21 Uhr, wo sich ebenfalls einige Bankfilialen und Geldautomaten finden.

### Informationen

Das **Tourist Office**, 355/3-6 Thetsabarn Rd. 1, ☏ 044-514 447-8, 🖥 www.tourismthailand.org/surin, ⏰ 8.30–16.30 Uhr, ist auch für Buriram und Sisaket zuständig.

Nützliche Infos, auch zum Nachtleben, auf 🖥 www.surinfarang.com.

## TRANSPORT

### Busse

Die meisten Verbindungen starten vom nordöstlich des zentralen Kreisverkehrs liegenden **Busbahnhof**, ☏ 044-511 756, Busse nach Bangkok, ☏ 044-595 151 (Nakhonchai Air), 515 344 (999 VIP), fahren 200 m westl. vom Bahnhof ab. ARANYAPRATHET, 3x tgl. in 6 Std. für 150–180 Baht.

BANGKOK, fast stdl. in 6–8 Std. für 350–380 Baht, als VIP 420 Baht.

CHIANG MAI, 5x tgl. in 15–18 Std. für bis zu 1000 Baht.

Chong Sa Ngam (Grenze), mehrmals ab 6 Uhr in 90 Min. für 80 Baht.

KORAT, alle 30 Min. in ca. 4 Std. für 110–170 Baht.

Prasat Phanom Rung (Ban Tako), Bus Richtung Korat, 1 1/2 Std. für 80 Baht.

RAYONG, 9x tgl. in 10–12 Std. für 480–600 Baht.

SISAKET, stdl. in 1–2 Std. für 80 Baht (meist mit Minibussen).

PATTAYA, 9x tgl. in 8–9 Std. für 430–520 Baht.

UBON Ratchathani, mehrmals tgl. in 3 Std. für 120–210 Baht.

### Eisenbahn

Der **Bahnhof**, ☏ 044-511 295, liegt im nördlichen Zentrum.

AYUTTHAYA, 10x tgl. in 5–7 1/2 Std.

BANGKOK, 10x tgl. in 7–9 Std.

KORAT, 13x tgl. in 2–3 Std.

UBON RATCHATHANI (über SISAKET), 11x tgl. in 2–3 Std.

Mehr Infos s. Fahrplan S. 950.

# Tempel in der Grenzregion

Entlang der thailändisch-kambodschanischen Grenze finden sich weit verstreut etliche Tempelruinen aus der Khmer-Epoche sowie auch illustre Heiligtümer neueren Datums. Sie lassen sich je nach Interesse in die Reiseroute zwischen Ubon Ratchathani und dem Nationalpark Khao Yai bzw. Bangkok einfügen. Als idealer Ausgangspunkt für interessante Tagestouren zu mehreren Tempeln bietet sich die 45 km südlich von Buriram, 95 km von Surin, 100 km von Korat, und 270 km von Ubon Ratchathani liegende Ortschaft **Nang Rong** an (Unterkunfts-Tipp s. Kasten S. 556). Wer mit **Prasat Phanom Rung** die wichtigste Tempelanlage direkt erreichen will, sollte die Linienbusse in dem 14 km östlich von Nang Rong liegenden Dorf **Ban Tako** verlassen und von dort per Moped-Taxi (150 Baht) zum Heiligtum weiterfahren. Wochentags kann man die Tempelanlagen meist in Einsamkeit genießen.

## Prasat Phanom Rung

Auf einem erloschenen Vulkankegel erhebt sich aus einer weiten Ebene nahe der kambodschanischen Grenze eine der landesweit schönsten Tempelruinen: Prasat Phanom Rung, ein beeindruckendes Zeugnis der **Khmer-Kunst** aus rotem Sandstein.

Das zwischen dem 10. und 13. Jh. errichtete Heiligtum ist Shiva gewidmet – einem der höchsten Götter des hinduistischen Pantheons. Es fungierte als spirituelles Zentrum der Region und gilt neben Phimai bei Korat als eindrucksvollstes Khmer-Bauwerk in Thailand. Von 1971–89 ist die Ruine systematisch nach der Anastylose-Methode restauriert worden, mit der jeder Stein wieder an seiner früheren Stelle positioniert werden konnte.

Vom Parkplatz am Fuß des Berges nähert man sich dem in 190 m Höhe liegenden Bauwerk über mehrere monumentale **Treppen**, einen langen gepflasterten Weg und von Naga-Schlan-

## Grenzübergänge nach Kambodscha

### Chong Sa Ngam – Anlong Veng (Cho-Aam)

Der Grenzübergang in der Provinz Sisaket, 70 km südlich von Surin, wird wenig frequentiert, ⊙ 6–22 Uhr. Der offizielle Preise für das Visa on Arrival beträgt auch hier US$30. Hinter der Grenze warten viele Schlepper auf Passagiere für die Camry-Taxis nach Siem Reap. Das Chartern eines Sammeltaxis kostet etwa 3000 Baht, wobei ob der schlechten Straße eine Limousine vorzuziehen ist. Die Fahrtzeit beträgt mit Pause in Anlong Veng ca. 5 Std. Da nur wenige Busse von der Grenze nach Surin fahren, sollten Ankömmlinge den Minibus für 40 Baht bis **Prasat** an der Kreuzung H214 und H24 nehmen und dort in einen Bus umsteigen. Dieser wie auch der zur Provinz Surin gehörende Grenzübergang von **Chong Jom** nach **O'Smach** können wegen des Proah Vihear-Konflikts zeitweise geschlossen sein.

### Aranyaprathet – Poipet

Vom Busbahnhof fahren Mopeds und Tuk Tuks für 60–80 Baht in 15 Min. zur 6 km östlich der Stadt liegenden Grenze, ⊙ 6–22 Uhr. Diese muss zu Fuß überquert werden. Für das Visum (US$30 plus 100 Baht sowie einem Passfoto) sollte man zielstrebig das gelbliche Gebäude mit dem tempelartigen Dach ansteuern, das hinter dem Übergang auf der rechten Seite in Sicht kommt. Die Dienste der Schlepper sind in jedem Fall wesentlich teurer! Vom kambodschanischen Grenzort **Poipet** fahren klapprige Klein- oder Minibusse in 4 Std. für US$8–10 p. P. über das 35 km entfernte **Sisophon** bis nach **Siem Reap/Angkor Wat**. Als bequeme Alternative empfehlen sich die Charter-Taxis, weiße Toyota Camrys. Sie können für US$40–45 bis zu 4 Pers. laden und brauchen nur 2 1/2 Std. Zu ähnlichen Preisen geht es nach Battambang, für US$85 bis nach Phnom Penh.

**Tipp: e-Visa online beantragen** Wer sich das Kambodscha-Visum vorab über ⌨ http://evisa cambodia.com besorgt, kann eine Menge Zeit, Nerven und auch Geld sparen!

Eine Riege gut gelaunter Reisbäuerinnen bei Feldarbeiten in der Provinz Surin

gen begrenzte **Brücken**. Der Weg führt am einstigen Vulkankrater mit dem heiligen **See** vorbei. Nachdem weitere steile Treppen und Naga-Brücken überquert sind, betritt man durch die äußere **Galerie**, deren Holzdecken nicht erhalten sind, und die mächtigen Torbogen der inneren Galerie den eigentlichen Tempelbereich. In seiner Mitte erhebt sich der höchste **Prang**. Über einem Lingam errichtet, dem phallusförmigen Symbol für Shiva, symbolisiert er das Zentrum des Universums. Fein ausgearbeitete Fresken mit dem tanzenden Shiva und anderen Göttern sowie Darstellungen aus dem *Ramayana*-Epos und von religiösen Zeremonien schmücken die Wände.

Das **Tourist Information Centre** neben dem Treppenaufgang, ☎ 044-666 251, informiert mit einer kleinen Fotoausstellung bzw. einer kostenlosen, englischsprachigen Broschüre über den Tempel und die Restaurierungsarbeiten. Tickets zum Besuch der Ruinenstätte, ⏱ 6–18 Uhr, kosten 100 Baht, im Verbund mit Muang Tam 150 Baht.

### Das Tor zu den Tempeln

Als Ausgangspunkt bewährt hat sich das in Nang Rong liegende **P. California Inter Hostel**, 59/11 Sangkhakrit Rd., 800 m östlich der Busstation, ☎ 044-622 214, 081-808 3347, 🖥 www.pcalifornianangrong.webs.com. Das Privathaus in ländlicher Umgebung bietet 14 angenehme Zimmer, davon 2 mit Ventilator, und verspricht einen Rundumsorglos-Aufenthalt. Denn Besitzer Mr. Wicha spricht gut Englisch, vermietet Autos, Mopeds oder Fahrräder (zuweilen sogar gratis) und organisiert Touren zu sehenswerten Dörfern oder allen Khmer-Ruinen der Region (z. B. die 3 wichtigsten als Tagestour für 2800 Baht). ❶–❷

### Prasat Muang Tam

Als ein weiterer Shiva geweihter Khmer-Tempel liegt der etwa tausend Jahre alte, von König Jayavarman V. in Auftrag gegebene Prasat Muang Tam ca. 8 km südöstlich (Moped-Taxi 150 Baht) von Phanom Rung. In den 1990er-Jahren wurde er ebenfalls umfassend restauriert. Die zentrale, 100 x 100 m große Anlage spiegelt

Der spektakulärste aller Khmer-Tempel im thailändisch-kambodschanischen Grenzgebiet steht als bilateraler Zankapfel im Mittelpunkt eines historischen, internationalen Konflikts: Obwohl das Felsenheiligtum **Prasat Khao Phra Viharn** (auch Wihan, in Khmer: Preah Vihear) vom Internationalen Gerichtshof in Den Haag 1962 eindeutig Kambodscha zugesprochen wurde, wird Thailand nicht müde, seinen Anspruch darauf zu erheben.

Nachdem die Unesco die Ruinen Mitte 2008 zum **Weltkulturerbe** der Menschheit erklärt hatte, kam es mehrfach zu Scharmützeln mit Toten und Verletzten. Der thailändische Antrag von 2009, den Tempel wieder von der Liste zu streichen, wurde abgelehnt und die Gerichtshof-Entscheidung im November 2013 sogar dahingehend modifiziert, dass auch die Umgebung der Ruinen vollständig zu Kambodscha gehört. Auch wenn Tauwetter und Truppenabzug verordnet wurden, sollte man sich vorab erkundigen, ob das Heiligtum überhaupt zugänglich ist was Ende 2015 noch nicht der Fall gewesen ist! Auskunft erteilt z. B. das Hauptquartier, ☎ 045-661 422-3, des Nationalparks auf der thailändischen Seite, in dem ein Felsvorsprung mit Blick auf die Ruinen besucht werden kann. ⏰ 8–16 Uhr, Eintritt 200 Baht.

Die Tempelruinen befinden sich nur 600 m im Landesinneren Kambodschas, sind aber von Thailand aus wesentlich besser zugänglich. Der imposante Felsen Ploey Ta Di, auf dem sie thronen, gehört zum Dangrek-Gebirge. Ein 600 m hoher Steilhang ließ das Heiligtum bis 1998 zu den letzten, uneinnehmbaren Bastionen der berüchtigten Pol-Pot-Rebellen gehören. Obwohl der ehemalige **Shiva-Schrein** aus dem 9. Jh. – nicht zuletzt durch die jüngsten Kampfhandlungen – zu einem großen Teil zerstört und von Kunsträubern geplündert wurde, sind noch immer herrliche Steinmetzarbeiten und Gebäude aus dem 11. Jh. erhalten.

Mehr über den 150 km südwestlich von Ubon und 220 km von Surin liegenden bzw. über das 36 km entfernte Kantharalak erreichbaren Tempel sowie Details zum Konflikt s. **eXTra [2918]**.

sich in vier großen Wasserbecken mit Lotos, was eine besondere Idylle erzeugt. Sie werden nur durch die in alle Himmelsrichtungen verlaufenden schnurgeraden Zugänge zum Heiligtum getrennt. Aufmerksamkeit verdienen die detailliert gearbeiteten Türstürze mit Darstellungen von Shiva, Uma und Krishna sowie Blumen- oder Blattwerk. Oft sind es aber nur Repliken, da die Originale im National Museum von Phimai lagern.

Im **Tourist Information Centre**, ☎ 044-631 746, gibt es einen englischsprachigen Prospekt über die Anlage. Tickets zum Besuch der Ruinenstätte, ⏰ 6–18 Uhr, kosten 100 Baht, im Verbund mit Prasat Phanom Rung 150 Baht. In der Nähe liegen einige Homestay-Unterkünfte.

## Wat Khao Angkan

Die Erkundung der beiden Ruinenstätten wird gern verbunden mit einer Visite im Wat Khao Angkan, das etwa 20 km entfernt und über unwegsame Pisten zu erreichen ist. 1982 auf einem erloschenen Vulkan errichtet, fasziniert dieses Heiligtum durch einen interessanten Neo-Khmer-Stil oder bunte Wandmalereien (Moped-Taxi aus Nang Rong 300 Baht). ⏰ morgens bis abends.

## Wat Lan Kuat (Flaschen-Tempel)

In dem etwas abgelegenen, illustren „Tempel aus einer Million Flaschen" ist alles aus Altglas und Kronkorken: die Mauern, Bauten, Verbrennungsöfen und sogar die Toiletten. Die Sonneneinstrahlung generiert herrliche, wechselnde Lichtreflexe, während von den Einheimischen am Eingang ständig weiteres „Baumaterial" deponiert wird. Der **Wat Lan Kuat** liegt etwa 30 km von Kantharalak in dem kleinen Ort Khunkhan. ⏰ morgens bis abends.

Etwa 3 km nördlich von Kantharalak ist an der Straße der **Sri Sa Asoke Buddhist-Tempel** ausgeschildert, wo es eine ansehnliche Miniaturnachbildung von Prasat Khao Phra Viharn zu sehen gibt.

# Aranyaprathet

Armselige Gestalten betteln am Straßenrand, suchen emsig nach Recyclingstoffen oder quälen sich ab, um monströs beladene Handkarren nach Thailand zu schieben. Meist werden sie keines Blickes gewürdigt von den Besuchern, die in der Gegenrichtung mit dicken Geldbündeln zu den Spielcasinos in Kambodscha unterwegs sind: Der rund 250 km von Bangkok entfernte **Grenzübergang** Aranyaprathet/Poipet (Kasten S. 555) gilt nicht nur als wuseligster der Region, sondern auch als Brennpunkt zweier völlig unterschiedlicher Welten: dem vergleichsweise wohlhabenden Thailand und Kambodscha, das durch die unsägliche Pol-Pot-Zeit zu einem Armenhaus verkommen ist.

Mitten in das Geschehen geraten die zahlreichen Traveller und Langzeittouristen, die über Land von Thailand nach Kambodscha ein- bzw. zum 150 km entfernten Angkor Wat weiterreisen oder auch nur ihr Visum erneuern wollen. Wer aus dem Westen kommt, mag die Stadt als Provinznest empfinden, aus dem Osten kommend jedoch präsentiert sie sich eher wie ein quirliger Konsumtempel voller Motorräder, Essensstände und überquellendem Warenangebot.

Größte Attraktion Aranyaprathets ist der **Thai Cambodian Border Friendship Market** (Talaat Rong Kluea), auch „Golden Gate Plaza" genannt. Auf einem riesigen Areal am Grenzübergang werden Kleidung, Billigwaren aus Thailand und China sowie land- und forstwirtschaftliche Produkte aus Kambodscha feilgeboten.

## ÜBERNACHTUNG UND ESSEN

Wer spät ankommt, sollte auf thailändischer Seite übernachten, wo es ein Dutzend Hotels gibt. Alternativ bieten sich die schillernden Casino-Hotels hinter der Grenze an. Auf 2 **Märkten** am Busbahnhof und in der Altstadt kann man preiswert essen oder Obst kaufen. **Ban Saen Sabai**, ☎ 037-230 123. Nur 2 km vor der Grenze bietet dieses mit markanten blauen Dächern gedeckte Bungalow-Resort 26 gepflegte AC-Zimmer, von denen sich vor allem die lauschigen, mit Terrassen versehenen Holzbungalows (wie Nr. 6B) empfehlen. ❷–❹

Die großen Unterschiede zwischen dem Leben in Thailand und Kambodscha lassen leicht vergessen, dass die Menschen im Grenzgebiet durch eine gemeinsame Kulturgeschichte vereint sind. Sie beruht auf dem Gottkönigtum des einstigen Khmer-Reichs bzw. den damals errichteten Tempelanlagen, die in Khmer als *Phrae* oder *Preah* bezeichnet und in Thai *Prasat* genannt werden. Die berühmtesten Heiligtümer liegen zwar in Kambodscha, doch im Nordosten Thailands finden sich insgesamt an die 300 Tempelruinen. Aus der Zeit der Khmer-Herrschaft vom 9. bis zum 13. Jh. stammend, ziehen sie sich wie eine Perlenkette durch den Isarn.

Die bedeutendsten waren einst direkt miteinander verbunden – durch einen **History Highway**, der von Angkor über Phanom Rung bis nach Phimai führte. Er wurde als breite Schneise durch den Urwald geschlagen und diente dem Transport von Waren, Pilgern und Soldaten – flankiert von Militärlagern und Krankenstationen sowie 17 Raststätten. Diese tauchen als „Dharmasalas" in einer Inschrift aus der Zeit von König Jayarvarman VII. auf, weshalb Wissenschaftler die Strecke **Dharmasala Road** getauft haben. Als weitere Bezeichnung hat sich **Phimai Angkor Royal Road** eingebürgert. Thailands Touristenbehörde indes spricht gern von der **Khmer Cultural Route** und will diese verstärkt nutzen, um mehr Touristen in diesen Landesteil zu locken.

**@ Border Hotel**, 654 Rong Kluea Markt, ☎ 082-454 2121, 🖥 www.atborder.com. Dichter an der Grenze geht nicht. Neu, modern und professionell geführt mit 64 originellen Wohlfühlzimmern ist dies die wohl beste Wahl – zumal auch erstaunlich günstig. ❷
**Indochina Hotel**, 154 Moo 6, Thanavitee Rd. bzw. am H348, ☎ 037-232 588, 🖥 auf Facebook. Etabliert seit 1994 und 3 km vom Zentrum, bietet das beste Hotel am Ort 115 preiswerte Zimmer und einen schönen Pool. ❸–❹
**La Villa Boutique Hotel**, 11/1 Bangkok Rd., ☎ 037-232 666, 🖥 auf Facebook. 3 km vom

Im Nordosten locken Spezialitäten wie der leckere Pla Nin – als Fisch im Salzmantel.

Grenzmarkt und bzw. der Golden Gate Plaza. Neu seit 2013 als gute Option – mit mediterranem Flair, 20 schönen Zimmern in 4 Kategorien und professionellem Management. ❸ – ❹

€ **Market Motel**, 105/30-32 Raduthit Rd., ✆ 037-232 302, 🖥 www.aranyaprathet hotel.com. Mitten im Zentrum gelegen und trotzdem ruhig. 55 saubere, günstige Zimmer, alle wahlweise mit AC. Restaurant und Pool. Die Besitzerin Kornwipa spricht gut Englisch, sorgt für familiäres Flair und guten Service. ❶ – ❸

## TRANSPORT

### Busse
Der **Busbahnhof** liegt 500 m westlich des Zentrums in einem Neubauviertel, doch werden bereits von der Grenze viele lukrative Direktverbindungen mit (Mini)Bussen angeboten.

BANGKOK, mehrmals tgl., vor allem vormittags in 3–4 Std., für 170–230 Baht.
CHANTABURI, stdl. in 4 Std. für 170–190 Baht.
KORAT, 6x tgl. in 4 Std. für 200–220 Baht.
PATTAYA, bis KABINBURI, dann mit einem Bus aus dem Nordosten.
SARABURI, für alle Ziele Richtung Norden und Nordosten.
SURIN, 3x tgl. in 6 Std. für 160–190 Baht.

### Eisenbahn
Der **Bahnhof** liegt rund 1 km nördlich vom Zentrum, doch sind die (Mini)Busse wesentlich schneller und bequemer als die Bummelzüge.
BANGKOK, 2x tgl. in 5 1/2–6 Std.

KO CHANG-ARCHIPEL; © VOLKER KLINKMÜLLER

# Die Ostküste

Ob es sich um die vibrierende Urlaubermetropole Pattaya handelt, die charaktervollen Provinzhauptstädte Chantaburi und Trat, den herrlichen Ko-Chang-Archipel oder die Insel Ko Samet, die zu den letzten (oder ersten) Badetagen des Urlaubs lockt: Mit ihren facettenreichen Reizen, der schnellen Erreichbarkeit aus Bangkok und dem rasanten Wachstum der touristischen Infrastruktur konkurriert die östliche Golfküste zunehmend mit dem Süden des Königreichs.

# Stefan Loose Traveltipps

SUNDOWNER IM HOTEL HILTON, PATTAYA; © VOLKER KLINKMÜLLER

FISCHER IN KLONG MAT, KO KOOD; © VOLKER KLINKMÜLLER

Samut Prakan

Pattaya

Chantaburi

Phlio NP

Ko Samet

Ko Chang

Ko Rayang

Ko Kood

**Wann fahren?**  Pattaya und Ko Samet gelten als Ganzjahres-Destinationen, im Ko Chang-Archipel fällt im Oktober am meisten Regen.

**Wie lange?**  Etwa zwei Wochen, für einzelne Inseln zumindest jeweils drei Nächte

**Kontrast zum Strandleben**  Sensationen, Superlative und Szene-Schuppen des Seebads Pattaya

**Keinesfalls versäumen**  Beach-Barbecue auf Bodenkissen am Hauptstrand von Ko Samet

**Rechtzeitig einplanen**  Die herrlichen Sonnenuntergänge im Ko Chang-Archipel

DIE OSTKÜSTE

Bangkok in Richtung Südosten verlassend, scheint die Hauptstadt kein Ende zu nehmen. Bis zum Seebad Pattaya gehen die Küstenstädte nahtlos ineinander über. Als kürzeste Verbindung aus dem Zentrum empfiehlt sich der als kreuzungsfreie Hochstraße angelegte Bang Na-Chonburi Expressway (auch H3 oder H34). Als schnellste Anbindung fungiert der Motorway 7 (Bangkok-Chonburi-Motorway), über den auch der Suvarnabhumi Airport angebunden ist. Dies ist nicht zuletzt ein guter Grund, seinen Urlaub im Osten Thailands zu beginnen oder auch enden zu lassen. Wer indes die alte Sukhumvit Road benutzt, gelangt zunächst zur Provinzhauptstadt Samut Prakan, die mit überraschend spektakulären Sehenswürdigkeiten aufwarten kann.

## Von Samut Prakan nach Chonburi

Um 1600 lag **Samut Prakan** noch direkt am Meer und war von großer strategischer Bedeutung, heute macht hier vor allem die größte Krokodilfarm der Welt von sich reden. 1950 gegründet, sollen sich auf dem 300 ha großen Gelände der **Crocodile Farm & Zoo**, ✆ 02-703 5144-8, 🖥 www.worldcrocodile.com, an die 100 000 Reptilien tummeln, darunter auch das mit 1200 kg größte Krokodil der Welt. ⏲ 8–18 Uhr, Eintritt 300 Baht (mehr s. **eXTra [10057]**).

Rund 7 km weiter südlich gelangt man zur spektakulären **Ancient City** („Alte Stadt", auch Ancient Siam oder Muang Boran), ✆ 02-709 1644-8, 🖥 www.ancientcity.com. Sie präsentiert sich als Thailand in Miniaturausgabe, und das sogar in den Umrissen des Königreichs bzw. als mit 300 ha wohl größtes Freilichtmuseum der Welt. ⏲ 9–18 Uhr, Eintritt 350 Baht, Kinder 150 Baht. Der Gründer der Anlage hat auch das nahe gelegene gigantische **Erawan-Museum**, ✆ 02-371 3135-6, 🖥 www.erawanmuseum.com, erbauen lassen – gekrönt von der 250 t schweren Statue eines dreiköpfigen Elefanten. Auch das Innere des ungewöhnlichen Bauwerks aus oxidiertem Kupfer ist aufwendig mit mythologischen Figuren ausgeschmückt und

**DIE OSTKÜSTE**

voller Symbolik. ◷ 8–17 Uhr, Eintritt 150 Baht (mehr zu diesen Spots, s. eXTra [10060]).

Von hier ist es nur noch ein Katzensprung bis nach **Chonburi**. Die rund 250 000 Einwohner zählende, boomende Provinzhauptstadt verbindet man vor allem mit Staus und spektakulären Büffelrennen: Alljährlich im Oktober versuchen geschickte Reiter auf bemalten Wasserbüffeln, eine 150 m lange Spurtstrecke zurückzulegen.

## Si Racha

Diese rund 120 km südöstlich von Bangkok liegende Stadt hat sich im Sog ihrer mehr als 200 Industrieanlagen und Raffinerien sowie des

### Wilde Tiere als Familienattraktion

Am südwestlichen Hang des gleichnamigen Bergs, ca. 25 km südöstlich von Si Racha, erstreckt sich der **Khao Kheow (Khiew) Open Zoo**, ✆ 038-318 444, ▢ www.kkopenzoo.com. 1974 als Ableger des Dusit-Zoos von Bangkok und Zuchtstation gegründet, gilt er mit seinen 8 km² als größter Zoo Asiens – u. a. mit einer von 7000 exotischen Vögeln bevölkerten Voliere, einem Streichelzoo, Elefantentrekking, tgl. bis zu 5 Tiershows oder einer Nachtsafari. ◷ 8–18 Uhr, Eintritt 300 Baht.
Das angegliederte „Jungle Gym" **Flight of the Gibbon**, ✆ 053-010 660, ▢ www.treetopasia.com, garantiert unvergessliche, sportiv-spannende Dschungel-Abenteuer für 1999 Baht oder sogar den 3 km langen, 26 Plattformen umfassenden Baumwipfel-Parcours „Closest Zipline Canopy Tour" für 3599 Baht (jeweils inkl. Transfers). ◷ ab 6 Uhr.
Der über den H3241 erreichbare, 1997 eröffnete und 100 ha große **Si Racha Tiger Zoo**, ✆ 038-296 556-8, ▢ www.tigerzoo.com, fungiert als private Forschungs- und Aufzuchtstation, erntet aber immer wieder harsche Kritik von Medien und Tierschützern. Hier kann man u. a. 450 Bengalische Tiger bestaunen oder sich im Restaurant an allerlei exotischen Speisen versuchen. ◷ 8–18 Uhr, Eintritt 450 Baht. Mehr Details zu diesen Spots s. eXTra [10063]).

landesweit größten Tiefseehafens **Laem Chabang** (weltweit Nr. 22) zu einem geschäftigen Versorgungszentrum mit drei großen Krankenhäusern, modernen Banken- und Bürobauten, Einkaufszentren und Apartmenthäusern entwickelt. Vom **Ko Loy Park** an der Küste kann man über einen langen, mit Autos befahrbaren Pier zur Felseninsel **Ko Loy** (Koh Loi) gelangen oder einen Blick auf das unter Einheimischen populäre Seebad **Bang Saen** werfen sowie auf **Ko Si Chang**, ▢ www.koh-sichang.com (an der gesamten Ostküste wird für Insel ausschließlich die Schreibweise „Koh" verwendet, doch wurde in diesem Buch auf „Ko" vereinheitlicht): Die Bangkok nächstgelegene Insel wird von einer illustren Armada unterschiedlichster Wasserfahrzeuge umlagert, aber trotz ihrer historischen Bedeutung kaum von Ausländern besucht (mehr dazu s. eXTra [6050]). In der Umgebung bieten sich gleich zwei Gehege mit Wildtieren als Familienattraktion an (s. Kasten).

## Pattaya

Entlang einer herrlich geschwungenen Halbmond-Bucht und der angrenzenden Strände erstreckt sich das an **Sehenswürdigkeiten**, **Sensationen** und **Superlativen** reiche Pattaya. Die internationale Schlemmer-, Shopping-, Strand-, Spaß- und Sportmetropole lockt jährlich fast 10 Mio. einheimische und ausländische Touristen an. Sie gilt als größtes Urlauberzentrum des Landes, die am meisten boomende Stadt Südostasiens und inoffiziell sogar auch schon als zweitgrößte Metropole des Königreichs …

Immer mehr Deutsche, Österreicher und Schweizer (auch Ehepaare) kehren alljährlich zum Überwintern in das Seebad zurück, wie es nicht zuletzt auch die RTL II-Serie *Villa Germania – Forever Young* plastisch vor Augen geführt hat. Trotzdem scheiden sich die Geister an diesem quirligen Reiseziel, das sich ob der vergleichsweise moderaten Wetter- und Wellenlage in der Regenzeit sowie der vielfältigen Freizeitmöglichkeiten als ideale **Ganzjahres-Destination** anbietet. Aufgrund teilweise sicher auch berechtigter Verunglimpfung als Sex- und Schmuddel-Paradies oder Verbrecherfluchtburg wird Pattaya von vielen Thailand-Touristen gemieden.

Hinsichtlich der Horizontale kann der Küstenort nach wie vor alle Vorurteile bestätigen: Wenn das südliche Ende der **Beach Road**, „Walking Street", „Strip" oder auch „Goldene Meile" genannt, von 19–2 Uhr zur Fußgängerzone wird, stürzen sich Männer aller Altersgruppen mit jungen Mädchen (oder feschen Liebesdienern aus dem Schwulenbezirk „Boyz-Town") in das Nachtleben und lassen das Seebad als Mischung aus Vergnügungshochburg, Jahrmarkt und Panoptikum erscheinen. Bereits am Nachmittag beginnen sich die zahlreichen Freiluft-Barcenter, die das **Image** der Stadt geprägt haben, mit Leben zu füllen. Trotz häufiger Klagen über das Sexgewerbe, wilde Müllkippen, Meeresverschmutzung, Fäkaliengeruch, Gehwege voller Stolperfallen, aggressive Anmache von (Moped-)Taxifahrern, über die rasant wachsende Straßenkriminalität und **Erosion** des Strands (entlang der Beach Road hat er sich von einst 96 000 m² und einer Breite von 36 m auf nur noch 5 m reduziert) können sich die zahlreichen Unterkünfte recht guter Auslastung erfreuen – zuerst ob der Invasion russischer und nun chinesischer Urlauberscharen.

Das Image mag strittig bleiben, der **Boom** ist es nicht. Gebaut wird allerorts, was die Betonmischer hergeben … In rasanter Weise verdichtet sich der Küstenort mit Resorts – nun auch von den renommiertesten Hotelketten der Welt, und seit 2014 lassen sich hier sogar die ersten

**Backpacker-Hostels** finden! Gleichzeitig wächst eine neue Generation von Apartmentburgen in den Himmel – mit bis zu 50 Etagen und skurriler wie auch avantgardistischer **Architektur**. Ringsherum entstehen immer mehr Einkaufsmeilen, Geschäfte, Restaurants und Vergnügungsbetriebe, während die Stadt immer weiter ins Hinterland wuchert.

Unmengen von Geld fließen auch in die **Infrastruktur** und Verschönerung des Stadtbilds. Doch die beiden Großkläranlagen konnten die Wasserqualität kaum verbessern und die vielen neuen Straßen dem stetig steigenden Verkehrsfluss kaum gerecht werden.

## Geschichte

Das Seebad entstand in den 1960er-Jahren als „Rest and Recreation Center" der Amerikaner, die vom Flughafen U-Tapao mit ihren B-52-Bombern zu Kampfeinsätzen nach Vietnam starteten. Aus dieser Urzeit zeugt sogar noch das erste und lange Zeit einzige Luxushotel der Stadt – die ehemalige **Nipa Lodge**, seit 2012 als Basaya Beach Hotel. Auch in den entlegenen Sois des Stadtteils **Naklua** haben einige Zeitzeugen wie betagte Holzhäuser oder Baumriesen überlebt.

## Orientierung

Am 1 km langen, sich im Norden erstreckenden **Wongamat Beach** mit seinen kleinen Strandküchen und wenigen Jetskis, aber auch einer immer wieder in Trümmern liegenden Strandpromenade tummeln sich besonders gern deutschsprachige Urlauber. Zwischen dem Restaurant Rim Talay und dem Dusit Hotel liegen herrliche Felsformationen im Meer, die sich nicht nur zum Sonnenuntergang ideal als Viewpoint anbieten, während die Lebensader **Naklua Road** mit immer mehr Restaurants, Bars und Geschäften pulsiert und sich 2014/15 mit dem Facelifting etlicher Fassaden beachtlich herausgeputzt hat.

Südlich des Zentrums lädt der rund 6 km lange **Jomtien Beach** (Chomtien) zum (Sonnen-)Bad oder Windsurfen ein. Doch im Endeffekt können hier ebenso wenig Südseeträume aufkeimen wie am schmalen **Stadtstrand**. Bei Insidern beliebt sind der **Dongtan Beach** und die angrenzenden Badebuchten.

# Pattaya

N  0      1 km

Si Racha (30 km),
Chonburi (70 km),
Bangkok (150 km)

## ■ ÜBERNACHTUNG
1. Crystal Palace
2. Birds & Bees
3. Rabbit Resort
4. Berliner Eck
5. Jomtien Hostel

## ■ TRANSPORT
1. Bus-Terminal Rong Ruang Coach nach Bangkok
   Yellow Bus nach Mukdahan, Ko Samui
2. Bell Travel Service zum Airport
3. Busstation 407 nach Nordosten
4. Bus-Terminal Nakhonchai Air nach Nordosten, Norden
5. Busstation Jomtien

## ■ ESSEN
1. Bali Hai Sunset
2. Sugar Hut

## ■ SONSTIGES
1. The Million Years Stone Park
   & Crocodile Farm
2. Amazing Art Pattaya
3. Medienhaus (Redaktion
   "Der Farang")
4. Father Ray Foundation
5. Pattaya Orphanage
6. Jagger's German Bookshop
7. Royal Varuna Yacht Club
8. German Dental
9. Dr. Olivier Clinic
10. Pattaya Park Entertainment
11. Daow's Carrent Pattaya
12. Mermaids Dive Center
13. Immigration
14. Floating Market
15. Blue Lagoon Watersport Club
16. Ocean Marina Yacht Club
17. Mimosa The City of Love
18. Cartoon Network Amazone
19. Nong Nooch Tropical Garden
20. Ramayana Water Park

## ■ UNTERHALTUNG
- Mixx Disco
- FFlic Cliff & Pool Club
- Colosseum Show Pattaya
- Alangkarn Theater

Rachvate
Cape

Sanctuary
of Truth

Bamboo Beach

Santi's
Restaurant

Wong Amart Garden
Beach Condominium

Wongamat Beach

Wat Po

Naklua

Soi Naklua 12

Soi Naklua 73

Soi Naklua 16

Sweng Fa Rd.

Sonntagsmarkt /
Abendmarkt (Essen)

Chaiyaporn Vithi Rd.

Sukhumvit Rd.

1, 2

Bangkok
Pattaya
Hospital

Abendmarkt (Mo-Do) /
Blumenmarkt (Fr-So)

Abendmarkt
(Essen)

Mini Siam

North Pattaya Rd. (Pattaya Nuea)

Soi Naklua 18

Soi Naklua 20

s. Detailplan
Pattaya Zentrum
S. 568

Third Rd.

Pattaya
Rd.

Bahnhof

Phonrapamimit Rd.

Soi Nemplabwan

Bottle Museum

Central Pattaya Rd.
(Pattaya Klang)

Big C
Extra

Beach Rd.

Second Rd.

Third Rd.

Phanai Chiang Rd.

Soi Anuno Tyai

Sukhumvit Rd.

Bali
Hai
Pier

Sheraton

Royal Cliff

Phratamnak
Hill

Rama IX
Memorial Park

Cosy
Beach

Bali Hai
Plaza

Walken

TAT

Wat Phra Yai
(Big Buddha)

Soi 4

Soi 5

Soi 6

Pd Plediem

South Pattaya Rd. (Pattaya Tai)

Soi 16

Prakiat Rd.

Soi 1

Soi 8

Pattaya
Tower

Tamnak Rd.

Thepprasit Rd.

Soi 17

Soi 8

Soi 8

Soi 5

Soi Thep Prasit 7

Sa Thep Prasit 3

Wochenendmarkt /
Nachtmarkt (Fr bis So)

Tesco Lotus

Bahnhof

Soi Khao Talo

Tesco Lotus 1

Soi Nongkiabok

Soi No.

Jomtien Beach

Jomtien Beach Rd.

Jomtien

Wat Yan Sangwararam (22 km),
Sattahip (40 km),
Rayong (70 km)

11, 14, 15,
16, 17, 18,
19, 20

Am Südende der Stadt führt eine Serpentinenstrecke auf den Berg **Phratamnak**, von der eine rund um den Berg führende Panoramastraße abzweigt. Am Nordhang des Hügels erstreckt sich der bei Joggern beliebte **Rama IX Memorial Park**. Von einem Tempel auf der Spitze eröffnet sich ein eindrucksvoller Blick auf das einstige Fischerdorf Pattaya, dessen Name sich mit „Südwestwind" übersetzen lässt. Vom **Wat Phra Yai** auf dem benachbarten Hügel blickt ein riesiger sitzender Buddha auf das Treiben von Pattaya hinab.

## Sehenswürdigkeiten

Den höchsten Ausblick auf die Stadt bietet der 240 m hohe **Pattaya Park Tower**, ☎ 038-251 201, 🖥 www.pattayapark.com, mit seinen drei Drehrestaurants in der 52. bis 54. Etage, ⏰ 9–19 Uhr, alle Aktivitäten 10–18 Uhr. Für 400 Baht (bzw. 600 Baht inkl. weniger schmackhafter Buffets von 11–15 Uhr oder 17–22 Uhr) geht es mit dem Lift nach oben und dann ggf. über Seilzüge mit dem Sky Shuttle (8 Pers.), dem Speedshuttle (2 Pers.) oder dem Tower Jump (1 Pers.) wieder nach unten. Zur Anlage gehören ein **Vergnügungspark** und ein **Spaßbad** mit Strömungsbecken und Rutschen, ⏰ 9–18 Uhr, Eintritt 100 Baht.

Bizarr geht es im Museum **Ripley's Believe it or not** zu, ☎ 038-710 294-8, 🖥 www.ripleysthailand.com, ⏰ 11–23 Uhr. 1994 im Royal Garden Plaza eröffnet, hatte es einst den großen Reigen neuer Sehenswürdigkeiten eingeläutet. Hier locken 250 unterhaltsame Kuriositäten, faszinierende optische Täuschungen und eine rote DC 3 aus Zeiten des Vietnamkriegs. Dazu gehören die angrenzenden Erlebniswelten **Moving Theater** (4-D-Filme mit Spezialeffekten), **Infinity Maze** (bizarre Spiegelwelten), **The Vault** (Laser-Spiel), **Haunted Adventure** (Gruselkabinett), das **Louis Tussaud's** (Wachsfigurenkabinett) und **Scream in the Dark** (Horror-Haus). Alle Attraktionen gibt es als Online-Discount für 1500 Baht, Kinder 780 Baht. Vom Dach startet der 980 Baht teure **Sky Rider** – als angeblich größter Heißluftballon der Welt. ⏰ 6–23 Uhr.

Großer Beliebtheit erfreuen sich für jeweils 300 Baht die neuen 3D- und 4D-Kunstmuseen **Art in Paradise**, Second Rd., ☎ 038-424 500,

🖥 www.artinparadise.co.th, ⏰ 9–21 Uhr, und **Amazing Art Pattaya**, Third Rd. Soi 4/1, ☎ 083-031 4249, 🖥 auf Facebook, ⏰ 9–23 Uhr, wo Anfassen nicht nur erlaubt, sondern erwünscht ist. Für reichlich Illusionen sorgen die Magiere der **Illusion Hall Tuxedo**, ☎ 038-488 880, 🖥 www.tuxedo-magic.com, oder der neuen **Magic People Show**, ☎ 082-566 5688. In der Thepprasit Road entstand mit dem **Colosseum**, ☎ 038-906 530-33 🖥 www.colosseumshowpattaya.com, ein verblüffender Nachbau des römischen Originals bzw. das größte Travestie-Theater Asiens, um mit den formen- und farbenreichen Shows des bereits 1981 gegründeten **Alcazar Cabaret**, ☎ 038-422 220, 🖥 www.alcazarthailand.com, und **Tiffany's**, ☎ 038-421 700-5, 🖥 www.tiffany-show.co.th, zu konkurrieren.

Entlang der Sukhumvit Road in Richtung Sattahip locken z. B. die historischen Monumental-Shows des **Alangkarn Theaters**, 🖥 www.alangkarnthailand.com, und das weitläufige, mit eindrucksvollen Heiligtümern gespickte **Wat Yan Sangwararam** oder spektakuläre Freizeit-

# Pattaya Zentrum

0         1000 m

**ÜBERNACHTUNG**
- ⑥ Centara Grand Mirage Beach Resort
- ⑦ Swiss Paradise Boutique Villa
- ⑧ Tassanee Garden
- ⑨ Thai Garden Resort
- ⑩ The Cottage
- ⑪ Siam@Siam Design Hotel
- ⑫ Hotel Hilton
- ⑬ Imperial Residence
- ⑭ Asia Backpackers
- ⑮ Nature View Hotel

**TRANSPORT**
- ⑥ Malibu Travel
- ⑦ Bangkok Airways
- ⑧ Sawasdee All Thai/Airbus 777
- ⑨ Thai Airways
- ⑩ Busstation Sri Mong Kon nach Nordosten

**SONSTIGES**
- 21 Mermaid's Dive Center 02
- 22 Torsten (Torti)
- 23 Illusion Hall Tuxedo
- 24 Check in Tour & Travel
- 25 Magic People Show
- 26 Ripley's Believe it or not
- 27 Moving Theater
- 28 Infinity Maze
- 29 The Vault
- 30 Haunted Adventure
- 31 Louis Tussaud's
- 32 Scream in the Dark
- 33 Sky Rider

**UNTERHALTUNG**
- 5 The Living Bistro & Bar
- 6 Noir Pattaya Club
- 7 Differ Pub
- 8 Tiffany's
- 9 Green Tree Pub
- 10 Alcazar Cabaret
- 11 Pluag Mai
- 12 Hard Rock Café
- 13 Hopf Brew House
- 14 Candyshop
- 15 Club 808
- 16 The Pier
- 17 The Stones House
- 18 Walking Street Sports Café
- 19 Lucifer Disco
- 20 Marine Disco
- 21 iBar & Insomnia Club
- 22 Casino Club
- 23 Endorphin

**ESSEN**
- 3 Rim Talay Seafood
- 4 Anton
- 5 Bon Cafè
- 6 Pizza Big
- 7 Bei Gerhard
- 8 Khow Tom Pla Koh See Chang
- 9 Mantra
- 10 P.I.C. Kitchen
- 11 Horizon Rooftop-Bar
- 12 Apex Restaurant
- 13 Casa Pascal
- 14 Cherry's

Soi Naklua 16/2
Photisan Rd.
Soi Naklua 18
**Naklua**
Soi Naklua 27
Naklua Rd.
Tesco Lotus II
Soi Naklua 20
Soi 33
Soi Naklua 22
Best Supermarket
North Pattaya Rd. (Pattaya Nuea)
Soi Naklua 24
**CITY HALL**
World Gems Collection
Viewpoint
Dusit
Amari Garden Resort
Art in Paradise
Soi 1
Soi 2
**Central Festival Center (Big C)**
Soi 3
Soi 4
Soi 5
Soi Yodsak
Soi 6
Soi 4
Soi Sairoong
**TOURISTEN-POLIZEI**
Beach Rd.
City Beach
Second Rd.
Soi 16
Third Rd.
Basaya Beach Hotel (Nipa Lodge)
Big C Extra
**Central Pattaya Rd. (Pattaya Klang)**
POLIZEI
Soi 7
Soi 8
Pattaya Memorial Hospital
Soi Buakhao
Soi Arnno Thai
**Central Festival Pattaya Beach Center**
Soi 10
Soi 11
Mike Shopping Mall
Soi Buakhao
Third Rd.
Soi 12
Soi 13
Soi Yamato
**The Avenue**
Soi Post Off.
Pattaya City Hospital
Royal Garden Plaza
South Pattaya Rd.
Soi Buakhao
**WOCHENMARKT (Di und Fr)**
Soi Diamond (Walking Street)
Phra Tamnak Rd.
Soi 15
(Pattaya Tai)
Friendship Supermarkt
Soi 16
**SIKH-TEMPEL**
Tukcom Center
Soi 17

DIE OSTKÜSTE

parks wie der **Nong Nooch Tropical Garden**, 🖳 www.nongnoochtropicalgarden.com, oder **The Million Years Stone Park & Crocodile Farm**, 🖳 www.thaistonepark.org, mit beachtlichen Präsentationen von Flora und Fauna. Attraktionen im Disneyland-Verschnitt sind mit dem beliebten **Floating Market**, 🖳 www.pattayafloating market.com, oder dem **Mimosa – The City of Love**, 🖳 www.mimosa-pattaya.com, entstanden. In der Nähe des Fischerdorfs Bang Saray hat das **Cartoon Network Amazone**, 🖳 www. cartoonnetworkamazone.com, eröffnet – ein gigantisches Vergnügungsbad mit sechs Themenzonen, Riesenrutschen und Action satt für 1590 Baht, Kinder „nur" 1190 Baht. Als nächstes Megaprojekt ist der sagenhafte 184 000 m² große, US$45 Mio. teure **Ramayana Water Park**, 🖳 www.ramayanawaterpark.com, angesagt.

Ebenfalls atemberaubend sind die Möglichkeiten zum Schlemmen und Shopping – nicht nur auf den weitläufigen **Wochenmärkten** (siehe Karten) : Das ultramoderne, gediegene **Central Festival Pattaya Beach Center**, 🖳 www. centralfestival.co.th, umfasst 200 000 m², an die 370 Geschäfte und Restaurants sowie zehn moderne Kinosäle und ein Outdoor-Cinema. Das daraus mit 34 Etagen aufragende **Hotel Hilton** zählt zu den neuen Wahrzeichen Pattayas – und lockt mit seiner stil- und stimmungsvollen Rooftop-Bar **Horizon** bzw. einer Happy Hour von 17–19 Uhr (zwei Cocktails für nur 300 Baht), den

Sonnenuntergang mit faszinierendem Ausblick zu genießen!

Verfeinert hat sich auch **Pattayas Nachtleben**: Viele neue Szenetreffs, Livemusik-Pubs und Discos (Kasten S. 572) haben mehr Vielfalt und Niveau generiert, sodass auch immer mehr einheimische Popstars, internationale Star-DJs und junge Urlauberscharen in die Stadt finden.

## ÜBERNACHTUNG

In Pattaya gibt es mind. 500 Hotels mit etwa 60 000 registrierten Zimmern, wobei die große Konkurrenz und der Trend zum Wohnen in Apartments auf die Preise drücken. Besonders praktikabel ist die Übernachtung im nördlichen, angenehmen Stadtteil Naklua.

### Im Norden (Pattaya Naklua)

**Centara Grand Mirage Beach Resort** ⑥, 277-8 Naklua Rd., Soi 16, ✆ 038-301 234, 🖳 www.centarahotelsresorts.com. Zählt als Strandresort mit 2 imposanten Flügelbauten zu den faszinierendsten Unterkünften der Stadt. 555 schöne Zimmer und Suiten, 8 Restaurants sowie ein „Lost World"-Themenpark, Wasserpark und viele andere Attraktionen. ❽

**Crystal Palace** ①, 284/68 Naklua Rd., ✆ 038-413 535-39, 🖳 www.crystalpalacepattaya.com. Sehr beliebt und inzwischen auf 5 Bauten mit insgesamt 390 angenehmen Komfortzimmern angewachsen. 2 Pools, einer davon als Rooftop im 8. Stock mit Panoramablick. ❹–❺

🏨 **Swiss Paradise Boutique Villa** ⑦, 277/60 Naklua Rd., Soi 16, ✆ 091-585 9451, 🖳 www.swissparadisevillapattaya.com. Mit dieser bis ins letzte Detail durchdachten Hoteloase in Strandnähe hat der sympathische, ehemalige Dusit-Manager Hans Bänzinger sich und seinen Gästen einen Traum erfüllt. 12 preiswerte Wohlfühl-Zimmer mit dekorativem Funkel-Pool. ❹

€ **Tassanee Garden** ⑧, 570/282 Naklua Rd., Soi 27, ✆ 038-370 448, ✉ tassanee-2545@hotmail.com. 7-stöckiges Haus mit Laubengängen und 63 angenehmen Zimmern, die 14 besten und größten an den Ecken – teilweise sogar mit 2 Balkone und Meeresblick! ❸

**Thai Garden Resort** ⑨, 179/168 North Rd., ✆ 038-370 614-8, 🖳 www.thaigarden.com. Lange etabliertes Familienhotel in idealer Lage. 227 geräumige Zimmer und Apartments mit 63 m langem, lagunenartigem Pool in einer weitläufigen Gartenanlage. Der holländische Direktor René Pisters und sein allgegenwärtiger Deputy Danilo Becker sorgen für maximale Wohlfühlatmosphäre. Nutzung von moderner Umwelttechnik aus Deutschland bzw. von Sonnenkollektoren oder Abwärme-Rückgewinnung sowie allerlei Charity-Engagement. ❻–❼

**The Cottage** ⑩, 78/36 Second Rd., ✆ 038-425 650, 🖳 www.thecottagepattaya.com. Beliebt, mit vielen Stammgästen, in idealer Lage. 78 günstige Zimmer, die meisten in betagten Bungalows, die besten in 2 neuen Flügelbauten, und 2 Pools. Leider wurde diese einzigartige, anachronistische Dschungeloase 2011 fast all ihrer faszinierenden Urwaldriesen beraubt. ❹

### In der Mitte (Pattaya Klang)

**Asia Backpackers** ⑭, Soi Buakhao, ✆ 038-420 528, 🖳 www.asia-backpackers.com. Neu, aber schnell populär – als sauberes Hostel mit AC-Schlafsälen und Doppelstockbetten zu 280 Baht oder einfachen DZ für 500 Baht. ❶–❷

**Hotel Hilton** ⑫, 333/101 Beach Rd., ✆ 038-253 000, 🖳 www.hilton.com. Absolut durchgestylt – mit 302 Luxus-Zimmern in 3 Kategorien und teilweise sogar Balkon-Jacuzzis. ❽

**Imperial Residence** ⑬, 310/1 Soi 10, Beach Rd., ✆ 038-710 383, 🖂 info@imperialresident.com. Direkt an der Beach Rd. bzw. am Stadtstrand – mit 5 Etagen und 30 gepflegten Holzboden-Zimmern (bestechend sind Nr. 4114 und 4115 mit je 2 Balkonen). ❺

**Nature View Hotel** ⑮, 420/136 Soi Buakhao, ✆ 038-489 595-7, 🖳 www.natureviewpattaya.com. Modern, pieksauber und professionell geführt. Es gibt zwar keinerlei Blick in die Natur, aber 70 angenehme, komfortable Balkon-Zimmer und einen Pool. ❸–❹

**Siam@Siam Design Hotel** ⑪, 390 Second Rd., ✆ 038-930 600, 🖳 www.siamatpattaya.com. Gehört mit seiner herrlich hippen Dekoration, 268 Themen-Zimmern in 6 Kategorien und 2 Rooftop-Spots zu den verlockendsten Hotel-Neulingen Pattayas. Allein das museale Foyer mit seiner Bar ist eine Visite wert. Ab ❻

### Im Süden (Pattaya Tai und Jomtien Beach)

**Berliner Eck** ④, Jomtien Beach Rd., Soi 3, ✆ 081-296 3360, 🖳 www.berlinereckpattaya.com. 19 preiswerte, pieksaubere Zimmer – fast alle mit Balkon (am besten sind Nr. 4 und 5), mit Ventilator schon ab 200 Baht! Einladende, halb offene Lobby mit Restaurant und Biergarten, Begegnung mit Landsleuten garantiert. ❶–❸

**Birds & Bees** ②, am Asia Beach, ✆ 038-250 556-7, 🖳 www.cabbagesandcondoms.co.th. Ruhiges Hotel mit 54 hübsch gestalteten Zimmern, idyllischem Restaurant und tropischem Garten an einer herrlichen Bucht. Die von dem früheren Minister Meechai Viravaidya (Spitzname: Mr. Condom) einst als „Cabbages & Condoms" gegründete Anlage ist umweltfreundlich konzipiert, die Gewinne fließen teilweise in Hilfsprojekte. ❻–❽

**Jomtien Hostel** ⑤, 279/347 Soi Sarita Hotel, ✆ 038-233 416, 🖳 www.jomtienhostel.com. Nur 250 m vom Strand als einladendes Hostel mit Hotelcharakter. Wohnliche Komfortzimmer mit 16–26 m² ab 600 Baht. ❷–❹

**Rabbit Resort** ③, Dongtan Beach, Jomtien, ✆ 038-251 730-2, 🖳 www.rabbitresort.com. Wirkt in Pattaya wie aus einer anderen Welt … Einzigartiges, tropisch begrüntes Resort im Stil eines Thai-Dorfs mit 49 perfekt dekorierten Villen und Suiten, sympathisch geführt von Mr. Paisan und Ehefrau Deb(orah). Am Strand lockt das charmante Restaurant **Grill House**. ❻–❼

### ESSEN

Die Vielfalt ist faszinierend: Chinesisch, indisch oder japanisch kann man hier ebenso essen wie französisch, italienisch, arabisch, mexikanisch und vor allem: deutsch! Es locken massenhaft gediegene Gourmettempel, typische Filialen internationaler Imbiss-Ketten, weitläufige Food Courts in Einkaufszentren, beliebte Aussteigerkneipen mit heimatlicher Hausmannskost oder einfache Straßengrills und Garküchen, wie sie z. B. die vielen Nachtmärkte bieten.

**Bali Hai Sunset**, 378/90 Pratamnak Rd. bzw. am Beginn der Panoramastraße vom Bali Hai auf den Berg, ☎ 080-004 1616, 🖳 auf Facebook. Eine der besten Möglichkeiten, Mahlzeiten romantisch direkt am Meer zu genießen. Manager John Little bietet exzellente Küche, professionell gebrutzelte Steaks und meist auch Seafood-BBQ. ⏱ 12–24 Uhr.

**Bei Gerhard**, Naklua Rd., Soi 31, ☎ 038-421 589. Das wohl erfolgreichste Farang-Restaurant. Da häufig voll, besser antizyklisch besuchen. Beste deutsche (jeden Sa Eintopf), schwäbische und thailändische Küche – in großen Portionen zu realen Preisen. ⏱ Mo–Sa 8.30–23 Uhr.

**Bon Café**, Naklua Rd., ☎ 038-421 048, 🖳 www.boncafe.co.th. Trotz nüchternen Ambietes enorm beliebt – wie für den besten Kaffee der Stadt, auch zum Mitnehmen. ⏱ 9–19 Uhr.

**Khow Tom Pla Koh See Chang**, North Rd., Ecke Third Rd., ☎ 089-884 9582. Einfach, halb offen und szenisch direkt an einer belebten Verkehrskreuzung liegend, eine der stadtweit besten Gelegenheiten, gute und supergünstige Thai-Küche zu genießen. ⏱ 16.30–1 Uhr.

**Mantra**, Beach Rd., ☎ 038-429 591, 🖳 www.mantra-pattaya.com. Edelstes und originellstes Erlebnis- und Lifestyle-Restaurant der Stadt. Eine überaus kreative internationale Speisekarte (7 unterschiedliche Kuchen) verknüpft sich mit exzellentem Service und Ambiente. ⏱ 17–1 Uhr.

**Pizza Big**, 668/9 Naklua Rd., ☎ 038-427 314. Im schlauchförmigen Restaurant von Ur-Italiener Roberto gibt es die größten, besten und knusprigsten Pizzas der Stadt – wie die leckere *Quattro Formaggio* mit scharfer Salami. ⏱ 12–24 Uhr.

**Sugar Hut**, 391/18 Thappraya Rd., ☎ 038-251 686, 🖳 www.sugar-hut.com. Wo Filmstars wie Jessica Alba speisen, muss es einfach schön sein. Stil- und stimmungsvoll mit viel Thai-Architektur, Teakholz und Tropengrün. Gutes Essen zu gehobenen Preisen, ⏱ 24 Std., wie auch im dazugehörigen, ebenfalls schon seit

Ein reichhaltiges, günstiges Brunch- (7–13 Uhr, 150 Baht) und Abendbuffet (18–22 Uhr, 250 Baht) gibt es im **Apex Hotel** (216/1 Second Rd., ☎ 038-428 281-2, 🖳 www.apexhotelpattaya.com), wesentlich mehr Ambiente bietet aber das BBQ-Frühstücks- und Mittags-Buffet (8–14 Uhr, 225 Baht) des **Casa Pascal**, 485/4 Second Rd., ☎ 038-723 660, 🖳 www.casa-pascal.com.

Besonderer Beliebtheit erfreut sich das Insider-Buffet (18–19 Uhr, 200 Baht, nach 19 Uhr 250 Baht) im **Bella Express Hotel** (ehemals Little Duck Hotel), 336/2 Central Rd., ☎ 038-428 104. Ebenfalls allabendlich von 17–21.30 Uhr mundet es bei den beliebten Themenbuffets des **Thai Garden Resort** (S. 570) für 399 Baht – inkl. Happy Hour von 17–18 Uhr und Livemusik (außer Mo).

Das beste Preis-Leistungs-Verhältnis verspricht das sagenhafte Buffet (Mi, Sa 18–23 Uhr, 399 Baht) im **Cherry's**, 394/122 Third Rd., ☎ 038-052 430, 🖳 www.cherrys-restaurant-pattaya.com. Als Highend-Buffet empfiehlt sich – allein schon wegen der facettenreichen Meeresspezialitäten und der paradiesischen Desserts – der auch vom Preis her unvergessliche Sonntagsbrunch im **Mantra** (s. links, 11–15 Uhr, ca. 2000 Baht, Wein-Buffet ca. 1800 Baht).

Laszive Schlemmereien mit faszinierendem Ausblick garantieren die tgl. Mittags- (12–13.30 Uhr, 480 Baht) und Abendbuffets (18–22.30 Uhr, 920 Baht) im Edge (14. Stock) des **Hotel Hilton** (S. 570) – abends idealerweise koordiniert mit einem Sundowner-Aperitif in der Rooftop-Bar Horizon, oder das **Siam@Siam Design Hotel** (S. 570) mit seinem „Weekend Fire Seafood & BBQ Dinner" (Fr, Sa 18.30–22 Uhr, 555 Baht, inkl. freiem Weinfluss nur 899 Baht).

Anfang der 1980er-Jahre etablierten **P.I.C. Kitchen**, Soi 5, ☎ 038-428 374, 🖳 www.pic-kitchen.com. ⏱ 11–14 und 17–24 Uhr.

Typisch für Pattaya sind die zahllosen, halb offenen Bierbar-Center, wo käufliche Mädchen

**DIE OSTKÜSTE**

© NIPAPORN YANKLANG

Alle Szene-Tanzschuppen liegen im Bereich der Walking Street, in den meisten jedoch geht es erst nach Mitternacht richtig ab – und das selbstverständlich an jedem Tag der Woche …

Zum Vorglühen locken allerlei Happy Hours. Wer es halbwegs gelassen angehen möchte, streift zunächst durch den **Candyshop** – eine halb offene, aber dennoch klimatisierte und von mitreißenden Liveband-Rhythmen durchwaberte Semi-Disco. Eine ähnlich rhythmisch-relaxte Grundstimmung herrscht im nahe gelegenen Eingangsbereich zum **Lucifer's**, in dessen Tiefen sich ein als Tropfsteinhöhle gestalteter Tanzschuppen mit coolen Hip-Hop-Beats verbirgt. Das **Walking Street Sports-Café** indes lockt mit einem pinkfarbenen Chevy aus den 1950er-Jahren ins Innere, der an der Wand des stets professionell parfümierten Eingangsbereichs hängt. Erst zu vorgerückter Stunde und als Durchlauferhitzer schon über 30 Jahre populär, bietet sich die **Marine Disco** an, um in düsterem Ambiente zu Trance und Techno zu raven.

Als angesagter, ultimativer Szene-Treff fungieren die **iBar** und der darüber liegende **Club Insomnia**, 🖥 www.clubinsomniagroup.com. Erst richtig voll wird es hier ab 2 Uhr – inkl. knisternder Erotik, gelten diese beiden Schuppen doch als Magnet für die auf(sehener)regendsten Schönheiten der Nacht … Ähnlich konzipiert ist das neue **The Pier**, 🖥 www.thepierpattaya.com. Hier erstreckt sich das Vergnügen mit urbanem Weltstadtflair, lasziven Coyote-Tänzerinnen sowie der stadtweit besten Light- und Lasershow sogar gleich über drei Stockwerke.

Das ultramoderne **Endorphin**, 🖥 www.clubendorphin.com, begeistert mit spektakulären LED-Wänden und drei Leucht-Tanzflächen auf zwei Etagen. Feuershows und Coyote-Tänzerinnen bringen die Nachtschwärmer in Stimmung, Abkühlung verschafft ein Balkon mit Panoramablick auf das bunte Treiben der Fußgängerzone. „First Class Clubbing" verspricht die ebenfalls neue Diskothek **Club 808**, 🖥 www.808pattaya.com, die besonders Hip-Hop-Fans anlockt.

Am südlichen Ende der Walking Street bzw. im Bali Hai Plaza lässt die **Mixx Discotheque**, 🖥 www.mixx-discotheque.com, ihre Gäste im „Rouge Club" und „Crystal Palace" zu den Techno-Beats und Hip-Hop-Sounds internationaler Top-DJs wie Domination oder Eddie Pay zappeln.

Erst wenn in den anderen Tanztempeln der Stadt allmählich abgeregelt wird, öffnen sich die Pforten des **Casino Club**, 🖥 auf Facebook, in der legendären Soi Diamond, 🖥 http://soi-diamond.com. Hier können die Szenegänger sogar noch bis in die späten Morgenstunden feiern. Und während die Nachteulen ihren Rausch ausschlafen, trifft sich der Jetset im noblen **FFlic Cliff & Pool Club**, 🖥 www.fflicccliffclub.com, in der Soi Kasetsin auf dem Pratamnak-Hügel – mit House-Beats, angesagten DJs und Champagner-Laune …

auf Kundschaft warten. Auch wer sich hier nur umschauen oder unterhalten möchte, wird freundlich behandelt. Einen vergleichsweise harmlosen Einstieg in das Nachtleben der Stadt bietet z. B. ein Bummel durch die Beachroad-Sois 7 oder 8 und die Walking Street, 🖳 www.walkingstreetpattaya.net, die spätestens zu vorgerückter Stunde als Hauptschlagader des Nachtlebens pulsiert. Etliche Bierbars bieten eine Dauer-Dröhnung von Live-Bands.

**Differ Pub**, am Big C, ✆ 038-362 467, 🖳 www.differ-pub.com. Seit Jahren extrem angesagt. Hier zelebriert die lokale und aus Bangkok angereiste, thailändische High Society ihr Nachtleben, wie auch im zur gleichen agilen Entertainment-Gruppe gehörenden **Noir Pattaya Club**, Third Rd., ✆ 038-489 240, 🖳 auf Facebook, 🕐 beide ca. 21–3 Uhr, oder dem neu eröffneten Musik-Restaurant **The Living Bistro & Bar**, North Pattaya Rd., ✆ 038-414 922, 🕐 18–2 Uhr.

**Green Tree Pub**, Beach Rd., ✆ 038-414 353-5, 🖳 www.pattayagreentree.net. Vielfältige Speisen und ab 20 Uhr Livemusik in einem romantischen, bunt beleuchteten Garten. 🕐 8–2 Uhr.

**Hard Rock Café**, Beach Rd., ✆ 038-428 755-9, 🖳 www.hardrockhotels.net. Dem Namen verpflichtet: heiße Rhythmen ab 21 Uhr, aber leider teure Getränke. 🕐 18–1.30 Uhr.

🏛 **Hopf Brew House**, Beach Rd., Ecke Soi Yamato, ✆ 038-710 650. Seit 1997 als erste Mikrobrauerei Pattayas mit süffigem Bier und exzellenter Küche. Tgl. außer So musiziert ab 21 Uhr eine Band und zuweilen auch der beliebte italienische Tenor Enzo Masetti. 🕐 14–1 Uhr.

🏛 **Pluag Mai**, Third Rd., ✆ 038-416 902. Fasziniert als Thai-Rock-Pub mit urigem Carabao-Ambiente, fetziger Livemusik, deftiger Kost und stets bester Stimmung – erst recht bei den häufigen Auftritten einheimischer Popstars. 🕐 18–3 Uhr.

**The Stones House**, Walking Street, ✆ 038-410 530, 🖳 www.the-stoneshouse.com. Neu, aber schnell populärer Livemusik-Schuppen und ob einer riesigen Hulk-Figur auch nicht zu übersehen. Im weiteren Verlauf des Strips dröhnen noch 3 weitere, halb offene Rockbars. 🕐 18–3 Uhr.

## SONSTIGES

Es wimmelt nur so vor Fitnesscentern und Sportangeboten aller Art wie Boxen, Reiten, Bungy-Jumping, Sky-Diving oder Baumwipfel-Klettereien (Kasten S. 564) – zudem gibt es rund 20 Golfplätze. Für Wassersport Kasten S. 574.

### Feste
Zu den wichtigsten Events zählen der **Pattaya Marathon** im Juli, das **Pattaya Music Festival** Mitte März sowie das **Pattaya International Firework Festival**. **Songkran** fällt in Pattaya auf den 18. und 19. April – doch ist vom 12.–19. April mit Wasser-Attacken zu rechnen.

### Immigration
Jomtien Beach Rd., Soi 5, ✆ 038-252 750-1. Die Reisebüros organisieren für rund 2300 Baht komfortable „Visa Runs" nach Kambodscha.

### Informationen
Infos und Pläne gibt es in etlichen Gratis-Publikationen – sowie auf unzähligen Websites wie der genialen 🖳 www.pattaya.net. Mit gezielten Fragen kann man sich rund um die Uhr an die Hotline ✆ 1337 des **Pattaya City Call Center** versuchen. Das örtliche **TAT Office** versteckt sich am Rama IX Memorial Park, ✆ 038-427 667, ✉ tatchon@tat.or.th, 🕐 Mo–Fr 8.30–16.30 Uhr.

### Medizinische Hilfe
**Bangkok Pattaya Hospital**, Sukhumvit Rd., ✆ 038-427 777, Notfall: ✆ 038-259 911, 🖳 www.bangkokpattayahospital.com. Modern, professionell und teuer – mit 400 Betten, über 100 Vollzeitärzten, allen Fachrichtungen und 24-stündigem Übersetzungsdienst.

**Pattaya City Hospital**, Soi Bokao, ✆ 038-420 823, 🖳 auf blogspot. Neu, staatlich und kompetent sowie oft gelobt wegen der fairen Preise für Ausländer.

**Dr. Olivier Clinic**, 315/336 Thepprasit Rd., Soi 12, ✆ 038-303 331, 🖳 www.dr-olivier-clinic.com. Deutschsprachige Praxis eines französisch-schweizerischen Arztes aus Genf. 🕐 Mo–Fr 9–16, Sa 9–13 Uhr.

## Paradies für Wassersportler

Trotz oft trüber Meeresfluten und nervtötender Jetskis gilt Pattaya neben Phuket als größtes Wassersportzentrum Thailands. Internationale Wettbewerbe und ideale Bedingungen zum Windsurfen, Parasailing oder Wasserskifahren gibt es am Jomtien Beach, wo allenfalls von November bis Januar mit stärkeren Winden und höheren Wellen zu rechnen ist. Laser, Hobie Cats oder Optimists sind schon für 500–1000 Baht pro Std. zu mieten.

Professionelles Wind- und Kitesurfing gibt es im 12 km entfernten **Blue Lagoon**, ✆ 085-134 9588 (Mike), 🖳 www.bluelagoonpattaya.com, www.clubloongchat.com. Hier kann man sich u. a. – sogar auf Deutsch – von Thailands charismatischer Surflegende **Amara Wichithong**, ✆ 081-862 9958, 🖳 www.amaraws.squarespace.com, unterrichten lassen, die schon fast 40 Jahre im Geschäft ist und sich natürlich auch auf das angesagte Stehpaddeln versteht.

Segelfans sollten versuchen, mal auf einen Drink beim legendären, 1957 gegründeten **Royal Varuna Yacht Club**, ✆ 038-250 116, 🖳 www.varuna.org, vorbeizuschauen. Alternativ bietet sich der 10 km südlich der Stadt liegende, gediegene **Ocean Marina Yacht Club**, ✆ 038-237 427, 🖳 www.oceanmarinayachtclub.com, an. Segelboote lassen sich dort u. a. bei **Gulf Charters Thailand**, ✆ 038-237 752, 🖳 www.yachtcharterthailand.com, chartern. Von den zahlreichen Tauchbasen hat sich z. B. das **Mermaids Dive Center**, ✆ 038-303 333, 🖳 www.taucheninthailand.com, mit Stützpunkten in Jomtien und am Wong Amart Beach bewährt.

### Mietfahrzeuge

Als Alternative zu den internationalen Verleihern empfehlen sich die gut versicherten Autos von **Daow's Carrent Pattaya**, ✆ 082-483 4949 (Daow), 089-406 2366 (Urs), 🖳 www.carrent-pattaya.hpage.co.in. Ab 900 Baht pro Tag (mind. 3 Tage) bzw. 5600 Baht pro Woche inkl. Bring- und Abholservice. Mopeds und Automatik-Roller lassen sich an jeder Ecke für ca. 200 Baht pro Tag mieten, aber besonders gepflegt und mit Zusatzversicherung bei dem Berliner **Torsten (Torti)**, Naklua Rd., Soi 33, ✆ 084-722 8773, ✉ torsten.pattaya@gmail.com.

### Polizei

**Hauptwache** an der Beach Rd., Ecke Soi 9, ✆ 038-420 802-5, **Notruf** ✆ 191.

**Tourist Police** an der Second Rd., nahe Soi 6, ✆ 038-429 371, **Notruf** ✆ 1155. Bei Problemen sollen amtliche, westliche, aber mitunter leider auch ins Zwielicht geratene **Volonteers** helfen.

### Reisebüro

Als kompetent und zuverlässig gilt **Check in Tour & Travel**, 3/227 Third Rd., ✆ 038-427 323, 🖳 www.checkin-tour.de, lange etabliert von dem Deutschen Joe Hoffmann und Gattin Jeow.

### Wellness und Gesundheit

Pattaya hat sich als preiswertes Zentrum für Chiropraktik, Schönheits-OPs, Zahnpflege/-ersatz oder Brillen-Versorgung etabliert. Das Angebot an Wellness aller Art ist überwältigend – mit den großen Schaufenstern der unzähligen Massageläden und Fish-Spas sogar stadtbildprägend.

**German Dental**, 162-197 Thapraya Rd., Soi 9, ✆ 038-251 289, 🖳 www.germandental.com. Etabliert seit 1991 als beliebtester und bester Anlaufpunkt für Gebiss-Sanierung und Zahnersatz. Michael Schlatter und sein Profi-Team bieten ein eigenes HiTech-Labor und deutschen Standard zu exotisch günstigen Preisen. ⏱ Mo–Do 9–18 Uhr.

## NAHVERKEHR

### Taxis

Das Rückgrat des Nahverkehrs bilden mehr als 500 **Baht-Busse**, die in ihrer Masse oft die Straßen verstopfen. Die dunkelblauen, offenen Sammeltaxis kosten nur 10–20 Baht auf fester Route entlang der Hauptstraßen, aber als Charter oft horrende Wucherpreise. Weiter entfernte Fahrten zu fairen Festpreisen ermöglicht die Smartphone-App von **GrabTaxi**. Für **Motorrad-Taxis** sind je nach Entfernung 30–150 Baht zu kalkulieren.

## Man spricht Deutsch

Da Pattaya besonders bei deutschsprachigen (Langzeit-)Urlaubern, Aussteigern und Rentnern beliebt ist, reicht das Angebot von heimatsprachigen Zahnkliniken und Optikern über Schneider und Anwaltskanzleien bis zu ganzen Wohnanlagen. So hat sich die Stadt auch zum Zentrum deutschsprachiger Thailand-Medien entwickelt: Das **Medienhaus** gibt alle zwei Wochen – inkl. eines täglichen Newsletters – das beliebte, schon seit 22 Jahren erscheinende Magazin **Der Farang**, 🖳 www.der-farang.com, heraus und betreibt das Internetportal **Thai Page**, 🖳 www.thaipage-online.com. Zudem werden in der Stadt das Monats-Magazin **Hallo**, 🖳 www.hallomagazin.com, produziert sowie das (seit 2014 nur noch als Internetausgabe erscheinende) **Pattaya Blatt**, 🖳 www.pattayablatt.com. Wer sich lieber in Bücher vertiefen möchte, sollte **Jagger's German Bookshop** in der Soi Batman, ✆ 089-520 1005, ⏲ 10–19 Uhr, aufsuchen.

### Fähren

Vom Bali Hai-Pier starten tgl. viele Boote zu Pattayas Hausinsel **Ko Larn**. Billig sind die offiziellen Fähren für 30 Baht, die von 7–18.30 Uhr ca. alle 1–2 Std. verkehren (aber auch gern mal sinken). Für die 9 km lange Strecke werden 45 Min. benötigt.

## TRANSPORT

Abfahrtsorte und -zeiten ändern sich häufig, doch kann man von Pattaya aus – ob mit Komfort-, VIP- oder Minibussen – bequem, schnell und preiswert überall hingelangen. Demnächst soll es Katamaran-Fähren (bis zu 400 Passagiere und 100 Autos) zum 100 km entfernten Cha-Am/Hua Hin geben und sogar in 5 Std. nach Ko Samui. Die Flüge vom U-Tapao Airport erweisen sich bisher noch als etwas unstet.

### Busse

BANGKOK, mit **Rung Ruang Coach**, North Rd., ✆ 038-429 877, zum Eastern Busterminal (Ekamai) von 4.30–23 Uhr für 119 Baht und zum Northern Bus Terminal (Morchit) von 4.30–21 Uhr für 128 Baht, alle 20–40 Min. in gut 2 Std. Zum Southern Busterminal (Sai Tai) von 6–18.30 Uhr fast stdl. für 119 Baht.

CHIANG MAI, mit **Nakhonchai Air**, Sukhumvit Rd., ✆ 038-427 841, 02-936 0009, 4x tgl. für 560 und 720 Baht sowie um 16.30, 18.05, 19.15, 19.25 und 19.55 Uhr als VIP für 785 Baht.

KORAT, mit **Sri Mong Kon**, 245/82-83 Third Rd., ✆ 038-424 085, 089-280 2255.

KO SAMUI, mit **Yellow Bus**, Station Rung Ruang Coach (s. o.), ✆ 038-371 388, 🖳 www.iloveyellowbus.com, 3x tgl. über HUA HIN mit knallgelben, modernen Bussen, die 24 Standard- (750 Baht) und 6 Luxussitze (1200 Baht) bieten, in 14 Std.

PHUKET, mit **Sawasdee All Thai/Airbus 777**, ✆ 082-398 1777, 🖳 www.phuket-pattaya.com. Luxusbusse mit 36 Sitzen für 920 Baht und 6 Sitzen für 1230 Baht in 14 Std.

Mehr Details unter **eXTra [2866]**.

### Minibusse

BANGKOK, es gibt immer mehr Minibus-Verbindungen von Pattaya zur Khao Sarn Rd., zum Victory Monument oder dem Don Mueang Airport (aktuellen Stand in der Unterkunft erfragen).

## Flughafen-Transfers

Zum/vom Suvarnabhumi Airport geht es am billigsten für 130 Baht ab Thappraya Rd. von 7–21 Uhr stdl. mit **389 Airport Pattaya Bus**, 🖳 www.airportpattayabus.com, weitaus bequemer bzw. inkl. Abholung von der Unterkunft mit **Bell Travel Service**, ✆ 038-370 055-6, um 6, 9, 11, 13, 15, 17 und 19 Uhr für 250 Baht in knapp 2 Std. Zum Flughafen Don Mueang geht es um 6.30 und 13.30 Uhr für 375 Baht in 3–4 Std. Charter-Taxis kosten 1000–1300 Baht, zurückfahrende Taxameter-Taxis ca. 900 Baht. Als sympathisch, zuverlässig und preiswert für private Transfers hat sich **Mr. Suwit Sura**, ✆ 087-018 1734, bewährt, der mit seinen Freunden bzw. Limousine oder Minibus auch alle anderen Ziele in Bangkok, entlang der Ostküste oder im Nordosten bedient.

**DIE OSTKÜSTE**

BAN PHE (KO SAMET), inkl. Abholung vom Hotel mit Minibussen von **Malibu Travel**, 158/4 Soi 16/3, Naklua Rd., ✆ 038-370 259, 092-274 9022, 🖥 www.malibu-travel.com, 🕐 7–23 Uhr. Transfers tgl. um 7.30 und 11.30 Uhr in 1 1/2 Std. für 220 Baht plus Fähre für 70 Baht, Tagestouren inkl. Nationalpark-Gebühren und Mittagessen 1080 Baht (zudem sind ca. 20 Inselhotels buchbar).

LAEM NGOP (KO CHANG), mit Minibussen von **Malibu Travel** (s. o.) in der Saison tgl. um 7.30 und 9.30 Uhr in 4 1/2 Std. für 480 Baht plus Fähre 90 Baht sowie 120 bzw. 220 Baht für den Transfer zur Unterkunft auf der Insel (ca. 30 Hotels buchbar, ab 1100 Baht).

# Rayong

Der direkte Weg von Bangkok bzw. Pattaya zur Provinzhauptstadt Rayong führt über die alte Sukhumvit Road (H3). An der Strecke liegen der Marinestützpunkt **Sattahip** und der im Vietnamkrieg von den Amerikanern angelegte Militärflughafen **U-Tapao**, der heute teilweise zivil genutzt wird und umfassend ausgebaut werden soll (mehr zur Geschichte, Bedeutung und möglichen Zukunft des Objekts, s. **eXTra [2869]**). Wesentlich schneller ist der Weg über den mehrspurigen H36. Im Umfeld der Stadt lassen sich emissionsreiche Anlagen der Petrochemie erspähen bzw. das Industriegebiet **Map Ta Phut**, wo sich seit den 1990er-Jahren auch etliche westliche Konzerne wie BASF, General Motors oder Toyota angesiedelt haben.

Erstmals in den Annalen erwähnt wurde Rayong, als König Taksin nach dem Fall von Ayutthaya hier im späten 18. Jh. mit 5000 Getreuen Station machte und die thailändische Flotte neu aufbaute, um damit nach Chantaburi weiterzuziehen. Bekannter ist die Provinz jedoch für die ausgedehnten Strände ihrer rund 100 km langen Küste sowie die populäre, über den Fährhafen **Ban Phe** erreichbare Badeinsel **Ko Samet**.

Ursprüngliche Natur findet sich in dieser Provinz nur noch selten. Als einziges Rückzugsgebiet der Flora und Fauna fungiert der rund 70 km östlich von Rayong liegende **Khao Chamao/Khao Wong National Park** (200 Baht). Dort gibt es

trotz der geringen Größe von nur 84 km² bis zu 1028 m hohe Kalksteinberge, fast 80 Tropfsteinhöhlen, 53 Vogelarten und einige wild lebende Elefanten. Der Wasserfall **Nam Tok Khao Chamao** erstreckt sich mit acht Stufen über insgesamt 3 km und ist leicht zu erkunden. In den unteren Felsbecken tummelt sich eine spezielle Karpfenart. Als reizvollster Wasserfall des Naturschutzgebiets gilt der **Nam Tok Klong Pla Gang**.

## ÜBERNACHTUNG UND ESSEN

Die lange Küste der Provinz Rayong wird von etlichen großen Hotelanlagen flankiert, in denen meist einheimische Gäste dominieren. **Christie's**, in Ban Phe direkt gegenüber dem Hauptpier und einer 7-Eleven-Filiale, ✆ 038-651 976, 🖥 www.christiesbanphe.com. Für alle, die auf dem Weg nach/von Ko Samet stranden, bietet Mrs. Chantana 4 akzeptable Zimmer in idealer Lage – mit einladendem Bar-Restaurant und attraktiver Speisekarte. Organisation von Transfers und Touren. 🕐 8–1.30 Uhr. ❷

🏨 **German Bierhaus**, 96/19 Soi 6 Ratbamrung Rd., ✆ 087-483 5835, 🖥 www.bms-food.com. Restaurant und Deli Store. Ilka Zindler und ihr deutsches Team sorgen für leckeren Schweinebraten, Steaks und jede Menge selbst produzierte, landesweit beliebte Wurstwaren, servieren aber auch Spaghetti und Pizza. 🕐 16.30–23 Uhr.

### Direkt am Strand

🏨 **Bandara On Sea Rayong**, 42 km östlich von Rayong, ✆ 038-648 549, 🖥 www.bandararayong.com. Angenehmes Boutiqueresort mit familiärer Atmosphäre und 44 Zimmern in 9 Kategorien an einem herrlichen, weitläufigen Sandstrand. ❺

**Novotel Rim Pae Resort**, 40 km östlich von Rayong, ✆ 033-010 100, 🖥 www.accorhotels.com. Klassisches, bei Ausländern beliebtes Hotel einer renommierten Kette. 2–4 Stockwerke mit fast 200 Zimmern, allen Annehmlichkeiten und 3 Pools an einem langen Sandstrand. ❻

**Rayong Resort Beach & Spa Hotel**, 30 km östlich von Rayong, ✆ 038-651 000-6, 🖥 www.rayongresort.com. Seit 1986 reizvoll, aber mit nur wenig Sandstrand auf einer Landzunge. 158 mind. 25 m² große Zimmer. Maximaler Komfort und reichlich Wohlfühlatmosphäre. Ab ❺

## TRANSPORT

Alle Transfers zu Land oder Wasser vermittelt die Agentur **Tarua Phe**, ☎ 099-329 4554 (Khun Fon spricht gut Englisch), die am Hauptpier **Suphan Nuan Thip** das unübersehbare **Tourist Information Center** betreibt, ⏲ 6–19 Uhr. Der dazugehörige Parkplatz kostet 60 Baht pro Nacht.

### (Mini)Busse und Taxis

BANGKOK, vom Busbahnhof in Rayong, Phetkasem Rd. im Süden der Stadt, fahren tagsüber stdl. günstige AC-Busse für 190 Baht ab. Von Ban Phe geht es am bequemsten tgl. von 8–18 Uhr jede Std. mit Minibussen für 200 Baht nach Bangkok zum Victory Monument sowie um 10 und 13.30 Uhr zur Khaosan Rd. für 200 Baht, Taxis kosten 2500 Baht.

PATTAYA, die häufigste und bequemste Anbindung erfolgt mit den Minibussen von **Malibu Travel** für 220 Baht (Pattaya S. 576); Charter-Taxis um 1000 Baht.

SUVARNABHUMI AIRPORT, um 10, 13.30 und 17 Uhr per Minibus für 500 Baht (hält ca. 4 km vom Airport, von dort dann per Airport-Link oder Taxi für 150 Baht). Charter-Taxis für 1800 Baht benötigen 2 1/2 Std.

KAMBODSCHA, Verbindungen nach Aranyaprathet oder Hat Lek kosten um 800 Baht.

### Zu den Inseln

BAN PHE/KO SAMET, zum 20 km östlich von Rayong liegenden Hafen verkehren Sammeltaxis für 25 Baht, als Charter für 500 Baht.

Das Inselhopping zwischen Ko Samet und Ko Chang ist mit Minibussen zwischen den entsprechenden Festlandsanlegern möglich: AO THAMMACHAT/KO CHANG, ab Ban Phe um 9 und 11 Uhr in 2 1/2 Std. für 300 Baht (plus 60 Baht Fähre) oder mit Charter-Taxi für 2500–3000 Baht.

### Fähren nach Ko Samet

Wer sich nicht von Schleppern aufhalten lassen möchte, sollte die **Tickets** direkt beim Tourist Information Center am Hauptpier besorgen. Die **Fähren** verkehren von 8–18 Uhr zwischen BAN PHE und dem Inselanleger Ban Na Dan auf KO SAMET, an dem stets etliche Sammeltaxis lauern, für 50 Baht in 30–40 Min. Die Schiffe werden von konkurrierenden Unternehmen betrieben und fahren oft, aber unregelmäßig ab, da sie erst möglichst „voll" werden müssen. Eine feste Linie bedient für 70 Baht um 9.30 und 13.30 Uhr den Ao Wong Duan an der Ostküste von Ko Samet, zurück geht es um 12 und 16 Uhr. **Schnellboote** verkehren bei Bedarf rund um die Uhr und kosten als Sammeltransport je nach Strand 250, 350 oder 450 Baht p. P., als Charter mit bis zu 10 Pers. 1600–3000 Baht, und lassen sich am Hauptpier in Ban Phe chartern. Die teuersten Hotels bieten einen eigenen Shuttleservice.

# Ko Samet

Es war einst Thailands Nationaldichter Sunthorn Phu, der Ko Samet (Samed) im ganzen Land bekannt gemacht hat. In seinem Anfang des 19. Jhs. verfassten berühmten Epos *Phra Apaimani* rettet sich ein verwunschener Prinz vor einer liebeskranken Riesin auf diese Insel, wo er sie mit einer Zauberflöte besänftigen und besiegen kann …

Auch heute noch kann man sich auf dem Eiland an der östlichen Golfküste gewaltig betören lassen – vor allem von herrlichen Badestränden mit viel tropischem Grün und dem angeblich weißesten Sand des Königreichs. Obwohl das Naturphänomen El Niño hier leider erheblich die Meeresströmung verändert hat, präsentieren sich die Fluten meist noch klar und ganzjährig um 30 °C warm. So lockt das T-förmige, 13 km² große Ko Samet – aufgrund seiner Nähe zu Bangkok (ca. 200 km) und zum Suvarnabhumi Airport – als ideales Ziel, um die ersten Badefreuden des Thailand-Urlaubs zu genießen oder die letzten Sonnenstrahlen vor dem Rückflug einzufangen.

Das Strand- und Sonnenparadies Ko Samet ist die größte Insel des **Khao Laem Ya Samet**

Marine National Park. Die meisten Boote legen am Pier des einzigen Inselorts **Ban Na Dan** an, der von imposanten Baumriesen beschattet wird. Von hier sind es nur knapp 10 Min. Fußmarsch zum **Hat Sai Kaew** an der Ostküste – dem populärsten der insgesamt 14 Inselstrände. Auch im Norden liegen einige Sandbuchten, während die gesamte Westküste – bis auf den schönen **Ao Phrao** – aus schroffen Klippen besteht. Das fast 7 km lange, zwischen 200 m und 2 km breite Ko Samet weist keine Wasserfälle auf und wirkt mit ihrer Gestrüppvegetation extrem trocken. Den heutigen Namen verdankt die einst Ko Kaew Phitsadan (Magic Crystal Island) genannte Insel den allgegenwärtigen, anspruchslosen Cajeput-Bäumen (Thai: *Samet*).

Das einstige Traveller-Ziel verwöhnt heute mit einem breiten Angebot an Unterkünften, die aber – wie auch die Restaurants – vergleichsweise teuer sind. Das gilt leider besonders für die schönen Resorts der Samed Resorts Group, die die Entwicklung der Insel mit sechs Luxusherbergen bzw. mit avantgardistischer Architektur und exklusivem Boutique-Flair vorangetrieben hat. Unter der Woche gibt es fast überall – erst recht außerhalb der Hochsaison – Nachlässe von 30–50 %. Es empfiehlt sich auch wegen des Andrangs aus Bangkok, die Insel nicht unbedingt an Wochenenden oder Feiertagen zu besuchen.

Der Zutritt zur Ostküste kostet 200 Baht, die oft verblüffend nachlässig kassiert werden. Bei einem Tagestrip mit mehreren Personen kann es sich lohnen, ein eigenes Speedboat zu chartern, um Zeit zu sparen oder vor der Rückfahrt noch – auf Bodenkissen, mit den Füßen im Sand, Sternenhimmel und Meeresrauschen – die abendlichen BBQ-Buffets am Strand zu genießen …

Als malträtierter Nationalpark hat Ko Samet bereits etliche Negativ-Schlagzeilen produziert – zuletzt mit einem 100 m langen **Fähranleger**, der inkl. imposantem Terminal (Ankunfts-Gebühr 20 Baht p. P.!) für 170 Mio. Baht in das Meer geklotzt wurde, oder mit der Ölpest von 2013. Noch immer gibt es brennende Müllkippen, und das öffentliche Wasserreservoir ist stets leer, sodass alle Unterkünfte das Wasser nach wie vor mit Tankschiffen vom Festland kommen lassen müssen. Immerhin wurden ATVs mittlerweile

verboten und Anfang 2015 war es dem Samed Villa Resort sogar gelungen, erfolgreich gegen den Lärm von Stand-Discos zu klagen …

Mehr Aufschluss über die Probleme gibt der Exkurs „Im Schatten der Schönheit", s. **eXTra [2872]**.

## Die Strände

Die gesamte Ostküste der Insel besteht aus feinsandigen Badebuchten. Sie sind von malerischen Felsvorsprüngen umrahmt und teilweise durch einen Fußpfad verbunden, der parallel zur kürzlich betonierten Inselstraße verläuft.

Der Hauptstrand **Hat Sai Kaeo** (oder Kaew bzw. Diamond Beach) ist mit seinem schneeweißen Puderzucker-Sand einer der schönsten Strände. Von westlichen Besuchern wird er zuweilen verschmäht, weil die zahlreichen Wochenend-Touristen für eine entsprechend dichte Infrastruktur aus Hotels, Restaurants, Geschäften und Liegestühlen sorgen. Doch verstecken sich die meisten Bauten im tropischen Grün, während sich das Strandleben über rund 1 km verteilt.

Wer weniger trubelig wohnen möchte, kann sich in den südlich benachbarten, sehr viel kleineren, seichten Sandbuchten **Ao Phai** (Bamboo Bay) oder der paradiesischen **Ao Pudsa** einquartieren.

Eine einsamere Alternative bietet der mit seinen Findlingen reizvolle, fast 1 km lange **Ao Thian Beach** (Saengtien oder Candlelight Beach), wo die dichte Bebauung ebenfalls alles bietet, was der Inselgast begehrt. Die Geheimtipp-Bucht des **Ao Nuan Beach** indes lässt gewiss jedes Traveller-Herz höherschlagen. Sie ist so klein, dass sie auf vielen Landkarten gar nicht erst eingezeichnet ist – und lockt mit einsamer Naturidylle. Das exklusivste Strandleben der Insel bieten – jeweils nur von einem einzigen Resort flankiert – der stille **Ao Wai Beach** und der an der schmalsten Stelle der Insel im tiefen Süden liegende, paradiesische **Ao Kiew Beach**. Gleich zwei 5-Sterne-Hotels entlarven den 250 m langen **Ao Phrao Beach** (Coconut Bay oder Paradise Beach) als Ziel für Luxusurlauber. Der einzige Strand der Westküste erfreut mit schönem Sand, stattlichen Mangrovenbäumen und spektakulären Sonnenuntergängen.

Einen guten Überblick bieten die Internetportale 🖥 www.kohsamed.net oder www.koh-samet.org.

**Ao Nuan Resort** ⑦, Ao Nuan Beach, 📞 081-781 4875. Naturnahes, uriges Hideaway zwischen Felsen und Dschungelgrün. 8 Zimmer mit Ventilator, Gemeinschaftsbad und schönen Verandas inkl. Meerblick sowie 2 teurere Zimmer mit AC und Innenbad. Von Stil und Stimmung her mit zur Anlage gehört das benachbarte Relax-Restaurant **Noina's Kitchen**, 📞 099-541 6549. ❸ – ❺

**Ao Prao Resort** ②, Ao Phrao Beach, 📞 038-644 100-3, 🖥 www.samedresorts.com. Idyllische Anlage mit behaglichen, hübschen bzw. 58 perfekten Boutique-Zimmern am tropisch grünenden Hang, beschauliches Terrassen-Restaurant am Meer und allerlei Wassersportmöglichkeiten. ❻

**Paradee Resort** ⑧, Ao Kiew Beach, 📞 038-644 285-7, 🖥 www.samedresorts.com. Zählt zu den landesweit schönsten Hotels und bietet ultimativen Inselgenuss. Die stilvolle Architektur der Anlage fasziniert ebenso wie ihre tropische Eingrünung und der herrliche Meeresblick. Die 40 behaglichen, ab 100 m² großen Luxusvillen ab 14 000 Baht bieten meist einen eigenen Pool und ein Höchstmaß an Privatsphäre, was sie besonders bei der Prominenz beliebt machen. ❽

**Sai Kaew Beach Resort** ④, Hat Sai Kaew, 📞 038-644 195-7, 🖥 www.samedresorts.com. Größte, bekannteste und luxuriöseste, aber auch teuerste Anlage am Hauptstrand. 158 Komfortzimmer in einer „Hip Zone", „Hub Zone" und „Hide Zone" bzw. in 8 Kategorien für 8000–18 000 Baht. Mehrere Pools, Restaurants und Bars – gestaltet teilweise in beachtlichem Design. ❽

**Samed Villa Resort** ⑤, Ao Phai, 📞 038-644 094, 🖥 www.samedvilla.com. Lange etabliert, professionell und beliebt. Der Schweizer Tourismus-Pionier Josef Ottiger (seit 1988 auf der Insel!) bietet 64 komfortable Bungalow-Zimmer mit Boutique-Charakter in einer üppig sprießenden,

**Ko Samet**

N

0     1000 m

Ban Phe (7 km)

Laem Noina
Laem Phra
Ao Noina
Ao Klang
PIER
Ao Pacha
INTERNATIONAL CLINIC
Ban Na Dan
Ao Luk Yon
Ao Kham
ATM
NATIONAL PARK HEADQUARTER
Laem Mai
Ao Phrao
Hat Sai Kaew 3,4,5
Ao Hin Khok
Ao Phai
Ao Pudsa
Ao Nuan
Ao Cho
Ao Wong Duan
Golf von Thailand
Ao Thian
Ao Lung Dum
Ao Wai
Ao Kiew (Na Nai)
Ao Kiew (Na Nok)
Sunset Viewpoint
Ao Korang
KO CHAN

**🟥 ÜBERNACHTUNG**
① Olly's Bar & Hostel
② Ao Prao Resort
③ Moss Man House
④ Sai Kaew Beach Resort
⑤ Samed Villa Resort
⑥ Tubtim Resort
⑦ Ao Nuan Resort
⑧ Paradee Resort

**🟩 ESSEN**
1 Red Ginger
2 The Buzz
3 The Zea
4 Z Bar
5 The Mango Bakery Cafés
6 Kid & Food
7 Naga Bar
8 Ploy Talay Bar & Pub
9 Jep's Restaurant
10 Samed Villa
11 Noina`s Kitchen
12 Baywatch Bar
13 Apache

**🟧 SONSTIGES**
1 Happaya Marine Sport
2 Udi's Scuba Diving

**🟦 TRANSPORT**
❶ Songthaew (Ban Na Dan)
❷ Songthaew (Hat Sai Kaew)
❸ Songthaew (Ao Hin Khok)
❹ Songthaew (Ao Wong Duan)

**DIE OSTKÜSTE**

## Gut und günstig wohnen

€ Es scheint zwar verlockend, muss aber nicht unbedingt sein – direkt am schönen Hauptstrand zu residieren ... Die dortigen, völlig überzogenen Zimmerpreise lassen sich wunderbar umgehen, wenn man eine Unterkunft an der Zufahrt zum Had Sai Kaew wählt, wo – ideal platziert zwischen etlichen Restaurants, Geschäften und Massageläden – kleine Hotels zu bezahlbaren Preisen eröffnet haben. Nur etwa 1 1/2 Min. Fußweg vom Meer empfiehlt sich z. B. das **Moss Man House** ③, ✆ 038-644 017, mit 22 sauberen, gut ausgestatteten Zimmern inkl. Terrasse oder Balkon und Blick ins Grüne. Seit 2014 neu und besonders originell präsentiert sich **Olly's Bar & Hostel** ①, ✆ 086-349 0064, 🖥 www.ollyskohsamed. com: Der junge Brite Oliver Smith bietet für 350 Baht p. P. 7 Einzel- und 2 Doppelkabinen in einem von zwei Riesen-Aircons gekühlten Schlafsaal japanischen Stils an. Die höhlenartig konzipierten, viel Geborgenheit vermittelnden Abteile sind sogar mit hölzernen Lamellentüren verschließbar! Zum Hostel gehört eine einladende Holzterrassen-Liege-Lounge direkt an der Pulsader der Insel.

tropischen Gartenanlage. Einziges Hotel mit Öko-Kläranlage. ❺–❻

🧳 **Tubtim Resort** ❻, Ao Pudsa Beach, ✆ 038-644 025-7, 🖥 www.tubtimresort. com. Beliebt – wegen relaxter Atmosphäre, gutem Preis-Leistungs-Verhältnis und Restaurant direkt am schönen Sandstrand. 80 Zimmer, davon 15 mit Ventilator für 800 und 1300 Baht in wohnlichen, gut gepflegten Holzbungalows. ❸–❻

### ESSEN

Das Preisniveau ist deutlich höher als auf dem Festland – auch die Strandhändler nehmen für *som tam* schon 60 Baht. Die größten Schlemmerfreuden bestehen natürlich aus fangfrischem Fisch und Meeresfrüchten. Beides wird reichlich bei den allabendlichen BBQ-Buffets der Strandrestaurants am Hat Sai

Kaew geboten, der auch wichtigster Anlaufpunkt für Nachtschwärmer ist. Zudem lockt immer mehr Gourmet-Gastronomie in Restaurants mit moderner Architektur. Erheblich preiswerter essen kann man in den kleinen Restaurants an der Hauptstraße von **Ban Na Dan**, wo auch eine einladende Kneipenszene erblüht ist.

**Apache**, Ao Lung Dum/Ao Thian, ✆ 081-452 9472. Urigstes Strandbar-Restaurant der Insel – als mit Büffelschädeln und Skulpturen freakig im Carabao-Stil dekorierter Bambussteg im Meer, flankiert von urgemütlichen, über dem Wasser schwebenden Sala-Plattformen. 🕐 11–22 Uhr.

**Baywatch Bar**, Ao Wong Duan, ✆ 098-456 5304. Der einst als Restaurant, Bar und Strandclub beliebte Ausländerspot hat nach dem Besitzerwechsel etwas nachgelassen. Einheimische und westliche Küche, aber auch Cocktails in Krügen oder Buckets. 🕐 ab 9 Uhr.

🧳 **Jep's Restaurant**, Ao Hin Khok, ✆ 038-644 112-3. Unter hohen Bäumen mit rustikalem Holzmobiliar. Umfangreiche Speisekarte mit preiswerten Thai-Gerichten und überraschend vielen internationalen Köstlichkeiten wie Tzatziki, Lamm-Kebab, Moussaka, Enchiladas, Chili con carne oder sogar deutscher Wurstplatte. Bier vom Fass, Cocktails für 200 Baht. 🕐 7–23 Uhr.

🧳 **Naga Bar**, Hat Sai Kaew Beach, ✆ 038-644 035. Mit Plattform und Bodenkissen erhöht über dem Hauptstrand und unverzichtbar als Baywatch-Spot. Fast jeden Tag Party, besonders Fr und Sa. Cocktails für 140–160 Baht – zur Happy Hour für sagenhafte 80 Baht! 🕐14–2 Uhr.

**Ploy Talay Bar & Pub** und **Kid & Food**, Hat Sai Kaew Beach, ✆ 038-644 212-3 bzw. 038-644 087. In diesen lange etablierten, benachbarten Strandrestaurants beginnt die Vorbereitung auf das Strand-Buffet bereits gegen 15 Uhr mit dem Ausbreiten von Bastmatten und Bodenkissen. Es locken jede Menge Seafood und leckere Grillspieße sowie von 19–20 Uhr Livemusik am Strand, und von 21.45–24 Uhr in der dazugehörigen Bar. 🕐 6–24 Uhr.

**Red Ginger**, Ban Na Dan, an der Hauptstraße, ✆ 084-383 4917, 🖥 im blogspot. Lauschig, familiär und farbenfroh geht es in dem kleinen, originellen Restaurant des freakigen Kanadiers Roger Lefebvre und seiner Frau Nood zu. Zu den populärsten Spezialitäten des Hauses zählen Lammcurry, Gazpacho, Backofen-Rippchen, Ziegenkäsesalat und die Brownies. ⏱ 17–22 Uhr.

**Samed Villa**, Ao Phai, ✆ 038-644 094. Alle Bereiche des hoteleigenen Restaurants locken mit einem herrlichen Ambiente. Gute Küche in großen Portionen – wie Zürcher Geschnetzeltes mit Pilzrahmsauce und Rösti oder Filet Mignon, sowie allabendliches BBQ. ⏱ 7–22 Uhr.

**The Buzz**, Ao Phrao, ✆ 038-644 104-7, 🖥 www.samedresorts.com. Gehört zum Le Vimarn Cottages & Spa und besticht als einladendes Lounge-Bar-Restaurant mit schicker Architektur, Eleganz und besonderen Genüssen – wie Signature-Cocktails. ⏱ 11–22.30 Uhr.

**The Zea**, Hat Sai Kaew, ✆ 038-644 195-200, 🖥 www.samedresorts.com. Gehobene Gastronomie mit avantgardistischem Design – gelegen im Sai Kaew Beach Resort ebenso wie das empfehlenswerte **The Mango Bakery**

**Café**, ⏱ 8–22 Uhr, und die schicke **Z Bar**. ⏱ 17–23 Uhr.

## SONSTIGES

### Geld
Im Bereich der 7-Eleven-Filialen am Pier in Ban Na Dan und am Zugang zum Nationalpark bzw. dem Hat Sai Kaew finden sich Geldautomaten.

### Medizinische Hilfe
Die beste Versorgung und einige Betten bietet die kleine, aber feine **International Clinic**, ✆ 038-644 414, 086-094 0566 (Notrufe von 20–8 Uhr), 🖥 auf Facebook, in Ban Na Dan. ⏱ 8–20 Uhr.

### Miet-Mopeds
Wegen der hohen Taxipreise kann sich die Anmietung eines Mopeds für 100 Baht pro Std. bzw. 300 Baht pro Tag lohnen.

## NAHVERKEHR

Falls kein Sammeltransport für 10–70 Baht p. P. (bei mind. 10 Passagieren) zustande kommt,

Am späten Nachmittag beginnen die Vorbereitungen für die allabendlichen Beach-BBQ-Buffets.

## Touren und Tauchen

Als Ausflüge von **Sinsamut Group Tour**, ☎ 038-644 134, 081-762 8644, ⌨ www.sinsamutgroup.com, ⏱ 7.30–20 Uhr, empfehlen sich die „Sunset Trips" (16–18.30 Uhr, 400 Baht), „Discover Samed Island" (12–15 Uhr, 400 Baht), „Coral Island Trip Five Islands" (14–17 Uhr, 500 Baht), „Coral Island Trip Six Islands" (12–17 Uhr, 600 Baht) und ein „Adventure-Trip to Nine Islands" (10–17 Uhr, 1500 Baht bei mind. 6 Teilnehmern), der bis zu 30 km entfernten Nachbarinseln des Khao Laem Ya National Parks führt. Im Preis inbegriffen sind meist die Schnorchelausrüstung, eine Mahlzeit, Früchte und Getränke.

Für die Erkundung der Unterwasserwelt empfiehlt sich **Udi's Scuba Diving**, ☎ 089-130 1014, ✉ udi.diver@gmail.com, von Khun Thanadet, der die Region seit 25 Jahren kennt. Tagestouren (mit 2 Tauchgängen, 3500 Baht) führen meist zu den Weichkorallen von Ko Chan, den Weihnachts-Röhrenwürmern von Hin Sapan oder dem Doppelfelsen Alhambra Rock.

Neu auf der Insel ist Gleitschirmfliegen mit **Happaya Marine Sport**, 8 Min. für 1000 Baht.

muss einer der in herrlichem Grün-Metallic lackierten Pick-ups gechartert werden, was je nach Entfernung 100–650 Baht kostet. Insel-Rundtouren gibt es für 1000 und 2000 Baht. Wer nicht zu viel Gepäck hat, kann die Strecke vom Anleger zum Sai Kaew Beach gut laufen.

### TRANSPORT

Die Weiterreise vom Fährhafen Ban Phe erfolgt meist mit Minibussen nach Bangkok oder weiter in Richtung Osten nach Laem Ngop/ Ko Chang, S. 577, Transport, Rayong.

# Von Rayong nach Chantaburi

Östlich von Rayong und entlang des in Ban Phe beginnenden, direkt an der Küste verlaufenden H3145 finden sich etliche Hotels und Bungalowresorts an schönen Stränden, die bisher kaum von westlichen Touristen besucht werden. Der bekannteste Strand der Region ist der **Wang Kaeo**, von dem Ausflugsboote zu den vorgelagerten **Mun-Inseln** verkehren. Am **Laem Mae Phim** kann man fangfrischen Fisch und Meeresfrüchte genießen.

Der weitere Küstenverlauf in der Provinz Chantaburi wird durch tiefe Meeresarme geprägt. Die weitläufigen Flussmündungen, Mangrovenwälder und Garnelenfarmen ziehen die Badequalität der Strände oft in Mitleidenschaft. Doch wer lieber mal unter Thais als europäischen Urlaubern verweilen möchte, kann sich hier wohlfühlen und z. B. Radtouren unternehmen (s. Kästen unten und S. 586). Mögen die Strände unter der Woche noch so einsam erscheinen, können sie sich am Wochenende umso mehr füllen.

Bevor man über die H3 zur Provinzhauptstadt Chantaburi gelangt, zweigt am KM 305 der H3399 in Richtung Süden zur Küste ab, die nach etlichen Kurven und rund 24 km erreicht wird. Die zum Distrikt Tha Mai gehörenden, 30–40 km von Chantaburi entfernten Strände sind die längsten und bedeutendsten der Region. Neben dem **Khung Wiman** und dem von Kasuarinen beschatteten **Laem Sadet** begeistert vor allem der von Palmen flankierte **Chao Lao Beach**, an dem in den letzten Jahren allerlei Strandresorts entstanden sind.

## Panoramastraße am Meer

Das Beach-Hopping an der Ostküste des Golfs ist erheblich einfacher geworden – seit die neue, 111 km lange **Buraphachollathit Road** und ihre neuen, imposanten Brückenbauten alle wichtigen Badeziele zwischen Rayong und Chantaburi direkt miteinander verbinden. Denn so muss man zwischen dem Sukhumvit Highway und den Stränden oder Resorts an der Küste nicht mehr ständig die rund 20 km langen Stichstraßen hinunter- und hinauffahren. Die neue Panoramastraße beginnt mit einer Abzweigung des H3161 hinter Rayong, besitzt sogar zwei markierte Fahrspuren für Radfahrer und endet in Laem Sing.

Im Hinterland verläuft über Holzstege der 1,5 km lange **Ao Koong Krabane Nature Trail**, ⏲ 8–17 Uhr, der als Lehrpfad einen interessanten Einblick in das reichhaltige Ökosystem der Mangroven vermittelt. Eintritt frei, Vermietung von Kajaks.

### ÜBERNACHTUNG

Hier wird bisher kaum Englisch gesprochen. Die professionellsten Resorts liegen am Chao Lao Beach, wo es unter der Woche bis zu 40 % Rabatt gibt.

**Baan Imm Sook**, Chao Lao Beach, ☎ 089-232 7555, ▭ www.baanimmsook.com. Originelles Boutiqueresort mit Bali-Stil und schöner Gartenanlage. 17 Zimmer als etwas kleine Standard Cottages und Thai Houses sowie 5 in einem neuen Holzbau am Strand. **5**

**€** **Baan Pun Sook**, ☎ 085-234 9555, ▭ www.baanpunsook.com. Professionell gemanagt als Ableger des benachbarten Baan Imm Sook, aber mit günstigen AC-Bungalows. **3**–**4**

**Chivaree Hotel & Resort**, Chao Lao Beach, ☎ 039-433 175-7, ▭ auf Facebook. Fast nur aus betagtem Recycling-Holz bestehend, verwöhnt dieses stil- und stimmungsvolle Boutiqueresort mit 32 originell kreierten Bungalowzimmern, eines davon sogar im Rumpf eines aufgebockten Boots. Lauschige Bar am Strand. **5**

**Tonwa Resort**, Chao Lao Beach, ☎ 081-177 3040, ✉ tonwa_a@hotmail.com. Liegt zwar an der Straße, zählt aber mit Preisen von 600–1000 Baht zu den günstigsten Optionen. 16 Zimmer in hübschen Reihenbungalows mit blauen Dächern und Terrassen. **3**–**4**
Weitere Resorts s. **eXTra [10065]**.

**10** | **HIGHLIGHT**

## Chantaburi

Das charmante, von Einheimischen gern als „Chan" abgekürzte Chantaburi führt zwischen Pattaya und Ko Chang ein touristisches Schattendasein, zu Unrecht. 260 km von Bangkok entfernt, erstrahlt die Provinzhauptstadt im Osten Thailands im Glanz und Glimmer ihres Edelsteinhandels. Wie z. B. im glitzernden **Chantaburi Gem & Jewelry Center**, ▭ www.chantaburigemscenter.com, wo Saphire und Rubine aus ganz Südostasien umgeschlagen werden, ⏲ 8–19 Uhr. Obwohl die Minen der Umgebung bis auf zwei längst geplündert sind, kann sich die Stadt als Edelsteinmetropole Thailands immer noch behaupten. Zudem bietet der 140 000 Einwohner zählende, wohlhabende und saubere Ort eine facettenreiche Historie.

Davon zeugen die chinesischen Tempel, die Gassen mit beschaulichen Holzbauten (für ihren Erhalt gibt es sogar eine Bürgerinitiative mit einem kleinen **Museum** sowie die landesweit größte **Kathedrale**, deren Schlüssel im Pfarrhaus erhältlich ist. Um 1909 errichtet, erinnert ihre Architektur an Notre-Dame von Paris und daran, dass Chantaburi als einzige Provinz Thailands zwölf Jahre lang Teil des französischen Kolonialreichs war. Zum 100-jährigen Jubiläum hat das gotische Bauwerk sogar seine Turmspitzen zurückerhalten. Im Zweiten Weltkrieg waren diese von der katholischen Gemeinde aus Angst vor Bombardierungen abgebaut worden. Besonders lohnend ist ein Spaziergang durch die enge **Sukha Phiban Road** (Chanthaboon Waterfront), wo es kaum Autoverkehr, aber etliche Szene-Cafés gibt.

Die heute in Chantaburi zahlreich lebenden, ethnischen Vietnamesen hatten ihre Heimat im 19. Jh. aufgrund religiöser Verfolgung verlassen und sich u. a. an der **Tha Sing Road** niedergelassen, die heute den Kern der Altstadt markiert. Weitere Einwanderungswellen aus Vietnam folgten in den 1920er- und 40er-Jahren sowie nach dem Sieg der Kommunisten 1975. Ebenfalls parallel zum Fluss pulsiert die **Sri Chan Road**, auch „Gem Street" genannt und Hauptschlagader der zahlreichen Edelsteingeschäfte, die sich besonders am Wochenende füllen. Vielerorts kann man beim Sortieren oder Schleifen der Steine zusehen, s. auch **eXTra [5164]**.

Wer das Zentrum von Chantaburi mit einem eigenen Fahrzeug ansteuern will, sollte sich auf ein rasant befahrenes System aus Einbahnstraßen gefasst machen. Erholung von der ge-

**DIE OSTKÜSTE**

schäftigen Innenstadt verspricht der weitläufige **Thaksin Park** – und vor allem die ländliche Umgebung, die sich vortrefflich mit beschaulichen Fahrradtouren (Kasten S. 586) erkunden lässt.

## ÜBERNACHTUNG

Es gibt nur ein einziges Guesthouse (vielleicht wird das abgewohnte **The River Gh.** ja nach dem kürzlich erfolgten Besitzerwechsel endlich mal renoviert), doch bieten die meisten Hotels ein erfreuliches Preis-Leistungs-Verhältnis.

€ **Gems Club** ⑤, 68 Sri Chan Rd., ✆ 039-311 599, 🖥 gems.0fees.net. In ultimativer Innenstadtlage, die Rezeption liegt in einem Gems-Center. 44 saubere Komfortzimmer mit kühlem Ambiente, davon 8 mit Balkon und einige als günstige Suiten. ❷

**Kasemsarn Hotel** ④, 98/1 Benjamarachuthid Rd., ✆ 039-311 100, 🖥 www.hotelkasemsarn. com. Verwöhnt mit Wohlfühlatmosphäre, Boutique-Elementen und einem exzellenten Restaurant. Die 60 Komfortzimmer mit Dauer-Discount-Raten ab 900 Baht liegen an einem offenen Innenhof und werden von freundlichem Personal gemanagt. ❸ und ❹

**K.P. Grand Hotel** ⑦, 35/200-201 Trirat Rd., ✆ 039-323 201-5, 🖥 www.kpgrand.com. Seit 1996 als höchstes Bauwerk und offiziell bestes Hotel der Stadt. 202 erstaunlich günstige Luxuszimmer in einem Turmbau mit funkelndem Foyer und Restaurant im 18. Stock. Nebenan liegt das Gem & Jewellery Center. ❹

**Maneechan Resort** ②, 110 Sukhumvit Rd., ✆ 039-343 777, 🖥 www.maneechan.com. Rund 1,5 km vom Zentrum entfernt als modernes, angenehmes Hotel mit 70 Komfortzimmern, einer weitläufigen Gartenanlage und dem besten Fitnessclub der Region. ❹–❻

🛏 **Tamajun Hotel** ③, 248 Sukhapiban Rd., ✆ 039-311 977, 🖥 www.tamajunhotel. com. Allein dieses 2015 im Herzen der Altstadt eröffnete Boutiquehotel lockt zu einer unvergesslichen Visite in Chantaburi. Jeweils 12 völlig unterschiedlich ausstaffierte Balkon-Zimmer für 1200–1800 Baht in 2 Bauten (Tropical Thai Style und Hip Hotel Style) am Flussufer, ein stil- und stimmungsvolles Restaurant, sowie kostenloser Fahrradverleih. ❹–❺

## ESSEN UND UNTERHALTUNG

Gerühmt wird Chantaburi für seine Variationen an Reis-Nudel-Gerichten und frisches, günstiges Obst. Am Markt im Zentrum liegen etliche Essensstände, die teilweise bis spät in den Abend geöffnet haben. Die meisten Restaurants finden sich entlang der Maharat Rd., Vergnügungsstätten vorwiegend an der Tha Chalaep Rd., die am Thaksin Park entlangführt.

🛏 **Chanthorn Phochana**, 102/5-8 Benjamarachuthid Rd., ✆ 039-302 350. Hier kann man sich nicht nur an Chantaburis traditioneller Kräutersuppe *Bai Cha Moung* (100 Baht) laben, sondern auch an sagenhaften 50 Jahren Tradition und einer denkbar familiären Atmosphäre. Seit 2013 gibt es einen Ableger am Fluss, ✆ 039-327 179. ⏰ beide 9–21.30 Uhr.

**Krua Tha Luang**, ✆ 039-312 340. Bistro-Restaurant im Kasemsarn Hotel. Kreative Küche und schickes Mobiliar vereinen sich zu einem angenehmen Ambiente. Empfehlenswert sind die Lasagne für 180 Baht, das gebratenen Rippchen mit Käse für 240 Baht. ⏰ 7–21 Uhr.

**Latte Coffee House**, 88/1 Maharat Rd., ✆ 081-377 0208. Angesagtes Café mit den üblichen Preisen für gute Kaffeespezialitäten, Käsekuchen und Eisbecher. ⏰ 8.30–21.30 Uhr.

€ **Panjim**, 88 Maharat Rd., ✆ 039-332 270, 🖥 auf Facebook. Beliebtes, preiswertes Restaurant mit vietnamesischen und thailändischen Speisen. Biergarten mit gemütlichem Holzmobiliar unter hohen Bäumen am Flussufer. ⏰ 12–22.30 Uhr.

Wo das **Nachtleben** von Chantaburi tobt s. **eXTra [2923]**.

## SONSTIGES

### Feste

Beim **Edelsteinfestival** Anfang Dez gibt es Shows und Wettbewerbe rund um die Preziosen, im Mai ein einwöchiges **Erntedankfest** für den fruchtbaren Obstanbau.

### Informationen

Allerlei Broschüren und engagierte Beratung gibt es im **Touristenbüro**, 39 Tetsabarn 3, Ecke

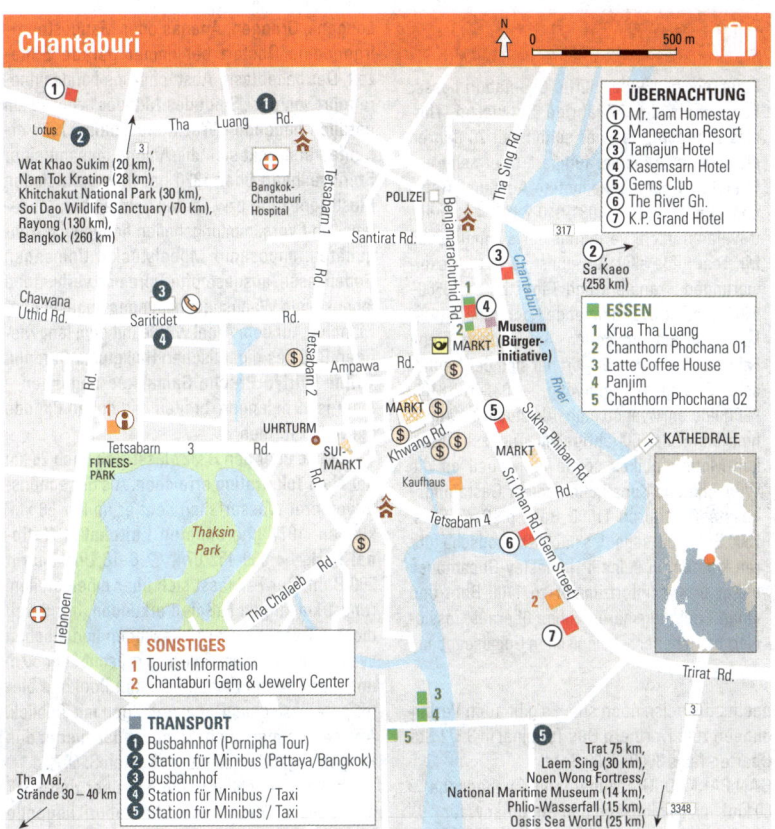

# Chantaburi

N
0 ——— 500 m

## ■ ÜBERNACHTUNG
① Mr. Tam Homestay
② Maneechan Resort
③ Tamajun Hotel
④ Kasemsarn Hotel
⑤ Gems Club
⑥ The River Gh.
⑦ K.P. Grand Hotel

Tha Luang Rd.

Lotus

Wat Khao Sukim (20 km),
Nam Tok Krating (28 km),
Khitchakut National Park (30 km),
Soi Dao Wildlife Sanctuary (70 km),
Rayong (130 km),
Bangkok (260 km)

Tha Sing Rd.

② Sa Kaeo
(258 km)

317

POLIZEI

Bangkok-
Chantaburi
Hospital

Santirat Rd.

③

④

Museum
(Bürger-
initiative)
MARKT

## ■ ESSEN
1 Krua Tha Luang
2 Chanthorn Phochana 01
3 Latte Coffee House
4 Panjim
5 Chanthorn Phochana 02

Chawana
Uthid Rd.

③

Saritidet        Rd.

④

Tetsaban 2

Ampawa   Rd.

MARKT

Benjamarachutid Rd.

UHRTURM

Tetsabarn   3    Rd.

FITNESS-
PARK

SUI-
MARKT

Khwang Rd.

Kaufhaus

Sukha Phiban Rd.

⑤

MARKT

KATHEDRALE

Sri Chan Rd. (Gem Street)

River

Thaksin
Park

Tetsabarn 4

⑥

Tha Chalaeb   Rd.

②

⑦

Liebnoen

Trirat   Rd.

## ■ SONSTIGES
1 Tourist Information
2 Chantaburi Gem & Jewelry Center

## ■ TRANSPORT
❶ Busbahnhof (Pornipha Tour)
❷ Station für Minibus (Pattaya/Bangkok)
❸ Busbahnhof
❹ Station für Minibus / Taxi
❺ Station für Minibus / Taxi

Tha Mai,
Strände 30 – 40 km

3
4
5

❺

Trat 75 km,
Laem Sing (30 km),
Noen Wong Fortress/
National Maritime Museum (14 km),
Phlio-Wasserfall (15 km),
Oasis Sea World (25 km)

3348

3

Liebnoen Rd., ✆ 039-350 224, 🖥 www.en.
tat-chanthaburi.com, 🕐 8.30–16.30 Uhr.

## NAHVERKEHR

Die **Songthaew** wirken wie Lastwagen im
Miniaturformat und sind etwas unbequem. Auf
die Ladefläche der mickrigen Mazdas passen
gerade mal 4 Passagiere. Spätestens nach
Einbruch der Dunkelheit werden sie zur Man-
gelware. Gechartert zu den Wasserfällen und
Heiligtümern der Umgebung oder zum CHAO
LAO BEACH und nach LAEM SING, kosten diese
Pick-up-Taxis 350–450 Baht. Nach Laem Sing
verkehren für 80–100 Baht auch **Minibusse**.

## TRANSPORT

Der reguläre Busbahnhof, Saritidet Rd., ✆ 039-
311 299, liegt im Norden der Stadt, doch gibt es
auch mehrere Abfahrsorte im Zentrum. Auf
Transporte nach Bangkok haben sich **Cherdchai
Tour**, ✆ 039-350 357, **Pornip(h)a Tour**, ✆ 039-
311 278, und **Khun Song 999**, ✆ 039-311 299,
spezialisiert. Die Minibus-Unternehmen
versuchen sich stets im Preiskampf, während
sich ihre Fahrer nicht selten als Formel-1-
Piloten verstehen. Linienbusse sind sicherer
und zudem komfortabler. Taxis lassen sich über
TAF (Kasten S. 586) chartern.
BANGKOK, zum Eastern Bus Terminal tagsüber
alle 1 1/2 Std. für 190–200 Baht in 3 1/2–4 Std.,

DIE OSTKÜSTE

## Auf Tour mit Tom und Tam

Kaum ein Ausländer dürfte Chantaburi besser kennen als der 47-jährige Schweizer **Thomas Ruprecht**, der hier schon seit 20 Jahren als Tourismus-Pionier fungiert. Über seine am Chao Lao Beach beheimatete Agentur „Travel und Fun" (TAF), ☎ 081-940 6885, 🖥 www.travelandfun.ch, vermittelt der sympathische **Mr. Tom** Infos aller Art, günstige Hotel-Reservierungen, Transfers und Tagestouren (3500–5500 Baht) sowie spannende Koch- und Töpferkurse bei Einheimischen. Auf erlebnisreiche Fahrradtouren spezialisiert hat sich der freundliche Tanongsak Sangwong, ☎ 081-912 8109, ✉ guidetam@yahoo.com. Als studierter Agronom bietet der 60-jährige **Mr. Tam** zehn Marken-Mountainbikes sowie individuell an die Wünsche und Konstitution seiner Gäste angepasste Radtouren (1500 Baht p. P., 2 Pers. 2500 Baht), die sogar bis nach Kambodscha führen können. In seinem Homestay-Guesthouse bietet er 4 Komfortzimmer zu 1700 Baht und einen Pool, ringsherum einen überaus passioniert betriebenen, ökologischen Gemüseanbau.

nachts teilweise noch stdl. Es gibt auch Verbindungen zum Northern Bus Terminal in 3 1/2 Std. Charter-Taxis 3000–3800 Baht.

BAN PAKKAD (Grenzübergang Kambodscha, 80 km), mit Minibussen und Songthaew für 200 Baht in 1–1 1/2 Std.

KORAT, über weitere Städte des Nordostens, 11x tgl. für 270 Baht.

RAYONG, AC-Busse fahren für 80 Baht die 110 km in 1 1/2–2 Std. Charter-Taxis ca. 1700 Baht, weiter nach PATTAYA sind es 175 km.

TRAT/LAEM NGOP, auf der 70 km langen Strecke verkehren regelmäßig AC-Busse und Songthaew für 70–90 Baht in 1 1/2 Std. Charter-Taxis ca. 1000–1500 Baht.

## Die Umgebung von Chantaburi

Ausgedehnte Gärten und Plantagen prägen die regenreiche, enorm fruchtbare Umgebung von Chantaburi. Ob Durian, Rambutan, Langsat,

Longans, Orangen, Ananas oder Mangosteen – irgendeine Obstart hat immer gerade Erntezeit. Der beliebteste Abstecher ins Landesinnere führt von der „Stadt des Mondes" zum 20 km nördlich liegenden **Wat Khao Sukim**. 1966 errichtet, erstreckt sich die Anlage mitsamt einer Standseilbahn über 1320 ha. Im vierstöckigen Klostergebäude bzw. in den zahlreichen Museums- und Versammlungshallen finden sich Antiquitäten, imposante Möbelstücke, Unmengen Bodenvasen, ausgestopfte Tiere und verblüffend lebensechte Wachsnachbildungen angesehener Mönche. Auf dem Areal wurde mit dem langwierigen Bau des gigantischen Heiligtums **Burapha Thitha Wiriya Pracha Samakkee** begonnen – einer je 99 m langen, breiten und hohen Pagode mit vielen Türmen.

Ebenso über den H3322 lässt sich nach 28 km der **Nam Tok Krating** erreichen. Als der schönste von drei Wasserfällen liegt er im nur 58 km² kleinen, 1977 gegründeten **Khitchakut National Park**, ☎ 039-452 074, 🕐 6–18 Uhr, Eintritt 200 Baht. Der Fall lässt sich über einen steilen, rund 1 km langen Fußpfad erkunden, der durch dichten Dschungel zu 13 Kaskaden und etlichen Wasserbecken führt. Fall Nr. 8 rauscht über 50 m und vier Stufen in einen seichten Pool und bietet paradiesisches Badevergnügen mit Talblick. Ausländern meist unbekannt ist das hier in den Bergen liegende Heiligtum (Kasten S. 587).

Im Norden schließt sich das über den H317 erreichbare, 70 km von Chantaburi liegende **Khao Soi Dao Wildlife Sanctuary** an. Hier locken die mit bis zu 1675 m höchsten Berge Ostthailands, eine intakte Fauna mit wilden Elefanten, ein 16-stufiger Wasserfall und an der Peripherie der **Pong Nam Ron Canal**, der im Dezember und Januar 12 km lange Wildwasserfahrten ermöglicht – mit Stufe 1 und 2 geeignet für Anfänger (Auskunft und Buchung, siehe Kasten).

Erst wenige westliche Urlauber finden zu den schönen Stränden der Provinz (S. 578). Rund 25 km südöstlich von Chantaburi liegt die **Oasis Sea World**, ☎ 039-499 222, 🖥 www.swimwithdolphinsthailand.com, www.thaioasisseaworld.com. Der schlichte und unter Tierschützern etwas umstrittene, aber erstaunlich beliebte Freizeitpark bietet einstündige Delphin-Shows

Stimmungsvolle Erlebnisse verspricht der Besuch des Heiligtums **Khao Phra Baht** im **Khitchakut National Park**. Bei der **Pilgerstätte** handelt es sich um **bizarre Felsformationen** wie beim Goldenen Felsen von Kyaikthiyo, und auch die Rituale erinnern an jene buddhistische Wallfahrtsstätte in Myanmar – mit dem Unterschied, dass der exponierte **Rundling** als Mittelpunkt hier sehr viel größer, nur im untersten Bereich vergoldet und von einem Fußabdruck Buddhas benachbart ist. Der erste Teil der ab dem Hauptquartier 16,5 km langen Strecke wird mit Pick-ups bewältigt), die mit den Pilgerscharen auf einer steilen, kurvenreichen Lehmstraße durch den Bergwald hinauffröcheln. Dann führt ein schattiger, von **Verkaufsständen** und **Andachtsstätten** flankierter, allerlei Meriten bescherender Pilgerpfad durch den Dschungel bis auf fast 1100 m. Von den Gläubigen üppig mit Blüten bestreut, erstrahlt er passagenweise in sattem Gelb. Die Pilgertour ist nur von Januar bis März möglich, die genauen Daten wechseln , Parkbüro ☎ 039-452 074.

tigen Massen, dass zuweilen kaum noch etwas von den glasklaren Fluten zu erspähen ist …

Später wird am KM 347 die Abzweigung nach **Laem Sing** erreicht, 🖳 www.laemsing.com. Der Name des 30 km von Chantaburi liegenden „Löwenkaps" resultiert aus der Form dieser Landzunge, die einem zum Meer schauenden, liegenden Löwe gleicht. Hier finden sich noch Überreste von Bollwerken aus der Zeit König Ramas III., die vor Angriffe von See schützen sollten, sowie das „Hühnerkacke-Gefängnis" **Khuk Khi Gai** aus der französischen Besatzungszeit, in dem die Insassen aus oben liegenden Tierkäfigen zermürbend mit Kot beregnet wurden.

Ganz in die Zukunft gerichtet ist hingegen der blau geziegelte Neubau eines internationalen Fährterminals. Es markiert nicht nur den Endpunkt der **Buraphachollathit Road** (Kasten S. 582), sondern auch Laem Sings neue Bedeutung als Tor zu den Nachbarländern: Von hier sollen nach der Ende 2015 geplanten Vereinigung der Asean-Länder High-Speed-Katamarane nach Sihanoukville in Kambodscha und Can Tho in Vietnam ablegen.

(Eintritt 300 Baht, Kinder 200 Baht) und das Schwimmen mit Delphinen (2500 Baht).

Eine historische bzw. neue Sehenswürdigkeit sind die Überbleibsel des **Noen Wong Forts**, wo sich seit 2009 das **National Maritime Museum**, ☎ 039-391 431, mit etlichen Schiffsmodellen und Fundstücken der Unterwasser-Archäologie befindet, ☉ Mi–So 9–16 Uhr.

# Von Chantaburi nach Trat

Am H3 nach Trat liegt 12 km südöstlich von Chantaburi der bunt-verschnörkelte, chinesische **Wat Mungkorn Bupparam** (Leng Hua Yi). 2 km weiter geht es nach links zum **Nam Tok Phlio** (Pliu) ab, Eintritt 200 Baht. Er rauscht als meistbesuchter von vier Wasserfällen im 135 km² großen, 1975 deklarierten **Phlio National Park**. Von Besuchern ständig mit bohnenartigem Gemüse gefüttert, tummeln sich in den Wasserbecken gefräßige *Pla Pluang*-Karpfen in derar-

# Trat

Als östlichste Provinz Thailands genießt auch Trat (Trad) einen legendären Ruf für den ertragreichen Anbau von Früchten. Die gleichnamige, 25 000 Einwohner zählende Hauptstadt erstreckt sich 315 km von Bangkok und 75 km von Chantaburi. Sie verdankt ihre Geschäftigkeit vor allem dem 90 km entfernten Grenzübergang **Hat Lek**, der nach **Koh Kong** in Kambodscha führt. Auch als Tor zum Ko Chang-Archipel, zu dem es – von den drei Fährhäfen der Umgebung – immer mehr Verbindungen gibt, gewinnt Trat an Bedeutung. In den 1970er- und 1980er-Jahren hingegen war die Provinz in aller Welt für riesige Flüchtlingslager bekannt. Hier suchten Kambodschaner und Vietnamesen Zuflucht vor den im Nachbarland wütenden Roten Khmer.

Auf dem Weg zu den Inseln in Trat zu stranden, kann durchaus reizvoll sein. Zum einen gibt es hier enorm günstige Möglichkeiten zum Übernachten und Schlemmen, zum anderen

**DIE OSTKÜSTE**

## Gelbes Öl als Wundermittel

Als nützliches Mitbringsel aus Trat empfiehlt sich ein vielerorts (z.B. im Jaidee Guesthouse) erhältliches gelbes Kräuteröl, das seit Generationen als Geheim-Rezeptur einer Apothekerfamilie hergestellt wird. Es soll z. B. gegen Arthritis, Rheuma und Hautprobleme helfen, wird aber auch gern zur Linderung von Kopfschmerzen, Übelkeit, Erkältungen, Mückenstichen oder Bissen von Sandflöhen eingesetzt. Das ätherische **Somthawin (Ang Ki)** oder „Yellow Oil", 🖥 www.somthawinyellowoil.com, soll aus einem Baum gewonnen werden, der angeblich nur in dieser Region wächst.

bietet die Altstadt mit ihren kleinen (Teakholz-) Häusern ein beschauliches Flair, das andernorts längst verloren ist. Ausflugstouren können zu idyllischen Ziele jenseits der Touristenrouten führen.

Interessant ist ein Bummel durch die Frischfisch-Abteilung der großen **Markthalle**, die auch mit etlichen Essensständen aufwartet. Schräg gegenüber kann man im **Wat Chai Mongkol** malerische alte Chedis besichtigen und ein Museum besuchen. Das 2 km westlich vom Zentrum liegende, 350 Jahre alte **Wat Plai Khlong** (Wat Bupharam) verfügt sogar noch über Holzbauten aus der Ayutthaya-Zeit. Im chinesischen Schrein **Lak Mueang** wird den Stadtgeistern gehuldigt.

Eine neue Brücke am Südrand der Altstadt ermöglicht einen guten Blick auf das Leben am Fluss. Aus hässlichem Beton und neueren Datums ist auch der 2 km lange **River Walkway** am Ufer, der sich zum Spaziergang oder Joggen anbietet. In den Monaten der Regenzeit sollte man keinesfalls das Schauspiel der **Glühwürmchen** *(fire flies)* in den Mangroven versäumen.

### ÜBERNACHTUNG

In der Stadt gibt es überraschend viele günstige Guesthouses – dicht beieinander und fast alle in Holzhäusern. Achtung: Viele Tuk-Tuk-Fahrer fungieren als hartnäckige Schlepper – wer sich nicht wehrt, wird ins Pop Gh. gekarrt.

**Artist's Place** ⑥, 132/1 Thana Charoen Rd., 📞 082- 469 1900, 🖥 auf Facebook. Als neu erschaffenes Juwel des Ehepaars, das schräg gegenüber schon lange das Restaurant Pier 112 betreibt. Kleines, einfaches, aber absolut stilsicheres und erfreulich günstiges Boutiqueresort mit 10 AC-Zimmern und lauschiger Gartenanlage. ❸

**Baanrimnam Resort** ⑦, 88/1-3 Ban Lang Donjuan Rd., 📞 039-524 494, 🖥 www.baanrimnam.com. Liegt mit 15 gepflegten Komfortzimmern (einige haben Panorama-Fenster) und allerlei Sitzgelegenheiten herrlich am Flussufer. ❹

**Ban Jaidee Gh.** ①, 67-69 Chaimongkol Rd., 📞 039-520 678, 🖥 auf Facebook. Einfach, aber originär: 9 saubere, angenehme Zimmer mit Warmwasser-Gemeinschaftsbad in einem mit Kleinodien, Kunst und alten Möbeln dekorierten Holzhaus. ❶

**Orchid Gh.** ②, 92 Lak Mueang Rd., 📞 092-765 8400, 🖥 auf Facebook. 5 ansprechende Zimmer unterschiedlichen Standards in netter Atmosphäre. Im 50 m entfernten, lauschigen Restaurant gibt es u. a. Cocktails für 130 Baht. ❶–❸

**Pop Bungalows & Gh.** ③, 1/1 Thana Charoen Rd., 📞 039-512 392, 🖥 www.trat-popguesthouse.com. Lange etablierter Traveller-Treff mit insgesamt 5 Ablegern und 40 Zimmern, davon einige mit AC oder am Fluss. Professionell geführt mit etlichen Serviceleistungen. Die agile Mrs. Sunny lässt nichts unversucht, ihr Monopol weiter auszubauen. ❶–❷

**Residang (Residence)** ⑤, 87/1 Thana Charoen Rd., 📞/📱 039-530 103, 🖥 www.trat-guesthouse.com. 9 ansprechende Komfortzimmer mit mehreren Fenstern, Kabel-TV und Minibar, davon einige mit AC und Balkon. Der Berliner Herbergsvater Herbert schwört auf seine Doppel-Boxspring-Matratzen mit Kautschukauflage, seine einheimische Frau Can verwöhnt mit Filterkaffee und einem originellen, vielfältigen Frühstück. ❶–❷

**Rimklong Boutiquehotel** ④, 194 Lak Mueang Rd., 📞 081-861 7181, 🖥 www.rimklonghotel.com. Der liebenswürdige Mr. Tooth bietet 9 modern durchgestylte, aber teilweise fensterlose Komfortzimmer und einen kleinen Coffeeshop im Foyer. ❸–❹

## Trat

N 0 200 m

Khlong Yai (75 km),
Chantaburi (75 km),
Bangkok (315 km),
Bangkok Trat Hospital (1 km)

Wiwatthana Rd.

Teard Jarat 2 Rd.

Soi Butnoi

Sukhumvit Rd.

Wat Yothanimid

Thet Saban 4 Rd.

Thet Saban 3 Rd.

Wat Chai Mongkol

Lak Mueang-Schrein

Wat Plai Khlong
(Wat Bupharam, 2 km)

Vijit Junya Rd.

NACHT-MARKT

SCHREIN

MARKT-HALLE

That Mai

Chaimongkol Rd.

Charoen Witthaya Rd.

POLIZEI

RATHAUS

Tha Rua Chang Rd.

Thana Charoen Rd.

Lak Mueang

Yut Ti Thum Rd.

Santisuk Rd.

Samaanmid Rd.

Noentamoen Rd.

WALKWAY ÜBER DEM FLUSS

Rath Anusorn Rd.

3148

Laem Ngop:
Ban Phu Resort (12 km),
Krom Luang-Pier (18 km),
Center Point (21 km),
Ao Thammachat (30 km)

Laem Sok-Pier (24 km),
Strände (40–60 km),
Saphan Hin-Wasserfall (30 km),
Khao Lan Thai Cross Center (48 km),

Sukhaphiban Rd.

Pier Utni Rd.

Wat Pai Lom

**DIE OSTKÜSTE**

### ÜBERNACHTUNG
1. Ban Jaidee Gh.
2. Orchid Gh.
3. Pop Bungalows & Gh.
4. Rimklong Boutiquehotel
5. Residang (Residence)
6. Artist's Place
7. Baanrimnam Resort

### TRANSPORT
1. Busstation
   AC- und Ventilator-Busse in alle Richtungen
   Minibusse nach Klong Yai, Hat Lek
   Songthaew nach Klong Yai, Hat Lek
2. Cherdchai-Büro
3. Minibusse nach Chantaburi
4. Songthaew nach Laem Sok
5. Songthaew nach Laem Ngop, Center Point

### ESSEN
1. Goaj Tiau Phu
2. Cool Corner
3. Pier 112

### SONSTIGES
1. Baan More Fun Dental Clinic
2. Tratosphere Bookshop
3. Thai Spa Burapa Training Center

## ESSEN

In der **Markthalle** gibt es u. a. erfreulich preiswerte, leckere Grillspießchen mit mariniertem Fleisch, vom **Nachtmarkt** indes sollte man nicht zu viel erwarten. ⊕ ca. 18–22 Uhr.

**Cool Corner**, 55 Thana Charoen Rd., ✆ 086-156 4129. Kleiner, aber feiner und beliebter Traveller-Treff, geführt von der Künstlerin Morn. Es gibt guten Kaffee, Mixgetränke, Fruchtsalat und Müsli. ⊕ 7–22 Uhr.

**Goaj Tiau Phu**, 15 Soi Sukhumvit, ✆ 039-511 972. Etabliert seit 30 Jahren, urtypisch, einfach und gut – v. a. die Krabben-

Nudelsuppen, nach denen das Restaurant benannt ist. Alle Gerichte um 40 Baht. ⊕ 8–15 Uhr.

**Pier 112**, 132/1 Thana Charoen Rd., ✆ 039-525 577. Beschauliches Relax-Restaurant mit Biergarten-Charakter und origineller Dekoration des Hausherrn, der Architekt ist und hier auch die Gäste seines Artist's Place bewirtet. ⊕ 8–21 Uhr.

## SONSTIGES

### Bücher

**Tratosphere Bookshop**, im Ban Jaidee Gh. Der leicht kauzige Franzose Serge (ver)kauft und tauscht jede Menge Bücher. ⊕ 8–21 Uhr.

## Informationen

Nützliche Infos vermittelt das Internet-Portal
⌨ www.tratmap.com.

## Massagen

**Thai Spa Burapa Training Center**, 87/3 Pai-
Nguen Building, Rath Anusorn Rd., ✆ 081-
251 9148, ⌨ auf Facebook. Ab 150 Baht pro Std.,
2 Std. Thai-Massage 250–300 Baht. ⏱ 9–23 Uhr.
Zudem gibt es mehrere neue Massage-Salons
sowie eine Blindenmassage.

## Medizinische Hilfe

**Baan More Fun Dental Clinic**, 1/5-6 Wiwatthana
Rd., ✆ 039-524 007. Dr. Wirapong und seine
Kollegen übernehmen auch preisgünstige,
komplette Gebisssanierungen. ⏱ 9–20 Uhr.
**Bangkok-Trat Hospital**, Sukhumvit Rd., 400 m
nördlich des Zentrums, ✆ 039-532 735, ⌨ www.
bangkoktrathospital.com. Professionellste
Versorgung in der Region. ⏱ 24 Std.

## NAHVERKEHR

Innerhalb der Stadt kosten **Songthaew** meist
um 20 Baht, als Charter bis zu 100 Baht. Zu den
3 Piers bei LAEM NGOP starten sie meist vom
Markt-Bereich. Ob KROM LUANG-PIER (Boote
nach Ko Mak und Ko Wai), CENTER POINT
(Ko Chang) oder AO THAMMACHAT (Ko Chang)
– Sammel-Transporte kosten 70–80 Baht p. P.,
Charter-Taxis um 300 Baht. Achtung: Zum 24 km
südlich von Trat liegenden LAEM SOK-PIER
(Ko Kood und Ko Mak) geht es auch per Gratis-
Transfer der Fähranbieter!

## TRANSPORT

### Busse

Der **Busterminal**, ✆ 039-252 222, 532 627, liegt
2 km außerhalb des Zentrums an der Sukhumvit Rd. (Sammeltaxis 20 Baht, Charter 60 Baht).
BANGKOK, viele Busse fahren auch vom
Zentrum ab, z. B. ab den Büros von **Cherdchai**,
✆ 039-511 062. Mit stdl. Abfahrten von 6–23.30
Uhr steuern sie das Eastern Bus Terminal
(315 km, 260 Baht, 4–5 Std.) an sowie um 8.30
und 14.30 Uhr das Northern Bus Terminal
(390 km, 285 Baht, 5–6 Std.), wobei auf dieser

Strecke am Suvarnabhumi Airport gehalten
wird.
CHANTABURI, die Busse erreichen den 75 km
entfernten Ort in 1 1/2 Std. Einige Verbindungen
führen bis CHONBURI (220 km).
KORAT, es gibt tgl. um 4.30 und 10 Uhr für
450 Baht Verbindungen in den Isarn.
PATTAYA, um 5.30, 9.30, 12 und 15 Uhr, rund
250 km für 180 Baht.

### Minibusse

BANGKOK, tgl. zwischen 6 und 19 Uhr stdl. für
300 Baht zum Victory Monument und Northern
Bus Terminal, ✆ 087-833 7965.
BAN HAT LEK (Grenze, 95 km), tgl. 5.30–18 Uhr
stdl. über KHLONG YAI (75 km, auf dem Rückweg meist mit Umsteigen) für 120 Baht,
60–90 Min. Abfahrt von der Busstation,
sobald die Fahrzeuge voll sind.

### Fähren

Die Anbindung des Archipels hat sich durch
den **Boon Siri Katamaran** (Kasten S. 591)
erheblich verbessert, in der Saison erleichtern
etliche Speedboat-Verbindungen das Inselhopping (Kasten S. 616). Für die Anreise mit
Sammeltaxis zu den Festland-Piers s. o.

#### Nach Ko Chang

Von AO THAMMACHAT mit großen **Fähren** für
Passagiere und Fahrzeuge, ✆ 039-518 588-9.
Auf Ko Chang landen die Schiffe je nach Wellengang nach 40–50 Min. in Ao Sapparot, wo
die Inseltaxis warten. Abfahrt ist in der Saison
von 7–19 Uhr ca. alle 30 Min. Tickets kosten
80 Baht p. P., Autos 120 Baht. Bei den Fähren
von **Center Point**, ✆ 039-538 196, stdl. 6–19 Uhr,
die vorwiegend von Reisenden aus Trat genutzt
werden, ergeben sich z. T. längere Wartezeiten.
Tickets kosten 70 Baht, Autos 150 Baht.

#### Nach Ko Mak

Vom KROM LUANG-PIER (alter Laem Ngop-
Pier) geht es tgl., aber in der Regenzeit seltener,
mit **Panan Speedboat**, ✆ 087-614 7641, um
9 und 16 Uhr (50 Min., 450 Baht) zum Pier des
Koh Mak Resorts, **Leelavadee Speedboat**,
✆ 080-572 5294, ⌨ www.kohmakboat.com,
fährt um 8 und 11.30 Uhr (50 Min., 450 Baht) zum

Makathanee Resort. Ein Slowboat gibt es am Di, Do und Sa (3 Std., 250 Baht).

**Nach Ko Kood**
Aus LAEM SOK startet – als preiswertere Alternative zum Katamaran (s. Kasten) – um 12.30 Uhr **Koh Kood Princess Boat**, ℡ 086-126 7860 (Mrs. Rod hat als freundliche Chefin alles bestens im Griff), 🖥 www.kohkood princess.com, meist mit einem komfortablen Fährboot für bis zu 300 Passagiere. Die 82 km lange Passage kostet – sogar inkl. Transfers von/nach Trat – 350 Baht (Return-Ticket 600 Baht) und dauert bis zu 2 Std. Zur gleichen Zeit und zum gleichen Preis starten die mit ca. 80 Min. etwas schnelleren Boote von **Koh Kut Express**, ℡ 090-506 0020, 🖥 www.kokutexpress.in.th, die nur um die 80 Min. benötigen.

**Flüge**
**Bangkok Airways**, ℡ 039-525 767-8, 🖥 www.bangkokair.com, nach BANGKOK vom Flughafen bei Trat, 3x tgl. in 50 Min. für 3000 Baht. Transfers mit Minibus und Fähre zu/von den Hotels auf Ko Chang kosten ca. 500 Baht, ℡ 039-525 767.

# Die Umgebung von Trat

Im Hinterland von Trat bietet sich in Richtung Nordosten über den H3 bzw. den H3159 ein Abstecher in das rund 70 km entfernte **Bo Rai** an. Der Ort liegt im Grenzgebiet zu Kambodscha und

ist von Edelsteinminen umgeben. Sie sind längst ausgebeutet, doch das scheint dem Handel mit Rubinen und Saphiren keinerlei Abbruch zu tun. Nicht weit entfernt erstreckt sich der **Nam Tok Khlong Khaew National Park** – mit immergrünem Regenwald, einer seltenen Flora und vielen Wasserfällen. Der größte rauscht über insgesamt sieben Stufen (Panoramablick von der vierten Etage) in die Tiefe und ist mit mehrstündigen Wanderungen zu erkunden.

Die bekanntesten Orte in der Umgebung von Trat sind natürlich die Fährhäfen zum Ko Chang-Archipel. Das 18 km südwestlich liegende **Laem Ngop** fungierte mit seinem Krom Luang-Pier einst als Hauptanleger. In der Nähe erinnert das **Naval Battle Monument** bzw. das wie ein Kriegsschiff gestaltete Museum an die große Seeschlacht mit den Franzosen vom 5. bis zum 17. Januar 1941, bei der drei thailändische Marineeinheiten versenkt wurden. Der Hintergrundexkurs „Wie eine Niederlage als Sieg gefeiert wird" befasst sich mit der Bedeutung der **Seeschlacht bei Ko Chang**, s. **eXTra [2876]**. 32 km südwestlich von Trat lässt sich **Ao Thammachat** erreichen, von wo heute die meisten Autofähren nach Ko Chang ablegen. Das 24 km südlich von Trat liegende **Laem Sok** hat seine Bedeutung erst vor Kurzem gewonnen – durch den Ausbau zum Fährhafen für Ko Kood sowie durch den neuen Katamaran (s. Kasten) auch für Ko Mak.

In Richtung Südosten führt der H318 – parallel zur Küste und dem dicht bewaldeten Khao Bantal-Gebirge – durch einen extrem schmalen Landstreifen nach **Hat Lek**. Dies ist nach Aran-

**DIE OSTKÜSTE**

yaprathet/Poipet der wichtigste Grenzübergang nach Kambodscha. Die erste größere Sehenswürdigkeit findet sich nach 30 km mit dem Wasserfall **Saphan Hin**. Im weiteren Verlauf bieten sich mehrere einsame, von Kasuarinen, Pinien oder Palmen bewachsene Festlandsstrände für beschauliche Natur- und Badeerlebnisse an. Zusammen mit immer mehr neuen Resorts ausgeschildert sind es aufeinander folgend der Lan Sai, Meaow, Sai Ngam (Ngoen), Sai Ngoen, Sai Kaew, Tubtim, Ploy Daeng und der nach 60 km erreichte, besonders empfehlenswerte **Ban Chuen** sowie Rachakaruw, Mairood, (Mai Root, Mai Rut) und Son Ngam, um nur die wichtigsten zu nennen. Dazwischen erinnert das 1992 eingeweihte **Khao Lan Thai Red Cross Center** an die einstigen Flüchtlingslager der Region. Größter und urigster Ort auf dem Weg zur Grenze ist **Khlong Yai** – ein aus engen Gassen und Stegen bestehendes Fischerdorf.

Die meisten Unterkünfte in der Umgebung von Trat versprechen Ruhe und Idylle, was verstärkt unter der Woche gilt. Auf dem Weg nach Hat Lek (H318) liegen an Festlandsstränden:

**Centara Chaan Talay Resort & Villas**, 32 km von Trat, ☎ 039-521 561-70, 🖥 www.centarahotelsresorts.com. Neues luxuriöses und stilsicheres Resort an einem paradiesischen Strand. 44 Suiten und Villen mit mind. 62 m² und allem Komfort. ab ❼

**Chanchon Resort**, am Ban Chuen Beach, 60 km von Trat, ☎ 081-344 1437, 🖥 www.chanchonresort.50megs.com. Schöne Bungalowanlage mit 40 Zimmern und angenehmem Strandrestaurant. ❸

**Haad Mook Kaew Resort**, am Hat Sai Kaew, 47 km von Trat, ☎ 039-501 077, 🖥 www.haadmookkaewresort.com. Einsames Strandresort mit über 30 behaglichen Zimmern aus Naturmaterialien und hübscher Gartenanlage. ❹

🧳 **Mairood Resort**, in Ban Mairood, 56 km von Trat, ☎ 081-758 1392, 🖥 www.mairoodresort.com. Der sympathische Thai-Amerikaner Ching bietet 15 ganz unterschiedlich entworfene Zimmer in einem tropischen Garten mit Pool. Die Gäste dürfen viel Abge-

schiedenheit, Idylle und eine besondere Atmosphäre erwarten. ❸–❺

**Mango Beach Resort**, 60 km von Trat und 25 km vor der Grenze, ☎ 039-510 900, 🖥 www.mangobeachresort.com. Neue, schöne Luxusanlage mit 20 Zimmern,13 Bungalows und Pool in herrlicher Lage an einem einsamen, unverbauten Sandstrand. ❺

# Ko Chang

Der von Bangkok über den Landweg schnell zu erreichende Ko Chang-Archipel präsentiert sich mit all seinen verlockenden, ganz unterschiedlichen Inseln als ideale Alternative zu den oft überlaufenen Urlaubszielen des Südens. Kaum zu glauben, dass es mit seiner 155 km² großen Hauptinsel erst Mitte der 1990er-Jahre auf die touristische Landkarte gelangte, nachdem die Region lange militärisches Sperrgebiet war. Zu verdanken hatte die Inselwelt des Ostens den verlängerten Dornröschenschlaf der Nähe zum krisengeschüttelten Kambodscha sowie den im Archipel umherstreunenden Rebellen, Schmugglern und Piraten.

Obwohl die „Insel der Elefanten" durch ihre rasante touristische Entwicklung gewaltig auf Trab gekommen ist, gilt sie noch immer als Naturparadies. Denn schon 1982 waren 80 % sowie die meisten der etwa 50 umliegenden Eilande zum **Ko Chang Marine National Park** erklärt worden. Schließlich ist das 34 km lange und bis zu 12 km breite Ko Chang gesegnet mit schönen Sandstränden, romantischen Mangrovenlagunen, hohen Bergen und rauschenden Wasserfällen. Der **Regenwald** zählt zu den besterhaltenen Südostasiens und beherbergt mit 29 Spezies an Säugetieren, 74 Vogelarten und 42 verschiedenen Reptilien eine reichhaltige, exotische Tierwelt.

Immer mehr namhafte Hotelketten investieren in 5-Sterne-Resorts mit Pools und Wellnessoasen, während die einst inseltypische Bambushütten- und Hängematten-Romantik auf dem Rückzug ist. Selbst in einfachen Unterkünften wird ständig am weiteren Ausbau gewerkelt, während die Ringstraße an den wichtigsten Stränden gesäumt wird von immer mehr Res-

Wer den Ko Chang-Archipel in der Nebensaison bereisen möchte, kann zwar mehr Ruhe, Einsamkeit und günstigere Preise erwarten, sollte sich aber – zumindest jenseits der Hauptinsel – auf **Einschränkungen** gefasst machen. Die Boote fahren seltener, einige Resorts, Geschäfte oder Tauchbasen haben geschlossen, während Strand und Meer wegen des **Strömungswechsels** weniger sauber wirken. Zudem ertrinken – gerade am sicher wirkenden, flachen White Sand Beach, aber auch am Klong Prao- und am Lonely Beach – jedes Jahr in der Monsunzeit mehrere Badende (2014 waren es um die 20), die die tückische **Unterströmung** (rip current) völlig unterschätzen und abgetrieben werden.

taurants und Bars, Supermärkten und Souvenirshops, Maßschneidern und Massageläden ... Auch das Angebot von Aktivitäten hat sich vervielfältigt – bis hin zu Klettereien in Baumwipfeln, Trekkingrouten mit Inseldurchquerung oder dem fünfstündigen Aufstieg hinauf bis zum **Khao Salak Phet** – dem mit 744 m höchsten der inselweit 299 Berge.

Der jüngste Boom Ko Changs basierte vor allem auf dem Ansturm russischer Urlauber, die aber nun ausbleiben. Den ersten gab es 1996, als die Insel an das Festlandstromnetz angebunden wurde, weitere mit den seit 1998 verkehrenden Autofähren oder dem 2003 eröffneten Küstenflughafen von Trat. Wenn das letzte Teilstück der Ringstraße im Süden tatsächlich noch gebaut werden sollte, dürfte das einen weiteren Quantensprung bedeuten. Da mag es ein wenig trösten, dass auf der zweitgrößten Insel Thailands wegen extremer Steigungen und enger Kurven auch künftig keine großen Reisebusse werden verkehren können ...

## White Sand Beach (Hat Sai Kao)

Dies ist der erste Strand, der sich vom Fähranleger **Ao Sapparot** und über das inselweit größte Dorf **Klong Son** nach rund 7 km an der Westküste erreichen lässt. An diesem „Sunset Strip" begann einst der Tourismus auf Ko Chang. Kein

Wunder, dass der White Sand Beach als Inselzentrum gilt – und stets die rasanteste Entwicklung zu verzeichnen hat – inkl. entsprechender, teilweise unübersehbarer Umweltprobleme. Mitte 2015 wurden mit dem Abriss etlicher Restaurants und Geschäfte zwei große Wunden in die gewachsene Struktur geschlagen, um Platz zu schaffen für ein weiteres Großhotel sowie eine Filiale der Großhandelskette Makro.

Es gibt eine bunte Mischung aus Inselgästen und auch Unterkünften, die in den verschiedensten Baustilen entstanden sind. Bei Flut kann der flach ins Meer führende, 2,5 km lange Sandstrand ziemlich schmal werden. Bei Ebbe verwandelt er sich in eine malerische Naturpromenade, auf der sich vielfältiges Urlaubsleben abspielt: Man kann mit Blick auf die tropisch bewaldete Bergkulisse des Hinterlands bzw. den 626 m hohen, zuckerhutförmigen **Khao Chom Prasat 2** flanieren, sich im weiß schimmernden Sand sonnen, im Schatten von Baumriesen massieren lassen, mit Kokosnüssen jonglieren oder Volleyball spielen – in Erwartung eines spektakulären Sonnenuntergangs und Schlemmerfreuden in den romantischen Freiluftrestaurants.

Wesentlich einsamer geht es am schönen Nordende des Strands zu, das sich zu Fuß am Meer entlang erreichen lässt oder über die extrem steile Stichstraße zum White Sand Beach Resort. Hier locken mehrere hundert Meter herrliches Badeparadies – mit zumeist glasklaren Meeresfluten und selbst bei hohem Wasserstand noch viel schönem Sandstrand!

Nicht weit entfernt kleben bunte Hippieresorts an Felsvorsprüngen (Kasten, S. 596). Doch die Klippe steht auf der Kippe: Nach einer von der Marine unterstützten Verfügung der Nationalparkbehörde sollen die Anlagen bis auf den letzten Kubikzentimeter Beton verschwinden. Alle dafür gesetzten Fristen sind bereits verstrichen, doch scheinen die Besitzer das Ende ihrer Resorts durch Gerichtsprozesse noch möglichst lange hinauszögern zu wollen.

### ÜBERNACHTUNG

Die Anzahl der Unterkünfte hat sich vervielfacht, doch einfache und preiswerte Zimmer direkt am Strand gibt es quasi kaum noch –

Ao Thammachat Anleger (5,5 km)

Center Point Anleger (8 km)

Kromluang-Pier/ Laem Ngop (10 km)

KO CHANG NOI

Ao Sapparot-Pier

Center Point-Pier

① ②

Sai Thong

Klong Son

Tha Dan Mai-Pier

HOSPITAL

Dan Mai

Nang Yom-Wasserfall

△ 468

△ 626
Khao Chom Prasat

Nonsi-Wasserfall

White Sand (Hat Sai Kao)

Pearl Beach (Hat Kai Mook)

s. Detailplan White Sand/Pearl Beach S. 598

NATIONAL PARK HEADQUARTER

Klong Plu-Wasserfall

Than Mayom-Wasserfälle

Than Mayom-Pier

Laem Chai Chet

King Rama-Wasserfall

Klong Prao Beach

s. Detailplan Klong Prao – Chai Chet / Kai Bae Beach S. 603

Klong Prao

Klong Makok Beach

Ban Kai Bae

Klong Nueng-Wasserfall

③

Kai Bae Beach

△ 744
Khao Salak Phet

1

2
1

KO YUAK

Salakhok

KO PLI

KO MAN NAI

Keeri Phet (Kiri Pet)-Wasserfall

KO MAN NOK

Lonely Beach (Thanam Beach)

Ban Bai Lan

428 △

3

Salakphet

Bailan Beach

s. Detailplan Lonely Beach/ Bailan Beach S. 607

Chaek Bae

④

Ban Klong Kloi

⑨

Ruang Tan

2

Bang Bao

⑪

⑩

⑧

⑦

⑤

KO PHRAO

⑬

⑫ 4

5

③

KO SAI KAO

6

3

⑥

④

⑭

⑮

Klong Kloi Beach

⑯

Wai Chaek Beach

KO LAO YA

Ko Wai (9 km), Ko Mak (25 km), Ko Kham (25 km), Ko Kood (32 km)

## ÜBERNACHTUNG
1. Amber Sands
2. Ed The Souk Resort
3. The Spa Koh Chang Resort
4. The Mangrove Hideaway
5. Salakphet Resort & Spa
6. Island View Resort & Spa
7. Aun Chaleena Beach Front Resort
8. Tropical Beach Resort
9. Chivapuri Beach Resort
10. Tree House Cottages
11. Bang Bao Beach Resort
12. Tranquility Bay Residence
13. Remark Pu-Zi Hut
14. Ocean Blue
15. Koh Chang Sea Hut
16. Waishaek Bungalows
17. Tree House
18. Long Beach Resort (Tree House)
19. Tan Ta Wan Resort

## ESSEN
1. The Spa Koh Chang
2. Salakkok Seafood
3. Urai's Place
4. Rasta View
5. Salakphet Seafood
6. Chowlay Seafood
7. Bangbao Delight
8. El Greco

## SONSTIGES
1. Chang Spirit Club
2. Koh Chang Marina Resort & Spa
3. Kongoi Jungle Trekking
4. The Dive Adventure

allenfalls als Hippiehütten (Kasten S. 596) und sonst im Hinterland. Karte S. 598

### Untere Preisklasse

**Koh Chang Hut Hotel** ⑯, ☎ 039-551 160, 🖥 www.kohchanghut.com/de. Stein- und stufenreiches Resort am Berghang, aber direkt am Meer. Mrs. U bietet ein sagenhaftes Preis-Leistungs-Verhältnis mit 36 Komfort- zimmern inkl. AC ab 500 Baht. Es empfehlen sich besonders Nr. 5, 7, 8, 11 (!), 17 sowie 19 A und B. ❷–❹

### Mittlere Preisklasse

€ **Alina Grande Hotel & Resort** ⑭, ☎ 039-551 348, 🖥 www.alinaresort.com. Am steinigen Südende des Strands mit gepflegten, z. T. recht günstigen Komfortzimmern. 28 liegen am Strand (davon 5 als Bungalows) und 48 auf der anderen Straßenseite in einem großen Gebäudetrakt, der einen Pool mit hübschem Blick auf die Berge bietet. Als Besitzer zählen die Lehrerin Ek und ihr kanadischer Mann Dave zu den Tourismuspionieren. ❹–❺

**Apple Beachfront Resort** ⑪, ☎ 039-551 228, 085-486 8995, 🖥 auf Facebook. In der Mitte des Hauptstrands und seit April 2015 als 2-stöckiger Neubau mit 49 Zimmern ab 2000 Baht, die über Terrassen oder Balkone verfügen (am besten sind B1 und B2 direkt am Meer). Schön angelegt in Hufeisenform mit einem von Holzterrassen umrahmten Innenhof-Pool bzw. einer Archi- tektur, die den vorhandenen Baumbestand in perfekter Weise integriert hat. ❹–❻

**Bamboo @ Koh Chang** ⑩, ☎ 039-551 158, 🖥 www.bambookohchang.com. Seit Ende 2014 präsentiert sich das ehemalige Bungalow- resort mit den blauen Dächern als 2-stöckiger Neubau in U-Form mit Pool im Innenhof. Es gibt 33 Zimmer – davon 5 als Beachfront-Kategorie (am besten sind V104 und V105 im 2. Stock mit tollem Meeresblick sowie V101). ❺–❻

**Ploma Cliff Resort** ⑮, ☎ 081-863 1305, 039-551 119, 🖥 www.plaloma-cliff.com. Hier wohnt man nicht unbedingt wegen der 85 völlig unterschiedlichen Zimmer, die es im Cliff Wing, als Poolside Rooms (die besten sind Nr. 70–82, seit 2015 neu Nr. 21–26 sowie Nr. 99) oder

Ban Klong Thian

Long Beach
Ko Chang Naval Battle Memorial

Dead End

KO LIM

KO NGAM

KO MAI SI YAI

KO MAI SI LEK

**DIE OSTKÜSTE**

**Hippiehütten am Abgrund**

© VOLKER KLINKMÜLLER

€ Die vom Abriss bedrohten, mit viel buntem Zierrat abenteuerlich an Felsen klebenden Bunga-lowresorts erscheinen als illustres Überbleibsel der Pionierzeit und bieten bei Preisen von meist 300–800 Baht die günstigsten Zimmer (Ventilator) am Strand inkl. einzigartigem Ambiente, alle auf Karte S. 598.

Das von der Schottin Fiona geführte **Independent Bo's** ④, (Telefon-Angabe unerwünscht, mind. 3 Übernachtungen), ist mit 24 Zimmern nicht nur die größte Anlage, sondern mit allerlei Malereien und Skulpturen auch die schillerndste: Bei der Ausgestaltung durften einheimische und ausländi-sche Künstler ihrer Kreativität freien Lauf lassen. Das **Star Beach Bungalow** ⑥, ✆ 092-864 9093, des jungen, sympathischen Holländers Mitchel bietet 10 einfache Zimmer (fast alle mit Meeresblick) sowie ein Restaurant mit günstiger Küche und lauschigen Sitzmöglichkeiten als verlockende Option zum Sonnenuntergang. Im benachbarten **Chang Beach Bungalow & Bar** ⑤, ✆ 087-091 9341, lockt Mrs. Ae mit 8 einfachen Zimmern, davon 3 als AC für 1200 Baht (Nr. 1 und 2 sogar mit Meeres-blick), nebenan gibt es im **Ban Na**, ✆ 090-771 5853, 6 weitere Zimmer. **Pen's Bungalows** ⑦, ✆ 086-151 3744, hat 13 Zimmer zu bieten, davon einige mit AC.

Das als Übergang zwischen dem Süden und Norden des White Sand Beach konzipierte, auf Fel-sen im Meer thronende **Rock Sand Resort** ③, ✆ 084-781 0550, 🖥 www.rocksand-resort.com, ist – unter Leitung eines holländischen Ehepaares – mit 24 Zimmern bestückt, davon 10 als AC für 2000–2500 Baht. Nördlich davon schließt sich das spartanische **Maylamean** ②, ✆ 092-891 4409, an. Es verfügt über 12 Zimmer für 400–900 Baht, von denen A1 und A2 mit dem schönsten Ausblick verwöh-nen können. Auch das lauschige Restaurant, wo Khun Malai ihre Gäste mit Cocktails zu günstigen 99–119 Baht verwöhnt sowie leckerem Schnitzel oder Cordon bleu, hängt auf einer Plattform herr-lich am Abgrund. Bei dem vom tagelangen Dauerregen ausgelösten Erdrutsch am 11. Oktober 2010 verloren die Hippieresorts allerdings insgesamt 16 Zimmer und 2 Angestellte.

Seaside Bungalows gibt. Das 1991 eröffnete Hotel gehörte einst zu den 3 ersten Anlagen mit Komfort. Aus diesen spannenden Tagen kann

Inhaber und Inseloriginal James Brunner in unverwechselbarer Manier erzählen … Besser als der 60-jährige Schweizer dürfte sich auf Ko

Chang niemand auskennen. Das Resort mit Palmenwiese liegt am felsigen Südende des Strandes und verfügt über ein Restaurant am Meer, wo es u. a. die besten Knusper-Rösti der Ostküste gibt – zu genießen mit Geschnetzeltem in Pilzrahmsauce für 250 Baht. ❹–❻

🏠 **Tantawan Bungalow** ⑨, ☎ 039-551 178, 092-434 5179, ✉ tantawan_bungalow@ hotmail.com. Zählt zu den besten Optionen, da günstig, gepflegt und hübsch bepflanzt. 17 Zimmer mit AC – als orange-braune Bungalows am Strand oder einladende Thai-Stil-Bungalows mit Holzböden und Terrassen im hinteren Bereich. Als Nachbar am Strand lockt die beliebte Reggae-Bar **Tapas**, ⏱ 6–24 Uhr. ❹–❺

**Top Resort** ⑰, ☎ 039-551 364-5, 🖥 www. topresort-kohchang.com. Sehr gepflegte Anlage auf dem 26 m hohen Berg am südlichen Ende der Bucht. 28 komfortable Zimmer und Apartments ab 1300 Baht, einige davon direkt in die Klippen gebaut oder bis zu 84 m² groß. Der sympathische Berliner Besitzer Michael Weber (Micha) und sein gern zur Gitarre greifender Manager Bernhard werden für ihre engagierte Rundum-Sorglos-Betreuung geschätzt. ❺–❻

🏠 **White Sand Beach Resort** ①, ☎ 086-310 5553, 🖥 www.whitesandbeachkohchang. com. Auch wenn die einstigen Bambushütten längst durch Komfortbungalows ersetzt sind, ist das die älteste Anlage der Insel. Zwischen betagten Baumriesen und Palmen locken am paradiesischen Nordende der Bucht 110 Zimmer ab 1900 Baht, davon 30 als optisch ansprechende Beachfront-Bungalows oder 13 in zweiter Reihe neu erbauten Deluxe Garden-Bungalows. ❺

### Obere Preisklasse

🏠 **Banpu Resort** ⑬, ☎ 081-863 7314, 🖥 www.banpuresort.com. Besonders die urgemütlichen 13 Bungalows dieser insgesamt 31 Zimmer zählenden Anlage sind an Romantik kaum zu überbieten – sollten aber in der Saison rechtzeitig reserviert werden. Auch der schöne Pool wird von herrlich sprießendem, tropischem Grün umrahmt. ❻–❼

**KC Grande Resort & Spa** ⑧, ☎ 039-552 111, 🖥 www.kckohchang.com. Beidseits der Ringstraße als größtes, professionellstes und teuerstes Hotel am Hauptstrand – mit über

Für einen romantischen Sonnenuntergang bietet sich ein Spaziergang am **White Sand Beach** ebenso an wie das Hocken im Sand am Lonely Beach, wo stets stimmungsvoller Sunset-Sound aus dem **Nature Resort** dringt. Bestechend ist der Ausblick vom **View Point** am Kai Bae Beach. Wer noch höher hinaus und vielleicht auch an einem Sundowner schlürfen möchte, sollte das ebenfalls direkt an der Ringstraße liegende, 80 m hohe **Lighthouse** des Sea View Resorts erklimmen (oberste Plattform mit Restaurant-Service und üppiger Speisekarte, Heineken-Fassbier für 70 Baht, Mocktails 180 Baht oder Cocktails um 250 Baht, ⏱ 7–22.30 Uhr). Ebenso nachhaltige Impressionen lassen sich im Restaurant (leckere Thai-Küche, Cola 25 Baht, großes Bier 120 Baht, Cocktails meist 180 Baht, ⏱ 9.30–24 Uhr) von **Porn's Bungalow** am Kai Bae Beach einfangen: Gänzlich aus Naturmaterialien errichtet, erstreckt es sich mit mehreren lauschigen Panorama-Plattformen filmreif bis in die Baumwipfel hinauf, wo sich zwischen den Blättern hindurch drei vorgelagerte Inseln erspähen lassen. Als südlichste Spots empfehlen sich der Strand am Restaurant **Lisca Beach** oder die verlockenden Bodenkissen der neuen, szenischen **Rasta Bar** bei Bang Bao.

200 Luxuszimmern, darunter 14 neue Beachfront-Villen in moderner Architektur, sowie 4 Pools und 2 Restaurants. Mit einem ähnlich kühl-gediegenen Ambiente darf man im benachbarten, ebenso großen **Kacha Resort & Spa** ⑫, ☎ 039-551 421-4, 🖥 www.kohchang kacha.com, rechnen. ❽

### ESSEN

Der White Sand Beach erweist sich als abendliche Freiluft-Schlemmermeile, auf der natürlich besonders fangfrischer Fisch und Meeresfrüchte munden. Fast jede Unterkunft bietet eine eigene Bewirtung, während sich die Gastronomie an der Ringstraße vervielfältigt –

**DIE OSTKÜSTE**

Klong Son

Nan Yom-
Wasserfall

White Sand (Hat Sai Kao)

DIE OSTKÜSTE

International
Clinic Koh Chang

Tesco Lotus

Klong Prao

Pearl Beach
(Hat Kai Mook)

**■ ÜBERNACHTUNG**
**WHITE SAND BEACH
(HAT SAI KAO)**
① White Sand Beach Resort
② Maylamean
③ Rock Sand Resort
④ Independent Bo`s
⑤ Chang Beach Bungalow & Bar
⑥ Star Beach Bungalow
⑦ Pen`s Bungalows
⑧ KC Grande Resort & Spa
⑨ Tantawan Bungalow
⑩ Bamboo @ Koh Chang
⑪ Apple Beachfront Resort
⑫ Kacha Resort & Spa
⑬ Banpu Resort
⑭ Alina Grande Hotel & Resort
⑮ Plaloma Cliff Resort
⑯ Koh Chang Hut Hotel
⑰ Top Resort

**PEARL BEACH**
⑱ M&O Resort
⑲ Remark Cottage
⑳ Baan Ton Rak
㉑ Keereeta Resort
㉒ Penny's
Bungalow Resort

**■ ESSEN**
1 Rock Sand
2 15 Palms
3 Sangtawan
4 Tamnak Chang
5 Nong Bua Seafood
6 Gai Mun
7 Banpu
8 Siam Kitchen
9 Paddy's Palms
10 The White Elephant
11 Foodland Koh Chang
12 Paul's Restaurant
13 Saffron on the Sea
14 Sunrise

**■ SONSTIGES**
1 Oodie's Place
2 Sabay Bar
3 AP Super Market
4 V-Mart Green Leaf

**■ TRANSPORT**
① Bangkok Airways

---

auch in Form von Fastfood-Filialen wie Chester's Grill oder eines Nachtmarkts mit allerlei günstigen Essensständen.

**Banpu**, s. o. Gehört zum gleichnamigen Resort – als urgemütliches Restaurant mit viel Holz und originellen, glockenförmigen Lampenschirmen, das viel teurer wirkt, als es ist. Exzellente, thailändische Küche. ⏱ 7–22 Uhr.
**Foodland Koh Chang**, am Top Resort (S. 597), ✆ 039-551 547, 💻 auf Facebook. Ofenfrische

Brötchen, Wurstwaren, saure Gurken, Brathering und Kieler Sprotten in Dosen. Weine aus aller Welt (auch Äbbelwoi), mehr als 10 Sorten deutsches Bier wie Flensburger, Paulaner, Erdinger oder Weihenstephan sowie 25 verschiedene Obst- und Kräuter-Schnäpse. ⏱ 7–21 Uhr.

**Gai Mun**, ✆ 083-751 8123. Etwas profan, aber gut und günstig: Mrs. Sao und Mr. Boy bieten allerlei Isarn-Spezialitäten wie *Som Tam* oder ganze Grillhühnchen. ⏱ 10–22 Uhr.

**Nong Bua Seafood**, ☏ 039-551 595, 🖥 www. nongbuarestaurant.com. Etabliert seit 1980 und populär – als einfaches, aber nicht billiges Restaurant mit allerlei Thai- und Seafood-Gerichten. Betrieben von der gleichen Familie wie das 200 m entfernte **Siam Kitchen**. ⏱ 7–22 Uhr.

**Paddy's Palms**, ☏ 039-619 085, 🖥 www. paddyspalmspub.com. Beliebter irischer Pub mit tiefgrüner Fassade und einem angenehmen, dunkel-gediegenen Ambiente. 5 Sorten Fassbier für 75–120 Baht (klein) bzw. 135–230 Baht (groß) pro Glas – darunter Guinness, Kilkenny und Thatcher's Gold. 3 Großbildschirme für die Liveübertragung von Fußballspielen und Formel 1. ⏱ 7–0.30 Uhr. Mit dem **15 Palms**, ☏ 039-551 095, 🖥 www.15palms.com, gibt es einen ebenso stilechten, angesagten Ableger am Strand. ⏱ 7.30–0.30 Uhr, Sa, So bis 1 Uhr.

**Paul's Restaurant**, im Top Resort (S. 597). Höchstgelegenes Restaurant von Ko Chang. Unter Leitung von Paul Spiegel werden das inselweit beste Frühstück und auch sonst eine ausgezeichnete Küche serviert – stets mit schönem Ausblick. ⏱ 7–12 und 17–22 Uhr.

**Rock Sand**, thront auf einem Felsvorsprung am Meer und empfiehlt sich deshalb auf perfekte Weise für Mahlzeiten mit Meeresblick und romantische Sunset-Drinks. ⏱ 7–23 Uhr.

€ **Sangtawan**, ☏ 039-551 475. Das Resort ist nicht besonders, aber das dazugehörige Restaurant die beste Option, romantisch mit den Füßen im Sand zu speisen. Tgl. ab 17 Uhr preisgünstiges BBQ unter stattlichen Baumkronen, manchmal Livemusik. ⏱ 7–22 Uhr.

**Siam Kitchen**, ☏ 089-608 1740. Hier kann man eigentlich nichts falsch machen: Die günstigen Thai- und Spaghetti-Gerichte werden mithilfe eindrucksvoller Fotos und Plastik-Imitationen präsentiert. ⏱ 7–22 Uhr.

🔲 **Tamnak Chang**, ☏ 089-831 7300. Ideal für den späten Appetit – mit gutem Preis-Leistungs-Verhältnis und exzellenter einheimischer und westlicher Küche. Riesige, bebilderte Speisekarte sowie 36 Cocktails zu 180–200 Baht. ⏱ 10–24 Uhr.

**The Bavarian**, am Top Resort (S. 597), ☏ 086-325 0001, 🖥 auf Facebook. Neu – als einladendes, 100 m² großes Wohnzimmer-Restaurant mit Biergarten an der Ringstraße und einem Höchst-

## Im Rhythmus der Nacht

Da es zu vorgerückter Stunde kaum noch Taxis gibt und das Mopedfahren nachts noch gefährlicher wird, sollte man sich am besten in Laufnähe zur Unterkunft vergnügen ... Bedeutendster Meilenstein des Nachtlebens ist – jenseits der immer zahlreicher werdenden **Freiluftbars** an der Ringstraße – der populäre Strand-Club **Sabay Bar**, ☏ 039-551 098, 🖥 auf Facebook, ⏱ 18–2.30 Uhr. Hier gibt es Livemusik auf einer Strandbühne bzw. ab ca. 23 Uhr im klimatisierten Innenbereich. Ebenfalls am White Sand Beach lockt mit gutem Essen und spätestens ab 22 Uhr auch Livemusik das lange etablierte, stets proppenvolle **Oodie's Place**, ☏ 081-853 1271, 🖥 auf Facebook, ⏱ 16–1 Uhr, dessen Besitzer oft Besuch von thailändischen Popstars wie den Carabao-Brüdern oder Sek Loso erhält. Am Kai Bae Beach, der eine verlockend hohe Dichte an Restaurants und Bars aufweist, hat sich das **Filou** (S. 604) als wichtigster Spot des Nachtlebens etabliert, während sich die Resorts und Szene-Schuppen am **Lonely Beach** (S. 604) allabendlich mit lasziven Partys abzuwechseln pflegen.

maß an bayerischem Ambiente. Entsprechend authentische Küche und deutsche Biere, teilweise sogar frisch vom Fass. ⏱ Di–So 12–23 Uhr.

**The White Elephant**, ☏ 039-551 634, 🖥 www. whiteelephantbar.com. Gleich neben dem Paddy's Palms und neu als Sports Bar mit ständigen Liveübertragungen, AC-Bereich und Barhockern an der Straße. Der Norweger Frank bietet seinen Gästen sagenhafte 6 Sorten Fassbier ab 70 Baht und bis zu 100 Flaschenbiere aus aller Welt sowie Frühstück, Thai-Kost, Currywurst mit Pommes, Cordon Bleu und italienisches Eis. ⏱ 9 Uhr bis spät.

## Pearl Beach (Hat Kai Mook)

Ein treffender Beweis, dass auf Ko Chang jeder Strand einen eigenen Charakter zu bieten hat. Der nicht weit vom Hauptstrand entfernte, 1 km lange Pearl Beach konnte seine Beschaulichkeit bewahren, weil er von Felsen und Steinen statt verlockenden Sandmassen geprägt wird.

## ÜBERNACHTUNG

Obwohl – oder besser: weil – es keinen Sandstrand gibt, finden sich hier überraschend schöne Bungalowanlagen. Wer sich darin einquartiert, sollte ein Moped mieten. Karte S. 598

🛏 **Baan Ton Rak** ⑳, ☎ 090-930 8177, 🖥 www.baan-ton-rak.com. Beliebtes Boutiqueresort – familiär geführt von Heinz und Anja von Beek as Rheine. 7 ganz unterschiedliche Zimmer umrahmen das mit allerlei Reliefs und Skulpturen sowie einem lauschigen Bodenkissen-Pavillon geschmückte Herz der Anlage. Frühstück bis 12 Uhr. ❹ – ❺

🛏 **Keereeta Resort** ㉑, ☎ 039-551 304-5, 🖥 www.keereetaresort.com. Obwohl dieses Boutiqueresort 200 m vom Strand bzw. direkt an der Ringstraße liegt, präsentiert es sich als einzigartige Oase der Romantik, Ruhe und Nostalgie. Die bezahlbaren, stilvoll gestalteten 18 Zimmer gruppieren sich um einen lauschigen Innenhof mit Pool und Salas. ❺ – ❻

---

### Per Moped auf Baywatch

Jeden Tag zu den besten Badestellen der Insel – das lässt sich natürlich am besten per Miet-Moped realisieren. Der schönste Abschnitt des **White Sand Beach** erstreckt sich am gleichnamigen Bungalowresort. Wer den **Klong Prao Beach** ansteuern möchte, sollte im Bereich des Flora I Talay ins Meer steigen – auch wenn die beiden urigen Bambus-Restaurants und die noch bis 2014 reichlich vorhandene Begrünung bis auf die Bäume abgeräumt wurden. Die letzten 50 m herrlich originären Strandgrüns und ein Höchstmaß an Einsamkeit finden sich etwas weiter südlich, in der Nähe des KP Huts. Von hier bieten sich ausgedehnte Spaziergänge an – zum schönen Panvimarn Resort oder sogar bis zur Mündung der **Klong Prao Lagune**. In stets freakiger Gesellschaft befindet sich, wer am sandigen Abschnitt des **Lonely Beach** bzw. am Nature Resort baden geht. Im Süden zählt der **Bailan Beach** im Bereich des Restaurants Lisca Beach zu den letzten Möglichkeiten für ungetrübten Badespaß.

---

€ **M&O Resort** ⑱, Stichstraße/Bergseite, ☎ 081-854 8371, 🖥 www.mokohchang. com. Welch profaner Name für ein so originelles Resort. 19 schöne Zimmer mit viel Holz, besonders verlockend ist das Treehouse für 1900 Baht. In der Nachbarschaft finden sich einige kleine, teilweise noch günstigere Unterkünfte. ❸ – ❹

**Penny's Bungalow Resort** ㉒, ☎ 039-551 122, 🖥 www.penny-thailand.com. Das beliebte, professionell betriebene Resort eines Oberbayern bietet 28 wohnliche Komfortzimmer und ein relaxtes Ambiente. Schöner Pool im Herzen der Anlage, lauschige Sitzecken direkt am Naturstrand mit Felsen. ❹

**Remark Cottage** ⑲, ☎ 039-551 261, 🖥 www. remarkcottage.com. Zweifellos eines der inselweit schönsten Resorts – idyllisch durchgestylt bis zum Dschungel-Pool. 15 behagliche Bungalows aus Naturmaterialien in herrlichem Tropengarten, aber natürlich auch Mücken. ❺

---

## ESSEN

Für alle, die zum Schlemmen nicht an den Hauptstrand fahren wollen:

**Saffron on the Sea**, ☎ 039-551 253, 🖥 auf Facebook. In der gleichnamigen Anlage direkt am Meer gelegen, gilt es als das beste Restaurant der Region. ⏲ 7–22.30 Uhr.

**Sunrise**, gleich neben dem Hauptpost, ☎ 081-000 6430. Einfaches Restaurant, aber herzhafte einheimische und deutsche Hausmannskost von Mrs. Phairoa Lenner. ⏲ 10–23 Uhr.

## Klong Prao Beach – Chai Chet

Mit fast 6 km ist er nicht nur der längste, sondern für viele auch der reizvollste Strand Ko Changs. Eine felsige Landzunge, zwei malerische Lagunen und ein dichter Palmenbestand lassen den ganz flach in das Meer führenden Klong Prao Beach (bis auf die zunehmende Erosion am Nordende) als gute Laune der Natur erscheinen. Im nördlichen Bereich bis zur Mündung der Klong Prao-Lagune wird er auch gern **Chai Chet** (Chae Chet) genannt, im südlichen sind die meisten namhaften Luxusresorts Ko Changs aus dem Sand gewachsen. Dazu passen jedoch nicht die leidig-lästigen Sandfliegen, die hier besonders gern ihr Unwesen treiben und den Strandgenuss nachhaltig beeinträchtigen können. Das Hinterland erstreckt sich flach und bis zu einer Breite von 2 km, sodass hier noch viel Platz für Entwicklung und auch schon ein kleiner, privater Grasbahn-Flugplatz angelegt worden ist. In den Bergen verbirgt sich der **Nam Tok Klong Plu**, Zutritt 200 Baht. Er ist über einen Dschungelpfad in rund 20 Min. zu erreichen und der wohl eindrucksvollste Wasserfall der Insel. Mit seinen 22 m Höhe füllt er sogar in der Trockenzeit seine Felsbadewannen. An der Zufahrt haben sich etliche Touristenspots angesiedelt.

## ÜBERNACHTUNG

Zwischen den großen Luxusherbergen für Pauschalurlauber wie dem **Emerald Cove**, **Centara Tropicana**, **Koh Chang Resort**, **Koh Chang Paradise**, **Ramayana**, **Barali** oder **The Dewa** finden sich durchaus attraktive Resorts für Individualreisende sowie sogar noch 2 Resorts mit Bambushütten-Nostalgie. Karte S. 603

### Untere Preisklasse

**KP Huts** ⑭, ✆ 084-077 5995, ✉ kp_huts 2599@hotmail.com. Weitläufige, originäre Anlage mit vielen Palmen und schilfgedeckten Bambusbungalows, die an die Pionierzeit der Insel erinnern. 33 Zimmer, einige ohne eigenes Bad, andere mit AC – und 7 in illustren Baumhäusern direkt am Strand. ❷ – ❸

**Tiger Hut** ⑬, ✆ 084-109 9660, ✉ tiger hutkohchang@gmail.com. Wirkt etwas schäbig für die exzellente Lage: Nostalgie mit 36 preiswerten, profanen bzw. braun getünchten Schilfdach-Bungalows, davon 6 mit Gemeinschaftsbad für 300 Baht – und ein gutes Drittel direkt am herrlichen Strand, wo auch eine bestens platzierte Restaurant-Plattform lockt. ❶ – ❷

### Mittlere Preisklasse

**Magic Resort** ⑮, ✆ 039-557 074, 🖥 www. magickohchang.com. Ganz am Südende mit Stelzenrestaurant im Meer und Blick über die Bucht: 70 Bungalows in einem eigenwilligen Mischstil verteilen sich in einer weitläufigen Gartenanlage. Nett für Reisende mit Kindern. ❹

An der Klong Prao-Lagune finden sich mehrere kleine Unterkünfte als idyllische Mischung aus Boutique und Homestay. Das den Restaurant Phu Talay angegliederte, stimmungsvolle **Baan Talay** ⑧, ✆ 081-863 9213, ✉ phutalay@gmail.com, lockt mit 6 günstigen AC-Zimmern ❹.
Nicht weit entfernt bietet das orangefarbene **Sapparot** ⑤, ✆ 082-070 8523, 🖥 www.sappa rotbungalows.com, 3 neue geräumige AC-Zimmer mit schönen Bädern, ❹.
Im benachbarten **Möleys Gh.** ⑦, ✆ 088-648 8901, 🖥 auf Facebook, gibt es 4 ganz unterschiedliche, komfortable AC-Zimmer (Nr. 3 als Riverfront) und ein lauschiges Restaurant mit Wagenrad-Garnituren, ❸ – ❹.
Am gegenüberliegenden Ufer sticht das **Keereeta Lagoon** ⑩, ✆ 039-551 304, 🖥 auf Facebook, ins Auge – eine Art Designerresort mit 5 Zimmern und einem illustren Interieur aus Weiß und Farbenfroh, ❻ – ❼.
Im benachbarten **Baan Rim Nam** ⑪, ✆ 087-005 8575, 🖥 www.iamkohchang.com, bietet der Brite Ian – Betreiber einer ultimativen Insider-Homepage über Ko Chang – 5 ebenfalls malerisch gelegene, trotz ihrer Schlichtheit stets begeistert bewertete Zimmer, ❸ – ❹.

**Thai Garden Hill Resort** ①, Ringstraße/ Bergseite, ✆ 039-551 573-4, 🖥 www. kohchangthaigardenhill.com. Schöne Anlage mit preiswerten 46 Zimmern in 2-stöckigen Bungalows im Thai-Bali-Stil, die über Balkone oder Terrassen verfügen. Einladender Pool. ❹

### Obere Preisklasse

**Aana Resort** ⑨, ✆ 039-551 539, 🖥 www. aanaresort.com. Herrliches, tropisch begrüntes Boutiqueresort am Klong. 29 Zimmer in extravaganten Luxusvillen und 42 in einem Seitenflügel sowie 2 Pools. Die Deluxe-Kategorie fällt günstiger aus als gedacht. Ab ❺

**Chai Chet Resort** ②, ✆ 039-551 070-2, 🖥 www. chaichetresort.com. Verteilt sich als weitläufige, professionell gemanagte Anlage in mehreren Gebäuden mit insgesamt 146 Zimmern ab

2000 Baht und faszinierenden Ausblicken auf dem gleichnamigen Felsvorsprung am Nordende der Bucht, am dort einmündenden, mit den hier liegenden Schiffen beschaulichen Klong sowie auch am Sandstrand. Schöner Pool mit Blick auf Bergkulissen, Verleih von Kajaks. ❺–❻

**Coconut Beach Resort** ③, ☎ 039-551 273, 🖳 www.coconut-kohchang.com. Am Nordende der Bucht mit indischer Schnörkel-Architektur. 100 Zimmer, davon 33 in 2 Neubauflügeln, und 2 Pools. Romantische Möglichkeit zum Abendessen am Strand. ❹ und ❼

🧳 **Flora I Talay** ④, ☎ 039-551 747, 🖳 auf Facebook. Seit 2012 in bestechender, eigenwilliger Architektur aus lehmfarbenen, schilfbedeckten Bauten. 41 Zimmer in den Kategorien Beach Front (6 großzügig verglaste Bungalows), Sea View, Garden View und Back Garden. Tolle Plattform-Liegen an einem wunderschönen Strandabschnitt mit Baumriesen. Gleicher Besitzer wie beim Nature Beach Resort, 27 weitere Bungalows geplant. ❺–❻

**Klong Prao Resort** ⑥, ☎ 039-551 115-6, 🖳 www.klongpraoresort.com. In der Mitte des Strands und mit 126 Zimmern mitten in die gleichnamige Lagune gebaut. Lang etabliertes, etwas überteuertes Resort mit allem, was dazugehört. ❺–❻

🧳 **Panviman Resort** ⑫, ☎ 039-619 040-5, 🖳 www.panviman.com. Teuer, aber professionell und eine der inselweit stilvollsten Anlagen mit 50 gediegenen, teilweise direkten Poolzugang bietenden Zimmern in tempelartigen Pavillons für 7000 und 10 000 Baht (im Internet oder als Walk-in oft schon ab 3500 Baht), umrahmt von einem herrlichen Tropengarten und 3 paradiesisch angelegten Lagunen-Pools. Nette Besitzer-Familie, Sohn Diau betreibt das Restaurant **Baanta** vorn an der Ringstraße, ⊙ 11–24 Uhr. ❽

## ESSEN

Von besonderem Reiz sind die Seafood-Restaurants am Klong, zu denen man von der Hauptstraße über die Soi Vorvan gelangt.

🧳 **Cheap Thrills**, Ringstraße, ☎ 089-998 8361, 🖳 cheapthrillsmusic.blogspot.com. Der 36-jährige Berliner Aussteiger Sebastian

lockt mit selbst gebackenem Brot und Baguette oder Cocktails für 100–200 Baht – wie den kreativen *Strawberry Cheap Bitch*. Illustre Wandgemälde und bis zu 5x wöchentl. ab 21 Uhr Livemusik. Es gibt 3 einfache Zimmer und vielleicht auch schon den geplanten Schlafsaal mit 6 Doppelstockbetten für 150 Baht p. P. ⊙ 8–1 Uhr.

€ **Chamnan(trakul)**, Ringstraße, ☎ 089-689 2944. Neu und gleich neben der Crust Bakery mit Außen- und AC-Bereich. Khun Tuerd kocht leckere Hausmannskost in großen Portionen – und besonders günstig (auch Seafood-Gerichte): Fast alles kostet 50 Baht, einiges 80 und weniges 120 Baht, Steaks mit Pommes und Salat liegen bei 139 und 159 Baht. ⊙ 10–22 Uhr.

**Crust Bakery**, Ringstraße, ☎ 084-779 6889, 🖳 auf Facebook. Gegenüber dem Tempel bietet der Amerikaner Barry Panzer ein kleines Schlaraffenland mit Backwaren aller Art, Frühstück, Eiscreme und Kaffeespezialitäten aus der Maschine für 30–60 Baht. ⊙ 6–18 Uhr.

**Iyara Seafood**, Klong Prao-Lagune, ☎ 039-551 353, 🖳 www.iyaragroup.com. Lange etabliertes, professionelles Seafood-Restaurant mit Souvenir-Boutique – in einem Holzbau idyllisch am Wasser, neuerdings mit Obergeschoss. Gratis-Transfer für Gäste. ⊙ 10–22 Uhr.

**M & D**, Ringstraße, ☎ 080-827 5714. Keine Tischdecken, aber dennoch mit gehobenem Niveau – auch von den Preisen her. Der Berliner Michael und seine Frau Duan bieten eine kreative Küche inkl. des beliebten Hot-Pot-Gerichts Mukata sowie Cocktails. ⊙ 11–23 Uhr.

**Nid's Kitchen**, Ringstraße, ☎ 082-207 5692. Oft gelobter und auch kritisierter Spot, aber der entsprechend spannende Eindrücke verspricht. Jede Menge urige Dekoration, Rasta-Man Bob, seine Frau Ice sowie Sohn Boss und Tochter Beauty sorgen für unverwechselbares Ambiente. Unbedingt mal den Barracuda mit Knoblauch und Pfeffer probieren. ⊙ 18–24 Uhr.

🧳 **Phu Talay Seafood**, Klong Prao-Lagune, ☎ 039-551 300. In diesem weiß-blauen Restaurant in einem ehemaligen Fischerhaus mit Terrasse zur Lagune lässt es sich besonders romantisch und authentisch speisen. Der nette Besitzer Khun Seri und sein Team sind überaus freundlich, die meisten Gerichte mit 150, 250 oder 350 Baht bepreist. ⊙ 10–22 Uhr.

DIE OSTKÜSTE

**Klong Prao – Chai Chet / Kai Bae Beach**

N    0    1 km

**■ ÜBERNACHTUNG**

**KLONG PRAO BEACH**
1. Thai Garden Hill Resort
2. Chai Chet Resort
3. Coconut Beach Resort
4. Flora I Talay
5. Sapparot
6. Klong Prao Resort
7. Möleys Gh.
8. Baan Talay
9. Aana Resort
10. Keereeta Lagoon
11. Baan Rim Nam
12. Panviman Resort
13. Tiger Hut
14. KP Huts
15. Magic Resort

**KAI BAE BEACH**
16. Awa Resort
17. Koh Chang Cliff Beach Resort
18. Coral Resort
19. Garden Resort
20. Paradise Bungalows
21. Sea Breeze Bungalows
22. K.B. Resort
23. Porn's Bungalow
24. Sea View Resort & Spa

**■ ESSEN**

**KLONG PRAO BEACH**
1. Iyara Seafood
2. Phu Talay Seafood
3. Baanta
4. Chamnan(trakul)
5. Crust Bakery
6. Nid's Kitchen
7. M & D
8. Cheap Thrills

**KAI BAE BEACH**
9. O2 Food & Drink
10. Ziva
11. Filou
12. Lighthouse Restaurant

**■ SONSTIGES**

**KLONG PRAO BEACH**
1. Bodiwork Spa
2. VJ Plaza
3. Scandinavian Chang Diving Center
4. Ban Kon Chang
5. Koh Chang Thai Cooking School
6. Pu Moon (Großvater Mond)
7. Ban Chang Thai
8. Eco Divers
9. Bodiwork Spa (Hauptsitz)
10. Ka-Ti Culinary
11. Chang Chutiman
12. Blue Lagoon Cooking School
13. Koh Chang Dental Clinic (KCDC)
14. KayakChang.com
15. Dolphin Divers

**KAI BAE BEACH**
16. Kon Tiki
17. Kai Bae Meechai Elephant Camp

**DIE OSTKÜSTE**

## Kai Bae Beach (Hat Kai Bae)

Mit dichtem Dschungel, überhängenden Palmen, stattlichen Laubbäumen und den malerisch vorgelagerten Inseln Ko Yuak, Ko Pli, Ko Man Nok und Ko Man Nai gilt der Kai Bae Beach als naturbelassenster Strand Ko Changs. Fast 2,5 km lang, gliedert er sich in drei Abschnitte. Während der Flut allerdings bleibt an vielen Stellen kaum noch Sandstrand übrig, und bei Ebbe zieht sich das Meer bis zu 200 m weit zurück. Für unbeschwerte Badefreuden eignet er sich eigentlich nur im südlichen Abschnitt – zwischen dem Pier (Kai Bae Hut) und dem Siam View Resort. Im Bereich der Ringstraße florieren, auch in der Nebensaison, buntes Geschäftsleben und Gastronomiebetriebe aller Art, was bei abendlicher Beleuchtung entsprechende Wirkung entfaltet. In der Saison kommt es hier sogar zu Staus, weil der Verkehr durch die verengte Hauptschlagader pulsieren muss. Wohl nicht zuletzt deshalb erfreut sich die neue, in einem Bogen zur Ringstraße angelegte Fußgängerzone einer gewissen Beliebtheit. Am südlichen Ende der Bucht geht es zum schönsten Aussichtspunkt der Westküste und zum neuen Lighthouse (Kasten S. 597).

### ÜBERNACHTUNG

#### Untere Preisklasse

**Paradise Bungalows** ⑳, ☏ 039-557 311, 🖥 www.paradisebungalows.net. Beidseits der Straße als gepflegte Anlage mit

31 Zimmern, davon 8 mit Ventilator – und 20 als ockerfarbene Bungalows an einem Hügel.

**❷–❹** Das benachbarte, einst dazugehörige **Sea Breeze Bungalows** ㉑, ✆ 039-557 151-2, 🖥 www.seabreezebungalows.com, bietet weitere, Wohlfühlzimmer mit AC und großen Fenstern in einem Block oder als Bungalows. **❹–❺** **Porn's Bungalow** ㉓, ✆ 084-143 1807, 080-613 9266, 084-982 7343, 🖥 www.pornsbungalows-kohchang.com. Zwischen herrlichen Baumriesen am Meer mit 2 Rezeptionen und 17 bzw. 20 einfachen Ventilator-Bungalows aus Naturmaterialien. Das urige Restaurant mit seinen Plattformen ist das wohl originellste Holzbauwerk der Insel. **❸–❹**

### Mittlere Preisklasse

**Coral Resort** ⑱, ✆ 039-557 136, 🖥 www.kohchangcoralresort.com. Eindrucksvoll auf einer schmalen Landzunge gelegen. 38 gute, bezahlbare Zimmer in originellen Bungalows sowie ein Pool mit Panoramablick. **❹–❺**

🧳 **Garden Resort** ⑲, ✆ 086-145 9500, 🖥 www.gardenresortkohchang.com. Ein gutes Beispiel, dass man sich auch jenseits des Strands wohlfühlen kann. Der Holländer Mr. Mause lockt mit 20 wohnlichen Komfortbungalows in eine üppiger Gartenanlage samt schickem, dunkelblauem Salzwasserpool und der neuen Garden Backstage Bar an der Zufahrt. **❺**

🧳 **K.B. Resort** ㉒, ✆ 039-557 125, 🖥 www.kbresort.com. Schon der originelle Hotelprospekt verspricht ein besonderes Resort. 12 Bungalows mit Ventilator sowie 20 Komfortzimmer und eine schicke Rezeption im modernen Neubau-Flügel. **❹–❺**

### Obere Preisklasse

**Awa Resort** ⑯, ✆ 039-510 76-6, 🖥 www.awakohchang.com. Seit Ende 2014 als Ko Changs interessantester Architektur-Spot bzw. mit viel Kunst am Bau. 119 geräumige Zimmer in 5 Kategorien mit atemberaubendem Foyer und 70-m-Pool – vom Besitzer des The Dewa. **❻**

**Koh Chang Cliff Beach Resort** ⑰, ✆ 081-966 3370, 🖥 www.kccbresort.com. Schön, aber nicht billig. 60 Zimmer verteilen sich über einen Felshang, in der schönen Gartenanlage

oder am Strand. Schöner Inselblick und Kajakverleih. Ab **❺**

**Sea View Resort & Spa** ㉔, ✆ 039-552 888, 🖥 www.seaviewkohchang.com. Lange etabliert als eines der innovativsten Hotels – mit 157 Zimmern in einem imposanten Haupttrakt und Bungalows. Zur Anlage gehören 2 Pools, eine vollautomatische Standseilbahn und ein 4-geschossiges, aus Stahlträgern, Treppen und Plattformen errichtetes Lighthouse als Restaurant. Herrliche Einbettung durch Berghänge und die vorgelagerten Inselchen. **❼–❽**

### ESSEN

An der Ringstraße wimmelt es nur so von verlockenden Restaurants. Viele haben ein allabendliches Grillbuffet.

🧳 **Filou**, ✆ 087-483 7604, 🖥 www.filou.asia. Einladend durchgestylter Spot – auch für Familien –, in dem es sogar in der tiefsten Nebensaison voll wird: Der Bamberger Profi-Gastronom Stefan, der mit Nachnamen tatsächlich „Filou" heißt, lockt tgl. mit einer originellen Themennacht bzw. unglaublichen Angeboten wie Cocktail-Buckets für 99 Baht oder 1 l Singha-Fassbier für 159 Baht. Auch die „7-er"-Speisekarten haben es in sich. Billardtische und gute Musik. ⏱ 17–2 Uhr.

**O2 Food & Drink**, ✆ 039-557 321. Günstiges Restaurant mit gemütlichem Holzmobiliar. Thailändische und westliche Gerichte, gute Musik. ⏱ 10–14 und 17–24 Uhr.

**Ziva**, ✆ 087-801 6159, 🖥 www.zivarestaurant.com. In der Oase ihres idyllischen Garten-Restaurants bietet die Mailänderin Fernanda unter 2 großen Bäumen u. a. 26 Pasta-Gerichte und 12 Desserts. ⏱ 17–23 Uhr.

## Lonely Beach (Thanam Beach)

Wer diesen 1 km langen Strand noch aus Urzeiten kennt, mag sich an der ersten Luxusherberge, den neuen Maßschneider-Geschäften oder Döner-Ständen im szenigen Palmenwald-Quartier stören – und auch das legendäre Tree House gibt es längst nicht mehr … Dennoch hat sich hier ein faszinierendes, internationales Traveller-Flair erhalten – durchsetzt von den billigsten Unterkünften der Insel, originellen, günstigen Restaurants (die auch oft über einige Zimmer verfügen), angesagten, luftigen Nachtclubs und verblüffend zahlreichen, geschäftigen Tattoo-Studios. All dies an dem von Geröll und Mangroven geprägten Küstenabschnitt, aber nicht im nördlichen Teil, wo sich der Lonely Beach mit gelbem Sand präsentiert. Im Hinterland verläuft die Ringstraße steil und kurvenreich durch die herrlich sprießende Natur.

Wer nur mal als Besucher vorbeischauen möchte, sollte nach Sonnenuntergang durch das Palmenwald-Quartier – die dortigen Straßen sind neuerdings mit Soi Tiang Chai 1 und 2 benannt – streifen, in einem der stimmungsvollen Holzterrassen-Restaurants am Meer einkehren oder eine der Strandpartys besuchen, mit denen sich die Resorts und Szene-Schuppen täglich abwechseln.

### ÜBERNACHTUNG

Neben neuen Luxusresorts finden sich hier auch einige Unterkünfte für 200–300 Baht sowie neuerdings sogar auch ein Hostel. Sie liegen direkt am Strand, im Palmenwald-Quartier oder beidseits der Ringstraße.

### Untere Preisklasse

**Café del Sunshine** ⑧, ☎ 085-677 3993. In dem beliebten, stilvoll und behaglich eingerichteten Holzhaus des beliebten Ehepaars Mr. Aon und Mrs. A gibt es nicht nur günstige Küche und gute Infos, ⏰ 7–24 Uhr, sondern auch 9 Zimmer für 500 und 700 Baht (AC). ❶–❷

**Magic Garden** ⑩, Ringstraße, ☎ 083-756 8827, 🖥 www.magicgardenresort. com. Diese urige Anlage empfiehlt sich allein schon wegen ihres Hip(pie)-Restaurants mit mehreren gemütlichen Holzplattformen, stimmungsvoller Beleuchtung und stets gut aufgelegtem Sound. Zudem bietet der 41-jährige Holländer Matt 18 Zimmer in schilfgedeckten, teilweise 2-stöckigen Bambushütten, 5 weitere mit AC geplant. ❶–❷

**€** **Seaflower Resort** ④, ☎ 082-213 1100, 🖃 uthai.s5567@gmail.com. 44 preiswerte, schnuckelige Bungalows, davon 28 mit AC und großen Glas-Schiebetüren, 13 mit

Meeresblick und 11 mit Dachterrassen. Minimarkt und kleines Restaurant. Das ausschließlich kambodschanische Personal ist auf Draht. ❶–❸

**Siam Hut** ②, ☎ 086-609 7772, 🖥 www.siam hutkohchang.com. Locker geführte, etwas abgewirtschaftet wirkende Backpacker-Absteige, aber seit 2014 immerhin mit Pool. 90 Zimmer mit AC, Holzterrassen-Restaurant am Meer, ab 18 Uhr allabendliches BBQ und jeden Fr Party. ❶–❷

**Sunset Huts** ⑤, ☎ 092-641 0316, 🖃 sunsethuts. resort@gmail.com. 27 Bungalows mit AC. Das angesagte Holzterrassen-Restaurant mit Bodenkissen am Meer und allabendlicher Livemusik erinnert von Stil und Stimmung her an das verlustig gegangene Treehouse, ⏰ 7–24 Uhr. ❸

**The Sunflower** ③, ☎ 084-021 5333, 🖥 www. the-sunflower.com. Beliebter Traveller-Spot mit 10 AC-Bungalows sowie 16 aus Holz bzw. mit Ventilatoren. Zur Anlage gehören ein beliebtes Restaurant und ein Minimarkt. ⏰ 7–22 Uhr. ❷–❸

**€** **Ting Tong Bungalows** ⑦, ☎ 081-949 7442. Lauschige Anlage mit 7 einfachen, aber leider nicht immer ganz sauberen Bungalows um einen kleinen Innenhof mit Teich sowie 20 Zimmern mit Fenstern, Ventilator und Gemeinschaftsbad für sagenhafte 200 Baht. ❶

### Mittlere Preisklasse

**€** **KLKL Hostel** ⑥, ☎ 083-088 3808, 🖥 auf Facebook. Ob sich der Name durch die Abkürzung für „cool cool" erklärt oder das thailändische „Kalohk Kala", das soviel bedeutet wie Unsinn: Das erste Hostel am Ort ist spartanisch, aber wohnlich und beliebt. 41 Zimmer, davon 3 als AC und 2 als Schlafsaal mit je 3 Betten (350 Baht). Grünanlage mit Pool. ❶–❹

**Nature Beach Resort** ①, ☎ 039-558 025, 081-803 8933, 🖃 nature_kohchang@hotmail. com. Insider-Spot bzw. besonders beliebt bei Travellern, die Partystimmung lieben. 50 freakige Bambushütten unter Palmen (die mit AC leider zum vierfachen Preis) sowie 15 Zimmer in einem Neubauflügel. Aus dem schönen Strandrestaurant, ⏰ 7.30–22 Uhr, dringen spätestens ab 17 Uhr verstärkt heiße Rhythmen, auch die hoteleigene Nature Bar, ⏲ 17–2 Uhr, erfreut sich gesteigerter Beliebtheit. Vermietung von Kajaks für 80 Baht pro Std. ❷ und ❺

**Obere Preisklasse**
**Warapura Resort** ⑨, ✆ 039-558 123, 🖥 auf Facebook. Seit 2008 als originelles Luxus-Resort im ultimativen Traveller-Bereich bzw. direkt am Meer, aber ohne Bademöglichkeit. 20 ungewöhnliche, großzügig verglaste Bungalows unter einem einsamen Urwaldriesen. Hat durch die Neugestaltung von Foyer, Rezeption und Coffeeshop in 2015 sehr gewonnen. ❺–❻

## ESSEN

Viele der angesagten Szene-Schuppen im Palmenwald-Viertel bieten eine Happy Hour oder haben sogar rund um die Uhr geöffnet. **Himmel Cocktail Bar**, Soi Tiang Chai 1, ✆ 082-752 6591. Mit Holzplattform, Sitzkissen und Schischas zum Abhängen, zuweilen auch Livemusik und Disco. Es gibt z. B. Himmel-Cocktails 120 Baht, Buckets 200–250 Baht – oder sogar auch 20 Ventilatoren-Zimmer zu 250 Baht. ⏲ 14–4 Uhr.

🧳 **Joy Cottage**, Ringstraße, ✆ 087-028 0796. Khun Dam lockt mit guter Laune, rustikalem Ambiente und meist auch Livemusik. Leckere Thai-Kost für 50–80 Baht, hauseigene Pizzas ab 170 Baht sowie große, gut gemixte und nett dekorierte Cocktails für 130 Baht. ⏲ 9–24 Uhr.
**Stone Free**, zwischen Soi Tiang Chai 1 und 2, ✆ 085-430 9030. Der Name ist Programm, denn hier ist (fast) alles aus Treibholz. Der freakige Mr. Mam und seine Frau Ning bieten ein urgemütliches Ambiente, günstiges Essen und coole Drinks, meist auch Livemusik. Es gibt sogar 2 Eingänge sowie wohl bald auch eine Galerie und einen Coffeeshop. ⏲ 8–1 Uhr.

🧳 **Ting Tong Bar**, Soi Tiang Chai 1, ✆ 039-696 655, 🖥 auf Facebook. Angesagt – sogar in der Nebensaison. Der agile Mr. Kachaen weiß, was Traveller lieben, wie auch seine neuen Robinson-Resorts am Klong Kloi Beach und Wai Check-Beach beweisen. Szeniges Restaurant mit Bar, Sport-TV im Großformat, Internetplätzen und günstigen Zimmern (s. o.). Thai-Kost und Cocktail-Buckets, Live-

musik von 19–23 Uhr oder auch mal Star-DJ Nakadia zu Gast. ⏲ 24 Std.

## Bailan Beach

Der sich südlich anschließende Strand wurde früher nur als Verlängerung des Lonely Beach betrachtet. Mittlerweile hat er sich durch seine Baumhausresorts an bewaldeten Hängen ein eigenes Profil zugelegt. Auch die Küste ist eher etwas für Romantiker als für Badefreaks, da sie hier von Steinen und Mangroven geprägt wird und das Schwimmen sogar bei Flut schwierig bzw. nur ganz hinten beim Mercure Hotel möglich ist. Im Hinterland des Bailan Beach (Bai Lan Beach) windet sich die Ringstraße einmal mehr mit steilen Serpentinen durch den Dschungel.

## ÜBERNACHTUNG

Wer Abgeschiedenheit, Ruhe und Natur sucht, wird es hier gut aushalten.

€ **Bailan Bay Resort** ⑪, am Nordende in einem Dschungelhang, ✆ 081-782 1710. 20 wohnliche Bungalows aus Naturmaterialien, davon 7 mit AC (am schönsten Nr. 1, 2 und 3). Stelzen-Restaurant am Hang mit Ausblick auf Dschungel und Meer sowie guter Küche. ❷–❸
**Bailan Beach Resort** ⑬, ✆ 039-558 173-4, 🖥 www.bailanbeach-kohchang.com. 30 wohnliche AC-Bungalows, davon 7 direkt am Meer, sowie 14 Zimmer in einem Neubau. Die große Rasenfläche, ein schöner Pool und etliche Hängematten sorgen für Relax-Atmosphäre. ❹–❺

**Kwaimaipar Orchid Garden Resort & Spa** ⑭, ✆ 080-197 2850, 🖥 www.kwaimaiparresort. com. Angenehme Anlage mit 20 architektonisch ansprechenden AC-Bungalows in 7 Kategorien. Einladende Terrassen, Pool und Wellnesscenter. ❹–❻

🧳 **Tarzans Island** ⑮, ✆ 083-007 6977, ✉ tarzanisland@hotmail.co.th. In ihrer von viel Rasen und hohen Bäumen geprägten Gartenanlage an einem Hügel bietet Mrs. Prim 28 kleine, schöne Bungalows aus Naturmaterialien mit AC und Terrassen. Im einladenden Restaurant, ⏲ 8.30–23 Uhr, wird von 19.30–21 Uhr Livemusik zum Besten gegeben. ❸

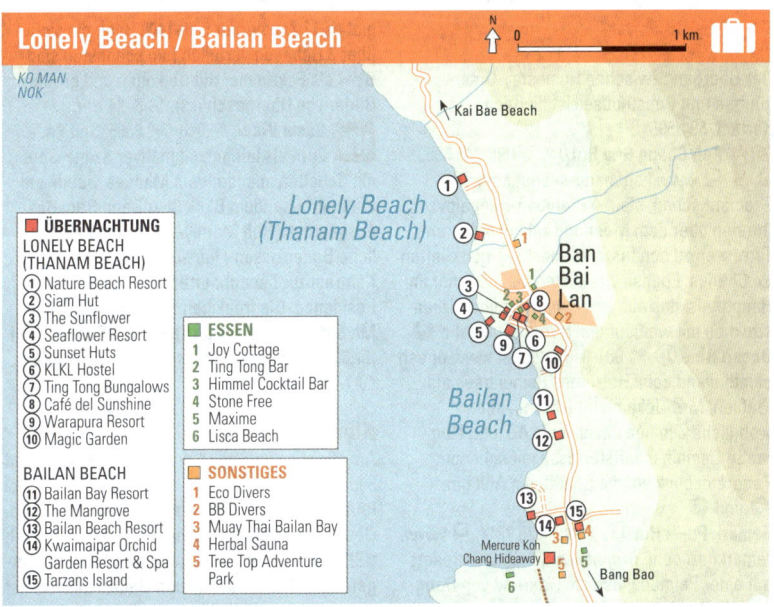

KO MAN NOK

Kai Bae Beach

Lonely Beach
(Thanam Beach)

Ban
Bai
Lan

Bailan
Beach

Mercure Koh
Chang Hideaway

Bang Bao

**■ ÜBERNACHTUNG**

**LONELY BEACH
(THANAM BEACH)**
1 Nature Beach Resort
2 Siam Hut
3 The Sunflower
4 Seaflower Resort
5 Sunset Huts
6 KLKL Hostel
7 Ting Tong Bungalows
8 Café del Sunshine
9 Warapura Resort
10 Magic Garden

**BAILAN BEACH**
11 Bailan Bay Resort
12 The Mangrove
13 Bailan Beach Resort
14 Kwaimaipar Orchid
    Garden Resort & Spa
15 Tarzans Island

**■ ESSEN**
1 Joy Cottage
2 Ting Tong Bar
3 Himmel Cocktail Bar
4 Stone Free
5 Maxime
6 Lisca Beach

**■ SONSTIGES**
1 Eco Divers
2 BB Divers
3 Muay Thai Bailan Bay
4 Herbal Sauna
5 Tree Top Adventure
  Park

**The Mangrove** ⑫, ✆ 081-845 0707, ✉ the-mangrove@mail.com. Im üppigen Dschungel-Hang zwischen Ringstraße und Meer liegen 12 rustikale Bungalows aus Naturmaterialien, doch auch das magisch lockende Holzterrassen-Restaurant macht dieses puristische Resort zu einer der stilechtesten Unterkünfte. Besitzerin ist Mrs. Ying, Tochter des Herausgebers von Thailands größter Tageszeitung *Thai Rath*. ❹

### ESSEN

**Lisca Beach**, ✆ 090-913 8732. Origineller Baywatch-Spot am sandigen Südende der Bucht. Der Italiener Silvio zaubert bis zu 50 cm lange Pizzas aus dem Ofen. ⏱ 12–22 Uhr.
**Maxime**, ✆ 084-362 6673. Mrs. Pho brutzelt einheimische Hausmannskost für 90–110 Baht, aber auch Spaghetti-Gerichte oder hervorragende Pizza. ⏱ außer So 10–22 Uhr.

### Bang Bao

Das Stelzendorf im Südwesten liegende fungiert als Haupthafen der Insel, denn von hier starten die meisten Boote zu den umliegenden Inseln und fast alle Ausflugstouren. Wer das fast 30 km vom nördlichen Fähranleger Ao Sapparot entfernte Bang Bao von früher kennt, dürfte es heute kaum wiedererkennen: Parken kostet 40 Baht und am Eingang grüßt eine 7-Eleven-Filiale, während die einstmals beschauliche Siedlung mit einem wuchtigen, neuerdings fast überdachten Betonpier in die Länge und mit teilweise arg klotzigen Homestay/Guesthouse-Unterkünften, etlichen Seafood-Restaurants (spannende Aquarien und Wasserbecken), Kneipen, Tauchschulbasen, Leder-Boutiquen und Souvenirläden in die Breite gegangen ist. Draußen im Meer wird der Pier von einem schicken, weißen Warte-Pavillon und einem Leuchtturm geziert.

Bei Ebbe läuft die halbkreisförmige Bucht, die sich aufgrund von Steinen und Schlamm kaum zum Baden anbietet, teilweise trocken. Unübersehbar aus der Südspitze Ko Changs ragt der neue, imposante Apartment-Komplex Tranquility Bay Residence, 🖳 www.tranquilitybayresidence.com, empor, der einer hochgestellten Familie aus Bangkok gehört.

DIE OSTKÜSTE

Der Übergang zwischen Homestay-Unterkünften und Guesthouses ist fließend, Karte S. 594/595.

**Koh Chang Sea Hut** ⑮, ☏ 098-345 5953, 🖥 www.kohchang-seahut.com. Die 7 romantischen, blauen Pfahlbau-Bungalows thronen über dem Meer und zählen mit ihren Terrassen zu den faszinierendsten Unterkünften Ko Changs. Ebenso viel kosten die 5 Zimmer im Haupthaus, das aus einer imposanten Holzkonstruktion mit weitläufiger Terrasse besteht. ❺

**Ocean Blue** ⑭, ☏ 081-848 4123, 🖥 www.oceanbluethailand.com. Hölzernes Reihenhaus auf Pfählen. Mrs. Joke bietet 8 kleine, aber wohnliche Zimmer, davon 3 als AC, und eine große Gemeinschaftsterrasse mit schönem Panoramablick auf die Schiffe am Anleger. ❷ und ❹

**Remark Pu-Zi Hut** ⑬, ☏ 081-926 7714, 🖥 www.remarkpuzi.com. Originelles Schilfhüttenresort auf einer Palmenwiese am Ortsrand von Bang Bao. 20 Bungalows mit Ventilator. ❶–❷

Das gastronomische Angebot wird vorwiegend von Seafood-Restaurants und zeitgemäßen Café-Boutiquen bestimmt, Karte S. 594/595.

**Bangbao Delight**, ☏ 039-558 074, 🖥 www.bangbaodelight.com. Beliebtes, ganztägiges Frühstück. Guter Kaffee, großes Tee-Angebot, frisch gepresste Säfte und Leckereien (wie die Schokokugeln) aus eigener Bäckerei. ⏰ 6.30–19 Uhr.

**Chowlay Seafood**, ☏ 039-558 118. Populärer Marktführer unter den Seafood-Restaurants in Bang Bao und ebenfalls als hölzerne Pfahlbau-Terrasse über dem Meer bzw. von einer gewissen Romantik. Frische Fische und Meeresfrüchte – professionell zubereitet. ⏰ 9.30–22 Uhr.

**El Greco**, ☏ 086-843 8417, 🖥 www.elgreco-kohchang.com. Kostas aus Rhodos und seine Thai-Frau Wi bieten auf einer Holzterrasse mit Panoramablick z. B. Pita-Gyros, gegrillte Lammhaxe oder Moussaka, aber auch frisch produzierten Joghurt, Tzatziki und Schafskäse. Zudem

gibt es 11 Zimmer für 500–1400 Baht, die sich über 3 Gebäude verteilen (am schönsten sind B1–4 als Eckzimmer mit Balkonen und großen Bädern im Obergeschoss). ⏰ 8–24 Uhr.

**Rasta View**, ☏ 080-042 8355. Seit Ende 2014 als luftiger, ultimativer Szene-Spot mit Schatten spendendem Maduea-Baum und atemberaubendem Blick über Bang Bao. Das ausgeprägte Bob Marley-Credo und beschauliche Bodenkissen-Flair stehen in illustrem Kontrast zur benachbarten Tranquility Bay Residence. Die freakigen Betreiber Mr. A und Mr. Sak bieten günstige Thai-Kost, Shakes, Bier für 60 Baht oder Cocktails für 120 und 140 Baht. ⏰ 7–24 Uhr.

## Klong Kloi Beach

Am südlichsten Strand der Insel bzw. dem rund 3 km östlich von Bang Bao liegenden Klong Kloi (auch Kloy, Koi) Beach endet die Ringstraße. Obwohl das Meerwasser hier stets reichlich trübe an den Strand schwappt und auch wegen der Riffreste kaum zum Baden einlädt, hat sich mit etwa fünf Bungalowanlagen, Restaurants und Strandbars eine ganz neue Urlauber-Szenerie entwickelt. Viel ursprüngliches Strandgrün (auch in den Resorts) sowie der Ausblick auf mehrere Inseln indes lassen sich als Plus verbuchen. Die von hier in das Landesinnere führende, weitläufige Lagune darf im Hauptbereich nur gegen ein Entgelt von 100 Baht erkundet werden. Denn hier dümpeln zu Unterkünften umgebaute Reisbarken und ein siebenstöckiges (mittlerweile ziemlich schrottreifes) Wohnschiff mit 125 Luxus-Kabinen – als Herzstück des einzigartigen **Aun Chaleena Beach Front Resort** (Grand Lagoona Resort). Tiefer in der Lagune verbirgt sich seit April 2015 ein Boutiqueresort – als ultimativer Geheimtipp für Backpacker (s. u.), aber leider auch mit entsprechenden Folgen für die hier bisher unberührte Natur!

Die meisten Unterkünfte sind für die Qualität des Strands eindeutig zu teuer, bieten aber in der Nebensaison bis zu 50 % Nachlass. Und: Wer hier eincheckt, braucht definitiv ein Moped.

## Die Ringstraße – Reiz und Risiko

Die gern zitierte „Ringstraße" trägt ihren Namen eigentlich zu Unrecht: Im Süden fehlen zwischen Bang Bao und Salakphet noch immer einige Kilometer, um den Kreis zu schließen! Der Grund wurzelt angeblich in der bergigen **Topografie**, Insider vermuten als wahre Ursache eher die Interessen von Landbesitzern. Bisher verbindet die Ringstraße u. a. alle wichtigen Strände der Westküste, die entlang der Trasse ihre Lage jeweils durch eine enorme **Verdichtung** von Geschäften, Restaurants und Service-Angeboten verraten. Andernorts wiederum reicht der dichte Dschungel noch bis an den Asphalt. Die hohen Taxipreise lassen auch viele ungeübte Touristen auf Miet-Mopeds umsteigen. Nicht zuletzt in den alpin anmutenden **Spitzkehren** zwischen Klong Son und dem White Sand Beach oder im Hinterland des Lonely Beach aber verlieren sie oft die Kontrolle. Was durchaus auch für Einheimische gilt – wie sich an der häufigen Begegnung mit Unfallstellen, Verletzten und Wracks von Lastkraftwagen, Autos oder Mopeds ablesen lässt …

Karte S. 594/595.

**Bang Bao Beach Resort** ⑪, ✆ 093-327 2788, ⌨ www.bangbaobeachresort.com. Die freundliche, gut Englisch sprechende Mrs. Jeab bietet in einer schönen Gartenanlage mit alten Strandbäumen 13 teure AC-Bungalows. ❺

**Chivapuri Beach Resort** ⑨, ✆ 081-366 8883, ⌨ www.chivapuriresort.com. Seit 2010 als stilvollste und beste Unterkunft der Region. Das Boutiqueresort bietet 22 geräumige, stilvoll ausstaffierte Zimmer in 5 Kategorien für 4000–8000 Baht und einen schönen Pool. Ab ❻

🧳 **Tree House Cottages** ⑰, ✆ 083-554 2446 (Manager Khun Arm), ✆ 081-949 7442 (Besitzer Khun Kachaen), ⌨ auf Facebook.

Erstreckt sich als einzigartiges Hideway auf einer Insel der Klong Kloi-Lagune bzw. zwischen Holzstegen und viel asiatischem Gras. 12 Bungalows mit AC, Flatscreen-TV, großen Glas-Schiebetüren und Terrassen für 1400 Baht sowie 9 wesentlich schlichtere mit Ventilator für 500 Baht. Als Herz pulsiert ein einladendes Boutique-Restaurant. Bei Anruf kostenlose Abholung vom Lonely Beach, mit Taxi 100 Baht. ❷ und ❹

**Tropical Beach Resort** ⑧, ✆ 081-822-2027, ⌨ www.kohchang-tropicalbeach.com. Abgelegenes, ruhiges Boutiqueresort aus 27 runden, empfehlenswerten Deluxe-Villen mit Strohdächern, 30 m² und gefälligem Zement-

Wasch-Design im Schatten eines Waldes. Imposante Restaurant-Konstruktion. ❹–❺

## Die Ostküste

Im Gegensatz zur Westküste ist dieser Inselteil bisher noch von Touristenmassen verschont geblieben. Grund sind vor allem die Steinstrände und Mangrovenwälder, aber sicher auch die im Süden nicht vollendete Ringstraße. So verbirgt sich im Osten noch erfreulich unverbrauchte Natur (sogar inkl. etwas roten Sandstrands), Einsamkeit und Idylle. Ein Potenzial, das immer mehr für gehaltvoll-nachhaltige Resort-Konzepte jenseits des schnelllebigen Bade-Tourismus genutzt wird!

Wenig besucht und meist nur zur Regenzeit eindrucksvoll sind die Wasserfälle **Nang Yom**, **Klong Nonsi**, Klong Nueng und Kheeri Phet (Kiri Pet). Lediglich der von der Küste mit 5 Min. Fußmarsch erreichbare **Than Mayom**, 200 Baht, genießt größere Popularität. Je höher man hinaufsteigt, desto interessanter werden die Stufen, wie die des **King Rama-Wasserfalls**. Von hier können erfahrene Trekker versuchen, sich als Tagesmarsch bis zum **Klong Plu-Wasserfall** an der Westküste durchzuschlagen. Das aber allenfalls zu dritt oder organisiert (S. 614), damit im Fall von Verletzungen oder Schlangenbissen eine Chance auf Rettung besteht.

Von den Fähranlegern kommend, liegen zunächst die kleinen Siedlungen **Sai Thong** und **Dan Mai** am Straßenrand, bevor nach 20 km **Salakhok** als eines der inselweit sechs Dörfer erreicht wird. Mit rustikalen Stegen und Stelzenbauten markiert es den Zugang zu einer Lagune, die sich durch einen der intaktesten Mangrovenwälder Thailands schlängelt. Das 1906 gegründete Salakhok scheint der einzige Ort Ko Changs zu sein, wo sich seit ewigen Zeiten rein gar nichts verändert zu haben scheint – und versteht sich wohl auch als Freilichtmuseum. Statt Supermärkten, Souvenirshops oder Szenecafés findet man hier Ursprünglichkeit und Fischerromantik, denn die 140 Bewohner lassen ihre Boote quasi direkt vor der Haustür dümpeln.

Besucher können im stillen, örtlichen Restaurant einkehren, mit Kajaks in die bizarre Welt der Mangroven vordringen oder sogar Dinner-Kreuzfahrten unternehmen (Kasten S. 612).

Wer das ausgeklügelte Ökosystem auf weniger schaukelige Weise erkunden will, kann das über einen rund 1,5 km langen, aufgestelzten Beton-Trail tun. Der Ringstraße weiter nach Süden folgend, landet man nach 4 km in **Salakphet**, wo sich einige als Pfahlbauten über dem Meer schwebende Resorts und Seafood-Restaurants finden sowie drei Marinas. Von hier starten die meisten **Segeltörns** durch den Archipel – wie auch die Holperpiste zum entlegenen **Wai Chaek Beach**.

Wer sich nach Salakhok auf die östliche Abzweigung der Ringstraße begibt, gelangt nach 25 km nach **Chaek Bae** (Chek Bae, Jek Bae) und damit zu einer Handvoll abgelegener Bungalowanlagen. Von hier führt – z. T. nur als zerfurchte Schotterpiste, aber immer wieder mit sagenhaften Ausblicken – eine 7 km lange, steile und mitten durch tiefen Dschungel geschlagene Piste zum **Long Beach** im Südostzipfel der Insel. Auf rund 400 m flach in das Meer führend, präsentiert er sich als für westliche Besucher wichtigster Anlaufpunkt der Ostküste. Dennoch ist den kleinen Anlagen, die sich hier bisher versucht haben, keinerlei Erfolg beschieden gewesen … Das dürfte vorwiegend in der Tatsache wurzeln, dass die Strecke hierhin sogar in der Trockenzeit schlecht zu befahren ist. Sie endet nicht weit vom Long Beach am sog. **Dead End** bzw. mit herrlichem Blick auf **Ko Ngam**. Die mit einer palmenreichen Sandbank verbundene, an die Silhouette von Ko Phi Phi erinnernde Doppelinsel ist in Privatbesitz und mit einem eigenwilligen Bungalowresort bebaut, das aber nur zeitweilig für Tourgruppen aus Bangkok in Betrieb ist. Leider fällt der Blick in diesem entlegenen Zipfel immer wieder auf das hier mit massiven Stelzenbungalows mitten in die herrliche Natur gestampfte **Tan Ta Wan Resort**.

Reichlich unwürdig wirkt auch das verwahrloste **Ko Chang Naval Battle Memorial**, das an die große Seeschlacht vom Januar 1941 erinnern soll (s. **eXTra [2876]**). Die Franzosen hatten hier drei thailändische Kriegsschiffe versenkt, die allerdings keine Taucherziele darstellen: Zwar liegen die Wracks der Torpedoboote HTMS Chonburi und HTMS Songkhla nur etwa 200 m von der Insel, doch beträgt die Sicht in den schlammigen Fluten meist nur wenige Zentimeter.

## ÜBERNACHTUNG

Die wenigen Unterkünfte der Ostküste verteilen sich noch einsam in der weiten Landschaft und werden meist nur am Wochenende frequentiert. An Werktagen sind sie oft erheblich günstiger. Transfers zum Long Beach müssen meist individuell arrangiert werden. Karte S. 594/595
**Amber Sands** ①, nahe Center Point Anleger, ☎ 039-586 177, 🖥 www.ambersands beachresort.com. Reizvolles, gepflegtes Boutiqueresort eines Ehepaars aus Südafrika. Die 8 stilvollen Chalets und der schöne Pool verteilen sich in einer bunt sprießenden Gartenanlage, die wunderbar zum Relaxen lockt, aber weniger zum Baden im Meer.
**❺–❻**

**€ Ed The Souk Resort** ②, ☎ 081-553 3194, 🖥 www.thesoukkohchang.com. Liegt wie das benachbarte Amber Sands an einem Streifen überraschend rötlichen Sandstrands – als relaxtes, günstiges Boutiqueresort aus 7 weißen, schilfgedeckten Rundbungalows, 5 davon mit AC – unter der freundlichen Leitung von Mr. Eddy. **❸–❹**
**Island View Resort & Spa** ⑥, Salakphet, ☎ 085-963 5130, 🖥 www.islandviewresort-kohchang.com. Gegründet von Dieter Düsterdiek und besonders beliebt bei Seglern. Denn von den 9 Zimmern am Ende eines 100 m langen Privatpiers können die Gäste direkt an Bord ihrer Jachten oder Kajaks gehen oder nun auch zum angesagten Stehpaddeln starten. An einem Hügel indes liegen einige Wohlfühl-Apartments mit Infinity-Pool. **❹**
**Salakphet Resort & Spa** ⑤, Salakphet, ☎ 081-429 9983, 🖥 auf Facebook. Eindrucksvolles, weitläufiges Boutiqueresort aus Naturmaterialien, das auf Pfählen komplett über dem Meer thront. 20 behagliche, teilweise sehr großzügig verglaste AC-Zimmer. **❹–❼**
 **The Mangrove Hideaway** ④, Salakphet, ☎ 080-133 6600, 🖥 www.themangrovehideaway.com. Naturnahes, stilsicheres Boutiqueresort mit 10 herrlichen Wohlfühlzimmern der Kategorien Duplex, Gallery, Garden und Terrace. Zum Konzept zählen gut klingende soziale und ökologische Projekte. **❺–❻**

**The Spa Koh Chang Resort** ③, bei Salakhok, ☎ 083-115 6566, 🖥 www.thespakohchang.com. Schönstes Resort der Ostküste, das rundherum Idylle, Ruhe und Gesundheit verspricht. 26 Zimmer in naturnahen Holzbauten – umrahmt von einer herrlichen Gartenanlage mit Pool. Professionell geführt, umfassendes Umwelt- und Sozialkonzept. **❺–❻**

### Long Beach
**Long Beach Resort (Tree House)** ⑱, ☎ 087-979 4572 (Khun Joe), 086-014 1382. Der freundliche, gut Englisch sprechende Khun Joe und seine Frau haben 2014 das verfallende Tree House übernommen und führen es nun (in der Saison) gemeinsam mit ihrem kleinen Long Beach Resort, das weiter oben am Berg liegt. 25 einfache Bungalows aus Naturmaterialien und ohne Ventilator für 300 Baht, im hinteren Bereich 200 Baht. Im szenischen Restaurant gibt es Frühstück und Thai-Küche, ⏱ 7–16 und 18–21 Uhr. Transport: tgl. 9, 11 und 15 Uhr für 100 Baht von der Fähre bis zur Abzweigung zum Long Beach, dann für weitere 50 Baht Abholung zum Resort. Der alte Bereich des Long Beach Resorts bietet eine Restaurant-Terrasse mit tollem Meeresblick sowie einen 2-stöckigen Hotelflügel mit 12 Zimmern ohne Strom. **❶**
**Tan Ta Wan Resort** ⑲, ☎ 085-699 5444 (Khun Wake), 090-556 5676, 🖥 www.tantawan-resort.

DIE OSTKÜSTE

### Ko Changs letztes Geheimnis …

… besteht in einem Strand mitten an der Südküste – weit abgelegen von der Ringstraße und lange nur über das Meer erreichbar. Seit Kurzem jedoch lässt sich der einsame **Wai Chaek Beach** über eine schmale Dschungelpiste mit Mopeds oder Pick-ups erreichen (ab Salakphet ca. 20 Min.). Denn dem Besitzer der Ting Tong Bar am Lonely Beach (S. 606) ist es gelungen, hier die **Waishaek Bungalows** bzw. die ersten sieben Hütten (300 Baht) und ein mit Generatorenstrom gespeistes Restaurant an einen Hang zu setzen. Die Anreise kann in der Saison tgl. um 12.30 Uhr für 300 Baht ab der Ting Tong Bar am Lonely Beach erfolgen.

com. Eigentlich eine Bausünde und meist verwaist, aber nicht ohne Reiz … 21 behagliche AC-Zimmer mit Boutique-Charakter für 3000 Baht – 10 als klotzige Stelzenbungalows im Wasser mit Glasboden-Fenster und einer Treppe ins Meer (am schönsten ist Nr. 11). Strom nur 18–24 Uhr. Wer mehr als 2 Nächte bucht, wird gratis von der Fähre abgeholt. ❻

## ESSEN

Allein die hier aufgeführten Restaurants sind einen Tagesausflug an die Ostküste wert, Karte S. 594/595.

**Salakkok Seafood**, Salakhok, ✆ 087-132 2962. Bisher die einzige Möglichkeit, im Dorf einzukehren. Hier sollte man sich als seltene Leckerei eine Portion Stachelschnecken *Hoi Nahm* für 150 Baht schmecken lassen, die der Fischer extrem mühsam aus ihren Netzen pulen müssen, oder eine Dinnerkreuzfahrt durch die Mangroven unternehmen (s. Kasten). ⏱ 8–20 Uhr.

**Salakphet Seafood**, Salakphet, s. o., 🖵 auf Facebook. Lockt im Salakphet Resort & Spa als größtes und wohl auch bestes Seafood-Restaurant der Insel. Am Wochenende füllt es sich meist mit Bangkok-Urlaubern. Wer hier bereits mittags einkehrt, kann schrägen

### Schlemmen im Mangrovenwald

Als romantischer Geheimtipp locken die in Salakhok von der 2004 gegründeten, dörflichen Kooperative **Chang Spirit Club**, ✆ 087-748 9497, inszenierten Dinnerkreuzfahrten durch die bizarre Welt der Mangroven. Zwischen 17.30 und 19 Uhr kann man sich von einem Gondoliere für 1200 Baht (p. P., ab 4 Pers. inkl. Gratis-Transfers) beschaulich und bei Mondschein durch die schimmernden Naturkanäle rudern lassen und dabei ein leckeres Thai-Menü genießen. Ein Teil der Einnahmen geht an die Einheimischen bzw. in die Aufforstung von Mangroven als Kinderstube von Fischen, Krustentieren und Vögeln oder die Pflege des Fischbestands.

Karaoke-Klängen entgehen und beizeiten an die Westküste zurückkehren. ⏱ 8–21 Uhr.

**The Spa Koh Chang**, Salakhok, s. o. Als romantisches Terrassen-Restaurant lockt es mit hervorragenden, sensationell kreativen Speisen wie der *Rainbow Vegetable Terrine* (180 Baht), die als bunter Rundkuchen aus Körnern und Kräutern serviert wird. ⏱ 7–21.30 Uhr.

**Urai's Place**, Salakphet, ✆ 087-138 3176. Wer gedacht hat, dass es an der Ostküste keine Nürnberger, Gulaschsuppe, Schnitzel oder Bratkartoffeln gibt, irrt sich. Ulli aus Halle an der Saale serviert all das in seinem kleinen schummrigen Garten-Restaurant. ⏱ 8–20 Uhr.

## AKTIVITÄTEN UND TOUREN

Die Möglichkeiten haben sich vervielfacht – jüngst leider auch mit den ersten Krokodil- und Schlangenshows. Oft wird ein kostenloser Transfer-Service angeboten.

### Boxen

Die Kunst des Kickboxens erlernen kann man im **Muay Thai Bailan Bay**, ✆ 087-351 7006. Die 2-stündigen Kurse beginnen tgl. um 8 und 16 Uhr und kosten 600 Baht.

### Elefantenreiten

**Ban Kwan Chang**, ✆ 081-919 3995, bei Klong Son. Besitzt einen guten Ruf und wird von der Asian Elephant Foundation unterstützt. 1 Std. liegt bei 800 Baht, 2 Std. kosten meist 1500 Baht und umfassen ein vergnügliches Bad im Fluss oder neuerdings auch mal im Meer. Außerdem bewährt hat sich an der Zufahrt zum Klong Plu-Wasserfall **Ban Kon Chang**, ✆ 081-940 9420. Weitere Abenteuer mit Dickhäutern organisieren **Ban Chang Thai**, ✆ 039-551 474, 🖵 www.banchangthaikoh chang.com, **Chang Chutiman**, ✆ 08-939 6676, ✉ changchutiman@yahoo.com, oder das neue **Kai Bae Meechai Elephant Camp**, ✆ 084-557 5298. ⏱ meist 8–17 Uhr.

### Kajaktouren

Führender Anbieter ist **KayakChang.com**, im Emerald Cove Resort, ✆ 087-354 0060, 🖵 www.

kayakchang.com. Tagestouren mit 20 km bzw. bis zu 5 Inseln und professioneller Führung kosten 3000 Baht, 4-tägige Trips liegen bei 25 000 Baht. Eine große Auswahl am Miet-Kajaks gibt es z. B. im **Kai Bae Hut**, ☎ 039-557 128, sowie an der Ostküste beim **Chang Spirit Club** (Kasten S. 612) in Salakhok oder an der **Kajakstation** in Salakphet, ☎ 086-817 6800. Pro Std. meist 100 Baht, pro Tag 500 Baht.

### Klettergarten

Nervenkitzel in Baumwipfelhöhe bietet auf 2 Parcours (rot bis zu 20 m) mit atemberaubenden Hängebrücken, Tarzanschaukeln und Klettermöglichkeiten der **Tree Top Adventure Park** am Bailan Beach, ☎ 084-310 7600, 🖥 www.treetopadventurepark.com. Beginn jeweils 9, 11 und 14 Uhr mit einer etwa 15-minütigen Einweisung, 950 Baht p. P.

### Kochschulen

In der seit 2013 etablierten **Koh Chang Thai Cooking School**, an der Zufahrt zum Klong Plu-Wasserfall, ☎ 081-286 6740, 🖥 auf Facebook, lehrt Mrs. Nam tgl. in 4-stündigen Kursen für 1200 Baht die Zubereitung etlicher Thai-Gerichte. Ebenfalls professionelle Kochkurse bieten die **Ka-Ti Culinary**, ☎ 081-903 0408, 🖥 www.kati-culinary.com, das **Blue Lagoon Resort**, ☎ 089-515 4617, 🖥 auf Facebook, oder **Happy Turtle**, ☎ 089-252 9287, 🖥 www.happy turtlekohchang.com, am Bailan Beach

### Massagen

Im Palmenschatten am Strand kosten Massagen 200–300 Baht. In der urigen **Herbal Sauna** am Bailan Beach, ☎ 086-616 3785, ⏱ 15–21 Uhr, kosten Haarpflege 50–80 Baht, Sauna 300 Baht und Massagen 350 Baht. Wesentlich teurer, gediegener und absolut professionell geht es in den Niederlassungen von **Bodiwork Spa** am Klong Prao Beach zu – an der Ringstraße gegenüber dem Tempel, ☎ 039-696 706, und am Coconut Resort, ☎ 039-555 1399, ⏱ 11–22 Uhr.

### Segeln

Die Basis für Segelsport liegt in der Bucht von Salakphet, wo Schulung und Charter u. a. vom

**Visite bei Großvater Mond**

Er ist „Der letzte Schamane von Ko Chang" – so zumindest steht es an seiner Tür an der Zufahrt zum Klong Plu-Wasserfall: Der gebürtige Insulaner **Pu Moon**, ☎ 082-219 6524, streift täglich durch den Dschungel, um Baumrinden, Wurzeln, Blätter oder Pilze zu sammeln und diese zu Essenzen, Ölen und Tabletten zu verarbeiten, die er zur Linderung oder Heilung der unterschiedlichsten Leiden empfiehlt – und das wohl auch ziemlich erfolgreich … Der 80-jährige Großvater Mond, so die Übersetzung seines Namens, hat unregelmäßig geöffnet und lässt sich ggf. über Sohn Chat und Schwiegertochter Pen aus der benachbarten Garküche kontaktieren.

**Island View Resort** (S. 611) angeboten werden. Jollen, Hobies oder Katamarane gibt es ab 1500 Baht pro Tag, organisierte Tagestörns ab 1000 Baht p. P. (bei max. 12 Teilnehmern). Alternative Angebote im nahen **Koh Chang Marina Resort & Spa**, ☎ 081-782 6040, 🖥 www.kohchangmarina.com, oder besonders professionell (auch größere Jachten) bei **Gulf Charters Thailand**, 081-813 8023, 🖥 www.yacht charterthailand.com. **Sea Adventures**, ☎ 092-801 4369, 🖥 auf Facebook, bietet Touren mit einem schnittigen 13 m langen Katamaran.

### Tauchen und Schnorcheln

Es gibt rund ein Dutzend Tauchbasen, die meisten mit Stützpunkt in Bang Bao. Ganztägige Schnorcheltouren kosten 600–1200 Baht, 2 Tauchgänge 2500–3000 Baht und 3- bis 4-tägige Open-Water-Kurse um 14 000 Baht. Als Unterwasser-Spots locken u. a. die artenreichen Korallenfelsen Hin Look Baht und Hin Sam Sao, als künstliches Riff bzw. Sensation für Wracktaucher das 2012 versenkte 100 m lange Landungsschiff *HTMS Chang 712*, s. **eXTra [8903]**.
Einen professionellen Ruf haben die **Eco Divers**, ☎ 039-557 296, 🖥 www.ecodivers-kohchang. com, das **Scandinavian Chang Diving Center**, ☎ 039-696 530, 🖥 www.changdiving.com, oder die **Dolphin Divers**, ☎ 039-557 030, 🖥 www.

**DIE OSTKÜSTE**

Wer sich auf eine Tageskreuzfahrt durch die Inselwelt von Ko Chang begibt, kann die Ausdehnung und Schönheit dieser Meeresregion besonders intensiv erleben. Auf umfunktionierten Fischerbooten von etwa 10 Anbietern lassen sich herrliche Stunden erleben. Die **Sattra**, ℡ 087-617 0340, legt bereits für 600 Baht ab. Mit **Mr. Khai Tour**, ℡ 081-782 1710, kostet es bei bis zu 15 oder 35 Teilnehmern um 900 Baht (zuweilen plus 200 Baht als Nationalpark-Gebühren), auf der 22 m langen **Kon Tiki**, ℡ 084-863 8205, sind für 1000 Baht Partytrips (18–24 Uhr) oder für 1500 Baht sogar Gourmettrips möglich. Als Speedboat-Alternative bietet sich **Bang Bao Boat**, ℡ 087-054 4300, 🖥 www.koh changbangbaoboat, an – auch mit Halbtagestouren nach Ko Wai oder Ko Mak für 500 und 700 Baht. Die weitesten Runden mit dem meisten Komfort dreht von November bis April die schnittige **Thai Fun**, ℡ 081-003 4800, 🖥 www.thaifun-kochchang.com, für 1390 Baht inkl. Verpflegung und Schnorchelausrüstung. Ein- und Ausschiffung erfolgen praktischerweise direkt am Strand und der Schiffsname ist Programm: Kreuzfahrtchefin Nok Noi und ihre routinierte, clubähnlich agierende Crew sind stets gut gelaunt, die Passagiere entspannen sich auf bequemem Mobiliar, genießen ein asiatisch-italienisches Mittagsbuffet oder lassen sich über die neu installierte Heck-Rutsche ins Meer gleiten … Obwohl die ehemalige Ko Samet-Fähre pro Tour gut 230 l (Bio)Diesel verdichtet und bis zu 100 Personen an Bord nehmen darf, gehen der deutsche Besitzer Peter und seine Frau Nok bereits ab 8 Passagieren auf Kreuzfahrt. In Sicht kommen dabei 15 Inseln – darunter Ko Yuak, Ko Khlum, Ko Rung, Ko Kra, Ko Tilang, Ko Phie, Ko Mak, Ko Kham, Ko Badeng, Ko Lao Ya und Ko Wai. Meist hängt es von den aktuellen Wetter- und Wellenbedingungen ab, wo zum Baden, Schnorcheln oder Angeln gestoppt wird.

**Kreuzfahrt als Transfer**: Inselhopping mit der Thai Fun präsentiert sich als ideale Alternative zu den teuren und oft unbequemen Speedboat-Transfers, da die Passagiere auf Ko Mak oder Ko Wai aussteigen und einige Tage später – ohne Aufpreis! – einfach wieder an Bord kommen können. Zudem entfallen die lästigen Taxi-Transfers nach/von Bang Bao.

scubadivingkohchang.com, sowie **The Dive Adventure**, ℡ 085-904 6706, 🖥 www.the-dive-adventure.com, oder die **BB Divers**, ℡ 086-129 2305, 🖥 www.bbdivers-koh-chang.com.

### Trekking

Erlebnisreiche Tagestouren lassen sich je nach Dauer und Intensität für 800–1200 Baht buchen. Der sympathische, drahtige Mr. Rath von **Kongoi Jungle**, ℡ 089-763 0832, 080-773 7009, ✉ kohchang_trekking@yahoo.com, führt passioniert über Dschungelpfade durch dichten Urwald, zu rauschenden Wasserfällen und atemberaubenden Aussichtspunkten auf den Bergen. Ebenfalls freakig angehaucht, lockt Mr. Tan(it) von **Tan Trekking**, ℡ 089-832 2531, ✉ tantrekking@hotmail.com, in die Wildnis, der in Australien Film- und TV-Produktion studiert hat. Als weitere Alternative: Mr. Toon von **Jungle Fever**, ℡ 081-588 3324, 🖥 www.junglefever.in.th.

### SONSTIGES

### Einkaufen

Es gibt etliche Filialen von **7-Eleven** und etwas günstiger bepreiste von **Lotus Express**, ⏱ 24 Std., sowie im Bereich des Pearl Beach seit 2014 sogar einen mittelgroßen **Tesco Lotus**. Nett zum Stöbern ist der **AP Super Market**, ℡ 039-551 151, in dem sich auch ein Spa und ein Eiscafé-Restaurant befinden, ⏱ 10–22 Uhr. Ebenfalls am White Sand Beach liegt der **V-Mart Green Leaf** und als Ableger das **VJ Plaza** am Klong Prao Beach. ⏱ beide 8–24 Uhr.

### Geld

Die Zahl der Geldautomaten wächst, Bankfilialen finden sich vermehrt am White Sand und Klong Prao Beach. Wer die Nachbarinseln bereisen möchte, sollte ausreichend Bargeld mitnehmen.

### Informationen

Die Insel wird mit nützlichen, kostenlosen Broschüren und Inselkarten überschwemmt, die vielerorts ausliegen – die dazugehörigen, informativen Internetportale sind: 🖵 www.whitesandsthailand.com oder 🖵 www.koh-chang.com. Zudem empfehlen sich: 🖵 www.kohchangvr.de, 🖵 www.kohchang2.com, 🖵 www.welove-koh chang.com, 🖵 www.kohchangsun.com oder 🖵 www.kohchangisland.com. Interessante und gewitzte Insiderinfos für Traveller gibt der Brite Ian auf 🖵 iamkohchang.com.

### Medizinische Hilfe

Die **International Clinic Koh Chang** der renommierten Bangkok-Gruppe liegt an der Ringstraße südlich vom White Sand Beach, ✆ 039-551 555. Am Klong Prao Beach praktiziert die **Koh Chang Medical Clinic**, ✆ 085-600 0440, 🖵 http://kohchangclinic.in.th, die ebenfalls dort beheimatete **Koh Chang Dental Clinic (KDC)**, ✆ 039-557 235, 🖵 www.kohchangdental.com, wird von einem guten, englischsprachigen Zahnarzt betrieben.

### Mietfahrzeuge

**Mopeds** kosten 200–250 Baht pro Tag, sind vielerorts zu mieten und empfehlen sich vor allem bei entlegenen Resorts als Unterkunft (Unfallgefahr, Kaste S. 609). **Autos** werden meist als kleine Toyotas für 1300–1500 Baht angeboten. **Fahrräder** gibt es nur selten, doch Mr. Harald von Thai Eco, Stützpunkt am Chai Chet/Klong Prao Beach, ✆ 085-917 6479, hat für 150 Baht pro Tag gepflegte **Mountainbikes** mit 5 Gängen zu bieten.

### NAHVERKEHR

Auf der Insel verkehren **Pick-ups** von 6–18 Uhr als Sammeltaxis. Für die Hauptroute von den Anlegern zum White Sand Beach werden 60 Baht p. P. berechnet, bis zum Lonely Beach um 100 Baht (40 Min.) und nach Bang Bao am Ende der Strecke 150 Baht. Charter-Fahrten sind weniger beliebt, da je nach Ziel mit 600–1000 Baht ziemlich teuer – besonders in der Dunkelheit.

### Busse

Sämtliche (Mini)Bus-Transfers können in den Hotels oder etlichen kleinen Reisebüros des Ko Chang-Archipels gebucht werden. Günstig und bequem ist der **Bus Nr. 999**. Er startet gegen 14 Uhr vom Festlandsanleger Ao Thammachat, um für 275 Baht gegen 18.30 Uhr den Suvarnabhumi Airport zu erreichen und ca. 1 Std. später den Eastern Bus Terminal Ekamai. Für Busverbindungen ab Trat S. 590.

### Minibusse

An allen 3 Festlandsanlegern von LAEM NGOP warten Minibusse, die für 300–400 Baht nach BANGKOK fahren. Wer seinen Platz im Voraus bucht, kann sich um 7.30, 11 oder 14 Uhr für 700–800 Baht direkt von der Unterkunft auf Ko Chang abholen lassen, um nach dem Übersetzen gegen 13 Uhr auf dem Festland zu starten – zur Khaosan-Road und dem Victory Monument im Herzen von Bangkok oder zum Suvarnabhumi Airport. Nach BAN PHE (Ko Samet, 180 km) inkl. Überfahrt zur Insel 400–500 Baht oder nach PATTAYA (250 km) 500–600 Baht. Neu sind direkte Minibus-Verbindungen in den Nordosten. Minibusse über ARANYAPRATHET nach SIEM REAP (Fahrzeugwechsel an der Grenze) kosten 400 Baht, über KOH KONG nach PHNOM PENH oder SIHANOUKVILLE 800–900 Baht. Auf professionelle Transfers aller Art und günstige Trips nach Kambodscha spezialisiert hat sich **Kaittipol Tour**, ✆ 083-807 5623 und 087-541 8029 (Mrs. Soom), ✉ kaittipol@gmail.com, am Krom Luang-Pier, ⏱ 8–20 Uhr.

### Taxis

Nach BANGKOK bis zu 4000 Baht, nach PATTAYA um 3500 Baht und nach BAN PHE (Ko Samet) 3000 Baht (bei Abholung vom Hotel auf Ko Chang und inkl. Fährkosten jeweils 1000 Baht mehr). Als zuverlässige Fahrer von Limousinen oder Minivans haben sich Suwit Sura und seine Kollegen, ✆ 087-018 1734, bewährt.

### Flüge

**Bangkok Airways** hat ein Inselbüro am White Sand Beach bzw. an der Ringstraße,

In der Regenzeit bleiben Ko Chang, Ko Mak und Ko Kood über die Fähren vom/zum Festland (S. 590) angebunden, doch während der Saison eröffnen sich durch zusätzlich verkehrende Slow- und Speedboote vielfältige Möglichkeiten zum Inselhopping. Als wichtigste Anbieter fungieren **Bang Bao Boat**, ☏ 087-054 4300, 🖥 www.kohchangbangbaoboat.com, und **Kai Bae Boat**, ☏ 090-506 0020, 🖥 www.kohchangboat.com.

Von KO CHANG (Abfahrt von Bang Bao oder Kai Bae-Pier) geht es meist zwischen 9 und 12 Uhr nach Ko Wai (30 Min., 400 Baht), Ko Kham (50 Min., 600 Baht), Ko Mak (1 Std., 600 Baht), Ko Rayang (70 Min., 600 Baht) und Ko Kood (2 Std., 900 Baht). Die Transferdauer versteht sich inkl. etwaiger Zwischenstopps, direkt geht es natürlich schneller. Die seltener verkehrenden Slowboats kosten je nach Ziel 300 oder 400 Baht, bis nach Ko Kood 600 Baht.

Von KO MAK (Abfahrt vom Koh Mak Resort oder Makhatanee Resort) geht es über Ko Wai (20 Min., 300 Baht), nach Ko Chang (45 Min., 550 Baht), mit dem Slowboat ebenfalls über Koh Wai (200 Baht, 1 Std.) nach Ko Chang (1 Std., 600 Baht). Die Schnellboote nach Ko Kood (1 Std., 400 Baht) fahren ebenfalls zwischen 10 und 13 Uhr ab.

Von KO KOOD erfolgt die Abholung mit Schnellbooten meist über den Seeweg direkt aus den Resorts. Wer bereits über andere Inseln nach Ko Kood angereist ist, sollte nicht mit Speedbooten dorthin zurückkehren, sondern mit **Koh Kood Princess** (s. Trat, Transport) preiswert und bequem nach Laem Sok gelangen, um von dort auf dem Festland weiterzureisen.

Als Charter für privates Inselhopping kosten kleinere Speedboote je nach Entfernung 3500–12 000 Baht, Slowboote gibt es schon für 1500–5000 Baht. Außer von Bang Bao Boat und Kai Bae Boat z. B. auch von **Koh Kood Speedboat**, ☏ 090-506 0020, 🖥 www.kohkoodboat.com.

☏ 039-551 654-5, 🕾 551 656. 🕘 8–12 und 13–17.30 Uhr.
Infos S. 591, Trat, Transport.

# Ko Mak

Rotbraune Lavaformationen, rauschende Palmenwälder, bunt-belebte Korallenriffe, zwei fotogene Nachbarinseln und herrliche Sonnenuntergänge: Wer auf dem 25 km südöstlich von Ko Chang liegenden, mit seichten Buchten, wunderschönen Naturstränden und einer sagenhaften Ruhe gesegneten Ko Mak (Ko Maak) anlandet, hat das Gefühl, auf eine geheimnisvolle Schatzinsel gelangt zu sein. Das kleeblattförmige, 16 km² kleine Eiland ist das drittgrößte des Archipels und vulkanischen Ursprungs.

Die etwa 1000 Bewohner leben verstreut über die ganze Insel. Es gibt keine Hektik, kaum Kommerz und nur wenige, oft etwas abenteuerlich anmutende Insel-Fahrzeuge. Vor rund hundert Jahren war Ko Mak – wie auch die benachbarten Eilande Ko Kham und Ko Rayang – als Geschenk von König Rama V. an die Familien Suttitanakul, Wongsiri, Taveteekul, Chantasutra und Suksathit übertragen worden. Dass diese Klans noch heute die Geschicke bestimmen, bezeugt nicht zuletzt die kürzliche Benennung der wichtigsten Inselstraßen. Mehr Aufschluss vermittelt das in einem 80 Jahre alten Holzhaus untergebrachte **Museum**, 🕘 10.30–17 Uhr.

Obwohl sich allein der **Ao Kratueng Beach** (Ao Kathueng) als Hauptstrand über eine Länge von 5 km erstreckt, gilt die mit Kautschuk- und Kokospalmenplantagen überzogene „Insel der Betelnüsse" nicht als klassisches Badeziel. Dass Ko Mak in den Reiseführern gern für seine leidigen Sandfliegen, den angeschwemmten Müll oder das hohe Preisniveau gerügt wird, scheint die touristische Entwicklung nicht weiter zu beeinträchtigen: Inzwischen gibt es über 30, meist geschmackvoll konzipierte Resorts und Restaurants sowie eine Tauchbasis. Ihre Betreiber sprechen überraschend oft Deutsch, angezogen fühlen sich besonders Familienurlauber.

Als weitere Pluspunkte gelten, dass die Insel ein Paradies für Fahrradfahrer ist und zum Hauptort der alljährlichen, von deutschen „Partysanen" initiierten Musik-Festivals **Thai Break**, 🖥 www.thaibreak.net, gekürt wurde. Auch die illustre Doppelseite „Old Thailand found on sleepy islands" in der *New York Times* vom 19.2.2015 dürfte die Insel bekannter gemacht haben.

N  0        2 km

**ESSEN**
1 Thaidaho (Vista Resort)
2 Koh Mak Island
3 Swiss Sawasdee
4 Baan Sabaay
5 Aimmy Food
6 Food Garden
7 Koh Mak Seafood

**TRANSPORT**
1 Pier Ko Mak Resort
   Boote zum Festland, nach Ko Chang, Ko Kood und Ko Kham (Abfahrt nach Bedarf)
2 Pier Makahtanee Resort
   Boote zum Festland, Ko Chang, Ko Kood
3 Kleine Boote nach Ko Rayang Nok
4 Ao Nid-Pier (Boon Siri High Speed Ferries, Katamaran)

KO KRADAAT

KO KHAM
Ao Suanyai
Ao Talong
Ban Ao Talong
Ao Taan
Laem Son
Ao Pra
Viewpoint
Luang Prom Rd.
Luang Nara Rd.
Laem Son Rd.
POLIZEI
Geschäfte
Ao Pai
KO PE
Viewpoint
Elefanten-Trekking
Ban Ao Tukata
Wongsiri Rd.
Ao Kratueng (Ao Kathueng)
Ao Kao
Ban Ao Nid
Museum
Ao Nid-Pier
Laem Tukta
KO RAYANG NAI
Ao Nid
KO RAYANG NOK
Ao Phong
Ban Ao Thong Lang
Ao Thong Lang
Laem Tang Lu

**ÜBERNACHTUNG**
1 Koh Mak Resort
2 Seavena Beach Resort
3 Koh Mak Coco Cape
4 Good Time Resort
5 Kham Nature Resort
6 Makathanee Resort
7 Monkey Island Resort
8 Island Huts
9 Palm Beach Resort
10 Ao Kao Resort
11 Ao Pong Resort

**SONSTIGES**
1 Info Point (Christina)
2 Koh Mak Divers
3 Information Center (Mr. Pichit)
4 Smile Koh Mak Cooking School

## ÜBERNACHTUNG

Inzwischen haben die meisten der 36 Anlagen ganzjährig geöffnet. Im August 2015 hat ein insgesamt 50 km langes Stromkabel vom Festland endlich das inseleigene Diesel-Kraftwerk ersetzt.

### Untere Preisklasse

**Ao Pong Resort** ⑪, Ao Pong, nur 500 m vom Ao Nid-Pier, ✆ 090-780 7867, 🖥 www.aopong. com. Abgelegen an der Ostküste bzw. der Sonnenaufgangsseite von Ko Mak in einer schönen Bucht mit Felsenstrand. Das polnisch-thailändische Besitzerpaar Michal und Riam bietet 6 günstige Bungalows mit Terrasse und Meerblick, davon 3 als AC. Gute Küche. ❸–❹

€ **Island Huts** ⑧, Ao Kao, ✆ 083-139 5537. Urwüchsig, spartanisch und billig – als klassische, entspannende Traveller-Unterkunft

in bester Strandlage. 20 Zimmer mit Ventilator ab 250 Baht, die etwas teureren mit Innenbad bzw. direkt am Strand. ❶–❷
**Monkey Island Resort** ⑦, Ao Kratueng, ✆ 089-501 6030, 🖥 www.monkeyislandkohmak. com. An diesem (Party)Resort scheiden sich die Geister. 30 Zimmer in 5 Kategorien, die meisten mit Ventilator und die billigsten mit Gemeinschaftsbad. Manager Mr. Nou, diverse Wandgemälde und 2 aufgesägte VW-Bullis sorgen für ein unverwechselbares Flair. ❷ und ❹–❺

### Mittlere Preisklasse

🧳 **Good Time Resort** ④, zwischen Ao Suanyai und Ao Kratueng, ✆ 039-501 000, 088-887 1607, 🖥 www.goodtime-resort.com. In reizvoller Hügellage bzw. einer weitläufigen tropischen Gartenanlage mit einladendem Pool sowie nur wenige Gehminuten von den schönen Stränden. Individuell gestaltete Teakholzvillen

und moderne Apartments mit maximaler Privatsphäre, Ruhe und Entspannung. Perfekte Betreuung durch Besitzer Mr. Yodying, seine deutsche Frau Kerstin und ihr Team. Ab ❺
**Kham Nature Resort** ⑤, Ao Kratueng, ☏ 081-303 1229. Viel Platz, wenig Flair. Lebt vorwiegend von der genialen Strandlage, dem schönen Blick auf Ko Rayang und dem liebenswerten Manager Khun Lor. 18 Zimmer in 4 Kategorien. ❹–❺

🧳 **Koh Mak Coco Cape** ③, Ao Suanyai, ☏ 081-810 2679, 🖥 www.kohmakcoco cape.com. Gestaltet von 2 Architekten-Brüdern in landschaftlich herrlicher Lage an der Nordwestküste. Empfehlenswert als besonders romantisches Resort mit ca. 40 unterschiedlich gestalteten, kreativ benannten Bungalows, die günstigsten mit Ventilator. ❹–❻
**Makathanee Resort** ⑥, Ao Kratueng, ☏ 087-802 7575, 🖥 www.makathaneekohmak.com. Der Besitzer gilt als einflussreiche Person und der markante Hotelflügel seiner rund 40 Komfortzimmer großen Anlage als bisher einzige Bausünde von Ko Mak. Doch die Bungalows sind großzügig verglast und bieten einen entsprechend reizvollen Meerblick. ❹–❻
**Palm Beach Resort** ⑨, Ao Kao, ☏ 084-659 7437, 🖥 www.palm-beach-resort.com. Von den hier schon lange ansässigen Sachsen Lutz und Jens bestens geführt und gepflegt, zählt diese Anlage zu den inselweit schönsten. 8 Wohlfühlbungalows mit origineller Architektur und Dachterrassen sowie ein schnuckeliger Pool. ❺

### Obere Preisklasse

**Ao Kao Resort** ⑩, Ao Kao, ☏ 083-152 6564, 🖥 www.aokaoresort.com. An einem malerischen Strandabschnitt als eine der beiden ältesten Anlagen (Gründer Khun Somchai hat mehrere Jahre in Deutschland studiert und zählt zu den Patriarchen Ko Maks) – mit 20 AC-Bungalows (Lanna Nr. 1–6 in eindrucksvoller Thai-Architektur). Einladendes Restaurant mit Liege-Möglichkeiten und Romantik-Sala am Meer sowie Strandbar mit großem Schachbrett-Feld. ❺–❼
**Koh Mak Resort** ①, Ao Suanyai, ☏ 039-501 013, 🖥 www.kohmakresort.com. Als älteste Anlage im Nordwesten mit einer der insgesamt

3 Inselpiers und dem besten, fast 1,5 km langen Badestrand Ko Maks. Rund 20 Komfortzimmer mit Pool, Surfshop und Kajak-Verleih. ❺–❻

🧳 **Seavena Beach Resort** ②, Ao Suanyai, ☏ 090-0864 5646, 🖥 www.seavana kohmak.com. Seit 2013 im Rahmen einer Erbteilung bzw. als Abspaltung von 22 modernen, herrlichen Chalets in 4 Preiskategorien vom Koh Mak Resort. Das hoteleigene Gute-Laune-Credo lautet „Living well with Love & Laugh". ❻

**ESSEN**

Die meisten Restaurants liegen an der Wongsiri Rd. bzw. im rückwärtigen Bereich des Ao Kratueng.

€ **Aimmy Seafood**, ☏ 087-136 8085. Empfehlenswert – mit guter Erreichbarkeit, urgemütlichem, bunten Holzmobiliar und den meisten Gerichten bis 90 Baht. ⏰ 9–23 Uhr.
**Baan Sabaay**, ☏ 090-830 2815. Beliebtes Restaurant mit Bar und schönem Ambiente, dessen Zukunft aber etwas in den Sternen zu stehen scheint. Einheimische Kost, leckere westliche Küche und gut geschüttelte Cocktails. ⏰ 6–1 Uhr.

🧳 **Food Garden**, ☏ 081-791 1042. Schöner, weitläufiger Garten, in dem man mit den Füßen im Sand und ab 19.30 Uhr Livemusik im Ohr günstig speisen und trinken kann. ⏰ 8–23 Uhr.
**Koh Mak Island**, ☏ 088-887 1607. Seit 2014 im Haupthaus des Goodtime Resorts als stil- und stimmungsvolles Geheimtipp-Restaurant mit schönem Terrassenblick und den sagenhaften Kochkünsten von Mrs. Dtia (unbedingt mal die Currys kosten). ⏰ 7–14 und 17–21 Uhr.
**Koh Mak Seafood**, Ao Nid, ☏ 089-833 4474. Nicht unbedingt heimelig, aber jedes Gericht mit Fisch oder Meeresfrüchten ein kulinarischer Volltreffer. Gratis-Transfers. ⏰ 10.30–21 Uhr.
**Swiss Sawasdee**, Ao Khao, ☏ 089-965 5873 (Markus), 086-026 6202 (Bunyang), 🖥 www.swiss-sawasdee.ch. Schön luftig im Grünen – mit exzellenter Küche. Thai-Gerichte, aber auch Fondues (950 Baht), Goulasch, Currywurst oder Leberkäse. Entsprechend Appetit holen können

sich die Gäste im dazugehörigen Fitnesscenter – dem einzigen der Insel. ⏲ 10–22 Uhr.

🏨 **Thaidaho (Vista Resort)**, am Good Time Resort, ✆ 085-136 4529 (Nov–April), 🖥 www.thaidaho.com. Mr. Allen aus Idaho und seine Thai-Frau Kat bieten den schönsten Ausblick sowie eine verlockende Speisekarte und das inselweit beste Frühstück, zudem 4 Komfortzimmer, wie den traumhaften „Vista Room" für 1800 Baht, und eine Schlafsaal-Option. ⏲ 7.30–18 Uhr.

## SONSTIGES

### Geld
Bis die Insel ihren ersten Geldautomaten erhält, sollte ausreichend Bargeld mitgebracht werden.

### Informationen
Reichhaltige Infos gibt es im Internet auf: 🖥 www.kohmakguide.com, 🖥 www.kohmak. com, www.koh-mak.de oder www.kohmak information.com. Keine Frage bleibt von der Österreicherin Christina unbeantwortet, die schon seit 7 Jahren den **Info Point**, ✆ 085-

665 3794, ⏲ 9–20 Uhr, im Koh Mak Resort betreibt. Ähnlich profunde Auskunft wird in dem am Makathanee Resort liegenden **Information Center** von Mr. Pichet, ✆ 081-870 6287, erteilt. ⏲ ca. 8–20 Uhr.

### Kochschule
Wer sich bei Khun Leng in der **Smile Koh Mak Cooking School**, ✆ 081-901 9972, 🖥 www. smilekohmak.com, thailändische Kochkunst (4 Std. für 1200 Baht, beginnend um 10 oder 15 Uhr) aneignet, erlernt vielleicht auch das Lächeln. Gekocht wird direkt am Meer, mit guten Erklärungen in Englisch und als Spaß für die ganze Familie.

## NAHVERKEHR

Taxifahrten kosten je nach Strecke ab 100 Baht, abends sind sie etwas teurer, Fahrer s. Touren.
Für die An-, Ab- und Weiterreise per Boot S. 590 sowie die Kästen S. 591 und S. 616.

# Ko Rayang und Ko Kham

Hier können noch echte Robinson-Gefühle aufkeimen … Ein jeweils herrlicher Sandstrand (ohne Sandfliegen), von dichtem Dschungelgrün bedeckte Höhenzüge, bizarre Felsen und umliegende Korallengärten lassen die beiden kleinen Nachbarinseln Ko Maks als tropische Bilderbuch-Paradiese erscheinen. Bei extremer Ebbe sind die rund 1,5 km entfernten Eilande sogar zu Fuß über Sandbänke zu erreichen, ansonsten per Kajak und mit den kleinen Fährbooten von Ko Mak. Sie fahren bei Bedarf und kosten p. P. 200 Baht (inkl. Zutrittsgebühr und Freigetränk).

Das im Nordwesten vorgelagerte **Ko Kham** (Abfahrt vom Koh Mak Resort) hat 2008 für rund 200 Mio. Baht den Besitzer gewechselt, nun soll es abermals zum Verkauf stehen. Von dem Luxusresort, das hier schon lange eröffnen sollte, fällt bisher allenfalls der neue Anleger ins Auge, denn das Militär hat den Bau stillgelegt. Und natürlich der gleißend weiße Strand – bestehend aus unter den Füßen gewaltig knirschendem Quarzsand, der eigentlich zur Produktion von

## Tauchen und Touren

Die **Koh Mak Divers**, ✆ 083-297 7724, 🖥 www. kohmakdivers.com, bestehen aus dem sympathischen britisch-holländischen Ehepaar Steve und Marion (und ihren beiden Söhnen), deren Tauchbasis schon seit 20 Jahren einen exzellenten Ruf besitzt. Tagestrip mit 2 Tauchgängen für 2400 Baht, Schnuppertauchen schon für Kinder ab 8 Jahren.
Vielerorts lassen sich **Fahrräder** oder **Mopeds** (80 Baht pro Std., 300 Baht pro Tag) mieten. Fast jedes Resort verfügt über eine eigene Inselkarte, von der Website 🖥 www.dasta. or.th lässt sich die Broschüre *Bike Trial Guide – Ko Mak Low Carbon Island* herunterladen. 2-stündige Erkundungstouren per Pick-up liegen bei 1000 Baht – z.B. von dem freundlichen, stets humorvollen **Mr. Nine**, ✆ 089-752 5292, von **Mrs. Rueng**, ✆ 089-833 4474, oder **Ling Taxi**, ✆ 090-415 7893.

Glasflaschen gedacht war und für horrendes Geld aus Rayong herbeigeschafft wurde.

Das im Südwesten vorgelagerte **Ko Rayang Nok** (Abfahrt vom Kham Nature Resort) befindet sich ebenfalls in Privatbesitz. Die Form der 12 000 m kleinen Insel erinnert an einen liegenden Elefanten, und die gibt es hier tatsächlich, aber unter Wasser: 2012 wurden im Rahmen des Projekts „Art for Ocean" neun lebensgroße Zement-Elefanten versenkt, um in 10 m Tiefe als künstliche Riffe und Tauchattraktion zu fungieren. Nach der etwa zehnminütigen, an der Schwesterinsel **Ko Rayang Nai** vorbeiführenden Überfahrt landet man an einem paradiesisch schönen Strand. Auch sonst herrscht hier pure Idylle – zumal die nur wenigen Besucher stets eine harmonische Gemeinschaft bilden (Achtung: Tagesgäste nur von 10–16 Uhr willkommen).

### ÜBERNACHTUNG UND ESSEN

Es gibt nur eine einzige Unterkunft, was noch lange so bleiben dürfte.
**Rayang Phurin Resort**, ☎ 089-985 6517, 🖳 www.rayang-phurin.com, www.rayang-island.com. Beschaulich, aber einfach und nicht gerade billig – mit 12 Ventilatoren-Zimmern in 9 weißen Holzbungalows. Elektrizität meist nur von 18–23 Uhr, zuweilen auch Wasserprobleme. Im Restaurant bedient – natürlich – das sympathische Manager-Pärchen Jeap und Nan. ❹–❻

## Ko Kood

Wie aus dem Bilderbuch entsprungen scheint Ko Kood. Dass die mit 130 km² viertgrößte Insel Thailands bisher noch mit so viel Ursprünglichkeit überraschen kann, verdankt sie ihrer exponierten Lage bzw. der Nähe zu Kambodscha, aber nicht zuletzt auch ihren Bewohnern, die bisher ganz gut ohne Touristenmassen ausgekommen sind und – das Schicksal von Ko Chang direkt vor Augen – fast alle gegen eine rasche Entwicklung sind.

Doch der Schwund des Paradieses scheint vorprogrammiert: Stellenweise wurde bereits mit der geplanten Verbreiterung der Inselstraße um zwei Meter begonnen, während das flankierende, bisher dicht sprießende Dschungelgrün für immer mehr Garküchen und Verkaufsstände gelichtet wird. Vor Kurzem ist der erste Geldautomat installiert worden und nicht zuletzt die Anfang August 2015 erfolgte Elektrifizierung mit Strom vom Festland sorgt für einen gewaltigen Wachstumsschub. Hoffentlich wird die Insel wenigstens von der Anbindung mit Autofähren verschont bleiben …

Bisher wurzelt der Reiz von Ko Kood (Ko Kut) vor allem in der fast unversehrten Kulisse. Die etwa ein Dutzend Strände erstrecken sich entlang der Westküste – wie auch der zum Hauptstrand avancierte, 700 m lange **Ao Klong Chao** (Ao Klong Jao, Spitzname: Tinkerbell Beach). Meist halbmondförmig geschwungen, weitgehend ursprünglich begrünt und malerisch von Lagunen gesäumt, führen sie flach und oft menschenleer in das glasklare Meerwasser, wie der paradiesische **Ao Tapao**, der idyllische **Ao Khlong Hin** oder der **Ao Phrao** als mit 950 m längste Sandbucht der Insel. Um die schönsten Strände zu erkunden, sollte man sich je nach Geldbeutel und Geschmack irgendwo – es muss keineswegs direkt am Meer sein – eine Unterkunft suchen und tagtäglich entsprechend per Automatik-Roller ausschwärmen. Wer vorwiegend Fußgänger bleiben möchte, sollte sich am Hauptstrand bzw. in den Resorts am Klong Chao einquartieren.

Im Inneren der von Bergen und Dschungel durchzogenen Insel faszinieren die Wasserfälle **Klong Chao**, **Klong Yai-Kee** und **Khao Din Daeng**, deren große Felsenbecken zu paradiesischem Badevergnügen locken. Mancherorts ragen sogar imposante Urwaldriesen mit Avatar-Ambiente empor, die hier **Makka Trees** genannt werden. Die etwa 2000 Bewohner leben in den Pfahlbaudörfern **Ao Salad** (fungiert auch als Fährhafen) und **Klong Mat** sowie **Ao Yai** im Südosten, das glattweg als Kulisse für einen Piratenstreifen dienen könnte. Bisher gibt es erst an die 100 Pick-ups auf Ko Kood und kaum

## Sonnenuntergänge als Erlebnis

Der mit Abstand beliebteste Spot zum Genuss des Sonnenuntergangs ist der **Ao Klong Chao** (Spitzname: Tinkerbell Beach), schön einsam bleibt es meist am **Ao Klong Hin**, z. B. im Bereich des Cham's House. Als Alternative bietet sich eine Visite in dem spektakulär auf einer Landzunge liegenden **Captain Hook Resort** ②, ☎ 081-826 1188, 🖥 www.captainhookresort.com, an. Wer dort etwas verkonsumiert – wie nur einen Sundowner –, kann sich mit dem Hotelboot kostenlos vom Pier an der Klong Yai Kee-Lagune abholen lassen, als alternatives Transportmittel bieten sich die Kajaks (100 Baht pro Std.) des Bann Makok Resorts an. Als Sunset-Spot stets auf die Schnelle zu erreichen ist das beliebte **View Point Café** an der Klong Chao-Lagune (S. 625), während sich die erst Ende 2014 am S-Beach eröffnete **Bliss Bar** mit der schönsten Meereskulisse (spätestens) zum Sundowner empfiehlt.

mehr als 50 km betonierte Piste. All das gepaart mit einer Infrastruktur, die ohne klimatisierte Supermärkte und jegliche Bankenfilialen auskommt, ohne Sonnenstuhlverleiher und Taxis sowie auch ohne nennenswerte Kriminalität.

Mit besonderer Authentizität bzw. erhöhtem Wohlfühlcharakter präsentieren sich auch die meisten der mittlerweile fast 60, oft nur wenige Zimmer bietenden Unterkünfte: In den Strandresorts verleiten weitläufige Palmenwiesen schon beim Einchecken dazu, umgehend wie dauerhaft die Schuhe abzustreifen, in den heimeligen Homestay-Resorts sind es behagliche Böden aus Edelholz ... Das Preisniveau liegt im Vergleich zu anderen Inseln jedoch höher.

Davon zeugt u. a. auch das 2009 an der Nordwestküste eröffnete, extravagante **Soneva Kiri**

**Resort**, das u. a. mit Preisen ab ca. 60 000 Baht, einem eigenen Flugplatz und vielen weiteren Superlativen aufwartet – was immerhin schon Angelina Jolie mit Göttergatten Brad Pitt und allen sechs Kindern angelockt hat sowie Jennifer Lopez und David Beckham. Übrigens ist auch die populäre Kino-Komödie *Türkisch für Anfänger* auf Ko Kood gedreht worden ...

### ÜBERNACHTUNG

Die meisten der fast 70 Unterkünfte bleiben in der Nebensaison geöffnet. Homepages, E-Mail-Adressen und Englischkenntnisse sind bisher noch die Ausnahme, doch lassen sich fast alle Resorts, Hotels, Guesthouses bequem über die engagierte Holländerin Thyrsa (bekannt als:

# Ko Kood

N 0 2 km

## ÜBERNACHTUNG

1. Soneva Kiri Resort
2. Captain Hook Resort
3. Bann Makok
4. Koh Kood Beach Resort
5. Shantaa Koh Kood
6. Koh Kood Cabana
7. Peter Pan Resort
8. Mangrove Bungalow
9. Cozy House
10. Wendy The Pool Resort
11. High Season
12. Baan Klong Jao Homestay
13. TinkerBell Privacy Resort
14. Happy Days Gh.
15. Dusita Resort
16. Ngamkho Resort
17. Horizone Resort
18. The Beach Natural Resort
19. Pa Hin Sai Resort
20. Cham's House
21. Mrs. Norm
22. The Sunshine Resort

## ESSEN

1. Kraten Seafood
2. Pizza & Pasta
3. View Point Café
4. Sunset Bar
5. Tawan Eco Bar
6. Fisherman's Hut
7. Strandbar
8. Ra Beang Mai Chay Khow
9. Bliss Bar
10. Chaiyo
11. Bartist

## SONSTIGES

1. Paradise Divers 01
2. Früchte-Markt 02
3. Früchte-Markt 01
4. Paradise Divers 02

## TRANSPORT

1. Fähranleger, Koh Kood Princess
2. Fähranleger, Koh Kood Express Boon Siri High Speed Ferries (Katamaran)
3. Mr. Porn (Früchtemarkt 01)
4. Bang Bao Boat/Kai Bae Boat
5. Mr. La (Chiang Mai Restaurant)

Laem Sok (48 km)
Laem Sok (40 km)
Laem Tui
Ao Sapparod
KO MAI SI
Ao Ta U
Ao Salad
Goldener Buddha
Ban Ao Salad
Ao Yai Gerd
Ao Lak Uan
KO RAET
Klong Yai Kee-Wasserfall
Ao Kluai
Khao Din Daeng-Wasserfall
Makka Baum
Ban Klong Mat
Makka Baum (Sai Yai)
POLIZEI
Ban Ka Tin
KRAFTWERK
Klong Hin Dam
ATM
Sapan Nam Luek-Pier
Klong Chao-Wasserfall
Ko Mak, Ko Rayang, Ko Chang
Ao Tapao Ao Noi
s. Ausschnitt
Ao Klong Chao (Tinkerbell Beach)
Ban Klong Chao
Ao Ngam Kho
Ao Cai
Khao Rearub
Ao Bang Bao
Ao Yai
View Point
Ban Ao Yai
Ao Khlong Hin
Ao Jak
Ao Phrao-Tempel
Ao Phrao
Laem Thian

### Ban Klong Chao (Ausschnitt)

Ao Klong Chao (Tinkerbell Beach)
S-Beach
Ao Ngam Kho
0 500 m

Khun Namfah), ☎ 090-392 5070 (Okt–März),
🖥 www.destinationkohkood.com, buchen.

### Untere Preisklasse

🧳 **Cozy House** ⑨, Ao Klong Chao, ☎ 089-094 3650, 🖥 www.kohkoodcozy.com.
Wirkt etwas kahl und auf den ersten Blick wenig einladend, liegt aber direkt an der Lagune und fungiert als beliebte Traveller-Unterkunft mit internationalem Flair. Der stets hilfsbereite Lung Noy und seine ebenso freundliche Tochter Paeow bieten 16 Zimmer, davon 9 mit AC, für 600, 800 und 1200 Baht (am schönsten als Nr. 1–5 mit idyllischen Holzterrassen an den Mangroven) – sowie ein großes Pfahlbau-Restaurant mit verlockendem, abendlichen BBQ. ❷–❹

**Happy Days Gh.** ⑭, Ao Ngam Kho, ☎ 087-144 5945, 🖥 www.kohkood-happydays.com.
Fungiert vorwiegend als Stützpunkt der Paradise Divers und Unterkunft für Taucher. 10 einfache, saubere Zimmer in einem 2-stöckigen Gebäude. Das Restaurant fungiert als Geheimtipp-Börse, ist aber nur sporadisch in Betrieb. ❷–❸

€ **Ngamkho Resort** ⑯, Ao Ngam Kho, ☎ 084-653 4644, 🖥 www.kohkood-ngamkho.com. Am fotogenen, südlichen Ende der Bucht als relaxte Traveller-Unterkunft. Onkel Joe bietet 13 günstige, luftige Bungalows mit Ventilator und teilweise Gemeinschaftsbad sowie 2 neu erbaute mit AC. ❷–❸ und ❺

### Mittlere Preisklasse

🧳 **Dusita Resort** ⑮, Ao Ngam Kho, ☎ 081-945 9920, 🖥 www.dusitakohkood.net. In einem weitläufigen, schattigen Palmengarten als (leider nur von Okt–Mai) beliebte, familiär geführte Anlage mit 16 angenehmen Bungalowzimmern, wahlweise als AC. Schöner Strandabschnitt mit interessanten Felsformationen und einladendem Holzpier. ❹–❺

**Horizon Resort** ⑰, Ao Ngam Kho, ☎ 088-457 1551, 🖥 www.horizonresortkohkood.com. 19 wohnliche, aber nicht billige Bungalowzimmer (besonders zu empfehlen sind Nr. 5, 6 und 7) mit tropischer Eingrünung und hölzernen (Bade)Plattformen – stimmungsvoll gelegen auf einer hügeligen Landzunge und mit entspre-

Einige der stil- und stimmungsvollsten Resorts liegen als Pfahlbauten an Lagunen (mit Gratisverleih von Kajaks) bzw. mitten in den Mangroven – wie das nur 5 Min. Fußweg vom Hauptstrand entfernte und auch sonst ideal platzierte **Baan Klong Jao Homestay** ⑫, ☎ 087-075 0942, 🖥 www.kohkoodbaanklongjao.com. Mrs. Parn bietet 19 preiswerte Zimmer (mit Gemeinschaftsbad für 600 Baht) – davon 13 in Bungalows (am schönsten sind die beiden VIPs für je 1500 Baht), mit ausgezeichneter Thai-Küche. ❷–❹

Ebenfalls komplett aus Holz errichtet, fasziniert das entlegene, teurere **Bann Makok** ③ am Klong Yai-Kee, ☎ 081-643 9488, 🖥 www.bannmakok.com, mit 8 rromantischen Zimmern (Nr. 1, 6, 7 und 8 direkt am Fluss). ❺–❻

Ein Höchstmaß an Authentizität bieten die 6 Zimmer von Kokos-Bäuerin **Mrs. Norm** ㉑, ☎ 089-608 8938, am traumhaft schönen Ao Khlong Hin. ❷

chendem Ausblick. Perfekt geführt vom französischen Besitzer Stephane und seinem Landsmann Fabi(an), der als engagierter Manager fungiert. Einladende Bar und Yoga-Lektionen am Meer. ❺

€ **Koh Kood Cabana** ⑥, Ao Tapao, ☎ 089-201 4344, 🖥 auf Facebook.
Seit 1994 als erstes Resort der Insel und besonders beliebt bei Bangkok-Thais. Die 48 Bungalows wirken betagt, sind aber innen gepflegt. Fantastischer Strand, freundliches Personal. ❹–❺

**Mangrove Bungalow** ⑧, Ao Klong Chao, ☎ 089-9936 2093, 🖥 www.kohkood-mangrove.com. 19 Bungalows, davon 9 als AC, und idyllische Panorama-Plattformen am Fluss. ❸–❺

🧳 **The Sunshine Resort** ㉒, Ao Phrao, ☎ 085-715 1451, 🖥 www.kohkoodsunshine.com. Herrlich versteckt im Dschungel am Nordende des Strands und familiär geführt – als stil- und stimmungsvolle Anlage mit 25 bezahlbaren, ab 26 m² großen Zimmern in 3 Kategorien. ❹–❺

### Obere Preisklasse

**Cham's House** ⑳, Ao Klong Hin, ☎ 081-651 4744, 🖥 www.chamshouse.com. Wunderschönes Boutiqueresort an einem entsprechend passenden Strand, landschaftlich besonders schön auch am nördlich angrenzenden Pa Hin Sai Resort! 32 stilsichere Villen und 23 günstigere Zimmer im Hauptflügel, 2 perfekt durchgestylte Restaurants. Ab ❻

**High Season** ⑪, Ao Klong Chao, ☎ 039-510 888, 🖥 www.highseasonresort.com. Seit Ende 2014 als zweitbeste Anlage der Insel – u. a. mit 42 Pool-Villen im Boutique-Stil für 20 500–49 000 Baht, 3 Restaurants, dem inselweit größten Pool und einem ins Wasser gebauten Spa. ❽

**Koh Kood Beach Resort** ④, Klong Mat, ☎ 081-908 8966, 🖥 www.kohkoodbeachresort.com. Beliebt bei Skandinaviern und Deutschen. Auf Hügeln am Meer mit 24 Zimmern, davon 8 in Bungalows aus Naturmaterialien im Bali-Stil sowie einem schönen Pool. ❻–❼

**Peter Pan Resort** ⑦, Ao Klong Chao, ☎ 080-608 5522, 🖥 www.peterpanresort.com. Namensgeber der Gruppe, zu der auch das benachbarte, neue **Wendy The Pool Resort** ⑩, 🖥 www.wendythepoolresort.com, und das Captain Hook Resort (Kasten S. 621) zählen. Beliebt als „billigste" Beachfront-Anlage am Hauptstrand. Ungewöhnliche Architektur mit rund 50 Zimmern in 4 Kategorien und verlockender Cocktail-Bar unter Palmen. Ab ❻–❽

**Shantaa Koh Kood** ⑤, Ao Tapao, ☎ 081-566 0607, 🖥 www.shantaakohkood.com. Zählt zu den schönsten Anlagen, weitläufig eingebettet zwischen sanften Hügeln. 15 behagliche, aber ziemlich teure Suiten und Villen mit Boutique-Charakter bzw. originellen Freiluftbädern. Kleiner Hausstrand, der sich gleich hinter dem Sapan Nam Luek-Pier malerisch fortsetzt. ❼–❽

**Soneva Kiri Resort** ①, Ao Lak Uan, ☎ 039-619 800, 🖥 www.sixsenses.com. Verteilt sich mit etlichen exklusiven Super-Luxus-Villen der Kategorien Hill, Cliff und Beach für bis zu 400 000 Baht über eine riesige Fläche von 64 ha. Auch sonst herrscht keinerlei Mangel an Extravaganz, wovon nicht zuletzt die hoteleigenen Transfer-Flüge mit Cessnas und Hubschraubern von/nach Bangkok zeugen. ❽

**The Beach Natural Resort** ⑱, Ao Bang Bao, ☎ 086-009 9420, 🖥 www.thebeachkohkood.

Rund ein Dutzend paradiesisch schöner Strände prägen das entlegene Ko Kood.

com. Beliebtes, familiär geführtes Boutique-resort aus Naturmaterialien mit rund 40 Zimmern in 6 Kategorien, davon einige mit Ventilator. ❻–❽

🏨 **TinkerBell Privacy Resort** ⑬, Ao Klong Chao, 📞 086-017 0055, 💻 www.tinkerbellresort.com. Exklusives Boutiqueresort mit viel Ambiente und Romantik. 8 Strand- und 7 2-stöckige Pool-Villen für 9900 Baht. Exzellentes Restaurant sowie ein mit originellem Korbmobiliar, vielen bunten Kissen und Wasserfall-Pool herrlich gestalteter Strandbereich. ❽

## ESSEN

Fast überall muss mit längeren Wartezeiten gerechnet werden. Die Gastronomieszene entwickelt sich vor allem am Ao Klong Chao, doch finden sich auch immer mehr Garküchen und Grillstände an der Hauptstraße. Das vom Cozy House (S. 623) mehrmals pro Woche ab 18 Uhr inszenierte BBQ-Buffet ist ein Muss, weil es eine enorme Vielfalt (sogar Rindersteaks, Ofenkartoffeln, selbst gebackenes Brot und Kräuterbutter!) bietet sowie ein sagenhaftes Preis-Leistungs-Verhältnis.

💶 **Chaiyo**, Ao Ngam Kho, 📞 091-243 2617. Im Hinterland des Dusita als spartanisches, aber enorm populäres Erdboden-Restaurant – mit guter Thai-Kost ab 40 Baht. 🕐 9–21 Uhr.

🏨 **Fisherman's Hut**, Ao Klong Chao, 📞 092-494 3600. In bester Lage bzw. direkt an der Brücke und auch schon zur Mittagszeit gut besucht. Hausmannskost in großen Portionen und BBQ mit frischem Seafood, das angeblich nur aus tieferem Wasser stammt ... Abends gibt es Drinks von der integrierten Sabaay Bar oder manchmal auch Livemusik. 🕐 8–22 Uhr.

💶 **Kraten Seafood**, im Inselinneren, 📞 089-936 9422. Vom Volksmund gern als „Mukata Restaurant" bezeichnet und zu den besten, günstigsten und am längsten offenen Spots zählend, mundet hier vor allem das Hot-Pot-Gericht Mukata für bis zu 4 Pers. bzw. 250 Baht. 🕐 8–22.30 Uhr.

**Pizza & Pasta**, im Inselinneren, 📞 083-297 2860, 💻 www.pizzanpasta.info. Der stets humorvolle Italiener Alex – er lässt sich nicht zuletzt ob

seiner melodischen, gestenreichen Sprache zu den Insel-Originalen zählen – hatte mit seiner Frau Keau früher ein Restaurant auf Phuket. Gute italienische Küche und Knusper-Pizzas, bei Bedarf auch mit Liefer- oder sogar Taxiservice (nur 100–200 Baht pro Strecke). Neu im Angebot ist tgl. Frühstück. 🕐 9–21 Uhr.

**Ra Beang Mai Chay Khow**, Ao Klong Chao, 📞 080-099 3843. Beschaulich, angesagt und lecker: An der Zufahrt zum Baan Klong Jao Homestay ihrer Mutter, bieten Khun Goy und ihr ebenfalls freundlicher Mann Chiap deftige, treffend bepreiste Isarn- und Seafood-Gerichte, sowie neuerdings auch 2 Bungalows. 🕐 8–22 Uhr.

🏨 **View Point Café**, Ao Klong Chao, 📞 087-886 5330, 💻 auf Facebook. Zwischen Hauptstraße und Lagune im leider malträtierten Mangrovenhain, aber als perfekter Spot zum Sonnenuntergang inkl. Happy Hour ab 17 Uhr (Cocktails für 100 Baht, Mojitos 150 Baht). Tagsüber servieren der Australier Dick und seine Frau Wan diverse Kaffee- und Kuchenspezialitäten, hausgemachten Joghurt, Salate oder Frühlingsrollen. 🕐 8–19 Uhr.

## Ko Kood bei Nacht

Die Möglichkeit zu nächtlichen Streifzügen hält sich in Grenzen – fast alle Spots liegen im Bereich des Ao Klong Chao. Urlauber zieht es vor allem an die einladende, leider etwas teure **Strandbar** des Peter Pan Resorts, eine ähnlich gestylte Bar findet sich neuerdings mit dem **Bliss** am S-Beach. Als beste Anlaufstelle für Party-Publikum fungierte lange die mitten in den Mangroven liegende **Sunset Bar**, die aber schon häufig im Mittelpunkt von Lärmbelästigung, Schlägereien und Razzien gestanden hat. Nur einen Steinwurf entfernt lockt der urige Holzbau der **Tawan Eco Bar**, wo der freakige Mr. Jong(kon), 📞 087-833 9627, gern mit Freunden oder Gästen zur Gitarre greift. Als ultimativer und meist auch am längsten geöffneter Insidertreff gilt das weit hinten an der Lagune liegende, leider nur sporadisch betriebene **Bartist** von Mr. U.

**DIE OSTKÜSTE**

Als Gründer des Happy Days Gh. und der Tauchbasis **Paradise Divers**, ✆ 087-144 5945, 🖥 www.kohkood-paradisedivers.com, bereits seit 2004 auf Ko Kood heimisch, kennt sich der knuffige Exil-Münchner **Mike** in der Unterwasserwelt der Insel ebenso gut aus wie mit den Geheimnissen im Inneren. Tauchausflüge mit 2 Durchgängen kosten 3000 Baht, 3–4 Tage Open Water-Kurs 14 500 Baht. Schnorcheltrips lassen sich inkl. Ausrüstung und Verpflegung für 1000 Baht p. P. buchen. Auf Anfrage zuweilen auch geführte Trekkingtouren.

Bisher ist die Insel noch verblüffend frei von **Fahrrädern**, sodass man sich für Erkundungstouren mit einem der vielerorts angebotenen **Miet-Mopeds** (250–300 Baht pro Tag) versorgt. Tagestouren per **Charter-Taxi** für 1500–2000 Baht bieten die etwas Englisch sprechende **Mrs. Gig**, ✆ 080-633 5624, der freundliche **Mr. La**, ✆ 087-616 4216, oder der Gemüsehändler **Mr. Porn**, ✆ 082-203 9639.

### Geld

Es gibt keine offiziellen Möglichkeiten zum Geldwechsel, aber seit Kurzem den ersten Geldautomaten – platziert in der Nähe des Krankenhauses.

### Informationen

Gute Infos zu den Unterkünften sowie zur Geschichte der Insel, den Attraktionen, Aktivitäten, Stränden und Unterkünften bieten z. B. 🖥 www.kohkood.com und 🖥 www.destinationkohkood.com.

### NAHVERKEHR

Transfers vom/zum Fährschiff oder Schnellboot bzw. ab/zur Unterkunft sind bei allen Anbietern im Ticketpreis eingeschlossen, doch sonst sträuben sich die Insulaner gegen ein organisiertes System mit **Charter-Taxis**, sodass Passagen aller Art individuell zu vereinbaren sind mit den Hotels und privaten Pick-up-Besitzern (s. Touren). Kürzere Fahrten liegen bei 300–500 Baht.

Für die An-, Ab- und Weiterreise per Boot S. 590 sowie die Kästen S. 591 und S. 616.

## Weitere Inseln des Archipels

Jede der insgesamt 52 Inseln im Meeresnationalpark von Ko Chang hat ihren eigenen Charakter. Die meisten sind unbewohnt, andere wiederum in Privatbesitz mit einem abgeschiedenen Bungalowresort bebaut und nur im Rahmen von Pauschaltouren zu besuchen.

Das 6 km südöstlich der Hauptinsel liegende **Ko Wai** wird geprägt von Hügeln, Bananenstauden, Mango-Bäumen und Kokospalmen. Hauptattraktion sind die kleinen, teilweise wahrlich paradiesisch wirkenden Strände. Zwischen 10 und 16 Uhr wird die Idylle verstärkt durch Tagesausflügler gestört. Die Korallengärten beginnen meist schon in unmittelbarer Strandnähe, doch leider sind weite Flächen abgestorben. An den Koh Wai Paradise Bungalows gibt es einen 15-minütigen Weg von der Nord- zur Südseite. Verglichen mit den Nachbarinseln erscheint der Standard der Unterkünfte überraschend niedrig. Mehr darüber s. eXTra [10067].

Unter westlichen Besuchern bisher kaum bekannte Eilande sind z. B. **Ko Phrao Nai** und das ebenfalls vor der Küste der Hauptinsel geschützt in der Bucht von Salakphet liegende, mit einer kleinen Bungalowanlage bebaute **Ko Phrao Nok**. Auch die flache, als „Papierinsel" bezeichnete

**Ko Kradaat**, benannt nach den dort wachsenden Bäumen, verfügt über ein Inselresort – und Süßwasservorkommen. Sie wird von einer speziellen Hirschart bevölkert, die hier zur Zeit von König Rama V. angesiedelt worden ist und der Insel den Spitznamen „Deer Island" beschert hat.

Die vor allem im Rahmen von Tauchexkursionen angelaufene, aus acht Eilanden bestehende Inselgruppe von **Ko Rang** (N.P.-Gebühr 200 Baht) ragt mit ihren Felsen steil aus dem Meer und ist für die Ernte von Schwalbennestern bekannt. Unter der Wasseroberfläche locken ausgedehnte Korallengärten. Von besonderem Reiz ist **Ko Lao Ya**, das an seiner Ostküste mit einem 200 m langen Sandstrand gesegnet ist, während die beiden unmittelbar vorgelagerten Inselchen **Ko Lao Ya Klang** und **Ko Lao Ya Nok** schöne Korallenriffe aufweisen.

## Grenzübergänge nach Kambodscha

Alle Übergänge ⊕ 6–22 Uhr, Visa on Arrival (S. 45).

### Ban Hat Lek – Cham Yeam
Von Trat auf dem H318 bis nach Ban Hat Lek. Hier kostet ein 30-Tage-Visum theoretisch US$30 – verlangt wird jedoch meist ein völlig überhöhter Preis in Thai-Baht. Man kann sich auf eine Diskussion einlassen und/oder den Vorfall melden, doch das kostet meist erheblich Zeit und Nerven. Vorbei an Spielkasinos und u. a. über eine mautpflichtige Brücke geht es per Mopedtaxi (100–150 Baht) oder Tuk Tuk/Limousine (als Charter 250–300 Baht) 12 km weit nach Koh Kong. Der Name bezeichnet die Provinz, ihre Hauptstadt und die vorgelagerte, größte Insel Kambodschas, 🖳 www.koh-kong.com, 🖳 www.koh-kong-cambodia.com, 🖳 www.koh-kong-cambodia.de. Als gute Infobörsen vor Ort fungieron z. B. **Otto's Guesthouse**, ✆ +855-12-924 249, oder **Paddy's Bamboo Gh.**, ✆ +855-1553 3223, 🖳 auf Facebook.

### Ban Pakkad (Chantaburi) – Pailin (Psah Prum)
Von Chantaburi auf dem H317 nach Norden bis Wat Nam Khao und von dort über den H3210 und den H3193 bzw. dem Schild zum **Thai-Cambodian Market** folgend bis zur Grenze. Auch hier wird für das US$30 teure Visum oft ein überhöhter Baht-Preis verlangt. Im Niemandsland finden sich mehrere Spielkasinos und Hotels. Zum 20 km entfernten Pailin geht es per Mopedtaxi (150–200 Baht), Sammeltaxis (um 100 Baht) oder Charter-Taxis (300–400 Baht). Der neue, rund 40 km nördlich liegende Übergang **Soi Dao** – **Kamrieng** wird selten genutzt.

### Aranyaprathet – Poipet
Empfiehlt sich für eine direkte Anreise nach Siem Reap (Angkor Wat), S. 555.

### Wichtiger Hinweis
Wer sich das Kambodscha-Visum vorab über 🖳 http://evisacambodia.com besorgt, kann eine Menge Zeit, Nerven und Geld sparen.

# Die Golfküste

**Während die nördliche Golfküste neben herrlichen Stränden auch schmucke Paläste und sehenswerte Tempelanlagen bietet, sind die Inseln im Golf das Ziel für Freunde von tollen Sandstränden und einladendem Meer. Einst beliebte Hippie-Paradiese, zählen Ko Samui, Ko Pha Ngan und Ko Tao heute zu den meistbesuchten Orten Süd-Thailands.**

# Stefan Loose Traveltipps

**Khao Sam Roi Yot National Park**
Streifzüge durch das Naturschutzgebiet
mit seinen Höhlen, dem Meer und einer
reichen Vogelwelt. S. 645

**Prachuap Khiri Khan** Charmante Kleinstadt und ein herrlicher Ausblick vom
Gipfel des Spiegelbergs über die wunderschönen angrenzenden Buchten. S. 647

**Ko Samui** Der Hat Chaweng verführt
zum Faulenzen, Einkaufen und Bummeln,
und am Hat Mae Nam erlebt man das
ruhige Samui. S. 664

**12** **Ko Pha Ngan** Radtouren bei Sonnenuntergang entlang der Westküste, Wanderungen durch den Dschungel
zu abgelegenen Stränden und Tanzvergnü-
gen im Mondschein. S. 692

**13** **Ko Tao** Schöne Tauchreviere im
Golf und ein guter Spot für Tauchanfänger und Schnorchelfreunde. S. 724

**Nakhon Si Thammarat** Fernab der
Touristenströme im religiösen Zentrum
der Region stehen einige der ältesten
Tempel des Südens. S. 746

BAN KRUT © M. MARKAND

MITBEWOHNER IM GUESTHOUSE; © M. MARKAND

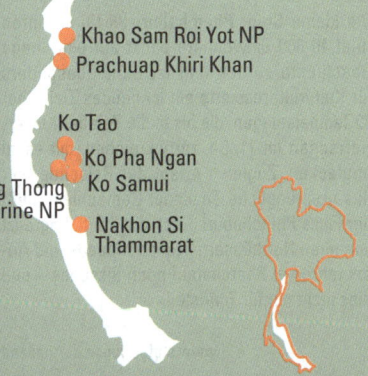

Khao Sam Roi Yot NP
Prachuap Khiri Khan
Ko Tao
Ko Pha Ngan
Ko Samui
g Thong
rine NP
Nakhon Si
Thammarat

**Wann fahren** Eine gute Reisezeit sind die
deutschen Sommermonate, auch wenn es
vereinzelt regnet. Die Hauptsaison beginnt
im Dezember und endet Anfang April.

**Wie lange** Zwei Tage für die Erkundung
der Tempel in Phetchaburi; für die Strände
auf den Inseln mindestens zehn Tage

**Bekannt für** das historische Seebad Hua
Hin, herrliche Strände auf den Inseln

**Unvergessliches Erlebnis** Wilde Elefanten
im Kui Buri National Park sichten

**Nicht versäumen** An den Straßenständen
in Hua Hin Fisch und Suppe essen

# Die nördliche Golfküste

Der schmale Landstrich zwischen Bangkok und Chumphon wurde lange Zeit vor allem von einheimischen Touristen besucht. Inzwischen gesellen sich auch westliche Touristen dazu – vornehmlich solche im fortgeschrittenen Alter. Schon im 19. Jh. erkannten die Mitglieder des Königshauses die Schönheit der hiesigen Strände und ließen Seebäder erbauen. In Hua Hin steht noch heute der königliche Bahnhof aus den 1920er-Jahren, als der Tourismus begann.

Das Gebiet kann mit dem Bus oder dem Zug bereist werden. Beide Strecken führen nahe am Meer entlang. An den Bahnhöfen der Provinzhauptstädte warten Mopedtaxis (mit und ohne Beiwagen) mit ortskundigen Fahrern – vorausgesetzt es regnet nicht! Zahlreiche lokale Verkehrsmittel ermöglichen zudem, die Gegend auf eigene Faust zu entdecken. Für kleinere Ausflüge empfiehlt sich ein Fahrrad oder Moped.

Wer gern die Speisekarte auf Deutsch liest und westlichen Komfort sucht, ist in Hua Hin richtig. Ruhesuchende zieht es nach Ban Krut oder Bang Saphan. Auch Chumphon hat Strände. Von hier kann man in Richtung Ranong an der Andamanenküste fahren, weiter an der Golfküste entlang reisen oder auf eine der Inseln im Golf (Ko Samui, Ko Pha Ngan und Ko Tao) übersetzen.

## Phetchaburi und Umgebung

Die kleine Stadt **Phetchaburi** [4073] mit ihren rund 40 000 Einwohnern blickt auf eine lange Geschichte zurück und ist daher besonders für Kulturinteressierte ein lohnendes Ziel. Über 30 Tempelanlagen, die bis in die Zeit der Khmer-Herrschaft im 11. Jh. zurückreichen, gilt es zu entdecken. Zugleich erlebt der Reisende hier das ursprüngliche Thailand: Gemächlich fließt der Fluss Phetchaburi durch die Stadt, begrenzt von alten Holzhäusern. Neben Mopeds und Autos fahren in Phetchaburi noch Rikschas – und dies nicht nur für Touristen.

Meist wird die Stadt Phetchaburi genannt, manche sagen auch Petchburi, Phetburi oder Bhetchaburi. Sie liegt etwa 135 km südlich von Bangkok und dient den Herrschern Thailands seit Ende des 19. Jhs. als Ferien- und Rückzugsort. So entstanden hier Paläste und zahlreiche Wats. Dass die Stadt bereits während der Khmer-Herrschaft bedeutend war, belegen die aus dieser Zeit erhaltenen Bauten. Noch heute wird in Phetchaburi die Kunst des Tempelbaus, vor allem die Ausarbeitung der Ornamentik, gelehrt.

In der Umgebung lockt der Strand **Hat Chao Samran**, dessen rauer Charme zwar nicht mit den Traumstränden weiter im Süden konkurrieren kann, der aber vor allem bei den Einheimischen sehr beliebt ist.

Auch die ländliche Umgebung ist interessant: Auf den Salzfarmen mühen sich junge Männer mit den ursprünglich aus Vietnam stammenden Tragestangen ab und sammeln das Salz in großen Haufen zum Transport. Ochsen grasen am Wegesrand, sie gehören den Bauern, die in Pfahlbauten wohnen (auch diese lassen, wie die Tempel der Stadt, in ihrer Bauweise die Einflüsse der Khmer erkennen).

## Wats

Mitten in der Stadt steht **Wat Mahathat Worawihan**, das weithin sichtbare Wahrzeichen von Phetchaburi. Etwa 50 m hoch und glänzend weiß getüncht, erhebt sich der zentrale Prang, umrandet von vier kleineren Stupas. Das Wat beherbergt Reliquien Buddhas und zahlreiche Arbeiten zeitgenössischer Ornamentik.

Als ältester Tempel der Stadt gilt das verfallene **Wat Kamphaeng Laeng**. Die Sandsteinbauten datieren aus der Zeit der Khmer-Herrschaft im 12. Jh. Es ist das am südlichsten gelegene Khmer-Heiligtum Thailands. Das Wat diente vor der Umgestaltung zum buddhistischen Heiligtum der Verehrung brahmanischer Götter. Die drei Prang entsprechen der Bauweise der Bayon-Zeit. An den Steinmauern finden sich nur noch wenige erkennbare Darstellungen von Nagas und Dämonen.

Schöner und recht gut erhalten sind die Steinmetzarbeiten des **Wat Pailom**. Dieser kleine Tempel ist zwar sehr verfallen, doch sind noch einige Alltagsszenen in Stein gut erkennbar.

**Wat Yai Suwannaram** stammt aus der Ayutthaya-Periode (17. Jh.). Vor allem der fensterlose Bot beeindruckt mit seinen achteckigen Säulen und riesigen Holztüren. Wandmalereien schmücken die Türen und Wände; sie erzählen von Hindugöttern, die Buddha ehren, und mythischen Fabelwesen. Zudem zeigen sie Naturabbildungen von Flora und Fauna.

Das **Wat Ko Kaew Sutharam** stammt ebenfalls aus der Ayutthaya-Periode und gehört dank seiner kunstvollen Stuckarbeiten, die Gottheiten und Blumen zeigen, zu den schönsten Heiligtümern der Stadt. Zu sehen sind wunderschöne Wandmalereien aus der Mitte des 18. Jhs., die Szenen aus dem Alltag der Stadt zeigen. Motive sind zudem die ersten zehn Leben Buddhas. Gegenüber der zentralen Buddhafigur ist das Universum mit den 27 Sterngruppen dargestellt. Wer vormittags hierher kommt, hat gute Chancen, einen Mönch zu treffen, der das Heiligtum aufschließt. Der Eingang des Tempels liegt an der Panit Charoen Road (Soi Wat Ko Keo I) gegenüber dem südlichen Uhrturm.

Im **Wat Phra Song** ist aktuelle Holzschnitzkunst zu sehen. Dargestellt sind u. a. Szenen des Ramakien. Erzählt wird die Rettung Sitas aus den Fängen ihres Entführers Tosakan durch Rama und den Affengeneral Hanuman.

Das **Wat Chi Prasoet** beeindruckt durch aktuelle Stuckarbeiten hiesiger Künstler.

**Wat Phra Phuttha Saiyat** (auch Wihara Phranon) befindet sich am Fuße des Khao Wang und beherbergt Thailands viertgrößten liegenden Buddha, der 34 m lang ist.

## Phra Nakhon Khiri-Palast

Auf einem der drei kleinen, bis etwa 95 m Höhe aufsteigenden Hügel des Khao Wang unweit der Stadt steht der von König Mongkut (Rama IV.) 1859 erbaute Sommerpalast **Phra Nakhon Khiri**. Der Komplex ist eine Verbindung aus westlichen und asiatischen Stilen. Er umfasst neben dem Herrscherhaus, der Thronhalle, dem Theater, einem Wat und den Tierställen auch ein Observatorium. Der Herrscher, dessen Hobby die Sternenkunde war, blickte hier aus dem gläsernen Kuppeldach ins All. Die Menschen der Umgebung nutzten das Gebäude als Leuchtturm, denn der Lichtschein zeigte ihnen den sicheren Weg

## Leben wie Kaiser Wilhelm

Im Süden Phetchaburis befindet sich der Palast **Phra Ram Ratcha Niwet**, im Volksmund Ban Puen Palace – *Puen* heißt übersetzt Kanone (diese schmücken den Eingang), s. auch **eXTra [4693]**. Ganz im Stil Kaiser Wilhelms wurde er ab 1910 unter der Leitung des deutschen Architekten Karl Sigfried Dohring (1879–1941) im Auftrag von Rama V. erbaut. Der König plante hier die Regenzeit zu verbringen, verstarb jedoch noch vor Fertigstellung. Erst 1916 unter Rama VI. wurde der Palast vollendet. Er diente ab 1918 als Unterkunft für Staatsgäste. Seit der Renovierung 1987 erstrahlt das Gebäude in altem Glanz. Zu sehen ist ein Mix aus Jugendstil, Art nouveau und Barock. Es erinnert eher an ein altes deutsches Schloss als an einen thailändischen Palast. ⏱ 8–16 Uhr, Eintritt 100 Baht.

in die Ao Ban Laem. Heute können Besucher von der Kuppel aus die Umgebung betrachten. Im **Phra Nakhon Khiri-Nationalmuseum** kann man den königlichen Haushalt bestaunen. Der Einfluss westlicher Stilrichtungen (einiges mag

von Rama V. stammen, der hier ebenfalls wohnte und ein Freund Kaiser Wilhelms war) ist unübersehbar. Der gesamte Komplex wurde zum **National Historical Park** erklärt. Im Februar wird hier ein großes Fest gefeiert und das Areal in Musik und Licht getaucht.

Man erreicht den Palast mit der Schienenbahn oder zu Fuß. Wer marschieren will, muss sich mit den Affen herumschlagen und sollte sein Geld sichern. Auch mitgebrachtes Essen wird von den frechen Tieren gerne geklaut. Unterwegs kann man überall Futter kaufen, um die hungrigen Mäuler zu stopfen. Der etwa halbstündige Spaziergang ist sehr schön und beginnt an der Ratchavithi Road; Nagas weisen den Weg. ⏱ Museum 9–16 Uhr, Eintritt 150 Baht, Kinder frei. Seilbahn 40 Baht, Kinder ab 90 cm 15 Baht, die Bahn fährt von 8.30–16.30 Uhr.

### Grotten und Höhlen

Etwa 3 km nördlich von Phetchaburi liegt die Tropfsteinhöhle **Khao Luang** im gleichnamigen Berg, mit faszinierenden Stalagmiten und Stalaktiten, zahlreichen antiken Buddhafiguren, Chedis und einem 6 m langen liegenden Buddha. In der großen Haupthalle und zwischen den Tropfsteinen oder in Nischen und Höhlen versteckt, kommen die heiligen Relikte im Schein der durch die Decke strahlenden Sonne gut zur Geltung. Durch die Öffnungen im Dach strömt auch frische Luft herein. Die Szenerie beeindruckt besonders zwischen 11 und 14 Uhr. ⏱ 9–16 Uhr, am Wochenende und an Feiertagen bis 17 Uhr. Führer 100 Baht, Motorradtaxi 100–150 Baht, Taxi 200–300 Baht.

Auch die drei Höhlen auf dem Berg **Khao Bandai It**, knapp 3 km westlich von Phetchaburi, sind einen Besuch wert. Ein neuer Buddha blickt erhaben vom Hang hinab. Auf halber Höhe des 120 m hohen Hügels stößt man auf ein Labyrinth aus Tropfsteinhöhlen, die einst der Meditation dienten. Die etwa 30 m lange Höhle **Tham Pathun** beherbergt über 40 Buddhafiguren. Die Höhle **Tham Russi** (Höhle der Weisen) diente Einsiedlern als Ort der Meditation. Ihr Eingang liegt neben dem **Wat Khao Bandai It**. Dieser Tempel wurde von einem wohlhabenden Bürger Phetchaburis in der Ayutthaya-Ära erbaut. Bewundernswert ist der schön gestaltete

# Phetchaburi

**N** 0 — 500 m

■ **ÜBERNACHTUNG**
① The Royal Diamond Hotel
② Sun Hotel
③ White Monkey Gh.

Bahnhof
3176
Ban Laem
3178

Khao Luang-Höhle
Chom Chao-Krankenhaus
Rotfai Rd.
Ratsewek Rd.
SPIELPLATZ
NACHT-MARKT
Phetchaburi River

Bangkok, Ratchaburi
MARKT
Petchkasem Rd.
① ATM
NACHT-MARKT

Wat Maha Samanaram
Ratchavithi
Wat Ko
Wat Chi Sa In
Wat Trai Lok
Pongsuriya Rd.

② 
Phra Nakhon Khiri-Palast
SCHIENENBAHN
Kiri Rathaya Rd.
Wat Sa Bua
Wat Chisa
③
Wat Phlap Pla Chai
Surinyucha Rd.
Parit Charoen Rd.
SCHULE
Matayawag Rd.
Nauanchan
Wat Yai Suwannaram
Wat Kamphaeng Laeng
Phrasong Rd.
Pho Karong

*Khao Bandai It*
*Khao Wang*
Wat Phra Phuttha Saiyat
Wat Kuti Dao
Dammoen
Wat Pailom
Wat Phra Song

Wat Bandai It
Wat Chang
Wat Mahathat Worawihan
Ratchadamnoen Rd.
Wat Tho Rd.
UHRTURM
④
Suraphan Rd.
Wat Chi Prasoet
Wat Sanam Phram

3171
Bandai It Rd.
NACHT-MARKT
Petcharat-Krankenhaus
Wat Konkaram
Kasem Rd.
ALTES STADT-VIERTEL
Boriphat Rd.
Wat Chi Prakut
Wat Pribpree

Petchkasem Highway
Soi 13
⑤
Tha Song Rd.
Phet Phli Rd.
Rd.

SPIELPLATZ
Sela Thong Rd.
UHRTURM
Thahin
Wat Pom

Wat Ko Kaew Sutharam
Pasansuk Rd.
Wat Buak Rd.
Phumit Rd.

Wat Juntravas
Damrongrak Rd.

⑥ 2, Hua Hin, Prachuap Khiri Khan
Phra Ram Ratcha Niwet-Palast
Hat Chao Samran
L 3177 →
1005

■ **ESSEN**
1 Restaurant Kaothai
2 Rabiong Rimnun Gh & Restaurant

■ **SONSTIGES**
1 Tesco Lotus
2 Big C

■ **TRANSPORT**
① Minibusse nach Bangkok
② Busse nach Bangkok (2x)
③ Tuk Tuk zur Khao Luang-Höhle
④ Bus nach Chao Samran
⑤ VIP-Busse nach Chumphon, Surat Thani, Phuket, Krabi, Ranong
⑥ Busse nach Hua Hin, Cha-Am

**DIE GOLFKÜSTE**

Garuda. Die Legende weiß zu berichten, dass der Mann den Chedi für sich errichtete, den Bot für seine Frau und den Viharn für seine Nebenfrau. Der Chedi beugt sich leicht Richtung Viharn, was in romantischer Lesart die wahren Gefühle des Mannes offenbart. Taxi 200–300 Baht.

## Hat Chao Samran

Etwa 15 km von Phetchaburi entfernt erstreckt sich über viele Kilometer der weitläufige, von Kasuarinen bestandene **Chao Samran-Strand** – beliebt bei einheimischen Touristen. Am zentralen Sammelpunkt finden sich Restaurants und Supermärkte. Am Wochenende sind die Unterkünfte meist ausgebucht. Abfahrt der blauen Songthaew am innerstädtischen Uhrturm an der Wat Tho Road. Letzte Rückfahrt um 15 Uhr.

### ÜBERNACHTUNG

**Sun Hotel** ②, 3/33 Soi Petchkasem Soi 1 (gegenüber der Schienenbahn), ✆ 032-400 000. Sehr große Zimmer mit AC und TV. Einige haben einen Balkon und bieten einen tollen Blick auf Khao Wang. Das Restaurant befindet sich in der Lobby. Inkl. Frühstück. Nachteil der oberen Geschosse: Es gibt keinen Aufzug. ③ – ④

**The Royal Diamond Hotel** ①, 555 Petchkasem Highway, ☎ 032-411 061, 🖥 www. royal diamondhotel.com. Recht kleine Zimmer im großen Hotelkomplex. Doppelbett, Extrabett für Kinder 350 Baht. Etwas verwohnt und mit Teppichboden. TV und Minibar. Aufzug. ❸–❺

€ **White Monkey Gh.** ③, 78/7 Khlong Krachaeng Rd., ☎ 092-840 1633. Leser-tipp: Für kleines Geld gibt es hier Zimmer mit oder ohne eigenes Bad, z. T. AC und TV. Einfaches Frühstück inkl. Es gibt sogar einen kleinen Garten. ❶–❸

## ESSEN

Bekannt ist die Region für besonders leckere Süßigkeiten, die aus Kokosmilch, Palmzucker und Gänseeiern hergestellt werden. Im alten Stadtviertel finden sich einige Geschäfte, die diese Köstlichkeiten seit Generationen verkaufen. Erhältlich sind sie auch auf dem **Markt**, der morgens von 3–9 Uhr zwischen der Chomklao-Brücke/Yai-Brücke und der Charoen Rd. stattfindet. Nachmittags gibt es einen Markt in der Phanit Rd. Auf beiden Märkten finden sich auch kleine **Stände** mit Suppengerichten, viel Obst und frischem Gemüse.

€ **Rabieng Rimnun Gh. & Restaurant**, 1 Shee Sra Inn Rd., ☎ 032-425 707. Das beliebte Restaurant besticht vor allem durch seine Lage am Fluss. Englische Speisekarte. Vegetarier können sich auf eine vielfältige Auswahl freuen. Günstig und gut. Vermietet auch einfache, verwohnte Zimmer. ❶–❷

**Restaurant Kaothai**, liegt zwar weniger idyllisch an der großen Straße, doch das Essen in diesem einfachen Haus ist schmackhaft, die Preise sind niedrig und die Besitzer sehr freundlich. Am innerstädtischen Uhrturm findet man zudem viele **Essensstände** mit günstigen Gerichten.

## TRANSPORT

### Busse

BANGKOK, ab dem AC-Busbahnhof gegenüber der Post am Nachtmarkt in ca. 2 Std. Von 5–20 Uhr Minibusse etwa jede halbe Stunde zum Southern Busterminal. Von der Endhaltestelle an der Pin Klao Rd. ist es nicht weit zur Khaosan

Rd. Wer in die Innenstadt von Bangkok oder zum Flughafen möchte, fährt mit den Mini-bussen zum Victory Monument. Dort weiter mit dem Skytrain. Abfahrt an der Rot Fai St. 200 m vom AC-Busbahnhof.

CHA-AM, HUA HIN, ab der Haltestelle nahe dem Big C (Petchkasem Highway) von 8–18 Uhr häufig Minibusse, mehrmals tgl. auch Busse mit und ohne AC, in etwa 1 Std.

CHUMPHON, SURAT THANI, PHUKET, KRABI, RANONG, VIP-, und 1.-Kl.-Busse ab der Bus-haltestelle 300 m südlich vom Petcharat-Krankenhaus am Petchkasem Highway. Tickets müssen im Voraus gebucht werden (spätestens 3–4 Std. vor Abfahrt der Busse in Bangkok). Abfahrt abends zwischen 20 und 23 Uhr.

### Eisenbahn

BANGKOK, u. a. um 7.27, 15.09 und 16.47 Uhr in ca. 4 Std.

CHA-AM, um 10.30, 12.34, 16.44, 19.08 und 22.05 Uhr in 30–40 Min.

CHUMPHON und SURAT THANI, um 10.40, 16.10, 17.46, 18.14 und 19.18 Uhr in ca. 4 bzw. 7 Std. Weitere Züge s. Fahrplan S. 954/955.

# Kaeng Krachan National Park

Der mit etwa 2915 km² größte Nationalpark Thailands ist noch weitgehend unerforscht. Im Juni 1982 wurde das Gebiet zur Schutzzone erklärt. Der Park erstreckt sich bis an die birmanische Grenze. Die bergige und nur schwer zugängliche Region ist Heimat vieler Großtiere: Hier soll es noch wilde Elefanten geben, einige Tiger und Leoparden durchstreifen angeblich die Gegend, und auch Großwild und Bären sind hier zu Hause – allesamt sehr scheu und nicht leicht zu entdecken. Freunde von Wasserfällen können den neunstufigen **Namtok Tho Thip** besuchen. Man sollte ein geübter Wanderer sein und über eine ordentliche Kondition sowie gutes Schuhwerk verfügen – und niemals ohne Guide losziehen. Beste **Reisezeit** sind die Monate von Mitte November bis Mai. ⊕ 7 bis 18 Uhr, Eintritt 300 Baht, Kinder 200 Baht. Von Mitte August bis in den November hinein bleibt der Park geschlossen. Ab 15 Uhr gilt das Ticket auch für den nächsten Tag. Die meist thailändischen Besucher übernachten normalerweise im **Bang Krang Camp** auf dem Weg Richtung Khao Phanoen Thung in Zelten. Einfache Toiletten sind vorhanden. Außerhalb des Parks gibt es gut ausgestattete **Nationalpark-Bungalows**, 🖳 www.dnp.go.th, ❹–❻, und weitere Anlagen von günstig bis teuer (die auf thailändische Besucher eingestellt sind).

Am einfachsten besucht man den Nationalpark im Rahmen einer Tour. Ein Pick-up mit Fahrer kostet etwa 2000 Baht pro Fahrzeug (ohne Eintritt). Eine **Hauptroute** durch den Park, die von den meisten Besuchern genutzt wird, ist ausgebaut und für Autos zugelassen. Mopedfahren ist nicht erlaubt. Infos für Selbstfahrer unter eXTra [5640].

## Cha-Am

**Cha-Am** [5443] ist neben Hua Hin der wohl älteste Badeort Thailands. Schon 1921 wurde der Strand von wohlhabenden adeligen Thais erschlossen. Hua Hin war den Ruhe suchenden Herrschaften zu sehr vom Königshaus dominiert, weshalb sie kurzerhand hierher auswichen, eine Straße bauen ließen und am insgesamt fast 7 km langen Strand zahlreiche private Villen errichteten.

Auch heute noch ist Cha-Am ein geruhsamer Ort, zumindest während der Woche. Am Wochenende kommen zahlreiche Ausflügler aus Bangkok hierher. An der Straße entlang dem Strand gibt es zahlreiche Hotels, Gästehäuser und Restaurants. Liegen unter Sonnenschirmen stehen bereit, ebenso wie aufgepumpte Autoreifen und Bananenboote. Reitpferde sorgen für „Abenteuer" und Jetski-Fahrer brettern übers Wasser. Am Nordende des Strandes befindet sich ein Dorf, wo morgens am Pier geschäftiges Treiben herrscht. Dahinter beginnen weitere Strände mit Luxusanlagen. Weiter südlich, zwischen Cha-Am und Hua Hin, reihen sich Fünf-Sterne-Hotels am Strand auf.

Das kleine, sehenswerte **Wat Neran Chararama** steht am Nordende der Stadt gegenüber der Statue König Naresuns. Zahlreiche Stupas und eine Buddhafigur mit sechs Armen, die sich Augen und Ohren bedeckt, befinden sich im Garten. Vor dem Gelände, leicht von der Straße zugänglich, werden in einem großen, offenen Pavillon die überlebensgroßen Statuen berühmter Mönche sowie ein rosafarbener Ganesh verehrt.

**Phra Ratchaniwet Maruekkhathaiyawan**, die königliche Sommerresidenz Ramas V. befindet sich auf dem Weg Richtung Hua Hin. Der Komplex, der auch als **Mrigadayavan-Palast** bekannt ist, besteht aus mehreren pastellfarbigen Teakholz-Gebäuden. Ordentliche Kleidung ist angebracht: Keine ärmellosen T-Shirts, keine kurzen Röcke oder Hosen. Es werden Sarongs bereitgehalten. 🕒 8.30–16, Sa und So bis 17 Uhr, Mi geschl.; Eintritt in den Palast und Park 100 Baht. Mit dem Mopedtaxi von Cha-Am und zurück ca. 500 Baht.

### ÜBERNACHTUNG

Entlang der Strandstraße werden einfache Zimmer ab 500 Baht vermietet. Zimmer in besseren Hotels kosten 600–1800 Baht. Am Wochenende wird es voll und 50–100 % teuer.

**Ban Lan Suan Resort**, 261/2 Ruamchit Rd., ✆ 032-433 171, 🖳 www.banlansuan.com. Kleine Anlage an der Hauptstraße mit attraktiven Zimmern in schönen Gebäuden, die in einem lang gestreckten Garten in tropischem Grün liegen. ❹–❺

**Bann Pantai Resort**, 247/58 Ruamchit Rd., ✆ 032-433 111, 🖳 www.bannpantai.com, [5782]. Zentral an der Strandstraße gelegene luxuriöse Herberge mit geschmackvollen Zimmern, z. T. in Villen. Großer Pool. Fitnessraum, kostenpflichtiges WLAN. Frühstück inkl. ❻–❽

**Cha Am Villa Beach**, 241/2 Ruamchit Rd., ✆ 032-471 595, 🖳 www.chaamvillahotel.com. Schöne Zimmer in verschiedenen 2- und 3-stöckigen Gebäuden mit TV, Minibar. Zimmer mit Blick auf den mäßig attraktiven Pool oder das Meer. Frühstück inkl. ❸–❹

**Nirundorn Resort**, 247/7 Ruamchit Rd., ✆ 032-471 038, 🖳 www.nirundorn.com. Hübsches cremefarbenes Holz-Stein-Haus an der Strandstraße. Die Zimmer sind alle unterschiedlich, aber geschmackvoll eingerichtet mit hübschen Details wie Mosaikbädern. Modern

DIE GOLFKÜSTE

und sauber, mit TV, Kühlschrank, kleinem Austritt oder Erker. Günstigere Zimmer nur mit kaltem Wasser. ❸

**Raya Resort**, 264/2 Ruamchit Rd., ✆ 032-472 641, 🖥 www.rayaresortchaam.com. Etwa 1 km außerhalb gelegene große Gartenanlage mit 16 doppelstöckigen Bungalows und 4 Villen, die in elegantem Luxus eingerichtet sind. Alle Zimmer mit getrenntem Wohn- und Schlafzimmer. Fahrradverleih, Internet, Pool, gutes Restaurant. ❽

**White Hotel**, Ruamchit Rd., ✆ 032-471 118. Das Hotel und die Zimmer sind etwas verwohnt. Sehr günstig sind die kleinen Zimmer mit Ventilator, eigenem Bad mit Kaltwasser und TV. WLAN nur in den AC-Zimmern. Schöner sind die Zimmer im 2015 eröffneten neuen Haus, aus einigen und von der großen Veranda im 1. Stock hat man einen schönen Blick aufs Meer. ❷–❹

## ESSEN UND UNTERHALTUNG

Viele Restaurants liegen entlang der Ruamchit Rd. Am Wochenende locken zudem einige Essensstände. Bars gruppieren sich rund um die Plaza. Dort befinden sich auch mehrere Kneipen und Restaurants unter thailändisch-europäischer Leitung.

**Aroy Restaurant**, 248/76 Chao Lai Rd., ✆ 032-470 479. Steaks, Pizza, Seafood und Thai-Küche in einem liebevoll gestalteten Restaurant, das mit vielen antiken Wand- und Standuhren dekoriert ist; der Besitzer ist ein leidenschaftlicher Sammler dieser Zeitmesser. ⊕ tgl. 8.30–23 Uhr.

**Da Vinci's**, 247 Ruamchit Rd. Gemütlich eingerichteter Italiener. Pasta und Pizza. ⊕ bis 23 Uhr. Im **OZone** und im **Max** an der Strandstraße (zwischen Soi 6 und 8 North) wird tgl. von 21–24 Uhr ruhige Livemusik gespielt.

## SONSTIGES

### Fahrrad- und Mopedverleih

Auf dem Drahtesel lassen sich geruhsam die Strandstraße und die nahe Umgebung erkunden. Ein Rad kostet 100 Baht am Tag. Spaß für die Familie bietet eine Ausfahrt mit dem Tandem oder dem 3er- und 4er-Rad (ab 200 Baht/Tag).

Mopeds können für 300 Baht pro Tag ausgeliehen werden. Verleih entlang der Strandstraße.

### Medizinische Hilfe

**Cha-Am Hospital**, Khlong Tian Rd., ✆ 032-471 007. Ambulanz ✆ 1669.

## TRANSPORT

Wer mit dem Bus aus Bangkok oder Hua Hin kommt, wird an der Narathip Rd., Ecke Petchkasem Rd., nahe dem Bahnhof abgesetzt. Von hier sind es etwa 900 m zum Strand (Mopedtaxi 50 Baht).

### Busse

Busse und Minibusse fahren am H4 (Petchkasem Rd.) ab.
BANGKOK, tgl. zum Southern Busterminal, von 3.30–21.30 Uhr alle 2 Std. für 155 Baht in etwa 3 Std., zudem halbstdl. mit HPT von 4.30–19.30 Uhr zum HPT-Office nahe dem Victory Monument für 160 Baht in 2 1/2 Std.
HUA HIN, alle 10–20 Min. verschiedene Busse für 35–50 Baht in 30 Min.
PHETCHABURI, halbstdl. von 7–19 Uhr für 50–80 Baht in 45 Min.

### Taxis

Taxis nach HUA HIN (400 Baht), PHETCHABURI (bis 1000 Baht) und BANGKOK (2500 Baht) an der Strandstraße.

### Eisenbahn

BANGKOK, um 4.53 und 14.33 Uhr in 4 1/2 Std.
CHUMPHON, um 11.18, 19.42 und 22.35 Uhr in ca. 5 1/2 Std.
HUA HIN, um 11.18, 13.10, 17.23, 19.42 und 22.05 Uhr in 30 Min.
PHETCHABURI, mit den Bangkok-Zügen in ca. 30 Min.
SURAT THANI, um 19.42 Uhr in 7 1/2 Std.

# Hua Hin

**Hua Hin** [4776] ist ein seit Jahrzehnten beliebtes Touristenziel mit allen Annehmlichkeiten. Große Hotels dominieren das Strandleben. Die Stadt lässt sich bequem erkunden und ist ein lohnender Shopping-Stopp vor der Abreise für all jene, die dem Trubel von Bangkok entfliehen wollen. Wer gerne auf dem Rücken eines kleinen Pferdes am Strand entlangreitet oder sich einfach nur faul am Hotelpool ausruhen möchte, ist hier gut aufgehoben.

Zahlreiche Touren in die Umgebung bieten sich an, sodass ein Urlaub sowohl für Individual- als auch für Pauschaltouristen zahlreiche Erlebnisse bietet.

Bereits seit den frühen 1920er-Jahren reisen Angehörige des Königshauses in dieses Seebad, und bis heute nutzt Bangkoks Oberschicht Hua Hin als Wochenendziel.

Die Stadt ist Heimat für etwa 60 000 Menschen. In den zahlreichen Geschäften gehen noch Schneider, Schmuckhändler, Souvenirverkäufer und Anbieter von Kunsthandwerk ihrer Arbeit nach. Nördlich des Hilton Hotels befindet sich die **Altstadt**, das Zentrum von Hua Hin. Hier erblickt man noch ein paar übrig gebliebene traditionelle, hölzerne Thai-Häuser. Wer in eine der kleinen Nebenstraßen abbiegt, taucht ein in das ursprüngliche Leben Hua Hins.

Der kilometerlange Strand von Hua Hin ist je nach Jahreszeit bei Ebbe über 100 m breit. Der Hauptstrand besteht aus weichem, weißem Sand und ist dank wöchentlicher Reinigung überwiegend sauber. Er wird von Felsen gesäumt, die gern als Sitzplatz für ein Erinnerungsfoto genutzt werden. Im Süden stehen kleine Tempel auf der sich hier zuspitzenden Landzunge, im Norden befindet sich ein kleiner chinesischer Tempel in den Felsen.

Einen Blick von oben auf die Stadt erlaubt der 160 m hohe **Khao Hin Lek Fai**, der knapp 2 km westlich des Zentrums liegt. Es gibt zwei offizielle und mehrere nicht ausgeschilderte Aussichtspunkte mit Blick auf Hua Hin und das Umland. Liebespaare kommen zum Sonnenuntergang hierher, aber wegen des Ausblicks lohnt auch ein Besuch zum Sonnenaufgang gegen 5 Uhr. In dem kleinen Park kann man gemütlich picknicken.

## Khao Takiap und Khao Krilas

Am südlichen Ende des Strandes, etwa 8 km vom Zentrum entfernt, liegt der Khao Takiap,

der von vielen auch „Chopstick Mountain" oder „Monkey Hill" genannt wird. Letzterer Name trägt der Tatsache Rechnung, dass hier viele Affen zu Hause sind, die leider nicht jeden Besucher herzlich empfangen. Die 20 m hohe, golden glänzende Buddhafigur am Fuße des nördlichen Kliffs gehört zur Tempelanlage Wat Khao Lad. Vom oberhalb gelegenen Wat, das man über knapp 130 Stufen auch vom Strand aus erreicht, hat man einen fantastischen Panoramablick. Überall finden sich hier kleine Tempelschreine und Buddhafiguren.

Wer ein weiteres Wat besuchen will, kann das sehenswerte **Wat Khao Krilas** auf dem gleichnamigen Berg im Süden der Stadt ansteuern. Mit dem Motorrad oder Taxi ist es in etwa 10 Min. erreicht.

### ÜBERNACHTUNG

Gästehäuser und kleine Hotels der mittleren Preisklasse sind zahlreich vorhanden, oftmals mit gutem Preis-Leistungs-Verhältnis. Wer sich Luxus leisten kann, findet in Hua Hin auf jeden Fall eine schöne Bleibe. Es gibt renovierte Ferienhäuser aus den 1920er-Jahren ebenso wie große Hotels mit jeglichem Komfort. Fast alle Hotels und Gästehäuser haben WLAN, einige wenige nur an der Rezeption.

#### Untere Preisklasse
**Baan Somboon** ⑨, 13/4 Soi Kasemsomban, Damnoen Kasem Rd., ☏ 032-511 538, ✉ baansomboon@gmail.com. Heimelige Atmosphäre in familiärem Haus mit schönem kleinem Garten. Zimmer mit Ventilator oder AC, TV und Kühlschrank, inkl. Frühstück. Die Bäder könnten mal wieder runderneuert werden. Nachteulen aufgepasst: Die Türen schließen hier um 24 Uhr. ❸–❹

**Cha Ba Chalet** ⑧, 1/18 Sasong Rd., ☏ 032-521 181, 💻 www.chabachalet.com. Kleines Hotel in Bahnhofsnähe. Einfache, geräumige Zimmer mit TV und Kühlschrank. Familienzimmer. Viel Licht dank großer Fenster. Gutes Preis-Leistungs-Verhältnis, inkl. Frühstück. ❸–❹

**Tong-Mee House** ①, 1 Soi Ruam Phow, ☏ 032-530 725, 💻 tongmeehousehuahin.com.

Kleine AC-Zimmer mit Balkon, Holzmöbeln, TV, Safe und Kühlschrank. Ganz oben ein schönes Zimmer für 3–4 Pers. mit Dachterrasse (1000 Baht). Familiäre Atmosphäre durch die immer gut gelaunte Eigentümerin. ② – ③
**Victor Gh.** ②, 52 Naresdamri Rd., ✆ 032-511 564, ✉ victorguesthouse@gmail.com. Schöne Zimmer in 2 alten Teakhäusern. Zudem recht große Räume in geduckten Reihenhäusern (eher nicht so ansprechend). Teils Ventilator, meist jedoch mit AC, TV und Kühlschrank. Schöner Garten. ② – ④

### Mittlere und obere Preisklasse

**Baan Bayan** ⑫, 119 Petchkasem Rd., ✆ 032-533 5404, 🖳 www.baanbayanresort.com. Boutiquehotel in renoviertem Thai-Haus von ca. 1920. Direkt am Strand, wenige Minuten südlich des Zentrums. Pool mit Meerblick. ⑦ – ⑧

**Centara Grand Beach Resort & Villas** ⑩, 1 Damnoen Kasem Rd., ✆ 032-512 021, 🖳 www.centarahotelsresorts.com. Luxushotel, einst unter den Namen Railway Hotel in den 1920er-Jahren das erste Hotel am Platz. Die im viktorianischen Stil erbauten renovierten Villen und der Hotelkomplex strahlen eine gediegene, geschichtsträchtige Atmosphäre aus. Es gibt mehrere Restaurants und 2 Pools, natürlich auch Fitnesscenter und Spa. Großer Garten mit vielen Liegen und direktem Zugang zum schönsten Strandabschnitt. Feudaler geht es nicht in Hua Hin. Wem es hier zu teuer ist, der sollte es sich nicht nehmen lassen, im Museumscafé in kolonialer Atmosphäre einen Tee oder Kaffee zu schlürfen. ⑧

**Fulay Gh.** ④, 110/1 Naresdamri Rd., ✆ 032-513 145, 🖳 www.fulayhuahin.net. Altes Holzhaus auf Stelzen über dem Strand. Schöne Seeterrasse und Pavillon. Die Zimmer sind zwar etwas abgewohnt, aber die Location ist trotzdem stimmig. Für alle, die es etwas aufgeräumter wollen, bietet sich das **Fulay Hotel** ⑤, ✆ 110/1 Naresdamri Rd., ✆ 032-513 670, an der Straße dahinter an. ④ – ⑤

**Hua Hin Paradise Gh.** ⑥, 45/8-9 Dechanuchit Rd., ✆ 032-530 114. 200 m vom Strand entfernt. 13 Zimmer auf 2 Etagen; ausgefallene Dekoration, Minibar und Wasserkocher. Kaffee und Tee kostenlos. Schöner Gemeinschaftsbalkon zur Straße. ④

**Hüb Hua Hin 57 Boutiquehotel** ③, 30/1 Soi Ruam Pao, ✆ 082-363 8989, 032-900 589, 🖳 www.hubhuahin57.com. Modernes Gästehaus mit gut geschultem Personal und großen ansprechenden Zimmern. Zentrale Lage. Skurril allerdings, dass man teilweise die Balkone durch ein Fenster betritt. ④ – ⑤

**My Place Hua Hin Hotel** ⑦, 17 Soi Hua Hin, 74 Amnuay Sin Rd., ✆ 032-514 111, 🖳 www.myplacehuahin.com. Boutiquehotel mit 24 geschmackvoll ausgestatteten Zimmern. TV, Safe, Balkon. Inkl. Frühstück. Kleiner Pool auf dem Dach. ④ – ⑦

**Veranda Lodge** ⑪, 113 Hua Hin Soi 67, ✆ 032-533 678, 🖳 www.verandalodge.com. Schickes Hotel am Strand mit geschmackvoll gestalteten Zimmern und Villen in einem verwilderten Garten. Veranstaltet Hochzeits- und private Strandpartys. Pool. Inkl. Frühstück. ⑥ – ⑦

### ESSEN

Auf dem **Nachtmarkt** gibt es zahlreiche Stände mit Fisch; aber auch schon T-Bone-Steak vom Grill. Viele Besucher freut es, dass sich die meisten Stände und Lokale hier mittlerweile am Geschmack der westlichen Reisenden orientieren und die Gerichte auf deren leicht brennbare Zungen abschmecken. Der **Grand Night Market** ist noch weniger touristisch, sodass man hier die Gerichte auch als Europäer nach Landesart zubereitet bekommt, was u. a. bedeutet, dass an Chilis nicht gespart wird. Auf dem **Chat Chai-Markt** gibt es morgens Reissuppe (meist nur bis 8 Uhr), tagsüber günstiges Seafood oder andere Thai-Gerichte.

**All in Hua Hin**, Srasong Rd. Täglich wird hier frisches Brot gebacken, das man zum Frühstück mit leckerer Wurst, Käse oder Schinken verspeisen kann. Sehr große Auswahl an deutschen Gerichten. Viele Importwaren. ⏰ 8.30–22.30 Uhr.

**Brasserie de Paris**, 3 Naresdamri Rd., ✆ 032-530 637. Restaurant mit Meerblick und schönem Ambiente. Französische Küche, viel Seafood, gehobene Preise. ⏰ 11–22 Uhr.

Der König hat am Bahnhof von Hua Hin seine eigene kleine Haltestelle neben der fürs gemeine Volk.

**Coco 51**, Westende der Soi 51, ☎ 032-515 597. Gediegene „Casual Cuisine" mit Blick aufs Hilton und die Skyline der Stadt. Am Strand gelegen, tgl. Live-Jazz zum Dinner, Sa Swing-Jazz. ⏲ 11–23 Uhr.

**Cool Breeze**, 62 Naresdamri Rd., ☎ 032-531 062, 🖥 www.coolbreezecafebar.com. Das Restaurant befindet sich in der Altstadt in einem renovierten antiken Holzhaus. Kleiner Gartenbereich. Sehr gute Tapas, frische Sangria und eine gute Weinauswahl. Happy Hour von 10.30–19 Uhr, 3 Tapas zum Preis von 2. ⏲ 10.30–23 Uhr.

**Lost Café**, 123/33 Soi Nong Kae, ☎ 032-511 624, 🖥 www.lost-cafe.com. Liebevoll gestaltetes 2-stöckiges Restaurant. Überwiegend thailändische Küche, aber auch Pizza und Pasta (130–200 Baht). Snacks an der Bar, Wein und belgisches Bier. ⏲ 9–23 Uhr.

**Maharaja**, 25 Naresdamri Rd. Nordindische Küche in schöner Lage. ⏲ 11–23 Uhr.

In den Seafood-Restaurants, die auf Stelzen im Süden des Strandes thronen, kann man gut Fisch und andere Meeresfrüchte essen. Die Ware ist meist sehr frisch. Angesichts der exquisiten Lage sind die Preise für das Essen trotz der etwas heruntergekommenen Atmosphäre recht hoch. Gerichte zwischen 150 und 500 Baht. ⏲ 11–22 Uhr.

## AKTIVITÄTEN

### Golf

Hua Hin bietet Freunden des Golfsports paradiesische Bedingungen. Es gibt 9 Golfplätze in unmittelbarer Umgebung. Die Preise sind gemessen am Standard günstig. Einige Plätze bieten zudem gute Unterkünfte. Neben dem ersten Golfplatz Thailands, dem seit den 1920er-Jahren bespielten **Royal Hua Hin**, 🖥 www.golfhuahin.com, gibt es beispielsweise den **Banyan Golf Club**, 🖥 www.banyanthailand.com/golf, der 2008 seine Pforten öffnete. Inkl. Ausrüstung und Caddy kostet eine Runde je nach Platz zwischen 2250 und 3600 Baht.

### Kochkurse

**Thai Cooking Course**, 19/95 Petchkasem Rd., ☎ 081-572 3805, 🖥 www.thai-cookingcourse.com. Mind. 4, max. 10 Schüler lernen hier von einem (auch in Sachen Unterricht für Ausländer) erfahrenen Koch die Kunstgriffe der Thai-

Damrongrat Rd. **5**

Cha-Am,
Klai Klangwon-Palast

Naebkhehat
Narei-dami Rd.
Chomsin Rd.
Dechanuchit Rd.

Pala-U-
Wasserfall

Damnoen Kasem Rd.

*s. Detailplan*

**Bahnhof**

*Royal Golf Course*

Hua Hin Grand
Night Market
San Paulo Hospital

Petchkasem

**7** **6**
**7**

Huá Hin
**Market**
Village

Bangkok Hospital

**8**

**9**

**11**
**12**

**8**

**6**
Hyatt Regency

Banyan
Golf Club

*Golf von*

*Thailand*

*Khao Krilas*
POLIZEI
**Wat Khao Krilas**
**Wat Khao Lad**

*Khao Takiap*

Prachuap Khiri Khan,
Pranburi

## Detailplan (inset)

0   100 m

Naebkhehat
Petchkasem
Chomsin Rd.
**1**
POLIZEI
Sasong
Rd.
**Chat Chai-Markt**
NACHTMARKT
**2**
Hua Hin
Night Plaza
UHR-TURM
**3**
**7**
Annuay Sin Rd.
**8**
Shopping Mall
Kamnoadvithi Rd.
Damnoen Pone
Kasem Kingpetch-
Denkmal
Red Cross
Institute

**Bahnhof**

Dechanuchit
**1**
**3**
**6**

Poorsuk Rd.
**2**
**4**
**5**
**6**

Naresdamri Rd.
**1**

Seafood-
Restaurants

Soi Selakam
**Wat Hua Hin**
City Beach Resort
**1**
**4**
Soi Bintabat
S. Kanchanomai
**4**
POLIZEI
S. Kasengomthan
**9**
**6**

Hilton Resort & Spa
Hua Hin
**10**
Pferde
Hua Hin-Bazaar
TOURIST POLICE
Centara Grand Beach
Resort & Villas
(Ehem. Railway Hotel)

Küche. Beginn 9 Uhr, nach dem Marktbesuch wird zubereitet und anschließend gemeinsam gegessen. Ende gegen 15 Uhr. Freier Transport vom und zum Hotel. 1500 Baht p. P.

### Thaiboxen

**Grand Thaiboxing Gym & Stadium**, 222/2 Soi Grand Hotel, ✆ 090-438 0961. Kämpfe am Fr ab 21 Uhr. Kurse in Thai-Boxen und Aikido. Fitnesscenter ⏰ 6–18 Uhr.

**Thai Boxing Garden**, ✆ 032-515 269. Eingang neben Heidi's Gartenrestaurant. Kämpfe Do und Sa 21 Uhr. Karten zwischen 500 und 600 Baht. Wer mag, kann hier auch trainieren, ab 350 Baht am Tag, günstiger wenn man richtig einsteigt und länger bleibt.

### Wassersport

**KBA**, ✆ 081-591 4593, 🖥 www.kiteboard ingasia.com. Eines der 8 Kiteboard-Zentren der KBA-Schule in Thailand. Gutes Equipment, gute Ausbildung. Privatstunden für max. 2 Pers. Bietet Tageskurse oder Kurse bis zu 3 Tagen, zwischen 4000 und 11 000 Baht.

## SONSTIGES

### Autovermietungen

Autos, die man auch an anderen Orten zurückgeben kann, hat **Avis**, ✆ 032-547 523, 🖥 www. avisthailand.com. Günstiger sind die Jeeps der lokalen Anbieter. Autos mit Navigationsgerät vermietet **Budget**, ✆ 032-514 220, 🖥 www. budget.co.th, ganz im Süden, hinter dem Grand Night Market.

### Einkaufen

Der **Nachtmarkt**, der allabendlich ab 17 Uhr in der Innenstadt ab Kreuzung Petchkasem/ Dechanuchit Rd. über zwei Blocks hinweg seine Buden öffnet, ist bis etwa 23.30 Uhr eine wahre Fundgrube. Ein weiterer Nachtmarkt, der **Grand Night Market**, befindet sich gegenüber dem Grand Hotel. Hier gibt es nahezu alles, von Kleidung über Pflanzen bis zu Hunden und anderen Tieren. Auch im **Hua Hin Bazaar** lässt es sich herrlich stöbern, ebenso wie auf dem Chat Chai-Markt („day market"), auf dem von 5–17 Uhr Betrieb ist.

Neben zahlreichen kleineren Geschäften im Zentrum besitzt Hua Hin auch Shopping Malls wie das **Hua Hin Market Village** und die **Hua Hin Collonade Mall**. Auch 3 große **Outlets** zwischen Cha-Am und Hua Hin und die zahlreichen Schneider und Uhrenläden sind ein Eldorado für Schnäppchenjäger, die Markenartikel schätzen. Oft sind sie hier echt – aber nicht immer.

Einen Besuch wert ist der **OTOP Minimart**, Petchkasem Rd., Ecke Damnoen Kasem Rd., ✆ 087-171 3030, 🖥 www.otopprachuap.com. Hier gibt es viele authentische Produkte aus den umliegenden

Regionen – von Trockenfrüchten über Kokos-nussöl bis hin zu Seifen und Kleidung.

Das **Rashnee Thai Silk Village**, 18/1 Naebkehat Rd., ☎ 032-531 155, ist eine Geschäftsidee der Schneiderei Mike & Co Tailors und wirklich sehenswert. Ohne Kauf-zwang oder Eintritt wird dem Besucher in einem kleinen, schön gestalteten offenen Holzunter-stand gezeigt, wie Seide hergestellt wird: von der Raupe bis zum Stoff. Entweder läuft man etwa 1 km vom Uhrturm oder lässt sich kosten-los abholen. Mike & Co Tailors haben insgesamt fünf Geschäfte in Hua Hin. ⏰ 9–21 Uhr.

### Fahrrad- und Mopedverleih

Manche Gästehäuser vermieten ab 70 Baht pro Tag ein Fahrrad, für 200 Baht ein Moped. In der Stadt selbst herrscht viel Verkehr, und ein fahr-barer Untersatz ist eigentlich nicht nötig, da man vieles leicht zu Fuß erreichen kann.

### Informationen

Es gibt 2 Büros des **Tourist Office**. Das meist-besuchte und sehr informative Büro befindet sich am Uhrturm, ☎ 032-512 798, ⏰ Mo–Fr 8.30–20, Sa, So und an Feiertagen 9–17 Uhr. Das zweite Office liegt in der Damnoen Kasem Rd., Ecke Petchkasem Rd., ☎ 032-511 047, ⏰ Mo–Fr 8–16.30 Uhr.

Zudem gibt es in der Stadt werbefinanzierte Pocketguides mit aktuellen Veranstaltungs-hinweisen.

### Medizinische Hilfe

**Bangkok Hospital Hua Hin**, 888 Petchkasem Rd., ☎ 032-616 800, ☎ Notruf: 1719, 🖥 www.bangkokhospital.com/huahin. Gute inter-nationale Klinik.

**Hua Hin Medical Clinic**, 96/2 Petchkasem Rd., ☎ 032-513 901. In der kleinen Praxis können kleinere Verletzungen versorgt werden. ⏰ 9–12 und 16.30–21 Uhr.

**Red Cross Institute**, Erste-Hilfe-Station neben der Touristeninformation in der Damnoen Kasem Rd., ☎ 032-511 024. ⏰ 9–16 Uhr.

### Polizei

**Tourist Police**, nahe dem Sofitel, ☎ 032-515 995, oder Notrufnummer 1155.

**Polizeistation** (Diebstahlmeldung usw.), Damnoen Kasem Rd., ☎ 032-511 027.

### NAHVERKEHR

**Songthaew** verkehren von 6–21 Uhr. Alle grün-gelben fahren nur innerhalb der Stadt für 20 Baht. Zum Khao Takiap fahren Songthaew ab der Srasong Rd. für 20 Baht bei genügend Fahrgästen.

**Taxis** mit Taxameter verlangen für Kurzstrecken 50–100 Baht. Ein Taxi für den ganzen Tag kostet etwa 800 Baht, in der Hauptsaison 1000 Baht.

### TRANSPORT

### Busse

BANGKOK, mit HPT-Travel in der Srasong Rd. AC-Busse zum Southern Busterminal um 3, 8, 10, 12, 14, 16 und 21 Uhr für 175 Baht in 3 1/2 Std. Minibusse von HPT halbstdl. zwischen 4.30 und 19 Uhr für 180 Baht zum HPT-Büro nahe dem Victory Monument und stdl. zwischen 4 und 19.30 Uhr für 180 Baht zum Southern Bus-terminal. Die Minibusse benötigen bis Bangkok etwa 3 Std. Minibusse ab der Petchkasem Rd. fahren zwischen 6 und 19 Uhr für 180 Baht zum Victory Monument.

CHA-AM, alle Busse und Minibusse Richtung Bangkok können auf Wunsch in Cha-Am halten, 30 Baht in 30 Min.

CHUMPHON, mit Sombat Tour um 9, 10, 11, 12 und 12.30 Uhr für 180 Baht in 4 Std. (fährt von der gegenüberliegenden Straßenseite ab; frühzeitig dort sein, da der Bus aus Bangkok kommt).

CHUMPHON und zu den Fähren nach KO TAO, KO PHA NGAN und KO SAMUI, mit Lomprayah um 8.30 und 23.45 Uhr, Abfahrt ab dem Office an der Petchkasem Rd. Buchungen unter ☎ 032-533 739 (für Lom-prayah) oder im Reisebüro. Ko Tao 1000 Baht (Ankunft 14.45/8.45 Uhr), Ko Pha Ngan 1300 Baht (16.30/10.45 Uhr), Ko Samui 1400 Baht (16.40/11.20 Uhr).

HAT SAM ROI YOT, mit den orangefarbenen Bussen nach Pranburi und von dort noch 40 km mit dem Taxi (ca. 400 Baht).

PATTAYA, Minibusse ab Srasong Rd. zwischen 8 und 16 Uhr alle 2 Std. für 400 Baht in 5 Std.

PRANBURI, mit den orangefarbenen Bussen, Abfahrt in der Srasong Rd., etwa alle 20 Min. für 30 Baht in etwa 30 Min.

PRACHUAP KHIRI KHAN, mit dem Sombat Tour-Bus Richtung Chumphon um 9, 10, 11, 12 und 12.30 Uhr für 90 Baht in 1 1/2 Std.

RANONG, mit dem VIP-Nachtbus um 22.30 Uhr für 633 Baht in 8 Std. Tagsüber fahren Busse ab PRANBURI.

### Taxis

BANGKOK, je nach Tageszeit und aktuellem Spritpreis für rund 2000 Baht.

CHA-AM, tagsüber für etwa 400 Baht.

KHAO SAM ROI YOT, für 1500 Baht hin und zurück als Tagesausflug, einfache Fahrt 800 Baht. Fahrtdauer pro Strecke 1 1/2 Std.

### Eisenbahn

BANGKOK, um 14.10 und 16.01 Uhr in 4 1/2 bzw. 3 3/4 Std. Alle Züge ab 44 bis 382 Baht.

CHA-AM, um 12.13 und 14.33 Uhr in 30–40 Min.

CHUMPHON, um 11.26 Uhr in 2 1/2 Std. oder 17.10 Uhr mit dem Bummelzug in 4 Std.

PHETCHABURI, um 6.29, 11.46, 14.10 und 16.01 Uhr in ca. 1 Std.

SUNGAI GOLOK (Grenze Malaysia), um 13.35 und 19.10 Uhr in etwa 16 Std.

SURAT THANI, per Tageszug Richtung Chumphon um 11.26 Uhr in 5 1/4 Std. Weitere Verbindungen und Nachtzüge s. Fahrplan S. 954/955

## Die Umgebung von Hua Hin

Von Hua Hin werden Touren nach Cha-Am und zu den zwei nahe gelegenen Nationalparks **Kaeng Krachan** und **Khao Sam Roi Yot** angeboten. Daneben sind Touren zu den Affen auf der nach ihnen benannten Insel **Ko Lam** (Monkey Island) möglich und zu den in der Nähe lebenden **Delphinen**, die sich noch vor der Küste des Hat Sam Roi Yot (S. 644) tummeln.

### Hat Suan Son und Khao Tao

Hinter Khao Takiap schließt sich die **Hat Takiap** an. Das Hua Hin Watersports Centre vermietet Bananenboote, Scooter und Allradfahrzeu-

ge. Mehr Ruhe als am Jetski-Strand findet man direkt anschließend am etwa 8 km langen **Hat Suan Son**. Dieser Strand endet am Fuße des Khao Tao und wird von Pinien gesäumt. Am Wochenende tummeln sich hier viele urlaubende Thais. Der Strand gehört zum **Suan Son Pradipat** (Sea Pine Tree Garden), einem Erholungspark des Militärs, Eintritt frei.

Am Ende des Strandes, bei dem Fischerdorf, erhebt sich der kleine **Khao Tao**, der Schild-

DIE GOLFKÜSTE

krötenberg, an dem eine große goldene Schildkröte verehrt wird. Oben auf dem etwa 13 km von Hua Hin entfernten Berg an der Küste steht eine große, weithin sichtbare goldene Buddhafigur. Hier findet man zahlreiche Tempel und kleine Höhlen mit weiteren Buddhafiguren. An den nahe gelegenen Stränden **Hat Sai Noi** und **Hat Sai Yai** gibt es Restaurants.

Anfahrt: Mit dem Bus alle 20 Min. für 20 Baht ab Dechanuchit/Srasong Rd. Zum Khao Tao am einfachsten mit dem Taxi (für etwa 800 Baht hin und zurück) oder Moped bzw. Auto in 20 Min. (H4 nach Süden, kurz vor Erreichen des Berges links abbiegen).

## Pala U-Wasserfall und Huay Mongkul-Tempel

Der viel besuchte Pala U-Wasserfall wird vom Krachan National Park verwaltet und befindet sich etwa 60 km westlich von Hua Hin. Oft wird er in einer Tagestour angesteuert. Über 15 Stufen sprudelt der Fall, der das ganze Jahr über Wasser führt. Besonders morgens zwischen 7 und 10 Uhr sieht man viele Schmetterlinge. ⊕ bis 16 Uhr, Eintritt 200 Baht.

Auf dem Weg zum Wasserfall sitzt knapp 16 km von Hua Hin entfernt im **Huay Mongkul-Tempel** die größte **Luang Phor Tuad-Statue** Thailands. Der meditierende Mönch aus Südthailand gilt als Boddhisattva (ein Heiliger, der das Nirwana erreicht hat, aber aus Mitleid für die nicht erleuchteten Lebewesen weiter auf Erden weilt). Die Figur ist aus schwarzem Metall gefertigt, fast 1 m breit und etwas über 1 m hoch und thront auf einem Sockel im Freien.

Meist wird der Wasserfall ab Hua Hin im Rahmen einer Tour besucht. Dann ist ein Stopp beim Tempel auf Anfrage möglich und bei Touren mit mitreisenden Thais obligatorisch. Auf eigene Faust ist die Anfahrt etwas beschwerlich; wenn man nur den Wasserfall sehen will, lohnt der Aufwand nicht.

## Hat Sam Roi Yot

Weiter Richtung Süden, hinter Khao Kalok, liegen 7 km fast unbebauter weißer Sandstrand. Daran schließt sich südlich der Hat **Sam Roi Yot** [5950] an. Der Strand hat den Beinamen **Dolphin Bay** (Delphinbucht). Etwa zehn Monate im Jahr

tummeln sich die Meeressäuger in diesem Gebiet; am besten sind sie auf Bootsausflügen zu sehen. Einige wurden bei ruhiger See auch vom Strand aus gesichtet.

Der Strand ist etwa 5 km lang, sehr breit und ideal für Kinder, denn er fällt im Wasser seicht ab und es gibt nur selten starken Wellengang. Gegenüber dem Strand liegt die kleine Insel **Ko Lam**, die wegen der hier lebenden wilden Affen auch Affeninsel genannt wird. Alle Unterkünfte konzentrieren sich am südlichen Ende des Strandes.

Von hier steht es mit dem Moped etwa 3 km zum Fischerdorf **Bang Pu** und dem **Sam Roi Yot National Park** (S. 645). Viele Besucher ziehen eine Übernachtung an diesem ruhigen Strand den Unterkünften im Nationalpark vor. Es gibt ein paar nicht ganz so günstige Unterkünfte – alle mit Restaurant –, einen Minimarkt und einen Geldautomaten. Von der Dolphin Bay aus kann man wunderbar zur Erkundung in den benachbarten Park aufbrechen. Einige Anlagen und Straßenstände vermieten Mopeds (300 Baht/Tag), Kajaks (100 Baht/Std.), Fahrräder (100 Baht/Tag) und organisieren auch Taxifahrten. Bootsausflüge zur vorgelagerten Insel werden am Strand angeboten. Sie kosten 800 Baht.

### ÜBERNACHTUNG UND ESSEN

Eine kleine Teerstraße verläuft zwischen den Anlagen und dem Strand. Karte S. 643.
**Blue Beach Resort** ③, 185 Moo 5, ✆ 032-559 314. 100 m von der Strandstraße. Kleine gemütliche Steinbungalows mit Terrasse unter Palmen. Inkl. Frühstück. ❹
**Dolphin Bay Resort** ①, 227 Moo 4, ✆ 032-559 333, 🖳 www.dolphinbayresort.com. Bungalows und Zimmer im 2-geschossigen Reihenhaus. Großer Poolbereich mit Rutschen. Zimmer für 2–8 Pers. mit Küchenzeile, die großen Bungalows mit eigenem Pool. Kinderspielplatz. Hier machen viele Familien mit Kindern Urlaub. ❺–❽
**Sam Roi Yod Holiday Resort** ②, 181 Moo 4, ✆ 032-559 364, 🖳 www.samroiyodresort.com. Bungalows mit AC, TV und Kühlschrank auf einer großen Rasenfläche am Meer. Inkl. Frühstück. ❺

**Chomtalay Restaurant**, 181 Moo 4. Thailändische Küche ohne Geschmacksverstärker wird hier in einem gemütlichen großen Holzpavillon serviert. ⏱ 10–20 Uhr.

**Inamaste Restaurant**, 300 Moo 4. Unter einem Vordach genießt man an kleinen Holztischen indische und thailändische Küche. ⏱ 10–22 Uhr.

**TRANSPORT**

Von BANGKOK erreicht man den Hat Sam Roi Yot am einfachsten mit einem Minibus vom Victory Monument stdl. ab 4–19 Uhr für 300 Baht. Wer hier wieder weg möchte, muss sich ein Taxi nach PRANBURI oder KUI BURI (400–600 Baht) leisten und vom H4 einen vorbeikommenden Bus in die gewünschte Richtung anhalten.

# Khao Sam Roi Yot National Park

Der **Khao Sam Roi Yot National Park** [5409] war bei seiner Eröffnung 1966 der erste in Thailand, der auch Küsten- und Meeresgebiete schützte. Er befindet sich südlich von Pranburi und nimmt eine Fläche von etwa 100 km² ein. Die Übersetzung des Namens Sam Roi Yot lautet „Berg mit 300 Gipfeln", und diesem Namen wird das Gebiet gerecht. Zahllose kleine Karstberge durchziehen die flache, baumbestandene Ebene. Manche ragen bis knapp über 600 m empor. In den Felsen verstecken sich Höhlen, die besucht werden können.

Lange Zeit wurde – trotz Schutzprogramm – mit der Zulassung von Shrimpsfarmen (und der damit einhergehenden Rodung der Mangrovenwälder) die Ökologie des Gebietes eher verletzt als geschützt. Noch heute gibt es zahlreiche dieser Farmen, doch man beginnt inzwischen mit einer Wiederaufforstung.

Die Hauptattraktion für Besucher bilden die **Vögel**, die sich in dem großen Feuchtgebiet besonders wohlfühlen. Viele davon sind Zugvögel, sodass man vor allem im Winter zahlreiche gefiederte Besucher beobachten kann.

Der Park kann auf einer Straße durchquert werden. Von hier aus sind alle interessanten Ziele gut ausgeschildert und über Stichstraßen zugänglich.

Einen guten Überblick über den Park verschafft man sich vom nordwestlich des Hauptquartiers gelegenen **Aussichtspunkt Khao Daeng**. Nach nur 400 m Asphaltstraße beginnt der etwa 30-minütige Aufstieg, der mit der Aussicht auf die faszinierende Karstlandschaft und die Küste aus 160 m Höhe belohnt wird. Diese Tour sollte man nur mit gutem Schuhwerk und bei trockenem Wetter unternehmen. Zurück an der Abzweigung Richtung Hauptquartier, lohnt ein Besuch des **Wat Khao Daeng**, das in die felsige Landschaft hineingebaut wurde. Vom nahe gelegenen Dorf (Richtung Nordosten) lässt sich auch eine Bootsfahrt auf dem **Klong Khao Daeng** organisieren. Ein Boot fasst maximal zehn Personen und kostet etwa 250 Baht p. P. und Stunde. Die Tour dauert 2–3 Std. und führt rund 3,5 km den Fluss hinab, was zum Sonnenuntergang besonders schön ist. Möglich ist bei ruhiger See auch die Fahrt von Bucht zu Bucht.

Besonders sehenswert sind die Höhlen **Phraya Nakhon** und **Tham Kaeo**. Beide liegen nahe dem Dorf **Ban Pu**. Wie Diamanten glitzern in der Kaeo-Höhle die Gesteine, was der Ablagerung von Mineralien zu verdanken ist. Die etwa zweistündige Tour durch die Höhle wird mit einem der Führer, die vor der Höhle auf Kunden warten, unternommen. Eine Taschenlampe und gutes Schuhwerk sind hilfreich.

Wer noch nicht genug Höhlen gesehen hat, kann anschließend noch zur **Tham Sai** aufsteigen. Der Aufstieg beginnt am Fischerdorf **Khung Thanot** und dauert etwa 20 Min. Am besten vertraut man sich auch hier einem fachkundigen Führer an.

Der Park hat mit dem **Hat Sam Prayah** und dem **Hat Laem Sala** (S. 646) auch zwei nennenswerte Strände zu bieten.

Den Eintritt von 200 Baht pro Tag zahlen Besucher am Checkpoint. ⏱ ca. 7–19 Uhr.

Agenturen in Hua Hin organisieren Tagesausflüge in den Park für etwa 1500 Baht inkl. Transfer, Essen, Eintritt und Bootsfahrt.

## Phraya Nakhon-Höhle

Die meistbesuchte Höhle des Parks ist für Thais eine Art Pilgerstätte, denn Rama V. schaute hier einst vorbei. Neben den beeindruckenden Stalagmiten und Stalaktiten übt der in der Höhle aufgebaute Pavillon, der 1890 zu Ehren Ramas V. erbaut wurde, die größte Faszination auf Besucher aus. Der kleine Tempel **Phra Thinang Khuha Kharuehat** mit seinen vier Giebeln ist heute Symbol für die Region Prachuap Khiri Khan. Die Legende berichtet, dass bereits Rama IV. die Höhle besuchte.

Der beste Zeitpunkt für einen Besuch des Pavillons ist von 10.30–11.30 Uhr, wenn das Licht durch die Öffnung über dem Tempel hineinfällt und ihn in glänzendes Licht taucht. Vor Urzeiten ist hier das Dach der Höhle eingestürzt.

Die Höhle erreicht man in einem etwa halbstündigen Aufstieg vom Hat Laem Sala aus. Von Ban Pu dauert der Weg zur Höhle etwa 45–60 Min.

### ÜBERNACHTUNG UND ESSEN

Im **Hauptquartier** im Süden des Parks gibt es eine Parkskizze und einige Informationen. Wer über Nacht bleiben will, schläft normalerweise für 150–250 Baht im Zelt. Zudem werden einige Bungalows für 1200–1500 Baht vermietet, jeweils für 6–7 Pers.

Die Bungalows am **Hat Laem Sala** kosten 1600–2200 Baht für 6–9 Pers. Am **Hat Sam Phraya** nahe dem Dorf Khung Tanot kann man für 50 Baht sein eigenes Zelt aufstellen. Vorsicht: Dreiste Affen haben den einen oder anderen Gast hier um sein Essen oder andere Gegenstände erleichtert. Das Restaurant hat von 7–19 Uhr geöffnet. Weitere Informationen finden sich im **eXTra [5411]** oder unter ☎ 032-821 568, ✉ reserve@dnp. go.th. Alternativ kann man am Hat Sam Roi Yot wohnen, dort zahlt man keine Nationalparkgebühr (S. 644).

### TRANSPORT

Ab HUA HIN mit dem orangefarbenen Songthaew nach PRANBURI. Von hier am besten mit dem Taxi für 300 Baht zum Park. Taxi ab Hua Hin ab 500 Baht, für den ganzen Tag ab 1200 Baht. Mit dem Moped (ca. 60 km ab Hua Hin) etwa 1 1/2 Std.

# Kui Buri National Park

Der knapp 1000 km² große Kui Buri National Park beginnt nahe der Stadt Kui Buri und reicht bis an die Grenze zu Myanmar. Der Park hat eine ganz besondere Attraktion: **wild lebende Elefanten** in einer recht hohen Population, die auf etwa 100 Tiere geschätzt wird. Im Park leben außerdem noch Tapire, Affen, Bären und Wildschweine. Wer diese Tiere nicht sieht, kann sich vielleicht mit den zahlreichen bunten Schmetterlingen trösten. Die **Wasserfälle** plätschern und bilden Pools, die sich herrlich für ein Bad eignen.

Die beste **Reisezeit** ist von November bis Mai. Auch im Juni und Juli kann es schön sein, den Rest des Jahres regnet es dagegen viel. Selten fallen die Temperaturen unter 25 °C, und in den warmen Monaten wird es nicht heißer als 30 °C. Eintritt in den Park 200 Baht.

Einige Agenturen in Hua Hin haben bereits Ausflüge mit dem Geländewagen im Programm. Eine Tour dauert etwa 3 Std. und kostet inkl. Eintritt um die 1200 Baht.

### ÜBERNACHTUNG UND ESSEN

Am Hauptquartier stehen **Bungalows**, ☎ 032-646 292 oder ✉ kui_np@hotmail.com, für 6 Pers. zur Verfügung, die mit Ventilator, Warmwasser und Handtuch ausgestattet sind (6 Pers. 1800 Baht, weitere Personen je 100 Baht, jedoch ohne weitere Betten). Zudem kann man für wenige Baht auf dem **Zeltplatz** sein Quartier aufschlagen. Auch Mietzelte für 300 Baht. Verpflegung muss jeder selbst mitbringen. Am Hauptquartier befindet sich ein kleines Besucherzentrum mit Schautafeln und sanitären Anlagen.

### TRANSPORT

Per Auto oder Taxi geht auf der Petchkasem Rd. (H4) Richtung Süden. Etwa 3 km vor der Stadt Kui Buri nach Westen auf die Straße 3217 abbiegen, ab hier ist der Park ausgeschildert. Nach etwa 35 km ist das Hauptquartier erreicht. Ab KUI BURI kostet ein Motorradtaxi ca. 200 Baht.

# Prachuap Khiri Khan und Umgebung

Einst ein Fischerdorf, heute eine kleine Provinzhauptstadt: Ein Besuch in **Prachuap Khiri Khan** [5412] verspricht einen geruhsamen und entspannten Aufenthalt. Dank vieler interessanter Ausflugsziele gibt es gute Gründe, ein paar Tage in dieser angenehmen Stadt zu verweilen. Die Prachuap-Bucht wird von Felsen umrahmt, Fischerboote liegen vor Anker – ein malerischer Anblick. Die ausgebaute Strandpromenade lädt zum Flanieren ein und zahllose Restaurants verführen zum Meeresfrüchte-Schlemmen. Mitten in der Stadt steht die größte Stadtsäule Thailands, der **Lak Muang**. Ganz im Stil der Lopburi-Periode gestaltet, ist dieses Wahrzeichen wirklich gelungen. Unübersehbar ist der Kalksteinfelsen, der sich über dem Prachuap-Strand erhebt und den Namen **Khao Chong Krajok** trägt, was so viel wie Spiegelberg bedeutet. Grund für diese Namensgebung ist eine Kalksteinbrücke auf der Klippe, die den Himmel zu spiegeln scheint. Sportliche Reisende können die 400 Stufen bis zum **Wat Thammaikaram** hinaufsteigen und werden mit einem tollen Ausblick über die Gegend belohnt: Von oben sehen die drei Buchten Ao Noi, Ao Prachuap und Ao Manao aus, als seien sie mit einem Zirkel gezeichnet. An dieser Stelle ist Thailand gerade einmal 12 km breit, sodass man die Wälder Myanmars erblicken kann. Den Weg begleiten Affen, die, sofern sie gefüttert werden, freundlich sind. Haben sie Hunger, können sie eine rechte Plage sein.

## Strände

Die nahe gelegenen, feinen **Sandstrände** locken mit weißem Sand. Das Angebot richtet sich an thailändische Tagestouristen, es gibt viele Sonnenliegen und -schirme sowie Essensstände und Duschen. Im Süden Prachuaps liegt die **Ao Manao**. Die Limonenbucht hat auf 3 km gelb-weißen Sand zu bieten, das seichte Wasser eignet sich perfekt für kleinere Kinder. Statt sich unter den Kasuarinen einen Schattenplatz zu suchen, bevorzugen die meisten hier urlaubenden Thais einen Liegestuhl in einer ihrer Sonnenschirmparadiese. Auf der Straße befin-

**Prachuap Khiri Khan**

0 — 200 m

■ **ÜBERNACHTUNG**
① Maggie's Homestay
② Hadthong Hotel
③ Maggies Seaview Gh.
④ Grandma's House
⑤ Sun Beach Gh.

■ **TRANSPORT**
❶ AC-Busse nach Bangkok
❷ Minibusse nach Chumphon
❸ Minibusse nach Bangkok

■ **ESSEN**
1 Nudelsuppe, Fischrestaurants
2 Ma Prow Restaurant
3 Demer Restaurant
4 Milano Coffee

DIE GOLFKÜSTE

den sich mehrere Food Center, sodass man sich die Zeit mit einem Snack versüßen oder verschärfen kann.

Folgt man der Straße weiter Richtung Süden, gelangt man zum **Waghor-Strand**. Hier ist Baden verboten, aber es gibt einen **Science Park** zu sehen (s. u., Ausflüge).

**Hat Suan Son** liegt direkt nördlich von Prachuap. Der meist schmale Strand ist etwa 2,5 km lang und bot zur Zeit der Recherche keine guten Unterkünfte. Noch ein paar Kilometer weiter liegt **Hat Ao Noi**. Der schöne Sandstrand gehört zu dem kleinen namensgebenden Fischerdorf. Am Ende der Straße liegt eine sehenswerte Tempelanlage. Unterkunft bietet das **Aow Noi Seaview**, [7996], ❸–❹.

## Ausflüge Richtung Süden

Einen sehr schönen Tag verspricht ein Ausflug Richtung Süden zum **King Mongkut Memorial Park**. Ein besonderes Erlebnis ist bereits die Zufahrt, wenn man „einfach so" an den Wachen des Militärgeländes (der Basis der Royal Thai Airforce) vorbeifährt und an Start- und Landebahn vorbeibraust. Linker Hand geht es zum **Wing 5** (zwischen 21 und 5 Uhr geschl.) Das hier zu sehende **Denkmal** erinnert an die Gefallenen des 8. Dezember 1941, als japanische Truppen hier an Land gingen. Nahebei liegt das **Dusky Langur Conservation Center** am Fuße des **Khao Lom Muak**. Die kleinen possierlichen Äffchen (Südliche Brillenlanguren) sind sehr zutraulich und lassen sich gerne mit Nüssen und Maiskolben füttern. Weiter führt die Straße zur **Ao Manao**, wo ein Sonnenbad lockt. Folgt man der Straße und biegt an der Kreuzung links ab, gelangt man ins Fischerdorf Klong Wan und darauf folgend zum Waghor-Strand. Hier befindet sich der Memorial Park, der dem königlichen Technikfreak Rama V. gewidmet ist. Viel besucht ist vor allem das Aquarium. Das kleine Museum zum Thema Astronomie zieht etwas weniger Gäste an. Die Anreise ist auf eigene Faust entlang der Küstenstraße Richtung Süden möglich. ⊕ 9–16 Uhr, Eintritt für das Aquarium 30 Baht, Kinder 20 Baht.

## Ausflüge Richtung Norden

Auf der Straße, die um den Khao Chong Krajok herumführt, stößt man nach etwa 16 km auf

Die **Ao Manao** (Limonenbucht) wird von der Armee verwaltet – ein Umstand, der sicherlich auf die Tatsache zurückzuführen ist, dass an diesem Strand am 8. Januar 1941 (zeitgleich mit der Bombardierung Pearl Harbours) die Japaner anlandeten, um von hier aus ihre Invasion Südostasiens zu starten. Wer mit dem Moped anreist, sollte beim Passieren der Kontrollstelle auf jeden Fall einen Helm tragen. Reisende wissen zu berichten, dass die Soldaten vielfach auf die strikte Einhaltung der Gesetze pochen.

das kleine Dorf **Ban Ao Noi** und den gleichnamigen Strand. Vom Ortstempel Wat Phra Tha Khoa führt ein Weg über fast 300 Stufen hinauf in die Kalksteinberge zur Höhle **Tham Khao Khan Kradai**, die einen 16 m langen liegenden Buddha beherbergt. Vor dem Aufstieg kann man die Mönche bitten, das Licht in der Höhle einzuschalten.

Wer den kleinen Markt an dem seit Jahrhunderten genutzten kleinen Grenzübergang zwischen Myanmar und Thailand in **Dan Singkhon** besuchen will, muss etwa 25 km Richtung Westen radeln oder sich fahren lassen. Westler dürfen hier nicht passieren, können aber die Waren des kleinen Grenzverkehrs erwerben, u. a. auch Schmuck und Edelsteine sowie Gebrauchsgüter aus Myanmar.

## ÜBERNACHTUNG

An der Strandstraße etwas nördlich vom Bahnhof gibt ein paar kleine Gästehäuser, die ein paar wenige Zimmer vermieten. Wer nicht am Wochenende oder einem Feiertag anreist, muss nicht vorbuchen, sondern hat hier meist freie Zimmerwahl. Die Strecke ist zu Fuß vom Bahnhof leicht zu bewältigen. Über Buchungsportale werden oft Hotels vermittelt, die jenseits der Bahnlinie liegen – eine schlechte Option, denn bis in die Stadt läuft man dann recht lange.

🧳 **Grandma's House** ④, 238 Susuek Rd., 📞 089-526 6896, ✉ grandmaprachuap@gmail.com. Einladendes gepflegtes Holzhaus, mit ausgefallenen Extras eingerichtet. Kleine und größere Zimmer mit AC und Flachbildschirm. Teils Zugang zum Balkon. Unten gemütliches Restaurant mit gutem Kaffee. Fahrräder (50 Baht), Mopeds (250 Baht) und ein Sidecar (350 Baht) zur Ausleihe. Ein schöner Platz und sehr nette Leute. ❷–❹

**Hadthong Hotel** ②, 21 Susuek Rd., ✆ 032-601 050, 🖥 www.hadthong.com. Standardzimmer, verteilt auf 6 Stockwerke. Pool. Billige Zimmer ohne Fenster in den unteren Stockwerken und im Keller, teurere mit Balkon (Sicht auf die Bucht). WLAN. ❷–❺

€ **Maggies Homestay** ①, 5 Soi Tampramuk 4, ✆ 087-597 9720, 083-394 9739 (Managerin Nok), ✉ maggies.homestay@gmail.com. Der Traveller-Treffpunkt in Prachuap. Nicht nur wegen der teils großen, individuell mit alten Möbeln eingerichteten Zimmer im alten Holzhaus, sondern auch, um im Garten Reiseerfahrungen auszutauschen. Ein Familienzimmer. Zimmer mit Ventilator und AC, mit und ohne eigenes Bad. Küchenmitbenutzung, WLAN. Schön gelegen ist das Schwesterhotel **Maggies Seaview Gh.** ③, vorne am Meer. Rabatte bei längeren Aufenthalten. ❷

**Sun Beach Gh.** ⑤, 160 Chaitale Rd., ✆ 032-604 770, 089-260 3378, 🖥 www.sunbeach-guesthouse.com. Zimmer in nettem, gelb getünchtem Haus rund um einen Pool. Geschmackvolle Zimmer, mediterran gestaltet. Veranden mit und ohne Meerblick. WLAN. ❷

### ESSEN UND UNTERHALTUNG

In Prachuap kann man sich neben Fisch auch ausgefalleneres Meeresgetier zubereiten lassen. Restaurants und Foodstalls sind zahlreich vorhanden, und so sollte die Frische der Auslagen über die Lokalwahl entscheiden. Eine gute Auswahl gibt es an der Uferstraße, in der Sarachip Rd. und entlang der Strände. Frisches Obst und anderes Essen findet man auf dem **Nachtmarkt**.

**Ma Prow Restaurant**, Chaitale Rd. Seit 1998 in Prachuap und berühmt für seine Fish 'n' Chips. Es gibt aber auch eine kleine Auswahl an Thai-Gerichten, Spaghetti und Sandwiches. Gerichte zwischen 100 und 300 Baht. Nebenan das

ähnliche **Demer Restaurant**. Beide mit Blick aufs Meer. 🕓 beide 11–22 Uhr.

🛍 **Milano Coffee**, Susuek Rd., ✆ 087-877 6565. Kleines Café mit sehr gutem Kaffee und leckeren Baguettes. Fruchtsalate und einige Kleinigkeiten. Vermietet auch 2 kleine Zimmer. ❷

### SONSTIGES

#### Fahrrad- und Mopedverleih
Das Städtchen ist gut zu Fuß zu erkunden. Man kann sich aber auch ein Fahrrad mieten oder mit dem Moped herumfahren. Viele Hotels und Gästehäuser vermieten Mopeds (250 Baht), einige auch Fahrräder (50–100 Baht).

#### Informationen
Prachuap hat ein kleines **Tourist Information Service Center** nahe dem Spiegelberg, ✆ 032-611 491, das informative Auskünfte erteilt. Das freundliche Personal kann beim Buchen eines ortskundigen Führers helfen. 🕓 8.30–16.30 Uhr, Mittagspause von 12–13 Uhr. An Feiertagen meist geschl.

#### Kitesurfen
Von März–Mai zieht es die Kiter nach Prachuap Khiri Kahn. Infos und Kontakt unter 🖥 www. kitethailand.com.

### TRANSPORT

Es gibt verschiedene innerstädtische Bushaltestellen, und das System ist nicht leicht zu durchschauen. Selbst wer theoretisch weiß, wo ein Bus abfährt, erkennt die Haltestellen nicht zwangsläufig. Bei konkreten Fragen kann das Tourist Office weiterhelfen.

#### Busse
Ab **Busbahnhof am H4** westlich von Prachuap: BANGKOK, AC-Busse alle 40 Min. von 6–19.30 Uhr für ca. 200 Baht in 5 Std.
BANG SAPHAN, für 40 Baht mit dem Bus Richtung Surat Thani. Dem Fahrer Bescheid geben, damit man an der richtigen Stelle am H4 rausgelassen wird. Weiterfahrt mit dem Motorradtaxi für etwa 60 Baht.

BAN KRUT, mehrmals tgl. für 80 Baht in 1 Std.; man wird am Highway abgesetzt. Weiterfahrt S. 652 (Ban Krut).
CHUMPHON, mit den Bussen Richtung Surat Thani stdl. zwischen 11 und 19.30 Uhr für 180 Baht in 2 1/2 Std.
HUA HIN, mit den Bussen Richtung Bangkok für 90 Baht in knapp 2 Std.
PHETCHABURI, mit den Bussen Richtung Bangkok für 150 Baht in 3 Std.
PHUKET, etwa stdl. zwischen 9.30 und 11.30 Uhr für 530 Baht in 10 Std.
RANONG, um 9.30, 13, 15, 17.30, 20.30, 21.30 und 22.30 Uhr für 200 Baht in 5 Std.
SURAT THANI, mit AC-Bussen alle 30 Min. zwischen 8.30 und 17 Uhr für 250 Baht in 6 Std.

**Ab Prachuap Zentrum**:
Minibusse ab Phitakchat Rd. nach BANGKOK zwischen 4 und 18.30 Uhr etwa jede halbe Stunde für 220 Baht in 4 Std.
Minibusse ab Phitakchat Rd. nach CHUMPHON ab 6 bis 18.30 Uhr etwa stdl. für 180 Baht in 2 1/2 Std.

**Eisenbahn**
BANGKOK (Thonburi), um 10.03 Uhr, Ankunft 16.10 Uhr, mit Halt in HUA HIN (11.46 Uhr), CHA-AM (12.13 Uhr) und PHETCHABURI (12.56 Uhr). Schneller (und bis BKK Hauptbahnhof) geht es mit dem Zug um 14.59 Uhr (Ankunft 19.45 Uhr).
BAN KRUT, Bummelzug um 12.28 und 18.35 Uhr in 40–50 Min., mit dem gleichen Zug weiter nach CHUMPHON in ca. 2 1/2 Std. und SURAT THANI in etwa 4 1/2 Std.
Weitere Züge vgl. Fahrplan S. 954/955.

# Ban Krut

Die Bucht von **Ban Krut** [6062] erstreckt sich nördlich von Bang Saphan (S. 652) auf einer Länge von fast 15 km. Der Sand des einladenden Strandes ist fein und schimmert rosa-beige. Im südlichen Abschnitt haben sich einige Anlagen und Restaurants angesiedelt. Im Winter ist der von Palmen und Kasuarinen gesäumte Strand schmal, im Sommer wesentlich breiter.

Die ruhige Atmosphäre zieht zahlreiche Rentner an, darunter viele aus Deutschland. Am südlichen Ende des touristischen Zentrums biegt die Straße landeinwärts ab und führt zum ca. 2 km entfernten Fischerdorf Ban Krut. In diesem beschaulichen Ort liegt auch der Bahnhof, den die meisten Reisenden nutzen, denn der Zug ist die beste Anreiseoption.

Am Nordende der Bucht befindet sich auf dem Berg **Khao Thong Chai** das gleichnamige Wat. Es erinnert mit seinen vielen Chedis, die golden in der Sonne glänzen, an ein kleines Märchenschloss. Eine Straße führt bis zum großen Buddha, der am Berg thront und aufs Meer hinausblickt. Die letzten Meter zum Tempel läuft man über flache Stufen hinauf.

## ÜBERNACHTUNG

Am Hat Ban Krut südlich des Tempelberges stehen kaum Bungalows direkt am Strand. Fast alle Anlagen befinden sich auf der landeinwärts gelegenen Seite der schmalen geteerten Uferstraße. Nur am Wochenende wird es hier – wenn überhaupt – voll. Viele Thais reisen dann an, um den Samstag bei Karaoke am Strand zu verbringen. Auch die Ausstattung trägt den meist einheimischen Besuchern Rechnung: Es gibt meist AC (wahlweise nur Ventilator möglich), einen Kühlschrank und ein TV-Gerät (nur Thaiprogramme). Fast überall parken die Thais ihre Autos direkt neben ihrem Bungalow.
**Baan Grood Arcadia Resort & Spa** ③, ☏ 032-695 095, 🖥 www.bgaresort.com. Zimmer im Hotelkomplex mit Blick auf den Strand und schöne Luxusbungalows aus Holz am Pool mit Meerblick. Auch Bungalows mit Gartenblick und eigenem Außenwhirlpool sowie große Familiensuiten für 6–8 Pers. Poollandschaft mit Bar. Fitnessraum. ❹–❽
**Ban Rim Haad Resort** ①, ☏ 032-695 205, 🖥 www.banrimhaad.com. Bungalows in gepflegter Anlage, vorne AC, hinten im weitläufigen Garten unter Kokospalmen noch vereinzelt mit Ventilator und Moskitonetz. Terrasse mit Tisch und Sitzgelegenheiten. Restaurant am Parkplatz an der Straße. Am Wochenende steht auf dem Vorplatz manchmal eine Karaoke-

N
0       1000 m

Thap Sakae | 1029

Phra Phut Kiti
Sirichai-Pagode

Khao
Thong
Chai

Wat Thong Chai

Sitzender Buddha

4
3459

Bahnhof

Bang Saphan,
4
4007

1050

1050

**ESSEN**
1 JJ's Hamburger
2 Tam Mai Restaurant
3 Isaan Food
4 The Beach

**ÜBERNACHTUNG**
① Ban Rim Haad Resort
② Coconut Garden Bungalow
③ Baan Grood Arcadia Resort & Spa
④ Rachavadee Beach Resort

**SONSTIGES**
1 Bankrut Tour & Travel

**TRANSPORT**
❶ Busse nach Bangkok

④ (4 km),
Bang Saphan

---

Anlage. Kleiner Pool. WLAN im Restaurant.
❷–❹

**Coconut Garden Bungalow** ②,
176/5 Moo 3, ☎ 081-916 1722. Etwas
abseits der Straße und schön ruhig gelegen.
Geleitet von der freundlichen und zurück-
haltenden Nid. Unter Pinien liegen verschiedene Bungalows mit Ventilator und AC.
Das verwunschene Gelände und das
offene Haupthaus laden zum Verweilen
ein. Erhebliche Rabatte ab der 3. Übernachtung.
Familienbungalows mit 2 großen Betten
(vor allem Bungalow 10 ist einladend).
WLAN im Restaurant. ⏰ 8–17 Uhr.
❷–❹

**Rachavadee Beach Resort** ④, 98/1 Moo 7,
☎ 032-695 155, 🖥 www.rachavadeebeach
resort.com. Einsam 4 km außerhalb im südlichen Teil gelegenes Resort. Architektonisch
ausgefallen gestaltetes luftiges Restaurant.
20 elegant eingerichtete Bungalows mit
halb offenen Bädern. Pool. Der saubere
Strandbereich wartet mit Findlingen unter
Palmen und Hängematten auf. ❺

## ESSEN

Wer nicht in seiner Anlage isst, findet an der
Strandstraße einige nette Lokale. An der Straße
Richtung Bahnhof befindet sich ein **Nudel-
suppenshop**. ⏰ ab 9 Uhr, bis die Nudeln
aufgegessen sind (ca. 14 Uhr).
**Isaan Food** (Abendessen), neben dem Tam Mai.
Kleines nettes Restaurant, betrieben von der
lustigen Mom. Da sie immer so „busy" ist,
schafft sie es meist erst am Nachmittag, das
Restaurat aufzumachen. Ein Besuch lohnt:
authentisch, günstig, nette Atmosphäre. Es gibt
*sticky rice, laab, nam tok* & Co.
**JJ's Hamburger**, ☎ 085-561 1134. Kleines
Restaurant mit schmackhaften Burgern (ab 60
Baht), zudem Pommes, amerikanisches Frühstück und einige Thai-Gerichte. ⏰ 7–21 Uhr.

**Tam Mai Restaurant**, gut besuchtes und
ansprechend in Holz gestaltetes Seafood-Restaurant. Gute Thai-Küche ab 40 Baht.
Leckeres Eis. ⏰ 10.30–22 Uhr.
**The Beach**, ☎ 032-695 467. In dieser mit Naturmaterialien gedeckten Beach Bar gibt es Thai-

DIE GOLFKÜSTE

und westliche Küche. Gerichte zwischen 100 und 250 Baht. ⏲ 10–22 Uhr.

## INFORMATIONEN

Im **Bankrut Tour & Travel**, ✆ 081-736 3086, 🖳 www.bankrut.co.th, erhält man gute Informationen. Der Besitzer, Mr. Jason, und seine Mitarbeiterin sind kompetent und so hilfsbereit, dass dieses kleine Reisebüro von keinem uns bekannten in puncto Service und Aufmerksamkeit übertroffen wird. Geholfen wird bei allen Fragen, egal wohin es gehen soll und was man sich ansehen möchte. Zum Standard-Angebot gehören Touren in die Umgebung, z. B. Schnorcheltouren zur Insel Nam Thalu oder nach Prachuap Khiri Khan und zum Grenzmarkt nahe Myanmar. ⏲ 8–20 Uhr.

## NAHVERKEHR

Die Bucht und die Umgebung eignen sich gut zum Fahrradfahren, da die Straßen gut geteert sind und das Gelände flach ist. Es wird recht einsam, sobald man das Strandzentrum hinter sich gelassen hat und in südliche Richtung die Bucht entlangfährt.

**Fahrräder** gibt es für rund 100 Baht in fast allen Anlagen zu mieten und teils auch kostenlos zu nutzen. Auch Bankrut Tour & Travel vermietet fahrbare Untersätze.

**Motorradroller** kosten 150–300 Baht pro Tag, je nachdem, ob mit oder ohne Gangschaltung.

**Motorradtaxis** verlangen ins Dorf Ban Krut 20–80 Baht (nachts bis 100 Baht), ca. 10–14 km. Zum Bahnhof Ban Krut 20–50 Baht p. P. (nachts 60 Baht), ca. 5–10 km; nach Suan Luang 300 Baht einfach, hin und zurück 600 Baht.

## TRANSPORT

### Busse

Nahezu alle Fernbusse müssen am Highway, ca. 9 km vom Strand entfernt, selbst angehalten werden. Anfahrt per Motorradtaxi für 100–150 Baht p. P.

BANGKOK, nur wenige Busse halten im Dorf. Sie fahren zum Southern Terminal über PRACHUAP KHIRI KHAN (100 Baht), HUA HIN (150 Baht) und PhETCHABURI (200 Baht). Abfahrt 10 und 14 Uhr. Bis Bangkok 310 Baht in 5 1/2 Std. Wer kurze Strecken fahren will und einen sicheren Sitzplatz buchen möchte, zahlt mind. bis Petchaburi. Ansonsten sitzt man im Gang, sofern der Bus voll ist. Besser für Kurzstrecken eignet sich der Zug. Am Highway können zwischen 6.30 und 20 Uhr weitere Busse angehalten werden (ohne Platzgarantie).

CHUMPHON, am bequemsten mit dem Minibus um 7.45 Uhr ab Hotel in 2 Std. für 400 Baht, nur mit Reservierung (bei Bankrut Tour & Travel).

HAT SUAN LUANG, der Minibus nach Chumphon hält auf Wunsch am Hat Suan Luang (Bang Saphan), die Fahrt kostet 400 Baht (da Sitzplatzreservierung nur bis Chumphon möglich).

PRACHUAP KHIRI KHAN, neben den Bussen nach Bangkok (s. o.) gibt es auch die Möglichkeit, in Minibusse zuzusteigen. Plätze sind in den 10 Minibussen (150 Baht in 1 Std.) aber nicht buchbar. Wenn die Busse voll sind, steht man länger an der Straße. Bessere Option ist der Zug.

### Eisenbahn

Die Zugverbindung nach Ban Krut ist eine angenehmere Reisevariante als der Bus.

BANGKOK, zum Hauptbahnhof um 14.20 oder um 21.50 Uhr in 5 Std. Nach Thonburi mit dem Bummelzug um 9 Uhr für 60 Baht in 7 Std.

CHUMPHON, per Schnellzug um 13.07 Uhr in 1 1/2 Std. und per Bummelzug um 14.34 Uhr in 2 Std. Weitere Züge um 22.29, 0.24 und 0.53 Uhr in 2 Std.

HUA HIN, mit allen Zügen Richtung Bangkok. Um 9 Uhr in 3 Std. Schneller geht's mit dem Zug um 14.20 Uhr in 1 1/2 Std.

PRACHUAP KHIRI KHAN und PHETCHABURI, um 9 Uhr in 1 bzw. 4 Std. und schneller um 14.20 Uhr in 1 bzw. 2 1/2 Std.

SURAT THANI, am besten um 13.07 Uhr in 3 1/2 Std.

# Bang Saphan

Die Strände bei der kleinen Stadt **Bang Saphan** [6101] (eigentlich Bang Saphan Yai oder „Groß-Bang Saphan") ziehen ähnlich wie das benachbarte Ban Krut neben einigen wenigen Rucksackreisenden vor allem ältere Gäste aus Europa an, die hier überwintern. Hinter dem Fischerhafen befindet sich die kleine angenehme Bucht **Bo Thon Lang**. Hier kann man in einem Ausflugslokal etwas essen, ansonsten lädt der Strand zum Schwimmen und Relaxen ein.

Ein lohnendes Ausflugsziel im Süden ist die zum **Wat Tam Ma Rong** gehörende **Höhle**. Am Eingang befindet sich ein eher unscheinbarer Buddha in einem kleinen Holzhäuschen. Die Höhle selbst besteht aus mehreren recht großen Kammern, an deren Decke zahlreiche Fledermäuse buchstäblich abhängen. An den Wänden stehen aufgereiht etwa 50 cm große Buddhafiguren. An einigen Stellen reichen Tropfsteine, die wie riesige Wasserfälle aussehen, bis zum Boden und bilden faszinierende Säulen. Das Licht in der Höhle wird für die Besucher bereits am Eingang des Wat angeknipst, nachdem man einen Energiekosten-Obolus von 20 Baht p. P. entrichtet hat. Spannender ist es mit der eigenen Taschenlampe.

Anfahrt: An der Ampel auf die Straße in Richtung Süden abzweigen. Bereits 1 km nach Verlassen der Ortschaft biegt man rechts ab Richtung Wat (der Beschilderung folgen). Nach nochmals ca. 1 km ist das Wat erreicht. Weiter zur Höhle geht es mit dem Moped über eine steil bergauf führende kleine Straße. Zu Fuß ist es ein schöner, wenn auch schweißtreibender, etwa viertelstündiger Fußweg entlang eines Bambuswaldes.

## ÜBERNACHTUNG

Statt des wenig sehenswerten Dorfstrands von Bang Saphan sollten Reisende den etwa 5 km südlich gelegenen **Hat Suan Luang** aufsuchen. Der recht schöne Strand ist etwas verwildert, aber meist sauber und ohne viel Treibgut.
**Coral Hotel** ②, ✆ 032-817 121, 💻 www.coral-hotel.com. In traditionellem Thai-Stil gestaltetes Haupthaus, Bungalows und ein 2-stöckiger Zimmerkomplex. Alle Annehmlichkeiten eines Luxushotels vorhanden: großer Pool, Jacuzzi, Fitnessraum, Sauna. Das Hotel ist fast ausschließlich von Franzosen bewohnt. ❻–❽

**Lola Bungalow** ③, ✆ 032-817 120, ✉ lola_bungalow@hotmail.com. 14 einfache, kleine, bunte Holzhütten oder Steinhäuser mit Ventilator oder AC, z. T. Kühlschrank, in einem Palmengarten. Familiäre Atmosphäre. Oft ausgebucht. ❷
**The Theatre Villa** ①, ✆ 085-442 9150, 081-136 8170, 💻 www.theatrevilla.com. Kleines Resort mit komfortablen Zimmern; entweder modern „Beach Front" mit Fliesen, Glasfront und Blick aufs Meer oder „Boutique" im traditionellen Thai-Stil-Holzhaus auf Stelzen. Restaurant am Strand. ❺

**DIE GOLFKÜSTE**

## ESSEN

**Italaly**, Suan Luang-Strand, gehobene thai-ländische Küche mit viel Seafood auf der Karte. Gediegene Ausstattung. ⊕ 12–22 Uhr.

**Roy-Ta-Wan**, Suan Luang-Strand, neben der Why Not Bar. Mit zusammengewürfelten Tischen und Stühlen. Der Treffpunkt zum Frühstück, aber auch gute thailändische Gerichte und Kuchen. ⊕ 8–17 Uhr.

**Why Not Bar**, direkt am Strand. Die Füße im Sand, den Blick aufs Meer gerichtet, genießt man hier gute günstige Thai-Küche oder ein mildes indisches Curry. Abends Cocktails an der Bar mit TV-Unterhaltung oder direkt am Strand. Am Wochenende manchmal Livemusik. ⊕ 10–23 Uhr.

## SONSTIGES

**Tourist Information**, an der Straße nach Bang Saphan Noi, ✆ 032-691 828. Hier erhält man Übersichtskarten, Tourinformationen und Hotelempfehlungen.

Das deutsch-thailändische Paar **Tom und Cherry**, ✆ 081-294 2738, wohnt in der Hauptsaison direkt vor Lola Bungalow. Das sehr nette Paar lebt seit über 20 Jahren hier und gibt gerne Informationen und Hilfe jeglicher Art.

## TRANSPORT

Bang Saphan ist nur unzureichend an das Busnetz angebunden. Wer zu- oder aussteigen will, tut dies am H4. Von hier geht es mit dem Mopedtaxi weiter zum Strand. Einfacher reist man mit dem Tageszug an und ab, denn der hält am Bahnhof in Bang Saphan, von wo es näher zum Strand ist. Von Bang Saphan zum Suan Luang-Strand kostet die Fahrt etwa 80 Baht. Vom H4 zum Strand etwa 200 Baht.

### Busse

AC-Busse nach BANGKOK ab Bang Saphan, Nähe Bahnhof, um 6, 7.45, 8.30, 9.30, 11, 12, 13.30, 16, 19.30 und 23 Uhr für 300 Baht in etwa 5 Std.

### Eisenbahn

BANGKOK, um 14.07 Uhr in 5 1/2 Std.

CHUMPHON, um 13.20 Uhr in 1 Std. oder mit dem Bummelzug um 15.04 Uhr in knapp 2 Std. Weitere Züge s. Fahrplan S. 954

# Chumphon

**Chumphon** [2655], die Hauptstadt der gleichnamigen Provinz, wird als das Tor des Südens bezeichnet: Von hier geht es über den Isthmus von Kra, die schmalste Stelle Thailands, an die Küste der Andamanensee oder weiter in den Süden hinab am Golf von Thailand entlang. Die Stadt liegt rund 500 km von Bangkok entfernt und hat etwa 56 000 Einwohner.

Das Klima in Chumphon wird sowohl vom Nordost- als auch vom Südwestmonsun beeinflusst, sodass es hier teils ausgiebig regnet. Im August und September kam es daher schon mehrfach zu starken Überschwemmungen. Positiv wirkt sich dies auf die Fauna und den Anbau von Nutzpflanzen aus: Kaffee, viele weitere Früchte und Palmen gedeihen prächtig. Da die Gegend noch nicht für den westlichen Massentourismus erschlossen ist, bieten sich für Traveller ungeahnte Möglichkeiten, die Gegend zu erkunden und an den meist nur am Wochenende von Thais besuchten Stränden, in Tempeln oder Höhlen eigene Abenteuer zu erleben. Wer mit dem Moped unterwegs ist, kann sich problemlos fortbewegen, andere können eine Tour mit dem Minibus buchen oder sich einer meist für Thais organisierten Fahrt anschließen. Letzteres verspricht multikulturellen Spaß.

Die einzige Attraktion der Stadt ist das **Nationalmuseum**, 02 Aphakorn Rd. Es widmet sich der Darstellung der lokalen Kultur, u. a. dem Schattentheater. Zudem bietet es Miniaturdarstellungen vom ursprünglichen Dorfleben in Chumphon. ⊕ Mi–So 9–16 Uhr, Eintritt 100 Baht.

## Ausflüge in die Umgebung

Wichtigstes Ausflugsziel sind die Strände und vorgelagerten Inseln des **Mu Ko Chumphon National Park** (S. 660). Sehenswert ist auch die Höhle **Tham Rab Ro**, die etwa 21 km nordwestlich von Chumphon liegt. Im Berg hinter dem Tempel Thep Charoen sind zahlreiche Höhlen zu finden, die miteinander verbunden sind und im Schein

N
0    200 m

**Chumphon**

Nationalmuseum
Bahnhof
POLIZEI
Rotfai Rd.
① 

② 

Krom
Luang
Chumphon
Chumphon
Hospital
Rd.

NACHTMARKT
Ocean
Shopping Mall
TAT
② 
③ 

Wat Rangsan

⑤ 

② 

① 

Soi 4

Tawee Singkha Rd.
Tawee Singkha Soi 2

Pracha
④ 

Nawamin Ruamchai Rd.
Panamin Manda

③ 
④ 

Tha Tapao Rd.
MARKT
⑥ 

Saladaeng
Uthit Rd.
③ 

Sooksamer Rd.
Pisitpaybai 3 Rd.

⑤ 

Tha Taprao River
Virajsilp
Hospital
④ 
⑥ 

MARKT

Pisitpaybai Rd.
Wat
Nualpradit

Muang Chumphon 6 Rd.
Jindasatee
Rd.

Pintadee Rd.
Pisitpaybai Rd.
LAK
MUANG

⑧ 

4 , 41 (8 km)

327

2018

Wat
Suphan Nimid

PROVINCIAL
HALL

⑦ 

Tayang-Pier,
Pak Nam,
Sai Ri Beach
(22 km)

4001

UHRTURM

⑨ 

**■ TRANSPORT**
① Minibus nach Surat Thani
② Minibus nach Ranong
③ Choke Anan Tour
④ Songthaew nach Tung Wua Laen
   und Tham Rab-Höhle
⑤ Busse nach Bangkok
⑥ Songhtaew Busbahnhof H4
⑦ Songthaew nach Sai Ri
⑧ Busbahnhof
⑨ Busse nach Bangkok

**■ ÜBERNACHTUNG**
① Chumphon House 27
② Salsa Hostel
③ Fame Tour Gh.
④ Nanaburi Hotel
⑤ Santawee New Rest House
⑥ A-Te Chumphon Hotel

**■ ESSEN**
1 Nudelsuppe (2x)
2 Fame Tour
3 Farang Bar
4 Korean BBQ

einer mitgebrachten Taschenlampe erkundet werden können. Zu sehen gibt es Tropfsteine und Buddhafiguren. Im Tempel selbst wartet ein mumifizierter Mönch auf Besucher, und auch die uralten Schildkröten, die am Fuße des Felsens leben, beeindrucken den Besucher. Es heißt, einige seien bereits über 100 Jahre alt. Die Anlage befindet sich etwa 4 km westlich des H4, von dem man am KM 490 abbiegt. Eintritt 100 Baht.

Das schöne **Wat Tham Khwan Muang**, auch als Marmortempel bekannt, liegt knapp 50 km südlich von Chumphon auf einem Hügel. Von

hier hat man einen herrlichen Blick auf die Umgebung.

### ÜBERNACHTUNG

**A-Te Chumphon Hotel** ⑥, 36 Tha Tapao Rd., ☎ 077-503 222. Modernes Hotel in zentraler Lage. Safe, Wasserkocher, Regendusche. Recht großer Pool. ⑤
**Chumphon House 27** ①, in einer Nebenstraße nahe der Ocean Shopping Mall, ☎ 087-462 8781. Der Betreiber Kob hat in einem über

60 Jahre alten Holzhaus ein nettes einfaches Guesthouse geschaffen. Betten auf einfachen Rosten auf dem Boden, teils originelle Möbel (bisher nur wenige in den Zimmern). 2 kleine Bambushütten im Vorgarten. ❶

**Nanaburi Hotel** ④, unweit vom Nachtmarkt, ✆ 077-503 888, 🖥 www.nanaburihotel.com. Großes, gepflegtes Hotel mit gut ausgestatteten Zimmern, u. a. mit Wasserkocher. Aufzug, Parkplatz; Frühstück inkl. ❸, Suiten ❺

🏨 **Salsa Hostel** ②, 25/42 Krom Luang Chumphon Rd., ✆ 077-505 005, 🖥 www.salsachumphon.com. Modernes Hostel mit ansprechenden Schlafsälen (Bett 280 Baht) und wenigen sehr schönen DZ. Gemeinschaftsküche. Saubere Badezimmer. Schließfächer (eigenes Schloss mitbringen). Transport zum Flughafen 150 Baht. ❸

€ **Santawee New Rest House** ⑤, 4 Tha Tapao Rd., ✆ 077-502 147. Bei einer Familie im Hinterhof. 4 saubere Zimmer (eines mit Bad), sonst Gemeinschaftsbad mit Warmwasser im kleinen Garten. Die Besitzer verarbeiten Kaffee und Tee. Günstige Boots- und Bustickets, Wäscheservice, Moped- und Fahrradverleih. ❶

## ESSEN

Empfehlenswert sind die Essensstände auf den Märkten, u. a. in der Tha Tapao Rd., und auf dem **Nachtmarkt** in der Krom Luang Chumphon Rd. vor der Ocean Shopping Mall. Es gibt Muscheln im Omelette und sehr guten leckeren Fisch. Daneben wie üblich Klebreis und Hühnergegrilltes auf die Hand. Gute **Nudelsuppen** gibt es am Bahnhof und u. a. in der Pracha Uthit/Ecke Saladaeng.

**Fame Tour Gh.** ③, 188/20-21 Saladaeng Rd., ✆ 077-571 077, 🖥 www.chumphon-kohtao.com. Zentral und in Bahnhofsnähe lädt das gemütliche Traveller-Café (mit Internet und Reisebüro) zur Rast. Vermietet auch geräumige Zimmer, alle mit Fenster und Ventilator. Gemeinschaftsbad mit Warmwasser. Einige etwas teurere Zimmer mit Bad. ❶

**Farang Bar Gh.**, 69/36 Tha Tapao Rd., ✆ 077-501 003, 🖥 www.farangbarchumphon.com. Zentral gelegen und einst Anlaufstelle aller Ausländer. Die Zeiten sind vorbei, aber Burger

& Co. sind noch immer beliebt. Bustickets und Bootstickets. Das Restaurant öffnet um 12 Uhr. Es werden auch verwohnte Zimmer vermietet (mit AC oder Ventilator), von deren Nutzung wir aber abraten. ❶ – ❷

**Korean BBQ**, neben dem Chumphon Gardens Hotel. Großes Restaurant mit koreanischem BBQ für 119 Baht p. P. Hier raucht und brutzelt es jeden Abend. ⏰ 16–23 Uhr.

## SONSTIGES

### Informationen

**Tourist Office**, nahe dem Bahnhof, ✆ 077-502 775. Richtet sich mehr an thailändische Gäste als an westliche Besucher, die Angestellten sind aber bemüht zu helfen. Vermitteln auch Ausflugstouren. ⏰ Mo–Fr 8.30–16.30 Uhr.

### Medizinische Hilfe

**Virajsilp Hospital**, 18/22 Panamin Manda Rd., ✆ 077-503 240.

## NAHVERKEHR

In der Stadt bewegt man sich am besten zu Fuß. Mit dem **Motorradtaxi** innerhalb der Stadt 20 Baht, nach Sonnenuntergang etwa 30 Baht.

Zum **Nachtboot-Pier** mit dem Songthaew laufend von 6–18 Uhr für 30 Baht; mit dem Mopedtaxi etwa 50 Baht, Taxi 200 Baht.

Nach **Hat Sai Ri**, Abfahrt nahe der Post von 6–16 Uhr für 30 Baht in 30 Min.; mit dem Mopedtaxi 150 Baht. Selbstfahrer folgen ab Chumphon der Phoramin Makkha Rd. stadtauswärts; nach etwa 15 km an der großen Abzweigung rechts abbiegen (ausgeschildert). Man passiert zuerst den Hat Paradorn und kommt anschließend zum Hat Sai Ri.

Zur **Tham Rab Ro-Höhle** mit den Minibussen Richtung Tha Sae, die hinter dem Frischwarenmarkt in einer Quergasse der Pracha Uthid Rd. abfahren, von 7–16 Uhr für 100 Baht.

Zum **Hat Thung Wua Laen** mit dem Taxi tagsüber für 400 Baht (abends und nachts teurer). Günstiger für die Anfahrt sind die **Songthaew**, die hinter dem Frischwarenmarkt nahe dem 7-Eleven in der Pracha Uthid Rd. abfahren. Zum

Strand verkehren die gelben Songthaew für 35 Baht in 30 Min. von 6–18 Uhr; frühmorgens und nachmittags (wegen der Schulkinder) alle 20 Min., ansonsten seltener und wenn der Wagen voll ist. Die Fahrt geht entlang der Hauptstraße, auch hier kann zugestiegen werden. Dem Fahrer Bescheid geben, dass er die Runde am Strand machen soll. Sobald man die gewünschte Anlage erreicht, ans Dach klopfen. Motorradtaxis kosten etwa 120 Baht pro Fahrt. Selbstfahrer nehmen ab Chumphon die Straße nach Pathiu (3180); 16 km.

## TRANSPORT

### Busse
In Chumphon operieren verschiedene private Touranbieter, die oft eigene Abfahrtspunkte haben. Wer Tickets im Gästehaus bucht, wird meist zur Abfahrtstelle gebracht.

### Private Busse
BANGKOK, vom privaten Busbahnhof beim Markt mit Choke Anan Tour, ✆ 077-511 757, um 7, 9, 10.30, 12, 14 und 21.30 Uhr für 300–600 Baht in ca. 8 Std. Zudem fahren einige Gesellschaf-

ten über CHA-AM, HUA HIN, PHETCHABURI und PRACHUAP KHIRI KHAN nach Bangkok (Zustieg dann in der Nawamin Ruamchai Rd. oder der Panamin Manda Rd.).
HAT YAI, mit Choke Anan um 8.30, 9.30, 11.30 und 21 Uhr für 370 Baht in 7 Std.
PHUKET, mit Choke Anan um 5.30, 8, 10 und 11.15 Uhr für 320 Baht in 7 Std.
RANONG, KHURA BURI, TAKUA PA, KHAO LAK, PHUKET, mit Rungkit Tour (stoppt bei vorheriger Buchung am Choke Anan-Busbahnhof, ansonsten am Highway Busbahnhof), ✆ 076-421 805, um 5.50, 8.30, 10.30 und 12.30 Uhr für 120–320 Baht in 3–7 Std.

### Minibusse
BANGKOK, Minibusse starten direkt am Pier, nachdem die Boote angelegt haben. Abfahrt gegen 13.30 und 17 Uhr für 400 Baht in 7 Std.
HAT YAI, um 8.30, 9.30 und 11.30 Uhr für 350 Baht, Ankunft nachts oder frühmorgens.
NAKHON SI THAMMARAT, um 8.30, 10.30 und 13.30 Uhr für 300 Baht in 3 1/2 Std.
RANONG, stdl. von 7–17 Uhr für 120 Baht in 2 Std.
SURAT THANI, stdl. von 5.30–17 Uhr für 180 Baht in 2 1/2 Std.

Vor dem Bahnhof von Chumphon haben einige Dampfloks ihre letzte Haltestelle gefunden.

### Busbahnhof am Highway 4

Zum 13 km entfernten Busbahnhof am Highway 4 mit dem Songthaew ab Markt für 50 Baht, Motorradtaxi 150 Baht, Taxi 300 Baht.

**Nach Norden**:
BANGKOK, etwa stdl. von 6.30–23.30 Uhr für etwa 300–600 Baht in ca. 7–8 Std. Die meisten VIP-Busse fahren abends zw. 21.30 und 23.30 Uhr.
BANG SAPHAN (100 Baht), BAN KRUT (130 Baht), PRACHUAP KHIRI KHAN (160 Baht), mit den Bussen Richtung Bangkok in 3–4 Std.
HUA HIN, CHA-AM, mit den Bussen Richtung Bangkok für etwa 230 Baht in 4–5 Std.
PHETCHABURI, mit den Bussen nach Bangkok für ca. 280 Baht in 5 1/2 Std.
Die meisten von Norden kommenden Langstreckenbusse **nach Süden** (HAT YAI, KRABI, PHUKET) passieren den Busbahnhof nachts zwischen 23 und 4 Uhr; hier sind die privaten Busse von Rungkit-Tour (s. o.) empfehlenswerter.

### Eisenbahn

Auf dem Mittelstreifen der Straße vor dem Bahnhof haben einige alte Dampfloks ihren letzten Stellplatz gefunden.
BANGKOK, mit den Booten von Ko Tao, Ko Pha Ngan oder Ko Samui kann man theoretisch den Zug um 12.46 Uhr erreichen (Ankunft 19.45 Uhr). Wegen möglicher Verspätung Tickets erst kurz vor Abfahrt besorgen. 10 weitere Züge zwischen 19.36 und 2.34 Uhr. Alle Züge halten auch in BANG SAPHAN (Yai) (knapp 2 Std.) und HUA HIN (ca. 4 1/2 Std.).
SURAT THANI, Bummelzug um 6.30 Uhr, Ankunft 9.34 Uhr. Schneller um 14.36 Uhr, Ankunft 16.45 Uhr.
TRANG, um 4.24 (Ankunft 8.05 Uhr) oder 6.23 Uhr (Ankunft 10.31 Uhr).
Weitere Züge s. Fahrplan S. 954/955.

### Boote

**Tickets zu den Inseln im Golf** verkaufen die Reisebüros und Gästehäuser.
KO TAO, tgl. außer So mit der **Night Ferry** um 23 Uhr, Ankunft morgens um 5.30 Uhr, 400 Baht plus 50 Baht Transfer zum Anleger.
**Lomprayah** verkehrt um 7.30 und 13 Uhr über KO TAO (600 Baht, Ankunft 9.15 bzw. 14.30 Uhr)

und KO PHA NGAN (1000 Baht, Ankunft 11.15 bzw. 16.10 Uhr) nach KO SAMUI (1100 Baht, 11.50 bzw. 16.40 Uhr); Kinder ab 4 Jahren halber Preis, Transfer zum Anleger 100 Baht.
**Songserm** legt um 7 Uhr ab und erreicht die Inseln um 9.30, 11.30 und 13 Uhr. Nach KO TAO 500 Baht, KO PHA NGAN 900 Baht, KO SAMUI 1000 Baht, Transfer inkl.

### Flüge

Bisher gibt es keinen öffentlichen Zubringer zum Flughafen. Wer in Chumphon mit dem Flieger ankommt, wird aber in der Regel von wartenden Taxis/Minibussen empfangen. Eine Fahrt in die Stadt kostet, sofern nicht im Kombiticket enthalten, etwa 200 Baht p. P. Taxis vom Strand (Thung Wua Laen) kosten etwa 500 Baht, aus der Stadt etwa 600 Baht, die Fahrt dauert ca. 1 Std.
BANGKOK, mit **Nok Air** tgl. um 10 Uhr in gut 2 Std. **Happy Air** verbindet Chumphon mit der Hauptstadt sowie RANONG an bis zu 5 Tagen der Woche, Infos s. 🖳 www.happyair.co.th.

## Die Umgebung von Chumphon

Einige Strände in der Umgebung von Chumphon ziehen neben thailändischen Wochenendurlaubern auch westliche Reisende an. Besonders beliebt ist **Hat Thung Wua Laen** [2656], etwa 16 km nördlich der Stadt. Ruhesuchende werden hier glücklich, denn außer ein paar Resorts und einigen wenigen Restaurants gibt es nichts. Der Strand erstreckt sich über knapp 2 km, und unter der Woche sind die eigenen Fußspuren oft die einzigen. Schwimmen ist das ganze Jahr über möglich. Transport siehe Chumphon.

Der **Hat Sai Ri** [2657], 20 km südlich von Chumphon, ist weniger schön, wird jedoch von einheimischen Ausflüglern geliebt, die am Wochenende zum guten Seafood-Essen vorbeikommen oder zu einem Schäferstündchen im 24-Std.-Hotel einchecken – nicht ohne vorher ihre patriotische Pflicht zu erfüllen und dem **Krom Luan Monument** einen Besuch abzustatten, das dem Gründer der thailändischen Seestreitkräfte gewidmet ist. Das hier liegende ausgemusterte Torpedoboot ist seit 1975 ein beliebtes Fotomotiv.

Die kleine Insel vor dem Südende des Strandes heißt **Ko Maphrao** und wird von einigen Vogelnestsammlern bewohnt, weswegen sie lange Zeit nicht zugänglich war. Heute kann man Boote mieten, um zu dem Strand zu gelangen, der so verlockend Richtung Festland leuchtet. 600 Baht, am Hat Sai Ri Resort fragen.

Etwa 5 km nördlich von Hat Sai Ri liegt **Hat Paradonpab** [2677], wo sich Golfer und Ruhesuchende am wenig attraktiven Strand nicht stören.

## ÜBERNACHTUNG UND ESSEN

Außer an den Wochenenden ist es an den Stränden sehr ruhig. Viele Anlagen besitzen ein angeschlossenes Restaurant, wo es meist gutes Seafood gibt, aber auch der westliche Hunger nach Pommes und Pizza bedient wird.

### Hat Thung Wua Laen

**Albatros Gh.** ④, ℡ 077-632 939, 🖳 www.albatrossguesthousechumphon.com. Ansprechend gestaltetes Gästehaus, etwa 500 m vom Strand entfernt. AC und Ventilator, alle mit TV (Thai-Sender) und Kühlschrank. ❶–❷
**Clean Wave Resort** ③, ℡ 077-560 151, 🖳 www.cleanwaveresort.com. Saubere Unterkünfte in einem Garten an der Strandstraße. Das Angebot reicht vom einfachen Zimmer mit Ventilator im Reihenhaus über besser ausgestattete Suiten bis zum Bungalow. Nettes Restaurant. ❷–❺
**Nana Beach Hotel** ②, ℡ 077-622 999, 🖳 www.nanaburihotel.com/nanabeach. Pool-Villen, große Bungalows und ansprechende Zimmer im Haupthaus. Pool und Restaurant am Strand. ❺
**View Resort** ①, ℡ 077-560 214. Viele verschiedene Bungalows, teils direkt am Strand. Alle Zimmer haben TV und Kühlschrank. Ansprechend sind auch die Bungalows für Familien im Garten. Beliebtes Seafood-Restaurant am Strand. ❸

## AKTIVITÄTEN

Vor der Küste Chumphons lohnt die Unterwasserwelt um einige kleine Inseln einen Tauchausflug.
**Dive Chumphon**, ℡ 089-645 5576, 🖳 www.divechumphon.com. Basis im Chumphon

Cabana Beach Resort. PADI-Kurse, Tauchausflüge, Leihausrüstung und mehr. Der deutsche Tauchlehrer Werner steht auf Wunsch für Tauchausflüge und Touren in den Nationalpark bereit und hat zudem viele Tipps für erlebnisreiche Reisen an den Thung Wua Laen. Er hilft auch bei Buchungen von Resorts und Bungalowanlagen.

## Mu Ko Chumphon National Park

Berühmt ist der etwa 30 km von Chumphon bei Hat Sai Ri liegende 317 km² große Park vor allem für seine schönen Tauchgebiete. Über 40 Kalksteininseln locken Unterwasserfans. Die Touren ab Chumphon führen nach **Ko Ngam Yai** und **Ko Ngam Noi** mit Hart- und Weichkorallen und einigen größeren Fischen. Auch die Felsen **Hin Pae** und **Hin Lak Ngam** werden besucht. Hier taucht man auf maximal 22 m ab. Wer Glück hat, sieht einen Walhai oder eine Seeschildkröte. Auch **Ko Thalu** und **Ko Mattra** bieten gute Tauchmöglichkeiten. **Ko Thong Lang** eignet sich gut zum Schnorcheln, man kann am Strand liegen und mit Genehmigung der Parkverwaltung zelten. Die beste Reisezeit für Taucher ist Februar bis Oktober, die Sicht beträgt dann bis zu 20 m.

Am Pong Pang Mountain Viewpoint befindet sich die Parkverwaltung. Hier stehen **Nationalpark-Bungalows** für zwei Personen mit Ventilator oder AC, alle mit Warmwasser. Kontakt und Reservierungen unter ☎ 077-558 144 und 🖥 wwwdnp.go.th, ❸–❹. Die Anreise ist am einfachsten im Rahmen einer Tour der Gästehäuser, über einen Reiseveranstalter oder mit dem Tauchboot. Eintritt 200 Baht.

# Die Inseln im Golf

Im Südwesten des Golfs von Thailand liegen die etwa 80 Inseln des Ang Thong-Archipels, darunter die seit Jahren beliebten Reiseziele Ko Samui, Ko Pha Ngan und Ko Tao. 40 zumeist unbewohnte Inseln des Gebietes genießen als Nationalpark staatlichen Schutz und können auf Tagestrips oder auch von Übernachtungsgästen besucht werden. Hierhin zieht es vor allem Taucher. Bekannt und beliebt sind die Inseln im Golf bei eingefleischten Strandurlaubern, die an palmenbestandenen Stränden relaxen wollen. Aber auch Wassersportler kommen gerne hierher und nicht zuletzt unzählige junge Traveller, die monatlich zu Tausenden nach Pha Ngan pilgern, um eine der berühmten Partys am Strand oder im Dschungel zu feiern.

Man nimmt an, dass Samui (und wohl auch die Nachbarinsel Pha Ngan) bereits in der Don Son-Zeit besiedelt war. Belegt ist dies durch 1977 gefundene Bronzetrommeln, die auf die Zeit zwischen 1000 und 500 v. Chr. datiert werden. Woher diese Siedler kamen, ist noch nicht abschließend geklärt; Historiker vermuten jedoch, dass es muslimische Seenomaden aus dem malayischen Raum waren. Ko Tao wurde erst im späten 19. Jh. von Bewohnern Ko Pha Ngans besiedelt.

## Die Inseln

**Ko Samui**, etwa 20 km vor der Küste gelegen, ist die größte Insel des Archipels und mit ihren 14 km Breite und 29 km Länge gleichzeitig die drittgröße Thailands. Sie fehlt in kaum einem Katalog der großen Reiseveranstalter, und folglich tummeln sich hier viele Pauschalreisende. Das Angebot an Unterhaltung ist kurzweilig, wenn auch zumeist nicht eben hochwertig. Man kann gut einkaufen, und auch einige Restaurants sind einen Besuch wert. Viel thailändisches Flair ist allerdings an den Hauptstränden

### Zweifelhafte Billigtouren

Bei den ganz besonders günstigen **Bussen ab Bangkok** ist Vorsicht geboten. Leser melden immer wieder, dass die Zubringer- und Minibusse ab Surat Thani nach Don Sak (Pier) oftmals nicht abfahren, da zu wenige Plätze gebucht sind. Reisende werden dann in alte, klapprige Fahrzeuge umgeladen, die zum Ziel meist eine Ewigkeit brauchen.
Wer Tickets für einen der sog. **Khaosan-Busse** bucht, die bereits für 350 Baht inkl. Fähre verkauft werden, muss sich darüber im Klaren sein, dass sich die Angestellten dieser Gesellschaften ihr mageres Gehalt oft mit Diebstahl aufbessern. Ein normales Ticket kostet mind. 600 Baht.

Chumphon

✈ = Tauchgebiete

CHUMPHON PINNACLE ✈
KO NANG NUANG
GREEN ROCK         Mae Hat    KO TAO
WHITE ROCK

s. Detailplan Ko Tao S. 726

SHARK ISLAND

SOUTHWEST PINNACLE

SAMRAN PINNACLE

✈ SAIL ROCK

KO PHA NGAN

KO MA

KO WAO YAI    KO TUNGKU
KO YIPON ✈              Chaloklum

KO KONG NOI
KO KONG KLIANG              Thong Sala

KO TAE NOK
KO TAE
NAI

**ANG THONG**         KO LIM
**MARINE N.P.**    KO MAE    KO THONG TAENG
                            KO SAM SAO        s. Detailplan Ko Pha Ngan S. 694
              KO          ● Nationalparkbüro                          KO
           WUA TALAP       KO PHAI LUAK                          KONG RI
                            KO WUA TE
                                                    KO SAMUI      KO SOM

                                                MAE NAM
KO PHALUAY
                                            Nathon                    KO MAT
                                                                      LANG
                                                                  ● Chaweng
       KO THAIU (KO TO)
       KO CHUAK (KO KLUAI)              Hat Thong Yang
   KO WUA CHIU    KO SOM                                    Lamai
              KO NOK TAPHAO

                                        KO TAEN
                                        (KO KATEN) ✈
                                                    KO MAT
                                                     SUN
                            KO THAM                   s. Detailplan Ko Samui S. 665
                                        KO WANG NOK
            DON SAK
            PIER                        KO WANG
       ● Don Sak                         NAI      ✈ KO RAP

THA TONG    Kanchanadit                    ● Khanom
PIER
**Surat**
**Thani**
                                                    Ao Nai Plao

## Schifffahrplan Inseln im Golf

### Von Norden nach Süden

| | Chumphon | Ko Tao | | Ko Pha Ngan | | Ko Samui | | Surat Thani (Don Sak) | |
|---|---|---|---|---|---|---|---|---|---|
| | Ab | An | Ab | An | Ab | An | Ab | An (Pier) | An (Stadt)* |
| **Lomprayah Katamaran** | – | – | 6 | 7 | 7.15 | 7.45 | 8 | 8.45 | 10.10 |
| | 7 | 8.45 | 9.30 | 10.45 | 11 | 11.20 | – | – | – |
| | – | – | – | – | 12 | 12.30 | 12.45 | 13.45 | 14.45 |
| | – | – | – | – | 15 | 15.30 | 15.40 | 16.35 | |
| | 13 | 14.45 | 15 | 16.10 | 16.20 | 16.40 | – | – | |
| **Rajah Ferry** | – | – | – | – | 5 | – | – | 7.30 | – |
| | – | – | – | – | 7 | – | – | 9.30 | – |
| | – | – | – | – | 10 | – | – | 12.30 | – |
| | – | – | – | – | 13 | – | – | 15.30 | – |
| | – | – | – | – | 17 | – | – | 19.30 | – |
| | – | – | – | – | – | – | 5–12 (stdl.) | 6.30–13.30 | – |
| **Seatran Discovery** | – | – | 9.30 | 10.50 | 11 | 11.30 | – | – | – |
| | – | – | 15 | 16.20 | 16.30 | 17 | – | – | – |
| **Songserm Express** | 7 | 9.45 | 10 | 11.30 | 12.30 | 13.30 | 13.40 | 15.30 | 16.30 |
| **Nachtfähre** | 21 | 5 | – | – | – | – | – | – | – |
| **Nachtboot** | 24 | 6 | – | – | – | – | – | – | – |
| | – | – | 21 | – | – | – | – | – | 5.30 |

**Von Bangkok:** Lomprayah bietet Kombitickets *(Joint Ticket)* Bus/Boot; Abfahrt in Bangkok um 21 Uhr (Ank. Chumphon 5 Uhr, Fähre 7 Uhr) und 6 Uhr (Ank. Chumphon 12.30 Uhr, Fähre 13 Uhr).

**Songserm:** Kombiticket Bus/Boot; Abfahrt in Bangkok 19 Uhr, Ank. Chumphon 2.30 Uhr, Fähre 7 Uhr.

* per Minibus

nicht mehr zu finden. Westliches reiht sich an Westliches, und meist wird es auch von Westlern betrieben. Abseits der Touristenpfade gibt es jedoch noch einiges zu entdecken, und wer einen Streifzug abseits von Strand- oder Poolliegen unternimmt, lernt die Herzlichkeit der verbliebenen Kokosnussbauern kennen. So ist Ko Samui eine gute Wahl für all jene, die es in eine Fremde zieht, die man nicht allzu sehr verspürt.

Die Schwesterinsel **Ko Pha Ngan** lockt ein anderes, gemischteres Publikum an. Sie bietet nahezu jede Unterkunftskategorie, und jeder Strand zieht seine ganz eigene Klientel an. Noch immer können hier viele Individualisten ihren ganz persönlichen Inseltraum ausleben. Beliebt ist Pha Ngan vor allem bei Partyfans, die hier am

Strand oder im Dschungel die Nächte durchfeiern. Andere kommen hierher, um sich in einem der zahlreichen Yoga Retreats, dem Meditationswat Khao Tahm oder einem Spa-Zentrum auf ihren Körper und Geist zu besinnen.

**Taucher**, vor allem junge Tauchnovizen, zieht es nach **Ko Tao**, wo sie noch weit mehr Tauchschulen vorfinden als auf den ebenfalls gut versorgten Inseln Ko Samui und Ko Pha Ngan. Vor der Küste der Schildkröteninsel treffen Taucher und Schnorchler leider nur noch selten auf Exemplare der putzigen Panzertiere, doch noch immer gelten die Riffe als die interessantesten des Archipels. Die Gegend eignet sich perfekt für Anfänger. Taucher, die jederzeit gute Sicht wünschen, sind an der Andamanenküste bes-

## Schifffahrplan Inseln im Golf

**Von Süden nach Norden**

| | Surat Thani (Don Sak) | | Ko Samui | | Ko Pha Ngan | | Ko Tao | | Chumphon |
|---|---|---|---|---|---|---|---|---|---|
| | Ab (Stadt)* | Ab (Pier)* | An | Ab | An | Ab | An | Ab | An |
| **Lomprayah Katamaran** | – | – | – | 8 | 8.20 | 8.30 | 9.45 | 10.15 | 11.45 |
| | 9 | 10.10 | 11 | 11.15 | 11.45 | 13 | 14.15 | 14.45 | 16.30 |
| | – | – | – | 12.30 | 12.50 | 13 | 14.45 | – | – |
| | 11.10 | 12.30 | 13.25 | 13.35 | 14.05 | | | | |
| **Rajah Ferry** | – | 7 | – | – | 9.30 | – | – | – | – |
| | – | 10 | – | – | 12.30 | – | – | – | – |
| | – | 13 | – | – | 15.30 | – | – | – | – |
| | – | 16 | – | – | 18.30 | – | – | – | – |
| | – | 18 | – | – | 20.30 | – | – | – | – |
| | – | 5–12 (stdl.) | – | – | 6.30–13.30 | – | – | – | – |
| **Seatran Discovery** | – | – | – | 8 | 8.20 | 8.30 | 10 | – | – |
| | – | – | – | 13.30 | 13.50 | 14 | 15.30 | – | – |
| **Songserm Express** | 8 | 9 | 10.30 | 11 | 12 | 12.30 | 14 | 14.30 | 17.30 |
| **Nachtfähre** | – | – | – | – | – | – | – | 23 | 5 |
| **Nachtboot** | 23 | – | – | – | – | – | 7 | – | – |

**Nach Bangkok:** Lomprayah bietet Kombitickets *(Joint Ticket)* Bus/Boot; Abfahrt in Chumphon um 13 Uhr (Ank. Bangkok 20.30 Uhr) und 17 Uhr (Ank. Bangkok 0.30 Uhr).

**Songserm:** Kombiticket Bus/Boot; Abfahrt in Chumphon 21 Uhr, Ank. Bangkok 5 Uhr.

* per Minibus

ser aufgehoben. Wer sich jedoch schulen will und kein Gutwettertaucher ist, findet hier wunderbare Plätze.

## Klima und Reisezeiten

Eine gute Reisezeit sind die Monate Juli bis Oktober. In dieser kleinen Zwischenregenzeit ist das Wetter ideal: ein bisschen Regen und viel Sonne. Im November regnet es hingegen meist so viel, dass viele Reisende das Weite suchen. Erst im Dezember wird es allmählich wieder voller. In der nun folgenden Regenzeit ist **Hauptsaison**: Von Mitte Dezember bis Ende März ist auf den Inseln viel los, wobei die Saison auf Ko Samui länger als auf Ko Pha Ngan und Ko Tao dauert, wo es im Februar bereits wieder etwas ruhiger wird.

Weniger Betrieb herrscht in den dann folgenden sehr warmen Monaten April/Mai.

Die **Temperatur** schwankt innerhalb der Hauptreisezeiten zwischen 23 und 32 °C. In der heißesten Zeit im Mai kann es auch mal gefühlte 40 °C heiß werden. Wenn die Luft steht und die Sonne unerbittlich vom Himmel brennt, hilft nur noch der Rückzug in den Schatten.

Wer nur für einen kurzen Badeurlaub anreist, sollte nach Möglichkeit um Neumond herum kommen. Dann sorgt die hohe Flut an den seichten Stränden zur Mittagszeit für viel Badespaß. Bei **Vollmond** ist der Strand tagsüber weit weniger malerisch und das Meer hat sich weit zurückgezogen, sodass man oft kilometerweit hinauslaufen muss. Wenn abends das Wasser wieder etwas aufläuft, kann man aber auch dann an den meisten Stränden baden und schwimmen.

## Transport

Folgende Fährgesellschaften verkehren zu und zwischen den Inseln im Golf:

**Lomprayah**, ☎ 077-456 176, 🖥 www.lomprayah. com. Schnelle Katamarane, die bei hohem Seegang besonders auf der Strecke Chumphon–Ko Tao ziemlich stark schaukeln – nichts für schwache Mägen.

**Rajah Ferry**, ☎ 077-372 800, 🖥 www.raja ferryport.com. Die behäbigen, z. T. recht alten Autofähren verbinden Ko Samui und Ko Pha Ngan mit Don Sak.

**Seatran**, ☎ 077-456 907, 🖥 www.seatran discovery.com. Betreibt neben Fähren auch eine schicke Jacht für Ausflüge von Ko Samui in den Nationalpark.

**Songserm**, ☎ 077-456 274. Die meisten Boote sind weniger empfehlenswert, die Flotte wird jedoch gerade erneuert.

# Ko Samui

**Ko Samui** [2764] ist eine der Inseln, die Stefan Loose in den 1970er-Jahren noch mit dem Fischerboot ansteuerte, um zu Fuß die Strände zu erkunden und seinen persönlichen Traumstrand zu entdecken. Wo es keine freie Hütte mehr gab, wurde flugs eine neue für den Gast errichtet. Ein einfaches Dach aus Bambus über dem Kopf, eine geflochtene Matte als Bett und eine Kerze daneben reichten den jungen Weltenbummlern damals aus.

Heutige Besucher schätzen den Komfort, den Ko Samui mittlerweile zu bieten hat. Man reist mit dem Flugzeug, der Autofähre oder dem Schnellboot an und wohnt in stilvollen AC-Unterkünften. Auf der etablierten Ferieninsel warten rund 550 Bungalow- und Hotelanlagen mit etwa 20 000 Zimmern auf Gäste. Dank guter Infrastruktur, der Vielzahl hochwertiger Unterkünfte und des breiten Unterhaltungs- und Freizeitangebots kommen zahlreiche Pauschalreisende.

Die alten Traditionen werden bei vielen der etwa 40 000 Einheimischen noch immer hochgehalten, und zahlreiche Familienklans geben ihre Berufe als Kokosnussbauer oder Fischer an die nächste Generation weiter. Nicht alle Bewohner sind im Tourismus tätig. Wer ein authentischeres Alltagsleben erleben möchte, wird fündig, sobald er sich etwas abseits der großen Straßen auf eigene Faust auf den Weg macht. Auch die Hauptstadt Nathon hat noch etwas Ursprüngliches, und in der Nebensaison sind sogar noch einsame Strände zu finden.

Lohnend sind allemal die zahlreichen Sandstrände, die sich auf insgesamt 26 km erstrecken. Während ein Viertel der Insel überwiegend aus Flachland mit Kokospalmenkulturen besteht, wird das mit dichtem Wald bedeckte Hochland im Inneren kaum landwirtschaftlich genutzt. Die äußeren Hänge sind vielfach mit Nutzbäumen wie Durian, Rambutan, Langsat und Mangosteen oder Kautschuk bepflanzt. Doch auch hierher verschlägt es immer mehr Besucher, welche die immer zahlreicheren Privatferienhäuser in modernsten Wohnsiedlungen bevölkern.

## Die Strände

Die beiden gut besuchten Hauptstrände Chaweng und Lamai an der Ostküste bestechen mit ihrem weißen Sand, sauberen Wasser und ihren Palmen. Das Meer eignet sich an beiden Stränden bestens zum Schwimmen. Am **Hat Chaweng** ist es voller und lauter, hier tobt das Nachtleben. Nach Chaweng kommen viele Pauschaltouristen und Partyfreunde, denen allerdings manchmal der nötige Respekt für die Sitten des Gastlandes fehlt. Am **Hat Lamai** urlaubt ein etwas zurückhaltenderes Publikum, entsprechend ist es hier ein wenig ruhiger. Der **Hat Mae Nam** ist ebenfalls sehr beliebt bei Ruhesuchenden und gehört zu den schönsten Stränden der Insel. Er eignet

N ↑  0          5 km

Ko Pha Ngan
(Thong Sala)

Ko Pha Ngan
(Thong Nai Pan)

Ko Pha Ngan
Ko Tao

Ko Pha Ngan
(Hat Rin)

*s. Detailplan Choeng Mon S. 678*

KO SOM

Ao Samrong

Ao Thong Son

② ① ③

KO TAO PUN

*s. Detailplan Mae Nam S. 672*

Laem Na Phalarn

Hat Mae Nam

Hat Bo Phut

Big Buddha

Hat Choeng Mon

KO FAN NOI

Ban Bang Po

Ban Tai

Mae Nam

Big Buddha Beach

Ban Plai Laem

Ao Kaki

Laem Yai

Ao Bang Makham

322 △

Khao Toei △ 454

△ 467

Best Mountain Viewpoint

Canopy Adventures

Bo Phut

Bandon International Hospital

Ao Yai Noi

BIRD GARDEN

BÜFFEL-KAMPFPLATZ

*s. Detailplan Bo Phut S. 675*

KM 31,5

PICK-UP TERMINAL

Ko Pha Ngan

*s. Detailplan Nathon S. 668*

PIER

**Nathon**

Hin Lat-Wasserfall

Hu Nam-Wasserfall

Tesco Lotus

Wat Pangbua

KO MAT LANG

Donsak

Surat Thani

Ban Lipa Yai

IMMIGRATION

TOURISTEN-POLIZEI

Haew Khwai Tok-Wasserfall

Woodland Park View

**Chaweng**

Hat Chaweng

*s. Detailplan Chaweng S. 680*

Ao Santi

△ 500

△ 394

Hat Chaweng Noi

Laem Chon Khrum

Ban Thong Sai

Ban Lipa Noi

△ 635

Coral Cove

Hat Thong Yang

Ban Saket

Namuang II-Wasserfall

△ 565

Ao Thong Ta Khien

FÄHRE

Namuang-Wasserfall

Doi Tai Views

Lamai

Laem Thong Krok

Hat Taling Ngam

Wat Kiri Wongkaram

Ban Taling Ngam

403 △

Ban Thurian

Overlap Stone

Ao Lamai

*s. Detailplan Lamai S. 685*

Donsak

410 △

Wat Samret

Wat Khunaram

Ban Hua Thanon

Felsen Hin Ta - Hin Yai

Ban Pangka

Ban Bang Kao

Tale Ban

Na Khai

Ao Phangka

Ban Thong Tanot

Ban Thong Krut

Ban Han

Laem Hin Khom

Ao Thong Krut

Ao Bang Kao

Laem Set

Laem Sor

Laem Sor-Pagode

KO TAEN (KO KATEN)

KO MAT SUM

Ban Ko Tan

213 △

*s. Detailplan Südküste und Westküste S. 690*

■ **ÜBERNACHTUNG**
① Melati Beach Resort & Spa
② Six Senses Samui
③ Thong Son Bay Bungalows

**DIE GOLFKÜSTE**

---

sich perfekt für einen Familienurlaub. Doch neben den „großen Drei" gibt es noch viele weitere Strände zu entdecken …

## Tempel

Das Kennzeichen Ko Samuis ist der große goldglänzende Buddha, den Flugreisende bereits beim Landeanflug sehen. Für Thais ist die

**Big Buddha**-Statue im **Wat Phra Yai** auf der kleinen Insel Ko Fan die Wallfahrtsstätte Samuis schlechthin. Zwei Dämme verbinden die Insel mit dem Festland. Die vergoldete, 12 m hohe Statue ist besonders abends ein beliebtes Fotomotiv.

Lohnend ist auch ein Abstecher zum unweit gelegenen Tempel **Wat Plai Laem**, der in beeindruckender Weise zeigt, wie lebendig das

© M. MARKAND

Im Garten von Wat Samret wird neben vielen Buddhafiguren auch die Statue eines Einsiedlers verehrt.

Kunsthandwerk des Tempelbaus bis heute ist. Die Tradition, in der dieses Gebäude Anfang des 21. Jhs. erbaut wurde, ist Jahrhunderte alt. Über drei Jahre arbeitete der Künstler Jarit Phumdonming an den bunten und kunsthandwerklich wertvollen Wandgemälden, die u. a. den Werdegang Buddhas zeigen.

**Wat Khunaram** gehört zweifellos zu den bedeutendsten Sehenswürdigkeiten der Insel. Zu besichtigen ist hier ein mumifizierter Mönch, der einst als Luong Por Daeng bekannt und verehrt wurde. Der Mönch starb vor knapp 40 Jahren und sitzt seither in einem Glaskasten, in der Saison täglich bestaunt von Hunderten Touristen, die auf einer der standardisierten Jeep-Touren hier Halt machen. Der Tempel befindet sich einige Kilometer landeinwärts vom Fischerdorf **Hua Thanon** an der Straße gegenüber der Einfahrt zum **Namuang-Wasserfall**. Auch im **Wat Kiri Wongkaram** beim Dorf **Taling Ngam** im Süden der Insel kann ein mumifizierter Mönch besucht werden. Da der Tempel etwas abgelegener ist, geht es hier etwas geruhsamer zu.

Ein weißer Jade-Buddha wird im **Wat Samret** nahe dem Dorf Hua Thanon verehrt. In der Halle der Buddhas sind zahlreiche Buddhastatuen aufgestellt. Da im Laufe der Zeit viele der Figuren gestohlen wurden, ist die Tür heute meist verschlossen, wird jedoch auf Anfrage geöffnet.

## Wasserfälle und Aussichtspunkte

Am bekanntesten ist der **Namuang-Wasserfall**, bei dem es sich eigentlich um zwei Fälle handelt. Der zweite Wasserfall stürzt fast 80 m in die Tiefe, während der erste mit etwas über 18 m wesentlich beschaulicher ist. Urlaubende Thais bevölkern ihn am Wochenende, und auch in den Ferien ist hier viel los. Beide Wasserfälle befinden sich im Süden der Insel, und ein Besuch lässt sich gut mit einem Ausflug zum **Wat Khunaram** verbinden. Eine gut ausgebaute Straße führt direkt zu einem Pool des ersten Falls, in dem man sich erfrischen kann. Während dieser Fall gut erschlossen ist, nötigt der zweite dem Besucher mehr Anstrengung ab. Die vormals gute Straße verwandelt sich alsbald in eine ungeteerte Schlammstraße. Auf dieser ist nach etwa 10-minütigem Spaziergang der Fuß des zweiten Falls erreicht. Wer hinaufsteigen will, sollte über Klettererfahrung verfügen, denn der Weg ist rutschig.

Im Westen Ko Samuis nahe dem Dorf Lipa Yai befindet sich der **Hin Lat-Wasserfall**, ein weite-

### Auto- und Mopedverleih

Autos kosten 800–2000 Baht pro Tag (inkl. Versicherung). Billig sind die kleinen Suzukis, teurer Pick-ups und am teuersten Pkws und Minibusse. Bei längerer Mietdauer wird Rabatt gewährt. Mopeds gibt es ab 200–300 Baht pro Tag. Oft muss der Pass als Sicherheit hinterlegt werden. Sicherheitsgurte im Auto sind Pflicht, ebenso Helme bei Mopeds. Bei Verstoß drohen Geldstrafen (S. 90). Theoretisch benötigt man einen Internationalen Führerschein, dieser wird allerdings meist weder bei der Ausleihe noch bei Kontrollen verlangt.

### Medizinische Hilfe

Auf der Insel gibt es einige große Privatkliniken. Hier ist bei kleineren Untersuchungen direkt nach der Behandlung zu bezahlen. Die ausgestellten Formulare reichen in der Regel für eine Erstattung durch die Reisekrankenkasse. Bei längeren stationären Behandlungen rechnet das Krankenhaus direkt mit der Reisekrankenversicherung ab. Die Krankenhäuser befinden sich an den Stränden; das staatliche Hospital in Nathon ist allenfalls mittellosen Nichtversicherten zu empfehlen.

Zwischen Nathon und Chaweng befindet sich das Bandon International Hospital. Am Hat Chaweng gibt es das empfehlenswerte Krankenhaus Bangkok Samui Hospital, das Samui International Hospital und das Thai International Hospital.

### Polizei

Die Zentrale der Tourist Police befindet sich 2 km südlich des Ortszentrums von Nathon, ✆ 077-421 281. Chaweng ✆ 077-414 567. Notruf ✆ 1699 (Tourist Police) oder 191 (Polizei). Auch die regulären Polizeireviere können im Notfall kontaktiert werden, doch spricht hier nicht unbedingt jeder Englisch: Nathon ✆ 077-421 095, Chaweng ✆ 077-422 067, Lamai ✆ 077-424 068, Mae Nam ✆ 077-425 070, Bo Phut ✆ 077-425 071, Taling Ngam ✆ 077-423 009.

### Touristenauskunft

Die einheitliche Nummer, ✆ 1672, gilt für ganz Thailand. Der Anrufer landet in Bangkok, wo englischsprachige Mitarbeiter weiterhelfen.

rer schöner Platz zum Baden. Auf einem etwa 3 km langen schmalen Dschungelpfad gelangt man an einen großen Pool am Fuße des Wasserfalls, wo man schwimmen oder sich unter das herabstürzende Wasser stellen kann.

## Nathon

Der Hauptort der Insel ist eine kleine geschäftige Stadt und einer der größeren Orte der Insel [2826]. Er hat sich viel von seinem ursprünglichen Charme erhalten: Alte Holzhäuser dienen als Wohn- und Lagerstätte, es gibt zahlreiche authentische Thai-Restaurants, und nicht alle der Verkaufsangebote richten sich an Reisende oder ausländische Residenten.

Doch natürlich fehlen auch hier nicht Geschäfte mit Kleidung, Büchern, Malereien oder den hübsch geschnitzten Seifenblumen. Ein Einkaufsbummel gestaltet sich in Nathon gemütlich bis beschaulich, denn die Zahl der Läden ist überschaubar. Der Markt bietet eine gute Möglichkeit, frisches Obst zu erstehen, und wer von Thailand nur Ko Samui kennenlernt, kann hier die Atmosphäre eines typischen Thai-Marktes erschnuppern.

An den drei Piers in Nathon legen die Seatran-Autofähre, die Expressboote von Songserm und das Nachtboot an. Bunt bemalte, mit den Routen beschriftete Songthaew, einige Taxis und zahlreiche Mopedfahrer (in der Wartehalle vorne am Pier) begrüßen die Ankommenden und bringen sie an die Strände.

**DIE GOLFKÜSTE**

# Nathon

0        200 m

N

Bo Phut (17 km),
Chaweng (23 km)

**■ ÜBERNACHTUNG**
① Nathon Residence
② Jinta City Hotel
③ Grand Sea View Resotel

Chonwithi Rd.

Thawirat

Pakdi

Seatran-Pier

Chaiyakul Rd.

Don Sak

Takien Rd.

POLIZEI

DISTRICT
OFFICE

Lomprayah-Pier

Amphoe Rd.

Angthong

NACHT-
MARKT

FÜR TOURISTEN

EINKAUFSBEREICH

Watana Rd.

Thorasup

Rd.

Songserm-Pier

Rd.

Siam City Bank

LEUCHTTURM

Rd.

**■ ESSEN**
1 Coffee Island
2 Ruang Thong Bakery
3 Will Wait Restaurant
4 Chau Tear Vegetarian Restaurant
5 Sunset Seafood

Thawirat

Pakdi

MARKT

**■ SONSTIGES**
1 Tesco Lotus
2 7-Eleven
3 Baan Sai Klang
4 7-Eleven
5 7-Eleven
6 Samui Mart
   Department Store

Pridaraj Rd.

Chonwithi

Chonwithi

**■ TRANSPORT**
① Busse nach Bangkok
② Ticketschalter Seatran Pkw
③ Ticketschalter Seatran Fußgänger
④ Nachtboot nach Surat Thani
⑤ Songthaew und Mopedtaxis
⑥ Songserm-Pier: Expressboote nach
   Ko Pha Ngan, Ko Tao, Surat Thani
⑦ Busse nach Surat Thani,
   Krabi, Phuket, Hat Yai

Samui Nathon Hospital,
Tourist Police (2 km),
Lamai (19 km),
Immigration

Wat Chaeng

**DIE GOLFKÜSTE**

## ÜBERNACHTUNG

Insgesamt sind die Hotels in Nathon weniger einladend als die an den Stränden. Aber wer nur eine Nacht nahe dem Pier verbringen will, findet gewiss ein zufriedenstellendes Plätzchen.
**Grand Sea View Resotel** ③, 175/4 Moo 3, Preeda Rd., ✆ 077-421 481, 🖥 www.grand seaviewbeachresotel.com. „Bestes" Hotel in der Stadt: 4-geschossig und mit kleinem Pool in Strandlage. Alle Zimmer mit AC, TV und Minibar, die schönsten mit Meerblick. Stühle und Liegen am bei Ebbe wenig attraktiven Strand. Frühstück inkl. ❸–❹
**Jinta City Hotel** ②, Chonvithi Rd., ✆ 077-420 630. Um einen kleinen Pool verschiedene 1- oder 2-geschossige Apartmenthäuser mit einfach eingerichteten Zimmern, alle mit AC, Minibar und TV. Inkl. Frühstück. ❷–❸
🏨 **Nathon Residence** ①, 257 Thawirat Pakdi Rd., ✆ 077-236 058, 236 081. Mitten im Zentrum nahe dem chinesischen Tempel. Schön möblierte Zimmer mit Tisch, AC, TV, Minibar und wahlweise Warmwasser, die nach vorne zur Straße z. T. mit kleinem Balkon. Die Zimmer nach hinten sind ruhiger. ❷–❸

## ESSEN

Überall in Nathon gibt es Lokale, die sich vornehmlich an einheimische Gäste richten und entsprechend authentisches Essen (Vorsicht: scharf) in einfacher Umgebung bieten. Der Nachtmarkt (ab 17.30 Uhr) zwischen dem Lomprayah- und dem Songserm-Pier zieht jeden Abend Einheimische wie Touristen an.
🌱 **Chau Tear Vegetarian Restaurant**, in einer Seitengasse unweit des Samui Mart Department Store. Kleines, nicht namentlich gekennzeichnetes Restaurant mit sehr leckerer, authentischer und günstiger vegetarischer Küche. Einige vorbereitete Speisen stehen in den Auslagen bereit. Frisch zubereitet wird eine köstliche Suppe. ⊕ Di–Sa 7 bis ca. 15 Uhr.
**Coffee Island**, Amphoe Rd., ✆ 077-420 153. Nett eingerichtetes Eckrestaurant mit Kaffee und Thai-Gerichten sowie Burgern und Pommes. Schöner Blick aufs Fähr-Pier und

Meer. Vermieten auch Zimmer (mit Ventilator und Gemeinschaftsbad oder AC und eigenem Badezimmer), ❶–❷. ⊕ 6.30–24 Uhr.
**Ruang Thong Bakery**, Thawirat Pakdi Rd., Ecke Watana Rd. Guter Kaffee und viele Gerichte, zudem frisches Brot und Gebäck. Bebilderte Speisekarte. ⊕ 6–18 Uhr.
**Sunset Seafood**, Chonvithi Rd. Unter freiem Himmel oder überdacht frisch gebratener Fisch vom Grill und andere Thai-Gerichte. Meerblick. Bei gutem Wetter und Flut schönes Ambiente. ⊕ 10–23 Uhr.
**Will Wait Restaurant**, Thawirat Pakdi Rd. Zentral im Einkaufsbereich der Touristen gelegenes Restaurant mit offener Küche. Thais schätzen die Suppe. Guter Kaffee. ⊕ 6–18 Uhr.

## EINKAUFEN

Auf Höhe der Piers an der Thawirat Pakdi Rd. findet man zahlreiche Geschäfte mit modischen Röcken, T-Shirts, Hosen und Badeklamotten. Dazwischen bieten Souvenirshops ihre Waren an, von der Buddhafigur bis hin zum Bambuswindspiel. Im Angebot sind auch Schuhe und Imitate von Markenkleidung – alles etwas günstiger als an den meisten Stränden.
**Baan Sai Klang**, abseits der touristischen Einkaufsmeile in einem alten Holzhaus an der Angthong Rd. Sehr schöne Auswahl an Stoffen, Keramikwaren und Buddhafiguren. ⊕ 9–19 Uhr.

## SONSTIGES

### Informationen

**TAT**, ✆ 077-420 504, hinter der Post. Hier gibt es zahlreiche Broschüren, Stadtpläne und Zeitungen der Samui Community. Die Damen sind höflich und bemüht. ⊕ 8.30–12 und 13–16.30 Uhr.

### Post

Die Post befindet sich am nördlichen Ende der Uferstraße. ⊕ Mo–Fr 8.30–16.30, Sa, So und an Feiertagen 9–12 Uhr.

### Visa

Das **Immigration Office**, ✆ 077-421 069 oder 077-236 665, liegt etwa 2 km südlich des

Stadtkerns rechter Hand an einer Abzweigung. ⏱ Mo–Fr 8.30–16.30 Uhr.

NAHVERKEHR

### Songthaew

Rote Songthaew mit bunt aufgepinselten Fahrzielen befahren immer dieselben Strecken. Diese sind jedoch nicht einheitlich, sodass man bei Zielen unterwegs nachfragen sollte. Manche Songthaew verkehren über den Flughafen, andere folgen einer längeren Route über den Süden. Betriebszeiten 6–18 Uhr, manche Fahrzeuge auch abends. Fahrpreis zu den Stränden je nach Streckenlänge um die 100 Baht (am besten Kleingeld bereithalten, da die Fahrer nur selten Geld wechseln). Wer ein Fahrzeug für sich allein nutzt, etwa am Abend, zahlt 500–800 Baht.

### Taxis und Mopedtaxis

Auf der Ringstraße verkehren zahlreiche Taxis. Auch Resorts und Anlagen bestellen Taxis. Nachts lassen sich die Fahrer selten auf Taxameter ein und verlangen Höchstpreise. Zu den Stränden tagsüber 300–700 Baht. Mopedtaxis warten am Hafen. Zum Busbahnhof und zur Immigration 50 Baht, zu den Stränden 100–300 Baht.

### TRANSPORT

### Busse

BANGKOK, ab Busbahnhof, ☎ 077-421 125. VIP-Busse um 7.30, 15.30, 16.30 und 17.30 Uhr für 1066 Baht inkl. Fähre in 12–14 Std. AC-Busse 2. Kl. fahren zu den gleichen Zeiten, zusätzlich noch um 13.30 Uhr für 608 Baht inkl. Fähre. VIP-24-Bus privater Gesellschaften um 7.30, 15.30, 16.30 und 17.30 Uhr für 1450 Baht.
HAT YAI, AC-Bus um 7.30 und 9.30 Uhr ab 480 Baht in 7 Std.
KO LANTA, AC-Bus und Fähre um 7.30 und 8 Uhr für 950 Baht in 8 Std.
KO PHI PHI, AC-Bus und Fähre um 7.30, 8 und 9 Uhr für 950 Baht in 7 Std.
KRABI, AC-Bus und Seatran-Fähre um 7.30 Uhr ab 350 Baht in 6 Std.
PHUKET, AC-Bus um 7.30 und 9.30 Uhr ab 450 Baht in 7–8 Std.

SURAT THANI, AC-Bus ab Nathon um 7.30, 9.30, 13.30 Uhr ab 250 Baht inkl. Fähre.

### Boote

Schifffahrtpläne S. 662.
KO PHA NGAN, für 200–300 Baht in 30 Min.
KO TAO, über Ko Pha Ngan, für ca. 500–650 Baht in 3 Std.
SURAT THANI, besonders vormittags viele Fähren nach Don Sak für ca. 250–400 Baht in 1 1/2 Std. Zubringerbus nach Surat Thani 240 Baht (Fahrzeit ca. 1 Std.). Am Wochenende und in den thailändischen Ferienzeiten ist die wartende Autoschlange meist lang. Fußgänger können hingegen direkt an Bord gehen.
Zum Flughafen oder Bahnhof Surat Thani in 2 1/2 Std. für 600/500 Baht. Lomprayah-Busse fahren von Don Sak zudem nach Krabi, Ko Lanta, Phuket, Hat Yai, Khao Sok und Ko Phi Phi. **Nachtboot** um 21 Uhr zum Ban Don-Pier direkt in der Stadt, Ankunft 4 Uhr morgens, 150 Baht.

## Anleger auf Ko Samui

Die meisten Reisenden kommen mit dem Boot, oft mit einem Joint Ticket, welches Bus- bzw. Bahn- und Bootsfahrt in einem Kombipaket verbindet. Aus Bangkok kommend, fährt man dabei über Nacht. Die Boote nach Ko Samui verkehren ab Ban Don in Surat Thani, ab Tha Thong (etwa 8 km östlich) und ab Don Sak (fast 70 km östlich). Zu allen Fähren gibt es Zubringerbusse, die auch Reisende ohne Kombiticket noch bei Ankunft buchen können.
**Ankunftsorte** auf Ko Samui sind neben der Hauptstadt **Nathon** diverse Strände. Die Raja-Autofähre steuert **Lipa Noi** an. Der Highspeed-Katamaran von Lomprayah landet am **Hat Mae Nam**. Seatran bringt seine Gäste zum **Bang Rak-Pier** nahe Big Buddha. Von hier bietet die *Had Rin Queen* tgl. mehrmals eine Verbindung zum Partystrand von Ko Pha Ngan, und stdl. verkehrende Express-Charterboote verbinden Ko Samui mit Ban Tai, ebenfalls auf Ko Pha Ngan. Abfahrtszeiten nach Ko Samui s. Chumphon (S. 658) und Surat Thani (S. 743), Weiterfahrt an die jeweiligen Strände s. Nahverkehr.

### Flüge

Ko Samui hat einen wunderschönen Flughafen. Wer aus der Ferne anreist und hier zum ersten Mal thailändischen Boden betritt, gewinnt mit Sicherheit einen positiven ersten Eindruck. Der Flugplatz befindet sich in Privatbesitz, daher gibt es nur relativ teure Flüge. Wer vorgebucht hat, wird oft abgeholt (manchmal gegen Gebühr). Minibusse warten auf Kunden, und auch private Airport-Taxis fahren zu den Stränden (300–800 Baht). Normale, etwas günstigere Taxis stehen etwa 300 m vom Terminal entfernt an der Hauptstraße. Mietwagen bei Budget, ℘ 077-961 502.

**Bangkok Airways**, Flughafen, ℘ 077-428 500, 🖥 www.bangkokair.com. Fliegt u. a. nach BANGKOK, CHIANG MAI, KRABI, PATTAYA und PHUKET, sowie in die Nachbarländer; z. B. nach HONG KONG; KUALA LUMPUR, MANDALAY, PHNOM PENH, SINGAPORE und VIENTIANE.

**Firefly**, Flughafen, ℘ 077-601 400, 🖥 www. fireflyz.com.my. Je nach Saison 3–5x die Woche nach KUALA LUMPUR.

**Thai Airways**, Reservierung in Bangkok, ℘ 02-356 1111, 🖥 www.thaiair.com. Verbindet tgl. Samui und BANGKOK.

# Hat Mae Nam

Die weit geschwungene Bucht **Hat Mae Nam** [2765] ist etwa 4 km lang und mit schattigen Kokospalmen bewachsen. Elnige Besucher kommen über die Ringstraße, andere landen direkt mit dem Boot am Strand an. Ban Mae Nam wird jeden Donnerstag zur Walkway: Straßenhändler und Foodstalls locken mit ihren Waren, und am Tempel spielen oft Live-Bands. Der Sand ist an den beiden Buchtenden grobkörnig und goldgelb, auf Höhe des Dorfes Ban Mae Nam am zentralen Abschnitt lockt feiner Sand. Hier stehen Kokospalmen und spenden Schatten. Während am zentralen Strandabschnitt einiges los ist, herrscht an den Enden des Strandes viel Ruhe. Das Meer wird überall schnell tief, und man kann das ganze Jahr über schwimmen.

Hat Mae Nam bietet Übernachtungsmöglichkeiten jeglicher Art: Von der einfachen Holzhütte über gut ausgestattete, bezahlbare Bungalows

mit AC bis hin zur Luxusherberge findet an diesem sauberen Strand jeder ein passendes Angebot. Viele Anlagen sind auf Sand gebaut, der Strand davor ist eher schmal.

Am **Wat Phra Lam** sieht man viele Thais relaxen. Wer den Tempel besuchen will, sollte sich angemessen kleiden. Ein Besuch im Bikini bei Buddha ist absolut tabu.

### ÜBERNACHTUNG

Am Strand finden sich über 30 Unterkünfte (viele davon im Club unter [2766]). Einfache Hütten aus alten Tagen sind schon ab 350 Baht zu haben, für stabile Reihenbungalows mit AC muss man um die 1500 Baht kalkulieren. Bei den ebenfalls vorhandenen Luxusanlagen mit allem Komfort ist der Preis nach oben offen.

#### Untere Preisklasse

**Moonhut** ⑩, ℘ 077-425 247, 🖥 www. moonhutsamui.com. Vorne am Strand schöne AC-Bungalows im Halbkreis, weiter hinten im schattigen Sandgarten Steinbungalows mit etwas Holz und Ventilator. Junge Palmen am Strand und Schatten spendende Salas. Beliebt. Strandbar und Restaurant. Kajaks. ❷–❺

**Palm Point Village** ⑤, ℘ 077-247 372. Vom schönen Strandabschnitt Richtung Hinterland 2 Reihen attraktive große Steinbungalows mit AC oder Ventilator. Hinten günstige Holzbungalows. Steiler Strand, Schatten spendende Palmen ❸–❹

🧳 **Shangrilah Bungalow** ④, ℘ 077-425 189. Vom Strand in rückwärtige Richtung stehen in Reihe 3 Bungalowtypen: empfehlenswerte, gut ausgestattete Holzbungalows mit AC im manikürten Garten, daneben kleine, einfache und sehr günstige Holzhütten mit Ventilator und hinter dem großen Restaurant große Steinhäuser mit 2 Zimmern (wenig Flair, aber TV), alle mit großer Veranda und Sitzgelegenheiten auf dem Balkon. Schöner, beliebter Strandabschnitt mit Schatten unter Palmen. ❸–❻

**Silent Bungalows** ⑪, ℘ 077-602 406. Direkt am Strand gelegene Anlage mit kleinen Hütten aus Holz und Stein mit Ventilator und große AC-Bungalows in 3 Reihen dicht aneinander. Schöner, einsamer Strandabschnitt. Bei Flut

**DIE GOLFKÜSTE**

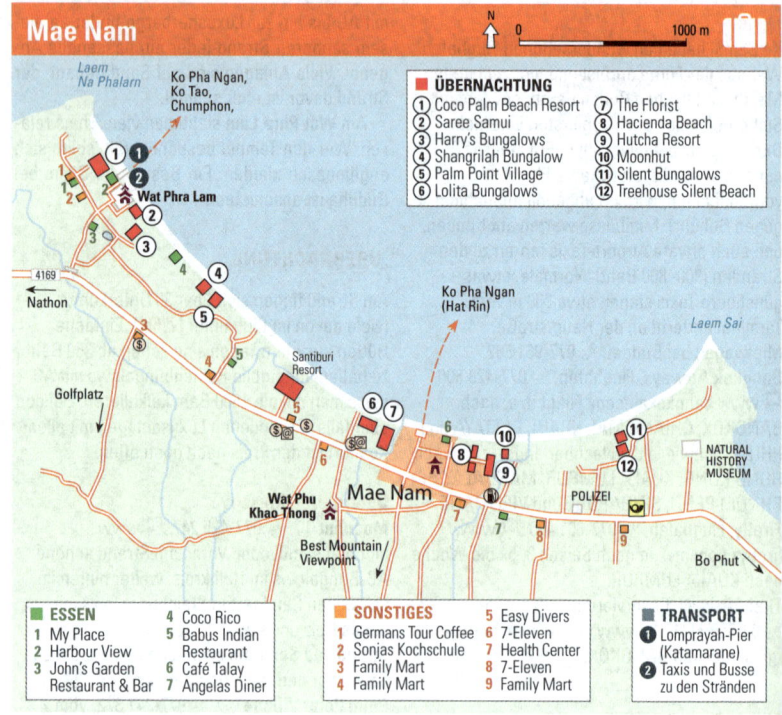

N
0          1000 m

Laem Na Phalarn
Ko Pha Ngan, Ko Tao, Chumphon,
Wat Phra Lam
4169
Nathon
Ko Pha Ngan (Hat Rin)
Laem Sai
Santiburi Resort
Golfplatz
NATURAL HISTORY MUSEUM
Wat Phu Khao Thong
Mae Nam
POLIZEI
Best Mountain Viewpoint
Bo Phut

sind keine langen Strandspaziergänge gegen Westen und Osten möglich. ②–④

**Treehouse Silent Beach** ⑫, ✆ 086-104 2824, 🖥 www.tree-house.org. Ruhiges und gewohnt bunt gestaltetes Resort. Hat sich in kurzer Zeit wie alle Treehouses zuvor einen Namen gemacht. ②–④

### Mittlere und obere Preisklasse

**Coco Palm Beach Resort** ①, ✆ 077-247 288, 🖥 www.cocopalmbeachresort.com. Resort mit großen Bungalows diverser Preisklassen am Strand und im tropischen Garten. Geschmackvolle Einrichtung. Einige Pool-Villen. Pool mit Kinderbecken. Spa, Restaurant. Inkl. Frühstück. ⑥–⑧

**Hacienda Beach** ⑧, ✆ 077-427 036, 🖥 www.samui-haciendabeach.com. Am östlichen Ende des Dorfstrandes. 14 Steinbungalows, 2 davon mit Meerblick, die anderen Richtung Hinterland.

Große Betten; in manche Zimmer passt ein Extrabett. TV und Kühlschrank, teils auch Safe. Frühstück inkl. ⑤–⑥

**Harry's Bungalows** ③, ✆ 077-447 097, 🖥 www.harryssamui.com. Weitläufig verteilte, geräumige Steinbungalows mit AC, TV, Safe und Minibar, im sandigen Naturgarten. Schattiger Pool mit Kinderbecken. Familienbungalows. ④–⑤

**Hutcha Resort** ⑨, ✆ 077-425 555, 🖥 www.hutcharesort.com. Große, moderne Anlage mit Steinhäusern im Boutique-Stil. Neben AC-Zimmern mit TV und Minibar auch günstigere Zimmer mit Ventilator. Schöne Bäder. Großer, attraktiver Pool mit Schatten. Strandzugang neben dem Fluss. Viele Deutsche aller Altersstufen. Frühstück inkl. ⑤–⑥

**Lolita Bungalows** ⑥, ✆ 077-425 134, 🖥 www.lolitakohsamui.com. In Dorfnähe am zentralen Strandabschnitt. Lang gestreckte

DIE GOLFKÜSTE

Anlage mit eng beieinander stehenden Steinhäusern mit AC und Kühlschrank. Dahinter ebenso geräumige, schöne Holzbungalows, teils mit AC, teils mit Ventilator. 8 VIP-Bungalows mit TV und höherwertiger Ausstattung: 6 davon direkt am Strand. Mitten im Garten stehen nun zudem 2 luxuriöse Doppelhaushälften auf 2 Etagen. Am Strand Schatten unter Palmen. ❸–❻

**Saree Samui** ②, ☎ 077-247 666, 🖥 www.sareesamui.com. Exquisite Anlage mit ummauerten großzügigen Bungalows. Viel Privatsphäre im halb offenen Wohnbereich, Schlafraum, halb offenes Bad, Wanne im eigenen Garten. Zudem noch exquisiter in den Pool-Villas mit Pool im Garten. Schöner Infinity-Pool für alle am Strand. WLAN. ❼–❽

**The Florist** ⑦, ☎ 077-425 671, 🖥 www.floristresort.com. Schöne Anlage am Dorfstrand mit 2-geschossigen Reihenhäusern, die sich um 2 kleine Pools gruppieren. Hübsche Einrichtung, TV, Minibar und meist Moskitonetz. Abends BBQ am Strand. Inkl. kleinem Frühstück. ❺

## ESSEN

Die meisten Resorts haben ein Restaurant. Zudem gibt es viele einfache Lokale, die Thai- und westliche Gerichte anbieten, meist etwas im Hinterland gelegen. Den ganzen Tag über flanieren zudem Händler mit aufgeschnittener Ananas oder anderen Leckereien am Strand entlang. Abends werden Tische in den Sand gestellt, und viele Anlagen, vor allem im zentralen Strandabschnitt, bieten BBQ.

**Angelas Diner**, an der Hauptstraße hinter dem Dorf Richtung Bo Phut. Seit Jahren beliebt wegen seiner leckeren Backwaren. AC-Raum, außerdem einige Tische an der Straße im überdachten Bereich. ⏲ 7.30–16 Uhr.

**Babus Indian Restaurant**, ☎ 084-877 6034. Einfaches, überdachtes Restaurant mit Roti, Naan und Samosas. Curry-Sets ab 200 Baht, Lammcurry 260 Baht. ⏲ 10–23 Uhr.

**Café Talay**, rechts vom Pier. Schönes Holzhaus mit Korbsesseln im überdachten Haus oder draußen an Bambustischen im Sand. Abends leckeres BBQ. Happy Hour 16–19 Uhr. ⏲ 10–22 Uhr.

### Kochen und Touren auf Deutsch

In deutscher Sprache durchgeführt, lassen sich die Geheimnisse der Thai-Küche für viele Besucher leichter entschlüsseln. Geboten werden Kurse in Deutsch von **Sonjas Kochschule**, ☎ 089-725 5610, 🖥 www.thaicookingclass-samui.com, [3105]. Hinter dem Phalarn Inn an der Zufahrtsstraße betreibt Sonja eine kleine Kochschule mit eigenem Kräutergarten. Max. 2–4 Schüler pro Kurs. Vegetarische Gerichte auf Anfrage, auch private Kurse möglich. 3 Kurse tgl., 10–14, 13–17 und 17–21 Uhr. Aus über 20 Gerichten können Kochbegeisterte ihr Menü zusammenstellen. Morgens ein Schnupper-Kochkurs mit 3 Gerichten, nachmittags, z. T. mit einem Marktbesuch verbunden, werden 12 Gerichte erklärt, 5 gemeinsam gekocht und gegessen. Ab 1900 Baht.

Touren in deutscher Sprache über die Insel bietet **Germans Tour Coffee**, ☎ 087-268 3822, [8685]. Marko Dietrich betreibt dieses kleine Café und bietet Touren mit deutschsprachiger Begleitung auch abseits der üblichen touristischen Routen. Ab 2 Pers., Tagestour ab 1200 Baht p. P. (Mittagessen in einem einheimischen Markt nicht im Preis enthalten).

**Coco Rico**, am westlichen Strand. Aus Schwemmholz gebasteltes Restaurant mit einigen Tischen direkt am Strand. Frischer Fisch direkt vom Grill, Currys sowie Reis- und Nudelgerichte. ⏲ 11–23 Uhr.

**Harbour View**, großes Restaurant am Lomprayah-Pier, in dem man vor Abfahrt der Boote trotz vollem Haus noch zügig etwas zu essen bekommt. Zudem Shakes und Kaffee. ⏲ 6–17 Uhr.

**John's Garden Restaurant & Bar**, ☎ 089-972 9369, 🖥 www.johnsgardensamui.com. Gemütliches Gartenrestaurant hinter dem Tempel an der Zufahrtsstraße. Thai-Küche, Steaks und Seafood. ⏲ 13–23 Uhr, So Ruhetag.

**My Place**, gemütlicher Garten mit Bambusmöbeln und überdachter Veranda mit Kunst an den Wänden. Sehr beliebtes Restaurant mit BBQ-Fisch, Wok- und europäischen Gerichten. Weine. ⏲ 17–23 Uhr.

**DIE GOLFKÜSTE**

## SONSTIGES

### Medizinische Hilfe
**Health Center**, Behandlung gegen eine angemessene Spende.

### Tauchen
**Easy Divers**, ☎ 077-425 397, 🖥 www.samui easydivers.com. Tauchtrips mit dem Speedboot. 🕑 9–20 Uhr.

## NAHVERKEHR

Songthaew befahren in regelmäßigen Abständen die Hauptstraße. Private Taxis haben Festpreise, je nach Strand zwischen 200 und 600 Baht. Transport vom Lomprayah-Pier zu den Stränden mit Lomprayah-Minibussen für 150–200 Baht.

## TRANSPORT

Ab Lomprayah-Pier (Phalarn-Pier):
BANGKOK und HUA HIN, mit den Booten nach Chumphon und weiter mit dem Bus. Um 8 und 12.30 Uhr, Hua Hin in 9 Std., Bangkok in 12 1/2 Std., jeweils 1400 Baht.
CHUMPHON, um 8 und 12.30 Uhr, 1100 Baht in knapp 4 Std.
KO PHA NGAN (Thong Sala), um 8 und 12.30 Uhr für 300 Baht in 30 Min.
KO TAO, um 8 und 12.30 Uhr für 600 Baht in 1 3/4 Std.
Ab der Wartesala in Baan Mae Nam:
HAT RIN, HAT THIEN, HAT YAO (EAST), THAN SADET und THONG NAI PAN, tgl. in der Saison (Dez–Sep) um 12 Uhr für 350 Baht. Nur bei ruhiger See.

# Hat Bo Phut und Fisherman's Village

Im Norden der Insel, etwa 15 km hinter Nathon, erstreckt sich in einem großen Bogen diese 2,5 km lange Bucht. Der Strand ist recht schmal, fällt schnell steil ab und bietet groben gelben Sand. Hier kann man das ganze Jahr über schwimmen und windsurfen. Die meisten Anlagen am **Bo Phut** [6282] gehören zur mittleren bis oberen Preiskategorie. Bo Phut lockt vor allem Ruhesuchende. Nur hin und wieder düst ein Jetski vorbei. Wer gerne flaniert, kommt im **Fisherman's Village** auf seine Kosten. In den alten Ladenhäusern am Meer wurden zahlreiche gute Restaurants und einige nette Boutiquen eröffnet, die Publikum von der ganzen Insel anziehen. Vor allem abends lockt hier leckeres BBQ in idyllischer Atmosphäre. Jeden Freitag wird die schmale Straße ab 17.30 Uhr zum Walkway – dann wird es ohne Autos noch beschaulicher.

## ÜBERNACHTUNG

Die besten Preise in der gehobenen Kategorie gibt es in der Regel pauschal gebucht oder im Internet. Den zentralen Strandabschnitt nehmen die großen Spa-Anlagen **Boputh Resort & Spa** ④, **Bandara Resort & Spa** ⑤ und **Anantara Resort & Spa** ⑥ ein. Günstige Buchungslinks z. B. über agoda, [3217].

🧳 **Cactus Bungalows** ③, ☎ 077-245 565, 🖥 www.cactus-bungalow.com. Geschmackvoll in Naturfarben und mit vielen Naturmaterialien gestaltete Bungalows (AC, Ventilator) im mit Kakteen und Bambus angelegten Garten und am Strand. Schöne Bäder. In den AC-Zimmern Safe und TV. Gemütliches Restaurant. Billard. Keine Moskitonetze. ❷–❺
**Eden Bungalows** ⑧, im Fisherman's Village, ☎ 077-427 645, 🖥 www.edenbungalows.com. Im tropischen Garten mit kleinem Pool eine Oase der Ruhe. Schöne Zimmer im kleinen Reihenhaus mit AC und TV oder in Bungalows. Alle mit Safe. ❺
**L'Hacienda** ⑨, ☎ 077-245 943, 🖥 www.samui-hacienda.com. 2 Häuser im Westen der Bucht. Geschmackvolle Zimmer mit Blick auf die Straße oder aufs Meer. TV und Safe. Pool auf dem Dach. ❺–❻
**The Lodge** ⑦, ☎ 077-425 337, 🖥 www.lodge samui.com. Beliebtes, schönes Haus mit Zimmern in gehobener Ausstattung. Alle mit Meerblick und sehr sauber. Liegen am Strand. Oft ausgebucht. ❻
**World Resort** ②, ☎ 077-425 355, 🖥 www. samuiworldresort.com. Spaß und Erholung für die ganze Familie. Ansprechende, meist

Laem Sai

Ko Pha Ngan

Schnellboote nach Ko Pha Ngan,
Ko Tao

Ban Plai Laem

Big Buddha

Hat Bo Phut

Mae Nam

GO-KART

Bo Phut

Fisherman's Village

TOR

TAXI

GESUNDHEITS-
ZENTRUM

Big Buddha Beach
(Hat Phra Yai)

LANDEBAHN

BÜFFELKAMPF-
PLATZ

Bandon International Hospital,
Chaweng

△ 172

| ■ ÜBERNACHTUNG | BIG BUDDHA | | | ■ SONSTIGES |
|---|---|---|---|---|
| **BO PHUT** | ⑩ Como Resort | 4 Kohinoor | | **BO PHUT** |
| ① Zazen Boutique Resort & Spa | ⑪ Secret Garden | 5 Karma Sutra | | 1 The Dive Academy |
| ② World Resort | ⑫ Punnpreeda Beach Resort | 6 My Friend Restaurant | | 2 Bo Phut Diving School |
| ③ Cactus Bungalows | ⑬ Tonrak Residence | **BIG BUDDHA** | | **BIG BUDDHA** |
| ④ Bophut Resort & Spa | ■ ESSEN | 7 Papa Joe Restaurant & Bar | | 3 Ban Sabai Spa |
| ⑤ Bandara Resort & Spa | **BO PHUT** | 8 Coffee Cup | | 4 100 Degrees East Dive |
| ⑥ Anantara Resort & Spa | 1 Happy Elephant Restaurant On the beach | 9 U2 Restaurant | | 5 Dekompressions-kammer |
| ⑦ The Lodge | 2 Starfish & Coffee | 10 BBC Restaurant | | |
| ⑧ Eden Bungalows | 3 Fifty Six (56 Fusion) | | | |
| ⑨ L'Hacienda | | | | |

geräumige AC-Zimmer in Bungalows und Villen oder im 2-geschossigen Hotelbau, teils mit einem großen und 2 kleinen Betten. TV, Minibar, Pool mit Kinderbecken. Kajakvermietung. Abends klassischer Thai-Tanz. ❺–❽

**Zazen Boutique Resort & Spa** ①, ✆ 077-425 085, 🖳 www.samuizazen.com, [6295]. Im Westen der Bucht liegt diese harmonisch gestaltete Anlage. Geschmackvolle Bungalows und Villen, die keine Wünsche offenlassen. Frühstück inkl. Vor Blicken geschützter Pool mit Kinderbecken und Jacuzzi. Restaurant am Strand. Kajaks. Liegen am bei Flut recht schmalen Strand. ❽

## ESSEN

An der Strandstraße des Fisherman's Village reihen sich gute Restaurants aneinander. Die Preise sind meist relativ hoch.

**Fifty Six (56 Fusion)**, ✆ 087-893 9161. Thai- und Western-Fusionsküche. Kleine, aber gute Auswahl und modernes Ambiente. Jeden Mi Thai-Tanz. Speisekarte auch auf Deutsch. Chef Volker vermag seine Gäste zu begeistern und hat jede Menge Tipps parat. Kochkurse. ⏱ 15–23 Uhr.

**Happy Elephant Restaurant On the Beach**, ✆ 077-245 347. Seit 1995 bekannt für gutes Seafood. Großes Restaurant direkt am Meer. ⏱ 11–23 Uhr.

**Karma Sutra**, ✆ 077-425 198. Gegenüber dem Pier: in 2 Holzhäuser auf 2 Ebenen. Schöne Holzmöbel mit pink-, lilafarbenen und grünen Accessoires dekoriert. Frühstücks- und Eiskarte. Daneben viel Französisches und Thailändisches. ⏱ 7–23 Uhr.

**Kohinoor**, schmackhafte indische Küche. Auch Thai-Gerichte. ⏱ 12–24 Uhr.

DIE GOLFKÜSTE

**My Friend Restaurant**, ☏ 077-425 187. Bekannt und beliebt für gute Thai-Küche und hervorragendes Seafood. ⏱ 11–22 Uhr.

**Starfish & Coffee**, gemütlich in Rot gehaltenes Restaurant mit breit gefächerter Speisekarte. Abends Seafood-BBQ. Meerblick. Sitzplätze auf dem Boden, an kleinen niedrigen oder normal hohen Tischen. ⏱ 10–22 Uhr.

### Medizinische Hilfe

**Bandon International Hospital**, 123/1 Moo 1, Bo Phut, ☏ 077-245 236, Notfall: 077-245 239, 🖥 www.bandonhospital.com. An der Hauptstraße, etwa auf halber Strecke zwischen Bo Phut und Chaweng. Kleinere Unfälle werden im **Gesundheitszentrum** auf dem Weg nach Bo Phut versorgt.

### Tauchen

**Bo Phut Diving School**, ☏ 077-425 496, 🖥 www.bophutdiving.com. Alteingesessene Tauchschule mit 2 eigenen Tauchbooten.
**The Dive Academy**, ☏ 077-427 339, 🖥 www.thediveacademysamui.com. Im Bandara Resort. Tauchschule mit PADI-Programm.

# Big Buddha

Etwa 19 km von Nathon entfernt liegt im Nordosten der Insel diese rund 2 km große Bucht, die auch unter den Namen Hat Bang Rak und Hat Phra Yai bekannt ist. Über der Bucht wacht die Hauptsehenswürdigkeit der Insel, **Big Buddha** [6503], und auch zum sehenswerten **Wat Plai Laem** (S. 665) ist es nicht weit.

Wenn zur europäischen Sommerzeit der Westwind weht, verspricht der schöne Strand mit seinem grau-weißen Sand und dem leicht abfallenden Ufer ungetrübte Badefreuden. Im europäischen Winter zieht sich das Meer bei Ostwind jedoch weit zurück. In dieser Zeit ist er nur bei Flut zum Schwimmen geeignet, und auch dann präsentiert er sich nur mit einem schmalen Sandstreifen.

Die meisten Resorts sind eher klein und liegen dicht an der Straße. Am zentralen Abschnitt

Ab Big Buddha fahren an Vollmond Speedboote zur Nachbarinsel. Die Fahrt kostet 800 Baht für Hin- und Rücktransport (inkl. Transport zum und vom Pier zum Resort). Bis 16 Uhr können die Tickets in den meisten Resorts gebucht werden.

werden die Grundstücke etwas größer. Da das östliche Ende der Bucht direkt unter der Einflugschneise des Flughafens liegt, kann der Fluglärm hier eine Belastung darstellen.

Empfehlenswert ist ein Aufenthalt, wenn man frühmorgens abfliegt oder (bei Abreise am Abend) den Abflugtag gemütlich in einer der Luxusanlagen verbringen möchte.

Karte S. 675

**Como Resort** ⑩, ☏ 077-425 210, 🖥 www.kohsamuibeachresort.com. Kleine Hütten mit Ventilator oder AC und etwas größere AC-Bungalows, alle Warmwasser, inmitten einer kleinen Gartenanlage mit Minipool. Hängematten am Strand unter Palmen. Größere Bungalows mit 2 Zimmern für Familien. ❺
**Punnpreeda Beach Resort** ⑫, ☏ 077-246 222, 🖥 www.punnpreeda.com. Luxuriöse Anlage mit elegant gestalteten Zimmern im Haupthaus, teils mit Jacuzzi auf der großen Dachterrasse. Zudem großzügige Villen hinter unverputzten Mauern im Garten, Panoramafenster mit Blick aufs Meer, schöner Pool mit Kinderbecken. ❺–❻
**Secret Garden** ⑪, ☏ 077-245 255, 🖥 www.secretgarden.co.th. Große geflieste Bungalows mit AC, TV und Minibar zum Meer hin. Schöner Sandgarten. Günstigere Zimmer im Doppelbungalow dahinter. Restaurant mit Meerblick. Frühstück inkl. ❸–❻
**Tonrak Residence** ⑬, ☏ 077-447 790, 🖥 www.samuitonrakresidence.com. An der Straße, 2-stöckiges Haus mit 12 sauberen, gefliesten Zimmern und winzigen Balkonen. AC, TV, Minibar und Wasserkocher. Die Zimmer auf der 2. Etage sind teurer, und man kann das Meer sehen. ❷–❸

**BBC Restaurant**, ☏ 077-425 089, 💻 www.bbc restaurant.com. Frische Meeresfrüchte, gekocht oder als BBQ, daneben eine große Auswahl an Thai-Gerichten und westlich Angehauchtem. Australisches Rind und neuseeländisches Lamm. Blick aufs Meer. ⏰ 11 Uhr bis spät.

**Coffee Cup**, gegenüber vom Samui Pier Resort, ☏ 081-970 7607. Serviert Mocca, Espresso und Kaffee Latte, dazu gibt's Frühstück. Thai-Küche und einige westliche Gerichte. ⏰ 8–18 Uhr.

**Papa Joe Restaurant und Bar**, ☏ 089-709 7136. Schweizer Gerichte wie Spätzli mit Schweins-medaillons. Auch Thai-Küche. Flaschenweine. ⏰ 12–24 Uhr.

**U2 Restaurant**, Thai-Küche für Traveller-Budgets mit Klassikern wie Massaman Curry und Fried Rice sowie Westliches, darunter Pizza, Burger, BBQ. ⏰ 13–23 Uhr.

### Tauchen

Die **Dekompressionskammer** Ko Samuis befindet sich hier an Big Buddha. Notfalltelefon ☏ 081-081 9555. ⏰ Mo, Mi 9–17, Di, Do, Fr 9–13 Uhr; Sa, So geschl.
**100 Degrees East Dive**, ☏ 077-245 936, 💻 www.100degreeseast.com. Die PADI-Award-Gewinner bieten Touren nach Ko Tao, zum Marine Park und Sailrock an. ⏰ 7–19 Uhr.

### Wellness

**Ban Sabai Spa**, ☏ 077-245 175, 💻 www.ban-sabai.com. Bietet hochklassige Massagen. Sauna mit duftenden Kräutern (ohne Anwendung 650 Baht). Auch mehr-tägige Programme, z. B. Entgiftungskuren. Abholung vom Hotel. Vermieten zudem 6 Zimmer in idyllischer Gartenanlage am Strand. ❻

Bei Ankunft mit der Seatran-Fähre fahren Minibusse für 100 Baht zu allen Stränden.

Ab Big Buddha fahren die Speedboote von Seatran Discovery, ☏ 077-246 084, 💻 www.seatrandiscovery.com, und die langsamere *Had Rin Queen*. Seatran fährt vom Bangrak-Pier im Osten, die *Had Rin Queen* vom west-lichen Pier.
KO PHA NGAN (Thong Sala), mit Seatran Discovery um 8 und 13.30 Uhr für 280 Baht in 30 Min. Tickets inkl. Zubringerbus vom Hotel 400 Baht. Zur **Vollmondparty** per Speedboot von 17–24 Uhr, Rückfahrt 24–7 Uhr.
Die *Had Rin Queen* fährt um 10.30, 13, 16 und 18.30 Uhr für 200 Baht in 45 Min. zu Ko Pha Ngans Südspitze.
KO TAO, mit dem Seatran-Boot über Ko Pha Ngan um 8 und 13.30 Uhr für 600 Baht in 2 Std.

# Ao Samrong und Ao Thong Son

Ganz im Nordosten [10023], etwa 2,5 km von Big Buddha und 24 km von Nathon entfernt, hat man von zwei kleinen Buchten eine wunderschöne Sicht in Richtung Ko Pha Ngan. Zum Baden ist der Strand nur bei hohem Wasser oder an den weniger korallendurchsetzten Abschnitten ge-eignet. Schnorchler kommen bei ruhiger See auf ihre Kosten. Von September bis November bläst oft ein stürmischer Wind mit hohen Wellen in die Bucht. Schön wohnt es sich im **Six Senses Samui** ②, 💻 www.sixsenses.com/SixSenses Samui in der Ao Samrong. In der Ao Thong Son gibt das **Melati Beach Resort & Spa** ①, ☏ 077-913 400, 💻 www.melatiresort.com, Betuchten Unterkunft. In den **Thong Son Bay Bungalows** ③, ☏ 081-891 4640, ✉ thongsonbay2009@hot mail.com, ❷–❹, hier ist man Gast der Familie und wohnt für wenig Geld. Karte S. 665

# Hat Choeng Mon

Kokospalmen und Kasuarinen säumen die kleine Bucht **Choeng Mon** [2827]. Die Bucht mit feinem, weichen Sand liegt etwa 4 km nördlich von Hat Chaweng. Insgesamt geht es recht ruhig zu. Ein

**Choeng Mon**

N ↑  0 — 200 m

MINI-GOLF  Tongsai Bay H.

KO FAN NOI

Hat Choeng Mon

Ban Plai Laem

4171

Chaweng (4 km)

**SONSTIGES**
1 Searobin Dive Center
2 Family Mart
3 7-Eleven
4 Absolute Sanctuary

**ÜBERNACHTUNG**
① Sala Samui Resort & Spa
② PS Thana Resort
③ The Imperial Boathouse

**ESSEN**
1 Honey Seafood Restaurant
2 Beach Bar

paar Boote liegen im Meer, und manchmal stören Jetski die Idylle. Der mittlere Teil der Bucht eignet sich das ganze Jahr über zum Baden, besonders für die kleinen Badegäste.

Bei Ebbe kann man zur vorgelagerten Insel Ko Fan Noi hinüberwaten. Auf der Haupt- und Zufahrtsstraße gibt es Supermärkte, Schneider, ein paar wenige Restaurants und Reisebüros.

Die günstigen Songthaew fahren hier seltener als an den Hauptstränden. Jene auf der Route Mae Nam, Big Buddha, Chaweng, Nathon verkehren in der Regel über Choeng Mon, man sollte jedoch nachfragen, bevor man zusteigt.

## ÜBERNACHTUNG UND ESSEN

**PS Thana Resort 2** ②, ☎ 077-425 160, 🖳 www.psthanaresort.com. Einige Steinbungalows am Meer, andere im Garten. Hinten ein 2-geschossiger Apartmentkomplex vom Strand Richtung Hinterland. Um einen Swimming Pool mit Bar gruppieren sich zudem einige neue, große Pool-Villen. ❸–❻

**Sala Samui Resort & Spa** ①, ☎ 077-245 888, 🖳 www.salasamui.com. Alles vom Feinsten in diesem noblen Resort mit privaten Pool-Villen.

2 Pools, ein überdachter kleiner Kinderpool. Bibliothek, Spa. ❽

**The Imperial Boathouse** ③, ☎ 077-425 041, 🖳 www.imperialhotels.com/boathouse. Große Anlage, hinten Zimmer in 3-geschossigen Apartmenthäusern, vorne Bootshäuser mit Wohnzimmer und Bett auf Podest. Alle Zimmer mit TV und Safe. Riesiger Pool in Bootsform am Strand. Tauchschule, Spa. ❼–❽

**Honey Seafood Restaurant**, am Kap gegenüber Ko Fan Noi. Restaurant in einem edlen überdachten Rundbau, gehobene Preise für gutes Seafood. ◷ 10–22 Uhr.

In der nett aus Schwemmholz dekorierten **Beach Bar** gibt es Getränke – mit und ohne Alkohol. Billardtisch. ◷ 10–23 Uhr.

## AKTIVITÄTEN

### Tauchen

**Searobin Dive Center**, ☎ 077-961 911, 🖳 www.divesearobin.com. Tauchtrips ab 4600 Baht. Bubblemaker-Tauchgang für Kinder ab 8 Jahren. Auch Ausflüge in den Ang Thong Marine National Park und nach Ko Taen. Schnorcheltouren.

### Yoga

**Absolute Sanctuary**, ☎ 077-601 190, 🖳 www.absolutesanctuary.com. In den Bergen gelegene, schön gestaltete Anlage, die sich dem Gleichgewicht von Körper und Geist widmet. 5-, 7- und 10-Tages-Kurse in Yoga. Mehrtägige Kurse beinhalten nicht nur Yoga, sondern auch eine Massage, Sauna und 3 vegetarische Mahlzeiten. Auch Nichtgäste können hier an den täglichen Kursen teilnehmen, die bisweilen sehr anstrengend sind. Auch Pilates, Entgiftungs-, mehrtägige Fitnessprogramme und Spa. ❽

# Hat Chaweng

**Hat Chaweng** [2828] ist mit 6 km Länge Samuis größter und seit Jahrzehnten beliebtester Strand. Die Bucht präsentiert sich weit geschwungen, Kokosnusspalmen wiegen sich im Wind, der Sand ist angenehm weich, und das seichte Meer eignet sich ganzjährig zum Schwimmen. Kein Wunder, dass Hippies und andere Traveller bereits in den 1970er-Jahren diesen Strand für sich entdeckten.

Seither hat sich viel getan, es sind Bungalows, Resorts und Hotelkomplexe entstanden. Immer mehr Altanlagen rüsten auf oder machen ganz den neuen Resorts Platz, die nicht nur Komfort bieten, sondern oft auch mit Sinn für Ästhetik erbaut werden.

Langsam, aber stetig ändert sich das Publikum. Die feiernden Rucksackreisenden, die den Hippies folgten, haben den Pauschaltouristen Platz gemacht. Daneben kommen immer mehr betuchte Urlauber hierher, welche die angesagten, ultramodernen Resorts mit Spa und allem Komfort bevölkern.

Die meisten großen Anlagen befinden sich direkt am Strand. Dahinter verläuft die Strandstraße, an der sich zahllose Restaurants, Bars und Geschäfte mit allen erdenklichen Einkaufsmöglichkeiten angesiedelt haben. Hier eröffnen immer mehr kleine Hotels für Reisende mit schmalerem Budget.

Für viele Thailand-Reisende stellt dieses Gemisch aus Kommerz, Thai-Kitsch und Unterhaltung das ultimative Urlaubserlebnis dar. Während der Hauptsaison im Winter sind alle Anlagen oft über Wochen hinweg ausgebucht, und die Preise klettern in ungeahnte Höhen. Individualreisende sollten dann im Internet vorbuchen. Wer spontan eine Bleibe sucht, muss meist auf andere Strände ausweichen.

Chaweng unterteilt sich in **mehrere Strandabschnitte**: Ganz im Norden liegt die ruhige **Ao Yai Noi**. Es folgt Richtung Süden **Hat Chaweng Yai**, der durch ein Riff unterbrochen wird und sich wiederum in einen nördlichen und einen südlichen Bereich unterteilt. Am vollsten ist der **zentrale Hat Chaweng**. Etwas beschaulicher ist es ganz im Süden, am **Hat Chaweng Noi**.

## Hat Chaweng Yai

Der schöne und recht ruhige, 2 km lange flache Sandstrand lockt im Norden von Chaweng. Bei Ebbe wird er sehr breit. Sportbegeisterte spielen Volleyball oder Frisbee, schwimmen mit Maske und Schnorchel ausgerüstet zum Riff oder unternehmen bei niedrigem Wasserstand eine Wanderung zur Insel Ko Mat Lang. Zum Baden lädt der Strand vor allem von November bis April ein, wenn der Wasserstand recht hoch ist. Ab Mai/Juni fällt dagegen der Wasserspiegel extrem ab. Im September sind nur noch die Flächen zwischen den Sandbänken mit Wasser gefüllt. Während die nördliche Hälfte dann oft verschmutzt ist, lassen die Besitzer der südlichen Anlagen den Strand reinigen.

## Zentraler Hat Chaweng

Diesem etwa 2,5 km langen Teil des Strandes verdankt Chaweng seine Popularität. Der weiße Sand ist genauso fein, wie es die Werbeprospekte daheim erhoffen lassen. Die sich im Wind wiegenden Palmen und das klare, blau und türkis schimmernde Meer können dem Besucher zu fast jeder Zeit den Atem verschlagen. In den Monaten um Weihnachten ist der Strand meist etwas weniger einladend, da der Wind das Wasser gegen die Küste treibt.

Dieser Strandabschnitt hat sich in den vergangenen Jahren voll und ganz auf jene Reisende eingestellt, die nicht mehr in günstigen Hütten am Strand, sondern in eleganteren, luxuriösen Anlagen mit Spa urlauben wollen. Einige der Anlagen zählen zu den teuersten und besten von Samui. Noch gibt es einige preisgünstigere Bungalowanlagen, doch finden Traveller, die mit schmalem Portemonnaie reisen, eher eine Bleibe im Hinterland oder in einer Pension an der lauten Hauptstraße.

Entlang dem Strand und an der dahinter verlaufenden Straße lockt ein breites Einkaufs- und Unterhaltungsangebot. Schneider, Kleiderboutiquen, Supermärkte, Bäckereien, Reisebüros, Fotoshops und Goldgeschäfte warten auf Kundschaft. Dank zahlreicher Strandrestaurants, einfacher und origineller Lokale sowie unzähliger Discos und Bars kommt hier jeder, der Trubel liebt, auf seine Kosten.

In den Morgenstunden herrscht sowohl am Strand als auch entlang der Straße gespenstische Ruhe. Das Nachtleben fordert seinen Tribut, die eigentlich typische Geschäftigkeit der Asiaten am Morgen fehlt hier vollständig. Mittags fahren die Autos bereits wieder dicht an dicht, überholt von Mopeds und durchsetzt von unzähligen Touristen. Am frühen Abend wird es

# Chaweng

N  0 — 500 m

## ■ ESSEN
1 Noori Indian & Thai Restaurant
2 Ninja Crêpes Restaurant
3 Eat Sense Restaurant
4 Little Boat Seafood
5 Noori Indian Restaurant

Big Buddha, Choeng Mon

Nora Beach Resort

Ao Yai Noi

4171

PICK-UP TERMINAL

KO MAT LANG

Samui International Hospital

Ban Chaweng

Wat Pangbua

Hat Chaweng Yai

Bo Phut, Mae Nam

Thai International Hospital

Tesco Lotus

4169

Chaweng Lagoon

Bars

Hat

POLIZEI

Laem Din-Markt

ÖFFENTLICHER BADESTRAND

Sala Koi Rd.

Soi Colibri

Centara Grand

Chaweng

Bangkok Samui Hospital

Hat Chaweng Noi

## ■ ÜBERNACHTUNG
1 Matlang Resort
2 Tango Beach Resort
3 Muang Kulaypan Hotel
4 Dara Samui Beach Resort & Spa Villa
5 Lucky Mother Bungalows
6 Ark Bar Garden Beach Resort
7 Malibu Beach Resort
8 Long Beach Lodge
9 Baan Samui Resort
10 P. Chaweng Gh.
11 Colibri Gh.
12 Queen Boutique Place
13 The Loft
14 Poppies Samui Resort
15 First Bungalow Beach Resort
16 New Star Beach Resort
17 The Imperial Samui

## ■ SONSTIGES
1 Bar Ice
2 Bar Solo
3 Sound Club
4 Dusita Spa
5 Canopy Adventures
6 Reggae Pub
7 Cha Cha Beach Club
8 Ark Bar
9 Chaweng Stadium
10 World Gym und Trinity Yoga
11 Sitca (Kochschule)
12 Noori Indian Cooking School
13 The Thai Thai Spa
14 Calypso Diving
15 Dive Point Samui

## ■ TRANSPORT
1 Bangkok Airways
2 Budget

Coral Cove, Lamai

LANDEBAHN

DIE GOLFKÜSTE

erneut etwas ruhiger, alle machen sich fein für die Nacht. Dann erleuchten nicht nur die Restaurants die Straße, auch zahlreiche Ladyboys bringen Glitzer und Glamour auf die Flaniermeile und in den dahinter liegenden Barbezirk. Leicht bekleidete Mädchen kümmern sich um einsame Herzen, und viele Vergnügungssüchtige sowie manch ein Zukurzgekommener genießen die ihnen zuteil werdende Aufmerksamkeit. Viele fallen erst weit nach Mitternacht betrunken und anderweitig zufriedengestellt in ihre Betten. Wer sich nicht sicher ist, ob er ein Mädchen oder einen Jungen vor sich hat, kann sich damit trösten, dass dies fast jedem so geht, der sich auf das Rotlichtgewerbe in Thailand einlässt.

## Hat Chaweng Noi und Strände weiter südlich

Felsen trennen diesen Strandabschnitt vom zentralen Chaweng. Die Bucht ist etwa 1 km lang und hat weichen Sand, in der Mitte befinden sich kleine Felsformationen. Im Süden ragen Korallenbänke hervor. Baden kann man in den europäischen Sommermonaten; von November bis März stellt die hohe Brandung bisweilen eine Gefahr dar. Rote Flaggen warnen vor dem Gang in die Wellen. Noch weiter südlich locken weitere kleine, von Felsen begrenzte Buchten Reisende an, die mehr Einsamkeit suchen. Die Strände sind nicht erste Wahl, aber das stört die hier urlaubenden Gäste nicht (Karte S. 685 und eXTra [10027]. Beliebt ist **Thong Ta Khien**, mehr Infos zu Unterkünften im eXTra [7758].

### ÜBERNACHTUNG

#### Hat Chaweng Yai und Hat Chaweng Noi

**Matlang Resort** ①, Yai, am Kap, ✆ 077-230 468, ✉ matlang@loxinfo.co.th. Einfache Holz/Bambus-Bungalows mit Ventilator und bunt getünchte Zimmer in Reihenhäusern, AC, TV. Alle Zimmer mit Warmwasser, einige mit Meerblick. Restaurant am Meer. ❷ – ❺

**Muang Kulaypan Hotel** ③, Yai, ✆ 077-230 036, 🖥 www.kulaypan.com. Am Strand dominieren der große Pool und der weitläufige Garten. Seitlich davon und hinten 2-geschossiges Haus mit Zen-inspiriertem Ambiente. ❼ – ❽

**New Star Beach Resort** ⑯, Noi, ✆ 077-422 407, 🖥 www.newstarresort.com. Moderne Anlage mit Pool-Villen und riesigen Strandbungalows, weitere geräumige Bungalows und toll gestaltete Zimmer in 2-stöckigen Gebäuden am Hang. TV, Minibar und Badewanne. Großer Pool. Spa. ❽

**Tango Beach Resort** ②, Yai, ✆ 077-422 470, 🖥 www.tangobeachsamui.com. Kleine Anlage mit niedrigen Reihenhäusern, die sich vom Strand in den rückwärtigen Bereich erstrecken, im hinteren Bereich schöner Pool mit Kinderrutsche. Moderne individuelle Einrichtung, TV, Minibar, Safe. Familienzimmer mit 2 Schlafzimmern. Stylisches Restaurant **Lazy Wave** am Strand. ❻ – ❽

**The Imperial Samui** ⑰, Noi, ✆ 077-422 020, 🖥 www.imperialhotels.com. Riesige Anlage am Hang. Große Zimmer in 3-geschossigen Hotelkomplexen im mediterranen Stil. Alle Zimmer mit Meerblick. Unten großer, gekonnt in Steine integrierter Salzwasserpool, oben Süßwasserpool. Tauchschule, 2 Restaurants. ❽

#### Zentraler Hat Chaweng

**Ark Bar Garden Beach Resort** ⑥, ✆ 077-961 333, 🖥 www.ark-bar.com. Schmales Grundstück im Norden mit 2-geschossigen Hotelbauten. AC-Zimmer in schönen Farben, TV, Minibar. Viel Partyvolk. Laute Bar am Strand. Kleiner Pool. ❺ – ❻

**Baan Samui Resort** ⑨, ✆ 077-230 965, 🖥 www.see2sea.com. Bunt gestrichene 1- und 2-stöckige Gebäude mit geschmackvoll und kreativ gestalteten Zimmern. Im Gemeinschaftsraum Billardtisch, Lese- und Spieleecke. Großer Pool und Spa. Inkl. Frühstück. ❽

**€** **Colibri Gh.** ⑪, Soi Colibri, ✆ 077-230 574, ✉ colibri@samart.co.th. Große Betten, TV, Minibar, Tisch und Schrank. Die etwas teureren Zimmer haben Balkon. ❸

**Dara Samui Beach Resort & Spa Villa** ④, ✆ 077-231 323, 🖥 www.darasamui.com. Luxushotel mit hochwertig ausgestatteten Zimmern im 3-geschossigen Haus. Suiten mit teils offenem Badezimmer und eigener Küche. Pool mit kleinem Wasserfall am Strand. Rundes, verglastes Restaurant mit Meerblick. ❽

**DIE GOLFKÜSTE**

**First Bungalow Beach Resort** ⑮, ✆ 077-230 414, 🖳 www.firstbungalowsamui.net. Bungalows rund um den großen Pool, Zimmer im Apartmenthaus und riesige Bungalows am Strand Chaweng Noi. Traditionsreicher Familienbetrieb; die ersten Hütten entstanden hier in den 1970er-Jahren. Kinderpool, Spa. ❻–❽

**Long Beach Lodge** ⑧, ✆ 077-422 162, 🖳 www.longbeachsamui.com. Schöne AC-Holzbungalows im großen Sandgarten und bis an den Strand. Alle Zimmer mit TV und Kühlschrank. Hinten im Haus kleinere Zimmer. ❹–❼

**Lucky Mother Bungalows** ⑤, ✆ 077-230 931. Im Norden des zentralen Strandabschnitts. Zimmer in modernem Design aus Holz und Beton. Die Ventilator-Zimmer sind sehr spartanisch eingerichtet. Die AC-Zimmer bieten großen Flatscreen-TV und Kühlschrank. Restaurant am Strand. ❸–❺

**Malibu Beach Resort** ⑦, ✆ 077-231 546, 🖳 www.malibukohsamui.com. Geräumige Zimmer mit TV und Safe in 2-stöckigen Apartmenthäusern. Nett angelegter Garten. Näher am Strand schöne Bungalows mit offenem Bad. Am Strand kleiner Pool. ❻–❼

€ **P. Chaweng Gh.** ⑩, Soi Colibri, ✆ 077-230 684. Ruhige, gut ausgestattete Zimmer, teils mit Holzfußboden, teils mit Kühlschrank und TV. 2 Familienzimmer. ❸

🏨 **Poppies Samui Resort** ⑭, ✆ 077-422 419, 🖳 www.poppiessamui.com. Hinter gut gepflegter Vegetation verstecken sich Steinbungalows mit moderner Einrichtung, Flachbildschirm, Safe. Inkl. Frühstück. Liegen am Pool und am Strand. Beliebtes Strandrestaurant mit Fusionsküche. Oft Livemusik. Sa Thai-Tanz zum Dinner. ❽

🏨 **Queen Boutique Place** ⑫, Soi Colibri, ✆ 077-413 148, 🖳 www.queenboutique hotel.com. Ruhiges Boutiquehotel mit 16 verschieden gestalteten Zimmern, teils riesige Betten und schöner Ausstattung. Flachbildschirm, Safe, Minibar, DVD-Player. Zentral gelegen, für den gebotenen Standard recht günstig. ❹–❺

**The Loft** ⑬, ✆ 077-413 420, 🖳 www.theloft samui.com. An der Straße und ruhig dahinter nahe der Soi Colibri. Zimmer mit Ventilator im Reihenhaus und AC-Zimmer im 3-stöckigen Haupthaus mit Balkon, TV und Kühlschrank. Es lohnt sich, nicht die allerbilligsten Zimmer zu nehmen. ❷–❺

## ESSEN

Thai-Snacks wie gegrillte Spießchen, Obst und Mais gibt es unmittelbar am Strand von fliegenden Händlern. Die Restaurants an der Strandstraße offerieren eine Vielzahl relativ authentischer internationaler Gerichte, darunter indische, italienische, französische und auch deutsche Küche. Zahlreiche Lokale legen allabendlich ihr Angebot an frischen Meeresfrüchten aus. Viele der Toplokale gehören oftmals zu den großen Resorts, die repräsentative Strandrestaurants betreiben. Mit weniger Ambiente, aber sehr günstig, isst man in den **Foodstalls** rund um den Laem Din-Markt. Zudem werden ab 18 Uhr Foodstalls in der Walking St. aufgebaut.

**Eat Sense Restaurant**, ✆ 077-414 242, 🖳 www.eatsensesamui.com. Gehobene Küche der Extraklasse direkt am Strand. Elegantes Ambiente und vor allem abends oft restlos ausgebucht, daher unbedingt reservieren. Zumindest eine Meeresköstlichkeit sollte man sich hier gönnen, sofern es die Reisekasse zulässt. ⊕ 11–23 Uhr.

**Little Boat Seafood**, günstig und lecker: Thai-Gerichte und Spaghetti-Auswahl. Beliebt und immer gut besucht. ⊕ 11–23 Uhr.

**Ninja Crêpes**. Einfache Ausstattung mit Plastikbestuhlung. Riesige, bebilderte Speisekarte mit großer Auswahl an günstigen und leckeren Gerichten. Prompte, freundliche Bedienung. ⊕ 11–23 Uhr.

**Noori Indian & Thai Restaurant**, 2 Restaurants an der Strandstraße, ✆ 077-413 108. Authentische Küche einer Familie aus Rajasthan. Viele vegetarische Gerichte. Mr. Didi betreibt auch die Noori Indian Cooking School in Chaweng, s. u. ⊕ 11–23 Uhr.

## UNTERHALTUNG

Zahlreiche Bars, Kneipen und Diskotheken laden am Chaweng zum Feiern ein. Am besten lässt man sich treiben und schaut, was einem zusagt. Die meisten Diskotheken schließen gegen 2 Uhr, manche Bar hat bis in die Morgenstunden geöffnet. Viele Bars mit Livemusik. Mehrere Strandbars wetteifern um die Gunst der Besucher. Im **Cha Cha Beach Club** legen am Wochenende öfters international bekannte DJs auf. Auch in der **Ark Bar** sind in der Saison Beachpartys angesagt.

Im **Reggae Pub**, ☏ 077-422 331, seit Jahrzehnten etabliert, rockt eine Live-Band. Es fehlt zwar die Musik, die der Name verspricht, aber das Ambiente stimmt. Livemusik auch tgl. ab 22 Uhr im **Sound Club**. Dancefloor und wechselnde DJs im dazugehörigen Dance Club. In der **Bar Solo** an der Strandstraße ertönt Housemusik, und ab 21 Uhr spielen wechselnde Live-Bands, ⏰ 13–2 Uhr. Weniger heiß geht es in der **Bar Ice**, ☏ 077-484 933, 💻 www.baricesamui. com, zu: Zwischen -3 und -7 °C sitzt es sich im Eishaus deutlich kühler. Entsprechende Kleidung und Fellmütze werden gestellt. Eintritt 395 Baht. Voll wird es ab 22 Uhr. ⏰ 16–2 Uhr. Im **Chaweng Stadium** hat sich eine Black Moon Party etabliert. Die Daten werden per Flyer mitgeteilt.

## AKTIVITÄTEN

### Kochkurse

**Noori Indian Cooking School**, ☏ 086-740 7873, 💻 www.nooriindiasamui.com, s. auch Essen. Bis zu 8 Pers. können vormittags (10–13 Uhr) die Zubereitung diverser indischer Gerichte erlernen. Auf individuelle Wünsche wird gerne eingegangen. 1800 Baht.

**Sitca** (Samui Institute of Thai Culinary Art), Soi Colibri, ☏ 077-413 172, 💻 www.sitca.net. Die Kunst der thailändischen Küche und die kleinen Geheimnisse der Zubereitung werden in dieser renommierten Schule vermittelt. Kurse Mo–Sa um 11 und 16 Uhr für 1850 Baht p. P. (inkl. Kochbuch, zzgl. 200 Baht für das „After Class Meal"), max. 10 Teilnehmer.

### Massagen und Wellness

Massagen werden in Chaweng überall ab 300 Baht pro Std. angeboten.

**Dusita Spa**, ☏ 077-422 447. Massagen, Packungen und Ganzkörperanwendungen in arabischem Ambiente. ⏰ 10–23 Uhr.

**The Thai Thai Spa**, ☏ 077-422 799. Bietet hochklassige Massagen, Kosmetik und

Auf dem Markt von Hua Thanon (S. 688) verkaufen muslimische Frauen fangfrischen Fisch.

Ganzkörperanwendungen inkl. Infrarotsauna.
🕐 10–22.30 Uhr.

### Seilfahrten
Über den dichten Urwald schwebt man bei
**Canopy Adventures**, 📞 077-414 150, 🖥 www.
canopyadventuresthailand.com. Die ca. 2000 m
langen Seilfahrten verbinden 21 Stationen und
sind für 2950 Baht zu haben. Im Preis inkl. sind
die Abholung vom Hotel, Wasser, Früchte, ein
Bad in einem Wasserfall und der Rücktransport.
Tgl. um 9, 11, 13 und 15 Uhr. Das Vergnügen
dauert etwa 2–3 Std.

### Tauchen
**Calypso Diving**, 📞 077-422 437, 🖥 www.
calypso-diving.com. Deutsche Tauchschule am
südlichen Ende der Bucht an der Zufahrtsstraße. Eigenes Boot und engagiertes Team.
Bubblemaker-Kurse für Kinder.
**Dive Point Samui**, neben dem First House,
📞 081-787 5472, 🖥 www.divepoint-thailand.
com. Tauchschule unter deutscher Leitung.
PADI- und SSI-Kurse vom Open Water Diver bis
zum Divemaster. Mit dem 27 m langen Boot
geht's nach Ko Tao, zum Sail Rock und zum
Marine Nationalpark.

### Yoga und Fitness
**Trinity Yoga**, am Highway, 📞 087-081 8875,
🖥 www.yoga-samui.com. Neben World Gym.
Mo–Sa 2 Kurse um 10 und 18 Uhr, 60 Min. für
450 Baht, 10er-Karte 3000 Baht.
Wer lieber Eisen bewegt, kann dies tgl.
zwischen 9 und 21 Uhr im **World Gym** tun,
Tageskarte 150 Baht, 10er-Karte 1000 Baht.

### SONSTIGES

### Autovermietungen und Mopedverleih
Internationaler Anbieter von Mietwagen ist
**Budget**, 📞 077-413 384, nahe dem Makro-Markt
an der Hauptstraße. Eine gute Wahl, ins-
besondere bei einer Mietdauer über 5 Tage,
denn dann sind innerhalb von Thailand *one-way
rentals* möglich. Günstiger für Touren nur auf Ko
Samui sind Autos der lokalen Anbieter. Kleine
Jeeps ab 800 Baht. Darauf achten, dass sich die
Fahrzeuge in gutem Zustand befinden, es gibt

erhebliche Qualitäts- und Sicherheits-
unterschiede. Mopeds können fast überall
ausgeliehen werden, ab 250 Baht für 24 Std.

### Medizinische Hilfe
**Bangkok Samui Hospital**, Notfallambulanz
📞 077-429 500, 🖥 www.samuihospital.com.
Sehr empfehlenswert. Guter Ruf und hervor-
ragende Ausstattung. Als Erstbesucher muss
man meist etwa 50 € Anmeldegebühr zahlen.
**Samui International Hospital**, 📞 077-230 781,
🖥 www.sih.co.th. Labor, Zahnarzt und
Krankenwagen. 🕐 24 Std.
**Thai International Hospital**, 📞 077-245 720,
🖥 www.thaiinterhospital.com. Mit Dialyse-
Station. 🕐 24 Std.

### NAHVERKEHR

Die meisten **Songthaew** fahren über Hat
Chaweng und können herangewinkt werden.
Eine Kurzstrecke kostet ab 20 Baht, oft aber bis
zum nächsten Strand 100 Baht. **Taxis** stehen an
Tesco Lotus. Sie können auch auf der Ringstraße und der Strandstraße angehalten werden. Nachts explodieren die Preise; ansonsten
oft ohne Taxameter zu festen Preisen je nach
Ziel zwischen 300 und 600 Baht. Mopedtaxi-
fahrer überall entlang der Strandstraße.

## Ao Lamai

Das Bild der sichelförmigen **Ao Lamai** [3375], einer 4 km langen Bucht, etwa 22 km von Nathon
entfernt, wird von Hunderten Kokospalmen geprägt. Die sauberen Strandabschnitte wirken
nicht überfüllt, und das Publikum ist gemischt.
Etwa 90 Hotels und Bungalowsiedlungen bieten
Obdach für Individualreisende und Pauschalurlauber. Am südlichen Strandende Lamais stehen die neben Big Buddha meistbesuchten Attraktionen Samuis: die Felsformationen **Hin Ta**
und **Hin Yai**.

Die **östliche Bucht** glänzt mit weißem Sandstrand und einem vorgelagerten Korallenriff. Das
Wasser ist seicht und bei Ebbe weniger als hüft-
tief. Aus dem Sandstrand erheben sich glatte
Felsen. Am Hang liegen gepflegte Bungalow-

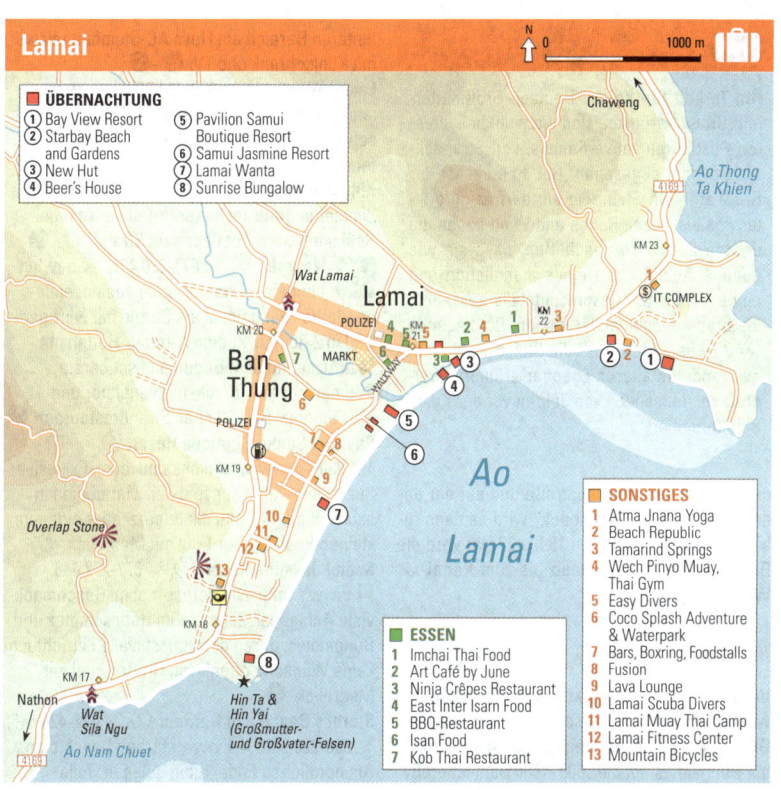

**Lamai**

N ↑  0 — 1000 m

### ■ ÜBERNACHTUNG
1. Bay View Resort
2. Starbay Beach and Gardens
3. New Hut
4. Beer's House
5. Pavilion Samui Boutique Resort
6. Samui Jasmine Resort
7. Lamai Wanta
8. Sunrise Bungalow

### ■ ESSEN
1. Imchai Thai Food
2. Art Café by June
3. Ninja Crêpes Restaurant
4. East Inter Isarn Food
5. BBQ-Restaurant
6. Isan Food
7. Kob Thai Restaurant

### ■ SONSTIGES
1. Atma Jnana Yoga
2. Beach Republic
3. Tamarind Springs
4. Wech Pinyo Muay, Thai Gym
5. Easy Divers
6. Coco Splash Adventure & Waterpark
7. Bars, Boxring, Foodstalls
8. Fusion
9. Lava Lounge
10. Lamai Scuba Divers
11. Lamai Muay Thai Camp
12. Lamai Fitness Center
13. Mountain Bicycles

Chaweng · Ao Thong Ta Khien · KM 23 · IT COMPLEX · Wat Lamai · Lamai · POLIZEI · KM 20 · Ban Thung · MARKT · POLIZEI · KM 19 · Overlap Stone · KM 18 · KM 17 · Nathon · Wat Sila Ngu · Ao Nam Chuet · Hin Ta & Hin Yai (Großmutter- und Großvater-Felsen) · Ao Lamai · KM 22

---

anlagen in Kokosplantagen und locken vor allem ruhesuchende Urlauber an. Vor dem 1 km langen **nördlichen Strand**, unweit der Straße, erhebt sich bis zur Höhe des Dorfes **Ban Lamai** ein Riff. Hier ragen bei Ebbe die Felsen aus dem Meer heraus. Bei den Unterkünften überwiegen kleine Anlagen in der mittleren Preisklasse, darunter so manche aus der alten Globetrotterzeit. Der Sand im nördlichen Abschnitt ist teilweise etwas grober. Auch der über 2 km lange **zentrale Strandabschnitt** wird am südlichen Ende von malerischen Felsen unterbrochen. Trotzdem eignet er sich bei Ebbe und Flut gut zum Baden. Das ändert sich dagegen im Winter, wenn die starke Brandung und der hohe Wasserstand den Strand schwinden lassen. Am **südlichen Ende** der Bucht ist das Wasser meist zu seicht zum Schwimmen, wird jedoch dann attraktiv,

wenn starker Ostwind herrscht. Die ruhige Bucht hinter den Großelternfelsen nennt sich **Ao Nam Chuet**, wird aber oftmals allein aus Werbegründen von den Anlagen noch als Ao Lamai bezeichnet. Bei Flut ist der Strand nur etwa 2 m breit.

**Vorsicht**: Generell ist zu beachten, dass Lamai nicht von einem vorgelagerten Korallenriff geschützt ist – daher ist die Brandung immer etwas stärker als an geschützten Stränden.

Die kleine Straße und einige abgehende Parallelstraßen unmittelbar um die runden kleinen Bars herum sind die **Amüsiermeile** Lamais. Hier gibt es Restaurants, Reisebüros, Internetshops, Klamottenläden und zahlreiche Girlie-Bars. Vom Bild ähneln diese Straßenzüge immer mehr der von Chaweng, aber insgesamt geht es hier noch etwas ruhiger zu. Direkt hinter der Brücke über

DIE GOLFKÜSTE

## Die versteinerten Großeltern

**Hin Ta** und **Hin Yai**, zu Deutsch Großmutter- und Großvaterfelsen, sind die wohl beliebtesten Postkartenmotive Samuis, von Strandbildern einmal abgesehen. Gut sichtbar ist der Großvater, ein Stein wie ein perfekt geformter Phallus. Meer, Regen und Wind haben die uralten Steine so geschliffen, dass sie wie genaue Abbildungen eines männlichen und eines weiblichen Geschlechtsteils aussehen, die brav nebeneinander stehen. Die Legende weiß zu berichten, dass die Steine an ein hier gestrandetes älteres Ehepaar erinnern, welches vor Tausenden von Jahren vor der Küste Schiffbruch erlitt.

den Klong Richtung Ringstraße und auf der anderen Seite ab „The Outback" wird es dann ruhiger. Jeden Sonntag von 15 bis 23 Uhr wird die Beach Road ab Ring Road bis zum Kanal als **Walkway** gesperrt.

### ÜBERNACHTUNG

Viele der großen Hotels können (und sollten oft wegen des Preises) pauschal gebucht werden. Die Auswahl an mittelpreisigen Unterkünften mit Bungalows um die 1000–1500 Baht ist groß, und auch wer günstiger wohnen möchte, findet zahlreiche Plätze. Mit Ausnahme der wenigen Luxusresorts werden die Anlagen meist noch als Familienbetrieb geführt. Die gelisteten und viele weitere Anlagen mit Fotos und Buchungsmöglichkeiten finden sich im **eXTra [3375]**.

**Bay View Resort** ①, ☏ 077-458 778, 🖥 www.bayviewsamui.com. Ein idealer Ort für Ruhebedürftige. Im Hang und im Garten AC-Steinbungalows (mit Safe) und kleine Holzbungalows mit Ventilator. Fast alle Zimmer haben wie das Restaurant Meerblick. Kleiner Pool und privater winziger Strandabschnitt. Die freundliche Besitzerin kümmert sich rührend um ihre Gäste. ❹–❼

**Beer's House** ④, ☏ 077-231 088, 🖥 www.beerhousebungalow.com. Holzbungalows mit Ventilator und Warmwasser in 2 Reihen parallel zum Strand. Veranden mit Hängematte. Im

hinteren Bereich am Fluss AC-Steinbungalows mit Kühlschrank und TV. ❷–❹

**Lamai Wanta** ⑦, ☏ 077-424 550, 🖥 www.lamaiwanta.com. Am zentralen Strandabschnitt schöne weiße AC-Bungalows mit Panoramafenstern großzügig im Garten verteilt. TV, Kühlschrank, DVD. Kleiner Pool mit Meerblick. Zimmer im Haus im hinteren Teil der Anlage. Schicke Bar erhöht über dem Strand. ❻–❼

€ **New Hut** ③, ☏ 077-230 437, ✉ newhut bungalow@hotmail.com. Kleine, einladende Holzbungalows am Strand mit winzigem Bad in 2 Reihen. Zudem A-frame-Hütten mit Matratzen auf dem Boden und sauberem Gemeinschaftsbad. Alle mit Ventilator und Moskitonetz. Gemütliches Strandrestaurant. ❷

**Pavilion Samui Boutique Resort** ⑤, ☏ 077-424 030, 🖥 www.pavilionsamui.com. Exklusive Suiten und Villen aus feinsten Materialien in asiatischem Stil, alle mit Jacuzzi oder eigenem kleinen Pool. Großer Pool mit Meerblick. ❽

**Samui Jasmine Resort** ⑥, ☏ 077-232 446, 🖥 www.samuijasmineresort.com. Geschmackvolle Anlage mit Zimmern im Hotelkomplex und Bungalows, deren dezente, stilvolle Einrichtung keine Wünsche offenlässt. Großer Pool mit Meerblick. ❽

**Starbay Beach and Gardens** ②, ☏ 077-424 546, ☏ 085-228 0281, 🖥 www.starbay-beach.com. Am nördlichen Ende, ruhig gelegen. Tolle Gartenanlage mit großen, weit auseinanderliegenden Holzhäusern im Thai-Stil, teils mit 2 Schlafzimmern und Küche. Ansprechende Möblierung. Kleiner Pool und winziger privater Strandabschnitt. ❺–❻

**Sunrise Bungalow** ⑧, ☏ 077-424 433, 🖥 www.sunrisebungalow.com. An den Großelternfelsen. Verschiedenste Bungalows in Holz oder Stein mit Ventilator oder AC. Schöner Ruhepunkt an den Felsen mit kleinem Strand. Restaurant mit Meerblick. Anheimelnde Atmosphäre, viele Stammgäste. ❷–❻

### ESSEN

Es gibt jede Menge Restaurants und Straßenküchen. Viele Thai-Restaurants bieten neben Thai-Küche (die oftmals auf europäische Gaumen abgestimmt ist) auch Spaghetti,

Burger, Steaks und Pommes. Kleine Garküchen bieten Gegrilltes und *som tam* (Papaya-Salat).

**Art Café by June**, an der Ringstraße. Gemütliches Café mit sehr gutem Kaffee und Frühstück. Reichhaltige Karte mit vielen vegetarischen Gerichten. June legt Wert auf gesunde Ernährung, im Angebot sind daher Bio-Vollkornreis und frisch gebackenes dunkles Brot. Verkauf von Tuch, Taschen, Geschirr und Schmuck. ⏱ 11–20 Uhr, So geschl.

**BBQ-Restaurant**, Ecke Beach Rd., Ring Rd. Hier kann man sich jeden Tag für wenig Geld am leckeren *all you can eat*-BBQ satt essen. ⏱ 17–1 Uhr.

**East Inter Isarn Food**, an der Ringstraße. In den Bambus-Pavillons wird abends hervorragende und preiswerte Küche aus dem Nordosten des Landes serviert. Das Personal spricht zwar kaum Englisch, aber die Speisekarte ist bilingual. ⏱ 17–22 Uhr.

**Imchai Thai Food**, neben Island Books an der Ringstraße. Einfaches Thai-Restaurant mit guter günstiger Thai-Küche. Große Portionen, sehr nette Leute. ⏱ 11–21.30 Uhr.

**Isan Food**, typisches Thai-Restaurant mit Gerichten aus dem Nordosten. Keine englische Karte, aber die Besitzerin spricht Englisch. Es gibt das, was gerade frisch und vorrätig ist. Nur Softdrinks. ⏱ 12–21 Uhr.

**Kob Thai Restaurant**, ☎ 082-534 9325. Gute Thai-Küche in einem hübsch gestalteten Restaurant mit Pavillons, die sich in einer Gartenanlage um einen Pool gruppieren ⏱ 10–23 Uhr.

**Ninja Crêpes Restaurant**, an der recht viel befahrenen Ringstraße. Große Auswahl an Pancakes, daneben zahlreiche Thai-Gerichte. Günstig und lecker. Zum Zeitpunkt der Recherchen geschl., soll aber wieder geöffnet werden. Gegenüber im Garten werden bei **Ninjas Place**, 160/11 Moo 4, ☎ 077-230 383, ✉ ninjasamui@yahoo.com, angenehme AC-Bungalows vermietet. Alle aus Stein, mit TV, Safe und Moskitonetz. Pool. ❹. ⏱ 11–21 Uhr.

## UNTERHALTUNG

An der Hauptstraße und den zwei Stich- und Nebenstraßen liegen die meisten Bars.

**Beach Republic**, ☎ 077-458 100, 💻 www.beachrepublic.com. Stylischer und teurer Club mit Restaurant und Pool an einem kleinen privaten Strandabschnitt. Hier kann man auch wohnen (Pool-Villen, Suiten, ❽). Wer sich hier nur sonnt, zahlt 1000 Baht am Tag (der Betrag wird jedoch mit dem Verzehr verrechnet). Jeden So Brunch von 11.30–15.30 Uhr – dazu legt ein DJ bis Sonnenuntergang auf. Mi asiatisches Buffet von 19–22 Uhr.

**Fusion**, Bar und Disco für Nachtschwärmer, gegenüber Variety Bars. ⏱ 21.30–2 Uhr.

**Lava Lounge**, Wohlfühl-Cocktailbar mit loungiger Musik in der Straße zum Strand. Gut besucht ab 22 Uhr von den hier arbeitenden Ausländern. ⏱ 16–2 Uhr.

## AKTIVITÄTEN

### Schwimmen

**Coco Splash Adventure & Waterpark**, ☎ 081-082 6035, 💻 www.samuiwaterpark.com. 2 Schwimmbäder mit Wasserrutschen, ideal für Kinder. Eintritt 450 Baht, Kinder zahlen je nach Größe weniger, Familienpass 1300 Baht. ⏱ 10.30–17.30 Uhr, Mo Ruhetag.

### Tauchen

**Easy Divers**, ☎ 077-231 190, 💻 www.easydivers-thailand.com. An der Ringstraße gibt es eine große Basis dieser Tauchschule. PADI-Tauchkurse sowie Tauchausflüge.

**Lamai Scuba Divers**, 128/70 Lamai Beach Rd., ☎ 077-458 302, 💻 www.lamaiscubadivers.com. Tauchausflüge und Tauchkurse für Anfänger bis hin zum Divemaster. ⏱ 10–22 Uhr.

### Thai-Boxen

Thai-Boxkämpfe finden Sa abends im Boxring neben den runden offenen Bars statt. Neben Männern kämpfen hier auch Frauen. Wer selbst Boxen lernen will, geht meist ins **Lamai Muay Thai Camp**, ☎ 077-418 430, 💻 www.lamai muaythaicamp.com. Für 300 Baht pro Tag kann zwischen 7 und 9 oder 17 und 19 Uhr trainiert werden. Im Preis inkl. ist die Nutzung des gegenüberliegenden **Lamai Fitness Centers**. Auch Privatstunden möglich. Günstige Unterkünfte sind vorhanden, ❷.

Verschiedene Kämpfer aus aller Welt trainieren unter kundiger Anleitung im **Wech Pinyo Muay Thai Gym**, 🖥 www. wech-pinyomuaythai.com. Tolle Atmosphäre; auch Anfänger fühlen sich hier wohl. Bietet ebenfalls Unterkunft bei längeren Kursen. ❷

### Wellness
**Tamarind Springs**, ✆ 077-424 221, 🖥 www. tamarindsprings.com. Kräutersauna in den Felsen und herrlich kühlender Pool. Gute Anwendungen. Noch tropischer ist das Wald-Spa mit Sauna im Fels und natürlichen Pools zur Abkühlung. Klassische Massagen. Saftbar und Restaurant. ⏱ 11–22 Uhr. Für Gäste, die nicht nur am Tag kommen, gibt es exklusive Villen (Mindestaufenthalt 3 Tage). ❼–❽

### Yoga
**Atma Jnana Yoga**, ✆ 080-435 1563, 🖥 www. atmajnanayoga.com. Yoga und Balance Yoga mit Ball. 3 Kurse tgl. morgens und nachmittags.

## SONSTIGES

**Motorräder** gibt es bei den meisten Resorts oder in den Reisebüros und Restaurants, ab 150 Baht. **Autos** und Jeeps werden ebenfalls entlang der Straße und in vielen Resorts vermietet.
Eine **Warnung für Selbstfahrer**: Die Strandstraße ist eine Einbahnstraße in Nord-Süd-Richtung, auch wenn sich viele nicht daran halten!

## TRANSPORT

Mit dem **Songthaew** ab Nathon 100 Baht. Wer nach 18 Uhr mit dem Boot ankommt, muss meist ein Taxi nehmen. Songthaew fahren den ganzen Tag bis etwa 19 Uhr, mal Richtung Nathon, mal Richtung Chaweng. Wer zum Big Buddha oder Fisherman's Village will, steigt an der Abfahrt zur Beach Rd./Hat Chaweng um.
Die meisten Reisebüros verkaufen Tickets für die Weiterfahrt; vielfach ist der Transport ab Hotel/Anlage enthalten.

# Die Südküste

An der Südküste [7765] liegt das traditionelle moslemische Fischerdorf **Hua Thanon** mit einem kleinen Markt liegt an der Hauptstraße. Markenzeichen sind die alten zwei- bis dreigeschossigen Holzhäuser, die als Läden, Werkstätten und Wohnräume dienen. Die Öffnungen unter den Dächern und Geschossdecken sorgen für eine natürliche Ventilation und sind oft noch mit kunstvollen Schnitzereien verziert. Die großen Dächer und weit überdachten Veranden bieten Schutz gegen Sonne und Monsunregen. Es folgt etwas abseits gelegen die kleine Bucht **Ao Na Khai**, die außer einigen teuren Residenzen keine besonderen Attraktionen zu bieten hat und im Süden in das Kap **Laem Set** ausläuft. Hier gibt es einige exquisite Unterkünfte. Jenseits des 135 m hohen Hügels **Khao Tale** erstreckt sich die flache **Ao Bang Kao**, an deren Küste sich ein mehrere hundert Meter langes Riff entlangzieht. Der Strand ist wenig einladend, doch manch ein Schnorchler geht bei hohem Wasserstand ins Meer, um die bunte Korallenlandschaft zu erkunden. Das westliche Ende der Bucht ist gleichzeitig der südlichste Platz von Ko Samui; dort steht die fotogene **Laem-Sor-Pagode**, ein beliebtes Ziel einheimischer Besucher. Der Stupa wurde 1907 errichtet und soll Buddha-Reliquien aus Sri Lanka beherbergen. Ihr heutiges Aussehen geht auf eine Renovierung im Jahr 2003 zurück.

Weiter westlich liegt die **Ao Thong Krut**, mit dem gleichnamigen Dorf **Ban Thong Krut** an der schmalsten Stelle zwischen dem Meer und der Straße. Die Gegend ist verschlafen, der Strand dient Fischern als Ankerplatz. Von dieser flachen Sandbucht fahren mehrere Boote in den Katen-Archipel. Unweit entfernt liegt das Dorf **Ban Thong Tanot**, an dessen Strand einige Unterkünfte stehen. Das sich anschließende Kap **Laem Hin Khom** bildet dann den südwestlichsten Zipfel von Ko Samui.

Etwas nördlich, ca. 15 km von Nathon, verbirgt sich unter Palmen und schattigen Laubbäumen die **Ao Phangka**, bewohnt von Fischern und einigen wenigen Feriengästen. Das Wasser erreicht hier auch bei Flut höchstens Brusttiefe. Schwimmen dennoch möglich. Und mit dem Kajak kann man schöne Paddeltouren unternehmen.

**Banburee Resort & Spa** ⑦, Hat Laem Set, ☏ 077-429 600, ▭ www.banbureeresort.com,. Großzügige Bungalows im Thai-Stil und ein 2-stöckiges Gebäude mit günstigeren Zimmern im großen Garten. Pool mit Jacuzzi am Strand. Wenig Schatten. Hochwertige Spa-Anwendungen. 2x tgl. Shuttle nach Lamai und Chaweng. ❻–❼

**Centara Coconut Beach Resort** ⑥, Hat Thong Tanot, ☏ 077-334 069, ▭ www.centarahotels resorts.com. Zimmer in ruhiger Lage im Haus rechts und links an einem 20 m langen Pool. Richtung Strand großzügige Bungalows. Inkl. Fahrrad- und Kajakverleih. Fitnessraum. ❼–❽

🌳 **Elements Boutique Resort & Spa** ⑤, Ao Phangka, ☏ 077-914 678, ▭ www. elements-koh-samui.com. Kleine exquisite Anlage mit Zimmern im 2-stöckigen Gebäude. Frischwasserpool ohne Chlor oder andere Zusätze. Das Brauchwasser wird aufbereitet und zur Gartenbewässerung genutzt. Großer Fitnessraum, Sauna und Dampfbad. Gutes Restaurant. ❽

**Kamalaya** ⑧, Laem Set, ☏ 077-429 800, ▭ www.kamalaya.com. Stimmungsvolles Wellness-Resort mit komfortablen Zimmern verschiedener Preisklassen (von teuer bis sehr teurer) und qualifizierten Yoga-, Detox- und Spa-Angeboten. Auf dem Gelände befindet sich eine alte Meditationshöhle, die heute noch besucht werden kann. Hervorragendes Restaurant mit gesunder Küche. ❽

**X2 Resort** ⑨, Ao Na Khai, ☏ 077-233 033, ▭ www.x2resorts.com. Modern gestaltete Anlage mit Villen hinter unverputzten Mauern. Puristisch angelegt, viel Platz und fast alle mit eigenem Pool im abgeschirmten Garten. Großes Restaurant und Pool am Strand. ❽

**Baan Lamom Restaurant**, Ao Na Khai, an der Hauptstraße am Abzweig nach Laem Set, ☏ 077-233 146. Leckere Thai-Küche. ⏱ 8–22 Uhr. In Thong Krut bietet sich ein Snack im **Ko Tan Cuisine** an. In dem einfachen Thai-Restaurant am Meer können, wie auch in einigen Nachbar-restaurants, Boote nach Ko Taen gebucht werden. ⏱ 9–22 Uhr.
Im **La Pailotte** in Thong Krut, ☏ 093-613 8846, zaubern Carole und Max Französisches und hausgemachte Desserts. ⏱ 11.30–21.30 Uhr, Mi geschl.

**Schnorchel- und Angeltouren** z. B. mit **TK Tour**, ☏ 077-334 052, von 9.30–14.30 Uhr nach Ko Taen und Ko Mat Sum für 1300–1700 Baht pro Boot. Um 15 Uhr Boote zur Fahrt in den Sonnenuntergang nach Ko Taen und Ko Mat Sum für 1500 Baht. Ähnlich teuer sind die organisierten **Schnorchel- und Kajaktrips** sowie die Fahrt in den Sonnenuntergang nach Ko Taen und Ko Mat Sum.

Nach KO TAEN ab Thong Krut-Pier mit dem **Longtail-Boot** auf Anfrage in 15 Min. Charter-Preise pro Boot 1200 Baht (4 Pers.) bis 1500 Baht (6 Pers.). Buchung von Ausflugs-fahrten in den Reisebüros oder direkt am Pier.

# Die Westküste

Die flachen Strände der Westküste [6542] sind im Vergleich zur Ostküste wenig besucht. Wer romantische Sonnenuntergänge vor der atemberaubenden Kulisse des Ang Thong Marine National Parks erleben möchte und fernab vom Trubel Ruhe sucht, wird sich hier wohlfühlen. Der Romantikfaktor ist hoch, und so bieten die meisten Resorts Hochzeitsarrangements an. Das Dorf **Taling Ngam** ist etwa 10 km von Nathon entfernt und besteht noch immer aus zahlreichen Fischerhütten und neueren Steinhäusern. Bemerkenswert ist der **Wat Khiri Wongkaram**, in dem die Mumie des 1976 im Alter von 87 Jahren verstorbenen Mönches Luang Poo Perm verehrt wird – ähnlich wie im Wat Khunaram (S. 666), doch da der Tempel abgelegener liegt, ist dort viel weniger Betrieb und die Atmosphäre erheblich angenehmer. Der Abzweig dorthin ist leicht am Elefantentor zu erkennen.

**DIE GOLFKÜSTE**

N

0                    2 km

**ESSEN**
1  THINK & Retro Café Lipa Noi
2  The Virgin Coast
3  I-Talay Nasai Garden Restaurant
4  Baan Lamom Restaurant
5  Ko Tan Cuisine, La Pailotte

**SONSTIGES**
1  TK Tour

Nathon

Ban Lipa Yai
4169
TOURISTENPOLIZEI

*Ao Santi*

*Laem Chon Khram*

Ban Thong Sai
4174

*Hat Thong Yang*

TOURIST POLICE

KM 4

Wanon-Wasserfall
△ 205

Wat Ko Samui

Ban Lipa Noi

Ban Saket
KM 6

635

Tar Nim-Wasserfall

Namuang II-Wasserfall

Restaurant
△ 573

DIE GOLFKÜSTE

Raja AUTOFÄHRE

Don Sak

BÜFFELKAMPFPLATZ

Wat Kiri Wongkaram

Hat Taling Ngam

Elefanten-Tor

Ban Taling Ngam

△ 163

Namuang-Wasserfall
△ 565

Butterfly Park
KM 8

△ 403

Khao Khwang

KM 5

△ 201

KM 10

Ban Thurian

Wat Khunaram
KM 12

410 ◇

Living Thailand Cultural Center
4123

Ban Tha Po

BÜFFEL-KAMPFPLATZ

KM 14

Lamai →

HEALTH CENTER
KM 16

Ban Hua Thanon
4169

MARKT

*Ao Phangka*

Wildlife Park

Ban Pangka

Ban Thong Tanot

△ 135

*Laem Hin Khom*

*Hat Thong Tanot*

Wat Kiri Mat

*Ao Thong Krut*

Ban Thong Krut
KM 10

Khao Chedi

*Laem Sor*

Laem Sor-Pagode
(Chedi Laem Sor)

Ban Bang Kao

4170

Ban Tale

135  △ Khao Tale

Ban Han

Wat Samret
KM 15

*Ao Bang Kao*

*Ao Na Khai*

*Laem Set*

Samui Butterfly Garden

**KO TAEN**
**(KO KATEN)**

Ban Ko Taen

*Ao Ok*

*Ao Tok*

Lotosteich

△ 213

**KO MAT SUM**

**ÜBERNACHTUNG**
①  Lipa Lodge Beach Resort
②  Nikki Beach
③  Lipa Lovely Resort
④  Am Samui Resort
⑤  Elements Boutique Resort & Spa
⑥  Centara Coconut Beach Resort
⑦  Banburee Resort & Spa
⑧  Kamalaya
⑨  X2 Resort

Schön ist die ruhige Bucht **Ao Santi**, die zum landeinwärts gelegenen Dorf **Lipa Noi** gehört und sich dank ihres hohen Wasserstands ganzjährig zum Schwimmen eignet und zu kilometerlangen Strandwanderungen einlädt. Bei Flut bleibt von der sichelförmigen Bucht jedoch nur ein schmaler Sandstreifen.

Auf den **5 Inseln**, die vor der Westküste liegen, werden Schwalbennester geerntet; daher gilt: Betreten verboten.

## ÜBERNACHTUNG

**Am Samui Resort** ④, Hat Taling Ngam, ✆ 077-235 165. Schöne Holzbungalows hinter dem Restaurant, geräumige Steinbungalows mit großen Fenstern und runde Steinbungalows am Strand mit fast komplett verglasten Fronten. Alle mit AC, TV und Minibar. ❺–❽

**Lipa Lodge Beach Resort** ①, Ao Santi, 75/4 Moo 2, Lipa Noi, ✆ 077-485 617, 081-978 5529, 🖥 www.lipalodgeresort.com. Freundliche kleine Anlage mit gepflegten Bungalows in einem schönen Garten an einem ruhigen Strandabschnitt. Pool mit Kinderbereich. Ein Ort für entspannte Ferien abseits des Trubels. ❻–❽

**Lipa Lovely Resort** ③, 95/70 Moo 2, Lipa Noi, ✆ 077-485 775. Etwa 5 Min. vom Fährpier entfernt. Recht teure Steinbungalows vom Strand Richtung Hinterland und Reihenbungalows. Große gefliste Zimmer, TV, DVD, Minibar, Wasserkocher. Pool mit Kinderbereich. Kinder-Klettergerüto. Kajake. ❻–❽

**Nikki Beach** ②, 96/3 Moo 2, Lipa Noi, ✆ 077-914 500, 🖥 www.nikkibeach thailand.com. Schickes, stylisches Luxusresort, das sich vor allem an eine jüngere Zielgruppe wendet. Bezeichnet sich selbst als „The Sexiest Place on Earth". Poolpartys, internationale DJs, die Cuisine natürlich *Fusion*. ❽

## ESSEN

**-Talay Nasai Garden Restaurant**, Hat Taling Ngam, ✆ 081-721 3683. Am Strand wird im strohgedeckten, offenen Restaurant frisches Seafood und Thai-Küche serviert. Ebenso ein paar westliche Gerichte. Gegessen wird an Bambustischen mit kleinem Dach unter Palmen. ⏲ 10–21 Uhr.

**THINK & Retro Café Lipa Noi**, Ao Santi, 38/48 Moo 2, ✆ 077-485 619, 🖥 www.thinksamui.com. Nettes Strandcafé, das sich zum großen Teil aus bunt gestrichenen Frachtcontainern zusammensetzt. Junges Publikum, schleppende Bedienung. Einige der Container werden als Zimmer vermietet. ❸

## SONSTIGES

Das **The Virgin Coast** Restaurant, Hat Taling Ngam, ✆ 077-270 689, 089-499 6334 (Restaurant), 🖥 www.thevirgincoastsamui.com, bietet **Ausflüge** zu den 5 vorgelagerten Inseln. Angelandet wird nicht (nur Vögel und Menschen, die die Vogelnester waghalsig aus den Felsen ernten, haben Zutritt). Der Ausflug beinhaltet Schnorchelausrüstung und ein Essen im Restaurant.

## TRANSPORT

SURAT THANI (Don Sak), vom Lipa Noi-Pier mit der Autofähre von Raja Ferry stdl. Zwischen 9 und 18 Uhr für 150 Baht in 1 1/2 Std., 240 Baht inkl. Transport zum Bahnhof oder Flughafen. BANGKOK, VIP-Busse um 7.30, 15.30, 16.30 und 17.30 Uhr. Infos unter ✆ 077-421 125 (Nathon). 1066 Baht inkl. Fähre. AC-Busse 2. Kl. gleiche Zeiten, zusätzlich 13.30 Uhr, 608 Baht inkl. Fähre.

# Ang Thong Marine National Park

Der 40 Inseln umfassende Archipel befindet sich nordwestlich von Ko Samui und südwestlich von Ko Pha Ngan. Der Park ist ein Naturreservat, und ein Ausflug lohnt wegen der zahlreichen (nahezu) unberührten Unter- und Überwasserwelten. Man kann die Inseln mit dem Kajak erkunden, an den Küsten schnorcheln und tauchen oder im Landesinneren wandern. Es ist möglich, den Marine Park auf einem Tagesausflug zu besuchen; wer länger bleiben will, kann eine Übernachtung auf einem Tauchboot arrangieren oder in einer Anlage nächtigen.

Die meistbesuchten Inseln sind Wua Talap und **Ko Mae**. Letztere lockt mit dem grün schimmernden Thale Noi, dem Salzwassersee, der Blue Lagoon oder auch Emerald Lake genannt wird. Man erreicht dieses Naturwunder über einen schmalen Pfad. Schwimmen ist hier untersagt. Auf **Wua Talap** wartet der **Utthayan-Berg** auf Wanderer. Der freie Blick über die Inseln und das funkelnde Meer ist Lohn für alle Mühen des Aufstieges. Da man hier wohnen kann, gibt es auch ein Restaurant.

### ÜBERNACHTUNG

Auf der Insel Wua Talap kann man in den **Park-Bungalows** übernachten, wahlweise auch im **Zelt**. Arrangiert wird dies bei der Buchung der Tour. Persönliche Anfragen unter ☎ 025-620 760 (Bungalows) oder 077-286 588 (Zelt). Kajakverleih möglich. Die Rückkehr muss vorgebucht werden, ansonsten sitzt man ggf. unbefugt im Nationalpark fest. Die Anlage ist von Nov bis Heiligabend geschl. ❹

### BOOTS- UND KAJAKTOUREN

Ab Samui und Pha Ngan Tagestouren zu den Inseln Ko Mae und Wua Talap. Einige Leser schwärmen, andere beklagen sich über diese recht touristische Tour. **Phangan Cruise** 1600 Baht, Kinder 850 Baht, inkl. Schnorchelausrüstung, Mittagessen und Nationalparkgebühr. 7.30, Rückkehr um 16.30 Uhr. Tagesausflüge auch mit **Lomprayah**, Mo, Mi, Fr von 9–16 Uhr für 1800 Baht (inkl. Essen, Getränke, Parkeintritt, Kajak- und Schnorchelausrüstung) und vielen weiteren Anbietern.

**12 HIGHLIGHT**

# Ko Pha Ngan

Etwa 40 km südöstlich von Ko Tao und 17 km nördlich von Ko Samui liegt Ko Pha Ngan, Thailands fünftgrößte Insel. *Ngan* bedeutet Sandbank, und da eine solche sich wie ein schützendes Band an der gesamten Küste von Hat Rin

im Süden bis nach Chaloklum im Norden entlangzieht, wurde das 19 km lange und 12 km breite Eiland kurzerhand „Insel, vor der Sandbänke liegen" getauft. Nach offiziellen Statistiken zählt Ko Pha Ngan heute etwa 12 000 Einwohner. Sehr wahrscheinlich siedelten bereits in der Bronzezeit von 1000 bis 500 v. Chr. Menschen auf der Insel. Legenden berichten, dass vor über 600 Jahren hier Seenomaden lebten. Später ankerten Piraten in Hat Salad, und im Sand von Ao Kai sollen Zinnarbeiter gezeltet haben. Auch am Laem Son-See nahe Ban Sri Thanu wurde dieses Metall abgebaut. Die letzten Einwanderer vor Ankunft der Touristen in den 1980er-Jahren waren die Chinesen, die hier vor 200 Jahren Fuß fassten und heute aus Pha Ngan nicht mehr wegzudenken sind. Im Dorf **Ban Chaloklum**, dem größten Fischerort, begegnet man zudem vielen Zugezogenen aus dem Isarn und Myanmar.

Ein Großteil der Insel ist als **Nationalpark** geschützt. Etwa 75 % des 125 km² großen Eilands sind noch von Regenwald bedeckt, dessen Flora und Fauna weitgehend sich selbst überlassen bleibt. Im Norden wurde leider viel Wald gerodet, um Platz für einen Flughafen zu schaffen, der wohl aber nun doch nicht gebaut wird. Doch immer noch finden Schlangen und Riesenwarane genug Lebensraum. Bis auf 627 m erhebt sich der höchste Berg **Khao Ra**, den man erwandern kann. Einige Wege führen zu wenig besuchten Stränden, die ansonsten noch immer nur per Boot erreichbar sind. Auf hohen Besuch kann **Than Sadet** verweisen: 1889 betrat Rama V. hier erstmals die Insel, es folgten viele weitere Aufenthalte. Auch der amtierende König Bhumibo war in den frühen Jahren seiner Amtszeit einma hier. Es heißt, der hiesige Wasserfall besitze spi rituell wertvolles Wasser und sei der von Köni gen meistbesuchte in ganz Thailand.

## Strände

Seit Mitte der 1980er-Jahre wird Pha Ngan meh und mehr von Ausländern besucht, und di fast 30 Strände sind fast alle gut erschlosse Schnell erreichbar ist die **Südküste** mit den pal mengesäumten Sandstränden **Hat Ban Tai** un **Ao Ban Kai**. Bei hohem Wasserstand wähnt sic hier so mancher in der Südsee, bei niedrigen

Mit Longtailbooten lässt sich Ko Pha Ngan gut von der Seeseite aus erschließen.

N
0      2 km

s. Detailplan
Nordwesten
S. 708

KO MA

Ao
Mae Hat

Hat
Khom

Ao
Chaloklum

Hat Khuat
(Bottle Beach)

Wang Sai-
Wasserfall

Hat
Salad

⑨ ⑦
⑫ ⑪ ⑩ ⑧
△ 438

⑥
⑤
④

s. Detailplan
Thong Nai Pan
S. 714

Hat Kruat
Hat Thian

Ban Chaloklum

Paradise-
Wasserfall

Thong Nai Pan Noi

Hat
Yao
Hat
Son

476 △

Kuan Yin-
Tempel

Than Prawes-
Wasserfall

Thong Nai Pan
Yai

Hat
Chao
Pao

s. Detailplan
Chao Pao/Sri Thanu
S. 705

Khao Ra

△ 627

Thong Ta Pan

Wangthong-
Wasserfall

③ ③
②

Laem Son
Lake

Ban Sri Thanu

Hat
Sri
Thanu

Hin
Kong

Ban Hin Kong

⑬

Than Sadet-
Wasserfall

Than Sadet
Hat Thong
Reng

Ao
Wok
Tum

STAATL.
KRANKENHAUS

Ban
Maduawan

Flughafen im Bau

⑭

Wat Khao Noi

Paeng-
Wasserfälle

△ 498

Than Prapat-
Wasserfall

Hat
Nam
Tok

Hat Plaaylam

⑮ ⑯

Hat Yang

△ 525

Hat Yao
(East)

Ao Nai Wok

⑰

Thong
Sala

Hat
Wai
Nam

Ko Samui,
Ko Tao,
Chumphon,
Surat Thani

KO
TAE NAI

Ao
Bang Charu

Wat Khao
Tahm

Wat Pho

Sramanora -
Wasserfall

525 △

Hat
Yuan

Ban Tai

Ban Kai

s. Detailplan
Thong Sala
S. 698

Ao Ban Tai

Ao Ban Kai

415 △

① Hat
Thien

s. Detailplan
Ban Tai/Ban Kai
S. 722

Ao Hin Lor

Hat Rin

Hat Rin Nai

Hat Rin Nok

Ko Samui

s. Detailplan Hat Rin
S. 719

hingegen werden Erinnerungen an Nordseeur-
laube wach: Watt, wohin das Auge blickt. Ausgedehnte Strandwanderungen bis ans Ende der
Insel, wo der für seine Vollmondpartys bekannte Strand **Hat Rin** lockt, machen zu jeder Jahreszeit Spaß. An der Südspitze um Hat Rin herrscht
viel Trubel: Bungalowanlagen für Backpacker
und komfortablere Unterkünfte reihen sich dicht
an dicht aneinander. Es gibt zahllose Restau-

rants, die für jeden Geschmack das Passende
bieten. Etwas ruhiger ist es am **Hat Sarikantang**,
der durch einen Berg von Hat Rin getrennt ist.
Wer sich noch weiter vorwagt und durch den
Dschungel trekkt oder ein Longtail-Boot nimmt,
erreicht Strände fernab des Massentourismus.

Eine gute Gelegenheit zum Schwimmen und
Schnorcheln bieten die kleinen Buchten im
Nordwesten der Insel. Insbesondere **Ao Ma**

Hat mitsamt der vorgelagerten **Insel Ko Ma** begeistert viele Reisende so sehr, dass sie jedes Jahr wiederkommen. Auch **Hat Salad** und das östlich von Ban Chaloklum gelegene **Hat Khom** haben viele Anhänger, darunter besonders junge Familien.

Im Osten liegen **Than Sadet** und die Doppelbucht **Thong Nai Pan**. Einst Refugium von Backpackern, die die Einfachheit lieben, bietet die schöne Bucht heute mittelpreisige und teurere Unterkünfte. Lange war der Strand nur schwer zu erreichen, das hat sich mit dem Ausbau der Straße geändert. Zudem reisen viele Urlauber per Boot direkt von Ko Samui aus an.

## Wasserfälle

Der **Than Sadet-Wasserfall** gehört zu den wichtigsten Sehenswürdigkeiten der Insel. Der Pfad dorthin ist recht schwierig zu begehen, sodass man tunlichst mit Jeep oder Taxi anreisen sollte. Hier sind die Inschriften Ramas V. von 1889, Ramas VII. von 1926 und auch von König Bhumibol aus dem Jahr 1962 zu finden. Der Fluss überwindet drei Stufen und bildet Frischwasserpools, bis er am Strand ins Meer mündet. Man kann über eine Länge von 3 km daran entlangwandern und immer wieder ein Bad nehmen. Der Fall selbst ist von Anfang Oktober bis zum 23. Dezember geschlossen.

Über die etwa 4 km lange Straße von Thong Sala Richtung **Paeng Waterfall Forest Park** erreicht man nach 200 m den **Paeng Noi-** und we-nige Schritte weiter den **Paeng Yai-Wasserfall**. Während Letzterer meist länger Wasser in seinem mit schwarzen Steinen durchsetzten Bett führt, stürzt sich der kleinere aus höherer Tiefe hinab, ist aber in der Trockenzeit nicht mal ein Rinnsal. Vorteil: Jetzt kann man auf den Steinen entlangwandern. Nach 500 m Fußweg auf einem steilen, von Wurzeln stabilisierten Pfad ist ein Aussichtspunkt erreicht. Weitere kleine Trampelpfade führen durch dichten Dschungel. Mit dem Moped gelangen Fußfaule bequem zum **Wang Sai-Wasserfall**. Ein Fußmarsch ab Ao Mae Hat dauert etwa 15 Min. Nach heftigen Regenfällen sind die zahlreichen Pools ein tolles Ziel.

Alle Wasserfälle lohnen den Besuch zumeist in den Monaten zwischen November und Januar.

## Ausflüge aufs Meer und rund um Pha Ngan

Lohnend ist ein Tagesausflug zum **Ang Thong Marine National Park**. Ausflüge nach **Ko Tao** und **Ko Nang Yuang** starten um 9 Uhr, Rückkehr ist um 16 Uhr. Im Preis ab 1800 Baht (Kinder zahlen etwas weniger) sind Essen, Getränke, Eintritt und Schnorchelausrüstung enthalten.

Reizvoll sind Ausflüge mit dem **Longtail-Boot** an die Strände. Einst konnte man die Strände von Ko Pha Ngan nur auf diese Art erreichen, doch seit es fast überallhin Straßen gibt, wird dieses Verkehrsmittel immer öfter aus Spaß denn aus Notwendigkeit gewählt. Mittlerweile sind standardisierte Touren im Angebot, viele ab

Die Tauchreviere des Ang Thong Marine National Parks und rund um Ko Tao können das ganze Jahr über betaucht werden, sofern die Wetterverhältnisse es gestatten (s. Klima und Reisezeiten, S. 40 – die ideale Reisezeit ist von März–Okt). Als beste Tauchplätze gelten Chumphon Pinnacle, Sail Rock und Ko Nang Yuang. Die Gegend eignet sich sowohl für Anfänger als auch für Fortgeschrittene.

Bester Tauchspot der Gegend ist der **Chumphon Pinnacle**, der etwa 10 km nordwestlich von Ko Tao liegt und wegen oftmals starker Strömung nur von erfahrenen Tauchern betaucht werden sollte. Vier Granitfelsen beginnen in einer Wassertiefe von 16 m; sie sind mit farbenfrohen Anemonen bewachsen, dazwischen tummeln sich Clownfische, Krebse und Garnelen. Zackenbarsche, Barrakudas, Thunfische, Riffhaie und bis zu 8 m große Walhaie können ebenfalls hier bestaunt werden, Letztere vor allem von Februar bis April. Tauchtiefe max. 35 m, die Sichtweite beträgt max. 30 m.

Ein weiteres spannendes Ziel ist der **Sail Rock**, im Südosten von Ko Tao Richtung Ko Pha Ngan. Die Tauchtiefe rund um den großen Felsen beträgt etwa 40 m. Das Highlight ist der Kamin, dessen Eingang auf 18 m liegt. Dieser Tunnel hat zwei Ausstiege. Während jener auf 10 m eher klein ist, bietet der auf 5 m einen größeren Spielraum. Riff- und Walhaie sind hier anzutreffen. Ansonsten bestimmen große Fischschwärme das Bild, der Spot gilt als fischreichste Tauchstelle des Golfes.

Viele Tauchgebiete befinden sich rund um Ko Tao. Mehr dazu S. 730/731 und auf der Karte S. 661.

Hat Rin; Preis ab etwa 1300 Baht p. P. Hier werden zu immer gleichen Zeiten mit vollen Booten die immer gleichen Strände angefahren, darunter Ao Mae Hat und Hat Thong Nai Pan, aber auch Hat Yuan und Hat Thien. Wer es individueller mag, chartert ein Boot und erkundet die Insel auf eigene Faust. Longtail-Boote gibt es in Chaloklum, Hat Khom, Hat Rin, Ban Tai sowie weiteren Stränden und Piers. Auch mit dem Kajak lässt sich die Küste gut erkunden.

### Partys

Allmonatlich findet auf Ko Pha Ngan der bekannteste Rave Südostasiens statt: Die **Vollmondparty** [2757] lockt Tausende vor allem junge Menschen auf die Insel. Bereits eine Woche vor diesem Ereignis tanzen Trance-Fans im Dschungel auf dem **Half Moon Festival**. Drei Tage vor Vollmond startet in der Pirates Bar an der Westküste am Chayo Phao die **Moonset Party**. Eine Woche nach Vollmond findet erneut ein **Half Moon Festival** in Ban Tai statt (Näheres unter 🖥 www.halfmoonfestival.com). Und damit auch der letzte wichtige Montag nicht unbeachtet vorübergeht, gibt es schließlich die **Black Moon Party**, die ebenfalls in Ban Tai gefeiert wird. Auch die **Shiva Moon-** und die **Dschungel-Party** orientieren sich am Mondzyklus – oder zumindest an der Vollmondparty. Beide Partys finden regelmäßig in der Hauptsaison statt. Die Musik ist meist Progressive Sound, daneben Underground Trance und Techno. Relativ neu ist die **Sramanora Wasserfall-Party** im Hinterland von Ban Kai, die zweimal monatlich stattfindet. Gespielt wird Tech-House und Minimal Techno. Neben den festen Partys, die meist auch in der Nebensaison stattfinden, gibt es in der Hauptsaison weitere Veranstaltungen an verschiedenen Stränden, im Dschungel oder etwa am Paradise Waterfall. Flyer und Plakate kündigen den Spaß an. Immer mehr Partys kosten Eintritt (Vollmondparty 100 Baht, Wasserfallpartys und Black Moon 300 Baht, das Half Moon Festival kostet 500 Baht Eintritt). Meist ist ein Freigetränk im Eintrittspreis inbegriffen. Im Frühjahr 2015 erließ die Regierung ein Verbot aller Partys außer der Vollmondparty – in der Realität hatte dies jedoch nur die Erhöhung der Eintrittspreise um 100 % zur Folge. Wie sich diese Situation ändern/festigen wird, bleibt abzuwarten.

## Thong Sala und Ao Bang Charu

In **Thong Sala** [5545] legen fast alle Boote an und der „internationale" Hafen lässt erahnen, welch hochfliegende Träume die Verwaltung des einstigen Fischerdorfes hegt. Zahlreiche

DIE GOLFKÜSTE

Geschäfte mit Kleidung und den gebatikten, in Ko Pha Ngan gefertigten Hängematten, moderne Boutiquen mit allerlei Geschmackvollem locken ein stöberfreudiges Publikum an. Daneben gibt es Reisebüros, Internetshops, Supermärkte, Apotheken und all jene Geschäfte, die eine Kleinstadt ausmachen. Einige große Banken haben in Thong Sala Zweigstellen eröffnet, und auch die Post ist hier zu finden. Neben ein paar wenigen Hotels lockt vor allem die Vielzahl guter Restaurants mit einheimischer und internationaler Küche. Wer authentische Thai-Küche genießen will (die an den Stränden mittlerweile rar ist), findet auf dem Nachtmarkt gute und günstige Angebote.

Jeden Samstag von 16–22 Uhr wird ein großer Teil der Taladkao Road zur Walking Street; allerlei Händler und Köche bieten ihre Ware feil. Neben Kleidung gibt es vor allem sehr authentische Thai-Küche zum Mitnehmen.

Der flache, etwa 1 km lange Stadtstrand **Ao Bang Charu** [5547] im Süden bietet einige Unterkünfte für jene, die in Stadtnähe, aber abseits des Trubels übernachten möchten. Von Dezember bis April ist hier Schwimmen möglich, ansonsten herrscht oft Wattstimmung. Je nach Wetterlage ist der Strand mit Muscheln oder Strandgut durchsetzt. Sonnenbadende Partytouristen findet man wenig, vielmehr eignet sich dieser erste Abschnitt der Westküste perfekt zum Flanieren, da sich die Strände Ban Tai und Ban Kai nahtlos anschließen und man bei Ebbe bis nach Hat Rin laufen kann. Abends gibt es wunderschöne Sonnenuntergänge zu sehen.

**ÜBERNACHTUNG**

Karte S. 698

Wer morgens mit dem Boot abfahren will oder spätabends ankommt, kann in der Stadt oder dem nahe gelegenen Strand Ao Bang Charu Quartier beziehen (dieser geht fließend in Hat Ban Tai über, Unterkünfte dort S. 722). Die ersten Resorts am Meer liegen nur einen kurzen Fußweg abseits der Hauptstraße.

**B52 Beach Resort** ③, ✆ 086-344 2626, 077-377 927, 🖥 www.b52-beach-resort-phangan.info. Die großen Bungalows im balinesischen Stil machen Urlaubsträume wahr. Großer Pool mit Meerblick. Inkl. Frühstück. ❺–❼

**Lime n Soda** ②, ✆ 077-239 520, 🖥 www.limesodathailand.com. Große Anlage mit Pool. Steinbungalows mit Ventilator oder AC. 2012 renoviert und ansprechend mit Bambusmöbeln ausgestattet. Striktes Verbot, eigene Getränke mit ins Resort zu nehmen. Bei jungen Partyfreunden beliebt. ❷–❺

**The 1 Boutique Hotel** ①, ✆ 077-377 304. In der kleinen Hauptstadt gelegenes Stadthaus mit modernen, gut ausgestatteten Zimmern. Im Untergeschoss gibt es ein kleines Café. In der Nebensaison deutlich billiger. ❺

**The Blue Parrot** ④, ✆ 077-238 777, 🖥 www.theblueparrotphangan.com. Kleine Anlage mit schicken, einfach gestalteten Reihenhauszimmern. AC oder Ventilator. Pizza von einem deutschen Koch, westliche Leitung. Auch 3-Bett-Zimmer. 4 Tage Mindestaufenthalt an Vollmond. ❷–❹

---

### Resort, Boutiquehotel oder Bambushütte?

Noch gibt es günstige Hütten für wenige Euros direkt am Strand, für viele einst der Aussteigertraum. Doch die Nachfrage nach diesen Anlagen wird immer geringer, und jeder Anlagenbesitzer, der es sich leisten kann, rüstet auf. Mal ersetzen robuste Holzhütten alten Plattenbestand, mal werden Pool und Highclass-Zimmer errichtet. Inzwischen gibt es die ersten Boutiquehotels, die auch gehobenen Ansprüchen gerecht werden.

Etwa 400 Bungalowanlagen mit etwa 5000 Zimmern stehen auf der Insel bereit. Das Preisniveau ist moderat. Kurz vor der monatlichen Vollmondparty ziehen die Preise an, und es wird von Tag zu Tag schwieriger, eine nette, bezahlbare Unterkunft zu finden. In der Hauptsaison (s. Klima und Reisezeiten, S. 40) gilt dies nicht nur für Hat Rin, sondern für alle Strände der Insel. An Neumond ist es besonders in der Nebensaison absolut ruhig.

**ÜBERNACHTUNG**
1 The 1 Boutique Hotel
2 Lime n Soda
3 B52 Beach Resort
4 The Blue Parrot

**ESSEN**
1 Panthip Foodcourt
2 A's Coffee Shop
3 Khun Phen Restaurant
4 Yellow Jungle Café
5 Niras Homebakery

**SONSTIGES**
1 7-Eleven
2 Phangan International Clinic
3 7-Eleven
4 Reisebüro Mr. Kim

**TRANSPORT**
1 Songserm Expressboote nach Ko Tao
2 Pick-ups
3 Songserm Expressboote nach Ko Samui, Surat Thani
4 Motorradtaxis
5 Pick-ups
6 Nachtboot nach Surat Thani; Raja Ferry nach Don Sak
7 Lomprayah Katamaran, Seatran Speedboot nach Ko Tao, Mae Nam (Ko Samui)
8 Seatran Autofähre nach Don Sak

Ao Bang Charu

Bangkok-Samui-Hospital (1 km), Ban Tai, Hat Rin

BOX-STADION

BOX-STADION

STAATL. KRANKENHAUS (3 km)

Polizei (1 km), Chalokum (10 km)

Tesco Lotus

MARKT

Big C

CHIN. VERSAMMLUNGSHALLE

Taladkao Rd (Walking Street)

NACHTMARKT

WC

MARKT

LEUCHT-TURM

LEUCHT-TURM

WARTE-HALLE

SCHIFFSWRACK

Songserm-Pier

Lomprayah-Pier

Ao Hai Wok, Hat Plaaylam

0   200 m

Pha Ngan ist die Insel für Yogafreunde und solche, die es werden wollen. Neben dem für seine Meditationskurse bekannten **Wat Khao Tahm** gibt es zahlreiche **Meditationszentren** und **Yoga-Retreats**. Diese richten sich mit Detox- und Retox-Programmen (also Entgiftungen von Leib und Seele) nicht nur an Partygestresste, sondern vor allem an jene, die eine Abkehr vom alltäglichen Leben suchen. Einige Angebote sind für Außenstehende doch eher belustigend, doch die Nachfrage ist vorhanden. Und so kann man sich selbst erkennen und heilen lernen. Orte der inneren Einkehr gibt es nahe Thong Sala, in Hin Kong, in Ban Tai oder auch am Hat Thien und an einigen kleinen Stränden. Um Hat Sri Thanu und die Agama-Yoga-Schule hat sich eine Yoga-Community gebildet, die von vielen Außenstehenden als sektenartig beschrieben wird – hier ist Vorsicht geboten, auch wenn Schnupperkurse zuerst sportliches Yoga suggerieren. Wer einfach „nur" Yoga machen will, ist nahe Mae Hat bei **The Yoga Retreat** (S. 709) gut aufgehoben.

## ESSEN

Wer authentische Thai-Küche schätzt, ist in Thong Sala richtig. Frühmorgens vor 8 Uhr gibt es auf der Straße typisches Thai-Frühstück wie Reissuppe und Fettgebackenes.

Einen Besuch wert ist ab den Mittagsstunden der **Essensmarkt** neben dem zentralen 7-Eleven. Schon ab etwa 15 Uhr beginnen die Betreiber mit dem Aufbau ihrer Stände. Es gibt frischen Fisch und Shakes, Gebratenes vom Huhn und zahlreiche scharfe Currys, ebenso gutes Isarn-Essen (Papaya- und Bambussalat). Wer mag, nimmt an den Tischen des **Panthip Foodcourt** Platz. Hier gibt es bereits ab morgens Shakes, Suppen, gegrilltes Huhn und mehr aus der Thai-Küche. Zudem Westliches wie Pizza und auch „organic und vegetarian" Food von lokalen Bauern (die Herkunft der Zutaten konnten wir nicht nachprüfen). Bitte Tische selber abräumen und Teller zurückbringen bzw. Plastiktassen und Teller im Müll

entsorgen. Kleine Thai-Lokale findet man zudem an der chinesischen Geschäftsstraße auf dem Weg zur Ao Bang Charu.

**A's Coffee Shop**, ✆ 077-377 226. Gute Kokosnuss-Shakes und frische Tees. Pizza, Knoblauchbaguette und Currywurst. Zum Frühstück gibt es „Strammen Max". Gute Thai-Küche. Vermietet auch Zimmer, ❹. ⏰ Mo–Sa 10–21 Uhr.

**Khun Phen Restaurant**, alteingesessenes kleines Restaurant, zentral gelegen. Das Preis-Leistungs-Verhältnis stimmt. ⏰ 8–21 Uhr.

**Niras Homebakery**, ✆ 077-377 524. Großes beliebtes Restaurant in Hafennähe. Baguette, Kuchen, hausgemachte Erdnussbutter und mehr. 1984 kam Nina aus Versehen nach Ko Pha Ngan (geplant war die Fahrt nach Ko Samui). Es gefiel ihr so gut, dass sie blieb und ihre erste Bäckerei eröffnete. Das Angebot hat sich im Laufe der Jahre erweitert und verbessert. Es wird kein Geschmacksverstärker verwendet und auf chemische Zusätze verzichtet. ⏰ 7–19 Uhr.

**Yellow Jungle Café**, ✆ 084-582 3067, in Hafennähe. Gute Auswahl an westlichen Snacks. Der Laden ist meist voll, bevor die Boote abfahren. Tagsüber locken hier viele die zahlreichen Teesorten und die recht gute Küche, abends ist eher Barbetrieb. ⏰ ab 8 Uhr bis abends.

## SONSTIGES

### Autovermietungen, Moped- und Fahrradverleih

Große Allradfahrzeuge werden direkt am Pier vermietet. Restaurantbesitzer, Reisebüros oder Internetshops verleihen Jeeps und Mopeds. Die kleinen 4WD Suzuki Caribbean-Jeeps kosten am Tag 600–800 Baht, größere Pick-ups sind ab 1200 Baht zu haben, jeweils zzgl. Versicherung. Eine 100 ccm Automatik kostet etwa 150–200 Baht, 125 ccm 250 Baht am Tag. Je nach Nachfrage und Mietdauer ist der Preis verhandelbar. Größere 125-ccm-Geländemaschinen gibt es ab 350 Baht pro Tag. Es besteht Helmpflicht, die auch kontrolliert wird. Nicht am Strand fahren: Das schadet den Maschinen, und man muss mit saftigen Geldstrafen rechnen. Fahrräder werden ebenfalls vermietet. Sie kosten 80–250 Baht.

**DIE GOLFKÜSTE**

## Die schönsten Schnorchelreviere

Über 20 lokale Tauchreviere mit etwa 10 km intakten Korallenriffen sind zu entdecken. Ko Pha Ngans Küste bietet im Norden und Westen die schönsten Schnorchelgebiete am **Hat Khom**, **Hat Salad**, **Hat Yao**, **Hat Chao Pao** und vor **Ko Ma**. Man kann diese Strände entweder per Fahrrad, Moped oder Auto auf eigene Faust anfahren oder im Rahmen einer organisierten Tour besuchen.

Schnorchler und Taucher sollten **niemals auf Korallen treten** und diese nur im Notfall berühren. Intakte Tiere sterben bereits bei der leichtesten Berührung ab – und tote, deren Skelette noch stehen, sind so scharfkantig, dass man sich schnell den Fuß aufschneidet.

### Geld

Banken mit Wechselschaltern, ⏰ Mo–Fr 8.30–15.30 Uhr. Zahlreiche Geldautomaten.

### Medizinische Hilfe

Das **staatliche Krankenhaus**, 📞 077-377 034, liegt 3 km nördlich von Thong Sala (s. Wok Tum, S. 703), zu erreichen über die Inlandsstraße vor dem Tesco Lotus oder die Westküste; Fahrtzeit ca. 10 Min. Hier finden vor allem Opfer von Motorradunfällen Hilfe. Es gibt ein Röntgengerät, ansonsten aber ist die Klinik schlecht ausgestattet.

**Phangan International Clinic**, Thong Sala, 📞 077-239 508. Kleine Klinik für die Erstversorgung, bei ernsten Fällen Verlegung nach Ko Samui.

**Bangkok-Samui-Hospital**, 📞 077-239 599, etwa 2 km außerhalb Thong Salas in Ban Tai (s. auch dort). Notarztwagen.

Bei ernsten Erkrankungen wird man in eines der internationalen Krankenhäuser auf Ko Samui überwiesen. Ein gemeinnütziger **Rettungsservice**, 📞 077-377 500, bietet einen 24-Std.-Notfalldienst. Spenden erbeten. Neben dem Krankentransport nach Mopedunfällen hilft der Dienst bei der Benachrichtigung der Angehörigen und bietet Unterstützung bei allen Formalitäten.

Bei **Tauchunfällen** steht in Ko Samui eine Dekompressionskammer bereit. Alle Tauchschulen können diese belegen und kümmern sich im Fall der Fälle um die Überstellung.

### Polizei

Ko Pha Ngan hat keine eigene Tourist Police, sodass geschädigte Touristen auf die Hilfe der örtlichen Polizei angewiesen sind. Das **Polizeirevier**, 📞 077-377 114, Notruf 191, befindet sich etwa 5 Min. mit dem Moped außerhalb Thong Salas auf der gut ausgebauten Straße Richtung Chaloklum. Meist ist ein englischsprachiger Polizist vor Ort, und man kann sich einen Bericht für die heimische Versicherung ausstellen lassen. Bevor man eine Anzeige aufgibt, lohnt die Nachfrage nach den anfallenden Gebühren. Möglich ist auch der telefonische Kontakt zur Tourist Police auf Ko Samui. Vor und während der Vollmondpartys sind Polizisten aus anderen Städten auf der Insel unterwegs. Drogenmissbrauch und Helmpflicht werden mittels Straßensperren kontrolliert. Jeder, der unter Alkohol- oder Drogeneinfluss erwischt wird, muss mit harten Strafen rechnen.

### Post

In Thong Sala, 📞 077-377 118, ⏰ Mo–Fr 8.30–12 und 13–16, Sa 9–12 Uhr.

### Reisebüros

Alle Reisebüros vermitteln Boots-, Eisenbahn- und Flugtickets. Viele Büros, vor allem nahe dem Pier, nehmen Gepäck in Verwahrung.

📖 **Mr. Kim**, 📞 077-377 274, hinter der Marktstraße. Mr. Kim ist gut informiert und sehr zuverlässig. Bei Fragen zum Transport gibt er immer gute Ratschläge und gute Preise. Wenn er vor einer Reisevariante warnt, sollte man seinem Rat folgen.

### NAHVERKEHR

Vor dem Pier warten **Songthaew**. Schlepper empfangen neue Besucher direkt am Pier und sammeln Passagiere ein. Sobald genügend Mitfahrer gefunden sind, starten die Fahrzeuge. Wer zurückbleibt, muss mit einem Charterpreis ab 300 Baht bis zu 1000 Baht (nachts) rechnen.

Etwa 200 Baht in den Westen und Norden; nach Hat Rin (ab 100 Baht) und für Kurzstrecken wie zum Hat Plaaylam ab 50 Baht. Thong Nai Pan und Than Sadet 300 Baht. **Mopedtaxis** warten neben dem Songserm-Pier und am Lomprayah/Seatran-Pier. Eine Fahrt kostet etwa so viel wie im Taxi.

## TRANSPORT

### Busse

BANGKOK, eine gute Wahl sind die **Government-Busse** (um die 1000 Baht), die gemeinsam mit der Raja-Autofähre die Insel mit Bangkok verbinden. Vorteil: Das Gepäck wird in Pha Ngan direkt in den Bus geladen. Tickets im Reisebüro oder in Ban Tai, Government Bus, ☏ 077-238 507.

Kombitickets verbinden den Bootstransfer (Lomprayah, Seatran oder Songserm) mit einem **Bus der privaten Gesellschaften**. Start frühmorgens und mittags, Ankunft in Bangkok abends gegen 21 Uhr bzw. morgens gegen 5 Uhr, Preis 900–1300 Baht.

Beliebte Kombitickets bietet **Lomprayah** (Boot bis Chumphon, dann weiter mit dem Bus) für 1300 Baht. Abfahrtszeiten morgens 8.30 Uhr, Ankunft Khao San Rd. in Bangkok 20.30 Uhr, Abfahrt 13 Uhr, Ankunft 0.30 Uhr in Bangkok.

### Eisenbahn

BANGKOK, Fahrtickets mit Songserm oder Raja Ferry sind auch in Verbindung mit einem Zug-

ticket erhältlich. Von Surat Thani fahren Nachtzüge, die man am besten einige Tage vorher bucht. Wer gemächlicher reisen will, kann ein frühes Boot nehmen und sich entweder in Chumphon oder in Surat Thani in den Bummelzug setzen. Kombitickets mit Raja-Fähre (Abfahrt 13 Uhr) bzw. Songserm (Abfahrt 12.30 Uhr), um 1000 Baht. inkl. Transfer zum Bahnhof und Schlafwagenticket. AC etwas teurer. PATTHALUNG, NAKHON SI THAMMARAT, SONGHLA (und andere Orte in Süd-Thailand), auch hier nimmt man am besten ein frühes Boot und steigt in Surat Thani (oder Chumphon) in den Zug.

### Boote

Fahrpläne S. 662.

CHUMPHON, für 750–1000 Baht in 3 1/2–4 1/2 Std. KO NANG YUAN, mit Lomprayah auf dem Weg nach Ko Tao. Als Tagestrip um 8.30 Uhr, Rückkehr 16–17 Uhr, inkl. Kajaks und Schnorchelausrüstung für 2100 Baht.

KO SAMUI, i.d.R. ab Thong Sala (nur die *Hat Rin Queen* legt vom namensgebenden Strand um 9.30, 11.40, 14.30 und 17.30 Uhr ab; 200 Baht, 50 Min.). Angesteuert werden **Nathon** und **Mae Nam** von Lomprayah: Nathon für 400 Baht (inkl. Zubringerbus zum Strand der Wahl) in 30 Min. und Mae Nam für 300 Baht in 20 Min. **Bang Rak (Big Buddha)** mit Seatran für 300 Baht (inkl. Minibus zum Strand) in 30 Min.; **Nathon** für 200 Baht (mit Zubringer zum Strand der Wahl 250 Baht)

**DIE GOLFKÜSTE**

KO TAO, ab 450 Baht in 1 1/2–2 Std. An Vollmond fährt Lomprayah auch um 8 Uhr (inkl. Transport von Hat Rin zum Pier in Thong Sala um 7 Uhr). SURAT THANI (Weitertransport per Minibus vom Pier Don Sak bis zum Flughafen oder Bahnhof in 1 Std.) in 4 1/2 Std. für ca. 700 Baht. Möglich ist auch die Fahrt mit dem **Nachtboot** um 22 Uhr (s. zum Thema Nachtboot S. 664). Bei Ankunft in Surat Thani wird man morgens um 4 Uhr gnadenlos von Bord komplimentiert. Tickets für einen der Liegeplätze gibt es am Abfahrtstag ab dem späten Nachmittag am Pier. Eine gute Wahl sind auch die **Autofähren** nach Don Sak mit Raja Ferry oder Seatran. Weitere Ziele mit Kombitickets u. a. von Lomprayah, z. B. um 7.15 Uhr nach HAT YAI (Ankunft 15 Uhr, 800 Baht), KO LANTA (Ankunft 15.30 Uhr, 1150 Baht), KO PHI PHI (Ankunft 16.30 Uhr, 1150 Baht) oder PHUKET (Ankunft 16 Uhr, 1000 Baht). HUA HIN, mit Boot nach Chumphon und Anschlussbus in 8–10 Std. für 1100–1300 Baht.
Die Verfügbarkeit ist saisonabhängig. Bei zu wenigen Mitfahrern wird man in lokale Busse verfrachtet. Weniger frustrierend ist die Anreise mit dem (Nacht-)Boot zum Busbahnhof Surat Thani, wo man sich auf eigenen Faust einen Bus zur Weiterfahrt sucht.

### Flüge

Ko Samuis privaten Flughafen nutzen auch viele Pha Ngan-Urlauber. Die Weiterreise auf die Insel dauert weitere 30 Min. bis 2 Std. – vorausgesetzt, der Flieger landet vor 17 Uhr. Das letzte reguläre Boot startet um 18.30 Uhr von Bo Phut nach Hat Rin. Wer sparen will, fliegt mit AirAsia oder One-Two-Go zum staatlichen Flughafen in Surat Thani. Von hier dauert die Weiterfahrt 4–5 Std. und kostet mit Taxi und Boot 350–500 Baht. Eine weitere Option bietet Lompraya mit Air Solar, 🖳 www.solarair.co.th. Wer das Boot um 8.30 Uhr nach Chumphon nimmt, kann hier um 14 Uhr weiterfliegen und ist bereits um 15.15 Uhr in Bangkok.
Ko Pha Ngan bekommt einen Flughafen, doch wann dieser fertig wird, ist noch sehr unklar. Seinen Platz wird er wohl nahe Than Sadet finden. Bis regelmäßig Flüge angeboten werden, wird noch etwas Zeit vergehen.

## Ao Nai Wok

Der etwa 1 km lange Strandabschnitt der **Ao Nai Wok [2817]** befindet sich nur einige Fußminuten westlich von Thong Sala. Grandiose Sonnenuntergänge sind bei entsprechendem Wetter garantiert. Der Strand eignet sich bei Flut zum Baden. Der Vorteil der Unterkünfte liegt in ihrer Nähe zur Stadt bei gleichzeitiger Abgeschiedenheit in einer Bucht. Wir empfehlen das **Baan Manali Resort** ⑰, ✆ 077-377 917, ✉ baan.manali@gmail.com. 11 schöne, geschmackvoll möblierte Bungalows, locker im schattigen gepflegten Garten verteilt, alle mit Meerblick. Im Preis enthalten ist ein Frühstück, wahlweise westlich oder asiatisch. Westliche Leitung. ❺

## Hat Plaaylam

Der erste längere Strand im Westen von Thong Sala ist der **Hat Plaaylam [2818]**. Er wird überragt vom Hin Nok-Hügel. Hier stehen Bars und auch Resorts mit wunderschönem Blick auf den Ang Thong Marine National Park und die untergehende Sonne.
Aufgesucht wird dieser Küstenabschnitt überwiegend von Reisenden, die die Einfachheit schätzen. Nur wenige Resorts bieten gehobenen Standard. Das Thai-Essen in den meist als Familienbetrieb geführten Anlagen ist günstig und auf den Geschmack der Traveller abgestimmt. Das Meer eignet sich an diesem Strand gut für Wassersport jeder Art. Etwa 80–100 m vor der Küste kann man am vorgelagerten Riff die Unterwasserwelt erkunden. Wer nicht zu den Fußfaulen gehört, erreicht Thong Sala in etwa 30 Min.

### ÜBERNACHTUNG

Karte S. 694/695
**Beach 99** ⑯, ✆ 077-377 518. Vorne am Strand und am Hang unter Bäumen stehen individuelle Matten/Holz-Bungalows mit Ventilator und großen Balkonen. Einige sind größer und bieten 2 breite Betten. Gute Wahl für Backpacker, die es einfach und gemütlich lieben. ❷

Einfacher Holzbungalow vom Beach 99

**Cookies Bungalow** ⑮, ✆ 077-377 499,
✉ cookies_bungalow@hotmail.com. Beliebte
Anlage mit zahlreichen Holz- und Mattenbungalows (Ventilator, AC) am Strand und am Hang.
Nettes Restaurant mit empfehlenswerter Küche.
Verleih von Surfbrettern, Segelbooten und Kata-
maranen. Etwas in die Jahre gekommen. Vermietet werden Surfbretter (auch Anfängerkurse),
kleine Segelboote und Katamarane. ❷–❺
**Sabai Beach Resort** ⑭, ✆ 077-238 895,
🖥 www.sabai-beach.com. Ansprechende
Bungalows aus Holz und Stein in einem großen
Garten. Die Einrichtung ist geschmackvoll: Ventilator, Sitzkissen, Liegen. Von den großen Balkonen blickt man vielfach direkt auf den davor
liegenden Strand. Familienzimmer. ❺–❻

## Hat Wok Tum und Hat Hin Kong

Die Mündung eines Baches trennt die beiden
weiten, flachen Küstenabschnitte **Wok Tum** und
**Hin Kong**. Statt Strand gibt es hier eine ruhige
Wattlandschaft, die an einigen Stellen noch von
Mangroven bewachsen ist. Ein Besuch lohnt
insbesondere am Abend bei untergehender
Sonne: zur einen Seite das plätschernde Meer,
zur anderen sich im Wind wiegende Kokospal-

men. Bei Ebbe kann man die Thais beim Ausgraben von Muscheln beobachten.

Die hier entlangführende Strecke ist nahezu
hügellos und eignet sich gut für Touren mit dem
Fahrrad. Wer die Strandstraße entlangfährt,
kommt an einigen kleinen Bars und Restaurants
vorbei. Vor allem zum Sonnenuntergang kann
man hier eine herrliche Rast einlegen.

An diesem Teil der Küste gibt es nur wenige,
für das Gebotene teure Resorts, aber auch viele
„Houses for rent". Yogis übernachten oft im
**Ananda Wellness Resort** ⑬, ✆ 081-397 6280,
🖥 www.anandaresort.com, Karte S. 694, und
buchen Kurse bei **Agama Yoga**, 16/3 Moo 6,
Hin Kong, und nahe einem Retreat in Sri Thanu
(Karte S. 705), ✆ 089-233 0217, 🖥 www.aga
mayoga.com. Hier bildet sich oft eine eingeschworene Gemeinschaft, was aber in diesem
Falle nicht unbedingt positiv zu bewerten ist.

## Hat Sri Thanu und Hat Laem Niad

Der Hafen von **Ban Sri Thanu** [2819] am südlichen Ende des Strandes wird von den Fischer-
und Tauchbooten vor allem bei drohendem

Sturm angesteuert. Auch das Meer vor **Sri Thanu** ist dann von miteinander vertäuten Fischerbooten bevölkert. Das Dorf selbst hat sich in den letzten Jahren zu einem beliebten Ziel für Tagesausflügler entwickelt, nicht zuletzt wegen seiner zahlreichen Restaurants und des recht großen **Laem Son-Sees**. Bewohnt wird vor allem das Kap auf Höhe des Sees vornehmlich von Yoga-Anhängern. Auch die Restaurantszene hat sich diesem Trend angepasst, und so gibt es neben Thai-Küche einige vegane Angebote.

Neben Palmen bestimmen vor allem Kasuarinen das Erscheinungsbild dieser Gegend. Den Nadelbäumen verdankt der Laem Son seinen Namen. Hier findet man Abkühlung, wenn einem das Meer zu warm ist.

Vom Hat Sri Thanu blickt man auf den Marine Park. Im Süden begrenzt ein Hügel die Bucht, im Norden liegt ein schönes Kap, welches vor allem zum Sonnenuntergang viele anlockt, die hier entweder nur der Sonne zuschauen oder Mantras anstimmen und in Gruppen meditieren. Es folgt der schmale, eher schroffe **Hat Laem Niad**, an dem ein paar Häuser zu mieten sind und wo in ganz einfachen Hütten Langzeitreisende mit schmalem Budget eine Heimat finden. Jedes Jahr wird hier das Land etwas mehr abgetragen, und bei hohem Wellengang prescht an manchen Stellen das Wasser an die hohe sandige Steilwand. Der Strand wird im Norden begrenzt durch eine Felszunge, über die man bei Ebbe bequem zum Hat Chao Pao hinüberlaufen kann. Im Fels liegt die Pirates Bar, wo zweimal monatlich die Moonset Party gefeiert wird (S. 696, Partys).

## ÜBERNACHTUNG

Karte S. 705

**Golden Rock** ⑤, ☏ 077-349 262. Kleine, einfache Bambusmattenhütten am Ende des Laem Niad-Strandes am Strand und im Bananenhain. Ventilator, Hängematte, einfache Betten. Viele bleiben mehrere Monate und bilden eine freundliche Gemeinschaft junger Aussteiger auf Zeit. Bar am Fels mit Blick aufs Meer. ❶

**Laem Son 1 Bungalows** ⑦, ☏ 077-349 031. Zahlreiche recht kleine Bungalows in 3 Reihen mit Ventilator an einem schönen langen Strand-

abschnitt. Einfachste Ausstattung und seit Jahren bewohnt, aber gepflegt. Restaurant. ❷–❸

**Loyfa Natural Resort** ⑪, ☏ 077-377 319, 🖥 www.loyfanaturalresort.com. Zahlreiche neue ansprechende Bungalows mit guter Ausstattung und großen Balkonen im Hang mit Meerblick, TV, DVD, Minibar. Darunter am kleinen Strand ein paar ältere Bungalowmodelle. Schöner Pool und Restaurant am Strand. Zum Sri Thanu-Strand zu Fuß etwa 10 Min. ❺–❻

**Seaview Rainbow** ⑧, ☏ 077-349 084. Alteingesessene Anlage mit gepflegten Holzbungalows mit Ventilator. Die Zimmer vorne sind etwas größer. Zudem Steinhäuser mit AC direkt am Strand. Volleyball auf der großen Sandfläche zwischen den Bungalows. Ähnlich sind die Angebote in den nebenan liegenden Resorts **The Beach** ⑨ [6251] und **Nice Sea** ⑩. ❷–❺

## ESSEN

An der Straße vom 7-Eleven Richtung See gibt es zahlreiche einfache Thai-Restaurants. Bei **Mama Phoo's Kitchen**, erkennt der Reisende sofort, dass er sich hier in yogischem Umfeld bewegt. Die Gäste bekommen hier viele vegetarische Gerichte – natürlich ohne Geschmacksverstärker und auch ohne Zucker. Es gibt Tofu-Burger und sogar yogische Küche. Wer es hingegen westlicher mag, findet Pizza und Pasta bei **Fellini**, ☏ 077-349 020, 🖥 www.ristorantefellini.net. Im Shophouse vor der Abzweigung zur Ao Mae Hat. ⏰ 10–23 Uhr.

🛅 **Happy Beach Restaurant**, direkt am Strand gelegenes kleines Restaurant, welches sich vorzüglich für ein Frühstück, eine Mittagspause, einen Sundowner und ein Abendessen eignet. Einfach und für die Lage preisgünstig. Tische im Restaurant und im Sand. Liegen am Strand. **Karma Kafe**, im Dorf, ☏ 081-218 4248. Kleines, nett gestaltetes Restaurant an der Straße. In der Saison morgens Frühstück und abends Dinner. In der Nebensaison erst ab 19 Uhr geöffnet. Richtet sich an Fans veganer Küche (wie auch einige weitere Restaurants nahebei). Die einfache Bungalowanlage **Karma** (ehemals Laem Son 2) [8661] wird von eben jenen Gästen bewohnt.

**Chao Pao und Sri Thanu**

N    0                    1000 m

**ÜBERNACHTUNG**
1. Jinda Bay Resort
2. Benjamin's Hut
3. Seaflower Bungalows
4. Blue Ocean Garden Hideaway Spa & Beach Resort
5. Golden Rock
6. Karma
7. Laem Son 1 Bungalows
8. Seaview Rainbow
9. The Beach
10. Nice Sea
11. Loyfa Natural Resort

**SONSTIGES**
1. Pirates Bar
2. Agama Yoga Retreat

**ESSEN**
1. Sunset Namaste Indian Bar & Restaurant
2. Dolce Vita
3. Mama Phoo's Kitchen
4. Fellini
5. Happy Beach Restaurant
6. Karma Kafe

# Hat Chao Pao

Zwischen Hat Son und Ban Sri Thanu liegt die ruhige **Ao Chao Phao** [2820], deren Unterkünfte jedes Anspruchsniveau befriedigen. Das Meer eignet sich bei Flut in den Wintermonaten zum Schwimmen. Ansonsten kann man im seichten Wasser relaxen, den Blick auf den Horizont genießen oder vor dem Riff schnorcheln. Mit Kajaks lassen sich kleine Ausflüge nach Hat Son und Hat Yao oder an der Pirate Cove vorbei bis zum Hat Sri Thanu unternehmen. Hinter dem Strand führt die Straße nach Hat Yao mit Geldautomat und kleinen Läden.

Drei Tage vor und nach Vollmond wird in der Pirates Bar die Moonset Party gefeiert (s. auch S. 696, Partys). Dann kann es bis in die Nacht hinein lauter werden. Vor allem die günstigen Anlagen sind um diese Zeit oft ausgebucht.

Auf dem Hügel im Norden zwischen Hat Chao Pao und Hat Son gibt es einige Anlagen, deren Bungalows einen herrlichen Blick aufs Meer bieten. Wenn das Meer sich zurückzieht, kann man über Steine bis an den Strand laufen; steht das Wasser jedoch hoch, bleibt der Zugang verwehrt.

Der Strand ist vor allem im Winter einen Besuch wert, im Sommer ist er oft voller Strandgut und weniger gepflegt.

## ÜBERNACHTUNG UND ESSEN

**Benjamin's Hut** ②, ☏ 077-349 286, ✉ BKBenjamnihut992@gmail.com. Kleine, lang gestreckte Anlage mit modernen Steinbungalows, die vis-à-vis gebaut, tiefe Einblicke durch die Glasfronten des gegenüberliegenden Bungalows ermöglichen. Ventilator oder AC, teils TV. Restaurant am Strand. ❸–❹

**Blue Ocean Garden Hideaway Spa & Beach Resort** ④, ☏ 087-086 2697, 🖥 www.blue oceangarden.com. Gepflegte Anlage am südlichen Ende des Strandes. Steinbungalows um eine weite Rasenfläche. Die meisten mit Safe, einige mit TV, Kühlschrank. Spa. Liegen unter Palmen. Während der Moonsetparty kann es lauter werden. Das angegliederte Restaurant **La Dolce Vita** serviert feine italienische Küche, ⏰ 8–22 Uhr. Inkl. Frühstück. ❹–❺

**Jinda Bay Resort** ①, ☏ 077-349 061, ✉ jinda bay99@hotmail.com, [8583]. Am Norden des Strandes gelegene weitläufige Anlage mit Holzbungalows im Hang, 2 einfachen Steinbungalows und 2 Bambushäuschen am Strand. Alle mit Ventilator und Warmwasser. ❸

**Seaflower Bungalows** ③, ☏ 077-349 090, 🖥 www.seaflowerbungalows.com, [8584]. Um einen üppigen tropischen Garten, der

DIE GOLFKÜSTE

seinesgleichen sucht, stehen große moderne Steinbungalows mit TV und AC. Weiter hinten hinter dichtem Blätterwald zudem einige robuste Holzbungalows mit Ventilator. Schön gestaltetes Restaurant. ④–⑥

**Sunset Namaste Indian Bar & Restaurant**, gehört zum Haad Chao Phao. Einladend am Meer gelegen. Man sitzt auf einem Sofa, am Boden, auf Stühlen oder liegt faul in der Hängematte. Ein prima Platz zum Sonnenuntergang. Nur in der Saison geöffnet. Die Bungalows dahinter sind sehr einfach und kosten nur 350 Baht.

## Hat Son

Weicher Sand und ein paar schattige Plätze machen den Reiz des **Hat Son** [3127] aus, an dem es sehr beschaulich zugeht. Das Wasser ist seicht, was besonders Familien entgegenkommt, und bei Ebbe kann man herrlich faulenzen.

### ÜBERNACHTUNG

Karte S. 708

**Haad Son Resort** ⑳, ✆ 077-349 103, 🖥 www.haadson.net, [3129]. Geschmackvolle große Anlage mit Zimmern in diversen Preisklassen in Bungalows und im Reihenhaus. Dieses steht ebenso wie die besseren Bungalows direkt am Wasser. Zimmer mit Deckenventilator, teils auch Safe. Netter Pool mit Kinderbecken und Blick aufs Meer. Zum Strand ein paar Meter in die Bucht. ④–⑤

**Tantawan Bungalow** ⑲, ✆ 077-349 108, 🖥 www.tantawanbungalow.com, [8598]. Kleine Anlage oberhalb der Straße am Hang. Mit Liebe zum Detail gestaltete Zimmer in Holzbungalows. Ein Steinhaus mit AC. Schöner großer Pool. Balkone teils mit riesigen Hängematten und Meerblick. Im Restaurant Thai- und französische Küche, auch Eiscreme. ③

## Hat Yao (West)

Der herrlich weiche Sandstrand von **Hat Yao** [2821] lockt zu jeder Jahreszeit zahlreiche überwiegend junge Reisende an. Wer schon früher

einmal hier war, wird vieles nicht mehr wiedererkennen. Die etablierten Anlagen sind weitgehend verschwunden oder haben sich einem veränderten Publikum angepasst, das für etwas mehr Sauberkeit, AC oder auch TV im Zimmer gern ein paar Euros mehr ausgibt. Steinbungalows, einige äußerst platzsparend als Reihenbungalows gestaltet, locken AC-Fans, denen der Meerblick weniger wichtig ist. Daneben gibt es ordentliche Bungalows mit Ventilator am Hang und auch noch einige an der Strandfront. Nostalgiker finden sogar noch Anlagen aus uralten Zeiten, die aber nur für Hartgesottene empfehlenswert sind und weit abseits des Strandlebens liegen.

Die Attraktion ist der Sand von Hat Yao. Je weiter die Flut zurückgeht, desto mehr glatte weiche Körner in funkelndem Weiß kommen zum Vorschein, sodass sich der etwa 600 m lange, seichte Strand sehr gut zum Flanieren oder sportlichen Schaujoggen eignet. Der feine Sand federt perfekt nach. Nach der winterlichen Regenzeit kann Korallenschrott vom vorgelagerten Riff den Spaß etwas verderben. Wer schnorcheln will, kann sich in jeder Anlage eine Ausrüstung leihen und wenige Meter vom Strand entfernt Fische und Korallen bestaunen.

Tagsüber gibt es nur wenig Schatten, und das Leben spielt sich an den Bungalows, im Wasser oder an den Pools ab. In den Strandbars läuft laute Musik, meist Reggae und viel Easy Listening. Abends wird in den Bars die Musik weiter aufgedreht, die Tische werden im Sand platziert und eine bunte Beleuchtung installiert. Es gibt BBQ und Bier, Cocktails und mit etwas Glück auch einen tollen Sonnenuntergang.

Die Zufahrtstraße nach Hat Yao ist sowohl von Sri Thanu als auch von Hat Salad aus gut ausgebaut. Sie wird von immer mehr Supermärkten, Bars und Restaurants, Reisebüros und Internetcafés gesäumt.

### ÜBERNACHTUNG

Oberhalb der Straße finden sich die günstigeren Unterkünfte. Dann ist der Weg zum Strand aber recht weit. Die Bucht wird im Norden vom **Haad Yao Bay View Resort**, [3118], dominiert, ein Komplex, der immer mehr einer Bettenburg ähnelt. Karte S. 708

**High Life Haad Yao** ⑱, ☎ 077-349 114, 🖥 www.haadyaohighlife.com, [3111]. Holz- und Steinbungalows mit unterschiedlichster Ausstattung am südlichen Hang, die besseren mit TV/DVD im von schwarzen Felsen durchsetzten Garten oder am Fels mit Blick auf die Bucht. Pool an der Kante des Berges. Tolle Sicht auch aus dem Restaurant. Eine Steintreppe führt an den Strand, bei Flut überspült. ❹–❻

**J.B. Hut Bungalows** ⑯, ☎ 077-349 154, 🖥 www.jbhutphangan.com. Günstige Holz- und Steinbungalows rechts der Hauptstraße am Hang. Von den Balkonen oft toller Blick aufs Meer. 3 große Steinhäuser mit AC und Kühlschrank. Moskitonetze in den Holzbungalows. Alle Zimmer haben Warmwasser. Nahebei bietet **Easy Life Bungalows** ⑰, ☎ 087-279 6001, ein ähnliches Angebot. ❷–❸

**See Through Boutique Resort** ⑮, ☎ 077-349 315, [3195]. Langes 2-geschossiges Reihenhaus, das sich vom Strand rückwärtig erstreckt, in unverputztem Betonbauchic. Innen sind die Zimmer in warmen Tönen gestrichen und nett möbliert, TV und Safe. Die unteren Zimmer haben direkten Zugang zum langen Pool. Hinter der Straße einige Bungalows. ❹

**Shiralea Backpacker Resort** ⑨, im Hinterland, ☎ 077-349 217, 080-719 9256, 🖥 www.shiralea.com, [8602]. In einem gepflegten sattgrünen Garten mit Pool liegen ansprechende Holzbungalows. Kleine Bungalows mit Ventilator, die größeren mit Blick auf den Pool haben AC und 2 große Betten (max. für 4 Pers.). Zudem Betten im Dorm (300 Baht). Alle Zimmer mit Warmwasser. ❷–❹

### ESSEN UND UNTERHALTUNG

Die meisten Restaurants stellen zum Sonnenuntergang Tische in den Sand, sofern die Flut dies zulässt. Zentral stechen die Beach Bars des **See Through**, von **Haad Yao Bungalow** [6254], die **Lucky Bar** des **Haad Yao Resorts** [6255] und von **Haad Yao Villa** [6256] ins Auge. Hier spielt den ganzen Tag Musik, und auch nachts ist es recht laut. Wer hier übernachten will, findet mehr Infos unter den **eXTras**. Alle diese Bars/

Restaurants bieten morgens Frühstück und abends BBQ, Thai- und westliche Küche.

### AKTIVITÄTEN

Einige **Tauchschulen** unterhalten hier eine Basis. Alteingesessen sind die **Haad Yao Divers**, ☎ 084-841 2102, 🖥 www.haadyaodivers.com. Kurse in kleinen Gruppen, auch auf Deutsch. Angeboten werden Unterwasserfotografie und Kinderkurse (ab 8 Jahre), Tauchkurse für Anfänger und Fortgeschrittene sowie Halbtagesausflüge und Ausbildung bis zum Instructor.

Neben dem in die Jahre gekommenen und dafür recht teuren **Long Bay Resort** [8601] liegt eine Basis der empfehlenswerten Tauchschule **Chaloklum Diving** [8454]. Mehr Infos in **eXTra** und s. Chaloklum, Tauchen (S. 711).

## Hat Salad

Seinen Namen „Piratenbucht" verdankt **Hat Salad** [2822] seiner Geschichte, da sich in die einst unzugängliche Bucht Piraten zurückzogen, um ihre Boote zu flicken und auf besseres Wetter zu warten. Mit ihren gestutzten Schnurrbärten, den glänzenden oder verwuschelten langen schwarzen Haaren, deren Ansatz unter einem geknoteten Tuch verschwindet, sowie den gestählten und tief gebräunten Körpern lassen die heutigen um Gäste bemühten jungen Männer erahnen, wie sie einst aussahen, die Bewohner der Bucht.

Heute zieht Hat Salad zahlreiche Reisende an; vor allem Familien kommen gerne hierher. Der Strand besteht aus ganz weichem weißen Sand, der an manchen Stellen mit einigen Muscheln oder Steinen durchsetzt ist. Bei Ebbe kommt mehr Gestein zum Vorschein, denn vor der Bucht liegt ein Riff. Bei Flut spült das Wasser bis an die gemauerten Festungen der meisten Anlagen heran. Zarte Gemüter sollten bei Sturm daher einen Bungalow bevorzugen, der nicht direkt am Strand liegt.

Im Winter und bei hoher Flut lädt das Meer zum Schwimmen ein, ansonsten kann man eher

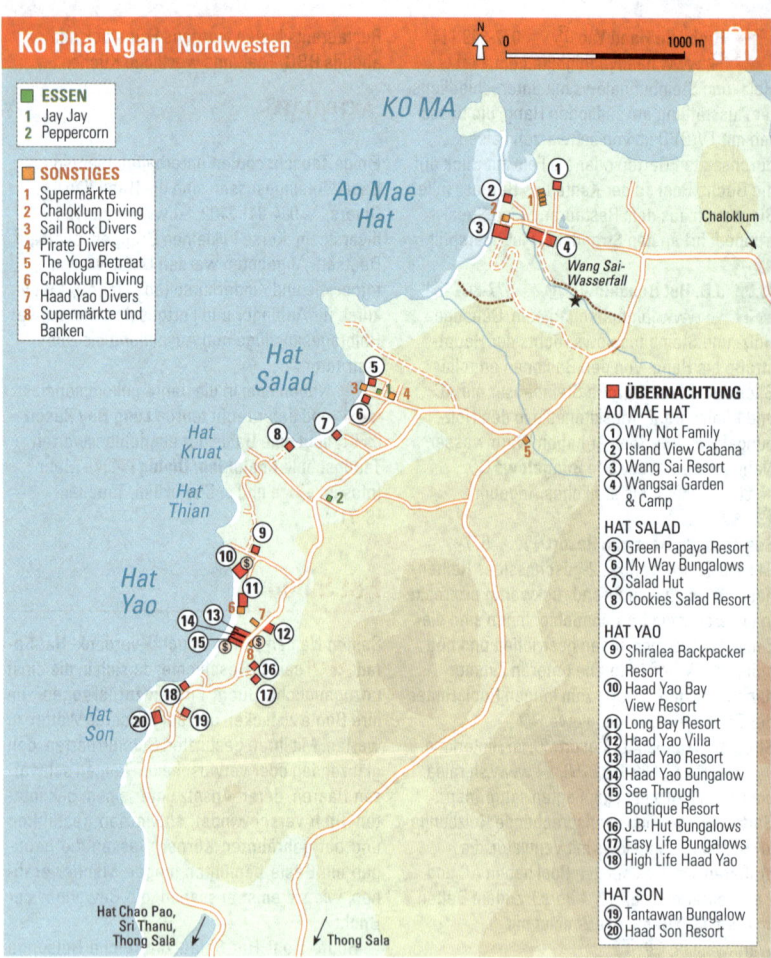

KO MA

**ESSEN**
1 Jay Jay
2 Peppercorn

**SONSTIGES**
1 Supermärkte
2 Chaloklum Diving
3 Sail Rock Divers
4 Pirate Divers
5 The Yoga Retreat
6 Chaloklum Diving
7 Haad Yao Divers
8 Supermärkte und
  Banken

Ao Mae
Hat

Chaloklum

Wang Sai-
Wasserfall

Hat
Salad

**ÜBERNACHTUNG**
**AO MAE HAT**
1 Why Not Family
2 Island View Cabana
3 Wang Sai Resort
4 Wangsai Garden
  & Camp

Hat
Kruat

Hat
Thian

**HAT SALAD**
5 Green Papaya Resort
6 My Way Bungalows
7 Salad Hut
8 Cookies Salad Resort

Hat
Yao

**HAT YAO**
9 Shiralea Backpacker
  Resort
10 Haad Yao Bay
   View Resort
11 Long Bay Resort
12 Haad Yao Villa
13 Haad Yao Resort
14 Haad Yao Bungalow
15 See Through
   Boutique Resort
16 J.B. Hut Bungalows
17 Easy Life Bungalows
18 High Life Haad Yao

Hat
Son

**HAT SON**
19 Tantawan Bungalow
20 Haad Son Resort

Hat Chao Pao,
Sri Thanu,
Thong Sala

Thong Sala

DIE GOLFKÜSTE

im seichten Wasser dümpeln, sich bräunen und die Seele baumeln lassen. Abends gibt es BBQ am Strand, und Massagen verhelfen gestressten Urlaubern zur Entspannung. Die Resorts versprechen einen angenehmen Aufenthalt: Es gibt einfache Hütten und Resorts mit gehobener Ausstattung und Pool – und alles direkt am Meer. In einigen Anlagen kann man Angelausrüstungen, Kajaks oder Segelboote mieten.

Die Supermärkte bieten neben Alltagsgegenständen auch Badesachen, Spielzeug, Andenken und Mitbringsel, Internetzugang und Mopedverleih an.

An der Straße lässt sich zu jeder Tageszeit ein Taxi zu beliebigen Zielen finden. Zur Vollmondparty kann man den Service seiner Unterkunft in Anspruch nehmen; einige Resorts bieten auch zu Halfmoon und Darkmoon, Shiva Moon und sonstigen Monden Shuttletaxis an. Vom Cookies Salad Resort aus lässt sich der Hat Kruat über eine steile Betonstraße sehr leicht zu Fuß erreichen.

Karte S. 708
Oberhalb der Straße gibt es einige günstige Unterkünfte in einfachsten Hütten, die jedoch nicht regelmäßig in Betrieb sind.
**Cookies Salad Resort** ⑧, ✆ 077-349 125, 🖥 www.cookies-phangan.com. Ansprechende Bungalows am Hang und an den Felsen direkt am Meer. Dort gibt es auch einen kleinen Pool. Blick über die Bucht aus dem Restaurant. Kajak-, Katamaran- und Segelbootverleih (150/400/600 Baht pro Std.). Steile Anfahrt über Hat Thian. Rezeption im Restaurant. ❺–❻

🏨 **Green Papaya Resort** ⑤, ✆ 077-374 230, 🖥 www.greenpapayaresort.com, [3126].
20 Zimmer, einige in Bungalows am langen Pool, ein paar wenige im 2-geschossigen Haus weiter hinten. Geräumig und geschmackvoll ausgestattet. Großer lang gestreckter Pool. Gepflegte ruhige Gartenanlage. Vor dem Hotel ist auch bei Flut fast immer Sand. Spa-Bereich und Liegen an der Kaimauer. Am Meer. Frühstück inkl., Safe in der Lobby. ❺–❽

€ **My Way Bungalows** ⑥, ✆ 077-349 267, 084-848 5643, ✉ mywaybungalows@yahoo.com, [8606]. Auf einem großen Gelände stehen am Rand einfache gepflegte Bungalows aus Stein, Holz und Matte. Meist Ventilator, nur vorne im Steinhaus AC. Einige haben Warmwasser. Geleitet von der Deutschen Bettina. ❷–❸

**Salad Hut** ⑦, ✆ 077-349 246, 🖥 www.saladhut.com, [3203]. Kleine, beliebte Anlage mit 12 Bungalows. Diese liegen unter dichtem Grün hinter dem kleinen Pool. Große Familienzimmer, 2 Zimmer direkt vorne am Meer. Reservierung nur per Internet. ❺

Die meisten Gäste essen in ihrem oder einem der anderen Resorts. Empfehlenswert allein schon wegen der tollen Aussicht ist das **Cookies**. Beliebt ist auch das **My Way Restaurant**.
Wer Italienisch essen will, kann dies im **Jay Jay**, ✆ 093-367 1094, ⏰ 10–22 Uhr, direkt an der Zufahrtsstraße, tun.

🏨 **Peppercorn**, ✆ 087-896 4363, 🖥 www.restaurantpeppercorn.com. Oben am Hügel nahe der Zufahrt zum Hat Kruat zwischen Hat Salad und Hat Yao. Beliebtes Steakhaus. Für Vegetarier herzhafte Salate und gute vegetarische Küche. Fantastischer Blick auf den Marine Park. ⏰ tgl. außer So 14–23 Uhr.

### Tauchen
**Pirate Divers**, ✆ 081-077 4470, 🖥 www.piratediversthailand.com. Direkt an der Zufahrtsstraße zum Hat Salad befindet sich die Basis dieser Tauchschule, die hier in der Bucht der Piraten einen guten Platz gefunden hat. Angeboten werden Tagestrips und Kurse. Gute Atmosphäre.
**Sail Rock Divers**, ✆ 077-374 321, 🖥 www.sailrockdiversresort.com. Basis am Hat Salad. Tauchschule mit Speedbooten und Trainingspool (in Chaloklum). Vermietet werden auch Zimmer, ✆ 077-374 321. Karte s. oben (Chaloklum).

### Yoga
🏨 **The Yoga Retreat**, ✆ 077-374 310, 087-273 9812, 🖥 www.yogaretreat-kohphangan.com. Kleines, von Westlern betriebenes Retreat an der Straße oberhalb von Hat Salad. Angeboten werden Yoga, Detox und Kochkurse. Es gibt auch Zimmer, wenn man einen Kurs (Package) belegt. Mi, Fr und So von 14–19 Uhr Sauna für jedermann für 50 Baht. Restaurant, in dem jeden Fr ein indisches Buffet kredonzt wird (150 Baht) – auch für alle Nicht-Yogis ein Genuss. Dieses Yoga-Retreat erscheint uns als am wenigsten in anderen Sphären abgehoben und eignet sich also auch für jene, die Esoterischem eher skeptisch gegenüberstehen.

## Ao Mae Hat

Im Nordwesten der Insel erstreckt sich die 500 m breite Bucht **Mae Hat** [2823]. Gleich daneben und durch eine Sandbank mit der Bucht verbunden, befindet sich die kleine bewaldete Insel **Ko Ma**. Hier stehen ein paar Bungalows, die aber derzeit nicht bewirtschaftet werden. Der seichte

**DIE GOLFKÜSTE**

Sandstrand der Ao Mae Hat bietet dank zahlreicher Bäume viel Schatten und zieht daher zahlreiche Familien an.

Gute Schnorchelbedingungen locken nicht nur Stammpublikum, sondern auch Tagesausflügler immer wieder hierher. Das Schnorcheln lohnt sich besonders im Westen von Ko Ma. Seitdem die Bucht zum Marine National Park erklärt wurde, sind kommerzielles Fischen und Harpunieren verboten.

Bei hohem Wasserstand kann man an einem kleinen Abschnitt der Bucht schwimmen, doch Vorsicht: Der Strand ist größtenteils von Korallen und Muscheln durchsetzt. Es empfiehlt sich daher, stattdessen durch den kleinen Kanal in der Strandmitte, den auch die Taucher nutzen, ins Meer hinauszuschwimmen. Bei starker Strömung und hohem Wellengang sollte man allerdings aus Sicherheitsgründen davon absehen.

Im Hinterland der Bucht liegt der **Wang Sai-Wasserfall**, der während der Trockenzeit schwer auszumachen ist und eigentlich nur nach der Regenzeit einen Besuch lohnt. Dann lässt es sich in den Wasserbecken herrlich baden.

### ÜBERNACHTUNG

Karte S. 708

**Island View Cabana** ②, ☎ 077-374 172. Holzbungalows am Strand in 2 Reihen mit AC. Dahinter und am weniger schönen Strandabschnitt rechts vom Restaurant ältere Hütten mit Ventilator. Der Strandabschnitt des Resorts ist einer der besten: weißer Sand bis ins Meer, man kann herrlich im Wasser liegen und bei Flut schwimmen. Es besteht der Plan, die Hütten abzureißen und etwas Großes zu bauen. ❸–❺
**Wangsai Garden & Camp** ④, ☎ 082-277 8174, ✉ eangsaigarden@gmail.com, [8664]. Neben ansprechenden älteren und neueren Bungalows im Hang und im Garten, gibt es hier Zelte unter Palmen. Die Gemeinschaftsbäder sind schön gemacht und der am Ende des Wasserfalls gelegene Pool an der Climbing Bar nebst Klettermöglichkeit und Zipline ist einen Besuch wert. ❷–❸
**Wang Sai Resort** ③, ☎ 077-374 238, ✉ wangsaikohma@live.com, [3205]. Direkt am Strand 8 Steinbungalows mit AC unter Palmen.

Massive Steinhäuser jeder Größe mit Holzverzierungen am Klong und im Hang mit tollem Blick aufs Meer. Die Einrichtung ist leider wenig ansprechend: viele Fliesen, wenig Flair. Basis von Chaloklum Diving. Großes Restaurant, nette Betreiber. WLAN im Restaurant. ❸–❺
**Why Not Family** ①, ☎ 089-648 2141, 🖥 www.whynotphangan.com, [6262]. Oben im Hang mit teils sehr schönem Blick aufs Meer stehen einfache, saubere, recht geräumige Holzbungalows mit Ventilator. Gemütliches Restaurant. Wer selbst fährt, ist gut beraten, im ersten Gang am Hügel anzufahren. Kostenloser Abholservice vom Pier. ❷

## Ban Chaloklum

Das kleine Dorf **Chaloklum** [2824] befindet sich mitten in einer palmengesäumten Bucht mit Sandstrand im Norden der Insel. Im Hafen liegen zahlreiche Fischerboote und ein paar Tauchboote vor Anker. Lange Jahre war Chaloklum für seine Squidproduktion bekannt und berüchtigt: In der Nacht leuchtete eine Armada von Booten hell auf dem Meer, tagsüber verströmte der in der Sonne trocknende Tintenfisch einen nicht bei allen Besuchern wohlgelittenen Geruch. Heute ist das Meer fast leer gefischt, und so findet man nur noch in Piernähe einige Tintenfische auf Trockengestellen.

Rechts des Hafens fahren die Longtail-Boote direkt vom Strand zum Hat Khuat. Hier befinden sich auch die günstigen Unterkünfte. Linker Hand des Dorfes lädt das pittoreske **Malibu Beach**, ein kleines mit Kasuarinen bestandenes Kap mit hellweißem Sand, zum Relaxen ein. Das Meer eignet sich meist eher zum Dümpeln denn zum Schwimmen. Und der Sand ist leider auch bei Sandfliegen sehr beliebt.

### ÜBERNACHTUNG

Karte S. 694/695

**Fanta Beach Resort** ⑩, am östlichen Ende des Hat Chaloklum, ☎ 077-374 132, 🖥 www.fantaresort.com. Gut ausgestattete AC-Steinbungalows am hellen Sandstrand. Ältere und wesentlich einfachere Holzhütten (Ventilator) liegen etwas nach hinten versetzt. Besonders viel Platz bietet ein Haus mit 2 Zimmern. Wer hier keinen günstigen Bungalow mehr bekommt, kann es im **North Beach**, [8611], versuchen. ❷–❹

**Malibu Beach Bungalows** ⑫, ✆ 077-374 057, 🖥 www.malibubeachbungalows.com. In Matten gekleidete Rundbungalows aus Stein und weiß getünchte Häuschen mit TV um den Pool. Dahinter einfache ältere Holzbungalows mit Ventilator und Moskitonetz. Idyllisch gelegenes Restaurant vorne am Kap. Inkl. Frühstück. Schöner Pool. ❹–❺

## ESSEN

In Chaloklum findet man noch **traditionelle Thai-Küche** an Straßenständen und in kleinen Restaurants, viele davon entlang der Hauptstraße.

**Cucina Italiana (Besco Night Light)**, neben Chaloklum Diving, [5234]. Einer der besten Italiener der Insel, zumindest die Pizzas und die hausgemachte Pasta bekommen beste Noten nicht nur vom italienischen Publikum. Do und So ab 19 Uhr frische Pizza für 200 Baht. Dann herrscht viel Betrieb (Reservierung empfohlen). ⏲ Di–So ab 17.30 Uhr.

**Nongnook Restaurant**, 50 m von Chaloklum Diving entfernt. Gekocht wird in der zur Straße offenen Küche, gegessen im gegenüberliegenden Restaurant mit Blick aufs Meer. Sehr gut, wenn Chefin Niau kocht, nicht so gut, wenn eine der birmanischen Köchinnen am Wok steht. ⏲ 10–23 Uhr.

**North Coast Bakery (NCB)**, Chaloklum, ✆ 089-591 9412, [8456]. Als Taucher war Jörg viele Jahre lang ein Liebhaber der Insel. Doch ihm fehlten heimische Backwaren. Heute backt er gutes Brot, auf Anfrage auch Kuchen und mit Glück dienstags ab 12 Uhr Brezeln. Und für alle, die glutenfreies Brot suchen, wird Reismehl lecker in Form gebracht. ⏲ 8–20 Uhr.

## AKTIVITÄTEN

### Bootstouren

Nahe dem Hafen fahren Longtail-Boote zum Bottle Beach (150 Baht), zum Thong Nai Pan (250 Baht) und weiter zum Than Sadet (300 Baht). Auch andere Touren lassen sich hier einfach und spontan organisieren.

### Tauchen

**Chaloklum Diving School**, ✆ 077-374 025, 🖥 www.tauchenkohphangan.com, [8454]. Empfehlenswerte, erfahrene Tauchschule. Seit über 20 Jahren leben Michael und Nick auf Ko Pha Ngan, wo sie vor mehr als 15 Jahren ihre Tauchschule eröffneten. Michael spricht Deutsch, sein Partner Nick Englisch. Geboten werden Kurse in kleinen Gruppen (max. 4 Teilnehmer). Mit dem zum Tauchboot umgerüsteten Fischerboot geht es auf Tauchausflüge, Nacht- und Strandtauchgänge in der Bucht Mae Hat. Nick hat fast immer eine Unterwasserkamera dabei, und die geschossenen Fotos sind eine tolle Erinnerung. Günstiges Leihequipment für Schnorchler.

**Core Sea**, ✆ 087-273 9663, 🖥 www.coresea.com, [8663]. Engagiertes Projekt eines Meeresbiologen, der Taucher für den Schutz der Unterwasserwelt sensibilisieren möchte. Bereits an einem Tag lässt sich hier viel Spannendes lernen. Wer Zeit mitbringt, kann auch einen Kurs belegen, der bis zu einem Monat dauert.

### Wakeboarden

**Wake Up!**, ✆ 087-283 6755, 🖥 www.wakeup wakeboarding.com. Der Brite Jamie bietet Spaß auf dem Wakeboard. Geboarded wird am Strand von Chaloklum. Auch für Anfänger geeignet.

# Hat Khom

Nördöstlich von Chaloklum versteckt sich der kleine, weißsandige **Hat Khom** [5551], der von ein paar großen schwarzen Steinen durchsetzt ist. Kokosnusspalmen und Kasuarinen vervollständigen das Idyll. Und da der Strand mit nur vier günstigen Bungalowanlagen bebaut ist, findet man hier Ruhe. Hat Khom gilt dank herrlicher Unterwasserwelt als einer der besten Strände der Insel und lädt ganzjährig zum Schnorcheln ein. Etwa 50 m vor dem Strand befindet sich das Riff. Meist ist das Wasser bis hin zu den Korallenbänken ganz seicht. Von April bis Oktober kann man in der Bucht zumeist schwimmen, ohne vor das Riff wandern zu müssen.

Von Hat Khom erreicht man in einem etwa 2 1/2-stündigen Marsch den Hat Khuat (Bottle Beach). Markiert ist der Weg mit Flaschen. Gutes Schuhwerk ist erforderlich, außerdem unbedingt an genügend Trinkwasser denken!

Zum Strand selbst führt eine Asphaltstraße (vorbei am Buri Tara Resort, [5548]). Das erste Resort, Coral Bay, ist ans Stromnetz angeschlossen. Die anderen Anlagen werden mit Generatorstrom ab 18 Uhr bis zur Morgendämmerung betrieben. Die Generatoren liegen oberhalb im Hang und stören nicht.

## ÜBERNACHTUNG

Karte S. 694/695

**Coral Bay Bungalows** ⑧, ✆ 077-374 245, ✉ coralbay.phangan@gmail.com. Älteste und größte Anlage des Strandes. 30 Bungalows, von 4 einfachen Holzhütten mit Gemeinschaftsbad bis hin zum gut ausgestatteten Natursteinhaus in einem schönen Garten am Hang mit 2 großen Betten. Blick auf Chaloklum und Hat Khom. Reservierung am liebsten langfristig oder per Telefon am Tag zuvor. ❷–❸

**Ocean View** ⑦, ✆ 086-344 3787, ✉ ocean view99@hotmail.com, [6325]. Schöne, individuell gestaltete, große Holz- und Steinbungalows im Hang und am Strand. Vorne am Meer stehen Schatten spendende Kasuarinen und Palmen. Neben gut ausgestatteten neuen großen Häusern (eines auch für 4 Pers.) gibt es auch noch einfache Zimmer im Holzreihenhaus am Meer mit Gemeinschaftsbad. Rundes gemütliches Strandrestaurant. ❷–❹

# Hat Khuat (Bottle Beach)

An der felsigen Nordostküste liegt die abgelegene und idyllische, etwa 500 m lange Sandbucht **Hat Khuat** [3197]. Wenn sich im Frühjahr (Feb–Mai) das Wasser an den meisten Stränden Ko Pha Ngans zurückzieht, hat man hier noch gute Chancen auf herrlichen Strand- und Bade-

urlaub. Das vorwiegend junge Publikum spielt Volleyball, liegt in der Sonne, joggt, übt sich in Yoga oder wandert zum etwa 40 Min. entfernt gelegenen Aussichtspunkt (der Aufstieg befindet sich hinter dem BB2, dort bitte noch mal nachfragen, man wird dann zum richtigen Pfad geleitet). Auch Kinder kommen hier voll auf ihre Kosten: dank herrlich weichem, gelbem Sand, einfach zu erreichenden Schnorchelgebieten und einem Meer, das die Badenden oft mit kleinen Wellen beglückt.

Es gibt vier Anlagen, die für jeden Geschmack und Geldbeutel die passende Unterkunft bieten. Die Preise sind angemessen, teils auch noch sehr günstig. Teuer ist allerdings die Verpflegung. In der Saison ist Hat Khuat fest in der Hand von Langzeiturlaubern – man sollte also vorher anfragen, ob Bungalows frei sind. Von Oktober bis Dezember sind die Wellen meist so hoch, dass nur wenige Gäste kommen, sodass einige Anlagen schließen.

## ÜBERNACHTUNG UND ESSEN

Karte S. 694/695

**Bottle Beach 1 Resort** ⑤, ✆ 077-445 151, 🖥 www.bottlebeach1resort.com, [4339]. Parallel zum Strand 6 stabile, recht große Holzbungalows mit Ventilator. Zudem ältere Steinbungalows und Holzhütten, teils auf Wunsch mit AC. Neuere große Stein- und Holzhäuser mit gehobenerer Ausstattung (TV, wahlweise mit AC). Einige für 3 Pers. Moskitonetze. Im Garten Pool mit Kinderbecken (viel Chlor). Massage am Strand. In den **BB2 Bungalows** ④, ✆ 077-445 156, [4353], sind die Bungalows einfacher und sehr günstig (ab ❶). ❸–❺

**Smile Bungalows** ⑥, ✆ 081-956 3133, ✉ smilebeach@hotmail.com, [4349]. Im gepflegt begrünten Hang stehen stabile Mattenbungalows. Kleine Bungalows mit einem Bett und etwas größere mit 2 großen Betten, schönen Bädern und Panoramafenstern. Moskitonetze. Angenehme Atmosphäre. Schönes Restaurant. Strom im Zimmer ab dem frühen Abend bis in die Morgenstunden. Kajakverleih. ❷–❹

Die Verpflegung am Strand ist relativ teuer, es gibt nur einen **Supermarkt** mit ein paar

Keksen, Snacks, Getränken und Waschmittel. Recht günstige Küche mit breiter Auswahl hat das sehr große, etwas unpersönliche **Haad Khuad Resort**. Hier lockt den einen und stört den anderen die allabendliche Fernsehvorführung. Gemütlich und nett, immer gut besucht, aber etwas teurer ist das Restaurant von **Smile Bungalows**.

### SONSTIGES

Wer sein Handy mitgebracht hat, legt am Bottle Beach eine Kommunikationspause ein. Nur selten ist ein Netzwerk zu erreichen. Internet ist nur mit sehr niedrigen Datenraten verfügbar.

### TRANSPORT

Die Bucht erreicht man per Longtail-Boot ab CHALOKLUM. Reguläre **Boote** der Anlagen starten am 9.30 Uhr, in der Saison zudem um 10, 13 und 17 Uhr ab 150 Baht (bei wenigen Gästen entsprechend mehr). Zurück fahren Boote um 10 Uhr, manchmal auch weitere um 11, 14 und 18 Uhr. Am besten erkundigt man sich am Vortag nach den geplanten Fahrten. Mit wenig Gepäck kann man auch zu Fuß in 2–2 1/2 Std. über die Berge durch den Dschungel trekken. Festes Schuhwerk erforderlich, auch Wasser sollte man nicht vergessen.

Nach THONG NAI PAN, THAN SADET und HAT RIN kann man ein **Longtail-Boot** chartern. Bei mehreren Personen kostet die Fahrt nach Hat Rin 400 Baht p. P. oder etwa 1500 Baht pro Boot. Eine schlechte Straße führt zum Thon Nai Pan, doch wird diese nur genutzt, wenn hohe Wellen Bootstransporte verhindern. Zu Fuß anstrengend und wenig spannend, mit dem Moped oder Mini-Jeep nicht passierbar. Nur richtige Offroader kommen hier durch.

# Ao Thong Nai Pan

Palmengesäumt und an den Enden unterbrochen von kleinen schwarzen Felsformationen, mit strahlend weißem, weichen Sand und türisfarbenem Wasser: So präsentiert sich **Thong Nai Pan** [2825], für viele der schönste Strand Pha Ngans. Ein steiler Hügel trennt ihn in einen großen und einen kleinen Teilstrand: **Thong Nai Pan Yai** und **Thong Nai Pan Noi**.

Die Atmosphäre an den beiden Stränden ist sehr unterschiedlich. Während am Thong Nai Pan Noi die Anlagen immer luxuriöser wurden und immer mehr Pauschalreisende bzw. selbst buchende Flashpacker aus Samui hier anreisen, ist am Thong Nai Pan Yai noch etwas mehr Einfachheit und Spontanität angesagt. Die Anlagen hier sind kleiner und einige sogar noch recht günstig. Das Publikum ist gemischt, und es gibt bislang nur selten Sonnenstuhlkolonien, die mittlerweile besonders den südlichen Bereich des Thong Nai Pan Noi zustellen.

Ab Oktober und bis in den Dezember hinein ist es oft windig und regnerisch, viele Anlagen sind dann aufgrund zu geringer Nachfrage geschlossen. An beiden Teilstränden werden öfter Quallen gesichtet.

Das Dorf **Ban Thong Nai Pan** befindet sich direkt hinter dem großen (Yai-) Strand. Die Bars haben meist ganzjährig geöffnet, kleine Läden machen in der Nebensaison die Schotten dicht. Es gibt Reisebüros, Geldautomaten, eine Wechselstube und kleine Supermärkte. Briefmarken führt der Supermarkt kurz vor den Bamboo Bungalows, der auch als Post fungiert.

Die große Bucht ist fast 900 m lang und wird an den Enden von Felsen gesäumt. Einige große Bäume spenden Schatten. Zu allen Jahreszeiten kann man hier schwimmen.

Der kleine Thong Nai Pan ist etwa 700 m lang und bei Ebbe am nördlichen Ende fast 15 m breit. Weißer Sand überall. Ganzjährig lockt das Meer zum Schwimmen, im Sommer muss man allerdings immer weiter hineingehen, um genug Tiefe zu erreichen. Vorne lässt es sich jedoch herrlich dümpeln. Die Brandung ist hier manchmal etwas rauer, und die Wellen sind etwas höher als nebenan. Hinter dem Strand finden sich auf der Zufahrtsstraße Restaurants, Reisebüros, Supermärkte, Geldautomaten, Massagesalons und das interessante Schmuckgeschäft Tipi. Das Erscheinungsbild hat sich mit der Eröffnung des Buri Rasa Village stark verändert: Auf wenig Platz wohnen nun viele Menschen, die sich in der Sonne „braten lassen". Es bleibt abzuwar-

**DIE GOLFKÜSTE**

**ÜBERNACHTUNG**
1. Santhiya Resort & Spa
2. Thongtapan Resort
3. Anantara Rasananda
4. Buri Rasa Village
5. Panviman Resort
6. Bamboo Bungalow
7. Star Light Resort
8. Baan Panburi Village
9. Longtail Beach Resort

**ESSEN**
1. Chantara
2. Baan Tapanoi
3. The Beach Club
4. Luna, Lounge Bar & Restaurant
5. The End Beach Bar and Restaurant
6. Chai-Ya Bar & Restaurant
7. Game Bar

**SONSTIGES**
1. Ayurvana Spa
2. Tropical Dive Club
3. Tipi

Wasserfälle, Thong Sala

---

ten, welche Ansprüche dieses Publikum stellt und welche Veränderungen dies auch im Hinterland nach sich ziehen wird.

### ÜBERNACHTUNG

#### Thong Nai Pan Yai

**Baan Panburi Village** ⑧, ✆ 077-238 599, 🖳 www.baanpanburivillage.com. Im Süden der Bucht gelegene kleine Anlage mit einfachen Bungalows. Die kleineren sind ansprechend einfach und sauber, die größeren könnten geschmackvoller möbliert sein, bieten aber etwas mehr Komfort, u. a. AC. ❷–❺

**Bamboo Bungalow** ⑥, ✆ 077-445 121. Kleine Bungalowanlage nicht direkt am Strand. Bäume bilden einen schattigen Durchgang, rechts und links daneben kleine und größere saubere einfache Holzbungalows. In der Nebensaison sehr ruhig, dann ist auch die Bar geschlossen. Viele Gäste kommen seit Jahren hierher. ❸

**Longtail Beach Resort** ⑨, ✆ 077-445 018, 🖳 www.longtailbeachresort.com, [3207]. Schöne Anlage am südlichen Ende der Bucht. Gute, liebevoll dekorierte Bungalows, meist aus Holz und mit Ventilator. Teils mit Steinfußboden und daher immer angenehm temperiert. Fenster und Türen mit Moskitogittern. Freundliches Management. ❷–❹

#### Thong Nai Pan Noi

**Anantara Rasananda** ③, ✆ 077-239 555, 🖳 www.phangan-rasananda.anantara.com. Luxusanlage, die weite Teile des zentralen Strandabschnitts belegt. Bungalows mit Pool am Strand, dahinter Zimmer in 2-stöckigen Häuschen. Großer Pool. Oft gute Promotion, sonst weit über ❽.

**Panviman Resort** ⑤, ✆ 077-445 101, 🖳 www.panviman.com. Exklusive Anlage mit Bungalows und Hotelzimmern am Hang im Süden der Bucht in einem tropischen Garten. Pool auf mehreren Ebenen. Frühstücksrestaurant am Hang,

DIE GOLFKÜSTE

abendliches Dinner im Strandrestaurant. Kajaks, Mountainbikes. Viele Liegen am Strand und recht eng neben **Buri Rasa Village** ④, [8614], dem Hotel für Flashpacker mit dem Hang zum Luxus. ❽

🧳 **Thongtapan Resort** ②, ✆ 077-445 067, 🖥 www.thongtapan.com, [6269]. Steinerne Hütten, innen mit Holz verkleidet, und Holzhäuser, locker gruppiert im Garten und am Hang zwischen schwarzen Granitfelsen im Norden der Bucht. Große Bungalows für Familien. Schöne, wenn auch meist einfache Innenausstattung. Hinten im Hang Holzbungalows mit Ventilator. ❹–❻

### ESSEN UND UNTERHALTUNG

**Thong Nai Pan Yai**

**Chai-Ya Bar & Restaurant**, Nudelsuppen, Papaya-Salat, Burger und Sandwiches. 🕐 ab 11 Uhr bis spät.

**Game Bar**, an der Straße Höhe Bamboo Bungalow. Neben einigen Gerichten vor allem Warmup für die Vollmondparty. Ganzjährig geöffnet.

**The End Beach Bar and Restaurant**, ✆ 077-445 119, [8623]. Im Norden der Bucht unter schattigen Bäumen gelegene Lounge-Bar mit angenehmen Sitzgelegenheiten und Minipool zur Abkühlung. Gute Küche, aus allen Teilen der Welt inspiriert. Zahlreiche Cocktails (Happy Hour 15–19 Uhr). 🕐 10 Uhr bis spät.

**Thong Nai Pan Noi**

An der Straße hinter dem Buri Rasa Village befinden sich zahlreiche einfache Thai-Restaurants mit meist recht guter Traveller-Küche.

**Baan Tapanoi**, schönes Restaurant am Strand ganz im Norden der Bucht. Abends BBQ, auch tagsüber gute Küche. Angenehm schattig unter Bäumen gelegen.

**Chantara**, ✆ 077-428 999, 🖥 www.santhiya. com. Restaurant des **Santhiya Resorts** [3189]. Leckere Salate, Steaks und Fisch. Di und Sa 20.30–22.30 Uhr Aufführung klassischer Thai-Tänze. Gehobenes Preisniveau. 🕐 8–22 Uhr.

**Luna, Lounge Bar & Restaurant**, an der Straßenecke zum Panviman und Star Huts, ✆ 083-136 8130. Elegante Bar und Restaurant

mit Fusionsküche in gehobener Atmosphäre. In der Nebensaison geschl.

**The Beach Club**, zwischen Buri Rasa Village und dem Anantara gelegene angesagte Beach Bar und Restaurant. Gehobene Preise.

### AKTIVITÄTEN

**Tauchen**

**Tropical Dive Club**, ✆ 077-445 081, 🖥 www. tropicaldiveclub.com, [8616]. Unter deutscher Leitung (Gerd) und oft mit deutschem Team. Tauchtrips ab 12 Uhr. PADI und SSI. Ein Schnellboot kann für Fahrten von und nach Ko Samui gechartert werden. Basis in einem kleinen Holzhaus beim Thongtapan Resort.

**Wellness**

**Ayurvana Spa**, ✆ 077-238 333, 🖥 www. santhiya.com. Massagen und Wohlfühlprogramm im luxuriösen Spa. Nicht ganz billig. Immer mal wieder Sonderangebote.

### TRANSPORT

Auf der Straße geht man von Strand zu Strand etwa 20 Min. Mit dem Moped geht es über die gut ausgebaute Straße wesentlich schneller. THONG SALA, die **Taxis** aus der Stadt Richtung Strand starten am Pier (250 Baht). Manche Anlagen holen Besucher ab. Ab Thong Nai Pan Taxis um 10 und 14 Uhr, manchmal auch um 16 Uhr für 250 Baht in 25 Min.
THAN SADET, HAT THIEN, HAT RIN, in der Hauptsaison um 9 Uhr für 150 Baht, weiter nach MAE NAM (Ko Samui) für 350 Baht. An Vollmond fahren **Taxiboote** für 200–250 Baht, bei hohem Wellengang Taxis über Land für den gleichen Preis.

# Than Sadet

Feiner weißer Sand lockt am kleinen malerischen Strand von **Than Sadet** [2834]. Grüne Hügel umrahmen die etwa 500 m lange Bucht, rechter und linker Hand laden dicke Gesteinsbrocken vor allem kleine Kletterfreunde ein. Die Berge im Hinterland mit ihren Wasserfällen

## Der Wasserfall, den nicht nur Könige besuchen

Than Sadet bedeutet so viel wie „der Platz, den Könige besuchen", und mit diesem Namen huldigen und danken die Inselbewohner ihrem geliebten ehemaligen Monarchen Chulalongkorn, Rama V., seine zahlreichen Besuche auf der Insel. 1889 kam er erstmals hierher, und es folgten zahlreiche weitere Aufenthalte. Inschriften bezeugen sein Interesse an der Insel. Drei weitere Könige (Rama VI., VII. und XI.) taten es ihm später nach. Sie alle entnahmen dem Fall Wasser, das sie für Zeremonien nutzten.

und deren zahlreichen Pools verlocken Wanderfreunde zu Entdeckungsstreifzügen. In der Trockenzeit kann man auf den großen Steinen entlang der sachte plätschernden Sadet-Fälle herrlich picknicken. Am südlichen Strandende mündet dieser Wasserfall ins Meer. Ein kleiner Holzsteg führt zu den Felsen, die die Bucht säumen und auf denen ein paar Bungalows unter dichtem Blätterwerk versteckt sind.

Weder Bars noch laute Musik stören hier die Ruhesuchenden, denn Than Sadet ist noch nicht ans Stromnetz angeschlossen. Man kann dem Klang der Wellen oder dem Rauschen der Palmen lauschen. Lediglich die hier ankernden Ausflugsboote durchbrechen tagsüber die Stille. Da es seit 2015 eine durchgehende Straße gibt, wird wohl auch der Strom nicht mehr lange auf sich warten lassen – aber solange verzichten die Gäste hier tagsüber gerne auf Shakes und WLAN.

### ÜBERNACHTUNG UND ESSEN

Karte S. 694/695

**Mai Pen Rai Bungalows** ②, ✆ 081-894 5076, 081-999 2000, 🖥 www.thansadet.com, [6272]. Die einzige Anlage mit Bungalows direkt in der Bucht und an beiden Seiten des Hanges auf Höhe des Meeres. Auch wenn einige Hütten von außen alt aussehen, sind sie doch gut in Schuss. Tolle große Familienbungalows. ❷–❺

**Plaa's Bungalows** ③, ✆ 088-383 1268, 🖥 www.plaa-thansadetresort.com, [6273]. Schönes Restaurant auf den Klippen mit fantastischer Aussicht. Zudem kleinere und größere, nicht sehr gepflegte Bungalows. Rezeption und Restaurant oben auf dem Hügel erreicht man durch eine Felsspalte am Wasser. ❸–❹

Der Strand befindet sich etwa 3 km von THONG NAI PAN entfernt und ist von BAN TAI aus über die gleiche Straße erreichbar. Der Abzweig ist am Roundabout ausgeschildert. Die Straße wird ausgebaut, doch bis sie fertig ist, ist die Zufahrt nicht für Fahranfänger geeignet. **Songthaew** oder **Longtail-Boote** ab 250 Baht.

Tgl. außer in der Nebensaison (Nov–Dez) fährt ein Boot von THONG NAI PAN kommend gegen 9.15 Uhr in Than Sadet ab in Richtung HAT THIEN und HAT RIN und weiter zum MAE NAM auf KO SAMUI. Tickets innerhalb von Ko Pha Ngan 150 Baht, nach Ko Samui 350 Baht. In die Gegenrichtung nach THONG NAI PAN Abfahrt gegen 13.30 Uhr.

## Hat Nam Tok, Hat Yang, Hat Yao (East)

Südlich von Than Sadet erstrecken sich die wohl abgelegensten Strände der Insel. Zunächst erreicht man den kleinen **Hat Nam Tok**, an dem man unter Palmen entspannen kann. Von hier aus führt ein Weg zum Than Prapat-Wasserfall, der nach der Regenzeit von November bis Januar ein eindrucksvolles Naturschauspiel bietet. Es folgt der **Hat Yang**, der im Süden von einem Kap begrenzt wird, hinter dem sich der zu Spaziergängen einladende Sandstrand **Hat Yao (East)** befindet. Hier werden manchmal im **Lost Paradise** Techno-Partys gefeiert; auf Flyer achten.

## Hat Wai Nam, Hat Thien und Hat Yuan

An der Südostspitze der Insel liegen drei weitere Strände, die lange nur von Langzeiturlaubern frequentiert wurden. Seit dem Bau einer Piste von Hat Rin erhöht sich hier jedoch mit steigendem Komfort auch die Zahl der Kurzzeitbesucher.

**Hat Wai Nam** ist der kleinste und nördlichste der drei Strände; eine einzige Anlage bietet Unterkunft. Einen Hügel weiter liegt der **Hat Thien**.

Zum Schwimmen ist er aufgrund des Korallenschrotts am Ufer kaum geeignet; nur ein kleiner Abschnitt im Süden wurde von den scharfkantigen Brocken gereinigt – als Ankerplatz für die Longtail-Boote. Hat Thien ist eine Enklave der Yoga-Freunde und Anhänger sonstiger New-Age-Lehren – hier wird therapiert, diskutiert und meditiert. Es gibt so gut wie keine Bungalows am Strand; dafür umso mehr im Hinterland – zum großen Teil schön eingebettet in die Landschaft. Auch Häuser für Langzeit-Yogis wurden errichtet. **Hat Yuan** [3181], der südlichste Strand der Ostküste, liegt schon in der Nachbarschaft von Hat Rin. Neben einigen älteren Anlagen mit Old Skool Reggae-Feeling gibt es inzwischen auch mittelpreisige Unterkünfte für alle, denen es am Hat Rin zu voll ist und die dennoch in der Nähe des Trubels bleiben wollen, sowie eine komfortable Anlage mit Pool.

Alle drei Strände sind über steile Fußpfade miteinander verbunden, besser jedoch mit dem Longtail-Boot erreichbar.

Fernab vom allem Trubel wird am Hat Thien Yoga gelehrt. Und auch andere Anwendungen fallen hier nicht so schwer wie andernorts, wo stets Ablenkung lockt. Besonders empfehlenswert ist das **The Sanctuary** ①, ☎ 081-271 3614, 🖥 www.thesanctuarythailand.com. Karte S. 694. Das gepflegte Wellness-Resort wurde bereits 1992 gegründet und ist bis heute beliebt. Diverse Zimmer von einfachen, relativ günstigen Räumen bis hin zur Luxusbleibe. Viel Holz und im traditionellen Stil erbaut. Internationales Restaurant und Bibliothek mit über 1000 New-Age-Titeln. Detox-Programme zur Entgiftung des Körpers über 3 oder 10 Tage. Yoga-Kurse für Anfänger und Fortgeschrittene, 350 Baht/Tag. Ausbildung zum Yoga-Lehrer möglich. Dormbetten 250 Baht, ansonsten ❸–❽.

## Hat Rin

Das südliche Inselkap **Hat Rin** [2755] ist Schauplatz der wohl bekanntesten Party Thailands. Hier findet allmonatlich die **Vollmondparty** statt. Die drei hiesigen Strände sind eng miteinander verbunden, haben jedoch alle ein eigenes Flair. Das einstige Fischerdorf Hat Rin zwischen den

**DIE GOLFKÜSTE**

beiden Stränden Sunrise und Sunset gleicht heute einer Kleinstadt, mit Banken, Boutiquen, Supermärkten, Schneidern und Hotels neben Restaurants, Bars, Tattoo-Shops, Reisebüros und Mopedverleihstationen. Immer mehr kleine Schmuck- und Modeläden, die Importiertes aus aller Herren Länder oder auch lokal hergestellte Waren offerieren, öffnen ihre Pforten. Stöbern lohnt sich immer; das Angebot ist hier vielfältiger als in Thong Sala, wenngleich bei etwas höherem Preisniveau.

## Die Strände

Der zentrale Strand im Südosten der Halbinsel, der **Hat Rin Nok**, der auch **Hat Rin East** oder **Sunrise Beach** genannt wird, ist der schönste. Hier wird allmonatlich an Vollmond gefeiert, und der Strand verwandelt sich in eine riesige Partyzone. Tipps und weitere Infos zur Vollmondparty s. **eXTra [2757]** (die bedeutendsten Partyspots finden sich auf der Karte S. 719, Sonstiges) und 🖥 www.fullmoonpartykohphangan.com. Der Strand ist 800 m lang, auch bei Flut noch breit genug und besitzt malerisch weißen Sand. Bei rauerem Wetter brechen sich die Wellen. Für Schwimmer wurde ein Bereich abgesperrt, sodass die Longtail-Boote niemanden stören. Umgeben wird die Bucht von steilen Felsen. Allabendlich werden Tische im Sand aufgestellt, und die Bars wissen ihre Gäste zu unterhalten.

Auf der Westseite, genau gegenüber von Hat Rin Nok, befindet sich **Hat Rin Nai**, auch als **Sunset Beach** oder **Hat Rin West** bekannt. Oft sorgt angeschwemmtes Treibgut für eine etwas abgeschwächte Idylle. Der Strand gleicht vor allem in den Monaten Juli bis November bei Ebbe einer Wattlandschaft, und man kann nur bei hoher Flut schwimmen. Das Publikum ist hier nicht unbedingt auf Party aus, sondern sucht eher geruhsames Strandleben mit Sonnenuntergangsstimmung, ohne auf die nahe gelegenen Verpflegungs- und Einkaufsmöglichkeiten Hat Rins verzichten zu müssen. Zentral liegt der Hafen, an dem die *Hat Rin Queen* an- und ablegt.

Ruhig und idyllisch liegt im Süden der Westküste der palmengesäumte **Hat Sarikantang**, der auch unter dem Namen **Hat Leela** [3132] bekannt ist. Wer hier wohnen will, findet alle Infos im Netz unter dem **eXTra [3133]**.

ÜBERNACHTUNG

Hat Rin verfügt über derart zahlreiche Unterkünfte, dass man meinen könnte, eine Vorbuchung sei überflüssig. Das täuscht. Wer hier um Vollmond herum anreist, muss damit rechnen, auf der Straße zu stehen, selbst dann, wenn er keinerlei Ansprüche stellt. Einige Unterkünfte bestehen bei Buchung auf Vorauszahlung mittels Kreditkarte und fast alle auf einer Mindestverweildauer von 5–7 Tagen. Die Preise steigen teils um das Doppelte, schließen aber auch ein einfaches Frühstück ein. Walk-in ist nicht mit einem Zeitminimum verbunden. Die hier angegebenen Preise beziehen sich auf die Zeiten zwischen Vollmond in der Hauptsaison. Wer in der Nebensaison anreist oder länger bleibt, kann handeln und auch für die teureren Zimmer Nachlässe erzielen. Viele weichen auf eine Unterkunft in Ban Tai oder Ban Kai aus. Viele weitere Anlagen, oft mit Buchungslinks im **eXTra [2760]**. Im Stadtkern zwischen beiden Stränden, vor allem beim Hafen, eröffnen immer mehr Hostels. Viele kleine Gästehäuser haben umgerüstet und bieten nun nicht mehr einfache Zimmer, sondern Dormbetten in engen einfachen Zimmern. Ganze Ladenzeilen wurden zu derartigen Schlafburgen umgerüstet. Die Preise sind überall ähnlich: ab 250–600 Baht pro Bett an Vollmond bei einem Mindestaufenthalt von 5 Tagen.

**Blue Marine Resort** ④, Hat Rin Nai, ✆ 077-375 079, 🖥 www.bluemarinephangan.com. Große, gefliese Steinbungalows mit Panorama fenstern parallel zum Meer, alle mit Strandblick. Im Garten hinter der Straße weitere Bungalows und große Zimmer in Doppelhäusern mit Meerblick weiter oben im Hang. Teuer an Vollmond und 5 Tage Mindestaufenthalt. ❸–❹

**Jaya Hostel** ⑤, in der Stadt, ✆ 077-375 583, ✉ Jaya_hadrin_hostel@yahoo.com. Günstiges Gästehaus direkt am See. Im Erdgeschoss einfache Zimmer, 2 mit Ventilator, ohne Bad, aber mit Seeblick. Weitere Zimmer mit Bad und Warmwasser, teils mit AC. Auf der 1. Etage 3 AC-Zimmer mit TV und Dachterrasse mit Seeblick. An Vollmond verdoppeln sich die Preise. In einer Ladenzeile nahebei Zimmer mit bis zu 10 Betten,

N    0    500 m

s. Detailplan unten

Hat Rin Nai
(Sunset Beach)

Hat Rin Nok
(Sunrise Beach)

Ban Kai,
Thong Sala

Hat Sarikantang
(Leela Beach)

LEUCHT-
TURM

0    200 m

DIE GOLFKÜSTE

## ÜBERNACHTUNG
1 Sea Side Bungalows
2 Tommy Resort
3 Seaview Sunrise Resort
4 Blue Marine Resort
5 Jaya Hostel
6 Drop in Club
7 Sea Breeze Resort
8 Same Same Lodge
9 Paradise Bungalows

## ESSEN
1 Mamas Schnitzel
2 Bamboozle
3 Lazy House
4 Outback Bar
5 Om Ganesh

## SONSTIGES
1 Bandon International Clinic
2 Siam International Clinic

## TRANSPORT
1 Taxistand
2 Longtails zu den Stränden im
  Osten bis in den Norden (Hat
  Yuan, Hat Yao [East], Hat Thong
  Reng,Than Sadet,Thong Nai
  Pan, Hat Khuat, Chaloklum)
3 Boote nach Samui

nsgesamt stehen über 100 Betten zur Verfügung. **1** – **4**

**Paradise Bungalows** 9, Hat Rin Nok, ✆ 077-375 244, 🖥 www.paradisehaadrin.com. Hier and die erste Vollmondparty statt, und hier egen an Vollmond die angesagtesten Stars der zene auf. Ältere Bungalows im Hang und neue C-Zimmer in 2-geschossigen Häusern am trand. Großer Pool. Auf dem Felsen Restaurant nd Bar **The Rock**. Sehr hohe Preise an Vollmond und 5 Tage Mindestaufenthalt. **2** – **4**, ollmond **5** – **6**

**Sea Breeze Resort** 7, Hat Rin Nai, ✆ 077-375 362, 🖥 www.seabreezekohphangan.com. An der Straße nach Hat Sarikantang. Große einfache Bungalows im Garten mit Ventilator. Bessere AC-Bungalows am Hang mit tollem Blick auf Hat Rin und die untergehende Sonne. Gehobene, gepflegte Ausstattung im großen Hotelkomplex. Schattiger Pool. Ein Steg führt von Hat Sarikantang den Berg hinauf zu dem kleinen sehenswerten Tempel (auch wer hier nicht wohnt, kann hier vorbeikommen). **2** – **7**

## Schöner feiern: ein paar Party-Regeln

Eine schöne Party kann feiern, wer folgende Regeln beherzigt:

- Immer mit dem Taxi oder zu Fuß die Party besuchen. Wer nicht in Hat Rin übernachtet, kann einen der Taxiservices der Anlagen nutzen. Den ganzen Abend hindurch stehen Taxis für Heimkehrer bereit.
- Schuhe tragen, da am Strand zerbrochene Flaschen herumliegen.
- Abstand von Drogen halten: Pillen, Pilze und Dope sind streng untersagt. „Buckets" (Trinkeimer mit einem Gemisch aus Alkohol und Energydrinks) sind nicht zu unterschätzen. Das gilt auch und insbesondere für Lachgas: Wer hier zu tief seine Nase hineinsteckt, fällt schnell um und findet sich entweder abgelegt am Straßenrand oder in einer der kleinen Erste Hilfe-Stationen in Hat Rin wieder.
- Keine Taschen mit Geld und Wertsachen mitnehmen: Sie werden oft geklaut, aber noch öfter vergessen.
- Den Pass im Safe des Resorts lassen und nur eine Kopie mitnehmen.
- Geldreserven wegschließen, Bargeld in Höhe von etwa 3000 Baht mitnehmen.

**Sea Side Bungalows** ①, Hat Rin Nai, ☎ 087-266 7567. Ruhige Anlage mit einfachen Holzbungalows im tropischen Garten, mit AC oder Ventilator. Teils einfach, teils besser ausgestattet. Keine Vollmondpreise. Veranstaltet eine Moonsetparty mit Trance-Musik am Strand. Schönes Restaurant am Meer. ❷–❹

**Seaview Sunrise Resort** ③, Hat Rin Nok, ☎ 077-375 160, 🖥 www.seaviewsunrise.com. Recht geräumige Holzbungalows im verwilderten Garten und direkt vorne am Strand. Die meisten mit Ventilator, einige wenige hinten mit AC und TV. Alle mit Warmwasser. Safe an der Rezeption. ❷–❺

**Tommy Resort** ②, Hat Rin Nok, ☎ 077-375 215, 🖥 www.phangantommyresort.com. Schöne, geschmackvoll eingerichtete Bungalows am Strand und dahinter im großen Garten. Zudem etwas weniger ansprechende Zimmer im Hotelkomplex. Alle Zimmer mit Safe, einige mit TV und Kühlschrank. Frühstücksbuffet inkl. Pool, Poolbar. Zur Vollmondparty einer der Hotspots. ❺–❽

### ESSEN

Neben den Restaurants der Resorts und Anlagen besitzt Hat Rin scheinbar unendliche Verpflegungsmöglichkeiten. Es gibt einfache Foodstalls mit Milchshakes, Nudelsuppen und Crêpes, zudem Gegrilltes und viele westliche Gerichte. Neben Restaurants mit sehr unterschiedlicher Atmosphäre bestimmen Fastfood-Läden, in denen Takeaway-Menüs zum Standard zählen, die Szenerie.

**Bamboozle**, ☎ 085-471 4211. Mexikanisches (allerdings sollte man die Maßstäbe in Sachen Authentizität hier nicht zu hoch anlegen), daneben Thai- und westliche Fusionsküche. Werben mit „Organic Salads". Innen- und Außenbereich. ⏰ 10–22 Uhr.

**Lazy House**, gepflegte Atmosphäre, Lamm, Grillplatten und andere Fleischgerichte nach griechischer Art zubereitet. Auch Vegetarisches. ⏰ recht früh am Morgen bis abends.

**Mamas Schnitzel**, zahllose Schnitzelvariationen, auch Burger und Baguettes. ⏰ 24 Std.

**Om Ganesh** ☎ 077-375 123. Seit 1997 beliebtes indisches Restaurant. Wer in Hat Rin wohnt, kann sich das Essen auch in die Anlage bringen lassen. Gewürzt wird nach Wunsch – mal scharf, mal mild. ⏰ 9–23.30 Uhr.

**Outback Bar**, ☎ 077-375 126. Hier lümmeln sich die Gäste auf Sofas und anderen bequemen Sitzgelegenheiten und essen Fish 'n' Chips, Steak und Lamm. Frisch gezapftes Bier. Sportveranstaltungen auf großen Monitoren. ⏰ 10–2 Uhr.

### SONSTIGES

Im Stadtkern und direkt hinter Hat Rin Nok befinden sich zahlreiche kleine **Kliniken** zur Erstversorgung, die fast alle Reisekrankenversicherungen akzeptieren. Es spricht für sich, dass hier so viele Kliniken gebraucht werden. **Bandon International Clinic**, ℰ 077-375 471. 24-Std.-Dienst unweit vom Pier und am Party-strand. Erste Hilfe. Bei ernsteren Notfällen Transport nach Ko Samui. Röntgengerät. **Siam International Clinic**, ℰ 077-375 521, hat 2 Versorgungsstationen.

## NAHVERKEHR

THONG SALA, mit dem Taxi für 100/150 Baht. An Vollmond fahren die **Taxis** die ganze Nacht von und nach Thong Sala, sobald genügend Passagiere zusammenkommen. Umstieg in Thong Sala zu den Stränden weiter im Norden. Mit dem **Moped** ist die Strecke nach Thong Sala dann zu meistern, wenn man mind. eine 125-er fährt, kleinere Motoren versagen an den Steil-hängen oft den Dienst. Die Straße ist geteert, Anfänger sollten sich dennoch fahren lassen. Um Vollmond ist von Mopedfahrten Abstand zu nehmen.

Zu den angrenzenden Stränden HAT YUAN, HAT THIEN, HAT YAO (EAST) bis hin zum THAN SADET, THONG NAI PAN und CHALOKLUM fahren **Taxiboote**, die man sowohl am Hat Rin Nok- als auch am Hat Rin Nai-Pier mieten kann. Max. 4 Pers. auf einem Longtail-Boot. Eine Tagestour mit Hin- und Rückfahrt kostet pro Boot etwa 1500 Baht. Nach Than Sadet und Thong Nai Pan werden etwa 3000 Baht für die einfache Fahrt fällig, nach Chaloklum etwas mehr. Außerdem ein Boot aus Ko Samui bis zum Thong Nai Pan (s. u.).

## TRANSPORT

Vom Hat Rin Nai-Pier fährt die **Hat Rin Queen**, ℰ 077-375 114, tgl. um 9.30, 11.40, 14.30 und 17.30 Uhr in 1 Std. nach KO SAMUI. In der Saison legt zudem um 9.30 Uhr ein Schnellboot nach Mae Nam (Ko Samui) ab, das gegen 13 Uhr zurück in Richtung Thong Nai Pan fährt (aktuelle Zeiten bitte im Reisebüro erfragen, meist verkehrt dieses Boot nur in der Haupt-saison). Kosten: 350 Baht nach Ko Samui, 450 Baht zu den Stränden Ko Pha Ngans bis einschließlich Thong Nai Pan.

# Ao Hin Lor, Ban Kai und Ban Tai

Diese drei Strände mit einer Gesamtlänge von etwa 10 km liegen an der Küste zwischen Hat Rin und Thong Sala. Sehenswert sind die spek-takulären Sonnenuntergänge von Mai bis Juni. Der Sand ist grobkörnig und je nach Wetterlage mit Treibgut oder Korallenresten bedeckt. Baden ist bei Flut und zunehmendem Mond fast überall möglich, bei Ebbe im abnehmenden Mond sieht es hier aus wie am Wattstrand in der Nordsee. Das gilt vor allem in den Monaten Juli bis No-vember. Gut sichtbar am Horizont liegt Ko Samui.

Schwarze Granitfelsen säumen den Strand von Hin Lor und grenzen ihn gegen die langen Strandabschnitte von Ban Kai und Ban Tai ab. Dieser lange Strandabschnitt wird anfänglich noch von wenigen Steinen durchsetzt, unter-brochen lediglich von drei Klongs, die bei Flut so tief sind, dass auch Fußgänger die Straßen-brücken benutzen müssen.

Im Hinterland befinden sich viele Kokosnuss-plantagen, wo man den Einheimischen bei einer ihrer traditionellsten Tätigkeiten zusehen kann.

Geschätzt wird dieses Gebiet auch von Party-fans, denn hier finden sowohl am Strand (**Black Moon, Day Party**) als auch im Dschungel (**Half Moon, Shiva Moon, Dschungelparty, Sramanoo-ra Waterfall Party**) einige beliebte Events statt (s. dazu auch S. 696, Ko Pha Ngan, Partys). Und wer nicht in Hat Rin wohnen und trotzdem zur Vollmondparty gehen möchte, kann diese bei Ebbe in etwa einer Stunde zu Fuß erreichen.

Im Ort **Ban Tai**, in dem noch einige alte Häu-ser zu sehen sind, gibt es eine Tankstelle, einen Geldautomaten, Märkte, eine Sanitätsstation so-wie mehrere Restaurants, Internetcafés, einen Mopedverleih und einen Laden mit Artefakten aus Asien, daneben Kleidung und Bilder.

Sehenswert ist **Wat Khao Tahm** im Hinterland auf dem Berg (S. 723). In zehntägigen Meditati-onskursen (s. u., Aktivitäten) kann man medi-tieren lernen. In Ban Tai zweigt die Straße nach Thong Na Pan und Than Sadet ab. Nach weni-gen Metern steht rechter Hand der **größte Baum** Ko Pha Ngans mit einem Umfang von etwa 14 m. Man erkennt diesen Riesen von Weitem be-reits an den bunten Bändern, die ihn als heiligen Baum markieren.

N 0 1000 m

Thong Nai Pan ↗ 1
2

Thong Sala

BOX-RING
4 1
Wat Khao Tahm
Wat Noi
gr. Baum
3
Wat Pho
2 3 4
Ban Tai
5 1
5 6 7
2
6
Ban Kai
8 7
Hat Rin

8

**■ ÜBERNACHTUNG**
1 Blue Dream Hostel
2 Pha Ngan Beach Resort
3 Milky Bay
4 Dew Shore
5 Phangan River Sand Resort
6 Le Divine Comedie
7 My Pha Ngan Resort
8 Bay Lounge

**■ SONSTIGES**
1 Dschungel-Party
2 Half Moon Festival
3 Sramanora Wasserfall-Party
4 Bangkok-Samui Hospital
5 Dr. Taeng Dental Home
6 Hammock Lovers
7 7-Eleven
8 Black Moon Party

**■ ESSEN**
1 Fish & Thips
2 Fisherman's Restaurant & Bar

**■ TRANSPORT**
1 Bushaltestelle
Super VIP Bangkok
(Government Bus)

**DIE GOLFKÜSTE**

## ÜBERNACHTUNG

In Ban Tai und Ban Kai entstehen immer mehr Backpacker-Hostels, die vor allem zu Vollmond rappelvoll sind. Die Preise ziehen dann kräftig an. Auch andere Anlage haben hier Vollmondpreise, doch einige wenige verzichten darauf. s. Karte . Bilder der Anlagen und viele weitere Optionen unter **eXTra [3121]**.

**Bay Lounge** 8, Ao Hin Lor, ✆ 077-377 892, 🖥 www.baylounge.com. Geschmackvolle, mal mit viel Bambus, mal modern mit gekonnt geformtem Beton ausgestattete Bungalows. Moderne stylische Bar am Meer. Vorsicht: sehr steile Anfahrt. Kleiner Pool. 5 – 6

**Blue Dream Hostel** 1, Ban Tai, 🖥 www.blue dreamhostel.com. Eines der bei Partyliebhabern favorisierten Hostels mit über 120 Betten in Schlafsälen im Haus an der Straße. Pool. Mit Glück ergattert man ein Zimmer nahe dem Strand in einem der Bungalows, die sich um den zweiten Pool gruppieren. An Vollmond Mindestaufenthalt 5 Tage und doppelte Preise. Sauber. 2

**Dew Shore** 4, Ban Tai, ✆ 077-238 128, 🖥 www.dewshore.com. Schön gestaltete Holz- und Steinbungalows am großen Pool (Jacuzzi), teilweise mit Meerblick. Geschmackvolle Einrichtung, TV. Teils mit 2 Betten und Balkonen mit Sitzkissen. Bei Flut kein Strand. Pool (Tagesgäste 200 Baht) von 9–21 Uhr geöffnet. Familienbetrieb. Inkl. Frühstück. 4 – 6

**Le Divine Comedie** 6, Ban Tai, ✆ 080-885 8789, 🖥 www.ledivinecomedie.com. Individuelle Zimmer in Reihenhäusern mit Kühlschrank, TV, schönen Bädern und Safe. Balkone, z. T. Dachterrasse. Einige Zimmer mit Verbindungstür. Pool am Meer. Yogakurse. An Vollmond recht teuer, aber ohne Mindestaufenthalt. Inkl. Frühstück. Franz. Leitung. 6 – 8

**Milky Bay** 3, Ban Tai, ✆ 077-238 566, 🖥 www.milkybaythailand.com. Geschmackvoll gestaltete Bungalows unter Schatten spendendem Bambus. Liegen auf der Balustrade am Meer und schöner Pool. Gutes Essen in gehobenem Ambiente. Massage, Sauna. 4 – 6

**My Pha Ngan Resort** ⑦, Ban Kai, ✆ 077-377 302, ✉ polsinb@yahoo.com. Saubere einfache AC-Holzbungalows in tropisch grünem Garten unter Palmen. An Vollmond (4 Tage Mindestaufenthalt) unwesentlich teurer und oft lange vorher ausgebucht. ❸, Vollmond ❹

**Pha Ngan Beach Resort** ②, ✆ 077-238 809, 🖥 www.phanganbeachresort.com. Holzbungalows senkrecht in Reihen in gepflegter Gartenanlage. Einige AC-Bungalows mit TV parallel zum Strand. ❸–❻

€ **Phangan River Sand Resort** ⑤, Ban Tai, ✆ 081-476 0165. Zwischen Strand und Straße stehen zahlreiche 2012 erbaute Hütten aus Bambus und Kokosnuss. Geschmackvoll, einfach und günstig. Die kleinen Bungalows bieten ein Bett, die größere Variante 2 Betten. Moskitonetze. Familienbetrieb (seit Jahren bekannt ist das Schwesterresort auf Ko Lanta). ❶–❷, Vollmond ❸–❹

## ESSEN

Am Hafen von Ban Tai gibt es kleine Foodstalls, die den ganzen Tag über gebratenes Huhn, Papaya-Salat und Trockenfisch anbieten. Zudem an der Straße bis nach Ban Kai einige **Restaurants** und **Nudelsuppenstände**. In Ban Kai öffnen und schließen westliche Restaurants rasant, einige Thai-Restaurants halten sich länger – doch nur wenig scheint von Dauer. Es gibt aber neben den Restaurants in den Anlagen derart viel Auswahl im Dorf, dass keiner hungrig bleibt. Liebhaber von Seafood haben die Auswahl zwischen 2 guten Restaurants.

**Fish & Thips**, Ban Tai, ✆ 087-893 3804. Direkt am Sandstrand steht das palmengedeckte Restaurant. Gute Fischgerichte und dazu ein Glas Wein zum Sonnenuntergang. ⏰ 13–23 Uhr.

**Fisherman's Restaurant & Bar**, Ban Tai, ✆ 084-454 7240. Nahe dem Pier gelegen, wird hier in atmosphärischer Umgebung fangfrischer Fisch gekonnt zubereitet. Die Betreiber, eine hier seit Generationen ansässige Fischerfamilie, verstehen ihr Handwerk. ⏰ ab 13 Uhr bis spät. Manchmal auch erst ab 17 Uhr. Jeden Monat haben die Angestellten 2 Tage frei, diese Tage sind variabel.

## AKTIVITÄTEN

### Meditation

**Wat Khao Tahm**, 🖥 www.watkowtahm.org, [2754]. Internationales buddhistisches Meditationszentrum. Seit Ende der 1980er-Jahre 10-tägige Retreats. Gelehrt wird Vipassana-Meditation. Ein Infoheft liegt am Wat aus oder kann von der Website heruntergeladen werden.

### Sauna

Die Kräutersauna des Wat Pho ist seit Jahren beliebt. Getrennt nach Männern und Frauen sitzt man hier in gesundem Dampf. Die Sauna wird auf Spendenbasis betrieben. ⏰ 13–18 Uhr.

## SONSTIGES

### Einkaufen

Im Dorf haben sich einige Läden etabliert, die u. a. Kleidung oder Buddhafiguren anbieten.

 **Hammock Lovers**, Ban Tai, ✆ 084-290 7127. In einem alten Holzhaus verkauft Mr. Moon schöne gewebte Hängematten. Diese unterscheiden sich von den sonst auf Pha Ngan üblichen bunten Stoffbahnen, denn sie werden im Norden des Landes von Angehörigen der bedrohten Minderheit der Mlabri gefertigt und ermöglichen den „Geistern der Gelben Blätter", wie diese Menschen auch genannt werden, ein karges, aber sicheres Einkommen.

### Medizinische Hilfe

**Bangkok-Samui Hospital**, rechter Hand an der Hauptstraße kurz vor dem Pha Ngan Beach Re-

## Abenteuer in den Wipfeln

Wer sich schon immer durch die Wipfel des Urwaldes schwingen wollte, der kann auf Ko Pha Ngan Tarzan spielen. Unter dem Motto **Just for Fun** locken auf dem Weg zum Thong Nai Pan acht Seilbahnen. Hier schwingt man sich lustig von Baum zu Baum. Nichts für Menschen mit Höhenangst und Kinder unter 1,40 m. Die Anfahrt mit dem Moped ist relativ einfach, nur auf den letzten Metern wird es recht steil. ⏰ 10–18 Uhr.

sort. 24-Std.-Notfallpraxis. Notruf (Krankenwagen) ✆ 077-239 599. Wer hier nicht behandelt werden kann, wird nach Ko Samui überführt.

**Dr. Taeng Dental Home**, ✆ 077-238 820. Zahnärztin mit gutem Ruf. Spritzen ohne Schmerzen und freundlichste Behandlung. Günstige Preise. ⏰ Mo–Fr 17–20, Sa, So 9–17 Uhr.

**TRANSPORT**

Mit dem **Songthaew** ab THONG SALA für 50 Baht. Wer zu den Stränden im Osten und Norden möchte (bzw. von dort kommt), muss in Thong Sala in ein anderes Taxi umsteigen.

**13 HIGHLIGHT**

# Ko Tao

Die nur ca. 21 km² große „Schildkröteninsel" Ko Tao erhielt ihren Namen in einer Zeit, als in dem kristallklaren Wasser noch viele Wasserschildkröten lebten. Legenden berichten, dass das Meer vor der Insel manchmal schwarz wurde, so viele Schildkröten kamen an Land. Leider hat der zunehmende Boots- und Touristenverkehr die Schildkröten in andere Gefilde vertrieben.

Einst kamen nur vorüberziehende Fischer nach Ko Tao. Am 18. Juni 1899 besuchte Rama V. das Eiland und hinterließ Inschriften in Stein, die noch heute verehrt werden. Erst in der Zeit von 1943–44 lebten Menschen auf Ko Tao: Es waren knapp über 100 an der Zahl, darunter etwa 54 politische Gefangene, die von 15 Wärtern in einem Gefängnis in der Mae Hat bewacht wurden. 1944 wurden die Gefangenen entlassen und alle Menschen verließen die noch immer unwirtliche Insel. Doch nur kurz darauf, im Jahr 1947, wurden Familien aus Ko Samui und Ko Pha Ngan hier sesshaft und in den 1980er-Jahren entdeckten Traveller die Insel.

Je mehr Reisende es nach Ko Tao zog, desto besser, schneller und sicherer wurden die Boote, die die Verbindung zum Festland sicherstellten. Die Tauchgründe machten Ko Tao schließlich

weltberühmt; immer mehr touristische Infrastruktur entstand, und die einstigen Fischer leben heute ausschließlich vom Tourismus. Nirgendwo sonst in Thailand machen so viele junge Leute ihre ersten Taucherfahrungen. Aber auch Nichttaucher schätzen die Insel mit ihren weißen Sandstränden, malerischen felsigen Buchten und den guten Schnorchelgründen, die unmittelbar vom Strand aus erreichbar sind.

Die Insel ist hügelig mit z. T. steilen Hängen zwischen 210 m und 380 m Höhe, die mit Primärdschungel bewachsen sind. Wer über etwas Kondition verfügt, kann die Insel zu Fuß oder mit dem Mountainbike auf einsamen Straßen erkunden. Einige „Viewpoints" bieten tolle Aussichten. Die Hauptreisezeiten sind Dezember bis März sowie Juli und August. In dieser Zeit kann es auf der Insel sehr voll werden: Spontan eine Unterkunft finden, ist dann schwer. Aber auch rund um den Vollmond ist Ko Tao ein beliebtes Ziel – man suchen viele Reisende die hiesigen Tauchgründe auf und verbinden dieses Vergnügen mit einem Ausflug zur Vollmondparty auf Ko Pha Ngan (S. 696).

Der stetig steigende Besucherstrom schafft mehr und mehr ökologische Probleme – auch unter Wasser. Ein Exkurs hierzu s. **eXTra [8852]**.

## Die Strände und Buchten von Ko Tao

Der beliebteste und längste Strand ist **Hat Sai Ri** im Westen der Insel. Hier wiegen sich Kokospalmen bilderbuchartig im Wind und es gibt alles, was der Reisende brauchen könnte. Hier haben sich die meisten Anlagen, Restaurants,

### Straßenverhältnisse

Selbst für geübte Mopedfahrer sind die Straßenverhältnisse auf Ko Tao eine Herausforderung. Das gilt besonders für viele Strecken im Inselinneren und an der Ostküste. Zwar wurden einige besonders steile Teilstücke inzwischen asphaltiert, doch die Wege zu den östlichen Buchten sind generell steil, ausgewaschen und mit Sand bedeckt. Regelmäßig kommt es hier zu Unfällen, sodass die vielen Erste-Hilfe-Stationen einiges zu tun haben. Nützliche Telefonnummern bei einem Unfall S. 725.

**DIE GOLFKÜSTE**

Supermärkte, Tauchschulen und Bars angesiedelt. Der Strand des Hafenstädtchens **Mae Hat** ist weniger einladend, nur am südlichen Ende lädt er zum Sonnenbad. Hier kommen die Boote an, dann herrscht geschäftiges Treiben am Pier. **Ao Chalok Ban Kao** ist die drittgrößte und ebenfalls gut erschlossene Bucht. Schöne Buchten mit pittoresken Felsen gibt es zwischen **Ao Mae Hat** und dem südlichen Ende der Insel: Hier liegen **Ao Jansom** [3393] (an der alle, die hier nicht wohnen, 200 Baht Eintritt zahlen müssen), **Hat Sai Nuan** [3325] und **Ao June Juea** [3444], jeweils mit wenigen Anlagen an den Hängen.

Die Ostküste empfiehlt sich für alle, die Ruhe suchen: **Ao Tanote**, **Ao Leuk** oder **Ao Thian Og** sind kleine Buchten mit weißen Sandstränden. Ganz abgeschieden präsentieren sich z. B. **Ao Hin Wong** [3505] und **Ao Lang Khaai** [3478]. Hier findet man einfachste Holzhütten zwischen den Felsen, davor liegen meist winzige Sandflecken. Die **Ao Mamuang** (Mango Bay) [3507] bietet einen der attraktivsten Tauchgründe Ko Taos. Tagsüber tummeln sich hier zahlreiche Tauchboote.

Da viele Strände nur über schwierige Pisten zu erreichen sind, raten wir nur jenen ein Moped zu leihen, die einen Führerschein für größere Maschinen besitzen und wirklich fahren können (s. dazu auch S. 724). Anfänger lassen besser die Finger ganz von Mopeds. Auch ATV sind wenig sicher, und ein wichtiges Motto der Insel lautet: „Better take a Taxi", sei es in Form eines Autos oder eines Longtail-Bootes. Zu allen Stränden, die hier nicht beschrieben werden, gibt es weitere Informationen im Netz unter den angegebenen **eXTras**.

# Ban Mae Hat und Ao Mae Hat

In Ban Mae Hat [2835] legen alle Boote an. In dem kleinen, tagsüber quirligen Ort finden sich Banken, Restaurants, Tauchbasen, Geschäfte, Supermärkte und zahlreiche Reisebüros.

Der winzige Strand zwischen den Piers lädt nicht unbedingt zum Schwimmen ein, der Strandabschnitt im Süden dagegen ist schön, sofern man nicht nach Norden guckt. Generell ist es nicht so schön, hier zu wohnen, doch wer in einer der hier ansässigen Tauchbasen eincheckt,

## Medizinische Hilfe auf Ko Tao

In Mae Hat gibt es das **Koh Tao Health Center**, ☏ 077-456 490, ⏰ 8–16.30 Uhr, und das **Thai Inter Hospital**, ☏ 077-456 661, ⏰ 8–20 Uhr, 24 Std. Notdienst.

**Erste-Hilfe-Stationen** und Health Center, jeweils von Krankenschwestern geleitet, besitzen die drei Hauptorte Mae Hat, Sai Ri und Chalok Ban Kao. Hier werden nur kleinere Wehwehchen wie die regelmäßig vorkommenden Hautabschürfungen bei Mopedunfällen behandelt.

Zudem hilft **Koh Tao Rescue**, ☏ 089-979 0191. Bei **Tauchunfällen** steht die nächstgelegene Dekompressionskammer mit ausgebildeten Tauchärzten auf Ko Samui zur Verfügung: **SSS Koh Samui Recompression Chamber**, ☏ 077-427 427. Eine Behandlung ist sehr teuer, über eine Tauchversicherung sollte mit der gewählten Tauchschule vorab gesprochen werden. Am besten schließt man bereits zu Hause eine Krankenversicherung ab, die dieses sportliche Risiko offiziell mitversichert.

nichts anderes mehr bekommt oder das städtische Leben einem Strandurlaub vorzieht, ist hier richtig.

## ÜBERNACHTUNG

Karte S. 732

**Ko Tao Beachside Resort** ⑭, ☏ 077-456 565, ▭ www.kohtaobeachsideresort.com. Am südlichen Ende von Ao Mae Hat. Einfach eingerichtete Holzbungalows am Hang oder am Strand. Ventilator oder AC. Im Restaurant und in den vorderen Bungalows WLAN. ❸–❻

**Koh Tao Royal Resort** ⑮, ☏ 077-456 156, ▭ www.kohtao-royalresort.com, [3064]. Holzbungalows im Thai-Stil im hübsch angelegten Garten, alle mit großzügiger Terrasse. Auch Familienbungalows. Teils Badewanne auf der uneinsehbaren Terrasse, sonst mit großem Bad. Ventilator oder AC. ❹–❽

€ **Taco Shack** ⑬, ☏ 083-176 2043, [9989]. Beliebtes Hostel mit vier 12-Bett-Zimmern. Alle mit AC, einem Schließfach und

# Ko Tao

N
0       1000 m

Nang Yuan Pinnacle

KO NANG YUAN

Green Rock

Laem Namtok

Ao Mamuang (Mango Bay)

LEUCHTTURM □

Laem Krachom Fai

Gluay Thoen (Lobster Bay)

② North East Bay
①
Chumphon Pinnacle
②
Japanese Garden
Twins

②

△379

△210

White Rock

Hin Wong Pinnacle

③

Chumphon

**s. Detailplan Mae Hat/Sai Ri S. 732**

Ao Hin Wong

Paradise Junction

Hat Sai Ri

**Ban Hat Sai Ri**

△310

Ao Mao

Laem Thian Pinnacle

Ao Laem Thian

④
⑤ 1
6 2
⑥
Ao Tanote

Ao Mae Hat

**Ban Mae Hat**

△313

Ao Lang Khaai

Ao Jansom

TOURISTENPOLIZEI

🏨 **Ban Chalok**

Ao Lad

**Ban Kao**

⑲

Ao Leuk

Hat Sai Nuan

⑱

Laem Je Ta Kang

3 2
⑩ 4
⑨ 5
⑫
Ao June Juea
⑪
⑦ ⑧
Ao Chalok Ban Kao
⑬
⑭
⑮
⑯
⑰
Ao Thian Og

Ao Hin Ngam

Ao Sai Daeng

KO KONG SAI DAENG (SHARK ISLAND)

Freedom Beach

🏵 Mountain View Point John Suwan

Hin Taa Toh

Ko Pha Ngan,
Surat Thani,
Bo Phut (Ko Samui)

Southwest Pinnacle ↘

Sailrock ↘

🤿 = Schnorchelgebiete

TV. Schöner Aufenthaltsbereich draußen, Billardtisch. Khai managt gekonnt diesen Platz für alle Hostelfans, die hier auch schon mal selber zur Grillzange greifen können. 380 Baht p. P.

## ESSEN UND UNTERHALTUNG

Am Uhrturm gibt es noch ein paar einfache Thai-Restaurants mit günstiger Küche, u. a. Nudelsuppe. Im Dorf selbst dominieren Restaurants für Touristen.

**Buddy Restaurant**, ✆ 077-456 714. Alteingesessenes Restaurant mit großer, offener Terrasse am Meer. Ein guter Platz, um den Sonnenuntergang samt Brise zu genießen und dazu exzellent zubereiteten frischen Fisch zu verspeisen. ⏱ 8–23 Uhr.

**Mae Haad Seafood**, ✆ 077-456 160. Einfaches Restaurant mit guter thailändischer Küche. Sympathischer Familienbetrieb. Halb überdachte Terrasse mit Meerblick. ⏱ 8–22 Uhr.

**Whitening**, ✆ 077-456 199. Hübsch minimalistisch gehaltene Bar, teils mit Tischen im Sand. Alles ist hier geweißt, ob

Theke, Tisch, Stuhl oder die dekorativ mit Lämpchen behängten Baumstämme. Auf der Terrasse kann man in edler Atmosphäre seinen Sundowner schlürfen. Die Thai-Küche (neben westlichen Gerichten) stellt auch den anspruchsvollen Gourmet zufrieden, preislich gehoben. Angenehme Loungemusik. ⏱ 13–1 Uhr.

**Zest Coffee House**, ✆ 077-456 178, für Frühaufsteher die erste Adresse. Frühstücksauswahl mit selbst gebackenem Brot und Kuchen, guter Kaffee. Ein ähnliches Angebot, aber länger geöffnet hat **Cappuchino Bakery and Coffee House**, ✆ 077-457 072. ⏱ 6–18 Uhr, Letzteres ab 10.30–22 Uhr.

## AKTIVITÄTEN

### Tauchen

**Crystal Dive**, ✆ 077-456 107, 🖥 www. crystaldive.com. Sehr großes, beliebtes PADI 5-Star IDC Center in Mae Hat. Über 15 Tauchlehrer verschiedenster Nationalitäten. Eigener Pool direkt am Strand von Mae Hat. Gewohnt wird im angeschlossenen **Crystal Dive Resort**, ✆ 077-456 106, 🖥 www.crystaldive.com, [3061]. Mehrstöckiger Hotelbau; am Hang Holzbungalows im Thai-Stil, vorne am Strand einfache Steinbungalows. Kleiner Pool. Großes Restaurant, in dem die Taucher sich austauschen. Engagiert sich stark für den Umweltschutz mit Beach Clean Ups und anderen Aktionen. ②–⑤

**Divepoint**, ✆ 077-456 231, 🖥 www. divepoint-kohtao.com. Der Österreicher Walter Nemetzek leitet diese große Tauchbasis. Zweite Tauchbasis ist die *M.V. Dive Point*, ein 27-m-Boot mit 3 Decks, auf dem bis zu 40 Taucher Platz finden. PADI, CMAS oder SSI, auch Nacht-, Strömungs- und Wracktauchen. Unterwasserkameras und Video zur Ausleihe. Frühaufsteher starten um 6.45 Uhr, Frühstück an Bord.

## SONSTIGES

**Ko Tao Police Station**, gelegen zwischen Mae Hat und Sai Ri, ✆ 077-456 631. ⏱ 8–9, 12–13 und 16–17 Uhr. **Tourist Police** ✆ 1555, das Office befindet sich nahebei in Chalok Ban Kao, s. Karte 732.

DIE GOLFKÜSTE

## NAHVERKEHR

**Pick-ups** und **Motorradtaxis** stehen in Mae Hat. Die Preise sollten vorher ausgehandelt werden. Sie variieren je nach Fahrer, Uhrzeit (nachts werden erhebliche Aufschläge verlangt) und Fahrtziel, abhängig von den Straßenverhältnissen. Anhaltspunkte: Von Mae Hat nach Sai Ri oder Chalok Ban Kao 50–100 Baht, schwieriger zu erreichende Ziele wie Ao Leuk, Tanote oder Hin Wong etwa 250 Baht, jeweils p. P. für einen Pick-up bei 4 Insassen.

Longtail-Boote dienen als **Boottaxis** und sind in Mae Hat und Hat Sai Ri zu chartern. Als Anhaltspunkte einige Ziele (Preise für 2 Pers.): KO NANG YUAN 300 Baht, MANGO BAY 800 Baht, FREEDOM BEACH 400 Baht, SHARK BAY 600 Baht, AO TANOTE 1000 Baht. Eine Schnorcheltour um die Insel ist ab 2400 Baht zu haben.

## TRANSPORT

Viele Schlepper warten bei Ankunft der Boote auf Kunden. Die Besitzer der Gästehäuser in den abgelegeneren Buchten holen bei vorheriger Anmeldung ihre Gäste kostenlos mit Pick-ups am Pier ab und bringen sie zu den gewünschten Abfahrtzeiten zurück. Schifffahrtpläne S. 662.

BANGKOK (mit Boot und Bus), für 900–1100 Baht. Wer vormittags ein Boot nimmt, kann mit Lomprayah (Solar Air) ab Chumphon nach Bangkok (Don Muang) fliegen für ca. 3250 Baht inkl. Boottransfer.

CHUMPHON, für 450–650 Baht in 3–6 Std.
HUA HIN, mit Kombitickets Boot/Bus um 10.15, 14.30, 14.45 und 16 Uhr für 1100 Baht in ca. 7 Std.
KO PHA NGAN, für 400–450 Baht in ca. 1–2 Std. Zur Vollmondparty fährt Lomprayah um 17.30 Uhr für 550 Baht in 1 Std., inkl. Transfer nach Hat Rin. Zurück um 6.30 Uhr. Abholung in Hat Rin, Boot um 8.30 Uhr, hin und zurück für 1000 Baht.
KO SAMUI (Mae Nam), mit Lomprayah und Seatran über Ko Pha Ngan für 600–650 Baht in knapp 2 Std. Mit Songserm (nach Nathon) für 500 Baht in 3 Std.
SURAT THANI (Don Sak), in 4–6 1/2 Std. für 750–900 Baht.

Weitere Ziele werden von verschiedenen Gesellschaften mit Kombitickets bedient; z. B. von Lomprayah. Nach HAT YAI um 9.30 Uhr (Ankunft 19.30 Uhr) für 1000 Baht, KHAO SOK um 10.15 Uhr (Ankunft 17.20 Uhr) für 1150 Baht, KO LANTA um 10.15 Uhr (Ankunft 19 Uhr) für 1450 Baht, KO PHI PHI um 10.15 Uhr (Ankunft 23 Uhr) für 1500 Baht, KRABI um 9.30 Uhr (Ankunft 17.30 Uhr) für 900 Baht, NAKHON SI THAMMARAT um 9.30 Uhr (Ankunft 15.15 Uhr) für 850 Baht und PHUKET um 9.30 Uhr (Ankunft 18.30 Uhr) und 10.15 Uhr (Ankunft 19 Uhr) für 1000 bzw. 1300 Baht.

# Hat Sai Ri

Der bekannteste Strand der Insel ist **Hat Sai Ri** [2836]. Bei Flut ist der fast 2 km lange Strand sehr schmal, doch immer noch malerisch – mit seiner pittoresken Felsen, den sich ins Meer neigenden Kokospalmen und dem weichen, weißen Sand. Nur am mittleren Abschnitt ist es etwas müllig und auch die Baustelle eines weitläufigen Re-

DIE GOLFKÜSTE

sorts trägt nicht zur Verschönerung des Strandes bei. Nord- und Südende eignen sich jedoch zum Baden und für ein Sonnenbad. Vor allem abends, wenn die Sonne in einem farbenprächtigen Schauspiel untergeht, sich die Tauch- und Fischerboote als schwarze Silhouetten abzeichnen und man dieses Spektakel mit anderen staunenden Freunden aus aller Welt genießt, weiß man, warum Hat Sai Ri so beliebt ist.

Da der Strand sehr langsam abfällt, muss man zum Schwimmen ein Stück hinauswaten. Das **Sai Ri-Riff** mit einigen interessanten Korallen liegt 100 m vor dem Ufer und eignet sich prinzipiell wunderbar zum Schnorcheln. Wären da nicht all die Boote, die es etwas gefährlich machen, ohne Tauchboje nahezu unsichtbar herumzuschwimmen. Wer auf eigene Faust schnorcheln will, sollte dies am Rand des Strandes bzw. in einer der stilleren Buchten tun.

Die gepflasterte Straße parallel zum Strand und das kleine Dorf haben sich zur Ausgehmeile entwickelt. Hier findet sich gute Auswahl an Restaurants und Bars neben einfachen Unterkünften, Tauchbasen, Geschäften, Reisebüros und Touranbietern. Je nach Saison und Rücksichtslosigkeit der Fahrer ist der Mopedverkehr nicht

gerade ungefährlich. Ganz im Süden an der **Ao Jor Por Ror** befindet sich das Monogramm von Rama V. an einem großen Felsen. Dieser Ort wird von den Einheimischen sehr verehrt.

### ÜBERNACHTUNG

Hat Sai Ri hat bietet Unterkünfte in allen Preisklassen und für alle Geschmäcker. Es gibt noch immer einfache Bungalows direkt am Strand, aber auch gediegene Zimmer mit AC, TV und Safe. Die meisten Bungalows liegen hinter der Strandstraße. Der Trend zum großen Haus, das primär online vermarktet wird, ist auch hier zu bemerken, sodass immer mehr Vorbucher in recht großen Klötzen unterkommen. Wer dann das billigste Zimmer mit Ventilator gewählt hat, findet sich in engen Verschlägen wieder. Das gilt auch für alle, die bei einem Tauchkurs kostenlos wohnen: Diese Zimmer sind meist nicht wirklich schön. Karte S. 732.
**Bow Thong Resort** ③, ☏ 077-456 351, 🖥 www. bowthongresort.com. Unterschiedliche Bungalowtypen und Zimmer in 2-geschossigen Häuschen. Von der einfachen Holzhütte mit Ventilator hinten im Garten, bis hin zum teureren

Die Schildkröte – Namensgeber der Insel

## Tauchen an der Schildkröteninsel

In Thailand ist Ko Tao die erste Adresse für Tauchschüler. Fast nirgendwo auf der Welt kann man so günstig in die Unterwasserwelt hinabgleiten und Zertifikate bis hin zum Divemaster erwerben. 25 Tauchgebiete liegen rund um die Insel verstreut. Im klaren Wasser tummeln sich die unterschiedlichsten Fischarten, darunter auch Walhaie und an manchen Orten sogar noch Schildkröten. Doch heute sind die Tiere, die der Insel einst ihren Namen gaben, nur noch vereinzelt anzutreffen. Die Tauchtiefen von 5–28 m eignen sich hervorragend, um erste Erfahrungen zu sammeln. Auch **Schnorchler** kommen auf Ko Tao auf ihre Kosten: entweder direkt vor der eigenen Bungalowtür oder auf einer Tour rund um die Insel – mit dem Longtail-Boot ab 550 Baht inkl. Mittagessen und Schnorchelausrüstung. Gestoppt wird an fünf besonders schönen Schnorchelplätzen oder auf Zuruf. Buchbar ist diese Tour in den Unterkünften oder Reisebüros.

### Die Tauchgebiete von Ko Tao

Getaucht wird fast das ganze Jahr über, außer zum Höhepunkt der Regenzeit im November und Anfang Dezember. Eindrucksvoll sind die Walhaie, die überwiegend von April bis Juli zu sehen sind.

### Ko Nang Yuan

Die über eine Sandbank mit Ko Tao verbundene Insel eignet sich nicht nur für Taucher, sondern auch für Schnorchler. Zwischen den vielen kleinen Granitfelsen, deren Unterwasserwelt bereits in einer Tiefe von 2 m beginnt, gibt es viele kleinere Meeresbewohner zu sehen und zahlreiche Durchgänge zu betauchen. Nahebei liegen White Rock, die Twins und Green Rock. Hier wimmelt es jeweils von Fischen und Anemonen. **Green Rock** lockt mit korallenbewachsenen Höhlen und Vorsprüngen; hier leben Koffer- und Skorpionfische, Seeschlangen und Riffbarsche, daneben auch Drückerfische, die angriffslustig ihr Brutrevier verteidigen. Auch am **White Rock** sind diese aggressiven und nicht ganz ungefährlichen Fische (engl. *Triggerfish*) zu Hause, die manchem Taucher schon ein Loch in den Anzug gebissen haben. Wer aufpasst, kann rechtzeitig Reißaus nehmen. Die **Twins** sind mit einer Wassertiefe von 4–18 m ideal für Anfänger. Vier Felsen, bewachsen mit Weich- und Hartkorallen, zwischen denen sich farbenprächtige Clownfische, Muränen, Zackenbarsche, Kaiser- und Kugelfische tummeln. Ein beliebtes Ziel für Nachttauchgänge.

Zimmer im Steinhaus mit AC vorne am Meer. Die Anlage liegt direkt neben dem ähnlichen **Palm Leaf Resort** [9991], beide teilen sich das Restaurant. ②–⑦

🏠 **Dusit Buncha Resort** ②, ☎ 077-456 730, 🖥 www.dusitbunchakohtao.com. Am Nordende von Hat Sai Ri, Karte S. 726/727. Vom Restaurant wunderschöner Blick auf Ko Nang Yuan. Großzügige Holzbungalows am Hang oder auf Steinen am Meer. Große Fensterflächen, Badewannen mit Whirlpool, teils im Freien. TV, Kühlschrank, Pool. Kein Strand. Aufmerksame deutsche Leitung. 70 % des Energiebedarfs der Anlage wird mit Solarenergie gedeckt. ⑥–⑧
**In Touch Bungalow** ⑪, ☎ 077-456 514, 🖥 www.intouchresort.com. Ganz im Süden gelegene Anlage hinter der Strandstraße. Unter

Bäumen und Sträuchern ansprechende organisch rund geformte Steinbungalows. Zudem große Zimmer in doppelgeschossigen Steinhäusern hinten am Hang. Am Strand gemütliches Restaurant mit guter, auch von Lesern gelobter Küche. ④–⑤
**Jizzo's Hostel** ⑧, im Dorf, ☎ 077-456 408, ✉ jzoshostel@gmail.com. Insgesamt 40 Betten, mal in 8er-, mal in 4er- Schlafsälen zu je 300 Baht. Relativ saubere Gemeinschaftsbäder mit Warmwasser. Alles ziemlich eng, doch trotzdem beliebt. Schließfächer.
**Koh Tao Cabana** ①, ☎ 077-456 504, 🖥 www.kohtaocabana.com. Schon das Haupthaus mit seinen runden Bauten ist beeindruckend. Auf dem Gelände stehen runde, weiß getünchte Villen, innen ausgefallen mit Beton gestaltet.

## Ao Leuk und Shark Island

Die glasklare Bucht ist ideal für Tauchanfänger, die durchschnittliche Tauchtiefe beträgt etwa 8 m. Neben Korallen am südlichen Ende können Barsche, Barrakudas, Kaiserfische oder Prachtlippfische beobachtet werden. Am Shark Island sind immer wieder junge Riffhaie zu sehen.

## Hin Wong Pinnacle

Im Nordosten von Ko Tao, Tauchtiefe 8–30 m. Auf dem Plateau wachsen verschiedenste Korallen. Hier leben Barsche, Wimpelfische, Papageienfische und Anemonenfische; in der Nähe sind auch Riffhaie und Rochen zu sehen.

## Southwest Pinnacle

Eine Felsspitze, die mit Anemonen bedeckt ist, Tauchtiefe 7–36 m, Sichtweiten 10–40 m. Auch hier trifft man gelegentlich auf Walhaie. Gigantische Fächerkorallen bedecken im tieferen Wasser den Fels. Weitere Tauchspots in der Umgebung s. „Tauchplätze im Golf", S. 696.

## Die Wahl der Tauchschule und die Kosten

Über 50 gut ausgerüstete Tauchbasen mit den internationalen Standards SSI, PADI, BSAC und CMAS/TDA sind mittlerweile auf Ko Tao angesiedelt, die Preise nahezu identisch. Viele Unterkünfte halten Zimmer für Taucher frei. Oft wohnen Gäste bei Belegung eines Tauchkurses in dieser Zeit auch kostenlos, bei Tagestauchfahrten wird ein Rabatt auf den ansonsten üblichen Zimmerpreis gewährt.

Tauchkurse: Der Open Water Diver kostet ca. 9000 Baht; für den Advanced Diver werden rund 8000 Baht fällig, für den Rescue Diver 10 000 Baht. Ein Tauchgang ist ab 1000 Baht inkl. Ausrüstung zu haben, ab sechs Tauchgängen gibt es meist Rabatt.

Die Website ⌨ www.taucher.net kann bei der Auswahl des richtigen Ziels helfen: Hier finden sich Community-Bewertungen über Tauchschulen weltweit.

Bitte unbedingt lesen: Travelinfos von A bis Z, „Sicheres Tauchen", S. 79.

Auf den Klippen großzügige Holzbungalows mit Palmdächern, gemütlich möbliert. TV und DVD, Nichtrauchervillen. Kinderspielgeräte. ❻–❽

€ **O Chai 2** ⑤, ✆ 087-898 2271 (die Besitzerin ist eine alte Dame und spricht kein Englisch). Familienbetrieb mit Bungalows im großen Garten im Norden der Bucht. Hinten aus Holzimitat, vorne original. Wer hier eine Bleibe findet, wohnt günstig noch ganz direkt am Strand. Gute Matratzen, teils Moskitonetze bzw. Fliegengitter, Ventilator. Kein Restaurant. Nebenan im **O Chai 1** ⑤ gibt es weniger einladende Steinbungalows. Kein WLAN. ❷

**Sairee Cottage** ⑨, ✆ 077-456 374, ⌨ www.saireecottagediving.com. Beliebter Platz mit vielen unterschiedlichen Zimmern, mal im Bungalow, mal im Haus, mal mit AC, Minibar und TV, mal nur mit Ventilator. Die meisten Zimmer befinden sich jenseits der Strandpromenade. Groß und imposant sind die Thai-Häuser mit AC und TV, einige davon direkt am Strand. Pool. Tauchschule. Platz unter Palmen zum Relaxen. Gutes Restaurant am Meer. ❷–❻

## ESSEN

Die Restaurants am Hat Sai Ri und an der Straße bieten thailändische, französische, italienische, mexikanische und indische Küche. Am Strand gibt es zudem oftmals BBQ mit Fisch, Fleischspießen und Folienkartoffeln.

🧳 **995 Rosted Duck**, ✆ 084-906 4488, an der Straße oberhalb der Paradise Junction, **[9993]**. Einfaches Restaurant mit guter

N    0          500 m

Sairee View Resort

Hat Sai Ri (nördlicher Teil)
s. Karte Ko Tao S. 726

**■ ÜBERNACHTUNG**

**HAT SAI RI**
1. Koh Tao Cabana
2. Palm Leaf Resort
3. Bow Thong Resort
4. Big Blue Diving
5. O Chai 1 und 2
6. Blue Wind Resort
7. Big Blue Diving
8. Jizzo's Hostel
9. Sairee Cottage
10. Ban's Diving Resort
11. In Touch Bungalow

**BAN MAE HAT,
AO MAE HAT**
12. Crystal Dive Resort
13. Taco Shack
14. Ko Tao Beachside Resort
15. Koh Tao Royal Resort

**■ ESSEN**

**HAT SAI RI**
1. Rim Lay Bar & Restaurant
2. 995 Rosted Duck
3. The Fizz
4. Barracuda Restaurant
5. All Seasons
6. Sairee Cottage Restaurant
7. In Touch Restaurant

**BAN MAE HAT,
AO MAE HAT**
8. Buddy Restaurant
9. Cappuchino Bakery and
   Coffee House
10. Zest Coffee House
11. Mae Haad Seafood
12. Whitening

**■ SONSTIGES**

**HAT SAI RI**
1. Koh Tao Physicians Clinic
2. Shambala Yoga
3. Sunset Buri
4. Big Blue Diving (Büro)
5. Apnea Total
6. Ban's Diving
7. Maya Beach Club
8. Crystal Dive
9. Divepoint

Paradise
Junction

*Hat
Sai Ri*

**Ban
Hat Sai Ri**

Statue von Rama V. ★    FISCHEREI-
                        GEBÄUDE
*Laem Jor*  POLIZEI
*Por Ror*        SCHULE
                        ♨ Wat Ko Tao

*Ao Mae Hat*

**Ban
Mae Hat**

Thai Inter
Hospital

*Ao
Jansom*

Ko Tao
Health Center

Koh Tao
Rescue

UHRTURM

Mae Haad Square

Pier Rd

**■ TRANSPORT**

**BAN MAE HAT,
AO MAE HAT**
1. Seatran Discovery-Pier,
   Speedboote nach Ko Pha Ngan,
   Ko Samui
2. Hauptpier, Boote, Nachtboote
   nach Chumpon, Surat Thani
3. Pick-ups
4. Lompraya-Pier, Speedboote
   nach Chumpon, Ko Pha Ngan,
   Ko Samui, Surat Thani
5. Motorrad-Taxis
6. Taxiboote
7. Songserm-Pier, Expressboot
   nach Chumpon, Ko Pha Ngan

Ao Jansom s. Karte Ko Tao S. 726

authentischer Thai-Küche, sehr leckere Suppen und viele weitere Gerichte mit Ente oder Schwein. Hier gibt es noch kostenlos Wasser zum Essen. Günstig. ⏲ 9–21 Uhr.

**All Seasons**, ☎ 088-827 0487, an der Straße mit 2 nebeneinander liegenden Restaurants. Gute Küche, recht günstig und authentisch. Sehr leckere Isarn-Gerichte: *sticky rice*, Bamboo-Salat, *som tam*. Auch Gerichte aus der vietnamesischen Küche. ⏲ 9–21.30 Uhr.

**Barracuda Restaurant**, ☎ 080-146 3267. Kleines beliebtes Restaurant mit guten Salaten, frischem Fisch und einigen westlich modifizierten Thai-Gerichten. Auch für Vegetarier steht etwas auf der Speisekarte. Wer vorne einen Platz ergattert, kann dem Treiben auf der kleinen Walking Street zuschauen. ⏲ 16–23 Uhr.

**Rim Lay Bar & Restaurant**, ☎ 077-456 504, am Nordende der Bucht. Gehobenes Ambiente, gehobene Preise und exzellente Küche. Besonders gutes Seafood. Tgl. gibt es spezielle Set-Menüs. ⏲ 11–22 Uhr.

## UNTERHALTUNG

Am Strand gibt es jeden Abend diverse Feuershows. Und immer mal wieder auch eine Party, die auf Flyern und per Mund-Propaganda angekündigt werden. Nachts kann es daher in den Bungalows direkt am Strand oder in den entsprechenden Anlagen etwas lauter werden.

**Maya Beach Club**, einer der coolsten Plätze für einen Drink zum Sonnenuntergang. Gute DJs aus aller Welt; in der Saison gelegentlich Party-Events. Am Strand große Sonnenliegen.

**Sunset Buri**, veranstaltet immer mal wieder ausgelassene Pool-Partys und abends gibt es fast immer eine recht gute Feuershow am Strand. Wer zudem auf Events steht, bei denen Frauen oben ohne und Männer nackig sich für ein kostenloses Bucket zum Affen machen, kommt hier auf seine Kosten. Vermieten auch Bungalows, die absolut nicht zu empfehlen sind.

**The Fizz**, angesagte Bar mit Restaurant am Strand. Gemütliche Sitzkissen. Tgl. DJs.

## AKTIVITÄTEN

### Klettern

**Goodtime Adventures**, ☎ 087-275 3604, 🖥 www.gtadventures.com. Klettern, Abseilung, Cliff Jumping, Bouldern, Wandern und Mountainbiking. Die steilen Hügel im Inselinnern und die großen Klippen am Meer bieten ideale Möglichkeiten für Kletterer. Auch Anfänger können erste Versuche unternehmen. Betreiben auch das über dem Shop liegende **Goodtime Beach Hotel**, [6242], ❺.

### Tauchen

**Apnea Total**, ☎ 081-956 5720, 🖥 www.apnea-total.com. Am Hat Sai Ri hat bei Monica und Eusebio jeder die Möglichkeit, die Ruhe des Freediving ohne Flaschen zu erleben.

**Ban's Diving (Resort)**, ☎ 077-456 061, 🖥 www.bansdiving.de. PADI 5-Star IDC Center mit Resortbetrieb. In der großen Tauchschule sprechen die Divemaster über 15 Sprachen. Die Basis verfügt über 2 Tauchboote, um mit Anfängern und Fortgeschrittenen die jeweils geeigneten Tauchgebiete anzufahren. Eigener Pool. Bietet auch Spezialkurse, Tauchsafaris und *Liveaboards*. Zimmer im Resort ❷–❼.

**Big Blue Diving**, ☎ 077-456 415, 🖥 www.bigbluediving.com. Großes PADI 5-Star IDC Center mit 2 Resorts, Office an der Straße. Zur Zeit der Recherche wurden die neuen Unterkünfte im Norden gebaut und die zentral gelegenen renoviert. Kurse nach PADI oder SSI. 2 deutschsprachige Tauchlehrer Im Stammteam. 3 Boote für bis zu 50 Pers. Nitrox-Tauchen, Wracktauchen, Nachttauchen, Frühstückstrips und Sunset-Tauchen.

### Yoga

**Shambala Yoga**, im **Blue Wind Resort** [3412], ☎ 084-4406 755, 🖥 www.shambalayogakohtao.com. Seit 1997 und somit eine erfahrene Yogaschule mit Angeboten morgens und abends.

## SONSTIGES

**Koh Tao Physicians Clinic**, nahe Blue Wind Resort, ☎ 077-456 712. ⏲ 8–20 Uhr, 24 Std. Notdienst, auch bei Tauchunfällen.

Gesundheitsattest für Tauchkurse. Wenn bei einem Notfall hier keiner erreichbar ist, s. auch Kasten S. 725.

# Ao Chalok Ban Kao

Der drittgrößte Strand der Insel liegt an der Süd-küste mit Blick auf Ko Pha Ngan und Ko Samui. Hier ist es ruhiger als am Hat Sai Ri. Im Dorf, welches sich fast bis nach Mae Hat hinzieht, gibt es Supermärkte, Geldautomaten, eine Bank und zahlreiche Restaurants und kleinere Shops. Die Bucht bietet viele herrliche Aussichtsmög-lichkeiten, die östliche Felsformation **Hin Taa Toh** soll einen sitzenden Mann verkörpern und gilt für viele Einheimische als eine der wichtigs-ten Landformationen der Insel. Am ehesten er-kennt man dies vom gegenüberliegenden Strand oder vom Boot aus. Ein beliebtes Ziel auch für Gäste anderer Strände sind die zwei Buchten des Freedom Beach.

Der Strand von Ao Chalok Ban Kao schrumpft von Jahr zu Jahr, bei hohem Wasserstand zeigt sich nur noch ein schmaler Streifen weißen Sandes. Oft weichen die Sonnenanbeter zum Bräunen auf Holzplateaus aus. In der Bucht herrscht tagsüber meist ein reger Verkehr von Tauch- und Longtail-Booten, worunter die Was-serqualität leidet.

## ÜBERNACHTUNG

Karte S. 726
**Ko Tao Resort** ⑬, ✆ 077-456 133, 🖥 www.kotaoresort.com, [5654]. Die erste Anlage des Strandes ist noch immer eine gute Wahl. Ver-schiedene Preiskategorien, je nach Strandnähe. Die einfacheren Bungalows am Hang jenseits der Straße, die größeren mit Wohnzimmer oder 2 Doppelbetten, TV, Kühlschrank in Strandnähe. Pool und kleiner Fitnessbereich. Ein weiterer Ableger der Anlage auf dem Berg. ❺–❽
**Koh Tao Tropicana Resort** ⑫, ✆ 077-456 167, 🖥 www.koh-tao-tropicana-resort.com, [3448]. In einer weitläufigen Gartenanlage ordentliche Steinbungalows. Im hinteren Teil 2- bzw. 3-stöckige Gebäude mit etwas besser ausge-statteten Zimmern. Ventilator oder AC. Alle

Zimmer auch für 3 Pers., dann etwas teurer. Verleih von Mountainbikes. ❷–❺
**Sunshine Resort** ⑨, ✆ 077-456 390, 🖥 www.kohtaosunshinebeachresort.com, [3449]. Gute Zimmer in 2-stöckigen Gebäuden und ein paar schöne mediterran anmutende Steinhäuschen vorne am Strand. Alle Zimmer mit AC, TV und Kühlschrank. Das Personal erscheint mit der Pflege etwas überfordert. ❺–❻ Nebenan gibt es im **Sunshine 2 Bungalows** ⑨, ✆ 077-456 154, [9968], günstigere etwas verwohnte Bungalows mit Ventilator und teure Zimmer mit AC. Beide WLAN im Restaurant. Die Tauch-schule befindet sich neben dem Sunshine 2, 🖥 www.sunshine-diveresort.com. ❷–❺
**Taa Toh Resort & Freedom Beach Bungalows** ⑭, am Freedom Beach, ✆ 077-456 596, [8799]. In dieser angrenzenden Bucht mit meist glas-klarem Wasser gibt es noch ein paar einfache Holzbungalows im Hang neben immer zahl-reicher werdenden Steinbungalows – mal mit, mal ohne AC. Ein Steg führt um die Felsen herum zu einer weiteren Bucht – ein toller Platz zum Chillen. ❸–❻
**Taraporn Resort** ⑧, ✆ 081-968 2565, [3451]. Im Westen ums Kap herum, über den Steg durch das Restaurant zu erreichen. Am Strand, wegen vieler großer Steine wunder-schön anzusehen, liegen einfache saubere Holzbungalows unter Bäumen. Alle mit Moskito-netz, Ventilator und Hängematte. ❷–❸
**Viewpoint Resort** ⑦, ✆ 077-456 444, 🖥 www.kohtaoviewpoint.com, [5655]. Wenige Meter hinter Taraporn wird es luxuriös. Auf den Klippen hinter Sträuchern, Bäumen und Bambuszäunen versteckt gelegene, luxuriöse Bungalows mit halb offenen Bädern. Großzügige Pool-Villen. Die günstigeren Bungalows liegen oberhalb. Das Resort ist mit vielen Naturmate-rialien gestaltet; Naturschutz wird ernst genom-men: Abwasseraufbereitung, Kompostierung, Solarenergie. WLAN im Restaurant. ❹–❽

## ESSEN UND UNTERHALTUNG

**Babaloo Strand Bar**, ✆ 087-271 5664. Idyllisch und abgeschieden am Strand des Taraporn Resorts. Gelegentliche Strand-partys in der Saison.

**Bay Thoei Thai Food**. Im Dorf Richtung Mae Hat, ☎ 081-926 3593. Sehr authentische Thai-Küche. Gute Suppe, einige Fried Rice-, Fried Noodle-Gerichte für 60 Baht. Wasser gibt es hier noch umsonst. ⏰ 7–15 Uhr.

**Cappuchino**, an der Straße, ☎ 077-601 966. Wie auch in Mae Hat gibt es hier guten Kaffee und frische Backwaren.

**Fishy Burger Island**, ☎ 087-136 5620, im Hinterland an der Zufahrtsstraße zum Strand. Hier gibt es nicht nur fischige Burger und andere westliche Küche, sondern auch überraschend gute Thai-Gerichte zu absolut angemessenen Preisen. Rund um die Uhr geöffnet.

### SONSTIGES

#### Medizinische Hilfe

**Chalok Clinic**, ☎ 077-456 922, ⏰ 8–22 Uhr. Hilft auch bei Tauchunfällen.

#### Tauchen und Yoga

**Big Bubble Diving**, ☎ 077-456 669, 081-270 0334, 🖥 www.bigbubble.info. Beliebte Tauschule mit schönen Unterkünften in den **Bubble Bungalows** (ehemals Bhora Bhora). Die Bungalows liegen jenseits der Straße im Hang. Holzhütten und Steinhäuschen, mit Ventilator oder AC (dann mit TV, DVD, Kühlschrank). Terrassen mit Blick auf die Bucht. ❸–❺

**Buddha View Dive Resort**, ☎ 077-456 074, 🖥 www.buddhaview-diving.com. Renommierte große Tauchschule. Im Resort gut eingerichtete Zimmer im 2-stöckigen Haus in grauem Putz, moderne Möbel. Ventilator oder AC, alle mit Warmwasser. Geringe Nachlässe für Taucher. Kleiner Pool hinter der Tauchschule. Abends BBQ am Strand. ❸–❺

🛖 **New Heaven Dive School**, ☎ 077-457 045, 🖥 www.newheavendiveschool.com. PADI- und SSI-Kurse, hat Ökoprojekte wie die Einführung einheimischer Kinder in die Unterwasserwelt ins Leben gerufen und ist Mitinitiator regelmäßiger Säuberungsaktionen der Riffe und Strände. Positiv fällt auch die praktizierte Mülltrennung auf. Wer will, kann sich hier in einem 3-tägigen bzw. 2-wöchigen Kurs darin schulen lassen, wie man die Unterwasserwelt schützt. Auf der Terrasse der

New Heaven Dive School finden zudem tgl. von 11–13 und 17–19 Uhr **Yoga-Kurse** für 200 Baht statt. Anmeldung erforderlich.

**Ocean Sound Dive & Yoga**, im Dorf, ☎ 082-412 6240, 🖥 www.oceansoundyoga.com. Dieser Yogaschule ist eine Tauchschule angeschlossen. Tauchen und Entspannung: Gezieltes Muskeltraining und Atemübungen können hier perfekt abgestimmt gelernt werden.

## Ao Thian Og (Shark Bay)

Ein Bilderbuchstrand mit weißem Sand und türkisfarbenem Wasser, vor dessen bewaldeten Hängen sich die Palmen wiegen. Schnorchler können in der Bucht **Thian Og** [3457] auch Riffhaie beobachten, morgens an der Ostseite, nachmittags besser an der Westseite.

### ÜBERNACHTUNG

Karte S. 726

**New Heaven Blue View Resort** ⑰, ☎ 077-456 462. Gepflegte dunkle Bungalows unter vielen schattigen Bäumen am Hang, Ventilator und AC. Gemütliches Restaurant mit Sitzkissen, toller Blick auf Shark Island und die Bucht. Kleiner Privatstrand zwischen den Felsen mit exzellenten Schnorchelbedingungen. ❺–❼

**Rocky Resort** ⑯, ☎ 077-456 035, 📧 rocky resortthailand@qmail.com. An der östlichen Hangseite auf den Klippen einfache Hütten direkt am Wasser, manche als Holz-Reihenbungalows, andere aus Stein und in Reihen angeordnet. Alle mit Ventilator. ❷–❹

**The Haad Tien Resort** ⑮, ☎ 077-456 580, 🖥 www.haadtien.com. Die Anlage nimmt den zentralen Strandabschnitt ein. Hochwertige, große Holzbungalows mit AC, 3-seitigen Fensterflächen, Palmdach. Die Bungalows stehen im gepflegten großen Garten und direkt am Strand. Weiter hinten gelbe Steinbungalows mit Ventilator oder AC, alle malerisch unter Palmen angeordnet. Die Beach Bar am Strand verleiht Schnorchelausrüstung. ❻–❽

DIE GOLFKÜSTE

# Ao Leuk

Die **Ao Leuk** [3051] bietet einen schönen, breiten Strand mit weißem feinen Sand und kristallklarem Wasser, aus dem bei Ebbe einige Steine ragen. Hier kann man sehr gut schwimmen und rund um die Felsen schnorcheln. Die Bucht ist mit dem Moped, Jeep oder Taxiboot zu erreichen. Zu Fuß ist der 3 km lange Weg nach Mae Hat in 40 Min. zu bewältigen.

Karte S. 726
**Aow Leuk II** ⑱, ☎ 077-456 779, 081-077 9574, 🖥 www.aowleuk2.com. Unter professioneller, liebevoller Leitung von Da und Zua. An der südlichen Hangseite 6 hübsche, individuelle Holzbungalows mit Ventilator. Preis je nach Aussicht, die meist grandios ist. Innen Holzböden, grob verputzte Wände, außergewöhnliche Möbel. Bäder, halb offen zum Meer. Hübsche Details, viel Schmuck und schöne Farben auch im Restaurant über den Klippen. Reservierung ratsam. ❹–❺
**Aow Leuk Bungalows** ⑲, ☎ 077-456 692. Vorne große weiße Steinbungalows, hinten alte gemütliche Mattenbungalows. Ventilator oder AC und Warmwasser. Das Restaurant ist kahl und ungemütlich. ❷–❺

# Ao Tanote

Eine paradiesische Bucht mit geschwungenem weißen Sandstrand, dahinter Palmen und die bewaldeten Hänge. In der Mitte der **Ao Tanote** [3046] liegen ein paar Felsbrocken, über die man klettern kann. Zum Schwimmen eignet sich die Bucht weniger gut, da Korallenreste den Meeresboden bis zum Ufer bedecken. Dafür sind die Schnorchelmöglichkeiten vom Strand aus grandios. An der Nordseite lassen sich große Fische wie Barrakudas, Snapper und junge Riffhaie beobachten.

Mit dem Moped sind die 4,5 km vom Pier aus nur mit Mühe zu bewältigen. Einfacher geht es mit den Taxibooten oder Pick-ups. Vom Black Tip Resort aus fährt fast stdl. ein Wagen von und nach Mae Hat. Transport (auch wenn man sich abholen lässt vom eigenen Resort) kostet fast immer 100 Baht.

## ÜBERNACHTUNG

Karte S. 726
**Family Dive Resort** ④, ☎ 077-456 787. Hübsche Steinbungalows (Ventilator oder AC) in Weiß mit grünen Dächern am Hang unter vielen blühenden Bäumen. Die Anlage nimmt fast den kompletten nördlichen Hang ein. Wer ganz oben wohnt, genießt die fantastische Sicht. ❸–❻
**Montalay Resort** ⑤, ☎ 077-456 488, 🖥 www.montalayresort-kohtao.com. Aus Holz und Stein errichtete Hütten am Hang hinter dem futuristischen Haupthaus. Viele Doppelbungalows mit Gemeinschaftsbad; auch Familienbungalows mit Doppel- und Einzelbett und schicke Zimmer im Haus am Hang. AC oder Ventilator. Pool. Schöner Meerblick. ❺–❽
**Poseidon Resort** ⑥, ☎ 077-456 734, ✉ poseidonkohtao@hotmail.com. Blumenreiche Anlage am Hang. Individuell gestaltete Hütten aus Holz oder Stein mit Ventilator, meist hinter Pflanzen. Ausgefallenes Resort mit relaxter Atmosphäre. Kajakverleih. ❷–❹

## TAUCHEN

**Black Tip Diving**, ☎ 077-456 488, 🖥 www.blacktipdiving.com. PADI Gold Palm IDC-Resort unter langjähriger einheimischer Leitung von Dam. Hier können Kinder ab 8 Jahren erste Schritte in die Unterwasserwelt unternehmen. Eigener Pool. Black Tip Diving unterstützt die Initiative, einheimischen Kindern das Schwimmen und Tauchen beizubringen, um ihnen die Schönheit der Unterwasserwelt nahezubringen und sie für deren Schutz zu begeistern.
**Calypso Diving**, ☎ 077-456 745, 084-841 5166, 🖥 www.diving-calypso.de. Kleine familiäre Tauchschule. Tauchkurse nur in kleinen Gruppen (bis 6 Pers.), individuelle Wünsche werden nach Möglichkeit gern berücksichtigt. In der Ao Tanote kann direkt vom Strand aus getaucht werden, oder Dennis fährt mit dem Tauchboot an die Ostküste abseits der Massenströme. PADI- und CMAS-Kurse.

# Ko Nang Yuan

Die drei Inseln bilden ein beliebtes Postkartenmotiv. Sie sind durch einen blendend weißen, 50 m langen Sandstrand verbunden, rechts und links das türkisfarbene Wasser. Bei Flut wird der Sand überspült. Malerisch ragen große runde Felsbrocken vor der mittleren Insel aus dem Wasser, auf Holzstegen gelangt man zu den Bungalows des einzigen Resorts. Stufen führen zum Aussichtspunkt auf der Südinsel, von hier hat man den besten Blick auf die Umgebung.

An der mittleren Insel liegt das beliebte Schnorchelgebiet **Japanese Garden**, wo die meisten Korallen ihre Farbenpracht bereits verloren haben. Auch die Fische haben sich in ruhigere Gefilde zurückgezogen. Etwas mehr sieht man am nördlich gelegenen **Green Rock** (S. 730/731). Am Strand finden Sonnenanbeter Liegestühle und Schatten spendende Schirme.

Für viele Reisende ist Nang Yuan der Inbegriff eines Inselparadieses, andere fühlen sich im Trubel der vielen Ausflügler nicht sehr wohl. Das große Restaurant auf der mittleren Insel ist teuer und auf die Verpflegung der Tagesausflügler ausgerichtet. Diese kommen in Scharen. Erst am späten Nachmittag kehrt Ruhe ein.

Die Insel ist als Schutzgebiet ausgewiesen, Plastikflaschen sind verboten. Tagestouristen zahlen 100 Baht Eintritt.

## ÜBERNACHTUNG

Karte S. 726

**Nang Yuan Dive Resort** ①, ☏ 077-456 088, 🖥 www.nangyuan.com. Auf den 3 Inseln verteilen sich über 60 Bungalows, von der Holzhütte bis zur Familiensuite mit TV und AC. Fantastischer Blick von den luxuriöseren Bungalows auf den höheren nördlichen und südlichen Inseln. Auf der mittleren kleineren Insel wohnt man am Meer in Nähe des Restaurants. Angegliederte Tauchbasis. Taucher erhalten Rabatte auf den Zimmerpreis. ❺ – ❽

## TRANSPORT

Mit dem **Taxiboot**, individuell von MAE HAT oder HAT SAI RI für 350 Baht hin und zurück.

Speedboote der Tauchschulen und die großen Boote von Lomprayah oder Seatran fahren Nang Yuan an, meist als **Tagesausflug** ab KO SAMUI oder KO PHA NGAN. Die regulären Boote der Strecke Chumphon–Ko Samui halten hier, sofern Tagestouristen an Bord sind, dann können auch Übernachtungsgäste direkt hier aussteigen. Andernfalls fährt man weiter nach Ko Tao und setzt mit dem Longtail-Boot über.

# Die südliche Golfküste

Die südliche Golfküste zählt zu den weniger besuchten Regionen Thailands. Das verdankt sie dem Fehlen herausragender Sehenswürdigkeiten und macht sie umso interessanter für Entdecker, die sich etwas abseits der ausgetretenen Pfade bewegen möchten. Auch Ruhesuchende kommen hier auf ihre Kosten.

Die beiden Hauptverkehrsknotenpunkte sind Surat Thani und Hat Yai. Beide Städte sind alles andere als beschaulich. Während Surat Thani nicht zu einem längeren Aufenthalt einlädt, kann man in Hat Yai durchaus einen interessanten (Einkaufs-)Tag verbringen und zudem gut essen.

Strandliebhaber können östlich von Surat Thani bei Khanom und Sichon auf die Suche nach ihrem ganz persönlichen Paradies gehen – wer sucht, findet hier noch wunderschöne, einsame Strandabschnitte. Im Hinterland laden Berge und Wasserfälle zu Erkundungstouren ein.

In Nakhon Si Thammarat stehen einige der bedeutendsten Tempelanlagen des Südens. In der Stadt, die auf eine lange Geschichte zurückblickt, werden noch alte Traditionen gepflegt, wie z. B. das Schattenspiel.

## Chaiya

Vom 8. bis ins 13. Jh. war das heutige Südthailand Teil eines mächtigen Imperiums, des Srivijaya-Reichs, das neben Südthailand auch Indo-

Thung Tako
Paknam Lang Suan
Lang Suan
KO TAO
Lamae
ANG THONG MARINE N.P.
Tha Chana
Tha Krachai
Chaiya   Phumriang
Tha Chang
Surat Thani
Khiri Ret   Phunphin
Tanikhom
Khian Sa
Ban Na San
Wiang Sa
Phra Saeng
Phi Pun
Chariburi
Chawang
Thung Yai
Khao Phanom
Krabi
Thung Song
Khlong Thom   Huai
Wang Wiset   Yod
Bo Muang
Sikao
Trang
Kantang
Kan Ta Khao
Palian
Yong Sata
Thung Wa
Pakbara
La-Ngu
Khuan Don
Satun
Kuala Perlis
Kuah
Kuala Kedah
Jenlang
Sik
Sungai Petani

KO PHA NGAN
s. Stadtplan Surat Thani S. 742
Tong Sala
Nathon
KO SAMUI
KO FALUAY
Don Sak   Khao Wang Tong-Höhle
Kanchanadit
Khanom
Nai Plao Bay
s. Detailplan Khanom S. 745
Sichon
Ao Hin Ngam
Hin Lad-Wasserfall
Nam Tok Promlok
KHAO LUANG N.P.
Khao Luang 1835
Karom Falls
Lan Saka
Tha Sala
Prom Khiri
Nakhon Si Thammarat
Pak Phanang
s. Stadtplan Nakhon Si Thammarat S. 747
Ron Phibun
Cha Uat
KHAO PU KHAO YA N.P.
Thale Noi
Ranot
Thale Luang
Wat Pra Kho
Phattalung
Ban Lam Pan
Khu Khut-Vogelpark
Thale Sap
Khao Chison
Heiße Quellen
Sathing Phra
Tha Mot
Haad Kaew
KHAO CHONG N.P.
Wat Khiam Bang Kaeo
Khuan Niang
Tinsulanonda-Brücke
s. Stadtplan Songkhla S. 750
s. Stadtplan Hat Yai S. 753
Rattaphum
Songkhla
KO YOR
Hat Yai
Chana
Pattani
Panare
Nathawi
Tha Pa
Nong Chik
Yaring
Yarang
Khok Pho
Saiburi
Padang Besar
THALE BAN N.P.
Saba Yoi
Yala
Sadao
Yaha
Bacho
Ruso
Yi-Ngo
KO TARUTAO N.P.
KO ADANG   KO LIPE
KO TARUTAO
PULAU LANGKAWI
Kangar
Alor Setar
Bannang Satal
Rangae
Than To
Narathiwat
Tak Bai
Sungai Golok
Pasir Mas
Sukhirin
Rantau Panjang
Betong
Pengkalan Hulu
Tanah Merah
Narathat Park
Hat Sakom
Hat Ratchadapisek
Hat Thachi
Hat Panare

DIE GOLFKÜSTE
KO LANTA
KO LIBONG
KO PETRA
KO SUKON
KO TARUTAO N.P.
KO BULON LAE

nesien und Malaysia umfasste. Einige Forscher versteigen sich in die Behauptung, dass die kleine, unauffällige Stadt Chaiya, etwa 55 km nördlich von Surat Thani, einst Hauptstadt dieses Reichs gewesen sei – Begründung: Die Namen klängen ähnlich. Wahrscheinlicher ist jedoch, dass das Reich von Sumatra aus regiert wurde.

Immerhin wurden in Chaiya wertvolle Zeugnisse aus dieser Zeit gefunden. Im kleinen **Chaiya National Museum**, Raksanorakit Road, ✆ 077-431 066, sind Beispiele zu sehen. Die ältesten Exemplare gehen bis ins 6. Jh. zurück. Die meisten ausgestellten Stücke sind Nachbildungen; die Originale befinden sich im Nationalmuseum von Bangkok, ⏰ Mi–So 9–16 Uhr, Eintritt 30 Baht. Nahe dem Museum liegt das **Wat Phra Boromathat**, dessen ehemaligem Abt Phrakhru Sophonjetasikaram ein Großteil der Sammlung zu verdanken ist.

So uninteressant Chaiya für die meisten Touristen ist, so bedeutend ist es für alle, die sich mit dem Buddhismus beschäftigen. Das **Wat Suan Moke** (Kurzform für: Wat Suan Mokkhaphalaram) zieht seit vielen Jahren Meditierende aus der ganzen Welt an. Der Abt Buddhadasa Bhikkhu (1906–93) übernahm das einfache Waldkloster 1932 und entwickelte im Laufe der Zeit eine eigene, moderne Interpretation der klassischen Theravada-Lehre, die ihm zwar die Kritik des konservativen Klerus, aber auch viel Respekt bei den buddhistischen Laien des Landes und weltweite Beachtung einbrachte. Das große Gelände ermöglicht entspannende Spaziergänge, auch für Tagesbesucher. Das Rauschen der nahe gelegenen Schnellstraße nicht zu beachten, ist noch eine der leichteren Übungen während eines längeren Aufenthalts. Weitere Informationen unter 🖥 www.suanmokkh.org.

### ÜBERNACHTUNG UND ESSEN

**Idomlarp**, 136/4 Mutapruke Rd., ✆ 077-431 123. An der Vichitpukdee Rd., Ecke Mutapruke Rd. ist ein Hinweisschild „Hotel" angebracht; von dort noch 40 m. Das einstöckige Holzhaus fällt zuerst ins Auge; dahinter liegt das neue -geschossige Gebäude. Alle sind hilfsbereit und freundlich. 5 einfache Zimmer im Holzhaus ohne (notwendiges) Moskitonetz.

Gemeinschafts-Du/WC auf dem Gang. ❶ Im Neubau 15 Zimmer mit AC oder Ventilator, eigene Bäder (Kaltwasser); sauber und geräumig. Einige Zimmer mit Balkon. ❷ Einige **Essensstände** und **Mini-Restaurants** finden sich im Zentrum. Mittags gibt es Nudelsuppe oder ein gutes *pad thai* bei der sehr netten Dame schräg gegenüber dem 7-Eleven an der Vichitpukdee Rd., Ecke Hauptstraße.

### TRANSPORT

Nach SURAT THANI mit den **blauen Songthaew** den ganzen Tag mind. stdl. ab Zentrum für 50 Baht in 1 Std.
Zum WAT SUAN MOKE, etwa 7 km vom Zentrum entfernt, mit den Songthaew Richtung Surat Thani für 25 Baht in knapp 10 Min. (Eingang auf der gegenüberliegenden Straßenseite).

## Surat Thani und Umgebung

**Surat Thani** [6053] bedeutet „Die Stadt der guten Menschen". Dieser Ehrentitel wurde ihr vor etwa hundert Jahren von König Rama VI. verliehen, als ihm die besondere Hinwendung der Bewohner zum Buddhismus deutlich wurde. Das ist allerdings lange her … Heute entlockt der Name „Stadt der guten Menschen" vielen Reisenden nur ein gequältes Lächeln. Surat Thani ist Travellern hauptsächlich als Verkehrsknotenpunkt ein Begriff, und als solcher hat es keinen guten Namen. Zwangspausen im Wait-for-the bus-Restaurant, VIP-Busse, die sich als Klapperkisten erweisen, ausgeraubte Rucksäcke – die Geschichten nehmen kein Ende. Hier hilft es nur, seine Wertsachen noch besser im Auge zu behalten als sonst, sämtliche Schlepper zu ignorieren und – leider – allen einheimischen „neuen Freunden", die man abends beim Bier kennengelernt hat, eine gesunde Portion Misstrauen entgegenzubringen.

Abends kann man die Ban Don Road am Tapi-Fluss entlangschlendern, wo sich ein **Nachtmarkt** ausbreitet. Thais und Ausländer lassen sich hier auf Plastikstühlen kleine, authentische Mahlzeiten schmecken. An vielen Ständen helfen englische Speisekarten bei der Auswahl.

## ÜBERNACHTUNG

**100 Islands Resort & Spa** ②, 19/6 Moo 3 Bypass Rd., ✆ 077-201 150, 🖳 www.roikoh.com. Etwa 2 km südwestlich des Zentrums. Recht großes Hotel mit günstigen großen Zimmern. TV, Kühlschrank, AC, einige mit Balkon, andere mit Zugang zum Pool, der wie ein Natursee angelegt ist. Familienzimmer. WLAN. ❸–❺

**BJ Hotel** ③, 17/1 Don Nok Rd., ✆ 077-217 410, 🖳 www.bjhotel.i8.com. Große Zimmer mit modernem Anstrich in Grau. AC, TV, Kühlschrank. Einige Zimmer sind etwas dunkel mit kleinem Fenster. Im Erdgeschoss Café mit frischen Backwaren und gutem Kaffee. ❷–❸

🛄 **My Place@Surat Hotel** ①, 247/5 Namuang Rd., ✆ 077-272 288, 🖳 www.myplacesurat.com. Budget-Designhotel in zentraler Lage. Schön eingerichtete farbenfrohe Zimmer. Für jeden Geldbeutel gibt es hier eine Schlafstatt: EZ mit Ventilator und Gemeinschaftsbad bis hin zu AC-Zimmern mit TV, DVD, Kühlschrank und Wasserkocher. Freundliches hilfsbereites Personal. ❶–❷

## ESSEN

Wer die Gelegenheit dazu hat, sollte sich eine Mahlzeit auf dem **Nachtmarkt** am Ufer des Flusses gönnen. Englische Speisekarten erleichtern die Auswahl zwischen den lokalen Spezialitäten. Die Preise liegen zwischen 40 und 100 Baht. Größer ist die Auswahl auf dem Nachtmarkt rund um die Tee Lek Rd. Einfach auf die entsprechenden Gerichte deuten.

**Baan Satek**, Witeetad Rd. Der Name ist Programm: In diesem kleinen „Steakhaus" gibt es Gutes vom Rind. Daneben Pizza, Salate, Thai-Food und Frühstück. ⏱ 10–21 Uhr.

**Coffee Zone**, Ban Don Rd., Ecke Ton Pho Rd. An einem kleinen Kreisverkehr gegenüber von 2 chinesischen Tempeln gelegenes modernes Café mit Kaffee, Kuchen, Eis und Sandwiches. Klimatisierter Sitzbereich mit einigen Tischen zur Straße hin, im Obergeschoss bequeme bunte Sessel. ⏱ 10–22 Uhr.

**Cool Club & Restaurant**, Witeetad Rd., ✆ 081-894 9111. Cooler Lounge-Club mit weißen Sesseln, Barbereich und Glitzerkugel. Das Ambiente samt weiblicher Bedienung im knappen Dress hat seinen Preis. Speisekarte nur in Thai. ⏱ 20–24 Uhr.

## SONSTIGES

### Immigration
Büro in der City Hall, Don Nok Rd., ✆ 077-273 217. ⏱ Mo–Fr 8.30–12 und 13–16 Uhr.

### Informationen
**Tourist Information Office**, 5 Talad Mai Rd., ✆ 077-288 819, 🖳 www.tourismthailand.org/suratthani. Freundliche Angestellte. Englischsprachige Broschüren mit Infos zur Provinz. ⏱ 8.30–16.30 Uhr.

### Medizinische Hilfe
**Surat Thani Hospital**, 57 Si Wichai, 2 km südwestlich des Zentrums, ✆ 077-284 700, hat einen guten Ruf.

### Polizei
**Tourist Police**, Bypass Rd., ✆ 077-405 575, ✆ Hotline 1155.

## NAHVERKEHR

Der innerstädtische Nahverkehr wird von **Tuk Tuks** übernommen. Auf die Preislisten, die innen hängen, ist allerdings nicht immer Verlass. Eine Fahrt vom Zentrum zur Tourist Information, etwa 2 km die Talat Mai entlang, kostet ca. 50 Baht p. P.

Zum rund 15 km entfernten **Bahnhof Phun Phin** mit dem orangefarbenen **Bus** (Ziele stehen an der Frontscheibe) bis 18 Uhr, 15 Baht. Diese Busse halten außerdem am 4 km vom Zentrum entfernten **Busbahnhof**. Von hier kostet ein Sammeltaxi zum Bahnhof 150–200 Baht, Minibusse fahren zum Flughafen.

Der **Flughafen** liegt ca. 21 km vom Zentrum entfernt und ist in etwa 50 Min. mit dem Minibus (150 Baht) zu erreichen. Panthip fährt 4x tgl. vom Kaset 1 mit dem Minibus, Abfahrt 8.30, 10.30, 14 und 17 Uhr. Ab Flughafen in die Stadt: Im Terminal finden sich Busanbieter nach Surat Thani, Don Sak und anderen Zielen in der Umgebung. Zum Anleger

Don Sak (Fähren auf die Inseln) 1 1/2 Std. einplanen.

## TRANSPORT

Als Transport-Drehscheibe ist Surat Thani ziemlich unübersichtlich – das machen sich allerhand Schlepper zunutze, die verwirrt in der Hitze stehenden Travellern ihre Tickets anzudrehen versuchen.

### Busse, Songthaew und Taxis
**Tickets aus dem Reisebüro**
Wer Hilfe sucht oder Stress vermeiden möchte, sollte sich ins klimatisierte Büro von **Panthip (1970) Co.**, 293/6-8 Talat Mai, ☏ 077-272 230, 272 906, ⏲ 7–18 Uhr, begeben: Es verkauft Tickets zu allen wichtigen Zielen (u. a. auch Busse zum Flughafen), ist zuverlässig und hat sich vielfach bewährt – und für die Wartezeit gibt es sogar Internetzugänge und Getränke. Panthip vermittelt nicht nur Tickets, sondern betreibt auch eigene Busse:
KO PHA NGAN, um 8.30, 10.30, 12.30 14.30 und 16.30 Uhr für 350 Baht in 4 Std.
KO SAMUI, um 8.30, 9.30, 11.30, 12.30, 15 und 16 Uhr für 250 Baht in 3–3 1/2 Std.
Weitere Ziele sind KHAO SOK (200 Baht), KO PHI PHI (450 Baht), KRABI (180 Baht) und PHUKET (195 Baht), Abfahrt jeweils mehrmals tgl. bis spätestens 17 Uhr.
Anlaufstelle für Trips auf die Inseln im Golf ist auch **Phangan Tour**, 402/2 Talat Mai, ☏ 077-205 799. Auch die Fährgesellschaft **Seatran** hat ein Büro in der Talat Mai, ☏ 077-471 174.

**Busbahnhöfe der Innenstadt (Kaset 1 und 2)**
Die hier genannten Busse fahren, wenn nicht anders angegeben, am größeren Terminal Kaset 2 ab. Die Minibusse sind die etwas teurere, aber schnellere Alternative. Wenn zu wenige Fahrgäste da sind, stellen sie allerdings oft den Betrieb schon vor den hier angegebenen letzten Abfahrtszeiten ein. Wenn der Minibus nicht fährt, wird das bereits gekaufte Minibusticket 1:1 in ein Ticket für einen großen Bus (oft alte klapprige rote Busse ohne AC) umgetauscht bzw. ist für den großen Bus gültig. Hier mit Verhandlungen über die Preisdifferenz

zu beginnen, ist nur etwas für Kämpfernaturen mit Sprachkenntnissen.
Die Minibuspreise können je nach Reisebüro um etwa 50 Baht schwanken. Nicht unbedingt auf den letzten Minibus setzen (manchmal wird schon der Betrieb für den Tag eingestellt). Kompetent und hilfsbereit ist Frau Mol von **Mol Corner Service** am Busbahnhof Kaset 2, ☏ 077-212 065.
BANGKOK, Minibus um 11.30 und 15 Uhr für 700 Baht in 7 Std.
CHUMPHON, von 8–17 Uhr stdl. in 3 Std. für 250 Baht. Große Busse nur ab dem neuen Busbahnhof (s. unten).
DON SAK-PIER, von 7–17 Uhr für 150 Baht in einer knappen Stunde.
HAT YAI, von 6.30–16.30 Uhr stdl. mit Minibussen für 250 Baht in 4 1/2 Std.; von 8–15 Uhr mit dem großen AC-Bus (Nr. 490) für denselben Preis in 5–6 Std.
KHAO SOK, Minibusse von 7.30–16.30 Uhr für 200 Baht in 3 Std.
KO LANTA, Minibusse von 7.30–15 Uhr für 500 Baht in 4 Std.
KO PHI PHI, 8 und 13 Uhr mit dem Minibus und dem Boot für 650 Baht in 4 Std.
KRABI, Minibusse stdl. von 7.30–16.30 Uhr ab 200 Baht in etwas über 2 Std., große Busse stdl. 6–17 Uhr für 180 Baht in fast 4 Std.
NAKHON SI THAMMARAT (über KHANOM und SICHON), von 7–17 Uhr ungefähr stdl. mit dem großen Bus für 150 Baht ab Kaset 1 in 2 Std.
PHUKET, Minibusse von 8–17 Uhr für 250 Baht in knapp 4 Std.; große Busse (Nr. 465) 6x tgl zwischen 7.20 und 14 Uhr für 250 Baht; Letzterer fährt über KHAO SOK (120 Baht), TAKUA PA (150 Baht) und KHAO LAK (160 Baht).
RANONG, Minibusse von 7–15.30 Uhr für 200 Baht in knapp 4 Std.; große Busse (Nr. 469) um 8.30 und 14 Uhr für 200 Baht ab Kaset 1 in 4–5 Std.
TRANG, Minibusse von 7–15 Uhr für 200 Baht in 3 1/2 Std.

**Busse vom neuen Busbahnhof**
Der „neue" **Busbahnhof Takub** (nun schon einige Jahre alt, aber der Name hat sich eingebürgert) liegt etwa 6 km westlich des Zentrums. Transport dorthin mit dem Motorradtaxi

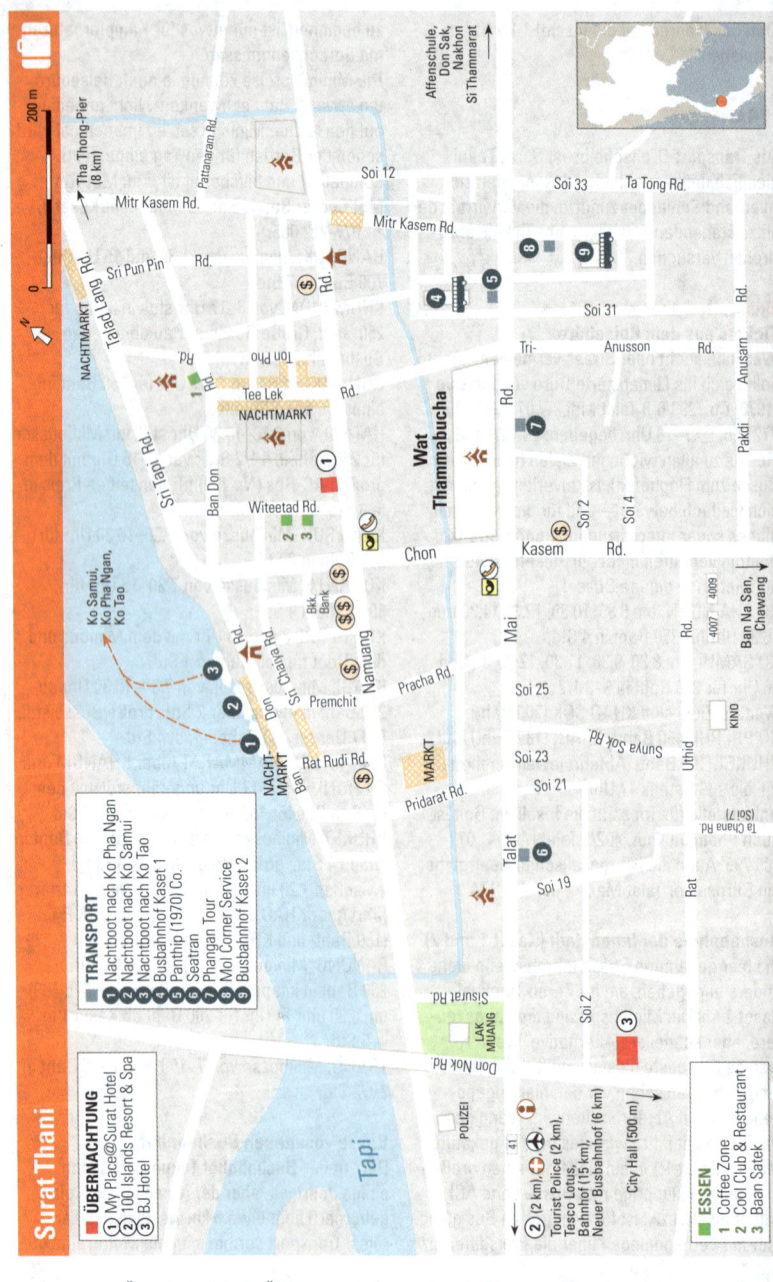

# Surat Thani

**ÜBERNACHTUNG**
1 My Place@Surat Hotel
2 100 Islands Resort & Spa
3 BJ Hotel

**TRANSPORT**
1 Nachtboot nach Ko Pha Ngan
2 Nachtboot nach Ko Samui
3 Nachtboot nach Ko Tao
4 Busbahnhof Kaset 1
5 Panthip (1970) Co.
6 Seatran
7 Phangan Tour
8 Moi Corner Service
9 Busbahnhof Kaset 2

**ESSEN**
1 Coffee Zone
2 Cool Club & Restaurant
3 Baan Satek

Ko Samui,
Ko Pha Ngan,
Ko Tao

Affenschule,
Don Sak,
Nakhon
Si Thammarat

Tapi

Tha Thong-Pier
(8 km)

NACHTMARKT
Talad Lang Rd.

Mitr Kasem Rd.
Sri Pun Pin Rd.
Ton Pho
Tee Lek
NACHTMARKT
Ban Don
Witeetad Rd.
Sri Tapi Rd.

Soi 12
Mitr Kasem Rd.

Soi 33  Ta Tong Rd.

Soi 31

Tri-  Anusson  Rd.
Anusarn Rd.
Pakdi Rd.

Wat Thammabucha

Chon

Kasem  Rd.
Soi 2  Soi 4

Bkk Bank
Namuang Rd.
Premchit
Rat Rudi Rd.

Mai Rd.
Pracha Rd.

Pridarat Rd.
MARKT

Soi 25
Soi 23
Soi 21
Soi 19

Sunya Sok Rd.
KINO
Uthid Rd.

Ban Na San,
Chawang
4007 · 4009

Talat

Ta Chana Rd. (Soi 7)
Rat Rd.

NACHTMARKT
Don  Sri Chaiya Rd.
Ban

POLIZEI

LAK MUANG
Sisurat Rd.
Don Nok Rd.

41
(2 km),
Tourist Police (2 km),
Tesco Lotus,
Bahnhof (15 km),
Neuer Busbahnhof (6 km)
City Hall (500 m)

oder dem Songthaew für Touristen zwischen 150 und 200 Baht. Von hier fahren den ganzen Tag über Busse gen Bangkok (über CHUMPHON und HUA HIN).

BANGKOK, ganztags insgesamt etwa 30 Busse, von morgens früh bis in die späten Abendstunden. Reisedauer ca. 8 Std., Tickets je nach Busklasse zwischen 500 und 850 Baht. Am bequemsten sind die VIP-24-Busse, Abfahrt zwischen 19 und 21 Uhr.

CHUMPHON, mehrere Busse zwischen 8 und 13 Uhr für 220 Baht in 4 Std.

### Transport von und zum Bahnhof

Der **Bahnhof Phunpin**, ✆ 077-311 213, liegt außerhalb von Surat Thani, etwa eine halbe Busstunde mit dem orangefarbenen Bus (an der Windschutzscheibe angeschrieben) ab Kaset 1 (knapp 20 Baht) zu erreichen.

**Busse ab Bahnhof**: Wer mit dem Nachtzug ankommt, wird meist gleich in einen Anschlussbus zu den Piers nach KO PHA NGAN, KO SAMUI, PHUKET oder KRABI gebracht; falls die Tour nicht durchgebucht wurde und noch ein Platz frei ist, kann man auch zusteigen (dann oft überhöhte Preise). Viele Busse, die am Kaset 2 in Surat gestartet sind (vgl. dort), kommen etwa 30 Min. später am Bahnhof vorbei. Tickets für alle Busse: wenn man aus dem Bahnhof kommt, schräg links gegenüber.

**Songthaew ab Bahnhof**: CHAIYA, mit dem blauen Songthaew vor dem Bahnhof Phunpin nahe dem 7-Eleven ganztags für 50 Baht in 1 Std.

WAT SUAN MOKE (7 km vor Chaiya), mit demselben Songthaew; dem Fahrer Bescheid sagen und sich vorher absetzen lassen.

**Taxis ab Bahnhof**: Wer schnell und bequem weiterkommen möchte, nimmt ein Taxi vom Bahnhof. Zum NACHTBOOTPIER BAN DON 50 Baht, DON SAK-PIER 1200 Baht, WAT SUAN MOKE 600 Baht, KHAO LAK 2500 Baht, KHAO SOK 1500 Baht, KRABI 2200 Baht, RANONG 800 Baht, HUA HIN 6000 Baht.

### Eisenbahn

An- und Abreise zum/vom Bahnhof s. o.
Von Surat Thani fahren Züge in den Norden bis nach Bangkok und in den Süden bis nach

Butterworth. Die genauen Abfahrtszeiten und Haltestellen s. Fahrpläne S. 954/955.
CHAIYA, mit dem Bummelzug 446 um 13.25 Uhr in 30 Min.

### Boote

KO PHA NGAN, mit den Autofähren **Raja** stdl. von 5.30–19 Uhr ab Don Sak für 320 Baht in etwa 2 1/2 Std. (inkl. Zubringerbus nach Don Sak, Fahrzeit 1 1/2 Std.); mögliche Streichungen in der Nebensaison. Mit dem **Nachtboot** ab Ban Don-Pier um 22 Uhr (Ankunft 5 Uhr) für 300 Baht.
KO SAMUI, mit den Autofähren **Raja** stdl. von 5.30–19 Uhr oder **Seatran** stdl. von 5.30–17.30 Uhr in etwa 1 1/2 Std. ab Don Sak für 240 bzw. 250 Baht (inkl. Zubringerbus nach Don Sak, Fahrzeit bis Don Sak 1 1/2 Std.). In der Nebensaison werden einige Fähren gestrichen (besonders Seatran). Alternativ mit dem **Nachtboot** ab Ban Don-Pier um 22 Uhr (Ankunft 5 Uhr) für 250 Baht.
KO TAO, mit dem Nachtboot ab Ban Don-Pier um 23 Uhr (Ankunft 7 Uhr) für 550 Baht.
**Lomprayah** fährt mit dem Katamaran ab Don Sak nach Ko Samui (Nathon), Ko Pha Ngan und Ko Tao um 10.10 Uhr für 350/450 bzw. 600 Baht in 45 Min., 95 Min. bzw. 4 Std. Nach Ko Samui und Ko Pha Ngan zudem um 16 Uhr. Transfer von Surat Thani nach Don Sak ca. 1 1/2 Std. vorher zzgl. je 100 Baht.

### Flüge

An- und Abreisetipps Flughafen s. unter Nahverkehr.
BANGKOK, Don Muang Flughafen: **AirAsia**, ✆ 077-441 196, 🖥 www.airasia.com, und **Nok Air**, ✆ 077-441 275, 🖥 www.nokair.com, beide bis zu 5x tgl.; Suvarnabhumi Flughafen: **Thai Smile Airways**, ✆ 077-441 136, 🖥 www.thai smileair.com, 2 Flüge, mittags und früher Abend.
KUALA LUMPUR, 1x tgl. mit **AirAsia**.

## Khanom und Sichon

Rund 80 km östlich von Surat Thani in Richtung Nakhon Si Thammarat liegen die beiden kleinen Städte Khanom und Sichon. Dazwischen erstrecken sich auf etwa 30 km Länge schöne und oft noch recht einsame Strandabschnitte. Die Region zieht inzwischen einige Individualreisende an. Doch insgesamt sind es erst wenige westliche Touristen, die man hier trifft, im Winter vor allem Finnen und Schweden, ansonsten ist das Publikum gemischt. Vor allem am Wochenende sind die Strände Ziel vieler thailändischer Familien und Gruppen von jungen Leuten. Dann gibt es nur wenige freie Betten – an Ferienwochenenden oder an entsprechenden Feiertagen ist alles ausgebucht.

Die Region ist für die großen Populationen an **rosa Delphinen** berühmt. Diese kann man auf Ausflügen (am besten am frühen Morgen und bei ruhiger See) beobachten.

## Strände und Berge bei Khanom

Südlich von Khanom erstrecken sich drei Strände [6992]. Flach ins Meer abfallend ist der 7 km lange **Hat Na Dan**. Er wird im südlichen Bereich auch als Hat Nai Praet bezeichnet. Noch weiter im Süden, hinter einem Felsenhügel, liegt der als schönster Strand bekannte **Hat Nai Plao**. Feiner weicher Sand bestimmt das Bild, im Wasser wird es steiniger. Am Ende der Bucht führt eine 2 km lange Straße zur schönen **Ao Thong Yhee**, die sich in zwei Abschnitte gliedert. Felsen teilen den ersten, nördlichen Strand in mehrere Bereiche, wo Entdecker, die sich von der Straße einen Weg zu den Buchten bahnen, ganz unter sich sind. Während der Woche ist es hier ausgesprochen idyllisch, am Wochenende aber bevölkern oft Hunderte Thais den Strand.

Das bergige Hinterland lockt Mopedfahrer. Über die Region erhebt sich der 814 m hohe **Khao Phra**, von dessen östlichen Hängen einige Wasserfälle herabstürzen. Die zweithöchste Erhebung ist der **Khao Dat Fa** (732 m).

Beliebt sind Ausflüge zu nahe gelegenen Höhlen (am bekanntesten ist die **Khao Wang Thong-Höhle**), deren Besuch meist bei Touren zu den rosafarbenen Delphinen inbegriffen ist.

## Strand von Sichon

Die kleine **Ao Hin Ngam** [8534] ist vor allem in den Wintermonaten ein Ziel für Surfer und Wellenreiter. In den Sommermonaten zieht sich das Meer weit zurück und Schnorchler erfreuen sich an der Unterwasserwelt. Am Wochenende sausen vergnügte Thais mit Bananenbooten über die Wellen, die Strände und Restaurants sind dann gut belegt. In der Woche ist es sehr ruhig.

## ÜBERNACHTUNG

Die meisten Ferienanlagen richten sich weniger an westliches als an einheimisches Publikum. Daher spricht das Personal wenig Englisch. Jeden Monat nach Vollmond wird die Ample Moon Party am Strand (beim Golden Beach Hotel, [8572]) gefeiert. An diesen Wochenenden ist oft alles lange im Voraus ausgebucht.

**Alongkot Resort** ①, Na Dan, ✆ 075-529 119. Geräumige Steinbungalows in begrünter Anlage. Alle Bungalows liegen an asphaltierten Wegen und haben einen Parkplatz. Die Einrichtung ist geschmackvoll – bei 2 Betten wird es etwas eng. Restaurant und Strandbar mit gemütlichen Tischen direkt über dem Strand. Pool. ❺

**Baan Chay Lay Resort** ④, Na Dan, ✆ 081-970 2465, 081-719 5818, ☐ www.baanchaylayresort khanom.com. Etwas kleine, aber schöne und saubere Holzbungalows in einer Reihe nach hinten versetzt am Strand. Restaurant am Meer. Wer mag, kann auch ein Zelt mit Matratze mieten. ❷ – ❸

**Cava Aava Resort & Spa** ③, Na Dan, ✆ 075-7530 0310, ☐ www.aavaresort.com. Auf westliche Touristen eingestelltes Luxus-Spa-Resort. Vorne am Strand liegt ein kleiner Pool, einige Bungalows haben direkten Zugang. Innen sind die Zimmer mit dunklen Möbeln geschmackvoll möbliert. Oft Yoga-Kurse. Gutes hochpreisiges Restaurant. ❽

**Khanom Hill Resort** ⑥, Nai Plao, ✆ 075-300 222, 081-956 3101, ☐ www.khanom.de, [8516]. Gepflegte Bungalows am Hang, teils mit tollem Blick aufs Meer. Mit Liebe zum Detail eingerichtet. Das gilt auch für die großen Bungalows auf der anderen Straßenseite. Hier stören allerdings die vorbeibrausenden Autos und Mopeds. Schöne Pool-Villen. Restaurant und Lobby am Meer. ❺ – ❻

**Sichon Cabana** ⑤, Ao Hin Ngam (bei Sichin), ✆ 075-536 055, 089-866 4946,

## ÜBERNACHTUNG
1. Alongkot Resort
2. Golden Beach Hotel
3. Cava Aava Resort & Spa
4. Baan Chay Lay Resort
5. Sichon Cabana
6. Khanom Hill Resort
7. White Beach Service
8. Suchada Resort

## ESSEN
1. Reun Sabiang Restaurant
2. White Beach Service
3. Dolphin Restaurant
4. Thong Yhee Seafood

## TRANSPORT
1. Khanom Fishing & Tour

www.sichoncabana.com, [8539]. Zahlreiche unterschiedliche Zimmer für jeden Geldbeutel. Einfach ausgestattet bis hin zu riesigen Luxuszimmern. Großes Restaurant am Meer. Verleih von Surfbrettern. Manager Palm spricht sehr gut Englisch. WLAN. ②–⑥

### ESSEN

Bei den meisten Unterkünften ist im Übernachtungspreis ein Frühstück inkl. – zumindest bei den höherpreisigen Zimmern. Wer kein Frühstück will, bekommt meist etwa 200 Baht Rabatt.

### Khanom

In Ban Khanom findet man So und Mi auf dem **Wochenmarkt** leckere Spezialitäten in den Garküchen.

**Dolphin Restaurant**, das hauseigene Restaurant des **Suchada Resorts** [8522] direkt neben der Anlage. Günstige und gute thailändische Küche. Es gibt auch ein paar westliche Fastfood-Snacks.

**Reun Sabiang Restaurant**, nahe der TAT. Gepflegtes Ambiente. Englische Speisekarte und Eiskaffee. Es gibt auch Steaks und Spaghetti, aber die Thai-Küche ist empfehlenswerter. ⏱ 11–22 Uhr.

**Seafood** gibt es am südlichen Strandabschnitt. Beliebt ist das **Thong Yhee Seafood**, ☎ 087-848 3009. Hier wird zu etwas gehobenen Preisen auch alles andere Typische aus der Thai-Küche geboten. Das Restaurant ist

einfach, die Lage sehr schön oberhalb des
Meeres im Süden der Bucht.
**White Beach Service**, ✆ 075-527 503, [8542].
Kleines Restaurant mit wenigen Tischen direkt
an der Straße. Es werden auch 4 Zimmer in
einem Reihenhaus und 3 kleine Bungalows
vermietet. Die Besitzer sprechen kaum
Englisch. ❸

### Sichon

Im Dorf findet jeden Mo und Di ein kleiner
**Nachtmarkt** und am Fr ein großer **Markt** statt.
Ansonsten verköstigen sich die Strandbesucher
in den Restaurants der Resorts oder den kleinen
einfachen Küchen direkt am Strand. Immer
wieder kommen am Wochenende auch mobile
Garküchen vorbei, und es gibt Pancake, *som
tam* und mehr für wenig Geld.

### TRANSPORT

**Busse**

BANGKOK, von Khanom um 17 Uhr für 900 Baht
in 11 Std.
NA DAN BEACH und AO NAI PLAO, mit dem
Motorradtaxi für 50 Baht in 5–10 Min.
NAKHON SI THAMMARAT, von Khanom mit
dem Minibus zwischen 8 und 18 Uhr stdl. für
80 Baht in 1 Std. Von Sichon etwa alle 30 Min.
für 60 Baht. Wer von Nakhon nach Sichon oder
Khanom kommt, kann den Minibus-Fahrer
bitten, direkt das Resort der Wahl anzusteuern.
Das kostet meist etwa 100–150 Baht extra.
SURAT THANI, stdl. Minibusse ab Khanom für
100 Baht in 60 Min. Ab Sichon etwa alle 30 Min.
für 100 Baht.

**Taxis**

In Nakhon kann man sich bei **Khanom Fishing &
Tour**, ✆ 075-326 573, 🖳 www.khanomtour.com,
ein Taxi bestellen. Wer von den Inseln nach
Khanom will, kann von Don Sak aus vorher
anrufen und sich abholen lassen.
DON SAK 600 Baht, zum Lomprayah-Pier
700 Baht.
NAKHON SI THAMMARAT FLUGHAFEN
1500 Baht.
SURAT THANI FLUGHAFEN 1700 Baht,
BAHNHOF 1600 Baht.

# Nakhon Si Thammarat

Die Provinzhauptstadt **Nakhon Si Thammarat**
[8543] gehört zu den ältesten Städten Thailands.
Die Stadt, von ihren 125 000 Bewohnern kurz
„Nakhon Si" genannt, präsentiert sich als un-
touristisches, geschäftiges Zentrum der Region.
Hauptschlagader ist die Ratchadamnoen Road,
die von Surat Thani kommt und nach Songkhla
weiterführt – die alte Ostküstenstraße, auf der
es seit dem Ausbau des Highway 41 etwas ruhiger zugeht.

Nakhon Si Thammarat ist stolz auf seine Geschichte. Noch heute findet sich hier beispielsweise ein Museum, in dem die uralte Kunst des
Schattenspiels an die junge Generation weiter-
vermittelt wird. Überbleibsel einer alten Befestigung aus dem Jahr 655 sind steinerne Zeugen der Vergangenheit. Lange Zeit war die Stadt
ein wichtiges Zentrum des hinduistischen Srivijaya-Reichs, und die umliegenden Gebiete waren ihr tributpflichtig. Erst seit dem Aufstieg der
Könige von Sukhothai 1292 gehört Nakhon Si zu
Thailand (damals: Siam). Später zog sich das
Meer immer weiter zurück, bis Nakhon Si nicht
mehr direkt am Wasser lag. Dennoch blieb die
Stadt eine wichtige Handelsmetropole, und sie
wurde einer der Ausgangspunkte für die Verbreitung des Theravada-Buddhismus. Ein bedeutendes Monument dieser Religion ist **Wat
Mahathat**, das mit seinen über tausend Jahren
als eines der ältesten Wats Thailands gilt. Ihre
heutige Ausdehnung verdankt die Stadt u. a. den
Königen Ramesuan (1407) und Narai (1677), die
die alten Erdwälle erneuerten und sie teils mit
Ziegelmauern befestigten.

## Wats und andere Heiligtümer

Historisch und architektonisch Interessierte
können in Nakhon einen kurzweiligen Tag ver-
leben. **Wat Mahathat** soll im 8. Jh. von König Si
Thanna Sokarat errichtet worden sein. Den Tempel überragt der 77 m hohe **Phra Borommathat**,
der zweitgrößte Chedi Thailands, mit einer goldenen Spitze. Es heißt, über 272 kg pures Gold
seien hier verarbeitet. Der Chedi ist während
der Srivijaya-Herrschaft entstanden und beherbergt eine Zahnreliquie Buddhas. Im Innern des
Tempelbezirks befinden sich über hundert Bud-

dhastatuen. Aus der Ayutthaya-Periode stammt der schöne Buddha, der im **Wihan Luang**, südlich des Chedi, von der Decke auf den Besucher hinunterblickt. Der Klosterschatz ist im **Tempelmuseum** ausgestellt. ⏱ Museum 8.30–16 Uhr (Mittagspause 12–13 Uhr), ⏱ Wat 8–16 Uhr.

Südlich des Zentrums kann man neben Resten der Befestigungsanlagen auch einen Teil der alten **Stadtmauer** bestaunen. Die beiden hinduistischen Schreine **Ho Phra Isuan** (Shiva gewidmet) und **Ho Phra Narai** (Vishnu gewidmet) schmücken die Hauptstraße. Neben dem Ho Phra Isuan steht eine **Giant Swing**, eine Riesenschaukel, die früher für brahmanische Riten genutzt wurde. Ähnlich einer Schiffschaukel schwangen sich hier die Männer in die Höhe – ein gefährliches Schauspiel.

Weiter im Süden der Stadt lockt das sehenswerte **Nationalmuseum**. Es zeigt Funde aus der Region und religiöse Kunstwerke. Beeindruckender Beleg für die frühe Besiedlung der Region ist die Bronzetrommel, die etwa 2500 Jahre alt ist. Porzellan, Keramik und Schattenspielfiguren verbinden Kunsthandwerk und Alltag. Die Ausstellung ist informativ und anschaulich gestaltet: Lebensgroße Figuren demonstrieren Sitten und Gebräuche. Viele landwirtschaftliche Geräte und Musikinstrumente gehören heute noch zum Alltag. Die meisten Erklärungen sind auch ins Englische übersetzt. ⏱ Mi–So 9–16 Uhr, an Feiertagen geschl., Eintritt 150 Baht.

### Schattenspielmuseum

Seit Generationen wird die Kunst des Schattenspiels in Thailand vom Vater an den Sohn weitergegeben, doch der Zuspruch an dieser Form

**Nakhon Si Thammarat**

**DIE GOLFKÜSTE**

der Unterhaltung schwindet zusehends – nicht nur, weil die Jugend an den alten Stoffen kaum noch Interesse hat, sondern auch weil Kino und Fernsehen die Sehgewohnheiten verändert haben. Der Künstler Suchat Sapsin aus Nakhon Si machte es sich zur Aufgabe, seine Kunst des Schattenspiels in die moderne Zeit zu überführen und die junge Generation dafür zu begeistern. Sein Museum im Suchat House, 110/18 Si Thammasok Rd., Soi 3, ℅ 075-346 394, wurde 1996 von der TAT mit der Auszeichnung für besonders erwähnenswerte kulturelle und historische Stätten gewürdigt. Heute übernehmen seine beiden Söhne nebst Schwiegertochter seine Aufgaben.

Im Obergeschoss des schönen Holzhauses sind verschiedene, bis zu 200 Jahre alte Schattenspielfiguren ausgestellt. Außerdem wird die Herstellung der Puppen erklärt und gezeigt. Auf Wunsch werden etwa 20-minütige Schattentheater-Vorführungen geboten (50 Baht p. P.). Verkauft werden auch VCDs mit aufgezeichneten Aufführungen. Zudem kann man Souvenirs erstehen (schöne T-Shirts und Figuren). ◷ 8–17 Uhr, zwischen 11 und 12 Uhr Mittagspause, Eintritt frei.

## ÜBERNACHTUNG

**@24 Boutique Hotel** ③, 19/25 Soi 24/1, Pattanakarn Khoo Kwang, ℅ 075-340 910. Beliebtes Haus in zentraler Lage. Farbenfroher Boutiquechick zu fairen Preisen. Regendusche, Flatscreen, inkl. Frühstück. Das Haus ist besonders bei jungen internetaktiven Flashpackern aus aller Welt beliebt, die gerne vorbuchen; daher oft im Voraus ausgebucht. ❸–❹

**Ligor City Hotel** ①, 1488 Sri Prach Rd., ℅ 075-312 555, [8549]. Im Zentrum gelegenes, recht großes Boutiquehotel. Geschmackvoll eingerichtete, geräumige Zimmer. ❺

**Nakorn Garden Inn** ②, 1/4 Pak Nakhon Rd., ℅ 075-313 333, [8547]. Schönes Ambiente mit tropischem Flair. Die Eingangshalle ist offen gestaltet, dahinter liegt ein Garten, um den sich auf 3 Stockwerken die Zimmer gruppieren. Die Wände sind gemauert, die Zimmer gemütlich, einige etwas dunkel. Kühlschrank. ❸

## ESSEN UND UNTERHALTUNG

**Chao Roer**, Tha Chang Rd. Schönes Restaurant auf 2 Ebenen, direkt am Fluss. Gemütliches Ambiente, große Holztische und viel Grün drumherum. Etwas gehobene Thai-Küche.

**Gotee**, Phathanakan Hu Kwang Rd. In einer großen Halle mit grünem Dach wird koreanisches BBQ geboten: Aus einer großen Auswahl an Fleisch und Fisch nimmt man, so oft und so viel man will, und grillt oder kocht es selber am Tisch. Daneben Beilagen und Obst. ◷ ab dem frühen Abend.

**Nachtmarkt** in der Ratchdamnoen Rd. zwischen Fluss und Stadion. Essensstände auch zum Sitzen. Hier treffen sich auch die Einheimischen zum Essen. ◷ tgl. ab 16 Uhr.

**Nung Len Restaurant**, im Bavorn Bazaar. In einem kleinen, bunt bemalten Holzhaus treffen sich vor allem die jungen Leute auf einen Eiskaffee, einen leckeren Shake oder eines der schmackhaften Thai-Gerichte. Faire Preise. P. J., der Betreiber, spricht sehr gut Englisch und kann gute Tipps geben.

**Rock 99**, im Bavorn-Bazaar. Restaurant und Bar mit europäischen Gerichten, Baguettes, Thai-Küche und Cocktails. Oft Livemusik. Fr und manchmal auch Sa der Treffpunkt der hier lebenden Ausländer.

## SONSTIGES

**Tourist Office**, Tha Chang Rd., ℅ 075-346 515, ✉ tatnksri@tat.or.th. Die Mitarbeiter sprechen Englisch und sind sehr hilfsbereit. Die meisten Prospekte nur auf Thai. Wer plant, in den Khao Luang National Park zu reisen, kann nach einem TAT-Informationsheft fragen, das eine grobe Übersichtskarte der Gegend beinhaltet. ◷ 8.30–16.30 Uhr.

## NAHVERKEHR

Auf den beiden Hauptstraße fahren ständig **Songthaew** von Nord nach Süd und zurück. Pro Fahrt kosten sie 15 Baht. Die Querverbindung zwischen den Hauptstraßen wird hingegen selten bedient: Man muss entweder laufen oder sich auf ein Mopedtaxi schwingen. Teils lassen sich die Songthaew auch für diese Strecken mieten. **Motorradtaxis** innerhalb der Stadt ab 20 Baht einfache Strecke. Außerdem gibt es noch vereinzelt **Fahrrad-Rikschas**, vor allem vor dem Zoo, die ab 50 Baht in die Pedale treten.

## TRANSPORT

### Minibusse

Abfahrtsstellen der Minibusse siehe Karte.

HAT YAI, von 5.30–18 Uhr alle 30 Min. für 120 Baht in 3 Std.

KHANOM, von 7–17 Uhr alle 40 Min. für 85 Baht in 1 1/2 Std.

KO SAMUI/KO PHA NGAN (Festland-Pier), von 7–17 Uhr jede Std. für 120–150 Baht in 3 1/2 Std.

KRABI, von 8–16.30 Uhr jede Std. für 160 Baht in 2 1/2 Std.

PHUKET, von 6–16 Uhr jede Std. für 300 Baht in 4 1/2 Std.

SICHON, von 6.30–16 Uhr alle 30 Min. für 60 Baht in 1 Std.

SURAT THANI, von 6–17 Uhr jede halbe Std. für 130 Baht in 2 Std.

TRANG, von 7.30–17 Uhr jede Std. für 120 Baht in 2 Std.

### Busse

Der **Busbahnhof** liegt etwa 1 km westlich des Zentrums.

BANGKOK, 8, 9, 17, 17.10 und 17.30 Uhr für 780–970 Baht in 11 Std.

HAT YAI, 4.30–16 Uhr stdl. für 100–150 Baht in 4 Std.

PHUKET (über KRABI), 6–10 Uhr sowie 13 und 16 Uhr für 315 Baht in 6 Std.

SONGKHLA, 5–15 Uhr stdl. für 100–130 Baht in 4 1/2 Std.

SURAT THANI (über SICHON), 5–17 Uhr stdl. für 90–100 Baht in 3 Std.

### Eisenbahn

Siehe Bahnfahrplan „Southern Line" S. 954.

### Flüge

Der **Flughafen** liegt etwa 20 km nördlich des Zentrums.

**AirAsia** und **Nok Air** fliegen bis zu 5x tgl. von und nach BANGKOK.

## Songkhla

Das hübsche Städtchen **Songkhla** [2830] steht etwas im Schatten der benachbarten Boomtown Hat Yai, die als Verkehrsknotenpunkt und Einkaufsparadies alle Aufmerksamkeit auf sich zieht – dabei ist Songkhla als Provinzhauptstadt eigentlich die „wichtigere" Stadt. Aber vielleicht sind die Bewohner von Songkhla auch ganz froh, dass ihnen der Lärm und die Hektik der großen Nachbarin erspart bleiben; zumindest kann man sich dieses Eindrucks nicht erwehren, wenn man Jung und Alt unter den Kasuarinen am kilometerlangen Stadtstrand sitzen sieht, ein milder Wind in den Bäumen rauscht und die Sonne malerisch im Meer versinkt.

Songkhla liegt auf einer Landzunge, die sich von Südosten nach Nordwesten in den Golf von Thailand erstreckt. Fast die gesamte östliche Seite dieser Landzunge säumt der wunderbare Samila-Strand, der sich über 9 km erstreckt. Das Gewässer am westlichen Ufer, wo die Hafenanlagen und Piers liegen, ist der **Songkhla-See**, Thailands größter Binnensee, der sich weit nach Norden erstreckt. Bei Songkhla liegt die knapp 400 m breite Einfahrt, die diesen See mit dem Golf von Thailand verbindet.

Bei einem Rundgang lassen sich die wenigen Sehenswürdigkeiten der Stadt entdecken. Im Zentrum künden Reste von **Festungsmauern** aus dem 15. Jh. von einer langen, bedeutungsvollen Geschichte der Siedlung. Schräg gegenüber den Festungsmauern steht das kleine **Pathammaron-Museum**, das den berühmtesten Sohn der Stadt ehrt: **General Prem Tinsulanonda**, Premierminister von 1980–88. Das hübsche Holzhaus enthält einige Stücke aus Familienbesitz; eine Besichtigung dauert nur wenige Minuten, ⊙ 8.30–16 Uhr, Mo und feiertags geschl., Eintritt frei. Auf dem Gelände befindet sich auch eine kleine **Touristeninformation**. Kulturell und historisch Interessierte können sich im nahe gelegenen **Nationalmuseum** weiter in die Besonderheiten der Region vertiefen. Das Haus wurde 1878 als Privathaus errichtet und war später Sitz des Gouverneurs der Region, ⊙ Mi–So 9–16 Uhr, Eintritt 150 Baht.

Eine Sehenswürdigkeit der besonderen Art ist die **Statue der Meerjungfrau**, die seit 1966 auf

DIE GOLFKÜSTE

DIE SÜDLICHE GULFKÜSTE | Songkhla

## Songkhla

**N** 0 — 300 m

### ■ ÜBERNACHTUNG
① B.P. Samila Beach Hotel & Resort
② Songkhla Gh.
③ Queen Hotel

### ■ ESSEN
1 Seafood-Restaurants
2 Essensstände

### ■ TRANSPORT
① Fährableger
② Bushaltestelle

AQUARIUM

Laem Son On Rd.

Langnanam Rd.

①

Langnanam Rd.

Cholcharoen Rd.

Laem Sai Rd.

Ratchdamnoen Rd.

**Chedi Luang**

Khao Tang Kuan

Khao Noi

1

**Statue der Meerjungfrau**

Chai Khao Rd.

Ratchadamnoen Rd.

①

Golf-platz

Hat Samila

**Wat Sai Ngam**

Sai Ngam Rd.

Sadao

Chalahat Rd.

National-museum

Sukhonsom Rd.

②

Sukhum Rd.

Si Suda Rd.

Chaiya Rd.

**Wat Chaeng**

RAT-HAUS

STADT-MAUER

Jana Rd.

Na Rd.

③

Na Rd.

Luksua Rd.

POLIZEI

MARKT

②

Platha Rd.

Rd.

**Pathammaron-Museum**

Songkhlaburi Rd.

Saket Rd.

**ALTER BAHNHOF**

Ratchadamnoen Rd.

Salburi Rd.

Chai Rd.

Mongkol Rd.

Nok Rd.

Nang Ngam Rd.

Raman Rd.

Chai Phet Mongkol Rd.

**Wat Matchimawat**

Phattalung Rd.

Thale Luang Rd.

Tinsulanondra-Brücke, Folkloremuseum

Ramvith Rd.

Salburi Rd.

Tao Luang Rd.

Salburi Rd.

---

*(Seitenrand links:)* DIE GOLFKÜSTE

---

einem kleinen Felsen am Nordende des Hat Samila sitzt und zum Wahrzeichen der Stadt avanciert ist – kaum ein Thai-Besucher, der sich nicht mit ihr zusammen fotografieren ließe. Weitere Statuen und Skulpturen finden sich in loser Folge an der gesamten Ostseite der Landzunge.

Die vielleicht bemerkenswerteste Skulptur von allen ist die dreiteilige **Naga-Schlange**. Ihr Schwanzende findet sich in der Chalathat Road etwa in Höhe des Golfplatzes. Der mittlere Teil mit dem Nabel ragt halbkreisförmig an der Laen Son On Road aus dem Boden empor; das Kopfende findet sich an der äußersten Spitze der Landzunge und speit dort in einem hohen Bogen Wasser in die schmale Einfahrt des großen Sees – Nagas gelten in der thailändischen Mythologie als Wächter von Einfahrten und Übergängen. Der Bau des Denkmals wurde im Jahre 2006 vom Bürgermeister Uthit Chuchoy angestoßen, der den Bürgern seiner Stadt durch die Anrufung dieses mächtigen Fabelwesens ewiges Wohlergehen (und sich vielleicht einen Platz in der Geschichte) sichern wollte. Eingeweiht wurde es 2007.

Über die lange **Tinsulanonda-Brücke** südlich des Zentrums ist die Insel **Ko Yor** erreichbar, die für ihre Baumwollstoffe bekannt ist. Im Norden der Insel steht das interessante **Folklore-Museum**, das zur dortigen Universität gehört. Die umfangreiche Sammlung zu Südthailand wird in mehreren Häusern präsentiert. ⊕ Mo–Fr 8.30–16.30 Uhr, Eintritt 100 Baht.

### ÜBERNACHTUNG UND ESSEN

**B.P. Samila Beach Hotel & Resort** ①, 8 Ratchadamnoen Rd., ☎ 074-440 222. Schön an der Landzunge bei der Goldenen Meerjungfrau gelegene Bettenburg mit über 200 Zimmern. Auf jeden Fall ein Zimmer mit Meerblick nehmen. Pool und Fitnesscenter. Frühstück inkl. ❺

**Queen Hotel** ③, 20 Traibur Rd. Helle, saubere Zimmer in diesem Haus mit Aufzug; besonders empfehlenswert ist die größere „Suite" mit ihren Fenstern zu 2 Seiten. ❷–❸

**Songkhla Gh.** ②, 15/30-39 Rongmuang Rd., ☎ 085-895 1573. Im Holzhaus an der Straße preiswerte, z. T. gemütliche Zimmer mit Ventilator für Nostalgiker. Im nahe gelegenen neueren Haus, das über eine Seitenstraße zu

Die Naga-Schlange von Songkhla

erreichen ist, AC-Zimmer mit riesigen Bädern
und TV. Im Songkhla Guesthouse auch Mopedverleih (Halbautomatik, 200 Baht/Tag). ❶–❷
Einige gute **Essensstände** befinden sich in
der Nähe des Subsin-Marktes und der Post.
**Seafood-Restaurants**, in denen es zumeist auch
eine Auswahl Fleischgerichte gibt, reihen sich
entlang der Strandstraße südlich der Goldenen
Meerjungfrau aneinander, einige weitere
westlich von dieser.

### TRANSPORT

**Der Busbahnhof** liegt im Süden der Stadt,
doch besser weg kommt man an der Kreuzung
Ramvithi Rd./Jana Rd.
HAT YAI, ganztags mit dem grünen Bus 1871
etwa alle 30 Min. für 25 Baht in knapp 2 Std.
oder mit dem Minivan für 30 Baht in 1 1/2 Std.
(Haltestelle Ravmithi Rd.).
NAKHON SI THAMMARAT, stdl. zwischen 6 und
17 Uhr für ca. 120 Baht (Haltestelle Jana Rd. an
der Bank) in 4 Std.
Weiter entfernte Ziele ab Hat Yai.

# Hat Yai

**Hat Yai [2831]** ist das wichtigste Verkehrs- und
Geschäftszentrum in Südthailand. Dem Besucher, der sich von Bahnhof, Busbahnhof oder
Flughafen ins Zentrum bringen lässt, präsentiert
es sich als eine Art Miniatur-Bangkok: mit breiten Umgehungsstraßen, großen Vororten und
einem modernen Zentrum, das Hotelhochhäu-
ser, Einkaufsmeilen, McDonald's & Co beherbergt. Die nächste Grenze zu Malaysia in Sadao
ist nur 60 km entfernt, und so ist besonders am
Wochenende die Stadt voller Besucher aus dem
südlichen Nachbarland, die hier zum Einkaufen
herkommen oder um sich das zu holen, was sie
im konservativeren Heimatland nicht so einfach
bekommen können.

Für die meisten Reisenden aus dem Westen
ist Hat Yai eine Durchgangsstation. Die Ver-
kehrsverbindungen sind vielfältig; alle touristischen Ziele Südthailands werden bedient, ebenso Malaysia.

Wer in Hat Yai übernachtet, kann abends
durch die Straßen des Zentrums bummeln: Zwischen den Niphat Uthit-Straßen 1-3 und der
Sanehanusorn Road in Nord-Süd- sowie der
Suphrasarn Rangsan und Thammanoon Vithi
Road in Ost-West-Richtung gibt es Restaurants
verschiedener Küchen, Straßenstände, Markt-
gassen und Geschäfte.

Wer einen ganzen Tag hier verbringen muss
oder will, kann etwas außerhalb das **Wat Hat
Yai Nai** in der Petchkasem Road besuchen, dessen 35 m langer liegender Buddha zu den wichtigsten Heiligtümern der Region zählt. Zu einem
Spaziergang lädt der **Hat Yai Municipal Park** an
der Kanchanawit Road etwa 6 km östlich des
Zentrums ein. Hier steht eine große Statue der
chinesischen Gnadengöttin Kuan Yin.

### ÜBERNACHTUNG

Bei weit über 100 Hotels braucht man in Hat Yai
keine Bettenknappheit zu befürchten; selbst an
Feiertagen findet sich immer ein Zimmer (das
chinesische Neujahr ausgenommen, denn dann
ist meist lange im Voraus alles ausgebucht).
Was das Preis-Leistungs-Verhältnis angeht, so
lohnt sich jeder mehr ausgegebene Baht – der

Konkurrenzkampf ist hart, und kein Hotel kann es sich leisten, mit seinen Preisen weit über dem Durchschnitt zu liegen. Schon in der mittleren Preisklasse kann man mit livrierten Hotelpagen rechnen.

**Birth Mansion** ②, 60 Duang Chan Rd., ✆ 074-233 931. Geräumige AC-Zimmer mit gutem Preis-Leistungs-Verhältnis. ❷

**Centara Hotel** ③, 1 Sanehanusorn Rd., ✆ 074-352 222, 🖥 www.centralhotelsresorts.com, [8569]. Empfehlenswertes Haus mit 245 gepflegten Zimmern in verschiedenen Preisklassen, alle mit international üblicher Ausstattung. Mehrere Restaurants und Bars, Spa. ❹–❻

**€** **Ladda Gh.** ⑤, 13-15 Thammanoon Vithi Rd., ✆ 074-220 233, [8562]. Nahe dem Bahnhof gelegenes einfaches Gästehaus mit sauberen Zimmern, Ventilator oder AC. ❶–❷

**Lee Gardens Plaza Hotel** ④, 29 Prachathipat Rd., ✆ 074-261 111, 🖥 www.leeplaza.com, [8567]. Das erstklassige Hotel mitten im Zentrum bietet sehr gut ausgestattete Zimmer mit teilweise tollem Ausblick auf die Skyline der Stadt. ❺–❼

**Louise Gh.** ⑥, 21-23 Thammanoon Vithi Rd., ✆ 074-220 966, [8561]. Einfache Zimmer mit AC oder Ventilator in Bahnhofsnähe. Freundliche Atmosphäre; viele Traveller. ❷

**The Regency Hotel** ①, 23 Prachathipat Rd., ✆ 074-353 333, 🖥 www.theregency-hatyai.com, [2833]. Hoch aufragendes Haus mit 28 Stockwerken in zentraler Lage. Beeindruckende Lobby; 436 gut ausgestattete Zimmer in 2 Gebäuden. Je teurer, desto schöner die Aussicht. Pool und Fitnesscenter. ❹–❻

### ESSEN UND UNTERHALTUNG

Im Zentrum von Hat Yai drängen sich dicht an dicht **chinesische Seafood-Restaurants** (teure Spezialitäten: Haifischflossen- und Vogelnestersuppe), **malaiisch-moslemische Restaurants** (lecker das Chicken-Biryani: Curry-Reis mit Huhn) und **thailändische Suppenküchen** (gute Nudelsuppen mit Einlage um 50 Baht). Immer einen Versuch wert sind auch die **Essensstände** auf den Nachtmärkten.

**Hamid Restaurant**, Prachathipat Rd., ✆ 074-243 008. Alteingesessenes Moslem-Restaurant

(1967 eröffnet) mit großer Speisekarte. Größere Gruppen können an runden Tischen mit drehbarem Innenteil gemeinsam speisen. Die Thai-Gerichte sind weniger empfehlenswert als die malaiische Küche. Leicht gehobenes Preisniveau. Alle Gerichte in 2 Portionsgrößen erhältlich. ◷ Mo–Fr 10–22, am Wochenende 7–22 Uhr.

**Nudelsuppenrestaurant** (ohne Namen und nur ein Beispiel von vielen), östl. Ecke Thammanoon Vithi/Sanehanusorn Rd. Schmackhafte Nudelsuppen. 3 Köche bieten verschiedene Sorten, mal mit Blutklößchen, mal mit Fischbällchen, oder einfach nur mit magerem Fleisch.

### SONSTIGES

#### Einkaufen

Die Stadt ist ein Shoppingparadies für einen steten Strom von Wochenendbesuchern aus Malaysia. Besonders umfangreich ist die Auswahl auf dem **Night Bazaar** im Herzen der Stadt, wo es neben Textilien, Lebensmitteln und anderen Dingen des täglichen Bedarfs auch eine große Anzahl Amulette zu kaufen gibt. Zwei große, klimatisierte **Einkaufszentren**, das Central in der Sanehanusorn Rd. und das Robinsons schräg gegenüber vom Bahnhof, runden das Angebot ab.

#### Informationen

**TAT Tourist Office**, 1/1 Niphat Uthit Rd., 3 Soi 2, ✆ 074-243 747, 🖥 www.songklatourism.org. Etwas abseits in einer Seitenstraße südlich des Zentrums gelegen. Die freundlichen Angestellten sprechen gut Englisch und können bei der Hotelsuche und Frage des Weitertransports helfen. ◷ tgl. 8.30–16.30 Uhr.

#### Internet

Einige Hotels bieten WLAN, oft aber nur in der Lobby. In einigen der besseren Hotels hat man kostenpflichtiges WLAN auch im Zimmer. In den günstigen Traveller-Unterkünften ist WLAN hingegen kostenlos. Mails checken kann jeder bequem während einer Massage, denn die zahlreichen Salons, etwa gegenüber dem Central, bieten WLAN zur Fußmassage.

# Hat Yai

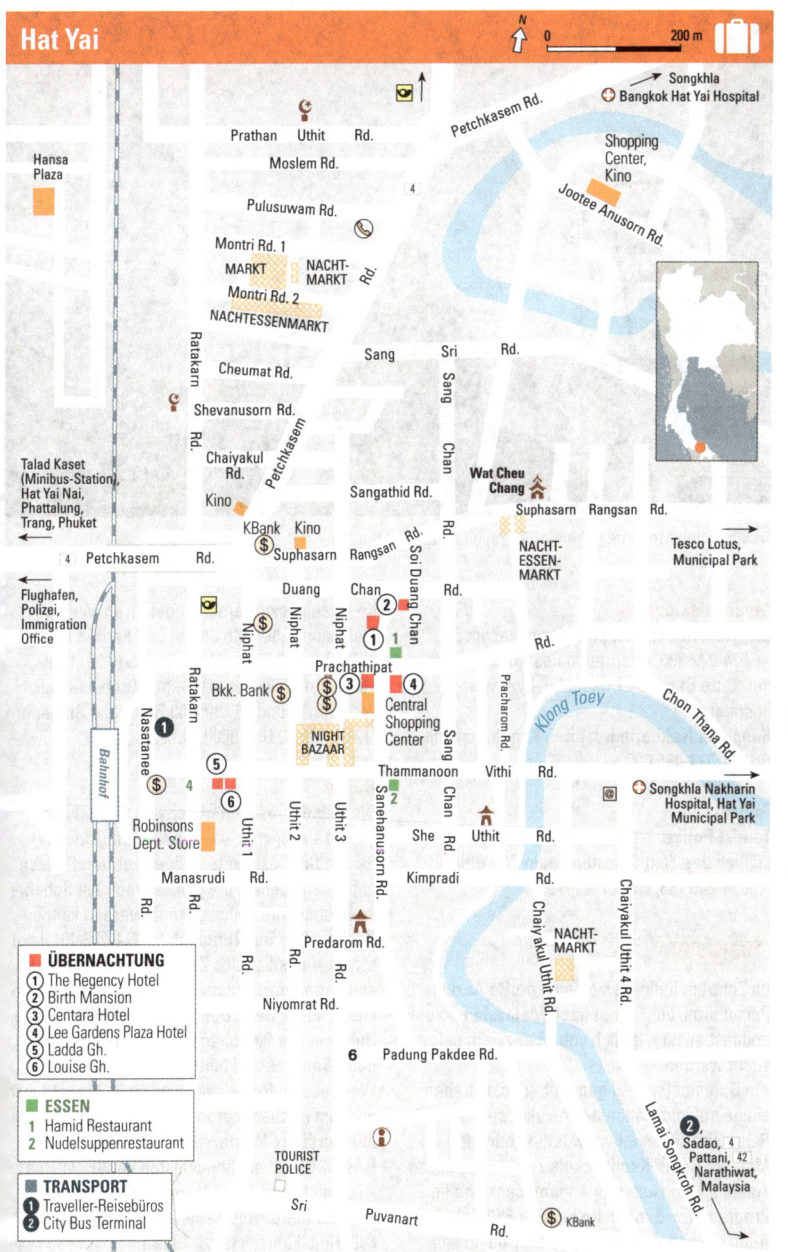

**N** 0 — 200 m

Prathan Uthit Rd.

Moslem Rd.

Pulusuwam Rd.

Hansa Plaza

Petchkasem Rd.

→ Songkhla
⊕ Bangkok Hat Yai Hospital

Shopping Center, Kino

Jootee Anusorn Rd.

Montri Rd. 1

MARKT  NACHT-MARKT

Montri Rd. 2

NACHTESSENMARKT

Sang  Sri  Rd.

Cheumat Rd.

Shevanusorn Rd.

Ratakarn Rd.

Chaiyakul Rd.

Kino

Petchkasem Rd.

Sangathid Rd.

Sang Chan

Rd.

**Wat Cheu Chang**

Suphasarn Rangsan Rd.

NACHT-ESSEN-MARKT

Tesco Lotus, Municipal Park

Talad Kaset (Minibus-Station), Hat Yai Nai, Phattalung, Trang, Phuket

4 Petchkasem Rd.

KBank Kino
$ Suphasarn

Rangsan Rd.

Duang  Chan  Rd.

Niphat  Niphat  Niphat

$

Flughafen, Polizei, Immigration Office

② ①

Prachathipat

③ ④

Central Shopping Center

Rd.

Klong Toey

Chon Thana Rd.

Bkk. Bank $

$ ③
$

NIGHT BAZAAR

Pracharom Rd.

Sang

Thammanoon  Vithi  Rd.

② ⊕ Songkhla Nakharin
Hospital, Hat Yai
Municipal Park

Bahnhof

Nasataenee

Ratakarn

① 

⑤
$  4  ⑥

Robinsons Dept. Store

Uthit 1

Manasrudi  Rd.

Uthit 2  Uthit 3

Sanehanusorn Rd.

Chan  She  Uthit  Rd.

Kimpradi  Rd.

Chaiyakul Uthit Rd.

Chaiyakul Uthit 4 Rd.

Predarom Rd.

Niyomrat Rd.

NACHT-MARKT

**■ ÜBERNACHTUNG**
① The Regency Hotel
② Birth Mansion
③ Centara Hotel
④ Lee Gardens Plaza Hotel
⑤ Ladda Gh.
⑥ Louise Gh.

6  Padung Pakdee Rd.

Lamai Songkroh Rd.

② Sadao, 4
Pattani, 42
Narathiwat,
Malaysia

**■ ESSEN**
1 Hamid Restaurant
2 Nudelsuppenrestaurant

**■ TRANSPORT**
① Traveller-Reisebüros
② City Bus Terminal

TOURIST POLICE

Sri

Puvanart

Rd.

$ KBank

**DIE GOLFKÜSTE**

Tradition und Moderne gehen in Hat Yai eine Vernunftehe ein.

### Medizinische Hilfe

**Bangkok Hat Yai Hospital**, Petchkasem Rd., ✆ 074-272 800. Internationales Krankenhaus der Kette Bangkok-Hospital, 🖥 www.bangkok hospital.com.

**Songkhla Nakharin Hospital**, Kanchanavanit Rd., ✆ 074-455 000.

### Polizei

**Tourist Police**, 1/1 Niphat Uthit 3 Rd. Soi 2, südlich des Zentrums nahe dem TAT Office, ✆ 074-246 733, Notruf ✆ 1155.

### TRANSPORT

Im Zentrum befindet sich eine große Anzahl Reisebüros, die **Touren nach Malaysia** anbieten und fast ausschließlich von Malaysiern aufgesucht werden.

Am Bahnhof (schräg gegenüber links) haben einige auf internationale Traveller spezialisierte Reisebüros (u. a. 🖥 www.hatyaitour.com) Minibus-Boots-Kombitickets zu allen größeren Zielen an der Golf- und Andamanenküste im Programm, z. B. nach **Ko Lipe** für 650 Baht. Auch die anderen Inseln wie Ko Boulon Leh, Ko Adang usw. werden angefahren. Weitere Ziele sind zudem **Ko Samui** und **Ko Pha Ngan** (8.30 Uhr, 600 Baht), **Butterworth** (9.30, 12.30, 15.30 und 16.30 Uhr, 300 Baht), **Kuala Lumpur** (9, 10.30, 12 und 13 Uhr, 500 Baht) und **Singapore** (12 und 13.30 Uhr, 900 Baht).

### Busse

Die **Reisebüros gegenüber vom Busbahnhof** freuen sich immer, wenn sie ahnungslosen Reisenden Bustickets zu übertZeuerten Preisen andrehen können, die ganz einfach am Schalter im Busbahnhof selbst gekauft werden können. Hat Yais **City Bus Terminal**, ✆ 074-232 404, liegt etwas südöstlich des Zentrums, der Transport aus der oder zur Innenstadt mit dem Mopedtaxi kostet 40–50 Baht. Den ganzen Tag über fahren Busse in alle Regionen des Südens bis hinauf nach Bangkok und hinunter nach Malaysia. Wer mit dem Bus weiterreisen will, braucht also nur zum Busbahnhof zu fahren und kann dort ohne größere Wartezeiten weiterreisen.

BANGKOK, ist am bequemsten im VIP-24-Bus zu erreichen, mehrmals tgl. für knapp über 1000 Baht. Günstiger sind die 32-Sitzer um die 800 Baht. Fahrzeit mind. 13 Std.

PHUKET, über TRANG (2 Std., 100 Baht), KRABI (4 1/2 Std., ca. 170 Baht) und PHANG NGA (5 1/2 Std., um die 220 Baht), zwischen 6.30 und 20.30 Uhr mind. stdl. für rund 350 Baht in etwas über 7 Std.

SATUN, stdl. zwischen 6.30 und 19 Uhr für 70 Baht (Schalter Nr. 7 im „Glaskasten" mittig im Bahnhof; nur auf Thai beschriftet) in 2 Std.

SONGKHLA, grüner Bus Nr. 1871 (kann auch in der Stadt am Uhrturm angehalten werden), etwa alle 30 Min. für 20 Baht in knapp 2 Std.

SURAT THANI, mit dem roten Bus um 7.10, 9, 13, 14 und 15 Uhr für 260 Baht in etwas über 5 Std.

### Grenzübergänge nach Malaysia

PEDANG BESAR, mit dem Minivan von 6–19 Uhr etwa stdl. für 50 Baht.

SADAO, mit dem Minivan von 6–18 Uhr etwa stdl. für 45 Baht.

SUNGAI GOLOK, mit dem Minivan mehrmals tgl. für 180 Baht.

### Minibusse

Die Minibusse zu den weiter entfernten Zielen haben ihre eigene Busstation **Talad Kaset** westlich der Stadt, etwa 3 km vom Bahnhof entfernt. Transport mit dem Mopedtaxi ab Zentrum für 50 Baht. Wer will, kann auch eines der blauen Songthaew nehmen, die die beiden Busbahnhöfe verbinden; 12 Baht, Stadtrundfahrt inkl. Wichtig: Minibusse heißen in dieser Gegend „Minivan", und nur mit diesem Wort kommt man weiter. Die letzten fahren, wenn nicht anders erwähnt, zwischen 16 und 17 Uhr ab, aber es ist sicherer, früher loszufahren, denn je nach Betrieb entfallen die letzten Fahrten schon mal. KRABI, um 9.30, 12 und 15.30 Uhr für 250 Baht in 4 Std.

NAKHON SI THAMMARAT, ab 7 Uhr bis nachmittags alle 40 Min. für 100 Baht in 3 Std.

PADANG BESAR, mind. stdl. ab 8.30 Uhr für 60 Baht in 1 1/2 Std.

PAKBARA, von 8–18.45 Uhr etwa alle 40 Min. für 140 Baht in 2 Std.

PHUKET, ab 9.30 Uhr bis zu 5 Minivans, die abfahren, sobald sie voll sind, für 500 Baht in 5 Std.

SURAT THANI, ab 7.30 Uhr 5 Minivans, Abfahrt etwa stdl., für 300 Baht in 4 Std.

TRANG, ab 7.30 Uhr stdl. für 100 Baht in 2 1/2 Std.

### Eisenbahn

Der Schalter für Vorbuchungen im Bahnhof (Advance Booking Office) ist geöffnet tgl. von 7–17 Uhr. Abfahrtszeiten siehe Bahnfahrplan „Southern Line", S. 954.

### Flüge

**AirAsia**, 🖳 www.airasia.com, fliegt 5x tgl., z. T. auch öfter, von und nach BANGKOK, sowie nach CHIANG MAI und KUALA LUMPUR.

**Nok Air**, 🖳 www.nokair.com, fliegt tgl. nach BANGKOK und CHIANG MAI.

**Thai Airways**, 🖳 www.thaiair.com, fliegt nach BANGKOK, etwas teurer als die oben genannten.

Direkt am Flughafen werden **Minibus-Speedboot-Tickets** angeboten von HDY Travel, ✆ 074-227 242. Abfahrt nach KO LIPE 8.30 und 13 Uhr für 1300 Baht, mehr als doppelt so teuer wie in der Stadt.

**Taxis** nach Hat Yai kosten 250 Baht, Fahrtdauer etwa 20 Min. Mit dem **Minivan** für 100 Baht p. P., Abfahrt wenn der Bus voll ist. Transport bis zum Hotel. Bei den Damen in gelbem Dress vor der Tür (gehören zum Airport-Taxi) gibt es die Tickets.

# Die Andamanenküste

Herrliche Nationalparks, einsame Inseln, kilometerlange Strände, die Felsen der Bucht von Phang Nga und nicht zuletzt die Insel Phuket sind Hauptanziehungspunkte an der Andamanenküste. Taucher und Schnorchler steuern die Similans und Surin-Inseln an. Wer das einfache Leben schätzt, fährt auf die Inseln Ko Phayam und Ko Chang. Und jene, die das Inselhüpfen lieben und paradiesische Strände suchen, zieht es ganz in den Süden.

# Stefan Loose Traveltipps

**14** **Ko Phayam** Hier fühlen sich Traveller wohl, die keinen Luxus brauchen
und einfach nur die Natur genießen wollen.
S. 768

**Ko Surin** Beim Schnorcheln und Tauchen
begegnen einem wunderschöne Fische,
kleine Walhaie und Schildkröten. S. 775

**15** **Khao Sok National Park** Riesige
Blumen, Höhlen und versunkene
Dörfer warten auf Entdeckung. S. 783

**16** **Phuket-Stadt** In der Stadt laden die
sino-portugiesische Architektur und
zahlreiche Künstlerateliers zum Flanieren
ein. S. 799

**17** **Bucht von Phang Nga** Mit dem
Kajak durch Höhlen und Lagunen mit
bizarren Kalksteinfelsen. S. 832

**Klettern** Die dramatischen Felsen am Rai
Leh und an der Ao Ton Sai erklimmen. S. 848

**Ko Phi Phi** Partys auf einer der schönsten
Inseln der Welt. S. 871

**Ko Lanta** Familienurlaub am flachen
Strand, Hippiefeeling und viel Natur:
Ko Lanta bietet für jeden etwas. S. 881

PHUKET-STADT: © M. MARKAND

KÜNSTLER, KO PHI PHI: © M. MARKAND

Ko Phayam
urin
Khao Sok NP
imilan
Phang Nga-Bucht
Rai Leh/Ao Ton Sai
Ko Phi Phi
uket-
Stadt
Ko Lanta

**Wann fahren?** Viele Ziele lassen sich
nur zwischen Dezember und Ende April
besuchen. Dann beginnt die Regenzeit und
viele Inseln werden nicht mehr angefahren.
Ausnahmen sind Phuket oder Ko Lanta.

**Wie lange?** Für Phuket drei bis vier Tage, ein
Ausflug in die Bucht von Phang Nga dauert
einen Tag. Für die Inseln sollte man jeweils
zwei bis drei Tage einplanen. Ko Phayam-
und Ko Chang-Gäste bleiben dort oftmals
wochenlang.

**Für Entdecker** Die Höhlen rund um Phang
Nga-Stadt, Schildkröten, Seepferdchen und
bunte Fischschwärme bei Tauchgängen

# Die nördliche Andamanenküste

Die nördliche Andamanenküste lockt mit schönen Stränden, kleinen Inseln, Ausflügen zu den Meeresbewohnern und sehenswerten Nationalparks. Malerische Sonnenuntergänge sind an dieser Küste Thailands in den Saisonmonaten von November bis April nahezu garantiert.

Von Surat Thani aus passiert man auf der Fahrt Richtung Andamanenküste den Khao Sok Nationalpark. Hier kann man in Bungalows oder in Baumhäusern im Dschungel wohnen und ausgedehnte Treks in die Wälder und Höhlen der Karstfelsen unternehmen.

Über den Isthmus von Kra gelangt man von Chumphon aus an die Andamanensee und kann seine Reise mit einem entspannenden Bad in den heißen Quellen von Ranong beginnen. Ruhesuchende, die keinen Wert auf Luxus legen, entspannen auf der nahe gelegenen Insel Ko Phayam. Wer zum Tauchen nach Thailand gereist ist, zieht weiter nach Khura Buri oder Khao Lak und besucht von hier aus die Tauchinseln Ko Similan und die auch gut zum Schnorcheln geeignete Ko Surin. Die Strände von Khao Lak bieten, sofern man sich von den beiden Hauptstränden fernhält, viel Ruhe und Entspannung.

Die Gegend lässt sich problemlos mit dem Bus, dem eigenen Fahrzeug und im Rahmen organisierter Touren bereisen.

## Ranong

Die Provinzhauptstadt **Ranong** [5446] grenzt an das Nachbarland Myanmar und ist mit etwa 25 000 Einwohnern recht überschaubar. Vor rund 250 Jahren ließen sich hier Hokkien-Chinesen nieder, die die Zinnminen als einträgliche Geldquelle entdeckt hatten. Noch heute prägen ihre zweigeschossigen Handelshäuser das Stadtbild, und auch an chinesischen Feiertagen wird offensichtlich, dass die Bevölkerung noch mehrheitlich chinesischstämmig ist. Während des vor allem aus Phuket bekannten Vegetarian

Festivals im Oktober verwandelt sich die Hauptstraße in eine Festmeile, Millionen von Böllern fliegen durch die Luft, und junge Männer demonstrieren ihre Unverwundbarkeit, indem sie sich Speere durch die Wange spießen (mehr zu diesem Fest Kasten S. 799). Aufgrund der nahen Grenze zu Myanmar leben und arbeiten auch viele Birmanen (legal und illegal) in Ranong.

Das Zinnerz ist seit Langem ausgebeutet. Heute sorgen der Anbau von Kaffee und Cashewnüssen, Gummibäumen und anderen Nutzpflanzen für das wirtschaftliche Auskommen. Dank der heißen Quellen trägt auch der Tourismus etwas zum Lebensunterhalt der Bewohner bei. Doch der Touristenandrang in Ranong hält sich in Grenzen. Besucher kommen hierher, um auf die bei Ruhesuchenden beliebten Inseln **Ko Chang** und **Ko Phayam** zu fahren oder um über **Kaw Thaung** (Victoria Point) nach Myanmar zu reisen.

Wer in der Stadt bleibt, kann sich in den **heißen Quellen** entspannen und die nahe Umgebung erkunden.

### Spas und heiße Quellen

Bereits Rama V. besuchte 1890 Ranong wegen seiner drei 65 °C heißen Quellen und gab der hierher führenden Straße Chon Ra U („heißes Wasser") ihren Namen. Wer nicht nur seine Füße in die kostenlosen kleinen Pools der **Thermalquellen** tauchen möchte, findet einige interessante Spas mit entspannenden und heilenden Angeboten. Neben Massagen – von Thai-Style über Öl bis zur Aromatherapie – kann man saunieren und im Thermalquellwasser baden. Nahe den Quellen bietet dies das **Siam Hot Spa**, ☏ 077-813 551, 150 Baht für Pool und Sauna. Am Fluss nahe dem Nachtmarkt befindet sich das sehr gute **Jao Ruen Spa**, ☏ 077-812 524, 120 Baht für den Spa-Bereich. Das **Pornrang Hot Spring Resort**, ☏ 077-825 946, ❸–❹, liegt etwa 8 km von der Stadt entfernt an den gleichnamigen Quellen. Wer in der Ferienanlage wohnt, duscht mit Quellwasser. Auch hier gibt es öffentliche Bäder für 200 Baht p. P.

### ÜBERNACHTUNG

**Le Sarin Chalet Resort** ①, 306 Ruang Rat Rd., ☏ 077-825 725, 🖥 www.lesarinchalet.com.

# Nördliche Andamanenküste

N  0    20 km

= TAUCHEN

MYANMAR (BIRMA)

PILA ISLD.
BUDA ISLD.
LOUGH-BOROUGH ISLD.

Nong Pak Bang
Nandjin
Marang
Chumphon
Tung Hong
Kraburi
Lam Liang
Ban Khao Thalu
Sawi
Thap Chak
Maliwun
Khao Fachi
La-Un
Thung Tako

MACLEOD ISLD.

ZADET NGE
HASTINGS ISLD.

s. Stadtplan Ranong S. 761

★ Punyaban-Wasserfall

Hat Chan Damri

Kawthoung
Lang Suan

ZADET GYI

Ranong

♨ Thermal-quellen

s. Detailplan Ko Chang S. 765

THAN
KO CHANG

△ 1028

☊ Ngao-Wasserfall

Khlong Lang

Pha To
Lamae

KO PHAYAM
Ratchakrut

s. Detailplan Ko Phayam S. 770

CHRISTIE ISLD.
AURIOL ISLD.

Hat Bang Baen
TAT
LAEM SON NATIONAL PARK

❶
Kapoe
❷

KAENG KRUNG NATIONAL PARK

KO SURIN NUA

KO SURIN N.P.

KO KAM YAI
KO KAM NOI

Na Kha

KO SURIN TAI

Richelieu Rock

Hat Prapad
Ao Koel
Kriam

△ 1395

SRI PHANG NGA N.P.

Takuk Neu
Tha Chang

KO THUNG NANG DAM

s. Detailplan Ko Surin N.P. S. 776

MU KO RA KO PHRA THONG NATIONAL PARK

KO RA

Khura Buri

s. Detailplan Khao Sok N.P. S. 785

Tha Sae
Surat Thani Airport

KO TASAI KO TACHAI

KO PHRA THONG

Rajjaprabha-Stausee

Khiri Rat Thanikhom

Surat Thani

KO KHO KHAO

s. Detailplan Takua Pa - Khura Buri S. 780

Tam Nang Wasserfall

KHAO SOK NATIONAL PARK

KO BORN

Takua Pa

Ta Khun

Nam Khem

Talad Takua Pa

Phanom

s. Detailplan Ko Similan N.P. S. 798

s. Detailplan Khao Lak S. 789

Bang Sak
Ban Bang Niang

KO SIMILAN

Khao Lak

KHAO LAK-LAMRU N.P.

KO MIANG
KO PAYANG

Thap Lamu

KO SIMILAN N.P.

Thung Maphrao

Thap Put
Chaiburi

Lam Pi-Wasserfall
★

Phang Nga

s. Stadtplan Phan Nga S. 835

Khao Phanom

Thai Muang
Takua Thung

Ao Luk

TRANSPORT
❶ Busse nach Ranong, Chumphon, Khao Lak und Phuket
❷ Busse nach Bangkok

Khok Kloi
Laem Sak

PHUKET
Phuket
Krabi

DIE ANDAMANENKÜSTE

Wände und Böden der großen Zimmer sind gelb verputzt. Harmonisch wirken dazu die dunklen Holzmöbel. TV, Minibar und große Betten. Familienzimmer sind nur wenig teurer als DZ. Inkl. Frühstück. ❸

**Luang Poj Boutiquehostel** ④, 225 Ruang Rat Rd., ☎ 077-833 377, ✉ luangpoj@ gmail.com. Zentral gelegen, 8 kleine, aber feine Zimmer. Toiletten- und Duschbereich für alle. Zimmer mit AC ohne Fenster, mit Fenster nur Ventilator (und etwas laut, da das Ding Dong des 7-Eleven durchs Fenster hinaufklingelt). ⏰ 7.30–24 Uhr. ❷

**Numsai Khaosuay Resort** ⑥, 14/19 Poempon Rd., ☎ 077-834 888, 🖥 www.numsaikhaosuay. com. Hotelkomplex mit schönen Zimmern im Reihenhaus und in Bungalows. Viel Grün. Inkl. Frühstück. Pool. ❺–❽

**Palmy Home** ⑤, 32/29 Kamlungsap Rd., ☎ 077-811 005. Steinhaus mit ansprechenden sauberen Zimmern, Ventilator oder AC, Kühlschank und TV. Alle Zimmer haben Warmwasser. ❷

**Rattanasin Hotel** ③, 226 Ruang Rat Rd., ☎ 077-811 242. Einfaches alteingesessenes Haus im Zentrum. Einige geräumige, aber auch sehr kleine Zimmer. Wahlweise Ventilator oder AC. Eine gute Wahl sind die Zimmer mit 2 großen Betten, in denen 4 Pers. Platz finden (360 Baht). Wer hier wohnt, bekommt eine Ahnung davon, wie die ersten Traveller wohnten, bevor es Boutiqueschick und erschwingliche Standardhotels gab. Die Tore schließen gegen 22 Uhr. ❶–❷

**Thansila Resort** ⑦, 129/2 Soi Thara, ☎ 081-797 4674. Große geräumige AC-Zimmer in 2-stöckigem Steinhaus, teils mit tollem Blick auf den Fluss. Es gibt einen Zugang zum Fluss. Gute Promotionpreise in der Nebensaison. ❹–❺

**The B Ranong** ②, 295/2 Ruang Rat Rd., ☎ 077-823 111, 🖥 www.thebranong.com. Ruhig, obwohl mitten in der Ausgehmeile. 3-stöckiges Hotel mit modern ausgestatteten Zimmern. Pool auf dem Dach mit schöner Aussicht. Superior mit Safe und Musikanlage. Frühstück inkl. Restaurant auf dem Dach und Bar mit Livemusik an der Straße. ❹–❺

**The Happinez Lodge** ⑧, ☎ 087-274 7601, 🖥 www.house-of-happinez.asia. An den heißen Quellen im Hang gelegene kleine Oase, die absolute Ruhe bietet. Gastgeberin Sophie vermietet 5 Zimmer, alle sehr individuell und geschmackvoll eingerichtet. Der Garten mit Sitzgelegenheiten und Hängematte lädt zum Entspannen ein. Sophie leitet zudem Aladdin Dive Safari. ❷–❸

## ESSEN UND UNTERHALTUNG

An den Ständen am Markt und an der Ruang Rat Rd. gibt es von frühmorgens bis abends Suppen, Snacks und Früchte. In der Saison (Dez–April) wird jeden Sonntag die Straße für den Autoverkehr gesperrt (17–21 Uhr) und eine Walking Street mit Essens- und Verkaufsständen aufgebaut.

Neben den gelisteten Vorschlägen (eine Auswahl von Lokalen an der Ruang Rat Rd.) finden sich am Fluss und bei den heißen Quellen gute Restaurants.

**Jammy Bar**, viele Thai-Gerichte, zudem Steak und Filet (z. T. vom Krokodil, Hirsch oder Strauß). Oft Livemusik im Gartenrestaurant. ⏰ ab 18 Uhr.

**Kratib Restaurant**, ein prima Ort, um mit Einheimischen in Kontakt zu kommen. Besonders beliebt ist der frische Salz-Fisch vom Grill. Viele Gerichte aus der Thai-Küche, günstig und lecker. Offener überdachter Bereich und ein etwas abgekühlter AC-Raum. ⏰ 11–22 Uhr.

**Ranong Hideaway Sophon's Bistro**, ☎ 077-832 730. Gute Küche, u. a. Pizza ab 200 Baht, im überdachten Restaurant. ⏰ 10–23 Uhr.

## SONSTIGES

### Immigration
Immigration-Büro, nahe dem Pier, ☎ 077-825 515. Wer nicht einen kurzen Visa Run nach Myanmar machen will (Kasten S. 762), kann hier sein Visum verlängern lassen. ⏰ 8–16 Uhr.

### Informationen
**Tourist Information**, am Busbahnhof, ☎ 077-812 788. ⏰ Mo–So 8.30–16.30 Uhr.

### Post
**Hauptpostamt**, Chon Ra U Rd., im Osten der Stadt. ⏰ Mo–Fr 8.30–16.30, Sa, So 9–12 Uhr.

# Ranong

**N** 0 500 m

↑ Wat Suwan    Kraburi,
Khiri Wihan    Chumphon ↗

Chatchaloem Rd.

Phadat Rd.

Gouverneurshaus

POLIZEI

① Gouverneursmuseum ④

Rd.

Thaweesingkha Rd.

Ruang Rat

Luwung Rd.

Ho Kao Kechi

*Khao Nives View Point*

② ③
3
④
2 @
3

Holzpalast von Rama IV. ⑤

Kamlungsa p

Chon Ra-U Rd.

Rd.   KRANKENHAUS

Poemphon   Rd.

MARKT   Rd.

Ruang Rat

● Stadtsäule

⑥ NACHT-
ESSENSMARKT

SPIELPLATZ   Rd.

Sampan
Pla-Pier,
Immigration

Tha   Muang   Rd.

$ $ $

❶ ❷

Rattanakosin

Petchkasem

⑦ ● ❸ 6

4005

Wat
Tapotharam

④ ♣   ④ ♣

⑦

⑧   Heiße
Quellen   Höhle
Praruesee

■ 5

■ ÜBERNACHTUNG
① Le Sarin Chalet Resort
② The B Ranong
③ Rattanasin Hotel
④ Luang Poj Boutiquehostel
⑤ Palmy Home
⑥ Numsai Khaosuay Resort
⑦ Thansila Resort
⑧ The Happinez Lodge

■ ESSEN
1 Kratib Restaurant
2 Ranong Hideaway
   Sophon's Bistro
3 Jammy Bar
4 Ausflugsrestaurant

■ SONSTIGES
1 A-One-Ranong Diving
   Center
2 Internetcafé
3 Pon´s Place
4 Siam Hot Spa
5 Aladdin Dive Safari
6 Kiwi Orchid & PL Gh.
7 Andaman International
   Divecenter
8 Pornrang Hot Spring
   Resort

■ TRANSPORT
❶ New Mitr Tour
❷ Choke Anan Tour
❸ Busbahnhof

↓ Punyaban-Wasserfall,
Flughafen,
④ ↓ 8, Khura Buri

## Reisebüros, Travellertreffs und Mopedverleih

**Kiwi Orchid & PL Gh.**, 96/19-20 Moo 1, Petchkasem Rd., ☎ 077-832 812, ✉ jaikongkleaw@yahoo.co.th. Das gelb getünchte Haus liegt direkt am Busterminal. Die quirlige Eigentümerin verkauft Bus- und Flugtickets sowie Tickets für Überfahrten zu den Inseln Ko Phayam und Ko Chang. Außerdem nimmt sie Hotelreservierungen vor. Zudem verwöhnte Zimmer. ❶–❷

**Pon's Place**, 92/1 Ruang Rat Rd., ☎ 081-597 4549, 🖥 www.ponplace-ranong.com. Mopeds (200/250 Baht am Tag), Bus- und Flugtickets, Touren, auch etwas zu essen (mäßig lecker). Treffpunkt für Reisende, um Infos auszutauschen. Immer gut besucht. ⏲ 7.30–19.30 Uhr.

### Tauchen

Die Tauchschulen fahren zu den Tauchspots der Andamanensee (S. 886/887). Alle bieten

## Eine Reise nach Myanmar

Im Zuge der veränderten Visaregeln in Thailand hat der bis dahin beliebte Visa Run von Ranong nach Myanmar an Bedeutung verloren. Das an der Grenze ausgestellte Myanmar-Visum befugt nur zum Aufenthalt von 14 Tagen in Kaw Thoung und kostet US$10. Wer kurz einreist, kann eine Nacht bleiben und einen Blick ins Land der Pagoden werfen. Plant man jedoch eine Reise durch Myanmar, benötigt man ein richtiges Visum, das man in Deutschland bzw. in Bangkok beantragen muss. Mit der US$10-Aufenthaltserlaubnis darf man NICHT weiterreisen. Vor Ort gibt es einen Geldautomaten. Mehr Tipps unter **eXTra [5452]**.

Liveaboard Cruises von unterschiedlicher Dauer an, haben deutschsprachige Mitarbeiter, tauchen und lehren nach PADI. Aktuelle Trips und Preise finden sich auf den Webseiten. **Aladdin Dive Safari**, ☎ 087-278 6908, 087-274 7601, 🖥 www.aladdindivesafari.com. In der Happinez Lodge (s. o.), zudem Basen auf Ko Phayam und auf Ko Chang.

**Andaman International Divecenter**, am Busbahnhof, ☎ 077-834 824, 089-814 1092, 🖥 www.aidcdive.com. Guter Service und Ausrüstung. Ansprechende Liveaboards.
**A-One-Ranong Diving Center**, 256 Ruang Rat Rd., ☎ 077-832 984, 081-891 5510, 🖥 www.a-one-diving.com. In Ranong und auf Ko Phayam. Liveaboards, nette Leute.

### WLAN und Internet

Alle Gästehäuser und Hotels bieten WLAN. Da auch immer mehr Restaurants online sind, ist es kein Problem, hier noch schnell alle Mails und Accounts zu checken, bevor es auf die weniger gut verbundenen Inseln geht. **Internetcafés** sind hingegen selten geworden. Nahe Pon's Place kann man für 20 Baht/Std. ins Netz.

### NAHVERKEHR

Durch Ranong fahren von 6–18 Uhr rote und blaue **Songthaew**. Die rote Nr. 2 verkehrt zwischen Markt (Ruang Rat Rd.) und den heißer Quellen. Die rote Nr. 3 verbindet den Markt und den Hafen Sampan Pla. Die blaue Nr. 6 fährt am unteren Ende der Ruang Rat Rd. über die

Die kleine Handelsstadt Ranong präsentiert sich bunt und fröhlich.

Kamlung Sap Rd. zum Busbahnhof und weiter zum Hafen. Einige grüne Songthaew fahren in die nähere Umgebung. Alle ab 15 Baht. Wer mit dem Boot von den Inseln ankommt, kann auf ein Taxi verzichten und etwa 400 m zur Straße gehen (gegenüberliegende Seite) und von dort in die Stadt/zum Busbahnhof fahren.
Eine Alternative sind **Motorradtaxis**, vom Zentrum zum Hafen für 50 Baht. Lässt man sich den Transport organisieren, zahlt man meist 70 Baht p. P.
Wer abends ab 18 Uhr am Busbahnhof ankommt, wartet vergebens auf Taxifahrer. Dann heißt es laufen. Der Weg ist aber ins Zentrum weniger weit als gedacht. Manchmal findet sich auf Höhe des Marktes hinter der Brücke ein Mopedtransport mit Sidecar, auf dem bis zu 4 Pers. Platz finden.

## TRANSPORT

### Busse

**Busbahnhof** in der Petchkasem Rd. nicht weit vom Zentrum. Die meisten Minibusse, die Ranong anfahren, halten hier und fahren Passagiere anschließend bis vor die Tür ihrer gewünschten Unterkunft. Ab Ranong werden Minibusse nur selten empfohlen, da sie wesentlich teurer sind. Es gibt Minibusse nach Chumphon und nach Khao Sok (Abfahrtszeiten und Kosten bei Pon's Place erfragen, ab 650 Baht aufwärts). BANGKOK, mit dem AC-Bus um 7, 9, 10.30, 13.30, 15.30, 17.30 und 19.30 Uhr für 333 Baht in 9 Std. Mit dem VIP-24-Bus um 20 Uhr für 725 Baht. **Choke Anan Tour**, ☏ 077-812 128, und **New Mitr Tour**, ☏ 077-811 140, betreiben VIP-Busse und haben ihr Büro in der Tha Muang Rd. Beide Anbieter fahren morgens (8 Uhr) und abends (20 Uhr, Choke Anan fährt um 20.30 Uhr zudem mit einem VIP 24, 519/692 Baht). CHUMPHON, 11, 13.30, 15.30, 17.30 und 19.30 Uhr für 120 Baht in 2 Std. Mit dem Minibus stdl. von 7–17 Uhr für 150 Baht in etwa 1 1/2 Std. HAT YAI, um 6, 10 und 20 Uhr für 420 Baht in 10 Std. KRABI, um 7 und 10 Uhr für 210 Baht (Tickets im Bus) in 6 Std. NAKHON SI THAMMARAT, um 7.30 Uhr für 420 Baht in etwa 8 Std.

PHUKET, AC-Busse um 6.30, 8, 9.30, 10.30, 12.30, 14.30, 16 und 17.30 Uhr für 260 Baht in 5 Std. Der Bus hält auch in KHURA BURI (110 Baht, etwa 2 Std.), KOK KLOI (130 Baht, 2 1/2 Std.), Takua Pa (s. u.) und KHAO LAK (180 Baht, 4 Std.).
TAKUA PA, mit dem 1.-Kl.-AC-Bus Richtung Phuket für 160 Baht in etwa 3 Std.

### Boote

Die Boote nach Ko Phayam und Ko Chang starten von einem kleinen Pier linker Hand der Sampan Pla Rd., kurz vor dem gleichnamigen Pier. Bei Niedrigwasser legen die Boote entweder vom Sampan Pla ab oder vom Frachtpier. Man wird mit einem Pick-up an die Abfahrtstelle transportiert.
KO CHANG, mehrere Gesellschaften fahren mit Speedbooten zum dortigen Pier, um 8.45, 9.30 und 13.30 Uhr, jeweils 300 Baht in 45 Min. Um 13 Uhr fährt zudem ein Slowboat in 2 Std. für 200 Baht, dieses steuert alle Strände an und man muss nicht extra vom Pier einen Weitertransport organisieren. Ziele sind die Buchten im Norden, es folgen Ao Yai, Ao Ta Daeng und Ao Siad.
KO PHAYAM, zahlreiche Speedboote in der Saison, zwischen 8.30 und 16.30 Uhr für 350 Baht in 30–45 Min. Zudem ein Slowboat um 9.30 und 14 Uhr in 2 Std. (bei Ebbe 3 Std.) für 200 Baht.

### Flüge

**Happy Air**, ☏ 077-832 222, ⌨ www.ranongair. com, fliegt mit einer Maschine nach BANGKOK, oft über Chumphon. Da die Flüge immer mal wieder eingestellt werden, bitte auf der Website checken. Infos und Tickets auch bei Pon's Place, Kay Kai oder im Kiwi Orchid Gh. **Taxi** zum Airport bei Pon's Place und Kay Kai (s. Reisebüros) für 200 Baht p. P.

## Ko Chang

An **Ko Chang** [2788] ist der Touristenboom der letzten 20 Jahre vorbeigegangen. Nur wenige schmale Beton- und Sandwege durchziehen das Hinterland und verbinden die Strände mit dem Pier. Die Bungalows stehen in Cashewhainen, unter Gummibäumen oder schattigen Kasuarinen, viele davon sind am Hang derart in die Natur integriert, dass sie vom Strand aus nicht zu sehen sind. Sie sind einfach, Strom gibt es nur abends vom Generator, und der Gast geht hier noch zu Fuß. Auf die kleine Insel kommen Reisende, die sehr naturverbunden sind. Das Innere der Insel ist unzugänglicher Dschungel und Heimat vieler Vögel und Affen. Auch zahlreiche Schlangen leben hier noch. Wer den Kontakt zur ungezähmten Natur scheut, sollte Ko Chang nicht besuchen. Partys am Strand finden noch in alter Manier mit prasselndem Lagerfeuer statt – nur die Gitarre wurde auch hier und da bereits von einer Musikanlage ersetzt. Lediglich in der Hauptreisezeit ist hier mehr los, dann finden regelmäßig Partys statt. Mitte April schließen zahlreiche Anlagen und öffnen erst wieder im November.

Der Strand ist weitläufig und teils von Steinen durchsetzt. Dennoch kann man zu jeder Tageszeit schwimmen. Manchmal tummeln sich hier Sandfliegen. Im Hinterland zwischen dem kleinen Village und dem Strand wurde ein Baggersee zum Baden freigegeben, der von immer mehr Gästen genutzt wird.

Das Baden „oben ohne" ist auf der Insel absolut tabu, und auch in die Restaurants sollte man nicht mit Bademontur hineinspazieren.

Nur wenige Menschen leben auf Ko Chang. Etwa 30 Familien arbeiten im Tourismusbereich und vermieten Bungalows, betreiben Restaurants und Minimärkte, unternehmen mit den Gästen Ausflüge und stechen ihnen mit einem angespitzten Bambus lebenslange Erinnerungen unter die Haut. Die im Village und im Hinterland lebenden Menschen bewirtschaften Gummi- und Cashewplantagen. Die meisten Fischer leben an der Küste im Südwesten am Ao Lek.

Wer an die abseitigen Strände fahren will, findet Infos zu Unterkünften auf unserer Webseite zu **Ao Siad** [6226] und **den Buchten im Norden** [10052]. Wer in den unten gelisteten Anlagen kein Zimmer mehr bekommt, was vor allem zwischen Dezember bis März oft der Fall ist, findet weitere Tipps unter dem **eXTra [2789]**.

## Ao Yai und Ao Ta Daeng

Die etwa 3 km lange Bucht liegt zentral an der Westseite der Insel. Der südlichste Strand-

abschnitt nennt sich Ao Ta Daeng und ist über einen Pfad über den kleinen Hügel zu erreichen. Ao Yai (Long Beach genannt) bietet herrliche Sonnenuntergänge. Der Strand ist bei Flut hellgelb und mittelfein, bei Ebbe wird er sehr breit. Der feuchte Sand ist oft mit schwarzem Zinnoxid durchsetzt, das schöne Muster zeichnet.

In der Saison ist es vor allem am nördlichen Bereich der Bucht recht voll, da die Dauergäste dann wie jedes Jahr anreisen und in *ihrer* Anlage dem Winter in Deutschland entfliehen.

## Ao Laetawan

Die kleine, überschaubare, knapp 200 m lange Bucht erreicht man in etwa 5 Min. über den Hügel vom Ao Ta Daeng. Der Sand ist fein und weiß, am Meer schwarz durchsetzt. Vor Mama's Bungalows kann man nicht direkt ins Meer gehen.

An den Felsen entlang gelangt man nach wenigen Metern zu dem kleinen Weg zur einsamen Rangerstation, die man auf einem 1 1/2-stündigen Fußmarsch erreicht. Wanderfreaks sollten früh aufbrechen und genug Wasser mitnehmen, da es weder unterwegs noch am Ziel etwas zu kaufen gibt.

### ÜBERNACHTUNG

Die Bungalows sind meist sehr einfach und haben wenig mehr als ein Bett, Moskitonetz, eine Hängematte und eine seitliche Ablage zu bieten. Viele sind noch aus Holz und Matte. Es werden jedoch immer mehr aus Platte (in Holzoptik) und Stein gebaut. Das Material ist wetterbeständiger und billiger als Holz. Es gibt von 18–22 Uhr Strom (meist vom Generator). Ein paar Anlagen haben aber auf Solarstrom umgestellt. Strom vom Festland wird es vorerst wohl nicht geben. In sämtlichen Anlagen gibt es Thermoskannen mit heißem Wasser, mit denen man sich zu jeder Tageszeit seinen Kaffee oder Tee zubereiten kann. Über ihren Konsum führen die Gäste in der Regel selbst Buch.

#### Ao Yai und Ao Ta Daeng

**Cashew Resort** ③, ✆ 084-538 5385. Die erste und größte Anlage Ko Changs bietet vorne am Strand schattenlose Steinbungalows, doch da bei Dauergästen beliebt, ist die Anlage trotzdem

# Ko Chang

N · 0 · 1 km

**ESSEN**
1 Little Italy
2 Baan Suan
3 Sunshine Minimarkt & Restaurant
4 Minimarkt Restaurant

KO KIANG

Slowboat nach Ranong

Speedboat nach Ranong

KO PLAI

Ao Ko Kiang

Ao Ko

Slowboat von Ranong

Speedboat-Pier

Ao Yai

SCHULE

Ao Chao Le

Ao Ta Daeng

Ao Laetawan

Ao Lek

NATIONAL PARK RANGER STATION

Ao Kai Tao

Ao Siad

Speedboat nach Ko Phayam

**ÜBERNACHTUNG**
1 Long Beach Resort
2 Sunset Bungalows
3 Cashew Resort
4 Golden Bee Resort
5 Sabai Yai Bungalows
6 Crocodile Rock Bungalows
7 Sawasdee Resort
8 Ta Dang Bay Resort
9 Suan Por Resort
10 Mama's Restaurant & Bungalows

**SONSTIGES**
1 Om Tao
2 Tattoo Ban La
3 Aladdin Dive Safari
4 Minimärkte
5 Starlight Travel & Money Exchange
6 Thai Bar
7 Freedom Bar
8 Tsunami Bar
9 Café on the Rock & Rocket Bar, Mr. A Tattoo

gut besucht. In 2. Reihe stehen noch einige Holzbungalows unter schattigen Bäumen, die uns besser gefallen. WLAN im Restaurant. Tauchbasis von Aladdin Dive Safari. ❶–❷

**Crocodile Rock Bungalows** ⑥, ☎ 081-370 1434, ✉ tonn1970@yahoo.com. Sehr schöne gepflegte Bambusbungalows mit tollem Blick auf die Bucht. Vom Bett blickt man durch ein großes Fenster direkt aufs Meer. ❶–❷

**Golden Bee Resort** ④, ☎ 085-795 3955. Weitläufig an einem schönen Strandabschnitt liegen unter schattigen Bäumen unterschiedlichste einfache Bungalows, die von vielen Dauergästen verschönert und geliebt werden. Es gibt kleine Holzbungalows, größere aus Matten und 2 winzige Steinhäuser in 2. Reihe. Das ganze Jahr über geöffnet. Freundliche Leute. Minimarkt. ❶–❷

**Long Beach Resort** ①, ☎ 087-283 0108. Wetterfeste Holzimitatbungalows direkt am Strand und im Hang, 4 aus Beton und mit Ventilator. Am Hang haben noch 3 einfache alte Holzhütten überlebt. Das Restaurant ist zwar weniger einladend, aber die Küche ist gut und recht günstig. Das ganze Jahr über geöffnet. ❶–❷

**Sabai Yai Bungalows** ⑤, ☎ 080-884 3477. Am Hang verteilt gepflegte Matten/Holzbungalows und neuere aus Holzimitat unter Schatten spendenden Gummibäumen und anderen Nutzpflanzen. In den älteren Hütten noch Hocktoiletten. Nur wenige Meter weiter beginnen die Felsen, und einige Steine stören auch hier schon das Badevergnügen. Minimarkt auf dem Gelände. ❶–❷

**Sawasdee Resort** ⑦, ☎ 084-846 5828, 🖥 www.sawasdeekohchang.com. Schöne Bungalows in ansprechender Anlage. Liegeplattformen und geflochtene Hängematten. Störend ist der wenig ansehnliche betonierte Schutzwall, der die Flut zähmt. Sehr gepflegt. ❷–❸

**Sunset Bungalows** ②, ☎ 080-693 8577, ✉ sunset.sunset.2010@gmail.com. Schöne gepflegte Holz- und Mattenbungalows liegen unter Schatten spendenden Gummibäumen am schönsten Strandabschnitt weitläufig im Wald verteilt. Alle mit großen guten Moskitonetzen, Ablageflächen, Hängematte und recht großen Bädern. Schönes, aus Steinen gemauertes Restaurant. Große Bücherauswahl.

Liegen am Strand. Volleyballnetz. Kajak-Verleih. ❶–❷

**Ta Dang Bay Resort** ⑧, ☎ 081-691 7130, 080-890 7715 (Plaa). Diverse einfache gepflegte Bungalows im Hang und 4 vorne an einem mit Sand aufgeschütteten Platz am Meer (3 davon aus Stein). Von den einst hellblau gestrichenen Bambushütten ist noch eine verblieben. Strom aus Solarenergie. Im Restaurant gibt es selbst gemachten Wein aus Ananas und anderen leckeren Früchten. ❶–❷

## Ao Laetawan

**Mama's Restaurant & Bungalows** ⑩, ☎ 087-276 7784, ✉ mamas-bungalows@hotmail.com. Ist seit Jahren bei Travellern legendär. Das Lob gebührt der hier gebotenen Kochkunst, einer gelungenen Mischung von Thai- und Western-Rezepten. Vermietet werden zudem 14 Matten-, Holz- und Steinbungalows am Hang und am Strand. Mal groß, mal klein, mal aus Holzimitat, mal gemauert oder einfach aus Beton. ❶–❸

**Suan Por Resort** ⑨, ☎ 089-586 2846. Einfache Matten/Bambusbungalows im sandigen Garten unter schattigen Laubbäumen. Einige Holzbungalows direkt am Strand. Schöne Liegeplattform im Schatten. Kajak-Verleih. ❶–❷

**ESSEN UND EINKAUFEN**

Die meisten Gäste essen im Resort. Gute günstige Küche gibt es im **Long Beach Resort**, besonders schön sitzt man im etwas teureren **Sunset**. Zum Frühstück lohnt ein Ausflug ins **Crocodile Restaurant** des gleichnamigen Resorts, denn hier gibt es zum guten Kaffee leckere Brötchen und einen wirklich tollen Ausblick. Frischen Kuchen und aromatischen Kaffee bekommt man auch im **Café on the Rocks** hinter dem Koh Chang Resort.
**Baan Suan**, kleines Restaurant mit 5 großen Tischen im Inselinneren. Vom Tempel sind es etwa 700 m auf einer kleinen Betonpiste. Fantastische Küche, Thai- und westliche Gerichte. Leckerer Kuchen. Große Portionen. Wer einmal hier war, kommt wieder. Wan vermietet auch einen Stein- und 2 Mattenbungalows im ruhigen, weitläufigen Garten. ❷

**Little Italy**, etwas nach hinten versetzt auf Höhe des alten Piers, ✆ 084-851 2760. Pasta, Bruschetta und hausgemachtes Brot. Und besonders empfehlenswert: In der Saison jeden Mo große, köstliche Pizza aus dem Steinofen. Vermieten auch drei 2-stöckige schöne Bungalows; großes ansprechendes Bad unten, Wohnraum mit großer Veranda oben. ❶–❷

🍴 **Ta Dang Bay Restaurant**, im gleichnamigen Resort (s. o.), bietet etwas ganz Besonderes: Selbst gemachter sehr schmackhafter Wein versüßt hier das gute Essen. Ob Guave, Ingwer, Hibiskus oder Granatapfel: Alle sind eine Weinprobe wert. Zudem offeriert das Restaurant sehr gutes vegetarisches *laab* (mit Tofu).

## UNTERHALTUNG

🎯 **Café on the Rock & Rocket Bar**, mit toller Aussicht auf Myanmar gibt es hier tagsüber frisch aufgebrühten Filterkaffee oder Espresso aus Thai-Anbau, tgl. frisch gebackenen Kuchen und manchmal Brot. Abends lädt dann die Rocket Bar auf einen leckeren Cocktail oder ein kaltes Bier ein. In der Saison finden Partys statt. Solarstrom und Refill-Station mit Wasser aus der Quelle (5 Baht pro 1 1/2 l).
**Freedom Bar**, ansprechende und einladende Bar aus Schwemmholz am Strand. Großer Feuerplatz, regelmäßig Lagerfeuer. In der Saison oft gelungene Partys, auch dank der guten Musikanlage.

🍴 **Thai Bar**, schöne runde Bar am Strand und aus Schwemmholz gebastelte Sitz- und Liegemöglichkeiten. Veranstaltet regelmäßig Partys und schafft es immer wieder, Bands auf die Insel zu locken. Vermietet auch schöne Holzbungalows unter schattigen Kasuarinen. ❶
**Tsunami Bar**, nette Bar mit verschiedenen Sitzgelegenheiten inmitten vieler Pflanzen am Strand. Vermietet ein Baumhaus. ❶

## SONSTIGES

### Geld und Reisebüro

**Starlight Travel & Money Exchange**, neben dem Restaurant des Golden Bee, ✆ 082-085 7119, 🖥 phayambooking.com. Hier kann man in der Hauptsaison Flüge buchen, sich ein Busticket

besorgen und Geld tauschen. Die Kurse für Bargeld liegen etwas unter jenen am Festland. Für Travellers Cheques wird eine Gebühr von 180 Baht pro Scheck erhoben, und für Geld auf Kreditkarte werden 5 % Kommission fällig.

### Tätowieren

**Mr. A Tattoo**, betreibt nicht nur die Rocket Bar, er sticht auch erfolgreich Tattoos mit Bambusnadeln. Auf Wunsch auch konventionell, aber ein schöneres Mitbringsel ist sicherlich ein authentisches Thai-Tattoo.
Bei **Tattoo Ban La** neben dem Om Tao (s. u.) kann man sich mit der Tätowiermaschine stechen lassen, auf Wunsch auch hier mit Bambus. Rung hat eine überaus kreative Ader, erkennbar auch an seinem schönen, mit Naturmaterialien gestalteten Garten. Er verkauft außerdem Handarbeit aus Nordthailand und organisiert Bootsausflüge in die nähere Umgebung (etwa 2x in der Saison geht es auf eine Tour inkl. Übernachtung nach Ko Kham. Vermietet ein paar geräumige Bungalows hinter dem Cashew Resort, Kontakt ✆ 089-259 9251 (Rung), ❶–❷.

### Tauchen

**Aladdin Dive Safari** (Kontaktdaten S. 762) beim Cashew Resort. Gute, preiswerte *Liveaboards*, sofern genug Kunden zusammenkommen.

### WLAN

Einige Anlagen und Restaurants bieten WLAN. Meist ist die Datenrate aber sehr gering. Wer unbedingt online sein will, ist gut beraten, sich auf seinem Smartphone mobil auszustatten, bevor es auf die Insel geht. Gutes WLAN, mit dem man sogar skypen kann, gibt es im Café on the Rocks (50 Baht/Tag). Okay für Facebook und Co. ist das kostenfreie WLAN beim Sunshine Minimarkt im Village.

### Yoga

**Om Tao**, ✆ 085-470 9312, 090-167 5384, 🖥 www.omtao.net. In der Saison (von Dez bis die letzten Gäste gehen) empfehlenswerte Yoga-Stunden in ruhiger Atmosphäre unter schattigen Bäumen am Strand oder im mückengeschützten offenen Raum im Garten. Vermieten Bungalows. ❷

KO PHAYAM, mit dem Speedboot ab dem neuen Pier. Wer sich anmeldet, kann auf die Boote von Ranong nach Phayam zusteigen. Die Tickets kosten 350 Baht. Abfahrt 9.20, 13.50 und 17.50 Uhr. Im Jan und Feb fährt vom Koh Chang Resort [5455] ein Taxiboot zur Nachbarinsel, Mo–Fr um 10 Uhr für 200 Baht und um 16 Uhr wieder zurück. Ansonsten werden Charter-Boote für 2000 Baht angeboten. Finden sich genug Mitfahrer, ist dies eine gute Option (max. 8 Pers. pro Boot).

RANONG, gegen 8 und 13.30 Uhr passiert das Slowboat Ao Ta Daeng, ab 8.15 bzw. 13.45 Uhr Ao Yai und eine Viertelstunde später die nördlichen Buchten. Mitfahrer stellen sich an den Strand vor ihren Bungalow und winken das Boot heran. Kosten 200 Baht. Die Speed-boote starten am neuen Pier in der Saison um 8, 9, 9.50, 11.30, 15 und 16.50 Uhr. Die Anreise mit dem Moped zum Pier ist mit 100 Baht (zentraler Ao Yai) bis 200 Baht (Ao Laen-tawan) recht teuer. Bootsticket 350 Baht.

**14 HIGHLIGHT**

# Ko Phayam

Die 8 km lange und bis zu 5 km breite Insel **Ko Phayam** [2792], etwa 30 km vom Festland ent-fernt, verspricht entspannten Strandurlaub unter Kokospalmen und Schatten spendenden Laub-bäumen. Hier fühlen sich alle wohl, die die Natur lieben und auf Luxus verzichten wollen. Mitt-lerweile zieht es aber auch betuchtere Gäste auf die Insel, folglich sind bereits einige mittel- und hochpreisige Anlagen mit mehr Komfort entstanden. Überall riecht es nach Cashew-Nüssen, denn die Einheimischen, die nicht vom Tourismus leben, pflanzen vorwiegend diese Frucht an (mehr dazu im **eXTra** [2791]). Sowohl im Tourismusgeschäft als auch im Feldbau hel-fen birmanische Familien.

Für den Strandurlaub eignen sich die beiden Hauptstrände **Ao Yai** („Große Bucht") und **Ao**

**Khao Kwai** („Büffelbucht") mit weißem Sand, türkisfarbenem Meer und Sonnenuntergängen, die manch einem Besucher das Gefühl geben, im Werbeprospekt gelandet zu sein. Der breite Strand von Ao Yai ist perfekt für alle, die gerne in die Wellen springen oder gar Wellenreiten. Am Nordteil der Büffelbucht hingegen fühlen sich Schnorchler wohl. Hier ist das Wasser we-niger bewegt, zudem gibt es zahlreiche vorgela-gerte Felsen. Am Südende der Büffelbucht sind Freunde von Wattwanderungen gut aufgehoben, denn bei Ebbe zieht sich das Meer extrem weit zurück. Auch am Strand vor dem kleinen Dorf, an dem die Boote anlegen, und in weiteren klei-nen Buchten gibt es Unterkünfte; hier kann man jedoch selten oder nie schwimmen. AC-Bun-galows gibt es bisher nur wenige. Die Haupt-straße ist bereits ausgebaut, zu den Stränden selbst führen kleine Betonpisten bzw. teils noch Staubstraßen.

Informationen zu den kleinen Buchten der In-sel gibt es im Club: **Ao Kwang Peeb** [6199] und **Ao Mook** [6196].

## Ko Phayam Village, Ao Mae Mai und Ao Hin Kao

Der erste Strand, den Besucher sehen, ist **Ao Mae Mai**. Hinter dem Pier gibt es entlang dem Strand einige kleine Geschäfte, Restaurants und Bungalows. Rechter Hand fällt der Bootsanleger des Tempels ins Auge. Am Pier der Passagier-boote warten Mopedfahrer auf Ankommende.

**Sabai Sabai** ⑱, ✆ 087-895 4653. Holz- und Mattenbungalows in 2 Reihen. In der Saison Zelte am Strand. Wer sein eigenes Zelt mitbringt, kann sich hier einen schönen Platz suchen (80 Baht). Die Anlage ist mit viel Treibgut individuell und mit Sinn für witzige Details hergerichtet. Eigene Solarzellen. Leseecke. Entspannte Atmosphäre. ❶–❷ **The Blue Sky Resort** ⑲, ✆ 087-922 2109, 🖥 www.theblueskyresort.com. Luxusanlage etwa 500 m vom Anleger entfernt. Geschmack-volle AC-Bungalows sind über den Mangroven angelegt und über ein Stegsystem miteinander verbunden. Viele Fenster, Liegeflächen, TV,

Minibar, Safe. Stilvolles Restaurant am Strand. Inkl. Frühstück. Fahrräder, Kajaks und Quad. ❽

## ESSEN

🧳 An der Straße Richtung Strände lockt direkt das schön gestaltete kleine Lokal **Fans Homemade**, ☎ 084-963 5019. Neben einem Shop, in dem sich das Stöbern für alle, die ausgefallene Kleidung suchen, lohnt, gibt es im Restaurant gute Shakes, Pancakes und Selbstgebackenes. Dazu natürlich auch alle Klassiker der Thai-Küche.
Weiter der Straße folgend, liegen rechter Hand ein paar **Thai-Restaurants**, die günstige authentische Küche bieten. Es folgt eine Ladenzeile, in der zur Zeit der Recherche lediglich eine **Pizzeria** Platz genommen hatte. Wer darauf Lust verspürt, kann hier auch telefonisch bestellen, die Pizza wird dann an den Strand gebracht, ☎ 093-656 8656, ⏱ 10–23 Uhr. An der Straße hinter Ao Hin Khao hat sich in der Saison 2014/15 das **Thai Thana**, ☎ 086-403 4494, einen Namen gemacht. Viel Gemüse wächst im eigenen Garten, und auch die Küche ist abwechslungsreich und gut. Set-Menüs für 170 Baht.

## TRANSPORT

**KO CHANG**, wer von Ko Phayam direkt zur Nachbarinsel fahren will, kann im Jan und Feb Mo–Fr um 16 Uhr in 1 Std. für 150 Baht zum Koh Chang Resort auf einem überdachten Longtail-Boot übersetzen. Wer von hier zum Ao Siad (Ko Chang) will und vorbucht, wird von Longtail-Booten der gebuchten Anlage von Ko Phayam abgeholt. Charter-Longtail 2000 Baht. Am Ao Yai kann man wegen der starken Wellen nicht gut anlanden, daher ist man hier noch weitgehend von Motorengeknatter verschont. Oft steuern die Bootsleute den Hafen an und landen nicht am Strand. In der südlichen Büffelbucht sollte man bei Hochwasser ablegen oder ankommen, da man sonst ziemlich weit laufen muss. Speedboote fahren in der Saison morgens und mittags über Ko Chang (15 Min., 350 Baht) nach Ranong. Die Abfahrtszeiten ändern sich ständig.

**KO SURIN**, Ausflüge mit dem Boot (max. 25 Pers.) bei Mr. Trip (Kasten S. 772). Eine 2-tägige Tour mit Übernachtung im Zelt, Essen und Parkgebühr für 5000 Baht. **RANONG**, mit der Fähre um 15 Uhr für 200 Baht in 2–3 Std., bei Ebbe zum Sapan Pla-Pier, ansonsten zum Bootspier nahebei (S. 763). In der Saison (Nov–Mai) zudem Schnellboote verschiedener Gesellschaften um 8, 9, 11.30, 13 und 17 Uhr für 350 Baht in 20–45 Min. **Mr. Trip**, ☎ 077-870 222, bietet Charterfahrten zum Flughafen-Pier Ta Ton Son (Ranong) für 8000 Baht. Charter nach oder von Ranong 8000 Baht für max. 25 Pers.

### Hotelpreise und beste Reisezeit

Die Reisezeit auf Ko Phayam beginnt im November. Ende November füllt sich die Insel, dann kommen die ersten Langzeiturlauber, die die besten Hütten meist den gesamten Winter über belegen. Für den Dezember sollte man auf jeden Fall vorbuchen, Gleiches gilt auch für Ostern. Liegen die Osterferien früh, ist es oft noch sehr voll, liegen sie im April, kann es schon deutlich leerer sein. Die Saison endet im Mai. Doch während die großen Anlagen das ganze Jahr über geöffnet haben, schließen die kleineren in der Nebensaison.
Die hier angegebenen Übernachtungspreise auf Ko Phayam beziehen sich auf die ausklingende Hauptsaison. Wer jedoch um Weihnachten auf der Insel weilt, muss mit weitaus höheren Preisen rechnen, in der Nebensaison sinken die Preise oft auf nahezu die Hälfte. Vorbuchen braucht man dann nicht. Wer jedoch sichergehen will, dass die Insel nicht überfüllt ist, der kann eine der Anlagen anrufen und nachfragen. Wer über Buchungsportale bucht, landet selten in den wirklich guten Locations: Viele der Angebote liegen im Hinterland und sind für das Gebotene zu teuer. Also trotz positiver Bewertungen in den Portalen heißt es gut überlegen, wo man wohnen möchte. Sollten die hier gelisteten Anlagen belegt sein, findet man weitere unter **eXTra [2793]**.

# Ko Phayam

N
0 — 1 km

## ESSEN
1 Jansom 2 Restaurant
2 Thai Thana
3 Pizzeria
4 Thai-Restaurants
5 Fans Homemade
6 Tum Food
7 Baan Nam Cha
8 The Terrace
9 Dream Cuisine
10 The Peacock Tree
11 Joker Bar Bungalow
   & Restaurant
12 Long Beach Bungalow
   & Restaurant

## SONSTIGES
1 Hippie Bar
2 Jungle Bar
3 Star Light Travel
4 Sawasdee
   (Mopedverleih)
5 A One Ranong Diving
6 Phayam Divers (2x)

7 N&N Bike for rent
8 Bar Irie Island
9 Raggaehouse &
   Rasta Baby Bar
10 Phayam Travel &
   Tours
11 Motobike for rent
12 Aladdin Dive Safari

Ao
Kwang
Peeb

Ao
Khao Kwai
(Buffalo Bay)

Ao
Hin
Kao

TEMPEL-
PIER

Ao
Mae
Mai

MORGAN
VILLAGE

Straße im Bau

POLIZEI

Ko Chang, Ranong

Laem Hin

Laem
Rung

Ao Mook

KO KHAM

Ao Yai
(Long Beach)

Ao Ko Kyn

Laem Tab Aun

= SCHNORCHELN

DIE ANDAMANENKÜSTE

## Ao Yai

Die fast 3 km lange Bucht im Südwesten gilt den meisten als der schönste Strand von Ko Phayam. Er hat pudrig weißen Sand, ist sehr breit, und das Meer eignet sich auch bei Ebbe zum Baden und Schwimmen. Dank des oft hohen Wellengangs, der atlantische Gefühle beschert, kann man auf den hier verliehenen Bodyboards viel Spaß haben. Bei Flut entsteht ein Flusslauf bis weit ins Inselinnere, sodass man bei sehr hohem Wasser nicht zu den südlichsten Anlagen am Strand laufen kann. Im Schatten der Bäume locken Hängematten und Tische. Sportfans spielen Volleyball, paddeln im Kajak, reiten mit Bodyboards auf den Wellen – oder lassen sich dösend darauf bräunen. Die Anlagen liegen weit verstreut in Palmenhainen oder unter Cashew-Bäumen und sind vom Strand aus so gut wie nicht zu sehen. Die Bungalows sind fast alle aus Holz oder Matten, immer mit Moskitonetzen ausgestattet, einfach und meist sauber und gepflegt.

### ÜBERNACHTUNG

#### Am Strand

Viele Resorts bieten einfache Bungalows mit Preisen um die 500 Baht, oft gibt es aber auch hier bessere Zimmer im Angebot, sodass eine Einteilung in Preisklassen schwierig ist. Je nach Nachfrage variieren die Preise zudem so stark, dass Nachfragen und vor allem Handeln in der Nebensaison immer lohnen.

**Ao Yai Bungalows** (Gilles & Phatchara) (15), ☎ 083-389 8688, 🖳 www.aowyai. com. Einfache, gut gebaute große und kleine Mattenbungalows, die in mehreren Reihen großzügig im Garten verteilt sind. Weniger schön sind die Steinbungalows. Von der Anlage zum Strand geht es durch einen kleinen Wald aus Kasuarinen. Gäste aller Altersklassen. ❷ – ❸

**Baan Suan Kayoo Bungalows** (9), ☎ 085-655 4906, 🖳 www.gopayam.com. 14 ursprüngliche Bambushütten am Strand hinter Grün und 11 größere Mattenbungalows im Garten. Inkl. Schnorchelausrüstung. Freundliche Leute, günstiges Restaurant. Nahe den Bars gelegen: In der Saison kann es also auch mal länger lauter sein. ❷ – ❸

**Bamboo Bungalows** (14), ☎ 077-820 012, 🖳 www.bamboo-bungalows.com. Große Anlage unter Schatten spendenden Bäumen. Hier wohnt man in einfachen Mattenbungalows oder in geschmackvollen größeren Hütten. Immer gut belegt, doch einige Zimmer sind bereits in die Jahre gekommen. Wer vorbucht, muss damit rechnen, nicht immer ganz zufrieden zu sein. Wer Walk-in kommt, kann sich das Zimmer aussuchen. WLAN in der Computerecke. Kajak-, Schnorchel- und Bodyboard-Verleih. Akzeptiert Visa. ❷ – ❺

**€** **DJ Peace Bungalows** (10), ☎ 084-308 7319, ✉ djpeace@hotmail.com. Einfache, kleine, ebenerdige Hütten in einer Reihe direkt am Strand, etwas größere im hinteren Teil des Gartens unter hohen Bäumen. Diese Hütten stehen auch nicht so dicht nebeneinander. Lockere Atmosphäre nahe den Bars: während der Saison für Partyfreunde. ❷

**Friends Bungalow** (11), ☎ 085-679 9568 (Sonja, dt.), 085-679 9568 (Nicky), 🖳 www.phayamfriends.jimdo.com. In einem Garten stehen große überdachte Zelte. Daneben gemauerte, oben offene Badezimmer. Auf Wunsch Extramatratze für Familien. Die wenigen Holzbungalows befinden sich sowohl im Garten als auch am Strand. Bei Sonne nahezu 24 Std. Strom dank Solaranlagen. Restaurant. Zelte ❷, Bungalow ❹

**Green Beach Hut** (16), ☎ 081-259 9894, 🖳 www.greenbeachhut.com. 12 gepflegte Holzbungalows mit großen Fensterfronten an

### Fahrrad- und Mopedverleih

Auf Ko Phayam kann man herrlich Radfahren. Sobald man sich abseits des geteerten Weges befindet, freut man sich über den (noch) guten Zustand der Mountainbikes. Viele Gästehäuser verleihen Fahrräder ab 100 Baht pro Tag. Man sollte sich eine Stirn- oder Fahrradlampe mitbringen (am besten auch einen Helm). Gute Räder (auch Mopeds) gibt es im Dorf nahe dem Pier bei **N&N**, ✆ 087-284 8424.

Mopeds sind im Dorf und an einigen anderen Stellen zu mieten, 150–300 Baht pro Tag. Manche Anbieter bestehen auf einer Mindestmiete von 3 Tagen. Selten gibt es bisher Helme, gesichtet haben wir sie im namenlosen **Motobike for rent** am Ao Yai, ✆ 084-440 1433. Nahebei werden auch einfache Räder (auch in Kindergröße) vermietet.

Wer mit dem Boot ankommt, kann z. B. direkt im Dorf bei **Sawasdee**, ✆ 087-096 5596, ein Moped mieten. Wer sich erst später dafür entscheidet, kann immer noch bei Sawasdee anrufen, sich ins Dorf zum Shop bringen lassen und dann erst ein Moped mieten.

### Geld

Geldautomaten gibt es nicht. Einige Resorts (z. B. Hornbill Huts) und zwei Reisebüros (Phayam Tour & Travel am Ao Yai und Starlight Travel im Dorf) zahlen Geld gegen Vorlage der Kreditkarte aus (5 % Gebühr). Bargeldtausch ist etwas ungünstiger als auf dem Festland.

### Nahverkehr

Auf Ko Phayam gibt es keine Autos, nur Mopeds und Fahrräder. Die wenigen kleinen Traktoren dienen dem Waren- und Gepäcktransport. Ein paar Golfwagen kutschieren zudem Gäste zu den teureren Resorts. Eine Fahrt mit dem Motorradtaxi kostet je nach Entfernung 20–100 Baht, zum Pier 50–100 Baht.

### Reisebüros und Ausflüge

Nahezu jedes Resort hilft bei der Organisation von Ausflügen. Touren mit dem Longtail-Boot gehen u. a. zur kleinen Ko Kham. **Mr. Trip**, ✆ 077-870 222 (auch über die Unterkunft buchbar), bie-

einer schattigen Rasenfläche. Große Betten. Schöne Salas zum Schaukeln im Garten und am Strand. Schnorchelausrüstung und Kajaks. Freundliche Besitzer. ❷–❸

**King Paradise Resort** ⑬, ✆ 081-081 1717, 🖳 www.kingparadisepayamresort.com. Hier gibt es für jeden Geldbeutel das Passende: von einfachen Holzbungalows mit Ventilator und offenen Bädern bis zu großen Steinhäusern (teils 4 Matratzen) mit TV und Warmwasser (AC auf Wunsch zzgl. 1000 Baht) im weitläufigen Sand-Garten. ❷–❻

**Lazy Hut** ⑰, ✆ 089-724 0386. Im großen weitläufigen Garten stehen einfache Bambushütten. Da viele keine Veranda haben, wurden überdachte Salas davor gestellt. Vorne zudem größere Holzbungalows (aber recht nah am Restaurant). Außerdem ein paar Zimmer im Steinhaus neben und über dem Restaurant. Familiäre Atmosphäre und schönes Strandrestaurant mit großer Liegeplattform rund um einen großen Banyan-Baum. ❷–❸

### ESSEN

Alle Anlagen haben ein eigenes Restaurant mit meist guter Küche. Außerdem bieten einige Restaurants am Strand und an der Zufahrtsstraße zu den Anlagen leckere Gerichte aus de Thai-Küche und auch einige westliche Leckereien an.

Im Hinterland lockt das **Baan Nam Cha**, ✆ 083-332 8973, ein schönes kleines Plätzchen, das ausgefallene Köstlichkeiten

DIE ANDAMANENKÜSTE

tet Schnorchel- und Angeltouren in einem großen Boot für 600–1000 Baht. Im Dorf hilft **Star Light Travel**, ✆ 081-918 5301, 🖥 www.phayambooking.com, bei der Organisation von Tickets, Transport und zur Not auch Unterkunft. Am Ao Yai bietet das kleine Office von **Phayam Travel & Tours** Tickets und Trips, ⏲ 8–20 Uhr.

Bootstickets für die Fähre und Speedboote nach Ranong oder das Longtail-Boot und die Speedboote nach Ko Chang gibt es am Pier oder im Boot. Tickets für Überfahrten mit dem Schnellboot nach Ranong in der Saison besser einen Tag vorher kaufen (meist in den Bungalowanlagen erhältlich).

### Tauchen

**Aladdin Dive Safari**, ✆ 087-278 6908, 087-274 7601, [9914], hat am Ao Yai eine Basis, **Phayam Divers** bei der Phayam Lodge und am Pier ein Büro, ✆ 086-995 2598. Auch **A One Ranong Diving**, ✆ 081-891 5519, 🖥 www.a-one-diving.com, ist mit einem Office im Dorf vertreten. Ratsam ist eine Kontaktaufnahme übers Telefon oder das Internet, da die Basen, falls zu wenig los ist, geschlossen haben.

### Unterhaltung

Es gibt einige Bars auf der Insel. Am Ao Yai ist vor allem am südlichen Ende fast immer etwas los. Hier treten manchmal sogar bekannte Thai-Bands auf. Auch im Dorf wird in der Hauptsaison zusehends mehr gefeiert. Im Hinterland der Ao Khao Kwai gibt es große Party-Locations mit Feuershows und Tanzpartys. Am Strand fällt vor allem die Hippie Bar ins Auge: Ein Besuch ist schon allein aus architektonischem Interesse lohnend. Leckere Cocktails und eisgekühltes Bier machen herrliche Sonnenuntergänge noch schöner, und vor allem jene, die es in die Bungalows im Hinterland verschlägt, sollten sich dies nicht entgehen lassen.

### WLAN

Immer öfter wird WLAN angeboten, doch die Verbindungen sind meist schlecht. Apps auf dem Handy funktionieren besser als E-Mail & Co. mit dem Laptop. Zwei Internetshops im Dorf bieten recht guten Zugang ins Netz.

bietet: birmanischen Salat, selbst gebackenes Brot, Lasagne und vieles mehr. Auch Vegetarier finden hier viel Abwechslung. Jessika, die mit ihrem thailändischen Mann auf Phayam wohnt, sorgt für eine entspannte Atmosphäre. Daneben befindet sich das **Tum Food** mit urigem Ambiente. Hier werden Thai-Küche und Westliches wie Spaghetti und frischer italienischer Kaffee serviert. ⏲ 8–22 Uhr, wenn viel los ist, länger. **Dream Cuisine**, gute Thai-Küche (empfehlenswertes Penang Curry) und gute Sandwiches im hübsch dekorierten Restaurant direkt am Strand. Vermieten auch ein paar einfache Bungalows im Garten. ❷ Für einen abendlichen Cocktail bietet sich u. a. auch das Strandrestaurant des **Lazy Hut** und des **Long Beach**, ✆ 086-285 6064, an. Die Küche

des Long Beach ist empfehlenswert, die Hütten waren zuletzt recht verwohnt ❷.

Auch **Joker Bar Bungalow & Restaurant**, ✆ 089-723 1039, punktet weniger mit den wirklich einfach gemachten kleinen Holzhütten als eher mit dem Restaurant und der Bar. ❶ **The Peacock Tree**, zentral am Strand gelegen. Schöne Bar; morgens von 9–12 Uhr mit leckerem Frühstück und abends von 18–22 Uhr mit indischer Küche; viele vegetarische Gerichte. **The Terrace**, ✆ 081-622 6464, ✉ cedekoh phayam@gmail.com. Großes Restaurant auf Betonstelzen über dem Strand; stilvoll und entsprechend teuer. Billard und WLAN. Dahinter werden große Bungalows mit AC und TV im Boutiquechick im Cede Resort vermietet. ❽

## UNTERHALTUNG

**Bar Irie Island**, an der Straße im Hinterland. In der Saison Di und Fr *open mic*. Dann wird es manchmal richtig gut und manchmal richtig lustig. In der Nebensaison geschl.

**Reggaehouse & Rasta Baby Bar**, hier werden in der Saison mehrmals wöchentl. Partys veranstaltet. Dann gibt's auch leckeres BBQ zu Reggae-Musik. Die Jungs holen oftmals gute Bands auf die Insel. Wenn eine Liveband spielt, dann meist hier.

## Ao Khao Kwai

Umstritten ist, ob dieser Strand schöner ist als der ebenfalls sehr beliebte Ao Yai. Er ist es zumindest für jene, die mehr Ruhe suchen und viel schnorcheln wollen. Es heißt, hier seien die Sonnenuntergänge besonders malerisch. Die „Büffelbucht" befindet sich im Nordwesten der Insel und wird durch einen Felsen in zwei Teile geteilt – bei Ebbe eine schöne Kletterpartie, ansonsten gelangt man nur über die Straße oberhalb in die andere Buchtseite. Der Vorteil: Es gibt viele Schnorchelmöglichkeiten. In wenigen Minuten kann man von nahezu jeder Anlage losschnorcheln.

Der Sand in der nördlichen Bucht ist recht grobkörnig, goldgelb und manchmal von Zinnoxid durchsetzt. Das Meer eignet sich bei Ebbe und Flut zum Baden. Der südliche Strandabschnitt weist extrem feinen, weißen Sand auf. Bei Ebbe muss man viele Meter wandern, um das Wasser zu erreichen und kann nicht schwimmen. Die wenigen AC-Steinbungalows befinden sich in der südlichen Bucht. Sie sind wenig reizvoll und bei den meisten Ko Phayam-Reisenden auch nicht beliebt.

## ÜBERNACHTUNG

### Südliche Bucht

**Baan Klong Kleng Resort** ③, ✆ 089-772 5090, 🖳 www.baanklongkleng.com. Auf dem schmalen Grundstück stehen großzügige, gut eingerichtete Holzbungalows unter schattigen Bäumen mit großen Balkonen. 24 Std. Strom in der Hauptsaison. Viele Familien. ④–⑤

**Heaven Beach Resort & Art** ④, ✆ 082-806 0413, 🖳 www.ppland-heavenbeach.com. Kleines Resort mit 8 großen, schön möblierten Steinbungalows parallel zum Strand. Panoramafenster, Ventilator und Warmwasser. 24 Std. Strom. Den Eigentümern gehört auch das **P.P. Land Beach Resort** ⑳ am Ao Hin Khao, ✆ 081-678 4310. Die Bungalows dort sind schön, der Strand ist allerdings enttäuschend. Im Heaven Beach sind Kinder willkommen, im P.P. Land erst ab 15 Jahren. P.P. Land ③–④, Heaven Beach ⑤–⑥

**Jansom Bungalow** ②, ✆ 081-968 5720, ✉ jansom_kohpayam@hotmail.com. Über 20 ansprechende Holzbungalows mit großen Fenstern am Hang in 2 Reihen parallel zum Strand. Der Strand ist mit Felsen durchsetzt. Daneben befindet sich **Jansom 2**, Kontakt im Restaurant an der Straße, ✆ 089-031 5324. Weitläufig verteilte Holzbungalows mit großen Veranden am schattigen Hang. ②–③

**Mr. Gao Bungalow** ⑤, ✆ 077-870 222, 🖳 www.mr-gao-phayam.com. 11 gute Holzbungalows im Garten und am Hang, 4 mit Strandblick. Offene Badezimmer. Liegestühle, Hängematten und Schaukeln. Schönes Restaurant. Das ganze Jahr geöffnet. ②–④

**Sai Thong Bungalows** ⑥, ✆ 080-141 1231, ✉ saithong_ranongth@yahoo.com. Vorne am Strand stehen 5 einfache Mattenhütten aus alten Traveller-Zeiten, die in der Saison auch von den Gästen jener Zeit dauerbelegt sind. Weiter hinten und im Hang 3 schöne Stein- und 2 Holzbungalows. Schöner Strandabschnitt direkt

### Sonne tanken auf Ko Phayam

Während der Reisende tagsüber in der Hängematte problemlos Energie tankt, ist dies für Kamera, Laptop und andere batteriebetriebene Geräte während des Tages nur in den Restaurants möglich. Gesichert Strom in den Bungalows gibt es zwischen 18 und 22 Uhr vom Generator. Viele Unterkünfte nutzen tagsüber Solaranlagen und stellen abends den Generator an. Die Dorfbewohner haben bereits Strom vom Festland; wann das Angebot auch für die Anlagen verfügbar sein wird, ist unklar.

neben den Felsen, wo man herrlich baden und schnorcheln kann. Freundliche Leute. ❶–❷
**Starlight Bungalows** ①, 📞 089-922 5301. Matten- und Holzbungalows mit Meerblick und hinten im Garten, teils für 3–4 Pers. Zudem aus roten Backsteinen gemauerte Bungalows hinten. Restaurant mit großer Sonnenterrasse auf dem Dach. Eine weitere Plattform direkt über dem Strand. ❷–❸

### Nördliche Bucht

🏠 **June Horizon Bungalow** ⑧, 📞 080-145 9771. In dieser etwas abseits gelegenen Anlage mit dem Flair alter Traveller-Plätze lässt es sich herrlich länger bleiben. Die Bungalows vorne sind zwar nicht riesig, aber ansprechend groß mit Veranda und Hängematte. Hinten im Garten befinden sich 4 schöne, bunt bemalte und rund gemauerte Steinbungalows. Ganz hinten einfachste Zimmer im Haus. Guter Kaffee. Kleine Bar am Strand. Sehr gutes WLAN (teils auch in den Bungalows). ❷–❸
**Payam Cabanas** ⑦, 📞 086-023 1304, 🖥 www.payamcabana.com. Ansprechende große Mattenbungalows mit hübschen Bädern mit Steineinlegearbeiten. Großes Moskitonetz. Ein 3-Bett-Zimmer. Liegen am Strand. Schnelles WLAN. Mindestaufenthalt 3 Tage. ❸–❹

### ESSEN UND UNTERHALTUNG

Alle Resorts bieten gute Küche – leider selten Fisch, aber viel aus der westlichen und der Thai-Küche.

🏠 Die **Hippie Bar** am nördlichen Ende des Ao Khao Kwai ist nicht nur ein toller Platz zum Feiern. Es ist auch ein Platz zum Staunen, denn die einst kleine Bar wurde im Laufe der Jahre zu einem wahren Kunstwerk ausgebaut. Komplett aus Schwemmholz zusammengezimmert, erhebt sich ein Baumhaus, es gibt mehrere Plattformen, und ein Bootsrumpf ragt ins Meer. Fehlt nur noch Captain Jack Sparrow – aber der ist sicher nicht weit. Schon tagsüber ein schöner Platz, doch abends zum Sonnenuntergang besonders lohnend.
Im Hinterland, etwa auf Höhe des Banana Resorts, befindet sich die **Jungle Bar**. Hier finden in der Saison Partys und Feuershows statt,

und eine große Tanzfläche lädt Tanzfreudige ein. Es gibt zudem einfache Bungalows und Zelte. Für Partyfans eine gute Option. ❶–❷

## Ko Surin National Park

Der 60 km vor der Küste gelegene 142 km² große Nationalpark bietet tropischen Urwald, feinsandigen Strand und kristallklares Wasser. Im Meer tummeln sich Schwärme bunter Fische und vereinzelt Schildkröten und Walhaie. An Land leben Vögel und Säugetiere, wie z. B. Lemuren, recht große Warane und Fledermäuse. Die größten Inseln des Parks sind **Ko Surin Nua** (Nord-Surin) [9933] und die kleinere **Ko Surin Tai** (Süd-Surin). Beide bieten wunderschöne, z. T. einsame Strände und zahlreiche Schnorchelplätze. Wer sich hier im Zelt einrichtet, kann ein paar wundervoll entspannte Tage verbringen, der Besuch lohnt aber auch für Tagestouristen.

Die Strände **Ao Chong Khad** und **Ao Mai Ngam** auf Nord-Surin sind mit Zelten bestückt und über einen 2 km langen Naturstieg verbunden (Wanderzeit ca. 1 Std.). Wer mag, paddelt mit dem Kajak (200 Baht pro Std., 1000 Baht am Tag) von Strand zu Strand. Ganz bequem wird es in einem Longtail-Boot, welches für 150 Baht als feste Tour zu buchen ist. Meist verbringt der Gast den Tag hier mit Sonnen, Essen, Schnorcheln und Wandern.

Am **Ao Bon** auf Süd-Surin wohnen Seenomaden, die bis heute nach alter Tradition leben. Die meisten Tagestouren fahren hier vorbei. Vor der kleinen **Ao Tao** gibt es, wie der Name verspricht, Meeresschildkröten. Wie die anderen Tauchgebiete auch, sind **Ao Suthep** und **Ao Pak Kad** nur mit dem Tauch- bzw. Longtail-Boot erreichbar.

**Ko Surin N. P.**

HIN KONG
KO REE
Ao Sai Daeng
**KO SURIN NUA**
Ao Mai Ngam
Ao Mae Yai
Ao Sai En
Dschungelpfad
Nationalpark-verwaltung
Richelieu Rock
**KO KLANG**
Hat Mang Kon
Ao Chong Khad
Ao Suthep
Boote nach Khura Buri
Ao Bon
Ao Pak Kad
KO HIN PAE
Ao Tao
**KO SURIN TAI**
0   2 km
KO KHAI
SCHNORCHELN
TAUCHEN
CAMPING
DÖRFER DER SEENOMADEN
Ko Tachai

DIE ANDAMANENKÜSTE

Einen weiteren schönen Strand, **Hat Mang Kon**, und beliebte Tauchgebiete besitzt **Ko Klang** (auch Ko Pachumba). **Ko Khai** (auch Ko Torinla) hat keine Strände, ist aber ein bekanntes Ziel für Taucher und Schnorchler. Explizit nur für Taucher geeignet sind die beiden Felsen **Hin Pae** und **Hin Kong**. Der bekannteste Tauchgrund der Region ist der **Richelieu Rock**, eine Gruppe schlanker Felsen. Zwischen Februar und April kann man relativ sicher mit bis zu 14 m langen Walhaien tauchen. Daneben schwimmen Seepferdchen, Kofferfische, Barracuda-Schwärme und Mantarochen. Getaucht wird auf 5–25 m, meist mit einer Sicht von 15–35 m.

Beste Reisezeit ist Dezember–April. Vom 16. Mai–15. November ist der National Park geschlossen. Nationalparkgebühr (gilt 5 Tage) 500 Baht, Kinder ab 7 Jahren 300 Baht.

## ÜBERNACHTUNG

Auf **Ko Surin** kann man in Bungalows und in Zelten wohnen. Das Nationalparkbüro an der **Ao Chong Khad**, ☎ 076-472 145, 076-491 378, 076-419 028, bietet die Möglichkeit, **Bungalows** zu mieten. Offiziell muss man diese Häuser vorbuchen (🖥 www.dnp.go.th). In der Nebensaison in der Woche (am Wochenende sind sie fast immer belegt) sind aber oft Zimmer frei, ❹ – ❺. Schöner ist es aber, sich auf einem der beiden **Zeltplätze** eine Bleibe zu suchen. Sowohl in der Ao Chong Khad als auch in der **Ao Mai Ngam** stehen viele Zelte. Selbst in der Hauptsaison ist es fast nie ein Problem, hier unterzukommen – nur von einem Besuch am Wochenende ist abzuraten. Dann ist es nicht nur extrem voll, sondern auch laut, denn wo viele Thais urlauben, ist lustiges Karaoke angesagt. Zelte für 2 Pers. kosten 300 Baht. Isomatten, Schlafsack und Kissen weitere 60 Baht p. P., eigene Zelte 80 Baht. Schließfächer für Wertsachen kosten 30 Baht am Tag. Strom gibt es zu den Restaurant-Öffnungszeiten.

## ESSEN

An beiden Stränden gibt es jeweils ein großes **Restaurant**. Set-Menüs sind recht teuer und müssen vorbestellt werden (mind. 2 Pers.). Auf der Speisekarte stehen aber auch ausreichend andere Gerichte. Trinkwasser wird den gesamten Tag kostenlos aus-

## Korallenbleiche „dank" El Niño

Ko Similan und Ko Surin waren bis vor einigen Jahren bekannt für ihre faszinierenden Korallenriffe. Doch 2010 strömte mit El Niño über 32° C warmes Wasser in die Andamanensee. Daraufhin starben viele Korallen ab, was allgemein als Korallenbleiche bezeichnet wird. Die weißen Skelette der vormals bunten Tiere bringen Taucher daher derzeit eher zum Trauern denn zum Staunen. Zwar wachsen kleine Korallen nach, doch bis die Pracht wieder erstarkt ist, werden noch Jahre vergehen.

Einsame Traumbucht auf Ko Surin

geschenkt, auch heißes Wasser ist fast immer zu bekommen. Küche ⏲ 7.30–9, 12–14 und 18.30–20.30 Uhr. Ein kleiner **Shop** hat von morgens bis abends geöffnet (Zahnpasta, Fertigsuppe, Softdrinks, Bier). Es ist kein Problem, wenn man sich selbst etwas mitbringt und dies dann im Restaurant verzehrt – das ist bei Thai-Campern absolut üblich. Das Essen ist jedoch relativ günstig und gut (Fried Rice 80 Baht, Reis mit Curry 100 Baht, Fisch ab 200 Baht).

### TRANSPORT

KHURA BURI, meist sitzt man auf einem Boot mit Tagesausflüglern und macht den einen oder anderen Schnorchelstopp mit. Die **Schnellboote** fahren meist um 9 Uhr ab (Check-in 8 Uhr) und zurück jeweils um 14 Uhr (Check-in 13 Uhr) für 1700–1900 Baht, meist inkl. Transfer zum Busbahnhof (Hin- und Rückweg). Tickets gelten für den Hin- und Rückweg. Kinder zahlen 50 %. Wer auf Ko Surin bleiben will, muss einen Tag vor Abfahrt im Nationalpark Office Bescheid geben, damit die Bootsgesellschaft informiert werden kann.

## Khura Buri

Die kleine Stadt Khura Buri besteht mehr oder weniger nur aus einer Hauptstraße. Den größten Raum nehmen die Bushaltestelle und der Markt ein. Ansonsten gibt es ein paar kleine Geschäfte, Geldautomaten und eine Tankstelle. Ein Internetshop befindet sich auf dem Zugangsweg zum Busbahnhof. Wer nicht unbedingt hier wohnen muss, sollte weiterfahren, z. B. mit einem privat gecharterter Longtail nach Ko Phra Thong.

Die Busse halten kurz vor der Brücke (Richtung Ranong) auf Höhe des Busbahnhofs. Zugestiegen wird an der Straße oder am Busbahnhof. Vom etwa 10 Min. entfernten Hafen geht es nach Ko Surin (S. 775) und nach Ko Phra Thong (S. 778).

Wer hier strandet, kann sich ein Moped leihen und zum nahe gelegenen, wenig besuchten Nationalpark und einem kleinen Wasserfall fahren.

### ÜBERNACHTUNG UND ESSEN

Zwischen Bushaltestelle und Brücke (Richtung Ranong) liegen rechter Hand 2 Resorts. Nahe-

bei sorgen kleine Straßenrestaurants für das leibliche Wohl. Auch ein 7-Eleven ist direkt vor Ort. Alle Anlagen haben WLAN.
Karte S. 780

**Boon Piya Resort** ①, direkt an der Hauptstraße nahe dem Busbahnhof (Richtung Ranong), ✆ 076-491 464. 20 neue, weiße, saubere AC-Bungalows mit Granitboden und TV, eng anein-ander in einem Garten hinter der Ladenzeile. Die sauberste Variante, aber etwas steril. ❸

**Kuraburi Greenview Resort** ②, ✆ 076-401 400, 🖥 www.kuraburigreenviewresort.com. Rusti-kale Anlage mit 39 verschiedenen Bungalows und Pool am H4, 12 km südlich von Khura Buri an einem See. ❺–❻

**Kuraburi Resort** ①, ✆ 081-719 4775, 🖥 www.kuraburiresort.com. Hübsche gelbe Bungalows mit Ventilator oder AC, schöne Terrasse teils mit Flussblick. Alle Bungalows haben TV, AC, Kühl-schrank, Warmwasser und Moskitonetz. Etwas verwohnt, aber schöne Lage und nette Leute. ❷

## TRANSPORT

Aktuelle Informationen zum Transport gibt es bei **Tom & Am Tour** an der Hauptstraße, ✆ 086-272 0588, 🖥 www.kosurintour2.com. Hier hängen auch die aktuellen Busfahrpläne aus.

### Busse

BANGKOK, die beste Option ist der 24-Sitzer um 19.30 Uhr (zum Mo Chit) für 830 Baht bzw. der VIP-Bus um 18.15 Uhr (Southern Busterminal) für 710 Baht. Die Tagesbusse kommen mitten in der Nacht in Bangkok an. Sie starten gegen 11.45, 16.30 und 17.30 Uhr für 440–610 Baht. Alle Busse brauchen etwa 10–12 Std.
CHUMPHON, um 8.30, 10, 11.30, 12.30, 14.30, 15.30, 16.30, 18 und 19.30 Uhr für 210 Baht in 5–6 Std.
KHAO SOK und SURAT THANI, mit dem Bus nach Takua Pa und dort umsteigen.
KRABI, um 9.30 und 12.30 Uhr für 170 Baht in knapp 4 Std.
PHUKET, um 9.10, 10.40, 11.45, 13.45, 15.45, 16.45, 18.10, 19.45 und 21.45 Uhr für 180 Baht in 4 Std.
RANONG, mit den Bussen Richtung Chumphon für 110 Baht in 3 Std.

TAKUA PA, mit den Bussen Richtung Phuket für 60 Baht in 1 Std.

### Boote

Die Boote legen alle am 9 km entfernten Hafen ab. Man sollte eine Stunde vorher da sein.
KO PHRA THONG, mit dem Charter-Longtail-Boot, welches sich über die Resorts organi-sieren lässt. Auf eigene Faust mit Mr. Bandet (✆ 089-972 1747). Er wartet unter einem kleinen Holz-Unterstand auf Kunden. Mr. Bandet spricht kein Englisch, kann aber über Tom & Am kon-taktiert werden. Jedes Boot kostet 1500 Baht (max. 8 Pers.) für die einfache Fahrt zur Insel (1 Std.). Unregelmäßig fährt auch eine Fähre, gegen 11 Uhr, mal früher, mal später.
KO SURIN, mit dem Schnellboot in der Haupt-saison um 9 Uhr. Zurück tgl. um 14 Uhr (mit Tom & Am) für 1700 Baht in 70 Min. und ab etwa 15 Uhr (mit Greenview) für 1800 Baht. Zudem fährt tgl. ein Big Boat, dies nehmen meist die am Wochenende in Scharen anreisenden Thais, Abfahrt 9 Uhr für 1300 Baht in 2 1/2 Std., zurück um 14 Uhr.
Anfahrt zum Pier: Selbstfahrer kommen vom H4, biegen am KM 721 ab und legen 6 km Richtung Khura Buri zurück. An der Kreuzung weitere 2 km der Ausschilderung folgen. Taxi 300 Baht, Motorradtaxi 100 Baht. Kauft man das Ticket bei einem Touranbieter, ist der Transport zum Hafen frei.

# Ko Phra Thong

🌳 Die kleine Insel **Ko Phra Thong** [8249] bie-tet vor allem Natur und Ruhe. Sie gehört zum gleichnamigen Nationalpark vor der Küste zwischen Khura Buri und Takua Pa. Das grasige Inselinnere von Ko Phra Thong steht seit Mitte 2001 unter Naturschutz. Der Eintritt ist frei. Die Legende berichtet, dass Piraten hier einst eine goldene Buddhastatue versteckten (*phra thong* = goldener Buddha). Das Eiland ist sehr flach und wird an der Westküste und im Norden von glasklarem, türkisfarbenem Wasser umspült. Savannenartige Landschaft und Dschungel bestimmen die Vegetation. Die Artenvielfalt ist beachtlich: Es gibt intakte Mangrovenwälder

## Beach Clean Up und Cocktails

🌳 Jeden Dienstag um 16 Uhr versammeln sich Besucher beim Golden Buddha Beach, um mit Säcken ausgerüstet den Strand zu säubern. Das Ganze dauert etwa eine Stunde. Als Belohnung lockt ein leckerer Cocktail im luxuriösen Restaurant des Resorts. Vor allem von der oberen Etage belohnt ein toller Sonnenuntergang die fleißigen Helfer.

seltene Orchideenarten und verschiedene Tiere: Auffällig viele kleine Echsen, zahlreiche Schmetterlinge und Affen leben an Land, und vor der Küste sind noch Meeresschildkröten und vereinzelte Dugong-Familien anzutreffen. In drei Dörfern leben Thais und Moken (Seenomaden). Es werden organisierte Wanderungen, Vogelbeobachtung, Kajakfahrten übers Meer und durch die Mangroven sowie Tauchausflüge und Yogakurse angeboten.

## ÜBERNACHTUNG

Alle Anlagen haben Generatoren-Strom, der nur abends von 18–23 Uhr angestellt wird. Vielfach gibt es aber im Restaurant den ganzen Tag Strom und WLAN. Die Bungalows kosten 500–1900 Baht, nur im Golden Buddha Resort wird es richtig teuer. Die Saison startet im Oktober und endet im April.
Wer mit dem eigenen Zelt reist, kann nahezu bei allen Anlagen für eine geringe Gebühr sein Zelt aufschlagen und die Toiletten benutzen.
**Golden Buddha Beach Resort** ⑥, ✆ 08-1892 2208, 🖥 www.goldenbuddharesort.com. 26 individuell, offen und luftig gestaltete Häuser aus Naturmaterialien, teils auf verschiedenen Ebenen, mit einladend großen Terrassen. Restaurant und Bar am Strand. Strom von 18–23 Uhr verfügbar. Auf Energiefresser wie TV oder Warmwasser wird bewusst verzichtet. ⑥–⑧

🛄 🌳 **Horizon Bungalows** ⑤, ✆ 081-894 7195, ✉ loryfollador@gmail.com. Die freundliche Italienerin Lory (spricht Deutsch) vermietet hier eine Handvoll schöner Holz/Mattenbungalows. Ein Familienbungalow

mit 2 Zimmern und ein Bungalow mit großem und kleinem Bett. Das Restaurant steht ganz nah am Strand. Trinkwasser inkl. ④, Familienbungalow ⑤

🛄 🌳 **Ko Phra Thong Nature Resort** ④, ✆ 088-751 9775, 🖥 www.phra thongnatureresort.com. In einem gepflegten Kasuarinenwald liegen ansprechende saubere einfache Bungalows. Mal kleiner, mal größer. Geleitet wird das Ganze von der lebenslustigen Schottin Karen. Es gibt gutes Essen (soweit es geht *organic food*) und Yogakurse. Karen kompostiert ihren Küchenabfall und ist auch sonst im Umweltbereich engagiert. Es lohnt sich vorher anzurufen, ggf. kann man Karen etwas vom Festland mitbringen und wird dann auf einen leckeren Drink o. Ä. eingeladen. Tolle Stimmung. ③–④

€ **Mr. Chuoi Bar-Hut** ③, ✆ 084-855 9886, 🖥 www.mrchuoibarandhut.com. Etwa 300 m vom Strand, im Hinterland. 33 große Hütten aus Bambus, gut durchlüftet mit Palmblattdächern bis zum Boden, kleiner Terrasse und eigenem Bad. 5 Bungalows für jeweils 4 Pers. ②–③

## ESSEN

🌳 Schön sitzt man am Strand im Restaurant des **Horizon**. Lory ist bemüht, Müll zu vermeiden und gesunde Lebensmittel auf dem lokalen Markt von Khura Buri zu kaufen. Wasser gibt es kostenlos – auch um unnötige Plastikflaschen zu vermeiden. Verstärkt auf organisch angebautes Gemüse setzt auch Karen vom Nature Resort. Das Restaurant ist trotz der Lage (nicht direkt am Strand) sehr einladend. Größere Scharen an Gästen vermag Mr. Chui zu versorgen. Er hat vor allem in der Saison viel zu tun.

## AKTIVITÄTEN

### Kanu
Auf der Insel gibt es einige Kanus zu mieten (500 Baht, 2er-Kanu 700 Baht, jeweils für den halben Tag). Es lohnt eine Tour auf die größere der beiden gegenüberliegenden Inseln. Hier gibt es verlassene Strandabschnitte und

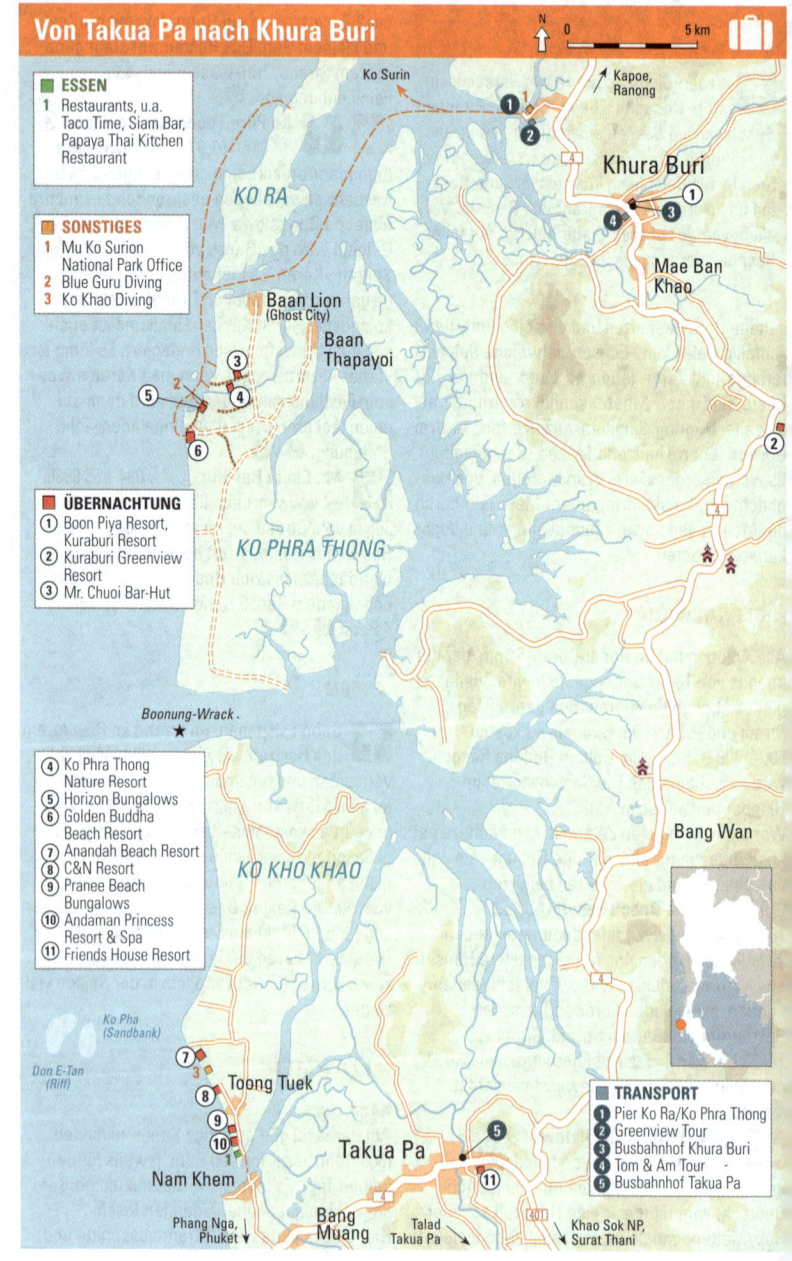

## Von Takua Pa nach Khura Buri

N
0          5 km

**ESSEN**
1  Restaurants, u.a.
   Taco Time, Siam Bar,
   Papaya Thai Kitchen
   Restaurant

**SONSTIGES**
1  Mu Ko Surion
   National Park Office
2  Blue Guru Diving
3  Ko Khao Diving

**ÜBERNACHTUNG**
① Boon Piya Resort,
   Kurabuthen Resort
② Kuraburi Greenview
   Resort
③ Mr. Chuoi Bar-Hut

④ Ko Phra Thong
   Nature Resort
⑤ Horizon Bungalows
⑥ Golden Buddha
   Beach Resort
⑦ Anandah Beach Resort
⑧ C&N Resort
⑨ Pranee Beach
   Bungalows
⑩ Andaman Princess
   Resort & Spa
⑪ Friends House Resort

**TRANSPORT**
① Pier Ko Ra/Ko Phra Thong
② Greenview Tour
③ Busbahnhof Khura Buri
④ Tom & Am Tour
⑤ Busbahnhof Takua Pa

Ko Surin

Kapoe,
Ranong

Khura Buri

Mae Ban
Khao

KO RA

Baan Lion
(Ghost City)

Baan
Thapayoi

KO PHRA THONG

Boonung-Wrack

KO KHO KHAO

Bang Wan

Ko Pha
(Sandbank)

Don E-Tan
(Riff)

Toong Tuek

Takua Pa

Nam Khem

Phang Nga,
Phuket

Bang
Muang

Talad
Takua Pa

Khao Sok NP,
Surat Thani

2 kleine Fledermaushöhlen. Vorsicht: Wer hier hineinschwimmt, muss mit scharfen Felsen rechnen. Wunderschön ist auch eine Tour durch die Mangroven zwischen Horizon und Golden Buddha Beach Resort. Beide Ausflüge sind nur bei Flut zu empfehlen.

### Tauchen

**Blue Guru Diving**, bei Horizon, ☎ 081-270 4240, 🖥 www.blue-guru.org. Kleine, gut gebuchte Tauchbasis. Geboten werden Open Water Diver-Kurse. Kleine Gruppen, tolles Team. Die Konditionen während der ersten zwei Tauchgänge, bei denen die Technik trainiert wird, sind meist etwas weniger gut (recht schlechte Sicht). Aber etwas unter nicht optimalen Bedingungen zu lernen, schult besonders gut, und es lässt die zwei folgenden *Freedives*, die bei Ko Surin am Richelieu-Rock stattfinden, nur um so fantastischer erscheinen.

### TRANSPORT

Der Transport wird von den Resorts organisiert. Wer auf eigene Faust reist, findet Boote ab KHURA BURI für 1500 Baht nahe dem Ko Surin-Pier (S. 778). Einfache Fahrt 1500 Baht. Wer direkt weiter nach Ko Surin will, kann sich eine Weiterfahrt ab Ko Ra organisieren lassen, z. B. bei Lory vom Horizon über Green View Travel. Abfahrt ist dann um 7.30 Uhr. Wer zurück nach Khura Buri fährt und dann nach Ko Surin, muss um 7 Uhr ins Longtail steigen.

# Ko Kho Khao

Vom kleinen Fischerort **Nam Khem** fahren Longtail-Boote zur vorgelagerten Insel Ko Kho Khao. Im Süden der 15 km langen, flachen Insel liegt das Dorf **Toong Tuek**, im Norden befinden sich weitere kleine Fischerdörfer. An der Westseite lockt ein schöner, langer, feiner Sandstrand. Hier liegen einige Resorts relativ weit auseinander. Die Insel ist ruhig und beschaulich. Die Saison startet im November, dann sind die Bungalows deutlich günstiger. Von Dezember bis Februar ist Hauptreisezeit. Etwa Ende April schließen auch die letzten Anlagen.

Karte S. 780

**Anandah Beach Resort** ⑦, ☎ 081-913 2112, 🖥 www.anandahbeachresort.com. Gepflegte, weitläufige Anlage unter Bäumen. Die vorderen Deluxe-Bungalows mit Meerblick. Pool. Der Strand ist sehr breit. ❻ – ❼

**Andaman Princess Resort & Spa** ⑩, ☎ 076-592 222, 🖥 www.andamanprincessresort.com. Große Luxusanlage mit 62 Zimmern sowie 20 Villen und Suiten im Thai-Stil. Riesiger Pool, Fitnessraum, Tennisplatz. ❻ – ❽

**C&N Resort** ⑧, ☎ 076-417 097, 🖥 www. cnkhokhaobeachresort.com. Knapp über 20 hübsche Bungalows am Strand. Pool und Strandbar, die zum Sundowner lädt. ❺ – ❽

€ **Pranee Beach Bungalows** ⑨, ☎ 089-727 1938, 🖥 www.pranee-beach-bungalows.com. Steinbungalows mit guter Ausstattung, wie TV und Kühlschrank. Große Fensterfronten. Bungalows ohne Meerblick kosten im Nov zur Saisoneröffnung nur 700 Baht, in der Hauptreisezeit 1300 Baht. ❺ Alle Resorts haben ein Restaurant. Außerdem gibt es ein Lokal direkt am Pier mit Blick auf Nam Khem und 3 Restaurants auf den ersten 500 m hinter dem Pier, z. B. **Taco Time** mit thailändischen, europäischen und mexikanischen Gerichten, sowie die **Siam Bar**. Sehr hübsch ist das **Papaya Thai Kitchen Restaurant** auf dem Weg zum Andaman Princess Resort mit Liegekissen auf 2 gemütlichen Plattformen über dem Fluss.

### Fahrräder und Mopeds

Die Insel ist flach, und so kann man hier wunderbar Radfahren. Fahrräder zur Miete gibt es an den Resorts für 100–150 Baht, Mopeds für 250–300 Baht. Verleih auch direkt am Pier.

### Geld

Einen Geldautomaten gibt es am Hafen, eine Bank bisher noch nicht.

### Tauchen

**Ko Khao Diving**, ☎ 819 798 312, 🖥 www. kohkhokhaodiving.com. Tagestrips, morgens mit 2 Tauchgängen, nachmittags mit einem Tauchgang. Montags geht es zudem nach Koh Tachai inkl. einer Übernachtung dort. Schnorchler können tgl. mit dem Longtail nach **Koh Pah** übersetzen. Auch Tauchspots der Umgebung sind schöne Ziele (etwa **Don E-Tan** oder das **Boonsung-Wrack**).

TRANSPORT

Nach Nam Khem mit dem **Taxi** von TAKUA PA für 300 Baht, ab KHAO LAK für 600 Baht. Mit dem **Bus** zwischen Takua Pa und Khao Lak den Fahrer an der Abzweigung nach Nam Khem halten lassen. Die folgenden 5 km kann man per Anhalter zurücklegen. Wer von einem touristischen Ziel mit dem Minibus kommt (z. B. ab Krabi), kann sich gegen einen kleinen Aufpreis direkt zum Pier bringen lassen. Vom Hafen fahren den ganzen Tag **Longtail-Boote** in 10 Min. für 20–30 Baht (ab 3 Pers.) zur Insel, Charter etwa 100 Baht. Der Transfer kann auch von den Hotels organisiert werden, was aber deutlich teurer ist. Ab Flughafen Phuket ab etwa 2200 Baht.

# Takua Pa

Ein Aufenthalt in der Stadt und vor allem in der Umgebung verspricht Erlebnisse fernab touristischer „Hotspots". Während in Takua Pa, dem Verkehrsknotenpunkt für Busse, Kleinstadtleben auf dem Programm steht, kann man auf den angrenzenden, als Nationalparks ausgewiesenen Inseln Natur pur erleben.

Viele Reisende sehen nur den quirligen Busbahnhof mit dem angrenzenden Markt. Wer bleibt, erlebt eine ruhige Kleinstadt mit etwa 22 000 Einwohnern. Begründer der Stadt waren der Legende nach indische Hindus, die hier im 3. Jh. v. Chr. vor dem buddhistischen König Ashoka Zuflucht suchten. Archäologische Ausgrabungen bezeugen, dass Händler aus Griechenland, China, Persien und aus arabischen Ländern hier Handel trieben. Nachdem im 12. Jh. reiche Bleivorkommen entdeckt wurden, erhielt die damalige Stadt Takola ihren heutigen Namen: Takua („Blei") Pa („Wald"). Doch erst

im 19. Jh., als mithilfe chinesischer Kulis der Abbau von Zinn vorangetrieben wurde, gelangte die Stadt zu Reichtum.

An der südlichen Kreuzung, 7 km von der Neustadt (Yan Yao), liegt links die alte Stadt (Talad Kao). Das einstige Geschäftszentrum weist sichtbar chinesischen Einfluss auf. Den Wohlstand schützte eine Mauer, zu deren Überresten ein Schild am Ortseingang weist.

ÜBERNACHTUNG, ESSEN UND SONSTIGES

Karte S. 780
**Friends House Resort** ⑪, 1 km vor der Brücke, ☎ 076-471 363. Gepflegte, große Zimmer. Gute Ausstattung, mit Badewanne. Auch Familienzimmer. ❸
Das Essen an den **Ständen am Busbahnhof** ist lecker, gut und preiswert. Ab dem späten Nachmittag werden auf dem **Nachtmarkt** an der südlichen Ampelkreuzung Gegrilltes, Currys, Obst und Süßes verkauft, ⏱ 17–21.30 Uhr. Nahebei im modernen, sonnig-gelben Restaurant (ohne englischen Namen) mit Vogelnestern an der Decke und englischer Speisekarte: Frühstück, Steaks mit Pommes, Salat, Eis und einheimische Desserts.
In Takua Pa gibt es **2 Banken** mit Geldautomat. Weitere in der Altstadt und am Busbahnhof sowie neben der Tankstelle.

TRANSPORT

Der **Busbahnhof** befindet sich 1 km östlich der Neustadt am H4.
BANGKOK, um 11, 13, 17, 17.30 und 19 Uhr für 465–598 Baht in 12 Std. Mehrere VIP-Busse zwischen 17.30 und 20 Uhr für 444–888 Baht.
CHUMPHON, mit Bangkok-Bussen (außer VIP) für 200 Baht in 5 Std.
KHAO LAK, mit Phuket-Bussen für 60 Baht in 45 Min.
KHAO SOK, mit Surat Thani-Bussen für 70 Baht in 1 Std.
KHURA BURI, mit Ranong-Bussen für 80 Baht in 45 Min.
KO PHAYAM, via Ranong. Am Busbahnhof gibt es ein Reisebüro, bei dem man die komplette Fahrt durchbuchen kann (Bus, Taxi zum Pier

und Boot). Slowboat 520 Baht, Speedboat 670 Baht.

KRABI (Nr. 435), tagsüber mehrmals tgl. für 140 Baht in 2 Std.

PHANG NGA, mit dem Krabi-Bus für 70 Baht in 1 Std.

PHUKET (Nr. 436 und 465), etwa alle 30 Min. zwischen 5 und 17 Uhr für 110 Baht in 3 Std.

RANONG (Nr. 435), 5x tgl. von 8–15.30 Uhr für 140 Baht in 3 Std.

SURAT THANI, 8x tgl. von 8–16.30 Uhr für 145 Baht in 3 Std.

**15 HIGHLIGHT**

# Khao Sok National Park

Der 1980 gegründete Nationalpark zwischen der Andamanensee im Westen und dem Golf von Thailand im Osten bildet zusammen mit dem Khlong Saeng und Khlong Nakha National Park im Norden, dem Klong Phanom National Park im Süden und dem Sri Phang Nga National Park im Westen einen rund 4400 km² großen Naturpark. Zum größten Naturschutzgebiet in Thailands Süden steuert Khao Sok 739 km² bei. Auf zumeist 300–600 m Höhe verteilen sich Primärdschungel, Kalksteinformationen, Höhlen, Flüsse und Wasserfälle. Darüber erhebt sich der mit 960 m höchste Berg, der Khao Mok. Die fantastischen Karstfelsen prägen die Landschaft.

Der Park kann das ganze Jahr über bereist werden. Vom 1. Juli–14. September sind allerdings die Wasserfälle Sip et Chan, Bang Laep Nam, Tong Kloi und die Höhlen Nam Thalu, Seroo und Khang Cow (Fledermaushöhle) geschlossen.

Heute leben im Khao Sok 48 Säugetierarten, darunter optimistischen Schätzungen zufolge auch Leoparden, Tiger, Bären und Elefanten. Hinzu kommen über 300 Vogelarten, von denen man viele sieht und hört. Wer sich für Pflanzen interessiert, stößt auf seltene Exemplare wie die Rafflesia (s. Kasten). Für Bewunderung sorgen auch die Erhabenheit der Karstfelsen, die Urwaldriesen mit ihren Stützwurzeln und der meterhohe Bambus.

Zwei Wanderwege sind vom Nationalparkbüro ausgeschildert. Der erste, 7 km lange Wanderweg führt an mehreren Wasserfällen entlang zum **Ton Kloi-Wasserfall**. In der Monsunzeit lohnt nach 2,8 km ein Abstecher über den Fluss zum **Wing Hin-Wasserfall**. 3,3 km hinter den Stromschnellen des **Bang Hua Raed-Wasserfalls** gibt es einen Badeplatz namens Wang Yao. Auch der **Bang Leap Nam-Wasserfall**, bei KM 4,5, hat einen natürlichen Pool zu bieten. Am letzten Wasserfall, dem Ton Kloi-Wasserfall, sind oft Gibbons, Makaken, Nashornvögel und fliegende Eidechsen Gäste, wenn man sich im natürlichen Schwimmbecken abkühlt. Die zweite, anspruchsvollere Route führt 4,5 km auf einem kleinen Pfad hinauf zum elfstufigen **Sip et Chan-Wasserfall**, in dessen Becken ebenfalls geschwommen werden kann. Der Anstieg ist anstrengend und kann dank sechs Flussüberquerungen in der Regenzeit eine nasse Angelegenheit werden. Dieser Weg ist recht verwahrlost, und nach Regenfällen gibt es viele lästige Blutegel. Unerfahrene Trekker sollten diesen Weg keinesfalls alleine gehen.

## Chiew Lan-See

Im Jahre 1982 wurde das umstrittene Projekt des **Rajjaprabha-Damms** in Angriff genommen: Der Pasaeng-Fluss wurde gestaut, und Teile des Khao Sok-Gebiets wurden geflutet. Entstanden

### Eine der größten Blüten der Welt

Bis zu 80 cm Durchmesser hat die Blüte der parasitär auf Lianen am Boden lebenden **Rafflesia** *Kerrii Meijer*. Sie blüht zu allen Jahreszeiten und benötigt neun Monate, um sich von der Knospe bis zur vollen Blüte zu entwickeln. Dann ist die Pracht der roten kugelförmigen Blume eine Woche lang zu bestaunen. Die Blume sieht besser aus, als sie riecht: Ihr süßliches Bukett erinnert an Verwesungsgeruch. Touranbieter hängen Schilder aus, wenn eine Pflanze blüht. Da unaufmerksame Besucher bereits einige Exemplare zerstört haben, schützen kleine Holzabsperrungen die Blumen, und viele Rafflesia-Wanderwege sind vom 1. Mai–31. Okt nicht zugänglich.

DIE ANDAMANENKÜSTE

ist der 162 km² große **Chiew Lan-See**, für dessen Entstehung 900 Menschen aus fünf Dörfern umgesiedelt wurden – ihre Häuser liegen nun in 100 m Tiefe auf dem Grund des Sees. Aus dem Wasser ragen kleine Inseln aus Karstfelsen fast senkrecht empor, ebenso die Kronen alter, abgestorbener Bäume. Die Szenerie fasziniert vor allem in den Morgenstunden, wenn Nebel über dem Wasser liegt.

Die nahe dem See gelegene **Nam Thalu-Höhle** geriet 2007 in die Schlagzeilen, als hier sechs Urlauber und zwei Führer bei Flut den Tod fanden. Gefährlich ist der durch die Höhle fließende Fluss allerdings nur in der Regenzeit. Ansonsten begeistert Nam Thalu mit außergewöhnlichen Felsformationen und Stalaktiten. Ausflüge zum Stausee schließen in der Regel den Besuch der Höhle mit ein. Wer es individueller mag, kann andere Höhlen besuchen; alle werden mit Booten angesteuert.

Mit **öffentlichen Verkehrsmitteln** ist die Anreise zum Damm eher beschwerlich. Mit dem Surat Thani-Bus geht es bis Ban Ta Khun und weiter mit dem Taxi bzw. Motorradtaxi für 150–200 Baht weiter zur Bootsanlegestelle. Da dort keine Taxis warten, sollte man einen Abholtermin vereinbaren. Bei den Verkaufsständen am Wasser kann für 1500–2500 Baht für bis zu zehn Personen ein Longtail-Boot gechartert werden (s. Übernachtung auf dem Stausee). Die **Nationalparkgebühr** von 300 Baht p. P. und Tag wird am Steg fällig.

## ÜBERNACHTUNG

Die meisten der zahlreichen Gästehäuser sind günstig und liegen vor dem Parkeingang. Aufgrund des feuchten Klimas werden viele Hütten nach und nach ersetzt, sodass sich oft verschiedene Materialien oder Stilrichtungen in einer Anlage finden. Wer außerhalb der heißen Jahreszeit reist, sollte sich für die Nacht etwas Warmes einpacken. Selbst Hütten mit Ventilator haben Warmwasser. Manchmal verirren sich Dschungelbewohner in die Hütten: Fast alle Zimmer haben daher ein Moskitonetz. Empfehlenswert ist eine Taschenlampe, wenn man abends noch auf spärlich beleuchteten Wegen unterwegs ist.

### Untere Preisklasse

**Baan Khao Sok Resort** ⑧, ☎ 081-958 0185, 🖥 www.khaosok-accommodation.com. Teils einfache große Bambushütten mit Terrasse und Bambusbad in einem hübsch angelegten Garten. Neuere Bungalows im Baum mit ansprechender Inneneinrichtung. Gemütliches Restaurant mit Blick auf den Fluss. ❷–❹

**Khao Sok Green Mountain View Bungalows** ⑮, ☎ 087-263 2481, 🖥 www.khaosokgreenmountainview.com. Abgelegene romantische Anlage am Fuße eines Kalksteinfelsens. Einfache Mattenbungalows, einige mit großen Außenbädern. Familiäre Atmosphäre und gutes Essen. ❷

**Khao Sok Jungle Huts** ⑥, ☎ 077-395 160, 🖥 www.khao-sok-junglehuts.com. Unterschiedlichste Zimmer im Langhaus, ebenerdig, auf Stelzen oder in baumhausähnlichen Bungalows. Alle aus verschiedensten Materialien. Einige AC-Bungalows. ❶–❹

€ **Khao Sok Valley Lodge** ⑦, ☎ 086-283 9933, ✉ khaosok@hotmail.com. Auf Stelzen stehen 5 einfache Holzhütten, Bad mit Warmwasser. Von den Terrassen kann man frühmorgens den Eichhörnchen zusehen, wie sie durch den Dschungel toben. In der ruhigen Anlage fühlt man sich bei dem sehr rührigen Besitzer Bao bestens aufgehoben. ❷

**Nung House** ①, ☎ 077-395 147, 🖥 www.nunghouse.com. Diese kleine nette Anlage hat Bungalows unterschiedlichster Ausstattung. Für Familien eignen sich die geräumigen Zimmer mit 2 großen Betten im 2-geschossigen Reihenhaus. ❷–❸

### Mittlere und obere Preisklasse

**Art's Riverview Lodge** ⑨, ☎ 090-167 6818. Attraktive Anlage aus Naturmaterialien mit 1- bis 2-stöckigen Holz/Steinbungalows, größtenteils am Fluss. Schöne Terrassen. Warmwasser. Gemütliches Restaurant direkt am Badeplatz. Am Affenfelsen sieht man nachmittags oft die Klettermaxe turnen. ❸–❺

**Green Valley Resort** ②, ☎ 077-395 145, 🖥 www.khaosokgreenvalley.com. In direkter Nachbarschaft 2 Reihen komfortable, gefliesste, ebenerdige Steinbungalows mit hellem Bad und neue großzügige Bungalows in modernen

# Khao Sok National Park

N
0    500 m

## ÜBERNACHTUNG
1. Nung House
2. Green Valley Resort
3. Khao Sok River Lodge
4. Our Jungle House
5. Morning Mist Resort
6. Khao Sok Jungle Huts
7. Khao Sok Valley Lodge
8. Baan Khao Sok Resort
9. Art's Riverview Lodge
10. Nature Resort
11. Yasmin Garden
12. Khao Sok Tree House Resort
13. Elephant Hills Rainforest Camp
14. Hotel Khao Sok & Spa
15. Khao Sok Green Mountain View Bungalows
16. Khao Sok Riverside Cottages

## ESSEN
1. Nongsaw Thaifood
2. Numngen Coffee Shop & Food
3. Da Pinio
4. Nirwana Bar
5. Morning Mist Restaurant
6. Rasta Bar
7. Thai Herb Restaurant
8. Chill Out Bar

## SONSTIGES
1. Souvenirs, Touren
2. Supermarkt
3. Minimärkte

## TRANSPORT
Bushaltestelle

Sip et Chan-Wasserfall (4,5 km)

VISITOR CENTER
NATIONALPARK-VERWALTUNG
TICKETS

Tang Nam (6 km), Ton-Kloi-Wasserfall, Wing Hin-Wasserfall, Bang Hua Raed-Wasserfall, Bang Laep Nam-Wasserfall

Bang Laen-Fluss
Sok-Fluss
KAFFEEPLANTAGE

(200 m)
KM 1

Affenfelsen
Swimming Hole

Phanturat-Berg

Restaurant
Höhle
Wat Tham Phanturat
Höhle

Läden und Restaurants

Takua Pa
401
Sonntagvormittags-Markt
KM 109
KM 108,7
KM 108,4
KM 108,2

SRI PHANG NGA
KHLONG SAENG WILDLIFE SANCTUARY
0    20 km
Pakarang-Höhle
Sip et Chan-Wasserfall
Chiew-Lan-See
NATIONAL PARK
Nam Thalu-Höhle
Seroo-Höhle
KHAO SOK NATIONAL PARK
PIER
Rajjaprabha-Damm
Baan Ta Khun
401
Surat Thani (120 km)
Phanom
s. Detailplan
401 Takua Pa (40 km), Phuket (180 km)
4118  415 Krabi (153 km)

KM 106,5
Surat Thani
15 (1,7 km), 16 (2,5 km)

Um die Entstehung der Karstfelsen, für die der Khao Sok, die Pha Nga-Bucht und die gesamte Umgebung von Krabi berühmt sind, zu erklären, muss man etwa 345 Mio. Jahre zurückgehen. Einst gab es hier riesige Korallenriffe, die durch Erosion von Sedimentgestein bedeckt wurden. Etwa 280 Mio. Jahre später (vor rund 65 Mio. Jahren) – das Sediment war durch Druck zu hartem Fels geworden – schob sich die indische unter die asiatische Erdplatte. Die Berge wuchsen in die Höhe. Zeitgleich ging der Meeresspiegel zurück. Noch heute befinden sich die Berge in Erosion, durch den Monsunregen und die Auswaschungen des Meeres entstehen immer neue Höhlen bzw. verschwinden wieder, wenn ihr Dach einbricht.

Grautönen. Alle mit AC, TV und Kühlschrank. Inkl. Frühstück. ❹–❺
**Hotel Khao Sok & Spa** ⑭, ✆ 077-395 009, 🖥 www.khaosoknationalparkhotel.com. Große Bungalows in toller Gartenanlage. Gemauerte Wände, getönte große Fensterflächen, massive Holzbetten, Marmor- oder Natursteinbäder, AC, Kühlschrank, teils Safe. Tennisplatz und Pool. Spanische Leitung. ❺–❼
**Khao Sok River Lodge** ③, ✆ 089-725 2277, 🖥 www.khaosokriverlodge.com. Grüne Stelzen-Steinbungalows direkt am Fluss mit großen Terrassen, Ventilator oder AC, TV und Kühlschrank. Schönes Restaurant. ❹–❺
**Khao Sok Riverside Cottages** ⑯, ✆ 077-395 159, 🖥 www.khaosok.net. Romantische, abseits gelegene Anlage im dichten Wald.

Große, weit auseinander stehende Bungalows aus Holz, mit Palmdächern und Panorama-fenstern. Teils über ein weites Netz von Stegen mit dem Restaurant verbunden. ❹
**Khao Sok Tree House Resort** ⑫, ✆ 077-395 16🖥 www.khaosok-treehouse.com. Schöne, individuell gestaltete Baumhäuser, die über Stege und Treppen erreichbar sind. Große Terrassen. Die höchsten Bungalows befinden sich 9 m über dem Boden. Einige Zimmer wurden um Bäume gebaut. Einige AC-Bungalows. TV, DVD. ❹–❼
**Morning Mist Resort** ⑤, ✆ 089-971 8794, 🖥 www.khaosokmorningmistresort.com. Groß Anlage mit unterschiedlichen Bungalows: Doppelbungalows aus Bambus, 2-stöckige Holz/Steinbungalows oder steinerne Familien-

bungalows. Einige mit toller Aussicht auf die Berge. Teilweise AC. Kleiner Pool. Beliebtes Restaurant. ❸–❺

**Nature Resort** ⑩, ✆ 086-120 0588, 🖵 www.khaosoknatureresort.com. Große, in den Wipfeln versteckte Baumhäuser mit Stämmen durch Zimmer oder Bad. Zudem ebenerdige Bungalows. Wer den kurzen Weg Richtung Nationalpark oder anderen Bungalowanlagen einschlägt, muss den Fluss durchwaten. ❹–❺

🏠 **Our Jungle House** ④, ✆ 081-417 0546, 🖵 www.khaosokaccommodation.com. Weitläufig verteilte Bungalows aus Naturmaterialien, die meisten auf hohen Stelzen am Fluss am Fuße eines Karstfelsens. Tolle großzügige, liebevoll dekorierte Familienbungalows mit Terrasse. ❹–❻

**Yasmin Garden** ⑪, ✆ 082-282 3243. Nachdem sich Klaus Veith und seine „Spiderwoman" bereits in die Herzen (bzw. Mägen) mehrerer begeisterter Leser gekocht haben, werden die neuen Bungalows, die um einen Pool gruppiert sind, nicht lange Geheimtipp bleiben. ❺–❻

### Auf dem Stausee Chiew Lan

Die schwimmenden Nationalpark-Bungalows mit kleinen zweckmäßigen Hütten liegen alle am und auf dem See oder einem kleinen Seitenarm und kosten 700 Baht p. P. inkl. 3 Mahlzeiten. Toiletten an Land. Jede Anlage verfügt über ein Restaurant. Die **Nationalpark-Bungalows** können im Visitor Center, ⏰ 8.30–16.30 Uhr, im Khao Sok Nationalpark gebucht werden. Auf dem See gibt es zudem mehrere private, luxuriösere Anlagen, z. B. das **Elephant Hills Rainforest Camp** ⑬, ✆ 076-81 703, 🖵 www.elephant-hills.com. Sehr schöne neue Zelte am Rande des Sees. Gute Küche. Solarzellen sorgen für Strom. Nur im Tourprogramm buchbar (s. Website). ❽ Infos zu weiteren schönen Resorts am See und zur Anreise s. **eXTra [8632]**.

### ESSEN

Alle Resorts haben ein Restaurant, daneben gibt es ein paar Lokale an der Zufahrtsstraße.

**Da Pinio**, in dem kleinen Restaurant am Fluss gibt es zwar eine große Speisekarte mit italienischen Gerichten, oft ist aber nur Pizza zu bekommen. Die ist dafür gut, ebenso wie der italienische Hauswein. ⏰ 17–21 Uhr.

**Morning Mist Restaurant**, gemütlich eingerichtet mit viel Holz und bunten Lichtern. Die Karte bietet auch ein paar außergewöhnliche Speisen und Getränke. Unbedingt gebratenen Dschungelfarn probieren! Teils werden Zutaten aus dem eigenen Garten verwendet. ⏰ 7.15–20.45 Uhr.

**Nongsaw Thaifood**, authentische Hausmannskost. Einfach in die Töpfe schauen und aussuchen. Sehr günstig und meist sehr scharf. ⏰ 8–20.30 Uhr.

**Numngen Coffee Shop & Food**, kleines Café mit gemütlicher Terrasse zur Straße. Thailändische Küche und Sandwiches. ⏰ 8–20 Uhr.

**Thai Herb Restaurant**, hübsch dekoriertes, halb offenes Restaurant mit thailändischer Küche, leckere Desserts. Tolle Obst- und Gemüse-Shakes; Farngerichte. ⏰ 8.30–21.30 Uhr.

### UNTERHALTUNG

**Chill Out Bar**, offene, kleine Bar mit Theke und einigen Sitzgelegenheiten im Garten. Alles ist mit schönen bunten Lichtern dekoriert. Die Musikauswahl reicht von Reggae bis House.

**Nirwana Bar**, auf Sitzmatten mit niedrigen Tischen im Garten, kann man rund um ein Lagerfeuer Gegrilltes essen.

**Rasta Bar**, in der Hauptstraße gelegene, beliebte Bar auf der 1. Etage. Große Terrasse.

### AKTIVITÄTEN UND TOUREN

Bei den angegebenen Preisen für Aktivitäten im Nationalpark ist die Parkgebühr in Höhe von 300 Baht (das Ticket gilt 24 Std.) nicht berücksichtigt.

### Wanderungen und Touren

Es ist ratsam, nur lizenzierte Führer anzuheuern und sich die Lizenz zeigen zu lassen. Neben den von Touranbietern und Gästehäusern vermittelten Führern kann man auch beim Headquarter des Nationalparks **Guides** für Wanderungen anheuern. Wer es individuell mag, ist hier gut aufgehoben. Die Alternative: bei den Anlagen nach privat organisierten Touren fragen. Diese sind zwar etwas teurer als Gruppentouren, aber wesentlich empfehlenswerter und können individuell gestaltet werden. Tipps für 2 Wanderrouten ohne Guide gibt es im Visitor Center. Die Wege sind gut ausgeschildert, wenngleich schon ziemlich verwahrlost. An ausreichend Getränke denken!

Gästehäuser bieten eine geführte **2-Tagetour** (Übernachtung im Zelt) zum Ton Kloi-Wasserfall inkl. Essen und Nachtsafari ab 2200 Baht. Geführte **Tagestouren** im Nationalpark kosten 700 Baht inkl. Mittagessen und Transport, Halbtagestouren 500 Baht.

Nachtaktive Dschungelbewohner sind bei 3-stündigen **Nachtsafaris** für 600 Baht aufzuspüren. Um einen Bewohner zu treffen, muss man nicht unbedingt weit in den Dschungel vordringen. Touren mit Kindern, die meist nahe dem Eingang stattfinden, ermöglichen erfahrungsgemäß tolle Begegnungen mit der Tierwelt. Wanderungen zur **Rafflesia** dauern etwa 2 Std. und kosten 500 Baht.

Alle Preise können je nach Saison auch etwas höher ausfallen.

### Wassersport

**Tubing** nennt sich der Spaß, bei dem man in aufgepumpten Autoschläuchen auf dem Fluss treibt, der Wasserstand ist jedoch meist nur zwischen Juli und Ende Okt hoch genug (350 Baht pro Std., Preis inkl. Transport zum Startpunkt und zurück zum Resort).

Außerdem sind **Schlauchboot-Touren** auf dem Sok-Fluss möglich. Das Boot wird an der Brücke zum Nationalpark oder ein paar Kilometer weiter flussabwärts gewässert. Beim Bang Hua Raet-Wasserfall gibt es starke Stromschnellen. Inkl. An- und Abreise 2 Std. für 700 Baht.

Der ideale **Badeplatz** ist das Swimming Hole, ein etwas breiterer und tieferer Flussabschnitt an der Art's Riverview Jungle Lodge. Am späten Nachmittag tummeln sich Affen bei den Felsen. Schwimmen kann man auch in den von Wasserfällen gebildeten natürlichen Pools im Nationalpark, z. B. am Bang Liap Nam-, am Ton Kloi- oder am Sip et Chan-Wasserfall.

### Geld

Geldautomat am Morning Mist Supermarkt (oft nicht in Betrieb). Nächster Geldautomat am Highway KM 108. Ein Shop kurz vor dem Eingang zum Nationalpark tauscht Reiseschecks und gibt Bargeld auf Kreditkarten.

### Informationen

Das **Visitor Center** am Nationalparkeingang informiert über die Fauna, Flora und Geologie des Parks anhand anschaulicher Fotos und Grafiken auf Englisch und Thai sowie aus erster Hand vom netten Angestellten. ⏱ 8–16.30 Uhr, Eintritt in den Park für 24 Std. 300 Baht, Kinder ab 14 Jahren 150 Baht.

### Internet

Internetcafés entlang der Hauptstraße. Alle Anlagen und viele Restaurants haben WLAN. Für die Anlagen auf dem See gilt: Es gibt weder Handy-Empfang noch WLAN.

### Motorrad- und Fahrradverleih

Motorräder werden von vielen Unterkünften verliehen, zudem gibt es einen Shop nahe der Bushaltestelle (eine Automatik 300 Baht). Einige Gästehäuser verleihen Fahrräder, z. B. das Morning Mist Resort für 100 Baht/Tag.

### Reisezeit

Im Park regnet es fast immer. Die Region gilt als die regenreichste Thailands. Die beste Reisezeit ist von Dez–April, dann regnet es zumindest nicht den ganzen Tag lang.

Die Verkehrsanbindung zum Park ist gut und allein die Anfahrt eine Reise wert. Der H401, der Takua Pa und Surat Thani verbindet, schlängelt sich durch die Hügel, und man wird immer wieder mit atemberaubenden Ausblicken belohnt. Die Busse halten an der Bushaltestelle am KM 109,1, von wo eine 2 km lange Straße bis zum Khao Sok National Park führt. Wer vorgebucht hat, wird meist abgeholt. Nutzt man nur den Taxiservice, kostet es 50 Baht.

## Busse

BANGKOK, VIP-24-Bus um 19 Uhr für
1100 Baht in 11 Std.
KHAO LAK, mit dem Phuket-Bus für
120 Baht in 2 Std.
PHUKET, stdl. von 9–18 Uhr für 180 Baht
in 3 1/2 Std.
SURAT THANI (Nr. 465), stdl. von 9–17.30 Uhr
für 120 Baht in 2 1/2 Std. Hier Umstieg in
Boote/Busse zu den Inseln im Golf oder den
Orten der Golfküste.
TAKUA PA (Umstieg in Busse nach Krabi,
Phang Nga, Ranong), mit den Phuket-Bussen
für 60 Baht in 1 Std.

## Minibusse

HAT YAI, um 8.30 Uhr für 650 Baht
in 7 1/2 Std.
KO LANTA, um 8.30 Uhr für 700 Baht in 5 Std.
KO PHA NGAN, um 9 Uhr für 650 Baht
in 8 Std.
KO PHI PHI, um 8.30 Uhr für 750 Baht in 7 Std.
KO SAMUI, um 9 Uhr für 600 Baht in 7 Std.
KO TAO, um 15 Uhr für 870 Baht, Ankunft
gegen 6 Uhr (Nachtboot).
KRABI, um 8.30 Uhr für 350 Baht in 2 1/2 Std.
SURAT THANI, stdl. 6.30–16 Uhr für 150 Baht
in 2 Std.
TRANG, um 8.30 Uhr für 750 Baht in
5 1/2 Std.

# Khao Lak

Scheinbar endlose, goldgelbe Strände schmie-
gen sich an die Andamanensee. Dahinter liegen
Palmen- und Kautschukhaine. Sie werden im
Norden von Lagunen unterbrochen und im Süden
durch Felsformationen begrenzt. Im Hinterland
der Region **Khao Lak [2798]** gibt es zahlreiche
Baggerseen (eine Erinnerung an Zeiten, als
hier Zinn geschürft wurde). Dahinter ragen die
dschungelbewachsenen Hügel des **Khao Lak
Lamru National Parks** auf.

Da Khao Lak ein ruhiger, familienfreundlicher
Ferienort sein will, beschränken sich die Aktivitäten darauf, an der Hauptstraße entlangzu-
bummeln, essen zu gehen, sich zu unterhalten,

**Khao Lak**

**SONSTIGES**
1 Pakarang Surf Shop,
Memories Beach Bar
2 Asia Safari Park

**TRANSPORT**
1 Busse nach
Ranong,
Chumphon,
Bangkok
2 Busbahnhof,
VIP-Busse
nach Bangkok
3 Songthaew

DIE ANDAMANENKÜSTE

Freundschaften zu schließen, zu lesen oder sich ein paar Drinks an einer Bar zu genehmigen.

Das Gebiet rund um Khao Lak bietet vielfältige Möglichkeiten etwas zu erleben, darunter Dschungeltreks in den Park, Tauchausflüge, Fahrradtouren oder auch nur ein entspannter Badeurlaub am Strand. Einzelreisende kommen vor allem zum Tauchen, denn Khao Lak ist eine gute Ausgangsbasis für Trips zu den Similan Islands.

## Die Strände von Khao Lak

Das Gebiet, das gemeinhin als Khao Lak bezeichnet wird, zieht sich auf vielen Kilometern an der Küste entlang und umfasst insgesamt sieben Strände. Überall können wunderschöne Sonnenuntergänge beobachtet werden. Die zentralen Strände **Hat Nang Thong** und **Hat Bang Niang** sind besonders beliebt. Beide Strände sind erschlossen und bieten eine komplette Infrastruktur. Der schöne breite **Hat Nang Thong** ist durch einige Felsen unterteilt und eignet sich sowohl bei Ebbe als auch bei Flut hervorragend zum Schwimmen und Sonnenbaden. An der Strandzufahrt ist der Sand schwarz marmoriert, der Strand selbst aber ist weiß. Hier liegen die

größeren Anlagen. Die Zufahrtsstraße ist wenig bebaut, während es in der Hauptstraße geschäftig zugeht. Dieses Stück wird auch **Khao Lak Zentrum** genannt. Hier finden sich eine Menge Restaurants mit unterschiedlicher kulinarischer Ausrichtung. Geschäfte mit Kleidung, Schuhen und Schmuck laden zum Einkaufsbummel ein.

**Hat Bang Niang** lockt mit feinem, gelben Sandstrand, der nur mit wenigen Muschel- oder Korallenresten durchsetzt ist. Er eignet sich bei Ebbe und Flut sehr gut zum Schwimmen. Im zentralen Bereich sind große Steine aufgeschüttet worden und man sah 2015, wie die Wellen an der erhöhten Uferpromenade fressen. Nicht jeder Bungalow am Meer liegt daher noch direkt am Strand.

Verlassener und nur noch von Resorts und einzelnen Restaurants besiedelt sind die im Norden folgenden Strände **Hat Khuk Khak**, **Laem Pakarang** und **Hat Pakweep** (auch Ao Thong genannt). Im Süden schließen sich an den Hat Nang Thong der **Sunset Beach** und der **Posei don Beach** an die zentralen Hauptstrände an. Infos zu den Stränden im Norden im eXTra [7808], zu den Unterkünften im Süden [7824].

## ÜBERNACHTUNG

Karte S. 794

### Hat Nang Thong

**Khao Lak Golden Place** ⑰, ✆ 076-485 686, 🖥 www.khaolakgoldenplace.com. 18 moderne AC-Zimmer mit hellen Fliesenböden und dunklen Möbeln. Wasserkocher. Hübsche kleine Bäder. Kleine Balkone mit Blick ins Grün. Liegt in 2. Reihe wenige Meter vom Strand. Inkl. Frühstück. ❺–❻

**Khao Lak Laguna** ⑱, ✆ 076-427 888, 🖥 www.khaolaklaguna.com. Große, weitläufige, geschmackvolle Anlage, die sich von der Hauptstraße bis zum Strand erstreckt. Über 150 Zimmer und Bungalows, 2 Pools mit Meerblick, darüber ein großes Restaurant. Kinderspielecke, Sauna und Fitnessraum. ❽

**Khao Lak Seafood Family House** ⑪, ✆ 076-485 318, 🖥 www.khaolakseafood.com. In einer ruhigen Seitenstraße hinter dem gleichna-migen, gut besuchten Restaurant (◷ 8–22 Uhr). Geräumige, saubere Steinbungalows mit Venti-lator, ansprechend eingerichtet, in einem schö-nen Garten. Die AC-Zimmer sind größer und befinden sich in einem 2-stöckigen Gebäude, alle mit großer Terrasse, manche mit kleiner Kochstelle. ❷–❸

**€** **Monkey Dive Hostel** ⑯, ✆ 081-956 5654, ▭ www.monkeydivekhaolak.com. Cooles durchgestyltes Boutiquehostel mit kleinen DZ mit Betonpodest und Matratze sowie 4er-Schlafsälen (einige ohne Fenster). Alle mit Gemeinschaftsbad. Neu, sauber, sehr einladend. In einer ruhigen Seitenstraße mit Garten. Hier treffen sich am ehesten die Backpacker, die zum Tauchen nach Khao Lak kommen. ❷

**Nang Thong Bay Resort** ⑮, ✆ 076-485 088, ▭ www.nangthong.com. Gartenanlage direkt am Strand; hübsche Bungalows mit halb offenem Bad. Geeignet für Familien. Im hinteren Bereich Zimmer im 2-stöckigen Haus, ebenso jenseits der Straße. Pool mit Kinderbecken. ❺–❻

**Nom's Family Bungalow** ⑫, ✆ 076-485 277, ✉ nomsfamily@hotmail.com. In einem riesigen Palmengarten 10 unterschiedliche, saubere Bungalows aus Stein mit Ventilator und Terrasse. Einige mit Kühlschrank. Zudem hübsche, weitläufig verteilte einfache Bambus/Holzbungalows, alle mit kaltem Wasser. ❷–❸

🛏 **Ocean Breeze Resort** ⑩, ✆ 076-485 314, ▭ www.oceanbreezekhaolak.com. Die roten Steinbungalows stehen zwar recht eng beieinander, sind aber von viel Grün umgeben. Geschmackvolle moderne Einrichtung: helle Bodenfliesen und dunkle Möbel mit Thai-Flair, schöne Bäder mit offenem Duschbereich. Zudem Zimmer im 2-stöckigen Gebäude. Pool und Kinderbecken. Strandbar und Liegen. WLAN in der Lobby. Stylische Bar am Strand. ❽

**The Leaf (on the Sands by Katathani)** ⑭, ✆ 076-485 255, ▭ www.theleafresort.com/onthesands. Villen und Zimmer in 2-stöckigem Gebäude im Garten rund um eine Poolland-

schaft mit Kinderbecken. Die Bungalows sind geräumig, gefliest, mit TV und großen Bädern. In der Nebensaison deutlich günstiger. ❻–❼

### Hat Nang Niang

**Ayara Villas** ②, ✆ 076-486 478, ▭ www.ayara-villas.com. Bungalows im Thai-Stil in 2 Reihen am Strand. Zudem Zimmer in 2-stöckigen Doppelbungalows im tropischen Garten und dahinter im 2-stöckigen, modernen Haupt-gebäude. 2 Pools. Rabatte bei Buchungen übers Internet. ❼–❽

**Chong Fah Resort** ⑥, ✆ 076-486 859, ▭ www.chongfahresort.com. Futuristisches, stilvolles Ambiente mit großen ein- und doppelstöckigen AC-Bungalows direkt am Strand. Modern gestaltete Räume. Bäder teils mit Whirlpool. Toller Pool aus schwarzem Granit mit Meer-blick. Minibar, TV, Safe. ❽

**Fanari Khao Lak Resort** ⑦, ✆ 076-443 471, ▭ www.fanarikhaolak.com. Bungalows und Zimmer im Haupthaus an einem schönen großen Pool, sehr zentral gelegen. Gute Aus-stattung, alle mit Safe. Wer es sich leisten kann, wohnt sogar mit Meerblick in einem der sehr schönen Bungalows am Strand ❽. Viele Gäste um die 30 Jahre. Inkl. Frühstück. Die meisten Deluxe-Zimmer ❺

**Jasmin Resort** ⑤, ✆ 076-486 695, ▭ www.jasminresort.com. 18 großzügige und hübsch möblierte Bungalows mit TV, Kühlschrank, Mini-bar, Safe und großem Bad in einem schönen Garten. Unter schweizerischer Leitung. ❺

**La Flora Resort & Spa** ⑨, ✆ 076-428 000, ▭ www.lafloraresort.com. Große Gartenanlage mit Pool. Verschiedene Bungalows am Strand und im Garten oder Zimmer im hinteren Bereich, teils mit Poolzugang. Kinderbecken, Bücherei, Internet, Fitnesscenter, Tennisplatz. ❽

**Ruk Cozy Hotel** ④, ✆ 093-731 7988, ✉ rukcozy@gmail.com. Hinter der Hauptstraße gelegenes 3-geschossiges Hotel mit großen Zimmern. Balkon nach hinten raus. Vorne lockt ein großer Pool. Gutes Preis-Leistungs-Verhältnis. ❹

**Sanuk Bungalows** ③, ✆ 080-884 3158 (deutsch), ▭ www.sanukresort.com. 5 hübsche

DIE ANDAMANENKÜSTE

kleine Steinbungalows mit AC, einfach möbliert, aber mit Teeküche. Ruhig gelegen in einer urigen kleinen Gartenanlage. Mini-Pool. Deutsche Leitung. Viele Stammgäste. Keine Rezeption, vorher Bescheid geben. In der Nebensaison ❹, sonst mit 1400 Baht ❺

**The Shambhala Khaolak Resort** ①, ☎ 076-486 601, 🖥 www.shambhalakhaolak.com. Eng stehende Bungalows, mit vielen Pflanzen voneinander abgeschirmt. Angenehm dezenter Thai-Stil. Pool mit Meerblick. Inkl. Frühstück unter Palmen am Meer. ❺–❽

## ESSEN

### Hat Nang Thong

Gut und günstig isst man abends Thai-Gerichte und Pancakes an den beiden mobilen **Essens-ständen** neben Wetzone Diving. Die dahinter liegende Bar ist Treffpunkt für einen Drink. Direkt am Strand ist die Auswahl begrenzt. Nur das Nang Thong Bay Resort, das Khao Lak Andaman Resort, das Khao Lak Laguna sowie das Khao Lak Green Beach Resort haben ein Strandrestaurant. Alle anderen Lokale liegen an der Hauptstraße:

**By the Sea**, direkt am Strand. Sehr günstige Thai-Küche mit chinesischem Einschlag und westliche Gerichte. Von den Holzstühlen im Sand hat man eine grandiose Aussicht aufs Meer. Günstige und gute Shakes.

**Sala Thai Restaurant**. Einladendes, halb offenes Restaurant. Frischer Fisch und eine große Auswahl Thai-Gerichte. Gute Currys. ⏰ 17–23 Uhr.

**Somsri Restaurant**, neben Nang Thong Supermarkt. Einfaches preiswertes und gutes Thai-Restaurant mit frischem Fisch in der Auslage. Prompte und freundliche Bedienung. ⏰ 15.30–22 Uhr.

**Stemper Café**, etwas erhöht zur Straße, ☎ 076-485 307. Unter deutscher Leitung. Frühstücks-auswahl mit Brezeln, Brot und Brötchen. Kuchen, z. B. Linzer Torte, Tiramisu, Preiselbeer-Baiser-Kuchen, Nussschnecken. Wenige thailändische Gerichte, dafür aber Wiener Schnitzel. WLAN. ⏰ 8.30–21 Uhr.

**Tiffy's Café**, ☎ 076-485 440, 🖥 www.tiffys cafehaolak.com. Thai- und deutsche Küche mit

Schnitzel, Gulasch und Roulade. Treffpunkt der Taucher aus dem nebenan gelegenen Sea Dragon Dive Center. Einladende Bambusmöbel und Liegekissen. Bietet auch Betten im schmucklosen engen 6er-Schlafsaal für 200 Baht und DZ für 400 Baht. ⏰ 8–23 Uhr.

### Hat Bang Niang

Viele Restaurants befinden sich entlang der Zufahrtsstraße zum Strand. Insgesamt ist das Preisniveau recht hoch. Günstig lässt sich montags, mittwochs und samstags auf dem **Markt** neben dem 7-Eleven essen. Hier gibt es an vielen Ständen Fingerfood oder Thailändisches zum Mitnehmen. Auch wer die Straße Richtung Norden entlangwandert, kommt noch an guten thailändischen Garküchen vorbei: Zuerst passiert man einen guten **Curryladen**, es folgt eine **Suppenküche** (auch Reisgerichte und Thai-Klassiker) und danach das Lokal **Pad Thai**. Hier gibt es Suppe, und eine große bebilderte Speisekarte verrät, was noch. In all diesen Restaurants stehen noch kostenloses Trinkwasser und leckere Saucen auf dem Tisch, und es sind hauptsächlich thailändische Gäste anzutreffen. An Touristen wenden sich die im Süden des Strandes stehenden **Strand-restaurants** und **Bars**. Am Abend gibt es hier immer mal wieder Feuershows, an Vollmond wird in der Saison oft eine kleine Party gefeiert.

**Dao Thong Restaurant**, an der Hauptstraße. Schönes Ambiente im überdachten Restaurant. Gute abwechslungsreiche thailändische Küche. Empfehlenswert der Morning Glory Salat mit Seafood. Tolle Tellerdekoration aus geschnitztem Gemüse. Aufmerksamer Service. WLAN. Ähnliches Angebot nebenan im **Takiang Restaurant**. ⏰ 10–23 Uhr.

**Joe Steakhouse**, nahe dem Strand im Hinterland gelegen. Der Besitzer Ludwig ist ein echtes Original. Er bereitet Steaks zu und alles, was dazugehört. ⏰ außer Mo 18–24 Uhr.

## UNTERHALTUNG

Das Angebot richtet sich auch musikalisch mehr an die Pauschaltouristen über 40. Junge Backpacker sind in der Regel nur zum Tauchen vor Ort.

**Discovery Café**, ☎ 081-425 6236. Gegenüber der Bang Thing Park Plaza, Hat Nang Thong. Beliebt für ein Cocktail bei gemütlicher Beleuchtung. Auch Thai- und westliche Küche sowie Seafood. ⏲ 9–24 Uhr.

**Happy Snapper**, Moo 7, Main Rd., Hat Nang Thong, ☎ 076-423 540. Bar mit Livemusik. Wenn hier Gigs stattfinden, ist der Laden gerammelt voll. ⏲ 8.30–1 Uhr.

**Monkey Bar**, gegenüber der Kasikorn Bank in einer Seitengasse, Hat Nang Thong. Liebevoll im Rasta-Look dekoriert, bietet die beliebte Bar neben Reggae-Musik und Live-Bands auch die Charts aus den letzten 30 Jahren. Bei Cocktails und Longdrinks genießt man auch Livemusik.

## SONSTIGES

### Fahrräder, Motorräder, Autos

**Noi's Travel Center**, an der Hauptstraße, Hat Nang Thong, ☎ 076-443 140. Autovermietung, Wagen ab 1600 Baht, Noi vermietet auch Autos von Budget. ⏲ 9–22 Uhr.

**Tiffy's Café**, an der Hauptstraße, Hat Nang Thong, ☎ 076-485 440, vermietet Mountainbikes für 200 Baht pro Tag, bietet auch Touren an. ⏲ 8–23 Uhr.

Die meisten Unterkünfte vermieten Motorräder für 250 Baht. Einige der größeren Resorts vermitteln Autos.

Eine **Budget**-Autovermietung befindet sich an der Hauptstraße von Bang Niang Richtung Norden, ☎ 076-443 454.

### Kochkurse

**Sawasdee Restaurant**, ☎ 081-445 0245. Kochschule am Bang Niang gegenüber dem Restaurant: bietet tgl. zwischen 10 und 13.30 Uhr Kochkurse an. Aus 4 Menüs kann ausgewählt werden, eines davon wird gemeinsam gekocht und natürlich auch gegessen (1850 Baht p. P.).

### Massagen

Eine Adresse für Top-Massagen ist **Father & Son**, nahe dem Laguna Resort, 🖥 www.father-onsiam.com. Der Deutsch sprechende Sohn und seine Mitarbeiterinnen bieten sehr empfehlenswerte Massagen, die individuell auf jeden Kunden abgestimmt werden. Nur mit Voranmeldung ☎ 076-485 498, 081-956 0662. Thai-Massage 350 Baht pro Std. So ist Ruhetag. Im hinteren Bereich des Gartens werden auch neue, gut ausgestattete Bungalows vermietet, **❺**.

### Medizinische Hilfe

An der Hauptstraße sind in Bang Niang einige Krankenwagen stationiert, Notrufnummer ☎ 1719. Unter derselben Nummer kann auch ein Helikopter-Service des Bangkok-Phuket Hospitals kontaktiert werden. Der Landeplatz befindet sich beim Khao Lak Seaview Resort. Die Kliniken in Nang Thong sind kleine Privatpraxen. Alle liegen an der Hauptstraße.
**Bangkok Clinic Medical Centre**, 24-Std.-Hotline ☎ 076-490 852 . Hat Nang Thong. ⏲ tgl. ab 8 Uhr, akzeptiert viele Versicherungen. Laborbefunde, Kreditkartenzahlung, Krankentransporte. Auch Hausbesuche.
**Clinic Dr. Amornrut**, ☎ 083-647 7053, Hat Bang Niang an der Hauptstraße, gegenüber dem Markt. Moderne Ausstattung. ⏲ Mo–Fr 17–20.30, So 15–20.30 Uhr.
**Clinic Dr. Chusak**, 98 Moo 6, Petchkasem Rd., ☎ 081-968 9702, Hat Nang Thong. ⏲ 17.30–20.30 Uhr. 24 Std. Rufbereitschaft.
**Inter Clinic**, an der Zufahrtsstraße zum Hat Bang Niang, ☎ 076-486 551, 087-628 3577. Wundbehandlung, Bluttest, EKG. ⏲ 9–17.30 Uhr.
**Khao Lak Dental Clinic**, ☎ 089-724 8624. Hat Nang Thong, im 1. Stock gegenüber von Dr. Chusak.

## Reisezeit

Viele Resorts sind ganzjährig geöffnet. In der Nebensaison von Mai–Nov sind oft Preisnach-lässe von bis zu 50 % möglich.

### NAHVERKEHR

**Songthaew** können in Nang Thong an der Hauptstraße und in der Parallelstraße zum Strand gechartert werden. In Bang Niang stehen sie am Taxistand. Die Preise sind recht hoch. Betrag vor Abfahrt klären. Die 2 km lange Fahrt zwischen Bang Niang und Nang Thong kostet 150 Baht. Kommen mehr Leute

DIE ANDAMANENKÜSTE

N
0          500 m

## ÜBERNACHTUNG

HAT BANG NIANG
1. The Shambhala Khaolak Resort
2. Ayara Villas
3. Sanuk Bungalows
4. Ruk Cozy Hotel
5. Jasmin Resort
6. Chong Fah Resort
7. Fanari Khao Lak Resort
8. The Bed
9. La Flora Resort & Spa

HAT NANG THONG
10. Ocean Breeze Resort
11. Khao Lak Seafood Family House
12. Nom's Family Bungalow
13. Happy Lagoon
14. The Leaf (on the Sands by Katathani)
15. Nang Thong Bay Resort
16. Monkey Dive Hostel
17. Khao Lak Golden Place
18. Khao Lak Laguna

SUNSET BEACH
19. Sensimar
20. Moracea Khao Lak Resort
21. Khaolak Wanaburee Resort
22. Khaolak Paradise Resort

## ESSEN

1. Pad Thai
2. Curryladen, Suppenküche
3. Joe Steakhouse
4. Dao Thong Restaurant
5. Sawasdee Restaurant
6. Takiang Restaurant
7. Restaurants & Bars
8. Restaurants
9. Tiffy's Café
10. Happy Snapper
11. Essensstände
12. Discovery Café
13. Somsri Restaurant
14. Sala Thai Restaurant
15. Stemper Café
16. Monkey Bar
17. By the Sea
18. McDonald's

## SONSTIGES

1. Green Biking Club
2. Clinic Dr. Amornrut
3. Nachtmarkt, 7-Eleven
4. Inter Clinic
5. Sea Bees Diving (2x)
6. Khao Lak Dental Clinic
7. Clinic Dr. Chusak
8. Sea Dragon Dive Centre
9. Noi's Travel Center
10. Wetzone Diving
11. Khao Lak Fun Divers
12. Bangkok Clinic Medical Centre
13. Father & Son Massage

## TRANSPORT
1. Bushaltestelle VIP-Busse nach Bangkok
2. Budget-Autovermietung
3. Taxistand
4. Haltestelle Minibusse (Krabi, Ranong, Takua Pa, Surath Thani, Chumphon)

Ban Khuk Khak

Reiten, Chong Fah-Wasserfall (7 km)

Sudala

Tsunami-Museum

KM 62

Polizeiboot, Tsunami Memorial Park

Shops

Ramada Resort

Hat Bang Niang

Hat Nang Thong

Sunset Beach

KM 60

KM 59

Poseidon Beach, Thap Lamu, Asia Safari Park

KHAO LAK-LAMRU NATIONAL PARK

DIE ANDAMANENKÜSTE

zusammen, wird es etwas günstiger. Bis zum Hat Khuk Khak 200–300 Baht, Hat Pakarang 300–400 Baht, Hat Pakweep 500–600 Baht. **Motorradtaxis** sind schwer zu finden; sie stehen vereinzelt in Bang Niang am Taxistand. **Mopeds und Fahrräder**: Es lohnt sich, ein Moped bzw. ein Fahrrad zu mieten. Mopeds kosten 200–250 Baht, Fahrräder 150 Baht am Tag.

## TRANSPORT

### Busse

Entlang der Hauptstraße gibt es mehrere **Bushaltestellen**. Die Busse können aber überall in der Hauptstraße angehalten werden. Diese Busse sind nie pünktlich und die angegebenen Zeiten nur Richtwerte. Tickets gibt es im Bus. Eine offizielle **Busstation** gibt es nur für die VIP-Busse nach Bangkok, sie befindet sich zwischen Ban Bang Niang und Ban Khuk Khak. Wer mit dem Bus anreist, wird am Ende des Hat Nang Thong rausgelassen. Auch Minibusse stoppen hier.

BANGKOK, am besten um 18 Uhr mit dem VIP-24 Bus für 1280 Baht ab der Haltestelle am Hat Bang Niang. Ankunft am Morchit etwa 11 Std. später. Weitere Busse ab Busstation 12.30, 16.40 und 17.30 Uhr (Letzterer zum Southern Busterminal). Tickets einen Tag vorher kaufen. Das Office ist von 8–16 Uhr geöffnet. In Reisebüros etwas teurer.

CHUMPHON, 7.15, 9.50, 11.50, 13.50 und 5.50 Uhr für 280 Baht in 8 Std.

HUA HIN, am besten mit dem VIP-24-Bus um 7.30 Uhr für 980 Baht in 12 Std. Weitere Busse auch nach CHA-AM) um 12.30, 15.30, 16.40 und 18.30 Uhr – aber alle mit weniger Beinfreiheit.

KHAO SOK, mit den Bussen nach Surat Thani für 100 Baht in 2 Std.

KHURA BURI, tagsüber stdl. Bus nach Ranong für 100 Baht in knapp 2 Std.

KRABI, mit den Bussen aus KHAO SOK, 15 Uhr für 100 Baht in 2 1/2 Std.

PHUKET, etwa jede halbe Std. zwischen 5.30 und 21.10 Uhr für 120 Baht in 2 1/2 Std.

RANONG, 6.30, 7.15, 8.50, 10.50, 13.50, 18 und 0 Uhr für 180 Baht in 3 Std.

SURAT THANI, alle 2 Std. 7–16 Uhr für 200 Baht in 4 Std.

TAKUA PA, mit den Bussen nach Surat Thani, Chumphon oder Ranong für 60 Baht in etwa 1 Std. Richtung Süden mit dem Phuket-Bus bis KHOK KLOI für 60 Baht in ca. 90 Min. Von dort Anschluss nach Krabi und Trang sowie zu weiteren Zielen.

### Minibusse und Fähren

Viele Touristenziele können direkt mit dem Minibus (manchmal wird man in den großen Bus gesetzt, sofern nicht genügend Fahrgäste zusammenkommen) und dem dazugehörigen Bootsticket gebucht werden. Passagiere werden um 8 Uhr am Hotel abgeholt. Zu den angebotenen Zielen gehören Hat Yai, Ko Lanta, Ko Lipe, Ko Phi Phi, Ko Pha Ngan, Ko Samui, Ko Tao, Krabi, Pakbara, Satun und Trang – buchbar bei nahezu allen Tourveranstaltern. Wer diese Touren selbst organisieren will, fährt bis Surat Thani und bucht dort ein Bootsticket inkl. Zubringerbus zum Pier.

Die 22-stündige Fahrt nach KUALA LUMPUR für 1300 Baht, die 12-stündige nach PENANG für 1150 Baht oder gar die 28-stündige nach SINGAPORE für 1700 Baht sind nicht ratsam. Man sollte lieber einen Zwischenstopp einplanen. In Hat Yai wartet man zwangsweise auf Passagiere aus anderen Richtungen. Ein lokaler Minibus fährt die Strecke KHAO SOK – TAKUA PA – KHAO LAK – PHANG NGA – KRABI – AO NANG. Richtung Ao Nang fahren die Busse gegen 9, 13.30, 15.30 und 19.30 Uhr für 100/200/260 Baht in 2–4 Std. In Richtung Khao Sok fahren die Minibusse um 11, 12.30, 14.30 und 17 Uhr für 50/100 Baht in 30 Min. bzw. 1 1/2 Std. Tickets im Bus.

### Überlandtaxis

Taxiunternehmen in Bang Niang und Nang Thong fahren nach KRABI für 2800 Baht, PHUKET für 2500 Baht und SURAT THANI für 3000 Baht.

# Ko Similan National Park

Die Artenvielfalt der hier lebenden Meerestiere ist einzigartig in Thailand. Daher gehören die neun Inseln des Parks zu den Highlights des

### Fahrradtouren

Fahrradfreaks finden Gleichgesinnte und Kenner der Gegend im **Green Biking Club**, 67/5 Moo 5, Petchakasem Rd., ✆ 08-8751 1435, 08-1326 6164, 🖵 www.greenbikingclub.com. Geboten werden Mountainbike-Tagesausflüge von 17–40 km (1850–2400 Baht). Die Routen verlaufen im Hinterland über gute Straßen und über Schotterwege. Es geht durch kleine Dörfer und Wälder zu Wasserfällen. Die Ausflüge sind ansprechend, doch auf das Elefantenreiten kann man getrost verzichten. Wer die Elefanten nur besucht, kann ihre Verpflegung mit einer Spende unterstützen.

### Reiten

Auf dem Rücken des Pferdes die Natur und den Strand entdecken: **Horse Riding**, ✆ 093-727 1552, etwa 2,5 km vom Bang Niang im Hinterland entfernt, macht's möglich. Wer mag, kann auch Reitstunden nehmen.
Wer unbedingt die Gegend auf dem Rücken eines Elefanten erkunden, zudem auf einem Bambusfloß herumtreiben und unter einem Wasserfall baden möchte, der wende sich an Peter Stiller und den **Asia Safari Park**, ✆ 089-646 1227, 087-399 4242, 🖵 www.holiday-service-khaolak.com, ⏱ 8.30–16.30 Uhr.

### Schnorcheln und Tauchen

Freunde der Unterwasserwelt haben in Khao Lak die Qual der Wahl. Tauchschule reiht sich an Tauchschule. Es geht meist zu den vorgelagerten Tauchplätzen, auf Tauchsafaris zu den Tauchplätzen Surin und Similan oder nach Ko Phi Phi. Trips in die nähere Umgebung um 2000 Baht. Längere Touren ab 2800 Baht pro Tag. Zu den meisten Tauchgebieten können auch Schnorchler mitkommen. Sie zahlen etwa die Hälfte.
Nahe bei Khao Lak befinden sich drei Wracks. In 18 m Tiefe liegt ein Zinnbagger (Bonsoong Wrack), dessen Erkundung sich auch für Anfänger eignet. Hier gibt es u. a. Feuerfische und Leopardenhaie. Das *Premchai*-Wrack ist noch wenig bewachsen, es liegt erst sieben Jahre vor der Küste nahe dem Hafen Thap Lamu. Vor allem kleine Riffbewohner wie Seenadeln leben hier. Auch nachts kann das Wrack besucht werden. Das im Jahr 2010 gesunkene Frachtschiff ist nur für Fortgeschrittene und Tieftaucher geeignet.
Eine fast unübersehbare Anzahl von Tauchschulen mit ähnlichen Angeboten und Preisen hat sich in Khao Lak niedergelassen. Die folgende Auswahl beschränkt sich auf deutsche bzw. Anbieter aus der Schweiz. Ausbildung nach PADI bis zum Divemaster.

Landes. Der Ko Similan National Park ist Heimat u. a. von Riffhaien, Rochen und Schildkröten, und die Sicht ist meist sehr gut.

Auf **Ko Meang** (Insel Nr. 4) befindet sich das Hauptquartier. Der lange und der kleine Strand mit feinem Sand sind einen 20-minütigen Fußweg durch den Wald voneinander getrennt. Wer sich etwas ins Inselinnere wagt, bekommt meist neben Landkrabben auch die hübschen Nicobar-Tauben zu Gesicht. Sie sind die nächsten Verwandten des ausgestorbenen Dodos. Man erkennt sie an ihren langen Halsfedern. Auf Thai heißen sie *Pu Kai*, da ihre Laute an kleine Hühnerküken erinnern. Im Kanal zwischen Ko Meang

und Ko Payu (s. u.) kann man herrlich schnor
cheln.

Eine kleine Bucht mit der Möglichkeit, a
Land zu gehen, befindet sich im Westen vo
**Ko Similan** (Nr. 8), der größten Insel der Gruppe
Mit einem wunderschönen, breiten Strand lock
**Ko Tachai**. Boote für Schnorchelausflüge stehe
bereit; recht häufig sind hier Mantas und Wa
haie anzutreffen.

Die Mehrheit der Tauchboote stoppt an der **K
Bon** (auch Ko Talu). Ein weißer, puderiger Stran
lädt zur Rast ein, doch die meisten Besucher tau
chen lieber mit den hier häufig vorkommende
Walhaien. Ein Tauchgang vor **Ko Bangu** (Nr. 9

**DIE ANDAMANENKÜSTE**

**Khao Lak Fun Divers**, Ban Nang Thong, ☎ 076-485 685, 🖵 www.khao-lak-fun-divers.com. Familiäre Tauchschule. Für Safaris mietet sich die Schule bei anderen Tauchschulen ein.

**Sea Bees Diving**, Tauchschule zwischen Bang Niang und Nang Thong, ☎ 076-485 174, Büro in Nang Thong, 🖵 www.sea-bees.com/de, ⏲ 11–14 und 16–22 Uhr. Basis auch in Phuket.

**Sea Dragon Dive Centre**, Ban Nang Thong, ☎ 076-485 420, 🖵 www.seadragondivecenter.com. Einst die erste, heute die wahrscheinlich größte Tauchschule in Khao Lak. Basis mit Aufenthaltsbereich und Pool. Drei Boote für diverse Trips.

**Wetzone Diving**, ☎ 076-485 806, 🖵 www.wetzonedivers.com. Kostenloses Nitrox für geübte Taucher. Tauchsafaris dank Zusammenarbeit mit anderen Schulen. Tauchen auch im Stausee (Khao Sok).

### Tagesausflüge in die Umgebung

Angeboten werden Touren zum Khao Sok National Park, in die Phang Nga-Bucht mit einer Fahrt zum James Bond-Felsen oder eine Einkaufstour nach Phuket-Stadt. Beliebt sind **Tages-Schnorchel-Ausflüge** nach Ko Surin, Ko Similan und Ko Tachai oder nach Ko Phi Phi. Ab 3500 Baht inkl. Transport, Mittagessen, Schnorchelequipment, Nationalparkgebühr. Mehrtägige Schnorchelausflüge nach Ko Surin oder Ko Similan ab 5800 Baht.

Die **3-Tempel-Tour** führt zu den wichtigsten Tempeln der Region: In der Kalksteinhöhle Dragon Cave stellen Mönche traditionelle Medizin her. Die Bang Rieng-Pagode vereint verschiedene Tempelstile, und im Suwanakuha-Tempel ruht ein liegender Buddha.

Unter den Wasserfällen der Region lohnt der **Chong Fah-Wasserfall** einen Besuch. Etwa 7 km östlich der Hauptstraße in Höhe Bang Niang passiert man die Schranke zum Nationalpark (⏲ 8–16.30 Uhr, Eintritt 100 Baht), nach 1 km Fußweg ist das unterste Wasserbecken erreicht. Ein steiler Weg führt hinauf zu weiteren Frischwasserbecken. Nach 40 Min. Fahrt mit dem Taxi in Richtung Ranong erreicht man den schönen **Sri Phang Nga-Wasserfall** mit vielen Süßwasser-Fischen und mehreren Pools zum Baden.

Ein besonderer Ausflug ist **Pakarang Surf Shop & Memories Beach Bar**, ☎ 089-729 2251, 🖵 www.pakarangsurfshop.com, www.memoriesbar-khaolak.com, [9945]. Hier sind Surfer und Wellenfreunde am richtigen Platz. Das Restaurant mit einer Handvoll Hütten eignet sich für Ausflüge ebenso wie für jene, die günstig einsam wohnen wollen. Da es nur wenige Bungalows gibt, sind es meist Ausflügler, die sich hier auf eine der kostenlosen Liegen legen oder in die Wellen hüpfen. ❷

---

gehört bei vielen *Liveaboards* zum Programm. Der Tauchplatz liegt in 10–35 m Tiefe vor einem schönen, unbewohnten Strand zwischen Felsen.

Der Strand von **Ko Huyong** (Nr. 1) ist den Meeresschildkröten vorbehalten, die hier ihre Eier ablegen. Nur für Taucher geeignet ist **Ko Hin Pousar** (Nr. 7). Der Felsen ähnelt einem Elefantenkopf und verbirgt Höhlen, durch die man hindurchschwimmen kann. Erfahrene Taucher sehen hier Mantarochen und Meeresschildkröten. Auch **Ko Payu** (Nr. 6) und die felsige Unterwasserwelt von **Ko Payan** (Nr. 3) und **Ko Ha** (Nr. 5), wo Garden Eels ihre Köpfe aus dem Sand recken, sind nur Tauchern zugänglich.

⏲ 16. Mai–31. Okt geschl., Eintritt 500 Baht, Kinder 300 Baht.

### ÜBERNACHTUNG

Auf **Ko Similan** gibt es eine kleine Rangerstation mit Übernachtungsmöglichkeit.

Auf **Ko Meang** (Insel Nr. 4) sind die von der Nationalparkverwaltung betriebenen **Chomview Bungalows**, ☎ 025-620 760, angesiedelt. Hier schläft man in Reihen-Bungalows mit Ventilator oder AC, die am Strand oder im Hang auf Stelzen stehen. Übernachtung auch im Zelt möglich. ❸–❺

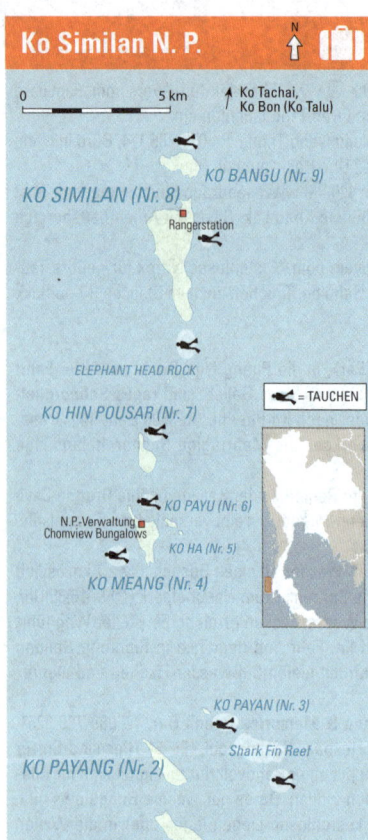

Ko Similan N. P.

0    5 km    ↑ Ko Tachai,
Ko Bon (Ko Talu)

KO BANGU (Nr. 9)

KO SIMILAN (Nr. 8)

Rangerstation

ELEPHANT HEAD ROCK

KO HIN POUSAR (Nr. 7)

= TAUCHEN

KO PAYU (Nr. 6)

N.P.-Verwaltung
Chomview Bungalows

KO HA (Nr. 5)

KO MEANG (Nr. 4)

KO PAYAN (Nr. 3)

Shark Fin Reef

KO PAYANG (Nr. 2)

KO HUYONG (Nr. 1)

Campen ist außerdem auf **Ko Tachai** am breiten, wunderschönen Strand mit eigenem Zelt möglich (80 Baht). Restaurant vorhanden.

### TRANSPORT

Tagestrips aus der Umgebung mit dem **Schnellboot** für 2000–3000 Baht. *Liveaboards* (teils auch für Schnorchler) für 3 Nächte um 20 000 Baht. Bei längeren Touren wird zudem Ko Surin besucht, was entsprechend teurer ist. In beiden Nationalparks stehen Longtail-Boote für individuelle Touren bereit. Vom Thap Lamu-Pier nahe KHAO LAK fahren private Schnellboote um 8.30 Uhr in

1 1/2 Std. nach Surin, zurück um 15 Uhr für 2700 Baht. Zum Pier über die 5 km lange Zufahrtsstraße, die vom H4147 am KM 51 abzweigt.

# Phuket

**Ko Phuket** [2653], die mit 543 km² größte Insel Thailands an der Andamanensee im Indischen Ozean, ist seit den 1970er-Jahren von der touristischen Landkarte Thailands nicht mehr wegzudenken. Erst kamen die Hippies, dann die Rucksackreisenden, anschließend die Rentner, und inzwischen mischen sich Pauschalreisende aus aller Welt hinzu. Sie alle verteilen sich auf kleine und größere Buchten mit weißen Sandstränden und Hotels in allen Preisklassen. Wer teures Remmidemmi und Vergnügen sucht, kommt hier genauso auf seine Kosten wie der Urlauber, der einen ruhigeren Strand vorzieht. An fast jedem Strandabschnitt stehen mittlerweile komfortable Resorts und große Hotels internationaler Standards mit eleganten Empfangshallen, Pools, mehreren Restaurants und Bars, Einkaufsarkaden und Unterhaltungsangeboten. Der malaiische Einfluss ist auf Phuket (abgeleitet von *buki* – malaiisch „Hügel") deutlich spürbar – von etwa 300 000 offiziell registrierten Einwohnern sind ein Drittel Moslems.

## Die Strände

Phukets Strände sind zweifellos die größte Sehenswürdigkeit der Insel und sie zählen zu den schönsten in Thailand. Theoretisch zumindest - denn der Massentourismus, der an vielen Stellen eingesetzt hat, trägt nicht gerade zur Verschönerung der Natur bei. Die Inselregierung hat jedoch begonnen, mithilfe der Polizei und des Militärs (!) gegen illegale Bauten am Strand vorzugehen und zudem im Frühjahr 2015 neue Strandregeln eingeführt, z. B. ein Rauchverbot sowie in weiten Bereichen ein Verbot von Liegestühlen und Sonnenschirmen. Ob und wie sich das durchsetzen lässt, bleibt abzuwarten.

Der **Hat Patong** ist der bekannteste und wegen seines Nachtlebens berüchtigtste Strand der Insel. Wer es nicht ganz so voll mag, aber dennoch eine umfassende touristische Infra-

DIE ANDAMANENKÜSTE

struktur bevorzugt, kann an die Strände **Kata**, **Karon** oder **Kamala** ziehen. Besonders schön sind auch der **Hat Surin** und die **Ao Bang Tao**. An beiden dominieren die hochpreisigen Resorts. Wer ein schmaleres Budget hat, findet vielleicht im tiefen Süden am **Hat Nai Harn** oder in der **Ao Sane** sein privates Paradies. Wer länger auf Phuket bleiben möchte, kann auch erst mal nach Phuket-Stadt ziehen, und von dort aus mit den Inselbussen die Strände erkunden.

### Aktivitäten

Von Phuket aus starten zahlreiche **Touren mit dem Kanu in die Bucht von Phang Nga**. Einst war diese Tour sehr idyllisch, doch mittlerweile operieren zahllose Seekanu-Veranstalter mit insgesamt über 200 Kanus, sodass es zu bestimmten Zeiten in der Hochsaison fast wie auf den schwimmenden Märkten zugeht. Es empfiehlt sich daher, außerhalb der Hauptsaison zu fahren oder bei einem Veranstalter zu buchen, der eigene Wege beschreitet (s. Veranstaltertipps Phuket-Stadt S. 806 und unseren Tipp **eXTra [5485]**).

Die faszinierende Unterwasserwelt mit Maske und Schnorchel zu entdecken, gehört zu den schönsten und preiswertesten Urlaubsaktivitäten. Phuket bietet gute **Schnorchelgebiete** für Anfänger und Fortgeschrittene, vor allem an der Westküste, die allerdings unter dem Bootsverkehr und dem Tsunami gelitten haben. Das mit 1,5 km Länge größte Korallenriff liegt vor dem **Hat Nai Yang**, ca. 1 km vor der Küste in 10–20 m Tiefe. Weitere Riffe zum Schnorcheln findet sich an der **Freedom und Emerald Bay**, vor den Felsen von **Laem Promthep**, vor **Laem Son** nördlich von Hat Surin, am nördlichen **Hat Kata** (vor Club Med) und westlich des **Hat Nai Harn** vor Ao Sane. Bessere Bedingungen findet man vor den Inseln, zu denen Schnorchelausflüge angeboten werden: **Ko Kaeo** (3 km von Rawai vor der Südspitze von Phuket), **Coral Island** (vor Rawai), **Ko Mai Thon** (12 km im Südosten), **Ko Khai Nai** und **Ko Khai Nok** (im Osten vor Ko Siray, zwei Felseninseln mit schattenlosem Strand, Restaurant) und **Ko Racha** (S. 832).

**Tauchgänge** von Land aus sind in Phuket nur zum Eingewöhnen oder Anfängern zu empfehlen. In kurzen Bootstouren erreichbare Plätze wie **Shark Point** (Felsen mit Korallen bis in 22 m Tiefe) und das angrenzende **Anemonenriff** (mit Seeanemonen und Weichkorallen) auf halbem Weg nach Ko Phi Phi sowie **Ko Doc Mai** (steiler Felsen mit Weichkorallen) bieten eine große Vielfalt an Korallenfischen. Interessanter wird es an den vorgelagerten Inseln. Beliebt sind *Liveaboards*, bei denen man mehrere Tage an Bord verbringt und meist die **Similan Islands** und **Surin** besucht. Tauchsaison ist in Phuket von Dezember bis Mitte Mai, Tauchtouren finden von Mitte Oktober bis Ende Mai statt. Adressen s. Patong, Kata, Karon, Chalong, Bangtao, Nai Thon und Nai Yang.

**16** **HIGHLIGHT**

## Phuket-Stadt (Phuket Town)

**Phuket-Stadt** [2783] hat etwa 60 000 Einwohner. Besonders schön ist das historische Zentrum, welches mit seinen sino-portugiesischen Stadt-

### Vegetarier in Trance

Das **Vegetarian Festival** (Vegetarierfest) ist ein altes, wiederbelebtes chinesisches Ritual, das seit 1825 auf Phuket begangen wird. Während der neuntägigen Feierlichkeiten, bei denen Tausende Chinakracher lautstark in den Straßen explodieren, kleiden sich die Teilnehmer in Weiß und essen rein vegetarisch. An den letzten Tagen lassen sich junge Männer in Trance zur zeremoniellen Reinigung Speere durch die Wangen stecken oder Haken an Wangen, Armen und am Rücken befestigen, ohne dass Blut fließt. Am achten Tag werden die Mönche in der Stadt empfangen. Das Fest endet am neunten Tag mit der Vertreibung des Übels, indem Männer in Trance über glühende Kohlen gehen. Den Abschluss bildet eine lärmende Mitternachtsprozession durch die Stadt und ans Meer nach Saphan Hin. Das Fest findet an den ersten neun Tagen des neunten Mondmonats im chinesischen Kalender statt; meist im Oktober. Mondkalender s. **eXTra [4904]**.

DIE ANDAMANENKÜSTE

# Ko Phuket

N
0          5 km

Ranong
SARASIN-
BRÜCKE
THEPKASATREE-
BRÜCKE
Krabi
Tha Yai
Thong
Lang
Klong
Sai
Klong
Khian
Phang Nga
Bay
Ko Raet
Tha Rua
LAEM
MAPHRAW-
PIER
Ba Kan
Ao
Som
Suan
Maphrao
402
Bang
Chan
Laem Sai
KO
LAWA
Hat
Mai
Khao
267
Tha
Maphrao
Ao
Kung
KO
NGAM
Mai Khao
PHUKET INTERNATIONAL AIRPORT
4031
Ban Phara
KHAO PHRA TAEO WILDLIFE PARK
Ban Ao
Krung
KO
RAET
Ao
Po
KO NAKA YAI
s. Detailplan
Hat Nai Yang
S. 828
Hat Nai Yang
4026
335
Sakhu
Muang
Mai
Ban Ao Po
Bang
Rong
①
②
KO NAKA
NOI
Ao
Nai Thon
③
4031
Wat
Phra
Thong
Bang Pae-Wasserfall,
Gibbon
Rehabilitation Project
Ko Yao Noi,
Ko Yao Yai
④
KO WAEO
1
Layan
Thalang
Tone
Sai-
Wasserfall
KO PHAE
⑤
4030
Pha Khlok
Laem
Yamu
Hat Layan
2
⑥
Ban Don
402
Pak
Chit
Ao Bang
Tao  Laguna Beach
3
Choeng
Thale
Monument
Laem
Na Muang
⑦
5
4
Bang Tao
503
Thalang National Museum
Tha Rua
KO RANG YAI
Ko Khai
Hat Pansea
Phuket Boat
Lagoon
Hat Surin
Hat Laem Sing
⑧
Bang Khu
Laem Hin-
Pier
Ko Maphrao
KO MAPHRAO
Hat Kamala
Hua Khuan
Sapam
Ban
Laem Hin
s. Detailplan
Kamala
S. 822
Kamala
402
Thai
Village
Ku Ku
Laem
Nga
s. Detailplan
Phuket-Stadt
S. 802
Kathu-
Wasserfall
⑨
Kathu
2
6
Ao Nakalay
Bang
Tong
3
8
Phuket
Town
KO SIRAY
s. Detailplan
Patong
S. 819
Patong
Thalat
Yai
9
10
Thalat
Nua
RASADA-PIER
Ko Yao Yai,
Ko Khai Nok,
Ko Khai Nai
Emerald Bay
529
4020
Laem
Lam Chiak
297
11
SEENOMADEN-DORF
Freedom Bay
4022
4021
Laem Chan
Relax Bay
446
Wat
Chalong
Ban Suan
Panwa-Halbinsel
Ko Phi Phi,
Ko Mai Thon
Ban
Karon
Big
Buddha
⑩
12
Ko Tapao-
Pier
Ao Makham
KO TAPAO NOI
Karon
Kata-
Karon
Chalong
POLIZEI
13
8
KO TAPAO YAI
TIEFSEEHAFEN
s. Detailplan
Kata-Karon
S. 815
KO PU
Ban
Kata
4028
9
Ao
Chalong
4129
Kata
Kata
Kata Noi
4024
Phuket Aquarium
Laem
Pan Wa
⑫
⑪
⑬
Hat Nui
Saiyan
Phuket
Sea Shell
Museum
KO LONE
Ao Sane
Hat Nai Harn
Rawai
Hat Rawai
s. Detailplan
Nai Harn und
Rawai S. 812
KO MAN
Laem
Promthep
KO BON
KO AEO
KO KAEO YAI
Ko Racha
⑭
KO HAY
(CORAL
ISLAND)
Ko Racha u.a. Inseln
KO KAEO NOI

weitläufigen Parks errichtet wurden. Schöne Häuser findet man an der Krabi, Ecke Satun Road sowie etwas versteckt nördlich des Kreisverkehrs an der Yaowarat Road. Alle Villen befinden sich in Privatbesitz und können daher nicht besichtigt werden.

Die repräsentativen Fassaden der hübschen **Geschäftshäuser** in der Thalang, Deebuk, Phang Nga und Krabi Road werden zunehmend liebevoll restauriert, die bunten Kacheln und Holzschnitzereien an den Eingangstoren erneuert. Boutiquen, Restaurants und Ateliers ziehen hier ein. Gelungen ist die Sanierung der winzigen **Soi Rommani** südlich des Thai-Tempels **Wat Mongkol Nimit**, in der nun kleine Cafés und Läden im chinesischen Stil historisches Flair verbreiten. Das **Thai Hua Museum**, 28 Krabi Rd., ✆ 076-211 224, zeigt Sehenswertes aus der Geschichte der chinesischen Einwanderer. Das Gebäude aus dem Jahr 1934 ist im sino-portugiesischen Stil gestaltet und beherbergte einst eine chinesische Schule. ⏰ 9–17 Uhr, Eintritt 200 Baht. Beinahe im Museum ist auch der **Oldest Herbs Shop** in der 16 Thalang Road. Seit 1917 wird hier chinesische Kräutermedizin zubereitet und verkauft.

Ein lohnendes kleines Museum befindet sich zudem in der Lobby des **Thavorn Hotels**, 74 Rasada Rd., ✆ 076-211 154. Alte Fotos dokumentieren die Geschichte des Hotels und der Insel, zudem findet sich hier eine bunte Sammlung von Blechspielzeug, Musikinstrumenten, Filmplakaten und Rochenmaschinen, das Modell einer Zinnmine und der erste Hotelsafe.

Zahlreiche chinesische Tempel *(Sanjao)* zeugen vom Einfluss der Einwanderer. Der große taoistische **Bang Niaw-Tempel** in der unteren Phuket Road ist dem Gott der Vegetarier gewidmet. Durch das hohe Tempeltor gelangt man hinauf zu dem lang gestreckten Hauptgebäude mit sechs Altären, auf denen mehrere Gottheiten über den Opfergaben der Gläubigen thronen. In einem Raum stehen zwei Sänften, auf denen während der Prozession zum Vegetarierfest (Kasten S. 799) Götterfiguren durch die Straßen getragen werden. Im wesentlich kleineren **Hok Huang Kong** nahe dem Uhrturm bewachen Drachen und andere mythologische Figuren die Eingänge des recht fotogenen Tempels. Die et-

äusern, zahlreichen chinesischen Tempeln und alten Villen eindrucksvoll an die einstige Pracht der Stadt erinnert.

Die kleine Hauptstadt der Insel bietet gute Einkaufs- und Essensmöglichkeiten sowie beste Verkehrsanbindungen. Fast alle Strände sind per Motorrad oder Auto in weniger als einer Stunde zu erreichen. Viele Besucher kommen tagsüber mit den Inselbussen in die Stadt, um sich etwas Abwechslung vom gleichförmigen Strandleben zu verschaffen.

## Die Altstadt

Zu Beginn des 20. Jhs. residierten die reichen Zinnbarone in schönen **Villen**, die nach sino-portugiesischen Vorbildern des 19. Jhs. in

DIE ANDAMANENKÜSTE

# Phuket-Stadt

N
0 | 200 m

Wadhja Rd.

Bangkok Phuket Hospital, **1** →

**1** | Phuket International Airport ↑

402

Choengbin Rd.

Nakhon Rd.

Kaew Simbi Rd.

Rang Hill **1**

POLIZEI

Yaowarat Rd.

TOURIST POLICE

Chumphon Rd.

Thepkrasattri Rd.

**2**

PROVINCIAL COURT

Damrong Rd.

SIKH-TEMPEL

Surhat Rd.

Thesa Rd.

Narisorn

Rd.

Mae Luan Rd.

**2** Thung Ka Rd.

DISTRICT HALL

Satun

Central Festival, **3**, **4**, Patong ←

Noppakhun

**3**

Dibuk

Sun Uthit Rd.

**2**

Wat Mongkol Nimit

Yaowarat Rd.

Rd.

**2**

**1**

**5**

**3** Luang Poh Rd.

Sanjao Sam San

**4** Thai Hua-Museum

Krabi Rd.

Wat Nua

OBST- U. GEMÜSE-MARKT

**4**

**5** **6** Oldest Herbs Shop

**4**

**6** Ting KwanTang **7**

**5**

Drachen-statue

TAT

Thalang Rd.

Rd.

BUS TERMINAL

**3**

Ranong Rd.

Put Jaw

Jui Tui

**5**

**8**

**6**

**4**

**6**

**7** **10**

Phang Nga

Rd.

Soi 1

Phang Nga Rd.

Patipat

Rd.

MARKT-HALLE

**7**

Rasada Rd.

**8**

**7**

Soi 2

Soi 4

**8**

**9**

**9**

Takua

**9**

Thavorn Hotel

**9**

Phuket

Montri

Soi Thumraop a

Rama IX-Park, Weekend Market, Zoo, Strände

**8**

Bangkok Rd.

Pa

Soi Ta Ting Chan

UHR-TURM

Hok Huang Kong

**9** **10** **10**

Chana

MARKT

$

Charoen Rd.

Bangkok Rd. ←

**10**

Phunpon

Dulyamiah-Moschee

Ocean Shopping Mall

Tilok Uthit 1

Soi Wong Wong

Ong Sim Phai Rd.

Soi 9

Soi 7

Soi 3

Kra

Takua Thung Rd.

Bang Niaw

Sansuk 1

Sansuk 2 Rd.

Ton Pho Rd.

**11**

Ko Phai Rd.

Saphan Yai Rd.

was westlich gelegenen Tempel **Jui Tui** und **Put Jaw** (auch: Kwan Im Teng) sind der taoistischen Tradition gewidmet. Letzterer ist über 200 Jahre alt und damit der älteste chinesische Tempel der Stadt.

Der **Sanjao Sam San** in der Krabi Road wurde 1853 für Tien Sang Sung Moo, die Schutzgöttin der Seeleute, erbaut. Zentral gelegen und doch leicht zu übersehen ist der **Ting Kwan Tang** (Shrine of the Sirene Light) in der Phang Nga Road. Der kleine taoistische Tempel wurde 1889 erbaut. Die Wandmalereien erzählen die Geschichte eines Volkshelden, und die chinesischen Gottheiten sollen für Gesundheit und Glück sorgen. Man erreicht den Tempel durch einen kleinen Torbogen rechter Hand des Buchladens.

## ÜBERNACHTUNG

Vor allem Backpacker haben Phuket-Stadt als Ort entdeckt, an dem man gut und günstig wohnen kann. Nur während des Vegetarierfestes im Okt und des chinesischen Neujahrsfestes sind die meisten Hotels ausgebucht. Dann sollte man auf jeden Fall vorbuchen.

### Untere Preisklasse

€ **At Night Hostel** ⑩, 109/8 Phuket Rd., ☏ 076-214 068, ✉ atnighthostel@gmail.com. Sauberes Hostel mit 70 Betten in 4- und 6-Bett-Dorms, darunter solche nur für weibliche Gäste. Auch DZ. PCs zur Benutzung. Freundliche Leute. Dormbetten 350 Baht, DZ ③

**Fourty-Three Gh.** ⑥, 43 Thalang Rd., ☏ 076-258 127, 🖥 www.phuket43guesthouse.com. Einfache, teils etwas verwohnte Zimmer; einige mit Balkon, die günstigsten nur mit Fenster zum Gang. Badezimmer außerhalb, aber alle mit Dusche im Zimmer. Inkl. einfachem Frühstück. Beliebt und oft voll. ① – ②

**Old Town Hostel** ④, 42 Krabi Rd., ☏ 076-258 272, 🖥 www.phuketoldtownhostel.com. Gut besucht und beliebt. Einfache Zimmer in ehemaligem Geschäftshaus. Zimmer mit Ventilator oder AC, teils Fenster zum Flur, Gemeinschaftsdusche. Inkl. Frühstück. ② – ③

€ **Sunny Hostel** ②, 22-24 Dibuk Rd., ☏ 076-355 031, ✉ phuketsunny@gmail.com. Hübsches 2-stöckiges Haus mit recht großen Stockbetten-Zimmern (mixed dorms) und einigen DZ. Gemeinschaftsbereiche mit TV und PCs. Unten im Haus befindet sich ein Café. Dormbetten 300 Baht, DZ ③

**Thalang Gh.** ⑤, 37 Thalang Rd., ☏ 076-214 225, 🖥 www.thalangguesthouse.com. Umgebautes chinesisches Geschäftshaus. 12 saubere Zimmer, die billigen ohne Fenster. Schön sind die AC-Zimmer mit Terrasse im Obergeschoss. Kaffee, Tee und Toast inkl., freundliche Leute, Tour-Buchungen. Oft voll, daher vorher anrufen. ❷

### Mittlere und obere Preisklasse

**Baan Suwantawee** ③, 1/10 Dibuk Rd., ☏ 076-212 879, ⌨ www.baansuwantawee.com. 32 komfortable Zimmer auf 3 Stockwerken in zentraler Lage. Badewanne, Dusche, Kühlschrank, Wasserkocher, Mikrowelle und TV. Große Fenster, Balkone mit Blick auf den Pool. ❺

**Phuket Backpacker Hostel** ⑧, 167 Ranong Rd., ☏ 076-256 680. Schlafsäle mit 4 und 10 Betten und Ventilator, die durch Trennwände unterteilt sind, 300 bzw. 350 (AC) Baht p. P. Gemeinschaftsduschen. 7 Zimmer mit Ventilator, 5 mit AC. Angenehme Aufenthaltsräume mit großem Satelliten-TV, Küche mit Selbstbedienung (Kaffee, Tee und Toast), Waschmaschine und Trockner. Kleiner Garten im Hinterhof, Gepäckaufbewahrung. ❹

**Quip Phuket** ⑨, 4 Phuket Rd., ☏ 076-355 052, ⌨ www.quipphuket.com. Modern gestaltetes Design-Hotel mit bequemen 2- und 3-Bett-Zimmern sowie einer schicken Lobby mit einem Auto als Rezeption und einem Restaurant- und Barbereich. In der Saison oft voll, sodass sich Vorbuchen lohnt. ❹–❺

🧳 **The Memory at On On Hotel** ⑦, 19 Phang Nga Rd., Tel. 076-363 777, ⌨ www.thememoryhotel.com. Nachdem das Hotel als Drehort von *The Beach* weltberühmt wurde, ist es für Fans von Leonardo di Caprio ein beliebtes Ziel. Das 1929 erbaute Hotel eröffnete 2013 in neuem Glanz. Heute werden angenehme Zimmer in DZ und in Schlafsälen geboten. Dormbett 450 Baht, ansonsten ❸–❺

🧳 **The Tint** ①, 2/11 Dibuk Rd., ☏ 076-217 099, ⌨ www.thetintphuket.com. Modernes Hotel mit 48 hellen, farbenfroh gestalteten Zimmern in 3 Kategorien. Freundliches, hilfsbereites Personal. ❹–❺

### ESSEN

Einige **Essensstände** mit authentischen Thai-Gerichten sind ab nachmittags bis in den frühen Abend auf dem **Obst- und Gemüsemarkt** gegenüber dem zentralen Markt zu finden. Sonntags findet in der Thalang Rd. ein großer **Nachtmarkt** statt, auf dem viele Garküchen mit Spezialitäten locken.

🧳 **Blue Elephant**, 96 Krabi Rd., ☏ 076-345 355, ⌨ www.blueelephant.com. Nicht nur das Setting in der über hundert Jahre alten, prachtvoll renovierten Gouverneursvilla Phra Pitak Chinpracha Mansion ist einfach umwerfend: Chef-Köchin Mrs. Nooror Somany Steppe wurde wegen ihrer herausragenden und kreativen Thai-Küche von der *Bangkok Post* zu einer der 65 einflussreichsten Frauen des Landes gewählt. Reservierung empfohlen. ⏱ zum Mittag- und Abendessen.

**China Inn Café & Restaurant**, 20 Thalang Rd., ☏ 081-979 8258. Das schöne chinesische Geschäftshaus ist originalgetreu restauriert und mit Antiquitäten ausgestattet; vieles stammt aus Myanmar und ist recht günstig zu erstehen. Leckere Gerichte zu gehobenen Preisen. Tische im Innenhof im hübschen Garten. ⏱ Mo–Mi 11–18, Do–Sa 11–23 Uhr. Abendessen nur Fr und Sa, ansonsten Kaffee und Kleinigkeiten.

**Gallery Café by Pinky**, 19 Yaowarat Rd., ☏ 089-103 7000, ⌨ www.gallerycafe-phuket.com. Kleines trendiges Café mit leckeren Gerichten in gemütlicher Atmosphäre. Besonders einladend zum Frühstück oder nachmittäglichen Kaffee. ⏱ 8–20 Uhr.

🧳 **Mee Ton Yoe**, Phuket Rd. am Verkehrskreisel gegenüber dem Uhrturm. Gebratene *mee*-Nudeln sind die Spezialität, aber nicht das einzige hervorragende Gericht in diesem schlichten Restaurant, das bereits seit 1946 am Platz ist und inzwischen in der dritten Generation betrieben wird. Zu den Haupt-Essenszeiten kann es schwer sein, einen freien Tisch zu bekommen; dann setzt man sich einfach irgendwo dazu. ⏱ 8–20 Uhr.

**Since 1892**, 136 Thalang Rd., ☏ 081-970 2386. Hier gibt es nicht nur Kaffee, Tee und selbst gemachten Kuchen, sondern auch ausgesuchte Secondhand-Kleidung und Deko-Artikel zu kaufen. ⏱ 9–20.30 Uhr.

**Tamachart Natural Restaurant**, 62/5 Soi Phu Thon, ☏ 076-224 287. Uriges, um einen Baum herum gebautes mehrstöckiges Holzhaus. Leckere Thai-Salate und riesige Auswahl in der bebilderten Speisekarte. ⏱ 10.30–23.30 Uhr.

Ob Italienisch, Thai, Mexikanisch oder „New World" – auf Phuket findet sich so ziemlich jede bekannte Küche dieser Welt. Ein Gericht jedoch ist ein Klassiker auf dieser Insel: die Nudelsuppe, deren Rezept chinesische Einwanderer aus Hokkien mitgebracht haben. Sie besteht aus gelben Nudeln *(mee)* in einer mal mehr, mal weniger kräftigen Brühe, und wird mit Wontons (gefüllten Teigtaschen) und Schwein, Huhn, Shrimps, Fischbällchen sowie Kräutern und Gewürzen verfeinert. Jeder Koch hat sein eigenes Rezept, und wer erst mal auf den Geschmack gekommen ist, freut sich über jede neue Suppenküche, die er (oder sie) entdeckt. Ausprobieren kann man die Suppe u. a. am Verkehrskreisel Ecke Yaowarat/Ranong Rd. im **Ko Yoon**. Das kleine Lokal mit wenigen Tischen ist über und über mit Erinnerungsstücken der Familie dekoriert.

**Thung-Ka Café**, auf dem Khao Rang, ☎ 076-211 500. Von hier bietet sich eine schöne Aussicht auf die Stadt. Das Essen ist allerdings ziemlich teuer. ⏲ 11–23 Uhr.

### UNTERHALTUNG

**Michael's Bar**, 12 Takua Pa Rd., ☎ 076-256 652. Westliche Bar mit Pool-Billard, Internet und Sportübertragungen. ⏲ 18–24 Uhr.

**Rockin Angels**, 55 Yaowarat Rd., ☎ 089-654 9654. Nette Bar mitten in der Altstadt. Livesessions; Country und Blues. ⏲ ab 19 Uhr.

**Timber Hut Pub & Restaurant**, 118/1 Yaowarat Rd., ☎ 076-211 839. Die Hausband spielt ab 22.30 Uhr überwiegend Rock und Reggae. ⏲ 18–2 Uhr.

### EINKAUFEN

Lohnend ist ein Bummel durch die neue **Markthalle**, in der neben Lebensmitteln auch Textilien und Haushaltswaren verkauft werden. Die Straßen des alten Stadtkerns von Phuket säumen viele kleine Läden, in denen chinesische und moslemische Händler Haushaltswaren, Textilien und Lebensmittel verkaufen. Immer mehr **Boutiquen** und **Kunstgalerien**, Antiquitätenläden, Juweliergeschäfte und Goldschmiedeläden öffnen in der Altstadt (vor allem in der Pha Nga und der Yaowarat Rd.) ihre Pforten. An der südlichen Tilok Uthit 2 Rd. erstreckt sich ein weiterer kleiner **Markt**. Entlang der östlichen Straßenseite werden Haushaltsgegenstände, Trockenobst und andere Lebensmittel angeboten, gegenüber Keramiken,

Steinmetzarbeiten, Möbel und Pflanzen. Das Angebot wird abgerundet von modernen Einkaufszentren (s. u.) vor den Toren der Stadt.

Samstags und sonntags findet zudem 3 km südwestlich des Zentrums an der Chao Fah Rd. gegenüber Wat Nakaram ein großer **Weekend Market** statt. Auf dem teils überdachten Markt kann man gut essen und aus einem riesigen Sortiment wählen; u. a. gibt es Kleidung sowie diverse „Markenartikel" zu erstehen. Ca. 1 km südl. vom Central Festival; auf der 4022 Richtung Rawai an der ersten Ampel links. ⏰ 16–21 Uhr.

### Bücher

**Sengho Book Store**, 2/14–16 Montri Rd., nahe Deebuk Rd. Der 1925 gegründete, älteste Buchladen Thailands führt neben Schreibwaren auch Reiseführer, Paperbacks, Kochbücher und Magazine auf 2 Etagen.
**South Wind Books**, 3 Phang Nga Rd., ✆ 089-724 2136. Die größte Auswahl an Secondhand-Büchern, viele auch in Deutsch. Rücknahme gelesener Bücher.

### Einkaufszentren

In der **Ocean Shopping Mall** und ihrer Nachbarschaft mit zahlreichen Geschäften lässt es sich gut bummeln. Neben vielen kleinen Geschäften mit teils hohen Preisen gibt es auch einen Big One-Supermarkt und ein Food Center, das Black Canyon Coffee und das C.E. Paradise Multiplex Cinema.
**Central Festival**, 🖥 www.central.co.th, **Tesco Lotus Supercenter** sowie **Big C**, 🖥 www.bigc. co.th, sind gigantische Einkaufszentren nordwestlich der Stadt am H402, Vichit Songkhram Rd., nahe Chalerm Prakiet Rd. (Tuk Tuk 50 Baht, Stadtbus Nr. 1), ⏰ 9–24 Uhr.

### Kunst

**Wua Art Gallery & Studio**, 1 und 42 Phang Nga Rd., ✆ 076-258 208, 🖥 www. wua-artgallery.com. Man muss schon Glück haben, um den Künstler Mr. Zen heute noch mit dem Pinsel in der Hand persönlich anzutreffen, so gefragt ist er inzwischen international. Ein Besuch seiner Galerie ist aber auch ohne seine Anwesenheit interessant und ein Genuss.

### Kanutouren

**John Gray's Sea Canoe**, 124 Soi 1, Yaowarat Rd., ✆ 076-254 505, 🖥 www.johngray-seacanoe.com. Der Pionier unter den Kajakfahrern in der Bucht achtet bei seinen Touren auf die Natur, unterweist seine Gäste in Stille und Achtsamkeit und sammelt jedes Stück Plastik aus den hintersten Karstspalten. John hat die Bucht kennengelernt, als sie noch völlig unberührt war; er weiß viel über die Hongs und die Umgebung zu berichten. Die besten Touren starten nachmittags und enden erst bei Dunkelheit – besonders stimmungsvoll ist die Starlight-Tour. Wer länger unterwegs sein möchte, kann auch mehrere Tage mit dem Kajak die Bucht erkunden. Sehr empfehlenswert und in jedem Fall seinen Preis wert.
**Sea Canoe Thailand**, 367/4 Yaowarat Rd., ✆ 076-528 839, 🖥 www.seacanoe.net. Auch mehrtägige und nachmittägliche Touren mit Dinner.
**Sea Cave Canoe**, 2/2 Chumphon Rd., ✆ 076-210 434, 🖥 www.seacavecanoe.com. Touren nach Ko Phi Phi und in die Phang Nga-Bucht.

### Kochkurse

**Pat's Home Thai Cooking Classes**, 26/4 Kwang Rd., ✆ 076-263 366, 🖥 www.phuket.com/thai-cooking. Englischsprachige halbtägige Kochkurse und Unterricht im Gemüseschnitzen in Pats Privathaus am Stadtrand. ⏰ 9.30–13.30 Uhr.
**Phuket Thai Cookery School**, 39/4 Thepatan Rd (Ko Siray), ✆ 076-252 354, 🖥 www.phuketthai cookery.com. Tgl. Kurse von 8–15 Uhr, Transfer von und zum Hotel. Kurse ab 2900 Baht. Mi, Do, Sa und So inkl. Schnitzen von Gemüsekunst. Auch deutschsprachige Kurse.

### Autovermietungen

Mietwagen sind ab 1300 Baht pro Tag, ohne Benzin, inkl. Versicherung, zu haben. Internationale Firmen verlangen mind. 1600–2000 Baht. Bei längerer Mietzeit werden Nachlässe eingeräumt. Alle Fahrzeuge sollten versichert sein; unbedingt auf die Höhe der Eigenbeteiligung achten!

**Avis**, ☎ 076-351 244, 🖥 www.avisthailand.com, sowie **Budget**, ☎ in ganz Thailand kostenlos 1800-283 438, 🖥 www.budget.co.th, jeweils am Flughafen, offerieren einen *one-way rental* in viele andere Touristenorte, wo sie Filialen besitzen.
**Pure Car Rent**, 75 Rasada Rd., ☎ 076-211 002, 🖥 www.purecarrent.com, ⏱ 8–19 Uhr. Die alteingesessene Firma vermietet Autos und Motorräder. Hilft auch bei Buchungen von Bootstickets und Touren weiter.

### Diplomatische Vertretungen
**Deutsches Konsulat**, Honorarkonsulin Anette Jimenez Höchstetter, 100/425 Moo 3, Chalermprakiat Rd., ☎ 076-610 407, 🖥 www.deutsches konsulatphuket.com. ⏱ Mo–Fr 9–13 Uhr.
**Österreichisches Konsulat**, 2 Moo 4, Wirut-Hongyok Rd., ☎ 076-248 334, ✉ h.wanida@ gmail.com. ⏱ Di, Mi und Fr 10–12 Uhr.
**Schweizer Konsulat**, Patong Beach Hotel, 124 Taweewongse Rd., Tel. 076-295 455, ✉ phuket@honrep.ch. Mehr zu den Befugnissen dieser Vertretung unter [7738].

### Informationen
**Tourist Authority of Thailand (TAT)**, 191 Thalang Rd., ☎ 076-211 036, 🖥 www.tourismthailand. org/Phuket. In dem großzügigen orangefarbenen Gebäude, ein Neubau im historischen Stil, gibt es Karten, Prospekte, Werbezeitschriften und weitere Informationen. ⏱ 8.30–16.30 Uhr.

### Medizinische Hilfe
**Notruf**: ☎ 191. Auf der Ferieninsel sind modern ausgestattete Privatkrankenhäuser auf Patienten aus aller Welt ausgerichtet.
**Bangkok Hospital Phuket**, 2/1 Hongyok Uthit Rd., ☎ 076-254 425, Notruf ☎ 1719, 🖥 www. phukethospital.com. Auf internationale Patienten zugeschnitten, das Personal ist englisch-, teils auch deutschsprachig, 150 Betten und ein Zentrum für Tauchmedizin.
**Phuket International Hospital**, 44 Chalerm Phra Kiat Rd., ☎ 076-249 400, Notruf ☎ 076-210 935, 🖥 www.phuketinternationalhospital.com. Das auf Ausländer ausgerichtete Krankenhaus an der Umgehungsstraße bietet auch eine große zahnmedizinische Abteilung und praktiziert traditionelle asiatische Heilmethoden.

### Post
**Hauptpost**, Montri, Ecke Thalang Rd., ☎ 076-211 010. ⏱ Mo–Fr 8.30–16.30, Sa, So und feiertags 9–12 Uhr.
Wer größere Dinge, etwa Möbel, versenden will, kann sich an **Big Move** wenden, ☎ 076-263 987, 🖥 www.bigmovephuket.com.

### Tourist Police
Falls etwas passiert, wendet man sich zuerst an die **Tourist Police**, Yaowarat Rd., nördlich der Stadt, ☎ 076-355 015, 254 693, im Notfall ☎ 1155.

### Visa
**Immigration Office** in der 482 Phuket Rd. kurz vor der Halbinsel, ☎ 076-212 108, 🖥 www. immigration.go.th. Visaverlängerung. ⏱ Mo–Fr 8.30–12 und 13–16.30 Uhr.

## NAHVERKEHR

### Tuk Tuks
Innerhalb der Stadt kosten Tuk Tuks ab 200 Baht, in die Außenbezirke mehr. Nach Sonnenuntergang muss mit einem Aufschlag von 20–30 % gerechnet werden. Charterpreise je nach Entfernung etwa 400–800 Baht.

### Inselbusse (Songthaew)
Songthaew fahren etwa alle 30 Min. an alle größeren Strände und kosten ab der Haltestelle in der Nähe vom Markt/ab dem Bus Terminal etwa 30–50 Baht.

### Taxis
**Phuket Taxi Meter**, ☎ 076-232 192. Haben einen guten Ruf, stehen aber nur in der Umgebung des Flughafens zum Heranwinken bereit. Bestellungen 20 Baht extra. Sofern kein Taxameter angestellt wird, verlangen die Taxifahrer Festpreise, die meist sehr hoch sind.

## TRANSPORT

### Busse
**Bus Terminal 1**, ☎ 076-211 977, im Osten der Stadt. Am alten Terminal halten nur noch

wenige Busse. Der größte Teil des Verkehrs wird über das neue Bus Terminal abgewickelt; 2,5 km nördlich der Stadt. Zwischen den Terminals verkehren von 6–18 Uhr alle 20 Min. pinkfarbene große Songthaew für 20 Baht.

AIRPORT BUS, 🖥 www.airportbusphuket.com, um 7, 8, 10.30, 13, 14.30, 16.30 und 18.30 Uhr in für 100 Baht 1 1/2 Std.

**Bus Terminal 2**, ✆ 076-373 193, nördlich der Stadt. Eine Vielzahl von Bussen fährt von hier ins ganze Land. Wer morgens kommt, kann also davon ausgehen, recht bald losfahren zu können.

Folgende Liste dient der Orientierung; wer unbedingt einen speziellen Bus möchte, sollte sicherheitshalber vorher am Busbahnhof anrufen (lassen).

BANGKOK, 1.-Kl.-AC-Bus um 6.30, 16.30, 17 und 17.30 Uhr für 680 Baht und 2.-Kl.-AC-Busse 12x tgl. von 7.30–21 Uhr für 530 Baht in 12–14 Std. VIP-Bus um 7.30, 16 und 19 Uhr für 1100 Baht in 12 Std.

CHUMPHON, 2.-Kl.-AC-Bus um 5.30, 8.10, 10.10, 11.50 und 14.10 Uhr für 350 Baht in 7 Std.

HAT YAI, AC-Bus, stdl. von 7.30–12.30 Uhr, zudem 19.30 und 21.30 Uhr für 380 Baht; VIP-24-Bus um 21.45 Uhr für 600 Baht in 6–7 Std.

KHAO SOK, mit dem Bus Richtung Surat Thani für 180 Baht in etwa 4 Std.

KO LANTA, Minibus 8x tgl. von 7.30–15.30 Uhr für 240 Baht in 4 Std.

KO PHA NGAN, AC-Bus um 9 Uhr für 550 Baht in 8 Std.

KO SAMUI, AC-Bus um 9 Uhr für 450 Baht in 7–8 Std.

KRABI, Minibus stdl. von 7.15–17.15 Uhr für 140 Baht in 3 Std. oder mit dem Bus Richtung Ko Lanta für 170 Baht.

NAKHON SI THAMMARAT, 1.-Kl.-AC-Bus 7x tgl. zwischen 6 und 16.20 Uhr für 350 Baht.

PHANG NGA, 1.-Kl.-AC-Bus 5x tgl. von 4.30–19 Uhr für 100 Baht in 1 1/2 Std.

RANONG, 2.-Kl.-AC-Bus um 6.50, 16.10 und 18.10 Uhr für 260 Baht in 5 Std.

SURAT THANI, AC-Bus um 8, 10, 12, 14 und 16 Uhr für 200 Baht in 4 Std.

TRANG, 2.-Kl.-AC-Bus 12x tgl. von 6.40–20.50 Uhr für 200–270 Baht in 5 Std.

## Boote

Boote starten am **Rasada-Pier** im Mündungsgebiet des Klong Tha Chin östlich von Phuket-Stadt. Bei Buchungen von Tickets und Touren über Reisebüros vor Ort wird der Hoteltransfer auf den Preis aufgeschlagen: Wer von Surin, Bang Tao, Nai Harn oder Cape Panwa kommt, zahlt etwa 200 Baht mehr, von Nai Yang und Nai Thon 700 Baht mehr. Taxis zu den Stränden fahren vom Pier für 500–800 Baht. Nach KO PHI PHI tgl. mehrere Passagierboote zwischen 8 und 15.30 Uhr in 1 1/2–2 Std. für 600 Baht einfach (1000 Baht hin und zurück), mit Weiterfahrt nach AO NANG, KO LANTA oder KRABI 1000 Baht. Eine Tour inkl. Hoteltransfer, Mittagessen, Schnorchelausrüstung und Besuch der Maya Bay kostet je nach Komfort 1500–2200 Baht. Weitere Infos bei **Rassada V.I.P Coral Tour**, ✆ 076-253 219, 089-979 2175, ✉ rassada-vip@hotmail.com.

## Flüge

Der **Phuket International Airport** liegt 31 km nördlich von Phuket-Stadt, Information ✆ 076-327 230-5. In der Ankunftshalle finden sich Geldautomaten, Vertreter großer Hotels mit aktuellen Broschüren, eine Gepäckaufbewahrung, eine kommerzielle Hotelvermittlung und die Touristenpolizei.

**Minibusse** nach Phuket-Stadt 150 Baht, Patong 180 Baht, Kata oder Karon 200 Baht. Zudem fährt ein **Airportbus**, 🖥 www.airport busphuket.com, 7x tgl. in 1 Std. über Nai Yang und Talang nach Phuket-Stadt bis zum Bus Terminal 1, je nach Entfernung für 20–100 Baht. An einem **Schalter in der Ankunftshalle** werden Coupons für Fahrten mit Taxis oder Minibussen verkauft. Taxis an die großen Strände im Süden und Westen kosten zwischen 600 und 900 Baht. KHAO LAK 1800 Baht, KRABI 3000 Baht. In der Ankunftshalle des Flughafengebäudes gibt es mehrere Autovermietungen. **Budget**, ✆ 076-327 744, 🖥 www.budget.co.th, vermietet verschiedene Pkws und Jeeps.

## Inlandflüge

BANGKOK, mit Thai Airways, 🖥 www.thaiair ways.com, 8x tgl., mit Bangkok Airways, 🖥 www.bangkokair.com, 6x tgl. Günstiger sind

DIE ANDAMANENKÜSTE

AirAsia, 🖥 www.airasia.com, Nok Air,
🖥 www.nokair.co.th, 4x tgl. und Orient Thai,
🖥 www.flyorientthai.com, 2x tgl.
KO SAMUI, mit Bangkok Airways, 5x tgl.
PATTAYA, mit Bangkok Airways, 2x tgl.

**Internationale Flüge**

KUALA LUMPUR, mehrmals tgl. mit AirAsia,
Thai und MAS, 🖥 www.malaysiaairlines.com.
SINGAPORE, mehrmals tgl. mit Thai, Jet Star,
🖥 www.jetstar.com, Silk Air, 🖥 www.silkair.com,
und Tiger Airways, 🖥 www.tigerairways.com.
Zu weiteren Zielen über Bangkok.
DEUTSCHLAND, mit **Thai Airways** im A 380 tgl.
direkt nach Frankfurt. Direktflüge nach Frankfurt
auch mit **Condor**, 🖥 www.condor.com.
**Germanwings**, 🖥 www.germanwings.com, bot
bei Drucklegung dieses Buches Flüge zwischen
Köln/Bonn und Phuket in der Hauptsaison zwischen dem 18. Dez 2015 und dem 25. März 2016
an. Wenn sich die Strecke rentiert, wird sie ggf.
auch in der nachfolgenden Saison bedient.

# Laem Panwa

Die hügelige Halbinsel erstreckt sich südlich
von Phuket-Stadt und begrenzt im Norden die
seichte Bucht Chalong. In der Nachbarschaft
moslemischer Dörfer sind Luxusresorts entstanden, deren größtes Plus die wunderschöne
Aussicht über eine der landschaftlich schönsten Küsten der Insel ist. Hinter dem Dorf **Ban
Makham** an der seichten **Ao Makham** führt vom
H4129 eine 400 m lange Stichstraße links zum
**Ko Tapao-Pier**, von dem Boote in 10 Min. auf
die kleine vorgelagerte Insel **Ko Tapao** übersetzen. Hinter dem Dorf und der großen Ölraffine-
rie geht es weiter auf dem H4129, vorbei am großen **Hafen** (Port of Phuket) an der seichten Ao
Thang Khem.

Am **Phuket Aquarium**, 🖥 www.phuketaqua
rium.org, und **Marine Biological Research Center**, ✆ 076-391 126, endet nach insgesamt 10 km
die Straße. Hier tummeln sich in Bassins Süß-
und Salzwasserfische aus aller Welt. Der
Schwerpunkt liegt auf der Unterwasserwelt der
Andamanensee, die von einem Tunnel aus betrachtet werden kann. Hinter dem Aquarium gibt

es ein Außengelände, welches ebenfalls loh-
nenswert ist. Man sollte mindestens 2 Std. Zeit
einplanen. 🕐 tgl. 8.30–16 Uhr, Eintritt 100 Baht,
Kinder ab 100 cm Körpergröße 50 Baht.

Tipps zur Anreise und empfehlenswerte
Übernachtungsmöglichkeiten s. **eXTra [8272]**.

# Chalong und Umgebung

Der Pier ist das Herz dieses Ortes. Morgens,
wenn Tagesausflügler und Taucher anreisen,
herrscht bereits 11 km südlich von Phuket-Stadt
am großen Kreisverkehr, wo die Stichstraße abzweigt, Verkehrschaos. Sobald sich die Boote in
Richtung Inseln entfernen, kehrt wieder Ruhe
ein. Dann sind es Jachtfreunde aus aller Welt
und Langzeiturlauber aus dem Hinterland –
darunter viele Deutsche –, die in den kleinen
Restaurants und Bars Gesellschaft suchen. Die
seichte **Ao Chalong** wird von der vorgelagerten
Insel **Ko Lone** geschützt und grenzt im Süden an
die kleine Felsformation **Laem Ka** (16 km). Den
750 m langen Pier umgeben Neubaublocks mit
Geschäften, Büros und Apartments. Die Strände
beiderseits der Anlegestelle in der Ao Chalong
sind zu schmutzig und seicht zum Schwimmen.
Am **Hat Mittrapab**, auch Friendship Beach genannt, weiter im Süden ist das Meer ebenfalls
sehr seicht.

Vom Gipfel des Naga Kerd Hill im Hinterland
von Chalong blickt eine gewaltige Buddhastatue über das Land. Der 30 Mio. Baht teure Bau
der 25 m breiten und 45 m hohen Statue mit dem
Namen Phra Buddha Ming Mongkhol Ake Naga
Khiri, besser bekannt als **Big Buddha**, entstand
Anfang dieses Jahrtausends. Auf dem Gelände steht auch ein aus 22 t Messing gegossener,
über 12 m hoher Buddha, der auf einer Naga-
Schlange sitzt. Vom Kreisverkehr in Chalong
geht es Richtung Wat Chalong und nach ca.
2 km auf einer Abzweigung links 6 km den Berg
hinauf.

8 km südwestlich von Phuket-Stadt liegt
2,7 km vom großen Kreisverkehr entfernt am
H4022 der bekannteste Thai-Tempel der Insel,
**Wat Chalong**. Pilger entzünden hier gern Kra-
cher, lassen sich wahrsagen oder erfragen
Glückszahlen für die Lotterie.

**DIE ANDAMANENKÜSTE**

Das **Phuket Sea Shell Museum**, gegenüber der Einfahrt zum The Evason Phuket Resort, ✆ 076-613 666, ist eine Privatsammlung mit über 2000 Muschelarten aus aller Welt. ⏰ 8.30–17.30 Uhr, Eintritt 200 Baht.

## ÜBERNACHTUNG

**Friendship Beach Resort** ⑪, 27/1 Soi Mittrapab, ✆ 076-288 996, 🖥 www.friendshipbeach.com. Unter Kokospalmen 40 Zimmer in Apartments und Bungalows. Weitläufiger Garten mit großem Pool, der auch von Restaurantgästen genutzt werden kann. Wellness- und Spa-Center. ❼–❽

**Shanti Lodge** ⑩, 1/2 Soi Ban Rae, Chaofa Nok Rd., ✆ 076-280 233, 🖥 www.shantilodge.com. Vom Kreisverkehr 1,5 km Richtung Wat Chalong auf der linken Seite. Hübsch gestaltete, etwas hellhörige Zimmer mit Ventilator oder AC, teilweise mit Bad. Tolle Anlage mit freundlichem, gut Englisch sprechendem Management. Gutes Restaurant, das ohne Glutamat kocht. Kleiner Pool, Massagen und Moped- und Autoverleih. ❸–❺

**The Mangosteen Resort & Aryuveda Spa** ⑫, 99/4 Moo 7, Soi Mangosteen, ✆ 076-289 399, 🖥 www.mangosteen-phuket.com. Exklusives Resort auf einem Hügel mit Blick über das Kap und die Inseln bis Phuket-Stadt. 40 in weitläufiger Gartenanlage locker verteilte Villen im modernen Thai-Stil. Salzwasserpool mit kleinen Wasserfällen. Gutes, aber teures Restaurant, Bar und Spa. ❽

## ESSEN UND UNTERHALTUNG

An der Zufahrtsstraße zum Pier reihen sich Bars und Restaurants aneinander.

**Kan Eang**, direkt am Meer südlich vom Pier, ✆ 076-381 212, 🖥 www.kaneang-pier.com. Großes Seafood-Restaurant; man sitzt an weiß gedeckten Tischen in modern gestylter Umgebung, teils unter Kasuarinen, und blickt aufs Meer. Die Phuket-Spezialität ist für viele Einheimische *nahm prik kung siab*, gegrillte Shrimps in Chilipaste. ⏰ 7–23 Uhr.

**The Lighthouse**, 45/33 Moo 9, ✆ 076-381 709. Der Seglertreff unter dem Leuchtturm wurde in den 1980er-Jahren erbaut. Unter den vergilbten Fotos von Booten treffen sich Jachties und genießen den Ausblick aufs Meer. Die Küche ist amerikanisch angehaucht. Schwarzes Brett, auch Zimmervermietung. ❺

Einen großen **Nachtmarkt**, allerdings ohne Sitzgelegenheiten, gibt es an der Hauptstraße nahe der Zufahrt zum Vijitt Resort.

## AKTIVITÄTEN UND TOUREN

Mehrere Veranstalter bieten Tagestouren nach **Ko Racha** zum Schnorcheln oder Tauchen an. Ab 1500 Baht. Schnellboote nach Ko Racha um 9 Uhr, zurück 15 Uhr.

Selbst organisierte Tagestouren zur **Coral Island** mit dem Longtail-Boot 2000 Baht, Schnellboot um 9 Uhr für 6–8 Pers. 7000 Baht hin und zurück. Nach **Ko Lone** kostet das Schnellboot ca. 5000 Baht, ein Longtail-Boot etwa die Hälfte.

### Tauchen

**Sea Bees**, 1/3 Moo 9, Vichit Rd. am Chalong-Pier, ✆ 076-381 765, 🖥 www.sea-bees.com. Unter deutscher Leitung, Ableger in Khao Lak, Pak Meng und Phi Phi. Kurse und *Liveaboards*.

## TRANSPORT

Die Inselbusse ab dem Markt in PHUKET-STADT kosten bis CHALONG 40 Baht, weiter nach RAWAI und KATA ebenfalls für 30 Baht. **Tuk Tuks** und **Taxis** nach PHUKET-STADT können für 600 Baht gechartert werden.

# Rawai

Der Strand liegt 17 km von Phuket-Stadt entfernt und ist die Seafood-Schlemmermeile der Einheimischen. Unter den Kasuarinen am Meer mit schönem Blick auf die Inseln wird frisch zubereitetes Seafood serviert, das teils aus Restaurantküchen über die Straße getragen wird. Zwischen den Seafood-Restaurants siedeln sich immer mehr Bars an. Allerdings ist der schmale Sandstrand häufig verschmutzt und wirkt wenig einladend, das Meer fällt flach ab und eignet

**DIE ANDAMANENKÜSTE**

sich auch wegen der vielen Boote nicht zum Schwimmen. Durch die Coral Island ist die Bucht gut geschützt, sodass selbst während der Monsunzeit kaum Wellengang herrscht.

Dort, wo die Straße nach Westen abzweigt, geht es linker Hand vom Pier zum **Seenoma-den-Dorf**, in dem eine Vielzahl von Restaurants fangfrischen Fisch zubereitet, der an der Ufer-straße zum Verkauf angeboten wird – hier kann man also selbst aussuchen, was genau in die Küche und auf den Teller kommt.

## ÜBERNACHTUNG

Karte S. 812

**Phuket Sea Resort** ⑦, 54/14 Moo 6, ☏ 076-613 900, 🖥 www.phuketsearesort.net. 2 Reihen Zimmer entlang von 2 langen Pools. Manche auch als Bungalow freistehend. Alle Zimmer mit großer Fensterfront zum Pool. ❻

**Rawai Beach Resort** ⑧, 42 Moo 6, ☏ 076-613 727, 🖥 www.rawaibeachresort.com. Zimmer in drei 2-stöckigen neuen Gebäuden, teils mit Balkon. Viele Langzeiturlauber. ❺

**Thai Palace Resort** ⑥, 52/8 Moo 6, ☏ 076-388 042. Zwei 2-stöckige Gebäude mit gut einge-richteten Zimmern, doppelstöckige Bungalows mit Schlafzimmer unter dem Dach sowie kleiner Küche; einfachere Bungalows. Alles rund um einen kleinen Pool mit Wasserfall. ❺

## ESSEN

An zahlreichen Essensständen an der Strand-straße werden die scharfen nordost-thailändi-schen Salate *som tam* und andere Snacks zubereitet.

**Nikita's Restaurant**, Beach Rd., ☏ 076-288 703, 🖥 www.nikitas-phuket.com. Unter Schatten spendenden Bäumen direkt am Meer. Ruhige Atmosphäre, bei Ausländern beliebt. Westliches Frühstück mit gutem Kaffee, Thai-Gerichte und große Auswahl alkoholischer Getränke. ⊙ ab 10 Uhr bis spät.

**Norbu's Steakhouse**, 148 Soi Wat Rawai, Moo 6, etwas versteckt nahe dem Tempel von Rawai, ☏ 081-367 5416, 🖥 www.norbuphuket.com. Geleitet von einem aus der Schweiz stammenden Peter. Hervorragende Küche. ⊙ 18–23 Uhr.

**Salaloy Seafood**, eines der größten Restaurants in Rawai. Gutes, preiswertes Seafood und andere Thai-Gerichte, freundlicher Service, sehr beliebt bei Einheimischen und vor allem am Wochenende voll. ⊙ 10–22 Uhr.

## SONSTIGES

### Bootstouren

Am Strand können **Longtail-** und **Schnellboote** für Tagestouren gemietet werden. Longtail-Boote, nur bei ruhiger See zu empfehlen, kosten nach KO BON 1000 Baht oder KO KAEO YAI 1500 Baht, nach CORAL ISLAND 2000 Baht in 20–25 Min. Nach KO MAI THON, KO KHAI oder RACHA YAI sollte man wegen der Entfernung nur mit dem Schnellboot fahren (Kosten 5000–8000 Baht). Weitere Boote ab Chalong.

## TRANSPORT

**Inselbusse** zum Markt in PHUKET-STADT 40 Baht, bis CHALONG 20 Baht.
**Taxis** kosten nach PHUKET-STADT 500 Baht, zum Bus Terminal 600 Baht, KARON 500 Baht, PATONG 600 Baht, abends mehr. Taxi zum FLUGHAFEN 1500 Baht.

# Nai Harn, Ao Sane und Hat Ya Nui

Der herrliche **Hat Nai Harn** liegt in einer tiefen Bucht an der südlichen Westküste, 21 km von Phuket-Stadt entfernt. Der feine, weiße Sand ist umrahmt von felsigen, teilweise mit Kokos- und Palmyrapalmen bewachsenen Hügeln und einer befestigten, von Kasuarinen gesäumten Lagune. Das einstige Eldorado der Traveller zieht viele Gäste an, die Bars und Trubel nicht schätzen; und so wird es langsam auch hier voll.

Etwas westlich davon liegt die kleine Bucht **Ao Sane**. Die Zufahrtsstraße führt über das Ge-lände des Royal Phuket Yacht Clubs. Zwei Anla-gen teilen sich die Bucht, und auch nicht ganz so betuchte Reisende können hier noch direkt am Strand wohnen.

## Nai Harn und Rawai

N
0    500 m

1 (ca. 1 km), Kata

Phuket, Ao Chalong

4024

MARKT

*Phuket Sea Shell Museum*

Ban Nai Harn

Rawai

*Seenomaden-Dorf*

ATM $

*Hat Nai Harn*

Läden und Strand-restaurants

*Ao Sane*

ATM
Minimarkt

*Hat Ya Nui*

WINDRÄDER

KO MAN

Minimarkt $

Ko Racha, Ko Hay (Coral Island)

Garküchen, Souvenirstände

*Aussichtspunkt*
LEUCHTTURM

P

4233

*Laem Promthep*

Auf der schmalen, kurvenreichen Straße östlich der Lagune zu den Windrädern (die gewonnene Energie wird vom Hat Yanui und auch im Dorf genutzt) hinauf, bietet sich ab und an eine schöne Sicht auf Nai Harn. Nach 3 km geht es hinab zum kleinen **Hat Ya Nui**, einem von Felsen und abgestorbenen Korallen durchsetzten Sandstrand. Das seichte Wasser mit vielen Fischen eignet sich gut für erste Schnorcheltrips.

Südlich davon liegt das Kap **Laem Promthep**. Die wunderschönen Sonnenuntergänge, die man von dieser felsigen, regenarmen und mit Palmyrapalmen (Zuckerpalmen) bewachsenen Südspitze der Insel beobachten kann, locken Abend für Abend Hunderte Schaulustige an. Eine Serpentinenstraße schlängelt sich vom Hat Rawai durch Kokoswälder zum Parkplatz unte[r] dem Leuchtturm, der von Essens- und Souve[-] nirständen gesäumt ist. An einem Denkmal ve[r] ehren Einheimische den Hindugott Brahma (tha[i] *promthep*) und bringen ihm Elefantenstatuen a[ls] Opfergaben dar.

### ÜBERNACHTUNG

s. Karte

#### Nai Harn

Im kleinen Ort rund 10 Min. Fußweg vom Stran[d] entfernt liegen:
**Baan Oui Phuket Gh.** ①, 14/95-96 Moo 1, ☏ 076-388 538, 🖥 www.baanoui.com.

DIE ANDAMANENKÜSTE

-stöckiges Haus an der Straße. Gut eingerichtete Zimmer mit hellen Fliesen und dunklem Holz und Balkon. Daneben ein vegetarisch-veganes Restaurant. ❸–❺

**Nai Harn Garden Resort** ②, 15/12 Moo 1, Vichit Rd., ✆ 076-288 319. 200 m abseits der Straße, in einer weitläufigen, gepflegten Parklandschaft. Bungalows und Häuser mit 1–3 Schlafzimmern für Familien sowie Einzelbungalows mit AC, TV, Kühlschrank, Wasserkocher, Safe und Balkon. Pool, Bar und Restaurant und Spa. ❺–❽

### Ao Sane

**Ao Sane Bungalows** ④, 11/2 Hat Nai Harn, am kleinen Strand mit grobem Sand, nach 1 km auf der Straße über den Hügel (herrliche Aussicht), ✆ 076-288 306. Bungalows unterschiedlichen Alters. Günstig mit Ventilator und teurer mit AC. Traditioneller Familienbetrieb, sehr geruhsam. Offenes Ausflugsrestaurant. Das von Felsen durchsetzte Meer eignet sich zum Schnorcheln und Schwimmen. Kleine deutschsprachige **Tauchbasis**, 🖳 www. rminsdiveteam.com. ❷–❺

**Baan Krating Phuket Resort** ③, 11/3 Moo 1 Vichit Rd., ✆ 076-288 341, 🖳 www.baankrating. com. Schön in die Natur integrierte Anlage am Hang mit altem Baumbestand. 65 Zimmer mit allem Komfort, u. a. Safe, TV und Minibar. Nettes Restaurant. Das Meer vor dem kleinen Strand eignet sich zum Schnorcheln, aber nicht zum Schwimmen. Pool am Hang mit Meerblick. Shuttle zum Hat Nai Harn. Frühstück inkl. ❼–⓿

### Hat Ya Nui

**Nai Ya Beach Bungalow** ⑤, 99 Moo 6, Vichit Rd., oberhalb vom Hat Ya Nui, ✆ 076-288 817, 🖳 www.naiyabeachbungalow.com. 20 ansprechende Bungalows mit Ventilator und Veranda, die größeren mit Kühlschrank, in einer weitläufigen Anlage am Hang unter Bäumen. Vom Restaurant (nur Frühstück) schöne Aussicht auf Hat Nai Harn. ❹

### ESSEN

Mehrere Restaurants unter Thai- oder ausländischer Leitung finden sich im Hinterland an der Straße Richtung Kata.

**A Spoonful of Sugar**, Saiyuan Rd., ✆ 076-388 432. Hübsch eingerichtetes Café mit gutem Frühstück und einer Auswahl an Kuchen. ⏱ 8–19 Uhr, Mo geschl.

**Crêpes Village**, Saiyuan Rd., ✆ 085-655 7329. Neben den leckeren Crêpes in allen Variationen (mit aus Frankreich importierten Zutaten) ist auch die Weinkarte einen Blick wert. Lieferservice. ⏱ 10–22 Uhr.

**Da Vinci**, Saiyuan Rd., ✆ 076-289 574. Schicker Italiener der gehobenen Preisklasse. ⏱ 17.30–23 Uhr, So geschl.

**German Bakery**, Saiyuan Rd., ✆ 081-884 4033. Der Name ist Programm. Tgl. frisch gebackenes Brot; zudem eine Speisekarte mit Sandwiches, Omelettes etc. ⏱ 7.30–17.30 Uhr.

### TRANSPORT

Bis 17 Uhr fahren **Inselbusse** für 40 Baht nach PHUKET-STADT. **Tuk Tuks** nach PHUKET-STADT für 500 Baht, **Taxis** 600 Baht. Zum FLUGHAFEN 1000 Baht.

# Hat Kata (Kata Noi, Kata Yai, Kata-Karon)

Der Hat Kata an der Westküste, 17 km von Phuket-Stadt entfernt, besteht aus zwei Buchten, der relativ schönen, saubereren **Kata Noi** und der angenommen, vom Club Med dominierten **Kata Yai**, an deren südlichem Ende sich ein kleines Zentrum herausgebildet hat. Sie sind durch einen Felsvorsprung getrennt, von dem aus sich malerische Aussichten eröffnen. Das fischreiche Korallenriff am nördlichen Ende der weit ausladenden Kata Yai-Bucht, das Gebiet rings um die Felsen sowie das Gewässer vor der kleinen Insel **Ko Pu** eignen sich gut zum Schnorcheln und für erste Tauchversuche, allerdings ist die Sicht oft schlecht. Während der Regenzeit entstehen am Kata Noi aufgrund eines Steilabfalls des Meeresbodens sehr gefährliche Unterströmungen. Sicher ist es dagegen am Kata Yai, wo es zudem schöne Wellen gibt; bereits ab September eignet sich dieser Strand gut zum Wellenreiten.

**DIE ANDAMANENKÜSTE**

## ÜBERNACHTUNG

Karte S. 815

### Kata Noi

**Kata Noi Pavilion** ⑮, 3/71 Patak Rd., ✆ 076-284 346, 🖥 www.katanoi-pavilion.com. Im Zentrum der Bucht. Saubere größere und kleinere Zimmer mit TV und Minibar über der kleinen Bar. ❺

**Katathani Hotel** ⑯, 14 Kata Noi Rd., ✆ 076-330 124, 🖥 www.katathani.com. Riesige Hotelanlage mit 479 Zimmern und Suiten, gut der Landschaft angepasst. 3 Pools, teils im Palmengarten am Strand. Spa. 6 Restaurants, Kochkurse und Tennisplätze. ❽

### Kata Yai

Karte S. 815

**Kata Beach Resort** ⑬, 1 Pakbang Rd., ✆ 076-330 530, 🖥 www.katagroup.com. Eines der wenigen Hotels direkt am gut besuchten Strand. 262 Deluxe-Zimmer im modernen Thai-Stil mit Balkon, die teureren mit Meersicht. 3 Restaurants, 2 große Pools. Fitnesscenter. ❽

**Mom Tri's Villa Royale** ⑭, 12 Kata Noi Rd., ✆ 076-333 568, 🖥 www.villaroyalephuket.com. Luxuszimmer am belebten Stand und 6 exklusive Suiten im Thai-Stil im tropischen Garten über dem Meer, gepflegte Atmosphäre zu entsprechenden Preisen. Im Gebäude außerdem ein hervorragendes Restaurant. ❽

**Sawasdee Village** ⑪, 38 Katekwan Rd., ✆ 076-330 979, 🖥 www.phuketsawasdee.com. Romantische Bungalowanlage im Thai-Stil, die Häuser gruppieren sich um einen Pool. Nebenan das große, fantasievoll gestaltete Spa und das ausgezeichnete Restaurant Sawasdee, gehobenes Preisniveau. ❽

**The Color Kata** ⑫, 65,67/1-2 Katekwan Rd., ✆ 076-330 979, 🖥 www.thecolorkata.com. 22 moderne Zimmer mit indirekter Beleuchtung und verglaster Dusche im Raum. Alle mit Safe. ❻

### Kata-Karon

Karte S. 815

**Diamond Cottage Resort & Spa** ⑨, 6 Karon Rd., ✆ 076-286 447, 🖥 www.diamondcottage.com.

Anlage im modernen Thai-Design. 148 angenehm gestaltete Zimmer mit Balkon, außerdem 10 Villen. 2 große Pools und zusätzlicher Kinderpool, 2 Restaurants. ❽

**Kata Beach Resort & Spa** ⑥, 51 Karon Rd., ✆ 076-330 006, 🖥 www.katagroup.com. Direkt am Strand. 80 Zimmer und Suiten in 3-stöckigem Hotelblock mit Balkon und Meerblick; Restaurant mit Frühstücksbuffet, 2 Pools. ❽

**Kata Garden Resort** ⑧, 32 Karon Rd., ✆ 076-330 627, 🖥 www.katagardenphuket.com. Eine der ersten Anlagen, die hier entstanden sind. Schöne Bungalows unter großen Bäumen auf dem Hügel. Pool. Frühstück inkl. ❻

**Kata Villa** ⑤, 100 Karon Rd., ✆ 076-333 030, 🖥 www.katavilla.com. Kleines, 2-stöckiges Haus an einer verkehrsreichen Straße mit Garten und Pool, alle Zimmer mit TV, Minibar und Balkon. ❺

**Laem Sai Bungalow** ⑩, 8 Laem Sai Rd., ✆ 076-285 255, 🖥 www.laemsaibungalow.com. An der Stichstraße 500 m vom Zentrum. Einfache, große AC-Bungalows unter Schatten spendenden Bäumen mit Terrasse am Hang, Ventilator oder AC, z. T. mit Meerblick. ❸–❺

**Marina Phuket Resort** ⑦, 47 Karon Rd., ✆ 076-330 625, 🖥 www.marinaphuket.com. Anlage mit viel Charme: Große AC-Bungalows in traditioneller Thai-Architektur auf dem Hügel in tropischer Gartenanlage. Das Essen im On the Rock Restaurant über den Felsen am Meer gehört zu den besten der Insel. Im Sala Thai-Restaurant am Pool abends traditionelle Tänze. ❽

## ESSEN

### Kata Yai

**Capannia by Limoncello**, 30/9 Kata Rd., ✆ 076-284 318, 🖥 www.lacapanninaphuket.com. Hervorragende italienische Küche. ⏱ 11.30–23.30 Uhr.

**Kata Mama**, beliebtes Seafood-Restaurant. Die alteingesessene ehemalige Fischerfamilie achtet immer noch darauf, dass nur Frisches auf den Tisch kommt. ⏱ 8–22 Uhr.

**The Boathouse Wine & Grill**, 🖥 www.boathousephuket.com. Qualitativ hochwertige

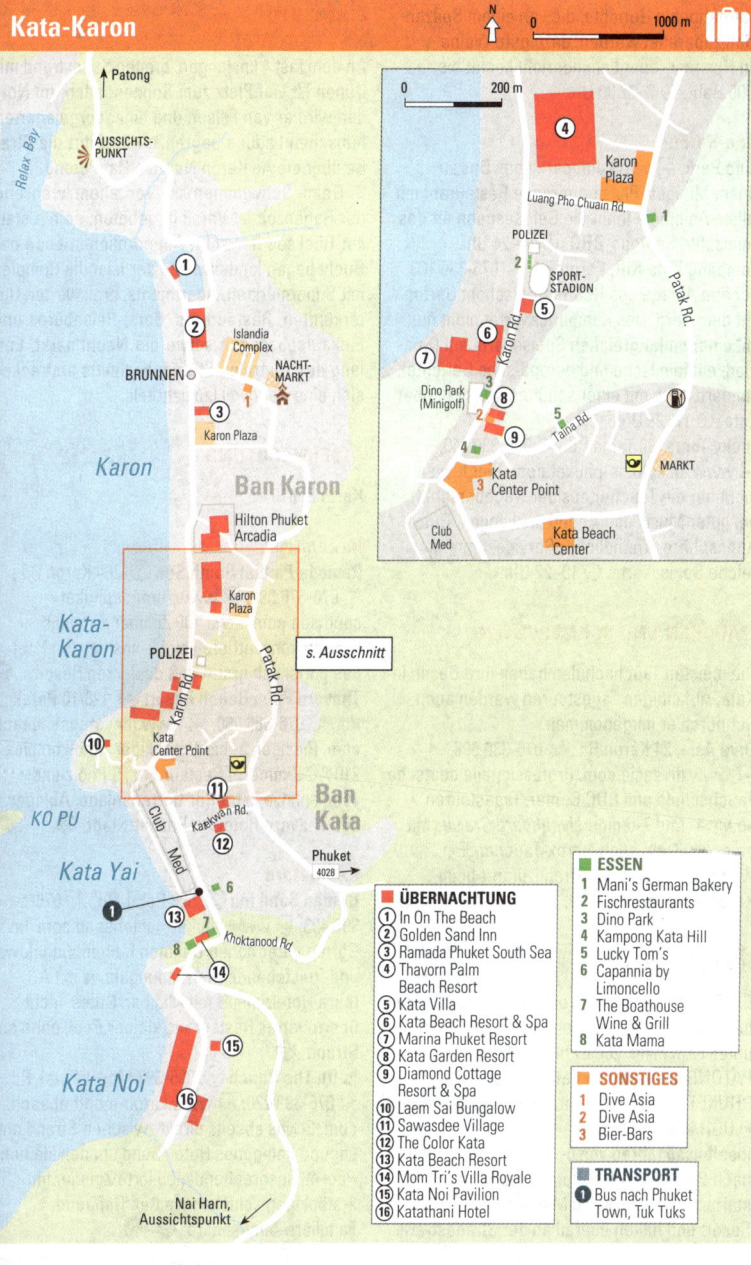

# Kata-Karon

N ↑    0          1000 m

**ÜBERNACHTUNG**
1. In On The Beach
2. Golden Sand Inn
3. Ramada Phuket South Sea
4. Thavorn Palm Beach Resort
5. Kata Villa
6. Kata Beach Resort & Spa
7. Marina Phuket Resort
8. Kata Garden Resort
9. Diamond Cottage Resort & Spa
10. Laem Sai Bungalow
11. Sawasdee Village
12. The Color Kata
13. Kata Beach Resort
14. Mom Tri's Villa Royale
15. Kata Noi Pavilion
16. Katathani Hotel

**ESSEN**
1. Mani's German Bakery
2. Fischrestaurants
3. Dino Park
4. Kampong Kata Hill
5. Lucky Tom's
6. Capannia by Limoncello
7. The Boathouse Wine & Grill
8. Kata Mama

**SONSTIGES**
1. Dive Asia
2. Dive Asia
3. Bier-Bars

**TRANSPORT**
1. Bus nach Phuket Town, Tuk Tuks

*Labels on map:* Patong, Relax Bay, AUSSICHTS-PUNKT, Karon, Islandia Complex, NACHT-MARKT, BRUNNEN, Karon Plaza, Ban Karon, Hilton Phuket Arcadia, Kata-Karon, Karon Plaza, POLIZEI, Karon Rd, Patak Rd, s. Ausschnitt, Kata Center Point, Ban Kata, KO PU, Club Med, Kakwan Rd, Kata Yai, Phuket 4028, Khoktanood Rd, Kata Noi, Nai Harn, Aussichtspunkt

*Inset labels:* Karon Plaza, Luang Pho Chuain Rd., POLIZEI, SPORT-STADION, Karon Rd., Patak Rd., Dino Park (Minigolf), Talha Rd., Kata Center Point, MARKT, Club Med, Kata Beach Center

www.stefan-loose.de/thailand

internationale Gerichte, die von einem Spitzen-
koch zubereitet werden, dazu gute Weine.
Ein Hummer- oder Lammgericht kostet bis zu
1000 Baht. ⏲ 7–22.30 Uhr.

### Kata-Karon

**Dino Park**, ⌨ www.dinopark.com. Das zu
einem Minigolf-Platz gehörende Restaurant mit
tollem Ambiente lohnt die Geldausgabe für das
gemischte Seafood-BBQ. ⏲ 10–24 Uhr.
**Kampong Kata Hill**, Karon Rd., ✆ 076-330 103.
Schöne Anlage aus Holz in tropischem Garten
auf dem Berg. Das Kampong wartet nicht nur
mit einer umfangreichen Speisekarte auf (Seafood, einheimische und europäische Gerichte),
sondern auch mit einer schönen Aussicht über
Kata. ⏲ 17–23 Uhr.
**Lucky Tom's**, 90 Taina Rd., ✆ 076-330 240,
⌨ www.luckytoms-phuket.com. Hier lassen
nicht nur die Taucher aus der Nachbarschaft
bei guter Musik den Abend ausklingen. Gute
Atmosphäre, freundlicher Service, umfangreiche Speisekarte. ⏲ 10–22 Uhr.

### TAUCHEN UND SCHNORCHELN

Die meisten Tauchschulen haben ihre Basen in
Kata. Auf einigen Tagestouren werden auch
Schnorchler mitgenommen.
**Dive Asia**, 24 Karon Rd., ✆ 076-330 598,
⌨ www.diveasia.com. Professionelle deutsche
Tauchschule und CDC Center, Tagestouren
sowie 4- und 7-tägige *Liveaboard Cruises* mit
eigenem Boot, auch mit Nitrox-Tauchen. Ein
weiteres Büro an der Strandzufahrt beim
Kata Beach Resort.

### NAHVERKEHR

Die Fahrer von Samlors und Tuk Tuks verlangen
bereits für kurze Strecken an den Stränden
unter 1 km mind. 200 Baht. **Tuk Tuks** nach
PATONG 400 Baht (ab Kata Noi 500 Baht),
PHUKET-STADT 600 Baht. **Taxis** vom und zum
FLUGHAFEN 1200 Baht.
**Inselbusse** fahren von 6–16.30 Uhr für 30 Baht
nach PHUKET-STADT, zurück bis 18 Uhr. Sie
starten etwa alle 30–60 Min. am Kata Beach
Resort und halten überall an der Strandstraße.

# Hat Karon

An dem fast 4 km langen, breiten Sandstrand mit
Dünen ist viel Platz zum Sonnenbaden. Im Norden wird er von Felsen und einer vorgelagerten
hübschen Lagune begrenzt. Hier führt die Straße über die Ao Karon Noi zum Hat Patong.

Beim Schwimmen ist vor allem während
der Regenzeit ist Vorsicht geboten, da ein starker Rücksog herrscht. Am nördlichen Ende der
Bucht liegen landeinwärts der Islandia Complex
mit Supermärkten, Apartments, preiswerten Unterkünften, Restaurants, Bars, Reisebüros und
Einkaufspassagen sowie ein Nachtmarkt. Entlang des zentralen Strandabschnitts erstrecken
sich eine Handvoll Luxushotels.

### ÜBERNACHTUNG

Karte S. 815

### Im Zentrum

**Ramada Phuket South Sea** ③, 204 Karon Rd.,
✆ 076-370 888, ⌨ www.ramadaphuket
southsea.com. Etwa 100 Zimmer zu Luxus-
preisen konzentrieren sich rings um den Pool
des puristisch grau-weiß designten Resorts. ⑧
**Thavorn Palm Beach Resort** ④, 128/10 Patak
Rd., ✆ 076-396 090, ⌨ www.thavornpalmbeach
com. Riesiger, 2- bis 4-stöckiger Hotelkomplex,
210 AC-Zimmer, 4 Restaurants; 5 Pools und
Tennisplätze in großer Gartenanlage. Ableger
des Thavorn Hotels in Phuket-Stadt. ⑧

### Karon Nord

**Golden Sand Inn** ②, 556 Patak Rd., ✆ 076-
396 493, ⌨ www.phuket-goldensand.com. Im
Garten unter hohen Bäumen Reihenbungalows
und freistehende Mattenbungalows mit AC,
teure Hotelzimmer mit Minibar. Gutes, nicht
überteuertes Restaurant, kleiner Pool, nahe am
Strand. ⑤
**In On The Beach** ①, 395-397 Moo 1 Patak Rd.,
✆ 076-398 220, ⌨ www.karon-inonthebeach.
com. Etwas abseits direkt zwischen Strand und
Lagune gelegenes Hotel. Rund um den kleinen
Pool 46 ansprechend möblierte Zimmer im
2-stöckigen schicken weißen Gebäude.
Familiäre Atmosphäre. ⑥–⑦

## ESSEN UND UNTERHALTUNG

Entlang der **Luang Pho Chuain Rd.** haben sich einige Touristen-Restaurants etabliert, die überwiegend von Gästen des gegenüberliegenden großen Phuket Orchid Hotels besucht werden und mit etwas gehobenen Preisen und deutschsprachigen Speisekarten aufwarten. Im **Islandia Complex** im Norden konzentrieren sich zahlreiche relativ günstige Restaurants.

**Mani's German Bakery**, 278 Patak Rd., ✆ 089-972 4989. Keine beeindruckenden Räumlichkeiten, aber die Brötchen sind absolut frisch. Hervorragendes deutsches Frühstück mit Wurst und Käse sowie Kuchen, Würstchen und Leberkäs. ⏱ 7–12 Uhr, So geschl.

**On the Rock**, im Marina Phuket Resort (S. 814, Übernachtung Kata-Karon). Ob zum Mittagessen oder noch besser: zum Sonnenuntergang - vom Restaurant auf den Felsenklippen am Südende des Strandes hat man eine tolle Aussicht auf den Karon-Strand. ⏱ 10–22 Uhr.

## SONSTIGES

**Dive Asia**, 121 Moo 4, gegenüber dem Islandia Complex, Patak Rd., Hat Kata, ✆ 076-330 598, 🖥 www.diveasia.com. Tauchanbieter, Filiale in Kata.

## TRANSPORT

Offizielle Preise für gecharterte **Tuk Tuks**: PHUKET-STADT 500 Baht, PATONG 400 Baht, CHALONG 400 Baht, NAI HARN 500 Baht, SURIN 800 Baht.
**Taxi** zum FLUGHAFEN 1000 Baht.
**Inselbusse** nach PHUKET-STADT von –16.30 Uhr für 30 Baht.

# Hat Patong

km feiner, hellen Sandstrand – und dahinter erstreckt sich eine Stadt für Touristen mit allem, was dazugehört: Shopping, Essen und nicht zuletzt den nächtlichen Vergnügungen, die **Patong [690]** weltberühmt gemacht haben. Hunderte von großen Hotels, schicken Resorts und ein-

fachen Unterkünften erstrecken sich entlang der beiden Parallelstraßen und bis weit hinein ins Hinterland. Das Angebot der Straßenstände, Supermärkte und des gewaltigen Einkaufszentrums Jungceylon ist auf Urlauber aus aller Welt ausgerichtet, ebenso wie die Restaurants: Die unzähligen Bars und Pubs, die am frühen Abend auch noch Familien und (meist ältere) Ehepaare zu Gast haben, werden später am Abend allerdings fast nur noch von alleinreisenden Männern frequentiert. Ein abendlicher Spaziergang vorbei an den Bierbars in der **Bangla Road** gehört inzwischen allerdings fast zum Standardprogramm nahezu aller Urlauber.

Der **Strand** lockt Urlauber aus der ganzen Welt an: Ehepaare, Familien und Senioren. Tagsüber vergnügt man sich beim Baden, Windsurfen oder Fallschirmsegeln, fährt mit dem Jeep oder Motorrad durchs Hinterland oder zum Tauchen und Schnorcheln auf die Inseln. Weniger Sportliche machen ein paar Schwimmzüge im ruhigen Wasser, legen sich in die Sonne, hängen an der Pool-Bar herum, lesen heimische Tageszeitungen und lassen sich massieren oder mani- und pediküren: ein Strand für ganz normalen Erholungsurlaub also – zumindest für jene, die sich zwischen diesen Massen von Menschen erholen können.

Die hübschen Strände **Paradise Beach** und **Freedom Beach** im Südwesten von Patong werden oft mit Booten zum Schnorcheln oder Sonnenbaden angefahren. Am Paradise Beach gibt es ein kleines Restaurant und einen Verleih von Schnorchelausrüstungen und Scokanus.

## ÜBERNACHTUNG

Karte S. 819
Mehrere hundert Unterkünfte bieten Zimmer an, vom einfachen Gästehaus bis zum First-Class-Hotel. Die Preise schwanken stark je nach Auslastung und können sich bei wenig Betrieb nahezu halbieren (Nebensaison von Mai–Okt). Die hier angegebenen Preise beziehen sich auf die Hauptsaison.

### Untere und mittlere Preisklasse
**Andatel** ②, 41/9 Rat Uthit Rd., ✆ 076-290 480, 🖥 www.andatelhotel.com. Über 50 geräumige,

mit rustikalen Holzmöbeln ausgestattete AC-Zimmer in 2 sich gegenüberliegenden 3-stöckigen Reihenhäusern. Kühlschrank, TV und kleiner Balkon. Inkl. kleinem ansprechenden Frühstücksbuffet. Restaurant und recht großer Pool. **5**

**At Phuket Inn** ③, 80–82 Rat Uthit Rd., ✆ 076-340 321, 089-474 5937, 🖥 www.atphuketinn.com. 12 saubere, preiswerte Zimmer mit z. T. sehr kleinen Fenstern über einem hellen, freundlichen Restaurant. Angeschlossenes Tourbüro. **3 – 4**

**Boomerang Inn** ④, 5/1-8 Patong Beach Rd., ✆ 076-342 182, 🖥 www.boomeranginn.com. 2 Min. vom Strand und 10 Min. von der Bangla Rd. führen Bob und Lek dieses Haus seit 1992. Die Zimmer sind nicht mehr taufrisch, aber gepflegt. Kleiner Pool im Innenhof. Freundliche Leute. **4 – 5**

**Tune Hotel Patong** ①, 56 Rat Uthit Rd., ✆ 076-341 936, 🖥 www.tunehotels.com. Ableger der modernen, effizient gemanagten Hotelkette mit 144 kleinen, sauberen, etwas unpersönlichen Standardzimmern. Laut Firmenphilosophie wird auf hochwertige Betten und gute Duschen Wert gelegt. Aufzüge, 24-Std.-Security. Knapp **5**

### Obere Preisklasse

**Coconut Village Resort** ⑨, 20 Prachanukhro Rd., ✆ 076-366 312, 🖥 www.coconutvillageresort.com. 2-stöckiges Hotel, 80 nette AC-Zimmer mit Balkon, TV, Wasserkocher, teils mit Safe. Großer Pool mit kleiner Wasserrutsche. Sauna. **7**

**Duangjit Resort & Spa** ⑧, 18 Prachanukhro Rd., etwas abseits vom Strand, ✆ 076-340 303, 🖥 www.duangjit.com. Am Rande einer großen Gartenanlage stehen zahlreiche 2-geschossige Häuser mit über 300 geschmackvoll eingerichteten AC-Zimmern. Alles ist so weitläufig, dass man sich nicht in Patong wähnt, wo Platz ansonsten knapp bemessen ist. Dazu passt auch die riesige Poollandschaft. WLAN nur in der Lobby. **7 – 8**

**Patong Resort** ⑦, 208 Rat Uthit Rd., ✆ 076-340 551, 🖥 www.patongresorthotel.com. Großes Hotel im Zentrum mit komfortablen Zimmern mit Balkon. Der 2-stöckige Garden Wing ist rings um den kleineren Pool gebaut. Daneben

liegt der dazugehörige 8-stöckige Pavillion Wing mit großem Pool am kargen Gelände. **7 – 8**

**Poppa Palace** ⑤, 14-16 Rat Uthit Rd., ✆ 076-345 522, 🖥 www.poppapalace.com. In einem 4-stöckigen Hotel in ruhiger Lage und dennoch zentral. 64 AC-Zimmer im Thai-Stil, TV, Internetzugang, Kühlschrank und Balkon. Frühstück inkl. **6 – 7**

**Tropica Bungalow Hotel** ⑥, 132 Thawiwong Rd., ✆ 076-340 204-5, 🖥 www.tropicabungalow.com. Hinter dem großen Restaurant Doppel- und Reihenbungalows im ruhigen tropischen Garten. Safe, großes Bad, TV. Recht großer Pool. An der Rezeption hängt ein Foto von den ersten Hütten unter Palmen aus dem Jahr 1986 – als diese Anlage noch in der erster Reihe stand! Frühstück inkl. **6**

## ESSEN

Restaurants sind so zahlreich vertreten, dass e für jeden Geldbeutel und Geschmack das passende Lokal gibt. Es finden sich Inder, Japaner, Koreaner, Italiener, Pakistani und einige Nationen mehr – natürlich auch gehobene und einfache Thai-Küche. Auf dem großen **Essensmarkt** in der Rat Uthit Rd. stimmt die Atmosphäre. Günstiger und überschaubarer ist der abendliche Essensmarkt etwas weiter nördlich hinter der Einmündung der Patong Beach Rd.

Auch die **Bangla Road** hält preiswerte kulinarische Überraschungen parat: in der schmalen Gasse, die neben der Heroes Ba nach Süden abzweigt.

**Baan Rim Pa**, auf den Felsen des Ao Kalim, ✆ 076-340 789, 🖥 www.baanrimpa.com. Das seit Jahrzehnten beliebte Restaurant ist geschmackvoll dekoriert und bietet stilvolle Thai-Küche und eine gute Weinauswahl. Das besondere Plus ist die tolle Aussicht auf Hat Patong. Frühzeitige Reservierung vor allem in der Saison zu empfehlen. Gehobenes Preisniveau. Tgl. außer Mo Live-Jazz. ⏱ 12–23 Uhr.

**Baluchi**, 64/39 Soi Kepsab, im Horizon Beach Resort, ✆ 076-292 526. Hervorragendes nordindisch-moslemisches Restaurant. Ausgezeichnete Tandooris, zudem westliche Gerichte für 200–500 Baht. ⏱ 13–23.30 Uhr.

N

0    500 m

4029 ↑ Phuket

Hat
Kamala

Hat
Kalim

Kalim Rd ( Beach Rd.)

1
2

Phra Barami Rd.

Wat Suwan
Khiri Wong

Phil   Rd.

MOSLEM.
FRIEDHOF

1
3      2
4        $

Soi Roi

Patong Beach Rd.

(Beach Rd.)

Uthit

1

Sawasdirak Rd.

$

Pat

Patong
Boxing
Stadium

POLIZEI
Sai Nam Yen Rd.

Patong
Hospital

5

$ Paradise
Complex

POLIZEI

6   Bangla Rd.

2
3  4

Restaurant-Gasse

Bangla
Boxing
Stadium

5

Thawwong Rd.

1

6

P.P. Building

7

Phil   Rd.

3

Ban San
Fresh Market

Jungceylon

Nanai Rd.

4   7

Wattana
Clinic

Soi

5

Kepsap

Soi Roi

Ruamchai Rd.

2

3

8

9

8

9

Prachanukhro Rd.

Na Nai Rd.

10

Kata-Karon

Freedom Beach,
Paradise Beach

DIE ANDAMANENKÜSTE

### ■ ÜBERNACHTUNG
1 Tune Hotel Patong
2 Andatel
3 At Phuket Inn
4 Boomerang Inn
5 Poppa Palace
6 Tropica Bungalow Hotel
7 Patong Resort
8 Duangjit Resort & Spa
9 Coconut Village Resort

### ■ ESSEN
1 Joe's Downstairs
2 Baan Rim Pa
3 Pum Thai Restaurant
4 Euro Thai
5 Baluchi

### ■ SONSTIGES
1 All 4 Diving
2 Illuzion Show & Disco
3 Tiger Entertainment-
   Komplex
4 Seduction Disco
5 Banana Disco
6 Molly Malone's
7 Schweizer Konsulat
   (Patong Beach Hotel)
8 Santana Diving
9 Hideaway Day Spa
10 Phuket Simon Cabaret

### ■ TRANSPORT
1 Motorradtaxis
2 Busse und Taxis
3 Boote

**Euro Thai**, Soi Dr. Wattana, ✆ 076-341 464. Was die Küche angeht, so ist der Name Programm. Recht preiswert und gut, sodass viele Kunden wiederkommen. ⏱ 9–23 Uhr.

**Joe's Downstairs**, 223/3 Phra Barami Rd., ✆ 076-618 245. Etwas teurer, aber nicht nur zum Sonnenuntergang ist dieser Platz mit New World Cuisine und einer exklusiven Weinkarte eine der besten Adressen in Patong. ⏱ 12–1 Uhr.

**Pum Thai Restaurant**, 204/32, Rat Uthit Rd., ✆ 076-346 269, 🖥 www.pumthaifoodchain.com. Solide Thai-Küche im mittleren Preisniveau. Wem es hier schmeckt, der kann in der angeschlossenen Thai Cooking School selbst zum Kochlöffel greifen und sich in die tieferen Geheimnisse des Geschmacks einweihen lassen. ⏱ 11–21 Uhr.

## UNTERHALTUNG

Bier-, Video- oder Go-go-Kneipen, Discos und Bordelle: „Unterhaltung" gibt es hier mehr, als manch einer vertragen kann. Aber man(n) kann in Patong abends auch ausgehen, ohne morgens in Begleitung aufzuwachen.

### Discos, Bars, Pubs

**Banana Disco**, 96 Thawiwong Rd., ✆ 076-340 306. Die älteste Disco im Zentrum von Patong, in der es gegen Mitternacht richtig voll wird. An der Bar wird am frühen Abend oft Livemusik geboten, danach legt der DJ überwiegend House auf. Eintritt 200 Baht inkl. einem Drink. ⏱ 21–2 Uhr, das dazugehörige Pub öffnet bereits mittags.

**Illuzion Show & Disco**, 31 Bangla Rd., ✆ 076-683 059, 🖥 www.illuzionphuket.com. Die 75-minütige Show im Las-Vega-Stil ist eher akrobatisch als sexy – eine angenehme Abwechslung. Beginn tgl. 21 und 23 Uhr. Wechselndes Programm. In der Disco, die zum Komplex gehört, legen neben 4 Residents auch regelmäßig Gast-DJs auf. ⏱ 20 Uhr bis spät.

**Molly Malone's**, Beach Rd., ✆ 076-292 771. Großer irischer Pub mit gemütlicher Einrichtung. Hier kann „Mann" in Ruhe ein frisch gezapftes Bier trinken, ohne sich gleich in einem aufgeregten Schwarm Mädchen wiederzufinden. Wenn interessante Sportübertragungen laufen oder abends Livemusik spielt, kommt Stimmung auf. ⏱ 10–2 Uhr.

**Seduction Disco**, Soi Happy, Bangla Rd., 🖥 www.seductiondiscotheque.com. Die größte 2-stöckige Disco auf der Vergnügungsmeile, mit einem Super-Soundsystem. Zum Tanzen die erste Adresse am Platz. ⏱ 21–4 Uhr.

### Muay Thai

Auch für Nicht-Sportler ist ein Besuch bei einem Thai-Box-Abend ein Erlebnis: So eine Atmosphäre kann man nur in Thailand erleben. Etwa alle zwei Tage finden ab 21 Uhr Kämpfe statt, die tagsüber mit Lautsprecherwagen angekündigt werden. Neben dem etablierten **Patong Boxing Stadium**, 59 Sai Nam Yen Rd., 🖥 www.boxingstadiumpatong.com, zieht auch das **Bangla Boxing Stadium** an der Na Nai Rd. viele Besucher an. Eintritt je nach Sitzplatz 1700–2500 Baht. Stehplätze sind mit 600 Baht deutlich günstiger, werden aber oft nur an Einheimische verkauft.

### Shows

**Phuket Simon Cabaret**, 8 Sirirat Rd., Reservierung unter ✆ 076-342 011-5, 🖥 www.phuket simoncabaret.com. An der Straße Richtung Karon. Eine professionell gestaltete Travestie-Show, schöne Bühnenbilder, gekonnte Dramaturgie, fantastische Licht- und Sound-Effekte. Vorstellungen um 18, 19.45 und 21.30 Uhr.

## AKTIVITÄTEN

### Bootsfahrten

Longtail-Boote verkehren vom Pier am Südende der Bucht zum Freedom (hin und zurück für 1200 Baht) und Paradise Beach (1000 Baht). Es gibt auch Bootstouren in die Bucht von Phang Nga und auf die Nachbarinseln, ab 1500 Baht. Reisebüros bieten zudem Tagestouren nach Ko Phi Phi, Mittagessen und Schnorchelequipment, Besuch Viking Cave und Maya Bay. Abfahrt ca. 8 Uhr, Rückkehr ca. 18 Uhr, um die 1500 Baht.

### Tauchen

Die Tauchschulen am Patong arbeiten eng zusammen. Da tgl. neue Kurse beginnen und

nur selten 4 Pers. zusammenkommen, kann man hier mit etwas Glück in 3 Tagen allein betreut den Tauchschein machen. Touren werden immer in Kooperation aller Veranstalter gemacht – auch, um nicht unnötig viele Boote in die Tauchgebiete zu fahren.
**All 4 Diving**, 169/14 Sansabai Rd., ✆ 076-344 611, 🖥 www.all4diving.com. Hervorstechend ist die große Auswahl an Tauchausrüstungen im größten Shop der Insel. Der Manager spricht Deutsch. Günstige Last-Minute-Angebote für Kurzentschlossene machen einen *Liveaboard* erschwinglicher. ◷ 9–22 Uhr.
**Santana Diving**, 273 Rat Uthit, 200 Pi Rd., ✆ 076-294 220, 🖥 www.santanaphuket.com (Englisch und Deutsch). Die Tauchschule kann auf über 30 Jahre Erfahrung verweisen. Deutsche Leitung. 2 Tauchboote. Tgl. Tauchkurse, zudem vielfach 3- bis 7-tägige *Liveaboards* nach Similan, Surin und zu den südlichen Inseln, Nitrox-Tauchen.
Eine privat betriebene **Dekompressionskammer** befindet sich in der 231/233 Rat Uthit Rd., 🖥 www.sssnetwork.com.

## Wassersport

**Windsurfen** für 500 Baht/Std., **Parasailing** 1000 Baht, **Wasserski** 1000 Baht/10 Min., **Bananenboot** 500 Baht p. P., **Jet Skis** 1000 Baht/30 Min. Immer wieder gehen die Maschinon kaputt, und der Nutzer muss zahlen – eine bekannte Masche, die den Betreibern wahrscheinlich mehr Geld bringt als der Verleih der Fahrzeuge.

## SONSTIGES

### Einkaufen

Neben dem **Jungceyclon** sind auch die anderen **Einkaufszentren** gut mit den Waren bestückt, die viele Urlauber suchen: Das Angebot reicht von Bademode über Sonnenbrillen bis zu Kosmetika, Spirituosen, westlichen Lebensmitteln, Postkarten, Zeitschriften und Medikamenten aller Art.
Je nach Saison und Nachfrage schwanken die Preise an den **Souvenirständen**, die sich in der Bangla Rd., der Thawiwong Rd. und vielen Nebenstraßen ausgebreitet haben. Vor allem

von gerade eingetroffenen Weißhäutigen werden stark überhöhte Preise gefordert, sodass es lohnt, das Angebot zu vergleichen und zu handeln – und erst einmal ein bisschen Farbe zu bekommen.

### Medizinische Hilfe

Das **Patong Hospital**, ✆ 076-342 633, an der Sai Nam Yen Rd. hat eine gute ambulante Station und ist sehr erfahren in der Behandlung von Verletzungen durch Motorradunfälle. Bessere stationäre Behandlung erfährt man in den Krankenhäusern von Phuket.
**Wattana Clinic**, 78/8 Thawiwong Rd., ✆ 076-340 690, 🖥 www.wattanaclinic.com. Auch Deutsch sprechende Ärzte. ◷ 9–19 Uhr, So geschl.

### Spa

**Hideaway Day Spa**, 157 Soi Na Nai, ✆ 081-7500 0261, 🖥 www.phuket-hideaway.com. Eine Oase der Ruhe am Fuß der bewaldeten Hügel, abseits des Trubels. Das bereits 1987 gegründete Spa war das erste der Insel.

### Tourist Police

Thawiwong Rd. nördlich der Einmündung der Bangla Rd. ◷ Mo–Fr 10–15.30 Uhr, Notruf ✆ 1155.

## NAHVERKEHR UND TRANSPORT

Pick-ups und **Tuk Tuks** im Ort verlangen in der Saison 200 Baht und mehr. **Motorradtaxis** ab 50 Baht.
Kaum ein Tuk-Tuk-Fahrer fährt noch zu den offiziell festgelegten Preisen. Verlangt wird oft das Doppelte und mehr. Offiziell kostet PHUKET-STADT 500 Baht, KARON 400 Baht, KATA 500 Baht, CHALONG 600 Baht und SURIN 600 Baht.
**Busse** nach PHUKET-STADT für 25 Baht (6–17 Uhr) starten an der Bushaltestelle vor dem Patong Merlin, nehmen aber auch während ihrer Fahrt durch die Thawiwong Rd. und Phra Barami Rd. Fahrgäste auf. Wer in den Bus aus Phuket-Stadt zusteigt, um zum Strand zu fahren, zahlt 10 Baht.
**Taxi** zum FLUGHAFEN 800 Baht.

# Kamala

5 km nördlich von Patong, hinter dem nächsten Kap, erstreckt sich in einer tiefen Bucht das Moslemdorf **Ban Kamala** zwischen dem Strand und der Umgehungsstraße. Bevor am 26. Dezember 2004 die volle Wucht einer 10 m hohen Riesenwelle bis weit ins Hinterland hinein heftige Zerstörungen anrichtete, hatte bereits der Tourismus mit Läden, Restaurants und Liegestühlen am Dorfstrand Einzug gehalten. Seit dem Wiederaufbau bestimmen Kleinhotels, Souvenirläden und Touristenrestaurants das Bild des Ortszentrums.

Der Ort besitzt zudem ein großes touristisches Spektakel: das **Phuket FantaSea**. Der 35 ha große Themenpark, ☏ 076-385 111-5, 🖥 www.phuket-fantasea.com, erstreckt sich an der Umgehungsstraße von Kamala. Um 21 Uhr beginnt die große Show „Fantasy of a Kingdom" mit den Helden Rama, Hanuman und Prinz Kamala, über einem Dutzend Elefanten, Wasserbüffeln und einem Tiger. Moderne artistische Darbietungen und Zauberkünstler wechseln mit traditionellem Schattenspiel (mit Lasertechnik modern verfremdet), Tänzen und Nachstellungen gigantischer Schlachten ab. ⏲ 17.30–23.30 Uhr, Eintritt zur Show 1800 Baht, für Dinner und Show 2200 Baht.

Die Straße verläuft an der Küste entlang weiter Richtung Norden nach Surin. Von einem Parkplatz am Kap (Parkgebühr von 9–19 Uhr fürs Moped 20 Baht, fürs Auto 40 Baht) geht es zu Fuß hinab zum hübschen, aber übervölkerten **Hat Laem Sing**. Das türkisblaue Wasser ist ruhig und gut zum Baden geeignet.

## ÜBERNACHTUNG

Weitere Unterkünfte befinden sich an der nördlichen Verbindungsstraße zwischen Strand und Umgehungsstraße.

### Ban Kamala

**Baan Natacha** ④, 96/23 Moo 3, Hat Kamala, ☏ 076-385 603, 🖥 www.baannatacha.com. Möblierte AC-Zimmer in einem kleinen Guesthouse am Strand, mit Minibar und DVD-Player. Bar im Erdgeschoss. ⑤

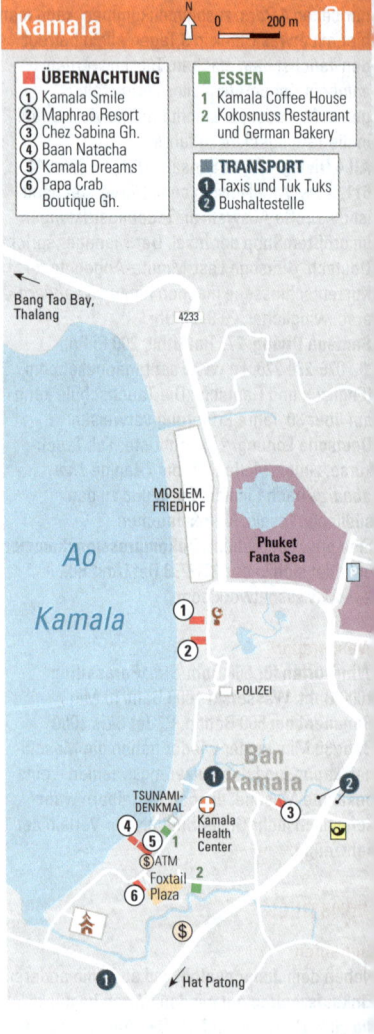

**Kamala**

N   0   200 m

### ■ ÜBERNACHTUNG
① Kamala Smile
② Maphrao Resort
③ Chez Sabina Gh.
④ Baan Natacha
⑤ Kamala Dreams
⑥ Papa Crab Boutique Gh.

### ■ ESSEN
1 Kamala Coffee House
2 Kokosnuss Restaurant und German Bakery

### ■ TRANSPORT
❶ Taxis und Tuk Tuks
❷ Bushaltestelle

Bang Tao Bay, Thalang
4233
MOSLEM. FRIEDHOF
Phuket Fanta Sea
Ao Kamala
POLIZEI
Ban Kamala
TSUNAMI-DENKMAL
Kamala Health Center
ATM
Foxtail Plaza
Hat Patong

**Chez Sabina Gh.** ③, 86/11 Moo 3, Hat Kamala, ☏ 076-279 544. Hübsche Zimmer mit AC und Kühlschrank in einem Wohnhaus, auch Familienzimmer. Inkl. Frühstück. ④ – ⑤
**Kamala Dreams** ⑤, 74/1 Moo 3, ☏ 076-279 131, 🖥 www.kamaladreams.net. 12 Apartments mit Küchenzeile, Kühlschrank und TV rings um einen kleinen Pool in einem 2-stöckigen Haus direkt ar

Strand. Unter holländisch-thailändischer Leitung. Im Erdgeschoss liegt das angegliederte **Charoen Seafood**-Restaurant. Inkl. Frühstück. ❼

🏠 **Papa Crab Boutique Gh.** ⑥, 93/5 Moo 3, ☎ 076-385 315, 🖥 www.phuketpapacrab.com. Sehr individuell und geschmackvoll gestaltetes Haus mit 10 Zimmern. Die Zimmer im Boutiquestil haben farbige Akzente und einen Sinnspruch auf der Wand, TV, Kühlschrank, Safe. Kleine Galerie mit Werken von Künstlern der Insel im Eingangsbereich. Unter thailändisch-deutscher Leitung von Koong und Charlie. ❺

### Nördlicher Strandabschnitt

**Kamala Smile** ①, 98/18 Moo 3, ☎ 089-677 4851, 🖥 www.smilerestaurant.org. Anlage mit Reihenbungalows unterschiedlicher Ausstattung, teils mit Kühlschrank und Küche. Einfache Zimmer im hinteren Bereich. Restaurant und Bar am Strand. ❺–❻

**Maphrao Resort** ②, 95/6 Moo 3, ☎ 076-279 284, 🖥 www.maphraobeach.com. Nett eingerichtete Zimmer in 2 nah beieinanderstehenden 2-stöckigen Reihenhäusern. Bar und Restaurant. ❺

### ESSEN

Im Ortszentrum haben sich eine ganze Reihe kleiner Restaurants auf den Geschmack der Urlauber eingestellt. Am **Foxtail Plaza** gibt es mehrere Restaurants mit europäischer und thailändischer Küche.

**Kamala Coffee House**, mit Fluss- und Strandblick, bietet Frühstück mit gutem Kaffee. Man kann unten oder oben auf der offenen Terrasse sitzen. ⏰ 8–23 Uhr.

**Kokosnuss Restaurant und German Bakery**, 3/118 Moo 3 Soi 7, ☎ 081-538 5285, 🖥 www.phuketkokosnuss.com. Thomas aus Nürnberg serviert nicht nur das beste europäische Frühstück an diesem Strand, sondern weiß auch abends (außer Mi und Fr) ab 17.30 Uhr seine Gäste mit verschiedenen All-you-can-eat-Buffets zu verwöhnen. ⏰ 7–23 Uhr.

### TRANSPORT

**Tuk Tuks** und **Taxis** nach PHUKET-STADT ca. 800 Baht, PATONG 400 Baht. **Inselbusse**

nach PHUKET-STADT über Bang Tao und Hat Surin von 7–15 Uhr etwa stdl. für 40 Baht. Haltestelle ist an der Hauptstraße, Richtung Phuket werden an der Strandstraße Mitfahrer eingesammelt. Taxi zum FLUGHAFEN 800 Baht.

## Hat Surin

Der Surin-Strand ist einer der schönsten Küstenabschnitte der Insel. Schon König Bhumibol (Rama IX.) besuchte diesen Strand 1928, um den ersten Golfplatz Phukets zu beehren. Noch heute wird der Strand daher auch von thailändischen Besuchern besonders geschätzt.

Die **Strandpromenade** wird überwiegend von alten Bäumen überschattet und auf der meerabgewandten Seite von Restaurants und Läden gesäumt – einigen von ihnen drohte zur Zeit der Drucklegung allerdings der Abriss, da sie ohne gültige Genehmigungen errichtet worden waren. Der Strand ist sauber, eignet sich von Mai bis Oktober wegen der hohen Wellen und starken Unterströmungen allerdings nicht zum Baden.

### ÜBERNACHTUNG

Karte S. 800

**Benyada Lodge** ⑧, 106/52 Moo 3, ☎ 076-271 261-4, 🖥 www.benyadalodge-phuket.com. 4-stöckiges, im modernen Thai-Design gestaltetes Boutiquehotel. Deluxe-Zimmer mit kleinem Balkon und Suiten. Inkl. Frühstück. ❻–❽

**Doubletree Resort** ⑧, 106/27 Moo 3, Surin Beach Rd., ☎ 076-303 300, 🖥 www.doubletree.hilton.com. Große, familienfreundliche Anlage, die vor allem bei skandinavischen Familien beliebt ist. Großer Pool mit Wasserrutsche, 250 Zimmer mit TV, Balkon und Kochecke, viele Aktivitäten. ❽

**Manathai** ⑧, 121 Moo 3, ☎ 076-270 900, 🖥 www.manathai.com. Warme Farben und viel Holz sorgen in diesem Design-Resort für eine entspannte Atmosphäre. Die 52 Zimmer sind auf 3 Stockwerken mit allem Komfort verteilt; Pool, Bar und ein elegantes Restaurant mit lokalen und westlichen Gerichten. ❽

**Twin Palms** ⑧, 106/46 Moo 3, ☎ 076-316 500, 🖥 www.twinpalms-phuket.com. Minima-

Die blauen Inselbusse pendeln zwischen Phuket-Stadt und den Stränden.

listisch-modern gestaltetes Luxushotel. 72 riesige Zimmer mit offenen Bädern, Stereoanlage, hohen Fenstern und teils direktem Pool-Zugang. Spa, Bibliothek, Internet, Bar und das ausgezeichnete Restaurant Oriental Spoon. So 11–14.30 Uhr Brunch mit Seafood und Wein. ⑧

### ESSEN

Aufgrund des Vorgehens der Inselregierung gegen illegal errichtete Bauten gibt es vielleicht bei Erscheinen dieses Buches eines oder mehrere der folgenden Restaurants schon nicht mehr.
**Catch Beachclub**, Surin Beach Rd., ✆ 076-316 567, 🖥 www.catchbeachclub.com. Hier sitzt man in Weiß und Türkis designter Umgebung. Schick und stylisch – entsprechend hoch sind die Preise. Auswahl an frischem Seafood, Thai und westlichen Gerichten wie Pizza, Pasta und Steaks. Salat-Buffet. ⏰ 11.30–1 Uhr.
**Taste**, Surin Beach Rd., ✆ 076-270 090, 🖥 www.tastesurinbeach.com. Erste Wahl für ein gepflegtes Dinner. Der Chef empfiehlt den marktfrischen Spargel, doch die Karte verspricht noch viele weitere Genüsse. Gute Auswahl an Wein. ⏰ 18–24 Uhr.

**Twin Brothers**, Surin Beach Rd. Pizza, Pasta und andere westliche Gerichte, aber auch Thailändisches. Mittlere Preisklasse. ⏰ 10.30–22.30 Uhr.

### TRANSPORT

Tuk Tuks und Taxis nach PHUKET-STADT 600 Baht, Busse 40 Baht; PATONG 600 Baht; KARON 700 Baht. Taxi zum FLUGHAFEN 700 Baht.

## Ao Bang Tao / Laguna Phuket

Der Ort **Bang Tao**, 24 km von Phuket-Stadt ent fernt, ist eine der größten Siedlungen im Hinter land der Westküste mit einer beachtlichen sun nitischen Gemeinde. Im Ortszentrum erhebt sic die **Islamiya Mosque**, die größte Moschee vo Phuket mit ihrer weißen Fassade im maurische Stil, ihren Türmchen und Kuppeln. Doch auc buddhistische Tempel stehen in diesem geschä tigen Ort, dessen **Markt** einen Besuch lohnt.

Nördlich des Ortes zweigt eine Straße zur A Bang Tao ab. Ein 5 km langer **Strand** erstreck sich an der Küste, in deren Hinterland früher Zinn gefördert wurde. Der Großinvestor Thai Wah Resorts ließ für 5 Mrd. Baht die brachliegenden Zinnminen rekultivieren. Auf dem Areal entstand das **Laguna Phuket**, eine Parklandschaft mit den ersten Luxusresorts der Insel, einem 18-Loch-Golfplatz und vielen anderen touristischen Einrichtungen. Jedes Resort wurde an eine andere Hotelkette verpachtet. Gäste eines Hotels können die Dienstleistungen der anderen Hotels in Anspruch nehmen. Über eine kostenlose Bootslinie sind das Outtrigger Resort, Dusit Laguna, das Angsana und Allamanda Laguna Phuket miteinander verbunden.

Vor dem Eingang zum Laguna-Areal hat sich ein kleines Touristendorf mit Restaurants und Läden entwickelt. Weiter landeinwärts liegt das Dorf **Choeng Thale** (auch: Cherng Talay), in dem sich weitere Essensmöglichkeiten und Geschäfte befinden.

## ÜBERNACHTUNG

Karte S. 800

### Laguna Phuket

**Banyan Tree** ⑥, 33 Moo 4, Srisoontorn Rd., ✆ 076-372 400 ▭ www.banyantree.com. Weitläufige, prachtvolle Anlage, 50–200 m vom Strand um eine Lagune gebaut. 108 luxuriöse Villen im Thai-Stil. 1994 eröffnete hier die erste moderne Schönheitsfarm des Landes mit innovativen Therapie- und Massageangeboten. ❽

### Ao Bang Tao

**Amora Beach Resort** ⑦, 322 Moo 2, Choeng Talay Rd., an der Gabelung der Straße zur Küste nach rechts, ✆ 076-314 236, ▭ www.phuket.amorahotels.com. 3-stöckiges Haus am Strand in einer weitläufigen, schattigen Gartenanlage. 255 Zimmer, 2 Restaurants, Strandgrill, 2 Pools, Kinderbecken, Sportangebote, Windsurfen und Kanuverleih. ❽

**Bangtao Beach Chalet** ⑦, 73/3 Soi Ao Bangtao, ✆ 076-314 305, ▭ www.bangtaochalet-phuket.com. Ruhiges Boutiqueresort an der Zufahrtstraße. Im schmalen, gepflegten Garten mit kleinem Pool, Brunnen und vielen Orchideen stehen 10 hübsche Bungalows im balinesischen

Stil etwas dicht nebeneinander in 2 gegenüberliegenden Reihen. Auch 2 Pool-Villen. Freundliches moslemisches Management, entsprechend ist die Küche *halal*. Frühstück inkl. ❼ – ❽
**Sunwing Resort & Spa** ⑦, 22 Moo 2, Choeng Rd., ✆ 076-314 263, ▭ www.sunwingphuket.com. Mit hellen Holzmöbeln eingerichtete Zimmer mit viel Platz und Balkon. Pool, Restaurant am Strand. Sehr familienfreundlich: Viele Angebote für Kinder; und sogar Babys haben einen eigenen Bereich. ❽

## ESSEN UND UNTERHALTUNG

Alle Hotels im Laguna verfügen über mehrere vorzügliche Restaurants, deren Preise dem luxuriösen Ambiente entsprechen. Außerhalb des Areals gibt es einige gute Alternativen.
**Bliss Beach Club**, 202/88 Moo 2, ✆ 076-510 150, ▭ www.blissbeachclub.com. Schöner Platz für einen gepflegten Tag am Strand: einladende Liegen auf Sand oder Gras (300 Baht), Terrasse mit Tischen und Sitzecken. Relativ familienfreundliches Ambiente mit kleinem Pool und Klettergerüst; auf dem internationalen Menü sind auch Kindergerichte ausgewiesen. Innen eine Bar, an der vor allem abends Betrieb ist. ⏰ 10–22 Uhr.
**DeDos**, 8 Lagoon Rd., ✆ 076-325 182, ▭ www.dedos-restaurant.com. Eine der besten Adressen für *Fine Dining* auf Phuket: Der schweizerbolivianische Chef Pablo Blattmann ist Bocuse-Schüler und zaubert französische Küche mit asiatischem Touch. Reservierung empfohlen. ⏰ tgl. 18–23 Uhr.
**Nok & Jo's**, 37 Moo1, ✆ 081-538 2110. Rustikales Restaurant mit Holzmöbeln, Autokennzeichen aus aller Welt und viel Nippes. Der Kanadier Joe hat eine internationale Speisekarte zusammengestellt, und vor allem an den Abenden, an denen eine Travestieshow zu Gast ist, brummt der Laden. ⏰ 10–1 Uhr.
**Tatonka**, 19 Lagoon Rd., ✆ 076-324 349. Fusionsküche für Genießer: Der weit gereiste Chef Harold Schwarz kreiert hier seit 1996 „Globetrotter-Cuisine" wie Sashimi-Frühlingsrollen, Pizza Peking-Ente und andere Köstlichkeiten. ⏰ 18 Uhr bis spät.
**Xana Beach Club**, 10 Moo 4, ✆ 076-324 101, ▭ www.xanabeachclub.com. Phukets laut

Eigenwerbung „most stylish beach club" beeindruckt mit einem 35 m langen Pool und einem guten Sound-System. Sowohl die Eintritte als auch die Preise im angeschlossenen Restaurant **attica** (*pad thai* 390 Baht) legen allerdings nahe, dass sich hier vor allem die Reichen und Schönen treffen – oder die, die es sein möchten. ⏰ 10–23 Uhr.

## SONSTIGES

**Bank** mit Geldautomat u. a. in Bang Tao an der Hauptstraße gegenüber der Abzweigung zum Laguna. 2 **Geldautomaten** direkt an der Straße zum Laguna.

## TRANSPORT

Für die Gäste der Resorts pendeln **Busse** (von 7–24 Uhr alle 10 Min.) und **Fähren** (von 7–21 Uhr alle 20 Min.) zwischen den Einrichtungen. Auch Nichtgäste dürfen hier kostenlos mitfahren. Nach PHUKET-STADT mit dem **Taxi** für 600 Baht, mit **Inselbussen** (halten an der Hauptstraße beim Tesco Lotus, bis 16 Uhr) für 30 Baht. Taxi zum FLUGHAFEN 600 Baht.

# Hat Layan

Der **Hat Layan** [8467] schließt sich nördlich an die Ao Bang Tao und den Laguna Beach an. Hier bräunen sich die Hotelgäste der nahen Resorts. Ein Strandrestaurant mit guter Thai-Küche zu annehmbaren Preisen sorgt tagsüber für das leibliche Wohl. Nebenan befindet sich das Hauptbüro des **Hat Sirinath National Park**, das allerdings keine Informationen bereithält. Für den zum Park gehörenden Strand ist kein Eintritt zu zahlen.

Obwohl der Küstenabschnitt von der Mündung des **Klong Kala** bis nach Nai Thon mit Ausnahme weniger Siedlungsgebiete unter Naturschutz gestellt wurde, sind entlang der 8 km langen Asphaltstraße durch den schönen Wald Apartmentanlagen und Luxusresorts entstanden. Auf den letzten, kurvenreichen Kilometern hinab zum Hat Nai Thon zweigen links der schmalen Straße Wege zu Luxusanlagen in kleinen Buchten ab. Recht schön ist das **Andaman White Beach Resort** [3748] am kleinen Nai Thon Noi, ⑧. Richtig nobel wohnt man im **Trisara** [7736] auf einer Klippe oberhalb des zu einem Privatstrand erklärten Hinkuay Beach, ⑧. Karte S. 800.

# Hat Nai Thon

Noch ist es am 900 m langen Sandstrand **Hat Nai Thon** [3746] relativ ruhig. An dem schönen Badestrand sind die Wellen außerhalb des Monsuns nicht allzu hoch, sodass er sich gut zum Schwimmen eignet. Schnorchelmöglichkeiten bestehen am südlichen Ende des Strandes. Die winzigen Felseninseln **Ko Waeo**, 15 Min. mit dem Boot ab Nai Thon, mit ihren Korallen und dem Wrack eines Zinnbaggers sind ein beliebtes Ziel von Tauchern, die vier bis zu 30 m tiefe Tauchgebiete erkunden können. Die fischreichen Riffe in bis zu 15 m Tiefe sind bei guter Sicht auch zum Schnorcheln geeignet.

Etwa 1 km südlich von Nai Thon liegt der versteckte **Banana Beach** (Hat Kruai). Ein Pfad führt von der Straße (auf geparkte Mopeds und das verwitterte Schild achten) hinunter zum Strand. Dort warten ein kleines Strandrestaurant und gute Schnorchelmöglichkeiten.

## ÜBERNACHTUNG

Karte S. 800
**Naithon Beach Villa** ④, ☎ 076-205 407, 🖵 www.naithon.com. Helmut Meyer und seine Frau vermieten 6 gepflegte, große Apartments in einem 2-stöckigen Haus mit Küche, 1–2 Schlafzimmer, Terrasse oder Balkon mit Meerblick, sowie Zimmer im Neubau. Kontakt auch im Naithon Beach Club (s. u.). ❺–❼
**Pullman Phuket Arcadia** ③, ☎ 076-303 299, 🖵 www.pullmanphuketarcadia.com. Am nördlichen Ende der Bucht kunstvoll in den Hang gebaut, bietet dieses 2013 eröffnete Luxusresort 277 modern und komfortabel ausgestattete Zimmer vom „kleinen" Deluxe-Room (46 m²) bis zur Ocean Pool Villa mit 170 m². Mehrere Restaurants und Bars, 2 Pools, Kids Club, Yoga und sogar Muay Thai sind im Angebot. ❽

DIE ANDAMANENKÜSTE

**The Angel of Naithon Resort** ④, ✆ 081-830 9628, 🖥 www.angelofnaithon.com. Durch ein großes hölzernes Tor geht es in eine Gartenanlage mit 9 großen Holzbungalows und Terrasse rund um einen Pool. Auch große Familienbungalows. Der Besitzer sammelt alte VW Käfer, sodass meist ein oder zwei schöne Exemplare im Garten stehen. ❼ – ❽

## ESSEN

**Naithon Beach Club Restaurant & Bar**, 28/5 Nai Thon Beach Rd., ✆ 089-474 2140, 🖥 www.naithonbeachclub.com. Auf der Speisekarte eine solide Auswahl an Thai- und deutschen Gerichten. 🕐 8–23 Uhr.

**Tien Seng Restaurant**, 28/1 Nai Thon Beach Rd., ✆ 086-952 7280. Das lustige und freundliche Personal serviert preiswerte, leckere Thai- und Seafood-Gerichte. 🕐 9–22 Uhr. Es werden auch Zimmer über dem Restaurant vermietet. ❹

## SONSTIGES

**Aqua Divers**, 23/26 Moo 4 Beach Rd., neben dem Naithon Beach Resort, ✆ 076-205 049, 🖥 www.aqua-divers.de. Tauchschule unter deutscher Leitung. PADI-Kurse, IDA/CMAS-Kurse für erfahrene Taucher, Kurztrips und Mehrtagestouren. Ganzjährig geöffnet, von Okt–April Tauchen im nahen „Hausriff" vor Ko Waeo.

## TRANSPORT

Öffentliche Verkehrsmittel fahren erst ab Nai Yang (Airportbus) bzw. Bang Tao (Inselbus). **Taxis** von der Nai Thon Beach Rd. an alle Orte der Insel; nach PHUKET-STADT 800 Baht, zum FLUGHAFEN 400 Baht, KARON 1100 Baht, PATONG 1000 Baht.

# Hat Nai Yang

Der schöne Badestrand **Hat Nai Yang** [2939] im Nordwesten, 32 km von Phuket-Stadt, ist nur km vom Flughafen entfernt, aber trotzdem relativ ruhig. Obwohl tags wie nachts etliche Ma-

schinen nahe vorbeifliegen, kann man meist recht gut schlafen. Da das Meer nicht tief ist und es keine tückischen Strömungen gibt, kann man hier wunderbar schwimmen, zum Schnorcheln allerdings ist Hat Nai Yang nicht geeignet. Während in den Schulferien in erster Linie Familien hier ihren Urlaub verbringen, prägen außerhalb dieser Zeiten langzeitweilende Senioren das Bild des Tourismus.

Nach Regenfällen spült der Bach am nördlichen Ende des Strandes eisenoxidhaltiges Wasser aus den Sümpfen im Hinterland in die Bucht, sodass das Wasser eine rötliche Farbe annimmt. Ein Teil der Bucht ist in den 90 km² großen **Had Sirinath Marine National Park** mit einbezogen worden, der einen schmalen Küstenstreifen und das Meer entlang der Nordwestküste umfasst. Als schutzwürdig gelten die Kasuarinenwälder und Mangroven ebenso wie das kleine Korallenriff ca. 1 km vor der Küste und ein 5 km langer Meeresstreifen. Der Park wurde vor allem zum Schutz der Meeresschildkröten (Leder-, Bastard- und Echte Karettschildkröte) eingerichtet, die hier während der Trockenzeit im Dezember und Januar ihre Eier zum Ausbrüten in den Sand legen.

Eine Abwechslung zum Strandleben bietet der **Nachtmarkt** an jedem Dienstag, Donnerstag und Samstag von 12–20 Uhr neben dem Tempel, auf dem vor allem Textilien und die verschiedensten Thai-Snacks und Speisen angeboten werden.

## ÜBERNACHTUNG

Die Nähe zum Flughafen macht Nai Yang für einen Zwischenstopp attraktiv. Manche verbringen aber auch ihren ganzen Urlaub hier. **Airport Resort** ③, 80/15 Moo 1, ✆ 076-327 697, 🖥 www.phuketairportresort.com. Modern eingerichtetes Kleinhotel an der Zufahrtsstraße zum Strand, 16 Zimmer mit Kühlschrank, TV, Safe und großer Fensterfront zur Terrasse hin. Kleiner Pool, Autovermietung. Kostenpflichtiges WLAN. Frühstück und Transport von und zum Flughafen inkl. ❺

**Dang Sea Beach Bungalow** ②, 90/4 Moo 5, ✆ 076-328 362, 081-477 2879, 🖥 www.dangsea beach.com. Die 10 einfachen, aber sauberen

## Hat Nai Yang

N    0      200 m

↗ Nationalpark    Flughafen ↗

Muang Mai,
Thalang   402

MARKT

4026

Phuket Airport
Boxing Stadium

Ao Nathon,
Thalang

4031

**■ ÜBERNACHTUNG**
① Ruanmai
② Dang Sea Beach Bungalow
③ Airport Resort
④ Sea Pines B&B
⑤ Indigo Pearl

**■ ESSEN**
1 Good View
2 Lee Pizzeria
3 Mr. Köbi Bar

**■ SONSTIGES**
1 Aqua NE Watersports
2 Minimarkt

**■ TRANSPORT**
❶ Airportbus und Songthaew nach Phuket-Stadt
❷ Taxi
❸ Airportbus und Songthaew zum Flughafen

---

Bungalows stehen sich in 2 Reihen dicht an
dicht eng gegenüber, haben aber den unbe-
streitbaren Vorteil, zu den wenigen zu gehören,
die direkt am Strand liegen. ④
**Indigo Pearl** ⑤, ☎ 076-327 006, 💻 www.
indigo-pearl.com. 226 komfortable Zimmer,
Cottages und Suiten in postmodernem Design,
das an die Zeit der Zinnminen erinnern soll;
Holzböden aus alten Bahnschwellen, unverputzte Betonwände und minimal bearbeitete
Holztüren. 3 Pools im weitläufigen Garten, Spa,
Tennis, und Tauchschule. ❽
**Ruanmai** ①, 65 Moo 5, ☎ 076-327 800, 087-
629 4499, ✉ daun_65@hotmail.com.
15 Bambusmattenbungalows etwas dicht
beieinander, aber durch viel Grün abgeschirmt,
direkt am Strand. Zudem etwas teure AC-
Zimmer. ❸–❺
**Sea Pines B&B** ④, Villa Liberg, 111 Moo 5,
☎ 081-814 4883, 💻 www.villalibergphuket.com.
12 hübsche, individuell gestaltete Zimmer im
traditionellen Thai-Stil. 4 Zimmer im Reihenhaus
am Pool mit getrennter Du/WC sowie einer
Terrasse zum Pool hin. Im hinteren Bereich
3 Thai-Häuser für Familien. Die kleine Anlage
mit Holzstegen am Wasser entlang ist einladend
und nur durch das hohe Holztor zugänglich.
Die Managerin spricht gut Englisch. Inkl. Frühstück. ❺

DIE ANDAMANENKÜSTE

## ESSEN UND UNTERHALTUNG

An der Strandstraße liegen Garküchen, Restau-
rants, Souvenirstände, Bars, 2 Minimärkte und
2 Tauchbasen.
**Good View**, am Strand. Spaghetti, Sandwiches,
Thai Food. Der Name ist Programm: Hier hat
man den besten Blick aufs Meer. ⏰ 11–22 Uhr.
**Lee Pizzeria**, ☎ 087-292 3181. Neben sehr
schmackhafter Pizza und Pasta werden auch
Thai-Gerichte und frisches Seafood kredenzt.
⏰ 9–22 Uhr.
Die **Mr. Köbi Bar** serviert Seafood und anderes
und überzeugt mit dem Werbespruch: „Broken
English is spoken here perfect". ⏰ 9.30–22 Uhr.
Zum **Sonntags-Brunch** im **Indigo Pearl** sind
auch Gäste willkommen, die nicht im Resort
wohnen. Austern, Hummer, Steaks, Sushi, Käse
... das Angebot ist überwältigend, hat aber auch
seinen Preis: Es geht los bei 2250 Baht (inkl.
Softdrink) bzw. 2590 Baht (inkl. Wein). Reservierung empfehlenswert. ⏰ 12–16 Uhr.

## SONSTIGES

**Aqua NE Watersports Phuket**, an der Strandstraße, ☎ 089-873 3623, 💻 www.aqua-one.net. Breites Angebot, von Tauchgängen am Hausriff bis
zu Similan-Touren und Kursen, auch auf Deutsch

**Taxis** nach PHUKET-STADT 700 Baht, PATONG 1000 Baht, KATA 1100 Baht, FLUGHAFEN 200 Baht.

Der **Airportbus** fährt von der Bushaltestelle an der Hauptstraße (Abzweigung Golddigger's Resort). 5 Min. nach der Abfahrt am Flughafen kommt man zudem in 1 Std. für 100 Baht nach PHUKET-STADT. Diese Haltestelle liegt etwas weiter nördlich.

Am frühen Morgen (ca. 6.30 Uhr) fährt auch ein **Songthaew** nach PHUKET-STADT.

## Hat Mai Khao

Der längste Strand von Phuket liegt im Nordwesten der Insel und erstreckt sich 10 km weit bis hinauf zur Sarasin-Brücke. Der Strand – ohne das Hinterland – wurde in den **Had Sirinath National Park** mit einbezogen, da auch hier Meeresschildkröten ihre Eier zum Ausbrüten im heißen Sand ablegen.

Im Dorf **Mai Khao**, 1 km nördlich der Abzweigung zum Flughafen nach links (der Beschilderung nach Wat Mai Khao folgen), werden inmitten von Kokospalmenplantagen an der Straße zum Meer die berühmten Phuket Lobster in riesigen Tanks gezüchtet, denn der natürliche Bestand dieser heiß begehrten Delikatesse ist stark dezimiert. Die steil abfallende Küste mit grobem, gelbem Sand wird in der Monsunzeit von hohen Wellen unterspült und abgetragen. Auch in der Trockenzeit sollte man hier wegen der starken Unterströmungen nicht baden.

Ganz im Norden, wo die zur **Sarasin-Brücke** führende Fahrspur des H402 am **Hat Sai Keaw** entlang verläuft, besuchen Einheimische am späten Nachmittag die Strandrestaurants im Schatten der Kasuarinen, um bei Whisky und Snacks den Sonnenuntergang zu genießen. Neben der alten Sarasin-Brücke führt die neue **Thepkasatree-Brücke** über den **Klong Tha Nun** und verbindet die Insel Phuket mit dem Festland. Die Küste östlich der Brücke ist von Mangroven gesäumt.

Tipps zu Unterkünften finden sich, mit Bildern, unter dem **eXTra [2946]**.

# Der Nordosten – jenseits der Strände

Vor allem im Nordosten zeigt sich Phuket von einer völlig anderen Seite als an den belebten Stränden. Schmale Straßen winden sich durch Kautschukplantagen, Ananasfelder, kleine Thai- und moslemische Fischerdörfer. Stichstraßen führen hinab zur Küste.

Im Nordosten, in **Tha Maphrao** und in **Laem Sai**, gibt es frisches Seafood (Mutige können das scharfe gelbe Curry *gaeng leung* probieren). Leider sind die Dorfstrände nicht sehr sauber. Große Teiche der Aquabetriebe prägen das Hinterland, wo sich das Andaman Marine Shrimp Research and Development Centre befindet.

Die meisten Besucher kommen hierher, um von den Piers mit den Booten in die Bucht oder zu den nahe gelegenen Inseln aufzubrechen. Im moslemischen Fischerdorf **Ban Ao Krung** kann man Boote für Touren auf die vorgelagerten Inseln mieten. Ein Boot für eine Tagestour, das 6–10 Pers. Platz bietet, kostet ca. 3500 Baht.

Von der Anlegestelle östlich von **Bang Rong** starten die meisten Passagierboote nach Ko Yao Noi und Ko Yao Yai. Mit dem Longtail-Boot für 120 Baht, mit dem Speedboat 200 Baht, Abfahrt je nach Saison 7.50, 9.40 und 10.30 Uhr (Speedboat), 12.30 Uhr (Longtail). Busse nach PHUKET-STADT von 7–16 Uhr für 80 Baht.

# Khao Phra Taeo Wildlife Park / Gibbon Rehabilitation Project

In diesem letzten Rest tropischen Regenwaldes, 21 km nördlich von Phuket-Stadt, leben auf 2228 ha zahlreiche Affen, Vögel, Wildschweine und sogar noch Malaienbären. An den Hängen der Berge, deren höchster mit 450 m der **Khao Phara** ist, entspringen mehrere Bäche, die in der Regenzeit zu Wasserfällen anschwellen (Tone Sai-Wasserfall im Westen und Bang Pae-Wasserfall im Osten).

Eine einfache Tour führt vom **westlichen Parkzugang** ein Stück am **Tone Sai-Wasserfall** entlang. Ein Pool lädt zu einem abkühlenden Bad ein. Längere Touren sollten nur mit Guide unternommen werden. Wer über die Wasserscheide zum zweiten Wasserfall wandern möchte, kann sich bei Siam Safari Nature Tours, 70/1 Chao Fa Rd., Chalong, ☏ 076-280 116, 🖥 www.siamsafari.com, nach einer Trekkingtour erkundigen.

🌲 Am **östlichen Parkzugang** beim Bang Pae-Wasserfall liegt am Fuß der bewaldeten Berge eine Rehabilitationsstation für Gibbons. Die 1,5 km lange Abzweigung am Elefantencamp führt zuerst durch eine Kautschukplantage. Das **Gibbon Rehabilitation Project**, ☏ 076-260 492, 🖥 www.gibbonproject.org, wurde 1992 gegründet und hilft die einst in Gefangenschaft gehaltenen Affen wieder in Freiheit lebensfähig zu machen. Für einzelne Gibbons können Patenschaften übernommen werden. Achtung: Die Nationalparkgebühr von 200 Baht muss jeder zahlen, auch wenn er nur zu den Gibbons will. ⏱ 9–16 Uhr.

Der zehnminütige Weg weiter hinauf zum nicht gerade spektakulären **Bang Pae-Wasserfall** bietet einen schönen Vorgeschmack auf die Vegetation des Regenwaldes. Auf wenigen hundert Metern wachsen viele typische Dschungelpflanzen.

### TRANSPORT

In Thalang zweigt man vom H402 nach Osten ab, folgt der Beschilderung 3 km zum Tone Sai-Wasserfall und hält sich an der Gabelung rechts. Zum Gibbon Project geht es am Kreisverkehr beim Denkmal der Heldinnen auf den H4027 und nach 9 km links Richtung Bang Rong. **Inselbusse** fahren von 8.30–16 Uhr ab Phuket-Stadt für 30 Baht nach Bang Rong, aber nicht zu den Parks, sodass man die letzten 1,5 km zum Gibbon Project laufen oder trampen muss. An beiden Parkeingängen wird von 9–15 Uhr die Nationalparkgebühr von 200 Baht erhoben. Einige Reisebüros bieten die Fahrt als Tour an.

## Thalang

Der H402 führt durch Thalang, 20 km nördlich von Phuket-Stadt. Viele alte Häuser sind dem Ausbau der Straße zum Opfer gefallen, doch in den Nebenstraßen sind noch einige der alten Holzhäuser der ehemaligen Inselhauptstadt erhalten geblieben. Die Hauptstraße ist gesäumt von Banken, chinesischen Geschäften, Restaurants und einem großen Markt.

**Wat Phra Thong**, der Tempel des Goldenen Buddhas, liegt im Norden des Ortes, 400 m östlich des H402. Um die große Buddhastatue mit ihrem recht ungewöhnlichen Gesichtsausdruck, die von der Brust aufwärts aus dem Tempelboden herausschaut, ranken sich zahlreiche Legenden. Ein Junge soll beim Hüten seines Wasserbüffels die fast vollständig vergrabene Buddhastatue entdeckt haben. Kurz darauf starben beide, und dasselbe Schicksal ereilte auch alle anderen, die später versucht haben sollen, sie weiter auszugraben. Die Statue, die aus reinem Gold bestehen soll, verblieb somit an der Fundstelle, und es wurde über ihr der Viharn errichtet.

## Tha Rua

Hier im Zentrum der Insel, 12 km nördlich von Phuket-Stadt, steht der **Lak Muang** von Phuket und mitten im Kreisverkehr das 1966 für die Heldinnen Thao Thepkrasatri und Thao Sri Sunthorn erbaute **Denkmal**. Die Geschwister, die im Volksmund Chan und Muk genannt werden, konnten am 13.3.1785 angreifende birmanische Soldaten während der Abwesenheit ihrer eigenen Krieger mit Ausdauer und unter Aufbietung aller Kräfte in die Flucht schlagen.

Das **National Museum** Phukets, ☏ 076-311 426, befindet sich östlich des Denkmals. Dokumentiert wird u. a. die Frühgeschichte der Inseln, ihre Besiedlung, die Beziehungen zu den Nachbarreichen und die spätere Bedeutung des Zinnbergbaus. Auch den Moslems der Insel, den Thais und Seenomaden ist ein Raum gewidmet. ⏱ 8.30–16.30 Uhr, Eintritt 100 Baht.

# Die Inseln vor Phuket

Mehrere kleine Inseln vor Phuket bieten Abwechslung – sei es im Rahmen eines Tagesausflugs oder eines längeren Aufenthalts. Neben den hier genannten, nahe gelegenen Nachbarinseln sind auch Fahrten nach Ko Yao Yai (S. 864), Ko Yao Noi (S. 860) oder Ko Phi Phi (S. 871) möglich.

# Ko Naka Noi und Ko Naka Yai

Auf der kleineren der Schwesterinseln in der Bucht von Phang Nga ist die im Nordosten gelegene **Perlenfarm Naka Noi**, &#9742; 076-212 901, täglich für Besucher geöffnet, &#9200; 9–15.30 Uhr. Zweimal täglich, wenn gegen Mittag die überwiegend asiatischen Reisegruppen eintreffen, wird die Perlenzucht in allen Einzelheiten demonstriert. Natürlich soll man auch Perlen und Muschelprodukte kaufen. Angeschlossen ist ein Seafood-Restaurant.

Auf der größeren Nachbarinsel **Naka Yai** gibt es Unterkünfte. Der Strand an der Westküste ist flach und nicht besonders ansprechend. An der Ostküste dagegen lockt ein schöner Strand von etwa 1 km Länge, davon 500 m feiner Sand.

## ÜBERNACHTUNG

Karte S. 800
**Tenta Nakara Resort** ①, &#9742; 081-398 6515, &#128421; www.tentanakara.com. Das etwas andere Resort befindet sich auf der Ostseite der Insel. Unter palmblattgedeckten Hütten befinden sich Zelte. Große Betten, schöne Bäder. Vor allem für Familien eine interessante Option, da bei den größeren Bungalows Extrazelte auf der Veranda aufgebaut werden können und so auch Familien mit 3 Kindern Platz finden. ❺–❼
**The Naka Island** ②, &#9742; 076-371 400, &#128421; www. nakaislandphuket.com. Exklusives Boutique-Hotel auf der Nordwestspitze der Insel: traumhafte Lage und traumhafte Villen. ❽

## TRANSPORT

Vom Ao Po-Pier im Osten Phukets fahren **Longtail-Boote** in etwa 15 Min. für etwa 00 Baht pro Boot nach Ko Naka Yai. Auf Anfrage gibt es auch kostenpflichtigen Transport durch die Resorts. Es ist angeraten, auf die Flut zu warten, bevor die Fahrt losgeht.

# Ko Lone

Ko Lone vor der seichten Ao Chalong ist eine der größten Inseln Phukets mit bis zu 260 m hohen Bergen. Auf drei Seiten ist sie von einer steilen Felsküste umgeben, nur im Nordosten erstreckt sich ein Strand. Hier liegt auch ein moslemisches Dorf, dessen Einwohner vom Fischen sowie dem Verkauf von Latex und Kopra leben.

## ÜBERNACHTUNG UND TRANSPORT

Die Resorts haben eigene Boote für den Transport ihrer Gäste. Karte S. 800
**Baan Mai Cottage** ⑬, &#9742; 076-352 022, &#128421; www.baanmai.com. 9 wunderschöne Bungalows im Garten und am Meer. Sehr ansprechendes Design, selbstverständlich mit AC, aber bewusst ohne TV. Besonderen Luxus bietet die Villa mit 3 Schlafzimmern und 2 Bädern. Hier gibt es TV und DVD-Anlage. Statt Klimaanlage kühlen hier stilechte Ventilatoren. Wunderschöner Pool. ❼–❽
**Cruiser Island Resort** ⑬, Office am Hat Rawai, 73/1 Moo 4, Soi Sermsuk, &#9742; 076-383 210, &#128421; www.cruiserislandresort.com. Kontakt auf der Insel &#9742; 086-471 4829. 24 AC-Bungalows am Strand, Minibar, Wasserkocher, TV und Safe. Pool und Restaurant. ❼–❽ Charterboote ab Chalong.

# Ko Hay (Coral Island)

Die Insel Ko Hay (auch Ko Hae) liegt etwa 6 km vor Rawai am Südzipfel von Phuket. Wegen ihrer einst schönen Korallen ist sie als Coral Island bekannt. Während der Saison stehen die Liegestühle in vier bis fünf Reihen am Strand der nördlichen Bucht, Strandrestaurants bereiten mittags Thai-Gerichte zu und servieren kalte Getränke. Tagsüber ankern Dutzende von Booten vor dem westlichen Teil des Sandstrandes, wo sich das Meer am besten zum Schwimmen eignet. Ruhiger ist es am kleinen **Banana Beach**, der nach zehnminütigem Spaziergang Richtung Osten erreicht ist.

Karte S. 800

**Coral Island Resort** ⑭, Büro: Chalong, Zufahrt zum Pier, 48/11 Chao Fa Rd., ✆ 076-281 060, ✆ Resort auf der Insel 076-214 779, 🖥 www. coralislandresort.com. Bungalows mit recht großen Zimmern. Im Pool finden auch Tauchkurse für Anfänger statt. Sehr gutes Restaurant. Hochzeitszeremonien. ❺–❽

**Boot** ab Ao Chalong um 9.30 Uhr in 45 Min., Tagestouren 750 Baht. Longtail- und Schnellboote ab Chalong und Rawai.

## Ko Racha Yai und Ko Racha Noi

Die hügelige und felsige Insel **Ko Racha Yai** (auch Ko Raya oder Ko Raja) [6312] liegt 21 km südlich von Phuket. Dominiert wird die Insel vom riesigen Hotelkomplex The Racha. Feiner, weißer Sand bildet die zwei größten Strände Batok und Siam Bay im Nordwesten der Insel, wo die Ausflugsboote ankern und die meisten Tagesausflügler den Tag verbringen. Von den Felsen hat man einen herrlichen Ausblick über die Küste. Das Wasser ist fast immer klar und an der **Ao Batok** zum Schwimmen geeignet. Die felsige Südküste hingegen eignet sich, vor allem bei hohem Wellengang, weniger zum Baden und Schnorcheln.

Am Hauptstrand Ao Batok halten sich bis gegen 15.30 Uhr viele Ausflügler auf. Danach wird es auch hier ruhig. Während der Monsunzeit (Mai–Okt) wird die Insel kaum besucht.

Die kleinere Schwesterinsel **Ko Racha Noi** liegt 8 km südwestlich und ist unbewohnt. Sie besitzt nur einen winzigen Sandstrand.

Die Preise sind durchweg ungefähr doppelt so hoch wie auf dem Festland und steigen noch um einiges in die Höhe bei größerem Andrang. **Rayaburi Resort**, Siam Bay, ✆ 076-352 025, 🖥 www.rayaburiphuket.com. Die vormals 3 Anlagen an diesem Strand gehören nun zu einem Resort. Im westlichen hinteren Bereich der großen Gartenfläche stehen mehrere

einfache Reihenzimmer mit Ventilator. Daneben luxuriöse doppelstöckige Bungalows, mit viel dunklem Holz möbliert, offenen Bädern zum Schlafzimmer, WC und Dusche getrennt. Weitere Bungalows mit direktem Zugang zu einem Pool. Inkl. Frühstück und Liegen am Strand. ❹–❼

**The Racha**, Ao Batok, ✆ 076-355 455, 🖥 www.theracha.com. Große Anlage im modern-minimalistischen, vom Zen inspirierten Stil. 70 Villen, teils mit eigenem Pool. Restaurant mit *dress code* auch für Gäste von außerhalb, 2 Pools, Spa, Tauchbasis, Wassersport. ❽

Von Okt–Mai fahren zahlreiche **Boote** ab Chalong gegen 9 Uhr in 30 Min. nach Ko Racha Yai, Rückfahrt zwischen 15 und 16 Uhr. Buchungen u. a. über Raya Princess, ✆ 076-256 394, 081-535 9883, oder Island Safari, 🖥 www.island safaritour.com. Im Pauschalpreis von ca. 1000–1500 Baht sind der Transfer vom Hotel, Getränke, Lunch und Schnorchelausrüstung enthalten Nur Bootstransfer für den gleichen Preis. Gäste des The Racha werden mit dem eigenen Boot abgeholt.

**17** HIGHLIGHT

# Die Bucht von Phang Nga

Kaum ein Besucher dieser Region verzichtet au einen Besuch der berühmten Bucht. Selbst we nicht auf eine der Inseln zieht, macht zumindes eine **Bootstour** in die Bucht von Phang Nga Dort stehen weltberühmte Sehenswürdigkei ten – etwa der steil aufragende James-Bond Felsen. An solchen Orten treffen in der Saiso Hunderte von Reisenden zusammen, paddel mit Kajaks durch die Höhlen oder bewunder vom Boot oder Strand aus die Umgebung. Tou ren dorthin starten nicht nur von Phang Nga

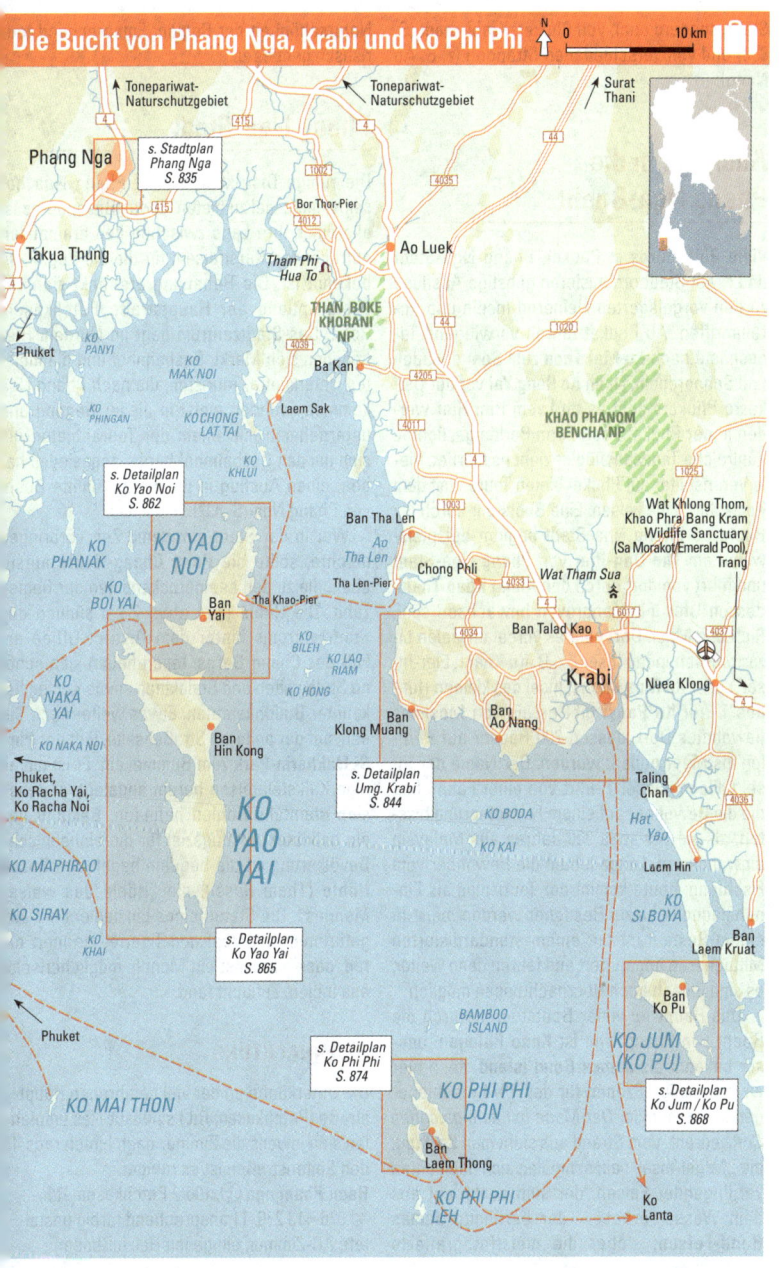

# Die Bucht von Phang Nga, Krabi und Ko Phi Phi

N
0          10 km

↑ Tonepariwat-
Naturschutzgebiet

↑ Tonepariwat-
Naturschutzgebiet

↑ Surat
Thani

**Phang Nga**

*s. Stadtplan
Phang Nga
S. 835*

4

415

415

1002

4035

44

Bor Thor-Pier
4012

**Ao Luek**

**Takua Thung**

*Tham Phi
Hua To*

**THAN BOKE
KHORANI
NP**

44

1020

Phuket

4036

**Ba Kan**

KO
PANYI

KO
MAK NOI

4205

**KHAO PHANOM
BENCHA NP**

KO
PHINGAN

KO CHONG
LAT TAI

Laem Sak

4011

1025

KO
KHLUI

*s. Detailplan
Ko Yao Noi
S. 862*

**KO YAO
NOI**

**Ban Tha Len**

*Ao
Tha Len*

1003

Wat Khlong Thom,
Khao Phra Bang Kram
Wildlife Sanctuary
(Sa Morakot/Emerald Pool),
Trang

KO
PHANAK

Tha Len-Pier

**Chong Phli**

4033

*Wat Tham Sua*

4037

KO
BOI YAI

**Ban
Yai**

Tha Khao-Pier

KO
BILEH

4034

**Ban Talad Kao**

6017

KO LAO
RIAM

KO
NAKA
YAI

KO HONG

**Nuea Klong**

4

**Krabi**

KO NAKA NOI

**Ban
Hin Kong**

**Ban
Klong Muang**

**Ban
Ao Nang**

Phuket,
Ko Racha Yai,
Ko Racha Noi

*s. Detailplan
Umg. Krabi
S. 844*

**Taling
Chan**

4035

**KO
YAO
YAI**

KO BODA

*Hat
Yao*

KO MAPHRAO

KO KAI

Laem Hin

KO SIRAY

KO
SI BOYA

KO
KHAI

*s. Detailplan
Ko Yao Yai
S. 865*

**Ban
Laem Kruat**

**Ban
Ko Pu**

*BAMBOO
ISLAND*

**KO JUM
(KO PU)**

Phuket

*s. Detailplan
Ko Phi Phi
S. 874*

**KO PHI PHI
DON**

*s. Detailplan
Ko Jum / Ko Pu
S. 868*

**KO MAI THON**

**Ban
Laem Thong**

**KO PHI PHI
LEH**

Ko
Lanta

DIE ANDAMANENKÜSTE

Stadt, sondern auch von Phuket, Krabi-Stadt (S. 838) und von verschiedenen Stränden (z. B. Ao Nang).

## Ausflüge in die Phang Nga-Bucht

Viele Reisebüros in Phuket, Phang Nga-Stadt und Krabi-Stadt organisieren günstige Ausflüge zu den vorgelagerten kleineren Inseln und Korallenriffen. Ab Phuket fahren vorwiegend Tagesgäste nach **Ko Mai Thon** zum Sonnenbaden und Schnorcheln. Nach **Ko Rang Yai** vor der Ostküste Phukets geht es ab Laem Hin. Hier werden in der Phuket Pearl Farm Perlen gezüchtet. Zahlreiche Tagesausflügler zieht es hierher. Viele Veranstalter auf Phuket bieten Touren mit dem Kajak durch die Felsen. Eine Bootstour durch die Bucht ab Phang Nga-Stadt beginnt beispielsweise am **Tha Dan-Pier** von Phang Nga-Stadt und führt von dort durch den **Klong Khao Thalu**, dessen Ufer mit Mangroven bewachsen sind, Richtung Meer. Dort geht es vorbei an vielen bizarr aussehenden Inseln, z. B. **Ko Khai** („Eier-Insel") oder **Ko Maa Chuu** („Insel des kleinen Hundes"). Auf **Ko Panyi** gibt es ein von Moslems bewohntes Dorf, dessen 200 Häuser auf Pfählen ins Meer gebaut wurden. Der Name der Insel („Flaggeninsel") rührt von einer Fahne her, die die Bewohner auf einem Felsvorsprung hissten, als sie vor etwa 200 Jahren aus Malaysia einwanderten. Lange lebten die Bewohner vom Fischfang; heute kommt der Tourismus als Einnahmequelle hinzu. Besucher werden meist in einem Restaurant mit einem standardisierten Mittagessen abgefüttert und fahren dann weiter, es sind jedoch auch Übernachtungen möglich.

Das Hauptziel vieler Bootstouren durch die Bucht von Phang Nga ist **Khao Phingan**, besser bekannt als **James Bond Island**, denn hier wurden einige Szenen für den 1974 erschienenen Hollywoodfilm *Der Mann mit dem goldenen Colt* gedreht. Vom Strand aus sieht man **Ko Tapu**, die „Nagel-Insel": ein schmaler, sich nach unten verjüngender Felsen, der sich senkrecht aus dem Wasser erhebt – der berühmte **James Bond-Felsen**; sicher die meistfotografierte

Naturschönheit der Region. Entsprechend touristisch geht es zu.

## Phang Nga-Stadt

Die ruhige Distrikthauptstadt Phang Nga hat selbst nicht viel zu bieten. Etwas Besonderes ist allerdings ihre Lage zwischen den dramatisch aufragenden Karstfelsen, für die die Region so bekannt ist. Die Bebauung erstreckt sich vor allem entlang der Hauptstraße Petchkasem Road. Das Stadtzentrum liegt im Norden. Hier befinden sich Markt, Busbahnhof und die meisten Unterkünfte. Touristen, die nach Phang Nga kommen, wohnen meist in dieser Gegend und unternehmen mit einem der Touranbieter, die sich um den Busbahnhof herum angesiedelt haben, einen Ausflug in die weltberühmte Bucht von Phang Nga (S. 832).

Wer in der Stadt ein wenig Zeit verbringen möchte, sollte die **Pung Chang-Höhle** aufsuchen, die zu den beeindruckendsten der Region zählt. Die Höhle liegt etwa 2 km südlich des Stadtzentrums hinter dem District Office am Fuß des Chang-Bergs. Innen finden sich schöne Stalagmiten und Stalaktiten sowie Kopien bekannter Buddhastatuen. Etwas weiter nach Süden, auf der anderen Straßenseite, lädt der **Phra Si Nakharin-Park** zum Bummel ein. Er ist um einige Kalksteinfelsen herum angelegt, in denen sich ebenfalls Höhlen befinden. Bekannt als ein beliebtes Ausflugsziel für die einheimische Bevölkerung ist die bequem begehbare **Russi-Höhle** (Tham Russi), die „Höhle des weisen Mannes". Die Statue eines Einsiedlers mit aufgetürmtem Haarzopf und Tigerfell erinnert daran, dass hier einst ein Mönch, möglicherweise aus Indien, Zuflucht fand.

### ÜBERNACHTUNG

Die Unterkünfte an der viel befahrenen Hauptstraße (Petchkasem Rd.) sind laut – es empfehlen sich jeweils die Zimmer nach hinten raus. In den Seitenstraßen ist es ruhiger.
**Baan Phangnga** ①, 100/2 Petchkasem Rd., ℡ 076-413 276. 11 ansprechend farbig gestaltete AC-Zimmer, einige mit Holzfußboden.

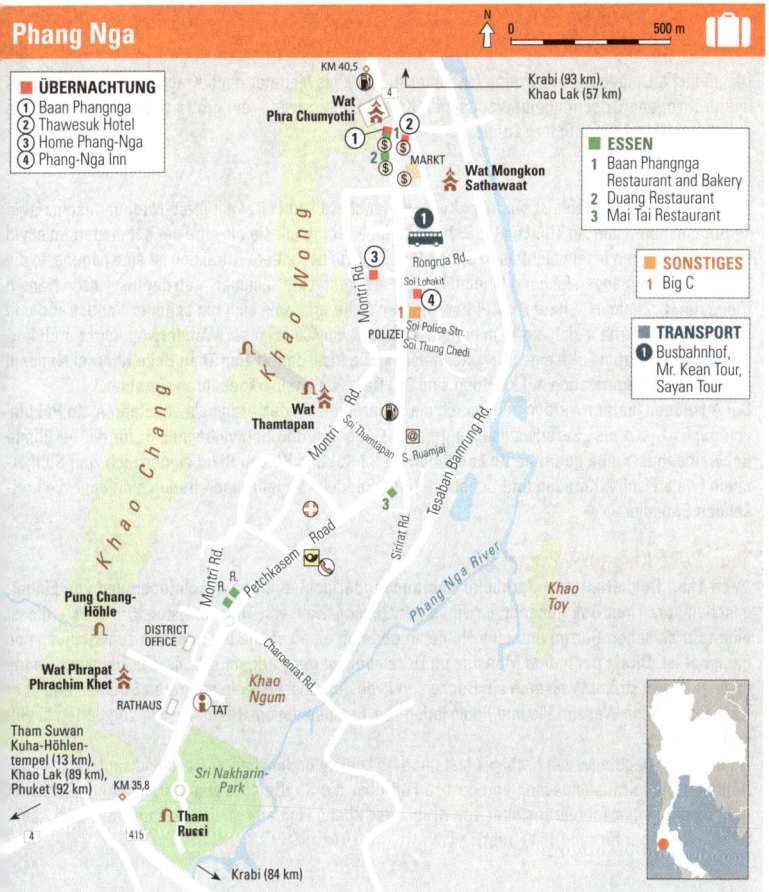

N | 0 — 500 m

**■ ÜBERNACHTUNG**
1. Baan Phangnga
2. Thawesuk Hotel
3. Home Phang-Nga
4. Phang-Nga Inn

KM 40,5

Wat
Phra Chumyothi

Krabi (93 km),
Khao Lak (57 km)

MARKT

Wat Mongkon
Sathawaat

**■ ESSEN**
1. Baan Phangnga
   Restaurant and Bakery
2. Duang Restaurant
3. Mai Tai Restaurant

Khao Wong

Rongrua Rd.
Soi Lohakit

Montri Rd.

**■ SONSTIGES**
1. Big C

Soi Police Stn.
Soi Thung Chedi
POLIZEI

Khao Chang

Wat
Thamtapan

Montri Rd.

Soi Thamtapan

S. Ruamjai

Tesaban Bamrung Rd.

**■ TRANSPORT**
1. Busbahnhof,
   Mr. Kean Tour,
   Sayan Tour

Petchkasem Road

Sirirat Rd.

Phang Nga River

Khao
Toy

Pung Chang-
Höhle

DISTRICT
OFFICE

Montri Rd.

R.

Petchkasem

Charoenrat Rd.

Wat Phrapat
Phrachim Khet

RATHAUS

TAT

Khao
Ngum

Tham Suwan
Kuha-Höhlen-
tempel (13 km),
Khao Lak (89 km),
Phuket (92 km)

KM 35,8

Sri Nakharin-
Park

4 | 415

Tham
Russi

Krabi (84 km)

---

uch Familienzimmer. Im Erdgeschoss ist
ne Bäckerei, in der man ganz gut essen
ann. ❸

**Home Phang-Nga** ③, Klangmueang Rd.,
☎ 081-958 5538, 081-958 4288,
☐ www.phangnga-guesthouse.com.
ebevoll gestaltetes kleines Guesthouse
it 6 Zimmern am Fuße eines Karstfelsens.
esonders schön: Der *jungle room*, bei dem
ne Seitenwand vom Fels gebildet wird, und
er darüberliegende *panorama room*, der
inem Namen alle Ehre macht. Inkl. Frühstück.
❷–❺

**Phang-Nga Inn** ④, 2/2 Soi Lohakit, ☎ 076-
411 963, ✉ phang_ngainn999@hotmail.com.
Einladendes Guesthouse mit unterschied-
lichsten Zimmern mit und ohne Fenster.
Zudem Familienzimmer. Die teureren inkl.
Frühstück. ❷–❺

**Thawesuk Hotel** ②, 79 Petchkasem Rd.,
☎ 076-412 100. In dem restaurierten Haus
warten saubere Zimmer mit eigenem Bad. Das
freundliche Personal hilft mit Tipps zu Touren
und zur Weiterreise. Frühstück (nur bei den
teureren Zimmern im Preis inbegriffen) auf
der Dachterrasse. ❷–❹

## Die Karststeinwelt zwischen Phang Nga und Krabi

Die südliche Umgebung von Phang Nga über Ao Luek bis hinunter nach Krabi ist geprägt von höhlendurchzogenen, dschungelbewachsenen **Kalksteinmassiven** – ein großartiges Werk der Natur, sowohl zu Wasser als auch zu Lande.

### Ko Hong-Archipel

Ein beliebtes Ausflugsziel ist die Insel **Ko Hong** (auch Ko Lao Li Pe) mit ihren Nachbarinseln. Etwa 20 Bootsminuten von Ao Tha Len (S. 838) bei Krabi entfernt, gilt sie als eine der schönsten Inseln in dieser an schönen Inseln nicht eben armen Region. Eine besondere Attraktion ist eine Lagune, in die man durch einen engen Eingang hineinfährt. Dieses versteckte „Zimmer" gab der Insel ihren Namen (*hong* heißt „Zimmer", „Raum"). Auf der anderen Seite erstreckt sich ein schöner Sandstrand und im Uferbereich erhebt sich ein 10 m hoher Sandstein. Ein 400 m langer Wanderweg führt durch fantastische Natur zum Fuße eines Kalksteinfelsens. Die Insel gehört zum Than Boke Khorani National Park; an der Rangerstation auf Ko Hong sind 200 Baht Nationalparkgebühren zu zahlen.

Bei Ausflügen hierher werden meist auch die anderen Inseln des Archipels angefahren: **Ko Pakbia**, von der TAT jetzt als „Paradiesinsel" vermarktet. Hier werden Schwalbennester für die berühmte Schwalbennestsuppe geerntet. **Ko Lao** (auch Ko Sa Ka) und **Ko Lao Riam** eignen sich zum Schnorcheln (viele Fische, Korallen und Seesterne) und Paddeln. Vogelfreunde freuen sich über die kreisenden Seeadler.

### Than Boke Khorani National Park

Auch **Than Bokkarani** oder **Tarnboke Khoranee** (oder noch anders) geschrieben und von Einheimischen kurz **Than Bok** genannt, ist eines der Lieblingsziele von Thai-Touristen. Der Park umfasst einen Botanischen Garten und eine Höhle, in der sich eine Lagune befindet, die zum Schwimmen geeignet ist. Direkt nach dem Monsun, im Dezember, ist der Park am schönsten: Aus einer Spalte in einer Klippe strömt Wasser in ein Becken und von dort aus weiter in mehreren Strömen und über Kaskaden; kleine Wasserfälle und Pools laden zum Entspannen ein. Hunderte von Vogelarten bevölkern den Park.

Anfahrt mit Songthaew von Krabi bis fast nach Ao Luek (wer dem Fahrer Bescheid sagt, wird an der richtigen Stelle rausgelassen), von dort zu Fuß über die Straße 4039 zum Parkeingang. Einfacher geht es mit einem Tourveranstalter von Krabi oder Phang Nga aus (meist als Tagestour inkl. Kanufahrt in Bo Thoar für rund 1500 Baht).

#### ESSEN

In Phang Nga ist man auf die lokale Hausmannskost angewiesen, die an Straßenständen und in Restaurants im Stadtzentrum entlang der Petchkasem Rd. und um den Markt herum angeboten wird. Alle gelisteten Restaurants liegen in der Petchkasem Rd.

**Baan Phangnga Restaurant and Bakery**, ☎ 076-413 276. Im modern gestalteten Restaurant kann man aus einer kleinen Speisekarte Thailändisches oder Westliches wählen. Das Restaurant bietet auch eine ansprechende Auswahl an Frühstücksangeboten. ⏱ 7–24 Uhr.

**Duang Restaurant**, Einheimische empfehlen die Thai- und chinesischen Gerichte. Wer es nicht scharf mag, sollte dies sagen und die Gerichte *mai pet* bestellen. ⏱ 10–22.30 Uhr.

**Mai Tai Restaurant**, ☎ 076-440 044. Die englische Speisekarte offeriert überwiegend Thai-Gerichte, aber auch eine Auswahl an Steaks. Klimatisierter Raum. ⏱ 11–23 Uhr.

#### TOUREN

Die meisten Touranbieter haben ihre Büros am Busbahnhof. Wer in eines hineinblickt, wird sofort in Beschlag genommen. Die Angebote hneln sich: Eine **Halbtagstour**, morgens oder achmittags, fährt die wichtigsten Highlights an James Bond Island, Ko Panyi, Höhlen) in 4 Std. ür etwa 800 Baht. Eine **Ganztagstour** mit mehr eit an den einzelnen Stationen und einem esuch der Hong-Insel (S. 836) kostet rund 100 Baht. Auch Touren mit **Übernachtung** im loslem-Dorf auf Ko Panyi sind machbar (am esten mit Sayan Tour, s. u.; der Inhaber des ourbüros gehört zu der Familie, die auch das asthaus auf Ko Panyi betreibt). Der National- ark-Eintritt sollte bei allen Touren im Preis nthalten sein.

ages- und Mehrtagestouren zu den Similan- seln und nach Ko Surin sind ebenso im ngebot (Tagesausflug etwa 2800 Baht p. P.). nbieter sind z. B. **Mr. Kean Tour**, ☎ 076- 30 619, 089-871 6092, und **Sayan Tour**, ☎ 076- 30 348, 090-708 3211, beide am Busbahnhof.

den etwas schnelleren Minibussen (8.30, 12.30, 14.30, 16 Uhr) für 350 Baht. PHUKET, stdl. von 5.30–19 Uhr für 90 Baht (1. Kl. AC) in 2 Std.; Minibusse von 6–19 Uhr alle 30 Min. für 110 Baht. RANONG, um 10.30 und 13.30 Uhr für 160 Baht in 4 1/2 Std. SURAT THANI, um 9.30, 11.30, 13.30, 15.30 und 17 Uhr für 150 Baht (1. Kl. AC) in 3 Std. Joint Tickets (inkl. Fähre) nach KO SAMUI und KO PHA NGAN um 10.30 Uhr für 420 bzw. 520 Baht. Minibusse etwa stdl. zwischen 6.30 und 16 Uhr für 200 Baht. TAKUA PA, Bus stdl. 7.30–17.30 Uhr für 80 Baht in 2 Std.

# Krabi und Umgebung

Die Provinzhauptstadt **Krabi** lohnt schon allein wegen des köstlichen Essens auf dem Nacht- markt einen Besuch. Die Strände der Umge- bung sind in der Regel gut erschlossen, unter- scheiden sich allerdings stark durch ihr Angebot an Aktivitäten, Unterkünften und Restaurants voneinander – und somit unterscheiden sich auch die Gäste. **Rai Leh** ist ein beliebtes Ziel für Reisende aus aller Welt, die einen schö- nen Strand in atemberaubender Umgebung su- chen und bereit sind, etwas mehr für die Unter- kunft zu bezahlen. Nur durch eine Felsnase von Rai Leh getrennt, lockt **Ao Ton Sai** vor allem jun- ge sportbegeisterte Reisende an, die hier die karstigen Felsen erklimmen und abends in ei- ner Raggae-Bar beisammensitzen oder auf der Slackline zum Spaß aller anderen das Balan- cieren üben. Hier finden sich noch viele preis- werte Unterkünfte für Traveller ohne Ansprüche. Auch dass der Strand nicht zu den Bilderbuch- stränden zählt, macht hier niemandem etwas aus. Ausgangspunkt für die Boote zu diesen bei- den Stränden ist der belebte und viel besuchte **Ao Nang**. Dieser seit Jahrzehnten komplett er- schlossene Strand hat für die meisten Travel- ler seinen Charme lange verloren, vornehmlich Pauschalreisende machen hier Urlaub. Der wei- ter südlich gelegene **Hat Yao [5472]** zieht be- tuchte Reisende an. Wer ganz abseits der Touristenströme unterwegs sein möchte, der fährt auf die kleine Insel **Ko Si Boya** [7837]. Die Stände westlich von Krabi locken hauptsächlich betuchte Pauschalreisende an. Infos zu Übernachtungsmöglichkeiten unter den **eXTras** auf unserer Webseite: **Hat Klong Muang** [7841], **Hat Tub Kaek** [7848] und in der **Ao Tha Len** [7854].

Wer sich nicht festlegen mag, kann prima von Krabi aus die Umgebung erkunden, denn alle Strände liegen recht nah beieinander, Tagestouren lassen sich von hier einfach und selbst organisieren.

# Krabi-Stadt

Die überschaubare Hauptstadt der Provinz Krabi präsentiert sich als ein beschaulicher Ort mit zahlreichen Märkten, Restaurants und freundlichen Bewohnern. Krabi erstreckt sich am gleichnamigen Fluss; an der Uferpromenade mit Bänken und einem kleinen Park kann man sich ein paar Stunden vertrödeln. Für viele Besucher ist **Krabi** [4350] nur Durchgangsstation auf dem Weg zu einer der Inseln oder Strände, für die die Region berühmt geworden ist. Wer jedoch hier übernachtet, wohnt nicht nur preiswert in einem der einladenden einfachen Gästehäuser, sondern kann auch auf Nachtmärkten günstig und gut essen. Für viele sind eine oder mehrere Nächte in Krabi durchaus eine Alternative zu einer (teureren) Unterkunft am Strand: Ao Nang (S. 855) und Noppharat Thara (S. 858) sind einfach und schnell mit dem ständig verkehrenden Sammeltaxi zu erreichen, Rai Leh (S. 845) mit dem Longtail.

## ÜBERNACHTUNG

Die Zimmer in der untersten Preisklasse sind meist mit Ventilator ausgestattet. Viele, vor allem die ganz preiswerten (ab 200 Baht), haben noch immer Gemeinschaftsbäder. Ab 500 Baht gibt es bereits AC-Zimmer mit eigenem Bad. Die Unterkünfte in Krabi-Stadt bieten ein sehr gutes Preis-Leistungs-Verhältnis: In der mittleren Preisklasse sucht man Vergleichbares in anderen Orten vergeblich.

### Untere Preisklasse

**A. Mansion** ④, 12/6 Chao Fah Rd., ☏ 075-630 511. Saubere, gepflegte Unterkunft mit 31 AC- und Ventilator-Zimmern, alle mit TV und Bad. AC-Zimmer mit Minibar. Zimmer mit einem großen und einem kleinen Bett für Familien. ❷–❸

**Baan Andaman** ⑨, 12 Cha-Mai Rd., ☏ 075-620 781, 🖥 www.krabi-baan andaman.com. Kleines familiäres Hotel mit 17 sehr schönen Zimmern: helle Fliesen und dunkle moderne Möbel, TV, Minibar und Balkon. Inkl. Frühstück. ❹–❺

**Chanchalay Gh.** ⑤, 55 Uttarakit Rd., ☏ 075-620 952. Sehr beliebtes Guesthouse mit hübschen, hellblauen Zimmern mit Ventilator oder AC. Die günstigen mit Gemeinschaftsbad. Im Innenhof ein kleiner Garten. Telefonische Reservierung ist ratsam. 2015 wurden weitere Zimmer gebaut. ❶–❸

**Dee Andaman Hotel** ⑩, 45/19 Rattanadilok Rd., ☏ 075-620 779, 🖥 www. deeandamanhotel.com. Schickes Hotel mit modernen und geräumigen Zimmern. Schöner Pool an der Rückseite des Hotels. Eine der besten Adressen in Krabi-Stadt. ❺

**K. Gh.** ⑦, 15-25 Chao Fah Rd., ☏ 075-623 166, ✉ kguesthouse@yahoo.com. Verschiedene, einladende Zimmer im zentral gelegenen 2-stöckigen Holzhaus, etwas dunkel, aber durch die Holzwände gemütlich. Ventilator und AC. Balkone zur Straße. ❶–❷

**Krabi Cozy Place Hotel** ⑥, 67/9 Isara Rd., ☏ 075-630 603, 🖥 www.krabicozyplacehotel. com. In einer ruhigen Seitenstraße gelegen: 3-stöckiges Haus mit sehr schönen modernen Zimmern: helle Fliesen und dunkle Möbel. Pool. ❹–❺

**Krabi River Hotel** ⑧, 73/1 Kongka Rd., ☏ 075-612 321. Am Flussufer nahe dem Hafen liegt dieses Haus mit 20 sauberen ansprechenden Zimmern, alle mit AC, TV und Kühlschrank. Die teureren haben einen Balkon mit Flussblick. Für alle gibt es auf dem Dach eine überdachte Terrasse. Zudem Familienzimmer für 3 Pers., bzw. Familie mit 2 Kindern. Sehr gutes Preis-Leistungs-Verhältnis. ❸–❹

**Orange Tree House** ①, 12 Pruksa Uthit Rd., ☏ 075-612 884, 🖥 www.krabiorangetree.com.

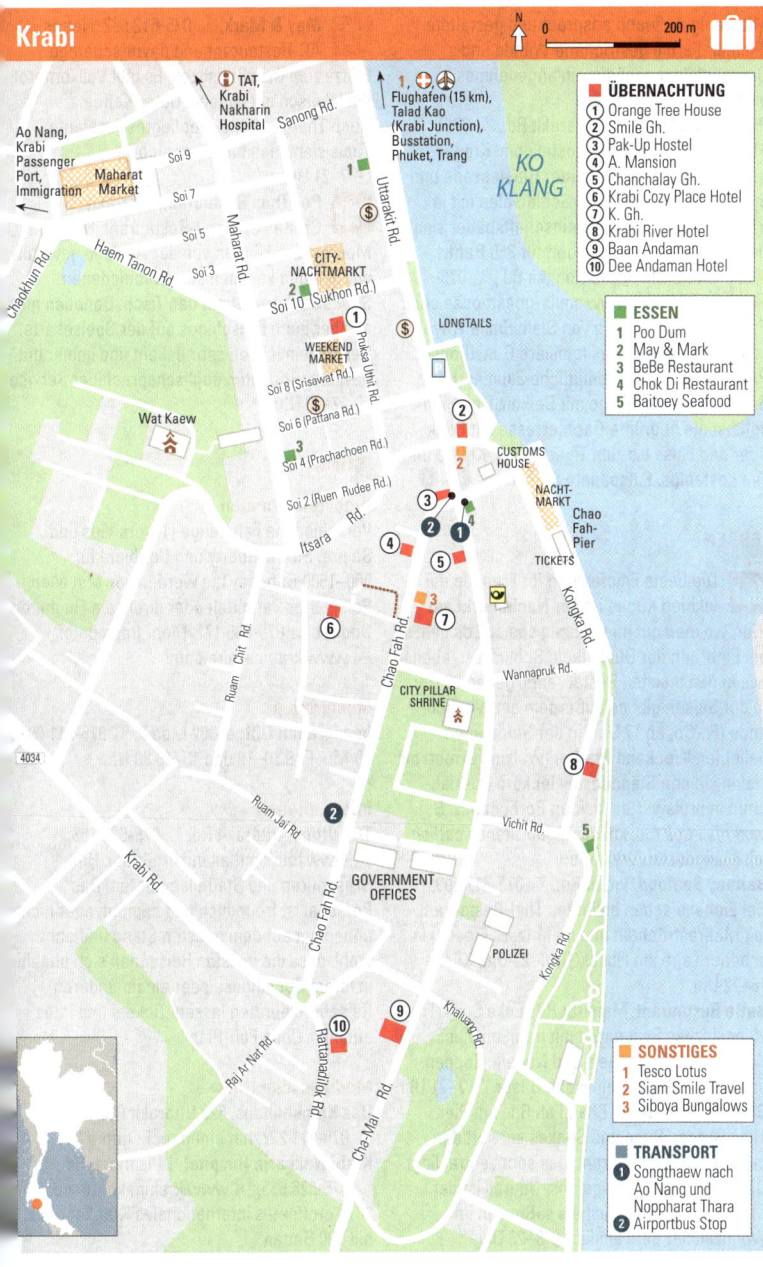

# Krabi

**N** 0    200 m

## ÜBERNACHTUNG

1. Orange Tree House
2. Smile Gh.
3. Pak-Up Hostel
4. A. Mansion
5. Chanchalay Gh.
6. Krabi Cozy Place Hotel
7. K. Gh.
8. Krabi River Hotel
9. Baan Andaman
10. Dee Andaman Hotel

## ESSEN

1. Poo Dum
2. May & Mark
3. BeBe Restaurant
4. Chok Di Restaurant
5. Baitoey Seafood

## SONSTIGES

1. Tesco Lotus
2. Siam Smile Travel
3. Siboya Bungalows

## TRANSPORT

1. Songthaew nach Ao Nang und Nopparat Thara
2. Airportbus Stop

TAT, Krabi Nakharin Hospital

Sanong Rd.

Ao Nang, Krabi Passenger Port, Immigration

Maharat Market

Soi 9
Soi 7
Soi 5
Soi 3

Haem Tanon Rd.

Uthaokhun Rd.

Maharat Rd.

1, Flughafen (15 km), Talad Kao (Krabi Junction), Busstation, Phuket, Trang

KO KLANG

Uttarakit Rd.

CITY-NACHTMARKT

Soi 10 (Sukhon Rd.)

WEEKEND MARKET

Pruksa Uthit Rd.

Soi 8 (Srisawat Rd.)

Soi 6 (Pattana Rd.)

Soi 4 (Prachachoen Rd.)

Soi 2 (Ruen Rudee Rd.)

Itsara Rd.

LONGTAILS

CUSTOMS HOUSE

NACHT-MARKT

Chao Fah-Pier

TICKETS

Wat Kaew

Ruam Chit Rd.

Chao Fah Rd.

Wannapruk Rd.

Kongka Rd.

CITY PILLAR SHRINE

Ruam Jai Rd.

Krabi Rd.

Chao Fah Rd.

GOVERNMENT OFFICES

POLIZEI

Vichit Rd.

Kongka Rd.

4034

Raj Ar Nat Rd.

Rattanadilok Rd.

Cha-Mai Rd.

Khaluang Rd.

DIE ANDAMANENKÜSTE

Mit wenig Aufwand ansprechend gestaltete Zimmer: Farbig gestrichene Wände und Orangenbilder zaubern ein angenehmes modernes Ambiente. ❸

**Pak-Up Hostel** ③, 87 Uttarakit Rd., ✆ 075-611 955, 🖳 www.pakuphostel.com. Kreativ gestaltetes Hostel mit bunter Glasfassade und mehreren sehr sauberen Schlafsälen mit je 5 Etagenbetten. Die Gemeinschaftsbäder sind riesig und modern. Dormbett für 350 Baht.

🧳 **Smile Gh.** ②, 13 Kongka Rd., ✆ 075-624 015, 🖳 www.smile-guesthouse.com. Patrick und seine Frau von Siam Smile Travel (s. u.) betreiben dieses familiäre Guesthouse. Puristische, große, gemütliche Zimmer mit dicker Matratze; einige mit Balkon. Das Highlight ist die begrünte Dachterrasse mit Blick über den Fluss bis zum Tigertempel. Kaffee und Tee kostenlos. Entspannte Stimmung. ❶–❷

## ESSEN

🧳 Die beste Empfehlung für Freunde der lokalen Küche ist der **Nachtmarkt am Pier**, wo man gut und günstig speist. Los geht's bei Einbruch der Dunkelheit; Schluss ist, ebenso wie in den meisten Restaurants, gegen 22 Uhr. In der Saison gibt es außerdem am Wochenende (Fr–So, ab 17 Uhr) in der Stadt einen beliebten **Weekend Market** (Walking Street) mit vielen kleinen Ständen, die leckere Spezialitäten in preiswerten kleinen Portionen (z. B. *yam plaa dok foo*, knusprig gebratener *catfish* mit Mangosalat) verkaufen.

**Baitoey Seafood**, Vichit Rd., ✆ 075-611 509. Bei Einheimischen beliebtes Thai-Restaurant mit Meeresfrüchten und mehr (z. B. Frosch) in schöner Lage am Fluss. ⏲ 10–22 Uhr, Küche 16–22 Uhr.

**BeBe Restaurant**, Maharat Rd., Ecke Soi 4. Thai-chinesisches Restaurant mit traditioneller Küche. Gebratener Reis und Nudeln, Suppen und BBQ. Viele einheimische Gäste. ⏲ 7–21 Uhr.

**Chok Di Restaurant**, Chao Fah Rd., am Pier. Thai, Burger, Pizza und Shakes serviert das gut besuchte Restaurant, das sehr zentral liegt. Die Inhaber sind Königsfans: Überall ist der Monarch zu sehen, fast als säße man im Wohnzimmer der Familie. ⏲ 8–23 Uhr.

🧳 **May & Mark**, ✆ 075-612 562. Nettes AC-Restaurant und davor schattige Plätze zum Draußensitzen. Es gibt Vollkornbrot, auf Wunsch mit Nutella. Guter Kaffee. Auch Thai-Gerichte. Gepflegtes Ambiente. Thais sieht man hier eher nicht. ⏲ 7–21 Uhr.

🧳 **Poo Dum Restaurant**, Uttarakit Rd. Großes Seafood-Restaurant: Frische Meerestiere können von der Auslage gewählt werden und kommen mit verschiedenen Saucen zubereitet auf den Tisch. Daneben gibt es aber auch Fleischiges auf der Speisekarte. Bei Einheimischen sehr beliebt und immer gut besucht. Prompter, englischsprachiger Service ⏲ 17–23 Uhr.

## SONSTIGES

### Autovermietungen
Verschiedene Fahrzeuge (Toyota Vios und Salura, Suzuki Sporty und Caribian) für 900–1500 Baht am Tag werden von fast allen Reisebüros vermittelt oder direkt am Flughafen **Budget**, ✆ 075-636 171. Mehr Infos unter 🖳 www.krabicarhire.com.

### Immigration
**Immigration Office**, 382 Moo 7, ✆ 075-611 097. ⏲ Mo–Fr 8.30–12 und 13–16.30 Uhr.

### Informationen
**TAT Office**, Uttarakit Rd. ✆ 075-622 163, 🖳 www.tourismthailand.org/krabi. Hält Broschüren und Stadtpläne bereit. Das Personal ist aufmerksam und bemüht, aber nicht unbedingt auf dem neusten Stand und ahnt wohl, dass die meisten Reisenden sich ohnehin in ihrem Guesthouse oder einem anderen Reisebüro beraten lassen. Tickets und Infos auch am Chao Fah-Pier.

### Medizinische Hilfe
Das **Krankenhaus**, 325 Uttarakit Rd., ✆ 075-611 227, hat einen recht guten Ruf. **Krabi Nakharin Hospital**, 1 Pisanpob Rd., ✆ 075-626 555, 🖳 www.krabinakharin.co.th. 2014 eröffnetes internationales Krankenhaus mit 100 Betten.

## Post

Uttarakit Rd., ✆ 075-61 1050, ⏱ Mo–Fr
8.30–16.30, Sa, So 9–12 Uhr.

## Reisebüros

Eine große Anzahl Reisebüros, die sich als
„Tourist Information" bezeichnen, kümmert sich
um die Bedürfnisse durchreisender Touristen.
Zudem ist an fast jedes Guesthouse ein Tour
Office angeschlossen. Bei Patrick von **Siam
Smile Travel**, 4 Kongka Rd., ✆ 081-894 9137,
🖳 www.siamsmiletravel.com, kann man sich
auf Deutsch beraten lassen.

## NAHVERKEHR

Nach Ao Nang und Hat Noppharat Thara
mit den **weißen Songthaew** alle 15 Min. von
7–22 Uhr für 50 Baht (nach 18 Uhr für 60 Baht) in
30 Min.; Start am 7-Eleven, Maharat Rd., Ecke
Soi 8; unterwegs kann zugestiegen werden,
z. B. am Chok Di Restaurant, Uttarakit, Ecke
Phao Fah Rd.

Vom Stadtzentrum zur Talad Kao Bus Station
fährt ein **rotes Songthaew** für 20 Baht.
Zum Flughafen mit dem **Airportbus** von Krabi-
Stadt um 7, 8, 10.30, 12, 13, 15 und 18 Uhr für
100 Baht in ca. 30 Min., Abfahrt am Pak-Up
Hostel (Chao Fah Rd., Ecke Cha-Mai Rd.) über
Tesco Lotus und die Bus Station.

## TRANSPORT

### Songthaew und Boot

Aufenthalte auf Ko Si Boya (S. 838) vermittelt
das **First Restaurant**, 13/6 Chao Fah Rd.,
✆ 075-623 561. Auch ein direkter Kontakt ist
möglich: **Siboya Bungalows**, 081-979 3344,
🖳 www.siboyabungalows.com. Die Anfahrt
kann organisiert werden: Songthaew (200 Baht/
Pers.), Boot 30 Baht, Taxi zu den Bungalows
4 Baht. ❷–❸

### Minibusse und Kombitickets

Minibusse werden von vielen Travellern als
bequeme Reisemöglichkeit genutzt. Praktisch
ist der Abholservice. Die angegebenen Preise
sind Richtwerte und können je nach Gästehaus
um 50–100 Baht differieren. Bei den **Joint-**

**Ticket-Touren** nach Ko Pha Ngan und Ko Samui
lassen sich nie genaue Vorhersagen über
Reiseverlauf und -dauer treffen. Oft wird man
bequem durchgeschleust.

HAT YAI, Minibus 7 und 11 Uhr für 350 Baht
in 4–5 Std.

INSELN IM GOLF, nach KO PHA NGAN,
KO SAMUI und KO TAO mit Bus und Fähre
um 7, 9 und 13 Uhr für 600/650/1100 Baht in
etwa 5–6 Std. KO TAO nur 7 und 13 Uhr mit
Lomprayah.

KHAO LAK und KHAO SOK, Minibus um
11.30 Uhr für 350–400 Baht in 3–4 Std. In der
Hochsaison tgl. 2 weitere Busse.

KO HAI, KO MUK, KO KRADAN, mit dem Minibus
um 10 Uhr bis Trang, dann mit dem Boot auf die
Inseln, für ca. 950–1100 Baht in 4–5 Std.

KO LANTA, Minibus stdl. 8–17 Uhr für 300 Baht
in 2 1/2 Std.

KO LIPE, Minibus bis Pakbara um 7 Uhr, dann
weiter mit dem Boot, ab 1100 Baht in 6 Std.,
oder um 10 Uhr mit dem Minibus bis Trang,
weiter mit dem Boot über Ko Hai, Ko Kradan,
Ko Muk bis Ko Lipe für 1100 Baht in 8 Std.

KO PHI PHI, mit dem Expressboot um 9, 10.30,
13.30 und 15 Uhr für 350 Baht in 1 1/2 Std.

KO YAO NOI und KO YAO YAI, mit dem Minibus
um 11 Uhr zum Ao Nang und weiter mit dem
Speedboot für 650 Baht in 1 Std.

PHUKET-STADT und FLUGHAFEN, Minibus stdl.
8–18 Uhr für 400 Baht in 3 Std. (mind. 2 Pers.,
sonst muss man das Doppelte zahlen).

PHUKET-STRÄNDE (Patong, Kata und Karon),
Minibus um 11.30 Uhr für 500 Baht in 3 1/2 –4 Std.

SATUN, im Minibus um 7 und 11 Uhr für
550 Baht in 6 Std.

SURAT THANI, Bus um 11.30 und 16.30 Uhr für
350 Baht in 3 Std.; Minibus ab Busstation
(mit Abholservice) stdl. 8–12 Uhr für 300 Baht.

TRANG, Minibus stdl. 7–16 Uhr (Richtung Hat
Yai) für 350 Baht in 2 Std.

### Busse

Der **Busbahnhof (Talad Kao Bus Station)**,
✆ 075-611 804, liegt etwa 6 km nördlich des
Zentrums. Ein Songthaew nach Krabi-Stadt
kostet 30 Baht, nach Ao Nang 60 Baht; Mopedtaxi nach Krabi-Stadt 50 Baht. Die besseren
Busse sind oft ausgebucht, deshalb das Ticket

einen Tag vorher besorgen. 2. Kl. AC geht immer, aber ohne Sitzplatzgarantie. **BANGKOK**, VIP-Bus um 17 und 17.30 Uhr (ca. 800 Baht) in 12 Std. bis Southern Bus Terminal. Reservierungen unter ☎ 075-663 503.
**HAT YAI**, im 1.-Kl.-Bus stdl. 8–17 Uhr für 280 Baht in etwa 4 Std.
**KHURA BURI** (Weiterfahrt nach KO PHRA THONG oder KO SURIN vor Ort), mit dem Bus nach Ranong für 170 Baht in 4 Std.
**PHANG NGA**, stdl. ab 8 Uhr für 115 Baht in knapp 2 Std. Der Bus hält in der Stadt. Minibusse verkehren ebenfalls, aber diese lassen die Kunden vorher aussteigen, sodass man noch in die Stadt kommen muss.
**PHUKET**, vormittags stdl. für 180 Baht. Zudem stdl. von 8–17 Uhr Minibusse für 400 Baht in knapp 2 Std.
**RANONG**, um 8.30 und 12.30 Uhr für 240 Baht in 6 1/2 Std. Wer nach KO PHAYAM oder KO CHANG will, sollte diese Busse nehmen. Vereinzelt angebotene Minibus-Kombitickets haben in der Vergangenheit oft nicht funktioniert.
**TRANG**, mit den Bussen Richtung Hat Yai stdl. von 8–17 Uhr für 120 Baht in 2 Std.

### Boote

Die Boote fahren in der Saison von Nov–April. In den Sommermonaten sind die Fahrtzeiten eingeschränkt.
Ab **Chao Fah-Pier** nach RAI LEH mit dem Longtail, sobald 6–8 Pers. zusammenkommen, für 150 Baht in 40 Min. Zur AO TON SAI besser ab AO NANG.
Ab **Krabi Passenger Port**, über die Tharua Rd. 3 km Richtung Westen (Songthaew ab/nach Krabi-Stadt 60 Baht, ab/nach Ao Nang 100 Baht):
KO JUM und KO LANTA, um 11.30 Uhr für 400 Baht in 1 1/2–2 1/2 Std. Von Mai–Mitte Okt wird die Fähre eingestellt. Gäste für Ko Jum werden unterwegs von Longtails aufgepickt.
KO PHI PHI, um 9, 10, 13 und 15 Uhr für 400 Baht in 1 1/2 Std., in der Nebensaison nur um 10 und 15 Uhr.
**Taxis** ab Passenger-Pier kosten nach Krabi-Stadt 200 Baht, Ao Nang und Noppharat Thara 400 Baht, zum Flughafen 400 Baht, Ko Lanta-Pier 2500 Baht, auf Wunsch auch bis nach Hat Yai oder Satun für 4500 Baht.

### Eisenbahn

Krabi hat keinen Anschluss ans Eisenbahnnetz; der nächste Bahnhof liegt 2–3 Busstunden entfernt in **Phunpin** bei **Surat Thani**. In den Reisebüros werden 2 Paketangebote (Joint Tickets; Songserm hat sich hier ein Monopol gesichert) für Nachtzüge nach BANGKOK verkauft: Mit dem Bus um 12.30 Uhr und einem Anschlusszug um 16.47 Uhr (Ankunft 5.10 Uhr), oder 17.38 Uhr (Ankunft 5.55 Uhr) bzw. mit dem Bus um 17.30 Uhr und den Anschlusszügen um 20.41 Uhr (Ankunft 5.55 Uhr) oder den späten Zügen um 23.38 und 23.57 Uhr (Ankunft nach 10 Uhr). Längere Wartezeiten am Bahnhof müssen einkalkuliert werden.

### Flüge

Der **Flughafen**, ☎ 075-691 940, liegt 15 km nördlich der Stadt am H4. Ein **Airportbus** verkehrt tagsüber zwischen Flughafen, Krabi-Stadt, Ao Nang und Noppharat Thara. Zusteige kostet je nach Strecke 100–150 Baht. Taxis nach Krabi-Stadt kosten ab Flughafen 400 Baht (in 30 Min.), nach Ao Nang 600 Baht (in 40 Min.) und nach Klong Muang 900 Baht (in 45 Min.). Siehe auch Nahverkehr.
**BANGKOK**, u. a. mit AirAsia, ☎ 075-701 551, 🖥 www.airasia.com, oder Bangkok Airways, 🖥 www.bangkokair.com., jeweils 4x tgl.
**KO SAMUI**, 5x wöchentl. (Do–Mo) mit Bangkok Airways, 🖥 www.bangkokair.com.
**KUALA LUMPUR**, 3x tgl. mit AirAsia, 🖥 www.airasia.com.

## Ausflüge in die Umgebung von Krabi

Die Gästehäuser und Hotels in Krabi und an de Stränden vermitteln zahlreiche Ausflüge, Toure und Aktivitäten, die auf eigene Faust schwie ger zu organisieren wären. So wird man am H tel abgeholt und auch wieder zurückgebrach Die folgende Auflistung soll nur einen Überbli vermitteln; viele der Angebote lassen sich auc kombinieren.

Zum Khao Phanom Bencha und Than Bok Khorani National Park (S. 836) startet man ebe falls gut ab Krabi, entweder mit einem der vielen Touranbieter oder einem eigenen Fahrzeug.

## Boots- und Kajaktouren

Verschiedene Touren führen zu den Inseln, Buchten und Stränden in der **Bucht von Phang Nga** bis hinauf zum James-Bond-Felsen und zu den Inseln vor der Küste von Phuket. Fahrten in die Bucht führen meist auch zu abgelegenen Stränden und zu Höhlen; oft sind kleinere Kajaktouren inbegriffen.

Kajaktouren werden sowohl an einigen Inseln als auch an der Küste nördlich von Krabi im Mangrovenwald angeboten. Die Paddeltouren vom **Bor Thor-Pier** führen zu mehreren Höhlen mit Stalagmiten und Stalaktiten, z. B. in die große **Tham Phi Hua To**, deren Wände mit prähistorischen Malereien geschmückt sind. Die wilde Landschaft um die Höhlen herum beleben einige Affenfamilien; wer Glück hat, kann sie in den Bäumen beobachten. Touren für 1200–1900 Baht.

## Wat Klong Thom Museum und Sa Morakot

In diesem Tempel im Dorf **Klong Thom** werden Steinwerkzeuge, Keramik mit Tierornamenten und Bronzeteile ausgestellt, die bei archäologischen Ausgrabungen und Höhlenforschungen in der Region entdeckt wurden. Ihr Alter wird auf ungefähr 5000 Jahre geschätzt. Der Tempel liegt am H4 zwischen KM 69 und 70.

Eine Besichtigung lässt sich gut verbinden mit einem Besuch des smaragdgrünen **Sa Morakot** (Emerald Pool, s. Karte S. 844), dessen leuchtende Farbe früh morgens und gegen Sonnenuntergang besonders gut wirkt. Eintritt 200 Bath NP-Gebühr. Anreise wie beim Museum über den H4 nach Klong Thom, dort allerdings auf die 4038 abbiegen, kurz darauf am Wegweiser rechts abbiegen und weiter der Beschilderung folgen. Unterwegs passiert man ein Hinweisschild, das zu einigen heißen Quellen führt (Eintritt um die 100 Baht). Am besten ist die Zeit am frühen Morgen, im Laufe des Vormittags kann es voll werden.

Eingebettet ist der natürliche Warmwasserpool Sa Morakot in das **Khao Phra Bang Kram Wildlife Sanctuary**, bekannt für seine vielen gefiederten Bewohner. Hier fühlen sich Vogelfreunde wohl. Aber auch für andere Naturliebhaber lohnt ein Besuch. Touren bietet Krabi Bird Watching, 🖳 www.thailandbirdwatching.com.

Zur Ao Ton Sai galangt man am besten mit dem Longtailboot.

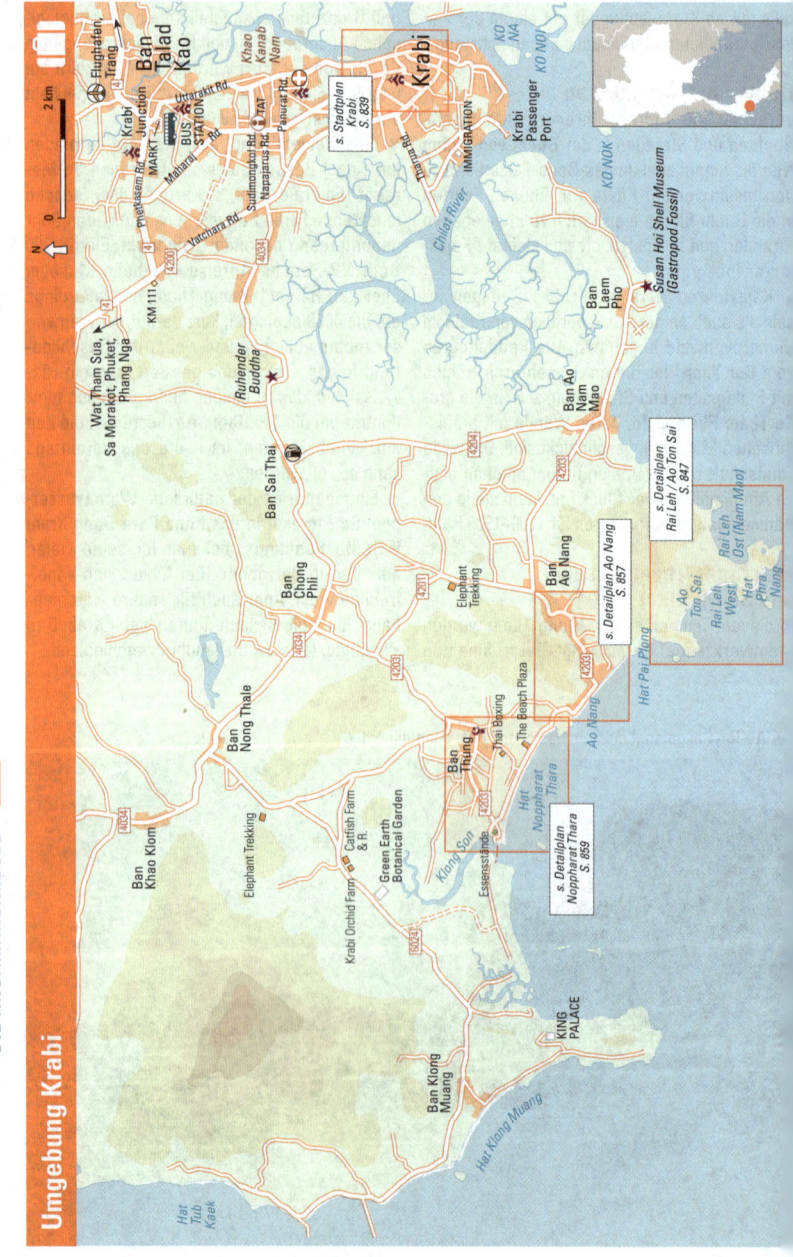

**Krabi**

s. Stadtplan
Krabi
S. 839

Krabi
Passenger
Port

IMMIGRATION

KO NA

KO NOK

Susan Hoi Shell Museum
(Gastropod Fossil)
S. 847

Ban
Laem
Pho

Ban Ao
Nam
Mao

Ban
Talad
Kao

Khao
Kanab
Nam

Flughafen,
Trang

Krabi

MARKT

BUS
STATION

TAT

Ruhender
Buddha

Wat Tham Sua,
Sa Morakot, Phuket,
Phang Nga

KM 110

Ban Sai Thai

Ban
Chong
Phli

Elephant
Trekking

Ban
Ao Nang

s. Detailplan
Rai Leh / Ao Ton Sai
S. 847

s. Detailplan Ao Nang
S. 857

Ban
Nong Thale

Rai Leh
Ost (Nam Mao)

Ao
Ton Sai

Rai Leh
West

Hat
Phra
Nang

Ban
Thung

The Beach Plaza

Thai Boxing

Hat
Nopparat
Thara

Ao Nang

Hat Pa Phong

Elephant Trekking

Catfish Farm
& h.

Green Earth
Botanical Garden

Krabi Orchid Farm

Klong Son

Essensstände

s. Detailplan
Nopparat Thara
S. 859

Ban
Khao Klom

KING
PALACE

Ban Klong
Muang

Hat Klong Muang

Hat
Tub
Kaek

## Susan Hoi und Ao Nam Mao

Das Gastropoden-Fossil **Susan Hoi** ist ein Muschelfriedhof, der zwar weltweit gesehen etwas Besonderes ist (es gibt nur zwei weitere Fundstellen auf der Erde, in den USA und in Japan), aber als Ausflugsziel doch eher unspektakulär daherkommt. Man muss schon ziemlich genau hinschauen, um in der stark erodierten und von Wind, Wetter und Besucherfüßen glatt geschliffenen Oberfläche die Überbleibsel der Süßwassermuscheln zu entdecken, die hier vor 75 Mio. Jahren (andere Quellen sagen vor 40 Mio. Jahren) in einem Sumpf lebten. Ein bisschen sumpfig ist die Gegend bis heute geblieben: So ist auch die sich westlich anschließende **Nam Mao-Bucht** weniger etwas für Strandliebhaber als für Gäste, die in einem noch einigermaßen ursprünglichen Umfeld ein paar ruhige Tage verbringen wollen. Am Meer laden Sand, Steine und Schlamm nicht gerade zum Baden ein – eine regelmäßige Longtail-Verbindung ins 5 Bootsminuten entfernte Rai Leh kann darüber hinweg trösten.

## Rai Leh

Die Halbinsel, auf der der schöne Strand **Rai Leh West** und der zum Wohnen ebenfalls viel besuchte Mangrovenstrand **Rai Leh Ost** liegen, ist durch hohe Kalksteinfelsen vom Festland abgetrennt – Longtails sind hier das Hauptverkehrsmittel und verbinden die Strände mit Krabi und Ao Nang. Auch **Rai Leh** [2838] selbst ist gekennzeichnet von steil aufragenden Kalksteinfelsen, ein Eldorado für Kletterer. Höhlen durchziehen die Felsen, z. T. sind sie begehbar, wie die „Diamanthöhle" **Tham Phra Nang Nai**, die innen mit fantastisch funkelnden, kristallbewachsenen Stalaktiten-Formationen beeindruckt, oder die berühmte „Prinzessinnenhöhle" **Tham Phra Nang** am Südende des Hat Phra Nang, wo ein **Phallus-Schrein** zu einer viel besuchten Sehenswürdigkeit geworden ist. Die darüberliegende Höhle zu erklettern, geschieht auf eigene Gefahr (Taschen- oder besser Kopflampe mitbringen).

Derselbe Karstfelsen, der die Phra Nang-Höhle birgt, kann auch bis zu einem **Aussichtspunkt** erklettert werden. Festes Schuhwerk und Trittsicherheit sind zu empfehlen, denn es geht steil bergauf; z. T. bieten Seile eine Steighilfe. Oben angekommen, können Mutige hinabsteigen zu einer verborgenen **Lagune** mitten im Fels. Das ist nicht ganz ungefährlich. Besonders am letzten Absatz machen viele kehrt, was sicher eine gute Idee ist, denn mit einem verstauchten Knöchel den Rückweg anzutreten, dürfte eine Tortur sein.

Hauptattraktion und eher ungefährlich sind sowieso die **Strände**, weniger der Rai Leh Ost mit seinen Mangroven als vielmehr der Rai Leh West mit einem breiten, flach ins Wasser abfallenden Sandstrand ohne Steine und Korallen. Und dann ist da natürlich der traumhafte **Hat Phra Nang**. Auf dem Weg vom Rai Leh Ost hierher lauern gierige Affen auf Ess- und Trinkbares, welches sie gekonnt den vorbeimarschierenden Touristen entreißen. Der Strand selbst ist von Tagesausflüglern überschwemmt, viele sehen gebannt den Kletterern am Felsen im Südteil zu. Im Nordteil lagern die Longtail-Boote, von denen teils die üblichen Snacks wie Sandwiches, Thai-Snacks und Kebab zu moderaten Preisen verkauft werden. Hier gibt es keine Wohnmöglichkeiten, außer man kann es sich leisten, im Super-Luxus-Resort (ab 19 000 Baht) abzusteigen. Auch die **Ao Pai Plong**, auf dem Weg von Ao Nang zum Rai Leh gelegen, ist Luxusreisenden vorbehalten. Hier wohnt man im **Centara Grand Beach Resort & Villas Krabi**, ✆ 075-637 789, 🖥 www.centarahotelsresorts.com/ckbr, ❶.

### Rai Leh Ost

Hier legen die Longtails aus Krabi-Stadt an, und bei schlechtem Wetter ist dies die einzige angefahrene Bucht. Rai Leh Ost hat an seinem südlichen Ende ein bisschen Sand; hier startet der Pfad zur Phra Nang-Höhle. Auf halbem Weg, an einer kleinen Sala (rechts), geht es links hinauf zum Aussichtspunkt und zur Lagune. Etwa die Hälfte des Rai Leh Ost ist von dichten hohen Mangroven bewachsen, deren Wurzeln sich bei Ebbe eindrucksvoll aus dem Watt erheben. Entlang der gesamten Bucht ist eine kleine Promenade entstanden. Vor allem am nördlichen und mittleren Teil gibt es Minimärkte, Kleiderläden,

Reisebüros, Restaurants und Bars. Baden ist am gesamten Rai Leh Ost nicht möglich.

Ein etwa 5 Min. langer Fußweg führt nach Rai Leh West, wo ein herrlicher Sandstrand wartet, an dem man nicht nur in der Sonne liegen, sondern nahezu immer baden und schwimmen kann. Am Rande der Bucht kann man bei Ebbe über spitze Steine in 10 Min., über einen steilen Kletterweg in 20 Min. und im Hinterland über die Berge in einer knappen halben Stunde zur Ao Ton Sai wandern.

## Rai Leh West

An diesem Strand lockt wunderschöner weicher weißer Sand. Der Strand ist selbst bei Flut noch recht breit. Auch bei Ebbe kann man baden, wenngleich nicht immer schwimmen. In der Nebensaison ist es recht ruhig, nur wenige Sonnenhungrige liegen dann im Sand. Auch zur Hauptsaison ist es nicht zu voll. Beide Seiten des Strandes sind von noblen Anlagen belegt, der Strand ist jedoch für alle zugänglich. Schön liegt man vor dem Railei Beach Club im nördlichen Abschnitt der Bucht. Hier stehen am Rand sogar Mülleimer und man findet Schatten unter Kasuarinen und an den Felsen.

In der Hauptsaison stören Ausflugsboote etwas die Idylle, denn dann ankern in der südlichen Buchthälfte unzählige Longtails und Schnellboote.

### Rai Leh Ost

Die wenigen verbliebenen einfachen Bungalows sind eher im nördlichen Teil der Bucht zu finden, während im Süden Luxusresorts dominieren. In etwa der Mitte haben sich sympathische kleine Restaurants mit Liegekissen und Blick auf die Mangroven angesiedelt. Einige der mittelpreisigen Anlagen sind bereits in die Jahre gekommen und haben manchmal Schimmel in einigen Ecken. Doch hier ist das Preis-Leistungs-Verhältnis – zumindest in der Nebensaison – besser. Alle Anlagen, die am Hang liegen, sind über steile Treppen zu erreichen.

**Bhu Nga Thani Resort & Spa** ⑫, ☏ 075-819 451, 🖵 www.bhungathani.com. Imposantes Resort mit gehobenem Ambiente. Schöne Zimmer in 3-geschossigen weißen Steinhäusern. Alle mit TV und Meerblick. Vorne aufgeschütteter Sand, daneben der Pool mit Wasserfall. Pool-Villen, Spa, Restaurant. In der Nebensaison Rabatte. ❽

**Railay Bay Resort & Spa** ⑭, ☏ 075-819 401, 🖵 www.krabi-railaybay.com. Lang gezogene Anlage zwischen Rai Leh Ost und West. Teils Bungalows, teils Villen oder Zimmer im Hotelkomplex. 2 Pools, einer vorne am Strand, dort gibt's auch Liegen. Minimarkt und Geldautomat. Spa. Inkl. Frühstück und WLAN. Kajakverleih. ❻–❽

€ **Railay Cabana Garden Bungalows** ⑧, im Hinterland, ☏ 084-057 7167. Im tropischen Grün eines Hochtals stehen 15 einfache Holz- und Bambusbungalows recht eng beieinander auf einem riesigen Gelände. Bescheidene Ausstattung, aber Moskitonetze. Angenehme Atmosphäre. Zum Ao Ton Sai führt ein 20-minütiger Fußweg, zum Rai Leh Ost sind es etwa 5 Min. zu Fuß. ❸

🧳 **Railay Garden View Resort** ⑩, ☏ 085-888 5143, 🖵 www.railaygardenview.com. Holz/Bambus-Bungalows im gepflegten Garten am Hang, geschmackvolle Einrichtung mit dem gewissen Extra: Tisch, Schrank, Sitzkissen, schön gestaltete Bäder. Alle Zimmer mit Ventilator und Doppelbetten, ein Bungalow mit Platz für kleine Familien. Große Veranden, teils mit Blick aufs Meer. Der Eingang findet sich hinter dem Lucky Restaurant, ein paar Stufen hinauf. Inkl. Frühstück (nur Hauptsaison). Kostenlos Wasser zum Nachfüllen. ❺

**Railay Great View Resort & Spa** ⑪, ☏ 075-819 472, 🖵 www.railaygreatview.com. Am Ende der betonierte „Uferpromenade". Modernes Resort im puristischen Design. Durch die Verwendung von viel Holz ist es dennoch sehr gemütlich. 42 große Bungalows mit Panoramafenstern. Pool und bei Ebbe sehr kleiner Strand. ❻–❼

**Railay Princess Resort & Spa** ⑬, ☏ 075-819 401, 🖵 www.krabi-railayprincess.com. 3-stöckige Häuser in einem schönen Garten und neue Gebäude bis zum Rai Leh West. Große Zimmer mit AC, TV und Minibar. Großer Infinity-Pool mit angrenzendem Spa. Kleiner Teich im Garten, ruhig. Man gelangt ganz schnell zu

# Rai Leh / Ao Ton Sai

N  0 — 500 m

*Hat Pai Plong*
Ao Nang

*Ao Ton Sai*

LONGTAILS

*Rai Leh West*

LONGTAILS

*Hat Phra Nang*

*Tham Phra Nang Nai*

*Tham Phra Nang (Princess Cave)*

*Rai Leh Ost (Nam Mao)*

PIER

→ Krabi

*Phra Nang-Lagune*

Walking St.

## ■ ÜBERNACHTUNG

**AO TON SAI**
1 Chill Out Bar Bungalows
2 Green Valley Resort
3 Dream Valley Resort
4 Country Side Resort
5 Tiew Khao Bungalows
6 The Forest Resort
7 Tonsai Bay Resort

**RAI LEH OST**
8 Noiloy Cabana Garden Bungalows
9 Rapala Rockwood Room & Restaurant
10 Railay Garden View Resort
11 Railay Great View Resort & Spa
12 Bhu Nga Thani Resort & Spa
13 Railay Princess Resort & Spa
14 Railay Bay Resort & Spa

**RAI LEH WEST**
15 Railei Beach Club
16 Railay Village Resort & Spa
17 Sand Sea Resort
18 Rayavadee

## ■ SONSTIGES

**AO TON SAI**
1 Sunset Pirates Bar
2 Chill Out Bar
3 Sabai Sabai Bar
4 Ton Sai Yoga
5 Viking Bar
6 Base Camp Climbing
7 The Rock Shop
8 Freedom Bar

**RAI LEH OST**
9 Highland Rock Climbing & Coffee House
10 Tew Lay Bar
11 N Joy Rock Climbing
12 Railay Clinic International
13 Tex Rock Climbing

**RAI LEH WEST**
14 Railay Divers
15 King Climbers
16 Hot Rock
17 Railay Dive Centre
18 First Aid Clinic

## ■ ESSEN

**AO TON SAI**
1 Sao Legacy
2 Familiy Restaurant
3 Sunset Pirat Bar
4 Mama's Chicken
5 Kruie Restaurant
6 Tonsai Bay Restaurant

**RAI LEH OST**
7 Last Restaurant & Bar
8 Kohinoor Indian Restaurant & Pizza
9 Viewpoint Restaurant
10 Joy Beach Bar
11 Friendship Restaurant
12 Pranang Cuisine
13 Joy Pizzeria
14 Mom's Kitchen

**RAI LEH WEST**
15 Flame Tree
16 Rayavadee Restaurant

DIE ANDAMANENKÜSTE

…eiden Seiten des Rai Leh. Inkl. Frühstück.
…m Restaurant WLAN. 6 – 8

€ **Rapala Rockwood Room & Restaurant**
9, ☎ 091-318 5321. Vermietet werden
…0 einfache Holzbungalows und Zimmer

mit Ventilator. Indische, recht günstige Küche
in einem einfachen, bunt bemalten Restaurant
mit Blick auf die Bucht. Entspannte, aber
manchem auch etwas verwahrlost erscheinende Atmosphäre. 2 – 3

## Klettern in Rai Leh und Ao Ton Sai

Die Karstfelsen mit ihren Höhlen und fantastischen Steilwänden bieten herrliche Touren für Kletterfans. Anfänger und Fortgeschrittene kommen voll auf ihre Kosten. Um die **300 Routen** können erklettert werden. Die Schwierigkeitsgrade reichen von 4 bis 9A. Einige **Kletterschulen** haben eigene Führer in Buchform (in Englisch) herausgebracht – empfehlenswert ist das Buch der King Climbers oder der Führer vom Basecamp (Neue Edition von Elke Schmitz 2012).

Es gibt in Rai Leh sowie in der Ao Ton Sai zahlreiche Kletterschulen, die sich vor allem an Anfänger wenden. Es lohnt, die Guides kennenzulernen und sich über die aktuellen Preise vor Ort kundig zu machen. Die meisten Schulen haben keine festen Telefonnummern, sodass man persönlich vorbeischauen muss (das gilt vor allem für jene in der Ao Ton Sai).

Die Schulen sind nahezu alle das ganze Jahr über geöffnet. Da die Regenzeit an diesen Stränden meist recht schwach ausfällt, kann man eigentlich zu jeder Jahreszeit klettern. Sollte es doch öfter zu Regenschauern kommen, wagt man sich eben nicht zu weit nach oben, sondern schult seine Fähigkeiten unten am Fels oder auf der Slackline.

### Kosten und Kurse

Es gibt an allen Stränden Schulen, die Kurse für Anfänger und Fortgeschrittene bieten, am Ao Ton Sai etwas günstiger als am Rai Leh Ost. Halbtagestouren für Anfänger kosten etwa 800 Baht, ebenso solche für Erfahrene, die nur einen Auffrischungskurs brauchen. Tagestrips ab 1500 Baht. Wer richtig klettern lernen will, bucht einen 3-Tage-Kurs (etwa 6000 Baht). Auch für Kinder (ab 5, z. T. ab 7 Jahren) gibt es an einigen Schulen Kurse. Erfahrene unternehmen längere Touren, bei denen Stopps eingelegt werden (Multi-Pitching). Und wer auf Nummer sicher gehen will, macht einen Rescue-Kurs, bei dem die schlimmsten Szenarien durchgespielt werden (Tageskurs für 3500 Baht). Ein privater Führer, der erfahrene Kletterer auf einer Tour begleitet, kostet ab 3000 Baht für einen halben Tag und ab 4500 Baht für den ganzen Tag. Etwas ganz Besonderes ist das „Deep Water Soloing", bei dem man sich über tiefem Wasser an Überhängen versucht und dann ins Wasser springt. Die Unterwasserwelt wurde vorher erkundet, sodass man beim Herunterfallen nichts zu fürchten hat außer einem manchmal unsanften Auftreffen aufs Wasser – je nach Kletterhöhe mehr oder weniger schmerzhaft.

### Klettern ist ein Extremsport

Wer hier klettert, bekommt einiges geboten. Nicht nur ist es ein tolles Erlebnis, eine solche Steilwand erklommen zu haben: Der Ausblick auf das Meer und die Umgebung ist einzigartig. Man darf

### Rai Leh West

Die Anlagen haben alle keine Bungalows direkt am Strand. Blick aufs Meer bieten aber die Restaurants. Das Preisniveau ist an diesem Strand selbst in der Nebensaison noch extrem hoch.
**Railay Village Resort & Spa** ⑯, ✆ 075-819 4123, 🖥 www.railayvillagekrabi.com. Große Anlage mit „Spa"- und „Pool"-Villen. Im Restaurant am Strand endet einer der Fußwege vom Oststrand zum Weststrand. Die Unterkünfte liegen im Hinterland. 49 Bungalows mit Privatsphäre und 2 gegenüberliegende 2-geschossige Reihenhäuser.

Schöner, gepflegter Garten. Kajakverleih. ❼–❽
**Rayavadee** ⑱, ✆ 075-620 740, 🖥 www.rayavadee.com. Luxushotel, dessen Bungalows auf dem Gelände zwischen den Stränden Rai Leh West und Ost und Hat Phra Nang liegen. Hier wohnt, wer sich wahren Luxus leisten kann. ❽
**Sand Sea Resort** ⑰, ✆ 075-819 4634, 🖥 www.krabisandsea.com. Große Anlage mit 2 Pools. Zimmer in Bungalows oder 2-geschossigen Häusern. Restaurant am Strand (WLAN). Geschmackvolle Ausstattung, Safe. In der Nebensaison ab ❻, sonst ❽

jedoch nicht vergessen, dass Klettern ein Extremsport ist! Unfälle sind nicht auszuschließen, und man sollte unbedingt Vorsicht walten lassen.

Vor der Buchung einer Tour sollte man sich immer nach der Versicherung der Veranstalter erkundigen, sich über die Erste-Hilfe-Ausbildung der Führer schlaumachen und die Ausrüstung checken. Poröse Seile oder Ösen sind nicht sicher! Sollte man unterwegs das Gefühl haben, dass die Guides nicht 100 % konzentriert sind, ist der Kurs besser abzubrechen. Klettern ist ein Risiko, und wer hier vom Fels stürzt, muss mit dem Schnellboot oder dem Helikopter ins Krankenhaus gebracht werden. Wer vorher die Ausrüstung und den Guide checkt, sich am Fels umsichtig verhält und seine Grenzen kennt und akzeptiert, wird auf jeden Fall jede Menge Spaß haben, sicher das ein oder andere persönliche Abenteuer erleben und zudem eine wahnsinnige Aussicht genießen können.

Namen und Adressen der Schulen siehe bei den jeweiligen Stränden.

## ESSEN UND UNTERHALTUNG

### Rai Leh Ost

Im mittleren Teil der Bucht erstrecken sich überdacht mehrere Bars, Restaurants und Minimärkte, teils mit herrlichen Sitzgelegenheiten mit Blick auf die Mangroven. Viele werben mit frisch gebrühtem Kaffee. Moderate Preise. Darunter: **Friendship Restaurant**, **Joy Beach Bar**, **Joy Pizzeria**, **Pranang Cuisine** (auch chin. Gerichte und Kochkurse) und **Mom's Kitchen**.

**Kohinoor Indian Restaurant & Pizza**, an der Walking Street, ✆ 08-1654 8100. Einfaches Restaurant mit indischer Küche und Pizza.

**Last Restaurant & Bar**, am Nordende. Großes überdachtes, erhöht platziertes Restaurant, nachts beleuchtet wirkt es attraktiver als am Tag. Thai- und westliche Küche. Happy Hour. Manchmal Muay Thai-Veranstaltungen, an denen man teilnehmen kann.

**Tew Lay Bar**, noch hinter der Last Bar am Meer, ✆ 086-695 0432. Ansprechende Plattformen und Liegekissen mit tollem Blick über die gesamte Bucht. Es werden auch Kochkurse ab 1200 Baht angeboten, bei denen man aus drei 5-Gänge-Menüs wählen kann.

**Viewpoint Restaurant**, gehört zum gleichnamigen Resort. Direkt am Mangrovenwald gelegen, etwas „gehobenes" Ambiente, recht hohes Preisniveau. Abends BBQ mit frischem Fisch und teuren Seafood-Spießen.

### Rai Leh West

Hier muss man mit mäßiger Kost zu hohen Preisen rechnen. Im noblen **Restaurant** des **Rayavadee** ist es zwar noch teurer, aber dafür auch gut. Angenehm sitzt man auch im **Flame Tree** am Strand in den Shopping-Arkaden. Hier gibt es Thai- und westliche Küche, Eiscreme, Kaffee und Alkoholisches.

## AKTIVITÄTEN

### Klettern

Siehe auch Infos im Kasten S. 848.

### Rai Leh Ost

**Highland Rock Climbing & Coffee House**, ☏ 084-443 9539, ✉ highlandrockclimbing@yahoo.com. Im Hinterland gelegene kleine Schule für Kletterfreaks mit angeschlossenem gemütlichen Café und Bar. Hier wird direkt nebenan geklettert und danach in der Bar relaxt. Nette Atmosphäre. Platz für kleine Zelte (ehem. Yaya Bar).

**N Joy Rock Climbing**, ☏ 082-606 105 333, ✉ n_joykrabi@yahoo.com. Kurse für Anfänger und Fortgeschrittene. Erfahrene Kletterer können sich ihrem Können entsprechende Routen zeigen lassen oder Multipitch-Kurse absolvieren. Führt auch eine Auswahl Bücher.

**Tex Rock Climbing**, ☏ 081-891 1528, ✉ tex.rock@hotmail.com. Am Railay Bay Resort. Erste Kletterschule Krabis, lehrt seit 1990. Neben den üblichen Angeboten wie Touren, Kursen und Ausrüstungsverleih kann man hier auch Instructor werden. Kids-Kurse (ab 5 Jahren). Die Betreiber sind immer dabei, wenn es gilt, neue Routen abzustecken und zu sichern. ⏰ 8–19 Uhr.

### Rai Leh West

**Hot Rock**, in der Walking Street, ☏ 075-662 245, 🖥 www.railayadventure.com. Unter schwe-

disch-thailändischer Leitung. Lange etabliert, Kurse für Anfänger und Fortgeschrittene, Kinderkurse ab 7 Jahren.

**King Climbers**, an der Walking Street, ☏ 075-662 096, 🖥 www.railay.com. Bekannte und beliebte Schule mit gutem Ruf und viel Erfahrung. Alle Führer haben einen Erste-Hilfe-Kurs absolviert, es werden private Touren ebenso angeboten wie 1- bis 3-tägige Kurse. Wer will, kann sich filmen und fotografieren lassen. Kinder ab 5 Jahren können hier lernen, und die Betreiber werben damit, auch 100-Jährige noch sicher in den Hang zu bringen.

### Tauchen

**Railay Dive Centre**, Rai Leh West, ☏ 075-819 417, 🖥 www.railaydivecenter.com. Große Tauchbasis, etabliert seit 1992. Unterricht nach PADI. Viele Artikel zum Verkauf: von der Maske bis zum Wetsuit. Auch T-Shirts mit Tauchmotiven. In der Nebensaison oft geschl.

## SONSTIGES

### Geld

**Geldautomat** neben der Rezeption des Viewpoint Resorts sowie beim Minimarkt des Railay Bay Resorts auf halber Strecke zwischen West- und Oststrand.

### Medizinische Hilfe

**First Aid Clinic**, hier werden kleinere Wunden versorgt und man wird beraten und kann in der angeschlossenen Apotheke ein paar Medikamente kaufen. ⏰ 0–24 Uhr.

**Railay Clinic International**, nördlich des Anyavee Railay Resorts am Oststrand, ☏ 075-818 319, 095-687 6175. Reiner Arztbesuch 1200 Baht (ohne Behandlung), sonst ab 2000 Baht, ⏰ 21–6 Uhr.

## TRANSPORT

### Rai Leh Ost

KRABI-STADT, den ganzen Tag über mit dem Longtail, bei mind. 6 Pers. 150 Baht p. P., Charter etwa 1200 Baht vom schwimmenden Pier aus. AO TON SAI, Longtails fahren für 100 Baht ab 4–5 Pers. Zu Fuß dauert die Strecke etwa

30 Min., dieser Weg und der über die Felsen am Rai Leh West eignet sich nur für gute Wanderer. Wenn Gepäck zu schleppen ist, ist das Boot deutlich komfortabler.

RAI LEH WEST, mit dem Longtail für 80 Baht ab 4 Pers. Zu Fuß dauert der Weg etwa 5 Min.

### Rai Leh West

Es gibt Joint Tickets zu vielen Zielen Thailands, auch zur Golfküste. Diese können im Reisebüro gebucht werden.

AO NANG, Longtails ab 8 Pers. für 100 Baht pro Mitfahrer, Charter ab 800 Baht, in 20 Min. In der Nebensaison auch billiger. Ab 18 Uhr Minimum 5 Pers., 150 Baht.

AO TON SAI, mit dem Longtail, 50 Baht ab 5 Pers., ab 18 Uhr 80 Baht, in etwa 10 Min. Zu Fuß 30 Min. auf einer staubigen bzw. schlammigen Piste im Hinterland, kürzer über die Felsen (mit Gepäck beschwerlich).

KO PHI PHI, mit der *Ao Nang Princess* um 9.45 Uhr für 450 Baht in 1 3/4 Std.

PHUKET, mit der *Ao Nang Princess* um 15.15 Uhr für 700 Baht in 2 Std. Transfer nach PATONG, KATA KARON und PHUKET-STADT inkl., andere Strände und Flughafen 100–200 Baht.

KO LANTA, mit der *Ao Nang Princess* um 10.45 Uhr für 470 Baht in 2 Std.

## Ao Ton Sai

Die kleine Bucht **Ao Ton Sai** [2773] ist ein Eldorado für **Kletterfans** – und das gilt nicht nur für die hier lebenden Affen, die durch den dichten Wald turnen. Direkt neben den Hütten ragen die steilen Klippen empor, an denen man das Freeclimben erlernen kann, die aber auch für erfahrene Kletterer viele spannende Routen bieten.

Die Bucht eignet sich bei Flut zum Schwimmen. Je weiter sich das Wasser jedoch zurückzieht, desto flacher wird es. Bei extremer Ebbe ist die gesamte Bucht leer und Korallenschrott kommt zum Vorschein.

Das Publikum ist jung, gut trainiert und gut gelaunt. Es wird viel gefeiert, aber da die meisten sportlich veranlagt sind, halten sich die Ausschweifungen im Rahmen. Statt sich sinnlos zu betrinken, wird hier viel über die Routen des kommenden Tages diskutiert und Neues aus der Welt des Boulderns, Belayings, Multipitchens und Deep Water Soloings ausgetauscht. Für die meisten geht es nämlich jeden Morgen nach dem Müsli direkt an den Fels. Einfachheit steht an diesem Strand vor Bequemlichkeit. Der Sport in der faszinierenden Natur der Karstfelsen und die lockere Atmosphäre sind die Attraktionen, die Stammgäste und Neulinge faszinieren.

2014 wurde nahezu das gesamte Strandgelände von den hier ansässigen Bars geräumt und ein großes Areal mit einer hohen Mauer eingezäunt (bisher nur nach hinten, nicht nach vorne zum Strand). Hier sollen angeblich Bungalows einer hochpreisigen Anlage entstehen, amtlich ist dies aber noch nicht. Derweil zelten am Strand einige Hartgesottene oder haben ihre Hängematten aufgespannt. Und während die einen es befürworten, dass so nah am Strand keine unordentlichen Bars mehr stehen, prophezeien die anderen den Untergang des Ao Ton Sai. Bisher hat sich die Stimmung aber in keiner Weise geändert. Nun feiert man eben nicht mehr am Strand, sondern etwas weiter hinten. Massagen ab 200 Baht. Kajakverleih am Strand.

### ÜBERNACHTUNG

Einfache Hütten und Bungalows dominieren. Bungalows am Strand gibt es nicht. Vielmehr liegen die Unterkünfte im Hinterland und ziehen sich weit den Hang hinauf. Nahezu alle Bungalows haben einen Ventilator. Wer weiter am Berg beim Dschungelpfad hinaufzieht, findet einfachste Hütten für recht wenig Geld; in der

### Von Generatoren und lauter Musik

Strom gibt es meist nur nachts, manche Anlagen bieten in der Hauptsaison aber auch 20–24 Std. Strom. Da die Energie von Generatoren erzeugt wird, dröhnt und brummt es an allen Anlagen. Nahe den Bars ist zudem bis nach Mitternacht mit lauterer Musik zu rechnen. Kletterer, die nach einem anstrengenden Tag an der Steilwand und einem ebensolchen Abend in der Strandbar todmüde ins Bett fallen, stört das aber nicht.

Nebensaison bereits ab 100 Baht, in der Hauptsaison je nach Nachfrage ab 300 Baht. AC-Bungalows sind selten, in der Saison teuer, aber in der Nebensaison bezahlbar. Die wenigsten Bungalows kann man vorbuchen. Noch längst nicht alle Bungalows verfügen über WLAN.

**Chill Out Bar Bungalows** ①, ✆ 084-186 8138, 🖳 www.chilloutbarkrabi.com. In einem weitläufigen Garten ziehen sich viele Holz/Matten-Bungalows den Hang hinauf. Ganz hinten stehen die Hütten auf extrem hohen Stelzen, und von den Balkonen bietet sich ein toller Blick auf die Berge. Vorne befinden sich ein paar rustikale Holzbungalows. Alle Zimmer mit Moskitonetz. In der Mitte kann jeder, der sein eigenes Zelt dabeihat, für 100 Baht campen. Nicht mehr neu, aber chillige Atmosphäre. Strom nahezu 20 Std. WLAN in der angesagten Bar. ❷–❸

**Country Side Resort** ④, ✆ 080-889 7055, 091-323 5947. Am Fußweg Richtung Rai Leh auf sehr hohen Stelzen gebaute, hübsche und geräumige Holzbungalows (AC funktioniert nicht immer, daher meist Ventilator). Auch Familienzimmer. Große Fensterfront und schöne Veranden. Es gibt auch einfachste Bambushütten. Strom ca. 19 Std. am Tag. Rabatt für alle, die länger bleiben. ❷–❹

**Dream Valley Resort** ③, ✆ 075-819 810-12, 🖳 www.dreamvalleykrabi.com. 2-geschossiger Neubau mit AC und TV im vorderen Teil um den Pool. Dahinter etwas ältere Steinbungalows, in der günstigsten Kategorie mit Ventilator. Weiter oben ein weiteres Haus mit AC-Zimmern. Viele Zimmer mit Doppel- und Einzelbett für Familien oder übergroßem Doppelbett. Alle Warmwasser. Kein Strom von 13–16 Uhr. WLAN (150 Baht Verzehr im Restaurant). ❹–❼

**Green Valley Resort** ②, ✆ 075-819 816. Vorne stehen Steinhäuser mit 3 Betten, es folgen recht große Holzbungalows (gutes Preis-Leistungs-Verhältnis). Noch weiter oben rechter Hand einfache Mattenhütten. Nur Letztere haben ein Moskitonetz. Die anderen schützen, soweit es geht, mit Fliegengittern vor dem Fenster vor lästigem Getier. ❷–❸

**The Forest Resort** ⑥, Kontakt über Basecamp (S. 854). Wem Treppensteigen nicht zu mühsam ist, trifft mit den stilsicher gestalteten Holz- und Steinbungalows auf hohen Stelzen am Hang an der Straße nach Rai Leh eine gute Wahl. Teils mit einem Doppel- und einem Einzelbett. Alle mit Ventilator. Kein WLAN. Strom ca. 20 Std. tgl. ❷–❸

€ **Tiew Khao Bungalows** ⑤. Am steilen Hang am Weg nach Rai Leh gelegene einfache, kleine und größere Mattenbungalows. Einige noch ohne eigenes Bad und sehr klein. Manche mit schöner Veranda. Nette Leute, aber nicht immer spricht jemand Englisch. ❶–❷

**Tonsai Bay Resort** ⑦, ✆ 075-637 234, 🖳 www.tonsaibaykrabi.com. Große Anlage ganz im Süden der Bucht mit AC-Einzel- und Doppelbungalows. 24 Std. Strom in der Saison. TV, Kühlschrank. In der Nebensaison eine gute Option. WLAN im Restaurantbereich. Ein Pool ist in Planung. ❺

## ESSEN

Fast alle Restaurants (Essen gibt es meist bis 22 Uhr) und Bars bieten mittlerweile relativ langsames WLAN. Die meisten locken mit frisch gebrühtem Kaffee.

**Family Restaurant**, direkt neben dem Chill Out. Leckeres Essen, günstige Preise. Gute Shakes.

**Kruie Restaurant**, mit Blick auf den Strand, neben dem Tonsai Bay Restaurant. Offenes überdachtes Restaurant mit Holzstühlen. Gute Thai-Küche, abends BBQ. ⏱ 7.30–22 Uhr.

**Mama's Chicken**, am Weg ins Hinterland. Bei Kletterern sehr beliebtes Restaurant mit bunten Plastikstühlen. Gegrilltes Huhn, Klebreis, Papayasalat und anderes aus der Thai-Küche. Frischer Bananenkuchen und Mango mit süßem Reis in Kokosmilch, zudem Müsli, Pommes und Burger. Zum Mitnehmen oder an kleinen Tischen zu verzehren. Gute Shakes und leckere Pancakes. Günstig.

**Sao Legacy**, auf dem nördlichen Weg, der zum Strand führt. Beliebtes Restaurant mit recht günstigen Preisen. Gute Currys.

**Tonsai Bay Restaurant**, direkt am Fels und am Meer. Vor allem abends schön zum Sonnenuntergang und danach, wenn die Berge beleuchtet sind. Meist gute Küche, große Portionen, schneller Service. Kein Schweinefleisch. Thai-Küche, Pizza und Lasagne.

Die Bars befinden sich bis auf eine Ausnahme alle im Hinterland. Meist sind sie urig aus Schwemmholz gestaltet und öffnen in der Regel gegen Mittag, wenn die Ersten vom Fels zurückkehren bzw. die Letzten aus den Bungalows kriechen. Gefeiert wird, bis der letzte Gast geht, obwohl offiziell um 1 Uhr Schluss ist.

**Basecamp Rooftop**, zur Basecamp Climbing School gehörende Frühstücksbar auf einer Plattform im 1. Stock. Beliebt ist bei Kletterern das mexikanische Frühstück, auch nahrhafte Powerballs. Bietet auch 6 recycelte Bungalows mit neuen Bädern (ab 800 Baht).

**Chill Out Bar**, direkt hinter der Mauer ist die Bar mit Strandfeeling entstanden. Um einen sandigen Platz gruppieren sich Liegefläche und Tische. Burger-Bar, Pancake-Shop und ein netter kleiner Laden runden das Marktplatzambiente gekonnt ab. Auch das Family Restaurant gehört zu dieser kleinen „Stadt" dazu. Abends gibt es oft Feuershows, auch von den Bewohnern der Anlage, die auf der Slackline trainieren (und ihr Können vorführen) oder eben auch mit Feuerbällen herumwedeln. Oft Livebands. ⏱ 8–1 Uhr (wenn was los ist).

**Freedom Bar**, gehört zum Tonsai Bay Resort. Als einzige Bar direkt am Strand neben den Kletterfelsen, die nachts wunderschön angestrahlt sind. Schön auch zum Sonnenuntergang. Davor wird Volleyball gespielt.

**Sunset-Pirat Bar**, auf dem Weg zum Rai Leh Ost. Nett gestaltete Bar mit viel Schwemmholz. Feuershows und Unterricht in dieser Kunst gibt es ebenso wie Yogastunden. Steht in direkter Konkurrenz zur **Sabai Sabai Bar**, denn in beiden wird oft elektronische Musik gespielt.

**Viking Bar**, an der Abzweigung zur Straße nach Rai Leh Ost. Große Reggae-Bar. Hier knüpft man auf Liegekissen leicht Kontakte mit anderen Gästen und den lustigen Betreibern. Billardtisch und Slackline.

## AKTIVITÄTEN

### Klettern
Siehe auch Kasten S. 848.
Die Kletterschulen am Tonsai sind günstiger als am Rai Leh. Halbtagestouren ab 800 Baht, Ganztagestouren ab 1500 Baht.

Die Kneipen im Hinterland der Ao Ton Sai sind bunt, lustig und ausgefallen.

## Das Titanium-Projekt

Aufgrund der klimatischen Bedingungen und der Mineralbeschaffenheit der Felsen um Rai Leh korrodieren die regulär verwendeten Kletterhaken aus Edelstahl sehr schnell, was zu unsicheren Bedingungen für Kletterer führen kann. Das privat organisierte Titanium-Projekt, ▯ www.thaitaniumproject.com, kümmert sich unentgeltlich darum, diese Haken gegen stabile Titan-Haken auszutauschen. Finanziert wird das Projekt durch den Verkauf eines Kletterfilms und T-Shirts. Mittlerweile sind schon 90 % aller Routen auf Titan umgestellt. Wer mithelfen mag, kaufe sich also ein T-Shirt in einer der Kletterschulen. Mehr Infos gibt es zudem z. B. von Elke beim Basecamp.

**Base Camp Climbing**, an der Hauptstraße, an der Kreuzung Richtung Dschungelpfad, ☎ 081-149 9745, ▯ www.basecamptonsai.com, [8737]. Große Kletterschule mit gutem Ruf. Elke spricht Deutsch und organisiert die Touren, durchgeführt werden sie in englischer Sprache. Für Anfänger besonders geeignet sind die Halbtagskurse für 800 Baht, bei denen man viel lernt und oft der Faszination dieses Sports auf die Spur kommt. Zudem von bis zu 3 Tagen, die sich an den Standards des Deutschen Alpenvereins orientieren. Auch 2x pro Monat tolle Extratrips im Sonnenuntergang (Preis auf Anfrage) und „Deep Water Solo" (700 Baht), eine abenteuerliche Kletterpartie mit anschließendem Sprung ins Wasser. Verleih und Verkauf von Equipment. ⏰ 8–21 Uhr.
**The Rock Shop**, am Tonsai Bay Resort, ☎ 075-819 827. Kleine Kletterschule. Kurse für Anfänger und Fortgeschrittene. Touren. Ausrüstungsverleih. Kletterbuch über die Routen von Ton Sai und Umgebung (Neuauflage 2013).

### Yoga

**Ashtanga Yoga House**, im Mountain View Resort, ☎ 089-030 1286. Privatstunden und Workshops. Hatha Yoga, tgl. um 10.30 Uhr. Auf Spendenbasis, jedoch mind. 150 Baht p. P./Std.
**Ton Sai Yoga**, hinter dem Forest Resort. Tgl. morgens und abends mit einem Mutter-Tochter-

Team aus Singapore. Hatha Yoga, Stretching-Kurse, Vinyasa, Sunset Stretch und Yoga Zen. Spannend auch für alle, die noch kaum oder kein Yoga gemacht haben. Vieles richtet sich zudem an Kletterer, die ihre Muskeln stählen und/oder lockern wollen. 250 Baht p. P./Std. Mehr Infos unter: ▯ www.tonsaiyoga.com.

## SONSTIGES

### Geld

Es gibt keinen Geldautomaten an diesem Strand. Wer Bargeld braucht, muss nach Rai Leh.

### Internet

Direkt am Strand vor dem **Tonsai Bay Resort** (3 Baht/Min.). Günstiger ist es beim **Green Valley Resort** im Zentrum (2 Baht/Min.). WLAN haben immer mehr Resorts, und fast alle Restaurants und Bars.

### Minimärkte

Es gibt eine Reihe Minimärkte am Strand und im Hinterland. Geöffnet ist meist von 9–22 Uhr. Die Preise sind recht hoch, man zahlt etwa doppelt (manchmal 3x) so viel wie im Supermarkt in Krabi. Es lohnt also, sich schon dort mit den Lieblingsknabbereien einzudecken.

## TRANSPORT

Alle **Boote** fahren auf Anfrage. Oft muss man länger warten, bis die gewünschte Anzahl von 8 Pers. erreicht ist. Beste Abfahrtszeit zwische 9 und 18 Uhr, danach wird es teurer.
AO NANG, mit dem Longtail ab 8 Pers. für etwa 100 Baht in 20 Min. Bei stärkerem Wellengang oft länger und man landet am Ao Nang-Pier un nicht am Strand an.
KO PHI PHI, ab 9.30 Uhr Abfahrt mit dem Longtail, Umstieg auf die *Ao Nang Princess*, 400 Ba in etwa 1 Std.
PHRA NANG, bei 7 Pers. 50 Baht p. P. In etwa 5 Min.
RAI LEH OST, mit dem Longtail für etwa 100 Ba bei 4–5 Pers., zu Fuß läuft man etwa 30 Min. au einer staubigen bzw. schlammigen Piste. Der Fußweg eignet sich nicht, wenn man Gepäck transportieren muss.

RAI LEH WEST, mit dem Longtail für 50 Baht
ab 4 Pers.

**Tagestouren** nach KO PHI PHI und BAMBOO
ISLANDS für 1000 Baht. Zum KO HONG-
ARCHIPEL ab 8 Pers. etwa 700 Baht p. P.
Kürzere Trips in die Umgebung, z. B. 4-Islands
ab 450 Baht p. P.

# Ao Nang

Der viel besuchte **Ao Nang** [2839] liegt etwa
20 km von Krabi-Stadt entfernt und ist der meist-
entwickelte Strand der Region. Der lange Sandstreifen ist mit einer hohen Mauer versehen und
zum Baden wenig geeignet – eher ein Parkplatz für Longtails. Nur im nördlichen Abschnitt,
zu Füßen eines malerischen Kalksteinmassivs,
drängen sich in der Hauptsaison die Gäste.

An der Strandpromenade liegen dicht an
dicht Restaurants, Tauchshops und Touranbieter, die Trips auf die Inseln in der Bucht von
Phang Nga (S. 832) anbieten – hier ist man voll
auf Pauschaltouristen eingestellt, die in einer
der größeren Anlagen wohnen. Neben gediegenem Luxus und Pauschalkomfort gibt es auch
eine Reihe günstigerer Unterkünfte, hauptsächlich Zimmer in Gästehäusern in den Gassen hinter der Hauptstraße. Daneben etablieren sich
einige neuere Boutiquehotels. Die meisten Traveller kommen nur hieher, um eines der Boote zu
besteigen und zum Rai Leh bzw. zum Ao Ton Sai
zu fahren. Wer mehr Informationen und Tipps zu
Unterkünften sucht, s. **eXTra [3368]**.

## ÜBERNACHTUNG

€ **Anawin Bungalows** ⑨, ☎ 075-637 664,
🖥 www.anawinbungalows.com. Am
Ende einer ruhigen Seitenstraße liegen in einem
kleinen Garten AC-Steinbungalows und kleinere
günstigere Bungalow-Varianten, die nur mit
Ventilator ausgestattet sind. Der marokkanische
Besitzer Ismail spricht hervorragend Englisch
und kümmert sich rührend um seine Gäste.
Günstige Alternative in Ao Nang. Restaurant.
❷–❹

**Aonang Cliff Beach** ⑩, 328 Moo 2, ☎ 075-
637 888, 🖥 www.aonangcliffbeach.com. Sehr

schickes Resort in moderner Thai-Bauhaus-
Architektur. Die blitzsauberen, super ausgestatteten Zimmer lassen keine Wünsche offen.
Toller Blick auf Karstfelsen und Meer. Frühstück
inkl. ❽

**Aonang Princeville Resort** ⑤, 164 Moo 2,
☎ 075-637 971, 🖥 www.aonangprinceville.com.
Hochklassiges Wohnen ganz nah am Strand:
32 komfortabel ausgestattete Zimmer mit
asiatischen Stilelementen gruppieren sich um
einen Pool, dem einige Bäume Schatten
spenden. Inkl. Frühstück. ❼

**J. Mansion** ⑦, 302 Moo 2, ☎ 075-695 128,
🖥 www.jmansionaonang.com. Sehr gepflegtes
Guesthouse mit gut ausgestatteten Zimmern
(bequeme Betten, TV, Kühlschrank, Safe).
AC und Ventilator. ❹

**Krabi Resort** ②, 232 Moo 2, ☎ 075-637 030,
🖥 www.krabiresort.net. Historischer Boden:
Dies war die erste Anlage am Ao Nang und
gleichzeitig die erste Touristenunterkunft
überhaupt in der Provinz Krabi. Was Anfang
der 1980er-Jahre mit Bambushütten und
Generatorstrom begann, hat sich zu einem
großen, sehr gepflegten Resort entwickelt.
Hotelzimmer, Pool-Villen und Bungalows in
einer Gartenanlage, die das Nordende der
Bucht einnimmt. Es ist viel vom alten Baumbestand erhalten. Einziges Resort mit direktem
Strandzugang. ❻–❽

**Mini Boxtel** ③, 247/3 Moo 2, ☎ 089-473 1704,
🖥 www.miniboxtel.com. Strandnah gelegenes
Boutiquehostel mit hübscher Dachterrasse.
Sauber mit zwei 12er-Dorms (einer nur für
Frauen) mit recht viel Privatsphäre. Das Bett
kostet ab 350–650 Baht. Kleines übersichtliches
Frühstück inkl.

**Pakasai Resort** ①, 88 Moo 3, ☎ 075-63 7777,
🖥 www.pakasai.com. Über 100 bestens ausgestattete Zimmer und ein zum Schwimmen
geeigneter Infinity-Pool auf der 2. Etage in einer
beliebten, gepflegten Anlage mit viel Grün. In
der Nebensaison Rabatte. ❽

**P.K. Mansion and Top View** ⑥, 247/12-15
Moo 2, ☎ 075-637 431, ✉ pkmansion@hotmail.
com. Strandnah gelegenes Guesthouse in
3 Gebäuden. Einfache, aber gepflegte Zimmer
im älteren Haupthaus. Im Erdgeschoss günstige
Zimmer mit Ventilator (ohne Fenster). Modernes

Design in den neueren Gebäuden. Zimmer dort mit TV, Kühlschrank und Balkon. Mal blickt man ins Grüne, mal aufs Meer oder auf die Karstfelsen. ❷–❺

**€** **Popeye Gh.** ⑧, 28/1 Moo 2, ☎ 081-719 2992, ✉ popeyeaonang28@gmail.com. Nahe der Strandstraße. Sauber und günstig. Familienanschluss. Safe. ❶–❷

## ESSEN

Eine Vielzahl an konkurrierenden Restaurants findet sich entlang der Straßen. Bei internationalen Restaurants dominieren Inder, die hier am Ao Nang fast alle auch Pizza anbieten (manchmal sogar aus dem Holzofen). Fast überall gibt es aber auch thailändische Gerichte. Das Preisniveau ist allgemein höher als andernorts. Doch auch am Ao Nang findet man noch kleine familiengeführte Thai-Restaurants mit günstiger Küche, oft zu erkennen an der einfachen Einrichtung mit bunten Plastikstühlen. Viele Restaurants haben So geschl. Gegenüber der Tourist Police findet man viele kleine Thai-Essensstände.

**Ao Nang Boat Noodle,** ☎ 086-271 9528. Verschiedene einfache Thai-Gerichte, besonders gut: die Nudelsuppe mit kräftiger, dunkler Brühe und verschiedenen Einlagen zur Auswahl. ⏰ 11.30–22.30 Uhr.

**Ao Nang Cuisine,** in der Strandstraße, ☎ 075-637 198, ✉ yoodtana2039@gmailc.oom. Das älteste Restaurant am Platz bietet u. a. leckere Seafood-Gerichte, z. B. gegrillte Shrimps in Tamarindensauce. Zudem chinesisch geprägte Gerichte. ⏰ 9–23 Uhr, die Küche schließt eine halbe Stunde früher.

**Diver's Inn,** 27/9 Moo 2, ☎ 075-637 297, Reservierungen unter ☎ 089-587 3533, 🖥 www.krabi-divers-inn.com. Seit 2000 bietet Jürgen deutsche und internationale Küche, z. B. Cordon bleu oder Steaks mit Salaten vom Buffet. Auch Thai-Essen und deutsche Biere. In der Saison lockt die Dachterrasse. ⏰ 11–23.30 Uhr.

**€** **Family Restaurant,** an der Beach Rd., ☎ 082-424 9902. Günstige Thai-Gerichte in improvisiert-gemütlichem Ambiente. Vermietet auch einen Steinbungalow für 900 Baht.

**Taj Palace,** Sea of Love Plaza, ☎ 084-062 3265, 🖥 www.tajpalace.net. Klassische indische Küche sowie Pizza, Pasta und Burger. ⏰ 11–22 Uhr

## UNTERHALTUNG

Das Nachtleben in Ao Nang konzentriert sich überwiegend im **Ao Nang Center Point**, diverse Bars konkurrieren dort um das nächtliche Partyvolk – oft mit Livemusik und angepasst an das überwiegende Pauschaltourismus-Publikum. Wer Abwechslung sucht, findet auf Höhe des Ao Nang President Hotels 2 Reggae Bars, die **Roots Rock Reggae Bar** und die kleinere **Mr. Long Bar**, und auch am „Knick" der Hauptstraße haben sich einige Bars angesiedelt, wie z. B. **Malibu Corner**.

## SONSTIGES

### Aktivitäten

**Ao Nang Yoga,** 71/2 Moo 2, ☎ 075-695 759, 🖥 www.aonangyoga.com. Verschiedene Yoga Klassen 3x tgl. außer So. Kurs für 300 Baht, Monatskarte 3000 Baht.

**Kon-Tiki Diving & Snorkeling Center,** 161/1 Mo 2, ☎ 075-637 826, 🖥 www.kontiki-thailand.com PADI-Tauchkurse und tägliche Tauchgänge rund um Krabi mit kleinem oder großem Boot. Do und So Schnorchelausflüge zum Sonnenuntergang, kombiniert mit einem Sunset-BBQ.

### Geld

Bis zum nächsten Geldautomaten sind es meis nur ein paar Schritte. Größere Transaktionen erledigt u. a. die **Siam Commercial** Bank an de Straße nach Krabi. ⏰ Mo–Fr 9–17 Uhr.

### Medizinische Hilfe

**Ao Nang Clinic,** Dr. Somboon, an der Straße nach Krabi links kurz vor der Moschee, ☎ 075-695 301. Bei kleineren Unfällen und Wehwehchen. ⏰ Mo–Fr 16–20 Uhr. Angeschlossen ist die **Ao Nang Smile Dental Clinic**.

### Polizei

**Tourist Police,** an der Straße Richtung Noppharat Thara, ☎ 075-637 208, Notruf 1155.

**■ ÜBERNACHTUNG**
1. Pakasai Resort
2. Krabi Resort
3. Mini Boxtel
4. Slumberparty Hostel at the beach
5. Aonang Princeville Resort
6. P.K. Mansion and Top View
7. J. Mansion
8. Popeye Gh.
9. Anawin Bungalows
10. Aonang Cliff Beach

**■ ESSEN**
1. Essensstände
2. Family Restaurant
3. Ao Nang Cuisine
4. McDonald's
5. Taj Palace
6. Diver's Inn
7. Ao Nang Boat Noodle

**■ SONSTIGES**
1. Ao Nang Yoga
2. Malibu Corner Bar
3. Kon-Tiki Diving & Snorkeling Center
4. Ao Nang Clinic, Dr. Somboon
5. Mr. Long Bar
6. Ao Nang Center Point
7. Roots Rock Reggae Bar
8. Supermarkt
9. Massage

**■ TRANSPORT**
1. Ticket-Büros Longtails (2x)
2. Taxis, Tricycles
3. Longtail-Boote

Nopparat Thara Beach

TOURIST POLICE

4203

Seafood Restaurants

Ao Nang Walking Street

POLIZEI

Ao Nang

Pai Plong Beach

KM 4

## NAHVERKEHR

...er **Shuttlebus zum Flughafen** von Krabi startet ...n Daeng-Plaza in Nopparat Thara um 6, 7, ...25, 11, 12, 14 und 17 Uhr, stoppt in Ao Nang ...eim Krabi Resort 10 Min. später, an der östli- ...en Kreuzung ins Landesinnere 20 Min. und ...r McDonald's 30 Min.), Krabi Town (Chao Fah ...d., Ecke Cha-Mai Rd. 1 Std. später), an der ...aupt-Bushaltestelle in Talad Keo und bei ...sco Lotus. Der Bus erreicht den Flughafen in ...wa 1 1/2 Std. und kostet 150 Baht.

...ach **Krabi-Stadt** mit den **weißen Songthaew** ...n früh morgens bis 22 Uhr für 50 Baht (abends ...Baht) oder mit dem klimatisierten Flughafen- ...s für 70 Baht.

Für Ausflüge in die Umgebung eignen sich **Taxis** oder die preiswerteren **Tricycles** (Motorräder mit überdachtem Beiwagen), die am Nordende des Strandes starten:
**Gastropoden-Fossil**, für 500 Baht p. P.; Hat Klong Muang, 500 Baht; **Hat Nopparat Thara**, Mini- mum 2 Pers., 50 Baht p. P., mit dem weißen Songthaew 30 Baht p. P.; **Hat Tub Kaek**, 700 Baht. Zu den lokalen **Märkten** in Ao Nang und Klong Haeng für je 50 Baht; nach **Ao Nam Mao** 100 Baht.

## TRANSPORT

Viele Ziele werden mit dem Minibus ange- steuert. Abfahrtszeiten und Ziele s. Krabi-Stadt

DIE ANDAMANENKÜSTE

S. 841. Abholung an der Unterkunft ca. 1 1/2 Std. vorher.

### Fähren und Schnellboote

KO LANTA, um 10.30 Uhr für 550 Baht in gut 2 Std. (nur Hochsaison).
KO PHI PHI, um 9.30 Uhr für 450 Baht in 2 Std.
PHUKET, um 11 und 15 Uhr für 700 Baht in 2 1/2 Std.
Die Boote fahren oft auch am Pier am Nordende des Hat Noppharat Thara ab. Als Ziel- bzw. Abfahrtsort wird jedoch immer Ao Nang angegeben. Preise inkl. Transport zum Pier.
KOH YAO YAI und KOH YAO NOI, tgl. ein Schnellboot um 11 Uhr für 500 Baht in 40 bzw. 30 Min. Manchmal vom Ao Nang Beach, manchmal ab Noppharat Thara. Die Ticket-Büros kümmern sich um den Transport.

### Longtails

Tickets für Longtail-Boote in die Umgebung an den beiden Ticketschaltern am Nord- und Südende des Strandes.
4-INSEL-TOUR, 2200 Baht (max. 8 Pers.). Nationalparkgebühren (200 Baht) sind im Ticketpreis nicht enthalten.
BAMBOO ISLANDS, 3800 Baht pro Boot (max. 6 Pers.).
KO HONG, 2500 Baht pro Boot (max. 6 Pers.).
KO PODA, KO KAI (Tour), 300 Baht p. P.
RAI LEH, AO TON SAI, 100 Baht p. P.

# Hat Noppharat Thara

Wenige hundert Meter nördlich des Ao Nang schließt sich hinter einem kleinen Kap der rund 3 km lange **Hat Noppharat Thara** [2840] an. Er ist deutlich weniger entwickelt als Ao Nang. Wer dem Trubel entkommen möchte, findet hier noch ein wenig mehr Ruhe. Der Trend geht jedoch auch hier in Richtung Pauschaltourismus, was vor allem an der gemeinsamen Ortsgrenze sichtbar wird. Der Strand fällt flach ins Meer ab und ist für Kinder geeignet, die sich auch über die vielen Muscheln und glitzernden Perlmutt-stückchen freuen. Bei starkem Wellengang gibt es allerdings auch hier viele Brecher. Im Westen, kurz vor dem am Klong zurückversetzten Hafen,

befindet sich ein lichter Kasuarinenwald – ein netter Platz fürs Picknick. An den Wochenenden finden sich viele Einheimische ein. Hier, nahe dem Noppharat Thara National Park Headquarter, gibt es außerdem einige beliebte Seafood-Restaurants und günstige Essensstände.

## ÜBERNACHTUNG

Die Unterkünfte liegen alle jenseits der Straße, viele sogar noch weiter landeinwärts. Wegen des eingängigeren und bekannteren Namens bezeichnen sich einige der hier liegenden Unterkünfte als „am Ao Nang liegend".
**Blue Ba You Bungalow** ④, 79 Moo 3, ☎ 075-637 558, ✉ bluebayou482@hotmail.com. Ebenerdige Steinbungalows mit kleinen Veranden, z. T. mit Ventilator, Heißwasser und TV, AC und Kühlschrank. Nur im Restaurant WLAN. ❸–❹
**Cashew Nut Bungalow** ②, 96 Moo 3, ☎ 075-637 560, ✉ K.ratree_25@hotmail.com. Einfache aber saubere Steinbungalows mit Ventilator oder AC in einem schattigen Garten. Im Restaurant der freundlichen Moslem-Familie wird kein Alkohol ausgeschenkt. Auch 3-Bett-Zimmer. ❷–❺
€ **Laughing Gecko** ③, ☎ 075-661 152, 081-270 5028, 🖥 www.laughinggecko thailand.com. Bambusbungalows wie in alten Tagen. Auch Familienzimmer. Nicht jeder mag und kann so einfach wohnen, aber es ist definitiv ein Budgettipp. Betten für 180 Baht im sehr einfachen 5-er Dorm. ❷
**Red Ginger Chic Resort** ⑥, 168 Moo 3, ☎ 075-637 999, 🖥 www.redgingerkrabi.com. Boutiquehotel an der Soi 8, direkt hinter der Brücke am Ostende des Strandes. 63 bestens ausgestattete Zimmer und Suiten. Im Erdgeschoss einige mit direktem Poolzugang von der eigenen kleinen Veranda. ❽
🧳 **Sunda Resort** ①, 19 Moo 3, ☎ 075-661 262, 🖥 www.sundaresort.com. Schöne gelbe Steinbungalows in tropischer Vegetation. Zwei Pools liegen je an einem Ende der Anlage: mal von Bäumen beschattet, mal schattenlos für Sonnenanbeter. Alle Bungalow mit AC, TV, Safe, Kühlschrank, Wasserkocher. Große Bäder mit halb offener Dusche. ❻

## Noppharat Thara

**0** — **500 m** — N

**■ ÜBERNACHTUNG**
- (1) Sunda Resort
- (2) Cashew Nut Bungalow
- (3) Laughing Gecko
- (4) Blue Ba You Bungalow
- (5) The Krabi Forest Homestay
- (6) Red Ginger Chic Resort

St. Agnes-Kirche

NATIONAL PARK HEADQUARTER

4208

Klong Son

Ban Thung

Thai Boxing

Hat Noppharat Thara

**■ ESSEN**
1. The Boat
2. Kruathara
3. Chaun Chim
4. Essensstände
5. Deang Plaza, Restaurants und Bars
6. A. One Restaurant
7. Luna Beach Bar & Restaurant

**■ SONSTIGES**
1. Holiday Walk Beach

**■ TRANSPORT**
1. Schnellboote
2. Longtail-Boote
3. Fähre nach Ko Phi Phi, Phuket, Ko Lanta, Ko Yao Yai, Ko Yao Noi
4. Tricycles (2x)

**he Krabi Forest Homestay** (5), ☎ 075-661 500, ☐ www.krabiforesthome.com. 40 unterschied-chste Bungalows und Zimmer, alle mit AC, TV nd Kühlschrank. Da alle den gleichen Preis aben, besser mehrere ansehen. Ansprechend it Naturmaterialien dekoriert sind die Holz-ungalows. Fast ausschließlich Twinbed-mmer. Auf dem Gelände Spa, Eiscafé und disches Restaurant. Frühstück inkl. **(4)**

### ESSEN UND UNTERHALTUNG

eckere Seafood-Gerichte servieren die Res-urants am Westende des Strandes. Bekannt nd beliebt ist das **Kruathara**, ☎ 075-637 361, ☐ ban_thara@yahoo.com. Recht großes und eliebtes Restaurant am Kasuarinenwald im orden. Hier wählt man die Meerestiere lebend

aus den Bassins. Zudem gibt es eine recht große Weinkarte. Die Preise sind moderat. ⏲ 11–22 Uhr. Das **Chaun Chim** nebenan hat ein ähnliches Angebot, ⏲ 10.30–20 Uhr.
Kleinere Snacks wie frittierte Tintenfische und anderes Meeresgetier am Spieß bereiten die Moslem-Frauen an ihren **Essensständen** ein paar Schritte weiter die Strandstraße hinunter zu. Etwa in der Mitte des Strandes befindet sich die **Deang Plaza**, eine Ansammlung von gemüt-lichen kleinen Restaurants und Bars, vornehm-lich mit urigem Bambus-/Holzambiente. Am **Holiday Beach Walk**, neben dem Holiday Inn, im Stil eines Outlet-Dorfes gestaltete Ansam-lung von kleinen Restaurants, Imbissen und Eisdielen.
**A. One Restaurant**, ☎ 075-637 305. Etwas teures Restaurant mit Open-Air-Sitzbereich an der

Straße und einer Speisekarte, die neben den klassischen westlichen und Thai-Gerichten auch ein paar Kinderteller (Huhn mit Pommes etc.) anbietet. So ab 17 Uhr leckeres Röstfleisch, z. B. neuseeländisches Lamm oder australisches Rind. Vorbestellung empfohlen. ⏰ 17–22 Uhr.

**Luna Beach Bar & Restaurant**, ☎ 081-085 5686. Beliebtes Restaurant am südlichen Ende des Strandes, vor dem Hügel zum Ao Nang. Man isst auf der überdachten Terrasse am Strand. Wirbt auch mit kleinen Partys zu Voll- und Halbmond. ⏰ 8–23 Uhr.

**The Boat**, an der Straße in Richtung Klong Muang, ☎ 084-307 8759. Thai- und französische Küche vor einem 2-stöckigen Fischerboot. Am Wochenende Seafood-BBQ. Kleine Bar im Bauch des Bootes und Sitzgelegenheiten auf dem überdachten Deck. Später am Abend wird gerne zur Gitarre gegriffen. ⏰ ab 18 Uhr.

### NAHVERKEHR

**Tricycles**, Motorräder mit überdachtem Beiwagen, starten an beiden Enden des Strandes (max. 4 Pers.): AO NANG, 50 Baht p. P., Minimum 2 Pers., alleine zahlt man 100 Baht; GASTROPODEN-FOSSIL, 500 Baht; HAT KLONG MUANG, 500 Baht; KRABI AIRPORT, 650 Baht; KRABI TOWN, 500 Baht; TESCO LOTUS, 100 Baht p. P.

### TRANSPORT

**Songthaew und Busse**
AO NANG, Songthaew den ganzen Tag für 30 Baht; an der Straße kann man jederzeit zusteigen.
KRABI-FLUGHAFEN, der Shuttlebus startet am Daeng-Plaza um 6, 7, 9.25, 11, 12, 14 und 17 Uhr, stoppt in Ao Nang (beim Krabi Resort 10 Min. später, an der östlichen Kreuzung ins Landesinnere 20 Min. nach Abfahrt und vor McDonald's 30 Min. nach Abfahrt), Krabi Town (Chao Fah Rd./Cha-Mai Rd. 1 Std. nach Abfahrt), an der Haupt-Bushaltestelle in Talad Keo und bei Tesco Lotus. Der Bus erreicht den Flughafen in etwa 1 1/2 Std. für 150 Baht.
KRABI-STADT, mit den weißen Songthaew für 50 Baht, zum Busbahnhof nördlich von Krabi für 60 Baht.

### Boote

AO TON SAI und RAI LEH, Longtails fahren am Ostende des Strandes für etwa 100 Baht bei 6–8 Pers. pro Boot.
Ko Phi Phi, an der Mündung des Klong Son-Flusses liegt der Pier für die Fähre (S. 858, Ao Nang). Außerdem parken hier viele weitere Longtails und Schnellboote für die überall am Ao Nang angebotenen Charterfahrten.

# Inseln bei Krabi

Wer die Festlandstrände bei Krabi zu voll und zu touristisch findet, sollte sich auf eine Fähre setzen und eine der nahe gelegenen Inseln besuchen. Robinsonaden sind hier zwar nicht mehr möglich, doch ein Fleckchen für einige entspannte Tage lässt sich immer finden.

## Ko Yao Noi

Das nördlich ihrer Schwesterinsel Ko Yao Yai gelegene **Ko Yao Noi** [6341] ist das kleinere, aber touristisch besser erschlossene Eiland. In mehreren Dörfern leben etwa 6000 Moslems vor allem vom Fischfang, der Landwirtschaft, vom Kautschuk- und Ölpalmpflanzungen. Der Tourismus ernährt einige Familien erst seit Mitte der 1990er-Jahre. Die Insel ist gut erschlossen, doch Massentourismus gibt es noch nicht. Die Straßen sind (soweit für Touristen von Belang) asphaltiert. Im größten Dorf **Ban Yai** im Südwesten (auch Ban Ta Khai genannt) gibt es ein paar Kleidungsgeschäfte, einen Markt, Supermärkte, kleine Restaurants, eine Apotheke und eine Moschee. Auch zwei Banken mit Automaten, Polizei, Post und das Krankenhaus sind hier angesiedelt.

Die Strände gehören zwar nicht zu den schönsten der Region, doch zumindest der **Hat Pasai** kann sich sehen lassen. Hier kann man bei Flut schwimmen und bei Ebbe gemütlich im flachen Wasser liegen und die bizarren Karstfelsen im Meer bestaunen. Auch der **Hat Klong Jaak (Long Beach)** weiter nördlich ist recht schön. Weitere verhältnismäßig kleine, schmale

Buchten mit feinem, gelblichem Sand werden von Kokospalmen, Kasuarinen und Mangroven gesäumt – einige der großen Resorts haben sich wunderschöne Buchten gesucht, die aber nur Hausgästen zur Verfügung stehen.

## ÜBERNACHTUNG

Die Preise sind in der Hauptsaison für das Gebotene sehr happig, besonders im niedrigen Preissegment. In der Nebensaison stimmt das Preis-Leistungs-Verhältnis aber, dann gibt es oft hohe Rabatte – vor allem, wenn der Gast etwas länger bleibt.

**Baan Tha Khao Bungalow** ④, Hat Tha Khao, ℰ 076-597 564, ⌨ www.kohyaobungalow.com. In einer kleinen, ruhigen Bucht mit hübschem Sandstrand in einem wilden Garten am Wasser. Bungalows direkt am Strand, ein paar wenige dahinter. Große und kleine Zimmer, alle mit Ventilator (nur ein Raum mit AC). Restaurant, Fahrrad-, Motorrad- und Kajakverleih. Inkl. Frühstück. Der Strand eignet sich nur bedingt (und bei hoher Flut) zum Schwimmen. ④–⑤

📖 **Koh Yao Seaview** ⑤, Hat Tha Khao, ℰ 076-582 718, 087-474 0042, ⌨ www.kohyao-seaview-bungalow.com. Einige wenige Bungalows, aus Matten oder Holz, einer als Doppelbungalow. Alle mit Ventilator. AC in einem Steinhäuschen. Direkt am schönen Strand. Angenehme Atmosphäre. Gute Preise für alle, die in der Nebensaison kommen und/oder länger bleiben. ④

**Ko Yao Beach Bungalows** ⑩, Hat Pa Sai, ℰ 076-454 213, ⌨ www.kohyaobeach.com. Kleinere und größere Bungalows mit Ventilator oder AC in einem Palmengarten. Die einfachen aus Matten, die größeren aus Holz und mit TV. Zudem neuere Steinbungalows, karg möbliert, aber mit AC, TV und Kühlschrank. ③–⑤

📕 **Lom Lae Beach Resort** ⑪, Hat Pasai, ℰ 076-597 486, ⌨ www.lomlae.com. Von der Kanadierin Jade und ihrem Mann Radt engagiert geleitet und unter deutscher Betreuung von Dagmar. Im weitläufigen, gepflegten Kokospalmenhain zwischen dem schönen Strand und den Reisfeldern befinden sich individuelle Teakholz-Bungalows mit Terrassen, davon 4 Familienbungalows, einer mit

3 Schlafzimmern. Kleiderschrank, Kühlschrank, Wasserkocher. Restaurant und Cocktailbar, leckere Thai- und westliche Gerichte. Buchausleihe, Tour-Angebote (Schnorcheln, Kajak, Klettern, Trekking, Kochkurse), Tauchbasis. Von Mai–Ende Okt geschl. ⑥–⑧

**Namtok Bungalows** ①, Hat Tha Khao, ℰ 080-142 8855. Seit vielen Jahren bei Travellern beliebt. Bungalows in einem Garten, einfach und älteren Datums (einige mit AC und Kühlschrank). Wasserkocher und Hängematten im Gemeinschaftsbereich, lockere Atmosphäre. ③–④

**Sabai Corner** ⑨, Hat Klong Jaak, ℰ 076-597 497, ⌨ www.sabaicornerbungalows.com. Individuelle, mit Palmblättern gedeckte Hütten und Holzbungalows mit Terrassen, teilweise mit Blick aufs Meer und den Long Beach. Manche 2-stöckig mit 2 großen Betten als Familienbungalow. Im gemütlichen Restaurant und in der Cocktailbar über den Klippen am Meer gibt es Pasta, guten Kaffee und nach Voranmeldung traditionelles Thai-Dinner oder BBQ. ④–⑤

**Suntisook Resort** ②, nahe dem Tha Khao-Pier, ℰ 076-597 589, 089-781 6456, ⌨ www.fb.com/Suntisookresort. 9 große Holzbungalows, Ventilator oder AC, TV mit Sofa davor, Kühlschrank, Veranda zum Garten. ④–⑤

**Tha Khao Bay View Bungalows & Restaurant** ③, in der Straße zwischen Hat Klong Jaak und Baan Tha Khao, ℰ 076-582 714, 086-942 0812, ✉ thakhaobayview@hotmail.com. Über einer seichten Bucht an einem steilen Hang gelegen; schöner Blick von den Balkonen. Verschieden große Bungalows, wahlweise mit Ventilator oder AC. 4 Doppelbungalows mit Gemeinschaftsbädern. Restaurant mit gutem Thai-Essen und toller Aussicht. Gastgeber ist die sehr freundliche Familie von Mr. Ling und seinem Bruder Mr. Sem. ③–⑤

## ESSEN

Fast alle Bungalowanlagen haben ein eigenes Restaurant. Im Ban Yai und auch in Ban Tha Khao (gegenüber dem Pier) gibt es leckeres lokales Frühstück in kleinen Restaurants. Geboten werden hier bis etwa 10 Uhr, wenn alle Töpfe leer sind, u. a. Reissuppe und gelber Reis

**DIE ANDAMANENKÜSTE**

## Ko Yao Noi

**N** 0 — 1000 m

★ Big Tree

★ Kletterfelsen

Tha Tondo
**Ban Tha Tondo**

**Ban Tha Khao**

Tha Khao-Pier

*KO NUI*

*Hat Tha Khao*

Krabi
(Tha Len-Pier)

Tha Sapan Yao

**Ban Yai**

Sukha-Pier

Ko Yao Chaipat Hospital

POLIZEI

*Hat Klong Jaak (Long Beach)*

Phuket, Ao Nang

Tha Manoh-Pier

*Hat Pasai*
Restaurants

**Ban Laem Sai**

Tha Klong Hia

*KO YAO YAI*

Tha Chong Lad

*KO NOK*

**DIE ANDAMANENKÜSTE**

mit Huhn. Leckeres lokales Essen gibt es zudem am Hat Pasai direkt am Meer; alles recht günstig und mit Blick auf die Karstfelsen. **Laem Sai Seafood (By the Sea)**, ✆ 081-968 1116. An der Südspitze der Insel lockt dieses Restaurant mit frischem Seafood und

einer schönen Aussicht aufs Wasser. Vermietet auch ein paar Bungalows. ②–④
**Je t'aime Restaurant**, Ban Yai, ✆ 076-597 495. Gute und teure Thai-Gerichte. Oft Themenabende, z. B. Sushi-Buffet. ⏰ Di–So 12–23 Uhr Küche bis 21.30 Uhr.

**La Luna**, oberhalb des Hat Klong Jaak an der Straße, ✆ 084-629 1550. Hübsches offenes Restaurant mit Garten. Italiener, der gute Pizza im Holzofen macht. ⏲ ab 17 Uhr.

**Para Bar & Restaurant** und die **Cha Bar** liegen direkt nebeneinander am Hang im Norden des Hat Klong Jaak. Während die Para Bar anmutet, als würde sie gleich in See stechen, ist die Cha Bar weniger aufwendig, aber ansprechend rustikal aus viel Schwemmholz erbaut. Beide bieten gute thailändische Küche. Ein guter Platz für ein abendliches Bier oder einen Cocktail. ⏲ ab 17 Uhr bis spät.

**Rotee my friend**, Ban Yai. Leckere Crêpes mit Zucker oder süßer Kondensmilch, mit oder ohne Ei. Hier speist man mit den Dorfbewohnern und trinkt lokalen Tee.

**Thakhao Restaurant**, am Pier von Baan Tha Khao, ✆ 076-597 558. Günstige Thai-Küche, leckere Shakes. Schräg gegenüber liegt ein gutes lokales **Frühstücksrestaurant** mit Reis- und Hühnergerichten.

## AKTIVITÄTEN

### Fahrrad- und Mopedtouren

Viele Resorts verleihen Mopeds und Fahrräder. Mopeds 250 Baht bzw. 350 Baht (Automatik), Fahrräder 300 Baht.

Es gibt keine extrem steilen Hügel, sodass Fahrradfahrer keine überdurchschnittliche Kondition mitbringen müssen. Besonders schön ist die Fahrt entlang der Mangrovon zum Fischerdorf Ban Tha Tondo oder nach Ban Tha Khao entlang der Strände.

### Klettern

**Ko Yao Climbers**, Ban Tha Khao, ✆ 083-369 2023, 061-226 6486, 🖥 www.themountain shop.org. Es werden Touren, aber auch nur Ausrüstung und Transport vermietet und vermittelt. Auch für Kinder ist Equipment vorhanden.

### Kochkurse

**Mina's Cooking Class**, ✆ 087-887 3161, 🖥 www.minas-cooking-classes.com. Mina gibt Einblick in die authentische thailändische Küche, max. 4 Pers. Zwischen 10 und 13 Uhr

oder von 15–18 Uhr werden 5 Gerichte zusammen gekocht. Abholung von der Bungalowanlage und ein Rezeptbuch sind im Preis enthalten. Auch Kochkurse für Kinder.

### Yoga

**Island Yoga**, Hat Tha Khao, ✆ 087-387 9475 (10–16 Uhr), 🖥 www.thailandyogaretreats.com. Ein kleines Paradies für eingeschworene Yogafreunde. Es gibt tgl. Kurse morgens und abends, jeder kann jederzeit einsteigen, ob Anfänger oder Fortgeschrittener. Ein paar wenige kleine Hütten in Ulmars Nature Lodge direkt am Strand stehen Yogafreunden zur Verfügung und können inkl. Kurs gebucht werden. ❸ – ❹

## SONSTIGES

### Geld

Zwei Banken mit Geldautomat gibt es in Ban Yai. Auch vor den 7-Eleven befindet sich ein Geldautomat. Ein weiterer gegenüber der Einfahrt zum Six Senses Evanson.

### Medizinische Hilfe

**Ko Yao Chaipat Hospital**, Ban Yai, ✆ 076-597 190. 24 Std. Notfallservice. Das Haus hatte in der Vergangenheit oft finanzielle Probleme und war daher wenig gut ausgerüstet. Aktuelle Informationen zum medizinischen Stand konnten wir leider nicht finden – bei ernsten Erkrankungen sollte man besser nach Phuket fahren.

## NAHVERKEHR

### Songthaew

Sie fahren von allen Passagier-Piers für 70–100 Baht p. P. bzw. 250 Baht pro Std. zu den Stränden.

### Boote

**Longtails** können für Ausflüge und Badetrips auf die benachbarten Felseninseln oder aufs Festland gechartert werden. Sie bieten bis zu 10 Pers. Platz und kosten z. B. ab Ban Tha Khao nach Ko Hong 700–3000 Baht; Tagestouren z. B. in die Bucht von Phang Nga 4000–4500 Baht, nach Ao Nang 4000–4500 Baht, Phuket

DIE ANDAMANENKÜSTE

3000 Baht. Fast alle Unterkünfte organisieren Longtails. **Seekanus** kosten ca. 600 Baht pro Tag. Zum Kletterfelsen zahlt man 1800 Baht, wenn man das Boot individuell ohne Schule bucht.

## TRANSPORT

Die beiden Haupt-Piers Ta Manoh und Ta Khao verbinden Ko Yao Noi tgl. von morgens bis nachmittags mit Phuket bzw. Krabi. Speedboote und Longtails wechseln sich ab. Letztere werden auch für den lokalen Last-Transport genutzt; man kann hier z. B. auch sein Moped aufladen. In der Nebensaison fahren etwas weniger Boote.

AO NANG, tgl. ein Boot ab **Tha Manoh-Pier** um 15.30 Uhr für 400 Baht in 1 1/2 Std.

KO YAO YAI, tagsüber mit gechartertem Longtail-Boot ab **Tha Manoh-Pier** zum Chong Lad-Pier für 50 Baht p. P. Zudem halten fast alle Longtail-Boote und Schnellboote nach Phuket auf Ko Yao Yai (Klong Hia-Pier).

KRABI (Tha Len-Pier), ab **Tha Khao-Pier** mit dem Longtail-Boot um 7, 7.30 bzw. 8.30 (wechselt mit Schnellboot ab), 9.30, 11, 13 und 16 Uhr für 150 Baht in 1 1/2 Std. Mit dem Schnellboot um 7.30 oder 8.30 (Longtail und Schnellboot wechseln hier ab), 14 Uhr für 200 Baht in 45 Min. Weiter nach Krabi mit dem Bus.

PHUKET (Bang Rong-Pier), ab **Tha Manoh-Pier** über Ko Yao Yai Longtail-Boote um 7.15, 13.30, 15 und 16 Uhr für 120 Baht in 1 Std. Mit dem Schnellboot um 6.30, 7.30, 9, 10.10, 10.30, 12.30 (außer Fr), 14 und 16.40 Uhr für 200 Baht in 30 Min.

# Ko Yao Yai

Die 40 km lange, von Touristenmassen bisher verschonte Insel **Ko Yao Yai** [5486] liegt neben ihrer etwas kleineren Schwesterinsel Ko Yao Noi in der Phang Nga-Bucht zwischen Phuket und Krabi und zahlreichen kleinen Inselchen. Unberührte, feine Sandstrände, Kautschuk-plantagen, Palmenhaine und dichter Dschun-gel prägen die hügelige Landschaft. Die 3000 moslemischen Einwohner begrüßen die weni-gen Touristen überall mit einem freundlichen Lächeln.

Motorradtaxis warten auf ankommende Pas-sagiere. Auf der wenig befahrenen Hauptstraße, die von Nord nach Süd die Insel durchquert, ist nicht viel los. Einige Essensküchen, hier und da ein Minimarkt und viele einfache Holzhäuser auf Stelzen säumen den Straßenrand.

Zu den schönsten Stränden der Insel, die meist von Kasuarinen beschattet werden, gehör die schmale weite **Ao Lo Pa Ret** an der West-küste. Hier lässt es sich herrlich schwimmen und der Sand ist weich und lädt zum Sonnen-bad. Allerdings steht hier seit 2014 das groß Blue Bay Resort, das von großen chinesische Reisegruppen aus Phuket frequentiert wird – so dass täglich von 16 Uhr bis zum nächsten Mor gen ein ziemlicher Trubel mit Shows und Ka raoke herrscht. Jungfräulicher präsentiert sich bisher die idyllische **Ao Klong Son** im Norde am Ende der Hauptstraße. Wie zu Urzeiten tei len sich Schlammspringer und Krabben de noch unberührten Strand. Eine kurze Wande rung durch den feinen weißen Sand führt zu ei paar Mangroven.

## ÜBERNACHTUNG

**Activities Resort** ⑥, nahe Lo Jark-Pier, ☎ 076-582 475, 081-893 8901, ✉ activities_ky@hotmail com. Familienbetrieb mit wenigen einfachen, schön gestalteten Bungalows mit Ventilator, einer mit AC. Keine Moskitonetze. Gutes und günstiges Restaurant an der Straße. Kleiner Privatstrand, der in etwa 5 Min. Fußmarsch über den Berg erreicht ist. Sehr freundliche Leute. Bieten auch tolle Touren in die Umgebung. ❸ – ❹

**Baan Taranya** ③, Ao Hin Kong, ☎ 076-494 509, 🖥 www.taranyaresort.com. Schöne Anlage m 5 großen Bungalows, einer Honeymoon-Suite mit Meerblick und 6 Zimmern in einem kleinen doppelgeschossigen Haus. Gute Ausstattung, z. B. mit Safe. Schöner Restaurantbereich im Mountain Restaurant im Garten, der Service und das Essen sind allerdings weniger beliebt; ⏱ 6.30–23 Uhr. Kleiner Pool, der sich zum Schwimmen eignet. Der Strand ist nicht gerad erste Wahl. ❻ – ❽

**Better View Bed & Breakfast Bungalow** ②, im Nordosten, ✆ 076-494 486, 🖥 www.betterview kyy.com. Gelungen gebaute Bungalows, 2 mit direktem Meerblick. Alle 12 Räume bieten großen Veranden, tolle Bäder (mit Whirlpool) und große Betten; zudem TV und Minibar. Recht großer, wenn auch sehr flacher Pool am Strand. Vor den Wellen schützt eine kleine Kaimauer. ⑥–⑦

**Esmeralda View Resort** ①, ✆ 087-274 8832, 🖥 www.esmeraldakohyao. com. Ruhige Anlage mit geräumigen, ansprechenden Bungalows am Hang im Osten der Insel. Ein Pfad führt ans Meer (Schwimmen ist hier schlecht möglich, da es viele Steine gibt). Ventilator und AC, Kühlschrank. Alle mit TV, inkl. Frühstück. Kajaks kostenlos, Moped- und Fahrradverleih. Netter Familienbetrieb für alle, die absolute Ruhe suchen. ④–⑤

**Glow Elixir Resort** ⑦, Ao Bo Le, ✆ 087-608 3838, 🖥 www.elixirresort.com. Ansprechende Steinbungalows im weitläufigen, etwas schattenlosen Garten direkt am Strand. Pool, Restaurant, Spa und Fitnessraum. Tauchschule. Baden ist nur bei Flut möglich, da der Strand mit Felsen durchsetzt ist. ⑥–⑧

**Heimat Gardens** ⑤, ✆ 085-794 7428, 🖥 www. heimatgardens.com. Unter Kokospalmen und Bananenstauden Zimmer im Reihenhaus mit AC, TV und Kühlschrank, inkl. Frühstück. Etwa 200 m von der schönen Ao Lo Pa Ret entfernt. Die Besitzerin Yomalia spricht Deutsch. Room-Service wird extra berechnet. Bei Reservierung meist inkl. Transport vom Anleger. Oft gelobtes Restaurant an der Straße. ④

**Santhiya Resort** ④, Hat Lo Pa Ret, ✆ 076-692 888, 🖥 www.santhiya.com/kohyaoyai. Geräumige ansprechende Bungalows versteckt am Hang. Am Strand lockt ein riesiger Pool mit Meerblick und künstlichem Wasserfall. Zudem Restaurantbereich und viele Liegen. ⑧

### ESSEN

Alle Bungalowanlagen haben Restaurants. Wem der Sinn nach typischen Thai-Gerichten steht, der kehrt in den einfachen Garküchen und kleinen Restaurants direkt an der Hauptstraße ein. Wo man typisch günstig und lokal

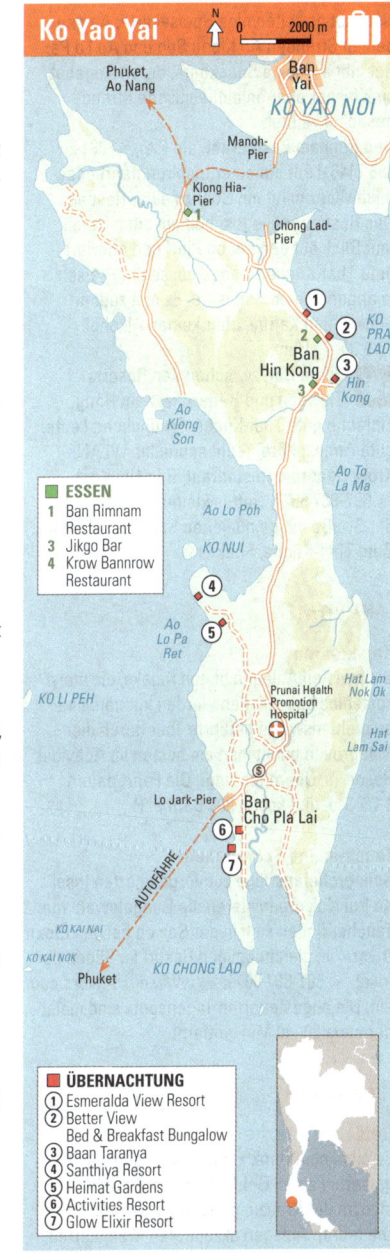

**Ko Yao Yai**

N  0  2000 m

Phuket, Ao Nang

Ban Yai

KO YAO NOI

Manoh-Pier

Klong Hia-Pier

Chong Lad-Pier

KO PRA LAD

Ban Hin Kong

Hin Kong

Ao Klong Son

Ao To La Ma

Ao Lo Pöh

KO NUI

Ao Lo Pa Ret

KO LI PEH

Prunai Health Promotion Hospital

Hat Lam Nok Ok

Hat Lam Sai

Lo Jark-Pier

Ban Cho Pla Lai

AUTOFÄHRE

KO KAI NAI

KO KAI NOK

KO CHONG LAD

Phuket

**ESSEN**
1 Ban Rimnam Restaurant
3 Jikgo Bar
4 Krow Bannrow Restaurant

**ÜBERNACHTUNG**
① Esmeralda View Resort
② Better View Bed & Breakfast Bungalow
③ Baan Taranya
④ Santhiya Resort
⑤ Heimat Gardens
⑥ Activities Resort
⑦ Glow Elixir Resort

isst, gibt es selten eine Speisekarte. An den beiden Stränden Ao Klong Son und Ao Lo Pa Ret gibt es kleine Snackbars, deren Angebot sich bisher eher an einheimische Strandbesucher richtet.

**Ban Rimnam Restaurant**, am Pier, ✆ 081-956 2146. Lädt auf einer Inselrundfahrt oder beim Warten auf ein Boot zu einer Rast ein. Das Restaurant liegt schön am alten Hafen (mit Blick auf den neuen Pier) und offeriert gute Thai-Küche zu angemessenen Preisen in angenehmem Ambiente. Es gibt zudem Shakes und Kaffee, aber keinen Alkohol. ⊕ 9.30–22 Uhr.

**Jikgo Bar**, zwischen den Resorts Thiwson und Better View am Hang. Einfache gute Thai-Küche. Freundliche Leute, gute Atmosphäre, recht schnelles WLAN.

**Krow Baanrow Restaurant**, Ban Hin Kong, ✆ 087-887 5527. Nettes kleines Restaurant an der Straße mit gemütlichen Salas aus Bambus. Gute Thai-Küche, Shakes.

## AKTIVITÄTEN

### Kajaktouren
Die meisten Anlagen bieten Kajaks, die meist kostenlos ausgeliehen werden können. Eine empfehlenswerte geführte Tour durch die Mangroven bucht man am besten im Activities Resort (s. Übernachtung): Die Fahrt dauert 1 1/2 Std. und kostet 300 Baht p. P.

### Tauchen und Schnorcheln
**Schnorchelausflüge** zur vorgelagerten Insel Ko Kai Nok organisieren die Bungalowanlagen. Taucher finden sich in der Saison bei den **Elexir Divers**, im gleichnamigen Resort im Süden der Insel, ✆ 087-897 0076, 🖳 www.elixirdivers.com, ein. Die angesteuerten Tauchspots sind meist nur etwa 20–40 Min. entfernt.

## SONSTIGES

### Geld
Es gibt keine Bank auf Koh Yao Yai, aber immerhin einen **Geldautomaten**. Er befindet sich an der Kreuzung Richtung Lo Jark-Pier. Die teuren Anlagen akzeptieren Kreditkarten.

### Medizinische Hilfe
**Prunai Health Promotion Hospital**, ✆ 076-582 500, 🖳 www.prunaihealth.net. 24 Std. Notfalldienst. Einfache Klinik. Wer sich ernsthaft verletzt, sollte in ein internationales Krankenhaus nach Phuket fahren.

## TRANSPORT

**Taxis zum Klong Hia-Pier** (200–400 Baht) können in den Anlagen bestellt werden. Bei Ankunft warten Songthaew, die in etwa dasselbe verlangen.

AO NANG/KRABI, mit dem Schnellboot vom Klong Hia-Pier zum Thalen-Pier (bei Ao Nang) um 15.25 Uhr für 500 Baht, mit dem Longtail um 7.20 Uhr für 120 Baht in etwa 30 Min.

KO YAO NOI, mit dem Longtail oder dem Speedboot etwa stdl. von 8–15 Uhr für 70/100 Baht, Charter-Longtail jederzeit für 100 Baht in etwa 5 Min.

PHUKET, mit der Autofähre ab Lo Jark-Pier zum Jian Warnitt-Pier (bei Phuket-Stadt) für 150 Baht um 8 und 15 Uhr (Fr nur um 8 Uhr). Von Phuket startet die Autofähre um 10 und 14 Uhr (Fr nur um 10 Uhr). Vom Klong Hia-Pier nach Phuket (Bang Rong) etwa stdl. ab 7.30 Uhr für 120 Baht mit dem Longtail, Schnellboot ab 10.30 Uhr für 200 Baht. Fahrtdauer etwa 30 Min.

# Ko Jum und Ko Pu

Wenn es in dieser touristischen Ecke Thailand mit seinen Highlights Krabi, Ko Phi Phi und Ko Lanta noch so etwas wie einen Geheimtipp gib dann ist es **Ko Jum** [2778]. Die freundlichen Be wohner lebten von der Kautschukproduktion un vom Fischfang, bis die ersten Touristen kame und ein Zubrot brachten – für manche Travelle die immer wiederkamen, ein kleines Paradies.

Der Mangel an einer geregelten Stromve sorgung hat lange einen Boom verhindert Generatoren wurden bei Sonnenuntergang an geworfen und um 23 Uhr wieder ausgestellt. Se einigen Jahren gibt es nun fast überall Strom und der Tourismus wird ein immer dominante rer Faktor. Die Straßen werden weiter ausge baut, und wenn es nach den Plänen der Touris musbehörde geht, soll Ko Jum „endlich richtig" für Reisende erschlossen werden. Bis Touristen in Scharen nach Ko Jum strömen, wird es aber sicherlich noch dauern, denn der Strand ist weniger paradiesisch und das Meer meist trüber als anderswo.

Das kleine Dorf **Ban Ko Jum** ist ein nettes Ausflugsziel. Hier gibt es einige kleine Restaurants, Boutiquen mit Tüchern, Röcken und T-Shirts, eine kleine Post, Supermärkte und ein Reisebüro inkl. Internetshop. Das Dorf **Ban Ko Pu** scheint den Lauf der Zeit verschlafen zu haben; noch wohnen hier viele direkt am Hafen in Stelzenhäusern, die einer anderen Epoche erwachsen sind. Daneben steht jedoch schon ein Steinhaus mit Supermarkt, der hier wie von einem anderen Stern wirkt, und auch die Betonstraße führt bereits durch die ärmliche Siedlung.

## Die Strände

Ko Jum teilt sich in zwei Bereiche: Im Süden an der Westküste breiten sich lange Sandstrände aus, die zum Spazierengehen wie geschaffen sind (wer baden will, sollte je nach Strandabschnitt und Saison auf Steine und Seeigel achten). Der Sand ist weich und leicht gräulich, das Meer fällt bei Flut recht steil ab, bei Ebbe prägen Felsen das Bild. Ganz im Süden liegt der **Andaman Beach**, auch „langer Strand" genannt. Er erstreckt sich entlang der gesamten Südwestküste. Weiter nördlich folgt der **Golden Pearl Beach** und dann die malerische kleine Bucht **Ao Si**. Beliebt sind diese Strände vor allem bei Familien, Der Sand in der Ao Si ist hellgelb und weich, nur wenige Felsen ragen aus dem Meer. Bei Ebbe kann man von hier einfach über eine Reihe schwarzer Felsen zum langen Südstrand gelangen.

Die Strände im Norden sind abgeschiedener. Man erreicht sie mit dem Longtail oder über die Straße. Hier heißt die Insel **Ko Pu** und die Landschaft ist bergiger und rauer, kleine Buchten dominieren das Bild. Die Straßen sind noch nicht fertig, und noch muss man über staubige Pisten kurven. Ein recht langer, angenehmer Strand ist **Hat Luboa**. Hierher zieht es Althippies und junge Traveller, die in den Restaurants chillen. Der Weg zum **Hat Ting Ray** ist derzeit sehr schwer befahrbar und nur von geübten Mopedfahrern zu passieren. Wer hier wohnt, lebt sehr einsam.

Schon bei der Anreise muss man sich entscheiden, in welchem Bereich man wohnen möchte, da man von den Fähren an zwei Stationen auf See von den Longtails der Anlagen abgeholt wird. Am Haltepunkt A warten die Boote zum Andaman und Golden Pearl Beach, an Station B jene zur Ao Si, Hat Ting Ray und Hat Luboa.

### ÜBERNACHTUNG

Das Angebot an Unterkünften ist vielfältig: Von der einfachen Traveller-Hütte über das solide kleine Häuschen bis hin zum traumhaften Luxusbungalow mit Meerblick ist alles dabei. Hotelkomplexe gibt es nicht. Fast alle Anlagen sind nur in der Saison von Okt–April geöffnet. Die meisten Anlagen haben Strom, einige sogar WLAN. Andere bieten nur nachts von 18 bis etwa 23 Uhr Licht mit Generatorstrom. In den Restaurants kann man dann ggf. die Batterien von Handy und Co. aufladen. Weitere Unterkünfte und viele Bilder unter **eXTra [3963]**.

### Ko Jum

**Andaman Beach und Golden Pearl Beach**

€ **Bo Daeng** ⑪, zentraler Strandabschnitt, ☎ 081-494 8760. Neben den teils stark verwöhnten windschiefen Hütten ohne Bad gibt es etwas bessere mit Bad und seit 2014/2015 geräumigere Hütten aus Holz. Matratze immer auf dem Boden, keine Schränke etc. und wirklich sehr einfach. Wer richtig sparen muss, schläft für 50 Baht im Minizelt direkt am Strand. Älteres Stammpublikum. Sehr freundliche Gipsy-Familie und einfaches, aber gutes Restaurant mit fairen Preisen. Sehr leckere Shakes. Strom von 18–22 Uhr. ❶

**CoCo Bar & Bungalow** ⑭, im Süden des Andaman Beach. Einfache ansprechende Bungalows, vor allem jene direkt am Strand. Schöner Strandabschnitt. Zudem einladende Bar für ein Bier zum Sonnenuntergang. 24 Std. Strom. ❸

🛍 **Freedom Hut Bungalow** ⑮, ganz im Süden, ☎ 086-239 8075. Wunderschön gelegene Bungalows in einem weitläufigen Garten direkt am Kap. Strandatmosphäre mit Blick auf die vorgelagerte kleine Insel Lola. Große und kleine, gelungene Bambus- und Holzbungalows am Strand, im Hang oder am

**ESSEN**
1 Strandbar
2 Rock Bar
3 Koh Jum Seafood
4 Mamas Cooking

**SONSTIGES**
1 Loma Seaview Bar
2 Koh Jum Divers
3 Jum Island Travel
4 Koh Jum Divers
5 Rim Tang Restaurant & Cooking School
6 Freedom Hut 2
7 Freedom Hut 1

**ÜBERNACHTUNG**
1 Bonhomie Beach Cottage
2 Koh Pu Valley Resort
3 Sunset Beach Bungalows
4 Oon Lee Bungalows
5 Ting Rai Bay Resort
6 Ao Si Bungalow
7 Loma Seaview
8 Jungle Hill Beach Bungalow
9 Koh Jum Lodge
10 Koh Jum Beach Villas
11 Bo Daeng
12 Joy Bungalow
13 New Bungalow
14 Coco Bar & Bungalow
15 Freedom Hut Bungalow

**TRANSPORT**
1 Ko Pu-Pier (Tha Bua-Pier)
2 Longtail-Pick-up Ko Pu
3 Longtail-Pick-up Ko Jum
4 Ko Jum-Pier

Baum. Moped- und Kanuverleih. 24 Std. Strom. Ganz vorne stört morgens allerdings das laute Motorengeknatter der Fischerboote. ④–⑥
**Joy Bungalow** ⑫, im Süden, ✆ 089-875 2221, 🖥 www.kohjum-joybungalow.com. 30 unter-schiedliche Bungalows und Häuser aus Holz liegen in einem schönen Garten oder direkt am Strand. In den Bungalows gibt es bewusst keinen Strom. Das spart Energie und sorgt für ein Abenteuerfeeling der besonderen Art: Der Gast geht nachts mit einer Petroleumlampe

ausgerüstet zu Bett. WLAN von 10–16 und von 18–23 Uhr im Restaurant. **3**–**6**

**Koh Jum Lodge** ⑨, zentral am Golden Pearl Beach, ☏ 075-618 275, 089-921 1621, 🖥 www.kohjumlodge.com. Hochklassiges Resort mit 16 geschmackvoll ausgestatteten großen Holzbungalows (50 m²) und kleinem Pool. Ruhige Lage, erhöhte Strandpromenade mit Liegen und Schirmen. Inkl. Frühstück. 24 Std. Strom, Ventilator, Warmwasser und WLAN. Nur in der Hauptsaison geöffnet. **8**

**New Bungalow** ⑬, im Süden, ☏ 089-726 2652, 097-262 652, ✉ newbungalow@hotmail.com. 2 romantische Baumhäuser am Strand (ohne eigenes Bad) mit tollem Blick aufs Meer. Zudem 2 Steinhäuser mit Meerblick. Dahinter liegen ansprechende Holzbungalows im Garten mit Ventilator (800/600 Baht), ohne Ventilator und mit Hockklo (300 Baht). Noch weiter hinten Mattenbungalows ohne eigenes Bad. Generatorstrom von 18–23 Uhr. WLAN nur bei Strom und auch nur sehr schwach. Schöner Strandabschnitt. **1**–**4**

## Ao Si

Nur eine Reihe schwarzer Felsen trennt die kleine Bucht Ao Si vom langen Südstrand.

**Ao Si Bungalow** ⑥, ☏ 081-747 2664, 🖥 www.aosikrabi.com. 8 ansprechende Holzbungalows in Hanglage mit tollem Blick über den Strand, teils für 4 Pers. geeignet. Rabatt ab 1 Woche Aufenthalt. Nette Bar. Ruhige Lage. 24 Std. Strom, WIFI in dringenden Fällen. **2**–**4**

🏠 **Junglo Hill Beach Bungalow** ⑧, ☏ 081-968 9457, 🖥 www.junglehillbungalow.com. Gepflegte Bungalows, teils mit AC und Warmwasser, in ruhiger Lage auf einer steilen, bewaldeten Klippe oberhalb des Strandes bis hinauf in den Kautschukwald. Vorsicht vor diebischen Affen! Familiäre Atmosphäre bei der freundlichen Ms. Tang. Das Restaurant liegt mittig am Hang, ⏲ 8–21.30 Uhr. Familienbungalows. 24 Std. Strom und WLAN. **3**–**5**

## Ko Pu

### Hat Ting Ray

Hier wohnt man sehr abgeschieden. Die Straße ist sehr steil und es dauert, bis man zu Fuß einen anderen Strand erreicht. Auch hier gibt es 24 Std. Strom.

**Oon Lee Bungalows** ④, ☏ 087-200 8053, 🖥 www.kohjumoonleebungalows.com. Wenige, aber geschmackvolle Bungalows verschiedener Preisklassen am bewaldeten Hang. Familiäre Atmosphäre. **2**–**7**

**Ting Rai Bay Resort** ⑤, ☏ 087-277 7379, 🖥 www.tingrai.com. Mehr als ein Dutzend solide, gepflegte Holzbungalows an einem steilen Hang. Freundliche Betreiber. Vielen Gästen gefällt es hier so gut, dass sie mehrfach wiederkommen. 24 Std. Strom und WLAN. **2**–**5**

### Hat Luboa

Am nördlichsten Strand der Insel endete früher die Straße, die um den Pu-Berg herumgeht. Die letzten Meter bis zu den Anlagen führen noch heute über den Strand.

🏠 **Bonhomie Beach Cottage** ①, ☏ 081-844 9069, 🖥 www.bonhomiebeach.com. 10 große, ordentliche Holzbungalows mit großen Fenstern, schönen Betten aus Bambus und Badezimmern aus Natursteinen; die hinteren preiswerter bei gleicher Ausstattung. Teils mit toller Sonnenterrasse. Das ganze Jahr geöffnet. WLAN und 24 Std. Strom. Der Besitzer ist sehr freundlich und lässt auch Besucher anderer Anlagen sein WLAN nutzen. **3**–**4**

**Koh Pu Valley Resort** ②, ☏ 081-077 9560. Alteingesessene Anlage mit preiswerten, etwas verwohnten, geräumigen Holz- und Steinbungalows am waldigen Hang. Die Steinbungalows sind zwar billig, aber sehr klein. Groß und günstig sind die Bambusbungalows. Generatorstrom von 18–23 Uhr. **2**–**3**

€ **Sunset Beach Bungalows** ③, ☏ 085-797 1602, ✉ sunsetbeachbungalow@gmail.com. Die schönen runden Holzbungalows sind geräumig und haben alle eine Veranda und ein Bad aus Natursteinen. Ein einfaches Baumhaus thront vorne am Strand (Bad im Restaurant). Schöne Bar am Strand. 18–23 Uhr Generatorstrom. **1**–**3**

### ESSEN UND UNTERHALTUNG

Gegessen wird meist in der eigenen Anlage oder auch mal beim Nachbarn. Wer einen Ausflug ins Dorf Ban Ko Jum macht, findet dort kleine Restaurants.

**Koh Jum Seafood**, in Ban Ko Jum, direkt am Hafen, ✆ 081-893 6380. Frischer Fisch, gegrillt oder in diversen Gerichten verarbeitet. ⏰ 9–22 Uhr.

**Mamas Cooking**, in Ban Ko Jum. Traditionelle Thai-Küche von der netten rundlichen Mama. Ganz früh morgens decken sich hier die Fischer mit Huhn und Reis ein, bis alles alle ist. Danach wird auf Wunsch nach Karte gekocht. ⏰ 7–21.30 Uhr.

**CoCo Bar**, im Süden Ko Jums, schöner Platz für einen abendlichen Sundower. Wenn etwas los ist, dann hier oder nebenan in den Bars von **Freedom Hut (1 und 2)**. Wer abends ausgehen mag, kann auch in der **Rock Bar**, am Kap zwischen Golden Pearl und Ao Si, vorbei-schauen. ⏰ mittags bis etwa 23 Uhr. In der Ao Si hat die einst kleine Hippiebar Loma Bar den Platz gewechselt, sich vergrößert und umbenannt in **Loma Seaview**, ✆ 089-592 1866, 086-120 8681. Tuna und Lod bieten jetzt auch 2 schöne einfache große Bambusbungalows mit direktem Blick aufs Meer, ❹. 24 Std. Strom, bedingt WLAN.

## SONSTIGES

### Geld
Es gibt auf Ko Jum bisher keinen Geldauto-maten. Wer Geld benötigt, kann bei **Jum Island Travel** (s. Reisebüros) mit Visakarte Geld (6 % Kommission) bekommen.

### Internet
Immer mehr Anlagen haben WLAN, doch die Verbindung ist meist sehr langsam. **Jum Island Travel** bietet Internet.

### Kochkurse
Das kleine Restaurant and Cooking School **Rim Tang**, ✆ 062-075 4065, nahe Ban Ko Jum bietet tgl. Kochkurse. Bei 2 Gerichten, die der Schüler auswählen kann, zahlt eine Person 1000 Baht, nehmen 2 Personen teil, kostet der Kurs 1500 Baht. Sollen 4 Gerichte gekocht werden, kostet der Spaß 2000 Baht. Gekocht wird von 10 bis etwa 12 Uhr, ggf. etwas länger. Das Res-taurant ist in dieser Zeit geschlossen. Es wird gebeten, einen Tag vorher Bescheid zu geben.

### Medizinische Hilfe
In Notfällen kann in **Ban Ko Jum** Erste Hilfe geleistet werden; ein kleines Krankenhaus an der Straße hinter dem Andaman Resort und Koh Jum Lodge bietet traditionelle Medizin. Hier praktiziert auch Dr. Bay, ✆ 087-266 3890, Mo–Fr von 17–20 Uhr und Sa, So von 9–17 Uhr. Er hilft u. a. mit Akupressur. Bei Unfällen und ernsten Erkrankungen muss man nach Krabi.

### Mopedverleih
Einige Anlagen vermieten Mopeds für rund 300/350 Baht am Tag, halbe Tage 200 Baht. Vorsicht: Im nördlichen Bereich (Ko Pu) muss, besonders an der Westküste, mit schwierigen Straßenverhältnissen gerechnet werden. Die Straße wird ausgebaut, aber der Zufahrtsweg z. B. zum Ting Rai Bay Resort ist schwierig. Auf jeden Fall sollte man die Bremsen checken! Helme gibt es auf der Insel derzeit noch nicht, denn es herrscht nicht viel Verkehr.

### Reisebüros
Die Bootstickets nach Ko Lanta oder Krabi kann man in jeder Anlage buchen. Manche haben auch Tickets für Ko Phi Phi. Beliebt sind Ausflüge zu den 4 Inseln (Yoong, Phi Phi Lay, Phi Phi Don und Bamboo; ab 1000 Baht/Pers. oder 4500 Baht pro Longtail-Boot für max. 6 Pers.) oder nach Poda Island, Chicken Island, Tub Island und die Pranang-Höhle (5500 Baht/ Longtail/6 Pers.). Wer Informationen sucht, wird beim einzigen TAT-lizenzierten Reisebüro der Insel, **Jum Island Travel**, ✆ 081-797 7397, in Ban Ko Jum fündig, hier auch Internet für (3 Baht/Min.). ⏰ 8–21 Uhr.

### Tauchen
**Koh Jum Divers**, Koh Jum Beach Villas am Golden Pearl Beach und in Ban Ko Jum, ✆ 082-273 7603, 🖥 www.kohjum-divers.com. Schnorchel- und Tauchtrips, sofern es genug Teilnehmer gibt. Die Tauchschule hat ein eigenes kleines Speedboot. Tauchkurse für alle zwischen 8 und 80 Jahren (teils im Pool).

## TRANSPORT

Die An- und Abreise geschieht meistens mit der täglichen **Fähre**, die Ko Lanta und Krabi verbindet – Longtails übernehmen den Transport zur jeweiligen Anlage. Es gibt 2 Treffpunkte auf See: Einer bedient die nördlichen Strände, einer die südlichen. Diese Verbindung besteht nur in der Saison von Nov–April.

KO LANTA, um 12 Uhr für 400 Baht in 1 Std.

KO PHI PHI, mit einem kleinen Boot ab Ban Ko Jum um 8 Uhr, teils auch mit Transport direkt vom Resort für 600 Baht in etwa 1 Std.

KRABI, gegen 9 Uhr mit dem Boot für 400 Baht in knapp 1 Std. Ab LAEM KRUAT geht es weiter mit dem Minibus nach NUEA KLONG am H4 (70 Baht); dort umsteigen nach KRABI.

# Ko Phi Phi

Diese Insel könnte Südseeträume wecken – würde sie nicht so gnadenlos gerne besucht. Egal ob Jung oder Alt, **Ko Phi Phi** [2779] steht bei den vielen Reisenden auf dem Programm. Nicht alle sind auf der Suche nach Ruhe – weshalb es an den Hauptstränden extrem laut werden kann. Der Grund für den Ansturm ist einerseits die Schönheit der Insel, zum anderen sind es die Partys bis zum Morgengrauen in fantastischer Umgebung. Die Insel zieht daher nicht nur junge Partyfreaks, Beach Boys und ehemalige Hippies an, sondern auch Pauschaltouristen, die mit Rucksäcken und Rollkoffern von den Booten strömen. Am Pier zahlt jeder Neuankömmling pauschal 20 Baht, egal wie lange er bleibt.

Man stelle sich zwei Kalksteinmassive vor, wild zerklüftet, mit Dschungel und Kokospalmen bewachsen. Sie werden durch eine flache Landbrücke verbunden, die auf beiden Seiten eine halbrunde, schneeweiße Sandbucht formt. Die Sonne strahlt und das Meer schimmert in allen Blautönen. Doch leider ist diese Idylle fast völlig zugebaut: Auf der Landzunge reiht sich ein Hotel ans nächste. Zahlreiche Neubauten kündeten 2015 von einem noch weiteren Ausbau. Bis hinauf in den Berg ziehen sich die Unterkünfte, dicht an dicht. Es bleibt abzuwarten, wie das Ökosystem diese Mengen an Menschen verkraften soll. Phi Phi hat auch einige abgelegene ruhige Strände, die noch immer wenig besucht sind, doch hier zu wohnen ist teuer.

Ko Phi Phi (ausgesprochen: Pi Pi) war schon vor dem Kinoerfolg The Beach (S. 949), der 1999 hier gedreht wurde, proppenvoll. Doch danach explodierte die Zahl der Besucher geradezu. Viele Strandabschnitte verdreckten, das Wasser wurde knapp, das Grundwasser brackig und die Sickergruben liefen über. Schon lange vor dem verheerenden Tsunami, der auf der Insel 691 Todesopfer und fast ebenso viele Vermisste forderte, war Ko Phi Phi kein Traumziel mehr. Eine Armada von Longtails und Motorbooten wartet am Strand auf Ausflügler, und nach dem Sunset Cocktail geht es an den Bars hoch her. Besonders beliebt: das Eimertrinken mit einer dröhnenden Mischung aus Thai-Whisky, einem internationalen Soft- und einem lokalen Energydrink. In den Morgenstunden können Frühaufsteher noch die Ruhe genießen, bis sich am Horizont die Flotte mit den Tagesausflüglern ankündigt. Relativ ruhig ist es auch um Vollmond herum – dann fahren die Feierwütigen nach Ko Pha Ngan zur Full Moon Party.

Ko Phi Phi besteht eigentlich aus zwei Inseln: **Ko Phi Phi Don** (mit den Unterkünften) und der schroffen, unbewohnten **Ko Phi Phi Le** (mit schönen Ausflugszielen und Tauchgebieten). Ein Teil von Ko Phi Phi wurde 1983 in den 390 km² großen **Noppharat Thara Ko Phi Phi Marine National Park** einbezogen, dessen Headquarter am Strand von Noppharat Thara (S. 858) bei Krabi stationiert ist. Die Korallenriffe haben aufgrund der starken Erwärmung des Wassers im Jahr 2010 sehr gelitten: Die großen, über 200 Jahre alten Korallen sind für immer verloren. Doch noch immer gehören die Tauchgebiete zu den schönsten der Welt (S. 886).

## Ao Ton Sai, Ban Laem Trong, Ao Lo Dalam und Hat Hin Khom

Rings um das ehemalige moslemische Fischerdorf **Ban Laem Trong**, auf dem etwa 200 m breiten Streifen zwischen der einst malerischen südlichen Ao Ton Sai und der seichten Ao Lo Dalam (Back Bay), hat sich der ausgedehnte Touristenort entwickelt. Die Wucht des Tsunamis traf vor allem den Südwesten von Ton Sai und den Nordosten von Lo Dalam, wo alles dem Erdboden gleichgemacht wurde. Nun stehen hier große Hotels und dicht an dicht zahl-

Wenn man einige Tage auf Ko Phi Phi verbringt, ist der Aufstieg zu den Viewpoints eine schöne Idee. Vom Dorf aus geht es über steile Stufen hinauf zur Zahlstelle. Jeder Besucher zahlt 30 Baht an die moslemischen Besitzer des Landes. Alkohol ist hier strikt untersagt, und das Mitbringen von solchem wird mit hohen Strafen belegt. Der Viewpoint 1 bietet noch wenig Spektakuläres. Ein paar Schritte einen kleinen Betonweg hinauf, erreicht man Viewpoint 2. Von hier bietet sich ein toller Blick auf die einmalige Form der Insel. Morgens sieht man hier den Sonnenaufgang und abends den Sonnenuntergang. Wer nun noch weiter hinauf will, für den bietet Viewpoint 3 einen Ausblick auf die andere Seite der Insel. Von hier geht es dann weiter zur Ao Ran Ti (s. u.). Wer nicht den gleichen Weg zurückgehen mag, kann sich auf dem Rückweg links halten und über einen Sandweg und später eine steile Straße Richtung Hin Khom zurückmarschieren.

reiche Geschäftshäuser. Immer mehr Dorms eröffnen, und die Gegend erinnert ein bisschen an die Khao San Road – eben in der Zeit, in der *The Beach* spielte. Heruntergekommene Zimmer zu überhöhten Preisen: Hier kann man sie bekommen. Wer hier wohnt, ist selten älter als 30 Jahre. Aufgrund der Lautstärke bis tief in die Nacht (in der Saison bis 5 Uhr morgens, ansonsten mindestens bis 1 Uhr, auch wenn nichts los ist) ist die Übernachtung nur jenen zu empfehlen, die hier feiern wollen.

Die Bucht **Ao Ton Sai** ist aufgrund der zahlreichen Korallensteine im Westen und der Boote im Zentrum nicht zum Baden geeignet. Der **Hat Hin Khom** weiter südöstlich besteht aus rauen Felsen. Bei Ebbe zeigt sich hier jedoch ein Sand-

strand. Im Wasser dümpeln viele Boote, aber die Badegebiete sind abgetrennt und mit Bojen geschützt.

Die seichte **Ao Lo Dalam** auf der anderen Seite der Landbrücke sieht bei Flut wunderschön und friedlich aus. Sie wurde von der Gewalt der Riesenwelle am stärksten getroffen. Hier wummern die Beats bereits den ganzen Tag.

### ÜBERNACHTUNG

Auf der Landbrücke drängen sich große Touristenresorts und einige Hotels mit Zimmern im modernen Thai-Design; kleine einfachste Gästehäuser finden sich ebenso wie Bungalowanlagen. 2015 wurde in Hafennähe gerade komplett neu gebaut. Wie hoch, schön oder hässlich es dort wird, bleibt abzuwarten. An beiden Stränden und in der Stadt ist es erfahrungsgemäß sehr laut.

Wer in den hier aufgeführten Hotels/Resorts oder Gästehäusern kein Zimmer mehr bekommt, findet weitere Adressen mit vielen Bildern unter dem **eXTra [2851]**.

€ **Bamboo Bungalow** ⑥, Ao Lo Dalam, 📞 089-725 4884. Einfache Bambushütten oben im Hang im Westen der Bucht. PVC-Boden (nicht so schön), einfache Bäder. Sehr günstig. Ab 3 Tagen gibt es bereits Rabatt. Alle Bungalows kosten dasselbe, egal wie gut die Sicht ist. ❷

**Charlie Beach Resort** und **PP Princess** ⑯, Ao Lo Dalam, 📞 086-943 4151, 🖥 www.ppcharlie.com, www.ppprincess.com. Große Anlage zentral an der dünnsten Stelle der Landbrücke. Es gibt einfache Zimmer im Haus, bessere in neueren Gebäuden. Idyllisch vorne am Strand, Bambusbungalows mit AC und TV in einer hübschen Gartenanlage. Zudem wird gerade eifrig neu gebaut. Am Strand großer Pool. Hier ist schon morgens was los, und der Beat wummert über den Strand. ❺

**Chunut House** ⑳, im Dorf, 📞 075-601 227, ✉ chunuthouse@hotmail.com. Etwas im Hinterland und ruhiger gelegen. Schöne große, mit Bambus verkleidete Bungalows am Hang unter hohen Bäumen. Geschmackvolle Ausstattung; Safe. Unten liegt ein großer Familienbungalow mit 2 Zimmern und Platz für bis zu 6 Pers. Leider mittlerweile ziemlich zugebaut, aber immer noch ansprechend. ❺

**Marine House** ⑮, 📞 098-526 7604, ✉ marinahouse@hotmail.com. Mitten im Ort liegt dieses kleine 2-stöckige Guesthouse. Einfache, aber ansprechende Zimmer, leider teils ohne Fenster. Betten in gemischten Schlafsälen (4er- und 6er-Zimmer für 400 Baht). Alle Zimmer AC und Safe. Beliebt und oft voll. ❹

**P. P. October Gh.** ⑰, im Dorf, 📞 075-601 289, 601 93, 🖥 www.phphioctober.com. Zentral gelegenes Gästehaus mit einfachen ansprechenden Zimmern, AC oder Ventilator (dann Moskitonetz). Safe. Unten Internetshop. ❷–❸

**Phi Phi Viewpoint Resort** ⑲, 📞 081-892 3150, 081-476 3075, 🖥 www.phphiviewpoint.com.

Große Anlage entlang der felsigen Küste den Hang hinauf. Große und kleinere Steinhäuser, teils TV und Kühlschrank. Oben am Hang zudem Zimmer in Reihenhäuschen und kleine Steinbungalows mit Ventilator. Pool mit Meerblick. Schließfächer für 20 Baht in der Lobby. Tauchschule Blue View Divers (S. 876). ❺–❼

**Phi Phi Villa Resort** ⑧, Hat Hin Khom, 📞 075-601 100, 🖥 www.phphivillaresort.com. Geschmackvolle Bungalows von unterschiedlicher Größe mit Minibar, TV und Terrasse sowie teure Familienzimmer. Restaurant. Riesiger Pool. ❻–❽

🧳 **Tee Gh.** ㉑, im Dorf, 📞 084-851 5721, ✉ carinedaligand@hotmail.com. Kleines angenehmes Holzhaus etwas ab vom Trubel. Alle Zimmer haben Warmwasser, AC und Ventilator. ❸–❹

**The Beacha Club** ⑱, Ao Lo Dalam, 📞 093-779 2010, 🖥 www.thebeachaclub.com. 2 moderne Gebäude am Strand. Riesige Dachterrasse. Schöne Zimmer, recht klein, aber stilvoll eingerichtet. Große Fensterfronten, Wasserkocher, TV. Inkl. Frühstück. ❺–❻

## ESSEN

Neben Thai-Gerichten, die meist sehr auf den Geschmack der Touristen abgestimmt sind und wenig scharf schmecken, werden Pizza, Nudeln, Steaks sowie andere westliche Favoriten zubereitet. Mäßig sind die Mittagsbuffets in den großen Restaurants für Tagesausflügler, und auch die im Preis eingeschlossenen Frühstücksangebote vieler Unterkünfte kann man getrost verschlafen. Beliebt sind die mit Bananen oder vielen anderen leckeren Zutaten gefüllten Pancakes, Sandwiches und frischen Shakes, die recht günstig an den Straßenständen verkauft werden. Gute Thai-Küche gibt es auf dem moslemischen **Essensmarkt**.

**Garlic 1992 Restaurant**, 📞 087-898 4895. Preiswertes Lokal. Freundlicher Service und leckere westliche und Thai-Gerichte. 🕐 6.30–22.30 Uhr.

€ **Lungkom**, am moslemischen Essensmarkt, gegenüber vom Marine House. Authentische Thai-Küche, gute Suppe zum

# Ko Phi Phi Don

N
0       1000 m

↖ Laem Trong     Bamboo Island ↗
             (4 km)

**KO MAI PHAI**
(BAMBOO
ISLAND)
KO YUNG
(MOSQUITO
ISLAND)

**KO
PHI PHI DON**

Ban
Laem Trong

Viking
Cave   **KO
PHI PHI
LE**
Maya Bay

**KO BIDA NAI**

KO BIDA
NOK

0       5 km

① Hat
Laem
Thong

Ao La
Nah

Ao
Nui

② △

③ Ao Lo
Ba Kao

**K O N A I**

④ Ao Pak Nam
(Relax Beach)

△ 136

⑤
Ao Ran Ti
⑦

Ao Lo
Dalam
(Back
Bay)

Ao Yong
Kasem

⑥
Viewpoint 1

△ 186
Viewpoint 3
Viewpoint 2

s. Ausschnitt rechts
Ban Laem Trong

Ban
Laem Trong

**K O**

★
Ton Sai Tower
(Kletterfelsen)

★
Hin Taak
(Kletterfelsen)

SPORTPL.

SCHULE

⑧
2

Ao Ton Sai

Hat Hin
Khom

La
Mu
Di

**N O K**

Ao Wang Lang

Hat Hin
Khom

⑨
$ ⑪   ⑩

Hat Yao
(Long Beach)

⑫
⑬

Ao
Poh

Shark
Point

🐟 = Tauchgebiet
🐠 = Schnorchelgebiet

↓ Ko Phi Phi Le
(3 km)

Krabi,
Ko Lanta

# Ban Laem Trong

N ↑  0 ————————— 200 m

**TRANSPORT**
1. Longtail-Boote
2. Großer Pier
3. Longtail-Boote

Ao Lo Dalam
(Back Bay)

Viewpoint

Tsunami-Memorial

Sumpfland-Biotop

BAU-STELLE

ESSENS-MARKT

MARKT

BAU-STELLE
(Markthallen)

Phi Phi
Hospital
SPORTPLATZ

BAU-STELLE

ZAHLSTELLE

★ Ton Sai Tower
(Kletterfelsen)

Ao Ton Sai

POLIZEI

SPORT-PLATZ

FRIEDHOF

Hat Yao
(Long Beach)

---

**■ ÜBERNACHTUNG**
1. Zeavola
2. Green Beach Camping
3. PP Red Tuna Hut
4. Phi Phi Relax Beach Resort
5. New Ran Tee Beach Resort
6. Bamboo Bungalow
7. Tohko Beach Resort
8. Phi Phi Villa Resort
9. Viking Nature Resort
10. Long Beach Resort & Villa
11. P.P. Blue Sky

12. The Beach Resort
13. Phi Phi Hill Resort
14. Phi Phi Beachfront
15. Marine House
16. PP Princess (Charlie Beach) Resort
17. P. P. October Gh.
18. The Beacha Club
19. Phi Phi Viewpoint Resort
20. Chunut House
21. Tee Gh.

**■ ESSEN**
1. Blue Moon
2. Hilltop Restaurant
3. Sunflower Beach Bar Restaurant
4. Garlic 1992 Restaurant
5. Lungkom
6. PUM Thai Restaurant

**■ SONSTIGES**
1. Minimarkt
2. Carpe Diem
3. Blue View Divers
4. Stones Bar
5. Chill Out Bar
6. Apache Beach Bar
7. Princess Divers
8. Siam Clinic
9. Reggae Bar
10. D's Books
11. Hippies Bar & Restaurant

---

Frühstück, faire Preise. Die ersten Takeaway-Snacks gibt es ab 6 Uhr morgens.

**Sunflower Beach Bar Restaurant**, ganz im Osten der Bucht, ☏ 080-038 3374, ✉ sunflowerboathouse@hotmail.com. Einladende chillige Atmosphäre in aufgemöbeltem Schwemmholz-Ambiente.

Teils wurden alte Longtails zu schönen Sitzecken umdesignt. Auf den Felsen mit Meerblick. Snacks und einfache Gerichte. Recht günstig für die Lage. Ein Tipp sind auch die Zimmer (teils für bis zu 6 Pers.) in einem als Boot designten Haus mit Ventilator oder AC und TV. ❹ – ❺

## UNTERHALTUNG

Am Dorfstrand und im Dorf befinden sich dicht an dicht zahlreiche Bars. Im Osten der Ao Lo Dalam wird in diversen Strandbars gefeiert. Man sitzt auf Kissen am Sandstrand und bekommt meist eine Feuershow oder andere Darbietungen (wie etwa Seilspringen mit einem leuchtenden Seil) geboten. Dazu gehört die **Apache Beach Bar**, die mit wechselnden DJs lockt. Auch die **Chill Out Bar** feiert oft große Partys am Strand. Auch die **Stones Bar** ist bereits tagsüber geöffnet und 24 Std. geöffnet. Die Musik endet zwischen 1 und 3 Uhr nachts – meist unter lautem Protest der Besucher. Im Osten der Bucht gibt es weniger Sand unter den Füßen, die Bars liegen meist etwas erhöht. Gute Fireshows bietet die **Hippies Bar & Restaurant**, tagsüber verströmt die Bar eher den Charme einer Lagerhalle. Auf der Karte stehen Burger, Pizza, Pasta und Thai-Gerichte. Am Abend Tanz am Strand, zudem Veranstaltungen wie Half Moon Partys und Feuertänze. Gegen 9 Uhr startet die Show bei **Carpe Diem**. Hier kann man auch schön auf einer Empore sitzen.

Im Dorf gibt es in den Bars Billard und es geht eher ums Trinken als ums Strandfeeling. Alteingesessen im Zentrum ist hier die **Reggae Bar**. Hier geht es aber weniger soft zu, als der Name vermuten lässt: Ab 22 Uhr geht es hier mit Thai-Kickboxen zur Sache. Wer sich in den Ring stellt, bekommt ein Bucket umsonst.

## AKTIVITÄTEN

### Kochkurse

Im **PUM Thai Restaurant**, 🖵 www.pumthai foodchain.com, einem überschaubaren, in Orange gehaltenen Thai-Restaurant mit offener Küche und begrenzter Karte, werden Kochkurse von unterschiedlicher Art und Dauer veranstaltet. Für 500 Baht kann man sich z. B. ein Gericht aussuchen, lernen es zu kochen und dann essen. ⏱ Mo–Sa 11–23, So 13–22 Uhr.

### Tauchen

Zahlreiche Tauchstationen auf Phi Phi bieten Tagesausflüge ab 2000 Baht inkl. 2 Tauch-

gängen an. PADI-Open-Water-Kurse ab 13 000 Baht.

**Blue View Divers**, Basis im Phi Phi Viewpoint Resort, 📞 075-819 395, 🖵 www.blueviewdivers. com. Tgl. Anfängerkurse; nur in dieser Tauchschule beginnt das Training sicher im Pool. Touren mit dem Longtail starten am frühen Vormittag: Die Tauchspots werden dann besucht, wenn die anderen Tauchboote bereits wieder abreisen.

**Princess Divers**, 📞 075-601 168, 🖵 www. princessdivers.com. Verkauf von Flossen und Masken. Tauchbasis in der Saison auch auf Ko Mook.

## SONSTIGES

Im Dorf gibt es **Geldautomaten** und einige **Wechselschalter**, zudem eine **Post**, **Supermärkte** und **Apotheken**. Zahlreiche **kleine Läden** offerieren ein breites Angebot an Textilien und Souvenirs (etwas teurer als in Bangkok).

### Bücher

**D's Books**, kleine Secondhand-Buchhandlung im Dorf mit einer gut sortierten Abteilung auch für deutsche Bücher. ⏱ 9–22 Uhr.

### Internet

Im Dorf und in den Unterkünften für meist 2 Baht pro Min. Immer mehr Unterkünfte und Restaurants haben WLAN. Oft preisen sie dies aber nicht extra an – Nachfragen lohnt.

### Medizinische Hilfe

An der Ao Ton Sai gibt es ganz im Westen das **Phi Phi Island Hospital**, 📞 086-476 9420. 24 Std. Notfall-Dienst. Zentral im Dorf (auf Höhe Charlie Beach Resort) hat die **Siam Clinic** eine kleine Klinik, 📞 075-603 355, ⏱ 8–2 Uhr nachts. Weitere kleine Kliniken bieten Erste Hilfe.

### Polizei

Eine kleine Polizeiwache befindet sich an der Uferstraße im Osten der Ao Ton Sai, 📞 075-601 061. Eine Notrufsäule steht mitten im Stadtkern bei der Raggae-Bar, weitere entlang der Straße.

**Longtails**

Vom Dorf zum HAT YAO (LONG BEACH) verkehren Boote für 100 Baht p. P., nach Sonnenuntergang 150 Baht oder Charter. Die Bootsleute verlangen dann bis zu 800 Baht für die 10-minütige Tour. Zur AO RAN TI 200 Baht p. P., AO NUI 800 Baht und AO LA NAH 1000 Baht pro Boot. Wer ein Zimmer gebucht hat, wird kostenlos am Pier aufgepickt und oft auch kostenlos zurückgebracht.

**Boote**

In der Nebensaison verringert sich die Anzahl der Fähren manchmal auf 1–2 pro Tag.
AO NANG (NOPPHARAT THARA), mit der Ao Nang Princess um 15.30 Uhr für 300 Baht. Oft werden Nutzer der Fähren nach Krabi kostenlos zum Ao Nang weitergefahren.
KO JUM, um 14 Uhr für 600 Baht in 2 Std.
KO LANTA, 11.30 und 15 Uhr für 300 Baht in 3–4 Std.
KO YAI NOI und YAI, um 15 Uhr für 1500 Baht in 1 Std.
KRABI-STADT, 9.30 und 10.30 Uhr für 300 Baht in 1 1/2 Std.
PHUKET, in der Hochsaison 9, 14 und 15.30 Uhr für 300 Baht in 1 1/2 Std. Um 13.30 und 17 Uhr für 900 bzw. 600 Baht in 1 Std.
RAI LEH, um 15.30 Uhr für 400 Baht in 1 1/2 Std.

**Andere Ziele**

Man kann sich direkt auf Phi Phi Joint Tickets für andere Ziele buchen. Beliebt ist z. B. die Tour bis zu den Inseln im Golf. Vor allem kurz vor Vollmond sollte man diese frühzeitig buchen und sich auch schon eine Unterkunft auf Ko Pha Ngan suchen.
KO PHA NGAN, um 11 Uhr bis 18.30 oder über Nacht 16 Uhr bis morgens um 6 Uhr für 600 bzw. 90 Baht.
KO TAO, Abfahrt 16 Uhr, Ankunft am nächsten Morgen um 6 Uhr (Nachtfähre) für 800 Baht.
Die anderen Ziele wie Khao Sok, Khao Lak usw. werden alle über KRABI abgewickelt. Die Tickets auf Phi Phi sind aber – wenn überhaupt – nur unwesentlich teurer.

## Hat Yao (Long Beach)

Der schöne Hat Yao (auf Englisch „Long Beach"), der vom Tsunami kaum betroffen war, reicht bis ans Kap Laem Poh. Der weiße, lange Sandstrand ist mit Steinen und Korallen durchsetzt. Er bietet eine tolle Sicht übers Meer nach Ko Phi Phi Le. Direkt vom relativ steil abfallenden Strand kann man zu den Schnorchelfelsen (z. B. Hin Pae, Shark Point) und zum leider etwas geschädigten Riff schwimmen, schnorcheln oder sogar tauchen. Auch bei Ebbe ist hier – im Gegensatz zu vielen anderen Stränden – das Wasser tief genug zum Schwimmen. Unangenehm voll ist es nur zur Mittagszeit, wenn die Boote mit Tagesausflüglern anlegen. Wer dem Nachtleben nicht viel abgewinnen kann und lieber abseits des Trubels wohnen möchte, ist hier richtig. Die hiesigen Restaurants schließen bereits gegen 21 Uhr.

### ÜBERNACHTUNG

Am Hat Yao gibt es alle Unterkunftsvarianten. Man kann ganz einfach in alten Mattenhütten schlafen, etwas bessere AC-Bungalows mieten oder sehr komfortabel in Luxussuiten das Strandleben genießen. Wer im Voraus bucht, wird meist vom Pier abgeholt (es sei denn, man nimmt die günstigsten Hütten). Weitere Anlagen unter dem **eXTra [6822]**.

**Long Beach Resort & Villa** ⑩, ☎ 075-819 201. Einige der alten Mattenhütten stehen noch, zudem gibt es recht günstige Zimmer in Betonhäuschen. Mehr Luxus bieten die Zimmer in neuen geräumigen Steinhäusern. Geräumig und gut ausgestattet. Kleiner Pool. Tauchschule. ❷–❻

**P.P. Blue Sky** ⑪, ☎ 089-881 7929, 🖥 www.phiphibluesky.com. Kleines Resort in Weiß und Blau, viel Holz. Bungalows mit großen Fensterfronten und ansprechender Ausstattung. Viele Thai-Gäste, daher in der Woche oft gute Preise. ❻–❼

🧳 **Phi Phi Hill Resort** ⑬, ☎ 075-618 203, 🖥 www.phiphihill.com. Zu dem Resort oberhalb des Strandes führen eine lange, steile Treppe und ein Lastenaufzug hinauf. 50 sehr geräumige, saubere Holzbungalows auf Stelzen mit Ventilator (Sunrise) oder AC (Sunset),

Letztere mit TV und Kühlschrank. Schöne Aussicht auf die Bucht von Ban Laem Trong und aufs Meer. Kajakverleih. Safe in der Lobby. **④ – ⑤**

**The Beach Resort** ⑫, ✆ 075-819 206, 🖥 www.phiphithebeach.com. Luxusbungalows am Hang. Schöne Innengestaltung, große Terrasse. Kleiner Pool am Strand. Dort gibt es bei gutem Wetter auch ein Restaurant im Sand. Tauchschule: Blacktip Scuba, 🖥 www.blacktipscuba.com. ⑧

**Viking Nature Resort** ⑨, ✆ 081-930 8866, 075-819 399, 🖥 www.vikingnatureresort.com. Die weitläufige Anlage liegt am Hang zwischen der Ao Ton Sai und nahe dem Hat Yao. Vieles ist aus Naturmaterialien gebaut, es gibt keine AC und keinen Pool, teils aber Kühlschrank und TV. Die Anlage bietet einfachste Bambusmattenhütten (Walk-in ab 700 Baht) mit sauberen Gemeinschaftsduschen und WC ebenso wie bessere Bungalows mit Bad. Sehr gediegene Zimmer kosten bis zu 6000 Baht und bieten entsprechenden Komfort. In der Saison ist eine Reservierung ratsam. **④ – ⑧**

### ESSEN

Sofern nicht im eigenen Resort gegessen wird, empfiehlt sich ein Abstecher in das am Strandende gelegene **Hilltop Restaurant**. Entweder speist man mit grandioser Aussicht oben auf dem Hügel oder man sitzt gemütlich auf Salas am Hafen. Hier gibt es gute Thai-Küche und leckere Shakes zu angemessenen Preisen, ⏲ 7.30–20.30 Uhr. Das daneben liegende **Blue Moon** bietet dieselben Gerichte und nahezu dasselbe Ambiente. Alle Restaurants schließen gegen 21 Uhr, oft ist bereits um 20.30 Uhr *last order*.

### TRANSPORT

Von Ban Laem Trong erreicht man Hat Yao zu Fuß in etwa 20 Min. über einen schmalen Fußweg (dieser beginnt am Bay View Resort). Am Ende des Weges gibt es einen etwas steileren Abstieg über Baumwurzeltreppen. Alternativ fahren ständig Longtails (bis etwa 22 Uhr) für 100 Baht p. P. (ab 2 Pers., nachts teurer).

## Abgelegene Buchten

Die kleine, noch ruhige **Ao Ran Ti** erreicht ma[n] von Ban Laem Trong über den Viewpoint m[it] Ausblick (30 Min., 330 Stufen) und anschli[e]ßend auf einem schmalen Trampelpfad, der be[i] Regen schwer begehbar ist, durch interessan[t]en Dschungel (weitere 30 Min.). Es gibt zwe[i] Zugänge: Entweder strandet man am südl[i]chen Strand, der vom Hauptstrand durch Felse[n] getrennt ist, oder man wandert bis zum zentra[]len New Rantee Beach. Anreisende mit Gepäc[k] können ein Longtail chartern (200 Baht bis Ba[n] Laem Trong).

Die **Ao Lo Ba Kao** lockt mit einem 450 m lan[]gen, wunderschönen, aber flach abfallende[n] feinen Sandstrand und wird von Kokospalme[n] gesäumt. Am südlichen Ende der Bucht lässt e[s] sich gut zwischen Felsen und Korallen schnor[]cheln. Am **Hat Laem Thong** am nördlichen End[e] der Insel liegen drei Luxusresorts. Hier ist e[s] zwar ruhig, man bekommt aber nichts von de[r] besonderen Schönheit der Insel mit. Der Stran[d] ist nur mit dem Boot zu erreichen. In der **Ao Pa[i] Nam** (Relax Beach) teilen sich die wenigen Gä[s]te die Bucht mit Seenomaden, die in der Saiso[n] Hütten am Ende des Strandes bewohnen. Ma[n] erreicht die Bucht mit dem Boot oder vom Aus[]sichtspunkt in einer Stunde zu Fuß.

### ÜBERNACHTUNG

**Green Beach Camping** ②, Ao La Nah, ✆ 09-8032 0032, 🖥 www.greenbeachcamping.com. Wer genug hat vom Feiern, von vielen Leuten und dem sonstigen Trubel auf Ph[i] Phi, der sucht diese Anlage auf. Fernab der Zivilisation wohnt man hier im Zelt oder in einfachen Bungalows (auch als Dorm im 4-Bet[t] Zimmer). Dormbett und Zelte **②**, Bungalow **④**

**New Ran Tee Beach Resort** ⑤, Ao Ran Ti, ✆ 092-124 0599. Einfache Mattenhütten am Strand und im Hang. Zudem Steinhäuser mit A[C] ein paar wenige direkt vorne am Strand. Groß[]Ausflugsrestaurant. 24 Std. Strom. **④ – ⑤**

**Phi Phi Relax Beach Resort** ④, Ao Pak Nam, ✆ 081-535 8853, 🖥 www.phiphirelaxresort.com. Große Anlage mit fast 50 ansprechende[n] Bungalows. Alle geräumig und mit Ventilator. Terrassen meist mit Blick aufs Meer. Familienimmer. Am feinen Sandstrand eine Strandbar, Hängematten und Bänke. Restaurant mit Liege-flächen. Touren. Bootstransfer. Strom von 6–18 Uhr. **6** – **8**

**P Red Tuna Hut** ③, Ao Lo Ba Kao, 📞 090-208 4100, 🖥 www.ppredtunahut.com. Vom recht einfachen ansprechenden Standard-zimmer bis zum Deluxe mit viel Platz und eigenem Balkon sind die Zimmer sehr einladend. Erwähnenswert ist auch das sehr gute Restaurant. **5** – **6**

**Tohko Beach Resort** ⑦, Ao Toh Koh, Bucht südlich der Ao Ran Ti, 📞 081-537 0528, 🖥 www.tohkobeachresort.com. Recht große Zahl von unterschiedlichen Holzhäusern am Hang. Davor schön gemachte Bambushütten mit Balkonen direkt am Strand. Generatorstrom von 18–6 Uhr. Restaurant ⏱ bis 21 Uhr. Dort WLAN den gan-zen Tag. Kajakverleih. Die Preise erscheinen etwas hoch für den gebotenen Standard, aber die Gäste schätzen die Ruhe. **5** – **6**

**Zeavola** ①, 📞 075-627 000, 🖥 www.zeavola.com. Sehr luxuriöses Boutique-Resort mit 48 Bungalows unter Palmen. Süß-wasserpool, Spa, Thai- und italienisches Restaurant. Hauseigene Tauchschule, tgl. Tauchkurse. 2015 ausgezeichnet als weltbestes nachhaltig wirtschaftendes Resort. **8**

## Rings um Ko Phi Phi Don

Eine lohnende Schnorchel- und Sightseeing-fahrt um Ko Phi Phi Don mit dem Boot lässt sich auf eigene Faust organisieren (inkl. Schnorchel-ausrüstung, Mittagessen, Wasser, Früchte) oder bei einem der Reisebüros buchen. An der Ost-seite der Insel gibt es Sandstrände mit mittelfei-nem Sand – schön zum Baden. Phi Phi und die umliegenden Inseln gehören zum **Hat Noppha-rat Thara Mu Ko Phi Phi Marine National Park**. Auf Phi Phi selbst zahlt man nicht, doch für Ausflüge auf die umliegenden Inseln werden 50 Baht verlangt.

Die **Bamboo Islands** sind nicht nur gut zum Schnorcheln, sie haben auch einen feinen, wei-ßen Strand mit Schatten spendenden Kasua-rinen. Man kann sie leicht umwandern. Am Nor-dende der **Ko Nok-Halbinsel** wächst Seefarn an den tiefen Stellen vor den steilen Felsen. An der Westseite gibt es Tropfsteinfelsen, aber keine Strände und keine Bademöglichkeit.

Bootsfahrten zur schroffen, südlichen Schwesterinsel **Ko Phi Phi Le** (auch: Ko Phi Phi Lay) mit interessanten Felsformationen werden regelmäßig angeboten. Große Tourboote le-gen auch an der **Viking Cave** an. Hier werden pro Jahr etwa 200 kg Schwalbennester unter Lebensgefahr gesammelt, immer drei Monate Ernte – drei Monate Pause. Chinesen, Hauptab-nehmer der Schwalbennester, bezahlen an die Konzessionäre für ein Kilo 40 000–50 000 Baht, weil sie an die potenzfördernde und lebens-verlängernde Wirkung der Nester glauben.

Phi Phi Leh hat noch mehr zu bieten: Die **Ao Pi Leh** wirkt wie ein tief eingeschnittener Fjord, der Blick zurück ziert viele Postkarten. Vor dem Fel-sen in der südlichen **Ao Lo Sanah** kann man gut Gerätetauchen. Die liebliche **Maya Bay** wurde weltweit bekannt, als dort Anfang 1999 der Tra-veller-Roman The Beach (S. 949) von Alex Gar-land verfilmt wurde. Wer einen Strand wie im Film erwartet, wird enttäuscht sein. Vor allem nach heftigen Monsunstürmen im europäischen Sommer (Nebensaison auf Phi Phi) sammelt sich viel Unrat an. Wer mit einem gecharterten Long-tail frühmorgens anreist, kann die Bucht bis ge-gen 10 Uhr vielleicht noch für kurze Momente idyllisch erleben. Es gibt auch Touren mit dem Boot und einer Übernachtungsmöglichkeit. Mehr Infos unter 🖥 www.mayabaycamping.com. Tau-cher steuern diese Bucht nur in der Hochsaison an, in der Nebensaison wird hingegen vor Ao Pi Leh getaucht. Grund sind die unterschiedlichen Strömungen in den jeweiligen Jahreszeiten.

An den im Süden sichtbaren **Bida Islands** ge-hen die Einwohner von Ko Phi Phi auf Fischfang. In den steil aufragenden Felsen wurden dafür Bambusgerüste verankert, von denen sich die Fischer abseilen können.

Die manchmal zu sehenden Wasserschlangen sind zwar giftig, greifen aber normalerweise kei-ne Menschen an. An der Westseite der Insel le-ben vor einer Unterwasserhöhle Haie.

## Schnorcheln

Ko Phi Phi besitzt Schnorchelgebiete mit vielen Fischen, aber weitgehend zerstörten Korallen.

Im Village und in einigen Unterkünften gibt es ordentliche Schnorchelausrüstungen zu mieten. Die Felsengruppe **Shark Point** (Hin Phae) vor dem Hat Yao (Long Beach) kann mit Flossen in zwei Stunden bequem umrundet werden. Neben vielen Rifffischen sind am westlichsten Zipfel manchmal harmlose Schwarzspitzenhaie zu sehen, vor allem frühmorgens. Am Abhang des flachen Wassers vor dem **Hat Hin Khom** leben in geringer Wassertiefe giftige, aber friedliche Seeschlangen und in 2 m Tiefe Muränen, die man nicht anfassen oder provozieren sollte. Vorsicht vor Booten, die ins Hafenbecken fahren!

Die Schnorchelreviere vor der Ostküste besucht man am besten bei Flut. Ein flaches Riff erstreckt sich vor **Lo Mu Di** und in der **Ao Ran Ti**, wo es viele Fische gibt. Manchmal angeln hier Seenomaden (Chao Leh). Auch südlich der Bamboo Islands lohnt es sich zu schnorcheln.

### Tauchen

Die Umgebung der Inseln bietet Tauchern gute Möglichkeiten, die bunte Unterwasserwelt der Korallengärten zu erkunden. Am besten eignen sich die Monate November bis Mai, wenn die Sicht zwischen 10 und 30 m beträgt. Die schönsten Tauchgebiete liegen vor **Ko Bida Nok** südlich von Ko Phi Phi Le (schöne Riffe in 18–30 m, Korallenfische, Seepferdchen, Tintenfische und Schildkröten) und vor **Ko Phi Phi Don** (mit Korallen bewachsene Steilwände). Diese Tauchgründe eignen sich hervorragend für Anfänger und Genusstaucher, die in der Saison in großen Gruppen die Riffe bevölkern.

Nur sehr erfahrene Höhlentaucher könnten sich bei ruhigem Wasser an den bizarr geformten **Unterwasserhöhlen** an den steil ins Meer abfallenden Kalkfelsen von Ko Phi Phi Le versuchen.

20 km Richtung Phuket liegt in 18–30 m Tiefe in einem Gebiet mit starker Strömung das riesige, 80 m lange **Wrack** der Fähre King Cruiser I, die 1997 auf das Riff lief und sank. Das Wrack ist bereits stark verfallen.

#### TOUREN UND TRANSPORT

Für eine Rundfahrt können am Pier in der Ao Ton Sai, am Hat Yao (Long Beach) oder am Hat Hin Khom **Longtails** gemietet werden. Sie kosten für

2–3 Std. ab 1000 Baht und für einen ganzen Tag über 2000 Baht, für ein komfortables **Schnellboot** muss man etwa mit dem Doppelten rechnen. **Schnorcheltouren und Inselrundfahrten** mit Stopp in der Maya Bay werden von zahlreicher Resorts ab 2000 Baht pro Boot oder 500–700 Baht p. P. offeriert. Boote zu den Bamboo Islands verlangen ab 2000 Baht, nach Phi Phi Le 1500 Baht. Billige Schnorcheltouren stoppen nicht an den Stränden. Auch Tauchschulen nehmen Schnorchler mit.

# Die südliche Andamanenküste

Traumstrände mit weißem Sand und kristallklarem Meer – dass es an der südlichen Andamanenküste paradiesisch anmutende Inseln zu entdecken gibt, hat sich herumgesprochen. So bietet das gut erschlossene **Ko Lanta** inzwischen alles, was Familien und solche, die Bequemlichkeit bevorzugen, wünschen. Zahlreiche Inseln und Strände befinden sich südlich von Ko Lanta vor und an der Küste der Trang-Provinz, darunter **Ko Lipe**, das einstige Aussteigerparadies. Einige Inseln gehören zum **Chao Mai National Park**, andere zum **Ko Lanta National Park** oder zum **Tarutao National Park**. Sie sind z. T. bewohnt, und es gibt Unterkünfte in allen Preisklassen.

Entspanntes Inselhopping zwischen **Ko Hai (Ko Ngai), Ko Muk, Ko Kradan** und weiteren Inseln kann für Inselfreunde und Strandliebhaber durchaus einen mehrwöchigen Urlaub ausfüllen. Andere Eilande kann man zwar besuchen, aber vor Ort nur in Zelten nächtigen. Wieder andere sind Ziele für einen Tagesausflug oder ragen gerade mal so weit aus dem Wasser, dass man sie zwar sehen, aber nicht betreten kann. Dafür ist es hier unter Wasser spektakulär, ein Paradies für Schnorchler und Taucher. Eine wunderschöne, aber nicht gerade preiswerte Option, eine Reise von Insel zu Insel zu unternehmen, ist ein Segeltörn, wie er z.B. von Ko Lanta aus möglich ist.

# Ko Lanta und seine Strände

er Ko Lanta-Archipel besteht aus etwa 50 In-
eln, von denen nur drei bewohnt sind. Fast 80 %
ieses Gebietes sind als Nationalpark geschützt.
ekannt ist vor allem die namensgebende Insel
o Lanta [2853], die wiederum aus zwei Inseln
esteht. Die nördliche nennt sich Ko Lanta Noi.
r Küstenstreifen ist mit vielen Mangroven be-
eckt. Die südliche Insel, Ko Lanta Yai, ist ge-
einhin das, was man unter „Ko Lanta" ver-
teht. Diesen Namen bekam die Insel unter der
egentschaft Ramas V., also vor etwas mehr als
undert Jahren. Ko Lanta Yai ist 27 km lang und
wischen 4 und 10 km breit.

## Ko Lanta (Yai)

e ersten Siedler der Insel waren die Chao Leh,
eenomaden. Heute stellen sie nur noch 1 %
r Bewohner. Ihnen folgten Händler, die einen
vischenstopp auf ihrem Weg zwischen Chi-
a und der arabischen Welt einlegten. Heu-
zählt Lanta 20 000 Einwohner; die eine Hälfte
bt auf Ko Lanta Yai, die andere auf den Inseln
o Lanta Noi und Ko Hai. Ca. 95 % der Bewoh-
er sind moslemischen Glaubens, nur etwa 4 %
uddhisten (von denen der überwiegende Teil
inesischer Abstammung ist). Die Nachfahren
r Seenomaden leben heute hauptsächlich im

## Wer wohnt wo?

Je nach Strand ändert sich das Publikum:
Während am **Hat Klong Dao** hauptsächlich
Familien mit Kleinkindern aus Schweden urlau-
ben, zieht es jüngeres Publikum an den **Phra
Ae**. Wer einfache Bungalows schätzt, Strand-
bars aus Schwemmholz und die gute alte
Rastafari-Musik sucht, den zieht es an den **Hat
Klong Khong**. An den noch weiter abgelegenen
Stränden mischt sich vor allem ruhesuchendes
Publikum aller Altersklassen.

Süden von Ko Lanta Yai in Sang Ga-U. Sie sind
sesshaft geworden, pflegen aber z. T. noch ihre
alten Traditionen. Die Menschen Ko Lantas leben traditionell vom Fischfang und bauen Gum-
mi- und Cashewbäume an. Immer stärker sind
sie heute vom Tourismus abhängig.

Bei Ankunft in Ban Saladan muss jeder Tourist 10 Baht zahlen, wenn er die Insel betritt (offiziell „Fee for the parking clean on Saladan").

## Die Strände

Viele Paare und Familien machen Urlaub auf
Ko Lanta. Die Altersstruktur ist gemischt. Sonnen-
schirmparaden findet man an den Stränden von
Ko Lanta nicht, auch Jetskis werden nicht vermietet. Alles in allem geht es recht beschaulich zu.

Die Sandstrände an der **Westküste** sind fan-
tastisch: kilometerlange Buchten, kristallklares
Wasser und wunderbar weicher Sand an den
touristisch gut erschlossenen, langen, flachen
**Stränden**. Nach Hat Klong Dao folgen Hat Phra
Ae (Long Beach) und anschließend Hat Klong
Khong. Noch etwas weiter südlich liegen Hat
Klong Nin und einige kleinere Buchten. Unter-
brochen werden die Strände von Klippen.

Die **Ostküste** ist nicht zum Baden geeignet;
hier ziehen sich weite Mangrovensümpfe durch
die wattigen Ufer. Auf Ko Lanta gibt es dank
des Nationalparks noch Urwald – spannend für
Wander- und Höhlenfans.

Die **beste Reisezeit** ist von November bis
April, dann ist hier Hochsaison. Danach sucht
die Regenzeit die Insel heim, die hier meist im
Juli und August ihren Höhepunkt erreicht.
Die Ostküste wird vom Monsun zu Beginn der

**DIE ANDAMANENKÜSTE**

Hauptreisezeit beregnet – doch dieser Regen ist weitaus weniger heftig.

Die **Unterkünfte** auf Ko Lanta sind vielfältig und reichen vom einfachsten Bambusbungalow bis zur luxuriösen 5-Sterne-Villa. Viele Hotelbesitzer holen ihre Gäste kostenlos vom Pier oder von den anderen Stränden ab. Außerdem bietet so gut wie jede Unterkunft die gängigen Touren und Weitertransporte an. Die Preise für Unterkünfte schwanken erheblich je nach Saison und Auslastung. In der Nebensaison sind Rabatte von bis zu 50 % verhandelbar. Während des Monsuns sind nur wenige Anlagen geöffnet. Einige haben zwar Bungalows zu vermieten, stellen aber den Restaurantbetrieb ein.

Nur bei den hochpreisigen Resorts ist in der Regel ein Frühstück inbegriffen.

## Ko Lanta Marine National Park

Im Süden von Ka Lanta Yai befinden sich bis zu 500 m hohe Berge. Sie sind noch von ursprüng-

lichem Regenwald bedeckt. Daher wurde d südliche Teil der Insel 1990 zum Nationalpark e klärt. Dieser umfasst noch 15 weitere kleine vorgelagerte Inseln und hat eine Fläche von in gesamt 134 km².

Wer der westlichen Strandstraße Richtu Süden folgt, gelangt kurz hinter der Ao Mai P (Bamboo Bay) zum Eingang des Parks (Schra ke). Die Nationalpark-Gebühr beträgt 100 Ba das Ticket ist ein Jahr lang gültig. Hinter de Posten beginnt ein schöner, ausgeschildert **Dschungelpfad**. Für die Tour sind etwa 2 St Zeit einzuplanen. Highlights wie Flechten, Mc se, verschiedene Baumarten und ein Aussich punkt sind markiert. Große Tiere leben hier nic mehr, dafür putzige Eichhörnchen, urzeitlic Warane, verschiedene, in der Regel ungefä liche Schlangen und mehr als hundert Vogel ten. Nach 300 m endet die asphaltierte Stra straße beim Nationalpark-Büro, ✆ 075-660 7 Auch hier lassen sich Wanderwege erforsche

## Von Phuket nach Langkawi

| | Phuket | Ko Phi Phi | Ko Lanta | Ko Hai | Ko Muk | Ko Kradan | Ko Bulon Leh | Ko Lipe | Langkawi |
|---|---|---|---|---|---|---|---|---|---|
| **Satun Pakbara / Speed Boat Club\*** | 9 | 10 | 10.30 | 11.30 | 12 | 12.15 | 13 | 14 | – |
| | – | – | – | – | – | – | – | 10 | 0.00 |
| | – | – | – | – | – | – | – | 16.30 | 6.30 |
| **Tigerline\*\*** | 8 | 9 | 10 | 11 | 12 | 11.30 | 14 | 15 | 18 |
| **Bundhaya\*\*\*** | – | – | 10.30 | 11 | 11.30 | 12 (auf Anfrage) | – | 13.30 | – |
| | – | – | – | – | – | – | – | 10.30 | 11.30 |
| | – | – | – | – | – | – | – | 16.30 | 17.30 |
| | – | – | – | – | – | – | – | 10.30 (Fähre) | 13 |

## Von Langkawi nach Phuket

| | Langkawi | Ko Lipe | Ko Bulon Leh | Ko Kradan | Ko Muk | Ko Hai | Ko Lanta | Ko Phi Phi | Phuket |
|---|---|---|---|---|---|---|---|---|---|
| **Satun Pakbara / Speed Boat Club\*** | 9.30 | 9 | 10 | 11 | 11.15 | 11 | 12 | – | – |
| | 14.30 | 15.30 | – | – | – | – | – | – | – |
| | 13.30 (Fähre) | 15 | – | – | – | – | – | – | – |
| **Tigerline\*\*** | 8 | 10.30 | 11.30 | 11 | 11 | 11.30 | 13 | 17 | 18 |
| **Bundhaya\*\*\*** | – | 9 | – | 14 (auf Anfrage) | 13.20 | 14 | 15 | – | – |

\* **Satun Pakbara Speed Boat Club**, ⌨ www.tarutaolipeisland.com: Kein Fährbetrieb von 1. Mai–Ende Okt.

\*\* **Tigerline**, ⌨ www.tigerlinetravel.com. Kein Fährbetrieb von Mitte April–Anfang Nov.

\*\*\* **Bundhaya**, ⌨ www.bundhayaspeedboat.com. Betrieb vom 20. Okt–15. Nov. An geraden Tagen von Süd nach Nord und an ungeraden von Nord nach Süd; vom 16. Nov–31. März tgl. beide Richtungen; April–Okt Betrieb eingestellt.

Eventuelle Fahrplanänderungen werden auf den Webseiten der Fährunternehmen bekanntgegeben.

**DIE ANDAMANENKÜSTE**

# Ko Lanta

N
0       5 km

Ko Phi Phi,
Ko Phuket

Hua Hin

## ■ ÜBERNACHTUNG

**KO BUBU**
① Bubu Island Resort

**BAN KO LANTA (OLD TOWN)**
② Mangohouse Seavillas

**HAT KANTIANG**
③ Lanta Marina Park View Resort
④ Baan Lanta Resort & Spa
⑤ Pimalai Resort & Spa

**AO KLONG JARK**
⑥ Andalanta Resort
⑦ Klong Jark Bungalows

**AO MAI PAI (BAMBOO BAY)**
⑧ Baan Phu Lae Bungalows
⑨ La Laanta Hideaway Resort

Ban
Bang Suat

Ban Klong Mak

**KO LANTA NOI**

Ban
Saladan

Bewi Ban
Saladan-Pier

Ban
Loh Ba Ra

Hat
Klong
Dao

Ban
Mo Nae

Laem
Thong Yung

Ban
Klong Dao

Ban Tung

**KO TALANG
BENG**

s. Detailplan
Klong Dao/Long Beach
S. 891
⑩ — ㊲    14 — 24
          3 — 20

Ban Phra Ae

Long
Beach
(Hat
Phra Ae)

Ban Thung
Yee Pang

BanYu Rai

Ban
Phu Klom

287
△

Hat
Phu Klom
(Relax Bay)

Watt

**KO
KAM**

Ban
Klong
Khong

Hat
Klong
Khong

**KO
KAM NUI**

**KO BUBU**

Ban
Klong Toab

**KO
LANTA YAI**

①

METEOROLOGISCHE
STATION

Ban
Klong Nin

Ban Je Lee

**KO PO**

Tham Khao
Mai Kaeo

Hat Klong Nin

Tham Sua
(Tiger Cave)

s. Detailplan
Klong Nin S. 895
㊳ — ㊺    25 — 28
          21 — 23

1 2

3
4
5
6
②

Ban
Ko Lanta
(Old Town)

8

488
△

Ban Hua
Laem

## ■ ESSEN

**BAN JE LEE**
1 Viewpoint Restaurant
2 Khao Yai Restaurant

**BAN KO LANTA (OLD TOWN)**
3 Kroua Lanta Yai
4 mangoba+bistro
5 Apsara
6 Make Love Not Wall
7 Fresh Restaurant
8 Seafood Restaurant

**HAT KANTIANG**
9 Drunken Sailer
10 Same Same But Different
11 Restaurants

**AO KLONG JAK**
12 Safaree Restaurant,
    Das Restaurant
13 Sunset-Bar

**MU KO
LANTA
NATIONAL
PARK**

Ban
Kantiang

★ Wasserfall

③

9

Hat
Kantiang

⑤

④

11

405
△

⑥ ⑦

12

Ao Nui

Ao Klong Jark

13

⑧

Ao Mai Pai
(Bamboo Bay)

⑨

Ban Sang-
Ga-U

NATIONALPARKBÜRO

LEUCHTTURM   Laem Tanod

## ■ SONSTIGES
1 Manta Divers
2 Why Not Bar

**DIE ANDAMANENKÜSTE**

dem locken zwei einsame Strände: Hat Hin
agam (Steinstrand) und Laem Tanod, ein ein-
mer Sandstrand. Am südlichen Ende ragt ein
uchtturm auf, ein schönes Postkartenmotiv.

Kleine **Zelte** für zwei bis drei Personen kön-
en im Nationalpark gemietet werden (300 Baht),
ne Voranmeldung ist nicht nötig. Ein kleines
estaurant sichert die Grundversorgung. Es gibt
cknickplätze, Duschen und WC. Zudem ein
ar Nationalparkbungalows. ⏰ Nationalpark
-18 Uhr.

Reiseagenturen bieten **Touren** ab Ban Sala-
n (Pick-up vom Hotel, Bootstour zum Natio-
lpark mit Stopp auf Ko Ha). Zuerst geht es mit
m Schnellboot in 30 Min. zu den beeindru-
enden Schnorchelmöglichkeiten der aus fünf
seln bestehenden Ko Ha (Kasten S. 886). Im
ationalpark gibt es ein Mittagessen am Strand
t anschließender Dschungelwanderung.

## ktivitäten

Lanta bietet unzählige Möglichkeiten für Ak-
e: vom Kajakfahren über Wanderungen im
ationalpark, von Tauch- und Schnorchelaus-
gen bis hin zu Inseltouren und Elefantenritten.
Sportlich sind Touren mit dem **Kajak**, zu mie-
n bei einigen Hotels an den Stränden. Wer lie-
r eine Tour bucht, kann einen Tagesausflug
nd um Ko Talang Beng und Ko Bubu (S. 899)
ternehmen. Der Transport zu den Inseln er-
gt mit dem Longtail-Boot. Auf der idyllischen
sel Bubu gibt es Mittagessen, ein Bad im Meer
d in der Sonne. Kosten um die 1000 Baht.
e Tour ist auch für einen halben Tag ohne Ko
bu möglich. Auf Talang Beng wird mit dem
jak abgelegt, um die Mangroven und eine
hle zu erkunden. Die Höhlen dienten einst
aten als Unterschlupf, heute leben hier Ech-
n und Affen.

**Windsurfer** kommen in der Nebensaison, in
n Monaten Mai bis Oktober, auf ihre Kosten.
sonders im Juni und August herrschen gute
rfbedingungen. Die besten Strände sind Klong
o, Kaw Kwang, Relax Bay und einige weite-
m Süden.

Empfehlenswert sind **Wanderungen** zu den
hlen. Das Tunnelsystem der **Tigerhöhle** (Tham
a) ist zwar nicht mehr Heimat wilder Tiger,
er dennoch sehenswert. Von der Hauptstraße

in Klong Nin führt eine gut 1 km lange Schotterpiste durch Gummibaumplantagen und Bananenstauden zum Tiger Cave Restaurant. Von hier
geht es in 40 Min. zu Fuß zur Höhle, am besten
mit Führer (300 Baht). Eine Herausforderung ist
die nördlich davon gelegene **Diamantenhöhle**
(Tham Khao Mai Kaeo). Wer als Selbstfahrer
anreist, biegt kurz hinter der Moschee ab und
stoppt am Parkplatz. Die Besitzer des Areals
nehmen Gäste hier in Empfang und führen sie
auf einem 1,5 km langen Pfad zur Höhle. Der
Ausflug dauert 2 Std.; je 30 Min. An- und Ab-
marsch durch den Dschungel und 1 Std. zur Erkundung der Höhle. In der Höhle bestaunt man
einige Räume mit fantastischen Stalaktiten und
Stalagmiten und einen eiskalten Unterwasser-
pool. Enge Stellen zum Durchkrabbeln sind nur
etwas für angstfreie Naturen. Für diesen Ausflug sind feste Schuhe nötig, da man etwas klettern muss. Auch die wackeligen Leitern sind in
Badelatschen nicht sehr gut zu meistern. Der
Führer nimmt 300 Baht p. P.

Viel gebucht werden auch die **Inseltouren**.
Von verschiedenen Anbietern gibt es zu ähn-
lichen Preisen Touren inkl. Mittagessen und
Hin- und Rückfahrt zum Hotel. Die **3 Island Tour**
führt zu den paradiesischen Inseln Phi Phi Don
(S. 879), Phi Phi Le und Mai Phai (Bamboo Is-
land) mit Aussichtspunkten, Höhlenerkundung,
Schwimmen und Schnorcheln (ab 1300 Baht).
Die **4 Island Tour** führt zum Schnorcheln nach
Ko Hai (S. 899) und Ko Chueak. Weiter geht es
zur Emerald Cave (Tham Morakot) auf Ko Muk
(S. 900) und nach Ko Kradan (S. 903) zum
Schwimmen oder Schnorcheln. Einige 4-Insel-
Touren besuchen zudem Ko Rok. Die meiste Zeit
wird auf dem Boot verbracht. Auf eigene Faust
organisiert, fährt man mit dem Longtail-Boot
ab 650 Baht, Touren im Reisebüro kosten ab
1000 Baht.

## Ban Saladan

Am Pier im Westen des Ortes legen alle großen
Boote an. Die Tourboote haben z. T. eigene
Piers. In den wenigen Straßen drängen sich
eine Unmenge Reisebüros, die Bootstickets
und Touren verkaufen. Es gibt einige Banken,
Minimärkte und viele Geschäfte, die Kleidung
und Souvenirs verkaufen. An der Uferstraße

Die Tauchgründe, die von Ko Lanta aus angesteuert werden, gehören mit zu den besten in der thailändischen Andamanensee. Die interessantesten Tauchgänge führen zu folgenden Revieren:

**Ko Ha** besteht aus einer Gruppe von fünf Inseln, bei Ebbe bildet sich eine Lagune mit kleinem Sandstrand. Mit einer Tiefe von 3–8 m ideal für Anfänger und Schnorchler. Skorpion-, Löwen- und Engelsfische können hier beobachtet werden.

Höhlentaucher haben auf **Ko Ha Yai** ihren Spaß. Hier locken zwei riesige Höhlen in einer Tiefe zwischen 10 und 14 m. In der Höhle kann man auftauchen und an der Höhlendecke Stalaktiten bestaunen. Bei Sonnenlicht sind einmalige Fotomotive möglich. Ein kleiner Strand lockt zusätzlich, und auch Schnorchler kommen hier auf ihre Kosten.

Für erfahrene Taucher sind die Riffe **Hin Daeng** und **Hin Muang** mit ihren rot und violett bewachsenen Korallen tolle Tauchgebiete bei 15–35 m Tauchtiefe. Barrakudas, Wahlhaie und Mantas sind fast immer zu sehen. Hin Daeng bedeutet übersetzt „Roter Felsen", und er verdankt diesen Namen den hier wachsenden roten Weichkorallen. Hin Daeng ragt gerade mal 3 m aus dem Wasser heraus. Meist hat man mindestens 15 m Sicht, manchmal sogar bis zu 40 m, sodass sich das Gebiet gut für die Unterwasserfotografie eignet. Angesteuert wird der Fels von geübten Tauchern, und manch eine Tauchsafari legt hier einen Stopp ein. Hin Muang, dessen Spitze 8 m unter (!) der Wasseroberfläche

westlich des Piers reihen sich Restaurants, Tauchshops, Klamottenläden etc. in Stelzenhäusern aneinander.

## ÜBERNACHTUNG UND ESSEN

In Ban Saladan gibt es ein paar wenige Übernachtungsmöglichkeiten. Da man aber von den Stränden schnell zum Pier kommt, schläft hier selten jemand.

**Sincere Gh.** ⑩, 150 Moo 1, ✆ 081-828 5163, 🖥 www.sincereguesthouse.com. Zimmer mit TV und AC, nur Ventilator 200 Baht Rabatt. Schöne Ausstattung mit viel Holz. Überall findet man etwas Kunst oder außergewöhnlich gestaltete Objekte an den Wänden, der Decke oder auf der schönen Holzterrasse, die über dem Wasser thront. Besonders schön ist das Zimmer mit Meerblick und eigenem Balkon. ❸–❹ An der Hafenstraße finden sich mehr als ein halbes Dutzend Seafood-Restaurants mit fangfrischem Fisch in der Auslage, alle mit Terrasse zum Meer und ähnlichem Angebot und Preisen.

liegt, beeindruckt vor allem mit vielfältigem Korallenbewuchs und seiner steil abfallenden Südseite. Bis zu 60 m geht es hier in die Tiefe: eine der längsten Steilwände Thailands. Auch dieser Felsen verdankt seinen Namen, übersetzt „Violetter Felsen", den hier wachsenden Weichkorallen in eben dieser Farbe. Der Tauchplatz ist aufgrund der Tiefe nur etwas für Fortgeschrittene.

Zum **Wracktauchen** geht es zum *King Cruiser I*, einem 1997 gesunkenen Fährschiff. Das Wrack ist inzwischen allerdings ziemlich kollabiert und nicht mehr besonders spannend. Nebenan lockt ein interessantes **Anemonen-Riff**.

**Ko Phi Phi** und angrenzende Felsengruppe Shark Point und Anemonenriff mit bis zu 30 m Tauchtiefe. Ko Phi Phi lohnt sich auch für Schnorchler.

**Ko Bida** mit **Hin Bida** ist ein buntes Korallenriff mit Höhlen und Überhängen; hier werden verschiedenste Rifffische, Leopard- und Riffhaie gesichtet. In den Anemonen leben die lustigen Clownfische. Getaucht wird in 8–28 m Tiefe. Eignet sich für Anfänger und Fortgeschrittene.

Mehrtägige **Liveaboards** stehen bei manchen Tauchbasen ebenfalls auf dem Programm.

**Tauchsaison** ist von November bis April; von Mai bis Oktober sind die Wellen zu stark. Im Gegensatz zu anderen Orten der Andamanensee sind auf Ko Lanta weniger Taucher anzutreffen, und so sind auch Touren meist individueller als an besser erschlossenen Taucherinseln.

## Was kostet die (Unterwasser-)Welt?

Alle seriösen Tauchschulen auf Ko Lanta bieten die Tauchgänge zu fast identischen Preisen an, die immer wieder durch neu gegründete Unternehmen mit Dumping-Preisen unterboten werden – was dann oft zum schnellen Untergang der neuen Anbieter führt. Einige **Richtwerte**: Tagesfahrten zu den Inseln Ko Ha, Ko Bida oder Ko Phi Phi schlagen bei zwei Tauchgängen mit etwas über 3000 Baht zu Buche. Nach Hin Daeng und Hin Muang muss aufgrund der größeren Entfernung mit 4000 Baht gerechnet werden. Die Preise beinhalten Transport, Verpflegung, Hin- und Rücktransport zum Hotel und teilweise die Ausrüstung. Ein 3- bis 4-tägiger Open Water-Kurs kostet ab 13 000 Baht, Advanced Open Water etwa 11 500 Baht. Die aktuellen Preise gibt es auf den Webseiten der jeweiligen Tauchschule.

## Schnorcheln

Schnorchelausflüge zu den schönsten Buchten der Inseln Ko Phi Phi Don und Ko Phi Phi Le werden auch von Reiseagenturen ab 1200 Baht angeboten. Viel gelobt wird der Ausflug nach Ko Rok (S. 904): mit dem Schnellboot in einer Stunde bis zu den Inseln Ko Rok Nok und Ko Rok Nai. Am schönen Strand des Nationalparks auf Ko Lanta gibt es Mittagessen. Ab 1400 Baht.

**Not a toy**, an der Uferstraße. Sehr schönes heimeliges Café mit leckeren Snacks aus der Thai-Küche und anderen Nationen. Nicht ganz billig, aber das Ambiente entschädigt. Gutes Café, es gibt auch Thai-Küche und Traveller-Food. Schönes Ambiente. ◷ 7.30–21 Uhr.

**La Side Restaurant**, 87 Moo 1, ✆ 086-272 4938. Eines der ersten Restaurants der Insel. Man sitzt im bunt möblierten Lokal oder direkt über dem Wasser auf der überdachten Terrasse. Thailändische Küche mit dezenten Anpassungen an den westlichen Geschmack, noch

relativ preiswert. Einige westliche Gerichte. Abends gutes Seafood und Hot Stone.

### AKTIVITÄTEN

Getaucht wird von Nov–April. Viele Tauchschulen haben ihre Hauptbasis hier im Dorf. Zu den renommierten Anbietern gehören: **Blue Planet Divers**, 3 Moo 1, ✆ 075-684 165, 🖥 www.blueplanetdivers.net. Alle Kurse bis zum Assistant Instructor, außerdem Free-Diving-Kurse. An Bord des zum Tauchboot aufgerüsteten Holzbootes ist viel Platz auf dem oberen Deck.

**Go Dive**, 6 Moo 1, ☎ 075-668 321, 🖥 www. godive-lanta.com. Zuverlässige, moderne Tauchschule unter thailändischer Leitung am Ende der Hauptstraße am Wasser. Weitere Basis am Hat Kantiang.

**Lanta Diver**, ☎ 075-684 208, 🖥 www.lantadiver. com. Großes, skandinavisches PADI-IDC-Center, auch mit deutschsprachigen Tauchlehrern. Individuelle Tauchplanung mit max. 4 Pers. pro Divemaster. Bietet Tagesausflüge und *Liveaboards* auf eigenem Boot. Tauchkurse bis zum Instructor.

**Lanta-Diving-Safaris**, 93 Moo 1, ☎ 087-889 6802, 🖥 www.lanta-diving-safaris.com. Unter österreichischer Leitung. Neben PADI-Tauchkursen sind das besondere Highlight die mehrtägigen Tauchsafaris auf der *Flying Seahorse* mit 8 Kabinen für max. 15 Taucher. Zum Unternehmen gehören auch die Manta Divers am Hat Kantiang.

📖 **Lanta Fun Divers**, 22/3 Moo 1, ☎ 089-291 4311, 🖥 www.lantafundivers.com. Seit 1999 auf Ko Lanta ansässig, unter deutscher Leitung von Uli und Louise. PADI Open Water-, Advanced- und Divemaster-Kurse, Nitrox-Tauchen. Mit eigenen Schnellbooten werden die Tauchplätze zügig angefahren. Nettes Team, persönliche Betreuung; keine Massenabfertigung.

### SONSTIGES

#### Geld
Einige Geldautomaten; 3 Banken (darunter Siam Commercial, Bangkok Bank) wechseln Reiseschecks. ⏱ Mo–Fr 8.30–15.30 Uhr.

#### Medizinische Hilfe
Ein Arzt ist im **Health Center** von ⏱ 16.30–20.30 Uhr anwesend.

#### Moped- und Autovermietungen
Mopeds werden in den Unterkünften oder an der Straße ab 150 Baht/Tag (Schaltung) und für 250 Baht (Automatik) vermietet. Kleinwagen, Jeeps und Pick-ups können über Reisebüros und Hotels für 1200–2000 Baht pro Tag, je nach Modell, gemietet werden.

#### Polizei
Die **Polizeistation** liegt zwischen den beiden Piers in Ban Saladan, ☎ 075-668 192. Die **Tourist Police** erreicht man unter ☎ 1155.

#### Post
An der Straße zu den Stränden. ⏱ Mo–Fr 8.30–16.30, Sa 9–12 Uhr.

### NAHVERKEHR

Von **Ban Saladan**, wo alle Personen- und Autofähren ankommen, führen 2 geteerte Straßen entlang der West- und Ostküste. Die Fahrten mit Gepäck sind meist etwas teurer als die ohne, die angegebenen Preise sind daher eher Anhaltspunkt und Verhandlungsbasis. Die **Songthaew** sind auf dieser Insel weiß und abends mit unübersehbar bunten Lämpchen über der Windschutzscheibe geschmückt. Sie fahren, sobald ein paar Passagiere an Bord sind, von Ban Saladan über Klong Dao, Hat Phra Ae (Long Beach), Klong Khong und Klong Nin, von dort zur Ostküste über Ban Lanta bis nach Ban Sang-Ga-U im Süden (und wieder zurück). Kurz Strecken ab 10 Baht; bis Long Beach 60 Baht, bis Ban Lanta 250 Baht. Auch bei längeren Fahrten sind die Preise fast so hoch wie bei den Tuk Tuk. **Tuk Tuks** sind in Ko Lanta Motorräder mit überdachten Sidecars. Sie stehen in Ban Saladan an der Ortsausfahrt in Richtung der Strände und fahren auf der Hauptstraße stets hin und her. Die Fahrt kostet pro Kilometer etwa 10 Baht. Von Ban Saladan zum Phra Ae (Long Beach) zahlt man 50–60 Baht (meist pro erwachsene Person), bis zum Hat Klong Nin 200 Baht. Preis vorher aushandeln. Abends sind weniger Tuk Tuks unterwegs, sie kosten dann etwas mehr. An vielen Stränden, zumal an den abgelegeneren im Süden, sind **Taxistände** zu finden; hier kann man direkt ein Tuk Tuk bestellen – dann werden in der Regel etwas höhere Preise verlangt.

### TRANSPORT

#### Selbstfahrer
Zwischen Ban Hua Hin auf dem Festland (zwischen Krabi und Trang) und Ko Lanta Noi

nd Yai (Ban Saladan) fahren von 6–22 Uhr
Autofähren. Zwischen Festland und Lanta Noi
20 Baht (mit Auto) oder 10 Baht (mit Moped).
Zwischen Lanta Noi und Lanta Yai in 5 Min. für
50 Baht (mit Auto) oder 30 Baht (mit Moped).
Eine Brücke ist im Bau, Autofähren werden
aber auch in Zukunft hier verkehren.

### Minibusse

Minibusse, auf Ko Lanta **Minivans** genannt,
fahren zu vielen Zielen auf dem Festland (Preise
inkl. Fähren und Pick-up vom Hotel/Resort).
KRABI, stdl. zwischen 6 und 15 Uhr für
50–350 Baht in etwas über 2 1/2 Std.
inkl. Pick-up vom Hotel.
PHUKET, stdl. zwischen 8.30 und 15.30 ab Busstation Klong Dao Beach für 450 Baht in 6 Std.
Kein Pick-up-Service.
TRANG, stdl. zwischen 8 und 15 Uhr für etwa
200 Baht in 2 1/2 Std. Pick-up-Service, sofern
man nicht weiter von Ban Saladan als Klong Nin
Beach wohnt.
WEITERE ZIELE steuert man am besten von Krabi (bzw. Trang) aus an (S. 841 und S. 922). In den
Reiseagenturen auf Ko Lanta werden auch Joint
Tickets zu allen größeren Reisezielen angeboten. Dies ist jedoch weder die bequemste noch
die sicherste Möglichkeit, von A nach B zu gelangen. Los geht es gegen 8 Uhr (PHUKET, SU-
RAT THANI, KO PHA NGAN, HAT YAI). Um 13 Uhr
fahren die Übernachtbusse nach BANGKOK.

### Boote

KO NANG, mit der *Ao Nang Princess* um
13.30 Uhr für 470 Baht in 2 Std. Stoppt auch in
RAI LEH (1 3/4 Std., gleicher Preis) und fährt
weiter nach PHUKET (Ankunft 17.15 Uhr,
300 Baht). Bei sehr viel Nachfrage fährt auch
morgens gegen 8 Uhr ein Boot.
Speedbootverbindungen zu den Inseln an der
südlichen Andamanenküste s. Fahrplan S. 883.
Nach KO BULON LEH 1600 Baht, nach KO HAI
750 Baht, nach KO KRADAN 1150 Baht, nach
KO LIPE 1900 Baht, nach KO MUK 900 Baht.
KO JUM, mit der Fähre um 8.30 Uhr Richtung
Krabi, Ankunft 9.15 Uhr, 350 Baht.
KO PHI PHI, in der Saison 3x tgl. (8, 13 und
15 Uhr), ansonsten max. morgens um 8 Uhr,
in 1 Std. für 350 Baht.

KRABI um 8.30 Uhr für 400 Baht in 2 Std.
Zubringer in die Stadt, zu den Stränden oder
zum Flughafen ab 100 Baht.
PHUKET, mit den Booten nach KO PHI PHI, dort
umsteigen auf das Boot nach Phuket-Stadt
(Ratchada-Pier) für 500 Baht in etwa 3 Std.

## Hat Kaw Kwang und Hat Klong Dao

Von Ban Saladan Richtung Süden schiebt sich
nach 800 m eine kleine Landzunge in Form eines
Büffelnackens (daher der Name **Kaw Kwang**,
[3562]) ins Meer. Während die Nordseite bei
Ebbe Wattlandschaft bietet, besitzt die Südseite
einen schönen weißen Strand. Schnorchler
finden am Ende der Landzunge eine Kolonie
Weichkorallen. An den Kwa Kwang schließt
sich direkt der Hat **Klong Dao** [2857] an, ein breiter, etwa 3 km langer weißer Sandstrand. Am
südlichen Ende finden sich viele Steine und
Muscheln im Sand; hier ankern noch die Longtail-Boote der Fischer. Das Meer im mittleren
Strandabschnitt ist ideal zum Schwimmen und
besonders bei **Familien** beliebt. Denn besonders
für kleine Kinder eignet sich dieser Badestrand,
da er erst nach ein paar Metern Schwimmtie-
fe erreicht. Hier machen viele skandinavische
Familien Urlaub; im Ort Klong Dao selbst gibt
es eine schwedische Schule. Der Strand ist mit
mehreren Stichstraßen von der Hauptstraße aus
zu erreichen, entlang derer sich Geschäfte, Restaurants und weitere Hotels angesiedelt haben.
Ab 22 Uhr ist hier Ruhe angesagt.

### ÜBERNACHTUNG

#### Hat Klong Dao
**Untere und mittlere Preisklasse**
**Banana Garden Home** ⑱, ✆ 081-
634 8799, 🖥 www.bananagardenhome.
com. Hinter dem Restaurant stehen in 3 engen
Reihen gemütliche große AC-Holzbungalows,
selbst das Bad ist holzbelassen. Familien-
bungalows mit 2 großen bzw. 3 schmalen
Betten. Gutes Preis-Leistungs-Verhältnis.
Nette Leute und sehr gutes Essen. ❸–❺
**Chaba Lanta Bungalow** ⑰, ✆ 075-684 118,
080-524 8109. Individuell gestaltete Anlage mit
vielen Skulpturen aus Beton. Vor allem kleine
Dino-Fans sind begeistert. Auch die Bungalows

sind ansprechend gestaltet. Am Strand das Restaurant Picasso. Alle Bungalows mit AC, Kühlschrank und TV. ❹–❻

**€ Hans Bungalows** ⑭, ✆ 075-684 152, ✉ hanskohlanta@hotmail.com. Eines der ersten beiden Resorts des Strandes. 2 Reihen einfache Bambus- und Holzhütten mit Ventilator unter Bäumen hinter dem Restaurant. Ein Bungalow mit AC. Tgl. Zimmerservice. Von Nov–März geöffnet. Beliebtes Restaurant, abends oft BBQ, ⏰ 10.30–22 Uhr (Pause zwischen 15.30 und 17.30 Uhr). ❷–❹

**Lanta Villa Resort** ⑯, ✆ 075-684 129, 🖥 www.lantavillaresort.com. Eines der beiden ersten Resorts am Strand. Bunt getünchte Steinbungalows mit AC recht eng in einem großen Garten. Pool. Viele Sitz- und Liegegelegenheiten im Schatten am Meer. Gute Atmosphäre und freundliche Leute. Inkl. Frühstück. ❺–❻

**Southern Lanta Resort** ⑮, ✆ 075-684 175, 🖥 www.southernlanta.com. 90 Steinbungalows im Garten mit TV, Kühlschrank. Auch Familienbungalows. Großer Pool mit Rutsche und separatem Kinderpool im Garten Richtung Strand. Gute Option in der Nebensaison. ❺–❽

**Twin Lotus Resort & Spa** ⑬, ✆ 075-607 000, 🖥 www.twinlotusresort.com. Modernes Resort im Norden des Strandes. Riesiges Restaurant, großer Infinity-Pool und sehr schöne Bungalows mit viel Privatsphäre. Es lohnt sich, nach Promotion zu gucken, denn manchmal purzeln die Preise sogar in der Hauptsaison. ❽

### Hat Kaw Kwang

**Kaw Kwang Beach Resort** ⑫, 16 Moo 1, ✆ 075-668 260, 🖥 www.lanta-kawkwangresort.com. Unter Palmen direkt am Strand gibt es noble Bungalows. Doch auch wer weniger ausgeben kann, findet ein schönes Plätzchen in den Zimmern im Haus am Hang. Pool mit Blick auf den Strand, der bei Ebbe leider etwas schlickig ist. ❷–❻

#### ESSEN UND UNTERHALTUNG

Die Restaurants am Strand sind etwas höherpreisig als jene an der Straße. Dafür hat man aber auch meist Sand zwischen den Füßen und einen tollen Blick aufs Meer. Beliebt sind das

BBQ bei **Hans Restaurant** und den ganzen Tag über die typischen Thai- und Western-Gerichte im **Banana Garden Home**.

🧳 **€ Lap Royet**, an der Straße, doch gemütlich von etwas Grün abgeschirmt, sitzt man in kleinen Salas. Einfaches typisches Thai-Lokal mit guter und günstiger Küche. Vor allem die Gerichte aus dem Isarn sind lecker und authentisch. Es steht noch Wasser auf dem Tisch und es gibt auch noch Beilagen zum *som tam*. Hier essen vielen Locals. In der Nähe befinden sich viele weitere einfache Restaurants, die meist erst abends ihre Tore öffnen. ⏰ 15–2 Uhr.

**Nang Sabai German Bakery**, 265 Moo 1, ✆ 083-175 9670. Im Ostfriesencafé von Ina und Ho(rs)t gibt es verschiedene Brote und ein gutes Dutzend Kaffeesorten. Roggenbrote, Baguettes und Ciabattas werden liebevoll und reichlich belegt. Es gibt sogar Leberwurstbrote Zudem locken Käsekuchen, Blaubeerkuchen oder Nussecken. Viele Zutaten kommen direkt aus Deutschland. Bäckerin Ina hat viele Infos und Tipps für den Aufenthalt auf Ko Lanta parat. Sie ist meist bis etwa 12 Uhr im Laden. ⏰ 7–18 Uhr, in der Nebensaison etwas kürzer und Mo geschl.

#### SONSTIGES

🌳 **Time For Lime**, ✆ 075-684 590, 🖥 www.timeforlime.net. ⏰ 16.30–21 Uhr, außer Mo. Etabliert seit 2002: Gekocht werden bei der Kochkursen 5 Gerichte. Das Menü ist für jeden Wochentag unterschiedlich: So ist für alle Geschmäcker etwas dabei. Ein „Zugucker" da auch dabei sein. 1800 Baht. Vermietet werden auch 8 Bungalows, zwischen denen einige herrenlose Tiere aus dem von der Kochschule unterstützten **Lanta Animal Welfare Center**, 🖥 www.lantaanimalwelfare.com, ihr Zuhause gefunden haben. ❹–❺

## Hat Phra Ae (Long Beach)

Südlich von Hat Klong Dao, durch ein paar Klippen getrennt, befindet sich der weiße breite **Hat Phra Ae** [2854]. Der etwa 4 km lange Strand i an seinen beiden Enden mit einigen Anlage bebaut; in der Mitte gibt es nur wenige verei

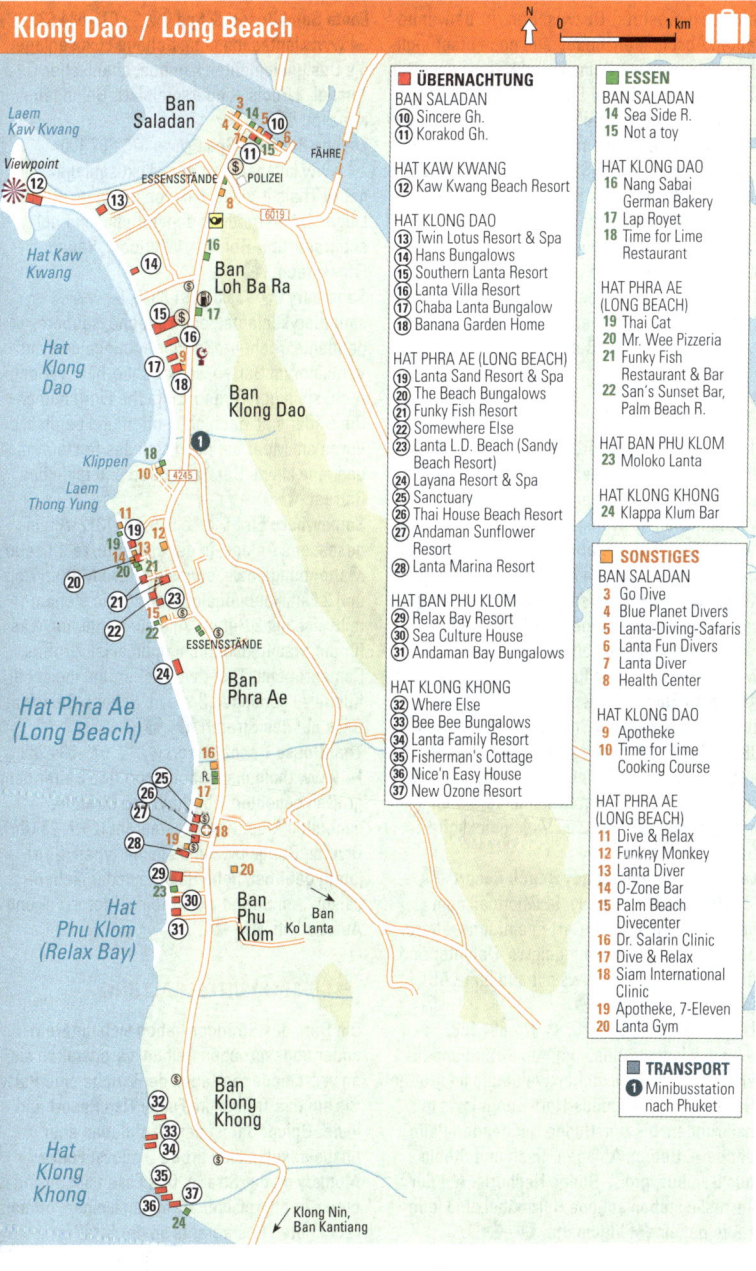

**Laem Kaw Kwang**

**Ban Saladan**

**Viewpoint** ⑫

ESSENSSTÄNDE

POLIZEI

FÄHRE

Ⓢ

6019

**Hat Kaw Kwang**

**Ban Loh Ba Ra**

**Ban Klong Dao**

**Hat Klong Dao**

Klippen

**Laem Thong Yung**

4245

**Hat Phra Ae (Long Beach)**

ESSENSSTÄNDE

**Ban Phra Ae**

**Hat Phu Klom (Relax Bay)**

**Ban Phu Klom**

Ban Ko Lanta

**Hat Klong Khong**

**Ban Klong Khong**

Klong Nin, Ban Kantiang

---

### 🟥 ÜBERNACHTUNG

**BAN SALADAN**
⑩ Sincere Gh.
⑪ Korakod Gh.

**HAT KAW KWANG**
⑫ Kaw Kwang Beach Resort

**HAT KLONG DAO**
⑬ Twin Lotus Resort & Spa
⑭ Hans Bungalows
⑮ Southern Lanta Resort
⑯ Lanta Villa Resort
⑰ Chaba Lanta Bungalow
⑱ Banana Garden Home

**HAT PHRA AE (LONG BEACH)**
⑲ Lanta Sand Resort & Spa
⑳ The Beach Bungalows
㉑ Funky Fish Resort
㉒ Somewhere Else
㉓ Lanta L.D. Beach (Sandy Beach Resort)
㉔ Layana Resort & Spa
㉕ Sanctuary
㉖ Thai House Beach Resort
㉗ Andaman Sunflower Resort
㉘ Lanta Marina Resort

**HAT BAN PHU KLOM**
㉙ Relax Bay Resort
㉚ Sea Culture House
㉛ Andaman Bay Bungalows

**HAT KLONG KHONG**
㉜ Where Else
㉝ Bee Bee Bungalows
㉞ Lanta Family Resort
㉟ Fisherman's Cottage
㊱ Nice'n Easy House
㊲ New Ozone Resort

### 🟩 ESSEN

**BAN SALADAN**
⑭ Sea Side R.
⑮ Not a toy

**HAT KLONG DAO**
⑯ Nang Sabai German Bakery
⑰ Lap Royet
⑱ Time for Lime Restaurant

**HAT PHRA AE (LONG BEACH)**
⑲ Thai Cat
⑳ Mr. Wee Pizzeria
㉑ Funky Fish Restaurant & Bar
㉒ San's Sunset Bar, Palm Beach R.

**HAT BAN PHU KLOM**
㉓ Moloko Lanta

**HAT KLONG KHONG**
㉔ Klappa Klum Bar

### 🟧 SONSTIGES

**BAN SALADAN**
③ Go Dive
④ Blue Planet Divers
⑤ Lanta-Diving-Safaris
⑥ Lanta Fun Divers
⑦ Lanta Dinor
⑧ Health Center

**HAT KLONG DAO**
⑨ Apotheke
⑩ Time for Lime Cooking Course

**HAT PHRA AE (LONG BEACH)**
⑪ Dive & Relax
⑫ Funkey Monkey
⑬ Lanta Diver
⑭ O-Zone Bar
⑮ Palm Beach Divecenter
⑯ Dr. Salarin Clinic
⑰ Dive & Relax
⑱ Siam International Clinic
⑲ Apotheke, 7-Eleven
⑳ Lanta Gym

### ⬛ TRANSPORT
❶ Minibusstation nach Phuket

DIE ANDAMANENKÜSTE

zelte Luxusresorts. Dazwischen, in den unbebauten Abschnitten, findet man auch noch ursprüngliche Vegetation mit Palmen und Kasuarinen. Der Strand eignet sich bei Ebbe weniger für Kinder, da es hier schnell tief wird; für erwachsene Schwimmer ist er immer ideal.

Im Süden wird der Strand durch einen Klong getrennt, der bei hoher Flut nicht zu durchschreiten ist. Dahinter ist der Strand mit Muscheln, Steinen und Korallen durchsetzt. Große Korallenblöcke ragen bei Ebbe aus dem Wasser. Hier ist Schwimmen nur eingeschränkt möglich. An der Straße dahinter gibt es zahlreiche Geschäfte, zwei Geldautomaten, Bars und Restaurants.

## ÜBERNACHTUNG

Hinter den Bars am nördlichen Strandabschnitt und auch ganz im Süden nahe der Straße gibt es einige kleine Anlagen mit einfachsten Mattenhütten für wenig Geld. An der Straße im Norden und Süden etablieren sich immer mehr kleine Gästehäuser mit AC-Zimmern, TV und Kühlschrank. Das Preisniveau ist in der Hauptsaison für das Gebotene sehr hoch. In der Nebensaison wird es oft richtig günstig. Sofern wenig los ist, sind die Preise sehr variabel.

**Andaman Sunflower Resort** ㉗, in 2. Reihe zwischen Straße und Strand, ☏ 075-684 668, 089-969 2610. Im gepflegten Garten stehen angenehme Mattenbungalows. Teils groß, teils recht klein. Alle nur ein Bett und Ventilator, manche mit Warmwasser. Viele glückliche Gäste. ❷–❹

**Lanta L. D. Beach (Sandy Beach Resort)** ㉓, ☏ 075-684 548, ✉ saidy_32@hotmail.com. Vorne im weitläufigen Garten einfache, ältere, aber saubere Mattenbungalows. Dahinter und daneben Steinbungalows mit und ohne AC (dann auch TV). ❷–❺

**Lanta Marina Resort** ㉘, ☏ 075-684 168, 🖥 www.lantamarina.com. Am Strand und bis weit ins Hinterland stehen weitläufig im großen Garten schöne Bambus-Holz-Bungalows mit halbrunden, bis zum Boden reichenden Palmdächern. Betten, Ablagen, Tisch und Stühle aus Bambus, große Bäder. Hellhörig. Auf der Terrasse stehen schöne Holzmöbel, und jede Hütte hat eine Hängematte. ❸–❺

**Lanta Sand Resort & Spa** ⑲, ☏ 075-684 633, 🖥 www.lantasand.com. Schöne Luxusanlage mit Designelementen kambodschanischer Tempel. 2 Pools, Kinderspielplatz. Gelungenes Konzept. ❽

**Layana Resort & Spa** ㉔, ☏ 075-607 100, 🖥 www.layanaresort.com. Luxusanlage mit 50 Thaistil-Villen, 6 davon am Meer. Große Liegeflächen rund um den grandiosen Pool, separater Spa-Bereich, Whirlpool, Sauna, Fitnessraum. ❽

**Sanctuary** ㉕, ☏ 081-891 3055, 🖥 www.sanctuarykohlanta.com. Einfache, saubere, gepflegte, recht große Mattenbungalows mit Ventilator im Garten, senkrecht erhöht vor dem recht steinigen Strand. Einfache Einrichtung. Die Bäder sind nach oben offen und bepflanzt. Vorne am Meer befinden sich das Restaurant und eine kleine Bar. Yogakurse und tägliches Retreat. ❹

**Somewhere Else** ㉒, ☏ 089-731 1312. Alteingesessene Anlage, in der einfache, recht neue Mattenbungalows, etwas größere Matten/Holz- und 2 Familienbungalows aus Stein stehen; teilweise mit 2 Betten. Alle nur Ventilator, was für die Steinhäuser nicht optimal ist. Großes Restaurant mit Thai-, westlicher und indischer Küche zu günstigen Preisen. Schöne Salas mit Blick auf den Strand. ❷–❹

**Thai House Beach Resort** ㉖, ☏ 075-684 289, 🖥 www.thaihousebeachresort.net. Hinter dem großen beliebten, oberhalb des Strandes liegenden Moonwalk-Restaurant (🕐 7–23 Uhr). Diverse Bungalows und Zimmertypen. Ganzjährig geöffnet, hohe Rabatte in der Nebensaison. Am Strand viele Steine. Motorrad- und Autoverleih. ❸–❺

## ESSEN UND UNTERHALTUNG

Die Bars des Strandes haben sich untereinander abgesprochen; reihum veranstalten sie an verschiedenen Tagen der Woche eine Party. Bis auf das Treiben im **Funky Fish Resort** und in der Opium Bar ist das Nachtleben eher unspektakulär. Eine große Disco ist **Funkey Monkey** an der Straße. Das Essen am Strand ist etwas hochpreisiger als in den kleinen, oftmals recht guten Restaurants an der Straße.

**Funky Fish Restaurant & Bar**, ☎ 087-8972 843. Viele Partys. So Beachparty. Es werden auch Mattenbungalows und AC-Steinbungalows vermietet. ❸–❹

**Mr. Wee Pizzeria**, ☎ 081-085 9094, die erste der 3 Niederlassungen auf Ko Lanta, direkt am Strand und an der Straße im Süden der Bucht. Gute Pizzas.

**O-Zone Bar**, ☎ 089-729 2383. Angesagte Bar am Strand. Einmal wöchentlich gibt es eine große Party. Dahinter werden einfache Mattenbungalows **(The Beach Bungalows)** vermietet. ❷

**San's Sunset Bar** und das danebenliegende **Palm Beach Restaurant** sind beliebte Treffpunkte am Tag und am Abend. Das große Restaurant liegt direkt am Strand; viele überdachte und offene Salas mit Sitzkissen. Gute Thai-Küche, Pizza, frischer Fisch als BBQ und viele Cocktails. Günstig und große Portionen. Abends oft Feuershows.

**Thai Cat**, großes Open-Air-Restaurant direkt am Strand. Einige Salas, viele Tische direkt im Sand. Guter Service, leckeres Essen. Abends BBQ.

## AKTIVITÄTEN

### Tauchen

**Dive & Relax**, im Castaway und im Sayang Beach Resort (Nov–April 9–18 Uhr), ☎ 084-442 2191, 🖥 www.diveandrelax.com. Kleine Tauchbasis, vermietet auch Schnorchelequipment.

**Lanta Diver**, 🖥 www.lantadiver.com, neben der O-Zone-Bar. Verleih eines Katamarans, von Paddelbooten. Zudem Tauchkurse und Tauchtouren.

**Palm Beach Divecenter**, ☎ 075-684 603, 🖥 www.palmbeachdivers.com. Diese große Tauchschule gehört zum gleichnamigen Resort und bietet Ausflüge ebenso wie Kurse bis zum Instructor.

### Thai-Boxen und Fitness

**Lanta Gym**, ☎ 075-684 847, 🖥 www.lantagym.com. Wer will, kann sich hier mit Thai-Boxen oder an den Geräten des gut ausgestatteten Fitnesscenters fit halten. ⏱ 8–19 Uhr.

### Medizinische Hilfe

**Dr. Salarin Clinic**, an der Hauptstraße auf Höhe des Lanta Casuarina Resorts, ☎ 075-684 522. ⏱ Mo–Sa 15.30–21 Uhr.

**Siam International Clinic**, 242/8 Moo 2, ☎ 075-684 747, 📱 684 835, ✉ siamclinic-lanta@hotmail.com. Diese kleine Arztpraxis akzeptiert alle Reiseversicherungen. Englischsprachiges Personal. Transport zu internationalen Krankenhäusern in Phuket oder Krabi.

## Hat Phu Klom (Relax Bay)

Durch ein kleines Kap vom Long Beach getrennt liegt der einsame Sandstrand **Hat Phu Klom** [3540] mit nur wenigen Unterkünften. Der Strand ist relativ breit und der Sand weich – ein paar Steine befinden sich zwar nahe des Strandes, aber es lässt sich trotzdem gut schwimmen. Das vorgelagerte Korallenriff erfreut Schnorchler. Wer es noch ruhiger mag, kann zum Sonnen zu den südlicher gelegenen zwei unberührten Buchten weiterwandern.

### ÜBERNACHTUNG UND ESSEN

Alle Bungalows haben ein Restaurant und meist auch eine kleine Bar. Nur bei vielen interessierten Gästen werden in der Hauptsaison Partys veranstaltet.

**Andaman Bay Bungalows** ㉛, ☎ 082-278 6744. Etwas verwohnte große Holzbungalows. Einfache, oft selbst gezimmerte Einrichtung, teils durchgelegene Matratzen. Ventilator, Moskitonetz. Daneben liegt am Strand die Jahbar Bar. Nette Leute. ❷

**Relax Bay Resort** ㉙, ☎ 075-684 194, 🖥 www.relaxbay.com. Im Hang und am Strand zahlreiche geräumige individuell gestaltete ansprechende Bungalows mit Ventilator oder AC. Strandbar, Restaurant. Tauchbasis Lanta Diver (S. 893). Kleiner Pool. Sehr ruhig und gepflegt. ❺–❼

**Moloko Lanta**, ☎ 093-846 0280, 🖥 www.molokolanta.com. Restaurant mit Bar am Strand. Für alle, die feiern wollen. Tagsüber gute Thai-Küche.

Das große Restaurant des **Sea Culture House**, ☎ 075-667 042, ist gemütlich und bietet viel

Schatten. Es werden auch einfache geräumige Mattenbungalows mit Bad hinter dem Restaurant vermietet. **②**

## Hat Klong Khong

An beiden Enden des etwa 3 km langen Hat Klong Khong [2855] ist der Sand von etwas gelblicher Farbe und mit einigen Steinen und Muscheln durchsetzt, um dann immer heller und feiner zu werden. Bei hoher Flut verschwindet ein Großteil der Sandflächen. Vorsicht ist beim Schwimmen geboten, da einzelne Korallenblöcke dann kaum zu erkennen sind. Bei Ebbe ragen sie aus dem Wasser. Für **Schnorchler** herrschen gute Bedingungen, und auch Muschelsammler freuen sich. Hier kommen viele junge **Rucksackreisende**, die sich oft selbst in der Hauptsaison noch spontan und ohne Vorbuchung eine Bleibe suchen. Es herrscht eine angenehm entspannte Atmosphäre, und kleine Bars locken mit abendlichem Sonnenuntergang-Panorama. Am Freitagabend ist in der Saison Party angesagt, dann schallen die Beats aus dem Feeling Bar (Where Else Bungalows) weithin über den Strand.

### ÜBERNACHTUNG UND ESSEN

Alle Unterkünfte haben ein Restaurant, und die meisten Gäste essen in ihrer Unterkunft. Zudem bieten fast alle Resorts eine kleine Bar aus Treibholz am Strand. Hier gibt es zwischen 17 und 19 Uhr immer wieder eine Happy Hour zum Sonnenuntergang und auch mal eine Party. Wer richtig feiern will, ist ab sehr später Stunde in der **Klappa Klum Bar**, ganz im Süden der Bucht, gut aufgehoben. Hierher pilgern oft auch Partygäste anderer Strände. Thai-Küche bieten einige Essensstände an der Hauptstraße.

### Untere Preisklasse

**Bee Bee Bungalows** ㉝, zentraler Abschnitt, ✆ 081-537 9932. Individuelle Traveller-Hütten, teils auf 2 Etagen mit kleinen Veranden, Hängematten und einem ganz eigenen Stil. Nur Ventilator und Moskitonetz. Einfache schöne Bäder. Teils ein großes und ein kleines Bett. Kleine Bar, in der auch mal Partys steigen. Entspannte freundliche Atmosphäre.

Vorbuchen darf nur, wer weiß, was einfache Hütten sind (also die Bilder unter dem **eXTra [3574]** ansehen und erst dann anrufen). **②** – **❸**

**Fisherman's Cottage** ㉟, ✆ 081-476 1529, 🖥 www.fishermanscottage.biz. 11 Steinbungalows in einem Garten. Die mit Fischnamen bezeichneten Bungalows haben Ventilator und sind alle unterschiedlich und außergewöhnlich gestaltet. Weiß verputzte Flächen oder Bambus, Matratzen auf Podesten, offene Bäder, hübsche Dekorationen, bemalte Wände. Weißes überdachtes Restaurant und kleine Bar. Junges Publikum. **❹** – **❺**

**Lanta Family Resort** ㉞, ✆ 075-667 053, 089-471 5924. Vorne große Steinhäuser mit AC und TV (auch für Familien), hinten einfache Bambushütten mit Ventilator. Am Meer sitzt man zum Sundowner in der Chocolate Bar. **②** – **❹**

**New Ozone Resort** ㉟, im Süden der Bucht, ✆ 092-126 7913. Geräumige Holz-Stein-Bungalows in einem großen Garten, gute geschmackvolle Ausstattung mit viel Holz. Es gibt sogar in der günstigsten Bungalow-Variante Zimmer mit Meerblick. Alle mit AC und TV. Zudem Zimmer im Reihenhaus auf dem Vorplatz. Innen okay, außen etwas karg. **❺** – **❻**

**Nice'n Easy House** ㊱, im südlichen Abschnitt, ✆ 086-891 2764, 🖥 www.niceandeasylanta. com. Schöne Teakholzbungalows mit ansprechender Ausstattung. Einfache Zimmer mit Ventilator hinten in einem Steinhaus (weniger ansprechend). Auch ein Familienbungalow mit 2 großen Betten. Kleiner Pool am Strand. Ruhiges Publikum, welches den Teenagerjahren entwachsen ist. **❺**

**Where Else** ㉜, ✆ 081-536 4870, 🖥 www.lanta-where-else.com. Am Strand fällt sofort die große Bar ins Auge. Dahinter befinden sich die beliebten Bungalows aus Bambus und Matten im schattigen Garten. Die Einrichtung ist extrem einfach und schon etwas verwohnt. In der Saison ist jeden Fr Party, dann wird es laut! **②** – **❹**

## Hat Klong Nin

Hinter der Abzweigung zur Ostküste beginnt das Dorf Klong Nin mit einem tollen weißen Sandstrand, [2856]. Der Strand fällt lange flach ab, dann wird das Meer ideal zum **Schwimmen**. In

# Hat Klong Nin

N  0       1 km

→ Klong Dao,
Ban Phra Ae

Ban
Klong Toab

38   4245

METEOROLOGISCHE
STATION   $

25   39
21
26
22   23
40    Ban
27   28   Klong Nin
41     Tham Khao
42     Mai Kaeo      → Ban Ko Lanta
43

44     MU KO
Tham Sua
(Tiger Cave)   LANTA

NATIONAL

45      PARK

↓ Ban Kantiang

**■ ÜBERNACHTUNG**
- 38 Lanta River Sand Resort
- 39 Round House
- 40 Lanta Nice Beach Resort
- 41 Baan Pakgasri Hideaway
- 42 Peace Paradise Beach Resort
- 43 Lanta Nature House
- 44 Lanta Miami Bungalow
- 45 The Narima

**■ ESSEN**
- 25 Rasta Baby Bar
- 26 Otto Bar & Grill
- 27 Horizon Bar & Restaurant
- 28 Cook Kai Restaurant

**■ SONSTIGES**
- 21 Roi Thai Cooking School
- 22 Blue Planet Divers
- 23 Lanta Divers

Hinterland erheben sich die grünen Riesen des Regenwaldes. Rucksackreisende mit kleinem Budget wohnen hier ebenso wie jene, die sich Luxus leisten können.

An der Strandstraße gibt es einige Minimärkte und Restaurants. Am Strand ist relativ viel los; Richtung Norden, wo es steiniger ist, ist es ruhiger. Die Bars haben Liegen und Sonnenschirme, und auch die meisten Resorts und Gästehäuser bieten Liegen am Strand. Einige Strandverkäufer bieten relativ unaufdringlich ihre Ware feil.

Die Buchten weiter südlich locken alle, die etwas mehr Ruhe und Einsamkeit suchen. Der kleine Hat Nui ist nur wenige hundert Meter lang. Hier gibt es keine Unterkunft, aber einen kleinen Erfrischungsstand. Tolle **Schnorchelbedingungen** für Aktive und viel **Ruhe** für Strandlieger.

## ÜBERNACHTUNG

**Baan Pakgasri Hideaway** ㊶, ☎ 075-662 563, 🖥 www.baanpakgasri.com. Auf einem kleinen Grundstück am Strand stehen eng beieinander in 2 Reihen einige schöne Bungalows aus Holz und Stein. Am schönsten sind die beiden direkt am Strand. ❺–❻

**Lanta Miami Bungalow** ㊹, 13 Moo 6, ☎ 075-662 559, 🖥 www.lantamiami.com. Schöne Anlage mit Holz-Stein-Bungalows mit großen weißen Bädern, entweder mit Strandblick (dann mit AC und Badewanne) oder hinten im Garten (mit Ventilator). Großzügiges halb offenes Restaurant am Strand. Kleine Bar. Pool mit Meerblick. Ganzjährig geöffnet. ❹–❻

**Lanta Nature House** ㊸, 89 Moo 6, ☎ 075-662 604, 🖥 www.lantanaturehouse.com. Orangefarbenes 2-stöckiges Haus mit 8 großen Zimmern, AC und TV. Jeweils ein Doppel- und ein Einzelbett, TV, Kühlschrank, Balkon. WLAN im Bereich der Rezeption. ❹

**Lanta Nice Beach Resort** ㊵, 137 Moo 6, ☎ 075-662 662, 🖥 www.lantanicebeachresort.com. 32 ansprechende Steinbungalows mit Fliesenböden in gepflegter Anlage am Strand, einige mit Meerblick. Auf der anderen Straßenseite weitere Steinbungalows. Alle mit TV. Pool mit Meerblick. ❺–❻

**Lanta River Sand Resort** ㊳, nördlich des Hauptstrandes, ☎ 075-662 660, 🖥 www.lantariversand.com. Für Ruhesuchende: Der davor liegende Strand, von Felsen durchsetzt, wirkt wie ein Privatstrand. Bambushütten und günstige Mattenhütten, alles mit lokalen

Materialien gebaut und ohne AC. Das Restaurant liegt romantisch auf Klippen. Wenn es dort Shrimps gibt, dann kommen sie aus dem Meer und nicht von der Farm. Hühnerfleisch und Eier stammen von der Insel. Ganzjährig geöffnet. ❷–❺

**Peace Paradise Beach Resort** ㊷, 346 Moo 6, ✆ 075-662 777, 081-676 6162, 💻 www.peaceparadisebeach.com. Überschaubare geschmackvolle Anlage mit 17 modernen, gut ausgestatteten Zimmern, die sich z. T. um einen langen Pool gruppieren oder direkt zum Strand hin gelegen sind. Abends trifft man sich an der Bar. Schöner Strandabschnitt mit weichem Sand und ohne Steine. ❻–❼

**Round House** ㊴, ✆ 086-950 9424. Im kleinen Garten stehen 5 schöne Bambusbungalows, ein Beachhouse und 2 AC-Bungalows. Viel Liebe zum Detail. Nettes Restaurant mit Meerblick. ❹

**The Narima** ㊺, etwas südlich des Strandes, auf dem Weg zum Hat Kantiang, ✆ 075-662 668, 💻 www.narima.net. Geräumige Bungalows aus Bambus mit Palmdach, AC und jeweils einem großen und einem kleinen Bett. Große Holzterrassen mit Holzmöbeln und Hängematte in einer gepflegten, aber naturbelassenen Anlage. Kleiner Strand mit Liegen. Pool, kleiner Kinderpool. Schwimmen zwischen den Felsen möglich. Tauchbasis. ❺–❼

## ESSEN UND UNTERHALTUNG

Im Norden des Strandes, wo die Strandstraße beginnt, liegen zahlreiche Restaurants am Meer. Die Preise sind relativ hoch, egal, ob das Haus edel aussieht oder im alten Traveller-Stil gebaut ist. Die meisten Restaurants haben Stühle und Liegen am Strand. Alle Anlagen verfügen auch über ein Restaurant – oft am Strand. Noch weiter nördlich an der Hauptstraße vor dem 7-Eleven bieten Köchinnen an vielen kleinen Straßenständen leckere einfache Thai-Küche.

**Cook Kai Restaurant**, ✆ 087-461 8598. Großes Restaurant an der Strandstraße (ohne Meerblick). Thai- und westliche Küche (Burger, Pizza). Viel besucht, obgleich nicht wirklich günstig.

**Horizon Bar & Restaurant**, 45/3 Moo 6, ✆ 089-736 3485, 💻 www.lantahorizon.com.

Gemütliches großes Holzrestaurant mit Palmendach und Strandblick. Gute Auswahl an Thai-Gerichten, vieles extra für die schwedischen Gäste. Viele junge Leute. Gehobene Preise. Vermietet werden auch einige wenige Zimmer – direkt am Strand, direkt neben der Bar. ❺

**Otto Bar & Grill**, 112 Moo 6, ✆ 086-948 9748, ✉ otto_lanta@hotmail.com. Angesagte Bar am nördlichen Strandabschnitt. In der Saison oft Gast-DJs. Wer sowieso feiert, bis die Musik ausgeht, kann auch einen der Bungalows hier mieten. ❸–❺

**Rasta Baby Bar**, am Beginn der Strandstraße im Norden. Urige Rasta-Bar, in der des Öfteren die wohl bekannteste Reggaeband Thailands „Job 2 Do" spielt. Vermieten auch günstige Zimmer.

## AKTIVITÄTEN

### Kochkurse
**Roi Thai Cooking School**, ✆ 075-662 549, 💻 www.myroithai.com. Zentral am Strand liegt diese renommierte Kochschule mit verschiedenen Kursen und zufriedenen Kunden. Ursprünglich war das Roi Thai nur ein Restaurant, das sich durch den Einsatz natürlicher Produkte ohne Geschmacksverstärker einen Namen gemacht hatte. Essen kann man hier immer noch sehr gut!

### Tauchen
**Blue Planet Divers**, vor dem White Rock Resort, ✆ 085-472 3450, 💻 www.blueplanetdivers.net. Kurse und Ausflüge. ⊕ 7–17.30 Uhr.
**Lanta Divers**, gegenüber dem Lanta Nice Beach Resort, ✆ 075-668 057, 💻 www.lantadiver.com. Kleine Basis der bekannten Tauchschule.

## Hat Kantiang

Die schön anzusehende, etwa 1 km lange sichelförmige Bucht **Hat Kantiang** [5507] lockt mit hellem, feinem Sand. Im Hintergrund erheben sich die Berge des Nationalparks mit dichtem Grün. Der nördliche Bereich ist eng bebaut (was nicht immer sehr gelungen ist), es folgt eine freie Fläche, bis ein nobles Resort die gesamte zweite Hälfte des Strandes belegt. Ganz im Süden lock ein schönes Ausflugsrestaurant. Das Meer ist hier bei Flut zum Schwimmen geeignet, bei Ebbe stören oft Steine, sodass man nicht überall einfach in die Fluten springen kann. Leider gibt es kaum natürlichen Schatten, sodass in der Mittagshitze kein Zufluchtsort außerhalb der Anlagen oder Restaurants zu finden ist. Nur wenige Meter weiter die Straße hinauf (und dann auf kleinen Pfaden den Berg hinab), gelangt der Ruhesuchende zur **Ao Nui**, einem kleinen unbebauten Strand. Hinter dem Strand befindet sich das sehr kleine Dorf Kantiang, hier gibt es einige Geldautomaten, Supermärkte, Reisebüros, Tauchschulen, Bekleidungsgeschäfte und Restaurants.

## ÜBERNACHTUNG

Karte S. 884

**Baan Lanta Resort & Spa** ④, im Norden der Bucht, ✆ 075-665 091, 🖥 www.baanlaanta. com. In den Hang gebaute große Thai-Stil-Teakholzbungalows, 5 davon mit Meerblick, die anderen 10 rund um einen Pool. Schöne Badezimmer und Betten mit Blick auf die Terrassen durch große Fensterflächen. Restaurant am Strand. ❻–❽

**Lanta Marina Park View Resort** ③, im Norden auf den Klippen, ✆ 075-665 063, 081-956 2935, 🖥 www.lantamarinepark.com. Beliebte Anlage, vor allem bei jungen Reisenden, mit großen Mattenbungalows und Steinhäusern (jene mit Meerblick haben auch einen Kühlschrank) in einem schattigen Garten. Alle mit AC und ansprechender Einrichtung. ❺–❻

**Pimalai Resort & Spa** ⑤, an der gesamten südlichen Bucht und am Hang darüber, ✆ 075-607 999, 🖥 www.pimalai.com. Riesige Luxusanlage mit diversen Villen und Häusern. 4 Restaurants, 2 Bars, 2 Pools, Kinderpool, Spa, Fitnesscenter, Tauchbasis. Hier gibt's auch Liegen und Sonnenschirme am Strand oder gemütliche Liegeflächen in der Anlage unter schattigen Bäumen. ❽

## ESSEN UND UNTERHALTUNG

Einfache Ausflugsrestaurants mit tollem Blick auf die Bucht befinden sich oberhalb der Bucht im Süden. Thai-Küche zu günstigen Preisen.

**Drunken Sailor**, im „Ortskern" nahe dem 7-Eleven, ✆ 075-665 076, 🖥 www.fk.com/ DrunkenSailors. Thailändisches, Sandwiches und Burger zu fairen Preisen. Guter Kaffee und Espresso aus der importierten italienischen Kaffeemaschine. Hängematten bieten Entspannung. Buch- und DVD-Verleih. ⏱ 9–21 Uhr.

**Same Same But Different**, ✆ 081-787 8670. Tolles Ausflugsrestaurant unter hohen Bäumen und mit vielen Pflanzen. Große runde Bar unter einem riesigen Runddach im Pagodenstil. Weitere teils überdachte gemütliche Sitzgelegenheiten mit liebevollen Dekorationen. Gehobene Preise, da direkt am Strand gelegen. Stranddusche. Sonnenliegen.

**Why Not Bar**, ✆ 083-644 1333. Urige Strandbar aus viel Schwemmholz mit abendlicher Feuershow. 2015 sehr angesagt, aber das kann sich schnell ändern.

## AKTIVITÄTEN

**Manta Divers**, neben dem 7-Eleven im Dorf, ✆ 087-889 6802, 🖥 www.lanta-diving-safaris. com. Unter österreichischem Management von Peter Gattenberger werden hier Tauchausflüge und Kurse geboten.

## Ao Klong Jark und Ao Mai Pai (Bamboo Bay)

Die sichelförmige ruhige **Ao Klong Jark** [5501] hat einen weißen, breiten Sandstrand, am südlichen Ende spenden Bäume etwas Schatten. Das klare Wasser ist ideal zum Schwimmen. Den Namen verdankt der Strand dem 3 km entfernt gelegenen **Wasserfall**. Unweit des Strandes, jenseits der Straße, liegt ein Elefantencamp, das Touren dorthin anbietet. Man kann aber auch auf eigenen Füßen die etwa einstündige Wanderung in den Dschungel am Flusslauf bis zum kleinen Wasserfall unternehmen. Zu sehen sind viele kleine Dschungelbewohner und eine große Anzahl Vögel. Am Fall selber wartet ein kühlender natürlicher Pool.

Die **Ao Mai Pai** [3579] ist eine malerische kleine Bucht mit weißem Sandstrand – der letzte, bevor das Nationalpark-Gebiet beginnt. Im Hintergrund erhebt sich ein bewaldeter Hang. Im Wasser liegen einige größere Felsen,

DIE ANDAMANENKÜSTE

die bei Ebbe zu großen Teilen freiliegen und bei Flut schöne **Schnorchelmöglichkeiten** bieten. Am südlichen Ende der Bucht kann aber auch bei Ebbe geschwommen werden. Die Bucht ist **einsam**, nur mit drei Resorts bebaut.

## ÜBERNACHTUNG

Weitere Tipps für Übernachtungsmöglichkeiten unter den bei den Stränden angegebenen **eXTras**.

**Andalanta Resort** ⑥, Ao Klong Jark, ✆ 075-665 018, 🖥 www.andalanta.com. Weitläufige Anlage unter Palmen mit unterschiedlichen Bungalows aus Holz oder Stein sowie Standardzimmern im 2-stöckigen Gebäude. Großer Pool mit Meerblick. Großzügiges, überdachtes Restaurant direkt am Strand. Kajakverleih. ❼–❽

🛏 **Baan Phu Lae Bungalows** ⑧, Ao Mai Pai, 109 Moo 5, ✆ 075-665 100, 085-474 0265, 🖥 www.baanphulaeresort.com. Die familiäre Anlage besteht aus einem guten Dutzend hübschen, gelb gestrichenen Bungalows mit Ventilator unter Bäumen am Strand. 2 Doppelbungalows aus Holz auf Stelzen etwas höher im Hang mit AC und großen Fenstern mit Meerblick. Kochkurse. Freier Transport zur Anlage. ❺

**Klong Jark Bungalows** ⑦, Ao Klong Jark, 89 Moo, ✆ 075-665 016. Versetzt und verstreut liegen einfache Mattenbungalows mit Ventilator, mehrere Steinbungalows mit AC oder weit hinten Zimmer mit Balkon und Ventilator im 2-stöckigen weißen Gebäude. Die angeschlossene Touristinformation organisiert Touren und Weitertransport. ❷–❹

**La Laanta Hideaway Resort** ⑨, Ao Mai Pai, 188 Moo 5, ✆ 075-665 066, 🖥 www.lalaanta.com. Luxusanlage mit 20 Villen. Geschmackvoll in gelber Wischtechnik gestaltet. Palmendach von außen und dunkles Holz und bemalte Wände innen. Großzügig, mit Terrasse, TV, Kühlschrank. 2 Pools mit Jacuzzi, die Strandbar ist toll für einen Sundowner. ❻–❽

## ESSEN UND UNTERHALTUNG

Alle Unterkünfte haben ein Restaurant. Am südlichen Ende der Ao Klong Jark liegt die kleine **Sunset-Bar**. Sie lädt mit Musik zu einem kalten Getränk ein (gemütliche Holzplattform mit Sitzkissen und kleinen Tischen; serviert werden Frühstück, Thai-Gerichte und Sandwiches). **Safaree Restaurant** und das **Restaurant** (ohne Namen) an der Hauptstraße sind 2 weitere einfache, aber gemütliche Restaurants an diesem Strand, die Thai-Gerichte anbieten.

## Ostküste

Das kleine Dorf **Ban Ko Lanta**, einst Hafenstadt an der Seidenstraße zwischen China und Indien, ist heute das Verwaltungszentrum der Insel. Hier bezog auch vor etwa hundert Jahren der erste Gouverneur der Insel sein Verwaltungsgebäude, ein Holzhaus im Thai-Stil, welches noch heute in der Altstadt zu finden ist. Dort prägen chinesische Handelshäuser noch immer das Bild. An der Hauptstraße gibt es Geschäfte, die Dinge des täglichen Bedarfs anbieten, und mehrere gute Fischrestaurants. Der Blick von den rückwärtigen Stelzenterrassen mit ihren Anlegepiers auf die vorgelagerten Inseln Ko Kam Nui, Ko Bubu und Ko Po lädt zum Träumen ein. Schwimmen ist hier nicht möglich. Das Wasser zieht sich bei Ebbe sehr weit zurück. Sonntags findet neben dem großen Pier ein sehenswerter **Markt** statt. Von Ban Ko Lanta geht es weiter bis zur Südspitze zum Seenomadendorf **Ban Sang-Ga-U**.

## ÜBERNACHTUNG

**Mangohouse Seavillas** ②, ✆ 075-697 181, 🖥 www.mangohouses.com. Das über hundert Jahre alte, ehemalige chinesische Handelshaus ist eine erlesene Alternative, um abseits der Touristenstrände komfortabel zu wohnen. Das komplett renovierte Teakhaus ist ein Ort zum Wohlfühlen. Die 3 Zimmer mit großer Terrasse und Meerblick sind liebevoll restauriert. Schöne Bäder, z. T. Küche. Kunst an den Wänden, TV. Zustellbetten für Kinder vorhanden. Ventilator oder AC. ❺–❽

## ESSEN UND UNTERHALTUNG

**Apsara**, durch die Eingangshalle und die Küche geht es auf die kleine Terrasse dieses historischen Hauses. Wenige Tische, aber alle mit

Meerblick. Das Ambiente ist einfach, die Gerichte relativ teuer. Zum Kochen wird vielfach Ketchup verwendet, wer dies nicht mag, sollte das kundtun.

**Kroua Lanta Yai**, **Fresh Restaurant** und **Seafood Restaurant**, alle mit großer überdachter Terrasse über dem Wasser und mit hübschen Pflanzen. Gute Auswahl an Gegrilltem, thailändischem und westlichem Essen. Ähnliche Preise.

Die schicke **mangobar+bistro** mit ihrem dunklen, stilvollen, kleinen Teakholzraum und der dezent beleuchteten Bar serviert westliches Essen wie Steaks und Burger, aber auch thailändische Küche und auf Wunsch sogar Hummer.

**Make Love Not Wall**, nicht nur das Motto klingt gut, auch die Bar/Café ist einladend. Mit viel Schwemmholz dekoriert, laden hier Rastafari-Thais auf einen Drink.

An der asphaltierten Querstraße zwischen Ban Ko Lanta an der Ost- und Klong Nin an der Westküste liegen das **Viewpoint Restaurant**, ein hübsches, im Thai-Stil gehaltenes Restaurant mit Feldstecher auf der Terrasse, und das **Khao Yai Restaurant**, ☏ 075-697 244, ⏰ 8–21 Uhr. Beide bieten Thai-Gerichte, dazu einen tollen Blick über die Mangroven und die Inseln vor der Ostküste.

### SONSTIGES

#### Medizinische Hilfe

Das **Krankenhaus** befindet sich kurz hinter Ban Ko Lanta (Old Town), ☏ 075-697 017 oder 075-697 100. 24-Std.-Notdienst.

#### Post

An der Straße zum Pier. ⏰ Mo–Fr 8.30–16.30, Sa 9–12 Uhr.

### Ko Bubu

Die kleine bewaldete Insel kann in 15 Min. zu Fuß umrundet werden. Außer Strand und Meer (und einem Resort) findet sich hier nichts: Robinson-Leben pur. Nur die Tagesausflügler unterbrechen für wenige Stunden dieses Gefühl. Am Strand liegt das **Bubu Island Resort 2**, ☏ 075-318 066, 08-1894 5732, mit 15 Zimmern in einfachen Mattenbungalows mit Ventilator, ❷–❹.

Anreise von Ban Ko Lanta (Old Town): Am Seafood Restaurant neben dem Pier ein Longtail-Boot mieten (Hin- und Rückfahrt 400 Baht für 1 Pers., 700 Baht für 2 Pers.).

# Die Inseln südlich von Ko Lanta

Südlich von Ko Lanta bis hinunter an die Grenze zu Malaysia erstreckt sich eine faszinierende Inselwelt, in der schon so mancher sein kleines Paradies gefunden hat. Es locken weiße Sandstrände und kristallklares Wasser. Die Transporte zwischen den Inseln sind z. T. recht teuer. Ob mit Longtail- oder Speedboot: Viele Routen wurden eigens für den Tourismus eingerichtet und berücksichtigen das von vornherein in ihrer Preisgestaltung. Auch bei den Unterkünften muss man sich besonders in der Hauptsaison auf z. T. recht happige Preise einstellen – und früh genug vorbuchen, denn die Zahl der Zimmer ist auf vielen der kleineren Inseln begrenzt.

## Ko Hai

Unter dem Schutz des **Ko Lanta National Park** steht diese nur etwa 5 km² große Insel. Ko Hai, auch **Ko Ngai** [8803] genannt, ist von Dschungel überzogen und hat im Osten einen weißen, 3 km langen Sandstrand zu bieten. Bei Ebbe liegen im Norden viele Felsen über Wasser, und der Strand hier ist mit einigen Steinen durchsetzt. Schwimmen ist also nur bedingt möglich. Ein Dschungelpfad führt in etwa 30 Min. zur schönen, weißsandigen **Ao Ton Tong**, an der es ein Resort gibt. Das Meer davor eignet sich prima zum Tauchen, Schnorcheln und Schwimmen. Oberhalb der Bucht auf dem Berg haben die Parkranger eine Zweigstelle: Hier kann man auch zelten.

### ÜBERNACHTUNG UND ESSEN

Alle Anlagen haben ein Restaurant; normalerweise ist Frühstück inkl. Bilder zu den Anlagen und weitere Übernachtungstipps s. **eXTra [8804]**.

**DIE ANDAMANENKÜSTE**

**CoCo Cottage Resort**, ☎ 089-724 9225, 087-898 6522, Büro Trang 075-224 387, 🖥 www.coco-cottage.com. In einer romantischen Anlage, durch die ein Flüsschen verläuft, liegen 25 Bungalows aus Naturmaterialien; alle mit AC (aber ohne TV); meist große Terrassen. ⑤–⑧

**Koh Ngai Thanya Resort**, ☎ 086-950 7355, Büro Trang 075-206 967, 🖥 www.kohngaithanya resort.com. Geschmackvolle Villen in dunklem Holz eingerichtet, Panoramafenster, Bad und zusätzliches Außenbad, Minibar. Pool mit Meerblick, Jacuzzi und Kinderpool. ⑥–⑧

**Mayalay Beach Resort**, ☎ 081-894 3585, 083-590 7523, 🖥 www.mayalaybeachresort.com. Großzügige Anlage mit mehreren großen, einfachen Holzbungalows mit Palmblätterdach und großen Fenstern. Alle Bungalows liegen im hinteren Bereich. Auffällig sind die 3 hübschen, pagodenartigen Massageplätze in der Mitte. Hübsche Strandbar. ⑤–⑧

**Koh Ngai Seafood**, ☎ 085-043 4099, 081-367 8497, ✉ kob_1829@hotmail.com. Im Restaurant, auch mit Tischen direkt am Strand, gibt es auch Popcorn (gesalzen), Schnitzel mit Bratkartoffeln (das Rezept hat ein deutscher Koch hinterlassen) und „Playboy Salat" (mit Seafood und Cashewnüssen). Vermietet auch ein paar einfache Bungalows mit Ventilator und Moskitonetz; fast immer von Stammgästen belegt. ④–⑤

## TRANSPORT

Speedboote verbinden Ko Hai mit den Inseln in der näheren und weiteren Umgebung, s. Fahrplan S. 883. Nach KO BULON LEH 1050 Baht, nach KO KRADAN 400 Baht, nach KO LANTA 650 Baht, nach KO LIPE 1600 Baht, nach KO MUK 350 Baht. Longtail-Boote können für Ausflüge z. B. nach KO MUK (Emerald Cave) oder KO KRADAN gechartert werden; die Preise liegen bei rund 1500 Baht (einfache Fahrt).

# Ko Muk

**Ko Mook** [8807], wie diese Insel auch geschrieben wird, ist die drittgrößte Insel der Region. Sie gehört zum **Chao Mai National Park** und ist wegen der Nähe zum Festland schnell zu erreichen.

Vor der Küste wächst Seegras, sodass es hier noch Dugongs (Kasten S. 905) gibt, die man allerdings nicht so leicht zu Gesicht bekommt. Das mit Kautschuk-, Kokosnussplantagen und über weite Teile mit Dschungel bewachsene Eiland besitzt drei Strände. Im Westen liegt der bekannteste Strand **Hat Yao**, die große Bucht. Sie wird meist Hat Farang oder Charlies Beach genannt. Der breite Strand mit feinem weißen Sand ist zwar teils mit Steinen durchsetzt (was Schnorchler erfreut), eignet sich aber dennoch zum Schwimmen. Direkt am Ufer ist das Wasser sehr flach, sodass sich hier auch Kinder wohlfühlen. Tagsüber ankern hier oft Longtail-Boote mit Tagesgästen. Die Strände der **Ostküste** sind Ao Hua Non und Ao Ma Kham. **Ao Hua Non** ist weitläufig, hat pudrig weißen weichen Sand und ist vor allem am Kap eine Idylle. Etwas rauer ist es am **Ao Ma Kham**. Hier ist der Sand etwas grobkörniger und mit Muscheln und Steinen durchsetzt. Schwimmen ist an beiden Stränden der Ostküste möglich. An der **Ao Hua Kham** ist das Meer mit Steinen durchsetzt und Schwimmen nur bedingt möglich.

Viele Traveller und Reisende besuchen die Insel, daher sind die wenigen Anlagen auch nach der Hauptsaison noch vielfach für lange Zeit ausgebucht (vor allem am Hat Farang). Das Publikum ist gemischt: Traveller mit viel Reiseerfahrung, die die Insel seit Jahrzehnten besuchen, junge Reisende auf ihrem ersten Thailand-Trip, Familien und Pauschalreisende. Viele Tagesausflügler kommen aus Lanta und den umliegenden Inseln für einen kurzen Besuch in die eindrucksvolle Tham Morakot.

## Tham Morakot

An der Westseite der Insel befindet sich die sehenswerte, etwa 50 m lange Höhle **Tham Morakot (Emerald Cave)** [8809]. Der Höhlentunnel kann entweder mit dem Kajak oder schwimmend durchquert werden. Nachdem es kurz stockfinster ist (eine starke wasserdichte Taschenlampe macht Sinn, wenn man allein unterwegs ist), öffnet sich der Blick auf eine kleine von Felsen umschlossene Sandbucht. Einst wurde die Bucht von Piraten genutzt, die hier ihr Raubgut versteckten. Heute ist das Gebiet als Nationalpark geschützt und auf jeden Fall einer

Ko Muk

N 0 1000 m

**ÜBERNACHTUNG**
1 CoCo Lodge
2 Sivalai Beach Resort
3 Pawapi Resort
4 De Tara Beach Resort
5 Had Farang Bungalow
6 Rubber Tree Bungalows
7 Koh Mook Charlie Beach Resort

Tham Yai

Ao Hua Kham

PIER

Sabai
Beach

①

Ao Ma Kham

②

Medical
Center

③

④

Ao Hua Non

★ Emerald Cave

⬛ POLIZEI

5

⑤

2

⑥

Hat Yao
(Farang
Beach)

⑦

3

**ESSEN**
1 Hill Top Restaurant
2 Mayow Thai Kitchen
3 Koyao Seafood

= SCHNORCHELN

esuch wert. Die ruhigste Zeit, um Tham Mo-
kot selbst zu erkunden, ist der spätere Nach-
ttag. Das beste Licht allerdings bietet sich zur
ttagszeit; dann reflektiert das Meer die einfal-
nde Sonne und wirft funkelnde Lichtreflexe an
e Felswände – daher hat die Höhle auch ihren
men „Smaragd"-Höhle.

Die Höhle ist mit dem Longtail-Boot (ab Hat Fang in 5 Min., ab Ostküste in etwa 15 Min.) oder
m Kajak (15 Min. ab Hat Farang, 1 1/2 Std. ab
tküste) aus zu erreichen. Von Ko Kradan, Ko
i oder Ko Lanta fahren Touristenboote direkt

zur Höhle. Da alle diese Ausflügler zwischen
9.30 und etwa 14 Uhr die Höhle besuchen, wird
es zu dieser Zeit sehr voll. Dann darf kein Kajak
durch die Höhle fahren, damit niemand verletzt
wird. Bei hoher Flut ist die Höhle nicht passierbar.

## ÜBERNACHTUNG

Fast alle Übernachtungsmöglichkeiten können
von Trang aus vorgebucht werden, was in der
Hauptsaison ratsam ist. Es gibt auf Ko Muk

ww.stefan-loose.de/thailand        DIE INSELN SÜDLICH VON KO LANTA | Ko Muk    **901** nicht sehr viel Süßwasser, und vor allem die kleinen Anlagen haben oftmals kein Wasser.

### Hat Yao/Farang Beach

**Had Farang Bungalow** ⑤, ✆ 087-884 4785, 🖥 www.kohmookhadfarang.com. Hinter dem Sawaddee Resort liegt diese weitläufige Anlage mit Steinbungalows in einer Gartenanlage. Zudem einige Mattenhütten und 4 dicht beieinander stehende Zelte. Etwa 2–5 Min. zum Strand. ❶–❸

**Koh Mook Charlie Beach Resort** ⑦, ✆ 075-203 281, 🖥 www.kohmook.com. Zahlreiche saubere, gepflegte Mattenbungalows mit Ventilator und weiße AC-Steinhäuser. Pool (Nichtgäste zahlen 200 Baht, Kinder 100 Baht pro Tag). Inkl. Frühstück. Restaurant, Internet, Minimarkt, Tauchschule. ❹–❻

**Rubber Tree Bungalows** ⑥, ✆ 075-215 972, 084-881 4059, 🖥 www.mookrubbertree.com. Am Hang hinter dem Koh Mook Charlie Beach Resort. Gepflegte, geflieste Steinbungalows. Wahlweise mit AC oder Ventilator. Restaurant. Inkl. Frühstück. ❹–❺

### Ostküste

**€** **CoCo Lodge** ①, nahe dem Pier im Dorf, ✆ 081-911 5623, 089-978 3261, 🖥 www.kohmook-cocolodge.com. Hübsche Bambushütten im Palmengarten. Klein, einfach, sauber. Schöne Bäder. Zudem Zimmer im Langhaus und in Steinbungalows und 3 kleine Zelte. Freundliche Betreiberin. Restaurant. ❶–❸

**De Tara Beach Resort** ④, 112/4 Moo 2, ✆ 085-799 1104, 🖥 www.fb.com/KohMookDeTara. Anfang 2015 neu eröffnetes kleines Boutiqueresort direkt am Strand mit Zimmern im Bambus- und Beton-Schick. ❺

**Pawapi Resort** ③, Ao Hua Non, ✆ 086-444 7543, 🖥 www.pawapi.com. Am Strand ansprechende Holzbungalows mit liebevoll gestalteten Räumen und Bädern. Steinbungalows mit AC. Restaurant mit Dachterrasse. ❺–❽

**Sivalai Beach Resort** ②, Ao Hua Non, ✆ 089-723 3355, 🖥 www.komooksivalai.com. Luxusanlage auf der malerischen Landzunge. Neben den Luxusbungalows beeindruckt vor allem der feine weiße Sand. Pool mit separatem Kinderbecken. Frühstücksbuffet. ❻–❽

### ESSEN UND UNTERHALTUNG

Im Dorf und auf dem Weg dorthin finden sich ein paar kleine Restaurants mit einfacher und recht günstiger Thai-Küche.

**Hill Top Restaurant**, 5 Min. Fußweg vom Hat Yao Richtung Ostküste. Restaurant mit hervorragender Thai-Küche. Die Besitzerin zeigt auch gerne, wie man Thai-Gerichte zubereitet. Einfach am Tag vorher Bescheid geben, was man gerne mag – dann wird zusammen gekocht. ⏰ 8–22 Uhr.

**Koyao Seafood**, im Hang an den Felsen gebaut mit tollem Blick auf den Hat Farang. Restaurant mit authentischer Thai-Küche. ⏰ 8–22 Uhr.

**Mayow Thai Kitchen**, hinter Charlies Beach Resort am Hat Yao, ✆ 087-885 7582, ✉ Somboon_27@hotmail.com. Traditionelle Thai-Küche, leckere Currys, von netter Familie geleitet. Vermietet werden auch Bungalows mit Ventilator im Garten. Recht viele Moskitos. ❷. ⏰ 8–15, 17–22 Uhr.

### SONSTIGES

#### Geld

Im Koh Mook Charlie Beach Resort gibt es mit Visa und MasterCard Bargeld (6 % Gebühr).

#### Touren

Mit dem **Longtail-Boot** werden verschiedene Touren angeboten, u. a. zur Emerald Cave (600 Baht für 2 Pers., 800 Baht für 4 Pers.). Emerald Cave und Ko Kradan 1200 Baht, Inselumrundung 1200 Baht. Wer plant, auf Ko Kradan zu nächtigen, kann auch mit Gepäck die Höhle besuchen und sich dann auf Ko Kradan absetzen lassen (1000–1500 Baht). Am schönsten ist die Tour in die Höhle aber mit dem eigenen Kajak.

### TRANSPORT

Speedboote verbinden Ko Muk mit den Inseln der näheren und weiteren Umgebung, s. Fahrplan S. 883. Nach KO BULON LEH 900 Baht, nach KO HAI 350 Baht, nach KO KRADAN 300 Baht, nach KO LANTA 900 Baht, nach KO LIPE 1400 Baht, nach KO MUK 900 Baht.

RANG, An- und Abreise am besten mit dem ~~Kombiticket~~ für 350 Baht: Abfahrt Ko Muk (Hat ~~Yao~~) um 9 Uhr, Ankunft in Trang um 10.30 Uhr. ~~Um~~ 14 Uhr fahren ebenfalls Longtail-Boote, ~~diese~~ kosten bis Trang 400 Baht. Für 500 Baht ~~wird~~ man bis 15.30 Uhr zum Flughafen gebracht. ~~Im~~ Dorf kann man zudem die Fähre um 7.30 Uhr ~~nehmen~~ (inkl. Minibus nach Trang) 250 Baht. ~~Lo~~ngtail-Boote können für Ausflüge z. B. nach ~~KO~~ HAI oder KO KRADAN gechartert werden; ~~die~~ Preise liegen bei rund 1500 Baht (einfache ~~Fa~~hrt).

# Ko Kradan

~~Di~~ese Insel zeichnet sich neben dem traumhaf~~te~~n Oststrand vor allem durch Wald, Kokospla~~n~~~~ta~~gen und Kautschukbäume aus. Zum größten ~~Te~~il gehört Ko Kradan zum **Chao Mai National**~~p~~**ark**, ein kleinerer Teil ist in Privatbesitz. Die ~~N~~ationalparkgebühr von 400 Baht wird meist ~~ni~~cht eingezogen, wäre aber erwünscht, wie ein ~~S~~child am Nationalparkhäuschen wissen lässt.

Der Oststrand von **Ko Kradan** [8836] gehört ~~zu~~m Standardprogramm einer jeden Tour in der ~~Re~~gion, und er ist in der Tat sehenswert. Laut ~~TA~~T ist es der schönste Strand der Region, und ~~die~~sem Ruf wird er mit seinem goldgelb glänzen~~de~~n Sand und dem türkis schimmernden Wasser ~~au~~ch gerecht. Wenn dann bunte Korallenfische ~~un~~d Seesterne dem Schwimmer Gesellschaft ~~lei~~sten und sich die Palmen im Wind wiegen, ist ~~da~~s Paradies perfekt. Bei Flut ist der Strand im ~~nö~~rdlichen Bereich weitgehend überspült. Mor~~ge~~ns bis mittags ankern zahlreiche Ausflugs~~bo~~ote, ob Longtail-, Speedboote oder Fähre ~~im~~ südlichen Bereich. Ruhiger wird es wieder ~~ab~~ 14 Uhr, wenn alle Boote verschwunden sind. ~~Gu~~t erhaltene Korallenriffe im Nordosten und ~~im~~ Süden sowie ein glitzerndes Meer laden ~~Sc~~hnorchler zum Blick unter die Wasseroberflä~~ch~~e. Vor allem die südlichen **Unterwassergärten** ~~sin~~d einen Schnorchelausflug wert.

Der **Sunset Beach** im Westen wird vor allem ~~ge~~gen Abend interessant: Rote Felsen umrah~~me~~n die Bucht, und von einem Aussichtspunkt ~~läs~~st sich die untergehende Sonne beobachten. ~~De~~r Sunset Beach wird nicht gesäubert, und so

findet sich hier viel Strandgut. Die Schnorchelge-biete davor lohnen auch tagsüber den Besuch.

Auf Kradan gibt es keinen Geldautomaten. Wer nicht in den teuren Resorts unterkommt (und dort mit Karte zahlt), sollte daher an genug Bargeld denken.

## ÜBERNACHTUNG UND ESSEN

Alle Bungalowanlagen und Resorts haben ein Restaurant. Die Preise für Verpflegung sind recht hoch. Es gibt nur einen kleinen Minimarkt (im Kradan Beach Resort) mit wenigen Produkten, wie Moskitospray und Chips. Bilder von den Anlagen und weitere Über-nachtungstipps s. eXTra [8837].
**Coral Garden Resort**, nördlicher Strandabschnitt, ☎ 090-702 7758, 🖥 www.coralgardenresort.com. Unter Bäumen einige Holzbungalows mit ansprechender Ausstattung, AC, TV und großem Bett. Teures Restaurant. Italienische Leitung. ❼
**Nationalpark-Bungalows**, am südlichen Ende des Oststrandes (Nationalpark-Büro). Zelte für

Ob mit Fähre oder Longtail – Ko Kradan ist einen Besuch wert.

© M. MARKAND

**DIE ANDAMANENKÜSTE**

bis zu 4 Pers. und Bungalows mit 3 Betten. Hier ist nicht viel los, sodass man meist ohne Vorbuchung einen Schlafplatz findet. Einfach im Nationalpark-Büro fragen. Ausnahme ist das Wochenende – da kann es voll werden. ❶ – ❷ **Paradise Lost**, 📞 089-587 2409, 081-767 6391, ✉ kohkradan@yahoo.com. Das kleine „Paradies" mitten im Dschungel liegt auf halber Strecke zwischen Ostküste und Sunset Beach. Am Rande einer Kokosplantage stehen gepflegte Holzhütten, 3 davon noch mit Gemeinschaftsbad. Familienbungalow mit 2 Zimmern. 24 Std. Generatorstrom (es brummt daher die ganze Zeit – ein Fehler im Paradies). Gute Küche, große Portionen. ❷ – ❹

**Reef Resort**, zentraler Strandabschnitt, 📞 086-948 8559, 🖥 www.reefresortkradan.com. Das von der freundlichen Italienerin Genta geleitete Resort bietet 18 bequem ausgestattete Zimmer in mehreren Steinhäusern, die sich um einen Pool gruppieren; alle mit großer Terrasse und Meerblick. Im Restaurant Thai- und italienische Küche. ❺

### TRANSPORT

Speedboote verbinden Ko Kradan mit den Inseln in der näheren und weiteren Umgebung, s. Fahrplan S. 883. Nach KO BULON LEH 900 Baht, KO HAI 400 Baht, KO LANTA 1150 Baht, KO LIPE 1400 Baht, KO MUK 300 Baht.
Longtail-Boote nach KO MUK oder KO HAI per Privat-Charter um die 1500 Baht (eine Richtung). TRANG, mit dem Kombiticket Longtail-Boot und Minibus um 9 Uhr für 450 Baht. Um 13.30 Uhr für 500 Baht. Zum Flughafen 600 Baht (Ankunft 15.30 Uhr).

## Ko Rok

Ko Rok gehört zum **Ko Lanta National Park** und befindet sich mitten in der Andamanensee, 40 km von der Küste entfernt. Eine Attraktion sind die riesigen **Bindenwarane**, die an Touristen und Besucher gewöhnt sind und sich problemlos beobachten lassen. Doch nicht jeder, der hierher kommt, ist begeistert darüber, wie die Ranger die Tiere anfüttern. Artgerechtes Verha ten zeigen die Warane daher nicht unbeding Nationalparkgebühr 400 Baht.

Ko Rok besteht aus zwei Inseln: Ko Rok N und Ko Rok Nai. An den Stränden von **Ko Ro Nok** kann man herrlich schwimmen. Ein Kora lenriff gibt's im Süden der Insel. **Ko Rok Nai**, ös lich von Ko Rok Nok gelegen, bietet nur eine Strand. Zwischen den beiden Inseln bildet e Korallenriff einen Kanal – eine schöne Tauc stelle mit vielen Fischen.

### ÜBERNACHTUNG UND TRANSPORT

Man erreicht Ko Rok mit einem privat gemieteten Boot vom Hat Pak Meng oder vom Ban Saladan-Pier auf Ko Lanta. Touren gibt es ab Trang, Krabi und Phuket. **Nationalpark-Bungalows** stehen auf Ko Rok Nok, sie kosten ab 2000 Baht. Buchungen und Informationen unter 🖥 www.dnp.go.th oder b den Reisebüros in Trang, Ko Muk, Ko Lanta us Auch eine Übernachtung in Zelten ist möglich.

## Ko Libong

Die größte Insel vor Trang liegt nur wenige Kil meter vom Festland entfernt. Sie ist hauptsäc lich von **Dschungel** überzogen. Bekannt ist s vor allem wegen den Vorkommen der Dugon (Kasten S. 905). Doch auch Vogelkundler w den hier glücklich: An einigen der verlassen Strände (Joo Hoy Cap und am Toob-Strand) ten und leben viele seltene Vögel. Ansonst herrscht hier Ruhe, weshalb auch nur Ruhes chende den Weg nach Ko Libong auf sich ne men sollten.

Die Insel besitzt drei Dörfer: zwei an den H fen der Nord- und Südküste sowie das kle ne Fischerdorf **Ban Lang Kao** am Weststrar wo auch die wenigen Resorts der Insel liege Der Strand eignet sich während der Flut zu Schwimmen und vor allem zum Schnorche Bei Ebbe zieht sich das Meer weit zurück, der Strand wird von Steinen dominiert.

Die überwiegend moslemische Bevölkeru lebt vom Fischfang oder dem Kautschukanb Es gibt ein paar Autos auf der Insel, der Tra

m Roten Meer und im Indischen Ozean sind Dugongs keine Seltenheit, wohl aber in Asien und vor allem in Thailand. Nur noch sehr wenige dieser Säugetiere, die in Thailand *Pla Payun* genannt werden, haben hier überlebt. Ihnen gilt auch ein Großteil des Schutzprogramms des Chao Mai National Parks. Seit Gründung des Parks darf hier nicht mehr mit Dynamit gefischt werden. Auch herkömmliche Fischerei macht den Tieren zu schaffen. Zum einen verfangen sie sich in den Netzen und können nicht mehr zum Atmen an die Oberfläche gelangen. Zum anderen verletzen sie sich an den Motoren der Longtail-Boote.

## Das Familienleben der Dugongs

Dugongs haben den Körper einer Robbe. Ihre Vorderflossen sind recht lang. Hinten hilft ihnen die quergestellte Schwanzflosse beim Navigieren. Der Blick der Meereskühe hat etwas Melancholisches, und obwohl sie in den letzten Jahren weniger Grund zum Weinen haben als zuvor, bleibt ihr Blick doch traurig und erinnert uns daran, dass ihre Art durch Menschenhand arg dezimiert wurde. Ein Weibchen ist ein ganzes Jahr schwanger. Das kleine Dugong wird gesäugt und braucht 13–14 Jahre, bis es ausgewachsen ist. Dann ändert sich auch die Farbe von kindlichem Weiß in das gräuliche Braun der erwachsenen Tiere. Ausgewachsene wohlgenährte Dugongs werden 3 m lang und bis zu 300 kg schwer.

Die Kühe der Meere leben in Familienverbänden und haben ein hoch entwickeltes Sozialverhalten. Feinde bekämpfen sie nicht selten gemeinsam, und oft treffen sich die verschiedenen Klans, um gemeinsam zu grasen – im Idealfall essen sie unentwegt. Ihre Nahrung besteht aus Seegras, einer nur in der Umgebung von Trang wachsenden Grasart, die am Meeresboden in feinem, etwas schlickigem Sand gedeiht. Während des Essens tauchen die Tiere zum Atmen alle 40–400 Sekunden an die Oberfläche und strecken ihre Nase an die Luft.

## Menschen zu Besuch

Einige Agenturen auf den Inseln rund um Trang bieten Ausflüge zu diesen seltenen Tieren an. Wer sich einer solchen Tour anschließt, sollte zum Schutz der Tiere Abstand wahren. Dugongs sind sehr scheu; wer zu laut angerast kommt, wird sie nicht sehen. Vielmehr muss man ruhig sein und auf die Neugier der Tiere hoffen. Taucher berichten, dass sie regelrecht mit den Seekühen spielen konnten. Doch vielleicht sollte man die Dugongs in Thailand besser zufrieden grasen lassen. Unter Umständen bleibt dann der Bestand ihrer Art in der Andamanensee noch lange erhalten.

DIE ANDAMANENKÜSTE

port erfolgt aber primär mit Mopeds. Eine teils asphaltierte und teils gepflasterte Straße führt vom Pier bis zum Weststrand, sodass Besucher bequem mit einem Mopedtaxi zu den Resorts gelangen.

## ÜBERNACHTUNG UND ESSEN

Die empfehlenswerten Resorts liegen am westlichen Ende des Weststrandes. Wer nicht im Resort essen will, findet geschmackvolle Thai-Küche im **Fisherman's Restaurant** im nahe gelegenen Dorf.

**Libong Beach Resort**, ☎ 084-849 0899, 🖥 www.libongbeachresort.com. 5 sehr ansprechende Holzbungalows im Palmengarten. Alle mit Meerblick und Ventilator. Offene Bäder, große Veranden. Weiter hinten auf dem Gelände liegen 10 kleinere, weitaus weniger ansprechende Hütten mit AC oder Ventilator. Auch die großen AC-Bungalows linker Hand des Restaurants sind weniger gelungen. Hier finden allerdings Familien Platz, die ein großes und ein kleines Bett wünschen. ❸–❺

**Libong Relax Beach Resort**, ☎ 089-473 9854, 🖥 www.libongrelaxbeachresort.com. Verschiedene schöne Holzbungalows mit Ventilator und Meerblick von den recht große Veranden; dazu 2 Familienbungalows und 3 Baumhäuser. ❹–❻

## SONSTIGES

### Aktivitäten

Von den Resorts werden **Schnorcheltrips** organisiert, z. B. nach Ko Muk und Ko Kradan (800 Baht bei 4 Pers.), nach Ko Rok (1000 Baht bei 5 Pers.) oder rund um die Inseln zur Dugong- und Vogelbeobachtung (400 Baht bei 4 Pers.). Die Dugong-Beobachtungstouren sind wenig spektakulär, da man die Tiere nur mit Glück und nur von Ferne sieht (was zu deren Schutz natürlich sehr gut ist!). Ansonsten dümpelt man ggf. lange in einem Longtail-Boot an der Küste herum.

Beide Resorts vermieten zudem **Kajaks** (200 Baht), **Schnorchelausrüstung** (50 Baht) und **Mopeds** (300 Baht).

### Geld

Es gibt keinen Geldautomaten und keine Bank.

## TRANSPORT

Vom und zum Anleger im Norden der Insel mit dem Mopedtaxi für 100 Baht p. P. Es gibt auch Mopedtaxis mit Sidecar für alle mit mehr Gepäck (z. B. Mr. Si, ☎ 080-529 4753).
KO KRADAN, KO SUKORN, KO MUK, KO LAO LIANG, mit einem Charterboot (bei den Resorts buchbar). Nach Kradan für 1200 Baht, 2300 Bah Ko Muk 1300 Baht, Ko Lao Liang 1500 Baht.
TRANG, mit dem Taxiboot für 50 Baht in 30 Min zum Dorf Chao Mai auf dem Festland. Von hier fahren Minibusse in 1 Std. für 70 Baht nach Trang. Das Taxiboot fährt in beide Richtungen erst ab einer Gesamtsumme von 500 Baht, als muss man sich auf Wartezeiten einstellen ode die Differenz bezahlen.

# Ko Lao Liang

Ko Lao Liang ist wegen der hohen Kalksteinf sen direkt am Meer vor allem bei geübten **Kle terern** beliebt. Die Insel besteht aus zwei mas ven Steinfelsen. Die Südinsel wird von Fische bewohnt, hier findet sich ein wunderschön Strand. Die Küste kann man mit dem **Kajak** kunden, unter Kalksteinfelsen hindurchpadde und an den blütenweißen Stränden anlande Beide Inseln haben an der Nord- und Ostküs herrliche Strände mit sauberem Sand.

Auf der Nordinsel steht ein modernes **Ze Resort**, buchbar z. B. über 🖥 www.andam adventures.com. Kletterer wenden sich vi fach an das Basecamp am **Ao Ton Sai** (S. 85 Die Zelte sind geschmackvoll und mit Matratz und Ventilator ausgestattet und liegen am her chen, 200 m langen Strand. Mit Vollverpflegu 1500 Baht p. P. und Nacht. Meist dauern Tour hierher zwei Tage und schließen Schnorche und Kajaktouren ebenso ein wie einen Besu bei den Schwalbennestern. Die Saison auf Ko L Liang beginnt Mitte Oktober und endet im Mai.

Ko Lao Liang ist von Ko Sukorn mit dem Lor tail-Boot in 15 Min. oder mit dem Boot vom Yao erreichbar.

## ÜBERNACHTUNG UND ESSEN

or der Küste des Ortes Palian liegt die Insel o Sukorn (auch Koh Sukon). An der Südküste nd Nordwestspitze erheben sich zwei dschunelbewachsene Hügel, sonst ist die Insel mit en drei Dörfern flach. Große Teile der bewirtchafteten Fläche sind mit Kautschukbäumen epflanzt.

Im Norden liegt das größte Dorf der Insel, ammai, wo auch die Boote zum Festland abhren. Hier gibt es ein paar Läden, Schulen und loscheen. Auf den ausgebauten Straßen fah-n nur wenige Autos. Wenn man überhaupt von erkehr sprechen kann, dann wird dieser von opeds verursacht.

Es gibt zwei Strände mit Übernachtungsmög-hkeiten. Beide Strände haben eine graubrau- e Farbe, weichen Sand und sind mit vielen Mu-heln durchsetzt. Der etwa 500 m lange Hat Lo i liegt an der Westküste. Die Abschnitte zwihen den Resorts sind naturbelassen und da- r oftmals mit Treibgut bestückt. An der Nord-estseite liegt der weite Hat Lodalam. Bei Ebbe nn man über Steine vom Hat Lo Yai bis zum at Lodalam laufen.

Alle Anlagen bieten ein Restaurant. Ein beliebtes Restaurant hat das Sukorn Andaman. Bei fast allen Anlagen ist das Frühstück inkl. und besteht meist aus Kaffee/Tee, Toast mit Ei, mit etwas Glück bekommt man auch einen Fruchtsalat oder eine Reissuppe.

**Koh Sukorn Resort**, Hat Lo Yai, ℘ 075-207 692. Große Anlage mit renovierten Steinbungalows im von großen Bäumen bestandenen Garten. ❹–❺

**Sukorn Andaman Resort**, Hat Lo Yai, ℘ 075-218 990, 081-416 2526, 🖥 www.sukornandaman. com. Anlage mit angenehmer Stimmung. Geleitet von Santi, von allen Sam genannt. Recht große Zimmer in den Doppelhäusern und etwas verwohnten Steinbungalows. Teils mit AC und Warmwasser. Kostenlose Kajaks. ❸–❹

**Sukorn Cabana Resort**, nördlich des Hat Lo Yai, ℘ 089-724 2326, 🖥 www.sukorncabana.com. Das Resort liegt abgeschieden in einer kleinen Bucht. Im Garten stehen Holzbungalows mit 2 Betten, AC, Kühlschrank, Tisch und Veranda mit Meerblick. Am Hang große, überteuerte, bunt bemalte Steinhäuser. ❹–❺

f Ko Sukorn wird viel Kautschuk gezapft. Er wird in Lappen gepresst zum Trocknen aufgehängt.

DIE ANDAMANENKÜSTE

**Tomyam Restaurant**, an der Straße Richtung Ban Siammai. Kleines Restaurant ohne englisches Schild, aber mit englischer Speisekarte. Die Spezialität ist Tom Yam. Genossen aus einem großen traditionellen Topf, kostet sie zwar stattliche 350 Baht, ist ihren Preis aber wert. Auch andere Thai-Küche steht zur Wahl. Vermietet werden auch einfache Bambushütten mit Bad. ❷

### SONSTIGES

#### Geld
Es gibt weder eine Bank noch einen Geldautomaten.

#### Internet
Die Anlagen bieten alle WLAN, was mehr oder minder funktioniert. Meist gibt es nur im Restaurant Empfang, und dies auch nur mit mäßigem Datenvolumen.

### TRANSPORT

KO HAI, morgens mit dem Longtail-Boot für 3200 Baht.
KO LAO LIANG, mit dem Longtail-Boot morgens für 1750 Baht (max. 4 Pers.).
KO LIBONG, KO BULON LEH, mit dem Longtail-Boot morgens für etwa 2700 Baht (max. 4 Pers.).
KO MUK, KO KRADAN, morgens mit dem Longtail-Boot für etwa 3000 Baht (max. 4 Pers.).
TRANG, am einfachsten ist es, man lässt sich die Fahrt nach Trang organisieren. Dann kostet der Transfer vom Resort zum Anleger (etwa 5 Min.), weiter mit dem Boot zum Festland (15 Min.) und mit dem Minibus (45 Min.) nach Trang 250 Baht p. P. Die Abfahrt ist allerdings sehr früh am Morgen, denn es geht um 7.10 Uhr los.

## Ko Petra National Park

**Ko Petra** ist die Hauptinsel des Ko Petra National Park. Das Gebiet umfasst 22 Inseln und ist seit 1984 Thailands 14. Meeresnationalpark. Etwa 500 km² gehören zum Park; dazu zählen auch noch Strände vor Satun (am Südende Thai-

lands), etwa der **Hat Rawai**. Bekannt ist der K[...] Petra National Park vor allem wegen seiner vo[...] Aussterben bedrohten **Meeresschildkröten**, d[...] hier jedes Jahr zur Eiablage kommen.

Die Insel Petra hat aus der Luft betrachtet d[...] Form eines Schiffes. Sie ist mit viel Grün gese[...] net, hat zerklüftete Kalksteinberge und im Oste[...] einen schönen weißen Strand. Korallenriffe sin[...] tolle Schnorchelreviere. Das Nationalpark-Bü[...] des Ko Petra National Park befindet sich in d[...] **Ao Nun**, 3 km vom Pier in Pakbara entfernt. Ei[...] tritt 200 Baht.

Ko Petra wird zwischen dem 1. Mai und de[...] 31. Oktober nicht angefahren.

## Ko Bulon Leh

Die hügelige kleine Insel **Bulon Leh** (auch B[...] lon Lae) [8720] ist Teil des **Petra-Archipels** u[...] ein Refugium für Ruhesuchende. Hier finde[...] sich alle Altersklassen mit und ohne Kinder, u[...] ein paar Tage auszuspannen. Manche bleib[...] länger als geplant: Der Grund ist neben rela[...] günstigen Unterkünften der lange weiße San[...] strand im Osten, von Muschel-, Korallenreste[...] und ausgebleichten Holzstämmen durchset[...] umsäumt von Palmen und Kasuarinen, und e[...] intaktes Korallenriff direkt davor. Vor dem Pa[...] sand Resort etwa kann man im Riff Feuerfisch[...] und andere Meerestiere sehen. Ein Nachteil d[...] Idylle ist die oftmals auftretende große Popul[...] tion von Sandflöhen (vor allem in den no[...] feuchten Monaten Nov–Jan). Und: Der Stra[...] vor dem Bulone Resort wird jedes Jahr weit[...] abgetragen.

Neben dem schönen Oststrand bietet si[...] die **Mango-Bucht** für einen kurzen Ausflug a[...] Es dauert etwa 20 Min., um durchs Inland, vo[...] bei an kleinen Anlagen und einer Kautschu[...] plantage, zu dem kleinen Fischerdorf in d[...] Mango-Bucht zu wandern. Hier werden Boo[...] entladen, Netze geflickt und den alltäglichen A[...] beiten eines Fischers nachgegangen. Es bier[...] sich nicht an, hier ein Sonnenbad zu nehme[...] Passionierte Schnorchler wagen einen Blick a[...] das vorgelagerte Riff.

Wer gegen Abend unterwegs ist, kann an d[...] Obstbäumen entlang der Wege **Flughunde** [...]

er Nahrungssuche beobachten. Bereits tagsüber kreuzt sicherlich der ein oder andere Waran den Weg, und auch Schlangen sonnen sich erne auf der warmen Straße. Auf den Wegen vischen Strand und Dorf nachts unbedingt fes- Schuhe anziehen: Schlangenbisse sind im esten Fall unangenehm, zum Glück jedoch bei en hier vorkommenden Arten nicht tödlich.

Wenig schön sind die Buchten **Panka Noi** nd **Panka Yai**. Hier befindet sich auch das Inseldörfchen, welches von Chao Le bewohnt ird, mit der Moschee. Wer hierher kommt, sollsich auf jeden Fall angemessen kleiden (Rock, ose und T-Shirt).

Die Resorts haben in der Regel von November bis Mai geöffnet. Lediglich im Pansand und Bulone wird man während der anderen Moate unterkommen (was sich allerdings meist ur für Leiderprobe lohnt, paradiesisch ist es ährend des Monsuns nicht mehr).

## ÜBERNACHTUNG

der Hauptsaison (Dez–Feb) kann es vorommen, dass die Insel komplett ausgebucht . Dann kommen Spontanbesucher nur noch in ner Hängematte oder im Zelt unter. Sofern wir fahren konnten, wann die Betreiber am bsten Buchungen entgegennehmen, haben r dies vermerkt. Alle Anlagen versorgen sich gens mit Strom, sodass ab 18 Uhr die Generaren brummen. Meist verstummen sie gegen Uhr. Taschenlampen sind also Pflicht. Bilder n den Anlagen und weitere Übernachtungsps s. **eXTra [8721]**.

**lone Resort**, am White Sand Beach, 081-897 9084, 086-960 0468, 🖥 www.bulonesort.com. Zahlreiche Bungalows unterschiedher Größe mit Ventilator. Sehr beliebt und hön am Meer gelegen. Kostenpflichtiges ernet (auch WLAN, Minimarkt, Verleih von nus (150 Baht pro Std.) und Schnorchelsrüstung (160 Baht). Strom 18–6 Uhr. Kein staurantbetrieb zwischen 15 und 18 Uhr. liebt und weit im Voraus ausgebucht. **4 – 5**

**lonhill Resort**, im Hang hinter dem Bulone sort, 080-709 8453 (Chen), 086-960 3890 atja, spricht Deutsch). Saubere, einfache lzbungalows mit Moskitonetzen in einem verwilderten Garten. Ein Familienbungalow und ein Steinhaus. Gute Küche, freundliches Thaideutsches Management. Buchungen am besten einen Tag vor Ankunft. **2 – 5**

**Chaolae Food and Homestay**, oberhalb der Panka Yai, 086-290 2519, 086-967 0716. Im Garten stehen 8 gepflegte Holzbungalows mit Ventilator. Die Bäder haben noch Hocktoiletten. Moskitonetze aus Baumwolle. Zudem kleine Zelte für 2 Pers. für 50 Baht. Strom von 18–24 Uhr. Restaurant mit großen Portionen. Tgl. grüßt der Muezzin. Vorbucher: 1 Woche vorher anrufen. **2**

**Marina Resort**, 081-598 2420, 085-078 1552. Am Hang hinter dem Schulstrand stehen geräumige, außergewöhnlich ansprechend gestaltete Holzbungalows mit geschwungenen Palmblattdächern und großen Veranden. Innen Moskitonetze. Kleiner Minimarkt. Gemütliches Restaurant. Oft ausgebucht, daher entweder einen Tag vorher anrufen oder bereits etwa 1 Monat im Vorfeld buchen. **4**

**Panka Bay Resort**, an der gleichnamigen Bucht, 081-990 5878. Am Meer stehen kleine Steinhäuser sehr beengt, ungepflegt. Das Plus ist der direkte Meerblick. Lockender sind die im Hang liegenden größeren Holzbungalows. Teils mit großer Fensterfront und guten Betten, teils verwohnt. **2 – 3**

**Pansand Resort**, 081-693 3667, 🖥 www. pansand-resort.com. Anlage mit 27 geräumigen Holzbungalows am Nordende des Strandes in einer Gartenanlage, einige direkt mit Strandblick. Bei Ebbe kann man hier nicht gut ins Meer, da der Strand von Felsen durchsetzt ist. Restaurant, Internet, Verleih von Schnorchelequipment. Inkl. Frühstück. Strom 18–6 und 12–16 Uhr. **5**

## ESSEN UND UNTERHALTUNG

In einem kleinen **Foodstall** ohne Namen oder Sitzgelegenheit, auf dem Weg zur Panka Noi, gibt es leckeren Klebreis mit Huhn. In dem Supermarkt des **Jiab Resort**, 085-077 2769, auf dem Weg zur Mango-Bucht, **[6792]**, gibt es neben Zahnpasta u. Ä. leckere Früchte und kühle Getränke. Vermieten auch Bungalows. **2**

DIE ANDAMANENKÜSTE

**Coconut Bar**, auf dem Weg vom Dorf zum Strand auf dem Hügel gelegene Bar aus Schwemmholz. Sehr gelungen gestaltet. Cocktails, Bier und nette Musik. Hier lässt es sich aushalten. Die **Rockbar** ist bereits länger im Geschäft und bietet Meerblick an der Ao Panka Noi.

**Mimi's Rotishop**, an der kleinen Kreuzung. Sehr leckere günstige Roti (dünne Pancakes), mit Banane, Schokolade oder auch Curry (Letzteres ist selten vorrätig und sollte bestellt werden, da das Curry aus eigener Herstellung kommt). Keine Getränke. ◷ morgens und von nachmittags bis abends.

**Su's Bakery**, an der kleinen Kreuzung gelegenes Restaurant mit Tischen unter schattigen Bäumen. Guter Kuchen – meist tgl. frisch gebacken. Guter Kaffee und eine Auswahl an Thai-Gerichten.

**Viewpoint Restaurant**, hier sitzt man direkt am Meer mit Blick auf die umliegenden Inseln. Gute Küche zu fairen Preisen. Nette Leute.

### AKTIVITÄTEN

**Schnorcheltrips** auf eigene Faust kann man z. B. am Riff südöstlich des Pansand Resorts unternehmen. Zu sehen sind Feuerfische, die man nicht nur zum Schutz der Tiere, sondern vor allem aus Eigennutz nicht berühren sollte, unter guten Bedingungen auch Muränen und manchmal kleine Riffhaie.

**Mr. Mooda** vom Pin & Mooda Restaurant (falls geschl. über Viewpoint Resort) fährt mit dem Longtail-Boot zu verschiedenen Plätzen und umliegenden Inseln.

Das Bulone Resort vermietet **Kajaks**. In 1 Std. kann man die Insel umrunden und auch die Höhlen auf der Nordseite erkunden.

### TRANSPORT

Speedboote verbinden Ko Bulon Leh mit den Inseln in der näheren und weiteren Umgebung, s. Fahrplan S. 883. Nach KO HAI 1050 Baht, KO LANTA 1900 Baht, KO LIPE 600 Baht, KO KRADAN und KO MUK 900 Baht. Longtail-Boote von Strand zu Strand und zu den Speedbooten für 50 Baht. Diese 50 Baht muss man auch zahlen, wenn man mit dem Speedboot ankommt und von einem Fischer in seinem Longtail-Boot aufgepickt wird. Abfahrt ab Strand etwa 30 Min. vor Abfahrt der Speedboote.

PAKBARA, mit dem Schnellboot um 9.30 Uhr für 400 Baht in 30 Min. Bei hohem Wellengang nicht zu empfehlen.

## Tarutao National Park

Dieser Nationalpark war das erste geschütz Gebiet Thailands (1974). Seit Beginn der 1980e Jahre gehört der Park zu den Asean Heritag Parks, und seit dieser Zeit ist er auch durch d Unesco besonders geschützt. Der Name stamm vom malaiischen *Tarotraw*, was ins Deutsch übersetzt soviel heißt wie „dort gibt es vie Inseln". Der Meerespark liegt im Südweste Thailands und umfasst fast 1500 km² der And manensee, darunter 51 meist unbewohnte I seln. Die größten Eilande sind Ko Tarutao, I Adang und Ko Rawi. Auf einigen Inseln wo nen Menschen, und auch Touristen können hi unterkommen, etwa auf **Ko Adang** (S. 911) u **Ko Tarutao** (S. 910). Im Gebiet des Meeresnati nalparks liegt auch die bekannte Insel **Ko Li** (S. 912). Sie wurde jedoch an die Seenomad abgegeben und gehört daher nicht mehr zu Nationalpark. Eine Tour durch den Meeresnati nalpark verspricht einsame Buchten, magisch Tropfsteinhöhlen und vor allem Ruhe.

**Hauptsaison** ist in den Monaten von Nover ber bis April. Von Mai bis Oktober haben nur w nige Resorts auf Ko Lipe geöffnet; die Schne boote und Fähren fahren in dieser Zeit zw regelmäßig, sind aber abhängig von der Wett lage.

Informationen und Reservierungen für **Unt künfte** der Nationalpark-Verwaltung auf d Inseln Ko Adang und Ko Tarutao unter ☏ 07 783 485. Der Eintritt für den Nationalpark beträ 200 Baht pauschal, unabhängig von der Aufe haltsdauer.

### Ko Tarutao

Ganz nahe an Malaysia (etwa 8 km) liegt r gut 150 km² (max. 11 km lang und 26 km bre

## Von Gefangenen und Piraten

Wer 1938 nach Tarutao kam und hier wohnte, tat dies nicht freiwillig. Die Insel diente als Gefängnis, und aus den Gefangenen gingen die späteren Piraten hervor, die die Gegend unsicher machten. Spätestens während des Zweiten Weltkriegs raubten sie zahlreiche Frachtschiffe – und zwar nicht nur die Gefangenen, sondern auch deren Bewacher. Die britischen Besatzer, die in Malaysia regierten, bereiteten dem Treiben mit siamesischer Erlaubnis ein Ende. Die folgenden 26 Jahre blieb die Insel unbewohnt. Das Gefängnis dient heute als Ausflugsziel: Zur etwa 12 km von den Unterkünften entfernten Ao Talu Wao kann man mit einem Pick-up für 600 Baht (max. 20 Pers.) fahren. Dieser kann bei den Rangern gebucht werden. Zur Besichtigung braucht man etwa 2 Std. Mit dem Fahrrad ist die Strecke beschwerlich und nur Geübten zu empfehlen.

e größte Insel des Nationalparks. Ein Großil der Insel besteht aus Bergen. Das Natiolpark-Büro befindet sich im Nordwesten in er **Ao Pante Malaka**. Von hier führt ein 12 km nger Wanderweg bis zur östlich gelegenen **Talu Wao**. Es geht vorbei an wunderschönen esigen Bäumen, und manch ein Wandersmann t schon einen Hornbill (Nashornvogel) zu Gecht bekommen.

Im Süden erhebt sich der höchste Berg Ko rutans, der 713 m hoch sein soll. Der **Luduad der **Lopo-Wasserfall** ziehen Kletterer masch an; und wer den Aussichtspunkt des Tao-Cliffs erreicht, wird mit einer fantastischen cht auf die umliegenden Inseln belohnt und nn einen unglaublichen Sonnenuntergang eroen (damit man gesund zurückkommt, vorher t informieren und ggf. mit einem Guide gehen). Vor der Küste schwimmen noch seltene Tiere, runter **Meeresschildkröten**, **Delphine** und **gongs** (Kasten S. 905). Eine Fahrt mit dem ngtail-Boot rund um die Insel verspricht unaubliche Momente, angelandet wird an den eißen Stränden des **Hat Mao** und den steini- n der **Ao Son**. Hier legen Schildkröten ihre r ab. Besucher können sich in den während

der Saison geöffneten Imbissständen tagsüber verköstigen. Mehr Informationen beim Nationalpark-Büro, ☏ 074-729 002.

Direkt am Anlege-Pier werden die 200 Baht Eintritt für den Nationalpark kassiert und die Schlüssel für Bungalows ausgehändigt.

### ÜBERNACHTUNG UND ESSEN

Es gibt auf Ko Tarutao verschiedene Übernachtungsmöglichkeiten an der Nordwestküste, die vom Nationalpark-Büro verwaltet werden. Hier finden sich auch Restaurants und kleine Shops. Freunde der Zeltkultur können es sich im **Minizelt** für 230 Baht zzgl. 30 Baht Zeltmiete gemütlich machen. Etwas gediegener wohnt es sich in den Anlagen **Ta Boon** bzw. **Ta Baeg**: Hier gibt es ein Langhaus und einfache Holzbungalows mit Bad und großer Terrasse. Beide ❸
Eine weitere Anlage ist **Mo Lae**, sie befindet sich ca. 4 km vom Pier entfernt. Bungalows mit Bad und großen Fenstern in einer Gartenanlage unter Bäumen. Transport für 50 Baht mit dem Zubringer vom Pier. ❶
Strom gibt es auf der Insel zwischen 18.30 und 24 Uhr. Da die wenigen Restaurants nahe den Unterkünften nur zu den Essenszeiten öffnen, sollte man sich mit Trinkwasser eindecken.

### TRANSPORT

Bei Bedarf halten die Speedboote, die von KO LIPE über KO BULON LEH nach Norden Richtung KO LANTA fahren. Fahrplan S. 883. Die Preise sind ähnlich wie die von Ko Lipe aus.

## Ko Adang

Wild bewachsene hohe Berge machen den Reiz dieser 30 km² kleinen Insel aus. Sie befindet sich 40 km westlich von Ko Tarutao. Der Name entstammt dem malaiischen Wort für „Garnelen", denn es gibt rund um die Insel viele dieser Meerestierchen.

Wer gut zu Fuß ist und ursprüngliche Natur erleben will, macht sich (am besten mit Führer) auf den Weg zu den **Wasserfällen**, die auf Ko Adang das ganze Jahr über sehenswert sind. Man kann zwar nicht darin schwimmen, aber für eine Abkühlung sind die Pools zu Füßen der Fälle allemal gut.

Vom **Aussichtspunkt**, der heute den Namen „Chadeau Cliff" trägt, hatten einst schon die Piraten einen guten Blick auf das Meer. Heute genießen die Besucher ganz friedlich herrliche Sonnenuntergänge. Auch die Strände und die davor liegenden Korallenriffe harren der Erkundung.

### ÜBERNACHTUNG UND ESSEN

Wer auch noch ein nächtliches Naturerlebnis anschließen will, mit Geräuschen, die man wahrscheinlich selten zuvor jemals gehört hat, der kann auf Ko Adang entweder im **Zelt** für 300 Baht übernachten oder in eines der Zimmer der **Ko Adang Bungalowanlage** einziehen. Hier gibt es am Strand hübsche Holzbungalows mit Ventilator und angeschlossenem Restaurant. Die Anlage liegt im Süden der Insel, und aus manchen Zimmern hat man einen schönen Blick auf Ko Lipe. Strom 18–24 Uhr. ❸–❹

Das **Restaurant** hat von 7.30–15 und von 17.30–21 Uhr geöffnet.

### TRANSPORT

KO LIPE, mit dem Longtail-Boot für ca. 100 Baht.

## Weitere Inseln

Ganz nahe bei Ko Adang liegt die drittgrößte Insel, **Ko Rawi**, mit einer Fläche von 29 km². Neben totaler Einsamkeit gibt es hier tolle weiße Sandstrände und Korallenriffe. In der Hauptsaison wird auch eine Strandbar betrieben. Zudem kann man dann auch hier die Nacht verbringen: Eine **Übernachtung** im vier Personen fassenden Langhaus kostet 400 Baht. Auch Zelten ist möglich. Während des 13.–15. Tages des sechsten und des zwölften Mondmonats feiern die Seenomaden ein **Bootsfest**. Tauchen und Schnorcheln ist derzeit verboten.

**Ko Yang** ist ein perfektes Tauch- und Schnorchelrevier. Hierher kommen auch die organisierten Tauchboote, um die Hart- und Weichkorallen zu besuchen.

**Ko Jabang** bietet an einer Pinnacle (Felsnadel), die bis in 16 m Tiefe reicht, schöne Weichkorallen bis an die Oberfläche.

Seit einiger Zeit ist **Ko Hin Ngam** für Tauchbesucher gesperrt. Die Unterwasserwelt de kleinen Insel ohne Strand, die aus Tausende rundgeschliffenen Steinen besteht, soll sich e holen. Mehr denn je gilt die Warnung auf de Schild, das hier aufgestellt wurde: Wer eine Stein von dieser Insel mitnimmt, dem wird Ur glück zustoßen.

Man erreicht die Inseln von Ko Adang au mit dem Longtail-Boot oder im Rahmen einer ge buchten Tour.

## Ko Lipe

Die hügelige kleine Insel **Ko Lipe** [5761] wa lange Jahre nur einigen abenteuerlustigen In dividualreisenden bekannt, denen die Ruhe, d pudrigen, feinen, weißen Strände und das kl re Wasser mit den Korallenriffen gefielen. Doc seit Mitte der 2010er-Jahre wird der Anstur stetig größer. Mittlerweile kommen Tourist aller Altersklassen, auch Familien, für ein pa Tage vorbei, und die Anzahl der Bungalowanl gen (jeglicher Preisklasse) und der Strandba schnellen in die Höhe. Es gibt Strom rund um d Uhr, 2010 wurde die erste Betonpiste gebau und im Inland wird das Land abgesteckt un ständig bebaut. In der Hauptsaison von Nove ber bis März platzt die Insel aus allen Nähten wer die Ruhe von einst und die Einfachhe sucht, sollte also nicht mehr hierher fahre Doch für alle anderen, vor allem jene, die die I sel noch nicht kennen, hat ein Besuch durcha seinen Reiz.

Die Insel gehörte lange Zeit zum Tarutao N tional Park. Heute muss hier allerdings kein Ei tritt gezahlt werden. Denn um die Seenomade Chao Leh sesshaft werden zu lassen, wurde nen die Insel vor vielen Jahren zugesproche Die Familien erhielten Land und siedelten si an. Doch das Glück als Landbesitzer währte viele nicht lange. Scheinbar günstige Pacht- u Kaufangebote meist chinesischer Thais köd ten viele der seit Generationen landlosen Se fahrer. Die Spekulanten erkannten den Tre zum Touristenmekka Lipe – und trieben ihn a die Spitze. Heute sind nur noch wenige Bu galowanlagen im Besitz der Seenomaden, u

## Willkommen auf der Plattform

Wer in Lipe anlandet, wird an einer der Plattformen vor dem Patthaya Beach aus dem Boot
steigen. Nun gilt es ein Ticket für ein Longtail
zum Strand der Wahl zu kaufen (50 Baht) und
20 Baht Eintritt für die gesamte Aufenthaltsdauer abzugeben. Es heißt, dieses Geld wird
für die Müllentsorgung genutzt.

eines der teuren Resorts gehört ihnen. Etwa
00 Chao Leh leben heute in einem kleinen Dorf
n Inselinneren. Traditionell sind die Chao Leh
eefahrer und Fischer. Und so verdienen viele
on ihnen mittlerweile vor allem mit Ausflügen
nd als Taxifahrer mit ihren Longtail-Booten ihr
arges Einkommen.

Ko Lipe liegt gegenüber von Ko Adang
. 911) und misst an ihrer breitesten Stelle gera-
e mal 3 km, an ihrer schmalsten gar nur 400 m.
er gut zu Fuß ist und die nicht erschlossene
estküste links liegen lässt, schafft in einem
ngeren Spaziergang von 3–4 Std. eine Inse-
mrundung.

### ie Strände

ie meisten Boote kommen an den im Meer
erankerten Plattformen vor dem **Pattaya
each** [6442] an. Diese lange Bucht besticht
rch ihren feinen weißen Sand. Zahlreiche
ngtail-Boote ankern malerisch am Strand und
der Bucht – Schwimmen ist daher nur be-
ngt ein Vergnügen und auch nur bei Flut mög-
h. Bei Ebbe kommen viele Korallen zum Vor-
hein, und der Strand wird dann z. T. steiniger.
n etwas schmaleren **Sunrise Beach** [6443]
 der Sand ebenfalls fein und strahlend weiß.
ch hier kommen bei Niedrigwasser Korallen
d Muscheln zum Vorschein. Ein Vorteil beider
rände: Schnorchler finden direkt vorgelager-
Korallenriffe vor. Ruhiger ist es am **Hat Porn
nset Beach** [6444] im Norden der Insel. Der
nd ist etwas grober, aber die gesamte Szene
 malerisch (Hier liegt meist etwas mehr Müll,
 niemand aufräumt. Wenn jeder etwas mit-
mmt, wird es malerischer.). Alle Strände sind
er Fußwege miteinander verbunden und dank
rzer Entfernungen leicht zu erreichen.

## ÜBERNACHTUNG

Die Insel zieht immer mehr Touristen an, daher
ist eine Reservierung in der Hauptsaison (um
Weihnachten oder auch am chinesischen
Neujahr) unbedingt empfehlenswert. Während
der Nebensaison sind nicht alle Anlagen
geöffnet. In Betrieb sind das Bundhaya Resort,
das Mountain Resort und das Castaway Resort.
Einige Bungalowanlagen öffnen, wenn Gäste
anfragen. Die meisten Bungalows schließen
jedoch ab Mai (je nach Wetterlage) und öffnen
im Okt/Nov. Ab März werden die Bungalows
etwa 200 Baht günstiger. Leider ändern sich,
gerade in den günstigen Anlagen, ständig die
Telefonnummern. Sofern kein Anschluss mehr
besteht, können die Reisebüros in Trang
weiterhelfen. Andernfalls muss man es auf gut
Glück versuchen. Die Anlagen haben in der
Regel 24 Std. Generatorstrom und bieten mehr
oder weniger gute WLAN-Verbindungen. Viele
weitere Tipps unter dem **eXTra** [6476].

### Be a trash hero

© A. MARKAND

Ko Lipe hat vor allem eins: ein Müllpro-
blem. Die Idee einiger Resorts und Res-
taurantbetreiber besticht durch Einfachheit:
Für 200 Baht kauft sich der Gast eine schicke
Metallflasche. Diese kann er an bisher etwa
50 Plätzen auf der Insel kostenlos mit Trinkwasser befüllen. So spart jeder Gast viele,
viele Flaschen Plastikmüll und hat zudem eine
schöne Erinnerung für Zuhause. Das Wasser
bleibt trotz Hitze erstaunlich lange trinkbar. Wir
haben die Flasche genutzt und sind begeistert.
Eine Idee, die Unterstützung verdient. Wer
macht mit? Eine Liste der Refill-Stellen findet
man unter **eXTra** [10012] und z. B. im Elephant
(s. Restaurants in der Walking Street).

Ko Lipe

**ESSEN**
1 Sunrise Beach Restaurant
2 Happy Wipe Beach Bar
3 Peace & Love Bar
4 Reggae Bar
5 Thai Lady 2
6 Elephant American Coffee House
7 Maya Bar
8 Thai Lady 1
9 Hello India
10 Pooh's Bar & Restaurant
11 Coffee House
12 Namaste Indian Restaurant

**ÜBERNACHTUNG**

HAT PORN (SUNSET BEACH)
1 Sawan Resort
2 Fishery Department
3 Phuritta Resort
4 Jack's Jungle Resort

SUNRISE BEACH
5 Mountain Resort
6 Lipe Beach Resort
7 Varin 2
8 Gipsy Resort
9 Forra Dive Resort (Sunrise Beach)
10 Castaway Resort
11 Serendipity Resort

PATTAYA BEACH
12 Sealon Beach Bungalows
13 Forra Dive Resort (Pattaya Beach)
14 Mali Resort
15 Seaside Resort
16 Green View Beach Resort
17 Café Lipe
18 Bundhaya Resort & Restaurant
19 Bundhaya Resort & Villa

**SONSTIGES**
1 Sabye Divers
2 Forra Dive Shop
3 Adang Seadivers
4 Forra Dive
5 Castaways Divers
6 Forra Dive
7 Satun Pakbara Speedboat Club (Immigration)
8 Ocean Pro Divers
9 Forra Dive Shop
10 Bundhaya Speedboat-Office (Immigration)
11 Thai Beach Travellers
12 Siam International Clinic
13 Southern Andaman Medical Clinic

**TRANSPORT**
Anlege-Piers longtail-Boote zu den Stränden
1 Ko Bulon Leh, Ko Tarutao Pakbara, P. Langkawi

## Pattaya Beach

**Bundhaya Resort & Restaurant** ⑱, ☎ 074-750 249, 🖥 www.bundhayaresort.com. Unterschiedliche Villen, Bungalows und Zimmer in engen Reihen mit Ventilator oder AC. Aufmerksames Personal. Viele asiatische Gäste. Refill Trash Hero. ❺–❽ Nebenan liegt das noblere **Bundhaya Resort & Villa** ⑲, ☎ 074-750 248, 🖥 www.bundhayaresort.com. ❽

**Café Lipe** ⑰, ☎ 088-968 8472, 🖥 www.cafe-pe.com. Hinter dem gemütlichen einladenden Restaurant liegen in einem verwilderten Garten einfache Bambusbungalows. Oft voll und sehr beliebt. Refill Trash Hero. ❹

**Green View Beach Resort** ⑯, ☎ 082-830 3843, 🖥 www.greenviewkohlipe.com. In einem schönen Garten und nah am Strand stehen geräumige Bambusbungalows. Geschmackvolle einfache Ausstattung, nettes Restaurant. Schatten am Strand. Refill Trash Hero. ❺

**Mali Resort** ⑭, ☎ 091-979 4600, 🖥 www.maliresortkohlipe.com. Sehr ansprechende große Holzbungalows, locker in einem gepflegten großen Garten gruppiert. Bar und Liegen am Strand. Wer sich was leisten mag, bekommt hier ansprechenden, gekonnt gemachten Luxus. Refill Trash Hero. ❽

**Salon Beach Bungalows** ⑫, ☎ 095-026 0093. Geräumige Holzbungalows in einem schattenlosen Garten direkt am Strand. Einfache Ausstattung, aber auch sehr günstig für die Lage. ❹

**Seaside Resort** ⑮, ☎ 082-437 4514. Hinter dem Restaurant 12 einfache Mattenbungalows mit Bad, teils AC, teils Ventilator, in schöner ruhiger Gartenanlage. ❹

## Sunrise Beach

**Castaway Resort** ⑩, ☎ 083-138 7472, 🖥 www.castaway-resorts.com. Ansprechende Holzbungalows auf 2 Grundstücken, teilweise auf 2 Etagen mit langen Fenstern und Veranden. Unten mit Hängematten. Das Bad befindet sich ebenerdig und ist nicht extra abgetrennt. Bett oben, oft mit Blick aufs Meer. Großes Restaurant. Angeschlossene Tauchschule. Yoga in der Saison um 8 und 16.30 Uhr für 400 Baht pro Std. ❻–❼

**Gipsy Resort** ⑧, ☎ 089-739 8201, 🖥 www.gipsyresort.com. Einfache kleine Bambus-bungalows vertikal zum Strand angeordnet. Außerdem viele Betonhäuschen, ebenfalls in Reihe. Alle mit Ventilator. ❹–❺

**Lipe Beach Resort** ⑥, ☎ 080-543 1466, 🖥 www.lipebeachresort.com. Niedliche Bambus- und Holzhütten in mehreren Reihen direkt am Strand. Hübsche Details, aber sehr einfache Ausstattung. Meist mit Ventilator, aber auch für AC-Fans und alle, die Warmwasser wollen, gibt es Zimmer. Hinten Bungalows mit AC für bis zu 4 Pers. Restaurant. Gute Atmosphäre. Auch Monatsmieten möglich. Refill Trash Hero. ❸–❼

**Serendipity Resort** ⑪, ☎ 088-395 5158, 🖥 www.serendipityresort-kohlipe.com, [8871]. Sehr ansprechende Bungalows am Hang. Einige mit AC, ansonsten große Deckenventilatoren. Kühlschrank, meist 2 Betten (also gut für Familien geeignet). Kleiner Privatstrand. WLAN im Restaurant. Refill Trash Hero. ❽

### Paradies für Taucher und Kiter

Das **Forra Dive Resort** ist für Taucher eine gute Wahl, denn sie erhalten hier Rabatt. Es gibt sowohl am Pattaya Beach als auch am Sunrise Beach ein solches Resort, Pattaya Beach ⑬, ☎ 080-545 5012, Sunrise Beach (Hauptbasis) ⑨, ☎ 084-407 5691, 🖥 www.forradiving.com. Geräumige ansprechende Bungalows aus Bambus. 2 Bungalows für 4 Pers. (1500 Baht) mit abenteuerlich hohen Bambusstockbetten. Am Sunrise Beach stehen die ebenso schönen Bungalows abgeschirmt voneinander und vereinzelt in einem mit Bambus bewachsenen Garten. Beide WLAN. Taucher, die bei Forra einchecken, bekommen 25 % Rabatt auf die Bungalows und werden bei der Buchung, am besten übers Internet, immer bevorzugt. Die Anlagen schließen je nach Wetterlage von Mai–Nov. Die Bungalows könnten teils eine Renovierung vertragen. Am Pattaya Beach gibt es zudem Kites zur Ausleihe. Sofern die Wellen höher schlagen, eine schöne Alternative. Refill Trash Hero. ❹

**Varin 2** ⑦, nur Walk-in und konsequent ohne Telefonnummer, [6462]. Über 50 einfache geräumige Bambusbungalows in 5 Reihen versetzt, parallel zum Strand, direkt am Meer. Weitläufige Anlage auf einem kargen Gelände ohne Schatten. Preis je nach Nähe zum Strand. ❸–❹

### Hat Porn (Sunset Beach) und umliegende Buchten

Diese kleine Bucht und die noch kleineren Nachbarbuchten sind noch sehr einsam und idyllisch – wenngleich nicht so spektakulär schön wie die anderen Strände. Zudem fällt auf, dass Müll nicht weggeräumt wird, was das Strandvergnügen schmälert. Immer mehr Resorts werden in den Hängen um die kleinen Buchten gebaut.

**Jack's Jungle Resort** ④, auf dem Weg zum Hat Porn, ☎ 089-655 565, 🖥 www.jacksjungle.com. Idyllischer Ort im Dschungel. 8 Bungalows mit Ventilator, weitläufig im Grünen versteckt. Einige sind weiß getüncht und weniger schön. Einladender sind die Bambushütten. Offenes Bad mit Pflanzen, Duschen mit Bambusrohr. Restaurant, Bar und Billard. Inkl. gutem Frühstück, auch mit Vollkornbrot. Wer Frösche nicht mag, sollte woanders wohnen, denn Baumfrösche sorgen hier für moskitofreie Zonen (wir wurden tagsüber leider trotzdem gestochen). ❹–❺

**Phuritra Resort** ③, ☎ 085-376 2555. Moderne Bungalows, alles sehr bunt hier. TV und Safety Box. Schön sind die Zimmer mit Meerblick. Freier Transport zur Walking Street bis 21 Uhr. ❻–❽

**Sawan Resort** ①, Hat Porn, ☎ 080-621 881, 🖥 www.sawanresortkohlipe.com. Im Hang liegen wunderschöne Bungalows mit fantastischem Blick auf das türkis funkelnde Meer. Ein ganz kleiner Privatstrand mit tollen Felsen, Sonnenliegen und Schirmen macht das Paradies perfekt. ❽

### ESSEN

### Walking Street

Im Inland zwischen Pattaya Beach und Sunrise Beach finden sich zahlreiche Restaurants.

Einige bieten die üblichen Gerichte wie *pad thai*, Pizza und Pasta, andere locken mit frischem Fisch-BBQ. Es gibt Inder und Italiener und vor allem Pancake-Shops. Die dünnen Roti gibt es in scheinbar hundertfacher Variation ab 20 Baht bis zu 100 Baht – je nachdem, was die Roti verfeinert. In den Pancake-Shops gibt es oft auch recht günstige Shakes (ab 50 Baht) und auch Gerichte aus der Thai-Küche. Günstig und gut sind hier **Thai Lady** mit 4 Shops auf der Walking Street und das **Coffee House** nahe der Sunrise Beach. Beide 🕐 7–23 Uhr.

**Elephant American Coffee House**, Walking Street, sehr ansprechendes kleines Restaurant Bar-Café. Guter Kaffee, eine große Auswahl westlicher Gerichte, Gebäck und Wasser kostenlos (ist zudem Anlaufstelle für alle Trash Heroes, S. 913).

**Hello India**, ☎ 084-304 4041, und **Namaste Indian Restaurant** bieten beide einfache gute Thai-Küche und Leckeres aus der indischen Küche. 🕐 ab mittags, voll wird es wie überall abends ab 19 Uhr.

**Pooh's Bar & Restaurant**, ☎ 074-750 345, 🖥 www.poohlipe.com. Das große Open-Air-Restaurant ist zwar recht teuer, doch immer voll. Beliebt vor allem während der Fußballübertragungen und der TV-Abende (ab 18 Uhr), bei denen auf einem großen Bildschirm Filme gezeigt werden. 🕐 8–1 Uhr nachts. Bietet auch Zimmer. ❹–❺

### Sunrise und Sunset Beach

Die meisten Resorts haben ein Restaurant. Meist sind die Gerichte hier wegen der Lage etwas teurer als an der Walking Street. Traveller-Atmosphäre genießt der Gast im Café Lipe (s. Übernachtung) am Pattaya Beach.

🧳 **Sunrise Beach Restaurant**. Hier, am Sunrise Beach, gibt es gute Thai-Küche zu fairen Preisen – so günstig isst man sonst nur am Strand. Leckere Shakes und eine große Frühstücksauswahl, zudem die üblichen Thai-Gerichte. 🕐 8–23 Uhr.

### UNTERHALTUNG

Am Pattaya Beach liegen mehrere Strandbars, z. B. die **Peace & Love Bar** ☎ 081-477 2425 (hie kann man auch in einer der einfachen Bambus-hütten wohnen, **❹** ). Die Bar ist urig mit viel Schwemmgut wie Holz oder Muscheln gebaut. Der In-Treffpunkt der Insel am Pattaya Beach ist seit Jahren die **Reggae Bar**, ebenfalls mit viel Treibgut dekoriert. Am Walkway lockt vor allem die **Maya Bar** des Nachts Gäste. Viel Bambus und recht stylisch. Schon tagsüber wummert der Beat in der **Happy Wipe Beach Bar** (beim Satun Dive Resort). Sobald Partys steigen, was oftmals in Voll- oder Halbmondnächten der Fall ist, werden Flyer verteilt.

## AKTIVITÄTEN UND TOUREN

### Schnorcheln
Schnorcheln kann man bei Ausflügen mit dem Longtail-Boot und auf eigene Faust vor der Insel (beispielsweise vor dem Pattaya und dem Sunrise Beach). Masken und Flossen gibt es entweder in den Resorts kostenlos oder gegen eine geringe Gebühr von 50 Baht pro Schnorchel/Maske und 50 Baht für Flossen. Gerne fahren Schnorchler auch mit dem Kajak zu den Riffen.

### Tauchen
Es gibt einige Tauchbasen auf Ko Lipe, die ungefähr das gleiche Angebot zu gleichen Preisen haben:
**Adang Seadivers**, ✆ 083-100 6450, 🖳 www.adangseadivers.com. Tgl. wechselnde Tauchtouren mit Zielen je nach Nachfrage; Speedboot. Die Macher betreiben auch ein kleines Resort mit Zimmern in einem Steinreihenhaus. Sie setzen auf Umweltschutz, trennen Müll und filtern ihr Wasser. Ab 3 Tagen Rabatt. Refill Trash Hero. **❹ – ❺**
**Castaways Divers**, im gleichnamigen Resort am Sunrise Beach, ✆ 087-478 1516, 🖳 www.kohlipedivers.com. Kurse auch für Kinder ab 12 Jahren.
**Forra Dive** (Basen in der Walking Street, am Pattaya Beach und 2 am Sunrise Beach), ✆ 080-545 5012, 🖳 www.forradiving.com. Tauchkurse, Wracktauchen, Orientierungstauchen etc. sowie *Liveaboards*. Wer mit dieser Schule abtaucht, bekommt 25 % Rabatt in den hauseigenen Resorts bzw. kann in den günstigsten Zimmern kostenlos wohnen, S. 915.

**Ocean Pro Divers**, direkt am Pattaya Beach am Beginn der Walking Street, ✆ 089-733 8068, 🖳 www.oceanprodivers.net. Großes Tauchboot. Refill Trash Hero.
**Sabye Divers**, am Hat Porn, ✆ 089-464 5884, 🖳 www.sabyesports.com. Kleine Tauchschule, abgelegen am Hat Porn.

## SONSTIGES

### Einkaufen
Auf der Walking Street zwischen Pattaya Beach und Sunrise Beach gibt es fast alles, was der Reisende braucht: Reisebüros, Souvenirs, Bekleidung, Lebensmittel, Früchte, ein paar wenige Secondhandbücher, Toilettenartikel, Friseure, Massagen oder Tattoos. Alles ist hier ziemlich teuer im Vergleich zu anderen Orten.

### Geld
Zwei Geldautomaten befinden sich am Walkway, einer vor dem 7-Eleven auf halber Höhe des Walkway, ein anderer am Supermarkt nahe Pattaya Beach. Wer mit Maestro abheben will, kann dies im Thai Beach Travellers Reisebüro tun (3 % Kommission). Hier wird auch Bargeld gewechselt.

### Immigration
Beim Bundhaya Speedboat-Office wird vor der Abfahrt mit dem Boot nach Malaysia das Thai-Visum ausgestempelt. Bei Ankunft aus Malaysia bekommen deutsche Touristen eine 30-Tage-Aufenthaltserlaubnis. Um die Passformalitäten zu erledigen, muss man etwa eine halbe Stunde vorher am Schalter sein. Wer mit Satun-Pakbara-Speedboat-Club fährt, macht diese Prozedur am Schalter dieser Gesellschaft.

### Internet und Telefon
Es gibt so gut wie keine Internetshops mehr. Im Siam Southern Travel & Tour kann man noch an einem Computer E-Mails checken (3 Baht/Min.) und etwas ausdrucken lassen (10 Baht/Seite). Da die meisten Reisenden mind. ein Smartphone dabeihaben, lohnt sich das Geschäft nicht mehr. Fast alle Resorts und selbst die einfachsten Bungalowanlagen, Restaurants und Massagesalons haben kostenfreies WLAN.

## Medizinische Hilfe

Es gibt 2 Krankenstationen auf der Insel. Direkt neben Pooh's Bar befindet sich eine kleine Station der **Southern Andaman Medical Clinic**, ✆ 088-496 0101, die mit dem Bangkok Hospital zusammenarbeitet, ⏲ 8.30–21 Uhr. Zentral in der Walking Street liegt die **Siam International Clinic**, ✆ 075-601 355, 🖥 www.siaminterclinic.com, ⏲ 8–24 Uhr. Beide arbeiten mit internationalen Krankenversicherungen zusammen und organisieren, wenn nötig, den Transport in eine Klinik auf dem Festland.

## NAHVERKEHR

Auf der Insel fahren bisher keine Autos, aber es werden immer mehr Mopeds, die auf den wenigen Wegen herumknattern. Bisher gibt es aber noch keine Leihmopeds. Entweder man geht die kurzen Wege zu Fuß oder nutzt eines der Longtail-Boote (50 Baht). Motorradtaxis mit Transportbeiwagen kosten um 100 Baht vom Hotel zum Strand. Wer am Sunset Beach (Hat Porn) wohnt, kann sich am Patthaya Beach abholen lassen, sofern vorgebucht wurde.
Zu den Plattformen und von Strand zu Strand fahren Longtails für 50 Baht.

## TRANSPORT

Tickets gibt es in den zahlreichen Reisebüros der Insel.

🧳 Empfehlenswert und gut frequentiert ist der **Thai Beach Travellers**, Walking Street nahe Pattaya Beach, ✆ 089-464 5854, 🖥 www.thaibeachtravellers.com. Hier kann man eigentlich alles buchen, was man braucht, und dies zu recht guten Preisen: Ausflüge in die Umgebung, Tickets zu den umliegenden Inseln, Bahntickets bis Bangkok oder auch Flüge. Zudem Kombitickets bis nach Ko Samui (2000 Baht) oder Ko Pha Ngan (2200 Baht). Auch mit Hotelbuchungen (auch in Malaysia) kann hier geholfen werden.
Speedboote verbinden Ko Lipe mit den Inseln in der näheren und weiteren Umgebung, s. Fahrplan S. 883. Speedboote fahren um 9 Uhr, Tigerline um 10.30 Uhr. Während Bunfaya Speedboote die Strecke bis nach Ko Lanta in 3 Std.

zurücklegt, braucht Tigerline 5 Std., kostet aber auch einige hundert Baht weniger. Alternativ kann man über Trang fahren (z. B. nach Ko Lanta). Preise mit Tigerline etwa nach KO BULON LEH 600 Baht, KO NGAI 1400 Baht, KO KRADAN 1600 Baht und KO MUK 1400 Baht, KO LANTA 1500 Baht, KO PHI PHI 1750 Baht. BUNDAYA ist etwa 300 Baht teurer. Die Schnellboote halten bei Ankunft in der Bucht vor Pattaya Beach an Plattformen. Bei Abfahrt kann man meist am Strand zusteigen. Die kleinen Schnellboote haben oft Ausflügler an Bord und halten länger (etwa 20 Min.) an den angesteuerten Inseln (Ko Tarutao u. a.). Günstiger ist Tigerline, das Boot braucht aber auch etwa doppelt so lange.
KO ADANG, mit dem Longtail-Boot nach Absprache für 100 Baht.
KO LANTA, mit dem Bundaya Speedboot um 9 Uhr für 1900 Baht in 3 Std., bzw. mit Tigerline um 10.30 Uhr für 1600 Baht in 5 Std. Oder bis nach Pakbara und dann mit dem Minibus um 12 Uhr in 4 Std. nach Ko Lanta für insgesamt 900 Baht.
KO TARUTAO, mit dem Schnellboot vormittags/mittags für 400 Baht in 1 Std.
LANGKAWI (Malaysia), mit dem Boot für 1000 Baht in 1 1/2 Std. von Okt–15. Nov 14 Uhr, 16. Nov–30. April 11 und 16 Uhr, 1.–15. Mai 14.30 Uhr mit Bundaya. Zu ähnlichen Zeiten und Preisen fährt auch Satun Pakbara Speedboat Club (s. auch Fahrplan S. 883).
PAKBARA, mit dem Schnellboot um 9.30 und 13.30 Uhr für 400 Baht in 1–2 Std.
TRANG, entweder zum Pakbara-Pier und weiter mit dem Minibus (oder mit Tigerline nach Hat Ya nahe Trang) um 10.30 Uhr für 750 Baht in 2 Std.

# Auf dem Festland: von Trang bis Satun

Während viele Traveller inzwischen die Spee boote entlang der Küste zwecks Transport vo einer Insel zur anderen nehmen und zwische Phuket und Malaysia gar keinen Fuß mehr a das Festland setzen, benutzen andere weiter d „klassischen" Wege, die von den Provinzhaup städten über einen nahe gelegenen Anleger auf die vorgelagerten Inseln führen. Interessant sind die Orte auf dem Festland auch für alle, die ein Stück authentisches Thailand erleben und sich nicht nur mit den für die Touristen gebauten Anlagen und Restaurants begnügen wollen.

## Trang

**Trang** [5753] ist eine kleine angenehme Provinzstadt. Wer auf die vorgelagerten Inseln weiterfahren will, ist hier gut aufgehoben – viele übernachten hier, denn der große überdachte Markt in der Nähe des Bahnhofs sowie der **Nachtmarkt** sind wirklich einen Besuch wert. Dort kann man sich unters Volk mischen und das tägliche Leben dieser Stadt, in die sich nur wenige Touristen verirren, ganz hautnah erleben.

Trang hat 27 000 Einwohner, viele davon sind chinesischer Abstammung. Deren Einfluss ist deutlich spürbar, was man nicht zuletzt an den zahlreichen chinesischen Läden und Restaurants erkennt. Wer sich in Trang genauer umschaut, sieht zwischen den neueren Häusern die vielen noch erhaltenen, alten **Holzhäuser**,

die die Eleganz und den morbiden Charme des 19. Jhs. ausstrahlen. Die Stadt selbst ist noch weitaus älter, früher lag sie allerdings fast 2000 Jahre lang am Meer. Wegen der vielen Überflutungen wurde sie dann weiter ins Landesinnere verlegt. Ihre Bedeutung als Handelsstadt hat sie bis heute erhalten.

In Familienbetrieben wird hauptsächlich Kautschuk gewonnen und (recht guter, s. u.) Kaffee angebaut – ein einträgliches Geschäft, sodass die Stadt derzeit recht wohlhabend ist. Nicht zuletzt war es auch dem Einfluss des Politikers Chuan Leekpai zu verdanken, der, als er 1992 Premierminister wurde, seiner Geburtsstadt Gelder zufließen ließ. ❸

### ÜBERNACHTUNG

**My Friend Gh.** ⑤, 25/17-20 Sathani Rd., ✆ 075-225 447. Schön gelegenes, beliebtes Haus nahe dem Bahnhof. Große, nett gestaltete saubere AC-Zimmer mit TV. Zimmer mit oder ohne Fenster zum gleichen Preis. ❸

€ **PJ Gh.** ④, 25/12 Sathani Rd., ✆ 081-374 6769. 8 Zimmer mit Ventilator im 1. und 2. Stock mit Gemeinschaftsbad und

Bei einem Bummel durch Trang kann es gut sein, dass man auf Straßenmusiker trifft.

WC nahe dem Bahnhof. Die äußeren haben Fenster und sind minimal teurer. Dachterrasse. Sauber und sehr familär. Mrs. Joy spricht sehr gutes Englisch und vermittelt Touren, Tickets, Mietwagen, Fahrräder etc. ❶

🧳 **Sri-Trang Hotel** ③, 22-26 Sathani Rd., 📞 075-218 122, 🖥 www.sritranghotel. com. Große, meist gefliese, recht gemütliche Zimmer mit Ventilator oder AC, TV und Kühlschrank. Teils ohne Fenster, teils sogar mit Balkon. Auch 3-Bett-Zimmer. Schöne Lobby mit nettem Café. ❸

**Thumrin Thana Hotel** ①, 69/8 Huayyod Rd., 📞 075-211 211. Gutes großes Hotel mit mehr als 300 gut ausgestatteten Zimmern. Großer Pool, Fitnesscenter und Sauna im 5. Stock. In der Lobby Coffeeshop, Juwelierladen, Restaurants. Viele Reisegruppen kommen hier unter. Auch wer im preigünstigeren **Thumrin Hotel**, [8788], ❸, wohnt, darf den Pool nutzen. ❺–❼

## ESSEN

Trang ist bekannt für gute Kaffee- und Kuchenspezialitäten, die es in Coffeeshops überall in der Stadt gibt. Einige **Coffeeshops** öffnen gegen Abend entlang der Ratsada Rd. und haben bei Betrieb bis tief in die Nacht geöffnet.

Der **Nachtmarkt** Center Point ist ein kleines Highlight von Trang. Geboten wird ein großes Angebot an allem, was essbar ist: Fleisch, Innereien, Fisch, Muscheln, Tintenfisch, Süßes, Obst. Eine Spezialität Trangs ist die Thai-Variante des Spanferkels: Das Fleisch wird allerdings im Gegensatz zur uns bekannten Präsentationsart ganz klein geschnitten und auf Reis gegessen. Leider gibt es keine Sitzmöglichkeiten, da die Besucher das Essen mit nach Hause nehmen.

**1952 Restaurant**, gehört zum Sri-Trang Hotel und lockt mit Kaffee und kleinen Leckereien. ⏰ 9–20 Uhr, manchmal auch länger.

**Kantonese Noodlesoup**, Ratchadamneon Rd. Beliebter Nudelsuppenshop ohne englisches Schild. Leckere Suppe auf Fisch- oder Schweinefleischbasis. Es gibt auch andere Reisgerichte, u. a. eine gute Reissuppe.

**Khao Tom Pui**, schräg gegenüber dem 7-Eleven. Offenes Ecklokal ohne englisches Schild. Auf der Speisekarte, die aber auch auf Englisch informiert, finden sich die üblichen Thai-Gerichte. Sehr beliebt bei Trats Einwohnern. ⏰ 16–21 Uhr.

## AKTIVITÄTEN UND TOUREN

### Tauchen

Reisebüros und Touranbieter haben 2- bis 4-tägige Tauchtrips im Angebot. Ziele sind die vor Trang liegenden Inseln. Dazu zählen vor allem **Ko Ha Yai**, **Ko Muk** und **Ko Rok**. Auch die Felsen unter Wasser, Hin Muang und Hin Daeng, werden angesteuert.

### Touren

Die meisten Touranbieter befinden sich direkt am Bahnhof. Viele bieten Tagestouren zu den Inseln und vermitteln auch den Transport auf die Eilande für alle, die länger bleiben wollen. Ein Resort kann man gleich mitbuchen, oft wird man dann auf der Insel aufgepickt. Empfehlenswert ist die Buchung bei Mrs. Joy im **PJ Gh.** oder bei **Wunderbar Tours**, 📞 876-248 728, 🖥 www.wunderbar-trang.com.

## SONSTIGES

### Feste

Dank der chinesischen Bevölkerung wird auch in Trang ein lautes und buntes **Vegetarian Festival** (S. 799, Phuket) gefeiert. Jedes Jahr im Sep/Okt steht die Stadt für ca. 10 Tage Kopf. Auch das chinesische Neujahrsfest wird lautstark begangen.

### Medizinische Hilfe

Im Zentrum, in der Sai Ngam Rd., befindet sich das staatliche **R.G. General Hospital** mit einem 24-Std.-Notdienst, 📞 075-223 500-9, zudem im Osten der Stadt das **Watanaphait Hospital**, Ratchadamnoen Rd.

### Motorrad-, Auto-, Fahrradverleih

Selbstfahrer finden Angebote in den meisten Hotels, die fast immer Mopeds, häufig Autos und teilweise auch Fahrräder vermieten.

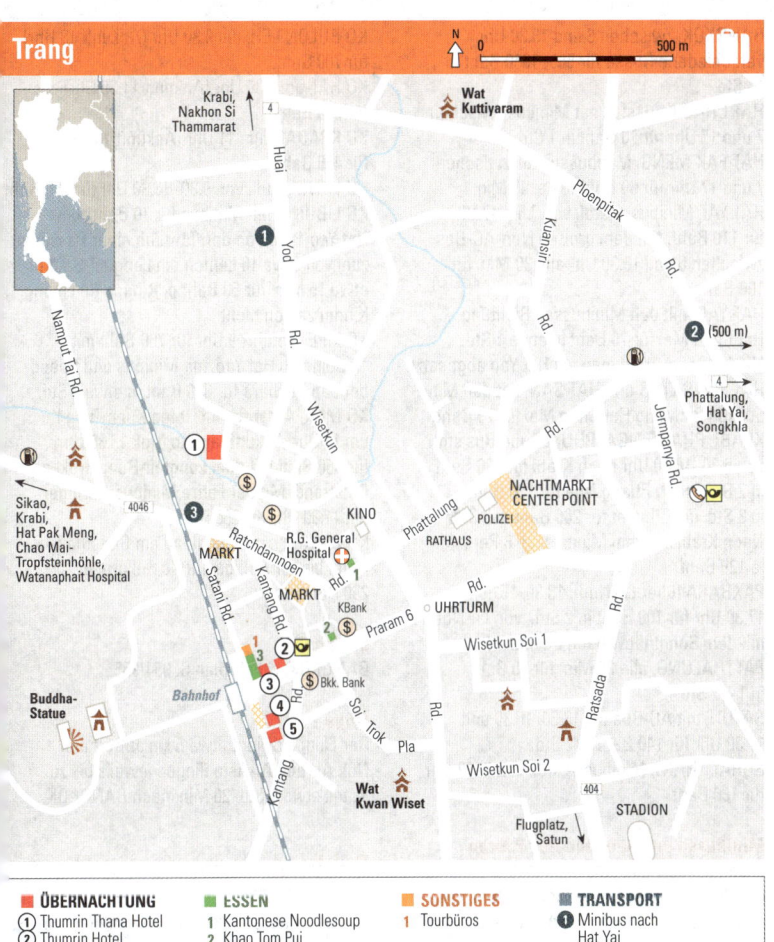

## Trang

**Wat Kuttiyaram**

Krabi, Nakhon Si Thammarat

**❶** Minibus nach Hat Yai

**❷** (500 m)

Phattalung, Hat Yai, Songkhla

Sikao, Krabi, Hat Pak Meng, Chao Mai-Tropfsteinhöhle, Watanaphait Hospital

KINO

**NACHTMARKT CENTER POINT**

R.G. General Hospital

POLIZEI

RATHAUS

MARKT

MARKT

KBank

**UHRTURM**

Praram 6

Wisetkun Soi 1

Bkk. Bank

**Buddha-Statue**

Bahnhof

Pla

Wisetkun Soi 2

STADION

**Wat Kwan Wiset**

Flugplatz, Satun

---

### 🟥 ÜBERNACHTUNG
① Thumrin Thana Hotel
② Thumrin Hotel
③ Sri-Trang Hotel
④ PJ Gh.
⑤ My Friend Gh.

### 🟩 ESSEN
1 Kantonese Noodlesoup
2 Khao Tom Pui Restaurant
3 1952 Restaurant

### 🟧 SONSTIGES
1 Tourbüros

### 🟦 TRANSPORT
❶ Minibus nach Hat Yai
❷ neuer Busbahnhof
❸ Minibus nach Hat Pak Meng, Hat Yao und Surat Thani

---

auch die Reisebüros am Bahnhof haben ein entsprechendes Angebot: Mopeds kosten ort rund 250 Baht und ein Auto 1500 Baht ro Tag.

**ost**

ie Post liegt gegenüber dem Thumrin Hotel n der Praram 6 Rd. ⏰ Mo–Fr 8.30–16.30, a 9–12 Uhr.

### TRANSPORT

Innerhalb der Stadt fahren **Motorradtaxis** oder **Tuk Tuks**. Vom Bahnhof zum neuen Busbahnhof etwa 100 Baht.

### Taxis und Busse

Abfahrt der großen Busse vom Busterminal, Abfahrt der Minibusse s. Stadtplan.

BANGKOK, zwischen 8 und 18.30 Uhr verschiedene Busse für 580–1050 Baht in 12 Std.

HAT CHAO MAI, stdl. mit Minibus zwischen 7 und 17 Uhr für 70 Baht in 1 Std.

HAT PAK MENG, Minibusse stdl. zwischen 7 und 17 Uhr für 60 Baht in ca. 45 Min.

HAT YAI, Minibusse stdl. von 7.50–17 Uhr für 110 Baht. Mit dem großen Non-AC-Bus zwischen 6 und 16.30 Uhr alle 30 Min. für 100 Baht.

HAT YAO, mit den Minibussen Richtung Hat Chao Mai für 70 Baht in etwa 1 Std. Nach Ansage wird man am Hat Yao abgesetzt.

HAT YONG LING und HAT SAN, mit den Minibussen Richtung Hat Chao Mai für 70 Baht.

KRABI, PHANG NGA, PHUKET, mit Bus stdl. von 5.30–18.30 Uhr nach Krabi für 120 Baht in 2 Std., nach Phang Nga für 190 Baht in 3 Std. und Phuket für 260 Baht in 5 Std. Nach Krabi mit dem Minibus, ab 6 Pers. für je 120 Baht.

PAKBARA (über La-Ngu), 13.30, 15.30, 17.30 Uhr für 100 Baht in 2 Std.; von La-Ngu mit dem Songthaew nach Pakbara.

PATTHALUNG, alle 30 Min. für 70 Baht in 1 1/2 Std.

SATUN, mit AC-Bus um 13.30, 15.30 und 17.30 Uhr für 140 Baht in 2 Std.

SURAT THANI, Minibusse stdl. von 7–17 Uhr für 180 Baht.

### Minibusse und Speedboote / Fähren (auch Kombitickets)

Die Preise gelten, sofern nicht anders vermerkt, für Kombitickets mit Minibus (entweder 1 1/2 Std. bis Pakbara-Pier oder etwa 1 Std. bis zu den Pieren nach Ko Libong und Ko Muk) und Speed-/Longtail-Boot/ Fähre. Für die Boote zahlen Kinder in der Regel nicht. Ein Platz im Minibus (empfehlenswert) kostet 150/200 Baht pro Strecke. Wer Hin- und Rückreise bucht, spart ein paar Baht. Zudem können Tickets gesplittet werden. Das heißt, man kann auf dem Weg einen Halt einplanen (z. B. in Tarutao auf dem Weg nach Ko Lipe), das Ticket ist dann billiger als separat gebuchte Fahrten.

KO BULON LEH, um 9.30 Uhr (Ankunft 13 Uhr) für 700 Baht.

KO HAI, um 9.30 Uhr (Ankunft 11.30 Uhr) für 500 Baht.

KO KRADAN, um 11 Uhr (Ankunft 13.30 Uhr) für 450 Baht.

KO LANTA, stdl. von 9.30–16.30 Uhr für 250 Baht.

KO LIBONG, mit Minibus für 70 Baht zum Hat Yao-Pier. Von dort fährt ab einer Passagierzahl von etwa 10 Leuten ein Longtail-Boot in etwa 15 Min. für 50 Baht p. P. nach Ko Libong. Kinder zahlen nicht.

KO LIPE, Abfahrt 9 Uhr für 750 Baht mit Tigerline ab Hat Yao, mit Minibus und Speedboot ab Pakbara für 800 Baht in etwa 3 Std.

KO MUK, Abfahrt zum Hafen Kuan Tung Ku um 11 Uhr, Ankunft auf Ko Muk 13.30 Uhr, für 350 Baht mit dem Longtail-Boot direkt am Oststrand. Mit der Fähre Minibuszubringer um 11.30 Uhr für 250 Baht.

KO SUKORN, mit Abholung am Guesthouse/ Hotel bis zur Anlage auf Ko Sukorn für 250 Baht.

### Eisenbahn
BANGKOK, s. Fahrplan S. 954/955.

### Flüge
Der Flugplatz liegt etwa 5 km außerhalb. **Nok Air und AirAsia** fliegen jeweils bis zu 3x tgl. etwa 1 Std. 20 Min. nach BANGKOK.

# Pakbara

Für Reisende ist Pakbara ein wichtiger Umsteigeplatz in die Boote zu den Inseln Ko Lipe, Ko Bulon Leh oder Ko Tarutao bzw. um Richtung Malaysia oder in den Norden Thailands zu fahren. Der große Pier dominiert die Stadt. Hier haben sich zahlreiche Reisebüros angesiedelt, es gibt Restaurants und für Selbstfahrer jede Menge bewachte Parkplätze. Ansonsten bietet Pakbara neben dem alltäglichen Leben abseits jeglicher Touristenpfade einen Strand (der sich allerdings nicht zum Schwimmen eignet). Am Wochenende kommen viele lokale Touristen, die die Bars und Restaurants am

Meer bevölkern. Vor dem Pier liegt das **Tarutao National Park Office**, ✆ 074-783 485. Hier kann man Informationen und Reservierungen für die Inseln Ko Tarutao, Ko Adang und Ko Rawi bekommen sowie die Nationalpark-Gebühr von 200 Baht entrichten. Auch Verkauf von Bootstickets.

## ÜBERNACHTUNG UND ESSEN

Die Unterkünfte liegen an der Hauptstraße und sind alle fußläufig zu erreichen.
**Best House Resort**, ✆ 081-189 6906, 🖳 www.besthouseresort.com. Etwa 200 m vom Pier entfernt stehen dicht an dicht Reihenbungalows auf einem kleinen Grundstück. Einfach und relativ sauber, AC. WLAN im Restaurant und den vorderen Bungalows. Auch Familien-zimmer. ❸
Am Pier gibt es mehrere **Restaurants** (z. T. mit englischer Speisekarte), die oft schließen, wenn das letzte Boot gefahren ist.
‹ km vom Hafen entfernt auf der rechten Seite mit Strandblick liegen zahlreiche **Seafood-Restaurants**.

## TRANSPORT

### Busse ab La-Ngu

Die Überlandbusse starten ab **La-Ngu**, einer kleinen Stadt mit einem großen, teils überdachten Markt, 10 km von Pakbara entfernt. In Pakbara gibt es keine Bushaltestelle. Bis La-Ngu fährt man mit dem **Songthaew** für 20 Baht.
TRANG, KRABI, PHANG NGA, PHUKET, von der Hauptstraße auf der linken Seite hinter der großen Abzweigung um 9, 11 und 13 Uhr. Nach Trang für 90 Baht in 1 1/2 Std., Krabi für 200 Baht in 4 Std., Phang Nga für 260 Baht in 5 Std., Phuket für 350 Baht in 7 Std.
HAT YAI, SATUN, Minibusse starten etwa stdl. nahe dem 7-Eleven auf der Hauptstraße; um die 100 Baht.

### ab Pakbara-Pier

Am Platz vor dem Pier gibt es einige Reisebüros, die den Transport bis hinaus nach Bangkok und hinunter nach Kuala Lumpur organisieren. Minibusse von Gesellschaften wie **Pakbara Travel**, ✆ 01-776 1271, 06-779 9381, 🖳 www.pakbaratravel.com, fahren nach Ankunft der Boote aus Ko Lipe. Die Langstrecken werden auch hier von den öffentlichen Bussen übernommen, sodass die Reisenden entweder mit dem Minibus nach La-Ngu oder Trang transportiert werden und dort in einen großen Bus umsteigen.
HAT YAI, um 8.45, 9.45, 10.45, 11.45 und 12.45 Uhr für 150 Baht in 2 Std.
KO LANTA, mit Minibus und Boot für 450 Baht.
KRABI, mit Minibus für 450 Baht in 3 1/2 Std.
KUALA LUMPUR, mit Minibus und Bus für 750 Baht.
PENANG, mit Minibus und Bus für 600 Baht.
PHANG NGA, mit Minibus und Bus für 500 Baht in 4 1/2 Std.
PHUKET, mit Minibus und Überlandbus für 600 Baht in 5–6 Std.
SATUN, mit Minibus für 160 Baht in 1 Std.
SURAT THANI, mit Minibus und Bus für 500 Baht.
TAMMALANG-PIER (zur Fähre nach LANGKAWI), mit Minibus für 300 Baht in 1 Std. Mit dem Taxi oft schneller für 800 Baht.
TRANG, um 8.45, 10.45, 12.45 und 14.45 Uhr für 200 Baht in 2 Std.

### Boote

Schnellboote und Fähren verschiedener Gesellschaften fahren vormittags bis mittags ab.
KO BULON LEII, um 13 Uhr mit der Fähre für 350 Baht in 1/2 Std.
KO LANTA, um 9 Uhr für 1600 Baht in 3 1/2 Std.
KO LIPE, mit der Fähre *Adang Sea Tour* um 10.30 und 13.30 Uhr für 750 Baht in 3 Std. Speedboot *Andman Express*, 🖳 www.lipeferry.com, um 11.45 Uhr für 1000 Baht in 1 3/4 Std.
KO TARUTAO, mit dem Schnellboot um 11.30 und 13.30 Uhr (Richtung Ko Lipe) für 350 Baht in 1/2 Std. Mit der Fähre wie nach Ko Lipe um 10.30 und 13.30 Uhr für 250 Baht in 1 1/2 Std.

# Satun

Bis 1929 gehörte Satun nicht zu Thailand, sondern fiel unter das Protektorat von Kedah und gehörte damit zu Malaysia. Erst dank eines Paktes mit den Briten wurde Satun unter siamesische Verwaltung gestellt. Heute ist Satun Provinzhauptstadt.

Satun liegt 973 km von Bangkok entfernt. Touristen erleben die kleine Stadt meist nur auf der Durchreise, wenn sie auf ihrer Reise nach Langkawi (Malaysia) am Pier einige Kilometer weiter südlich vom Bus ins Boot umsteigen.

Wer hierher kommt und bleibt, wird mangels Sehenswürdigkeiten selbst zu einer Attraktion. Die 28 000 Einwohner, vorwiegend moslemisch, wundern sich augenscheinlich, was ein Tourist hier sucht.

Zu sehen gibt es immerhin die **Mambang Matsayid-Moschee** mitten in Satun. Der Bau ist

## Aufstand in Thailands Südprovinzen

Die drei südlichen Provinzen **Pattani**, **Yala** und **Narathiwat** sowie Teile der Provinz **Songkhla** sind seit Jahren Schauplätze eines erbitterten Kampfes zwischen den Volksgruppen der buddhistischen Thais und der moslemischen Malaien; dabei fließt fast täglich Blut.

Das alte malaiische Sultanat Pattani wurde zu Beginn des 20. Jhs. in den entstehenden Thai-Staat integriert. Bis dahin stand es formal unter der Herrschaft Siams, ähnlich wie die malaiischen Sultanate Kedah, Perlis, Kelantan und Terengganu. Es folgte eine Periode der Zwangsassimilierung, die in vielerlei Hinsicht bis heute anhält. Das Verhältnis zwischen den eingewanderten Thais und den ansässigen Malaien war von Anfang an durch Unverständnis, Thai-Chauvinismus und brutale **Unterdrückung** geprägt. Thai-Beamte, die in den Süden versetzt wurden, empfanden ihre neue Arbeitsstelle als Verbannung. Bereits mit Beginn der Annexion gab es eine Widerstandsbewegung, die nach dem Zweiten Weltkrieg erstarkte. Im Jahr 2004 erreichte sie neue Dimensionen, nachdem bei einem Massaker der Polizei und des Militärs in Tak Bai 78 Moslems umgekommen waren. Nach einer Anschlagsserie in der Stadt Yala im Sommer 2005 rief die damalige Thaksin-Regierung den Notstand in den drei südlichen Provinzen aus. Mittlerweile erschießen radikale malaiische Moslems Mönche während ihrer morgendlichen Almosensammlung und Lehrer auf dem Weg in die Schule. Bomben explodieren auf öffentlichen Plätzen, und Minibusse werden unter Feuer genommen. Bis Anfang 2015 sind seit der Eskalation des Konfliktes über 6000 Menschen ums Leben gekommen.

Von Besuchen in dieser Region raten wir dringend ab. Zwar sind bisher noch keine **Touristen** Opfer von Mordanschlägen geworden, aber wer will schon als Kollateralschaden enden? Ein Anschlag auf ein auch von Ausländern bewohntes Hotel in Hat Yai mit Toten und Verletzten belegt, dass hier keinerlei Rücksicht genommen wird.

Aktuelle Berichte über die Situation in den Südprovinzen findet man in den beiden englischsprachigen Tageszeitungen The Nation und Bangkok Post. Weitere Informationen über die Entstehung und den Verlauf des Aufstandes unter 🖳 www.en.wikipedia.org/wiki/South_Thailand_insurgency.

Die **Grenzübergänge** nach Malaysia in Betong und Tak Bai sind somit keine Optionen mehr. Der Grenzübergang **Wangprachan** ist in letzter Zeit populär geworden. Der Ort ist inzwischen das Ziel organisierter Visa Runs sogar aus Krabi oder von Ko Samui. Von Satun kostet eines der häufig verkehrenden Pick-ups 40–50 Baht einfach, ein Taxi 500–600 Baht hin und zurück. ⊕ Grenzübergang 7–18 Uhr.

Von Hat Yai aus erreichbar sind Padang Besar mit dem Zug, Grenzübergang ⊕ 7–21 Uhr, und Sadao mit dem Minibus für 50 Baht oder Taxi für 600–900 Baht hin und zurück, Grenzübergang ⊕ 7–18 Uhr. Nach Sungai Golok fährt von Hat Yai aus ebenfalls ein Zug. Touristen haben aber bereits wegen erhöhter Gefahr dafür keine Tickets bekommen. Auch mit dem Minibus ist Sungai Golok zu erreichen. Der Weg führt jedoch quer durch die Unruheprovinzen.

reffpunkt und Mittelpunkt der Stadt, nicht wirk-
ch etwas Besonderes, doch wer sie aufsucht,
ndet Kontakt zur moslemischen Bevölkerung
hailands abseits aller Touristenpfade und ohne
ie Gefahren, die derzeit den tiefen Süden nahe-
u unbereisbar machen (Kasten S. 924).

Neben Moslems wohnen in Satun Thais und
hinesischstämmige. Es gibt neben der Mo-
chee auch einen chinesischen und natürlich
uch einen buddhistischen Tempel, das 200 Jah-
e alte **Wat Chanathip Chaloem**. Dämonen bewa-
hen die Eingänge, innen befindet sich ein Bron-
ebuddha.

Die Provinz Satun beansprucht als touristi-
ches Highlight die Inseln des **Tarutao National
ark** (S. 910) für sich, doch die touristische Rou-
e bringt es mit sich, dass die meisten Reisenden
on Trang aus die Inseln ansteuern. Insgesamt
egen vor der Küste Satuns 145 km Strand. Das
an Yong Cap und der **Long Beach** sind Ziele
der Umgebung. Statt Strandleben im Bikini
ibt es hier einen intensiven Einblick ins traditio-
elle Leben der Fischer. Nahebei befindet sich
uch der **Thale Ban National Park** (mehr dazu
, **eXTra [5759]**) und die **Phuphaphet-Höhle**
Diamanthöhle", mehr dazu s. **eXTra [5760]**).

## ÜBERNACHTUNG

Satun nächtigt man am besten in einem der
otels. Diese haben oft TV und Fenster und sind
twas besser ausgestattet als die Gästehäuser.
enerell ist der Standard eher niedrig.

**n's Gh.** ②, 49 Kuhaprawed Rd., ☎ 081
7 9783, ✉ onmarch13@hotmail.com. Ruhiges
uesthouse mit einfachen, sauberen Zimmern
nd familiärer Atmosphäre. In einer Seiten-
asse nahe dem Flussufer, Kontakt über
n's The Living Room (s. u.). ②

**innacle Satun Wangmai Hotel** ①, 43 Satun
hane Rd., ☎ 074-711 607, 🖳 www.pinnacle
otels.com. 108 Zimmer mit Ventilator oder AC,
cht sauber, einfache Ausstattung. Vor allem
alaien, die meisten davon geschäftlich unter-
egs, steigen hier ab. Minibar, TV, manche
mmer mit Badewanne. ③–⑤

**ian Thong Hotel** ④, 4–6 Samanta Pradit Rd.,
074-711 036. Gegenüber der Bootsanlege-
elle. Große Zimmer, relativ sauber. ②

**Satun**

N  0  200 m

Hat Yai, Trang,
Thale Ban N.P.,
Phuphaphet-Höhle  406

NACHTMARKT

Ruangritcharoon Rd.
Sathun Thani Rd.
Yartrasawadi Rd.
POLIZEI
Hatthaiamuksa Rd.

IMMIGRATION

**Mambang
Matsayid-
Moschee**

Arphinya
Uytuk Rd.
Buranamit Rd.
Saritphuminat Rd.
Sulewith Rd.

MARKT

Tirasathit Rd.

Samanta Pradit Rd.

**Wat
Chanathip
Chaloem**

Wisetmayura Rd.

Pracha Uthit Rd.

Sathiyuthithum
Rd.

Sulakanukun

Klong Mam Bong

Sulakanukun 15 Rd.

406

**Tammalang
Pier (9 km),
Tan Yong Cap,
Long Beach**

DIE ANDAMANENKÜSTE

---

| 🟥 **ÜBERNACHTUNG** | 🟦 **TRANSPORT** |
|---|---|
| ① Pinnacle Satun Wangmai Hotel | ❶ Satun Travel & Ferry Service |
| ② On's Gh. | ❷ Minibus nach Hat Yai |
| ③ Sinkiat Thani Hotel | ❸ Bus nach Bangkok |
| ④ Rian Thong Hotel | ❹ Boote nach Kuala Perlis |
| | ❺ Taxi nach Wangprachan, Thale Ban |
| 🟩 **ESSEN** | ❻ Taxi nach Trang, Hat Yai |
| 1 Time Restaurant | ❼ Pick-up zum Tamalang-Pier |
| 2 On's The Living Room | ❽ Boote nach Langkawi |
| 3 Nudelsuppen-Restaurant | ❾ Busbahnhof |

## Ein Haus mit Geschichte

Über die Region kundig machen kann man sich im **Nationalmuseum**, ✆ 074-723 140, von Satun, auch als Kuden Mansion bekannt und als Guden Castle ausgeschildert. In einem Gebäude im Kolonialstil werden Gegenstände aus der Kultur und Geschichte der Region gezeigt. Zudem gewährt ein Besuch hier interessante Einblicke in die Geschichte des Tarutao National Parks, als die Hauptinsel noch ein Gefängnis war. Das Haus, in dem sich das Museum befindet, wurde in den Jahren 1940–43 von den Japanern besetzt. Es heißt, hier haben sich führende Köpfe zur Planung des Anschlags auf Pearl Harbor versammelt. ⏲ tgl. außer Mo und Di 9–16 Uhr, Eintritt 30 Baht.

**Sinkiat Thani Hotel** ③, 50 Burivanit Rd., ✆ 074-721 055. Mittelklassehotel mit großen Zimmern, einige mit Badewanne, alle mit Minibar und TV. Obwohl nicht mehr neu, gut in Schuss gehalten und sauber. Mit Blick auf die Berge wohnt man in den Zimmern der oberen Stockwerke. ❹

### ESSEN

Einen Versuch wert sind die Gerichte auf dem **Nachtmarkt**. Man sollte es nicht versäumen, etwas Moslemisches zu probieren. Für das gute Masaman-Curry wurde die Provinz sogar ausgezeichnet und darf das Curry als OTOP verkaufen.

Ein **chinesisches Nudelsuppen-Restaurant** mit einer kräftigen(den) dunklen Suppe liegt an der Satun Thani, Ecke Samanta Pradit Rd. Schließt schon mittags. Wer Kurzgebratenes aus dem Wok bevorzugt, wird nebenan fündig.

**On's The Living Room**, tischt westliche Küche auf. Wer Pizza braucht oder Nudeln, findet hier etwas, es gibt auch Bier und Mixgetränke.

**Time Restaurant**, etwas gehobeneres Niveau und entsprechend etwas teurer. Hier macht eine riesige Speisekarte die Auswahl nicht gerade leicht. Zum Essen kann man sich ein kühles Bierchen gönnen.

### SONSTIGES

#### Immigration
Die Immigration hat ihr Hauptbüro in der Stadt, ⏲ Mo–Fr 8.30–16 Uhr. Ein Besuch ist kaum nötig: Wer über die Grenze nach Malaysia (Wangprachan) geht, bekommt seine Stempel am Tammalang-Pier. ⏲ Grenze 6–17 Uhr.

#### Medizinische Hilfe
Das **Krankenhaus** der Stadt befindet sich etwa nördlich vom Zentrum nahe der **Polizeistation** an der Satun Thani Rd.

#### Post
Das Postamt liegt in der Samanta Pradit Rd. ⏲ Mo–Fr 8.30–16.30, Sa, So und feiertags 9–14 Uhr.

#### Reisebüros
**Satun Travel & Ferry Service**, 45/16 Satun Thani Rd., ✆ 074-711 453. Tickets zu den Inseln Ko Lipe, Ko Tarutao und Ko Adang und auch Fährtickets nach Langkawi. Minibusse. Weitere Reisebüros am **Tammalang-Pier**; wer dort ankommt, kann direkt die Weiterfahrt buchen; alle größeren Ziele bis nach Bangkok werden angeboten.

### TRANSPORT

#### Busse
Der **Busbahnhof** befindet sich etwas außerhalb, südlich der Stadt. Man kann aber auch in der Stadt in der Bureevanitch Rd. zusteigen. HAT YAI, stdl. mit dem blauen Bus Nr. 7 für 60 Baht in 1 1/2 Std.; Bus kann an der Satun Thani Rd. herangewinkt werden.
KRABI, mit dem Phuket-Bus für 230 Baht in 5 Std.
LA-NGU, die Busse nach Phuket halten hier nach etwa 1 Std. Fahrzeit (40 Baht). Nach PAKBARA geht es von hier mit dem Pick-up weiter.

HUKET, um 8.15, 10.15, 12.15 und 20 Uhr
für 390 Baht in 8 Std.
RANG, stdl. zwischen 6 und 16.30 Uhr
für 90 Baht in 2 Std. Der AC-Bus nach Phuket
ält auch in Trang (130 Baht).

### Minibusse, Sammeltaxis und Songthaew

e nach Saison und Reiseziel ändern sich die
bfahrtszeiten und -orte öfters; vorsichtshalber
or Ort überprüfen.
AT YAI, stdl. Minibusse an der Satun Thani Rd.
wischen 6 und 17 Uhr für 100 Baht; außerdem
axis gegenüber der Immigration (S. 926).
RABI, mit Minibus (Satun Travel) um 11 und
6.30 Uhr für 450 Baht in 4 1/2 Std.
AKBARA, mit Sammeltaxi für 300 Baht.
HALE BAN NATIONAL PARK, unregelmäßig
it dem Sammeltaxi für 50 Baht.
RANG, mit Minibus (Satun Travel) um 11 und
6.30 Uhr für 250 Baht in 2 1/2 Std.
VANGPRACHAN (Grenze nach Malaysia),
m 7 und 9 Uhr für 40 Baht bei genügend
itfahrern; Abfahrt ggü. dem Rian Thong Hotel.
opedtaxis kosten für einen Weg ca. 300 Baht.

### Boote

Die Boote nach Ko Lipe, Ko Adang, Ko Tarutao
und Langkawi halten, starten und landen alle
am **Tammalang-Pier**, 9 km südlich von Satun.
Mit dem Pick-up in 15 Min. für 20 Baht; Mopedtaxi ab 50 Baht. Am Hafen gibt es eine **Immigration**, die das Visum für Thailand ein- bzw.
ausstempelt. Etwa 1 Std. vor Abfahrt der Fähre
nach Langkawi fährt von Satun Travel ein Taxi
für 30 Baht von Satun zum Pier.
KO ADANG und KO BULON LEH,
350 Baht.
KO LIPE (über KO TARUTAO und KO ADANG),
um 12.30 Uhr für 700 Baht.
KUALA PERLIS, in der Saison mit dem Longtail-
Boot für 150 Baht in 1 Std.; Abfahrt, wenn
das Boot voll ist. Charterboot 1500 Baht. Bei
genügend Wasser startet das Boot manchmal
am Pier in der Stadt und fährt zur Immigration,
bevor es auf die anstrengende Fahrt nach
Kuala Perlis geht.
LANGKAWI, mit der Fähre um 9.30, 13.30 und
16 Uhr für 300 Baht in gut 1 Std. Ein Schnellboot
geht um 8 Uhr und kostet 600 Baht.

# Anhang

# Sprachführer

Wenigstens ein paar Worte auf Thai sprechen zu können und das Bemühen zu zeigen, noch mehr lernen zu wollen – dies weckt spontane Sympathie und Neugier in den meisten Einheimischen. Selbst mit einem Wörterbuch hat man große Schwierigkeiten, die Worte richtig auszusprechen. Neben den Tonhöhen, die Anfänger praktisch nie richtig treffen, muss man sich mit 44 Konsonanten und 32 Vokalen herumschlagen, die es zum großen Teil in unserer Sprache nicht gibt.

Der folgende Grundwortschatz kann hierbei eine kleine Hilfestellung sein. Am besten lässt man sich die Wörter von einem Thai vorsprechen und versucht, sie nachzusingen.

Wer die Zahlen bis 1000 in Thai beherrscht, wird einen guten Eindruck machen – vor allem bei Taxifahrern und beim Handeln. Tonhöhen haben wir nicht angegeben. Die Aussprache-Umschrift der ausgewählten Worte basiert auf dem Deutschen.

## Das Allerwichtigste

Jeder Satz erhält durch das Anhängen der obligatorischen Endung „khrap" (von Männern gesprochen) und „kha" (von Frauen gesprochen) einen höflichen Klang.

| Willkommen! (Begrüßung) | sawadie khrap / kha | สวัสดีครับ/ค่ะ |
| Auf Wiedersehen | pop gan mai | แล้วพบกันใหม่ |
| Tschüss | laa gon | ลาก่อน |
| Viel Glück! | dschok die | โชคดี |
| Wie geht es? | sabai die mai? | สบายดีไหม |
| Mir geht's gut | sabai die | สบายดี |
| Das macht nichts! | mai pen rai | ไม่เป็นไร |
| danke (Männer/ Frauen) | kop khun khrap / kha | ขอบคุณครับ/ค่ |
| bitte (fordernd) | prott | โปรด |
| bitte (einladend) | tschuhn | เชิญ |
| Wie heißt du? | dschüarai | เธอชื่ออะไร |
| Ich heiße ... | dschüa | ฉันชื่อ... |
| Wie alt bist du? | ahju tao-rai | เธออายุเท่าไห |
| Woher kommst du? | töh mah dschak tienai? | เธอมาจากไหน |
| Wo wohnst du? | ju tienai | เธออยู่ที่ไหน |
| Was machst du? | tham arai | ท่าอะไร |
| Sprichst du Thai? | phuht thai daai mai? | เธอพูดไทยได้ ้ไหม |
| Ich spreche ein wenig Thai | phuht thai nitnoi | ฉันพูดไทยได้ ้นิดหน่อย |
| Verstehen Sie? | kao dschai mai? | คุณเข้าใจไหม |
| Ich verstehe (nicht) | pom/tchan (mai) kao-dschai | ฉันไม่เข้าใจ |

ANHANG

| | | |
|---|---|---|
| Bitte sprechen Sie langsam! | *prott put cha cha* | โปรดพูดช้าๆ |
| Darf ich fotografieren? | *tai ruhpdai mai?* | ถ่ายรูปได้ไหม |
| Achtung! | *rawang* | ระวัง |
| Es tut mir leid | *pom/tchan sia chai* | ฉันเสียใจ |
| Entschuldigung | *kao tott* | ขอโทษ |
| müssen | *tong* | ต้อง |
| können | *dai* | ได้ |
| brauchen | *dongka* | ต้องการ |
| haben | *mih …* | มี |

## Personen

| | | |
|---|---|---|
| ich (weiblich) | *ditchan / tchan* | ดิฉัน/ฉัน |
| ich (männlich) | *pom / kra pom* | ผม/กระผม |
| du, Sie, ihr | *töh / khun / puak töh* | เธอ/คุณ/พวกเธอ |
| er, sie, es | *khao* | เขา |
| wir | *rao* | เรา |
| Sie bzw. Herr … | *khun* | คุณ |
| Junge | *dek phudschai* | เด็กผู้ชาย |
| Mädchen | *dek phujing* | เด็กผู้หญิง |
| Kind | *dek* | เด็ก |
| Freund | *püan* | เพื่อน |
| westlicher Ausländer | *farang* | ฝรั่ง |

## Fragen

| | | |
|---|---|---|
| Wann? | *möerai?* | เมื่อไหร่ |
| Warum? | *tammai?* | ทำไม |
| Was? | *arai?* | อะไร |
| Wer, wen, wem? | *krei?* | ใคร |
| Wie? | *jangrai?* | อย่างไร |
| Wie viel(e)? | *tao-rai?* | เท่าไหร่ |
| Wo, wohin, woher? | *tienai?* | ที่ไหน |

## Antworten

| | | |
|---|---|---|
| ja | *dschai* | ใช่ |
| nein | *mai, plao* | ไม่/เปล่า |
| nicht | *mai* | ไม่ |

| | | |
|---|---|---|
| gut | *die* | ดี |
| sehr gut | *die mak* | ดีมาก |
| nicht gut | *mai die* | ไม่ดี |
| sehr | *mahk mahk* | มากๆ |
| vielleicht | *bangti* | บางที |
| ein bisschen | *nitnoi* | นิดหน่อย |

## Eigenschaften

| | | |
|---|---|---|
| allein | *khun dijo* | คนเดียว |
| billig | *mai päng, thuk* | ไม่แพ |
| gesund | *sabai* | สบาย |
| groß | *yai* | ใหญ่ |
| gut, clever | *gäng, tschalat* | เก่ |
| kaputt | *pang* | พ |
| klein | *leck* | เล็ก |
| krank | *mai sabai* | ไม่สบาย |
| kurz | *san* | สั้น |
| lang | *yao* | ยาว |
| mit | *gap* | กับ |
| müde | *nguang non* | ง่วนอน |
| ohne | *mai mi* | ไม่มี |
| (zu) teuer | *päng (pai)* | แพ่ไป |
| viel | *jö, mak* | เยอะ |
| wenig | *noi* | น้อย |

## Orientierung und Transport

| | | |
|---|---|---|
| geradeaus | *trong pai* | ตรงไป |
| (nach) links | *(liao) sai* | (เลี้ยว) ซ้าย |
| (nach) rechts | *(liao) khwa* | (เลี้ยว) ขวา |
| Stopp! | *jut* | หยุด |
| Welche Straße ist das? | *thanon nih arai?* | ถนนนี้ชื่ออะไร |
| Welche Stadt ist das? | *müang nih arai?* | เมืองนี้ชื่ออะไร |
| Wohin gehst du? | *pai nai?* | เธอจะไปไหน |
| Ich gehe nach … | *pom/dschan pai …* | ฉันจะไป... |
| Ich gehe schwimmen | *pai wainahm* | ฉันไปว่ายน้ำ |
| Bus | *rot meh* | รถเมล์ |

## Zahlen

| 1 | nöng | ๑ |
|---|------|---|
| 2 | sohng | ๒ |
| 3 | sahm | ๓ |
| 4 | sie | ๔ |
| 5 | hah | ๕ |
| 6 | hock | ๖ |
| 7 | dschet | ๗ |
| 8 | bät | ๘ |
| 9 | gao | ๙ |
| 10 | sip | ๑๐ |
| 11 | sip et | ๑๑ |
| 20 | jie sip | ๒๐ |
| 21 | jie sip et | ๒๐ |
| 25 | jie sip hah | ๒๕ |
| 30 | sahm sip | ๓๐ |
| 40 | sie sip | ๔๐ |
| 100 | nöng roy | ๑๐๐ |
| 200 | sohng roy | ๒๐๐ |
| 1000 | nöng pan | ๑๐๐๐ |
| 10 000 | nöng müün | ๑๐๐๐๐ |
| 100 000 | nöng sähn | ๑๐๐๐๐๐ |
| 1 000 000 | nöng laan | ๑๐๐๐๐๐๐ |

| | | |
|---|---|---|
| Busbahnhof | sathani rot meh | สถานีรถเมล์ |
| Eisenbahn | rot fai | รถไฟ |
| Bahnhof | sathani rot fai | สถานีรถไฟ |
| Flugzeug | krüang bin | เครื่องบิน |
| Flugplatz | sahnam bin | สนามบิน |
| Boot | rüha | เรือ |
| Hafen | tah rüha | ท่าเรือ |
| Taxi | teksi | แท็กซี่ |
| Auto | rot jon | รถยนต์ |
| Motorrad | mohtöhsai | มอร์เตอร์ไซค์ |
| Fahrrad | dschakrajahn | รถจักรยาน |

| | | |
|---|---|---|
| mieten | tschau | เช่า |
| Benzin | bensin | เบนซิน |
| Normalbenzin | tammadah | ธรรมดา |
| Super | supähr | ซุปเปอร์ |

## Umwelt

| | | |
|---|---|---|
| Stadt | müang | เมือ |
| Großstadt | nakhon / müang yai | นคร/เมืองใหญ่ |
| Dorf | mu bahn | หมู่บ้าน |
| Berg | doi | ภูเขา/เขา |
| Kanal | klong | คลอง |
| Fluss | mä nahm | แม่น้ำ |
| Insel | ko | เกาะ |
| Strand | haht | ชายหาด/หาด |
| Bucht | ao | อ่าว |
| Wasserfall | nahm tok | น้ำตก |
| Höhle | tam | ถ้ำ |
| Straße | thanom | ถนน |
| Gasse | soi | ซอย |
| Wald | pah | ป่า |

## Übernachten

| | | |
|---|---|---|
| Hotel | rong rähm | โรงแรม |
| Wo gibt es ein Hotel? | rong rähm ju tienai? | โรงแรมอยู่ที่ไหน |
| Zimmer | hong | ห้อง |
| Bett | tiang | เตียง |
| Schlüssel | gun tschä | กุญแจ |
| Moskito | jung | ยุ้ |
| Moskitonetz | mung | มุ้ง |
| Moskito-Coils | ja gan jung | ยากันยุ้ |
| Badezimmer | hong nahm | ห้องน้ำ |
| Toilette | hong suam | ห้องส้วม |
| Wo ist die Toilette? | hong nahm ju tienai | ห้องน้ำอยู่ที่ไหน |
| Toilettenpapier | gadad schamla | กระดาษชำระ |
| Seife | sabu | สะบู่ |
| Handtuch | pa set dua | ผ้าเช็ดตัว |

**Essen und Trinken** s. S. 51

## Einkaufen

| | | |
|---|---|---|
| Wie viel kostet es? | *raka tao-rai?* | ราคาเท่าไร |
| Wie viel Baht? | *kih baht?* | กี่บาท |
| Wie viel möchten Sie? | *khun tong kahn tao-rai?* | คุณต้องการเท่าไร |
| kaufen | *süh* | ซื้อ |
| verkaufen | *khai* | ขาย |
| es gibt … | *mie …* | มี |
| es gibt nicht | *mai mie* | ไม่มี |

## Gesundheit

| | | |
|---|---|---|
| Apotheke | *ran khai jah* | ร้านขายยา |
| Arzt | *khun mo* | หมอ |
| Durchfall | *tong ruang* | ท้องร่วง |
| erbrechen | *adschian* | อาเจียร |
| Fieber | *kai* | ไข้ |
| Krankenhaus | *rong paya-bahn* | โรงพยาบาล |
| Medizin | *jah* | ยา |
| wehtun | *dschep* | เจ็บ |

## Zeit

| | | |
|---|---|---|
| Morgen | *tschao* | เช้า |
| Mittag | *tiang* | เที่ย |
| Abend | *jen* | เย็น |
| Nacht | *klang khühn* | กลางคืน |
| heute | *wan-nie* | วันนี้ |
| morgen | *prung-nie* | พรุ้ |
| gestern | *müa wan-nie* | เมื่อวานนี้ |
| Minute | *natie* | นาที |
| Stunde | *tschua mohng* | ชั่วโม |
| Tag | *wan* | วัน |
| Woche | *sapda / athit* | อาทิตย์ |
| Monat | *düan* | เดือน |
| Jahr | *pbi* | ปี |
| jetzt | *gi* | เดี๋ยวนี้ |
| später | *lang* | ทีหลั |
| noch nicht | *jang mai* | ยั |
| schon / fertig | *läu* | แล้ว |

# Wichtige Reiseziele in Thai-Schrift

| | |
|---|---|
| Ang Sila | อ่าศิลา |
| Ang Thong Marine National Park | หมู่เกาะอ่างทอง |
| Aranyaprathet | อรัญประเทศ |
| Ayutthaya | อยุธยา |
| Ban Chiang | บ้านเชีย |
| Ban Mae Hat | บ้านแม่หาด |
| Bang Pa In – Der Sommerpalast | พระราชวังบ้างอิน |
| Ban Phe | บ้านเพ |
| Bang Saen | บ้แสน |
| Bang Sai | บาไทร |
| Bang Sak | บาสัก |
| Bang Saphan | บาสะพาน |
| Bangkok | กรุ๊เทพฯ |
| Betong | เบต็ |
| Bhumibol-Staudamm | เขื่อนภูมิพล |
| Bung Kan | บึกาฬ |
| Cha-Am | ชะอ๋า |
| Chaiya | ไชยา |
| Chaiyaphum | ชัยภูมิ |
| Chantaburi | จันทบุรี |
| Chiang Khan | เชียคาน |
| Chiang Khong | เชียขอ |
| Chiang Mai | เชียใหม่ |
| Chiang Rai | เชียราย |
| Chiang Saen | เชียแสน |
| Chonburi | ชลบุรี |
| Chum Phae | ชุมแพ |
| Chumphon | ชุมพร |
| Damnoen Saduak | ดำเนินสะดวก |
| Doi Inthanon | ดอยอินทนนท์ |
| Doi Khuntan National Park | สวนอุทยานดอยขุนตาน |
| Doi Tung | ดอยตุ? |
| Fang | ฝา |

ANHANG

| | | | |
|---|---|---|---|
| Goldenes Dreieck | สามเหลี่ยมทองคำ | Ko Si Chang | เกาะสีชัง |
| Hat Yai | หาดใหญ่ | Ko Similan National Park | อุทยานแห่งชาติเกาะสิมิลัน |
| Hua Hin | หัวหิน | | |
| Jae Sorn National Park | สวนอุทยานแจซอน | Ko Siray / Ko Sire | เกาะสิเหร่ |
| | | Ko Sukon | เกาะสุกร |
| Kaeng Krachan National Park | สวนอุทยานแก่งกระจาน | Ko Surin National Park | อุทยานแห่งชาติเกาะสุรินทร์ |
| Kamphaeng Phet | กำแพงเพชร | Ko Tao | เกาะเต่า |
| Kanchanaburi | กาญจนบุรี | Ko Tarutao | เกาะตะรุเตา |
| Khanom | ขนอม | Ko Thalu | เกาะทะลุ |
| Khao Lak | เขาหลัก | Ko Wai | เกาะหวาย |
| Khao Sam Roi Yot National Park | สวนอุทยานเขาสามร้อยยอด | Ko Yang | เกาะยาง |
| | | Ko Yao Noi | เกาะยาวน้อย |
| Khao Sok National Park | สวนอุทยานเขาสก | Ko Yao Yai | เกาะยาวใหญ่ |
| Khao Yai National Park | สวนอุทยานเขาใหญ่ | Korat (Nakhon Ratchasima) | โคราช |
| Khon Kaen | ขอนแก่น | Krabi | กระบี่ |
| Kong Chiam | โขงเจียม | Laem Mae Phim | แหลมแม่พิมพ์ |
| Khung Wiman | กุ้งวิมาน | Laem Ngop | แหลมงอบ |
| Klong Lan National Park | สวนอุทยานคลองลาน | Laem Sadet | แหลมเสด็จ |
| Ko Bulon Lae | เกาะบูลอนเล | Laem Son National Park | สวนอุทยานแหลมสน |
| Ko Chang | เกาะช้าง | Lampang | ลำปาง |
| Ko Hai | เกาะไห | Lansang National Park | สวนอุทยานลานสาง |
| Ko Kood | เกาะกูด | | |
| Ko Kradan | เกาะกระดาน | Loei | เลย |
| Ko Lanta | เกาะลันตา | Lopburi | ลพบุรี |
| Ko Libong | เกาะลิบง | Mae Hong Son | แม่ฮ่องสอน |
| Ko Lipe | เกาะหลีเป๊ะ | Mae Sa Valley | แม่สาวัลเล่ย์ |
| Ko Lone | เกาะโหลน | Mae Sai | แม่สาย |
| Ko Mak | เกาะหมาก | Mae Salong | แม่สลอง |
| Ko Maphrao | เกาะมะพร้าว | Mae Sariang | แม่สะเรียง |
| Ko Mook / Ko Muk | เกาะมุก | Mae Sot | แม่สอด |
| Ko Nang Yuan | เกาะนางยวน | Mu Ko Chumphon National Park | อุทยานแห่งชาติหมู่เกาะชุมพร |
| Ko Pha Ngan | เกาะพะงัน | | |
| Ko Phayam | เกาะพะยาม | Mu Ko Ra – Ko Phra Thong National Park | อุทยานแห่งชาติหมู่เกาะระเกาะพระทอง |
| Ko Phi Phi | เกาะพีพี | | |
| Ko Rayang | เกาะระยั้ง | Mukdahan | มุกดาหาร |
| Ko Rok | เกาะรอก | Nakhon Pathom | นครปฐม |
| Ko Samet | เกาะเสม็ด | Nakhon Phanom | นครพนม |
| Ko Samui | เกาะสมุย | Nakhon Sawan | นครสวรรค์ |
| | | Nakhon Si Thammarat | นครศรีธรรมราช |

ANHANG

| | |
|---|---|
| am Tok Khlong Kaew ational Park | อุทยานแห่งชาตินัตกคล อี่แก้ว |
| an | น่าน |
| arathiwat | นราธิวาส |
| athon | หน้าทอน |
| ong Khai | หนองคาย |
| adang Besar | ปาดังเบซา |
| ai | ปาย |
| ak Chong | ปากช่อง |
| akbara | ปากบารา |
| ang Mapha oppong) | สบปอง |
| attani | ปัตตานี |
| attaya | พัทยา |
| ha Taem | ผาแดม |
| nang Nga | พ้า |
| hattalung | พัทลุ่ง |
| hayao | พะเยา |
| netchaburi | เพชรบุรี |
| hichit | พิจิตร |
| nimai | พิมาย |
| hitsanulok | พิษณุโลก |
| nlio National Park | อุทยานแห่งชาติพสิโอ |
| hrae | แพร่ |
| hu Kradung National ark | ภูกระดึ |
| huket | ภูเก็ต |
| rachuap Khiri Khan | ประจวบคีรีขันธ์ |
| asat Khao Phra harn | ปราสาทเขาพระวิหาร |
| asat Phanom Rung | ปราสาทพนมรุ้ |
| amkhamhaeng ational Park | สวนอุทยานรามคำแห่ |
| anong | ระนอ |
| atchaburi | ราชบุรี |
| ayong | ระยอ |
| adao | สะเดา |
| akon Nakhon | สกลนคร |
| amphran | สามพราน |
| amut Prakan | สมุทรปราการ |
| amut Sakhon | สมุทรสาคร |
| Samut Songkhram | สมุทรส์คราม |
| Satun | สตูล |
| Sawankhalok | สวรรคโลก |
| Si Racha | ศรีราชา |
| Si Satchanalai | ศรีสัชนาลัย |
| Sichon | สิชล |
| Similan-Inseln | หมู่เกาะสิมิลัน |
| Songkhla | ส้งขลา |
| Sri Nakharin National Park | อุทยานแห่งชาติศรีนรินทร์ |
| Sri Phang Nga National Park | อุทยานแห่งชาติศรีพ๊ |
| Sukhothai | สุโขทัย |
| Sungai Golok | สุไห่โกลก |
| Suphanburi | สุพรรณบุรี |
| Surat Thani | สุราษฎร์ธานี |
| Surin | สุรินทร์ |
| Surin-Inseln | หมู่เกาะสุรินทร์ |
| Tak | ตาก |
| Tak Bai | ตากใบ |
| Taksin Maharat National Park | สวนอุทยานตากสินม หาราช |
| Takua Pa | ตะกั่วป่า |
| Tarutao National Park | สวนอุทยานเกาะตะรุเตา |
| Tha Li | ท่าลี |
| That Phanom | ธาตุพนม |
| Thaton | ท่าตอน |
| Thong Sala | ท้อ็ศาลา |
| Trang | ตรั |
| Trat | ตราด |
| Ubon Ratchathani | อุบลราชธานี |
| Udon Thani | อุดรธานี |
| Umphang | อุ่มผ่า |
| Uttaradit | อุตรดิตถ์ |
| Wangprachan | วีปราจั |
| Wat Khao Sukim | วัดเขาสุกิม |
| Wat Phailom | วัดไผ่ล้อม |
| Wat Suan Moke | วัดสวนโมกข์ |
| Yala | ยะลา |
| Yasothon | ยโสธร |

# Glossar

Viele Begriffe stammen aus den altindischen Sprachen Pali oder Sanskrit (Skt.). Bei der phonetischen Umschrift wurde auf die diakritischen Zeichen (z. B. für lange Vokale oder Nasalierungen) verzichtet.

**Ao** Bucht, auch Teil einer Ortsbezeichnung, z. B. Ao Nang

**Apsara** himmlische Tänzerin in der buddhistischen Tradition; auch bekannt in der hinduistischen Mythologie

**Asana** Körperhaltung in der buddhistischen Ikonografie

**Asean** (Association of Southeast Asian Nations) politischer und wirtschaftlicher Verband südostasiatischer Staaten

**Asura** Dämon aus dem Ramayana

**Avalokiteshvara** (Skt.) „Herr, der die Welt betrachtet"; Bodhisattva des Mitgefühls

**Ban, Bang** Dorf; tritt auch in vielen Ortsbezeichnungen auf, wie z. B. in Bangkok oder Ban Chiang

**Basrelief** Flachrelief, bei dem die aus dem Stein gemeißelten Figuren oder Gegenstände nur ein wenig aus der als Hintergrund dienenden Fläche herausragen

**Bodhi-Baum** *Ficus religiosa,* heiliger Baum, unter dem Buddha zur Erleuchtung gelangte

**Bodhisattva** im Buddhismus ein Wesen, das die vollständige Erleuchtung erlangt hat, jedoch auf den Einzug ins Nirwana verzichtet, um den Menschen ebenfalls auf diese hohe Stufe zu verhelfen

**Bot** Pali *sima* = Ordinationshalle; das wichtigste Gebäude eines buddhistischen Klosters mit Heiligtum, in dem die Mönche auch ordiniert werden

**Brahma** Schöpfergott, eine der drei zentralen Gottheiten des Hinduismus

**Brahmane** Angehöriger der höchsten Kaste des Hinduismus, hinduistischer Priester

**Buddha** „Der Erwachte"; einer, der zur vollkommenen Erleuchtung gelangt ist

**Busabok** Holzthron mit gestaffeltem Dach; Sitzplatz eines Königs oder einer heiligen Statue

**Chakra** **(Skt.)** Rad; Symbol für die buddhistische Lehre und eines der Attribute von Vishnu

**Chang** Elefant, auch Name eines Thai-Biers

**Chao fa** Herrscherbezeichnung der Lue, Shan und Khuen

**Chedi** von Sanskrit *caitya* = Heiligtum; in Myanmar und Thailand Synonym für Stupa

**Dharma** Sanskrit-Bezeichnung für die buddhistischen Lehren; entspricht dem Pali-Wort *dhamma*

**Doi** Berg, Hügel, der höchste des Landes ist der Doi Inthanon mit 2565 m

**Dvaravati** Kunststil der Mon, die ab dem 6. Jh. in Thailand und Burma siedelten

**Erawan** dreiköpfiger weißer Elefant; Reittier von Indra; Symbol der königlichen Macht, Sanskrit *airavata*

**Farang** westlicher Ausländer, auch: Guave

**Frangipani** *Plumeria rubra;* auch: Tempel- ode Pagodenbaum

**Ganesha** elefantenköpfiger Gott der Weisheit; Sohn von Shiva und Parvati

**Garuda** mythisches Wesen, halb Mensch, halb Vogel; das Tragtier von Vishnu

**Hat** Strand, z. B. Hat Sai Kao (White Sand Beach)

**Headquarter** Büro der Nationalparkverwaltung in dem manchmal auch Touren gebucht werden können und Informationen erhältlich sind

**Howdah** Sitz auf dem Rücken des Elefanten

**Indochina** Kambodscha, Laos und Vietnam

**Indra (Skt.)** König der Götter und Beschützer des Ostens

**Isarn** Der Nordosten Thailands; auch: Isan, I-san, Isaan, E-sarn

**Jataka** ein Kanon von 550 Erzählungen aus de früheren Leben und Existenzen des Buddha; häufig in Tempeln bildlich dargestellt

**Kala** Gott der Zeit und somit des Todes und Verfalls, meist mit vorstehenden Augen und Klauen sowie ohne Unterkiefer dargestellt

**Kali** die schwarze Göttin des Hinduismus mit einer Kette aus Schädeln, Verkörperung der dunklen Seite der Macht; ihr werden in Teilen Indiens immer noch Blutopfer dargebracht

**Kapokbaum** „Baumwollbaum" (liefert Polstermaterial u. a. für harte Matratzen)

**Karma** Sanskrit-Bezeichnung für das Verhältnis von Ursache und Wirkung; entspricht dem Pali-Wort *kamma*

**Khao** Berg, Hügel

**Khmer** die einheimische Bevölkerung Kambodschas (austauschbar mit „Kambodschaner") und zugleich Name ihrer Sprache

**Kinnara (männlich), Kinnari (weiblich) (Skt.)** im Himmel lebende, halb menschliche, halb vogelartige Musikanten und Sänger

**Klong** Kanal

**Ko(h)** Insel

**Krishna** achte Inkarnation des Hindugottes Vishnu, seine menschliche Form

**Kuti** Mönchsunterkunft

**Lak Muang** Tempel für den Schutzgeist eines Ortes; Stadtsäule

**Laterit** rotbraunes Gestein, das in der Sonne härtet und zu widerstandsfähigem Baumaterial wird

**Lingam** phallisch geformte Steinsäule; Symbol für den Hindugott Shiva

**Lokeshvara** Avalokitesvara; Bodhisattva des Mitgefühls und Erbarmens

**Mae Chi** „weiße Mutter", buddhistische Nonne

**Mae Nam** Fluss, übersetzt die „Mutter des Wassers"

**Mahabharata** eines der beiden bedeutendsten altindischen Epen (das zweite: *Ramayana*); wichtige Quelle des Hinduismus; erzählt von den Auseinandersetzungen der Familienklane Kaurava und Pandava um die Macht im Norden Indiens

**Mahout** Elefantenführer

**Mandapa (Skt.)** zum Sanktuarium führende Vorhalle, manchmal separat stehend

**Mekong** großer Fluss und aus Reis gebrannter Thai-Whisky

**Meru** goldener Berg als Heimat der Götter, Zentrum des Universums in der hinduistisch-buddhistischen Kosmologie

**Mittraphap** Freundschaft

**Mondhop** Klosterbibliothek mit quadratischem Grundriss

**Muang** befestigte Siedlung, Stadt

**Mudra** Hand- und Fingerhaltung in der buddhistischen Ikonografie

**Mukhalingam** Lingam mit ein oder mehreren Gesichtern

**Naga** mythische, oft vielköpfige Schlange, ein Schutz gewährendes Symbol

**Nakhon** große Stadt

**Nam Tok** Wasserfall, auch Namtok

**Nandi (Skt.)** Tragtier Shivas, ein Stier

**NGO** (Non-governmental Organization) Nichtregierungsorganisation

**Nirwana** Sanskrit-Bezeichnung für das oberste Ziel im Buddhismus, Zustand der Loslösung von Begierden und Befreiung aus der Abfolge der Wiedergeburten; entspricht dem Pali-Wort *nibbana*

**OTOP** One Tambon, One Product, Regierungsinitiative, die Produktion und Vertrieb einer regionalen Spezialität in ländlichen Regionen fördert

**Pali** Sprache, in der die buddhistischen Texte niedergeschrieben wurden; sozusagen „das Latein" des Theravada-Buddhismus

**Parvati (Skt.)** „Tochter des Himalaja"; Gemahlin von Shiva

**Phra** Sanskrit *brah* = heilig; wird als Ehrentitel von wichtigen Buddhastatuen, Tempeln und Personen verwendet

**Prang** Typ der thailändischen Stupa, entwickelt aus dem Tempelturm der Khmer

**Prasat** Sanskrit *prasada;* Turmheiligtum, Befestigung der Khmer

**Puang Ma Lai** Girlanden aus Jasmin, Orchideen und anderen Blumen, dienen als Opfergabe.

**Rahu** dämonisches Ungeheuer mit Monsterkopf ohne Leib, das Sonne und Mond verschlingt

**Raksasa** böser Geist, riesenhafter Dämon

**Rama** siebte Inkarnation des Hindugottes Vishnu und Held des Ramayana

ANHANG

**Ramakien** thailändische Version des altindischen Ramayana-Epos

**Ramayana** eines der beiden bedeutendsten altindischen Epen (das zweite: *Mahabharata*), das etwa um 300 v. Chr. verfasst wurde. Es erzählt die Geschichte von König Rama, einer Inkarnation des Gottes Vishnu, und seiner Gemahlin Sita

**Sala** offener Pavillon, Versammlungs- und Übernachtungshalle in einem Kloster

**Samlor** dreirädrige Fahrradrikschas mit überdachter Sitzbank

**Sangha** der theravada-buddhistische Mönchsorden

**Sanskrit** alte indische Literatursprache

**Shiva** gleichzeitig Zerstörer und Erneuerer; eine der drei zentralen Gottheiten des Hinduismus

**Singha** Sanskrit: Löwe, der die Tempeleingänge bewacht (vor allem in Nord-Thailand); auch Name eines Thai-Biers

**Sita** Gemahlin des Rama im Ramayana, die nach (Sri) Lanka entführt und wieder befreit wurde

**Skanda** hinduistischer Kriegsgott

**Soi** Gasse

**Songkran** thailändisches Neujahrsfest vom 13.–15. April

**Songthaew** gesprochen „song-täo", privat betriebener Kleinlaster zur Personenbeförderung

**Stele** senkrecht stehender Stein mit Inschrift

**Stupa (Skt.)** ursprünglich Grabhügel. Monument zur Aufbewahrung von hoch verehrten buddhistischen Reliquien; ist auch Symbol für Buddha selbst; Synonym für That

**Suvarnabhumi (Skt.)** „Goldenes Land"; wird in Chroniken der Mon und Birmanen mit dem Mon-Reich in Verbindung gebracht; Name eines Flughafens in Bangkok

**Talat** Markt

**TAT** (Tourism Authority of Thailand) Thailändisches Fremdenverkehrsamt, die Abkürzung wird auch von privaten Reisebüros missbrauch

**Tham** Höhle

**Thanon** Straße

**That** von *dhatu* (Skt.), „Reliquien", heute die Bezeichnung eines verehrten Stupas

**Tipitaka** (Pali) „drei Körbe"; die klassischen buddhistischen Schriften über *vinaya* (Ordensregeln), *sutta* (Lehrreden Buddhas) und *abhidhamma* (philosophische Erweiterung der Lehrreden)

**Trimurti** hinduistische Göttertrinität: Shiva, Vishnu und Brahma

**Trishaw** Fahrradriksha, ein aussterbendes Nahverkehrsmittel

**Tuk Tuk** Nahverkehrsmittel: dreirädriger Motorroller mit überdachter Sitzbank

**Unesco** Organisation der Vereinten Nationen für Erziehung, Wissenschaft und Kultur. Auf ihren Listen des Weltkultur- und Weltnaturerbes stehen auch Ziele in Thailand

**Vihara (Pali und Skt.)** wichtiger Sakralbau neben dem Bot

**Vipassana** Einsichtsmeditation; Geist und Körper im gegenwärtigen Zeitpunkt klar sehe

**Vishnu** der Welterhalter; eine der drei zentralen Gottheiten des Hinduismus

**Wai** traditionelle Begrüßung mit vor dem Oberkörper gefalteten Händen

**Wat** buddhistische Klöster und angeschlossene religiöse Bauwerke

**Yaksha** männliche Waldgottheiten, die Naturkräfte symbolisieren; der Ikonografie dienen si als Tempelwächter, dargestellt mit vorquellenden Augen, Fangzähnen und grimmigem Blick

**Yama** Herrscher über die Unterwelt, Todesgo

# Reisemedizin zum Nachschlagen

## Bilharziose (Schistosomiasis)

Bilharziose ist eine Wurmerkrankung, die man sich im Uferbereich stehender oder langsam fließender Gewässer (Süßwasser) zuziehen kann, vor allem im Mekong. Der erste Wirt des Parasiten ist eine Wasserschnecke. In ihr entwickeln sich die Eier zu kleinen Larven, den sogenannten Zerkarien, die anschließend ins Wasser abgegeben werden. Dort machen sie sich auf die Suche nach ihrem zweiten Wirt.

Zerkarien gelangen in den menschlichen Organismus, indem sie sich durch die Haut, bevorzugt an den Fußsohlen, bohren. Von dort bahnen sie sich den Weg in den Darm oder die Blase, wo sie heranwachsen und neue Eier produzieren.

Manchmal tritt um die Stelle, an der die Larven in den Körper eingedrungen sind, eine leichte Rötung auf. Deutlichere Symptome machen sich jedoch in der Regel erst nach sechs bis zehn Wochen bemerkbar. Dann kann es zu Fieber, Durchfall und einem allgemeinen Krankheitsgefühl kommen. Im schlimmsten Fall treten nach einigen Monaten Unterleibsschmerzen und Blut im Stuhl oder Urin auf.

## Cholera

Die Cholera trat in der Vergangenheit mehrfach bei Flüchtlingen aus Myanmar in Mae Sot, im Nordosten sowie im Norden von Phuket auf. Sie wird vom Bakterium *Vibrio cholerae* verursacht und durch Kontakt mit infizierten Personen, deren Ausscheidungen oder durch verunreinigte Nahrungsmittel übertragen. Die Symptome – wässriger Durchfall und Erbrechen – treten nach ein bis fünf Tagen auf und können schnell zur Dehydrierung führen. Wer erkrankt, muss sofort zum Arzt und die verlorene Flüssigkeit ersetzen. Wer auf eine saubere Umgebung und hygienische Nahrungsmittel achtet und nicht geschwächt ist, wird kaum gefährdet sein. Bei Aufenthalten über vier Wochen ist eine orale Impfung möglich (Dukoral), die mit dem Reisearzt abgesprochen werden sollte.

## Denguefieber

Denguefieber ist global rasant auf dem Vormarsch, die Fallzahlen haben sich in den letzten 50 Jahren verdreißigfacht. Die Viruserkrankung tritt auch in Ballungsräumen immer häufiger epidemieartig auf, vor allem zur Regenzeit, und nimmt besonders bei Kindern und Jugendlichen einen schweren Verlauf. Im ersten Halbjahr 2015 wurden in Thailand knapp 15 000 Fälle gemeldet.

Überträger ist die Tigermücke *Aedes aegypti* mit schwarz-weiß gebänderten Beinen, die ganztags sticht und sich anders als die Anopheles-Mücke auch in Städten wohlfühlt. Nach der Inkubationszeit von bis zu einer Woche kommt es zu Fieberanfällen, Kopf- und Muskelschmerzen. Nach drei bis fünf Tagen kann sich ein Hautausschlag über den ganzen Körper verbreiten. Normalerweise klingen nach ein bis zwei Wochen die Symptome ab. In seltenen Fällen kommt es zu inneren und äußeren Blutungen. Wie bei der Malaria sind ein Moskitonetz und der Schutz vor Mückenstichen die beste Vorsorge. Es gibt keine Impfung oder spezielle Behandlung. Schmerztabletten, fiebersenkende Mittel und kalte Wadenwickel lindern die Symptome.

**Achtung**: Keinesfalls ASS, Aspirin oder ein anderes acetylsalicylsäurehaltiges Medikament einnehmen, da diese einen lebensgefährlichen hämorrhagischen Verlauf begünstigen!

## Durchfall und Verstopfungen

Das Hauptübel, mit dem sich Thailand-Reisende herumplagen, ist Durchfall (Diarrhöe). Verdorbene Lebensmittel, nicht kontinuierlich gekühlter Fisch, zu kurz gegartes Fleisch, ungeschältes, schon länger liegendes, aufgeschnittenes Obst, Salate, kalte Getränke oder schlecht gekühlte Eiscreme sind häufig die Verursacher.

Eine **Elektrolyt-Lösung** (Elotrans, für Kinder Oralpädon), die die verlorene Flüssigkeit und Salze ersetzt, reicht bei harmlosen Durchfällen völlig aus und wird auch in Thailand verkauft.

Wer selbst eine Lösung herstellen möchte, nimmt 4 Teelöffel Zucker oder Honig, 1/2 Teelöffel Salz und 1 l Orangensaft oder abgekochtes Wasser. Zur Not, etwa vor langen Fahrten, kann auf Imodium, das die Darmtätigkeit stilllegt, zurückgegriffen werden. Außerdem hilft eine Bananen- oder Reis-und-Tee-Diät sowie Cola in Maßen. Bei längeren Erkrankungen einen Arzt aufsuchen – es könnte sich auch um eine **Ruhr** oder Cholera handeln.

**Verstopfungen** können durch eine große Portion geschälter Früchte, darunter Ananas oder Papaya (mit Kernen essen), gelöst werden.

## Geschlechtskrankheiten (Venereal Diseases)

**Gonorrhoe** und die gefährlichere **Syphilis** sind in Asien weitverbreitete Infektionskrankheiten, vor allem bei Prostituierten. Bei den ersten Anzeichen einer Erkrankung (Ausfluss/Geschwüre) unbedingt ein Krankenhaus zum Anlegen einer Kultur und zur Blutentnahme aufsuchen.

## Giardiasis / Lambliasis

Giardiasis ist eine Infektion des Verdauungstraktes, ausgelöst von dem Parasiten *Giardia lamblia*, der über fäkal verunreinigtes Wasser oder Lebensmittel aufgenommen wird. Die Symptome treten ein bis zwei Wochen nach der Infektion auf: Durchfälle, Bauchkrämpfe, Blähungen, Müdigkeit, Gewichtsverlust und Erbrechen. Bei ausbleibender Behandlung mit Antibiotika verschlimmert sich das Krankheitsbild, daher sollte unverzüglich ein Arzt aufgesucht werden.

## Hepatitis (Gelbsucht)

Hepatitis ist eine Infektion der Leber, die von verschiedenen Virus-Typen verursacht wird (inzwischen sind die Typen A–G bekannt). Für Reisende spielen besonders die ersten beiden eine Rolle:

**Hepatitis A**, auch Reisegelbsucht genannt, wird oral durch infiziertes Wasser und Lebens-

mittel übertragen. Die Symptome ähneln am Anfang denen einer Grippe: Übelkeit, Erbrechen gelegentlich Durchfall und allgemeine Abge schlagenheit. Später kommt es zu einer Gelbfärbung der Haut, der Stuhl wird heller und der Ur dunkler. Einen guten Schutz bieten die Impfstoffe Havrix und Vaqta (auch als Kombi-Impfung Twin rix für Hepatitis A und B bzw. ViATIM oder Hepa tyrix für Hepatitis A und Typhus erhältlich). Ein Impfung ist bei langen Aufenthalten zu erwägen

**Hepatitis B** ist die gefährlichste Hepat tis-Ausprägung und wird vor allem durch Intim kontakte oder Blut (ungenügend sterilisierte In jektionsnadeln, Bluttransfusionen, Tätowierun Piercen, Akupunktur) übertragen. Die Symptom ähneln denen einer Hepatitis A, jedoch kann ei ne Hepatitis B chronisch werden. Im schlimm ten Fall führt sie nach einigen Jahren zu eine Leberzirrhose und zum Tod.

## HIV / Aids

Schätzungen der UNAids zufolge sind in Thailan schätzungsweise 440 000 Menschen mit de HI-Virus infiziert. Jährlich sterben etwa 18 00 Menschen an den Folgen. Die Übertragungswe ge von HIV *(Human Immunodeficiency Virus)* sin jedem bekannt: ungeschützter Geschlechtsver kehr, verschmutzte Injektionsnadeln, Bluttran fusionen – kurz gesagt alle Wege, auf denen in fiziertes Blut oder andere Körperflüssigkeiten den eigenen Blutkreislauf gelangen können.

## Giftige Tiere

In Thailand leben einige giftige **Schlangen**, da runter Bambusotter und Kobra, aber die weit verbreitete Angst vor einem Biss steht in keine Verhältnis zum Risiko. Gefährlich ist eventue die Zeit nach Sonnenuntergang, vor allem b Regen. Giftschlangen greifen nur an, wenn si selbst attackiert werden. Da Schlangen im Ge lände relativ leicht zu übersehen sind, sollte beim Wandern knöchelhohe Schuhe und lan ge Hosen getragen werden. Auch ein Stoo hilft dabei, die Schlangen zu vertreiben. Eini Schlangen töten durch ein Blutgift, in diese all benötigt man sofort ein Serum, andere töten durch ein Nervengift, dann ist außerdem eine künstliche Beatmung wichtig. Das Provinzkrankenhaus, in das der Betroffene schnellstens gelangen sollte, muss zudem sofort informiert werden, damit ein Arzt und das Serum beim Eintreffen bereitstehen. Ein Foto der Schlange oder die getötete Schlange selbst helfen bei der Bestimmung der Art, man sollte sich aber keiner zusätzlichen Gefahr aussetzen.

**Skorpionstiche** sind in der Region generell nicht tödlich. Kräutertabletten und das Ruhigstellen des Körperteils lindern den Schmerz, Wasserkontakt meiden. Normalerweise lassen die anfangs starken Schmerzen nach ein bis zwei Tagen nach.

Auch die großen **Geckos** *(tokeh)* beißen, wenn sie sich bedroht fühlen. Die kleinen sind hingegen harmlos.

Durchaus real ist die Gefahr, mit nesselnden und giftigen Meerestieren in Kontakt zu kommen. Nur zwei Arten von Fischen, die man nur schwer vom Meeresboden unterscheiden kann, können gefährlich werden: **Stachelrochen**, deren Gift fürchterliche Schmerzen verursacht, und **Steinfische**, die sehr giftige Rückenstacheln besitzen. Beim Schnorcheln führt die Berührung von **Feuerkorallen** zu stark brennenden Hautreizungen, während giftige Muränen, Rotfeuerfische und Seeschlangen nur ganz selten gefährlich werden. **Seeigel** sind zwar nicht giftig, ein eingetretener Stachel verursacht aber eiternde Wunden.

Wie überall auf der Welt breiten sich auch im Südchinesischen Meer und im Golf von Thailand vermehrt **Quallen** aus, sodass Badende immer häufiger ihre giftigen Tentakeln streifen. Gehen die schmerzhaften Bläschen nach der Behandlung mit hochprozentigem Essig, Cortisonspray oder säurehaltigem Pflanzenbrei nicht innerhalb einer Stunde zurück, muss ein Arzt aufgesucht werden. Menschen, die unter einer Allergie leiden, sind besonders gefährdet.

## Insektenstiche und -bisse

Insekten und Fliegen sind allgegenwärtig und zu Beginn der Trockenzeit eine wahre Plage. Auch in der heißen Jahreszeit lassen sie sich in Scharen von Lichtquellen und Wärme anlocken, doch die meisten sind eher lästig als gefährlich. Vorsicht ist vor Moskitos geboten, da sie gewisse Arten Dengue-Fieber und Malaria übertragen. Wo viele Mücken auftreten, sollte man lange Hosen und langärmlige Blusen oder Hemden tragen und Insektenschutzmittel benutzen.

An einigen Sandstränden treten vor allem am Nachmittag und Abend **Sandfliegen** auf, deren gemeine Bisse sich erst einige Stunden später durch juckende, extreme Hautrötungen bemerkbar machen. Kratzen erhöht die Gefahr einer Entzündung, die mitunter erst nach einem Monat abklingt und Narben hinterlässt. Da sich die kleinen Plagegeister nur in begrenzten Bereichen aufhalten, sollte man sich von diesen Stränden fernhalten. Zudem hilft es, sich vor dem Strandbesuch mit Babyöl einzureiben.

**Flöhe** und **Wanzen**, deren Bisse fürchterlich jucken können, verstecken sich bevorzugt in Betten (S. 96). Wanzenbisse bilden gewöhnlich eine säuberliche Linie. Nicht kratzen, sondern ein Antihistaminikum (Salbe) gegen Entzündungen auftragen.

Auf dem Land sind viele Tiere mit **Zecken** infiziert, die sich in gesättigtem Zustand von ihrem Wirt fallen lassen und auf das nächste Opfer warten, dem sie ihre mit Haken besetzten Köpfe ins Fleisch bohren können, um Blut zu saugen. Es ist wichtig, sie vorsichtig zu entfernen, damit keine Haken stecken bleiben.

**Blutegel** sind vor allem zur Regenzeit im Dschungel eine Plage, übertragen aber keine Krankheiten (S. 80).

## Japanische Enzephalitis

Diese Virusinfektion, die zu einer schweren Hirnhautentzündung führen kann, wird durch nachtaktive Moskitos in ländlichen Regionen übertragen. Die Symptome entwickeln sich nach vier bis zehn Tagen und umfassen Fieber, Kopfschmerzen, Nackensteife und Erbrechen. Die Vermeidung von Mückenstichen ist die beste Vorbeugung. In Deutschland ist der Impfstoff Ixiaro ab einem Lebensalter von zwei Monaten zugelassen und wird zweimal im Abstand von vier Wochen gespritzt. Eine Impfung ist für

Reisende zu erwägen, die einen langen Aufenthalt in gefährdeten Regionen oder Endemie-Gebieten planen.

# Malaria

In Thailand tritt Malaria regionsabhängig das ganze Jahr über auf – in der Regenzeit herrscht ein höheres Risiko, an Malaria zu erkranken. Als Risikogebiete gelten die Grenzregionen zu Myanmar (vor allem die Provinzen Tak, Mae Hong Son, Ranong, aber auch Chumphon, Surat Thani, Prachuab Khiri Khan, Kanchanaburi und Phetchaburi) sowie Kambodscha (Trat, Chantaburi) und der äußerste Süden (Narathiwat, Songkhla und Yala). Im zentralen Flachland sowie in den Gebirgsregionen des Nordens ist das Malariarisiko hingegen sehr gering. Als malariafrei gelten Bangkok, Cha-Am, Chiang Mai, Hat Yai, Hua Hin, Ko Samui, Krabi (Stadtgebiet), Pattaya und Phuket (Stadtgebiet). Für Touristen, die sich auf eingefahrenen Routen bewegen, besteht nur ein sehr geringes Risiko, an Malaria zu erkranken.

Die häufigste Form der Malaria in Thailand ist die *Malaria tropica*, die unbehandelt zum Tod führen kann. Die weibliche *Anopheles*-Mücke, die den Erreger *Plasmodium falciparum* überträgt, sticht zwischen Beginn der Dämmerung und Sonnenaufgang. Die Frage, welche vorbeugenden Maßnahmen die richtigen sind, sollte mit Hilfe eines Reisemediziners auf Reisedauer und gesundheitliche Verfassung abgestimmt werden.

Über die beste **medikamentöse Prophylaxe** ist immer wieder heftig debattiert worden. Allen Mitteln gemein ist, dass sie unangenehme Nebenwirkungen hervorrufen können. Zu den am häufigsten verschriebenen Präparaten gehören Lariam (Wirkstoff Mefloquin) und Malaron (Wirkstoff Atovaquon/Proguanil).

Wer sich in einem Gebiet ohne ärztliche Versorgung infiziert hat, kann zur Überbrückung mit einer **Standby-Therapie** mit Lariam oder Malarone beginnen. Wer aus Thailand zurückkehrt und an einer nicht geklärten fieberhaften Erkrankung leidet, auch wenn es sich nur um leichtes Fieber und Kopfschmerzen handelt und erst Monate nach der Rückkehr auftritt, sollte dem Arzt unbedingt vom Aufenthalt in Thailand berichten. Die ersten Symptome einer Malaria können denen eines banalen grippalen Infektes ähneln.

# Pilzinfektionen

Frauen leiden im tropischen Klima häufiger unter Pilzinfektionen. Vor der Reise sollten sie sich entsprechende Medikamente verschreiben oder impfen lassen. Eine Creme oder Kapseln sind besser als Zäpfchen, die bei der Hitze schmelzen. Ungepflegte Schwimmbecken sind Brutstätten für Pilze aller Art.

ANHANG

## Schutz vor Mücken

Es ist schon viel gewonnen, wenn man möglichst wenig gestochen wird (**Expositionsprophylaxe**). Am Abend schützen helle **Kleidung**, lange Hosen, langärmlige Hemden, engmaschige lange Socken und ein **mückenabweisendes Mittel** auf der Basis von DEET, das auf die Haut aufgetragen und die Geschmacksnerven stechender Insekten lähmt. Bewährt hat sich der Wirkstoff Permethrin, mit dem Kleidung und Moskitonetz eingesprüht werden. Er geht eine Verbindung mit dem Gewebe ein und bleibt wochenlang wirksam. Als gutes Mückenmittel auf dem deutschen Markt gilt No Bite. Einige Apotheken und Bioläden bieten sanftere Mittel auf Zitronella- und Nelkenölbasis an.

Viele Hotelzimmer haben **Mückengitter** an Fenstern und Türen oder ein **Moskitonetz** über dem Bett. Wer ganz sichergehen will, bringt sein eigenes Netz mit. Löcher verschließt man am besten mit Klebeband. In klimatisierten Räumen sind Mücken weniger aktiv, aber keineswegs ungefährlich.

Notfalls verringern auch **Moskito-Coils**, grüne Räucherspiralen, die wie Räucherstäbchen abbrennen und für ca. acht Stunden die Luft verpesten, das Risiko. Oft werden sie abends in Restaurants unter die Tische gestellt, um die herumschwirrenden Moskitos zu vertreiben.

# Poliomyelitis (Kinderlähmung)

Der Name ist irreführend, denn auch Erwachsene können an Kinderlähmung erkranken. Die Ansteckung mit dem Virus geschieht oral über infiziertes Essen und Wasser. Die Krankheit kann bleibende Lähmungen verursachen. Die Grundimmunisierung gehört in Deutschland zu den Standard-Impfempfehlungen für Kinder und sollte – auch unabhängig von einer Thailand-Reise – alle zehn Jahre aufgefrischt werden.

# Sonnenbrand und Hitzschlag

Selbst bei bedecktem Himmel ist die UV-Strahlung intensiv. Viele Reisende treffen nur am Strand Vorkehrungen gegen Sonnenbrand und Hitzschlag, doch dies ist auch bei Touren durch das Hinterland notwendig. Als wichtigste Schutzmaßnahmen empfiehlt es sich, regelmäßig Mittel mit hohem Sonnenschutzfaktor auf die Haut aufzutragen, Hut und Sonnenbrille zu tragen und viel zu trinken. Beim Schnorcheln und längeren Schwimmen ist ein T-Shirt oder Neopren-Shortie ratsam.

Erschöpfungszustände bei Hitze äußern sich durch Kopfschmerzen, Übelkeit, Benommenheit und erhöhte Temperatur. Um die Symptome zu lindern, sollte man schattige Bereiche aufsuchen und genügend Flüssigkeit zu sich nehmen. Erbrechen und Orientierungslosigkeit können auf einen Hitzschlag hinweisen, der potenziell lebensbedrohlich ist – deshalb muss man sich sofort in medizinische Behandlung begeben.

# Tetanus (Wundstarrkrampf)

Verletzungen sind nie auszuschließen, und Wundstarrkrampf-Erreger finden sich überall auf der Erde. Die Grundimmunisierung erfolgt über zwei Impfungen im Abstand von vier Wochen, die nach einem Jahr aufgefrischt werden müssen. Danach genügt eine Impfung alle zehn Jahre. Gut ist die Impfung mit dem Tetanus-Diphterie-Pertussis-Impfstoff (für Personen ab fünf Jahre). So erhält man gleichzeitig einen Schutz vor Diphtherie und Keuchhusten.

# Thrombose

Bei längeren Flugreisen verringert sich durch den Bewegungsmangel der Blutfluss vor allem in den Beinen, wodurch es zur Bildung von Blutgerinnseln kommen kann, die, wenn sie sich von der Gefäßwand lösen und durch den Körper wandern, eine akute Gefahr darstellen (z. B. Lungenembolie). Gefährdet sind vor allem Personen mit Venenerkrankungen oder Übergewicht, aber auch Schwangere, Raucher oder Frauen, die die Pille nehmen. Das Risiko lässt sich durch Bewegung, viel trinken (kein Alkohol) und notfalls Kompressionsstrümpfe der Klasse 1–2 senken. Risikopatienten sollten ihren Arzt zurate ziehen.

# Tollwut

Theoretisch können alle Säugetiere mit dem Tollwut-Virus infiziert sein. Wer von einem streunenden Hund, einer Katze oder einem Affen gekratzt oder gebissen wurde, muss die Wunde sofort mit viel Wasser und Seife oder einem anderen Detergenz (Shampoo, Geschirrspülmittel) für mindestens 15 Minuten waschen und anschließend mit einem Desinfektionsmittel behandeln – PVP-Jod, 70 % Alkohol (schmerzhaft) o. Ä. Hierdurch wird das Virus bereits in der Wunde inaktiviert. Anschließend gilt es, schnellstmöglich ärztlichen Rat und eine Impfung zu suchen.

Eine vorbeugende Impfung ist teuer und nur bei einem längerem Aufenthalt sinnvoll. Hat man eine Grundimmunisierung mit drei Injektionen oder entsprechende Auffrischungsimpfungen, braucht man im Notfall keine passive Impfung mit Immunoglobin, das in einem kleinen Provinzkrankenhaus zudem nicht immer verfügbar ist, außerdem lediglich zwei statt fünf Spritzen, und man hat nach tollwutverdächtigem Kontakt ein Zeitfenster von bis zu 72 Stunden für diese Injektionen.

# Typhus

Typhus ist eine Salmonellenerkrankung, die durch die Einnahme infizierter Lebensmittel oder Getränke verursacht wird. Typische Symptome sind ansteigendes Fieber, einhergehend mit einem eher langsamen Puls und Benommenheit. Später folgen eventuell Hautausschlag, Verstopfung oder Durchfall und Bauchschmerzen.

Empfehlenswert ist die gut verträgliche dreifache Schluckimpfung mit Typhoral L; parallel eingenommene Antibiotika oder Malaria-Prophylaxe machen sie jedoch wirkungslos. Drei Jahre lang schützt eine Injektion der Typhus-Impfstoffe Typhim VI oder Typherix.

## Wundinfektionen

Unter unhygienischen Bedingungen können sich schon aufgekratzte Moskitostiche zu beträchtlichen Infektionen auswachsen. Typische Zeichen einer Entzündung sind Rötungen, Schwellung, Wärme und Schmerz rund um die Wunde. Wichtig ist, dass jede noch so kleine Wunde desinfiziert, sauber gehalten und eventuell mit einem Pflaster geschützt wird. Antibiotika-Salben, im feuchtwarmem Klima noch besser Antibiotika-Puder, unterstützen den Heilungsprozess. In Thailand ist die entzündungshemmende Tinktur Calmine-D hilfreich, die überall erhältlich ist.

## Wurmerkrankungen

Würmer können sich an vielen Orten verbergen: in rohem oder halbgarem Fleisch und Fisch, verunreinigtem Wasser oder auf Gemüse. Sie setzen sich an verschiedenen Organen fest und sind oft erst Wochen nach der Rückkehr festzustellen. Die meisten sind harmlos und durch eine einmalige Wurmkur zu vernichten. Nach einer Reise in abgelegene Gebiete ist es sinnvoll, den Stuhl auf Würmer untersuchen zu lassen. Das wird auch dann notwendig, wenn man über einen längeren Zeitraum auch nur leichte Durchfälle hat.

An durch Hunde- oder Katzenkot verunreinigten Stränden können Infektionen mit **Hakenwürmern** auftreten. Die Parasiten dringen durch die Fußsohlen ein und graben sich von außen sichtbare Gänge. Zur Behandlung empfiehlt es sich, einen Facharzt aufzusuchen.

Eine unangenehme Erscheinung sind **Lungen- und Leberegel**, die in rohem Süßwasserfisch, fermentierter Fischsauce und Schalentieren vorkommen können. Die Symptome hängen von der Schwere des Befalls ab. Bei Leberegeln kann es zu Fieber und Gelbsucht kommen, Lungenegel verursachen Husten (z. T. mit rötlichem Auswurf), Fieber und Brustschmerzen. Die Diagnose erfolgt anhand einer Stuhlprobe. Die beste Prävention ist, auf rohe oder halbgare Süßwasserstiere zu verzichten.

# Bücher

Nicht jede Buchhandlung hat folgende Bücher im Programm. Dafür erscheinen immer mehr als E-Book oder sind über das Internet z. B. über **DCO**, 🖥 www.dco.co.th, oder Amazon sowie gebraucht bei Internet-Antiquariaten zu bekommen. Buchhandlungen in Thailand, die Secondhand- und englischsprachige Bücher verkaufen, sind im Regionalteil gelistet. Eine der größten, **Asia Books**, ist auch im Netz vertreten 🖥 www.asiabooks.com. Eine weitere Quelle, die zudem nichts kostet, ist die Bibliothek des Goethe-Instituts in Bangkok. Die **Schriftenreihe der Deutsch-Thailändischen Gesellschaft** 🖥 www.dtg.eu, publiziert auch zu Themen, die über die Tagesereignisse hinaus von fachspezifischem Interesse sind.

## Romane und Erzählungen

**Mischa Berlinski**, *Fieldwork* (Atlantic Books, London 2009 – auch als E-Book). Der Selbstmord einer amerikanischen Anthropologin in einem thailändischen Gefängnis führt den Journalisten Mischa Berlinski zu den Lisu in den thailändischen Bergen.

**Detlef Blettenberg**, *Siamesische Hunde* (Ullstein, Berlin 1987 – auch als E-Book). Als Landeskenner hat der deutsche Entwicklungshelfer diesen spannenden Thriller mit vielen Fakten über das Leben in Thailand gespickt. Der Handlung liegen die geheimdienstlichen Aktivitäten von Jim Thompson zugrunde. Vom selben Autor sind zudem die Romane *Farang* (1988) und *Berlin Fidschitown* (2003) erschienen. (*Siamesische Hunde* und *Farang* sind vergriffen, aber online gebraucht erhältlich)

**John Burdett**, *Der Jadereiter, Bangkok Tattoo, Der buddhistische Mönch, Vulture Peak* (Piper, München 2007/2008/2010 – bislang nur engl. als E-Book / 2012 – bislang nur engl.). Deftige, mit viel Insider-Wissen gespickte, spannende Krimis, in denen der buddhistische Polizist Sonchai im Drogen- und Rotlichtmilieu von Bangkok ermittelt. Ein Muss! (online gebraucht erhältlich)

**Colin Cotterill**, *Der Tote trägt Hut, Ein Kopf macht noch keine Leiche, Mit Axt, Charme und Melone* (Goldman, München 2013/2014/2015 – auch als E-Book). Die sich rund um die Kriminalreporterin Jimm Juree und ihre schräge Familie drehende Krimireihe verbindet spannende Rahmenhandlungen, originelle Charaktere und erhellende Hintergrundinfos zu Thailand mit einer witzigen, flott zu lesenden Schreibweise.

**Caron Eastgate James**, *Das Erbe der Schwestern* (Knaur, München 2005). Die junge neuseeländische Autorin beleuchtet in ihrem unterhaltsamen Familienroman das Schicksal einer englisch-siamesischen Familie in Thailand über drei Generationen, das eng mit der Geschichte des Landes verwoben ist. (online gebraucht erhältlich)

**Alex Garland**, *Der Strand* (Goldmann, München 1999 – auch als E-Book). Der britische Autor beschreibt in seinem viel beachteten Erstlingswerk die Traveller-Szene der späten 1990er-Jahre in der Khaosan Road und auf Ko Samui, ihr Leben und ihre Träume.

**Uthis Haemamool**, *The Brotherhood of Kaeng Khoi* (Amarin Publishing, Bangkok 2012). In diesem preisgekrönten und hervorragenden, ins Englische übersetzten Roman des jungen thailändischen Schriftstellers über den in einem Dorf heranwachsenden Lap Lae erfährt man mehr über Thailand als in jedem Kulturführer.

**Timothy Hallinan**, *A Nail Through the Heart, The Fourth Watcher, Breathing Water, The Queen of Patpong* (Harper Perennial, New York 2007/2008/2009/2010 – auch als E-Book). Wieder ein Krimiautor, der beweist, dass sich Bangkok bestens als Handlungsort für dieses Genre eignet.

**Margaret Landon**, *Der König und ich* (Unionsverlag, Zürich 2012). Neuauflage des unter dem Titel *Anna und der König* verfilmten Klassikers (s. u.).

**Rattawut Lapcharoensap**, *Sightseeing* (Kiepenheuer & Witsch, Köln 2006 – bislang nur engl. als E-Book). Sieben facettenreiche Kurzgeschichten eines jungen thailändischen Autors über das moderne Alltagsleben jenseits der Sandstrände, humorvoll, präzise, tiefgründig und mit thailändischer Leichtigkeit beschrieben. (online gebraucht erhältlich)

**Bernt Möhrle**, *Ausgebootet. Ao Sane* (Books on Demand 2008 – auch als E-Book). Auf Tatsachen basierender Roman, in dem versucht wird, auf einer Segeljacht von Phuket aus Haschisch nach Australien zu schmuggeln.

**Christopher G. Moore**, *Haus der Geister* (Unionsverlag, Zürich 2000 – nur engl. als E-Book). Ein Thriller von dem in Thailand lebenden und viel beachteten englischsprachigen Schriftsteller um den Privatdetektiv Vincent Calvino, Drogen und das große Geld. Auch der im Bangkoker Nachtclub-Milieu spielende Roman *Nana Plaza* wurde 2001 übersetzt. *Stunde null in Phnom Penh* erhielt 2004 sogar den Deutschen Krimipreis. In *Der Untreue-Index* (2011) ermittelt Calvino während der Zeit der politischen Unruhen in Bangkok wegen eines Falls von Medikamenten-Piraterie. Weitere Krimis und Romane des Autors bisher auf Englisch (2015 erschien *Crackdown*, 2014 *The Marriage Tree*). Einen Eindruck vom Autor vermittelt 🖥 www.cgmoore.com. (*Haus der Geister* ist vergriffen, aber online gebraucht erhältlich)

**Allen Neville**, *Cyber Freundin* (BooksMango, Bangkok 2008 – auch als E-Book). Deutsche Übersetzung eines Romans, der im Rotlichtmilieu spielt und das beliebte Thema „Thai-Mädchen trifft Farang-Männer" aufgreift. Allerdings ist es in diesem Krimi durchaus spannend und informativ dargestellt.

**Kirsten Ritscher und Heike Werner**, *Thailand fürs Handgepäck. Geschichten und Berichte – Ein Kulturkompass* (Unionsverlag, Zürich 2007). Eine Sammlung von Texten zeitgenössischer thailändischer Autoren auf Deutsch.

**Karel G. van Loon**, *Die Unsichtbaren* (Kiepenheuer & Witsch, Köln 2004). Ein erschütternder, einfühlsamer Roman über das Schicksal der

Flüchtlinge aus Myanmar, basierend auf Interviews, die der holländische Bestsellerautor in den Lagern im thailändischen Grenzgebiet geführt hat. (online gebraucht erhältlich)

**Christian Velder (Hrsg.)**, *Muschelprinz und Duftende Blüte* (Manesse Verlag, Stuttgart 1966). Volkstümliche Liebesgeschichten aus Thailand, die zwischen dem 15. und 17. Jh. in der Region Chiang Mai entstanden sind. (online gebraucht erhältlich)

## Reise- und Erlebnisberichte

**Banana Pancake Trail. Unterwegs auf dem vollsten Trampelpfad der Welt**, Philipp Mattheis (rororo, Hamburg 2012 – auch als E-Book). Ein humorvolles Buch über die Traveller von einst, die Flashpacker von heute und der Suche nach dem besten Strand der Welt.

**Der Preis der Leichtigkeit. Eine Reise durch Thailand, Kambodscha und Vietnam**, Andreas Altmann (National Geographic Taschenbuch, Hamburg 2007 – auch als E-Book). Ein Schweizer reist mit leichtem Gepäck durch Südostasien und folgt seiner Intuition. Er beobachtet genau und berichtet auch in kleinen Details von Menschen, denen er begegnet.

**Geister der Gelben Blätter**, M. G. Schoeneberg (King of Fools, München 2007 – auch als E-Book). Der ehemalige Musiker von Ton Steine Scherben studiert Südostasienwissenschaften und begibt sich dann auf eine Reise durch Lanna und Laos, die bei den Mlabri, den Waldnomaden, endet. Mehr auf seiner Website ⌨ www.mg-schoeneberg.de.

**Geschichten aus Thailand**, Günther Ruffert (Heller Verlag, Taufkirchen 2006 – auch als Audio- und E-Book). Amüsante Erfahrungsberichte und Anekdoten aus dem thailändischen Alltag. Vom gleichen Autor erschien 2007 **Farang in Thailand**, weitere Anekdoten aus dem thailändischen Alltag – auch als E-Book.

**Glücklich in Thailand,** Ursula Spraul-Doring (Heller Verlag, Taufkirchen 2014). Sehr positives Buch mit 23 gefühlvollen Porträts grundverschiedener Menschen und ihrem ganz eigenen Weg zum Glück. Vielseitig und mit viel Hintergrundwissen unterlegt.

**In Buddhas Gärten. Eine Reise durch Vietnam Kambodscha, Thailand und Birma**, Tor Farovik (National Geographic Taschenbuch, Hamburg 2009). Der sozial engagierte Norweger ermöglicht einen Blick auf die politischen Zustände in der Region sowie die historischen und kulturellen Zusammenhänge.

**People of Esarn**, Pira Sudham (Shire Books, Essex 1994). Erzählungen über das Leben in Nordost-Thailand. Vom gleichen Autor erschien 1989 *Monsoon Country* und 2002 *The Force of Karma*. (online gebraucht erhältlich)

**Phi Phi Island. Ein Bericht**, Josef Haslinger (Fischer Taschenbücher, Frankfurt 2008 – auch als E-Book). Der Autor, Schriftsteller und Professor für literarische Ästhetik überlebte mit seiner Familie den Tsunami auf Ko Phi Phi und verarbeitet hier das Erlebte. Ergreifend ohne auf die Tränendrüse zu drücken.

## Geschichte und Gesellschaft

**A History of Thailand**, Chris Baker und Pasuk Phongpaichit (Cambridge University Press, Cambridge 2014). Umfassendes und aktuell gehaltenes Standardwerk zur Geschichte des Königreichs.

**Hilltribes of Thailand**, Michael Freeman (Bangkok 1989). Ein dünnes, großformatiges Buch mit hervorragenden Farbfotos. Die kurzen englischen Textpassagen gehen einfühlsam auf das Leben der Bergvölker ein. (in Thailand erhältlich)

**Sympathie Magazine** des Studienkreises für Tourismus, ⌨ www.sympathiemagazin.de, gibt es u. a. zu Thailand und auch zum Buddhismus.

**Thai Culture in Transition**, William J. Klausner (The Siam Society, Bangkok 1998). Die ausgezeichnete kritische Einführung beschreibt den Wandel der sozialen Strukturen und der Mentalität im modernen Thailand. (in Thailand erhältlich)

**Thailand. A Short History**, David K. Wyatt (New Haven 2003). Gute Einführung in die Geschichte von der Vorzeit bis zur Jahrtausendwende. Auf Englisch, aber leicht verständlich geschrieben. (in Thailand erhältlich)

**Thaksin. The Business of Politics in Thailand**, Chris Baker und Pasuk Phongpaichit (University of Washington Press, 2. erweiterte Auflage

Bangkok 2010). Eine kritische Auseinandersetzung mit dem ehemaligen Premierminister, seiner Biografie und seinem politischen Einfluss. (in Thailand erhältlich)

**The King Never Smiles. A Biography of Thailand's Bhumibol Adulyadej**, Paul Handley (Yale 2006 – auch als E-Book). Die nicht autorisierte Biografie des amerikanischen Autors wirft auch einen kritischen Blick auf das Leben des Königs und ist deshalb in Thailand verboten.

**Völker im Goldenen Dreieck**, Paul und Elaine Lewis (Stuttgart 1984, engl.: *Peoples of the Golden Triangle*). Umfangreiche, illustrierte Darstellung der Lebensbedingungen der Bergvölker in den 1980er-Jahren. (online gebraucht sowie in Thailand auf Englisch erhältlich)

## Kunst und Kultur

**Fettnäpfchenführer Thailand. Entspannt währt am längsten**, Daniel Müller (Conook, Meerbusch 2014). Kleines Buch mit vielen erhellenden Informationen, die unterhaltsam zusammengeschrieben sind und einen Blick in die Seele der Thais und das Funktionieren ihrer Gemeinschaft ermöglichen. Nach der Lektüre sind auch Erstreisende gut gerüstet.

**Gebrauchsanweisung für Thailand**, Martin Schacht (Piper, München 2015). Ein unterhaltsamer Blick auf die thailändische Alltagskultur.

**Kulturschock Thailand**, Rainer Krack (Reise Know-How, Bielefeld 2014 – auch als Audio- und E-Book). Verständlich aufbereitete Informationen über Kultur und Gesellschaft der Thais.

**Reisegast in Thailand**, Roland Dusik (Iwanowski Verlag, Dormagen 2009). Amüsant und locker geschrieben, ist dieses Buch eine Hilfestellung, um die Verhaltensweisen der Thais zu verstehen und sich als Ausländer zurechtzufinden.

**Thai-Ramayana**, Übersetzung der Fassung von König Rama I. durch M. L. Manich Jumsai (Deutsch, Englisch). Es gibt viele Fassungen dieses Epos, das im gesamten süd- und südostasiatischen Raum bekannt ist. In die Thai-Version (auch: Ramakien) sind zahlreiche Märchen und Sagen Siams eingearbeitet worden. Eine umfangreiche deutsche Übersetzung der indischen Ramayana-Version ist bei Govinda, Jes-

tetten 2012, erschienen. *The Ramayana Through Western Eyes*, eine besonders schöne englische Nacherzählung mit Bezug auf die Artus-Legende und Abbildungen der Wandmalereien im Wat Phra Kaeo, hat J. C. Shaw 1988 bei D.K. in Bangkok veröffentlicht. (online gebraucht erhältlich)

**Thai Ways** und **More Thai Ways**, Denis Segaller (Silkworm Books, Bangkok 2006 – beide Titel auch als E-Book). Der seit Jahrzehnten in Thailand lebende US-amerikanische Dokumentarfilmer schreibt humorvoll und doch respektvoll über Sitten und Lebensweisen der Thai.

**Traditionelle Thai-Massage. NUAD – für Gesundheit und Entspannung**, Rudolf Theelen und Nicole Wetzler (Goldmann, München 2006). Wer die Thai-Massage genossen hat und sich etwas näher mit den Techniken und der Wirkungsweise auseinandersetzen oder gar einzelne Handgriffe erlernen möchte, findet in diesem Buch viele Anregungen. (online gebraucht erhältlich)

## Natur

**A Field Guide to the Wild Orchids of Thailand**, Nantiya Vaddhanaphuti (Silkworm Books, Bangkok 2005). Beschreibung von 685 Orchideenarten mit Fotos.

**Birds of Thailand**, Craig Robson (New Holland Books, London 2005). Das Standardwerk für Ornithologen. Vogelbestimmungsbuch mit Bildtafeln und Verbreitungskarten für knapp 1000 Arten.

**Fischführer Indischer Ozean. Rotes Meer bis Thailand**, Helmut Debelius (Tetra Verlag, Berlin-Velten 1999). Ein deutschsprachiges Fischbestimmungsbuch für Taucher und andere Interessierte.

**Flowering Plants of Thailand. A Field Guide**, Patrick D. McMakin (White Lotus, Bangkok 2009). Beschreibung von über 500 Blütenpflanzen mit Fotos. (in Thailand oder unter ⌨ www. whitelotuspress.com erhältlich)

**Tauchreiseführer Thailand. Von den Similans bis Koh Lanta**, Frank Schneider (Kosmos Verlag, Stuttgart 2011). Deutschsprachiger Tauchführer aus der Kosmos-Reihe, in dem auf über 200 Seiten die besten Tauchgebiete in Thailand präsentiert werden.

# Historische Beschreibungen

Viele historische Titel sind als Reprints bei White Lotus Press in Bangkok erschienen, 🖥 www.whitelotuspress.com, und in Buchhandlungen in Thailand zu bekommen.

**1688 Revolution in Siam**, E. W. Hutchinson (White Lotus, Bangkok 1990). Memoiren von Pater de Bèze, einem Jesuitenpriester. Er beschreibt die ersten europäischen Versuche, das Königreich zu durchdringen, und das Ende der Herrschaft von König Narai.

**A Narrative of a Residence in Siam**, Frederick Arthur Neale (London 1852; Reprint White Lotus, Bangkok 1986). Bericht eines Briten von seiner Reise nach Siam und seine Beobachtungen über die Kultur, Traditionen und das Rechtssystem des Königreichs. (online gebraucht erhältlich, kostenlos auf 🖥 digital.staatsbibliothek-berlin.de)

**Letters from Thailand**, Botan (Silkworm Books, Bangkok 2002). Die Geschichte eines Einwanderers aus China in den späten 1940er-Jahren. Empfehlenswert.

**Siam on the Meinam from the Gulf to Ayuthia**, Maxwell Sommerville (London 1897; Reprint White Lotus, Bangkok 2011). Reiseaufzeichnungen eines US-amerikanischen Professors, der Bangkok und den Menam Chao Phraya über Ayutthaya bis Zentral-Thailand bereiste. (kostenlos auf 🖥 digital.staatsbibliothek-berlin.de)

**The Kingdom and the People of Siam**, Sir John Bowring (Reprint New York 1969). Zweibändiges, umfangreiches Werk, 1855 von einem englischen Diplomaten verfasst.

# Bildbände

**Classic Thai. Design. Interiors. Architecture**, Luca Invernizzi Tettoni u. a. (Periplus Edition, North Clarendon 2007 – auch als E-Book). Der hervorragende Fotograf beeindruckt auch in diesem Band mit seinen Bildern zu Themen wie dem klassischen Thai-Haus, religiöser Architektur und Thai-Kunsthandwerk und Design.

**Highlights Thailand**, Kay Maeritz (Bruckmann Verlag, München 2014). Die schönen Bilder von 50 touristischen Highlights machen Lust auf eine Reise nach Thailand und sind mit einigen praktischen Informationen versehen.

**Thailand. Ein Panorama-Bildband**, Stefan Nink und Martin Sasse (Flechsig Verlag, Würzburg 2009). Bildband im Breitformat zum Träumen.

**Thai Style**, Luca Invernizzi Tettoni u. a. (Rizolli New York 1990). Der hervorragend fotografierte Bildband stellt herausragende Beispiele der Thai-Architektur, von der traditionellen Formgebung bis zum westlich beeinflussten Tropenhaus, dar. (online gebraucht erhältlich)

**The Arts of Thailand**, Steve Van Beek und Luca Invernizzi Tettoni (Periplus Edition, North Clarendon 1999 – auch als E-Book). Großformatiger Bildband mit fantastischen Bildern. (online gebraucht erhältlich)

🧳 **Typisch Thai. Alltagskultur in Thailand**, Philip Cornwel-Smith (Edition Temmen, 2. erweiterte Auflage, Bremen 2010). Von einem absoluten Landeskenner zusammengetragener Bildband über die farbenfrohe Alltagskultur der Thai. Sehr lehrreich und erhellend.

# Sprachführer und Wörterbücher

In Bangkoks Buchläden und in der Khaosan Road wird ein breites Sortiment an Sprach- und Wörterbüchern verkauft. Außerdem gibt es:

**Lonely Planet Sprachführer Thai** (MairDuMont, Stuttgart 2009) und **Hill Tribes Phrasebook of Southeast Asia**, David Bradley (Lonely Planet, Melbourne 2008). Sehr gute Sprachführer mit Lautschrift und Thai-Schrift. Sie ermöglichen auch in ländlichen Gebieten eine (Lese- und Zeige-) Konversation und fordern die Gesprächspartner dazu heraus, Sprachlehrer zu spielen.

**Thai, Rough Guides Phrasebook** (Rough Guides, London 2011). Sprachführer inkl. Audiodateien mit Aussprachebeispielen zum Downloaden. Nur auf Englisch.

**Thai, Wort für Wort. Kauderwelsch**, Martin Lutterjohann (Reise Know-How, Bielefeld 2013). Zum Buch gibt es auch Aussprachebeispiele zum Downloaden. Zudem eine umfangreichere Fassung mit über 8000 Begriffe umfassende Wörterbuch.

ANHANG

# Kochbücher

Jahr für Jahr erscheinen neue Kochbücher auf dem Markt mit weiteren oder umgeschriebenen Rezepten.

**Thai Food**, David Thompson (Collection Rolf Heyne, München 2013). Eine Liebeserklärung an die Küche Siams vom australischen Koch David Thompson, einem glühenden Verehrer der thailändischen Kochkunst. Vom selben Autor das ebenso ansprechende **Thai Street Food** 2010 – nur auf Englisch). (online gebraucht erhältlich)

**Thai-Küche**, Judy Bastyra und Becky Johnson (Kaleidoskop im Christian Verlag, München 2008). Umfangreiches Werk mit einer Warenkunde, Informationen über Essen in Thailand und natürlich vielen Rezepten.

**Thailand. Das Kochbuch: Die Bibel der thailändischen Küche**, Jean-Pierre Gabriel (Phaidon by Edel, Hamburg 2014). Dreieinhalb Jahre lang reiste der Autor kreuz und quer durch das Land und sammelte 500 Rezepte, die das ganze Spektrum der einheimischen Kochkunst abbilden – ein umfangreiches, mit viel Liebe gestaltetes Standardwerk.

**Thailand. Kochen und verwöhnen mit Originalrezepten**, Margit Proebst und Dara Spirgatis (Gräfe und Unzer, München 2012). Die Kochbuchautorin Margit Proebst hat zusammen mit Dara Spirgatis über 90 Originalrezepte zusammengetragen.

# Reiseführer

Eine große Zahl von Reiseführern beschäftigt sich mit Thailand. Zudem gibt es eine ganze Reihe an Büchern für Auswanderer. Aus dem Angebot haben wir einige ausgewählt, die dieses Buch ergänzen können.

**Motorcycle Guide to the Golden Triangle**, David Unkovich (Silkworm Press, Chiang Mai 1999). Exakte Beschreibungen von Motorradtouren im Norden östlich von Chiang Mai. Infos und Karten 🖥 www.gt-rider.com. (online gebraucht erhältlich)

**Bangkok Inside Out**, Daniel Ziv und Guy Sharett (Equinox Publishing, Sheffield 2005). Die überaus ironische Betrachtungsweise der Hauptstadt ist in Thailand nicht richtig verstanden worden, weshalb das Buch verboten wurde. Die amüsante Lektüre ist dennoch auf dem Chatuchak-Wochenendmarkt zu bekommen. (online gebraucht erhältlich)

**Exploring Chiang Mai**, Oliver Hargreave (Odyssey Publications, Hong Kong 2015). In vielen Bildern ist Chiang Mai gut beschrieben, zahlreiche korrekte Karten und Routenbeschreibungen regen zu Ausflügen im Umkreis von 100 km an.

**Guide to Northern Thailand and the Ancient Kingdom of Lanna**, Michael Freeman (Weatherhill, Boston 2001). Ansprechend bebilderter Reiseführer zu den schönsten Tempeln im Norden Thailands. (online gebraucht erhältlich)

**Kosmos NaturReiseführer Thailand**, Andrea Kath und Jörg und Annette Braun-Lüllemann (Kosmos Verlag, Stuttgart 2001). Auf 286 Seiten wird der Naturraum Thailands ausführlich dargestellt und mit farbigen Fotos und Karten illustriert. (online gebraucht erhältlich)

**National Parks and other Wild Places of Thailand**, Stephen Elliott und Gerald Cubitt (New Holland Publishers, London 2001). Ausführliche Beschreibung aller Nationalparks, fantastische Fotos, viele praktische Tipps. Aufgrund des Formats als Wanderführer wenig geeignet.

**Polyglott APA Guide Thailand**, Andrew Forbes u. a. (Polyglott Verlag, München 2010). Ein Reiseführer mit schönen Bildern und ausführlichen Routenbeschreibungen in Deutsch und Englisch. Wenig praktische Tipps!

**DuMont Reisehandbuch Thailand**, Renate Loose (DuMont Reiseverlag, Stuttgart 2016). Hintergrundinformationen über das buddhistische Land. Außerdem zahlreiche Fotos und Routentipps zu den wichtigsten Reisezielen in Thailand und aktuelle praktische Tipps.

# E-Books

Eine stetig wachsende Zahl von Publikationen ist auch in digitaler Form erhältlich. Bei online verfügbaren Titeln haben wir dies in unserer Bücherliste vermerkt. Hinzu kommen eine ganze Reihe von Krimis, Auswandererratgebern und mehr oder weniger autobiografischen Erstlingswerken, die sich mit den Frohlockungen, Tücken und Folgen der (oft käuflichen) Liebe beschäftigen. Aber auch viele wissenschaftliche Arbeiten und liebevoll geschriebene Reiseberichte finden sich im Netz.

## Landkarten und Pläne

**Mae Hong Son The Loop 1 : 375 000. Golden Triangle The Loop 1 : 360 000. Mae Sa Valley 1 : 65 000** (GT Rider Ltd., Chiang Mai 2015, 2014, 2014). Drei exakt recherchierte Karten für Regionen im Norden, die bei Motorradfahrern beliebt sind, mit Straßenkategorien, zuverlässigen Entfernungsangaben, ländlichen Gästehäusern und touristischen Attraktionen. Weitere Informationen unter 🖳 www.gt-rider.com.

**Nancy Chandler's Map of …** (Nancy Chandler Graphics 2015). Grafisch hübsch gestaltete, handgezeichnete Karten zu Bangkok, dem historischen Zentrum von Bangkok und Chiang Mai mit eingezeichneten Geschäften, Restaurants, Sehenswürdigkeiten, den interessantesten Märkten und Einkaufsvierteln.

**Nelles Map Thailand 1 : 1 500 000** (Nelles Verlag, München 2014). Sehenswürdigkeiten sind markiert, Grundlage ist eine topografische Karte mit angenehmem Maßstab. 10 Stadtpläne und Detailkarten.

**Thailand Highway Map 1 : 1 100 000** (Roads Association of Thailand, Hrsg.; PN Map Center, Bangkok). Der umfangreichste Straßenatlas von Thailand in Thai und Englisch, brauchbar für Haupt- und Nebenrouten. Viele Stadtpläne. Leider ist der Ortsindex nur in Thai. Erscheint jährlich neu und ist nur in Thailand erhältlich.

**thinknet Bangkok Bus Guide.** Brauchbarer Bangkok-Stadtplan mit eingezeichneten Busrouten, den es in einigen Gästehäusern und Buchläden in Bangkok zu kaufen gibt.

**thinknet Bilingual Map Of …** (ThinkNet Co.; Bangkok). Hervorragend recherchierte Serie von Atlanten und Karten (auch digital) über Thailand und einzelne Regionen. Zweisprachig (Englisch/Thai) sind u. a. Karten zum Norden, Nordosten, Zentrum, Süden, zur Ostküste, Bangkok und Phuket erschienen. 🖳 www.thinknet.co.th.

# Filme

**Anna und der König** (1999)
In dem in Thailand wegen Majestätsbeleidigung verbotenen Remake spielt Jodie Foster die Rolle der englischen Lehrerin Anna Leonowens am Hof von König Mongkut (Chow Yun-Fat). Die Romanvorlage (S. 943) wurde bereits 1951 als Musical mit Yul Brynner und Deborah Kerr verfilmt. Das Beeindruckendste am Remake sind die opulenten Kostüme.

**Bangkok Dangerous** (2008)
Klischeebehaftetes, aber unterhaltsames Hollywood-Remake eines erfolgreichen thailändischen Films aus dem Jahre 2000 mit Nicolas Cage in der Hauptrolle. Der Auftragskiller Joe wird von der Thai-Mafia in Bangkok angeheuert und verliebt sich in eine taubstumme Apothekerin. Als er einen Politiker umbringen soll, beginnt er zu zweifeln.

**Beautiful Boxer (2004)**
Auf wahren Gegebenheiten basierendes Biopic über den Muay Thai-Kämpfer Parinya Charoenphol, der mit seinen Preisgeldern seine Geschlechtsumwandlung finanzieren will. Der sehenswerte Film ermöglicht erleuchtende Einblicke in die gesellschaftlichen Positionen der Kathoeys, dem dritten Geschlecht, in Thailand.

**Brokedown Palace (1999)**
Zwei Freundinnen (überzeugend: Claire Danes und Kate Beckinsale) werden im Anschluss an ihren Thailand-Urlaub am Flughafen mit päckchenweise Heroin erwischt, festgenommen und für mehrere Jahrzehnte in ein berüchtigtes Thai-Gefängnis verknackt. Das etwas langatmige Drama dreht sich um die Versuche der unschuldigen Frauen, ihre Freiheit wiederzuerlangen.

**Die Brücke am Kwai** (1957)
Mit sieben Oscars prämierter, von David Lean verfilmter Klassiker über das Leben im Kriegsgefangenenlager und den Bau der Brücke über den River Kwai während des Zweiten Weltkriegs. Mit Alec Guinness in der Rolle des Colonel Nicholson.

**Die Liebe seines Lebens / The Railway Man** (2013)

Nach der britischen Kapitulation gerät der junge Funker Eric (überzeugend: Jeremy Irvine) mit seiner Kompanie in japanische Kriegsgefangenschaft und muss unter unmenschlichen Bedingungen an der Eisenbahn des Todes (S. 254) mitbauen. Jahrzehnte später verliebt sich der von den Folgen psychologisch gezeichnete Mann (ebenso überzeugend: Colin Firth) in Patti (Nicole Kidman) und erfährt, dass sein Peiniger noch am Leben ist. Er reist nach Kanchanaburi, um ihn zu konfrontieren. Ein kraftvolles Drama über Liebe, Schuld, Rache und Vergebung.

**Fack Ju Göhte 2** (2015)

In der Fortsetzung des deutschen Kinohits verschlägt es Lehrer Müller (Elyas M'Barek) mit seinen chaotischen Schülern auf internationale Klassenfahrt nach Thailand. Dass hier alles drunter und drüber geht, ist wohl selbstverständlich.

**Hangover 2** (2011)

In der klischeebehafteten US-amerikanischen Komödie von Todd Phillips reist Stu mit seinen Freunden nach Thailand, um in Krabi seine Hochzeit zu feiern. Nach einem Trinkgelage wachen sie mit einem Blackout in einem schmutzigen Hotel in Bangkok auf. Die folgenden chaotischen Ereignisse sind weitgehend an den erfolgreichen ersten Teil angelehnt.

**James Bond 007 – Der Mann mit dem goldenen Colt (1974)**

Sein zweites Abenteuer als der britische Superagent James Bond führt Roger Moore u. a. nach Bangkok und zu den Kalksteinfelsen in die Bucht von Phang Nga, die durch den Film internationale Berühmtheit erlangten.

**Ong-bak** (2003)

In einem der erfolgreichsten Thai-Filme versucht ein junger Mann aus dem Isarn einen geraubten Buddhakopf in Bangkok wiederzufinden. Dort gerät er in eine Szene, die illegale Wettkämpfe und Wetten organisiert und wo er seine Fähigkeiten als Thai-Boxer unter Beweis stellt. Die beiden Fortsetzungen sind leider nicht annähernd so unterhaltsam.

**Only God Forgives** (2013)

Visuell überzeugender, aber wenig mitreißender, brutaler Rachethriller von Nicolas Winding Refn mit Ryan Gosling in der Hauptrolle. Nach dem gewaltsamen Tod seines Bruders in Bangkok wird Drogenschmuggler und Muay Thai-Trainer Julian von seiner Mutter beauftragt, die Verantwortlichen zur Strecke zu bringen. Überzeugend agiert der bekannte thailändische Schauspieler Vithaya Pansringarm als ehemaliger Polizist Chang – der Engel der Rache.

**Plattfuß räumt auf (1975)**

Die Jagd nach Heroinschmugglern führt den sanftmütigen, aber prügelwütigen Kommissar Manuele Rizzo (Bud Spencer in einer seiner Paraderollen) bis nach Bangkok.

**Teddy Bear (2012)**

Preisgekröntes, dänisches Drama über einen alleinstehenden Bodybuilder, der in Pattaya eine Frau sucht und zunächst von der käuflichen Liebe enttäuscht wird. Herzerwärmend und einfühlsam mit einem tollen Hauptdarsteller (Kim Kold).

**The Beach** (2001)

Der lesenswerte Traveller-Roman des britischen Autors Alex Garland (S. 943) wurde von Danny Boyle auf Ko Phi Phi Le und im Khao Yai-Nationalpark mit Leonardo DiCaprio in der Hauptrolle verfilmt – schnell geschnitten und unterhaltsam, aber weit weniger authentisch als das Buch und mit einigen Logiklöchern.

**The Impossible** (2012)

Mit Naomi Watts und Ewan McGregor prominent besetztes Drama über eine am Strand von Khao Lak durch den Tsunami 2004 getrennte Familie. Der Film richtet seinen Fokus ausschließlich auf den individuellen Überlebenskampf der Familienmitglieder – packend gespielt und berührend, aber etwas einseitig dargestellt.

## Züge: Von Bangkok Richtung Norden

| Zugnummer | RAP 111 | SP EXP 7 | ORD 201 | SP EXP 3 | RAP 109 | SP EXP 1 | SP EXP 13 | RAP 107 | RAP 105 | EXP 51 |
|---|---|---|---|---|---|---|---|---|---|---|
| Klasse | 2-3 | 2 | 2-3 | 2 | 2-3 | 1-2 | 1-2 | 2-3 | 2-3 | 2-3 |
| **Bangkok** | 07.00 | 08.30 | 09.25 | 10.50 | 13.45 | 18.10 | 19.35 | 20.10 | 21.00 | 22.00 |
| Don Mueang | 07.49 | 09.14 | 10.31 | 11.40 | 14.34 | 18.57 | 20.23 | 21.00 | 21.42 | 22.50 |
| Bang Pa-in | 08.25 | . | 11.14 | . | . | . | . | . | 22.23 | . |
| Ayutthaya | 08.38 | 09.48 | 11.28 | 12.16 | 15.19 | 19.45 | 21.07 | 21.44 | 22.23 | 23.36 |
| Lopburi | 09.44 | 10.29 | 12.41 | 13.00 | 16.23 | 20.42 | 22.00 | 22.39 | 23.16 | 00.31 |
| N. Sawan | 11.24 | 11.40 | 15.11 | 14.07 | 18.27 | 22.17 | 23.31 | 00.06 | 00.50 | 02.24 |
| Phitsanulok | 13.45 | 13.22 | 17.55 | 16.04 | 20.37 | 00.18 | 01.49 | 02.38 | 03.09 | 04.40 |
| Sawankhalok | . | . | . | 18.01 | . | . | . | . | . | . |
| Uttaradit | 15.24 | 14.27 | . | 19.07 | 22.23 | . | 03.08 | 04.05 | 04.34 | 06.06 |
| Denchai | 16.30 | 15.24 | . | . | 23.42 | 02.51 | 04.19 | 05.15 | . | 07.20 |
| Lampang | . | 17.33 | . | . | 02.04 | 05.01 | 06.33 | . | . | 10.01 |
| Khun Tan | . | 18.23 | . | . | 02.58 | 06.06 | 07.37 | . | . | 11.05 |
| Lamphun | . | 19.15 | . | . | 03.44 | 06.51 | 08.21 | . | . | 11.50 |
| **Chiang Mai** | . | 19.30 | . | . | 04.05 | 07.15 | 08.40 | . | . | 12.10 |

| Zugnummer | SP EXP 4 | RAP 106 | EXP 52 | SP EXP 14 | SP EXP 2 | ORD 202 | RAP 106 | RAP 112 | SP EXP | RAP 102 |
|---|---|---|---|---|---|---|---|---|---|---|
| Klasse | 2 | 2-3 | 2-3 | 1-2 | 1-2 | 2-3 | 2-3 | 2-3 | 2 | 2-3 |
| Chiang Mai | . | . | 15.30 | 17.00 | 18.00 | . | . | . | 08.50 | 06.30 |
| Lamphun | . | . | 15.46 | 17.20 | 18.20 | . | . | . | 09.05 | 06.52 |
| Khun Tan | . | . | 16.50 | 18.24 | 19.21 | . | . | . | 09.47 | 07.36 |
| Lampang | . | . | 18.04 | 19.27 | 20.17 | . | . | . | 10.41 | 08.37 |
| Denchai | . | 19.05 | 20.26 | 21.41 | 22.36 | . | . | 07.30 | 12.39 | 10.46 |
| Sawankhalok | 18.01 | . | . | . | . | . | . | . | . | . |
| Uttaradit | 20.00 | 20.19 | 21.37 | 22.42 | . | . | 07.35 | 08.33 | 13.32 | 11.53 |
| Phitsanulok | 21.40 | 22.09 | 23.01 | 00.01 | 00.50 | 06.05 | 08.55 | 10.03 | 14.44 | 13.18 |
| N. Sawan | 00.06 | 00.48 | 01.14 | 01.59 | 02.41 | 08.35 | 10.49 | 12.42 | 16.22 | 15.56 |
| Lopburi | 01.30 | 02.28 | 02.45 | 03.24 | 04.05 | 10.56 | 12.20 | 14.39 | 17.28 | 18.06 |
| Ayutthaya | 02.27 | 03.21 | 03.39 | 04.24 | 04.59 | 12.14 | 13.11 | 15.59 | 18.06 | 19.26 |
| Bang Pa-in | . | . | . | . | . | 12.29 | 13.23 | 16.16 | . | . |
| Don Mueang | 03.10 | 04.14 | 04.30 | 05.18 | 05.58 | 13.14 | 13.53 | 17.03 | 18.40 | 20.13 |
| Bangkok | 04.00 | 05.10 | 05.25 | 06.15 | 06.50 | 14.05 | 14.40 | 18.00 | 19.25 | 21.10 |

Langsame Personenzüge (ORD.) halten auch in kleineren Orten.

Die Züge Richtung Nordosten fahren auf zwei verschiedenen Linien: Die Ubon-Linie führt über Pak Chong, Korat und Surin, die Nong Khai-Linie über Khon Kaen und Udon. Nur die Sprinter Richtung Nong Khai fahren über Korat. Beide Linien halten in Ayutthaya und Saraburi.

Von Thung Song führt eine Stichlinie über Trang nach Kantang, südwestlich von Trang. Eine weitere Stichlinie zweigt in Hat Yai ab und führt über Yala zur malaysischen Grenze (Sungai Golok). Die Hauptlinie verläuft von Hat Yai über Padang Besar (Grenzort) nach Butterworth.

Aktueller Fahrplan im Internet unter ⌷ www.railway.co.th

ANHANG

## Züge: Von Bangkok Richtung Nordosten

| Zugnummer | SP EXP 21 | RAP 135 | EXP DRC 75 | EXP DRC 71 | ORD 233 | RAP 145 | EXP DRC 77 | RAP 139 | EXP 69 | EXP 67 | RAP 133 | EXP DRC 73 | RAP 141 | SP EXP 913 | SP EXP 917 |
|---|---|---|---|---|---|---|---|---|---|---|---|---|---|---|---|
| **Klasse** | 2 | 2-3 | 2-3 | 2-3 | 3 | 2-3 | 2-3 | 2-3 | 1-2 | 1-2 | 2-3 | 2-3 | 2-3 | 3 | 3 |
| **Bangkok** | 05.45 | 06.40 | 08.20 | 10.05 | 11.40 | 15.20 | 18.35 | 18.55 | 20.00 | 20.30 | 20.45 | 21.50 | 22.25 | | |
| Ayutthaya | 06.59 | 08.26 | 09.42 | 11.25 | 13.07 | 16.57 | 20.02 | 20.26 | 21.41 | 21.51 | 22.18 | 23.09 | 23.54 | | |
| Saraburi | 07.34 | 09.10 | 10.18 | 12.04 | 13.53 | 18.01 | 20.40 | 21.10 | 22.23 | 22.32 | 23.02 | 23.45 | 00.35 | | |
| Pak Chong | 08.53 | 10.56 | | 13.27 | 15.24 | 19.49 | 21.58 | 22.49 | | 00.17 | | 01.05 | 02.26 | | |
| Korat | 10.11 | 12.24 | | 14.43 | 17.05 | 21.25 | 23.33 | 00.23 | | 01.53 | | 02.31 | 03.52 | | |
| Buri Ram | 11.37 | 14.22 | | 16.17 | 19.16 | 23.41 | | 02.26 | | 03.44 | | 04.28 | 06.05 | | |
| Surin | 12.11 | 15.10 | | 17.11 | 20.00 | 00.32 | | 03.17 | | 04.32 | | 05.16 | 07.01 | | |
| Ubon | 14.00 | 18.00 | | | | 03.35 | | 06.15 | | 07.25 | | | 10.20 | | |
| Khon Kaen | | | 15.37 | | | | 02.06 | | 04.19 | | 05.35 | | | | |
| Udon Thani | | | 17.10 | | | | 03.36 | | 05.58 | | 07.40 | | | | |
| Nong Khai | | | 17.45 | | | | 04.15 | | 06.45 | | 08.35 | | | 09.00 | 14.45 |
| Thanaleng (Laos) | | | | | | | | | | | | | | 09.15 | 15.00 |

| Zugnummer | RAP 142 | SP EXP 74 | EXP DRC 68 | RAP 140 | ORD 234 | EXP DRC 72 | RAP 136 | RAP 146 | SP EXP 22 | EXP DRC 78 | EXP 70 | RAP 134 | EXP DRC 76 | SP EXP 914 | SP EXP 918 |
|---|---|---|---|---|---|---|---|---|---|---|---|---|---|---|---|
| **Klasse** | 2-3 | 2-3 | 1-2 | 2-3 | 3 | 2-3 | 2-3 | 2-3 | 2 | 2-3 | 1-2 | 2-3 | 2-3 | 3 | 3 |
| **Thanaleng (Laos)** | | | | | | | | | | | | | | 11.15 | 17.00 |
| Nong Khai | | | | | | | | | | 18.15 | 19.10 | 18.30 | 07.00 | 11.30 | 17.15 |
| Udon Thani | | | | | | | | | | 18.52 | 19.59 | 19.19 | 07.38 | | |
| Khon Kaen | | | 19.30 | | | | | | | 20.19 | 21.38 | 21.06 | 09.12 | | |
| Ubon | 16.50 | | | | | 07.00 | | 08.45 | 14.50 | | | | | | |
| Surin | 19.31 | 20.25 | | 22.02 | 05.20 | 09.39 | 07.49 | 11.30 | 16.41 | | | | | | |
| Buri Ram | 20.28 | 21.10 | | 22.50 | 06.05 | 10.27 | 08.35 | 12.26 | 17.15 | | | | | | |
| Korat | 22.34 | 22.54 | 23.37 | 00.51 | 08.22 | 12.33 | 10.18 | 14.54 | 18.47 | 23.04 | | 23.04 | | | |
| Pak Chong | 00.06 | 00.24 | 01.27 | 02.28 | 10.09 | 14.00 | 11.27 | 16.35 | 19.48 | 00.42 | | | | | |
| Saraburi | 01.48 | 02.10 | 03.04 | 04.12 | 11.51 | 15.45 | 12.41 | 18.05 | 21.05 | 02.35 | 03.21 | 02.52 | 14.55 | | |
| Ayutthaya | 02.37 | 02.54 | 03.55 | 05.25 | 12.40 | 16.37 | 13.17 | 19.05 | 21.42 | 03.15 | 04.04 | 03.48 | 15.35 | | |

| Zugnummer | ORD 275 | ORD 283* | ORD 281 | DRC 279 | DRC 277 |
|---|---|---|---|---|---|
| **Bangkok** | 05.55 | 06.55 | 08.00 | 13.05 | 15.25 |
| Chachoeng | 07.40 | 08.59 | 09.32 | 14.21 | 16.44 |
| Prachinburi | 08.58 | . | 10.46 | 15.22 | 17.41 |
| Kabinburi | 09.48 | . | 11.35 | 16.12 | 18.20 |
| Aranyaprat | 11.35 | . | . | 17.35 | . |
| Chonburi | . | 09.49 | . | . | . |
| **Pattaya** | . | 10.35 | . | . | . |

| Zugnummer | ORD 278 | DRC 280 | DRC 282 | ORD 276 | ORD 284* |
|---|---|---|---|---|---|
| **Pattaya** | . | . | . | . | 14.21 |
| Chonburi | . | . | . | . | 15.21 |
| Aranyaprat | . | 06.40 | . | 13.55 | . |
| Kabinburi | 06.30 | 08.23 | 13.25 | 15.39 | . |
| Prachinburi | 07.19 | 09.21 | 14.16 | 16.30 | . |
| Chachoeng | 08.31 | 10.22 | 15.34 | 18.00 | 16.20 |
| **Bangkok** | 10.15 | 12.05 | 17.15 | 19.55 | 18.15 |

Alle Züge 3. Klasse, * verkehrt Mo–Fr

**ANHANG**

## Züge: Von Bangkok Richtung Süden

| Zugnummer | EXP SP 43 | ORD 261 | RAP 171 | EXP SP 35 | EXP SP 37 | RAP 169 | EXP 83 | RAP 173 | RAP 167 | EXP 85 | EXP SP 39+41 | ORD 257 | ORD 259 |
|---|---|---|---|---|---|---|---|---|---|---|---|---|---|
| **Klasse** | 2 | 3 | 2-3 | 1-2 | 1-2-3 | 2-3 | 1-2-3 | 2-3 | 2-3 | 1-2-3 | 2 | 3 | 3 |
| **Bangkok** | 08.05 | 09.20 | 13.00 | 14.45 | 15.10 | 15.35 | 17.05 | 17.35 | 18.30 | 19.30 | 22.50 | 07.50 | 13.55 |
| Thonburi | . | | | | | | | | | | | | |
| N. Pathom | 09.22 | 10.48 | 14.37 | 16.11 | 16.38 | 17.15 | 18.33 | 19.12 | 19.58 | 20.59 | 00.09 | 09.02 | 15.03 |
| Kanchanaburi | | | | | | | | | | | | 10.35 | 16.26 |
| Nam Tok | | | | | | | | | | | | 12.35 | 18.30 |
| Ratchaburi | 10.04 | 11.45 | 15.26 | 17.01 | 17.30 | 18.20 | 19.24 | 20.07 | 20.50 | 21.50 | 00.52 | | |
| Phetchaburi | 10.41 | 12.35 | 16.11 | 17.47 | 18.15 | 19.09 | 20.11 | 20.54 | 21.36 | 22.36 | 01.29 | | |
| Hua Hin | 11.29 | 13.35 | 17.17 | 18.45 | 19.13 | 20.10 | 21.10 | 21.54 | 22.34 | 23.36 | 02.24 | | |
| Prachuap K.K. | 12.29 | | 18.36 | | 20.36 | 21.35 | | 23.17 | 23.56 | 01.02 | 03.30 | | |
| Ban Krut | 13.08 | | 19.29 | | | 22.32 | | 00.31 | 00.54 | | 04.20 | | |
| Chumphon | 14.41 | | 21.21 | 22.45 | 23.24 | 00.52 | 01.27 | 02.58 | 03.28 | 04.23 | 05.59 | | |
| Lang Suan | 15.30 | | 22.24 | | | 02.13 | | 04.02 | 04.34 | 05.26 | 06.49 | | |
| Surat Thani | 16.45 | | 00.27 | 01.26 | 02.03 | 03.48 | 04.27 | 06.03 | 06.28 | 07.16 | 08.15 | | |
| Thung Song | | | 02.29 | 03.22 | 04.00 | 05.56 | 06.35 | 08.32 | 08.55 | 09.32 | 09.54 | | |
| Trang | | | | | | | 08.05 | | 10.31 | | | | |
| Nakhon Si Thammarat | | | | | | | | 09.55 | | 10.55 | | | |
| Hat Yai | | | 06.45 | 07.00 | 07.35 | 09.30 | | | | | 12.50 | | |
| Yala | | | 08.48 | 09.29 | 09.29 | 11.20 | | | | | 14.30 | | |
| Sungai Golok | | | 10.45 | | 11.20 | | | | | | | | |
| Padang Besar | | | | 07.55 | | | | | | | | | |

| Klasse | 174 2-3 | 168 1-2-3 | ST EXP 42+44 2 | 86 2-3 | 170 2-3 | EXP 84 1-2-3 | 172 2-3 | EXP SP 36 1-2-3 | EXP SP 38 1-2 | URU 262 3 | EXP SP 40 2 | URU 260 3 | ORD 258 3 |
|---|---|---|---|---|---|---|---|---|---|---|---|---|---|
| **Butterworth** | | | | | | | | | | | | | |
| Padang Besar | | | | | | | | 13.15 | | | | | |
| Sungai Golok | | | | | | | 11.30 | 17.40 | 14.20 | | | | |
| Yala | | | 14.55 | | 12.35 | | 13.26 | | 16.09 | | | | |
| Hat Yai | | | 16.23 | | 14.45 | | 15.39 | 18.45 | 18.10 | | | | |
| Nakhon Si T. | 13.00 | | | 15.00 | | | | | | | | | |
| Trang | | 13.29 | | | | 17.25 | | | | | | | |
| Thung Song | 14.24 | 15.17 | 19.03 | 16.20 | 18.13 | 19.12 | 19.27 | 22.07 | 21.38 | | | | |
| Surat Thani | 16.47 | 17.38 | 20.41 | 18.37 | 20.14 | 21.04 | 21.26 | 23.57 | 23.28 | | | | |
| Lang Suan | 18.27 | 19.20 | 21.52 | 20.11 | 22.05 | | 23.09 | | | | 10.40 | | |
| Chumphon | 19.36 | 20.31 | 22.49 | 21.22 | 23.23 | 23.59 | 00.44 | 02.34 | 02.06 | | 11.54 | | |
| Ban Krut | 21.50 | | | | | | | | | | 12.46 | | |
| Prachuap K.K. | 22.58 | 23.36 | 01.17 | 00.15 | 02.26 | | 03.31 | | 04.43 | | 14.20 | | |
| Hua Hin | 00.45 | 01.16 | 02.22 | 01.47 | 04.28 | 04.15 | 04.56 | 06.29 | 06.05 | 14.10 | 14.59 | | |
| Phetchaburi | 01.53 | 02.17 | 03.10 | 02.58 | 05.32 | 05.17 | 05.58 | 07.27 | 07.03 | 15.09 | 16.01 | | |
| Ratchaburi | 02.44 | 03.06 | 03.50 | 04.04 | 06.25 | 06.08 | 06.49 | 08.13 | 07.49 | 16.00 | 16.47 | | |
| Nam Tok | | | | | | | | | | | 17.41 | | 12.55 |
| Kanchanaburi | | | | | | | | | | | | 05.20 | 14.48 |
| N. Pathom | 03.40 | 04.05 | 04.38 | 05.00 | 07.26 | 07.04 | 07.44 | 09.03 | 08.42 | 17.16 | 18.26 | 07.19 | 16.31 |
| Thonburi | | | | | | | | | | | | 09.21 | 17.40 |
| **Bangkok** | 05.10 | 05.35 | 05.55 | 06.30 | 09.00 | 08.35 | 09.15 | 10.30 | 10.10 | 19.00 | 19.45 | 10.25 | |

ANHANG

# Index

# GREEN TIGER TRAVEL

## individuell & mittendrin

Ihre maßgeschneiderte Reise nach Südostasien    green-tiger.de    Tel: +49 (0)761 - 211 4848

ANHANG

ANHANG

– DEMNÄCHST, AB MITTE 2016 –

## SIWILAI SUKHOTHAI

THAILANDS STIL UND STILLE ERLEBEN – EIN GEHEIMTIPP FÜR KULTURINTERESSIERTE.
BALD FINDEN SIE UNS ÜBER GOOGLE & FACEBOOK

*Weißer Sandstrand nahe Bangkok und das Ambiente nicht so steril?*
Samed Villa Resort: Ein Klassiker mit gutem Preis-Leistung-Verhältnis.
#2 im TripAdvisor seit 2012
www.samedvilla.com, T: +66 81 761 55 78

Samed Villa
Resort

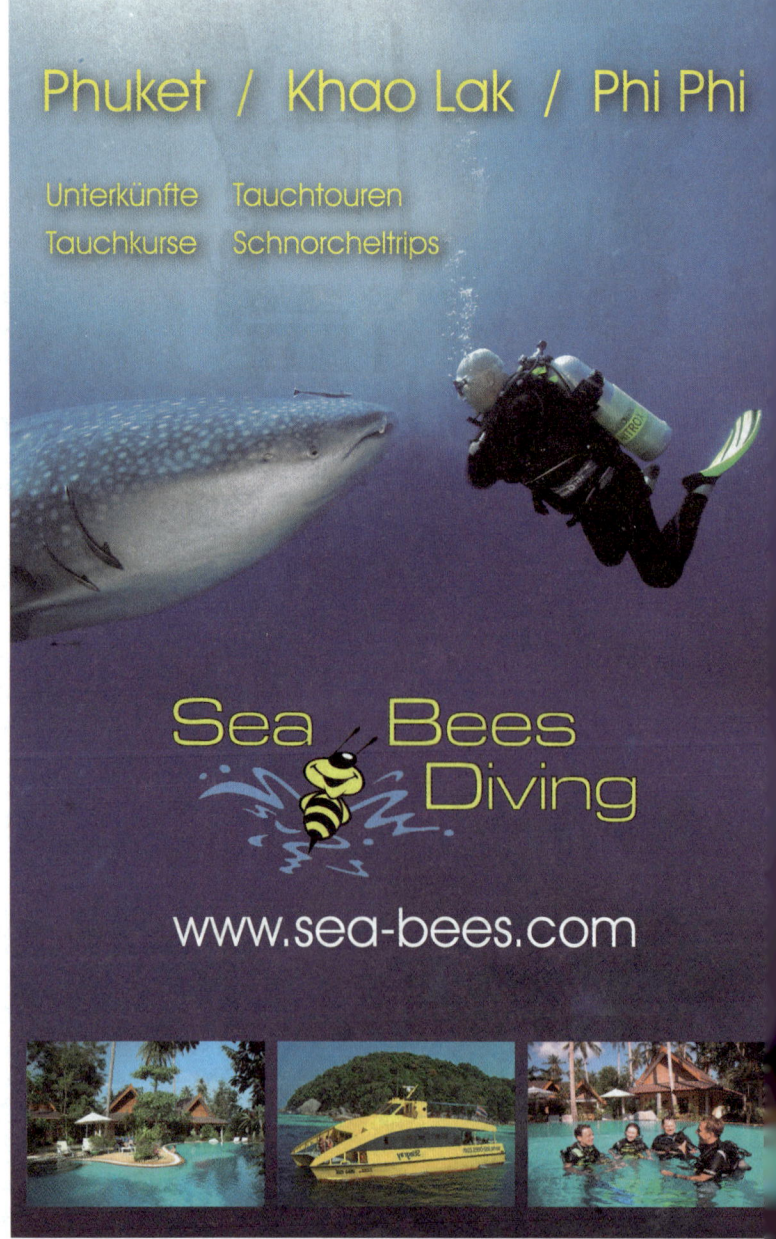

ANHANG

ANHANG

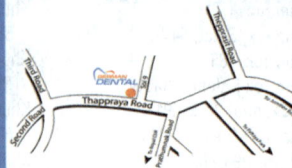
ANHANG

ANHANG

**Login**-Box: Hier anmelden, um eigene Bewertungen zu schreiben

**eXTra**: Hier den Code aus dem Buch eingeben und los geht's

Wo bin ich? Klickpfad für die **Navigation**

**Eigene Bewertungen** schreiben

**Social Tools: Folgen, Teilen, Twittern …**

**Bewertungen** und **Kommentare** anderer Reisender lesen

ANHANG

# Danksagung

## A. und M. Markand

Wir danken allen, die uns an ihren Informationen teilhaben ließen. Gedankt sei explizit allen, die uns wertvolle Briefe schrieben, die ihre guten Updates auf 🖳 www.stefan-loose.de selbst eingegeben haben, die im Forum mitgemacht und im Loose Travel Club (auf unserer Webseite und auf Facebook) ihre Sicht der Dinge gepostet haben. Und natürlich danken wir allen Menschen, denen wir auf unseren Recherchereisen begegnet sind, für ihre Freundlichkeit und Auskunftsfreude.

## Volker Klinkmüller

Als stets einsatzfreudigen Helfern bei der Überarbeitung des Kapitels über den weitläufigen Nordosten des Königreichs ist zu danken **Andreas (Andy) Müller** vom Restaurant Chez Andy in Korat, **Thomas** und **Ronald** vom Udon Thai House Resort & Hotel sowie **Chris Römer** aus Bernkastel, der mit seinen Gastronomie-Spots Ban Thai und Saloon als zuverlässiger Außenposten über Loei wacht.

Engagierte Helfer fanden sich auch in der Region des Khao Yai Nationalparks – mit **Mike Ingram** von Bobby's Apartment & Jungle Tour und **Heribert Gakhsch** vom Weingut PB Valley. Um die entlegenen Winkel des Isarn verdient gemacht haben sich **Willi Beer** mit seiner Frau **Thanawan** von Lorenzino's Swiss Cuisine in Surin, **Brent** vom The Outside Inn in Ubon sowie besonders **Tim Sewer** von Isan Explorer.

Für die Aktualisierung von Pattaya lag es auf der Hand, mal bei **Björn Jahner** nachzufragen, denn als Chefredakteur des dort nun schon seit 20 Jahren erscheinenden Magazins Der Farang ist er natürlich stets auf dem neuesten Stand der Dinge – und darüber hinaus ein leidenschaftlicher Szenegänger (s. Exkurs „Partymachen in Pattaya") in diesem quirligen Seebad.

Für engagierte Recherche-Hilfe in Chantaburi und Umgebung ist Tourismuspionier **Thomas Ruprecht** (Mr. Tom) zu danken, der es westlichen Besuchern mit seiner Reise-Agentur Travel & Fun ermöglicht, die Reize dieser erst wenig besuchten Region zu erkunden – wie auch **Tanongsak Sangwong** (Mr. Tam) mit seinen sorgsam ausgetüftelten Fahrradtouren.

Mit ihrem Insiderwissen über Ko Chang verdient gemacht haben sich passionierte Insel-Kenner – wie **James Brunner** vom Ploama Cliff Resort und **Micha(el) Winfried Weber** vom Top Resort sowie **Khun Raht** von Kongoi Jungle Trekking.

Zur treffenden Darstellung von Ko Mak hat **Yodying Sudhidhanakul** beigetragen, der – als Nachkomme zu den fünf originären Familienclans zählend – mit spannenden Hintergrundinfos aufwarten kann. Besonderer Dank richtet sich an **Michael (Mike) Misic**, der den Reiz von Ko Kood schon vor vielen Jahren erkannt und sich als erster Ausländer auf dieser Insel niedergelassen hat, um dort ein Tauchcenter mit Guesthouse zu betreiben sowie zuweilen auch als engagierter Recherchehelfer zu fungieren.

Einmal mehr unverzichtbar für die Qualität des Ostküsten-Kapitels war die Mitarbeit von **Nipaporn Panklang**, die diesem Reiseführer als Einheimische in vielerlei Beziehung eine besondere Note verliehen hat.

## Mischa Loose

Besonderer Dank gilt meinem Kollegen und Freund Moritz Jacobi für die sehr gute und erfolgreiche, aber dennoch spaßige Zusammenarbeit in unseren zwei Recherche-Monaten. Bei Thi Thanh Uyen Nguyen möchte ich mich von ganzem Herzen für ihre Unterstützung während der Recherche und Einarbeitung sowie die tolle gemeinsame Reise bedanken. Auch meinen Eltern danke ich sehr für ihren netten Besuch in Bangkok und die schöne Reise von Luang Prabang den Mekong entlang, von Chiang Rai über Thaton nach Chiang Mai, Mae Hong Son und Pai. Meiner thailändischen Familie in Bang Yai gilt ebenfalls ein großes Dankeschön für ihre Hilfe und Gastfreundschaft. Es ist jedes Mal eine Freude mit meinen Schwestern Paeng, Phu und Pla, Pip und dem kleinen Pokpong Zeit zu verbringen.

Weiterhin danke ich besonders Olaf Kujawa in Chiang Mai, Lino Feller und Rita in Ayutthaya, Phen in Soppong, Ronny und Mem von Cycling Sukhothai und Apple und Noi in Kanchanaburi für ihre Gastfreundschaft und Unterstützung bei der Recherche.

Auch Chadarat Duangmanee vom Ayutthaya Tourism Center, Kanda Sathainphaibun, Shanik Hwang, Kevin und Gili Back in Bangkok, Pen in Ban Tham Lot, Nathakarn Intama in Mae Hong Son, Chanon und Lisa vom Tourist Office in Kanchanaburi, Jiab vom Tourist Office in Lampang die hilfsbereiten Mitarbeiterinnen der TAT-Offices in Chiang Rai und Phitsanulok sowie im Chiang Mai Municipal Tourist Office, Dao Runee in Nan, Don Jirayut vom Busbahnhof in Tak und allen seinen Kollegen an den Informationsschaltern des Landes, den Mitarbeitern der Bangkok Tourism Division, Tim, Gai, Finn und den vielen Taxi- und Motorradtaxifahrern in Bangkoks Straßen, die mich immer sicher an mein Ziel gebracht haben, gilt mein Dank für eine schöne, ereignisreiche und erfolgreiche Zeit in Thailand.

Ganz besonders gedankt sei allen **Leserbriefschreibern**, die für uns wertvolle Informations- und Inspirationsquelle sind. Wir freuen uns auf viele weitere Kommentare, Ergänzungen und Anregungen. Unser Dank geht an:
Alexander Blum, Carla Dörr, Karoline Meyer, Tobias Junglas , Dr. med. Reinhard Hoffmann, Stefan Kietz-Borgwardt, Brigitte Gottscholl, Tini Metzler, Markus Schmid, Harald Preller, Uwe Faulborn und Bianca Buckenberger, Franziska Stangl, Johannes Mey, Willy und Dorothee Pöhner, Katarina Herz-Melching, Alexandra Roth, Michael Bussmann, Dietlind und Michael Bruns, Dobler Pola, Nadine Rothhanns, Zoe Schmitt, Wolf Gotthilf.

# Mitarbeiter dieser Auflage

**Kerstin Härtl** reiste 2008 zum ersten Mal nach Thailand (und kann sich seit- dem ein Leben vor Südostasien nicht mehr vorstellen). 2015 unterstützte sie die Markands auf ihrer Recherchetour. Mit ihrem Gespür für Land und Leute passt sie gut ins Team Orange.

# Bildnachweis

**ANHANG**

# Impressum

**Thailand**
Stefan Loose Travel Handbücher
4., vollständig überarbeitete Auflage **2016**
© DuMont Reiseverlag, Ostfildern

**Gesamtredaktion und -herstellung**
**Bintang Buchservice GmbH**
Zossener Str. 55/2, 10961 Berlin
www.bintang-berlin.de
**Redaktion**: Gudrun Raether-Klünker
**Karten**: Katharina Grimm, Anja Krapat, Mischa Loose, Klaus Schindler
**Reiseatlas**: DuMont Reisekartografie, Fürstenfeldbruck
**Layout und Herstellung**: Gritta Deutschmann, Anja Linda Dicke
**Farbseitengestaltung**: Anja Linda Dicke

**Printed in Poland**

# Kartenverzeichnis

**ANHANG**

**ANHANG**

**982 / 983**

Mae Sai
Goldenes Dreieck
Chiang Rai
Mae Hong Son
Chiang Mai
Lampang

L A O S

VIETNAM

**984 / 985**

Vientiane

**986 / 987**

Uttaradit
Udon Thani
Sukhothai
Phitsanulok
Khon Kaen
Mae Sot
Roi Et
Umphang

MYANMAR
(BURMA)

**988 / 989**

Nakhon Sawan
Lopburi

**990 / 991**

Nakhon
Ratchasima
(Korat)
Ubon
Ratchathani

Nam Tok
Kanchanaburi
Ayutthaya
Bangkok

**994 / 995**

Ratchaburi
Phetchaburi
Chonburi

**992 / 993**

Cha-am
Pattaya
Hua Hin
Chantaburi
Ko Samet
Trat

KAMBODSCHA

Prachuap
Khiri Khan
Ko Chang

Ko Kut

*Golf von*

**996 / 997**

Chumphon

*Thailand*

Ranong
Ko Tao
Ko Pha Ngan

*Ko Samui*

VIETNAM

Takua Pa
Surat Thani
Khao Lak
Phang-Nga
Nakhon Si Thammarat
Krabi

*Phuket*

*Ko Lanta*

Songhkla

*Andamanen-*

Hat Yai
Pattani
Ko Tarutao
Satun
Narathiwat

*see*

M A L A Y S I A

**998 / 999**

981

## MYANMAR (BURMA)

Loisam s
Loimut
Mawkmai
Hsi-hseng
Kadugyi
Tun-Nyu
aw
Lawpita
Shadaw
1565 m
Mok Cham Pae
Na Soi
Dawdu
Wan Hsa-hkyawng
Bawlakhe
Ywathit
Sawnglaw
Hpasawang
Kemapyu
Mesenan
Kawlutho
Klothuhta Zayat
Kyaukhnyat
Hpapun
Kuseik
Mato
uang
Lawabauk
Kadaingti

Lang Kho
1251 m
Ta-Htit
1855 m
Mong Pan
Ta-Sam
1787 m
Mong Tong
1722 m
Namtong
Ban Me Kin
Doi Fang 22
Mong Han
Mae Fang National Park
1890 m
1980 m
Mong Kyawt
Doi Angkhang 1938 m
Pungpakyem
Wan Namyum
Arunothai
1889 m
1754 m
Mong Hta
Muang Na
Tab Tao
1130 m
1462 m
Parop
1570 m
Doi Li Ki 1843 m
Kae Noi
Piang Luang
Kong Lom
Huai Sai
Tham Pla
Na Pu Pom
Mailan
Ban Eko
Wiang Haeng
Lao Wu
Namtok Pha Sua National Park
Kha Han
Mae Lana
Tham Lot
Huai Nam Dang National Park
Doi Mae Muang 1579 m
Muang Ngai
Ping Khong
Ban Rak Thai
Symbol
Ban Tham
Pang Mapha (Soppong)
Doi Chiang Dao 2175 m
Napapaek
Roum Thai
Mae Suya
Pha Sua
870 m
Pang Pack
Chiang Dao
Chiang Dao
Khud Samsib
Na Toeng
Mae Na
Chiang Dao Elephant Train
Huai Pha
Mo Paeng
Wat Mae Yen
Pai
Pong Duet (Heiße Quellen)
Mae Na
Sri Lanna National Park
Wat Doi Kong Mu
Pang Mu
Tha Pai
Mae Sae
Mae Ta Man
Mae Ngac
Pong Daeng
Huai Dua
Huai Kha
Sop Sa
Mofka
Mae Taeng
Pha Bong
Meo Microwave
Mae Surin National Park
Papae
Sop Poeng
Mae Malai Rom Luang
Mai Hung
Doi Mae Ya 2005 m
Pak Thang Saluang
Wat Phra That Doi Suthep
Mae Rim
Mae Surin
Doi Luang 1250 m
Wat Chan
Doi Suthep-Doi Pui National Park
Mae Sa
San Sai
Huai Pong
Mae Surin
Mae Aukhore
Samoeng
Doi Pui 1690 m
Mae Sa
Zoo
CHIA
1032 m
Mae Surin
Mae Yuam Luang
Mae Sa
Ob Khan National Park
Wat U Mong
Sa
Khun Yuam
Pang Kia
Huai Thong
Hang Dong
Sarabhi
1056 m
Muang Pon
Mae Na Chong
Doi Inthanon 2565 m
Ban Pa Tong
Ban Tawai
1337 m
1818 m
1326 m
Sop Wak
Doi Inthanon National Park
Vachirathan
San Pa Tong
Lamphun
Mae La Luang
Mae Pan
Khun Klang
Borichinda
Pa Sang
Tham Kaew Komol
Mae Chaem
Mae Klang
Pa Sang
Fai Paen
Mae La Noi
Khao Om Phai 1563 m
La Up
Chom Thong
Tha Sala
Fang Min
Mae Top
Mae Tia
Thai Elep Conservation Ce
1027 m
Om Khut
Ban Hong
Thun
Lao Lee
Ob Luang National Park
Pong Lo
San Kampha
Mae Sariang
1430 m
Tha Rua
Hot
Wang Luang
Lam
1210 m
Kong Loi
Kiu Lom
Pha Pha
Na Fon Nua
Wang Lung
Thung Hua Chang
Huai Pho
Sop Moei
Mae Tom Nua
Mae Tap
1487 m
1194
Mae Ngao
Mae Tub Reservoir
Doi Tao
Huai Haen
Doi Khur Mae Ap
Mae Sam Laep
Doi Thoe Yi Chao 1764 m
Om Koi
Yang Piang Tai
Den Mao
1061 m
Li
Ban Tha
Om Koi
Mae Lani 1820 m
S. 984
Ko Nong
Ko Thung
Pha Tai
Pak Kong

Tachilek
Mae Sai
Muang Hi
Nam Nhion
Donchai
1680 m
Na Lae
Tham Luang
Doi Tung
1420 m
Goldenes Dreieck)
Sob Ruak
Nam Ngam
Pung
Namthoung
1470 m
San Thanon
Nam Yen
Houay Xai
(Ban Houei Sai)
Muang Houn
1534 m
Chantai
Mae Fah Luang
Phra That Pa Ngao
Wat Chiang Saen
Chiang Khong
Dan
Navang
Namko
Phadua
Mae Chan
Mae Bong
Sri Don Chai
Thung Ngiu
Wiang Kaen
Pak Tha
Pha Udom
1681 m
Mokphang
Nam Beng
L A O S

Hot Springs
Lorcha
Santisuk
Rong Wai
Bong Noi
Kaen Nua
Pang Hat
Pa Tang
1676 m
Pakbeng
Menam Khong
(Mekong)
1935 m

Huai Mae Sai
WIANG RAI
Wiang Chai
Pa Muang
Chom Phu
Phu Chi Fa
1400 m
Khop
1451 m
1400 m
Thaxoang

Phra Kaeo
Phaya Mengrai
Pa Tan
Ta Luang
Doi Yao
1543 m
Huamuang
1338 m
Xianghon
Hong Sa
Napong

Pa Sak
Cham Bon
Thoeng
Lanna Thai Villa
Ban Huak
Ban Kiuk
Phu Sang
Siphom
Ngeun
Kay
Muang Han
Phalan

Muang Ngoi
Chiang khian
Ban Ngao
Pha Sang National Park
Suan
Huai Kon
Ngom Pao
Pop Ho
Phu Sam Sao
1969 m

Pa Ngae
Pa Daet
Phuang Phayom
Chiang Kham
Nam Min
1739 m
Ban Ngob
1081 m
Phou Khe

Mae Chai
Huai Ngu
Ban Hae
Lao Ri
Song Khwae
Thung Chang
Khun Nan National Park
Doi Phu Kha National Park
2079 m
Nam Kout

Rong Khu
Pa Fang
Ban Mai
Baeng
Chiang Klang
Nam Mong
Pua
1256 m
Bo Yuak

Wat Analayo
Dok Kham Tai
Mun
Nam Puk
Nanthaburi National Park
Pa Tong
Bo Klua

Phayao
Pong
Pha Tang
Tha Wang Pha
Silaphet
1169 m

Ban Hia
Doi Phu Nang National Park
Tha Fa Tai
Pha Kwang
Nam Yao
Mae Sanan
Doi Long
1790 m

Huai Khian
1360 m
Pi Nua
Song Khwae
Kiu Muang
Santisuk
1225 m

Chiang Muan
1172 m
1080 m
1169 m
Muang Chang Nua
1168 m
Nam Phun
1414 m

Ngao
Ban Luang
Doi Luang
1162 m
Wat Khao Noi
Nan
Mae Charim
1210 m
Ban Khwaeng
Nam Pua

Pha Thai
Pang Kho
Wat Fa Sawan
Pa Lao Klang
Mae Charim
1243 m
Mae Charim N. P.
1259 m
Doi Khun Yan
1652 m
NPA

Kiu Lom Reservoir
1154
Saliam
Nam Pua
Wiang Sa
Huai Son
1162 m
Nam Phang Noi
1293 m
Doi Wa
1294 m
Suvannaphum

Cham Pui
Ban Bunnak
Na Rai Dieo
Song
Wat Huai Rong Nai
Huai Rong
Pang Mon
Huai Rong
Nam Muap
Nakhanyang

Rong Kwang
Pha Nang Koi
Khun Safan National Park
Na Noi
1083 m
Si Nan National Park
1083 m
Bo Bia
Pak Lai

Mae Mo
Ban Paen
Muang Khai
Nong
1134
1217
1728 m
Na Mo
Na Mun
Na Mun
Pang Hai
1047 m
Buamlao
S. 986

Long
Nam Rin
Phrae
1024
1241 m
Doi Khun Loet
1247 m
Pak Nai
1139 m
Huai Noi Ka
1047 m
Muang Chet Ton
1030 m

Mae Rang
Den Chai
Sung Men
Doi Phaya Fo
1465 m
1541
Sirikit Reservoir
1032 m
Fak Tha
1268
Ban Khok
Vang Pa
Nongpachit
Huaylot
Xa

Hat Rua
Na Pla Klang
Dong Ya Thao
Huai Ha
Nam Man
1163
Tha Pla
1176
Nam Pat
Phu Suai Dao
2102 m
Namphuk
Nakok
Kenthao

Lap Lae
UTTARADIT
S. 985
1045
1146
Sak Nam National Park
Huai Dua
1239
Bosan
Muangmo

983

0  10  20  30  40  50 km

Ban Paen  Nong  Muang Khai  1216  Khao Sukhim National Park  Bo Bia  Na
Mo  Nam Rin  1134  1217  1728 m  Si Nam  S. 983  1083  Pak Lai
71 m  1023  101  Phrae  Na Mo  Na Mun  Natio  Pang Hai
Long  Nua Son  1024  1241 m  Huai Noi Ka  1047  Buamlao  650 m
Pha Klong National Park  1022  Doi Khun Loet  Pak Nai  Muang Chet Ton  1030 m  Namphok
Den Chai  Sung Men  1247 m  Fak Tha  1047  Ban Khok  Buamthon  Naphan Xanakham
11  Doi Phaya Fo  Sirikit  1032 m  1268  Vang Pa  Huaylot
Dong Ya Thao  1485 m  1541  Reservoir  Nongpachit  2195
101  Huai Ha  1159  Namphuk  Nakhon  2195  Na Chan
Rua  Na Pla Klang  Tha Pla  1176  Phu Suai Dao  Kenthao  Nam Heung  Pong
Nam Man  1163  2102 m  Muangmo  2195  Hi
11  1045  1146  Nam Pat  1239  Bosan  Nam Khaem
Lap Lae  Sak Yai National Park  Huai Dua  Muang Boten  Tha Li  Kok Du
Huai Khrai  102  UTTARADIT  Huai Kan Luang  1212  Bo Phak  2195  Khok Yai  2115
lai  Dan Mae  Wang Khapi  1047  Khao Mun Ram  1268  Na Haeo  National Park  2399  Muang Loe
Khan Man  1196  Tron  1214  1564 m  Lao Kohok  Phu Rua  203
Ban Rai  1254  1180  Ban Phae  1237  Phu Kat  Pak Man  San Tom
wankhalok  1204  Khao Thong  1143  1468 m  2115  Khok Ngam  Na Long
Si Nakhon  1246  1249 m  Na Lan Khao  Dan Sai  2013  Phu Luang  Wan
Phichai  Chat Trakan  Chat Trakan National Park  1571 m
101  Pak Phan  1296  Suan Miang  1248  872 m  Pong Chi  Nong Bua
Samrong  1104  Phrom Phiram  1143  Khok Klai  2013  Nam Yen  2016
Sukhothai  101  Wat Bot  536 m  Nakhon Thai  203  Sila  Loei Wang
Kong Krailat  1293  Sap Phraiwan  2013  Phu Hin Rongkla National Park  2216  Lom Khao  S. 986
Khiri Mat  1055  117  Yaong  Khao Huak  Wang Kon Huat  Nam Nao National Park  2216
Bang Rakam  1293  Wang Tong  845 m  1746 m  Lom Sak
PHITSANULOK  Thung Salaeng Luang National Park  Pa Ya Kha
Lan Krabu  1065  1063  117  Nam Pat  Khao Kho  Khlong Si Fan  Plaek
Sam Ngam  311  Bang Kratum  1295  Noen Maprang  2325  Nam Len
1278  115  Tha Yiam  1115  Pa Daeng  2402  Tha Phon  2275
Sai Ngam  11  Sak Lek  1344  Nong Mae Na  2258  Na Nguo
PHICHIT  Wang Sai Phun  1350 m  Khao Ya Tai  PHETCHABUN  2271  Huai Yai Nua
1280  Wang Suan  1191  Wang Pong  Wang  2275  Nam Rom  Khao Yot Chi
Nong Kla  Wang Fa Pha  1301  Chomphu  1154 m  Lon  111
Pho Prathap Chang  113  Taphan Hin  1205  Chon Daen  Kham Muat  Tham Yai Chi
long Khlung  117  Nong Yang  1118  Khao Sbi  Nam Phu Sanga  473 m  Tham Phra Thun
Nong Wilai  1280  Pho Thale  1067  Thap Khlo  Dong Khui  2398  Rawing  Khok Charoen  Tham Wua Daeng
ak Buri  1084  1073  1069  Wang Katha  2401  Nong Lai  2275  2359
Banphot Phisai  Ban Mun Nak  11  2275  Nong Phai  Nong Mai Kaen
Salok Bat  Wang Khon Sung  Sai Thong National Park
Dong Kanghan  Chumsaeng  225  Nong Bua  225  Nong Mai Kaen
1072  Kao Liao  1182  Nam Sat Klang  Bung Sam Phan Nai  2275  Nong
Nong Ben  Wang Na  1119  225  Wichian Buri  Na Yang Klak
HON SAWAN  3004  Tha Tako  Khao Hin Kling  Wang Wai Pho
Sawang Arom  Hua Phluang  Hua Thanon  Phaisali  3604  Wang Khui  Phu Kham  2354
ng Yai  Noe Chum  3327  Samrong Chai  S. 989  Takhop  Bamr

986

985

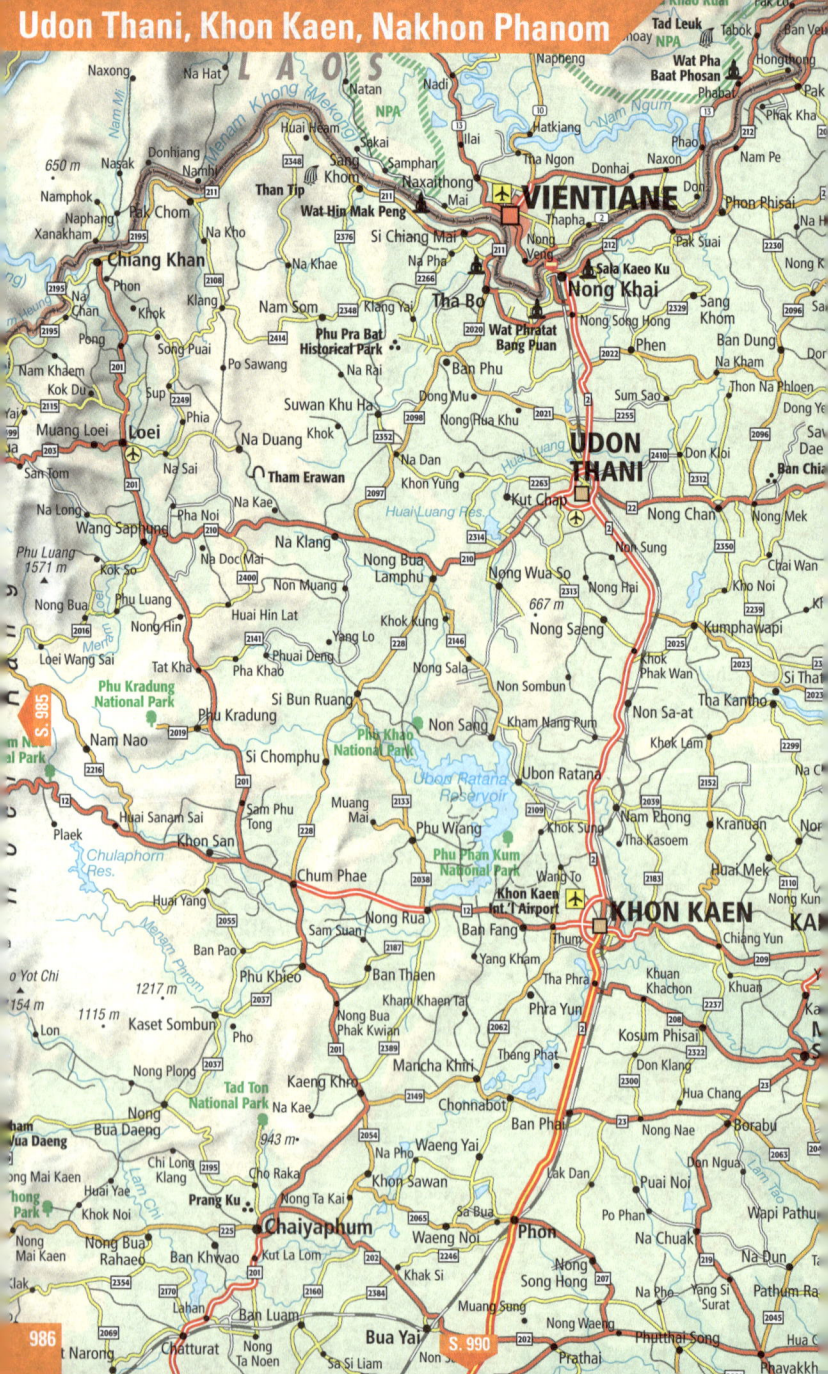

MYANMAR (BURMA)

Taungnyo Taung

Bilauktaung Range

Tanintharyi (Tenasserim)

Andamanen-see

**S. 984**

**S. 994**

Thanbyuzayat
Natchaung
Khao Mamuang 1732 m
Klong Mai
Umphang
Mae Wong National Park
Setse
Sakangyi
Danon
Kasat
Nu Pho
Ti Lo Su
Tha Sai
Khao Mokochu 1960 m
Taling Mae
Winkana
Kui Lor Thor 1085 m
Palatha
Zepala
1090
Peinnedaw
Pueng Kueng
Zepala
1288
Kalagauk I.
Tamirseik
Kanin-kamaw
E-Karaja
Ti Lo Le
Kha Ngae Ki
Klong Reser
Kawdwaut
Yu Nai
1158 m
1156 m
Thap Salao Reservo
Lamaing
Mezali
Phadaw 1298 m
Mae Chan Tha
Taungbyin
Sonmarha
827 m
Kyondaw
Megathat Chaung
1253 m
Khao 1554
Nyigarok
YE (YAI)
Yethanok
Payathonzu
Three Pagodas Pass
Ban Chedi
1811 m
Esa
Hin Lat
Sai Poe
Wa Kyun
992 m
Sangkhlaburi
1755 m
301
Yindein
Kumai
Wang Kha
Sukho
Khao Tukala Pokana 1010 m
1072 m
Srinagarind
Kyung Gyi I.
Debyu 1290 m
Khao Laem
Khao Laem Reservoir
Thi Kai
Tayoktauk
Meiktulagale
Natkyizin
Paungsan Taung
Daichong Thong National Park
Khao Laem Dam
Tha Yai
Ban
Taungzun
Yapu
522 m
Khao Dang 1209 m
Thong Pha Phum
Hot Springs
National
Huay Khamin
Srinagarind Reservoir
Khao Huat 1177 m
Migyounglaung
Thong Pha Phum National Park
Pilok
Taling Daeng
3272
Prang Kasi
Khao Krabing 1024 m
Khao Kamp
Eindayaza
Kaleinaung
Daowadung
Lin Tin
Park
Si Sawat
Tham Th Nationa
Kanbauk
Kyauksat
1209 m
Sai Yok National Park
1104 m
Phra That
Tha Kradan
3199
10
Pachaung
Zadi
Sai Yok
Hellfire Pass
323
Erawan National Park
Tha Thung Reservoir
Paungchon Taung 1174 m
Lawa
Khao Phang
3457
Tokkyachaung
Heinze I.
Dauklauk
1125 m
Nam Tok
813 m
3199
Nabule
Kalonta
Hermyingi
Bong Ti
Sai Yok
325
Maungmagan
Taungthonlon
Myitta
Bong Ti Pass
Wang Po-Viaduct
Po
Kanc
3445
358 m
Thabawseik
Pagaye
Myat Taung 1033 m
Bong Ti
Muang Sing
8
DAWEI (TAVOY)
Nyaungzin
Chorakhe Phuak
Laung Lon Islands
Launglon
Thayetchaung
Taungzin
1564 m
3512
Dan Makham
Peinnedaw
Pawut
849 m
Muang Takua Pit Thong
Thagyat Daw
Pyinbyugyi
Chaungwabyin
1128 m
Chima
Munsali Taung 1158 m
Muang Te Mamuan
Zalut
Yange
Kadwe
Myinmoletkat Taung 2074 m
Min-ngaw
Suan Phung
Dawei (Tavoy) Point
Pe
Kunzon Taung 928 m
Ban
Khao Yai 1050 m
Aw
Aungthawara
Zinchaung
Palauk
1143 m

Middle Moscos Islands

Maungmagan I.

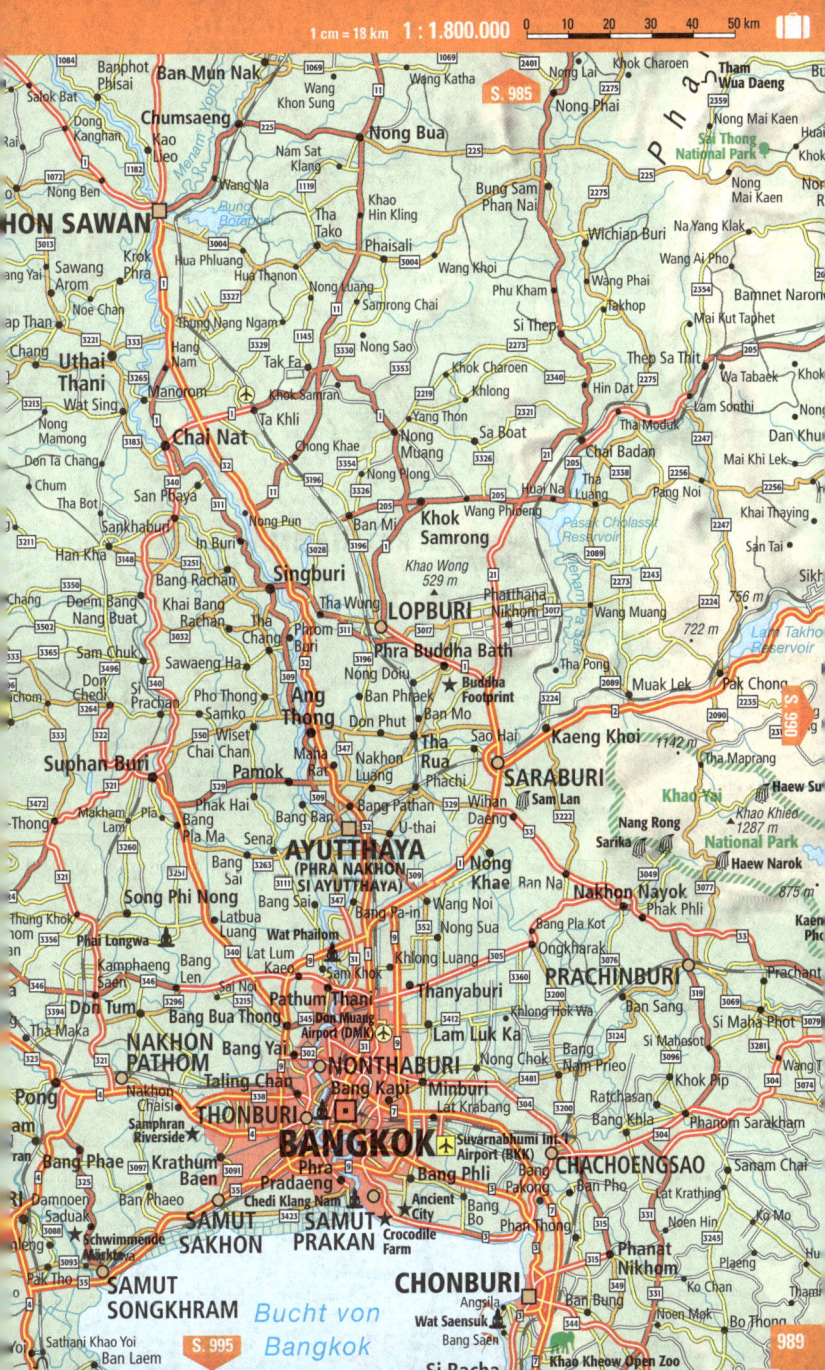

## NAKHON RATCHASIMA (KORAT)

Bua Daeng
Chi Long Klang
Huai Yae
Khok Noi
Prang Ku
225
S. 986
943
Cho Raka
Nong Ta Kai
Na Pho
Waeng Yai
Khon Sawan
Ban Phai
Nong Nae
Borabu
Dan Ngua
Wapi Pathum
Puai Noi
Po Phan
Na Chuak
Na Dun
Pathum Rat

Chaiyaphum
Ban Khwao
Kut La Lom
Lahan
2170
Ban Luam
Chatturat
Nong Ta Noen
Sa Si Liam
Khong
Taluk Hin
Waeng Noi
Sa Bua
Phon
Nong Song Hong
Muang Sung
Nong Waeng
Bua Yai
Non Sang
Prathai
Phutthai Song
Hua Cha
Phayakkha
Phisai
Bung Bao
Non Khaen
Nong Khaman
Khaen Dong
Satuk

Bamnet Narong
Don Mo Kaeng
Khok Hin Tang
Nong Pho
Dan Khun Thot
Pa Kham
Non Thai
Mai Don Ta Mong
Nong Suang
Hin Dat
Khai Thaying
San Tai
Sikhiu
Sung Noen
Kham Thale So
Cho Ho
Dan Thong Lang
Chakkarat
Pak Thong Chai
Pak Thong Chai
Chok Chai
Non Sung
Ban Prasat
Prasat Hin Phimai
Phimai
Tabong
Non Hat
Khu Muang
Khok Sin
Samet
Lam Plai Mat
Buri Ram
Khok Tong
Chum Phuang
Mae Nam Mun

NAKHON RATCHASIMA (KORAT)
756 m
Dan Kwian
Phra Narai
Nong Phet Sena
Chamni
Kraduang
Nong Daeng
Sawai Chik
Sawai

Lam Takhong Reservoir
Bu Ta Song
Bu Cha-om
Don Phlai
Nong Hua Raet
Nong Bun Nak
Kan Luang
Nong Ki
Nong Kham
Nang Rong
Ta Ko
Prakhon Chai
Sadao
Bak

S. 989
Nong Song Hong
Lam Phra Phloeng Res
Maprang
Thung Changhan
Chaloem Phra Kiat
Prasat Phanom Rung
Prasat Muang Tam
Lahan Sai
Ban Kruat
Pha Dor

Haew Suwat
Khao Khieo 1287 m
Haew Narok
875 m
Kaen Hin Phoeng
Prachantakham
Wang Nam Khieo
Khon Buri
Soeng Sang
Pakham
Bara Nae
549 m
Banteay Chhmar
Ampil
Thap Lan National Park
Phu Sam Ngam
949 m
Khao Yai 849 m
776 m
Pang Sida National Park
Khao Yai National Park
Protected Landscape
Banteay Chhmar
Banteay Chhmar

Kabin Buri
Maha Phot
Wang Thalu
Khao Duan
Nong Talat
Sai Yoi
Sanam Chai
Ko Mo
Hin Rae
Khlong Phum Khom
Khlong Sai
Phasuk
Na Ngam
Non Sung
Khao Chakan
Watthana Nakhon
Aranyaprathet
Poipet
Nimit
Changha
Svay Chek
Treas
Soengh
Sarongk
Chob Veari
Tean Kal
Preah Ne
Preah
Thma Puok
KA

Mai Sai Thong
Wang Nam Yen
Wang Mai
Wang Sombun
Khao Daeng
Khao Ta Ngok
Khlong Hat
Khlong Kai Thuan
Roneam Doun Sam Wildlife
Phnum Ampil 321 m
Ta Kong Krau
Lôvéa
Bavel
Samraong
Ou Ambel
Khlong Nam Sai
Sisophon
Koy Maeng
Mongkol Borei
Ou Prasat
Lang Phnum Touch
Boeng Pring
Chrouy Sdau
Ta Pung
Preaek Norint

990
Khao Yai 777 m
S. 992
Rung Chrey

Sena
**AYUTTHAYA**
3263 (PHRA NAKHON
3111 SI AYUTTHAYA)
309
Bang Sai
347
Bang Pa-in
Bang Na
S. 989
Sarika
1207 m
**National Park**
Haew Narok
875 m
Thap Lan
384
304
Phu Sam Ngam
949 m
Par
Nati

Wat Phailom
31 32
Lat Lum
Kaeo
Wang Noi
352
Nong Sua
Nong Khae
Nakhon Nayok
Phak Phli
3049
3077
53
Kaen Hin
Phoeng
Huai Nam
3290
Par
Natio

Pathum Thani
Thanyaburi
3360
Bang Pla Kot
Ongkharak
3076
Prachinburi
3320
Khlong Hok Wa
519
Prachantakham
Kabin Buri
Khlong Phak
Khom

Thong
345 Don Muang
Airport (DMK)
3412
Lam Luk Ka
Bang
Nam Prieo
3124
Ban Sang
3096
Si Maha Phot
5281
5079
Phon
Nong Hin
Sa Kaeo

ng Yai
302
Nong Chok
3481
Khok Pip
3074
Wang Thalu
Khao Duan
359
Nong Talat
Sai Yoi
Watthana
Khao
Chakan
3434

**NONTHABURI**
Bang Kapi
338
Minburi
Lat Krabang
304
Ratchasan
3200
Bang Khla
304
Phanom Sarakham
Hin Rae
Mai Sai Thong
Wang Nam Yen

**BANGKOK**
Phra
Pradaeng
Chedi Klang Nam
Suvarnabhumi Int'l
Airport (BKK)
Bang Phli
Bang
Pakong
**CHACHOENGSAO**
Ban Pho
Sanam Chai
Lat Krathing
Ko Mo
3245
Noen Hin
Huai Khrop
Thammarat Nai
612 m
Wang Mai
Wang
Sombun
Khao Daeng

**SAMUT
PRAKAN**
Ancient
City
Bang
Bo
Phan Thong
315
331
**Phanat
Nikhom**
Plaeng
259
Khao Soi
Wildlife Sanctuary

Crocodile
Farm
319
349
Ban Bung
331
Ko Chan
Noen Mok
Bo Thong
Khao Yai
777 m
Khao Chamao
National Park
Khao Sai Dao Nua
1556 m
Khao Kitchakut
NP

**Bucht von
Bangkok**
**CHONBURI**
Angsila
Wat Saensuk
Bang Saen
340
Khao Kheow Open Zoo
Khong Dan
344
Nong Yai
Lum Bo Rae
632 m
Bung Sam Ngam
Khlong
Khao Chamao
1024 m
Khao
Chamao
Tham Lakhon
Pon

Si Racha
Ko Sichang
Ao Udon
3241
Tha Chan
3138
3245
Map
Lang
3430
Khao Loi
3377
3406
Wat
Khao Sukim
3249

Laem
Chabang
Bang Lamung
Bo Win
331
Wang Chang
544
Taphong
Bar

S. 995
Ko Phai
Naklua
Ko Lan
**Pattaya**
Chak
Ngaeo
Pluak Daeng
3138
Nikhom
Phattana
544
**Klaeng**
Sai Rang
3399
Wa

Ko Rin
**Jomtien**
**Nooch Nong Village**
Ao Bang Sare
3376
36
Ban Chang
Ban Khai
**RAYONG**
Khlong
Thurian
Pak Nam
Chak Manao
Tha Mai
3322

Tao Than
Ko Khram
332
Map
Ta Put
Phrak
Khlong
Ban Phe
Kon Ao
Na Dan
3145
Khung
Wiman
**CHANTABURI**
Khao
Yai

**Sattahip**
U-Tapao
Nam
Tok
**Takuan
Beach**
Ko Thalu
Ko Samet
Tha Mai
Laem Sing

Ko Samaesan
Ko Chuang
**Khao Laem Ya
- Ko Samet
Marine National Park**
Ko Proet

*Bucht von
Bangkok*

*G o l f    v o n*

Bang K
Klon
Ko Cha
Hat Sai Ke
Klo

Ko Chan
Marine National Park

*T h a i l a n d*

Andamanen-see

S. 988

Dawei (Tavoy) Point

Kadwe
Pe
Aw
Zinchaung
Kanti
Palauk

Myinmoletkat Taung
2074 m

Munsali Taung
1158 m

Min-ngaw

Suan

Kunzon Taung
928 m

Aungthawara

1289 m

Ka

1173 m

Migyaungthaik

Batdu Taung
997 m

Mali Kyun (Tavoy I.)

Paine I.

Palaw

Kyaukpya

Tapo

Ti-ywa

1513 m

Kabosa I.

Thamihla I.

Kawsaing

Tatmu

Investigator Passage

Kadan Kyun

Kangyi

Kyauk-pyu

Tamok
Lutlut

Pawut
705 m

Taninthari (Tenasserim) Kyun

Maingyi Kyun

Kyataw

MYEIK (MERGUI)

Taubye
Kywegu

Kawmapyi

Dewa

Mayanchaung

Kala Kyun

Blundell I.

Kapa

Ma-aing Kyun

Tonbyawggi

Tagu

Banpy
569

Elphinstone I.

Grants I.

St. Charles Metcalfe I.

Tatagyi I.

MYANMAR

Daung Kyun (Ross I.)

Mergui I.

Tanintharyi (Tenasserim)

Bailey I.

Auckland Bay

810

Prinser (Sargent) I.

366 m

Saganthit Kyun (Sellor I.)

Kyaukmigyaung

Lloyds I.

Yndo

Kunthi Kyun (Hayes I.)

Courts I.

Parker I.

Sabi I.
326 m

Julian I.

Tucker I.

736 m

Theinkun

Tongpru

810

Nerchus Passage

Money I.

Great Western Torres I.

Pyinzabu Kyun (Bentinck I.)

Kanmaw Kyun (Ketthayin I.)

Medaw

Manoron

538 m

357 m

Whale Bay

Awebindat

Manoron
875 m

Letsok-aw Kyun

Taungkup

Lenya

Namkyo

Nyiahma Ngarbaw I.

Maria I.

Pawe-gyi Kyun

Pisandaung-Saung

Pearl I.

Ale-Man Kyun

Bokpyin

Khao Htongdon
668 m

Nanka Hprao

Owen I.

472 m

816 m

483 m

Sa
Kha

Lanbi Kyun (Sullivan I.)

High I.

Hangapru

Ke Taung
758 m

745 m

Sam Yaek

Clara I.   534 m

Kau-ye Kyun

Karathuri

Kapoh National Park

Wang Sai

Sir Robert Campbell I.

465 m

Mai Sombun

692 m

Ta Hong

Kala Kyun

S. 996

Mergui-Archipel

(BURMA)

Tanirthari (Tenasserim)

Saraya Chaung

S. 994

**MYANMAR (BURMA)**

Kyun Pila (Great Swindon I.)
Pulo Bada I. 850 m
439 m
Lord Loughborough I.
Cavern I.
Investigator Channel
Pine Tree I.
St. Andrews Group
Parsons I.
Burma Banks
Macleod I.
Zadetkale Kyun (St. Lucas I.)
Hastings I.
Zadetkyi Kyun (St. Matthew's I.)
Western Rocky I.
Than Kyun (Davis I.)
Dunkin I.
Aladdin Islands
Christie I.
Bruer I.
Auriol I.

755 m
Hat Tun
Nong Phak Bang
Nalingchan
Marang
Sungai Bati
Sungai-I-nu
Maliwun
Champang
Kampong Talok
Kraburi National Park
Kaw Thaung
Victoria Pt.
Ko Sin Hai
Tha Mai
Ko Chang
Ko Phayam

Bok Krai
Tham Rab Ro
Isthmus von Kra
Wat Thep Charoen
Tha Sae
Patt
Ch
S. 327
Kraburi
Thung Kha Tok
Tham Nam Lod Noi
Lam Liang 484 m
Sai Ngai
Khao Faci
Thap
Thung Tako
Sawi
Pak Nar
Punyaban
Hat Yai
Klong Ptao National Park
Pak Nar
Ranong
Hot Springs
Lang Su
Na Bun
Ngao
Phato
Chok
Khao
Lamae
Champun
Khan T
Ngao National Park
Ratchakrut
Thon Phet
Khlong Klang
Khao Plai
706 m
Khao Yai Mon 805 m
Don T
Th
Klong Khong
Bang Baen
Kapoe
Laem Son National Park
Bang Ben Beach
Bang Hin
Huai Pho
Kaeng Krung National Park
Tha Chana
Te
Mu Ko Kam Yai
Na Kha
Thung Na Kha National Park
Pak Mak
Chaiy
Ko Surin Nua
Bang Kluai Nok
1395 m
Khao Lang Kha Tuk 718 m
Mo Thai
Ko Surin Marine National Park
Ko Glang
Suk Samran
Sri Phang Nga National Park
Wat Suan Moke
Ko Surin Tai
Richelieu Rock
Ngan Yong
Hin Lad
Khura Buri
Vibhavadi
Tha Se
Hua
Hank
Ko Ra
Ko Ra
Klong Saeng Wildlife Sanctuary
Ko Tachai
Mu Ko Ra - Ko Pha Tong National Park
Hin Kong
Chiew Lan Reservoir 838 m
Na Dong
Phi
Ko Phra Thong
Bang Daeng
Thung Ong
Khiri
Ko Bon
Ko Kho Khao
Tam Nang
Tam Nang
Khao Sok National Park
Rat Tanikhom
Na Pong
Tam Nang
Klong Chang
Bang Thong
Na Rai
Ko Ba-Ngu
Takua Pa
Talad Takua Pa
Song Phi Nong
Ta Khun
Ko Similan Marine National Park
244 m
Bang Sak
Klong Phanom National Park
Phanom
Khlan Sa
Ko Similan
Bang Niang Beach
Pak Klong Plai Wa
Bencha
415
550 m
245 m
Tepha
Ko Bangu
Bang Niang
Kapong
1050 m
Ko Miang
Khao Lak
Khao Lak-Lamru National Park
Bang Hoi
Ko Noi
Ko Payan
Khao Lak Beach
296 m
Hat Lek
Thap Lamu
Thap Put
Ta Saeng
Plai
Chai Buri
Nam Dam
Thung Maphrao
Bang Ba
Na
Bang Toei
Yuan
Kok Loat
Phraya
Khao Lam Pi-Ha
Tham Pung Chang
Phang Nga
Than Phet
Thai Muang Nat. Park
Lam Pi
Takua Thung
Ao Luk
Than Boke Khorani National Park
Thon Nua
Th
Thai Muang
578 m
Tham Lod
Nong Lum Pho
Khok Kloi
Tha Yu
Ao Phang Nga Marine National Park
Thung
Khao Phanom Bencha National Park
Khao Phanom
Kh
Tha Chat Chai
Sirinath Marine Nat. Park
Tha Lod
Ao Tu Khun
Tha Thong Len
Tham Sua
Phuket Int'l Airport
Ao Phra Yeo Nat. Park
Ban Ko Yao Noi
Ko Bilen
Chong
Krabi Int'l Airport
La
Bang Rong
Ko Yao Yai
Ko Tai
Talad Kao
Nua Klong
Phe La Tai
Thalang
Khlong Bon
Ao Nang
Krabi Town
Bon Khuan
Ko Phuket
Ao Bo Le
Noppara-Thara Ko Phi Phi Marine National Park
Patong
Kathu
Ko Siboya
Laem Kruat
Klong
Huai S
Karon
PHUKET TOWN
Thale Phuket
Ko Jum (Ko Pu)
Khlong Pring
Kata
Laem Phan Wa
Ko Phi Phi

**Andamanen-**

**see**

**Pulo Bada I.**

**A n d a m a n e n -**

**s e e**

S. 998

S. 995

Ko Nang Yuan    Ko Tao
Mae Hat
ai Ri Beach

Sails Rock

**G o l f   v o n**

Chalok Lam
Ko Wae Yai         627 m    **Ko Pha Ngan**
Thong Sala    Tai    **Hat Rin Beach**
Ko          **Big Buddha**
Sam Sao        **Beach**    **Choeng Mon Beach**
Bo Phut       **Ko Samui**
Nathon          **Ko Samui Int'l Airport**
Taling Ngam   635 m   **Chaweng Beach**
Hua Thanon      **Lamai Beach**
Ko Tan

**T h a i l a n d**

Cheng Samui

ak   Khao Noi
4142   Bang Khu
Khanom
4014  4232   **Nai Plao Beach**
**Na Dan Beach**
Thong Yhee
**Hat Khanom National Park**
Khao Phra   **Sichon**
4215
o Yai   4105   **Hin Ngam Beach**
Tepha
Ton Liang
Nam Cha   491   Khlong Hin
**Khao Luang National Park**
4186
a Reng   4140   Khlong Lung
Luang   **Tha Sala**
an Rang   4141   Na Thap
35 m   4016   Phrom
hrom Lok   Khiri   **Wat Suthep Tharam**
4012   4231
onal Park   4103
Karom   4102   Ao
Nakhon
**NAKHON SI THAMMARAT**
Lan Saka   Sala Mi Chai   **Pak Phanang**
4015   4238   4013
on   403   408   Ko Thang
Nong   4094
Pu Kan   **Ron**   Chian
**Phibun**   Nai   **Ban Pak Phraek**
Don Tro   Khot Thammarat
Bo Lo   4013
nang   41   Thung   4151   Bang Khoei
bang   Lan   Hua   **Hua Sai**
4151   Khai
Cha-uat   Laem   Pak Khlong
Mai Siap   4150
Khao   Talat Nang   Hua Sai   Sala Luang
ong Pru   Long   Thale   408
Pa Phayom   Noi   **Thale Noi Bird Sanctuary**
Khao Ya   4163   Khuan
Khanun

S. 999

Khao
Lam Pi-Had
Thai Muang
Nat. Park
Thai Muang

Tham
Pung

Yuan

Kok Luat

Phraya
Tham Phet

Phai

Khok
Sato

Chawang

Phi Om Luk
National Park

Karon
Lan S.

Lam Pi
Chang
Takua
Thung

Phang Nga

S. 996

Boke Khorani
National Park

4037

4110

Nam
Rop

Chang
Klang

4015

Tham Lod

Ao Luk

Wang Hin
Thung Yai

4252

4195

Thung Wat

41

Na Bon

Tha Yu

Nong Lum Pho

44

Thao Phanom Bencha
National Park

4019

Khok Kloi
Tha Chat Chai

Tham
Lod

Tha Thong Len

Thung

Khao
Phanom

4037

Khok Han

4110

4110

Nong
Pu La

Sirinath Marine
Nat. Park

Ao Tu
Khun

Ban
Yai

Ao Yao
Noi

Talad Kao

Tham Sua

4038

4214

Thung Song

Phuket Int.'l Airport

Khao Phra
Taeo Nat. Park

Ko Yao
Noi

Ko Bien

Krabi Int.'l Airport

411

Nua Klong

Lam Thap

Chang

Bang Rong

Klong
Bon

Ao Nang

Krabi Town

Phe La Tai

4116

Phru Cut

Yapang

Ratsada

Ko Phuket

402

Thalang

Ko Yao
Yai

Bon Khuan

4036

Thung Noi

650 m

Saiyat

403

4151

Khao P
Nong Pru

Mai S

Patong

Kathu

Ao Bo Le

Noppara Thara
Ko Phi Phi
Marine
National Park

Laem
Kruat

Klong Thom

4038

Huai Sai Khao

4225

4236

Huai
Nang

4269

Pa Phi

Karon

PHUKET TOWN

Ko
Hang

Klong Phon

4236

Huai Yot

Khao Pli

Kata

Laem
Phan Wa

Thale Phuket

Ko Jum
(Ko Pu)

Klong Pring

Sai Yao

Tham
Khao Pina

4163
Siban
Phot

Laem Prom Thep Rawai

Ko Phi Phi

Hua Hin

4026

4043

Na

4042

Sai Yao

Wang
Wiset

4159

403

National Par

4123

Nam Phut

Khlong
Teng

Ko Racha Yai

Ko Phi Phi Leh

Bang Suat
Saladan

4245

Bo
Muang

Lang Khao

4158

Ton Chot

419

4046

Ao Phra-ae Beach

Ko Lanta Noi

4046

Khao Cl
National

Ko Racha Noi

Tham Sua, Tham Khao Mai Kaeo

Ko Lanta

Phru Chut

Thon
Thanon

TRANG

403

4124

Ko Lanta Yai

Pak Meng
Beach

Sikao

Kantang

4261

Yan Ta
Khao

Sairung

4264

Ko
Kr

Mu Ko Lanta
Marine National Park

Ko Ngai
(Ko Hai)

4162

Chang Lang

Nong Kha

Had Chao Mai
National Park

Ko Muk

Chao Mai

4235

404

4125

To

Hat Yao Beach

Ko Kradan

Hat Samran

Sam Yaek

Tung Tay

A n d a m a n e n -

Ko Rok Nai

Ko Rok Nok

Ko Libong

Hat Samran
Beach

Palian

Yong Sala

Thung Wa

No
Kh

Ko Liang

Ko Sukon

416

s e e

Ko Petra
Marine National Park

Thung Sa Bo

Thung Samet

Ko Petra

La-Ngu

416

Ko Bulon Tarutao
Marine National Park

Ko Bulon Lae

Ban Pakbara

4052

Tha

Ko Bulon

Ao Pante

Che

S t r a ß e

Tarutao
Marine
National Park

Ko Rawi

Ko Tarutao

· 713 m

Ko Ta-Nga

v o n

Ko
Butang

Ko Adang

Ko Lipe

Langkawi Sound

Pulau
Masirat

Underwater World

Pulau
Langkawi

M a l a c c a

Pulau
Singa Besar

Pu
Bu

# Legende

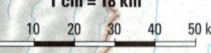

**1 : 1.800.000**

**1 cm = 18 km**

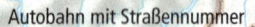

0　10　20　30　40　50 km

| | |
|---|---|
| Autobahn mit Straßennummer | ✈ Flughafen, international |
| Schnellstraße | ✈ Flughafen, regional |
| Fernverkehrsstraße | ⛔ Grenzübergang |
| Hauptstraße | ★ Sehenswürdigkeit |
| Nebenstraße | ⛩ Tempel |
| Hauptstraße, unbefestigt | ⸫ Archäologische Stätte |
| Nebenstraße, unbefestigt | 𝕄 Museum |
| Fahrweg, Piste | Wasserfall |
| Fußweg, Pfad | ∩ Höhle |
| Eisenbahn | Aussichtspunkt |
| Bebaute Fläche | ⚔ Bergbau |
| Nationalpark, Naturpark | Empfehlenswerter Badestrand |
| Marine Nationalpark | Sporttauchen |
| Gewässer | Gute Schnorchelmöglichkeit |
| Doi Tung ▲ 1420 m　Berggipfel | Hochseefischen |
| 1462 m ·　Höhenpunkt | **S. 994**　Seitenverweis |